朝鮮漢籍稀見版本叢刊

［第一輯］

［韓］閔寬東
陳文新 主編

湖北省学术著作出版专项资金
Hubei Special Funds for Academic Publications

長江出版傳媒
崇文書局

圖書在版編目（CIP）數據

朝鮮漢籍稀見版本叢刊．第一輯 / 陳文新，[韓] 閔寬東主編．—影印本．
—武漢 ： 崇文書局， 2020.11
ISBN 978-7-5403-6093-1

Ⅰ．①朝…
Ⅱ．①陳… ②閔…
Ⅲ．①古籍－善本－中國－叢刊
Ⅳ．① Z121.7

中國版本圖書館 CIP 數據核字（2020）第 169498 號

朝鮮漢籍稀見版本叢刊　第一輯

責任編輯　薛緒勒　鄭小華　李慧娟　郭曉敏
責任校對　董　穎
裝幀設計　甘淑媛
責任印刷　田偉根
出版發行　長江出版傳媒｜崇文書局
地　　址　武漢市雄楚大街 268 號出版城 C 座 11 層
電　　話　027-87680797　　郵　編　430070
印　　刷　湖北恒泰印務有限公司
開　　本　880mm×1230mm　1/32
印　　張　151.875
字　　數　2 000 千
版　　次　2020 年 11 月第 1 版
印　　次　2020 年 11 月第 1 次印刷
定　　價　1600.00 元
（如發現印裝品質問題，影響閱讀，請與承印廠調換）

This work was supported by the Ministry of Education of the Republic of Korea and the National Research Foundation of Korea (NRF-2016S1A5A2A03925653)

總序

陳文新

《朝鮮漢籍稀見版本叢刊》是韓國慶熙大學中國文化研究所暨東亞書籍文獻研究中心和武漢大學域外漢學與漢籍研究中心合作完成的一套叢書，由閔寬東和陳文新兩位教授主持，崇文書局出版。參與這套叢書整理與研究的，除了閔、陳兩位外，還有韓國學者劉承炫、鄭榮豪、劉僖俊、裴玗桯、玉珠和中國學者陳慶。第一輯共七種：《朝鮮刊本劉向新序》《朝鮮刊本劉向説苑》《朝鮮刊本酉陽雜俎》《朝鮮刊本兩山墨談》《朝鮮刊本世説新語補》《朝鮮刊本世説新語姓彙韻分》《朝鮮刊本皇明世説新語》。其中，《新序》《説苑》兩部著作，提供了朝鮮漢字原文以及朝鮮漢字異體字目録。

叢刊所冠的「朝鮮」二字，指的是朝鮮半島歷史上的朝鮮時代（一三九二—一九一〇）。一三九二年，李成桂取代王氏高麗而建立朝鮮王朝。到十五世紀中葉，朝鮮王朝的國土基本定型，大致相當於當今朝鮮和韓國的總和。朝鮮王朝以儒教治國，自太宗李芳遠至高宗李熙，歷代國王均接受中國皇帝册封；甲午中日戰爭後不再稱臣於中國。一九一〇年日本吞并朝鮮半島，朝鮮王朝滅亡，共歷二十七代君主、五百一十九年。這一時期在韓國出版的漢籍，許多版本極爲珍貴，或爲中國本土所無，或比現存中國版本更早，或具備中國版本所没有

的一些特質，具有重要的學術價值和文化價值。

一、《朝鮮漢籍稀見版本叢刊》的文化價值

《朝鮮漢籍稀見版本叢刊》第一輯所收録的幾種作品，在中韓兩國的文化交流中曾扮演重要角色，瞭解相關情形，不僅有助於論古，而且有助於察今；不僅有學術意義，而且有文化意義。兹以《説苑》《西陽雜俎》《世説新語補》爲例，略作説明。

在高麗和朝鮮時代，劉向《説苑》作爲必讀書，深受上至諸王、下至文人的喜歡，經常用於官吏的訓育和教化。《朝鮮仁祖實録》（卷四六第七八頁：仁祖二十三年十月九日，丁亥條）有這樣的記録：

> 昔在麗代成宗朝，金審言上疏，請以劉向《説苑》六正六邪文及《漢書》刺史六條，堂壁各寫其文，出入省覽，以備高抬貴手。王大加褒奬，依所奏施行。其後崔冲以爲：今世代已遠，宜更書揭之，使知飭勵。從之。其言皆切實，亦古者訓戒之意也。敢將《周禮》荒政及《説苑》刺史條，列録於劄尾。伏願殿下命寫一通，並與盤席之銘而置諸座右，以寓閑燕之省察。又令政院取荒政以下之文，内則付諸政府及六曹，使之各録於屬司之壁上，外則遍諭於八道監司兩府留守州縣，廳壁並令書揭，常存惕念。則其於風化，不爲無補。

這裏，《説苑》的「六正六邪」和《漢書》的「刺史六條」尤受重視。「六正六邪」是將臣下按好壞各分爲六種，六正包括聖臣、良臣、忠臣、智臣、直臣、貞臣，六邪包括具臣、諛臣、奸臣、讒臣、賊臣、亡國臣，以資警戒。此外，「刺史六條」即刺史巡查地方、從政需要重點注意的六個條款，如地方土豪的違法行爲，官僚的以權謀私、執法不公，不公正的人事行政，高級官員子弟不法，收受賄賂等行爲。

劉向作品之所以在當時得以大量出版，與朝鮮前期儒家思想的開始盛行有密切關聯，即西漢劉向的作品因其内含的儒學理念而獲得了以儒學思想爲國家根本思想的當時朝鮮王朝之青睞。對於劉向作品，朝鮮王朝前期并不是將其作爲小説來看待的，而是作爲輔治之書，或用之於風俗教化，或用之於制定國策，或用之於訓育官吏等。在此經世角度下，劉向《列女傳》《新序》《説苑》之出版意義與朝鮮後期相比有着截然的不同。到了朝鮮後期，其出版意義多在於商業性上。

段成式的《酉陽雜俎》何時傳入韓國已無法考證。高麗時代已有《山海經》《新序》《説苑》《搜神記》《嵇康高士傳》《世説新語》《太平廣記》之類小説傳入韓國的記録。高麗中期以後，高麗文人寫作的漢詩中，可發現出自《酉陽雜俎》的典故。〔二〕所以《酉陽雜俎》傳到韓國的時間約在高麗時代中期以前。

該書最初傳入韓國的記録見於徐居正（一四二〇—一四八八）的《筆苑雜記》序，此序一四八六年由表沿

〔一〕段成式撰、鄭煥局譯：《譯注酉陽雜俎》，韓國召命出版社，二〇一一年，第二〇頁。

沬所作。[一]此後與該書有關的記録見於《朝鮮王朝實録》的《成宗實録》（卷二八五第一九—二〇頁，成宗二十四年十二月二十八日，戊子）。成宗二十四年（一四九三），因朝廷刊行《酉陽雜俎》而發生了彈劾事件。《成宗實録》記載：

弘文館副提學金諶等上劄子曰：「伏聞頃者李克墩爲慶尚監司，李宗準爲都事時，將所刊《酉陽雜俎》《唐宋詩話》《遺山樂府》及《破閑》《補閑集》《太平通載》等書以獻，既命藏之府内，旋下《唐宋詩話》《破閑》《補閑》等集，令臣等略注歷代編年號、人物出處以進。臣等竊惟，帝王之學，潛心經史，以講究修齊治平之要，治亂得失之迹耳，外此皆無益於治道，而有妨於聖學。克墩等豈不知《雜俎》《詩話》等書，爲怪誕不經之説，浮華戲劇之詞，而必進於上者，知殿下留意詩學而中之也。人主所尚，趨之者衆，克墩尚爾，况媒進者乎？若此怪誕戲劇之書，殿下當如淫聲美色而遠之，不宜爲内府秘藏，以資乙夜之覽。請將前項諸書，出府外藏，以益聖上養心之功，以杜人臣獻諛之路。」傳曰：「如爾等之言，以《酉陽雜俎》等書，爲怪誕不經，則國風在傳所載，盡皆純正歟？近來印頒《事文類聚》，亦不載如此事乎？若曰人君不宜觀此等書，則當唯讀經書乎？克墩識理大臣，豈知其不可而爲之哉！前者柳軽爲慶尚監司時，書十漸疏於屏進之，議者以爲阿諛，今所言亦如此也。予前日命汝等略注此書，必汝等憚於注解而有是

[一] 表沿沬：《筆苑雜記》序。孫秉國：《〈酉陽雜俎〉的形成和收容樣相》，韓國《韓國語文學研究》第四十一輯，二〇〇三年，第一八一頁。

言也。既知其不可，則其初何不云爾。」〔一〕

如上文所記，事件的起因是：時任副提學金諶以李克墩所刊行的《酉陽雜俎》與《太平通載》等書内容荒誕不經爲由彈劾李克墩。他詰責下令注解《稗官雜記》等書的成宗（王），奏請成宗應遠離這些荒誕不經的書籍，潛心修習經史，修心養性。上文還記述了成宗對金諶等人的反詰：是否因害怕注解這些典籍難度太大，才如此進言？隨着彈劾事件日益嚴重，次日（一四九三年十二月二十九日）當事者李克墩謁見成宗，就書籍出版原委做出説明：

己丑……吏曹判書李克墩來啓：「《太平通載》《補閑》等集，前監司時已始開刊，劉向《説苑》《新序》，非徒有關於文藝，亦帝王治道之所繫，《酉陽雜俎》雖雜以不經，亦博覽者所宜涉獵，臣令開刊。前日諸道新刊書册，進上有命，故進封耳。未知何書爲關於詩學，而指臣爲中之乎？」〔二〕

當時李克墩任吏曹判書，而主導彈劾事件的金諶則任職弘文館副提學。這一彈劾事件的結果，反倒變得對金諶等人不利。於是金諶等人亦謁見成宗，急切申辯：

〔一〕《朝鮮王朝實録·成宗實録》卷二八五，第一九—二〇頁。
〔二〕《朝鮮王朝實録·成宗實録》卷二八五，第二一頁。

副提學金諶等來啓曰：「《唐宋詩話》《破閑》《補閑》等集注解事，以臣等爲厭憚，前此《事文類聚》爲先校正事，承傳故，未即注解。人臣受命，雖蹈湯赴火，且不敢避，况此文墨細事，豈有一毫厭憚之情。臣等萬無是心。臣等俱以劣能待罪侍從，以爲詩學，人主之末事，常恐聖上或有留意。克墩以識理大臣，獻此不經戲劇之書，臣等心實非之，故啓之耳。安敢求疵於不疵，造辭於無辭乎？承注解之命，不即論啓，誠如上教人臣之義，有懷必達，豈以言之早晚，敢避形迹乎？今承下教，不勝隕越。請待罪。」傳曰：「予未知爾等所言之意。《酉陽雜俎》等書，雖雜以不經之説，然國風亦載淫亂之辭，而有請於經筵，不以進講者，後人多議其非。人主當觀善惡爲勸戒，若如爾等之言，則近印《事文類聚》，其無不經之説乎？然則内藏諸書，將書搜出，而人君唯讀四書五經而已耶？命注此集，在於八月而迄，不書進，責有所歸，而今反有是言，何耶？爾等必憚於考閲，而求其説也。然勿待罪。」〔一〕

金諶等人這次謁見成宗的時間是一四九三年十二月二十九日。表面看來，當時争論的焦點是：金諶等人因這些書籍内容荒誕不經，又兼有許多淫詞豔句，而持排斥態度。與此相反，成宗與李克墩等人，主張「爲君者，應細查善惡，方能引以爲戒」。但實際上，這是勛舊派與士林派之間的一次政治紛争。當時的士林派以弘文館

〔一〕《朝鮮王朝實録·成宗實録》卷二八五，第二一頁。

爲中心，不斷擴張勢力，其代表人物有金宗直、金宏弼、丁汝昌、金諶、李宗準、金馹孫等。他們在追求實現儒家政治理想的過程中，與根基深厚的勛舊派之間，産生了嚴重的政治摩擦。李克墩屬於勛舊派，而金諶則是與他呈對立關繫的士林派成員。《酉陽雜俎》的刊行居然與朝廷内的政治紛争連在一起，它所承載的歷史文化資訊之豐富，是不容低估的。

《世説新語補》是在朝鮮時代肅宗三十四年（一七〇八）用原文在韓國出版的，〔二〕其書名爲《世説新語補》（二十卷六册、二十卷七册），是明代王世貞將劉義慶《世説新語》和何良俊《何氏語林》加以合并删定的本子。引人注目的是這個版本用的是顯宗實録字（朝鮮顯宗，一六五九年—一六七四年在位），證明了這是官刻出版。朝鮮時代對《世説新語》的重視由此可見。

這個版本的題署是：劉義慶（劉宋）撰，劉孝標（梁）注，劉辰翁（宋）批，何良俊（明）增，王世貞（明）删定，王世懋（明）批釋，鐘惺（明）批點，張文柱（明）校注。共二十卷七册，版式爲左右雙邊，31cm × 20cm，半郭 22.8cm × 15.6cm，十行十八字，有界，注雙行，内向黑魚尾。序文中有「嘉靖丙辰（一五五六年）……王世貞撰」，「萬曆庚辰（一五八〇年）……王世懋撰」，「乙酉（一五八五年）……王世懋再識」，「萬曆丙戌（一五八六年）秋日……沔陽陳文燭玉叔撰」的記録。紙質是朝鮮楮紙，後來曾多次覆印，也有《世説新語姓彙韻分》這樣改變《世説新語》原有的體例再出版的作品。《世説新語姓彙韻分》是按人名和姓氏排的，

〔二〕高麗大學中央圖書館：《晚松文庫・汉籍目録》。

可大概推定是在肅宗末年或英祖年間出版的。這個版本在後來也多次覆印（十二卷三册、十二卷四册、十二卷六册、十二卷十二册等）。現藏於韓國中央圖書館、藏書閣、高麗大學、延世大學、成均館大學圖書館等處。

王世貞删定的《世説新語補》是經由什麽途徑傳到韓國去的呢？是誰帶到韓國去的呢？《列朝詩集小傳》丁集上、《静志居詩話》卷十六和《四庫全書總目》都提到了朱之蕃出使朝鮮的事，也提到了他與接待他的館伴相互倡和的事，但没有提到他帶了些什麽禮物過去。令人欣喜的是，朝鮮宣祖三十九年（一六〇六）出版的《陶谷集》提供了關於這一問題的準確資訊：

> 然其談論風標，書之文字，則無不濟雅可喜，此劉義慶《世説》所以爲楮人墨客所劇嗜者也。因此想當時，親見其人，聽其言語者，安得不傾倒也。明人删其蕪，補其奇，作爲一書，誠藝林珍賞也。朱天使之蕃携來，贈柳西坰，遂爲我東詞人所欣睹焉。〔一〕

李宜顯（一六六九—一七四五）是朝鮮肅宗、英祖年間文人，著有《陶谷集》。所説的「西坰」是指朝鮮時代文臣柳根（一五四九—一六二七），字晦夫，號西坰、孤山。李宜顯稱朱之蕃爲天使，其間的敬慕之意溢於言表。朱之蕃出使朝鮮，帶去的禮物之一就是王世貞删定的《世説新語補》。所謂「明人删其蕪，補其奇，

〔一〕李宜顯：《陶谷集》（雜著，陶峽叢説），韓國：保景文化社，一九八五年，第六二九頁。

作爲一書」，即指王世貞刪并《世説新語》《何氏語林》而成《世説新語補》一書而言。韓國現存的《世説新語》版本不下二十一種，現存的《世説新語補》版本不下十六種。如此衆多的版本類型表明，《世説新語補》在韓國的確是備受歡迎的。朱之蕃以《世説新語補》作爲出使朝鮮的禮物之一，説明他對朝鮮的國情民風有真切體察，朱之蕃是一個稱職的文化使者。

由上述幾例可見：出版《朝鮮漢籍稀見版本叢刊》，既是對中韓兩國歷史上那些文化使者的紀念，也有助於推進當下的中韓文化交流。

二、《朝鮮漢籍稀見版本叢刊》的學術價值

《朝鮮漢籍稀見版本叢刊》所選擇的版本，以「稀見」爲特徵，因而具有不可替代的學術價值。兹依次作簡要説明。

《朝鮮刊本劉向新序》是近年才發現的珍稀版本。根據文獻記録可以確定，新羅人崔致遠留唐十六年間，曾經閲讀劉向《新序》。此後，根據《高麗史》，《新序》在一〇九一年以前已經流傳於韓國，高麗政府收藏有此書。朝鮮時代，君王與文人都喜歡閲讀《新序》，查詢韓國史書與文集等，就有一百多次有關記録。由此可見，在朝鮮時代，《新序》已有了一個廣大的讀者層。一四九二年左右，《新序》在慶尚北道安東一帶出版問世。查詢「韓國古典籍綜合目録系統（www.nl.go.kr/korcis/）」，現存中國版本超過二十種。由此推斷，朝鮮人曾赴明朝或清朝購買《新序》。

閔寬東最初發現的朝鮮刊本《劉向新序》，是啓明大學藏本（上册）與後彫堂藏本（下册）。之後，劉承炫又發現了韓國學中央研究院藏本（下册）、京畿大學藏本（下册）、日本國會圖書館藏本（完帙）、雅丹文庫藏本（上册）、誠庵古書博物館藏本（下册）。現存朝鮮刊本的特點，就上册言，啓明大學貴重本是初刻本，皆爲四周雙邊；啓明大學古本與日本國會圖書館藏本却是補刻本。此兩種補刻本補刻了第七十一頁和七十二頁，該頁即爲四周單邊，其餘部分皆爲四周雙邊。就下册而言，韓國學中央研究院與京畿大學藏本是初刻本，後彫堂與日本國會圖書館藏本却是補刻了第九頁和第十頁、第六十三頁和六十四頁、第八十七頁和八十八頁、第一〇七頁和一〇八頁的補刻本。劉承炫仔細核對這些版本以後，理出了版本之間的先後關繫：韓國學中央研究院藏本早於其他版本；京畿大學藏本其次；後彫堂藏本與日本國會圖書館藏本補刻原板而再度刊行，最晚。朝鮮刊本《劉向新序》至少刊行了三次。

朝鮮刊本《劉向説苑》的獨特文獻價值從以下記載可以得到印證。

丙午，李資義等還自宋，奏云：帝聞我國書籍多好本，命館伴書所求書目録授之，乃曰：雖有卷第不足者，亦須傳寫附來……《尚書》、荀爽《周易》十卷、《京房易》十卷、鄭康成《周易》九卷、陸積注《周易》十四卷、虞翻注《周易》九卷、《東觀漢記》一百二十七卷、謝承《後漢書》一百三十卷、《漢詩》二十二卷、業遵《毛詩》二十卷、吕忱《字林》七卷、《古玉篇》三十卷、《括地志》五百卷、《輿地志》三十卷、《新序》三卷、《説苑》二十卷、劉向《七録》二十卷……《黄帝針經》九卷、《九

墟經》九卷……《淮南子》二十一卷……羊祜《老子》二卷、羅什《老子》二卷、鐘會《老子》二卷……吴均《齊春秋》三十卷……《班固集》十四卷……嵇康《高士傳》三卷…… 干寶《搜神記》三十卷……。

［《高麗史》卷十，宣宗八年（一〇九一）六月條］

以上是高麗宣宗八年（一〇九一）高麗向宋朝皇帝提交的高麗所藏中國善本的内容，證實當時在高麗珍貴本很多，甚至在宋朝也已相當珍稀。其中提到了劉向《説苑》，這個資訊值得留意。

據我們所知，《説苑》在北宋初僅殘存五卷，曾鞏重新復原爲二十卷。曾鞏卒於一〇八三年，而北宋哲宗皇帝向高麗尋求此書是在一〇九一年，這就産生了一個疑問：一部已經在本國出版的書，何以要到高麗尋求呢？這個疑問在陸游（一一二五—一二一〇）的《渭南集》卷二七中得到了答案：

李德芻云：館中《説苑》二十卷，而闕《反質》一卷，曾鞏乃分《修文》爲上下，以足二十卷。後高麗進一卷，遂足。淳熙乙巳（一一八五）十月六日，務觀。

原來，曾鞏的二十卷本《説苑》其實只有十九卷。宋哲宗得到高麗國有完整本的消息後，命高麗使臣李資義呈上。據高麗本增補的《説苑》才是真正的完整本。中國古籍通過中韓學術交流而得以補充完整，其學術意義是顯而易見的。這個本子用於研究《説苑》的版本流變，它所包含的資訊極其珍貴。

中國現存最早的《酉陽雜俎》完帙本爲明代萬曆三十五年（一六〇七）李雲鵠以趙琦美的校補本爲據刊行的版本。此版本比朝鮮時代李克墩出刊的一四九二年本晚一百一十五年。如此説來，朝鮮時代出版的《唐段少卿酉陽雜俎》爲《酉陽雜俎》各版本的原型，可以説是最有價值的版本。日本也自行出版過《酉陽雜俎》，時間是元禄十年（一六九七），比中國的李雲鵠本還要晚一些。

《朝鮮刊本兩山墨談》也是不可多得的珍稀版本。朝鮮宣祖八年（一五七五）在慶尚道慶州官廳刊行的《兩山墨談》内附録有嘉靖乙亥年（一五三九）陳霆的跋，係由當時的經學家崔起南（一五五九—一六一九）校改，還從中抽取了考論商湯至宋代歷史文獻的部分在朝鮮宣祖年間翻刻。此書記録了參與刊行的慶尚道觀察使尹根壽等二十八人的姓名，是刊記分明的珍貴版本。

以下是啓明大學所藏一五七五年在慶州刊行的《兩山墨談》刊記裏的人名：

嘉善大夫慶尚道觀察使兼兵馬水軍節度使尹根壽

都事崔涀

通政大夫守慶州府尹慶州鎮兵馬節制使朴承任

中直大夫行慶州府判官慶州鎮兵馬節制都尉元豪

校正成均生員金得基

校正成均生員崔起南

書寫定虜衛朴道生

書寫承訓郎趙還璧

都色崔壽延

刻手僧幸文、鄭泗、僧性湛、林潤富、金甫千、徐德龍、黄雲進、鄭萬年、金春福、李仍邑金、金壽福、僧義全、崔千孫、僧性明、僧哲玄、金順年、崔芮同、朴光、金彦連

際皇明萬曆三年歲在乙亥春慶州府開刊

上述名單裏除了慶尚道觀察使尹根壽以外，都事崔滉與兵馬節制使朴承任、兵馬節制都尉元豪等皆參與刊行《兩山墨談》。版本校改者是當時成均館儒生金得基與崔起南，製作版式提供字體者是擅於碑文的朴道生與趙還璧，都色由崔壽延擔任，編製版型與刻字由多人分擔。刻工包括僧侣幸文、鄭泗、僧侣性湛、林潤富、金甫千、徐德龍、黄雲進、鄭萬年、金春福、李仍邑金、金壽福、僧侣義全、崔千孫、僧侣性明、僧侣哲玄、金順年、崔芮同、朴光、金彦連等十九人，其中五人是僧侣。值得注意的是，有一些版本的版心魚尾記下了代表某刻工的記號、語句、名字。這些記號不是在所有版本中都可見到的。

在韓國出版的文獻中，刊記清晰的爲數不少，但像《兩山墨談》這樣將參與出版的人按照官職等級記録的文獻確乎較少，因而有其特殊的文獻價值。但目前無法找出關於發行數量的確切依據。從上海與天津圖書館收藏的中國初刻本僅存一册的情況來看，啓明大學收藏的十八卷四册本比不够齊全的中國版本更有價值。

朝鮮刊本《世説新語姓彙韻分》是《世説新語補》的改編本。《世説新語補》一書於明嘉靖三十五年（一五五六）初版刊出不久即傳入韓國，是由明朝使臣朱之蕃贈給韓國友人的。此書的韓國出版記録見於朝鮮肅宗三十四年（一七〇八），最初以《世説新語補》爲名。

《世説新語姓彙韻分》是將《世説新語補》的内容按照人物姓氏重新編排而成的，是僅藏於韓國的珍貴版本。《世説新語補》各人物的事迹散見於不同門類，讀者要完整知道一個人的事迹，很不容易。《世説新語姓彙韻分》以人爲綱，爲讀者集中瞭解一個人提供了便利。據金長焕教授推測，此書約在英祖年間刊行。兩種版本的差异是：《世説新語補》以顯宗實録字刊行，而《世説新語姓彙韻分》是模仿顯宗實録字的木活字本。

傳入韓國的《皇明世説新語》是一六一〇年刊印的木版本。現在成均館大學、全羅南道長城郡筆岩書院（遺失）、國立中央圖書館、延世大學、啓明大學、首爾大學奎章閣藏《皇明世説新語》木版本均爲韓國刊本。

韓國版本的《皇明世説新語》，有些是在同一個時期同一個地點刊行的，各館編册方式稍有區别。國立中央圖書館藏本已被腐蝕，幸好留有複本，可提供閲覽。封面注明「皇明世説」，内封面也標同一個書名，下一頁出現的「皇明世説新語序」是在萬曆庚戌陽月由陸從平撰寫的，再下一頁插入「皇明世説新語目録」，添加「釋名」，「釋名」後介紹此書校閲者。以下是校閲者名單：

附名公校閲姓氏

惺所許樂善　　伯生陸應陽　　七澤張所望　　完三杜士全

咸甫馮大受　眉公陳繼儒

伯還朱本淳　侗初張鼐

景和朱本洽　彦恭杜士基　伯復張齊顔　仁甫林有麟

神超姜雲龍　弟峻甫凌雲

成均館大學藏的《皇明世説新語》，保留完整。與國立中央圖書館藏本相較，文獻編製順序不同：先是「皇明世説新語序」，接着是「釋名」和校閲者名單，最後是「皇明世説新語目録」。書中附貼説明收藏處「墨容室」的紙條，紙條上用漢文記録收藏家的家世背景。以下爲紙條中的内容：

粤我正宗大王丙寅秋高祖考雲谷公諱志默始寓浴川竹洞

錦城丁氏寓居谷城珍藏

先考府君諱日宇字永叔號栗軒潛叟所閲

甲子四月十七日不省鳳泰扠血再拜書子大

東湖南谷城郡西山下栗里前館洞洙雲齋内不惑軒

伯兄　舜泰春沂　仲兄　海泰曾庵　次弟　淵泰潛庵　季弟　河泰清庵

姝　來吉　來聖　來明　來仁　來善　來熹　來烈

子　來東　來範　來睦

錦城丁氏在正宗年間，因高祖雲谷公志默隱居浴川竹洞而定居谷城，留下了字永叔號栗軒潛叟的府君日宇閲讀的記録。

韓國全羅南道谷城郡邑内里四一一門牌號是谷城地區的名門錦城丁氏家，三兄弟中最小的丁日興在一八九四年二十七歲，長子栗軒丁日宇在一九二三年去世，次子石愚丁日宅在一九二九年去世。此家由丁日宇次子梧齋丁鳳泰繼承，在一九三二年九月將傳承七代的墨容室内大量文獻與遺物捐贈給延禧專門學校，共有七百二十八種九千四百五十八册以及伽倻琴、玄鶴琴、印章、五六十個匾額等。丁氏捐贈的文獻今藏延世大學圖書館墨容室文庫。墨容室文獻都留下了丁家專用的藏書印迹〔一〕。丁鳳泰獨子丁來東日後在成均館大學任教，在他退休時，將一百一十三種（約一千五百本）文獻捐贈該校，成均館大學將這些文獻收藏在取其父丁鳳泰雅號的梧齋文庫。此外，丁教授也捐贈給高麗大學一百多種文獻〔二〕。參照這些情况推論，延世大學本《皇明世説新語》及其他抄本可能是錦城丁氏家在一九三二年捐贈的，丁來東最後捐贈的是成均館大學本《皇明世説新

〔一〕默容室藏書印圖片：華峰文庫（華峰所藏圖書）http：//bookgram.pe.kr/120169342209

〔二〕丁來東：《丁來東全集》（全三册），金剛出版社，一九七一年。

語》。首爾大學奎章閣也收藏此書。上述這些版本都是中國所没有的。

以上的簡述，挂一漏萬，很不完整。但窺豹一斑，對《朝鮮漢籍稀見版本叢刊》的學術價值已多少可以獲得幾分認知。爲了便於讀者使用這些稀見漢籍，這次匯集出版，除了原樣影印外，整理者還就各書的版本源流、與中國現存善本的异同等方面做了細緻梳理，撰成題解，供讀者參考。因難度甚大，一定會有不足之處，期待得到學界同仁的指教。

二〇一九年二月一日

陳文新於武漢大學中國傳統文化研究中心

總目録

朝鮮刊本劉向新序

［韓］閔寬東
［韓］劉承炫
陳文新　整理

目録

劉向新序題解

劉向作品在韓國的傳入與接受

西漢時期首屈一指的經學家劉向（約公元前七七年—前六年）不僅是一位衆所周知的思想家，而且作爲史學家、文學家以及目録學家也都有很高的名聲。他是漢高祖同父异母的弟弟劉交（楚元王）的四世孫，字子政，名更生（成帝時，改名爲向）。劉向年輕時才能便得到認可，曾官居諫大夫，歷任光禄大夫，官至中壘校尉。曾匯集上古以至秦漢的符瑞灾异（吉祥和怪异的徵兆）記録，撰成《洪範五行傳論》（十一篇）；在《詩經》《書經》等衆多經典所出現的女性當中，收集值得作爲模範和警戒的事例，而成《列女傳》；又收集從春秋戰國到漢代的諸子言行而編纂《新序》和《説苑》。此外，還編纂了《戰國策》《楚辭》。他整理宫中圖書時所著的《别録》，堪稱中國目録學鼻祖。劉向的兒子劉歆就是根據此書完成了《七略》（《漢書·藝文志》收録）。〔一〕

早在高麗時代，《列女傳》《新序》《説苑》就已經傳入韓國，并産生了多方面的影響。朝鮮時代，其作

〔一〕劉世德主編：《中國古代小説百科全書》，中國大百科全書出版社，一九九三年版，第三〇八—三〇九頁。

品刊印出版，影響更大。茲擬就劉向作品傳入韓國的時間、出版概況、受容及其意義加以説明。因《列仙傳》一般被視爲僞作，故不列入討論範圍。

一、劉向作品傳入韓國的時間和版本

（一）傳入時期

有學者推測，劉向的作品最早大概是在高麗時代初期傳入的，在韓國的三國及統一新羅時代傳入的可能性也很大。但從文獻記載上看，最初傳入的時間是在公元九九〇年以前。《朝鮮王朝實録》有如下記録：

> 昔在麗代成宗朝，金審言上疏，請以劉向《説苑》六正六邪文及《漢書》刺史六條，堂壁各寫其文，出入省覽，以備高抬貴手。王大加褒奬，依所奏施行。
>
> ［《仁祖實録》卷四六—七八，仁祖二十三年（一六四五）十月九日，丁亥］

金審言上疏在高麗成宗年間（九八一—九九七），可見劉向的著作《説苑》此時已經傳入韓國，而且在好多文人間傳閲。這是劉向著作傳入韓國的最早記録。

這一事實還可以從《高麗史》得到確認：

> 丙午，李資義等還自宋，奏云：帝聞我國書籍多好本，命館伴書所求書目録授之，乃曰：雖有卷第

不足者，亦須傳寫附來……《尚書》，荀爽《周易》十卷，《京房易》十卷，鄭康成《周易》九卷，陸積注《周易》十四卷，虞翻注《周易》九卷，《東觀漢記》一百二十七卷，謝承《後漢書》一百三十卷，《漢詩》二十二卷，業遵《毛詩》二十卷，吕忱《字林》七卷，《古玉篇》三十卷，《括地志》五百卷，《輿地志》三十卷，《新序》三卷，《説苑》（劉向撰）二十卷，劉向《七録》二十卷……深師方《黄帝針經》九卷，《九墟經》九卷……《淮南子》二十一卷……羊祜《老子》二卷，羅什《老子》二卷，鍾會《老子》二卷……吴均齊《春秋》三十卷……《班固集》十四卷…… 嵇康《高士傳》三卷……干寶《搜神記》三十卷……等。

[《高麗史》卷十，宣宗八年（一〇九一）六月條]

以上是高麗宣宗八年（一〇九一）高麗向宋朝皇帝提交的高麗所藏中國善本的内容，證實當時在高麗珍貴本很多，甚至在宋朝也是相當珍稀。

上述書目提到了《七録》，值得關注。雖然《七略》事實上是劉向的兒子劉歆根據劉向的《别録》完成的著作，但此《七録》并不一定是劉歆的《七略》。爲什麽呢？《高麗史》中「劉向《七録》二十卷」，提到《七録》的作者是劉向，且與《隋書·經籍志》中「《别録》有二十卷」所説的卷數一致，由此可知，這裏提到的《七録》可能是《别録》的誤記，或者是《别録》的异名。

上述記録表明，劉向的《别録》《新序》《説苑》在高麗時代初期已傳入韓國。另外，《列女傳》《楚辭》《戰國策》雖然到了朝鮮初期才有傳入的記録，但也不排除在高麗時代傳入的可能。因爲上述記録提到的不僅有劉

向的作品，還有其他中國文言小説如《高士傳》和《搜神記》等，《列女傳》在這個時期傳入的可能性也是有的。《新語》的傳入記録也值得注意。《朝鮮王朝實録·成宗實録》卷一三九—六，成宗十三年（一四八二）三月，丙子條：

（丙子）正朝使漢城府右尹李克基、副使大護軍韓忠仁，來覆命，仍進《清華集》《劉向新語》《劉向説苑》《朱子語類》《分類杜詩》及羊角書板。

從這條記録可以看出：因朝鮮成宗關注《説苑》，其後有作爲朝貢使臣的李克基從中國購買《新語》和《説苑》進獻給成宗一事。這條記録中需要注意的是《新語》這本書。西漢文人陸賈有一本書名爲《新語》。但這裏明確説劉向是《新語》的作者，所以更大的可能是：這裏的《新語》不是陸賈的《新語》，有可能是劉向的《新序》被誤記，也有可能是被遺失的劉向的其他著作。

（二）韓國傳入版本分析

1.《新序》

《新序》原本三十卷，大約在公元前二十四年或二十五年，由劉向撰寫并進獻給皇帝。之後一直没有出版記録。北宋時代，曾鞏（一〇一九—一〇八三）收集整理當時存在的殘本重新編輯成十卷。高麗宣宗八年（一〇九一），高麗向宋朝皇帝提交的高麗善本書目將「《新序》三卷」單獨列出，可見北宋曾鞏編輯的十卷本雖

然有出版，但已尋求不到，所以需要這個高麗才有的三卷本。

韓國傳入的三卷本《新序》已經佚失，現在韓國境内收藏的版本以清刻本爲主，連明刻本都未曾發現。這樣看來，一四九二年到一四九三年間，《新序》在韓國國内已出版，所以中國刻本傳入的可能性相對來説很小，到了朝鮮後期，書籍不足，清朝版本才大量傳入。

2.《説苑》

《説苑》原本爲二十卷。到北宋初期，殘存五卷，曾鞏重新將其復原成二十卷（六百三十九章）。到了清朝，經過接二連三的補充，分爲六百六十三章。一九八五年刊行的《説苑疏證》[一]分爲八百四十五章，一九九二年刊行的《説苑全譯》[二]分爲七百一十八章，直到現在還陸續有所增補。

據高麗宣宗八年（一〇九一）高麗所藏中國善本書目，傳入韓國的《説苑》爲「二十卷」。這意味着，當時除了曾鞏的編輯本，還存在更早的版本。陸游《渭南集》卷二七載：「李德芻云：館中《説苑》二十卷，而闕《反質》一卷，曾鞏乃分《修文》爲上下，以足二十卷。後高麗進一卷，遂足。淳熙乙巳十月六日，務觀。」陸游的記載可以證明上述推論。中國現存的《説苑》有明代萬曆年間版本，韓國未見明代版本，大多數都是清代版本。

3.《列女傳》

《列女傳》在傳寫、修正和補充過程中出現了各種各樣的版本，要復原劉向原本的面貌十分困難。後代還

[一] 趙善詒：《説苑疏證》，華東師範大學出版社，一九八五年。
[二] 王鍈、王天海：《説苑全譯》，貴州人民出版社，一九九二年。

出現了《續列女傳》和《古今列女傳》（三卷）。爲了與這些書相區分，兹將劉向的《列女傳》命名爲《古列女傳》。明代解縉受命重新編纂的《古今列女傳》（三卷）完成於一四〇三年，清代有王照圓的《列女傳補注》（一八一二）、梁端的《列女傳校注》（一八三三）等後續作品。

《列女傳》在高麗宣宗（一〇八四—一〇九四）之前已經傳入的可能性很大，但是實際的傳入記録出現在朝鮮太宗年間。一四〇三年，明朝解縉受命重新編纂的《古今列女傳》完成的第二年，也就是朝鮮太宗四年（一四〇四），就出現了《古今列女傳》的傳入記録〔一〕。韓國現在收藏的版本中，明代版本大部分都遺失了，而以清朝的版本爲主。

4.《楚辭》

《楚辭》大約在高麗時代傳入韓國，這可以從世宗十一年（一四二九）的刊行記録和現存版本得到印證。韓國收藏中國刊本《楚辭》的記録頗多，兹摘録如下：

《楚辭句解評林》：（漢）劉向編集。（漢）王逸章句。（明）馮紹祖校正，萬曆十五年（一五八七）「後刷」，木版本，韓國學中央研究院。

〔一〕十一月，己亥朔，進賀使李至、趙希閔，賫帝賜《列女傳》、藥材、禮部諮文，回自京師。諮文曰：「欽奉聖旨，朝鮮國王缺少藥材，差臣來這裏收買，恁禮部照他買的數目，關與他將去。與王同來的使臣告説，先蒙頒賜《列女傳》，分散不周，再與五百部，欽此。」藥材、《列女傳》交付差來使臣李至等。麝香二斤，朱砂六斤，沉香五斤，蘇合油一十兩，龍腦一斤，白花蛇三十條，《古今列女傳》五百部。〔《太宗實録》卷八，二六—二七，太宗四年十一月一日，己亥朔〕

《楚辭》（一—八卷），（漢）劉向輯。（明）馮夢禎校，尚雙軒刊，木版本，嶺南大學。

《楚辭》（一—十七卷），（漢）劉向編集。（漢）王逸校書。洪興祖補注，金陵書局，同治十一年（一八七二）刊，木版本，忠南大學、高麗大學。

《楚辭》（一—四卷）：（漢）劉向編。（宋）朱熹集注，同治十一年（一八七二）刊，木版本，忠南大學。

《楚辭》（一—十七卷）：（漢）劉向編集。（漢）王逸章句。（清）陶炯照覆校。（清）丁兆松再三校，三餘堂，光緒十七年（一八九一）刊，木版本，首爾大學。

《楚辭》（一—十七卷）：（楚）屈原撰。（漢）王逸注。（漢）劉向集。（宋）朱熹集注，經舍堂，光緒二十一年（一八九五）刊，木版本，忠南大學（殘本卷一—六另外存在）。

韓國收藏的《楚辭》版本以清朝版本爲主，偶爾也有日本版本。〔一〕

5.《戰國策》

劉向整理的《戰國策》，確實曾在朝鮮時代刊行。韓國所藏的《戰國策》主要版本如下：

《鮑氏國策》（一—八卷）：（漢）劉向編。（宋）鮑彪校柱，嘉靖三十一年（一五五二），木版本，忠南大學。

《戰國策》（一—十卷）：（漢）劉向編。（宋）鮑彪校注。（元）吴師道重校，緑陰堂藏板，萬曆九年

〔一〕日本版本：《楚辭》（一—四卷，殘本），屈原（战國楚）撰，（漢）王逸章句，（漢）劉向集，青木恒三郎（一七五〇年序【後刷】），木版本，東國大學所藏。

（一五八一），木版本，國立中央圖書館等。

《戰國策譚椒》（一—十四卷）：（漢）劉向編。（宋）鮑彪校注。（元）吴師道重校。張文煥輯校，萬曆十五年（一五八七）序，木版本，奎章閣。

《戰國策注》（一—十卷）：（漢）劉向編。（宋）鮑彪校注。（元）吴師道重校，文盛堂，乾隆十一年（一七四六），木版本（重刊），奎章閣、國會圖書館。

《戰國策》（一—十卷）：（漢）劉向撰。（宋）鮑彪校注。（元）吴師道重校，二南堂，乾隆五十年（一七八五），木版本，國民大學。

劉向撰、鮑彪校注、吴師道重校本，迄今爲止主要傳入收藏的版本有《戰國策》《鮑氏國策》《戰國策譚椒》《戰國策注》等各種。除此之外，傳入并收藏的日本版本也很有特色。〔一〕

二、韓國出版的版本概況

接下來討論的問題是：劉向的作品究竟有多少在韓國出版？雖然找不到在高麗時代出版的記録和根據，但是在朝鮮時代，劉向整理的《新序》《説苑》《列女傳》《楚辭》《戰國策》已全部刊行并保存至今，僅《别録》一書未見出版記録。

〔一〕《百家類纂》（四十卷）：（明）沈津編纂，隆慶元年（一五六七）序，木版本，奎章閣藏。

現將劉向作品在韓國的出版概況列表如下：

書名	傳入韓國的時間	出版記録	出版者／出版時間	出版場所	出版特徵及收藏場所
新序	一〇九一年以前	《成宗實録》成宗二十四年（一四九三）	李克墩／一四九二—一四九三年	安東（推測）	朝鮮木版本（總十卷二册）／君子村後雕堂和啓明大學等藏（殘本）
説苑	九八一年—九九七年間或之以前	《成宗實録》成宗二十四年（一四九三）／宣祖元年（一五六八）刊本，《攷事撮要》	李克墩／一四九二—一四九三年	安東	朝鮮木版本（總二十卷四册）／君子村後雕堂等藏（完整本）
列女傳	高麗時代（推斷）	魚叔權《稗官雜記》（一五四三年）／宣祖元年（一五六八）刊本《攷事撮要》	御命（中宗）禮曹出刊／一五四三年	光州	朝鮮木版本／諺解本／一書（卷四）／國立韓文博物館收藏
楚辭	高麗時代（推斷）	宣祖元年（一五六八）刊本，《攷事撮要》	世宗十一年（一四二九）、端宗二年（一四五四）、仁祖七年（一六二九）、英祖年間（一七二五—一七七六）等	校書館及地方館廳（密陽等）	朝鮮木版本、金屬活字版／八卷本和十六卷本／誠庵古書博物館、奎章閣等藏
戰國策	高麗時代（推斷）	未見出版記録	肅宗十一年（一六八五）、英祖元年（一七二五）：張維精選	校書館及地方館廳	朝鮮木版本、金屬活字版／十卷本／奎章閣、國立中央圖書館等藏
別録	一〇九一年以前	無出版記録	無	無	無

（二）《新序》《説苑》《列女傳》的出版特徵

現存於韩國的《新序》和《説苑》的朝鮮時代刊本，最先由閔寬東發現。《新序》和《説苑》的韓國出版記録，始見於《成宗實録》的成宗二十四年（一四九三）十二月二十九日條。當時的吏曹判書李克墩在慶尚道担任觀察使期間，曾下令刊行，時間大約在一四九二年末或一四九三年初。《新序》總十卷二册，上册（一—五卷）由《雜事》五篇構成，下册由《刺奢》《節士》《義勇》《善謀上》《善謀下》五篇構成。《説苑》總二十卷四册，第一册卷一至卷五，第二册卷六至卷十，第三册卷十一至卷十五，第四册卷十六至卷二十。與中國的二十卷四册相近，可看作是翻刻本。《説苑》的出版情況，在宣祖元年（一五六八）刊行本《攷事撮要》和《嶺南册版記》中也能找到。現存版本中安東君子村後雕堂本的保存狀態最好，總二十卷四册。

《列女傳》的出版記録始見於魚叔權的《稗官雜記》卷四〔一〕。據此可推斷大約是一五四三年出版的。這是中國小説中最早用韓文翻譯的一本書，具有不同尋常的意義。《列女傳》韓文翻譯本的書志文獻學記録，見於全羅道光州出版的宣祖元年（一五六八）刊行本《攷事撮要》，可推知就是一五四三年翻譯的《列女傳》。

《英祖實録》中有閔鎮遠欲刊行《古今列女傳》的記録〔二〕，但不知這本書出版與否，版本到現在也未發現。

〔一〕嘉靖癸卯，中廟出劉向《列女傳》，令禮曹翻以諺文。禮曹啓諸申珽、柳沆翻譯，柳耳孫寫字。舊本顧愷之畫，而歲久刻訛，殊失筆格，令李上佐略倣古圖而更畫之。

〔二〕癸丑，行召對。講《明紀》，參贊官金致垢曰：「經書及《性理大全》，皆皇明太宗時所纂也，太宗尊斯文之功大矣。」上曰：「解縉等奉敕修《古今列女傳》，書成，太宗親制文序之。我國有《内訓》，乃皇明太祖高皇后所作也，予欲刊行。」判府事閔鎮遠請使嶺營刊行，上曰：「當頒下於玉堂矣。」［《英祖實録》第十一卷二四條，英祖三年（一七二七）三月二十六日］

（二）《楚辭》和《戰國策》的出版情況和特徵

《楚辭》由劉向將屈原、宋玉、景差、賈誼等人的作品搜集后編輯而成，凡十六篇，之後加上王逸的《九思》，就成十七篇了。宋代朱熹的《楚辭集注》中又加入了漢代到宋代的作品，共五十二篇。

這本書早在朝鮮世宗十一年（一四二九）即已用金屬活字庚子字出版，可以確定，在高麗時代，最晚也在朝鮮初期就已經傳入了韓國。《攷事撮要》（宣祖一乙—十八目）有《楚辭後語》的目錄。其韓國版本的書志學詳情如下：

《楚辭》（一—八卷）：（漢）劉向編，（宋）朱熹集注，世宗十一年（一四二九）刊，朝鮮金屬活字本（庚子字），誠庵古書博物館。

《楚辭》：（漢）劉向編，世宗年間（一四一八—一四五〇）刊，朝鮮木版本，奎章閣。

《楚辭後語》：（漢）劉向編，（宋）朱熹集注，密陽府刊，端宗二年（一四五四），朝鮮木版本，淑明女子大學。

（四）《楚辭》（一—三卷）：（漢）劉向編，（宋）朱熹集注，仁祖七年（一六二九）左右，朝鮮木版本，高麗大學。

《楚辭》（本集四—八卷，後語二—六卷）：（漢）劉向編，（宋）朱熹集注，英祖年間（一七二五—一七七六）刊，朝鮮金屬活字本，誠庵古書博物館。

《楚辭》（一冊）：（战國楚）屈原等撰，（漢）劉向編集，（宋）朱熹集注，朝鮮金屬活字本（戊申字），

國會圖書館。

《楚辭》（一—二卷）：（漢）劉向編，（宋）朱熹集注，朝鮮中期刊，朝鮮木版本，東國大學。

《楚辭》（十六卷中一—二卷，一册）：（漢）劉向編，朝鮮木版本，奎章閣。

《楚辭》（一—八卷）：（漢）劉向編，（宋）朱熹集注，朝鮮後期刊，朝鮮木版本，東國大學。

據以上資料，《楚辭》在世宗十一年（一四二九）、端宗二年（一四五四）、仁祖七年（一六二九）、英祖年間（一七二五—一七七六）曾多次刊行，甚至采用了金屬活字本的庚子字和戊申字，足以見出這本書的價值和地位。可以推定有八卷本和十六卷本。

《戰國策》記録了大約二百五十餘年間的故事，從衛悼公時代（公元前四七六年）到六國被秦滅掉爲止。宋朝時由曾鞏重新整理。現在流通的版本主要是南宋姚宏的校注本（三十三卷）和鮑彪的校注本（十卷）。

《戰國策》的韓國版本的書志學記録，詳情如下：

《戰國策》（一—二卷，四，七—八卷）：（漢）劉向撰，（宋）鮑彪注，（元）吴師道校，朝鮮金屬活字本（甲寅字），檀國大學栗谷圖書館。

《戰國策》：（漢）劉向編，（宋）鮑彪校注，（元）吴師道重校，肅宗十一年（一六八五），朝鮮金屬活字本（戊申字），國立中央圖書館、奎章閣、韓國學中央研究院、啓明大學、誠庵古書博物館、高麗大學等。

《戰國策》：（漢）劉向編，（宋）鮑彪校注，（元）吴師道重校，（朝鮮）張維精選，英祖元年（一七二五），朝鮮木版本，慶尚大學、東亞大學、啓明大學等。

《戰國策》在肅宗十一年（一六八五）和英祖元年（一七二五）等時間段出版了多次，還采用了金屬活字及木版本。令人不解的是，雖然有在朝鮮英祖元年（一七二五）張維精選《戰國策》出現之説，但張維是仁祖時代的文人，生卒年爲一五八七至一六三八年。他編的書怎麽會在他去世近九十年之後才出版呢？

三、韓國的接受狀態和意義

高麗初期開始傳入的劉向所整理的作品，不但在高麗時代，而且到了朝鮮時代，仍持續傳入并被接受，對哲學、歷史、文學都起了不小的影響。像《三國演義》或《剪燈新話》等單部名著被多次出版是常見的，但是同一作者的許多作品，如劉向的《列女傳》《新序》《説苑》《楚辭》《戰國策》等，都被出版的情形却十分罕見。這表明劉向整理的這些作品，受到韓國讀者的廣泛歡迎。爲什麽韓國讀者會一致歡迎這些作品呢？

答案是：劉向的作品滿足了韓國讀者尋找楷模和新知識的需求。具體説來，《列女傳》可以説是一部以賢妃和貞婦事迹爲材料的教科書，《新序》和《説苑》收集教訓性的軼事和名文，反映了儒家的政治理想和價值觀。作爲贊揚社會正義的書籍，與在朝鮮時期被廣泛接受的儒家思想有很深刻的聯繫。劉向的作品與把儒學作爲國家根本思想的朝鮮社會的氛圍剛好吻合，可以用來教化世俗、訓導官員。

（一）韓國接受狀況的分析

1. 對於學問的求知欲和炫耀

朝鮮時代，世宗將《列女傳》下賜給兒媳婦奉氏，成宗曾引用《説苑》。由此可見，歷代君王都很喜歡讀

劉向的書。朝鮮的文人們對新學問的需求，也促進了對劉向作品的接受。作爲修養書和訓誡書，最合適的當屬《戰國策》和《説苑》。劉向的作品以格言和故事成語的豐富見長，而名言名句最多的正是《説苑》和《戰國策》。例如《説苑》中的名言警句：

少而好學，如日出之陽；壯而好學，如日中之光；老而好學，如炳燭之明。

官怠於宦成，病加於小愈，禍生於懈怠，孝衰於妻子，察此四者，慎終如始。

君子成人之美，不成人之惡。

又如《戰國策》中的名言警句：

士爲知己者死，女爲悦己者容。

行百里者半九十。

同欲者相憎，同憂者相親。

前事之不忘，後事之師。

這些名言名句，滿足了當時文人對知識的渴望和對修身的講求。

2. 官吏們的訓育和統治術

《説苑》在韓國的傳入記録和相關資料，比起《新序》來更爲豐富。在高麗和朝鮮時代，《説苑》作爲必讀書，深受上至諸王、下至文人的喜歡，經常用於官吏的訓育和教化。《朝鮮仁祖實録》（卷四六—七八：仁祖二十三年十月九日，丁亥條）有這樣的記録：

昔在麗代成宗朝，金審言上疏，請以劉向《説苑》六正六邪文及《漢書》刺史六條，堂壁各寫其文，出入省覽，以備高抬貴手。王大加褒奬，依所奏施行。其後崔冲以爲：今世代已遠，宜更書揭之，使知飭勵。從之。其言皆切實，亦古者訓戒之意也。敢將《周禮》荒政及《説苑》刺史條，列録於劄尾。伏願殿下命寫一通，并與盤席之銘而置諸座右，以寓閑燕之省察。又令政院取荒政以下之文，内則付諸政府及六曹，使之各録於屬司之壁上，外則遍諭於八道監司兩府留留守州縣，廳壁并令書揭，常存惕念。則其於風化，不爲無補。

這裏，《説苑》的「六正六邪」和《漢書》的「刺史六條」尤受重視。「六正六邪」是將臣下按好壞各分爲六種，六正分爲聖臣、良臣、忠臣、智臣、直臣、貞臣，六邪分爲具臣、諛臣、奸臣、讒臣、賊臣、亡國臣，以資警戒。此外，「刺史六條」即刺史巡查地方、從政需要重點注意的六個條款，如地方土豪的違法行爲，官僚的以權謀私、執法不公，不公正的人事行政，高級官員子弟不法，收受賄賂等行爲。

3. 教化婦女以改善風俗

用於教化婦女是《列女傳》的重要功能。劉向編寫《列女傳》，以趙飛燕姐妹擾亂皇室爲警戒，提出了女性的道德標準。世宗下賜《列女傳》給兒媳奉氏；《三綱行實録》的《烈女篇》中也引用了《列女傳》的部分内容；成宗的母親仁粹大妃摘録《列女傳》的部分内容編纂成《内戒》（三卷三册，一四七五年）。參照這些事實，可知《列女傳》經常被王室用作女性倫理教育指南。而從王室衍生出的這些女性倫理意識，在朝鮮五百餘年間也是普通婦女的準則。

4. 歷史教訓和人格修養的教本

劉向整理衆多作品的目的之一，如他執筆的《洪範五行傳論》所説，是爲了限制外戚暴行，訓誡天子大臣。《新序》借鑒歷史來教育後代，是一部寓教於樂的故事集。《説苑》摘録了古代先賢的言行，適合作爲教育讀物[一]。《列女傳》摘録了大量作爲女性典範和警戒的典故。《戰國策》通過歷史故事闡發政治教訓。總之，劉向作品除了傳達政治智慧外，作爲人格修養的教本也是出色的，因此傳入韓國後備受青睞。

（二）韓國接受的意義

劉向所整理的這些經典作品，其在接受史上的意義，擬分别從「交流史的意義」和「書志學的意義」兩個方面加以考察。

〔一〕閔寬東：《稀貴本中國文言小説介紹和研究》，學古房，二〇一四年，第二三頁。

1. 交流史上的意義

這些作品在學術交流史上的意義，可以《説苑》爲例加以説明。

《説苑》在北宋初僅殘存五卷，曾鞏重新復原爲二十卷。曾鞏卒於一〇八三年，而北宋皇帝哲宗向高麗尋求此書是在一〇九一年，這樣就産生了一個疑問：一部已經在本國出版的書，何以要到高麗尋求呢？這個疑問在陸游（一一二五—一二一〇）的《渭南集》卷二七中得到了答案：

李德芻云：館中《説苑》二十卷，而闕《反質》一卷，曾鞏乃分《修文》爲上下，以足二十卷。後高麗進一卷，遂足。淳熙乙巳（一一八五）十月六日，務觀。

原來，曾鞏的二十卷本《説苑》其實只有十九篇。哲宗得到高麗國有完整本的消息後，命高麗使臣李資義呈上。據高麗本增補的《説苑》才是真正的完整本。中國古籍通過中韓學術交流而得以補充完整，其學術交流史的意義是顯而易見的。

2. 書志學的意義

一個作品由他國傳入甚至出版需要經過好些程式。事實上，作品的傳入隨時都有可能，但是要出版的話就不容易了，只有在積極接受的前提下才可能實現。

劉向作品的出版意義至少有兩個方面。第一，劉向整理的一系列作品，《列女傳》是以譯本形式出版的。

一五四三年翻譯出版的《列女傳》是最早的中國小説，原有的插圖被原封不動插入書中，具有突出的書志學價值和意義。第二，原本出版的《新序》《説苑》《楚辭》《戰國策》，書志文獻學的價值也可圈可點。《楚辭》在世宗十一年（一四二九）用金屬活字刊行，《楚辭後語》在端宗二年（一四五四）刊行於慶尚道密陽。《新序》《説苑》大約一四九二至一四九三年在安東刊行，《戰國策》一六八五年本采用了金屬活字戊申字本，也有年度不詳的甲寅字本。這些作品的刊行時間，除了《戰國策》以外，全部集中在十五世紀，比中國現存的版本最少要早一百年至一百五十年。朝鮮版本大部分内容完整，與原著更爲接近，是中國書志文獻研究的珍貴參考資料。

朝鮮刊本《劉向新序》之書志

《新序》是一部以諷諫爲目的的歷史故事類編，采集舜、禹以至漢代史實與逸事，分類編纂而成。《新序》原書三十卷，今存十卷，曾由北宋曾鞏校訂。曾鞏（一〇一九—一〇八三），字子固，建昌軍南豐（今江西省南豐縣）人，後居臨川，北宋文學家、史學家。曾鞏將殘缺不全的《新序》整理編纂成現在通行的版本〔一〕：上册爲《雜事一》《雜事二》《雜事三》《雜事四》《雜事五》，共五卷；下册爲《刺奢》《節士》《義勇》《善謀上》《善謀下》，共五卷。

北宋刊本爲十一行二十字，保留曾鞏校本的原貌。元代，《新序》刊刻不多，一種元刊本爲十一行十八字。明代，《新序》與《説苑》二書往往合刊，主要版本如下：最早的版本爲明朝洪武年間刊本，十行十九字；嘉靖二十六年（一五四七）何良俊合刊本，十行二十字；嘉靖三十八年（一五五九）楊美益刊刻《劉氏二書》本，

〔一〕姚娟：《〈新序〉〈説苑〉文獻研究》，華中師範大學博士學位論文，二〇〇九年，第二七頁。

十一行十八字；萬曆二十年（一五九二）程榮刊刻《漢魏叢書》本，九行二十字。清代出現了《四庫全書》本、鐵華館本等，民國有《四部叢刊》本。其中，鐵華館本至今都公認爲善本。〔一〕

在上述版本中，《四部叢刊》本以明代覆刻的宋刊本爲底本，皆爲四周雙邊，一頁十一行十八字，其間存注雙行，爲内向黑魚尾。〔二〕這種版式與朝鮮刊本相近，乍看似乎是同一版本，但是仔細核對，就可以發現兩者的不同之處。對此後文詳述。

一、韓國接受《新序》的歷程

依據現存文獻記録，可以確定，韓國最初閲讀《新序》之人是崔致遠。〔三〕崔致遠（八五七—？）雖未直接引用《新序》，却四次使用了有關内容：《桂苑筆耕集》第十五卷《黄籙齋詞》、《桂苑筆耕集》第十七卷《謝職狀》、《孤雲集》第一卷《善安住院壁記》、《孤雲集》第二卷《無染和尚碑銘并序奉教撰》。〔四〕崔致遠

〔一〕　姚娟：《〈新序〉〈説苑〉文獻研究》，華中師範大學博士學位論文，二〇〇九年，第二八—三〇頁。

〔二〕　筆者參考的《四部叢刊初編》，即「景江南圖書館藏明覆宋刊本」，「中國哲學書電子化計畫（https://ctext.org/zh）」提供了全書的照片。

〔三〕　崔致遠，字孤雲，號海雲，謚號文昌。新羅王京（今韓國廣尚北道慶州）人。十二歲時，即唐懿宗咸通九年（八六八），乘船西渡入唐。唐僖宗乾符元年（八七四）進士及第，出任溧水縣尉，任期届滿，被淮南節度使高駢聘爲幕府，後授職幕府都統巡官。二十八歲時，即唐僖宗中和四年（八八四），以「國信使」身份東歸新羅。

〔四〕　參見韓國古典綜合DB（http://db.itkc.or.kr/）。

因留唐十六年而可以在當地閲讀《新序》，但是此時未有刊印本《新序》，僅有手抄本，因此崔致遠不會把它帶歸新羅。

目前不能確定《新序》何時傳入韓國境内，然而《高麗史》宣祖八年（一〇九一）記載有《新序》書名：

丙午，李資義等還自宋，奏云：帝聞我國書籍多好本，命館伴書所求書目録授之，乃曰：雖有卷第不足者，不亦須傳寫附來，百二十八篇：……《新序》三卷、《説苑》（劉向撰）二十卷、劉向《七録》二十卷……

［《高麗史》卷十，宣宗八年六月條］

根據這一記載，至少在高麗初葉（一〇九一年左右），劉向《新序》已經流傳於韓國境内。這是最初的傳入記録。《新序》的出版記録最早見於《成宗實録》之成宗二十四年（一四九三）十二月二十九日條，對此後文詳述。

至朝鮮時代，有關《新序》的記録愈來愈多。其中，朝鮮文人黄玹評價《新序》説：

曾子固序劉向《新序》，推論一道德同風俗，爲王者之極功。其説蓋美矣。然此以三代之盛，漸摩薰漬之極，自無異言異行者而言耳，非所與論於秦、漢以後也。嗚呼！大樸既散，虚僞日滋，微窺國家

之所尚，則群下靡然趨之，遂成一代之俗。自宋儒創明理學，人人知卑功利，人人知排異端，可謂道德一而風俗同矣。然治天下則蔑其效，且在當時號爲是學者，尚往往有可議，况其愈下者乎？〔一〕

黄玹（一八五五—一九一〇）〔二〕的評價代表了朝鮮文人對《新序》的見解。他們都認爲《新序》是規諫帝王之書，不僅是帝王學的教材，亦是政治家必讀之書。

朝鮮正祖（一七五二—一八〇〇，在位一七七七—一八〇〇）與大臣談論《詩經》時，兩次直接引用了《新序》：「《黍離》毛傳以爲大夫閔宗周之詩。朱子從之。然《新序》則曰衛伋見害，弟壽閔之，爲作《黍離》之詩以求之。曹植曰：尹吉甫殺孝子伯奇。其弟伯封求而不得，作此詩。衛壽之死先於伋，則《新序》之説。」〔三〕「二子乘舟，疑其渡河而死也。然《左傳》曰殺于莘，又曰殺於隘。莘固河西而非逾河矣，隘亦非涉河之地也。《史記》曰死於界上。界即自衛適齊之界，而隔河非渡河矣。《左傳》《史記》皆無二子渡河事。而《詩》有

〔一〕黄玹，《梅泉集》第六卷，《東溪草堂記》。引自韓國古典綜合DB（http：//db.itkc.or.kr/）。本文皆無標點符號，其標點符號由筆者添加。
〔二〕黄玹，字雲卿，號梅泉。朝鮮全羅道光陽郡人，是朝鮮近代史上著名的詩人、文學家、愛國人士。他和姜瑋、李建昌、金澤榮并稱爲韓末四大文學家。一九一〇年，黄玹聽到日韓合并的消息以後，自殺殉國。代表作有《梅泉集》《梅泉野録》等文學和歷史著作。
〔三〕《弘齋全書》第八十八卷，《經史講義》二十一《詩》。引自韓國古典綜合DB（http://db.itkc.or.kr/），標點符號由筆者添加。

乘舟之語，何歟？惟劉向《新序》云宣公欲殺太子伋而立壽。」〔一〕由此可知，朝鮮君王與大臣皆熟知《新序》的内容，在談論《詩經》時，可以熟練引用此書。

李瀷（一六八一—一七六三）〔二〕也多次直接引用《新序》，如《星湖僿説》第三卷《天地門》「撫彗星」、《星湖僿説》第十卷《人事門》「乘馬耕牛」、《星湖僿説》第十八卷《經史門》「牛後」、《星湖僿説》第十九卷《經史門》「卞莊子」、《星湖全集》第二十四卷《答安百順甲戌》等。〔三〕李瀷還討論過《新序》與《説苑》的成書過程：「至成帝時，以書頗散亡，使謁者陳農求遺書於天下；使劉向校經傳諸子詩賦；任宏校兵書；尹咸校術數；李柱國校方技；每一書已，向輒條其篇目，撮其旨意，録而奏之。今《説苑》《新序》者，即雜采聞見而録之而已，初非難事。」〔四〕由此可知，李瀷愛不釋手地耽讀《新序》，熟知其内容，可以運用自如，還曾留意劉向編纂《新序》的經歷。其他朝鮮文人也常提及有关《新序》的内容，在韩国史书与文集中，至少可以查到一百多次。〔五〕

《新序》在朝鲜有着廣泛的需求，正是在這種背景下，朝鲜政府的高级官员李克墩（一四三五—一五〇

〔一〕《弘齋全書》第八十八卷，《經史講義》二十五《詩》。引自韓國古典綜合DB（http://db.itkc.or.kr/），標點符號由筆者添加。
〔二〕李瀷，字子新，號星湖。朝鮮京畿道驪州人。朝鮮李朝哲學家，實學派代表人物之一。他對當權者統治不滿，終生不仕，從事學問研究。著作涉及天文、地理、經濟、軍事和文藝等各方面，著有《星湖僿説》《星湖文集》《藿憂録》等。
〔三〕參見韓國古典綜合DB（http://db.itkc.or.kr/）。
〔四〕李瀷，《星湖僿説》第二十二卷《經史門》。引自韓國古典綜合DB（http://db.itkc.or.kr/），標點符號都由筆者添加。
〔五〕參見韓國古典綜合DB（http://db.itkc.or.kr/）。

三）〔一〕下令刊行了《新序》。对此下文擬详细探讨。

二、朝鮮刊本劉向《新序》現存版本

李克墩刊行《新序》，其出版記録見於《朝鮮王朝實録·成宗實録》之成宗二十四年（一四九三）十二月二十九日條：

吏曹判書李克墩來啓：「《太平通載》《補閑》等集，前監司時已始開刊，劉向《説苑》《新序》，非徒有關於文藝，亦帝王治道之所繫，《酉陽雜俎》雖雜以不經，亦博覽者所宜涉獵，臣令開刊。前日諸道新刊書册進上，有命，故進封耳。未知何書爲關於詩學，而指臣爲中之乎？」

〔《成宗實録》卷二八五，成宗二十四年十二月二十九日，己丑〕

據以上記載可知：李克墩時任吏曹判書，之前擔任地方監司（慶尚道觀察使）時，下令刊行了幾部中國書

〔一〕李克墩，字士高，朝鮮京畿道廣州人。世祖三年（一四五七）「親試文科」及第後，歷任刑曹參判、江原道觀察使、禮曹參判、永安道觀察使、吏曹參判、司憲府大司憲、全羅道觀察使、平安道觀察使、行慶尚道觀察使、吏曹判書等。他曾赴明朝三次：成宗五年（一四七四）以「聖節使」身份赴明朝；成宗七年（一四七六）以「奏請使」身份赴明朝；成宗十五年（一四八四）以「正朝使」身份赴明朝。此内容是筆者按「韓國歷代人物綜合情報系統（http://people.aks.ac.kr/）」整理的。

籍，如《説苑》《新序》以及《酉陽雜俎》等。《實録》明確記載了各道奉命將新刊各種書籍進獻上呈的事。據此記録，《新序》《説苑》《酉陽雜俎》等已於一四九三年之前刊行於世。若據成宗二十三年（一四九二）《唐段少卿酉陽雜俎》於月城（慶州）出版問世來推定《新序》《説苑》的刊出時間，可能是在一四九二年。

《攷事撮要》〔一〕記載朝鮮前期的出版目録，其中有《説苑》。《嶺南册版記》〔二〕還記載了刊行《説苑》時所用的墨與紙張的具體數量：「劉向《説苑》，壯紙二十二貼二張，墨三丁（安東郡）」。《説苑》的出版記録見於《攷事撮要》與《嶺南册版記》，然而《新序》的出版記録不見於任何記載。

無論中國或韓國，在任何時代，《新序》都與《説苑》并稱。嚴靈峰甚至認爲，「新序」不是書名，而是

〔一〕《攷事撮要》一書是由魚叔權等於朝鮮明宗九年（一五五四）奉王命，收集參考《帝王歷年記》《要集》等資料編纂而成，全書主要内容爲當時之「事大交鄰」與各種記事等，分上中下三卷。此後，一直到徐命膺於一七七一年大幅修正增補《攷事新書》爲止，已刊出共計十二版次之多。現存最早本爲一五六八年（宣祖元年）所刊之乙亥字本。一般認為宣祖九年（一五七六）所刊之乙亥字本爲坊刻本中現存最古老本；宣祖十九年（一五八五）所刊行之木刻本是由許篈對書中必要部分進行了修正增補後所刊出的版本，於壬辰倭亂後絶版；至光海君五年（一六一三），由朴希賢對内容進行補充，刊出《續攷事撮要》；至仁祖十四年，（一六三六）由崔鳴吉再次對内容進行增補而編纂出《續編攷事撮要》。金致雨：《〈攷事撮要〉的册版目録研究》，韓國民族文化出版社，一九八三年，第七一—一四三頁。引自閔寬東著、李英月譯：《中國古代小説在韓國研究之綜考》，武漢大學出版社，二〇一六年，第一五六頁。

〔二〕有關《嶺南册版記》的成書時期，有兩種看法：李朝明宗九年（一五五四）以前説；宣祖元年（一五六八）以後説。劉向《説苑》之出版記録亦見於此書中，書中載：「劉向《説苑》（安東）：壯紙二十二貼二張，黑三丁。」此項記録與《攷事撮要》的記録相一致。金致雨：《〈攷事撮要〉版本目録及收録刊本研究》（韓國亞細亞文化社，二〇〇七年）。引自閔寬東著、李英月譯：《中國古代小説在韓國研究之綜考》，武漢大學出版社，二〇一六年，第一五六頁。

「新編」的意思，所以《新序説苑》就是一部著作，而不是《新序》與《説苑》兩部著作。〔一〕明代，《新序》與《説苑》往往合刊爲一本。朝鮮刊本的《新序》與《説苑》，版式一致，也許是在同一地點同時刊行的。《嶺南册版記》指出：《劉向説苑》刊於安東，後彫堂位於安東，此藏書處收藏《劉向新序》下册與《劉向説苑》四册。後彫堂藏本《劉向新序》是補刻本，由此看出安東此處一直收留着初刻本的原板，後來補刻其原板後，再刊出補刻本。《攷事撮要》與《嶺南册版記》都有《説苑》的出版記録，却不提及《新序》，也許《攷事撮要》與《嶺南册版記》的編者認爲，《新序》與《説苑》是同一類，所以提了《説苑》就不必提《新序》了。

朝鮮刊本《劉向新序》爲十卷二册，上册爲《雜事一》《雜事二》《雜事三》《雜事四》《雜事五》，共五卷；下册爲《刺奢》《節士》《義勇》《善謀上》《善謀下》，共五卷。兹先介紹現存版本目録，再做分析。

韓国所藏《劉向新序》版本情况

書名	版式事項	所藏處	所藏編號	備考
劉向新序	五卷一册（零本，一—五卷），朝鮮木版本，25.7cm × 17.9cm，四周雙邊，半郭：18.5cm × 14.7cm，有界，十一行十八字，黑口，内向黑魚尾，紙質：楮紙	啓明大學	（貴）812.081 劉向〇-1-	登録編號：A114566

〔一〕姚娟：《〈新序〉〈説苑〉文獻研究》，華中師範大學博士學位論文，二〇〇九年，參見第二九頁。

劉向新序	五卷一册（零本，一—五卷），朝鮮木版本，25.7cm×17.9cm，四周雙邊，半郭：18.5cm×14.7cm，有界，十一行十八字，黑口，内向黑魚尾，紙質：楮紙	啓明大學	（古）812.081 劉向〇 - 1-	登録編號：A117319
劉向新序	五卷一册（一—五卷），朝鮮木版本，半郭：18.7cm×15.1cm，十一行十八字，内向黑魚尾，黑口	雅丹文庫	無	現在不可閲覽
劉向新序	二册，29cm（除此之外，未標明任何版式事項）	日本國會圖書館	請求記號 821 ～ 4	全文照片公開提供於網站上（http://dl.ndl.go.jp/）
劉向新序	一册（缺本），朝鮮木版本，27.5cm×19.7cm，四周雙邊，半郭：19.1cm×15cm，十一行十八字，上下黑魚尾，紙質：楮紙	韓國學中央研究院	C15 ～ 61	不可閲覽原書，而可以列印縮微膠卷
劉向新序	五卷一册（缺帙），朝鮮木版本，二十四.8×18.9cm，四周雙邊，半郭：18.5cm×14.8cm，有界，十一行十八字，注雙行，上下内向黑魚尾，紙質：楮紙	京畿大學	京畿 null ～ K120969 ～ 2	可以閲覽且攝影
劉向新序	五卷一册（卷六—十），朝鮮木版本，31cm×20cm，四周雙邊，半郭：18.5cm×15cm，有界，十一行十八字，注雙行，内向黑魚尾，紙質：楮紙	安東市臥龍面金俊植	KS0432 ～ 1 ～ 04 ～ 00393	現在所有古書委托於國學振興院

劉向新序	原刻混入補字本，五卷一册（缺帙），朝鮮木版本，26.2cm×18.8cm，四周雙邊，半郭：18.2cm×14.6cm，有界，十一行十八字，上下小黑口，内向黑魚尾	誠菴古書博物館	誠菴 3～121	現在博物館關閉，不可閲覽
劉向新序	二卷一册，朝鮮木版本，24×17.5cm，四周雙邊，半郭：18.4cm×14.5cm，有界，十一行十八字，大黑口，内向黑魚尾，紙質：楮紙	慶山郡崔在石	韓國典籍綜合調查目録第一輯	遺失
劉向新序	四卷一册，朝鮮木版本，25.4cm×18cm，四周雙邊，半郭：18.3cm×14.6cm，有界，十一行十八字，小黑口，内向黑魚尾，紙質：楮紙	榮豐郡金用基	韓國典籍綜合調查目録第一輯	遺失

朝鮮刊本《劉向新序》版式皆爲木版本，半郭大致爲 18.5cm×15cm 左右（版本間大小差异一般被視爲目録整理者記録之誤差），皆爲四周雙邊，一頁十一行十八字，其間存注雙行，爲内向黑魚尾，紙質皆爲楮紙。

由上表可見，日本國會圖書館所藏朝鮮刊本《劉向新序》上下二册，啓明大學（二本）、雅丹文庫收藏上册，韓國學中央研究院、京畿大學、後彫堂、誠菴古書博物館收藏下册。

（一）朝鮮刊本《劉向新序》上册

朝鮮刊本《劉向新序》上册，三種版本可以閲覽原文：啓明大學藏本兩種和日本國會圖書館藏本一種。雅

丹文庫藏本臨時限制閲覽。啓明大學藏本兩種由啓明大學圖書館向筆者提供原文照片；日本國會圖書館藏本在該網站上（http://dl.ndl.go.jp/）提供原文。

啓明大學收藏上册二本，此二本的所藏編號一致，但將「貴」字和「古」字分别附加於編號前，區分爲「貴重本」與「古本」兩種。此二本的登録編號不同：「貴重本」登録編號爲「A114566」，「古本」登録編號爲「A117319」。貴重本較爲破舊，前後兩部分頗多損壞。兩本都遺失了目録和序。

啓明大學貴重本的封面上寫着「丁丑重陽月改粧」，不能確定「丁丑」是哪個年份。只能推測，原書頗多損壞，因此重新裝訂時改换封面。但新裝訂的某些部分還是無法識别正確的字樣。尤其是新裝訂的第一頁至第四頁嚴重損壞，也許因目録和序殘缺不堪，故捨棄此部分而重新裝訂。

朝鮮刊本《劉向新序》皆爲四周雙邊，但某些版本的某些頁不是四周雙邊，而是四周單邊。原板的該頁也許散失或者損壞不堪，因此補刻了該頁而再印出。上册與下册都是如此，這是區分初刻本和補刻本的標識。

啓明大學古本補刻的第七十一頁和第七十二頁爲四周單邊，其餘部分皆爲四周雙邊。貴重本的全書皆爲四周雙邊。由此可以確定，貴重本是初刻本，古本是補刻本。

貴重本遺失了第十一頁。貴重本與古本都遺失了第六十九頁和第七十頁、第八十五頁和八十六頁。古本遺失了目録和序、第一頁至第四頁，又遺失了書後部分的六張共十二頁：即第一百二十三頁至第一百三十四頁。

筆者在二〇一三年調查啓明大學目録時，古本的刊行處與刊行時期皆爲「未詳」，但是最近將刊行處改爲「安東」，而且將刊行時期改爲「一四九二年（成宗二十三年）」。筆者認爲：古本是補刻本，初刊本的確刊

行於一四九二年，然而補刻本不能確定刊行時間，但一定刊行於初刊本之後。古本的刊行時間不是「一四九二年」，而是「一四九二年之後」，其目録有誤。上表的相關内容即根據筆者的這一判斷。

日本國會圖書館所藏上、下二册朝鮮刊本《劉向新序》，唯一的完整本，其餘所藏皆爲殘卷。日本國會圖書館的版本與啓明大學古本相同，可以確定它是朝鮮刊本。在其網站查詢「詳細情報」，可以查到「《國立國會圖書館所藏朝鮮關係資料目録朝鮮本篇》三十四頁左」，其内容顯示，該版本的確是朝鮮刊本。

日本國會圖書館藏書保留着啓明大學貴重本與古本遺失的目録和序。其版本補刻了第六十九頁至第七十二頁共四頁，如同啓明大學古本一樣，這四頁都不是四周雙邊，而是四周單邊，證明其版本也是補刻本。現存的啓明大學貴重本、古本與日本國會圖書館藏本都遺失了第八十五頁和第八十六頁。不能斷定是朝鮮刊本最初刻板時遺漏了該二頁，還是再印時漏掉了原板的該二頁。

就上册而言，除此三種版本以外，還有雅丹文庫藏本。若以此版本與其他三種版本核對，可以進一步瞭解四種版本之間的關係。可惜雅丹文庫藏本現在不能閲覽。

（二） 朝鮮刊本《劉向新序》下册

朝鮮刊本的《劉向新序》下册，有四種版本可以閲覽原文：韓國學中央研究院、京畿大學、後彫堂、日本國會圖書館藏本。韓國學中央研究院藏本不能閲覽原版本，但可以利用縮微膠卷閲覽原文，而且可以列印全文。金俊植一家（下文以「後彫堂」代稱）允許筆者影印其文本。京畿大學藏本不許影印文本，但允許攝影全文。日本國會圖書館藏本在該網站上提供原文，但該版本刊印狀態較爲模糊，某些部分難以辨認。

韓國學中央研究院藏本的封面較爲破舊，書籍的右面和其上下邊緣也較爲磨損，但是原文的刊印狀態良好。此版本皆爲四周雙邊，任何一頁也没補刻。其版本遺失了第八十四頁和第八十五頁，而京畿大學、後彫堂、日本國會圖書館藏本都保留了該二頁。其他三種現存版本的該二頁皆爲四周雙邊，但後彫堂與日本國會圖書館藏本是補刻本（後文對此詳述），此補刻本亦是四周雙邊，理所當然，初刻本亦是四周雙邊。由此可以推斷：韓國學中央研究院藏本的該二頁的確是没補刻的四周雙邊，而且没有任何一頁是四周單邊，此版本就是初刻本。

京畿大學藏本相當破舊：封一嚴重損壞，左下側有個穿孔，封底已掉了。全書比其他版本更小，也許其邊緣磨損太多，因此索性剪掉它。此藏本雖然相當破舊，某些部分刊印模糊，但是其刊印狀態良好。此版本遺失了第一頁、第三十七頁和第三十八頁、第六十三頁和第六十四頁。抄補的第一頁貼在第二頁的後面；第三十七頁和第三十八頁未抄補；抄補的第六十三頁和第六十四頁貼在原位置，且跟原文一樣，皆爲十一行十八字，内容也與原文完全相同。由此可見，抄補這三頁時，有另外一個朝鮮刊本可供核對。京畿大學藏本殘留的全文皆爲四周雙邊，此版本遺失的該五頁，與其他補刻本核對，補刻本皆爲四周雙邊，據此可以推斷：京畿大學藏本是没有補刻的「補刻本」。

後彫堂藏本與日本國會圖書館藏本完全相同，此二藏本的保存狀態良好，但其字迹模糊，某些部分難以識别。這些模糊不堪的字樣都見於此二藏本的同一頁，由此可以確定：朝鮮刊本的原板損壞，因而不同的兩種版本刊印狀態都同樣模糊。

綜上所述，筆者將朝鮮刊本《劉向新序》區分爲初刻本與補刻本：初刻本没有任何一頁是四周單邊，皆爲

四周雙邊；補刻本大都爲四周雙邊，但有幾頁「補刻」是四周單邊。筆者一直認爲：無論上册和下册，都有初刻本與補刻本的區別。用照片核對初刻本與補刻本的不同版本，可以對此給予證實。

筆者先提供下册不同版本的第一百零七頁，再探討它們的不同之處。後彫堂藏本與日本國會圖書館藏本完全相同，因此以後彫堂藏本代替日本國會圖書館藏本。以下是三種版本的照片（參見圖一、圖二、圖三）：

從這三張照片可以看出版本之間的差别。韓國學中央研究院藏本的刊印狀態較好，有模糊的部分，但没有磨損的部分。其實此版本列印縮微膠卷時，因可以調節明暗程度，而可以列印出更清晰的照片。京畿大學藏本的原板與韓國學中央研究院藏本相同，此二版本皆爲四周雙邊，但是京畿大學藏本的左側磨損嚴重，比韓國學中央研究院藏本更模糊，由此可見京畿大學藏本的刊印時間晚於韓國學中央研究院藏本。後彫堂藏本比京畿大學藏本、韓國學中央研究院藏本清晰，但其原板顯然不同，後彫堂藏本爲四周單邊，這就是補刻本的標志。值得注意的是，京畿大學藏本與韓國學中央研究院藏本至第五行分段，以下所有部分留着空白，但是後彫堂藏本和日本國會圖書館藏本將該部分刊印爲黑色的長箭頭模樣。總而言之，韓國學中央研究院藏本早於其他版本；京畿大學藏本其次；後彫堂藏本與日本國會圖書館藏本最晚，係補刻原板刊行。

韓國學中央研究院藏本與京畿大學藏本都是初刻本，核對此二版本的刊印狀態，可發現韓國學中央研究院藏本先於京畿大學藏本。由此可以推斷出後來補刻原板的由來：刊印京畿大學藏本後，此原板受到嚴重磨損，已不能識别字樣，因而再印時不得不補刻原板。其後重印後彫堂藏本與日本國會圖書館藏本時，再度補刻損壞不堪的原板，因而有了二次補刻本。韓國學中央研究院藏本與京畿大學藏本是初刻本，但前藏本先於後藏本，

後來另有補刻本。由此可見，朝鮮刊本《劉向新序》至少刊行了三次。

誠庵古書博物館也收藏有《劉向新序》下册，其目録標明的刊行地點是安東，不知有何依據。所有現存版本即韓國學中央研究院、京畿大學、後彫堂、日本國會圖書館藏本之内皆不存跋文與任何刊行記録。誠庵古書博物館藏本當亦不存跋文與任何刊行記録，然則誠庵古書博物館標明刊行地點的依據是什麼呢？是不是某人將有關刊行的記録抄寫在了該版本上？或者有最近的研究成果作爲參考？可惜此博物館已經關閉，目前不能對其藏本做深入調查。

三、朝鮮刊本的版式與文獻特點

朝鮮刊本《劉向新序》與《四部叢刊》本劉向《新序》相比，兩者的版式和内容完全一致：皆爲四周雙邊，一頁十一行十八字，其間存雙行小字注；某些行的字數不是十八字，這種特殊情況也相同。下文對此作具體探討：

（一）卷首題、卷尾題與文段形式

朝鮮刊本卷首題爲「劉向新序」。上册的第一頁第一行題爲「劉向新序目録」，自第二行至第六行爲「目次」，其目次如下：第二行爲卷第一雜事一、卷第二雜事二；第三行爲卷第三雜事三、卷第四雜事四；第四行爲卷第五雜事五、卷第六刺奢；第五行爲卷第七節士上、卷第八節士下；第六行爲卷第九善謀上、卷第十善謀下。「劉向新序目録」後面有曾鞏（一〇一九—一〇八三）撰寫的序，其序自第一頁第七行至第四頁第三行。

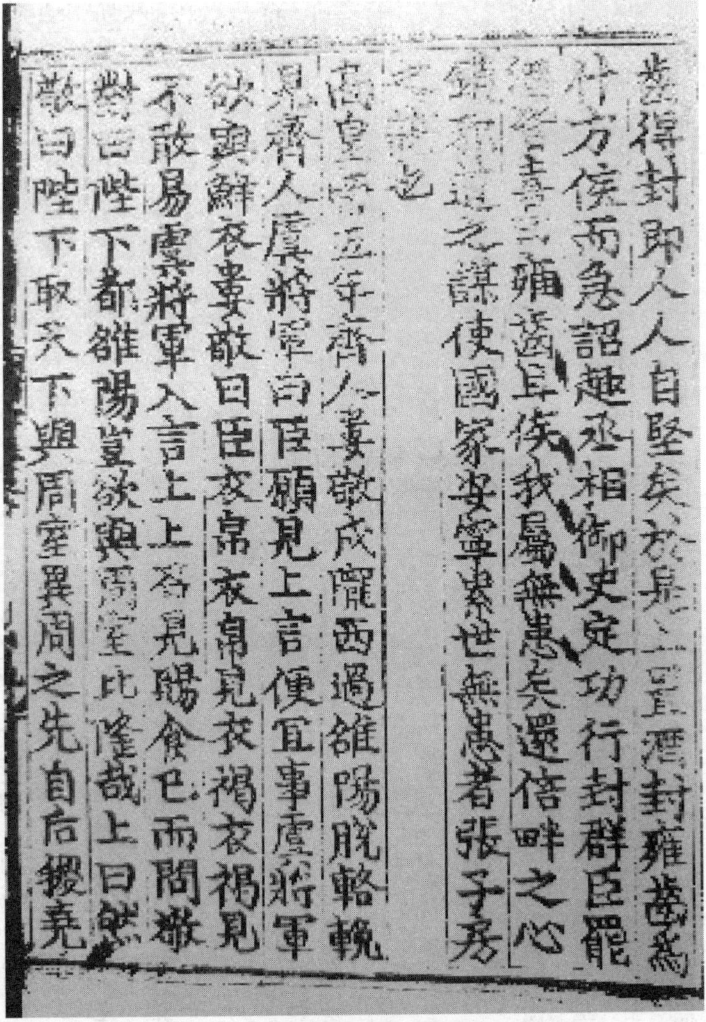

齒得封即人人自堅矣於是上置酒封雍齒爲
什方侯而急詔趣丞相御史定功行封群臣罷
酒皆喜曰雍齒且侯我屬無患矣還倍畔之心
鎮[illegible]之謀使國家安寧累世無患者張子房
之策也
高皇帝五年齊人婁敬戍隴西過雒陽脫輓輅
見齊人虞將軍曰臣願見上言便宜事虞將軍
欲與鮮衣婁敬曰臣衣帛衣帛見衣褐衣褐見
不敢易虞將軍入言上上召見賜食已而問敬
對曰陛下都雒陽豈欲與周室比隆哉上曰然
敬曰陛下取天下與周室異周之先自后稷堯

圖一　韓國學中央研究院藏本

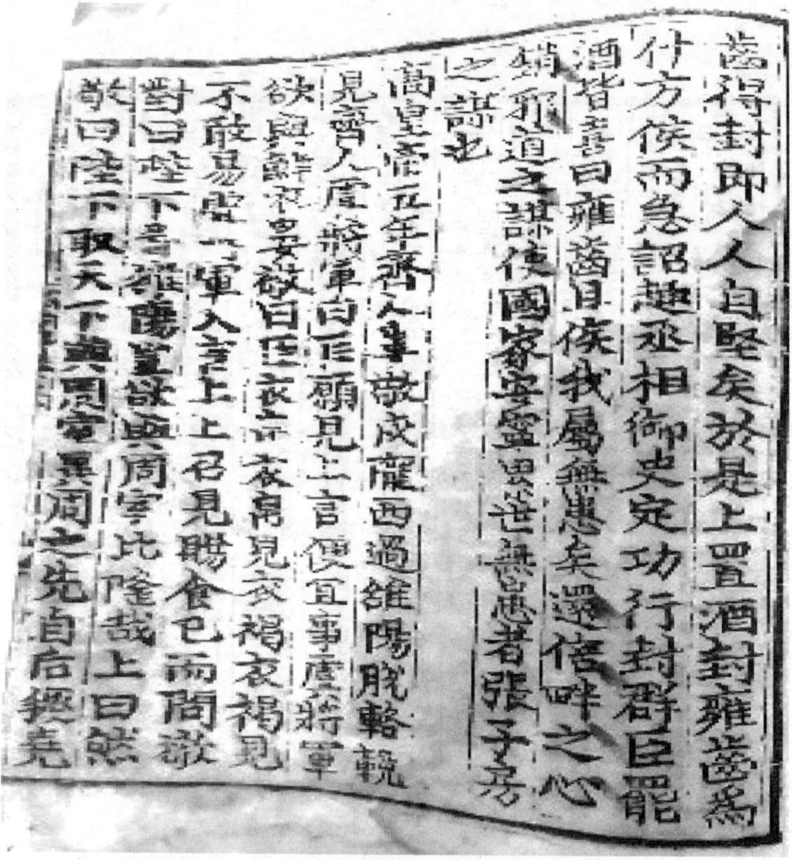
齒得封即人人自堅矣於是上置酒封雍齒爲
什方侯而急詔趣丞相御史定功行封群臣罷
酒皆喜曰雍齒且侯我屬無患矣還倍畔之心
銷邪道之謀使國家安寧累世無患者張子房
之謀也
高皇帝五年齊人婁敬戍隴西過雒陽脫輓輅
見齊人虞將軍曰臣願見上言便宜事虞將軍
欲與鮮衣婁敬曰臣衣帛衣帛見衣褐衣褐見
不敢易虞將軍入言上上召見賜食已而問敬
對曰陛下都雒陽豈欲與周室比隆哉上曰然
敬曰陛下取天下與周室異周之先自后稷堯

圖二　京畿大學藏本

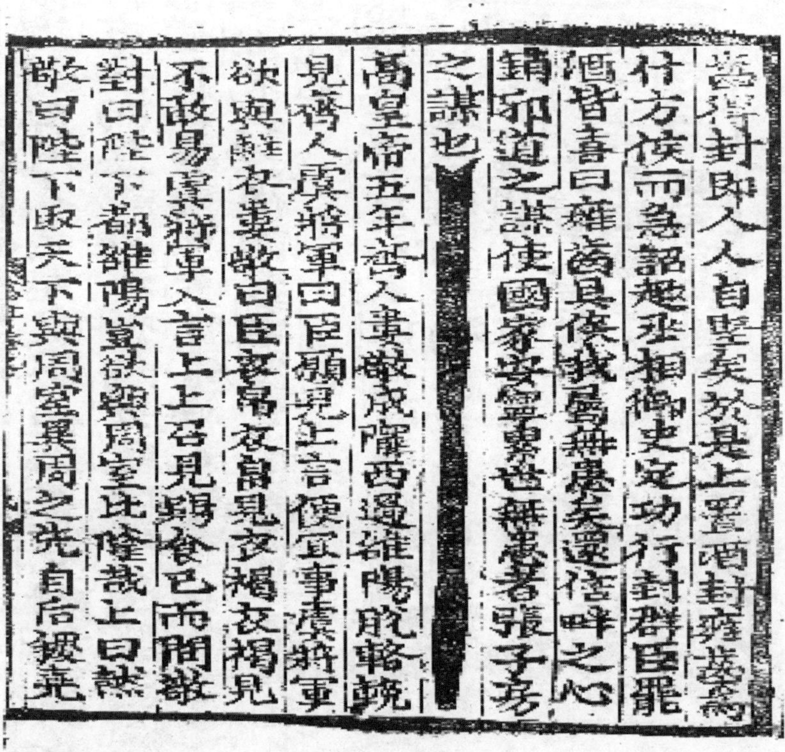

甞得封即人人自堅矣於是上置酒封雍齒爲
什方侯而急詔趣丞相御史定功行封群臣罷
酒皆喜曰雍齒且侯我屬無患矣遏倍畔之心
銷邪道之謀使國家安寧累世無患者張子房
之謀也
高皇帝五年齊人婁敬戍隴西過雒陽脫輅輓
見齊人虞將軍曰臣願見上言便宜事虞將軍
欲與鮮衣婁敬曰臣衣帛衣帛見衣褐衣褐見
不敢易虞將軍入言上上召見賜食已而問敬
對曰陛下都雒陽豈欲與周室比隆哉上曰然
敬曰陛下取天下與周室異周之先自后稷堯

圖三　後彫堂藏本

正文的第一頁第一行題爲「劉向新序卷第一」。第二行題爲「雜事一」。正文從第三行開始，以下每卷之卷首題皆是如此。

卷第一自第一頁至第二十一頁的第四行，其後六行皆爲空白，第十一行題爲「劉向新序卷第一」。第二十二頁僅刊印界綫，無文字。以下，正文皆始於奇數之頁，若結束於奇數之頁，偶數之頁則留存空白，僅刊印界綫，其後正文重新始於奇數之頁。每卷皆是如此。

「劉向新序卷第二」自第二十三頁至第四十九頁的第八行，其後兩行皆爲空白，第十一行題爲「劉向新序卷第二」。卷第二也結束於奇數頁，第五十頁即偶數頁則留存空白，僅刊印界綫。

「劉向新序卷第三」自第五十一頁至第七十三頁的第二行，其後八行皆爲空白，第十一行題爲「劉向新序卷第二」。然而卷尾題目不是「劉向新序卷第三」，而是「劉向新序卷第二」。《四部叢刊》本與朝鮮刊本不同，其題目準確，爲「劉向新序卷第三」。在三種朝鮮刊本當中，啓明大學古本題爲「劉向新序卷第二」，啓明大學貴重本與日本國會圖書館藏本將「一」字補寫於「二」字中間，修改成了「三」字。筆者難以確定這是板刻時的誤謬，還是板刻後的損壞所致。卷第三也結束於奇數頁，第七十四頁即偶數頁則留存空白，僅刊印界綫。

「劉向新序卷第四」自第七十五頁至第一百零二頁的第三行，其後七行皆爲空白，第十一行題爲「劉向新序卷第四」。卷第四結束於偶數頁，卷第五開始於下一頁。

「劉向新序卷第五」自第一百零三頁至第一百三十四頁的第八行，其後兩行皆爲空白，第十一行題爲「劉向新序卷第五」。《四部叢刊》本題爲「劉向新序卷弟五」，「第」訛爲「弟」。上册至此結束。

「劉向新序卷第六」從下册的第一頁重新開始，自第一頁至第十頁的第九行，其後一行爲空白，第十一行題爲「劉向新序卷第六」。

「劉向新序卷第七」自第十一頁至第四十六頁的第七行，其後三行皆爲空白，第十一行題爲「劉向新序卷第七」。

「劉向新序卷第八」自第四十七頁至第五十七頁的第八行，其後兩行皆爲空白，第十一行題爲「劉向新序卷第八」。卷第八結束於奇數頁，第五十八頁即偶數頁則留存空白，僅刊印界綫。

「劉向新序卷第九」自第五十九頁至第八十九頁的第十一行，下一頁即第九十頁前十行皆爲空白，第十一行題爲「劉向新序卷第九」。卷第九的卷首題爲「善謀第九」，而《劉向新序》目録的目次爲「善謀上第九」，卷第九的卷首題少了「上」字。

「劉向新序卷第十」自第九十二頁至第一百二十五頁的第二行，其後八行皆爲空白，第十一行題爲「新序卷之十」。卷第十結束於奇數頁，第一百二十六頁則留存空白，僅刊印界綫。卷第十卷卷尾題爲「新序卷之十」，與其餘九卷的卷尾題相比，少了「劉向」兩個字，而且不按慣例寫爲「第十卷」，而是「卷之十」。這是明顯的差别。

（二）　字數不定

如上所述，現存版本皆爲十一行十八字，然而某些行的字數不是十八字。如下表所示：

上册

頁數	行數	字數	頁數	行數	字數
			第九十二頁	第四行	十六字
第十九頁	第四行	十九字	第九十二頁	第五行	十七字
第十九頁	第五行	十七字	第九十二頁	第六行	十七字
第四十一頁	第八行	十九字	第九十二頁	第七行	十七字
第四十五頁	第十一行	二十字	第九十二頁	第九行	十七字
第五十九頁	第十行	十九字	第九十二頁	第十行	十七字
第五十九頁	第十一行	十九字	第九十二頁	第十一行	十七字
第七十頁	第五行	十九字	第一百頁	第八行	十九字
第七十七頁	第四行	二十字	第一百零五頁	第十一行	十九字
第七十七頁	第五行	十九字	第一百零六頁	第一行	十九字
第七十七頁	第六行	十九字	第一百零六頁	第二行	二十字
第七十七頁	第七行	十九字	第一百零六頁	第三行	二十字
第七十七頁	第八行	十九字	第一百零六頁	第六行	十七字

第七十七頁	第九行	十九字	第一百零六頁	第七行	十七字
第七十七頁	第十行	十九字	第一百零六頁	第八行	十七字
第九十一頁	第八行	十九字	第一百零六頁	第九行	十七字
第九十一頁	第九行	十七字	第一百零六頁	第一十行	十七字
第九十一頁	第十行	十六字	第一百一十頁	第十一行	二十字
第九十一頁	第十一行	十七字	第一百一十頁	第六行	十九字
第九十二頁	第二行	十七字	第一百一十頁	第七行	十九字
第九十二頁	第三行	十七字	第一百二十頁	第十一行	十九字

下册

頁數	行數	字數	頁數	行數	字數
第五十頁	第五行	十九字	第八十頁	第四行	二十字
第五十三頁	第十一行	十七字	第九十頁	第八行	十七字
第六十一頁	第七行	十九字	第九十頁	第十一行	十九字
第七十六頁	第六行	十七字	第一百一十三頁	第三行	十九字

朝鮮刊本的字數不定之處與《四部叢刊》本基本一致，只有一個不同之處，這就是下册第一百一十八頁的第十一行。朝鮮刊本云：「世利孝文皇帝嘗『一』屯天下之精兵於溪嘗廣」；《四部叢刊》本却遺漏了單引號裏的「一」字。朝鮮刊本共十八個字；《四部叢刊》本却爲十七個字。此「一」字意爲「一時」，朝鮮刊本是正確的。

（三）小字注

就上册而言，任何收藏處都不標明「注雙行」，其實雙行的小字注在版本中出現了一次。卷第二第三十頁第一行云：「國有餓民。」由于豎寫，其下面就加了雙行的小字注：「一本作下民多飢」，該注解占第六個字和第七個字之位。《四部叢刊》本與朝鮮刊本相同，該頁該行有同樣的雙行小字注。

現存三種朝鮮刊本啓明大學貴重本、古本與日本國會圖書館藏本都遺失了第八十五頁和第八十六頁。不過，《四部叢刊》本卷第四的第八十六頁也有雙行的小字注，「惡是何可」下面有「太上禦名」四個字，該注解占第六行第十六個字之位。

在下册中，雙行的小字注出現了幾次，該注解的頁數與内容，朝鮮刊本皆與《四部叢刊》本一致。由此可以確定：朝鮮刊本遺失的版面與《四部叢刊》本相同，因而朝鮮刊本是有小字注的。因現存三種朝鮮刊本的小字注僅出現了一次，所以收藏者忽略了這一現象。

下册的目録與上册不同，除韓國學中央研究院與誠庵古書博物館藏本之外，京畿大學與後彫堂兩處藏本都標明「注雙行」。如上所述，上册現存版本僅出現一次小字注，所有收藏處都易忽略。不過下册出現了幾次小

字注，比較容易被注意到，因此京畿大學與後彫堂兩處都標明了。

卷第二第五十頁第三行云：「至于田卑」，其下就加了雙行的小字注：「田卑中牟之邑人也」，該注解占第十六個字和第十八個字之位。

第五十一頁出現了三次小字注。以下先出示此版面的照片，再探討雙行小字注的具體内容。

圖四即是第五十一頁，可以看出，第一行和第二行都有雙行的小字注。第一行云：「號曰白公」，其下加了小字注：「子西太子建之弟勝之叔父也」，該注解占第十三個字和第十五個字之位。第二行云：「勝怨楚逐其父，將弑惠王及子西」，其下加了小字注：「惠王亦子西之姪惠王之叔也」，該注解占第十一個字和第十三個字之位。第二行接着云：「欲得易甲」，其下又加了雙行的小字注：「人姓名」，該注解占第十八個字之位。

圖五是朝鮮刊本注解部分的放大，圖六是《四部叢刊》本注解部分的放大。兩者皆爲同一頁的同一部分，其字體稍微不同，内容一致。詳細核對其注解，可以看出兩者之間有明顯不同的字。其一，朝鮮刊本的第一個注解云：「子西太子建之弟勝之叔父也」，《四部叢刊》本把裏面的「弟」字寫成「第」。其二，朝鮮刊本的第二個注解云：「惠王亦子西之姪惠ユ之叔也」，《四部叢刊》本把單引號裏面的「ユ」字寫成「王」字。朝鮮刊本的「ユ」字本應是「王」字，此不完整的字可能是錯字，或者是板刻後損壞所致。

卷第八第七十六頁也出現了三次小字注。第九行云：「有取滿」，其下加了小字注：「史記作蒲」，該注解占第四個字和第五個字之位。第九行云：「齊陽甄城」，「甄」和「城」字之間加了小字注：「史作嬰」，該注解占第十八個字之位。第十行云：「王又割濮歷之」，「歷」和「之」字之間加了小字注：「史記作磨」，

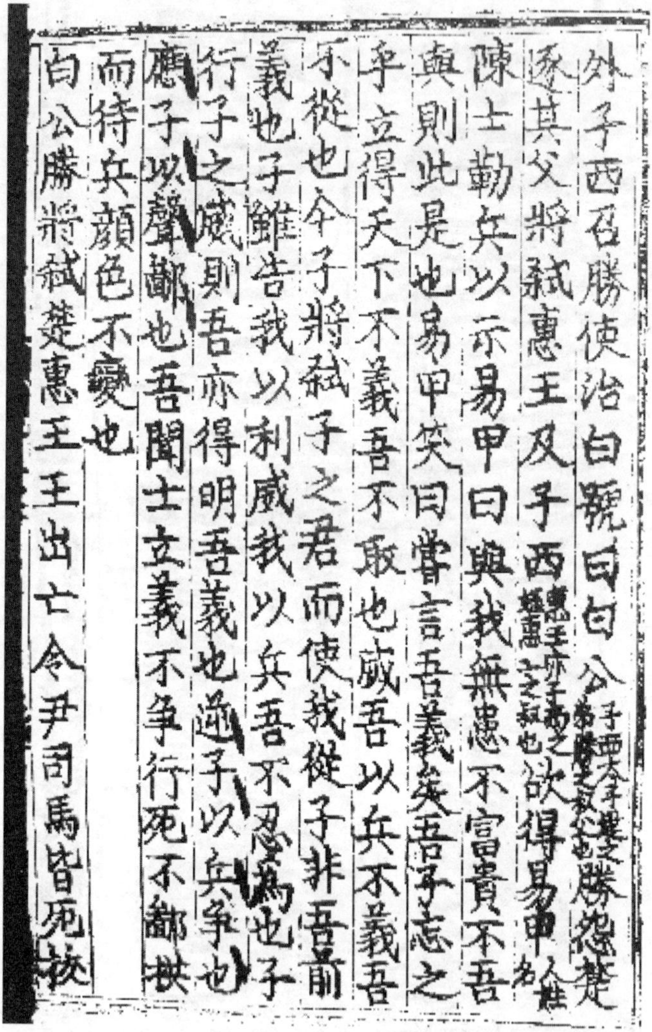
外子西召勝使治白號曰白公（子西太子建之子 [illegible]）勝怨楚
逐其父將弒惠王及子西（[illegible]）欲得易甲（人姓名）
陳士勒兵以示易甲曰與我無患不富貴不吾
與則此是也易甲笑曰嘗言吾義矣吾子志之
乎立得天下不義吾不取也威吾以兵不義吾
不從也今子將弒子之君而使我從子非吾前
義也子雖告我以利威我以兵吾不忍爲也子
行子之威則吾亦得明吾義也逆子以兵爭也
應子以聲鄙也吾聞士立義不爭行死不鄙拱
而待兵顔色不變也
白公勝將弒楚惠王王出亡令尹司馬皆死拔

圖四　韓國學中央研究院藏本

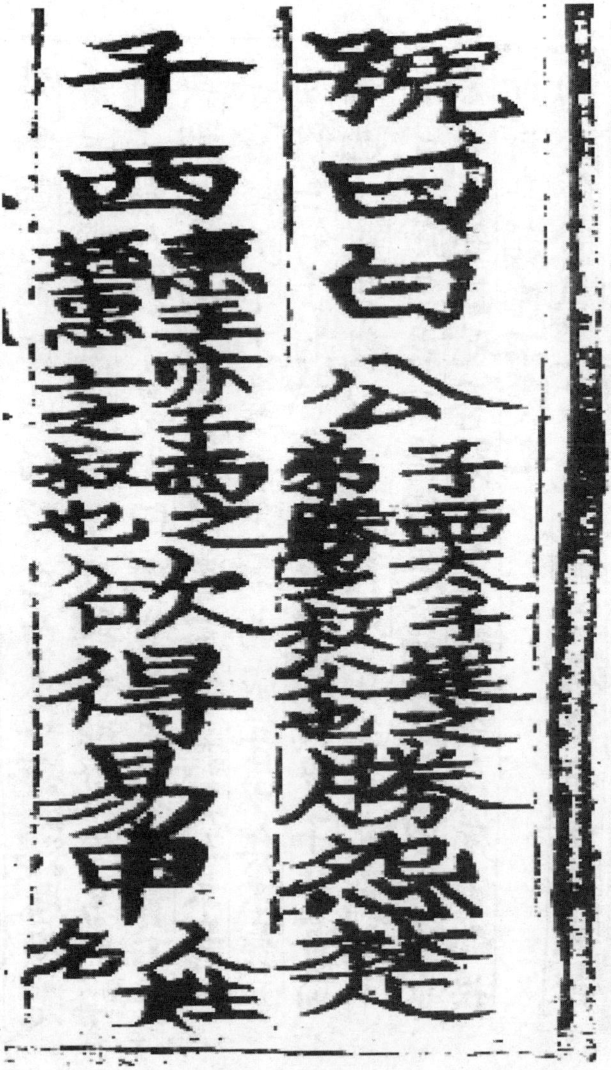
號曰白公勝怨楚
子西欲得易甲

圖五　朝鮮刊本

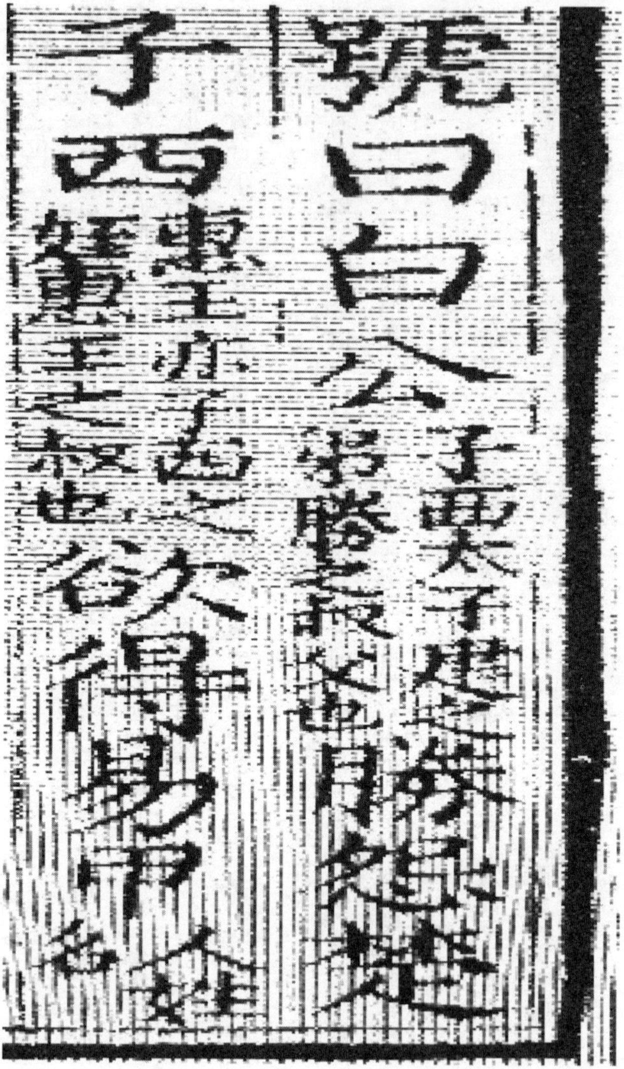

圖六　四部叢刊本

該注解占第十一個字和第十二個字之位。

卷第八第七十六頁第十一行云：「齊人南面」，其下加了小字注：「史記南圍攻楚」，該注解占第十三個字和第十四個字之位。

卷第八第八十一頁第三行云：「王之地一桎兩海」，「桎」和「兩」字之間加了小字注：「史作經」，該注解占第四個字和第五個字之位。對雙行的小字注而言，雙行的四個小字基本上占一個大字的空間，但是第八十一頁的三個小字的注解占兩個大字之位，因此小字之間的空間相當寬。

上文所說的雙行小字注，其注解的頁數與内容，朝鮮刊本皆與《四部叢刊》本一致。

（四）空白

朝鮮刊本版面上出現了兩種空白：一是白空白，不刊印任何字樣；另一是黑空白，將四角全黑的空白（■）刊印於應有其字的位置上。《四部叢刊》本没出現任何空白。這類空白可能是因板刻時發生誤謬而改修所致。

1.上册

「百姓□□，社稷無主」：這兩個空白位於第八頁第十一行第十七個字與十八個字。在朝鮮刊本中，啓明大學古本與日本國會圖書館藏本皆爲白空白；啓明大學貴重本却將「未寧」二字抄寫於其空白上。《四部叢刊本》作「絶望」。

「衆人之唯唯，不■周舍之諤諤」：此空白位於第十一頁第一行第八個字。啓明大學貴重本遺失了這一頁；啓明大學古本將「若」字抄寫於其黑空白上。《四部叢刊》本作「如」，此字與古本抄寫的「若」字意思相同。

「而逐翟黃，■起而出」：此空白位於第十一頁第十行第四個字。《四部叢刊》本作「黃」。

「臣聞之，■君仁，其臣直」：此空白位於第十一頁第十一行第四個字。《四部叢刊》本作「其」。

「襄不與其君，而□□□□，何也？」：此四個空白位於第三十四頁第十一行第十六、十七、十八與第三十五頁第一行第一個字。啓明大學貴重本把「與其行者」這四個字抄寫於其空白上；啓明大學古本抄寫的是「反又撫矢」四個字；日本國會圖書館藏本未抄寫任何一個字，全爲空白。《四部叢刊》本作「顧與他人」。

「臣■列王者之事，君人之法」：此空白位於第五十四頁第十一行第一個字。啓明大學貴重本把「請」字抄寫於其空白上；啓明大學古本留着黑空白。《四部叢刊》本作「請」。

「然後□王之君興焉」：此空白位於第一百三十四頁第七行第六個字。《四部叢刊》本作「賢」。

「故有道□之不戮也」：此空白位於第一百三十四頁第八行第六個字。《四部叢刊》本作「者」。

2.下册

「周諺曰：囊『漏貯』中」。「漏貯」兩個字位於第十頁第五行第七個字與第八個字。《四部叢刊》本作「漏貯」。韓國學中央研究院藏本與京畿大學藏本是正確的；但後彫堂藏本與日本國會圖書館藏本把「囊漏」二字刊印成了黑空白。如上所述，韓國學中央研究院與京畿大學藏本是初刻本；後彫堂與日本國會圖書館藏本是補刻本。由此可見，初刻本的版面與補刻本不同：初刻本正確無誤；補刻本却有空白。

「此吾所以不受■」：此空白位於第二十九頁第一行第十六個字。《四部叢刊》本作「也」。

「秦國患之，使張儀之■」：此空白位於第二十九頁第十行第一個字。《四部叢刊》本作「楚」。

「上及令子■，司馬子椒」：此空白位於第二十九頁第十一行第一個字。《四部叢刊》本作「蘭」。

「齒落於■，絶吭而死」：此空白位於第四十八頁第十行第一個字。《四部叢刊》本作「口」。

「戰克而王享，吉□大焉」：此空白位於第六十頁第十一行第十八個字。《四部叢刊》本作「謀」。

「故春秋美而褒之。■」：此空白位於第六十八頁第十一行第十八個字。《四部叢刊》本文段結束於第十七個字之位而遺留空白；朝鮮刊本却把應有的空白印成黑空白。

「利不百不變法，功不■不易器」：此空白位於第七十一頁第一行第十八個字。《四部叢刊》本作「什」。

「■聞之法古無過」：此空白位於第七十一頁第二行第四個字。《四部叢刊》本作「臣」。

「君無疑■■■公曰」：此三個空白位於第七十一頁第九行第十四、十五、十六個字。《四部叢刊》本作「矣孝公」。

「都彭城，■■義帝約」：此兩個空白位於第九十三頁第六行第十二、十三個字。《四部叢刊》本作「又背」。

「今大王誠■其道」：此三個空白位於第九十三頁第十行第十七個字。《四部叢刊》本作「反」。

「張子房之謀也。■」：此三個空白位於第一百零四頁第三行第十八個字。《四部叢刊》本文段結束於第十七個字之位而遺留空白；朝鮮刊本却把應有的空白印成黑空白。

總而言之，根據文獻記録可以確定，新羅人崔致遠留唐十六年間，曾經閱讀劉向《新序》。此後，根據《高麗史》記載，《新序》在一〇九一年以前已經流傳於韓國，高麗政府收藏着此書。朝鮮時代，君王與文人都喜

愛閲讀《新序》，查詢韓國史書與文集等，就有一百多次有關記録。由此可見，《新序》深受朝鮮文人的歡迎，已有了一個廣大的讀者層。一四九二年左右，《新序》在廣尚北道安東一帶出版問世。查詢「韓國古典籍綜合目録系統（www.nl.go.kr/korcis/）」，現存中國版本超過二十多種，由此推斷，朝鮮人曾赴明朝或清朝購買《新序》。

閔寬東最初發現的朝鮮刊本《劉向新序》，是啓明大學藏本（上册）與後彫堂藏本（下册）。以後，劉承炫又發現了韓國學中央研究院藏本（下册）、京畿大學藏本（下册）、日本國會圖書館藏本（完帙）、雅丹文庫藏本（上册）、誠庵古書博物館藏本（下册）。現存朝鮮刊本的特點，就上册言，啓明大學貴重本是初刻本，皆爲四周雙邊；啓明大學古本與日本國會圖書館藏本是補刻本。此兩種補刻本補刻了第七十一頁和第七十二頁，該頁爲四周單邊，其餘部分皆爲四周雙邊。就下册而言，韓國學中央研究院與京畿大學藏本是初刻本，後彫堂與日本國會圖書館藏本却是補刻了第九頁和第十頁、第六十三頁和第六十四頁、第八十七頁和第八十八頁、第一八零七頁和第一百零八頁的補刻本。劉承炫仔細核對這些版本以後，理出了版本之間的先後關係：韓國學中央研究院藏本早於其他版本，京畿大學藏本其次，後彫堂藏本與日本國會圖書館藏本補刻原板而再度刊行，时間最晚。朝鮮刊本《劉向新序》至少刊行了三次。

劉向新序原版影印

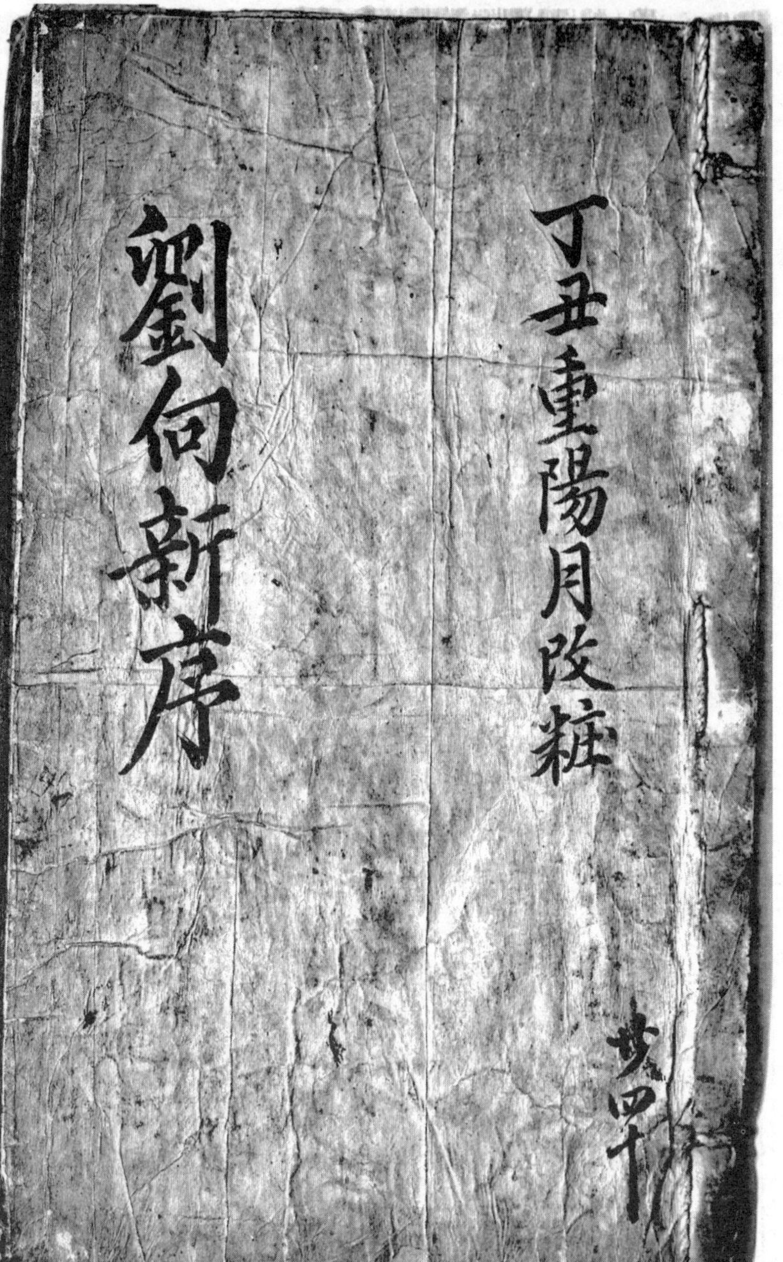
劉向新序
丁丑重陽月改粧

劉向新序目録

古之治天下者一道德同風俗蓋九州之廣萬民之衆千歲之遠其教既明其俗既成之後所守者一道所傳者一説而已故詩書之文歷世數十作者非一而言未嘗不相爲終始化之如此其至也當是之時異行者有誅異言者有禁

防之又如此其備也故二帝三王之際及其中
間嘗更衰亂而餘澤未熄之時百家衆說未有
能出其間者也及周之末世先王之教化法度
既廢餘澤既熄世之治方術者蓋得其一偏故
人奮其私意家尚其私學者蠭起於中國皆明
其所長而昧其所短務其所得而諱其所失天
下之士各自爲言而不能相通世人之不復知
夫學之有統道之有歸也先王之遺文雖在皆
絀而不講況至於秦爲世所大禁哉漢興六藝
皆得於斷絕殘脫之餘世復無明先王之道爲
衆說之所蔽闇而不明鬱而不發而怪奇可喜

之論各師異見皆自名家者誕漫於中國一切
不異於周之末世其弊至於今尚在也自斯以
來天下學者知折衷於聖人而能純於道德之
美者楊雄氏而止耳如向之徒皆不免爲衆說
之蔽而不知有折衷者也孟子曰待文王而後
興者凡民也豪傑之士雖無文王猶興漢之士
豈特無明先王之道以一之者哉亦其出於是
時者豪傑之士少故不能特起於流俗之中絕
學之後也蓋向之序此書於今最爲近古雖不
能無失然遠至舜禹而次及於周秦以來古人
之嘉言善行亦往往而在也要在愼取之而已

故臣既惜其不可見者而猶冀其可見者之在焉
亦足以知臣之志若此豈好辯哉盡臣之不得已
也編校書籍臣曾鞏上

劉向新序卷第一

雜事第一

昔者舜自耕稼陶漁而躬孝友父瞽瞍頑母嚚及弟象傲皆下愚不移舜盡孝道以供養瞽瞍瞽瞍與象爲浚井塗廩之謀欲以殺舜舜孝益篤出田則號泣年五十猶嬰兒慕可謂至孝矣故耕於歷山歷山之耕者讓畔陶於河濱河濱之陶者器不苦窳漁於雷澤雷澤之漁者分均及立爲天子天下化之蠻夷率服北發渠搜南撫交阯莫不慕義麟鳳在郊故孔子曰孝弟之至通於神明光于四海舜之謂也孔子在州里

焉行孝道居於闕黨闕黨之子弟畋漁分有親者得多孝以化之也是以七十二子自遠方至服從其德魯有沈猶氏者旦飲羊飽之以欺市人公慎氏有妻而淫慎潰氏奢侈驕佚魯市之鬻牛馬者善豫賈孔子將為魯司寇沈猶氏不敢朝飲其羊公慎氏出其妻慎潰氏踰境而徙魯之鬻馬牛不豫賈布正以待之也既為司寇季孟墮郈費之城齊人歸所侵魯之地由積正之所致也故曰其身正不令而行

孫叔敖為嬰兒之時出遊見兩頭蛇殺而埋之歸而泣其母問其故叔敖對曰聞見兩頭之蛇

者死獨著吾見之恐去母而死也其母曰蛇今
安在曰恐他人又見殺而埋之矣其母曰吾聞
有陰德者天報以福汝不死也及長爲楚令尹
未治而國人信其仁也

禹之興也以塗山桀之亡也以末喜湯之興也
以有莘紂之亡也以妲己文武之興也以任姒
幽王之亡也以褒姒是以詩正關雎而春秋褒
伯姬也樊姬楚國之夫人也楚莊王罷朝而晏
問其故莊王曰今旦與賢相語不知日之晏也
樊姬曰賢相爲誰王曰爲虞丘子樊姬掩口而
笑王問其故曰妾幸得執巾櫛以侍王非不欲

尊貴禮愛也以爲傷王之義故所進與妾同位者數人矣今虞丘子爲相數十年未嘗進一賢知而不進是不忠也不知是不智也安得爲賢明日朝王以樊姬之言告虞丘子虞丘子稽首曰如樊姬之言於是辭位而進孫叔敖孫叔敖相楚莊王卒以霸樊姬與有力焉

衛靈公之時蘧伯玉賢而不用彌子瑕不肖而任事衛大夫史鰌患之數以諫靈公而不聽史鰌病且死謂其子曰我即死治喪於北堂吾不能進蘧伯玉而退彌子瑕是不能正君也生不能正君者死不當成禮置尸北堂於我足矣史

鰌死靈公往弔見喪在北堂問其故其子具以
父言對靈公蹴然易容寤然失位曰夫子
生則欲進賢而退不肖死且不懈又以屍諫可
謂忠而不衰矣於是乃召蘧伯玉而進之以爲
卿退彌子瑕徙喪正堂成禮而後返衛國以治
史鰌字子魚論語所謂直哉史魚者也
晉大夫祁奚老晉君問曰孰可使嗣祁奚對曰
解狐可君曰非子之讎邪對曰君問可非問讎
也晉遂舉解狐後又問孰可以爲國尉祁奚對
曰午也可君曰非子之子邪對曰君問可非問
子也君子謂祁奚能舉善矣稱其讎不爲諂立

其子不爲比書曰不偏不黨王道蕩蕩祁奚之
謂也外舉不避仇讎內舉不回親戚可謂至公
矣唯善故能舉其類詩曰唯其有之是以似之
祁奚有焉

楚共王有疾召令尹曰常侍筦蘇與我處常忠
我以道正我以義吾與處不安也不見不思也
雖然吾有得也其功不細必厚爵之申侯伯與
處常縱恣吾吾所樂者勸吾爲之吾所好者先
吾服之吾與處歡樂之不見戚戚也雖然吾終
無得也其過不細必亟遣之令尹曰諾明日王
薨令尹即拜筦蘇爲上卿而逐申侯伯出之境

曾子曰鳥之將死其鳴也哀人之將死其言也善言反其本性共王之謂也故孔子曰朝聞夕死可矣於以聞後嗣覺來世猶愈沒身不寤者也

昔者魏武侯謀事而當群臣莫能逮朝而有喜色吳起進曰今者有以楚莊王之語聞者乎武侯曰未也莊王之語奈何吳起曰楚莊王謀事而當群臣莫能逮朝而有憂色申公巫臣進曰君朝而有憂色何也莊王曰吾聞之諸侯自擇師者王自擇友者霸足已而群臣莫之若者亡今以不穀之不肖而議於朝且群臣莫能逮吾

國其義於亡矣吾是以有憂色也莊王之所以憂而君獨有喜色何也武侯逡巡而謝曰天使夫子振寡人之過也天使夫子振寡人之過也

衛國逐獻公晉悼公謂師曠曰衛人出其君不亦甚乎對曰或者其君實甚也夫天生民而立之君使司牧之無使失性良君將賞善而除民患愛民如子蓋之如天容之若地民奉其君愛之如父母仰之如日月敬之如神明畏之若雷霆夫君神之主也而民望之也天之愛民甚矣豈使一人肆於民上以縱其淫而弃天地之性乎必不然矣若困民之性之神之祀百姓

社稷無主將焉用之不去何爲公曰善
趙簡子上羊腸之坂群臣皆偏袒推車而虎會獨擔戟行歌不推車簡子曰寡人上坂群臣皆推車會獨擔戟行歌不推車是會爲人臣侮其主爲人臣侮其主其罪何若虎會對曰爲人臣侮其主者死而又死簡子曰何謂死而又死虎會曰身死妻子又死若是謂死而又死君既以聞爲人臣而侮其主者之罪矣君亦聞爲人君而侮其臣者乎簡子曰爲人君而侮其臣者何若虎會對曰爲人君而侮其臣者智者不爲謀辯者不爲使勇者不爲鬬智者不爲謀則社稷

危辯者不爲使則使不通爭者不爲鬬則邊境侵簡子曰善乃罷群臣不推車爲士大夫置酒與群臣飲以虎會爲上客

昔者周舍事趙簡子立趙簡子之門三日三夜簡子使人出問之曰夫子將何以令我周舍曰願爲諤諤之臣墨筆操牘隨君之後司君之過而書之日有記也月有效也歲有得也簡子悅之與處居無幾何而周舍死簡子厚葬之三年之後與諸大夫飲酒酣簡子泣諸大夫起而出曰臣有死罪而不自知也簡子曰大夫反無罪昔者吾友周舍有言曰百羊之皮不如一狐之

服衆人之唯唯不[redacted]周舍之諤諤昔紂昏昏而亡武王諤諤而昌自周舍之死後吾未嘗聞吾過也故人君不聞其非及聞而不改者亡吾國其幾於亡矣是以泣也

魏文侯與士大夫坐問曰寡人何如君也群臣皆曰君仁君也次至翟黄曰君非仁君也曰子何以言之對曰君伐中山不以封君之弟而以封君之長子臣以此知君之非仁君文侯怒而逐翟黄[redacted]起而出次至任座文侯問寡人何如君也任座對曰君仁君也曰子何以言之對曰臣聞之[redacted]君仁者其臣直向翟黄之言直臣是

以知君仁君也文侯曰善復召翟黃入拜爲上
卿
中行寅將亡乃召其太祝而欲加罪焉曰子爲
我祝犧牲不肥澤耶且齊戒不敬耶使吾國亡
何也祝簡對曰昔者吾先君中行穆子皮車十
乘不憂其薄也憂德義之不足也今主君有革
車百乘不憂德義之薄也唯患車不足也夫舟
車飾則賦斂厚賦斂厚則民怨謗詛矣且君苟
以爲祝有益於國乎則詛亦將爲損世亡矣一
人祝之一國詛之一祝不勝萬詛國亡不亦宜
乎祝其何罪中行子乃慚

秦欲伐楚使使者往觀楚之寶器楚王聞之召令尹子西而問焉曰秦欲觀楚之寶器吾和氏之璧隨侯之珠可以示諸令尹子西對曰不知也召昭奚恤而問焉昭奚恤對曰此欲觀吾國得失而圖之不在寶器在賢臣珠玉玩好之物非寶重者王遂使昭奚恤應之昭奚恤發精兵三百人陳於西門之内爲東面之壇一爲南面之壇四爲西面之壇一秦使者至昭奚恤曰君客也請就上位東面令尹子西南面太宗子敖次之葉公子高次之司馬子反次之昭奚恤自居西面之壇稱曰客欲觀楚國之寶器楚國之

所寶者賢臣也理百姓實倉廩使民各得其所令尹子西在此奉珪璧使諸侯解忿悁之難交兩國之歡使無兵革之憂太宗子敖在此守封疆謹境界不侵鄰國鄰國亦不見侵葉公子高在此理師旅整兵戎以當疆敵提枹鼓以動百萬之衆所使皆趨湯火蹈白刃出萬死不顧一生之難司馬子反在此懷霸王之餘議攝治亂之遺風昭奚恤在此唯大國之所觀秦使者懼然無以對昭奚恤遂揖而去秦使者反言於秦君曰楚多賢臣未可謀也遂不伐楚詩云濟濟多士文王以寧斯之謂也

晉平公欲伐齊使范昭往觀焉景公賜之酒酣范昭曰願請君之樽酌公曰酌寡人之樽進之於客范昭已飲晏子曰徹樽更之罇觶具矣范昭佯醉不悅而起舞謂太師曰能爲我調成周之樂乎吾爲子舞之太師曰冥臣不習范昭趨而出景公謂晏子曰晉大國也使人來將觀吾政也今子怒大國之使者將奈何晏子曰夫范昭之爲人非陋而不識禮也且欲試吾君臣故絶之也景公謂太師曰子何以不爲客調成周之樂乎太師對曰夫成周之樂天子之樂也若調之必人主舞之今范昭人臣也而欲舞天子

之樂臣故不爲也范昭歸以告平公曰齊未可伐也臣欲試其君而晏子識之臣欲犯其禮而太師知之仲尼聞之曰夫不出於樽俎之間而知千里之外其晏子之謂也可謂折衝矣而太師其與焉

晉平公浮西河中流而歎曰嗟乎安得賢士與共此樂者船人固桑進對曰君言過矣夫劍產于越珠產江漢玉產昆山此三寶者皆無足而至今君苟好士則賢士至矣平公曰固桑來吾門下食客者三千餘人朝食不足暮收市租暮食不足朝收市租吾尚可謂不好士乎固桑對

曰今夫鴻鵠高飛沖天然其所恃者六翮耳夫腹下之毳背上之毛增去一把飛不爲高下不知君之食客六翮邪將腹背之毳也平公默然而不應焉

楚威王問於宋玉曰先生其有遺行邪何士民衆庶不譽之甚也宋玉對曰唯然有之願大王寬其罪使得畢其辭客有歌於郢中者其始曰下里巴人國中屬而和者數千人其爲陽陵採薇國中屬而和者數百人其爲陽春白雪國中屬而和者數十人而已也引商刻角雜以流徵國中屬而和者不過數人是其曲彌高者其和

獨寡故鳥有鳳而魚有鯨鳳鳥上擊于九千里絕浮雲負蒼天翱翔乎窈冥之上夫糞田之鴳豈能與之斷天地之高哉鯨魚朝發崑崙之墟暴鬐於碣石暮宿於孟諸夫尺澤之鯢豈能與之量江海之大哉故非獨鳥有鳳而魚有鯨也士亦有之夫聖人瑰意奇行超然獨處世俗之民又安知臣之所為哉

晉平公閒居師曠侍坐平公曰子生無目眹甚矣子之墨墨也師曠對曰天下有五墨墨而臣不得與一焉平公曰何謂也師曠曰群臣行賂以采名譽百姓侵冤無所告訴而君不悟此一

墨墨也忠臣不用用臣不忠下才處高不肖臨
賢而君不悟此二墨墨也姦臣欺詐空虛府庫
以其少才覆塞其惡賢人逐姦邪貴而君不悟
此三墨墨也國貧民罷上下不和而好財用兵嗜
欲無厭諂諛之人容容在旁而君不悟此四
墨墨也至道不明法令不行吏民不正百姓不
安而君不悟此五墨墨也國有五墨墨而不危
者未之有也臣之墨墨小墨墨耳何害乎國家
哉
趙文子問於叔向曰晉六將軍孰先亡乎對曰
其中行氏乎文子曰何故先亡對曰中行氏之

爲政也以苛爲察以欺爲明以刻爲忠以計多爲善以聚斂爲良譬之其猶鞟革者也大則大矣裂之道也當先亡

楚莊王既討陳靈公之賊殺夏徵舒得夏姬而悦之將近之申公巫臣諫曰此女亂陳國敗其群臣嬖女不可近也莊王從之令尹又欲取申公巫臣諫令尹從之後襄尹取之至恭王與晉戰于鄢陵楚兵敗襄尹死其尸不反數求晉不與夏姬請如晉求尸楚方遣之申公巫臣將使齊私說夏姬與謀及夏姬行而申公巫臣廢使命道亡隨夏姬之晉令尹將徙其族言之於王

曰申公巫臣諫先王以無近夏姬今身廢使令與夏姬逃之晉是欺先王也請徙其族王曰申公巫臣爲先王謀則忠自爲謀則不忠是厚於先王而自薄也何罪於先王遂不徙

劉向新序卷第一

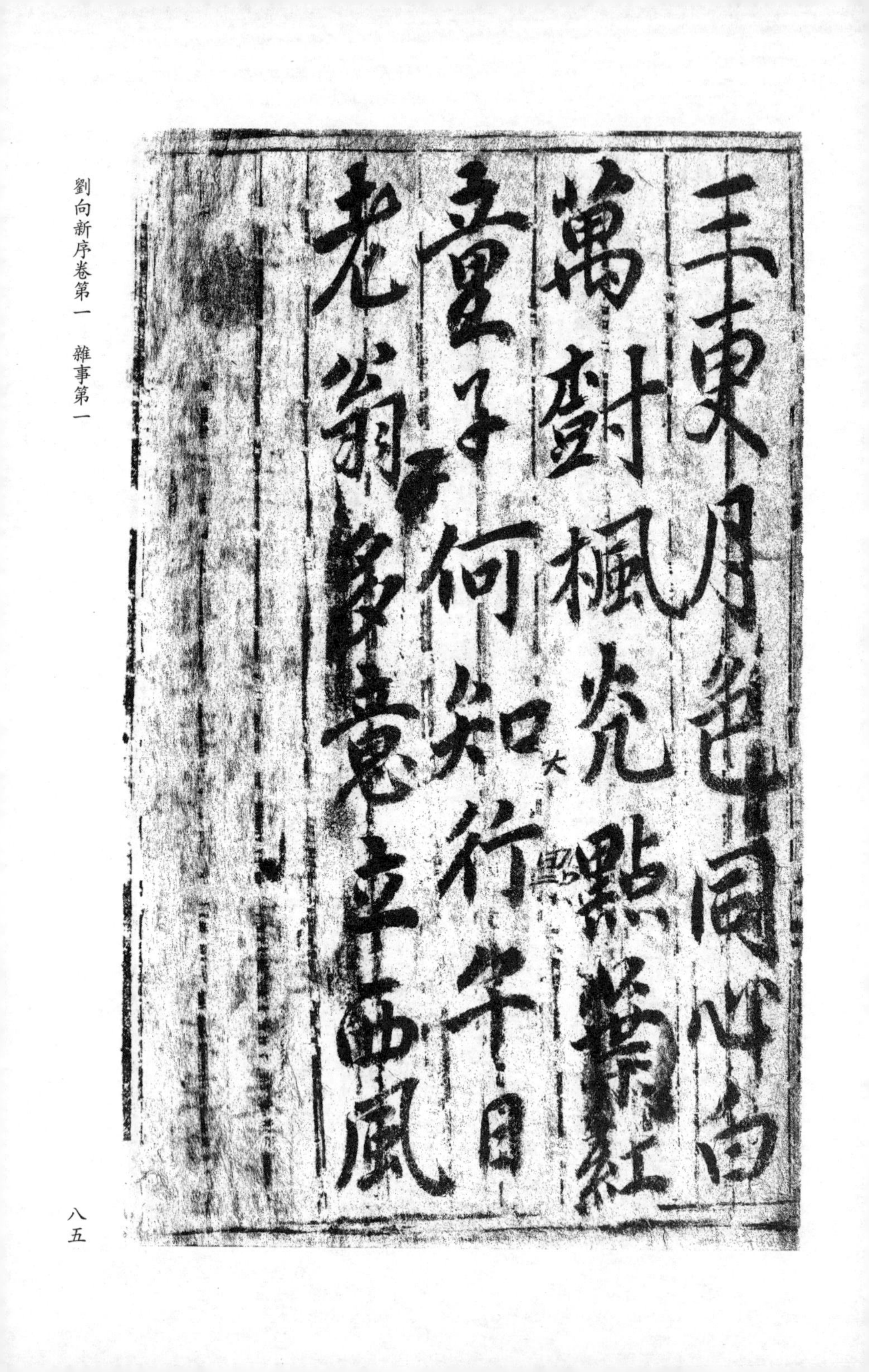

千更月色同心白
萬樹楓光點點紅
童子何知行午日
老翁多意立西風

劉向新序卷第二

雜事第二

昔者唐虞崇舉九賢布之於位而海內大康要
荒來賓麟鳳在郊商湯用伊尹而文武用太公
閎夭成王任周召而海內大治越裳重譯祥瑞
並降遂安千載皆由任賢之功也無賢臣雖五
帝三王不能以興齊桓公得管仲有霸諸侯之
榮失管仲而有危亂之辱虞不用百里奚而亡
秦繆公用之而霸楚不用伍子胥而破吳闔廬
用之而霸夫差非徒不用子胥也又殺之而國
卒以亡燕昭王用樂毅推弱燕之兵破彊齊之

燕舉七十城而惠王廢樂毅更代以騎劫兵立破亡七十城此父用之子不用其事可見也故闔廬用子胥以興夫差殺之而以亡昭王用樂毅以勝惠王逐之而敗此的的然若白黑秦不用叔孫通項王不用陳平韓信而皆滅漢用之而大興此未遠也夫失賢者其禍如彼用賢者其福如此人君莫不求賢以自輔然而國以亂亡者所謂賢者不賢也或使賢者爲之與不肖者議之使智者圖之與愚者謀之不肖嫉賢愚者嫉智是賢者之所以隔蔽也所以千載不合者也或不肖用賢而不能久也或久而不能終

也或不肖子廢賢父之忠臣其禍敗難一二録
也然其要在於己不明而聽衆口譖愬不行斯
為明也魏龐恭與太子質於邯鄲謂魏王曰今
一人來言市中有虎王信之乎王曰否曰二人
言王信之乎曰寡人疑矣曰三人言王信之乎
曰寡人信之矣龐恭曰夫市之無虎明矣三人
言而成虎今邯鄲去魏遠於市議臣者過三人
願王察之也魏王曰寡人知之矣及龐恭自邯
鄲反讒口果至遂不得見甘茂下蔡人也西入
秦數有功至武王以為左丞相樗里子為右丞
相樗里子及公孫子皆秦諸公子也其外家韓

也數攻韓秦武王謂甘茂曰寡人欲容車至周室者其道乎韓之宜陽欲使甘茂伐韓取宜陽以通道至周室甘茂曰請約魏與伐韓令向壽輔行甘茂既約魏許甘茂還至息壤謂向壽曰子歸言之王魏聽臣矣然願王勿伐也向壽歸以告王王迎甘茂於息壤問其故對曰宜陽大縣也名爲縣其實郡也今王倍數險行千里攻之難昔者曾參之處鄭人有與曾參同名姓者殺人人告其母曰曾參殺人其母織自若也頃然一人又來告之其母曰吾子不殺人有頃一人又來告其母投杼下機踰牆而走夫以曾參

之賢與其母信之也然三人疑之其母懼焉今
臣之賢也不若曾參王之信臣也又不如曾參
之母之信曾參也疑臣者非特三人也臣恐大
王投杼也魏文侯令樂羊將而攻中山三年而
拔之樂羊反而語功文侯示之謗書一篋樂羊
再拜稽首曰此非臣之功也主君之力也今臣
羇旅也樗里子公孫子二人挾韓而議王必信
之是王欺魏而臣受韓之怨也王曰寡人不聽
也使伐宜陽五月而宜陽未拔樗里子公孫子
果爭之武王召甘茂欲罷兵甘茂曰息壤在彼
王曰有之因悉起兵使甘茂將擊之遂拔宜陽

及武王薨昭王立樗里子公孫子讒之甘茂遇罪卒奔齊故非至明其孰能毋用讒乎

楚王問羣臣曰吾聞北方畏昭奚恤亦誠何如江乙荅曰虎求百獸食之得一狐狐曰子毋敢食我也天帝令我長百獸今子食我是逆帝命也以我爲不信吾爲子先行子隨我後觀百獸見我無不走虎以爲然隨而行獸見之皆走虎不知獸畏已而走也以爲畏狐也今王地方五千里帶甲百萬而專任之於昭奚恤也北方非畏昭奚恤也其實畏王之甲兵也猶百獸之畏虎故人臣而見畏者是見君之威也君不用則

威亡矣

魯君使宓子賤為單父宰子賤辭去因請借善書者二人使書憲書教品魯君子之至單父使書子賤從旁引其肘書醜則怒之欲好書則又引之書者患之請辭而去歸以告魯君魯君曰子賤苦吾擾之使不得施其善政也乃命有司無得擅徵發單父單父之化大治故孔子曰君子哉子賤魯無君子者斯安取斯美其德也

楚人有獻魚楚王者曰今日漁獲食之不盡賣之不售弃之又惜故來獻也左右曰鄙哉辭也楚王曰子不知漁者仁人也蓋聞囷倉粟有餘

者國有饑民（陳本并斥藂亂）後宮多幽女者下民多曠夫餘衍之蓄聚於府庫者境內多貧困之民皆失君人之道故廚有肥魚廄有肥馬民有餓色是以亡國之君藏於府庫寡人聞之久矣未能行也漁者知之其以此諭寡人也且今行之於是乃遣使恤鰥寡而存孤獨出倉粟發幣帛而振不足罷去後宮不御者出以妻鰥夫楚民欣欣大悅鄰國歸之故漁者一獻餘魚而楚國賴之可謂仁智矣

昔者鄒忌以鼓琴見齊宣王宣王善之鄒忌曰夫琴所以象政也遂爲王言琴之象政狀及霸

王之事宣王大悅與語三日遂拜以爲相齊有稷下先生喜議政事鄒忌既爲齊相稷下先生淳于髡之屬七十二人皆輕忌以謂設以辭鄒忌不能及乃相與俱往見鄒忌淳于髡之徒禮倨鄒忌之禮卑淳于髡等曰狐白之裘補之以弊羊皮何如鄒忌曰敬諾請不敢雜賢以不肖淳于髡曰方内而員釭如何鄒忌曰敬諾請謹門内不敢留賓客淳于髡等曰三人共牧一羊羊不得食人亦不得息何如鄒忌曰敬諾减吏省員使無擾民也淳于髡等三稱鄒忌三知之如應響淳于髡等辭屈而去鄒忌之禮倨淳于

髡擧之禮畢故所以尚干將莫邪者貴其立斷
也所以貴騏驥者爲其立至也必且歷日曠久
乎絲氂猶能挈石駑馬亦能致遠是以聰明捷
敏人之美材也子貢曰回也聞一以知十美敏
捷也

昔者燕相得罪於君將出亡召門下諸大夫曰
有能從我出者乎三問諸大夫莫對燕相曰嘻
亦有士之不足養也大夫有進者曰亦有君之
不能養士安有士之不足養者凶年飢歲士糟
粕不厭而君之犬馬有餘穀粟隆冬烈寒士短
褐不完四時不蔽而君之臺觀帷簾錦繡隨風

飄飄而弊其者君之所輕死者士之所重也君不能施君之所輕而求得士之所重不亦難乎燕翔遂懸適逃不復敢見

晉文公出獵前驅曰前有大蛇高如隄阻道竟之文公曰寡人聞之諸侯夢惡則修德大夫夢惡則脩官士夢惡則脩身如是而禍不至矣今寡人有過天以戒寡人還車而反前驅曰臣聞之喜者無賞怒者無刑今禍福已在前矣不可變何不遂驅之文公曰不然夫神不勝道而妖亦不勝德禍福未發猶可化也還車反宿齋三日請於廟曰孤少犧不肥幣不厚罪一也孤好

弋獵無度數罪二也孫多賦斂重刑罰罪三也
請自今以來者關市無征澤梁毋賦斂赦罪人
舊田半税新田不税行此令未半旬守蛇吏夢
天帝殺蛇曰何故當聖之道爲而罪當死發夢
視蛇臭腐矣謁之文公曰然夫神果不勝道而
妖亦不勝德奈何其無究理而任天也應之以
德而已

梁君出獵見白鴈群梁君下車彀弓欲射之道
有行者梁君謂行者止行者不止白鴈群駭梁
君怒欲射行者其御公孫龔下車撫矢曰君止
梁君忿然作色而怒曰龔不與其君而反又撫

矣何也公孫襲對曰昔齊景公之時天大旱三年卜之曰必以人祠乃雨景公下堂頓首曰凡吾所以求雨者爲吾民也今必使吾以人祠乃且雨寡人將自當之言未卒而天大雨方千里者何也爲有德於天而惠於民也今主君以白鴈之故而欲射人襲謂主君言無異於虎狼梁君援其手與上車歸入廟門呼萬歲曰幸哉今日也他人獵皆得禽獸吾獵得善言而歸

武王勝殷得二虜而問焉曰而國有妖乎一虜答曰吾國有妖晝見星而雨血此吾國之妖也一虜答曰此則妖也雖然非其大者也吾國之

妖其大者三子不聽父弟不聽兄君令不行此妖
之大者也
晉文公出田逐獸碭入大澤迷不知所出其中
有漁者文公謂曰我若君也道安從出我且厚
賜若漁者曰臣願有獻公曰出澤而受之於是
遂出澤公令曰子之所以教寡人者何等也願
受之漁者曰鴻鵠保河海之中厭而欲移徙之
小澤則必有丸繒之憂黿鼉保深淵厭而出之
淺渚則必有羅網釣射之憂今君逐獸碭入至
此何行之太遠也文公曰善哉謂從者記漁者
名漁者曰君何以名為君其尊天事地敬社稷

固四國慈愛萬民薄賦斂輕租稅者臣亦與焉君不敬社稷不固四國外失禮於諸侯内逆民心一國流亡漁者雖得厚賜不能保也遂辭不受曰君亟歸國臣亦反吾漁所

晉文公逐麋而失之問農夫老古曰吾麋何在老古以足指曰如是然公曰寡人問子以足指何也老古振衣而起曰一不意人君如此也虎豹之居也厭閑而近人故得魚鼈之居也厭深而之淺故得諸侯厭衆而亡其國詩云維鵲有巢維鳩居之君放不歸人將君之於是文公恐歸遇欒武子欒武子曰獵得獸乎而有悅色文

公曰寡人逐麋而失之得善言故有悅色欒武子曰其人安在乎曰吾未與來也欒武子曰居上位而不恤其下驕也緩令急誅暴也取人之言而弃其身盜也文公曰善還載老古與俱歸

扁鵲見齊桓侯立有間扁鵲曰君有疾在腠理不治將恐深桓侯曰寡人無疾扁鵲出桓侯曰醫之好利也欲治不疾以為功居十日扁鵲復見曰君之疾在肌膚不治將深桓侯不應扁鵲出桓侯不悅居十日扁鵲復見曰君之疾在腸胃不治將深桓侯不應扁鵲出桓侯又不悅居十日扁鵲復見望桓侯而還走桓侯使人問之

扁鵲曰疾在腠理湯熨之所及也在肌膚鍼石之所及也在腸胃火齊之所及也在骨髓司命之所無奈何也今在骨髓臣是以無請也居五日桓侯體痛使人索扁鵲扁鵲已逃之秦矣桓侯遂死故良醫之治疾也攻之於腠理此事皆治之於小者也夫事之禍福亦有腠理之地故聖人蚤從事矣莊辛諫楚襄王曰君王左州侯右夏侯從新安君與壽陵君同軒淫衍侈靡而忘國政郢其危矣王曰先生老悖歟妄爲楚國妖歟莊辛對曰臣非敢爲楚妖誠見之也君王卒近此四子者則楚必亡矣莊辛請留於趙以觀

之於是不出十月王果亡巫山江漢鄢郢之地於是王乃使召莊辛至於趙辛至王曰嘻先生來邪寡人以不用先生言至于此爲之奈何莊辛曰君王用辛言則可不用辛言及將甚乎此廢人有稱曰亡羊而固牢未爲遲見兔而呼狗未爲晚湯武以百里王桀紂以天下亡今楚雖小絕長繼短以千里數豈將百里哉且君王獨不見夫青蛉乎六足四翼蜚翔乎天地之閒求蚊虻而食之時甘露而飲之自以爲無患與民無爭也不知五尺之童子膠絲竿加之乎四仞之上而下爲螻蟻食已青蛉猶其小者也夫爵

俛啄白粒仰棲茂樹鼓其翼奮其身自以為無
患與民無爭也不知公子王孫左把彈右攝丸
定操持審參連故晝遊乎茂樹夕和乎酸醎爵
猶其小者也鴻鵠嬉遊乎江漢息留乎大沼俛
啄鰋鯉仰奮陵衡脩其六翮而凌清風飄摇高
翔一舉千里自以為無患與民無爭也不知弋
者選其弓弩脩其防翳加繒繳其頸投乎百仞
之上引纖繳揚微波折清風而殞故朝遊乎江河
而暮調乎鼎俎鴻鵠猶其小者也蔡侯之事故
是也蔡侯南遊乎高陵北經乎巫山逐麋麖麞
鹿彈谿子隨時鳥嬉遊乎高蔡之囿溢滿無涯

不以國家爲事不知子發受令宣王厄以淮水
填以巫山庚子之朝纓以朱絲臣而奏之乎宣
王也蔡侯之從新受君與壽陵君滛衍修靡康
樂遊娛馳騁乎雲夢之中不以天下與國家爲
事不知穰侯方與秦王謀實之以黽厄而投之
乎黽塞之外而襄王大懼形體悼栗曰謹受令
乃封莊辛爲成陵君而用計焉與舉淮北之地
十二諸侯

魏文侯出遊見路人反裘而負芻文侯曰胡爲
反裘而負芻對曰臣愛其毛文侯曰若不知其
裏盡而毛無所恃耶明年東陽上計錢布十倍

夫畢賀文侯曰此非所賀我也譬無異夫路人反裘而負芻也將愛其毛不知其裏盡毛無所恃也今吾田地不加廣士民不加衆而錢十倍必取之士大夫也吾聞之下不安者上不可居也此非所以賀我也

楚莊王問於孫叔敖曰寡人未得所以爲國是也孫叔敖曰國之有是衆非之所惡也臣恐王之不能定也王曰不定獨在君乎亦在臣乎孫叔敖曰國君驕士曰士非我無逌貴富士驕君曰國非士無逌安強人君或至失國而不悟士或至飢寒而不進君臣不合國是無逌定矣夏

桀殷紂不定國是而以合其取舍者爲是以爲不合其取舍者爲非故致亡而不知莊王曰善哉顧相國與諸侯士大夫共定國是寡人豈敢以褊國驕士民哉

楚莊王莅政三年不治而好隱戲社稷危國將亡士慶問左右群臣曰王莅政三年不治而好隱戲社稷危國將亡胡不入諫左右曰子其入矣士慶入再拜而進曰隱有大鳥來止南山之陽三年不蜚不鳴不審其故何也王曰子其去矣寡人知之矣士慶曰臣言亦死不言亦死願聞其說王曰此鳥不蜚以長羽翼不鳴以觀群

臣之應是爲雖不蜚蜚必冲天雖不鳴鳴必驚
人士慶稽首曰所願聞已王大悅士慶之問而
拜之以爲令尹授之相印士慶喜出門顧左右
笑曰吾王或王也中庶子聞之跪而泣曰臣尚
衣冠御郎十三年矣前爲豪矣而後爲藩蔽王
賜士慶相印而不賜臣臣死將有日矣王曰寡
人居泥塗中子所與寡人言者内不及國家外
不及諸侯如子者可富而不可貴也於是乃爲
其國寶璧玉以賜之曰忠信者士之行也言語
者士之道路也道路不修治士無所行矣

贈郭君敘 [illegible]辯而客多以讀書者爲謁者無爲客通事

於是有一齊人曰臣願一言過一言臣請烹謁
者贊客客曰海大魚因反走靖郭君曰請少進
客曰否臣不敢以死戲靖郭君曰嘻寡人毋得
已試復道之客曰君獨不聞海大魚乎網弗能
止繳不能牽碭而失水陸居則螻蟻得意焉且
夫齊亦君之水也君已有齊奚以薛爲君若無
齊城薛猶且無益也靖郭君大悅罷民弗城薛
也

齊有婦人極醜無雙號曰無鹽女其爲人也臼
頭深目長壯大節卬鼻結喉肥項少髮折腰出
胷皮膚若漆行年三十無所容入衒嫁不售流

棄莫執於是乃拂拭短褐自詣宣王願一見謂
謁者曰妾齊之不售女也聞君王之聖德願備
後宮之掃除頓首司馬門外唯王幸許之謁者
以聞宣王方置酒於漸臺左右聞之莫不揜口
而大笑曰此天下強顔女子也於是宣王乃召
而見之謂曰昔先王爲寡人取妃匹皆已備有
列位矣寡人今日聽鄭衛之聲嘔吟感傷揚激
楚之遺風今夫人不容鄉里布衣而欲干萬乘
之主亦有奇能乎無鹽女對曰無有直竊慕大
王之美義耳王曰雖然何喜良久曰竊嘗喜隱
王曰隱固寡人之所願也試一行之言未卒忽

然不見矣宣王大驚立發隱書而讀之退而惟之又不能得明日復更召而問之又不以隱對但揚目銜齒舉手拊膝曰殆哉殆哉如此者四宣王曰願遂聞命無鹽女對曰今大王之君國也西有衡秦之患南有強楚之讎外有三國之難內聚姦臣衆人不附春秋四十壯男不立不務衆子而務衆婦尊所好而忽所恃一旦山陵崩弛社稷不定此一殆也漸臺五重黄金白玉琅玕龍疏翡翠珠璣莫落連飾萬民罷極此二殆也賢者伏匿於山林謟諛強於左右邪僞立於本朝諫者不得通入此三殆也酒漿流湎以

夜續朝女樂俳優從橫大笑外不脩諸侯之禮
內不秉國家之治此四殆也故曰殆哉殆哉於
是宣王掩然無聲意入黃泉忽然而昂喟然而
嘆曰痛乎無鹽君之言吾今乃一聞寡人之殆
寡人之殆幾不全於是立停漸臺罷女樂退諂
諛去彫琢選兵馬實府庫四闢公門招進直言
延及側陋擇吉日立太子進慈母顯隱女拜無
鹽君為王后而國大安者醜女之力也

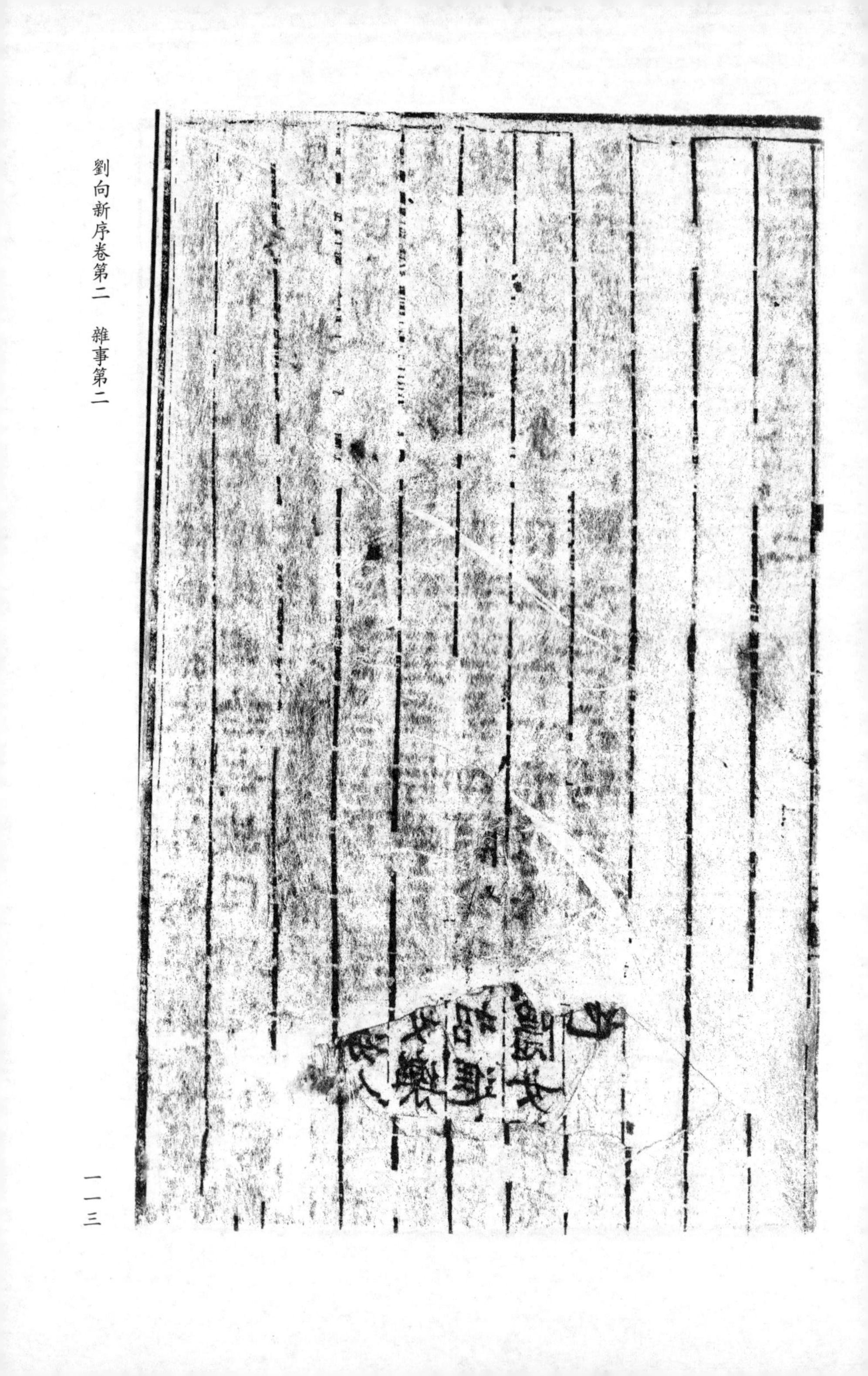

劉向新序卷第三

雜事第三

梁惠王謂孟子曰寡人有疾寡人好色孟子曰王誠好色於王何有王曰君之何好色可以王孟子曰昔太王好色詩曰古公亶父來朝走馬率西水滸至於岐下爰及姜女聿來相宇太王愛厥妃出入必與之偕是時內無怨女外無曠夫王若好色與百姓同之民唯恐王之不好色也王曰寡人有疾寡人好勇孟子曰王若好勇於王何有王曰君之何好勇可以王孟子曰詩曰王赫斯怒爰整其旅以遏徂旅以篤周祜以對

于天下此文王之勇也文王一怒而安天下之民今王亦一怒而安天下之民民唯恐王之不好勇也

孫卿與臨武君議兵於趙孝成王前王曰請問兵要臨武君對曰上得天時下得地利後之發先之至此用兵之要術也孫卿曰不然臣之所聞古之道凡戰用兵之術在於一民弓矢不調羿不能以中六馬不和造父不能以御遠士民不親附湯武不能以勝故善用兵者務在於善附民而已臨武君曰不然夫兵之所貴者勢利也所上者變詐攻奪也善用之者奄忽焉莫知

所從出孫吳用之無敵於天下由此觀之豈必待附民哉孫卿曰不然臣之所言者王者之兵君人之事也君之所言者勢利也所上者變詐攻奪也仁人之兵不可詐也彼可詐者怠慢者也落單者也君臣上下之間渙然有離德者也若以桀詐桀猶有幸焉若以桀詐堯譬之若以卵投石若以指撓沸若羽蹈烈火入則焦沒耳夫又何可詐也故仁人之兵鋌則若莫邪之利刃嬰之者斷銳則若莫邪之利鋒當之者潰圜居而方止若盤石然觸之者隴種而退耳夫又何可詐也故仁人之兵或將三軍同力上下一

心臣之於君也下之於上也若子之事父也若
弟之事兄也若手足之捍頭目而覆胷腹也詐
而襲之與先驚而後擊之一也夫又何可詐也
且夫暴亂之君將誰與至哉彼其所與至者必
其民也民之親我驩然如父母好我芳如椒蘭
反顧其上如灼黥如仇讎人之情雖桀跖豈有
肯爲其所惡而賊其所好者哉是猶使人之孫
子自賊其父母也詩曰武王載旆有虔秉鉞如
火烈烈則莫我敢曷此之謂也孝成王臨武君
曰善請問王者之兵孫卿曰將率者末事也臣
列王者之事君人之法昔者秦魏爲與國齊

楚約而欲攻魏魏使人求救於秦冠蓋相望秦
救不出魏人有唐且者年九十餘謂魏王曰老
臣請西說秦令兵先臣出可乎魏王曰敬諾遂
約車而遣之且見秦王秦王曰丈人罔然乃遂
至此甚苦矣魏來求救數矣寡人知魏之急矣
唐且荅曰大王已知魏之急而救不至是大王
籌筴之臣失之也且夫魏一萬乘之國也稱東
藩受冠帶祠春秋者爲秦之強足以爲與也今
齊楚之兵已在魏郊矣大王之救不至魏急則
且割地而約齊楚王雖欲救之豈有及哉是亡
一萬乘之魏而強二敵之齊楚也竊以爲大王

筭失之臣矣亡矣秦王懼然而悟遽發兵救之馳騖而往齊楚聞之引兵而去魏氏復故唐且一說定彊秦之策解魏國之患散齊楚之兵一舉而折衝消難辭之功也孔子曰言語宰我子貢故詩曰辭之集矣民之洽矣辭之懌矣民之莫矣唐且有辭魏國賴之故不可以已

燕易王時國大亂齊閔王興師伐燕屠燕國載其寶器而歸易王死及燕國復太子立爲燕王是爲燕昭王昭王賢即位卑身厚幣以招賢者謂郭隗曰齊因孤國之亂而襲破燕孤極知燕小力少不足以報然得賢士與共國以雪先王

之醜孤之願也先生視可者得身事之隗曰臣
聞古之人君有以千金求千里馬者三年不能
得涓人言於君曰請求之君遣之三月得千里
馬馬已死買其骨五百金反以報君君大怒曰
所求者生馬安事死馬捐五百金涓人對曰死
馬且市之五百金況生馬乎天下必以王爲能
市馬馬今至矣於是不朞年千里馬至者二今
王誠欲必致士請從隗始隗且見事況賢於隗
者乎豈遠千里哉於是昭王爲隗築宮而師之
樂毅自魏往鄒衍自齊往劇辛自趙往士爭走
燕燕王弔死問孤與百姓同甘苦二十八年燕

國殷富士卒樂佚輕戰於是遂以樂毅爲上將軍與秦楚三晉合謀以伐齊樂毅之所得賢之功也

樂毅爲昭王謀必待諸侯兵齊乃可伐也於是乃使樂毅使諸侯遂合連四國之兵以伐齊大破之閔王亡逃僅以身脫匿莒樂毅追之遂屠七十餘城臨淄盡降惟莒即墨未下盡復收燕寶器而歸復易王之辱樂毅謝罷諸侯之兵而獨圍莒即墨時田單爲即墨令患樂毅善用兵田單不能詐也欲法之貽王又賢不肯聽讒會昭王死惠王立田單使人讒之惠王惠王使騎

劫代樂毅樂毅去之趙不歸燕騎劫既爲將軍田單大喜設詐大破燕軍殺騎劫盡復收七十餘城是時齊閔王已死田單得太子於莒立爲齊襄王而燕惠王大懼自悔易樂毅以致此禍惠王乃使人遺樂毅書曰寡人不佞不能奉順君志故君捐國而去寡人不肖明矣敢謂其願而而君弗肯聽也故使使者陳愚志君誠諭之語曰仁不輕絶智不輕怨君於先王世之所明知也寡人望有非則君覆蓋之不虞君明棄之也望有過則君教誨之不虞君明罪之也寡人之罪百姓弗聞君微出明怨以棄寡人寡人必有罪

矣然恐君之未盡厚矣諺曰厚者不損人以自益仁者不危軀以要名故覆人之邪者厚之行也救人之過者仁之道也世有覆寡人之邪救寡人之過非君惡所望之今君厚受德於先王之成尊輕棄寡人以快心則覆邪救過難得於君矣且世有厚薄故施異行有得失故患同今寡人任不肖之罪而君有失厚之累於爲君擇無所取國有封疆猶家之有垣墻所以合好覆惡也室不能相和出語鄰家未爲通計也怨惡未見而明棄之未爲盡厚也寡人雖不肖未如殷紂之亂也君雖未得志未如商容箕子之累

也然不內盡寡人明怨於外恐其適足以傷高
義而薄於行也非然苟可以成君之高明君之
義寡人雖惡名不難受也本以爲明寡人之薄
而君不得厚揚寡人之毀而君不得榮是一舉
而兩失也義者不毀人以自益況傷人以自損
乎願君無以寡人之不肖累往事之美昔者柳
下季爲理於魯三黜而不去或曰可以去矣柳
下曰苟與人異惡往而不黜乎猶且黜也寧故
國耳柳下季不以黜自累故自前業不忘不以
去爲心故遠近無議寡人之罪國人不知而議
寡人者天下誰曰仁不輕絶知不簡功簡功棄

大者仇也輕絶厚利者怨也仇而棄之怨而累之宜在遠者不望之乎君今寡人無罪君豈怨之乎願君捐怨和怒追順先王以復教寡人寡人意君之曰余將快心以成而過不顧先王以明而惡使寡人進不得循初退不得變過此君所制唯君圖之此寡人之愚志敬以書謁之樂毅使人獻書燕王報曰臣不肖不能奉承王命以順左右之心恐抵斧鉞之罪以傷先王之明有害足下之義故遁逃自負以不肖之罪而不敢有辭說今王數之以罪恐侍御者不察先王之所以畜臣之理不白乎臣之所以事先王之

心故不敢不以書對臣聞賢聖之君不以祿私
親功多者授之不以官隨愛而當者處之故曰
察能而授官者成功之君也論行而結交者立
名之士也臣以所學觀先王舉措有高世主之
心故假節於魏以身得察於燕先王過舉擢之
賓客之中立之群臣之上不謀父兄以爲亞卿
臣自以爲奉令承教可幸無罪故受命而不辭
先王命臣曰我有積怨深怒於齊不量輕弱欲
以齊爲事臣對曰夫齊者霸王之餘業最勝之
遺事閑於兵革習於戰攻王若欲攻之必與天
下圖之圖之莫若徑結趙且淮北宋地楚魏之

願也趙若許約楚魏盡力四國攻之齊可大破也王曰善臣乃受命具符節南使臣趙顧反起兵攻齊以天之道先王之靈河北之地隨先王而舉之濟上之兵受命而擊之輕卒銳兵長驅至齊齊王遁逃走莒僅以身免珠玉財寶車甲珍器皆收入燕大呂陳於元英故鼎反於歷室齊器設於寧臺薊丘之植植於汶篁五伯以來功業之盛未有及先王者也先王以爲快其志以臣不損令故裂地而封臣使比小國諸侯臣聞賢聖之君功立不廢故著於春秋蚤知之士名成而不毀故稱於後世若先王之報怨雪醜夷

萬乘之齊收八百年之積及其龔群臣之日餘
令詔後嗣之義法執政任事循法令順庶孽施
及萌隷皆可以教後世臣聞善作者不必善成
善始者不必善終昔伍子胥說聽於闔閭吴爲
遠迹至郢夫差不是也賜之鴟夷沉之江故夫
差不計先論之可以立功也沉子胥而不悔子
胥不蚤見王之不同量也故入江而不化夫免
身而全功以明先王之迹臣之上計也離虧辱
之誹墮先王之明臣之大恐也臨不測之罪以
幸爲利義之所不敢出也臣聞君子絶交無惡
言去臣無惡聲臣雖不肖數奉教於君子臣恐

侍御者親交之說不察疏遠之行故敢以書謝
齊人鄒陽客游於梁人或讒之於孝王孝王怒
繫而將欲殺之鄒陽客游見讒自冤乃從獄中
上書其辭曰臣聞忠無不報信不見疑臣常以
爲然徒虛語爾昔者荊軻慕燕丹之義白虹貫
日太子畏之衛先生爲秦畫長平之計太白食
昴昭王疑之夫精變天地而信不諭兩主豈不
哀哉今臣盡忠竭誠畢義願知左右不明卒從
吏訊爲世所疑是使荊軻衛先生復起而燕秦
不悟也願大王熟察之昔者玉人獻寶楚王誅
之李斯竭忠胡亥極刑是以箕子佯狂接輿避

世恐遭此變也願大王熟察王人李斯之意而
後楚王胡亥之聽無使臣爲箕子接輿所歎臣
聞比干剖心子胥鴟夷臣始不信乃今知之願
大王熟察之少加憐焉諺曰有白頭而新傾蓋
而故何則知與不知也昔者樊於期逃秦之燕
藉荊軻首以奉丹之事王奢去齊之魏臨城自
剄以卻齊而存魏王奢樊於期非新於齊秦而
故於燕魏也所以去二國死兩君者行合於志
而慕義無窮也是以蘇秦不信於天下爲燕尾
生白圭戰亡六城爲魏取中山何則誠有以相
知也蘇秦相燕燕人惡之於燕燕王按劍而

怒食之以駃騠白圭顯於中山中山人惡之於魏文侯投以夜光之璧何則兩主二臣剖心析肝相信豈移於浮辭哉故女無美惡居官見妒士無賢不肖入朝見嫉昔司馬喜臏於宋卒相中山范睢拉脅折齒於魏卒爲應侯此二人者皆信必然之畫捐朋黨之私挾孤獨之交故不能自免於嫉妒之人也是以申徒狄蹈流之河徐衍負石入海不容於世義不苟取比周於朝以移主上之心故百里奚乞食於道路繆公委之以政寗戚飯牛車下而桓公任之以國此二人者豈藉官於朝假譽於左右然後二主用之

哉感於心合於行堅於膠漆昆弟不能離豈惑
於衆口哉故偏聽生姦獨任成亂昔魯聽季孫
之說逐孔子宋信子冉之計逐墨翟夫以孔墨
之辯而不能自免何則衆口鑠金積毀消骨是
以秦用由余而霸中國齊用越人子臧而强威
宣此一國豈拘於俗牽於世繫奇偏之辭哉公
聽共觀垂名當世故意合則胡越爲兄弟由余
子臧是也不合則骨肉爲仇讎朱象管蔡是也
今人主如能用齊秦之明後宋魯之聽則五伯
不足侔三王易爲比也是以聖王覺悟捐子之
之心能不說於田常之賢封比干之後脩孕婦

之墓故功業覆於天下何則欲善無猒也夫晉
文公親其讎而強霸諸侯齊桓公用其仇而一
匡天下何則慈仁殷勤誠加於心不可以虛辭
借也至夫秦用商鞅之法東弱韓魏立強天下
而卒車裂商君越用大夫種之謀禽勁吳霸中國
卒誅其身是以孫叔敖三去相而不悔於陵仲
子辭三公爲人灌園今也主誠能去驕傲之心
懷可報之意披心腹見情素墮肝膽施德厚終
與之窮通無變於士則桀之狗可使吠堯跖之
客可使刺由況因萬乘之權假聖王之資乎然
則荊軻之沉七族要離燔妻子豈足爲夫王道

哉明月之珠夜光之璧以闇投人於道路衆無
不按劍相眄者何則無因至前也蟠木根柢輪
囷離奇而爲萬乘器者以左右先爲之容也故
無因而至前雖出隨侯之珠夜光之璧祇足以
結怨而不見得故有人先游則以枯木朽株樹
功而不忘今使天下布衣窮居之士雖蒙堯舜
之術挾伊管之辯素無根柢之容而欲竭精神
開忠信輔人主之治則人主必襲按劍相眄之
迹矣是使布衣不得當枯木朽株之資也是以
聖王制世御俗獨化於陶鈞之上能不牽乎卑
亂之言不惑乎衆多之口故秦皇帝任中庶子

蒙恬之言以信荊軻之說故匕首竊發周文王獵涇渭載呂尚而歸以王天下秦信左右而弒周用烏集而王何則以其能越攣拘之語馳域外之議獨觀於昭曠之道也今人主沉於諂諛之辭牽於帷牆之制使不羈之士與牛驥同皁此鮑焦之所以忿於世而不留於富貴之樂也臣聞盛飾以朝者不以私行義砥礪名號者不以利傷行故里名勝母而曾子不入邑號朝歌墨子回車今使天下寥廓之士籠於威重之權脅於勢位之貴回面汙行以事諂諛之人求親近於左右則士有伏死堀穴巖藪之中耳安

有盡精神而趨闕下者哉晉秦孝王孝王立乢之卒爲上客

劉向新序卷第二

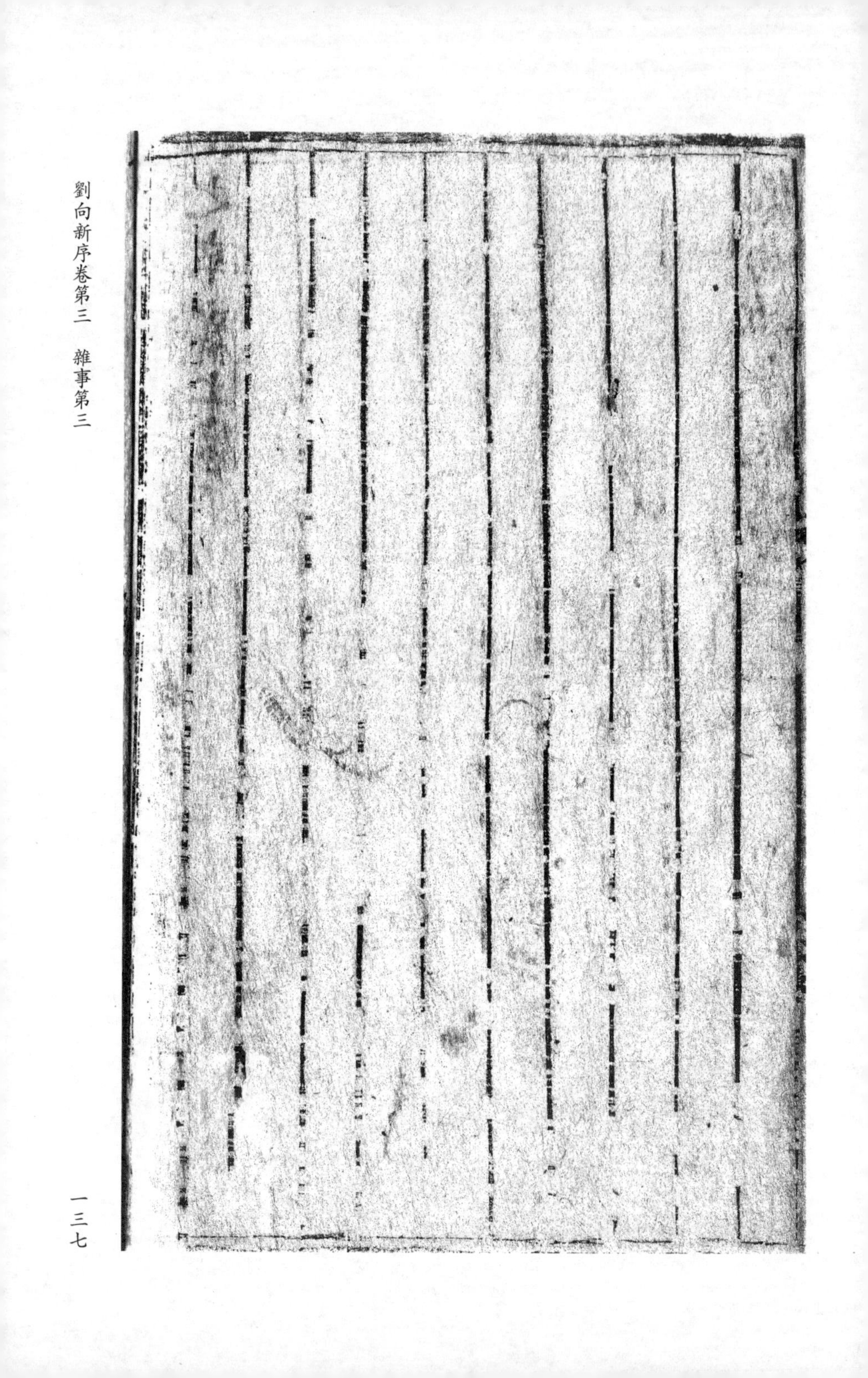

劉向新序卷第四

雜事第四

管仲言齊桓公曰夫墾田剏邑闢土殖穀盡地之利則臣不若甯戚請置以爲田官登降揖讓進退閑習臣不如隰朋請置以爲大行蚤入晏出犯君顔色進諫必忠不重富貴不避死亡則臣不若東郭牙請置以爲諫臣決獄折中不誣無罪不殺無辜則臣不若弦寧請置以爲大理平原廣囿車不結軌士不旋踵鼓之而三軍之士視死若歸則臣不若王子成甫請置以爲大司馬君如欲治國强兵則此五子者足矣如欲

霸王則與焉晉在此夫管仲能知人桓公能任賢所以九合諸侯一匡天下不用兵車管仲之功也詩曰濟濟多士文王以寧桓公其似之矣

有司請事於齊桓公桓公曰以告仲父有司又請桓公曰以告仲父若是者三在側者曰一則告仲父二則告仲父易哉爲君桓公曰吾未得仲父則難已得仲父易爲其不易也故王者勞於求人佚於得賢舜舉衆賢在位垂衣裳恭己無爲而天下治湯文用伊呂成王用周邵而刑措不用兵偃而不動用衆賢也桓公用管仲則小也故至於霸而不能以王故孔子曰小哉管

仲之器蓋吾若其過桓公惜其不能以王也至明
主則不然所用大矣詩曰濟濟多士文王以寧
此之謂也
公季成謂魏文侯曰田子方雖賢人然而非有土之
君也君常與之齊禮假有賢於子方者君又何以
加之文侯曰如子方者非成所得議也子方仁人
也仁人也者國之寶也智士也者國之器也博通
士者也國之尊也故國有仁人則群臣不爭國有
智士則無四鄰諸侯之患國有博通之士則人主
尊國非成之所議也公季成自退於郊三日請罪
魏文侯弟曰季成友曰翟黃文侯欲相之而未

能決以戰[illegible]對曰君[illegible]置[illegible]商與
王[illegible]爲[illegible]曰[illegible]以[illegible]爲不肖
翟黄[illegible]敢故知
入則[illegible]以爲
相[illegible]別之
故[illegible]是也
[illegible]白圭曰魏文[illegible]公而功
不足[illegible]也白圭對曰魏文[illegible]田
子[illegible]賢千[illegible]也[illegible]須
則曰[illegible]翟黄孰可此功之[illegible]泊也以
私愛[illegible]在職者[illegible]而名

號顯榮者三士也出相三士則王功成豈特霸哉

晉平公問於叔向曰昔者齊桓公九合諸侯一匡天下不識其君之力乎其臣之力乎叔向對曰管仲善制割隰朋善削縫賓胥無善純緣桓公知衣而已亦其臣之力也師曠侍曰臣請譬之以五味管仲善斷割之隰朋善煎熬之賓胥無善齊和之羹以熟矣奉而進之而君不食誰能彊之亦君之力也

昔者齊桓公與魯莊公爲柯之盟魯大夫曹劌謂莊公曰齊之侵魯至於城下城壞壓境君不

圖與莊公曰嘻寡人之生不若死曹劌曰然則君請當其君臣請當其臣及會兩君就壇兩相相揖曹劌手劒拔刃而進迫桓公於壇上曰城壞壓境君不圖與管仲曰然則君何求曹劌曰願請汶陽田管仲謂桓公曰君其許之桓公許之曹劌請盟桓公遂與之盟已盟標劒而去左右曰要盟可倍曹劌可讎請倍盟而討曹劌管仲曰要盟可負而君不負曹劌可讎而君不讎著信天下矣遂不倍天下諸侯翕然而歸之爲鄄之會幽之盟諸侯莫不至焉爲陽穀之會貫澤之盟遠國皆來南伐強楚以致菁茅之貢北

伐山戎爲燕開路三存亡國一繼絶世尊事周室力合諸侯一匡天下功次三王爲五伯長本信起乎柯之盟也

晉文公伐原與大夫期五日五日而原不降文公令去之吏曰原不過三日將降矣君不如待之君曰得原失信吾不爲也原人聞之曰有君義若此不可不降也遂降溫人聞之亦請降故曰伐原而溫降此之謂也於是諸侯歸之遂侵曹伐衛爲踐土之會溫之盟後南破强楚尊事周室遂成霸功上次齊桓本信由伐原也

昔者趙之中牟叛趙襄子率師伐之圍未合而

城自壞者十堵襄子擊金而退士軍吏曰君誅中牟之罪而城自壞是天助也君曷爲去之襄子曰吾聞之於叔向曰君子不乘人於利不迫人於險使之城而後攻中牟聞其義乃請降詩曰王猶允塞徐方既來此之謂也襄子遂滅知氏并代爲天下彊本由伐中牟也

楚莊王伐鄭克之鄭伯肉袒左執茅旌右執鸞刀以逆莊王曰寡人無良邊陲之臣以干天之禍是以使君王沛焉辱到敝邑君如矜此喪人錫之不毛之地唯君王之命莊王曰君之不令臣交易爲言是以使寡人得見君之玉面也而

微至乎此莊王親自手旌左右麾軍還舍七里
將軍子重進諫曰南郢之與鄭相去數千里
諸大夫死者數人廝役死者數百人今君勝而不
有無乃失民力乎莊王曰吾聞之古者盂不穿
皮不蠹不出四方以是見君子重禮而賤利也
要其人不要其土人告從而不赦不祥也吾以
不祥立乎天下菑之及吾身何日之有矣既而
晉人之救鄭者至請戰莊王許之將軍子重進
諫曰晉強國也道近力新楚師疲勞君請勿許
莊王曰不可強者我避之弱者我威之是寡人
無以立乎天下也遂還師以逆晉寇莊王援枹

而鼓之三日大敗晉人來渡河而南及敗奔走欲度而先爭舟而以刃擊引舟舟中之指可掬也莊王曰嘻吾兩君之不相能也百姓何罪乃退師以軼晉寇詩曰柔亦不茹剛亦不吐不侮鰥寡不畏強禦莊王之謂也

晉人伐楚三舍不止大夫曰請擊之莊王曰先君之時晉不伐楚及孤之身而晉伐楚是寡人之過也如何其辱諸大夫也大夫曰先君之時晉不伐楚及臣之身而晉伐楚是臣之罪也請擊之莊王俛泣而起拜諸大夫晉人聞之曰君臣爭以過爲在已且君下其臣猶如此所謂上

下一心三軍同力未可攻也乃夜還師孔子聞之曰楚莊王霸其有方矣下士以一言而敵還以安社稷其霸不亦宜乎詩曰柔遠能邇以定我王此之謂也

晉文公將伐鄴趙衰言所以勝鄴文公用之而勝鄴將賞趙衰趙衰曰君將賞其末乎賞其本乎賞其末則騎乘者存賞其本則臣聞之郄虎公召郄虎曰衰言所以勝鄴鄴遂勝將賞之曰蓋聞之子子當賞郄虎對曰言之易行之難臣言之者也公曰子無辭郄虎不敢固辭乃受賞

梁大夫有宋就者嘗爲邊縣令與楚鄰界梁之

邊亭與楚之邊亭皆種瓜各有數梁之邊亭人劬力數灌其瓜瓜美楚人窳而稀灌其瓜瓜惡楚令因以梁瓜之美怒其亭瓜之惡也楚亭人心惡梁亭之賢己因往夜竊搔梁亭之瓜皆有死焦者矣梁亭覺之因請其尉亦欲竊往報搔楚亭之瓜尉以請宋就就曰惡是何可太上御名禍之道也人惡亦惡何褊之甚也若我教子必每暮令人往竊爲楚亭夜善灌其瓜勿令知也於是梁亭乃每暮夜竊灌楚亭之瓜楚亭旦而行瓜則又皆以灌矣瓜日以美楚亭怪而察之則乃梁亭也楚令聞之大悅因具以聞楚王楚王

聞之悲慙愧以意自閔也告吏曰微搔瓜者得
無有他罪乎此梁之陰讓也乃謝以重幣而請
交於梁王楚王時稱則說梁王以為信故梁楚
之歡由宋就始語曰轉敗而為功因禍而為福
老子曰報怨以德此之謂也夫人既不善胡足
效哉

梁嘗有疑獄群臣半以為當罪半以為無罪雖
梁王亦疑梁王曰陶之朱公以布衣富侔國是
必有奇智乃召朱公而問曰梁有疑獄獄吏半
以為當罪半以為不當罪雖寡人亦疑吾子決
是奈何朱公曰臣鄙民也不知當獄雖然臣之

家有二白璧其色相如也其徑相如也其澤相如也然其賈一者千金一者五百金王曰徑與色澤相如也一者千金一者五百金何也宋公曰側而視之一者厚倍是以千金梁王曰善故獄疑則從去賞疑則從與梁國大悅由此觀之墻薄則亟壞繒薄則亟裂器薄則亟毀酒薄則亟酸夫薄而可以曠日持久者殆未有也故有國畜民施政教者宜厚之而可耳

楚惠王食寒葅而得蛭因遂吞之腹有疾而不能食令尹入問曰王安得此疾也王曰我食寒葅而得蛭念譴之而不行其罪乎是法廢而威

不立也非所以使國閑也譴而行其誅乎則庖宰食監法皆當死心又不忍也故吾恐蛭之見也因遂吞之令尹避席再拜而賀曰臣聞天道無親惟德是輔君有仁德天之所奉也病不爲傷是夕也惠王之後蛭出故其久病心腹之疾皆愈天之視聽不可不察也

鄭人游于鄉校以議執政之善否然明謂子產曰何不毀鄉校子產曰胡爲夫人朝夕游焉以議執政之善否其所善者吾將行之其所惡者吾將改之是吾師也如之何毀之吾聞爲國忠信以損怨不聞作威以防怨譬之若防川也大

決所犯傷人必多吾不能救也不如小決之使導吾聞而藥之也然明曰蔑也乃今知吾子之信可事也小人實不才若果行此其鄭國實賴之豈惟二三臣仲尼聞是語也曰以是觀之人謂子產不仁吾不信也

桓公與管仲鮑叔甯戚飲酒桓公謂鮑叔姑爲寡人祝乎鮑叔奉酒而起曰祝吾君無忘其出而在莒也使管仲無忘其束縛而從魯也使甯子無忘其飯牛於車下也桓公避席再拜曰寡人與二大夫皆無忘夫子之言齊之社稷必不廢矣此言常思困隘之時必不驕矣

桓公田至於麥丘見麥丘邑人問之子何爲者也對曰麥丘邑人也公曰年幾何對曰八十有三矣公曰美哉壽乎子其以子壽祝寡人麥丘邑人曰祝主君使主君甚壽金玉是賤人爲寶桓公曰善哉至德不孤善言必再五子其復之麥丘邑人曰祝主君使主君無羞學無惡下問賢者在傍諫者得入桓公曰善哉至德不孤善言必三吾子一復之麥丘邑人曰祝主君使主君無得罪於群臣百姓桓公怫然作色曰吾聞之子得罪於父臣得罪於君未嘗聞君得罪於臣者也此一言者非夫二言者之匹也

子更之麥丘邑人坐拜而起曰此一言者夫二言之長也子得罪於父可以因姑姊叔父而觧之父能赦之臣得罪於君可以因便辟左右而謝之君能赦之昔桀得罪於湯紂得罪於武王此則君之得罪於其臣者也莫爲謝至今不赦公曰善賴國家之福社稷之靈使寡人得吾子於此扶而載之自御以歸禮之於朝封之以麥丘而斷政焉

哀公問孔子曰寡人生於深宮之中長於婦人之手寡人未嘗知哀也未嘗知憂也未嘗知勞也未嘗知懼也未嘗知危也孔子辟席

曰吾君之問乃聖君之問也丘小人也何足以
言之哀公曰否吾子就席微吾子無所聞之矣
孔子就席曰然君入廟門升自阼階仰見榱棟
俯見几筵其器存其人亡君以此思哀則哀將
安不至矣君昧爽而櫛冠平旦而聽朝一物不
應亂之端也君以此思憂則憂將安不至矣君
平旦而聽朝日昃而退諸侯之子孫必有在君
之門廷者君以此思勞則勞將安不至矣君出
魯之四門以望魯之四郊亡國之墟列必有數
焉君以此思懼則懼將安不至矣丘聞之君者
舟也庶人者水也水則載舟水則覆舟君以此

思亡之則危將安不至矣夫執國之柄履民之上懔乎如以腐索御奔馬易曰履虎尾詩曰如履薄冰不亦危乎哀公再拜曰寡人雖不敏請事斯語矣

昔者齊桓公出遊於野見亡國故城郭氏之墟問於野人曰是為何墟野人曰是為郭氏之墟桓公曰郭氏者曷為墟野人曰郭氏者善善而惡惡桓公曰善善而惡惡人之善行也其所以為墟者何也野人曰善善而不能行惡惡而不能去是以為墟也桓公歸以語管仲管仲曰其人為誰桓公曰不知也管仲曰君亦一郭氏也於是

桓公招野人而賞之而
晉文公田於虢遇一老夫而問曰虢之為虢久
矣子處此故矣虢亡其有說乎對曰虢君斷則
不能諫則無斷也不能斷又不能用人此虢之
所以亡文公以輟田而歸遇趙衰而告之趙衰
曰今其人安在君曰吾不與之來也趙衰曰古
之君子聽其言而用其人今之君子聽其言而
棄其身哀哉晉國之憂也文公乃召賞之於是
晉國樂納善言文公卒以霸
晉平公過九原而歎曰嗟乎此地之蘊吾良臣
多矣若使死者起也吾將誰與歸乎叔向對曰

其趙武乎平公曰子黨於子之師也對曰臣敢言趙武之爲人也立若不勝衣言若不出於口然其身舉士於白屋下者四十六人皆得其意而公家甚賴之及文子之死也四十六人皆就賓位是其無私德也臣故以爲賢也平公曰善夫趙武賢臣也相晉天下無兵革者九年春秋曰晉趙武之力盡得人也

葉公諸梁問樂王鮒曰晉大夫趙文子爲人何若對曰好學而受規諫葉公曰疑未盡之對曰好學智也受規諫仁也江出汶山其源若甕口至楚國其廣十里無他故其下流多也人而

好學受規諫宜哉其三也詩曰其維哲人告之話言順德之行此之謂也

鍾子期夜聞擊磬聲者而悲且召問之曰何哉子之擊磬若此之悲也對曰臣之父殺人而不得臣之母得而為公家隸臣得而為公家擊磬臣不睹臣之母三年於此矣昨日爲舍市而睹之意欲贖之無財身又公家之有也是以悲也鍾子期曰悲在心也非在手也非木非石也悲於心而木石應之以至誠故也人君苟能至誠動於內萬民必應而感移堯舜之誠感於萬國動於天地故荒外從風鳳麟翔舞下及微物咸

得其所易曰中孚豚魚吉此之謂也

勇士一呼三軍皆辟士之誠也昔者楚熊渠子夜行見寢石以爲伏虎關弓射之滅矢飲羽下視知石也却復射之矢摧無迹熊渠子見其誠心而金石爲之開况人心乎唱而不和動而不隨中必有不全者矣夫不降席而匡天下者求之己也孔子曰其身正不令而行其身不正雖令不從先王之所以拱揖指揮而四海賓者誠德之至已形於外故詩曰王猶允塞徐方旣來此之謂也

齊有彗星齊侯使祝禳之晏子曰無益也祗取

誣焉天道不諂不貳其命若之何禳之也且天之有彗以除穢也君無穢德又何禳焉若德之穢禳之何損詩云惟此文王小心翼翼昭事上帝聿懷多福厥德不回以受方國君無違德方國將至何患於彗詩曰我無所監夏后及商用亂之故民卒流亡若德之回亂民將流亡祝史之為無能補也公說乃止

宋景公時熒惑在心懼召子韋而問曰熒惑在心何也子韋曰熒惑天罰也心宋分野也禍當君身雖然可移於宰相公曰宰相所使治國也而移死焉不祥寡人請自當也子韋曰可移於

民公曰民死將誰君乎寧獨死耳子韋曰可移於歲公曰歲饑民餓必死爲人君欲殺其民以自活其誰以我爲君乎是寡人之命固盡矣子無復言矣子韋還走北面再拜曰臣敢賀君天之處高而聽卑君有仁人之言三天必三賞君今夕星必徙舍君延壽二十一歲公曰子何以知之對曰君有三善故三賞星必三徙舍舍行七星星當一年三七二十一故曰延壽二十一年臣請伏於陛下以司之星不徙臣請死之公曰可是夕也星三徙舍如子韋言老子曰能受國之不祥是謂天下之正也

宋康王時有爵生鸇於城之陬使史占之曰小
而生巨必霸天下康王大喜於是滅滕伐薛取
淮北之地乃愈自信欲霸之亟成故射天笞地
斬社稷而焚之曰威嚴伏天地鬼神罵國老之
諫者爲無頭之棺以示有勇剖傴者之背鍥朝
涉之脛而國人大駭齊聞而伐之民散城不守
王乃逃見侯之館遂得病而死故見祥而爲不
可祥反爲禍臣向愚以爲鴻範傳推之宋史之占
非也此黒祥傳所謂黒眚者也猶魯之有鸜鵒
爲黒祥也屬於不謀其咎急也鸇者惡鳥食爵
大於爵害爵也攫擊之物貪叨之類爵而生鸇

者是宋君且行急懸鷙伐貪叨之行距諫以生
大禍以自害也故爵生鸇於城陬者以亡國也
明禍且害國也康王不悟遂以滅亡此其効也

劉向新序卷第四

劉向新序卷第五

雜事第五

魯哀公問子夏曰必學而後可以安國保民乎子夏曰不學而能安國保民者未嘗聞也哀公曰然則五帝有師乎子夏曰有臣聞黄帝學乎大真顓頊學乎渌圖帝嚳學乎赤松子堯學乎尹壽舜學乎務成跗禹學乎西王國湯學乎威子伯文王學乎鉸時子斯武王學乎郭叔周公學乎太公仲尼學乎老聃此十一聖人未遭此師則功業不著乎天下名號不傳乎千世詩曰不愆不忘率由舊章此之謂也夫不學不明古

道而能安國家者未之有也
呂子曰神農學悉老黃帝學大真顓頊學伯夷
父帝嚳學伯招帝堯學州支父帝舜學許由禹
學大成執湯學小臣文王武王學太公望周公
旦齊桓公學管夷吾隰朋晉文公學咎犯隨會
秦穆公學百里奚公孫支楚莊王學孫叔敖沈
尹竺吳王闔閭學伍子胥文之儀越王句踐學
范蠡大夫種此皆聖王之所學也且夫天生人
而使其耳可以聞不學其聞則不若聾使其目
可以見不學其見則不若盲使其口可以言不
學其言則不若瘖使其心可以智不學其智則

不若枉故凡學非能益之也達天性也能全天
之所生而勿敗之可謂善學者矣
湯見祝網者置四面其祝曰從天墜者從地出
者從四方來者皆離吾網湯曰嘻盡之矣非桀
孰爲此湯乃解其三面置其一面更教之祝曰
昔蛛蝥作網今之人循序欲左者左欲右者右
欲高者高欲下者下吾取其犯命者漢南之國
聞之曰湯之德及禽獸矣四十國歸之人置四
面未必得鳥湯去三面置其一面以網四十國
非徒網鳥也
周文王作靈臺及爲池沼掘地得死人之骨吏以

聞於文王文王曰更葬之吏曰此無主矣文王曰
有天下者天下之主也有一國者一國之主也寡人
固其主又安求主遂令吏以衣棺更葬之天下聞之
皆曰文王賢矣澤及朽骨又況於人乎或得寶
以危國文王得朽骨以喻其意而天下歸心焉
管仲傅齊公子糾鮑叔傅公子小白齊公孫
無知殺襄公公子糾奔魯小白奔莒齊人誅
無知迎公子糾於魯公子糾與小白爭入管
仲射小白中其帶鉤小白佯死遂先入是為
齊桓公公子糾死管仲奔魯桓公立國定使
人迎管仲於魯遂立以為仲父委國而聽之九

合諸侯一匡天下爲五伯長里鳧須晉公子重耳之守府者也公子重耳出亡於晉里鳧須竊其寳從貨而逃公子重耳反國立爲君里鳧須造門願見文公方沐其謁者復文公握髮而應之曰吾鳧須邪曰然謂鳧須曰若猶有以面目而復見我乎謁者謂里鳧須鳧須對曰臣聞之沐者其心覆心覆者言悖吾意沐邪何悖也謁者復文公見之曰若竊我從貨寳而逃我謂汝猶有面目而見我邪汝曰君何悖也是何也鳧須曰然君反國之卑不自安也君無棄國之卑乎其宿有全晉乎文公曰何謂也鳧須曰得罪於

君若黃公於鳧須矣君謂赦鳧須顯出以爲右
如鳧須之罪重也君猶赦之況有輕於鳧須者
乎文公曰諾命車遂載之驂日出行國爲右
翕然晉國皆安語曰桓公任其賊文公用其
盜哉臣嬖之工汙計不出竊竊之伴竊乎注計計
勝之若善惡勝計者直比之謂也
甯戚欲干齊桓公窮困無以自進於是爲商旅
賃車以適齊暮宿於郭門之外桓公郊迎客夜
開門辟賃車者執火甚盛從者甚眾甯戚飯牛
於車下望桓公而悲擊牛角疾商歌桓公聞之
撫其僕之手曰異哉歌者非常人也命後車

載之桓公反至從者以請桓公曰賜之衣冠將
見之甯戚見說桓公以合境內明日復見說桓
公以為天下桓公大說將任之群臣爭之曰客
衛人夫齊五百里不遠不若使人問之固賢人
也任之未晚也桓公曰不然問之恐其有小惡
忘人之大美此人主所以失天下之士也且人
固難全權用其長者遂舉大用之而授之以為
卿當此舉也桓公得之矣所以霸也
齊桓公見小臣稷一日三至不得見也從者曰
萬乘之主布衣之士一日三至不得見亦可以
止矣桓公曰不然士之傲爵祿者固輕其主其

主傲霸王者亦輕其士縱夫子傲爵祿吾庸敢傲霸王乎五往而後得見天下聞之皆曰桓公猶下布衣之士而況國君乎於是相率而朝靡有不至桓公所以九合諸侯一匡天下者遇士於是也詩云有覺德行四國順之桓公其似之矣

魏文侯過段干木之閭而軾其僕曰君何爲軾曰此非段干木之閭乎段干木蓋賢者也吾安敢不軾且吾聞段干木未嘗肯以己易寡人也吾安敢高之段干木光乎德寡人光乎地段干木富乎義寡人富乎財地不如德財不如義寡

人當車之者也遂數百萬而時往問之國人皆嘻相與誦之曰吾君好正段干木之敬吾君好忠段干木之隆居無幾何秦興兵欲攻魏司馬唐且諫秦君曰段干木賢者也而魏禮之天下莫不聞無乃不可加兵乎秦君以為然乃案兵而輟不攻魏文侯可謂善用兵矣夫君子善用兵也不見其形而攻已成其此之謂也野人之用兵鼓聲則似雷號呼則動地塵氣充天流矢如雨扶傷舉死履腸涉血無罪之民其死者已量於澤矣而國之存亡主之死生猶未可知也其離仁義亦遠矣

秦昭王問孫卿曰儒無益於人之國孫卿曰儒者法先王隆禮義謹乎臣子而能致貴其上者也人主用之則進在本朝置而不用則退編百姓而慤必為順下矣雖窮困凍餓必不以邪道為貪無置錐之地而明於持社稷之大計叫呼而莫之能應然而通乎裁萬物養百姓之經紀勢在人上則王公之材也在人下則社稷之臣國君之寶也雖隱於窮閻漏屋人莫不貴之道誠存也仲尼為魯司寇沈猶氏不敢朝飲其羊公慎氏出其妻慎潰氏踰境而走魯之鬻牛馬不豫賈布正以待之也居於闕黨闕黨之子弟罔罟

分有親者取多孝悌以化之也儒者在本朝則
美政在下位則美俗儒之爲人下如是矣王曰
然則其爲人上何如孫卿對曰其爲人也廣大
矣志意定乎內禮節修乎朝法則度量正乎官
忠信愛利形乎下行一不義殺一無罪而得天
下不爲也若義信乎人矣通於四海則天下之
外應之而讙之是何也則貴名白而天下治也
故近者謌謳而樂之遠者竭蹶而趨之四海之
內若一家通達之屬莫不從服夫是之謂人師
詩曰自西自東自南自北無思不服此之謂也
夫其爲人下也如彼其爲人上也如此何謂其無

益人之國乎昭王曰善

田贊衣儒衣而見荆王荆王曰先生之衣何其惡也贊對曰衣又有惡此者荆王曰可得而聞邪對曰甲惡於此王曰何謂也對曰冬日則寒夏日則熱衣無惡於甲者矣贊貧故衣惡也今大王萬乘之主也富厚無敵而好衣人以甲臣竊爲大王不取也意者爲其義邪甲兵之事析人之首刳人之腹墮人城郭係人子女其名尤甚不榮意者爲其貴邪苟慮害人人亦必慮害之苟慮危人人亦必慮危之其貴人甚不安之二者爲大王無取焉荆王無以應也昔衞靈公

問陣孔子言俎豆賤兵而貴禮也夫儒服先王之服也而荊王惡之兵者國之凶器也而荊王喜之所以屈於田賛而危其國也故春秋曰善爲國者不師比之謂也

哀公問於孔子曰寡人聞之東益宅不祥信有之乎孔子曰不祥有五而東益不與焉夫損人而益己身之不祥也弃老取幼家之不祥也釋賢用不肖國之不祥也老者不教幼者不學俗之不祥也聖人伏匿天下之不祥也故不祥有五而東益不與焉詩曰各敬爾儀天命不又未聞東益之與爲命也

顔淵侍魯定公于臺，東野畢御馬于臺下。定公曰：善哉，東野畢之御。顔淵曰：善則善矣，雖然，其馬將失。定公不悅，以告左右曰：吾聞之，君子不讒人，君子亦讒人乎？顔淵不悅，歷階而去。須臾，廐人以東野畢馬敗聞矣。定公躐席而起曰：趣駕請顔淵。顔淵至，定公曰：向寡人曰善哉東野畢之御也，吾子曰善則善矣，雖然，其馬將失矣，不識吾子何以知之也。顔淵曰：臣以政知之。昔者舜工於使人，造父工於使馬。舜不窮其民，造父不盡其馬，是以舜無失民，造父無失馬。今東野畢之御也，上車執轡，御體正矣，周旋步驟，朝禮畢矣，歷險致遠，而

馬方殫矣然求不已是以知其失矣定公曰善
可少進顏淵曰獸窮則觸鳥窮則啄人窮則
詐自古及今有窮其下能無危者未之有也詩
曰執轡如組兩驂如舞善御之謂也定公曰善
哉寡人之過也

孔子北之山戎氏有婦人哭於路者其哭甚哀
孔子立輿而問曰曷爲哭哀至於此也婦人對
曰往年虎食我夫今虎食我子是以哀也孔子
曰嘻若是則曷爲不去也曰其政平其吏不苛
吾以是不能去也孔子顧子貢曰弟子記之夫
政之不平而吏苛乃甚於虎狼矣詩曰降喪飢

鍾斬伐四國夫政不平也乃斬伐四國而況二
人乎其不去宜哉

魏文侯問李克曰吳之所以亡者何也李克對
曰數戰數勝則民疲數戰數勝國之福也其所
以亡何也李克曰數戰則民疲數勝則主驕以
驕主治疲民此其所以亡也是故好戰窮兵未
有不亡者也

趙襄子問於王子維曰吳之所以亡者何也對
曰吳君吝而不忍襄子曰宜哉吳之亡也吝則
不能賞賢不忍則不能罰姦賢者不賞有罪不
能罰不亡何待

孔子侍坐於季孫季孫之宰通曰君使人假馬其與之乎孔子曰吾聞取於臣謂之取不曰假季孫悟告宰通曰自今以來君有取謂之取無曰假故孔子正假馬之名而君臣之義定矣論語曰必也正名詩曰無易由言無曰苟矣可不愼乎

君子曰天子居闉闕之中帷帳之内廣廈之下旃茵之上不出襜幄而知天下者以有賢左右也故獨視不如與衆視之明也獨聽不如與衆聽之聰也

晉平公問於叔向曰國家之患孰爲大對曰大臣

重祿而不極諫近臣畏罰而不敢言下情不上通此患之大者也公曰善於是令國曰欲進善言謁者不通罪當死

楚人有善相人所言無遺筴聞於國莊王見而問於情對曰臣非能相人能觀人之交也布衣也其交皆孝悌篤謹畏令如此者其家必日益身必日安此所謂吉人也官事君者也其交皆誠信有好善如此者事君日益官職日益此所謂吉士也主明臣賢左右多忠主有失皆敢分爭正諫如此者國日安主日尊天下日富此之謂吉主也臣非能相人能觀人之交也莊王曰

善於是乃招聘四方之士夙夜不懈遂得孫武
毅將軍子重之屬以備衛相遂成霸功詩曰濟
濟多士文王以寧此之謂也
齊閔王亡居衛晝日步走謂公王丹曰我已亡
矣而不知其故吾所以亡者其何哉公王丹對
曰臣以王爲已知之矣王故尚不之知耶王之
所以亡者以賢也以天下之主皆不肖而惡王
之賢也因與合兵而攻王此王之所以亡也閔
王慨然大息曰賢固若是其苦耶丹又謂閔王
曰古人有辭天下無憂色者臣聞其聲於王見
其實王名稱東帝實有天下去國居衛容貌充

盈頻色發揚無重國之意王曰甚善丹知寡人
自去國而居衛也帶三益矣遂以自賢驕盈不
止閔王亡走衛衛君避宮舍之稱臣而供具閔
王不遜衛人侵之閔王去走鄒魯有驕色鄒魯
不納遂走莒楚使淖齒將兵救齊因相閔王淖
齒擢閔王之筋而懸之廟梁宿昔而殺之而與
燕共分齊地悲夫閔公臨大齊之國地方數千
里然而兵敗於諸侯地奪於燕所宗廟喪亡社
稷不祀宮室空虛身亡逃竄甚於徒隸尚不知
所以亡甚可痛也猶自以為賢豈不哀哉公玉
丹徒隸之中而道之諂使甚矣閔王不覺追而

善之以辱爲榮以憂爲樂其亡晩矣而卒見殺
先是靖郭君殘賊其百姓害傷其群臣國人將
背叛共逐之其御知之豫裝齎食及亂作靖郭
君出亡至於野而飢其御出所裝食進之靖郭
君曰何以知之而齎食對曰君之暴虐其臣下
之謀久矣靖郭君怒不食曰以吾賢至聞也何
謂暴虐其御懼曰臣言過也君實賢唯群臣不
肖共害賢然後靖郭君悅然後食故齎閔亡靖
郭君雖至死亡終身不諭者也悲夫
宋昭公出亡至於鄙喟然歎曰吾知所以亡矣
吾朝臣千人發政舉事無不曰吾君聖者侍御

數百人被服以立無不曰吾君麗者吾外內不聞
吾過是以至此由宋君觀之人主之所以離國
家失社稷者諂諛者衆也故宋君亡而能悟蓋
得反國云

秦二世胡亥之爲公子也昆弟數人詔置酒饗
群臣召諸子諸子賜食先罷胡亥下階視群臣
陳履狀善者因行踐敗而去諸子聞見之者莫
不太息及二世即位皆知天下之必弃之也故二
世惑於趙高輕大臣不顧下民是以陳勝奮臂
於關東閻樂作亂於望夷閻樂趙高之壻也爲
咸陽令詐爲逐賊將吏卒入望夷宮攻射二世

就數二世欲知其亡世懼入將自殺有一宦者從之二世謂曰何謂至於此也宦者曰知此久矣二世曰子何不早言對曰臣以不言故得至於此使臣言死久矣然後二世喟然悔之遂自殺

齊侯問於晏子曰忠臣之事君也何若對曰有難不死出亡不送君曰裂地而與之疏爵而貴之君有難不死出亡不送可謂忠乎對曰言而見用終身無難臣奚死焉謀而見從終身不亡臣奚送焉若言不見用有難而死是妄死也諫不見從出亡而送是詐爲也故忠臣也者能盡善

與君而不能與陷於難
宋玉因其友以見於楚襄王襄王待之無以異
宋玉讓其友其友曰夫薑桂因地而生不因地
而辛婦人因媒而嫁不因媒而親子之事王未
耳何怨於我宋玉曰不然昔者齊有良兔曰東
郭毚蓋一旦而走五百里於是齊有良狗曰韓
盧亦一旦而走五百里使之遙見而指屬則雖
韓盧不及衆兔之塵若躡迹而縱緤則雖東郭
毚亦不能離今子之屬臣也躡迹而縱緤與遙
見而指屬與詩曰將安將樂棄我如遺此之謂
也其友人曰僕人有過僕人有過

宋玉事楚襄王而不見察意氣不得形於顏色或謂曰先生何談說之不揚計畫之疑也宋玉曰不然子獨不見夫玄蝯乎當其居桂林之中峻葉之上從容游戲超騰往來龍興而鳥集悲嘯長吟當此之時雖羿逢蒙不得正目而視也及其在枳棘之中也恐懼而掉慄危視而蹟行衆人皆得意焉此皮筋非加急而體益短也處勢不便故也夫處勢不便豈可以量功校能哉詩不云乎駕彼四牡四牡項領夫久駕而長不得行項領不亦宜乎易曰臀無膚其行趑趄此之謂也

田饒事魯哀公而不見察田饒謂魯哀公曰臣將去君而鴻鵠舉矣哀公曰何謂也田饒曰君獨不見夫雞乎頭戴冠者文也足傅距者武也敵在前敢鬭者勇也見食相呼仁也守夜不失時信也雞雖有此五者君猶日瀹而食之何則以其所從來近也夫鴻鵠一舉千里止君園池食君魚鱉啄君菽粟無此五者君猶貴之以其所從來遠也臣請鴻鵠舉矣哀公曰止吾書子之言也田饒曰臣聞食其食者不毀其器蔭其樹者不折其枝有士不用何書其言爲遂去之燕燕立以爲相三年燕之政大平國無盜賊哀

公聞之慨然太息爲之避寢三月減損上服曰不慎其前而悔其後何可復得詩曰逝將去汝適彼樂土適彼樂土爰得我所春秋曰少長於君則君輕之此之謂也

子張見魯哀公七日而哀公不禮託僕夫而去曰臣聞君好士故不遠千里之外犯霜露冒塵垢百舍重趼不敢休息以見君七日而君不禮君之好士也有似葉公子高之好龍也葉公子高好龍鉤以寫龍鑿以寫龍屋室雕文以寫龍於是夫龍聞而下之窺頭於牖拖尾於堂葉公見之棄而還走失其魂魄五色無主是葉公非

好龍也好夫似龍而非龍者也今臣聞君好士故不遠千里之外以見君七日不禮君非好士也好夫似士而非士者也詩曰中心藏之何日忘之敢託而去

昔者楚丘先生行年七十披裘帶索往見孟嘗君欲趨不能進孟嘗君曰先生老矣春秋高矣何以教之楚丘先生曰噫將我而老乎噫將使我追車而赴馬乎投石而超距乎逐麋鹿而搏豹虎乎吾已死矣何暇老哉噫將使我出正辭而當諸侯乎決嫌疑而定猶豫乎吾始壯矣何老之有孟嘗君逡巡避席面有愧色詩曰老夫

灌灌小子蹻蹻言是夫欲盡其謀而少者驕而
不受也秦穆公所以敗其師殷紂所以亡天下
也故書曰黃髮之言則無所愆詩曰壽胥與試
美用老人之言以安國也
齊有閭丘邛年七八道遮宣王曰家貧親老願
得小仕宣王曰子年尚稚未可也閭丘邛對曰
不然昔有顓頊行年十二而治天下秦項橐七
歲爲聖人師由此觀之邛不肖耳年不稚矣宣
王曰未有咫角驂駒而能服重致遠者也由此
觀之夫士亦華髮墮顛而後可用耳閭丘邛曰
不然夫尺有所短寸有所長驊騮騄驥天下之

駿馬也使之與貍鼬試於釜竈之間其疾未必能過貍鼬也黃鵠白鶴一舉千里使之與燕服翼試之堂廡之下廬室之間其便未必能過燕服翼也辟閭巨闕天下之利器也擊石不缺刺石不銼使之與管槀決目出眯其便未必能過管槀也由此觀之華髮墮顛與卬何以異哉宣王曰善子有善言何見寡人之晚也卬對曰夫雞豚讙嗷即奪鐘鼓之音雲霞充咽則奪日月之明讒人在側是以見晚也詩曰聽言則對譖言則退庸得進乎宣王拊軾曰寡人有過遂載與之俱歸而用焉故孔子曰後生可畏安知來

者之不如今此之謂也
荆人卞和得玉璞而獻之荆厲王使玉尹相之
曰石也王以和爲謾而斷其左足厲王薨武王
即位和復奉玉璞而獻之武王武王使玉尹相
之曰石也又以爲謾而斷其右足武王薨共王
即位和乃奉玉璞而哭於荆山中三日三夜泣
盡而繼之以血共王聞之使人問之曰天下刑
之者衆矣子獨何哭之悲也對曰寶玉而名之
曰石貞士而戮之以謾此臣之所以悲也共王
曰惜矣吾先王之聽難剖石而易斬人之足夫
死者不可生斷者不可屬何聽之殊也乃使人

理其璞而得寶焉故命曰和氏之璧故曰珠
王者人主之所貴也和雖獻寶而美未為王之
用也進寶且若彼之難也況進賢人乎賢人與
姦臣猶仇讎也於庸主前[illegible]合[illegible]使姦臣進
其難於不合意之君甚於和氏之璧又
無斷兩足之臣以推其難猶拔山也千歲一合
若繼踵然後王之君[illegible]其賢而不用不可
勝載故有道者之不戮也宜白玉之璞未獻耳

劉向新序卷第五

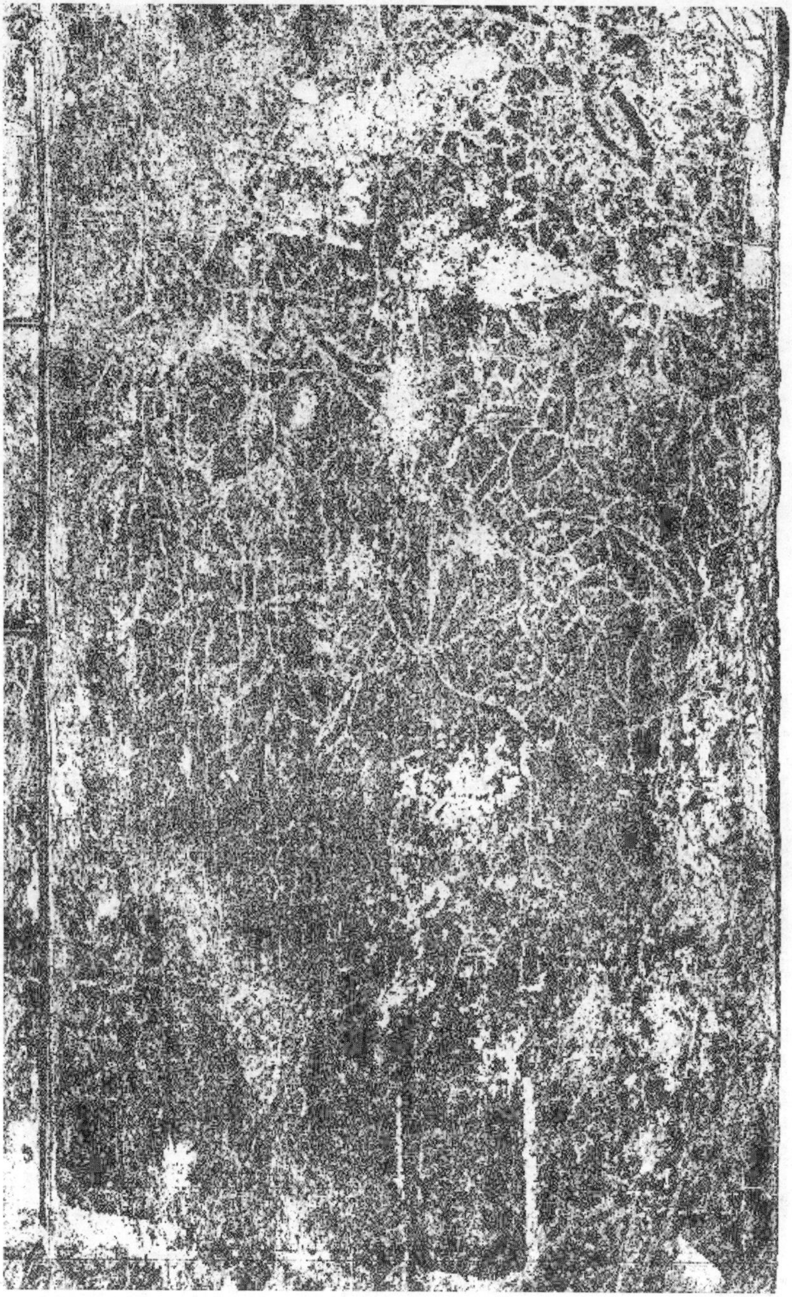

劉氏新序卷第六

刺奢第六

桀作瑤臺罷民力殫民財爲酒池糟隄縱靡靡之樂一鼓而牛飲者三千人群臣相持歌曰江水沛沛兮舟楫敗兮我王廢兮趣歸薄兮薄亦大兮又曰樂兮樂兮四牡驕兮六轡沃兮去不善而從善何不樂兮伊尹知天命之至舉觴而造桀曰君王不聽臣之言亡無日矣桀拍然而作啞然而笑曰子何妖言吾有天下如天之有日也日有亡乎日亡吾亦亡矣於是接履而趣遂適湯湯立爲相故伊尹去官入殷殷王而夏

紂爲鹿臺七年而成其大三里高千尺臨望雲
雨作炮烙之刑戮無辜奪民力冤暴施於百姓
慘毒加於大臣天下叛之願臣文王及周師至
令不行於左右悲夫當是時求爲匹夫不可得
也紂自取之也
魏王將起中天臺令曰敢諫者死許綰負操鍤
入曰聞大王將起中天臺臣願加一力王曰子
何力有加綰曰雖無力能商臺王曰若何曰臣
聞天與地相去萬五千里今王因而半之當起
七千五百里之臺高既如是其趾須方八千里

盡王之地不足以爲臺趾古者堯舜建諸侯地方五千里王必起此臺先以兵伐諸侯盡有其地猶不足又伐四夷得方八千里乃足以爲臺趾林木之積人徒之衆倉廩之儲數以萬億度八千里之外當定農畝之地足以奉給王之臺者臺具以備乃可以作魏王默然無以應乃罷起臺

衛靈公以天寒鑿池宛春諫曰天寒起役恐傷民公曰天寒乎宛春曰君衣狐裘坐熊席陬隅有竈是以不寒今民衣弊不補履決不苴君則不寒民誠寒矣公曰善令罷役左右諫曰君鑿

池不知天寒以宛春知而罷役是德歸宛春怨歸於君公曰不然宛春魯國之匹夫吾舉之民未有見焉今將令民以此見之且春也有善寡人有春之善非寡人之善與靈公論宛春可謂知君之道矣

齊宣王爲大室大益百畝堂上三百戶以齊國之大具之三年而未能成群臣莫敢諫者香居問宣王曰荊王釋先王之禮樂而爲淫樂敢問荊邦爲有主乎王曰爲無主敢問荊邦爲有臣乎王曰爲無臣居曰今王爲大室三年不能成而群臣莫敢諫者敢問王爲有臣乎王曰爲無

臣香居曰臣請避矣趨而出王曰香子留何諫
寡人之晚也遽召尚書曰書之寡人不肖好為
大室香子止寡人也

趙襄子飲酒五日五夜不廢酒謂侍者曰我誠
邦士也夫飲酒五日五夜矣而殊不病優莫曰
君勉之不及紂二日耳紂七日七夜今君五日
襄子懼謂優莫曰然則吾亡乎優莫曰不亡襄
子曰不及紂二日耳不亡何待優莫曰桀紂之
亡也遇湯武今天下盡桀也而君紂也桀紂並
世焉能相亡然亦殆矣

齊景公飲酒而樂釋衣冠自鼓缶謂侍者曰仁

仁人亦樂是夫梁丘據對曰仁人之耳目亦猶人也奚為獨不樂此也公曰趣駕迎晏子晏子朝服以至公曰寡人甚樂此樂欲與夫子共之請去禮晏子對曰君之言過矣齊國五尺之童子力盡勝嬰而又勝君所以不敢亂者畏禮也上若無禮無以使其下下若無禮無以事其上夫麋鹿唯無禮故父子同麀人之所以貴於禽獸者以有禮也詩曰人而無禮胡不遄死故禮不可去也公曰寡人無良左右淫湎寡人以至於此請殺之晏子曰左右何罪君若好禮左右有禮者至無禮者去君若惡禮亦將如之公曰善請

華衣冠而受命乃廢酒而更尊朝服而坐觴三
行晏子遂出
魏文侯見箕季其牆壞而不築文侯曰何爲不
築對曰不時其牆枉而不端問曰何不端曰固
然從者食其園之桃箕季禁之少焉日晏進糲
餐之食瓜瓠之羹文侯出其僕曰君亦無得於
箕季矣曩者進食臣竊窺之糲餐之食瓜瓠之
羹文侯曰吾何無得於季也吾一食而得四
焉其牆壞不築云待時者教我無奪農時也牆
枉而不端對曰固然者是教我無侵封疆也從
者食園桃箕季禁之豈愛桃哉是教我下無侵

上也食我以糲餐者季豈不能具五味哉數錢
無多斂於百姓以省飲食之養也
士尹池爲荊使於宋司城子罕止而觴之南家
之墻擁於前而不直西家之潦經其宮而不止
士尹池問其故司城子罕曰南家工人也爲鞔
者也吾將徙之其父曰吾恃爲鞔已食三世矣
今徙是宋邦之求鞔者不知吾處也吾將不食
願相國之憂吾不食也爲是故吾不徙西家高
吾宮卑潦之經吾宮也利爲是故不禁也士尹
池歸荊適興兵欲攻宋士尹池諫於王曰宋不
可攻也其主賢其相仁賢者得民仁者能用人

攻之無功爲天下笑楚釋宋而攻鄭孔子聞之曰夫脩之於廟堂之上而折衝於千里之外者司城子罕之謂也

魯孟獻子聘於晉宣子觴之三徙鍾石之懸不移而具獻子曰富哉家宣子曰子之家孰與我家富獻子曰吾家甚貧惟有二士曰顏回茲無靈者使吾邦家安平百姓和協惟此二者耳吾盡於此矣客出宣子曰彼君子也以養賢爲富我鄙人也以鍾石金玉爲富孔子曰孟獻子之富可著於春秋

鄒穆公有令食鳧鴈必以粃無得以粟於是倉

無粃而求易於民二石粟而得一石粃吏以爲費請以粟食之穆公曰去非汝所知也夫百姓飽牛而耕暴背而耘勤而不惰者豈爲鳥獸哉粟米人之上食奈何其以養鳥且爾知小計不知大會周諺曰[redacted]貯中而獨不聞歟夫君者民之父母取倉之粟移之於民此非吾之粟乎鳥苟食鄒之粃不害鄒之粟也粟之在倉與在民於我何擇鄒民聞之皆知私積與公家爲一體也此之謂知富邦

劉向新序卷第六

劉向新序卷第七

節士第七

堯治天下伯成子高爲諸侯焉堯授舜舜授禹伯成子高辭爲諸侯而耕禹往見之則耕在野禹趨就下位而問焉曰昔者堯治天下吾子立爲諸侯焉堯授舜吾子猶存焉及吾在位子辭爲諸侯而耕何故伯成子高曰昔堯之治天下舉天下而傳之他人至無欲也擇賢而與之其位至公也以至無欲至公之行示天下故不賞而民勸不罰而民畏舜亦猶然今君賞罰而民欲且多私是君之所懷者私也百姓知之貪爭之

端自此始矣德自此衰刑自此繁矣吾不忍見以是處野也今君又何求而見我君行矣無留吾事耕而不顧書曰旁施象刑維明及禹不能春秋曰五帝不告誓信厚也

桀為酒池足以運舟糟立足以望七里一鼓而牛飲者三千人關龍逄進諫曰為人君身行禮義愛民節財故國安而身壽也今君用財若無盡用人若恐不能死不華天禍必降而誅必至矣君其革之立而不去朝桀因囚拘之君子聞之曰末之命矣夫

紂作炮烙之刑王子比干曰主暴不諫非忠臣

畏死不言非勇士也見過則諫不用則死忠
之至也遂進諫三日不去朝紂囚而殺之詩曰
昊天太憮予慎無辠無辜而死不亦哀哉
曹公子喜時字子臧曹宣公子也宣公與諸侯
伐秦卒於師曹人使子臧迎喪使公子負芻與
太子留守負芻殺太子而自立子臧見負芻之
當立也宣公既葬子臧將亡國人皆從之負芻
立是爲曹成公成公懼告罪且請子臧子臧乃
反成公遂爲君其後晉侯會諸侯執曹成公歸
之京師將見子臧於周天子而立之子臧曰前
記有之聖達節次守節下不失節爲君非吾節

也雖不能聖敢失守乎遂亡奔宋曹人數請晉
侯謂子臧反國吾歸爾君於是子臧反國晉乃
言天子歸成公於曹子臧遂以國致成公成公
爲君子臧不出曹國乃安子臧讓千乘之國可
謂賢矣故春秋賢而褒其後
延陵季子者吳王之子也嫡同母昆弟四人長
曰謁次曰餘祭次曰夷昧次曰札札即季子最
小而賢兄弟皆愛之既除喪將立季子季子辭
曰曹宣公之卒也諸侯與曹人不義曹君將立
子臧子臧去之遂不爲也以成曹君君子曰能
守節矣君義嗣也誰敢干君有國非吾節也札

雖不才願附子臧以無失節固立之棄其室而耕乃舍之遏曰今若是作而與季子季子必不受請無與子而與弟弟兄迭爲君而致諸侯乎季子皆曰諾故諸其爲君者皆輕死爲勇飲食必祝曰天若有吾國必疾有禍予身故遏也死餘祭立餘祭死夷眛立夷眛死而國宜之季子也季子使而未還僚者長子之庶兄也自立爲吳王季子使而還至則君事之遏之子曰王子光號曰闔閭不悅曰先君之所爲不與子而與弟者凡爲季子也將從先君之命則國宜之季子也如不從先君之命而與子我宜當立者也

僚惡得爲君於是使專諸刺僚而致國乎季子
季子曰爾殺我君吾授爾國是吾與爾爲亂也
爾殺我兄吾又殺爾是父子兄弟相殺終身無
已也去而之延陵終身不入吳國故號曰延陵
季子君子以其不受國爲義以其不殺爲仁是
以春秋賢季子而尊貴之也
延陵季子將西聘晉帶寶劒以過徐君徐君觀
劒不言而色欲之延陵季子爲有上國之使未
獻也然其心許之矣致使於晉故反則徐君死
於楚於是脫劒致之嗣君從者止之曰此吳國
之寶非所以贈也延陵季子曰吾非贈之也先

日吾來徐君觀吾劍不言而其色欲之吾爲有上國之使未獻也雖然吾心許之矣今死而不進是欺心也愛劍僞心廉者不爲也遂脫劍致之嗣君嗣君曰先君無命孤不敢受劍於是季子以劍帶徐君墓樹而去徐人嘉而歌之曰延陵季子兮不忘故脫千金之劍兮帶丘墓

許悼公疾瘧飲藥毒而死太子止自責不嘗藥不立其位與其弟緯專哭泣啜饘粥嗌不容粒痛已之不嘗藥未逾年而死故春秋義之

衛宣公之子伋也壽也朔也伋前母子也壽與朔後母子也壽之母與朔謀欲殺太子伋而立

壽也使人與伋乘舟於河中將沉而殺之壽知
不能止也因與之同舟舟人不得殺伋方乘之
時伋傅母恐其死也閔而作詩二子乘舟之詩
是也其詩曰二子乘舟汎汎其景願言思子中
心養養於是壽閔其兄之且見害作憂思之詩
黍離之詩是也其詩曰行邁靡靡中心搖搖知
我者謂我心憂不知我者謂我何求悠悠蒼天
此何人哉又使伋之齊將使盜見載旌要而殺
之壽止伋伋曰弃父之命非子道也不可壽又
與之偕行壽之母知不能止也因戒之曰壽無
爲前也壽又爲前竊伋旌以先行幾及齊矣盜

見而趍之後壽之死痛其代己死涕泣悲
哀遂載其屍還至境而自殺兄弟俱死故君子
義此二人而傷宣公之聽讒也

魯宣公者魯文公之弟也文公薨文公之子子
赤立為魯侯宣公殺子赤而奪之國立為魯侯
公子肹者宣公之同母弟也宣公殺子赤而肹
非之宣公與之祿則曰我足矣何以兄之食為
哉織屨而食終身不食宣公之食其仁恩厚矣
其守節固矣故春秋美而貴之

晉獻公太子之至靈臺蛇繞左輪御曰太子下
拜吾聞國君之子蛇繞左輪者速得國太子遂

不行返乎舍御人見太子太子曰吾聞爲人子者盡和順君不行私欲恭嚴承命不逆君安今吾得國是君失安也見國之利而忘君安非子道也聞得國而拜其聲非君欲也廢子道不孝逆君欲不忠而使我行之殆欲吾國之危明也拔劍將死御止之曰夫禨祥妖孽天之道也恭嚴承命人之行也拜祥戒孽禮也嚴恭承命不以身恨君孝也今太子見福不拜失禮殺身恨君失孝從僻心棄正行非臣之所聞也太子曰不然我得國君之孽也拜君之孽不可謂禮見禨祥而忘君之安國之賊也懷賊心以事君不

可謂孝挾僞意以御天下懷賊心以事君邪之大者也而使我行之是欲國之昬明也遂伏劍而死君子曰晉太子徒御使之拜虵祥猶惡之至於自殺者爲見疑於欲國也己之不欲國以安君亦以明矣爲一愚御過言之故至於身死廢子道絶祭祀不可謂孝可謂遠嫌一節之士也

申包胥者楚人也吳敗楚兵於柏舉遂入郢昭王出亡在隨申包胥不受命而赴於秦乞師曰吳爲無道行封豕長虵蠶食天下從上國始於楚寡君失社稷越在草莽使下臣告急曰吳夷

狄也夷狄之求無厭殄楚與君接竟若鄰
於君疆場之患也逮吳之君其圖之若得
君之靈存撫楚國世以事伯使辭焉曰寡
君聞命矣子其就館將圖告對曰寡君越
在草莽未獲所休下臣何安倚於庭牆立
哭日夜不絕聲水漿不入口七日秦哀公
為賦無衣之詩言吳今出九頓首而坐秦
哀公曰楚有臣若此而亡臣若此吾亡無
日矣於是乃出師救楚申以秦師至楚秦
大夫子蒲子虎帥車五百蒲曰吾未知吳
道使楚人先與吳人戰而大敗吳師吳師

既退昭王復國而賞始於包胥包胥曰輔君安國非爲身也救急除害非爲名也功成而受賞是賣勇也君既定又何求焉遂逃賞終身不見君子曰申子之不受命赴秦忠矣七日七夜不絕聲厚矣不受賞不伐矣然賞所以勸善也辭賞亦非常法也

齊崔杼者齊之相也弒莊公止太史無書君弒及賊太史不聽遂書賊曰崔杼弒其君崔子殺之其弟又嗣書之崔子又殺之死者二人其弟又嗣復書之乃舍之南史氏是其族也聞太史盡死執簡以往將復書之聞既書矣乃還君子

曰古之良史
齊攻魯求岑鼎魯君載岑鼎往齊侯不信而反
之以爲非也使人告魯君柳下惠以爲是因請
受之請魯君請於柳下惠柳下惠對曰君之欲
以爲岑鼎也以免國也臣亦有國於此破臣之
國以免君之國此臣所難也魯君乃以真岑鼎
往柳下惠可謂守信矣非獨存已之國也又存
魯君之國信之於人重矣猶輿之輗軏也故孔
子曰大車無輗小車無軏其何以行之哉此之
謂也
宋人有得玉者獻諸司城子罕子罕不受獻玉

者曰以示玉人玉人以爲寶故敢獻之子罕曰我以不貪爲寶爾以玉爲寶若與我者皆喪寶也不若人有其寶故宋國之長者曰子罕非無寶也所寶者異也今以百金與摶黍以示兒子兒子必取摶黍矣以和氏之璧與百金以示鄙人鄙人必取百金矣以和氏之璧與道德之至言以示賢者賢者必取至言矣其知彌精其取彌精其知彌觕其取彌觕子罕之所寶者至矣

昔者有餽魚於鄭相者鄭相不受或謂鄭相曰子嗜魚何故不受對曰吾以嗜魚故不受魚受魚失祿無以食魚不受得祿終身食魚

原憲居魯環堵之室茨以生蒿蓬戶甕牖桑
以為樞上漏下濕匡坐而弦歌子貢聞之乘肥
馬衣輕裘中紺而表素軒車不容巷往見原憲
原憲冠桑葉冠杖藜杖而應門正冠則纓絕杖
襟則肘見納屨則踵決子貢曰嘻先生何病也
原憲仰而應之曰憲聞之無財之謂貧學而不
能行之謂病憲貧也非病也若夫希世而行比
周而交學以為人教以為己仁義之慝輿馬之
飾憲不忍為也子貢逡巡面有愧色不辭而去
原憲曳杖拖屣行歌商頌而反聲淪天地如出
金石天子不得而臣也諸侯不得而友也故養

志者忘身身且不愛孰能累之詩曰我心匪石
不可轉也我心匪席不可卷也此之謂也
晏子之晉見披裘負芻息於途者以爲君子也
使人問焉曰曷爲而至此對曰齊人累之吾名
曰越石甫晏子曰嘻遽解左驂以贖之載而與
歸至舍不辭而入越石甫怒而請絕晏子使人
應之曰嬰未嘗得交也今免子於患吾於子猶
未可邪越石甫曰吾聞君子詘乎不知己而信
乎知己者吾是以請絕也晏子乃出見之曰向
也見客之容而今也見客之意嬰聞察實者不
留聲觀行者不譏辭嬰可以辭而無棄乎越石

甬曰六子禮之爭不敬從晏子達以爲上客俗
人之有功則德德則驕晏子有功免人之危而
反謝下之其去俗亦遠矣此全功之道也
子列子窮容貌有飢色客有言於鄭子陽者曰
子列子禦寇蓋有道之士也居君之國而窮君
無乃爲不好士乎子陽令官遺之粟數十乘子
列子出見使者再拜而辭使者去子列子入其
妻望而拊心曰聞爲有道者妻子皆得佚樂今
妻子皆有飢色矣君過而遺先生先生又辭豈
非命也哉子列子笑而謂之曰君非自知我者
也以人之言而知我以人之言而遺我粟也其

罪我也又將以人之言此吾所以不受[redacted]且受
人之養不死其難不義也死其難是死無道之
人豈義哉其後民果作難殺子陽子列子之元
微除不義遠矣且子列子內有飢寒之憂猶不
苟取見得思義見利思害況其在富貴乎故子
列子通乎性命之情可謂能守節矣

[redacted]屈原者名平楚之同姓大夫有博通之知清潔
之行懷王用之秦欲吞滅諸侯幷兼天下屈原
為楚東使於齊以結強黨秦國患之使張儀之
[redacted]貨楚賢臣上官大夫靳尚之屬上及令尹子
[redacted]司馬子椒內賂夫人鄭袖共譖屈原屈原遂

放於外乃作離騷張儀因使楚絕齊許謝地六百里懷王信左右之姦謀聽張儀之邪說遂絕強齊之大輔楚既絕齊而秦欺以六里懷王大怒舉兵伐秦大戰者數秦兵大敗楚師斬首數萬級秦使人願以漢中地謝懷王不聽願得張儀而甘心焉張儀曰以一儀而易漢中地何愛儀請行遂至楚楚因之上官大夫之屬共言之王王歸之是時懷王悔不用屈原之策以至於此於是復用屈原屈原使齊還聞張儀已去大為王言張儀之罪懷王使人追之不及後秦嫁安于楚與懷王歡為藍田之會屈原以為秦不

可信願勿會群臣皆以爲可懷王遂會果見
囚拘客死於秦爲天下笑懷王子頃襄王亦知
群臣諂誤懷王不察其罪反聽群讒之口復放
屈原屈原疾闇王亂俗汶汶嘿嘿以是爲非以
清爲濁不忍見于世將自投於淵漁父止之屈
原曰世皆醉我獨醒世皆濁我獨清吾獨聞之
新浴者必振衣新沐者必彈冠又惡能以其泠
泠更事之嘿嘿者哉吾寧投淵而死遂自投
湘水汨羅之中而死

楚昭王有士曰石奢其爲人也公正而好義王
使爲理於是廷有殺人者石奢追之則其父也

遂反於廷曰殺人者僕之父也以父成政不孝不行君法不忠弛罪廢法而伏其辜僕之所守也伏斧鑕命在君君曰追而不及庸有罪乎子其治事矣石奢曰不私其父非孝也不行君法非忠也以死罪生非廉也君赦之上之惠也臣不敢失法下之行也遂不離鈇鑕刎頸而死于廷中君子聞之曰貞夫法哉孔子曰子爲父隱父爲子隱直在其中矣詩曰彼已之子邦之司直石子之謂也

晉文公反國李離爲大理過殺不辜自繫曰臣之罪當死文公令之曰官有上下罰有輕重是

下吏之罪也非子之過也李離曰臣居官爲長不與下讓位受祿爲多不與下分利過聽殺無辜委下畏死非義也臣之罪當死矣文公曰子必自以爲有罪則寡人亦有過矣李離曰君量能而授官臣奉職而任事臣受印綬之日君命曰必以仁義輔政寧過於生無失於殺臣受命不稱壅惠蔽恩如臣之罪乃當死君何過之有且理有法失生即生失殺即死君以臣爲能聽微決疑故任臣以理今離刻深不顧仁義信文墨不察是非聽他辭不精事實掠服無罪使百姓怨天下聞之必議吾君諸侯聞之必輕吾國

怨積於百姓惡揚於天下權聲於諸侯無臣之
罪是當重死文公曰吾聞之也直而不枉不可
與往方而不圓不可與長存願子以此聽寡人
也李離曰君以所私害公法殺無罪而生當死
二者非所以教於國也離不敢受命文公曰子
獨不聞管仲之爲人臣邪身辱而君肆行汙而
覇成李離曰臣無管仲之賢而有辱汙之名無
覇王之功而有射鉤之累夫無能以臨官籍汙
以治人君雖不忍加之於法臣亦不敢汙官亂
治以生臣聞命矣遂伏劒而死
晉文公反國酌士大夫酒召咎犯而將之召艾

處而相之授田百萬介子推無爵齒而就位觴三行介子推奉觴而起曰有龍矯矯頃失其所有虵從之周流天下龍既入深淵得其安所虵脂盡乾獨不得甘雨此何謂也文公曰嘻是寡人之過也吾爲子爵與待旦之朝也吾爲子田與河東陽之間介子推曰推聞君子之道謁而得位道士不居也爭而得財廉士不受也文公曰使我得反國者子也吾將以成子之名介子推曰推聞君子之道爲人子而不能承其父者則不敢當其後爲人臣而不見察於其君者則不敢立於其朝然推亦無索於天下矣遂去而

之介山之上文公使人求之不得爲之避寢三
月號呼朞年詩曰逝將去汝適彼樂郊適彼樂
郊誰之永號此之謂也文公待之不肯出求之
不能得以謂焚其山宜出及焚其山遂不出而
焚死
申徒狄非其世將自投於河崔嘉聞而止之曰
吾聞聖人仁士之於天地之間民之父母也今
爲濡足之故不救溺人可乎申徒狄曰不然昔
者桀殺關龍逢紂殺王子比干而亡天下吳殺
子胥陳殺洩冶而滅其國故亡國殘家非聖智
也不用故也遂負石沉於河君子聞之曰廉矣

乎如仁盛哉吾未見也詩曰不侮鰥寡之謂何
哉此之謂也

齊大飢黔敖為食於路以待餓者而食之有餓
者蒙袂接履貿貿然來黔敖左奉食右執飲曰
嗟來食餓者揚其目而視之曰予唯不食嗟來
之食以至於此也從而謝焉終不食而死曾子
聞之曰微與其嗟也可去其謝也可食

東方有士曰袁族目將有所適而飢於道孤父
之盜丘人也見之下壺餐以與之袁族目三餔
而能視仰而問焉曰子誰也曰我孤父之盜丘
人也袁族目曰嘻汝乃盜也何為而食我以吾

不食也兩手據地而歐之不出喀喀然遂伏地
而死縣名爲勝母曾子不入邑號朝歌墨子回
車故孔子席不正不坐割不正不食不飮盜泉
之水積正也族目不食而死絜之正也
鮑焦衣弊膚見絜畚將蔬遇子贛於道子贛曰
吾子何以至此也焦曰天下之遺德教者衆矣
吾何以不至於此也吾聞之世不已知而行之
不已者是爽行也上不已知而干之不止者是
毁廉也行爽廉毁然且不舍惑於利者也子贛
曰吾聞之非其世者不生其利汚其君者不履
其土今吾子汚其君而履其土非其世而將其

疏此離之有哉鮑焦曰嗚呼吾聞賢者重進而
輕退廉者易醜而輕死乃抱木而立槁死於
洛水之上君子聞之曰廉夫剛哉夫山銳則不
高水狹則不深行特者其德不厚志與天地疑
者其爲人不祥鮑子可謂不祥矣其節度淺深
適至而止矣詩曰已焉哉天實爲之謂之何哉
公孫杵臼程嬰者晉大夫趙朔客也晉趙穿弑
靈公趙盾時爲貴大夫亡不出境還不討賊故
春秋責之以盾爲弑君屠岸賈者幸於靈公晉
景公時賈爲司寇欲討靈公之賊盾已死欲誅
盾之子時朔徧告諸將曰盾雖不知猶爲首賊

賊臣弑君子孫在朝何以懲罪請誅之韓厥曰
靈公遇賊趙盾在外吾先君以爲無罪故不誅
今諸君將妄誅妄誅謂之亂臣有大事君不聞
是無君也屠岸賈不聽韓厥告趙朔趣亡趙朔
不肯曰子必不絶趙祀予死不恨韓厥許諾稱
疾不出賈不請而擅與諸將攻趙氏於下宮殺
趙朔趙同趙括趙嬰齊皆滅其族趙朔妻成公
姊有遺腹走公宮匿公孫杵臼謂程嬰胡不死
嬰曰朔之妻有遺腹若幸而男吾奉之即女也
吾徐死耳無何而朔妻免生男屠岸賈聞之索
於宮朔妻置兒袴中祝曰趙宗滅乎若號即不

滅乎若無聲及索兒竟無聲已脫程嬰謂杵臼曰今一索不得後必且復之柰何杵臼曰立孤與死孰難程嬰曰立孤亦難耳杵臼曰趙氏先君遇子厚子強爲其難者吾爲其易者吾請先死而二人謀取他嬰兒負以文褓匿山中嬰謂諸將曰嬰不肖不能立孤誰能與吾千金吾告趙氏孤處諸將皆喜許之發師隨嬰攻杵臼杵臼曰小人哉程嬰下宮之難不能死與我謀匿趙氏孤兒今又賣之縱不能立孤兒忍賣之乎抱而呼天乎趙氏孤兒何罪請活之獨殺杵臼也諸將不許遂并殺杵臼與兒諸將以爲趙氏孤

兒已死皆喜然趙氏真孤兒乃在程嬰卒與俱匿山中居十五年晉景公病卜之大業之胄者爲祟景公問韓厥韓厥知趙孤存乃曰大業之後在晉絶祀者其趙氏乎夫自中行衍皆嬴姓也中行衍人面鳥噣降佐帝大戊及周天子皆有明德下及幽厲無道而叔帶去周適晉事先君繆侯至于成公世有立功未嘗絶祀今及吾君獨滅之趙宗國人哀之故見龜筴唯君圖之景公問趙尚有後子孫乎韓厥具以實告景公乃與韓厥謀立趙孤兒召而匿之宮中諸將入問病景公因韓厥之衆以脅諸將而見趙孤兒[illegible]

見名武諸將不得已乃曰昔下宮之難屠岸賈爲之矯以君命并命群臣非然孰敢作難微君之病群臣固將請立趙後今君有命群臣願之於是召趙氏程嬰徧拜諸將遂俱與程嬰趙氏攻屠岸賈滅其族復與趙氏田邑如故趙武冠爲成人程嬰乃辭大夫謂趙武曰昔下宮之難皆能死我非不能死思立趙氏後今子既立爲成人趙宗復故我將不報趙孟與公孫杵臼趙武號泣固請曰武願苦筋骨以報子至死而子忍棄我死乎程嬰曰不可彼以我爲能成事故皆先我死今我不下報之是以我事爲不成也

遂自殺趙武服衰三年爲之祭邑春秋祠之世不
絶君子曰程嬰公孫杵臼可謂信交厚士矣嬰
之自殺下報亦過矣
吴有士曰張胥鄙譚夫吾前交而後絶張胥鄙
有罪拘將死譚夫吾合徒而取之出至於道而
後乃知其夫吾也輟行而辭曰義不同於子故
前交而後絶吾聞之君子不爲危易行今吾從
子是安則肆志危則易行也與吾因子而生不
若反拘而死闔閭聞之令吏釋之張胥鄙曰吾
義不同於譚夫吾故不受其任矣今吏以是出
我以譚夫吾故免也吾庸遽受之乎遂觸墻而

死譚夫吾聞之曰戴注而不爲後也不知而出
之愚也安不可以接二國不可以事君吾行虛
全入惡以吾力生吾亦以取以此立於世乃絕頸
而死君子曰譚夫吾其以失士全矣辭一貫亦未
爲得也一言謂剛者矣可謂絕節也
蘇武者故右將軍平陵侯蘇建子也孝武皇帝
時以武爲移中監使匈奴是時匈奴使者數降
漢故匈奴亦欲降武以取當單于使貴人故漢
人衛律說武武不從乃設以貴爵重祿尊位終
不聽於是律絕不與飲食武數日不降又當盛
暑以旃厚衣并束三日暴武心意愈堅終不屈

撓穃曰臣事君由子事父也子爲父死無所恨守節不移雖有鐵鉞湯鑊之誅而不懼也尊官顯位而不榮也匈奴亦由此重之武留十餘歲竟不降下可謂守節臣矣詩云我心匪石不可轉也我心匪席不可卷也蘇武之謂也匈奴紿言武死其後漢聞武在使使者求武匈奴欲慕義歸武漢尊武以爲典屬國顯異於他臣也

劉向新序卷第七

劉向新序卷第八

義勇第八

陳恒弑簡公而盟者皆完其家不盟者殺之石他人曰昔之事其君者皆得其君而事之今謂他人曰舍而君而事我他人不能雖然不盟則殺父母也從而盟是無君臣之禮也生於亂世不得正行劫於暴上不得道義故雖盟不以父母之死不如退而自殺以禮其君乃自殺

陳恒弑君使勇士六人劫子淵棲子淵棲曰子之欲與我以我爲知乎臣弑君非知也以我爲仁乎見利而背君非仁也以我爲勇乎劫我以

兵懼而與子非勇也使吾無此三者與何補於
子若吾有此三者終不逆子矣至今之
宋閔公臣長萬以勇力聞萬與魯戰師敗爲魯
所獲因之宮中數月歸之宋宋閔公與婦人在
側公謂萬曰魯君孰與寡人美萬曰魯君美天
下諸侯唯魯君耳宜其爲君也閔公矜此婦人妬
因言曰爾魯之囚虜爾何知萬怒遂搏閔公頰
齒落於[redacted]絕吭而死仇牧聞君死趨而至遇萬
於門携劍而叱之萬臂摋仇牧而殺之齒著於
門闔仇牧可謂不畏彊禦矣趙臣之難顧不旋
踵

崔杼弑莊公合士大夫盟盟者皆脫劍而入言不疾指不至血者死所殺十人次及晏子晏子奉桮血仰天歎曰惡乎崔子將為無道殺其君盟者皆視之崔杼謂晏子曰子與我我與子分國子不吾與吾將殺子直兵將推之曲兵將鉤之唯子圖之晏子曰嬰聞回以利而背其君者非仁也劫以刃而失其志者非勇也詩云愷悌君子求福不回嬰可謂不回矣直兵推之曲兵鉤之嬰不之回也崔子舍之晏子趨出授綏而乘其僕將馳晏子拊其手曰虎豹在山林其命在庖廚馳不益生緩不益死按之成節然後去之

詩云彼己之子舍命不渝晏子之謂也
佛肸以中牟叛置鼎於庭致士大夫曰與我者
受邑不吾與者烹大夫皆從之至於田卑田卑中牟之邑人也
曰義死不避斧鉞之罪義窮不受軒冕之服無
義而生不仁而富不如烹褰衣將就鼎佛肸脫屨
而生之趙氏聞其叛也攻而取之聞田卑不肯
與也求而賞之田卑曰不可也一人舉而萬夫
俛首智者不爲也賞一人以慙萬夫義者不取
也我受賞使中牟之士懷恥不義辭賞從處曰
以衍臨人不遵[illegible]南之楚
楚太宰[illegible]以[illegible]有爭曰勝在

外子西召勝使治白號曰白公（子西令尹是之弟勝之叔父也）勝怨楚逐其父將弑惠王及子西（惠王亦子西之姪惠王之叔也）欲得易甲（名雖）陳士勒兵以示易甲曰與我無患不富貴不吾與則此是也易甲笑曰嘗言吾義矣吾子忘之乎立得天下不義吾不取也威吾以兵不義吾不從也今子將弑子之君而使我從子非吾前義也子雖告我以利威我以兵吾不忍爲也子行子之威則吾亦得明吾義也逆子以兵爭也應子以聲鄙也吾聞士立義不爭行死不鄙拱而待兵顔色不變也

白公勝將弑楚惠王王出亡令尹司馬皆死拔

劍而屬之於屈盧曰子與我將舍子子不與我必殺子盧曰子殺叔父而求福於盧也可乎吾聞知命之士見利不動臨死不恐爲人臣者時生則生時死則死是謂人臣之禮故上知天命下知臣道其有可劫乎子胡不推之白公勝乃内其劍

白公勝旣殺令尹司馬欲立王子閭以爲王王子閭不肯劫之以刃王子閭曰王孫輔相楚國匡正王室而后自庇焉閭之願也今子假威以暴王室殺伐以亂國家吾雖死不子從也白公勝曰楚國之重天下無有以與子乎何不受

也王子閭曰吾聞辭天下者非輕其利也以明其德也不爲諸侯者非惡其位也以潔其行也今吾見國而忘主不仁也劫白刃而失義不勇也子雖告我以利威我以兵吾不爲也白公強之不可遂殺之葉公高率衆誅白公而反惠王於國

白公之難楚人有莊善者辭其母將往死之其母曰棄其親而死其君可謂義乎莊善曰吾聞事君者內其祿而外其身今所以養母者君之祿也身安得無死乎遂辭而行比至公門三廢車中其僕曰子懼矣曰懼既懼何不返莊善曰

曰懼者吾私也死義吾公也聞君子不以私害
公及公門刎頸而死君子曰好義乎哉
齊崔杼弑莊公也有陳不占者聞君難將赴之
比去餐則失匕上車失軾御者曰怯如是去有
益乎不占曰死君義也無勇私也不以私害公
遂往聞戰鬬之聲恐駭而死人曰不占可謂仁
者之勇也
知伯嚚之時有士曰長兒子魚絕知伯而去之
三年將東之越而道聞知伯嚚之見殺也謂御
曰還車反吾將死之御曰夫子絕知伯而去之
三年矣今反死之是絕屬無別也長兒子魚曰

不然吾聞仁者無餘愛忠臣無餘祿吾聞知伯之死而動吾心餘祿之加於我者至今尚存吾將往依之反而死

衛懿公有臣曰弘演遠使未還狄人攻衛其民曰君之所與祿位者鶴也所富者宮人也君使宮人與鶴戰余焉能戰遂潰而去狄人追及懿公於滎澤殺之盡食其肉獨舍其肝弘演至報使於肝畢呼天而號盡哀而止曰臣請為表因自刺其腹內懿公之肝而死齊桓公聞之曰衛之亡也以無道也今有臣若此不可不存於是救衛於楚丘

芊尹文者荆之歐鹿彘者也司馬子期獵於雲夢載旗之長拖地芊尹文拔劒齊諸軫而斷之貳車抽弓於韔援矢於箙引而未發也司馬子期伏軾而問曰吾有罪於夫子乎對曰臣以君旗拽地故也國君之旗齊於軫大夫之旗齊於軾今子荆國有名大夫而滅三等文之斷也不亦可乎子期悅載之王所王曰吾聞有斷子之旗者其人安在吾將殺之子期以文之言告王悅使文爲江南令而大治

卞莊子好勇養母戰而三北交游非之國君辱之及母死三年冬興魯戰卞莊子請從見於魯

將軍曰初與母處是以三北今母死請塞責而
神有所歸遂赴敵獲一甲首而獻之曰此塞一
北又入獲一甲首而獻之曰此塞再北又入獲
一甲首而獻之曰此塞三北將軍曰毋没爾家
宜止之請爲兄弟莊子曰三北以養母也是子
道也今士節小具而塞責矣吾聞之節士不以
辱生遂反敵殺十人而死君子曰三北又塞責
滅世斷家於孝不終也

劉向新序卷第八

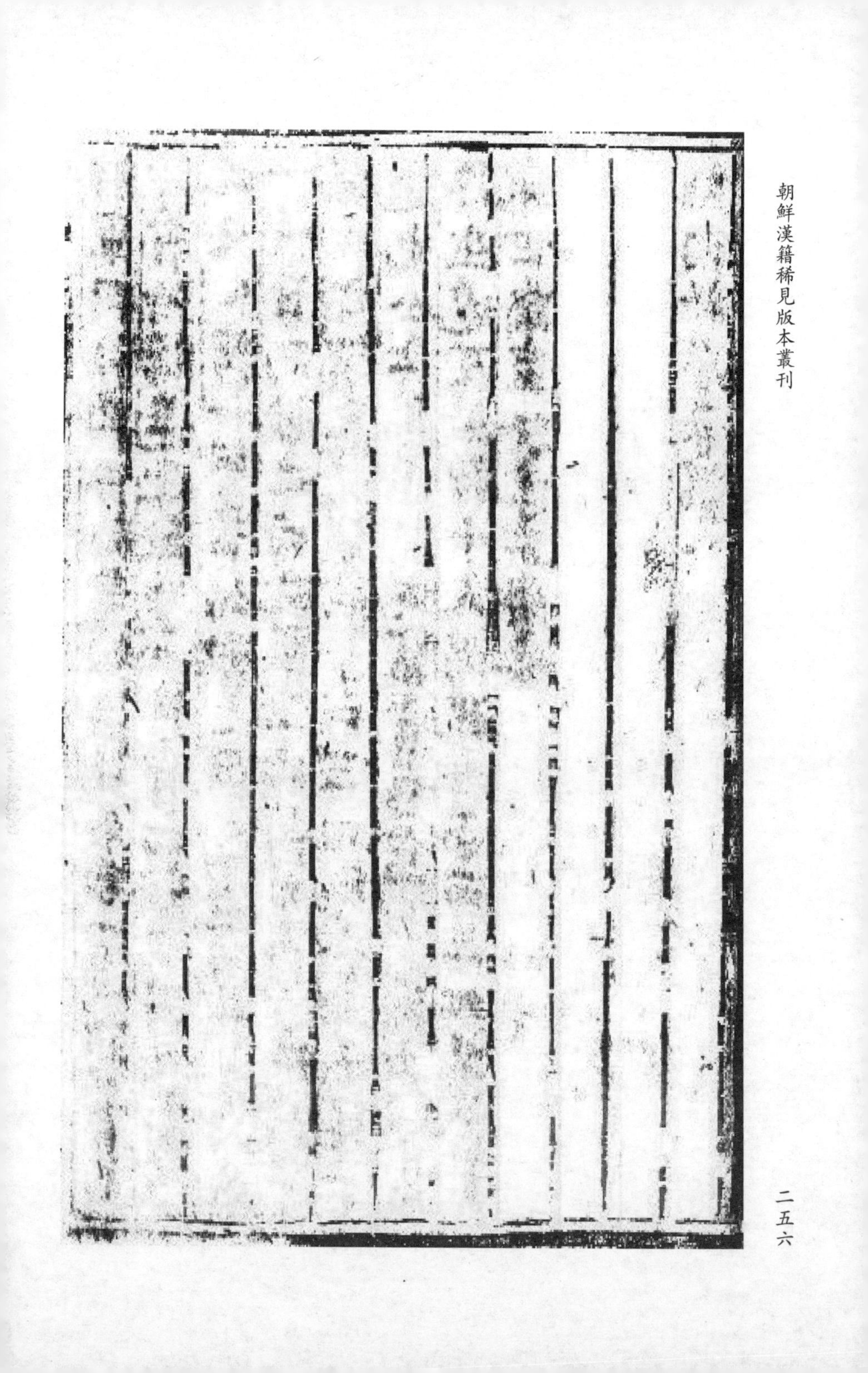

劉向新序卷第九

善謀第九

齊桓公時江國黄國小國也在江淮之間近楚楚大國也數侵伐欲滅取之江人黄人患楚齊桓公方存亡繼絶救危扶傾尊周室攘夷狄爲陽穀之會貫澤之盟與諸侯將伐楚江人黄人慕桓公之義來會盟於貫澤管仲曰江黄遠齊而近楚楚爲利之國也若伐而不能救無以宗諸侯不可受也桓公不聽遂與之盟管仲死楚人伐江滅黄桓公不能救君子閔之是後桓公信壞德衰諸侯不附遂陵遲不能復興夫仁智

之謀即事有漸力所不能救未可以受其責桓
公受之過也管仲可謂善謀矣詩云曾是莫聽
大命以傾此之謂也
晉文公之時周襄王有弟太叔之難出亡居於
鄭不得入使告難于魯于晉于秦其明年春秦
伯師于河上將納王狐偃言於晉文公曰求諸
侯莫如勤王且大義也諸侯信之繼文之業而
信宣於諸侯今為可矣卜偃卜之曰吉遇黃帝
戰於阪泉之兆公曰吾不堪也對曰周禮未改
今之王古之帝也公曰筮之筮之遇大有之睽
曰吉遇公用享于天子之卦戰克而王享吉

大焉且是卦也天爲澤以當日天子降心以逆公不亦可乎大有去睽而復亦其所也晉侯辭秦師而下三月甲辰次于陽樊右師圍溫左師逆王夏四月丁巳王入于王城取太叔于溫而殺之于隰城戊午晉侯朝王王享醴命之宥之陽樊溫原攢茅之田晉於是始開南陽之地其後三年文公遂再會諸侯以朝天子天子錫之弓矢秬鬯以爲方伯晉文公之命是也卒成霸道狐偃之謀也夫秦魯皆疑晉有狐偃之善謀以成霸功故[illegible]天下[illegible]之謂也

虞虢皆小國也虞有夏陽之阻塞虞虢共守之
晉不能禽也故晉獻公欲伐虞虢荀息曰君胡
不以屈產之乘與垂棘之璧假道於虞公曰此
晉國之寶也彼受吾璧不借吾道則如之何荀
息曰此小之所以事大國也彼不借吾道必不
敢受吾幣受吾幣而借吾道則是我取之中府
置之外府取之中廐置之外廐公曰宮之奇存
焉必不使受也荀息曰宮之奇知固知矣雖然
其爲人也通心而懦又少長於君通心則其言
之略懦則不能强諫少長於君則君輕之且夫
玩好在耳目之前而患在一國之後中知以上

乃能慮之臣料虞君中知之下也公遂借道而伐虢宮之奇諫曰晉之使者其幣重其辭卑必不便於虞語曰脣亡則齒寒矣故虞虢之相救非相爲賜也今日亡虢而明日亡虞矣公不聽遂受其幣而借之道旋歸四年反取虞荀息牽馬抱璧而前曰臣之謀如何獻公曰璧則猶是而吾馬之齒加長矣晉獻公用荀息之謀而禽虞虞不用宮之奇謀而亡故荀息非覇王之佐戰國并兼之臣也若宮之奇則可謂忠臣之諫也

晉文公秦穆公共圍鄭以其無禮而附於楚鄭

大夫佚之狐言於鄭君曰君使燭之武見秦君
圍必解鄭君從之召燭之武使之辭曰臣之壯
也猶不如人今老矣無能爲也鄭君曰吾不能
蚤用子今急而求子是寡人之過也然鄭亡子
亦有不利焉燭之武許諾夜出見秦君曰秦晉
圍鄭鄭知亡矣若亡而有益於君敢以煩執事
鄭在晉之東秦在晉之西越晉而取鄭君知其
難也焉用亡鄭以陪晉晉秦之鄰也鄰之強君
之憂也若舍鄭以爲東道主行李之往來共其
資粮亦無所害且君立晉君晉君許君焦瑕朝
得入而夕設版而畫界焉君之所知也夫晉何

厭之有既東取鄭又欲廣其西竟不闕秦將焉取之闕秦而利晉願君圖之秦伯説引兵而還晉咎犯請擊之文公曰不可微夫人之力不能弊鄭因人之力以弊之不仁失其所與不知以亂易整不武吾其還矣亦去鄭圍遂解燭之武可謂善謀一言存鄭而安秦鄭君不發用善謀所以削國也困而覺焉所以得存

楚靈王即位欲爲霸會諸侯使椒舉如晉求諸侯椒舉致命曰寡君使舉曰君有惠賜盟子宋曰晉楚之從交相見也以歲之不易寡人願結驩於二三君使舉請閒君若苟無四方之虞則

願假寵以請於諸侯晉君欲勿許司馬侯曰不
可楚王方侈天其或者欲盈其心以厚其毒而
降之罰未可知也其使能終亦未可知也唯天
所相不可與爭君其許之修德以待其歸若歸
於德吾猶將事之况諸侯乎若適淫虐楚將弃
之吾誰與爭公曰晉有三不殆其何敵之有國
險而多馬齊楚多難有是三者何鄉而不濟對
曰恃馬與險而虞鄰之難是三殆也四嶽三塗
陽城大室荆山終南九州之險也是不一姓冀
之北土馬之所生也無興國焉恃險與馬不足
以爲固也從古以然是以先王務德音以享神

人不閑其務險與馬也或多難以固其國開其疆土或無難以喪其國失其守宇若何虞難齊有仲孫之難而獲桓公至今賴之晉有里克之難而獲文公是以爲盟主衛邢無難狄亦喪之故人之難不可虞也恃此三者而不修政德亡於不暇有何能濟君其許之紂作淫虐文王惠和殷是以隕周是以興夫豈爭諸侯哉乃許楚靈王遂爲申之會與諸侯伐吳起章華之臺爲乾谿之役百姓罷勞怨懟於下群臣倍畔於上公子弃疾作亂靈王亡逃卒死於野故曰晉不頓戟而楚人自亡司馬侯之謀也

楚平王殺伍子胥之父子胥出亡挾弓而干闔
閭大之甚勇之甚將爲之興師而復讎於楚子胥諫曰
不可臣聞之君子不爲匹夫興師且事君猶事
父也虧君之義復父之讎臣不爲也於是止蔡
昭公朝於楚有美裘楚令尹囊瓦求之昭公不
予於是拘昭公於郢數年而后歸之昭公濟漢
水沉璧曰諸侯有伐楚者寡人請爲前列楚人
聞之怒於是興師伐蔡蔡請救于吳子胥諫曰
蔡非有罪也楚人無道也君若有憂中國之心
則若此時可矣於是興師伐楚遂敗楚人於栢
舉而成霸道子胥之謀也故春秋美而襃之

秦孝公欲用衛鞅之言更爲嚴刑峻法易古三
代之制度恐大臣不從於是召衛鞅甘龍杜摯
三大夫御於君慮世事之變計正法之本使民
之道君曰代位不亡社稷君之道也錯法務明
主長臣之行也今吾欲更法以教民吾恐天下
之議我也公孫鞅曰臣聞疑行無名疑事無功
君亟定變法之慮行之無疑殆無顧天下之議
且夫有高人之行者固負非於世有獨知之慮
者必見謷於民語曰愚者暗成事知者見未萌
民不可與慮始可與樂成功郭偃之法曰論至
德者不和於俗成大功者不謀於衆法者所以

愛民也禮者所以便事也是以聖人苟可以彊
國不法其故苟可以利民不循其禮孝公曰善
甘龍曰不然臣聞聖人不易民而教知者不變
法而治因民而教者不勞而功成據法而治者
吏習而民安之今君變法不循故更禮以教民
臣恐天下之議君願君熟慮之公孫鞅曰子之
所言者世俗之所知也常人安於所習學者溺
於所聞此兩者所以居官而守法也非所與論
於典法之外也三代不同道而王五霸不同法
而霸知者作法而愚者制焉賢者更禮不肖者
拘焉更禮之人不足與言事制法之人不足與

論治君勿疑矣杜摯曰利不百不變法功不[redacted]
不易器[redacted]聞之法古無過循禮無邪君其圖之
公孫鞅曰前世不同教何古之法帝王者不相
復何禮之循伏羲神農教而不誅黃帝堯舜誅
而不怒及至文武各當其時而立法因事而制
禮禮法兩定制令各宜甲兵器備各便其用臣
故曰治世不一道便國不必古故湯武之王也
不循古殷夏之滅也不易禮然則反古者未可
非也循禮者未足多也君無疑[redacted]善吾
聞窮鄉多怪曲學多辯愚者之笑知者哀焉狂
夫之樂賢者憂焉拘世之議人心不疑矣於是

孝公違龍摯之善謀遂從衛鞅之過言法嚴而酷刑深而必守之以公當時取强遂封鞅爲商君及孝公始國人怨商君至於車裂之其患流衍至始皇赤衣塞路群盜滿山卒以亂亡削刻無恩之所致也三代積德而王齊桓繼絶而霸秦皇嚴暴而亡漢王垂仁而帝故仁恩謀之本也

秦惠王時蜀亂國人相攻擊告急於秦惠王欲發兵伐蜀以爲道險峽難至而韓人來侵秦秦惠王欲先伐韓恐蜀亂先伐蜀恐韓襲秦之弊猶與未決司馬錯與張子爭論於惠王之前司

馬錯欲伐蜀張儀曰不如伐韓王曰請聞其説
對曰親魏善楚下兵三川塞什谷之口當屯留
之道魏絶南陽楚臨南鄭秦攻新城宜陽以臨
二周之郊誅周王之罪侵楚魏之地周自知不
救九鼎寶器必出據九鼎按圖籍挾天子以令
於天下天下莫敢不聽此王業也今夫蜀西僻
之國而戎狄之倫也弊兵勞衆不足以成名得
其地不足以爲利臣聞爭名者於朝爭利者於
市今三川周室天下之朝市也而王不爭焉顧
爭於戎狄去王遠矣司馬錯曰不然臣聞之欲
富者務廣其地欲強者務富其民欲王者務博

其德三資者備而王隨之矣今王地小民貧故
臣願先從事於易夫蜀西僻之國而戎狄之長
也有桀紂之亂以秦攻之譬如以豺狼逐群羊
也得其地足以廣國取其財足以富民繕兵不
傷衆而服焉服一國而天下不以為暴利盡西
海而諸侯不以為貪是我一舉而名實附也又
有禁暴正亂之名今攻韓劫天子惡名也而未
必利也有不義之名而攻天下所不欲危矣臣
請謁其故周天下之宗室也齊韓之與國也周
自知失九鼎韓自知亡三川將二國并力合謀
以因乎齊趙而求解乎楚魏以鼎予楚以地予

魏以鼎予楚以地予魏王不能止此臣所謂危
也不如伐蜀之完秦惠王曰善寡人請聽子卒起
兵伐蜀十月取之遂定蜀蜀王更號爲侯而使
陳叔相蜀蜀既屬秦秦益強富厚而制諸侯
司馬錯之謀也

楚使黃歇於秦秦昭王使白起攻韓魏韓魏服
事秦昭王方令白起與韓魏共伐楚黃歇適至
聞其計是時秦已使白起攻楚取數縣楚頃襄
王東徙黃歇上書於秦昭王欲使秦遠交楚而
攻韓魏以解楚其書曰天下莫強於秦楚今聞
王欲伐楚此猶兩虎相與鬬兩虎相與鬬而駑

犬受其弊也不如善楚臣請言其說臣聞之物至則反冬夏是也致高則危累棊是也今大國之地徧天下有其二垂此從生民以來萬乘之地未嘗有也今王使盛橋守事於韓盛橋以其地入秦是王不用甲不信威而得百里之地也王可謂能矣王又舉甲而攻魏杜大梁之門舉河內拔燕酸棗虛桃入邢魏之兵雲翔而不敢救王之功亦多矣王休甲息衆二年而復之有取滿(史記作蒲)衍首垣以臨仁平丘黃濟陽甄(史作鄄)城而魏氏服王又割濮歷(史記作磨)之北注之秦(齊)之要絕楚趙之脊天下五合六聚而不敢相救

王之威亦單矣王若能持功守威省攻伐之心而肆仁義之誠使無後患三王不足四五伯不足六也王若負人徒之衆兵革之彊乘毀魏之威而欲以力臣天下之主臣恐其有後患也詩曰靡不有初鮮克有終易曰狐涉水濡其尾此言始之易終之難也何以知其然也智伯見伐趙之利不知榆次之禍吳見伐齊之便而不知干遂之敗此二國者非無大功也設利於前而易患於後也吳之親越也從而伐齊既勝齊人於艾陵爲越人所禽於三渚之浦知伯之信韓魏也從而伐趙攻晉陽之城勝有日矣韓魏畔

之殺知伯瑤於鑿臺之上今王妬楚之不毀也而忘毀楚之强韓魏也臣爲王慮而不取也詩曰大武遠宅而不涉從此觀之楚國援也鄰國敵也詩曰躍躍毚兔遇犬獲之他人有心予忖度之今王中道而信韓魏之善王也此吳之親越也臣聞之敵不可假時不可失臣恐韓魏卑辭除患而實欺大國也何則王無重世之德於韓魏而有累世之怨焉夫韓魏父子兄弟接踵而死于秦者將十世矣本國殘社稷壞宗廟隳刳腹絶腸折顙摺頸身首分離暴骨草澤頭顱僵仆相望於境係臣束子爲羣虜者相及於路

鬼神潢洋無所食民不聊生族類離散流亡爲
僕妾者盈海内矣故韓魏之不亡秦社稷之憂
也今王資之與攻楚不亦過乎且王攻楚將惡
出兵王將藉路於仇讎之韓魏乎兵出之日而
王憂其不反也是王以兵資於仇讎之韓魏也
王若不借路於仇讎之韓魏必攻隨水右壤此
皆廣川大水山林谿谷不食之地也王雖有之
不爲得地是王有毀楚之名而無得地之實也
且王攻楚之日四國必悉起兵以應王秦楚之
兵構而不離韓魏氏將出兵而攻留方與銍胡
陵碭蕭相故宋必盡齊人南面攻楚泗北必舉

此皆平原四達膏腴之地也而使獨攻王破楚
以肥韓魏於中國而勁齊韓魏之彊足以校秦
秦齊南以泗水爲境東負海北倚河而無後患
天下之國莫彊於齊魏齊魏得地保利而詳事
下吏一年之後爲帝未能其於楚王之爲帝有
餘矣夫以王壤土之博人徒之衆兵革之彊一
舉事而樹怨於楚出令韓魏歸帝重齊是王失
計也臣爲王慮莫若善楚秦楚合爲一而以臨
韓韓必拱手王施之以東山之險帶以曲河之
利韓必爲關內之候若是而王以十萬戍鄭梁
氏寒心許隔陵嬰城而上蔡召陵不往來也如

此而魏亦關內候矣王一善楚而關內兩萬乘之王注入地於齊齊右壤可拱手而取也王之地一桱史作經兩海要約天下是燕趙無齊楚齊楚無燕燕趙然後危動燕趙直搖齊楚此四國者不待痛而服也昭王曰善於是乃止白起謝韓魏發使賂楚約爲與國黃歇受約歸楚解弱楚之禍全彊秦之兵黃歇之謀也

秦趙戰於長平趙不勝亡一都尉趙王召樓昌與虞卿曰軍戰不勝尉係死寡人將東甲而趍之樓昌曰無益也不如發重寶而爲媾虞卿曰昌言媾者以爲不媾軍必破也而制媾者在

秦且王之論秦也欲破王之軍乎不邪王曰秦
不遺餘力矣必且破趙軍虞卿曰王聽臣發使
出重寶以附楚魏楚魏欲王之重寶必內吾使
使入楚魏秦必疑天下恐天下之合從必一心如
此則構乃可爲也趙王不聽與平陽君爲構發
鄭朱入秦秦內之趙王召虞卿曰寡人使平陽
君爲構秦秦已內鄭朱矣虞卿以爲如何對曰
王不得構軍必破矣天下之賀戰勝者皆在秦
鄭朱貴人也而入秦秦王與應侯必顯重以示
天下楚魏以趙爲構必不救王則構不可得也
應侯果顯鄭朱以示天下賀戰勝者終不肯構

長平大敗遂圍邯鄲爲天下笑不從虞卿之謀
也秦既解圍邯鄲而趙王入朝使趙郝約事於
秦割六縣而講虞卿謂趙王曰秦之攻王也倦
而歸乎亡其力尚能進之愛王而不攻乎王曰
秦之攻我也不遺餘力矣必以倦歸也虞卿曰
秦以其力攻其所不能取倦而歸王又攻其力
之所不能取以送之是助秦自攻也來年秦復
攻王王無救矣王以虞卿之言告趙郝郝曰虞卿
能量秦力之所至乎誠知秦力之所不進此彈
丸之地不予令秦來年復攻於王王得無割其
內而構乎王曰請聽子割矣子能必來年秦之

不復攻乎趙郝曰此非臣所敢任也他日三晉
之交於秦相若也今秦善韓魏而攻王王之所
以事秦者必不如韓魏也今臣之爲足下解負
親之攻開關通幣齊交韓魏至來年而獨取攻
於秦王之所以事秦必在韓魏之後也此非臣
之所敢任也王以告虞卿虞卿對曰郝言不構
來年秦復攻王王得無復割其內而構乎今構
郝又不能必秦之不復攻也雖割何益來年復
攻又割其力之所不能取以構此自盡之術也
不如無構秦雖善攻不能取六縣趙雖不能守
亦不失六城秦倦而歸兵必疲我以五縣收天

下以攻罷秦是我以之於天下而取償於秦也吾國尚利孰與坐而割地自弱以彊秦今郝曰秦善韓魏而攻趙者必王之事秦不如韓魏也是使王歲以六城事秦也坐而地盡秦年秦復來割王將予之乎不予是棄前功而挑秦禍也予之即無地而給之語曰彊者善攻而弱者不能守今坐而聽秦秦兵不弊而多得地是彊秦而弱趙也以益彊之秦而割愈弱之趙其計固不止矣且王之地有盡而秦之求無已以有盡之地給無已之求其勢必無趙矣計未定樓緩從秦來趙王與樓緩計之曰予秦地與無予孰

吉縷辭讓曰此非臣之所能知也王曰雖然試
言公之私樓緩對曰亦聞夫公父文伯母乎公
父文伯仕於魯病死女子爲自殺於房中者二
人其母聞之不肯哭也其相室曰焉有子死而
不哭者乎其母曰孔子賢人也逐於魯而是人
不隨也今死而婦人爲自殺者二人若是者必
其於長者薄而於婦人厚也故從母言是爲賢
母從妻言是必不免爲妬婦其言一也言者異
則人心變矣今臣新從秦來而言勿予則非計
也言予之恐王以臣爲秦也故不敢對使臣得
爲大王計不如予之王曰諾虞卿聞之曰此飾

說也王愼勿予樓緩聞之往見王王又以虞卿
之言告樓緩樓緩對曰不然虞卿得其一不得
其二夫秦趙構難而天下皆說何也曰吾且因
彊而乘弱矣今趙兵困於秦天下之賀戰勝者
必盡在於秦矣故不如亟割地爲和以疑天下
而慰秦之心不然天下將因秦之怒乘趙之弊
而瓜分之趙見亡何秦之圖乎故曰虞卿得其
一不得其二願王以此決之勿復計也虞卿聞
之往見王曰危哉樓子之所以爲秦者是愈疑
天下而何慰秦之心哉獨不言示天下弱乎且
臣言勿予非固勿予而已也秦索六城於王而

王以六城賂齊齊秦之深讎也得王之六城并
力而西擊秦齊之聽王不待辭之畢也則是王
失之於齊而取償於秦也而齊趙之讎可以報
矣而示天下有能爲也王以此爲發聲兵未窺
於境臣見秦之重賂而反構於王也從秦爲構
韓魏聞之必盡重王重王必出重寶以先於王
則是王一舉而結三國之親而與秦易道也趙
王曰善即發虞卿東見齊王與之謀秦虞卿之
謀行而趙霸此存亡之樞機樞機之發間不及
旋踵是故虞卿一言而秦之震懼趨風馳揞而
請備故善謀之臣其於國豈不重哉微虞卿趙

以亡矣
魏請爲從趙孝成王召虞卿謀過平原君平原
君曰願卿之論從也虞卿入見王王曰魏請爲從
對曰魏過王曰寡人固未之許對曰王過王曰
魏請從卿曰魏過寡人未之許又曰寡人過然
則從終不可邪對曰臣聞小國之與大國從事
也有利大國受福有敗小國受禍今魏以小請
其禍而王以大辭其福臣故曰王過魏亦過竊
以爲從便王曰善乃合魏爲從使虞卿以用於
趙趙必霸會虞卿以魏齊之事棄侯捐相而歸
不用趙旋亡

劉向新序卷第九

新序卷第十

善謀下第十

沛公與項籍俱受令於楚懷王曰先入咸陽者
王之沛公將從武關入至南陽守戰南陽守齮
保宛城堅守不下沛公引兵圍宛三匝南陽守
欲自殺其舍人陳恢止之曰死未晚也於是恢
乃踰城見沛公曰臣聞足下約先入咸陽者王
之今足下留兵盡日圍宛宛大郡之都也連城
數十人民撥蓄積多其吏民自以爲降而死故
皆堅守乘城足下攻之死傷者必多死者未收
傷者未瘳足下曠日則事留引兵而去宛完繕

弊甲砥礪冑兵而躡足下之後足下前則失咸
陽之約後後有強宛之患竊為足下危之為足下
計者莫如約宛守降封之因使止守引其甲卒
與之西擊諸城未下者聞聲爭開門而待足下
通行無所累沛公曰善乃以宛守為殷侯封陳
恢千户引兵西無不下者遂先入咸陽陳恢之
謀也漢王既用滕公蕭何之言擢拜韓信為上
將軍引信上坐王問曰丞相數言將軍將軍
何以教寡人計策信謝因問王曰今東向爭權
天下豈非項王邪曰然大王自斷勇仁強孰與
項王漢王默然良久曰不如也信再拜賀曰唯

信亦以爲大王不如也然臣嘗事楚請言項王
爲人項王暗噁叱咤千人皆廢然不能任屬賢
將此匹夫之勇耳項王見人恭謹言語呴呴人
疾病涕泣分食飲至使人有功當封爵印刓綬
弊忍不能與此所謂婦人之仁項王雖霸天下
而臣諸侯不居關中都彭城義帝約而以
親愛王諸侯不平諸侯之見項王遷逐義帝江
南亦皆歸逐其主自王善地項王所過無不殘
滅多怨百姓不附特劫於威強服耳名雖爲霸
王實失天下心故曰其強易弱今大王誠[redacted]其
道任天下武勇何不誅以天下城邑封功臣何

不服以義兵從思東歸之士何不散且三秦王爲秦將秦弟子數歲所殺亡不可勝計又欺其衆降諸侯至新安項王詐坑秦降卒二十餘萬人唯獨邯欣翳脫秦父兄怨此三人痛入骨髓今楚强以威王此三人秦民莫愛也大王之入武關秋毫無所害除秦苛法與秦約法三章且秦民無不欲得大王王秦者於諸侯約大王當王關中民戶知之大王失職之蜀民無不恨者今大王舉而東三秦可傳檄而定也於是漢王喜自以爲得信晚遂聽信計部署諸將所擊[illegible]

漢王東出秦民歸漢王遂誅并秦王定其地

諸侯兵討齊并楚蓋韓信之謀也

趙地亂武臣張耳陳餘定趙地武臣為趙王張耳為相陳餘為將軍趙王閒出為燕軍所得燕因之欲與三分其地乃歸王使者至燕輒殺之以固求地張耳陳餘患之有廝養卒謝其舍中人曰吾為公說燕與趙王載歸舍中人皆笑之曰使者往十輩死若何以能得王廝養卒曰非若所知乃洗沐往見張耳陳餘道行見燕王燕王問之對曰賤人希見長者願請一卮酒已飲又問之復曰賤人希見長者願復請一卮酒與之酒卒曰王知臣何欲燕王曰欲得而王耳卒

曰君知張耳陳餘何人也燕王曰賢人也曰君知其意何欲曰欲得其王耳趙卒笑曰君未知兩人所欲也夫武臣張耳陳餘杖馬箠下趙數十城此亦各欲南面而王豈爲卿相哉夫臣與主豈可同日道哉顧其勢始定未敢三分而王且以長少先立武臣爲王以持趙心今趙地已服此兩人亦欲分趙而王時未可耳今君囚趙王此兩人名爲求趙王實欲燕殺之此兩人分趙自立夫以一趙尚易燕況兩賢王左提右挈直義而以責不直之弱燕滅無日矣燕王以爲然乃遣趙王養卒爲御而歸遂得反國復立爲

王趙卒之謀也

酈食其號酈生說漢王曰臣聞之知天之天者王事可成不知天之天者王事不可成王者以民爲天而民以食爲天夫敖倉天下轉輸久矣臣聞其下乃有藏粟甚多楚人拔滎陽不堅守敖倉乃引而東令適過卒分守成皋此乃天所以資漢方今楚易取而漢反却自守便臣竊以爲過矣且兩雄不俱立楚漢久相持不决百姓騷動海内摇蕩農夫釋耒工女下機天下之心未有所定也願陛下急復進兵收取滎陽據敖倉之粟塞成皋之險杜太行之路距蜚狐之口守

白馬之津以示諸侯形制之勢則天下知所歸矣漢王曰善乃從其計畫復守敖倉卒糧食不盡以擒項氏其後吳楚反將軍竇嬰周亞夫復據敖倉塞成皐如前以破吳楚皆酈生之謀也

酈生說漢王曰方今燕趙已復唯齊未下今田横據千里之齊田閒據二十萬之軍於歷城諸田宗強負海阻河濟南近楚民多變詐陛下雖遣數十萬師未可以歲月下也臣請奉明詔說齊王令稱東藩於是使酈生食其說齊王曰王知天下之所歸乎王曰不知也曰王知天下之所歸則齊國可得而有也若不知天下所歸則

齊國未可保也齊王曰天下何歸曰歸漢王曰先生何以言之曰漢王與項王戮力西面擊秦約先入咸陽者王之漢王先入咸陽項王倍約不與而王漢中項王遷殺義帝漢王起蜀漢之兵擊三秦出關而責義帝之處收天下之兵立諸侯之後降城即以侯其將得賂即以予其士與天下同其利豪桀賢才皆樂為其用諸侯之兵四面而至蜀漢之粟方船而下項王有倍約之名殺義帝之實於人之功無所記於人之過無所忘戰勝而不得其賞拔城而不得其封非項氏莫得用事為人刻印刓而不能授攻城得

賂積財而不能賞天下畔之賢才怨之而莫爲
之用故天下之事歸於漢王可坐而策也夫漢
王發蜀漢定三秦涉西河之外乗上黨之兵下
井陘誅成安破北魏舉三十二城此蚩尤之兵
非人之力也今已據敖倉之粟塞成皐之險守
白馬之津杜太行之阪距蜚狐之口天下後服
者先亡矣王疾下漢王齊國社稷可得而保也
不下漢王危亡可立而待也田横以爲然即聽
酈生罷歷下兵戰守之備與酈生日縱酒此酈
生之謀也及齊人蒯通說韓信曰足下受詔擊
齊何故止將二軍之衆不如一豎儒之功可因

然已無備，擊之。韓信從之，酈生爲田橫所害。後管通亦不得其所由，不仁也。

漢三年，項羽急圍漢王滎陽，漢王恐憂，與酈生謀撓楚權。酈生曰：「昔湯伐桀，封其後於杞；武王伐紂，封其後於宋。今秦無德棄義，侵伐諸侯社稷，滅六國之後，使無立錐之地。陛下誠復立六國後，畢授印已，此君臣百姓必皆戴陛下德，莫不嚮風慕義，願爲臣妾。德義已行，陛下南嚮稱霸，楚必斂衽而朝。」漢王曰：「善。趣刻印，先生因行佩之矣。」酈先生未行，張良從外來謁。漢王方食，曰：「子房前，客有爲我計撓楚權者。」具以其言

告之曰其於子房意如何良曰誰為陛下畫此
計者陛下事去矣漢王曰何哉良對曰臣請借
前箸而籌之曰昔湯伐桀而封其後於杞者度
能制桀之死命也陛下能制項籍之死命乎曰
未能也其不可一也武王伐紂而封其後於宋
者度能得紂之頭也今陛下能得項籍之頭乎
曰未能也其不可二矣武王入殷表商容之閭
軾箕子之門封比干之墓今陛下能封聖人之
墓表賢人之閭軾智者之門乎曰未能也其不
可三矣發鉅橋之粟散鹿臺之錢以賜貧窮今
陛下能散府庫以賜貧窮乎曰未能也其不可

四矣殷事已畢偃革爲軒倒載干戈以示天下
不復用兵今陛下能偃革倒載干戈乎曰未能
也其不可五也休馬華山之陽以示無所用
今陛下能休馬無所用乎曰未能也其不可六
矣休牛於桃林以示不復輸粮今陛下能休牛
不復輸粮乎曰未能也其不可七矣且夫天下
游士捐其親戚弃墳墓去故舊從陛下游者皆
日夜望尺寸之地今復立韓魏燕趙齊楚之後
其王皆復立游士各歸事其主從其親戚反其
故舊墳墓陛下誰與取天下乎其不可八也且
夫楚惟無彊六國復撓而從之陛下焉得而臣

之乎誠用客之計陛下之事去矣漢王輟食吐哺罵曰豎儒幾敗乃公事令趣銷印止不使遂并天下之兵誅項籍定海内張子房之謀也

漢五年追擊項羽至陽夏南止軍與淮陰侯韓信建成侯彭越期會而擊楚軍至固陵不會楚擊漢軍大破之漢王復入壁深塹而守之謂張子房曰諸侯不從約奈何對曰楚兵且破而未有分地其不至固宜君王能與共天下今可立致也則不能事未可知也君王能自陳以東傅海盡與韓信睢陽以北至穀城盡與彭越使各自爲戰則楚易敗也漢王乃使使者告韓信彭越

曰并力擊楚楚已破自陳以東傳海與齊王睢陽以北穀城與彭相國使者至韓信彭越皆喜報曰請今進兵韓信乃從齊行彭越兵自梁至諸侯來會遂破楚軍于垓下追項王誅之於淮津二君之功張子房之謀也

漢六年正月封功臣張子房未嘗有戰鬬之功高皇帝曰運籌策帷幄之中決勝千里之外子房功也子房自擇齊三萬户良曰始臣起下邳與上會留此天以臣授陛下陛下用臣計幸而時中臣願封留足矣不敢當齊三萬户乃封良爲留侯及蕭何等其餘功臣皆未封群臣自疑

恐不得封咸不自安有搖動之心於是高皇帝在雒陽南宮上臺見群臣往往相與坐沙中語上曰此何語留侯曰陛下不知乎謀反耳上曰天下屬安何故而反留侯曰陛下起布衣與此屬定天下陛下已爲天子而所封皆蕭曹故人所誅皆平生怨仇今軍吏計功以天下不足以徧封此屬畏陛下不能盡封又見疑平生過失及誅故即聚謀反耳上乃憂曰爲將奈何留侯曰上平生所憎群臣所共知誰最甚者上曰雍齒與我有故數窘辱我我欲殺之爲其功多故不忍留侯曰今急先封雍齒以示群臣群臣見雍

齒得封即人人自堅矣於是上置酒封雍齒為什方侯而急詔趣丞相御史定功行封群臣罷酒皆喜曰雍齒且侯我屬無患矣還倍畔之心銷邪道之謀使國家安寧累世無患者張子房之謀也

高皇帝五年齊人婁敬戍隴西過雒陽脫輅輓見齊人虞將軍曰臣願見上言便宜事虞將軍欲與鮮衣婁敬曰臣衣帛衣帛見衣褐衣褐見不敢易虞將軍入言上上召見賜食已而問敬劉曰陛下都雒陽豈欲與周室比隆哉上曰然敬曰陛下取天下與周室異周之先自后稷堯

封之郇積德累善十餘世公劉避桀居邠大王
以狄伐去邠杖馬箠居岐國人爭歸之及文王
爲西伯斷虞芮訟始受命吕望伯夷自海濱來
歸之武王伐紂不期而會孟津上八百諸侯滅
殷成王即位周公之屬傅相乃營成周雒邑以
爲天下中諸侯四方納貢職道里均矣有德則
易以王無德則易以亡凡居此者欲令周務德
以致人不欲恃險阻令後世驕奢以虐民及周
之衰分爲兩天下莫朝周不能制非德薄形勢
弱也今陛下起豐沛收卒三千人以之徑往
卷蜀漢定三秦與項羽大戰七十小戰四十使

天下民肝腦塗地父子暴骨中野不可勝數哭泣之聲未絕傷夷者未起而欲比隆成康周公之時臣竊以為不侔矣且夫秦地被山帶河四塞以為固卒然有急百萬之衆可具因秦之故資甚美膏腴之地此謂天府陛下入關而都山東雖亂秦故地可全而有也夫與人鬬而不搤其亢拊其背未全勝也高皇帝疑問左右大臣皆山東人多勸上都雒陽東有成臯西有肴黽倍河海嚮伊洛其固亦足恃且周王數百年秦二世而亡不如都周留侯張子房曰雒陽雖有此固國中小不過數百里田地狹四面受敵此

非用武之國夫關中左肴函右隴蜀沃野千里
南有巴蜀之饒北有故宛之利阻三面守一隅
東向制諸侯諸侯安定河渭漕輓天下西給京
師諸侯有變順流而下足以委輸此所謂金城
千里天府之國也婁敬說是也於是高皇帝即
日駕西都關中由是國家安寧雖彭越陳豨盧
綰之謀九江燕代之兵及吳楚之難關東之兵
雖百萬之師猶不能以爲害者由保仁德之惠
守關中之固也國以永安婁敬張子房之謀也
上曰本言都秦地者婁敬也婁者乃劉也賜姓
劉氏拜爲郎中號曰奉春君後卒爲建信侯留

侯張子房於漢已定性多疾即導引不食穀杜門不出歲餘上欲廢太子立戚氏夫人子趙王如意大臣多爭未能得堅決者也呂后恐不知所爲人或謂呂后曰留侯善畫計策上信用之呂后乃使建成侯呂澤劫留侯曰君常爲上計今日欲易太子君安得高枕卧留侯曰始上數在困急之中幸用臣今天下安定以愛欲易太子骨肉間雖臣等百餘人何益呂澤强要曰爲我畫計留侯曰此難以口舌爭顧上有所不能致者天下有四人園公綺里季夏黄公角里先生此四人者年老矣皆以上慢侮士故逃匿

山中義不爲漢臣上高此四人今公誠能無愛金玉璧帛令太子爲書卑辭以安車迎之因使辯士固請宜來來以爲客時時從入朝令上見之上見之即必異而問之問之上知此四人賢則一助也於是呂后令呂澤使人奉太子書卑辭厚禮迎四人四人至客呂澤所至十二年上從破黥布軍歸疾益甚愈欲易太子留侯諫不聽因疾不視事太傅叔孫通稱說引古以死爭太子上詳許之猶欲易之及燕置酒太子侍四人者從太子皆年八十有餘鬚眉皓白衣冠甚偉上怪而問曰何爲者四人前對各言其姓名上乃驚

曰吾求公數歲公避逃我今公何自從吾兒游乎四人皆對曰陛下輕士善罵臣等義不辱故恐而亡匿竊聞太子爲人子孝仁敬愛士天下莫不延頸願爲太子死者故來耳上曰煩公幸卒調護太子四人爲壽已畢起去上目送之召戚夫人指示四人者曰我欲易之彼四人輔之羽翼已成難動矣呂氏真而主矣戚夫人泣下上曰爲我楚舞吾爲若楚歌歌曰鴻鵠高蜚一舉千里羽翮已就橫絕四海橫絕四海當可奈何雖有矰繳尚安所施歌數闋戚夫人噓唏流涕上起去罷酒竟不易太子者留侯召四人之謀也

漢十一年黥布反上病欲使太子往
擊之是時園公綺里季夏黃公甪里先生巴待
太子聞太子將擊黥布四人相謂曰凡來者將
以存太子太子將兵事危矣乃說建成侯曰太
子將兵有功則位不益無功從此受禍矣且太
子所與俱諸將皆嘗與上定天下梟將也乃使
太子將之此無異使羊將狼也皆不肯爲用盡
力其無功必矣臣聞母愛者抱子今戚夫人日
夜侍御趙王常居抱前上終不使不肖子居愛
子上明乎其代太子位必矣君何不急謂呂后
承閒爲上泣言黥布天下猛將善用兵諸將皆

陛下故等倫乃令太子將此屬無異使羊將狼
莫爲用且使布聞之則鼓行而西耳上雖疾鬭
護之諸將不敢不盡力雖苦強爲妻子計載輜
車臥而行於是呂澤立夜見呂后呂后承閒爲
上泣而言如四人意上曰吾惟豎子故不足遣
乃公自行耳於是上自將東群臣居守皆送至
霸上留侯疾強起至曲郵見上曰臣宜從疾甚
楚人剽疾願上無與楚人爭鋒因說上曰令太
子爲將軍監關中諸侯兵上謂子房雖疾彊起
臥而傅太子是時叔孫通已爲太子太傅留侯
行少傅事漢遂誅黥布太子安寧國家安然此

四公子之謀也
齊悼惠王者孝惠皇帝二年悼惠王入朝孝惠
皇帝與悼惠王讌飲乃行家人禮同席呂太后
怒乃進鴆酒孝惠皇帝知欲代飲之乃止悼惠
王懼不得出城上車太息内史參乘怪問其故
悼惠王具以狀語内史内史曰王寧亡七十城邪
將亡齊國也悼惠王曰得全身而已何愛城
哉内史曰魯元公主太后之女大王之弟也大
王封國七十餘城而魯元公主湯沐邑少大王
誠獻一城為魯元公主湯沐邑内有親親之恩
外有順太后之意太后必大喜是亡七十城而得

六十城也悼惠王曰善至郎上奏獻十城爲魯
元公主湯沐邑太后果大悅受邑厚賜悼惠王
而歸之國遂安齊内史之謀也
孝武皇帝時大行王恢數言擊匈奴之便可以
除邊境之害欲絶和親之約御史大夫韓安國
以爲兵不可動孝武皇帝召群臣而問曰朕飾
子女以配單于幣帛文錦賂之甚厚今單于逆
命加慢侵盜無已邊郡數驚朕甚閔之今欲舉
兵以攻匈奴如何大行臣恢再拜稽首曰善陛
下不言臣固謁之臣聞全代之時北有
彊胡之敵内連中國之兵也然尚得養老長幼

樹種以時倉廩常實守禦之備具匈奴不敢輕
侵也今以陛下之威海內為一家天下同任遣
子弟乘邊守塞轉粟輓輸以為之備而匈奴侵
盜不休者無他不痛之患也臣以為擊之便御
史大夫臣安國稽首再拜曰不然臣聞高皇帝
嘗圍於平城匈奴至而投鞍高於城者數所平
城之厄七日不食天下歎之及解圍反位無忿
怨之色雖得天下而不報平城之怨者非以力
不能也夫聖人以天下為度者也不以己之私
怒傷天下之公義故遣劉敬結為和親至今為
世利孝文皇帝嘗一屯天下之精兵於常谿廣

武無尺寸之功天下敢首約要之民無不憂者孝文皇帝悟兵之不可宿也乃爲和親之約至今爲後世利臣以爲兩主之安也以爲劫臣故曰勿擊便大行曰不然夫明於形者分則不過於事察於動者用則不失於利審於靜者恬則免於患高帝被堅執銳以除天下之害蒙矢石沾風雨行幾十年伏尸滿澤積首若山死者什七存者什三行者垂泣而倪於兵夫以天下未力厭事之民而蒙匈奴飽佚其勢不便故結和親之約者所以休天下之民高皇帝明於形而以分事通於動靜之時蓋五帝不相同樂三王

不相襲禮者非故相反也各因世之宜也教與
時變備與敵化守一而不易不足以子民今匈
奴縱意日久矣侵盜無已係虜人民戍卒死傷
中國道路槥車相望此仁人之所哀也臣故曰
擊之便御史大夫曰不然臣聞之利不什不易
業功不百不變常是故古之人君謀事必就聖
發政必擇語重作事也自三代之盛遠方夷狄
不與正朔服色非威不能制非強不能服也以
爲遠方絕域不收之民不足以煩中國也且匈
奴者輕疾悍亟之兵也畜牧爲業弧弓射獵逐
獸隨草居處無常難得而制也至不及圖去不

可追來若風雨解若收電今使邊郡久廢耕織之業以支匈奴常事其勢不權臣故曰勿擊爲便大行曰不然夫神蛟濟於淵而鳳鳥乘於風聖人因於時昔者秦繆公都雍郊地方三百里知時之變攻取戎辟地千里并國十二隴西北地是也其後蒙恬爲秦侵胡以河爲境累石爲城積木爲寨匈奴不敢飲馬北河置烽燧然後敢牧馬夫匈奴可以力服也不可以仁畜也今以中國之大萬倍之資遣百分之一以攻匈奴譬如以千石之弩射潰癰必不留行也則北發月氏可得而臣也臣故曰擊之便御史大夫

曰不然臣聞善戰者以飽待飢安行定舍以待
其勞整治施德以待其亂按兵奮衆深入城國
墮城故常坐而役敵國此聖人之兵也夫衝風
之衰也不能起毛羽強弩之末力不能入魯縞
盛之有衰也猶朝之必暮也今卷甲而輕舉深
入而長驅難以爲功夫横行則中絶從行則迫
脅徐則後利疾則粮乏不至千里人馬絶飢勞
以遇敵正遺人獲也意者有他詭妙可以擒之
則臣不知不然未見深入之利也臣故曰勿擊
之便大行曰不然夫草木之中霜霧不可以風
過清水明鏡不可以形遯也通方之人不可以

文。今臣言擊之者，固非發而深入也，將順因單于之欲，誘而致之邊，吾伏輕卒銳士以待之，陰遮險阻以備之。吾勢以成，或當其左，或當其右，或當其前，或當其後，單于可擒，百全必取。臣以爲擊之便。於是遂從大行之言，孝武皇帝自將師伏兵於馬邑，誘致單于。單于既入塞，道覺之，奔走而去。其後交兵接刃，結怨連禍，相攻擊十年，兵凋民勞，百姓空虛，道殣相望，槥車相屬，寇盜滿山，天下搖動。孝武皇帝後悔之。御史大夫桑弘羊請佃輪臺，詔却曰：當今之務，務在禁暴止擅賦，今乃遠西域者，所以擾民也，朕不忍

闕封丞相號曰富民侯遂不復言兵事國家以
寧繼嗣以定從韓安國之本謀也
孝武皇帝時中大夫主父偃為策曰古諸侯不
過百里強弱之形易制也今諸侯或連城數十
地方千里緩則驕易為淫亂急則阻其強而合
從謀以逆京師今以法割之即逆節萌起前日
晁錯是也今諸侯子弟或十數而適嗣代立餘
雖骨肉無尺地之封則仁孝之道不宣願陛下
令諸侯得推恩分子弟以地侯之彼人人喜得
所願上以德施實封其國而稍自消弱矣於是
上從其計因關馬及胥不得出絕遊説之路重

附益諸侯之法急詿誤其君之罪諸侯王遂以弱而合從之事絶矣主父偃之謀也

新序卷之十

附録一　異體字目録

異體字目録

正字	異體字
苛	苛 苛
假	假 假
卻	卻
角	用 角
覺	覺
諫	諫
曷	曷 曷
褐	褐
竭	竭
碣	碣
監	監 監 監 監 監
歛	歛
降	降
强	強 强 強
疆	疆
釭	釭
講	講
皆	皆 皆
改	攺
慨	慨
蓋	蓋
開	開
羹	羹 羹
舉	舉 擧 舉 擧 擧
據	據 據 據 據
遽	遽 遽
蘧	蘧
莒	莒 莒
車	東
愆	愆
虔	虔 虔
劍	劍 劎
黔	黔
劫	刼 刧
鬲	鬲 鬲 鬲
擊	擊 擊 擊 擊 擊 擊
堅	堅 堅
甄	甄
見	見
潔	潔
決	决
缺	鈌
駃	駃
鏡	鏡
卿	卿 郷
傾	傾 傾
徑	徑
磬	磬 磬
敬	敬
景	景
黥	黥
稽	稽 稽
階	階 階
堦	堦
繼	継 繼 繼

繫	繫 繫
孤	孤 孤 孤
鼓	皷
高	高
槀	槀 槁
膏	膏
瞽	瞽
苦	苦 苦
罟	罟
故	故
刳	刳 刳 刳
袴	袴 袴 袴
臯	臯 臯 皐 臯 臯 臯
翶	翶 翱
轂	轂 轂 轂 轂 轂 轂
哭	哭
骨	骨
恐	恐 恐 恐
蛩	蛩
贛	贛
瓜	瓜 瓜
寡	寡 寡 寡
過	過
郭	郭
廓	廓
藿	藿
關	關 關 關
匡	匡 庄 匡
廣	廣 廣
曠	曠
怪	怪

愧	愧
瑰	瑰
壞	壞 壞 壞 壞 壞 壞
號	號 號 號 號
膠	膠
嬌	嬌
敎	教
久	夂
臼	臼
仇	仇
苟	苟 笱
構	構 構
歐	歐 歐
究	究
寇	寇 冦 冦 寇
舊	舊 舊
求	求
救	救
裘	裘
彀	彀
具	具
俱	俱
龜	龜
屨	屨
國	國
宮	宮
厥	厥
闕	闕
餽	餽
軌	軌
鬼	鬼
劌	劌

歸	歸 歸
睽	睽
糾	糾 糺 糾
棘	棘
亟	亟 丞
極	極
劇	劇 劇
僅	僅
勤	勤
謹	謹
饉	饉
殣	殣
今	今 今 今 今 今 今 今
金	金
襟	襟
錦	錦
矜	矜
琴	琴
擒	擒
急	急
肯	肯
起	起
記	記 記
杞	杞
忌	忌
紀	紀
奇	奇
綺	綺
騎	騎
齮	齮
幾	幾 幾 幾 幾 幾 幾 幾 幾

機	機 機
禨	禨
璣	璣
饑	饑 饑 饑
冀	冀
驥	驥
器	器 器 器 器
羇	羇 羇
既	既 既 既 既
嗜	嗜
諾	諾 諾
難	難 難 難 難 難 難
闌	闌
蘭	蘭
亂	亂 亂 亂 亂 亂 亂 亂
藍	藍 藍
男	男
臘	臘
內	內
奈	奈
怒	怒
念	念
甯	甯 甯 甯 甯 甯
寧	寍 寍 寧 寧
佞	佞
盧	盧
祿	祿
綠	綠
錄	錄

騄	騄
農	農 農
聾	聾 聾
腦	腦 腦
漏	漏 漏
婁	婁
樓	樓
陋	陋
廩	廩 廩
懍	懍
能	能
溺	溺 溺 溺
丹	册 丹 册
段	叚 叚 段 叚
單	單
鄲	鄲
斷	斷
袒	袒
亶	亶
檀	檀 檀
壇	壇 壇
摶	摶 摶
達	達
譚	譚
答	荅
黨	黨
帶	帶 帶 帶
對	對
德	德
盜	盜
途	途
塗	塗
陶	陶 陶

度	度
圖	圖 圖 圖 圖 圖
蹈	蹈
毒	毒 毒
篤	篤
蠹	蠹 蠹
頓	頓
臀	臀
滕	滕
卵	夘 夘
欒	欒
郎	郎
兩	兩 兩
梁	梁
呂	呂
閭	閭
蠡	蠡
藜	藜
酈	酈
礪	礪
慮	慮
廬	廬 廬
歷	歷 歷
廉	廉
獵	獵 獵 獵
躐	躐
令	令 令
靈	靈
虜	虜
隴	隴 隴
廖	廖
龍	龍 龍 龍 龍

	龍
螻	螻
類	類
柳	柳
流	流
戮	戮
勒	勒
陵	陵
裏	褁 裹
鯉	鯉
履	履 履
隣	隣
馬	馬
輓	輓 輓
滿	滿 滿 滿 蒲 滿 滿 滿 滿 蒲 滿 蒲
亡	亡 亡 亡
望	望 望
盲	肓
每	每
媒	媒
盟	盟
面	面
眄	眄
滅	烕 滅
明	明
命	命 命
冥	冥 冥 宜
鳴	鳴
袂	袂
冒	冒
母	毋 毌 毋 毌

慕	慕
謀	謀 謀
侮	侮 侮
貌	貌
穆	穆 穆 穆 穆
沒	没 沒
蒙	蒙 蒙 蒙 㝱 㝱
夢	夢
武	武 武
茂	茂 茂 茂 茂
繆	繆
撫	撫
墨	墨
默	默
嘿	嘿
美	美 美
微	微 微 微 微 微
民	民
黽	黽 黽 黽
敏	敏 敏
閔	閔
博	博 博
愽	愽 愽
薄	薄 薄 薄 薄
縛	縛 縛
反	反
飯	飰
盤	盤 盤
蟠	蟠
發	發 發
拔	抜 拔 扱 拔

柭	柭
髮	髮 髮
方	方
防	防
邦	邦
龐	龐
倍	倍
陪	陪
拜	拜
背	背
帛	帛
魄	魄
番	畨
燔	燔
藩	藩
凡	凡 几
汎	汎
伐	伐
壁	壁
邊	邊 邉 邉
變	變
辯	辯
鼈	鼈 鼈 鼈
幷	幷
步	步
報	報
甫	甫
輔	輔
補	補
褓	褓
寶	寶
復	復
腹	腹

鋒	鋒
逢	逢
鳳	鳳
父	父 父
斧	斧
傅	傅 傅 傅
附	附
缶	缶
富	冨
負	負
膚	膚
鳧	鳧
腐	腐
北	北
奮	奮
匕	七 匕 匕
妃	妃 妃
卑	卑
鄙	鄙 鄙 鄙
備	備
賓	賓
濱	濱
臏	臏
鬢	鬢
騁	騁
使	使
私	私
絲	絲 絲
死	死 死 死
師	師
舍	舍 舍
捨	捨
詐	詐

賜	賜
辭	辭 辭 辭 辭 辭 辭 辭
射	射
蛇	虵 蛇
寫	寫 寫
殺	殺 殺 殺 殺 殺 殺
鍤	鍤
嘗	甞 嘗 嘗
傷	傷 傷
鴹	鴹
象	象
像	像
爽	爽
喪	喪
翔	翔
眚	青
西	覀
庶	庻 庶 庶
徐	徐
黍	黍 黍
舒	舒
鼠	鼠
昔	昔
席	席
宣	宣
善	善 善 善
船	船
說	說 說
設	設
緤	緤
挈	挈

洩	洩
纖	纖
涉	涉
成	成
聲	聲 聲
世	世 世 世 世 世 卋 丗 世
歲	歲 歲
勢	勢
稅	稅 秋
召	名
沼	沼
昭	昭
蔬	蔬
笑	笑 笑
蕭	蕭 蕭 蕭
搔	搔 搔 搔
銷	銷
騷	騷
屬	屬 屬
孫	孫
損	損
率	率
守	宁
收	收 収 収
首	首 首
雖	雖
數	數
藪	藪
樹	樹 尌
垂	垂
袖	袖
豎	豎

腴	腴 腴
瞍	瞍
隨	随 隨
髓	髇 髓 髓
獸	獸
叔	叔
孰	孰 孰
熟	熟 熟
淳	淳
脣	脣 脣
術	術
隰	隰
襲	襲 襲 襲 襲 襲 襲 襲 襲
習	習
升	升
乘	乗 乘 乘
承	承
時	時
是	是
屍	屍
弒	弒 弒
試	試
植	植
殖	殖
飾	飾 飾 飾
身	身
愼	愼 愼 愼 愼 愼 愼
審	審
什	仆
惡	悪
諤	諤

鴈	鴈
謁	謁
遏	遏
艾	艾
隘	隘
腋	腋
若	若 若 若
弱	弱 弱 弱
躍	躍
陽	陽 陽
揚	揚 揚
楊	楊 楊
襄	襄
壤	壤
讓	讓
養	養 養
魚	魚
御	衜 御 御 御
禦	禦
隔	隔
鄢	鄢
鰋	鰋
孽	孽
業	業
與	與 與 與 與
余	余
餘	餘
易	易 易 易 易 易 易 易 冢
役	役 役
域	域
逆	逆
燕	燕 燕

損	捐
悁	悁
涓	涓
捐	捐
然	然 然 然
淵	淵 淵 淵
衍	衍
延	延
悅	悅 悅
熱	熱
閻	閻 閻
塩	塩
葉	葉 葉 葉
永	汖 汖
盈	盈 盈 盈
嬴	嬴 嬴
曳	曳
倪	倪
鯢	鯢
詣	詣
羿	羿
穢	穢 穢
鋭	銳 銳 鈗
豫	豫 豫 豫 豫
隷	隸
翳	翳
藝	藝
隩	隩
吳	呉 呉 呉 吴 呉 呉 呉 呉 呉 呉
娛	娯
誤	誤

敖	敖
溫	温
蘊	藴
甕	甕 甕
瓦	瓦 瓦
臥	卧
宛	宛
隗	隗 隗
夭	夭
妖	妖
搖	摇 摇 摇
瑤	瑶
遙	遥 遥 遥
堯	尭 尭 尭
撓	撓 撓
繞	繞
饒	饒 饒
窈	窈
欲	欲
辱	辱 辱 辱 辱
勇	勇 勇 勇
容	容
庸	庸
尤	尤
羽	羽
隅	隅
郵	郵
雨	雨 雨 雨
虞	虞 虞 虞 虞 虞 虞 虞 虞 虞 虞
霣	霣
殞	殞

蔭	蔭
邑	邑
宜	宜 宜 宜
毅	毅 毅 毅
矣	矣 美 矣 矣
倚	倚
疑	疑 疑 疑 疑 疑 疑 疑
以	以 以 以
異	異
貳	貳
醫	醫
翼	翼
益	益
匿	匿 匿
刃	刃 刃
仞	仞 仞
忍	忍 忍
衽	衽
臨	臨 臨 臨 臨
者	者 者 者
刺	刺
姊	姊
爵	爵 爵
殘	殘
岑	岑
蠶	蠶
章	章
場	場 場
腸	腸 腸
丈	丈
杖	杖
臧	臧 臧

熊	熊
原	原
源	源
願	願
冤	冤
怨	怨 怨
員	貟
圓	圓
遠	遠 遠 遠
園	園
袁	表 表
黿	黿
圍	圍
魏	魏
尉	尉
幼	幼
有	有
游	游
愈	愈
逌	逌 逌 逌
臾	臾 史
腴	腴 腴
諛	諛 諛
濡	濡
窳	窳
鼬	鼬
隆	隆 隆 隆 隆
殷	殷 殷 殷 殷
隱	隱 隱 隱 隱 隱 隱
吟	吟
淫	淫 淫
陰	陰

藏	藏
墻	墻 墻
牆	牆
將	將 将 将
葬	葬 葬
粧	粧
狀	狀
哉	哉
再	冊 再 再 冄
齋	齋
齎	齎
宰	宰
抵	抵
檮	檮
菹	菹
適	適
翟	翟
敵	敵 敵 敵
塡	塡 填
顚	顚 顛
餰	餰
專	專 専
傳	傳
轉	轉 轉
戰	戰
錢	錢 銭
旃	旃 旃
顫	顫 顫 顫
鸇	鸇 鸇 鸇
切	切 切
摺	摺
節	節
竊	竊 竊 竊 竊

亭	亭
停	停
鼎	鼎 鼎
廷	廷 廷
庭	庭
霆	霆
鋌	鋌
祭	祭 祭
弟	弟 弟
悌	悌
齊	齊 齊
劑	劑
濟	濟
除	除 除
隄	隄
際	際
阻	阻
阼	阼
詔	詔
助	助
漕	漕
蚤	蚤 蚤
鳥	鳥 鳥 鳥 鳥
棗	棗
竈	竈 竈 竈
足	足
族	族
從	從
舟	舟 舟
廚	厨 廚
鬻	鬻
嬔	嬔 嬔
鐏	鐏

衆	衆 衆 衆 衆
櫛	櫛
曾	曾 曽
增	增
憎	憎 憎
繒	繒 繒
贈	贈
鎗	鎗
指	指
脂	脂
祇	祇
秖	秖
阯	阯
遲	遅 遅
直	直 直
眞	真 眞
秦	秦
晉	晋 晋 晉
陣	陣
陳	陳
辰	辰 辰 辰
振	振 振
震	震 震 震
盡	盡 盡
執	執
徵	徵
懲	懲
且	且 且
遮	遮
錯	錯
鑿	鑿 鑿
贊	賛
餐	餐

竄	竄
察	察 察 察 察
慙	慙
讒	讒 讒 讒 讒
毚	毚 毚
刱	刱 刱
蔡	蔡
策	策
處	處 處 處
脊	脊
戚	戚 戚 戚
千	千
阡	阡
擅	擅
淺	淺
賤	賤 賤
踐	踐
鐵	鉄
諂	諂 諂
聽	聽 聽 聽 聽
	聽
彘	彘
體	體 躰
初	初
招	招
超	超
草	草
聰	聰
榱	榱
錐	錐
瘳	瘳
醜	醜
墜	墜

陬	陬
築	築 築 築
畜	畜
朿	朿
充	充
就	就
翠	翠
取	取
趣	趣
聚	聚
蚩	蚩 蚩
致	致 致
齒	齒
置	置
寘	寘
觶	觶
親	親
漆	漆 漆
侵	侵
枕	枕
沈	沉 沉 沈
稱	稱 稱 稱 稱 稱 稱
墮	墮 墮 墮
鼉	鼉
啄	啄
琢	琢
擢	擢
彈	彈
殫	殫 殫
歎	歎 歎 歎
脫	脫 脫
貪	貪 貪

湯	湯 湯
蕩	蕩 蕩
碭	碭
兌	兌
澤	澤 澤 澤 澤
擇	擇
兔	免 兔
通	通
投	投 投 投
鬪	鬪
鬭	鬭
慝	慝
阪	阪
烹	烹
編	編 編
褊	褊 褊 褊
陛	陛
廢	廢 廢
幣	幣
哺	哺
褒	褒
暴	暴 暴
纍	纍
飄	飄
風	風
被	被
避	避 避
畢	畢
霞	霞
學	學 學 學 學 學 學
虐	虐 虐 虐 虐 虐

瘧	瘧
寒	寒
韓	韓
漢	漢 漢 漢 漢 漢
捍	捍
割	割
陷	陷
陷	陷
恒	恒
偕	偕
海	海 海
害	害
解	解 解
懈	懈 懈
翮	翮 翮
行	行
幸	幸 幸 幸 幸 幸 幸
享	享
鄉	鄉 鄉
嚮	嚮
饗	饗
虛	虛 虛 虛 虛 虛 虛
虛	虛
墟	墟 墟 墟
軒	軒
獻	獻 獻 獻 獻 獻 獻
憲	憲 憲
歇	歇

險	險 險
革	革 革
賢	賢 賢 賢
縣	縣 縣
懸	懸
絜	絜
穴	穴 穴
荊	荊 荊
形	形 形 形
衡	衡
亨	亨
陘	陘
兮	兮
惠	惠 惠 惠
壺	壺 壺
昊	昊
狐	狐 狐 狐
弧	弧
瓠	瓠 瓠
虎	虎 虎 虎
號	號 號 號
毫	毫
豪	豪
縞	縞
蒿	蒿
護	護
或	或 或 或
魂	魂
昏	昏
惛	惛 惛
化	化
禍	禍
懼	懼

攫	攫
丸	丸
桓	桓 桓
還	還 還
環	環 環
驩	驩
鱞	鱞 鱞
黄	黄 黄
荒	荒
回	囬 囬
會	會
悔	悔 悔
懷	懐 懐 懐 懐
獲	獲
横	横
嚚	嚚
厚	厚 厚
矦	侯 侯 侯 侯 侯 侯 侯 侯
候	候 候
喉	喉
薨	薨 薨
毁	毁 毁 毁 毁 毁 毁
虧	虧
擕	擕
隳	隳
胥	胥
黑	黑
翕	翕
興	興 興 興 興 興

戲	戲
姬	姬 姬 姬 姬 姬
肸	肸 肸

附録二　劉向新序原文

劉向新序目録

古之治天下者，一道德，同風俗。蓋九州之廣，萬民之衆，千歲之遠，其教既明，其政既成之後，所守者一道，所傳者一説而已。故《詩》《書》之文，歷世數十，作者非一，而言未嘗不相爲終始，化之如此其至也。當是之時，異行者有誅，異言者有禁，防之又如此其備也。故二帝三王之際，及其中間嘗更衰亂而餘澤未熄之時，百家衆説未有能出其間者也。及周之末世，先王之教化法度既廢，餘澤既熄，世之治方術者，蓋得其一偏。故人奮其私

意，家尚其私學者，蠭起於中國，皆明其所長而昧其所短，務其所得而諱其所失。天下之士，各自爲言而不能相通，世人之不復知夫學之有統，道之有歸也。先王之遺文雖在，皆絀而不講，况至於秦爲世所大禁哉？漢興，六藝皆得於散絶殘脱之餘，世復無明先王之道，爲衆説之所蔽，闇而不明，鬱而不發，而怪奇可喜之論，各師異見，皆自名家者，誕漫於中國，一切不異於周之末世，其弊至於今尚在也。自斯以來，天下學者知折衷於聖人，而能純於道德之美者，楊雄氏而止耳。如向之徒，皆不免爲衆説之蔽，而不知有折衷者也。孟子曰：「待文王而後興者，凡民也。豪傑之士，雖無文王猶興。」漢之士豈特無明先王之道以一之者哉？亦其出於是時者，豪傑之士少，故不能特起於流俗之中，絶學之後也。蓋向之序此書，於今最爲近古，雖不能無失，然遠至舜禹，而次及於周秦以來，古人之嘉言善行，亦往往而在也，要在愼取之而已。故臣既惜其不可見者，而校其可見者特詳焉，亦足以知臣之志者，豈好辯哉？蓋臣之不得已也。編校書籍臣曾鞏上。

劉向新序卷第一

雜事第一

昔者，舜自耕稼陶漁而躬孝友，父瞽瞍頑，毋嚚，及弟象傲，皆下愚不移。舜盡孝道，以供養瞽瞍。瞽瞍與象，爲浚井塗廩之謀，欲以殺舜，舜孝益篤。出田則號泣，年五十猶嬰兒慕，可謂至孝矣。故耕於歷山，歷山之耕者讓畔；陶於河濵，河濵之陶者，器不苦窳；漁於雷澤，雷澤之漁者分均。及立爲天子，天下化之，蠻夷率服。北發渠搜，南撫交阯，莫不慕義，麟鳳在郊。故孔子曰：「孝弟之至，通於神明，光于四海。」舜之謂也。孔子在州里，篤行孝道，居於闕黨，闕黨之子弟畋漁，分有親者得多，孝以化之也。是以七十二子自遠方至，服從其德。魯有沈猶氏者，旦飲羊飽之，以欺市人。公慎氏有妻而淫，慎潰氏奢侈驕佚，魯市之鬻牛馬者善豫賈。孔子將爲魯司寇，沈猶氏不敢朝飲其羊，公慎氏出其妻，慎潰氏踰境而徙，魯之鬻馬牛不豫賈，布正以待之也。既爲司寇，季孟墮郈費之城，齊人歸所侵魯之地，由積正之所致也。故曰：「其身正，不令而行。」

孫叔敖爲嬰兒之時，出遊，見兩頭蛇，殺而埋之。歸而泣，其毋問其

故，叔敖對曰：「聞見兩頭之蛇者死，嚮者吾見之，恐去毋而死也。」其毋曰：「蛇今安在？」曰：「恐他人又見，殺而埋之矣。」其毋曰：「吾聞有陰德者，天報以福，汝不死也。」及長，爲楚令尹，未治而國人信其仁也。

禹之興也，以塗山；桀之亡也，以末喜。湯之興也，以有莘；紂之亡也，以妲巳。文武之興也，以任姒；幽王之亡也，以褒姒。是以詩正關睢，而春秋褒伯姬也。樊姬，楚國之夫人也，楚莊王罷朝而晏，問其故，莊王曰：「今旦與賢相語，不知日之晏也。」樊姬曰：「賢相爲誰？」王曰：「爲虞丘子。」樊姬掩口而笑，王問其故，曰：「妾幸得執巾櫛以侍王，非不欲專貴擅愛也，以爲傷王之義，故能進與妾同位者數人矣。今虞丘子爲相數十年，未嘗進一賢，知而不進，是不忠也；不知，是不智也。安得爲賢？」明日朝，王以樊姬之言告虞丘子，虞丘子稽首曰：「如樊姬之言。」於是辭位而進孫叔敖、孫叔敖相楚，莊王卒以霸，樊姬與有力焉。

衛靈公之時，蘧伯玉賢而不用，彌子瑕不肖而任事。衛大夫史鰌患之，數以諫靈公而不聽。史鰌病且死，謂其子曰：「我即死，治喪於北堂。吾不能進蘧伯玉而退彌子瑕，是不能正君也。生不能正君者，死不當成禮，置尸於北

堂，於我足矣。」史鰌死，靈公往弔，見喪在北堂，問其故？其子具以父言對靈公。靈公蹴然易容，寤然失位曰：「夫子生則欲進賢而退不肖，死且不懈，又以屍諫，可謂忠而不衰矣。」於是乃召蘧伯玉，而進之以爲卿，退彌子瑕。徙喪正堂，成禮而後返，衛國以治。史鰌字子魚，論語所謂「直哉史魚」者也。

晉大夫祁奚老，晉君問曰：「孰可使嗣？」祁奚對曰：「解狐可。」君曰：「非子之讎邪？」對曰：「君問可，非問讎也。」晉遂舉解狐。後又問：「孰可以爲國尉？」祁奚對曰：「午也可。」君曰：「非子之子邪？」對曰：「君問可，非問子也。」君子謂祁奚能舉善矣，稱其讎不爲諂，立其子不爲比。書曰：「不偏不黨，王道蕩蕩。」祁奚之謂也。外舉不避仇讎，內舉不回親戚，可謂至公矣。唯善故能舉其類。詩曰：「唯其有之，是以似之。」祁奚有焉。

楚共王有疾，召令尹曰：「常侍筦蘇與我處，常忠我以道，正我以義，吾與處不安也，不見不思也。雖然，吾有得也，其功不細，必厚爵之。申侯伯與處，常縱恣吾，吾所樂者，勸吾爲之；吾所好者，先吾服之。吾與處歡樂之，不見，戚戚也。雖然，吾終無得也，其過不細，必亟遣之。」令尹曰：

「諾。」明日，王薨。令尹即拜莞蘇爲上卿，而逐申侯伯出之境。曾子曰：「鳥之將死，其鳴也哀；人之將死，其言也善。」言反其本性，共王之謂也。故孔子曰：「朝聞道，夕死可矣。」於以聞後嗣，覺來世，猶愈没身不寤者也。

昔者魏武侯謀事而當，群臣莫能逮，朝而有喜色。吳起進曰：「今者有以楚莊王之語聞者乎？」武侯曰：「未也，莊王之語奈何？」吳起曰：「楚莊王謀事而當，群臣莫能逮，朝而有憂色。申公巫臣進曰：『君朝有憂色，何也？』莊王曰：『吾聞之，諸侯自擇師者王，自擇友者霸，足已而群臣莫之若者亡。今以不穀之不肖而議於朝，且群臣莫能逮，吾國其幾於亡矣，吾是以有憂色也。』莊王之所以憂，而君獨有喜色，何也？」武侯逡巡而謝曰：「天使夫子振寡人之過也，天使夫子振寡人之過也。」

衛國逐獻公，晉悼公謂師曠曰：「衛人出其君，不亦甚乎？」對曰：「或者其君實甚也。夫天生民而立之君，使司牧之，無使失性。良君將賞善而除民患，愛民如子，蓋之如天，容之若地。民奉其君，愛之如父母，仰之如日月，敬之如神明，畏之若雷霆。夫君，神之主也，而民望之也。天之愛民甚矣，豈使一人肆於民上，以縱其淫而弃天地之性乎？必不然矣。若困民之性，之神之

祀，百姓□□，社稷無主，將焉用之？不去何爲？」公曰：「善。」

趙簡子上羊腸之坂，群臣皆偏袒推車，而虎會獨擔戟行歌，不推車。簡子曰：「寡人上坂，群臣皆推車，會獨擔戟行歌不推車，是會爲人臣侮其主。爲人臣侮其主，其罪何若？」虎會對曰：「爲人臣侮其主者，死而又死。」簡子曰：「何謂死而又死？」虎會曰：「身死，妻子又死，若是謂死而又死。君既以聞爲人臣而侮其主之罪矣，君亦聞爲人君而侮其臣者乎？」簡子曰：「爲人君而侮其臣者何若？」虎會對曰：「爲人君而侮其臣者，智者不爲謀，辯者不爲使，勇者不爲鬬。智者不爲謀，則社稷危；辯者不爲使，則使不通；勇者不爲鬬，則邊境侵。」簡子曰：「善。」乃罷群臣不推車，爲士大夫置酒，與群臣飲，以虎會爲上客。

昔者，周舍事趙簡子，立趙簡子之門，三日三夜。簡子使人出問之曰：「夫子將何以令我？」周舍曰：「願爲諤諤之臣，墨筆操牘，隨君之後，司君之過而書之，日有記也，月有效也，歲有得也。」簡子悅之，與處，居無幾何而周舍死，簡子厚葬之。三年之後，與諸大夫飲，酒酣，簡子泣，諸大夫起而出曰：「臣有死罪而不自知也。」簡子曰：「大夫反，無罪。昔者，吾友周舍有

言曰：『百羊之皮，不如一狐之腋。』衆人之唯唯，不■周舍之諤諤。昔紂昏昏而亡，武王諤諤而昌。自周舍之死後，吾未嘗聞吾過也，故人君不聞其非，及聞而不改者亡，吾國其幾於亡矣，是以泣也。」

魏文侯與士大夫坐，問曰：「寡人何如君也？」群臣皆曰：「君仁君也。」次至翟黃曰：「君非仁君也。」曰：「子何以言之？」對曰：「君伐中山，不以封君之弟，而以封君之長子。臣以此知君之非仁君。」文侯怒，而逐翟黃，■起而出。次至任座，文侯問：「寡人何如君也？」任座對曰：「君仁君也。」曰：「子何以言之？」對曰：「臣聞之，■君仁者，其臣直。向翟黃之言直，臣是以知君仁君也。」文侯曰：「善。」復召直黃入，拜爲上卿。

中行寅將亡，乃召其太祝，而欲加罪焉。曰：「子爲我祝，犧牲不肥澤耶？且齊戒不敬耶？使吾國亡，何也？」祝簡對曰：「昔者吾先君中行穆子皮車十乘，不憂其薄也，憂德義之不足也。今主君有革車百乘，不憂德義之薄也，唯患車之不足也。夫舟車飾則賦斂厚，賦斂厚則民怨謗詛矣。且君苟以爲祝有益於國乎？則詛亦將爲損世，亡矣。一人祝之，一國詛之，一祝不勝萬詛，國亡不亦宜乎？祝其何罪？」中行子乃慚。

秦欲伐楚，使使者往觀楚之寶器，楚王聞之，召令尹子西而問焉，曰：「秦欲觀楚之寶器，吾和氏之璧，隨侯之珠，可以示諸？」令尹子西對曰：「不知也。」召昭奚恤問焉，昭奚恤對曰：「此欲觀吾國得失而圖之，不在寶器，在賢臣，珠玉玩好之物，非寶重者。」王遂使昭奚恤應之。昭奚恤發精兵三百人，陳於西門之內。爲東面之壇一，爲南面之壇四，爲西面之壇一。秦使者至，昭奚恤曰：「君客也，請就上位東面。」令尹子西南面，太宗子敖次之，葉公子高次之，司馬子反次之，昭奚恤自居西面之壇，稱曰：「客欲觀楚國之寶器，楚國之所寶者賢臣也。理百姓，實倉廩，使民各得其所，令尹子西在此。奉珪璧，使諸侯，解忿悁之難，交兩國之歡，使無兵革之憂，太宗子敖在此。守封疆，謹境界，不侵鄰國，鄰國亦不見侵，葉公子高在此。理師旅，整兵戎，以當疆敵，提枹鼓以動百萬之衆，所使皆趨湯火，蹈白刃，出萬死，不顧一生之難，司馬子反在此。懷霸王之餘議，攝治亂之遺風，昭奚恤在此，唯大國之所觀。」秦使者懼然無以對，昭奚恤遂揖而去。秦使者反，言於秦君曰：「楚多賢臣，未可謀也。」遂不伐楚。詩云：「濟濟多士，文王以寧。」斯之謂也。

晉平公欲伐齊，使范昭往觀焉。景公賜之酒，酣，范昭曰：「願請君之樽

酌。」公曰：「酌寡人之樽，進之於客。」范昭已飲，晏子曰：「徹樽更之。」罇觶具矣，范昭佯醉，不悅而起舞，謂太師曰：「能爲我調成周之樂乎？吾爲子舞之。」太師曰：「冥臣不習。」范昭趨而出。景公謂晏子曰：「晉大國也，使人來，將觀吾政也。今子怒大國之使者，將奈何？」晏子曰：「夫范昭之爲人，非陋而不識禮也，且欲試吾君臣，故絶之也。」景公謂太師曰：「子何以不爲客調成周之樂乎？」太師對曰：「夫成周之樂，天子之樂也，若調之，必人主舞之。今范昭，人臣也，而欲舞天子之樂，臣故不爲也。」范昭歸，以告平公曰：「齊未可伐也。臣欲試其君，而晏子識之；臣欲犯其禮，而大師知之。」仲尼聞之曰：「夫不出於樽俎之間，而知千里之外。」其晏子之謂也。可謂折衝矣，而太師其與焉。

晉平公浮西河，中流而歎曰：「嗟乎！安得賢士與共此樂者？」船人固桑進對曰：「君言過矣。夫劍産于越，珠産江漢，玉産昆山，此三寶者，皆無足而至，今君苟好士，則賢士至矣。」平公曰：「固桑，來。吾門下食客三千餘人，朝食不足，暮收市租；暮食不足，朝收市租，吾尚可謂不好士乎？」固桑對曰：「今夫鴻鵠高飛沖天，然其所恃者六翮耳。夫腹下之毳，背上之毛，增去一把，飛不爲高下。不知君之食客，六翮邪？將腹背之毳也？」平公默然

而不應焉。

楚威王問於宋玉曰：「先生其有遺行邪？何士民衆庶不譽之甚也？」宋玉對曰：「唯，然，有之。願大王寬其罪，使得畢其辭。客有歌於郢中者，其始曰下里巴人，國中屬而和者數千人；其爲陽陵採薇，國中屬而和者數百人；其爲陽春白雪，國中屬而和者，數十人而已也；引商刻角，雜以流徵，國中屬而和者，不過數人。是其曲彌高者，其和彌寡。故鳥有鳳而魚有鯨，鳳鳥上擊于九千里，絶浮雲，負蒼天，翺翔乎窈冥之上，夫糞田之鴳，豈能與之斷天地之高哉！鯨魚朝發崑崙之墟，暴鬐於碣石，暮宿於孟諸，夫尺澤之鯢，豈能與之量江海之大哉？故非獨鳥有鳳而魚有鯨也，士亦有之。夫聖人瑰意奇行，超然獨處；世俗之民，又安知臣之所爲哉！」

晋平公閒居，師曠侍坐。平公曰：「子生無目眹，甚矣！子之墨墨也。」師曠對曰：「天下有五墨墨，而臣不得與一焉。」平公曰：「何謂也？」師曠曰：「群臣行賂以采名譽，百姓侵冤，無所告訴，而君不悟，此一墨墨也。忠臣不用，用臣不忠，下才處高，不肖臨賢，而君不悟，此二墨墨也。姦臣欺詐，空虚府庫，以其少才，覆塞其惡，賢人逐，姦邪貴，而君不悟，此三墨

墨也。國貧民罷，上下不和，而好財用兵，嗜欲無厭，諂諛之人，容容在旁，而君不悟，此四墨墨也。至道不明，法令不行，吏民不正，百姓不安，而君不悟，此五墨墨也。國有五墨墨而不危者，未之有也。臣之墨墨，小墨墨耳！何害乎國家哉！」

趙文子問於叔向曰：「晉六將軍，孰先亡乎？」對曰：「其中行氏乎！」文子曰：「何故先亡？」對曰：「中行氏之爲政也，以苛爲察，以欺爲明，以刻爲忠，以計多爲善，以聚歛爲良。譬之其猶鞟革者也，大則大矣，裂之道也，當先亡。」

楚莊王既討陳靈公之賊，殺夏徵舒，得夏姬而悦之。將近之，申公巫臣諫曰：「此女亂陳國，敗其群臣，嬖女不可近也。」莊王從之。令尹又欲取，申公巫臣諫，令尹從之。後襄尹取之，至恭王與晉戰于鄢陵，楚兵敗，襄尹死，其尸不反，數求晉，不與。夏姬請如晉求尸，楚方遣之，申公巫臣將使齊，私說夏姬與謀。及夏姬行，而申公巫臣廢使命，道亡，隨夏姬之晉。令尹將徙其族，言之於王曰：「申公巫臣諫先王以無近夏姬，今身廢使命，與夏姬逃之晉，是欺先王也，請徙其族。」王曰：「申公巫臣爲先王謀則忠，自爲謀則

不忠，是厚於先王而自薄也，何罪於先王？」遂不徙。

劉向新序卷第一

劉向新序卷第二

雜事第二

昔者唐虞崇舉九賢，布之於位，而海内大康，要荒來賓，麟鳳在郊。商湯用伊尹，而文、武用太公、閎夭，成王任周、召，而海内大治，越裳重譯，祥瑞並降，遂安千載。皆由任賢之功也。無賢臣，雖五帝三王，不能以典。齊桓公得管仲，有霸諸侯之榮；失管仲，而有危亂之辱。虞不用百里奚而亡，秦繆公用之而霸。楚不用伍子胥而破，吳闔廬用之而霸。夫差非徒不用子胥也，又殺之，而國卒以亡。燕昭王用樂毅，推弱燕之兵，破彊齊之讎，屠七十城，而惠王廢樂毅，更代以騎劫，兵立破，亡七十城。此父用之，子不用，其事可見也。故闔廬用子胥以典，夫差殺之而以亡；昭王用樂毅以勝，惠王逐之而敗，此的的然若白黑。秦不用叔孫通，項王不用陳平、韓信而皆滅，漢用之而大典，此未遠也。夫失賢者，其禍如彼；用賢者，其福如此。人君莫不求賢以自輔，然而國以亂亡者，所謂賢者不賢也。或使賢者爲之，與不肖者議之，使智者圖之，與愚者謀之。不肖嫉賢，愚者嫉智，是賢者之所以鬲蔽也，

所以千載不合者也。或不肖用賢而不能久也，或久而不能終也；或不肖子廢賢父之忠臣，其禍敗難一二録也，然其要在於已不明而聽衆口，譖愬不行，斯爲明也。魏龐恭與太子質於邯鄲，謂魏王曰：「今一人來言市中有虎，王信之乎？」王曰：「否。」曰：「二人言，王信之乎？」曰：「寡人疑矣。」曰：「三人言，王信之乎？」曰：「寡人信之矣。」龐恭曰：「夫市之無虎明矣，三人言而成虎。今邯鄲去魏遠於市，議臣者過三人，願王察之也。」魏王曰：「寡人知之矣。」及龐恭自邯鄲反，讒口果至，遂不得見。甘茂，下蔡人也。西入秦，數有功，至武王以爲左丞相，樗里子爲右丞相。樗里子及公孫子，皆秦諸公子也，其外家韓也，數攻韓。秦武王謂甘茂曰：「寡人欲容車至周室者，其道乎韓之宜陽。」欲使甘茂伐韓取宜陽，以通道至周室。甘茂曰：「請約魏與伐韓。」令向壽輔行。甘茂既約，魏許，甘茂還至息壤，謂向壽曰：「子歸言之王，魏聽臣矣，然願王勿伐也。」向壽歸以告王，王迎甘茂於息壤，問其故，對曰：「宜陽，大縣也。名爲縣，其實郡也。今王倍數險，行千里，攻之難。昔者魯參之處鄭，人有與曾參同名姓者殺人，人告其母曰：『曾參殺人。』其母織自若也。頃然一人又來告之，其母曰：『吾子不殺人。』有頃，一人又來告，其母投杼下機，踰墻而走。夫以魯參之賢，與其母信之也，然三人疑之，其母懼

焉。今臣之賢也不若曾參，王之信臣也，又不如曾參之母之信曾參也，疑臣者非特三人也，臣恐大王投杼也。魏文侯令樂羊將而攻中山，三年而拔之，樂羊反而語功，文侯示之謗書一篋。樂羊再拜稽首曰：『此非臣之功也，主君之力也。』今臣羇旅也，樗里子、公孫子二人挾韓而議，王必信之，是王欺魏而臣受韓之怨也。」王曰：「寡人不聽也。」使伐宜陽，五月而宜陽未拔。樗里子、公孫子果爭之，武王召甘茂，欲罷兵。甘茂曰：「息壤在彼。」王曰：「有之。」因悉起兵，使甘茂將擊之，遂拔宜陽。及武王薨，昭王立，樗里子、公孫子讒之，甘茂遇罪，卒奔齊。故非至明，其孰能毋用讒乎？

楚王問羣臣曰：「吾聞北方畏昭奚恤，亦誠何如？」江乙荅曰：「虎求百獸食之，得一狐。狐曰：『子毋敢食我也，天帝令我長百獸，今子食我，是逆帝命也。以我爲不信，吾爲子先行，子隨我後，觀百獸見我無不走。』虎以爲然，隨而行，獸見之皆走，虎不知獸畏已而走也，以爲畏狐也。今王地方五千里，帶甲百萬，而專任之於昭奚恤也，北方非畏昭奚恤也，其實畏王之甲兵也，猶百獸之畏虎。」故人臣而見畏者，是見君之威也，君不用，則威亡矣。

魯君使宓子賤爲單父宰，子賤辭去，因請借善書者二人，使書憲書教品，魯君子之。至單父，使書，子賤從旁引其肘，書醜則怒之，欲好書則又引之，書者患之，請辭而去。歸以告魯君，魯君曰：「子賤苦吾擾之。使不得施其善政也。」乃命有司無得擅徵發單父，單父之化大治。故孔子曰：「君子哉子賤，魯無君子者，斯安取斯？」美其德也。

楚人有獻魚楚王者，曰：「今日漁獲，食之不盡，賣之不售，弃之又惜，故來獻也。」左右曰：「鄙哉辭也。」楚王曰：「子不知漁者仁人也。蓋聞囷倉粟有餘者，國有餓民；後宮多幽女者，下民多曠夫；餘衍之蓄，聚於府庫者，境内多貧困之民；皆失君人之道。故厨庖有肥魚，廐有肥馬，民有餓色，是以亡國之君，藏於府庫。寡人聞之久矣，未能行也。漁者知之，其以此諭寡人也，且今行之。」於是乃遣使恤鰥寡而存孤獨，出倉粟，發幣帛，而振不足，罷去後宮不御者，出以妻鰥夫。楚民欣欣大悦，鄰國歸之。故漁者壹獻餘魚，而楚國賴之，可謂仁智矣。

昔者鄒忌以鼓琴見齊宣王，宣王善之。鄒忌曰：「夫琴所以象政也。」遂爲王言琴之象政狀及霸王之事。宣王大悦，與語三日，遂拜以爲相。齊有稷下

先生，喜議政事，鄒忌既爲齊相，稷下先生淳于髡之屬七十二人，皆輕忌，以謂設以辭，鄒忌不能及。乃相與俱往見鄒忌。淳于髡之徒禮倨，鄒忌之禮卑。淳于髡等曰：「狐白之裘，補之以弊羊皮，何如？」鄒忌曰：「敬諾，請不敢雜賢以不肖。」淳于髡曰：「方内而員釭，如何？」鄒忌曰：「敬諾，請謹門内，不敢留賓客。」淳于髡等曰：「三人共牧一羊，羊不得食，人亦不得息，何如？」鄒忌曰：「敬諾，減吏省員，使無擾民也。」淳于髡等三稱，鄒忌三知之如應響。淳于髡等辭屈而去。鄒忌之禮倨，淳于髡等之禮卑。故所以尚干將莫邪者，貴其立斷也；所以貴騏驥者，爲其立至也。必且歷日曠久乎？絲氂猶能挈石，駑馬亦能致遠，是以聰明捷敏，人之美材也。子貢曰：「回也聞一以知十。」美敏捷也。

昔者燕相得罪於君，將出亡，召門下諸大夫曰：「有能從我出者乎？」三問，諸大夫莫對，燕相曰：「嘻！亦有士之不足養也。」大夫有進者曰：「亦有君之不能養士，安有士之不足養者？凶年飢歲，士糟粕不厭，而君之犬馬有餘穀粟；隆冬烈寒，士短褐不完，四躰不蔽，而君之臺觀，帷幕錦繡，隨風飄飄而弊。財者，君之所輕；死者，士之所重也。君不能施君之所輕，而求得士之所重，不亦難乎？」燕相遂慚，遁逃不復敢見。

晉文公出獵，前驅曰：「前有大蛇，高如隄，阻道竟之。」文公曰：「寡人聞之，諸侯夢惡則修德，大夫夢惡則脩官，士夢惡則修身，如是而禍不至矣。今寡人有過，天以戒寡人。」還車而反。前驅曰：「臣聞之，喜者無賞，怒者無刑。今禍福已在前矣，不可變，何不遂驅之？」文公曰：「不然，夫神不勝道，而妖亦不勝德，禍福未發，猶可化也。」還車反，宿齋三日，請於廟曰：「孤少犧不肥，幣不厚，罪一也。孤好弋臘，無度數，罪二也。孤多賦斂，重刑罰，罪三也。請自今以來者，關市無征，澤梁毋賦斂，赦罪人，舊田半稅，新田不稅。」行比令未半旬，守蛇吏夢天帝殺蛇，曰：「何故當聖君道爲，而罪當死。」發夢視蛇，臭腐矣。謁之，文公曰：「然。夫神果不勝道，而妖亦不勝德，奈何其無究理而任天也，應之以德而已。」

梁君出臘，見白鴈群，梁君下車，彀弓欲射之。道有行者，梁君謂行者止，行者不止，白鴈群駭。梁君怒，欲射行者。其御公孫襲下車撫矢曰：「君止。」梁君忿然作色而怒曰：「襲不與其君，而□□□□，何也？」公孫襲對曰：「昔齊景公之時，天大旱三年，卜之曰：『必以人祠，乃雨。』景公下堂頓首曰：『凡吾所以求雨者，爲吾民也，今必使吾以人祠乃且雨，寡人將自當之。』言未卒而天大雨方千里者，何也？爲有德於天而惠於民也。今主君以白

臁之故而欲射人，襲謂主君言無異於虎狼。」梁君援其手與上車，歸入廟門，呼萬歲，曰：「幸哉，今日也，他人臘，皆得禽獸，吾臘得善言而歸。」

武王勝殷，得二虜而問焉，曰：「而國有妖乎？」一虜荅曰：「吾國有妖，晝見星而雨血，此吾國之妖也。」一虜荅曰：「此則妖也，雖然，非其大者也。吾國之妖，其大者子不聽父，弟不聽兄，君令不行，此妖之大者也。」

晉文公出田，逐獸，碭入大澤，迷不知所出，其中有漁者，文公謂曰：「我，若君也。道安從出，我且厚賜若。」漁者曰：「臣願有獻。」公曰：「出澤而受之。」於是遂出澤。公令曰：「子之所以教寡人者，何等也？願受之。」漁者曰：「鴻鵠保河海之中，厭而欲移，徙之小澤，則必有丸繒之憂，黿鼉保深淵，厭而出之淺渚，則必有羅網釣射之憂。今君逐獸，碭入至此。何行之太遠也？」文公曰：「善哉！」謂從者記漁者名。漁者曰：「君何以名爲？君尊天事地，敬社稷，固四國，慈愛萬民，薄賦歛，輕租稅者，臣亦與焉。君不敬社稷，不固四國，外失禮於諸侯，内逆民心，一國流亡，漁者雖得厚賜，不能保也。」遂辭不受。曰：「君亟歸國，臣亦反吾漁所。」

晉文公逐麋而失之，問農夫老古曰：「吾麋何在？」老古以足指曰：「如是

往。」公曰：「寡人問，子以足指，何也？」老古振衣而起曰：「一不意人君如此也，虎豹之居也，厭閑而近人，故得；魚鼈之居也，厭深而之淺，故得；諸侯厭衆而亡其國。詩云：『維鵲有巢，維鳩居之。』君放不歸，人將君之。」於是文公恐，歸遇欒武子。欒武子曰：「獵得獸乎？而有悅色！」文公曰：「寡人逐麋而失之，得善言，故有悅色。」欒武子曰：「其人安在乎？」曰：「吾未與來也。」欒武子曰：「居上位而不恤其下，驕也；緩令急誅，暴也；取人之言而弃其身，盗也。」文公曰：「善。」還載老古，與俱歸。

扁鵲見齊桓侯，立有間，扁鵲曰：「君有疾在腠理，不治，將恐深。」桓侯曰：「寡人無疾。」扁鵲出，桓侯曰：「醫之好利也，欲治不疾以爲功。」居十日，扁鵲復見曰：「君之疾在肌膚，不治將深。」桓侯不應。扁鵲出，桓侯不悅。居十日，扁鵲復見曰：「君之疾在腸胃，不治將深。」桓侯不應。扁鵲出，桓侯又不悅。居十日，扁鵲復見，望桓侯而還走。桓侯使人問之，扁鵲曰：「疾在腠理，湯熨之所及也；在肌膚，鍼石之所及也；在腸胃，大齊之所及也；在骨髓，司命之所無奈何也；今在骨髓，臣是以無請也。」居五日，桓侯體痛，使人索扁鵲，扁鵲已逃之秦矣。桓侯遂死。故良醫之治疾也，攻之於腠理。此事皆治之於小者也。夫事之禍福，亦有腠理之地。故聖人蚤從事矣。莊辛

諫楚襄王曰：「君王左州侯，右夏侯，從新安君與壽陵君同軒，淫衍侈靡而忘國政，郢其危矣。」王曰：「先生老僭歟？妄爲楚國妖歟？」莊辛對曰：「臣非敢爲楚妖，誠見之也。君王卒近此四子者，則楚必亡矣！辛請留於趙以觀之。」於是不出十月，王果亡巫山江漢鄢郢之地。於是王乃使召莊辛至於趙。辛至，王曰：「嘻！先生來邪！寡人以不用先生言至于此，爲之奈何？」莊辛曰：「君用辛言則可，不用辛言又將甚乎此！庶人有稱曰：『亡羊而固牢未爲遲，見兎而呼狗未爲晚。』湯武以百里王，桀紂以天下亡，今楚雖小，絶長繼短，以千里數，豈特百里哉！且君王獨不見夫青蛉乎？六足四翼，蜚翔乎天地之間，求蚊虻而食之，時甘露而飲之，自以爲無患，與民無爭也。不知五尺之童子，膠絲竿，加之乎四仞之上，而下爲螻蛾食已。青蛉猶其小者也，夫爵俛啄白粒，仰棲茂樹，鼓其翼，奮其身，自以爲無患，與民無爭也。不知公子王孫，左把彈，右攝丸，定操持，審參連，故晝遊乎茂樹，夕和乎酸醎。爵猶其小者也，鴻鵠嬉遊乎江漢，息留乎大沼，俛啄鰋鯉，羽仰奮陵衡，脩其六翮，而陵清風，飄摇高翔，一舉千里，自以爲無患，與民無爭也。不知弋者選其弓弩，脩其防臀，加繒繳其頸，投乎百仞之上，引纖繳，揚微波，折清風而殞，故朝遊乎江河，而暮調乎鼎俎。鴻鵠猶其小者也，蔡侯之事故是

也。蔡侯南遊乎高陂，北徑乎巫山，逐麋麕麞鹿，彈谿子，隨時鳥，嬉遊乎高蔡之囿，溢滿無涯，不以國家爲事，不知子發受令宣王，厄以淮水，填以巫山，庚子之朝，纓以朱絲，臣而奏之乎宣王也。蔡侯之事猶其小者也，今君王之事，遂以左州侯，右夏侯，從新安君與壽陵君，淫衍侈靡，康樂遊娛，馳騁乎雲夢之中，不以天下與國家爲事，不知穰侯方與秦王謀，窴之以黽厄，而投之乎黽塞之外。」襄王大懼，形體掉栗曰：「謹受令。」乃封莊辛爲成陵君，而用計焉。與舉淮北之地十二諸侯。

魏文侯出遊，見路人反裘而負芻。文侯曰：「胡爲反裘而負芻。」對曰：「臣愛其毛。」文侯曰：「若不知其裘盡，而毛無所恃邪？」明年，東陽上計錢布十倍，大夫畢賀。文侯曰：「此非所以賀我也。譬無異夫路人反裘而負芻也，將愛其毛，不知其裏盡，毛無所恃也。今吾田不加廣，士民不加衆，而錢十倍，必取之士大夫也。吾聞之，下不安者，上不可居也，此非所以賀我也。」

楚莊王問於孫叔敖曰：「寡人未得所以爲國是也。」孫叔敖曰：「國之有是，衆非之所惡也。臣恐王之不能定也。」王曰：「不定獨在君乎？亦在臣

乎？」孫叔敖曰：「國君驕士曰：『士非我無道貴富。』士驕君曰：『國非士無道安強。』人君或至失國而不悟，士或至飢寒而不進，君臣不合，國是無道定矣。夏桀殷紂，不定國是，而以合其取舍者爲是，以爲不合其取舍者爲非，故致亡而不知。」莊王曰：「善哉！願相國與諸侯士大夫共定國是，寡人豈敢以褊國驕士民哉！」

楚莊王莅政，三年不治，而好隱戲。社稷危，國將亡，士慶問左右群臣曰：「王莅政，三年不治，而好隱戲，社稷危，國將亡，胡不入諫？」左右曰：「子其入矣。」士慶入，再拜而進曰：「隱有大鳥，來止南山之陽，三年不蜚不鳴，不審其故何也？」王曰：「子其去矣，寡人知之矣。」士慶曰：「臣言亦死，不言亦死，願聞其說。」王曰：「此鳥不蜚，以長羽翼；不鳴，以觀群臣之慝。是鳥雖不蜚，蜚必冲天；雖不鳴，鳴必驚人。」士慶稽首曰：「所願聞已。」王大悅士慶之問，而拜之以爲令尹，授之相印。士慶喜，出門顧左右笑曰：「吾王成王也。」中庶子聞之，跪而泣曰：「臣尚衣冠御郎十三年矣，前爲豪矢，而後爲藩蔽。王賜士慶相印而不賜臣，臣死將有日矣。」王曰：「寡人居泥塗中，子所與寡人言者，内不及國家，外不及諸侯。如子者，可富而不可貴也。」於是乃出其國寶璧玉以賜之。曰：「忠信者，士之行也；言語者，士

之道路也。道路不脩治，士無所行矣。」

請郭君欲城薛，而客多以諫，君告謁者，無爲客通事。於是有一齊人曰：「臣願一言，過一言，臣請烹。」謁者賛客。客曰：「海大魚。」因反走。請郭君曰：「請少進。」客曰：「否。臣不敢以死戲。」請郭君曰：「嘻！寡人毋得已，試復道之。」客曰：「君獨不聞海大魚乎？網弗能止，繳不能牽，碭而失水，陸居則螻蟻得意焉。且夫齊，亦君之水也，君已有齊，奚以薛爲？君若無齊，城薛猶且無益也。」請郭君大悅，罷民弗城薛也。

齊有婦人，極醜無雙，號曰無塩女。其爲人也，臼頭深目，長壯大節，昂鼻結喉，肥項少髮，折腰出胷，皮膚若漆。行年三十，無所容入，衒嫁不售，流棄莫執，於是乃拂拭短褐，自詣宣王，願一見，謂謁者曰：「妾，齊之不售女也，聞君王之聖德，願備後宮之掃除，頓首司馬門外，唯王幸許之。」謁者以聞，宣王方置酒於漸臺，左右聞之，莫不揜口而大笑，曰：「此天下强顔女子也。」於是宣王乃召見之，謂曰：「昔先王爲寡人取妃匹，皆已備有列位矣。寡人今日聽鄭衛之聲，嘔吟感傷，楊激楚之遺風。今夫人不容鄉里布衣，而欲干萬乘之主，亦有奇能乎？」無塩女對曰：「無有。直竊慕大王之美義耳。」

王曰：「雖然，何喜。」良久曰：「竊嘗喜隱。」王曰：「隱固寡人之所願也，試一行之。」言未卒，忽然不見矣。宣王大驚，立發隱書而讀之，退而惟之，又不能得。明日，復更召而問之，又不以隱對，但揚目銜齒，舉手拊肘曰：「殆哉！殆哉！」如此者四。宣王曰：「願遂聞命。」無鹽女對曰：「今大王之君國也，西有衡秦之患，南有強楚之讎，外有三國之難，內聚姦臣，衆人不附。春秋四十，壯男不立，不務衆子而務衆婦，尊所好而忽所恃，一旦山陵崩弛，社稷不定，此一殆也。漸臺五重，黃金白玉，琅玕龍疏，翡翠珠璣，莫落連飾，萬民罷極，此二殆也。賢者伏匿於山林，諂諛強於左右，邪偽立於本朝，諫者不得通入，此三殆也。酒漿流湎，以夜續朝，女樂俳優，從橫大笑，外不脩諸侯之禮，內不秉國家之治，此四殆也。故曰：『殆哉！殆哉！』」於是宣王掩然無聲，意入黃泉，忽然而昻，喟然而嘆曰：「痛乎無鹽君之言，吾今乃一聞寡人之殆，寡人之殆幾不全。」於是立停漸臺，罷女樂，退諂諛，去雕琢，選兵馬，實府庫，四闢公門，招進直言，延及側陋，擇吉日，立太子，進慈母，顯隱女，拜無鹽君爲王后，而國大安者，醜女之力也。

劉向新序卷第二

劉向新序卷第三

雜事第三

梁惠王謂孟子曰：「寡人有疾，寡人好色。」孟子曰：「王誠好色，於王何有？」王曰：「若之何好色可以王？」孟子曰：「大王好色。詩曰：『古公亶父，来朝走馬，率西水滸，至於岐下。爰及姜女，聿来相宇。』大王愛厥妃，出入必與之偕。是時，内無怨女，外無曠夫。王若好色，與百姓同之，民唯恐王之不好色也。」王曰：「寡人有疾，寡人好勇。」孟子曰：「王若好勇，於王何有？」王曰：「若之何好勇可以王？」孟子曰：「詩曰：王赫斯怒，爰整其旅，必按徂旅，以篤周祐，以對于天下。此文王之勇也。文王一怒而安天下之民，今王亦一怒而安天下之民，民唯恐王之不好勇也。」

孫卿與臨武君議兵於趙孝成王前。王曰：「請問兵要？」臨武君對曰：「上得天時，下得地利，後之發，先之至，此用兵之要術也。」孫卿曰：「不然。臣之所聞古之道，凡戰，用兵之術，在於一民。弓矢不調，羿不能以中；六馬不和，造父不能以御遠；士民不親附，湯武不能以勝。故善用兵者，務在於善附民而已。」臨武君曰：「不然，夫兵之所貴者，勢利也；所上者，變詐攻

奪也。善用之者，奄忽焉莫知所從出，孫吳用之，無敵於天下。由此觀之，豈必待附民哉！」孫卿曰：「不然，臣之所言者，王者之兵，君人之事也。君之所言者，勢利也；所上者，變詐攻奪也。仁人之兵，不可詐也；彼可詐者，怠慢者也，落單者也。君臣上下之間，渙然有離德者也。若以桀詐桀，猶有幸焉，若以桀詐尭，譬之若以卵投石，若以指繞沸，若羽蹈烈火，入則焦沒耳，夫又何可詐也。故仁人之兵，鋌則若莫邪之利刃，嬰之者斷，銳則若莫邪之利鋒，當之者潰。圜居而方止，若盤石然，觸之者龍種而退耳。夫又何可詐也？故仁人之兵，或將三軍同力，上下一心，臣之於君也，下之於上也，若子之事父也，若弟之事兄也，若手足之捍頭目而覆胷腹也。詐而襲之，與先驚而後擊之，一也，夫又何可詐也？且夫暴亂之君，將誰與至哉？彼其所與至者，必其民也，民之親我，驩然如父母，好我芳如椒蘭，反顧其上，如灼黥，如仇讎。人之情，雖桀跖，豈有肯爲其所惡，而賊其所好者哉！是猶使人之孫子，自賊其父母也。詩曰：『武王載旆，有虔秉鉞，如火烈烈，則莫我敢曷。』此之謂也。」孝成王臨武君曰：「善。」請問王者之兵。」孫卿曰：「將率者，末事也。臣[redacted]列王者之事，君人之法。」昔者秦魏爲與國，齊楚約而欲攻魏，魏使人求救於秦，冠蓋相望，秦救不出。魏人有唐且者，年九十餘，謂魏

王曰：「老臣請西說秦，令兵先臣出，可乎？」魏王曰：「敬諾。」遂約車而遣之。且見秦王。秦王曰：「丈人罔然乃遂至此，甚苦矣。魏來求救數矣，寡人知魏之急矣。」唐且荅曰：「大王已知魏之急而救不至，是大王籌筴之臣失之也。且夫魏一萬乘之國也。稱東藩，受冠帶，祠春秋者，爲秦之強，足以爲與也。今齊楚之兵已在魏郊矣，大王之救不至，魏急，則且割地而約齊楚，王雖欲救之，豈有及哉？是亡一萬乘之魏，而強二敵之齊楚也。竊以爲大王籌筴之臣失之矣。」秦王懼然而悟，遽發兵救之，馳騖而往，齊楚聞之，引兵而去，魏氏復故。唐且一說，定彊秦之筴，解魏國之患，散齊楚之兵，一舉而折衝消難，辭之功也。孔子曰：「言語，宰我、子貢。」故詩曰：「辭之集矣，民之洽矣；辭之懌矣，民之莫矣。」唐且有辭，魏國賴之，故不可以已。

燕易王時，國大亂，齊閔王興師伐燕，屠燕國，載其寶器而歸。易王死，及燕國復，太子立爲燕王，是爲燕昭王。昭王賢，即位，卑身厚弊，以招賢者。謂郭隗曰：「齊因孤國之亂，而襲破燕，孤極知燕小力少，不足以報，然得賢士與共國，以雪先王之醜，孤之願也。先生視可者得身事之。」隗曰：「臣聞古人之君，有以千金求千里馬者，三年不能得，涓人言於君曰：請求之。君遣之，三月得千里馬，馬已死，買其骨五百金，反以報君。君大怒曰：所求者

生馬，安用死馬捐五百金。涓人對曰：死馬且市之五百金，况生馬乎？天下必以王爲能市馬，馬今至矣。」於是不朞年，千里馬至者二。今王誠欲必致士，請從隗始。隗且見事，况賢於隗者乎？豈遠千里哉？」於是昭王爲隗築宫而師之。樂毅自魏往，鄒衍自齊往，劇辛自趙往，士爭走燕。燕王吊死問孤，與百姓同甘苦二十八年，燕國殷富，士卒樂軼輕戰。於是遂以樂毅爲上將軍，與秦楚三晉合謀以伐齊。樂毅之筴，得賢之功也。

樂毅爲昭王謀，必待諸侯兵，齊乃可伐也。於是乃使樂毅使諸侯，遂合連四國之兵以伐齊，大破之。閔王亡逃，僅以身脫，匿莒，樂毅追之，遂屠七十餘城，臨淄盡降，唯莒、即墨未下，盡復收燕寶器而歸，復易王之辱。樂毅謝罷諸侯之兵，而獨圍莒、即墨，時田單爲即墨令，患樂毅善用兵，田單不能詐也，欲法之，昭王又賢，不肯聽讒。會昭王死，惠王立，田單使人讒之惠王，惠王使騎劫代樂毅，樂毅去之趙，不歸燕。騎劫既爲將軍，田單大喜，設詐大破燕軍，殺騎劫，盡復收七十餘城。是時齊閔公已死，田單得太子於莒，立爲齊襄王。而燕惠王大慙，自悔易樂毅，以致此禍。惠王乃使人遺樂毅書曰：「寡人不佞，不能奉順君志，故君捐國而去，寡人不肖明矣。敢謁其願而而君弗肯聽也，故使使者陳愚志，君誠諭之。語曰：『仁不輕絶，智不輕怨』。君於先

王，世之所明知也，寡人望有非，則君覆蓋之，不虞君明棄之也；望有過則君教誨之，不虞君明罪之也。寡人之罪，百姓弗聞，君微出明怨，以棄寡人，寡人必有罪矣，然恐君之未盡厚矣。諺曰：『厚者不損人以自益，仁者不危軀以要名。』故覆人之邪者，厚之行也；救人之過者，仁之道也。世有覆寡人之邪，救寡人之過，非君惡所望之。今君厚受德於先王之成尊，輕棄寡人以快心，則覆邪救過，難得於君矣。且世有厚薄，故施異；行有得失，故患同。今寡人任不肖之罪，而君有失厚之累，於爲君擇無所取。國有封疆，猶家之有垣墻，所以合好覆惡也。室不能相和，出訟鄰家，未爲通計也。怨惡未見而明棄之，未爲盡厚也。寡人雖不肖，未如殷紂之亂也；君雖未得志，未如商容、箕子之累也。然不內盡寡人，明怨於外，恐其適足以傷高義而薄於行也。非然，苟可以成君之高，明君之義，寡人雖惡名，不難受也。本以爲明寡人之薄，而君不得厚；揚寡人之毀，而君不得榮，是一舉而兩失也。義者不毀人以自益，况傷人以自損乎？願君無以寡人之不肖，累往事之美。昔者柳下季爲理於魯，三絀而不去，或曰：『可以去矣。』柳下曰：『苟與人異，惡往而不絀乎？猶且絀也，寧故國耳。』柳下季不以絀自累，故自前業不忘，不以去爲心，故遠近無議，寡人之罪，國人不知，而議寡人者天下，諺曰：『仁不輕

絶，知不簡功。』簡功棄大者，仇也；輕絶厚利者，怨也。仇而棄之，怨而累之，宜在遠者，不望之乎君。今寡人無罪，君豈怨之乎？願君捐忿和怒，追順先王，以復教寡人，寡人意君之曰：余將快心以成而過，不顧先王以明而惡。使寡人進不得循初，退不得變過，此君所制，唯君圖之。此寡人之愚志，敬以書謁之。」樂毅使人獻書燕王報曰：「臣不肖，不能奉承王命，以順左右之心，恐抵斧鉞之罪，以傷先王之明，有害足下之義，故遁逃，自負以不肖之罪，而不敢有辭說。今王數之以罪，恐侍御者不察先王之所以畜臣之理，不白乎臣之所以事先王之心，故不敢不以書對。臣聞賢聖之君，不以祿私親，功多者授之；不以官隨愛，而當者處之。故曰：『察能而授官者，成功之君也；論行而結交者，立名之士也。』臣以所學，觀先王舉措，有高世主之心，故假節於魏，以身得察於燕，先王過舉，擢之賓客之中，立之群臣之上，不謀父兄，以爲亞卿，臣自以爲奉令承教，可幸無罪，故受命而不辭。先王命臣曰：『我有積怨深怒於齊，不量輕弱，欲以齊爲事。』臣對曰：『夫齊者，霸王之餘業，戰勝之遺事，閑於兵革，習於戰攻，王若欲攻之，必與天下圖之，圖之莫若徑結趙，且淮北宋地，楚、魏之願也。趙若許，約楚、魏盡力，四國攻之，齊可大破也。』王曰：『善。』臣乃受命，具符節，南使趙，顧反，

起兵攻齊。以天之道，先王之靈，河北之地，隨先王而舉之，濟上之兵，受命而勝之，輕卒鋭兵，長驅至齊，齊王遁逃走莒，僅以身免，珠玉貨寶，車甲珍器，皆収入燕。大呂陳於元英，故鼎反於歷室，齊器設於寧臺，薊丘之植，植於汶篁。五伯以来，功業之盛，未有及先王者也。先王以爲快其志，以臣不損令，故裂地而封臣，使比小國諸侯。臣聞賢聖之君，功立不廢，故著於春秋；蚤知之士，名成而不毀，故稱於後世。若先王之報怨雪醜，夷萬乘之齊，收八百年之積，及其棄群臣之日，餘令詔後嗣之義法，執政任事，循法令，順庶孽，施及萌隸，皆可以教後世。臣聞善作者不必善成，善始者不必善終。昔伍子胥説聽於闔閭，吴爲遠迹至郢，夫差不是也，賜之鴟夷，沉之江，故夫差不計先論之可以立功也，沉子胥而不悔，子胥不蚤見王之不同量也，故入江而不化。夫免身而全功，以明先王之迹，臣之上計也；離虧辱之誹，墮先王之明，臣之大恐也。臨不測之罪，以幸爲利，義之所不敢出也。臣聞君子絶交無惡言，去臣無惡聲。臣雖不肖，數奉教於君子，臣恐侍御者親交之説，不察疏遠之行，故敢以書謝。」

齊人鄒陽客游於梁，人或讒之於孝王，孝王怒，繫而將欲殺之。鄒陽客游見讒，自冤，乃從獄中上書，其辭曰：「臣聞忠無不報，信不見疑。臣常以爲

然，徒虛語爾。昔者荆軻慕燕丹之義，白虹貫日，太子畏之；衛先生爲秦畫長平之計，太白食昴，昭王疑之。夫精變天地，而信不諭兩主，豈不哀哉？今臣盡忠竭誠，畢義願知，左右不明，卒從吏訊，爲世所疑，是使荆軻、衛先生復起，而燕秦不悟也，願大王熟察之。昔者玉人獻寶，楚王誅之；李斯竭忠，胡亥極刑。是以箕子佯狂，接輿避世，恐遭此變也。願大王熟察玉人李斯之意，而後楚王胡亥之聽，無使臣爲箕子接輿所歎。臣聞比干剖心，子胥鴟夷，臣始不信，乃今知之，願大王熟察之，少加憐焉。諺曰：『有白頭而新，傾盖而故。』何則？知與不知也。昔者樊於期逃秦之燕，藉荆軻首以奉丹之事；王奢去齊之魏，臨城自剄，以卻齊而存魏。王奢、樊於期，非新於齊秦，而故於燕魏也，所以去二國，死兩君者，行合於志，而慕義無窮也。是以蘇秦不信於天下，爲燕尾生；白圭戰亡六城，爲魏取中山。何則？誠有以相知也。蘇秦相燕，燕人惡之於燕王，燕王按劔而怒，食之以駃騠；白圭顯於中山，中山人惡之於魏文侯，投以夜光之璧。何則？兩主二臣，剖心析肝相信，豈移於浮辭哉！故女無美惡，居宫見妬；士無賢不肖，入朝見嫉。昔司馬喜臏於宋，卒相中山；范睢拉脇折齒於魏，卒爲應侯。此二人者，皆信必然之畫，捐朋黨之私，挾孤獨之交，故不能自免於嫉妬之人也。是以申徒狄蹈流

之河，徐衍負石入海，不容於世，義不苟取，比周於朝，以移主上之心。故百里奚乞食於道路，繆公委之以政；甯戚飯牛車下，而桓公任之以國。此二人者，豈藉官於朝，假譽於左右，然後二主用之哉！感於心，合於行，堅於膠漆，昆弟不能離，豈惑於衆口哉！故偏聽生姦，獨任成亂。昔魯聽季孫之說逐孔子，宋信子冉之計逐墨翟。夫以孔墨之辯，而不能自免。何則？衆口鑠金，積毀消骨。是以秦用由余而霸中國，齊用越人子臧而強威宣，此一國豈拘於俗，牽於世，繫奇偏之辭哉！公聽共觀，垂名當世，故意合，則胡越爲兄弟，由余、子臧是也；不合，則骨肉爲仇讎，朱、象、管、蔡是也。今人主如能用齊秦之明，後宋魯之聽，則五伯不足侔，三王易爲比也。是以聖王覺悟，捐子之之心，能不說於田常之賢，封比干之後，脩孕婦之墓，故功業覆於天下。何則？欲善無猒也。夫晉文公親其讎，而強霸諸侯；齊桓公用其仇，而一匡天下，何則？慈仁殷勤，誠加於心，不可以虛辭借也。至夫秦用商鞅之法，東弱韓魏，立強天下，而卒車裂商君；越用大夫種之謀，擒勁吴，霸中國，卒誅其身。是以孫叔敖三去相而不悔，於陵仲子辭三公，爲人灌園。今世主誠能去驕傲之心，懷可報之意，披心腹，見情素，墮肝膽，施德厚，終與之窮通，無變於士，則桀之狗，可使吠堯；跖之客，可使刺由。况因萬乘之

權，假聖王之資乎？然則荊軻之沉七族，要離燔妻子，豈足爲大王道哉！明月之珠，夜光之璧，以闇投人於道路，衆無不按劒相眄者，何則？無因至前也。蟠木根抵，輪囷離奇，而爲萬乘器者，以左右先爲之容也。故無因而至前，雖出隨侯之珠，夜光之璧，秪足以結怨而不見得。故有人先游，則以枯木朽株，樹功而不忘，今使天下布衣窮居之士，雖蒙堯舜之術，挾伊管之辯，素無根柢之容，而欲竭精神，開忠信，輔人主之治，則人主必襲按劒相眄之迹矣，是使布衣不得當枯木朽株之資也。是以聖王制世御俗，獨化於陶鈞之上，能不牽乎卑亂之言，不惑乎衆多之口，故秦皇帝任中庶子蒙恬之言，以信荊軻之說，故匕首竊發。周文王校獵涇渭，載呂尚而歸，以王天下。秦信左右而弑，周用烏集而王。何則？以其能越攣拘之語，馳域外之議，獨觀於昭曠之道也。今人主沉於諂諛之辭，牽於帷墻之制，使不羈之士，與牛驥同皁，此鮑焦之所以忿於世，而不留於富貴之樂也。臣聞盛飾以朝者，不以私行義；砥礪名號者，不以利傷行。故里名勝母，而曾子不入；邑號朝歌，墨子回車。今使天下寥廓之士，籠於威重之權，脅於勢位之貴，回面汙行，以事諂諛之人，求親近於左右，則士有伏死崛穴巖藪之中耳，安有盡精神而趨闕下者哉！」書奏孝王，孝王立出之，卒爲上客。

劉向新序卷第四

雜事第四

管仲言齊桓公曰：「夫墾田𠛬邑，闢田殖穀，盡地之利，則臣不若甯戚，請置以爲田官。登降揖讓，進退閑習，臣不如隰朋，請置以爲大行。蚤入晏出，犯君顏色，進諫必忠，不重富貴，不避死亡，則臣不若東郭牙，請置以爲諫臣。決獄折中，不誣無罪，不殺無辜，則臣不若弦寧，請置以爲大理。平原廣囿，車不結軌，士不旋踵，皷之，而三軍之士視死若歸，則臣不若王子成甫，請置以爲大司馬。君如欲治國强兵，則此五子者足矣，如欲霸王，則夷吾在此。」夫管仲能知人，桓公能任賢，所以九合諸侯，一匡天下，不用兵車，管仲之功也。詩曰：「濟濟多士，文王以寧。」桓公其似之矣。

有司請吏於齊桓公，桓公曰：「以告仲父。」有司又請，桓公曰：「以告仲父。」若是者二。在側者曰：「一則告仲父，二則告仲父，易哉爲君。」桓公曰：「吾未得仲父則難，已得仲父，曷爲其不易也。」故王者勞於求人，佚於得賢。舜舉衆賢在位，垂衣裳，恭已無爲，而天下治。湯、文用伊、呂，成王用周、邵，而刑措不用，兵偃而不動，用衆賢也。桓公用管仲則小也，故至於霸，

而不能以王。故孔子曰：「小哉，管仲之器。」盖善其遇桓公，惜其不能以王也。至明主則不然，所用大矣。詩曰：「濟濟多士，文王以寧。」此之謂也。公季成謂魏文侯曰：「田子方雖賢人，然而非有土之君也，君常與之齊禮，假有賢於子方者，君又何以加之？」文侯曰：「如子方者，非成所得議也。子方，仁人也。仁人也者，國之寶也；智士也者，國之器也；博通士也者，國之尊也。故國有仁人，則群臣不爭，國有智士，則無四鄰諸侯之患，國有博通之士，則人主尊，固非成之所議也。」公季成自退於郊，三日請罪。

魏文侯弟曰季成，友曰翟黄，文侯欲相之而未能决，以問李克。克對曰：「君者置相，則問樂商與王孫苟端孰賢？」文侯曰：「善。」以王孫苟端爲不肖，翟黄進之；樂商爲賢，季成進之，故相季成。故知人則哲，進賢受上賞，季成以知賢，故文侯以爲相。季成、翟黄，皆近臣親屬也，以所進者賢別之，故李克之言是也。

孟嘗君問於白圭曰：「魏文侯名過於桓公，而功不及五伯，何也？」白圭對曰：「魏文侯師子夏，友田子方，敬叚干木，此名之所以過於桓公也。卜相則

曰：『成與黄孰可？』此功之所以不及五伯也。以私愛妨公舉，在職者不堪其事，故功廢，然而名號顯榮者，三士翊之也，如相三士，則王功成，豈特霸哉！」

晋平公問於叔向曰：「昔者齊桓公九合諸侯，一匡天下，不識其君之力乎？其臣之力乎？」叔向對曰：「管仲善制割，隰朋善削縫，賓胥無善純緣，桓公知衣而已。亦其臣之力也。」師曠侍曰：「臣請譬之以五味，管仲善斷割之，隰朋善煎熬之，賓胥無善齊和之。羹以孰矣，奉而進之，而君不食，誰能彊之，亦君之力也。」

昔者齊桓公與魯莊公爲柯之盟，魯大夫曹劌謂莊公曰：「齊之侵魯，至於下城，城壞壓境，君不圖與？」莊公曰：「嘻！寡人之生不若死。」曹劌曰：「然則君請當其君，臣請當其臣。」及會，兩君就壇，兩相相揖，曹劌手劍拔刃而進，迫桓公於壇上曰：「城壞壓境，君不圖與？」管仲曰：「然則君何求？」曹劌曰：「願請汶陽田。」管仲謂桓公曰：「君其許之。」桓公許之，曹劌請盟，桓公遂與之盟。已盟，標劍而去。左右曰：「要盟可倍，曹劌可讎，請倍盟而討曹劌。」管仲曰：「要盟可負，而君不負；曹劌可讎，而君不讎，著信天下

矣。」遂不倍。天下諸侯，翕然而歸之，爲鄄之會，幽之盟，諸侯莫不至焉。爲陽穀之會，貫澤之盟，遠國皆來。南伐強楚，以致菁茅之貢；北伐山戎，爲燕開路，三存亡國，一繼絶世，尊事周室，九合諸侯，一匡天下，功次三王，爲五伯長，本信起乎柯之盟也。

晋文公伐原，與大夫期五日，五日而原不降，文公令去之。吏曰：「原不過三日，將降矣，君不如待之？」君曰：「得原失信，吾不爲也。」原人聞之曰：「有君義若此，不可不降也。」遂降，温人聞之，亦請降。故曰：「伐原而温降。」此之謂也。於是諸侯歸之，遂侵曹伐衛，爲踐土之會，温之盟，後南破強楚，尊事周室，遂成霸功，上次齊桓，本信由伐原也。

昔者趙之中牟叛，趙襄子率師伐之，圍未合而城自壞者十堵，襄子擊金而退士。軍吏曰：「君誅中牟之罪，而城自壞，是天助也，君曷爲去之？」襄子曰：「吾聞之於叔向曰：『君子不乘人於利，不迫人於險。』使之城而後攻。」中牟聞其義，乃請降。詩曰：「王猶允塞，徐方既來。」此之謂也。襄子遂滅知氏，并代爲天下彊，本由伐中牟也。

楚莊王伐鄭，克之。鄭伯肉袒，左執旄旌，右執鸞刀，以迎莊王。曰：

「寡人無良邊陲之臣，以干天之禍。是以使君王昧焉，辱到弊邑，君如憐此喪人，錫之不毛之地，唯君王之命。」莊王曰：「君之不令臣，交易爲言，是以使寡人得見君之玉面也，而微至乎此！」莊王親自手旌，左右麾軍，還舍七里。將軍子重進諫曰：「夫南郢之與鄭相去數千里，諸大夫死者數人，斯役死者數百人，今剋而不有，無乃失民力乎？」莊王曰：「吾聞之，古者盂不穿，皮不蠹，不出四方，以是見君子重禮而賤利也，要其人不要其土，人告從而不赦，不祥也，吾以不祥立乎天下，菑之及吾身，何日之有矣。」既而晉人之救鄭者至，請戰，莊王許之，將軍子重進諫曰：「晉，強國也，道近力新，楚師疲勞，君請勿許。」莊王曰：「不可。強者我避之，弱者我威之，是寡人無以立乎天下也。」遂還師以逆晉寇，莊王援枹而鼓之，晉師大敗，晉人來渡河而南，及敗，犇走欲度而北，卒爭舟，而以刃擊引，舟中之指可掬也，莊王曰：「嘻，吾兩君之不相能也，百姓何罪。」乃退師，以軼晉寇。詩曰：「柔亦不茹，剛亦不吐。不侮鰥寡，不畏強禦。」莊王之謂也。

晉人伐楚，三舍不止。大夫曰：「請擊之。」莊王曰：「先君之時，晉不伐楚，及孤之身，而晉伐楚，是寡人之過也。如何其辱諸大夫也？」大夫曰：「先君之時，晉不伐楚，及臣之身，而晉伐楚，是臣之罪也。請擊之。」莊王俛泣

而起，拜諸大夫。晉人聞之曰：「君臣爭以過爲在已，且君下其臣猶如此，所謂上下一心，三軍同力，未可攻也。」乃夜還師。孔子聞之曰：「楚莊王霸其有方矣。下士以一言而敵還，以安社稷，其霸不亦宜乎？」詩曰：「柔遠能邇，以定我王。」此之謂也。

晉文公將伐鄴，趙衰言所以勝鄴，文公用之而勝鄴，將賞趙衰。趙衰曰：「君將賞其末乎？賞其本乎？賞其末則騎乘者存，賞其本則臣聞之郄虎。」公召郄虎曰：「衰言所以勝鄴，遂勝，將賞之。曰：『蓋聞之子，子當賞。』」郤虎對曰：「言之易，行之難，臣言之者也。」公曰：「子無辭。」郄虎不敢固辭，乃受賞。

梁大夫有宋就者，嘗爲邊縣令，與楚鄰界。梁之邊亭，與楚之邊亭，皆種瓜，各有數。梁之邊亭人，劬力數灌其瓜，瓜美。楚人窳而稀灌其瓜，瓜惡。楚令因以梁瓜之美，怒其亭瓜之惡也。楚亭人心惡梁亭之賢已，因往夜竊搔梁亭之瓜，皆有死焦者矣。梁亭覺之，因請其尉，亦欲竊往報搔楚亭之瓜，尉以請宋就。就曰：「惡，是何可，怨禍之道也，人惡亦惡，何褊之甚也。若我教子，必每暮令人往，竊爲楚亭夜善灌其瓜，勿令知也。」於是梁亭乃每

暮夜竊灌楚亭之瓜，楚亭旦而行瓜，則又皆以灌矣，瓜日以美，楚亭怪而察之，則乃梁亭也。楚令聞之，大悅，因具以聞楚王，楚王聞之，惄然愧，以意自閔也，告吏曰：「徵搔瓜者，得無有他罪乎？此梁之陰讓也。」乃謝以重幣，而請交於梁王，楚王時稱則祝，梁王以爲信，故梁楚之歡，由宋就始。語曰：「轉敗而爲功，因禍而爲福。」老子曰：「報怨以德。」此之謂也。夫人既不善，胡足効哉！

梁嘗有疑獄，群臣半以爲當罪，半以爲無罪，雖梁王亦疑。梁王曰：「陶之朱公，以布衣富侔國，是必有奇智。」乃召朱公而問曰：「梁有疑獄，獄吏半以爲當罪，半以爲不當罪，雖寡人亦疑，吾子決是奈何？」朱公曰：「臣，鄙民也，不知當獄，雖然，臣之家有二白璧，其色相如也，其徑相如也，其澤相如也。然其價，一者千金，一者五百金。」王曰：「徑與色澤相如也，一者千金、一者五百金，何也？」朱公曰：「側而視之，一者厚倍，是以千金。」梁王曰：「善。」故獄疑則從去，賞疑則從與，梁國大悅。由此觀之，墻薄則亟壞，繒薄則亟裂，器薄則亟毁，酒薄則亟酸。夫薄而可以曠日持久者，殆未有也。故有國畜民施政教者，宜厚之而可耳。

楚惠王食寒葅而得蛭，因遂吞之，腹有疾而不能食。令尹入問曰：「王安得此疾也？」王曰：「我食寒葅而得蛭，念譴之而不行其罪乎，是法廢而威不立也，非所以使國聞也；譴而行其誅乎，則庖宰食監法皆當死，心又不忍也。故吾恐蛭之見也，因遂吞之？」令尹避席再拜而賀曰：「臣聞天道無親，惟德是輔。君有仁德，天之所奉也，病不爲傷。」是夕也，惠王之後蛭出，故其从病心腹之疾皆愈，天之視聽，不可不察也。

鄭人游于鄉校，以議執政之善否。然明謂子產曰：「何不毁鄉校？」子產曰：「胡爲？夫人朝夕游焉，以議執政之善否。其所善者，吾將行之；其所惡者，吾將改之。是吾師也，如之何毁之？吾聞爲國忠信以損怨，不聞作威以防怨。譬之若防川也，大決，所犯傷人必多，吾不能救也，不如小決之使導，吾聞而藥之也。」然明曰：「蔑也，乃今知吾子之信可事也。小人實不材，若果行此，其鄭國實賴之，豈惟二三臣。」仲尼聞是語也，曰：「以是觀之人，謂子產不仁，吾不信也。」

桓公與管仲、鮑叔、甯戚飲酒。桓公謂鮑叔：「姑爲寡人祝乎？」鮑叔奉酒而起曰：「祝吾君無忘其出而在莒也，使管仲無忘其束縛而從魯也，使甯

子無忘其飯牛於車下也。」桓公辟席再拜曰：「寡人與二大夫皆無忘夫子之言，齊之社稷，必不廢矣。」此言常思困隘之時，必不驕矣。

桓公田，至於麥丘，見麥丘邑人，問之：「子何爲者也？」對曰：「麥丘邑人也。」公曰：「年幾何？」對曰：「八十有三矣。」公曰：「美哉壽乎！子其以子壽祝寡人。」麥丘邑人曰：「祝主君，使主君甚壽，金王是賤，人爲寶。」桓公曰：「善哉！至德不孤，善言必再，吾子其復之。」麥丘邑人曰：「祝主君，使主君無羞學，無惡下問，賢者在傍，諫者得人。」桓公曰：「善哉！至德不孤，善言必三，吾子一復之。」麥丘邑人曰：「祝主君，使主君無得罪於群臣百姓。」桓公怫然作色曰：「吾聞之，子得罪於父，臣得罪於君，未嘗聞君得罪於臣者也，此一言者，非夫二言者之匹也，子更之。」麥丘邑人坐拜而起曰：「此一言者，夫二言之長也，子得罪於父，可以因姑姊叔父而解之，父能赦之。臣得罪於君，可以因便辟左右而謝之，君能赦之。昔桀得罪於湯，紂得罪於武王，此則君之得罪於其臣者也。莫爲謝，至今不赦。」公曰：「善，賴國家之福，社稷之靈，使寡人得吾子於此。」扶而載之，自御以歸，禮之於朝，封之以麥丘，而斷政焉。

哀公問孔子曰：「寡人生乎深宮之中，長於婦人之手，寡人未嘗知哀也，未嘗知憂也，未嘗知勞也，未嘗知懼也，未嘗知危也。」孔子辟席曰：「吾君之問，乃聖君之問也，丘，小人也，何足以言之？」哀公曰：「否。吾子就席，微吾子，無所聞之矣。」孔子就席曰：「君入廟門，升自阼階，仰見榱棟，俯見几筵，其器存，其人亡，君以此思哀，則哀將安不至矣？君昧爽而櫛冠，平旦而聽朝，一物不應，亂之端也，君以此思憂，則憂將安不至矣？君平旦而聽朝，日昃而退，諸侯之子孫，必有在君之門廷者，君以此思勞，則勞將安不至矣？君出魯之四門，以望魯之四郊，亡國之墟列，必有數矣，君以此思懼，則懼將安不至矣？丘聞之，君者，舟也，庶人者，水也。水則載舟，水則覆舟，君以此思危，則危將安不至矣。夫執國之柄，履民之上，懔乎如腐以索御犇馬。易曰：『履虎尾。』詩曰：『如履薄冰。』不亦危乎？」哀公再拜曰：「寡人雖不敏，請事斯語矣。」

昔者，齊桓公出遊於野，見亡國故城郭氏之墟。問於野人曰：「是爲何墟？」野人曰：「是爲郭氏之墟。」桓公曰：「郭氏者曷爲墟？」野人曰：「郭氏者善善而惡惡。」桓公曰：「善善而惡惡，人之善行也，其所以爲墟者，何

也？」野人曰：「善善而不能行，惡惡而不能去，是以爲墟也。」桓公歸，以語管仲，曰：「其人爲誰？」桓公曰：「不知也。」管仲曰：「君亦一郭氏也。」於是桓公招野人而賞焉。

晉文公田於虢，遇一老夫而問曰：「虢之爲虢久矣，子處此故矣，虢亡其有說乎？」對曰：「虢君斷則不能，諫則無與也。不能斷又不能用人，此虢之所以亡。」文公以輟田而歸，遇趙衰而告之。趙衰曰：「今其人安在？」君曰：「吾不與之來也。」趙衰曰：「古之君子，聽其言而用其人，今之君子，聽其言而棄其身，哀哉！晉國之憂也。」文公乃召賞之，於是晉國樂納善言，文公卒以霸。

晉平公過九原而歎曰：「嗟呼！此地之蘊吾良臣多矣，若使死者起也，吾將誰與歸乎？」叔向對曰：「其趙武乎？」平公曰：「子黨於子之師也。」對曰：「臣敢言趙武之爲人也，立若不勝衣，言若不出於口，然其身舉士於白屋下者四十六人，皆得其意，而公家甚賴之。及文子之死也，四十六人皆就賓位，是其無私德也。臣故以爲賢也。」平公曰：「善。」夫趙武賢臣也，相晉，天下無兵革者九年。春秋曰：「晉趙武之力盡得人也。」

葉公諸梁問樂王鮒曰：「晉大夫趙文子爲人何若？」對曰：「好學而受規諫。」葉公曰：「疑未盡之矣。」對曰：「好學，智也；受規諫，仁也。江出汶山，其源若甕口，至楚國，其廣十里，無他故，其下流多也。人而好學受規諫，宜哉其立也。」詩曰：「其維哲人，告之話言，順德之行。」此之謂也。

鍾子期夜聞擊磬聲者而悲，旦召問之曰：「何哉！子之擊磬若此之悲也？」對曰：「臣之父殺人而不得，臣之毋得而爲公家隷，臣得而爲公家擊磬。臣不睹臣之毋三年於此矣，昨日爲舍市而睹之，意欲贖之，無財，身又公家之有也，是以悲也。」鍾子期曰：「悲在心也，非在手也，非木非石也，悲於心而木石應之，以至誠故也。」人君苟能至誠動於内，萬民必應而感移，堯舜之誠，感於萬國，動於天地，故荒外從風，鳳麟翔舞，下及微物，咸得其所。易曰：「中孚豚魚吉。」此之謂也。

勇士一呼，三軍皆辟，士之誠也。昔者，楚熊渠子夜行，見寢石以爲伏虎，關弓射之，滅矢飲羽，下視，知石也。却復射之，矢摧無迹。熊渠子見其誠心而金石爲之關，况人心乎？唱而不和，動而不隨，中必有不全者矣。夫不降席而匡天下者，求之己也。孔子曰：「其身正，不令而行；其身不正，

雖令不從。」先王之所以拱揖指揮，而四海賓者，誠德之至，已形於外。故詩曰：「王猶允塞，徐方既來。」此之謂也。

齊有彗星，齊侯使祝禳之。晏子曰：「無益也，祇取誣焉。天道不諂，不貳其命，若之何禳之也？且天之有彗，以除穢也，君無穢德，又何禳焉？若德之穢也，禳之何損？詩云：『惟此文王，小心翼翼，昭事上帝，聿懷多福，厥德不回，以受方國。』君無違德，方國將至，何患於彗？詩曰：『我無所監，夏后及商，用亂之故，民卒流亡。』若德之回亂，民將流亡。祝史之無能補也。」公說，乃止。

宋景公時，熒惑在心，懼，召子韋而問曰：「熒惑在心，何也？」子韋曰：「熒惑，天罰也；心，宋分野也，禍當君身。雖然，可移於宰相。」公曰：「宰相，所使治國也，而移死焉，不祥，寡人請自當也。」子韋曰：「可移於民！」公曰：「民死，將誰君乎？寧獨死耳。」子韋曰：「可移於歲。」公曰：「歲饑，民餓必死，爲人君欲殺其民以自活，其誰以我爲君乎？是寡人之命固盡矣。子無復言矣。」子韋還走，北面再拜曰：「臣敢賀君，天之處高而聽卑，君有仁人之言三，天必三賞君，今夕星必徙舍，君延壽二十一歲。」公曰：「子何

以知之？」對曰：「君有三善，故三賞，星必三舍，舍行七星，星當一年，三七二十一，故曰延壽二十一年，臣請伏於陛下以司之，星不徙，臣請死之。」公曰：「可。」是夕也，星三徙舍，如子韋言。老子曰：「能受國之不祥，是謂天下之王也。」

宋康王時，有爵生鸇於城之陬，使史占之，曰：「小而生巨，必霸天下。」康王大喜，於是滅滕伐薛，取淮北之地，乃愈自信，欲霸之亟成，故射天笞地，斬社稷而焚之，曰：「威嚴伏天地鬼神。」罵國老之諫者，爲無頭之棺以示有勇，剖傴者之背，鍥朝涉之脛，而國人大駭。齊聞而伐之，民散，城不守，王乃逃兒侯之館，遂得病而死，故見祥而爲不可，祥反爲禍。臣向愚以《鴻範傳》推之，宋史之占非也，此黑祥，傳所謂黑眚者也，猶魯之有鸜鵒爲黑祥也。屬於不謀，其咎急也。鸇者，黑色，食爵，大於爵，害爵也，攫擊之物，貪叨之類，爵而生鸇者，是宋君且行急暴擊伐貪叨之行，距諫以生大禍，以自害也。故爵生鸇於城陬者，以亡國也，明禍且害國也。康王不悟，遂以滅亡，此其効也。

劉向新序卷第四

劉向新序卷第五

雜事第五

魯哀公問子夏曰：「必學而後可以安國保民乎？」子夏曰：「不學而能安國保民者，未嘗聞也。」哀公曰：「然則五帝有師乎？」子夏曰：「有。臣聞黄帝學乎大眞，顓頊學乎緑圖，帝嚳學乎赤松子，堯學乎尹壽，舜學乎務成跗，禹學乎西王國，湯學乎威子伯，文王學乎鉸時子斯，武王學乎郭叔，周公學乎太公，仲尼學乎老聃。此十一聖人，未遭此師，則功業不著乎天下，名號不傳乎千世。」詩曰：「不愆不忘，率由舊章。」此之謂也。夫不學不明古道，而能安國家者，未之有也。

吕子曰：「神農學悉老，黄帝學大眞，顓頊學伯夷父，帝嚳學伯招，帝堯學州文父，帝舜學許由，禹學大成執，湯學小臣，文王、武王學太公望、周公旦，齊桓公學管夷吾、隰朋，晉文公學咎犯隨會，秦穆公學百里奚公孫支，楚莊王學孫叔敖、沈尹竺，吴王闔閭學伍子胥、文之儀，越王勾踐學范蠡、大夫種，此皆聖王之所學也。且夫天生人而使其耳可以聞，不學，其聞則不若聾；使其目可以見，不學，其見則不若盲；使其口可以言，不學，其言則不

若喑；使其心可以智，不學其智則不若狂。故凡學非能益之也，能全天之所生而勿敗之，可謂善學者矣。」

湯見祝網者置四面，其祝曰：「從天墜者，從地出者，從四方來者，皆離吾網。」湯曰：「嘻！盡之矣，非桀孰爲此？」湯乃解其三面，置其一面，更教之祝曰：「昔蛛蝥作網，今之人循序，欲左者左，欲右者右，欲高者高，欲下者下，吾取其犯命者。」漢南之國聞之曰：「湯之德及禽獸矣。」四十國歸之。人置四面，未必得鳥，湯去三面，置其一面，以網四十國，非徒網鳥也。

周文王作靈臺及爲池沼，掘地得死人之骨，吏以聞於文王。文王曰：「更葬之。」吏曰：「此無主矣。」文王曰：「有天下者，天下之主也；有一國者，一國之主也。寡人固其主，又安求主？」遂令吏以衣棺更葬之。天下聞之，皆曰：「文王賢矣，澤及朽骨，又况於人乎？」或得寶以危國，文王得朽骨，以喻其意，而天下歸心焉。

管仲傅齊公子糾，鮑叔傅公子小白，齊公孫無知殺襄公，公子糾奔魯，小白奔莒。齊人誅無知，迎公子糾於魯，公子糾與小白争入，管仲射小白，中其帶鉤，小白佯死，遂先入，是爲齊桓公。公子糾死，管仲奔魯，桓公立國

定，使人迎管仲於魯，遂立以爲仲父，委國而聽之，九合諸侯，一庄天下，爲五伯長。里鳧須，晉公子重耳之守府者也。公子重耳出亡於晉，里鳧須竊其寶貨而逃。公子重耳反國，立爲君，里鳧須造門願見，文公方沐，其謁者復，文公握髮而應之曰：「吾鳧須邪？」曰：「然。」謂鳧須曰：「若猶有以面目而復見我乎？」謁者謂里鳧須。鳧須對曰：「臣聞之，沐者其心覆，心覆者言悖，君意沐邪？何悖也？」謁者復，文公見之曰：「若竊我貨寶而逃，我謂汝猶有面目而見我邪？汝曰君何悖也，是何也？」鳧須曰：「然。君反國，國之半不自安也，君寧弃國之半乎？其寧有全晉乎？」文公曰：「何謂也？」鳧須曰：「得罪於君者，莫大於鳧須矣，君謂赦鳧須，顯出以爲右，如鳧須之罪重也，君猶赦之，況有輕於鳧須者乎？」文公曰：「聞命矣。」遂赦之，明日出行國，使爲右，翕然晉國皆安。語曰：「桓公任其賊，而文公用其盜。」故曰：「明主任計不任怒，闇主任怒不任計。計勝怒者興，怒勝計者亡。」此之謂也。

甯戚欲干齊桓公，窮困無以自進，於是爲商旅，賃車以進齊，暮宿於郭門之外。桓公郊迎客，夜開門，辟賃車者，執火甚盛，從者甚衆，甯戚飰牛於車下，望桓公而悲，擊牛角，疾商歌。桓公聞之，撫其僕之手曰：「異哉！

此歌者非常人也。」命後車載之。桓公反至，從者以請。桓公曰：「賜之衣冠，將見之。」甯戚見，説桓公以合境内。明日復見，説桓公以爲天下，桓公大説，將任之。群臣争之曰：「客衛人，去齊五百里，不遠，不若使人問之，固賢人也，任之未晚也。」桓公曰：「不然，問之，恐其有小惡，以其小惡，忘人之大美，此人主所以失天下之士也。且人固難全，權用其長者。」遂舉大用之，而授之以爲卿。當此舉也，桓公得之矣，所以霸也。

齊桓公見小臣稷，一日三至，不得見也，從者曰：「萬乘之主，布衣之士，一日三至不得見，亦可以止矣。」桓公曰：「不然，士之傲爵禄者，固輕其主；其主傲霸王者，亦輕其士，縱夫子傲爵禄，吾庸敢傲霸王乎？」五往而後得見，天下聞之，皆曰：「桓公猶下布衣之士，而况國君乎？」於是相率而朝，靡有不至。桓公所以九合諸侯，一匡天下者，遇士於是也。詩云：「有覺德行，四國順之。」桓公其恤之矣。

魏文侯過段干木之閭而軾，其僕曰：「君何爲軾？」曰：「此非段干木之閭乎？段干木盖賢者也，吾安敢不軾？且吾聞段干木未嘗肯以己易寡人也，吾安敢高之？段干木光乎德，寡人光乎地；段干木富乎義，寡人富乎財。地不如

德，財不如義。寡人當事之者也。」遂致禄百萬，而時往問之，國人皆喜，相與誦之曰：「吾君好正，段干木之敬；吾君好忠，段干木之隆。」居無幾何，秦興兵欲攻魏，司馬唐且諫秦君曰：「段干木，賢者也，而魏禮之，天下莫不聞，無乃不可加兵乎？」秦君以爲然，乃案兵而輟，不攻魏。文侯可謂善用兵矣。夫君子善用兵也，不見其形，而攻已成，其此之謂也。野人之用兵，鼓聲則似雷，號呼則動地，塵氣充天，流矢如雨。扶傷轝死，履腸涉血，無罪之民，其死者已量於澤矣，而國之存亡，主之死生，猶未可知也，其離仁義亦遠矣。

秦昭王問孫卿曰：「儒無益於人之國。」孫卿曰：「儒者法先王，隆禮義，謹乎臣子，而能致貴其上者也。人主用之，則進在本朝；置而不用，則退編百姓而敵，必爲順下矣。雖窮困凍餒，必不以邪道爲食，無置錐之地，而明於持社稷之大計，叫呼而莫之能應，然而通乎裁萬物，養百姓之經紀。勢在人上，則王公之才也；在人下，則社稷之臣，國君之寶也。雖隱於窮閭漏屋，人莫不貴之，道誠存也。仲尼爲魯司寇，沈猶氏不敢朝飲其羊，公慎氏出其妻，慎潰氏踰境而走，魯之鬻牛馬不豫賈，布正以待之也。居於闕黨，闕黨之子弟罔罟分，有親者取多，孝悌以化之也。儒者在本朝則美政，在下

位則美俗，儒之爲人下如是矣。」王曰：「然則其爲人上何如？」孫卿對曰：「其爲人也廣大矣。志意定乎內，禮節修乎朝，法則度量正乎官，忠信愛利形乎下，行一不義，殺一無罪而得天下，不爲也。若義信乎人矣，通於四海，則天下之外，應之而懷之，是何也？則貴名白而天下治也。故近者謳謳而樂之，遠者竭走而趨之，四海之內若一家，通達之屬，莫不從服，夫是之謂人師。詩曰：『自西自東，自南自北，無思不服。』此之謂也。夫其爲人下也如彼，爲人上也如此，何爲其無益人之國乎？」昭王曰：「善。」

田贊衣儒衣而見荊王，荊王曰：「先生之衣，何其惡也？」贊對曰：「衣又有惡此者。」荊王曰：「可得而聞邪？」對曰：「甲惡於此。」王曰：「何謂也？」對曰：「冬日則寒，夏日則熱，衣無惡於甲者矣。贊貧，故衣惡也。今大王，萬乘之主也，富厚無敵，而好衣人以甲，臣竊爲大王不取也。意者爲其義耶？甲兵之事，析人之首，刳人之腹，墮人城郭，係人子女，其名尤甚不榮。意者爲其貴邪？苟慮害人，人亦必慮害之；苟慮危人，人亦必慮危之，其貴人甚不安，之二者爲大王無取焉。」荊王無以應也。昔衛靈公問陣，孔子言俎豆，賤兵而貴禮也。夫儒服，先王之服也，而荊王惡之。兵者，國之凶器也，而荊王喜之，所以屈於田贊，而危其國也。故《春秋》曰：「善爲國

者不師。」比之謂也。

哀公問於孔子曰：「寡人聞之，東益宅不祥，信有之乎？」孔子曰：「不祥有五，而東益不與焉。夫損人而益已，身之不祥也；弃老取幼，家之不祥也；釋賢用不肖，國之不祥也；老者不教，幼者不學，俗之不祥也；聖人伏匿，天下之不祥也。故不祥有五，而東益不與焉。詩曰：『各敬爾儀，天命不又。』未聞東益之與爲命也。」

顔淵侍魯定公于臺，東野畢御馬于臺下。定公曰：「善哉！東野畢之御。」顔淵曰：「善則善矣，雖然，其馬將失。」定公不悦，以告左右曰：「吾聞之，君子不譏人，君子亦譏人乎？」顔淵不悦，歷階而去。須臾馬敗聞矣，定公蹴席而起曰：「趨駕請顔淵。」顔淵至，定公曰：「向寡人曰：『善哉，東野畢御也。』吾子曰：『善則善矣，雖然，其馬將失矣。』不識君子何以知之也？」顔淵曰：「臣以政知之。昔者，舜工於使人，造父工於使馬。舜不窮其民，造父不盡其馬，是以舜無失民，造父無失馬。今東野畢之御也，上車執轡，御體正矣，周旋步驟；朝禮畢矣，歷險致遠，而馬力殫矣，然求不已，是以知其失矣。」定公曰：「善，可少進與？」顔淵曰：「獸窮則觸，鳥窮則啄，

人窮則詐。自古及今，有窮其下能無危者，未之有也。詩曰：『執轡如組，兩驂如舞。』善御之謂也。」定公曰：「善哉！寡人之過也。」

孔子北之山戎氏，有婦人哭於路者，其哭甚哀，孔子立輿而問曰：「曷爲哭哀至於此也。」婦人對曰：「往年虎食我夫，今虎食我子，是以哀也。」孔子曰：「嘻，若是，則曷爲不去也？」曰：「其政平，其吏不苛，吾以是不能去也。」孔子顧子貢曰：「弟子記之，夫政之不平而吏苛，乃甚於虎狼矣。」詩曰：「降喪飢饉，斬伐四國。」夫政不平也，乃斬伐四國，而況二人乎？其不去宜哉？

魏文侯問李克曰：「吳之所以亡者，何也？」李克對曰：「數戰數勝則民疲。」「數戰數勝，國之福也，其所以亡，何也？」李克曰：「數戰則民疲，數勝則主驕。以驕主治疲民，此其所以亡也。」是故好戰窮兵，未有不亡者也。

趙襄子問於王子維曰：「吳之所以亡者，何也？」對曰：「吳君叒而不忍。」襄子曰：「宜哉！吳之亡也。叒則不能賞賢，不忍則不能罰奸。賢者不賞，有罪不能罰，不亡何待？」

孔子侍坐於季孫，季孫之宰通曰：「君使人假馬，其與之乎？」孔子曰：

「吾聞取於臣謂之取，不曰假。」季孫悟，告宰曰：「自今以來，君有取謂之取，無曰假。」故孔子正假馬之名，而君臣之義定矣。論語曰：「必也正名。」詩曰：「無易由言，無曰苟矣。」可不愼乎？

君子曰：「天子居闉闕之中，帷帳之内，廣厦之下，旃茵之上，不出襜幄，而知天下者，以有賢左右也。」故獨視不如與衆視之明也，獨聽不如與衆聽之聰也。

晉平公問於叔向曰：「國家之患，孰爲大？」對曰：「大臣重禄而不極諫，近臣畏罰而不敢言，下情不上通，此患之大者也。」公曰：「善。」於是令國曰：「欲進善言，謁者不通，罪當死。」

楚人有善相人，所言無遺策，聞於國。莊王見而問於情，對曰：「臣非能相人，能觀人之交也。布衣也，其交皆孝悌，篤謹畏令，如此者其家必日益，身必日安，此所謂吉人也。官，事君者也，其交皆誠信，有好善如此者，事君日益，官職日益，此所謂吉士也。主明臣賢，左右多忠，主有失，皆敢分争正諫，如此者國日安，主日尊，天下日富，此之謂吉主也。臣非能相人，能觀人之交也。」莊王曰：「善。」於是乃招聘四方之士，夙夜不懈，遂得

孫叔敖、將軍子重之屬，以備卿相，遂成霸功。詩曰：「濟濟多士，文王以寧。」此之謂也。

齊閔王亡居衛，晝日步走，謂公玉丹曰：「我已亡矣，而不知其故。吾所以亡者，其何哉？」公玉丹對曰：「臣以王爲已知之矣，王故尚未之知邪？王之所以亡者，以賢也，以天下之主皆不肖，而惡王之賢也，因相與合兵而攻王，此王之所以亡也。」閔王慨然大息曰：「賢固若是之苦邪？」丹又謂閔王曰：「古人有辭，天下無憂色者，臣聞其聲，於王見其實，王名稱東帝，實有天下，去國居衛，容貌充盈，顏色發揚，無重國之意。」王曰：「甚善，丹知寡人。自去國而居衛也，帶三益矣。」遂以自賢，驕盈不止。閔王亡走衛，衛君避宮舍之，稱臣而供具，閔王不遜，衛人侵之，閔王去走鄒、魯，有驕色，鄒、魯不納，遂走莒，楚使淖齒將兵救齊，因相閔王，淖齒擢閔王之筋，而懸之廟梁，宿昔而殺之，而與燕共分齊地。悲夫！閔王臨大齊之國，地方數千里，然而兵敗於諸侯，地奪於燕昭，宗廟喪亡，社稷不祀，宮室空虛，身亡逃竄，甚於徒隸，尚不知所以亡，甚可痛也，猶自以爲賢，豈不哀哉！公玉丹徒隸之中而道之，諂佞甚矣！閔王不覺，追而善之，以辱爲榮，以憂爲樂，其亡晚矣，而卒見殺。

先是靖郭君殘賊其百姓，害傷其群臣，國人將背叛共逐之。其御知之，豫裝齎食，及亂作，靖郭君出亡，至於野而飢，其御出所裝食進之。靖郭君曰：「何以知之而齎食？」對曰：「君之暴虐，其臣下之謀久矣。」靖郭君怒，不食，曰：「以吾賢至聞也，何謂暴虐？」其御懼，曰：「臣言過也，君實賢，唯群臣不肖共害賢。」然後靖郭君悅，然後食。故齊閔王、靖郭君，雖至死亡，終身不諭者也。悲夫！

宋昭公出亡至於鄙，喟然歎曰：「吾知所以亡矣。吾朝臣千人，發政舉事，無不曰吾君聖者；待衛數百人，被服以立，無不曰吾君麗者。內外不聞吾過，是以至此。」由宋君觀之，人主之所以離國家，失社稷者，諂諛者衆也。故宋昭亡而能悟，蓋得反國云。

秦二世胡亥之爲公子也，昆弟數人，詔置酒饗群臣，召諸子，諸子賜食先罷，胡亥下堦視群臣，陳履狀善者，因行踐敗而去。諸子聞見之者，莫不太息。及二世即位，皆知天下必弃之也。故二世惑於趙高，輕大臣，不顧下民。是以陳勝奮臂於關東，閻樂作亂於望夷。閻樂，趙高之婿也，爲咸陽令，詐爲逐賊，將吏卒入望夷宮，攻射二世，就數二世，欲加刃，二世懼，入，將

自殺，有一宦者從之，二世謂：「何謂至於此也？」宦者曰：「知此久矣。」二世曰：「子何不早言？」對曰：「臣以不言，故得至於此，使臣言，死久矣。」然後二世喟然悔之，遂自殺。

齊侯問於晏子曰：「忠臣之事君也何若？」對曰：「有難不死，出亡不送。」君曰：「裂地而與之，疏爵而貴之，君有難不死，出亡不送，可謂忠乎？」對曰：「言而見用，終身無難，臣奚死焉？諫而見從，終身不亡，臣奚送焉？若言不見用，有難而死，是妄死也；諫不見從，出亡而送，是詐爲也。故忠臣也者，能盡善與君，而不能與陷於難。」

宋玉因其友以見於楚襄王，襄王待之無以異。宋玉讓其友。其友曰：「夫薑桂因地而生，不因地而辛；婦人因媒而嫁，不因媒而親。子之事王未耳，何怨於我？」宋玉曰：「不然，昔者齊有良兎曰東郭㕙，盖一旦而走五百里，於是齊有良狗曰韓盧，亦一旦而走五百里，使之遙見而指屬，則雖韓盧不及衆兎之塵，若躡迹而縱緤，則雖東郭㕙亦不能離。今子之屬臣也，躡迹而縱緤與？遥見而指屬與？詩曰：『將安將樂，弃我如遺。』此之謂也。」其友人曰：「僕人有過，僕人有過。」

宋玉事楚襄王而不見察，意氣不得，形於顏色。或謂曰：「先生何談説之不揚，計畫之疑也。」宋玉曰：「不然。子獨不見夫玄蝯乎？當其居桂林之中，峻葉之上，從容游戲，超騰往來，龍興而鳥集，悲嘯長吟，當此之時，雖羿、逢蒙，不得正目而視也。及其在枳棘之中也，恐懼而掉慄，危視而蹟行，衆人皆得意焉。此皮筋非加急而體益短也，處勢不便故也。夫處勢不便，豈可以量功校能哉？《詩》不云乎：『駕彼四牡，四牡項領。』夫久駕而長不得行，項領不亦宜乎？《易》曰：『臀無膚，其行趑趄。』此之謂也。」

田饒事魯哀公而不見察。田饒謂哀公曰：「臣將去君而鴻鵠舉矣。」哀公曰：「何謂也？」田饒曰：「君獨不見夫雞乎？頭戴冠者，文也；足傅距者，武也；敵在前敢鬬者，勇也；見食相呼，仁也；守夜不失時，信也。雞雖有此五者，君猶日瀹而食之，何則？以其所從來近也。夫鴻鵠一舉千里，止君園池，食君魚鼈，啄君菽粟，無此五者，君猶貴之，以其所從來遠也。臣請鴻鵠舉矣。」哀公曰：「止，吾書子之言也。」田饒曰：「臣聞食其食者，不毁其器；蔭其樹者，不析其枝。有士不用，何書其言爲？」遂去之燕，燕立以爲相。三年，燕之政太平，國無盜賊。哀公聞之，慨然太息，爲之避寢三月，抽損上服，曰：「不慎其前，而悔其後，何可復得？」《詩》曰：「逝將去汝，適

彼樂土；適彼樂土，爰得我所？』《春秋》曰：「少長於君，則君輕之。」此之謂也。

子張見魯哀公，七日而哀公不禮，託僕夫而去曰：「臣聞君好士，故不遠千里之外，犯霜露，冒塵垢，百舍重趼，不敢休息以見君，七日而君不禮，君之好士也，有似葉公子高之好龍也，葉公子高好龍，鈎以寫龍，鑿以寫龍，屋室雕文以寫龍，於是夫龍聞而下之，窺頭於牖，拖尾於堂，葉公見之，弃而還走，失其魂魄，五色無主，是葉公非好龍也，好夫似龍而非龍者也。今臣聞君好士，故不遠千里之外以見君，七日不禮，君非好士也，好夫似士而非士者也。詩曰：『中心藏之，何日忘之。』敢託而去。」

昔者楚丘先生行年七十，披裘帶索，往見孟嘗君，欲趨不能進。孟嘗君曰：「先生老矣，春秋高矣，何以教之？」楚丘先生曰：「噫！將我而老乎？噫！將使我追車而赴馬乎？投石而超距乎？逐麋鹿而搏豹虎乎？吾已死矣！何暇老哉！噫！將使我出正辭而當諸侯乎？决嫌疑而定猶豫乎？吾始壯矣，何老之有！」孟嘗君逡巡避席，面有愧色。《詩》曰：「老夫灌灌，小子蹻蹻。」言老夫欲盡其謀，而少者驕而不受也。秦穆公所以敗其師，殷紂所以亡天下

也。故《書》曰：「黃髮之言，則無所愆。」詩曰：「壽胥與試。」美用老人之言以安國也。

齊有閭丘卬，年七八，道遮宣王曰：「家貧親老，願得小仕。」宣王曰：「子年尚稚，未可也。」閭丘卬對曰：「不然，昔有顓頊，行年十二，而治天下，秦項橐七歲爲聖人師，由此觀之，卬不肖耳，年不稚矣。」宣王曰：「未有咫角驂駒而能服重致遠者也，由此觀之，夫士亦華髮墮顛而後可用耳。」閭丘卬曰：「不然。夫尺有所短，寸有所長，驊騮騄驥，天下之俊馬也，使之與狸鼬試於釜竈之間，其疾未必能過狸鼬也；黃鵠白鶴，一擧千里，使之與燕服翼，試之堂廡之下，廬室之間，其便未必能過燕服翼也。辟閭巨闕，天下之利器也，擊石不缺，刺石不銼，使之與管槖決目出眯，其便未必能過管槖也，由此觀之，華髮墮顛與卬，何以異哉？」宣王曰：「善。子有善言，何見寡人之晚也？」卬對曰：「夫雞豚讙嗷，即奪鐘鼓之音；雲霞充咽，則奪日月之明，讒人在側，是見晚也。《詩》曰：『聽言則對，譖言則退。』庸得進乎？」宣王拊軾曰：「寡人有過。」遂載與之俱歸而用焉。故孔子曰：「後生可畏，安知來者之不如今？」此之謂也。

荆人卞和得玉璞，而獻之荆厲王，使玉尹相之，曰：「石也。」王以和爲謾，而斷其左足。厲王薨，武王即位，和復奉玉璞而獻之武王。武王使玉尹相之，曰：「石也。」又以爲謾，而斷其右足。武王薨，共王即位，和乃奉玉璞而哭於荆山中，三日三夜，泣盡，而繼之以血，共王聞之，使人問之曰：「天下刑之者衆矣，子獨何哭之悲也？」對曰：「寶玉而名之曰石，貞士而戮之以謾，此臣之所以悲也。」共王曰：「惜矣，吾先王之聽，難剖石而易斬人之足！夫死者不可生，斷者不可屬，何聽之殊也？」乃使人理其璞而得寶焉。故名之曰和氏之璧。故曰珠玉者，人主之所貴也，和雖獻寶而美，未爲玉尹用也。進寶且若彼之難也，況進賢人乎？賢人與姦臣，猶仇讎也，於庸君意不合。夫欲使姦臣進其讎於不合意之君，其難萬倍於和氏之璧，又無斷兩足之臣以推，其難猶拔山也，千歲一合，若繼踵，然後□王之君興焉。其賢而不用，不可勝載，故有道□之不戮也，宜白玉之璞未獻耳。

劉向新序卷第五

劉向新序卷第六

刺奢第六

桀作瑶臺，罷民力，殫民財，爲酒池糟隄，縱靡靡之樂，一鼓而牛飲者三千人，群臣相持歌曰：「江水沛沛兮，舟楫敗兮，我王廢兮，趣歸薄兮，薄亦大兮。」又曰：「樂兮樂兮，四牡蹻兮，六轡沃兮，去不善而從善，何不樂兮？」伊尹知天命之至，舉觴而告桀曰：「君王不聽臣之言，亡無日矣。」桀拍然而作，啞然而笑曰：「子何妖言，吾有天下，如天之有日也，日有亡乎？日亡吾亦亡矣。」於是接履而趣，遂適湯，湯立爲相。故伊尹去官入殷，殷王而夏亡。

紂爲鹿臺，七年而成，其大三里，高千尺，臨望雲雨。作炮烙之刑，戮無辜，奪民力。寃暴施於百姓，慘毒加於大臣，天下叛之，願臣文王。及周師至，令不行於左右。悲夫！當是時，求爲匹夫不可得也，紂自取之也。

魏王將起中天臺，令曰：「敢諫者死。」許綰負操鍤入曰：「聞大王將起中天臺，臣願加一力。」王曰：「子何力有加？」綰曰：「雖無力，能商臺。」王曰：「若何？」曰：「臣聞天與地相去萬五千里，今王因而半之，當起七千五百

里之臺，高既如是，其趾須方八千里，盡王之地，不足以爲臺趾。古者堯舜建諸侯，地方五千里，王必起此臺，先以兵伐諸侯，盡有其地猶不足，又伐四夷，得方八千里乃足以爲臺趾，林木之積，人徒之衆，倉廩之儲，數以萬億。度八千里之外，當定農畝之地，足以奉給王之臺者，臺具以備，乃可以作。」魏王默然無以應，乃罷起臺。

衛靈公以天寒鑿池，宛春諫曰：「天寒起役，恐傷民。」公曰：「天寒乎？」宛春曰：「君衣狐裘，坐熊席，陬隅有竈，是以不寒，今民衣弊不補，履決不苴。君則不寒，民誠寒矣。」公曰：「善。」令罷役。左右諫曰：「君鑿池不知天寒，以宛春知而罷役，是德歸宛春，怨歸於君。」公曰：「不然。宛春，魯國之匹夫，吾舉之，民未有見焉，今將令民以此見之。且春也有善，寡人有春之善，非寡人之善與？」靈公論宛春，可謂知君之道矣。

齊宣王爲大室，大盖百畝，堂上三百戶，以齊國之大，具之三年而未能成，群臣莫敢諫者。香居問宣王曰：「荆王釋先王之禮樂而爲淫樂，敢問荆邦爲有主乎？」王曰：「爲無主。」「敢問荆邦爲有臣乎？」王曰：「爲無臣。」居曰：「今王爲大室，三年不能成，而群臣莫敢諫者，敢問王爲有臣乎？」王

曰：「爲無臣。」香居曰：「臣請避矣。」趨而出。王曰：「香子留，何諫寡人之晚也？」遽召尚書曰：「書之，寡人不肖，好爲大室，香子止寡人也。」

趙襄子飲酒，五日五夜不廢酒，謂侍者曰：「我誠邦士也。夫飲酒五日五夜矣，而殊不病。」優莫曰：「君勉之，不及紂二日耳。紂七日七夜，今君五日。」襄子懼，謂優莫曰：「然則吾亡乎？」優莫曰：「不亡。」襄子曰：「不及紂二日耳，不亡何待？」優莫曰：「桀紂之亡也遇湯武，今天下盡桀也，而君紂也，桀紂並世，焉能相亡，然亦殆矣。」

齊景公飲酒而樂，釋衣冠，自鼓缶，謂侍者曰：「仁人亦樂是夫？」梁丘子曰：「仁人耳目亦猶人也？奚爲獨不樂此也。」公曰：「速駕迎晏子。」晏子朝服以至。公曰：「寡人甚樂此樂也，願與夫子共之，請去禮。」晏子對曰：「君之言過矣，齊國五尺之童子，力盡勝嬰，而又勝君，所以不敢亂者，畏禮也。上若無禮，無以使其下；下若無禮，無以事其上。夫麋鹿唯無禮，故父子同麀。人之所以貴於禽獸者，以有禮也，詩曰：『人而無禮，胡不遄死？』故禮不可去也。」公曰：「寡人無良，左右淫湎寡人，以至於此，請殺之。」晏子曰：「左右何罪？君若好禮，左右有禮者至，無禮者去。君若惡禮，亦將如

之。」公曰：「善。請革衣冠，更受命。」乃廢酒而更尊，朝服而坐，觴三行，晏子趨出。

魏文侯見箕季，其墻壞而不築，文侯曰：「何爲不築？」對曰：「不時。」其墻枉而不端，問曰：「何不端？」曰：「固然。」從者食其園之桃，箕季禁之。少焉日晏，進糲餮之食，瓜瓠之羹。文侯出，其僕曰：「君亦無得於箕季矣。曩者進食，臣竊窺之，糲餮之食，瓜瓠之羹。」文侯曰：「吾何無得於季也？吾□見季而得四焉。其墻壞不築，云待時者，教我無奪農時也。墻枉而不端，對曰固然者，是教我無侵封疆也。從者食園桃，箕季禁之，豈愛桃哉！是教我下無侵上也。食我以糲餮者，季豈不能具五味哉！教我無多斂於百姓，以省飲食之養也。」

士尹池爲荆使於宋，司城子罕止而觴之。南家之墻，擁於前而不直；西家之潦，經其宮而不止。士尹池問其故，司城子罕曰：「南家，工人也，爲鞔者也，吾將徙之，其父曰：『吾恃爲鞔，已食三世矣，今徙，是宋邦之求鞔者，不知吾處也，吾將不食，願相國之憂吾不食也。』爲是故吾不徙。西家高，吾宮卑，潦之經吾宮也利，爲是故不禁也。」士尹池歸荆，適興兵欲攻

宋，士尹池諫於王曰：「宋不可攻也，其主賢，其相仁。賢者得民，仁者能用人，攻之無功，爲天下笑。」楚釋宋而攻鄭。孔子聞之曰：「夫修之於廟堂之上，而折衝於千里之外者，司城子罕之謂也」。

魯孟獻子聘於晉，宣子觴之。三徙，鍾石之懸，不移而具。獻子曰：「富哉家！」宣子曰：「子之家孰與我家富？」獻子曰：「吾家甚貧，惟有二士，曰顔回、茲無靈者，使吾邦家安平，百姓和協，惟此二者耳！吾盡於此矣。」客出，宣子曰：「彼君子也，以養賢爲富。我鄙人也，以鐘石金玉爲富。」孔子曰：「孟獻子之富，可著於《春秋》。」

鄒穆公有令，食鳧鴈必以粃，無得以粟，於是倉無粃，而求易於民，二石粟而得一石粃，吏以爲費，請以粟食之。穆公曰：「去，非汝所知也！夫百姓飽牛而耕，暴背而耘，勤而不惰者，豈爲鳥獸哉？粟米，人之上食，奈何其以養鳥？且爾知小計，不知大會。周諺曰：『囊漏貯中。』而獨不聞歟？夫君者，民之父母，取倉之粟，移之於民，此非吾之粟乎？鳥苟食鄒之粃，不害鄒之粟也，粟之在倉與在民，於我何擇？」鄒民聞之，皆知私積與公家爲一體也，此之謂知富邦。

劉向新序卷第七

節士第七

堯治天下，伯成子高爲諸侯焉。堯授舜，舜授禹，伯成子高辭爲諸侯而耕，禹往見之，則耕在野，禹趨就下位而問焉，曰：「昔者堯治天下，吾子立爲諸侯焉，堯授舜，吾子猶存焉。及吾在位，子辭諸侯而耕，何故？」伯成子高曰：「昔堯之治天下，舉天下而傳之他人，至無欲也，擇賢而與之其位，至公也。以至無欲至公之行示天下，故不賞而民勸，不罰而民畏，舜亦猶然。今君賞罰而民欲且多私，是君之所懷者私也，百姓知之，貪爭之端，自此始矣。德至此衰，刑自此繁矣，吾不忍見，以是處野也。今君又何求而見我？君行矣，無留吾事。」耕而不顧。書曰：「旁施象刑維明，及禹不能。」《春秋》曰：「五帝不告誓。」信厚也。

桀爲酒池，足以運舟，糟丘，足以望七里，一鼓而牛飲者三千人。關龍逄進諫曰：「爲人君，身行禮義，愛民節財，故國安而身壽也。今君用財若無盡，用人若恐不能死，不革，天禍必降，而誅必至矣，君其革之。」立而不去朝，桀因囚拘之，君子聞之曰：「末之命矣夫。」

紂作炮烙之刑，王子比干曰：「主暴不諫，非忠臣也；畏死不言，非勇士也。見過則諫，不用則死，忠之至也。」遂進諫，三日不去朝，紂因而殺之。《詩》曰：「昊天太憮，予慎無辜。」無辜而死，不亦哀哉！

曹公子喜時，字子臧，曹宣公子也。宣公與諸侯伐秦，卒於師，曹人使子臧迎喪，使公子負芻與太子留守，負芻殺太子而自立。子臧見負芻之當立也，宣公既葬，子臧將亡，國人皆從之。負芻立，是爲曹成公，成公懼，告罪，且請子臧，子臧乃反，成公遂爲君。其後晉侯會諸侯，執曹成公，歸之京師，將見子臧於周天子而立之。子臧曰：「前記有之，聖達節，次守節，下失節，爲君非吾節也，雖不能聖，敢失守乎？」遂亡奔宋，曹人數請，晉侯謂子臧：「反國，吾歸爾君。」於是子臧反國，晉乃言天子，歸成公於曹，子臧遂以國致成公，成公爲君，子臧不出，曹國乃安，子臧讓千乘之國，可謂賢矣，故《春秋》賢而褒其後。

延陵季子者，吳王之子也，嫡同母昆弟四人，長曰遏，次曰餘祭，次曰夷昧，次曰札。札即季子，最小而賢，兄弟皆愛之。既除喪，將立季子，季子辭曰：「曹宣公之卒也，諸侯與曹人不義曹君，將立子臧，子臧去之，遂不爲

也，以成曹君，君子曰能守節義。君義嗣也，誰敢干君？有國非吾節也。札雖不才，願附子臧，以無失節。」固立之，弃其室而耕，乃舍之。遏曰：「今若是作而與季子，季子必不受，請無與子而與弟，弟兄迭爲君而致諸侯乎季子。」皆曰：「諾。」故諸其爲君者皆輕死爲勇，飲食必祝曰：「天若有吾國，必疾有禍予身。」故遏也死，餘祭立；餘祭死，夷昧立；夷昧死，而國宜之季子也，季子使而未還。僚者，長子之庶兄也，自立爲吳王，季子使而還，至則君事之。遏之子曰王子光，號曰闔閭。不悅曰：「先君之所爲，不與子而與弟者，凡爲季子也，將從先君之命，則國宜之季子也，如不從先君之命而與子，我宜當立者也，僚惡得爲君？」於是使專諸刺僚，而致國乎季子。季子曰：「爾殺吾君，吾授爾國，是吾與爾爲亂也。爾殺我兄，吾又殺爾，是父子兄弟相殺，終身無已也。」去而之延陵，終身不入吳國，故號曰延陵季子。君子以其不受國爲義，以其不殺爲仁，是以《春秋》賢季子而尊貴之也。

延陵季子將西聘晉，帶寶劒以過徐君，徐君觀劒，不言而色欲之。延陵季子爲有上國之使，未獻也，然其心許之矣，致使於晉，故反，則徐君死於楚，於是脫劒致之嗣君。從者止之曰：「此吳國之寶，非所以贈也。」延陵季子曰：「吾非贈之也，先日吾來，徐君觀吾劒，不言而其色欲之，吾爲有上國之

使，未獻也。雖然，吾心許之矣。今死而不進，是欺心也。愛劍僞心，廉者不爲也。」遂脱劍致之嗣君。嗣君曰：「先君無命，孤不敢受劍。」於是季子以劍帶徐君墓樹而去。徐人嘉而歌之曰：「延陵季子兮不忘故，脱千金之劍兮帶丘墓。」

許悼公疾瘧，飲藥毒而死，太子止自責不嘗藥，不立其位，與其弟緯專哭泣，啜飦粥，嗌不容粒，痛已之不嘗藥，未逾年而死，故《春秋》義之。

衛宣公之子伋也，壽也，朔也。伋，前母子也。壽與朔，後母子也。壽之母與朔謀，欲殺太子伋而立壽也，使人與伋乘舟於河中，將沉而殺之，壽知不能止也，因與之同舟，舟人不得殺伋。方乘舟時，伋傅母恐其死也，閔而作詩，《二子乘舟》之詩是也。其詩曰：「二子乘舟，汎汎其景，願言思子，中心養養。」於是壽閔其兄之且見害，作憂思之詩，《黍離》之詩是也。其詩曰：「行邁靡靡，中心摇摇，知我者謂我心憂，不知我者謂我何求？悠悠蒼天，此何人哉？」又使伋之齊，將使盜見載旌，要而殺之，壽止伋，伋曰：「弃父之命，非子道也，不可。」壽又與之偕行，壽之母不能止也，因戒之曰：「壽無爲前也。」壽又爲前，竊伋旌以先行，幾及齊矣，盜見而殺之，伋至，見壽

之死，痛其代己死，涕泣悲哀，遂載其屍還，至境而自殺，兄弟俱死，故君子義此二人，而傷宣公之聽讒也。

魯宣公者，魯文公之弟也，文公薨，文公之子子赤立爲魯侯。宣公殺子赤而奪之國，立爲魯侯。公子肹者，宣公之同毋弟也，宣公殺子赤而肹非之，宣公與之禄，則曰：「我足矣！何以兄之食爲哉？」織屨而食，終身不食宣公之食，其仁恩厚矣，其守節固矣，故《春秋》美而貴之。

晉獻公太子之至靈臺，蛇繞左輪，御曰：「太子下拜。吾聞國君之子，蛇繞左輪者速得國。」太子遂不行，返乎舍。御人見太子，太子曰：「吾聞爲人子者，盡和順君，不行私欲；恭嚴承命，不逆君安。今吾得國，是君失安也，見國之利而忘君安，非子道也；聞得國而拜其聲，非君欲也。廢子道，不孝；逆君欲，不忠。而使我行之，殆欲吾國之危明也。」拔劍將死。御止之曰：「夫禨祥妖孽，天之道也；恭嚴承命，人之行也。拜祥戒孽，禮也；嚴恭承命，不以身恨君，孝也。今太子見福不拜，失禮；殺身恨君，失孝。從僻心，棄正行，非臣之所聞也。」太子曰：「不然，我得國，君之孽也。拜君之孽，不可謂禮。見禨祥而忘君之安，國之賊也，懷賊心以事君，不可謂孝。

挾僞意以御天下，懷賊心以事君，邪之大者也，而使我行之，是欲國之危明也。」遂伏劍而死。君子曰：「晉太子徒銜使之拜虵祥，猶惡之，至於自殺者，爲見疑於欲國也，已之不欲國以安君，亦以明矣。爲一愚御過言之故，至於身死，廢子道，絶祭祀，不可謂孝，可謂遠嫌，一節之士也。」

申包胥者，楚人也。吴敗楚兵於栢舉，遂入郢，昭王出亡在隨，申包胥不受命而赴於秦乞師，曰：「吴爲無道行，封豕長虵，蠶食天下，從上國始於楚，寡君失社稷，越在草莽，使下臣告急曰：『吴，夷狄也。夷狄之求無猒，滅楚則西與君接境，若鄰於君，疆埸之患也，逮吴之未定，君其圖之，若得君之靈，存撫楚國，世以事君。』」秦伯使辭焉。曰：「寡君聞命矣，子其就館，將圖而告子。」對曰：「寡君越在草莽，未獲所休，下臣何敢即安。」倚於庭牆立哭，日夜不絶聲，水漿不入口，七日七夜。秦哀公爲賦《無衣》之詩，言兵今出。包胥九頓首而坐，秦哀公曰：「楚有臣若此而亡，吾無臣若此，吾亡無日矣。」於是乃出師救楚。申包胥以秦師至楚，秦大夫子滿、子虎師車五百乘，子滿曰：「吾未知吴道。」使楚人先與吴人戰而會之。大敗吴師，吴師既退，昭王復國，而賞始於包胥。包胥曰：「輔君安國，非爲身也；救急除害，非爲名也，功成而受賞，是賣勇也。君既定，又何求焉？」遂逃賞，終身不見。君

子曰：「申子之不受命赴秦，忠矣；七日七夜不絶聲，厚矣；不受賞，不伐矣。然賞所以勸善也，辭賞，亦非常法也。」

齊崔杼者，齊之相也，弒莊公。止太史無書君弒及賊，太史不聽，遂書賊，曰：「崔杼弒其君。」崔子殺之，其弟又嗣書之，崔子又殺之，死者二人，其弟又嗣復書之，乃舍之。南史氏是其族也，聞太史盡死，執簡以往，將復書之，聞既書矣，乃還。君子曰：「古之良史。」

齊攻魯，求岑鼎，魯公載岑鼎往，齊侯不信而反之，以爲非也，使人告魯君，柳下惠以爲是，因請受之，魯君請於柳下惠，柳下惠對曰：「君之欲以爲岑鼎也，以免國也，臣亦有國於此，破臣之國，以免君之國，此臣所難也。」魯君乃以真岑鼎往。柳下惠可謂守信矣，非獨存巳之國也，又存魯君之國。信之於人，重矣，猶輿之輗軏也。故孔子曰：「大輿無輗，小輿無軏，其何以行之哉！」此之謂也。

宋人有得玉者，獻諸司城子罕，子罕不受。獻玉者曰：「以示玉人，玉人以爲寶，故敢獻之。」子罕曰：「我以不貪爲寶，爾以玉爲寶，若與我者，皆喪寶也，不若人有其寶。」故宋國之長者曰：「子罕非無寶也，所寶者異

也。今以百金與摶黍以示兒子，兒子必取摶黍矣；以和氏之璧與百金以示鄙人，鄙人必取百金矣，以和氏之璧與道德之至言，以示賢者，賢者必取至言矣。其知彌精，其取彌精；其知彌觕，其取彌觕。子罕之所寶者至矣。」

昔者有餽魚於鄭相者，鄭相不受。或謂鄭相曰：「子嗜魚，何故不受？」對曰：「吾以嗜魚，故不受魚。受魚失禄，無以食魚；不受得禄，終身食魚。」

原憲居魯，環堵之室，茨以生蒿，蓬戶甕牖，揉桑以爲樞，上漏下濕，匡坐而弦歌。子贛聞之，乘肥馬，衣輕裘，中紺而表素，軒車不容巷，往見原憲。原憲冠桑葉冠，杖藜杖而應門，正冠則纓絶，衽襟則肘見，納履則踵決。子贛曰：「嘻，先生何病也？」原憲仰而應之曰：「憲聞之，無財之謂貧，學而不能行之謂病。憲貧也，非病也。若夫希世而行，比周而交，學以爲人，教以爲巳，仁義之慝，輿馬之飾，憲不忍爲也。」子贛逡巡，面有愧色，不辭而去。原憲曳杖拖履，行歌《商頌》而反，聲滿天地，如出金石，天子不得而臣也，諸侯不得而友也。故養志者忘身，身且不愛，孰能累之。《詩》曰：「我心匪石，不可轉也；我心匪席，不可卷也。」此之謂也。

晏子之晉，見披裘負芻息於途者，以爲君子也，使人問焉，曰：「曷爲而至此？」對曰：「齊人纍之。吾名曰越石甫。」晏子曰：「嘻。」遽解左驂以贖之，載而與歸，至舍，不辭而入，越石甫怒而請絶，晏子使人應之曰：「嬰未嘗得交也，今免子於患，吾於子猶未可邪？」越石甫曰：「吾聞君子詘乎不知已，而信乎知已者，吾是以請絶也。」晏子乃出見之曰：「向也見客之容，而今也見客之意。嬰聞察實者不留聲，觀行者不幾辭，嬰可以辭而無弃乎？」越石甫曰：「夫子禮之，敢不敬從。」晏子遂以爲上客。俗人之有功則德，德則驕。晏子有功，免人於危，而反詘下之，其去俗亦遠矣，此全功之道也。

子列子窮，容貌有飢色。客有言於鄭子陽者曰：「子列子禦寇，蓋有道之士也，居君之國而窮，君無乃爲不好士乎？」子陽令官遺之粟數十乘，子列子出見使者，再拜而辭。使者去，子列子入，其妻望而拊心曰：「聞爲有道者妻子，皆得佚樂，今妻子皆有飢色矣，君過而遺先生，先生又辭，豈非命也哉！」子列子笑而謂之曰：「君非自知我者也，以人之言而知我，以人之言而遺我粟也，其罪我也，又將以人之言，此吾所以不受■。且受人之養，不死其難，不義也；死其難，是死無道之人，豈義哉！」其後民果作難，殺子陽。子

列子之見微除不義遠矣。且子列子内有飢寒之憂，猶不苟取，見得思義，見利思害，況其在富貴乎？故子列子通乎性命之情，可謂能守節矣。

屈原者，名平，楚之同姓大夫。有博通之知，清潔之行，懷王用之。秦欲吞滅諸侯，并兼天下。屈原爲楚東使於齊，以結強黨。秦國患之，使張儀之[redacted]，貨楚貴臣上官大夫、靳尚之屬，上及令子[redacted]、司馬子椒；内賂夫人鄭袖，共譖屈原。屈原遂放於外，乃作《離騷》。張儀因使楚絶齊，許謝地六百里，懷王信左右之姦謀，聽張儀之邪説，遂絶強齊之大輔。楚既絶齊，而秦欺以六里。懷王大怒，舉兵伐秦，大戰者數，秦兵大敗楚師，斬首數萬級。秦使人願以漢中地謝，懷王不聽，願得張儀而甘心焉。張儀曰：「以一儀而易漢中地，何愛儀！」請行，遂至楚，楚因之。上官大夫之屬共言之王，王歸之。是時懷王悔不用屈原之策，以至於此，於是復用屈原。屈原使齊還，聞張儀已去，大爲王言張儀之罪，懷王使人追之，不及。後秦嫁安于楚，與懷王歡，爲藍田之會，屈原以爲秦不可信，願勿會，群臣皆以爲可會，懷王遂會，果見因拘，客死於秦，爲天下笑。懷王子頃襄王，亦知群臣諂誤懷王，不察其罪，反聽群讒之口，復放屈原。屈原疾闇王亂俗，汶汶嘿嘿，以是爲非，以清爲濁，不忍見于世，將自投於淵，漁父止之。屈原曰：「世皆醉，我獨醒；世皆

濁，我獨清。吾獨聞之，新浴者必振衣，新沐者必彈冠。又惡能以其泠泠，更事之嘿嘿者哉？吾寧投淵而死。」遂自投湘水汨羅之中而死。

楚昭王有士曰石奢，其爲人也，公正而好義，王使爲理，於是廷有殺人者，石奢追之，則其父也，遂反於廷曰：「殺人者，僕之父也，以父成政，不孝，不行君法，不忠。弛罪廢法而伏其辜，僕之所守也。伏斧鑕，命在君。」君曰：「追而不及，庸有罪乎？子其治事矣。」石奢曰：「不私其父，非孝也；不行君法，非忠也；以死罪生，非廉也。君赦之，上之惠也，臣不敢失法，下之行也。」遂不離鈇鑕，刎頸而死于廷中。君子聞之曰：「貞夫法哉！」孔子曰：「子爲父隱，父爲子隱，直在其中矣。」《詩》曰：「彼已之子，邦之司直。」石子之謂也。

晉文公反國，李離爲大理，過殺不辜，自繫曰：「臣之罪當死。」文公令之曰：「官有上下，罰有輕重，是下吏之罪也，非子之過也。」李離曰：「臣居官爲長，不與下讓位；受祿爲多，不與下分利。過聽殺無辜，委下畏死，非義也，臣之罪當死矣。」文公曰：「子必自以爲有罪，則寡人亦有過矣。」李離曰：「君量能而授官，臣奉職而任事，臣受印綬之日，君命曰：『必以仁義輔

政，寧過於生，無失於殺。』臣受命不稱，壅惠蔽恩，如臣之罪乃當死，君何過之有？且理有法，失生即生，失殺即死，君以臣爲能聽微決疑，故任臣以理，今離刻深，不顧仁義，信文墨，不察是非，聽他辭，不精事實，掠服無罪，使百姓怨，天下聞之，必議吾君，諸侯聞之，必輕吾國。怨積於百姓，惡揚於天下，權輕於諸侯，如臣之罪，是當重死。」文公曰：「吾聞之也，直而不枉，不可與往；方而不圓，不可與長存，願子以此聽寡人也。」李離曰：「君以所私害公法，殺無罪而生當死，二者非所以教於國也，離不敢受命。」文公曰：「子獨不聞管仲之爲人臣邪？身辱而君肆，行汙而霸成。」李離曰：「臣無管仲之賢，而有辱汙之名，無霸王之功，而有射鉤之累。夫無能以臨官，籍汙以治人，君雖不忍加之於法，臣亦不敢汙官亂治以生，臣聞命矣。」遂伏劍而死。

晉文公反國，酌士大夫酒，召咎犯而將之，召艾陵而相之，授田百萬。介子推無爵齒而就位，觴三行，介子推奉觴而起曰：「有龍矯矯，將失其所，有蛇從之，周流天下，龍既入深淵，得其安所，蛇脂盡乾，獨不得甘雨，此何謂也？」文公曰：「嘻！是寡人之過也。吾爲子爵，與待旦之朝也；吾爲子田，與河東陽之間。」介子推曰：「推聞君子之道，謁而得位，道士不居也；爭而

得財，廉士不受也。」文公曰：「使我得反國者，子也，吾將以成子之名。」介子推曰：「推聞君子之道，爲人子而不能承其父者，則不敢當其後；爲人臣而不見察於其君者，則不敢立於其朝，然推亦無索於天下矣。」遂去而之介山之上。文公使人求之不得，爲之避寢三月，號呼朞年。《詩》曰：「逝將去汝，適彼樂郊。適彼樂郊，誰之永號。」此之謂也。文公待之不肯出，求之不能得，以謂焚其山宜出，及焚其山，遂不出而焚死。

申徒狄非其世，將自投於河，崔嘉聞而止之曰：「吾聞聖人仁士之於天地之間，民之父毋也，今爲濡足之故，不救溺人，可乎？」申徒狄曰：「不然。昔者桀殺關龍逢，紂殺王子比干而亡天下；吴殺子胥，陳殺洩治而滅其國。故亡國殘家，非聖智也，不用故也。」遂負石沉於河。君子聞之曰：「廉矣乎，如仁與智，吾未見也。」《詩》曰：「天實爲之，謂之何哉？」此之謂也。

齊大飢，黔敖爲食於路，以待餓者而食之，有餓者蒙袂接履，貿貿然來，黔敖左奉食，右執飲曰：「嗟！來食！」餓者揚其目而視之曰：「予唯不食嗟來之食，以至於此也。」從而謝焉，終不食而死。曾子聞之曰：「微與，其嗟也可去，其謝也可食。」

東方有士曰袁旌目，將有所適，而飢於道，孤父之盜丘人也見之，下壺餐以與之。袁旌目三餔而能視，仰而問焉。曰：「子誰也？」曰：「我孤父之盜丘人也。」袁旌月曰：「嘻！汝乃盜也，何爲而食我？以吾不食也。」兩手據地而歐之，不出，喀喀然，水伏地而死。縣名爲勝毋，曾子不入，邑號朝歌，墨子回車。故孔子席不正不坐，割不正不食，不飲盜泉之水，積正也。旌目不食而死，潔之正也。

鮑焦衣弊膚見，潔畚將蔬，遇子贛將於道。子贛曰：「吾子何以至此也？」焦曰：「天下之遺德教者衆矣！吾何以不至於此也。吾聞之，世不己知，而行之不已者，是爽行也；上不已知，而干之不止者，是毀廉也。行爽廉毀，然且不舍，惑於利者也。」子贛曰：「吾聞之，非其世者不生其利，汙其君者，不履其土。今吾子汙其君而履其土，非其世而將其蔬，此誰之有哉？」鮑焦曰：「嗚呼！吾聞賢者重進而輕退，廉者易醜而輕死。」乃弃其蔬而立，槁死於洛水之上。君子聞之曰：「廉夫剛哉！夫山銳則不高，水狹則不深，行特者其德不厚，志與天地疑者，其爲人不祥。鮑子可謂不祥矣，其節度淺深，適至而止矣。」《詩》曰：「已焉哉！天實爲之，謂之何哉？」

公孫杵臼、程嬰者，晉大夫趙朔客也。晉趙穿弑靈公，趙盾時爲貴大夫，亡不出境，還不討賊，故《春秋》責之，以盾爲弑君。屠岸賈者，幸於靈公，晉景公時，賈爲司寇，欲討靈公之賊，盾已死，欲誅盾之子時朔，徧告諸將曰：「盾雖不知，猶爲首賊，賊臣弑君，子孫在朝，何以懲罪？請誅之。」韓厥曰：「靈公遇賊，趙盾在外，吾先君以爲無罪，故不誅。今諸君將妄誅，妄誅謂之亂臣，有大事，君不聞，是無君也。」屠岸賈不德，韓厥告趙朔趣亡，趙朔不肯。曰：「子必不絕趙祀，予死不恨。」韓厥許諾，稱疾不出。賈不請而擅與諸將攻趙氏於下宫，殺趙朔、趙同、趙括、趙嬰齊，皆滅其族。趙朔妻成公姊，有遺腹，走公宫匿。公孫杵臼謂程嬰曰：「胡不死。」嬰曰：「朔之妻有遺腹，若幸而男，吾奉之，即女也，吾徐死耳。」無何而朔妻免生男。屠岸賈聞之，索於宫，朔妻置兒袴中，祝曰：「趙宗滅乎，若號；即不滅乎，若無聲。」及索，兒竟無聲。已脱，程嬰謂杵臼：「今一索不得，後必且復之，奈何？」杵臼曰：「立孤與死，孰難？」嬰曰：「立孤亦難耳！」杵臼曰：「趙氏先君遇子厚，子強爲其難者，吾爲其易者，吾請先死。」而二人謀取他嬰兒，負以文褓，匿山中。嬰謂諸將曰：「嬰不肖，不能立孤，誰能予吾千金，吾告趙氏孤處。」諸將皆喜，許之，發師隨嬰攻杵臼。杵臼曰：「小人哉程嬰！下宫

之難不能死，與我謀匿趙氏孤兒，今又賣之。縱不能立孤兒，忍賣之乎？」抱而呼：「天乎！趙氏孤兒何罪？請活之，獨殺杵臼也。」諸將不許，遂并殺杵臼與兒。諸將以爲趙氏孤兒已死，皆喜。然趙氏真孤兒乃在，程嬰卒與俱匿山中，居十五年。晉景公病，卜之，大業之胄者爲祟，景公問韓厥，韓厥知趙孤存，乃曰：「大業之後，在晉絶祀者，其趙氏乎？夫自中行衍皆嬴姓也。中行衍人面鳥喝，降佐帝大戊，及周天子，皆有明德，下及幽厲無道，而叔帶去周適晉，事先君繆侯，至于成公，世有立功，未嘗絶祀。今及吾君，獨滅之趙宗，國人哀之，故見龜策，唯君圖之。」景公問：「趙尚有後子孫乎？」韓厥具以實告。景公乃以韓厥謀立趙孤兒，召匿之宫中。諸將入問病，景公因韓厥之衆以脅諸將，而見趙氏孤兒，孤兒名武，諸將不得已，乃曰：「昔下宫之難，屠岸賈爲之，矯以君命，并命群臣。非然，孰敢作難？微君之病，群臣固將請立趙後，今君有命，群臣願之。」於是召趙氏、程嬰徧拜諸將，遂俱與程嬰、趙氏攻屠岸賈，滅其族。復與趙氏田邑如故。趙武冠，爲成人，程嬰乃辭大夫，謂趙武曰：「昔下宫之難皆能死，我非不能死，思立趙氏後，今子既立爲成人，趙宗復故，我將不報趙孟與公孫杵臼。」趙武號泣，固請曰：「武願苦筋骨以報子至死，而子忍棄我死乎？」程嬰曰：「不可，彼以我爲能成事，

故皆先我死，今我不下報之，是以我事爲不成也。」遂自殺。趙武服哀三年，爲祭邑，春秋祠之，世不絕。君子曰：「程嬰、公孫杵臼，可謂信交厚士矣。嬰之自殺下報，亦過矣。」

且有士曰張胥鄙、譚夫吾，前交而後絕。張胥鄙有罪，拘將死。譚夫吾合徒而取之，出至於道，而後乃知其夫吾也。輟行而辭曰：「義不同於子，故前交而後絕。吾聞之，君子不爲危易行，今吾從子，是安則肆志，危則易行也。與吾因子而生，不若反拘而死。」闔閭聞之，令吏釋之。張胥鄙曰：「吾義不同於譚夫吾，故不受其任矣，今吏以是出我，以譚夫吾故免也，吾庸遽受之乎？」遂觸墻而死。譚夫吾聞之曰：「我任而不受，佞也；不知而出之，愚也。佞不可以接士，愚不可以事君，吾行虛矣。人惡以吾力生，吾亦耻以此立於世。」乃絕頸而死。君子曰：「譚夫吾其以失士矣，張胥鄙亦爲得也，可謂剛勇矣，未可謂得節也。」

蘇武者，故右將軍平陵侯蘇建子也。孝武皇帝時，以武爲移中監，使匈奴，是時匈奴使者數降漢，故匈奴亦欲降武以取當。單于使貴人故漢人衛律說武，武不從，乃設以貴爵重禄尊位，終不聽，於是律絕不與飲食，武數日不

降。又當盛暑，以旃厚衣并束三日暴，武心意愈堅，終不屈撓。稱曰：「臣事君，由子事父也。子爲父死無所恨，守節不移，雖有鐵鉞湯鑊之誅而不懼也，尊官顯位而不榮也。」匈奴亦由此重之。武留十餘歲，竟不降下，可謂守節臣矣。《詩》云：「我心匪石，不可轉也；我心匪席，不可卷也。」蘇武之謂也。匈奴紿言武死，其後漢聞武在，使使者求武，匈奴欲慕義歸武，漢尊武爲典屬國，顯異於他臣也。

劉向新序卷第七

劉向新序卷第八

義勇第八

陳恒弑簡公而盟，者皆完其家，不盟者殺之。石他人曰：「昔之事其君者，皆得其君而事之，今謂他人曰：『舍而君而事我。』他人不能，雖然，不盟則殺父毋也，從而盟，是無君臣之禮也。生於亂世，不得正行；劫於暴上，不得道義。故雖盟，不以父毋之死，不如退而自殺，以禮其君。」乃自殺。

陳恒弑君，使勇士六人劫子淵棲，子淵棲曰：「子之欲與我，以我爲知乎？臣弑君，非知也！以我爲仁乎？見利而背君，非仁也！以我爲勇乎？劫我以兵，懼而與子，非勇也。使吾無此三者，與何補於子？若吾有此三者，終不從子矣！」乃舍之。

宋閔公臣長萬以勇力聞，萬與魯戰，師敗，爲魯所獲，囚之宮中數月，歸之宋。與閔公博，婦人在側，公謂萬曰：「魯君孰與寡人美？」萬曰：「魯君美。天下諸侯，唯魯君耳。宜其爲君也。」閔公矜婦人，妬，因言曰：「爾魯之囚虜，爾何知？」萬怒，遂搏閔公頰，齒落於[redacted]，絕吭而死。仇牧聞君死，趍而至，遇萬於門，携劍而叱之，萬臂擊仇牧而殺之，齒著於門闔。仇牧可謂不

畏強禦矣，趍君之難，顧不旋踵。

崔杼弑莊公，令士大夫盟者，皆脱劒而入，言不疾、指不至血者死，所殺十人。次及晏子，晏子奉桮血，仰天歎曰：「惡乎！崔子將爲無道，殺其君。」盟者皆視之。崔杼謂晏子曰：「子與我，我與子分國；子不吾與，吾將殺子。」直兵將推之，曲兵將勾之，唯子圖之。」晏子曰：「嬰聞回以利而背其君者，非仁也；劫以刃而失其志者，非勇也。」《詩》云：「愷悌君子，求福不回。」嬰可謂不回矣。直兵推之，曲兵鉤之，嬰不之回也。崔子舍之，晏子趍出，授綏而乘，其僕將馳，晏子拊其手曰：「虎豹在山林，其命在庖厨，馳不益生，緩不益死，按之成節，然後去之。」《詩》云：「彼己之子，舍命不渝。」晏子之謂也。

佛肸以中牟叛，置鼎於庭，致士大夫曰：「與我者受邑，不吾與者烹。」大夫皆從之。至於田卑，曰：「義死不避斧鉞之罪，義窮不受軒冕之服。無義而生，不仁而富，不如烹。」褰衣將就鼎，佛肸脱屨而生之。趙氏聞其叛也，攻而取之；聞田卑不肯與也，求而賞之。田卑曰：「不可也，一人舉而萬夫俛首，智者不爲也。賞一人以慙萬夫，義者不取也。我受賞，使中牟之士懷恥，不

義。」辭賞從處曰：「以行臨人，不道，吾去矣。」遂南之楚。

楚太子建以費無極之譖見逐。建有子曰勝，在外，子西召勝，使治白，號曰白公。勝怨楚逐其父，將弑惠王及子西，欲得易甲，陳士勒兵，以示易甲曰：「與我，無患不富貴；不吾與，則此是也。」易甲笑曰：「嘗言吾義矣，吾子忘之乎？立得天下，不義，吾不敢也；威吾以兵，不義，吾不從也。今子將弑子之君，而使我從子，非吾前義也。子雖告我以利，威我以兵，吾不忍爲也。子行子之威，則吾亦得明吾義也。逆子以兵，争也；應子以聲，鄙也。吾聞士立義不争，行死不鄙。」拱而待兵，顔色不變也。

白公勝將弑楚惠王，王出亡，令尹司馬皆死，拔劒而屬之於屈廬曰：「子與我，將舍子；子不與我，必殺子。」廬曰：「子殺叔父而求福於廬也，可乎？吾聞知命之士，見利不動，臨死不恐。爲人臣者，時生則生，時死則死，是謂人臣之禮。故上知天命，下知臣道，其有可劫乎？子胡不推之？」白公勝乃内其劒。

白公勝既殺令尹司馬，欲立王子閭以爲王。王子閭不肯，劫之以刃，王子閭曰：「王孫輔相楚國，匡正王室，而后自庇焉，閭之願也。今子假威以暴

王室，殺伐以亂國家，吾雖死，不子從也。」白公勝曰：「楚國之重，天下無有。天以與子，子何不受也？」王子閭曰：「吾聞辭天下者，非輕其利也，以明其德也；不爲諸侯者，非惡其位也，以絜其行也。今吾見國而忘主，不仁也；劫白刃而失義，不勇也。子雖告我以利，威我以兵，吾不爲也。」白公強之，不可，遂殺之。葉公高率衆誅白公，而反惠王於國。

白公之難，楚人有莊善者，辭其母將往死之，其母曰：「棄其親而死其君，可謂義乎？」莊善曰：「吾聞事君者，内其祿而外其身，今所以養母者，君之祿也。身安得無死乎！」遂辭而行，比至公門，三廢車中，其僕曰：「子懼矣。」曰：「懼。」「既懼，何不返？」莊善曰：「懼者，吾私也；死義，吾公也。聞君子不以私害公。」及公門，刎頸而死。君子曰：「好義乎哉！」

齊崔杼弑莊公也，有陳不占者，聞君難，將赴之，比去，餐則失匕，上車失軾。御者曰：「怯如是，去有益乎？」不占曰：「死君，義也；無勇，私也。不以私害公。」遂往，聞戰鬭之聲，恐駭而死。人曰：「不占可謂仁者之勇也。」

知伯囂之時，有士曰長兒子魚，絶知伯而去之。三年，將東之越，而道

聞知伯嚣之見殺也，謂衜曰：「還車反，吾將死之。」衜曰：「夫子絶知伯而去之三年矣，今反死之，是絶屬無別也。」長兒子魚曰：「不然，吾聞仁者無餘愛，忠臣無餘禄。吾聞知伯之死而動吾心，餘禄之加於我者，至今尚存，吾將往依之。」反而死。

衛懿公有臣曰弘演，遠使未還。狄人攻衛，其民曰：「君之所與禄位者，鶴也；所富者，宫人也。君使宫人與鶴戰，余焉能戰？」遂潰而去。狄人追及懿公於滎澤，殺之，盡食其肉，獨舍其肝。弘演至，報使於肝畢，呼天而號，盡哀而止。曰：「臣請爲表。」因自刺其腹，内懿公之肝而死。齊桓公聞之曰：「衛之亡也以無道，今有臣若此，不可不存。」於是救衛於楚丘。

芊尹文者，荆之歐鹿彘者也。司馬子期臘於雲夢，載旗之長拖地。芊尹文援劒，齊諸軫而斷之，貳車抽弓於韔，援矢於箙，引而未發也。司馬子期伏軾而問曰：「吾有罪於夫子乎？」對曰：「臣以君旗拽地故也。國君之旗齊於軫，大夫之旗齊於軾。今子荆國有名大夫而減三等，文之斷也，不亦可乎？」子期恱，載之王所，王曰：「吾聞有斷子之旗者，其人安在？吾將殺之。」子期以文之言告，王恱，使爲江南令，而大治。

卞莊子好勇，養母，戰而三北，交遊非之，國君辱之，及母死三年，冬與魯戰，卞莊子請從，見於魯將軍曰：「初與母處，是以三北，今母死，請塞責而神有所歸。」遂赴敵，獲一甲首而獻之。曰：「此塞一北。」又入，獲一甲首而獻之。曰：「此塞再北。」又入，獲一甲首而獻之。曰：「此塞三北。」將軍曰：「毋沒爾家，宜止之，請爲兄弟。」莊子曰：「三北以養母也，是子道也，今士節小具而塞責矣。吾聞之，節士不以辱生。」遂反敵，殺十人而死。君子曰：「三北又塞責，滅世斷家，於孝不終也。」

劉向新序卷第八

劉向新序卷第九

善謀第九

齊桓公時，江國、黃國，小國也，在江淮之間，近楚。楚，大國也，數侵伐，欲滅取之，江人、黃人患楚。齊桓公方存亡繼絶，救危扶傾；尊周室，攘夷狄，爲陽穀之會，貫澤之盟，與諸侯將伐楚。江人、黃人慕桓公之義，來會盟於貫澤。管仲曰：「江、黃遠齊而近楚，楚爲利之國也，若伐而不能救，無以宗諸侯，不可受也。」桓公不聽，遂與之盟。管仲死，楚人伐江滅黃，桓公不能救，君子閔之。是後桓公信壞德衰，諸侯不附，遂陵遲不能復興。夫仁智之謀，即事有漸，力所不能救，未可以受其質，桓公受之，過也，管仲可謂善謀矣。《詩》云：「曾是莫聽，大命以傾。」此之謂也。

晉文公時，周襄王有弟太叔之難，出亡居於鄭，不得入，使告難于魯、于晉、于秦。其明年春，秦伯師于河上，將納王。狐偃言於晉文公曰：「求諸侯，莫如勤王，且大義也，諸侯信之，繼文之業，而信宣於諸侯，今爲可矣。」「卜，偃卜之曰：「吉。遇黃帝戰於阪泉之兆。」公曰：「吾不堪也。」對曰：「周禮未改，今之王，古之帝也。」公曰：「筮之。」筮之，遇大有之睽，

曰：「吉。遇公用享于天子之卦，戰克而王享，吉□焉。且是卦也，天爲澤以當日，天子降心以迎公，不亦可乎？大有去睽而復，亦其所也。」晉侯辭秦師而下，三月甲辰，次于陽樊，右師圍温，左師逆王。夏，四月丁巳，王入于王城。取太叔于温，而殺之于隰城。戊午，晉侯朝王，王享醴，命之侑，予之陽樊、温原、攢茅之田。晉於是始開南陽之地。其後三年，文公遂再會諸侯以朝天子，天子錫之弓矢秬鬯，以爲方伯。晉文公之命是也，卒成霸道，狐偃之善謀也。夫秦、魯皆疑，晉有狐偃之善謀，以成霸功。故謀得於帷幄，則功施於天下，狐偃之謂也。

虞、虢，皆小國也。虞有夏陽之阻塞，虞、虢共守之，晉不能禽也。故晉獻公欲伐虞、虢，荀息曰：「君胡不以屈産之乘，與垂棘之璧，假道於虞？」公曰：「此晉國之寶也，彼受吾璧，不借吾道，則如之何？」荀息曰：「此小之所以事大國也，彼不借吾道，必不敢受吾幣。受吾幣而借吾道，則是我取之中府，置之外府；取之中廐，置之外廐。」公曰：「宫之奇存焉，必不使受也。」荀息曰：「宫之奇知固知矣，雖然，其爲人也，通心而懦，又少長於君。通心則其言之略，懦則不能强諫，少長於君，則君輕之，且夫玩好在耳目之前，而患在一國之後。中知以上，乃能慮之，臣料虞君中知之下也。」

公遂借道而伐虢。宮之奇諫曰：「晉之使者，其幣重，其辭卑，必不便於虞。語曰：『脣亡則齒寒矣。』故虞、虢相救，非相爲賜也。今日亡虢，而明日亡虞矣。」公不聽，遂受其幣而借之道，旋歸四年，反取虞。荀息牽馬抱璧而前曰：「臣之謀如何？」獻公曰：「璧則猶是，而吾馬之齒加長矣。」晉獻公用荀息之謀而禽虞，虞不用宮之奇謀而亡，故荀息非霸王之佐，戰國并兼之臣也，若宮之奇則可謂忠臣之謀也。

晉文公、秦穆公共圍鄭，以其無禮而附於楚，鄭大夫佚之狐言於鄭君曰：「若使燭之武見秦君，圍必解。」鄭君從之，召燭之武使之，辭曰：「臣之壯也，猶不如人，今老矣，無能爲也。」鄭君曰：「吾不能蚤用子，今急而求子，是寡人之過也。然鄭亡，子亦有不利焉。」燭之武許諾。夜出見秦君曰：「秦晉圍鄭，鄭知亡矣，若亡而有益於君，敢以煩執事。鄭在晉之東，秦在晉之西，越晉而取鄭，君知其難也，焉用亡鄭以陪晉。晉，秦之鄰也，鄰之強，君之憂也。若舍鄭以爲東道主，行李之往來，共其資粮，亦無所害。且君立晉君，晉許君焦瑕，朝得入，夕設版而畫界焉，君之所知也。夫晉何厭之有，既東取鄭，又欲廣其西境，不闕秦將焉取之？闕秦而利晉，願君圖之。」秦君說，引兵而還。晉咎犯請擊之，文公曰：「不可，微夫人之力不能弊鄭，

因人之力以弊之，不仁；失其所與，不知；以亂易整，不武。吾其還矣。」亦去，鄭圍遂解。燭之武可謂善謀，一言而存鄭安秦。鄭君不蚤用善謀，所以削國也，困而覺焉，所以得存。

楚靈王即位，欲爲霸，會諸侯，使椒舉如晉求諸侯。椒舉致命曰：「寡君使舉曰：君有惠，賜盟于宋。曰：『晉、楚之從，交相見也。』以歲之不易，寡人願結驩於二三君。使舉請問，君若苟無四方之虞，則願假寵以請於諸侯。」晉君欲勿許。司馬侯曰：「不可。楚王方侈，天其或者欲盈其心，以厚其毒而降之罰，未可知也。其使能終，亦未可知也。唯天所相，不可與爭。君其許之，修德以待其歸。若歸於德，吾猶將事之，況諸侯乎？若適淫虐，楚將弃之，吾誰與爭？」公曰：「晉有三不殆，其何敵之有？國險而多馬，齊、楚多難，有是三者，何嚮而不濟？」對曰：「恃馬與險，而虞鄰之難，是三殆也。四嶽、三塗、陽城、大室、荊山、終南，九州之險也，是不一姓，冀之北土，馬之所生也，無興國焉。恃險與馬，不足以爲固也，從古以然，是以先王務德音以享神人，不聞其務險與馬也。或多難以固其國，開其疆土；或無難以喪其國，失其守宇，若何虞難？齊有仲孫之難而獲桓公，至今賴之；晉有里克之難而獲文公，是以爲盟主。衛、邢無難，狄亦喪之，故人之難不可虞也。恃此三

者而不修政德，亡於不暇，有何能濟，君其許之。紂作淫虐，文王恵和，殷是以霣，周是以興，夫豈爭諸侯哉？」乃許楚，靈王遂爲申之會，與諸侯伐吳，起章華之臺，爲乾谿之役，百姓罷勞，怨懟於下，群臣倍畔於上，公子弃疾作亂，靈王亡逃，卒死於野。故曰：「晉不頓一戟，而楚人自亡。」司馬侯之謀也。

楚平王殺伍子胥之父，子胥出亡，挾弓而干闔閭，大之甚，勇之。爲是而欲興師伐楚。子胥諫曰：「不可，臣聞之，君子不爲匹夫興師，且事君猶事父也，虧君之義，復父之讎，臣不爲也。」於是止。蔡昭公朝於楚，有美裘，楚令尹囊瓦求之，昭公不予，於是拘昭公於郢。數年而后歸之，昭公濟漢水，沉璧曰：「諸侯有伐楚者，寡人請爲前列。」楚人聞之怒，於是興師伐蔡，蔡請救于吳，子胥諫曰：「蔡非有罪也，楚人無道也，君若有憂中國之心，則若此時可矣。」於是興師伐楚，遂敗楚人於栢舉而成霸道，子胥之謀也。故《春秋》美而褒之。

秦孝公欲用衛鞅之言，更爲嚴刑峻法，易古三代之制度，恐大臣不從，於是召衛鞅、甘龍、杜摯三大夫衔於君，慮世事之變，計正法之本，使民之

道。君曰：「代位不亡社稷，君之道也；錯法務明主長，臣之行也。今吾欲更法以教民，吾恐天下之議我也。」公孫鞅曰：「臣聞疑行無名，疑事無功，君亟定變法之慮，行之無疑，殆無顧天下之議，且夫有高人之行者，固負非於世；有獨知之慮者，必見警於民。語曰：『愚者暗成事，知者見未萌。』民不可與慮始，可與樂成功。』郭偃之法曰：『論至德者，不和於俗；成大功者，不謀於衆。』法者所以愛民也，禮者所以便事也。是以聖人苟可以治國，不法其故；苟可以利民，不循其禮。」孝公曰：「善。」甘龍曰：「不然。臣聞聖人不易民而教，知者不變法而治。因民而教者，不勞而功成，據法而治者，吏習而民安之。今君變法不循故，更禮以教民，臣恐天下之議君，願君熟慮之。」公孫鞅曰：「子之所言者，世俗之所知也。常人安於所習，學者溺於所聞，此兩者所以居官而守法也，非所與論於典法之外也。三代不同道而王，五霸不同法而霸。知者作法，而愚者制焉；賢者更禮，不肖者拘焉。更禮之人，不足與言事；制法之人，不足與論治。君勿疑矣。」杜摯曰：「利不百不變法，功不■不易器。■聞之，法古無過，循禮無邪，君其圖之。」公孫鞅曰：「前世不同教，何古之法？帝王者不相復，何禮之循？伏犧神農，攻而不誅；黄帝堯舜，誅而不怒；及至文武，各當其時而立法因事制禮。禮法兩定，制令各

宜，甲兵器備，各便其用。臣故曰治世不一道，便國不必古。故湯武之王也不循古，殷夏之滅也不易禮。然則反古者未可非也，循禮者未足多也，君無疑[redacted]公曰：「善。吾聞窮鄕多怪，曲學多辯。愚者之笑，知者哀焉；狂夫之樂，賢者憂焉。拘世之議，人心不疑矣。」於是孝公違龍、摯之善謀，遂從衛鞅之過言，法嚴而酷，刑深而必，守之以公，當時取強，遂封鞅爲商君。及孝公始，國人怨商君，至於車裂之，其患流漸至始皇，赤衣塞路，群盜滿山，卒以亂亡，削刻無恩之所致也。三代積德而王，齊桓繼絶而霸，秦皇嚴暴而亡，漢王垂仁而帝，故仁恩，謀之本也。

秦惠王時蜀亂，國人相攻擊，告急於秦。秦惠王欲發兵伐蜀，以爲道險狹難至，而韓人來侵秦。秦惠王欲先伐韓，恐蜀亂；先伐蜀，恐韓襲秦之弊，猶與未決。司馬錯與張子爭論於惠王之前，司馬錯欲伐蜀，張子曰：「不如伐韓。」王曰：「請聞其說。」對曰：「親魏善楚，下兵三川，塞什谷之口，當屯留之道；魏絶南陽，楚臨南鄭，秦攻新城、宜陽，以臨二周之郊，誅周王之罪，侵楚、魏之地。周自知不救，九鼎寶器必出。據九鼎，按圖籍，挾天子以令於天下，天下莫敢不聽，此王業也。今夫蜀，西僻之國，而戎狄之倫也，弊兵勞衆，不足以成名，得其地不足以爲利，臣聞爭名者於朝，爭利者於

市，今三川周室，天下之朝市也，而王不爭焉，顧爭於戎狄，去王遠矣。」司馬錯曰：「不然。臣聞之，欲富者務廣其地，欲強者務富其民，欲王者務博其德，三資者備而王隨之矣。今王地小民貧，故臣願先從事於易。夫蜀，西僻之國，而戎狄之長也，有桀紂之亂，以秦攻之，譬如以豺狼逐群羊也。得其地足以廣國，取其財足以富民繕兵，不傷衆而服焉。服一國而天下不以爲暴，利盡西海而諸侯不以爲貪，是我一舉而名實附也，又有禁暴正亂之名。今攻韓劫天子，惡名也，而未必利也。有不義之名，而攻天下所不欲，危矣。臣請謁其故：周，天下之宗室也；齊、韓之與國也。周自知失九鼎，韓自知亡三川，將二國并力合謀，以因乎齊、趙，而求解乎楚、魏，以鼎予楚，以地予魏，以鼎予楚，以地予魏，王不能止，此臣所謂危也，不如伐蜀完。」惠王曰：「善。寡人請聽子。」卒起兵伐蜀，十月取之，遂定蜀，蜀王更號爲侯，而使陳叔相蜀，蜀既屬秦，秦日益強，富厚而制諸侯，司馬錯之謀也。

楚使黃歇於秦，秦昭王使白起攻韓、魏，韓、魏服事秦，昭王方令白起與韓、魏共伐楚。黃歇適至，聞其計，是時秦已使白起攻楚，取數縣，楚頃襄王東徙。黃歇上書於秦昭王，欲使秦遠交楚而攻韓、魏，以解楚。其書曰：「天下莫強於秦、楚，今聞王欲伐楚，此猶兩虎相與鬭，兩虎相與鬭，而駑犬

受其弊也，不如善楚。臣請言其説：臣聞之，物至則反，冬夏是也；致高則危，累棊是也。今大國之地徧天下，有其二垂，此從生民以來，萬乘之地，未嘗有也。今王使盛橋守事於韓，盛橋以其地入秦，是王不用甲，不信威，而得百里之地也，王可謂能矣。王又舉甲而攻魏，杜大梁之門，舉河内，拔燕、酸棗、虛、桃，入邢，魏之兵雲翔而不敢救，王之功亦多矣。王休甲息衆，二年而復之，有取蒲、衍、首、垣，以臨仁、平丘、黄、濟陽、甄城，而魏氏服，王又割濮、歷之北，注之秦、齊之要，絶楚、趙之脊，天下五合六聚而不敢相救，王之威亦單矣。王若能持功守威，挾戰功之心，而肥仁義之地，使無後患，三王不是四，五伯不足六也。王若負人徒之衆，兵革之彊，乘毁魏之威，而欲以力臣天下之主，臣恐其有後患也。《詩》曰：『靡不有初，鮮克有終。』《易》曰：『狐涉水，濡其尾。』此言始之易終之難也。何以知其然也。智伯見伐趙之利，不知榆次之禍；吳見伐齊之便，而不知干遂之敗。此二國者，非無大功也，没利於前，而易患於後也。吳之親越也，從而伐齊，既勝齊人於艾陵，爲越人所禽於三渚之浦。知伯之信韓、魏也，從而伐趙攻晉陽之城，勝有日矣，韓、魏畔之，殺知伯瑶於叢臺之上。今王妬楚之不毁也，而忘毁楚之強韓、魏也，臣爲王慮而不取也。《詩》曰：『大武遠宅而不涉。』從此

觀之，楚國，援也；鄰國，敵也。《詩》曰：『躍躍毚兔，遇犬獲之。』他人有心，予忖度之。』今王中道而信韓、魏之善王也，此昊之親越也。臣聞之，敵不可假，時不可失。臣恐韓、魏卑辭除患，而實欺大國也。何則？王無重世之德於韓、魏，而有累世之怨焉。夫韓、魏父子兄弟接踵而死于秦者，將十世矣，本國殘，社稷壞，宗廟隳，刳腹絶腸，折頸摺頸，身首分離，暴骨草澤，頭顱僵仆，相望于境，係臣束子爲群虜者，相及於路，鬼神潢洋無所食，民不聊生，族類離散，流亡爲僕妾者，盈海内矣，故韓、魏之不亡，秦社稷之憂也。今王齊之與攻楚，不亦過乎！且王攻楚，將惡出兵？王將藉路於仇讎之韓、魏乎？出兵之日，而王憂其不反也，是王以兵資於仇讎之韓、魏也。王若不借路於仇讎之韓、魏，必攻隨水右壤，此皆廣川大水，山林谿谷，不食之地也。王雖有之，不爲得地，是王有毀楚之名，而無得地之實也。且王攻楚之日，四國必悉起兵以應王，秦楚之兵構而不離，韓、魏氏將出兵而攻留、方與、銍、胡陵、碭、蕭、相，故宋必盡。齊人南面，泗北必舉，此皆平原四達，膏腴之地也，而使獨攻。王破楚以肥韓、魏於中國而勁齊。韓、魏之彊，足以枝於秦，齊南以泗水爲境，東負海，北倚河，而無後患。天下之國，莫彊於齊、魏，齊、魏得地保利而詳事下吏，一年之後，爲帝未能，其於楚王之爲

帝有餘矣。夫以王壞土之博，人徒之衆，兵革之彊，一舉事而樹怨於楚，出令韓、魏歸帝重齊，是王失計也。臣爲王慮，莫若善楚，秦、楚合爲一而以臨韓，韓必拱手，王施之以東山之險，帶以曲河之利，韓必爲關內之候，若是而王以十萬伐鄭，梁氏寒心，許、鄢陵嬰城，而上蔡、召陵不往來也，如此而魏亦關內候矣。王一善楚而關內兩萬乘之王，注入地於齊，齊右壤可拱手而取也。王之地一桎兩海，要約天下，是燕、趙無齊、楚，齊、楚無燕、趙，然後危動燕、趙，直搖齊、楚，此四國者，不待痛而服也。」昭王曰：「善。」於是乃止白起，謝韓、魏，發使賂楚，約爲與國。黃歇受約歸楚，解弱楚之禍，全彊秦之兵，黃歇之謀也。

秦、趙戰於長平，趙不勝，亡一都尉。趙王召樓昌與虞卿曰：「軍戰不勝，尉係死，寡人將東甲而赴之。」樓昌曰：「無益也，不如發重寶使而爲構。」虞卿曰：「昌言構者，以爲不構，軍必破也，而制構者在秦，且王之論秦也，欲破王之軍乎？不邪？」王曰：「秦不遺餘力矣，必且破趙軍。」虞卿曰：「王聽臣，發使出重寶以附楚、魏，楚、魏欲王之重寶，必內吾使，吾使入楚、魏，秦必疑天下，恐天下之合從必一心，如此，則構乃可爲也。」趙王不聽，與平陽君爲構，發鄭朱入秦，秦內之。趙王召虞卿曰：「寡人使平陽君爲構

秦，秦已內鄭朱矣，虞卿以爲如何？」對曰：「王不得構，軍必破矣！天下之賀戰勝者，皆在秦。鄭朱，貴人也。而入秦，秦王與應侯必顯重，以示天下，楚、魏以趙爲構，必不救王。則構不可得也。」應侯果顯鄭朱以示天下，賀戰勝者終不肯構，長平大敗，遂圍邯鄲，爲天下笑，不從虞卿之謀也。秦既解圍邯鄲，而趙王入朝，使趙郝約事於秦，割六縣而構。虞卿謂趙王曰：「秦之攻王也，倦而歸乎？亡其力尚能進之，愛王而不攻乎？」王曰：「秦之攻我也，不遺餘力矣，必以倦歸也。」虞卿曰：「秦以其力攻其所不能取，倦而歸，王又攻其力之所不能取以送之，是助秦自攻也。來年秦復攻王，王無救矣。」王以虞卿之言告趙郝曰：「虞卿能量秦力之所至乎？誠知秦力之所不進，此彈丸之地不予，令秦來年復攻於王，王得無割其內而構乎？」王曰：「請聽子割矣，子能必來年秦之不復攻乎？」趙郝曰：「此非臣所敢任也。他日三晉之交於秦相若也，今秦善韓、魏而攻王，王之所以事秦者，必不如韓、魏也。今臣之爲足下解負親之攻，開關通弊，齊交韓、魏，至來年而獨取攻於秦，王之所以事秦，必在韓、魏之後也，此非臣之所敢任也。」王以告虞卿，虞卿對曰：「郝言『不構，來年秦復攻王，王得無復割其內而構乎』。今構，郝又不能必秦之不復攻也，雖割何益？來年復攻，又割其力之所不能取以構，此自盡

之術也，不如無構。秦雖善攻，不能取六縣，趙雖不能守，亦不失六城，秦倦而歸，兵必疲，我以五縣收天下以攻罷秦，是我失之於天下，而取償於秦也。吾國尚利，孰與坐而割地，自弱以彊秦？今郝曰『秦善韓、魏而攻趙者，必王之事秦不如韓、魏也。』是使王歲以六城事秦也，坐而地盡，來年秦復來割，王將予之乎？不予，是弃前功而挑秦禍也，予之，即無地而給之。語曰：『彊者善攻，而弱者不能守。』今坐而聽秦，秦兵不弊而多得地，是彊秦而弱趙也，以益彊之秦，而割愈弱之趙，兵計固不止矣。且王之地有盡，而秦之求無已，以有盡之地，給無已之求，其勢必無趙矣。」計未定，樓緩從秦來，趙王與樓緩計之曰：「予秦地與無予，孰吉？」緩辭讓曰：「此非臣之所能知也。」王曰：「雖然，試言公之私。」樓緩對曰：「亦聞夫公父文伯毋乎，公父文伯仕於魯，病死，女子爲自殺於房中者二人，其毋聞之，不肯哭也。其相室曰：『焉有子死而不哭者乎？』其毋曰：『孔子，賢人也，逐於魯，而是人不隨也。今死而婦人爲自殺者二人，若是者必其於長者薄，而於婦人厚也。』故從毋言，是爲賢毋，從妻言，是必不免爲妒婦。其言一也，言者異則人心變矣。今臣新從秦來而言勿予，則非計也；言予之，恐王以臣爲秦也，故不敢對。使臣得爲大王計，不如予之。」王曰：「諾。」虞卿聞之曰：「此飾說也，王

慎勿予。」樓緩聞之，往見王，王又以虞卿之言告樓緩，樓緩對曰：「不然，虞卿得其一，不得其二。夫秦、趙構難而天下皆説，何也？曰：『吾且因彊而乘弱矣。』今趙兵困於秦，天下之賀戰勝者，必盡在於秦矣，故不如亟割地爲和，以疑天下而慰秦之心。不然，天下將因秦之怒，乘趙之弊而瓜分之，趙見亡，何秦之圖乎？故曰虞卿得其一不得其二，願王以此決之，勿復計也。」虞卿聞之，往見王曰：「危哉！樓子之所以爲秦者，是愈疑天下，而何慰秦之心哉？獨不言示天下弱乎？且臣言勿予，非固勿予而已也。秦索六城於王，而王以六城賂齊。齊，秦之深讎也。得王之六城，并力而西擊秦，齊之聽王，不待辭之畢也。則是王失之於齊，而取償於秦也。而齊、趙之讎可以報矣，而示天下有能爲也。王以此爲發聲，兵未窺於境，臣見秦之事賂，而反構於王也。從秦爲構，韓、魏聞之，必盡重王，重王，必出重寶以先於王，則是王一舉而結三國之親，而與秦易道也。」趙王曰：「善。」即發虞卿東見齊王，與之謀秦。虞卿之謀行而趙霸，此存亡之樞機，樞機之發，間不及旋踵，是故虞卿一言，而秦之震懼趍風馳指而請備，故善謀之臣，其於國豈不重哉？微虞卿，趙以亡矣。

魏請爲從，趙孝成王召虞卿謀，過平原君。平原君曰：「願卿之論從也。」虞卿入見。王曰：「魏請爲從。」對曰：「魏過。」王曰：「寡人固未之許。」對曰：「王過。」王曰：「魏請從，卿曰魏過；寡人未之許，又曰寡人過，然則從終不可邪？」對曰：「臣聞小國之與大國從事也，有利，大國受福；有敗，小國受禍。今魏以小請其禍，而王以大辭其福，臣故曰王過，魏亦過。竊以爲從便。」王曰：「善。」乃合魏爲從。使虞卿久用於趙，趙必霸。會虞卿以魏齊之事，弃侯捐相而歸，不用，趙旋亡。

劉向新序卷第九

新序卷第十

善謀下第十

沛公與項籍俱受令於楚懷王，曰：「先入咸陽者王之。」沛公將從武關入，至南陽守戰，南陽守齮保宛城，堅守不下，沛公引兵圍宛三匝，南陽守欲自殺，其舍人陳恢止之曰：「死未晚也。」於是恢乃踰城見沛公曰：「臣聞足下約先入咸陽者王之，今足下留兵盡日圍宛，宛，大郡之都也，連城數十，人民衆，蓄積多，其吏民自以爲降而死，故皆堅守乘城，足下攻之，死傷者必多，死者未收，傷者未瘳，足下曠日則事留，引兵而去，宛完繕弊甲，砥礪凋兵，而隨足下之後，足下前則失咸陽之約，後有強宛之患，竊爲足下危之。爲足下計者，莫如約宛守降，封之，因使止守，引其甲卒，與之西擊，諸城未下者，聞聲爭開門而待，足下通行無所累。」沛公曰：「善。」乃以宛守爲殷侯，封陳恢千戶，引兵西，無不下者，遂先入咸陽，陳恢之謀也。漢王既用滕公、蕭何之言，擢拜韓信爲上將軍，引信上坐，王問曰：「丞相數言將軍，將軍何以教寡人計策？」信謝，因問王曰：「今東向爭權天下，豈非項王邪？」曰：「然。」「大王自斷勇仁強，孰與項王？」漢王默然良久，曰：「不如也！」信

再拜賀曰：「唯信亦以爲大王不如也。然臣嘗事楚，請言項王爲人。項王喑噁叱咤，千人皆廢，然不能任屬賢將，此匹夫之勇耳。項王見人恭謹，言語呴呴，人疾病，涕泣分食飲，至使人有功當封爵，印刓綬弊，忍不能與，此所謂婦人之仁。項王雖霸天下而臣諸侯，不居關中，都彭城，■■義帝約，而以親愛王，諸侯不平。諸侯之見項王遷逐義帝江南，亦皆歸逐其主，自王善地。項王所過，無不殘滅多怨，百姓不附，特劫於威強服耳。名雖爲霸王，實失天下心，故曰其強易弱。今大王誠■其道，任天下武勇，何不誅？以天下城邑封功臣，何不服？以義兵從思東歸之士，何不散？且三秦王爲秦將，秦弟子數歲，所殺亡不可勝計，又欺其衆降諸侯，至新安，項王詐坑秦降卒二十餘萬人，唯獨邯、欣、翳脫，秦父兄怨此三人，痛入骨髓。今楚強以威王此三人，秦民莫愛，大王之入武關，秋毫無所害，除秦苛法，與秦約法三章，且秦民無不欲得大王王秦者，於諸侯約，大王當王關中，民戶知之，大王失職之蜀，民無不恨者，今大王舉而東，三秦可傳檄而定也。」於是漢王喜，自以爲得信晚，遂聽信計，部署諸將所擊。八月，漢王東出，秦民歸漢王，遂誅三秦王，定其地，收諸侯兵討項王，定帝業，韓信之謀也。

趙地亂，武臣、張耳、陳餘定趙地，立武臣爲趙王，張耳爲相，陳餘爲將

軍。趙王間出，爲燕軍所得，燕囚之，欲與三分其地，乃歸王，使者至，燕輒殺之，以固求地。張耳、陳餘患之，有廝養卒謝其舍中人曰：「吾爲公說燕，與趙王載歸。」舍中人皆笑之曰：「使者往十輩死，若何以能得王？」廝養卒曰：「非若所知。」乃洗沐往見張耳、陳餘，遣行，見燕王，燕王問之，對曰：「賤人希見長者，願請一巵酒。」已飲，又問之。復曰：「賤人希見長者，願復請一巵酒。」與之酒。卒曰：「王知臣何欲？」燕王曰：「欲得而王耳。」卒曰：「君知張耳、陳餘何人也？」燕王曰：「賢人也。」曰：「君知其意何欲？」曰：「欲得其王耳。」趙卒笑曰：「君未知兩人所欲也。夫武臣、張耳、陳餘杖馬箠，下趙數十城，此亦各欲南面而王，豈爲卿相哉？夫臣與主，豈可同日道哉？顧其勢始定，未敢三分而王。且以長少先立武臣爲王，以持趙心，今趙地已服，此兩人亦欲分趙而王，時未可耳。今君囚趙王，此兩人名爲求趙王，實欲燕殺之，此兩人分趙自立。夫以一趙尚易燕，況兩賢王左提右挈，執直義而以責不直之弱燕，滅無日矣。」燕王以爲然，乃遣趙王，養卒爲御而歸，遂得反國，復立爲王，趙卒之謀也。

酈食其號酈生，說漢王：「臣聞之，知天之天者，王事可成；不知天之天

者，王事不可成。王者以民爲天，而民以食爲天。夫敖倉，天下轉輸久矣，臣聞其下乃有藏粟甚多。楚人技滎陽，不堅守敖倉，乃引而東，令謫過卒分守成皐，此乃天所以資漢。方今楚易取而漢反却，自守便，臣竊以爲過矣。且兩雄不俱立，楚、漢久相持不决，百姓騷動，海内摇蕩，農夫釋耒，工女下機，天下之心，未有所定也。願陛下急復進兵，收取滎陽，據敖倉之粟，塞成皐之險，杜太行之路，距蜚狐之口，守白馬之津，以示諸侯形制之勢，則天下知所歸矣。」漢王曰：「善。」乃從其計畫，復守敖倉，卒粮食不盡，以擒項氏。其後吴、楚反，將軍竇嬰、周亞夫復據敖倉，塞成皐如前，以破吴、楚。皆酈生之謀也。酈生説漢王曰：「方今燕、趙已復，唯齊未下，今田横據千里之齊，田間據二十萬之軍於歷城，諸田宗強，負海阻河濟，南近楚，民多變詐，陛下雖遣數十萬師，未可以歲月下也。臣請奉明詔説齊王，令稱東藩。」於是使酈生食其説齊王，曰：「王知天下之所歸乎？」王曰：「不知也。」曰：「王知天下之所歸，則齊國可得而有也，若不知天下之所歸，則齊國未可保也。」齊王曰：「天下何歸？」曰：「歸漢。」王曰：「先生何以言之？」曰：「漢王與項王，戮力西面擊秦，約先入咸陽者王之。漢王先入咸陽，項王倍約不與而王漢中；項王遷殺義帝，漢王起蜀漢之兵擊三秦，出關而責義帝之處，收天下之

兵，立諸侯之後。降城即以侯其將，得賂即以予其士，與天下同其利，豪桀賢才，皆樂爲其用。諸侯之兵，四面而至，蜀漢之粟，方船而下。項王有倍約之名，殺義帝之實，於人之功無所記，於人之過無所忘；戰勝而不得其賞，拔城而不得其封；非項氏莫得用事；爲人刻印，刓而不能授；攻城得賂，積財而不能賞，天下畔之，賢才怨之，而莫爲之用。故天下之事，歸於漢王，可坐而策也。夫漢王發蜀漢，定三秦，涉西河之外，乘上黨之兵，下斤陘，誅成安，破北魏，舉三十二城，此蚩尤之兵，非人之力也。今已據敖倉之粟，塞成皐之險，守白馬之津；杜太行之阪，距蜚狐之口，天下後服者先亡矣。王疾下漢王，齊國社稷，可得而保也；不下漢王，危亡可立而待也。」田横以爲然，即聽酈生，罷歷下兵戰守之備，與酈生日縱酒。此酈生之謀也。及齊人蒯通説韓信曰：「足下受詔擊齊，何故止？將三軍之衆，不如一豎儒之功？可因齊無備擊之。」韓信從之，酈生爲田横所害，後信、通亦不得其所，由不仁也。

漢三年，項羽急圍漢王滎陽，漢王恐憂，與酈生謀撓楚權。酈生曰：「昔湯伐桀，封其後於杞。武王伐紂，封其後於宋。今秦無德弃義，侵伐諸侯社稷，滅六國之後，使無立錐之地。陛下誠復立六國後，畢授印已，此君臣百姓，必皆戴陛下德，莫不嚮風慕義，願爲臣妾。德義已行，陛下南嚮稱霸，楚

必斂衽而朝。」漢王曰：「善。趣刻印，先生因行佩之矣。」酈先生未行，張良從外求謁，漢王方食，曰：「子房前，客有爲我計撓楚權者。」具以食其言告之。曰：「其於子房意如何？」良曰：「誰爲陛下畫此計者？陛下事去矣。」漢王曰：「何哉？」良對曰：「臣請借前箸而籌之。」曰：「昔湯伐桀，而封其後於杞者，斯能制桀之死命也。陛下能制項籍之死命乎？」曰：「未能也。」「其不可一也。武王伐紂而封其後於宋者，斯能得紂之頭也。今陛下能得項籍之頭乎？」曰：「未能也。」「其不可二矣。武王入殷，表商容之閭，軾箕子之門，封比干之墓。今陛下能封聖人之墓，表賢人之閭，軾智者之門乎？」曰：「未能也。」「其不可三矣。發鉅橋之粟，散鹿臺之錢，以賜貧羸。今陛下能散府庫以賜貧羸乎？」曰：「未能也。」「其不可四矣。殷事已畢，偃革爲軒，倒載干戈，以示天下不復用兵。今陛下能偃革倒載干戈乎？」曰：「未能也。」「其不可五也。休馬於華山之陽，以示無所用。今陛下能休馬無所用乎？」曰：「未能也。」「其不可六矣。休牛於桃林，以示不復輸粮。今陛下能休牛不復輸粮乎？」曰：「未能也。」「其不可七矣。且夫天下游士，捐其親戚，弃墳墓，去故舊，從陛下游者，皆日夜望尺寸之地，今復立韓、魏、燕、趙、齊、楚之後，其王皆復立，遊士各歸事其主，從其親戚，反其故舊墳墓，陛下誰與取

天下乎？其不可八也。且夫楚惟無強，六國復撓而從之，陛下焉得而臣之乎？誠用客之計，陛下之事去矣。」漢王輟食吐哺，罵曰：「豎儒幾敗乃公事。」領趣銷印，止不使，遂并天下之兵，誅項籍，定海内，張子房之謀也。

漢五年，追擊項王陽夏南，止軍，與淮陰侯韓信、建成侯彭越期會而擊楚軍，至固陵不會，楚擊漢軍，大破之。漢王復入壁，深塹而守之，謂張子房曰：「諸侯不從約，奈何？」對曰：「楚兵且破，而未有分地，其不至固宜，君王能與共天下，今可立致也；則不能，事未可知也。君王能自陳以東傅海盡與韓信，睢陽以北至穀城盡與彭越，使各自爲戰，則楚易敗也。」漢王乃使使會告韓信、彭越曰：「并力擊楚，楚已破，自陳以東傅海與齊王，睢陽以北至穀城與彭相國。」使者至，韓信、彭越皆喜，報曰：「請今進兵。」韓信乃從齊行，彭越兵自梁至，諸侯來會，遂破楚軍于垓下，追項王，誅之於淮津。二君之功，張子房之謀也。

漢六年，正月，封功臣，張子房未嘗有戰鬬之功，高皇帝曰：「運籌策帷幄之中，決勝千里之外，子房功也，子房自擇齊三萬戶。」良曰：「始臣起下

邳，與上會留，此天以臣授陛下。陛下用臣計，幸而時中，臣願封留足矣，不敢當齊三萬戶。」乃封良爲留侯，及蕭何等，其餘功臣皆未封。群臣自疑，恐不得封，咸不自安，有摇動之心。於是高皇帝在雒陽南宫上臺，見群臣往往相與坐沙中語。上曰：「此何語？」留侯曰：「陛下不知乎？謀反耳。」上曰：「天下屬安，何故而反？」留侯曰：「陛下起布衣，與此屬定天下，陛下已爲天子，而所封皆蕭、曹故人，所誅皆平生怨仇。今軍吏計功，以天下不足以徧封，此屬畏陛下不能盡封，又見疑平生過失及誅，故即聚謀反耳。」上乃憂，曰：「爲將奈何？」留侯曰：「上平生所憎，群臣所共知，誰最甚者？」上曰：「雍齒與我有故，數窘辱我，欲殺之，爲其功多，故不忍。」留侯曰：「今急先封雍齒，以示群臣。群臣見雍齒得封，即人人自堅矣。」於是上置酒封雍齒爲什方侯，而急詔趣丞相、御史定功行封，群臣罷酒，皆喜曰：「雍齒且侯，我屬無患矣。」還倍畔之心，銷邪道之謀，使國家安寧，累世無患者，張子房之謀也。

高皇帝五年，齊人婁敬戍隴西，過雒陽，脫輅輓，見齊人虞將軍曰：「臣願見上言便宜事。」虞將軍欲與鮮衣。婁敬曰：「臣衣帛，衣帛見；衣褐，衣褐見，不敢易。」虞將軍入言上，上召見，賜食已而問，敬對曰：「陛下都雒陽，

豈欲與周室比隆哉？」上曰：「然。」敬曰：「陛下取天下，與周室異。周之先自后稷，堯封之邰，積德累善十餘世，公劉避桀居豳，大王以狄伐去豳，杖馬策居岐國，人爭歸之，及文王爲西伯，斷虞芮訟，始受命，呂望、伯夷自海濱來歸之，武王伐紂，不期而會孟津上八百諸侯，滅殷，成王即位，周公之屬傅相，乃營成周雒邑，以爲天下中，諸侯四方納貢職，道里均矣。有德則易以王，無德則易以亡，凡居此者，欲令周務德以致人，不欲恃險阻，令後世驕奢以虐民。及周之衰分爲兩，天下莫朝，周不能制，非德薄，形勢弱也。今陛下起豐擊沛，收卒三千人，以之徑往卷蜀漢，定三秦，與項羽大戰七十，小戰四十，使天下民肝腦塗地，父子暴骨中野，不可勝數，哭泣之聲未絕，傷夷者未起，而欲比隆成康周公之時，臣竊以爲不侔矣。且夫秦地被山帶河，四塞以爲固，卒然有急，百萬之衆可具。因秦之故，資甚美膏腴之地，此謂天府。陛下入關而都，山東雖亂，秦故地可全而有也。夫與人鬬而不搤其亢，拊其背，未全勝也。」高皇帝疑，問左右大臣，皆山東人，多勸上都雒陽，東有成皋，西有肴澠，倍河海，嚮伊洛，其固亦足恃，且周王數百年，秦二世而亡，不如都周。留侯張子房曰：「雒陽雖有此固，國中小不過數百里，田地狹，四面受敵，此非用武之國。夫關中左肴函，右隴蜀，沃野千里，南有巴

蜀之饒，北有故宛之利，阻三面，守一隅，東向制諸侯，諸侯安定，河渭漕輓天下，西給京師；諸侯有變，順流而下，足以委輸，此所謂金城千里，天府之國也。婁敬說是也。」於是高皇帝即日駕，西都關中，由是國家安寧。雖彭越、陳豨、盧綰之謀，九江、燕、代之兵，及吳、楚之難，關東之兵，雖百萬之師，猶不能以爲害者，由保仁德之惠，守關中之固也。國以永安，婁敬、張子房之謀也。上曰：「本言都秦地者，婁敬也。婁者，乃劉也。」賜姓劉氏，拜爲郎中，號曰奉春君，後卒爲建信侯。留侯張子房，於漢已定，性多疾，即導引不食穀，杜門不出。歲餘，上欲廢太子，立戚氏夫人子趙王如意，大臣多爭，未能得堅決者也。呂后恐，不知所爲。人或謂呂后曰：「留侯善畫計策，上信用之。」呂后乃使建成侯呂澤劫留侯曰：「君常爲上計，今日欲易太子，君安得高枕卧？」留侯曰：「始上數在困急之中，幸用臣，今天下安定，以愛幼欲易太子，骨肉間，雖臣等百餘人，何益？」呂澤強要曰：「爲我畫計。」留侯曰：「此難以口舌爭，顧上有所不能致者，天下有四人，園公、綺里季、夏黄公、角里先生。此四人者年老矣，皆以上慢侮士，故逃匿山中，義不爲漢臣，然上高此四人。公誠能無愛金玉璧帛，令太子爲書，卑辭，以安車迎之，因使辯士固請，宜來，來以爲客，時時從入朝，令上見之。上見之即

必異問之，問之，上知此四人，亦一助也。」於是呂后令澤使人奉太子書，卑辭厚禮迎四人。四人至，舍呂澤所。至十二年，上從破黥布軍歸，疾益甚，愈欲易太子，留侯諫，不聽，因疾不視事。太傅叔孫通稱説引古，以死爭太子，上佯許之，猶欲易之。及燕，置酒，太子侍，四人者從太子，皆年八十有餘，鬚眉皓白，衣冠甚偉，上怪而問曰：「何爲者？」四人前對，各言其姓名，上乃驚曰：「吾求公數歲，公避逃我，今公何自從吾兒游乎？」四人皆對曰：「陛下輕士善罵，臣等義不辱，故恐而亡匿，聞太子爲人子孝，仁敬愛士，天下莫不延頸，願爲太子死者，故來耳。」上曰：「煩公幸卒調護太子。」四人爲壽已畢，起去，上目送之，召戚夫人指示四人者曰：「我欲易之，彼四人輔之，羽翼已成，難動矣。呂氏真而主矣。」戚夫人泣下，上曰：「爲我楚舞，吾爲若楚歌。」歌曰：「鴻鵠高蜚，一舉千里，羽翮已就，橫絶四海，當可奈何？雖有矰繳，尚安所施？」歌數闋，戚夫人噓唏流涕，上起去，罷酒。竟不易太子者，留侯召四人之謀也。

漢十一年，九江黥布反，高皇帝疾，欲使太子往擊之，是時園公、綺里季、夏黄公、角里先生，已侍太子，聞太子將擊黥布，四人相謂曰：「凡來者將以存太子，太子將兵，事危矣。」乃説建成侯曰：「太子將兵，有功，則位

不益；無功，從此受禍矣。且太子所與俱諸將，皆嘗與上定天下梟將也，乃使太子將之，此無異使羊將狼也，皆不肯爲用盡力，其無功必矣。臣聞毋愛者抱子，今戚夫人日夜侍御，趙王常居抱前，上終不使不肖子居愛子上，明乎其代太子位必矣。君何不急謂呂后，承間爲上泣，言黥布天下猛將，善用兵，諸將皆陛下故等倫，乃令太子將此屬，無異使羊將狼，莫爲用。且使布聞之，即鼓行而西耳。上雖疾，卧護之，諸將不敢不盡力，雖苦，強爲妻子計。載輜車，卧而行。」於是呂澤立夜見呂后，呂后承間爲上泣而言，如四人意。上曰：「吾惟豎子故不足遣，乃公自行耳。」於是上自將東，群臣居守，皆送至霸上。留侯疾，強起至曲郵，見上曰：「臣宜從，疾甚，楚人剽疾，願上無與楚人爭鋒。」因說上曰：「令太子爲將軍，監關中諸侯兵。」上謂子房：「雖疾，強起卧而傅太子。」是時叔孫通已爲太子太傅，留侯行少傅事。漢遂誅黥布，太子安寧，國家晏然，此四公子之謀也。

齊悼惠王者，孝惠皇帝之兄也。孝惠皇帝二年，悼惠王入朝，孝惠皇帝與悼惠王讌飲，乃行家人禮，同席。呂太后怒，乃進鴆酒，孝惠皇帝知，欲代飲之，乃止。悼惠王懼不得出城，上車太息，內史參乘怪問其故，悼惠王具以狀語內史，內史曰：「王寧亡十城邪？將亡齊國也？」悼惠王曰：「得全身

而已，何敢愛城哉！」内史曰：「魯元公主，太后之女，大王之弟也。大王封國七十餘城，而魯元公主湯沐邑少；大王誠獻十城爲魯元公主湯沐邑，内有親親之恩，外有順太后之意，太后必大喜。是亡十城而得六十城也。」悼惠王曰：「善。」至邸，上奏獻十城爲魯元公主湯沐邑，太后果大悦，受邑，厚賜悼惠王而歸之，國遂安，齊内史之謀也。

孝武皇帝時，大行王恢數言擊匈奴之便，可以除邊境之害，欲絶和親之約，御史大夫韓安國以爲兵不可動。孝武皇帝召群臣而問曰：「朕飾子女以配單于，幣帛文錦，賂之甚厚，今單于逆命加慢，侵盜無已，邊境數驚，朕甚閔之，今欲舉兵以攻匈奴，如何？」大行臣恢再拜稽首曰：「善。陛下不言，臣固謁之。臣聞全代之時，北未嘗不有彊胡之敵，内連中國之兵也，然尚得養老長幼，樹種以時，倉廩常實，守禦之備具，匈奴不敢輕侵也。今以陛下之威，海内爲一家，天下同任，遣子弟乘邊守塞，轉粟輓輸，以爲之備，而匈奴侵盜不休者，無他，不痛之患也。臣以爲擊之便。」御史大夫臣安國稽首再拜曰：「不然。臣聞高皇帝嘗圍於平城，匈奴至而投鞍，高於城者數所。平城之厄，七日不食，天下歎之。及解圍反位，無忿怨之色，雖得天下，而不報平城之怨者，非以力不能也。夫聖人以天下爲度者也，不以己之私怒，傷天下

之公義，故遣劉敬結爲和親，至今爲世利。孝文皇帝嘗一屯天下之精兵於嘗溪廣武，無尺寸之功。天下黔首約要之民，無不憂者，孝文皇帝悟兵之不可宿也，乃爲和親之約，至今爲後世利。臣以爲兩主之迹，足以爲効，臣故曰勿擊便。」大行曰：「不然。夫明於形者，分則不過於事；察於動者，用則不失於利；審於静者，恬則免於患。高帝被堅執鋭，以除天下之害，蒙矢石，沾風雨，行幾十年，伏尸蒲澤，積首若山，死者什七，存者什三，行者垂泣而倪於兵。夫以天下未力厭事之民，而蒙匈奴飽佚，其勢不便。故結和親之約者，所以休天下之民。高皇帝明於形而以分事，通於動静之時。蓋五帝不相同樂，三王不相襲禮者，非故相反也，各因世之宜也。教與時變，備與敵化，守一而不易，不足以子民。今匈奴縱意日久矣，侵盗無已，係虜人民，戍卒死傷，中國道路，槥車相望，此仁人之所哀也。臣故曰擊之便。」御史大夫曰：「不然。臣聞之，利不什不易業，功不百不變常，是故古之人君，謀事必就聖，發政必擇語，重作事也。自三代之盛，遠方夷狄，不與正朔服色，非威不能制，非強不能服也，以爲遠方絶域，不牧之民，不足以煩中國也。且匈奴者，輕疾悍亟之兵也，畜牧爲業，弧弓射獵，逐獸随草，居處無常，難得而制也。至不及圖，去不可追；來若風雨，解若收電，今使邊郡久廢耕織之業，

以支匈奴常事，其勢不權。臣故曰勿擊爲便。」大行曰：「不然。夫神蛟濟於淵，而鳳鳥乘於風，聖人因於時。昔者秦繆公都雍郊，地方三百里，知時之變，攻取戎，辟地千里，幷國十二，隴西北地是也。其後蒙恬爲秦侵胡，以河爲境，累石爲城，積木爲寨，匈奴不敢飲馬北河，置烽燧然後敢牧馬。夫匈奴可以力服也，不可以仁畜也。今以中國之大，萬倍之資，遣百分之一以攻匈奴，譬如以千石之弩，射癰潰疽，必不留行矣。則北發月氏，可得而臣也。臣故曰擊之便。」御史大夫曰：「不然。臣聞善戰者，以飽待飢，安行定舍，以待其勞，整治施德，以待其亂，接兵奮衆，深入伐國墮城，故常坐而役敵國，此聖人之兵也。夫衝風之衰也，不能起毛羽；強弩之末力，不能入魯縞。盛之有衰也，猶朝之必暮也，今卷甲而輕舉，深入而長驅，難以爲功。夫橫行則中絶，從行則迫脅；徐則後利，疾則粮乏，不至千里，人馬絶飢，勞以遇敵，正遺人獲也。意者有他詭妙，可以擒之，則臣不知，不然，未見深入之利也。臣故曰勿擊之便。」大行曰：「不然。夫草木之中霜霧，不可以風過；清水明鏡，不可以形遯也；通方之人，不可以文亂。今臣言擊之者，固非發而深入也，將順因單于之欲，誘而致之邊，吾伏輕卒鋭士以待之，陰遮險阻以備之。吾勢以成，或當其左，或當其右；或當其前，或當其後，單于可擒，

百全必取。臣以爲擊之便。」於是遂從大行之言。孝武皇帝自將師伏兵於馬邑，誘致單于。單于既入塞，道覺之，奔走而去。其後交兵接刃，結怨連禍，相攻擊十年，兵凋民勞，百姓空虛，道殣相望，槥車相屬，寇盜蒲山，天下搖動。孝武皇帝後悔之。御史大夫桑弘羊請佃輪臺。詔卻曰：「當今之務，務在禁暴，止擅賦。今乃遠西佃，非所以慰民也。朕不忍聞。」封丞相號曰富民侯，遂不復言兵事。國家以寧，繼嗣以定，從韓安國之本謀也。

孝武皇帝時，中大夫主父偃爲策曰：「古諸侯不過百里，強弱之形易制也。今諸侯或連城數十，地方千里，緩則驕，易爲淫亂；急則阻其強而合從，謀以逆京師，今以法割之，即逆節萌起，前日晁錯是也。今諸侯子弟或十數，而適嗣代立，餘雖骨肉，無尺地之封，則仁孝之道不宣，願陛下令諸侯得推恩分子弟，以地侯之，彼人人喜得所願，上以德施，實封其國，而稍自消弱矣。」於是上從其計，因關馬及弩不得出，絕遊說之路，重附益諸侯之法，急詿誤其君之罪，諸侯王遂以弱，而合從之事絕矣，主父偃之謀也。

新序卷之十

朝鮮刊本劉向説苑

[韓]閔寬東
[韓]劉承炫
陳文新 整理

目録

劉向説苑題解

朝鮮刊本《新序》與《説苑》之研究

就作品在异域的流播而言，能起到重要影響的媒介之一是翻譯出版，而「原文出版」則在影響上更爲有力。這是因爲，翻譯者在進行翻譯工作時，自身種種主觀因素會在有意無意間進入所譯出的文本。與之相反，在同一文字文化圈内才可能實現的原文出版則能避免這種情况的發生。

在朝鮮王朝時期，韓文雖已問世，但漢文依然作爲官方文字而被使用，其時在韓國所刊中國文獻皆以原文出版爲主。迄今爲止，可以確認爲朝鮮王朝時期所出版的中國古典小説達二十四種：

（一）《列女傳》（二）《新序》（三）《説苑》（四）《博物志》（五）《世説新語補》（六）《西陽雜俎》（七）《訓世評話》（八）《太平廣記》（九）《嬌紅記》（一〇）《剪燈新話句解》（一一）《剪燈餘話》（一二）《文苑楂橘》（一三）《三國志演義》（一四）《水滸傳》（一五）《西遊記》（一六）《楚漢傳》（一七）《薛仁貴傳》（一八）《鐘離葫蘆》（一九）《花影集》（二〇）《效顰集》（二一）

《玉壺冰》（二二）《皇明世説新語》（二三）《兩山墨談》（二四）《錦香亭記》。〔一〕

二〇一〇年，筆者在進行韓國研究財團基礎研究工程時曾對韓國各地古書目録做過調查，發現《新序》與《説苑》尚存有當時版本。《新序》與《説苑》皆爲西漢末期劉向所編纂。據學者研究，《説苑》一書是在《新序》留下的資料基礎上完成的，成書時間大致爲《新序》完成（公元前二十四年）七年之後，即公元前十七年（漢成帝鴻嘉四年）。與《新序》相比，《説苑》不論是在内容上還是在篇幅上都顯得更爲自由、龐大。〔二〕《説苑》共二十卷（君道、臣術、建本、立節、貴德、復恩、政理、尊賢、正諫、法誡、善説、奉使、權謀、至公、指武、談叢、雜言、辨物、修文、反質），記述了古代先賢的事迹并收録多種寓言逸話，旨在對執政者作訓誡教育。因與《新序》同源，在内容上有所重複。

這裏擬對《新序》《説苑》二書在韓國的傳入記録、當時的評論和出版記録等進行考察，對版本概況做出分析，并對二書在韓國出版的動因、意義、價值等加以審視。

一、《新序》《説苑》在韓國的傳入記録

在現存文獻當中，最早提及《説苑》傳入記録的是《朝鮮王朝實録》中的《仁祖實録》。《仁祖實録》仁

〔一〕閔寛東等：《韓國所藏稀貴本中國文言小説介紹和研究》，韓國學古房，二〇一四年，一〇六—一〇七頁。

〔二〕劉向撰、林東錫譯注：《新序》，韓國東西文化社，二〇〇九年。參見《説苑》題解。

祖二十三年（一六四五）記載：

右議政李景奭，以雷變上劄，乞免，且陳時事略曰……又有大於荒政者乎？《周禮》荒政，所當講明而申飭者也。昔在麗代成宗朝，金審言上疏，請以劉向《説苑》六正六邪文及《漢書》刺史六條，堂壁各寫其文，出入省覽，以備高抬貴手。王大加褒奬，依所奏施行。其後崔冲以爲：今世代已遠，宜更書揭之，使知飭勵。從之。其言皆切實，亦古者訓戒之意也。敢將《周禮》荒政及《説苑》刺史條，列録於劄尾。伏願殿下命寫一通，並與盤席之銘而置諸座右，以寓閑燕之省察。又令政院取荒政以下之文，内則付諸政府及六曹，使之各録於屬司之壁上，外則遍諭於八道監司兩府留守州縣，廳壁並令書揭，常存惕念，則其於風化，不爲無補。

［《仁祖實録》卷四六—七八，仁祖二十三年（一六四五）十月九日，丁亥］

以上雖爲朝鮮王朝仁祖時期之記載，其所述内容却爲高麗王朝成宗時期（九八一—九九七）的事。换言之，在高麗王朝成宗年間，即九八一至九九七年這一時期，《説苑》已經流播於韓國境内并廣爲當時諸大臣官吏所知悉。經過六百五十餘年，在朝鮮時代仁祖年間，即十七世紀中葉，《説苑》仍不但廣爲當時君臣所知悉，其文中格言更是被廣泛用於國家政策或風俗教化中。

有關《説苑》傳入記録的另一記載見於《高麗史》宣祖八年（一〇九一）：

丙午，李資義等還自宋，奏云：帝聞我國書籍多好本，命館伴書所求書目録授之，乃曰：雖有卷第不足者，亦須傳寫附來……《尚書》、荀爽《周易》十卷、《京房易》十卷、鄭康成《周易》九卷、陸績注《周易》十四卷、虞翻注《周易》九卷、《東觀漢記》一百二十七卷、謝承《後漢書》一百三十卷、《韓詩》二十二卷、業遵《毛詩》二十卷、吕忱《字林》七卷、《古玉篇》三十卷、《括地志》五百卷、《輿地志》三十卷、《新序》三卷、《説苑》二十卷、劉向《七録》二十卷……《黄帝針經》九卷、《九墟經》九卷……《淮南子》二十一卷……羊祜《老子》二卷、羅什《老子》二卷、鐘會《老子》二卷……吴均《齊春秋》三十卷……《班固集》十四卷……嵇康《高士傳》三卷……干寶《搜神記》三十卷。

［《高麗史》卷十，宣宗八年（一〇九一）六月條］

綜上所述，可以確認的是，至少高麗初葉，约一〇九一年左右为止，劉向之《新序》《説苑》，还有嵇康《高士傳》、干寶《搜神記》等已經在韓國境内流傳了很长一段時間。中國宋代文人陸游（一一二五—一二一〇）所著《渭南集》中，有如下記録：

李德芻云：館中《説苑》二十卷，而闕《反質》一卷，曾鞏乃分《修文》爲上下，以足二十卷。後高麗進一卷，遂足。

陸游於篇末標注有「淳熙乙巳十月六日務觀」字樣。淳熙乙巳爲南宋孝宗淳熙十二年，即一一八五年；務觀爲陸游的字。〔一〕

以上記録説明：《説苑》在中國一度僅有殘本，其後通過逆進口高麗《説苑》所藏本，方有了全本《説苑》；中韓兩國的文化交流，并非單純意義上的一方輸入、一方輸出，而是經常進行着雙向互動的學術交流。

上述記録之後的一段歷史時期内，在韓國有關《説苑》《新序》的記載頗爲稀少。到朝鮮王朝初葉時，相關記録再現於史册。其中，多數見於《朝鮮王朝實録》，如《太宗實録》：

命史官金尚直取忠州史庫書册以進：《小兒巢氏病源候論》《大廣益會玉篇》《鬼谷子》《五臟六腑圖》《新雕保童秘要》《廣濟方》《陳郎中藥名詩》《神農本草圖》《本草要括》《五音指掌圖》《廣韻》《經典釋文》《國語》《爾雅》《白虎通》《劉向説苑》《山海經》《王叔和脈訣口義辯誤》《前定録》《黄帝素問》《武成王廟贊》《兵要》《前後漢著明論》《桂苑筆耕》《前漢書》《後漢書》《文粹》《文選》《高麗歷代事迹》《新唐書》《神秘集》《册府元龜》等書册也。且命曰：「《神秘集》毋得披閲，而別封以進。」上覽其集曰：「此書所載，皆怪誕不經之説。」命代言柳思訥焚之。其餘春秋館藏之。

［《太宗實録》卷二四—八，太宗十二年（一四一二）八月七日，己未］

〔一〕劉向撰、林東錫譯注：《説苑》，韓國東西文化社，二〇〇九年，序。

朝鮮太宗大王命史官取忠州史庫所藏部分書籍納入宮中，《説苑》《山海經》《廣韻》《國語》《爾雅》《桂苑筆耕》《前漢書》《後漢書》《文選》《新唐書》《册府元龜》等一并被視爲文、史、哲名著。又如《成宗實録》：

左議政韓明澮進《新增綱目通鑑》《名臣言行録》《新增本草》《遼史》《金史》《劉向説苑》《歐陽文忠公集》各一帙，慶會樓、大成殿、明倫堂、藏書閲匾額、龍腦一器、蘇合香油二器、墨二封，及中朝文士所和押鷗亭詩軸，仍啓曰：「《綱目》，太監金輔，素知上好學，付臣獻之。此本中朝亦罕有之，若一失，難再購。龍腦、蘇合油各一器、墨一封，太監姜玉所獻也，餘皆臣私買也。」

［《成宗實録》卷五六，成宗六年（一四七五），六月壬午］

時任左議政的韓明澮知成宗喜愛讀書，便獻上諸多珍貴典籍，而《説苑》也在其中。《成宗實録》又載：

（丙子）正朝使漢城府右尹李克基、副使大護軍韓忠仁來覆命，仍進《清華集》《劉向新序》《劉向説苑》《朱子語類》《分類杜詩》及羊角書板。

［《成宗實録》卷一三九—六，成宗十三年（一四八二）三月丙子］

正副朝貢使李克基、韓忠仁出使明朝，「覆命」的一個重要内容是：在中國購入《新序》《説苑》，帶回朝鮮，進獻給國王。這意味着當時的朝鮮君臣極爲重視此二書。與之相應的記録有：

傳曰：予觀劉向《説苑》云：星變旱災，由於某事之先。是膠固不通矣。《洪範》庶征亦云：某事得則某休征應，某事失則某咎征應。先儒亦以爲膠固不通矣。

［《成宗實録》卷二九〇—三〇，成宗二十五年（一四九四）五月辛丑］

成宗大王雖然不贊同《説苑》的話，但他的鄭重引用，却顯示了《説苑》在他心中的分量。李圭景（一七八八—一八五六）《五洲衍文長箋散稿》中也有引用《説苑》的記載：

《説苑》扈子曰：《春秋》，國之鑒也。宋神宗以司馬光所編歷代君臣事迹，賜名《資治通鑒》，以此也。然則《通鑒》之體裁，無异《春秋》，而間多訛謬。

［《五洲衍文長箋散稿》第十九輯，《史籍類二·史籍雜説》］［一］

［一］《五洲衍文长箋散稿》第十九輯，《史籍類二·史籍雜説》（全五卷），韓國民族文化促進會版，一九八九年，一二七頁。

看得出來，劉向的幾部作品，有關《説苑》的記載較之《新序》更多。《説苑》傳入韓國，歷經高麗時代、朝鮮時代，上至君王，下到文人，備受喜愛。

二、《新序》與《説苑》在韓國的出版記録與版本概況

（一）《新序》與《説苑》的出版記録

有關《新序》與《説苑》的出版記録，最早見於《成宗實録》之成宗二十四年（一四九三）十二月二十九日條：

吏曹判書李克墩來啓：「《太平通載》《補閑》等集，前監司時已始開刊，劉向《説苑》《新序》，非徒有關於文藝，亦帝王治道之所繫；《酉陽雜俎》雖雜以不經，亦博覽者所宜涉獵，臣令開刊。前日諸道新刊書册，進上有命，故進封耳。未知何書爲關於詩學，而指臣爲中之乎？」［《成宗實録》卷二八五—二一，成宗二十四年（一四九三）十二月，己丑］

根據這一記録，《新序》《説苑》《酉陽雜俎》等已於一四九三年之前刊行於世。若以成宗二十三年（一四九二）《唐段少卿酉陽雜俎》於月城（慶州）出版問世作爲參照，則《新序》《説苑》的刊出時間極有可能是在一四九二年或一四九三年。

《攷事撮要》[一]與《嶺南册版記》[二]中也可以找到《説苑》的出版記録。筆者據宣祖元年（一五六八）刊行本《攷事撮要》和宣祖十八年（一五八五）刊行本《攷事撮要》中所提及的中國古典小説，所得出的統計結果是：

宣祖元年（一五六八）刊行本《攷事撮要》：五百五十七部。

原州：《剪燈新話》；江陵：《訓世評話》；南原：《博物志》；淳昌：《效顰集》《剪燈餘話》；光州：《列女傳》；安東：《説苑》；草溪：《太平廣記》；慶州：《酉陽雜俎》；晋州：《太平廣記》。

〔一〕《攷事撮要》一書是由魚叔權等於一五五四年（明宗九年）奉王命，收集參考《帝王歷年記》《要集》等資料編纂而成，全書主要内容爲當時之「事大交鄰」與各種記事等，分上、中、下三卷。此後，一直到徐命膺於一七七一年大幅修正增補《考事新書》爲止，已刊出共計十二版之多。現存最早本爲一五六八年（宣祖元年）所刊之乙亥字本。一五八五年（宣祖十九年）所刊行之木刻本是由許篈對書中必要部分進行了修正增補後所刊出的版本，於壬辰倭亂後失傳；至一六一三年（光海君五年）由朴希賢補充，刊出《續攷事撮要》；至一六三六年（仁祖十四年）由崔鳴吉再次增補而編纂出《續編攷事撮要》。金致雨：《〈攷事撮要〉的册版目録研究》，韓國民族文化出版社，一九八三年，七一—一四三頁。

〔二〕有關《嶺南册版記》的成書時期有兩種看法：李朝明宗九年（一五五四）以前説；宣祖元年（一五六八）以後説。劉向《説苑》之出版記録亦見於此書：「劉向《説苑》（安東）：壯紙二十二貼二張，黑三丁。」此項記録與《攷事撮要》的記録一致。金致雨：《〈攷事撮要〉版本目録及收録刊本研究》（韓國亞細亞文化社，二〇〇七年）。兹據《攷事撮要》之李朝宣祖元年（一五六八）版另行制出中國古典小説的出版目録。

宣祖十八年（一五八五）刊行本《攷事撮要》：九百八十八部。延安：《玉壺冰》；固城：《玉壺冰》；慶州：《兩山墨談》；昆陽：《花影集》〔一〕。

如上述内容所示，成宗下令各道各地方將其所出版之書籍匯總上報册版目録，顯示出國家對於出版業的莫大關注。宣祖十八年所刊《攷事撮要》顯示，迄當時爲止，韓國境内所刊行的書卷達九百八十八部之多，可見當時出版文化的繁盛〔二〕。

當時主導出版的人物是李克墩（一四三五—一五〇三）。此人於一四五七年（世祖三年）科舉及第，歷任成均館直講、世子侍講院弼善、司憲府執義等職。數次出使明朝，又歷任平安道、江原道、全羅道、慶尚道等地觀察使，議政府左右贊成，漢城府判尹等職。一四九四年任吏曹判書，後又任兵曹判書、户曹判書。李克墩任慶尚道監察使時，曾主持刊出尚州本《太平通載》；任吏曹判書時，曾指示刊行《説苑》《新序》以及《酉陽雜俎》等書籍，是關注出版業及中國古典小説的重要人物。其所謂「劉向《説苑》《新序》非徒有關於文藝，亦帝王治道之所繫；《酉陽雜俎》雖雜以不經，亦博覽者所宜涉獵」，是研究瞭解當時讀書風氣的寶貴資料。

〔一〕金致雨：《〈攷事撮要〉版本目録及收録刊本研究》（韓國亞細亞文化社，二〇〇七年）。兹據《攷事撮要》之李朝宣祖元年（一五六八）版另行制出中國古典小説的出版目録。

〔二〕我們有理由相信，被當時所刊之《攷事撮要》所遺漏的出版書籍應有很多。也就是説，較之記録，實際上應有更多的出版書籍已經流傳於世。例如，由朴在淵所發現的李亮載所藏本《三國志通俗演義》，筆者所發現的劉向《新序》等，此類皆於當時抑或之前已刊行出版，然而却被遺漏。據此推測，《攷事撮要》所載九百八十八部之外應還有很多未收録書籍。

（二）《新序》與《説苑》的版本概況

根據《成宗實録》和《攷事撮要》的記録，可以確認，在朝鮮前期，《新序》《説苑》二書即已出版。在筆者所搜集的中國古典小説資料之中，《新序》《説苑》的版本目録頗多，在此只列舉朝鮮時期所出版本。〔一〕

大致來説，現存朝鮮時期所刊《新序》分布於四個郡區（慶山郡崔在石所藏本、榮豐郡金用基所藏本、安東市臥龍面金俊植所藏本、啓明大學所藏本）。此書共分爲十卷兩册：上卷（啓明大學所藏本）爲卷一至五、雜事五篇；下卷（安東市臥龍面金俊植所藏本）由刺奢、節士、義勇、善謀上、善謀下共五篇構成，上、下兩册相合而爲完帙。

上、下兩册皆爲木版本，版式半廓大致爲 18.5cm×15cm 左右（版本間大小差异一般被視爲目録整理者之誤差）；皆爲四周雙邊，一頁十一行十八字，其間注雙行，爲内向黑魚尾；紙質一致皆爲楮紙。據整理古書目録之記録者所記，大部分出版記録皆顯示爲壬辰倭亂之前或是刊年未詳（啓明大學），而此點與之前《成宗實録》和《攷事撮要》的出版記録幾乎完全一致。

綜合以上記録，可以得出這樣的結論：《新序》是在一四九二年或一四九三年出版刊行於韓國的。

〔一〕參見閔寬東等：《韓國收藏中國文言小説版本目録和解題》，韓國學古房，二〇一三年，四七—六〇頁。

《新序》的版本概況

書名	出版事項	版式狀況	一般事項	所藏處
劉向新序	劉向（漢）撰，王亂以前刊	二卷一册，木版本，24cm×17.5cm，四周雙邊，半郭：18.4cm×14.5cm，有界，十一行十八字，大黑口，內向黑魚尾，紙質：楮紙		慶山郡　崔在石
劉向新序	劉向（漢）撰，王亂以前刊	四卷一册，木版本，25.4cm×18cm，四周雙邊，半郭：18.3cm×14.6cm，有界，十一行十八字，小黑口，內向黑魚尾，紙質：楮紙	版心題：新序	榮豊郡　金用基
劉向新序	劉向（漢）撰，王亂以前刊	五卷一册（卷六—十），木版本，31cm×20cm，四周雙邊，半郭：18.5cm×15cm，有界，十一行十八字，注雙行，內向黑魚尾，紙質：楮紙	內容：刺奢，節士，義勇，善謀上，善謀下	安東市臥龍面　俊植
劉向新序	劉向（漢）撰，刊年未詳	一册（零本，卷一—五），木版本，25.7cm×17.9cm，四周雙邊，半郭：18.5cm×14.7cm，有界，十一行十八字，黑口，內向黑魚尾	內容：卷一—五，雜事，僅存上卷二册，一册完整，另一册後半部脫六頁	啓明大學

《説苑》的朝鮮時期版本大致分布於五個郡區（奉化郡權廷羽所藏本、奉化郡金斗淳所藏本、醴泉郡李虎柱所藏本、安東市豐山邑金直鉉所藏本、安東市卧龍面金俊植所藏本）。〔一〕

《説苑》一書，總體由二十卷構成。其下各篇分别名爲君道、臣術、建本、立節、貴德、復恩、政理、尊賢、正諫、法誡、善説、奉使、權謀、至公、指武、談叢、雜言、辨物、修文、反質。中國版本的《説苑》以二十卷四册之式樣爲主，韓國亦是如此。

現存版本中，安東君子村金俊植宗宅内保存之二十卷四册俱全，保存狀况也較好。書共四册，一册下爲卷一至卷五、二册下爲卷六至卷十、三册下爲卷十一至卷十五、四册下爲卷十六至卷二十。版式皆爲木版本，半郭大致爲 18.7cm × 14.7cm。皆爲四周雙邊，半頁十一行十八字。其間注雙行爲大黑口内向黑魚尾，紙質皆爲楮紙。版式與《新序》基本相似。

據整理古書目録者所記，大部分的出版記録皆顯示爲壬辰倭亂以前刊本或是朝鮮王朝中葉刊本（安東市豐山邑金直鉉所藏本），與《成宗實録》《攷事撮要》的出版記録一致。據此可以推斷：《説苑》與《新序》同於一四九二年或一四九三年刊行。

〔一〕奉化郡金斗淳宗宅所藏本於十餘年前曾遭盗竊而大部分丟失，所餘部分現被委托保管於國家振興院。

《説苑》的版本現狀

書名	出版事項	版式狀況	一般事項	所藏處
劉向説苑	劉向（漢）撰，壬亂以前刻，後刷	五卷一册，木版本，26.6cm×18.5cm，四周雙邊，半郭：18cm×14.8cm，有界，十一行十八字，大黑口，内向黑魚尾，紙質：楮紙	版心題：説苑	奉化郡 權廷羽
劉向説苑	劉向（漢）撰，壬亂以前刊	五卷一册，木版本，28.5cm×18.8cm，四周雙邊，半郭：18.7cm×14.8cm，有界，十一行十八字，大黑口，内向黑魚尾，紙質：楮紙	版心題：説苑	奉化郡 金斗淳（失傳）
劉向説苑	劉向（漢）撰，曾鞏（宋）集，壬亂以前刊	三卷三册，木版本，24.1cm×17.9cm，四周雙邊，半郭：18.8cm×15cm，有界，十一行十八字，大黑口，内向黑魚尾，紙質：楮紙		奉化郡 金斗淳（失傳）
劉向説苑	劉向（漢）撰，壬亂以前刊	二卷一册，木版本，28.2cm×18.4cm，四周雙邊，半郭：18.7cm×14.7cm，有界，十行十八字，小黑口，内向黑魚尾，紙質：楮紙		醴泉郡 李虎柱
劉向説苑	劉向（前漢）撰，朝鮮王朝中期刊	五卷一册（卷十六—卷二十），木版本，25cm×18.9cm，四周雙邊，半郭：19.7cm×15.9cm，有界，十一行十八字，上下大黑口，内向一、二葉混入花紋魚尾，紙質：楮紙	版心題：説苑，所藏印：五美洞印，豐山金氏，金憲在印	安東市豊山邑 金直鉉

劉向説苑	劉向（漢）撰，壬亂以前刊	二十卷四冊，木版本，26.9cm × 17.8cm，四周雙邊，半郭：18.7cm × 14.9cm，有界，十一行十八字，注雙行，内向一葉花紋魚尾，紙質：楮紙	版心題：説苑，所藏印：先祖公家藏書男富義□□□	安東市卧龍面金俊植

三、《新序》與《説苑》在韓國的出版目的與意義

在朝鮮時代出版的《列女傳》《説苑》《新序》三種作品，其整理者皆爲劉向一人，這一事實本身就有不同尋常的意義。

劉向作品之所以在當時得以大量出版，與朝鮮前期儒家思想開始盛行有密切關聯。即，西漢劉向的作品因其内含的儒學性而獲得了以儒學思想爲國家根本思想的當時朝鮮王朝之青睞。對於劉向作品，朝鮮王朝前期并不是將其作爲小説來看待，而是作爲輔治之書，或用之於風俗教化，或用之於制定國策，或用之於訓育官吏等。在此經世角度下，劉向《列女傳》《新序》《説苑》之出版意義與朝鮮後期相比有着截然的不同。到了朝鮮後期，其出版意義多在於商業性上。

（一）風俗之教化和訓育

有關以《説苑》經世的歷史資料，最早見於高麗成宗年間（九八一—九九七）的記載：金審言[一]上疏高

〔一〕金審言（？—一〇一八）：高麗初葉文臣，静州靈光縣人。成宗時期科舉及第，歷任數職，後居右補闕兼起居注一職，九九〇年（成宗九年）升爲封事，爲成宗所重用，爲成宗一代國家儒教政治理念之實現作出很大貢獻；穆宗時期曾出任地方官，頗有治績；顯宗即位後任右散騎常侍、禮部尚書，一〇一四年（顯宗五年）升爲内史侍郎平章事、西京留守，謚「文安」。

麗國王，建議將《説苑》中所言「六正六邪」〔一〕與《漢書》中所言「刺史六條」〔二〕加以抄寫，懸於政府各廷堂墻壁之上，以爲高抬貴手。高麗成宗對此大加褒揚，下令施行。之後，崔冲（九八四—一〇六八）再提此議，認爲「世代已遠，宜更書揭之，使知飭勵」。另據《朝鮮王朝實録》所載，在李朝仁祖年間，即十七世紀中葉，

〔一〕劉向所著《説苑》，把人臣分爲「六正」「六邪」兩類，共十二種。所謂「六正」者爲：萌芽未動，形兆未見，昭然獨見存亡之幾，得失之要，預禁乎不然之前，使主超然立乎顯榮之處，天下稱孝焉，如此者，聖臣也；二曰虚心白意，進善通道，勉主以禮誼，諭主以長策，將順其美，匡救其惡，功成事立，歸善於君，不敢獨伐其勞，如此者，良臣也；三曰卑身賤體，夙興夜寐，進賢不解，數稱於往古之德行事，以厲主意，庶幾有益，以安國家社稷宗廟，如此者，忠臣也；四曰明察幽，見成敗，早防而救之，引而復之，塞其間，絶其源，轉禍以爲福，使君終以無憂，如此者，智臣也；五曰守文奉法，任官職事，辭禄讓賜，不受贈遺，衣服端齊，飲食節儉，如此者，貞臣也；六曰國家昏亂，所爲不道，然而敢犯主之顔面，言君之過失，不辭其誅，身死國安，不悔所行，如此者，直臣也。所謂「六邪」者爲：一曰安官貪禄，營於私家，不務公事，懷其智，藏其能，主饑於論，渴於策，猶不肯盡節，容容乎與世沉浮上下，左右觀望，如此者，具臣也；二曰主所言皆曰善，主所爲皆曰可，隱而求主之所好即進之，以快主耳目，偷合苟容，與主爲樂，不顧其後害，如此者，諛臣也；三曰中實頗險，外容貌小謹，巧言令色，又心嫉賢，所欲進則明其美而隱其惡，所欲退則明其過而匿其美，使主妄行過任，賞罰不當，號令不行，如此者，奸臣也；四曰智足以飾非，辯足以行説，反言易辭，而成文章，内離骨肉之親，外妬亂朝廷，如此者，讒臣也；五曰專權擅勢，持招國事，以爲輕重，於私門成党，以富其家，又復增加威勢，擅矯主命，以自顯貴，如此者，賊臣也；六曰諂言以邪，墜主不義，朋黨比周，以蔽主明，入則辯言好辭，出則更復異其言語，使白黑無别，是非無間，伺候可推，因而附然，使主惡布於境内，聞於四鄰，如此者，亡國之臣也。

〔二〕「刺史六條」是《漢書》中所載有關於任刺史者所當爲之六項分内之事。漢武帝遣刺史周行郡國，省察治狀，黜陟能否，斷治冤獄，以六條問事：一條，强宗豪右，田宅逾制，以强陵弱，以衆暴寡；二條，二千石不奉詔書，倍公向私，旁詔謀利，侵漁百姓，聚斂爲奸；三條，二千石不恤疑獄，風厲殺人，怒則任刑，喜則任賞，煩擾刻暴，剥削黎元，爲百姓所疾，山崩石裂，妖祥訛言；四條，二千石選署不平，苟阿所愛，蔽賢寵頑；五條，二千石子弟，怙倚榮勢，請托所監；六條，二千石違公下比，阿附豪强，通行貨賂，割損政令。

《説苑》裏的格言被廣泛應用於國家政策以及風俗教化等領域之中[一]。

（二）對於新知識之渴望與求知欲

有關以《説苑》爲知識讀本的記録，見於《太宗實録》卷二四—八太宗十二年八月七日：「命史官金尚直取忠州史庫書册以進……」即令忠州史庫將所藏書卷的一部分獻入宫中春秋館。其時所獻圖書有《廣韻》《國語》《爾雅》《桂苑筆耕》《前漢書》《後漢書》《文選》《新唐書》《册府元龜》《山海經》等文史哲名著，《説苑》也名列其中。朝鮮時代的文人，從中國書籍中學習新學問、新知識，這種例子不勝枚舉。

《新序》與《説苑》二書，歷高麗、朝鮮兩朝，經久不衰，成爲韓國上至君王下到文人的必讀書籍，并最終於李朝初葉在韓國出版。《新序》與《説苑》二書的出版意義，在於其所具有的雙重功能，不僅是用於風俗教化與訓育的政治讀本，也是傳授學問的知識讀本。前者在歷史時間上對應於朝鮮前期，後者則是在朝鮮後期。

[一] 參見前引用《仁祖實録》卷四六—七八，仁祖二十三年（一六四五）十月九日，丁亥條。

劉向説苑原版影印

劉向說苑序

曾鞏

劉向所序說苑二十篇崇文總目云今存者五篇餘皆亡臣從士大夫間得之者十有五篇與舊爲二十五篇正其脫謬疑者闕之而叙其目曰向采傳記百家所載行事之迹以爲此書奏之欲以爲法戒然其所取或有不當於理故不得而不論也夫學者之於道非知其大略之難也知其精微之際固難矣孔子之徒三千其顯者七十二人皆高世之材也然獨稱顔氏之子其殆庶幾乎及回死又以爲無好學者而回亦

稱夫子曰仰之彌高鑽之彌堅子貢又以謂夫子之言性與天道不可得而聞也則其精微之際固難知久矣是以取舍不能無失於其間也故曰學然後知不足豈虛言哉向之學博矣其著書及建言尤欲有為於世忘其枉己而為之者有矣何其徇物者多而自為者少也蓋古之聖賢非不欲有為也然而曰求之有道得之有命故孔子所至之邦必聞其政而子貢以謂非夫子之求之也豈不求之有道哉子曰道之將行也與命也道之將廢也與命也豈不得之有命哉令向知出此安於行止以彼其志能擇其

所學以盡乎精微則其所至未可量也是以夫子稱古之學者爲己孟子稱君子欲其自得之自得之則取諸左右逢其原豈汲汲於外哉向之得失如此亦學者之戒也故見之敘論令讀其書者知考而擇之也然向數困於讒而不改其操與夫患失者異矣可謂有志者也

目錄

護左都水使者光禄大夫臣向言所校中書説苑雜事及臣向書民間書誣校讎其事類衆多章句相溷或上下謬亂難分别次序除去與新序復重者其餘者淺薄不中義理别集以爲百家後令以類相從一一條别篇目更以造新事

十萬言以上凡二十篇七百八十四章號曰新

苑皆可觀臣向昧死

劉向說苑卷第一

君道

晉平公問於師曠曰人君之道如何對曰人君之道清淨無爲務在博愛趨在任賢廣開耳目以察萬方不固溺於流俗不拘繫於左右廓然遠見踔然獨立屢省考績以臨臣下此人君之操也平公曰善

齊宣王謂尹文曰人君之事何如尹文對曰人君之事無爲而能容下夫事寡易從法省易因故民不以政獲罪也大道容衆大德容下聖人寡爲而天下理矣書曰睿作聖詩人曰岐有夷

之行子孫其保之宣王曰善
成王封伯禽為魯公召而告之曰爾知為人上之道乎凡處尊位者必以敬下順德規諫必開不諱之門撙節安靜以藉之諫者勿振以威毋格其言博采其辭乃擇可觀夫有文無武無以威下有武無文民畏不親文武俱行威德乃成既成威德民親以服清白上通巧佞下塞諫者得進忠信乃畜伯禽再拜受命而辭
陳靈公行僻而言失泄冶曰陳其亡矣吾驟諫君君不吾聽而愈失威儀夫上之化下猶風靡草東風則草靡而西西風則草靡而東在風所

由而草爲之靡是故人君之動不可不愼也夫
樹曲木者惡得直景人居不直其行不敬其言
者未有能保帝王之號垂顯令之名者也易曰
夫君子居其室出其言善則千里之外應之況
其邇者乎居其室出其言不善則千里之外違
之況其邇者乎言出於身加於民行發乎邇見
乎遠言行君子之樞機樞機之發榮辱之主君
子之所以動天地可不愼乎天地動而萬物變
化詩曰愼爾出話敬爾威儀無不柔嘉此之謂
也今君不是之愼而縱恣焉不亡必弑靈公聞
之以洩冶爲妖言而殺之後果弑於徵舒

魯哀公問於孔子曰吾聞君子不博有之乎孔子對曰有之哀公曰何為其不博也孔子對曰為其有二乘哀公曰有二乘則何為不博也孔子對曰為行惡道也哀公懼焉有間曰若是乎君子之惡惡道之甚也孔子對曰惡惡道不能甚則其好善道亦不能甚好善道不能甚則百姓之親之也亦不能甚詩云未見君子憂心惙惙亦既見止亦既覯止我心則悅詩之好善道之甚也如此哀公曰善哉吾聞君子成人之美不成人之惡微孔子吾焉聞斯言也哉

河間獻王曰堯存心於天下加志於窮民痛萬

姓之罹罪憂恨生之不遂也有一民飢則曰此
我飢之也有一人寒則曰此我寒之也一民有
罪則曰此我陷之也仁昭而義立德博而化廣
故不賞而民勸不罰而民治先恕而後教是堯
道也當舜之時有苗氏不服其所以不服者大
山在其南殿山在其北左洞庭之波右彭蠡之
川因此險也所以不服禹欲伐之舜不許曰諭
教猶未竭也究諭教焉而有苗氏請服天下聞
之皆非禹之義而歸舜之德
周公踐天子之位布德施惠遠而逾明十二牧
方三人出舉遠方之民有飢寒而不得衣食者

有獄訟而失職者有賢才而不舉者以入告乎天子天子於其君之朝也揖而進之曰意朕之政教有不得者與何其所臨之民有飢寒不得衣食者有獄訟而失職者有賢才而不舉者也其君歸也乃召其國大夫告用天子之言百姓聞之皆喜曰此誠天子也何居之深遠而見我之明也豈可欺哉故牧者所以辟四門明四目達四聰也是以近者親之遠者安之詩曰柔遠能邇以定我王此之謂矣

河閒獻王曰禹稱民無食則我不能使也功成而不利於人則我不能勸也故疏河以導之鑿

江通於九派灑五湖而定東海民亦勞矣然而不怨苦者利歸於民也

禹出見罪人下車問而泣之左右曰夫罪人不順道故使然焉君王何為痛之至於此也禹曰堯舜之人皆以堯舜之心為心今寡人為君也百姓各自以其心為心是以痛之也書曰百姓有罪在予一人

虞人與芮人質其成於文王入文王之境則見其人民之讓為士大夫入其國則見其士大夫讓為公卿二國者相謂曰其人民讓為士大夫其士大夫讓為公卿然則此其君亦讓以天下

而不居矣二國者未見文王之身而讓其所爭以為閒田而反孔子曰大哉文王之道乎其不可加矣不動而變無為而成敬慎恭己而虞芮自平故書曰惟文王之敬忌此之謂也

成王與唐叔虞燕居剪梧桐葉以為珪而授唐叔虞曰余以此封汝唐叔虞喜以告周公周公以請曰天子封虞耶成王曰余一與虞戲也周公對曰臣聞之天子無戲言言則史書之工誦之士稱之於是遂封唐叔虞於晉周公旦可謂善說矣一稱而成王益重言明愛弟之義有輔王室之固當堯之時舜為司徒契為司馬禹為

司空后稷為田疇夔為樂正倕為工師伯夷為秩宗皋陶為大理益掌敺禽堯體力便巧不能為一焉堯為君而九子為臣其何故也堯知九職之事使九子者各受其事皆勝其任以成九功堯遂成厥功以王天下是故知人者王道也知事者臣道也王道知人臣道知事毋亂舊法而天下治矣

湯問伊尹曰三公九卿二十七大夫八十一元士知之有道乎伊尹對曰昔者堯見人而知舜任人然後知禹以成功舉之夫三君之舉賢皆異道而成功然尚有失者況無法度而任己直

意用人必大失矣故君使臣自貢其能則萬一之不失矣王者何以選賢夫王者得賢材以自輔然後治也雖有堯舜之明而股肱不備則主恩不流化澤不行故明君在上慎於擇士務於求賢設四佐以自輔有英俊以治官尊其爵重其祿賢者進以顯榮罷者退而勞力是以主無遺憂下無邪慝百官能治臣下樂職恩流群生潤澤草木昔者虞舜左禹右皋陶不下堂而天下治此使能之效也

武王問太公曰舉賢而以危亡者何也太公曰舉賢而不用是有舉賢之名而不得真賢之實

也武王曰其失安在太公望曰其失在君好用
小善而已不得真賢也武王曰好用小善者何
如太公曰君好聽譽而不惡讒也以非賢為賢
以非善為善以非忠為忠以非信為信其君以
譽為功以毀為罪有功者不賞有罪者不罰多黨
者進少黨者退是以群臣比周而蔽賢百吏群
黨而多姦忠臣以誹死於無罪邪臣以譽賞於
無功其國見於危亡武王曰善吾今日聞誹譽
之情矣
武王問太公曰得賢敬士或不能以為治者何
也太公對曰不能獨斷以人言斷者殃也武王

曰何為以人言斷太公對曰不能定所去以人言去不能定所取以人言取不能定所為以人言為不能定所罰以人言罰不能定所賞以人言賞賢者不必用不肖者不必退而士不必敬武王曰善其為國何如太公對曰其為人惡聞其情而喜聞人之情惡聞其惡而喜聞人之惡是以不必治也武王曰善

齊桓公問於甯戚曰筦子今年老矣為棄寡人而就世也吾恐法令不行人多失職百姓疾怨國多盜賊吾何如而使姦邪不起民衣食足乎甯戚對曰要在得賢而任之桓公曰得賢柰何

甯戚對曰開其道路察而用之尊其位重其祿顯其名則天下之士騷然舉足而至矣桓公曰既以舉賢士而用之矣微夫子幸而臨之則未有布衣屈奇之士踵門而求見寡人者甯戚對曰是君察之不明舉之不顯而用之疑官之卑祿之薄也且夫國之所以不得士者有五阻焉主不好士諂諛在傍一阻也言便事者未嘗見用二阻也壅塞掩蔽必因近習然後見察三阻也訊獄詰窮其辭以法過之四阻也執事適欲擅國權命五阻也去此五阻則豪俊並興賢智求處五阻不去則上蔽吏民之情下塞賢士之

路是故明王聖主之治若夫江海無不受故長
爲百川之主明王聖君無不容故安樂而長久
因此觀之則安主利人者非獨一士也桓公曰
善吾將著夫五阻以爲戒本也
齊景公問於晏子曰寡人欲從夫子而善齊國
之政對曰嬰聞之國具官而后政可善景公作
色曰齊國雖小則何爲不具官乎對曰此非臣
之所復也昔先君桓公身體墮懈辭令不給則
隰朋侍左右多過刑罰不中則弦章侍居處肆
縱左右懾畏則東郭牙侍田野不修人民不安
則寗戚侍軍吏怠戎士偷則五子或父侍德義

不中信行衰微則莞子侍先君能以人之長續
其短以人之厚補其薄是以辭令窮遠而不逆
兵加於有罪而不頓是故諸侯朝其德而天子
致其胙今君之失多矣未有一士以聞者也故
曰未見其善景公曰善吾聞高繚與夫子游寡人請
見之晏子曰臣聞爲地戰者不能成王爲禄仕
者不能成政若高繚與嬰爲兄弟久矣未嘗干
嬰之過補嬰之闕特進仕之臣也何足以補君
燕昭王問於郭隗曰寡人地狹人寡齊人削取
八城匈奴驅馳樓煩之下以孤之不肖得承宗
廟恐危社稷存之有道乎郭隗曰有然恐王之

不能用也昭王避席願請聞之郭隗曰帝者之臣其名臣也其實師也王者之臣其名臣也其實友也覇者之臣其名臣也其實賓也危國之臣其名臣也其實虜也今王將東面目指氣使以求臣則廝役之材至矣南面聽朝不失揖讓之禮以求臣則人臣之材至矣西面等禮相亢下之以色不乘勢以求臣則朋友之材至矣北面拘指逡巡而退以求臣則師傅之材至矣如此則上可以王下可以覇唯王擇焉燕王曰寡人願學而無師郭隗曰王誠欲興道隗請為天下之士開路於是燕王常置郭隗上坐南面居

三年蘇子聞之從周歸燕鄒衍聞之從齊歸燕樂毅聞之從趙歸燕屈景聞之從楚歸燕四子畢至果以弱燕并强齊夫燕齊非均權敵戰之國也所以然者四子之力也詩曰濟濟多士文王以寧此之謂也

楚莊王既服鄭伯敗晉師將軍子重三言而不當莊王歸過申侯之邑申侯進飯日中而王不食申侯請罪莊王喟然歎曰吾聞之其君賢者也而又有師者王其君中君也而又有師者霸其君下君也而群臣又莫若君者亡今我下君也而群臣又莫若君不穀不穀恐亡且世不絶聖

國不絶賢天下有賢而我獨不得若吾生者何以食為故戰服大國義從諸侯戚然憂恐聖知不在乎身自惜不肖思得賢佐日中忘飯可謂明君矣

明主者有三懼一曰處尊位而恐不聞其過二曰得意而恐驕三曰聞天下之至言而恐不能行何以識其然也越王勾踐與吳人戰大敗之兼有九夷當是時也南面而立近臣三遠臣五令群臣曰聞吾過而不告者其罪刑此處尊位而恐不聞其過者也昔者晉文公與楚人戰大勝之燒其軍火三日不滅文公退而有憂色侍

者曰君大勝楚今有憂色何也文公曰吾聞能以戰勝而安者其唯聖人乎若夫詐勝之徒未嘗不危也吾是以憂此得意而恐驕也音齊桓公得管仲隰朋辯其言說其義正月之朝令具太牢進之先祖桓公西面而立管仲隰朋東面而立桓公贊曰自吾得聽二子之言吾目加明耳加聰不敢獨擅願薦之先祖此聞天下之至言而恐不能行著也

齊景公出獵上山見虎下澤見蛇歸召晏子而問之曰今日寡人出獵上山則見虎下澤則見蛇殆所謂之不祥也晏子曰國有三不祥是不

與焉夫有賢而不知一不祥知而不用二不祥用而不任三不祥也所謂不祥乃若此者也今上山見虎虎之室也下澤見虵虵之穴也如虎之室如虵之穴而見之曷為不祥也

楚莊王好獵大夫諫曰晉楚敵國也楚不謀晉晉必謀楚今王無乃耽於樂乎王曰吾獵將以求士也其榛藂刺虎豹者吾是以知其勇也其攫犀搏兕者吾是以知其勁有力也罷田而分所得吾是以知其仁也因是道也而得三士焉楚國以安故曰苟有志則無非事者此之謂也

湯之時大旱七年雒圻川竭煎沙爛石於是使

人持三足鼎祝山川教之祝曰政不節耶使人
疾耶苞苴行耶讒夫昌耶宮室營耶女謁盛耶
何不雨之極也蓋言未已而天大雨故天之應
人如影之隨形響之效聲者也詩云上下奠瘞
靡神不宗言疾旱也
殷太戊時有桑穀生於庭昏而生比旦而拱史
請卜之湯廟太戊從之卜者曰吾聞之祥者福
之先者也見祥而爲不善則福不生殃者禍之
先者也見殃而能爲善則禍不至於是乃早朝
而晏退問疾弔喪三日而桑穀自亡
高宗者武丁也高而宗之故號高宗成湯之後

先王道缺刑法違犯桑穀俱生乎朝七日而大拱武丁召其相而問焉其相曰吾雖知之吾弗得言也聞諸祖己桑穀者野草也而生於朝意者國亡乎武丁恐駭飭身修行思先王之政興滅國繼絶世舉逸民明養老三年之後蠻夷重譯而朝者七國此之謂存亡繼絶之主是以高而尊之也

宋大水魯人弔之曰天降淫雨谿谷滿盈延及君地以憂執政使臣敬弔宋人應之曰寡人不佞齋戒不謹邑封不修使人不時天加以殃又遺君憂拜命之辱君子聞之曰宋國其庶幾乎

問曰何謂也曰昔者夏桀殷紂不任其過其亡也忽焉成湯文武知任其過其興也勃焉夫過而改之是猶不過也故曰其庶幾乎宋人聞之夙興夜寐早朝晏退弔死問疾勠力宇內三年歲豐政平嚮使宋人不聞君子之語則年穀未豐而國未寧詩曰佛時仔肩示我顯德行此之謂也

楚昭王有疾卜之曰河為祟大夫請用三牲焉王曰止古者先王割地制土祭不過望江漢睢漳楚之望也禍福之至不是過也不穀雖不德河非所獲罪也遂不祭焉仲尼聞之曰昭王可謂

知天道矣其不失國宜哉

楚昭王之時有雲如飛鳥夾日而飛三日昭王患之使人乘驛東而問諸太史州黎州黎曰將虐於王身以令尹司馬說焉則可令尹司馬聞之宿齋沐浴將自以身禱之焉王曰止楚國之有不穀也由身之有匈脅也其有令尹司馬也由身之有股肱也匈脅有疾轉之股肱庸為去是人也

邾文公卜徙於繹史曰利於民不利於君君曰苟利於民寡人之利也天生烝民而樹之君以利之也民既利矣孤必與焉侍者曰命可長也

君胡不為君曰命在牧民死之短長時也民苟
利矣吉孰大焉遂徙於繹
楚莊王見天不見妖而地不出孽則禱於山川
曰天其忘予歟此能求過於天必不逆諫矣安
不忘危故能終而成霸功焉
湯曰藥食先嘗於卑然後至於貴藥言先獻於
貴然後聞於卑故藥嘗乎卑然後至乎貴教也
藥言獻於貴然後聞於卑道也故使人味食然
後食者其得味也多使人味言然後聞言者其
得言也少是以明王之言必自他聽之必自他
聞之必自他擇之又自他取之必自他聚之必

自他藏之必自他行之故道以數取之爲明以數行之爲章以數施之萬物爲藏是故求道者不以目而以心取道者不以手而以耳楚文王有疾告大夫曰筦饒館我以義違我以禮與處不安不見不思然吾道得焉必以吾時爵之申侯伯吾所欲者勸我爲之吾所樂者先我行之與處則安不見則思然吾有喪焉必以吾時遣之大夫許諾乃爵筦饒以大夫贈申侯伯而行之申侯伯將之鄭王曰必戒之矣而爲人也不仁而欲得人之政毋以之魯衛宋鄭不聽遂之鄭三年而得鄭國之政五月而鄭人殺

之

趙簡子與欒激遊將沈於河曰吾嘗好聲色矣而欒激致之吾嘗好宮室臺榭矣而欒激為之吾嘗好良馬善御矣而欒激求之今吾好士六年矣而欒激未嘗進一人是進吾過而黜吾善也

或謂趙簡子曰君何不更乎簡子曰諾左右曰君未有過何更君曰吾謂是諾未必有過也吾將求以諫者也今我却之是却諫者諫者必止我過無日矣

韓武子田獸已聚矣田車合矣傳來告曰晉公

[illegible]武子謂欒懷子曰子亦知吾好田獵也獸已聚矣田車合矣吾可以午獵而後乎懷子對曰范氏之亡也多輔而少拂今臣於君輔也畢於君拂也君胡不問於畢也武子曰盈而欲拂我乎而拂我矣何必畢哉遂輟田

師經鼓琴魏文侯起舞賦曰使我言而無見違師經援琴而撞文侯不中中旒潰之文侯謂左右曰為人臣而撞其君其罪如何左右曰罪當烹提師經下堂一等師經曰臣可一言而死乎文侯曰可師經曰昔堯舜之為君也唯恐言而人不違桀紂之為君也唯恐言而人違之臣撞

桀紂而撞君君也文侯曰釋之是寡人之過也
懸琴於城門以爲寡人符不補梳以爲寡人戒
齊景公遊於菑聞晏子卒公乘輿素服馹而驅
之自以爲遲下車而趨知不若車之速則又乘
比至於國者四下而趨行哭而往矣至伏屍而
號曰子大夫日夜責寡人不遺尺寸寡人猶且
淫泆而不收怨罪重積於百姓今天降禍於齊
國不加寡人而加夫子齊國之社稷危矣百姓
將誰告矣
晏子沒十有七年景公飲諸大夫酒公射出質
堂上唱善若出一口公作色太息播弓矢弦章

入公曰章自吾失晏子於今十有七年未嘗聞
吾過不善入射出質而唱善者若出一口弦章
對曰此諸臣之不肖也知不足以知君之不善
勇不足以犯君之顏色然而有一焉臣聞之君
好之則臣服之君嗜之則臣食之夫尺蠖食黃
則其身黃食蒼則其身蒼君其猶有諂人言乎
公曰善今日之言章為君我為臣是時海人入
魚公以五十乘賜弦章章歸魚乘塞塗撫其御之
手曰曩之唱善者皆欲若魚者也昔者晏子辭
賞以正君故過失不掩今諸臣諂諛以干利故
出質而唱善如出一口今所輔於君未見於衆

而受君寵是反晏子之義以順謟諛之欲也固
辭魚不受君子曰弦章之廉乃晏子之遺行也
夫天之生人也蓋非以為君也天之立君也蓋
非以為位也夫為人君行其私欲而不顧其人
是不承天意忘其位之所以宜事也如此者春
秋不予能君而夷狄之鄭伯惡一人而兼弃其
師故有夷狄不君之辭人主不以此自省惟既
以失實心奚因知之故曰有國者不可以不學
春秋此之謂也

齊人弑其君魯昭公聞之而起曰孰臣而敢殺
其君乎師儇曰夫齊君治之不能任之不肖縱

一人之欲以害萬夫之性非所以立君也其身死自取之也今君不愛萬夫之命而傷一人之死奚其過也其臣已無道矣其君亦不足惜也孔子曰文王似元年武王似春王周公似正月文王以王季爲父以太任爲母以太姒爲妃以武王周公爲子以泰顛閎夭爲臣其本美矣武王正其身以正其國正其國以正天下伐無道刑有罪一動天下正其事正矣春致其時萬物皆及生君致其道萬人皆及治周公戴己而天下順之其誠至矣

尊君卑臣者以勢使之也夫勢失則權傾故天

子失道則諸侯尊矣諸侯失政則大夫起矣大夫失官則庶人興矣由是觀之上不失而下得者未嘗有也

孔子曰夏德不亡商德不作商德不亡周德不作周德不亡春秋不作春秋作而後君子知周道亡也故上下相虧也猶水火之讚滅也人君不可不察而亡之其臣下以私門盛而公家毀也人君不察焉則國家危殆矣宓子曰權不兩錯政不二門故曰脛大於股者難以步指大於臂者難以把本小末大不能相使也

司城子罕謂宋君曰國家之危定百姓之

治亂在君[illegible]之賞罰也賞當則賢人勸罰得則姦人止賞罰不當則賢人不勸姦人不止姦邪比周欺上蔽[illegible]以[illegible]爵禄不可不慎也夫賞賜讓與者人之所好也君自行之刑罰殺戮者人之所惡也臣請當之君曰善子主其惡寡人行其善吾知不為諸侯笑矣於是宋君行賞賜而與子罕刑罰國人知刑戮之威專在子罕也大臣親之百姓附之居期年子罕逐其君而專其政故曰[illegible]大夫老子曰魚不可脫於淵國之利器不可以借人此之謂也

劉向說苑卷第一

劉向說苑卷第二

臣術

人臣之術順從而復命無所敢專義不苟合位不苟尊必有益於國必有補於君故其身尊而子孫保之故人臣之行有六正六邪行六正則榮犯六邪則辱夫榮辱者禍福之門也何謂六正六邪六正者一曰萌芽未動形兆未見昭然獨見存亡之幾得失之要預禁乎不然之前使主超然立乎顯榮之處天下稱孝焉如此者聖臣也二曰虛心白意進善通道勉主以禮誼諭主以長策將順其美匡救其惡功成事立歸善

於君不敢獨伐其勞如此者良臣也三曰卑身
賤體夙興夜寐進賢不解數稱於往古之德行
事以厲主意庶幾有益以安國家社稷宗廟如
此者忠臣也四曰明察幽見成敗早防而救之
引而復之塞其間絕其源轉禍以為福使君終
以無憂如此者智臣也五曰守文奉法任官職
事辭祿讓賜不受贈遺衣服端齊飲食節儉如
此者貞臣也六曰國家昏亂所為不諫然而敢
犯主之顏面言主之過失不辭其誅身死國安不
悔所行如此者直臣也是為六正也六邪者一
曰安官貪祿營於私家不務公事懷其智藏其

能主飢於論渇於策猶不肯盡節容容乎與世
沈浮上下左右觀望如此者具臣也二曰主所
言皆曰善主所為皆曰可隱而求主之所好即
進之以快主耳目偷合苟容與主為樂不顧其
後害如此者諛臣也三曰中實頗險外容貌小
謹巧言令色又心嫉賢所欲進則明其美而隱
其惡所欲退則明其過而匿其美使主妄行過
任賞罰不當號令不行如此者姦臣也四曰智
足以飾非辯足以行説反言易辭而成文章內
離骨肉之親外妬亂朝廷如此者讒臣也五曰
專權擅勢持招國事以為輕重於私門成黨以

富其家又復增加威勢擅矯主命以自貴顯如此者賊臣也六曰諂言以邪墜主不義朋黨比周以蔽主明入則辯言好辭出則更復異其言語使白黑無別是非無間伺候可推因而附然使主惡布於境內聞於四隣如此者亡國之臣也是謂六邪賢臣處六正之道不行六邪之術故上安而下治生則見樂死則見思此人臣之術也

湯問伊尹曰三公九卿大夫列士其相去何如伊尹對曰三公者知通於大道應變而不窮辯於萬物之情通於天道者也其言足以調陰陽

正四時節風雨如是者舉以為三公故三公之事常在於道也九卿者不失四時通於溝渠修隄防樹五穀通於地理者也能通不能通能利不能利如此者舉以為九卿故九卿之事常在於德也大夫者出入與民同衆取去與民同利通於人事行猶舉繩不傷於言言之於世不害於身通於關梁實於府庫如是者舉以為大夫故大夫之事常在於仁也列士者知義而不失其心事功而不獨專其賞忠政彊諫而無有姦詐去私立公而言有法度如是者舉以為列士故列士之事常在於義也故道德仁義定而天

下正凡此四者明王臣而不臣湯曰何謂臣而不臣伊尹對曰君之所不名臣者四諸父臣而不名諸兄臣而不名先王之臣臣而不名盛德之士臣而不名是謂大順也

湯問伊尹曰古者所以立三公九卿大夫列士者何也伊尹對曰三公者所以參五事也九卿者所以參三公也大夫者所以參九卿也列士者所以參大夫也故參而有參是謂事宗事宗不失外內若一

子貢問孔子曰今之人臣孰為賢孔子曰吾未識也往者齊有鮑叔鄭有子皮賢者也子貢曰

然則齊無管仲鄭無子產乎子曰鯫汝徒知其一不知其二汝聞進賢爲賢耶用力爲賢耶子貢曰進賢爲賢子曰然吾聞鮑叔之進管仲也聞子皮之進子產也未聞管仲子產有所進也

魏文侯且置相召李克而問焉曰寡人將置相置於季成子與翟觸我孰置而可李克曰臣聞之賤不謀貴外不謀內疏不謀親臣者疏賤不敢聞命文侯曰此國事也願與先生臨事而勿辭李克曰君不察故也可知矣貴視其所舉富視其所與貧視其所不取窮視其所不爲由此觀之可知矣文侯曰先生出矣寡人之相定矣

李克出過翟黃翟黃問曰吾聞君問相於先生未知果孰為相李克曰季成子為相翟黃作色不說曰觸失望於先生李克曰子何遽失望於我我於子之君也豈與我比周而求大官哉君問相於我臣對曰君不察故也貴視其所舉富視其所與貧視其所不取窮視其所不為由此觀之可知也君曰出矣寡人之相定矣以是知季成子為相翟黃不說曰觸何遽不為相乎西河之守觸所任也計事內史觸所任也王欲攻中山吾進樂羊無使治之臣吾進先生無使傅其子吾進屈侯附觸何負於季成子李克曰不

如季成子季成子食菜千鍾什九居外一居中是以東得卜子夏田子方段干木彼其所舉人主之師也子之所舉人臣之才也翟黃迮然而慙曰觸矣對於先生請自脩然後學言未卒而左右言季成子立爲相矣於是翟黃默然變色内慙不敢出三月也

楚令尹死景公遇成公乾曰令尹將焉歸成公乾曰殆於屈春乎景公怒曰國人以爲歸於我成公乾曰子資少屈春資多子義獲天下之至憂也而子以爲友鳴鶴與芻狗其知甚少而子玩之鴟夷子皮曰待於屈春損頗爲友二人者

之智足以為令尹不敢專其智而委之屈春故曰政其歸於屈春乎

田子方渡西河造翟黄翟黄乘軒車載華蓋黄金之勒約鎮簟席如此者其駟八十乘子方望之以為人君也道狹下抵車而待之翟黄至而睹其子方也下車而趨自投下風曰觸田子方曰子與吾獨者望子疑以為人君也子至而入臣也將何以至此乎翟黄對曰此皆君之所以賜臣也積三十歲故至於此時以閒暇祖之曠野正逢先生子方曰何子賜車轝之厚也翟黄對曰昔者西河無守臣進吳起而西河之外寧

鄴無令臣進西門豹而魏無趙患酸棗無令臣進北門可而魏無齊憂魏欲攻中山臣進樂羊而中山拔魏無使治之臣臣進李克而魏國大治是以進此五大夫者爵祿倍以故至於此子方曰可子勉之矣魏國之相不去子而之他矣翟黄對曰君母弟有公孫季成者進子夏而君師之進段干木而君友之進先生而君敬之彼其所進師也友也所敬者也臣之所進者皆守職守祿之臣也何以至魏國相乎子方曰吾聞身賢者賢也能進賢者亦賢也子之五舉者盡賢子勉之矣子終其次也

齊威王遊於瑶臺成侯卿來奏事從車羅綺甚衆王望之謂左右曰來者何爲者也左右曰成侯卿也王曰國至貧也何出之盛也左右曰與人者有以責之也受人者有以易之也王試問其說成侯卿至上謁曰忌也王不應又曰忌也王不應又曰忌也王曰國至貧也何出之盛也成侯卿曰赦其死罪使臣得言其說王曰諾對曰忌舉田居子爲西河而秦梁弱忌舉田解子爲南城而楚人抱羅綺而朝忌舉黚涿子爲冥州而燕人給牲趙人給盛忌舉田種首子爲即墨而於齊足究忌舉北郭刁勃子爲大士而九

族益親民益富舉此數良人者王枕而卧耳何
患國之貧哉
秦穆公使賈人載鹽徵諸賈人賈人買百里奚
以五羖羊之皮使將車之秦秦穆公觀鹽見百
里奚牛肥曰任重道遠以險而牛何以肥也對
曰臣飲食以時使之不以暴有險先後之以身
是以肥也穆公知其君子也令有司具沐浴為
衣冠與坐公大悅異日與公孫支論政公孫支
大不寧曰君耳目聰明思慮審察君其得聖人
乎公曰然吾悅夫奚之言彼類聖人也公孫支
遂歸取鴈以賀曰君得社稷之聖臣敢賀社稷

之福公不辭再拜而受明日公孫支乃致上卿以讓百里奚曰秦國處僻民陋以愚無知危亡之本也臣自知不足以處其上請以讓之公不許公孫支曰君不用賓相而得社稷之聖臣君之禄也臣見賢而讓之臣之禄也今君既得其禄矣而使臣失禄可乎請終致之公不許公孫支曰臣不肖而處上位是君失倫也不肖失倫臣之過進賢而退不肖君之明也今臣處位廢君之德而逆臣之行也臣將逆公乃受之故百里奚為上卿以制之公孫支為次卿以佐之也

趙簡子從晉陽之邯鄲中路而止引車吏進問

君何爲止簡主曰董安于在後吏曰此三軍之事也君奈何以一人留三軍也簡主曰諾驅之百步又止吏將進諫董安于適至簡主曰秦道之與晉國交者吾忘令人塞之董安于曰此安于之所爲後也簡主曰官之寶璧吾忘令人載之對曰此安于之所爲後也簡主曰行人燭過年長矣言未嘗不爲晉國法也吾行忘令人辭且聘爲對曰此安于之所爲後也簡主可謂內省外知人矣哉故身佚國安御史大夫周昌曰人主誠能如趙簡主朝不危矣

晏子侍於景公朝寒請進熱食對曰嬰非君之

廚養臣也敢辭公曰請進服裘對曰嬰非田澤之臣也敢辭公曰然夫子於寡人奚為者也對曰社稷之臣也公曰何謂社稷之臣對曰社稷之臣能立社稷辨上下之宜使得其理制百官之序使得其宜作為辭令可分布於四方自是之後君不以禮不見晏子也

齊侯問於晏子曰忠臣之事其君何若對曰有難不死出亡不送君曰裂地而封之疏爵而貴之吾有難不死出亡不送可謂忠乎對曰言而見用終身無難臣何死焉謀而見從終身不亡臣何送焉若言不見用有難而死之是妄死也

諫而不見從出亡而送是詐爲也故忠臣者能
納善於君而不能與君陷難者也
晏子朝乘弊車駑馬景公見之曰嘻夫子之
祿寡耶何乘不任之甚也晏子對曰賴君之賜
得以壽三族及國交遊皆得生焉臣得煖衣飽
食弊車駑馬以奉其身於臣足矣晏子出公使
梁丘據遺之輅車乘馬三返不受公不悅趣召
晏子晏子至公曰夫子不受寡人亦不乘晏子
對曰君使臣臨百官之吏節其衣服飲食之養
以先齊國之人然猶恐其侈靡而不顧其行也
今輅車乘馬君乘之上臣亦乘之下民之無義

侈其衣食而不顧其行者臣無以禁之遂讓不受也

景公飲酒陳桓子侍望見晏子而復於公曰請浮晏子公曰何故也對曰晏子衣緇布之衣麋鹿之裘棧軫之車而駕駑馬以朝是隱君之賜也公曰諾酌者奉觴而進之曰君命浮子晏子曰何故也陳桓子曰君賜之卿位以尊其身寵之百萬以富其家群臣之爵莫尊於子祿莫厚於子今子衣緇布之衣麋鹿之裘棧軫之車而駕駑馬以朝則是隱君之賜也故浮子晏子避席曰請飲而後辭乎其辭而後飲乎公曰辭然

後飲晏子曰君賜卿位以顯其身嬰不敢為顯
受也為行君令也寵之百萬以富其家嬰不敢
為富受也為通君賜也臣聞古之賢臣有受厚
賜而不顧其國族則過之臨事守職不勝其任
則過之君之內隷臣之父兄若有離散在於野
鄙者此臣之罪也君之外隷臣之所職若有播
亡在四方者此臣之罪也兵革不完戰車不修
此臣之罪也若夫敝車駑馬以朝主者非臣之
罪也且臣以君之賜臣父之黨無不乘車者毋
之黨無不足於衣食者妻之黨無凍餒者國之
簡士待臣而後舉火者數百家如此為隱君之

賜乎彰君之賜乎公曰善爲我謝桓子也晏子方食君之使者至分食而食之晏子不飽使者返言之景公景公曰嘻夫子之家若是其貧也寡人不知也是寡人之過也令吏致千家之縣一於晏子晏子再拜而辭曰嬰之家不貧以君之賜澤覆三族延及交遊以振百姓君之賜也厚矣嬰之家不貧也嬰聞之厚取之君而厚施之人代君爲君也忠臣不爲也厚取之君而藏之是筐篋存也仁人不爲也厚取之君而無所施之身死而財遷智者不爲也嬰也聞爲人臣進不事上以爲忠退不克下以爲廉八升

之布一韋之食足矣使者三返遂辭不受也
陳成子謂鴟夷子皮曰何與常也對曰君死吾
不死君亡吾不亡陳成子曰然子何以與常對
曰未死去死未亡去亡其有何死亡矣從命利
君為之順從命病君為之諛逆命利君謂之忠
逆命病君謂之亂君有過不諫諍將危國殞社
稷也有能盡言於君用則留之不用則去之謂
之諫用則可生不用則死謂之諍有能比和同
力率群下相與彊矯君君雖不安不能不聽遂
解國之大患除國之大害成於尊君安國謂之
輔有能亢君之命反君之事竊君之重以安國

之危除主之辱攻伐足以成國之大利謂之弼故諫諍輔弼之人社稷之臣也明君之所尊禮而闇君以為己賊故明君之所賞闇君之所殺也明君好問闇君好獨明君上賢使能而享其功闇君畏賢妬能而滅其業罰其忠而賞其賊夫是之謂至闇桀紂之所以亡也詩云曾是莫聽大命以傾此之謂也

簡子有臣尹綽赦厥簡子曰厥愛我諫我必不於衆人中綽也不愛我諫我必於衆人中尹綽曰厥也愛君之醜而不愛君之過也臣愛君之過而不愛君之醜孔子曰君子哉尹綽面訾不

譽也
高繚仕於晏子晏子逐之左右諫曰高繚之事
夫子三年曾無以爵位而逐之其義可乎晏子
曰嬰仄陋之人也四維之然後能直今此子事
吾三年未嘗弼吾過是以逐之也
子貢問孔子曰賜爲人下而未知所以爲人下
之道也孔子曰爲人下者其猶土乎種之則五
穀生焉掘之則甘泉出焉草木植焉禽獸育焉
生人立焉死人入焉多其功而不言爲人下者
其猶土乎
孫卿曰少事長賤事貴不肖事賢此天下之通

義也有人貴而不能爲人上賤而羞爲人下此姦人之心也身不離姦心而行不離姦道然而求見譽於衆不亦難乎

公叔文子問於史叟曰武子勝事趙簡子久矣其寵不解奚也史叟曰武子勝博聞多能而位賤君親而近之致敬以愻貌而疏之則恭而無怨色入與謀國家出不見其寵君賜之祿知足而辭故能久也

泰誓曰附下而罔上者死附上而罔下者刑與聞國政而無益於民者退在上位而不能進賢者逐此所以勸善而黜惡也故傳曰傷善者國

之殘也蔽善者國之讒也怨無罪者國之賊也
王制曰假於鬼神時日卜筮以疑於衆者殺也
子路爲蒲令備水災與民春修溝瀆爲人煩苦
故予人一簞食一壺漿孔子聞之使子貢復之
子路忿然不悅往見夫子曰由也以暴雨將至
恐有水災故與人修溝瀆以備之而民多匱於
食故與人一簞食一壺漿而夫子使賜止之何
也夫子止由之行仁也夫子以仁教而禁其行
仁也由也不受子曰爾以民爲餓何不告於君
發倉廩以給食之而以爾私饋之是汝不明君
之惠見汝之德義也速已則可矣否則爾之受

罪不久矣子路心服而退也

劉向說苑卷第二

劉向說苑卷第三

建本

孔子曰君子務本本立而道生夫本不正者末必陭始不盛者終必衰詩云原隰既平泉流既清本立而道生春秋之義有正春者無亂秋有正君者無危國易曰建其本而萬物理失之毫釐差以千里是故君子貴建本而重立始

魏武侯問元年於吳子吳子對曰言國君必慎始也慎始奈何曰正之正之奈何曰明智智不明何以見正多聞而擇焉所以明智也是故古者君始治大夫而一言士而一見庶人有謁

必達公族内必語四方至者勿距可謂不壅
蔽矣公孚堅及用刑必中君心必仁思君之利
除民之害可謂不失民衆矣君身必正近臣必
選大夫不兼官執民柄者不在一族可謂不權
勢矣此皆春秋之意而元年之本也
孔子曰行身有六本本立焉然後為君子立體
有義矣而孝為本處喪有禮矣而哀為本戰陣
有隊矣而勇為本治政有理矣而能為本居國
有禮矣而嗣為本生才有時矣而力為本置本
不固無務豐末親戚不悅無務外交事無終始
無務多業聞記不言無務多談比近不說無務

修遠是以反本修道君子之道也天之所生地之所養莫貴乎人人之道莫大乎父子之親君臣之義父道聖子道仁君道義臣道忠賢父之於子也慈惠以生之教誨以成之養其誼藏其偽時其節慎其施子年七歲以上父爲之擇明師選良友勿使見惡少漸之以善使之早化故賢子之事親發言陳辭應對不悖乎耳趣走進退容貌不悖乎目卑體賤身不悖乎心君子之事親以積德子者親之本也樂前推而不從命推而不從命者惟害親者也故親之所安子皆供之賢臣之事君也受官之日以主爲父以國

為家以士入為兄弟故苟有可以安國家利民入者不避其難不憚其勞以成其義故其君亦有助之以遂其德夫君臣之與百姓轉相為本如循環無端夫子亦云人之行莫大於孝孝行成於內而嘉號布於外是謂建之於本而榮華自茂矣君以臣為本臣以君為本父以子為本子以父為本棄其本者榮華槁矣

子路曰負重道遠者不擇地而休家貧親老者不擇祿而仕昔者由事二親之時常食藜藿之實而為親負米百里之外親沒之後南遊於楚從車百乘積粟萬鍾累茵而坐列鼎而食願食

藜藿為親負米之時不可復得也枯魚銜索幾何不蠹二親之壽忽如過隙草木欲長霜露不使賢者欲養二親不待故曰家貧親老不擇祿而仕也

伯禽與康叔封朝于成王見周公三見而三笞康叔有駭色謂伯禽曰有商子者賢人也與子見之康叔封與伯禽見商子曰某某也日吾二子者朝乎成王見周公三見而三笞其說何也商子曰二子盍相與觀乎南山之陽有木焉名曰橋二子者往觀乎南山之陽見橋竦焉實而仰反以告乎商子商子曰橋者父道也商子曰

二子盍相與觀乎南山之陰有木焉名曰梓二子者往觀乎南山之陰見梓勃焉實而俯反以告商子商子曰梓者子道也二子者明日見乎周公入門而趨登堂而跪周公拂其首勞而食之曰安見君子二子對曰見商子周公曰君子哉商子也

曾子芸瓜而誤斬其根曾皙怒援大杖擊之曾子仆地有頃蘇蹷然而起進曰曩者參得罪於大人大人用力教參得無疾乎退屏鼓琴而歌欲令曾皙聽其歌聲令知其平也孔子聞之告門人曰參來勿内也曾子自以無罪使人謝孔

子孔子曰汝聞瞽叟有子名曰舜舜之事父也索而使之未嘗不在側求而殺之未嘗可得小箠則待大箠則走以逃暴怒也今子委身以待暴怒立體而不去殺身以陷父不義不孝孰是大乎汝非天子之民耶殺天子之民罪奚如以曾子之材又居孔氏之門有罪不自知處義難乎

伯俞有過其母笞之泣其母曰他日笞子未嘗見泣今泣何也對曰他日俞得罪笞嘗痛今母之力不能使痛是以泣故曰父母怒之不作於意不見於色深受其罪使可哀憐上也父母怒

之不作於意不見其色其次也父母怒之作於
意見於色下也
成人有德小子有造大學之教也時禁於其未
發之曰預因其可之曰時相觀於善之曰磨學
不陵節而施之曰馴發然後禁則扞格而不勝
時過然後學則勤苦而不馴雜施而不遜則壞
亂而不治獨學而無友則孤陋而寡聞故曰有
昭辟雍有賢泮宮田里周行濟濟鏘鏘而相從
執質有族以文
周召公年十九見正而冠冠則可以為方伯諸
侯矣人之幼稚童蒙之時非求師正本無以立

身全性夫幼者必愚愚者妄行愚者妄行不能
保身孟子曰人皆知以食愈飢莫知以學愈愚
故善材之幼者必勤於學問以脩其性令人誠
能砥礪其材自誠其神明睹物之應通道之要
觀始卒之端覽無外之境逍遙乎無方之內彷
徉乎塵埃之外卓然獨立超然絕世此上聖之
所遊神也然晚世之人莫能閒居心思鼓琴讀
書追觀上古友賢大夫學問講辯日以自虞疏
遠世事分明利害籌策得失以觀禍福設義立
度以為法式窮追本末究事之情死有遺業生
有榮名此皆人材之所能建也然莫能為者偷

慢懈墮多暇日之故也是以失本而無名夫學
者崇名立身之本也儀狀齊等而飾貌者好質
性同倫而學問者智是故砥礪琢磨非金也而
可以利金詩書辟立非我也而可以厲心夫問
訊之士日夜興起厲中益知以分別理是故處
身則全立身不殆士苟欲深明博察以垂榮名
而不好問訊之道則是伐其本而塞其原也何
以立驅也騏驥雖疾不遇伯樂不致千里干將
雖利非人力不能自斷焉烏號之弓雖良不得
排檠不能自任人才雖高不務學問不能致聖
水積成川則蛟龍生焉土積成山則豫樟生焉

學積成聖則富貴尊顯至焉乎金之裘非一狐之皮臺廟之榱非一木之枝先王之法非一士之智也故曰訊問者智之本思慮者智之道也中庸曰好問近乎智力行近乎仁知恥近乎勇積小之能大者其惟仲尼乎學者所以反情治性盡才者也親賢學問所以長德也論交合友所以相致也詩云如切如瑳如琢如磨此之謂也

今夫辟地殖穀以養生送死銳金石雜草藥以攻疾各知構室屋以避暑雨累臺榭以避潤濕入知親其親出知尊其君內有男女之別外有

朋友之際此聖人之德教儒者受之傳之以教誨於後世今夫晚世之惡人反非儒者曰何以儒爲如此人者是非本也譬猶食穀衣絲而非耕織者也載於船車服而安之而非工匠者也食於釜甑須以生活而非陶冶者也此言違於情而行矇於心者也如此人者骨肉不親也秀士不友也此三代之棄民也人君之所不赦也故詩云投畀豺虎豺虎不食投畀有北有北不受投畀有昊此之謂也

孟子曰人知糞其田莫知糞其心糞田莫過利苗得粟糞心易行而得其所欲何謂糞心博學

多聞何謂易行一性止淫也
子思曰學所以益才也礪所以致刃也吾嘗幽處而深思不若學之速吾嘗跂而望不若登高之博見故順風而呼聲不加疾而聞者衆登丘而招臂不加長而見者遠故魚乘於水鳥乘於風草木乘於時
孔子曰可以與人終日而不倦者其惟學乎其身體不足觀也其勇力不足憚也其先祖不足稱也其族姓不足道也然而可以聞四方而昭於諸侯者其惟學乎詩曰不愆不忘率由舊章夫學之謂也

孔子曰鯉君子不可以不學見人不可以不飾不飾則無根無根則失理失理則不忠不忠則失禮失禮則不立夫遠而有光者飾也近而逾明者學也譬之如汙池水潦注焉雚葦生之從上觀之知其非原也

公扈子曰有國者不可以不學[illegible]生而尊者驕生而富者傲生而富貴又無鑑而自得者鮮矣春秋國之鑑也春秋之[illegible]君三十六亡國五十二諸侯奔走不得保其社稷[illegible]未有不先見而後從之者也

晉平公問於師曠曰吾年七十欲學恐已暮矣

師曠曰何不炳燭乎平公曰安有爲人臣而戲其君乎師曠曰盲臣安敢戲其君乎臣聞之少而好學如日出之陽壯而好學如日中之光老而好學如炳燭之明炳燭之明孰與昧行乎平公曰善哉

河間獻王曰湯稱學聖王之道者譬如日焉靜居獨思譬如火焉夫捨學聖王之道若捨日之光何乃獨思若火之明也可以見小耳未可用大知惟學問可以廣明德慧也

梁丘據謂晏子曰吾至死不及夫子矣晏子曰嬰聞之爲者常成行者常至嬰非有異於人也

常爲而不置常行而不休者故難及也
甯越中牟鄙人也苦耕之勞謂其友曰何爲而
可以免此苦也友曰莫如學學三十年則可以
達矣甯越曰請十五歲人將休吾將不休人將
卧吾不敢卧十三歲學而周威公師之夫走者
之速也而過二里止步者之遲也而百里不止
今甯越之材而久不止其爲諸侯師豈不宜哉
孔子謂子路曰汝何好子路曰好長劍孔子曰
非此之問也請以汝之所能加之以學豈可及
哉子路曰學亦有益乎孔子曰夫人君無諫臣
則失政士無教交則失德狂馬不釋其策操弓

不返於檠木受繩則直入受諫則聖愛學重問孰不順成毁仁惡士且近於刑君子不可以不學子路曰南山有竹弗揉自直斬而射之通於犀革又何學爲乎孔子曰括而羽之鏃而砥礪之其入不益深乎子路拜曰敬受教哉

豐墻墝下未必崩也流行潦至壞必先矣樹本淺根垓不深未必橛也飄風起暴雨至拔必先矣君子居於是國不崇仁義不尊賢臣未必亡也然一旦有非常之變車馳人走指而禍至乃始乾喉燋脣仰天而嘆庶幾焉天其救之不亦難乎孔子曰不慎其前而悔其後雖悔無及矣

詩云嘅其泣矣何嗟及矣言不先正本而成憂於末也

虞君問盆成子曰今工者久而巧色者老而衰今人不及壯之時益積心技之術以備將衰之色者必盡乎老之前知謀無以異乎幼之時可好之色彬彬乎且盡洋洋乎安託無能之軀哉故有技者不累身而未嘗滅而色不得以常茂

齊桓公問管仲曰王者何貴曰貴天桓公仰而視天管仲曰所謂天者非謂蒼蒼莽莽之天也君人者以百姓為天百姓與之則安輔之則彊

非之則危背之則亡詩云人而無良相怨一方民怨其上不遂亡者未之有也

河間獻王曰管子稱倉廩實知禮節衣食足知榮辱夫穀者國家所以昌熾士女所以姣好禮義所以行而人心所以安也尚書五福以富爲始子貢問爲政孔子曰富之既富乃教之也此治國之本也

文公見咎季其廟傅於西墻公曰孰處而西對曰君之老臣也公曰西益而宅對曰臣之忠不如老臣之力其墻壞而不築公曰何不築對曰一日不稼百日不食公出而告之僕頓首於

穀曰呂刑云一人有慶兆民賴之君之明群臣之福也乃令於國曰毋塗宮室以妨人宅毋藥以時無奪農功

楚恭王多寵子而世子之位不定屈建曰楚必多亂夫一兔走於街萬人追之一人得之萬人不復走分未定則一兔走使萬人擾分已定則雖貪夫知止今楚多寵子而嫡位無主亂自是生矣夫世太子者國之基也而百姓之望也國既無基又使百姓失望絕其本矣本絕則撓亂猶兔走也恭王聞之立康王為太子其後猶有令尹圍公子弃疾之亂也

晉襄公薨嗣君少趙宣子相謂大夫曰立少君懼多難請立雍雍長出在秦秦大足以為援賈季曰不若公子樂樂有寵於國先君愛而仕之翟翟足以為援穆嬴抱太子以呼於庭曰先君奚罪其嗣亦奚罪舍嫡嗣不立而外求君乎出朝抱以見宣子曰惡難也故欲立長君長君立而少君壯難乃至矣宣子患之遂立太子也

趙簡子以襄子為後董安于曰無恤不才今以為後何也簡子曰是其人能為社稷忍辱異日智伯與襄子飲而灌襄子之首大夫請殺之襄子曰先君之立我也曰能為社稷忍辱豈曰能

刺人哉處十月智伯圍襄子於晉陽襄子疏隊
而擊之大敗智伯漆其首以爲飲器

劉向説苑卷第三

劉向說苑卷第四

立節

士君子之有勇而果於行者不以立節行誼而
以妄死非名豈不痛哉士有殺身以成仁觸害
以立義倚於節理而不議死地故能身死名流
於來世非有勇斷孰能行之子路曰不能勤苦
不能恬貧窮不能輕死亡而曰我能行義吾不
信也昔者申包胥立於秦庭七日七夜哭不絕
聲遂以存楚不能勤苦安能行此曾子布衣縕
袍未得完糟糠之食藜藿之羹未得飽義不合
則辭上卿不恬貧窮安能行此比干將死而諫

適忠伯夷叔齊餓死于首陽而志逾彰不輕死亡安能行此故夫士欲立義行道毋論難易而後能行之立身著名無顧利害而後能成之詩曰彼其之子碩大且篤非良篤脩激之君子其誰能行之哉王子比干殺身以成其忠伯夷叔齊殺身以成其廉此三子者皆天下之通士也豈不愛其身哉以為夫義之不立名之不著是士之恥也故殺身以遂其行因此觀之卑賤貧窮非士之恥也夫士之所恥者天下舉忠而士不與焉舉信而士不與焉舉廉而士不與焉三者在乎身名傳於後世與日月並而不息雖無

道之世不能汚焉體則非好死而惡生也非惡
富貴而樂貧賤也由其道遵其理尊貴及己士
不辭也孔子曰富而可求雖執鞭之士吾亦爲
之富而不可求從吾所好大聖之操也詩云我
心匪石不可轉也我心匪席不可卷也言不失
己也能不失己然後可與濟難矣此士君子之
所以越衆也

楚伐陳陳西門燔因使其降民修之孔子過之
不軾子路曰禮過三人則下車過一人則軾今
陳脩門者人數衆矣夫子何爲不軾孔子曰丘
聞之國亡而不知不智知而不爭不忠忠而不

死不廉令陳脩門者不行一於此立故不爲軾也

孔子見齊景公景公致廩丘以爲養孔子辭不受出謂弟子曰吾聞君子當功以受祿今說景公景公未之行而賜我廩丘其不知丘亦甚矣遂辭而行曾子衣弊衣以耕魯君使人往致邑焉曰請以此脩衣曾子不受反復往又不受使者曰先生非求於人人則獻之奚爲不受曾子曰臣聞之受人者畏人予人者驕人縱子有賜不我驕也我能勿畏乎終不受孔子聞之曰參之言足以全其節也子思居於衛縕袍無表二

旬而九食田子方聞之使人遺狐白之裘恐其不受因謂之曰吾假人遂忘之吾與人也如棄之子思辭而不受子方曰我有子無何故不受子思曰伋聞之妄與不如遺棄物於溝壑伋雖貧也不忍以身為溝壑是以不敢當也

宋襄公茲父為桓公太子桓公有後妻子曰公子目夷公愛之茲父為公愛之也欲立之請於公曰請使目夷立臣為之相兄以佐之公曰何故也對曰臣之舅在衛愛臣若終立則不可以往絕迹於衛是背母也且臣自知不足以處目夷之上公不許彊以請公公許之將立公子目

夷目夷辭曰兄立而弟在下是其義也今弟立
而兄在下不義也不義而使目夷為之目夷將
逃乃逃之衛茲父從之三年桓公有疾使人召
茲父若不來是使我以憂死也茲父乃反公復
立之以為太子然後目夷歸也

晉驪姬譖太子申生於獻公獻公將殺之公子
重耳謂申生曰為此者非子之罪也子胡不進
辭辭之必免於罪申生曰不可我辭之驪姬必
有罪矣吾君老矣微驪姬寢不安席食不甘味
如何使吾君以恨終哉重耳曰不辭則不若速
去矣申生曰不可去而免於死是惡吾君也夫

彰父之過而取美諸侯孰肯納之入困於宗出困於逃是重吾惡也吾聞之忠不暴君智不重惡勇不逃死如是者吾以身當之遂伏劍死君子聞之曰天命矣夫世子詩曰萋兮斐兮成是貝錦彼譖人者亦已太甚

晉獻公之時有士焉曰狐突傅太子申生公立驪姬爲夫人而國多憂狐突稱疾不出六年獻公以譖誅太子太子將死使人謂狐突曰吾君老矣國家多難傅一出以輔吾君申生受賜以死不恨再拜稽首而死狐突乃復事獻公三年獻公卒狐突辭於諸大夫曰突受太子之詔今

事終矣與其久生亂世也不若死而報太子乃歸自殺

楚平王使奮揚殺太子建未至而遣之太子奔宋王召奮揚使城父人執之以至王曰言出於予口入於爾耳誰告建也對曰臣告之王初命臣曰事建如事余臣不佞不能貳也奉初以還故遣之已而悔之亦無及也王曰而敢來何也對曰使而失命召而不來是重過也逃無所入王乃赦之

晉靈公暴趙宣子驟諫靈公患之使鉏之彌賊之鉏之彌晨往則寢門闢矣宣子盛服將朝尚

早坐而假寐之彌退歎而言曰不忘恭敬民之主也賊民之主不忠棄君之命不信有一於此不如死也遂觸槐而死

齊人有子蘭子者事白公勝將爲難乃告子蘭子曰吾將舉大事於國願與子共之子蘭子曰我事子而與子殺君是助子之不義也畏患而去子是逃子於難也故不與子殺君以成吾義契領於庭以遂吾行

楚有士申鳴者在家而養其父孝聞於楚國王欲授之相申鳴辭不受其父曰王欲相汝汝何不受乎申鳴對曰舍父之孝子而爲王之忠臣

阿也其父曰使有禄於國立義於庭汝樂吾無
一歲矣吾欲汝之相也申鳴曰諾遂入朝楚王因
授之相居三年白公爲亂殺司馬子期申鳴將
往死之父止之曰棄父而死其可乎申鳴曰聞
夫仕者身歸於君而禄歸於親今既去子事君
得無死其難乎遂辭而往因以兵圍之白公謂
石乞曰申鳴者天下之勇士也今以兵圍我吾
爲之奈何石乞曰申鳴者天下之孝子也往劫
其父以兵申鳴聞之必來因與之語白公曰善
則往取其父持之以兵告申鳴曰子與吾吾與
子分楚國子不與吾子父則死矣申鳴流涕而

應之曰始吾父之孝子也今吾君之忠臣也吾聞之也食其食者死其事受其祿者畢其能今吾已不得為父之孝子矣乃君之忠臣也吾何得以全身援桴鼓之遂殺白公其父亦死王賞之金百斤申鳴曰食君之食避君之難非忠臣也定君之國殺臣之父非孝子也名不可兩立行不可兩全也如是而生何面目立於天下遂自殺也

齊莊公且伐莒為車五乘之賓而杞梁華舟獨不與焉故歸而不食其母曰汝生而無義死而無名則雖非五乘孰不汝笑也汝生而有義死

而有名則五乘之賓盡汝下也遂食乃行杞梁華舟同車侍於莊公而行至莒莒人逆之杞梁華舟下鬬獲甲首三百莊公止之曰子止與子同齊國杞梁華舟曰君為五乘之賓而舟梁不與焉是少吾勇也臨敵涉難止我以利是汚吾行也深入多殺者臣之事也齊國之利非吾所知也遂進鬬壞軍陷陣三軍弗敢當至莒城下莒人以炭置地二人立有間不能入隰侯重為右曰吾聞古之士犯患涉難者其去遂於物也來吾踰子隰侯重仗楯伏炭二子乘而入顧而哭之華舟後息杞梁曰汝無勇乎何哭之久也

華舟曰吾豈無勇哉是與我同也而先吾死是以哀之莒人曰子毋死與子同莒國祀梁華舟曰去國歸敵非忠臣也去長受賜非正行也且雞鳴而期日中而忘之非信也深入多殺者臣之事也莒國之利非吾所知也遂進鬬殺五十七人而死其妻聞之而哭城爲之崩而隅爲之崩此非所以起也

越甲至齊雍門子狄請死之齊王曰鼓鐸之聲未聞矢石未交長兵未接子何務死之爲人臣之禮邪雍門子狄對曰臣聞之昔者王田於囿左轂鳴車右請死之而王曰子何爲死車右對

曰爲其鳴吾君也王曰左轂鳴者工師之罪也子何事之有焉車右曰臣不見工師之乘而見其鳴吾君也遂刎頸而死知有之乎齊王曰有之雍門子狄曰今越君至其鳴吾君也豈左轂之下哉車右可以死左轂而臣獨不可以死越甲也遂刎頸而死是日越人引甲而退七十里曰齊王有臣鈞如雍門子狄擬使越社稷不血食遂引甲而歸齊王葬雍門子狄以上卿之禮

楚人將與吳人戰楚兵寡而吳兵衆楚將軍子囊曰我擊此國必敗辱君虧地忠臣不忍爲也不復於君黜兵而退至於國郊使人復於君曰

臣請死君曰子大夫之遁也以為利也而今誠利子大夫毋死子囊曰遁者無罪則後世之為君臣者皆入不利之名而效臣遁若是則楚國終為天下弱矣臣請死退而伏劍君曰誠如此請成子大夫之義乃為桐棺三寸加斧質其上以徇於國

宋康公攻阿屠單父成公趙曰始吾不自知以為在千乘則萬乘不敢伐在萬乘則天下不敢圖今趙在阿而宋屠單父則是趙無以自立也且往誅宋趙遂入宋三月不得見或曰何不因鄰國之使而見之成公趙曰不可吾因鄰國之

使而刺之則使後世之使不信荊軻之信不用
皆曰趙使之然也不可或曰何不因群臣道徒
處之士而刺之成公趙曰不可吾因群臣道徒
處之士而刺之則後世之忠臣不見信辯士不
見顧皆曰趙使之然也不可吾聞古之士怒則
思理危不忘義必將正行以求之耳朞年宗康
公病死成公趙曰廉士不辱名信士不惰行今
吾在阿宋不報讐單父是辱名也事誅家王朞年不
得是惰行也吾若是而生何面目而見天下之
士遂立槁於彭山之上
佛肸用中牟之縣畔設祿邑炊鼎曰與我者受

邑不與我者其象中牟之士皆與之城北餘子田基獨後至袪衣將入鼎曰基聞之義者軒冕在前非義弗乘斧鉞於後義死不避遂袪衣將入鼎佛肸播而之趙簡子屠中牟得而取之論有功者用田基為始田基曰吾聞廉士不恥人如此而受中牟之功則中牟之士終身慙矣襁負其母南徙於楚楚王高其義待以司馬

齊崔杼弒莊公邢蒯聵使晉而反其僕曰崔杼弒莊公子將奚如邢蒯聵曰驅之將入死而報君其僕曰君之無道也四鄰諸侯莫不聞也以夫子而死之不亦難乎邢蒯聵曰善能言也然

亦晚矣子早言我我能諫之諫不聽我能去今既不諫又不去吾聞食其祿者死其事吾既食亂君之祿矣又安得治君而死之遂驅車入死其僕曰人有亂君人猶死之我有治長可毋死乎乃結轡自刎於車上君子聞之曰邴蒯瞶可謂守節死義矣死者人之所難也僕夫之死也雖未能合義然亦有志士之意矣詩云夙夜匪懈以事一人邴生之謂也孟子曰勇士不忘喪其元僕夫之謂也

燕昭王使樂毅伐齊閔王亡燕之初入齊也聞蓋邑人王歜賢令於軍曰環蓋三十里毋入以

歜之故已而使人謂歜曰齊人多高子之義吾以子為將封子萬家歜固謝燕人燕人曰子不聽吾引三軍而屠畫邑王歜曰忠臣不事二君貞女不更二夫齊王不聽吾諫故退而耕於野國既破亡吾不能存今又劫之以兵為君將是助桀為暴也與其生而無義固不如烹遂懸其軀於樹枝自奮絶脰而死齊亡大夫聞之曰王歜布衣義猶不背齊向燕況在位食祿者乎乃相聚如莒求諸公子立為襄王

左儒友於杜伯皆臣周宣王宣王將殺杜伯而非其罪也左儒爭之于王九復之而王弗許也

王曰別君而異友斯決也左儒對曰臣聞之君道友逆則順君以誅友友道君逆則率友以違君王怒曰易而言則生不易而言則死左儒對曰臣聞古之士不枉義以從死不易言以求生故臣能明君之過以死杜伯之無罪王殺杜伯左儒死之

莒穆公有臣曰朱厲附事穆公不見識焉冬處於山林食杼栗夏處洲澤食蔆藕穆公以難死朱厲附將往死之其友曰子事君而不見識焉今君難吾子死之意者其不可乎朱厲附曰始我以為君不吾知也今君死而我不死是果不

知義也吾將死之以激天下不知其臣者遂往
死之
楚莊王獵於雲夢射科雉得之申公子倍攻而
奪之王將殺之大夫諫曰子倍自好也爭王雉
必有說王姑察之不出三月子倍病而死邲之
戰楚大勝晉歸而賞功申公子倍之弟進請賞
於王曰人之有功也賞於車下王曰奚謂也對
曰臣之兄讀故記曰射科雉者不出三月必死
臣之兄爭而得之故夭死也王命發乎府而視
之於記果有焉乃厚賞之

劉向說苑卷第四

劉向說苑卷第四

劉向說苑卷第五

貴德

聖人之於天下百姓也其猶赤子乎飢者則食之寒者則衣之將之養之育之長之唯恐其不至於大也詩曰蔽芾甘棠勿翦勿伐召伯所茇傳曰自陝以東者周公主之自陝以西者召公主之召公述職當桑蠶之時不欲變民事故不入邑中舍于甘棠之下而聽斷焉陝間之人皆得其所是故後世思而歌詠之善之故言之言之不足故嗟嘆之嗟嘆之不足故詠歌之夫詩思然後積積然後滿滿然後發發由其道而致

其位焉百姓歎其美而致其愛甘棠之不伐也
政教惡乎不行孔子曰吾於甘棠見宗廟之敬
也甚尊其人必敬其位順安萬物古聖之道幾
哉仁人之德教也誠惻隱於中悃愊於內不能
已於其心故其治天下也如救溺人見天下強
陵弱衆暴寡幼孤羸露死傷係虜不忍其然是
以孔子歷七十二君冀道之一行而得施其德
使民生於全育烝庶安土萬物熙熙各樂其終
卒不遇故睹麟而泣哀道不行德澤不洽於是
退作春秋明素王之道以示後人思施其惠未
嘗輟忘是以百王尊之志士法焉誦其文章傳

今不絶德及之也詩曰載馳載驅周爰咨謀此之謂也聖王布德施惠非求報於百姓也郊望禘嘗非求報於鬼神也山致其高雲雨起焉水致其深蛟龍生焉君子致其道德而福祿歸焉夫有陰德者必有陽報有隱行者必有昭名古者溝防不修水爲人害禹鑿龍門闢伊闕平治水土使民得陸處百姓不親五品不遜契教以君臣之義父子之親夫婦之辨長幼之序田野不修民食不足后稷教之闢地墾草糞土樹穀令百姓家給人足故三后之後無不王者有陰德也周室衰禮義廢孔子以三代之道教導於

後世繼嗣至今不絶者有隱行也周頌曰豐年
多黍多稌亦有高廩萬億及秭爲酒爲醴烝畀
祖妣以洽百禮降福孔偕禮記曰上牲損則用
下牲下牲損則祭不備物以其舛之爲不樂也
故聖人之於天下也譬猶一堂之上也今有滿
堂飲酒者有一人獨索然向隅而泣則一堂之
人皆不樂矣聖人之於天下也譬猶一堂之上
也有一人不得其所者則孝子不敢以其物薦
進
魏武侯浮西河而下中流顧謂吳起曰美哉乎
河山之固也此魏國之寶也吳起對曰在德不

在險昔三苗氏左洞庭右彭蠡德義不修而禹滅之夏桀之居左河濟右太華伊闕在其南羊腸在其北修政不仁湯放之殷紂之國左孟門而右太行常山在其北大河經其南修政不德武王殺之由此觀之在德不在險若君不修德船中之人盡敵國也武侯曰善

武王克殷召太公而問曰將奈其士衆何太公對曰臣聞愛其人者兼屋上之烏憎其人者惡其餘胥咸劉厥敵使靡有餘何如王曰不可太公出邵公入王曰爲之奈何邵公對曰有罪者殺之無罪者活之何如王曰不可邵公出周公入

入王曰爲之奈何周公曰使各居其宅田其田無變舊新唯仁是親百姓有過在予一人武王曰廣大乎平天下矣凡所以貴士君子者以其仁而有德也

孔子曰里仁爲美擇不處仁焉得智夫仁者必恕然後行行一不義殺一無罪雖以得高官大位仁者不爲也夫大仁者愛近以及遠及其有所不諧則虧小仁以就大仁大仁者恩及四海小仁者止於妻子妻子者以其知營利以婦人之恩撫之飾其內情雖離質真僞孰知其非真雖當時蒙榮然士君子以爲大辱故共工驩兜符

里鬭矜其智為非無所識也然而為聖王之所誅者
以無德而苟利也豎刁易牙毀體殺子以干利
卒為戮於齊故人臣不仁篡弒之亂生人臣而
仁國治主榮明主察焉宗廟太寧夫人臣猶貴
仁況於人主乎故桀紂以不仁失天下湯武以
積德有海土是以聖王貴德而務行之孟子曰
推恩足以及四海不推恩不足以保妻子古人
所以大過人者無他焉善推其所有而已
晏子飲景公酒令器必新家老曰財不足請斂
於民晏子曰止夫樂者上下同之故天子與天
下諸侯與境內自大夫以下各與其僚無有獨

樂今亡樂其樂下傷其費是獨樂者也不可
齊桓公北伐山戎氏其道過燕燕君逆而出境
桓公問管仲曰諸侯相逆固出境乎管仲曰非
天子不出境桓公曰然則燕君畏而失禮也寡
人不道而使燕君失禮乃割燕君所至之地以
與燕君諸侯聞之皆朝於齊詩云靖恭爾位好
是正直神之聽之介爾景福此之謂也
景公探爵鷇鷇弱故反之晏子聞之不待請而
入見景公汗出惕然晏子曰君胡為者也景公
曰我探爵鷇鷇弱故反之晏子逡巡北面再拜
而賀曰吾君有聖王之道矣景公曰寡人入探

爵鷇鷇弱故反之其當聖王之道者何也晏子
對曰君探爵鷇鷇弱故反之是長幼也吾君仁
愛禽獸之加焉而况於人乎此聖王之道也
景公覩嬰兒有乞於塗者公曰是無歸夫晏子
對曰君存何為無歸使養之可立而以聞
景公游於壽宮覩長年負薪而有飢色公悲之
喟然嘆曰令吏養之晏子曰臣聞之樂賢而哀
不肖守國之本也今君愛老而恩無不逮治國
之本也公笑有喜色晏子曰聖王見賢以樂賢
見不肖以哀不肖今請求老弱之不養鰥寡之
不室者論而供秩焉景公曰諾於是老弱有養

鰥寡有室
桓公之平陵見家人有年老而自養者公問其
故對曰吾有子九人家貧無以妻之吾使傭而
未返也桓公取外御者五人妻之管仲入見曰
公之施惠不亦小矣公曰何也對曰公待所見
而施惠焉則齊國之有妻者少矣公曰若何管
仲曰令國丈夫二十而室女子十五而嫁
孝宣皇帝初即位守廷尉吏路溫舒上書言尚
德緩刑其詞曰陛下初即至尊與天合符宜改
前世之失正始受之統滌煩文除民疾存亡繼
絕以應天德天下幸甚臣聞往者秦有十失其

一尚存治獄吏是也昔秦之時滅文學好武勇
賤仁義之士貴治獄之吏正言謂之誹謗遏過
謂之妖言故盛服先生不用於世忠良切言皆
鬱於胸譽諛之聲日滿於耳虛美薰心實禍蔽
塞此乃秦之所以亡天下也方今海內賴陛下
厚恩無金革之危飢寒之患父子夫婦戮力安
家天下幸甚然太平之未洽者獄亂之也夫獄
天下之命死者不可生斷者不可屬書曰與其
殺不辜寧失不經今治獄吏則不然上下相驅
以刻為明深者獲公名平者多後患故治獄吏
皆欲入死非憎人也自安之道在人之死是以

死人之血流離於市被刑之徒比肩而立大辟之計歲以萬數此聖人所以傷太平之未洽凡以是也人情安則樂生痛則思死捶楚之下何求而不得故囚人不勝痛則飾誣詞以示之吏治者利其然則指道以明之上奏恐却則鍛煉而周內之蓋奏當之成雖臯陶聽之猶以爲死有餘罪何則成鍊之者衆而文致之罪明也是以獄吏專爲深刻殘賊而無理偷爲一切不顧國患此世之大賊也故俗語云畫地作獄議不可入刻木爲吏期不可對此皆疾吏之風悲痛之辭也故天下之患莫深於獄敗法亂政離親

塞道莫甚乎治獄之吏此臣所謂一尚存也臣聞烏鳶之卵不毁而後鳳皇集誹謗之罪不誅而後良言進故傳曰山藪藏疾川澤納汚國君含垢天之道也臣昧死上聞願陛下察誹謗聽切言開天下之口廣箴諫之路改亡秦之一失遵文武之嘉德省法制寬刑罰以廢煩獄則太平之風可興於世福履和樂與天地無極天下幸甚書奏皇帝善之後卒於臨淮太守

晉平公春築臺叔向曰不可古者聖王貴德而務施緩刑辟而趨民時今春築臺是奪民時也夫德不施則民不歸刑不緩則百姓愁使不歸

之民役誌怨之百姓而又奪其時是重竭也夫牧百姓養育之而重竭之豈所以定命安存而稱為人君於後世哉平公曰善乃罷臺役

趙簡子春築臺於邯鄲天雨而不息謂左右曰可無趨種乎尹鐸對曰公事急厝種而懸之臺夫雖欲趨種不能得也簡子惕然乃釋臺罷役曰我以臺為急不如民之急也民以不為臺故知吾之愛也

中行獻子將伐鄭范文子曰不可得志於鄭諸侯讎我憂以滋長郤至又曰得鄭是兼國也兼國則王王者固多憂乎文子曰王者盛其德而

遠人歸故無憂乎哉寡德而有王者之功故多憂乎子見無土而欲富者樂乎哉

季康子謂子游曰仁者愛人乎子游曰然人亦愛之乎子游曰然康子曰鄭子產死鄭人丈夫捨玦珮婦人舍珠珥夫婦巷哭三月不聞竽瑟之聲仲尼之死吾不聞魯國之愛夫子奚也子游曰譬子產之與夫子其猶浸水之與天雨乎浸水所及則生不及則死斯民之生也必以時雨既以生莫愛其賜故曰譬子產之與夫子也猶浸水之與天雨乎

中行穆子圍鼓鼓人有以城反者不許軍吏曰

師徒不勤可得城矣故不受曰有以吾城反者吾所甚惡也人以城來我獨奚好焉賞所甚惡是失賞也奚若將何若不賞是失信也奚以示民鼓人又請降使人視之其民尚有食也不聽鼓人食盡力竭而後取之克鼓而反不戮一人

孔子之楚有漁者獻魚甚強孔子不受獻魚者曰天暑遠市賣之不售思欲棄之不若獻之君子孔子再拜受使弟子掃除將祭之弟子曰夫人將棄之今吾子將祭之何也孔子曰吾聞之務施而不腐餘財者聖人也今受聖人之賜可

無祭乎
鄭伐宋宋人將與戰華元殺羊食士其御羊斟
不與焉及戰曰疇昔之羊羹子爲政今日之事
我爲政與華元馳入鄭師宋人敗績
楚王問莊辛曰君子之行奈何莊辛對曰居不
爲垣墻人莫能毀傷行不從周衛人莫能暴害
此君子之行也楚王復問君子之富奈何對曰
君子之富假貸人不德也不責也其食飲人不
使也不役也親戚愛之衆人喜之不肖者事之
皆欲其壽樂而不傷於患此君子之富也楚王
曰善

丞相西平侯于定國者東海下邳人也其父號曰于公為縣獄吏决曹掾决獄平法未嘗有所寃郡中離文法者于公所决皆不敢隱情東海郡中為于公生立祠命曰于公祠東海有孝婦無子少寡養其姑甚謹其姑欲嫁之終不肯其姑告隣之人曰孝婦養我甚謹我哀其無子守寡日久我老累丁壯柰何其後母自經死母女告吏曰孝婦殺我母吏捕孝婦孝婦辭不殺姑吏欲毒治孝婦自誣服具獄以上府于公以為養姑十年以孝聞此不殺姑也太守不聽數爭不能得於是于公辭疾去吏太守竟殺孝婦郡

中枯旱三年後太守至卜求其故于公曰孝婦不當死前太守強殺之咎當在此於是殺牛祭孝婦冢太守以下自至焉天立大雨歲豊熟郡中以此益敬重于公于公築治廬舍謂匠人曰爲我高門我治獄未嘗有所寃我後世必有封者令容高蓋駟馬車及子封爲西平侯

凡人之性莫不欲善其德然而不能爲善德者利敗之也故君子羞言利名言利名尚羞之况居而求利者也

周天子使家父毛伯求金於諸侯春秋譏之故天子好利則諸侯貪諸侯貪則大夫鄙大夫鄙

則庶人盜上之變下猶風之靡草也故爲人君者明貴德而賤利以道下下之爲惡尚不可止令隱公貪利而身自漁濟上而行八佾以此化於國人國人安得不解於義解於義而縱其欲則災害起而臣下僭矣故其元年始書螟言災將起國家將亂云爾

孫卿曰夫鬬者忘其身者也忘其親者也忘其君者也行須臾之怒而鬬終身之禍然乃爲之是忘其身也家室離散親戚被戮然乃爲之是忘其親也君上之所致惡刑法之所大禁也然乃犯之是忘其君也今禽獸猶知近父母不忘

其親也人而忘其身內忘其親上忘其君是不
若禽獸之仁也凡鬬者皆自以爲是而以他人
爲非已誠是也人誠非也則是已君子而彼小
人也夫以君子而與小人相賊害是人之所謂
以狐白補犬羊身塗其炭豈不過甚矣哉以爲
智乎則愚莫大焉以爲利乎則害莫大焉以爲
榮乎則辱莫大焉人之有鬬何哉比之狂惑疾
病乎則不可面目人也而好惡多同人之鬬誠
愚惑失道者也詩云式號式呼俾晝作夜言鬬
行也
子路持劒孔子問曰由安用此乎子路曰善古

者固以善之不善古者固以自衛孔子曰君子以忠為質以仁為衛不出環堵之内而聞千里之外不善以忠化寇暴以仁圍何必持劍乎子路曰由也請攝齊以事先生矣

樂羊為魏將以攻中山其子在中山中山懸其子示樂羊樂羊不為衰志攻之愈急中山因烹其子而遺之樂羊食之盡一杯中山見其誠也不忍與其戰果下之遂為魏文侯開地文侯賞其功而疑其心孟孫獵得麑使秦西巴持歸其母隨而鳴秦西巴不忍縱而與之孟孫怒而逐秦西巴居一年召以為太子傅左右曰夫秦西

巴有罪於君今以為太子傅何也孟孫曰夫以
一麑而不忍又將能忍吾子乎故曰巧詐不如
拙誠樂羊以有功而見疑秦西巴以有罪而益
信由仁與不仁也
智伯還自衛三卿燕于藍臺智襄子戲韓康子
而侮段規智果聞之諫曰主弗備難難必至曰
難將由我我不為難誰敢興之對曰異於是夫
郤氏有車轅之難趙有孟姬之讒欒有叔祁之
訴范中行有函冶之難皆主之所知也夏書有
之曰一人三失怨豈在明不見是圖周書有之
曰怨不在大亦不在小夫君子能勤小物故無

大患令主一諾而恥人君相又弗備曰不敢興
難毋乃不可乎嘻不可不懼蚋蟻蜂蠆皆能害
人況君相乎不聽自是五年而有晉陽之難段
規反而殺智伯于師遂滅智氏

智襄子爲室美士茁夕焉智伯曰室美矣夫對
曰美則美矣抑臣亦有懼也智伯曰何懼對曰
臣以秉筆事君記有之曰高山浚源不生草木
松柏之地其土不肥今土木勝人臣懼其不安
人也室成三年而智氏亡

劉向說苑卷第五

[illegible]

劉向說苑卷第六

復恩

孔子曰德不孤必有鄰夫施德者貴不德受恩者尚必報是故臣勞勤以爲君而不求其賞君持施以敬下而無所德故易曰勞而不怨有功而不德厚之至也君臣相與以市道接君縣祿以待之臣竭力以報之逮臣有不測之功則主加之以重賞如主有超異之恩則臣必死以復之孔子曰北方有獸其名曰蟨前足鼠後足兔是獸也甚矣其愛蛩蛩巨虛也食得甘草必齧以遺蛩蛩巨虛蛩蛩巨虛見人將來必負蟨以

走蹙非性之愛蛩蛩巨虛也為其假力之故也二獸者亦非性之愛蹙也為其得甘草而遺之故也夫禽獸昆蟲猶知比假而相有報也況於士君子之欲興名利於天下者乎夫臣一不復君之恩而苟營其私門禍之原也君不能報臣之功而憚行賞者亦亂之基也夫禍亂之源基由不報恩生矣

趙襄子見圍於晉陽罷圍賞有功之臣五人高赫無功而受上賞五人皆怒張孟談謂襄子曰晉陽之中赫無大功今與之上賞何也襄子曰吾在拘厄之中不失臣主之禮唯赫也子雖有

功皆驕寡人與赫上賞不亦可乎仲尼聞之曰趙襄子可謂善賞士乎賞一人而天下之人臣莫敢失君臣之禮矣

晉文公亡時陶叔狐從文公反國行三賞而不及陶叔狐陶叔狐見咎犯曰吾從君而亡十有三年顏色黎黑手足胼胝今君反國行三賞而不及我也意者君忘我與我有大故與子試為我言之君咎犯言之文公文公曰噫我豈忘是子哉夫高明至賢德行全誠耽我以道說我以仁暴浣我行昭明我名使我為成人者吾以為上賞防我以禮諫我以誼蕃援我使我不得為

非數引我而請於賢人之門吾以爲次賞夫勇
壯強禦難在前則居前難在後則居後免我於
患難之中者吾又以爲之次且子獨不聞乎死
人者不如存人之身亡人者不如存人之國夫
行賞之後而勞苦之士次之夫勞苦之士是子
固爲首矣豈敢忘子哉周内史叔興聞之曰文
公其霸乎昔聖王先德而後力文公其當之矣
詩云率禮不越此之謂也
晉文公入國至於河令棄籩豆茵席顏色黎黑
手足胼胝者在後咎犯聞之中夜而哭文公曰
吾亡也十有九年矣今將反國夫子不喜而哭

何也其不欲吾反國乎對曰籩豆茵席所以官
者也而棄之顏色黎黑手足胼胝所以執勞苦
而皆後之臣聞國君蔽士無所取忠臣大夫蔽
遊無所取忠友今至於國臣在所蔽之中矣不
勝其哀故哭也文公曰禍福利害不與咎氏同
之者有如白水祝之乃沈璧而盟介子推曰獻
公之子九人唯君在耳天未絶晉必將有主主
晉祀者非君而何唯二三子者以爲己力不亦
誣乎文公即位賞不及推推母曰盍亦求之推
曰尤而効之罪又甚焉且出怨言不食其食其
母曰亦使知之推曰言身之文也身將隱安用

丈其母曰能如是與若俱隱至死不復見推從者憐之乃懸書宮門曰有龍矯矯頃失其所五蛇從之周徧天下龍飢無食一蛇割股龍反其淵安其壤土四蛇入穴皆有處所一蛇無穴號於中野文公出見書曰嗟此介子推也吾方憂王室未圖其功使人召之則亡遂求其所在聞其入綿上山中於是文公表綿上山中而封之以為介推田號曰介山

晉文公出亡周流天下舟之僑去虞而從焉文公反國擇可爵而爵之擇可祿而祿之舟之僑獨不與焉文公酌諸大夫酒酒酣文公曰二三

子蓋爲寡人賦乎舟之僑進曰君子爲賦小人請陳其辭辭曰有龍矯矯頃失其所一蛇從之周流天下龍反其淵安寧其處一蛇耆乾獨不得其所文公瞿然曰子欲爵耶請待旦日之期子欲祿耶請今命廩人舟之僑曰請而得其賞廉者不受也言盡而名至仁者不爲也今天油然作雲沛然下雨則苗草興起莫之能禦今爲一人言施一人猶爲一塊土下雨也土亦不生之矣遂歷階而去文公求之不得終身誦甫田之詩

邴吉有陰德於孝宣皇帝微時孝宣皇帝即位

衆莫知吉亦不言吉後大將軍長史韓還至御史大夫宣帝聞之將詔之會吉病甚將使人加紳而封之及其生也太子太傅夏侯勝曰此未死也臣聞之有陰德者必饗其樂以及其子孫今此未獲其樂而病甚非其死病也後病果愈封爲博陽侯終饗其樂

魏文侯攻中山樂羊將已得中山還反報文侯有喜功之色文侯命主書曰群臣賓客所獻書操以進主書者舉兩篋以進令將軍視之盡難攻中山之事也將軍還走北面而再拜曰中山之舉也非臣之力君之功也

平原君既歸趙楚使春申君將兵救趙魏信陵君亦矯奪晉鄙軍往救趙未至秦急圍邯鄲邯鄲急且降平原君患之邯鄲傳舍吏子李談謂平原君曰君不憂趙亡乎平原君曰趙亡則勝虜何為不憂乎李談曰邯鄲之民炊骨易子而食之可謂至困而君之後宮百數婦妾荷綺縠廚餘粱肉士民兵盡或剡木為矛戟而君之器物鐘磬自恣若使秦破趙君安得有此使趙而全君何患無有君誠能令夫人以下編於士卒閒分功而作之家所有盡散以饗食士方其危苦時易為惠耳於是平原君如其計而勇敢之士三

千人皆出死因從李談赴秦軍秦軍爲却三十里亦會楚魏救至秦軍遂罷李談死封其父爲孝侯

秦繆公嘗出而亡其駿馬自往求之見人已殺其馬方共食其肉繆公謂曰是吾駿馬也諸人皆懼而起繆公曰吾聞食駿馬肉不飲酒者殺人即以次飲之酒殺馬者皆慙而去居三年晉攻秦繆公圍之往時食馬肉者相謂曰可以出死報食馬得酒之恩矣遂潰圍繆公卒得以解難勝晉獲惠公以歸此德出而福反也

智伯與趙襄子戰於晉陽下而死智伯之臣豫

讓者怨以其精氣能使襄主動心乃漆身變形吞炭更聲襄主將出豫讓僞爲死人處於梁下駟馬驚不進襄主動心使使視梁下得豫讓襄主重其義不殺也又盜爲抵罪被刑人赭衣入繕宮襄主動心則曰必豫讓也襄主執而問之曰子始事中行君智伯殺中行君子不能死還反事之今吾殺智伯乃漆身爲厲吞炭爲啞欲殺寡人何與先行異也豫讓曰中行君衆人畜臣臣亦衆人事之智伯朝士待臣臣亦朝士爲之用襄子曰非義也子壯士也乃自置車庫中水漿毋入口者三日以禮豫讓讓自知遂自殺

也

晉逐欒盈之族命其家臣有敢從者死其臣曰辛俞從之吏得而將殺之君曰命汝無得從敢從何也辛俞對曰臣聞三世仕於家者君之二世者主之事君以死事主以勤為其賜之多也今臣三世於欒氏受其賜多矣臣敢畏死而忘三世之恩哉晉君釋之

留侯張良之大父開地相韓昭侯宣惠王襄哀王父平相釐王悼惠王悼惠王二十三年平卒二十歲秦滅韓良年少未宦事韓韓破良家童三百人弟死不葬良悉以家財求刺客刺秦王

爲韓報仇以大父父五世相韓故遂學禮淮陽
東見滄海君得力士爲鐵椎重百二十斤秦皇
帝東游良與客狙擊秦皇帝於博浪沙誤中副
車秦皇帝大怒大索天下求購甚急良更易姓
名深亡匿後卒隨漢報秦

鮑叔死管仲舉上衽而哭之泣下如雨從者曰
非君父子也此亦有說乎管仲曰非夫子所知
也吾嘗與鮑子負販於南陽吾三辱於市鮑子
不以我爲怯知我之欲有所明也鮑子嘗與我
有所說王者而三不見聽鮑子不以我爲不肖
知我之不遇明君也鮑子嘗與我臨財分貨吾

自取多者三鮑子不以我爲貪知我之不足於財也生我者父母知我者鮑子也士爲知己者死而况爲之哀乎

晉趙盾率韓厥晉君以爲中軍尉趙盾死子朔嗣爲卿至景公三年趙朔爲晉將朔取成公姊爲夫人大夫屠岸賈欲誅趙氏初趙盾在時夢見叔帶持龜要而哭甚悲已而咲拊手且歌盾卜之古兆絶而後好趙史援占曰此甚惡非君之身乃君之子然亦君之咎也至子趙朔世益衰屠岸賈者始有寵於靈公及至於晉景公而賈爲司寇將作難乃治靈公之賊以致趙盾徧告諸將

曰趙穿弑靈公盾雖不知猶爲首賊臣殺君子孫在朝何以懲罪請誅之韓厥曰靈公遇賊趙盾在外吾先君以爲無罪故不誅今諸君將誅其後是非先君之意而後妄誅妄誅謂之亂臣有大事而君不聞是無君也屠岸賈不聽厥告趙朔趨亡趙朔不肯曰子必不絶趙祀朔死且不恨韓厥許諾稱疾不出賈不請而擅與諸將攻趙氏於下宮殺趙朔趙括趙嬰齊皆滅其族朔妻成公姊有遺腹走公宮匿後生男乳朔客程嬰持亡匿山中居十五年晉景公疾卜之曰大業之後不遂者爲祟景公疾問韓厥韓厥知

趙孤在乃曰六業之後在晋絶祀者其趙氏乎夫自中衍皆嬴姓也中衍人面鳥噣降佐殷帝大戊及周天子皆有明德下及幽厲無道而叔帶去周適晋事先君文侯至于成公世有立功未嘗有絶祀今及吾君獨滅之趙宗國人哀之故見龜策唯君圖之景公問云趙尚有後子孫乎韓厥具以實對於是景公乃與韓厥謀立趙孤兒召而匿之宮中諸將入問疾景公因韓厥之衆以脅諸將而見趙孤趙孤名曰武諸將不得已乃曰昔下宮之難屠岸賈為之矯以君令并命群臣非然孰敢作難微君之疾群臣固且請

立趙後今君有令群臣之願也於是召趙武程
嬰徧拜諸將軍將軍遂返與程嬰趙武攻屠岸
賈滅其族復與趙武田邑如故故人安可以無
恩夫有恩於此故復於彼非程嬰則趙孤不全
非韓厥則趙後不復韓厥可謂不忘恩矣
北郭騷踵見晏子曰竊悅先生之義願乞所以
養母者晏子使人分倉粟府金而遺之辭金而
受粟有間晏子見疑於景公出奔北郭子召其
友而告之曰吾悅晏子之義而嘗乞所以養母
者吾聞之曰養及親者身更其難今晏子見疑
吾將以身白之遂造公庭求復者曰晏子天下

之賢者也今去齊國齊國必侵矣方必見國之
侵也不若先死請絶頸以白晏子逡巡而退因
自殺也公聞之大駭乘馳而自追晏子及之國
郊請而反之晏子不得已而反之聞北郭子之
以死白已也太息而歎曰嬰不肖罪過固其所
也而士以身明之哀哉
吳赤市使於智氏假道於衛甯文子具紵絺三
百製將以遺之大夫豹曰吳雖大國也不壤交
假之道則亦敬矣又何禮焉甯文子不聽遂致
之吳赤市至於智氏既得事將歸吳知伯命造
舟為梁吳赤市曰吾聞之天子濟於水造舟為

梁諸侯維舟爲梁大夫方舟方舟臣之職也且敬太
甚必有故使人視之視則用兵在後矣將以襲
衛吳赤市曰衛假吾道而厚贈我我見難而不
告是與爲謀也稱疾而留使人告衛衛人警戒
智伯聞之乃止

楚魏會於晉陽將以伐齊齊王患之使人召淳
于髡曰楚魏謀欲伐齊願先生與寡人共憂之
淳于髡大笑而不應王復問之又復大笑而不
應三問而不應王怫然作色曰先生以寡人國
爲戲乎淳于髡對曰臣不敢以王國爲戲也臣
笑臣隣之祠田也以奩飯與一鮒魚其祝曰下

田洿邪得穀百車蟹螺者宜禾臣笑其所以祠
者少而所求者多王曰善賜之千金革車百乘
立為上卿
東閭子嘗富貴而後乞人問之曰公何為如是
曰吾自知吾嘗相六七年未嘗薦一人也吾嘗
富三千萬者再未嘗富一人也不知士出身之
咎然也孔子曰物之難矣小大多少各有怨惡
數之理也人而得之在於外假之也
齊懿公之為公子也與邴歜之父爭田不勝及
即位乃掘而刖之而使歜為僕奪庸織之妻而
使織為參乘公游于申池二人浴於池歜以鞭

扶織織怒歜曰人奪女妻而不敢怒一扶女庸何傷織曰孰與其刖其父而不病奚若乃謀殺公納之竹中

楚人獻黿於鄭靈公公子家見公子宋之食指動謂子家曰我如是必嘗異味及食大夫黿召公子宋而不與公子宋怒染指於鼎嚐之而出公怒欲殺之公子宋與公子家謀先遂弑靈公子夏曰春秋者記君不君臣不臣父不父子不子者也此非一日之事也有漸以至焉

劉向說苑卷第六

劉向說苑卷第七

政理

政有三品王者之政化之霸者之政威之彊者之政脅之夫此三者各有所施而化之爲貴矣夫化之不變而後威之威之不變而後脅之脅之不變而後刑之夫至於刑者則非王者之所得已也是以聖王先德教而後刑罰立禁恥而明防禁崇禮義之節以示之賤貨利之弊以變之修近理內政橛機之禮壹妃匹之際則莫不慕義禮之榮而惡貪亂之恥其所由致之者化使然也

季孫問於孔子曰如殺無道以就有道何如孔子曰子為政焉用殺子欲善而民善矣君子之德風也小人之德草也草上之風必偃言明其化而已也治國有二機刑德是也王者尚其德而希其刑霸者刑德並湊強國先其刑而後德夫刑德者化之所由興也德者養善而進闕者也刑者懲惡而禁後者也故德化之崇者至於賞刑罰之甚者至於誅夫誅賞者所以別賢不肖而列有功與無功也故誅賞不可以繆誅賞繆則善惡亂矣夫有功而不賞則善不勸有過而不誅則惡不懼善不勸而能以行化乎天下

者未嘗聞也晉曰畢力賞罰此之謂也
水濁則魚困令苛則民亂城峭則必崩岸竦則
必阤故夫治國譬若張琴大絃急則小絃絶矣
故曰急轡銜者非千里御也有聲之聲不過百
里無聲之聲延及四海故祿過其功者損名過
其實者削情行合而民副之禍福不虛至矣詩
云何其處也必有與也何其久也必有以也此
之謂也

公叔文子為楚令尹三年民無敢入朝公叔子
見曰嚴矣文子曰朝廷之嚴也寧云妨國家之
治哉公叔子曰嚴則下喑下喑則上聾聾喑不

能相通何國之治也蓋聞之也順針縷者成帷幕合升斗者實倉廩并小流而成江海明主者有所受命而不行未嘗有所不受也

衛靈公謂孔子曰有語寡人為國家者謹之於廟堂之上而國家治矣其可乎孔子曰可愛人者則人愛之惡人者則人惡之知得之己者亦知得之人所謂不出於環堵之室而知天下者知反之己者也

子貢問治民於孔子孔子曰懔懔焉如以腐索御奔馬子貢曰何其畏也孔子曰夫通達之國皆人也以道導之則吾畜也不以道導之則吾

雖也若何而毋畏
齊桓公謂管仲曰吾欲舉事於國昭然如日月
無愚夫愚婦皆曰善可乎仲曰可然非聖人之
道桓公曰何也對曰夫短綆不可以汲深井知
鮮不可以與聖人之言慧士可與辨物智士可
與辨無方聖人可與辨神明夫聖人之所為非
眾人之所及也民知十己則尚與之爭曰不如
吾也百己則疵其過千己則誰而不信是故民
不可稍而掌也可並而救也不可暴而殺也可
麾而致也眾不可戶說也可舉而示也
衛靈公問於史鰌曰政孰為務對曰大理為務

聽獄不中死者不可生也斷者不可屬也故曰
大理爲務必爲子路見公公以史鰌言告之子
路曰司馬爲務兩國有難兩軍相當司馬執枹
以行之一鬬不當死者數萬以殺人爲非也此
其爲殺人亦衆矣故曰司馬爲務必爲子貢入
見公公以二子言告之子貢曰不識哉昔禹與有
扈氏戰三陳而不服禹於是脩教一年而有扈
氏請服故曰去民之所事奚獄之所聽兵革之
不陳奚鼓之所鳴故曰教爲務也
齊桓公出獵逐鹿而走入山谷之中見一老公
而問之曰是爲何谷對曰爲愚公之谷桓公曰

何故對曰以臣名之桓公曰今視公之儀狀非愚人也何爲以公名對曰臣請陳之臣故畜牸牛生子而大賣之而買駒少年曰牛不能生馬遂持駒去傍隣聞之以臣爲愚故名此谷爲愚公之谷桓公曰公誠愚矣夫何爲而與之桓公遂歸明日朝以告管仲管仲正衿再拜曰此夷吾之愚也使堯在上咎繇爲理安有取人之駒者乎若有見暴如是叟者又必不與也公知獄訟之不正故與之耳請退而脩政孔子曰弟子記之桓公霸君也管仲賢佐也猶有以智爲愚者也況不及桓公管仲者也

魯有父子訟者康子曰殺之孔子曰未可殺也
夫民不知子父訟之不善者久矣是則上過也
上有道是人亡矣康子曰夫治民以孝爲本今
殺一人以戮一不孝不亦可乎孔子曰不孝而誅
之是虐殺不辜也三軍大敗不可誅也獄訟不
治不可刑也上陳之教而先服之則百姓從風
矣躬行不從而后俟之以刑則民知罪矣夫一
仞之牆民不能踰百仞之山童子升而遊焉陵
遲故也今是仁義之陵遲久矣能謂民弗踰乎
詩曰俾民不迷昔者君子道其百姓不使迷是
以威厲而不至刑錯而不用也於是訟者聞之

乃請無訟

魯哀公問政於孔子對曰政有使民富且壽哀公曰何謂也孔子曰薄賦歛則民富無事則遠罪遠罪則民壽公曰若是則寡人貧矣孔子曰詩云凱悌君子民之父母未見其子富而父母貧者也

文王問於呂望曰為天下若何對曰王國富民霸國富士僅存之國富大夫亡道之國富倉府是謂上溢而下漏文王曰善對曰宿善不祥是日也發其倉府以振鰥寡孤獨

武王問於太公曰治國之道若何太公對曰治

國之道愛民而已曰愛民若何曰利之而勿害
成之勿敗生之勿殺與之勿奪樂之勿苦喜之
勿怒此治國之道使民之誼也愛之而已矣民
失其所務則害之也農失其時則敗之也有罪
者重其罰則殺之也重賦斂者則奪之也多徭
役以罷民力則苦之也勞而擾之則怒之也故
善爲國者遇民如父母之愛子兄之愛弟聞其
飢寒爲之哀見其勞苦爲之悲

武王問於太公曰賢君治國何如對曰賢君之
治國其政平其吏不苛其賦斂節其自奉薄不
以私善害公法賞賜不加於無功刑罰不施於

無罪不因喜以賞不因怒以誅害民者有罪進賢舉過者有賞後宮不荒女謁不聽上無婬慝下不陰害不幸宮室以費財不多觀游臺池以罷民不彫文刻鏤以逞耳目官無腐蠹之藏國無流餓之民此賢君之治國也武王曰善哉

武王問於太公曰為國而數更法令者何也太公曰為國而數更法令者不法法以其所善為法者也故令出而亂亂則更為法是以其法令數更也

成王問政於尹逸曰吾何德之行而民親其上對曰使之以時而敬順之忠而愛之布令信而

不食言王曰其度安至對曰如臨深淵如履薄
氷王曰懼哉對曰天地之間四海之内善之則
吾也不善則讎也夏殷之臣反讎桀紂而臣湯
武夙沙之民自攻其主而歸神農氏此君之所
明知也君何以無懼也
仲尼見梁君梁君問仲尼曰吾欲長有國吾欲
列都之得吾欲使民安不惑吾欲使士竭其力
吾欲使日月當時吾欲使聖人自來吾欲使官
府治爲之柰何仲尼對曰千乘之君萬乘之主
問於丘者多矣未嘗有如主君問丘之術也然
而盡可得也丘聞之兩君相親則長有國君惠

臣忠則列都之得毋殺不辜毋釋罪人則民不
惑益士祿賞則竭其力尊天敬鬼則日月當時
善爲刑罰則聖人自來尚賢使能則官府治梁
君曰豈有不然哉
子貢曰葉公問政於夫子夫子曰政在附近而
來遠魯哀公問政於夫子夫子曰政在於諭臣
齊景公問政於夫子夫子曰政在於節用三君
問政於夫子夫子應之不同然則政有異乎孔
子曰夫荆之地廣而都狹民有離志焉故曰在
於附近而來遠哀公有臣三人内比周公以惑
其君外鄣距諸侯賓客以蔽其明故曰政在諭

臣齊景公奢於臺榭淫於苑囿五官之樂不解一旦而賜人百乘之家者三故曰政在於節用此三者政也詩不云乎亂離斯瘼爰其適歸此傷離散以爲亂者也匪其止共惟王之邛此傷姦臣蔽主以爲亂者也相亂蔑資曾莫惠我師此傷奢侈不節以爲亂者也察此三者之所欲政其同乎哉

公儀休相魯魯君死左右請閉門公儀休曰止池淵吾不稅蒙山吾不賦苛令吾不布吾已閉心矣何閉於門哉

子產相鄭簡公謂子產曰內政毋出外政毋入

夫衣裘之不美車馬之不飾子女之不潔寡人之醜也國家之不治封疆之不正夫子之醜也子產相鄭終簡公之身內無國中之亂外無諸侯之患也子產之從政也擇能而使之馮簡子善斷事子大叔善決而文公孫揮知四國之為而辨於其大夫之族姓變而立至又善為辭令裨諶善謀於野則獲於邑則否有事乃載裨諶與之適野使謀可否而告馮簡子斷之使公孫揮為之辭令成乃受子太叔行之以應對賓客是以鮮有敗事也

董安于治晉陽問政於蹇老蹇老曰曰忠曰信

曰敢董安于曰安忠乎曰忠於主曰安信乎曰信於令曰安敢乎曰敢於不善人董安于曰此三者足矣

魏文侯使西門豹往治於鄴告之曰必全功成名布義豹曰敢問全功成名布義為之奈何文侯曰子往矣是無邑不有賢豪辯博者也無邑不有好揚人之惡蔽人之善者也往必問豪賢者因而親之其辯博者因而師之問其好揚人之惡蔽人之善者因而察之不可以特聞從事夫耳聞之不如目見之目見之不如足踐之足踐之不如手辨之人始入官如入晦室久而愈

明明乃治治乃行

宓子賤治單父彈鳴琴身不下堂而單父治巫馬期亦治單父以星出以星入日夜不處以身親之而單父亦治巫馬期問其故於宓子賤宓子賤曰我之謂任人子之謂任力任力者固勞任人者固佚人曰宓子賤則君子矣佚四肢全耳目平心氣而百官治任其數而已矣巫馬期則不然弊性事情勞煩教詔雖治猶未至也

孔子謂宓子賤曰子治單父而衆說語丘所以為之者曰不齊父其父子其子恤諸孤而哀喪紀孔子曰善小節也小民附矣猶未足也曰不

齊也所父事者三人所兄事者五人所友者十
一人孔子曰父事三人可以教孝矣兄事五人
可以教弟矣友十一人可以教學矣守節也中
民附矣猶未足也曰此地民有賢於不齊者五
人不齊事之皆教不齊所以治之術孔子曰欲
其大者乃於此在矣昔者堯舜清微其身以聽
觀天下務來賢人夫舉賢者百福之宗也而神
明之主也不齊之所治者小也不齊所治者大
其與堯舜繼矣
宓子賤爲單父宰辭於夫子夫子曰毋迎而距
也毋望而許也許之則失守距之則閉塞譬如

高山深淵仰之不可極度之不可測也子賤曰善敢不承命乎

宓子賤爲單父宰過於陽晝曰子亦有以送僕乎陽晝曰吾少也賤不知治民之術有鉤道二焉請以送子子賤曰鉤道奈何陽晝曰夫扱綸錯餌迎而吸之者陽橋也其爲魚薄而不美若存若亡若食若不食者魴也其爲魚也博而厚味宓子賤曰善於是未至單父冠蓋迎之者交接於道子賤曰車驅之車驅之夫陽晝之所謂陽橋者至矣於是至單父請其耆老尊賢者而與之共治單父

孔子弟子有孔蔑者與宓子賤皆仕孔子往過
孔蔑問之曰自子之仕者何得何亡孔蔑曰自吾
仕者未有所得而有所亡者三曰王事若襲學焉
得習以是學不得明也所亡者一也奉祿少鬻鬻
不足及親戚親戚益疏矣所亡者二也公事多急
不得弔死視病是以朋友益疏矣所亡者三也孔
子不說而復往見子賤曰自子之仕何得何亡
子賤曰自吾之仕未有所亡而所得者三始
誦之文今履而行之是學日益明也所得者一也
奉祿雖少鬻鬻得及親戚是以親戚益親也所得者
二也公事雖急夜勤弔死視病是以朋友益親也所得

者三也孔子謂子賤曰君子哉若人君子哉若
人魯無君子也斯焉取斯
晏子治東阿三年景公召而數之曰吾以子為
可而使子治東阿今子治而亂子退而自察也
寡人將加大誅於子晏子對曰臣請改道易行
而治東阿三年不治臣請死之景公許之於是
明年上計景公迎而賀之曰甚善矣子之治東
阿也晏子對曰前臣之治東阿也屬託不行貨
賂不至陂池之魚以利貧民當此之時民無飢
者而君反以罪臣今臣之後治東阿也屬託行
貨賂至并會賦斂倉庫少內便事左右陂池之

魚入於權家當此之時飢者過半矣君乃反迎
而賀臣愚不能復治東阿願乞骸骨避賢者之
路再拜便辟景公乃下席而謝之曰子強復治
東阿東阿者子之東阿也寡人無復與焉
子路治蒲見於孔子曰由願受教孔子曰蒲多
壯士又難治也然吾語汝恭以敬可以攝勇寬
以正可以容衆恭以潔可以親上
子貢爲信陽令辭孔子而行孔子曰力之順之
因子之時無奪無伐無暴無盜子貢曰賜少而
事君子君子固有盜者邪孔子曰夫以不肖伐
賢是謂奪也以賢伐不肖是謂伐也緩其令急

其誅是謂暴也取人善以自為己是謂盜也君子之盜豈必當財幣乎吾聞之曰知為吏者奉法利民不知為吏者枉法以侵民此皆怨之所由生也臨官莫如平臨財莫如廉廉平之守不可攻也匿人之善者是謂蔽賢也揚人之惡者是謂小人也不內相教而外相謗者是謂不足親也言人之善者有所得而無所傷也言人之惡者無所得而有所傷也故君子慎言語矣毋先己而後人擇言出之令口如耳

楊朱見梁王言治天下如運諸掌然梁王曰先生有一妻一妾不能治三畝之園不能芸言治

天下如運諸手掌何以揚朱曰臣有之君不見
夫羊乎百羊而群使五尺童子荷杖而隨之欲
東而東欲西而西君且使堯牽一羊舜荷杖而
隨之則亂之始也臣聞之夫吞舟之魚不遊淵
鴻鵠高飛不就汙池何則其志極遠也黃鍾大
呂不可從繁奏之舞何則其音疏也將治大者
不治小成大功者不小苛此之謂也
景差相鄭鄭人有冬涉水者出而脛寒後景差
過之下陪乘而載之覆以上衽晉叔向聞之曰
景子為人國相豈不固哉吾聞良吏居之二月而溝
渠脩十月而津梁成六畜且不濡足而況人乎

魏文侯問李克曰爲國如何對曰臣聞爲國之道食有勞而祿有功使有能而賞必行罰必當文侯曰吾賞罰皆當而民不與何也對曰國其有淫民乎臣聞之曰奪淫民之祿以來四方之士其父有功而祿其子無功而食之出則乘車馬衣美裘以爲榮華入則脩竽瑟鍾石之聲而安其子女之樂以亂鄉曲之教如此者奪其祿以來四方之士此之謂奪淫民也

齊桓公問於管仲曰國何患管仲對曰患夫社鼠桓公曰何謂也管仲對曰夫社束木而塗之鼠因往託焉燻之則恐燒其木灌之則恐敗其

塗此鼠所以不可得殺者以社故也夫國亦有
社鼠人主左右是也內則蔽善惡於君上外則
賣權重於百姓不誅之則為亂誅之則為人主
所察據腹而有之此亦國之社鼠也人有酤酒
者為器甚潔清置表甚長而酒酸不售問之里
人其故里人云公之狗猛人挈器而入且酤公
酒狗迎而噬之此酒所以酸不售之故也夫國
亦有猛狗用事者也有道術之士欲明萬乘之
主而用事者迎而齕之此亦國之猛狗也左右
為社鼠用事者為猛狗則道術之士不得用矣
此治國之所患也

齊侯問於晏子曰為政何患對曰患善惡之不
分公曰何以察之對曰審擇左右左右善則百
僚各得其所宜而善惡分孔子聞之曰此言也
信矣善言進則不善無由入矣不進善言則善
無由入矣

復槀之君朝齊桓公問治民焉復槀之君不對
而循口操衿抑心桓公曰與民共甘苦飢寒乎
夫以我為聖人也故不用言而諭因禮之千金

晉文公時翟人有封狐文豹之皮者文公喟然
嘆曰封狐文豹何罪哉以其皮為罪也大夫欒
枝曰地廣而不平財聚而不散獨非狐豹之罪

子文公曰善哉說之欒枝曰地廣而不平人將
平之財聚而不散人將爭之於是列地以分民
散財以賑貧
晉文侯問政於舅犯舅犯對曰分熟不如分腥
分腥不如分地割以分民而益其爵祿是以上
得地而民知富上失地而民知貧古之所謂致
師而戰者其此之謂也
晉侯問於士文伯曰三月朔日有蝕之寡人學
惽爲詩所謂彼日而蝕于何不臧者何也對曰
不善政之謂也國無政不用善則自取謫於日
月之災故不可不慎也政有三而已一曰因民

二曰擇人三曰從時
延陵季子游於晉入其境曰嘻暴哉國乎入其
都曰嘻力屈哉國乎立其朝曰嘻亂哉國乎從
者曰夫子之入晉境未久也何其名之不疑也
延陵季子曰然吾入其境田畝荒穢而不休雜
增崇高吾是以知其國之暴也吾入其都新室
惡而故室美新墻卑而故墻高吾是以知其民
力之屈也吾立其朝君能視而不下問其臣善
伐而不上諫吾是以知其國之亂也
齊之所以不如魯者太公之賢不如伯禽伯禽
與太公俱受封而各之國三年太公來朝周公

問曰何治之疾也對曰尊賢先疏後親先義後
仁也此霸者之迹也周公曰太公之澤及五世
五年伯禽來朝周公問曰何治之難對曰親親
者先內後外先仁後義也此王者之迹也周公
曰魯之澤及十世故魯有王迹者仁厚也齊有
霸迹者武政也齊之所以不如魯也太公之賢
不如伯禽也
景公好婦人而丈夫飾者國人盡服之公使吏
禁之曰女子而男子飾者裂其衣斷其帶裂衣
斷帶相望而不止晏子見公曰寡人使吏禁女
子而男子飾者裂其衣斷其帶相望而不止者

何也對曰君使服之於内而禁之於外猶懸牛首於門而求買馬肉也公胡不使内勿服則外莫敢爲也公曰善使内勿服不旋月而國莫之服也

齊人甚好轂擊相犯以爲樂禁之不止晏子患之乃爲新車良馬出與人相犯也曰轂擊者不祥臣其祭祀不順居處不敬乎下車棄而去之然後國人乃不爲故曰禁之以制而身不先行也民不肯止故化其心莫若教也

魯國之法魯人有贖臣妾於諸侯者取金於府子貢贖人於諸侯而還其金孔子聞之曰賜失

之矣聖人之舉事也可以移風易俗而教導可
施於百姓非獨適其身之行也今魯國富者寡
而貧者衆贖而受金則為不廉不受則後莫復
贖自今以來魯人不復贖矣孔子可謂通於化
矣故老子曰見小曰明
孔子見季康子康子未說孔子又見之宰予曰
吾聞之夫子曰王公不聘不動今吾子之見司
寇也少數矣孔子曰魯國以衆相陵以兵相暴
之日久矣而有司不治聘我者孰大乎於是魯
人聞之曰聖人將治可以不先自為刑罰乎自
是之後國無爭者孔子謂弟子曰違山十里蟪

姑之聲猶尚有耳政事無如膺之矣古之曾俗
塗里之間羅門之羅收門之漁獨得於禮是以
孔子喜之矣塗里之間富家為貧者出羅門之
羅有親者取多無親者取少收門之漁有親者
取巨無親者取小
春秋曰四民均則王道興而百姓寧所謂四民
者士農工商也婚姻之道廢則男女之道悖而
淫泆之路興矣

劉向說苑卷第七

劉向說苑卷第八

尊賢

人君之欲平治天下而垂榮名者必尊賢而下士易曰自上下下其道大光又曰以貴下賤大得民也夫明王之施德而下下也將懷遠而致近也夫朝無賢人猶鴻鵠之無羽翼也雖有千里之望猶不能致其意之所欲至矣是故游江海者託於船致遠道者託於乘欲霸王者託於賢伊尹呂尚管夷吾百里奚此霸王之船乘也釋父兄與子孫非疏之也任庖人釣屠與仇讎僕虜非阿之也持社稷立功名之道不得不然也

猶大匠之爲宮室也量小大而知材木矣比功
校而知人數矣是故呂尚聘而天下知商將亡
而周之王也管夷吾百里奚任而天下知齊秦
之必霸也豈特船乘哉夫成王霸固有人亡國
破家亦固有人桀用千莘紂用惡來宋用唐鞅
齊用蘇秦秦用趙高而天下知其亡也非其人
而欲有功譬之若夏至之日而欲夜之長也射
魚指天而欲發之當也雖舜禹猶亦困而又況
乎俗主哉
春秋之時天子微弱諸侯力政皆叛不朝衆暴
寡强刦弱南夷與北狄交侵中國之不絶若綫

桓公於是用管仲鮑叔隰朋賓胥無寗戚三存亡國一繼絕世救中國攘戎狄卒脅荆蠻以尊周室霸諸侯晉文公用咎犯先軫陽處父强中國敗强楚合諸侯朝天子以顯周室楚莊王用孫叔敖司馬子反將軍子重征陳從鄭敗强晉無敵於天下秦穆公用百里子蹇叔子王子廖及由余據有雍州攘敗西戎吳用延州來季子并冀州揚威于雞父鄭僖公富有千乘之國貴為諸侯治義不順人心而取弑於臣者不先得賢也至簡公用子產裨諶世叔行人子羽賊臣除正臣進去强楚合中國國家安寧二十餘年

無強楚之患故虞有宮之奇晉獻公爲之終夜不寐楚有子玉得臣文公爲之側席而坐遠乎賢者之猷難折衝也夫宋襄公不用公子目夷之言大辱於楚曹不用僖負羈之諫敗死於戎故共惟五始之要治亂之端在乎審己而任賢也國家之任賢而吉任不肖而凶案徃世而視已事其必然也如合符此爲人君者不可以不愼也國家惛亂而良臣見魯國大亂季友之賢見僖公即位而任季子魯國安寧外內無憂行政二十一年季子之卒後邾擊其南齊伐其北魯不勝其患將乞師於楚以取全耳賊作故傳

曰患之起必自此始也公子買不可使戍衛公子遂不聽君命而擅之晉内侵於臣下外困於兵亂弱之患也僖公之性非前二十一年常賢而後乃漸變為不肖也此季子存之所益亡之所損也夫得賢失賢其損益之驗如此而人主忽於所用甚可疾痛也夫智不足以見賢無可奈何矣若智能見之而強不能決猶豫不用而大者死亡小者亂傾此甚可悲哀也以宋殤公不知孔父之賢乎安知孔父死已必死趨而救之趨而救之者是知其賢也以魯莊公不知季子之賢乎安知疾將死召季子而授之國政授

之國政者是知其賢也此二君知能見賢而皆
不能用故宋殤公以殺死魯莊公以賊嗣使宋
殤蚤任孔父魯莊素用季子乃將靖隣國而況
自存乎
鄒子說梁王曰伊尹故有莘氏之媵臣也湯立
以為三公天下之治太平管仲故成陰之狗盜
也天下之庸夫也齊桓公得之為仲父百里奚
道之於路傳賣五羊之皮秦穆公委之以政甯
戚故將車人也叩轅行歌於康之衢桓公任以
國司馬喜髕腳於宋而卒相中山范睢折脅拉
齒於魏而後為應侯太公望故老婦之出夫也

朝歌之屠佐也棘津迎客之舍人也年七十而相周九十而封齊故詩曰緜緜之葛在於曠野良工得之以爲絺紵良工不得枯死於野此七士者不遇明君聖主幾行乞丐枯死於中野譬猶緜緜之葛矣

眉睫之微接而形乎色聲音之風感而動乎心寗戚擊牛角而商歌桓公聞而擧之鮑龍跪石而登嶂孔子爲之下車堯舜相見不違桑陰文王擧太公不以日久故賢聖之接也不待久而親能君之相見也不待試而知矣故士之接也非必與之臨財分貨乃知其廉也非必與之犯

難涉危乃知其勇也舉事決斷是以知其勇也取與有遺是以知其廉也故見虎之尾而知其大於貍也見象之牙而知其大於牛也一節見則百節知矣由此觀之以所見可以占未發觀小節固是以知大體矣

禹以夏王桀以夏亡湯以殷王紂以殷亡闔廬以吳戰勝無敵於天下而夫差以見禽於越文公以晉國霸而厲公以見弒於匠麗之宮威王以齊強於天下而湣王以弒死於廟梁穆公以秦顯名尊號而二世以劫於望夷其所以君王者同而功迹不等者所任異也是故成王處襁

祿而朝諸侯周公用事也趙武靈王年五十而
餓死於沙丘任李兌故也桓公得管仲九合諸
侯一匡天下失管仲任竪刁易牙身死不葬爲
天下笑一人之身榮辱俱施焉在所任也故魏
有公子無忌削地復得趙任藺相如秦兵不敢
出鄢陵任唐睢國獨特立楚有申包胥而昭王
反位齊有田單襄王得國由此觀之國無賢佐
俊士而能以成功立名安危繼絕者未嘗有也
故國不務大而務得民心佐不務多而務得賢
俊得民心者民往之有賢佐者士歸之文王請
除炮烙之刑而殷民從湯去張網者之三面而

夏民從越王一不顧舊家而異人所以其所爲之
順於民心也故聲同則處異而相應德合則未
見而相親賢者立於本朝則天下之豪相率而
趨之矣何以知其然也曰管仲桓公之賊也鮑
叔以爲賢於己而進之爲相七十言而說乃聽
遂使桓公除報讎之心而委國政爲桓公垂拱
無事而朝諸侯鮑叔之力也管仲之所以能北
走桓公無自危之心者同聲於鮑叔也紂殺王
子比干箕子被髮而佯狂陳靈公殺泄冶而鄧
元去陳自是之後殷兼於周陳亡於楚以其殺
比干泄冶而失箕子與鄧元也燕昭王得郭隗

而鄒衍樂毅以齊趙至蘇子屈景以周楚至於是舉兵而攻齊棲閔王於莒燕校地計衆非與齊鈞也然所以能信意至於此者由得士也故無常安之國無恒治之民得賢者則安昌失之者則危亡自古及今未有不然者也明鏡所以照形也往古所以知今也夫知惡往古之所以危亡而不務襲迹於其所以安昌則未有異乎卻走而求逮前人也太公知之故舉微子之後而封比干之墓夫聖人之於死尚如是其厚也況當世而生存者乎則其弗失可識矣

齊景公問於孔子曰秦穆公其國小處僻而霸

何也對曰其國小而忘大雖處僻而其政中其舉果其謀和其令不偷親舉立殺大夫於係縲之中與之語三日而授之政以此取之雖王可也霸則小矣

或曰將謂桓公仁義乎殺兄而立非仁義也將謂桓公恭儉乎與婦人同輿馳於邑中非恭儉也將謂桓公清潔乎閨門之內無可嫁者非清潔也此三者亡國失君之行也然而桓公兼有之以得管仲隰朋九合諸侯一匡天下畢朝周室爲五霸長以其得賢佐也失管仲隰朋任豎刁易牙身死不葬蟲流出户一人之身榮辱俱

施者何者其所任異也由此觀之則士佐急矣周公旦白屋之士所下者七十人而天下之士皆至晏子所與同衣食者百人而天下之士亦至仲尼脩道行理文章而天下之士亦至矣伯牙子鼓琴鍾子期聽之方鼓而志在太山鍾子期曰善哉乎鼓琴巍巍乎若太山少選之間而志在流水鍾子期復曰善哉乎鼓琴湯湯乎若流水鍾子期死伯牙破琴絶絃終身不復鼓琴以為世無足為鼓琴者非獨鼓琴若此也賢者亦然雖有賢者而無以接之賢者奚由盡忠哉驥不自至千里者待伯樂而後至也

周威公問於寗子曰取士有道乎對曰有窮者
達之亡者存之廢者起之四方之士則四面而
至矣窮者不達亡者不存廢者不起四方之士
則四面而畔矣夫城固不能自守兵利不能自
保得士而失之必有其閒夫士存則君尊士亡
則君卑周威公曰士壹至如此乎對曰君不聞
夫楚平王有士曰楚傒胥丘負客王將殺之出
亡之晉晉人用之是為城濮之戰又有士曰苗
賁皇王將殺之出亡走晉晉人用之是為鄢陵
之戰又有士曰上解于王將殺之出亡走晉晉
人用之是為兩堂之戰又有士曰伍子胥王殺

其父兄出亡走吳闔閭用之於是興師而襲郢故楚之大得罪於梁鄭宋衛之君猶未遽至于此也此四得罪於其士三暴其民骨一亡其國由是觀之士存則國存士亡則國亡子胥怒而亡之申包胥怒而存之士胡可無貴乎

哀公問於孔子曰人何若而可取也孔子對曰毋取拑者無取健者毋取口鋭者哀公曰何謂也孔子曰拑者大給利不可盡用健者必欲兼人不可以為法也口鋭者多誕而寡信後恐不驗也夫弓矢和調而後求其中焉馬慤愿順然後求其良材焉人必忠信重厚然後求其知能

爲今人有不忠信重厚而多知能如此人者譬
猶豺狼與不可以身近也是故先其仁信之誠
者然後親之於是有知能者然後任之故曰親
仁而使能夫取人之術也觀其言而察其行夫
言者所以抒其匈而發其情者也能行之士必
能言之是故先觀其言而揆其行夫以言揆其
行雖有姦軌之人無以逃其情矣哀公曰善
周公攝天子位七年布衣之士執贄所師見者
十二人窮巷白屋所先見者四十九人時進善
者百人教士者千人官朝者萬人當此之時誠
使周公驕而且恡則天下賢士至者寡矣苟有

至者則必貪而尸祿者也尸祿之臣不能存君矣

齊桓公設庭燎為士之欲造見者朞年而士不至於是東野鄙人有以九九之術見者桓公曰九九何足以見乎鄙人對曰臣非以九九為足以見也臣聞主君設庭燎以待士朞年而士不至夫士之所以不至者君天下賢君也四方之士皆自以論而不及君故不至也夫九九薄能耳而君猶禮之況賢於九九乎夫太山不辭壤石江海不逆小流所以成大也詩云先民有言詢于芻蕘言博謀也桓公曰善乃因禮之朞月

四方之士相攜而並至詩曰自堂徂基自羊徂牛言以內及外以小及大也

齊景公伐宋至于岐隄之上登高以望大息而歎曰昔我先君桓公長轂八百乘以霸諸侯今我長轂三千乘而不敢久處於此者豈其無管仲歟弦章對曰臣聞之水廣則魚大君明則臣忠昔有桓公故有管仲今桓公在此則車下之臣盡管仲也

趙簡子游於河而樂之歎曰安得賢士而與處焉舟人古乘跪而對曰夫珠玉無足去此數千里而所以能來者人好之也今士有足而不來

若此是吾君不好之乎趙簡子曰吾門左右客千人朝食不足暮收市征暮食不足朝收市征吾尚可謂不好士乎舟人古乘對曰鴻鵠高飛遠翔其所恃者六翮也背上之毛腹下之毳無尺寸之數去之滿把飛不能為之益卑益之滿把飛不能為之益高不知門下左右客千人者有六翮之用乎將盡毛毳也

齊宣王坐淳于髡侍宣王曰先生論寡人何好淳于髡曰古者所好四而王所好三焉宣王曰古者所好何與寡人所好淳于髡曰古者好馬王亦好馬古者好味王亦好味古者好色王亦

好色古者好士王獨不好士宣王曰國無士耳
有則寡人亦說之矣淳于髡曰古者驊騮騏驥
今無有王選於衆王好馬矣古者有豹象之胎
今無有王選於衆王好味矣古者有毛廧西施
今無有王選於衆王好色矣王必將待堯舜禹湯
之士而後好之則禹湯之士亦不好王矣宣王
嘿然無以應
衛君問於田讓曰寡人封侯盡千里之地賞賜
盡御府繒帛而士不至何也田讓對曰君之賞
賜不可以功及也君之誅罰不可以理避也猶
舉杖而呼狗張弓而祝雞矣雖有香餌而不能

致者害之必也
宗衛相齊遇逐罷歸舍召門尉田饒等二十有七人而問焉曰士大夫誰能與我赴諸侯者乎田饒等皆伏而不對宗衛曰何士大夫之易得而難用也饒對曰非士大夫之難用也是君不能用也宗衛曰不能用士大夫何若田饒對曰厨中有臭肉則門下無死士今夫三升之稷不足於士而君鴈鶩有餘粟紈素綺繡靡麗堂楯從風雨弊而士曾不得以緣衣果園梨粟後宮婦人摭以相擿而士曾不得一嘗且夫財者君之所輕也死者士之所重也君不能用所輕之

財而欲使士致所重之死豈不難乎哉於是宗衛面有慚色逡巡避席而謝曰此衛之過也

魯哀公問於孔子曰當今之時君子誰賢對曰衛靈公公曰吾聞之其閨門之內姑姊妹無別對曰臣觀於朝廷未觀於堂陛之間也靈公之弟曰公子渠牟其知足以治千乘之國其信足以守之而靈公愛之又有士曰王林國有賢人必進而任之無不達也不能達退而與分其祿而靈公尊之又有士曰慶足國有大事則進而治之無不濟也而靈公說之史鰌去衛靈公郊舍三月琴瑟不御待史鰌之入也而後入臣是

以知其賢也
介子推行年十五而相荊仲尼聞之使人往視
還曰廊下有二十五俊士堂上有二十五老人
仲尼曰合二十五人之智智於湯武并二十五
人之力力於彭祖以治天下其固免矣乎
孔子閒居喟然而嘆曰銅鞮伯華而無死天下
其有定矣子路曰願聞其為人也何若孔子曰
其幼也敏而好學其壯也有勇而不屈其老也
有道而能以下人子路曰其幼也敏而好學則
可其壯也有勇而不屈則可夫有道又誰下哉
孔子曰由不知也吾聞之以衆攻寡而無不消

也以貴下賤無不得也昔者周公旦制天下之政而下士七十人豈無道哉欲得士之故也夫有道而能下於天下之士君子乎哉

魏文侯從中山奔命安邑田子方後太子擊過之下車而趨子方坐乘如故告太子曰為我請君待我朝謁太子不說因謂子方曰不識貧窮者驕人富貴者驕人乎子方曰貧窮者驕人富貴者安敢驕人人主驕人而亡其國吾未見以國待亡者也大夫驕人而亡其家吾未見以家待亡者也貧窮者若不得意納履而去安往不得貧窮乎貧窮者驕人富貴者安敢驕人太子

及文侯道田子方之語文侯嘆曰微吾子之故
吾安得聞賢人之言吾下子方以行得而友之
自吾友子方也君臣益親百姓益附吾是以得
友士之功我欲伐中山吾以武下樂羊三年而
中山為獻於我我是以得有武之功吾所以不
少進於此者吾未見以智驕我者也若得以智
驕我者豈不及古之人乎

晉文侯行地登隧大夫皆扶之隨會不扶文侯
曰會夫為人臣而忍其君者其罪奚如對曰其
罪重死文侯曰何謂重死對曰身死妻子為戮
焉隨會曰君奚獨問為人臣忍其君者而不問

爲人君而忍其臣者邪文侯曰爲人君而忍其
臣者其罪何如隨會對曰爲人君而忍其臣者
智士不爲謀辯士不爲言仁士不爲行勇士不
爲死文侯援綏下車辭大夫曰寡人有腰髀之
病願諸大夫勿罪也
齊將軍田瞶出將張生郊送曰昔者堯讓許由
以天下洗耳而不受將軍知之乎曰唯然知之
伯夷叔齊辭諸侯之位而不爲將軍知之乎曰
唯然知之於陵仲子辭三公之位而庸爲人灌
園將軍知之乎曰唯然知之智過去君弟變姓
名免爲庶人將軍知之乎曰唯然知之孫叔敖

三去相而不悔將軍知之乎曰唯然知之此五大夫著名辭之而實著之令將軍方吞一國之權提鼓擁旗被堅執銳旋回十萬之師擅斧鉞之誅慎毋以士之所羞者驕士田贊曰今日諸君皆為贊祖道具酒脯而先生獨教之以聖人之大道謹聞命矣

魏文侯見段干木立倦而不敢息及見翟黄踞堂而與之言翟黄不說文侯曰段干木官之則不肯祿之則不受今汝欲官則相至欲祿則上卿既受吾賞又責吾禮毋乃難乎

孔子之郯遭程子於塗傾蓋而語終日有間顧

子路曰取束帛一以贈先生子路不對有間又顧曰取束帛一以贈先生子路屑然對曰由聞之也士不中而見女無媒而嫁君子不行也孔子曰由詩不云乎野有蔓草零露漙兮有美一人清揚婉兮邂逅相遇適我願兮今程子天下之賢士也於是不贈終身不見大德毋踰閑小德出入可也

齊桓公使管仲治國管仲對曰賤不能臨貴桓公以爲上卿而國不治桓公曰何故管仲對曰貧不能使富桓公賜之齊國市租一年而國不治桓公曰何故對曰踈不能制親桓公立以爲

仲父齊國大安而遂霸天下孔子曰管仲之賢
不得此三權者亦不能使其君南面而霸矣
桓公問於管仲曰吾欲使爵腐於酒肉腐於俎
得無害於霸乎管仲對曰此極非其貴者耳然
亦無害於霸也桓公曰何如而害霸管仲對曰
不知賢害霸知而不用害霸用而不任害霸任
而不信害霸信而復使小人參之害霸桓公曰
善

魯人攻鄪曾子辭於鄪君曰請出寇罷而後復
來請姑毋使狗豕入吾舍鄪君曰寡人之於先
生也人無不聞今魯人攻我而先生去我我胡

守宂生之舍魯人果攻鄭而數之罪十而曾子
之所爭者九魯師罷鄭君復脩曾子舍而後迎
之
宰司城子罕之貴子韋也入與共食出與同衣
司城子罕亡子韋不從子罕來復召子韋而貴
之左右曰君之善子韋也君亡不從來又復貴
之君獨不愧於君之忠臣乎子罕曰吾唯不能
用子韋故至於亡今吾之得復也尚是子韋之
遺德餘教也吾故貴之且我之亡也吾臣之削
迹拔樹以從我者奚益於吾亡哉
楊因見趙簡主曰臣居鄉三逐事君五去聞君

好士故走來見簡主聞之絕食而歎跽而行左右進諫曰居鄉三逐是不容衆也事君五去是不忠上也今君有士見過八矣簡主曰子不知也夫美女者醜婦之仇也盛德之士亂世所疏也正直之行邪枉所憎也遂出見之因授以爲相而國大治由是觀之遠近之人不可以不察也

應侯與賈午子坐聞其鼓琴之聲應侯曰今日之琴一何悲也賈午子曰夫張急調下故使之悲耳急張者良材也調下者官卑也取夫良材而卑官之安能無悲乎應侯曰善哉

十三年諸侯舉兵以伐齊齊王聞之惕然而恐召其群臣大夫告曰有智爲寡人用之於是博士淳于髡仰天大笑而不應王復問之又大笑不應三笑不應王艴然作色不悅曰先生以寡人語爲戲乎對曰臣非敢以大王語爲戲也臣笑臣鄰之祠田也以一奩飯一壺酒三鮒魚祝曰蟹堁者宜禾洿邪者百車傳之後世洋洋有餘臣笑其賜鬼薄而請之厚也於是王乃立淳于髡爲上卿賜之千金革車百乘與平諸侯之事諸侯聞之立罷其兵休其士卒遂不敢攻齊此非淳于髡之力乎

田忌去齊奔楚楚王郊迎至舍問曰楚萬乘之國也齊亦萬乘之國也常欲相并爲之柰何對曰易知耳齊使申孺將則楚發五萬人使上將軍將之至禽將軍首而反耳齊使田居將則楚發二十萬人使上將軍將之分別而相去也齊使眄子將楚發四封之內王自出將而忌從相國上將軍爲左右司馬如是則王僅得存耳於是齊使申孺將楚發五萬人使上將軍至禽將軍首反於是齊王忿然乃更使眄子將楚悉發四封之内王自出將田忌從相國上將軍爲左右司馬益王車屬九乘僅得免耳至舍王北面

正領齊袪問曰先生何知之早也田忌曰申孺為人侮賢者而輕不肖者賢不肖者俱不為用是以亡也田居為人尊賢者而賤不肖者賢者負任不肖者退是以分別而相去也盼子之為人也尊賢者而愛不肖者賢不肖俱負任是以王僅得存耳

魏文侯觴大夫於曲陽飲酣文侯喟然嘆曰吾獨無豫讓以為臣蹇重舉酒進曰臣請浮君文侯曰何以對曰臣聞之有命之父母不知孝子有道之君不知忠臣夫豫讓之君亦何如哉文侯曰善受浮而飲之嚼而不讓曰無管仲鮑叔

以為臣故有豫讓之功也
趙簡子曰吾欲得范中行氏良臣史黶曰安用之簡子曰良臣人所願也又何問焉曰君以為無良臣故也夫事君者諫過而薦可替否獻能而進賢朝夕誦善敗而納之聽則進否則退今范中行氏之良臣也不能匡相其君使至於難出在於外又不能入亡而弃之何良之為若不弃君安得之夫良將營其君使復其位死而後止何曰以來若未能乃非良也簡子曰善
子路問於孔子曰治國何如孔子曰在於尊賢

而賤不肖子路曰范中行氏尊賢而賤不肖其亡何也曰范中行氏尊賢而不能用也賤不肖而不能去也賢者知其不已用而怨之不肖者知其賤已而讎之賢者怨之不肖者讎之怨讎並前中行氏雖欲無亡得乎

晉荆戰於邲晉師敗績荀林父將歸請死昭公將許之士貞伯曰不可城濮之後晉勝于荆文公猶有憂色曰子玉猶存憂未歇也困獸猶鬭況國相乎及荆殺子玉乃喜曰莫予毒也今天或者大警晉也林父之事君進思盡忠退思補過社稷之衛也今殺之是重荆勝也昭公曰善

乃使複將

劉向說苑卷第八

劉向説苑第九

正諫

易曰王臣蹇蹇匪躬之故人臣之所以蹇蹇爲難而諫其君者非爲身也將欲以匡君之過矯君之失也君有過失者危亡之萌也見君之過失而不諫是輕君之危亡也夫輕君之危亡者忠臣不忍爲也三諫而不用則去不去則身亡身亡者仁人所不爲也是故諫有五一曰正諫二曰降諫三曰忠諫四曰戇諫五曰諷諫孔子曰吾其從諷諫矣乎夫不諫則危君固諫則危身與其危君寧危身危身而終不用則諫亦無

功矣智者度君權時調其緩急而處其宜上不
敢危君下不以危身故在國而國不危在身而
身不殆音台陳靈公不聽泄冶之諫而殺之曹羈
三諫曹君不聽而去春秋序義雖俱賢而曹羈
合禮
齊景公遊於海上而樂之六月不歸令左右曰
敢有先言歸者致死不赦顏燭趨進諫曰君樂
治海上而六月不歸彼儻有治國者君且安得
樂此海也景公援戟將斫之顏燭趨進撫衣待
之曰君奚不斫也昔者桀殺關龍逢紂殺王子
比干君之賢非此二主也臣之材亦非此二子

也君奚不爲以臣參此二人者不亦可乎景公
說遂歸中道聞國人謀不內矣
楚莊王立爲君三年不聽朝乃令於國曰寡人
惡爲人臣而遽諫其君者今寡人有國家立社
稷有諫則死無赦蘇從曰處君之高爵食君之
厚祿愛其死而不諫其君則非忠臣也乃入諫
莊王立鼓鍾之間左伏楊姬右擁越姬左裯衽
右朝服曰吾鼓鍾之不暇何諫之聽蘇從曰臣
聞之好道者多資好樂者多迷好道者多糧好
樂者多亡荆國亡無日矣死臣敢以告王王曰
善左執蘇從手右抽陰刃刎鍾鼓之懸明日授

蘇從為相
晉平公好樂多其賦歛下治城郭曰敢有諫者
死國人憂之有咎犯者見門大夫曰臣聞主君
好樂故以樂見門大夫入言曰晉人咎犯也欲
以樂見平公曰內之止坐殿上則出鐘磬竽瑟
坐有頃平公曰客子為樂咎犯對曰臣不能為
樂臣善隱平公召隱士十二人咎犯曰隱臣
竊顧昧死御平公曰諾咎犯申其左臂而詘五
指平公問於隱官曰占之為何隱官皆曰不知
平公曰歸之咎犯則申其一指曰是一也便游
赭盡而峻城闕二也柱梁衣繡士民無褐三也

侏儒有餘酒而死士渴四也民有飢色而馬有
粟秩五也近臣不敢諫遠臣不得達平公曰善
乃屏鐘鼓除竽瑟遂與咎犯參治國
孟嘗君將西入秦賓客諫之百通則不聽也曰
以人事諫我我盡知之若以鬼道諫我我則殺
之謁者入曰有客以鬼道聞曰請客入客曰臣
之來也過於淄水上見一土耦人方與木梗人
語木梗謂土耦人曰子先土也持子以為耦人
遇天大雨水潦並至子必沮壞應曰我沮乃反
吾真耳今子東國之桃也刻子以為梗遇天大
雨水潦並至必浮子泛泛乎不知所止今秦四

塞之國也有虎狼之心恐其有不梗之患於是孟嘗君逡巡而退而無以應卒不敢西嚮秦

吳王欲伐荊告其左右曰敢有諫者死舍人有少孺子者欲諫不敢則懷操彈於後園露沾其衣如是者三旦吳王曰子來何苦沾衣如此對曰園中有樹其上有蟬蟬高居悲鳴飲露不知螳螂在其後也螳螂委身曲附欲取蟬而不知黃雀在其傍也黃雀延頸欲啄螳螂而不知彈丸在其下也此三者皆務欲得其前利而不顧其後之有患也吳王曰善哉乃罷其兵

楚莊王欲伐陽夏師久而不罷群臣欲諫而莫

敢莊王獵於雲夢椒舉進諫曰王所以多得獸
者馬也而王國亡王之馬豈可得哉莊王曰善
不穀知諸強國之可以長諸侯也知得地之可
以為富也而忘吾民之不用也明日飲諸大夫
酒以椒舉為上客罷陽夏之師
秦始皇帝太后不謹幸郎嫪毐封以為長信侯
為生兩子毐專國事浸益驕奢與侍中左右貴
臣俱博飲酒醉爭言而鬬瞋目大叱曰吾乃皇
帝之假父也窶人子何敢乃與我亢所與鬬者
走行白皇帝皇帝大怒毐懼誅因作亂戰咸陽
宮毐敗始皇乃取毐四支車裂之取其兩弟囊

撲殺之取皇太后遷之于萯陽宮一本作下令
曰敢以太后事諫者戮而殺之從蒺藜其脊肉
幹四支而積之闕下諫而死者二十七人矣齊
客茅焦乃往上謁曰齊客茅焦願上諫皇帝皇
帝使使者出問客得無以太后事諫也茅焦曰
然使者還白曰果以太后事諫皇帝曰走往告
之若不見闕下積死人邪使者問茅焦茅焦曰
臣聞之天有二十八宿今死者已有二十七人
矣臣所以來者欲滿其數耳臣非畏死人也走
入白之茅焦邑子同食者盡負其衣物行亡使
者入白之皇帝大怒曰是子故來犯吾禁趣炊

鑊湯煑之是安得積闕下乎趣召之入皇帝按劍而坐口正沫出使者召之入茅焦不肯疾行足趣相過耳使者趣之茅焦曰臣至前則死矣君獨不能忍吾須臾乎使者極哀之茅焦至前再拜謁起稱曰臣聞之夫有生者不諱死有國者不諱亡諱死者不可以得生諱亡者不可以得存死生存亡聖主所欲急聞也不審陛下欲聞之不皇帝曰何謂也茅焦對曰陛下有狂悖之行陛下不自知邪皇帝曰何等也願聞之茅焦對曰陛下車裂假父有嫉妒之心囊撲兩弟有不慈之名遷母萯陽宮有不孝之行從蒺藜

於諫士有桀紂之治今天下聞之盡瓦解無嚮秦者臣竊恐秦亡爲陛下危之所言已畢乞行就質乃解衣伏質皇帝下殿左手接之右手麾左右曰赦之先生就衣今願受事乃立焦爲仲父爵之上卿皇帝立駕千乘萬騎空左方自行迎太后萯陽宮歸於咸陽太后大喜乃大置酒待茅焦及飲太后曰抗枉令直使敗更成安秦之社稷使妾母子復得相會者盡茅君之力也

楚莊王築層臺延石千里延壤百里士有反三月之糧者大臣諫者七十二人皆死矣有諸御己者違楚百里而耕謂其耦曰吾將入見於王

其耦曰以身乎吾聞之說人主者皆閒暇之人也然且至而死矣今子特草茅之人耳諸御已曰若與予同耕則比力也至於說人主不與予比智矣委其耕而入見莊王莊王謂之曰諸御已來汝將諫邪諸御已曰君有義之用有法之行且己聞之土負水者平木負繩者正君受諫者聖君築層臺延石千里延壤百里民之釁咎血成於通塗然且未敢諫也已何敢諫乎顧臣愚竊聞昔者虞不用宮之奇而晉并之陳不用子家羈而楚并之曹不用僖負羈而宋并之萊不用子猛而齊并之吳不用子胥而越并之秦人

不用蹇叔之言而秦國危桀殺關龍逢而湯得之紂殺王子比干而武王得之宣王殺杜伯而周室卑此三天子六諸侯皆不能尊賢用辯士之言故身死而國亡遂趨而出楚王逐而追之曰已子反矣吾將用子之諫先日說寡人者其說也不足以動寡人之心又危亡一作加諸寡人故皆至而死今子之說足以動寡人之心又不危加諸寡人故吾將用子之諫明日令曰有能入諫者吾將與爲兄弟遂解層臺而罷民楚人歌之曰薪乎萊乎無諸御已訖無子乎萊乎薪乎無諸御已訖無人乎

齊桓公謂鮑叔曰寡人欲鑄大鐘昭寡人之名焉寡人之行豈避堯舜哉鮑叔曰敢問君之行桓公曰昔者吾圍譚三年得而不自與者仁也吾北伐孤竹剗令支而反者武也吾爲葵丘之會以偃天下之兵者文也諸侯抱美玉而朝者九國寡人不受者義也然則文武仁義寡人盡有之矣寡人之行豈避堯舜哉鮑叔曰君直言臣直對昔者公子糾在上位而不讓非仁也背太公之言而侵魯境非義也壇場之上詘於一劍非武也姪娣不離懷衽非文也凡爲不善遍於物不自知者無天禍必有人害天處甚高其

聽甚下除君過言天且聞之桓公曰寡人有過乎幸記之是社稷之福也子不幸教幾有大罪以辱社稷

楚昭王欲之荊臺游司馬子綦進諫曰荊臺之游左洞庭之陂右彭蠡之水南望獵山下臨方淮其樂使人遺老而忘死人君游者盡以亡其國願大王勿往遊焉王曰荊臺乃吾地也有地而游之子何為絕我游乎怒而擊之於是令尹子西駕安車四馬徑於殿下曰今日荊臺之遊不可不觀也王登車而拊其背曰荊臺之遊與子共樂之矣步馬十里引轡而止曰臣不敢下

車願得有道大王肯聽之乎王曰第言之令尹子西曰臣聞之為人臣而忠其君者爵祿不足以賞也為人臣而諛其君者刑罰不足以誅也若司馬子綦者忠臣也若臣者諛臣也願大王殺臣之軀罰臣之家而祿司馬子綦王曰若我能止聽公子獨能禁我游耳後世游之無有極時柰何令尹子西曰欲禁後世易耳願大王山陵崩陁為陵於荊臺未嘗有持鐘鼓管絃之樂而游於父之墓上者也於是王還車卒不游荊臺令罷先置孔子從魯聞之曰美哉令尹子西諫之於十里之前而權之於百世之後者也

荆文王得如黄之狗箘簬之矰以畋於雲夢三
月不反得舟冊一作之姬淫朞年不聽朝保申諫
曰先王卜以臣為保吉今王得如黄之狗箘簬
之矰畋於雲澤三月不反及得丹之姬淫朞年
不聽朝王之罪當笞匍伏將笞王王曰不穀免
於襁褓託於諸侯矣願請變更而無笞保申曰
臣承先王之命不敢廢王不受笞是廢先王之
命也臣寧得罪於王無負於先王王曰敬諾乃
席王王伏保申束細箭五十跪而加之王背如
此者再謂王起矣王曰有笞之名一也遂致之
保申曰臣聞之君子耻之小人痛之耻之不變

痛之何益保申趨出欲自流乃請罪於王王曰此不穀之過保將何罪王乃變行從保申殺如黃之狗折宛路之矰逐丹之姬務治乎荊兼國三十令荊國廣大至於此者保申敢極言之功也蕭何王陵聞之曰聖主能奉先世之業而以成功名者其惟荊文王乎故天下譽之至今明主忠臣孝子以為法

晉平公使叔向聘於吳吳人拭舟以逆之左五百人右五百人有繡衣而豹裘者有錦衣而狐裘者叔向歸以告平公平公曰吳其亡乎奚以敬舟奚以敬民叔向對曰君為馳底之臺上可以

藪于兵下可以陳鍾鼓諸侯聞君者亦曰莫以
敬臺矣以敬民所敬各異也於是乎公乃罷臺
景公為臺臺成又欲為鍾晏子諫曰君不勝欲
為臺今復欲為鍾是重斂於民民之哀矣夫斂
民之哀而以為樂不祥景公乃止
景公有馬其圉人殺之公怒援戈將自擊之晏
子曰此不知其罪而死臣請為君數之令知其
罪而殺之公曰諾晏子舉戈而臨之曰汝為吾
君養馬而殺之而罪當死汝使吾君以馬之故
殺圉人而罪又當死汝使吾君以馬故殺人聞
於四隣諸侯汝罪又當死公曰夫子釋之夫子

釋之勿傷吾仁也

景公好弋，使燭雛主鳥而亡之。景公怒而欲殺之。晏子曰：燭雛有罪，請數之以其罪，乃殺之。景公曰：可。於是乃召燭雛，數之景公前曰：汝爲吾君主鳥而亡之，是一罪也；使吾君以鳥之故殺人，是二罪也；使諸侯聞之，以吾君重鳥而輕士，是三罪也。數燭雛罪已畢，請殺之。景公曰：止，勿殺而謝之。

景公正晝被髮乘六馬，御婦人以出正閨，刖跪擊其馬而反之，曰：爾非吾君也。公慚而不朝。晏子睹裔敖而問曰：君何故不朝？對曰：昔者君正

晝被髮乘六馬御婦人出正閨刖跪擊其馬而反之曰爾非吾君也公慙而反不果出是以不朝晏子入見公曰昔者寡人有罪被髮乘六馬以出正閨刖跪擊其馬而反之曰爾非吾君也寡人以天子大夫之賜得率百姓以守宗廟今見戮於刖跪以辱社稷吾猶可以齊於諸侯乎晏子對曰君無惡焉臣聞之下無直辭上無隱君民多諱言君有驕行古者明君在上下有直言君上好善民無諱言今君有失行而刖跪有直辭是君之福也故臣來慶請賞之以明君之好善禮之以明君之受諫公笑曰可乎晏子曰

可於是令刖跪倍資無正時朝無事。
景公飲酒移於晏子家前驅報閭曰君至晏子
被玄端立於門曰諸侯得微有故乎國家得微
有故乎君何爲非時而夜辱公曰酒醴之味金
石之聲願與夫子樂之晏子對曰夫布薦席陳
簠簋者有人臣不敢與焉公曰移於司馬穰苴
之家前驅報閭曰君至司馬穰苴介冑操戟立
於門曰諸侯得微有兵乎大臣得微有叛者乎
君何爲非時而夜辱公曰酒醴之味金石之聲
願與夫子樂之對曰夫布薦席陳簠簋者有人
臣不敢與焉公曰移於梁丘據之家前驅報閭

曰君至祭立於左操瑟右挈竽行歌而至公曰樂哉今夕吾飲酒也微彼二子者何以治吾國微此一臣者何以樂吾身賢聖之君皆有益友無偷樂之臣景公弗能及故兩用之僅得不亡

吳以伍子胥孫武之謀西破強楚北威齊晉南伐越越王句踐迎擊之敗吳於姑蘇傷闔廬指軍卻闔廬謂太子夫差曰爾忘句踐殺而父乎夫差對曰不敢是夕闔廬死夫差既立爲王以伯嚭爲太宰習戰射三年敗越於夫湫越王句踐乃以兵五千人一作入棲於會稽山上使大夫種厚幣遺吳太宰嚭以請和委國爲臣妾吳

王將許之伍子胥諫曰越王爲人能辛苦今王不滅後必悔之吳王不聽用太宰嚭計與越平其後五年吳王聞齊景公死而大臣爭寵新君弱乃興師北伐齊子胥諫曰不可句踐食不重味弔死問疾且能用人此人不死必爲吳患今越腹心之疾齊猶疥癬耳而王不先越乃務伐齊不亦謬乎吳王不聽伐齊大敗齊師於艾陵遂與鄒魯之君會以歸益疏子胥之言其後四年吳將復北伐齊越王句踐用子貢之謀乃率其衆以助吳而重寶以獻遺太宰嚭太宰嚭既數受越賂其愛信越殊甚日夜爲言於吳王王

信用嚭之計伍子胥諫曰夫越腹心之疾今信其游辭僞詐而貪齊譬猶石田無所用之盤庚曰古人有顛越不恭是商所以興也願王釋齊而先越不然將悔之無及也已吳王不聽使子胥於齊子胥謂其子曰吾諫王王不我用吾今見吳之滅矣女與吳俱亡無爲也乃屬其子於齊鮑氏而歸報吳王太宰嚭既與子胥有隙因讒曰子胥爲人剛暴少恩其怨望猜賊爲禍也深恨前日王欲伐齊子胥以爲不可王卒伐之而有大功子胥計謀不用乃反怨望今王又復伐齊子胥專愎強諫沮毀用事徼幸吳之敗以

自勝其計謀耳。今王自行，悉國中武力以伐齊，而子胥諫不用，因輟，佯病不行。王不可不備，此起禍不難。王使人微伺之，其使齊也，乃屬其子於鮑氏。夫人臣内不得意，外交諸侯，自以先王謀臣，今不用，常怏怏，願王早圖之。吴王曰：微子之言，吾亦疑之。乃使使賜子胥屬鏤之劍，曰：子以此死。子胥曰：嗟乎！讒臣宰嚭爲亂，王顧反誅我。我令若父霸，又若立時，諸子弟爭立，我以死爭之於先王，幾不得立。若既立，欲分吴國與我，我顧不敢當，然若之何聽讒臣殺長者！乃告舍人曰：必樹吾墓上以梓，令可以爲器，而抉吾

眼著之吳東門以觀越寇之滅吳也乃自刺殺吳王聞之大怒乃取子胥尸盛以鴟夷草浮之江中吳人憐之乃為立祠於江上目名曰胥山後十餘年越襲吳吳王還與戰不勝使大夫行成於越不許吳王將死曰吾以不用子胥之言至於此令死者無知則已死者有知吾何面目以見子胥也遂蒙絮覆面而自刎

齊簡公有臣曰諸御鞅諫簡公曰田常與宰予此二人者甚相憎也臣恐其相攻相攻雖叛而危之不可願君去一人簡公曰非細人之所敢議也居無幾何田常果攻宰予於庭賊簡公於

朝簡公喟焉太息曰余不用鞅之言以至此患也故忠臣之言不可不察也

魯襄公朝荊至淮聞荊康王卒公欲還叔仲昭伯曰君之來也爲其威也今其王死其威未去何爲還大夫皆欲還子服景伯曰子之來也爲國家之利也故不憚勤勞不遠道塗而聽於荊也畏其威也夫義人者固將慶其喜而弔其憂況畏而聘焉者乎聞畏而往聞喪而還其誰曰非侮也芊姓是嗣王太子又長矣執政未易事君任政求說其侮以定嗣君而示後人其讎滋大以戰小國其誰能止之若從君而致患不若

遲君以避難且君〻計而後行二三子其計乎
有御楚之術有守國之備則可若未有也不如
行乃遂行
孝景皇帝時吳王濞反梁孝王中郎枚乘字叔
聞之爲書諫王其辭曰君王之外臣乘竊聞得
全者全昌失全者全亡舜無立錐之地以有天
下禹無十户之聚以王諸侯湯武之地方不過
百里上不絶三光之明下不傷百姓之心者有
王術也故父子之道天性也忠臣不敢避誅以
直諫故事無廢業而功流於萬世也臣誠願披
腹心而効愚忠恐大〻不繇用之臣誠願大王

少加意念惻怛之心於臣乘之言夫以一縷之
任係千鈞之重上懸之無極之高下垂之不測
之淵雖甚愚之人且猶知哀其將絕也馬方駭
而重驚之係方絕而重鎮之係絕於天不可復
結墜入深淵難以復出其出不出間不容髮誠
能用臣乘言一舉必脫必若所欲為危如重卵
難於上天變所欲為易於反掌安於太山今欲
極天命之壽弊無窮之樂保萬乘之勢不出反
掌之易以居太山之安乃欲乘重卵之危走上
天之難此愚臣之所大惑也人性有畏其影而
惡其迹者卻背而走無益也不知就陰而止影

滅迹絶欲人勿聞莫若勿言欲人勿知莫若勿為欲湯之冷令一人吹之百人揚之無益也不如絶薪止火而已不絶之於彼而救之於此譬猶抱薪救火也養由基楚之善射者也去楊葉百步百發百中楊葉之大而加百中焉可謂善射矣所止乃百步之中耳比於臣未知操弓持矢也福生有基禍生有胎納其基絶其胎禍何從來泰山之霤穿石引繩久之乃以挈木水非石之鑽繩非木之鋸也而漸靡使之然夫銖銖而稱之至石必差寸寸而度之至丈必過石稱丈量徑而寡失夫十圍之木始生於蘖可引

而絶可擢而拔據其未生先其未形磨礱砥礪不見其損有時而盡種樹畜長不見其益有時而大積德修行不知其善有時而用行惡爲非棄義背理不知其惡有時而亡臣誠願大王孰計而身行之此百王不易之道也吴王不聽卒死毋徒

吴王欲從民飲酒伍子胥諫曰不可昔白龍下清泠之淵化爲魚漁者豫且射中其目白龍上訴天帝天帝曰當是之時若安置而形白龍對曰我下清泠之淵化爲魚天帝曰魚固人之所射也若是豫且何罪夫白龍天帝貴畜也豫且

宋國賤臣也白龍不化豫且不射今弃萬乘之
位而從布衣之士飲酒臣恐其有豫且之患矣
王乃止
孔子曰良藥苦於口利於病忠言逆於耳利於
行故武王諤諤而昌紂嘿嘿而亡君無諤諤之
臣父無諤諤之子兄無諤諤之弟夫無諤諤之
婦士無諤諤之友其亡可立而待故曰君失之
臣得之父失之子得之兄失之弟得之夫失之
婦得之士失之友得之故無亡國破家悖父亂
子放兄弃弟狂夫淫婦絶交敗友
晏子復於景公曰朝居嚴乎公曰朝居嚴則曷

害於治國家哉晏子對曰朝居嚴則下無言下無言則上無聞矣下無言則謂之瘖上無聞則謂之聾聾瘖則非害治國家如何也且合菽粟之微以滿倉廩合疏縷之綈以成幃幕太山之高非一石也累卑然後高也夫治天下者非一士之言也固有受而不用惡有距而不入者哉

劉向説苑卷第九

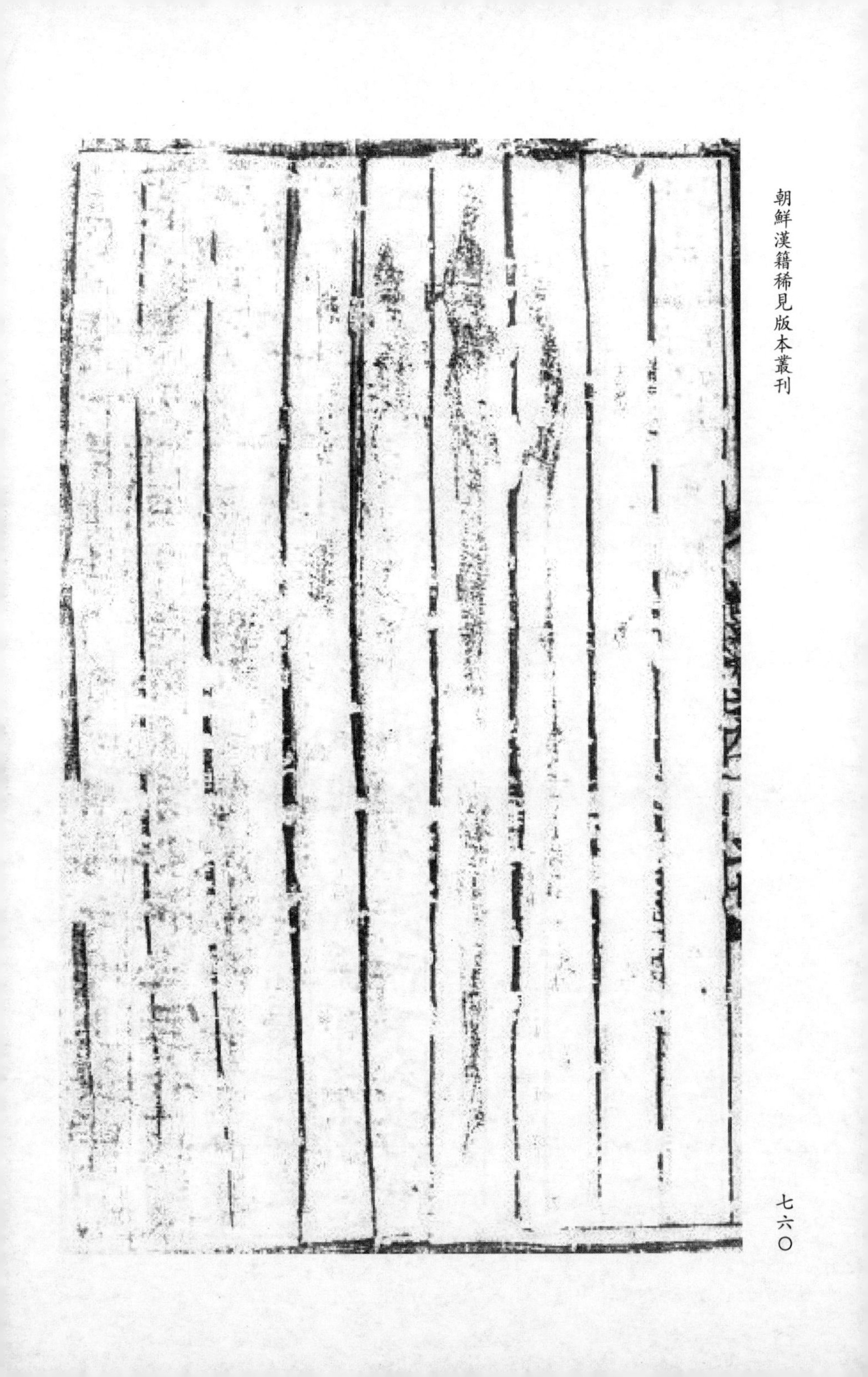

劉向說苑卷第十

敬慎

存亡禍福其要在身聖人重誡敬慎所忽中庸曰莫見乎隱莫顯乎微故君子能慎其獨也諺曰誡無垢思無辱夫不誡不思而以存身全國者亦難矣詩曰戰戰兢兢如臨深淵如履薄冰此之謂也昔成王封周公周公辭不受乃封周公子伯禽於魯將辭去周公戒之曰去矣子其無以魯國驕士矣我文王之子也武王之弟也今王之叔父也又相天子吾於天下亦不輕矣然嘗一沐而三握髮一食而三吐哺猶恐失天

下之士吾聞之曰德行廣大而守以恭者榮土地博裕而守以儉者安祿位尊盛而守以卑者貴人衆兵強而守以畏者勝聰明睿智而守以愚者益博聞多記而守以淺者廣此六守者皆謙德也夫貴爲天子富有四海不謙者先天下亡其身桀紂是也可不愼乎故易曰有一道大足以守天下中足以守國家小足以守其身謙之謂也夫天道毀滿而益謙地道變滿而流謙鬼神害滿而福謙人道惡滿而好謙是以衣成則缺衽宮成則缺隅屋成則加錯示不成者天道然也易曰謙亨君子有終吉詩曰湯降不遲

聖敬日躋其戒之哉子其無以魯國驕士矣
孔子讀易至於損益則喟然而嘆子夏避席而
問曰夫子何為嘆孔子曰夫自損者益自益者
缺吾是以嘆也子夏曰然則學者不可以益乎
孔子曰否天之道成者未嘗得久也夫學者以
虛受之故曰得苟接知持滿則天下之善言不
得入其耳矣昔堯履天子之位猶允恭以持之
虛靜以待下故百載以逾盛迄今而益章昆吾自
臧而滿意窮高而不衰故當時而虧敗迄今而
逾惡是非損益之徵與吾故曰謙也者致恭以
存其位者也夫豐明而動故能大苟大則虧矣

吾戒之故曰天下之善言不得入其耳矣日中
則昃月盈則食天地盈虛與時消息是以聖人
不敢當盛升輿而遇三人則下二人則軾調其
盈虛故能長久也子夏曰善請終身誦之
孔子觀於周廟而有欹器焉孔子問守廟者曰
此爲何器對曰蓋爲右坐之器孔子曰吾聞右
坐之器滿則覆虛則欹中則正有之乎對曰然
孔子使子路取水而試之滿則覆中則正虛則
欹孔子喟然嘆曰嗚呼惡有滿而不覆者哉子
路曰敢問持滿有道乎孔子曰持滿之道挹而
損之子路曰損之有道乎孔子曰高而能下滿

而能虛富而能儉貴而能卑智而能愚勇而能怯辯而能訥博而能淺明而能闇是謂損而不極能行此道唯至德者及之易曰不損而益之故損自損而終故益

常摐有疾老子往問焉曰先生疾甚矣無遺敎可以語諸弟子者乎常摐曰子雖不問吾將語子常摐曰過故鄉而下車子知之乎老子曰過故鄉而下車非謂其不忘故耶常摐曰嘻是已常摐曰過喬木而趨子知之乎老子曰過喬木而趨非謂敬老邪常摐曰嘻是已張其口而示老子曰吾舌存乎老子曰然吾齒存乎老子曰

亡常摐曰予知之乎老子曰夫舌之存也豈非以其治之柔邪齒之亡也豈非以其剛邪常摐曰嘻是已天下之事已盡矣無以復語子哉

韓平子問於叔向曰剛與柔孰堅對曰臣年八十矣齒再墮而舌尚存老聃有言曰天下之至柔馳騁乎天下之至堅又曰人之生也柔弱其死也剛強萬物草木之生也柔脆其死也枯槁由此觀之柔弱者生之徒也剛強者死之徒也夫生者毀而必復死者破而愈亡吾是以知柔之堅於剛也平子曰善哉然則子之行何從叔向曰臣亦柔耳何以剛爲平子曰柔無乃脆乎

叔向曰柔者紐而不折廉而不缺何爲脆也天之道微者勝是以兩軍相加而柔者克之兩仇爭利而弱者得焉易曰天道虧滿而益謙地道變滿而流謙鬼神害滿而福謙人道惡滿而好謙夫懷謙不足之柔弱而四道者助之則安往而不得其志乎平子曰善

桓公曰金剛則折革剛則裂人君剛則國家滅人臣剛則交友絶夫剛則不和不和則不可用是故四馬不和取道不長父子不和其世破亡兄弟不和不能久同夫妻不和家室大凶易曰二人同心其利斷金由不剛也

老子曰得其所利必慮其所害樂其所成必顧其所敗人為善者天報以福人為不善者天報以禍也故曰禍兮福所倚福兮禍所伏戒之慎之君子不務何以備之夫上知天則不失時下知地則不失財日夜慎之則無害災

曾子有疾曾元抱首曾華抱足曾子曰吾無顏氏之才何以告汝雖無能君子務益夫華多實少者天也言多行少者人也夫飛鳥以山為卑而層巢其巔魚鱉以淵為淺而穿穴其中然所以得者餌也君子苟能無以利害身則辱安從至乎官怠於宦成病加於少愈禍生於懈惰孝

衰於妻子察此四者慎終如始詩曰靡不有初鮮克有終

單快曰國有五寒而冰凍不與焉一曰政外二曰女厲三曰謀泄四曰不敬卿士而國家敗五曰不能治內而務外此五者一見雖祠無福除禍必得致福則貧

孔子曰存亡禍福皆在己而已天災地妖亦不能殺也昔者殷王帝辛之時爵生烏於城之隅工人占之曰凡小以生巨國家必祉王名必倍帝辛喜爵之德不治國家亢暴無極外寇乃至遂亡殷國此逆天之時詭福反為禍至殷王武

丁之時先王道缺刑法弛桑穀俱生於朝七日而大拱工人占之曰桑穀者野物也野物生於朝意朝亡乎武丁恐駭側身脩行思昔先王之政興滅國繼絶世舉逸民明養老之道三年之後遠方之君重譯而朝者六國此迎天時得禍反爲福也故妖孽者天所以警天子諸侯也惡夢者所以警士大夫也故妖孽不勝善政惡夢不勝善行也至治之極禍反爲福故太甲曰天作孽猶可違自作孽不可逭

石讎曰春秋有忽然而足以亡者國君不可以不愼也妃妾不一足以亡公族不親足以亡大

臣不任足以亡國爵不用足以亡親倿近讒足以亡舉百事不時足以亡使民不節足以亡刑罰不由足以亡內失衆心足以亡外嫚大國足以亡

夫福生於隱約而禍生於得意齊頃公是也齊頃公桓公之子孫也地廣民衆兵强國富又得霸者之餘尊驕蹇怠傲未甞肯出會同諸侯乃興師伐魯反敗衛師于新築輕小嫚大之行甚俄而晉魯往聘以使者戲二國怒歸求黨與助得衛及曹四國相輔期戰於鞍大敗齊師獲齊頃公斬逢丑父於是懼然大恐賴逢丑父之欺

奔逃得歸焉一死問疾七年不飲酒不食肉外金
石絲竹之聲遠婦女之色出會與盟畢下諸侯
國家何得[illegible]衛震[illegible]諸侯前亡之地弗求
而自為棄與龍不武而得之可謂能謀免變化
以致之故福生於隱約而禍生於得意此得失
之効也
大功之[illegible]於用賢積道浸章浸明衰滅之過
在[illegible]而[illegible]浸淫是浸亡晉文公是其効也晉
文公出亡循道一不[illegible]得至[illegible]饗國饗國之時上
無明天子下無賢方伯強楚主會諸侯背畔天
子失道出居于鄭文公於是憫中國之微任咎

犯先齡陽處父畜愛百姓厲養戎士四年政治內定則舉兵而伐衛執曹伯敗楚人威震天下明王法率諸侯而朝天子莫敢不聽天下曠然平定周室尊顯故曰大功之効在於用賢積道浸章浸明文公於是霸功立期至意得湯武之心作而忘其衆一年三用師且弗休息遂進而圍許兵亟弊不能服罷諸侯而歸自此而怠政事爲狄泉之盟不親至信衰誼缺如羅不補威武詘折不信則諸侯不朝鄭遂叛夷狄內侵衛遷二啇丘故曰衰𢧵之過在於得意而怠浸蹇浸亡

田子方侍魏文侯坐太子擊趨而入見群臣皆起田子方獨不起文侯有不說之色太子亦然田子方稱曰爲子起歟無如禮何不爲子起歟無如罪何請爲子誦楚恭王之爲太子也將出之雲夢遇大夫工尹工尹遂趨之家人之門中太子下車從之家人之門中曰子大夫何爲其若是吾聞之敬其父者不兼其子兼其子者不祥莫大焉子大夫何爲其若是工尹曰向吾望見子之面今而後記子之心審如此汝將何之文侯曰善太子擊前誦恭王之言誦三遍而請習之

子贛之承或在塗見道側巾弊布擁蒙而衣衰其名曰舟綽子贛問焉曰此至乎幾何嘿然不對子贛曰人問乎己而不應何也辟其擁蒙而言曰望而黷人者仁乎覩而不識者智乎輕侮人者義乎子貢下車曰賜不仁過問三言可復聞乎曰是足於子矣吾不告子於是子贛參偶則軾五偶則下

孫叔敖為楚令尹一國吏民皆來賀有一老父衣麤衣冠白冠後來弔孫叔敖正衣冠而出見之謂老父曰楚王不知臣不肖使臣受吏民之垢人盡來賀子獨後來弔豈有說乎父曰有說

身已貴而驕人者民去之位已高而擅權者君惡之祿已厚而不知足者患處之孫叔敖再拜曰敬受命願聞餘教父曰位已高而意益下官益大而心益小祿已厚而慎不敢取君謹守此三者足以治楚矣

魏安釐王十一年秦昭王謂左右曰今時韓魏與秦孰強對曰不如秦強王曰今時如耳魏齊與孟嘗芒卯孰賢對曰而不知也芒卯之賢王曰以孟嘗芒卯之賢率強韓魏以攻秦猶無奈寡人何也今以無能如耳魏齊而率弱韓魏以伐秦其無奈寡人何亦明矣左右皆曰然申旗

伏瑟而對曰王之料天下過矣當六晉之時智
氏最強滅范中行氏又率韓魏之兵以圍趙襄
子於晉陽決晉水以灌晉陽之城不滿者三板
智伯行水魏宣子御韓康子為驂乘智伯曰吾
始不知水可以亡人國也乃今知之汾水可以
灌安邑絳水可以灌平陽魏宣子肘韓康子康
子履魏宣子之足肘足接於車上而智氏分身
死國亡為天下笑今秦雖強不過智氏韓魏雖
弱尚賢其在晉陽之下也此方其用肘足之時
願王之必勿易也於是秦王恐
魏公子牟東行穰侯送之曰先生將去冉之山

泉矣獨無一言以數丹乎鬼谷子笑曰微君言
之年幾忘語吾君知夫宦不與勢期而勢自至
乎勢不與富期而富自至乎富不與貴期而貴
自至乎貴不與驕期而驕自至乎驕不與罪期
而罪自至乎罪不與死期而死自至乎宋侯曰
善敬受明教
高上尊賢無以驕人聰明聖智無以窮人資給
疾速無以先人剛毅勇猛無以勝人不知則問
不能則學雖智必質然後辯之雖能必讓然後
爲之故士雖聰明聖智自守以愚功被天下自
守以讓勇力距世自守以怯富有天下自守以

熏此所謂高而不危滿而不溢者也
齊桓公爲大臣具酒期以日中管仲後至桓公舉觴以飲之管仲半棄酒桓公曰期而後至飲而棄酒於禮可乎管仲對曰臣聞酒入舌出舌出者言失言失者身棄臣計棄身不如棄酒桓公笑曰仲父起就坐
楚恭王與晉厲公戰於鄢陵之時司馬子反渴而求飲豎穀陽持酒而進之子反曰退酒也穀陽曰非酒也子反又曰退酒也穀陽又曰非酒也子反受而飲之醉而寢恭王欲復戰使人召子反子反辭以心疾於是恭王駕往入幄聞酒

臭曰今日之戰所恃者司馬司馬至醉如此是亡吾國而不恤吾衆也吾無以復戰矣於是乃誅子反以為戮還師夫穀陽之進酒也非以妒子反忠愛之而適足以殺之故曰小忠大忠之賊也小利大利之殘也好戰之臣不可不察也羞小耻以構大怨貪小利以亡大衆春秋有其戒晉先軫是也先軫欲要功獲名則以秦不假道之故請要秦師襄公曰不可夫秦伯與吾先君有結先君一日薨而興師擊之是孤之負吾先君敗鄰國之交而失孝子之行也先軫曰先君薨而不予贈是無哀吾喪也興師徑吾地而

不假道是弱吾孤也且掘彈尚薄屋無哀吾喪
也興師卜曰大國師將至請擊之則聽先軫興
兵要之殽擊之匹馬隻輪無脫者大結怨構禍
於秦接刃流血伏尸暴骸糜爛國家十有餘年
卒喪其師衆禍及大夫憂累後世故好戰之臣
不可不察也

魯哀公問孔子曰予聞忘之甚者徙而忘其妻
有諸乎孔子對曰此非忘之甚者也忘之甚者
忘其身哀公曰可得聞與對曰昔夏桀貴爲天
子富有天下不脩禹之道毀壞辟法裂絶世祀
荒淫于樂沉酗于酒其臣有左師觸龍者諂諛

不止湯誅桀左師觸龍者身死四支不同壇而
居此忘其身者也哀公愀然變色曰善
孔子之周觀於太廟右階之前有金人焉三緘
其口而銘其背曰古之慎言人也戒之哉戒之
哉無多言多言多敗無多事多事多患安樂必
戒無行所悔勿謂何傷其禍將長勿謂何害其
禍將大勿謂何殘其禍將然勿謂莫聞天妖伺
人熒熒不滅炎炎奈何涓涓不壅將成江河緜
緜不絶將成網羅青青不伐將尋斧柯誠不能
慎之禍之根也曰是何傷禍之門也強梁者不
得其死好勝者必遇其敵盜怨主人民害其貴

君子知天下之不可盖也故後之下之使人慕之執雌持下莫能與之争者人皆趨彼我獨守此衆人惑惑我獨不從内藏我知不與人論技我雖尊高人莫害我夫江河長百谷者以其卑下也天道無親常與善人戒之哉戒之哉孔子顧謂弟子曰記之此言雖鄙而中事情詩曰戰戰兢兢如臨深淵如履薄冰行身如此豈以口遇禍哉

魯哀侯棄國而走齊齊侯曰君何年之少而棄國之蚤魯哀侯曰臣始為太子之時人多諫臣臣受而不用也人多愛臣臣愛而不近也是則

内無聞而外無輔也是猶欲蓬惡於根本而美
於枝葉秋風一起根且拔矣
孔子行遊中路聞哭者聲其音甚悲孔子曰驅
之驅之前有異人音少進見之丘吾子也擁鐮
帶索而哭孔子辟車而下問曰夫子非有喪也
何哭之悲也丘吾子對曰吾有三失孔子曰願
聞三失丘吾子曰吾少好學問周遍天下還後
吾親亡一失也事君奢驕諫不遂是二失也厚
交友而後絶三失也樹欲靜乎風不定子欲養
乎親不待往而不來者年也不可得再見者親
也請從此辭則自刎而死孔子曰弟子記之此

足以為戒也於是弟子歸養親者十三人

孔子論詩至於正月之六章懼然曰不逢時之君子豈不殆哉從上依世則廢道違上離俗則危身世不與善己獨由之則曰非妖則孽也是以桀殺關龍逢紂殺王子比干故賢者不遇時常恐不終焉詩曰謂天蓋高不敢不局謂地蓋厚不敢不蹐此之謂也

孔子見羅者其所得者皆黃口也孔子曰黃口盡得大爵獨不得何也羅者對曰黃口從大爵者不得大爵從黃口者可得孔子顧謂弟子曰君子慎所從不得其人則有羅網之患

脩身正行不可以不慎嗇必使行虧讒謗亂正心衆口使意回憂患生於所忽禍起於細微汙辱難湔洒敗事不可復追不深念遠慮後悔當幾何夫徼幸者伐性之斧也嗜欲者逐禍之馬也謾諛者窮辱之舍也取虐於人者趨禍之路也故曰去徼幸務忠信節嗜欲無取虐於人則稱爲君子名聲常存怨生於不報禍生於多福安危存於自處不困在於蚤豫存亡在於得人慎終如始乃能長久能行此五者可以全身已所不欲勿施於人是謂要道也

顔回將西游問於孔子曰何以爲身孔子曰恭

敬忠信可以為身恭則免於衆敬則人愛之忠則人與之信則人恃之人所愛人所與人所恃必免於患矣可以聽國家何況於身乎故不比數而比疏不亦遠乎不脩中而脩外不亦反乎不先慮事臨難乃謀不亦晚乎

凡司其身必慎五本一曰柔以仁二曰誠以信三曰富而貴毋敢以驕人四曰恭以敬五曰寬以靜思此五者則無凶命曰能治敬以助天時凶命不至而禍不來敬人者非敬人也自敬也貴人者非貴人也自貴也昔者吾嘗見天雨金石與血吾嘗見四月十日並出有與天滑吾嘗

見高山之崩深谷之窒大都王宮之破大國之滅吾嘗見高山之爲裂深淵之沙竭貴人之車裂吾嘗見稠林之無木平原爲谿谷君子爲御僕吾嘗見江河乾爲坑正冬采榆莢仲夏雨雪霜千乘之君萬乘之主死而不葬是故君子敬以成其名小人敬以除其刑奈何無戒而不慎五本哉

魯有恭士名曰机氾行年七十其恭益甚冬日行陰夏日行陽市次不敢不行參行必隨坐必危一食之間三起不羞見衣裘褐之士則爲之禮魯君問曰机子年甚長矣不可釋恭乎机氾

對曰君子好恭以成其名小人學恭以除其刑對君之坐豈不安哉尚有差跌一食之上豈不美哉尚有哽噎今若汜所謂卒者也固未能自必鴻鵠飛冲天豈不高哉矰繳尚得而加之虎豹為猛人尚食其肉席其皮譽人者少惡人者多行年七十常恐斧質之加於汜者何釋恭為成回學於子路三年回恭敬不已子路問其故何也回對曰臣聞之行者比於鳥上畏鷹鸇下畏網羅夫人為善者少為讒者多若身不死安知禍罪不施行年七十常恐行節之虧回是以恭敬待大命子路稽首曰君子哉

劉向說苑卷第十

劉向說苑卷第十一

善說

孫卿曰夫談說之術齊莊以立之端誠以處之堅強以持之譬稱以諭之分別以明之歡欣憤懣以送之寶之珍之貴之神之如是則說常無不行矣夫是之謂能貴其所貴傳曰唯君子爲能貴其所貴也詩云無易由言無曰苟矣鬼谷子曰人之不善而能矯之者難矣說之不行言之不從者其辯之不明也既明而不行者持之不固也既固而不行者未中其心之所善也辯之明之持之固之又中人之所善其言神而

珍白而分能入於人之心如此而說不行者天
下未嘗聞也此之謂善說子貢曰出言陳辭身
之得失國之安危也詩云辭之繹矣民之莫矣
夫辭者人之所以自通也主父偃曰人而無辭
安所用之昔子產脩其辭而趙武致其敬王孫
滿明其言而楚莊以慙蘇秦行其說而六國以
安蒯通陳說而身得以全夫辭者乃所以尊君
重身安國全性者也故辭不可不脩而說不可
不善
趙使人謂魏王曰為我殺范痤吾請獻七十里
之地魏王曰諾使吏捕之圍而未殺痤自上屋

騎危謂使者曰與其以死痤市不如以生痤市有如痤死趙不與王地則王奈何故不若與定割地然後予痤魏王曰善痤因上書信陵君曰痤故魏之免相也趙以地殺痤而魏王聽之有如強秦亦將襲趙之欲則君且奈何信陵君言於王而出之

吳人入荊召陳懷公懷公召國人曰欲與荊者左欲與吳者右逢滑當公而進曰吳未有福荊未有禍公曰國勝君出非禍而何對曰小國有是猶復而况大國乎楚雖無德亦不斬艾其民吳日弊兵暴骨如莽未見德焉天其或者正訓

荊也禍之適吳何日之有陳侯從之
桓公立仲父致大夫曰善吾者入門而右不善
吾者入門而左有中門而立者桓公問焉對曰
管子之知可與謀天下其強可與取天下君恃
其信乎內政委焉外事斷焉驅民而歸之是亦
可奪也桓公曰善乃謂管仲政則卒歸於子矣
政之所不及唯子是匡管仲故築三歸之臺以
自傷於民
齊宣王出獵於社山社山父老十三人相與勞
王王曰父老苦矣謂左右賜父老田不租父老
皆拜閭丘先生不拜王曰父老以為少耶謂左

右復賜父老無傜役父老皆拜閭丘先生又下
拜王曰拜者去不拜者前曰寡人今日來觀父
老幸而勞之故賜父老田不租父老皆拜先生
獨不拜寡人自以爲少故賜父老無傜役父老
皆拜先生又獨不拜寡人得無有過乎閭丘先
生對曰唯聞大王來遊所以爲勞大王望得壽
於大王望得富於大王望得貴於大王王曰天
殺生有時非寡人所得與也無以壽先生倉廩
雖實以備菑害無以富先生大官無缺小官卑
賤無以貴先生閭丘先生對曰此非人臣所敢
望也願大王選良富家子有脩行者以爲吏平

其法度如此臣少可以得壽[illegible]振之以時無煩擾百姓如是臣少可以得以富焉願大王出令令少者敬長長者敬老如是臣少可以得以貴焉今大王幸賜臣田不租然則倉廩將虛也賜臣無繇役然則官府無使焉此固非人臣之所敢望也齊王曰善請以閭丘先生為相

孝武皇帝時汾陰得寶鼎而獻之甘泉宮群臣賀上壽曰陛下得周鼎侍中虞丘壽王獨曰非周鼎上聞之召而問曰朕得周鼎群臣皆以為周鼎而壽王獨以為非何也壽王有說則生無說則死對曰臣壽王安敢無說臣聞夫周德

始產[illegible]長於[illegible]劉大夫大王成於文武顯
於周[illegible]之間天下鴻業[illegible]川于道上天眷
應[illegible]周之一[illegible]名曰同[illegible]漢官高祖繼周京
聖德[illegible]石[illegible]畢[illegible]息六合和同至陛下之身適
盛天[illegible]至[illegible]鮮畢[illegible]當[illegible]於彭
城[illegible]天[illegible]自一至[illegible]天人之所以
予[illegible]上[illegible]臣呂稱萬歲
是日[illegible]王[illegible]金[illegible]一磨
晉獻之一[illegible]君祖朝青山[illegible]之曰草
第[illegible]國[illegible]一[illegible]公使使
出[illegible]之[illegible]何與爲

祖朝對曰：大王獨不聞古之將曰桓司馬者朝
朝其君，舉而宴，御呼車，驂亦呼車。御肘其驂曰：
子何越云為乎？何為藉呼車？驂謂其御曰：當呼
者呼，乃吾事也。子當御正子之轡銜耳，子今不
正子之轡銜，使馬卒然驚，妄轢道中行人，必逢大敵，
下車免劍，涉血履肝者，固吾事也。子寧能辟子
之轡下佐我乎？其禍亦及吾身，與有深憂，吾安
得無呼車哉？今大王曰：食肉者已慮之矣，藿食
者尚何與焉？設使食肉者一旦失計於廟堂之
上，若臣等之藿食者，寧得無肝膽塗地於中原
之野與？其禍亦及臣之身，臣與有其憂深，臣安

得無與國家之計乎獻公召而見之三尸與語無復憂者乃立以為師也

客謂梁王曰惠子之言事也善譬王使無譬則不能言矣王曰諾明日見謂惠子曰願先王言事則直言耳無譬也惠子曰今有人於此而不知彈者曰彈之狀何若應曰彈之狀如彈則諭乎王曰未諭也於是更應曰彈之狀如弓而以竹為弦則知乎王曰可知矣惠子曰夫說者固以其所知諭其所不知而使人知之今王曰無譬則不可矣王曰善

孟嘗君寄客於齊王三年而不見用故客反謂

孟嘗君曰君之寄臣也三年而不見用不知臣之罪也君之過也孟嘗君曰寡人聞之縷因針而入不因針而急嫁女因媒而成不因媒而親夫子之材必薄矣尚何怨乎寡人哉客曰不然臣聞周氏之嚳韓氏之盧天下疾狗也見菟而指屬則無失菟矣望見而放狗也則累世不能得菟矣狗非不能屬之者罪也孟嘗君曰不然昔華舟杞梁戰而死其妻悲之向城而哭隅爲之崩城爲之阤君子誠能刑於內則物應於外矣夫土壤且可爲忠況有食穀之君乎客曰不然臣見鷦鷯巢於葦苕著之髮毛建之安工不

能爲也可謂完堅矣大國無釁則莒前郯鄅之子死若何立其所託者然也且夫蔽出人之所攻也鼠者人之所燻也臣未嘗見稷蜮見攻社鼠見燻也何則所託者然也於是三國皆從屬之齊齊王未之遇也

陳子說楚王楚王說而爲之曰子何爲去陳侯之國而以小國之孫從於楚子曰孝亦有道而遇亦有時昔傅說衣褐帶劍而築於傅之城武丁以夕夢旦得之時王也寧戚飯牛康衢擊車轅而歌顯見桓公得之時霸也百里奚自賣五羊之皮爲秦人虜穆公得之時強也論若

三子之行未得爲孔子駿徒也今孔子經營天
下南有陳蔡之阨而北干景公三坐而五立未
嘗離也孔子之時不行而景公之時怠也以孔
子之聖不能以時行說之怠亦獨能如之何乎
林既衣韋衣而朝齊景公齊景公曰此君子之
服也小人之服也林既逡巡而作色曰夫服事
何足以端士行乎昔者荊爲長劍危冠令尹子
西出焉齊短衣而遂傑之冠管仲隰朋出焉越
文身剪髮范蠡大夫種出焉西戎左衽而椎結
由余亦出焉即如君言衣狗裘者當犬吠衣羊
裘者當羊鳴且君衣狐裘而朝意者得無爲變

乎景公曰子眞爲勇悍矣今未嘗見子之奇辯也一鄉之鬪也千乘之勝也林旣曰不知君之所謂者何也夫登高臨危而目不眴而足不陵者此工匠之勇悍也入深淵刺蛟龍抱黿鼉而出者此漁夫之勇悍也入深山刺虎豹抱熊羆而出者此獵夫之勇悍也不難斷頭裂腹暴骨流血中野者此武夫之勇悍也今臣居廣廷作色端辯以犯主君之怒前雖有乘軒之賞未爲之動也後雖有斧鑕之威未爲之恐也此旣之所以爲勇悍也

魏文侯與大夫飲酒使公乘不仁爲觴政曰飲

不無酌者浮以大白文侯飲而不盡釂公乘不仁舉白浮君君視而不應侍者曰不仁退君已醉矣公乘不仁曰周書曰前車覆後車戒蓋言其危爲人臣者不易爲君亦不易今君已設令令不行可乎君曰善舉白而飲飲畢曰以公乘不仁爲上客

蘧伯玉使至楚逢公子晳濮水之上子晳接草而待曰敢問上客將何之蘧伯玉爲之軾車公子晳曰吾聞上士可以託色中士可以託辭下士可以託財三者固可得而託耶蘧伯玉曰謹受命蘧伯玉見楚王使事畢坐談語從容言至

於士楚王曰何國最多士蘧伯玉曰楚最多士楚王大說蘧伯玉曰楚最多士而楚不能用王造然曰是何言也蘧伯玉曰伍子胥生於楚逃之吳吳受而相之發兵攻楚墮平王之墓伍子胥生於楚吳善用之釁蚡黃生於楚走之晉治七十二縣道不拾遺民不妄得城郭不閉國無盜賊蚡黃生於楚而晉善用之今者臣之來逢公子皙濮水之上辭言上士可以託色中士可以託辭下士可以託財三言者固可得而託身耶又不知公子皙將何治也於是楚王發使一駟副使二乘追公子皙濮水之上子皙還重於

楚蘧伯玉之方也故詩曰誰能亨魚漑之釜鬵孰將西歸懷之好音此之謂也物之相得固微甚矣

叔向之弟羊舌虎善樂達達有罪於晉晉誅羊舌虎叔向為之奴既而祁奚曰吾聞小人得位不爭不義君子於憂不救不祥乃往見范桓子而說之曰聞善為國者賞不過刑不濫賞過則懼及淫人刑濫則懼及君子與不幸而過寧過而賞淫人無過而刑君子故堯之刑也殛鯀於羽山而用禹周之刑也僇管蔡而相周公不濫刑也桓子乃命吏出叔向救人之患者行危苦

而不避通患猶一不能免今夫論先王之德而
敘得失焉無可已難
張存孝門見孟子君子曰否新而不舊會厥度盈而
不上虛盡之實道者壽卿之言直學者之言否新而
不舊則是實用也會厥度盈而不屈則是富也為之
奈何其亦可得聞乎張存孝曰請言學則奉賢富
則容易若是則亦新而不舊會厥度盈而不上虛矣
孟學之言其為說也其意蓋將以明道人
奉賞全三百年先識百幾是之法先生生之辭而
不變後世先生復見孟學君子盡學君子曰謂先生辛
數文曰否新而不舊會厥度盈而不上虛為之有說

沒亦死之乎文竊說穀故使人賫黃金百斤文
織百純之先生以補門內之不贍者先生曷
為辭而不受乎張祿曰君將礎臣之骨錢資君
之衣要以補之則衣整麗寡而不贍身備暇衣
新而不舊者今益而不益矣文孟嘗君曰然則為
之奈何張祿曰秦者四塞之國也游宦者不得
入焉願君為吾為丈之書寄之秦王我往而
遇乎臣君之人也往而不遇乎雖人求閒謀固
不遇臣矣孟嘗君曰敬聞命矣因為之書寄之
秦王往而大遇謂秦王曰自祿之來入大王之
境田疇益辟吏民益治然而大王有一不得者

大王知之乎王曰不知曰夫山東有相所謂孟
嘗君者眞賢人天下無急則已有急則能收
天下英父雄俊之士與之合交連友者疑獨此
冝能則大王胡不為我友之乎秦王曰敬受命
奉千金以遺孟嘗君孟嘗君辭食察之而謁曰
此張生之所謂衣新而不舊命瘦盈而不虚者
也
莊周貧者往貸粟於魏文侯曰待吾邑粟之來
而獻之周曰乃今者周之來見道傍牛蹄中有
鮒魚焉大息謂周曰我尚可活也周曰須我為
汝南見楚王決江淮以溉汝鮒魚曰今吾命在

盆甕之中耳乃為我見楚王決江淮以溉我汝
則求我枯魚之肆矣今周以貧故來貸粟而曰
須我邑粟來也而賜臣即來亦求臣傭肆矣文
侯於是乃發粟百鍾送之莊周之室

晉平公問叔向曰歲饑民疫翟人攻我我將若
何對曰歲饑來年而反矣疾疫將止矣翟人不
足患也公曰患有大於此者乎對曰夫大臣重
祿而不極諫近臣畏罪而不敢言左右顧寵於
小官而君不知此誠患之大者也公曰善於是
令國中曰欲有諫者為之隱左右言及國吏罪

趙簡子攻陶有二人先登死於城上簡子欲得

之陶君不識其盜跖所為者曰簡子將掘君之
墓後與焉之言也市曰噫亡也成者將舍之不
者將掘其墓者老處其下者若墓其尸陶君
懼請與物二人之居焉爲知
子貢見太宰嚭太宰嚭問曰孔子何如對曰臣
不足以知之太宰曰子不知何以事之對曰惟
不知故事之天子其猶大山林也百姓各足其
材焉太宰嚭曰子增夫子乎對曰夫子不可增
也夫我其猶一累壤也以一累壤增大山不益
其高且爲不知也太宰嚭曰然則子有所酌也對
曰天下有大樽而子獨不酌焉不識誰之罪也

趙簡子問子貢曰孔子為人何若子貢對曰賜不能識也簡子不説曰夫子事孔子數十年終業而去之寡人問子子曰不能識何也子貢曰賜譬渴者之飲江海知足而已孔子猶江海也賜則奚足以識之簡子曰善哉子貢之言也

齊景公謂子貢曰子誰師曰臣師仲尼公曰仲尼賢乎對曰賢公曰其賢何若對曰不知也公曰子知其賢而不知其奚若可乎對曰今謂天高無少長愚智皆知高高幾何皆曰不知也是以知仲尼之賢而不知其奚若

趙襄子謂仲尼曰先生委質以見人主七十君

矣而無所通不識世無明君乎意先生之道固不通乎仲尼不對異日襄子見子路曰嘗問先生以道先生不對知而不對則隱也隱則安得為仁若信不知安得為聖子路曰建天下之鳴鍾而撞之以莛豈能發其聲乎哉君問先生無乃猶以挺撞乎

衛將軍文子問子貢曰季文子三窮而三通何也子貢曰其窮事賢其通舉窮其富分貧●其貴禮賤窮以事賢則不侮通而舉窮則忠於朋友富而分貧則宗族親之貴而禮賤則百姓戴之其得之固道也失之命也曰失而不得者何也

曰其[illegible]貪其貴
不禮[illegible]之國[illegible]也
子路問於孔子曰管仲何如人也子曰大人也
子路曰昔者管子說襄公襄公不說是不辯也
欲立公子糾而不能是無能也家殘於齊而無
憂色是不慈也桎梏而居檻車中無慚色是無
愧也事所射之君是不貞也召忽死之管子不
死是無仁也夫子何以大之子曰管仲說襄公
襄公不說管子非不辯也襄公不知說也欲立
子糾而不能非無能也不遇時也家殘於齊而
無憂色非不慈也知命也桎梏居檻車而無慚

色非無愧也自裁之事[illegible]射之君非一不貞也知
權也召忽死之管子不死非無仁也召忽者人
臣之材也不死[illegible]三年之虜也死之則名聞天
下夫何爲不死哉管子者天子之佐諸侯之相
也死之則一介之臣[illegible]之不死則功復用於
天下夫何爲死之哉由[illegible]知也
晉平[illegible]日陽
處父[illegible]因趙襄三日
而違[illegible]而不言不忠也
欲言之而[illegible]不聽不賢也
趙簡子[illegible]夫也

是衛之[illegible]賢曰臣將下[illegible]也簡子曰吾聞之子
與苦既予之而一不令有也循司莫死之記數變其
十五年也吾一以一不置宜過達之二十也行以吾義
其天六也量安軍衛書以吾行其年五十也
為慮成善善權觀今有而畏五在六矣恐其變
是以下[illegible][illegible]二[illegible]曰其[illegible][illegible]其大也學變益二矣

劉向説苑卷第十一

劉向說苑卷第十二

奉使

春秋之辭有相反者四曰既曰大夫無遂事不得擅生事矣又曰出境可以安社稷利國家者則專之可也既曰大夫以君命出進退在大夫矣又曰以君命出聞喪徐行而不反者何也曰此義者各止其科不轉移也不得擅生事者謂平生常經也專之可者謂救危除患也進退在大夫者謂將帥用兵也徐行而不反者謂出使道聞君親之喪也公子結擅生事春秋不非以為救莊公危也公子遂擅生事春秋譏之以為

僖公無危事也故君有危而不專救是不忠也君無危而擅生事是不臣也傳曰詩無通故易無通吉春秋無通義此之謂也

趙王遣使者之楚方鼓瑟而遣之誡之曰必如吾言使者曰王之鼓瑟未嘗悲若此也王曰宮商固方調矣使者曰調則何不書其柱耶王曰天有燥濕絃有緩急宮商移徙不可知是以不書使者曰明君之使人也任之以事不制以辭遭吉則賀之凶則吊之今楚趙相去千有餘里吉凶憂患不可豫知猶柱之不可書也詩云莘莘征夫每懷靡及楚莊王舉兵伐宋宋告

急晉景公欲發兵救宋伯宗諫曰天方開楚未
可伐也乃求壯士得霍人解揚字子虎往命宋
毋降道過鄭鄭新與楚親乃執解揚而獻之楚
楚王厚賜與約使反其言令宋趣降三要解揚
乃許於是楚乘揚以樓車令呼宋使降遂倍楚
約而致其晉君命曰晉方悉國兵以救宋宋雖
急慎毋降楚晉兵今至矣楚莊王大怒將烹之
解揚曰君能制命為義臣能承命為信受吾君
命以出雖死無二王曰汝之許我已而背之其
信安在解揚曰死以許王欲以成吾君命臣不
恨也顧謂楚君曰為人臣無忘盡忠而得死者

楚王諸弟比許之於是莊王物而
歸之晉景之為
齊攻魯子貢見哀公請求救於吳公曰奚先君
寶之用子貢曰使吾君實而與之失其所
恃也於是以楊幹麻筋之弓六往子貢謂吳王
曰齊為無道欲使周公之後不血食且魯賦五
百邾賦三百不識以此益齊吳之利與非與吳
王懼乃興師救魯諸侯曰齊伐周公之後而吳
救之遂朝於吳
魏文侯封太子擊於中山三年使不往來舍人
趙倉唐進稱曰為人子三年不聞父問不可謂

孝為人父三年不問子不可謂慈君何不遣人
使大國乎太子曰願之久矣未得可使者倉唐
曰臣願奉使侯何嗜好太子曰侯嗜晨鳧好北
犬於是乃遣倉唐緤北犬奉晨鳧獻於文侯倉
唐至上謁曰孽子擊之使者不敢當大夫之朝
請以燕閒奉晨鳧敬獻庖廚緤北犬敬上涓人
文侯悅曰擊愛我知吾所嗜知吾所好召倉唐
而見之曰擊無恙乎倉唐曰唯唯如是者三乃
曰君出太子而封之國君名之非禮也文侯怵
然為之變容問曰子之君無恙乎倉唐曰臣來
時拜送書於庭文侯顧指左右曰子之君長孰

與是倉唐曰擬人必於其倫諸侯無偶無所擬之曰長大孰與寡人倉唐曰君賜之外府之裘則能勝之賜之斥帶則不更其造文侯曰子之君何業倉唐曰業詩文侯曰於詩何好倉唐曰好晨風黍離文侯自讀晨風曰鴥彼晨風鬱彼北林未見君子憂心欽欽如何如何忘我實多文侯曰子之君以我忘之乎倉唐曰不敢時思耳文侯復讀黍離曰彼黍離離彼稷之苗行邁靡靡中心搖搖知我者謂我心憂不知我者謂我何求悠悠蒼天此何人哉文侯曰子之君怨乎倉唐曰不敢時思耳文侯於是遣倉唐賜

太子衣一襲勑倉唐以鷄鳴時至太子起拜受
賜發箧視衣盡顛倒太子曰趣早駕君侯召擊
也倉唐曰臣來時不受命太子曰君侯賜擊衣
不以爲寒也以召擊無誰與謀故勑子以鷄鳴
時至詩曰東方未明顛倒衣裳顛之倒之自公
召之遂西至謁文侯大喜乃置酒而稱曰夫遠
賢而近所愛非社稷之長策也乃出少子摯封
中山而復太子擊故曰欲知其子視其友欲知
其君視其所使趙倉唐一使而文侯爲慈父而
擊爲孝子乃稱詩曰鳳凰于飛噦噦其羽
亦集爰止藹藹王多吉士維君子使媚于天子

舍人之詞也

楚莊王欲伐晉使豚尹觀焉反曰不可伐也其憂在上其樂在下且賢臣在焉曰沈駒明年又使豚尹觀反曰可矣初之賢人死矣諂諛多在君之廬者其君好樂而無禮其下危處以怨上上下離心興師伐之其民必反莊王從之果如其言矣

梁王贅其群臣而議其過任座進諫曰主君國廣以大民堅而眾國中無賢人辯士奈何王曰寡人國小以狹民弱臣少寡人獨治之安所用賢人辯士乎任座曰不然昔者齊無故起兵

攻魯魯君患之召其相曰爲之柰何相對曰夫柳下惠少好學長而嘉智主君試召使於齊魯君曰吾千乘主也身自使於齊齊不聽夫柳下惠特布衣韋帶之士也使之又何益乎相對曰臣聞之乞大不得不望其飽矣今使柳下惠於齊縱不解於齊兵終不愈益攻於魯矣魯君乃曰然乎相卽使人召柳下惠來入門袪衣不趨魯君避席而立曰寡人所謂飢而求黍稷渴而穿井者未嘗能以歡喜見子今國事急百姓恐懼願藉子大夫使齊柳下惠曰諾乃東見齊侯齊侯曰魯君將懼乎柳下惠曰臣君不懼齊侯

忿然怒曰吾望而魯城芒若類失亡國百姓訾屋伐木以救城郭吾視若魯君類吾國子曰不懼何也柳下惠曰臣之君所以不懼者以其先人出周封於魯君之先君亦出周封於齊相與出周南門刳羊而約曰自後子孫敢有相攻者令其罪若此刳羊矣臣之君固以刳羊不懼矣不然百姓非不急也齊侯乃解兵三百里夫柳下惠特布衣韋帶之士至解齊釋魯之難奈何無賢士聖人乎

陸賈從高祖定天下名為有口辯士居左右常使諸侯及高祖時中國初定尉佗平南[redacted]因王

之高祖使陸賈賜尉佗印為南越王陸生至尉
佗椎結箕踞見陸生陸生因說佗曰足下中國
人親戚昆弟墳墓在真定今足下棄反天性捐
冠帶欲以區區之越與天子抗衡為敵國禍且
及身矣且夫秦失其政諸侯豪傑並起惟漢王
先入關據咸陽項籍倍約自立為西楚霸王諸
侯皆屬可謂至彊然漢王起巴蜀鞭笞天下劫
諸侯遂誅項羽滅之五年之間海內平定此非
人力天之所建也天子聞君王王南越不助天
下誅暴逆將相欲移兵而誅王天子憐百姓新
勞苦且休之遣臣授君王印剖符通使君王宜

郊迎北面稱臣乃欲以新造未集之越屈彊於此漢誠聞之掘燒君王先人家墓夷種宗族使一偏將將十萬衆臨越越則殺王已降漢如反覆手耳於是尉佗乃蹶然起坐謝陸生曰居蠻夷中久殊失禮義因問陸生曰我孰與蕭何曹參韓信賢陸生曰王似賢復問我孰與皇帝賢陸生曰皇帝起豐沛討暴秦誅強楚爲天下興利除害繼五帝三王之業統理中國中國之人以億計地方萬里居天下之膏腴人衆車輿萬物殷富政由一家自天地剖判未嘗有也今王衆不過數十萬皆蠻夷踦嶇山海之間譬若漢

一郡何可以比我漢王則佗大笑曰吾不起中
國故王此使我居中國何遽不若漢乃大悅陸
生與留飲數月曰越中無足與語至生來令我
日聞所不聞賜陸生橐中裝直千金他送亦千
金陸生卒拜尉佗爲南越王令稱臣奉漢約歸報
高祖大悅拜爲太中大夫

晉楚之君相與爲好會於宛丘之上宋使人往
之晉楚大夫曰楚王見天子禮見於吾君我爲
見于三使者曰寡君頓冀宜加其上權雖新宜居
其下周室雖微天下莫之能易也曰今宋城臣
猶不足宜之可而去之諸大夫罷然遂以

諸侯之禮見之
越使諸發執一枝梅遺梁王梁王之臣曰韓子
顧謂左右曰惡有以一枝梅以遺列國之君者
乎請為二三子慚之出謂諸發曰大王有命客
冠則以禮見不冠則否諸發曰彼越亦天子之
封也不得冀兗之州乃處海垂之際屏外蕃以
為居而蛟龍又與我爭焉是以剪髮文身爛然
成章以像龍子者將避水神也今大國其命冠
則見以禮不冠則否假令大國之使時過弊邑
弊邑之君亦有命矣曰客必剪髮文身然後見
之於大國何如意而安之願假冠以見意如不

安頤無變留恰果三異之披衣出以見諸裝令
逐韓子詩云錯于天若此之謂也
晏子使吳吳王謂行人曰吾聞晏嬰蓋北方之
辯於辭習於禮者也命儐者曰客見則稱天子明
日晏子有事行人曰天子請見晏子蹴然者三
曰臣受命弊邑之君將使於吳王之所以不敏而
迷惑入於天子之朝敢問吳王惡乎存然後吳
王曰夫差請見見之以諸侯之禮
景公使晏子於楚楚王進橘置削晏子不剖
而并食之楚王曰橘當去剖晏子對曰臣聞之
賜人主前者瓜桃不削橘柚不剖今萬乘無教

臣不敢剖然臣非不知也
晏子將使荊荊王聞之謂左右曰晏子賢人也
今方來欲辱之何以也左右對曰為其來也臣
請縛一人過王而行於是荊王與晏子立語有
縛一人過王而行王曰何為者也對曰齊人也
王曰何坐曰坐盜王曰齊人固盜乎晏子反顧
之曰江南有橘齊王使人取之而樹之於江北
生不為橘乃為枳所以然者何其土地使之然
也今齊人居齊不盜來之荊而盜得無土地使
之然乎荊王曰吾欲傷子而反自中也
晏子使於楚晏子短楚人為小門於大門之側而

延晏子晏子不入曰使至狗國者從狗門入今
臣使楚不當從此門入儐者更道從大門入見楚王
王曰齊無人耶晏子對曰齊之臨淄三百閭張
袂成帷揮汗成雨比肩繼踵而在何爲無人王
曰然則何爲使子晏子對曰齊命使各有所主
其賢者使使賢主不肖者使使不肖主嬰最不肖故
宜使楚矣
秦楚毄兵秦王使人使楚楚王使人戲之曰子
來亦卜之乎對曰然卜之謂何對曰吉楚人曰
噫甚矣子之國無良龜也王方殺子以釁鍾其
吉如何使者曰秦楚之毄兵吾王使我先窺我死

而不還則吾王知警戒整齊兵以備楚是吾所謂吉也且使死者而無知也又何釁於鐘死者而有知也吾豈錯秦相楚哉我將使楚之鐘鼓無聲鐘鼓無聲則將無以整齊其士卒而理君軍夫殺人之使絕人之謀非古之通議也子大夫試孰計之使者以報楚王楚王赦之此之謂造命

楚使使聘於齊齊王饗之梧宮使者曰大哉梧乎王曰江漢之魚吞舟大國之樹必巨使何怪焉使者曰昔燕攻齊遵雒路渡濟橋焚雍門擊齊左而虛其右王歜絕頸而死於杜山公孫差

稀死於龍門歟焉乎淄澠定獲乎琅邪王與大
后奔于莒逃於城陽之山當此之時則舉之大
何如乎王曰陳先生對之曰乎曰臣一令刀勢
三日刀先生應之曰敎曰使者聞語之許耶昔
者劉王主爲無道淄中以蓋太公貝兄
子胥世錄山食於吳閭廬以爲將語三年將兵
兵復讎平荊師而與紀頭一其墓東九金鄭
王至於荊引師入郢家實行平之爲三親
射宮九遂三家其數以至墓之光人
無罪平子登之人加百里其盡當若此
時今可以爲治矣

蔡使師強王堅使楚楚王聞之曰人名多章章者獨為師強王堅乎趣見之無以次視其人狀疑其名而醜其聲又惡其形楚王大怒曰今蔡無人乎國可伐也有人不遣乎國可伐也端以此人誡寡人乎國可伐也故發一舉兵三謀伐之

趙簡子將襲衛使史黯往覩之期以一月六日而後反簡子曰何其久也黯曰謀利而得害猶弗察也今蘧伯玉為相史鰌佐焉孔子為客子貢使令於君前甚聽易曰渙其群元吉渙者賢也群者眾也元者吉之始也渙其群元吉者其

佐多賢矣簡子按兵而不動耳

魏文侯使舍人毋擇獻鵠於齊侯毋擇行道失

之徒獻空籠見齊侯曰寡君使臣毋擇獻鵠道

飢渴臣出而飲食之而鵠飛沖天遂不復反念

思非無錢可買鵠也恐有為其君使輕易其幣

者[illegible]舍思[illegible]欲刎頸腐骨於中野

也[illegible]也念恐[illegible]陳蔡

之間也[illegible]是之信故不敢愛死來獻

空籠唯主君斧質之誅齊侯大悅曰寡人今者

得茲言三賢於鵠矣寡人有都郊地百里願

獻子大夫以為湯沐邑毋擇對曰惡有[illegible]其君

復而爵晏子之禮上可列諸侯之地乎晏子不受

劉向說苑卷第十二

劉向說苑卷第十三

權謀

聖王之舉事必先諦之於謀慮而後考之於蓍
龜白屋之士皆關其謀芻蕘之役咸盡其心故
萬舉而無遺籌失策傳曰衆人之智可以測天
兼聽獨斷惟在一人此大謀之術也謀有二端
上謀知命其次知事知命者預見存亡禍福之
原早知盛衰廢興之始防事之未萌避難於無
形若此人者居亂世則不害於其身在乎太平
之世則必得天下之權彼知事者亦尚矣見事
而知得失成敗之分而究其所終極故無敗業

廢功孔子曰可與適道未可與權也是亦知命
知事者孰能行權謀之術夫權謀有正有邪君
子之權謀正小人之權謀邪夫正者其權謀公
故其為百姓盡心也誠彼邪者好私尚利故其
為百姓也詐夫詐則亂誠則平是故堯之九臣
誠而興於朝其四臣詐而誅於野誠者隆至
後世詐者當身而滅知命知事而能於權謀者
必察誠詐之原而以處身焉則是亦權謀之術
也夫知者舉事也滿則慮溢平則慮險安則慮
危曲則慮直由重其豫惟恐不及是以百舉而
不陷也

揚子曰事之可以之貧可以之富者其傷行者
也事之可以之生可以之死者其傷勇者也僕
子曰揚子智而不知命歟其知多歟語曰知命
者不惑是與是也
趙簡子曰晉有澤鳴犢犨魯有孔丘吾殺此三
人則天下可圖也於是乃召澤鳴犢犨任之以
政而殺之使人聘孔子於魯孔子至河臨水而
觀曰美哉水洋洋乎丘之不濟此命也夫子
路趨進曰敢問奚謂也孔子曰夫澤鳴犢犨晉
國之賢大夫也趙簡子之未得志也與之同聞
見及其得志也殺之而從政故丘聞之刳胎

焚夭則麒麟不至乾澤而漁蛟龍不游覆巢毀卵則鳳凰不翔丘聞之君子重傷其類者也

孔子與齊景公坐左右白曰周使來言周廟燔齊景公出問曰何廟也孔子曰是釐王廟也景公曰何以知之孔子曰詩云皇皇上帝其命不忒天之與人必報有德禍亦如之夫釐王變文武之制而作玄黃宮室輿馬奢侈不可振也故天殃其廟是以知之景公曰天何不殃其身曰天以文王之故也若殃其身文王之祀無乃絕乎故殃其廟以章其過也左右入報曰周釐王廟也景公大驚起再拜曰善哉聖人之智豈

不亦乎

齊桓公與管仲謀伐莒謀未發而聞于國桓公怪之以問管仲管仲曰國必有聖人也桓公歎曰歎日之役者有執柘杵而上視者意其是耶乃令復役無得相代少焉東郭牙至管仲曰此必是也乃令儐者延而進之分級而立管子曰子言伐莒者也對曰然管仲曰我不言伐莒子何故言伐莒對曰臣聞君子善謀小人善意臣竊意之也管仲曰我不言伐莒子何以意之對曰臣聞君子有三色優然喜樂者鐘鼓之色愀然清靜者縗絰之色勃然充滿者兵革之色

也日者臣望君之在臺上也勃然充滿此兵革之色也君吁而不吟所言者莒也君舉臂而指所當者莒也臣竊慮小諸侯之未服者其惟莒乎臣故言之君子曰凡耳之聞以聲也今不聞其聲而以其容與臂是東郭垂不以耳聽而聞也桓公管仲雖善謀不能隱聖人之聽於無聲視於無形東郭垂有之矣故桓公乃尊祿而禮之

晉太史屠餘見晉國之亂見晉平公之驕而無德義也以其國法歸周周威公見而問焉曰天下之國其孰先亡對曰晉先亡威公問其說對曰臣不敢直言示晉公以天妖日月星辰之行

多一不善曰是何能然示以人事多不[illegible]名
稔曰是何傷而以鄭國不服[illegible]退何
害是不[illegible]以齊所以亡[illegible]臣曰晉先亡居三
年晉果亡威公又見屠黍而問焉曰孰次之對
曰中山次之威公問其故對曰天生民令有辯
有辯人之義也所以異於禽獸麋鹿也君臣上
下所以立也中山之俗以晝為夜以夜繼日男女切
倚固無休息淫昏康樂歌謳好悲其主弗知惡
此亡國之風也臣故曰中山次之居二年中山
果亡威公又見屠黍而問焉曰孰次之屠黍不對
威公固請屠黍對曰君次之威公懼求國之長者

得錡疇田邑而禮之又得史理趙巽以為諫臣
去苛令三十九物以告屠餘屠餘曰其尚終君
之身臣聞國之興也天遺之賢人與之極諫之
士國之亡也天與之亂人與善諛者威公薨九
月不得葬周乃分而為二故有道者言不可不
重也

齊侯問於晏子曰當今之時諸侯孰危晏子對曰
莒其先亡乎公曰奚故對曰地侵於齊貨竭於晉是以
亡也

智伯從韓魏之兵以攻趙圍晉陽之城而溉之
城不沒者三板絺疵謂智伯曰韓魏之君必反

矣智伯曰何以知之對曰夫勝趙而三分其地
今城未沒者三版臼竈生鼃人馬相食城降有
日矣而韓魏之君無喜志而有憂色是非反何
也明日智伯以告韓魏之君曰疵言君之反也韓
魏之君曰夫勝趙而三分其地今城將勝矣夫
二家雖愚不棄美利而背約爲難不可成之事
其勢可見也是疵必爲趙說君且使君疑二主
之心而解於攻趙也今君聽讒臣之言而離二
主之交爲君惜之智伯出欲殺絺疵絺疵逃韓
魏之君果反
魯公索氏將祭而亡其牲孔子聞之曰公索氏

比及三年必亡矣後一年而亡弟子問曰昔公孫戌亡時夫子曰比及三年必亡矣今期年而亡夫子何以知其將亡也孔子曰祭之為言索也索也者盡也乃孝子所以自盡於親也至祭而亡其牲則餘所亡者多矣吾以此知其將亡也

蔡侯宋公鄭伯朝於晉蔡侯謂叔向曰子亦奚以語我對曰蔡言地計衆不若宋鄭其車馬衣裘侈於二國諸侯其有圖蔡者乎處期年荊伐蔡而殘之

白圭之中山中山王欲留之固辭而去又之齊

齊王亦欲留之又辭而去人問其辭白圭曰二國將亡矣所學者國有五盡故莫之必忠則言盡矣莫之必譽則名盡矣莫之必愛則親盡矣行者無粮居者無食則財盡矣不能用人又不能自用則功盡矣國有此五者毋幸必亡中山與齊皆當此若使中山之與齊也聞五盡而更之則必不亡也其患在不聞也雖聞又不信也然則人主之務在乎善聽而已矣

下蔡威公閉門而哭三日三夜泣盡而繼以血旁鄰窺墻而問之曰子何故而哭悲若此乎對曰吾國且亡曰何以知也應之曰吾聞病之將

死也不可為良醫司之將士也一不可為計謀吾數諫吾君吾君不用是以去國之將士也於是竊牆者聞其言則舉宗而去之於楚居數年楚王果舉兵伐蔡竊牆者為司馬將兵而往來虜甚衆問曰得無有昆弟故人乎見威公縛在虜中問曰若何以至於此應曰吾何以不至於此且吾聞之也言之者行之役也行之者言之主也汝能行我能言汝為主我為役吾亦何以不至於此哉竊牆者乃言之於楚王遂解其縛與俱之楚故曰能言者未必能行能行者未必能言

管仲有疾桓公往問之曰仲父若棄寡人豎刁可使從政乎對曰不可豎刁自刑以求入君其身之忍將何有於君公曰然則易牙可乎對曰易牙解其子以食君其子之忍將何有於君若用之必為諸侯笑及桓公殁豎刁易牙乃作難桓公死六十日蟲出於戶而不收

石乞侍坐於屈建屈建曰白公其為亂乎石乞曰是何言也白公至於室無營所下士者三人與己相若臣者五人所與同衣食者千人白公之行若此何故為亂屈建曰此建之所謂亂也以君子行則可於國家行過禮則國家疑之且

苟不難下其臣必不難殺其君矣是以知夫
子將為亂也處十月白公果為亂
韓昭侯造作高門屈宜咎曰昭侯不出此門曰
何也曰不時吾所謂不時者非時日也人固有
利不利時往者昭侯嘗利矣不作高門往年秦拔宜陽
明年大旱民饑不以此時恤民之急也而顧反
益奢此所謂時詘舉贏者也故曰不時高門成
昭侯卒竟不出此門
田子顏自大術至乎平陵城下見人子問其父
見人父問其子田子方曰其以平陵反乎吾聞
行於內然後施於外子顏欲使其眾甚矣後果

以平陸叛
晉人已勝智氏歸而繕甲砥兵楚王恐召梁公
弘曰晉人已勝智氏矣歸而繕甲兵其以我為
事乎梁公曰不憂害其北鄙乎夫晉君恤民而
同其勞要其民重上之令人輕其死以從上
使如虜之戰吾登山以望之見其國百姓之台
必也勿己乎請守之吾因藹明審司盧龍部
楚莊王欲伐陳使人視之使者曰陳不可伐也
莊王曰何故對曰其城郭高溝壑深蓄積多其
國寧也王曰陳可伐也夫陳小國也而蓄積多
蓄積多則賦斂重賦斂重則民怨上矣城郭高

謗怨於民力而與兵伐之三家
石益謂孫伯曰吳將亡矣吾子亦知之乎孫伯
曰晚矣子之知之也吾何為不知石益曰然則
子何以不諫孫伯曰昔桀罪諫者紂焚聖人剖
王子比干之心袁氏之婦絡而失其紀其妾告
之怒棄之夫亡者豈無聖人知其無益哉
孝宣皇帝之時霍氏奢靡茂陵徐先生曰霍氏
必亡夫在人之右而奢亡之道也孔子曰奢則
不遜夫不遜者必侮上侮上者逆之道也出人
之右人必害之今霍氏秉權天下之人疾害之
者多矣夫天下害之而又以逆道行之不亡何

待乃上書言霍氏奢靡陛下即愛之宜以時抑
制無使至於亡書三上輒報聞其後霍氏果滅
董忠等以其功封人有為徐先生上書曰臣聞
客有過主人者見竈直突傍有積薪客謂主人
同曲其突遠其薪不者將有火患主人嘿然
不應居無幾何家果失火鄉聚里中人哀而救
之火幸息於是殺牛置酒燔髮灼爛者在上行
餘各以功次坐而反不錄言曲突者向使主人
聽客之言不費牛酒終無火患今茂陵徐福數
上書言霍氏且有變宜防絕之向使福說得行
則無裂地出爵之費而國安平自如今往事既

已而鬬不得與其功惟陛下察客徙薪曲突之策焉使居焦頭爛額之右書奏上使人賜徐福帛十疋已拜為郎

齊桓公將伐山戎孤竹使人請助於魯魯君進羣臣而謀皆曰師行數千里入蠻夷之地必不反矣於是魯許助之而不行齊已伐山戎孤竹而欲移兵於魯管仲曰不可諸侯未親今又伐遠而還誅近鄰鄰國不親非霸王之道君之所得山戎之寶器者中國之所鮮也不可以不進周公之廟乎桓公乃分山戎之寶獻之周公之廟明年起兵伐莒魯下令丁男悉發五尺童子

皆至孔子曰聖人轉禍爲福報怨以德此之謂
也
中行文子出亡至邊從者曰爲此嗇夫者君人
也胡不休焉且待後車文子曰異日吾好音
此子遺吾琴吾好佩此子遺吾玉是振吾過者
也自容於我者也吾恐以我求容也遂不入
後車入門文子問嗇夫之所在執而殺之仲尼
聞之曰中行文子背道失義以亡其國然後得
之猶活其身道不可遺也若此
衛靈公襜被以與婦人游子貢見公公曰衛其
亡乎對曰昔者夏桀殷紂不任其過故亡成湯

文武知任士之故興衛奚其亡也
智伯請地於魏宣子宣子不予任增曰何爲不
予宣子曰彼無故而請地吾是以不予任增曰
彼無故而請地者無故而與之是重欲無厭也
彼喜必又請地於諸侯諸侯不與必怒而伐之
宣子曰善遂與地智伯喜又請地於趙趙不與
智伯怒圍晉陽韓魏合趙而反智氏智氏遂滅
楚莊王與晉戰勝之懼諸侯之畏己也乃築爲
五仞之臺臺成而觴諸侯諸侯請約莊王曰我
薄德之人也諸侯請爲觴乃行而曰將將之臺
肖其謀我言而不當諸侯伐之於是遠者來

吳王夫差[illegible]又將伐陳楚大夫皆懼曰昔闔
廬能用其民以敗我於柏舉今聞夫差又甚焉
子西曰二三子恤不相睦無患吳矣昔闔廬
食不二味居不重席擇不取費在國天有菑癘親
巡孤寡之在軍熟食者分而後敢食其所嘗
者卒乘與焉是以民不罷勞死不曠今夫
差次有臺榭陂池焉宿有妃嬙嬪御焉一日之
行所欲必成玩好必從視民如讎是先自敗
已安能敗我

越[illegible]許

之亡天將君曰此為一世已故示之不祥請為長數年秦孝公三晉皆亡至於二世一世取東國

陽虎為難於魯，走之齊，請師攻魯，齊侯許之。鮑文子曰：「不可也。陽虎欲齊師破，齊師罷，大臣必多死，於是欲奮其詐謀。夫虎有寵於季氏而將殺季孫，以不利魯國而容其求焉。今君富於季氏，而大於魯國，茲陽虎所欲傾覆也。魯免其疾，而君又收之，無乃害乎？」齊君乃執之，免而奔晉。

湯欲伐桀，伊尹曰：「請阻乏貢職以觀其動。」桀怒，起九夷之師以伐之。伊尹曰：「未可，彼尚猶能起九夷之師，是罪在我也。」湯乃謝罪請服，復入貢

歸明年又不供貢職桀怒起九夷之師九夷之師不
起伊尹曰可矣湯乃興師伐而殘之遷桀南巢焉
武王伐紂過隧斬岸過水折舟過谷發梁過山
焚萊示民無返志也至於有戎之隧大風折旆
散宜生諫曰此其妖歟武王曰非也天落兵也
風霽而乘以大雨水平地而嗇散宜生又諫曰
此其妖歟武王曰非也天洒兵也卜而龜熸散
宜生又諫曰此其妖歟武王曰不利以禱祠利
以擊衆是熸之已故武王順天地犯三妖而禽
紂於牧野其所獨見者精也
晉文公與荊人戰於城濮君問於咎犯咎犯對

曰服義之君不足於信服戰之君不足於詐詐
之而已矣君問於雍季雍季對曰焚林而田得
獸雖多而明年無復也乾澤而漁得魚雖多而
明年無復也詐猶可以偷利而後無報遂與荊
軍戰大敗之及賞先雍季而後咎犯左右諫曰城
濮之戰咎犯之謀也君曰雍季之言百世之謀
也咎犯之言一時之權也寡人既行之矣
城濮之戰文公謂咎犯曰吾卜戰而龜熸我迎
歲彼背歲彗星見彼操其柄我操其標吾又夢
與荊王搏彼在上我在下吾欲無戰子以為何
如咎犯對曰卜戰龜熸是荊人也我迎歲彼背

歲彼去我從之也蓋是見彼樂其禍我樂其標
以掃則彼利以弊與彼利晉與吳王爭彼在
上君在下則君見天而天三以吳罷也且吾以
宋衛為主晉秦輔我我合天道竊以人事固將
勝之矣文公從之制人之大欲
越儀句踐灌四水遊諫曰夫吳越之擒也而吳
之禍也夫吳國並當兩對有餘其吾將為而不
思後患若我卑辭重幣以請盟於吳吳必與我
與我親矣可取也越王從之吳將與之子胥諫
曰不可夫吳越接地鄰境道易通仇讎敵戰之
國也非吳有越必越有吳夫齊晉不能越三

江五湖以亡吳越不如因而攻之是吾先王闔
廬之所以霸也且夫饑何哉亦猶淵也敗伐之
事誰國無有君若不攻而輸之糴則利去而凶
至財匱而民怨悔無及也吳王曰吾聞義兵不
服仁人不以饑饉而攻之雖得十越吾不為也
遂與糴三年吳亦饑請糴於越越王不與而攻
之遂破吳

趙簡子使成何涉他與衛靈公盟於剸澤靈公
未喋盟成何涉他捘靈公之手而撙之靈公怒
欲反趙王孫商曰君欲反趙不如與百姓同惡
之公曰若何對曰請命臣令於國曰有姑姊妹

女者皆一人質於趙百姓於是怨君可反之矣君
曰善乃令之三日遂徵之五日而令畢國人巷
哭君乃召國大夫而謀曰趙爲無道反之可乎
大夫皆曰可乃出西門閉東門趙王聞之縛涉
佗而斬之以謝於衛成何走燕子貢曰王孫商
可謂善謀矣憎人而能害之有患而能處之欲
用民而能附之一舉而三物俱至可謂善謀矣
楚成王贊諸侯使魯君爲僕魯君致大夫而
謀曰我雖小亦周之建國也今成王以我爲僕可
乎大夫皆曰不可公儀休曰不可不聽楚王身死
國亡君之臣乃君之有也爲民也君遂爲僕

齊景公以其子妻闔廬，送諸郊，曰：余死不汝見矣。高夢子曰：齊負海而縣山，縱不能全收天下，誰干我君？愛則勿行。公曰：余有齊國之固，不能以令諸侯，又不能聽，是生亂也。寡人聞之，不能令則莫若從。且夫吳若蜂蠆然，不棄毒於人則不靜，余恐棄毒於我也。遂遣之。

齊欲妻鄭太子忽，太子忽辭。人問其故，太子曰：人各有偶，齊大非吾偶也。詩云：自求多福，在我而已矣。後戎伐齊，齊請師于鄭，鄭太子忽率師而救齊，大敗戎師。齊又欲妻之，太子固辭。人問其故，對曰：無事於齊，吾猶不敢；今以君命救齊

之急受室以歸人其以我為將濟乎終辭之
孔子問漆雕馬人曰子事臧文仲武仲孺子容
三大夫者孰為賢漆雕馬人對曰臧氏家有龜
焉名曰蔡文仲立三年為一兆焉武仲立三年
為二兆焉孺子容立三年為三兆焉馬人見之
矣若夫三大夫之賢不賢馬人不識也孔子曰
君子哉漆雕氏之子其言人之美也隱而顯其
言人之過也微而著故智不能及明不能見得
無數卜乎
太子商臣怨令尹子上也楚攻陳晉救之夾泜
水而軍陽處父知商臣之怨子上也因謂子上

曰少却而從子上却國令晉軍曰楚遁
矣使人告商臣曰子上受晉賂而去之商臣訴
之成王成王遂殺之
智伯欲襲衛故遺之乘馬先之一璧衛君大悅
酌酒諸大夫皆喜南文子獨不喜有憂色衛君
曰大國禮寡人寡人故酌諸大夫酒諸大夫皆
喜而子獨不喜有憂色者何也南文子曰無方
之禮無功之賞禍之先也我未有往彼有以來
是以憂也於是衛君乃修梁津而擬邊城智伯
聞衛兵在境上乃還
智伯欲襲衛乃佯亡其太子顏使奔衛南文子

曰太子頹之為其君子也甚愛其有大罪也而
立之兄在故然人立而不度不論愛主立之曰
東過五乘慎勿為邑晉國之乃立
叔向之殺萇弘也數見萇弘於周因以書曰
萇弘謂叔向曰子起晉國之兵以攻周吾廢劉
氏而立單氏劉氏請之君曰此萇弘也乃殺之
楚公子午使於秦秦因之其弟獻三百金於叔
向叔向謂平公曰何不城壺丘秦楚患壺丘之
城若秦恐而歸公子午以止吾城也君乃止難
亦未構楚必德平公公曰善乃城之秦恐遂歸
公子午使之晉人賂以之金三百軍

趙簡子使人以明白之乘六，先以一璧，為遺於衛。衛叔文子曰：「見不意，可以生故，此小之所以事大也。今我未以往，而簡子先以來，必有故。」於是斬林除圍，聚斂蓄積，而後遣使。簡子曰：「吾舉也，為不可知也。今既已知之矣。」乃輟圍衛也。

鄭桓公將欲襲鄶，先問鄶之辨智果敢之士，書其名姓，擇鄶之良臣而與之，為官爵之名而書之，因為設壇於門外而埋之，釁之以猳，若盟狀。鄶君以為內難也，盡殺其良臣。桓公因襲之，遂取鄶。

鄭桓公東會封於鄭，暮舍於宋東之逆旅，逆旅

之吏從外來曰客將焉之曰會封於鄭逆旅之
叟曰吾聞之時難得而易失也今客之寢安殆
非封也鄭桓公聞之援轡自駕其僕接淅而載
之行十日夜而至釐何與之爭封故以鄭桓公
之賢微逆旅之叟幾不會封也

劉向說苑卷第十三

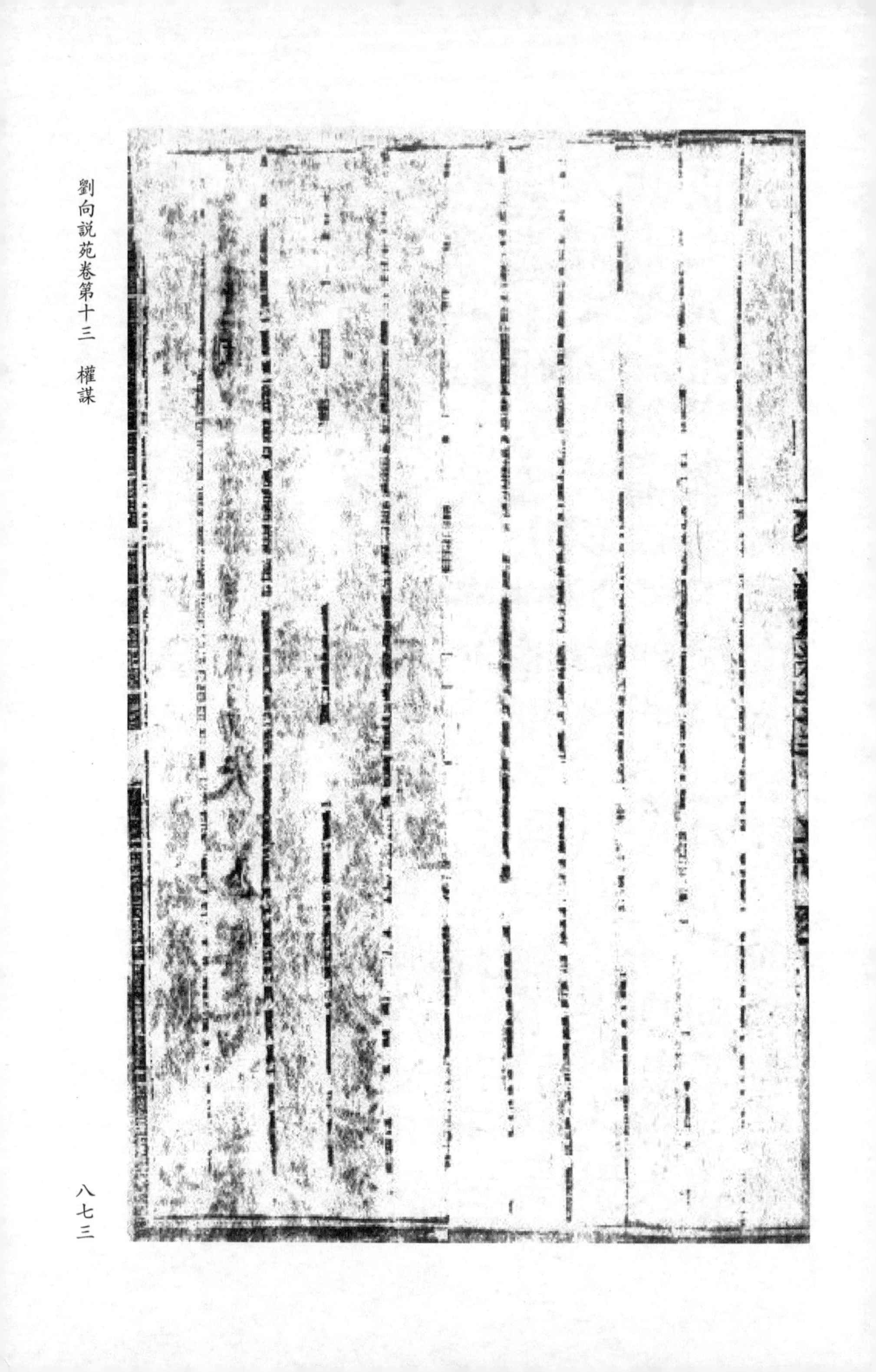

劉向說苑卷第十四

至公

書曰不偏不黨王道蕩蕩言至公也古有行大公者帝堯是也貴爲天子富有天下得舜而傳之不私於其子孫也去天下若遺躧於天下猶然況其細於天下乎非帝堯孰能行之孔子曰巍巍乎惟天爲大惟堯則之易曰無首吉此蓋人君之公也夫以公與天下其德大矣推之於此刑之於彼萬姓之所載後世之所則也彼人臣之公治官事則不營私家在公門則不言貨利當公法則不阿親戚奉公舉賢則不避仇讎

忠於事君仁於利下推之以恕道行之以不黨伊呂是也故顯名存於今是之謂公詩云周道如砥其直如矢君子所履小人所視此之謂也夫公生明偏生暗端慤生達詐偽生塞誠信生神夸誕生惑此六者君子之所慎也而禹桀之所以分也詩云疾威上帝其命多辟言不公也吳王壽夢有四子長曰謁次曰餘祭次曰夷昧次曰季札號曰延陵季子最賢三兄皆知之於是王壽夢薨謁以位讓季子季子終不肯當謁乃為約曰季子賢使國及季子則吳可以興乃兄弟相繼飲食必祝曰使吾早死令國及季子謹

死餘祭立餘祭死夷昧立夷昧死次及季子季子時使行不在庶兄僚曰我亦兄也乃自立爲吳王季子使還復事如故謁子光曰以吾父之意則國當歸季子以繼嗣之法則我適也當代之君僚何爲也於是乃使專諸刺僚殺之以位讓季子季子曰爾殺吾君吾受爾國則吾與爾爲共篡也爾殺吾兄吾又殺汝則是昆弟父子相殺無已時也卒去之延陵終身不入吳君子以其不殺爲仁以其不取國爲義夫不以國私身捐千乘而不恨棄尊位而無忿可以庶幾矣諸侯之義死亡援太王委國而去何也夫聖人

不欲強暴侵陵百姓故使諸侯死國守其民太
王有至仁之恩不忍戰百姓故事勳育戎氏以
犬馬珎幣而伐不止問其所欲者土地也於是
屬其耆老而告之曰土地者所以養人也
不以所以養而害其養也吾將去之遂居岐山
之下邠人負幼扶老從之如歸父母三遷而民
五倍其初者官興仁義趣上之事君之守國安
民非特闘[illegible]亂數之衆而已不私其身惟民是
用保民蓋論去國之義也是謂至公耳
辛櫟見魯穆公曰周公不如大公之賢也穆公
曰子何以言之辛櫟對曰周公擇地而封曲阜

太公擇地而封哉晉立齊土營其地穴若營丘之
美人爲一不知葬在丘之象一在丘而其丘葬焉又有天
固穆公心習之不能廢也吾擇遷而出南宮邊子
入穆公寢之卑葬之吉無嗣宮邊宮司宮邊子
曰昔周公之卜居成周也其命龜曰予一人
兼有天下辟就百姓敢無中土乎使予有罪則
四方伐之無難得也周公卜居曲阜其命龜曰
作邑乎山之陽賢則茂昌不賢則速亡之季孫行
父之戒其子也曰吾欲室之俠於兩社之間也
使吾後世有不能事上者使其替之益速如是
則曰賢者處之不賢則速亡之勿擇地而封哉

或示有天國也宰嚭之言小人也子無愛適也
秦始皇帝既吞天下乃召羣臣而議曰古者五
帝禪賢三王世繼孰是將為之博士七十人未
對鮑白令之對曰天下官則讓賢是也天下家
則世繼是也故五帝以天下為官三王以天下
為家秦始皇帝仰天而歎曰吾德出於五帝吾
將官天下誰可使代我後者鮑白令之對曰陛
下行桀紂之道欲為五帝之禪非陛下所能行
也秦始皇帝大怒曰令之前若何以言我行桀
紂之道也趣說之不解則死令之對曰臣請說
之陛下築臺干雲宮殿五里建千石之鐘萬石

之處羿中五大運一日得偃臥田景公十一戰之鑿心室至羅

相繼一不能所以自奪山者癢天六竟民九滿駁肎

私不能以及人陛下所謂自營養者之主也何

暇也惡五帝三官天下讚絕豈爾寔發以懲之

面有暮色又之日冷之之言乃令棄義遂罷

謀奪言也

齊景公晝寢又發宮文濟從臺上掛者三食息

鳩出一兩之羞譬晏子曰此何為一兒晏子對曰此

鏤而死公曰嗟吾寡人之無德也何甚矣晏子對

曰君之德音兩聞何義無德也晏子曰昔詩也

對曰君之德及後宮蟲豈謝言之冤岩衣以文

繡君之鳧鴈食以菽粟君之營內自樂延及後宮之族何為其無德也顧臣願有請於君由君之意自樂之心推而與百姓同之則何殣之有君不推此而苟營內好私使財貨偏有所聚菽粟幣帛腐於囷府惠不遍加于百姓公心不周乎國則桀紂之所以亡也夫士民之所以叛由偏之也君如察臣嬰之言推君之盛德公布之於天下則湯武可為也一殣何足恤哉

楚共王出獵而遺其弓左右請求之共王曰止楚人遺弓楚人得之又何求焉仲尼聞之曰惜乎其不大亦曰人遺弓人得之而已何必楚也

仲尼所謂大公也
萬章問曰孔子於衛主癰疽於齊主寺人瘠環
有諸孟子曰否不然好事者為之也於衛主顔
讎由彌子之妻與子路之妻兄弟也彌子謂子
路曰孔子主我衛卿可得也子路以告孔子曰
有命孔子進之以禮退之以義得之不得曰有
命而主癰疽與寺人瘠環是無義無命也孔子不說
於魯衛將適宋遭桓司馬將要而殺之微服過
宋是孔子嘗阨主司城貞子為陳侯周臣吾聞
之觀近臣以其所為之主觀遠臣以其所主如
孔子主癰疽與寺人瘠環何以為孔子乎

夫子行說七十諸侯無定處意欲使天下之民各得其所而道不行退而脩春秋采毫毛之善貶纖介之惡人事浹王道備精和聖制上通於天而麟至此天之知夫子也於是喟然而嘆曰天以至明為不可蔽乎日何為而食地以至安為不可危乎地何為而動天地而尚有動蔽是故賢聖說於世而不得行其道故災異並作也夫子曰不怨天不尤人下學而上達知我者其天乎

孔子生於亂世莫之能容也故言行於君澤加於民然後仕言不行於君澤不加於民則處孔

子懐天覆之心挾仁聖之德擬時俗之汙泥傷
紀綱之廢壞服重歷遠周流應聘仍佚辛施道
以子一世而當世莫能任用是以德積而
不肆大道塞而不施海内一不蒙其化羣生一不被
其恩故喟然歎曰而有所我昔劉吾甚矣果周
乎故孔子行説非欲私身運德於一城將欲舒
之於天下而建之於羣生者耳
秦晉戰秦人嚭晉時宦白三軍皆
未息明謀復戎變駢曰使者月動而濯
我紫適之適之所以敵之患庸同傷而
弈之不不時與而追人於陰待

秦人亡與之
子胥亡之吳辭其友申包胥曰後三年楚不亡
吾不見子矣包胥曰子其勉之吾未可以助
子助子是伐宗廟也止子是無以為友雖然子
亡之我存之於是乎觀楚一存一亡也後三年
吳師伐楚昭王出走申包胥不受命西見秦伯
曰吳無道兵強人衆將征天下始於楚寡君出
走居雲夢使下臣告急哀公曰諾固將圖之申
包胥不罷朝立於秦庭晝夜哭七日七夜不絕
聲哀公曰有臣如此可不救乎興師救楚吳人
聞之引兵而還昭王反復欲封申包胥申包胥

辭曰教亡非爲也功成受賜是賞勇也辭不
受遂退隱於鄉見莳凡民有喪罔罰救之
楚令尹虞丘言於莊王曰臣聞奉公行法可
以得榮能淺行薄無望上位不名仁智無求顯
榮才之所不著無當其處臣爲令尹十年矣國
不加治獄訟不息處士不升淫禍不討久踐高
位妨群賢路尸祿素餐貪欲無厭臣之罪當稽
於理臣竊選國俊下里之士曰孫叔敖秀羸多
能其性無欲君舉而授之政則國可使治而士
民可使附莊王曰子輔寡人寡人得以長於中
國令行於絕域遂霸諸侯非子如何虞丘子曰

久固祿位者貪也不進賢達能者誣也不讓以位者不廉也不能三者不忠也為人臣不忠君王又何以為忠臣顧固辭莊王從之賜虞子采地三百號曰國老以孫叔敖為令尹少焉虞丘子家干法孫叔敖執而戮之虞丘子喜入見於王曰臣言孫叔敖果可使持國政奉國法而不黨施刑戮而不骫可謂公平莊王曰夫子之賜也已

趙宣子言韓獻子於晉侯曰其為人不黨治衆不亂臨死不恐晉侯以為中軍尉河曲之役趙宣子之車干行韓獻子戮其僕人皆曰韓獻子

必死矣其主朝昇之而暮戮其僕誰能待之後
罪能避之乎韓之大夫爵三行曰二三子可以賀我
二三子曰不知所賀宣子曰我言韓厥於君言
之而不當必受其刑今吾車失次而戮之僕可
謂不黨矣是吾言當也二三子再拜稽首曰不
惟晉國之寺之乃唐叔是賴之敢不再拜稽首
季
晉文公問黃髮紀曰欒可使爲西河守若莽紀
對曰虞子羔可也公曰非汝之讎也對曰君問
可爲守者非問臣之讎也羔見讎氣而怒之曰
子教臣之過爲之於我得爲西河守栗紀曰蒿

之若公也怨王者孝也吾不以私事害公義子其去矣覆吾射子也

楚文王伐鄧使王子革王子靈共捃菜二子出採見老丈人載畚乞焉不與搏而奪之王聞之令皆拘二子將殺之大夫辭曰取畚信有罪然殺之非其罪也君若何殺之言卒丈人造軍而言曰鄧為無道故伐之今君公子之搏而奪吾畚無道甚於鄧呼天而號君聞之羣臣恐君見之曰討有罪而橫奪非所以禁暴也恃力虐老非所以教幼也愛子棄法非所以保國也私二子滅三行非所以從政也丈人舍之矣謝之

軍門之外耳

楚令尹子文之族有干法者廷理拘之聞其令尹之族也而釋之子文召廷理而責之曰凡立廷理者將以司犯王令而察觸國法也夫直士持法柔而不撓剛而不折今弃法而背令而釋犯法者是為理不端懷心不公也豈吾營私之意也何廷理之駮於法也吾在上位以率士民士民或怨而吾不能免之於法今吾族犯法甚明而使廷理因緣吾心而釋之是吾不公之心明著於國也執一國之柄而以私聞與吾生不以義不若吾死也遂致其族人於廷理曰不是

刑也吾將死廷理懼遂刑其族人成王聞之不
及發而至于子文之室曰寡人幼少置理失其
人以違夫子之意於是黜廷理而尊子文使及
内政國人聞之曰若令尹之公也吾黨何憂乎
乃相與作歌曰子文之族犯國法程廷理釋之
子文不聽恤顧怨萌方正公平

楚莊王有茅門者法曰群臣大夫諸公子入朝
馬蹄蹂霤者斬其輈而戮其御太子入朝馬蹄
蹂霤廷理斬其輈而戮其御太子怒入爲王
泣曰爲我誅廷理王曰法者所以敬宗廟尊社
稷故能立法從令尊敬社稷者社稷之臣也安

可以加誅夫犯法廢令不尊敬社稷是臣弃君下陵上也至弃君則主失威下陵上則上位危社稷不守吾何以遺子太子乃還走避舍再拜請死

楚莊王之時太子車立於茅門之內少師慶逐之太子怒入謁王曰少師慶逐臣之車王曰舍之老君在前而不踰少君在後而不豫是國之寶臣也

吳王闔廬為伍子胥興師復讎於楚子胥諫曰諸侯不為匹夫興師且事君猶事父也虧君之義復父之讎臣不為也於是止其後因事而後

復其父讎也如子胥可謂不以公事趨私矣

孔子為魯司寇聽獄必師斷敦敦然皆立然後君子進曰某子以為何若某子以為云云又曰某子以為何若某子曰云云辯矣然後君子幾當從某子云云乎以君子之知豈必待某子之云云然後知所以斷獄哉君子之敬讓也文辭有可與人共之者君子不獨有也

子羔為衛政刖人之足衛之君臣亂子羔走郭門郭門閉刖者守門曰於彼有缺子羔曰君子不踰曰於彼有竇子羔曰君子不遂曰於此有室子羔入追者罷子羔將去謂刖者曰吾不能

虧損主之法令而親刖子之足吾在難中此乃子之報怨時也何故逃我刖者曰斷足固我罪也無可奈何君之治臣也傾側法令先後臣以法欲臣之免於法也臣知之獄決罪定臨當論刑君愀然不樂見於顏色臣又知之君豈私臣哉天生仁人之心其固然也此臣之所以脫君也孔子聞之曰善爲吏者樹德不善爲吏者樹怨公行之也其子羔之謂歟

劉向說苑卷第十四

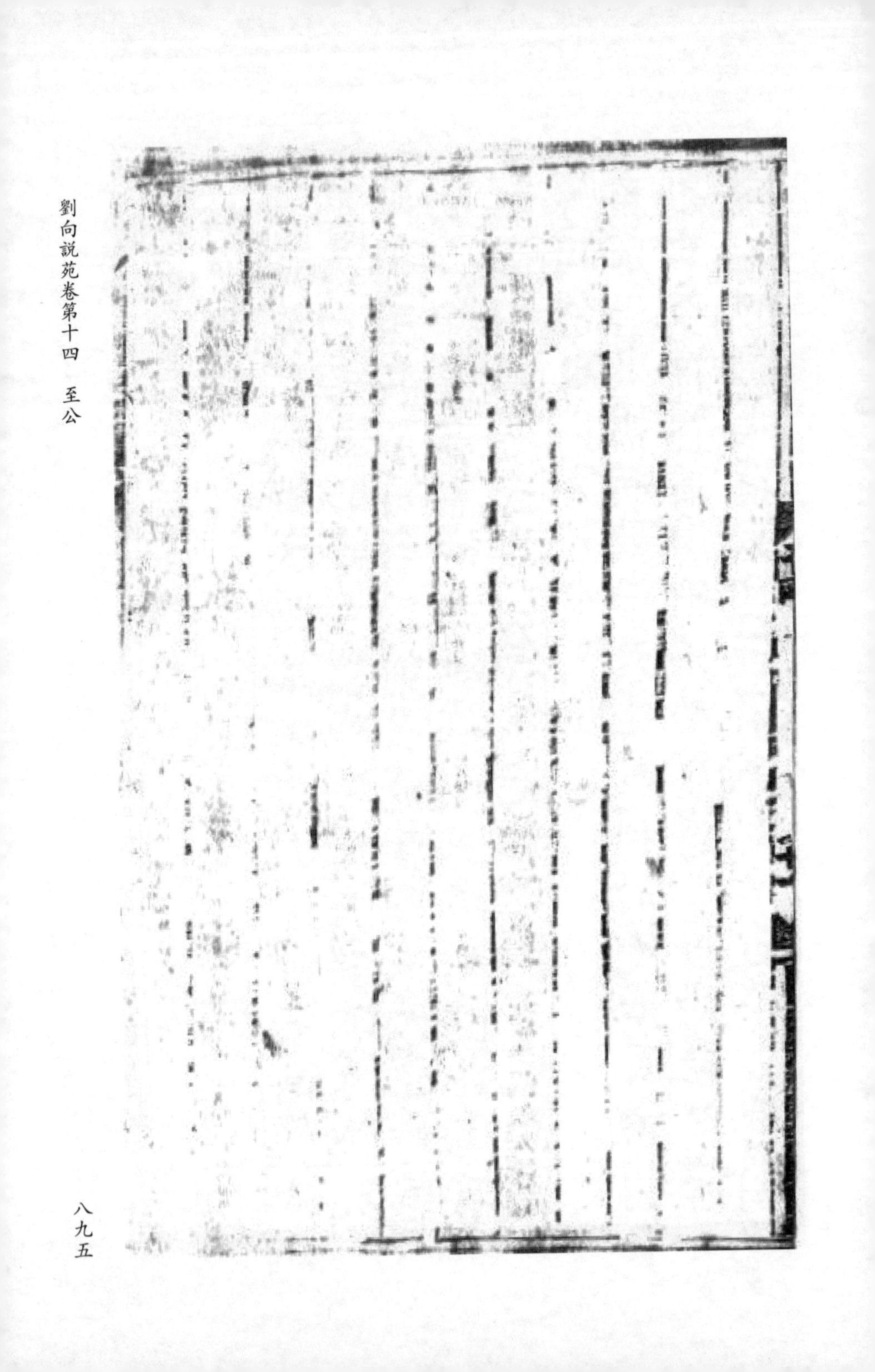

劉向説苑卷第十三

指武

司馬法曰國雖大好戰必亡天下雖安忘戰必危易曰君子以除戎器戒不虞夫兵不可玩玩則無威兵不可廢廢則召寇昔吳王夫差好戰而亡徐偃王無武亦滅故明王之制國也上不玩兵下不廢武易曰存不忘亡是以身安而國家可保也

秦昭王中朝而歎曰夫楚劒利倡優拙夫劒利則士多慓悍倡優拙則思慮遠也吾恐楚之謀秦也此謂當吉念凶而存不忘亡也卒以成霸

焉

王孫厲謂楚文王曰徐偃王好行仁義之道漢東諸侯三十二國盡服矣王若不伐楚必事徐王曰若信有道不可伐也對曰大之伐小強之伐弱猶大魚之吞小魚也若虎之食豚也惡有其不得理文王遂興師伐徐殘之徐偃王將死曰吾賴於文德而不明武備好行仁義之道而不知詐人之心以至於此夫古之王者其有備乎

吳起為苑守行縣適息問屈宜臼曰王不知起不肖以為苑守先生將何以教之屈公不對居

一年王以為令尹行賜適息問屈宜臼曰起問
先生先生不教令王不知起不肖以為令尹先
生試觀起為之也屈公曰子將奈何吳起曰將
均楚國之爵而平其祿損其有餘而繼其不足
厲甲兵以時爭於天下屈公曰吾聞昔善治國
家者不變故不易常今子將均楚國之爵而平
其祿損其有餘而繼其不足是變其故而易其
常也且吾聞兵者凶器也爭者逆德也今子陰
謀逆德好用凶器殆人所棄逆之至也淫泆之
事也行者不利且子用魯兵不宜得志於齊而
得志焉子用魏兵不宜得志於秦而得志焉吾

聞之曰非禍人不能成禍吾固怪吾王之數逆天道至今無禍嘻且待夫子也吳起惕然曰尚可更乎屈公曰不可吳起曰起之爲人謀屈公曰成刑之徒不可更已子不如敦處而篤行之楚國無貴於舉賢

春秋記國家存亡以察來世雖有廣土衆民堅甲利兵威猛之將士卒不親附不可以戰勝取功晉侯獲於韓楚子玉得臣敗於城濮蔡不待敵而衆潰故語曰文王不能使不附之民先轂不能戰不教之卒造父王良不能以弊車不作之馬趨疾而致遠羿逢蒙不能以枉矢弱弓射

遂中微故強弱成敗之要在乎時上卒教習之
而已
內治未得不可以正外本惠未襲不可以制奇
是以春秋先京師而後諸夏先諸侯而後夷狄
及周惠王以遭亂世繼先王之體而強楚稱王
諸侯皆叛欲申先王之命一統天下不先廣養
京師以及諸夏諸夏以及夷狄內治未得忿則
不料力權得失興兵而征強楚師大敗撙辱不
行大為天下戮笑幸逢齊桓公以得安尊故內
治未得不可以正外本惠未襲不可以制未
將師受命者將率入軍吏畢入皆北面再拜稽

首受命天子南面而授之鉞東行西面而揖之示弗御也故受命而出忘其國即戎忘其家聞枹鼓之聲唯恐不勝忘其身故必死必死不如樂死樂死不如甘死甘死不如義死義死不如視死如歸此之謂也故一人必死十人弗能待也十人必死百人弗能待也百人必死千人不能待也千人必死萬人弗能待也萬人必死橫行乎天下令行禁止王者之師也

田單為齊上將軍興師十萬將以攻翟往見魯仲連子仲連子曰將軍之攻翟必不能下矣田將軍曰單以五里之城十里之郭復齊之國何

為攻翟不能下去上卒不與言決攻翟三月而不能下齊嬰兒謠之曰大冠如箕長劍拄頤攻翟不能下壘於梧丘於是田將軍恐駭往見仲連子曰先生何以知單之攻翟不能下也仲連子曰夫將軍在即墨之時坐則織蕢立則杖臿為士卒倡曰宗廟亡矣魂魄喪矣歸何黨矣故將有死之心士卒無生之氣今將軍東有掖邑之封西有淄上之寶金銀黃帶馳騁乎淄澠之間是以樂生而惡死也田將軍明日結髮徑立矢石之所乃引枹而鼓之翟人下之故將者士之心也士者將之肢體也心猶與則肢體不用

田將軍之謂乎

晉智伯伐鄭齊田恒救之有登蓋必身立焉車徒有不進者必令助之壘合而後敢處井竈成而後敢食智伯曰吾聞田恒新得國而愛其民内同其財外同其勤勞治軍若此其得衆也不可待也乃去之耳

太公兵法曰致慈愛之心立武威之戰以卑其衆練其精鋭砥礪其節以高其氣分為五選異其旗章勿使冒亂堅其行陣連其什伍以禁淫非壘陳之次車騎之處勤兵之勢軍之法令賞罰之數使士赴火蹈刃陷陳取將死不旋踵者

多異於今之將者也
孝武皇帝時北軍監御史爲姦穿北門垣以爲
賈區胡建守北軍尉貧無車馬常步與走卒起
居所以慰愛走卒甚厚建欲誅監御史乃約其
走卒曰我欲與公有所誅吾言取之則取之斬
之則斬之於是當選士馬日護軍諸校列坐堂
皇上監御史亦坐建從走卒趨至堂下拜謁因
上堂走卒皆上建跪指監御史曰取彼走卒前
拽下堂建曰斬之遂斬監御史護軍及諸校皆
愕驚不知所以建亦已有成奏在其懷遂上奏
以聞曰臣聞軍法立武以威衆誅惡以禁邪今

北軍監御史公穿軍垣以求賈利買賣以與士
市不立剛武之心勇猛之意以率先士大夫尤
失理不公臣聞黄帝理法曰壘壁已具行不由
路謂之姦人姦人者殺臣謹以斬之昧死以聞
制曰司馬法曰國容不入軍軍容不入國何以建
有何疑焉建由是名興後至請城令死至今渭
城有其祠也
魯石公劍迫則能應感則能動昒穆無窮變無
形像復柔委從如影與響如尨之守戶如輪之
逐馬響之應聲影之像形也閭不及鞈呼不及
吸足舉不及集相離若蟬翼尚在肱北眉睫之

微曾不可以大息小以小況大用兵之道其猶
然乎此善當敵者也未及夫折衝於未形之前
者揖讓乎廟堂之上而施惠乎百萬之民故居
則無變動戰則不血刃其湯武之兵與
孔子北遊東上農山子路子貢顏淵從焉孔子
喟然歎曰登高望下使人心悲二三子者各言
爾志丘將聽之子路曰願得白羽若月赤羽若
日鐘鼓之音上聞乎天旌旗翩翻下蟠於地由
且舉兵而擊之必也攘地千里獨由能耳使夫
二子爲我從焉孔子曰勇哉士乎憤憤者乎子
貢曰賜也願齊楚合戰於莽洋之野兩壘相當

旌旗相望塵埃相接接戰搆兵賜願著縞衣白冠陳說白刃之間解兩國之患獨賜能耳使夫二子者爲我從焉孔子曰辯哉士乎僊僊者乎顏淵獨不言孔子曰回來若獨何不願乎顏淵曰文武之事二子已言之回何敢與焉孔子曰若鄙心不與焉第言之顏淵曰回聞鮑魚蘭芷不同篋而藏堯舜桀紂不同國而治二子之言與回言異回願得明王聖主而相之使城郭不脩溝池不越鍛劒戟以爲農器使天下千歲無戰鬬之患如此則由何憤憤而擊賜又何僊僊而使乎孔子曰美哉德乎姚姚者乎子路舉手

問曰願聞[illegible]之意孔子曰吾所願者顧民之
計晉齊負衣冠而從顧民子之一
魯其公曰[illegible]曰吾[illegible]則改其道
者可[illegible]曰[illegible]朝[illegible]禮上下[illegible]親民之家皆
君之[illegible]上下無親民
衆[illegible]之[illegible]之禁
地關[illegible]之[illegible]也
文王[illegible]可先
往[illegible]之[illegible]之不
義[illegible]之先[illegible]一不[illegible]不
伐[illegible]文三曰[illegible]

之也
武王將伐紂召太公望而問之曰吾欲不戰而
知之不卜而知吉使非其人爲之有道乎太公
對曰有道王得衆人之心以圖不道則不戰而
知勝矣以賢伐不肖則不卜而知吉矣彼害之
我利之雖非吾民可得而使也武王曰善乃召
周公而問焉曰天下之圖事者皆以殷爲天子
以周爲諸侯以諸侯攻天子勝之有道乎周公
對曰殷信天子周信諸侯則無勝之道矣何可
攻乎武王忿然曰汝言有說乎周公對曰臣聞
之攻禮者爲賊攻義者爲殘失其民制爲匹夫

王攻其失民者也何攻天子乎武王曰善乃起
衆舉師與殷戰於牧之野大敗殺人上堂見玉
曰誰之玉也曰諸侯之玉即取而歸之於諸侯
天下聞之曰武王廉於財矣入室見女曰誰之
女也曰諸侯之女也即取而歸之於諸侯天下
聞之曰武王廉於色也於是發巨橋之粟散鹿
臺之財金錢以與士民黜其戰車而不乘弛其
甲兵而弗用縱馬華山放牛桃林示不復用天
下聞者咸謂武王行義於天下豈不大哉
文王欲伐崇先宣言曰余聞崇侯虎蔑侮父兄
不敬長老聽獄不中分財不均百姓力盡不得

衣食余將來征之唯爲民乃伐崇令毋殺人毋
壞室毋塡井毋伐樹木毋動六畜有不如令者
死無赦崇人聞之因請降
楚莊王伐陳吳救之雨十日十夜晴左史倚相
曰吳必夜至甲列壘壞彼必薄我何不行列鼓
出待之吳師至楚見成陳而還左史倚相曰追
之吳行六十里而無功王罷卒寢果擊之大敗
吳師
齊桓公之時霖雨十旬桓公欲伐漅陵其城之
値雨也未合管仲隰朋以卒徒造於門桓公曰
徒衆何以爲管仲對曰臣聞之雨則有事夫漅

陵不能雨居請攻之公曰善遂與師伐之旣至
大卒南以三疾而矣福公曰其有賢人乎乃還
旗而去之
宋圍曹不拔司馬子魚謂君曰文王伐崇崇軍
其城三旬不降退而脩教復伐之因壘而降今
君德無乃有所闕乎胡不退脩德無闕而後動
吳王闔廬與荊人戰大勝之至於郢郊
五敗荊人闔廬之臣五人進諫之六深入遠報
非王之利也王其退乎五將鎖頭闔廬未之應
五人之頭墜於馬前闔廬懼召伍子胥而問焉
子胥曰五臣者懼也夫五敗之人者其懼甚矣

主始於是逐之郢南至江北至方城方三千里皆服於楚矣

田成子常與宰我爭宰我夜伏卒將以攻田成子令於卒中曰不見旌節毋起鴟夷子皮聞之告田成子田成子因為旌節以起宰我之卒以攻之遂殘之也

齊桓公北伐山戎氏請兵於魯魯不與桓公怒將攻之管仲曰不可我已刑北方諸侯矣今又攻魯無乃不可乎魯必事楚是我一舉而失兩也桓公曰善乃輟攻魯矣

聖人之治天下也先文德而後武力凡武之興

為不服也文化不改然後加誅夫下愚不移純
德之所不能化而後武力加焉
昔堯誅四凶以懲惡周公殺管蔡以弭亂子產
殺鄧析以威後孔子斬少正卯以變衆倭賊之
人而不誅亂之道也易曰不威小不懲大此小
人之福也
五帝三王教以仁義而天下變也孔子亦教以
仁義而天下不從者何也昔明王有紱冕以尊
賢有斧鉞以誅惡故其賞至重而刑至深而天
下變孔子賢顏淵無以賞之賤孺悲無以罰之
故天下不從是故道非權不立非勢不行是道

尊然後行

孔子爲魯司寇七日而誅少正卯於東觀之下門人聞之趨而進至者不言其意皆一也子貢後至趨而進曰夫少正卯者魯國之聞人矣夫子始為政何以先誅之孔子曰賜也非爾所及也夫王者之誅有五而盜竊不與焉一曰心辨而險二曰言偽而辯三曰行辟而堅四曰志愚而博五曰順非而澤此五者皆有辨知聰達之名而非其真也苟行以偽則其知足以移衆強是以獨立此姦人之雄也不可不誅夫有五者之一則不免於誅今少正卯兼之是以先誅之

也昔者湯誅獨沐太公誅潘阯管仲誅史附里
子産誅鄧析此五子未有不誅也所謂誅之者
非為其晝則攻盜暮則穿窬也皆傾覆之徒也
此固君子之所疑愚者之所惑也詩云憂心悄
悄慍于羣小此之謂也
齊人王滿生見周公周公出見之曰先生遠辱
何以教之王滿生曰言內事者於內言外事者
於外今言內事乎言外事乎周公導入王滿生
曰敬從布席周公不導坐王滿生曰言大事者
坐言小事者倚今言大事乎言小事乎周公導
坐王滿生坐周公曰先生何以教之王滿生曰

臣聞聖人不言而知非聖人者雖言不知今欲言乎無言乎周公危念有頃不對王滿生藉筆牘書之曰社稷且危傳之於膺周公仰視見書曰唯唯謹聞命矣明日誅管蔡

劉向説苑卷第十五

池田莊

劉向說苑第十六

談叢

王者知所以臨下而治衆則群臣畏服矣知所以聽言受事則不蔽欺矣知所以安利萬民則海內必定矣知所以忠孝事上則臣子之行備矣凡所以劫殺者不知道術以御其臣下也凡吏勝其職則事治事治則利生不勝其職則事亂事亂則害成也

百方之事萬變鋒出或欲持虛或欲持實或好浮遊或好誠必或行安舒或為飄疾從此觀之天下不可一聖王臨天下而能一之

意不並鋭事不兩隆盛於彼者必衰於此長於
左者必短於右喜夜臥者不能蚤起也
鸞設於鑣和設於軾馬動而鸞鳴鸞鳴而和應
行之節也
不富無以爲大不予無以合親親踈則害失衆
則敗不教而誅謂之虐不戒責成謂之暴也
夫水出於山而入於海稼生於田而藏於廩聖
人見所生則知所歸矣
天道布順人事取予多藏不用是謂怨府故物
不可聚也
一圍之木特千鈞之屋五寸之鍵而制開闔豈

材足任哉蓋所居要也

夫小[illegible]小辨害踣[illegible]心傷德太

政[illegible]以自[illegible]其倫飄風錐

疾不[illegible]

邑名[illegible]息乳之一不飲醨其

聲也[illegible]之學曰以兒敗

不[illegible]倫一途[illegible]而修

直[illegible]所

以[illegible]

土[illegible]所主之蓋也

邪者[illegible]之廣人

將昌一言上
賢師良友在其側詩書禮樂陳於前則棄而為不
善者鮮矣義士不欺心仁人不害生謀泄則無
功計不設則事不成賢士不事所非不非所事
愚者行間而益固鄙人飾詐而益野聲無細而
不聞行無隱而不明至神無不化也至賢無不
移也上不信下不忠上下不和雖安必危求以
其道則無不得為以其時則無不成
時不至不可強生也事不究不可強成也貞良
而亡先人餘殃猖蹶而活先人餘烈權取重澤
取長才賢任輕則有名不肖任大身死名廢

士不以利移不爲患改孝敬忠信之畫立雖死
而不極智而用私不如愚而用公故曰巧僞不
如拙誠學問不倦所以治己也教誨不厭所以
治人也所以貴虛無者得以應變而合時也冠
雖故必加於首履雖新必關於足上下有分不
可相倍也一心可以事百君百心不可以事一君
故曰正兩心以少而會
萬物得其本者生百事得其道者成道之所在
天下歸之德之所在天下貴之仁之所在天下
愛之義之所在天下畏之履德者民安之求淺
者不遠之[illegible]禮

君[illegible]行必修[illegible]頭[illegible]
亂[illegible]而當其福
至之[illegible]
必[illegible]天將[illegible]之先
君之[illegible]信[illegible]文友
十[illegible]草木
秋[illegible]得食
誰[illegible]以觀其
所[illegible]十里[illegible]船楫不
游[illegible]行[illegible]無[illegible]悔也制
宅名[illegible]不[illegible]忽忽之謀不

丁為也悔懼之心不可長也
天與不取反受其咎時至不迎反受其殃天地
無親常與善人天道有常不爲堯存不爲桀亡
積善之家必有餘慶積惡之家必有餘殃一噎
之故絕穀不食一蹶之故却足不行心如天地
者□行如繩墨者章
位高道大者從事大道小者凶言疑者無犯行
疑者無從□□木柱梁枝盡達斗拜
謁閘析辭勿應怪言虛說勿稱謀先事則昌事
先謀則亡
無以淫佚棄業無以貧賤自輕無以所好害身

無以嗜欲妨生無以奢侈爲名無以貴富驕盈喜怒不當是謂不明暴虐不得反受其賊怨生不報禍生於福

一言而非四馬不能追一言不急四馬不能及

順風而飛以助氣力銜葭而翔以備矰弋

鏡以精明美惡自服衡平無私輕重自得蓬生枲中不扶自直白砂入泥與之皆黑

時乎時乎閒不及謀至時之極閒不容息勞而不休亦將自息有而不施亦將自得

無不爲者無不能成也無不欲者無不能得也衆正之積福無不及也衆邪之積禍無不逮也

力勝貧謹勝禍慎勝害戒勝災爲善者天報以
德爲不善者天報以禍君子得時如水小人得
時如火謗道己者心之罪也尊賢己者心之力
也心之得萬物不足爲也心之失獨心不能守
也子不善非吾子也交不信非吾友也食其口
而百[illegible]而枝[illegible]傷者枝槁根深
者[illegible]語不出口
苟言[illegible]不欺心
廉士[illegible]步不恭
哉[illegible]日不
悔言[illegible]早夫

有[illegible]驕期
驕自[illegible]一起
[illegible]人[illegible]於樂
發於[illegible]務
為[illegible]事
人之[illegible]
好稱人之惡，人亦道其惡；好憎人者，亦為人所憎。
衣食足，知榮辱；倉廩實，知禮節。江河之溢，不過
三日；飄風暴雨，須臾而畢。
福生於微，禍生於忽，日夜恐懼，唯恐不卒。
已雕已琢，還反於樸；物之相反，復歸於本；循流

而下易以至德風而馳易以速兵不豫定無以
待敵計不先慮無以應卒中不方名不章外不
圖禍之門直而不能枉不可與大任方而不能
圓不可與長存慎之於身無曰云云狂夫之言
聖人擇焉能忍恥者安能忍辱者存膏亡而酋
寒河水崩其懷在山毒智者莫甚於酒留事者
莫甚於樂毀廉者莫甚於色摧剛者反己於弱
富在知足貴在求退先憂事者後樂先傲事者
後憂福在受謙存之所由也恭敬遜讓精麿
誇慈仁愛人必受其當謗之不聽後無與爭舉
事不當為百姓謗悔在於妄患在於[illegible]

蒲且脩繳鳧鴈悲鳴逢蒙撫弓虎豹晨嘷河以委蛇故能遠山以陵遲故能高道以優游故能化德以純厚故能豪言人之善澤於膏沐言人之惡痛於矛戟爲善不直必終其曲爲醜不釋必終其惡

一死一生乃知交情一貧一富乃知交態一貴一賤交情乃見一浮一沒交情乃出德義在前用兵在後初沐者必拭冠新浴者必振衣敗軍之將不可言勇亡國之臣不可言智

坎井無黿鼉者隘也園中無脩林者小也小忠大忠之賊也小利大利之殘也自請絶易請人

絶難不徼則粹矣徼則逐人然於名不鏡為聲
下士得官以死上士得官以生禍福非從地中
出非從天上求己自生之
窮鄉多曲學小辯害大知巧言使信廢小惠妨
大義不困在於早虞不窮在於早豫欲人勿知
莫若勿為欲人勿聞莫若勿言
非所言勿言以避其愚非所為勿為以避其危
非所取勿取以避其詭非所爭勿爭以避其聲
明者視於冥冥謀於未形聰者聽於無聲慮者
戒於未成世之溷濁而我獨清衆人皆醉而我
獨醒

乖離之咎無不生也毀敗之端從此興也江河大潰從蟻穴山以小陁而大崩淫亂之漸其變為興水火金木轉相勝卑而正者可增高而倚者且崩直如矢者死直如繩者稱

禍生於欲得福生於自禁聖人以心導耳目小人以耳目導心

為人上者患在不明為人下者患在不忠人知糞田莫知糞心端身正行全以至今見亡知存見霜知冰

廣大在好利恭敬在事親因時易以為仁因道易以達人營於利者多患輕諾者寡信

欲賢者莫如下人貪財者莫如全身財不如義
高勢不如德尊父不能愛無益之子君不能愛
不軌之民君不能賞無功之臣臣不能死無德
之君問善御者莫如馬問善治者莫如民以卑
爲尊以屈爲伸聖人所因上法於天
君子行德以全其身小人行貪以亡其身相勸
以禮相强以仁得道於身得譽於人
知命者不怨天知已者不怨人人而不愛則不
能仁人而不親則不能信言善毋及身言惡毋
及人上清而無欲則下正而民樸來事可追也
往事不可及無思慮之心則不達善敗説之辭

則不學
韓
善不可以偽來惡不可以辭去近市無賈在田
無野善不逆旅非義剛武無以定天下
水倍源則川竭人倍信則名不達義勝患則吉
患勝義則滅五聖之謀不如逢時辯智明慧不
如遇世有鄙心者不可授便勢有愚質者不可
予利器多易多敗多言多失
冠履不同藏賢不肖不同位官尊者憂深祿多
者責大積德無細積怨無大多少必報固其勢
也
梟逢鳩鳩曰子將安之梟曰我將東徙鳩曰何

故梟曰鄉人皆惡我鳴以故東徙鳩曰子能更鳴可矣不能更鳴東徙猶惡子之聲

聖人之衣也便體以安身其食也安於腹適衣節食不聽口目

曾子曰鷹鷲以山為卑而增巢其上黿鼉魚鱉以淵為淺而穿穴其中卒其所以得者餌也君子苟不求利祿則不害其身

曾子曰狎甚則相簡也莊甚則不親是故君子之狎足以交懽莊足以成禮而已

曾子曰入是國也言信乎羣臣則留可也忠行乎羣臣則仕可也澤施乎百姓則安可也

口者關也舌者機也出言不當四馬不能追也口者關也舌者兵也出言不當反自傷也言出於己不可止於人行發於邇不可止於遠夫言行者君子之樞機樞機之發榮辱之本也可不慎乎故蒯子羽曰言猶射也括既離弦雖有所悔焉不可從而追已詩曰白圭之玷尚可磨也斯言之玷不可為也

蠋欲類蠶鱣欲類蛇人見蛇蠋莫不身灑然女工脩蠶漁者持鱣不惡何也欲得錢也逐魚者濡逐獸者趨非樂之也事之權也

登高使人欲望臨淵使人欲窺何也處地然也

御者使人恭射者使人端何也其形便也民有五死聖人能去其三不能除其二飢渴死者可去也凍寒死者可去也罹五兵死者可去也壽命死者不可去也癰疽死者不可去也飢渴死者中不充也凍寒死者外勝中也罹五兵死者德不忠也壽命死者歲數終也癰疽死者血氣窮也故曰中不正外淫作外淫作者多怨怪多怨怪者疾病生故清淨無為血氣乃平百行之本一言也一言而適可以卻敵一言而得可以保國響不能獨為聲影不能倍曲為直物必以其類及故君子慎言出己負石赴淵行

之難者也紂申屠狄為之君子不貴之也盜跖凶貪名如日月與舜禹並傳而不息而君子不貴

君子有五恥朝不坐燕不議君子恥之居其位無其言君子恥之有其言無其行君子恥之既得之又失之君子恥之地有餘而民不足君子恥之

君子雖窮不處亡國之勢雖貧不受亂君之祿尊乎亂世同乎暴君君子之恥也衆人以毀形為恥君子以毀義為辱衆人重利廉士重名

明君之制賞從重罰從輕食人以壯為量事人

以老爲經

君子之言寡而實小人之言多而虛君子之學也入於耳藏於心行之以身君子之治也始於不足見終於不可及也君子慮福弗及慮禍百之君子擇人而取不擇人而與君子實如虛有如無

君子有其備則無事君子不以犯食不辱得

君子終日言其志小人終日得其身君子不以其所不愛之言焉變也

君子之於家之憂亦無一朝之患順道而行禮理而言之言一不加焉怒不過其

君子之過猶日月之蝕也何害於明小人可也猶狗之吠盜狸之夜見何益於善夫智者不妄為勇者不妄殺

君子比義農夫比穀事君不得進其言則辭其爵不得行其義則辭其祿人皆以取之為取也不知與之為取之政有招寃行有招恥弟為而自至天下未有猛獸狐疑不若蜂蠆之致毒也

高議而不可及不若卑論之有功也

秦信同姓以王至其衰也非易同姓也而身死國亡故王者之治天下在於行法不在於信同姓

高山之巔無美木傷於多陽也大樹之下無美草傷於多陰也

鍾子期死而伯牙絶絃破琴知世莫可為鼓也

惠施卒而莊子深瞑不言見世莫可與語也

脩身者智之府也愛施者仁之端也取予者義之符也恥辱者勇之決也立名者行之極也

進賢受上賞蔽賢蒙顯戮古之通義也爵人於朝論人於市古之通法也

道微而明淡而有功非道而得非時而生是謂妄成得而失之定而復傾

福者禍之門也是者非之尊也治者亂之先也

事無終始而患不及者未之聞也

枝無忘其根德無忘其報見利必念害身故君子留精神寄心於三者吉祥及子孫矣

兩高不可重兩大不可容兩勢不可同兩貴不可雙夫重容同雙必爭其功故君子節嗜欲各守其足乃能長久夫節欲而聽諫敬賢而勿慢使能而勿賤為人君能行此三者其國必強大而民不去散矣

默無過言慤無過事木馬不能行亦不費食騏驥日馳千里鞭箠不去其背

寸而度之至丈必差銖而稱之至石必過石稱

丈量徑而寡失簡絲數米煩而不察故大較易
爲智曲辯難爲慧
吞舟之魚蕩而失水制於螻蟻者離其居也猿
猴失木禽於狐貉者非其處也騰蛇遊霧而升
騰龍乘雲而舉猿得木而捷魚得水而騖處地
宜也
君子博學患其不習既習之患其不能行之既
能行之患其不能以讓也
君子不羞學不羞問問訊者知之本念慮者知
之道也此言貴因人知而加知之不貴獨自用
其知而知之

天地之道極則反滿則損五采曜眼有時而渝茂木豐草有時而落物有盛衰安得自若民苦則不仁勞則詐生安平則教危則謀極則反滿則損故君子弗滿弗極也

劉向説苑卷第十六

劉向說苑卷第十七

雜言

賢人君子者通乎盛衰之時明乎成敗之端察乎治亂之紀審乎人情知所去就故雖窮不處亡國之勢雖貧不受汙君之祿是以太公年七十而不自達孫叔敖三去相而不自悔何則不強合非其人也太公一合於周而侯七百歲孫叔敖一合於楚而封十世大夫種存亡越而霸勾踐賜死於前李斯積功於秦而卒被五刑盡忠憂君危身安國其功一也或以封侯而不絕或以賜死而被刑所慕所由異也故箕子棄國

而佯狂范蠡去越而易名智過去君弟而更姓
皆見遠識微而仁能去富勢以避萌生之禍者
也夫暴亂之君孰能離縶以役其身而與于患
乎哉故賢者非畏死避害而已也為殺身無益
而明主之暴也比干死紂而不能正其行子胥
死吳而不能存其國二子者強諫而死適足明
主之暴耳未始有益如秋毫之端也是以賢人
閉其智塞其能待得其人然後合故言無不聽
行無見疑君臣兩與終身無患今非得其時又
無其人直私意不能已閔世之亂憂主之危以
無貲之身涉蔽塞之路經乎讒人之前造無量

之主犯不測之罪傷其天性豈不惑哉故文信侯李斯天下所謂賢也爲國計揣微射隱所謂無過策也戰勝攻取所謂無强敵也積功甚大勢利甚高賢人不用讒人用事自知不用其仁不能去制敵積功不失秋毫避患去害不見丘山積其所欲以至其所惡豈不爲勢利惑哉詩云人知其一莫知其佗此之謂也

子石登吳山而四望喟然而嘆息曰嗚呼悲哉世有明於事情不合於人心者有合於人心不明於事情者弟子問曰何謂也子石曰昔者吳王夫差不聽伍子胥盡忠極諫抉目而辜太宰

嚭公孫雒偷合苟容以順夫差之志而伐吳二子沉身江湖頭懸越旗昔者費仲惡來革長鼻決耳崇侯虎順紂之心欲以合於意武王伐紂四子身死牧之野頭足異所比干盡忠剖心而死今欲明事情恐有抉目剖心之禍欲合人心恐有頭足異所之患由是觀之君子道狹耳誠不逢其明主狹道之中又將險危閉塞無可從出者

祁射子見秦惠王惠王說之於是唐姑讒之復見惠王懷怒以待之非其說異也所聽者易也故以徵為羽非弦之罪也以甘為苦非味之過

也
彌子瑕愛於衛君衛國之法竊駕君車罪刖彌
子瑕之母疾人聞夜往告之彌子瑕矯駕君車
而出君聞之賢之曰孝哉爲母之故犯刖罪哉
君遊果園彌子瑕食桃而甘不盡而奉君君曰
愛我而忘其口味及彌子瑕色衰而愛弛得罪
於君君曰是故嘗矯吾車又嘗食我以〻下桃故
子瑕之行未必變初也前見賢後獲罪者愛憎
之生變也
舜耕之時不能以其都人及爲天子天下戴之
故君子窮則〻善其身達則則利於天下

孔子曰：自季孫之賜我千鍾而友益親自南宮項叔之乘我車也而道加行故道有時而後重有勢而後行微夫二子之貺丘之道幾於廢也太公田不足以償種漁不足以償網治天下有餘智文公種米曾子駕羊孫叔敖相楚三年不知軛在衡後務大者固忘小智伯廚人亡炙䗝而知之韓魏反而不知邯鄲子陽園人亡桃而知之其亡也不知務小者亦忘大也

淳于髡謂孟子曰先名實者爲人者也後名實者自爲者也夫子在三卿之中名實未加上下而去之仁者固如此乎孟子曰居下位不以賢

事不肖者伯夷也五就湯五就桀者伊尹也不惡汙君不辭小官者柳下惠也三子者不同道其趣一也一者何也曰仁也君子亦仁而已何必同曰魯繆公之時公儀子爲政子思子庚爲臣魯之削也滋甚若是乎賢者之無益於國也曰虞不用百里奚而亡秦穆公用之而霸故不用賢則亡削何可得也曰昔者王豹處於淇而河西善謳綿駒處於高唐而齊右善歌華周杞梁之妻善哭其夫而變國俗有諸內必形於外爲其事而無其功者髡未嘗覩之也是故無賢者也有則髡必識之矣曰孔子爲魯司寇而不用從祭膰

肉不至不脫冕而行其不善者以為為肉也其善者以為為禮也乃孔子欲以微罪行不欲為苟去故君子之所為衆人固不得識也

梁相死惠子欲之梁渡河而遽墮水中船人救之船人曰子欲何之而遽也曰梁無相吾欲往相之船人曰子居艕檝之間而困無我則子死矣子何能相梁乎惠子曰子居艘楫之間則吾不如子至於安國家全社稷子之比我蒙蒙如未視之狗耳

西閭過東渡河中流而溺船人接而出之問曰今者子欲安之西閭過曰欲東說諸侯王船人

掩口而笑曰子渡河中流而溺不能自救安能
說諸侯乎西閭過曰無以子之所能相傷爲也
子獨不聞和氏之璧乎價重千金然以之問紡
曾不如瓦塼隨侯之珠國之寶也然用之彈曾
不如泥丸騏驥騄駬倚衡負軛而趨一日千里
此至疾也然使捕鼠曾不如百錢之狸干將鏌
鎁拂鍾不錚試物不知揚刄離金斬羽契鐵斧
此至利也然以之補履曾不如兩錢之錐今子
持楫乘扁舟處廣水之中當陽侯之波而臨淵
流適子所能耳若誠與子東說諸侯王見一國
之主子之蒙蒙無異夫未視之狗耳

甘戊使於齊渡大河船人曰河水間耳君不能自渡能為王者之說乎甘戊曰不然汝不知也物各有短長謹愿敦厚可事主不施用兵騏驥騄駬足及千里置之宮室使之捕鼠曾不如小貍干將為利名聞天下匠以治木不如斤斧今持楫而上下隨流吾不如子說千乘之君萬乘之主子亦不如戊矣

今夫世異則事變事變則時移時移則俗易是以君子先相其土地而裁其器觀其俗而和其風總衆議而定其教愚人有學遠射者參矢而發已射五步之內又復參矢而發世以易矣不

更其儀譬如懸人之學遠猶目察秋毫之末者
視不能見太山耳聽清濁之調者不能聞雷霆之
聲何也唯其意有所移也百人操藕一不可為固
結千人誇蹤一不可為亘辭萬人先非一不可為顯
士
麋鹿或犇一亢豹遮之飛鳥成列鷹鷙一不擊衆人
成聚聖人一不乏螣蛇遊於霧露乘於風雨而行
非千里不止然則暮託宿於鰌鱓之穴所以然
者何也用心不一也夫蚯蚓内無筋骨之強外
無爪牙之利然下飲黄泉上墾晞土所以然者
何也用心一也聽者耳聞明者目見聽明形則

仁愛者寡賤去矣故非其道而行之雖勞不至非其有而求之雖強不得智者不為非其事廉者不求非其有是以遠害而名章也詩云不忮不求何用不臧此之謂也

楚昭王召孔子將使執政而封以書社七百子西謂楚王曰王之臣用兵有如子路者乎使諸侯有如宰予者乎長官五官有如子貢者乎昔文王處酆武王處鎬酆鎬之間百乘之地伐上殺主立為天子世皆曰聖王今以孔子之賢而有書社七百里之地而三子佐之非楚之利也楚王遂止夫善惡之難分也聖人獨見疑而況

於賢者乎是以賢聖罕合諂諛常興也故有千歲之亂而無百歲之治孔子之見疑豈不痛哉

魯哀公問於孔子曰有智者壽乎孔子曰然人有三死而非命也者人自取之夫寢處不時飲食不節佚勞過度者疾共殺之居下位而上忤其君嗜慾無厭而求不止者刑共殺之少以犯衆弱以侮強忿怒不量力者兵共殺之此三死者非命也人自取之詩云人而無儀不死何為此之謂也

孔子遭難陳蔡之境絶糧弟子皆有飢色孔子歌兩柱之間子路入見曰夫子之歌禮乎孔子

不應由終而曰由君子好樂為無驕也小人好
樂為無懾也其誰知之子不我知而從我者乎
子路不說援干而舞三終而出及至七日孔子
脩樂不休子路慍見曰夫子之脩樂時乎孔子
不應樂終而曰由昔者齊桓霸心生于莒句踐
霸心生於會稽晉文霸心生于驪氏故居不幽
則思不遠身不約則智不廣庸知而不遇之於
是興明日免於厄子貢執轡曰二三子從夫子
而遇此難也其不可忘已孔子曰惡是何也語
不云乎三折肱而成良醫夫陳蔡之間丘之幸
也二三子從丘者皆幸人也吾聞人君不困不

成王列士不困不成行昔者湯困於呂文王困
於羑里秦穆公困於殽齊桓困於長勺句踐困
於會稽晉文公困於驪氏夫困之為道從寒之及
煖煖之及寒也唯賢者獨知而難言之也易曰
困亨貞大人吉无咎有言不信聖人所與人難
言信也
孔子困於陳蔡之間居環堵之內席三經之席
七日不食藜羹不糝弟子皆有飢色讀詩書治
禮不休子路進諫曰凡人為善者天報以福為
不善者天報以禍今夫子積德累仁為善久矣意
者尚有遺行乎奚居之隱也孔子曰由來汝不知

坐吾語汝子以夫知者為無罪乎則王子比干何為剖心而死以諫者為必聽耶伍子胥何為抉目於吳東門子以廉者為必用乎伯夷叔齊何為餓死於首陽山之下子以忠者為必用乎則鮑莊何為而肉枯荊公子高終身不顯鮑焦抱木而泣子推登山而燔故君子博學深謀不遇時者衆矣豈獨丘哉賢不肖者才也為不為者人也遇不遇者時也死生者命也有其才不遇其時雖才不用苟遇其時何難之有故舜耕歷山而逃於河畔立為天子則其遇堯也傅說負壤土釋板築而立佐天子則其遇

武丁也伊尹[illegible]調五[illegible]而
佐天子[illegible]五十[illegible]食於
棘津[illegible]七十[illegible]子師
則其遇文王也[illegible]帝自
卑中起[illegible]自賣
取五羊皮[illegible]遇秦繆
公也沈尹[illegible]敖則
其遇楚[illegible]其智
益衰也[illegible]
非無驥狀也[illegible]造父
驥無王良[illegible]入而不

香故與[illegible][illegible][illegible][illegible]也[illegible][illegible]國也[illegible]又不善也此知終始之變者也心不家也[illegible]八之溥人皆獨知獨見舜亦賢聖矣南面而治天下惟其遇堯也使舜居桀紂之世能自免刑戮固可也又何官得治乎夫桀殺關龍逢而紂殺王子比干當是時豈關龍逢無知而比干無慧哉此桀紂無道之世然也故君子疾學修身端行以須其時也

孔子之宋匡簡子將殺陽虎孔子似之甲士以圍孔子之舍子路慍怒奮戟將下闘孔子止之曰何仁義之不免俗也夫詩書之不習禮樂之不脩也是丘之過也若似陽虎則非丘之罪也命

也夫由一歌予和汝子路歌孔子和之三終而甲
罷
孔子曰不觀於高岸何以知顛墜之患不臨於
深淵何以知没溺之患不觀於海上何以知風
波之患失之者其不在此乎士慎三者無累於
人
曾子曰響不辭聲鑑不辭形君子正一而萬物
皆成夫行非為影也而影隨之呼非為響也而
響和之故君子功先成而名隨之
子夏問仲尼曰顏淵之為人也何若曰回之信
賢於丘也曰子貢之為人也何若曰賜之敏賢

於立也曰子路之為人也何若曰由之勇賢於丘也曰子張之為人何若曰師之莊賢於丘也於是子夏避席而問曰然則四者何為事先生曰坐吾語汝回能信而不能反賜能敏而不能屈由能勇而不能怯師能莊而不能同兼此四子者丘不為也夫所謂至聖之士必見進退之利屈伸之用者也

東郭子惠問於子貢曰夫子之門何其雜也子貢曰夫隱括之旁多枉木良醫之門多疾人砥礪之旁多頑鈍夫子脩道以俟天下來者不止是以雜也詩云菀彼柳斯鳴蜩嘒嘒有漼者淵

兗萃滭滭言大者之旁無所不容
昔者南瑕子過程太子太子為烹鯢魚南瑕子
曰吾聞君子不食鯢魚程太子曰乃君子否乎
何事焉南瑕子曰吾聞君子上比所以廣德也
下比所以狹行也於惡自退之原也詩云高山
仰止景行行止吾豈敢自以為君子哉志向之
而已孔子曰見賢思齊焉見不賢而內自省
孔子觀於呂梁懸水四十仞環流九十里魚鱉
不能過黿鼉不敢居有一丈夫方將涉之孔子
使人並崖而止之曰此懸水四十仞圜流九十
里魚鱉不敢過黿鼉不敢居意者難可濟也丈

夫不以錯意遂渡而出孔子問子巧乎且有道術乎所以能入而出者何也丈夫對曰始吾入先以忠信吾之出也又從以忠信忠信錯吾軀於波流而吾不敢用私吾所以能入而復出也孔子謂弟子曰水而尚可以忠信義久而身親之況於人乎

子路盛服而見孔子孔子曰由是襜襜者何也昔者江水出於岷山其始也大足以濫觴及至江之津也不方舟不避風不可渡也非唯下流衆川之多乎今若衣服甚盛顏色充盈天下誰肯加若者哉子路趨而出改服而入蓋自如也

孔子曰由記之吾語若者貴於言者華也奮於行
者伐也夫色智而有能者小人也故君子知之
為知之不知為不知言之要也能之為能不能
為不能行之至也言要則知行要則仁既知且
仁夫有何加矣哉由詩云鶺鴒不遑蓋嚴局蹐
此之謂也
子路問孔子曰君子亦有憂乎孔子曰無也君
子之脩其行未得則樂其意既已得之又樂其知
是以有終身之樂無一日之憂小人則不然其
未之得則憂不得既已得之又恐失之是以有
終身之憂無一日之樂

孔子見榮啟期衣鹿皮裘鼓瑟而歌孔子問曰
先生何樂也對曰吾樂甚多天生萬物唯人為
貴吾既已得為人是一樂也人以男為貴吾既
已得為男是二樂也人生不免襁褓吾年已
九十五是三樂也夫貧者士之常也死者民之
終也處常待終當何憂之

曾子曰吾聞夫子之三言未之能行也夫子見
人之一善而忘其百非是夫子之易事也夫子
見人有善若己有之是夫子之不爭也聞善必
躬親行之然後道之是夫子之能勞也夫子之
能勞也夫子之不爭也夫子之易事也吾學夫

子之三言而未能行
孔子曰回若有君子之道四強於行已弱於受
諫怵於待祿慎於持身
仲尼曰史鰌有君子之道三不仕而敬上不祀
而敬鬼直能曲於人
孔子曰丘死之後商也日益賜也日損商也好
與賢己者處賜也好說不如己者
孔子將行無蓋弟子曰子夏有蓋可以行孔子
曰商之為人也甚短於財吾聞與人交者推其
長者違其短者故能久長矣
子路行辭於仲尼曰敢問新交取親若何言寡

可行若何長為善士而無犯若何仲尼曰新交取親其忠乎言寡可行其信乎長為善士而無犯其禮乎

子路將行辭於仲尼曰贈汝以車乎以言乎子路曰請以言仲尼曰不強不達不勞無功不忠無親不信無復不恭無禮慎此五者可以長久矣

曾子從孔子於齊齊景公以下卿禮聘曾子曾子固辭將行晏子送之曰吾聞君子贈人以財不若以言今夫蘭本三年湛之以鹿醢既成則易以匹馬非蘭本美也願子詳其所湛既得所

湛亦求所湛吾聞君子居必擇處遊必擇士居必擇處所以求士也遊必擇士所以脩道也吾聞反常移性者欲也故不可不慎也

孔子曰中人之情有餘則侈不足則儉無禁則淫無度則失縱欲則敗飲食有量衣服有節宮室有度畜聚有數車器有限以防亂之源也故夫度量不可不明也善欲不可不聽也

孔子曰巧而好度必工勇而好同必勝知而好謀必成愚者反是夫處重擅寵專事妬賢愚者之情也志驕傲而輕舊怨是以尊位則必危任重則必崩擅寵則必辱

孔子曰鞭扑之子不從父之教刑戮之民不從君之政言疾之難行故君子不急斷不意使以為亂源

孔子曰終日言不遺己之憂終日行不遺己之患唯智者有之故恐懼所以除患也恭敬所以越難也終身為之一言敗之可不慎乎

孔子曰以富貴為人下者何人不與以富貴敬愛人者何人不親衆言不逆可謂知言矣衆嚮之可謂知時矣

孔子曰夫富而能富人者欲貧而不可得也貴而能貴人者欲賤而不可得也達而能達人者

欲窮而不可得也

仲尼曰非其地而樹之不生也非其人而語之弗聽也得其人如聚沙而雨之非其人如聚聾而鼓之

孔子曰船非水不可行水入船中則其沒也故曰君子不可不嚴也小人不可不閑也

孔子曰依賢固不困依富固不窮馬趼斬而復行者何以輔足衆也

孔子曰不知其子視其所友不知其君視其所使又曰與善人居如入蘭芷之室久而不聞其香則與之化矣與惡人居如入鮑魚之肆久而

不聞其臭亦與之化矣故曰丹之所藏者赤烏之所藏者黑君子慎所藏

子貢問曰君子見大水必觀焉何也孔子曰夫水者君子比德焉遍予而無私似德所及者生似仁其流卑下句倨皆循其理似義淺者流行深者不測似智其赴百仞之谷不疑似勇綿弱而微達似察受惡不讓似包蒙不清以入鮮潔以出似善化至量必平似正盈不求概似度其萬折必東似意是以君子見大水觀焉爾也夫智者何以樂水也曰泉源潰潰不釋晝夜其似力者循理而行不遺小間其似持平者動而

之下其似有禮者是千仞之壑而不疑其似勇者障防而清其似知命者不清以入鮮潔而出其似善化者衆人取平品類以正萬物得之則生失之則死其似有德者淑淑淵淵深不可測其似聖者通潤天地之間國家以成是知之所以樂水也詩云思樂泮水薄采其茆魯侯戾止在泮飲酒樂水之謂也夫仁者何以樂山也曰天山巃嵸嶪嶵萬民之所觀仰草木生焉衆物立焉飛禽萃焉走獸休焉寶藏殖焉奇夫息焉育群物而不倦焉四方並取而不限焉出雲風通氣于天地之間國家以成是仁者所以樂山

也詩曰太山巖巖魯侯是瞻樂山之謂矣
王有六美君子貴之望之溫潤近之栗理聲近
徐而聞遠折而不撓闕而不徭廉而不劌有瑕
必示之於外是以貴之望之溫潤者君子比德
焉近之栗理者君子比智焉聲近徐而聞遠者
君子比義焉折而不撓闕而不徭者君子比勇
焉廉而不劌者君子比仁焉有瑕必見之於外
者君子比情焉
道吾聞之矣子多所知無所知其身孰善者乎
劉曰無知者死人屬也雖不死累人者必衆甚
矣然多所知者好其心也多所知者出於利

人即善矣出於害人即不善也道吾曰善哉
越石父曰不肖人自賢也愚者自多也佞人者
皆莫能相其心口以為之又謂人勿言也譬之
猶渴而穿井臨難而後鑄兵雖疾從而不及也
夫臨財忘貧臨生忘死可以遠罪矣夫君子愛
口孔雀愛羽虎豹愛爪此皆所以治身法也上
交者不失其祿下交者不離於患是以君子擇
人與交農人擇田而田君子擇人農夫樹田田
者擇種而種之豐年必得粟士擇人而樹之豐
時必得祿矣
天下失道而後仁義生國家不治而後孝子

生焉民爭不分而後慈惠生焉道逆時反而後權謀生焉凡善之生也皆學之所由一室之中必有主道焉父母之謂也故君正則百姓治父母正則子孫孝慈是以孔子家兒不知罵曾子家兒不知怒所以然者生而善教也夫仁者好合人不仁者好離人故君子居人間則治小人居人間則亂君子欲和人譬猶水火不相能然也而鼎在其間水火不亂乃和百味是以君子不可不慎擇人在其間

齊景公問晏子曰寡人自以坐地二三子皆坐地吾子獨搴草而坐之何也晏子對曰嬰聞之

唯喪與獄坐於廷今不敢以喪獄之事待於君矣

齊高廷問於孔子曰廷不曠山不直地衣蓑提執精氣以問事君之道願夫子告之孔子曰貞以幹之敬以輔之待人無倦見君子則舉之見小人則退之去爾惡心而忠與之敏其行脩其禮千里之外親如兄弟若行不敏禮不合對門不通矣

劉向說苑卷第十七

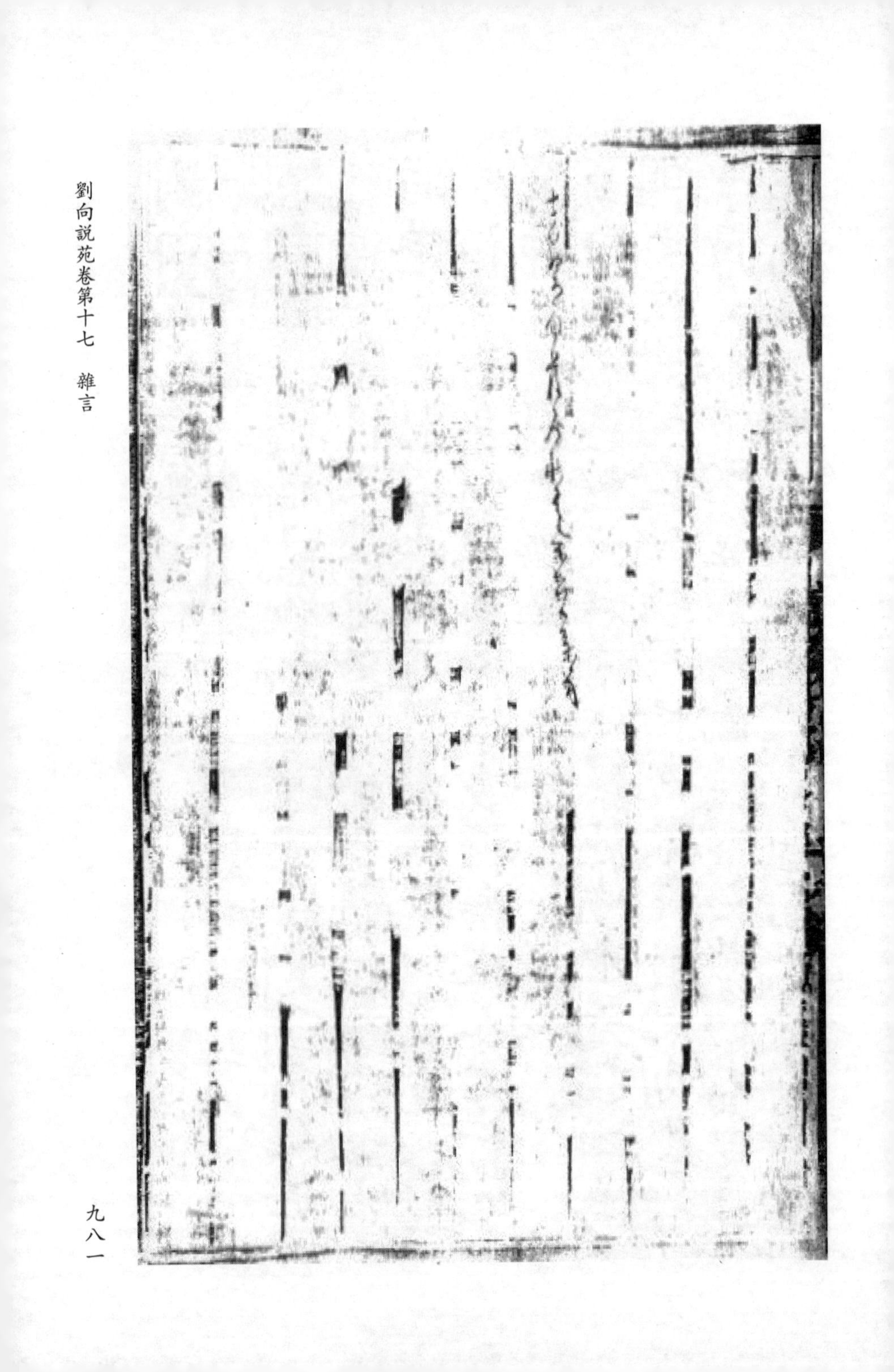

劉向說苑卷第十八

辨物

顏淵問於仲尼曰成人之行何若子曰成人之行達乎情性之理通乎物類之變知幽明之故睹游氣之源若此而可謂成人既知天道行躬以仁義飭身以禮樂夫仁義禮樂成人之行也窮神知化德之盛也

易曰仰以觀於天文俯以察於地理是故知幽明之故夫天文地理人情之效存於心則聖智之府是故古者聖王既臨天下必變四時定律曆考天文揆時變登靈臺以望氣氛故尚書

爾舜天之歷數在爾躬允執其中四海困窮書曰在璿璣玉衡以齊七政璿璣謂北辰勾陳樞星也以其魁杓之所指二十八宿為吉凶禍福天文列舍盈縮之占各以類為驗夫占變之道二而已矣二者陰陽之數也故易曰一陰一陽之謂道道也者物之動莫不由道也是故發於一成於二備於三周於四行於五是故玄象著明莫大於日月察變之動莫著於五星天之五星運氣於五行其初猶發於陰陽而化極萬一千五百二十所謂二十八星者東方曰角亢氐房心尾箕北方曰斗牛須女虛危營室東壁西

方曰奎婁胃昴畢觜參南方曰東井輿鬼柳七星張翼軫所謂宿者日月五星之所宿也其在宿運外內者以官名別其根荄皆發於地而華形於天所謂五星者一曰歲星二曰熒惑三曰鎮星四曰太白五曰辰星欃槍彗孛旬始枉矢蚩尤之旗皆五星盈縮之所生也五星之所犯各以金木水火土爲占春秋冬夏伏見有時失其常離其時則爲變異得其時居其常是謂吉祥古者有主四時者主春者張昏而中可以種穀上告于天子下布之民主夏者大火昏而中可以種黍菽上告于天子下布之民主秋者虛

昏而中可以種麥上告于天子下布之民主冬者昴昏而中可以斬伐田獵蓋藏上告之天子下布之民故天子南面視四星之中知民之緩急急則不賦籍不舉力役書曰敬授民時詩曰物其有矣維其時矣物之所以有而不絕者以其動之時也

易曰天垂象見吉凶聖人則之昔者高宗成王感於雊雉暴風之變修身自改而享豐昌之福也逮秦皇帝即位彗星四見蝗蟲蔽天冬雷夏凍石隕東郡大人出臨洮妖孽並見熒惑守心星茀太角太角以亡終不能改二世立又重其

惡及即位日月薄蝕山林淪亡辰星出於四孟太白經天而行無雲而雷枉矢夜光熒惑襲月孽火晁宫野禽戲廷都門內崩天變動於上群臣昏於朝百姓亂於下遂不家是以亡也

八荒之内有四海四海之内有九州天子處中州而制八方耳河間曰冀州河南曰豫州河西曰雍州漢西曰荊州江南曰揚州濟河閒曰兖州濟東曰徐州燕曰幽州齊曰青州山川汙澤陵陸丘阜五土之宜聖王就其勢因其便不失其性高者黍中者稷下者秔蒲葦菅蒯之用不乏材木蒸薪亦不盡山林禽獸川澤魚鱉黿滋

殖王者京師曰通而敎之
周幽王二年西周三川皆震伯陽父曰周將亡
矣夫天地之氣不失其序若過其序民亂之也
陽伏而不能出陰迫而不能烝於是有地震今
三川震是陽失其所而填陰也陽溢而壯陰源
必塞國必亡夫水土演而民用足也土無所演
民乏財用不亡何待昔伊雒竭而夏亡河竭而
商亡今周德如二代之季矣其川源塞塞必竭
夫國必依山川山崩川竭亡之徵也川竭山必
崩若國亡不過十年數之紀也天之所棄不過
紀是歲也三川竭岐山崩十一年幽王乃滅周

乃東遷

五嶽者何謂也泰山東嶽也霍山南嶽也華山西嶽也常山北嶽也嵩高山中嶽也五嶽何以視三公能大布雲雨焉能大斂雲雨焉雲觸石而出膚寸而合不崇朝而雨天下施德博大故視三公也

四瀆者何謂也江河淮濟也四瀆何以視諸侯能蕩滌垢濁焉能通百川於海焉能出雲雨千里焉爲施甚大故視諸侯也

山川何以視子男也能出物焉能潤澤物焉能生雲雨爲恩多然品類以百數故視子男也書

曰禋于六宗望秩于山川徧于群神矣

齊景公爲露寢之臺成而不通焉柏常騫曰爲臺甚急臺成君何爲不通焉公曰然梟昔者鳴其聲無不爲也吾惡之甚是以不通焉柏常騫曰臣請禳而去之公曰何具對曰築新室爲置白茅焉公使爲室成置白茅焉柏常騫夜用事明日問公曰今昔聞梟聲乎公曰一鳴而不復聞使人往視之梟當陛布翼伏地而死公曰子之道若此其明也亦能益寡人壽乎對曰能公曰能益幾何對曰天子九諸侯七大夫五公曰亦有徵兆之見乎對曰得壽地且動公喜令百

官趣具之也栢常騫出遭晏子於塗拜馬前辭曰騫爲君禳梟而殺之君謂騫曰子之道若此其明也亦能爲寡人請壽乎騫曰能今且大祭爲君請壽故將往以聞晏子曰嘻亦善矣能爲君請壽也雖然吾聞之維以政與德而順乎神爲可以益壽今徒祭可以益壽乎然則福名有見乎對曰得壽地將動晏子曰騫昔吾見維星絕樞星散地其動汝以是乎栢常騫俯有閒仰而對曰然晏子曰爲之無益不爲無損也汝薄賦斂無費民且令君知之

夫米旱傾天下陰陽物也大旱則雩祭而請

雨大水則鳴鼓而劫社何也曰陽者陰之長也其在鳥則雄為陽雌為陰其在獸則牡為陽而牝為陰其在民則夫為陽而婦為陰其在家則父為陽而子為陰其在國則君為陽而臣為陰故陽貴而陰賤陽尊而陰卑天之道也今大旱者陽氣太盛以厭於陰陰厭陽固陽其塡也惟塡厭之太甚使陰不能起也亦雩祭拜請而已無敢加也至於大水及日蝕者皆陰氣太盛而上減陽精以賤乘貴以卑陵尊大逆不義故鳴鼓而懾之朱絲縈而劫之由此觀之春秋乃正天下之位徵陰陽之失直責逆者不避其難是

亦春秋之不畏强禦也故脅嚴社而不為驚靈
出天王而不為不尊上辭父之命不為不聽
其父絕文姜之屬而不為不愛其母其義之盡
耶皆義之盡也
齊大旱之時景公召群臣問曰天不雨久矣民
且有飢色吾使人卜之崇在高山廣水寡人欲
少賦斂以祠靈山可乎群臣莫對晏子進曰不
可祠此無益也夫靈山固以石為身以草木為
髮天久不雨髮將焦身將熱彼獨不欲雨乎祠
之無益景公曰不然吾欲祠河伯可乎晏子曰
不可祠此無益也夫河伯以水為國以魚鼈為

民天久不雨水泉將下百川竭國將亡民將滅矣彼獨不用雨乎祠之何益景公曰今爲之奈何晏子曰君誠避宮殿暴露與靈山河伯共憂其幸而雨乎於是景公出野暴露三日天果大雨民盡得種樹景公曰善哉晏子之言可無用乎其惟有德也

夫天地有德合則生氣有精矣陰陽消息則變化有時矣時得而治矣時得而化矣時失而亂矣是故人生而不具者五目無見不能食不能行不能言不能施化故三月達眼而後能見七月生齒而後能食期年生臏而後能行三年顖

合而後能言十六精通而後能化陰窮反陽
陽窮反陰故陰以陽變陽以陰化是以男八月而
生齒八歲而齔二八十六而化[illegible]七月
而生齒七歲而齔二七十四而化[illegible]而不
肖者[illegible]三[illegible]而[illegible]氣[illegible]故反
施乳[illegible]三月[illegible]人[illegible]也[illegible]信也
不[illegible]合[illegible]者[illegible]化[illegible]之[illegible]可
遇也[illegible]詩曰[illegible]娶
僕[illegible]而[illegible]日月逝
適[illegible]道之[illegible]言爲
故[illegible]也

度量權衡以粟生之十粟為一分十分為一寸十寸為一尺十尺為一丈十六粟為一豆六豆為一銖二十四銖為一兩十六兩為一斤三十斤為一鈞四鈞重一石千二百粟為一龠十龠為一合十合為一升十升為一斗十斗為一石凡六經帝王之所著莫不致四靈焉德盛則以為畜故麒麟麕身牛尾圓頂一角含仁懷義音中律呂行步中規折旋中矩擇土而踐位平然後處不羣居不旅行紛兮其有質文也幽閒則循循如也動則有容儀黃帝即位惟聖恩承天明道一脩惟仁是行宇內和

平未見鳳凰維思影像夙夜晨興於是乃問天
老曰鳳像何如天老曰夫鳳鴻前麟後蛇頸魚
尾鸛植鴛鴦思麗化枯折所志龍文龜身燕喙
雞喙駢翼而中注首戴德頂揭義背負仁心信
智食則有質飲則有儀往則有文來則有嘉晨
鳴曰發明晝鳴曰保長飛鳴曰上翔集鳴曰歸
昌翼挾義衷抱忠足履正尾繫武小聲合金大
音合鼓延頸奮翼五光備舉光興八風氣降時
雨此謂鳳像夫惟鳳為能究萬物隨天祉象百
狀達于道去則有災見則有福覽九州觀八極
備文武正王國嚴然四方于聖皆伏故得鳳之

像一者鳳過之得二者鳳下之得三者則春秋下之得四者則四時下之得五者則終身居之黄帝曰於戲盛哉於是乃備黄冕帶黄紳齋于中宮鳳乃蔽日而降黄帝降自東階西面啓首曰皇天降兹敢不承命於是鳳乃遂集東囿食帝竹實棲帝梧樹終身不去詩云鳳皇鳴矣于彼高岡梧桐生矣于彼朝陽菶菶萋萋雝雝喈喈此之謂也靈龜文五色似玉似金背陰向陽上隆象天下平法地槃衍象山四趾轉運應四時文著象二十八宿蛇頭龍翅左精象日右精象月千歲之化下氣上通能知存亡吉凶之變

亭則言定心[illegible]包動則以舒之神龍[illegible]而高能為下
能為大之至小能為幽能為明能為短能為長
昭乎其高之謂乎其下也護乎之先高乎其著
也一有一二惡善於變之於成章奏舞則精以和
動作則晝以代義盛包載君子體神也觀彼廟
儀遊燕動靜有儀節也書曰鳥獸鶬鶬鳳皇來
儀此之謂也
成王時有三苗貫桑而生同爲一秀大幾盈車
民得而上之成王問周公此何也周公曰
三苗同秀爲一意天下其和而爲一乎後三年
則越裳氏重譯而朝曰道路悠遠山川阻深恐

一使之不通故重三譯而朝也周公曰德澤不加則君子不饗其質政令不施則君子不臣其人譯曰吾受命於吾國之黃髮久矣天之無烈風淫雨意中國有聖人邪有則盍朝之然後周公敬受其所以來矣

周惠王十五年有神降于莘王問於內史過曰是何故有之乎對曰有之國將興其君齊明中正精潔惠和其德足以昭其馨香其惠足以同其民人神饗而民聽民神無怨故明神降焉觀其政德而均布福焉國將亡其君貪冒淫僻邪佚荒怠蕪穢暴虐其政腥臊馨香不登其刑矯

誣百姓携貳明神不蠲而民有遠意民神痛怨無所依懷故神亦往焉觀其苛慝而降之禍是以或見神而興亦有以亡昔夏之興也祝融降于崇山其亡也回祿信於聆隧商之興也檮杌次於丕山其亡也夷羊在牧周之興也鸑鷟鳴於岐山其衰也杜伯射王於鄗是皆明神之紀者也王曰今是何神也對曰昔昭王娶于房曰房后實有爽德協于丹朱丹朱馮身以儀之生穆王焉是實臨照周之子孫而禍福之夫一神不遠徙若由是觀之其丹朱之神乎王曰其誰受之對曰在虢王曰然則何為對曰臣聞之道而

得神是謂逢福淫而得神是謂貪禍今虢少荒其亡也王曰吾其奈何對曰使太宰以祝史率狸姓奉犧牲粢盛玉帛往獻焉無有祈也王曰虢其幾何對曰昔堯臨民以五今其冑見見神之見也不失其物若由是觀之不過五年王使太宰己父率傅氏及祝奉犧牲玉觴往獻焉內史過從至虢虢公亦使祝史請土焉內史過歸告王曰虢必亡矣不禋於神而求福焉神必禍之不親於民而求用焉民必違之精意以享禋也慈保庶民親也今虢公動匱百姓以盈其違離民怒神而求利焉不亦難乎十九年晉取

號也

齋祖[illegible]而

止[illegible]事

其[illegible]衣

走[illegible]走

馬[illegible]行

千[illegible]者

方[illegible]曰

仙父之[illegible]吾

聞之[illegible]吾

善承[illegible]

吳伐越隳會稽得骨專車使使問孔子曰骨何
者最大孔子曰禹致羣臣會稽之山防風氏後至
禹殺而戮之其骨節專車此為大矣使者曰誰
為神孔子曰山川之靈足以紀綱天下者其守
為神社稷之守為公侯山川之祀者為諸侯皆屬於王使
者曰防風何守孔子曰汪芒氏之君守封嵎
之山者也其神為釐姓在虞夏商為
汪芒氏於周為長狄今謂之大人使者曰人
長幾何孔子曰僬僥氏三尺短之至也長者不
過十數之極也使者曰善哉聖人也
仲尼在陳有隼集于陳侯之廷而死楛矢貫之

石砮矢長尺而咫陳侯使問孔子孔子曰隼之來也遠矣此肅愼氏之矢也昔武王克商通道九夷百蠻使各以其方賄來貢思無忘職業於是肅愼氏貢楛矢石砮長尺而咫先王欲昭其令德之致故銘其楛曰肅愼氏貢楛矢以勞大姬配虞胡公而封諸陳分同姓以珍玉展親也分別姓以遠方職貢使無忘服也故分陳以肅愼氏之矢試求之故府果得焉

季桓子穿井得土缶中有羊以問孔子言得狗孔子曰以吾所聞非狗乃羊也木之怪夔罔兩水之怪龍罔象土之怪羵羊也非狗也桓子曰

楚昭王渡江有物大如斗直觸王舟止於舟中昭王大怪之使聘問孔子孔子曰此名萍實令剖而食之惟霸者能獲之此吉祥也其後齊有飛鳥一足來下止於殿前舒翅而跳齊侯大怪之又使聘問孔子孔子曰此名商羊急告民趣治溝渠天將大雨於是如之天果大雨諸國皆水齊獨以安孔子歸弟子請問孔子曰異時小兒謠曰楚王渡江得萍實大如拳赤如日剖而食之美如蜜此楚之應也兒又有兩兩相牽屈一足而跳曰天將大雨商羊起舞今齊獲之亦其

應也夫論之後未嘗不有應隨者也故聖人非
獨守道而已也睹物記也即得其應矣
鄭簡公使公孫成子來聘於晉平公有疾韓宣
子贊授館客客問君疾對曰君之疾久矣上下
神祇無不遍諭也而無除今夢黄熊入於寢門
不知人鬼耶意厲鬼也子產曰君之明子爲政
其何厲之有僑聞之昔鯀違帝命殛之于羽山
化爲黄熊以入于羽淵是爲夏郊三代舉之夫
鬼神之所及非其族類則紹其同位是故天子
祠上帝公侯祠百神自卿已下不過其族今周
室少卑晉實繼之其或者未舉夏郊也宣子以

告杞夏郊董伯為尸五日瘳公見子產賜之莒
鼎
虢公夢在廟有神人面白毛虎爪執鉞立在西
阿公懼而走神曰無走帝今日使晉襲于爾門
公拜頓首覺召史嚚占之嚚曰如君之言則蓐
收也天之罰神也天事官成公使囚之且使國
人賀夢舟之僑告其諸侯曰虢不久矣吾乃今
知之君不度而嘉大國之襲於已也何瘳吾聞
之曰大國無道小國襲焉曰服小國傲大國襲
焉曰誅民疾君之侈也是以由於逆命今嘉其
夢侈必展是天奪之鑑而益其疾也民疾其態

天又誅之六國亦小洙尚乎而無之字爲說畀諸侯
遠己外爲無義遂錄三數爻一言爲象僕將行以
其族滅爲三三王幾乃亡
晉平公虒祁之堂石有言者乎公問於師曠
曰石可能言者一不能言神憑焉一不然民
聽之濫也臣聞之作事不時怨讟動于民則有
非言之物而言今宮室崇侈民力彫盡百姓
怨矣其性石言不亦可乎
晉平公欲學恐已暮爲不發啓問於師曠曰吾
聞之者寡
人出爲一不亂其獸乎而曰鸛

食猬猬食鵕鸃鵕鸃食豹豹食駮駮食虎夫駮
之狀有似駮馬今者君之出必驂駮馬而出畋
乎公曰然師曠曰臣聞之一自誣者窮再自誣
者辱三自誣者死今夫虎所以不動者為駮馬
也固非主君之德義也君奈何一自誣乎平公
異日出朝有鳥環平公不去平公顧謂師曠曰吾
聞之也霸王之主鳳下之今者出朝有鳥環寡
人終朝不去是其鳳鳥乎師曠曰東方有鳥名
諫珂其為鳥也文身而朱足憎鳥而愛狐今者
吾君必衣狐裘以出朝乎平公曰然師曠曰臣
已嘗言之矣一自誣者窮再自誣者辱三自誣

者死今烏為狐裘之故非吾君之德義也君奈
何而再自誣乎平公不説異日置酒虒祁之臺
使郎中馬章布蒺藜於階上令人召師曠師曠
至履而上堂平公曰安有人臣履而上人主堂
者乎師曠解履刺足伏刺膝仰天而歎公起引
之曰今者與叟戲叟遽憂乎對曰憂夫肉自生
蟲而還自食也木自生蠹而還自刻也人自興
妖而還自賊也五鼎之具不當生藜藿人主堂
廟不當生蒺藜平公曰今為之奈何師曠曰妖
已在前無可奈何入來月八日修百官立太子
君將以死至來月八日平旦謂師曠曰叟以今

曰君之所聞何師曠不樂謁歸歸未幾而平公死乃知師曠神明矣

趙簡子問於翟封荼曰吾聞翟雨穀三日信乎曰信又聞雨血三日信乎曰信又聞馬生牛牛生馬信乎曰信簡子曰大哉妖亦足以亡國矣對曰雨穀三日寅風之所飄也雨血三日鷙鳥擊於上也馬生牛牛生馬雜牧也此非翟之妖也簡子曰然則翟之妖奚也對曰其國數散其君幼弱其諸卿貨其大夫比黨以求祿爵其百官肆斷而無告其政令不竟而數化其士巧貪而有怨此其妖也

哀公射而中稷其口疾不肉食祠稷而善卜之
巫官巫官曰稷負五種託株而稷天下未至
於地而苗穢谷之老人張社以愛之何不告
祀之公從之而疾云
扁鵲過趙趙王太子暴疾而死鵲造宮門曰吾
聞國中有壤土之事得無有急乎中庶子之
好方者應之曰然王太子暴疾而死扁鵲曰入
言鄭醫秦越人能活太子中庶子難之曰吾聞
上古之為醫者曰苗父苗父之為醫也以菅為
席以芻為狗北面而祝發十言耳諸扶而來者
舉而來者皆平復如故子之方能若此乎扁鵲

曰不能又曰吾聞中古之為醫者曰俞柎俞柎之為醫也搦腦髓束肓莫炊灼九竅而定經絡死人復為生人故曰俞柎子之方能若是乎扁鵲曰不能中庶子曰子之方如此譬若以管窺天以錐刺地所窺者甚大所見者甚少鈞若子之方豈足以變駭童子哉扁鵲曰不然物故有昧揥而中蛟頭掩目而別白黑者太子之疾所謂尸厥者也以為不然入診之太子股陰當溫耳中焦焦如有嘯者聲然者皆可治也中庶子入報趙王趙王跣而趨出門曰先生遠辱幸臨寡人先生幸而有之則糞土之息得蒙天履地

而長為人矣先生一不有之則先犬馬填壑矣
言未已嗁泣沾襟扁鵲遂為詠之先造軒光之
竈八成之湯砥針礪石取三陽五輸子容禱藥
子明吹耳陽儀反神子越扶形子游矯摩太子
遂得復生天下聞之皆曰扁鵲能生死人鵲辭
曰予非能生死人也特使夫當生者活耳夫死
者猶不可藥而生也悲夫亂君之治不可藥而
息也詩曰多將熇熇不可救藥甚之之辭也
孔子晨立堂上聞哭者聲音甚悲孔子援琴而
鼓之其音同也孔子出而弟子有叱者問誰也
曰回也孔子曰回何為而叱回曰今者有哭者

其音甚悲非獨哭死又哭生離者孔子曰何以
知之回曰以完山之鳥孔子曰何如回曰完山
之鳥生四子羽翼已成乃離四海哀鳴送之爲
是往而不復返也孔子使人問哭者哭者曰父
死家貧賣子以葬之與之長訣也孔子曰善哉
聖人也

景公畋於梧丘夜猶蚤公姑坐睡而夢有五丈
夫北面韋廬稱無罪焉公覺召晏子而告其所
夢公曰我其嘗殺不辜而誅無罪邪晏子對曰
昔者先君靈公畋五丈夫罟而駭獸故殺之斷
其首而葬之曰五丈夫之丘其此耶公令人掘

而求之則五頭同穴而存焉公曰善令更葬之國人不知其夢也曰君憫白骨而況於生者乎不遺餘力矣不釋餘智矣故曰人君之爲善易矣

子貢問孔子死人有知無知也孔子曰吾欲言死者有知也恐孝子順孫妨生以送死也欲言無知恐不孝子孫棄不葬也賜欲知死人有知將無知也死徐自知之猶未晚也

王子建出守於城父與成公乾遇於疇中問曰是何也成公乾曰疇也疇也者何也所以爲麻也麻也者何也曰所以爲衣也成公乾曰昔者

莊王伐陳舍於有蕭氏謂路室之人曰巷其不善乎何溝之不浚也莊王猶知巷之不善溝之不浚今吾子不知疇之爲麻麻之爲衣吾子其不主社稷乎王子果不立

劉向説苑卷第十八

劉向說苑卷第十九

脩文

天下有道則禮樂征伐自天子出夫功成制禮治定作樂禮樂者行化之大者也孔子曰移風易俗莫善於樂安上治民莫善於禮是故聖王脩禮文設庠序陳鍾鼓天子辟雍諸侯泮宮所以行德化詩云鎬京辟雍自西自東自南自北無思不服此之謂也

積恩為愛積愛為仁積仁為靈靈臺之所以為靈者積仁也神靈者天地之本而為萬物之始也是故文王始接民以仁而天下莫不仁焉文

德之至也德不至則不能文商者常也常者質
質主天夏者大也大者文也文主地故王者一
商一夏再而復者也正色三而復者也味尚甘
聲尚宮一而復者故三王術如循環故夏后氏
教以忠而君子忠矣小人之失野救野莫如敬
殷人教以敬而君子敬矣小人之失鬼救鬼
莫如文故周人教以文而君子文矣小人之失
薄救薄莫如忠故聖人之與聖也如矩之三雜
規之三雜周則又始窮則反本也詩曰彫琢其
章金玉其相言文質美也
傳曰觸情從欲謂之禽獸苟可而行謂之野人

安故重疊謂之象庶辨然通古今之道謂之士
進賢達能謂之大夫敬上愛下謂之諸侯天覆
地載謂之天子是故士服黻大夫黼諸侯火天
子山龍德彌盛者文彌縟中彌理者文彌章也
詩曰左之左之君子宜之右之右之君子有之
傳曰君子者無所不宜也是故韠冕厲戒立于
廟堂之上有司執事無不敬者斬衰裳苴絰杖
立于喪次賓客弔唁無不哀者被甲纓冑立于
桴鼓之間士卒莫不勇者故仁足以懷百姓勇
足以安危國信足以結諸侯強足以拒患難威
足以率三軍故曰為左亦宜為右亦宜為君子

無不宜者此之謂也

齊景公登射晏子脩禮而待公曰選射之禮寡人厭之矣吾欲得天下勇士與之圖國晏子對曰君子無禮是庶人也庶人無禮是禽獸也夫臣勇多則弒其君子力多則弒其長然而不敢者惟禮之謂也禮者所以御民也轡者所以御馬也無禮而能治國家者嬰未之聞也景公曰善乃飭射更席以爲上客終日問禮

書曰五事一曰貌貌若男子之所以恭敬婦人之所以姣好也行步中矩折旋中規立則磬折拱則抱鼓其以入君朝尊以嚴其以入宗廟敬

以忠其以入鄉曲和以順其以入州里族黨之中和以親詩曰溫溫恭人惟德之基孔子曰恭近於禮遠耻辱也

衣服容貌者所以悦目也聲音應對者所以悦耳也嗜慾好惡者所以悦心也君子衣服中容貌得則民之目悦矣言語順應對給則民之耳悦矣就仁去不仁則民之心悦矣三者存乎心暢乎體形乎動靜雖不在位謂之素行故忠心好善而日新之獨居樂德內悦而形詩曰何其處也必有與也何其久也必有以也惟有以者爲能長生久視而無累於物也

知天道者冠鉥知地道者履蹻能治煩決亂者佩觿能射御者佩韘能正三軍者搢笏衣必荷規而承矩負繩而準下故君子衣服中而容貌得接其服而象其德故望玉貌而行能有所定矣詩曰芄蘭之枝童子佩觿說行能者也

冠者所以別成人也脩德束躬以自申飭所以檢其邪心守其正意也君子始冠必祝成禮加冠以厲其心故君子成人必冠帶以行事棄幼少嬉戲惰慢之心而衎衎於進德脩業之志是故服不成象而內心不變內心脩德外被禮文所以成顯令之名也是故皮弁素積百王一不易

既以脩德又以正衣孔子曰正其衣冠尊其瞻
視儼然人望而畏之不亦威而不猛乎
成王將冠周公使祝雍祝王曰達而勿多也祝
雍曰使王近於民遠於年嗇於時惠於財任賢
使能於此始成之時祝辭四加而後退公冠自
以為主卿為賓饗之以三獻之禮公始加玄端
與皮弁皆必朝服玄冕四加諸侯太子庶子冠
公為主其禮與上同冠於祖廟辭曰令月吉日加
子元服去爾初志順爾成德冠禮十一元冕正而
冠古之通禮也
夏公如齊逆女何以書譏逆禮也其禮奈何曰

諸侯以屨二兩加琮大夫士以屨二兩加束脩二曰某國寡小君使寡人奉不珍之琮不珍之屨禮夫人貞女夫人曰有幽室數辱之產未諭於傅母之教得承執衣裳之事敢不敬拜祝祝答拜夫人受琮取一兩屨以履女正笄衣裳而命之曰往矣善事爾舅姑以順為宮室無二爾心無敢回也女拜乃親引其手授夫乎戶夫引手出戶夫行女從拜辭父於堂拜諸母於大門夫先升輿執轡女乃升輿轂三轉然後夫下先行大夫士庶人稱其父曰某之父某之師友使某執不珍之屨不珍之束脩敢不敬禮某氏

貞女毋同有草芧之産未習於織紝紡績之事
得奉執箕帚之事敢不敬辭
春秋曰壬申公薨于高寢傳曰高寢者何正寢
也曷為或言高寢或言路寢曰諸侯正寢三一
曰高寢二曰左路寢三曰右路寢高寢者始封
君之寢也二路寢者繼體之君寢也其二何曰
子不居父之寢故二寢繼體君世世不可居高
祖之寢故有高寢名曰高也路寢其立奈何高
寢立中路寢左右春秋曰天王入于成周傳曰
成周者何東周也然則天子之寢奈何曰亦三
承明繼體守文之君之寢曰左右之（一作大）路寢謂

之承明何曰承帝明堂之後者也故天子諸侯三寢立而名實正父子之義章尊卑之事別大小之德異矣

天子以鬯為贄鬯者百香一作草之本也上暢於天下暢於地無所不暢故天子以鬯為贄諸侯以圭為贄圭者玉也薄而不撓廉而不劌有瑕於中必見於外故諸侯以玉為贄卿以羔為贄羔者羊也羊群而不黨故卿以為贄大夫以鴈為贄鴈者行列有長幼之禮故大夫以為贄士以雉為贄雉者不可指食籠狎而服之故士以雉為贄庶人以鶩為贄鶩者鶩鶩也鶩鶩無他心

故庶人以鶩爲贄贄者所以質也
諸侯三年一貢士士一適謂之好德再適謂之
尊賢三適謂之有功有功者天子一賜以輿服
弓矢再賜以鬯三賜以虎賁百人號曰命諸侯
命諸侯者鄰國有臣弒其君孽弒其宗雖不請
乎天子而征之可也已征而歸其地于天子諸
侯貢士一不適謂之過再不適謂之慠三不適
謂之誣誣者天子黜之一黜以爵再黜以地三
黜而地畢諸侯有不貢士謂之不率正不率正
者天子黜之一黜以爵再黜以地三黜而地畢
然後天子比年秩官之無文者而黜之以諸侯

之所以任代之詩云濟濟多士文王以寧此之
謂也
古者必有命民民能敬長憐孤取舍好讓居
事力者命於其君命然後得乘飾車駢馬未得
命者不得乘乘者皆有罰故其民雖有餘財侈
物而無仁義功德則無所用其餘財侈物故其
民皆興仁義而賤財利賤財利則不爭不爭則
強不淩弱衆不暴寡是唐虞所以興象刑而民
莫敢犯法而亂斯止矣詩云告爾民人謹爾侯
度用戒不虞此之謂也
天子曰巡狩諸侯曰述職巡狩者巡其所守也

述職者述其所職也春省耕助不給也秋省斂
助不足也天子五年一巡狩歲二月東巡狩至
于東嶽柴而望祀山川見諸侯問百年者命太
師陳詩以觀民風命市納賈以觀民之所好惡
志淫好僻者命典禮考時月定日同律禮樂制
度衣服正之山川神祇有不舉者為不敬不敬
者君黜以爵宗廟有不順者為不孝不孝者君
削其地有功澤於民者然後加地入其境土地
辟除敬老尊賢則有慶益其地入其境土地荒
穢遺老失賢掊克在位則有讓削其地一不朝
者黜其爵再不朝者黜其地三不朝者以六師

稜之歲五月南巡狩至于南嶽如東巡狩之禮歲八月西巡狩至于西嶽如南巡狩之禮歲十一月北巡狩至于北嶽如西巡狩之禮歸格于祖禰用特

春秋曰正月公狩于郎傳曰春曰蒐夏曰苗秋曰獮冬曰狩苗者奈何曰苗者毛也取之不圍澤不揜群取禽不麛卵不殺孕重者春蒐者不殺小麛及孕重者冬狩皆取之百姓皆出不失其馳不抵禽不詭遇逐不出防此苗獮蒐狩之義也故苗獮蒐狩之禮簡其戎事也故苗者毛取之蒐者搜索之狩者守留之夏不田何也曰

天地陰陽盛長之時猛獸不攫鷙鳥不搏蝮蠆
不螫鳥獸蟲蛇且知應天而況人乎是以古
者必有豢牢其謂之收何也人與事必反本五
穀者以奉宗廟養萬民也去禽獸害稼穡者故
以田言之聖人作名號而事可知也
天子諸侯無事則歲三田一爲乾豆二爲賓客
三爲充君之庖無事而不田曰不敬田不以禮
曰暴天物天子不合圍諸侯不掩羣天子殺則
下大綏諸侯殺則下小綏大夫殺則止佐車佐
車止則百姓田獵獺祭魚然後虞人入澤梁鳩
化爲鷹然後設罻羅草木零落然後入山林昆

虫不蟄不以火田不麛不卵不殺夭不覆巢此皆聖人在上君子在位能者在職大德之發者也是故皋陶為大理平民各服得其實伯夷主禮上下皆讓倕為工師百工致功益主虞山澤辟成棄主稷百穀時茂契主司徒百姓親和龍主賓客遠人至十二牧行而九州莫敢僻違禹陂九澤通九道定九州各以其職來貢不失厥宜方五千里至于荒服南撫交趾大發西析支渠搜氐羌北至山戎肅慎東至長夷島夷四海之內皆戴帝舜之功於是禹乃興九韶之樂致異物鳳皇來翔天下明德也

射者必心平體正持弓矢審固然後射者能以
中詩云大侯既抗弓矢斯張射夫既同獻爾發
功此之謂也弧之爲言豫也豫者豫吾意也故
古者兒生三日桑弧蓬矢六射天地四方天地
四方者男子之所有事也必有意其所有事然
後敢食穀故曰不素餐兮此之謂也
生而相與交通故曰留賓自天子至士各有次
贈死不及柩尸弔生不及悲哀非禮也故古者
吉行五十里奔喪百里贈賵及事之謂時禮
之大者也春秋曰天王使宰咺來歸惠公仲子
之賵賵者何喪事有賵者蓋以乘馬束帛輿馬

曰賵貨財曰賻衣被曰襚口實曰唅玩好曰贈知生者賻賵知死者贈襚贈襚所以送死也賻賵所以佐生也輿馬束帛貨財衣被玩好其數柰何曰天子乘馬六匹諸侯四匹大夫三匹元士二匹下士一匹天子束帛五匹玄三纁二各五十尺諸侯玄三纁二各三十尺大夫玄一纁二各三十尺元士玄一纁一各二丈下士綵縵各一匹庶人布帛各一匹天子之賵乘馬六匹乘車諸侯四匹乘輿大夫曰參輿元士下士不用輿天子文繡衣各一襲到地諸侯覆跗大夫到踝士到髀天子唅實以珠諸侯以玉大夫以

襚士以其衣人以其盡實其盧襚戶又觀者賻賵
含襚厚其重薄其輕三一其五之墓反之天地
一制于衆人之一而通動人謂之善尚禮之大
宗也
春秋曰壬戌天王崩以得日天子之崩不書葬天
子記崩不記葬必其時也諸侯記卒記葬有天
子存不必其時也必其時奈何天子七日而殯
七月而葬諸侯五日而殯五月而葬大夫三日
而殯二月而葬士庶人二日而殯三月而葬皆
何以然曰禮不豫凶事死而後治凶衣衰飾
脩棺槨作穿窆宅兆然後喪文成外親畢至葬

墳集乎之也匹疋之恩厚錯著矣以天子七月而葬同軌畢至諸侯五月而葬同會畢至大夫三月而葬同朝畢至士庶人二月而葬外姻畢至也

延陵季子適齊於其反也其長子死葬於嬴博之間孔子聞之曰延陵季子吳之習於禮者也使子貢往觀之其穿深不至於泉其斂以時服既葬而封廣輪掩坎其高可隱也既封左袒右還其封且號者三言曰骨肉歸復于土命也若魂氣則無不之也無不之也而遂行孔子曰延陵季子之於禮其合矣

子生三年然後免於父母之懷故制喪三年所
以報父母之恩也期年之喪通乎諸侯三年之
喪通乎天子禮之經也
子夏三年之喪畢見於孔子孔子與之琴使之
弦援琴而弦衎衎而樂作而曰先王制禮不敢
不及也孔子曰君子也閔子騫三年之喪畢見於
孔子孔子與之琴使之弦切切而悲
作而曰先王制禮不敢過也孔子曰君子也子
貢問曰閔子哀未盡孔子曰君子也子夏哀已盡
又曰君子也賜也惑敢問何謂孔子曰閔子哀
未盡能斷之以禮故曰君子也子夏哀已盡能

引而參之故曰君子以成矣三年之喪所以優賢者之所以勉者之所[illegible]齊宣王謂田過曰吾聞儒者喪親三年喪君三年君與父孰重田過對曰殆不如父重王忿然怒曰然則何為去親而事君田過對曰非君之土地無以處吾親非君之祿無以養吾親非君之爵位無以尊顯吾親受之君致之親凡事君所以為親也宣王邑邑而無以應之

古者有菑者謂之厲君一時素服使有司弔死問疾憂以巫醫匍匐以救之湯粥以方之善者必先乎鰥寡孤獨及病不能相養者以厚理

則葬埋之有親喪者不呼其門有齊衰大功五
月不服力役之征有小功之喪者未葬不與力
役之征其有重尸多死者急則常發衆童子擊
鼓苣火入官宮里用之各擊鼓苣火逐官宮里
家之主人冠立于阼事畢出乎里門出乎邑門
至野外兆甸閫救厲之道也師大敗亦然
齊者思其居處也思其笑語也思其所爲也齊
三日乃見其所爲齊者祭之日入戶僾然若
有見乎其容盤旋出戶喟然若有聞乎歎息之
聲先人之色不絕於目聲音咳嗽不絕於耳耆
欲好惡不忘於心是則孝子之齊也

春祭曰祠夏祭曰禴秋祭曰嘗冬祭曰烝春薦韭卵夏薦麥魚秋薦黍豚冬薦稻鴈三歲一祫五年一禘祫者合也禘者諦也祫者大合祭於祖廟也禘者諦其德而差優劣也聖主將祭必絜齋精思若親之在方興未登憒憒憧憧專一想親之容皃彷彿此孝子之誠也四方之助祭空而來者滿而反虛而至者實而還皆取法則焉

韓褐子濟於河津人告曰夫人過於此者未有不快用者也而子不用乎韓褐子曰天子祭海內之神諸侯祭封域之內大夫祭其親士祭其

祖禰偈也未得事河伯也遽入再揖舟中求而
運達人曰向也役人固已告矣乞子不聽役人
之言也今舟中水而運甚殆治裝衣而下遊乎
韓子曰吾不爲人之惡我而改吾志不爲我將
死而改吾義言未已舟決沒于鱷禍子曰詩云
莫莫葛藟施于條枚豈弟君子求福不回鬼神
且不回況於人乎
孔子曰無體之禮敬也無服之喪憂也無聲之
樂懽也不言而信不動而威不施而仁志也鍾
鼓之聲怒而擊之則武憂而擊之則悲喜而擊
之則樂其志變其聲亦變其志誠通乎金石而

況人乎

公孟子高見顓孫子莫曰敢問君子之禮何如顓孫子莫曰去爾外厲與爾內色勝而心自取之云三者而可矣公孟不知以告曾子曾子愀然逡巡曰大哉言乎夫外厲者必內折色勝而心自取之者必為人役是故君子德成而容不知聞識博而辭不爭知慮微達而能不愚

曾子有疾孟儀往問之曾子曰鳥之將死必有悲聲君子集大辟必有順辭禮有三儀知之乎對曰不識也曾子曰坐吾語汝君子脩禮以立志則貪欲之心不來君子思禮以脩身則怠惰

慢易之節邪不至君子脩禮以仁義則忿爭暴亂
之辭遠若夫置尊俎列籩豆此有司之事也君
子雖勿能可也
孔子曰可也簡簡者易野也易野者無禮文也
孔子見子桑伯子子桑伯子不衣冠而處弟子
曰夫子何為見此人乎曰其質美而無文吾欲
說而文之孔子去子桑伯子門人不說曰何為
見孔子曰其質美而文繁吾欲說而去其文
故曰文質脩者謂之君子有質而無文謂之易
野子桑伯子易野欲同人道於牛馬故仲弓曰
太簡上無明天子下無賢方伯天下為無道臣

弑其君子弑其父力能討之討之可也當孔子之時上無明天子也故言雍也可使南面南面者天子也雍之所以得稱南面者問子桑伯子於孔子孔子曰可也簡仲弓曰居敬而行簡以道民不亦可乎居簡而行簡無乃太簡乎子曰雍之言然仲弓通於化術孔子明於三道而無以加仲弓之言

孔子至齊郭門之外遇一嬰兒挈一壺相與俱行其視精其心正其行端孔子謂御曰趣驅之趣驅之韶樂方作孔子至彼聞韶三月不知肉味故樂非獨以自樂也又以樂人非獨以自正

也又以正人矣哉於此樂者不圖爲樂至於此
黃帝詔伶倫作爲音律伶倫自大夏之西乃之
崑崙之陰取竹於嶰谷以生竅厚薄均者斷兩
節間其長九寸而吹之以爲黃鍾之宮曰含少
次制十二管以崑崙之下聽鳳之鳴以別十二
律其雄鳴爲六雌鳴亦六以比黃鍾之宮適合
黃鍾之宮皆可生之而律之本也故曰黃鍾微
而均鮮全而不傷其爲宮獨尊象大聖之德可
以明至賢之功故奉而薦之于宗廟以歌迎功
德世世不忘是故黃鍾生林鍾林鍾生大呂大
呂生夷則夷則生大簇大簇生南呂南呂生夾

鍾夾鍾生無射無射生姑洗姑洗生應鍾應鍾
生蕤賓三分所生益之一分以上生三分所生
去其一分以下生黃鍾大呂太蔟夾鍾姑洗仲
呂蕤賓為上林鍾夷則南呂無射應鍾為下大
聖至治之世天地之氣合以生風日至則日行
其風以生十二律故仲冬短至則生黃鍾季冬
生大呂孟春生太蔟仲春生夾鍾季春生姑洗
孟夏生仲呂仲夏日長至則生蕤賓季夏生林鍾孟秋生
夷則仲秋生南呂季秋生無射孟冬生應鍾天
地之風氣正十二律至也
聖人作為鞀鼓椌楬塤篪此六者德音之音然

後鐘磬竽瑟以和之然後干戚旄狄以舞之此
所以祭先王之廟也此所以獻酢酳酬也所以
官序貴賤各得其宜也此所以示後世有尊卑
長幼之序也
鐘聲鏗鏗以立號號以立橫橫以立武君子聽
鐘聲則思武臣石聲磬磬以立辨辨以致死君
子聽磬聲則思死封疆之臣絲聲哀哀以立廉
廉以立志君子聽琴瑟之聲則思志義之臣竹
聲濫濫以立會會以聚衆君子聽竽笙簫管之
聲則思畜聚之臣鼓鼙之聲讙讙以立動動以
進衆君子聽鼓鼙之聲則思將帥之臣君子之

聽音非聽其鏗鏘而已彼亦有所合之也
樂者聖人之所樂也而可以善民心其感人深
其移風易俗故先王著其教焉夫民有血氣心
知之性而無哀樂喜怒之常應感起物而動然
後心術形焉是故感激憔悴之音作而民思憂
嘽奔慢易繁文簡節之音作而民康樂粗厲猛
奮廣賁之音作而民剛毅廉直勁正莊誠之音
作而民肅敬寬裕肉好順成和動之音作而民
慈愛流辟邪散狄成滌濫之音作而民淫亂是
故先王本之情性稽之度數制之禮義合生氣
之和道五常之行使陽而不散陰而不密剛氣

不怒柔氣不攝四暢交於中而發作於外皆安其位不相奪也然後立之學等廣其節奏省其文彩以繩德厚律小大之稱比終始之序以象事行使親疏貴賤長幼男女之理皆形見於樂故曰樂觀其深矣土敝則草木不長水煩則魚鼈不大氣衰則生物不遂世亂則禮慝而樂淫是故其聲哀而不莊樂而不安慢易以犯節流漫以忘本廣則容姦狹則思欲感滌蕩之氣而滅平和之德是以君子賤之也凡姦聲感人而逆氣應之逆氣成象而淫樂興焉正聲感人而順氣應之順氣成象而和樂興焉倡和有應回

邪曲直各歸其分而萬物之理以類相動也是故君子反情以和其志比類以成其行姦聲亂色不習於聽淫樂慝禮不接心術惰慢邪僻之氣不設於身體使耳目鼻口心知百體皆由順正以行其義然後發以聲音文以琴瑟動以干戚飾以羽旄從以簫管奮至德之光動四氣之和以著萬物之理是故清明象天廣大象地終始象四時周旋象風雨五色成文而不亂八風從律而不姦百度得數而有常小大相成終始相生唱和清濁代相爲經故樂行而倫清耳目聰明血氣和平移風易俗天下皆寧故曰樂者

樂也君子樂得其道小人樂得其欲以道制欲
則樂而不亂以欲忘道則惑而不樂是故君子
反情以和其意廣樂以成其教故樂行而民向
方可以觀德矣德者性之端也樂者德之華也
金石絲竹樂之器也詩言其志歌詠其聲舞動
其容三者本於心然後樂氣從之是故情深而
文明氣盛而化神和順積中而英華發外惟樂
不可以爲僞樂者心之動也聲者樂之象也文
彩節奏聲之飾也君子之動本樂其象也後治
其飾是故先鼓以警戒三步以見方再始以著
往復亂以飭歸奮疾而不拔極幽而不隱獨樂

其志不厭其道備舉其道不私其發是故情見
而義立樂終而德尊君子以好善小人以飾聽
過故曰生民之道樂爲大焉
樂之可密者琴最宜焉君子以其可脩德故近
之凡音之起由人心生也人心之動物使之然
也感於物而後動故形於聲聲相應故生變變
成方謂之音比音而樂之及干戚羽旄謂之樂
樂者音之所由生也其本在人心之感於物是
故其哀心感者其聲噍以殺其樂心感者其聲
嘽以緩其喜心感者其聲發以散其怒心感者
其聲壯以厲其敬心感者其聲直以廉其愛心

感者其聲和以調人之善惡非性也感於物而
後動是故先王慎所以感之故禮以定其意樂
以和其性政以一其行刑以防其姦禮樂刑政
其極一也所以同民心而立治道也
凡音生人心者也情動於中而形於聲聲成文
謂之音是故治世之音安以樂其政和亂世之
音怨以怒其政乖亡國之音哀以思其民困聲
音之道與政通矣宮爲君商爲臣角爲民徵爲
事羽爲物五音亂則無法無法之音宮亂則荒
其君驕商亂則陂其官壞角亂則憂其民怨徵
亂則哀其事勤羽亂則危其財匱五者皆亂代

相陵謂之慢如此則國之滅亡無日矣鄭衛之音亂世之音也比於慢矣桑間濮上之音亡國之音也其政散其民流誣上行私而不可止也凡人之有患禍者生於淫泆暴慢淫泆暴慢之本生於飲酒故古者慎其飲酒之禮使耳聽雅音目視正儀足行正容心論正道故終日飲酒而無過矣近者數日遠者數月皆人有德焉以益善詩云既醉以爾既飽以德此之謂也凡從外入者莫深於聲音變人最極故聖人因而成之以德曰樂樂者德之風詩曰威儀抑抑德音秩秩謂禮樂也故君子以禮正外以樂正內內

須臾離樂則邪氣生矣所以須臾離禮則慢行起矣古者天子諸侯聽鍾聲未嘗離於庭卿大夫聽琴瑟未嘗離於前所以養正心而滅淫氣也樂之動於內使人易道而好良樂之動於外使人溫恭而文雅雅頌之聲動人而正氣應之和成容好之聲動人而和氣應之粗厲猛賁之聲動人而怒氣應之鄭衛之聲動人而淫氣應之是以君子慎其所以動人也

子路鼓瑟有北鄙之聲孔子聞之曰信矣由之不才也冉有侍孔子曰求來爾奚不謂由夫先王之制音也奏中聲爲中節流入於南不歸於

夫南者生育之鄉北者殺伐之域故君子執中
以爲本務生以爲基故其音温和而居中以象
生育之氣憂哀悲痛之感不加乎心暴厲淫荒
之動不在乎體夫然者乃治存之風安樂之爲
也彼小人則不然執末以論本務剛以爲基故
其音湫厲而微末以象殺伐之氣和節中正之
感不加乎心温儼恭莊之動不存乎體夫殺者
乃亂亡之風奔北之爲也昔舜造南風之聲其
興也勃焉至今王公述而不釋紂爲北鄙之聲
其廢也忽焉至今王公以爲笑彼舜以匹夫積
正合仁履中行善而卒以興紂以天子好慢淫

荒陶厲暴賊而卒以滅今由也匹夫之徒布衣之醜也既無意乎先王之制而又有亡國之聲豈能保七尺之身哉冉有以告子路子路曰由之罪也小人不能耳陷而入於斯宜矣夫子之言也遂自悔不食七日而骨立焉孔子曰由之改過矣

劉向說苑卷之十九

劉向說苑卷第二十

反質

孔子卦得賁喟然仰而歎息意不平子張進舉手而問曰師聞賁者吉卦而歎之乎孔子曰賁非正色也是以歎之吾思夫質素白當正白黑當正黑夫質又何也吾亦聞之丹漆不文白玉不雕寶珠不飾何也質有餘者不受飾也

信鬼神者失謀信日者失時何以知其然夫賢聖周知能不時日而事利敬法令貴功勞不卜筮而身吉謹仁義順道理不禱祠而福故卜數擇日潔齊戒肥犧牲飾珪璧精祠祀而終不能

除悖逆之禍以神明有知而事之乃欲背道妄
行而以祠祀求福神明必違之矣天子祭天地
五嶽四瀆諸侯祭社稷大夫祭五祀士祭門户
庶人祭其先祖聖王承天心制禮分也凡古之
卜日者將以輔道稽疑示有所先而不敢專自
也非欲以顛倒之惡而幸安之全孔子曰非其
鬼而祭之諂也是以泰山終不享李氏之旅易
稱東隣殺牛不如西隣之禴祭蓋重禮不貴牲
也敬實而不貴華誠有其德而推之則安往而
不可是以聖人見人之文必考其質歷山之田
者善侵畔而舜耕焉雷澤之漁者善爭陂而舜

漁焉東夷之陶器窳而舜陶焉故耕漁與陶非舜之事而舜為之以救敗也民之性皆不勝其欲去其實而歸之華是以苦窳之器爭鬬之患起爭鬬之患起則所以偷也所以然者何也由離誠就詐棄樸而取偽也追逐其末而無所休止聖人抑其文而抗其質則天下反矣詩云尸鳩在桑其子七兮淑人君子其儀一兮傳曰尸鳩之所以養七子者一心也君子之所以理萬物者一儀也以一儀理物天心也三者不離合而為一謂之天心在我能因自深結其意於一故一心可以事百君百心不可以事一君是故

誠不遠也夫誹者一也二者寡也言之雖有文
文必不離亦當貫矣
衛有五丈夫俱負缶而入井灌韭終日一區鄭
析過下車爲教之曰爲機重其後輕其前命曰
橋終日漑韭百區不倦五丈夫曰吾師言曰有
機知之巧必有機知之敗我非不知也不欲爲
也子其往矣我一心漑之不知改已鄧析去行
數十里顔色不悅懌自病弟子曰是何人也而
恨我君請爲君殺之鄧析曰釋之是所謂眞人
者也可令守國
禽滑釐問於墨子曰錦繡絺紵將安用之墨子

曰惡是非吾用務也古有無文者得之矣夏禹
是也卑小宮室損薄飲食土階三等衣裳細布
當此之時黼黻無所用而務在於完堅殷之盤庚
大其先王之室而改遷於殷茅茨不翦采椽不
斲以變天下之視當此之時文采之帛將安所
施夫品庶非有心也以人主為心苟上不為下
惡用之二王者以化身先于天下故化隆於其
時成名於今世也且夫錦繡絺紵亂君之所造
也其本皆興於齊景公喜奢而忘儉幸有晏子
以儉鐫之然猶幾不能勝夫奢安可窮哉紂為
鹿臺糟丘酒池肉林宮牆文畫彫琢刻鏤錦繡

被幛金玉珍瑋婦女優倡鐘鼓管絃流漫不禁
而天下愈竭故卒身死國亡爲天下戮非惟錦
繡絺紵之用耶今當凶年有欲予子隨侯之珠
者不得賣也珍寶而以爲飾又欲予子一鍾粟
者得珠者不得粟得粟者不得珠子將何擇禽
滑釐曰吾取粟耳可以救窮墨子曰誠然則惡
在事夫奢也長無用好末淫非聖人之所急也
故食必常飽然後求美衣必常暖然後求麗居
必常安然後求樂爲可長行可久先質而後文
此聖人之務禽滑釐曰善
秦始皇既兼天下大侈靡即位三十五年猶不

息治大馳道從九原抵雲陽塹山堙谷直通之厥先王宮室之小乃於豐鎬之間文武之處營作朝宮渭南山林苑中作前殿阿房東西五百步南北五十丈上可以坐萬人下可建五丈旗周爲閣道自殿直抵南山之以爲闕爲複道自阿房度渭水屬咸陽以象天極閣道絶漢抵營室也又興驪山之役錮三泉之底關中離宮三百所關外四百所皆有鐘磬帷帳婦女倡優立石闕東海上朐山界中以爲秦東門於是有方士韓客侯生齊客盧生相與謀曰當今時不可以居上樂以刑殺爲威天下畏罪持祿莫敢

盡忠上不聞過而日驕下懾伏以慢欺而取容諫者不用而失道滋甚吾黨久居且爲所害乃相與亡去始皇聞之大怒曰吾異日厚盧生尊爵而事之今乃誹謗我吾聞諸生多爲妖言以亂黔首乃使御史悉上諸生諸生傳相告犯法者四百六十餘人皆坑之盧生不得而侯生後得始皇聞之召而見之升阿東之臺臨四通之街將數而車裂之始皇望見侯生大怒曰老虜不良誹謗而主迺敢復見我侯生至仰臺而言曰臣聞知死必勇陛下肯聽臣一言乎始皇曰若欲何言言之侯生曰臣聞禹立誹謗之木欲

以知過也今陛下奢侈失本淫泆趨末宮室臺
閣連屬增累珠玉重寶積襲成山錦繡文綵滿
府有餘婦女倡優數巨萬人鐘鼓之樂流漫無
窮酒食珍味盤錯於前衣服輕暖輿馬文飾所
以自奉麗靡爛漫不可勝極黔首匱竭民力單
盡尚不自知又急誹謗嚴威克下下喑上聾臣
等故去臣等不惜臣之身惜陛下國之亡耳聞
古之明王食足以飽衣足以暖宮室足以處輿
馬足以行故上不見棄於天下不見棄於黔首
堯茅茨不翦采椽不斲土階三等而樂終身者
以其文采之少而質素之多也丹朱傲虐好慢

謠不脩理化遂以不升今陛下之嬉万丹朱而
千昆吾桀紂臣恐陛下之十亡也而曾不一存
始皇默然以之曰汝何不早言侯生曰陛下之
意方乘青雲飄搖於文章之觀自賢自健上侮
五帝下凌三王棄素樸就末技陛下亡徵見久
矣臣等恐言之無益也而自取死故逃而不敢
言今臣必死故爲陛下陳之雖不能使陛下不
亡欲使陛下自知也始皇曰吾可以變乎侯生
曰形已成矣陛下坐而待亡耳若陛下欲更之
能若堯與禹乎不然無冀也陛下之佐又非也
臣恐變之不能存也始皇喟然而嘆遂釋不誅

後三年始皇崩二世即位三年而秦亡

魏文侯問李克曰刑罰之源安生李克曰生於奸邪淫佚之行凡奸邪之心飢寒而起淫佚者久飢之詭也彫文刻鏤害農事者也錦繡纂組傷女工者也農事害則飢之本也女工傷則寒之原也飢寒並至而能不為奸邪者未之有也男女飾美以相矜而能無淫佚者未嘗有也故上不禁技巧則國貧民侈國貧窮者為奸邪而富足者為淫佚則驅民而為邪也民以為邪因以法隨誅之不赦其罪則是為民設陷也刑罰之起有原人主不塞其本而督其末傷國之道

李文侯曰善以爲法服也
秦穆公問閒由余曰古者明王聖帝得國失國當何以也由余曰臣聞之當以儉得之以奢失之穆公曰願聞奢儉之節由余曰臣聞堯有天下飯於土簋啜於土瓶其地南至交趾北至幽都東西至日所出入莫不賓服堯釋天下舜受之作爲食器斬木而裁之銷銅鐵脩其刃猶漆黑之以爲器諸侯侈國之不服者十有三舜釋天下而禹受之作爲祭器漆其外而朱畫其內縵帛爲茵褥觴勺有彩爲飾彌侈而國之不服者三十有二夏后氏以没殷周受之作爲大器

而建九斿食器彫琢觴勺刻鏤四壁四帷茵席雕文此彌侈矣而國之不服者五十有二君好文章而服者彌侈故曰儉其道也由余出穆公召内史廖而告之曰寡人聞鄰國有聖人敵國之憂也今由余聖人也寡人患之吾將奈何内史廖曰夫戎辟而遼遠未聞中國之聲也君其遺之女樂以亂其政而厚爲由余請期以疏其閒彼君臣有閒然後可圖君曰諾乃以女樂三九遺戎王因爲由余請期戎王果見女樂而好之設酒聽樂終年不遷馬牛羊半死由余歸諫諫不聽遂去入秦穆公迎而拜爲上卿問其兵

孰與其地利旣以得矣舉兵而伐之兼國十二開地千里穆王奢主能聽賢納諫故霸西戎西戎淫於樂誘於利以亡其國由離賢僕也

經侯往適魏太子左帶羽玉具劍右帶環佩左光照右右光照左坐有頃太子不視也又不問也經侯曰魏國亦有寶乎太子曰有經侯曰其寶何如太子曰主信臣忠百姓上戴此魏之寶也經侯曰吾所問者非是之謂也乃問其器而已太子曰有徒師沼治魏而市無預賈郄辛治陽而道不拾遺芒卯在朝而四鄰賢士無不相因而見此三大夫乃魏國之大寶於是經侯默

然不應左解玉具右解環佩委之坐愀然而起
默然不謝趨而出上車驅去魏太子使騎操劍
佩逐與經侯使告經侯曰吾無德所寶不能為
珠玉所守此寒不可衣飢不可食無為遺我賊
於是經侯杜門不出傳死
晉平公為馳逐之車龍旌象色挂之以犀象錯
之以羽芝之車成題金千鎰立之於殿下令羣臣
得觀焉田差三過而不一顧平公作色大怒問
田差爾三過而不一顧何為也田差對曰臣聞
說天子者以天下說諸侯者以國說大夫者以
官說士者以事說農夫者以食說婦姑者以織

桀以奢亡紂以淫敗是以不敢顧也平公曰善
乃令左右曰去車
魏文侯御廩災文侯素服辟正殿五日羣臣皆
素服而弔公子成父獨不弔文侯復殿公子成
父趨而入賀曰甚大善矣夫御廩之災也文侯
作色不悅曰夫御廩者寡人寶之所藏也今火
災寡人素服辟正殿羣臣皆素服而弔至於子
大夫而不弔今已復辟矣猶入賀何爲公子成
父曰臣聞之天子藏於四海之內諸侯藏於境
內大夫藏於其家士庶人藏於篋櫝非其所藏
者不有天災必有人患今幸無人患乃有天災

不亦[illegible]曰善
齊桓公謂管仲曰吾國甚小而財用甚少而羣
臣衣服輿馬甚汰吾欲禁之可乎管仲曰臣聞
之君嘗之臣食之君好之臣服之今君之食也
必桂之漿衣練紫之衣狐白之裘此羣臣之所
奢大也詩云不躬不親庶民不信君欲禁之胡
不自親乎桓公曰善於是更制練帛之衣大白
之冠朝一年而齊國儉也
季文子相魯妾不衣帛馬不食粟仲孫他諫曰
子爲魯上卿相二君矣妾不衣帛馬不食粟人其以子爲
愛且不華國也文子曰然吾觀國人之父母

父母麤食蔬吾是以不敢且吾聞君子以德華國
不聞以妾與馬夫德者得於我又得於彼故可
行若淫於奢侈沈於文章不能自反何以守國
仲孫它慙而退
趙簡子乘弊車瘦馬衣羖羊裘其宰進諫曰車
新則安馬肥則往來疾狐白之裘溫且輕簡子
曰吾非不知也吾聞之君子服善則益恭細人
服善則益倨我以自備恐有細人之心也傳曰
周公位尊愈卑勝敵愈懼家富愈儉故周氏八
百餘年此之謂也
魯築郎囿季平子欲速成叔孫昭子曰安用其

速成也以虐其民其可守乎無囿尚可乎惡聞嬉戲之游罷其所治之民乎

衛叔孫文子問於王孫夏曰吾先君之廟小吾欲更之可乎對曰古之君子以儉為禮今之君子以汰易之夫衛國雖貧豈無文履一奇以易十稷之繡哉以為非禮也文子乃止

晉文公合諸侯而盟曰吾聞國之昏不由聲色必由姦利好樂聲色者淫也貪姦者惑也夫淫惑之國不亡必殘自今以來無以美妾疑妻無以聲樂妨正無以姦情害公無以貨利示下其有之者是謂伐其根素流於華葉若此者有患

無憂有寬容亦强言恤言有顯示之於是君子聞之曰文公其知道乎其不王者猶無佐也晏子飲景公酒日暮公呼具火晏子辭曰詩曰側弁之俄言失德也屢舞傞傞言失容也既醉以酒既飽以德既醉而出並受其福賓主之禮也醉而不出是謂伐德賓主之罪也嬰已卜其日未卜其夜公曰善舉酒而祭之再拜而出曰豈過我哉吾託國於晏子也以其家貧善寡人不欲其淫侈也而況與寡人謀國乎

楊王孫病且死令其子曰吾死欲裸葬以反吾真必無易吾志祁侯聞之往諫曰竊聞王孫令

葬必裸而入地必若所聞愚以為不可令死人無知則已矣若死有知也是戮尸於地下也將何以見先人愚以為不可王孫曰吾將以矯世也夫厚葬誠無益於死者而世競以相高靡財殫幣而腐之於地下或乃今日入而明日出此真與暴骸於中野何異且夫死者終生之化而物之歸者歸者得至而化者得變是物各反其真其真冥冥視之無形聽之無聲乃合道之情夫飾外以誇眾厚葬以矯真使歸者不得至化者不得變是使物各失其然也且吾聞之精神者天之有也形骸者地之有也精神離形而各

歸其眞故謂之鬼鬼之爲言歸也其尸塊然獨
處豈有知哉厚衣之以繒帛多送之以財貨以
奪生者財用古聖人緣人情不忍其親故爲之
制禮今則越之吾是以欲倮葬以矯之也昔堯
之葬者空木爲櫝葛藟爲緘其穿地也下不亂
泉上不泄臭故聖人生易尚死易葬不加於無
用不損於無益謂今費財而厚葬死者不知生
者不得用謬哉可謂重惑矣祁侯曰善遂倮葬
也
魯有儉者瓦鬲煮食食之而美盛之土鉶之器
以進孔子孔子受之歡然而悅如受大牢之饋

弟子曰瓦甂陋器也煑食薄膳也而先生何喜如此乎孔子曰吾聞好諫者思其君食美者念其親吾非以饌爲厚也以其食美而思我親也

晏子病將死斷楹內書焉謂其妻曰楹也語子壯而視之及壯發書書之言曰布帛不可窮窮不可飾牛馬不可窮窮不可服士不可窮窮不可任窮乎窮乎窮也

仲尼問老聃曰甚矣道之於今難行也吾比執道委質以當世之君而不我受也道之於今難行也老子曰夫說者流於聽言者亂於辭如此二者則道不可委矣

子貢問子石子不學詩乎子石曰吾暇乎哉父母求吾孝兄弟求吾悌朋友求吾信吾暇乎哉子貢曰請投吾師以學於子

公明宣學於曾子三年不讀書曾子曰宣而居參之門三年不學何也公明宣曰安敢不學宣見夫子居宮庭親在叱咤之聲未嘗至於犬馬宣說之學而未能宣見夫子之應賓客恭儉而不懈惰宣說之學而未能宣見夫子之居朝廷嚴臨下而不毀傷宣說之學而未能宣說此三者學而未能宣安敢不學而居夫子之門乎曾參避席謝之曰參不及宣其學而已

魯人身善織屨妻善織縞而徙於越或謂之曰子必窮魯人曰何也曰屨爲履縞爲冠也而越人徒跣剪髮遊不用之國欲無窮可得乎

劉向說苑卷第二十終

附録一　異體字目録

異體字目録

正字	異體字
假	假
暇	暇
卻	郤
慤	慤
覺	覺
諫	諫
曷	曷 曷
渴	渴
褐	褐
竭	竭
碣	碣
葛	葛 葛
監	監 監 監 監 監 監
儉	儉
斂	斂
鑑	鑑
襁	襁
強	強 强 強
羌	羗
講	講
釭	釭
皆	皆 皆
喈	喈
改	攺
慨	慨 槩 槩
開	開
羹	羹 羮

鏗	鏗
舉	舉 擧 舉 舉 舉
據	據 據 據 據
遽	遽 遽 遽 遽
袪	袪
莒	莒 苢
虔	虔 虔
乞	乞
儉	儉
劍	劒 劒 劎
黔	黔 黔
劫	刼 刧 刦
揭	揭
鬲	鬲
擊	擊 擊 擊 擊 擊 擊
堅	堅 堅
潔	潔 潔
決	决
缺	缺
兼	兼 兼 兼 兼
謙	謙
鏡	鏡
卿	卿 卿 卿
傾	傾 傾
競	競
徑	徑
勁	勁
經	經

輕	輊
磬	磬 磬
黥	黥
稽	稽 稽 稽
堦	堦
階	階
繼	継 繼 繼 繼
繫	繫 繫
孤	孤 孤 孤
罟	罟
故	故
鼓	鼓 皷
股	股
羖	羖 羖
高	高
槀	槀 槁
膏	膏
瞽	瞽
顧	頋 顧
剮	剮 剮 剮
袴	袴 袴 袴
臯	皐 皐 皋 臯 臯 臯
翱	翺 翶
穀	穀 穀 穀 穀 穀 穀 穀
縠	縠
轂	轂
哭	哭
髡	髡
骨	骨
功	功
恭	恭

恐	恐 恐 恐
蛩	蛩
鞏	鞏
贛	贛
瓜	瓜 瓜
寡	寡 寡 寡 寡
裹	裹
過	過
誇	誇 誇
髁	髁
郭	郭
槨	槨 槨
廓	廓
鞹	鞹
冠	冦 冠
寬	寬
館	舘 □
關	関 關 關
匡	匡 匡 匡 匡
筐	筐
廣	廣 廣
曠	曠
乖	乖
怪	怪
塊	塊 塊 塊
媿	媿 媿
槐	槐
愧	愧 愧
魁	魁
瑰	瑰
壞	壞 壞 壞 壞 壞 壞
虢	虢 虢 虢 虢

膠	膠
矯	撟
教	敎
久	乆
柩	柩
臼	臼
仇	仇
究	究
寇	宼　冦　冦　寇
苟	茍　笱
構	搆　構
溝	溝
驅	敺
歐	歐　歐
矩	矩
舊	舊　舊　舊　舊 舊
求	求
救	救
裘	裘
㲉	㲉
具	具
俱	倶
轂	轂　轂　轂
龜	龜　亀　亀　龜　龜 龜　龜　龜　龜　龜
屨	屨
國	國
群	羣　羣
宮	宮
厥	厥
闕	闕　闕　闕
蹶	蹷　蹷　蹶

餽	餽
軌	軌
鬼	鬼　鬼
劌	劌
歸	歸　歸　歸　帰
揆	揆
珪	珪
糾	糾　糺　糾
規	規
橘	橘
棘	棘
亟	亟　亟
極	極
戟	戟
劇	劇　劇
僅	僅　僅
勤	勤　勤
謹	謹　謹
饉	饉　饉
殣	殣　殣
筋	筋
今	今　仐　今　今　今 今　今
金	金
衿	衿
襟	襟
錦	錦
矜	矜
琴	琴　琴
禽	禽
擒	擒
急	急
肯	肎　肯

起	起
杞	杞
紀	紀 紀
記	記 記
忌	忌
踦	踦
跽	跽
期	朞
奇	奇
寄	寄
綺	綺
陭	陭
踦	踦
錡	錡
騎	騎
齮	齮
幾	㡬 幾 幾 幾 幾 幾 幾 幾 幾
機	機 機 機 機 機
禨	禨
璣	璣 璣
譏	譏
饑	饑 饑 饑
飢	飢 飢
冀	兾 冀 冀
驥	驥 驥 驥 驥
器	器 噐 噐 噐
耆	耆
嗜	嗜
羇	羇 羇
夔	夔
既	既 既 既 既 既
吉	吉

諾	諾 諾 諾
難	難 難 難 難 難 難
闌	闌
爛	爛
蘭	蘭
亂	亂 亂 亂 亂 亂 亂 亂 亂 亂 亂 亂 亂 亂 亂 亂
暖	煖
男	男
濫	濫 濫
藍	藍 藍
臘	臈
曩	曩
囊	囊 囊
內	内
奈	柰 奈
迺	迺 迺
惄	惄
年	秊
念	念
甯	寗 甯 寗 寗 寗
寧	寍 寍 寜 寕 寍 寍
佞	佞
魯	魯
盧	盧
祿	禄
綠	緑
錄	録
騄	騄

農	農 農
龍	龍
礱	礲 礲
聾	聾 聾 聾
籠	籠
腦	脳 腦
漏	漏 漏
婁	婁
樓	樓
屢	屢
縷	縷
螻	螻
鏤	鏤
廩	廪 廪 廪
懍	懔
能	䏻 能
尼	尼
泥	泥
溺	溺 溺 溺
丹	冊 冊 丹 冊
段	段 段 段 段
鍛	鍛
單	単 單 単
鄲	鄲
斷	斷 斷 断
袒	袒
亶	亶
檀	檀 檀
壇	壇 壇
摶	摶 摶
獺	獺
達	達
譚	譚

答	荅 峇
黨	黨
臺	臺
帶	帶 帶 帶
對	對
戴	戴
德	德
徒	徒
盜	盜
途	途
塗	塗 塗
逃	迯 逃
跳	跳
度	度
陶	陶
圖	圖 圖 圖 圖 圖
蹈	蹈
檮	檮
禱	禱
毒	毒 毒
篤	篤
黷	黷
兜	兠
蠹	蠧 蠧
敦	敦
頓	頓
臀	臀
等	等
滕	滕
卵	夘 夘 卵
欒	欒
覽	覧 覧 覧
郎	郎

柳	栁
流	流
旒	旈
留	畱
溜	澑
劉	劉
謬	謬 謬 謬
僇	僇
戮	戮
律	律
隆	隆 隆
勒	勒
懍	懔
陵	陵
裏	裏 裏
鼇	鼇 鼇 鼇
鯉	鯉
履	履 履
羅	羅 羅
羸	羸
鄰	隣
馬	馬
嫚	嫚
滿	滿 蒲 滿 滿 滿 滿 滿 滿 蒲 滿 蒲
輓	輓 輓
亡	亡 亡 亡
罔	罔
望	望 望
盲	肓
莽	莽 莾
每	每

螂	蜋
兩	兩 兩
梁	梁
呂	吕
閭	閭
蠡	蠡
黎	黎
藜	蔾 蔾
麗	麗 麗
酈	酈
驪	驪 驪
礪	礪
慮	慮
廬	廬 廬
歷	歴 歴
煉	煉
練	練
鍊	鍊
廉	廉 廉 廉 廉
斂	歛 歛
獵	獵 獵 獵
躐	躐
令	令
靈	靈 靈 靈
禮	禮
虜	虜
賴	頼
隴	隴 隴
廖	廖 廖
遼	遼
龍	龍 龍 龍 龍 龍
螻	螻
類	類 類

媒	媒
寐	寐 寐
盟	盟
虻	䖟 蝱
面	靣
眄	眄
綿	緜
冕	冕
滅	㓕 滅 滅
蔑	蔑
明	明
命	命 命
冥	冥 冥 冥 冥 冥
鳴	鳴
袂	袂
冒	冐
母	毋 毋 毋 毋
茅	茅
慕	慕
某	某
謀	謀 謀
畝	畆
侮	侮 侮
貌	貎 貌
穆	穆 穆 穆 穆 穆 穆
沒	没 没
歿	殁
蒙	蒙 蒙 蒙 蒙 蒙
夢	夣
茆	茆
武	武 武
務	務

茂	茂 茂 茂 茂
繆	繆
撫	撫
墨	墨
默	默
嘿	嘿
美	美 美
微	微 微 微 微 微 微 微
芈	芊 芊 芊
民	民
岷	岷
黽	黽 黽 黽
敏	敏 敏
閔	閔
密	密
博	博 博
愽	愽 愽
搏	搏 搏
薄	薄 薄 薄 薄
縛	縛 縛
樸	樸
駁	駮
反	反
飯	飰
盤	盤 盤 盤 槃
蟠	蟠
發	發 發 發 發 發 發 發
勃	敦
拔	扳 拔 拔
柭	柭
茇	茇

髮	髪 髪 髮 髮 髮 髮
方	方
邦	邦
尨	庬
龐	龐
謗	謗
拜	拜
背	背 背
配	配
帛	帛
魄	魄
番	畨
燔	燔
藩	藩
膰	膰
飜	飜
繁	繁
罰	罰
凡	凡 凡 凡 九
汎	汎
伐	伐
辟	辟
僻	僻
壁	壁
璧	璧 辟
甓	甓
邊	邊 邉 邉
籩	籩 籩 籩
變	變
辨	辨 辨
辯	辯 辯
駢	駢

鱉	鱉
鼈	鼈 鼈 鼈 鼈
幷	并 幷
瓶	瓶
兵	兵 兵
步	步 步
報	報 報
甫	甫
輔	輔
補	補
褓	褓
寶	寶
僕	僕
服	服
復	復
腹	腹
複	複
鋒	鋒
逢	逢
蓬	蓬
賵	賵
賻	賻
鳳	鳳
父	父 父
斧	斧
傅	傅 傅
溥	溥
缶	缶
富	富
負	負 負
膚	膚
鳧	鳧
腐	腐 腐

苻	苻
北	圵 北 北
鞞	鞞
分	分 分
忿	忿
奮	奮
奔	犇
蚡	蚠
糞	糞
紱	紱 紱
黻	黻
朋	朋
崩	崩
匕	匕 匕 匕
比	比
妃	妃 妃
卑	卑
俾	俾
脾	脾
裨	裨 裨
畀	畀
淠	淠
鄙	鄙 鄙 鄙 鄙
備	備 備
嚭	嚭
賓	賓
儐	儐
嬪	嬪
濱	濱
殯	殯
臏	臏
髕	髕 髕
鬢	鬢

騁	騁
使	使
俟	俟
私	私
四	罒
絲	絲 絲
死	死 死 死
師	師
舍	舍 舍
捨	捨
虒	虒
詐	詐
賜	賜
辭	辭 辭 辭 辭 辭 辭 辭 辞 辞 辤 辭 辭 辭 辭 辭 辭 辭 辭 辭 辞 辞 辭 辭 辭
射	射
蛇	虵 蛇
寫	寫 寫
躧	躧
鏟	剗 剗
殺	殺 殺 殺 殺 殺 殺
參	叅
舌	舌 舌
銛	銛
嘗	嘗 嘗 嘗
傷	傷 傷
殤	殤
觴	觴 觴

世	世 世 世 世 丗 丗 丗 世
歲	嵗 歳
勢	埶 勢
稅	稅 秘
召	㕣
沼	沼
昭	昭
紹	紹
所	所 所
疏	踈 疏
踈	踈
蔬	蔬
艘	艘
笑	笑 笑 咲
蕭	蕭 蕭 蕭
搔	搔 搔 搔
銷	銷
騷	騷
屬	屬 屬 属
孫	孫
損	損
率	率
衰	衰
灑	灑 洒
守	守
收	収 収 収
首	首 首
修	脩 脩 脩
須	湏
雖	雖
數	數
藪	藪

象	象 象 象
像	像 像
爽	爽
喪	䘮
翔	翔
商	啇 商
眚	青
西	覀
徐	徐
庶	庻 庶 庻
序	序
抒	抒
敍	叙
黍	黍 黍
舒	舒
鼠	鼠
昔	昔
席	席
宣	宣
善	善 善 善
船	船 舡
綫	綫
禪	禪
蟬	蟬
說	說 說 説
設	設 設
緤	緤
挈	挈
洩	洩
纖	纖
涉	涉
成	成
聲	聲 聲

蒐	蒐
樹	樹 尌
垂	垂
倕	倕
睡	睡
袖	袖
襚	襚
豎	竪
叟	叓
搜	捜
瞍	瞍
膄	膄
繡	綉
隨	随
髓	髆 髓 髄
獸	獸
叔	尗 叔
宿	宿
孰	孰 孰
熟	熟 熟
淳	淳
脣	脣 唇
術	術
膝	膝 膝
隰	隰
襲	襲 襲 龑 龑 龑 襲 襲 龑 龑
習	習
升	升
乘	乗 乘 乘
承	承
繩	繩 繩 縄
時	時

是	是
屍	屍
弒	弒 弑 弑
試	試
植	植
殖	殖
飾	飾 餝 飾
蝕	蝕
晨	晨 晨
身	身
辛	辛 辛 辛
愼	愼 愼 愼 愼 慎 愼
室	室
審	審
鬻	鬻
獄	獄
惡	悪 悪
諤	諤
鴈	鴈
岸	岍
顔	顔 顔
謁	謁
遏	遏
巖	巖
黯	黯
艾	艾
藹	藹
隘	隘
腋	腋
野	野
若	若 若 若 若 若 若

弱	弱 弱 弱
躍	躍
龠	龠
陽	陽 陽 陽 陽
揚	揚 揚
楊	楊 楊
襄	襄 襄
壤	壤
攘	攘
讓	讓
養	養 養
魚	奂
御	衘 御 御 御
禦	禦
焉	焉 焉 焉
鄢	鄢
鰋	鰋
孽	孽
業	業
予	予
與	與 與 與 與
余	余
餘	餘
昜	昜 昜 昜 昜 昜 昜 昜 眔
役	役 役
域	域
逆	逆 逆
緣	緣
燕	燕 燕
兗	兖 交
損	損
悁	悁

涓	涓
捐	捐
椽	椽
掾	掾
然	然 然 然
淵	淵 淵 淵
衍	衍
延	延
緣	缘 緣
蝝	蝝
悅	悦 悅
熱	熱 熱
染	染
冉	冉 冄
閻	閻 閻
厭	厭
塩	塩
鹽	鹽
葉	葉 葉 葉
偞	偞
永	永 永
盈	盈 盈 盈
楹	楹
嬴	嬴 嬴
曳	曳
拽	拽
倪	倪
鯢	鯢
詣	詣
羿	羿
穢	穢 穢
銳	銳 鋭 銳
豫	豫 豫 豫 豫 豫

	豫
隷	隸
翳	瞖
藝	藝
瘞	瘗
睿	睿
污	污 汙
吳	呉 吴 吴 吴 吴 吴 吴 吴 吴 吴
娛	娱
誤	誤
敖	敖
溫	温
慍	愠
縕	緼
蘊	藴
甕	瓮 甕
瓦	瓦 瓦
臥	卧 卧
蛙	鼃
宛	宛
婉	婉
巍	巍 巍
隗	隗 隗
夭	夭
妖	妖
傜	徭 傜 傜
搖	摇 摇 搖 摇 摇
瑤	瑶 瑶 瑶
遙	遥 遥 遥
繇	繇
謠	謡
堯	尭 堯 堯

撓	挠 撓
繞	繞
饒	饒 饒
遼	遼
曜	曜
窈	窈
欲	欲
辱	辱 辱 辱 辱
蓐	蓐
褥	褥
用	用
勇	勇 勇 勇 勇
容	容
庸	庸
尤	尤
友	友
羽	羽
隅	隅
郵	郵
雨	雨 雨 雨
虞	虞 虞 虞 虞 虞 虞 虞 虞 虞 虞 虞
霣	霣
殞	殞
隕	隕
鬱	鬱
熊	熊
原	原
源	源
願	願 愿 愿
冤	冤
苑	苑

怨	怨 怨
員	貟
圓	圎
遠	遠 逺 遠
園	園
袁	袁 袁
猿	猨
轅	轅
黿	黿 黿 黿
幃	幃
圍	圍
衛	衞
魏	魏 魏
尉	尉
爲	為
骫	骫
劉	劉
幼	幼
有	有
游	游
遊	遊
愈	愈
逌	逌 逌 逌
臾	史 臾
庾	庾
腴	腴 腴
諛	諛 諛
羑	羑
裕	裕 裕
濡	濡
窳	窳
蕤	甤
鼬	鼬

允	允
隆	隆 隆
融	融 融
殷	殷 殷 殷 殷 殷
恩	恩
隱	隐 隱 隱
吟	吟
淫	淫 淫 淫 淫 婬 婬
陰	陰
蔭	蔭
邑	邑
宜	宜 宜 宜
毅	毅 毅 毅 毅
矣	矣 矣 矣 矣 矣 矣
倚	倚
衣	衤
疑	疑 疑 疑 疑 疑 疑 疑 疑 疑 疑 疑 疑 疑 疑 疑
擬	擬
義	義
醫	醫 醫 毉
以	以 以 以
尔	尔
爾	爾
異	異
貳	貳
頤	頤 頤
翼	翼 翼 翼 翼
益	益

匿	匿 匿
刃	刄 刅 刄
仞	仭 仭 仭
忍	忍 忍
因	囙
姻	婣
茵	茵
逸	逸
衽	衽 衽
臨	臨 臨 臨 臨
者	者 者 者
炙	炙
煮	煑
刺	刺
姉	姊
疵	疵
訾	訾
爵	爵 爵
棧	桟
殘	残
岑	岑
蠶	蠶 蠶 蠶
熸	熸
雜	雜
章	章 章
障	鄣 障
場	塲 塲 塲 塲 塲
腸	膓 腸
丈	丈
杖	杖
臧	臧 臧
藏	蔵 蔵 蔵 藏 藏
墻	墻 墻

牆	牆
將	将 将 將 將 将 將
壯	壮
莊	荘 莊
裝	装
漿	漿
葬	葬 葬 葬 塟 塟 塟 塟 塟
粧	粧
狀	状
梓	梓
哉	㦲 哉 哉
再	再 再 再 再
齋	齋
齎	齎
宰	宰
災	甾
底	底
抵	抵
樗	樗
葅	葅
適	適 適
謫	謫
翟	翟
敵	敵 敵 敵
塡	填 填 塡
顚	顛 顛 顛
剪	翦 翦
餰	餰
專	專 專
傳	傳
塼	塼

轉	轉 轉
戰	戦 戰
錢	銭 銭 錢
旃	旃 旃
殿	殿
顫	顫 顫 顫
鸇	鸇 鸇 鸇
切	切 切
摺	摺
節	節 節 莭 莭
竊	竊 竊 竊 竊 竊 竊 竊 竊
定	定
亭	亭
停	停
鼎	鼎 鼎 鼎
廷	廷 廷
庭	庭
霆	霆
鋌	鋌
淨	浄 淨 淨
祭	祭 祭
際	際
弟	弟 弟
悌	悌
梯	梯
第	苐
齊	齊 齊
劑	劑
濟	濟 濟
躋	躋
霽	霽
俎	俎

照	照
詔	詔
助	助
漕	漕
蚤	蚤 蚤
鳥	鳥 鳥 鳥 鳥
棗	棗
竈	竈 竈 竈 竈
足	足
族	族
卒	卒
從	従 従 從 從
嵷	嵷 嵷
縱	縦 縱
舟	舟 舟 舟
廚	厨 廚
躕	躕
籌	籌
疇	疇
鑄	鑄
鬻	鬻
娩	娩 娩
鐏	鐏 鐏
衆	衆 衆 衆 衆
即	即
櫛	櫛
曾	曽 曾 曽 曽
增	增 增
憎	憎 憎
繒	繒 繒
贈	贈 贈
矰	矰 矰
甑	甑

指	指 指
脂	脂
祗	祇
秖	秪
砥	砥
阯	阯
遲	遲 遅 遟
直	直 直
眞	真 貞
珍	珎 珎
診	診 診
秦	秦
晉	晋 晉 晉
辰	辰 辰 辰
振	振 振
賑	賑
塵	塵
震	震 震 震
盡	盡 盡 盡
執	執
徵	徵
懲	懲
且	且
此	𣥠 此
次	次 次
遮	遮
斲	斲 斲 斲
錯	錯
鏨	鏨 鏨 鏨 鏨
贊	賛
鑽	鑽
飧	飱 飡 飡
竄	竄

察	察 察 察 祭
參	叅
慙	慙
譖	譛
讒	讒 讒 讒 讒 讒
毚	毚 毚
剏	刱 剏
暢	暢
蔡	蔡
策	筞 筞
處	処 處 處 處 處 處
摭	摭
惕	惕
脊	脊
戚	戚 戚 戚
千	千
擅	擅 擅 擅
淺	浅
賤	賎 賎
踐	践
鐵	鉄
諂	諂 諂
瞻	瞻
襜	襜 襜
輒	輙 輙
喋	喋
聽	聽 聽 聽 聽 聽 聽
涕	涕
彘	彘
逮	逮
體	體 體 躰

初	初
招	招
超	超
草	草
冢	冡
塚	塚
摠	揔
聰	聦 聰
寵	寵
叢	業 叢
藂	藂
樶	樶
嶵	嶵
最	最
追	追
錐	錐
瘳	瘳
箒	箒
醜	醜 醜
趨	趨 趨
捶	捶
箠	箠
麤	麁
築	築 築 築 築
畜	畜
黜	黜
衷	衷
充	充
就	就 就
翠	翠
取	取 取 取
娶	娶 娶
趣	趣 趣

聚	聚 聚
驟	驟
昃	昃
蚩	蚩 蚩
致	致 致
恥	耻
齒	齒
置	置
鴟	鴟
勅	勅
寘	寘
觶	觶
親	親
漆	漆 漆 漆
侵	侵
寢	寢
枕	枕
沈	沉 沉 沈
稱	稱 稱 稱 稱 稱 稱
唾	唾
墮	堕
鼉	鼉 鼉 鼉
啄	啄
琢	琢
擢	擢
嘽	嘽
彈	弾 彈 彈
殫	殫 殫
歎	歎 歎 歎 歎
脫	脫 脫
貪	貪 貪
湯	湯 湯

蕩	蕩 蕩
碭	碭
兌	兊 兑
態	態
澤	澤 澤 澤 澤
擇	擇
兎	免 兔
痛	痛
通	通
投	投 投 投
鬪	鬪
鬭	鬭
慝	慝
派	派
播	播
罷	罷
覇	覇 霸 覇 覇 覇
烹	烹
偏	偏
徧	徧
編	編 編
褊	褊 褊 褊
遍	遍
廢	廢 廢 廢 廢 廢 廢
幣	幣
弊	弊 弊 弊
哺	哺
褒	褒
袍	袍
暴	暴 暴 暴
㬥	㬥
飄	飄

風	風
被	被
避	避 避
畢	畢
韠	韠
瑕	瑕
霞	霞
學	學 學 學 學 學 學
虐	虐 虐 虐 虐 虐 虐 虐
瘧	瘧
壑	壑 壑
鶴	鶴
寒	寒
韓	韓
漢	漢 漢 漢 漢 漢
捍	捍
割	割
陷	陷 陷
銜	銜
恒	恒
偕	偕
諧	諧
海	海 海
害	害
解	觧 解 解
嶰	嶰
懈	懈 懈 懈
邂	邂
蟹	蟹
骸	骸
翮	翮 翮

行	行
幸	幸 幸 幸 幸
倖	倖
享	享
鄉	郷 鄉
嚮	嚮
響	響
饗	饗
虛	虗 虗 虚 虛 虛 虚
虗	虗
墟	墟 墟 墟
軒	軒
獻	獻 獻 獻 獻 獻 獻
憲	憲 憲
歇	歇
險	險
驗	驗
革	草 草 革 革
賢	賢 賢 賢
縣	縣 縣
懸	懸
絜	絜
穴	宂 宂
協	恊
荊	荆 荊
形	形 形 形
衡	衡
亨	亨
馨	馨
兮	兮
惠	恵 惠 惠

蟪	蟪
戶	户 戸
壺	壷 壺
昊	昊
狐	狐 狐 狐
弧	弧 弧
瓠	瓠 瓠
嘷	嘷
虎	虎 虎 虎
號	號 號 號
毫	毫
豪	豪
縞	縞
蒿	蒿
護	護
鎬	鎬
或	或 或 或
魂	魂
昏	昬
惛	惽 惽
化	化
禍	禍
懼	懼
攫	攫
丸	丸
桓	栢 栢
歡	懽
圜	圜
環	環 環
還	還 還
宦	宦
滑	滑
驪	驪

鰥	鰥 鰥
黃	黄 黄
荒	荒
回	囬 靣
會	會
鄶	鄶
悔	悔 悔
誨	誨 誨
懷	懷 懐 懐 懐
獲	獲
橫	横
囂	嚣
殽	殽
厚	厚 厚
侯	侯 侯 侯 侯 侯 侯 侯 侯 侯
候	候 候 候
喉	喉 喉
朽	朽
猴	猴
熏	熏
勳	勲
燻	燻
薰	薰
纁	纁
薨	薨 薨
毀	毀 毁 毁 毁 毁 毁
喙	喙
虧	虧 虧 虧 虧
攜	擕
觿	觽
隳	隳 隳

凶	凶
胥	胥
黑	黒
釁	釁 釁
翕	翕
興	興 興 興 興 興
戲	戯 戱 戯 戱
姬	姫 姬 姬 姬 姫
熙	煕 熈
肸	肹 肸

附録二　劉向説苑原文

劉向說苑序

南豐曾鞏集

劉向所序《說苑》二十篇。《崇文總目》云：「今存者五篇，餘皆亡。」臣從士大夫間得之者十有五篇，與舊為二十五篇。正其脫謬，疑者闕之，而叙其目曰：向采傳記百家所載行事之迹，以為此書，奏之，欲以為法戒。然其所取，或有不當於理，故不得而不論也。夫學者之於道，非知其大略之難也，知其精微之際固難矣。孔子之徒三千，其顯者七十二人，皆高世之材也。然獨稱顏氏之子，其殆庶幾乎？及回死，又以為無好學者。而回亦稱夫子曰：「仰之彌高，鑽之彌堅。」子貢又以謂：「夫子之言性與天道，不可得而聞也。」則其精微之際，固難知久矣，是以取舍不能無失於其間也。故曰「學然後知不足」，豈虛言哉！向之學博矣，其著書及建言，尤欲有為於世，忘其枉己而為之者有矣，何其徇物者多而自為者少也？盖古之聖賢，非不欲有為也，然而曰：「求之有道，得之有命。」故孔子所至之邦，必聞其政，而子貢以謂「非夫子之求之也」，豈不求之有道哉？子曰：「道之將行也歟，命也；道之將廢也歟，命也。」豈不得之有命哉？令向知出此，安於行止，以彼其

志，䏚擇其所學，其盡乎精微，則其所至未可量也。是以夫子稱「古之學者為己」，孟子稱「君子欲其自得之，自得之則取諸左右逢其原」，豈汲汲於外哉？向之得失如此，亦學者之戒也，故見之叙論，令讀其書者知考而擇之也。然向數困於讒，而不改其操，與夫患失者異矣，可謂有志者也。

目錄

卷十九　修文　卷二十　反質

護左都水使者光禄大夫臣向言：所校中書《說苑》、《雜事》，及臣向書、民間書，誣校讎。其事類衆多，章句相溷，或上下謬亂，難分別次序，除去與《新序》復重者，其餘者淺薄，不中義理，别集以為百家。後令以類相從，一一條別篇目，更以造新事十萬言以上。凡二十篇，七百八十四章，號曰《新苑》，皆可觀。臣向昧死。

劉向說苑卷第一

君道

晋平公問於師曠曰：「人君之道如何？」對曰：「人君之道，清净無為，務在愽愛，趨在任賢。廣開耳目，以察萬方。不固溺於流俗，不拘繫於左右。廓然遠見，踔然獨立。屢省考績，以臨臣下。此人君之操也。」平公曰：「善！」

齊宣王謂尹文曰：「人君之事何如？」尹文對曰：「人君之事，無為而能容下。夫事寡易從，法省易因。故民不以政獲罪也。大道容衆，大德容下。聖人寡為而天下理矣。《書》曰：『睿作聖』。詩人曰：『岐有夷之行，子孫其保之！』」宣王曰：「善！」

成王封伯禽為魯公，召而告之曰：「爾知為人上之道乎？凡處尊位者必以敬下，順德規諫，必開不諱之門，撙節安静以藉之，諫者勿振以威，毋格其言，博采其辭，乃擇可觀。夫有文無武，無以威下，有武無文，民畏不親，文武俱行，威德乃成。既成威德，民親以服，清白上通，巧佞下塞，諫者得進，忠信乃畜。」伯禽再拜受命而辭。

陳靈公行僻而言失，泄冶曰：「陳其亡矣！吾驟諫君，君不吾聽而愈失威

儀。夫上之化下，猶風靡草，東風則草靡而西，西風則草靡而東，在風所由而草為之靡，是故人君之動不可不慎也。夫樹曲木者，惡得直景，人君不直其行，不敬其言者，未有能保帝王之號，垂顯令之名者也。《易》曰：『夫君子居其室，出其言，善，則千里之外應之，況其邇者乎？居其室，出其言，不善，則千里之外違之，況其邇者乎？言出於身，加於民。行發乎邇，見乎遠。言行，君子之樞機，樞機之發，榮辱之主，君子之所以動天地，可不慎乎？』天地動而萬物變化。《詩》曰：『慎爾出話，敬尔威儀，無不柔嘉。』此之謂也。今君不是之慎而縱恣焉，不亡必弒。」靈公聞之，以泄治妖言而殺之，後果弒於徵舒。

魯哀公問於孔子曰：「吾聞君子不愽，有之乎？」孔子對曰：「有之。」哀公曰：「何為其不愽也？」孔子對曰：「為其有二乘。」哀公曰：「有二乘則何為不愽也？」孔子對曰：「為行惡道也。」哀公懼焉。有間曰：「若是乎君子之惡惡道之甚也！」孔子對曰：「惡惡道不能甚，則其好善道亦不能甚；好善道不能甚，則百姓之親之也亦不能甚。《詩》云：『未見君子，憂心惙惙。亦既見止，亦既覯止，我心則悦。』《詩》之好善道之甚也如此。」哀公曰：「善哉！吾聞君子成人之美，不成人之惡。微孔子，吾焉聞斯言也哉？」

河間獻王曰：「堯存心於天下，加志於窮民，痛萬姓之罹罪，憂衆生之不遂也。有一民飢，則曰此我飢之也。有一人寒，則曰此我寒之也。一民有罪，則曰此我陷之也。仁昭而義立，德博而化廣。故不賞而民勸，不罰而民治。先恕而後教，是堯道也。當舜之時，有苗氏不服，其所以不服者，大山在其南，殿山在其北。左洞庭之波，右彭蠡之川。因此險也，所以不服，禹欲伐之，舜不許，曰：『諭教猶未竭也。』究諭教焉，而有苗氏請服，天下聞之，皆非禹之義，而歸舜之德。」

周公踐天子之位，布德施惠，遠而逾明。十二牧，方三人，出舉遠方之民，有飢寒而不得衣食者，有獄訟而失職者，有賢才而不舉者，以入告乎天子，天子於其君之朝也，揖而進之，曰：「意朕之政教有不得者與！何其所臨之民，有飢寒不得衣食者，有獄訟而失職者，有賢才而不舉者也？」其君歸也，乃召其國大夫，告用天子之言，百姓聞之皆喜曰：「此誠天子也！何居之深遠而見我之明也，豈可欺哉！」故牧者所以辟四門，明四目，達四聰也，是以近者親之，遠者安之。《詩》曰：「柔遠能邇，以定我王」，此之謂矣。

河間獻王曰：「禹稱民無食，則我不能使也。功成而不利於人，則我不能勸也。故疏河以導之，鑿江通於九派，灑五湖而定東海，民亦勞矣，然而

不怨苦者，利歸於民也。」

禹出見罪人，下車問而泣之，左右曰：「夫罪人不順道，故使然焉，君王何為痛之至於此也？」禹曰：「堯舜之人，皆以堯舜之心為心。今寡人為君也，百姓各自以其心為心，是以痛之也。」《書》曰：「百姓有罪，在予一人。」

虞人與芮人質其成於文王，入文王之境，則見其人民之讓為士大夫。入其國，則見其士大夫讓為公卿。二國者相謂曰：「其人民讓為士大夫，其士大夫讓為公卿，然則此其君亦讓以天下而不居矣。」二國者，未見文王之身，而讓其所争，以為閑田，而反。孔子曰：「大哉文王之道乎！其不可加矣！不動而變，無為而成，敬慎恭已而虞、芮自平。」故《書》曰：「惟文王之敬忌。」此之謂也。

成王與唐叔虞燕居，剪梧桐葉以為珪，而授唐叔虞曰：「余以此封汝。」唐叔虞喜，以告周公，周公以請，曰：「天子封虞耶？」成王曰：「余一與虞戲也。」周公對曰：「臣聞之，天子無戲言，言則史書之，工誦之，士稱之。」於是遂封唐叔虞於晉，周公旦可謂善說矣，一稱而成王益重言，明愛弟之義，有輔王室之固。當堯之時，舜為司徒，契為司馬，禹為司空，后稷為田疇，夔為樂正，倕為工師，伯夷為秩宗，皋陶為大理，益掌敺禽，堯體力

便巧，不能為一焉，堯為君而九子為臣，其何故也？堯知九職之事，使九子者各受其事，皆勝其任，以成九功，堯遂成厥功，以王天下，是故知人者王道也，知事者臣道也，王道知人，臣道知事，毋亂舊法而天下治矣。

湯問伊尹曰：「三公、九卿、二十七大夫、八十一元士，知之有道乎？」伊尹對曰：「昔者堯見人而知，舜任人然後知，禹以成功舉之。夫三君之舉賢，皆異道而成功，然尚有失者，況無法度而任已，直意用人，必大失矣。故君使臣自貢其能，則萬一之不失矣，王者何以選賢？夫王者得賢材以自輔，然後治也，雖有堯舜之明，而股肱不備，則主恩不流，化澤不行，故明君在上，慎於擇士，務於求賢，設四佐以自輔，有英俊以治官，尊其爵，重其祿，賢者進以顯榮，罷者退而勞力，是以主無遺憂，下無邪慝，百官能治，臣下樂職，恩流群生，潤澤草木。昔者虞舜左禹右皐陶，不下堂而天下治，此使能之効也。」

武王問太公曰：「舉賢而以危亡者，何也？」太公曰：「舉賢而不用，是有舉賢之名，而不得真賢之實也。」武王曰：「其失安在？」太公望曰：「其失在君好用小善，而已不得真賢也。」武王曰：「好用小善者何如？」太公曰：「君好聽譽而不惡讒也，以非賢為賢，以非善為善，以非忠為忠，以非信為

信。其君以譽為功，以毀為罪。有功者不賞，有罪者不罰。多黨者進，少黨者退。是以群臣比周而蔽賢，百吏群黨而多姦。忠臣以誹死於無罪，邪臣以譽賞於無功。其國見於危亡。」武王曰：「善！吾今日聞誹譽之情矣。」

武王問太公曰：「得賢敬士，或不能以為治者，何也？」太公對曰：「不能獨斷，以人言斷者，殃也。」武王曰：「何為以人言斷？」太公對曰：「不能定所去，以人言去。不能定所取，以人言取。不能定所為，以人言為。不能定所罰，以人言罰。不能定所賞，以人言賞。賢者不必用，不肖者不必退，而士不必敬。」武王曰：「善，其為國何如？」太公對曰：「其為人惡聞其情，而喜聞人之情。惡聞其惡，而喜聞人之惡。是以不必治也。」武王曰：「善。」

齊桓公問於甯戚曰：「筦子今年老矣，為棄寡人而就世也，吾恐法令不行，人多失職，百姓疾怨，國多盜賊，吾何如而使姦邪不起，民衣食足乎？」甯戚對曰：「要在得賢而任之。」桓公曰：「得賢柰何？」甯戚對曰：「開其道路，察而用之，尊其位，重其祿，顯其名，則天下之士騷然舉足而至矣。」桓公曰：「既以舉賢士而用之矣，微夫子幸而臨之，則未有布衣屈奇之士踵門而求見寡人者。」甯戚對曰：「是君察之不明，舉之不顯，而用之疑，官之卑，祿之薄也。且夫國之所以不得士者，有五阻焉：主不好士，諂諛在旁，

一阻也。言便事者，未嘗見用，二阻也。壅塞掩蔽，必因近習，然後見察，三阻也。訊獄詰窮其辭，以法過之，四阻也。執事適欲，擅國權命，五阻也。去此五阻，則豪俊並興，賢智求處。五阻不去，則上蔽吏民之情，下塞賢士之路。是故明王聖主之治，若夫江海無不受，故長為百川之主。明王聖君無不容，故安樂而長久。因此觀之，則安主利人者，非獨一士也。」桓公曰：「善，吾將著夫五阻，以為戒本也。」

齊景公問於晏子曰：「寡人欲從夫子而善齊國之政。」對曰：「嬰聞之，國具官而后政可善。」景公作色曰：「齊國雖小，則何為不具官乎？」對曰：「此非臣之所復也。昔先君桓公，身體堕懈，辭令不給，則隰朋侍。左右多過，刑罰不中，則弦章侍。居處肆縱，左右懾畏，則東郭牙侍。田野不修，人民不安，則甯戚侍。軍吏怠，戎士偷，則五子戎父侍。德義不中，信行衰微，則筦子侍。先君能以人之長續其短，以人之厚補其薄。是以辭令窮遠而不逆，兵加於有罪而不頓。是故諸侯朝其德而天子致其胙。今君之失多矣，未有一士以聞者也，故曰未具。」景公曰：「善。吾聞高繚與夫子游，寡人請見之。」晏子曰：「臣聞為地戰者不能成王，為祿仕者不能成政。若高繚與嬰為兄弟久矣，未嘗干嬰之過，補嬰之闕，特進仕之臣也，何足以補君。」

燕昭王問於郭隗曰：「寡人地狹人寡，齊人削取八城，匈奴驅馳樓煩之下，以孤之不肖，得承宗廟，恐危社稷，存之有道乎？」郭隗曰：「有，然恐王之不能用也。」昭王避席，願請聞之，郭隗曰：「帝者之臣，其名，臣也，其實，師也。王者之臣，其名，臣也，其實，友也。霸者之臣，其名，臣也，其實，賓也。危國之臣，其名，臣也，其實，虜也。今王將東面目指氣使以求臣，則廝役之材至矣。南面聽朝，不失揖讓之禮以求臣，則人臣之材至矣。西面等禮相亢，下之以色，不乘勢以求臣，則朋友之材至矣。北面拘指，逡巡而退以求臣，則師傅之材至矣。如此則上可以王，下可以霸，唯王擇焉。」燕王曰：「寡人願學而無師。」郭隗曰：「王誠欲興道，隗請為天下之士開路。」於是燕王常置郭隗上坐，南面。居三年，蘇子聞之，從周歸燕。鄒衍聞之，從齊歸燕。樂毅聞之，從趙歸燕。屈景聞之，從楚歸燕。四子畢至，果以弱燕并強齊。夫燕齊非均權敵戰之國也，所以然者，四子之力也。《詩》曰：「濟濟多士，文王以寧。」此之謂也。

楚莊王既服鄭伯，敗晉師，將軍子重三言而不當。莊王歸，過申侯之邑，申侯進飯，日中而王不食，申侯請罪，莊王喟然歎曰：「吾聞之，其君賢者也，而又有師者王。其君中君也，而又有師者霸。其君下君也，而群臣又莫

若君者亡。今我，下君也，而群臣又莫若不穀，不穀恐亡，且世不絕聖，國不絕賢。天下有賢而我獨不得，若吾生者，何以食為？」故戰服大國，義從諸侯，戚然憂恐，聖知不在乎身，自惜不肖，思得賢佐，日中忘飯，可謂明君矣。

明主者有三懼，一曰處尊位而恐不聞其過，二曰得意而恐驕，三曰聞天下之至言而恐不能行，何以識其然也？越王勾踐與吳人戰，大敗之，兼有九夷，當是時也，南面而立，近臣三，遠臣五，令群臣曰聞吾過而不告者其罪刑。此處尊位而恐不聞其過者也。昔者晉文公與楚人戰，大勝之，燒其軍，火三日不滅，文公退而有憂色，侍者曰：「君大勝楚，今有憂色，何也？」文公曰：「吾聞能以戰勝而安者，其唯聖人乎！若夫詐勝之徒，未嘗不危也，吾是以憂。」此得意而恐驕也。昔齊桓公得筦仲、隰朋，辯其言，說其義，正月之朝，令具太牢，進之先祖，桓公西面而立，筦仲、隰朋東面而立，桓公賛曰：「自吾得聽二子之言，吾目加明，耳加聰，不敢獨擅，願薦之先祖。」此聞天下之至言而恐不能行者也。

齊景公出獵，上山見虎，下澤見虵。歸，召晏子而問之曰：「今日寡人出獵，上山則見虎，下澤則見虵，殆所謂之不祥也。」晏子曰：「國有三不祥，

是不與焉，夫有賢而不知，一不祥。知而不用，二不祥。用而不任，三不祥也。所謂不祥，乃若此者也。今上山見虎，虎之室也，下澤見虵，虵之穴也，如虎之室，如虵之穴，而見之，曷為不祥也。」

楚莊王好獵，大夫諫曰：「晋楚敵國也，楚不謀晋，晋必謀楚，今王無乃耽於樂乎？」王曰：「吾獵將以求士也，其榛藂刺虎豹者，吾是以知其勇也。其攫犀搏兕者，吾是以知其勁有力也。罷田而分所得，吾是以知其仁也。因是道也，而得三士焉，楚國以安。」故曰：「苟有志則無非事者。」此之謂也。湯之時，大旱七年，雒坼川竭，煎沙爛石，於是使人持三足鼎，祝山川，教之祝曰：「政不節耶？使人疾耶？苞苴行耶？讒夫昌耶？宮室營耶？女謁盛耶？何不雨之極也。」蓋言未已而天大雨，故天之應人，如影之隨形，響之效聲者也。《詩》云：「上下奠瘞，靡神不宗。」言疾旱也。

殷太戊時，有桑穀生於庭，昬而生，比旦而拱，史請卜之湯廟，太戊從之，卜者曰：「吾聞之，祥者福之先者也，見祥而為不善，則福不生。殃者禍之先者也，見殃而能為善，則禍不至。」於是乃早朝而晏退，問疾弔喪，三日而桑穀自亡。

高宗者，武丁也，高而宗之，故號高宗，成湯之後，先王道缺，刑法違

犯，桑穀俱生乎朝，七日而大拱，武丁召其相而問焉，其相曰：「吾雖知之，吾弗得言也。聞諸祖己，桑穀者，野草也，而生於朝，意者國亡乎？」武丁恐駭，飭身修行，思先王之政，興滅國，繼絕世。舉逸民，明養老。三年之後，蠻夷重譯而朝者七國，此之謂存亡繼絕之主，是以高而尊之也。

宋大水，魯人弔之曰：「天降淫雨，谿谷滿盈，延及君地，以憂執政，使臣敬弔。」宋人應之曰：「寡人不佞，齋戒不謹，邑封不修，使人不時，天加以殃，又遺君憂，拜命之辱。」君子聞之曰：「宋國其庶幾乎！」問曰：「何謂也？」曰：「昔者夏桀、殷紂不任其過，其亡也忽焉。成湯、文、武知任其過，其興也勃焉。夫過而改之，是猶不過也。故曰其庶幾乎！」宋人聞之，夙興夜寐，早朝晏退，弔死問疾，戮力宇內。三年，歲豐政平，嚮使宋人不聞君子之語，則年穀未豐而國未寧，《詩》曰：「佛時仔肩，示我顯德行。」此之謂也。

楚昭王有疾，卜之曰：「河為祟。」大夫請用三牲焉。王曰：「止，古者先王割地制土，祭不過望。江、漢、睢、漳，楚之望也。禍福之至，不是過也。不穀雖不德，河非所獲罪也。」遂不祭焉。仲尼聞之曰：「昭王可謂知天道矣，其不失國，宜哉！」

楚昭王之時，有雲如飛鳥，夾日而飛，三日，昭王患之，使人乘馹，東而問諸太史州黎，州黎曰：「將虐於王身，以令尹、司馬說焉則可。」令尹、司馬聞之，宿齋沐浴，將自以身禱之焉。王曰：「止，楚國之有不穀也，由身之有匈脇也。其有令尹、司馬也，由身之有股肱也。匈脇有疾，轉之股肱，庸為去是人也？」

邾文公卜徙於繹，史曰：「利於民，不利於君。」君曰：「苟利於民，寡人之利也，天生蒸民而樹之君，以利之也，民既利矣，孤必與焉！」侍者曰：「命可長也，君胡不為？」君曰：「命在牧民，死之短長，時也。民苟利矣，吉孰大焉。」遂徙於繹。

楚莊王見天不見妖，而地不出孽，則禱於山川曰：「天其忘予歟？」此能求過於天，必不逆諫矣，安不忘危，故能終而成霸功焉。

湯曰：「藥食先嘗於卑，然後至於貴。藥言先獻於貴，然後聞於卑。」故藥嘗乎卑，然後至乎貴，教也。藥言獻於貴，然後聞於卑，道也。故使人味食然後食者，其得味也多。使人味言然後聞言者，其得言也少。是以明王之言，必自他聽之，必自他聞之，必自他擇之，必自他取之，必自他聚之，必自他藏之，必自他行之。故道以數取之為明，以數行之為章，以數施之萬物為

藏。是故求道者不以目而以心，取道者不以手而以耳。

楚文王有疾，告大夫曰：「筦饒飽我以義，違我以禮，與處不安，不見不思，然吾道得焉，必以吾時爵之。申侯伯，吾所欲者，勸我為之。吾所樂者，先我行之。與處則安，不見則思，然吾有喪焉，必以吾時遣之。」大夫許諾，乃爵筦饒以大夫，贈申侯伯而行之。申侯伯將之鄭，王曰：「必戒之矣，而為人也不仁，而欲得人之政，毋以之魯、衛、宋、鄭。」不聽，遂之鄭，三年而得鄭國之政，五月而鄭人殺之。

趙簡子與欒激遊，將沈於河，曰：「吾嘗好聲色矣，而欒激致之。吾嘗好宮室臺榭矣，而欒激為之。吾嘗好良馬善御矣，而欒激求之。今吾好士六年矣，而欒激未嘗進一人，是進吾過而黜吾善也。」

或謂趙簡子曰：「君何不更乎？」簡子曰：「諾。」左右曰：「君未有過，何更？」君曰：「吾謂是諾，未必有過也，吾將求以來諫者也，今我却之，是却諫者，諫者必止，我過無日矣。」

韓武子田，獸已聚矣，田車合矣，傳來告曰：「晋公薨。」武子謂欒懷子曰：「子亦知吾好田獵也，獸已聚矣，田車合矣，吾可以卒獵而後吊乎？」懷子對曰：「范氏之亡也，多輔而少拂，今臣於君，輔也。畾於君，拂也，君胡不

問於鼂也？」武子曰：「盈而欲拂我乎？而拂我矣，何必鼂哉？」遂輟田。

師經鼓琴，魏文侯起舞，賦曰：「使我言而無見違。」師經援琴而撞文侯，不中，中旒，潰之，文侯謂左右曰：「為人臣而撞其君，其罪如何？」左右曰：「罪當烹。」提師經下堂一等。師經曰：「臣可一言而死乎？」文侯曰：「可。」師經曰：「昔堯舜之為君也，唯恐言而人不違。桀紂之為君也，唯恐言而人違之。臣撞桀紂，非撞吾君也。」文侯曰：「釋之！是寡人之過也，懸琴於城門以為寡人符，不補旒以為寡人戒。」

齊景公問於蔞，聞晏子卒，公乘輿素服，馹而驅之，自以為遲，下車而趨，知不若車之速，則又乘，比至於國者，四下而趨，行哭而往矣，至，伏屍而號曰：「子大夫日夜責寡人，不遺尺寸，寡人猶且淫泆而不收，怨罪重積於百姓。今天降禍於齊國，不加寡人而加夫子，齊國之社稷危矣，百姓將誰告矣？」

晏子沒，十有七年，景公飲諸大夫酒，公射出質，堂上唱善，若出一口，公作色太息，播弓矢。弦章入，公曰：「章，自吾失晏子，於今十有七年，未嘗聞吾過不善，今射出質而唱善者，若出一口。」弦章對曰：「此諸臣之不肖也，知不足以知君之不善，勇不足以犯君之顏色。然而有一焉，臣聞

之：君好之，則臣服之。君嗜之，則臣食之。夫尺蠖食黄則其身黄，食蒼則其身蒼。君其猶有諂人言乎？」公曰：「善！今日之言，章為君，我為臣。」是時海人入魚，公以五十乘賜弦章歸，魚乘塞塗，撫其御之手，曰：「曩之唱善者，皆欲若魚者也。昔者晏子辭賞以正君，故過失不掩，今諸臣諂諛以干利，故出質而唱善如出一口，今所輔於君，未見於衆而受若魚，是反晏子之義而諂諛之欲也。」固辭魚不受。君子曰：「弦章之廉，乃晏子之遺行也。」夫天之生人也，盖非以為君也。天之立君也，盖非以為位也。夫為人君，行其私欲而不顧其人，是不承天意，忘其位之所以宜事也，如此者，《春秋》不予能君而夷狄之，鄭伯惡一人而兼弃其師，故有夷狄不君之辭，人主不以此自省惟，既以失實，心奚因知之，故曰：有國者不可以不學《春秋》。此之謂也。

齊人弑其君，魯襄公援戈而起曰：「孰臣而敢殺其君乎？」師懼曰：「夫齊君治之不能，任之不肖，縱一人之欲以虐萬夫之性，非所以立君也。其身死，自取之也。今君不愛萬夫之命而傷□人之死，奚其過也。其臣已無道矣，其君亦不足惜也。」

孔子曰：「文王似元年，武王似春王，周公似正月，文王以王季為父，

以太任為母，以太姒為妃，以武王、周公為子，以泰顛、閎夭為臣，其本美矣。武王正其身以正其國，正其國以正天下，伐無道，刑有罪，一動天下正，其事正矣。春致其時，萬物皆及生，君致其道，萬人皆及治，周公戴己而天下順之，其誠至矣。」

尊君卑臣者，以勢使之也。夫勢失則權傾，故天子失道，則諸侯尊矣；諸侯失政，則大夫起矣；大夫失官，則庶人興矣。由是觀之，上不失而下得者，未嘗有也。

孔子曰：「夏道不亡，商德不作；商德不亡，周德不作；周德不亡，《春秋》不作。《春秋》作而後君子知周道亡也。」故上下相虧也，猶水火之譭滅也，人君不可不察而大盛其臣下，此私門盛而公家毀也，人君不察焉，則國家危殆矣。筦子曰：「權不兩錯，政不二門。」故曰：「脛大於股者難以步，指大於臂者難以把。」本小末大，不能相使也。

司城子罕相宋，謂宋君曰：「國家之危定，百姓之治亂，在君行之賞罰也。賞當則賢人勸，罰得則姦人止。賞罰不當，則賢人不勸，姦人不止，姦邪比周，欺上蔽主，以爭爵祿，不可不慎也。夫賞賜，讓與者，人之所好也，君自行之。刑罰殺戮者，人之所惡也，臣請當之。」君曰：「善，子主其

惡，寡人行其善，吾知不為諸侯笑矣。」於是宋君行賞賜而與子罕刑罰，國人知刑戮之威，專在子罕也，大臣親之，百姓附之，居期年，子罕逐其君而專其政，故曰：「無弱君無強大夫。」老子曰：「魚不可脫於淵，國之利器，不可以借人。」此之謂也。

劉向說苑卷第一

劉向說苑卷第二

臣術

人臣之術，順從而復命，無所敢專，義不茍合，位不茍尊。必有益於國，必有補於君。故其身尊而子孫保之。故人臣之行有六正六邪，行六正則榮，犯六邪則辱，夫榮辱者，禍福之門也。何謂六正六邪？六正者：一曰萌芽未動，形兆未見，昭然獨見存亡之幾，得失之要，預禁乎不然之前，使主超然立乎顯榮之處，天下稱孝焉，如此者聖臣也。二曰虛心白意，進善通道，勉主以體誼，諭主以長策，將順其美，匡救其惡，功成事立，歸善於君，不敢獨伐其勞，如此者良臣也。三曰卑身賤體，夙興夜寐，進賢不解，數稱於往古之德行事，以厲主意，庶幾有益，以安國家社稷宗廟，如此者忠臣也。四曰明察幽，見成敗，早防而救之，引而復之，塞其間，絕其源，轉禍以為福，使君終以無憂，如此者智臣也。五曰守文奉法，任官職事，辭祿讓賜，不受贈遺，衣服端齊，飲食節儉，如此者貞臣也。六曰國家昏亂，所為不諛，然而敢犯主之顏面，言主之過失，不辭其誅，身死國安，不悔所行，如此者直臣也。是為六正也。六邪者：一曰安官貪祿，營於私家，不務公事，懷其智，藏其能，主飢於論，渴於策，猶不肯盡節，容容乎與世沈浮上下，左

右觀望，如此者具臣也。二曰主所言皆曰善，主所為皆曰可，隱而求主之所好即進之，以快主耳目，偷合苟容，與主為樂，不顧其後害，如此者諛臣也。三曰中實頗險，外容貌小謹，巧言令色，又心嫉賢，所欲進則明其美而隱其惡，所欲退則明其過而匿其美，使主妄行過任，賞罰不當，號令不行，如此者姦臣也。四曰智足以飾非，辯足以行說，反言易辭，而成文章，内離骨肉之親，外妬亂朝廷，如此者讒臣也。五曰專權擅勢，持抔國事，以為輕重，於私門成黨，以富其家，又復增加威勢，擅矯主命，以自貴顯，如此者賊臣也。六曰諂言以邪，墜主不義，朋黨比周，以蔽主明，入則辯言好辭，出則更復異其言語，使白黑無別，是非無間，伺侯可推，因而附然，使主惡布於境内，聞於四隣，如此者亡國之臣也。是謂六邪。賢臣處六正之道，不行六邪之術，故上安而下治，生則見樂，死則見思，此人臣之術也。

湯問伊尹曰：「三公、九卿、大夫、列士，其相去何如？」伊尹對曰：「三公者，知通於大道，應變而不窮，辯於萬物之情，通於天道者也。其言足以調陰陽，正四時，節風雨，如是者舉以為三公，故三公之事，常在於道也。九卿者，不失四時，通於溝渠，修隄防，樹五穀，通於地理者也。能通不能通，能利不能利，如此者舉以為九卿，故九卿之事，常在於德也。大夫者，

出入與民同衆，取去與民同利，通於人事，行猶舉繩，不傷於言，言之於世，不害於身，通於關梁，實於府庫，如是者舉以為大夫，故大夫之事，常在於仁也。列士者，知義而不失其心，事功而不獨專其賞，忠政彊諫而無有姦詐，去私立公而言有法度，如是者舉以為列士，故列士之事，常在於義也。故道德仁義定而天下正，凡此四者，明王臣而不臣。」湯曰：「何謂臣而不臣？」伊尹對曰：「君之所不名臣者四：諸父臣而不名，諸兄臣而不名，先王之臣臣而不名，盛德之士臣而不名，是謂大順也。」

湯問伊尹曰：「古者所以立三公、九卿、大夫、列士者，何也？」伊尹對曰：「三公者，所以叅五事也。九卿者，所以叅三公也。大夫者，所以叅九卿也。列士者，所以叅大夫也。故叅而有叅，是謂事宗。事宗不失，外内若一。」

子貢問孔子曰：「今之人臣孰為賢？」孔子曰：「吾未識也，往者齊有鮑叔，鄭有子皮，賢者也。」子貢曰：「然則齊無管仲，鄭無子產乎？」子曰：「賜，汝徒知其一，不知其二，汝聞進賢為賢耶？用力為賢耶？」子貢曰：「進賢為賢？」子曰：「然，吾聞鮑叔之進管仲也，聞子皮之進子產也，未聞管仲、子產有所進也。」魏文侯且置相，召李克而問焉，曰：「寡人將置相，置於

季成子與翟觸，我孰置而可？」李克曰：「臣聞之，賤不謀貴，外不謀內，疎不謀親，臣者疎賤，不敢聞命。」文侯曰：「此國事也，願與先生臨事而勿辭。」李克曰：「君不察故也，可知矣，貴視其所舉，富視其所與，貧視其所不取，窮視其所不為，由此觀之，可知矣。」文侯曰：「先生出矣，寡人之相定矣。」李克出，過翟黄，翟黄問曰：「吾聞君問相於先生，未知果孰為相？」李克曰：「季成子為相。」翟黄作色不說曰：「觸失望於先生。」李克曰：「子何遽失望於我？我於子之君也，豈與我比周而求大官哉？君問相於我，臣對曰：『君不察故也，貴視其所舉，富視其所與，貧視其所不取，窮視其所不為，由此觀之可知也。』君曰：『出矣，寡人之相定矣。』以是知季成子為相。」翟黄不說曰：「觸何遽不為相乎？西河之守，觸所任也。計事內史，觸所任也。王欲攻中山，吾進樂羊。無使治之臣，吾進先生。無使傅其子，吾進屈侯附。觸何負於季成子？」李克曰：「不如季成子，季成子食菜千鐘，什九居外，一居中。是以東得卜子夏、田子方、段干木，彼其所舉，人主之師也；子之所舉，人臣之才也。」翟黄迮然而慙曰：「觸失對於先生，請自脩，然後學。」言未卒，而左右言季成子立為相矣，於是翟黄默然變色內慙，不敢出，三月也。

楚令尹死，景公遇成公乾曰：「令尹將焉歸？」成公乾曰：「殆於屈春

乎！」景公怒曰：「國人以為歸於我。」成公乾曰：「子資少，屈春資多，子義獲，天下之至憂也，而子以為友。鳴鶴與芻狗，其知甚少，而子玩之。鴟夷子皮日侍於屈春，損頗為友，二人者之智足以為令尹，不敢專其智而委之屈春，故曰政其歸於屈春乎！」

田子方渡西河，造翟黃，翟黃乘軒車，載華蓋。黃金之勒，約鎮簟席，如此者其駟八十乘，子方望之，以為人君也。道狹，下抵車而待之，翟黃至而睹其子方也，下車而趨，自投下風，曰：觸。田子方曰：「子與！吾嚮者望子，疑以為人君也，子至而人臣也，將何以至此乎？」翟黃對曰：「此皆君之所以賜臣也，積三十歲，故至於此，時以間暇，祖之曠野，正逢先生。」子方曰：「何子賜車轝之厚也？」翟黃對曰：「昔者西河無守，臣進吳起，而西河之外寧；鄴無令，臣進西門豹，而魏無趙患；酸棗無令，臣進北門可，而魏無齊憂；魏欲攻中山，臣進樂羊，而中山拔；魏無使治之臣，臣進李克，而魏國大治。是以進此五大夫者，爵祿倍，以故至於此。」子方曰：「可，子勉之矣，魏國之相不去子而之他矣。」翟黃對曰：「君母弟有公孫季成者，進子夏而君師之，進段干木而君友之，進先生而君敬之，彼其所進，師也，友也，所敬者也，臣之所進者，皆守職守祿之臣也，何以至魏國相乎？」子方曰：「吾聞身

賢者賢也，餂進賢者亦賢也，子之五舉者盡賢，子勉之矣，子終其次也。」

齊威王遊於瑤台，成侯卿来奏事，從車羅綺甚衆，王望之，謂左右曰：「来者何為者也？」左右曰：「成侯卿也。」王曰：「國至貧也，何出之盛也？」左右曰：「與人者有以責之也，受人者有以易之也，王試問其說。」成侯卿至，上謁曰：「忌也。」王不應。又曰：「忌也。」王不應。又曰：「忌也。」王曰：「國至貧也，何出之盛也？」成侯卿曰：「赦其死罪，使臣得言其說。」王曰：「諾」。對曰：「忌舉田居子為西河而秦梁弱，忌舉田鮮子為南城而楚人抱羅綺而朝，忌舉黚涿子為冥州而燕人給牲，趙人給盛，忌舉田種首子為即墨而於齊足究，忌舉北郭刁勃子為大士而九族益親，民益富。舉此數良人者，王枕而卧耳，何患國之貧哉？」

秦穆公使賈人載塩，徵諸賈人，賈人買百里奚以五羖羊之皮，使將車之秦。秦穆公觀塩，見百里奚牛肥，曰：「任重道遠以險，而牛何以肥也？」對曰：「臣飲食以時，使之不以暴。有險，先後之以身，是以肥也。」穆公知其君子也，令有司具沐浴為衣冠與坐，公大悅，異日與公孫支論政，公孫支大不寧，曰：「君耳目聰明，思慮審察，君其得聖人乎！」公曰：「然，吾悅夫奚之言，彼類聖人也。」公孫支遂歸，取鴈以賀，曰：「君得社稷之聖臣，敢

賀社稷之福。」公不辭，再拜而受，明日，公孫支乃致上卿以讓百里奚，曰：「秦國處僻民陋，以愚無知，危亡之本也，臣自知不足以處其上，請以讓之。」公不許，公孫支曰：「君不用賓相而得社稷之聖臣，君之祿也。臣見賢而讓之，臣之祿也。今君既得其祿矣，而使臣失祿，可乎？請終致之！」公不許。公孫支曰：「臣不肖而處上位，是君失倫也，不肖失倫，臣之過。進賢而退不肖，君之明也。今臣處位，廢君之德而逆臣之行也，臣將逝。」公乃受之。故百里奚為上卿以制之，公孫支為次卿以佐之也。

趙簡子從晉陽之邯鄲，中路而止，引車吏進問：「君何為止。」簡主曰：「董安于在後。」吏曰：「此三軍之事也，君柰何以一人留三軍也？」簡主曰：「諾。」驅之百步又止，吏將進諫，董安於適至，簡主曰：「秦道之與晉國交者，吾忘令人塞之。」董安于曰：「此安于之所為後也。」簡主曰：「官之寶璧，吾忘令人載之。」對曰：「此安于之所為後也。」簡主曰：「行人燭過年長矣，言未嘗不為晉國法也，吾行忘令人辭且聘焉。」對曰：「此安于之所爲後也。」簡主可謂內省外知人矣哉！故身佚國安，御史大夫周昌曰：「人主誠能如趙簡主，朝不危矣。」

晏子侍於景公，朝寒，請進熱食，對曰：「嬰非君之廚養臣也，敢辭。」

公曰：「請進服裘。」對曰：「嬰非田澤之臣也，敢辭。」公曰：「然，夫子於寡人奚為者也？」對曰：「社稷之臣也。」公曰：「何謂社稷之臣？」對曰：「社稷之臣，能立社稷，辨上下之宜，使得其理。制百官之序，使得其宜。作為辭令，可分布於四方。」自是之後，君不以禮不見晏子也。

齊侯問於晏子曰：「忠臣之事其君何若？」對曰：「有難不死，出亡不送。」君曰：「裂地而封之，疏爵而貴之。吾有難不死，出亡不送，可謂忠乎？」對曰：「言而見用，終身無難，臣何死焉。謀而見從，終身不亡，臣何送焉。若言不見用，有難而死之，是妄死也。諫而不見從，出亡而送，是詐為也。故忠臣者，能納善於君，而不能與君陷難者也。」

晏子朝，乘敝車，駕駑馬，景公見之曰：「嘻！夫子之禄寡耶！何乘不任之甚也！」晏子對曰：「賴君之賜，得以壽三族，及國交遊，皆得生焉，臣得煖衣飽食，弊車駑馬，以奉其身，於臣足矣。」晏子出，公使梁丘據遺之輅車乘馬，三返不受，公不悦，趣召晏子，晏子至，公曰：「夫子不受，寡人亦不乘。」晏子對曰：「君使臣臨百官之吏，節其衣服飲食之養，以先齊國之人，然猶恐其侈靡而不顧其行也。今輅車乘馬，君乘之上，臣亦乘之下，民之無義，侈其衣食而不顧其行者，臣無以禁之。」遂讓不受也。

景公飲酒，陳桓子侍，望見晏子而復於公曰：「請浮晏子。」公曰：「何故也？」對曰：「晏子衣緇布之衣，麋鹿之裘，棧軫之車，而駕駑馬以朝，是隱君之賜也。」公曰：「諾。」酌者奉觴而進之曰：「君命浮子。」晏子曰：「何故也？」陳桓子曰：「君賜之卿位，以尊其身，寵之百萬，以富其家，群臣之爵，莫尊於子，禄莫厚於子。今子衣緇布之衣，麋鹿之裘，棧軫之車，而駕駑馬以朝，則是隱君之賜也，故浮子。」晏子避席曰：「請飲而後辭乎？其辭而後飲乎？」公曰：「辭然後飲。」晏子曰：「君賜卿位，以顯其身，嬰不敢為顯受也，為行君令也。寵之百萬，以富其家，嬰不敢為富受也，為通君賜也。臣聞古之賢臣有受厚賜而不顧其國族，則過之。臨事守職，不勝其任，則過之。君之内隷，臣之父兄，若有離散在於野鄙者，此臣之罪也。君之外隷，臣之所職，若有播亡在四方者，此臣之罪也。兵革不完，戰車不修，此臣之罪也。若夫敝車駑馬以朝，主者非臣之罪也，且臣以君之賜，臣父之黨無不乘車者，母之黨無不足以衣食者，妻之黨無凍餒者，國之簡士，待臣而後舉火者數百家，如此為隱君之賜乎？彰君之賜乎？」公曰：「善，為我浮桓子也。」

晏子方食，君之使者至，分食而食之，晏子不飽，使者返，言之景公，景公曰：「嘻，夫子之家若是其貧也，寡人不知也，是寡人之過也。」令吏致千

家之縣一於晏子，晏子再拜而辭曰：「嬰之家不貧，以君之賜，澤覆三族，延及交遊，以振百姓，君之賜也厚矣，嬰之家不貧也！嬰聞之，厚取之君而厚施之人，代君為君也，忠臣不為也。厚取之君而藏之，是筐篋存也，仁人不為也。厚取之君而無所施之，身死而財遷，智者不為也。嬰也聞為人臣進不事上以為忠，退不克下以為廉，八升之布，一豆之食，足矣。」使者三返，遂辭不受也。

陳成子謂鴟夷子皮曰：「何與常也？」對曰：「君死吾不死，君亡吾不亡。」陳成子曰：「然。子何以與常？」對曰：「未死去死，未亡去亡，其有何死亡矣！」從命利君為之順，從命病君為之諛，逆命利君謂之忠，逆命病君謂之亂，君有過，不諫諍，將危國殞社稷也，有能盡言於君，用則留之，不用則去之，謂之諫。用則可生，不用則死，謂之諍。有能比和同力，率群下相與彊矯君，君雖不安，不能不聽，遂解國之大患，除國之大害，成於尊君安國，謂之輔。有能亢君之命，反君之事，竊君之重，以安國之危，除主之辱，攻伐足以成國之大利，謂之弼。故諫諍輔弼之人，社稷之臣也，明君之所尊禮，而闇君以為己賊。故明君之所賞，闇君之所殺也。明君好問，闇君好獨，明君上賢使能而享其功。闇君畏賢妬能而滅其業，罰其忠而賞其賊，

夫是之謂至闇，桀紂之所以亡也。《詩》云：「曾是莫聽，大命以傾。」此之謂也。

簡子有臣尹綽、赦厥。簡子曰：「厥愛我，諫我必不於衆人中。綽也不愛我，諫我必於衆人中。」尹綽曰：「厥也愛君之醜而不愛君之過也，臣愛君之過而不愛君之醜。」孔子曰：「君子哉尹綽，面訾不譽也。」

高繚仕於晏子，晏子逐之，左右諫曰：「高繚之事夫子三年，曾無以爵位，而逐之，其義可乎？」晏子曰：「嬰，仄陋之人也，四維之然後能直，今此子事吾三年，未嘗弼吾過，是以逐之也。」

子貢問孔子曰：「賜為人下，而未知所以為人下之道也？」孔子曰：「為人下者，其猶土乎！種之則五穀生焉，掘之則甘泉出焉，草木植焉，禽獸育焉，生人立焉，死人入焉，多其功而不言。為人下者，其猶土乎！」

孫卿曰：「少使長，賤事貴，不肖事賢，此天下之通義也。有人貴而不能為人上，賤而羞為人下，此姦人之心也，身不離姦心，而行不離姦道，然而求見譽於衆，不亦難乎？」

公叔文子問於史叟曰：「武子勝事趙簡子久矣，其寵不解奚也？」史叟曰：「武子勝，博聞多能而位賤，君親而近之，致敬以遜，貌而疏之，則恭而

無怨色，入與謀國家，出不見其寵，君賜之禄，知足而辭，故能久也。」《泰誓》曰：「附下而罔上者死，附上而罔下者刑。與聞國政而無益於民者退，在上位而不能進賢者逐。」此所以勸善而黜惡也。故傳曰：「傷善者，國之殘也；蔽善者，國之讒也，愬無罪者，國之賊也。」

《王制》曰：「假於鬼神時日卜筮以疑於衆者，煞也。」子路為蒲令，備水災，與民春修溝瀆，為人煩苦，故予人一簞食，一壺漿。孔子聞之，使子貢復之，子路忿然不悅，往見夫子曰：「由也以暴雨將至，恐有水災，故與人修溝瀆以備之，而民多匱於食，故與人一簞食一壺漿，而夫子使賜止之，何也？夫子止由之行仁也，夫子以仁教而禁其行仁也，由也不受。」子曰：「爾以民為餓，何不告於君，發倉廩以給食之。而以爾私饋之，是汝不明君之恵，見汝之德義也，速已則可矣，否則爾之受罪不久矣。」子路心服而退也。

劉向説苑卷第二

劉向說苑卷第三

建本

孔子曰：「君子務本，本立而道生。」夫本不正者末必陭，始不盛者終必衰。《詩》云：「原隰既平，泉流既清。」本立而道生，《春秋》之義。有正春者無亂秋，有正君者無危國，《易》曰：「建其本而萬物理，失之毫釐，差以千里。」是故君子貴建本而重立始。

魏武侯問元年於吳子，吳子對曰：「言國君必慎始也。」「慎始柰何？」曰：「正之。」「正之柰何？」曰：「明智。」「智不明何以見正。」「多聞而擇焉，所以明智也。是故古者君始聽治，大夫而一言，士而一見，庶人有謁，必達，公族請問，必語，四方至者勿距，可謂不壅蔽矣。分祿必及，用刑必中，君心必仁，思君之利，除民之害，可謂不失民衆矣。君身必正，近臣必選，大夫不兼官，執民柄者不在一族，可謂不權勢矣。此皆《春秋》之意，而元年之本也。」

孔子曰：「行身有六本，本立焉然後為君子。立體有義矣，而孝為本。處喪有禮矣，而哀為本。戰陣有隊矣，而勇為本。治政有理矣，而能為本。居國有禮矣，而嗣為本。生才有時矣，而力為本。置本不固，無務豐末。親戚不

悦，無務外交。事無終始，無務多業。聞記不言，無務多談。比近不說，無務修遠。是以反本修邇，君子之道也。」天地所生，地之所養，莫貴乎人。人之道，莫大乎父子之親，君臣之義。父道聖，子道仁，君道義，臣道忠。賢父之於子也，慈惠以生之，教誨以成之，養其誼，藏其偽，時其節，慎其施。子年七歲以上，父為之擇明師，選良友，勿使見惡，少漸之以善，使之早化。故賢子之事親，發言陳辭，應對不悖乎耳。趣走進退，容貌不悖乎目。卑體賤身，不悖乎心。君子之事親，以積德。子者，親之本也，無所推而不從命，推而不從命者，惟害親者也，故親之所安，子皆供之。賢臣之事君也，受官之日，以主為父，以國為家，以士人為兄弟。故苟有可以安國家，利民人者，不避其難，不憚其勞，以成其義。故其君亦有助之，以遂其德。夫君臣之與百姓，轉相為本，如循環無端，夫子亦云：「人之行莫大於孝。」孝行成於內而嘉號布於外，是謂建之於本而榮華自茂矣。君以臣為本，臣以君為本。父以子為本，子以父為本，棄其本者，榮華槁矣。

子路曰：「負重道遠者，不擇地而休。家貧親老者，不擇祿而仕。昔者由事二親之時，常食藜藿之實而為親負米百里之外，親沒之後，南遊於楚，從車百乘，積粟萬鍾，累茵而坐，列鼎而食，願食藜藿為親負米之時不可復

得也。枯魚銜索，幾何不蠹，二親之壽，忽如過隙，草木欲長，霜露不使，賢者欲養，二親不待，故曰：家貧親老不擇祿而仕也。」

伯禽與康叔封朝于成王，見周公，三見而三笞，康叔有駭色，謂伯禽曰：「有商子者，賢人也，與子見之。」康叔封與伯禽見商子曰：「某某也，曰吾二子者朝乎成王，見周公，三見而三笞，其說何也？」商子曰：「二子盍相與觀乎南山之陽？有木焉，名曰橋。」二子者往觀乎南山之陽，見橋竦焉實而仰，反以告乎商子，商子曰：「橋者父道也。」商子曰：「二子盍相與觀乎南山之陰？有木焉，名曰梓。」二子者往觀乎南山之陰，見梓勃焉實而俯，反以告商子，商子曰：「梓者子道也。」二子者明日見乎周公，入門而趨，登堂而跪，周公拂其首，勞而食之，曰：「安見君子？」二子對曰：「見商子。」周公曰：「君子哉商子也。」

曾子芸瓜而誤斬其根，曾晳怒，援大杖擊之，曾子仆地。有頃蘇，蹷然而起，進曰：「曩者，參得罪於大人，大人用力教參，得無疾乎！」退屏鼓琴而歌，欲令曾晳聽其歌聲，令知其平也。孔子聞之，告門人曰：「參来勿内也！」曾子自以無罪，使人謝孔子，孔子曰：「汝聞瞽叟有子名曰舜，舜之事父也，索而使之，未嘗不在側，求而殺之，未嘗可得。小箠則待，大箠則走，

以逃暴怒也。今子委身以待暴怒，立體而不去，殺身以陷父不義，不孝孰是大乎？汝非天子之民邪？殺天子之民罪奚如？」以曾子之材，又居孔子之門，有罪不自知，處義難乎！

伯俞有過，其母笞之，泣，其母曰：「他日笞子，未嘗見泣，今泣，何也？」對曰：「他日俞得罪，笞嘗痛，今母之力不能使痛，是以泣。」故曰父母怒之，不作於意，不見於色，深受其罪，使可哀憐，上也。父母怒之，不作於意，不見其色，其次也。父母怒之，作於意，見於色，下也。

成人有德，小子有造，大學之教也。時禁於其未發之曰預，叵其可之曰時，相觀於善之曰磨，學不陵節而施之曰馴。發然後禁，則扞格而不勝。時過然後學，則勤苦而不馴。雜施而不遜，則壞亂而不治。獨學而無友，則孤陋而寡聞。故曰有昭辟雍，有賢泮宮，田里周行，濟濟鏘鏘，而相從執質，有族以文。

周召公年十九，見正而冠，冠則可以為方伯諸侯矣。人之幼稚童蒙之時，非求師正本，無以立身全性。夫幼者必愚，愚者妄行。愚者妄行，不能保身。孟子曰：「人皆知以食愈飢，莫知以學愈愚。」故善材之幼者，必勤於學問，以脩其性。今人誠能砥礪其材，自誠其神明，睹物之應，通道之要，

觀始卒之端，覽無外之境，逍遥乎無方之内，彷徉乎塵埃之外，卓然獨立，超然絶世，此上聖之所遊神也。然晚世之人莫能，閒居心思，鼓琴讀書，追觀上古，友賢大夫。學問講辨，日以自虞，疏遠世事，分明利害，籌筴得失，以觀禍福，設義立度，以為法式。窮追本末，究事之情，死有遺業，生有榮名。此皆人材之所能建也，然莫能為者，偷慢懈墮，多暇日之故也，是以失本而無名。夫學者，崇名立身之本也，儀狀齊等而飾貌者好，質性同倫而學問者智。是故砥礪琢磨非金也，而可以利金。詩書辟立，非我也，而可以厲心。夫問訊之士，日夜興起，厲中益知，以分別理，是故處身則全，立身不殆，士苟欲深明愽察，以垂榮名，而不好問訊之道，則是伐智本而塞智原也，何以立軀也？騏驥雖疾，不遇伯樂，不致千里。干將雖利，非人力不能自斷焉。烏號之弓雖良，不得排檠，不能自任。人才雖高，不務學問，不能致聖。水積成川，則蛟龍生焉。土積成山，則豫樟生焉。學積成聖，則富貴尊顯至焉。千金之裘，非一狐之皮。臺廟之榱，非一木之枝。先王之法，非一士之智也。故曰：訊問者智之本，思慮者智之道也。《中庸》曰：「好問近乎智，力行近乎仁，知耻近乎勇。」積小之能大者，其惟仲尼乎！學者所以反情治性盡才者也，親賢學問，所以長德也。論交合友，所以相致也。《詩》

云：「如切如瑳，如琢如磨。」此之謂也。

今夫辟地殖穀，以養生送死，銳金石，雜草藥以攻疾，各知構室屋以避暑雨，累臺榭以避潤濕，入知親其親，出知尊其君，内有男女之別，外有朋友之際，此聖人之德教，儒者受之傳之，以教誨於後世。今夫晚世之惡人，反非儒者曰：「何以儒為？」如此人者，是非本也。譬猶食穀衣絲，而非耕織者也。載於船車，服而安之，而非工匠者也。食於釜甑，須以生活，而非陶冶者也。此言違於情而行矇於心者也。如此人者，骨肉不親也，秀士不友也，此三代之棄民也，人君之所不赦也。故《詩》云：「投畀豺虎，豺虎不食，投畀有北，有北不受，投畀有昊。」此之謂也。

孟子曰：「人知糞其田，莫知糞其心。糞田莫過利苗得粟，糞心易行而得其所欲。何謂糞心？愽學多聞。何謂易行？一性止淫也。」

子思曰：「學所以益才也，礪所以致刃也，吾嘗幽處而深思，不若學之速。吾嘗跂而望，不若登高之愽見。故順風而呼，聲不加疾而聞者衆。登丘而招，臂不加長而見者遠。故魚乘於水，鳥乘於風，草木乘於時。」

孔子曰：「可以與人終日而不倦者，其惟學乎！其身體不足觀也，其勇力不足憚也，其先祖不足稱也，其族姓不足道也。然而可以開四方而晗於諸

侯者，其惟學乎！《詩》曰：『不愆不亡，率由舊章。』夫學之謂也。」

孔子曰：「鯉，君子不可以不學，見人不可以不飾。不飾則無根，無根則失理。失理則不忠，不忠則失禮，失禮則不立。夫遠而有光者，飾也。近而逾明者，學也。譬之如污池，水潦注焉，□□生之，從上觀之，知其非原也。」

公扈子曰：「有國者不可以不學□□，生而尊者驕，生而富者傲，生而富貴，又無鑑而自得者鮮矣。《春秋》，國之鑑也，《春秋》之□，□弑君三十六，亡國五十二，諸侯奔走不得保社稷□□□，未有不先見而後從之者也。」

晉平公問於師曠曰：「吾年七十，欲學，恐已暮矣。」師曠曰：「何不炳燭乎？」平公曰：「安有為人臣而戲其君乎？」師曠曰：「盲臣安敢戲其君乎？臣聞之，少而好學，如日出之陽。壯而好學，如日中之光。老而好學，如炳燭之明。炳燭之明，孰與昧行乎？」平公曰：「善哉！」

河間獻王曰：「湯稱學聖王之道者，譬如日焉。静居獨思，譬如火焉。夫捨學聖王之道，若捨日之光，何乃獨思，若火之明也。可以見小耳，未可用大知，惟學問可以廣明德慧也。」

梁丘據謂晏子曰：「吾至死不及夫子矣。」晏子曰：「嬰聞之，為者常成，行者常至。嬰非有異於人也，常為而不置，常行而不休者，故難及也。」

甯越，中牟鄙人也，苦耕之勞，謂其友曰：「何為而可以免此苦也？」友曰：「莫如學，學二十年則可以達矣。」甯越曰：「請十五歲，人將休，吾將不休。人將卧，吾不敢卧。」十三歲學，而周威公師之。夫走者之速也，而過二里止。步者之遲也，而百里不止。今甯越之材而久不止，其為諸侯師，豈不宜哉！

孔子謂子路曰：「汝何好？」子路曰：「好長劍。」孔子曰：「非此之問也，請以汝之所能，加之以學，豈可及哉！」子路曰：「學亦有益乎？」孔子曰：「夫人君無諫臣則失政，士無教交則失德。狂馬不釋其策，操弓不返於檠。木受繩則直，人受諫則聖。受學重問，孰不順成。毁仁惡士，且近於刑。君子不可以不學。」子路曰：「南山有竹，弗揉自直，斬而射之，通於犀革，又何學為乎？」孔子曰：「括而羽之，鏃而砥礪之，其入不益深乎？」子路拜曰：「敬受教哉！」

豐墻墝下，未必崩也，流行潦至，壞必先矣。樹本淺，根垓不深，未必橛也，飄風起，暴雨至，扳必先矣。君子居於是國，不崇仁義，不尊賢臣，未

必亡也。然一旦有非常之變，車馳人走，指而禍至，乃始乾喉燋脣，仰天而嘆，庶幾焉天其救之，不亦難乎？孔子曰：「不慎其前，而悔其後，雖悔無及矣。」《詩》云：「啜其泣矣，何嗟及矣？」言不先正本而成憂於末也。

虞君問盆成子曰：「今工者久而巧，色者老而衰。今人不及壯之時，益積心技之術，以備將衰之色，色者必盡乎老之前，知謀無以異乎幼之時。可好之色，彬彬乎且盡，洋洋乎安託無能之軀哉！故有技者不累身而未嘗滅，而色不得以常茂。」

齊桓公問管仲曰：「王者何貴？」曰：「貴天。」桓公仰而視天，管仲曰：「所謂天者，非謂蒼蒼莽莽之天也。君人者以百姓為天，百姓與之則安，輔之則彊，非之則危，背之則亡。《詩》云：『人而無良，相怨一方。』民怨其上，不遂亡者，未之有也。」

河間獻王曰：「管子稱倉廩實，知禮節。衣食足，知榮辱。夫穀者，國家所以昌熾，士女所以姣好，禮義所以行，而人心所以安也。《尚書》五福以富為始，子貢問為政，孔子曰：『富之。』既富乃教之也，此治國之本也。」

文公見咎季，其廟傅於西墉，公曰：「孰處而西？」對曰：「君之老臣也。」公曰：「西益而宅。」對曰：「臣之忠，不如老臣之力，其墉壞而不築。」

公曰：「何不築？」對曰：「一日不稼，百日不食。」公出而告之僕，僕頓首於軵曰：「《呂刑》云：『一人有慶，兆民賴之。』君之明，群臣之福也。」乃令於國曰：「毋淫宮室，以妨人宅，板築以時，無奪農功。」

楚恭王多寵子，而世子之位不定。屈建曰：「楚必多亂。夫一兎走於街，萬人追之。一人得之，萬人不復走。分未定，則一兎走，使萬人擾。分已定，則雖貪夫知止。今楚多寵子而嫡位無主，亂自是生矣。夫世子者，國之基也，而百姓之望也。國既無基，又使百姓失望，絶其本矣。本絶則撓亂，猶兎走也。」恭王聞之，立康王為太子，其後猶有令尹圍、公子弃疾之亂也。

晉襄公薨，嗣君少，趙宣子相，謂大夫曰：「立少君，懼多難，請立雍。雍長，出在秦，秦大，足以為援。」賈季曰：「不若公子樂，樂有寵於國，先君愛而仕之翟，翟足以為援。」穆嬴抱太子以呼於庭曰：「先君奚罪？其嗣亦奚罪？舍嫡嗣不立而外求君乎。」出朝，抱以見宣子曰：「惡難也，故欲立長君，長君立而少君壯，難乃至矣。」宣子患之，遂立太子也。

趙簡子以襄子為後，董安于曰：「無恤不才，今以為後，何也？」簡子曰：「是其人能為社稷忍辱。」異日，智伯與襄子飲，而灌襄子之首，大夫請殺之，襄子曰：「先君之立我也，曰能為社稷忍辱，豈曰能刺人哉！」處十月，

智伯圍襄子於晉陽，襄子疏隊而擊之，大敗智伯，漆其首以為酒器。

劉向說苑卷第三

劉向說苑卷第四

立節

士君子之有勇而果於行者，不以立節行誼，而以妄死非名，豈不痛哉！士有殺身以成仁，觸害以立義，倚於節理而不議死地，故能身死名流於來世。非有勇斷，孰能行之？子路曰：「不能勤苦，不能恬貧窮，不能輕死亡，而曰我能行義，吾不信也。」昔者申包胥立於秦庭，七日七夜，哭不絕聲，遂以存楚，不能勤苦，安能行此！曾子布衣緼袍未得完，糟糠之食，藜藿之羹未得飽，義不合則辭上卿，不恬貧窮，安能行此！比干將死而諫逾忠，伯夷、叔齊餓死于首陽而志逾彰，不輕死亡，安能行此！故夫士欲立義行道，毋論難易而後能行之。立身著名，無顧利害而後能成之。《詩》曰：「彼其之子，碩大且篤。」非良篤脩激之君子，其誰能行之哉？王子比干殺身以成其忠，伯夷、叔齊殺身以成其廉，此三子者，皆天下之通士也，豈不愛其身哉？以為夫義之不立，名之不著，是士之恥也，故殺身以遂其行。因此觀之，卑賤貧窮，非士之恥也。夫士之所恥者，天下舉忠而士不與焉，舉信而士不與焉，舉廉而士不與焉。三者在乎身，名傳於後世，與日月並而不息，雖無道之世，不能污焉。然則非好死而惡生也，非惡富貴而樂貧賤也，由其道，遵其

理，尊貴及已，士不辭也。孔子曰：「富而可求，雖執鞭之士，吾亦為之。富而不可求，從吾所好。」大聖之操也。《詩》云：「我心匪石，不可轉也。我心匪席，不可卷也。」言不失已也。能不失已，然後可與濟難矣，此士君子之所以越衆也。

楚伐陳，陳西門燔，因使其降民修之。孔子過之，不軾，子路曰：「禮，過三人則下車，過一人則軾。今陳脩門者人數衆矣，夫子何為不軾？」孔子曰：「丘聞之，國亡而不知，不智。知而不争，不忠。忠而不死，不廉。今陳脩門者不行一於此，丘故不為軾也。」

孔子見齊景公，景公致廪丘以為養，孔子辭不受，出，謂弟子曰：「吾聞君子當功以受禄，今説景公，景公未之行而賜我廪丘，其不知丘亦甚矣！」遂辭而行。曾子衣弊衣以耕，魯君使人往致邑焉，曰：「請以此脩衣。」曾子不受，反，覆往，又不受，使者曰：「先生非求於人，人則獻之，奚為不受？」曾子曰：「臣聞之，受人者畏人，予人者驕人。縱子有賜，不我驕也，我能勿畏乎？」終不受。孔子聞之曰：「參之言，足以全其節也。」子思居於衛，緼袍無表，二旬而九食，田子方聞之，使人遺狐白之裘，恐其不受，因謂之曰：「吾假人，遂忘之。吾與人也，如棄之。」子思辭而不受，子方曰：「我有子

無，何故不受？」子思曰：「伋聞之，妄與不如遺，棄物於溝壑。伋雖貧也，不忍以身為溝壑，是以不敢當也。」

宋襄公茲父為桓公太子，桓公有後妻子曰公子目夷，公愛之，茲父為公愛之也，欲立之，請於公曰：「請使目夷立，臣為之相以佐之。」公曰：「何故也？」對曰：「臣之舅在衛，愛臣，若終立，則不可以往，絶迹於衛，是背母也。且臣自知不足以處目夷之上。」公不許，彊以請公，公許之，將立公子目夷，目夷辭曰：「兄立而弟在下，是其義也。今弟立而兄在下，不義也。不義而使目夷為之，目夷將逃。」乃逃之衛，茲父從之。三年，桓公有疾，使人召茲父，若不來，是使我以憂死也，茲父乃反，公復立之，以為太子然後目夷歸也。

晉驪姬譖太子申生於獻公，獻公將殺之，公子重耳謂申生曰：「為此者，非子之罪也，子胡不進辭，辭之必免於罪。」申生曰：「不可，我辭之，驪姬必有罪矣，吾君老矣，微驪姬寢不安席，食不甘味，如何使吾君以恨終哉！」重耳曰：「不辭則不若速去矣。」申生曰：「不可，去而免於死，是惡吾君也。夫彰父之過而取美，諸侯孰肯納之？入困於宗，出困於逃，是重吾惡也。吾聞之，忠不暴君，智不重惡，勇不逃死，如是者，吾以身當之。」遂伏劍死。君

子聞之曰：「天命矣夫，世子！」《詩》曰：「萋兮斐兮，成是貝錦。彼譖人者，亦已太甚！」

晉獻公之時，有士焉曰狐突，傅太子申生，公立驪姬為夫人，而國多憂，狐突稱疾不出。六年，獻公以譖誅太子，太子將死，使人謂狐突曰：「吾君老矣，國家多難，傅一出以輔吾君，申生受賜以死不恨。」再拜稽首而死。狐突乃復事獻公，三年，獻公卒，狐突辭於諸大夫曰：「突受太子之詔，今事終矣，與其久生亂世也，不若死而報太子。」乃歸自殺。

楚平王使奮揚殺太子建，未至而遣之，太子奔宋，王召奮揚，使城父人執之以至，王曰：「言出於予口，入於爾耳，誰告建也？」對曰：「臣告之，王初命臣曰：『事建如事余。』臣不佞，不能貳也。奉初以還，故遣之，已而悔之，亦無及也。」王曰：「而敢來，何也？」對曰：「使而失命，召而不來，是重過也，逃無所入。」王乃赦之。

晉靈公暴，趙宣子驟諫，靈公患之，使鉏之彌賊之。鉏之彌晨往，則寢門闢矣，宣子盛服將朝，尚早，坐而假寐，之彌退，歎而言曰：「不忘恭敬，民之主也。賊民之主，不忠。棄君之命，不信。有一於此，不如死也。」遂觸槐而死。

齊人有子蘭子者，事白公勝，勝將為難，乃告子蘭子曰：「吾將舉大事於國，願與子共之。」子蘭子曰：「我事子而與子殺君，是助子之不義也。畏患而去子，是遁子於難也。故不與子殺君，以成吾義，契領於庭，以遂吾行。」

楚有士申鳴者，在家而養其父，孝聞於楚國，王欲授之相，申鳴辞不受，其父曰：「王欲相汝，汝何不受乎？」申鳴對曰：「食父之孝子而為王之忠臣，何也？」其父曰：「使有祿於國，立義於庭，汝樂吾無憂矣，吾欲汝之相也。」申鳴曰：「諾。」遂入朝，楚王叵授之相。吾三年，白公為亂，殺司馬子期，申鳴將往死之，父止之曰：「棄父而死，其可乎？」申鳴曰：「聞夫仕者身歸於君而祿歸於親，今既去子事君，得無死其難乎？」遂辭而往，叵以兵圍之。白公謂石乞曰：「申鳴者，天下之勇士也，今以兵圍我，吾為之奈何？」石乞曰：「申鳴者，天下之孝子也，往刼其父以兵，申鳴聞之必來，叵與之語。」白公曰：「善。」則往取其父，持之以兵，告申鳴曰：「子與吾，吾與子分楚國。子不與吾，子父則死矣。」申鳴流涕而應之曰：「始吾父之孝子也，今吾君之忠臣也。吾聞之也，食其食者死其事，受其祿者畢其能。今吾已不得為父之孝子矣，乃君之忠臣也，吾何得以全身！」援桴鼓之，遂殺白公，其父亦

死，王賞之金百斤，申鳴曰：「食君之食，避君之難，非忠臣也。定君之國，殺臣之父，非孝子也。名不可兩立，行不可兩全也，如是而生，何面目立於天下。」遂自殺也。

齊莊公且伐莒，為車五乘之賔，而杞梁、華舟獨不與焉，故歸而不食。其母曰：「汝生而無義，死而無名，則雖非五乘，孰不汝笑也？汝生而有義，死而有名，則五乘之賔，盡汝下也。」趣食乃行，杞梁、華舟同車，侍於莊公而行至莒，莒人逆之，杞梁華舟下鬪，獲甲首三百，莊公止之曰：「子止，與子同齊國。」杞梁、華舟曰：「君為五乘之賔，而舟、梁不與焉，是少吾勇也。臨敵涉難，止我以利，是汚吾行也。深入多殺者，臣之事也，齊國之利，非吾所知也。」遂進鬪，壞軍陷陣，三軍弗敢當，至莒城下，莒人以炭置地，二人立有間，不能入。隰侯重為右，曰：「吾聞古之士，犯患涉難者，其去遂於物也，来，吾踰子。」隰侯重仗楯伏炭，二子乘而入，顧而哭之，華舟後息。杞梁曰：「汝無勇乎？何哭之久也？」華舟曰：「吾豈無勇哉，是其勇與我同也，而先吾死，是以哀之。」莒人曰：「子毋死，與子同莒國。」杞梁、華舟曰：「去國歸敵，非忠臣也。去長受賜，非正行也。且鷄鳴而期，日中而忘之，非信也。深入多殺者，臣之事也，莒國之利，非吾所知也。」遂進鬪，殺

五十七人而死。其妻聞之而哭，城為之弛，而隅為之崩。此非所以起也。越甲至齊，雍門子狄請死之，齊王曰：「鼓鐸之聲未聞，矢石未交，長兵未接，子何務死之？為人臣之禮邪？」雍門子狄對曰：「臣聞之，昔者王田於囿，左轂鳴，車右請死之，而王曰：『子何為死？』車右對曰：『為其鳴吾君也。』王曰：『左轂鳴者，二師之罪也，子何事之有焉？』車右曰：『臣不見二師之乘而見其鳴吾君也。』遂刎頸而死，知有之乎？」齊王曰：「有之。」雍門子狄曰：「今越君至，其鳴吾君也，豈左轂之下哉？車右可以死左轂，而臣獨不可以死越甲也？」遂刎頸而死。是日越人引甲而退七十里，曰：「齊王有臣均如雍門子狄，擬使越社稷不血食。」遂引甲而歸，齊王葬雍門子狄以上卿之禮。

楚人將與吳人戰，楚兵寡而吳兵衆，楚將軍子囊曰：「我擊此國必敗，辱君虧地，忠臣不忍為也。」不復於君，黜兵而退，至於國郊，使人復於君曰：「臣請死！」君曰：「子大夫之遁也，以為利也，而今誠利，子大夫毋死！」子囊曰：「遁者無罪，則後世之為君臣者，皆入不利之名而效臣遁，若是，則楚國終為天下弱矣，臣請死。」退而伏劍。君曰：「誠如此，請成子大夫之義。」乃為桐棺三寸，加斧質其上，以徇於國。

宋康公攻阿，屠單父，成公趙曰：「始吾不自知，以為在千乘則萬乘不敢伐，在萬乘則天下不敢圖。今趙在阿而宋屠單父，則是趙無以自立也。且往誅宋！」趙遂入宋，三月不得見。或曰：「何不曰鄰國之使而見之。」成公趙曰：「不可，吾因鄰國之使而刺之，則使後世之使不信，荷節之信不用，皆曰趙使之然也，不可！」或曰：「何不因群臣道徒處之士而刺之。」成公趙曰：「不可，吾因群臣道徒處之士而刺之，則後世之忠臣不見信，辨士不見顧，皆曰趙使之然也。不可！吾聞古之士怒則思理，危不忘義，必將正行以求之耳。」朞年，宋康公病死，成公趙曰：「廉士不辱名，信士不惰行，今吾在阿，宋屠單父，是辱名也。事誅宋王，朞年不得，是惰行也。吾若是而生，何面目而見天下之士。」遂立槁於彭山之上。

佛肹用中牟之縣畔，設祿邑炊鼎，曰：「與我者受邑，不與我者其烹。」中牟之士皆與之。城北餘子田基獨後至，祛衣將入鼎，曰：「基聞之，義者軒冕在前，非義弗乘。斧鉞於後，義死不避。」遂祛衣，將入鼎，佛肹播而之，趙簡子屠中牟，得而取之，論有功者，用田基為始，田基曰：「吾聞廉士不耻人。如此而受中牟之功，則中牟之士終身慙矣。」襁負其母，南徙於楚，楚王高其義，待以司馬。

齊崔杼弒莊公，邢蒯聵使晋而反，其僕曰：「崔杼弒莊公，子將奚如？」邢蒯聵曰：「驅之，將入死而報君。」其僕曰：「君之無道也，四鄰諸侯莫不聞也，以夫子而死之，不亦難乎？」邢蒯聵曰：「善能言也，然亦晩矣，子早言我，我能諫之，諫不聽，我能去，今既不諫，又不去。吾聞食其祿者死其事，吾既食亂君之祿矣，又安得治君而死之？」遂驅車入死。其僕曰：「人有亂君，人猶死之。我有治長，可毋死乎？」乃結轡自刎於車上。君子聞之曰：「邢蒯聵可謂守節死義矣。死者人之所難也，僕夫之死也，雖未能合義，然亦有志士之意矣，《詩》云：『夙夜匪懈，以事一人。』邢生之謂也。孟子曰：『勇士不忘喪其元。』僕夫之謂也。」

燕昭王使樂毅伐齊，閔王亡。燕之初入齊也，聞盖邑人王歜賢，令於三軍曰：「環盖三十里毋入。」以歜之故。已而使人謂歜曰：「齊人多高子之義，吾以子為將，封子萬家。」歜固謝燕人，燕人曰：「子不聽，吾引三軍而屠盖邑。」王歜曰：「忠臣不事二君，貞女不更二夫。齊王不聽吾諫，故退而耕於野。國既破亡，吾不能存，今又劫之以兵，為君將，是助桀為暴也，與其生而無義，固不如烹。」遂懸其軀於樹枝，自奮絶脰而死。齊亡大夫聞之曰：「王歜布衣，義猶不背齊向燕，况在位食祿者乎？」乃相聚如莒，求諸公子，

立為襄王。

左儒友於杜伯，皆臣周宣王，宣王將殺杜伯而非其罪也，左儒争之于王，九復之而王弗許也，王曰：「別君而異友，斯汝也。」左儒對曰：「臣聞之，君道友逆，則順君以誅友。友道君逆，則率友以違君。」王怒曰：「易而言則生，不易而言則死。」左儒對曰：「臣聞古之士不枉義以從死，不易言以求生，故臣能明君之過，以死杜伯之無罪。」王殺杜伯，左儒死之。

莒穆公有臣曰朱厲附，事穆公，不見識焉，冬處於山林，食杼栗，夏處洲澤，食菱藕。穆公以難死，朱厲附將往死之。其友曰：「子事君而不見識焉，今君難吾子死之，意者其不可乎！」朱厲附曰：「始我以為君不吾知也，今君死而我不死，是果不知我也。吾將死之，以激天下不知其臣者。」遂往死之。

楚荘王獵於雲夢，射科雉，得之，申公子倍攻而奪之，王將殺之，大夫諫曰：「子倍自好也，争王雉，必有説，王姑察之。」不出三月，子倍病而死。邲之戰，楚大勝晋，歸而賞功，申公子倍之弟請賞於王曰：「人之有功也，賞於車下。」王曰：「奚謂也？」對曰：「臣之兄讀故記曰：射科雉者，不出三月必死。臣之兄争而得之，故夭死也。」王命發乎府而視之，於記果有

焉，乃厚賞之。

劉向說苑卷第四

劉向説苑卷第五

貴德

聖人之於天下百姓也，其猶赤子乎！飢者則食之，寒者則衣之。將之養之，育之長之。唯恐其不至於大也。《詩》曰：「蔽芾甘棠，勿翦勿伐，召伯所茇。」《傳》曰：自陝以東者，周公主之，自陝以西者，召公主之。召公述職當桑蠶之時，不欲變民事，故不入邑中，舍于甘棠之下而聽斷焉，陝間之人皆得其所。是故後世思而歌詠之，善之故言之。言之不足，故嗟嘆之。嗟嘆之不足，故詠歌之。夫詩，思然後積，積然後滿，滿然後發，發由其道，而致其位焉。百姓嘆其美而致其敬，甘棠之不伐也，政教惡乎不行！孔子曰：「吾於《甘棠》，見宗廟之敬也甚。」尊其人，必敬其位，順安萬物，古聖之道幾哉！仁人之德教也，誠惻隱於中，悃愊於内，不能已於其心。故其治天下也，如救溺人。見天下強陵弱，衆暴寡。幼孤羸露，死傷係虜，不忍其然，是以孔子歷七十二君，冀道之一行而得施其德，使民生於全育，烝庶安土，萬物熙熙，各樂其終。卒不遇，故睹麟而泣，哀道不行，德澤不洽，於是退作《春秋》，明素王之道，以示後人，思施其惠，未嘗輟忘。是以百王尊之，志士法焉，誦其文章，傳今不絶，德及之也。《詩》曰：「載馳載驅，周爰咨

謀。」此之謂也。聖王布德施惠，非求報於百姓也。郊望禘嘗，非求報於鬼神也。山致其高，雲雨起焉。水致其深，蛟龍生焉。君子致其道德而福禄歸焉。夫有陰德者必有陽報，有隱行者必有昭名，古者溝防不修，水為人害，禹鑿龍門，闢伊闕，平治水土，使民得陸處。百姓不親，五品不遜，契教以君臣之義，父子之親，夫婦之辨，長幼之序。田野不修，民食不足，后稷教之闢地墾草，糞土樹穀，令百姓家給人足。故三后之後，無不王者，有陰德也。周室衰，禮義廢，孔子以三代之道，教導於後世，繼嗣至今不絕者，有隱行也。《周頌》曰：「豐年多黍多稌，亦有高廩，萬億及秭，為酒為醴，烝畀祖妣，以洽百禮，降福孔偕。」《禮記》曰：「上牲損則用下牲，下牲損則祭不備物。」以其舛之為不樂也。故聖人之於天下也，譬猶一堂之上也，今有滿堂飲酒者，有一人獨索然向隅而泣，則一堂之人皆不樂矣。聖人之於天下也，譬猶一堂之上也，有一人不得其所，則孝子不敢以其物薦進。

魏武侯浮西河而下，中流顧謂吳起曰：「美哉乎河山之固也，此魏國之寶也。」吳起對曰：「在德不在險。昔三苗氏左洞庭，右彭蠡，德義不修，而禹滅之。夏桀之居，左河濟，右太華，伊闕在其南，羊腸在其北，修政不仁，湯放之。殷紂之國，左孟門而右太行，常山在其北，大河經其南，修政不德，武

王伐之。由此觀之，在德不在險。若君不修德，船中之人盡敵國也。」武侯曰：「善！」

武王克殷，召太公而問曰：「將柰其士衆何？」太公對曰：「臣聞愛其人者，兼屋上之烏。憎其人者，惡其餘胥。咸劉厥敵，使靡有餘，何如？」王曰：「不可。」太公出，邵公入，王曰：「為之柰何？」邵公對曰：「有罪者殺之，無罪者活之，何如？」王曰：「不可。」邵公出，周公入，王曰：「為之柰何？」周公曰：「使各居其宅，田其田，無變舊新，唯仁是親，百姓有過，在予一人！」武王曰：「廣大乎平天下矣。凡所以貴士君子者，以其仁而有德也！」

孔子曰：「里仁為美，擇不處仁，焉得智！」夫仁者，必恕然後行，行一不義，殺一無罪，雖以得高官大位，仁者不為也。夫大仁者，愛近以及遠，及其有所不諧，則虧小仁以就大仁。大仁者，恩及四海。小仁者，止於妻子。妻子者，以其知營利，以婦人之恩撫之，飾其內情，雕畫其偽，孰知其非真，雖當時蒙榮，然士君子以為大辱，故共工、驩兜、符里、鄧析，其智非無所識也，然而為聖王所誅者，以無德而苟利也。豎刁、易牙，毀體殺子以干利，卒為賊於齊。故人臣不仁，篡弒之亂生。人臣而仁，國治主榮。明主

察焉，宗廟大寧，夫人臣猶貴仁，况於人主乎！故桀紂以不仁失天下，湯武以積德有海土，是以聖王貴德而務行之。孟子曰：「推恩足以及四海，不推恩不足以保妻子。古人所以大過人者無他焉，善推其所有而已。」

晏子飲景公酒，令器必新，家老曰：「財不足，請斂於民。」晏子曰：「止。夫樂者，上下同之，故天子與天下，諸侯與境內，自大夫以下，各與其僚，無有獨樂。今上樂其樂，下傷其費，是獨樂者也，不可。」

齊桓公北伐山戎氏，其道過燕，燕君逆而出境，桓公問管仲曰：「諸侯相逆，固出境乎？」管仲曰：「非天子不出境。」桓公曰：「然則燕君畏而失禮也。寡人不道，而使燕君失禮。」乃割燕君所至之地以與燕君。諸侯聞之，皆朝於齊。《詩》云：「靖恭爾位，好是正直，神之聽之，介爾景福。」此之謂也。

景公探爵鷇，鷇弱，故反之，晏子聞之，不待請而入見，景公汗出惕然，晏子曰：「君胡為者也？」景公曰：「我探爵鷇，鷇弱，故反之。」晏子逡巡北面再拜而賀曰：「吾君有聖王之道矣。」景公曰：「寡人入探爵鷇，鷇弱，故反之，其當聖王之道者何也？」晏子對曰：「君探爵鷇，鷇弱，故反之，是長幼也。吾君仁愛，禽獸之加焉，而况於人乎？此聖王之道也。」

景公覩嬰兒有乞於途者，公曰：「是無歸夫？」晏子對曰：「君存，何為無歸？使養之，可立而以聞。」

景公游於壽宮，覩長年負薪而有飢色，公悲之，喟然嘆曰：「令吏養之。」晏子曰：「臣聞之，樂賢而哀不肖，守國之本也。今君愛老而恩無不逮，治國之本也。」公笑有喜色。晏子曰：「聖王見賢以樂賢，見不肖以哀不肖。今請求老弱之不養，鰥寡之不室者，論而供秩焉。」景公曰：「諾。」於是老弱有養，鰥寡有室。

桓公之平陵，見家人有年老而自養者，公問其故，對曰：「吾有子九人，家貧無以妻之，吾使傭而未返也。」桓公取外御者五人妻之，筦仲入見曰：「公之施惠不亦小矣。」公曰：「何也？」對曰：「公待所見而施惠焉，則齊國之有妻者少矣。」公曰：「若何？」筦仲曰：「令國丈夫二十而室，女子十五而嫁。」

孝宣皇帝初即位，守廷尉吏路温舒上書言尚德緩刑，其詞曰：「陛下初即至尊，與天合符，宜改前世之失，正始受之統，滌煩文，除民疾，存亡繼絶，以應天德，天下幸甚。臣聞往者秦有十失，其一尚存，治獄吏是也。昔秦之時，滅文學，好武勇，賤仁義之士，貴治獄之吏，正言謂之誹謗，謁過

謂之妖言，故盛服先生，不用於世，忠良切言，皆鬱於胸，譽諛之聲，日滿於耳，虛美薰心，實禍蔽塞，此乃秦之所以亡天下也。方今海內賴陛下厚恩，無金革之危，飢寒之患，父子夫婦，戮力安家，天下幸甚。然太平之未洽者，獄亂之也。夫獄，天下之命。死者不可生，斷者不可屬。《書》曰：『與其殺不辜，寧失不經。』今治獄吏則不然，上下相驅，以刻為明，深者獲公名，平者多後患。故治獄吏皆欲人死，非憎人也，自安之道，在人之死，是以死人之血，流離於市。被刑之徒，比肩而立，大辟之計，歲以萬數，此聖人所以傷，太平之未洽。凡以是也。人情安則樂生，痛則思死，捶楚之下，何求而不得。故因人不勝痛，則飾誣詞以示之，吏治者利其然，則指道以明之，上奏恐却，則鍛煉而周內之，蓋奏當之成，雖皋陶聽之，猶以為死有餘罪，何則？成鍊之者衆而文致之罪明也。是以獄吏專為深刻殘賊而無理，偷為一切，不顧國患，此世之大賊也，故俗語云：『畫地作獄，議不可入。刻本為吏，期不可對。』此皆疾吏之風，悲痛之辭也。故天下之患，莫深於獄，敗法亂政，離親塞道，莫甚乎治獄之吏，此臣所謂一尚存也。臣聞烏鷇之卵不毀，而後鳳凰集。誹謗之罪不誅，而後良言進，故《傳》曰：『山藪藏疾，川澤納污。國君含垢，天之道也。』臣昧死上聞，願陛下察誹謗，聽切言，開

天下之口，廣箴諫之路，改亡秦之一失，遵文武之嘉德，省法制，寬刑罰，以廢煩獄。則太平之風可興於世，福履和樂，與天地無極，天下幸甚。」書奏，皇帝善之，後卒於臨淮太守。

晉平公春築臺，叔向曰：「不可。古者聖王貴德而務施，緩刑辟而趨民時。今春築臺，是奪民時也。夫德不施，則民不歸。刑不緩，則百姓愁。使不歸之民，役愁怨之百姓，而又奪其時，是重竭也。夫牧百姓，養育之而重竭之，豈所以安命安存，而稱為人君於後世哉！」平公曰：「善！」乃罷臺役。

趙簡子春築臺於邯鄲，天雨而不息，謂左右曰：「可無趨種乎？」尹鐸對曰：「公事急，厝種而懸之臺。夫雖欲趨種，不能得也。」簡子惕然，乃釋臺罷役，曰：「我以臺為急，不如民之急也，民以不為臺故，知吾之愛也。」

中行獻子將伐鄭，范文子曰：「不可。得志於鄭，諸侯讎我，憂必滋長。」郤至又曰：「得鄭是兼國也，兼國則王，王者固多憂乎？」文子曰：「王者盛其德而遠人歸，故無憂。今我寡德而有王者之功，故多憂。今子見無土而欲富者樂乎哉？」

季康子謂子游曰：「仁者愛人乎？」子游曰：「然。」「人亦愛之乎？」子游曰：「然。」康子曰：「鄭子產死，鄭人丈夫捨玦珮，婦人舍珠珥，夫婦巷

哭，三月不聞竽瑟之聲。仲尼之死，吾不聞魯國之愛夫子，奚也？」子游曰：「譬子產之與夫子，其猶浸水之與天雨乎？浸水所及則生，不及則死，斯民之生也，必以時雨，既以生，莫愛其賜，故曰：譬子產之與夫子也，猶浸水之與天雨乎？」

中行穆子圍鼓，鼓人有以城反者，不許，軍吏曰：「師徒不勤可得城，奚故不受？」曰：「有以吾城反者，吾所甚惡也。人以城來，我獨奚好焉？賞所甚惡，是失賞也，若所好何？若不賞，是失信也，奚以示民？」鼓人又請降，使人視之，其民尚有食也，不聽。鼓人告食盡力竭，而後取之，克鼓而反，不戮一人。

孔子之楚，有漁者獻魚甚強，孔子不受，獻魚者曰：「天暑遠市，賣之不售，思欲棄之，不若獻之君子。」孔子再拜受，使弟子掃除，將祭之，弟子曰：「夫人將棄之，今吾子將祭之，何也？」孔子曰：「吾聞之，務施而不腐餘財者，聖人也，今受聖人之賜，可無祭乎？」

鄭伐宋，宋人將與戰，華元殺羊食士，其御羊斟不與焉。及戰，曰：「疇昔之羊羹，子為政。今日之事，我為政。」與華元馳入鄭師，宋人敗績。

楚王問莊辛曰：「君子之行柰何？」莊辛對曰：「居不為垣墻，人莫能毀

傷。行不從周衛，人莫能暴害。此君子之行也。」楚王復問：「君子之富柰何？」對曰：「君子之富，假貸人，不德也，不責也。其食飲人，不使也，不役也。親戚愛之，衆人喜之，不肖者事之。皆欲其壽樂而不傷於患。此君子之富也。」楚王曰：「善。」

丞相西平侯于定國者，東海下邳人也，其父號曰于公，為縣獄吏，決曹掾。決獄平法，未嘗有所寃。郡中離文法者，于公所決，皆不敢隐情，東海郡中為于公生立祠，命曰于公祠。東海有孝婦，無子，少寡，養其姑甚謹，其姑欲嫁之，終不肯，其姑告鄰之人曰：「孝婦養我甚謹，我哀其無子，守寡日久，我老，累丁壯柰何？」其後，母自經死，母女告吏曰：「孝婦殺我母。」吏捕孝婦，孝婦辭不殺姑，吏欲毒治，孝婦自誣服，具獄以上府，于公以為養姑十年以孝聞，此不殺姑也，太守不聽，數爭不能得，於是于公辭疾去吏，太守竟殺孝婦。郡中枯旱三年，後太守至，卜求其故，于公曰：「孝婦不當死，前太守強殺之，咎當在此。」於是殺牛祭孝婦冢，太守以下自至焉，天立大雨，歲豐熟，郡中以此益敬重于公。于公築治廬舍，謂匠人曰：「為我高門，我治獄未嘗有所寃，我後世必有封者，令容高蓋駟馬車。」及子封為西平侯。

凡人之性，莫不欲善其德，然而不能為善德者，利敗之也。故君子羞言利名，言利名尚羞之，况居而求利者也。周天子使家父毛伯求金於諸侯，《春秋》譏之。故天子好利則諸侯貪，諸侯貪則大夫鄙，大夫鄙則庶人盜，上之變下，猶風之靡草也。故為人君者，明貴德而賤利，以道下，下之為惡，尚不可止。今隱公貪利而身自漁濟上，而行八佾，以此化於國人，國人安得不解於義，解於義而縱其欲，則災害起而臣下僻矣，故其元年始書螟，言災將起，國家將亂云爾。

孫卿曰：「夫鬭者，忘其身者也，忘其親者也，忘其君者也。行須臾之怒，而鬭終身之禍，然乃為之，是忘其身也。家室離散，親戚被戮，然乃為之，是忘其親也。君上之所致惡，刑法之所大禁也，然乃犯之，是忘其君也。今禽獸猶知近父母，不忘其親也。人而忘其身，内忘其親，上忘其君，是不若禽獸之仁也。凡鬭者，皆自以為是而以他人為非，己誠是也，人誠非也，則是己君子而彼小人也。夫以君子而與小人相賊害，是人之所謂以狐亡補犬羊，身塗其炭，豈不過甚矣哉！以為智乎，則愚莫大焉。以為利乎，則害莫大焉。以為榮乎，則辱莫大焉。人之有鬭何哉？比之狂惑疾病乎，則不可，面目人也，而好惡多同，人之鬭，誠愚惑夫道者也。《詩》云：『式號式

呼，俾晝作夜。』言鬭行也。」

子路持劍，孔子問曰：「由，安用此乎？」子路曰：「善古者固以善之，不善古者固以自衛。」孔子曰：「君子以忠為質，以仁為衛，不出環堵之內，而聞千里之外。不善以忠化，寇暴以仁圍，何必持劍乎？」子路曰：「由也請攝齊以事先生矣。」

樂羊為魏將，以攻中山，其子在中山，中山縣其子示樂羊，樂羊不為衰志，攻之愈急，中山因烹其子而遺之，樂羊食之盡一杯，中山見其誠也，不忍與其戰，果下之，遂為魏文侯開地，文侯賞其功而疑其心。孟孫獵得麑，使秦西巴持歸，其母隨而鳴，秦西巴不忍，縱而與之，孟孫怒逐秦西巴，居一年，召以為太子傅，左右曰：「夫秦西巴有罪於君，今以為太子傅，何也？」孟孫曰：「夫以一麑而不忍，又將能忍吾子乎？」故曰：『巧詐不如拙誠。』樂羊以有功而見疑，秦西巴以有罪而益信。由仁與不仁也。

智伯還自衛，三卿燕于藍臺，智襄子戲韓康子而侮段規，智果聞之，諫曰：「主弗備難，難必至。」曰：「難將由我，我不為難，誰敢興之。」對曰：「異於是，夫郤氏有車轅之難，趙有孟姬之讒，欒有叔祁之訴，范中行有函冶之難，皆主之所知也。《夏書》有之曰：『一人三失，怨豈在明，不見是圖。』

《周書》有之曰：『怨不在大，亦不在小。』夫君子能勤小物，故無大患。今主一謀而媿人君相，又弗備，曰：『不敢興難。』毋乃不可乎？嘻！不可不懼，蚋蟻蜂蠆皆能害人，況君相乎？」不聽，自是五年而有晉陽之難，段規反而殺智伯于師，遂滅智氏。

智襄子為室美，士茁夕焉，智伯曰：「室美矣夫！」對曰：「美則美矣，抑臣亦有懼也。」智伯曰：「何懼？」對曰：「臣以秉筆事君，記有之曰：『高山浚源，不生草木，松柏之地，其土不肥。』今土木勝，人臣懼其不安人也。」室成三年而智氏亡。

劉向說苑卷第五

劉向説苑卷第六

復恩

孔子曰：「德不孤，必有鄰。」夫施德者貴不德，受恩者尚必報。是故臣勞勤以為君而不求其賞，君持施以牧下而無所德，故《易》曰：「勞而不怨，有功而不德，厚之至也。」君臣相與，以市道接，君縣祿以待之，臣竭力以報之。逮臣有不測之功，則主加之以重賞，如主有超異之恩，則臣必死以復之。孔子曰：「北方有獸，其名曰蟨，前足鼠，後足兎。是獸也，甚矣其愛蛩蛩巨虛也，食得甘草，必齧以遺蛩蛩巨虛，蛩蛩巨虛見人將來，必負蟨以走，蟨非性之愛蛩蛩巨虛也，為其假足之故也，二獸者亦非性之愛蟨也，為其得甘草而遺之故也。」夫禽獸昆蟲猶知比假而相有報也，況於士君子之欲興名利於天下者乎！夫臣不復君之恩而苟營其私門，禍之原也。君不能報臣之功而憚行賞者，亦亂之基也。夫禍亂之源，基由不報恩生矣。

趙襄子見圍於晋陽，罷圍，賞有功之臣五人，高赫無功而受上賞，五人皆怒，張孟談謂襄子曰：「晋陽之中，赫無大功，今與之上賞，何也？」襄子曰：「吾在拘厄之中，不失臣主之禮，唯赫也。子雖有功，皆驕寡人。與赫上賞，不亦可乎？」仲尼聞之曰：「趙襄子可謂善賞士乎！賞一人而天下之人

臣，莫敢失君臣之禮矣。」

晉文公亡時，陶叔狐從，文公反國，行三賞而不及陶叔狐，陶叔狐見咎犯曰：「吾從君而亡，十有三年，顏色黎黑，手足胼胝。今君反國行三賞而不及我也，意者君忘我與！我有大故與！子試為我言之君。」咎犯言之文公，文公曰：「嘻，我豈忘是子哉！夫高明至賢，德行全誠，耽我以道，說我以仁，暴浣我行，昭明我名，使我為成人者，吾以為上賞。防我以禮，諫我以誼，蕃援我使我不得為非，數引我而請於賢人之門，吾以為次賞。夫勇壯強禦，難在前則居前，難在後則居後，免我於患難之中者，吾又以為之次。且子獨不聞乎？死人者不如存人之身，亡人者不如存人之國。夫行賞之後，而勞苦之士次之，夫勞苦之士，是子固為首矣，豈敢忘子哉！」周内史叔輿聞之曰：「文公其霸乎！昔聖王先德而後力，文公其當之矣，《詩》云：『率禮不越。』此之謂也。」

晉文公入國，至於河，令棄籩豆茵席，顏色黎黑，手足胼胝者，在後。咎犯聞之，中夜而哭，文公曰：「吾亡也十有九年矣，今將反國，夫子不喜而哭，何也？其不欲吾反國乎？」對曰：「籩豆茵席，所以官者也，而棄之。顏色黎黑，手足胼胝，所以執勞苦，而皆後之。臣聞國君蔽士，無所取忠臣。

大夫蔽遊，無所取忠友。今至於國，臣在所蔽之中矣，不勝其哀，故哭也。」文公曰：「禍福利害，不與咎氏同之者，有如白水！」祝之，乃沈璧而盟。介子推曰：「獻公之子九人，唯君在耳，天未絶晉，必將有主，主晉祀者非君而何？唯二三子者以為己力，不亦誣乎？」文公即位，賞不及推，推母曰：「盍亦求之？」推曰：「尤而效之，罪又甚焉。且出怨言，不食其食。」其母曰：「亦使知之。」推曰：「言，身之文也。身將隱，安用文？」其母曰：「能如是，與若俱隱，至死不復見。」推從者憐之，乃懸書宮門曰：「有龍矯矯，頃失其所，五蛇從之，周徧天下，龍飢無食，一蛇割股，龍反其淵，安其壤上，四蛇入穴，皆有處所，一蛇無穴，號於中野。」文公出見書曰：「嗟！此介子推也。吾方憂王室，未圖其功。」使人名之，則亡，遂求其所在，聞其入綿上山中。於是文公表綿上山中而封之，以為介推田，號曰介山。

晉文公出亡，周流天下，舟之僑去虞而從焉。文公反國，擇可爵而爵之，擇可禄而禄之，舟之僑獨不與焉，文公酌諸大夫酒，酒酣，文公曰：「二三子盍為寡人賦乎？」舟之僑進曰：「君子為賦，小人請陳其辭，辭曰：有龍矯矯，頃失其所。一蛇從之，周流天下，龍反其淵，安寧其處，一蛇耆乾，獨不得其所。」文公瞿然曰：「子欲爵耶？請待旦日之期。子欲禄邪？請

今命廩人。」舟之僑曰：「請而得其賞，廉者不為也。言盡而名至，仁者不為也。今天油然作雲，沛然下雨，則苗草興起，莫之能禦。今為一人言施一人，猶為一塊土下雨也，土亦不生之矣。」遂歷階而去。文公求之不得，終身誦《甫田》之詩。

邴吉有陰德於孝宣皇帝微時，孝宣皇帝即位，衆莫知，吉亦不言。吉從大將軍長史轉遷至御史大夫，宣帝聞之，將封之，會吉病甚，將使人加紳而封之，及其生也，太子太傅夏侯勝曰：「此未死也，臣聞之，有陰德者必饗其樂以及其子孫。今此未獲其樂而病甚，非其死病也。」後病果愈，封為博陽侯，終饗其樂。

魏文侯攻中山，樂羊將，已得中山，還反報文侯，有喜功之色，文侯命主書曰：「群臣賓客所獻書，操以進。」主書者舉兩篋以進，令將軍視之，盡難攻中山之事也，將軍還走，北面而再拜曰：「中山之舉也，非臣之力，君之功也。」

平原君既歸趙，楚使春申君將兵救趙，魏信陵君亦矯奪晉鄙軍往救趙，未至，秦急圍邯鄲，邯鄲急且降，平原君患之，邯鄲傳舍吏子李談謂平原君曰：「君不憂趙亡乎？」平原君曰：「趙亡即勝虜，何為不憂？」李談曰：「邯

鄲之民，炊骨易子而食之，可謂至困。而君之後宫百數，婦妾荷綺縠，厨餘粱肉。士民兵盡，或剡木為矛戟。而君之器物，鐘磬自恣，若使秦破趙，君安得有此？使趙而全，君何患無有？君誠能令夫人以下，編於士卒間，分功而作之，家所有盡散以饗食士，方其危苦時，易為惠耳。」於是平原君如其計，而勇敢之士三千人皆出死，因從李談赴秦軍，秦軍為却三十里，亦會楚魏救至，秦軍遂罷。李談死，封其父為孝侯。

秦繆公嘗出而亡其駿馬，自往求之，見人已殺其馬，方共食其肉，繆公謂曰：「是吾駿馬也。」諸人皆懼而起，繆公曰：「吾聞食駿馬肉不飲酒者殺人。」即以次飲之酒，殺馬者皆慙而去。居三年，晋攻秦繆公，圍之，往時食馬肉者，相謂曰：「可以出死報食馬得酒之恩矣。」遂潰圍。繆公卒得以解難勝晋，獲惠公以歸，此德出而福反也。

智伯與趙襄子戰於晋陽下而死，智伯之臣豫讓者怒，以其精氣餂使襄主動心，乃漆身變形，吞炭更聲，襄主將出，豫讓偽為死人，處於梁下，駟馬驚不進，襄主動心，使使視梁下，得豫讓，襄主重其義，不殺也。又盜為抵罪，被刑人赭衣，入繕宫，襄主動心，則曰：「必豫讓也。」襄主執而問之曰：「子始事中行君，智伯殺中行君，子不能死，還反事之。今吾殺智伯，乃

漆身為厲，吞炭為啞，欲殺寡人，何與先行異也？」豫讓曰：「中行君衆人畜臣，臣亦衆人事之。智伯朝士待臣，臣亦朝士為之用。」襄子曰：「非義也？子壯士也！」乃自置車庫中，水漿毋入口者三日以禮豫讓，讓自知，遂自殺也。

晉逐欒盈之族，命其家臣有敢從者死，其臣曰：「辛俞從之。」吏得而將殺之，君曰：「命汝無得從，敢從何也？」辛俞對曰：「臣聞三世仕於家者君之，二世者主之。事君以死，事主以勤，為其賜之多也。今臣三世於欒氏，受其賜多矣，臣敢畏死而忘三世之恩哉？」晉君釋之。

留侯張良之大父開地相韓昭侯、宣惠王、襄哀王。父平相釐王、悼惠王。悼惠王二十三年，平卒。二十歲，秦滅韓，良年少，未官事韓。韓破，良家童三百人，弟死不葬，良悉以家財求刺客刺秦王，為韓報仇，以大父、父五世相韓故，遂學禮淮陽，東見滄海君，得力士，為鐵椎重百二十斤，秦皇帝東游，良與客狙擊秦皇帝於博浪沙，誤中副車，秦皇帝大怒，大索天下，求購甚急，良更易姓名，深亡匿，後卒隨漢報秦。

鮑叔死，管仲舉上衽而哭之，泣下如雨，從者曰：「非君父子也，此亦有說乎？」管仲曰：「非夫子所知也，吾嘗與鮑子負販於南陽，吾三辱於市，鮑

子不以我為怯，知我之欲有所明也。鮑子嘗與我有所説王者，而三不見聽，鮑子不以我為不肖，知我之不遇明君也。鮑子嘗與我臨財分貨，吾自取多者三，鮑子不以我為貪，知我之不足扵財也。生我者父母，知我者鮑子也。士為知己者死，而況為之哀乎！」

晉趙盾舉韓厥，晉君以為中軍尉。趙盾死，子朔嗣為卿。至景公三年，趙朔為晉將，朔取成公姊為夫人。大夫屠岸賈欲誅趙氏，初，趙盾在時，夢見叔帶持龜要而哭，甚悲，已而笑，拊手且歌，盾卜之，古兆絶而後好，趙史援占曰：「此甚惡，非君之身，乃君之子，然亦君之咎也。」至子趙朔，世益衰，屠岸賈者，始有寵扵靈公，及至於晉景公，而賈為司寇，將作難，乃治靈公之賊，以致趙盾，徧告諸將曰：「趙穿弒靈公，盾雖不知，猶為首賊。臣殺君，子孫在朝，何以懲罪，請誅之！」韓厥曰：「靈公遇賊，趙盾在外，吾先君以為無罪，故不誅。今諸君將誅其後，是非先君之意而後妄誅。妄誅謂之亂臣，有大事而君不聞，是無君也。」屠岸賈不聽，厥告趙朔趨亡，趙朔不肯，曰：「子必不絶趙祀，朔死且不恨。」韓厥許諾，稱疾不出，賈不請而擅與諸將攻趙氏於下宮，殺趙朔、趙括、趙嬰齊，皆滅其族。朔妻成公姊有遺腹，走公宮匿，後生男，乳，朔客程嬰持亡匿山中，居十五年，

晉景公疾，卜之曰：「大業之後不遂者為崇。」景公疾問韓厥，韓厥知趙孤在，乃曰：「大業之後，在晋絶祀者，其趙氏乎！夫自中行衍皆嬴姓也，中衍人面鳥噣，降佐殷帝太戊，及周天子，皆有明德，下及幽厲無道，而叔帶去周適晋，事先君文侯，至于成公，世有立功，未嘗有絶祀。今及吾君，獨滅之趙宗，國人哀之，故見龜筴，唯君圖之。」景公問云：「趙尚有後子孫乎？」韓厥具以實對，於是景公乃與韓厥謀立趙孤兒，召而匿之宮中，諸將入問疾，景公囙韓厥之衆，以脅諸將而見趙孤，孤名曰武，諸將不得已，乃曰：「昔下官之難，屠岸賈為之，矯以君令，并命群臣，非然，孰敢作難。微君之疾，群臣固且請立趙後，今君有令，群臣之願也。」於是召趙武、程嬰徧拜諸將軍，將軍遂返與程嬰、趙武攻屠岸賈，滅其族，復與趙武田邑如故。故人安可以無恩，夫有恩於此，故復於彼。非程嬰則趙孤不全，非韓厥則趙後不復。韓厥可謂不忘恩矣。

北郭騷踵見晏子曰：「竊悦先生之義，願乞所以養母者。」晏子使人分倉粟府金而遺之，辭金而受粟。有間，晏子見疑於景公，出犇。北郭子召其友而告之曰：「吾悦晏子之義而嘗乞所以養母者。吾聞之曰：養及親者，身更其難。今晏子見疑，吾將以身白之。」遂造公庭，求復者曰：「晏子，天下之賢者

也，今去齊國，齊國必侵矣，方必見國之侵也，不若先死，請絶頸以白晏子。」逡巡而退，因自殺也。公聞之大駭，乘馳而自追晏子，及之國郊，請而反之，晏子不得已而反之，聞北郭子之以死白己也，太息而歎曰：「嬰不肖，罪過固其所也，而士以身明之，哀哉！」

吳赤市使於智氏，假道於衛，甯文子具紵絺三百製，將以送之。大夫約曰：「吳雖大國也，不壤交，假之道，則亦敬矣，又何禮焉！」甯文子不聽，遂致之。吳赤市至於智氏，既得事，將歸吳，智伯命造舟為梁，吳赤市曰：「吾聞之，天子濟於水，造舟為梁，諸侯維舟為梁，大夫方舟。方舟，臣之職也，且敬太甚，必有故。」使人視之，視則用兵在後矣，將亦襲衛。吳赤市曰：「衛假吾道而厚贈我，我見難而不告，是與為謀也。」稱疾而留，使人告衛，衛人警戒，智伯聞之，乃止。

楚魏會於晉陽，將以伐齊，齊王患之，使人召淳于髡曰：「楚魏謀欲伐齊。願先生與寡人共憂之。」淳于髡大笑而不應，王復問之，又復大笑而不應，三問而不應，王怫然作色曰：「先生以寡人國為戲乎？」淳于髡對曰：「臣不敢以王國為戲也，臣笑臣隣之祠田也，以奩飯與一鮒魚。其祝曰：『下田洿邪，得穀百車，蟹堁者宜禾。』臣笑其所以祠者少而所求者多。」王曰：「善。」賜之

千金，草車百乘，立為上卿。

東閭子嘗富貴而後乞，人問之曰：「公何為如是？」曰：「吾自知。吾嘗相六七年，未嘗薦一人也。吾嘗富三千萬者再，未嘗富一人也。不知士出身之咎然也。」孔子曰：「物之難矣，小大多少，各有怨惡，數之理也，人而得之，在於外假之也。」

齊懿公之為公子也，與邴歜之父争田，不勝。及即位，乃掘而刖之，而使歜為僕。奪庸織之妻，而使織為參乘。公游于申池，二人浴於池，歜以鞭抶織，織怒，歜曰：「人奪女妻，而不敢怒。一抶女，庸何傷！」織曰：「孰與刖其父而不病奚若？」乃謀殺公，納之竹中。

楚人獻黿於鄭靈公，公子家見公子宋之食指動，謂公子家曰：「我如是必嘗異味。」及食大夫黿，召公子宋而不與。公子宋怒，染指於鼎，嘗之而出，公怒欲殺之。公子宋與公子家謀先，遂弑靈公。子夏曰：「《春秋》者，記君不君，臣不臣，父不父，子不子者也。此非一日之事也，有漸以至焉。」

劉向說苑卷第六

劉向說苑卷第七

政理

政有三品：王者之政化之，霸者之政威之，彊者之政脅之，夫此三者各有所施，而化之為貴矣。夫化之不變而後威之，威之不變而後脅之，脅之不變而後刑之。夫至於刑者，則非王者之所得已也。是以聖王先德教而後刑罰，立榮恥而明防禁。崇禮義之節以示之，賤貨利之弊以變之。修近理内政橛機之禮，壹妃匹之際。則莫不慕義禮之榮，而惡貪亂之耻。其所由致之者，化使然也。

季孫問於孔子曰：「如殺無道，以就有道，何如？」孔子曰：「子為政，焉用殺，子欲善而民善矣。君子之德風也，小人之德草也。草上之風必偃。」言明其化而已也，治國有二機，刑德是也。王者尚其德而希其刑，霸者刑德並湊，強國先其刑而後德。夫刑德者，化之所由興也。德者，養善而進闕者也。刑者，懲惡而禁後者也。故德化之崇者至於賞，刑罰之甚者至於誅。夫誅賞者，所以別賢不肖，而列有功與無功也。故誅賞不可以繆，誅賞繆則善惡亂矣。夫有功而不賞，則善不勸，有過而不誅，則惡不懼，善不勸而能以行化乎天下者，未嘗聞也。《書》曰：「畢力賞罰。」此之謂也。

水濁則魚困，令苛則民亂，城峭則必崩，岸竦則必阤。故夫治國，譬若張琴，大絃急則小絃絶矣，故曰：急轡御者，非千里御也。有聲之聲，不過百里，無聲之聲，延及四海。故禄過其功者損，名過其實者削，情行合而民副之，禍福不虛至矣。詩云：「何其處也，必有與也。何其久也，必有以也。」此之謂也。

公叔文子為楚令尹，三年，民無敢入朝，公叔子見曰：「嚴矣。」文子曰：「朝廷之嚴也，寧云妨國家之治哉？」公叔子曰：「嚴則下喑，下喑則上聾，聾喑不能相通，何國之治也？盖聞之也，順針縷者成帷幕，合升斗者實倉廩，并小流而成江海。明主者有所受命而不行，未嘗有所不受也。」

衛靈公謂孔子曰：「有語寡人為國家者，謹之於廟堂之上而國家治矣，其可乎？」孔子曰：「可。愛人者，則人愛之。惡人者，則人惡之。知得之已者，亦知得之人。所謂不出於環堵之室而知天下者，知反之己者也。」

子貢問治民於孔子，孔子曰：「懔懔焉如以腐索御奔馬。」子貢曰：「何其畏也！」孔子曰：「夫通達之國皆人也，以道導之，則吾畜也。不以道導之，則吾讎也，若何而毋畏？」

齊桓公謂管仲曰：「吾欲舉事於國，昭然如日月，無愚夫愚婦皆曰善，

可乎？」仲曰：「可。然非聖人之道。」桓公曰：「何也？」對曰：「夫短綆不可以汲深井，知鮮不可以與聖人之言，慧士可與辨物，智士可與辨無方，聖人可與辨神明。夫聖人之所為，非衆人之所及也。民知十己，則尚與之争，曰不如吾也，百己則疵其過，千己則誰而不信。是故民不可稍而掌也，可并而牧也。不可暴而殺也，可麾而致也。衆不可户説也，可舉而示也。」

衛靈公問於史鰌曰：「政孰為務？」對曰：「大理為務，聽獄不中，死者不可生也，斷者不可屬也，故曰大理為務。」少焉，子路見公，公以史鰌言告之，子路曰：「司馬為務，兩國有難，兩軍相當，司馬執枹以行之，一鬭不當，死者數萬，以殺人為非也，此其為殺人亦衆矣，故曰司馬為務。」少焉，子貢入見，公以二子言告之，子貢曰：「不識哉！昔禹與有扈氏戰，三陳而不服，禹於是脩修教一年，而有扈氏請服，故曰：去民之所事，奚獄之所聽？兵草之不陳，奚鼓之所鳴？故曰教為務也。」

齊桓公出獵，逐鹿而走，入山谷之中，見一老公而問之曰：「是為何谷？」對曰：「為愚公之谷。」桓公曰：「何故？」對曰：「以臣名之。」桓公曰：「今視公之儀状，非愚人也，何為以公名？」對曰：「臣請陳之，臣故畜牸牛，生子而大，賣之而買駒，少季曰：『牛不能生馬。』遂持駒去。傍隣聞之，以

臣為愚，故名此谷為愚公之谷。」桓公曰：「公誠愚矣，夫何為而與之？」桓公遂歸。明日朝，以告管仲，管仲正衿再拜曰：「此夷吾之愚也，使堯在上，咎繇為理，安有取人之駒者乎？若有見暴如是叟者，又必不與也，公知獄訟之不正，故與之耳，請退而脩政。」孔子曰：「弟子記之，桓公，霸君也。管仲，賢佐也。猶有以智為愚者也，況不及桓公管仲者也。」

魯有父子訟者，康子曰：「殺之！」孔子曰：「未可殺也。夫民不知子父訟之不善者久矣，是則上過也。上有道，是人亡矣。」康子曰：「夫治民以孝為本，今殺一人以戮不孝，不亦可乎？」孔子曰：「不孝而誅之，是虐殺不辜也。三軍大敗，不可誅也。獄訟不治，不可刑也。上陳之教而先服之，則百姓從風矣，躬行不從而後俟之以刑，則民知罪矣。夫一仞之牆，民不能踰，百仞之山，童子升而遊焉，陵遲故也！今是仁義之陵遲久矣，能謂民弗踰乎？《詩》曰：『俾民不迷！』昔者君子導其百姓不使迷，是以威厲而不至，刑錯而不用也。」於是訟者聞之，乃請無訟。

魯哀公問政於孔子，對曰：「政有使民富且壽。」哀公曰：「何謂也？」孔子曰：「薄賦斂則民富，無事則遠罪，遠罪則民壽。」公曰：「若是，則寡人貧矣。」孔子曰：「《詩》云：『凱悌君子，民之父母。』未見其子富而父母貧者

也。」

文王問於呂望曰：「為天下若何？」對曰：「王國富民，霸國富士。僅存之國富大夫，亡道之國富倉府。是謂上溢而下漏。」文王曰：「善！」對曰：「宿善不祥。」是日也，發其倉府，以振鰥寡孤獨。

武王問於太公曰：「治國之道若何？」太公對曰：「治國之道，愛民而已。」曰：「愛民若何？」曰：「利之而勿害，成之勿敗，生之勿殺，與之勿奪，樂之勿苦，喜之勿怒，此治國之道，使民之誼也，愛之而已矣。民失其所務，則害之也。農失其時，則敗之也。有罪者重其罰，則殺之也。重賦斂者，則奪之也。多徭役以罷民力，則苦之也。勞而擾之，則怒之也。故善為國者，遇民如父母之愛子，兄之愛弟，聞其飢寒為之哀，見其勞苦為之悲。」

武王問於太公曰：「賢君治國何如？」對曰：「賢君之治國，其政平，其吏不苛，其賦斂節，其自奉薄，不以私善害公法，賞賜不加於無功，刑罰不施於無罪，不回喜以賞，不回怒以誅，害民者有罪，進賢舉過者有賞，後宮不荒，女謁不聽，上無婬慝，下不陰害，不幸宮室以費財，不多觀游臺池以罷民，不彫文刻鏤以逞耳目，官無腐蠹之藏，國無流餓之民，此賢君之治國

也。」武王曰：「善哉！」

武王問於太公曰：「為國而數更法令者何也？」太公曰：「為國而數更法令者，不法法，以其所善為法者也。故令出而亂，亂則更為法，是以其法令數更也。」

成王問政於尹逸曰：「吾何德之行而民親其上？」對曰：「使之以時而敬順之，忠而愛之，布令信而不食言。」王曰：「其度安至？」對曰：「如臨深淵，如履薄氷。」王曰：「懼哉！」對曰：「天地之間，四海之內，善之則畜也，不善則讎也。夏、殷之臣，反讎桀、紂而臣湯、武，夙沙之民，自攻其主而歸神農氏。此君之所明知也，若何其無懼也？」

仲尼見梁君，梁君問仲尼曰：「吾欲長有國，吾欲列都之得，吾欲使民安不惑，吾欲使士竭其力，吾欲使日月當時，吾欲使聖人自來，吾欲使官府治，為之柰何？」仲尼對曰：「千乘之君，萬乘之主，問於丘者多矣，未嘗有如主君問丘之術也，然而盡可得也。丘聞之，兩君相親，則長有國。君惠臣忠，則列都之得。毋殺不辜，毋釋罪人，則民不惑。益士祿賞，則竭其力。尊天敬鬼，則日月當時。善為刑罰，則聖人自來。尚賢使能，則官府治。」梁君曰：「豈有不然哉！」

子貢曰：「葉公問政於夫子，夫子曰：『政在附近而來遠。』魯哀公問政於夫子，夫子曰：『政在於諭臣。』齊景公問政於夫子，夫子曰：『政在於節用。』三君問政於夫子，夫子應之不同，然則政有異乎？」孔子曰：「夫荊之地廣而都狹，民有離志焉，故曰在於附近而來遠。哀公有臣三人，內比周公以惑其君，外鄣距諸侯賓客以蔽其明，故曰政在諭臣。齊景公奢於臺榭，淫於苑囿，五官之樂不解，一旦而賜人百乘之家者三，故曰政在於節用，此三者政也，《詩》不云乎：『亂離斯瘼，爰其適歸。』此傷離散以為亂者也。『匪其止共，惟王之邛。』此傷姦臣蔽主以為亂者也。『相亂蔑資，曾莫惠我師。』此傷奢侈不節以為亂者也，察此三者之所欲，政其同乎哉！」

公儀休相魯，魯君死，左右請閉門，公儀休曰：「止！池淵吾不稅，蒙山吾不賦，苛令吾不布，吾已閉心矣！何閉於門哉？」

子產相鄭，簡公謂子產曰：「內政毋出，外政毋入。夫衣裘之不美，車馬之不飾，子女之不潔，寡人之醜也。國家之不治，封疆之不正，夫子之醜也。」子產相鄭，終簡公之身，內無國中之亂，外無諸侯之患也。子產之從政也，擇能而使之：馮簡子善斷事，子太叔善決而文，公孫揮知四國之為而辨於其大夫之族姓，變而立至，又善為辭令，裨諶善謀，於野則獲，於邑則

否，有事乃載裨諶與之適野，使謀可否，而告馮簡子斷之，使公孫揮為之辭令，成，乃受子太叔行之，以應對賔客，是以鮮有敗事也。

董安於治晋陽，問政於蹇老，蹇老曰：「曰忠、曰信、曰敢。」董安于曰：「安忠乎？」曰：「忠於主。」曰：「安信乎？」曰：「信於令。」曰：「安敢乎？」曰：「敢於不善人。」董安于曰：「此三者足矣。」

魏文侯使西門豹徃治於鄴，告之曰：「必全功成名布義。」豹曰：「敢問全功成名布義，為之柰何？」文侯曰：「子徃矣！是無邑不有賢豪辯博者也，無邑不有好揚人之惡，蔽人之善者也。徃必問豪賢者，囙而親之。其辯博者，因而師之。問其好揚人之惡，蔽人之善者，囙而察之，不可以特聞從事。夫耳聞之不如目見之，目見之不如足踐之，足踐之不如手辨之。人始入官，如入晦室，从而愈明，明乃治，治乃行。」

宓子賤治單父，彈鳴琴，身不下堂而單父治。巫馬期亦治單父，以星出，以星入，日夜不處，以身親之，而單父亦治。巫馬期問其故於宓子賤，宓子賤曰：「我之謂任人，子之謂任力。任力者固勞，任人者固佚。」人曰：「宓子賤則君子矣，佚四肢，全耳目，平心氣，而百官治，任其數而已矣。巫馬期則不然，弊性事情，勞煩教詔，雖治，猶未至也。」

孔子謂宓子賤曰：「子治單父而衆説，語丘所以為之者。」曰：「不齊父其父，子其子，恤諸孤而哀喪紀。」孔子曰：「善，小節也，小民附矣，猶未足也。」曰：「不齊也所父事者三人，所兄事者五人，所友者十一人。」孔子曰：「父事三人，可以教孝矣。兄事五人，可以教弟矣。友十一人，可以教學矣。中節也，中民附矣，猶未足也。」曰：「此地民有賢於不齊者五人，不齊事之，皆教不齊所以治之術。」孔子曰：「欲其大者，乃於此在矣。昔者堯、舜清微其身，以聽觀天下，務來賢人，夫舉賢者，百福之宗也，而神明之主也，不齊之所治者小也，不齊所治者大，其與堯、舜繼矣。」

宓子賤為單父宰，辭於夫子，夫子曰：「毋迎而距也，毋望而許也。許之則失守，距之則閉塞。譬如高山深淵，仰之不可極，度之不可測也。」子賤曰：「善，敢不承命乎！」

宓子賤為單父宰，過於陽晝，曰：「子亦有以送僕乎？」陽晝曰：「吾少也賤，不知治民之術，有釣道二焉，請以送子。」子賤曰：「釣道柰何？」陽晝曰：「夫扱綸錯餌，迎而吸之者，陽橋也，其為魚薄而不美。若存若亡，若食若不食者，魴也，其為魚也博而厚味。」宓子賤曰：「善。」於是未至單父，冠盖迎之者交接於道，子賤曰：「車驅之，車驅之。夫陽晝之所謂陽橋者至矣。」

於是至單父，請其耆老尊賢者而與之共治單父。

孔子弟子有孔茂者，與宓子賤皆仕，孔子往過孔茂，問之曰：「自子之仕者，何得何亡？」孔茂曰：「自吾仕者，未有所得，而有所亡者三，曰：王事若襲，學焉得習，以是學不得明也，所亡者一也。奉禄少，鬻鬻不足及親戚，親戚益踈矣，所亡者二也。公事多急，不得吊死視病，是以朋友益踈矣，所亡者三也。」孔子不說，而復往見子賤，曰：「自子之仕，何得何亡？」子賤曰：「自吾之仕，未有所亡而所得者三：始誦之文，今履而行之，是學日益明也，所得者一也。奉禄雖少，鬻鬻得及親戚，是以親戚益親也，所得者二也。公事雖急，夜勤吊死視病，是以朋友益親也，所得者三也。」孔子謂子賤曰：「君子哉若人！君子哉若人！魯無君子也，斯焉取斯？」

晏子治東阿三年，景公召而數之曰：「吾以子為可，而使子治東阿，今子治而亂，子退而自察也，寡人將加大誅於子。」晏子對曰：「臣請改道易行而治東阿，三年不治，臣請死之。」景公許之。於是明年上計，景公迎而賀之曰：「甚善矣！子之治東阿也。」晏子對曰：「前臣之治東阿也，屬託不行，貨賂不至，陂池之魚，以利貧民。當此之時，民無飢者，而君反以罪臣。今臣之後治東阿也，屬託行，貨賂至，并會賦歛，倉庫少内，便事左右，陂池之

魚，入於權家。當此之時，飢者過半矣，君乃反迎而賀臣，愚不能復治東阿，願乞骸骨，避賢者之路。」再拜便辟。景公乃下席而謝之曰：「子強復治東阿。東阿者，子之東阿也，寡人無復與焉。」

子路治蒲，見於孔子曰：「由願受教。」孔子曰：「蒲多壯士，又難治也。然吾語汝，恭以敬，可以攝勇。寬以正，可以容衆。恭以潔，可以親上。」

子貢為信陽令，辭孔子而行，孔子曰：「力之順之，因子之時，無奪無伐，無暴無盜。」子貢曰：「賜少而事君子，君子固有盜者邪！」孔子曰：「夫以不肖伐賢，是謂奪也。以賢伐不肖，是謂伐也。緩其令，急其誅，是謂暴也。取人善以自為己，是謂盜也。君子之盜，豈必當財幣乎？吾聞之曰：知為吏者，奉法利民，不知為吏者，枉法以侵民，此皆怨之所由生也。臨官莫如平，臨財莫如廉，廉平之守，不可攻也。匿人之善者，是謂蔽賢也。揚人之惡者，是謂小人也。不內相教而外相謗者，是謂不足親也。言人之善者，有所得而無所傷也。言人之惡者，無所得而有所傷也。故君子慎言語矣，毋先己而後人，擇言出之，令口如耳。」

楊朱見梁王，言治天下如運諸掌然，梁王曰：「先生有一妻一妾不能

治，三畝之園不能芸，言治天下如運諸手掌，何以？」楊朱曰：「臣有之。君不見夫羊乎，百羊而群，使五尺童子荷杖而隨之，欲東而東，欲西而西。君且使堯牽一羊，舜荷杖而隨之，則亂之始也。臣聞之，夫吞舟之魚不遊淵，鴻鵠高飛不就汙池，何則？其志極遠也。黃鐘大呂，不可從繁奏之舞，何則？其音疏也。將治大者不治小，成大功者不小苛，此之謂也。」

景差相鄭，鄭人有冬涉水者，出而脛寒，後景差過之，下陪乘而載之，覆以上衽，晉叔向聞之曰：「景子為人國相，豈不固哉！吾聞良吏居之，三月而溝渠脩，十月而津梁成，六畜且不濡足，而況人乎？」

魏文侯問李克曰：「為國如何？」對曰：「臣聞為國之道，食有勞而禄有功，使有能而賞必行，罰必當。」文侯曰：「吾賞罰皆當而民不與，何也？」對曰：「國其有滛民乎？臣聞之曰：奪滛民之禄，以来四方之士。其父有功而禄，其子無功而食之，出則乘車馬，衣美裘，以為榮華，入則脩竽瑟鐘石之聲而安其子女之樂，以亂鄉曲之教，如此者，奪其禄以来四方之士，此之謂奪滛民也。」

齊桓公問於管仲曰：「國何患？」管仲對曰：「患失社鼠。」桓公曰：「何謂也？」管仲對曰：「夫社束木而塗之，鼠因往託焉，燻之則恐燒其木，灌之則

恐敗其塗，此鼠所以不可得殺者，以社故也。夫國亦有社鼠，人主左右是也。内則蔽善惡於君上，外則賣權重於百姓，不誅之則為亂，誅之則為人主所察，據腹而有之，此亦國之社鼠也。人有酤酒者，為器甚潔清，置表甚長而酒酸不售，問之里人其故，里人云：『公之狗猛，人挈器而入，且酤公酒，狗迎而噬之，此酒所以酸不售之故也。』夫國亦有猛狗，用事者也。有道術之士，欲明萬乘之主，而用事者迎而齕之，此亦國之猛狗也。左右為社鼠，用事者為猛狗，則道術之士不得用矣，此治國之所患也。」

齊侯問於晏子曰：「為政何患？」對曰：「患善惡之不分。」公曰：「何以察之？」對曰：「審擇左右，左右善，則百僚各得其所宜而善惡分。」孔子聞之曰：「此言也信矣，善言進，則不善無由入矣。不進善言，則善無由入矣。」

復稾之君朝齊，桓公問治民焉，復稾之君不對，而循口操衿抑心，桓公曰：「與民共甘苦飢寒乎？夫以我為聖人也，故不用言而諭。」巨禮之千金。

晉文公時，翟人有封狐文豹之皮者，文公喟然嘆曰：「封狐文豹何罪哉？以其皮為罪也。」大夫欒枝曰：「地廣而不平，財聚而不散，獨非狐豹之罪乎？」文公曰：「善哉！説之。」欒枝曰：「地廣而不平，人將平之。財聚而不散，人將爭之。」於是列地以分民，散財以賑貧。

晉文侯問政於舅犯，舅犯對曰：「分熟不如分腥，分腥不如分地。割以分民而益其爵禄，是以上得地而民知富，上失地而民知貧，古之所謂致師而戰者，其此之謂也。」

晉侯問於士文伯曰：「三月朔，日有蝕之，寡人學惛焉，《詩》所謂『彼日而蝕，于何不臧』者，何也？」對曰：「不善政之謂也。國無政不用善，則自取讁於日月之災，故不可不慎也。政有三而已：一曰因民，二曰擇人，三曰從時。」

延陵季子游於晉，入其境曰：「嘻，暴哉國乎！」入其都曰：「嘻，力屈哉國乎！」立其朝曰：「嘻，亂哉國乎！」從者曰：「夫子之入晉境未久也，何其名之不疑也？」延陵季子曰：「然。吾入其境，田畝荒穢而不休，雜增崇高，吾是以知其國之暴也。吾入其都，新室惡而故室美，新墻卑而故墻高，吾是以知其民力之屈也。吾立其朝，君䏙視而不下問，其臣善伐而不上諫，吾是以知其國之亂也。」

齊之所以不如魯者，太公之賢不如伯禽，伯禽與太公俱受封，而各之國，三年，太公來朝，周公問曰：「何治之疾也？」對曰：「尊賢，先疏後親，先義後仁也。」「此霸者之迹也。」周公曰：「太公之澤及五世。」五年，伯禽來

朝，周公問曰：「何治之難？」對曰：「親親者，先內後外，先仁後義也。」此王者之迹也。周公曰：「魯之澤及十世。」故魯有王迹者，仁厚也。齊有霸迹者，武政也。齊之所以不如魯也，太公之賢不如伯禽也。

景公好婦人而丈夫飾者，國人盡服之，公使吏禁之曰：「女子而男子飾者，裂其衣，斷其帶。」裂衣斷帶相望而不止，晏子見，公曰：「寡人使吏禁女子而男子飾者，裂其衣，斷其帶，相望而不止者，何也？」對曰：「君使服之於內而禁之於外，猶懸牛首於門而求買馬肉也。公胡不使內勿服，則外莫敢為也。」公曰：「善！」使內勿服，不旋月而國莫之服也。

齊人甚好轂擊相犯以為樂，禁之不止，晏子患之，乃為新車良馬出與人相犯也，曰：「轂擊者不祥，臣其祭祀不順，居處不敬乎？」下車棄而去之，然後國人乃不為。故曰：「禁之以制，而身不先行也，民不肯止，故化其心莫若教也。」

魯國之法，魯人有贖臣妾於諸侯者，取金於府。子貢贖人於諸侯而還其金，孔子聞之曰：「賜失之矣，聖人之舉事也，可以移風易俗，而教導可施於百姓，非獨適其身之行也。今魯國富者寡而貧者衆，贖而受金則為不廉，不受則後莫復贖。自今以來，魯人不復贖矣。」孔子可謂通於化矣。故老子曰：

「見小曰明。」

孔子見季康子，康子未說，孔子又見之，宰予曰：「吾聞之夫子曰：『王公不聘不動。』今吾子之見司寇也少數矣。」孔子曰：「魯國以衆相陵，以兵相暴之日久矣，而有司不治，聘我者孰大乎於是？」魯人聞之曰：「聖人将治，何以不先自為刑罰乎？」自是之後，國無争者。孔子謂弟子曰：「違山十里，蟪蛄之聲，猶尚存耳，政事無如膺之矣。」古之魯俗，塗里之間，羅門之羅，收門之漁，獨得於禮，是以孔子善之。夫塗里之間，富家為貧者出。羅門之羅，有親者取多，無親者取少。收門之漁，有親者取巨，無親者取小。《春秋》曰：「四民均則王道興而百姓寧。所謂四民者，士農工商也。」婚姻之道廢，則男女之道悖，而淫泆之路興矣。

劉向說苑卷第七

劉向説苑卷第八

尊賢

人君之欲平治天下而垂榮名者，必尊賢而下士。《易》曰：「自上下下，其道大光。」又曰：「以貴下賤，大得民也。」夫明王之施德而下下也，將懷遠而致近也。夫朝無賢人，猶鴻鵠之無羽翼也，雖有千里之望，猶不能致其意之所欲至矣。是故游江海者託於舡，致遠道者託於乘，欲霸王者託於賢。伊尹、吕尚、管夷吾、百里奚，此霸王之船乘也。釋父兄與子孫，非疏之也。任庖人、釣屠與仇讎、僕虜，非阿之也。持社稷，立功名之道，不得不然也。猶大匠之為宫室也，量小大而知材木矣，比功校而知人數矣。是故吕尚聘而天下知商將亡，而周之王也。管夷吾、百里奚任，而天下知齊、秦之必霸也，豈特船乘哉！夫成王霸固有人，亡國破家亦固有人。桀用干莘，紂用惡來，宋用唐鞅，齊用蘇秦，秦用趙高，而天下知其亡也。非其人而欲有功，譬其若夏至之日而欲夜之長也，射魚指天而欲發之當也。雖舜、禹猶亦困，而又況乎俗主哉！

春秋之時，天子微弱，諸侯力政，皆叛不朝。衆暴寡，強刦弱，南夷與北狄交侵，中國之不絕若綫。桓公於是用管仲、鮑叔、隰朋、賓胥無、甯戚，

三存亡國，一繼絶世，救中國，攘戎狄，卒脅荆蠻，以尊周室，覇諸侯。晋文公用咎犯、先軫、陽處父，強中國，敗強楚，合諸侯，朝天子，以顯周室。楚莊王用孫叔敖、司馬子反、將軍子重，征陳從鄭，敗強晋，無敵於天下。秦穆公用百里子、蹇叔子、王子廖及由余，據有雍州，攘敗西戎。吴用延州来季子，并冀州，揚威于雞父。鄭僖公富有千乘之國，貴為諸侯，治義不順人心，而取弑於臣者，不先得賢也。至簡公用子産、裨諶、世叔、行人子羽，賊臣除，正臣進，去強楚，合中國，國家安寧，二十餘年，無強楚之患。故虞有宫之奇，晋獻公為之終夜不寐。楚有子玉得臣，文公為之側席而坐。遠乎！賢者之厭難折衝也。夫宋襄公不用公子目夷之言，大辱於楚。曹不用僖負羈之諫，敗死於戎。故共惟五始之要，治亂之端，在乎審己而任賢也。國家之任賢而吉，任不肖而凶，案往世而視已事，其必然也如合符，此為人君者不可以不慎也。國家惛亂而良臣見，魯國大亂，季友之賢見，僖公即位而任季子，魯國安寧，外内無憂，行政二十一年，季子之卒後，邾擊其南，齊伐其北，魯不勝其患，將乞師於楚以取全耳。故《傳》曰：「患之起，必自此始也。」公子買不可使戍衛，公子遂不聽君命而擅之晋，内侵於臣下，外困於兵亂，弱之患也。僖公之性，非前二十一年常賢，而後乃漸變為不肖

也，此季子存之所益，亡之所損也。夫得賢失賢，其損益之驗如此，而人主忽於所用，甚可疾痛也。夫智不足以見賢，無可奈何矣，若智能見之，而強不能决，猶豫不用，而大者死亡，小者亂傾，此甚可悲夫也。以宋殤公不知孔父之賢乎？安知孔父死，已必死，趨而救之，趨而救之者，是知其賢也。以魯莊公不知季子之賢乎？安知疾將死，召季子而授之國政，授之國政者，是知其賢也。此二君知能見賢而皆不能用，故宋殤公以殺死，魯莊公以賊嗣。使宋殤蚤任孔父，魯莊莊素用季子，乃將靖隣國，而況自存乎！

鄒子說梁王曰：「伊尹故有莘氏之媵臣也，湯立以為三公，天下之治太平。管仲故成陰之狗盜也，天下之庸夫也，齊桓公得之以為仲父。百里奚道之於路，傳賣五羊之皮，秦穆公委之以政。甯戚故將車人也，叩轅行歌於康之衢，桓公任以國。司馬喜髕脚於宋，而卒相中山。范睢折脅拉齒於魏而後為應侯。太公望故老婦之出夫也，朝歌之屠佐也，棘津迎客之舍人也，年七十而相周，九十而封齊。故《詩》曰：『緜緜之葛，在於曠野，良工得之，以為絺紵。良工不得，枯死於野。』此七士者，不遇明君聖主，幾行乞丐，枯死於中野，譬猶緜緜之葛矣。」

眉睫之微，接而形于色。聲音之風，感而動于心。甯戚擊牛角而商歌，

桓公聞而舉之。鮑龍跪石而登嶂，孔子為之下車。堯舜相見，不違桑陰。文王舉太公，不以日久。故賢聖之接也，不待久而親。能君之相見也，不待試而知矣。故士之接也，非必與之辭財分貨，乃知其廉也。非必與之犯難涉危，乃知其勇也。舉事決斷，是以知其勇也。取與有讓，是以知其廉也。故見虎之尾，而知其大於狸也。見象之牙，而知其大於牛也。一節見則百節知矣。由此觀之，以所見可以占未發，覩小節固足以知大體矣。

禹以夏王，桀以夏亡。湯以殷王，紂以殷亡。闔廬以吴戰勝無敵於天下，而夫差以見禽於越；文公以晉國霸，而厲公以見弒於匠麗之宫；威王以齊强於天下，而愍王以弒死於廟梁；穆公以秦顯名尊號，而二世以刦於望夷。其所以君王者同，而功迹不等者，所任異也！是故成王處襁褓而朝諸侯，周公用事也。趙武靈王年五十而餓死於沙丘，任李兑故也。桓公得管仲，九合諸侯，一匡天下，失管仲，任豎刁、易牙，身死不葬，為天下笑，一人之身，榮辱俱施焉，在所任也。故魏有公子無忌，削地復得。趙任藺相如，秦兵不敢出。鄢陵任唐睢，國獨特立。楚有申包胥，而昭王反位。齊有田單，襄王得國。由此觀之，國無賢佐俊士，而能以成功立名，安危繼絶者，未嘗有也。故國不務大而務得民心，佐不務多而務得賢俊。得民心者民往

之，有賢佐者士歸之。文王請除炮烙之刑而殷民從，湯去張網者之三面而夏民從，越王不隳舊冢而吳人服，以其所為之順於民心也。故聲同則處異而相應，德合則未見而相親，賢者立於本朝，則天下之豪，相率而趨之矣，何以知其然也？曰：管仲，桓公之賊也，鮑叔以為賢於己而進之為相，七十言而說乃聽，遂使桓公除報讎之心而委國政焉。桓公垂拱無事而朝諸侯，鮑叔之力也。管仲之所以能北走桓公無自危之心者，同聲於鮑叔也。紂殺王子比干，箕子被髮而佯狂，陳靈公殺泄冶而鄧元去陳。自是之後，殷兼於周，陳亡於楚，以其殺比干、泄冶而失箕子與鄧元也。燕昭王得郭隗，而鄒衍、樂毅以齊趙至，蘇子、屈景以周楚至，於是舉兵而攻齊，棲閔王於莒，燕校地計衆，非與齊鈞也，然所以能信意至於此者，由得士也。故無常安之國，無恒治之民。得賢者則安昌，失之者則危亡，自古及今，未有不然者也。明鏡所以照形也，往古所以知今也，夫知惡往古之所以危亡，而不務襲迹於其所以安昌，則未有異乎却走而求逮前人也，太公知之，故舉微子之後而封比干之墓，夫聖人之於死尚如是，其厚也，況當世而生存者乎！則其弗失可識矣。

齊景公問於孔子曰：「秦穆公其國小，處僻而霸，何也？」對曰：「其國小而志大，雖處僻而其政中，其舉果，其謀和，其令不偷。親舉五羖大夫於係

縲之中，與之語，三日而授之政，以此耴之，雖王可也，霸則小矣。」

或曰：「将謂桓公仁義乎？殺兄而立，非仁義也。將謂桓公恭儉乎？與婦人同輿，馳於邑中，非恭儉也。將謂桓公清潔乎？閨門之内，無可嫁者，非清潔也。此三者，亡國失君之行也，然而桓公兼有之，以得管仲、隰朋，九合諸侯，一匡天下，畢朝周室，為五霸長，以其得賢佐也。失管仲、隰朋，任豎刁、易牙，身死不葬，蟲流出户。一人之身，榮辱俱施者，何者？其所任異也。」由此觀之，則任佐急矣。周公旦白屋之士所下者七十人，而天下之士皆至。晏子所與同衣食者百人，而天下之士亦至。仲尼脩道行，理文章，而天下之士亦至矣。伯牙子鼓琴，鐘子期聽之，方鼓而志在太山，鐘子期曰：「善哉乎鼓琴！巍巍乎若太山。」少選之間，而志在流水，鐘子期復曰：「善哉乎鼓琴！湯湯乎若流水。」鐘子期死，伯牙破琴絶絃，終身不復鼓琴，以為世無足為鼓琴者。非獨鼓琴若此也，賢者亦然，雖有賢者而無以接之，賢者奚由盡忠哉！驥不自至千里者，待伯樂而後至也。

周威公問於甯子曰：「耴士有道乎？」對曰：「有。窮者達之，亡者存之，廢者起之。四方之士，則四靣而至矣。窮者不達，亡者不存，廢者不起。四方之士，則四靣而畔矣。夫城固不餂自守，兵利不餂自保，得士而失之，必有

其問，夫士存則君尊，士亡則君卑。」周威公曰：「士壹至如此乎？」對曰：「君不聞夫楚平王有士，曰楚溪胥、丘負客，王將殺之，出亡之晉。晉人用之，是為城濮之戰。又有士曰苗賁皇，王將殺之，出亡走晉。晉人用之，是為鄢陵之戰。又有士曰上解于，王將殺之，出亡走晉。晉人用之，是為兩堂之戰。又有士曰伍子胥，王殺其父兄，出亡走吳。闔閭用之，於是興師而襲郢，故楚之大得罪於梁、鄭、宋、衛之君，猶未遽至于此也。此四得罪於其士，三暴其民骨，一亡其國。由是觀之，士存則國存，士亡則國亡。子胥怒而亡之，申包胥怒而存之。士胡可無貴乎！」

哀公問於孔子曰：「人何若而可取也？」孔子對曰：「毋取拑者，無取健者，毋取口銳者。」哀公曰：「何謂也？」孔子曰：「拑者大給利，不可盡用。健者必欲兼人，不可以為法也。口銳者多誕而寡信，後恐不驗也。夫弓矢和調，而後求其中焉。馬慤愿順，然後求其良材焉。人必忠信重厚，然後求其知能焉。今人有不忠信重厚而多智能，如此人者，譬猶豺狼與，不可以身近也。是故先其仁信之誠者，然後親之。於是有知能者，然後任之。故曰：親仁而使能。夫取人之術也，觀其言而察其行，夫言者所以抒其匈而發其情者也，能行之士，必能言之，是故先觀其言而揆其行，夫以言揆其行，雖有姦

軌之人，無以逃其情矣。」哀公曰：「善。」

周公攝天子位七年，布衣之士執贄所師見者十二人，窮巷白屋所先見者四十九人，時進善者百人，教士者千人，官朝者萬人。當此之時，誠使周公驕而且悋，則天下賢士至者寡矣。苟有至者，則必貪而尸禄者也。尸禄之臣，不能存君矣。

齊桓公設庭燎，為士之欲造見者，朞年而士不至，於是東野鄙人有以九九之術見者，桓公曰：「九九何足以見乎？」鄙人對曰：「臣非以九九為足以見也，臣聞主君設庭燎以待士，朞年而士不至，夫士之所以不至者，君天下賢君也。四方之士，皆自以論而不及君，故不至也。夫九九薄能耳，而君猶禮之，況賢於九九乎？夫太山不辭壤石，江海不逆小流，所以成大也，《詩》云：『先民有言，詢于蒭蕘。』言博謀也。」桓公曰：「善。」乃因禮之。朞月，四方之士，相携而並至，《詩》曰：「自堂徂基，自羊徂牛。」言以内及外，以小及大也。

齊景公伐宋，至于岐隄之上，登高以望，大息而歎曰：「昔我先君桓公，長轂八百乘，以霸諸侯，今我長轂三千乘，而不敢久處於此者，豈其無管仲歟！」弦章對曰：「臣聞之，水廣則魚大，君明則臣忠。昔有桓公，故有管

仲。今桓公在此，則車下之臣盡管仲也。」

趙簡子游於河而樂之，歎曰：「安得賢士而與處焉！」舟人古乘跪而對曰：「夫珠玉無足，去此數千里而所以能來者，人好之也。今士有足而不来者，此是吾君不好之乎！」趙簡子曰：「吾門左右客千人，朝食不足，暮收市征，暮食不足，朝收市征，吾尚可謂不好士乎？」舟人古乘對曰：「鴻鵠高飛遠翔，其所恃者六翮也，背上之毛，腹下之毳，無尺寸之數，去之滿把，飛不能為之益卑。益之滿把，飛不能為之益高。不知門下左右客千人者，有六翮之用乎？將盡毛毳也。」

齊宣王坐，淳于髡侍，宣王曰：「先生論寡人何好？」淳于髡曰：「古者所好四，而王所好三焉。」宣王曰：「古者所好，何與寡人所好？」淳于髡曰：「古者好馬，王亦好馬。古者好味，王亦好味。古者好色，王亦好色。古者好士，王獨不好士。」宣王曰：「國無士耳，有則寡人亦說之矣。」淳于髡曰：「古者驊騮騏驥，今無有，王選於衆，王好馬矣。古者有豹象之胎，今無有，王選於衆，王好味矣。古者有毛廧、西施，今無有，王選於衆，王好色矣。王必將待堯舜禹湯之士而後好之，則禹湯之士亦不好王矣。」宣王嘿然無以應。

衛君問於田讓曰：「寡人封侯盡千里之地，賞賜盡御府繒帛而士不至，何

也？」田讓對曰：「君之賞賜，不可以功及也。君之誅罰，不可以理避也。猶舉杖而呼狗，張弓而祝雞矣。雖有香餌而不能致者，害之必也。」

宗衛相齊，遇逐罷歸舍，召門尉田饒等二十有七而問焉，曰：「士大夫誰能與我赴諸侯者乎？」田饒等皆伏而不對。宗衛曰：「何士大夫之易得而難用也！」饒對曰：「非士大夫之難用也，是君不能用也。」宗衛曰：「不能用士大夫何若？」田饒對曰：「厨中有臭肉，則門下無死士。今夫三升之稷，不足於士，而君鴈鶩有餘粟。紈素綺繡，靡麗堂楯，從風雨弊，而士曾不得以緣衣。果園梨栗，後宮婦人摭以相擿，而士曾不得一嘗。且夫財者，君之所輕也。死者，士之所重也，君不能用所輕之財，而欲使士致所重之死，豈不難乎哉？」於是宗衛面有慚色，逡巡避席而謝曰：「此衛之過也。」

魯哀公問於孔子曰：「當今之時，君子誰賢？」對曰：「衛靈公。」公曰：「吾聞之，其閨門之內，姑姊妹無別。」對曰：「臣觀於朝廷，未觀於堂陛之間也。靈公之弟曰公子渠牟，其知足以治千乘之國，其信足以守之，而靈公愛之。又有士曰王林，國有賢人，必進而任之，無不達也。不能達，退而與分其禄，而靈公尊之。又有士曰慶足，國有大事，則進而治之，無不濟也，而靈公說之。史鰌去衛，靈公邸舍捨三月，琴瑟不御，待史鰌之入也而後入，

臣是以知其賢也。」

介子推行年十五而相荊，仲尼聞之，使人往視，還曰：「廊下有二十五俊士，堂上有二十五老人。」仲尼曰：「合二十五人之智，智於湯武。并二十五人之力，力於彭祖。以治天下，其固免矣乎！」

孔子閒居，喟然而嘆歎曰：「銅鞮伯華而無死，天下其有定矣。」子路曰：「願聞其為人也何若。」孔子曰：「其幼也，敏而好學，其壯也，有勇而不屈，其老也，有道而能以下人。」子路曰：「其幼也，敏而好學則可，其壯也，有勇而不屈則可。夫有道又誰下哉？」孔子曰：「由不知也。吾聞之，以衆攻寡而無不消也。以貴下賤，無不得也。昔者周公旦制天下之政而下士七十人，豈無道哉？欲得士之故也，夫有道而能下於天下之士，君子乎哉！」

魏文侯從中山奔命安邑，田子方從，夫子擊遇之，下車而趨，子方坐乘如故，告太子曰：「為我請君，待我朝歌。」太子不説，因謂子方曰：「不識貧窮者驕人，富貴者驕人乎？」子方曰：「貧窮者驕人，富貴者安敢驕人，人主驕人而亡其國，吾未見以國待亡者也。大夫驕人而亡其家，吾未見以家待亡者也。貧窮者若不得意，納履而去，安往不得貧窮乎？貧窮者驕人。富貴者安敢驕人。」太子及文侯道田子方之語，文侯嘆曰：「微吾子之故，吾安得聞

賢人之言，吾下子方以行，得而友之。自吾友子方也，君臣益親，百姓益附，吾是以得友士之功。我欲伐中山，吾以武下樂羊，三年而中山為獻於我，我是以得有武之功。吾所以不少進於此者，吾未見以智驕我者也。若得以智驕我者，豈不及古之人乎？」

晉文侯行地登隧，大夫皆扶之，随會不扶，文侯曰：「會！夫為人臣而忍其君者，其罪奚如？」對曰：「其罪重死。」文侯曰：「何謂重死？」對曰：「身死，妻子為戮焉。」随會曰：「君奚獨問為人臣忍其君者，而不問為人君而忍其臣者邪？」文侯曰：「為人君而忍其臣者，其罪何如？」随會對曰：「為人君而忍其臣者，智士不為謀，辯士不為言，仁士不為行，勇士不為死。」文侯援綏下車，辭大夫曰：「寡人有腰髀之病，願諸大夫勿罪也。」

齊將軍田瞶出將，張生郊送曰：「昔者尭讓許由以天下，洗耳而不受，將軍知之乎？」曰：「唯，然，知之。」「伯夷、叔齊辭諸侯之位而不為，將軍知之乎？」曰：「唯，然，知之。」「於陵仲子辭三公之位而傭，為人灌園，將軍知之乎？」曰：「唯，然，知之。」「智過去君弟，變姓名，免為庶人，將軍知之乎？」曰：「唯，然，知之。」「孫叔敖三去相而不悔，將軍知之乎？」曰：「唯，然，知之。」「此五大夫者，名辭之而實羞之。今將軍方吞一國之權，提

鼓擁旗，被堅執鋭，旋回十萬之師，擅斧鉞之誅，愼毋以士之所羞者驕士。」田贖曰：「今日諸君皆為贖祖道，具酒脯，而先生獨教之以聖人之大道，謹聞命矣。」

魏文侯見叚段干木，立倦而不敢息。及見翟黄，踞堂而與之言，翟黄不說。文侯曰：「叚干木，官之則不肯，禄之則不受。今汝欲官則相至，欲禄則上卿。既受吾賞，又責吾禮，毋乃難乎？」

孔子之郯，遭程子於塗，傾盖而語終日。有間，顧子路曰：「取束帛一以贈先生。」子路不對。有間，又顧曰：「取束帛一以贈先生。」子路屑然對曰：「由聞之也，士不中而見，女無媒而嫁，君子不行也。」孔子曰：「由，《詩》不云乎：『野有蔓草，零露漙兮，有美一人，清揚婉兮，邂逅相遇，適我願兮。』今程子天下之賢士也，於是不贈，終身不見。大德毋踰閑，小德出入可也。」

齊桓公使管仲治國，管仲對曰：「賤不能臨貴。」桓公以為上卿，而國不治，桓公曰：「何故？」管仲對曰：「貧不能使富。」桓公賜之齊國市租一年，而國不治，桓公曰：「何故？」對曰：「疏不能制親。」桓公立以為仲父。齊國大安，而遂霸天下。孔子曰：「管仲之賢，不得此三權者，亦不能使其君南面而

霸矣。」

桓公問於管仲曰：「吾欲使爵腐於酒，肉腐於俎，得無害於霸乎？」管仲對曰：「此極非其貴者耳。然亦無害於霸也。」桓公曰：「何如而害霸？」管仲對曰：「不知賢，害霸。知而不用，害霸。用而不任，害霸。任而不信，害霸。信而復使小人參之，害霸。」桓公曰：「善。」

魯人攻鄪，曾子辭於鄪君曰：「請出，寇罷而後復来，請姑毋使狗豕入吾舍。」鄪君曰：「寡人之於先生也，人無不聞。今魯人攻我而先生去我，我胡守先生之舍？」魯人果攻鄪而數之罪十，而曾子之所爭者九。魯師罷，鄪君復脩曾子舍而後迎之。

宋司城子罕之貴子韋也，入與共食，出與同衣。司城子罕亡，子韋不從，子罕来，復召子韋而貴之。左右曰：「君之善子韋也，君亡不從，来又復貴之，君獨不愧於君之忠臣乎？」子罕曰：「吾唯不能用子韋，故至於亡。今吾之得復也，尚是子韋之遺德餘教也，吾故貴之。且我之亡也，吾臣之削迹拔樹以從我者，奚益於吾亡哉？」

楊因見趙簡主，曰：「臣居鄉三逐，事君五去，聞君好士，故走来見。」簡主聞之，絶食而歎，跽而行，左右進諫曰：「居鄉三逐，是不容衆也。事

君五去，是不忠上也。今君有士，見過八矣。」簡主曰：「子不知也。夫美女者，醜婦之仇也。盛德之士，亂世所疏也。正直之行，邪枉所憎也。」遂出見之，因授以為相，而國大治。由是觀之，遠近之人，不可以不察也。

應侯與賈午子坐，聞其鼓琴之聲，應侯曰：「今日之琴，一何悲也？」賈午子曰：「夫張急調下，故使人悲耳。急張者，良材也。調下者，官卑也。取夫良材而卑官之，安能無悲乎！」應侯曰：「善哉！」

十三年，諸侯舉兵以伐齊，齊王聞之，惕然而恐，召其群臣大夫告曰：「有智為寡人用之。」於是博士淳于髡仰天大笑而不應，王復問之，又大笑不應，三笑不應，王艴然作色不悅曰：「先生以寡人語為戲乎？」對曰：「臣非敢以大王語為戲也，臣笑臣隣之祠田也，以一奩飯，一壺酒，三鮒魚，祝曰：『蟹堁者宜禾，洿邪者百車，傳之後世，洋洋有餘。』臣笑其賜鬼薄而請之厚也。」於是王乃立淳于髡為上卿，賜之千金，革車百乘，與平諸侯之事。諸侯聞之，立罷其兵，休其士卒，遂不敢攻齊，此非淳于髡之力乎？

田忌去齊奔楚，楚王郊迎至舍，問曰：「楚，萬乘之國也，齊亦萬乘之國也，常欲相弁，為之柰何？」對曰：「易知耳，齊使申孺將，則楚發五萬人，使上將軍將之，至禽將軍首而反耳。齊使田居將，則楚發二十萬人，使上將軍

將之，分別而相去也。齊使眄子將，楚發四封之內，王自出將而忌從，相國、上將軍為左右司馬，如是則王僅得存耳。」於是齊使申孺將，楚發五萬人，使上將軍至，擒將軍首反，於是齊王忿然，乃更使眄子將，楚悉發四封之內，王自出將，田忌從，相國、上將軍為左右司馬，益王車屬九乘，僅得免耳。至舍，王北面正領齊袪，問曰：「先生何知之早也？」田忌曰：「申孺為人，侮賢者而輕不肖者，賢不肖者俱不為用，是以亡也。田居為人，尊賢者而賤不肖者，賢者負任，不肖者退，是以分別而相去也。眄子之為人也，尊賢者而愛不肖者，賢不肖俱負任，是以王僅得存耳。」

魏文侯觴大夫於曲陽，飲酣，文侯喟然嘆曰：「吾獨無豫讓以為臣。」蹇重舉酒進曰：「臣請浮君。」文侯曰：「何以？」對曰：「臣聞之，有命之父母，不知孝子。有道之君，不知忠臣。夫豫讓之君，亦何如哉？」文侯曰：「善！」受浮而飲之，嚼而不讓。曰：「無管仲、鮑叔以為臣，故有豫讓之功也。」

趙簡子曰：「吾欲得范中行氏良臣。」史黶曰：「安用之？」簡子曰：「良臣，人所願也，又何問焉？」曰：「君以為無良臣故也。夫事君者，諫過而薦可，章善而替否，獻能而進賢。朝夕誦善，敗而納之，聽則進，否則退。今范中行氏之良臣也，不能匡相其君，使至於難。出在扵外，又不能入。亡而

弃之，何良之為。若不弃，君安得之。夫良，將營其君，使復其位，死而後止，何曰以来，若未能，乃非良也。」簡子曰：「善。」

子路問於孔子曰：「治國何如？」孔子曰：「在於尊賢而賤不肖。」子路曰：「范中行氏尊賢而賤不肖，其亡何也？」曰：「范中行氏尊賢而不能用也，賤不肖而不能去也。賢者知其不已用而怨之，不肖者知其賤已而讎之。賢者怨之，不肖者讎之。怨讎並前，中行氏雖欲無亡，得乎？」

晉荆戰於邲，晉師敗績，荀林父將歸請死，昭公將許之，士貞伯曰：「不可，城濮之役，晉勝于荆，文公猶有憂色，曰：『子玉猶存，憂未歇也。困獸猶鬭，況國相乎？』及荆殺子玉，乃喜曰：『莫予毒也。』今天或者大警晉也，林父之事君，進思盡忠，退思補過，社稷之衛也，今殺之，是重荆勝也。」昭公曰：「善！」乃使復將。

劉向說苑卷第八

劉向說苑第九

正諫

《易》曰：「王臣蹇蹇，匪躬之故。」人臣之所以蹇蹇為難而諫其君者，非為身也，將欲以匡君之過，矯君之失也。君有過失者，危亡之萌也。見君之過失而不諫，是輕君之危亡也。夫輕君之危亡者，忠臣不忍為也。三諫而不用則去，不去則身亡。身亡者，仁人之所不為也。是故諫有五：一曰正諫，二曰降諫，三曰忠諫，四曰戇諫，五曰諷諫。孔子曰：「吾其從諷諫矣乎。」夫不諫則危君，固諫則危身。與其危君寧危身。危身而終不用，則諫亦無功矣。智者度君權時，調其緩急而處其宜，上不敢危君，下不以危身，故在國而國不危，在身而身不殆。昔陳靈公不聽泄冶之諫而殺之，曹羈三諫曹君不聽而去，《春秋》序義雖俱賢，而曹羈合禮。

齊景公游於海上而樂之，六月不歸，令左右曰：「敢有先言歸者，致死不赦。」顔燭趨進諫曰：「君樂治海上而六月不歸，彼儻有治國者，君且安得樂此海也！」景公援戟將斫之，顔燭趨進，撫衤待之曰：「君奚不斫也？昔者桀殺關龍逢，紂殺王子比干，君之賢，非此二主也，臣之材，亦非此二子也，君奚不斫？以臣參此二人者，不亦可乎？」景公說，遂歸，中道聞國人謀不內

矣。

楚莊王立為君，三年不聽朝，乃令於國曰：「寡人惡為人臣而遽諫其君者，今寡人有國家，立社稷，有諫則死無赦。」蘇從曰：「處君之高爵，食君之厚祿，愛其死而不諫其君，則非忠臣也。」乃入諫。莊王立鼓鍾之間，左伏楊姬，右擁越姬，左裯衽，右朝服，曰：「吾鼓鍾之不暇，何諫之聽！」蘇從曰：「臣聞之，好道者多資，好樂者多迷，好道者多糧，好樂者多亡。荊國亡無日矣，死臣敢以告王。」王曰：「善。」左執蘇從手，右抽陰刀，刎鍾鼓之懸，明日授蘇從為相。

晉平公好樂，多其賦斂，下治城郭，曰：「敢有諫者死。」國人憂之，有咎犯者，見門大夫曰：「臣聞主君好樂，故以樂見。」門大夫入言曰：「晉人咎犯也，欲以樂見。」平公曰：「內之。」止坐殿上，則出鍾磬竽瑟。坐有頃，平公曰：「客子為樂？」咎犯對曰：「臣不能為樂，臣善隱。」平公召隱士十二人。咎犯曰：「隱臣竊顧昧死御。」平公曰：「諾。」咎犯申其左臂而詘五指，平公問於隱官曰：「占之為何？」隱官皆曰：「不知。」平公曰：「歸之。」咎犯則申其一指曰：「是一也，便游赭盡而峻城闕。二也，柱梁衤繡，士民無褐。三也，侏儒有餘酒，而死士渴。四也，民有飢色，而馬有粟秩。五也，近臣

不敢諫，遠臣不敢達。」平公曰：「善。」乃屏鍾鼓，除竽瑟，遂與咎犯參治國。

孟嘗君將西入秦，賓客諫之百通則不聽也，曰：「以人事諫我，我盡知之。若以鬼道諫我，我則殺之。」謁者入曰：「有客以鬼道聞。」曰：「請客入。」客曰：「臣之來也，過於淄水上，見一土耦人，方與木梗人語，木梗謂土耦人曰：『子先土也，持子以為耦人，遇天大雨，水潦並至，子必沮壞。』應曰：『我沮乃反吾真耳，今子，東園之桃也，刻子以為梗，遇天大雨，水潦並至，必浮子，泛泛乎不知所止。』今秦，四塞之國也，有虎狼之心，恐其有木梗之患。」於是孟嘗君逡巡而退，而無以應，卒不敢西嚮秦。

呉王欲伐荊，告其左右曰：「敢有諫者，死！」舍人有少孺子者，欲諫不敢，則懷操弾，於後園，露沾其衣，如是者三旦，呉王曰：「子來，何苦沾衣如此？」對曰：「園中有樹，其上有蟬，蟬高居悲鳴飲露，不知螳蜋在其後也！螳蜋委身曲附欲取蟬，而不知黃雀在其傍也！黃雀延頸欲啄螳蜋而不知彈丸在其下也！此三者皆務欲得其前利而不顧其後之有患也。」呉王曰：「善哉！」乃罷其兵。

楚莊王欲伐陽夏，師久而不罷，群臣欲諫而莫敢，莊王獵於雲夢，椒舉

進諫曰：「王所以多得獸者，馬也。而王國亡，王之馬豈可得哉？」莊王曰：「善，不穀知詘強國之可以長諸侯也，知得地之可以為富也。而忘吾民之不用也。」明日飲諸大夫酒，以椒舉為上客，罷陽夏之師。

秦始皇帝太后不謹，幸郎嫪毐，封以為長信侯，為生兩子。毐專國事，浸益驕奢，與侍中左右貴臣俱博飲，酒醉爭言而鬪，瞋目大叱曰：「吾乃皇帝之假父也，寠人子何敢乃與我亢！」所與鬪者走，行白皇帝，皇帝大怒，毐懼誅，因作亂，戰咸陽宮。毐敗，始皇乃取毐四支車裂之，取其兩弟囊撲殺之，取皇太后遷之于萯陽宮，下令曰：「敢以太后事諫者，戮而殺之！從蒺藜其脊肉，幹四支而積之闕下。」諫而死者二十七人矣。齊客茅焦乃往上謁曰：「齊客茅焦願上諫皇帝。」皇帝使使者出問曰：「客得無以太后事諫也。」茅焦曰：「然！」使者還白曰：「果以太后事諫。」皇帝曰：「走往告之，若不見闕下積死人邪？」使者問茅焦，茅焦曰：「臣聞之，天有二十八宿，今死者已有二十七人矣，臣所以来者，欲滿其數耳，臣非畏死人也。」走入白之，茅焦邑子同食者，盡負其衣物行亡，使者入白之，皇帝大怒曰：「是子故来犯吾禁，趣炊鑊湯煑之，是安得積闕下乎！趣召之入。」皇帝按劒而坐，口正沫出，使者召之入，茅焦不肯疾行，足趣相過耳，使者趣之，茅焦曰：「臣至前則死

矣，君獨不能忍吾須臾乎？」使者極哀之，茅焦至前再拜謁起，稱曰：「臣聞之，夫有生者不諱死，有國者不諱亡。諱死者不可以得生，諱亡者不可以得存。死生存亡，聖主所欲急聞也，不審陛下欲聞之不？」皇帝曰：「何謂也？」茅焦對曰：「陛下有狂悖之行，陛下不自知邪！」皇帝曰：「何等也？願聞之。」茅焦對曰：「陛下車裂假父，有嫉妬之心。囊撲兩弟，有不慈之名。遷母萯陽宮，有不孝之行。從蒺蔾於諫士，有桀紂之治。今天下聞之，盡瓦解無嚮秦者，臣竊恐秦亡，為陛下危之，所言已畢，乞行就質。」乃解衣伏質。皇帝下殿，左手接之，右手麾左右曰：「赦之，先生就衣，今願受事。」乃立焦為仲父，爵之上卿。皇帝立駕，千乘萬騎，空左方，自行迎太后萯陽宮，歸於咸陽。太后大喜，乃大置酒待茅焦，及飲，太后曰：「抗枉令直，使敗更成，安秦之社稷。使妾母子復得相會者，盡茅君之力也。」

楚莊王築層臺，延石千重，延壤百里，士有反三月之糧者，大臣諫者七十二人皆死矣。有諸御已者，違楚百里而耕，謂其耦曰：「吾將入見於王。」其耦曰：「以身乎？吾聞之，說人主者，皆閒暇之人也，然且至而死矣。今子特草茅之人耳。」諸御己曰：「與子同耕則比力也，至於說人主不與子比智矣。」委其耕而入見莊王。莊王謂之曰：「諸御已來，汝將諫邪？」諸御已

曰：「君有義之用，有法之行。且己聞之，士負水者平，木負繩者正，君受諫者聖。君築層臺，延石千里，延壤百里。民之釁咎，血成於通塗，然且未敢諫也，已何敢諫乎？顧臣愚，竊聞昔者虞不用宫之奇而晉并之，陳不用子家羈而楚并之，曹不用僖負羈而宋并之，萊不用子猛而齊并之，吳不用子胥而越并之，秦人不用蹇叔之言而秦國危，桀殺關龍逢而湯得之，紂殺王子比干而武王得之，宣王殺杜伯而周室卑。此三天子六諸侯，皆不能尊賢用辯士之言，故身死而國亡。」遂趨而出，楚王遽而追之曰：「已，子反矣，吾將用子之諫。先日説寡人者，其説也不足以動寡人之心，又危加諸寡人，故皆至而死。今子之説，足以動寡人之心，又不危加諸寡人，故吾將用子之諫。」明日令曰：「有能入諫者，吾將與為兄弟。」遂解層臺而罷民，楚人歌之曰：「薪乎萊乎？無諸御已，訖無子乎？萊乎薪乎？無諸御已，訖無人乎！」

齊桓公謂鮑叔曰：「寡人欲鑄大鍾，昭寡人之名焉，寡人之行，豈避堯舜哉？」鮑叔曰：「敢問君之行？」桓公曰：「昔者吾圍譚三年，得而不自與者，仁也。吾北伐孤竹，刬令支而反者，武也。吾為葵丘之會，以偃天下之兵者，文也。諸侯抱美玉而朝者九國，寡人不受者，義也。然則文武仁義，寡人盡有之矣，寡人之行豈避堯舜哉！」鮑叔曰：「君直言，臣直對。昔者公子糾

在上位而不讓，非仁也。背太公之言而侵魯境，非義也。壇場之上，詘於一劍，非武也。姪侄不離懷衽，非文也。凡為不善遍於物，不自知者，無天禍，必有人害，天處甚高，其聽甚下。除君過言，天且聞之。」桓公曰：「寡人有過乎？幸記之，是社稷之福也。子不幸教，幾有大罪，以辱社稷。」

楚昭王欲之荆臺游，司馬子綦進諫曰：「荆臺之游，左洞庭之陂，右彭蠡之水。南望獵山，下臨方淮。其樂使人遺老而忘死，人君游者，盡以亡其國，願大王勿往遊焉。」王曰：「荆臺乃吾地也，有地而游之，子何為絶我游乎？」怒而擊之。於是令尹子西，駕安車四馬，徑於殿下，曰：「今日荆臺之遊，不可不觀也。」王登車而拊其背曰：「荆臺之遊，與子共樂之矣。」步馬十里，引轡而止，曰：「臣不敢下車，願得有道，大王肯聽之乎？」王曰：「苐言之。」令尹子西曰：「臣聞之，為人臣而忠其君者，爵禄不足以賞也。為人臣而諛其君者，刑罰不足以誅也。若司馬子綦者，忠臣也，若臣者，諛臣也。願大王殺臣之軀，罰臣之家，而禄司馬子綦。」王曰：「若我能止聽，公子獨能禁我游耳，後世游之，無有極時，柰何？」令尹子西曰：「欲禁後世易耳，願大王山陵崩阤，為陵於荆臺。未嘗有持鍾鼓管絃之樂而游於父之墓上者也。」於是王還車，卒不游荆臺，令罷先置。孔子從魯聞之曰：「美哉令尹子

西，諫之於十里之前，而權之於百世之後者也。」

荆文王得如黄之狗，箘簵之矰，以畋於雲夢，三月不反。得舟之姬，淫，朞年不聽朝。保申諫曰：「先王卜以臣為保吉，今王得如黄之狗，箘簵之矰，畋於雲澤，三月不反。及得舟之姬，淫，朞年不聽朝，王之罪當笞。」匍伏將笞王，王曰：「不穀免於襁褓，託於諸侯矣，願請變更而無笞。」保申曰：「臣承先王之命不敢廢，王不受笞，是廢先王之命也。臣寧得罪於王，無負於先王。」王曰：「敬諾。」乃席王，王伏，保申束細箭五十，跪而加之王背，如此者再，謂王曰：「起矣。」王曰：「有笞之名一也。」遂致之。保申曰：「臣聞之，君子耻之，小人痛之。耻之不變，痛之何益？」保申趨出，欲自流，乃請罪於王，王曰：「此不穀之過，保將何罪？」王乃變行從保申，殺如黄之狗，折箘簵之矰，逐舟之姬，務治乎荆。兼國三十，令荆國廣大至於此者，保申敢極言之功也。蕭何、王陵聞之曰：「聖主能奉先世之業，而以成功名者，其惟荆文王乎！故天下譽之，至今明主忠臣孝子以為法。」

晋平公使叔向聘於吴，吴人拭舟以逆之，左五百人，右五百人。有繡衣而豹裘者，有錦衣而狐裘者，叔向歸以告平公，平公曰：「吴其亡乎！奚以敬舟？奚以敬民？」叔向對曰：「君為馳底之臺，上可以發千兵？下可以陳鐘

鼓？諸侯聞君者，亦曰：『奚以敬臺，奚以敬民？』所敬各異也」。於是平公乃罷臺。

景公為臺，臺成，又欲為鐘，晏子諫曰：「君不勝欲為臺，今復欲為鐘，是重斂於民，民之哀矣。夫斂民之哀而以為樂，不祥。」景公乃止。

景公有馬，其圉人殺之，公怒，援戈將自擊之，晏子曰：「此不知其罪而死，臣請為君數之，令知其罪而殺之。」公曰：「諾。」晏子舉戈而臨之曰：「汝為吾君養馬而殺之，而罪當死。汝使吾君以馬之故殺圉人，而罪又當死。汝使吾君以馬故殺人，聞於四隣諸侯，汝罪又當死。」公曰：「夫子釋之！夫子釋之！勿傷吾仁也。」

景公好戈，使燭雛主鳥而亡之，景公怒而欲殺之，晏子曰：「燭雛有罪，請數之以其罪，乃殺之。」景公曰：「可。」於是乃名燭雛數之景公前曰：「汝為吾君主鳥而亡之，是一罪也。使吾君以鳥之故殺人，是二罪也。使諸侯聞之以吾君重鳥而輕士，是三罪也。數燭雛罪已畢，請殺之。」景公曰：「止，勿殺而謝之。」

景公正晝被髮，乘六馬，御婦人，以出正閨。刖跪擊其馬而反之，曰：「爾非吾君也。」公慚而不朝，晏子睹裔敖而問曰：「君何故不朝？」對曰：「昔

者君正晝被髮，乘六馬，御婦人，出正閨，刖跪擊其馬而反之曰：『爾非吾君也。』公慙而反，不果出，是以不朝。」晏子入見，公曰：「昔者寡人有罪，被髮，乘六馬以出正閨，刖跪擊其馬而反之，曰：『爾非吾君也。』寡人以天子大夫之賜，得率百姓以守宗廟，今見戮於刖跪，以辱社稷，吾猶可以齊於諸侯乎？」晏子對曰：「君無惡焉。臣聞之，下無直辭，上無隱君。民多諱言，君有驕行。古者明君在上，下有直言。君上好善，民無諱言。今君有失行，而刖跪有直辭，是君之福也，故臣来慶，請賞之，以明君之好善。禮之，以明君之受諫！」公笑曰：「可乎？」晏子曰：「可。」於是令刖跪倍資無正，時朝無事。

景公飲酒，移於晏子家，前驅報閭曰：「君至。」晏子被玄端，立於門曰：「諸侯得微有故乎？國家得微有故乎？君何為非時而夜辱？」公曰：「酒醴之味，金石之聲，願與夫子樂之。」晏子對曰：「夫布薦席，陳簠簋者有人，臣不敢與焉。」公曰：「移於司馬穰苴之家。」前驅報閭曰：「君至」。司馬穰苴介冑操戟立於門曰：「諸侯得微有兵乎？大臣得微有叛者乎？君何為非時而夜辱？」公曰：「酒醴之味，金石之聲，願與夫子樂之。」對曰：「夫布薦席，陳簠簋者有人，臣不敢與焉。」公曰：「移於梁丘據之家。」前驅報閭曰：「君至。」

梁丘據左操瑟，右挈竽，行歌而至，公曰：「樂哉！今夕吾飲酒也，微彼二子者，何以治吾國！微此一臣者，何以樂吾身！賢聖之君皆有益友，無偷樂之臣。」景公弗能及，故兩用之，僅得不亡。

吳以伍子胥、孫武之謀，西破強楚，北威齊晉，南伐越，越王句踐迎擊之，敗吳於姑蘇，傷闔廬指，軍却，闔廬謂大子夫差曰：「爾忘勾踐殺而父乎？」夫差對曰：「不敢。」是夕闔廬死，夫差既立為王，以伯嚭為太宰，習戰射，三年，伐越，敗於夫湫，越王勾踐乃以兵五千人棲於會稽山上，使大夫種厚幣遺吳太宰嚭以請和，委國為臣妾，吳王將許之，伍子胥諫曰：「越王為人能辛苦，今王不滅，後必悔之。」吳王不聽，用太宰嚭計，與越平。其後五年，吳王聞齊景公死，而大臣爭寵，新君弱，乃興師北伐齊，子胥諫曰：「不可。勾踐食不重味，弔死問疾，且能用人，此人不死，必為吳患。今越，腹心之疾，齊猶疥癬耳，而王不先越，乃務伐齊，不亦謬乎？」吳王不聽，伐齊，大敗齊師於艾陵，遂與鄒魯之君會以歸，益踈子胥之言。其後四年，吳將復北伐齊，越王勾踐用子貢之謀，乃率其衆以助吳，而重寶以獻遺太宰嚭，太宰嚭既數受越賂，其愛信越殊甚，日夜為言於吳王，王信用嚭之計，伍子胥諫曰：「夫越，腹心之疾，今信其游辭偽詐而貪齊，譬猶石田，無所用之，盤

庚曰：『古人有顛越不恭。』是商所以興也，願王釋齊而先越，不然，將悔之無及也已。」吳王不聽，使子胥於齊，子胥謂其子曰：「吾諫王，王不我用，吾今見吳之滅矣，女與吳俱亡，無為也。」乃屬其子於齊鮑氏而歸報吳王。太宰嚭既與子胥有隙，因讒曰：「子胥為人，剛暴少恩，其怨望猜賊，為禍也深，恨前日王欲伐齊，子胥以為不可，王卒伐之，而有大功，子胥計謀不用，乃反怨望。今王又復伐齊，子胥專愎強諫，沮毀用事，徼幸吳之敗，以自勝其計謀耳。今王自行，悉國中武力以伐齊，而子胥諫不用，因輟佯病不行，王不可不備，此起禍不難，且臣使人微伺之，其使齊也，乃屬其子於鮑氏。夫人臣內不得意，外交諸侯，自以先王謀臣，今不用，常怏怏，願王早圖之。」吳王曰：「微子之言，吾亦疑之。」乃使使賜子胥屬鏤之劍，曰：「子以此死。」子胥曰：「嗟乎！讒臣宰嚭為亂，王顧反誅我，我令若父霸，又若立時，諸子弟爭立，我以死爭之於先王，幾不得立，若既立，欲分吳國與我，我顧不敢當，然若之何聽讒臣殺長者！」乃告舍人曰：「必樹吾墓上以梓，令可以為器，而抉吾眼著之吳東門，以觀越寇之滅吳也。」乃自刺殺，吳王聞之大怒，乃取子胥尸，盛以鴟夷革，浮之江中，吳人憐之，乃為立祠於江上，因名曰胥山。後十餘年，越襲吳，吳王還與戰，不勝，使大夫行成於越，不許，吳王將死，

曰：「吾以不用子胥之言至於此。令死者無知則已，死者有知，吾何面目以見子胥也？」遂冡絮覆面而自刎。

齊簡公有臣曰諸御鞅，諫簡公曰：「田常與宰予，此二人者甚相憎也，臣恐其相攻。相攻雖叛而危之，不可。願君去一人。」簡公曰：「非細人之所敢議也。」居無幾何，田常果攻宰予於庭，賊簡公於朝，簡公喟焉太息曰：「余不用鞅之言，以至此患也。」故忠臣之言，不可不察也。

魯襄公朝荆，至淮，聞荆康王卒，公欲還，叔仲昭伯曰：「君之來也，為其威也。今其王死，其威未去，何為還？」大夫皆欲還，子服景伯曰：「子之來也，為國家之利也，故不憚勤勞，不遠道塗，而聽於荆也，畏其威也！夫義人者，固將慶其喜而弔其憂，況畏而聘焉者乎！聞畏而往，聞喪而還，其誰曰非侮也。芊姓是嗣，王太子又長矣，執政未易，事君任政，求説其侮，以定嗣君，而示後人，其讎滋大，以戰小國，其誰能止之？若從君而致患，不若違君以避難，且君子計而後行，二三子其計乎？有御楚之術，有守國之備，則可。若未有也，不如行！」乃遂行。

孝景皇帝時，吴王濞反，梁孝王中郎枚乘字叔聞之，為書諫王，其辞曰：「君王之外臣乘，竊聞得全者全昌，失全者全亡。舜無立錐之地，以有

天下。禹無十户之聚，以王諸侯。湯武之地，方不過百里。上不絶三光之明，下不傷百姓之心者，有王術也！故父子之道，天性也，忠臣不敢避誅以直諫，故事無廢業而功流於萬世也，臣誠願披腹心而効愚忠，恐大王不能用之。臣誠願大王少加意念惻怛之心於臣乘之言。夫以一縷之任，係千鈞之重，上懸之無極之高，下垂之不測之淵，雖甚愚之人，且猶知哀其將絶也。馬方駭而重驚之，係方絶而重鎮之。係絶於天，不可復結。墜入深淵，難以復出。其出不出，間不容髮！誠能用臣乘言，一舉必脱。必若所欲為，危如重卵，難於上天。變所欲為，易於反掌，安於太山。今欲極天命之壽，弊無窮之樂，保萬乘之勢，不出反掌之易，以居太山之安。乃欲乘重卵之危，走上天之難，此愚臣之所大惑也！人性有畏其影而惡其迹者，卻背而走，無益也，不知就陰而止，影滅迹絶。欲人勿聞，莫若勿言。欲人勿知，莫若勿為。欲湯之冷，令一人吹之，百人揚之，無益也。不如絶薪止火而已。不絶之於彼，而救之於此，譬猶抱薪救火也。養由基，楚之善射者也，去楊葉百步，百發百中，楊葉之小，而加百中焉，可謂善射矣，所止乃百步之中耳，比於臣，未知操弓持矢也。福生有基，禍生有胎。納其基，絶其胎，禍何從来哉？泰山之溜穿石，引繩久之，乃以挈木。水非石之鑽，繩非木之鋸也，

而漸靡使之然。夫銖銖而稱之，至石必差。寸寸而度之，至丈必過。石稱丈量，徑而寡失。夫十圍之木，始生於蘖，可引而絶，可擢而拔，據其未生，先其未形。磨礲砥礪，不見其損，有時而盡。種樹畜長，不見其益，有時而大。積德修行，不知其善，有時而用。行惡為非，棄義背理，不知其惡，有時而亡。臣誠願大王孰計而身行之，此百王不易之道也。」吴王不聽，卒死卌徒。

吴王欲從民飲酒，伍子胥諫曰：「不可。昔白龍下清冷之淵，化為魚，漁者豫且射中其目，白龍上訴天帝，天帝曰：『當是之時，若安置而形？』白龍對曰：『我下清冷之淵化為魚。』天帝曰：『魚固人之所射也。若是，豫且何罪？』夫白龍，天帝貴畜也。豫且，宋國賤臣也。白龍不化，豫且不射。今弃萬乘之位而從布衣之士飲酒，臣恐其有豫且之患矣。」王乃止。

孔子曰：「良藥苦於口，利於病。忠言逆於耳，利於行。故武王諤諤而昌，紂嘿嘿而亡。君無諤諤之臣，父無諤諤之子，兄無諤諤之弟，夫無諤諤之婦，士無諤諤之友。其亡可立而待。故曰：『君失之，臣得之。父失之，子得之。兄失之，弟得之。夫失之，婦得之。士失之，友得之。故無亡國破家，悖父亂子，放兄弃弟，狂夫淫婦，絶交敗友。』」

晏子復於景公曰：「朝居嚴，則曷害於治國家哉？」晏子對曰：「朝居嚴乎？」公曰：「朝居嚴，則下無言，下無言，則上無聞矣。下無言則謂之暗，上無聞則謂之聾。聾暗則非害治國家如何也？具合菽粟之微以滿倉廩，合疏縷之緯以成幃幕，太山之高，非一石也，累卑然後高也。夫治天下者，非一士之言也，固有受而不用，惡有距而不入者哉？」

劉向説苑卷第九

劉向說苑卷第十

敬慎

存亡禍福，其要在身，聖人重誡，敬慎所忽。《中庸》曰：「莫見乎隱，莫顯乎微。故君子能慎其獨也。」諺曰：「誡無垢，思無辱。」夫不誡不思而以存身全國者，亦難矣。《詩》曰：「戰戰兢兢，如臨深淵，如履薄冰。」此之謂也。昔成王封周公，周公辞不受，乃封周公子伯禽於魯，將辞去，周公戒之曰：「去矣！子其無以魯國驕士矣。我，文王之子也，武王之弟也，今王之叔父也。又相天子，吾於天下亦不輕矣。然嘗一沐三握髮，一食而三吐哺，猶恐失天下之士。吾聞之曰：德行廣大而守以恭者榮，土地博裕而守以儉者安，禄位尊盛而守以卑者貴，人衆兵強而守以畏者勝，聰明叡智而守以愚者益，博聞多記而守以淺者廣。此六守者，皆謙德也。夫貴為天子，富有四海，不謙者先天下，亡其身，桀紂是也，可不慎乎！故《易》曰：『有一道，大足以守天下，中足以守國家，小足以守其身，謙之謂也。夫天道毁滿而益謙，地道變滿而流謙，鬼神害滿而福謙，人道惡滿而好謙。』是以衣成則缺衽，宫成則缺隅，屋成則加錯。示不成者，天道然也。《易》曰：『謙，亨，君子有終，吉。』《詩》曰：『湯降不遲，聖敬日躋。』其戒之哉！子其無以魯國驕士矣。」

孔子讀《易》至於損益，則喟然而嘆，子夏避席而問曰：「夫子何為嘆？」孔子曰：「夫自損者益。自益者缺，吾是以嘆也。」子夏曰：「然則學者不可以益乎？」孔子曰：「否，天之道，成者未嘗得久也。夫學者以虛受之，故曰得，苟接知持滿，則天下之善言不得入其耳矣。昔堯履天子之位，猶允恭以持之，虛靜以待下，故百載以逾盛，迄今而益章。昆吾自臧而滿意，窮高而不衰，故當時而虧敗，迄今而逾惡，是非損益之徵與？吾故曰謙也者，致恭以存其位者也。夫豐明而動，故能大，苟大則虧矣，吾戒之，故曰天下之善言不得入其耳矣。日中則昃，月盈則食，天地盈虛，與時消息。是以聖人不敢當盛。升輿而遇三人則下，二人則軾，調其盈虛，故能長久也。」子夏曰：「善，請終身誦之。」

孔子觀於周廟而有欹器焉，孔子問守廟者曰：「此為何器？」對曰：「蓋為右坐之器。」孔子曰：「吾聞右坐之器，滿則覆，虛則欹，中則正，有之乎？」對曰：「然。」孔子使子路取水而試之，滿則覆，中則正，虛則欹，孔子喟然嘆曰：「嗚呼！惡有滿而不覆者哉！」子路曰：「敢問持滿有道乎？」孔子曰：「持滿之道，挹而損之。」子路曰：「損之有道乎？」孔子曰：「高而能下，滿而能虛，富而能儉，貴而能卑，智而能愚，勇而能怯，辯而能訥，博而能淺，明而

䏁闇。是謂損而不極，䏁行此道，唯至德者及之。《易》曰：『不損而益之，故損。自損而終，故益。』

常摐有疾，老子往問焉，曰：「先生疾甚矣，無遺教可以語諸弟子者乎？」常摐曰：「子雖不問，吾將語子。」常摐曰：「過故鄉而下車，子知之乎？」老子曰：「過故鄉而下車，非謂其不忘故耶？」常摐曰：「嘻，是已。」常摐曰：「過喬木而趨，子知之乎？」老子曰：「過喬木而趨，非謂敬老耶？」常摐曰：「嘻，是已。」張其口而示老子曰：「吾舌存乎？」老子曰：「然。」「吾齒存乎？」老子曰：「亡。」常摐曰：「子知之乎？」老子曰：「夫舌之存也，豈非以其柔邪？齒之亡也，豈非以其剛邪？」常摐曰：「嘻，是已。天下之事已盡矣，無以復語子哉！」

韓平子問於叔向曰：「剛與柔孰堅？」對曰：「臣年八十矣，齒再墮而舌尚存，老聃有言曰：『天下之至柔，馳騁乎天下之至堅。』又曰：『人之生也柔弱，其死也剛強。萬物草木之生也柔脆，其死也枯槁。』由此觀之，柔弱者生之徒也，剛強者死之徒也。『夫生者毁而必復，死者破而愈亡。吾是以知柔之堅於剛也。」平子曰：「善哉！然則子之行何從？」叔向曰：「臣亦柔耳，何以剛為？」平子曰：「柔無乃脆乎？」叔向曰：「柔者細而不折，廉而不缺，何為

脆也？天之道，微者勝，是以兩軍相加而柔者克之。兩仇争利，而弱者得焉。易曰：『天道虧滿而益謙，地道變滿而流謙，鬼神害滿而福謙，人道惡滿而好謙。』夫懷謙不足之，柔弱而四道者助之，則安往而不得其志乎？」平子曰：「善！」

桓公曰：「金剛則折，革剛則裂。人君剛則國家滅，人臣剛則交友絶。夫剛則不和，不和則不可用。是故四馬不和，取道不長。父子不和，其世破亡。兄弟不和，不能久同。夫妻不和，家室大凶。《易》曰：『二人同心，其利斷金。』由不剛也。」

老子曰：「得其所利，必慮其所害。樂其所成，必顧其所敗。人為善者，天報以福。人為不善者，天報以禍也。故曰：禍兮福所倚，福兮禍所伏。戒之，慎之！君子不務，何以備之？夫上知天，則不失時。下知地，則不失財。日夜慎之，則無害災。」

曾子有疾，曾元抱首，曾華抱足，曾子曰：「吾無顔氏之才，何以告汝？雖無能，君子務益。夫華多實少者，天也。言多行少者，人也。夫飛鳥以山為卑，而層巢其巔。魚鱉以淵為淺，而穿穴其中。然所以得者，餌也。君子苟能無以利害身，則辱安從至乎？官怠於宦成，病加於少愈，禍生於懈惰，

孝衰於妻子。察此四者，愼終如始。《詩》曰：『靡不有初，鮮克有終。』」

單快曰：「國有五寒，而冰凍不與焉。一曰政外，二曰女厲，三曰謀泄，四曰不敬卿士而國家敗，五曰不能治內而務外。此五者一見，雖祠無福，除禍必得，致福則貸。」

孔子曰：「存亡禍福，皆在已而已，天災地妖，亦不能殺也。」昔者殷王帝辛之時，爵生烏於城之隅，工人占之曰：「凡小以生巨，國家必祉，王名必倍。」帝辛喜爵之德，不治國家，亢暴無極，外寇乃至，遂亡殷國，此逆天之時，詭福反為禍至。殷王武丁之時，先王道缺，刑法弛，桑穀俱生於朝，七月而大拱，工人占之曰：「桑穀者，野物也。野物生於朝，意朝亡乎！」武丁恐駭，側身脩行，思先王之政，興滅國，繼絕世，舉逸民，明養老之道。三年之後，遠方之君，重譯而朝者六國，此迎天時，得禍反為福也。故妖孽者，天所以警天子諸侯也。惡夢者，所以警士大夫也。故妖孽不勝善政，惡夢不勝善行也。至治之極，禍反為福。故太甲曰：「天作孽，猶可違。自作孽，不可逭。」

石讎曰：「《春秋》有忽然而足以亡者，國君不可以不愼也！妃妾不一，足以亡。公族不親，足以亡。大臣不任，足以亡。國爵不用，足以亡。親佞

近讒，足以亡。舉百事不時，足以亡。使民不節，足以亡。刑罰不中，足以亡。内失衆心，足以亡。外嫚大國，足以亡。」

夫福生於隐約，而禍生於得意，齊頃公是也。齊頃公，桓公之子孫也，地廣民衆，兵強國富，又得霸者之餘尊，驕蹇怠傲，未嘗肯出會同諸侯，乃興師伐魯，反敗衛師于新築，輕小嫚大之行甚。俄而晋魯往聘，以使者戲，二國怒，歸求黨與助，得衛及曹，四國相輔，期戰於鞍，大敗齊師，獲齊頃公，斬逢丑父，於是懼然大恐，賴逢丑父之欺，奔逃得歸。弔死問疾，七年不飲酒，不食肉，外金石絲竹之聲，遠婦女之色，出會與盟，卑下諸侯，國家内得行義，聲問震乎諸侯，所亡之地弗求而自為來，尊寵不武而得之，可謂詘免變化以致之。故福生於隐約，而禍生於得意，此得失之効也。

大功之効，在於用賢積道，浸章浸明。衰滅之過，在於得意而怠，浸蹇浸亡，晋文公是其効也。晋文公出亡，脩道不休，得至于饗國，饗國之時，上無明天子，下無賢方伯，強楚主會，諸侯背畔，天子失道，出居于鄭。文公於是憫中國之微，任咎犯、先軫、陽處父，畜愛百姓，厲養戎士。四年，政治内定，則舉兵而伐衛，執曹伯，還敗強楚，威震天下，明王法，率諸侯而朝天子，莫敢不聽，天下曠然平定，周室尊顯，故曰大功之効，在於用賢

積道，浸章浸明，文公於是霸功立，期至意得，湯武之心作而忘其衆，一年三用師，且弗休息。遂進而圍許，兵亟弊，不䏶服，罷諸侯而歸。自此而怠政事，為狄泉之盟，不親至，信衰誼缺，如羅不補，威武詘折不信，則諸侯不朝，鄭遂叛，夷狄内侵，衛遷于商丘。故曰：衰滅之過，在於得意而怠，浸蹇浸亡。

田子方侍魏文侯坐，太子擊趨而入見，賓客群臣皆起，田子方獨不起，文侯有不說之色，太子亦然，田子方稱曰：「為子起歟？無如禮何！不為子起歟？無如罪何！請為子誦，楚恭王之為太子也，將出之雲夢，遇大夫工尹，工尹遂趨避家人之門中，太子下車從之家人之門中，曰：『子大夫，何為其若是？吾聞之，敬其父者不兼其子，兼其子者不祥莫大焉，子大夫何為其若是？』工尹曰：『向吾望見子之面，今而後記子之心，審如此，汝將何之？』」文侯曰：「善。」太子擊前誦恭王之言，誦三遍而請習之。

子贛之承或，在塗，見道側巾幣布擁蒙而衣褁，其名曰舟綽。子贛問焉，曰：「此至承幾何？」嘿然不對。子贛曰：「人問乎己而不應，何也？」屏其擁蒙而言曰：「望而黷人者，仁乎？覩而不識者，智乎？輕侮人者，義乎？」子貢下車曰：「賜不仁，過聞三言，可復聞乎？」曰：「是足於子矣，吾不告

子。」於是子贛叅偶則軾式，五偶則下。

孫叔敖為楚令尹，一國吏民皆來賀，有一老父衣麤衣，冠白冠，後來吊，孫叔敖正衣冠而出見之，謂老父曰：「楚王不知臣不肖，使臣受吏民之垢，人盡来賀，子獨後来吊，豈有說乎？」父曰：「有說，身已貴而驕人者民去之。位已高而擅權者君惡之。禄已厚而不知足者患處之。」孫叔敖再拜曰：「敬受命，願聞余教。」父曰：「位已高而意益下，官益大而心益小，禄已厚而愼不敢取。君謹守此三者，足以治楚矣。」

魏安釐王十一年，秦昭王謂左右曰：「今時韓魏與秦孰強？」對曰：「不如秦強。」王曰：「今時如耳、魏齊與孟嘗、芒卯孰賢？」對曰：「而不知也芒卯之賢。」王曰：「以孟嘗、芒卯之賢，率強韓魏以攻秦，猶無奈寡人何也？今以無能如耳、魏齊，而率弱韓魏以伐秦，其無奈寡人何，亦明矣！」左右皆曰：「然。」申旗伏瑟而對曰：「王之料天下過矣。當六晉之時，智氏最強，滅范中行氏，又率韓魏之兵以圍趙襄子於晉陽，决晉水以灌晉陽之城，不湍者三板，智伯行水，魏宣子御，韓康子為驂乘，智伯曰：『吾始不知水可以亡人國也，乃今知之。汾水可以灌安邑，絳水可以灌平陽。』魏宣子肘韓康子，康子履魏宣子之足，肘足接於車上，而智氏分，身死國亡，為天下笑。今秦雖強，

不過智氏，韓魏雖弱，尚賢其在晉陽之下也，此方其用肘足之時，願王之必勿易也。」於是秦王恐。

魏公子牟東行，穰侯送之曰：「先生將去冉之山東矣，獨無一言以教冉乎？」魏公子牟曰：「微君言之，牟幾忘語君，君知夫官不與勢期，而勢自至乎？勢不與富期，而富自至乎？富不與貴期，而貴自至乎？貴不與驕期，而驕自至乎？驕不與罪期，而罪自至乎？罪不與死期，而死自至乎？」穰侯曰：「善，敬受明教。」

高上尊賢，無以驕人。聰明聖智，無以窮人。資給疾速，無以先人。剛毅勇猛，無以勝人。不知則問，不能則學。雖智必質，然後辯之。雖能必讓，然後為之。故士雖聰明聖智，自守以愚。功被天下，自守以讓。勇力距世，自守以怯。富有天下，自守以廉。此所謂高而不危，滿而不溢者也。

齊桓公為大臣具酒，期以日中，管仲後至，桓公舉觴以飲之，管仲半棄酒。桓公曰：「期而後至，飲而棄酒，於禮可乎？」管仲對曰：「臣聞酒入舌出，舌出者言失，言失者身棄，臣計棄身不如棄酒。」桓公笑曰：「仲父起就坐。」

楚恭王與晉厲公戰於鄢陵之時，司馬子反渴而求飲，豎穀陽持酒而進

之，子反曰：「退，酒也。」穀陽曰：「非酒也。」子反又曰：「退，酒也。」穀陽又曰：「非酒也。」子反受而飲之，醉而寢。恭王欲復戰，使人召子反，子反辭以心疾，於是恭王駕往，入幄聞酒臭，曰：「今日之戰，所恃者司馬，司馬至醉如此，是亡吾國而不恤吾衆也，吾無以復戰矣！」於是乃誅子反以為戮，還師。夫穀陽之進酒也，非以妬子反忠，愛之而適足以殺之，故曰：「小忠，大忠之賊也。小利，大利之殘也。」好戰之臣，不可不察也！羞小恥以構大怨，貪小利以亡大衆。《春秋》有其戒，晉先軫是也。先軫欲要功獲名，則以秦不假道之故，請要秦師，襄公曰：「不可。夫秦伯與吾先君有結，先君一日薨而興師擊之，是孤之負吾先君，敗鄰國之交而失孝子之行也。」先軫曰：「先君薨而不吊贈，是無哀吾喪也。興師徑吾地而不假道，是弱吾孤也。且柩畢尚薄屋，無哀吾喪也。」興師。卜曰：「大國師將至，請擊之。」則聽先軫興兵，要之殽，擊之，匹馬隻輪無脫者，大結怨構禍於秦。接刃流血，伏尸暴骸，糜爛國家，十有餘年，卒喪其師衆，禍及大夫，憂累後世，故好戰之臣不可不察也。

魯哀公問孔子曰：「予聞忘之甚者，徙而忘其妻，有諸乎？」孔子對曰：「此非忘之甚者也，忘之甚者忘其身。」哀公曰：「可得聞與？」對曰：「昔夏桀

貴為天子，富有天下，不脩禹之道，毁壞辟法，裂絶世祀，荒淫于樂，沉酗于酒，其臣有左師觸龍者，諂諛不止，湯誅桀，左師觸龍者，身死四支不同壇而居，此忘其身者也。」哀公愀然變色曰：「善！」

孔子之周，觀於太廟。右陛之前，有金人焉，三緘其口而銘其背曰：「古之慎言人也，戒之哉！戒之哉！無多言，多言多敗。無多事，多事多患。安樂必戒，無行所悔。勿謂何傷，其禍將長。勿謂何害，其禍將大。勿謂何殘，其禍將然。勿謂莫聞，天妖伺人。熒熒不滅，炎炎柰何。涓涓不壅，將成江河。緜緜不絶，將成網羅。青青不伐，將尋斧柯。誠不能慎之，禍之根也。曰是何傷？禍之門也。強梁者不得其死，好勝者必遇其敵。盜怨主人，民害其貴。君子知天下之不可蓋也，故後之下之，使人慕之。執雌持下，莫能與之争者。人皆趨彼，我獨守此。衆人惑惑，我獨不從。内藏我知，不與人論技。我雖尊高，人莫害我。夫江河長百谷者，以其卑下也。天道無親，常與善人。戒之哉！戒之哉！」孔子顧謂弟子曰：「記之，此言雖鄙，而中事情。《詩》曰：『戰戰兢兢，如臨深淵，如履薄冰。』行身如此，豈以口遇禍哉！」

魯哀侯棄國而走齊，齊侯曰：「君何年之少而棄國之蚤？」魯哀侯曰：「臣始

為太子之時，人多諫臣，臣受而不用也。人多愛臣，臣愛而不近也，是則內無聞而外無輔也。是猶秋蓬，惡於根本而美於枝葉，秋風一起，根且拔也。」

孔子行遊，中路聞哭者聲，其音甚悲，孔子曰：「驅之！驅之！前有異人音。」少進，見之，丘吾子也，擁鐮帶索而哭，孔子辟車而下，問曰：「夫子非有喪也？何哭之悲也。」丘吾子對曰：「吾有三失。」孔子曰：「願聞三失。」丘吾子曰：「吾少好學問，周遍天下，還後吾親亡，一失也。事君奢驕，諫不遂，是二失也。厚交友而後絶，三失也。樹欲靜乎風不定，子欲養吾親不待。往而不來者，年也。不可得再見者，親也。請從此辭。」則自刎而死。孔子曰：「弟子記之，此足以為戒也。」於是弟子歸養親者十三人。

孔子論《詩》至於《正月》之六章，懼然曰：「不逢時之君子，豈不殆哉？從上依世則廢道，違上離俗則危身。世不與善，已獨由之，則曰非妖則孽也。是以桀殺關龍逢，紂殺王子比干，故賢者不遇時，常恐不終焉。《詩》曰：『謂天蓋高，不敢不跼。謂地蓋厚，不敢不蹐。』此之謂也。」

孔子見羅者，其所得者，皆黃口也，孔子曰：「黃口盡得，大爵獨不得，何也？」羅者對曰：「黃口從大爵者不得，大爵從黃口者可得。」孔子顧謂

弟子曰：「君子慎所從，不得其人則有羅網之患。」

脩身正行，不可以不慎：嗜欲使行虧，讒諛亂正心，衆口使意回，憂患生於所忽，禍起於細微，汙辱難湔洒，敗事不可復追，不深念遠慮，後悔當幾何？夫徼幸者，伐性之斧也。嗜欲者，逐禍之馬也。謾諛者，窮辱之舍也。取虐於人者，趨禍之路也，故曰去徼幸，務忠信，節嗜欲，無取虐於人，則稱為君子，名聲常存。怨生於不報，禍生於多福，安危存於自處，不困在於蚤豫，存亡在於得人，慎終如始，乃能長乆。能行此五者，可以全身，已所不欲，勿施於人，是謂要道也。

顏回將西游，問於孔子曰：「何以為身？」孔子曰：「恭敬忠信，可以為身。恭則免於衆，敬則人愛之，忠則人與之，信則人恃之。人所愛，人所與，人所恃，必免於患矣，可以臨國家，何况於身乎？故不比數而比踈，不亦遠乎？不脩中而脩外，不亦反乎？不先慮事，臨難乃謀，不亦晚乎？」

凡司其身，必慎五本：一曰柔以仁，二曰誠以信，三曰富而貴毋敢以驕人，四曰恭以敬，五曰寬以靜。思此五者，則無凶命，曰能治敬，以助天時，凶命不至，而禍不来。敬人者，非敬人也，自敬也。貴人者，非貴人也，自貴也。昔者吾嘗見天雨金石與血。吾嘗見四月十日並出，有與天滑。

吾嘗見高山之崩，深谷之窒，大都王宮之破，大國之滅。吾嘗見高山之為裂，深淵之沙竭，貴人之車裂。吾嘗見稠林之無木，平原為谿谷，君子為御僕。吾嘗見江河乾為坑，正冬采榆葉，仲夏雨雪霜，千乘之君，萬乘之主，死而不葬。是故君子敬以成其名，小人敬以除其刑，奈何無戒而不慎五本哉！

魯有恭士，名曰机氾，行年七十，其恭益甚，冬日行陰，夏日行陽，市次不敢不行，參行必隨，坐必危，一食之間，三起不羞，見衣裘褐之士則為之禮，魯君問曰：「机子年甚長矣，不可釋恭乎？」机氾對曰：「君子好恭以成其名，小人學恭以除其刑，對君之坐，豈不安哉？尚有差跌。一食之上，豈不美哉？尚有哽噎。今若氾所謂幸者也，固未能自必，鴻鵠飛冲天，豈不高哉？矰繳尚得而加之。虎豹為猛，人尚食其肉，席其皮。譽人者少，惡人者多，行年七十，常恐斧質之加於氾者，何釋恭為？」

成回學於子路三年，回恭敬不已，子路問其故何也？回對曰：「臣聞之，行者比於鳥，上畏鷹鸇，下畏網羅。夫人為善者少，為讒者多，若身不死，安知禍罪不施。行年七十，常恐行節之虧，回是以恭敬待大命。」子路稽首曰：「君子哉！」

劉向說苑卷第十一

善說

孫卿曰：「夫談說之術，齊莊以立之，端誠以處之，堅強以持之，譬稱以諭之，分別以明之，歡欣憤滿以送之，寶之珍之，貴之神之，如是則說常無不行矣。」夫是之謂能貴其所貴。《傳》曰：「唯君子為能貴其所貴也。」《詩》云：「無易由言，無曰苟矣。」鬼谷子曰：「人之不善而能矯之者，難矣。說之不行，言之不從者，其辯之不明也。既明而不行者，持之不固也。既固而不行者，未中其心之所善也。辯之明之，持之固之，又中其人之所善，其言神而珍，白而分，能入於人之心，如此而說不行者，天下未嘗聞也。此之謂善說。」子貢曰：「出言陳辭，身之得失，國之安危也。」《詩》云：「辭之繹矣，民之莫矣。」夫辭者人之所以自通也。主父偃曰：「人而無辭，安所用之。」昔子產脩其辭，而趙武致其敬。王孫滿明其言，而楚莊以慙。蘇秦行其說，而六國以安。蒯通陳說，而身得以全。夫辭者乃所以尊君、重身、安國、全性者也。故辭不可不脩，而說不可不善。

趙使人謂魏王曰：「爲我殺范痤，吾請獻七十里之地。」魏王曰：「諾。」使吏捕之，圍而未殺。痤自上屋騎危，謂使者曰：「與其以死痤市，不如以生痤

市，有如痤死，趙不與王地則王奈何？故不若與定割地，然後殺痤。」魏王曰：「善。」痤因上書信陵君曰：「痤故魏之免相也。趙以地殺痤而魏王聽之，有如強秦亦將襲趙之欲，則君且奈何？」信陵君言於王而出之。

呉人入荆，名陳懷公，懷公名國人曰：「欲與荆者左，欲與呉者右。」逄滑當公而進曰：「呉未有福，荆未有禍。」公曰：「國勝君出，非禍而奚？」對曰：「小國有是猶復，而況大國乎？楚雖無德，亦不斬艾其民，呉日弊兵，暴骨如莽，未見德焉？天其或者正訓荆也！禍之適呉，何日之有？」陳侯從之。

桓公立仲父，致大夫曰：「善吾者入門而右，不善吾者入門而左。」有中門而立者，桓公問焉。對曰：「管子之知，可與謀天下，其強可與取天下。君恃其信乎？内政委焉。外事斷焉。驅民而歸之，是亦可奪也。」桓公曰：「善。」乃謂管仲：「政則卒歸於子矣，政之所不及，唯子是匡。」管仲故築三歸之臺，以自傷於民。

齊宣王出獵於社山，社山父老十三人相與勞王，王曰：「父老苦矣！」謂左右賜父老田不租，父老皆拜，閭丘先生不拜。王曰：「父老以為少耶？」謂左右復賜父老無傜役，父老皆拜，閭丘先生又不拜。王曰：「拜者去，不拜者前。」曰：「寡人今日来觀，父老幸而勞之，故賜父老田不租，父老皆拜，先生

獨不拜，寡人自以為少，故賜父老無傜役，父老皆拜，先生又獨不拜，寡人得無有過乎？」閭丘先生對曰：「惟聞大王来遊，所以為勞大王，望得壽於大王，望得富於大王，望得貴於大王。」王曰：「天殺生有時，非寡人所得與也，無以壽先生。倉廩雖實，以備菑害，無以富先生。大官無缺，小官卑賤，無以貴先生。」閭丘先生對曰：「此非人臣所敢望也。願大王選良富家子有脩行者以為吏，平其法度，如車臣少可以得壽焉。春秋冬夏，振之以時，無煩擾百姓，如是臣可少得以富焉。願大王出令，令少者敬長，長者敬老，如此臣少可以得貴焉。今大王幸賜臣田不租，然則倉廩將虛也。賜臣無傜役，然則官府無使焉，此固非人臣之所敢望也。」齊王曰：「善。願請先生為相。」

孝武皇帝時，汾陰得寶鼎而獻之於甘泉宫，群臣賀上壽曰：「陛下得周鼎。」侍中虞丘壽王獨曰：「非周鼎。」上聞之，召而問曰：「朕得周鼎，群臣皆以為周鼎而壽王獨以為非，何也？壽王有説則生，無説則死。」對曰：「臣壽王安敢無説？臣聞夫周德始産于后稷，長於公劉，大於大王，成於文武，顯於周公，德澤上洞天，下漏泉，無所不通，上天報應，鼎為周出，故名周鼎。今漢自高祖繼周，亦昭德顯行，布恩施惠，六合和同，至陛下之身愈盛，天瑞並至，徵祥畢見。昔始皇帝親出鼎於彭城而不能得。天昭有德，寶鼎自

至，此天之所以予漢，乃漢鼎，非周鼎也！」上曰：「善！」群臣皆稱：「萬歲！」是日賜虞丘壽王黄金十斤。

晋獻公之時，東郭民有祖朝者，上書獻公曰：「草茅臣東郭民祖朝，願請聞國家之計。」獻公使使出告之曰：「肉食者已慮之矣。藿食者尚何與焉？」祖朝對曰：「大王獨不聞古之將曰桓司馬者，朝朝其君，舉而宴，御呼車，驂亦呼車，御肘其驂曰：『子何越云為乎？何為藉呼車？』驂謂其御曰：『當呼者呼，乃吾事也，子當御正子之轡御耳。子今不正轡御，使馬卒然驚，妄轢道中行人，必逢大敵，下車免劍，涉血履肝者，固吾事也。子寧能辟子之轡，下佐我乎？其禍亦及吾身，與有深憂，吾安得無呼車哉？』今大王曰：『食肉者已慮之矣，藿食者尚何與焉？』設使食肉者一旦失計於廟堂之上，若臣等藿食者，寧得無肝膽塗地於中原之野與？其禍亦及臣之身。臣與有其憂深。臣安得無與國家之計乎？」獻公召而見之，三日與語，無復憂者，乃立以為師也。

客謂梁王曰：「惠子之言事也善譬，王使無譬，則不能言矣。」王曰：「諾。」明日見，謂惠子曰：「願先生言事則直言耳，無譬也。」惠子曰：「今有人於此而不知彈者，曰：『彈之狀何若？』應曰：『彈之狀如彈。』則諭乎？」王

曰：「未諭也。」「於是更應曰：『彈之狀如弓而以竹為弦。』則知乎？」王曰：「可知矣。」惠子曰：「夫說者固以其所知，諭其所不知，而使人知之。今王曰無譬則不可矣。」王曰：「善。」

孟嘗君寄客於齊王，三年而不見用，故客反謂孟嘗君曰：「君之寄臣也，三年而不見用，不知臣之罪也？君之過也？」孟嘗君曰：「寡人聞之，縷因針而入，不因針而急，嫁女因媒而成，不因媒而親。夫子之材必薄義，尚何怨乎寡人哉？」客曰：「不然，臣聞周氏之嚳，韓氏之盧，天下疾狗也。見菟而指屬，則無失菟矣。望見而放狗也，則累世不能得菟矣！狗非不能，屬之者罪也。」孟嘗君曰：「不然，昔華舟，杞梁戰而死，其妻悲之，向城而哭，隅為之崩，城為之陁，君子誠能刑於內，則物應於外矣。夫土壤且可為忠，況有食穀之君乎？」客曰：「不然，臣見鷦鷯巢於葦苕，著之髮毛，建之，女工不能為也，可謂完堅矣。大風至，則苕折卵破子死者，何也？其所託者使然也。且夫狐者人之所攻也，鼠者人之所燻也。臣未嘗見稷狐見攻，社鼠見燻也，何則？所託者然也。」於是孟嘗君復屬之齊，齊王使為相。

陳子說梁王，梁王說而疑之曰：「子何為去陳侯之國而教小國之孤於此乎？」陳子曰：「夫善亦有道，而遇亦有時，昔傅說衣褐帶劒，而築於秕傅之

城，武丁夕夢旦得之，時王也。甯戚飯牛康衢，擊車輻而歌顧見，桓公得之，時霸也。百里奚自賣五羊之皮，為秦人虜，穆公得之，時強也。論若三子之行，未得為孔子駿徒也。今孔子經營天下，南有陳蔡之阨，而圵干景公，三坐而五立，未嘗離也。孔子之時不行，而景公之時怠也。以孔子之聖，不能以時行，説之怠，亦獨能如之何乎？」

林既衣韋衣而朝齊景公，齊景公曰：「此君子之服也？小人之服也？」林既逡巡而作色曰：「夫服事何足以端士行乎？昔者荊為長劒危冠，令尹子西出焉。齊短衣而遂偞之冠，管仲、隰朋出焉。越文身鬋髮，范蠡、大夫種出焉。西戎左衽而椎結，由余亦出焉。即如君言，衣狗裘者當犬吠，衣羊裘者當羊鳴，且君衣狐裘而朝，意者得無為變乎？」景公曰：「子眞為勇悍矣，今未嘗見子之奇辯也。一鄰之鬭也，千乘之勝也。」林既曰：「不知君之所謂者何也？夫登高臨危而目不眴，而足不陵者，此工匠之勇悍也。入深淵，刺蛟龍，抱黿鼉而出者，此漁夫之勇悍也。入深山，刺虎豹，抱熊羆而出者，此獵夫之勇悍也。不難斷頭裂腹，暴骨流血中野者，此武夫之勇悍也。今臣居廣廷，作色端辯，以犯主君之怒，前雖有乘軒之賞，未為之動也。後雖有斧質之威，未為之恐也。此既之所以為勇悍也。」

魏文侯與大夫飲酒，使公乘不仁為觴政，曰：「飲不嚼者，浮以大白。」文侯飲而不盡嚼，公乘不仁舉白浮君。君視而不應，侍者曰：「不仁退，君已醉矣。」公乘不仁曰：「《周書》曰：『前車覆，後車戒。』盖言其危，為人臣者不易，為君亦不易。今君已設令，令不行，可乎？」君曰：「善。」舉白而飲，飲畢曰：「以公乘不仁為上客。」

蘧伯玉使至楚，逢公子晳濮水之上，子晳接草而待，曰：「敢問上客將何之？」蘧伯玉為之軾車。公子晳曰：「吾聞上士可以託色，中士可以託辭，下士可以託財，三者固可得而託耶？」蘧伯玉曰：「謹受命。」蘧伯玉見楚王，使事畢，坐談語，從容言至於士。楚王曰：「何國最多士？」蘧伯玉曰：「楚最多士。」楚王大說。蘧伯玉曰：「楚最多士而楚不能用。」王造然曰：「是何言也？」蘧伯玉曰：「伍子胥生於楚，逃之吳。吳受而相之，發兵攻楚，堕平王之墓。伍子胥生於楚，吳善用之。釁蚠黄生於楚，走之晋，治七十二縣，道不拾遺，民不妄得，城郭不閉，國無盜賊，蚠黄生於楚而晋善用之。今者臣之來，逢公子晳濮水之上，辭言『上士可以託色，中士可以託辭，下士可以託財，三言者固可得而託身耶？』又不知公子晳將何治也。」於是楚王發使一駟，副使二乘，追公子晳濮水之上，子晳還重於楚，蘧伯玉之力也。故《詩》

曰：「誰能亨魚，溉之釜鬵，孰將西歸，懷之好音。」此之謂也。物之相得，固微甚矣。

祁奚曰：叔向之弟羊舌虎善樂達，達有罪於晉，晉誅羊舌虎，叔向為之奴。既而祁奚說之曰：「吾聞小人得位，不爭不義，君子所憂，不救不祥。」乃往見范桓子而說之曰：「聞善為國者，賞不過，刑不濫。賞過則懼及淫人，刑濫則懼及君子。與不幸而過，寧過而賞淫人，無過而刑君子。故堯之刑也，殛鯀於羽山而用禹。周之刑也，僇管、蔡而相周公，不濫刑也。」桓子乃命吏出叔向，救人之患者，行危苦而不避煩辱，猶不能免。今祁奚論先王之德而叔向得免焉，學豈可已哉？

張祿掌門見孟嘗君曰：「衣新而不舊，倉庾盈而不虛，為之有道，君亦知之乎？」孟嘗君曰：「衣新而不舊，則是脩也。倉庾盈而不虛，則是富也。為之奈何？其說可得聞乎？」張祿曰：「願君貴則舉賢，富則振貧，若是則衣新而不舊，倉庾盈而不虛矣。」孟嘗君以其言為然，說其意，辯其辭，明日使人奉黃金百斤，文織百純，進之張先生。先生辭而不受。後先生復見孟嘗君。孟嘗君曰：「前先生幸教文曰：『衣新而不舊，倉庾盈而不虛，為之有說，汝亦知之乎？』文竊說教，故使人奉黃金百斤，文織百純，進之先生，以補門內

之不贍者，先生曷為辭而不受乎？」張禄曰：「君將掘君之偶錢，發君之庾粟以補士，則衣弊履穿而不贍耳。何暇衣新而不舊，倉庾盈而不虛乎？」孟嘗君曰：「然則為之奈何？」張禄曰：「夫秦者，四塞國也。遊宦者不得入焉。願君為吾丈尺之書，寄我與秦王，我往而遇乎，固君之入也。往而不遇乎，雖人求間謀，固不遇臣矣。」孟嘗君曰：「敬聞命矣。」因為之書，寄之秦王，往而大遇。謂秦王曰：「自禄之來入大王之境，田疇益辟，吏民益治，然而大王有一不得者，大王知之乎？」王曰：「不知。」曰：「夫山東有相所謂孟嘗君者，其人賢人，天下無急則已，有急則能收天下英乂雄俊之士，與之合交連友者，疑獨此耳。然則大王胡不為我友之乎？」秦王曰：「敬受命。」奉千金以遺孟嘗君，孟嘗君輟食察之而寤曰：「此張生之所謂衣新而不舊，倉庾盈而不虛者也。」

莊周貧者，往貸粟於魏，文侯曰：「待吾邑粟之來而獻之。」周曰：「乃今者周之來，見道傍牛蹄中有鮒魚焉，大息謂周曰：『我尚可活也？』周曰：『須我爲汝南見楚王，決江、淮以漑汝。』鮒魚曰：『今吾命在盆甕之中耳，乃為我見楚王，決江、淮以漑我，汝則求我枯魚之肆矣。』今周以貧故来貸粟，而曰須我邑粟來也而賜臣，即來亦求臣傭肆矣。」文侯於是乃發粟百鍾，

送之莊周之室。

晉平公問叔向曰：「歲饑民疫，翟人攻我，我將若何？」對曰：「歲饑來年而反矣，疾疫將止矣，翟人不足患也。」公曰：「患有大於此者乎？」對曰：「夫大臣重祿而不極諫，近臣畏罪而不敢言，左右顧寵於小官而君不知。此誠患之大者也。」公曰：「善。」於是令國中曰：「欲有諫者為之隱，左右言及國吏罪。」

趙簡子攻陶，有二人先登，死於城上，簡子欲得之，陶君不與。承盆疽謂陶君曰：「簡子將掘君之墓，以與君之百姓市曰：『踰邑梯城者將舍之，不者將掘其墓，朽者揚其灰，未朽者辜其尸。』陶君懼，請效二人之尸以為和。」

子貢見太宰嚭，太宰嚭問曰：「孔子何如？」對曰：「臣不足以知之。」太宰曰：「子不知，何以事之？」對曰：「惟不知，故事之，夫子其猶大山林也，百姓各足其材焉。」太宰嚭曰：「子增夫子乎？」對曰：「夫子不可增也。夫賜其猶一累壤也，以一累壤增大山，不益其高，且為不知。」太宰嚭曰：「然則子有所酌也。」對曰：「天下有大樽而子獨不酌焉，不識誰之罪也。」

趙簡子問子貢曰：「孔子為人何如？」子貢對曰：「賜不能識也。」簡子不說曰：「夫子事孔子數十年，終業而去之，寡人問子，子曰不能識，何也？」

子貢曰：「賜譬渴者之飲江海，知足而已，孔子猶江海也，賜則奚足以識之。」簡子曰：「善哉！子貢之言也。」

齊景公謂子貢曰：「子誰師？」曰：「臣師仲尼。」公曰：「仲尼賢乎？」對曰：「賢。」公曰：「其賢何若？」對曰：「不知也。」公曰：「子知其賢而不知其奚若，可乎？」對曰：「今謂天高，無少長愚智皆知高，高幾何？皆曰不知也，是以知仲尼之賢而不知其奚若。」

趙襄子謂仲尼曰：「先生委質以見人主，七十君矣，而無所通，不識世無明君乎？意先生之道，固不通乎？」仲尼不對。異日，襄子見子路曰：「嘗問先生以道，先生不對，知而不對則隱也，隱則安得為仁。若信不知，安得為聖？」子路曰：「建天下之鳴鍾，而撞之以挺，豈能發其聲乎哉？君問先生，無乃猶以挺撞乎？」

衛將軍文子問子貢曰：「季文子三窮而三通，何也？」子貢曰：「其窮事賢，其通舉窮，其富分貧，其貴禮賤。窮以事賢則不悔，通而舉窮則忠於朋友，富而分貧則宗族親之。貴而禮賤則百姓戴之。其得之，固道也。失之，命也。」曰：「失而不得者，何也？」曰：「其窮不事賢，其通不舉窮，其富不分貧，其貴不禮賤，其得之，命也。其失之，固道也。」

子路問於孔子曰：「管仲何如人也？」子曰：「大人也。」子路曰：「昔者管子説襄公，襄公不説，是不辯也。欲立公子糾而不能，是無能也。家殘於齊而無憂色，是不慈也。桎梏而居檻車中無慙色，是無愧也。事所射之君，是不貞也。召忽死之，管子不死，是無仁也。夫子何以大之？」子曰：「管仲説襄公，襄公不説，管子非不辯也，襄公不知説也。欲立子糾而不能，非無能也，不遇時也。家殘於齊而無憂色，非不慈也，知命也。桎梏居檻車而無慙色，非無愧也，自裁也。事所射之君，非不貞也，知權也。召忽死之，管子不死，非無仁也。召忽者，人臣之材也，不死則三軍之虜也。死之則名聞天下，夫何爲不死哉？管子者，天子之佐，諸侯之相也，死之則不免為溝中之瘠。不死則功復用於天下，夫何為死之哉？由！汝不知也。」

晉平公問於師曠曰：「咎犯與趙襄孰賢？」對曰：「陽處父欲臣文公，因咎犯三年不達，因趙襄三日而達。智不知其士衆，不智也。知而不言，不忠也。欲言之而不敢，無勇也。言之而不聽，不賢也。」

趙簡子問於成摶曰：「吾聞夫羊殖者，賢大夫也，是行奚然？」對曰：「臣摶不知也。」簡子曰：「吾聞之，子與友親，子而不知，何也？」摶曰：「其為人也數變，其十五年也，廉以不匿其過。其二十也，仁以喜義。其三十也，

為晋中軍尉，勇以喜仁。其年五十也，為邉城將，遠者復親。今臣不見五年矣。恐其變，是以不敢知。」■子曰：「果賢大夫也，每變益上矣。」

劉向說苑卷第十一

奉使

《春秋》之辭，有相反者四：既曰大夫無遂事，不得擅生事矣。又曰出境可以安社稷，利國家者，則專之可也。既曰大夫以君命出，進退在大夫矣。又曰以君命出，聞喪徐行而不反者，何也？曰此義者各止其科，不轉移也。不得擅生事者，謂平生常經也。專之可者，謂救危除患也。進退在大夫者，謂將帥用兵也。徐行而不反者，謂出使道聞君親之喪也。公子子結擅生事，《春秋》不非，以為救莊公危也。公子遂擅生事，《春秋》譏之，以爲僖公無危事也。故君有危而不專救，是不忠也。君無危而擅生事，是不臣也。《傳》曰：『詩無通故，《易》無通吉，《春秋》無通義。』比之謂也。

趙王遣使者之楚，方鼓瑟而遣之，誡之曰：「必如吾言。」使者曰：「王之鼓瑟，未嘗悲若此也！」王曰：「宮商固方調矣！」使者曰：「調則何不書其柱耶？」王曰：「天有燥濕，絃有緩急，宮商移徙不可知，是以不書。」使者曰：「明君之使人也，任之以事，不制以辭，遭吉則賀之，凶則吊之。今楚、趙相去千有餘里，吉凶憂患不可豫知，猶柱之不可書也。《詩》云：『莘莘征夫，每懷靡及。』」楚莊王舉兵伐宋，宋告急，晉景公欲發兵救宋，伯宗諫

曰：「天方開楚，未可伐也。」乃求壯士，得霍人解揚，字子虎，往命宋毋降，道過鄭，鄭新與楚親，乃執解揚而獻之楚。楚王厚賜，與約，使反其言，令宋趣降，三要，解揚乃許。於是楚乘揚以樓車，令呼宋使降，遂倍楚約而致其晉君命曰：「晉方悉國兵以救宋，宋雖急，慎毋降楚，晉兵今至矣。」楚莊王大怒，将烹之，解揚曰：「君能制命為義，臣能承命為信，受吾君命以出，雖死無二。」王曰：「汝之許我，已而倍之，其信安在？」解揚曰：「死以許王，欲以成吾君命，臣不恨也。」顧謂楚君曰：「為人臣無忘盡忠而得死者。」楚王諸弟皆諫王赦之。於是莊王卒赦解揚而歸之。晉爵之為上卿。故後世言霍虎。

齊攻魯。子貢見哀公，請求救於吳。公曰：「奚先君寶之用？」子貢曰：「使吳責吾寶而與我師，是不可恃也。」於是以楊幹麻筋之弓六往。子貢謂吳王曰：「齊為無道，欲使周公之後不血食，且魯賦五百，邾賦三百，不識以此益齊，吳之利與？非與？」吳王懼，乃興師救魯。諸侯曰：「齊伐周公之後，而吳救之。」遂朝於吳。

魏文侯封太子擊於中山，三年，使不往来。舍人趙倉唐進稱曰：「為人子，三年不聞父問，不可謂孝。為人父，三年不問子，不可謂慈。君何不遣

人使大國乎？」太子曰：「顧之久矣。未得可使者。」倉唐曰：「臣願奉使，侯何嗜好？」太子曰：「侯嗜晨鳧，好北犬。」於是乃遣倉唐緤北犬，奉晨鳧，獻於文侯。倉唐至，上謁曰：「孽子擊之使者，不敢當大夫之朝，請以燕間，奉晨鳧敬獻庖厨，緤北犬敬上涓人。」文侯悦曰：「擊愛我，知吾所嗜，知吾所好。」召倉唐而見之，曰：「擊無恙乎？」倉唐曰：「唯唯。」如是者三，乃曰：「君出太子而封之國，君名之，非禮也。」文侯怵然為之變容。問曰：「子之君無恙乎？」倉唐曰：「臣來時，拜送書於庭。」文侯顧指左右曰：「子之君長孰與是？」倉唐曰：「禮，擬人必於其倫，諸侯無偶，無所擬之。」曰：「長大孰與寡人。」倉唐曰：「君賜之外府之裘，則能勝之，賜之斥帶，則不更其造。」文侯曰：「子之君何業？」倉唐曰：「業《詩》。」文侯曰：「於《詩》何好？」倉唐曰：「好《晨風》、《黍離》。」文侯自讀《晨風》曰：「鴥彼《晨風》，鬱彼北林，未見君子，憂心欽欽。如何如何，忘我實多。」文侯曰：「子之君以我忘之乎？」倉唐曰：「不敢，時思耳。」文侯復讀《黍離》曰：「彼《黍離》離，彼稷之苗，行邁靡靡，中心摇摇。知我者謂我心憂，不知我者謂我何求？悠悠蒼天，此何人哉？」文侯曰：「子之君怨乎？」倉唐曰：「不敢，時思耳。」文侯於是遣倉唐賜太子衣一襲，勑倉唐以雞鳴時至。太子起拜受賜，發篋，視衣，

盡顛倒。太子曰：「趣早駕，君侯召擊也。」倉唐曰：「臣来時不受命。」太子曰：「君侯賜擊衣，不以為寒也，欲召擊，無誰與謀，故勑子以雞鳴時至，《詩》曰：『東方未明，顛倒衣裳，顛之倒之，自公召之。』」遂西至謁文侯。大喜，乃置酒而稱曰：「夫遠賢而近所愛，非社稷之長策也。」乃出少子摯，封中山，而復太子擊。故曰：「欲知其子，視其友。欲知其君，視其所使。」趙倉唐一使而文侯為慈父，而擊為孝子。太子乃稱：「《詩》曰：『鳳凰于飛，噦噦其羽，亦集爰止，藹藹王多吉士，維君子使，媚于天子。』舍人之謂也。」

楚莊王欲伐晋，使豚尹觀焉。反曰：「不可伐也。其憂在上，其樂在下。且賢臣在焉，曰沈駒。」明年，又使豚尹觀，反曰：「可矣。初之賢人死矣。諂諛多在君之廬者，其君好樂而無禮，其下危處以怨上。上下離心，典師伐之，其民必反。」莊王從之，果如其言矣。

梁王贅其群臣而議其過，任座進諫曰：「主君國廣以大，民堅而衆，國中無賢人辯士，奈何？」王曰：「寡人國小以狹，民弱臣少，寡人獨治之，安所用賢人辯士乎？」任座曰：「不然，昔者齊無故起兵攻魯，魯君患之，召其相曰：『為之奈何？』相對曰：『夫柳下惠少好學，長而嘉智，主君試召使於齊。』魯君曰：『吾千乘主也，身自使於齊，齊不聽。夫柳下惠特布衣韋帶之士

也，使之又何益乎？』相對曰：『臣聞之，乞火不得，不望其炮矣。今使柳下惠於齊，縱不解於齊兵，終不愈益攻於魯矣。』魯君乃曰：『然乎？』相即使人召柳下惠，來，入門，袪衣不趨。魯君避席而立，曰：『寡人所謂飢而求黍稷，渴而穿井者，未嘗能以歡喜見子。今國事急，百姓恐懼，願藉子大夫使齊。』柳下惠曰：『諾。』乃東見齊侯。齊侯曰：『魯君將懼乎？』柳下惠曰：『臣君不懼。』齊侯忿然怒曰：『吾望而魯城，芒若類失亡國，百姓發屋伐木以救城郭，吾視若魯君類吾國。子曰不懼，何也？』柳下惠曰：『臣之君所以不懼者，以其先人出周，封於魯，君之先君亦出周，封於齊，相與出周南門，刳羊而約曰：「自後子孫敢有相攻者，令其罪若此刳羊矣。」臣之君固以刳羊不懼矣，不然，百姓非不急也。』齊侯乃解兵三百里。夫柳下惠特布衣韋帶之士，至解齊釋魯之難，奈何無賢士聖人乎？」

陸賈從高祖定天下，名為有口辯士，居左右，常使諸侯。及高祖時，中國初定，尉佗平南越，因王之，高祖使陸賈賜尉佗印，為南越王。陸生至，尉佗椎結箕踞見陸生。陸生因説佗曰：「足下中國人，親戚昆弟墳墓在真定。今足下弃反天性，捐冠帶，欲以區區之越，與天子抗衡為敵國，禍且及身矣。且夫秦失其政，諸侯豪傑並起，惟漢王先入關，據咸陽，項籍倍約，

自立為西楚覇王，諸侯皆屬，可謂至疆。然漢王起巴蜀，鞭笞天下，刼諸侯，遂誅項羽，滅之。五年之間，海内平定，此非人力，天之所建也。天子聞君王王南越，不助天下誅暴逆，將相欲移兵而誅王，天子憐百姓新勞苦，且休之，遣臣授君王印，剖符通使，君王宜郊迎，北面稱臣，乃欲以新造未集之越，屈彊於此，漢誠聞之，掘燒君王先人冡墓，夷種宗族，使一偏將將十萬衆臨越，越則殺王以降漢，如反覆手耳。」於是尉佗乃蹶然起坐，謝陸生曰：「居蠻夷中乆，殊失禮義。」因問陸生曰：「我孰與蕭何、曹參、韓信賢？」陸生曰：「王似賢。」復問：「我孰與皇帝賢？」陸生曰：「皇帝起豐沛，討暴秦，誅強楚，為天下興利除害，繼五帝三王之業，統理中國，中國之人以億計，地方萬里，居天下之膏腴，人衆車輿，萬物殷富，政由一家，自天地剖判，未嘗有也。今王衆不過數十萬，皆蠻夷，踦嶇山海之間，譬若漢一郡，何可乃比於漢王？」尉佗大笑曰：「吾不起中國，故王此，使我居中國，何遽不若漢。」乃大悦陸生，與留飲數月。曰：「越中無足與語，至生来，令我日聞所不聞。」賜陸生槖中装，直千金，佗送亦千金。陸生拜尉佗為南越王，令稱臣，奉漢約。歸報，高祖大悦，拜為太中大夫。

晉、楚之君相與為好，會於宛丘之上。宋使人往之。晉、楚大夫曰：

「楚王見天子禮見於吾君，我為見子焉。」使者曰：「冠雖弊，宜加其上。履雖新，宜居其下。周室雖微，諸侯未之𦳝易也。師升宋城，臣猶不更臣之服也。」揖而去之，諸大夫瞿然，遂以諸侯之禮見之。

越使諸發執一枝梅遺梁王，梁王之臣曰韓子，顧謂左右曰：「惡有以一枝梅以遺列國之君者乎？請為二三子慙之。」出謂諸發曰：「大王有命，客冠則以禮見，不冠則否。」諸發曰：「彼越亦天子之封也。不得冀、兗之州，乃處海垂之際，屏外蕃以為居，而蛟龍又與我争焉。是以剪髮文身，爛然成章，以像龍子者，將避水神也。今大國其命，冠則見以禮，不冠則否。假令大國之使，時過弊邑，弊邑之君亦有命矣。曰：『客必翦髮文身，然後見之。』於大國何如？意而安之，願假冠以見，意如不安，願無變國俗。」梁王聞之，披衣出，以見諸發。令逐韓子。《詩》云：「維君子使，媚于天子。」若此之謂也。

晏子使吳，吳王謂行人曰：「吾聞晏嬰蓋北方之辯於辭，習於禮者也。」命儐者：「客見則稱天子。」明日，晏子有事，行人曰：「天子請見。」晏子憱然者三，曰：「臣受命弊邑之君，將使於吳王之所，不佞而迷惑入于天子之朝，敢問吳王惡乎存？」然後吳王曰：「夫差請見。」見以諸侯之禮。

景公使晏子使於楚。楚王進橘置削。晏子不剖而幷食之。楚王曰：「橘當

去剖。」晏子對曰：「臣聞之，賜人主前者，瓜桃不削，橘柚不剖。今萬乘無教，臣不敢剖，然臣非不知也。」

晏子將使荊，荊王聞之，謂左右曰：「晏子賢也，今方来欲辱之，何以也？」左右對曰：「為其来也，臣請縛一人過王而行。」於是荊王與晏子立語。有縛一人，過王而行。王曰：「何為者也？」對曰：「齊人也。」王曰：「何坐？」曰：「坐盜。」王曰：「齊人固盜乎？」晏子反顧之曰：「江南有橘，齊王使人取之而樹之於江北，生不為橘，乃為枳，所以然者何？其土地使之然也。今齊人居齊不盜，来荊而盜，得無土地使之然乎？」荊王曰：「吾欲傷子而反自中也。」

晏子使楚。晏子短，楚人為小門於大門之側而延晏子。晏子不入，曰：「使至狗國者從狗門入。今臣使楚，不當從此門。」儐者更從大門入見楚王。王曰：「齊無人耶？」晏子對曰：「齊之臨淄三百閭，張袂成帷，揮汗成雨。比肩繼踵而在，何為無人？」王曰：「然則何為使子？」晏子對曰：「齊命使各有所主。其賢者使賢主，不肖者使不肖主。嬰最不肖，故宜使楚耳。」

秦、楚轂兵，秦王使人使楚，楚王使人戲之曰：「子來亦卜之乎？」對曰：「然！」「卜之謂何？」對曰：「吉。」楚人曰：「噫！甚矣！子之國無良龜

也。王方殺子以釁鍾，其吉如何？」使者曰：「秦、楚轂兵，吾王使我先窺。我死而不還，則吾王知警戒，整齊兵以備楚，是吾所謂吉也。且使死者而無知也，又何釁於鍾，死者而有知也，吾豈錯秦相楚哉？我將使楚之鍾鼓無聲，鍾鼓無聲則將無以整齊其士卒而理君軍。夫殺人之使，絶人之謀，非古之通議也。子大夫試孰計之。」使者以報楚王，楚王赦之。此之謂造命。

楚使使聘於齊，齊王饗之梧宮。使者曰：「大哉梧乎！」王曰：「江漢之魚吞舟，大國之樹必巨，使何怪焉！」使者曰：「昔燕攻齊，遵雒路，渡濟橋，焚雍門，擊齊左而虛其右，王歜絶頸而死於杜山。公孫差格死於龍門，飲馬乎淄、澠，定獲乎琅邪，王與太后奔于莒，逃於城陽之山，當此之時，則梧之大何如乎？」王曰：「陳先生對之。」陳子曰：「臣不如刀教。」王曰：「刀先生應之。」刀教曰：「使者問梧之年耶？昔者荆平王為無道，加諸申氏，殺子胥父與其兄。子胥被髮乞食於吳，闔廬以為將相。三年，將吳兵，復讎乎楚，戰勝乎柏舉，級頭百萬，囊瓦奔鄭，王保於隨。引師入郢，軍雲行乎郢之都。子胥親射宮門，掘平王冢，笞其墳，數以其罪。曰：『吾先人無罪而子殺之。』士卒人加百焉，然後止。當若此時，梧可以為其柎矣。」

蔡使師強、王堅使於楚。楚王聞之，曰：「人名多章者，獨為師彊、王堅

乎？」趣見之，無以次，視其人狀，疑其名而醜其聲，又惡其形。楚王大怒曰：「今蔡無人乎？國可伐也。有人不遣乎？國可伐也。端以此誡寡人乎？國可伐也。」故發二使見三謀伐者，蔡也。

趙簡子將襲衛，使史黯往視之，期以一月六日而後反。簡子曰：「何其久也？」黯曰：「謀利而得害，由不察也。今蘧伯玉為相，史鰌佐焉，孔子為客，子貢使令於君前甚聽。《易》曰：『渙其群，元吉。』渙者賢也，群者象也，元者吉之始也。渙其群元吉者，其佐多賢矣。」簡子按兵而不動耳。

魏文侯使舍人毋擇獻鵠於齊侯。毋擇行道失之，徒獻空籠，見齊侯曰：「寡君使臣毋擇獻鵠，道飢渴，臣出而飲食之，而鵠飛冲天，遂不復反。念思非無錢以買鵠也，惡有為其君使，輕易其幣者乎？念思非不能拔劍刎頭，腐肉暴骨於中野也，為吾君貴鵠而賤士也。念思非敢走陳、蔡之間也，惡絶兩君之使，故不敢愛身逃死，來獻空籠，唯主君斧質之誅。」齊侯大悦曰：「寡人今者得茲言三，賢於鵠遠矣。寡人有都郊地百里，願獻大夫以為湯沐邑。」毋擇對曰：「惡有為其君使而輕易其幣，而利諸侯之地乎？」遂出不反。

劉向說苑卷第十二

劉向説苑卷第十三

權謀

聖王之舉事，必先諦之於謀慮，而後考之於蓍龜。白屋之士，皆關其謀。芻蕘之役，咸盡其心。故萬舉而無遺籌失策。《傳》曰：「衆人之智，可以測天，兼聽獨斷，惟在一人。」此大謀之術也。謀有二端，上謀知命，其次知事。知命者預見存亡禍福之原，早知盛衰廢興之始，防事之未萌，避難於無形。若此人者，居亂世則不害於其身，在乎太平之世則必得天下之權。彼知事者亦尚矣，見事而知得失成敗之分，而究其所終極，故無敗業廢功。孔子曰：「可與適道，未可與權也。」夫非知命知事者，孰能得權謀之術。夫權謀有正有邪。君子之權謀正，小人之權謀邪。夫正者，其權謀公，故其為百姓盡心也誠。彼邪者，好私尚利，故其為百姓也詐。夫詐則亂，誠則平，是故堯之九臣誠而能興於朝，其四臣詐而誅於野。誠者隆至後世，詐者當身而滅。知命知事而能於權謀者，必察誠詐之原而以處身焉，則是亦權謀之術也。夫知者舉事也，滿則慮謙，平則慮險，安則慮危，曲則慮直。由重其豫，惟恐不及，是以百舉而不陷也。

楊子曰：「事之可以之貧，可以之富者，其傷行者也。事之可以之生，可

以之死者，其傷勇者也。」傑子曰：「楊子智而不知命，故其知多疑，語曰：『知命者不惑。』晏嬰是也。」

趙簡子曰：「晉有澤鳴、犢犨，魯有孔丘，吾殺此三人，則天下可圖也。」於是乃召澤鳴、犢犨，任之以政而殺之。使人聘孔子於魯。孔子至河，臨水而觀曰：「美哉水！洋洋乎！丘之不濟於此，命也夫！」子路趨進曰：「敢問奚謂也？」孔子曰：「夫澤鳴、犢犨，晉國之賢大夫也。趙簡子之未得志也，與之同聞見，及其得志也，殺之而後從政，故丘聞之：刳胎焚天，則麒麟不至。乾澤而漁，蛟龍不遊。覆巢毁夘，則鳳凰不翔。丘聞之：君子重傷其類者也。」

孔子與齊景公坐，左右白曰：「周使来，言周廟燔。」齊景公出問曰：「何廟也？」孔子曰：「是釐王廟也。」景公曰：「何以知之？」孔子曰：「《詩》云：『皇皇上帝，其命不忒。天之與人，必報有德。』禍亦如之。夫釐王變文武之制而作玄黄，宫室輿馬奢侈，不可振也。故天殃其廟，是以知之。」景公曰：「天何不殃其身？」曰：「天以文王之故也。若殃其身，文王之祀，無乃絶乎？故殃其廟以章其過也。」左右入報曰：「周釐王廟也。」景公大驚，起，再拜曰：「善哉！聖人之智，豈不大乎！」

齊桓公與管仲謀伐莒，謀未發而聞于國。桓公怪之，以問管仲。管仲曰：「國必有聖人也。」桓公歎曰：「歖！日之役者，有執柘杵而上視者，意其是耶！」乃令復役，無得相代。少焉，東郭垂至。管仲曰：「此必是也。」乃令儐者延而進之，分級而立。管仲曰：「子言伐莒者也？」對曰：「然。」管仲曰：「我不言伐莒，子何故言伐莒？」對曰：「臣聞君子善謀，小人善意，臣竊意之也。」管仲曰：「我不言伐莒，子何以意之？」對曰：「臣聞君子有三色。優然喜樂者，鍾鼓之色。愀然清靜者，縗絰之色。勃然充滿者，此兵革之色也。日者，臣望君之在臺上也，勃然充滿，此兵革之色也，君吁而不吟，所言者莒也，君舉臂而指，所當者莒也。臣竊慮小諸侯之未服者，其惟莒乎？臣故言之。」君子曰：「凡耳之聞，以聲也。今不聞其聲而以其容與臂，是東郭垂不以耳聽而聞也。桓公、管仲雖善謀，不能隱。聖人之聽於無聲，視於無形，東郭垂有之矣。故桓公乃尊祿而禮之。」

晉太史屠餘見晉國之亂，見晉平公之驕而無德義也，以其國法歸周。周威公見而問焉，曰：「天下之國，其孰先亡。」對曰：「晉先亡。」威公問其說。對曰：「臣不敢直言，示晉公以天妖，日月星辰之行多不當，曰：『是何能然？』示以人事多義，百姓多怨，曰：『是何傷？』示以鄰國不服，賢良不興，

曰：『是何害？』是不知所以存，所以亡。故臣曰：『晉先亡。』居三年，晉果亡。威公又見屠餘而問焉。曰：「孰次之。」對曰：「中山次之。」威公問其故。對曰：「天生民，令有辨，有辨，人之義也。所以異於禽獸麋鹿也，君臣上下所以立也。中山之俗，以晝為夜，以夜繼日，男女切踦，固無休息，淫昬康樂，歌謳好悲，其主弗知惡，此亡國之風也。臣故曰：『中山次之』。居二年，中山果亡。威公又見屠餘而問曰：「孰次之。」屠餘不對。威公固請。屠餘曰：「君次之。」威公懼，求國之長者，得錡疇、田邑而禮之，又得史理、趙巽以為諫臣，去苛令三十九物，以告屠餘。屠餘曰：「其尚終君之身。臣聞國之興也，天遺之賢人，與之極諫之士。國之亡也，天與之亂人與善諛者。」威公薨，九月不得葬。周乃分而為二，故有道者言，不可不重也。

齊侯問於晏子曰：「當今之時，諸侯孰危？」對曰：「莒其亡乎？」公曰：「奚故？」對曰：「地侵於齊，貨竭於晉，是以亡也。」

智伯從韓、魏之兵以攻趙，圍晉陽之城而溉之，城不沒者三板。絺疵謂智伯曰：「韓、魏之君必反矣。」智伯曰：「何以知之？」對曰：「夫勝趙而三分其地，今城未沒者三板，臼竈生鼃，人馬相食，城降有日矣。而韓、魏之君無喜志而有憂色，是非反何也？」明日，智伯謂韓、魏之君曰：「疵言君之反

也。」韓、魏之君曰：「必勝趙而三分其地，今城將勝矣。夫二家雖愚，不弃美利而偕約為難不可成之事，其勢可見也。是疵必為趙說君，且使君疑二主之心，而解於攻趙也。今君聽讒臣之言而離二主之交，為君惜之。」智伯出，欲殺絺疵，絺疵逃。韓、魏之君果反。

魯公索氏將祭而亡其牲。孔子聞之，曰：「公索氏比及三年必亡矣。」後一年而亡。弟子問曰：「昔公索氏亡牲，夫子曰：『比及三年必亡矣。』今期年而亡。夫子何以知其將亡也。」孔子曰：「祭之為言索也，索也者盡也，乃孝子所以自盡於親也。至祭而亡其牲，則餘所亡者多矣。吾以此知其將亡也。」

蔡侯、宋公、鄭伯朝於晉。蔡侯謂叔向曰：「子亦奚以語我？」對曰：「蔡言地計衆，不若宋鄭。其車馬衣裘侈於二國，諸侯其有圖蔡者乎？」處期年，荆伐蔡而殘之。

白圭之中山，中山王欲留之，固辭而去。又之齊，齊王亦欲留之，又辭而去，人問其辭。白圭曰：「二國將亡矣。所學者國有五盡，故莫之必忠，則言盡矣。莫之必譽，則名盡矣。莫之必愛，則親盡矣。行者無粮，居者無食，則財盡矣。不能用人，又不能自用，則功盡矣。國有此五者，毋幸必亡。中

山與齊皆當此。」若使中山之與齊也，聞五盡而更之，則必不亡也，其患在不聞也，雖聞又不信也。然則人主之務，在乎善聽而已矣。

下蔡威公閉門而哭，三日三夜，泣盡而繼以血，旁鄰窺墻而問之曰：「子何故而哭，悲若此乎？」對曰：「吾國且亡。」曰：「何以知也？」應之曰：「吾聞病之將死也，不可為良醫。國之將亡也，不可為計謀。吾數諫吾君，吾君不用，是以知國之將亡也。」於是窺墻者聞其言，則舉宗而去之於楚。居數年，楚王果舉兵伐蔡。窺墻者為司馬，將兵而往，來虜甚衆。問曰：「得無有昆弟故人乎？」見威公縛在虜中，問曰：「若何以至於此？」應曰：「吾何以不至於此？且吾聞之也，言之者行之役也，行之者言之主也。汝能行，我能言，汝為主，我為役，吾亦何以不至於此哉？」窺墻者乃言之於楚王，遂解其縛，與俱之楚。故曰：「能言者未必能行，能行者未必能言。」

管仲有疾，桓公往問之曰：「仲父若弃寡人，豎刁可使從政乎？」對曰：「不可。豎刁自刑以求入君，其身之忍，將何有於君。」公曰：「然則易牙可乎？」對曰：「易牙解其子以食君，其子之忍，將何有於君，若用之必為諸侯笑。」及桓公歿，豎刁、易牙乃作難。桓公死六十日，蟲出於戸而不收。

石乞侍坐於屈建，屈建曰：「白公其為亂乎？」石乞曰：「是何言也？白

公至於室無營，所下士者三人，與已相若臣者五人，所與同衤食者千人。白公之行若此，何故為亂？」屈建曰：「此建之所謂亂也。以君子行則可，於國家行過禮則國家疑之，且苟不難下其臣，必不難高其君矣。建是以知夫子將為亂也。」處十月，白公果為亂。

韓昭侯造作高門。屈宜咎曰：「昭侯不出此門。」曰：「何也？」曰：「不時。吾所謂不時者，非時日也。人固有利不利，昭侯嘗利矣，不作高門。往年秦拔宜陽，明年大旱民饑，不以此時恤民之急也，而顧反益奢，此所謂福不重至，禍必重来者也！」高門成，昭侯卒。竟不出此門。

田子顔自大術至乎平陵城下，見人子問其父，見人父問其子。田子方曰：「其以平陵反乎？吾聞行於内，然後施於外。子顔欲使其衆甚矣。」後果以平陵叛。

晋人已勝智氏，歸而繕甲砥兵。楚王恐，召梁公弘曰：「晋人已勝智氏矣。歸而繕甲兵，其以我為事乎？」梁公曰：「不患，害其在吳乎？夫吳君恤民而同其勞，使其民重上之令而人輕其死，以從上使，如虜之戰，臣登山以望之，見其用百姓之信必也，勿已乎。其備之若何？」不聽，明年，闔廬襲郢。

楚莊王欲伐陳，使人視之。使者曰：「陳不可伐也。」莊王曰：「何故？」

對曰：「其城郭高，溝壑深，蓄積多，其國寧也。」王曰：「陳可伐也。夫陳，小國也，而蓄積多，蓄積多則賦斂重，賦斂重則民怨上矣。城郭高，溝壑深，則民力罷矣。」興兵伐之，遂取陳。

石益謂孫伯曰：「吳將亡矣！吾子亦知之乎？」孫伯曰：「晚矣，子之知之也。吾何為不知？」石益曰：「然則子何不以諫？」孫伯曰：「昔桀罪諫者，紂焚聖人，剖王子比干之心。袁氏之婦，絡而失其紀，其妾告之，怒弃之。夫亡者，豈斯人知其過哉？」

孝宣皇帝之時，霍氏奢靡，茂陵徐先生曰：「霍氏必亡。夫在人之右而奢，亡之道也。孔子曰：『奢則不遜。』夫不遜者必侮上，侮上者，逆之道也。出人之右，人必害之。今霍氏秉權，天下之人，疾害之者多矣。夫天下害之而又以逆道行之，不亡何待？」乃上書言：「霍氏奢靡，陛下即愛之，宜以時抑制，無使至於亡。」書三上，輒報聞。其後霍氏果滅。董忠等以其功封。人有為徐先生上書，曰：「臣聞客有過主人者，見竈直堗，傍有積薪。客謂主人曰：『曲其堗，遠其積薪，不者將有火患。』主人嘿然不應，居無幾何，家果失火。鄉聚里中人哀而救之，火幸息。於是殺牛置酒，燔髮灼爛者在上行，餘各用功次坐，而反不録言曲堗者。向使主人聽客之言，不費牛酒，終

無火患。今茂陵徐福數上書言霍氏且有變，宜防絕之。向使福說得行，則無裂地圡爵之費，而國安平自如。今往事既已，而福獨不得與其功，惟陛下察客徙薪曲埃之策，而使居燔髮灼爛之右。」書奏，上使人賜徐福帛十匹，拜為郎。

齊桓公將伐山戎、孤竹，使人請助於魯。魯君進羣臣而謀，皆曰：「師行數千里，入蠻夷之地，必不反矣。」於是魯許助之而不行。齊已伐山戎、孤竹，而欲移兵於魯。管仲曰：「不可。諸侯未親，今又伐遠而還誅近鄰，鄰國不親，非霸王之道，君之所得山戎之寶器者，中國之所鮮也，不可以不進周公之廟乎？」桓公乃分山戎之寶，獻之周公之廟。明年起兵伐莒。魯下令丁男悉發，五尺童子皆至。孔子曰：「聖人轉禍為福，報怨以德。」此之謂也。

中行文子出亡至邊，從者曰：「為此嗇夫者，君人也，胡不休焉，且待後車者。」文子曰：「異日吾好音，此子遺吾琴，吾好佩，又遺吾玉，是不非吾過者也，自容於我者也。吾恐其以我求容也。」遂不入。後車入門，文子問嗇夫之所在，執而殺之。仲尼聞之曰：「中行文子背道失義以亡其國，然後得之，猶活其身。」道不可遺也，若此。

衛靈公襜被以與婦人游，子貢見公。公曰：「衛其亡乎？」對曰：「昔者夏

桀、殷紂不任其過，故亡。成湯、文、武知任其過，故興，衛奚其亡也？」智伯請地於魏宣子，宣子不與。任增曰：「何為不予？」宣子曰：「彼無故而請地，吾是以不予。」任增曰：「彼無故而請地者，無故而與之，是重欲無厭也。彼喜，必又請地於諸侯，諸侯不與，必怒而伐之。」宣子曰：「善。」遂與地。智伯喜，又請地於趙，趙不與，智伯怒，圍晉陽。韓、魏合趙而反智氏，智氏遂滅。

楚莊王與晉戰，勝之，懼諸侯之畏已也，乃築為五仞之臺，臺成而觴諸侯，諸侯請約。莊王曰：「我薄德之人也。」諸侯請為觴。乃仰而曰：「將將之臺，窅窅其謀，我言而不當，諸侯伐之。」於是遠者來朝，近者入賓。

吳王夫差破越，又將伐陳。楚大夫皆懼，曰：「昔闔廬能用其衆，故破我於栢舉。今聞夫差又甚焉。」子西曰：「二三子恤不相睦也，無患吳矣。昔闔廬食不貳味，處不重席，擇不取費。在國，天有災，親戚乏困而供之。在軍，食熟者半而後食。其所甞者，卒乘必與焉，是以民不罷勞，死知不曠。今夫差，次有臺榭陂池焉。宿有妃嬙嬪御焉。一日之行，所欲必成，玩好必從，珍異是聚，夫差先自敗已，焉能敗我？」

越破吳，請師於楚以伐晉。楚王與大夫皆懼，將許之。左史倚相曰：「此

恐吾攻已，故示我不病。請為長轂千乘，卒三萬，與分吳地也。」莊王聽之，遂取東國。

陽虎為難於魯，走之齊，請師攻魯，齊侯許之。鮑文子曰：「不可也。陽虎欲齊師破，齊師破，大臣必多死，於是欲奮其詐謀。夫虎有寵於季氏而將殺季孫，以不利魯國而容其求焉。今君富於季氏而大於魯國，茲陽虎所欲傾覆也。魯免其疾，而君又收之，毋乃害乎？」齊君乃執之，免而奔晉。

湯欲伐桀。伊尹曰：「請阻乏貢職以觀其動。」桀怒，起九夷之師以伐之。伊尹曰：「未可。彼尚猶能起九夷之師，是罪在我也。」湯乃謝罪請服，復入貢職。明年，又不供貢職。桀怒，起九夷之師，九夷之師不起。伊尹曰：「可矣。」湯乃興師，伐而殘之。遷桀南巢氏焉。

武王伐紂，過隧斬岸，過水折舟，過谷發梁，過山焚萊，示民無返志也。至於有戎之隧，大風折旆。散宜生諫曰：「此其妖歟？」武王曰：「非也。天落兵也。」風霽而乘以大雨，水平地而嗇。散宜生又諫曰：「此其妖歟？」武王曰：「非也，天洒兵也。」卜而龜熸。散宜生又諫曰：「此其妖歟？」武王曰：「不利以禱祠，利以擊衆，是熸之已。」故武王順天地，犯三妖而禽紂於牧野，其所獨見者精也。

晉文公與荆人戰於城濮，君問於咎犯。咎犯對曰：「服義之君，不足於信。服戰之君，不足於詐，詐之而已矣。」君問於雍季，雍季對曰：「焚林而田，得獸雖多，而明年無復也。乾澤而漁，得魚雖多，而明年無復也。詐猶可以偷利，而後無報。」遂與荆軍戰，大敗之。及賞，先雍季而後咎犯。侍者曰：「城濮之戰，咎犯之謀也！」君曰：「雍季之言，百世之謀也。咎犯之言一時之權也，寡人既行之矣。」

城濮之戰，文公謂咎犯曰：「吾卜戰而龜熸。我迎歲，彼背歲。彗星見，彼操其柄，我操其標。吾又夢與荆王搏，彼在上，我在下，吾欲無戰，子以為何如？」咎犯對曰：「卜戰龜熸，是荆人也。我迎歲，彼背歲，彼去我從之也。彗星見，彼操其柄，我操其標，以掃則彼利，以擊則我利。君夢與荆王搏，彼在上，君在下，則君見天而荆王伏其罪也。且吾以宋、衛為主，齊、秦輔我，我合天道，獨以人事，固將勝之矣。」文公從之，荆人大敗。

越饑，句踐懼。四水進諫曰：「夫饑，越之福也，而吳之禍也。夫吳國甚富而財有餘，其君好名而不思後患。若我卑辭重幣以請糴於吳，吳必與我，與我則吳可取也。」越王從之。吳將與之，子胥諫曰：「不可。夫吳越接地鄰境，道易通，仇讎敵戰之國也。非吳有越，越必有吳矣，夫齊晉不能越三江

五湖以亡吳越，不如因而攻之，是吾先王闔廬之所以霸也。且夫饑何哉？亦猶淵也，敗伐之事，誰國無有？君若不攻而輸之糴，則利去而凶至，財匱而民怨，悔無及也。」吳王曰：「吾聞義兵不服仁人，不以餓饑而攻之，雖得十越，吾不為也。」遂與糴，三年，吳亦饑，請糴於越，越王不與而攻之，遂破吳。

趙簡子使成何、涉他與衛靈公盟於剸澤。靈公未喋盟。成何、涉他捘靈公之手而樽之，靈公怒，欲反趙。王孫商曰：「君欲反趙，不如與百姓司惡之。」公曰：「若何？」對曰：「請命臣令於國曰：『有姑姊妹女者家一人質於趙。』百姓必怨，君因反之矣。」君曰：「善。」乃令之。三日遂徵之，五日而令畢，國人巷哭。君乃召國大夫而謀曰：「趙爲無道，反之可乎？」大夫皆曰：「可。」乃出西門，閉東門，趙王聞之，縛涉他而斬之，以謝於衛，成河走燕。子貢曰：「王孫商可謂善謀矣。憎人而能害之，有患而能處之，欲用民而能附之。一舉而三物俱至，可謂善謀矣。」

楚成王贊諸屬諸侯，使魯君為僕，魯君致大夫而謀曰：「我雖小，亦周之建國也。今成王以我為僕，可乎？」大夫皆曰：「不可。」公儀休曰：「不可不聽，楚王身死國亡，君之臣乃君之有也。為民君也！」魯君遂為僕。

齊景公以其子妻闔廬，送諸郊。泣曰：「余死不汝見矣。」高夢子曰：「齊負海而縣山，縱不能全收天下，誰干我君？愛則勿行！」公曰：「余有齊國之固，不能以令諸侯，又不能聽，是生亂也。寡人聞之，不能令則莫若從，且夫吴若蜂蠆然，不弃毒於人則不靜，余恐弃毒於我也。」遂遣之。

齊欲妻鄭太子忽，太子忽辭，人問其故，太子曰：「人各有偶，齊大，非吾偶也。《詩》云：『自求多福。』在我而已矣。」後戎伐齊，齊請師于鄭。鄭太子忽率師而救齊，大敗戎師，齊又欲妻之。太子固辭，人問其故。對曰：「無事於齊，吾猶不敢。今以君命救齊之急，受室以歸，人其以我為師婚乎？」終辭之。

孔子問漆雕馬人曰：「子事臧文仲、武仲、孺子容，三大夫者，孰為賢？」漆雕馬人對曰：「臧氏家有龜焉，名曰蔡。文仲立，三年為一兆焉。武仲立，三年為二兆焉。孺子容立，三年為三兆焉，馬人見之矣。若夫三大夫之賢不賢，馬人不識也。」孔子曰：「君子哉！漆雕氏之子，其言人之美也，隱而顯。其言人之過也，微而著。故智不能及，明不能見，得無數卜乎？」

太子商臣怨令尹子上也。楚攻陳，晋救之。夾泜水而軍。陽處父知商臣之怨子上也，因謂子上曰：「少却，吾涉而從子。」子上却。因令晋軍曰：

「楚遁矣。」使人告商臣曰：「子上受晉賂而去之。」商臣訴之成王，成王遂殺之。

智伯欲襲衛，故遺之乘馬，先之一璧，衛君大悦，酌酒，諸大夫皆喜。南文子獨不喜，有憂色。衛君曰：「大國禮寡人，寡人故酌諸大夫酒，諸大夫皆喜，而子獨不喜，有憂色者，何也？」南文子曰：「無方之禮，無功之賞，禍之先也。我未有往，彼有以來，是以憂也。」於是衛君乃修梁津而擬邊城。智伯聞衛兵在境上，乃還。

智伯欲襲衛，乃佯亡其太子顔，使奔衛。南文子曰：「太子顔之為其君子也，甚愛。非有大罪也，而亡之？必有故！然人亡而不受，不祥。」使吏逆之，曰：「車過五乘，慎勿内也。」智伯聞之，乃止。

叔向之殺萇弘也，數見萇弘於周。因佯遺書曰：「萇弘謂叔向曰：『子起晉國之兵以攻周，吾廢劉氏而立單氏。』」劉氏請之君曰：「此萇弘也。」乃殺之。楚公子午使於秦，秦因之，其弟獻三百金於叔向，叔向謂平公曰：「何不城壺丘？秦楚患壺丘之城。若秦恐而歸公子午，以止吾城也，君乃止，難亦未構，楚必德君。」平公曰：「善。」乃城之。秦恐，遂歸公子午，使之晉，晉人輟城，楚獻晉賦三百車。

趙簡子使人以明白之乘六，先以一辟，為遺於衛。衛叔文子曰：「見不意，可以生故，此小之所以事大也。今我未以往，而簡子先以来，必有故。」於是斬林除圍，聚斂蓄積，而後遣使者。簡子曰：「吾舉也，為不可知也。今既已知之矣，乃輟圍衛也。」

鄭桓公將欲襲鄶，先問鄶之辨智果敢之士，書其名姓，擇鄶之良臣而與之，為官爵之名而書之，因為設壇於門外而埋之。釁之以猳，若盟狀。鄶君以為内難也，盡殺其良臣。桓公因襲之，遂取鄶。

鄭桓公東會封於鄭，暮舍於宋東之逆旅，逆旅之叟從外來，曰：「客將焉之？」曰：「會封於鄭。」逆旅之叟曰：「吾聞之，時難得而易失也。今客之寢安，殆非封也。」鄭桓公聞之，援轡自駕，其僕接淅而載之，行十日夜而至。釐何與之爭封。故以鄭桓公之賢，微逆旅之叟，幾不會封也。

劉向說苑卷第十三

劉向說苑卷第十四

至公

《書》曰：「不偏不黨，王道蕩蕩。」言至公也。古有行大公者，帝堯是也。貴為天子，富有天下，得舜而傳之，不私於其子孫也。去天下若遺躧，於天下猶然，況其細於天下乎？非帝堯孰能行之？孔子曰：「巍巍乎！惟天為大，惟堯則之。」《易》曰：「無首，吉。」此蓋人君之公也。夫以公與天下，其德大矣。推之於此，刑之於彼，萬姓之所載，後世之所則也。彼人臣之公，治官事則不營私家，在公門則不言貨利，當公法則不阿親戚，奉公舉賢則不避仇讎，忠於事君，仁於利下，推之以恕道，行之以不黨，伊呂是也。故顯名存於今，是之謂公。《詩》云：「周道如砥，其直如矢，君子所履，小人所視。」此之謂也。夫公生明，偏生暗，端慤生達，詐偽生塞，誠信生神，夸誕生惑，此六者，君子之所慎也，而禹、桀之所以分也。《詩》云：「疾威上帝，其命多僻。」言不公也。

吳王壽夢有四子，長曰謁，次曰餘祭，次曰夷昧，次曰季札，號曰延陵季子。最賢，三兄皆知之。於是王壽夢薨，謁以位讓季子，季子終不肯當，謁乃為約曰：「季子賢，使國及季子，則吳可以興。」乃兄弟相繼，飲食必祝

曰：「使吾早死，令國及季子。」謁死，餘祭立。餘祭死，夷昧立。夷昧死，次及季子。季子時使行，不在。庶兄僚曰：「我亦兄也。」乃自立為吳王。季子使還，復事如故。謁子光曰：「以吾父之意，則國當歸季子，以繼嗣之法，則我適也，當代之君，僚何為也？」於是乃使專諸刺僚殺之，以位讓季子，季子曰：「爾殺吾君，吾受爾國，則吾與爾為共篡也。爾殺吾兄，吾又殺汝，則是昆弟父子相殺無已時也。」卒去之延陵，終身不入吳。君子以其不殺為仁，以其不取國為義。夫不以國私身，捐千乘而不恨，弃尊位而無忿，可以庶幾矣。

諸侯之義死社稷，太王委國而去，何也？夫聖人不欲強暴侵陵百姓，故使諸侯死國守其民。太王有至仁之恩，不忍戰百姓，故事勳育，戎氏以犬馬珎幣，而伐不止。問其所欲者，土地也。於是屬其羣臣耆老，而告之曰：「土地者，所以養人也。不以所以養而害其養也，吾將去之。」遂居岐山之下。邠人負幼扶老從之，如歸父母。三遷而民五倍其初者，皆典仁義，趣上之事。君子守國安民，非特鬪兵罷殺士衆而已。不私其身，惟民足用保民，盖所以去國之義也，是謂至公耳。

辛櫟見魯穆公曰：「周公不如太公之賢也。」穆公曰：「子何以言之？」辛

櫟對曰：「周公擇地而封曲阜，太公擇地而封營丘，爵土等，其地不若營丘之美，人民不如營丘之衆。不徒若是，營丘又有天固。」穆公心慙，不能應也。辛櫟趨而出。南宮邊子入，穆公具以辛櫟之言語南宮邊子。南宮邊子曰：「昔周成王之卜居成周也，其命龜曰：『予一人兼有天下，辟就百姓，敢無中土乎？使予有罪，則四方伐之，無難得也。』周公卜居曲阜，其命龜曰：『作邑乎山之陽，賢則茂昌，不賢則速亡。』季孫行父之戒其子也，曰：『吾欲室之俠於兩社之間也。使吾後世有不能事上者，使其替之益速。』如是則曰：『賢則茂昌，不賢則速亡。』安在擇地而封哉？或示有天固也。辛櫟之言，小人也，子無復道也。」

秦始皇帝既吞天下，乃召群臣而議曰：「古者五帝禪賢，三王世繼，孰是？將為之。」博士七十人未對。鮑白令之對曰：「天下官，則讓賢是也。天下家，則世繼是也。故五帝以天下為官，三王以天下為家。」秦始皇帝仰天而歎曰：「吾德出于五帝，吾將官天下，誰可使代我後者。」鮑白令之對曰：「陛下行桀紂之道，欲為五帝之禪，非陛下所能行也。」秦始皇帝大怒曰：「令之前，若何以言我行桀紂之道也。趣說之，不解則死。」令之對曰：「臣請說之，陛下築臺于雲，宮殿五里，建千石之鍾，萬石之虡，婦女連百，倡優累千，

興作驪山宮室至雍，相繼不絶，所以自奉者，殫天下，竭民力，偏駁自私，不能以及人，陛下所謂自營僅存之主也。何暇比德五帝，欲官天下哉？」始皇闇然無以應之，面有慙色。久之，曰：「令之之言，乃令衆醜我。」遂罷謀，無禪意也。

齊景公嘗賞賜及後宮，文繡被臺榭，菽粟食鳧鴈。出而見殣，謂晏子曰：「此何爲死？」晏子對曰：「此餧而死。」公曰：「嘻！寡人之無德也，何甚矣！」晏子對曰：「君之德著而彰，何爲無德也？」景公曰：「何謂也？」對曰：「君之德及後宮與臺榭，君之玩物，衣以文繡，君之鳧鴈，食以菽粟，君之營内自樂，延及後宮之族，何爲其無德也？顧臣願有請於君，由君之意，自樂之心，推而與百姓同之，則何殣之有？君不推此而苟營内好私，使財貨偏有所聚，菽粟幣帛腐於囷府，惠不遍加于百姓，公心不周乎國，則桀紂之所以亡也。夫士民之所以叛，由偏之也。君如察臣嬰之言，推君之盛德，公布之於天下，則湯武可爲也，一殣何足恤哉？」

楚共王出獵而遺其弓，左右請求之，共王曰：「止，楚人遺弓，楚人得之，又何求焉？」仲尼聞之，曰：「惜乎其不大，亦曰『人遺弓，人得之』而已，何必楚也！」仲尼所謂太公也。

萬章問曰：「孔子於衛主雍睢，於齊主寺人脊環，有諸？」孟子曰：「否！不然。好事者為之也。於衛主顏讎由，彌子之妻與子路之妻，兄弟也。彌子謂子路曰：『孔子主我，衛卿可得也。』子路以告。孔子曰：『有命。』孔子進之以禮，退之以義，得之不得，曰有命，而主雍睢與寺人脊環，是無命也。孔子不説於魯衛，將適宋，遭桓司馬，將要而殺之，微服過宋，是孔子嘗阨，主司城貞子，為陳侯周臣。吾聞之，觀近臣，以其所為之主；觀遠臣，以其所主。如孔子主雍睢與寺人脊環，何以為孔子乎？」

夫子行説七十諸侯無定處，意欲使天下之民各得其所，而道不行。退而脩《春秋》，采毫毛之善，貶纖介之惡，人事浹，王道備，精和聖制，上通於天而麟至，此天之知夫子也。於是喟然而嘆曰：「天以至明為不可蔽乎？日何為而食？地以至安為不可危乎？地何為而動？」天地而尚有動蔽，是故賢聖説於世而不得行其道，故災異並作也。夫子曰：「不怨天，不尤人，下學而上達，知我者其天乎！」

孔子生於亂世，莫之能容也。故言行於君，澤加於民，然後仕。言不行於君，澤不加於民則處。孔子懷天覆之心，挾仁聖之德，憫時俗之汙泥，傷紀綱之廢壞，服重歷遠，周流應聘，乃俟幸施道以子百姓，而當世諸侯莫能任

用，是以德積而不肆，大道屈而不伸，海内不蒙其化，群生不被其恩，故喟然歎曰：「而有用我者，則吾其為東周乎！」故孔子行説，非欲私身，運德於一城，將欲舒之於天下，而建之於羣生者耳。

秦、晋戰，交敵，秦使人謂晋將軍曰：「三軍之士皆未息，明日請復戰。」史駢曰：「使者目動而言肆，懼我，將遁矣。迫之河，必敗之。」趙盾曰：「死傷未收而弃之，不惠也。不待期而迫人於險，無勇也。請待。」秦人夜遁。

子胥將之呉，辭其友申包胥曰：「後三年，楚不亡，吾不見子矣！」申包胥曰：「子其勉之！吾未可以助子，助子是伐宗廟也。止子是無以為友。雖然，子亡之，我存之，於是乎觀楚一存一亡也。」後三年，呉師伐楚，昭王出走，申包胥不受命，西見秦伯曰：「呉無道，兵強人衆，將征天下，始於楚，寡君出走，居雲夢，使下臣告急。」哀公曰：「諾，固將圖之。」申包胥不罷朝，立於秦庭，晝夜哭，七日七夜不絶聲。哀公曰：「有臣如此，可不救乎？」興師救楚。呉人聞之，引兵而還。昭王反，復欲封申包胥，申包胥辭曰：「救亡非為名也，功成受賜，是賣勇也。」辭不受，遂退隱，終身不見。《詩》云：「凡民有喪，匍匐救之。」

楚令尹虞丘子復於莊王曰：「臣聞奉公行法，可以得榮，能淺行薄，無望上位，不名仁智，無求顯榮，才之所不著，無當其處。臣為令尹十年矣，國不加治，獄訟不息，處士不升，淫禍不討，久踐高位，妨群賢路，尸禄素飡，貪欲無厭，臣之罪當稽於理，臣竊選國俊下里之士曰孫叔敖，秀羸多能，其性無欲，君舉而授之政，則國可使治而士民可使附。」莊王曰：「子輔寡人，寡人得以長於中國，令行於絕域，遂霸諸侯，非子如何？」虞丘子曰：「久固禄位者，貪也。不進賢達能者，誣也。不讓以位者，不廉也。不能三者，不忠也。為人臣不忠，君王又何以為忠？臣願固辭。」莊王從之，賜虞子菜地三百，號曰國老，以孫叔敖為令尹。少焉，虞丘子家干法，孫叔敖執而戮之。虞丘子憙，入見於王曰：「臣言孫叔敖果可使持國政，奉國法而不黨，施刑戮而不骫，可謂公平。」莊王曰：「夫子之賜也已！」

趙宣子言韓獻子於晉侯曰：「其為人不黨，治衆不亂，臨死不恐。」晉侯以為中軍尉。河曲之役，趙宣子之車干行，韓獻子戮其僕，人皆曰：「韓獻子必死矣，其主朝昇之，而暮戮其僕，誰能待之！」役罷，趙宣子觴大夫，爵三行，曰：「二三子可以賀我。」二三子曰：「不知所賀。」宣子曰：「我言韓厥於君，言之而不當，必受其刑。今吾車失次而戮之僕，可謂不黨矣。是吾言

當也。」二三子再拜稽首曰：「不惟晉國適享之，乃唐叔是賴之，敢不再拜稽首乎？」

晉文公問於咎犯曰：「誰可使為西河守者？」咎犯對曰：「虞子羔可也。」公曰：「非汝之讎也？」對曰：「君問可為守者，非問臣之讎也。」羔見咎犯而謝之曰：「幸赦臣之過，薦之於君，得為西河守。」咎犯曰：「薦子者公也，怨子者私也，吾不以私事害公義，子其去矣，顧吾射子也！」

楚文王伐鄧，使王子革，王子靈共捃菜，二子出採，見老丈人載畚，乞焉，不與，搏而奪之。王聞之，令皆拘二子，將殺之。大夫辭曰：「取畚信有罪，然殺之非其罪也，君若何殺之？」言卒，丈人造軍而言曰：「鄧為無道，故伐之，今君公之子之搏而奪吾畚，無道甚於鄧。」呼天而號，君聞之，群臣恐，君見之曰：「討有罪而横奪，非所以禁暴也。恃力虐老，非所以教幼也。愛子弃法，非所以保國也。私二子，滅三行，非所以從政也，丈人舍之矣。」謝之軍門之外耳。

楚令尹子文之族有干法者，廷理拘之，聞其令尹之族也而釋之。子文召廷理而責之曰：「凡立廷理者將以司犯王令而察觸國法也。夫直士持法，柔而不撓，剛而不折。今弃法而背令，而釋犯法者，是為理不端，懷心不公

也。豈吾營私之意也，何廷理之駮於法也！吾在上位以率士民，士民或怨，而吾不能免之於法。今吾族犯法甚明，而使廷理因緣吾心而釋之，是吾不公之心，明著於國也。執一國之柄而以私聞，與吾生不以義，不若吾死也。遂致其族人於廷理，曰：「不是刑也，吾將死！」廷理懼，遂刑其族人。成王聞之，不及履而至于子文之室，曰：「寡人幼少，置理失其人，以違夫子之意。」於是黜廷理而尊子文，使及內政。國人聞之，曰：「若令尹之公也，吾黨何憂乎？」乃相與作歌曰：「子文之族，犯國法程。廷理釋之，子文不聽。恤顧怨萌，方正公平。」

楚莊王有茅門者，法曰：「群臣大夫，諸公子入朝，馬蹄蹂霤者，斬其輈而戮其御。」太子入朝，馬蹄蹂霤。廷理斬其輈而戮其御。太子大怒，入為王泣曰：「為我誅廷理。」王曰：「法者所以敬宗廟，尊社稷，故能立法從令，尊敬社稷者，社稷之臣也，安可以加誅？夫犯法廢令，不尊敬社稷，是臣弃君，下陵上也。臣弃君則主失威，下陵上則上位危，社稷不守，吾何以遺子？」太子乃還走避舍，再拜請死。

楚莊王之時，太子車立於茅門之內，少師慶逐之，太子怒，入謁王曰：「少師慶逐臣之車。」王曰：「舍之，老君在前而不踰，少君在後而不豫，是國

之寶臣也。」

吳王闔廬為伍子胥興師，復讎於楚。子胥諫曰：「諸侯不為匹夫興師，且事君猶事父也，虧君之義，復父之讎，臣不為也。」於是止。其後因事而後復其父讎也，如子胥可謂不以公事趨私矣。

孔子為魯司寇，聽獄必師斷，敦敦然皆立，然後君子進曰：「某子以為何若？」某子以為云云。又曰：「某子以為何若？」某子曰云云，辯矣。然後君子幾當從某子云云乎，以君子之知，豈必待某子之云云，然後知所以斷獄哉？君子之敬讓也，文辭有可與人共之者，君子不獨有也。

子羔為衛政，刖人之足。衛之君臣亂，子羔走郭門，郭門閉，刖者守門，曰：「於彼有缺！」子羔曰：「君子不踰。」曰：「於彼有竇。」子羔曰：「君子不遂。」曰：「於此有室。」子羔入，追者罷。子羔將去，謂刖者曰：「吾不能虧損主之法令而親刖子之足，吾在難中，此乃子之報怨時也，何故逃我？」刖者曰：「斷足固我罪也，無可奈何。君之治臣也，傾側法令，先後臣以法，欲臣之免於法也，臣知之。獄決罪定，臨當論刑，君愀然不樂，見於顔色，臣又知之。君豈私臣哉？天生仁人之心，其固然也。此臣之所以脫君也。」孔子聞之，曰：「善為吏者樹德，不善為吏者樹怨。公行之也，其子

羔之謂歟？」

劉向說苑卷第十四

劉向說苑卷第十五

指武

《司馬法》曰：「國雖大，好戰必亡。天下雖安，忘戰必危。」《易曰》：「君子以除戎器，戒不虞。」天兵不可玩，玩則無威。兵不可廢，廢則召寇。昔吳王夫差好戰而亡，徐偃王無武亦滅。故明王之制國也，上不玩兵，下不廢武。《易》曰：「存不忘亡，是以身安而國家可保也。」

秦昭王中朝而歎曰：「夫楚劍利、倡優拙。夫劍利則士多慓悍，倡優拙則思慮遠也，吾恐楚之謀秦也。」此謂當吉念凶，而存不忘亡也，卒以成霸焉。

王孫厲謂楚文王曰：「徐偃王好行仁義之道，漢東諸侯三十二國盡服矣！王若不伐，楚必事徐。」王曰：「若信有道，不可伐也。」對曰：「大之伐小，強之伐弱，猶大魚之吞小魚也，若虎之食豚也，惡有其不得理？」文王典師伐徐，殘之。徐偃王將死，曰：「吾賴於文德而不明武備，好行仁義之道而不知詐人之心，以至於此。」夫古之王者，其有備乎？

吳起為苑守，行縣適息，問屈宜臼曰：「王不知起不肖，以為苑守，先生將何以教之？」屈公不對。居一年，王以為令尹，行縣適息。問屈宜臼曰：

「起問先生，先生不教。今王不知起不肖，以為令尹，先生試觀起為之也！」屈公曰：「子將奈何？」吳起曰：「將均楚國之爵而平其祿，損其有餘而繼其不足，厲甲兵，以時爭於天下。」屈公曰：「吾聞昔善治國家者不變故，不易常。今子將均楚國之爵而平其祿，損其有餘而繼其不足，是變其故而易其常也。且吾聞兵者凶器也，爭者逆德也。今子陰謀逆德，好用凶器，殆人所棄，逆之至也，淫泆之事也，行者不利。且子用魯兵，不宜得志於齊而得志焉。子用魏兵，不宜得志於秦而得志焉。吾聞之曰：『非禍人不能成禍。』吾固怪吾主之數逆天道，至今無禍。嘻！且待夫子也。」吳起惕然曰：「尚可更乎？」屈公曰：「不可。」吳起曰：「起之為人謀。」屈公曰：「成刑之徒不可更已！子不如敦處而篤行之，楚國無貴于舉賢。」

《春秋》記國家存亡，以察來世，雖有廣土衆民，堅甲利兵，盛猛之將，士卒不親附，不可以戰勝取功。晉侯獲於韓。楚子玉得臣敗於城濮。蔡不待敵而衆潰。故語曰：「文王不能使不附之民，先軫不能戰不教之卒，造父、王良不能以弊車不作之馬趨疾而致遠，羿、逢蒙不能以枉矢弱弓射遠中微。故強弱成敗之要，在乎附士卒，教習之而已。」

內治未得，不可以正外，本惠未襲，不可以制末，是以《春秋》先京師而

後諸夏，先諸華而後夷狄。及周惠王，以遭亂世，繼先王之體，而強楚稱王，諸侯背叛，欲申先王之命，一統天下。不先廣養京師，以及諸夏，諸夏以及夷狄，内治未得，忿則不料力，權得失，興兵而征強楚，師大敗，撙辱不行，大為天下戮笑。幸逢齊桓公以得安尊，故内治未得不可以正外，本惠未襲不可以制末。

將師受命者，將率入，軍吏畢入，皆北面再拜稽首受命。天子南面而授之鉞，東行，西面而揖之，示弗御也。故受命而出忘其國，即戎忘其家，聞枹鼓之聲，唯恐不勝忘其身，故必死。必死不如樂死，樂死不如甘死，甘死不如義死，義死不如視死如歸，此之謂也。故一人必死，十人弗能待也。十人必死，百人弗能待也。百人必死，千人不能待也。千人必死，萬人弗能待也。萬人必死，横行乎天下，令行禁止，王者之師也。

田單為齊上將軍，興師十萬，將以攻翟，往見魯仲連子。仲連子曰：「將軍之攻翟，必不能下矣！」田將軍曰：「單以五里之城，十里之郭，復齊之國，何為攻翟不能下？」去，上車，不與言。決攻翟，三月而不能下，齊嬰兒謡之曰：「大冠如箕，長劒拄頤，攻翟不能下，壘於梧丘。」於是田將軍恐駭，往見仲連子曰：「先生何以知單之攻翟不能下也？」仲連子曰：「夫將軍在即墨之

時，坐則織蕢，立則杖臿，為士卒倡曰：『宗廟亡矣，䰟魄喪矣，歸何黨矣。』故將有死之心，士卒無生之氣。今將軍東有掖邑之封，西有淄上之寶，金銀黃帶，馳騁乎淄澠之間，是以樂生而惡死也。」田將軍明日結髮，逕立矢石之所，乃引枹而鼓之，翟人下之。故將者，士之心也，士者將之枝體也，心猶與則枝體不用，田將軍之謂乎！

晉智伯伐鄭，齊田恒救之，有登蓋必身立焉，車徒有不進者必令助之。壘合而後敢處，井竈成而後敢食。智伯曰：「吾聞田恒新得國而愛其民，內同其財，外同其勤勞，治軍若此，其得衆也，不可待也。」乃去之耳。

《太公兵法》曰：「致慈愛之心，立武威之戰，以畢其衆。練其精銳，砥礪其節，以高其氣。分為五選，異其旗章，勿使冐亂。堅其行陣，連其什伍，以禁淫非。壘陳之次，車騎之處，勒兵之勢，軍之法令，賞罰之數。使士赴火蹈刃，陷陣取將，死不旋踵者，多異於今將者也。」

孝昭皇帝時，北軍監御史為姦，穿北門垣以為賈區。胡建守北軍尉，貧無車馬，常步，與走卒起居，所以慰愛走卒甚厚。建欲誅監御史，乃約其走卒曰：「我欲與公有所誅，吾言取之則取之，斬之則斬之。」於是當選士馬日，護軍諸校列坐堂皇上，監御史亦坐。建從走卒趨至堂下拜謁，因上堂，

走卒皆上，建跪指監御史曰：「取彼。」走卒前拽下堂。建曰：「斬之。」遂斬監御史，護軍及諸校皆愕驚，不知所以。建亦已有成奏在其懷。遂上奏以聞，曰：「臣聞軍法，立武以威衆，誅惡以禁邪。今北軍監御史公穿軍垣以求賈利，買賣以與士市，不立剛武之心，勇猛之意，以率先士大夫，尤失理不公。臣聞黄帝理法曰：『壘壁已具，行不由路，謂之姦人，姦人者殺。』臣謹以斬之，昧死以聞。」制曰：「《司馬法》曰：『國容不入軍，軍容不入國也。』建有何疑焉？」建由是名興，後至渭城令，死。至今渭城有其祠也。

魯石公劒，迫則能應，感則能動，昒穆無窮，變無形像，復柔委從，如影與響，如厖之守户，如輪之逐馬，響之應聲，影之像形也，闔不及鞈，呼不及吸，足舉不及集。相離若蟬翼，尚在肱北眉睫之微，曾不可以大息小，以小況大。用兵之道，其猶然乎？此善當敵者也。未及夫折衝於未形之前者，揖讓乎廟堂之上而施惠乎百萬之民，故居則無變動，戰則不血刃，其湯武之兵與！

孔子北遊，東上農山，子路、子貢、顔淵從焉。孔子喟然歎曰：「登高望下，使人心悲，二三子者，各言爾志。丘將聽之。」子路曰：「願得白羽若月，赤羽若日，鍾鼓之音，上聞乎天，旌旗翩翻，下蟠於地。由且舉兵而擊

之，必也攘地千里，獨由能耳。使夫二子為我從焉！」孔子曰：「勇哉士乎！憤憤者乎！」子貢曰：「賜也，願齊楚合戰於莽洋之野，兩壘相當，旌旗相望，塵埃相接，接戰構兵，賜願著縞衣白冠，陳說白刃之間，解兩國之患，獨賜能耳。使夫二子者為我從焉！」孔子曰：「辯哉士乎！僊僊者乎！」顏淵獨不言。孔子曰：「回！來！若獨何不願乎？」顏淵曰：「文武之事，二子已言之，回何敢與焉！」孔子曰：「若鄙心不與焉，第言之！」顏淵曰：「回聞鮑魚蘭芷不同篋而藏，堯舜桀紂不同國而治，二子之言與回言異。回願得明王聖主而相之，使城郭不脩，溝池不越，鍛劒戟以為農器，使天下千歲無戰鬬之患，如此則由何憤憤而擊，賜又何僊僊而使乎？」孔子曰：「美哉，德乎！姚姚者乎！」子路舉手問曰：「願聞夫子之意。」孔子曰：「吾所願者，顏氏之計，吾願負衣冠而從顏氏子也。」

魯哀公問於仲尼曰：「吾欲小則守，大則攻，其道若何？」仲尼曰：「若朝廷有禮，上下有親，民之衆皆君之畜也，君將誰攻？若朝廷無禮，上下無親，民衆皆君之讎也，君將誰與守？」於是廢澤梁之禁，弛關市之征，以為民惠也。

文王曰：「吾欲用兵，誰可伐？密須氏疑於我，可先往伐。」管叔曰：

「不可。其君天下之明君也，伐之不義。」太公望曰：「臣聞之，先王伐枉不伐順，伐險不伐易，伐過不伐不及。」文王曰：「善。」遂伐密須氏，滅之也。

武王將伐紂。召太公望而問之曰：「吾欲不戰而知勝，不卜而知吉，使非其人，為之有道乎？」太公對曰：「有道。王得衆人之心，以圖不道，則不戰而知勝矣。以賢伐不肖，則不卜而知吉矣。彼害之，我利之。雖非吾民，可得而使也。」武王曰：「善。」乃召周公而問焉，曰：「天下之圖事者，皆以殷為天子，以周為諸侯，以諸侯攻天子，勝之有道乎？」周公對曰：「殷信天子，周信諸侯，則無勝之道矣，何可攻乎？」武王忿然曰：「汝言有說乎？」周公對曰：「臣聞之，攻禮者為賊，攻義者為殘，失其民制為匹夫，王攻其失民者也，何攻天子乎？」武王曰：「善。」乃起衆舉師，與殷戰於牧之野，大敗殷人。上堂見玉，曰：「誰之玉也？」曰：「諸侯之玉。」即取而歸之於諸侯。天下聞之，曰：「武王廉於財矣。」入室見女，曰：「誰之女也？」曰：「諸侯之女也。」即取而歸之於諸侯。天下聞之，曰：「武王廉於色也。」於是發巨橋之粟，散鹿臺之財金錢，以與士民，黜其戰車而不乘，弛其甲兵而弗用，縱馬華山，放牛桃林，示不復用。天下聞者，咸謂武王行義於天下，豈不大哉？

文王欲伐崇，先宣言曰：「余聞崇侯虎蔑侮父兄，不敬長老，聽獄不中，分財不均，百姓力盡，不得衣食，余將来征之，唯為民。」乃伐崇，令毋殺人，毋壞室，毋填井，毋伐樹木，毋動六畜，有不如令者死無赦。崇人聞之，因請降。

楚莊王伐陳，呉救之，雨十日十夜，晴。左史倚相曰：「呉必夜至，甲列壘壞，彼必薄我，何不行列鼓出待之。」呉師至楚，見成陳而還。左史倚相曰：「追之。呉行六十里而無功，王罷卒寢。」果擊之，大敗呉師。

齊桓公之時，霖雨十旬。桓公欲伐漅陵，其城之值雨也，未合。管仲、隰朋以卒徒造於門，桓公曰：「徒衆何以為？」管仲對曰：「臣聞之，雨則有事。夫漅陵不能雨，臣請攻之。」公曰：「善！」遂興師伐之。既至，大卒間外，士在內矣，桓公曰：「其有聖人乎？」乃還旗而去之。

宋圍曹，不扳。司馬子魚謂君曰：「文王伐崇，崇軍其城，三旬不降，退而修教，復伐之，因壘而降。今君德無乃有所闕乎？胡不退修德，無闕而後動。」

呉王闔廬與荆人戰於柏舉，大勝之，至於郢郊，五敗荆人。闔廬之臣五人進諫曰：「夫深入遠報，非王之利也，王其返乎？」五將鍥頭，闔廬未之

應，五人之頭墜於馬前，闔廬懼，召伍子胥而問焉。子胥曰：「五臣者懼也。夫五敗之人者，其懼甚矣，王姑少進。」遂入郢，南至江，北至方城，方三千里，皆服於吳矣。

田成子常與宰我爭，宰我夜伏卒，將以攻田成子，令於卒中曰：「不見旌節毋起。」鴟夷子皮聞之，告田成子。田成子因為旌節以起宰我之卒以攻之，遂殘之也。

齊桓公北伐山戎氏，請兵於魯，魯不與，桓公怒，將攻之，管仲曰：「不可，我已刑北方諸侯矣。今又攻魯，無乃不可乎？魯必事楚，是我一舉而失兩也。」桓公曰：「善！」乃輟攻魯矣。

聖人之治天下也，先文德而後武力。凡武之興，為不服也。文化不改，然後加誅。夫下愚不移，純德之所不能化而後武力加焉。

昔堯誅四凶以懲惡，周公殺管蔡以弭亂，子產殺鄧析以威侈，孔子斬少正卯以變衆，佞賊之人而不誅，亂之道也。《易》曰：「不威小，不懲大，此小人之福也。」

五帝三王教以仁義而天下變也，孔子亦教以仁義而天下不從者，何也？昔明王有紱冕以尊賢，有斧鉞以誅惡，故其賞至重，而刑至深，而天下變。

孔子賢顔淵，無以賞之，賤孺悲，無以罰之。故天下不從。是故道非權不立，非勢不行，是道尊然後行。

孔子為魯司寇，七日而誅少正卯於東觀之下，門人聞之，趨而進，至者不言，其意皆一也。子貢後至，趨而進曰：「夫少正卯者，魯國之聞人矣！夫子始為政，何以先誅之？」孔子曰：「賜也，非爾所及也。夫王者之誅有五，而盜竊不與焉。一曰心辨而險，二曰言偽而辯，三曰行辟而堅，四曰志愚而愽，五曰順非而澤。此五者皆有辨知聰達之名，而非其真也。苟行以偽，則其知足以移衆，強足以獨立，此姦人之椎也，不可不誅。夫有五者之一，則不免於誅。今少正卯兼之，是以先誅之也。昔者湯誅蠋沐，太公誅潘阯，管仲誅史附里，子産誅鄧析，此五子未有不誅也。所謂誅之者，非為其晝則功盜，暮則穿窬也，皆傾覆之徒也！此固君子之所疑，愚者之所惑也。《詩》云：『憂心悄悄，慍于群小。』此之謂矣。」

齊人王滿生見周公，周公出見之，曰：「先生遠辱，何以教之？」王滿生曰：「言內事者於內，言外事者於外，今言內事乎？言外事乎？」周公導入。王滿生曰：「敬從布席。」周公不導坐。王滿生曰：「言大事者坐，言小事者倚。今言大事乎？言小事乎？」周公導坐，王滿生坐。周公曰：「先生何以教

之？」王滿生曰：「臣聞聖人不言而知，非聖人者，雖言不知。今欲言乎？無言乎？」周公俛念，有頃不對。王滿生藉筆牘書之曰：「社稷且危，傳之於膺。」周公仰視見書曰：「唯唯！謹聞命矣。」明日誅管蔡。

劉向說苑卷第十五

劉向説苑卷第十六

談叢

王者知所以臨下而治衆，則群臣畏服矣。知所以聽言受事，則不蔽欺矣。知所以安利萬民，則海内必定矣。知所以忠孝事上，則臣子之行備矣。凡所以刼殺者，不知道術以御其臣下也。凡吏勝其職則事治，事治則利生。不勝其職則事亂，事亂則害成也。

百方之事，萬變鋒出。或欲持虛，或欲持實，或好浮遊，或好誠必，或行安舒，或為飄疾。從此觀之，天下不可一，聖王臨天下而軦一之。

意不並銳，事不兩隆。盛於彼者必衰於此，長於左者必短於右。憙夜卧者不軦蚤起也。

鸞設於鑣，和設於軾。馬動而鸞鳴，鸞鳴而和應，行之節也。

不富無以為大，不予無以合親。親踈則害，失衆則敗。不教而誅謂之虐，不戒責成謂之暴也。

夫水出於山而入於海，稼生於田而藏於廩，聖人見所生則知所歸矣。

天道布順，人事取予。多藏不用，是謂怨府，故物不可聚也。

一圍之木，持千鈞之屋，五寸之鍵而制開闔，豈材足任哉？蓋所居要

也。

夫小快害義，小慧害道，小辨害治，苟心傷德，太政不險。蛟龍雖神，不眩以白日去其倫。飄風雖疾，不眩以陰雨揚其塵。邑名勝母，曾子不入。水名盜泉，孔子不飲，醜其聲也。婦人之口，可以出走，婦人之喙，可以死敗。

不修其身，求之於人，是謂失倫。不治其內，而修其外，是謂大廢。重載而危之，操策而隨之，非所以為全也。

士橫道而偃，四支不掩，非士之過，有士之羞也。邦君將昌，天遺其道。大夫將昌，天遺之士。庶人將昌，必有良子。

賢師良友在其側，詩書禮樂陳於前，棄而為不善者，鮮矣。義士不欺心，仁人不害生。謀泄則無功，計不設則事不成。賢士不事所非，不非所事。愚者行間而益固，鄙人飾詐而益野。聲無細而不聞，行無隱而不明。至神無不化也，至賢無不移也。上不信，下不忠，上下不和，雖安必危。求以其道則無不得，為以其時則無不成。

時不至，不可強生也。事不究，不可強成也。貞良而亡，先人餘殃。猖蹷而活，先人餘烈。權取重，澤取長。才賢而任輕，則有名，不肖任大，身死

名廢。

士不以利移，不爲患改，孝敬忠信之事立，雖死而不悔。智而用私，不如愚而用公，故曰巧僞不如拙誠。學問不倦，所以治己也。教誨不厭，所以治人也，所以貴虛無者，得以應變而合時也。冠雖故，必加於首。履雖新，必關於足，上下有分，不可相倍。一心可以事百君，百心不可以事一君，故曰正而心又少而言。

萬物得其本者生，百事得其道者成。道之所在，天下歸之。德之所在，天下貴之。仁之所在，天下愛之。義之所在，天下畏之。屋漏者民去之，水淺者魚逃之，樹高者鳥宿之，德厚者士趨之，有禮者民畏之，忠信者士死之。衣雖弊，行必修。頭雖亂，言必治。時在應之，為在因之。所伐而當，其福五之。所伐不當，其禍十之。

必貴以賤為本，必高以下為基。天將與之，必先苦之。天將毀之，必先累之。孝於父母，信於交友，十步之澤，必有香草。十室之邑，必有忠士。草木秋死，松柏獨在。水浮萬物，玉石留止。飢渴得食，誰能不喜？賑窮救急，何患無有？視其所以，觀其所使，斯可知已。乘輿馬不勞致千里，乘船楫不游絕江海。智莫大於闕疑，行莫大於無悔也。制宅名子，足以觀士。利

不僉，賞不倍。忽忽之謀，不可為也，惕惕之心，不可長也。天與不取，反受其咎。時至不迎，反受其殃。天道有常，不為堯存，不為桀亡。積善之家，必有餘殃。一噎之故，絕穀不食。一蹶之故，却足不行。心如天地者明，行如繩墨者章。

位高道大者從，事大道小者凶。言疑者無犯，行疑者無從。蠹蝝仆柱梁，蚊蝱走牛羊。

謁問析辭勿應，怪言虛說勿稱。謀先事則昌，事先謀則亡。

無以淫泆棄業，無以貧賤自輕，無以所好害身，無以嗜欲妨生，無以奢侈為名，無以貴富驕盈。喜怒不當，是謂不明，暴虐不得，反受其賊，怨生不報，禍生於福。

一言而非，四馬不飳追。一言不急，四馬不飳及。順風而飛，以助氣力。銜葭而翔，以備矰弋。

鏡以精明，美惡自服。衡平無私，輕重自得。蓬生枲中，不扶自直。白砂入泥，與之皆黑。

時乎時乎！間不及謀。至時之極，間不容息。勞而不休，亦将自息。有

而不施，亦将自得。

無不為者，無不能成也。無不欲者，無不能得也。衆正之積，福無不及也。衆邪之積，禍無不逮也。力勝貧，謹勝禍，慎勝害，戒勝災。為善者天報以德，為不善者天報以禍。君子得時如水，小人得時如火。謗道巳者，心之罪也。尊賢己者，心之力也。心之得，萬物不足為也。心之失，獨心不能守也。子不孝，非吾子也。交不信，非吾友也。食其口而百節肥，灌其本而枝葉茂。本傷者枝槁，根深者末厚。為善者得道，為惡者失道。惡語不出口，苟言不留耳。務偽不長，喜虚不久。義士不欺心，廉士不妄取。以財為草，以身為寶。慈仁少小，恭敬耆老。犬吠不驚，命曰金城。常避危殆，命曰不悔。富必念貧，壯必念老，年雖幼少，慮之必早。夫有禮者相為死，無禮者亦相為死。貴不與驕期，驕自来。驕不與亡期，亡自至。踒人日夜願一起，盲人不忘視。知者始於悟，終於諧。愚者始於樂，終於哀。高山仰止，景行行止，力雖不能，心必務為。慎終如始，常以為戒。戰戰慄慄，日慎其事。聖人之正，莫如安静。賢者之治，故與衆異。

好稱人惡，人亦道其惡。好憎人者，亦為人所憎。衣食足，知榮辱。倉廩實，知禮節。江河之溢，不過三日。飄風暴雨，須臾而畢。

福生於微，禍生於忽。日夜恐懼，唯恐不卒。

已雕已琢，還反於樸，物之相反，復歸於本。循流而下，易以至。倍風而馳，易以遠。兵不豫定，無以待敵。計不先慮，無以應卒。中不方，名不章，外不圜，禍之門。直而不能枉，不可與大任。方而不能圜，不可與長存。慎之於身，無曰云云，狂夫之言，聖人擇焉。能忍耻者安，能忍辱者存，脣亡而齒寒，河水崩，其懷在山。毒智者莫甚於酒，留事者莫甚於樂，毀廉者莫甚於色，摧剛者反己於弱。富在知足，貴在求退，先憂事者後樂，先傲事者後憂。福在受諫，存之所由也。恭敬遜讓，精廉無謗，慈仁愛人，必受其賞，諫之不聽，後無與爭，舉事不當，為百姓謗，悔在於妄，患在於先唱。

蒲且脩繳，鳧鴈悲鳴。逢蒙撫弓，虎豹晨嗥。河以委蛇故能遠，山以凌遲故能高，道以優遊故能化，德以純厚故能豪。言人之善，澤於膏沐。言人之惡，痛於矛戟。為善不直，必終其曲。為醜不釋，必終其惡。

一死一生，乃知交情。一貧一富，乃知交態。一貴一賤，交情乃見。一浮一没，交情乃出。德義在前，用兵在後。初沐者必拭冠，新浴者必振衣。敗軍之將，不可言勇。亡國之臣，不可言智。

坎井無黿鼉者，隘也。園中無脩林者，小也。小忠，大忠之賊也。小

利，大利之残也。自請絶易，請人絶難。水激則悍，矢激則遠。人激於名，不毀為聲。下士得官以死，上士得官以生。禍福非從地中出，非從天上來，已自生之。

窮鄉多曲學。小辯害大知，巧言使信廢，小惠妨大義。不困在扵早慮，不窮在扵早豫。欲人勿知，莫若勿為。欲人勿聞，莫若勿言。

非所言勿言，以避其患。非所為勿為，以避其危。非所取勿取，以避其詭。非所争勿争，以避其聲。明者視於冥冥，謀於未形。聰者聽於無聲，慮者戒於未成。世之溷濁而我獨清，衆人皆醉而我獨醒。

垂離之咎，無不生也。毀敗之端，從乢典也。江河大潰從蟻穴，山以小阤而大崩，淫亂之漸，其變為典，水火金木轉相勝。卑而正者可增，高而倚者且崩。直如矢者死，直如繩者稱。

禍生於欲得，福生於自禁。聖人以心導耳目，小人以耳目導心。

為人上者，患在不明。為人下者，患在不忠。人知糞田，莫知糞心。端身正行，全以至仐，見亡知存，見霜知冰。

廣大在好利，恭敬在事親，因時易以為仁，因道易以達人。營於利者多患，輕諾者寡信。

欲賢者莫如下人，貪財者莫如全身。財不如義高，勢不如德尊。父不能愛無益之子，君不能愛不軌之民。君不能賞無功之臣，臣不能死無德之君。問善御者莫如馬，問善治者莫如民。以卑為尊，以屈為伸，聖人所因，上法於天。

君子行德以全其身，小人行貪以亡其身。相勸以禮，相強以仁，得道於身，得譽於人。

知命者不怨天，知己者不怨人。人而不愛則不能仁，佞而不巧則不能信。言善毋及身，言惡毋及人。上清而無欲，則下正而民樸。來事可追也，往事不可及。無思慮之心則不達，無談說之辭則不樂。

善不可以偽来，惡不可以辭去。近市無賈，在田無野。善不逆旅，非仁義剛武無以定天下。

水倍源則川竭，人倍信則名不達。義勝患則吉，患勝義則滅。五聖之謀，不如逢時。辯智明慧，不如遇世。有鄙心者，不可授便勢。有愚質者，不可予利器。多易多敗，多言多失。

冠履不同藏，賢不肖不同位。官尊者憂深，禄多者責大。積德無細，積怨無大，多少必報，固其勢也。

梟逢鳩。鳩曰：「子將安之？」梟曰：「我將東徙。」鳩曰：「何故？」梟曰：「鄉人皆惡我鳴，以故東徙。」鳩曰：「子能更鳴可矣，不能更鳴，東徙猶惡子之聲。」

聖人之衣也，便體以安身，其食也，安於腹。適衣節食，不聽口目。

曾子曰：「鷹鷲以山為卑，而增巢其上。黿鼉魚鱉以淵為淺，而穿穴其中。卒其所以得者，餌也。君子苟不求利祿，則不害其身。」

曾子曰：「狎甚則相簡也，莊甚則不親。是故君子之狎，足以交懽；莊，足以成禮而已。」

曾子曰：「入是國也，言信乎羣臣，則留可也。忠行乎羣臣，則仕可也。澤施乎百姓，則安可也。」

口者，關也。舌者，機也。出言不當，四馬不能追也。口者，關也。舌者，兵也。出言不當，反自傷也。言出於己，不可止於人。行發於邇，不可止於遠。夫言行者君子之樞機，樞機之發，榮辱之本也，可不慎乎？故蒯子羽曰：「言猶射也。栝既離弦，雖有所悔焉，不可從而追已。」《詩》曰：「白珪之玷，尚可磨也，斯言之玷，不可為也。」

蠋欲類蠶，鱓欲類虵，人見虵蠋，莫不身灑然。女工脩蠶，漁者持鱓，不

惡何也？欲得錢也。逐魚者濡，逐獸者趨。非樂之也，事之權也。

登高使人慾望，臨淵使人欲窺，何也？處地然也。御者使人恭，射者使人端，何也？其形便也。

民有五死，聖人能去其三，不能除其二。飢渴死者，可去也。凍寒死者，可去也。罹五兵死者，可去也。壽命死者，不可去也。癰疽死者，不可去也。飢渴死者，中不充也。凍寒死者，外勝中也，罹五兵死者，德不忠也。壽命死者，歲數終也。癰疽死者，血氣窮也。故曰中不正，外淫作。外淫作者，多怨怪。多怨怪者，疾病生。故清淨無為，血氣乃平。

百行之本，一言也。一言而適，可以却敵。一言而得，可以保國。響不能獨為聲，影不能倍曲為直，物必以其類及，故君子慎言出已。負石赴淵，行之難者也，然申屠狄為之，君子不貴之也。盜跖凶貪，名如日月，與舜禹並傳而不息，而君子不貴。

君子有五耻。朝不坐，燕不議，君子耻之。居其位，無其言，君子耻之。有其言，無其行，君子耻之。既得之又失之，君子耻之。地有餘而民不足，君子耻之。

君子雖窮，不處亡國之勢；雖貧，不受亂君之禄。尊乎亂世，同乎暴君，

君子之耻也。衆人以毀形為耻，君子以毀義為辱。衆人重利，廉士重名。

明君之制：賞從重，罰從輕。食人以壯為量，事人以老為程。

君子之言寡而實，小人之言多而虛。君子之學也，入於耳，藏於心，行之以身。君子之治也，始於不足見，終於不可及也。君子慮福弗及，慮禍百之，君子擇人而取，不擇人而與，君子實如虛，有如無。

君子有其備則無事。君子不以愧食，不以辱得。君子樂得其志，小人樂得其事。君子不以其所不愛，及其所愛也。

君子有終身之憂，而無一朝之患，順道而行，循理而言，喜不加易，怒不加難。

君子之過，猶日月之蝕也，何害於明？小人可也，猶狗之吠盗，狸之夜見，何益於善？夫智者不妄為，勇者不妄殺。

君子比義，農夫比穀。事君不得進其言，則辭其爵。不得行其義，則辭其禄。人皆知取之為取也，不知與之為取之。政有招寇，行有招耻，弗為而自至，天下未有。猛獸狐疑，不若蜂蠆之致毒也。高議而不可及，不若卑論之有功也。

秦信同姓以王，至其衰也，非易同姓也，而身死國亡。故王者之治天

下，在於行法，不在於信同姓。

高山之巔無美木，傷於多陽也。大樹之下無美草，傷於多陰也。

鍾子期死而伯牙絕絃破琴，知世莫可為鼓也。惠施卒而莊子深瞑不言，見世莫可與語也。

脩身者智之府也，愛施者仁之端也，取予者義之符也，耻辱者勇之决也，立名者行之極也。

進賢受上賞，蔽賢蒙顯戮，古之通義也。爵人於朝，論人於市，古之通法也。

道微而明，淡而有功。非道而得，非時而生，是謂妄成。得而失之，定而復傾。

福者禍之門也，是者非之尊也，治者亂之先也。事無終始而患不及者，未之聞也。

枝無忘其根，德無忘其報，見利必念害身。故君子留精神，寄心於三者，吉祥及子孫矣。

兩高不可重，兩大不可容，兩勢不可同，兩貴不可雙。夫重容同雙，必争其功，故君子節嗜欲，各守其足，乃能長久。夫節欲而聽諫，敬賢而勿慢，

使能而勿賤。為人君能行此三者，其國必強大而民不去散矣。

默無過言，慤無過事。木馬不能行，亦不費食。騏驥日馳千里，鞭箠不去其背！

寸而度之，至丈必差。銖而稱之，至石必過。石稱丈量，徑而寡失。簡絲數米，煩而不察。故大較易為智，曲辯難為慧。

吞舟之魚，蕩而失水，制於螻蟻者，離其居也。猿猴失木，禽於狐貉者，非其處也。騰蛇遊霧而升，騰龍乘雲而舉，猿得木而挺，魚得水而鶩，處地宜也。

君子博學，患其不習。既習之，患其不能行之。既能行之，患其不能以讓也。

君子不羞學，不羞問。問訊者知之本，念慮者知之道也。此言貴因人知而加知之，不貴獨自用其知而知之。

天地之道，極則反，滿則損。五采曜眼，有時而渝；茂木豐草，有時而落。物有盛衰，安得自若。

民苦則不仁，勞則詐生，安平則教，危則謀，極則反，滿則損。故君子弗滿弗極也。

劉向說苑卷第十七

雜言

賢人君子者，通乎盛衰之時，明乎成敗之端，察乎治亂之紀，審乎人情，知所去就。故雖窮不處亡國之勢，雖貧不受汙君之禄。是以太公年七十而不自達，孫叔敖三去相而不自悔。何則？不強合非其人也。太公一合於周而侯七百歲，孫叔敖一合於楚而封十世。大夫種存亡越而霸句踐，賜死於前。李斯積功於秦，而卒被五刑。盡忠憂君，危身安國，其功一也。或以封侯而不絶，或以賜死而被刑。所慕所由異也。故箕子棄國而佯狂，范蠡去越而易名，智過去君弟而更姓，皆見遠識微，而仁能去富勢，以避萌生之禍者也。夫暴亂之君，孰能離縶以役其身，而與于患乎哉？故賢者非畏死避害而已也，為殺身無益而明主之暴也。比干死紂而不能正其行，子胥死吳而不能存其國。二子者強諫而死，適足明主之暴耳，未始有益如秋毫之端也。是以賢人閉其智，塞其能，待得其人然後合。故言無不聽，行無見疑，君臣兩與，終身無患。今非得其時，又無其人，直私意不能已，閔世之亂，憂主之危。以無貲之身，涉蔽塞之路。經乎讒人之前，造無量之主，犯不測之罪。傷其天性，豈不惑哉？故文信侯、李斯，天下所謂賢也，為國計，揣微射隱，所謂

無過策也。戰勝攻取，所謂無強敵也。積功甚大，勢利甚高。賢人不用，讒人用事，自知不用，其仁不能去。制敵積功，不失秋毫。避患去害，不見丘山。積其所欲，以至其所惡，豈不為勢利惑哉？《詩》云：「人知其一，莫知其佗。」此之謂也。

子石登吳山而四望，喟然而嘆息曰：「嗚呼悲哉！世有明於事情，不合於人心者。有合於人心，不明於事情者。」弟子問曰：「何謂也？」子石曰：「昔者吳王夫差不聽伍子胥，盡忠極諫，抉目而辜。太宰嚭、公孫雒偷合苟容，以順夫差之志而伐吳。二子沉身江湖，頭懸越旗。昔者費仲、惡来革、長鼻決耳，崇侯虎順紂之心，欲以合於意。武王伐紂，四子身死牧之野，頭足異所，比干盡忠剖心而死。今欲明事情，恐有抉目剖心之禍，欲合人心，恐有頭足異所之患。由是觀之，君子道狹耳。誠不逢其明主，狹道之中，又將險危閉塞，無可從出者。」

祁射子見秦惠王，惠王說之，於是唐姑讒之，復見，惠王懷怒以待之。非其說異也，所聽者易也。故以徵為羽，非弦之罪也。以甘為苦，非味之過也。

彌子瑕愛於衛君，衛國之法，竊駕君車罪刖。彌子瑕之母疾，人聞，夜

徃告之。彌子瑕擅駕君車而出，君聞之，賢之，曰：「孝哉！為母之故，犯刖罪哉！」君遊果園，彌子瑕食桃而甘，不盡而奉君，君曰：「愛我而忘其口味。」及彌子瑕色衰而愛弛，得罪於君，君曰：「是故嘗矯吾車，又嘗食我以餘桃。」故子瑕之行未必變初也，前見賢後獲罪者，愛憎之生變也。

舜耕之時，不皏利其都人，及為天子，天下戴之。故君子窮則善其身，達則利於天下。

孔子曰：「自季孫之賜我千鍾而友益親，自南宮項叔之乗我車也，而道加行。故道有時而後重，有執而後行。微夫二子之賜，丘之道幾於廢也。」

太公田不足以償種，漁不足以償網，治天下有餘智。文公種米，曾子架羊。孫叔敖相楚三年，不知軛在衡後，務大者固忘小。智伯厨人亡炙䉛而知之，韓魏反而不知。邯鄲子陽園人亡桃而知之，其亡也不知。務小者亦忘大也。

淳于髡謂孟子曰：「先名實者，為人者也。後名實者，自為者也。夫子在三卿之中，名實未加上下而去之，仁者固如此乎？」孟子曰：「居下位，不以賢事不肖者，伯夷也。五就湯，五就桀者，伊尹也。不惡汙君，不辭小官者，柳下惠也。三子者不同道，其趣一也。一者何也？曰仁也。君子亦仁而

已，何必同？」曰：「魯穆公之時，公儀子為政，子思、子庚為臣，魯之削也滋甚。若是乎賢者之無益於國也。」曰：「虞不用百里奚而亡，秦穆公用之而霸，故不用賢則亡，削何可得也。」曰：「昔者王豹處於淇，而河西善謳。綿駒處於高唐，而齊右善歌。華舟、杞梁之妻，善哭其夫而變國俗。有諸內必形於外。為其事，無其功，髡未睹也。是故無賢者也，有則髡必識之矣。」曰：「孔子為魯司寇而不用，從祭，膰肉不至，不脫冕而行。其不善者以為為肉也，其善者以為為禮也。乃孔子欲以微罪行，不欲為苟去，故君子之所為，衆人固不得識也。」

梁相死，惠子欲之梁，渡河而遽墮水中，船人救之。船人曰：「子欲何之而遽也？」曰：「梁無相，吾欲往相之。」船人曰：「子居船檝之間而困，無我則子死矣，子何能相梁乎？」惠子曰：「子居艘楫之間，則吾不如子。至於安國家，全社稷，子之比我，蒙蒙如未視之狗耳。」

西閭過東渡河，中流而溺，船人接而出之，問曰：「今者子欲安之？」西閭過曰：「欲東說諸侯王。」船人掩口而笑曰：「子渡河中流而溺，不能自救，安能說諸侯乎？」西閭過曰：「無以子之所能相傷為也。子獨不聞和氏之璧乎？價重千金，然以之間紡，曾不如瓦塼。隨侯之珠，國之寶也，然用之彈，曾

不如泥丸。騏驥騄駬，倚衡負軛而趨，一日千里，此至疾也，然使捕鼠，曾不如百錢之狸。干將鏌鋣，拂鐘不錚，試物不知，揚刄離金斬羽契鐵斧，此至利也，然以之補履，曾不如兩錢之錐。今子持楫乗扁舟，處廣水之中，當陽侯之波，而臨淵流，適子所能耳。若誠與子東說諸侯王，見一國之主，子之蒙，無異夫未視之狗耳。」

甘戊使於齊，渡大河。船人曰：「河水間耳，君不能自渡，能為王者之說乎？」甘戊曰：「不然，汝不知也。物各有短長，謹愿敦厚，可事主，不施用兵。騏驥騄駬，足及千里，置之宮室，使之捕鼠，曾不如小狸。干將為利，名聞天下，匠以治木，不如斤斧。今持楫而上下隨流，吾不如子。說千乗之君，萬乗之主，子亦不如戊矣。」

今夫世異則事變，事變則時移，時移則俗易。是以君子先相其土地而裁其器，觀其俗而和其風，揔衆議而定其教。愚人有學遠射者，參矢而發，已射五步之內，又復參矢而發。世以易矣，不更其儀，譬如愚人之學遠射。目察秋毫之末者，視不能見太山。耳聽清濁之調者，不聞雷霆之聲。何也？唯其意有所移也。百人操觽，不可為固結。千人謗獄，不可為直辭，萬人比非，不可為顯士。

麋鹿成群，虎豹避之。飛鳥成列，鷹鷲不擊。衆人成聚，聖人不犯。騰蛇遊於霧露，乘於風雨而行，非千里不止。然則暮託宿於鰌鱣之穴，所以然者，何也？用心不一也。夫蚯蚓內無筋骨之強，外無爪牙之利。然下飲黃泉，上墾晞土。所以然者，何也？用心一也。聰者耳聞，明者目見，聰明形則仁愛著，廉耻分矣。故非其道而行之，雖勞不至。非其有而求之，雖強不得。智者不為非其事，廉者不求非其有。是以遠容而名章也。《詩》云：「不忮不求，何用不臧。」此之謂也。

楚昭王召孔子，將使執政而封以書社七百。子西謂楚王曰：「王之臣用兵有如子路者乎？使諸侯有如宰予者乎？長官五官有如子貢者乎？昔文王處酆，武王處鎬，酆鎬之間，百乘之地，伐上殺主，立為天子，世皆曰聖王。今以孔子之賢而有書社七百里之地，而三子佐之，非楚之利也。」楚王遂止。夫善惡之難分也，聖人獨見疑，而況於賢者乎！是以賢聖罕合，諂諛常興也。故有千歲之亂而無百歲之治，孔子之見疑，豈不痛哉！

魯哀公問於孔子曰：「有智者壽乎？」孔子曰：「然。人有三死而非命也者，人自取之。夫寢處不時，飲食不節，佚勞過度者，疾共殺之。居下位而上忤其君，嗜慾無厭，而求不止者，刑共殺之。以少犯衆，弱以侮強，忿怒

不量力者，兵共殺之。此三死者，非命也，人自取之。《詩》云：『人而無儀，不死何為？』此之謂也。」

孔子遭難陳、蔡之境，絶糧，弟子皆有飢色，孔子歌兩柱之間。子路入見曰：「夫子之歌，禮乎？」孔子不應，曲終而曰：「由，君子好樂為無驕也，小人好樂為無懾也，其誰知之？子不我知而從我者乎？」子路不悦，援干而舞，三終而出。及至七日，孔子脩樂不休，子路愠見曰：「夫子之脩樂，時乎？」孔子不應，樂終而曰：「由，昔者齊桓霸心生于莒，勾踐霸心生於會稽，晉文霸心生于驪氏，故居不幽則思不遠，身不約則智不廣，庸知而不遇之。」於是興，明日免於厄。子貢執轡曰：「二三子從夫子而遇此難也，其不可忘已！」孔子曰：「惡，是何也？語不云乎？三折肱而成良醫。夫陳、蔡之間，丘之幸也。二三子從丘者皆幸人也。吾聞人君不困不成王，列士不困不成行。昔者湯困於吕，文王困於羑里，秦穆公困於殽，齊桓困於長勺，勾踐困於會稽，晉文困於驪氏。夫困之為道，從寒之及煖，煖之及寒也，唯賢者獨知而難言之也。《易》曰：『困亨貞，大人吉，無咎。有言不信。』聖人所與人難言，信也。」

孔子困於陳、蔡之間，居環堵之内，席三經之席，七日不食，藜羹不

糝。弟子皆有飢色，讀詩書治禮不休。子路進諫曰：「凡人為善者，天報以福；為不善者，天報以禍。今先生積德行，為善久矣。意者尚有遺行乎？奚居隱也！」孔子曰：「由，来，汝不知。坐，吾語汝。子以夫知者為無不知乎？則王子比干何為剖心而死？以諫者為必聽耶？伍子胥何為抉目於吳東門？子以廉者為必用乎？伯夷、叔齊何為餓死於首陽山之下？子以忠者為必用乎？則鮑莊何為而肉枯？荊公子高終身不顯，鮑焦抱木而立枯，介子推登山焚死。故夫君子博學深謀不遇時者衆矣，豈獨丘哉！賢不肖者才也，為不為者人也，遇不遇者時也，死生者命也。有其才不遇其時，雖才不用，苟遇其時，何難之有！故舜耕歷山而逃於河畔，立為天子，則其遇堯也。傅說負壤土、釋板築，而立佐天子，則其遇武丁也。伊尹，有莘氏媵臣也，負鼎俎，調五味而佐天子，則其遇成湯也。呂望行年五十賣食於棘津，行年七十，屠牛朝歌，行年九十為天子師，則其遇文王也。管夷吾束縛膠目，居檻車中，自車中起為仲父，則其遇齊桓公也。百里奚自賣取五羊皮，伯氏牧羊，以為卿大夫，則其遇秦穆公也。沈尹名聞天下，以為令尹，而讓孫叔敖，則其遇楚莊王也。伍子胥前多功，後戮死，非其智益衰也，前遇闔廬，後遇夫差也。夫驥厄罷鹽車，非無驥狀也，夫世莫能知也。使驥得王良、造父，驥無

千里之足乎？芝蘭生深林，非為無人而不香。故學者非為通也，為窮而不困也，憂而不衰也，此知禍福之始而心不惑也，聖人之深念，獨知獨見。舜亦賢聖矣，南面治天下，唯其遇堯也。使舜居桀紂之世，能自免於刑戮固可也，又何宮得治乎？夫桀殺關龍逄而紂殺王子比干，當是時，豈關龍逄無知，而比干無惠哉？此桀紂無道之世然也。故君子疾學脩身端行，以湏其時也。」

孔子之宋，匡簡子將殺陽虎，孔子似之。甲士以圍孔子之舍，子路怒，奮戟將下鬭。孔子止之曰：「何仁義之不免俗也？夫詩書之不習，禮樂之不脩也，是丘之過也。若似陽虎，則非丘之罪也，命也夫。由歌，予和汝。」子路歌，孔子和之，三終而甲罷。

孔子曰：「不觀於高岸，何以知顛墜之患。不臨於深淵，何以知没溺之患。不觀於海上，何以知風波之患。失之者其不在此乎？士慎三者，無累於人。」

曾子曰：「響不辭聲，鑑不辭形，君子正一而萬物皆成。夫行非為影也，而影随之。呼非為響也，而響和之。故君子功先成而名随之。」

子夏問仲尼曰：「顔淵之為人也，何若？」曰：「回之信，賢於丘也。」

曰：「子貢之為人也，何若？」曰：「賜之敏，賢於丘也。」曰：「子路之為人也，何若？」曰：「由之勇，賢於丘也。」曰：「子張之為人，何若？」曰：「師之莊，賢於丘也。」於是子夏避席而問曰：「然則四者何為事先生？」曰：「坐，吾語汝。回能信而不能反，賜能敏而不能屈，由能勇而不能怯，師能莊而不能同。兼此四子者，丘不為也。夫所謂至聖之士，必見進退之利，屈伸之用者也。」

東郭子惠問於子貢曰：「夫子之門何其雜也？」子貢曰：「夫隱括之旁多枉木，良醫之門多疾人，砥礪之旁多頑鈍。夫子脩道以俟天下，來者不止，是以雜也。《詩》云：『菀彼柳斯，鳴蜩嘒嘒。有漼者淵，莞葦淠淠。』言大者之旁，無所不容。」

昔者南瑕子過程太子，太子為烹鯢魚。南瑕子曰：「吾聞君子不食鯢魚。」程太子曰：「乃君子否？子何事焉？」南瑕子曰：「吾聞君子上比，所以廣德也，下比，所以狹行也，於惡自退之原也。《詩》云：『高山仰止，景行行止。』吾豈敢自以為君子哉？志向之而已。」孔子曰：「見賢思齊焉，見不賢而内自省。」

孔子觀於呂梁，懸水四十仞，環流九十里，魚鱉不能過，黿鼉不敢居。有

一丈夫，方將涉之。孔子使人並崖而止之曰：「此懸水四十仞，圜流九十里，魚鱉不敢過，黿鼉不敢居，意者難可濟也！」丈夫不以錯意，遂渡而出。孔子問：「子巧乎？且有道術乎？所以能入而出者何也？」丈夫對曰：「始吾入，先以忠信，吾之出也，又從以忠信。忠信錯吾軀於波流，而吾不敢用私。吾所以能入而復出也。」孔子謂弟子曰：「水而尚可以忠信義夂而身親之，況於人乎？」

子路盛服而見孔子。孔子曰：「由，是襜襜者何也？昔者江水出於岷山。其始也，大足以濫觴，及至江之津也，不方舟，不避風，不可渡也，非唯下流衆川之多乎？今若衣服甚盛，顏色充盈，天下誰肯加若者哉？」子路趨而出，改服而入，蓋自如也。孔子曰：「由，記之，吾語若。賁於言者，華也，奮於行者，伐也。夫色智而有能者，小人也。故君子知之為知之，不知為不知，言之要也。能之為能，不能為不能，行之至也。言要則知，行要則仁。既知且仁，夫有何加矣哉？由，《詩》云：『湯降不遲，聖教日躋』。此之謂也。」

子路問孔子曰：「君子亦有憂乎？」孔子曰：「無也。君子之脩其行未得，則樂其意。既已得，又樂其知。是以有終身之樂，無一日之憂。小人則

不然，其未之得則憂不得，既已得之又恐失之。是以有終身之憂，無一日之樂。」

孔子見榮啓期，衣鹿皮裘，鼓瑟而歌。孔子問曰：「先生何樂也？」對曰：「吾樂甚多。天生萬物，唯人為貴，吾既已得為人，是一樂也。人以男為貴，吾既已得為男，是二樂也。人生不免襁褓，吾年已九十五，是三樂也。夫貧者士之常也，死者民之終也，處常待終，當何憂乎？」

曾子曰：「吾聞夫子之三言，未之䏻行也。夫子見人之一善而忘其百非，是夫子之易事也。夫子見人有善，若已有之，是夫子之不爭也。聞善必躬親行之，然後道之，是夫子之䏻勞也。夫子之䏻勞也，夫子之不爭也，夫子之易事也，吾學夫子之三言而未䏻行。」

孔子曰：「回，若有君子之道四，強於行已，弱於受諫，怵於待禄，慎於持身。」

仲尼曰：「史鰌有君子之道三，不仕而敬上，不祀而敬鬼，直䏻曲於人。」

孔子曰：「丘死之後，商也日益，賜也日損。商也好與賢已者處，賜也好說不如已者。」

孔子將行，無蓋。弟子曰：「子夏有蓋，可以行。」孔子曰：「商之為人也，甚短於財。吾聞與人交者，推其長者，違其短者，故能久長矣。」

子路行，辭於仲尼曰：「敢問新交取親若何？言寡可行若何？長為善士而無犯若何？」仲尼曰：「新交取親，其忠乎！言寡可行，其信乎！長為善士而無犯，其禮乎！」

子路將行，辭於仲尼，曰：「贈汝以車乎？以言乎？」子路曰：「請以言！」仲尼曰：「不強不遠，不勞無功，不忠無親，不信無復，不恭無禮。慎此五者，可以長久矣。」

曾子從孔子於齊，齊景公以下卿禮聘曾子，曾子固辭，將行，晏子送之，曰：「吾聞君子贈人以財，不若以言。今夫蘭本三年，湛之以鹿醢，既成則易以匹馬，非蘭本美也。願子詳其所湛。既得所湛，亦求所湛。吾聞君子居必擇處，遊必擇士。居必擇處，所以求士也。遊必擇士，所以脩道也。吾聞反常移性者欲也，故不可不慎也。」

孔子曰：「中人之情，有餘則侈，不足則儉，無禁則淫，無度則失，縱欲則敗。飲食有量，衣服有節，宮室有度，畜聚有數，車器有限，以防亂之源也。故夫度量不可不明也，善欲不可不聽也。」

孔子曰：「巧而好度必工，勇而好同必勝，知而好謀必成。愚者反是，夫處重擅寵，專事妬賢，愚者之情也。志驕傲而輕舊怨，是以尊位則必危，任重則必崩，擅寵則必辱。」

孔子曰：「鞭扑之子，不從父之教。刑戮之民，不從君之政，言疾之難行。故君子不急斷，不意使，以為亂源。」

孔子曰：「終日言，不遺己之憂，終日行，不遺己之患，唯智者有之。故恐懼所以除患也，恭敬所以越難也。終身為之，一言敗之，可不慎乎！」

孔子曰：「以富貴為人下者，何人不與？以富貴敬愛人者，何人不親？衆言不逆，可謂知言矣，衆嚮之，可謂知時矣。」

孔子曰：「夫富而能富人者，欲貧而不可得也。貴而能貴人者，欲賤而不可得也。達而能達人者，欲窮而不可得也。」

仲尼曰：「非其地而樹之，不生也，非其人而語之，弗聽也。得其人，如聚沙而雨之，非其人，如聚聾而鼓之。」

孔子曰：「船非水不可行，水入船中，則其没也，故曰：君子不可不嚴也，小人不可不閉也！」

孔子曰：「依賢固不困，依富固不窮，馬趼斬而復行者何，以輔足衆

也。」孔子曰：「不知其子，視其所友。不知其君，視其所使。」又曰：「與善人居，如入蘭芷之室，久而不聞其香，則與之化矣。與惡人居，如入鮑魚之肆，久而不聞其臭，亦與之化矣。故曰：丹之所藏者赤，烏之所藏者黑。君子慎所藏。」

子貢問曰：「君子見大水必觀焉，何也？」孔子曰：「夫水者，君子比德焉。遍予而無私，似德。所及者生，似仁。其流卑下句倨，皆循其理，似義。淺者流行，深者不測，似智。其赴百仞之谷不疑，似勇。綿弱而微達，似察。受惡不讓，似。包蒙不清以入，鮮潔以出，似善化。至量必平，似正。盈不求槩，似度。其萬折必東，似意。是以君子見大水觀焉爾也。」

夫智者何以樂水也？曰：「泉源潰潰，不釋晝夜，其似力者。循理而行，不遺小間，其似持平者。動而之下，其似有禮者。赴千仞之壑而不疑，其似勇者。障防而清，其似知命者。不清以入，鮮潔而出，其似善化者。衆人取平品類以正，萬物得之則生，失之則死，其似有德者。淑淑淵淵，深不可測，其似聖者。通潤天地之間，國家以成，是知之所以樂水也。《詩》云：『思樂泮水，薄採其茆。魯侯戾止，在泮飲酒。』樂水之謂也。」夫仁者何以樂

山也？曰：「夫山巃嵸㠑嵬，萬民之所觀仰。草木生焉，衆物立焉，飛禽萃焉，走獸休焉，寶藏殖焉，奇夫息焉，育群物而不倦焉，四方並取而不限焉。出雲風，通氣于天地之間，國家以成，是仁者所以樂山也。《詩》曰：『太山巖巖，魯侯是瞻。』樂山之謂矣。」

玉有六美，君子貴之。望之温潤，近之栗理，聲近徐而聞遠，折而不撓，闕而不荏，廉而不劌，有瑕必示之於外，是以貴之。望之温潤者，君子比德焉；近之栗理者，君子比智焉。聲近徐而聞遠者，君子比義焉。折而不撓，闕而不荏者，君子比勇焉。廉而不劌者，君子比仁焉。有瑕必見於外者，君子比情焉。

道吾問之夫子：「多所知，無所知，其身孰善者乎？」對曰：「無知者，死人屬也。雖不死，累人者必衆甚矣。然多所知者，好其用心也。多所知者出於利人即善矣，出於害人即不善也。」道吾曰：「善哉！」

越石父曰：「不肖人，自賢也。愚者，自多也。佞人者，皆莫能相其心，口以出之，又謂人勿言也。譬之猶渴而穿井，臨難而後鑄兵，雖疾從而不及也。」

夫臨財忘貧，臨生忘死，可以遠罪矣。夫君子愛口，孔雀愛羽，虎豹愛

爪，此皆所以治身法也。上交者不失其禄，下交者不離於患，是以君子擇人與交，農人擇田而田。君子樹人，農夫樹田。田者擇種而種之，豐年必得粟。士擇人而樹之，豐時必得禄矣。

天下失道，而後仁義生焉，國家不治，而後孝子生焉，民爭不分，而後慈惠生焉，道逆時反，而後權謀生焉。凡善之生也，皆學之所由。一室之中，必有主道焉，父母之謂也。故君正則百姓治，父母正則子孫孝慈。是以孔子家兒不知罵，曾子家兒不知路。所以然者，生而善教也。夫仁者好合人，不仁者好離人，故君子居人間則治，小人居人間則亂。君子欲和人，譬猶水火不相能然也，而鼎在其間，水火不亂，乃和百味。是以君子不可不慎擇人在其間！

齊景公問晏子曰：「寡人自以坐地，二三子皆坐地。吾子獨搴草而坐之，何也？」晏子對曰：「嬰聞之，唯喪與獄坐於地。今不敢以喪獄之事侍於君矣。」

齊高廷問於孔子曰：「廷不曠山，不直地，衣蓑，提執，精氣以問事君之道，願夫子告之。」孔子曰：「貞以幹之，敬以輔之，待人無倦，見君子則舉之，見小人則退之。去爾惡心而忠與之，敏其行，脩其禮，千里之外，親如

兄弟。若行不敏，禮不合，對門不通矣。」

劉向說苑卷第十七

劉向說苑卷第十八

辨物

顔淵問於仲尼曰：「成人之行何若？」子曰：「成人之行，達乎情性之理，通乎物類之變，知幽明之故，睹遊氣之源，若此而可謂成人。既知天道，行躬以仁義，飭身以禮樂。夫仁義禮樂，成人之行也，窮神知化，德之盛也。」

《易》曰：「仰以觀於天文，俯以察於地理，是故知幽明之故。」夫天文地理、人情之效存於心，則聖智之府。是故古者聖王既臨天下，必變四時，定律歷，考天文，揆時變，登靈臺以望氣氛，故堯曰：「咨爾舜，天之歷數在爾躬，允執其中，四海困窮。」《書》曰：「在璿璣玉衡，以齊七政。」璿璣謂北辰勾陳樞星也。以其魁杓之所指二十八宿爲吉凶禍福。天文列舍，盈縮之占，各以類爲驗。夫占變之道，二而已矣。二者，陰陽之數也，故《易》曰：「一陰一陽之謂道。」道也者，物之動莫不由道也。是故發於一，成於二，備於三，周於四，行於五。是故玄象著明，莫大於日月。察變之動，莫著於五星。天之五星運氣於五行，其初猶發於陰陽，而化極萬一千五百二十。所謂二十八星者，東方曰角亢氐房心尾箕，北方曰斗牛須女虛危營室東壁，西方曰奎婁

胃昴畢觜参，南方曰東井輿鬼柳七星張翼軫。所謂宿者，日月五星之所宿也。其在宿運外内者，以官名別，其根荄皆發於地而華形於天。所謂五星者，一曰歲星，二曰熒惑，三曰鎮星，四曰太白，五曰辰星。欃槍、彗孛、旬始、枉矢、蚩尤之旗，皆五星盈縮之所生也。五星之所犯，各以金木水火土為占。春秋冬夏，伏見有時，失其常，離其時，則為變異，得其時，居其常，是謂吉祥。古者有主四時者，主春者張，昏而中，可以種穀。上告于天子，下布之民。主夏者大火，昏而中，可以種黍菽。上告于天子，下布之民。主秋者虚，昏而中，可以種麥。上告于天子，下布之民。主冬者昴，昏而中，可以斬伐田獵蓋藏。上告之天子，下布之民。故天子南面視四星之中，知民之緩急，急利不賦籍，不舉力役。《書》曰：「敬授民時。」《詩》曰：「物其有矣，維其時矣。」物之所以有而不絶者，以其動之時也。

《易》曰：「天垂象，見吉凶，聖人則之。」昔者高宗、成王感於雊雉、暴風之變，脩身自改而享豐昌之福也。逮秦皇帝即位，彗星四見，蝗蟲蔽天，冬雷夏凍，石隕東郡，大人出臨洮，妖孽並見，熒惑守心，星茀太角，太角以亡。終不能改。二世立，又重其惡。及即位，日月薄蝕，山林淪亡，辰星出於四孟，太白經天而行，無雲而雷，枉矢夜光，熒惑襲月，孽火燒宫，野

禽戲庭，都門内崩。天變動於上，群臣昏於朝，百姓亂於下，遂不察，是以亡也。

八荒之内有四海，四海之内有九州，天子處中州而制八方耳。兩河間曰冀州，河南曰豫州，河西曰雍州，漢南曰荆州，江南曰揚州，濟河間曰兖州，濟東曰徐州，燕曰幽州，齊曰青州。山川汙澤，陵陸丘阜，五土之宜，聖王就其勢，因其便，不失其性。高者黍，中者稷，下者杭。蒲葦菅蒯之用不乏，麻麥黍梁亦不盡，山林禽獸川澤魚鼈滋殖，王者京師四通而致之。

周幽王二年，西周三川皆震，伯陽父曰：「周將亡矣。夫天地之氣，不失其序，若過其序，民亂之也。陽伏而不能出，陰迫而不能烝，於是有地震。今三川震，是陽失其所而填陰也。陽溢而壯陰，源必塞，國必亡。夫水土演而民用足也，土無所演，民之財用，不亡何待？昔伊雒竭而夏亡，河竭而商亡，今周德如二代之季矣。其川源塞，塞必竭，夫國必依山川，山崩川竭，亡之徵也。川竭山必崩，若國亡不過十年，數之紀也，天之所棄不過紀。」是歲也，三川竭，岐山崩。十一年，幽王乃滅，周乃東遷。

五嶽者，何謂也？泰山，東嶽也。霍山，南嶽也。華山，西嶽也。常山，北嶽也。嵩高山，中嶽也。五嶽何以視三公？能大布雲雨焉，能大斂雲

雨焉。雲觸石而出，膚寸而合，不崇朝而雨天下，施德博大，故視三公也。

四瀆者，何謂也？江、河、淮、濟也。四瀆何以視諸侯？能蕩滌垢濁焉，能通百川於海焉，能出雲雨千里焉，為施甚大，故視諸侯也。

山川何以視子男也？能出物焉，能潤澤物焉，能生雲雨。為恩多，然品類以百數，故視子男也。《書》曰：「禋于六宗，望秩于山川，徧于群神矣。」

齊景公為露寢之臺，成而不通焉。柏常騫曰：「為臺甚急，臺成，君何為不通焉？」公曰：「然。梟昔者鳴，其聲無不為也，吾惡之甚，是以不通焉。」柏常騫曰：「臣請禳而去之！」公曰：「何具？」對曰：「築新室，為置白茅焉。」公使為室，成，置白茅焉。柏常騫夜用事，明日問公曰：「今昔聞梟聲乎？」公曰：「一鳴而不復聞。」使人往視之，梟當陛布翼，伏地而死。公曰：「子之道若此其明也！亦能益寡人壽乎？」對曰：「能。」公曰：「能益幾何？」對曰：「天子九、諸侯七、大夫五。」公曰：「亦有徵兆之見乎？」對曰：「得壽，地且動。」公喜，令百官趣具騫之所求。柏常騫出，遭晏子於塗，拜馬前，辭曰：「騫為君禳梟而殺之，君謂騫曰：『子之道若此其明也，亦能益寡人壽乎？』騫曰：『能。』今且大祭，為君請壽，故將往。以聞。」晏子曰：「嘻，亦善矣！能為君請壽也。雖然，吾聞之，惟以政與德順乎神，為可以益壽。今

徒祭可以益壽乎？然則福名有見乎？」對曰：「得壽地将動。」晏子曰：「騫，昔吾見維星絕，樞星散，地其動。汝以是乎？」栢常騫俯有間，仰而對曰：「然。」晏子曰：「為之無益，不為無損也。薄賦歛，無費民，且令君知之！」

夫水旱俱天下陰陽所為也。大旱則雩祭而請雨，大水則鳴鼓而刼社。何也？曰：陽者陰之長也，其在鳥則雄為陽，雌為陰。其在獸則牡為陽，而牝為陰。其在民則夫為陽，而婦為陰。其在家則父為陽，而子為陰。其在國則君為陽，而臣為陰。故陽貴而陰賤，陽尊而陰甲，天之道也。今大旱者，陽氣太盛，以厭於陰，陰厭陽固，陽其填也，惟填厭之太甚，使陰不能起也，亦雩祭拜請而已，無敢加也。至於大水及日蝕者，皆陰氣太盛而上減陽精，以賤乘貴，以甲陵尊，大逆不義，故鳴鼓而懾之，朱絲縈而刼之。由此觀之，《春秋》乃正天下之位，徵陰陽之失。直責逆者，不避其難，是亦《春秋》之不畏強禦也。故刼嚴社而不為驚靈，出天王而不為不尊上，辭蒯聵之命不為不聽其父，絕文姜之屬而不為不愛其母，其義之盡耶！其義之盡耶！

齊大旱之時，景公召群臣問曰：「天不雨乆矣，民且有飢色，吾使人卜之，崇在高山廣水，寡人欲少賦歛以祠靈山，可乎？」群臣莫對。晏子進曰：「不可，祠此無益也。夫靈山固以石為身，以草木為髮。天乆不雨，髮將

焦，身將熱，彼獨不欲雨乎？祠之無益。」景公曰：「不然，吾欲祠河伯，可乎？」晏子曰：「不可，祠此無益也。夫河伯以水為國，以魚鼈為民。天久不雨，水泉將下，百川竭，國將亡，民將滅矣，彼獨不用雨乎？祠之何益？」景公曰：「今為之柰何？」晏子曰：「君誠避宫殿暴露，與靈山河伯共憂。其幸而雨乎！」於是景公出野暴露，三日，天果大雨，民盡得種樹。景公曰：「善哉！晏子之言可無用乎？其惟有德也！」

夫天地有德，合則生氣有精矣。陰陽消息，則變化有時矣。時得而治矣，時得而化矣，時失而亂矣。是故人生而不具者五。目無見，不能食，不能行，不能言，不能施化。故三月達眼而後能見，七月生齒而後能食，期年生臏而後能行，三年顖合而後能言，十六精通而後能施化。陰窮反陽，陽窮反陰，故陰以陽變，陽以陰變。故男八月而生齒，八歲而毀齒，二八十六而精小通。女七月而生齒，七歲而毀齒，二七十四而精化小通。不肖者精化始至矣，而生氣感動，觸情縱欲，故反施亂化。故《詩》云：「乃如之人，懷婚姻也。大無信也，不知命也。」賢者不然，精化填盈，後傷時之不可遇也，不見道端，乃陳情欲以歌。《詩》曰：「靜女其姝，俟我乎城隅。愛而不見，搔首踟蹰。」「瞻彼日月，遥遥我思。道之雲遠，曷云能来？」急時之辭也，甚焉，故

稱日月也。

度量權衡，以𥝌生之，為一分，十分為一寸，十寸為一尺，十尺為一丈。十六𥝌為一豆，六豆為一銖，二十四銖重一兩，十六兩為一斤，三十斤為一鈞，四鈞重一石。千二百𥝌為一龠，十龠為一合，十合為一升，十升為一斗，十斗為一石。

凡六經帝王之所著，莫不致四靈焉。德盛則以為畜，治平則時氣至矣。故麒麟、麕身、牛尾，圓頂一角，合仁懷義，音中律吕，行步中規，折旋中矩，擇土而踐，位平然後處，不群居，不旅行，紛兮其有質文也，幽間則循循如也，動則有容儀。黄帝即位，惟聖恩承天，明道一脩，惟仁是行，宇内和平，未見鳳凰，維思影像，夙夜晨興，於是乃問天老曰：「鳳像何如？」天老曰：「夫鳳，鴻前麟後，蛇頸魚尾，鸛植鴛鴦，思麗化枯折所志，龍文龜身，燕喙雞喝，駢翼而中注。首戴德，頂揭義，背負仁，心信智。食則有質，飲則有儀，往則有文，來則有嘉。晨鳴曰發明，晝鳴曰保長，飛鳴曰上翔，集鳴曰歸昌。翼挾義，衷抱忠，足履正，尾繫武，小聲合金，大音合鼓。延頸奮翼，五光脩舉，光興八風，氣降時雨，此謂鳳像。夫惟鳳為能究萬物，随天祉，象百狀，達于道。去則有災，見則有福，覽九州，觀八極，备文武，正王國，

嚴照四方，仁聖皆伏。故得鳳之像一者鳳過之，得二者鳳下之，得三者則春秋下之，得四者則四時下之，得五者則終身居之。」黃帝曰：「於戲，盛哉！」於是乃備黃冕，帶黃紳，齋于中宮，鳳乃蔽日而降。黃帝降自東階，西面啓首曰：「皇天降茲，敢不承命？」於是鳳乃遂集東囿，食帝竹實，棲帝梧樹，終身不去。《詩》云：「鳳皇鳴矣，于彼高岡。梧桐生矣，于彼朝陽。菶菶萋萋，雍雍喈喈。」此之謂也。靈龜文五色，似玉似金，背陰向陽，上隆象天，下平法地，槃衍象山，四趾轉運應四時，文著象二十八宿。蛇頭龍翅，左精象日，右精象月，千歲之化，下氣上通，能知存亡吉凶之變。寧則信信如也，動則著矣。神龍能為高，能為下，能為大，能為小，能為幽，能為明，能為短，能為長。昭乎其高也，淵乎其下也，薄乎天光，高乎其著也。一有一亡忽微哉，斐然成章，虛無則精以和，動作者靈以化。於戲，允哉！君子辟神也，觀彼威儀，遊燕幽閒，有似鳳也。《書》曰：「鳥獸鶬鶬，鳳皇來儀。」此之謂也。

成王時有三苗貫桑而生，同為一秀，大幾盈車，民得而上之成王，成王問周公：「此何也？」周公曰：「三苗同秀為一，意天下其和而為一乎？」後三年則越裳氏重譯而朝，曰：「道路悠遠，山川阻深，恐一使之不通，故重三譯

而来朝也。」周公曰：「德澤不加，則君子不饗其質。政令不施，則君子不臣其人。」譯曰：「吾受命於吾國之黄髮夂矣，天之無烈風淫雨，意中國有聖人耶？有則盍朝之！」然後周公敬受其所以來矣。

周恵王十五年，有神降于莘。王問於内史過曰：「是何故，有之乎？」對曰：「有之，國將興，其君齋明中正，精潔恵和，其德足以昭其馨香，其恵足以同其民人，神饗而民聽，民神無怨，故明神降焉，觀其政德而均布福焉。國將亡，其君貧冒淫僻，邪佚荒怠，蕪穢暴虐。其政腥臊，馨香不登，其刑矯誣，百姓携貳，明神不蠲，而民有遠意，民神痛怨，無所依懐，故神亦往焉，觀其苛慝而降之禍。是以或見神而興，亦有以亡。昔夏之興也，祝融降于崇山。其亡也，回禄信於亭隧。商之興也，檮杌次於丕山。其亡也，夷羊在牧。周之興也，鸑鷟鳴於岐山。其衰也，杜伯射宣王於鎬。是皆明神之紀者也。」王曰：「今是何神也耶？」對曰：「昔昭王娶于房曰房后，是有爽德，協于丹朱，丹朱馮身以儀之，生穆王焉。是監燭周之子孫而福禍之。夫一神不遠徙遷，若由是觀之，其丹朱耶？」王曰：「其誰受之？」對曰：「在虢。」王曰：「然則何為？」對曰：「臣聞之。道而得神，是謂豐福。淫而得神，是謂貪禍。今虢少荒，其亡也。」王曰：「吾其柰何？」對曰：「使太宰以祝史率狸姓，奉犧牲

粢盛玉帛往獻焉，無有祈也。」王曰：「虢其幾何？」對曰：「昔堯臨民以五，今其冑見。鬼神之見也，不失其物。若由是觀之，不過五年。」王使太宰已父率傅氏及祝，奉犧牲玉觴往獻焉。内史過從至虢，虢公亦使祝史請土焉，内史過歸告王曰：「虢必亡矣。不禋於神，而求福焉，神必禍之。不親於民，而求用焉，民必違之。精意以享，禋也。慈保庶民，親也。今虢公動匱百姓，以盈其違，離民怒神怨，而求利焉，不亦難乎？」十九年，晋取虢也。

齊桓公北征孤竹，未至卑耳谿中十里，闟然而止，瞠然而視，有頃，奉矢未敢發也。喟然歎曰：「事其不濟乎！有人長尺，冠冕大人物具焉，左袪衣走馬前者。」管仲曰：「事必濟，此人，知道之神也。走馬前者，導也，左袪衣者，前有水也。」從左方渡，行十里果有水，曰遼水。表之，從左方渡至踝，從右方渡至膝。已渡，事果濟。桓公再拜管仲馬前曰：「仲父之聖至如是，寡人得罪久矣。」管仲曰：「夷吾聞之，聖人先知無形，今已有形乃知之，是夷吾善承教，非聖也。」

吴伐越，隳會稽，得骨專車，使使問孔子曰：「骨何者最大？」孔子曰：「禹致群臣會稽山，防風氏後至，禹殺而戮之，其骨節專車，此為大矣。」使者曰：「誰為神？」孔子曰：「山川之靈，足以紀綱天下者，其守為神。社稷為

公侯，山川之祀為諸侯，皆屬於王者。」曰：「防風氏何守？」孔子曰：「汪芒氏之君守封嵎之山者也，其神為釐姓，在虞夏為防風氏，商為汪芒氏，於周為長狄氏，今謂之大人。」使者曰：「人長幾何？」孔子曰：「僬僥氏三尺，短之至也。長者不過十，數之極也。」使者曰：「善哉！聖人也。」

仲尼在陳，有隼集于陳侯之廷而死。楛矢貫之，石砮，矢長尺而咫。陳侯使問孔子，孔子曰：「隼之來也遠矣，此肅慎氏之矢也。昔武王克商，通道九夷百蠻，使各以其方賄来貢，思無忘職業。於是肅慎氏貢楛矢，石砮，長尺而咫，先王欲昭其令德之致，故銘其栝曰：『肅慎氏貢楛矢。』以勞大姬，配虞胡公而封諸陳。分同姓以珎玉，展親也。分別姓以遠方職貢，使無忘服也。故分陳以肅慎氏之矢。」試求之故府，果得焉。

季桓子穿井得土缶，中有羊，以問孔子，言得狗。孔子曰：「以吾所聞，非狗，乃羊也。木之怪夔、罔兩，水之怪龍、罔象，土之怪羵羊也，非狗也。」桓子曰：「善哉！」

楚昭王渡江，有物大如斗，直觸王舟，止於舟中。昭王大怪之，使聘問孔子。孔子曰：「此名萍實。令剖而食之，惟覇者能獲之，此吉祥也。」其後齊有飛鳥，一足，来下，止于殿前，舒翅而跳，齊侯大怪之，又使聘問孔

子。孔子曰：「此名商羊，急告民，趣治溝渠，天將大雨。」於是如之，天果大雨，諸國皆水，齊獨以安。孔子歸，弟子請問，孔子曰：「異時小兒謠曰：楚王渡江得萍實，大如拳，赤如日，剖而食之，美如蜜。此楚之應也。兒又有兩兩相牽，屈一足而跳，曰：『天將大雨，商羊起舞。』今齊獲之，亦其應也。夫謠之後，未嘗不有應隨者也，故聖人非獨守道而已也，睹物記也，即得其應矣。」

鄭簡公使公孫成子來聘於晉，平公有疾，韓宣子贊，授口客，客問君疾。對曰：「君之疾久矣，上下神祇，無不遍諭也，而無除。今夢黃熊入於寢門，不知人鬼耶？意厲鬼也？」子產曰：「君之明，子為政，其何厲之有？僑聞之，昔鯀違帝命，殛之于羽山，化為黃熊，以入于羽淵，是為夏郊，三代舉之。夫鬼神之所及，非其族類，則紹其同位，是故天子祠上帝，公侯祠百神，自卿已下，不過其族。今周室少卑，晉實繼之，其或者未舉夏郊也？」宣子以告，祀夏郊，董伯為尸，五日瘳。公見子產，賜之莒鼎。

虢公夢在廟，有神人面白毛，虎爪執鉞，立在西阿。公懼而走，神曰：「無走！帝今日使晉襲于爾門。」公拜頓首。覺，召史嚚占之。嚚曰：「如君之言，則蓐收也，天之罰神也。天事官成。」公使囚之，且使國人賀夢。舟之僑

告其諸侯曰：「虢不夂矣，吾乃今知之。君不度而嘉，大國之鬬於巳也，何瘳？吾聞之曰：大國無道，小國鬬焉，曰服。小國傲，大國鬬焉，曰誅。民疾君之侈也，是以由於逆命。今嘉其夢，侈必展，是天奪之鑑而益其疾也！民疾其態，天又誑之。大國来誅，出令而逆。宗國既卑，諸侯遠己，外内無親，其誰云救之？吾不忍俟，將行。」以其族適晉，三年虢乃亡。

晉平公築虒祁之室，石有言者。平公問於師曠曰：「石何故言？」對曰：「石不能言，有神憑焉。不然，民聽之濫也。臣聞之，作事不時，怨讟動于民，則有非言之物而言。今宮室崇侈，民力屈盡，百姓疾怨，莫安其性，石言不亦可乎？」

晉平公出畋，見乳虎伏而不動，顧謂師曠曰：「吾聞之也，霸王之主出，則猛獸伏不敢起。今者寡人出，見乳虎伏而不動，此其猛獸乎？」師曠曰：「鵲食猬，猬食鵔鸃，鵔鸃食豹，豹食駮，駮食虎。夫駮之狀有似駮馬，今者君之出必驂駮馬而出畋乎？」公曰：「然。」師曠曰：「臣聞之，一自誣者窮，再自誣者辱，三自誣者死。今夫虎所以不動者，為駮馬也，固非主君之德義也，君奈何一自誣乎？」平公異日出朝，有鳥環平公不去，平公顧謂師曠曰：「吾聞之也，霸王之主，鳳下之。今者出朝有鳥環寡人，終朝不去，是其鳳鳥

乎？」師曠曰：「東方有鳥名諫珂，其為鳥也，文身而朱足，憎鳥而愛狐。今者吾君必衣狐裘，以出朝乎？」平公曰：「然。」師曠曰：「臣已嘗言之矣，一自誣者窮，再自誣者辱，三自誣者死。今鳥為狐裘之故，非吾君之德義也，君奈何而再自誣乎？」平公不說。異日置酒虒祁之臺，使郎中馬章布蒺藜於階上，令人名師曠。師曠至，履而上堂。平公曰：「安有人臣履而上人主堂者乎？」師曠解履刺足，伏刺膝，仰天而歎，公起引之曰：「今者與叟戲，叟遽憂乎？」對曰：「憂。夫肉自生蟲，而還自失也。木自生蠹，而還自刻也。人自興妖，而還自賊也。五鼎之具不當生藜藿，人主堂廟不當生蒺藜。」平公曰：「今為之奈何？」師曠曰：「妖已在前，無可奈何。入來月八日，脩百官，立太子，君將死矣。」至來月八日平旦，謂師曠曰：「叟以今日為期，寡人如何？」師曠不樂謁歸，歸未幾而平公死，乃知師曠神明矣。

趙簡子問於翟封荼曰：「吾聞翟雨穀三日，信乎？」曰：「信。」「又聞雨血三日，信乎！」曰：「信。」「又聞馬生牛，牛生馬，信乎？」曰：「信。」簡子曰：「大哉，妖亦足以亡國矣！」對曰：「雨穀三日，寅風之所飄也。雨血三日，鷙鳥擊於上也。馬生牛，牛生馬，雜牧也，此非翟之妖也。」簡子曰：「然則翟之妖奚也？」對曰：「其國數散，其君幼弱，其諸卿貨，其大夫比黨以求祿

爵，其百官肆斷而無告，其政令不竟而數化，其士巧貪而有怨，此其妖也。」

哀公射而中稷，其口疾，不肉食，祠稷而善，卜之巫官，巫官變曰：「稷負五種，託株而從天下，未至於地而株絶，獵谷之老人張衽以受之，何不告祀之？」公從之，而疾去。

扁鵲過趙，趙王太子暴疾而死，鵲造宮門曰：「吾聞國中卒有壤土之事，得無有急乎？」中庶子之好方者應之曰：「然，王太子暴疾而死。」扁鵲曰：「人言鄭醫秦越人能活太子。」中庶子難之曰：「吾聞上古之為醫者曰苗父，苗父之為醫也，以菅為席，以芻為狗，北面而祝，發十言耳，諸扶而來者，舉而來者，皆平復如故。子之方能如此乎？」扁鵲曰：「不能。」又曰：「吾聞中古之為醫者曰俞柎，俞柎之為醫也，搦腦髓，束肓莫，炊灼九竅而定經絡，死人復為生人，故曰俞柎。子之方能若是乎？」扁鵲曰：「不能。」中庶子曰：「子之方如此，譬若以管窺天，以錐刺地。所窺者甚大，所見者甚少。鈞若子之方，豈足以變駭童子哉？」扁鵲曰：「不然。物故有昧揥而中蛟頭，掩目而別白黑者。太子之疾，所謂尸厥者也，以為不然，入診之，太子股陰當溫，耳中焦焦如有嘯者聲，然者皆可治也。」中庶子入報趙王，趙王跣而趨

出門，曰：「先生遂辱幸臨寡人，先生幸而有之，則糞土之息，得蒙天履地而長為人矣。先生不有之，則先犬馬，塡溝壑矣。」言未已，涕泣沾襟。扁鵲遂為診之，先造軒光之竈，八成之湯，砥針礪石，取三陽五輸。子容禱藥，子明吹耳，陽儀反神，子越扶形，子游矯摩。太子遂得復生。天下聞之，皆曰：「扁鵲能生死人。」鵲辭曰：「予非能生死人也，特使夫當生者活耳，夫死者猶不可藥而生也，悲夫，亂君之治不可藥而息也。《詩》曰：『多將熇熇，不可救藥！』甚之之辭也。」

孔子晨立堂上，聞哭者聲音甚悲，孔子援琴而鼓之，其音同也。孔子出，而弟子有吒者，問：「誰也？」曰：「回也。」孔子曰：「回何為而吒？」回曰：「今者有哭者其音甚悲，非獨哭死，又哭生離者。」孔子曰：「何以知之？」回曰：「似完山之鳥。」孔子曰：「何如？」回曰：「完山之鳥生四子，羽翼已成，乃離四海，哀鳴送之，為是往而不復返也。」孔子使人問哭者，哭者曰：「父死家貧，賣子以葬之，將與其別也。」孔子曰：「善哉，聖人也！」

景公畋於梧丘，夜猶蚤，公姑坐睡而夢有五丈夫，北面倖盧，稱無罪焉。公覺，召晏子而告其所夢，公曰：「我其嘗殺不辜而誅無罪耶？」晏子對曰：「昔者先君靈公畋，五丈夫罟而駭獸，故殺之。斷其首而葬之，曰五丈夫之

丘。其此耶？」公令人掘而求之，則五頭同穴而存焉。公曰：「嘻。」令吏葬之。國人不知其夢也，曰：「君憫白骨，而況於生者乎？」不遺餘力矣，不釋餘智矣，故曰人君之為善易矣。

子貢問孔子：「死人有知無知也？」孔子曰：「吾欲言死者有知也，恐孝子順孫妨生以送死也。欲言無知，恐不孝子孫棄不葬也。賜欲知死人有知將無知也？死徐自知之，猶未晚也！」

王子建出守於城父，與成公乾遇於疇中，問曰：「是何也？」成公乾曰：「疇也。」「疇也者何也？」曰：「所以為麻也。」「麻也者何也？」曰：「所以為衣也。」成公乾曰：「昔者莊王伐陳，舍於有蕭氏，謂路室之人曰：『巷其不善乎！何溝之不浚也？』莊王猶知巷之不善，溝之不浚，今吾子不知疇之為麻，麻之為衣，吾子其不主社稷乎？」王子果不立。

劉向說苑卷第十八

劉向説苑卷第十九

脩文

天下有道，則禮樂征伐自天子出。夫功成制禮，治定作樂。禮樂者，行化之大者也。孔子曰：「移風易俗，莫善於樂。安上治民，莫善於禮。」是故聖王脩禮文，設庠序，陳鍾鼓，天子辟雍，諸侯泮宮，所以行德化。《詩》云：「鎬京辟雍，自西自東，自南自北，無思不服。」此之謂也。

積恩為愛，積愛為仁，積仁為靈，靈臺之所以為靈者，積仁也。神靈者，天地之本，而為萬物之始也。是故文王始接民以仁，而天下莫不仁焉。文，德之至也，德不至則不能文。商者，常也，常者質，質主天。夏者，大也，大者，文也，文主地。故王者一商一夏，再而復者也。正色，三而復者也。味尚甘，聲尚宮，一而復者，故三王術如循環，故夏后氏教以忠，而君子忠矣。小人之失野，救野莫如敬，故殷人教以敬，而君子敬矣。小人之失鬼，救鬼莫如文，故周人教以文，而君子文矣。小人之失薄，救薄莫如忠，故聖人之與聖也，如矩之三雜，規之三雜，周則又始，窮則反本也。《詩》曰：「彫琢其章，金玉其相。」言文質美也。

《傳》曰：「觸情從欲，謂之禽獸。苟可而行，謂之野人。安故重遷，謂之

衆庶。辨然，通古今之道謂之士。進賢達能，謂之大夫。敬上愛下，謂之諸侯。天覆地載，謂之天子。是故士服黻，大夫黼，諸侯火，天子山龍。德彌盛者文彌縟，中彌理者文彌章也。」

《詩》曰：「左之左之，君子宜之。右之右之，君子有之。」傳曰：「君子者，無所不宜也，是故韠冕厲戒，立于廟堂之上，有司執事，無不敬者。斬衰裳，苴絰杖，立于喪次，賓客弔唁，無不哀者。被甲纓胄，立于桴鼓之間，士卒莫不勇者。故仁足以懷百姓，勇足以安危國，信足以結諸侯，強足以拒患難，威足以率三軍。故曰：『為左亦宜，為右亦宜，為君子無不宜者，此之謂也。』」

齊景公登射，晏子脩禮而待。公曰：「選射之禮，寡人厭之矣。吾欲得天下勇士，與之圖國。」晏子對曰：「君子無禮，是庶人也。庶人無禮，是禽獸也。夫臣勇多則弒其君，子力多則弒其長，然而不敢者，惟禮之謂也。禮者所以御民也，轡者所以御馬也。無禮而能治國家者，嬰未之聞也。」景公曰：「善。」乃飭射更席，以為上客，終日問禮。

《書》曰五事：一曰貌。貌者男子之所以恭敬，婦人之所以姣好也。行步中矩，折旋中規，立則磬折，拱則抱鼓。其以入君朝，尊以嚴；其以入宗

廟，敬以忠；其以入鄉曲，和以順；其以入州里族黨之中，和以親。《詩》曰：「温温恭人，惟德之基。」孔子曰：「恭近於禮，遠耻辱也。」衣服容貌者，所以悦目也。聲音應對者，所以悦耳也。嗜慾好惡者，所以悦心也。君子衣服中，容貌得，則民之目悦矣。言語順，應對給，則民之耳悦矣。就仁去不仁，則民之心悦矣。三者存乎心，暢乎體，形乎動静，雖不在位，謂之素行。故忠心好善而日新之，獨居樂德，内悦而形。《詩》曰：「何其處也？必有與也。何其久也？必有以也。」惟有以者，爲能長生久視，而無累於物也。

知天道者冠鉥，知地道者履蹻，能治煩決亂者佩觿，能正三軍者搢笏。衣必荷規而承矩，負繩而準下。故君子衣服中而容貌得，接其服而象其德，故望玉貌而行能，有所定矣。《詩》曰：「芄蘭之枝，童子佩觿。」説行能者也。

冠者，所以别成人也，脩德束躬，以自申飭，所以檢其邪心，守其正意也。君子始冠必祝，成禮加冠，以厲其心，故君子成人，必冠帶以行事，棄幼少嬉戲惰慢之心，而衎衎於進德脩業之志。是故服不成象，而内心不變，内心脩德，外被禮文，所以成顯令之名也。是故皮弁素積，百王不易，既以

脩德，又以正容。孔子曰：「正其衣冠，尊其瞻視，儼然人望而畏之，不亦威而不猛乎？」

成王將冠，周公使祝雍祝王曰：「達而勿多也。」祝雍曰：「使王近於民，遠於佞，嗇於時，惠於財，任賢使能。」於此始成之時，祝辭四加而後退，公冠，自以為主，卿為賔，饗之以三獻之禮。公始加玄端與皮弁，皆必朝服玄冕四加，諸侯太子、庶子冠公為主，其禮與上同。冠於祖廟曰：「令月吉日，加子元服，去爾幼志，順爾成德。」冠禮，十九見正而冠，古之通禮也。

夏，公如齊逆女，何以書？親迎，禮也。其禮奈何？曰：「諸侯以屨二兩加琮，大夫、庶人以屨二兩加束脩二。」曰：「某國寡小君，使寡人奉不珍之琮，不珍之屨，禮夫人貞女。」夫人曰：「有幽室數辱之産，未諭於傅母之教，得承執衣裳之事，敢不敬拜祝？」祝荅拜。夫人受琮取一兩，屨以履女，正笄衣裳而命之曰：「往矣，善事爾舅姑，以順為宫室，無二爾心，無敢回也。」女拜，乃親引其手，授夫乎户，夫引手出户。夫行女從，拜辭父于堂，拜諸母於大門。夫先升輿執轡，女乃升輿，轂三轉，然後夫下先行。大夫、士、庶人稱其父曰：「某之父，某之師友，使某執不珍之屨，不珍之束脩，敢

不敬禮某氏貞女。」母曰：「有草茅之産，未習於織紝紡績之事，得奉執箕箒之事，敢不敬拜？」

《春秋》曰：「壬申，公薨于高寢。」《傳》曰：「高寢者何？正寢也。曷為或言高寢，或言路寢？曰：諸侯正寢三：一曰高寢，二曰左路寢，三曰右路寢。高寢者，始封君之寢也。二路寢者，繼體之君寢也。其二何？曰：子不居父之寢，故二寢。繼體君世世不可居高祖之寢，故有高寢，名曰高也。路寢其立奈何？高寢立中，路寢左右。」《春秋》曰：「天王入于成周。」《傳》曰：「成周者何？東周也。」然則天子之寢奈何？曰：亦三，承明繼體守文之君之寢，曰左右之路寢。謂之承明何？曰：承乎明堂之後者也。故天子諸侯三寢立而名實正，父子之義章，尊卑之事別，大小之德異矣。

天子以鬯為贄。鬯者，百草之本也。上暢於天，下暢於地，無所不暢，故天子以鬯為贄。諸侯以圭為贄，圭者，玉也，薄而不撓，廉而不劌，有瑕於中，必見於外，故諸侯以玉為贄。卿以羔為贄，羔者，羊也，羊群而不黨，故卿以為贄。大夫以鴈為贄，鴈者，行列有長幼之禮，故大夫以為贄。士以雉為贄，雉者，不可指食籠狎而服之，故士以雉為贄。庶人以鶩為贄，鶩者，鶩鶩也，鶩鶩無他心，故庶人以鶩為贄。贄者，所以質也。

諸侯三年一貢士，士，一適謂之好德，再適謂之尊賢，三適謂之有功。有功者，天子一賜以輿服弓矢，再賜以鬯，三賜以虎賁百人，號曰命諸侯。命諸侯者，鄰國有臣弑其君，孽弑其宗，雖不請乎天子而征之可也，已征而歸其地于天子。諸侯貢士，一不適謂之過，再不適謂之敖，三不適謂之誣。誣者，天子黜之，一黜以爵，再黜以地，三黜而地畢。諸侯有不貢士，謂之不率正，不率正者，天子黜之，一黜以爵，再黜以地，三黜而地畢。然後天子比年秩官之無文者而黜之，以諸侯之所貢士代之。《詩》云：「濟濟多士，文王以寧。」此之謂也。

古者必有命民，命民能敬長憐孤，取舍好讓，居事力者，命於其君。命然後得乘飭輿駢馬，未得命者不得乘，乘者皆有罰。故其民雖有餘財侈物，而無仁義功德，則無所用其餘財侈物。故其民皆典仁義而賤財利，賤財利則不爭，不爭則強不凌弱，衆不暴寡。是唐虞所以典象刑，而民莫敢犯法，而亂斯止矣。《詩》云：「告爾民人，謹爾侯度，用戒不虞。」此之謂也。

天子曰巡狩，諸侯曰述職。巡狩者，巡其所守也。述職者，述其所職也。春省耕，助不給也。秋省斂，助不足也。天子五年一巡狩，歲二月東巡狩，至于東嶽，柴，而望祀山川，見諸侯，問百年者，命太師陳詩以觀民

風，命市納賈以觀民之所好惡。志淫好僻者，命典禮，考時月，定日，同律禮樂制度衣服，正之。山川神祇有不舉者為不敬，不敬者君黜以爵。宗廟有不順者爲不孝，不孝者君削其地。有功澤於民者，然後加地。入其境，土地辟除，敬老尊賢，則有慶，益其地。入其境，土地荒穢，遺老失賢，掊克在位，則有讓，削其地。一不朝者黜其爵，再不朝者黜其地，三不朝者以六師移之。歲五月南巡狩，至于南嶽，如東巡狩之禮。歲八月西巡狩，至于西嶽，如南巡狩之禮。歲十一月北巡狩，至于北嶽，如西巡狩之禮。歸格于祖禰，用特。

《春秋》曰：「正月，公狩於郎。」《傳》曰：「春曰蒐，夏曰苗，秋曰獮，冬曰狩。」「苗者奈何？曰：苗者，毛也。取之不圍澤，不揜羣，取禽不麛卵，不殺孕重者。春蒐者，不殺小麛及孕重者。冬狩皆取之，百姓皆出，不失其馳，不抵禽，不詭遇，逐不出防，此苗獮蒐狩之義也。故苗獮蒐狩之禮，簡其戎事也。故苗者毛取之，蒐者搜索之，狩者守留之。夏不田，何也？曰：天地陰陽盛長之時，猛獸不攫，鷙鳥不搏，蝮蠆不螫，鳥獸蟲蛇且知應天，而況人乎哉？是以古者必有豢牢。其謂之畋何？聖人舉事必反本，五穀者，以奉宗廟，養萬民也。去禽獸害稼穡者，故以田言之，聖人作名號而事義可知

也。

天子諸侯無事則歲三田，一為乾豆，二為賔客，三為充軍之庖。無事而不田，曰不敬，田不以禮，曰暴天物。天子不合圍，諸侯不揜羣。天子殺則下大綏，諸侯殺則下小綏，大夫殺則止佐轝，佐轝止則百姓畋獵。獺祭魚，然後漁人入澤梁。鳩化為鷹，然後設罻羅。草木零落，然後入山林。昆虫不蟄，不以火田，不麛不卵，不天妖，不覆巢。此皆聖人在上，君子在位，能者在職，大德之發者也。是故臯陶為大理，平民各服得其實。伯夷主禮，上下皆讓。倕為工師，百工致功。益主虞，山澤辟成。棄主稷，百穀時茂。契主司徒，百姓親和。龍主賔客，遠人至。十二牧行，而九州莫敢僻違。禹陂九澤，通九道，定九州，各以其職來貢，不失厥宜，方五千里，至于荒服，南撫交趾、大發，西析支、渠搜、氐、羌，北至山戎、肅慎，東至長夷、島夷，四海之內皆戴帝舜之功。於是禹乃興九韶之樂，致異物，鳳皇來翔，天下明德也。

射者必心平體正，持弓矢，審固，然後射者，能以中。《詩》云：「大侯既抗，弓矢斯張。射夫既同，獻爾發功。」此之謂也。弧之為言豫也，豫者豫吾意也。故古者兒生三日，桑弧蓬矢六射，天地四方，天地四方者，男子之所

有事也。必有意其所有事，然後敢食穀，故曰：「不素飡兮。」此之謂也。

生而相與交通，故曰留賓。自天子至士，各有次，贈死不及柩尸，弔生不及悲哀，非禮也。故古者吉行五十里，奔喪百里，贈賵及事之謂時。時，禮之大者也。《春秋》曰：「天王使宰咺來歸惠公、仲子之賵。」賵者何？喪事有賵者，蓋以乘馬束帛。輿馬曰賵，貨財曰賻，衣被曰襚，口實曰唅，玩好曰贈。知生者賻賵，知死者贈襚。贈襚所以送死也，賻賵所以佐生也。輿馬、束帛、貨財、衣被、玩好，其數柰何？曰：天子乘馬六匹，諸侯四匹，大夫三匹，元士二匹，下士一匹。天子束帛五匹、玄三纁二，各五十尺，諸侯玄三纁二，各三十尺，大夫玄一纁二，各三十尺，元士玄一纁一，各二丈，下士綵縵各一匹，庶人布帛各一匹。天子之賵，乘馬六匹，乘車，諸侯四匹乘輿，大夫曰參輿，元士，下士不用輿。天子文繡衣各一襲，到地，諸侯覆跗，大夫到踝，士到髀。天子唅實以珠，諸侯以玉，大夫以璣，士以貝，庶人以穀實。位尊德厚及親者，賻賵唅襚厚，貧富亦有差。二三四五之數，取之天地而制奇偶，度人情而出節文，謂之有因，禮之大宗也。

《春秋》曰：「庚戌，天王崩。」《傳》曰：「天王何以不書葬？天子記崩不記葬，必其時也。諸侯記卒記葬，有天子在，不必其時也。」必其時柰何？天子

七日而殯，七月而葬。諸侯五日而殯，五月而葬。大夫三日而殯，三月而葬。士庶人二日而殯，二月而葬。皆何以然？曰：禮不豫凶事，死而後治凶服，衣衰飾，脩棺椁，作穿窆宅兆，然後喪文成，外親畢至，葬墳集，孝子忠臣之恩厚備盡矣。故天子七月而葬，同軌畢至。諸侯五月而葬，同會畢至。大夫三月而葬，同朝畢至。士庶人二月而葬，外姻畢至也。

延陵季子適齊，於其反也，其長子死於嬴博之間，因葬焉。孔子聞之，曰：「延陵季子，吳之習於禮者也。」使子貢往而觀之，其穿，深不至泉。其斂，以時服。既葬，封壙墳掩坎，其高可隱也。既封，左袒右旋其封，且號者三。言曰：「骨肉歸復于土，命也。若魂氣則無不之也！無不之也！」而遂行。孔子曰：「延陵季子於禮其合矣。」

子生三年，然後免於父母之懷，故制喪三年，所以報父母之恩也。期年之喪通乎諸侯，三年之喪通乎天子，禮之經也。

子夏三年之喪畢，見於孔子。孔子與之琴，使之弦，援琴而弦，衎衎而樂，作而曰：「先王制禮，不敢不及也。」子曰：「君子也。」閔子騫三年之喪畢，見於孔子，孔子與之琴，使之弦，援琴而弦，切切而悲，作而曰：「先王制禮，不敢過也。」孔子曰：「君子也。」子貢問曰：「閔子哀不盡，子曰君子

也。子夏哀已盡，子曰君子也。賜也惑，敢問何謂？」孔子曰：「閔子哀未盡，能斷之以禮，故曰君子也。子夏哀已盡，能引而致之，故曰君子也。夫三年之喪，固優者之所屈，劣者之所勉。」

齊宣王謂田過曰：「吾聞儒者喪親三年，喪君三年。君與父孰重？」田過對曰：「殆不如父重。」王忿然怒曰：「然則何為去親而事君？」田過對曰：「非君之土地，無以處吾親；非君之祿，無以養吾親；非君之爵位，無以尊顯吾親。受之君，致之親，凡事君所以為親也。」宣王邑邑無以應。

古者有菑者謂之厲。君一時素服，使有司弔死問疾，憂以巫醫，匍匐以救之，湯粥以方之。善者必先乎鰥寡孤獨，及病不能相養，死無以葬埋，則葬埋之。有親喪者不呼其門，有齊衰大功，五月不服力役之征，有小功之喪者，未葬，不服力役之征。其有重尸多死者，急則有聚衆，童子擊鼓苣火，入官宮里用之，各擊鼓苣火，逐官宮里。家之主人，冠，立于阼。事畢，出乎里門，出乎邑門，至野外。此匍匐救厲之道也。師大敗亦然。

齋者，思其居處也，思其笑語也，思其所為也。齋三日，乃見其所為齋者。祭之日，將入户，僾然若有見乎其容。盤旋出户，喟然若有聞乎歎息之聲。先人之色，不絶於目。聲音咳唾，不絶於耳。嗜欲好惡，不忘於心。是則

孝子之齋也。

春　祭曰祠，夏祭曰禴，秋　祭曰嘗，冬祭曰烝。春薦韭卵，夏薦麥魚，秋　薦黍豚，冬薦稻鴈。三歲一祫，五年一禘。祫者，合也。禘者，諦也。祫者，大合祭於祖廟也。禘者，諦其德而差優劣也。聖主將祭，必潔齋精思，若親之在。方興未登，憪憪憧憧，專一想親之容皃彷彿，此孝子之誠也。四方之助祭，空而來者滿而反，虛而至者實而還，皆取法則焉。

韓褐子濟於河，津人告曰：「夫人過於此者，未有不快用者也。而子不用乎？」韓褐子曰：「天子祭海內之神，諸侯祭封域之內，大夫祭其親，士祭其祖禰。褐也，未得事河伯也。」津人申楫，舟中水而運，津人曰：「向也，役人固已告矣，夫子不聽役人之言也。今舟中水而運，甚殆，治裝衣而下遊乎！」韓子曰：「吾不為人之惡我而改吾志，不為我將死而改吾義。」言未已，舟泆然行。韓褐子曰：「《詩》云：『莫莫葛藟，施于條枚。愷悌君子，求福不回。』鬼神且不回，況於人乎？」

孔子曰：「無體之禮，敬也。無服之喪，憂也。無聲之樂，懽也。不言而信，不動而威，不施而仁。志也，鍾鼓之聲，怒而擊之則武，憂而擊之則悲，喜而擊之則樂。其志變，其聲亦變。其志誠，通乎金石，而況人乎？」

公孟子高見顓孫子莫曰：「敢問君子之禮何如？」顓孫子莫曰：「去爾外厲，與爾內色勝，而心自取之，去三者而可矣。」公孟不知，以告曾子，曾子愀然逡巡曰：「大哉言乎！夫外厲者必內折，色勝而心自取之者必為人役。是故君子德行成而容不知，聞識博而辭不爭，知慮微達而能不愚。」

曾子有疾，孟儀往問之。曾子曰：「鳥之將死，必有悲聲。君子集大辟，必有順辭。禮有三，儀知之乎？」對曰：「不識也。」曾子曰：「坐，吾語汝。君子脩禮以立志，則貪欲之心不來。君子思禮以脩身，則怠惰慢易之節不至。君子脩禮以仁義，則忿爭暴亂之辭遠。若夫置罇俎、列籩豆，此有司之事也，君子雖勿能可也。」

孔子曰：「可也，簡。」簡者，易野也。易野者，無禮文也。孔子見子桑伯子，子桑伯子不衣冠而處，弟子曰：「夫子何為見此人乎？」曰：「其質美而無文，吾欲說而文之。」孔子去，子桑伯子門人不說，曰：「何為見孔子乎？」曰：「其質美而文繁，吾欲說而去其文。」故曰文質脩者謂之君子，有質而無文謂之易野，子桑伯子易野，欲同人道於牛馬，故仲弓曰太簡。上無明天子，下無賢方伯，天下為無道，臣弒其君，子弒其父，力能討之，討之可也。當孔子之時，上無明天子也，故言雍也可使南面，南面者，天子也。雍

之所以得稱南面者，問子桑伯子於孔子，孔子曰：「可也，簡。」仲弓曰：「居敬而行簡，以道民，不亦可乎？居簡而行簡，無乃太簡乎？」子曰：「雍之言然！」仲弓通於化術，孔子明於王道，而無以加仲弓之言。

孔子至齊郭門之外，遇一嬰兒挈一壺，相與俱行。其視精，其心正，其行端，孔子謂御曰：「趣驅之，趣驅之。」韶樂方作，孔子至彼，聞韶，三月不知肉味。故樂非獨以自樂也，又以樂人。非獨以自正也，又以正人矣哉！於此樂者，不圖為樂至於此。黃帝詔伶倫作為音律，伶倫自大夏之西，乃之崑崙之陰，取竹於嶰谷，以生竅厚薄均者，斷兩節間，其長九寸而吹之，以為黃鍾之宮，日含少次，制十二管，以崑崙之下，聽鳳之鳴，以別十二律，其雄鳴為六，雌鳴亦六，以比黃鍾之宮，適合黃鍾之宮。皆可生之，而律之本也。故曰黃鍾微而均，鮮全而不傷其為宮獨尊，象大聖之德，可以明至賢之功，故奉而薦之于宗廟，以歌迎功德，世世不忘。是故黃鍾生林鍾，林鍾生大呂，大呂生夷則，夷則生太簇，太簇生南呂，南呂生夾鍾，夾鍾生無射，無射生姑洗，姑洗生應鍾，應鍾生㽔賓。三分所生，益之以一分以上生。三分所生，去其一分以下生。黃鍾、大呂、太簇、夾鍾、姑洗、仲呂、㽔賓為上，林鍾、夷則、南呂、無射、應鍾為下。大聖至治之世，天地之氣，合以

生風，日至則日行其風，以生十二律。故仲冬短至則生黄鍾，季冬生大吕；孟春生大簇，仲春生夾鍾，季春生姑洗；孟夏生仲吕，仲夏生蕤賓，季夏生林鍾；孟秋生夷則，仲秋生南吕，季秋生無射；孟冬生應鍾。天地之風氣正，十二律至也。

聖人作為鞉鼓控揭塤篪，此六者德音之音，然後鍾磬竽瑟以和之，然後干戚旄狄以舞之。此所以祭先王之廟也，此所以獻酢酳酬也，所以官序貴賤各得其宜也，此可以示後世有尊卑長幼之序也。

鍾聲鏗，鏗以立號，號以立横，横以立武。君子聽鍾聲則思武臣。石聲磬，磬以立辯，辯以致死。君子聽磬聲則思死封疆之臣。絲聲哀，哀以立廉，廉以立志。君子聽琴瑟之聲則思志義之臣。竹聲濫，濫以立會，會以聚衆，君子聽竽笙簫管之聲則思畜聚之臣。鼓鞞之聲讙，讙以立動，動以進衆，君子聽鼓鞞之聲，則思將帥之臣。君子之聽音，非聽其鏗鏘而已，彼亦有所合之也。

樂者，聖人之所樂也，而可以善民心，其感人深，其移風易俗。故先王著其教焉。夫民有血氣心知之性，而無哀樂喜怒之常，應感起物而動，然後心術形焉。是故感激憔悴之音作，而民思憂。嘽奔慢易繁文簡節之音作，而民康樂。粗厲猛奮廣賁之音作，而民剛毅。廉直勁正莊誠之音作，而民肅敬。

寬裕肉好順成和動之音作，而民慈愛。流僻邪散狄成滌濫之音作，而民淫亂。是故先王本之情性，稽之度數，制之禮義。含生氣之和，道五常之行，使陽而不散，陰而不密，剛氣不怒，柔氣不懾。四暢交於中，而發作於外，皆安其位，不相奪也。然後立之學等，廣其節奏，省其文彩。以繩德厚，律小大之稱，比終始之序，以象事行，使親疏貴賤，長幼男女之理，皆形見於樂，故曰樂觀其深矣。土弊則草木不長，水煩則魚鼈不大，氣衰則生物不遂，世亂則禮慝而樂淫。是故其聲哀而不莊，樂而不安，慢易以犯節，流漫以忘本，廣則容姦，狹則思欲。感滌蕩之氣，而滅平和之德，是以君子賤之也。凡姦聲感人而逆氣應之，逆氣成象而淫樂興焉。正聲感人而順氣應之，順氣成象而和樂興焉。唱和有應，回邪曲直，各歸其分，而萬物之理，以類相動也。是故君子反情以和其志，比類以成其行，姦聲亂色，不留於聽，淫樂慝禮，不接心術，惰慢邪僻之氣，不設於身體。使耳目鼻口心知百體，皆由順正，以行其義，然後發以聲音，文以琴瑟，動以干戚，飾以羽旄，從以簫管。奮至德之光，動四氣之和，以著萬物之理。是故清明象天，廣大象地，終始象四時，周旋象風雨。五色成文而不亂，八風從律而不姦，百度得數而有常。小大相成，終始相生，唱和清濁，代相為經，故樂行而倫清。耳目聰明，血氣

和平，移風易俗，天下皆寧，故曰樂者樂也。君子樂得其道，小人樂得其欲。以道制欲，則樂而不亂。以欲忘道，則惑而不樂。是故君子反情以和其意，廣樂以成其教，故樂行而民向方，可以觀德矣。德者性之端也。樂者，德之華也。金石絲竹，樂之器也。詩言其志，歌詠其聲，舞動其容，三者本於心，然後樂氣從之。是故情深而文明，氣盛而化神，和順積中，而英華發外，惟樂不可以為偽。樂者，心之動也。聲者，樂之象也。文彩節奏，聲之飾也。君子之動本，樂其象也，後治其飾，是故先鼓以警戒，三步以見方，再始以著往，復亂以飭歸。奮疾而不拔，極幽而不隱，獨樂其志，不厭其道，備舉其道，不私其欲。是故情見而義立，樂終而德尊，君子以好善，小人以飭聽過，故曰生民之道，樂為大焉。

樂之可密者，琴最宜焉。君子以其可脩德，故近之。凡音之起，由人心生也。人心之動，物使之然也。感於物而後動，故形於聲。聲相應，故生變，變成方，謂之音。比音而樂之，及干戚羽旄，謂之樂。樂者，音之所由生也，其本在人心之感於物。是故其哀心感者，其聲噍以殺。其樂心感者，其聲嘽以緩。其喜心感者，其聲發以散。其怒心感者，其聲壯以厲。其敬心感者，其聲直以廉。其愛心感者，其聲和以調。人之善惡非性也，感於物而後

動，是故先王慎所以感之，故禮以定其意，樂以和其性，政以一其行，刑以防其姦。禮樂刑政，其極一也，所以同民心而立治道也。

凡音，生人心者也，情動於中而形於聲，聲成文謂之音。是故治世之音安以樂，其政和。亂世之音怨以怒，其政乖。亡國之音哀以思，其民困。聲音之道，與政通矣。宮爲君，商爲臣，角爲民，徵爲事，羽爲物。五音亂則無法，無法之音。宮亂則荒，其君驕。商亂則陂，其官壞。角亂則憂，其民怨。徵亂則哀，其事勤。羽亂則危，其財匱。五者皆亂，代相凌，謂之慢。如比，則國之滅亡無日矣。鄭、衛之音，亂世之音也，比於慢矣。桑間、濮上之音，亡國之音也，其政散，其民流，誣上行私，而不可止也。

凡人之有患禍者，生於淫泆暴慢，淫泆暴慢之本，生於飲酒。故古者慎其飲酒之禮，使耳聽雅音，目視正儀，足行正容，心論正道。故終日飲酒而無過失。近者數日，遠者數月，皆人有德焉以益善。《詩》云：「既醉以酒，既飽以德。」此之謂也。凡從外入者，莫深於聲音，變人最極，故聖人因而成之以德，曰樂。樂者德之風，《詩》曰：「威儀抑抑，德音秩秩。」謂禮樂也。故君子以禮正外，以樂正內。內須臾離樂，則邪氣生矣，外須臾離禮，則慢行起矣。故古者天子諸侯聽鍾聲，未嘗離於庭，卿大夫聽琴瑟，未嘗離於前。所以

養正心而滅滛氣也。樂之動於内，使人易道而好良。樂之動於外，使人温恭而文雅。雅頌之聲動人，而正氣應之。和成容好之聲動人，而和氣應之。粗厲猛賁之聲動人，而怒氣應之。鄭衛之聲動人，而滛氣應之。是以君子慎其所以動人也。

子路鼓瑟，有北鄙之聲，孔子聞之曰：「信矣，由之不才也！」冉有侍，孔子曰：「求，來，爾奚不謂由，夫先王之制音也？奏中聲，爲中節。流入於南，不歸於北。南者生育之鄉，北者殺伐之域。故君子執中以爲本，務生以爲基，故其音温和而居中，以象生育之氣。憂哀悲痛之感不加乎心，暴厲滛荒之動不在乎體，夫然者，乃治存之風，安樂之爲也。彼小人則不然，執末以論本，務剛以爲基，故其音湫厲而微末，以象殺伐之氣。和節中正之感不加乎心，温儼恭莊之動不存乎體，夫殺者乃亂亡之風，奔北之爲也。昔舜造南風之聲，其興也勃焉，至今王公述而不釋。紂爲北鄙之聲，其廢也忽焉，至今王公以為笑。彼舜以匹夫，積正合仁，履中行善，而卒以興，紂以天子，好慢滛荒，剛厲暴賊，而卒以滅。今由也，匹夫之徒，布衣之醜也。既無意乎先王之制，而又有亡國之聲，豈能保七尺之身哉？」冉有以告子路，子路曰：「由之罪也！小人不能，耳陷而入於斯。宜矣，夫子之言也！」遂自悔，不食

七日而骨立焉，孔子曰：「由之改過矣。」

劉向說苑卷之十九

劉向説苑卷第二十

反質

孔子卦得賁，喟然仰而嘆息，意不平。子張進，舉手而問曰：「師聞賁者吉卦，而歎之乎？」孔子曰：「賁非正色也，是以歎之。吾思夫質素，白當正白，黑當正黑。夫質又何也？吾亦聞之，丹漆不文，白玉不雕，寶珠不飾，何也？質有餘者，不受飾也。」

信鬼神者失謀，信日者失時，何以知其然？夫賢聖周知，能不時日而事利。敬法令，貴功勞，不卜筮而身吉。謹仁義，順道理，不禱祠而福。故卜數擇日，潔齊戒，肥犧牲，飾珪璧，精祠祀，而終不能除悖逆之禍。以神明有知而事之，乃欲背道妄行而以祠祀求福，神明必違之矣。天子祭天地、五嶽、四瀆，諸侯祭社稷，大夫祭五祀，士祭門户，庶人祭其先祖。聖王承天心，制禮分也。凡古之卜日者，將以輔道稽疑，示有所先而不敢專自也。非欲以顛倒之惡而幸安之全。孔子曰：「非其鬼而祭之，諂也。」是以泰山終不享季氏之旅，《易》稱東隣殺牛，不如西隣之禴祭，蓋重禮不貴牲也，敬實而不貴華。誠有其德而推之，則安往而不可。是以聖人見人之文，必考其質。

歷山之田者善侵畔，而舜耕焉。雷澤之漁者善争陂，而舜漁焉。東夷之陶器

窳，而舜陶焉。故耕漁與陶，非舜之事，而舜爲之，以救敗也。民之性皆不勝其欲，去其實而歸之華，是以苦窳之器，争鬭之患起。争鬭之患起，則所以偷也。所以然者何也？由離誠就詐，棄樸而取僞也，追逐其末而無所休止。聖人抑其文而抗其質，則天下反矣。《詩》云：「尸鳩在桑，其子七兮。淑人君子，其儀一兮。」《傳》曰：「尸鳩之所以養七子者，一心也。君子所以理萬物者，一儀也。以一儀理物，天心也。五者不離，合而爲一，謂之天心。在我能因自深結其意於一，故一心可以事百君，百心不可以事一君，是故誠不遠也。夫誠者一也，一者質也。君子雖有外文，必不離内質矣。」

衛有五丈夫，俱負缶而入井，灌韭，終日一區。鄧析過，下車爲教之，曰：「爲機，重其後，輕其前，命曰橋。終日溉韭百區，不倦。」五丈夫曰：「吾師言曰：有機知之巧，必有機知之敗。我非不知也，不欲爲也。子其往矣，我一心溉之，不知改已！」鄧析去，行數十里，顔色不悦懌，自病。弟子曰：「是何人也？而恨我君，請爲君殺之。」鄧析曰：「釋之，是所謂真人者也。可令守國。」

禽滑釐問於墨子曰：「錦繡絺紵，將安用之？」墨子曰：「惡，是非吾用務也。古有無文者得之矣，夏禹是也。卑小宫室，損薄飲食，土階三等，衣裳細

布。當此之時，黻黻無所用，而務在於完堅。殷之盤庚，大其先王之室，而改遷於殷，茅茨不剪，采椽不斲，以變天下之視。當此之時，文采之帛，將安所施？夫品庶非有心也，以人主爲心，苟上不爲，下惡用之？二王者以化身先于天下，故化隆於其時，成名於今世也。且夫錦綉絺紵，亂君之所造也，其本皆興於齊，景公喜奢而忘儉，幸有晏子以儉鐫之，然猶幾不能勝。夫奢安可窮哉？紂為鹿臺、糟丘、酒池、肉林，宮墻文畫，彫琢刻鏤，錦繡被堂，金玉珎瑋，婦女優倡，鐘鼓管絃，流漫不禁，而天下愈竭，故卒身死國亡，爲天下戮，非惟錦綉絺紵之用耶？今當凶年，有欲予子隨侯之珠者，不得賣也，珎寶而以爲飾。又欲予子一鍾粟者，得珠者不得粟，得粟者不得珠，子將何擇？」禽滑釐曰：「吾取粟耳，可以救窮。」墨子曰：「誠然，則惡在事夫奢也？長無用，好末淫，非聖人所急也。故食必常飽，然後求美。衣必常暖，然後求麗。居必常安，然後求樂。為可長，行可久，先質而後文，此聖人之務。」禽滑釐曰：「善。」

秦始皇既兼天下，大侈靡，即位三十五年，猶不息。治大馳道，從九原抵雲陽，塹山堙谷，直通之。厭先王宮室之小，乃於豐鎬之間，文武之處，營作朝宮渭南山林苑中，作前殿阿房，東西五百步，南北五十丈，上可坐萬

人，下可建五丈旗，周爲閣道。自殿直抵南山之□以爲闕，爲複道，自阿房度渭水，屬咸陽，以象天極閣道，絶漢抵營室也。又興驪山之役，錮三泉之底，關中離宫三百所，關外四百所，皆有鍾磬帷帳，婦女倡優。立石闕東海上朐山界中，以爲秦東門。於是有方士韓客侯生，齊客盧生，相與謀曰：「當今時不可以居，上樂以刑殺爲威，天下畏罪。持禄莫敢盡忠，上不聞過而日驕，下懾伏以慢欺而取容，諫者不用而失道滋甚。吾黨久居，且爲所害。」乃相與亡去。始皇聞之大怒，曰：「吾異日厚盧生，尊爵而事之，今乃誹謗我，吾聞諸生多爲妖言以亂黔首。」乃使御史悉上諸生，諸生傳相告，犯法者四百六十餘人，皆坑之。盧生不得，而侯生後得，始皇聞之，召而見之，升阿東之臺，臨四通之街，將數而車裂之。始皇望見侯生，大怒曰：「老虜不良，誹謗而主，迺敢復見我！」侯生至，仰臺而言曰：「臣聞知死必勇，陛下肯聽臣一言乎？」始皇曰：「若欲何言？言之！」侯生曰：「臣聞禹立誹謗之木，欲以知過也。今陛下奢侈失本，淫泆趨末，宫室臺閣，連屬增累，珠玉重寶，積襲成山，錦繡文綵，滿府有餘，婦女倡優，數巨萬人，鐘鼓之樂，流漫無窮，酒食珎味，盤錯於前，衣服輕暖，輿馬文飾，所以自奉，麗靡爛熳，不可勝極。黔首匱竭，民力單盡，尚不自知，又急誹謗，嚴威克下，下喑上聾，臣等

故去。臣等不惜臣之身，惜陛下國之亡耳。聞古之明王，食足以飽，衣足以暖，宮室足以處，輿馬足以行，故上不見棄於天，下不見棄於黔首。堯茅茨不剪，采椽不斲，土陛三等，而樂終身者，以其文采之少，而質素之多也。丹朱傲虐好慢淫，不脩理化，遂以不升。今陛下之淫，万丹朱而千昆吾桀紂，臣恐陛下之十亡也，而曾不一存。」始皇默然久之，曰：「汝何不早言？」侯生曰：「陛下之意，方乘青雲飄搖於文章之觀，自賢自健，上侮五常，下凌三王，棄素樸，就末技，陛下亡徵見久矣。臣等恐言之無益也，而自取死，故逃而不敢言。今臣必死，故爲陛下陳之，雖不能使陛下不亡，欲使陛下自知也。」始皇曰：「吾可以變乎？」侯生曰：「形已成矣，陛下坐而待亡耳！若陛下欲更之，能若堯與禹乎？不然，無冀也。陛下之佐又非也，臣恐變之不能存也。」始皇喟然而嘆，遂釋不誅。後三年始皇崩。二世即位，三年而秦亡。

魏文侯問李克曰：「刑罰之源安生？」李克曰：「生於奸邪淫佚之行。凡奸邪之心，飢寒而起，淫佚者，久飢之詭也。彫文刻鏤，害農事者也。錦繡纂組，傷女工者也。農事害，則飢之本也。女工傷，則寒之原也。飢寒並至而能不爲奸邪者，未之有也。男女飾美以相矜而能無淫佚者，未嘗有也。故上不禁

技巧，則國貧民侈，國貧窮者爲奸邪，而富足者爲淫佚，則驅民而爲邪也。民以爲邪，因以法隨誅之，不赦其罪，則是爲民設陷也。刑罰之起有原，人主不塞其本而替其末，傷國之道乎？」文侯曰：「善。」以爲法服也。

秦穆公閑，問由余曰：「古者明王聖帝，得國失國，當何以也？」由余曰：「臣聞之，當以儉得之，以奢失之。」穆公曰：「願聞奢儉之節。」由余曰：「臣聞堯有天下，飯於土簋，啜於土瓶，其地南至交阯，北至幽都，東西至日所出入，莫不賓服。堯釋天下，舜受之，作爲食器，斬木而裁之，銷銅鐵，脩其刃，猶漆黑之以爲器。諸侯侈，國之不服者十有三。舜釋天下而禹受之，作爲祭器，漆其外而朱畫其内，縵帛爲茵褥，觴勺有彩，爲飾彌侈，而國之不服者三十有二。夏后氏以没，殷周受之，作爲大器，而建九傲，食器彫琢，觴勺刻鏤，四壁四帷，茵席雕文，此彌侈矣，而國之不服者五十有二。君好文章，而服者彌侈，故曰儉其道也。」由余出，穆公召内史廖而告之曰：「寡人聞鄰國有聖人，敵國之憂也。今由余聖人也，寡人患之。吾將奈何？」内史廖曰：「夫戎辟而遼遠，未聞中國之聲也。君其遺之女樂以亂其政，而厚爲由余請期，以踈其間，彼君臣有間，然後可圖。」君曰：「諾。」乃以女樂三九遺戎王，因爲由余請期。戎王果見女樂而好之，設酒聽樂，終年不遷，馬牛

羊半死。由余歸諫，諫不聽，遂去，入秦，穆公迎而拜爲上卿。問其兵執，與其地利，既以得矣，舉兵而伐之，兼國十二，開地千里。穆王耆主，能聽賢納諫，故霸西戎，西戎淫於樂，誘於利，以亡其國，由離質樸也。

經侯往適魏太子，左帶羽玉具劍，右帶環佩，左光照右，右光照左。坐有頃，太子不視也，又不問也。經侯曰：「魏國亦有寶乎？」太子曰：「有。」經侯曰：「其寶何如？」太子曰：「主信臣忠，百姓上戴。此魏之寶也。」經侯曰：「吾所問者，非是之謂也。乃問其器而已。」太子曰：「有。徒師沼治魏而市無預賈，郄辛治陽而道不拾遺，芒卯在朝而四鄰賢士無不相因而見。此三大夫乃魏國之大寶。」於是經侯默然不應，左解玉具，右解環佩，委之坐，愀然而起，默然不謝，趨而出，上車驅去。魏太子使騎操劍佩逐與經侯，使告經侯曰：「吾無德所寶，不能爲珠玉所守。此寒不可衣，飢不可食，無爲遺我賊。」於是經侯杜門不出，傳死。

晋平公爲馳逐之車，龍旌衆色，挂之以犀象，錯之以羽芝。車成，題金千鎰，立之於殿下，令羣臣得觀焉。田差三過而不一顧，平公作色大怒，問田差：「爾三過而不一顧，何爲也？」田差對曰：「臣聞說天子者以天下，說諸侯者以國，說大夫者以官，說士者以事，說農夫者以食，說婦姑者以織。桀以

奢亡，紂以淫敗，是以不敢顧也。」平公曰：「善。」乃命左右曰：「去車！」

魏文侯御廩災，文侯素服辟正殿五日，羣臣皆素服而弔，公子成父獨不弔。文侯復殿，公子成父趨而入賀，曰：「甚大善矣！夫御廩之災也。」文侯作色不悅，曰：「夫御廩者，寡人寶之所藏也。今火災，寡人素服辟正殿，羣臣皆素服而弔。至於子，大夫而不弔。今已復辟矣，猶入賀何爲？」公子成父曰：「臣聞之，天子藏於四海之内，諸侯藏於境内，大夫藏於其家，士庶人藏於篋櫝。非其所藏者不有天災，必有人患。今幸無人患，乃有天災，不亦善乎！」文侯喟然歎曰：「善！」

齊桓公謂管仲曰：「吾國甚小，而財用甚少，而羣臣衣服輿駕甚汰，吾欲禁之，可乎？」筦仲曰：「臣聞之，君嘗之，臣食之。君好之，臣服之。今君之食也，必桂之漿，衣練紫之衣，狐白之裘。此羣臣之所奢大也。《詩》云：『不躬不親，庶民不信。』君欲禁之，胡不自親乎？」桓公曰：「善。」於是更制練帛之衣，太白之冠，朝一年而齊國儉也。

季文子相魯，妾不衣帛，馬不食粟。仲孫他諫曰：「子爲魯上卿，妾不衣帛，馬不食粟，人其以子爲愛，且不華國也。」文子曰：「然乎？吾觀國人之父母衣麤食蔬，吾是以不敢。且吾聞君子以德華國，不聞以妾與馬。夫德

者得於我，又得於彼，故可行。若淫於奢侈，沈於文章，不能自反，何以守國？」仲孫它（一本作「悊」）而退。

趙簡子乘弊車瘦馬，衣羖羊裘，其宰進諫曰：「車新則安，馬肥則往來疾，狐白之裘温且輕。」簡子曰：「吾非不知也。吾聞之，君子服善則益恭，細人服善則益倨。我以自備，恐有細人之心也。傳曰：『周公位尊愈卑，勝敵愈懼，家富愈儉，故周氏八百餘年，此之謂也。』」

魯築郎囿，季平子欲速成，叔孫昭子曰：「安用其速成也？以虐其民，其可乎？無囿尚可乎，惡聞嬉戲之游，罷其所治之民乎？」

衛叔孫文子問於王孫夏曰：「吾先君之廟小，吾欲更之，可乎？」對曰：「古之君子，以儉爲禮。今之君子，以汰易之。夫衛國雖貧，豈無文履一奇，以易十稷之繡哉？以爲非禮也。」文子乃止。

晉文公合諸侯而盟曰：「吾聞國之昏，不由聲色，必由姦利。好樂聲色者，淫也。貪姦者，惑也，夫淫惑之國，不亡必殘。自今以來，無以美妾疑妻，無以聲樂妨正，無以姦情害公，無以貨利示下。其有之者，是謂伐其根素，流於華葉。若此者，有患無憂，有寇勿弭。不如言者盟示之。」於是君子

聞之曰：「文公其知道乎？其不王者猶無佐也。」

晏子飲景公酒，日暮，公呼具火，晏子辭曰：「《詩》曰：『側弁之俄。』言失德也。『屢舞傞傞。』言失容也。『既醉以酒，既飽以德。』『既醉而出，並受其福。』賓主之禮也。『醉而不出，是謂伐德。』賓主之罪也。嬰已卜其日，未卜其夜。」公曰：「善。」舉酒而祭之，再拜而出，曰：「豈過我哉？吾託國於晏子也。以其家貧善寡人，不欲淫侈也，而況與寡人謀國乎？」

楊王孫病且死，令其子曰：「吾死欲倮葬，以返吾真，必無易吾意。」祁侯聞之，往諫曰：「竊聞王孫令葬必倮而入地，必若所聞，愚以爲不可。令死人無知則已矣，若死有知也，是戮尸於地下也，將何以見先人？愚以爲不可！」王孫曰：「吾將以矯世也。夫厚葬誠無益於死者，而世競以相高，靡財殫幣，而腐之於地下。或乃今日入而明日出，此真與暴骸於中野何異？且夫死者，終生之化而物之歸者。歸者得至，而化者得變，是物各返其真。其真冥冥，視之無形，聽之無聲，乃合道之情。夫飾外以誇衆，厚葬以矯真，使歸者不得至，化者不得變，是使物各失其然也。且吾聞之，精神者，天之有也，形骸者，地之有也。精神離形而各歸其真，故謂之鬼。鬼之爲言歸也，其尸塊然獨處，豈有知哉？厚裹之以幣帛，多送之以財貨，以奪生者財用。古聖人緣人

情，不忍其親，故爲之制禮。今則越之，吾是以欲倮葬以矯之也。昔堯之葬者，空木爲櫝，葛藟爲緘。其穿地也，下不亂泉，上不泄臭。故聖人生易尚，死易葬，不加於無用，不損於無益，謂今費財而厚葬，死者不知，生者不得用，謬哉！可謂重惑矣。」祁侯曰：「善。」遂倮葬也。

魯有儉者，瓦鬲煑食，食之而美，盛之土鉶之器，以進孔子。孔子受之，歡然而悦，如受太牢之饋。弟子曰：「瓦甂，陋器也。煑食，薄膳也。而先生何喜如此乎？」孔子曰：「吾聞好諫者思其君，食美者念其親，吾非以饌爲厚也，以其食美而思我親也。」

晏子病，將死，斲楹内書焉，謂其妻曰：「楹也語，子壯而視之！」及壯發書，書之言曰：「布帛不窮，窮不可飾。牛馬不窮，窮不可服。士不可窮，窮不可任。窮乎？窮乎？窮也！」

仲尼問老聃曰：「甚矣！道之於今難行也！吾北執道委質以當世之君，而不我受也。道之於今難行也。」老子曰：「夫説者流於聽，言者亂於辭，如此二者，則道不可委矣。」

子貢問子石：「子不學《詩》乎？」子石曰：「吾暇乎哉？父母求吾孝，兄弟求吾悌，朋友求吾信。吾暇乎哉？」子貢曰：「請投吾師，以學於子。」

公明宣學於曾子，三年，不讀書。曾子曰：「宣，而居參之門，三年不學，何也？」公明宣曰：「安敢不學？宣見夫子居宮庭，親在，叱吒之聲未嘗至於犬馬，宣說之，學而未能。宣見夫子之應賓客，恭儉而不懈惰，宣說之，學而未能。宣見夫子之居朝廷，嚴臨下而不毀傷，宣說之，學而未能。宣說此三者，學而未能，宣安敢不學而居夫子之門乎？」曾參避席謝之曰：「參不及宣，其學而已。」

魯人身善織屨，妻善織縞，而徙於越。或謂之曰：「子必窮！」魯人曰：「何也？」曰：「屨爲履，縞爲冠也。而越人徒跣翦髮，遊不用之國，欲無窮，可得乎？」

劉向說苑卷第二十終

朝鮮刊本酉陽雜俎

［韓］閔寬東
［韓］鄭榮豪　整理
陳文新

目録

酉陽雜俎題解

一、《酉陽雜俎》在韓國的傳播與接受

《酉陽雜俎》是唐代的一部筆記小説集，與晋張華《博物志》相類。作者段成式（八〇三—八六三），字柯古，臨淄（今山東淄博東北）人。段成式以蔭入官，爲秘書省校書郎，累遷至吉州刺史，終太常少卿。所著以《酉陽雜俎》最爲著名。相傳酉陽山下有石穴，中藏書千卷。秦時有人避亂隱居於此。梁元帝爲湘東王時，鎮荆州，好聚書，賦有「訪酉陽之逸典」之語。《新唐書》稱段成式「博學强記，多奇篇秘笈」，因而以家藏秘笈與酉陽逸典相比。其書内容廣泛駁雜，故以《酉陽雜俎》爲名。〔一〕《酉陽雜俎》有前卷二十卷、續集十卷，共三十卷。所記有仙佛鬼恠、人事、動物、植物、酒食、寺廟等，分類編録。

筆者擬首先考察《酉陽雜俎》在韓國的傳入時間和引起政治紛争的原因，然後分析在韓國出版的版本和韓國目前所藏版本的價值，并研究《酉陽雜俎》在韓國傳入後的接受過程和影響。

（一）《酉陽雜俎》傳入韓國和政治紛争

段成式的《酉陽雜俎》究竟於何時傳入韓國已無法考證。高麗時代已有《山海經》《新序》《説苑》《搜

〔一〕寧稼雨：《中國文言小説總目提要》，齊魯書社，一九九四年，第一〇六頁。

神記》《嵇康高士傳》《世説新語》《太平廣記》之類小説傳入韓國的記録。高麗中期以後，高麗文人所寫的漢詩中，可發現出自《酉陽雜俎》的典故。[一]所以《酉陽雜俎》傳到韓國的時間約在高麗時代中期以前。

該書最初傳入韓國的記録見於徐居正（一四二〇—一四八八）的《筆苑雜記》序文，此序文一四八六年由表沿沫所作。[二]此後與該書有關的記録可見於《朝鮮王朝實録》的《成宗實録》（卷二八五、一九—二〇，成宗二十四年十二月二十八日，戊子）。成宗二十四年（一四九三）因朝廷刊行《酉陽雜俎》而發生了彈劾事件，表面上看起來是單純的出版問題，但其實質是士林派的金諶等人以勛舊派的李克墩出版《酉陽雜俎》爲由而發動的一起政治事件。其記録如下：

弘文館副提學金諶等上劄子曰：「伏聞頃者李克墩爲慶尚監司，李宗準爲都事時，將所刊《酉陽雜俎》《唐宋詩話》《遺山樂府》及《破閑》《補閑集》《太平通載》等書以獻，既命藏之府内，旋下《唐宋詩話》《破閑》《補閑》等集，令臣等略注歷代編年號、人物出處以進。臣等竊惟帝王之學，潛心經史，以講究修齊治平之要，治亂得失之迹耳，外此皆無益於治道，而有妨於聖學。克墩等豈不知《雜俎》《詩話》等書，爲恠誕不經之説，浮華戲劇之詞，而必進於上者，知殿下留意詩學而中之也。人主所尚，趨之者衆，克墩尚爾，况媒進者乎？

[一] 段成式撰、鄭焕局譯：《譯註酉陽雜俎》，韓國召命出版社，二〇一一年，第二〇頁。
[二] 表沿沫，《筆苑雜記》序，孫秉國：《〈酉陽雜俎〉的形成和收容樣相》，韓國《韓國語文學研究》第四十一輯，二〇〇三年，第一八一頁。

若此怪誕戲劇之書，殿下當如淫聲美色而遠之，不宜爲内府秘藏，以資乙夜之覽。請將前項諸書，出府外藏，以益聖上養心之功，以杜人臣獻諛之路。」傳曰：「如爾等之言，以《酉陽雜俎》等書，爲怪誕不經，則《國風》在傳所載，盡皆純正歟？近來印頒《事文類聚》，亦不載如此事乎？若曰人君不宜觀此等書，則當唯讀經書乎？克墩識理大臣，豈知其不可而爲之哉！前者柳輊爲慶尚監司時，書《十漸疏》於屏進之，議者以爲阿諛，今所言亦如此也。予前日命汝等略注此書，必汝等憚於注解而有是言也。既知其不可，則其初何不云爾。」〔一〕

如上文所記，事件的核心是：時任副提學金諶以李克墩所刊行的《酉陽雜俎》與《太平通載》等書内容荒誕不經爲由彈劾李克墩。他詰責下令注解《稗官雜記》等書的王（成宗），奏請王上應遠離這些荒誕不經的書籍，潛心修習經史，修身養性。上文還記述了王（成宗）對金諶等人的反詰：「是否因害怕注解這些典籍難度太大，才如此進言？」隨着彈劾事件日益嚴重，次日（一四九三年十二月二十九日）當事者李克墩謁見王上，就書籍出版原委做出説明：

己丑……吏曹判書李克墩來啓：「《太平通載》《補閑》等集，前監司時已始開刊，劉向《説苑》《新序》，非徒有關於文藝，亦帝王治道之所繫，《酉陽雜俎》雖雜以不經，亦博覽者所宜涉獵，臣令開刊。

〔一〕《朝鮮王朝實録·成宗實録》，卷二八五，第一九—二〇頁。

前日諸道新刊書册，進上有命，故進封耳。未知何書爲關於詩學，而指臣爲中之乎？」〔一〕

當時李克墩任吏曹判書，而主導彈劾事件的金諶則任職弘文館副提學。這一彈劾事件的結果，反倒變得對金諶等人不利。金諶等人亦謁見王上，急切申辯：

副提學金諶等來啓曰：「《唐宋詩話》《破閑》《補閑》等集注解事，以臣等爲厭憚，前此《事文類聚》爲先校正事承傳故，未即注解。人臣受命，雖蹈湯赴火，且不敢避，况此文墨細事，豈有一毫厭憚之情。臣等萬無是心。臣等俱以劣能待罪侍從，以爲詩學，人主之末事，常恐聖上或有留意。克墩以識理大臣，獻此不經戲劇之書，臣等心實非之，故啓之耳。安敢求疵於不疵，造辭於無辭乎？承注解之命，不即論啓，誠如上教人臣之義，有懷必達，豈以言之早晚，敢避形迹乎？今承下教，不勝隕越。請待罪。」傳曰：「予未知爾等所言之意。《酉陽雜俎》等書，雖雜以不經之説，然《國風》亦載淫亂之辭，而有請於經筵，不以進講者，後人多議其非。人主當觀善惡爲勸戒，若如爾等之言，則近印《事文類聚》，其無不經之説乎？然則内藏諸書，將書搜出，而人君唯讀四書五經而已耶？命注此集，在於八月而迄，不書進，責有所歸，而今反有是言，何耶？爾等必憚於考閲，而求其説也。然勿待罪。」〔二〕

〔一〕《朝鮮王朝實録·成宗實録》，卷二八五，第二一頁。
〔二〕《朝鮮王朝實録·成宗實録》，卷二八五，第二一頁。

金諶等人這次謁見王上的時間是一四九三年十二月二十九日。表面看來，當時争論的焦點是：金諶等人因這些書籍内容荒誕不經，又兼有許多淫詞豔句，而持排斥態度。與此相反，王上與李克墩等人，主張「爲君者，應細查善惡，方能引以爲戒」。但實際上，這是勛舊派與士林派之間的一次政治紛争。當時的士林派以弘文館爲中心，不斷擴張勢力，其代表人物有金宗直、金宏弼、丁汝昌、金諶、李宗準、金馹孫等。他們在追求實現儒家政治理想的過程中，與根基深厚的勛舊派之間，産生了嚴重的政治摩擦。李克墩屬於勛舊派，而金諶則是與他呈對立關係的士林派成員。

《酉陽雜俎》的出版，據成均館館藏《酉陽雜俎》跋文所録「壬子……廣原李士高（李克墩的字）識」與「月城李宗準謹識」可知，主持出版事務的應爲李克墩與李宗準兩人；刊出後，上呈王上的也是慶尚監司李克墩與時任都事一職的李宗準。有趣的是，他們雖一起共事，李宗準却并未成爲彈劾的對象。個中原因在於，李克墩爲勛舊派人物，李宗準則爲以金宗直爲首的士林派人物。

與《酉陽雜俎》傳入韓國相關的記録，還見於金安老的《退樂堂集》、退溪的《退溪集》、李睟廣的《芝峰類説》、李瀷的《星湖僿説》、李圭景的《五洲衍文長箋散稿》、朴趾源的《熱河日記》、李德懋的《青莊館全書》等，《與猶堂全書》《研經齋集》《海東繹史》中也有記載。〔一〕

〔一〕段成式撰、鄭焕局譯：《譯註酉陽雜俎》，韓國召命出版社，二〇一一年，第二一頁。

(二)《酉陽雜俎》在韓國的出版

《酉陽雜俎》在朝鮮時代成宗二十三年(一四九二)以《唐段少卿酉陽雜俎》爲名出版,時任慶尚監司的李克墩與都事李宗準主持刊行。

與《酉陽雜俎》相關的出版記録,在宣祖元年(一五六八)刊行本《攷事撮要》中亦可查見。

宣祖元年(一五六八)刊行本《攷事撮要》,五百五十七種中:

原州:《剪燈新話》,江陵:《訓世評話》,南原:《博物志》,淳昌:《效顰集》《剪燈餘話》,光州:《列女傳》,安東:《説苑》,草溪:《太平廣記》,慶州:《酉陽雜俎》,晋州:《太平廣記》。

宣祖十八年(一五八五)刊行本《攷事撮要》,九百八十八種中:

延安:《玉壺冰》,固城:《玉壺冰》,慶州:《兩山墨談》,昆陽:《花影集》。〔一〕

依據宣祖元年(一五六八)刊行本《攷事撮要》的記録,可以發現,《酉陽雜俎》已在月城(慶州)刊行。成均館大學所藏《酉陽雜俎》的跋文中便有「月城李宗準謹識」的記録。可以確定,此記録中所指書册,便是成宗二十三年(一四九二)李克墩主持發刊的《唐段少卿酉陽雜俎》。

《唐段少卿酉陽雜俎》的最初木版本,現分散收藏於誠庵文庫、奉化冲齋宗宅、成均館大學等處,没有完整本。而版本則有28cm×16.5cm、29cm×16.8cm、26.9cm×17.5cm、29.2cm×16.8cm等,卷册也有二十卷二册本或二十卷三册本,可能是因爲後世有覆印的緣故。

〔一〕致雨:《〈攷事撮要〉册版目録和其收録刊本研究》,韓國亞細亞文化社,二〇〇七年。

忠志

唐段少卿酉陽雜俎卷之一

忠志

高祖少神勇隋末嘗以十二人破草賊號无端兒數萬又龍門戰盡一房箭中八十人

太宗虬鬚嘗戲張弓挂矢好用四羽大笴長常箭一膚射洞門闔上嘗觀漁於西宮見魚躍焉問其故漁者曰此當乳也於是中網而止

骨利幹國獻馬百疋十疋尤駿上爲製名決波騟者近後足有距走歷門三限不躓上尤惜之

隋內庫有交臂玉猴二臂相貫如連環將表其轡

畫圖一　奉化 冲齋博物館 所藏本

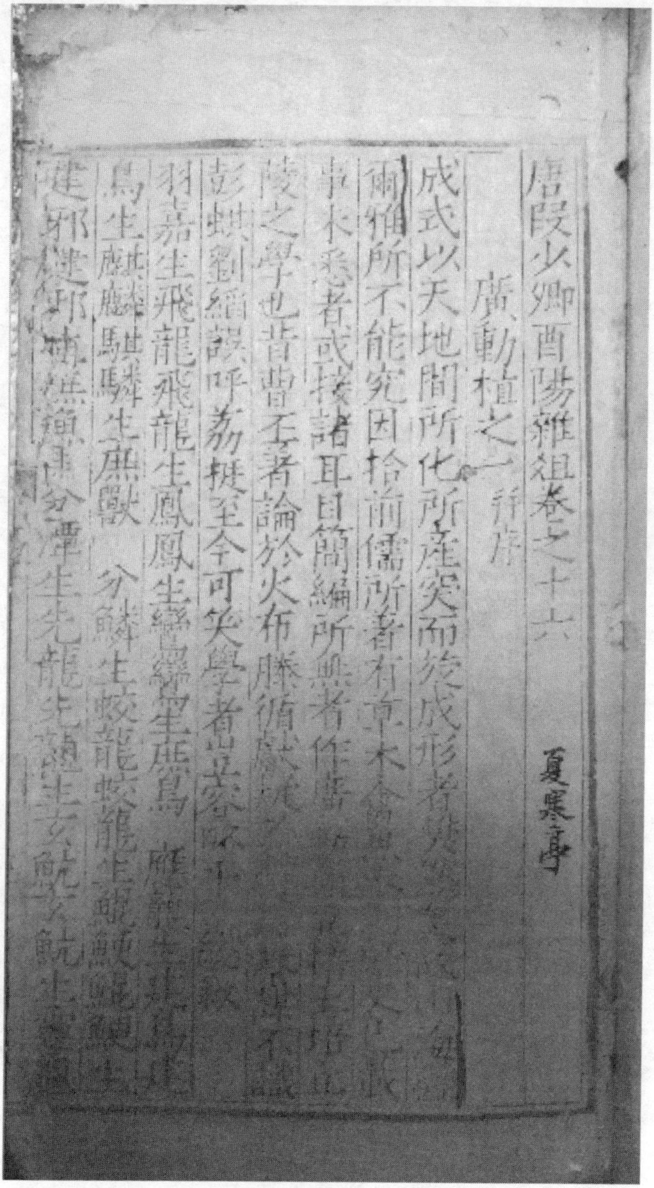

書圖二　榮州 嘯皐祠堂本（紹修書院所藏）

榮州紹修書院本《酉陽雜俎》，現存僅一册，卷十六至卷二十。此版書册應爲總二十卷四册，版廓爲四周雙邊，上下白口與上下向黑魚尾，一頁十行二十三字。

榮州嘯皐祠堂本（現藏於紹修書院）《酉陽雜俎》刊行地不明，十六世紀版本，紙質爲和紙。與奉化冲齋博物館所藏版本《唐段少卿酉陽雜俎》比較，冲齋博物館所藏版本（一四九二年）刊行較早，嘯皐祠堂本問世甚晚。〔一〕

（三）《酉陽雜俎》在韓國所見的版本概況

《酉陽雜俎》有前卷二十卷，續卷十卷，共三十卷，其書篇目如下。

【前集】

卷一：忠志、禮異、天咫　　卷二：玉格、壺史

卷三：貝編　　卷四：境異、喜兆、禍兆、物革

卷五：詭習、恠術　　卷六：藝絶、器奇、樂

卷七：酒食、醫　　卷八：黥、雷、夢

〔一〕嘯皐祠堂本現由紹修書院委托管理。閔寬東、劉僖俊、朴桂花合著：《韓國所藏中國文言小説的版本目録和解題》，韓國學古房，二〇一三年，第三三八頁。

内容涉及仙、佛、鬼、恠、道、妖、人、動、植、酒、食、夢、盜墓、預言、凶兆、雷、喪葬、刺青、珍寶、政治、宫廷秘聞、八卦談資、科技、民風、醫藥、礦産、生物、超自然現象、壁畫、天文、地理等，可謂包羅萬象。在記叙志恠故事的同時，《酉陽雜俎》還爲後人保存了唐朝大量的珍貴歷史資料、遺聞逸事和民間

風情。《忠志》《詭習》《恠術》《藝絶》《盜俠》《語資》等部分小説意味濃厚，《諾臯記》二卷與《支諾臯》三卷，多虚構故事，藝術性很强。

《酉陽雜俎》并非一次寫就。前集二十卷大略成書於唐會昌（八四一—八四六）與大中（八四七—八五九）年間。續集二十卷則爲大中七年（八五三）以後寫就。此書的最早版本爲南宋嘉定七年（一二一四）永康周登出版刊行的前二十卷。九年後，嘉定十六年（一二二三）武陽鄧復再次將續集十卷搜集整理，與前二十卷一起并作三十卷刊出。南宋理宗淳祐十年（一二五〇）廣文彭氏等又將此書予以擴充并再次印出。〔一〕但該版本如今已經失傳。

現存版本有明代脉望館刻本（趙琦美等校勘的趙本、《四部叢刊》影印本、三十卷本）、明代商濬的《稗海》本（二十卷本）、明末清初毛晋的《津逮秘書》本（三十卷本）、清代張海鵬的《學津討源》本（三十卷本）、《叢書集成初編》本（三十卷本）等。一九八一年中華書局出版了由方南生以趙琦美本爲底本，補充而成的點校本。〔二〕

中國現存最早的完帙本爲明代萬曆三十六年（一六〇八）李雲鵠以趙琦美的校補本爲據刊行的版本。此版本比朝鮮時代李克墩刊出的一四九二年本晚一百一十五年。如此説來，朝鮮時代出版的《唐段少卿酉陽雜俎》爲《酉陽雜俎》各版本的原型，可以説是最有價值的版本。日本也自行出版過《酉陽雜俎》，時間是元禄十年

〔一〕方南生：《酉陽雜俎》（點校本），中華書局，一九八一年，前言。

〔二〕陳文新、閔寬東合著：《韓國所見中國古代小説史料》，武漢大學出版社，二〇一一年，第九一頁。

（一六九七），比中國的李雲鵠本還要晚一些。

下表爲在韓國主要圖書館所藏《酉陽雜俎》的版本目録[一]：

書名	出版事項	版式狀況	一般事項	所藏處
唐段少卿酉陽雜俎	段成式（唐）撰，成宗二十三年（一四九二）刊	零本一册（卷一—十），朝鮮木版本，29.2cm×16.8cm，四周雙邊，半郭：18.6cm×12.3cm，有界，十行十九字，上下大黑口，上下内向黑魚尾，紙質：楮紙	序：唐太常少卿段成式，所藏卷一—十	奉化郡冲齋宗宅
唐段少卿酉陽雜俎	段成式（唐）撰，成宗二十三年（一四九二）刊	十卷一册（卷十一—二十），朝鮮木版本，29cm×16.8cm，四周雙邊，半郭：18.4cm×12.5cm，有界，十行十九字，注雙行，内向黑魚尾，紙質：楮紙	表題：酉陽雜俎，版心題：俎，跋：弘治壬子（一四九二）……李士高識，印記：權熙淵花山世家實言	誠庵文庫
唐段少卿酉陽雜俎	段成式（唐）撰，月城（慶州），成宗二十三年（一四九二）刻	二十卷三册，朝鮮木版本，28cm×16.5cm，四周雙邊，半郭：17.6cm×12.5cm，有界，十行十九字，大黑口，内向黑魚尾，紙質：楮紙	版心題：俎，跋：募工刊於月城廣流布……弘治壬子（一四九二）臘前二日廣原李士高識，備考：卷六—十三紙葉中央毁損	成均館大學

〔一〕閔寬東、劉僖俊、朴桂花合著：《韓國所藏中國文言小説的版本目録和解題》，韓國學古房，二〇一三年。

唐段少卿酉陽雜俎	段成式（唐）撰，成宗二十三年（一四九二）刊	八卷一冊（現存：卷十二—十五，十七—二十），朝鮮木版本，26.9cm×17.5cm，四周雙邊，十行十九字，半郭：18.4cm×12.5cm，有界，注雙行，上下小黑口，上向黑魚尾，紙質：楮紙	版心題：俎，跋：弘治壬子（一四九二）……李士高識，……弘治五年（一四九二）……李宗準謹識……弘治壬子（一四九二）……睡翁崔應賢寶臣謹志	誠庵文庫
唐段少卿酉陽雜俎	十六世紀刊（推定）	零本一冊（卷十六—二十），朝鮮木版本，28cm×18cm，四周雙邊，半郭：21.7cm×14cm，有界，十行二十三字，上下白口，上下向黑魚尾，紙質：和紙	藏書記：夏寒亭，二十卷四冊中卷十六—二十（一冊）現存於紹修書院	榮州嘯皐祠堂
酉陽雜俎	段成式（唐）撰，刊寫地、刊寫者未詳，元禄十年（一六九七）	二十卷八冊，日本木版本，27cm×19cm		國立中央圖書館
酉陽雜俎	段成式（唐）撰，明版本	二十卷二冊，中國木版本，25.4cm×16cm	序：段成式	奎章閣
酉陽雜俎	段成式（唐）撰，毛晋（明）訂，刊年未詳	二十卷四冊，中國木版本，24.7cm×15.2cm，四周單邊，半郭：18.4cm×13.2cm，九行十九字，注雙行，無魚尾	序：（唐）段成式，識：（明）毛晋	國立中央圖書館

酉陽雜俎	段成式（唐）撰，刊寫地、刊寫者、刊寫年未詳	四册，中國木版本		李朝書院（三溪書院）
酉陽雜俎	段成式（唐）撰，毛晉（明）訂，明朝年間	二十卷五册，中國木版本，24.5cm×15.5cm，左右雙邊，半郭：18.5cm×13.2cm，有界，九行十九字，注雙行，紙質：竹紙	序：唐太常少卿段成式撰：酉陽雜俎凡三十篇爲二十卷不以此間録味也，跋：以此爲吸矢云湖南毛晉識	韓國學中央研究院
酉陽雜俎	段成式（唐）撰，刊寫地、刊寫者、刊寫年未詳	十二卷二册（缺帙，卷一—十二），24.1cm×15.7cm，四周雙邊，半郭：18.1cm×12.8cm，有界，九行二十四字，注雙行，花口，内向二葉花紋魚尾	表題：臨川李穆堂輯酉陽雜俎本衙藏版，序：段成式	檀國大學圖書館
酉陽雜俎	段成式（唐）撰，刊寫地、刊寫者、刊寫年未詳	八卷二册（缺帙，卷十三—二十），24cm×15.6cm，四周雙邊，半郭：18.1cm×12.8cm，有界，九行二十四字，花口内向二葉花紋魚尾		檀國大學圖書館
酉陽雜俎	段成式（唐）撰，上海文瑞樓，刊寫年未詳	二十卷三册（續集十卷二册，共五册，卷一—二十，續集卷一—十），20cm×13.2cm，四周雙邊，半郭：16.4cm×11.8cm，有界，十四行三十一字，上下向黑魚尾	表題：正續酉陽雜俎，刊記：上海文瑞樓印行	東亞大學

酉陽雜組	段成式（唐）撰，清光緒元年（一八七五）刊	二十卷二册，中國木版本，26.7cm×17.5cm，四周雙邊，半郭：18.7cm×14cm，有界，十二行二十四字，注雙行，上下小黑口，内向黑魚尾，紙質：綿紙	序：段成式序，識：湖南毛晋識，刊記：光緒紀元夏月湖北崇文書局開雕	仁壽文庫
唐段少卿酉陽雜俎	唐太常少卿臨淄柯古段成式撰，明四川道監察御史内鄉李雲鵠校，後印	三十卷（前集二十卷，續集十卷）四册，中國石印本，20cm×14cm		嶺南大學汶坡文庫

可以看出，在韓國的主要圖書館，朝鮮版本、中國版本以及日本版本的《酉陽雜俎》都有收藏。其中，以朝鮮一四九二年發刊的版本爲最早，收藏於誠庵文庫與奉化冲齋宗宅以及成均館大學等處。此後刊行的爲滎州嘯皐祠堂本。此版本學界關注度很高，對於書志學研究有很高的價值。

在中國現存最早的完帙本爲脉望館刻本，明代萬曆三十六年（一六〇八）李雲鵠據趙琦美的校補本刊行。此本在韓國已失傳。後世重訂李雲鵠本現藏於嶺南大學。

在中國版本中，明末清初毛晋的《津逮秘書》本（三十卷本、一頁九行十九字、中國木版本）藏於奎章閣、國立中央圖書館、韓國學中央研究院等處。這些版本是明末清初刊行的。其他版本，大部分是清代中後期毛晋本的翻印本，大體爲一頁十四行三十一字本或十二行二十四字，以二十卷四册本和三十卷四册本爲主。

國立中央圖書館所藏一六九七年日本刊行的木版本《酉陽雜俎》也受到一定關注。筆者最近就《酉陽雜俎》的日本刊行本向日本學者大塚秀高咨詢。他寄來了長澤規矩也所著《和刻本漢籍分類目録》的資料。其資料如下：

《酉陽雜俎》二十卷，續集十卷，《津逮秘書》本，唐段成式撰，明毛晋校，刊行本，大10。

上同，上同，（元禄十印，京，井上忠兵衛等），大10。

上同，上同，（後印，京，弘簡堂須磨勘兵衛），大6。〔一〕

此處第二項所録，便是元禄十年（一六九七）本，即現今韓國國立中央圖書館所藏版本。依據以上記録，可確認《酉陽雜俎》在日本也曾多次刊行，但出版時間要比朝鮮晚大約二百餘年。

（四）《酉陽雜俎》在韓國的接受情況

縱觀朝鮮時代文獻中的記録以及在韓國出版的版本狀況，可以確認，《酉陽雜俎》曾受到極大的關注。

1. 民間故事的接受

《酉陽雜俎》對韓國散文文學起到了巨大的影響，在民間故事方面更爲突出，被譽爲《興夫傳》傳説起源的《旁㐌傳説》，很早就成爲韓國古典文學界矚目的焦點。當時與《酉陽雜俎》相關聯，并傳入韓國的代表性

〔一〕長澤規矩也：《和刻本漢籍分類目録》，日本汲古書院，昭和五十一年（一九七六）十月，第一四七頁。

作品，可簡單歸納如下：

旁㐌兄弟金錐鼻長説話（《興夫傳》前身）：《酉陽雜俎》續集，卷一《支諾皐》。

青蛙傳説：《酉陽雜俎》（《太平廣記》卷三八九《渾子》）。

콩쥐팥쥐说话：《酉陽雜俎》《叶限》。

韓滉故事（朴東亮的《寄齋雜記》）：《酉陽雜俎》續集，卷四《貶誤》（《太平廣記》卷一七二）。[一]

此外，《酉陽雜俎》續集，卷三《支諾皐》中的「李簡和張弘毅的故事」與韓國的《壅固執傳》有所關聯，《酉陽雜俎》卷十六《羽篇》中的「天帝女故事」也跟韓國的「金剛山仙女説話」有所聯繫。

2. 對於新學的好奇心與欲求

朝鮮前期，從獲取新知識的角度看，最有魅力的書籍，莫過於《酉陽雜俎》了。李圭景（一七八八—一八五六）《五洲衍文長箋散稿》有云：「世以稗官小説專歸無徵者，亦爲俗見也。或有可補史牒者，《虞初》《西陽》之所録者是已，不可廢也。」[二]可見此書確實滿足了當時文人們的求知心與好奇心。再加上《酉陽雜俎》中，間或出現與新羅、高句麗以及百濟相關的故事，因而更受大衆關注。

[一] 參見孫秉國：《〈酉陽雜俎〉的形成和收容樣相》，韓國《韓國語文學研究》第四十一輯，二〇〇三年，第一八六—一九二頁。

[二] 《五洲衍文長箋散稿》卷四五，影印本下，第四四六頁。《稗官小説亦有徵補辨證説》。

3. 博物志的作用與書志狀况的考證

《酉陽雜俎》在韓國也曾用作其他用途，如用作博物志或典籍的考證。李圭景《五洲衍文長箋散稿》卷七經史篇四、經史雜類二、典籍雜説、古今書籍名目辨證説等門目中都涉及《酉陽雜俎》：

如段成式《酉陽雜俎》，有《玉格》一卷。所記鬼神詳異，而類之譜録中，蓋以爲品玉之書。元撰《樹萱録》一卷，入草木類，蓋以爲種樹之書。古之文章博識，亦有此患，可不念哉。愚故爲此辨，然則漏萬掛一也，覽者勿譏其少焉。如書名：

《齊諧記》（者）：見《莊子》，齊諧志恠者也。

《虞初志》（者）：虞初，漢時小吏，衣黄乘輜，采訪天下異聞者也。

《虞初新志》：王晫張潮著。

《夷堅志》（者）：出《列子》云「夷堅聞而志之」者也。

《酉陽雜俎》（者）：唐段成式著。小酉山石穴，有書千卷，故名也。

《諾臯記》（者）：唐段成式著，引梗陽巫臯事者。《遁甲中經》云：住山林中，呪曰諾臯太陰將。

蓋諸臯乃太陰之名，太陰乃隱神之神也，取秘隱者也。〔一〕

《酉陽雜俎》包羅了唐代及此前的多種多樣的故事與奇物、奇人、風俗，甚至有關動植物的相關知識。通過此書，可以習得多方面的知識。

〔一〕《五洲衍文長箋散稿》卷七經史篇四、經史雜類二、典籍雜説、古今書籍名目辨證説（古典國譯叢書一五五，第二七六—二七七頁）。

二、朝鮮刊本《唐段少卿酉陽雜俎》之版本研究

——以冲齋宗宅本、成均館大學本、日本國會圖書館本爲中心

（一）版本研究現狀及研究方向

韓國學者對《酉陽雜俎》的研究成果僅有博士論文一篇、碩士論文二篇、短篇論文三篇、版本研究甚少。〔一〕朝鮮刊本《唐段少卿酉陽雜俎》中的冲齋宗宅本和日本國會圖書館本僅在二〇一四年閔寬東的《〈酉陽雜俎〉的國内流入和受容》及中國學者潘建國的《〈酉陽雜俎〉明初刊本考——兼論其在東亞地區的版本傳承關係》中被提及，此外無其他研究成果，對朝鮮版本的研究亦付闕如。韓國國内的先行研究表述了對朝鮮版本和中國

〔一〕 韓國相關先行研究有：《有關〈酉陽雜俎〉的傳入與受容之研究》（崔丁允，慶熙大學教育大學院，二〇一四年），《段成式的〈酉陽雜俎〉研究》（鄭暋暻，中國社會科學院，二〇〇二年；梨花女子大學大學院，二〇〇五年），《對〈酉陽雜俎〉盜俠篇武俠叙事的考察》（禹康植，《中國小説藝叢》三十七輯，二〇一二年），《〈酉陽雜俎〉的國内流入和受容》（閔寬東，《中國語文論譯叢刊》三十四輯，二〇一四年），《中國説話對韓國説話的影響：以〈酉陽雜俎〉爲中心》（孫秉國，《人文社會科學論文集》，二〇〇二年）等。國外相關研究比國内豐富，但直接論述與朝鮮刊本關係的研究只有兩篇：陳連山，《〈酉陽雜俎〉在李朝成宗時代的刊刻》（《中國典籍與文化》，一九九八年）；潘建國，《〈酉陽雜俎〉明初刊本考——兼論其在東亞地區的版本傳承關係》。陳連山僅以成均館大學藏本爲比較對象，潘建國對兩個刊本都做了考察，但主要以最完整的日本國會圖書館刊本和趙琦美的趙本（脉望館刻本，三十卷本）、明初刊本爲比較對象并叙述了兩者的相似性。

版本關係的見解。鄭暋暻在《段成式的〈酉陽雜俎〉研究》（中國社會科學院，二〇〇二）中以朝鮮刊本中的成均館大學藏本爲基礎，將其與中國版本進行了比較，指出其與明代萬曆三十六年（一六〇八）李雲鵠本相類似。但李雲鵠本乃以趙琦美之脉望館刻本爲據出版，與一四九二年的朝鮮刊本有着一百一十五年的間隔。近年來，中國學者潘建國在其論文中研究了成均館大學藏本和日本國會圖書館本，對日本國會圖書館本、趙本（趙琦美等校勘的脉望館刻本，三十卷本）及明初刊本進行了比較研究。他認爲趙本的確出版於明代萬曆年間，但由於具體出版年代不詳，只能將其推定爲明初本而非明初刊本，他對冲齋宗宅本没有叙述。

在此期間，筆者有幸獲得朝鮮成宗二十三年（一四九二）在半島刊行的《唐段少卿酉陽雜俎》之奉化郡冲齋宗宅所藏朝鮮刊本《唐段少卿酉陽雜俎》（卷一—十），成均館大學所藏《唐段少卿酉陽雜俎》（卷一—二十）和日本國會圖書館所藏朝鮮刊本《唐段少卿酉陽雜俎》（卷一—二十），感覺有必要對其内容進行詳細探究。有關朝鮮刊本在朝鮮半島的出版狀況，崔丁允的《有關〈酉陽雜俎〉的傳入與受容之研究》及閔寬東的《〈酉陽雜俎〉的國内流入和受容》已做詳細討論，但并没有對版本進行比較并指出其相異之處。因此，本研究意在將朝鮮版本中，二〇〇二年鄭暋暻在其博士論文中所介紹的成均館大學藏本，二〇一四年閔寬東所發現和介紹的冲齋宗宅本，二〇一四年孫遜、朴在淵、潘建國主編的《朝鮮所刊中國珍本小説叢刊》中所提及的日本國會圖書館本進行相互比較，并詳細探究三者的相異之處。同時，試圖通過與中國版本的比較來判别朝鮮版

本與中國現存版本中的哪一版本最爲相近。〔一〕特別是近年發現的冲齋宗宅本，海内外對其尚無詳細研討，筆者認爲將三版本進行比較研究是一項必不可少的工作，其研究結果可用於以後《唐段少卿酉陽雜俎》的復原出版。作爲底本和比較對象而使用的中國版本，筆者選用由方南生整理的《酉陽雜俎》（中華書局，一九八一年），此點校本易於將版本間的不同點辨别出來。〔二〕與此同時，也將對照日本元禄十年（一六九七）出版的日本木版本（國立中央圖書館藏本），探究其相異之處。

（二）朝鮮刊本《唐段少卿酉陽雜俎》的書志事項

朝鮮刊本《唐段少卿酉陽雜俎》最初於一四九二年以木版本形式刊行，現由誠庵文庫、奉化冲齋宗宅、成均館大學等收藏，没有完整本。版本大小不一，有28cm×16.5cm、29cm×16.8cm、26.9cm×17.5cm、

〔一〕年代經準確考證并爲學界所共同認可的中國版本有：明代趙琦美的趙本（脉望館刻本，三十卷本）、明代商濬的《稗海》本（二十卷本）、明末清初毛晉的《津逮秘書》本（三十卷本）、清代張海鵬《學津討源》本（三十卷本）四個版本。現方南生將趙琦美本做底本補充而成的點校本（三十卷本）由中華書局於一九八一年出版。在中國取得博士學位的韓國學者鄭暋暻和編寫《譯註酉陽雜俎》（韓國召命出版，二〇一一年）的鄭煥局同樣援用了方南生的點校本。

〔二〕鄭暋暻在《段成式的〈酉陽雜俎〉研究》（中國社會科學院，二〇〇二年）中提出朝鮮刊本《唐段少卿酉陽雜俎》與明代萬曆三十六年（一六〇八）李雲鵠本類似，但此版本是晚於朝鮮刊本一百一十五年的版本，是以趙琦美的脉望館刻本爲底本編纂而成，與李雲鵠本比較意義不大。

29.2cm×16.8cm 等尺寸差異。卷册數也不一樣，有二十卷二册版本、二十卷三册版本等，可以看出是後印本。〔一〕

韓國有關機構所藏朝鮮刊本《唐段少卿酉陽雜俎》的版本狀況

書名	出版事項	版式狀況	一般事項	所藏處/所藏番號
唐段少卿酉陽雜俎	段成式（唐）撰，成宗二十三年（一四九二）刊	零本一册（卷一—十），朝鮮木版本，29.2cm×16.8cm，四周雙邊，半郭：18.6cm×12.3cm，有界，十行十九字，上下大黑口，上下内向黑魚尾，紙質：楮紙	序：…唐太常少卿段成式，所藏：卷一—十	奉化郡冲齋宗宅 09-1935
唐段少卿酉陽雜俎	段成式（唐）撰，成宗二十三年（一四九二）刊	十卷一册（卷十一—二十），朝鮮木版本，29cm×16.8cm，四周雙邊，半郭：18.4cm×12.5cm，有界，十行十九字，注雙行，内向黑魚尾，紙質：楮紙	表題：酉陽雜俎，版心題：俎，跋：……弘治壬子（一四九二）……李士高識，印記：權熙淵花山世家實言	誠庵文庫 4-1412

〔一〕潘建國《〈酉陽雜俎〉明初刊本考——兼論其在東亞地區的版本傳承關係》（《朝鮮所刊中國珍本小説叢刊》，上海古籍出版社，二〇一四年）四四五頁説：「朝鮮刻本似流傳不廣，今知存世者僅日本國會圖書館及韓國成均館兩家藏本而已。」説明他對韓國國内所藏版本的狀況認知不周。

唐段少卿酉陽雜俎	段成式（唐）撰，月城（慶州），成宗二十三年（一四九二）刻	二十卷三册，朝鮮木版本，28cm×16.5cm，四周雙邊，半郭：17.6cm×12.5cm，有界，十行十九字，大黑口，内向黑魚尾，紙質：楮紙	版心題：俎，跋：募工刊於月城廣流布……弘治壬子（一四九二）臘前二日廣原李士高識，備考：卷六—十三紙葉中央毁損	成均館大學貴 D7C–16
唐段少卿酉陽雜俎	段成式（唐）撰，成宗二十三年（一四九二）刊	八卷一册（現存：卷十二—十五，十七—二十），朝鮮木版本，26.9cm×17.5cm，四周雙邊，十行十九字，半郭：18.4cm×12.5cm，有界，注雙行，上下小黑口，上向黑魚尾，紙質：楮紙	版心題：俎，跋：……弘治壬子（一四九二）……李士高識，……弘治五年（一四九二）……李宗準謹識……弘治壬子（一四九二）……睡翁崔應賢寶臣謹志	誠庵文庫 4–1413
唐段少卿酉陽雜俎	十六世紀刊（推定）	零本一册（卷十六—二十），朝鮮木版本，28cm×18cm，四周雙邊，半郭：21.7cm×14cm，有界，十行二十三字，上下白口，上下向黑魚尾，紙質：和紙	藏書記：夏寒亭，二十卷四册中現存卷十六—二十（一册）（紹修書院）	榮州嘯皐祠堂 01–01525

唐段少卿酉陽雜俎	段成式（唐）撰，成宗二十三年（一四九二）刊	二十卷（卷一—二十），朝鮮木版本，四周雙邊，有界，十行十九字，上下大黑口，上下雙黑魚尾	序：……唐太常少卿段成式，跋：……弘治壬子臘前二日廣原李士高識，弘治五年玄黑弋困敦臘月有日月城李宗準謹識，弘治壬子臘前有日睡翁崔應賢寶臣謹志。所藏：卷一—二十	日本國會圖書館 821・29

因散佚之故，奉化冲齋宗宅本二十卷二册現僅存前半部十卷（卷一—十）一册。朝鮮木版本，大小爲29.2cm×16.8cm，四周雙邊，十行十九字，上下大黑口，上下内向黑魚尾，紙質爲楮紙。誠庵文庫所藏《唐段少卿酉陽雜俎》（4-1412）保存有十卷（卷十一—二十）一册，與冲齋宗宅本相合，可復原全帙。遺憾的是，因誠庵文庫解體，誠庵文庫所藏《唐段少卿酉陽雜俎》（卷十一—二十）現在何處已無法得知。日本國會圖書館所藏本二十卷是現傳版本中保存最完整的。通過「弘治壬子臘前二日廣原李士高識」，「弘治五年玄黑弋困敦臘月有日月城李宗準謹識」，「弘治壬子臘前有日睡翁崔應賢寶臣謹志」等跋文可以瞭解其出版過程和此三人對《酉陽雜俎》的評價。此外，韓國版本——榮州紹修書院所藏嘯皋祠堂本爲閔寬東發現，此版本由四册（卷一—二十）構成，現存卷十六至卷二十，一册，設計爲四周雙邊，上下白口及上下向黑魚尾，一葉有十行，每

行二十三字。朝鮮木版本二十卷四册中現僅存卷十六至卷二十，一册，尺寸爲28cm×18cm，四周雙邊，十行二十三字，上下白口，上下向黑魚尾。與其他版本不同，紙質爲和紙。

奉化冲齋宗宅本、成均館大學所藏本、日本國會圖書館所藏朝鮮刊本《唐段少卿酉陽雜俎》只有前集二十卷，没有續集十卷。其中雖有一小部分缺失，但前集二十卷都保存下來的刊本是日本國會圖書館本，其目次完整，與現存中國版本一致。《唐段少卿酉陽雜俎》的目録如下：卷之一：忠志、禮異、天咫；卷之二：玉格、壺史；卷之三：貝編；卷之四：境異、喜兆、禍兆、物革；卷之五：詭習、恠術；卷之六：藝絶、器奇、樂；卷之七：酒食、醫；卷之八：黥、雷、夢；卷之九：事感、盜俠；卷之十：物異；卷之十一：廣知；卷之十二：語資；卷之十三：冥跡、尸穸；卷之十四：諾皐記上；卷之十五：諾皐記下；卷之十六：廣動植之一，羽篇、毛篇；卷之十七：廣動植之二，鱗介篇、蟲篇；卷之十八：廣動植之三，木篇；卷之十九：廣動植之四，草篇；卷之二十：肉攫部等。

（三）朝鮮刊本《唐段少卿酉陽雜俎》版本比較

一般認爲，中國最早的《酉陽雜俎》版本是南宋嘉定七年（一二一四）永康周登所出版的前集二十卷。九年後的嘉定十六年（一二二三）武陽鄧復增續集十卷，合成三十卷出版。後南宋理宗淳祐十年（一二五〇），廣文彭氏等參考古籍，補訂前版本之粗略處，再版發行。但這兩種版本現已失傳。

北京圖書館現藏明刻本有舊明本、新都本（黄校本）、五序本。明清時期版本有舊明本、新都本（黄校本）、

《稗海》本二十卷本及五序本、趙琦美脉望館本、《津逮秘書》本（毛本）、《學津討源》本、湖北先正遺書本之三十卷本。此外，還有叢書集成初編本（三十卷本），清馬俊良編《龍威秘書》四卷本，顧之逵所編《藝苑捃華》四卷本，但形態粗雜，無參考價值。其中被認爲比較完整的版本有趙琦美脉望館本、《稗海》本、《津逮秘書》本（毛本）、《學津討源》本。趙琦美脉望館本是明萬曆三十六年（一六〇八）由常熟趙琦美等校勘而成，《稗海》本爲會稽商濬收録在《稗海》叢書中的版本，《津逮秘書》本（毛本）是明末清初常熟毛晋收録在《津逮秘書》的版本，《學津討源》本是清嘉慶年間，張海鵬收録在《學津討源》叢書中的一部分。

最近潘建國在《〈酉陽雜俎〉明初刊本考——兼論其在東亞地區的版本傳承關係》中，對《酉陽雜俎》的衆多版本進行了比較和考證，并依此提出了新見解。他認爲，《酉陽雜俎》以唐段成式《酉陽雜俎》原本或唐宋抄本爲底本，有南宋嘉定七年（一二一四）永康周登刊本二十卷，南宋嘉定十六年（一二二三）武陽鄧復刊本三十卷，南宋理宗淳祐十年（一二五〇）廣文彭氏刊本。以南宋刊本中嘉定七年（一二一四）永康周登刊本二十卷爲底本，明弘治五年（一四九二）朝鮮刊本和明初本（刊行年度不詳）得以刊行。以南宋理宗淳祐十年（一二五〇）廣文彭氏刊本爲底本，明萬曆三十六年（一六〇八）常熟趙琦美等校勘的趙琦美脉望館本得以刊行，而以趙本爲底本，四部叢刊初編影印本刊行。接着，日本傳録本（明末時期手抄本）以朝鮮刊本爲底本刊行，以明初本爲底本的嘉靖翻刻本，以嘉靖翻刻本爲底本的新都本（汪士賢，萬曆二十一年，一五九三年左右），以新都本爲底本的《稗海》本（商濬，萬曆三十年，一六〇二年左右），以《稗海》本爲底本的《津逮》本（汲古閣，明末崇禎癸酉六年，一六三三年左右）相繼刊行。而以《津逮》本爲底本，日本翻刻本（元禄十

年，一六九七年），文淵閣《四庫全書》本（清乾隆時期），《學津》本（清嘉慶時期），小琅環山館刊本（道光二十九年，一八四九年）相繼刊行。〔一〕

根據潘建國的論文可知，在中國現存最早刊本——明萬曆三十六年（一六〇八）常熟趙琦美等所校勘之趙琦美脉望館本之前有明初刊本。此版本與朝鮮時代李克墩所出版《唐段少卿酉陽雜俎》（一四九二年）都是以南宋刊本中嘉定七年（一二一四）永康周登刊本二十卷爲底本刊行的。雖然明初本的刊行年代比趙琦美脉望館本（一六〇八年）更早，由於没有任何可以判定其發行時間的標志，只能進行推測。因此，在研究朝鮮刊本《唐段少卿酉陽雜俎》版本時，筆者利用方南生點校本（中華書局，一九八一年）〔二〕進行校訂，同時，與元禄十年（一六九七）日本木版本（下簡稱日本）相對照，找出其中主要相異之處。在這過程中，如原文中有一行以

〔一〕潘建國：《〈酉陽雜俎〉明初刊本考——兼論其在東亞地區的版本傳承關係》，《朝鮮所刊中國珍本小説叢刊》，上海古籍出版社，二〇一四年，第四六四頁。

〔二〕點校本參考了明萬曆三十六年（一六〇八）趙琦美所校勘之趙本（脉望館本）及《稗海》本、《津逮秘書》本（毛本）、《學津討源》本，用它來比對朝鮮刊本《唐段少卿酉陽雜俎》，版本間的異同點比較容易發現。

上相異的地方則叙述其主要不同點，并以此判斷朝鮮版本與哪一個中國刊本最爲相似。〔一〕詳細内容如下：

卷一，朝鮮刊本之日本國會圖書館藏本與冲齋宗宅本（卷一—十）及成均館大學所藏本（卷一—二十）不同，其卷一《禮異》兩頁重複製本。

卷三《貝編》，「或云是揚州所進，初范模時，有異人至，請閉户入室，數日開户，模成，其人已失。有圖并傳於世，此鏡五月五日，於揚子江心鑄之」，爲朝鮮刊本缺失的部分，也是《津逮》本、《稗海》本、日本國會圖書館藏本與底本共同缺失的部分。「睿宗初生含凉殿，則天乃於殿内造佛氏，有玉像焉。及長，閑觀其側，玉像忽言：『爾後當爲天子。』」〔二〕部分缺失。此處，點校本的原作——趙本亦缺失，方南生根據《學津》本、《津逮》本將其補足。

〔一〕據潘建國的最新研究，方南生在點校本前言中所説的舊明本——國家圖書館藏本即爲明初本，明初本在明初福建地區發行。據推測，這個時期不比明成化（一四六五—一四八七年）時期晚。另外，通過與朝鮮刊本（日本國會圖書館收藏本）的對照看，「字體（經判斷，帶有明初流行的元代趙孟頫體風格）及版式，印刷形式等都一致，各卷篇的内容，項目的分合及開頭結尾，行間缺漏及空格幾乎完全一致。整體上，明初本有不少分量的缺文，時或一兩個字，時或半行、一行，而朝鮮刊本與之大體一致，但其中一部分（八處）没有缺失。有趣的是，這没有缺失的八處與明萬曆三十六年（一六〇八）刊行的趙本完全一致。以此看來，朝鮮刊本不是以明初本爲底本翻刻而成」。所以朝鮮刊本的底本雖不與明初本的底本爲同一版本，但兩者大同小異，有密切猶如兄弟的關係，其底本應爲宋刻本。但這只不過是經過版本對照推測而得的結論，并没有找到能判定其刊行年代的確切證據。詳情請參考：潘建國，《〈酉陽雜俎〉明初刊本考——兼論其在東亞地區的版本傳承關係》，（《朝鮮所刊中國珍本小説叢刊》，上海古籍出版社，二〇一四年，第四四三—四六四頁）。

〔二〕方南生：《酉陽雜俎》（點校本），中華書局，一九八一年，第四〇頁。

卷五《詭習》，「元和中，江淮術士王瓊，嘗在段君秀家，令坐客取一瓦子，畫作龜甲懷之。一食頃取出，乃一龜，放於庭中，循垣西行，經宿却成瓦子。又取花含默封於密器中，一夕開花」〔一〕，朝鮮刊本均缺失，而點校本將其置於「建中初」與「元和末」之間。《學津》本、《津逮》本將其排爲《恠術》「衆言石旻」的下一條，而《稗海》本與底本一樣缺失。日本木刻本將其置於《恠術》「衆言石旻」下一條。三個朝鮮刊本都缺失卷五《恠術》六頁左右的內容。但日本木刻本中的卷五《詭習》「元和中」一項被置於「江西人有善展竹」一項之前。

江西人有善展竹，數節可成器。又有人熊葫蘆，云翻葫蘆易於翻鞠。

厭鼠法，七日以鼠九枚置籠中，埋於地。秤九百斤土覆坎，深各二尺五寸，築之令堅固，雜五行書曰：「亭部地上土。」塗竈，水火盜賊不經；塗屋四角，鼠不食蠶；塗倉，鼠不食稻；以塞埳，百鼠種絶。

雍益堅云：「主夜神咒，持之有功德，夜行及寐，可已恐怖惡夢。」咒曰：「婆珊婆演底。」

宋居士説，擲骰子，咒云：「伊諦彌諦彌揭羅諦。」念滿萬遍，彩隨呼而成。

雲安井，自大江泝別派，凡三十里。近井十五里，澄清如鏡，舟楫無虞。近江十五里，皆灘石險惡，難於沿泝。天師翟乾祐，念商旅之勞，於漢城山上，結壇攷召，追命羣龍。凡一十四處，皆化爲老人，

〔一〕方南生：《酉陽雜俎》（點校本），中華書局，一九八一年，第五三頁。

應召而至。乾祐諭以灘波之險，害物勞人，使皆平之。一夕之間，風雷震擊，一十四里盡爲平潭矣，惟一灘仍舊，龍亦不至。乾祐復嚴敕神吏追之。又三日，有一女子至焉，因責其不伏應召之意。女子曰：「某所以不來者，欲助天師廣濟物之功耳。且富商大賈，力皆有餘，而傭力負運者，力皆不足。雲安之貧民，自江口負財貨至近井潭，以給衣食者衆矣。今若輕舟利涉，平江無虞，即邑之貧民，無傭負之所，絶衣食之路，所困者多矣。余寧險灘波以贍傭負，不可利舟楫以安富商，所以不至者，理在此也。」乾祐善其言，因使諸龍皆復其故，風雷頃刻，而長灘如舊。天寶中，詔赴上京，恩遇隆厚。歲餘，還故山，尋得道而去。

玄宗既召見一行，謂曰：「師何能？」對曰：「惟善記覽。」玄宗因詔掖庭取宫人籍以示之，周覽既畢，覆其本，記念精熟，如素所習讀。數幅之後，玄宗不覺降御榻爲之作禮，呼爲聖人。先是一行既從釋氏，師事普寂於嵩山。師嘗設食于寺，大會羣僧及沙門，居數百里者，皆如期而至，聚且千餘人。時有盧鴻者，道高學富，隱於嵩山。因請鴻爲文讚嘆其會。至日，鴻持其文至寺，其師受之，致於几案上。鐘梵既作，鴻請普寂曰：「某爲文數千言，況其字僻而言怪，盍於羣僧中選其聰悟者，鴻當親爲傳授。」乃令召一行。既至，伸紙微笑，止於一覽，復致於几上。鴻輕其疏脱而竊怪之。俄而羣僧會於堂，一行攘袂而進，抗音興裁，一無遺忘。鴻驚愕久之，謂寂曰：「非君所能教導也，當從其遊學。」一行因窮大衍，自此訪求師資，不遠數千里。嘗至天臺國清寺，見一院，古松數十步，門有流水。一行立於門屏間，聞院中僧於庭布算，其聲蔌蔌。既而謂其徒曰：「今日當有弟子求吾算法，已合到門，豈無人道達耶？」即除

一算，又謂曰：「門前水合却西流，弟子當至。」一行承言而入，稽首請法，盡受其術焉。而門水舊東流，今忽改爲西流矣。邢和璞嘗謂尹愔曰：「一行，其聖人乎？漢之洛下閎造大衍曆，云後八百歲當差一日，則有聖人定之，今年期畢矣。而一行造大衍曆，正在差謬，則洛下閎之言信矣。」一行又嘗詣道士尹崇借揚雄《太玄經》，數日，復詣崇還其書。崇曰：「此書意旨深遠，吾尋之數年，尚不能曉，吾子試更研求，何遽還也？」一行曰：「究其義矣。」因出所撰《太衍玄圖》及《義訣》一卷以示崇，崇大嗟服，曰：「此後生顔子也。」至開元末，裴寬爲河南尹，深信釋氏，師事普寂禪師，日夕造焉。居一日，寬詣寂，寂云：「方有小事，未暇欵語，且請遲回休憩也。」寬乃屏息，止於空室。見寂潔正堂，焚香端坐。坐未久，忽聞叩門，連云：「天師一行和尚至矣。」一行入，詣寂作禮，禮訖，附耳密語，其貌絶恭，但領云無不可者。語訖禮，禮訖又語，如是者三，寂惟云是是，無不可者。一行語訖，降階入南室，自闔其户。寂乃徐命弟子云：「遣鐘，一行和尚滅度矣。」左右疾走視之，一行如其言滅度。後寬乃服衰絰葬之，自徒步出城送之。〔一〕

以上爲點校本的原文——趙本與《學津》本、《津逮》本有以上内容，但《稗海》本和底本一樣缺失。朝鮮刊本中，成均館大學藏本缺失卷六，冲齋宗宅本與日本國會圖書館所藏本缺失卷六《藝絶》的以下部分。

〔一〕方南生：《酉陽雜俎》（點校本），中華書局，一九八一年，第五七—五九頁。

天寶末，術士錢知微嘗至洛，遂榜天津橋表柱賣卜，一卦帛十匹。歷旬，人皆不詣之。一日，有貴公子意其必異，命取帛如數卜焉。錢命蓍布卦成，曰：「予筮可期一生，君何戲焉？」其人曰：「卜事甚切，先生豈誤乎？」錢云：「請爲韻語曰：『兩頭點土，中心虛懸。人足踏跋，不肯下錢。』」其人本意賣天津橋紿之。其精如此。〔一〕

《稗海》本與底本同樣缺失上述内容，卷六《樂》的以下部分亦缺失。但《學津》本、《津逮》本、日本藏本將其放在卷五「玄宗既召見一行」之後，點校本原作——趙本將以上内容排列在卷六《藝絶》「李叔詹常識一范陽山人」之後，這與《學津》本、《津逮》本、日本木刻本不同。

王沂者，平生不解絃管。忽旦睡，至夜乃寤，索琵琶絃之，成數曲，一名《雀啅蛇》，一名《胡王調》，一名《胡瓜苑》，人不識聞，聽之莫不流涕。其妹請學之，乃教數聲，須臾總忘，後不成曲。

有人以猿臂骨爲笛，吹之，其聲清圓，勝於絲竹。

琴有氣。嘗識一道者，相琴知吉凶。〔二〕

〔一〕方南生：《酉陽雜俎》（點校本），中華書局，一九八一年，第六一頁。

〔二〕方南生：《酉陽雜俎》（點校本），中華書局，一九八一年，第六五—六六頁。

此處内容，點校本、日本木刻本、《學津》本與《津逮》本都有，《稗海》本與底本缺失。

卷八《雷》：「貞元年中，宣州忽大雷雨，一物墮地，猪首，手足各兩指，執一赤蛇齧之。俄頃，雲暗而失。時皆圖而傳之。」[一]這一内容，所有朝鮮刊本都缺失。點校本、日本木刻本、《學津》本及《津逮》本均有。《稗海》本與底本都缺失。《夢》：「補闕楊子孫（一作于，又作玉）堇，善占夢。一人夢松生户前，一人夢棗生屋上，堇言松丘壠間所植，棗字重來，重來呼魄之象。二人俱卒。」[二]這一節在其他版本中都排列在序頭「許超夢盗羊入獄」之後，唯有日本木刻本將其排列在《夢》的最後。

卷十，朝鮮刊本中，成均館大學藏本缺失《物異》十二頁，冲齋宗宅本和日本國會圖書館藏本缺失四頁。但兩版本卷十終結部分的處理形式與其他卷相同，從這一點來看，後面的内容有可能是被故意删除，或原朝鮮刊本的底本上原本没有。

上清珠，肅宗爲兒時，常爲玄宗所器，每坐於前，熟視其貌，謂武惠妃曰：「此兒甚有异相，他日亦吾家一有福天子。」因命取上清玉珠，以絳紗裹之，繫於頸。是開元中，罽賓國所貢。光明潔白，可照一室，視之則仙人、玉女、雲鶴絳節之形，摇動於其中。及即位，寶庫中往往有神光。异日掌庫者具

[一] 方南生：《酉陽雜俎》（點校本），中華書局，一九八一年，第八二頁。

[二] 方南生：《酉陽雜俎》（點校本），中華書局，一九八一年，第八三頁。

以事告，帝曰：「豈非上清珠耶？」遂令出之，絳紗猶在，因流泣遍示近臣曰：「此我爲兒時，明皇所賜也。」遂令貯之以翠玉函，置之于卧内。四方忽有水旱兵革之災，則虔懇祝之，無不應驗也。

漢帝相傳［以］秦王子嬰所奉白玉璽、高祖斬白蛇劍。劍［上有七］綵［珠］、九華玉以爲飾，雜廁五色琉璃爲劍匣。劍在室中，［光］景猶照於外，與挺劍不殊。十二年一加磨瑩，刃［上常若霜］雪。開匣拔鞘，輒有風氣，光彩射人。

楚州界有小山，山上有室而無水。僧智一掘井，深三丈遇石。鑿石穴及土，又深五十尺，得一玉，長尺二，闊四寸，赤如［榴花］，每面有六龜子，［紫色］可愛，中若可貯水狀。僧偶擊一角視之，遂瀝血，半月日方止。

虞鄉有山觀，甚幽寂，有滌陽道士居焉。太和中，道士嘗一夕獨登壇，望見庭忽有异光，自井泉中發。俄有一物狀若兔，其色若精金，隨光而出，環遶醮壇，久之，復入于井。自是每夕輒見，道士异其事，不敢告于人。後因淘井得一金兔，甚小，奇光爛然，卽置于巾箱中。時御史李戎職于蒲津，與道士友善，道士因以遺之。其後戎自奉先縣令爲忻州刺史，其金兔忽亡去。後月餘而戎卒。

李師古治山亭，掘得一物，類鐵斧頭。時李章武游東平，師古示之，武驚曰：「此禁物也，可飲血三斗。」驗之而信〔一〕。

〔一〕方南生：《酉陽雜俎》（點校本），中華書局，一九八一年，第一〇〇—一〇一頁。

卷十一，日本國會圖書館所藏朝鮮刊本缺失《廣知》「夫學道之人」的末尾二頁。據點校本，趙本有以下內容：

二十四，或十二。

玉女以黄玉爲痣，大如黍，在鼻上，無此痣者鬼使也。

入山忌日：大月忌三日、十一日、十五日、十八日、二十四日、二十六日、三十日；小月忌一日、五日、十三（一作二）日、十六日、二十六日、二十八日。

凡夢五臟得五穀：肺爲麻，肝爲麥，心爲黍，腎爲菽，脾爲粟。

凡人不可北向理髮、脱衣、及唾、大小便。

月朔日勿怒。

三月三日不可食百草心，四月四日勿伐樹木，五月五日勿見血，六月六日勿起土，七月七日勿思忖惡事，八月四日勿市履屣，九月九日勿起牀席，十月五日勿罰責人，十一月十一日可沐浴，十二月三日可戒齋，如此忌，三官所察。凡存修不可叩頭，叩頭則傾九天，覆泥，九天帝號於上境，太乙泣於中田，但心存叩頭而已。

老子拔白日：正月四日，二月八日，三月十二日，四月十六日，五月二十（一有六字）日，六月二十四日，

七月二十八日，八月十九日，九月十六日，十月十三日，十一月十日，十二月七日。〔一〕

以上內容，日本木刻本只缺失「玉女以黃玉爲痣……十二月七日」數字，《津逮》本、《稗海》本與朝鮮刊本均缺失。

卷十二，日本國會圖書館所藏朝鮮刊本卷十二《語資》「魏僕射收臨代」在《學津》本、《津逮》本、《稗海》本中都排在「玄宗常伺察諸王」之後。日本木刻本中，「魏僕射收臨代」「舜祠東有大石、梁宴魏使李騫、崔劼」「歷城房家園」「單雄信幼時」「秦叔寶所乘馬號忽雷駁」「徐敬業年十餘歲」「玄宗常伺察諸王」七個部分排列在後面「黃⿰扁瓜兒矮陋機惠」與「王勃每爲碑頌」之間，版本間有差異。《語資》朝鮮刊本「大曆末」之「長空任鳥飛」在點校本中爲「長空任鳥飛。欲知吾道廓，不與物情違」，《學津》本、《津逮》本、《稗海》本、日本木版本都與底本一致。另外，《語資》末尾「馬僕射（一曰侍中）既立勛業」之後的內容在點校本、日本木版本、《津逮》本、《學津》本中都存在。

信都民蘇氏有二女，擇良婿，張文成往相。蘇曰：「子雖有財，不能富貴，得五品官即死。」時魏知古方及第，蘇曰：「此雖黑小，後必貴。」乃以長女妻之。女髮長七尺，黑光如漆，相者云大富貴。

〔一〕方南生：《酉陽雜俎》（點校本），中華書局，一九八一年，第一〇五頁。

後知古拜相，封夫人云。

明皇封禪泰山，張説爲封禪使。説女婿鄭鎰，本九品官，舊例封禪後，自三公以下皆遷轉一級，惟鄭鎰因説驟遷五品，兼賜緋服。因大脯次，玄宗見鎰官位騰躍，怪而問之，鎰無詞以對。黄幡綽曰：「此乃泰山之力也。」

成式曾一夕堂中會，時妓女玉壺忌魚炙，見之色動。因訪諸妓所惡者，有蓬山忌鼠、金子忌虱尤甚。坐客乃競徵虱拏鼠事，多至百餘條。予戲摭其事，作《破虱録》。〔一〕

以上内容在《稗海》本與朝鮮刊本裏同樣缺失，但從朝鮮刊本卷十二的結尾方式與其他卷相同這一點來看，并非編者有意删除後面三個條目，而很有可能是朝鮮版本的底本上原本没有。

卷十六，朝鮮刊本中，成均館大學藏本《廣動植之一》有兩頁前後位置顛倒，有可能在出版過程中順序改變。日本國會圖書館藏本排序正常，而冲齋宗宅本缺失，原因未知。另，據點校本注來看，《稗海》本卷十六《毛篇》中「咸亨三年」「古訓言」兩條目缺失，其内容如下：

咸亨三年，周澄國遣使上表，言訶伽國有白象，首垂四牙，身運五足。象之所在，其土必豐。以水洗牙，

〔一〕方南生：《酉陽雜俎》（點校本），中華書局，一九八一年，第一一八頁。

飲之愈疾。請發兵迎取。

象膽，隨四時在四腿，春在前左，夏在前右，如龜无定體也。鼻端有爪，可拾針。肉有十二般，惟鼻是其本肉。陶貞白言，夏日合藥，宜置象牙於藥旁。南人言象妬，惡犬聲。獵者裹糧登高樹，搆熊巢伺之。有群象過，則爲犬聲，悉舉鼻吼叫，循守不復去，或經五六日，困倒其下，因潛殺之。耳後有穴，薄如鼓皮，一刺而斃，胸前小横骨，灰之酒服，令人能浮水出没。食其肉，令人體重。

古訓言，象孕五歲始生。〔一〕

卷十八，朝鮮刊本成均館大學藏本和日本國會圖書館藏本中，《廣動植之三·木篇》之「我在鄴」以「我在鄴」開始，而點校本却「蒲萄，俗言蒲萄蔓好引於西南。庾信謂魏使尉瑾曰：我在鄴」〔二〕開頭。日本藏本和朝鮮刊本一樣以「我在鄴」開始。另，「比閭，出白州，其華若羽，伐其木爲車，終日行不敗。」此條在《學津》本、《津逮》本、《稗海》本、日本木版本中都已缺失，而朝鮮刊本和趙本還存在。

卷十九，《草篇》「金燈，一曰九形」的結尾部分有「蜀葵」，點校本有「蜀（一作茙）葵，本胡中葵也，一名胡葵。似葵，大者紅，可以緝爲布。」〔三〕而朝鮮刊本成均館大學藏本與日本國會圖書館藏本已缺失，

〔一〕方南生：《酉陽雜俎》（點校本），中華書局，一九八一年，第一五八頁。

〔二〕方南生：《酉陽雜俎》（點校本），中華書局，一九八一年，第一七五頁。

〔三〕方南生：《酉陽雜俎》（點校本），中華書局，一九八一年，第一八六頁。

日本木版本和朝鮮刊本亦都缺失，《稗海》本、《津逮》本、《學津》本亦然。

卷二十，《肉攫部》「鷹巢，一名菣鷹」與「青麻色」之間，點校本有以下内容：

過頂，至伏鶉則止。從頸下過颺毛，至尾則止。尾根下毛名颺毛。其背毛、并兩翅大翎覆翮、及尾毛十二根等并拔之，兩翅大毛合四十四枝，覆翮翎亦四十四枝。八月中旬出籠。

雕角鷹等，三月一日停放，四月上旬置籠。

鶻，北回鷹過盡停放，四月上旬入籠，不拔毛。

鶻，五月上旬停放，六月上旬拔毛入籠。

凡鷙擊等，一變爲鴿，二變爲鷂，轉鶬，三變爲正鶬。自此以後，至累變，皆爲正鶬。

白鴿，觜爪白者，從一變爲鷂至累變，其白色一定，更不改易。若觜爪黑者，臆前縱理，翎尾斑節，微微有黄色者，一變爲鷂，則兩翅封上，及兩胜之毛間似紫白，其餘白色不改。

齊王高緯武平六年，得幽州行臺僕射河東潘子光所送白鶻，合身如雪色。視臆前微微有縱白斑之理，理色曖昧如纁。觜本之色微帶青白，向末漸烏，其爪亦同於觜，蠟脛并作黄白赤。是爲上品。黄麻色，一變爲鷂，其色不甚改易，惟臆前縱斑漸闊而短，鷂轉出後，乃至累變，背上微加青色，臆前縱理轉就

短細，漸加膝上鮮白，此爲次色。」〔一〕

上述內容在朝鮮刊本成均館大學校藏本和日本國會圖書館藏本中都已缺失，《稗海》本與底本在「過頂」二字之後缺失，日本木版本與點校本一致。《津逮》本與《學津》本有以上內容。

現將以上比較結果以圖表形式簡略整理如下。

卷數	朝鮮刊本（一四九二）			日本木版本（一六九七）	點校本（一九八一）	趙本（脉望館本）	《學津》本	《津逮》本（毛本）	《稗海》本
	冲齋宗宅本	成均館大學所藏本	日本國會圖書館本						
卷一			禮異二頁左右重複製本						
卷三	貝編二行左右缺	缺	缺	存	存	缺	存	存	缺
	貝編三行左右缺	缺	缺	缺	存	缺	存	存	缺

〔一〕方南生：《酉陽雜俎》（點校本），中華書局，一九八一年，第一九三—一九四頁。

卷五			卷六		卷七	卷八	
詭習四行左右缺	恠術六頁左右缺	缺	藝絕六行左右缺	樂五行左右缺	存	雷二行左右缺	夢「補闕楊子孫堇」項目序頭排列
缺	恠術六頁左右缺	缺	全體缺失	全體缺失	缺失（一頁左右殘存）	雷二行左右缺	序頭排列
缺	恠術六頁左右缺	缺	六行左右缺	樂五行左右缺	存	雷二行左右缺	序頭排列
存	存	恠術六行左右添	位於卷五末尾	存	存	存	排在夢結尾處
存	存	位於卷六	存	存	存	存	序頭排列
存	存	位於卷六	存	存	存	存	序頭排列
存	存	六行左右增	位於卷五末尾	存	存	存	排在夢結尾處
存	存	六行左右增	位於卷五末尾	存	存	存	排在夢結尾處
缺	缺	缺	缺	缺	存	缺	序頭排列

卷十	物異四頁左右缺	物異十二頁左右缺	物異四頁左右缺	物異半頁左右缺	存	存	楚州界項目缺	楚州界項目缺	李師古項目缺
卷十一	全體缺失	全體缺失	廣知二頁左右缺	二頁左右缺	存	存	存	二頁左右缺	二頁左右缺
卷十二	全體缺失	全體缺失		語資四頁左右位置變動			半頁左右位置變動	半頁左右位置變動	半頁左右位置變動
			語資二頁左右缺	存	存	存	存	存	二頁左右缺
卷十三	全體缺失	全體缺失	存	存	存	存	存	存	存
卷十四	全體缺失	存	存	存，諸皐記上二頁左右缺	存	存	存	存	存
卷十五	全體缺失	存	存	存	存	存	存	存	存

卷十六		卷十七	卷十八		卷十九	卷二十
全體缺失		全體缺失	全體缺失	全體缺失	全體缺失	全體缺失
存	廣動植之一二頁左右前後位置變動	存	木篇一行左右缺	存	草篇一行左右缺	肉攫部二頁左右缺
存		存	一行左右缺	存	一行左右缺	肉攫部二頁左右缺
存		存	一行左右缺	比間項目缺	一行左右缺	存
存		存	存	存	存	存
存		存	存	存	存	存
存		存	存	比間項目缺	一行左右缺	存
存		存	存	比間項目缺	一行左右缺	存
存		存	存	比間項目缺	一行左右缺	二頁左右缺

比較結果顯示，趙琦美脉望館本、《稗海》本、《津逮》本（毛本）、《學津》本中，朝鮮刊本與《稗海》本最爲接近，這是因爲兩者有一致的版本淵源。朝鮮刊本與《稗海》本爲南宋嘉定七年（一二一四）永康周登刊本（二十卷）系列，而趙琦美脉望館本爲南宋理宗淳祐十年（一二五〇）廣文彭氏刊本系列，朝鮮刊本及《稗海》本同趙琦美脉望館本的差異較多。商濬的《稗海》本被公認爲萬曆三十年（一六〇二）刊行版本，至此，版本變化還不算大。由此可知，之後以《稗海》本爲底本刊行的《津逮》本（汲古閣，明末崇禎癸酉六年，一六三三年）、日本翻刻本（元禄十年，一六九七年）、《學津》本（清嘉慶時期）等之所以與朝鮮刊本有很大差異，是因爲從明末刊行的《津逮》本開始都是經校勘補足的。

仔細比較朝鮮刊本之冲齋宗宅本（卷一——十）、成均館大學本（卷一——二十）、日本國會圖書館本（卷一——二十）三個刊本，除上表羅列缺失内容外，還有一些字的筆劃缺損，一些字的形態也發生變化。卷十一至十三由於冲齋宗宅本（卷一——十）和成均館大學本（卷一——二十）都已缺失，因此無法比較。相關内容可參看下面圖表。

卷數	朝鮮刊本（一四九二年）			中國刊本
	冲齋宗宅本	成均館大學所藏本	日本國會圖書館本	點校本（一九八一年）
卷四 第五頁 第一行	大	𠂇	大	大

卷四 第六頁 第十行	牛	牛	止	牛
卷四 第十三頁 第四行	祈	祈	祈	祈
卷五 第二頁 第六行	于	于	小	于
卷五 第二頁 第六行	七	七	七	七
卷八 第七頁 第二行	前	前	前	前
卷八 第十六頁 第八行	録	録	録	録
卷九 第二頁 第七行	時	時	時	時
卷九 第六頁 第十行	亦	亦	亦	亦
卷十 第十四頁 第六行	窣	部分缺失	窣	窣
卷十一	全體缺失	全體缺失	｜	｜
卷十二	全體缺失	全體缺失	｜	｜
卷十三	全體缺失	全體缺失	｜	｜
卷十四 第六頁 第四行	全體缺失	階	階	階
卷十四 第十一頁 第一行	全體缺失	足	□	足
卷十四 第十五頁 第六行	全體缺失	而	而	而

卷十四 第十五頁 第七行	全體缺失	神	神	神
卷十四 第十八頁 第五行	全體缺失	士人	士八	士人
卷十六 第十六頁 第五行	全體缺失	宮	宮	宮
卷十八 第十九頁 第二行	全體缺失	生	生	生

如上所示，大部分字出現漏劃現象，宫爲宫、宫，生爲生、生、生、生，字形混用，可推測當時流行這種異體。但卷十四第六頁第四行的「階」（成均館大學本）與「階」（日本國會圖書館本）兩字明顯不同。觀察卷一至卷十的字發現，冲齋宗宅本幾乎没有遺漏現象；而卷十四至卷二十的内容成均館大學本及日本國會圖書館本没有太大差異之處。因卷十一至卷十三只有日本國會圖書館本保存完整，所以無法進行比較。由此可以得出結論：後來的成均館大學本與日本國會圖書館本非同一版本，與冲齋宗宅本也非同一版本。這是《酉陽雜俎》傳入朝鮮後曾多次印刷出版的力證。

（四）朝鮮刊本《唐段少卿酉陽雜俎》版本的相異之處

爲研究在朝鮮半島出版的朝鮮刊本《唐段少卿酉陽雜俎》，筆者考察了冲齋宗宅藏本（卷一—十）、成均館大學藏本（卷一—二十）、日本國會圖書館藏本（卷一—二十）。這些刊本都只有前二十卷，没有後續十卷，前二十卷也非完好無損狀態，唯有目録保存完整。經詳細比較發現，日本國會圖書館藏本之卷一至卷二十都保

留至今并且是最完整的，從卷一至卷五，三個版本是一致的。冲齋宗宅藏本現存卷一至卷十中，除卷五《恠術》六頁缺失，卷十《物異》四頁缺失外，還比較完整。成均館大學藏本雖卷一至卷二十保存下來，但其缺失較多，尤其是從卷六開始缺失較嚴重，卷六整卷缺失，卷七除最後一頁外其他内容也都散佚。卷八的一至二頁出現其他版本没有的脱字現象，卷八至卷十很多内容模糊，有些字不能識别，可認爲是保存上的問題。尤其是卷十，其中有大約三分之二已經缺失。

冲齋宗宅藏本、成均館大學藏本、日本國會圖書館藏本，這三個朝鮮刊本缺失的部分有：卷三《貝編》有二行或三行缺失，卷五《詭習》有四行缺失，卷五《恠術》有六頁缺失，卷六《藝絶》有六行缺失，卷六《樂》有五行缺失。成均館大學藏本的卷六全部缺失，卷七除最後一頁外，其餘全部缺失。至於卷八，三種刊本在《雷》處有二行缺失，《夢》「補闕楊子孫堇」排在序頭「許超夢盗羊入獄」之後。冲齋宗宅藏本和日本國會圖書館藏本的卷十在《物異》處有四頁缺失，但其終結部分的處理形式與其他卷宗相同，缺失部分是被故意删除，還是因爲底本原本没有，不得而知。成均館大學藏本《物異》部分有十二頁缺失。

卷十一、卷十二、卷十三，冲齋宗宅本和成均館大學藏本都有缺失，只有日本國會圖書館藏本保存完整，可以用來做比較。卷十一《廣知》「夫學道之人」在末尾有二頁缺失。卷十二《語資》「馬僕射（一曰侍中）既立勛業」後有二頁缺失，但從其結尾方式與他卷相同來看，此處并非編者有意删除後面三條，朝鮮刊本的底本原本缺失的可能性較大。成均館大學藏本卷十六《廣動植之一》有二頁前後位置改變，可能是在出版時改動所致。日本國會圖書館藏本無此前後變動狀况。成均館大學藏本與日本國會圖書館藏本在卷十八《廣動植之三・木

篇》處缺失一行，卷十九《廣動植之四·草篇》處缺失一行，卷二十《肉攫部》缺失二頁。

從朝鮮刊本的比較結果看，卷一，只有日本國會圖書館所藏朝鮮刊本有二頁重複製本，因此可以得出結論：沖齋宗宅本與日本國會圖書館本并非同一時期的印本。但成均館大藏本的卷一無重複製本，這與沖齋宗宅本相同，但因卷十缺失十二頁，不能與沖齋宗宅本作對比，無從得出明確結論。另，日本國會圖書館本卷十一第二頁、卷二十第二頁爲空白，而成均館大學本和沖齋宗宅本的卷十一第二頁缺失，無法比較，成均館大學本的卷二十第二頁也爲空白。卷一至卷十的字，沖齋宗宅本幾乎没有遺漏。在卷十四至卷二十的内容上，成均館大學本與日本國會圖書館本没有太大差異，但兩刊本的字有所不同。卷十一至卷十三，日本國會圖書館本是唯一保存的，三者無法作比較。

朝鮮刊本與《稗海》本最爲接近，兩者有以下共同之處：卷三《貝編》二行或三行缺失，卷五《詭習》四行缺失，卷五《怪術》六頁缺失，卷六《藝絶》六行缺失，卷六《樂》五行缺失，卷八《雷》二行缺失，卷八《夢》「補闕楊子孫堇」排在序頭「許超夢盜羊入獄」之後，卷十一「夫學道之人」末尾部分二頁缺失，成均館大學校藏本卷十九《廣動植之四·草篇》的「金燈，一曰九形」缺失末尾一行，卷二十《肉攫部》「鷹巢，一名菆鷹。」與「青麻色」之間有二頁缺失等。

酉陽雜俎原版影印

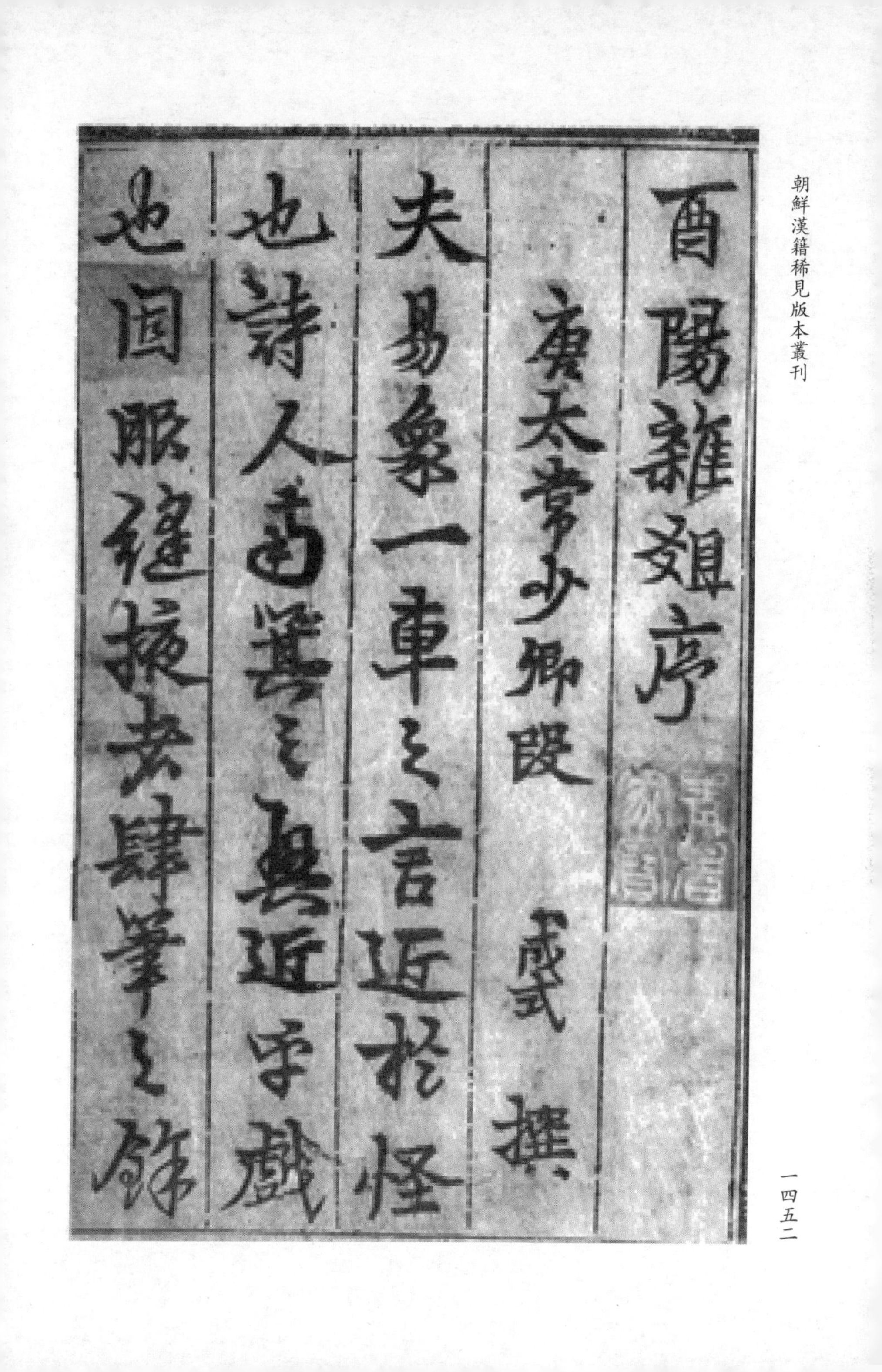

酉陽雜俎序

唐太常少卿段成式撰

夫易象一車之言近於怪也詩人南箕之興近乎戲也固服縫掖者肆筆之餘

及怪及戲無侵於儒無若
詩書之味大羹史爲折俎
子爲醯醢也炙鴞羞鼈豈
容下箸乎　固役
而不耻者抑志怪小說之

書也成式學落詞曼未嘗覃思無崔駰真龍之歎乏乳璋畫虎之譏飽食之暇偶録記憶號酉陽雜俎凡三十篇為二十卷不以此

間歸味也

酉陽雜俎目錄

臨淄　段成式　撰

冥跡
尸姿
卷之十四
叢草記上
卷之十五
叢草記下
卷之十六
廣動摘之一
明篇
史篇

卷之二十

肉攫部

酉陽雜俎目録終

唐段少卿酉陽雜俎卷之一

忠志

高祖少神勇隋末嘗以十二人破草賊號无端兒數萬又龍門戰盡一房箭中八十人

太宗虬鬚嘗戲張弓挂矢好用四羽大笴長常箭一膚射洞門闔上嘗觀漁於西宮見魚躍焉問其故漁者曰此當乳也於是中網而止

骨利幹國獻馬百疋十疋尤駿上爲製名決波騟者近後足有距走歷門三限不躓上尤惜之

隋内庫有交臂玉猨二臂相貫如連環將表其轡

上後嘗騎與侍臣遊園其飾以鞭擊碎之皇御鞍
各十數
貞觀中忽有白鵲構巢於寢殿前槐樹上其巢合
歡如腰鼓左右拜舞稱賀上曰我常笑隋煬帝好
祥瑞瑞在得賢此何足賀乃命毀其巢鵲放於野
外
高宗初扶床將戲弄筆左右試置紙於前乃亂畫
滿紙角邊畫處成草書勅字太宗遽令焚之不許
傳外
則天初誕之夕雌雉皆雊右手中指有黑毫左旋

如黑子引之長尺餘

駱賓王為徐敬業作檄極疏大周過惡則天覽及蛾眉不肯讓人狐媚偏能惑主微笑而已至一抔之土未乾六尺之孤安在不悅曰宰相何得失如此人

中宗景龍中召學士賜獵作吐陪行前方後圓也有二大鵰上仰望之有放挫啼曰臣能取之乃懸死鼠於鳶足聯其目放而鉤焉二鵰果擊於鳶盤狡兔起前上舉挫擊斃之帝稱那庚從臣皆呼万歲

三月三日賜侍臣細柳圈言帶之免蠆毒

寒食日賜侍臣帖綵毬繡草宣臺

立春日賜侍臣綵花樹

臘日賜北門學士口脂蠟脂盛以碧鏤牙筩

上嘗夢日一曰白烏飛蝙蝠數十逐而墮地驚覺召

万回僧曰大家即是上天時翌日而崩

睿宗嘗閱内庫見一韈金色長四尺數節有虫齧

處狀如蟠龍乾上懸牙牌題象耳皮或言隋宮庫

舊物也 上為藩王時寢齋壁上蝎跡成天字上懼

遽掃之經數日如初及即位雕玉鑄黃金為蝎形

分置於釋道像前
玄宗禁中嘗稱阿瞞亦稱鴉壽安公主曹野那姬
所生也以其九月而誕遂不出降常令衣道服主
香火小字虫娘上呼為師娘爲太上皇時代宗起
居上曰汝在東宮甚有令名因指壽安虫娘是鴉
女汝後與一名號及代宗在靈武遂令蘇澄尚之
封壽安焉
天宝末交趾貢龍腦如蟬蠶形波斯言老龍腦樹
節方有禁中呼為瑞龍腦上唯賜貴妃十枚香氣
徹十餘步上夏日嘗与親王棊令賀懷智獨彈琵

琶貴妃立於局前觀之上數枰子將輸貴妃放康
國猧子於坐側猧子乃上局局子乱上大悅時風
吹貴妃領巾於賀懷智巾上良久回身方落賀懷
智歸覺滿身香氣非常乃卸幞頭貯於錦囊中及
二皇復宮闕追思貴妃不已懷智乃進所貯幞頭
具奏它日事上皇發囊泣曰此瑞龍腦香也
安祿山恩寵莫比錫賚無數其所賜品目有
桑落酒　闊尾羊窟利　馬酪　音声人兩部
野猪鮓　鯽魚并鱠手刀子　清酒　大錦　蘇
造真符寶轝　餘甘煎　遼澤野雞　五木湯

金石凌湯一劑及藥童昔賢子就宅煎　蒸梨
金平脫犀頭匙筯　金銀平脫隔餛飩盤　平脫
著足疊子　金花獅子瓶　熟線綾接靿　金大
腦盤　銀平脫破觚　八角花鳥屏風　銀鑿鏤
鐵鑊　帖白檀香床　綠白平細背席　繡
鵝毛氈兼令瑤令光就宅張設　金鸞紫羅緋羅
立馬寶雞袍　龍鬚夾帖　八斗金渡銀酒瓮
銀瓶平脫掏魁織錦筐　銀笊籬　銀平脫食臺
盤　油畫食藏　又貴妃賜祿山金平脫裝具玉
合　金平脫鐵面椀

肅宗將至靈武一驛黃昏有婦人長大携雙鯉咤於營門曰皇帝何在衆謂風狂遽白上潛視舉止婦人言已止大樹下軍人有逼視見其臂上有鱗俄天黑失所在及上即位歸京闕號州刺史王奇光奏女媧墳云天寶十三載大雨晦冥忽沉今月一日夜河上有人覺風雷声曉見其墳湧出上生雙柳樹高丈餘下有巨石兼畫圖進上初克復使祝史就其所祭之至是而見衆疑向婦人其神也

代宗即位日慶雲見黃氣抱日初楚州獻定國宝一十二乃詔上監國詔曰上天降宝、獻自楚州

神明生曆數之書符合璽定妖災之　氣初楚州有
尼真如忽有人接去天上天帝言下方有災令此
寶鎮之其數十二楚州刺史崔侁表獻焉一曰玄
黃形如笏長八寸有孔辟人間兵疫二曰玉雞毛
白玉也王者以孝理天下則見三曰穀璧白玉也
如粟粒无彫鐫之跡王者得之五穀豐熟四曰西
王母白環二枚所在處外國歸伏五曰名闕六曰如
意寶珠大如雞卵七曰紅靺鞨大如巨栗八曰琅
玕珠二枚逾常珠有逾徑一寸三分九曰玉玦形
如玉環四分缺一十曰玉印大如半手理如鹿形

啗入卯中十一日皇后林養鈎細如箸屈其末十
二日雷公石斧形无乳諸寶實之日中皆自氣連
天

禮異

西漢帝見丞相謁者贊曰皇帝為丞相起御史大
夫見皇帝稱謹謝
漢木主纏以桔木皮置廟中張緜絮以障外不出
時玄堂之上以籠為俑人无頭坐起如生時
凡御守國用玉節守都鄙用角節使山邦用虎節
土邦用人節澤邦用龍節門關用符節貨賄用璽節

節道路用旌節古者安平用璽興事用圭成功用璋邊戎用珩戰鬬用璩城圍用環災亂用雋大旱用龍龍節也大喪用琮

北齊迎南使太學博士監舍迎使傳詔二人騎馬荷信在前羊車二人捉刀在傳詔後監舍一人典客令一人並進賢冠生朱衣騎馬罩繖十餘絳衫一人引從使車前又絳衫騎馬平巾幘六人使主副各乘車但馬在車後鐵甲者百餘人儀使百餘人剪綵如衣帶白羽間為矟髦髮絳袍帽凡五色袍隨髦色以木為矟刃戟畫綵為蝦蟆幡

梁正旦使北使乘車至闕下入端門其門上層題曰承明觀次曰應門門下有一大畫鼓次曰太陽門左有高樓懸一大鐘門右有朝堂門闕左右亦有二大畫鼓北使入門擊鐘磬至馬道北懸鐘內道西北立引其宣城王等數入後入擊磬道東北面立其鐘懸外東西廂皆有陛臣馬道南近道東有茹茹崑崙客道西近道有高句麗百濟客及其升殿之官三千許人位定梁主從東堂中出云齋在外宿故不由上閣來擊鐘鼓乘輿警蹕侍從升東階南面幄內坐幄是緑油天皂裙甚高用繩係看

四柱憑黑漆曲几坐定梁羣諸臣從西門入著具服
博山遠遊冠纓末以翠羽眞珠爲飾雙雙佩帶劍
黑舄初入二人在前導引次二人並行次一人擎
牙箱班劍箱別二十人具省服從者百餘人至宣
城王前數步北面有重席爲位再拜便次出引王
公登獻王梁主不爲興魏使李同軌陸操聘梁入
樂遊苑西門內靑油幕下梁主備三仗乘輿從南
門入操等東面再拜梁主北入林光殿未幾引昇
使入梁主坐皁帳南面諸賓及羣官俱坐定遣中書
舍人殷炅宣旨慰勞具有辭荅其中庭設鍾懸及

百戲殿上流杯池中行酒具進梁主者題曰御杯
自餘各題官姓之杯至前者即飲又圖象屬事令
隨流而轉始至訖於座罷者尾不絶也
梁主常遣傳詔童賜羣臣歲旦酒辟惡散却鬼丸
三種北朝婚禮青布幔為屋在門内外謂之青廬
於此交拜迎婦夫家領百餘人或十數人隨其奢
儉挾車俱呼新婦催出來至新婦登車乃止壻
拜閤日婦家親賓婦女畢集各以杖打壻為戲樂
至有大委頓者醉糕致云
律有甲娶乙丙其職甲旁有櫃比之為獄異置櫃

中復之甲因氣絕論當鬼新

近代婚禮當迎婦以粟三升填臼席一枚以覆井枲三斤以塞窗箭三隻置戶上婦上車壻騎而環車三匝女嫁之明日其家作黍臛女將上車以蔽膝覆面婦入門舅姑以下悉從便門出更從門入言當躪新婦迹又婦入門先拜豬樴及竈　娶婦夫婦并拜或共結鏡紐　又娶婦之家弄新婦

臘月娶婦不見姑

婚禮納采有　合歡　嘉禾　阿膠　九子蒲　朱葦　雙石　綿絮　長命縷　乾漆　九事皆有詞

膠漆取其固綿絮取其調柔蒲葦爲心可屈可伸
也嘉禾分福也雙石義在兩固也
北朝婦人常以冬至日進履襪及鞾正月進箕帚
長生花立春進春書以青繒爲幟刻龍像銜之或
爲蝦蟇五月進五時圖五時花施帳之上是日又
進長命縷宛轉繩皆結爲人像帶之夏至日進扇
及粉脂囊皆有辭
秦漢以來於天子言陛下於皇太子言殿下將言
麾下使者言節下轂下二千石長史言閤下父母
言膝下通類相言於足下

天咫

舊言月中有桂有蟾蜍故異書言月桂高五百丈下有一人常斫之樹創隨合人姓吳名剛西河人學仙有過謫令伐樹

釋氏書言須弥山南面有閻扶樹月過樹影入月中或言月中蟾桂地影也空處水影也此語差近

僧一行博覽无不知尤善於數鈎深藏往當時學者莫能測幼時家貧鄰有王姥前後濟之數十萬及一行開元中承上敬遇言无不可常思報之尋王姥兒殺人罪獄未具姥訪一行求救一行曰

姥要金帛當十倍酬也明君執法難以請情一曰求
如何王姥戟手大罵曰何用識此僧一行從而謝
之終不顧一行心計渾天寺中工役數百乃命空
其室内徙大甕於中又密選常住奴二人授以布
囊謂曰某坊某角有廢園汝向中潛伺從午至昏
當有物入來其數七可盡掩之失一則杖汝奴如
言而往至酉後果有群豕至奴悉獲而歸一行大
喜令寘甕中覆以木蓋封於六一泥朱題梵字數
十其徒莫測詰朝中使叩門急召至便殿玄宗迎
問曰太史奏昨夜北斗不見是何祥也師有以禳

之乎一行曰後魏時失熒惑至今帝車不見右弼亢者天將大警於陛下也夫匹婦匹夫不得其所則隕霜赤旱盛德所感乃能退舍感之切者其在葬枯出繫乎釋門以瞋心壞一切善慈心降一切魔如臣曲見莫若大赦天下玄宗從之又其夕太史奏北斗一星見凡七日而復成式以此事頗怪然大傳衆口不得不著之

永貞年東市百姓王布知書藏鏹千万商旅多賓之有女年十四五豔麗聰晤鼻兩孔各垂息肉如皂莢子其根如麻線長寸許觸之痛入心髓其父

破錢數百万給之不差忽一日有梵僧乞食因問
布知君女有異疾可一見吾能止之布被問大喜
即見其女僧乃取藥色正白吹其鼻中少頃摘去
之出少黃水都无所苦布賞之百金梵僧曰吾修
道之人不受厚施唯乞此息肉遂珍重而去行疾
如飛布亦意其賢聖也計僧去五六坊復有一少
年美如冠玉騎白馬遂扣其門曰適有胡僧到无
布遽延入具述胡僧事其人吁嗟不悅曰馬小蹶
足竟後此僧布驚異詰其故曰上帝失樂神二人
近知藏於君女鼻中我天人也奉帝命來取不意

此僧光取之嘗獲譴矣布方作禮舉首而失
長慶中有人翫八月十五夜月光屬於林中如疋
布其人尋視之見一金背蝦蟇疑是月中者工部
員外郎張周封嘗說此事忘人姓名
大和中鄭仁本表弟不記姓名常与一王秀才遊
嵩山捫蘿越澗境極幽夐遂迷歸路將暮不知所
之徙倚間忽覺叢中鼾睡聲披蓁窺之見一人布
衣甚潔白枕一襆物方眠熟即呼之某偶入此徑
迷路君知向官道否其人舉首略視不應復寢又
再三呼之乃起坐顧曰來此二人因就之且問其

所自其人笑許一日曰君知有月七寶合成乎月勢
如丸其影日爍其凸處也常有八万二千户修之
予即一数因開襆有斤鑿數事玉屑飯兩裹授與
二人曰分食與雖不足長生可一生无疾耳乃起
与二人指一支徑但由此自合官道矣言已不見

唐段少卿酉陽雜俎卷之一

唐段少卿酉陽雜俎卷之二

玉格

道列三界諸天數與釋氏同但名別耳　三界外曰四人境謂常融玉隆梵度賈奕四天也　四人天外曰三清大赤禹餘清微也　三清上曰大羅又有九天波利等九名　天圓十二綱運關三百六十轉為一周天運三千六百周為陽孛地紀推機三百三十轉為一度地轉三千三百度為陽蝕天地相去四十万九千里四方相去万万九千里名山三百六十福地七十二崑崙為天地之齊

又九地四十六土八酒仙宫言冥籍論陰者之所

有羅酆山在北方癸地周廻三万里高二千六百里 洞天六宫周一万里高二千六百里洞天六宫是為六天鬼神之宫 六天一曰紂絶陰天宫二曰泰煞諒事宫三曰明辰耐犯宫四曰怙照罪氣宫五曰宗靈七非宫六曰敢司連宛屢天宫

人死皆至其中人欲常念六天宫名空洞之小天三陰所治也 又耐犯宫主生紂絶天主死 禍福續命由怙照第四天鬼官北斗君所治即七辰北斗之考官也項梁城歛酆宫頌曰紂絶標帝晨

諒事構重阿炎如霄淺煙勃景耀　華武陽帶神鋒
怗照吞清河閶闔臨丹井雲門鬱嵯峩七非通奇
靈連苑亦數魔六天機北道此是鬼神家凡有二
萬言此唯天官名耳夜中微讀之辟鬼魅
酆都稻名重思其米如石榴子粒稍大味如菱杜
瓊作重思賦曰霏霏春暮翠矣重思雲氣交被嘉
穀應時　一夏啓為東明公文王為西明公邵公為南
明公季札為北明公四時主四方鬼至忠至孝之
人命終皆為地下主者一百四十年乃授下仙之
教授以大道有上聖之德命終受三官書為地下

主者一千年乃轉三官之五帝後一千四百年方
得遊行太清爲九宮之中仙又有爲善爽鬼者三
官清鬼者或先世有功在三官流逮後嗣易世練
化改氏更生此七世陰德根葉相及也命終當道
遺腳一骨以歸三官餘骨隨身而遷男左女右皆
受書爲地下主者二百八十年乃得進處地仙之
道矣又帝甲爲北太帝君主天下鬼神三元品式
明真科九幽章皆律也連宛曲泉泰煞九幽雲夜
九都三臺万掠四極九科皆治所也三十六獄流
沙赤等號溟泠獄北岳獄也又二十四獄有九平

元正女青河北辜號入犯五千惡爲五獄鬼六
惡爲二十八獄獄囚万惡乃墮薜荔也
罪簿有黑緑白簿赤丹編簡刑有擲家山石副太
山擲夜山石　寒河源　及西津水實　東海風
刀　雷割　日風　積夜河
鬼官有七十五品仙位有九太帝二十七天君一
千二百仙官二万四千靈司三十二司命三品九
品七城一曲城九階二十七位七十二万之次第
也
老君西越流沙歷八十一國烏弋身毒爲浮屠化

彼三千國有九万品戒經漢所獲大月支復立經是也　孔子為元宫仙

佛為三十三天仙延宫主所為道在竺乾有古先生善入无為

釋老志亦曰佛於西域得道爾勝力言小方諸多奉佛不死服五茎精讀夏歸藏用之以飛行藏經菩薩戒也　方諸山在乙地

太極真仙中雖周為蘭編郎入十一戒千二百善入洞天三百三十戒二千善登山上靈官万善

注情育詠見腹名在瓊簡者目有緑筋名在金赤

書者陰有伏骨名在琳札青書著骨有僊骨名在是書著眼四規名在方諸者學理廻簡名在綠籍者有前相皆上仙也可不學其道自至其次鼻有玄山腹有玄丘亦仙相也或口氣不潔性耐穢則壞玄丘之相矣

五藏九宮十二室四支五躰三焦九竅百八十機關三百六十骨節三万六千神隨其所而居之魂以精爲根魄以目爲戶三魂可拘七魄可制庚申日伏尸言人過本命日天曹計人行三尸一日二

朝上尸青姑伐人眼中尸白姑伐人五藏下尸血

姑伐人胃命亦曰玄靈又曰一居人頭中令人多
思欲好車馬其色黑一居人腹令人好食飲恚怒
其色青一居人足令人好色喜煞七守庚申三尸
滅三守庚申三尸伏
仙藥有　鍾山白膠　閬風石腦　黑河蔡瑚
太微紫麻　太極井泉　夜津日草　青津碧荻
圓丘紫柰　白水靈蛤　八天赤薤　高丘餘粮
滄浪青錢　三十六芝　龍胎醴　九鼎魚
火棗交梨　鳳林鳴醅　中央紫蜜　崩岳電柳
玄郭綺葱　夜牛伏骨　神吾黃藻　炎山夜日

玄霜絳雪　環剛樹子　赤樹白子　徊水玉精
白琅霜　紫醬兼白　月醴　虹丹　鴻丹
藥草異號　丹山魂　雄黃　青要女
空青　雲華　沉屐　黃蘆香
兆帝玄珠　諸石　東華童子　青木香
五精金　羊起石　流丹白膏　胡粉
亭炅獨生　雞舌香　倒行神骨　蠱
白虎脫齒　金牙石　霊黃　石流黃
陸虛遺生　龍骨　章陽羽玄　白附子
綠伏石　毋慈石　絳晨伏胎　伏苓　七白霊

虢蕤白華 一名守宅 一名家芝凡二十四名
伏龍李 蘇牙樹 圖籍有將圖女手章雌
一王檢 四規明鏡 五柱中經飛龜秩
飛黃子經 夜盧蹻經 含景圖 卧引圖
園芝圖 木芝圖 大魏菌芝圖 牽牛經
王孫記 騰成記 玉策記 丹臺經[illegible]
日月廚食經 金雁經 三十六水經 中黃丈人經
協龍子夜臺經 五胎經 官氏經
鳳綱經 六陰玉女經 白虎七變經 九仙經
十上化經 藤中有首攝提經 三綱六紀經

白子變化經　隱首經　入軍經　泉樞經
赤甲經　金剛入壘錄經　一曰
老君母曰玄妙玉女天降玄黃氣如彈丸入口而
孕凝神瓊胎宮三千七百年赤明開運歲在甲子
誕於扶刀蓋天西那王國鬱寥山丹玄之阿　又
曰老君在胎八十一年剖左腋而生生而白首
又曰青帝劫末元氣改運託形於洪氏之胞　又
曰李母本元君也日精入口吞而有孕三色氣繞
身五行獸衛形如此七十二年而生陳國苦縣賴
鄉渦水之陽九井西李下具三十六號七十二名

又有九名又千二百老君又曰九大上皇洞真第
一君大千法王九靈老子太上真人天老玄中法
師上清太極真人上景君等号形長九尺或曰二
丈九尺耳三門又耳附連環又耳无輪郭眉如北
斗色緑中有紫毛長五寸目方瞳緑筋貫之有紫
光鼻双柱口方齒數六八頤若方丘頰如擬瓏龍
顏金容額三理腹三誌頂三約把十蹈五身緑毛
白血頂有紫氣
人死形如生足皮不青惡目光不毀頭髮尽脫皆
尸解也白日去曰上解夜半去曰下解向曉向暮

謂之地下主者太一守尸三魂營骨七魄衛肉胎
灵録氣所謂太陰鍊形也趙成子後五六年肉朽
骨在液血於内紫色發外又曰若人暫死適太陰
權過三官血沉脉散而五藏自生白骨如玉三光
惟息太神内閉或三年至三十年
又曰白日尸解自是仙非尸解也鹿皮公吞玉華
而流虫出尸王西城漱龍胎而死訣飲瓊精而扣
棺仇季子咽金液而臭徹百里季主服霜散以潛
升而頭足異處黑狄咽虹丹而投水寗生服石腦
而赴火柏成納氣而胃腸三腐

句曲山五芝求之者投金環二雙於石間勿顧念
必得矣第一芝名龍仙食之為太極仙第二芝名
參成食之為太極大夫第三芝名燕胎食之為正
一郎中第四芝名夜光洞鼻食之為太清左御史
第五芝名料玉食之為三官真御史
真人用寶劍以尸解者蟬化之上品也鍛用七月
庚申八月辛酉日長三尺九寸廣一寸四分厚三
分半抄九寸名子干字良非 青烏公入華山四
百七十一歲十二試三不過後服金汋而升太極
以為試三不過但仙人而已不得真人位

有傳先生入焦山七年老君與之木鑽使穿一盤石石厚五尺曰此石穴當得道積四十七年石穿得神丹

范零子隨司馬季主入常山石室石室東北角有石匱季主戒勿開零子思歸發之見其家父母大小近而不還乃悲思季主遂逐之經數載復令守一銅匱又違戒所見如前竟不得道

衛國縣西南有瓜穴冬夏常出水望之如練時有瓜葉出焉相傳苻秦時有李班者頗好道術入穴中行可三百步廓然有宮宇床榻上有經書見二

人對坐鬚髮皓白班葡釋於床下一人傾曰卿可
還无宜久住遂辭出至穴口有衣數箇欲取乃化
爲石尋故道得還至家家人云班去來已經四十
年矣

長白山相傳古蕭然山也峴南有鐘鳴燕世來門
釋惠霄者自廣固至此峴聞鐘聲稍前忽見一寺
門宇炳煥遂求中食見一沙弥乃摘一桃與霄須
臾又与一桃語霄曰至此已淹留可去矣霄出迴
頭顧失寺至廣固見弟子言失和尚已二年矣霄
始知二桃兆二年矣

高唐縣鳴石山岩高百餘仞人以物扣岩聲甚清越晉太康中逸士田宣隱於岩下葉風霜月常拊石自娛每見一人著白單衣徘徊岩上及曉方去宣於後令人擊石乃於岩上潛伺俄然果來因遽執袂詰之自言姓王字中倫衛人周宣王時入少室山學道此頻適方壺去來經此愛此石響故輒留聽宣乃求其養生唯留一石如雀卵初則凌空百餘步猶見漸漸煙霧障之宣得石含輒百日不飢

荊州利水間有二石若闕名曰韶石晉永和中有

飛仙衣冠如雲各散一石白日而去人咸見之
具丘西有玉女山傳云晉大始中北海蓬球字伯
堅入山伐木忽覺異香遂逆風尋之至此山廓然
宮殿盤鬱樓臺博敞球入門窺之見五株玉樹復
稍前有四婦人端妙絕世自彈棊於堂上見球俱
驚起謂球曰蓬君何故得來球曰尋香而至遂復
還戲一小者便上樓彈琴留戲者呼之曰元暉何
謂獨升樓球樹下立覺少飢乃以舌舐葉上垂露
俄然有一女乘鶴而至逆恚曰玉華汝等何故有
此俗人王母即令王方平行諸仙室球懼而出門

廻顧忽然不見至家乃是建平中其舊居閭舍皆
爲墟墓矣
晉許旌陽吳猛弟子也當時江東多蛇禍猛將除
之選徒百餘人至高安令具炭百斤乃度尺而斷
之寘諸壇上一夕悉化爲玉女惑其徒至曉吳猛
悉命弟子无不湼其衣者唯許君獨无乃與許至
遼江及遇巨蛇吳年衰力不能制許遂禹步勅劍
登其首斬之
孫思邈嘗隱終南山與宣律和尚相接每來往互
參宗旨時大旱西域僧請於昆明池結壇祈雨詔

有司備香灯凡七日縮水數尺忽有老人夜詣宣律和尚求救曰弟子昆明池龍也无雨久匪由弟子胡僧利弟子腦將為藥欺天子言祈雨命在旦夕乞和尚法力加護宣公辝曰貧道持律而已可求孫先生老人因至思邈石室求救孫謂曰我知昆明龍宮有仙方三千首尔傳與予予將救汝老人曰此方上帝不許妄傳今急矣固无所悋有頃捧方而至孫曰尔第還无慮胡僧也自是池水忽漲數日溢岸胡僧羞恚而死僧復著千金方三千卷每卷入一方人不得曉及卒後時有人見之

玄宗幸蜀夢思邈乞武都雄黄乃命中使齎十斤送於峨眉頂上中使上山未半見一人幅巾被褐鬚鬢皓白二童青衣丸髻夾侍立屏風側手指大盤石曰可致藥於此上有表録上皇帝使視石上朱書百餘字遂録之隨寫隨滅寫畢石上無復字矣須臾白氣漫起因忽不見

有同州司馬裴沆常説再從伯自洛中將往鄭州在路數日曉程偶下馬覺道左有人呻吟聲因披蒿萊尋之荆叢下見一病鶴垂翼俛咮翅關上瘡壞无毛且異其聲忽有老人白衣曳杖數十步而至

謂曰郎君年少豈解哀此鶴耶若得人血一塗即能飛矣裴頗知道性甚高逸遂曰某請刺此臂血不難老人曰君此志甚勁曰然須三世是人其血方中郎君前生非人唯洛中葫蘆生三世是人矣郎君此行非有急切可能却至洛中干胡蘆生乎裴欣然而返未信宿至洛乃訪胡蘆生具陳其事且拜祈之胡蘆生初無難易開襆取一石合大君而指援針刺臂滴乳下滿其合授裴曰无多言也及至鶴處老人已至喜曰固是信士乃令盡其血塗鶴言與之結緣從邀裴曰我所居去此不遠

可少留也裴覺非常人以丈人呼之因隨行纔數
里至一莊竹落草舍庭廡狼藉裴渴甚求茗老人
指一土龕此中有少漿可就取裴視龕中有一杏
核一扇如笠滿中有漿漿色正白乃力舉飲之不
復飢渴漿味如杏酪裴知隱者拜請爲奴僕老人
曰君有世間微祿縱住亦不終其志賢叔真有所
得吾久與之遊君自不知今有一信憑君必達因
褁一襆物大如羹椀戒無竊開復引裴視鶴鸛所
損処毛色生矣又謂裴曰君向飲杏漿當哭九族
親情且以酒色爲誡也裴還洛中路閲其附信將

發之襆四角各有赤蛇出覆其衣乃止其叔得信卽開之有物如乾大麥飯升餘其叔後因遊王屋不知其終裴書至九十七矣

明經趙業貞元中選授巴州清化縣令失志成疾惡明不飲食四十餘日忽覺室中雷鳴頃有赤氣如皷輪轉至床騰上當心而住初覺精神遊散如夢中有朱衣平幘者引之東行出山斷處有水東西流中　甚衆又立視之又東行一橋飾以金碧過橋北入一城至曹司中人吏甚衆見妹壻賈奕與己爭煞牛事疑是冥司遽逃避至一壁間牆如

黑高數丈聽有呵喝声朱衣者遂領入大院吏通曰司命過　復見賈弃因与辨對弃固執之无以自明忽有巨鏡徑丈虛懸空中仰視之宛見賈弃鼓刀趙貧門有不忍之色弃始伏罪朱衣人又引至司人院一人被褐帔紫霞冠狀如尊像責曰何故竊撥蚓頭二事在渭州市隱樓子三升因拜之無數朱衣者復引出謂曰能遊上清乎乃共登一山下臨流水其水懸注騰沫人隨流而入者千万不省覺身亦隨流良久住大石上有青白暈道朱衣者变成兩人一道之一從之乃升石崖上立坦无

塵行数里旁有草如紅藍茎葉无刺其花拂拂然飛散空中又有草如萓附地亦飛花初出如篤勃破大如疊赤黄色過此見火如山横亘天候譫絶乃前至大城城上重樓街列菓樹仙子爲伍迭謠皷樂仙姿絶世凡歷三重門丹艧交煥其地及壁瑩光可鑑上不見天若有絳暈都覆之正殿三重懸列尊像見道士一人如舊相識趨來爲弟子不許諸樂中如琴者長四尺九絃近頭尺餘方廣中有兩道横以变声又如一酒榼三絃長三尺腹面上廣下狹背豊隆頂有過録乃引出關南一院

中有絳冠紫霞帔命與二朱衣人坐廳事乃命先過戊申錄錄如人間詞狀首冠入生辰次言姓名年紀下注生月日別行橫布六旬甲子所有公過日下具之如无即書无事趙自窺其錄姓名生辰日月一无差錯也過錄著數盈億兆朱衣人言每六十年天下人一過錄以考校善惡增損其筭也朱衣者引趙出此門至向路執手別曰遊此是子之魂也可尋此行勿返顧當達家矣依其言行稍急蹶倒如夢覺死已七日矣趙著魂遊上清記敍事甚詳悉

史論在齊州時出獵至一縣界蘭若中見桃香異常訪其僧僧不及隱言近有人施二桃因從經案下取出獻論大如飯椀時飢盡之核大如雞卵論因詰其所自僧笑鄕實謬言之此桃去此十餘里道路危險貧道偶行脚見之覺異因拔數枚論曰今去騎從与和尚偕往僧不得已導論北去荒榛中經五里許抵一水僧曰恐中丞不能渡此論志決往乃依僧解衣戴之而浮登岸又經西北涉二小水上山越澗數里至一處布泉怪石非人境也有桃數百株幹掃地高二三尺其香破鼻論与僧各

食一蕭菔果然矣論解衣將盡力苞之僧曰此或靈境不可多取今食道嘗聽長老說昔日有人亦嘗至此懷五六枚遂不得出論亦疑僧非常取兩箇而返僧切戒論不得言論至州使招僧僧已逝矣

壺史

武攸緒天后從子年十四潛於長安市中賣卜一處不過五六日因徙升中岳遂隱居服赤箭伏苓貴人王公所遺鹿裘藤器上積塵羅弃而不用晚年肌肉始盡目有紫光晝見星月又能辨數里外語安樂公主出降上遣璽書召令勉受國命趣屈

高標至京親貴候謁寒暑之外不交一言封國公及
還山勑學士賦詩送之
玄宗學隱形於羅公遠或衣帶或巾脚不能隱上
詰之公遠極言曰陛下未能脫屣天下而以道爲
戲若盡臣術必懷璽人家將困於魚服也玄宗怒
慢罵之公遠遂走入殿柱中極疏上失上愈怒令
易柱破之復大言於玉礎中乃易礎觀之礎明瑩
見公遠形在其中長寸餘因碎爲十數段悉有公
遠形上懼謝焉忽不復見後中使於蜀道見之公
遠笑曰爲我謝陛下

邢和璞偏得黄老之道善心筭作頴陽書䟽有叩
奇旋入空或言有草初未嘗覩成式見山人鄭昉
説崔司馬者寄居荆州與邢有舊崔病積年且死
心常恃於邢崔一日覺卧室北墻有人劚聲命左
右視之都无所見卧室之北家人所居也如此七
日劚不已墻忽透明如一粟問左右復不見經一
日穴大如盤崔窺之墻外乃野外耳有數人荷鍬
钁立於穴前一日崔問之皆云邢真人處分開此
司馬厄會倍費功力有頃導騶五六悉平幘朱衣
辟曰真人至見邢輿中白幍壘綬執五明扇侍衛

數十去宄數步而止謂崔曰公筭尽僊爲公冊三
論得延一紀自此无苦也言畢壁如舊旬日病愈
又曾居終南好道者多卜築依之崔曙年少亦隨
爲代新詠皋皆是名士邢嘗謂其徒曰三五日有
一異客君等可爲予辦一味也數日備諸水陸遂
張筵於一亭戒无妄窺衆皆閉户不敢聲欬邢下
山迎一客長五尺闊三尺首居其半緋衣寬博横
執象笏其睫疎揮色若削瓜鼓髯大笑吻角侵耳
與邢劇談多非人間事故也崔曙不耐因走而過
庭客熟視顧邢曰此非泰山老師乎邢應曰是客

復曰更一轉則失之千里可惜及暮而去邢令崔曙謂曰向客上帝戚臣也言太山老君師頗記元崔垂泣言其實太山老師後身不復憶幼常聽先人言之　房琯太尉於邢爭終身之事邢言若來由東南上西北祿命卒矣降魄之處非館非寺非途非署病起於魚飧休材龜茲板後房自袁州除漢州罷歸至閬州舍紫極宮適雇工治木房怪其木理成形問之道士稱數月前有賈客施數段龜茲板今治爲屠蘇也房始憶邢之言有頃刺史具鱠邀房房歎曰邢君神人也乃具白於刺史且以龜

爲板爲亂其夕病瘡而終
王皎咲曰先生善他術於數未嘗言天寶中偶與
客夜中露坐指星月曰時將亂矣爲鄰人所傳時
上春秋高頗拘忌其語爲人所奏上令密詔殺之
刑者鑿其頭數十方死因破其腦視之腦骨厚一
寸八分皎先與其達奚侍郎還往及安史平皎忽杖
屨至達奚家方知異人也
翟天師名乾祐峽中人長六尺手大尺餘每揖人
手過胷前臥常虛枕晩年往往言將來事常入夔
州市大言曰今夕當有八人過此可善待之人不

之悟其夜火焚數百家入人乃火字也每入山虎羣隨之曾於江岸與弟子數十翫月或曰此中竟何有翟笑曰可隨吾指觀弟子中兩人見月規半天樓殿金闕滿焉數息間不復見

蜀有道士陽狂俗號為灰袋翟天師晚年弟子也翟每戒其徒勿欺此人吾所不及　嘗大雪中衣布褐入青城山暮投蘭若求僧寄宿僧曰貧僧一納而已天寒如此恐不能相活但言容一床足矣至夜半雪深風起僧慮道者已死就視之去床數尺氣蒸如炊流汗袒寢僧知其異人未明不辭而

去多住村落每住不逾信宿曾病口瘡不食數月狀若將死人妻神之因爲設道場齋醮忽起就謂衆人曰試覻吾口中有何物也乃張口如箕其五藏悉露同類驚異作禮問之唯曰此是惡此是惡後不知所終成式見蜀郡郭采眞尊師說也

秀才權同休友人元和中落第旅遊蘇湖間遇疾貧窘走使者本村墅人雇已一年矣疾中思甘豆湯令其市甘草雇者久而不去但具火湯水秀才且意其怠於祗承復見折樹枝盈握仍再三搓之微近火上忽成甘草秀才心大異之且意必道

者良久取鑪沙數掊掇挼已成豆矣及湯成與真
無異衆亦漸羞秀才謂曰余貧迫若此无以寸步
因褫衣授之可以此辦少酒肉予將會村老丐
少道路資也雇者微笑此固不足辦其當嘗之乃
所一枯桑樹成數筐札聚於盤上挼之悉成牛肉
復汲數瓶水傾之乃旨酒也村老皆醉飽獲束縑
三千秀才方慚謝雇者某驕稚適者又令追請爲
僕雇者曰予固異人有少失謫于下賤合役于秀
才若限未足復須力於它人請秀才勿變常庶卒
其事也秀才雖諾之每呼指色上面蹙蹙不安雇

者乃辭曰秀才若此果勤業事也因諭秀才脩短
窮達之数且言万物无不可化者唯於涅中朱漆
鍛及鬢鬃力不能化因去不知所之也
寳曆中荆中有盧山人常販燒朴石灰往來於白
洑南草市時時微露奇跡人不之測賈人趙元卿
好事將從之遊乃頻市其所貨設果茗詐訪其息
利之術盧覺謂曰觀子意似不在所市意有何
也趙乃言竊知長者埋形隱德洞過蓍龜願垂一
言盧笑曰今且驗君主人午時有非常之禍也若
是吾言當免君可告之將午當有匠餅者負囊而

至囊中有錢二千餘而必非意相干也可閉關戒
妻孥勿輕應對及午必極罵須盡家臨水避之若
尓徒費三千四百錢也時趙停於百姓張家即盧
歸語之張亦素神盧生乃閉門伺之欲午果有人
狀如盧所言叩門求糴怒其不應因足其戶張重
簀捍之頃聚人數百張乃自後門率妻孥廻避
差午其人乃去行數百步忽蹶倒而死其妻至衆
人具告其所爲妻痛切乃號適張所誣其夫死有
自官不能評衆具言張閉戶逃避之狀識者謂張
曰汝固无罪可爲辦其死張欣然從斷其妻亦喜

及市挂就舉止當三千四百文因是人趁之如市盧不耐竟潛逝至複州界維舟於陸奇秀才莊門或語陸盧山人非常人也陸乃謁陸時將入京投相知因請決疑盧曰君今年不可動憂旦夕禍作君所居堂後有錢一甒覆以板非君有也錢主今始三歲君慎勿用一錢用必成禍能從吾戒乎陸矍然謝之及盧生去未波未定陸笑謂妻子曰盧生言如是吾更何求乎乃命家童鍬其地未數尺東遇板徹之有巨瓮散錢滿焉陸喜其妻以裙運紉草貫之將及一萬兒女忽暴頭痛不可忍陸曰

堂唐生亡言將微手因奔馬追及且謝違戒盧生怒曰君用之必禍骨肉骨肉與利輕重君自度也捽舟去之不顧陸馳歸醉而癃屬見女谿愈矣盧生到復州又常與數人閑行途遇六七人盛服俱帶酒氣逆鼻盧生忽叱之曰汝等所為不悛性命无幾其人悉羅拜塵中曰不敢不敢其侶訝之盧曰此輩盡劫江賊也其異如此趙元和言盧生狀皃老少不常亦不常見其飲食嘗語趙生曰世間刺客隱形者不少道者得隱形術能不試二十年可易形名曰脫離後二十年名籍於地仙矣又言刺

客之死覓亦不見所論多奇怪蓋神仙之流也
長慶初山人楊隱之在郴州常尋訪道者有唐居
士土人謂百歲人楊謁之因留楊止宿及夜呼其
女曰可將一下弦月子來其女遂帖月於壁上如
片紙耳唐即起祝之曰今夕有客可賜光明言訖
一室朗若張燭
南中有百姓行路遇風雨與一老人同庇樹隂其
人偏坐敬讓之雨止老人遺其丹三丸言有急事
即服歲餘妻暴病卒數日方憶老人丹事乃毀齒
灌之微有煖氣頳色如生今死已四年矣狀如沉

醉亦甲亦長甚人至今與以相隨識者於四明見之矣

唐段少卿酉陽雜俎卷之二

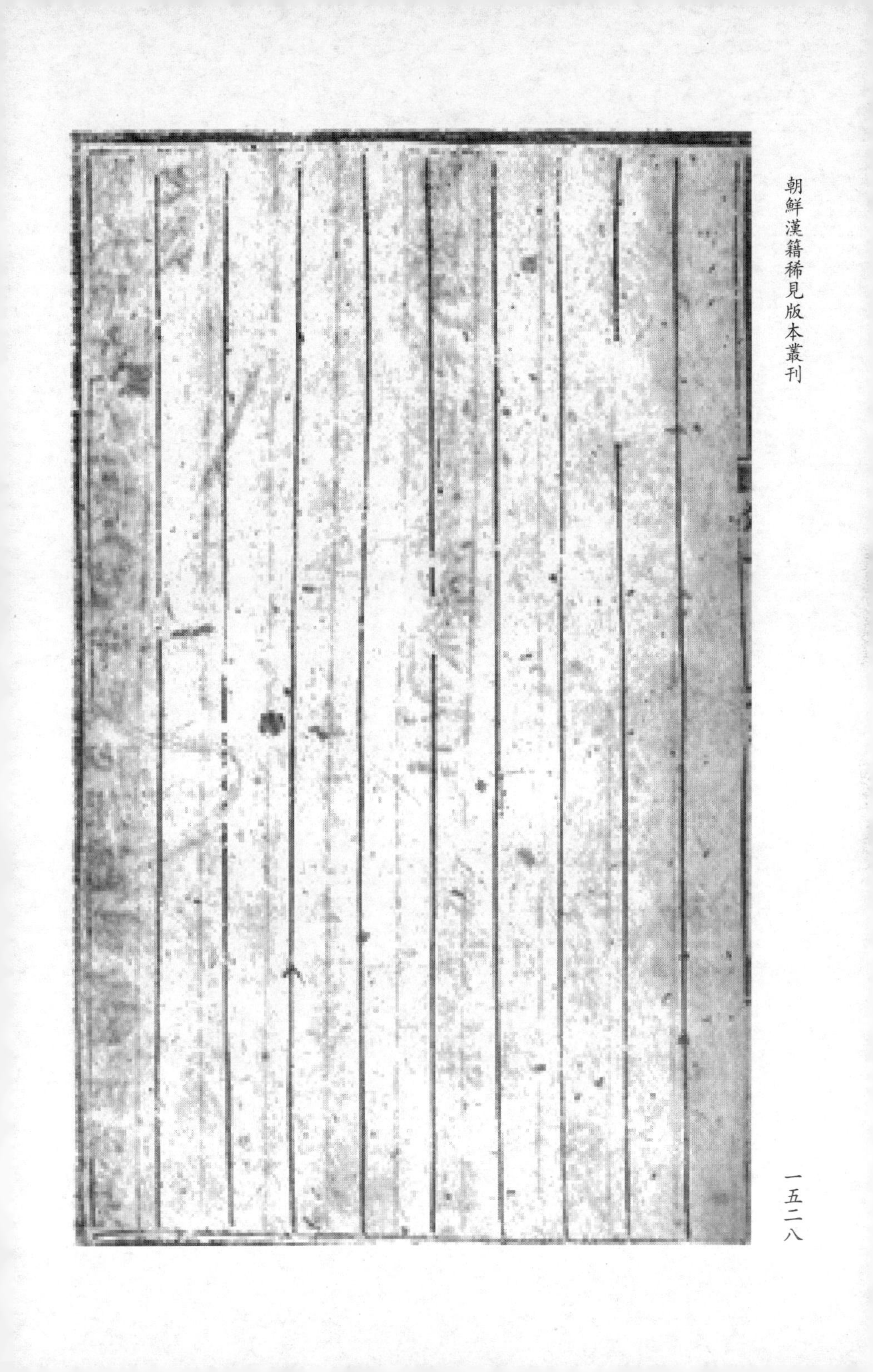

唐段少卿酉陽雜俎卷之三

貝編

釋門三界二十八天四洲至華嚴藏世界八寒八熱地獄等法自三界五位四果七支至十八界三十七道品等入經藏者咸能言之今不復具錄錄其事尤異者

鬱持天十住處千六分中輪王樂不及其二

四種樂一無樂二隨念及天女不念餘天等身香百由旬

迦留喬摩天此由衆緣有十地也

目不瞬衆蜂出妙音　大天香風皆入此天　四

天王十地彩地 質多羅地八林 堂樓天十池
金流河 无影山 有影遊匿一日 馬隨衆一日
其行如池同其色 衆鳥說偈白身天 身色如狗
勿頭花 無足柔軟 隨足上下 樂遊戲天
乘鵝殿 寶樹枝葉如殿 三十三天九十九那
由天女 憶念樹物隨意而出 十花池 千柱
殿 六時林 一日具六時
千輻輪殿天 妃含交友一日 所坐地 衣無經緯
將死者塵著身 馬殿千鵝駕 金剛縺帶 行
林隨天所至 衆鳥金臘 大象百頭頭有十牙

矛端有百浴池頂有山名曰界莊嚴阜有河如閻
牟那河水澂潔世界爲寶勝有二園一名喜林二
名樂林象名伊羅婆那光明林四維有意樹
帝釋將與脩羅戰入此林四樹間自見勝敗之相
甲冑林甲冑從樹而生不可破壞　蓮出摩偷美
飲也修一千二百善業者此生天上妙之觸如觸
迦旃隣提鳥此鳥輪王出世方見
闇合林閉目常見光明　夜摩天住虛空閻婆風
所持也
積崖山高三百由旬有七欄七楯　始生天者五

相一光覆身而無衣二見物生希有心三羞顏四
疑五怖
又五木一近蓮池花不開不乾二近林蜂無一日離
樹三聽天女歌而出壓離四近樹花萎五殿不行
空
又見身光衣觸如金剛及見毗琉璃鏡不見真道
天女九退相一皮緩二頭花散落三赤花在道変
爲黃四風吹无縫衣如人依觸五飛行毫偃六觸
水而濁七取樹花高不可及八見天子无媚九髮
散亂澁又脣動不止瓔珞花髮皆垂 十二種離

劣亦施生此天群偽青影擾萬由旬　摩尼珠中有金字偈　四天王天有十二失壞常与脩羅鬪戰等　三十三天八種失壞有劣天不為常釋所識等　夜摩天六失壞食劣生慚等　兜率陀天四失壞不樂鵝王説法声等　化樂天四失壞天業將尽其足无影等　他化自在天四失壞寶遍擔者等　色界天下石經十万八千三百八十三年方至地　閻浮提人生三肘半至四肘骨四五一日　十五脉十三身虫有毛燈瞋血　禪都摩虫流行血中　善

色虫處糞中令人安樂　起根虫饒則喜　歡喜
虫能見象夢又有癩瘡等　黔婆羅人穿膚
髡面目有諸人二足師子有翼女人狗面有林名
哎多迦羅刹所住眗目闍行百千由旬洲有赤地
黒五銅療白等　鬱單越難多迦等天河七十
自在無畏四天王舌如鴨音林　麒麟陁樹　迦
哎多那等　二十五羅名有山多牛頭旃檀天人
輿阿修羅闘傷者於此塗香提羅迦樹花見日光
即開　拘尼陁樹花見月光即開无憂樹女人觸
之花方開　尸剃沙樹足踏即長

又白龍活鵝旋身覓界等花體陀尼女人主乳有
十億聚落　一萬二城大国　多伽多支五大河月
力等弗婆提　三大林峪髻等　三王一作大城大
者三億五十万三千五百五十六聚落　南洲耳
髮莊嚴　北洲眼莊嚴　西洲頭髮莊嚴　北洲
肩膞莊嚴　生勝部者見白氎生欝林越見赤氎
見毋如鵝生瞿陁夷見生黄屋見毋如牛生弗婆提
見青氎見毋如馬閻脩羅以鬼攝摩叉鬼有神通
者二畜攝在海地下八萬四千有由旬　酒樹
又有樹群蜂流蜜其色如金　婆羅婆樹其實如

冤

四姝女如影等各有十二億那由他侍女壽五千

歲地名月髮不見頂山十三處鹿迷蟻旋赤

目魚王走水行住空崖山窟 變鬼魚口等 黃

髮林

鋡毗羅城 戰時手足斷而更生半身交道即死

鬼怪閻浮提下五百由旬有三十六種餓鬼羅剎等

鬼此言鬼子魔遮叱迦遍唯得食魚擔獨鬼受此

身

畜生有三十四六一百億種 龍住閻浮提有五十

七億龍於瞿陁尼不降濁水西州人食濁水則夭
單越人惡冷風龍不發冷於弗婆提洲不作雷声
不起電光東洲惡也其雷声兜率天作歌唄音閻
浮提作海潮音其雨兜率天上雨摩尼護世城雨
美膳海中注雨不絶如連輪阿修羅中雨兵仗閻
浮提中雨清淨水地獄一百三十六　三角生死
書无記也　圍生死諸天也
青出死地獄　黄出死餓鬼　赤業出一曰畜生活
地獄十六別処下天五千年此獄一晝夜金剛虫
滛乾黄蓋花心弥涅魚　排簡

黑繩地獄 摘茶案一曰剷 最鶚処合地獄上中
下苦銅汁河中身 洋如蘇鶬腹火人 劄刺処
堅鞹𣂪一曰芟口夜于子一曰朱誅虫 鐵議 嵺火
處以佉伲羅灰致眼中鑄池龍 號叫地獄 鬘
流火処 火末虫處四百四痛火厚二百肘大
號叫地獄 活黃三居賒口生瓘虫大鬘鬘一曰處
金剛迦色肉泥色也 赤樹魚眼苦
燋熱地獄 十二炎処 火生十方叉飢渴火也
針風生龍口中狝泥魚 鑱量五十由旬沸沫
高半由旬 吹下三十六億由旬𧗱塊烏処地盆

虫　置之鼓牛鼓出怨声　千頭龍　阿鼻十六
別剎　衣裳健破竇而逆者將生阿鼻之相　死
時見身如入歲見面在下空中風吹二千年受苦
勝如阿迦尼吒天樂獄中息覺氣餘殘欲界六天有
出設之二山遮之鳥口處黑肚處一角二角處
八寒地獄多與常說同　凡生地獄有三種形罪
輕作人形其次畜形極苦无形如肉軒肉屏等今
佛寺中畫地獄變唯隔子隔獄稍如經說其苦具悉
圖人間者曾無一據　舊說地獄中蓼牛頭阿傍
无情業所感現人漸死時足後最冷冷出地獄之

相也　器世將壞无生地獄者　阿修羅有一切
覩見池戰之勝敗悉見池中發持天鏡林中天人
自見善惡因緣正行天頗梨樹見人行法与非法
毗留博天常於此觀之
切利天及人中七生事見於殿壁中无法第八生
波利耶多天有波利耶多樹見閻浮提人善不善
相行善則照百由旬行不善則彫枯半行善則半
榮微細行天寶樹枝葉悉見天人影像上中下業
亦見其中閻摩那娑羅天娑羅樹中見果報其殿
淨如鏡悉見天人所作之業果報　又第二樹中

有千柱殿有業網諸地獄十六隔劇摩賽見其中夜摩天撫垢鏡池池中見自身顯上所見過見業果又閻浮那施播影中見獄界罪福及三惡趣言天象冥著若有將食肥膩況水鳥下飛日將盡諸方赤

二十八宿　昴角一日爲首一夜行三十六宇有時形如剃刀姓韓耶屋祭用乳屬火　畢形如筌文屬木祭用鹿肉姓頡羅墮　觜屬日日一既月之子姓毗梨佉耶屋形如鹿頭祭用菓　參屬日姓天墜齋尖編形如婦人靨菜用醍醐　井屬日姓參形如

足跡祭用粳米和蜜　鬼屬木姓炮波羅昳形如
佛脊祭同井　柳屬蛇姿彙与婆同形如蚰　星屬
火形如河岸姓賀伽耶尼祭用烏麻　張屬福德
天姓瞿曇形祭如井　翼屬林天姓憍陳如祭用
黑豆形同上　軫屬毗沙梨帝形如人手姓迦遮
延祭用蒭狎　角屬喜樂天姓質多羅形如上祭
用花　亢姓迦栴延天祭用蒙豆　氐姓多羅屋以
花祭　房屬慈天姓阿藍婆形如瓔珞祭用酒肉
心屬切利天姓迦羅延形如大麥祭用粳米
尾屬臘師天姓遮耶尼形如蝎尾祭用菓根　箕

屬清淨天姓特叉迦形如牛角　斗姓莫迦還形如人拓石祭如井　牛屬梵天姓梵嵐摩形如牛頭祭如麥　女屬毗紐天姓帝利迦遮耶足形如心祭以鳥肉　虛姓同翼形如鳥祭用烏豆汁　危姓畢羅屋形如麥一日　祭以粳米　室屬蛇頭天蝎天之子姓闍浮都迦祭用血　壁姓陁難闍奎姓阿毖毗祭用酪　婁屬乾闥婆天姓阿含婆形如馬頭祭用大麥　胃姓馱伽毗形如鼎足亢虛參胃四星不得入陣　軫宿生人七步无蚍角宿生人好嘲戲　女宿生人亢參危三宿日作

事不成盧角車輪勝　一千六百剎那爲一迦那
倍六十名横吁律多倍三十日爲一月夜　夜乂
口煙爲善
龍王身光日憂流迦此言天狗
魏明帝始造白馬寺寺中懸幡影入内帝惟問左
右曰佛有何神人敬事之
烏仗那国有佛跡隨人身福壽量有長短
那揭羅曷国城東塔中有佛頂骨周二尺欲知善
惡者以香塗即骨其迹煥然善惡相悉見
此天健馱羅國有大窣堵波佛懸記七燒七立佛

方城玄奘言城壞已三年
西域佛金剛座有菩薩像兩軀國人相
傳菩薩身沒佛法亦盡南末已沒過胷臆矣
乾陁國頭河岸有繫白象樹花葉似棗季冬方熟
相傳此樹滅佛法亦滅
北朝時徐州角城縣之北僧尼著白布法服時有
青布袈裟者
波斯蜀國有阿耆荼國城北大林中有伽藍音佛
於此聽比丘著氈縛屐氈縛此言靴也
寧王憲寢疾上命中使送醫藥相望於道僧崇一

療憲稍瘳上悅特賜崇一緋袍魚袋
梁簡文帝有謝賜鬱泥納袈裟表
魏使陸操至梁梁王坐小輿使再拜遣中書舍人
殷炅宣旨勞問至重雲殿引昇殿梁主著菩薩衣
北面太子已下皆著菩薩衣侍衛如法操西向以次
立其人是西廂東面一道人讚禮佛詞凡有三卷
其贊第三卷中稱為魏主魏相高并南北二境士
女禮佛訖臺使與其群臣俱再拜矣
魏李騫崔劼至梁同泰寺主客王克舍人賀季友
及三僧迎門引接至浮圖中佛傍有執板筆者僧

譚鬻曰此是尸頭尋記人羅鬻曰便是僧之董狐復入二堂佛前有銅鉢中燃燈劫曰可謂日月出矣爝火不息蘆縣東有金榆山昔朗法師令弟子至此採榆莢詣瑕丘市易皆化爲金錢

後魏胡后嘗問沙門寶誌國祚且言把粟與雞喚朱朱蓋尔朱也

有道法和請古寺公曰大莿葥不須羽東莿屋急手作法和尋奔父

歷城縣光政寺有磬石形如半月膩光若滴扣之聲及百里北齊時移於都內使人擊之其聲杳絕

却令歸本寺打之聲如故士人語曰摩耶聖恋光
設
国初僧玄奘往五印取經西域敬之成式見倭国
僧金剛三昧言嘗至中天寺中多畫玄奘麻屩及
匙筯以綵雲乘之蓋西域所无者每至齋日輒膜
拜焉
又言那蘭陀寺僧食堂中熱際有巨蠅數万至僧
上堂時悉自飛集于庭樹
僧万迴年二十餘貌癡不語其兄戍遼陽久絶音
問或傳其死其家為作齋万迴忽卷餅茹大言曰

兄在我將饋之出門如飛馬馳不及及暮而還得其
兄書緘封猶濕計往返一日万里因號焉
天后任酷吏羅織位稍隆者日別妻子博陵王崔
玄暉位望俱極其母憂之曰汝可一迎万迴此僧
寶誌之流可以觀其舉止禍福也及至母垂泣作
禮兼施鉢匙筯一雙万迴忽下堦擲其匙筯於堂
屋上掉臂而去一家謂爲不祥經日令上屋取之
匙筯下得書一卷觀之乃讖緯書也遽令焚之數
日有司忽即其家大索圖讖不獲得雪時酷吏多
令盜夜埋蠱遺讖於人家經月告密籍之博陵微

萬廻則誡族矣
梵僧不空得總持門能役百神玄宗敬之歲常旱
上令祈雨不空言可過某日令祈之必暴雨上乃
令金剛三藏設壇請雨連日雨暴不止坊市有漂
溺著遽召不空令止之不空遂於寺庭中捏泥龍
五六當溜水作胡言駡之良久復置之乃大笑有
須雨霽
玄宗又嘗召術士羅公遠與不空同祈雨互挍功
力上俱召問之不空曰臣昨焚白檀香龍上令左
右掬庭水嗅之果有檀香氣又与羅公遠同在便

殿羅時反手搔背不空曰借尊師如意殿上花石瑩滑遂激窣日窣至寶前羅再三取之不得上欲取之不空曰三郎忽起此影耳因舉手示羅如意

又邛山有大蛇樵者常見頭若丘陵夜常承露氣見不空入　語曰弟子惡報和尚何以見度常欲翻河水陷洛陽城以快所居也不空爲受戒說苦空且曰汝以瞋心受此苦後念根吾力何及當思吾言此身自捨着而來後旬月樵者見蛇死於澗中臭達數十里不空每祈雨無他軌則但設數繡座手簸旋數寸木神念呪擲之自立於座上伺

木神吻角牙出目瞬則雨至

僧一行窮數有異術開元中嘗旱玄宗令祈雨一行言當得一器上有龍狀者方可致雨上令於內庫中遍視之皆言不類數日後指一古鏡鼻盤龍喜曰此有眞龍矣乃持入道場一夕而雨

荆州貞元初有狂僧此僧莫名者善歌何滿子嘗遇醉五百塗辱之令歌僧即發聲其詞皆五百從前非慝也五百驚而自悔

蘇州貞元中有義師狀如風狂有百姓起店十餘間義師忽運斤壞其檐禁之不止其人素知其神

檀曰弟子活計賴此復曰亦惜身乎乃擲斤於地而去其夜市火唯義師所壞室屋數間存焉常止於廢寺殿中无冬夏常積火燒幡木象悉火之好活燒鯉魚不待熟而食垢面不洗洗之輙雨吳中以爲雨候將死飲灰汁數斛乃念佛而坐不復飲食百姓日觀之坐七日而死時盛暑色不變支不摧

安國寺僧黎池常燒木佛往往与人語頗知宗要寺僧亦不之測

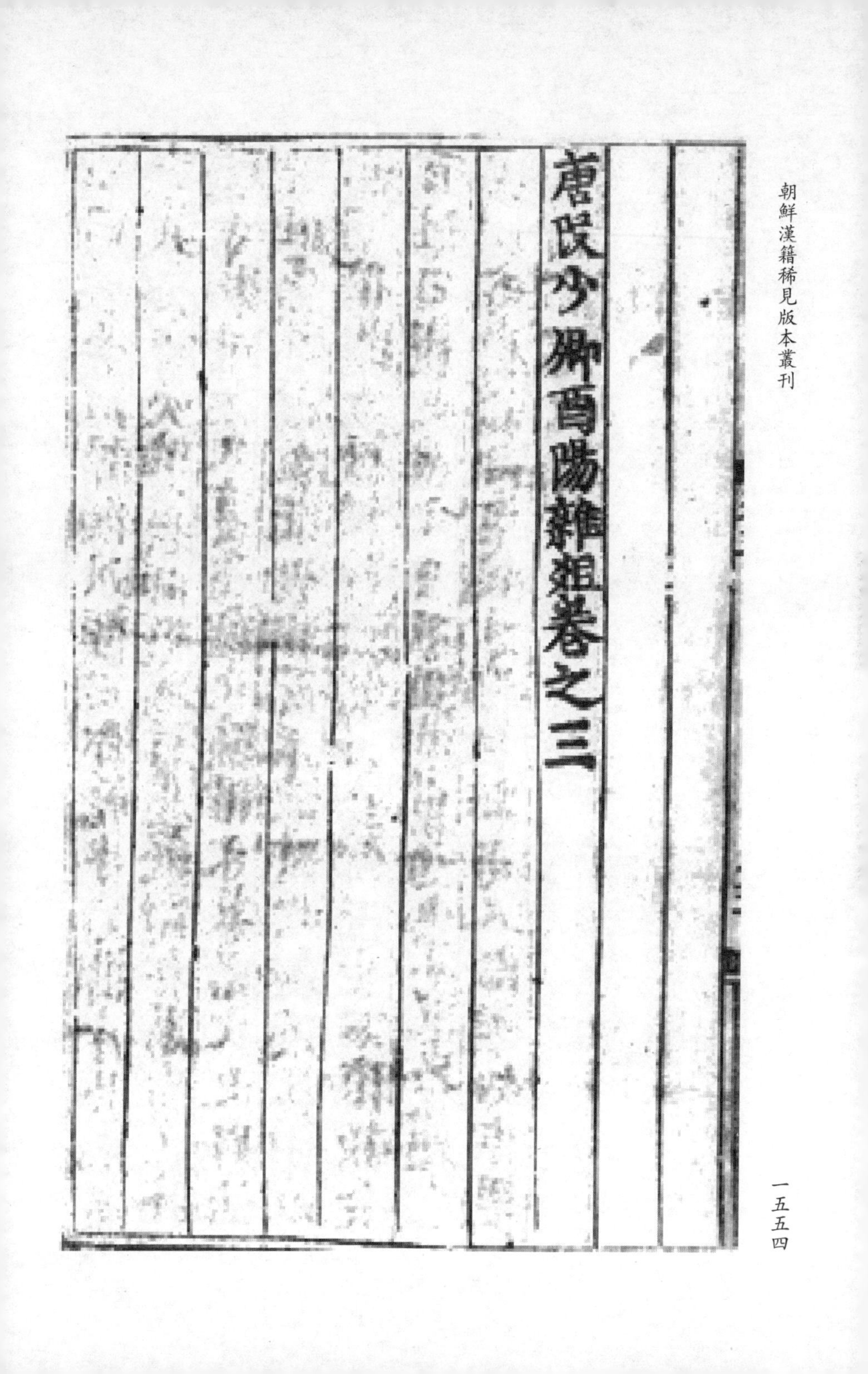

唐段少卿酉陽雜俎卷之三

唐段少卿酉陽雜俎卷之四

境異

東方之人鼻大竅通於目筋力屬焉南方之人口大竅通於耳西方之人面大竅通於鼻北方之人竅通於陰短頸中央之人大竅通於口

無啓人食土其人死其心不朽埋之百年化爲人録民膝不朽埋之百二十年化爲人細民肝不朽埋之八年化爲人

息土人美耗土人醜

帝女子澤性妬有從婢散逐四山無所依託東偶

狐狸生子曰狹當文猴有子曰涤北通漫鼠所育焉偽突厥之先曰射摩舍利海神神在阿史德窟西射摩有神異又海神女每日暮以白鹿迎射摩入海至明送出經數十年後部落將大獵至夜中海神謂射摩曰明日獵時爾上代所生之窟當有金角白鹿出爾若射中此鹿畢形與吾來往或射不中即緣絕矣至明人圍果所生窟中有白鹿金角起射摩遣其左右固其圍將跳出圍遂殺之射摩怒遂手斬阿唊首領仍誓之曰自殺此之後須人祭天即取阿唊部落子孫斬之以祭也至今突

厥以人祭纛常取呵尼部落用之射摩既斬呵尼至暮還海神女報射摩曰爾手斬人血氣腥穢因緣絕矣

突厥事祆神无祠廟刻氈為形盛於皮袋行動之處以脂蘇塗之或繫之竿上四時祀之

堅昆部落非狼種其先所生之窟在曲漫山北自謂上代有神與牸牛交於此窟其人髮黃目綠赤髭髯其髭髯俱黑者漢將李陵及其兵衆之胤也

西屠俗染齒令黑

獠在牂牁其婦人七月生子死則豎棺埋之

木耳夷舊牢西以鹿角為器其死則屈而燒之埋
耳後小骨類人獸如豬小寒則拾沙自塞但出其
面
木歆州余釐一洞其地无衆民不依并皆怖樹祛
為用
木僕尾若龜長數寸居木上食人
阿薩部多獵蟲鹿剖其肉重疊之以石壓瀝汁稅
波斯拂林等國米及葦子釀於肉汁之中經數月
即變成酒飲之可醉
孝億國界周三千餘里在平川中以木為柵周千

餘里攝内百姓二千餘家周國大攝五百餘所氣
候常煖冬不凋落宜羊馬无駞牛俗性質直好客
侶軀皃長大衆䰎黄髮緑眼赤髭被髪面如血色
戰具唯矟一色冝五穀出金鐵衣麻布舉俗事妖
不識佛法有妖祠三百千曰餘所馬步甲兵一万
不尚商販自稱孝億人丈夫婦人俱帶每一日造
食一月食之常喫宿食 柂建國无井及河澗所
有種植待雨而生以紫鑛泥地承雨水用之穿井
即若海水又鹹土俗潮落之後平地爲池收魚以
作食

婆弥爛國去京師二万五千五百五十里此國西有山巉巖峻險上多猿猿形絕長大常暴田種每年有二三十万國中起春以後屯集甲兵与猿戰雖歲殺數万不能尽其巢穴

撥拔力國在西南海中不食五穀食肉而已常針牛畜脉取血和乳生食无衣服唯腰下用羊皮掩之其婦人潔白端正國人自掠賣与外國商人其價數倍土地唯有象牙及阿末香波斯商人欲入此國圍集數千人齎緤布没老少共刺血立誓乃市其物自古不屬外國戰用象牙排野牛角爲矟衣

甲子矣之器步兵二十萬大食頻討襲之
昆吾國累堊為丘象浮屠有三層尸乾居上尸濕
居下以近葬為至孝集大氈居中懸衣服綵繒哭
祀之　龜茲國元日鬬牛馬駝為戲七日觀勝負以
占一年羊馬減耗繁息也
婆羅遮並服狗頭猴面男女无晝夜歌舞八月十
五日行像及透索為戲
焉耆國元日二月八日婆摩遮三日野祀　四月
十五日遊林　五月五日彌勒下生　七月七日
祀先祖　九月九日床撒　十月十日王為厭法

王出首領家首領騎王馬一日一夜處分王事
十月十四日作樂至歲窮拔河郵十二月及元
日王及首領分為兩朋各出一人着甲衆人執尾
石東西擲於東西互擊甲入先死即止以占當年
豐儉
蘇都識匿國有夜叉城城舊有野叉其窟見在人近
窟住者五百餘家窟口作舍設關籥一年再祭人
有過窟口煙氣出先觸者死因以尸擲窟口其窟
不知深淺
馬伏波有餘兵十家不返居壽冷縣自相婚洞有

二百户以其流寓號馬流衣食與華同山川移易銅柱入海以此民爲識耳亦曰馬留

峽中俗夷風不改武寧蠻好着芒心接離名曰苧綾以稽記年月葬時以笄向天謂之刺北斗相傳盤瓠初死置於樹以笄刺之下其後爲象

臨邑縣有雁翅泊泊旁无樹木土人至春夏常於此澤羅雁鳥取其翅以禦暑

烏耗西有懸渡國山溪不通引繩而渡朽索相引二千里其土人佃于石間壘石爲室接手而飲所謂猿飲也　鄯鄯之東龍城之西南地廣十里皆爲

塩田行人所經牛馬皆布氈卧焉
嶺南溪洞中往往有飛頭者故有飛頭獠子之號
頭將飛一日前頸有痕匝項如紅縷妻子遂看守
之其人及夜狀如病頭忽生翼異脫身而去乃於岸
泥尋蟹蚓之類食將曉飛還如夢覺其腹實矣
梵僧菩薩勝又言闍婆國中有飛頭者其人无目
瞳子聚落時有一人據于氏志怪在南方落民其
頭能飛其俗所祠名曰虫落因號落民
晉朱桓有一婢其頭夜飛
王子年拾遺言漢武時因墀國使南方有解形之

氏餘先使頭飛南海左手飛東海右手飛西澤至暮頭還肩上兩手遇疾風飄於海水外

近有海客往新羅吹至一島上滿島悉是黑漆匙筯其處多大木客仰窺匙筯乃木之花與鬚也因拾百餘雙還用之肥不能禁後偶取攪茶隨攪而消焉

喜兆

集賢張希復學士嘗言李揆相公將拜相前一月日將夕有蝦蟇大如床見於寢堂中俄失所在

又言初授新州將拜相井忽漲才深尺餘

鄭絅相公宅在招國坊南門忽有物投瓦礫五六夜不絶乃移於安仁西門宅避之瓦礫又隨而至經久復歸招國鄭公歸心釋門禪室方丈及歸將入丈室蟢子滿室懸絲去地一二尺不知其數其夕瓦礫亦絶翌日拜相

成式見大理丞鄭復識淮西用兵時劉沔爲小將軍頭頗易具一日之每捉生蹤伏沔必在數前後重創將死數四後因月黑風甚又令沔捉坐沔憤激深入意必死行十餘里因坐將睡忽有人覺之授以雙燭曰君方大貴但心有此燭在无憂也沔後

拜將常見燭影在雙旌上及不後見燭乃詐疾歸宗

禍兆

楊愼矜兄弟富貴常不自安每詰朝礼佛像默祈冥衛或一日像前土榻上聚塵三堆如冢狀愼矜惡之且慮兒戲命掃去一夕如初尋而禍作

姜楚公常遊禪定寺京兆辦局甚盛及飲酒座上一妓絕色獻盃整鬟未尋見手衆恠之有客被酒戲曰勿六指乎乃强牽視妓隨牽而倒乃枯骸也姜竟及禍焉

蕭瀞初至遂州造二幡竿施於寺設齋慶之齋畢作樂忽暴雷霹靂竿各成數十片至來年當雷霹日瀞死

物華

諮議朱景玄見鮑容容曰說陳司徒在揚州時東市塔影忽倒老人言海影翻則如此

崔玄亮常侍在洛中嘗步沙岸得一石子大如雞卵黑潤可愛翫之行一里餘砉然而破有鳥大如巧婦飛去　進士段　常識南孝廉者善斫鱠縠薄絲縷輕可吹起操刀響捷若合節奏曰會衙技先

起魚架之忽暴風雨雷震一声鱠悉化為胡蝶飛
去南驚懼遂折刀誓不復作
開成末河陽黃魚池冰作花如纈
城南百姓王氏莊有小池池邊巨柳數株開成末
葉落池中旋化為魚大小如葉食之无味至冬其
家有官事
蔡州僧清簡家園蔓菁忽變為蓮

唐段少卿酉陽雜俎卷第五

詭習

大曆中東都天津橋有乞兒无兩手以右足夾筆寫經乞錢欲書時先再三擲筆高尺餘未曾失落書跡官楷書不如也

于頔在襄州嘗有山人王固謁見于手性快見其拜伏遲緩不甚知書生別日遊燕不復得進王殊怏怏因至使院造判官曾叔政頗礼接之王謂曾曰予以相公好奇故不遠而來今實誤矣予有一藝自古无者今將歸且賀公見待之厚今為一

設遂詣曾所居懷中出竹一節及小鼓規纔運寸
良久去竹之塞折枝連擊鼓子筒中有蠅虎子數
十行而出分為二隊如對陣勢每擊鼓或三或五
隨鼓音變陣天衡地軸魚麗鶴列無不備也進退
離附人所不及凡變陣數十乃行入筒中曾觀之
大駭方言於公王已潛去悔恨令物色求之
不獲
張芬曾為韋南康親隨行軍曲藝過人力舉七尺
碑定雙輪水磑常於福感寺趯鞠高及半塔彈力
五斗常揀向陽巨筍織竹籠之隨長旋培常留寸

許度祈龍高四尺然後放長秋深方去龍伐之一尺寸節其色如金每塗墻方丈輒成天下太平字

建中初有河北軍將姓夏彎弓數百斤嘗於毬場中累錢十餘走馬以擊鞠杖擊之一擊一錢飛起六七丈其妙如此又於新泥墻安棘刺數十取爛豆相去一丈一一擲豆貫於刺上百不差一又猷走馬書一紙

元和末均州鄖鄉縣有百姓年七十養獺十餘頭捕魚為業隔日一放將放時先閉於深溝斗門内令飢然後放之无網罟之勞而獲利相若老人抵

掌呼之群鵶皆至緑衿者諳麻別若守狗戶部郎中李福親覩之

恠術

大曆中荆州有術士從南來止於陟屺寺好酒少有醒時因寺中大齋會人衆數千術士忽曰余有一伎可代抃瓦珠之歡也乃合彩色於一器中驔步抓目徐祝數十言方欱水再三噀壁上成維摩問疾變相五色相宣如新寫逮半日餘色漸薄至暮都滅唯金粟綸巾鶖子衣上一花經兩日猶在成式見寺僧惟肅說忘其姓名

張魏公在蜀時有梵僧難陁得如幻三昧入水火
貫金石變化无窮初入蜀与三少年俱行或大醉
狂歌戍將將斷之及僧至且曰某寄迹桑門別有
藥術因指三年此妙於歌管戍將反敬之遂留連
為辦酒肉夜會客与之劇飲僧假襦襠巾幗市鉛
黛伎其三年及坐含睇調笑逸態絶世飲將闌僧
謂年曰可為押衙蹋其曲也因徐徐對舞曳緒回
雪迅赴摩跌技又絶倫也良久曲終而舞不已僧
喝曰婦女風耶忽起取戍將佩刀衆謂酒狂各驚
走僧乃拔刀斫之皆踣於地血及數丈戍將大懼

呼左右縛僧僧笑曰无草草徐奔尼三支節枝也血
乃酒耳又嘗在歙會人斷其頭釘耳於柱无血身
坐席上酒至瀉入脰瘡中面赤而歌手復抵節會
罷自起提首安之初无痕也時時預言人凶衰皆
謎語事過方曉成都有百姓供養數日僧不欲住
閉關留之僧因是走入壁角百姓遽牽漸入唯餘
袈裟角頃亦不見來日壁上有畫僧焉其狀形似
日日色漸薄積七日空有黑跡至八日跡亦滅僧
已在彭州矣後不知所之
虞部郎中陸紹元和中嘗看表兄於定水寺因為

院僧具蜜餌時菓醉院僧亦陸所熟也遂令左右邀之良久僧與一李秀才偕至乃環坐笑語頗劇院僧顧弟子煮新茗巡將匝而不及李秀才陸不平曰茶初未及李秀才何也僧笑曰如此秀才亦要知茶味且以餘茶飲之鄰院僧曰秀才乃衙士座主不可輕言其僧又言不遑之子弟何所憚秀才忽怒曰我与上人素未相識焉知予不遑徒也僧復大言望酒旗翫奕場者豈有佳者乎李乃白座客某不免對貴客作造次矣因奉手袖中據兩膝叱其僧曰衆衍阿師争敢無礼拄杖何在

可擊之其僧房門後有筇杖子自跳出連擊其僧時衆亦爲蔽護杖伺人隙捷中若有物執持也李復叱曰捉此僧向墻僧乃負墻拱手色青短氣唯言乞命李又曰阿師可下階僧又趨下自投无數衄鼻敗顙不已衆爲請之李徐曰緣對衣冠不能煞此爲累因揖客而去僧半日方能言如中惡狀竟不之測矣

元和末鹽城脚力張儼遞牒入京至宋州遇一人因求爲伴其人朝宿鄭州因謂張曰君受我料理可倍行數百乃掘二小坑深五六寸令張背立垂

踵坑口針其兩足猴初不如痛又自膝下至骭再
三捋之黑血滿坑中猴大覺奔足輕捷繞午至汴
復要於陝州宿猴辭力不能又曰君可暫御膝蓋
骨且无所苦當日行八百里猴懼辭之其人亦不
強乃曰我有事須暮及陝遂去行如飛頃刻不見
蜀有賣雞師目青无黑睛本濮人也成式長慶初
見之已年七十餘或爲人解災必用一雞設祭於
庭又取江石如雞卵令疾者握之乃踏步作氣虛
叱雞旋轉而死石亦四破成式舊家人永安初不
信嚮謂曰尔有厄因丸符逼令吞之復去其左足

鞋及襪猶屐在足心矣又謂奚瀘海曰尔將病令袒而負戶以筆再三畫於戶外大言曰過過墨遂透背焉

長壽寺僧誓言他時在衡山村人為毒蛇所噬須臾而死髮解腫起尺餘其子曰昝老若在何慮遂迎昝至乃以灰圍其屍開四門先曰若從足入則不救矣遂踏步據固久而蛇不至昝大怒乃取飯數升擣蛇形咀之忽蠕動出門有頃飯蛇引一蛇從死者頭入徑吸其瘡屍漸低蛇皰縮而死村人乃活

王潛在荊州百姓張七政善正傷折有軍人損脛求張治之張飲以藥酒破肉去碎骨一片大如兩指塗膏封之數日如舊經二年餘脛忽痛復問張張言前為君所出骨寒則痛可遽覓也果獲於床下令以湯洗貯於絮中其痛即愈王公子弟与之狎嘗祈其戲術張取馬草一掬再三挼之悉成燈蛾飛又畫一婦人於壁酌酒滿杯飲之酒无遺滴逡巡畫婦人面赤半日許可畫濕起墜落其術終不肯傳人

韓佽在桂州有妖賊封盈能為數里霧務先是常行

野外見黃蛺蝶數十因逐之至一大樹下忽滅掘之得石函素書大如臂遂成左道百姓歸之如市乃声言某日將收桂州有紫氣者必勝至期果紫氣如疋帛自山亘于州城白氣直衝之紫氣遂散天忽大霧至午稍開霽州宅諸樹滴下小銅佛大如麥不知其數其年韓卒

海州司馬韋敷曾往嘉興道遇釋子希遁深於緣生之術又能用日辰可代藥石見敷鑷白曰貧道為公擇日拔之經五六日僧請鑷其白者盡黑矣凡三鑷之鬢不復變座客有祈鑷者僧言取時

稱差別後難色果帶緑其妙如此
衆言石旻有奇術在揚州成式數年来隔旬与之
相見言事十不一中家人頭痛嚏咳者服其藥未
嘗効也至開成初在城親故間往往説石旻術不
可測盛傳寶曆中石隨錢徽尚書至湖州常在學
院子弟皆以文丈呼之於錢氏兄弟求兔湯餅時暑
月獵師數日方獲因与子弟共食使曰可留兔皮
聊志一事遂釘皮名地壘塗之上朱書一符獨
言曰根校遲根校遲錢氏兄弟詰之石曰欲共諸
君共記卯年也至太和九年錢可復為鳳翔遇害歲

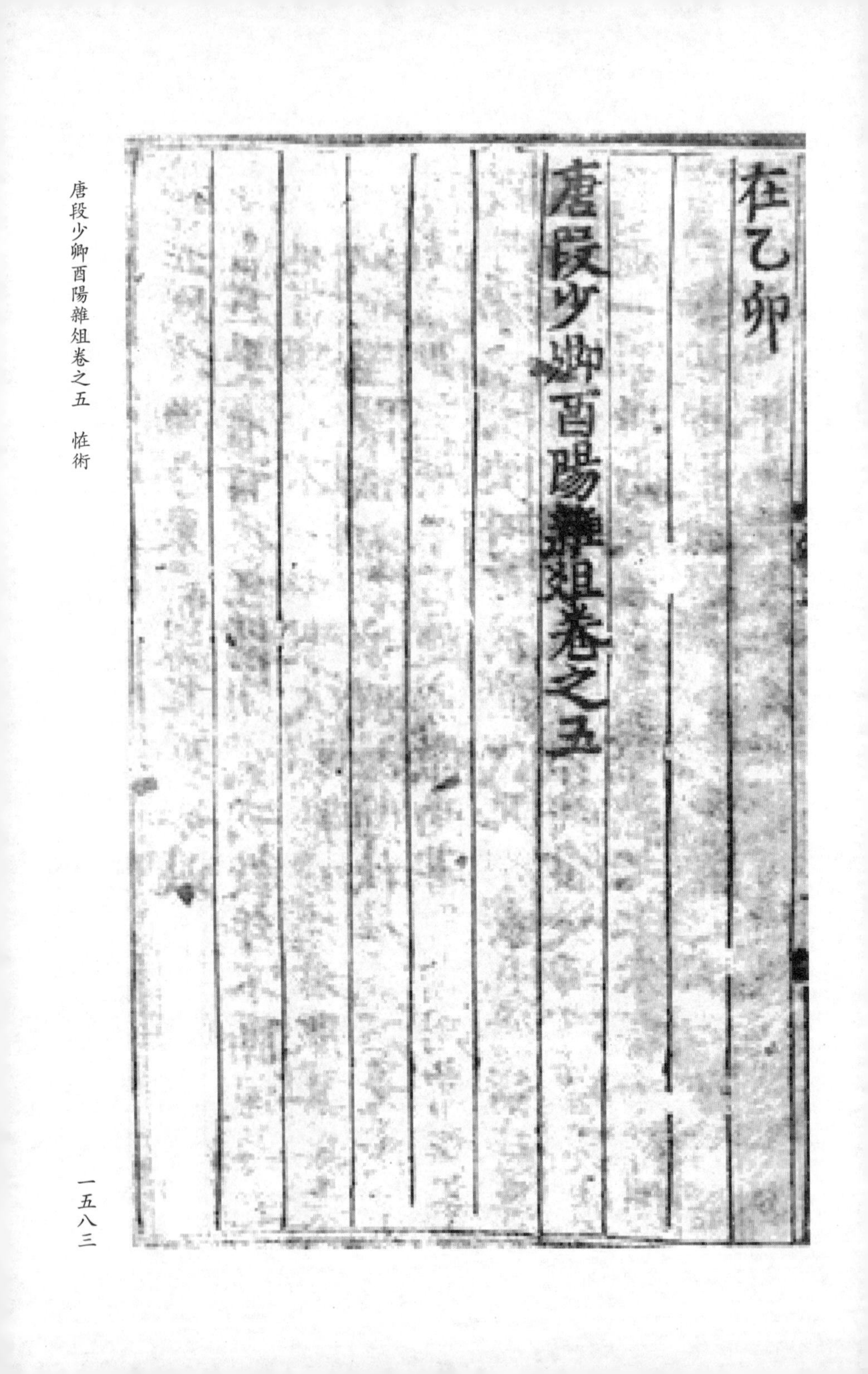

在乙卯

唐段少卿酉陽雜俎卷之五

唐段少卿酉陽雜俎卷之六

藝絶

南朝有姥善作筆蕭子雲常書用筆心用胎髮開元中筆匠名鐵頭能瑩管如玉莫傳其法

成都寶相寺偏院小殿中有菩提像其塵不集如新塑者相傳此像初造時匠人依明堂先具五藏次四肢百節將百餘年纖塵不凝焉

李叔詹常識一范陽山人停於私第時語休咎必中兼善推步禁咒止半年忽謂李曰某有一藝將去欲以為別所謂水畫也乃請後廳上掘地為池

方丈深尺餘泥之麻灰日漉水滿之候水不耗具丹青墨硯先援筆叩齒良久乃縱筆毫水上就視但見水色渾渾耳經二日搨以稗絹四幅食頃舉出觀之古松怪石人物屋木无不備也奉驚異詰之惟言善能禁彩色不令沉散而已

舊記藏彄令人生離或言古語有徵也舉人高映善意彄成式嘗於荆州藏鉤每曹五十餘人十中其九同曹鉤亦知其處當時疑有他術訪知映言但意舉止辭色若縶囚視盜也

山人石旻尤妙打彄與張又新兄弟善暇夜會客

因試其膺捱注之必中猴遂寘鈎於中發囊中是曰尽猴空拳左有頃眼鈎在猴君幞頭左翅中其妙如此吳後居揚州成式因識之嘗析其術石謂成式曰可先畫人首數十遣胡越異辦則相擾嶷其見撒覓不及畫

器奇

開元中河西騎將宋青春暁果暴戾爲衆所忌及西戎歲犯邊青春每陣常運臂大呼執馘而旋未嘗中鋒鏑西戎憚之一軍始賴焉後吐蕃大北獲生口數千軍帥令譯問衣大虫皮者亦何不能害

青春者曰嘗見青龍突陣而來兵刃將及若叩銅鐵我爲神助將軍也青春乃知劍之有靈青春死後劍爲瓜州刺史李廣琛所得或風雨後迸光出室環燭方丈哥舒鎮西知之求易以它寶廣琛不與因贈詩刻舟尋化去彈鋏未酬恩

鄭雲達少時得一劍鱗鋏星鐔有時而吼常在莊居晴日藉膝玩之忽有一人從庭樹窣然而下紫衣朱幘蓬髮露劍而立黑氣周身狀如重霧鄭素有膽氣佯若不見其人因言我上界人知公有異劍願借一觀鄭謂曰此凡鐵耳不堪君翫上界豈藉

此乎其人求之不已鄭伺使良文疾走斫之不中忽墜黑氣着地數日方散

成式相識温介云大曆中高郵百姓張存以踏藕爲業嘗於陂中見旱藕稍大如臂遂併力掘之深二丈大至合抱以不可窮乃斷之中得一劍長二尺色青无刃存不識之賈邑人有知者以十束薪獲焉其藕无絲

元和末海陵夏侯乙庭前生百合花大於常數倍異之因發其下得甕匣十三重各匣一鏡第七者光不蝕照日花環一丈其餘規銅而已

高瑀在蔡州有軍將田知迴易折欠數百万迴至外縣去州三百餘里高方令錮身勘田憂迫計无所出其類因為設酒食開解之坐客十餘中有稱处士皇甫玄真者衣白若鵝羽皃甚都雅衆皆有寛勉之辭皇甫微笑曰此亦小事衆散乃獨留謂田曰予嘗遊海東獲二寶物當為君解此難田謝之請具車馬悉辭行甚疾其晚至州舍於店中遂晨謁高高一見不覺敬之因請高曰玄真此來特從尚書乞田性命高遽曰田欠官錢非瑀私財如何皇請避左右其於新羅獲一巾子辟塵欲獻此贖

田即於懷內探出授高高纔執已覺躰中虛涼驚
曰此非人臣所有且无價矣田之性命物不足酬
也皇甫請試之翌日因宴于郭外時久旱埃塵且
甚高獨視焉眉鬢髮左右騶卒數人並无纖塵監
軍使竟問高何事尚書獨不塵坌豈遇異人獲至
寶乎高不敢隱監軍不悅固求見處士高乃與俱
往監軍戲曰道者獨知有尚書乎更有何寶願得
一覩皇甫具述救田之意且言藥出海東今餘一
針力弱不及巾可令一身无塵監軍拜請曰獲此
足矣皇即於巾上抽與之針金色大如布針監軍

乃割於市試之驟於塵中塵唯及馬鬃尾焉高眞監軍曰日禮諸將討其道要一夕忽失所在矣

樂

咸陽宮中有鑄銅人十二枚坐皆三五尺列在一筵上琴筑笙竽各有所執皆組綬花彩儼若生人筵下有銅管吐口高數尺其一管空內有繩大如指使一人吹空管一人紐繩則琴瑟竽筑皆作與眞樂不異有琴長六尺安十三絃二十六徽皆七寶飾之銘曰璵璠之樂玉笛長二尺三寸二十六孔吹之則見車馬出山林隱隱相次息亦不見銘

曰昭華之管
起高陽王雍美人徐月華能彈卧箜篌為明妃出
塞之声
有胡僧超能吹笳為壯士歌項羽吟將軍崔延伯
出師每臨敵令僧超為壯士声遂單馬入陣
古琵琶用鵾雞股開元中段師能彈琵琶用皮絃
賀懷智破撥彈之不能成声
蜀將軍皇甫直別音律擊陶器能知時月好彈琵
琶元和中嘗造一調乗涼臨水池彈之本黄鍾而
声入蕤賓因更絃再三奏之声猶蕤賓也直甚感

不悅自意爲不祥隔日又奏於池上聲如故試彈於他處則黄鍾也直因調蕤賓夜復鳴彈於池上覺近岸波動有物激水如魚躍及下絃則没矣直遂集客車水竭池窮池索之數日泥下丈餘得鐵一片乃方響蕤賓鐵也

唐段少卿酉陽雜俎卷之六

唐段少卿酉陽雜俎卷之七

酒食

魏賈鏘家累千金博學善著作有蒼頭善別水常
令乘小艇於黃河中以瓠匏接河源水一日不過
七八升經宿器中色赤如絳以釀酒名崑崙觴酒
之芳味世中所絕曾以三十斛上魏莊帝

歷城北有使君林魏正始中鄭公慤三伏之際每
率賓僚避暑於此取大蓮葉置硯格上盛酒二升
以簪刺葉令與柄通屈莖上輪囷如象鼻傳噏之
名為碧筩杯歷下學之言酒味雜蓮氣香冷勝於

水

青田核莫知其樹實之形核大如六升瓠注水其中俄頃水成酒一名青田壺亦曰青田酒蜀後主有桃核兩扇每扇着仁如約盛水五升良久水成酒味醉人更互貯水以供其宴即不知得自何處

武溪夷田強遣長子魯居上城次子居中城小子倉居下城三壘相次以拒王莽光武二十四年遣武威將軍劉尚征之尚未至倉獲自鼈為臛舉烽請兩兄兄至無事及尚軍來倉舉火魯等以為不實倉遂戰而死

梁劉孝儀食鯖鮓曰五侯九伯令盡征之魏使崔
劼李騫在坐劼曰中丞之任未應已得分歛騫曰
若然中丞四履當至穆陵孝儀曰鄴中鹿尾乃酒
肴之最劼曰生魚熊掌孟子所稱雞跖猩脣呂氏
所尚鹿尾乃有奇味竟不載書籍每用為恠孝儀
曰實自如此或是古今好尚不同梁賀季曰青州
蟹黃乃為鄭氏所記此物不書未辯所以騫曰鄭
亦稱益州鹿尾但未是珍味
何胤侈於味食必方丈後稍欲去其甚者猶食白
魚鮏腊糖蟹使門人議之學士鍾岏議曰鮏之就

腊驢於屈伸而體之將鹽豉鹽孫甚仁人用意深
憂如恒至於車螯母蟹眉目內闕蒸澤池之奇骨
吻外緘非全人之慎不染不瑕曾草木之不若无
馨无臭與尾櫟而何異故宜長充庖廚永為口實
後梁韋琳京兆人南遷於襄陽天保中為舍人涉
獵有才藻善劇談嘗為䱉表以譏刺時人其詞曰
臣䱉言伏見除書以臣為粽[illegible]曰蒸將軍油蒸校
尉臛州刺史腊如故肅承將命含灰屏息憑籠臨
鼎戴兢載惕臣美愧夏鱣味慙冬鯉常懷鮐腹之
誚每懼鼈巖之譏是以嗽流湖底枕石泥中不意

高賞殊私曲蒙鈎拔遂得地升綸席忝預玉盤迹
厠戎筵猥領爻[illegible][illegible][illegible][illegible]加黄腰及當鳴姜
動機紆蘇禍構[illegible]歙纓動則桎 鐘[illegible]濃[illegible]管停則
蘭有成列匹轉綠蘿之中逍遥朱扈之内[illegible]息嗟
瀑九禎弗碎不任屏營之誠謹到銅[illegible]閒奉表以
聞詔答曰省表具之卿池詔稽紳股池俊又穿蒲
入若肥滑有間允堪蘇選无勞謝也
伊尹于湯言天子可具三群之虫謂水居者腥肉
玃者臊草食者羶也
五味 三材 九沸 九变 三熟 七[illegible]

貝醙　楚醪　芍藥之醬　秋黃之蘇　楚苗
山虞（貝太大云若）　桂槽
甘而不噮　酸而不嚛　鹹而不減　辛而不耀　淡而不
薄　肥而不腴
猩脣　貛炙　髓翠　𪘏脡　麋腱　述蕩之掔
旄象之約　桂蠹　石鱟　河隈之鯀　鞏洛之鱒
洞庭之鮒　灌水之鯉（一云鰩）　珠翠之珍　萊黃之鮐
臑鼈　炮羔　臇凫　鷰臛　御宿青粲（一云粲）
瓜州紅菱　冀野之粱　芳菰　精稗
會稽之菰　不周之稻　玄山之禾　楊山之穄

南海之秬 壽木之華 玄木之葉 夢澤之芹
具區之菁 楊樸之薑 招搖之桂 越駱之菌
長澤之卵 三危之露 崑崙之井 黃頷臛
醒酒鯖 餅餌餢飳 粔籹 寒具 小鄉熟
蜆炙䊗 蛆子 鱶蛟 葫精 細骨賊 細
飄魚鯝 黍齡 鬢膏 乾棗 曲阿酒 麻酒
振酒 新鯽子 石耳 蒲葉菘 西捭 竹根
粟 豢首 鰍子鮑鯀 麻胡麥 藏萬文
綠筍芽 紫蕨 千里蓴 鱠曰万丈蝨足 紅縡
精細曰万疊百餘 鯗首如蝨 張枝九蒸豉

一丈三節蒸　一歲二花梨　行炙　丈拾　焦
鮹蝴醬　蘇膏　糖顆　蟬子　新烏鯽　緑膠
法　樂浪酒法　二月二日法酒　㽅醬釀法　緑
鄭法　豬骸羹　白羹　麻羹　鴿臛　隔冒法
肚銅法　大貊炙　蜀檮炙　路時腊　棊腊　攤天
腊　細麫法　飛麫法　薄演法　籠上牢丸
湯中牢丸　櫻桃𩜾　蝎餅　阿韓特餅　凡當餅
兒豬肉　懸熟　杏炙　鼈炙　脂血　大扁餳
馬蕧餳　黃䴴　白䴴　白龍合　黃龍合　荆
餳　竿炙　羌煮　羌炙一日　䬵餅　餢餬餅　餅謂之托

或謂之餦餭　飴謂之餳餔一曰　𩜁饒謂之餹餔一曰
餈餎餂餎本作二字　䬸餞食也　餱餕一曰餱腩脹
膳肉也　膫腸膆也　腷膊一曰　膧臛也　粹精
粰梳饊也　餺飥一曰　餻餑餞餌也　醅醶醄醭
醅也　酪截醇莫也　醨醵醶鹹鹽也　醢醯醓
醲醬醬也
折粟米法　取簡勝粟一石加粟如五斗舂之粟
如能令舉舂　乳麦莘等剝法　擣揶奪闘一寸
長一寸半胡餅夾　䴵餻䊧法　次第以竹枝貫
頭置日中書後爲記賣字五色餅法　刻木蓮花

藉禽獸形按成之合中累積五色豎作道名爲鬪
釘色作一合者皆糖蜜副起粄法　湯胘法
沙棊法　甘口法　蔓菁藾菹法　飽霍柄者合
眼掘取作樗蒲形　蒸餅法　用大例麪一升練
猪膏三合　梨漤法　腴肉法　脖肉法
蒸羔法　治犢頭去月骨舌本近喉有骨如月
木耳鱠　漢瓜菹切用骨刀　豆牙菹　脯餅法
覆肝法起起肝如起魚菹　菹蕤並乙去法一汁日
又鱠法鯉一尺鯽八寸去排泚之羽鱗負天肉腮
後著蒜用腰脾拭刀亦用魚腦皆能令鱠縷不著刀

炰肉凍脏法淥肉蘸脏用鯽魚白鯉魴鰱鰔鱖羹
驢馬肉用助底醬驢肉驢作鮓賶定　炙肉續煎
第一白其次已前日味
今衣冠家名食有蕭家餛飩漉去湯肥可以瀹茗
庾家糭子白瑩如玉　韓約能作櫻桃饆饠其色
不變　有能造冷胡突鱠鱧魚臆連蒸詐草草皮
索餅將軍曲良輸能爲驢鞍駝峯炙
貞元中有一將軍家出飰食每說物无不堪喫唯
在火候善均五味嘗取敗障泥胡祿修一曰脩理食
之其味極佳道流陳景思說勅使齊日昇養櫻桃

至五月中皮皺如鴻柿不落其味數倍人不測其法

醫

盧城之東有扁鵲冢云魏時針藥之士以卮腊禱之所謂盧醫也

魏時有句驪客善用針取寸髮斬為十餘段以針貫取之言髮中虛也其妙如此

王玄策俘中天竺王阿羅那順以詣闕兼得術士那羅邇娑婆寐自言壽二百歲太宗奇之館於金飈門內造延年藥令兵部尚書崔敦禮監主之言婆

羅門國有藥名畔茶佉水出大山中石臼內有七種色或熱或冷能消草木金鐵人手入則消爛若欲取水以駱駝髑髏沉於石臼取水轉注於蘆中每有此水則有石柱似人形守之若彼山人傳道此水者則死又有藥名咀賴羅在高山石崖下山巖中有名孔孔前有樁狀如桑樹孔中有大毒蛇守之取以大方箭枝葉墜下使有鳥銜之飛去則衆箭射鳥而取其葉也後死於長安

前人道士王彥伯天性善醫尤別脉斷人生死壽夭百不差一裴胄尚書子忽暴中病衆醫拱手或

診考伯遽治使視脉之良久曰都无疾乃煑散数味入口而愈裴問其狀考伯曰中无腥鯉魚毒也其子因膾得病裴初不信乃膾鯉魚无腥者令左右食之其候悉同始大驚異焉

柳芳為郎中子登疾重時名醫張方福初除泗州与芳故舊芳賀之具言子病唯恃故人一顧也張詰旦候芳芳遽引視登遥見登頂曰有此頂骨何憂也因按脉五息復曰不錯壽且逾八十乃留芳數十字謂登曰不服此亦得登後為庶子年至九十而卒

唐段少卿酉陽雜俎卷之七

唐段少卿酉陽雜俎卷之八

黥

上都街肆惡少率髠而膚劄備衆物形狀恃諸軍張拳强劫至有以蛇集酒家捉羊胛擊人者今京兆薛公上言白令里長潛部約三千餘人悉杖殺屍于市市人有點青者皆炙滅之時大寧坊力者張幹劄左膊曰生不怕京兆尹右膊曰死不畏閻羅王又有王力奴以錢五千召劄工可胸腹為山亭院池榭草木鳥獸無不悉具細若設色公悉杖殺之 又賊趙武建劄一百六處番印盤鵲

等左右膊刺言野鴨灘頭宿朝朝被鶻梢忽驚飛
入水留命到今朝　又高陵縣捉得鏤身者宋元
素刺七十一處左臂曰昔日已前家未貧苦將錢
物結交親如今失路尋知己行盡關山無一人右
臂上刺葫蘆上出人首如傀儡戲郭公者縣吏不
解問之言葫蘆精也
李夷簡元和末在蜀蜀市人趙高好鬭常入獄滿
背鏤毗沙門天王吏欲杖背見之輒止恃此轉為
坊市患害左右言於李李大怒擒就廳前索新造
筋棒頭徑三寸叱杖子打天王盡則已數三十餘

不絶經旬日袒衣而歷門叫呼乞修理功德錢

蜀小將韋少卿韋表微堂兄也少不喜書嗜好劄

青其季父嘗令解衣視之背上刺一樹樹抄集鳥

數十其下懸鏡鏡鼻繫索有人止側牽之叔不解

問焉少卿笑曰叔不曾讀張燕公詩否挽鏡寒鴉

集耳

荊州街子葛清勇不膚撓自頸已下遍刺白居易

舍人詩成式常與荊客陳至呼觀之令其自解背

上亦能闇記反手指其去處至不是此花偏愛菊

則有一人持盃臨菊叢又黃夾纈林寒有葉則指

一樹樹上挂纈纈窠鏤勝絶細凡刻三十餘處首體無完膚陳至呼爲白舍人行詩圖也

成式門下騶路神通每軍設力能戴石簦靸六百斤石齧破石粟數十背刺天王自言得神力入場人助多則力生常至朔望日具乳糜焚香袒坐使妻兒供養其背而拜焉

崔承寵少從軍善驢鞠逗䟫杖捷如膠焉後爲黔南觀察使少遍身刺一蛇始自右手口張臂食兩指繞腕匝頸齟齬在腹拖股而尾及骭焉對賓侶常衣覆其手然酒酣輒袒而努臂戟手捉優伶輩

曰蛇咬亦優伶等即大呼毁而爲痛狀以此爲戲樂

寶歷中長樂里門有百姓刺臂數十人環矚之忽有一人白襴屠蘇少頃微笑而去未十步百姓子刺血如衂痛若砍骨伶頃出血斗餘衆人疑向觀者令其父從而求之其人不承其父拜數十乃捻撮土若祝可傳此如其言血止

成式三從兄遘貞元中嘗過黄坑有從者拾髑顱骨數片將爲藥一片上有逃走奴字痕如淡墨方知黥蹤入骨也從者夜夢一人掩面從其索骨曰

我盃甚幸君爲我深藏之當福君從者驚覺毛戴
遽爲埋之後有黃鬼髮紫巾報之以是獲財欲
至十萬而卒
蜀將尹偃營有卒晚點後數刻偃將責之卒被酒
自理声高偃怒杖數十幾至死卒弟爲營典性友
愛不平偃乃以刀剺肌作殺尹兩字以墨涅之偃
陰知乃以他事杖殺典及大和中南蠻入寇偃領
衆數萬保卭崍關偃膂力絕人常戲左右以棗節
杖擊其脛隨擊筋漲擁腫初無痕撻恃其力悉衆
出關逐蠻數里蠻伏發夾攻之大敗馬倒中數十

鎗而死初出閲日忽見所殺典擁黄素大如轂在
前引心惡之問左右咸無見者竟死於陣
房孺複妻崔氏性忌左右婢不得濃粧高髻月給
燕脂一豆粉一錢有一婢新買粧稍佳崔怒謂曰
汝好粧耶我爲汝粧乃令刻其眉以青塡之燒鐵
栗灼其兩眼角皮隨手焦卷以朱傅之及痂脫瘢
如粧焉
楊虞卿爲京兆尹時市里有三王子力能揭巨石
遍身圖刺體無完膚前後合抵死數四皆匿軍以
免一日有過楊令五百人捕獲閉門杖殺之判去

鑿刺四支只稱王子何須訊問便合當辜
蜀人工於刺分明如畫或言以黛則色鮮成式問
奴輩言但用好墨而已
荆州貞元中市有鬻刺者有印印上簇針為衆物
狀如蟾蝎杵臼隨人所欲一印之刷以石墨瘡愈
後細於隨求印
近代粧尚靨如射月曰黄星是一曰靨靨鈿之名蓋
自吳孫和鄧夫人也和寵夫人嘗醉儛如意誤傷
鄧頰血流嬌婉彌苦命大醫合藥醫言得白獺髓
雜玉與虎魄屑當滅痕和以百金購得白獺乃合

膏琥珀太多及痕不滅左頰有赤點如意襯之更益甚妍也諸嬖欲要寵者皆以丹青點頰而後進幸焉

今婦人面飾用花子起自昭容上官氏所製以掩點跡大曆已前士大夫妻多妒悍者婢妾小不如意輒印面故有月點錢點

百姓間有面戴青誌如黥舊言婦人在草蓐亡者以墨點其面不爾則不祔於後人

越人習水必鏤身以避蛟龍之患今南中繡面老子蓋雕題之遺俗也

周官墨刑罰五百鄭言先刻面以墨窒之窒墨者使守門尚書刑德放曰涿鹿者鑿人顙也黥人者馬羈笮人面也鄭云涿鹿黥世謂之刀墨之民尚書大傳虞舜象刑犯墨者皂巾白虎通墨者額也取漢法火之勝金

漢書除肉刑當黥者髡鉗為城旦舂

又漢書使王烏等闚匈奴法漢使不去節不以墨黥面不得入穹廬王烏等去節黥面得入穹廬單于愛之

晉人奴始亡加銅青若墨黥兩眼從再亡黥兩頰

上云亡横竪目下皆長一寸五分
梁朝雜律凡囚未斷先刻面作劫字
釋僧祗律涅槃印者比丘作梵王法破肉以孔雀
膽銅青等畫身作字及鳥獸形名爲印黥
天寶實録云日南廄山連接不知幾千里裸人所
居白民之後也刺其胸前作花有物如粉而紫色
盡其兩目下去前二齒以爲美飾成式以君子恥
一物而不知陶貞白每云一事不知以爲深恥況
相定黥布當王淫著紅花欲落刑之墨屬布在典
冊乎偶録所記寄同志愁者一展眉頭也

雷

安豐縣尉裴顥士淹孫也言玄宗嘗冬月召山人包超令致雷聲超對曰來日及午有雷遂令高力士監之一夕醮式作法及明至巳矣天無纖翳力士懼之超曰將軍視南山當有黑氣如盤矣力士望之如其言有頃風起黑氣彌漫疾雷數聲

明宗又每令隨哥舒西征每陣常得勝風

貞元初鄭州百姓王幹有膽勇夏中作田忽暴雨雷因入蠶室中避雨有頃雷電入室中黑氣陡暗幹遂掩户把鋤亂擊聲漸小雲氣亦斂幹大呼擊

之不已氣複如半牀已至如盤驟迸墜地變成殼
斗折刀小折脚鎗馬
李鄰在北都介休縣百姓送解牒夜止晉祠宇下
夜半有人叩門云介休王暫借霹靂車某日至介
休收麥良久有人應曰大王傳語霹靂車正忙不
及借其人再三借之遂見五六人秉燭自廟後出
介山使者亦自門騎而入數人共持一物如幢扛
上環綴旗幡授與騎者曰可點領騎者即發其幡
凡十八葉每葉有光如電起百姓遍報鄰村令速
收麥將有大風雨村人悉不信乃自收刈至其日

百姓率親情據高堂候天色及午介山上有黑雲
氣如窰煙斯須蔽天注雨如綆風吼雷震凡損麥
千餘頃數村以百姓為妖訟之工部員外郎張周
封親睹其推案
成式至德坊三從伯父少時於陽羨家為親故也
夜遇雷雨每電起光中見有人頭數十大如栲栳
柳公權侍郎嘗見親故說元和末止建州山寺中
夜半覺門外喧鬧因潛於牕櫺中觀之見數人運
斤造雷車如圖畫者久之一嚏氣忽斗暗其人兩
目遂昏焉

處士周洪言寳曆中邑客十餘人閑暑會飮忽見赤風雨有物墜如獲兩目睒睒衆人驚伏牀下倏忽上堦歷視衆人俄失所在及兩定稍稍能起相顧耳悉泥矣邑人言向來雷震牛戰鳥墮邑客但覺殷殷而已

元稹在江夏襄州貴壍有庄新起堂上梁纔畢疾風甚雨時庄客輸油六七甕忽震一声油甕悉列於梁上一滴不漏其年元卒

夢

魏揚元稹能解夢廣陽王元淵夢著衮衣倚槐樹

問元稹元稹言當得三公退謂人曰死後得三公耳槐字木傍鬼果爲朱泚所殺贈司徒

許超夢盜羊入獄元稹曰當得城陽令後封城陽侯

補闕揚子系堇善占夢一人夢松生戶前一人夢棗生屋上堇言松丘壟間所植棗字重來呼魄之象二人俱卒

侯君集與承乾謀通逆意不自安忽夢二甲士錄至一處見一人高冠鼓髯叱左右取君集威骨來俄有數人操屠刀開其腦上及右臂間各取骨一片

狀如魚尾因吟嘯而髀骨猶痛自是心悸力耗
至不能引一鈞弓欲會首不決而斃
揚州東陵聖母廟主女道士康紫霞自言少時夢
中被人錄於一處言天符令攝將軍巡南岳遂擐
以金鎖甲令騎道從千餘人馬蹀虛南去須臾至
岳神拜迎馬前夢中如有處分岳中峯嶺溪谷無
不歷也恍惚而返鷄鳴驚覺自是生鬚數十根
司農卿韋正貫應舉時嘗至汝州　刺史柳凌
留署軍事判官柳嘗夢有一人呈案中言欠柴一
千七百束因訪韋解之韋曰柴薪木也公將此不

久乎月餘柳疾卒妻貧窶為部署天文籤置卷首前請於官數月矣雖官中欠柴一千七百束章數榮方肯批前夢

道士秦霞霽少勤香火存想不怠嘗夢大樹樹忽穴有小兒青褶髮髻自穴而出語秦曰合土尊師因驚覺自是休咎之事小兒輒報焉凡五年秦意為妖偶以事訪於師師遽戒勿言此修行有功之證因此遂絕舊說夢不欲數占信矣

蜀醫昝殷言藏氣陰多則數夢陽壯則少夢夢亦不復記周禮有掌三夢又以日月星辰占六夢謂

日有甲乙月有建破星有衰有居直星有扶將突
也又曰舍萌于四方以贈惡夢謂會民方相氏四
面逐送惡夢至四郊也
漢儀大儺侲子辭有伯奇食夢道門言夢者魄妖
或謂三尸所為釋門言有四一善惡種子二四大
偏增三賢聖加持四善惡徵祥成式嘗見僧首素
言之言出藏經亦未暇尋討又言夢不可取取則
著著則怪入夫瞽者無夢則知夢者習也成式表
兄盧有則夢看擊鼓及覺小弟戲叩門爲街鼓也
又成式姑壻裴元裕言群從中有悅鄰女者夢妓

遺二攫桃食之及覺核墜枕側

李鉉著李子正辯言至精之夢則夢中身人可見如劉幽求見妻夢中身也則知夢不可以一事推矣愚者少夢不獨至人聞之騶皂百夕無一夢也

秘書郎韓泉善解夢衛中行爲中書舍人時有故舊子弟選投衛論屬衛欣然許之驗牓將出其人忽夢乘驢蹶墜水中登岸而靴不濕焉選人與韓有舊訪之韓被酒半戲曰公今選事不諧矣據夢衛生相負足下不沾矣當出果駮放韓有學術

僕射猶子也　戚遠軍小將梅伯成以善占夢近有小人優李伯憐遊涇州乞錢得米百斛及歸令弟取之過期不至晝夜夢洗白馬訪伯成占之伯成佇思曰凡人好反語洗白馬瀉白米也君所憂或有風水之虞乎數日弟至果言渭河中覆舟一粒無餘

卜人徐道昇言江淮有王生者傍言解夢賈客張瞻將歸夢炊於臼中問王生生言君歸不見妻矣臼中炊固無釜也賈客至家妻果卒已數月方知王生之言不謬矣

唐段少卿酉陽雜俎卷之八

唐段少卿酉陽雜俎卷之九

事感

平原高苑城東有漁津傳云魏末平原潘府君字惠延自白馬登舟之部手中筭囊遂墜於水囊中本有鍾乳一兩在郡三年濟水之溢得一魚長三丈廣五尺剖其腹中有得一墜水之囊金鈄尚在鍾乳消盡其魚得脂數十斛時人異之

譙郡有功曹嵋天統中濊南來府君出除譙郡時功曹清河崔公怒弱冠有令徳於時春夏積旱送別者千餘人至此嵋上衆渇甚思水升直蒿鐵矢

來公有思水色忽遍見一青鳥於嵎中乍飛乍止怪而就焉鳥起見一石方五六寸以鞭撥之清泉湧出因盛以銀瓶𤭛蕩水立竭唯來公與恕供齋而已議者以為盛德所感致焉時人異之故以為目

李彥佐在滄景太和九年有詔詔浮陽兵北渡黃河時冬十二月至濟南郡使擊冰延舟水觸舟與覆詔失李公驚懼不寢食六日鬢髮暴白至貌侵膚削從事亦訝其儀形也乃令津吏不得詔盡死吏懼且請公一祝沉浮于河吏憑公誠明以死索

之李公乃令具爵酒言祝傳語詰河伯其旨曰明
天子在上川瀆山岳祝史咸秩于境之内祀未嘗
匱汝河伯泊鮮之長嘗衛天子詔何遽溺之子或
不獲子齎告于天天將論汝吏酹冰碎已忽有声
如震河冰中斷可三十丈吏知李公精誠已達乃
沉鉤索之一鉤而出封角如舊唯篆印微溫耳李
公所至令務嚴簡推誠於物著於官下如河水色
渾駛流大木與纖芥頃而千里矣安有舟覆六日
一瞬而墜冰間一鉤而沉詔獲得非精誠之至乎

盗俠

魏明帝起凌雲臺峻峙數十丈即韋誕白首宛有人鈴下能着屐登緣不異踐地明帝怪而煞之腋下有兩肉翅長數寸

高唐縣南有鮮卑城舊傳鮮卑聘燕停於此矣城傍有盜跖冢冢極高大賊盜嘗私祈焉齊天保初土鼓縣令丁永興有群賊劫其部內輿乃密令人冢傍伺之果有祈祀者乃執諸縣案煞之自彼祀者頗絶

皇覽言盜跖冢在河東按盜跖死於東陵此地古名東平陵疑此近之

或言刺客飛天野叉術也韓晉公在浙西時瓦官寺因商人無遮齋衆中有一年少請弄閣乃投蓋而上單練䯼屨膜皮猿挂鳥跂捷若神鬼復建甖水於結脊下先溜至簷空一足欹身承其溜焉覩者無不毛戴

馬侍中嘗寶一玉精盌夏蠅不近盛水經月不腐不耗或目痛含之立愈嘗匣於卧内有小奴七八歲偷弄墜破馬時馬出未歸左右驚懼忽失小奴馬知之大怒鞭左右數百將殺小奴三日尋之不獲有婢晨治地見紫衣帶垂於寢牀下視之乃小

奴躡張其彖而爲馬不食三日而力不衰馬觀之
大駭曰破吾盜乃細過也即令左右擒殺之
韋行規自言少時遊京西暮止店中更欲前進店
前老人方工謂曰客勿夜行此中多盜韋曰某留
心弧矢無所患也因進發行數十里天黑有人起
草中尾之韋叱不應連發矢中之復不退矢盡韋
懼奔馬有頃風雷總至韋下馬負一樹見空中有
電光相逐如鞠杖勢漸逼樹杪覺物紛紛墜其前
韋視之乃木札也須臾積札埋至膝韋驚懼投弓
矢仰空乞命拜數十電光漸高而滅風雷亦息韋

[illegible]大樹枝幹童矣鞍馱已失遂返前店見老人方
箍桶韋意其異人拜之具謝有誤也老人笑曰客
勿恃弓矢須知劒術引韋入院後指鞍馱言却須
取相試耳又桶板一片昨夜之箭悉中其上韋請
役力汲湯不許微露擊劍事韋亦得其一二焉
相傳黎幹爲京兆尹時曲江塗龍祈雨觀者數千
黎至獨有老人植杖不避幹怒杖背二十如擊鞔
革掉臂而去黎疑其非常人命老坊卒尋之至蘭
陵里之內入小門大言曰我今日困辱甚可具湯
也坊卒遽返白黎黎大懼因弊衣懷公服與坊卒

至其[illegible][illegible]已昏黑坊卒直入通黎之官閥黎唯而趨入拜伏曰向迷丈人物色罪當十死老人驚起曰誰引君來此即牽上階黎知可以理奪徐曰某爲京兆尹威稍損則失官政丈人埋形雜迹非證惠眼不能知也若以此罪人是釣人以賊非義士之心也老人笑曰老夫之過乃具酒設席於地招坊卒令坐夜深語及養生之術言約理辨黎轉敬懼因曰老夫有一伎請爲尹設遂入良久紫衣朱鬒擁劍長短七口舞於庭中迭躍揮霍攙光電激或攢若裂盤旋若規尺有短劍二尺餘時時及黎

之杖藜卯頭服僳食頃擲劍插地如此是狀頫黎
曰向試參看壽氣黎拜曰今日已後性命文人所
賜乞役左右光人曰君骨相殊遺氣非可違數別
日更相顧忽焉黎而入數黎婦氣色如病臨鏡方看
緣制藻十餘里目後往室已空矣
建中初士人韋生移家汝州中路逢一僧因與連
鑣有論頗洽日將銜山僧指路謂曰此數里是貧
道蘭若郎君豈不能左顧乎士人許之因令家口
先行僧即處分步者先排比行十餘里不至韋生
問之即指一處林煙曰此是矣又前進日已没韋

生疑之素善彈乃密於靴中取弓卸彈懷銅丸十餘方責僧曰弟子有程期適偶貪上人清論勉副相邀今已行二十里不至何也僧但言且行至是僧前行百餘步韋知其盜也乃彈之僧正中其腦僧初不覺凡五發中之僧始捫中處徐曰郎君莫惡作劇韋知無奈何亦不復彈見僧方至一莊數十人列炬出迎僧延韋坐一廳中喚云郎君勿憂因問左右夫人下處如法無復曰郎君且自慰安之即就此也韋生見妻女別在一處供帳甚盛相顧涕泣即就僧僧前執韋生手曰貧道盜也本無

好意不知郎君執著此非貧道亦不及也今日故
無他幸不疑也適來貧道所中郎君彈者在乃舉手
搦腦後五丸墜地隨蓋腦銜彈丸而無傷雖列言
無痕捷孟賁不膚撓不瞬過也有頃布筵具羔烝
積劍刀子十餘以虀餅果之揖章座就坐復曰貧
道有義弟數人欲令伏謁言未已朱衣巨帶者五
六輩列於階下僧呼曰拜郎君汝等向遇郎君則
成虀粉矣食畢僧曰貧道久爲此業今向遲暮欲
改前非不幸有一子後遇老僧欲請郎君爲老僧
斷之乃呼飛飛出參郎君飛飛年才十六七碧衣

長袖皮肉如腊僧叱曰向後堂侍郎君僧乃授韋一劍及五丸且曰乞郎君盡藝殺之無為老僧累也引韋入一堂中乃反鏁之堂中四隅明燈而已飛飛當堂執一短馬鞭韋引彈意必中丸已敲落不覺跳在梁上循壁虛攝捷若猱玃彈丸盡不復中韋乃運劍逐之飛飛倏忽逗閃去韋身不尺韋斷其鞭數節竟不能傷僧久乃開門問韋與老僧除得害乎韋具言之僧悵然顧飛飛曰郎君證成汝為賊也知復如何僧終夕與韋論劍及弧矢之事天將曉僧送韋路口贈絹百疋垂泣而別

元和中江淮有唐山人者涉獵史傳好道常遊名山自言善縮錫頗有師之者後於楚州逆旅遇一盧生氣相合盧亦語及爐火稱唐族乃外氏遂呼唐爲舅唐不能相捨因邀同之南岳盧亦言親故在陽羨將訪之今且貪舅山林之程也中途止一蘭若夜半語笑方酣盧曰知舅善縮錫可以梗槩語之唐笑曰某數十年重趼從師只得此術豈可輕道耶盧復祈之不已唐辭以師授有時可達岳中相傳盧因作色舅今夕須傳勿等閑也唐責之某與公風馬牛耳不意盱眙相遇實慕君子何至

驟卒不若也盧攫膺頓首鴟之良久曰某刺客也男不得將死於此因懷中探烏韋囊出匕首刃勢如偃月執火前熨斗削之如扎唐恐懼具述盧乃笑語唐幾悞殺男此術十得五六方謝曰某師仙也令某等十人索天下妄傳黃白術者殺之至添金縮錫傳者亦死某久得乘蹻之道者因拱揖唐忽失所在唐自後遇道流輒陳此事戒之

李廓在潁州獲光火賊七人前後殺人必食其肉獄具廓問食人之故其首言某授教於巨盜食人肉者夜入人家必昏沉或有魘不悟者故不得不

食

西京逆旅中多畫鸜鵒及茶椀謂之鸜鵒辭者鄙嘗所向逢之來者亦當其饌食也

唐段少卿酉陽雜俎卷之七

唐段少卿酉陽雜俎卷之十

物異

秦鏡　舞溪古岸石窟有方鏡徑丈餘照人五藏秦皇世號爲照骨寶在無勞縣境山

風聲木　東方朔西那汗國迴得風聲木枝帝以賜大臣人有疾則枝汗將死則折里語人生年未半枝不汗

漢高祖入咸陽宮寶中尤異者有青玉燈擎高七尺五寸下作蟠螭以口銜燈燈燃則鱗甲皆動炳煥若列星　珊瑚　漢積翠池中珊瑚高一丈二尺一

本三柯上有四百六十二條是南越王趙佗所獻

號為烽火樹夜有光景常欲燃

石墨兗滂縣山出石墨爨之彌年不消

異字境山西有石壁間千餘字色黃不似鐫刻

狀如科斗葉有識者

田公泉華陽留子山有田公泉飲之除腸中三蟲

用以浣衣勝灰汁

螢火芝良常山有螢火芝其葉似草實大如豆紫

花夜視有光食一枚心中一孔明食至七心七竅洞

徹可以夜書

石入尋陽山上有石人高丈餘虎至此輙倒石人

前

冬瓜晉高樹爲魏郡太守戍石頭其孫雅之在廠中有神來降自稱白頭公所拄杖光照一室又有一物如冬瓜眼遍其上也

豫章舡昆明池漢時有豫章舡一艘載一千人

銅駝漢元帝竟寧元年長陵銅駝生毛毛端開花

漢晉時錢塘有人作陂年收魚億計號爲萬匠陂

[illegible]龜臨邑縣北有華公臺碑尋失唯趺龜存焉石趙出此龜夜常負碑入水至曉方出其上常有萍

後有伺之者，果見龜將入水，因叫呼，龜乃走，墜折碑焉。

陸鹽　昆吾陸鹽周十餘里，無水，自生末鹽，月滿則如積雪，味甘；月虧則如薄霜，味苦；月盡則全盡。

碑　穎陽碑，魏曹丕受禪處，後六字生金，司馬氏金行，明六世遷魏也。

泉　元街縣有泉，泉眼中水交旋如盤龍，或試挽破之，尋手成龍狀，驢馬飲之皆驚走。

石漆　高奴縣石脂水，水膩，浮水上如漆，採以膏車及燃燈，極明。

齊諧晉時有徐景於宣陽門外得一錦麝襜至家
開視有虫如蟬五色後兩足各綴一五銖錢
玉龍梁大同八年戍主楊光欣獲玉龍一枚長一
尺二寸高五寸雕鏤精妙不似人作腹中容斗餘
頸亦空曲置水中令水滿倒之水從口出水声如
琴瑟水盡乃止
木字齊永明九年秣陵安明寺有古樹伐以為薪
木理自然有法大德三字
木簡齊建元初延陵季子廟舊有湧井井北忽有
金石声掘深二尺得沸泉泉中得木簡長一尺廣

一寸二分隱起字曰盧山道士張陵再拜謁木堅而白字色黃

赤木宗廟地中生赤木人君禮名得其宜也

紅沫珠纏丹砂爲黃金碎以染筆書入石中削去逾明名曰紅沫

鏡石濟南郡有方山相傳有奐生得仙於此山南有明鏡崖石方三丈魑魅行伏了了然在鏡中南燕時鏡上遂使漆焉俗言山神惡其照物故漆之

承受石筑陽縣水中有孤石挺出其下澄潭時有見此石根如竹根色黃見者多凶俗號承受石

鄴中記鄴縣魏征城王臺下池中有漢時鐵錐長六
尺入地三尺頭西南指不可動

金石異道縣有金礦其石大者如釜小者如斗拔
色亂真唯實中耳

魚石衡陽湘鄉縣有石魚山山石色黑理若生雌
黃間數一重輙有魚形鱗鰭首尾有若畫長數寸
燒之作魚腥

銅神衡陽唐安縣東有略塘塘有銅神往往銅聲
激水大爲變綠作銅腥魚盡死
材中宿縣山下有神字傍水至此衡勝鼓格桂木

泛至此倫沒竟無出者土人以為河伯下材

鼓扙今淮縣鎮水口下東岸有聖鼓扙即陽山之

鼓扙也橫在川側衝波所激未嘗動衆鳥飛鳴

莫有萃者邢人悮以葛觸之必患瘧

井石陽縣有井水半青半黃黃者如灰汁取作粥

飲悉作金色氣甚芬馥

燃石建城縣出燃石色黃理疏以水灌之則熱安

鼎其上可以炒也

石鼓真縣有大鼓山山有石如鼓河鼓星搖動則

石鼓鳴鳴則秦土有殃

半湯湖有客嘗浴須臾有半湯湖湖水半冷半熱
毒可以倫雜嘗有魚髮入輒死
盤陶麗曰勝盤井有盤方寸中央隆起如覆笠
名曰金子盤
泉主門畢有靈養泉周一丈深一丈飛鳥不敢
之不竭
伏冬洗鉢淵若安寧主陽伏冬一若童子六月雨
有表
古鐘流州殷縣石城爲有古鐘一口藏在其內乎
數圓

君王盞白瓷盞有蓋如水精名爲君王盞
手板宋山陽王休祐屢以言語忤顏有庾道敏者
善相手板休祐以己手板託言他人者庾曰此板
乃貴然使人多忤休祐以褚淵詳密乃換其板
別日褚於帝前稱下官帝甚不悅
鼠丸王肅造冰鼠以銅爲之晝夜自轉
木囚高齊李子長爲政欲知囚情以梧桐爲人
象囚之形鑿地爲坑以蘆藉爲郭臥木囚於其
中囚當非罪木囚不動囚或寃木囚乃奮起
金秦金魏時洛陽令史高顯掘得黃金百斤銘曰

蘇秦金
梁洛陽報德寺迎奏重六斤
說花勝異真本廣州七層寶元殿中羅織歸家婢
收釜中忽有聲如雷米上充庭起勝就視青轉
壯甑上花生數寸漸長作蓮花色赤有光似金識
頃萎滅旬日勝得疾卒

金
金中蝦頭金最上大兩為一塊有卧螻蛄穴及
本草形當中陷凹名曰蝦蟆文鋪上凹処有紫色多紫
膽開元中有大唐金鋪即市金也

玄金唐太宗時汾州言青龍白龍吐物在空中有

光如火墜地陷入二尺掘之得玄金廣尺餘高七寸

芝天保初臨川人李嘉胤所居柱上生芝草狀如天尊太一元君侍衛疾拔柱獻焉

蛇建中四年趙州寧晉縣沙河北有大棠梨樹百姓常祈禱忽有蛇數十自東南來渡北岸集棠梨樹下為二積留南岸者為一積俄見三龜徑寸繞行積蛇積蛇盡死乃各登其積視蛇腹各有瘡若矢所中刺史康日知圖其蛇與三龜來獻

雪貞元二年長安大雪平地深尺餘雪上有薰黑

色
雨木貞元四年雨木於陳留大如指長寸許每木
有孔通中所下其立如植徧十餘里
齒梵那衍國有金輪王齒長三寸
石柱刼化他國有石柱高七十餘尺無憂王所建
色紺光潤隨人罪福影其上
旃檀鼓于闐城東南有大河溉一國之田忽然絶
流其國王問羅漢僧言龍所為也王乃祠龍水中
有一女子凌波而來拜曰妾夫死願得大臣為夫
水當復舊有大臣請行舉國送之其臣車馬白馬

入水不溺中河而後白馬浮出負一瑚檀鼓及書一函發書言大鼓懸城東南角寇至當自鳴後寇至鼓輙自鳴

石鞾于闐國刹利寺有石鞾

石阜石河目縣東有石阜石破之有綠馬跡

舍利東迦畢試國有窣堵波舍利常見如綴珠幡循繞表樹柱曰

蟣像健馱邏國石壁上有佛像初石壁有金色蟣大者如指小者如米齧石壁如雕鐫成立佛狀

燋米乾陁國昔尸毗王倉庫為火所燒其中粳米

爐着手今尚存服一粒永不患瘧

辟支佛鞾于闐國瞿摩寺有辟支佛鞾非皮非綵

歲久不爛

石駝溺拘夷國北山有石駝溺水溺下以金銀銅

鐵瓦木等器盛之皆漏掌承之亦透唯瓢不漏服

之令人身上毛落盡得仙出論衡

人木大食西南二千里有國山谷間樹枝上化生

人首如花不解語人借問笑而已頻笑輒落

馬俱位國以馬種辟大食國馬解人語

石人柔子國海上有石人長一丈五尺大十圍昔

秦始皇遣此石人追勞山不得遂立於此

銅馬俱德建國烏滸河中灘派中有火祆祠相傳祆神本自波斯國乘神通來此常見靈異因立祆祠內無象於大屋下置大小爐舍簷向西人向東禮有一銅馬大如次馬國人言自天下屈前腳在空中而對神立後腳入土自古數有穿視者深數十丈竟不及其蹄西域以五月為歲每歲日烏滸河中有馬出其色如金與此銅馬嘶相應俄復入水近有大食不信入祆祠將壞之忽有火燒其兵遂不敢毀

蛇磧蘇都瑟匿國西北有蛇磧南北蛇原五百餘里中間遍地毒氣如煙飛鳥墜地蛇因吞食或大小相噬及食生草

石鼉私訶條國金遼山寺中有石鼉衆僧飲食將盡向石鼉作禮於是飲食悉具

神厨俱振提國尚鬼神城北隔真珠江二十里有神春秋祠之時國王所須什物金銀器神厨中自然而出祠畢亦滅天后使驗之不妄

毒槊南蠻有毒槊無刃狀如朽鐵中人無血而死言從天雨下入地丈餘祭地方掘得之

甲邊城東有鏁甲高聳亘前歲時自天而落土壙獅狀如壙獅在孔穴間得之新者猶軟相傳蟾蜍矢也不常有之主治惡瘡

鬼矢生陰濕地淺黃白色或時見之主瘡

石欄干生大海底高尺餘有根莖上有孔如物點漁人網罟取之初出水正紅色見風漸漸青色主石淋

燈影高郵縣有一寺不記名講堂西壁枕道每日晚人馬車轝影悉透壁上衣紅紫者影中鹵莽可辨壁厚數尺難以理究辰午之時則無相傳如此

二十餘年矣或一年半年不見戍弍大和初揚州
見寄客及僧說
醋石戍弍羣從有言少時嘗毀鳥巢得一黑石如
雀卵圓滑可愛後偶置醋器中忽覺石動徐視之
有四足如綖舉之足亦隨縮
桃核水部員外郎杜陟常見江淮市人以桃核扇
量米正容一升言於九嶷山溪中得
人足處士元固言貞元初常與道侶遊華山谷中
見一人股襪履甚新斷如膝頭初無瘡迹
瓷椀江淮有士人莊居其子年二十餘常病厭其

父一日飲茶甌中忽醒起如漚高出甌外瑩淨若琉璃中有一人長一寸立於漚高出甌中細視之衣服狀兒乃其子也食頃爆破一無所見茶甌如舊但有微璺耳數日其子遂著神譯神言斷人休咎不差謬

鐵鏃有諷者善藥性好讀道書能言名理繼見嘗給其寮帛有鐵鏃徑五寸餘鼻大如拳言於道處傳得亦無他異但數人同縣令曾見其影不見別人影

大虫皮永寧王播鐵舊有大虫皮大如一掌頂尾

斑鼎如大拳

人臈李章武有人臈長三寸餘頭項中骨節成就

是僬僥國人

牛黃牛黃在膽中牛有黃者或吐弄之集醫救理

張希復言嘗有人得其所吐黃剖中有物如蝶飛

去

唐段少卿酉陽雜俎卷之十

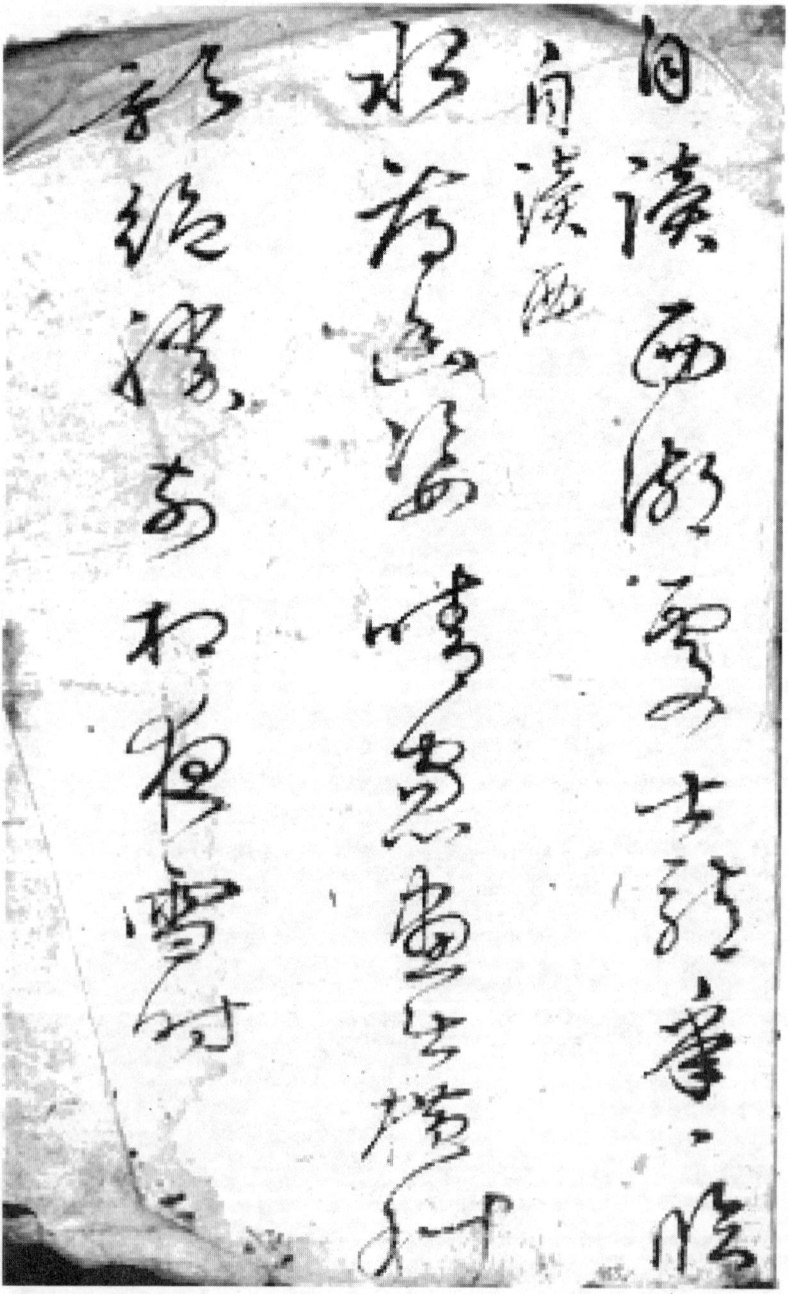

唐段少卿酉陽雜俎卷之十一

廣知

俗諱五月上屋言五月人蛻上屋見影魂當去

金曾経在丘冢及為釵釧溲器陶隱居謂之辱金

不可合鍊

鍊銅時與一童女俱以水灌銅銅當自分為兩段

有凸起者牡銅也凹陷者牝銅也

爨釜不沸者有物如豚居之去之無也

竈無故自濕潤者赤蝦蟇名鉤注居之去則止

飲酒者肝氣微則面青心氣微則面赤也

脉勇怒而面青骨勇怒而面白血勇怒而面赤

山氣多男澤氣多女水氣多喑風氣多聾木氣多

傴石氣多力阻險氣多癭暑氣多殘雲氣多壽谷

氣多痺丘氣多尫衍氣多仁陵氣多貪

身神及諸神名異者腦神曰覺元髮神曰玄華目

神曰虛監鼻神曰冲龍玉舌神曰始梁

夫學道之人須鳴天鼓以召衆神也左相叩為天

辛遇凶惡不祥叩之右相叩為天磬若經山澤邪

威神大祝叩之中央上下相叩名天鼓存思念

鳴之叩之數三十六或三十二或二十七或

月七日

隱訣言太清外術生人髮挂果樹烏鳥不敢食其實　苽兩鼻兩蔕食之殺人　簷下滴菜有毒

堇黃花及赤芥芥一[illegible]殺人　瓠牛踐苗則子苦

大醉不可臥黍穰上汗出眉髮落　婦人有娠食乾薑令胎內消　十月食霜菜令人面無光　三月不可食陳葅　承衣結治蠼螋瘡　井口邊草主小兒夜啼著母臥薦下勿令知之　船底苔療天行　寒餳[illegible]簷草節去小兒霍亂　自縊死繩主顛狂　孝子衿灰傅面䵟　東家門雞棲木作

灰治灸瘡　碎塢能蝕人甕底　古欄板作琴底
合陰陽通神　魚有魘及合眼中自連珠二目
不同連鱗白鬚腮下丹字並殺人　鱉目白腹下
王丹一曰守下十一曰字者不可食　蟹腹下有毛殺
人　蛇以桑柴燒之則見足出　獸歧尾鹿斑如
豹羊心有竅懸害人　馬夜眼五月以後食之殺
人　犬懸蹄肉有毒　白馬鞍下肉傷人五藏
鳥自死目不閉鴨目白烏四距卵有八字並殺人
凡飛鳥投人家口中必有物當拔去而放之　水脉
不可斷井水沸不可飲酒漿無影者不可飲　鰒

與青蝰蛇中最毒蛇怒時毒在頭尾　凡冢井間氣秋夏中之殺人先以雞毛投之毛直下無毒迴舞而下不可犯當以醋數斗澆之方可入矣

梨千歲冰所化也　琥珀馬腦先以自然灰令軟可以雕刻自然灰生南海　馬腦鬼血所化也玄中記言楓脂入地為琥珀世說曰桃膠入地所化也淮南子云兎絲琥珀苗也

鬼書有業煞刀斗出於古器

百躰中有懸針書垂露書秦王破冢書金鵲書虎爪書倒薤書偃波書信幡書飛帛書籀書謬篆云

篆書制書列書日書月書鳳書[illegible]書蟲食葉書胡
書蓬書天竺書楷書横書芝英隸鍾隸鼓隸龍虎
篆麒麟篆魚篆蟲篆鳥篆鼠篆牛書兔書草書龍
草書狼書犬書雞書震書反左書行押書揻書景
書半草書
召奏用虎爪爲不可奪以防詐僞　誥下用偃波
書　謝章詔板用蝌蚪書　節信用鳥書　朝賀
用慎書婁曰亦施於昏姻
西域書有騎屠書蓮葉書節分書大秦書馱乘書
㹀牛書樹葉書起屍書石旋書覆書天書龍書鳥

音書等有六十四種
胡綜傳物孫權時掘得銅匣長二尺七寸以琉璃爲蓋又一白玉如意所執處皆刻龍虎及蟬形莫能識其由使人問綜綜曰昔秦皇以金陵有天子氣平諸山阜處處輒埋寶物以當王氣此蓋是乎
鄧城西百餘里有穀城穀伯綏之國城門有石人焉刊其腹云摩兜鞬摩兜鞬慎莫言疑此亦同太廟金人緘口銘
歷城北二里有蓮子湖周環二十里湖中多蓮花紅綠間明乍疑濯錦又漁船掩映罟罾疏布遠望

之者若蛛網浮極也魏袁翻嘗在湖南集參軍張
伯瑜諮公言向爲與袁翻不能競公曰取洛水必
成也遂如公爵畀成陽渭河主經而異焉乃諮公
未審何義得尒公曰可思渤國讀河與而然之而
實未解坐散語主簿房叔道曰湖目之事吾實未
曉叔道對曰聯然散血湖目崔子故令公思清河
數日人不讀書其猶夜行二紀之叟不如白面書
生
梁主客陸緬謂魏使尉瑾曰我至鄴見雙闕極高
圖飾甚麗此間石闕亦爲不下我家有荀勗所造

尺以銅爲之金字成銘家世所寶此物往昭明太
子好集古器遂將入內此闕既成用銅尺量之其
高六丈璮曰我京師象魏固中天之華闕此闕地
勢過下理不得高璮曰荀勗之尺是積黍所
爲用調鍾律阮咸譏其聲有湫隘之韻後得玉尺
度之過短

舊說不見輔星者將死成式親故常會修行里有
不見者未周歲而卒

相傳識人星不患瘧成式親識中識者悉患瘧又
俗不欲看天獄星有流星入當被髮坐哭之候星

却蚊獘方弭金接子言予以御古章荃侵犯霜露
又惡涕早入天牢方知俗忌之久矣
荊州陟屺寺僧那照善射每言光長而搖者鹿帖
地而明滅者兎低而不動者虎又言夜格虎時必
見三虎並來挾者虎威當刺其中者虎死威乃入
地得之可却百邪虎初死記其頭所藉處候月黑
夜掘之欲掘時必有虎來吼擲前後不足畏此虎
之鬼也深二尺當得物如虎珀蓋虎目光淪入地
所為也
又言雕翎能食諸鳥羽復善作風羽風羽法去苦

三寸鑽小孔令透筩及鐙風集漆一粒令自著達于孔則與不必羽也

道士郭采真言人影數至九成式常試之至六七而已外亂莫能辨郭言漸益炬則可別又說九影各有名影神一名右皇二名魍魎三名洩節樞四名尺鳧五名索關六名魄奴七名竈𩲃一曰舊抄九影名在厤面紙中向下兩字魚食不記八名亥靈胎九魚全食不辨

寶曆中有王山人取人本命日五更張燈相人影知休咎言人影欲深深則貴而壽影不欲照水照

井及浴盆中古人避影亦爲此古蠼螋短狐踏影
蠱皆中人影爲害近有人善炙人影治病者
都下佛寺往往有神像鳥雀不汚者鳳翔山人張
盈善飛化甲子言或有佛寺金剛鳥不集者非其
靈驗也蓋由取土處及塑像時偶與日辰王相相
符也
又言相寺觀當陽像可知其貧富故洛陽修梵寺
有金剛二鳥雀不集元魏時梵僧菩提達摩稱得其
真相也
或言龍血入地爲琥珀南蠻記寧州沙中有折腰

蜂岸崩則蜂出土人燒治以為琥珀
李洪山人善符籙博知常謂成式瓷瓦器璺者不可弃昔遇道者言雷蠱及鬼魅多遁其中
近佛畫中有天藏菩薩地藏菩薩近明諦觀之規彩鑠目若放光也或言以曾青和壁魚設色則近目有光又往往壁畫僧及神鬼目隨人轉點眸子極正則尒
秀才顧非熊言釣魚當釣其有旋繞者失其所主衆鱗不復去頃刻可尽
慈恩寺僧廣升言貞元末閬州僧靈鑒善彈其彈

丸方用洞庭沙岸下上日土三斤炭末三兩瓷末一兩榆皮半兩滑石二勺紫礦二兩細沙三分藤紙五張渴榻汁半合九味和擣三千杵齊手丸之陰乾鄭豪爲刺史時有當家名寅讀書善飲酒彙甚重之後爲盜事發而死寅常詣靈驗角放彈寅拈一樹節其節目相去數十步曰中之獲五千一發而中彈丸反射不破至靈驗乃陷節碎彈焉王彥威尚書在汴州二年夏旱時袁王傅李玘過汴因宴王以旱爲言李醉曰欲雨甚易耳可求蛇醫四頭十石甕二枚每甕實以水浮二蛇醫以木

蓋密泥之分置於閑處甕前後設席燒香選小兒十歲已下十餘令執小青竹晝夜更擊其甕不得少輟王如言試之一日兩夜雨大注舊說龍與蛇師為親家焉

唐段少卿酉陽雜俎卷第十一

唐段少卿酉陽雜俎卷之十二

語資

歷城縣魏明寺中有韓公碑，太和中所造也。魏公曾令人遍録州界石碑，言此碑詞義最善，常藏一本於枕中，故家人名此枕爲麒麟函。韓公諱麒麟。

庾信作詩用西京雜記事，旋自追改，曰：此吳均語，恐不足用也。魏肇師曰：古人託曲者多矣。然鸚鵡賦，禰衡、潘尼二集並載；弈賦，曹植、左思之言正同。古人用意何至於此？君房曰：詞人自是好相採取，一字不異，良是後人莫辨。魏尉瑾曰：九錫或稱王

梁六代亦言曹植信曰我江南才士今日亦無舉
卄所推如温子升獨擅鄴下常見其詞筆亦足稱
是遠名近得魏收數卷碑製作富逸特是高才也
梁遣黄門侍郎明少遐錢陵令謝藻信威長史王
纘中宣城王文學蕭愷兼散騎常侍袁狎兼通直
散騎常侍賀文發宴魏使李騫崔劼温凉畢少遐
詠贈騫為其詩曰蕭蕭[illegible]一日風簾舉依依然可想騫
曰未若登花樂不結最附時事少遐報詩中有此
語劼問少遐曰今歲奇寒江淮之間不乃冰凍少
遐曰在此雖有薄冰亦不廢行不似河冰一合便

勝車馬狎曰河冰上有狸跡便堪人渡虯曰貍當
為狐應是字錯少遐曰是狐性多疑鼬性多預狐
疑猶預因此而傳耳虯曰鵲巢避風雉去惡政乃
是鳥之一長狐疑鼬預可謂獸之一短也
徐君房勸魏使尉瑾酒一噏即盡笑曰奇快瑾
曰鄉鄰飲酒來常傾巵武州已來舉無遺滴君房
曰我飲實少亦是習慣微學其進非有由然庾信
曰庶子年之高卑酒之多少與時升降便不可得
而度魏肇師曰徐君年隨情少酒因境多未知方
寸復作若為輕重

與宴麴侯麯蘗師舉酒勸陳昭曰此席已後便與
卿少時阻闊念此甚以慱春昭曰哉歎仰名賢亦
何已也路中都不盡深心便復飛陽往歎如何餓
而酒至鷄魂極徐侯君房歛不盡當肇師麾師曰海
蠡蛇蜒尾翹皆張非獨爲玩好亦所以爲罰卿今
曰真不得辭責信曰蕨子好爲術數遂命吏滿酌
君房謂信曰相特何乃急麯師曰此謂直道而行
乃非豆萁之喻君房乃覆觥信謂麴麾師曰適信
家餉致溫醽酒數蛮泥封全但不知其味若爲必
不敢先嘗謹當奉薦麯師曰每有珍旨多相費累

顧更以多魅
魏僕射收臨代七月七日登舜山徘徊顧眺謂主
簿崔曰吾所經多矣至於山川沃壤袂帶形勝天
下名州不能過此唯未審東陽何如崔對曰青有
古名齊得舊號二處山川形勢相似曾聽所論不
能踰越公遂命筆為詩於時新故之際司存缺然
求筆不得乃以五伯杖畫堂北壁為詩曰述職無
風政復路阻山河還思麾蓋日留謝此山阿
舜祠東有大石廣三丈許有鑿不辭不歸四字於
其上公曰此非遺德今盡去之

梁宴魏使李騫崔劼樂作梁舍人賀季曰音聲感
人深也劼曰昔申喜聽歌愴然知是其母理實精
妙然也梁主客王克曰聽音觀俗轉是精者劼曰
延陵昔聘上國實有觀風之美季曰卿發此言乃
欲挑戰騫曰請執鞭弭與君周旋季曰未敢三舍
劼曰數奔之事久已相謝季曰車亂旗靡恐有所
歸劼曰平陰之役先鳴已久克曰吾方欲館穀而
旌武功騫曰王夷師熸將以誰屬遂共大笑而止
樂欲訖有馬數十疋馳過末有閹人騫曰巷伯乃
同趣馬詎非侵官季曰此乃貌似劼曰若值袁紹

恐不可免

歷城房家園，齊博陵君劉之山池，其中雜樹森竦，泉石崇邃，歷中祓禊之勝也。曾有人折其桐枝者，公曰：何為傷吾鳳條。自後人不復敢折。公語參軍尹孝逸曰：昔季倫金谷山泉何必踰此？孝逸對曰：曾詣洛西遊其故所，彼此相方，誠如明教。孝逸常欲還鄴，詞人餞宿於此，逸為詩曰：風淪歷城水，月倚華山樹。時人以此兩句比謝靈運池塘十字焉。

單雄信幼時，學堂前植一棗樹，至年十八，伐為鎗，長丈七尺，拱圍不合，刃重七十斤，號為寒骨白。嘗

與秦王卒相遇秦王以大白羽射中刃火出因為
尉遲敬德拉折
秦叔寶所乘馬號忽雷駮常飲以酒每於月明中
試能竪越三領黑氈及胡公卒嘶鳴不食而死
徐敬業年十餘歲好彈射英公每曰此兒相不善
將赤吾族射必溢鏑走馬若滅老騎不能及英公
常獵命敬業入林趂獸因乘風縱火意欲殺之敬
業知無所避遂屠馬腹伏其中火過浴血而立英
公大奇之
玄宗嘗伺察諸王寧王常夏中揮汗鞔鼓所讀書

乃龜茲樂譜也上知之喜曰天子兄弟當極醉樂
耳
寧王嘗獵于鄠縣界搜林忽見草中一櫃扃鎖甚
固王命發視之乃一少女也問其所自女言姓莫
氏叔伯莊居昨夜遇光火賊賊中二人是僧因劫
某至此動婉含嚬冶態横生王驚悦之乃載以後
乘時慕犖者方生獲一熊置櫃中如舊鎖之時上
方求極色王以莫氏衣冠子女即日表上之具其
所由上令充才人經三日京兆奏鄠縣食店有僧
二人以錢一萬獨賃店一日一夜言作法事唯舁

一櫃入店中夜欠膈膊有聲店戶人怪日出不啓
門撤戶視之有熊衝人走出二僧已死骸骨悉露
上知之大笑書報寧王寧哥大能處置此僧也莫
才人能為秦聲當時號莫才人囀焉
一行公本不解弈因會燕公宅觀王積薪碁一局
遂與之敵笑謂燕公曰此但争先耳若念貧道四
句承除語則人人為國手
晉羅什與人碁拾敵死子空處如龍鳳形　或言
王積薪對玄宗碁局畢悉持一日時
黃翻兒矮陋機惠玄宗常憑之行問外間事動有

錫賚號曰肉杌一日入遲上怪之對曰今日雨涼
向逢捕賊官與臣爭道臣掀之墜馬因下階叩頭
上曰外無奏汝無懼復還之有頃京尹上表論上
即此出令杖殺焉
王勃每爲碑頌先墨磨數升引被覆面而臥忽起
一筆書之初不竄點時人謂之腹稾少夢人遺以
九墨盈袖
燕公常讀其夫子學堂碑頌頭自帝車至太甲四
句悉不解訪之一公一公言北斗建午七曜在南
方有是之祥無位聖人當出華蓋已下卒不可悉

李白名播海内玄宗於便殿召見神氣高朗軒軒然若霞舉上不覺亡万乘之尊因命納屨白遂展足與高力士曰去靴力士失勢遽爲脫之及出上指白謂力士曰此人固窮相白前後三擬詞選不如意悉焚之唯留恨别賦又祿山反製胡無人言太白入月敵可摧及祿山死太白蝕月衆言李白唯戲杜考功飯顆山頭之句成式偶見李白祠亭上宴别杜考功詩今録首尾曰我覺秋興逸誰言秋興悲山將落日去水共晴空宜煙歸碧海夕鴈度青天時相失各萬里茫然空亦思

蕃卒司徒常送太僕卿周皓上諸色人吏中末有
一老人八十餘著緋皓獨問君屬此司多少時老
人言某本藝正傷折天寶初高將軍郎君被人打
下頷骨脫某爲正之高將軍賞錢千万兼特奏緋
皓因頷遣之唯薛襄覺皓顏色不足伺客散獨留從
容謂周曰向卿問著緋老吏似覺卿不悅何也皓
驚曰公用心如此精也乃去僕邀薛宿曰此事長
亦繼言之某年少常結豪族爲花柳之遊竟畜亡
命訪城中名姬如蠅襲羶無不獲者時靖恭有
姬字夜來稚齒巧笑歌舞絶倫貴公子破産迎之

予時與數輩富於財更擅之會一日其母白皓曰
某日夜來生日豈可寂寞乎皓與往還竟求珎貨
合錢數十萬樂工賀懷智紀孩孩皆一時絕手爲
方合忽竟擊門者皓不許開良久折關而入有女
年紫裘騎從數十人詣其母與衣來泣拜諸客
將散皓時氣方剛且恃扛鼎顧從者敵因前讓其
怙勢攘臂毆之踣於拳下遂突出時都亭驛所由
魏貞有心義好養私名皓以情投之貞乃藏於妻
女間時有司追捉急切貞恐蹤露乃夜辦裝褫其
白金數鋌謂皓曰汴州周簡老義士也復與郎君

當家今可依之且宜謙恭不怠周簡老蓋大俠之
見魏貞書甚喜皓因拜之爲叔遂言狀簡老命居
一船中戒無妄出供與極厚居歲餘忽聽船上哭
泣声皓潛窺之見一少婦縞素甚美與簡老相慰
其夕簡老忽至皓處問君婚未某有表妹嫁與甲
甲卒無子今無所歸可事君子皓拜謝之即夕其
表妹歸皓有女二人男一人猶在舟中簡老忽語
皓事已息君皃寢必無人識者可遊江淮乃贈百
餘千皓號哭而別簡老尋卒皓官已達簡老表妹
尚在皃娶女嫁將四十餘年人無所知者適被老

吏言之不覺自媿不知君子察人之微也有人親見羣司徒謔之也

大曆末禪師玄覽住荊州陟屺寺道高有風韻人不可得而親張璪常畫古松於齋壁符載讚之衛象詩之亦一時三絕覽悉加堊焉人問其故曰无事疥吾壁也僧那即其甥為寺之患發塚塙熏鼠覽未嘗責有弟子義詮布衣一食覽亦不稱或怪之乃題詩於竹曰大海從魚躍長空任鳥飛忽一夕有梵僧撥戶而進曰和尚速作道場覽言有為之事吾未嘗作僧熟視而出反手闔戶門

向無舊習豐矣謂左右吾將歸於遼遼浴訖瓜一翅隱

机而化

馬僕射總帥既立勳業頗自矜伐常有陶侃之意

故呼田悅為錢龍至今為義士非之當時有揣其

意者乃先著謠於軍中曰齋鐘動也和尚不上堂

月餘方異其服色謂之言善相馬處見因請遠左

右曰公相非人臣然小有未通處當得寶物直數

千万者可以通之馬初不實之客曰公豈不聞謠

乎正謂公也齋鐘動時至也和尚公之名不上堂

不自取也馬不悅之始風即為買其所至悉庫及具

琭爲客一去兮復知之焉蒳劇方寧之也

唐段少卿酉陽雜俎卷之十　二

唐段少卿酉陽雜爼卷之十三

冥跡

魏韋英卒後妻梁氏嫁向子集嫁日英歸至庭呼曰阿梁卿忘我耶子集驚張弓射之即變爲桃人茅馬

長白山西有夫人墓魏孝昭之世搜揚天下才俊清河崔羅什弱冠有令望被徵詣州夜經於此忽見朱門粉壁樓臺相望俄有一青衣出語什曰女郎湏見崔郎什怳然下馬入兩重門內有一青衣通問引前什曰行李之中忽蒙厚命素既不敘元

宜深入青衣曰女郎平陵劉府君之妻侍中吳質之女府君先行故欲相見什遂前入就牀坐其女在户東立與什溫涼室内二婢秉燭呼一婢令以玉夾膝置什前什素有才藻婦善風詠雖疑其非人亦愜心好也女曰比是崔郎息蔦莚樹嘉君吟嘯故欲一叙玉顏什遂問曰魏帝與尊公書稱尊公爲元城令然否女曰家君元城之日妾生之歲什乃與論漢魏大事悉與魏史符合言多不能備載什曰貴夫劉氏願告其名女曰狂夫劉孔才之第二子名瑤子仲璋比有罪被攝仍去不返什乃

下卅許出女曰從此十年當更相逢付遂以玳瑁簪留之女以指上玉環贈付付上馬行數十步回顧乃見一大冢付届歷下以為不祥遂藉僧為齋以環布施天統末付為王事所牽築河堤於垣冢遂於幕下話斯事於濟南奚叔布因下泣曰今歲乃是十年可如何也作羅什在園中食杏唯云報女郎信我即去食一杏未盡而卒付十二為郡功曹為州里推重及死无不傷嘆

南巨川常識判冥者張叔言因撰續神異記具載其靈驗叔言判冥鬼十人十人數內兩人是婦人

又烏龜狝亦判寘

于襄陽在鎮時選人劉某入京逢一舉人年二十許言語明晤同行數里意甚相得因藉草劉有酒傾數盃日暮舉人指支逕曰某弊止從此數里能左顧乎劉辭以程期舉人因賦詩流水消消芹努一曰吐牙織鳥雙飛客還家荒村無人作寒食殯宮空對棠梨花至明旦劉歸襄州尋訪舉人殯宮存焉

顧况喪一子年十七其子魂遊恍惚如夢不離其家顧悲傷不已因作詩吟之且哭詩云若人喪愛

子日暮溢成血老人年七十不作多時別其子聽之感慟因自誓忽若作人當再爲顧家子經日如被人執至一處若縣吏者斷令託生顧家復都無所知忽覺心醒開目認其屋宇兄弟親黨滿側唯語不得當其生也已後又不記年至七歲其兄戲批之忽曰我是尔兄何故批我一家驚異方叙前生事歷歷不誤弟妹小名悉遍呼之抑知羊叔子事非恠也即進士顧非熊成式常訪之涕泣爲成式言釋氏處胎經言人之住胎與此稍差

尸穸

近代喪禮初死內棺而藏亡人衣後帽留之　又
內棺加蓋以肉飯黍酒着棺前搖蓋叩棺呼亡者
名字言起食三度然後止
琢釘及漆棺止哭哭便漆不乾也
銘旌出門衆人掣裂將去　送亡人不可送韋革
鐵物及銅磨鏡使蓋言死者不可使見明也董勛
言禮弃服韍韐此用韋也一日茅韍
刻木為屋舍車馬奴婢抵蟲等周之前用塗車芻
靈周以來用備
送亡者又以黃卷蠟錢兔毫弩機紙疏挂樹之屬

又作轒車軍古蓋蓋似屏

世人死者有作伎樂名為樂喪魌頭所以存亡者之䰟氣也一名蘇衣被蘇蘇如也一曰狂阻一曰觸壙四目曰方相兩目曰僛據費長房識李娥一曰娥藥九謂之方相腦則方相或鬼物也前聖設官象之

又忌狗見屍令有重喪

亡人坐上作䰟衣謂之上天衣

送亡者不賫鏡奩蓋

蒙鬼衣也桐人起虞卿明衣起左伯桃挽歌起紼

謳故舊律發冢棄市冢者重也言爲孝子所重發
一臿土則坐不須物也
弔字矢貫弓也古者葬棄中野禮貫弓而弔以助
鳥獸之害
後魏俗竟厚葬棺厚高大多用柏木兩邊作大銅
鐶鈕不問公私貴賤悉白油絡幰輀車迦素稍仗
打虜鼓哭吹欲徵商胡傳得其擬歌舞破声亦小異
於京師焉
周禮方相氏敺罔象罔象好食亡者肝而畏虎與
柏墓上樹栢路口致石虎爲此也

昔秦時陳倉人獵得獸若彘而不知名道逢二童子曰此名弗述常在地中食死人腦欲殺之當以栢插其首

遭喪婦人有面衣葬已下婦人着帛巾不着面衣

又婦人哭以扇掩面或有帷幄内哭者

漢平陵王墓墓多狐狐自穴出著皆毛上灰

魏末有人至狐穴前得金刀鑷玉唾壺

身丘縣東北有齊景公墓近世有人開之下入三丈石函中得一鵝鵝廻轉翅以撥石復下入一丈便有青氣上騰望之如陶煙飛鳥過之輒墮死遂

不敢入
元魏時菩提寺增多達多日發冢取塼得一人自言姓崔名涵字子洪在地下十二年如醉人時復遊行不甚辨了嘗曰及水火兵刃常走避極則止洛陽奉洛里多賣送死之具涵言作栢棺莫作桑欀吾地下見發鬼兵一鬼稱是栢棺主者曰雖是栢棺乃桑欀也
南朝薨卒贈子者以客麾者貂蟬者以爲代之綬者以書
元賢大臣家墓碣杙題其官號姓名五品以上添

棺六品已下但得漆棺

南陽縣民蘇調女死三年自開棺還家言夫將軍事赤小豆黃豆死有持此二豆一石者無復作苦

又言可用梓木爲棺

劉晏判官李邈莊在高陵莊客懸欠租課積五六年邈因官罷歸莊方欲勘責見倉庫盈羨輸尚未畢邈怪問悉曰某作端公莊客二三年矣久爲盜近開一古冢冢西去莊十里極高大入松林二百步方至墓墓側有碑斷倒草中字磨滅不可讀初旁掘數十丈遇一石門固以鐵汁累日洋糞沃之

方開關時箭出如雨射殺數人衆懼欲出其審無
箭也幾闗耳乃令投石其中每投箭輒出投十餘
石箭不復發因列炬而入至開處一重門有木人
數十張目運劍又傷數人衆以棒擊之兵仗悉落
四壁各畫兵衛之像南壁有大鐵鑊懸以鐵索其
下金玉珠璣堆積衆懼未即掠之顧西角忽聞颼
颼風起有沙迸撲人面須臾風甚沙出如注遂沒至
膝衆驚走比出門已塞矣一人後爲沙埋
死乃同酹地謝之誓不發冢
水經言越王句踐都瑯琊欲移允常冢冢中

風生飛沙射人人不得近遂止據漢舊儀將作營
陵地內方石外沙演戶交橫莫耶設伏弩伏火弓
矢與沙蓋古製有其機也　又侯白旌異記曰作一
言盜發白茅冢棺內大吼如雷野雉悉雊穿內火
起飛焰赫然盜被燒死得非伏火乎
永泰初有王生者住在揚州孝感寺北夏月被酒
手垂于牀其妻恐風射將舉之忽有巨手出于牀
前牽王臂墜牀身漸入地其妻與奴婢共曳之不
禁地如裂狀初餘衣帶頃亦不見其家併力掘之
深二丈許得枯骸一具巳如數百年者竟不知何

怪

江淮元和中有百姓耕地地陷乃古墓也棺中得
琨五十腰

處士鄭賓于言嘗客河北有村正妻新死未殮日
暮其兒女忽覺有樂聲漸近至庭宇屍已動矣及
入房如在梁棟間屍遂起舞樂聲復出屍倒旋出
門隨樂聲而去其家驚懼時月黑亦不敢尋逐一
更村正方歸知之乃折一桑枝如臂被酒大罵尋
之入墓林約五六里復聞樂聲在一栢林上及近
樹樹下有火熒熒然屍方舞矣村正舉杖擊之屍

倒樂聲亦住遂負屍而歿

醫僧行儒說福州有弘濟上人齋戒清苦常於沙岸得一顱骨遂貯衣籃中歸寺數日忽眠中有物齧其耳以手撥之落聲如數升物疑其顱骨所為也及明果墜在床下遂破為六片零置瓦溝中夜半有火如雞卵次第入瓦下燭之弘濟責曰爾不能求生人天憑朽骨何也於是怪絕

近有盜發蜀先主墓墓穴盜數人齊見兩人張燈對棊侍衛十餘盜驚懼拜謝一人顧曰爾飲乎乃各飲以一杯兼乞與玉腰帶數條命速出盜至外

口已娄矣帶乃巨蛇也視其穴已如舊矣

唐段少卿酉陽雜俎巻之十三

唐段少卿酉陽雜俎卷之十四

諾皋記上

夫度朔司刑可以知其情眾旅登掌祀將以著於感通有生盡幻遊魂為變乃聖人定璇璣之式立巫祝之官考乎十輝之祥正乎九黎之亂當有道之日鬼不傷人在觀德之時神無乏主若列生言竈下之駒掇莊生言戶內之雷霆楚莽嬰兒而禍移齊桓覩委蛇而病愈徵祥變化無日無之在乎不傷人不乏主而已成式因覽歷代怪書偶疏所記題曰諾皋記街談鄙俚與言風波不足以辨

九州之象廣七百里之對然燾鬼之闕是爲鬱岆耳
崑崙之墟帝之下都百神所在也
大荒中有靈山有十巫咸曰即盼彭姑真禮抵謝
羅從此升降
天山有神是爲渾敦狀如橐而光其光如火六足
重翼無面目是識一曰當歌舞實爲帝江形天與帝
爭神帝斷其首葬之常羊之山乃以乳爲目臍爲口
操干戚而舞焉
漢竹宮用紫泥爲壇天神下若流火上飾器七千
抄拔一作舞女三百人一曰灑嬰美神用万二千

極養年五歲重三千斤
太一君諱臑天款乃三千石
天翁姓張名堅字刺渴漁陽人少不羈無所拘忌
常張羅得一白雀愛而養之夢天劉翁責怒每欲
殺之白雀輒以報堅堅設諸方待之終莫能害天
翁遂下觀之堅盛設賓主乃竊騎天翁車乘白龍
振策登天天翁乘餘龍追之不及堅既到玄宮易
百官杜塞北門封白雀為上卿侯改白雀之胤不
產於下土劉翁失治徘徊五岳作災堅患之以劉
翁為太山太守主生死之籍

北斗魁第一星神名執秘曰陰第二星曰晧詰第
三星曰視金翁四星曰排理第五星曰防仵第六
星曰開寶第七星曰招搖魁一曰
東王公諱倪字君明天下求有人民時救二万六
千石偏雜色綬綬長六丈六尺從女九千以丁亥
日死
西王母姓楊諱回治昆侖西北隅以丁丑日死一
曰婉衿
竈神名隗狀如美女又姓張名單字子郭夫人字
卿忌有六女常名察洽一作洽常以月晦日上天白

人罪狀大者奪紀紀三百日小者奪筭筭一百日故為天帝督使下為地精己丑日日出卯時上天禺中下行署此日祭得福其屬神有天帝嬌孫天帝大夫天帝都尉天帝長兄硎上童子突上紫官君太和君玉池夫人等一曰竈神名壤子也

河伯人面乘兩龍一曰冰夷一曰馮夷又曰人面魚身金匱言名馮循一作脩河圖言姓呂名夷穆天子傳言無夷淮南子言馮遲聖賢記言服八石得水仙抱朴子曰八月上庚日溺河

甲子神名弓隆欲入水內呼之河伯九千童子引入

咪不啼

甲戌神名執明呼之入火不燒

大首科髮亂衣鬼仙丙戌日鬼名魔走　丙午日

鬼名洪濤　乙卯日鬼名天階　戊午日鬼名耳

迷　壬戌日鬼名龍　辛丑日鬼名適　乙酉日

鬼名章尋左　丙辰日鬼名天聽　辛卯日鬼名慧

面手鬼名髮　厠鬼名　部意敬

道三鬼名婦人臨產呼之　害人長三寸三分上

下爲衣　馬鬼名賜　鬼名石圭　日

并鬼名瓚　衣服鬼名　神名　領力鬼

舊儺詞曰甲作食　胇胃食虎雄伯食魅騰蘭一曰
簡食不祥攬一曰擔諸食咎伯奇食夢強梁祖名共食
磔一曰磚死寄生窮奇騰根共食蠱王延壽所夢有
遊光
纍毅　諸渠　邱堯　鄭夔瞿　儋存　崗劇
摘脉　堯峴寺峴一曰學堯
吐火羅国縛底野城古波斯王烏瑟多習之所築
也王初築此城高三尺即壞歎曰吾應无道天
令築此城不成矣有小女名鄔息見父憂恚問曰
王有隣敵乎王曰吾是波斯国王領千餘国今至

其火羅國中欲禁此城盖功万代既令盞心於次
憂耳女曰願王無憂明旦令匠湯築功復之跡築
之即立王異之至明女起於西光自截右手小指
遺血亦壊匠隨血築之遂日韓譔匠女遂化為海
禮其海神至今猶在堡亭下澄清如鏡周五百餘步
古龜茲國王阿主見者有神異力能降伏毒龍時
有賈人買市人金銀寶貨至夜中錢盡化為炭境
内數百家皆失金寶王有男力先出家成阿羅漢果
王問之羅漢曰此龍所為龍居北山其頭若虎今
在其處眠耳王乃易衣持劍默出至龍所見龍卧

將欲斬之因曰吾斬牢龍誰知吾有神力遂叱龍龍驚起化爲師子王卽乘其上龍怒作雷聲騰空至城北二十里王謂龍曰尔不降當斷尔頭龍懼王神力乃作人語曰勿殺我我當與王乘欲有所向隨心卽至王許之後常乘龍而行

乾陁國昔有王神勇多謀號伽當色一曰伽當討襲諸國所向悉降至五天竺國得上細綵二條自留一一與妃妃因衣其綵謁王綵當妃乳上有鬱金香手印跡王見驚恐謂妃曰尔忽着此手跡之服何也妃言向王所賜之綵王怒問藏臣藏臣曰綵本

有是非臣之咎王追商者問之商言南天竺國婆陁婆恨王有宿願每年所賦細縧並重豐損之手染藉金袜於縧上千万童手印悉透丈夫衣之亐即當昔婦人衣之手印當乱至令左右披之皆如商者言王因叩劒曰吾若不以劒裁婆陁婆恨王手足無以寢食乃遣使就南天竺索婆陁婆恨王手足使至其国婆陁婆恨王與羣臣給報曰我国雖有王名婆陁婆恨元無王也但以金為王設於殿上凡統領數署在臣下耳王遂起象馬往南討其國其国隱其王於地窟中鑄金人來迎伽色伽

王知其僞且自恃福力因斷金人手足婆陁婆恨
王於窟中手足亦自落也
齊郡接歷山上有古鐵鎖大如人臂繞其峯再浹
相傳本海中山山神好移故海神鎖之挽鎖斷飛
來於此矣
太原郡東有崖山天旱土人常燒此山以求雨俗
傳崖山神娶河伯女故河伯見火必降雨救之今
山上多生水草
華不注泉齊頃公取水處方圓百餘步北齊時有
人以繩千尺沉石試之不覺石出赤如血其人不

久坐亭子死

荆州永豐縣東鄉里有卧石一長九尺六寸其形

似人　體青黄隱起狀若彫刻境若旱便齊手

一先齋潔而舉之小舉小雨大舉大雨相傳此石忽

見於此本長九　六寸矣

清溪一日永宛穴一日口傳義熙十二年有兒羣

浴此水忽然岸側有錢出如流沙因競取之手滿

置地隨復去乃衣襟結之然後各有所得流錢中

有銅車以銅牛牽之　甚迅速諸兒奔逐掣得車

一腳徑可五寸許鼻有六輻通體青色轂內

黄甆狀如常運于時洗殼一作守南陵永得車轍
鐵行將晉普于轍循復循之殺竟不知所終往
虎窟山胡傳燕建平中諸南陵令守胡諸於此山窟
得白虎因名焉
烏山下無水魏末有人掘井五丈得一石函函中
得一龜大如馬蹄積炭五枝於函傍復掘三丈遇
盤石下有水流洶洶然遂鑿石穿水北流甚駛俄
有一船觸石而上匠人窺船上得一杉木板板刻
字曰吳赤烏二年八月十日武昌王子義之船
平原縣西十里舊有杜林南燕太上末有邵敬伯

者家於長白山有人寄敬伯一函書言我吳江使
也令吾通問於諸伯令須還長白辛苦爲通之仍
敬嚴伯但於杜林中取杜葉投之於水當有人出
敬伯從之果見人引入敬伯懼求其人令敬伯閉
目似入水中豁然宮殿宏麗見一公翁年可八九十
坐水精牀發函開書曰裕與超嬈侍衞音皆圓服
具甲冑敬伯辭出以一刀子贈敬伯曰好去但持
此刀當無水厄矣敬伯出還至杜林中而衣裳初
無沾濕果其年宋武帝滅燕敬伯三年居兩河間
夜中忽大水舉村俱沒唯敬伯坐一榻牀至曉着

岸敬伯下看之狀乃是一大黿龜曰也敬伯死刀子亦失世傳杜林下有河伯冢

臨濟有妬婦津相傳言晉大始中劉伯玉妻段氏字明光性妬忌伯玉常於妻前誦洛神賦語其妻曰娶婦得如此吾無憾焉明光曰君何以水神善而欲輕我吾死何愁不爲水神其夜乃自沉而死死後七日託夢語伯玉曰君本願神吾今得爲神也伯玉寤而覺之遂終身不復渡水有婦人渡此津者皆壞衣枉粧然後敢濟不爾風波暴發醜婦雖妝飾而渡其神亦不妬也婦人渡河無風浪者

以爲已醜不殺水神好醜婦許之無不曾有變形容以塞嗔笑也故齊人語曰欲求好婦立在津口婦立水傍好醜自彰

廣道施義熙中乘車山行忽有一人烏衣動上車言寄載頭上有光口目皆赤面被毛行十里方去臨別語施曰我是驗疫大將軍感尔相容因饋銀環一雙

晉隆安中吳興有人年可二十自號聖公姓謝死已百年忽詣陳氏宅言是己舊宅可見還不尔燒汝一夕火發蕩盡因有烏毛挿地繞宅周匝數重

自然乃定朝

大定初有士人隨新羅使風吹至一處人皆長鬚語與唐言通號長鬚國人物茂盛棟宇衣冠稍異中國地曰扶桑洲其署官品有正長戢波目役島邏等號士人歷謁數處其國皆敬之忽一日有車馬數十言大王召客行兩日方至一大城甲士守門焉使者導士人入伏謁殿宇高敞儀衛如王者見士人拜伏小起乃拜士人為司風長兼駙馬其主甚美有鬚數十根士人威勢烜赫富有珠玉然每歸見其妻則不悅其王多月滿夜則大會後遇

會士人見湖淼惡有鰕諸皆賤苦曰龍無異余必出
允鐵亦醜文人訖過想和吉必不交戀有三六女大
曰點為竟孝能言精於小女聽領聞學十餘年
士人育一兒二女忽一日其眷屬長感之人怪問
之王泣曰吾國有難禍在旦夕非爾馬不能救士
人驚曰苟勞吾雖性命不敢辭汝王乃令具舟令
兩使隨士人謂曰須騎馬一謁海龍王但言東海
第三汎第七為長鯨國有難求救我國總織海尋
三言之因謂臨執手而別士人登舟瞬息至岸
必悉七寶人皆衣冠長大士人乃言求謁龍王龍

宮狀如佛寺所圖天宮光明迭激目不能視龍王降階迎士人齊級升殿訪其來意士人具說龍王即令速勘良久一人自外白曰境內並無此國其人復哀祈言長須國在東海第三汊第七島龍王復叱使者細尋勘速報經食頃使者返曰此島鰕合供大王此月食料前日已追到龍王笑曰客固為鰕所魅耳吾雖為王所食皆稟天符不得妄食今為客減食乃令引客視之見鐵鑊數十如屋滿中是鰕有五六頭色赤大如臂見客跳躍似求救狀引者曰此鰕王也士人不覺悲泣龍王命放鰕

王一變令二使送客歸中国一夕至登州回覆二使乃巨龍也

天寶初安思順進五色玉帶又於左藏庫中得五色玉杯上怪近日西貢元五色玉令責安西諸蕃蕃言比常進皆為小勃律所劫不達上怒欲征之羣臣多諫獨李右座贊成上意耳言武臣王天運謀勇可將乃命王天運將四万人兼統諸蕃兵伐之及逼勃律城下勃律君長恐懼請罪悉出寶王願歲貢獻天運不許即屠石城虜三千人及其珠璣而還勃律中有術者言將軍无義不祥天將大風

雪矣行數百里忽　風四起雪花如翼風激小海水成冰柱起而復摧經半日小海激蕩四方人一時凍死唯蕃漢各一人得還具奏玄宗大驚異即令中使隨二人驗之至小海側冰猶崢嶸如山隔冰見兵士屍立者坐者瑩澈可數中使將返冰忽消釋衆屍亦不復見

郭代公嘗山居中夜有人面如盤瞚目出於燈下公了無懼色徐染翰題其頰曰久戍人偏老長征馬不肥公之警句也題畢吟之其物遂滅數日公隨樵閑步見巨木上有白耳大如數斗所題句在

焉
大曆中有士人莊在渭南遇疾卒於京妻柳氏因
莊居一子年十一二夏夜其子忽恐悸不眠三更
後忽見一老人白衣兩牙出吻外熟視之良久漸
近牀前牀前有婢眠熟因扼其喉咬然有声衣隨
手碎攫食之須臾骨露乃舉起飲其五藏見老人
口大如簸箕子方叫一無所見婢已骨矣數月後
亦無他士人祥齋日暮柳氏露坐逐涼有胡蜂遶
其首面柳氏以扇擊墮地乃胡桃也柳氏遽取玩
之掌中遂長初如拳如椀驚顧之際已如盤矣暴

然分為兩扇空中輪轉声如分蜂忽合於柳氏首
柳氏碎首齒著于樹其物因飛去竟不知何怪也
賈相公在滑州境內大旱秋稼盡損賈召大將二
人謂曰今歲荒旱煩君二人救三軍百姓也皆言
苟利軍州死不足辭賈笑曰君可辱為健步乙日
當有兩騎衣慘緋所乘馬蕃步鬣長經市出城君
等蹤之識其所滅處則吾事諧矣二將乃裹糧衣
皂行尋之一如賈言自市至野二百餘里映大冢
而滅遂壘石標表誌焉經信而返賈大喜令軍健
數百人具畚鍤與二將偕往其所因發冢獲陳粟

數千万斛人竟不之測

胡珦為虢州時獵人殺得鹿重一百八十斤蹄下貫銅鐶鐶上有篆字博物不能識之

博士丘濡説汝州傍縣五十年前村人失其女數歲忽自歸言初被物寐中牽去倏止一處及明乃在古塔中見美丈夫謂曰我天人分合得汝為妻自有年限勿生疑懼且戒其不窺外也日兩返下取食有時炙餌猶熱經年女伺其去抝窺之見其騰空如飛火鬟藍膚磔磔耳如驢焉至地乃復人矣驚怖汗洽其物返覔曰尓固窺我我實野叉與

尒有緣終不害尒尒女素惠謝曰我既為君妻豈有惡乎君既靈異何不居人間使我時見父母乎其物言我輩罪業或與人雜處則疫癘作今形跡已露任公縱觀不久當尒歸也其塔去人居止甚近女常下視其物在空中不能化形至地方與人雜或有白衣塵中者其物斂手側避或見枕其頭唾其面者行人悉若不見及歸女問之向見君街中有敬之者有戲狎之者何也物笑曰世有喫牛肉者予得而欺之或遇忠直孝養釋道守戒律法籙者吾誤犯之當為天戮又經年忽悲泣語女緣已

盡候風雨送亦歸曰捷一青石大如雞卵言至家
可磨此脈之餘下毒氣後一夕風雷共物遂持去
曰可去矣如釋氏言屈伸臂頃已至其家陛之庭
中其母因磨石飲之下物如青泥斗餘
寺公在大曆中在廬州有書吏王庚請假歸夜行
郭外忽值引騶呵辟書吏遽映大樹窺之且怪此
無尊官也導騎後一人紫衣儀衛如節使後有車
乘方渡水御者前白車軸索斷紫衣者言撿簿
遂見數吏叢簿曰合取廬州某里張某妻脊筋乃
胥吏之妖也須刻吏迴持兩條白物各長數尺乃

渡水而去至家姨尚無恙經宿忽患背瘡半日而卒

元和初有一士人失姓字因醉卧廳中及醒見古屏上婦人等悉於牀前踏歌歌曰長安女兒踏春陽無處春陽不斷腸舞袖弓腰渾忘却蛾眉空帶九秋霜其中雙鬟者問曰如何是弓腰歌者咲曰汝不見我作弓腰乎乃反首髻及地腰勢如規焉士人驚懼因叱之忽然上屏亦無其他

鄭絪在岳州有龍興寺僧智圓善摠持勑勤之術制邪理痛多著効日有數十人候門智圓臘高稍

倦鄭公頻歎之因求住城東隙地鄭公爲起草屋種植有沙弥行者各一人居之數年暇日智圓向陽科脚甲有婦人布衣甚端麗至階作礼智圓遽整衣恠問弟子何由至此婦人因泣曰妾不幸夫亡而子幼小老母危病知和尚神呪助力乞加救護智圓曰貧道本猒城隍喧啾兼煩於招謝弟子母病可就此爲加持也婦人復再三泣請且言母病劇不可舉扶智圓亦哀而許之乃言從此向北二十餘里至一村〻側近有魯家莊但訪韋十娘所居也智圓詰朝如言行二十餘里歷訪悉無而

返來日婦人復至僧貫曰貧道昨日遠赴約何差
謬如此婦人言只去和尚所止廠二三里耳和尚
慈悲必爲再往僧掇曰老僧衰暮今誓不出婦人
乃声高曰慈悲何在耶今事須去因上階牵僧臂
驚迫亦疑其非人恍惚間以刀子刺之婦人遂倒
乃沙弥悮中刀流血死矣僧忙然遽與行者瘞之
於飯瓮下沙弥本村人家去蘭若十七八里其日
其家悉在田有人皂衣揭襆乞漿於田中村人訪
其所由乃言居近智圓和尚蘭若沙弥之父欣然
訪其子執其人請問具言其事蓋魅所爲也汝孫

父母盡皆號哭詣僧僧猶絶焉其父乃録索而獲
即訴于官鄭公大駭俾求盗吏細按意其必寃也
僧具陳狀貧道宿債有死而已按者亦已死論僧
求假七日令侍念為將來資粮鄭公哀而許之僧
沐浴設壇急即焚縛禳考其壇凡三夕婦人見於
壇上言我其類不少所求食処輙為和尚破除沙
弥且在能為誓不持念必相還也皆圓懇為設誓
婦人喜曰沙弥在城南某村幾里古丘中僧言於
官吏用其言尋之沙弥果在神已癡矣發沙弥歸
中乃嵒蕭也僧始得雪自是絶珠貫不復道一梵

字

元和初洛陽村百姓王清傭力得錢五鐶因買田畔一枯栗樹將為薪以求利經宿為鄰人盜斫創及腹忽有黑蛇舉首如臂人語曰我王清本也汝勿斫其人驚懼失斤而走及明王清率子孫薪之復掘其根々下得大甕二散錢實之王清因是獲利而歸十餘年巨富遂甃錢形龍號王清本

元和中蘇湛遊蓬鵲山裹粮鑽大境無遺跬忽謂妻曰我行山中覩倒崖有光鏡必靈境也明日將挾之今與卿訣妻子號泣止之不得及明遂行妻

子領奴婢潛隨之入山數十里遥望巖有白光圓
明徑丈蘇遥逼之纔及其光長叫一声妻兒遽前
救之身如蠒矣有蜘蛛黑色大如盤鋒走集岩
奴以利刀決其網方斷蘇已腦陷而死妻乃積柴
燒其崖臭滿一山中相傳裴旻山行有山蜘蛛垂
絲如疋布將及旻旻引弓射殺之大如車輪因斷
其絲數尺收之部下有金創者剪方寸貼之血立
止也

唐段少卿酉陽雜俎卷第十四

唐段少卿酉陽雜俎卷之十五

諾皋記下

和州劉錄事者大曆中罷官居和州旁縣食兼數人尤能食鱠常言鱠味未嘗果腹邑客乃網魚百餘斤會於野亭觀其下筯初食鱠數疊忽似哽咯出一骨珠子大如黑豆乃實於茶甌中以疊覆之食未半怪覆甌傾側劉舉視之向者骨珠已長數寸如人狀座客競觀之隨視而長頃刻長及人遂捽劉因毆流血良久各散走一循廳之西一轉廳之左俱及後門相觸翕成一人乃劉也神已痴矣

年日方能言說其所以會鼻者自是惡鱠 僞坦者
常有疾醫令浸蛇酒服之初服一甕子疾減半又
令家人園中執一蛇投甕中封閉七日又開蛇躍
出舉首尺餘出門因失所在其過跡地墳起數寸
陸紹郎中又言嘗記一人浸蛇酒前後殺蛇數十
頭一日自臨甕窺酒有物跳出齧其鼻將落視之
乃蛇頭骨因瘡毀其鼻如劓焉
有陳朴元和中住崇賢里北街大門外有大槐樹
朴常黃昏徙倚窺外見若婦人及狐犬老烏之類
飛入樹中遂伐視之樹三槎一槎空中一槎有獨

到粟一百二十一槎中極一死覓長尺餘
僧死可言近傳有白將軍者常於曲江洗馬〻忽
跳出驚走前足有物色白如衣帶縈繞數匝遽令
解之血流數升白異之遂封紙貼中藏衣箱內一
日送客至滻水出示諸客〻曰盍以水試之白以
鞭築地成竅置蟲於中沃盥其上少頃蟲蠕〻如
長竅中泉湧倏忽自盤若一席有黑氣如香煙徑
出簷外衆懼曰龍也遂急歸未數里風雨忽至大
震數聲
景公寺前街中舊有巨井俗呼爲八角井元和初

有公主宴中過見有姓方及令從婢以鏁殺於就
井承水誤墜挽經月餘出於渭河
東平束用兵有華人孟不疑客昭義夜至一驛方
欲濯足有稱淄青張評事者僕從數十蓋欲參謁
張被酒初不顧孟因退就西閣張連呼驛吏索煎
餅孟默然窺之且怒其傲良久煎餅熟孟見一黑
物如豬隨盤至灯影而立如此五六返張竟不察
孟因恐懼死眠張尋大鼾至三更後孟纔交睫忽
見一人皂衣與張角力久乃相捽入東偏房中拳
聲如杵一餉間張被髮雙袒而出還寢牀上入

更張乃喚僕使張燭巾櫛就孟曰某昨醉中都不
知秀才同廳因命食談咲甚懽時時小声曰昨夜
甚慚長者乞不言也孟但唯唯復曰公有程須早
發秀才可先也遂摸靴中得金一挺授曰薄貺乞
密前事孟不敢辭即為前去行數日方聽捕殺人
賊孟詢諸道路皆曰淄青張評事至某驛早發遲
明空鞍失所在驛吏返至驛尋索驛西閣中有席
角發之白骨而已无泊一蠅肉也地上滴血无餘
惟一隻履在旁相傳此驛舊凶竟不知何怪舉人
祝元膺常言親見孟不疑說每二誡走食必須要

祭也祝又言孟素不信釋氏頗能詩其句云白日
故鄉遠青山佳句中後常持念遊覽不復應辛
劉積中常於京近縣庄居妻病重於一夕劉未眠
忽有婦人白首長纔三尺自燈影中出謂劉曰夫
人病唯我能理何不祈我劉素剛咄之姥徐戟手
曰勿悔忽悔遂滅妻因暴心痛殆將卒劉不得已
祝之言已復出劉揖之坐乃索茶一甌向口如呪
狀顧命灌夫人茶纔入口痛愈後時〻輒出家人
亦不之懼經年復謂劉曰我有女子及事煩主人
求一佳婿劉笑曰人鬼路殊固難遂所託姥曰非

求人也但為刻桐木為形稍上者則為佳矣劉許諾因為具之經宿木人失矣又謂劉曰無煩主人作鋪公鋪母若可某夕我自具車輪奉迎劉心計死奈何亦許至一日過酉有僕馬車乘至門婉亦至曰主人可往劉與妻各登其車馬天黑至一處朱門崇墉籠燭列迎賓客供帳之盛如王公家引劉至一廳與紫數十有與相識者有已歿者各相視死言妻至一堂蠟炬如臂錦翠爭煥亦有婦人數十存歿相識各半但相視而已及五更劉與妻恍惚間却還至家如醉醒十不記其一二矣經數

月姥復來拜謝曰小女成長今復設主人劉不耐
以桃枝之曰若復敢如此撲人姥隨桃而滅妻遂
疾發劉尋男女辭地禱之不復出矣妻竟以心痛
卒劉妹復病心痛劉欲徙居一切物膠着其處輕
若屣亦不可舉迎道流上章梵僧持呪悉不禁
劉常暇日藥方其婢小碧自外來垂手緩步大言
劉四頗憶平昔无既而嘶咽曰省躬近從泰山回
路逢飛天野叉攜賢妹心肝我亦奪得因牽袖〻
中蠕〻有物左顧似有所命曰可爲安置又覺袖
中風生衝簾幌入堂中乃上堂對劉坐問存殁叙

平生事劉与杜皆躬同年及第有分其婢辛止笑語死不肯也顧曰我有事不可久留執劉手嗚咽劉亦悲不自勝婢忽然而倒及舁一宅所記其妹亦自此死矣

臨川郡南城縣令戴譽初買宅於館娃坊暇日与弟閑坐廳中忽聽婦人聚笑声或近或遠譽頗異之笑声漸近忽見婦人數十散在廳前倏忽不見如是累日譽不知所爲廳階前枯梨樹大合抱意其爲祥因伐之根下有石露如塊掘之轉闊勢如鏖形乃火上沃醯鑿深五六尺不透忽見婦人繞

坑撫掌大笑有頭共牽答入坑援於石上一家驩
懽之際婦人復還大哭答亦隨出答旣出又失其
弟家人慟哭答獨不哭曰他亦甚快活何用哭也
答至死不肯言其情狀
獨孤叔牙嘗令家人汲水重不可轉數人助出之
乃人也戴席帽攀欄大笑却墜汲者攬得席帽挂
於庭樹每雨所滴雨処輒生黄菌
有史秀才者元和中曾与道流遊華山時暑環
一小溪忽有一葉大如掌紅潤可愛隨流而下入
獨援得寘懷中坐食頃覺懷中漸重潛起觀之

槃上鱗起雲粟而動史驚懼棄於中遽白衆人此必龍也可速去也須臾林中白煙生彌於一谷中下山未半風雷大至

史論作將軍時忽覓妻所居房中有光異之因与妻遍索房中且死光見一日妻早粧開奩奩中忽有五色龜大如錢吐五色氣彌滿一室後常養之

工部貟外郎張周封言舊莊城東狗脊觜（訁經觧言觜精）西常築牆於大歲上一夕盡崩且意其基虛功不至乃率莊客指撝築之高未數尺炊者驚叫曰怪作矣遽視之飯數斗悉躍出蔽地着牆勻若蟻

孑死一粒畫者醯嫡之半如畀焉因詭巫醫地謝
之亦无他焉
山蕭一名山臊神異經作𤢖𤢖一曰永嘉郡記作山
魈一名山鏁一名䝲䝲一曰一名獋肉一名熱肉一
名暉一名飛龍如鳩青色亦曰治鳥巢大如五斗
器飾以土堊赤白相間狀如射侯犯著能役虎害
人燒人廬舍俗言山蕭
伍相奴或擾人許於伍相廟多巳禱謠一姓姚二
姓王三姓汪昔值洪水食都樹皮餓死化為鳥都
皮骨為猪都婦女為人都雄一食一曰都左腋下有鏡

即闊三寸一分右脚死大指右手死三指左耳缺右目盲在樹樹根居者名猪都在樹半可攀及者名人都在樹尾者名鳥都其禁有打土壟法山鵲法其掌訣右手第二指上節邊禁山都眼左手目禁其朕南中多食其藥味如木芝窠表可為履屧治脚氣

舊說野狐名紫狐夜擊尾火出將為怪必戴髑髏拜北斗髑髏不墜則化為人矣

劉元鼎為蔡州蔡州新破食倉一日場狐暴劉遣吏生捕日於毬場縱犬逐之為樂經年所殺百數後

獲一疥狐縱五六犬皆不敢逐狐亦不走劉大異
令訪大將家獵狗及監軍亦自誇巨犬至皆弭耳
環守之狐良久緩跡直上設廳穿臺盤出廳後及
城培俄失所在劉自是不復令捕術中有天狐別
行法言天狐九尾金色役於日月宮有符有醮日
可洞達陰陽

南中有獸名風狸如狙眉長好羞見人輒低頭其
溺能理風疾術士多言風狸杖難得於翳形草南
人以二長繩繫於野外大樹下人匿於旁樹穴中
伺之三日後知無人至乃於草中尋摸忽得一草

莖折之長尺許竊樹上有鳥集指之隨指而墮因取而食之入候其息劫去蘗之見人遽齧食之或不及則弃於草中若不可卜當打之數百方肯爲人取有得之者禽獸隨指而斃有所欲者指之如意

開成末永興坊百姓王乙掘井過常井一丈餘无水忽聽向下有人語及雞聲甚喧鬧近如隔壁井匠懼不敢掘街司申金吾韋處仁將軍韋以事涉怪異不復奏遽令塞之據亡新錄周秦故事謁者閣上得驪山本李斯領徒七十二万人作陵鑿之以章程三十七歲固地中水泉奏曰已深已極鑿

之不入蟯之不燃卯之室空如下天有天蟯如狀稱
知厚地之下別有天地也
大和三年壽州虞侯景乙京西防秋迴其妻又病
纔相見遽言我半身被斫去往東園莫可速逐之
乙大驚因趣園中時昏黑見一物長六尺餘狀如嬰
見裸立擎一竹器乙情急將擊之物遂變還其器
乙就視見其妻半身乙驚倒或亡所見及視妻自
髮際眉間及胷有璺如指映膜赤色又謂乙曰可
辦乳二升沃於園中所見物處我前生爲人後妻
節其子乳致死因爲所訟冥斷還其半身向无君

則死矣
大和末荆南松滋縣南有士人寄居親故莊中肄
業初到之夕二更後方張燈臨案忽有小人纔半
寸葛巾杖策入門謂士人曰乍到无主人當寂寞
其声大如蒼蠅士人素有膽氣初若不見乃登牀
責曰遽不存主客礼乎復升案窺書詬罵不已因
覆硯於書上士人不耐以筆擊之墮地叫數声出
門而滅頃有婦人四五或姥或少皆長一寸呼
曰真官以君獨學故令郎君言展且論精奧何癡
頑狂率輙致損害今可見真官其来索續如蟻

如驗守護歸士人士人恍然若夢因齒四支寢痛皆已甚後曰汝不去將損汝眼四五頭遂上其面士人驚懼隨出門至堂東復見一門絶小如節使入門士人乃問何物怪魅敢凌人如此復披劍且衆鬐之恍惚間已入小門內見一人峩冠當殿階下侍衛千數悉長寸餘叱士人曰吾怜汝獨處傳小兒往何若殺害罪當勅乃見數十人悉持刃搶臂迫之士人大懼謝曰某愚騃肉眼不識有冒官云甌餘生以乃曰且解知悔叱令曳出不覺已在小門外以歸書堂向五更矣殘灯猶在及明尋其蹤跡

東路古培下有小穴亦衆守宮出入焉土人謂之數夫掘之深數丈有守宮十餘石大者色赤長尺許蓋其王也壤土如樓狀土人聚蘇焚之後亦亡也

京宣平坊有官人夜歸入曲有賣油者張帽驅驢馱不避導者搏之頭隨而落遂遽入一大宅門官人異之隨入至大槐樹下遂滅因告其家即掘之深數尺其樹根枯下有大蝦蟇如疊挾二筆錔他合反樹器又云錔物物鞘樹溜津滿其中也及巨白菌如殿門浮漚釘其蓋已落蝦蟇即驢矣筆錔乃油桶矣菌

役人矣其家沽其油月餘怪其油好而賤又怪蘇食者悉病嘔泄

陵州龍興寺僧惠恪不拘戒律力舉石臼好客往來多依之常夜會寺僧十餘設煎餅二更有巨手被毛如胡鹿大言曰乞一煎餅衆僧驚散惟惠恪掇煎餅數枚置其掌中魅因合拳僧遂極力急之魅哀祈甚切惠恪呼家人斫之及斷乃鳥一羽也明日隨其血蹤出寺西南入溪至一巖罅而滅惠恪率人發掘乃一坑礬石

開成初東市百姓喪父騎驢市凶具行百步驢忽

語曰我姓白名元通負君家力已足勿復騎我南市賣麩家欠我五千四百我又負君錢數亦如之今可賣我其人驚異即牽行旋訪主賣之駒甚壯報價只及五千詣麩行乃還五千四百因賣之兩宿而死

鄆州閹司倉者家在荆州其女乳母鈕氏有一子妻愛之与其子均焉衣物飲食悉等忽一日妻偶得林檎一蔕戲与己子乳母乃怒曰小娘子成長忘我矣常有物与我子等今何容偏因齧吻攘臂再三反覆主人之子一家驚怖遂奪之其子狀貌

長短正与乳母見不下也妻知其怪謝之鈕氏復手數主人之子始如舊矣鬪為災拜寄令奴持鍵闇擊之正當其腦瞎然反中門扉鈕大怒詬鬪曰亦如此勿悔鬪知无可奈何与妻拜祈之怒方解鈕至今尚在其家敬之如神更有事甚多矣

荊州處士侯又玄嘗出郊厠于荒冢上及下跌傷其肘瘡甚行數百步逢一老人問何所苦也又玄見其肘老人言偶有良藥可封之十日不開必愈又玄如其言及解視之一臂遂落又玄兄弟五六互病々必出血月餘又玄兩臂忽病瘡六七處小

者如榆錢大者如錢皆人面至死不差時荊秀才
杜曄話此事於座客
許卑山人言江左數十年前有商人左膊上有瘡
如人面亦無它苦商人戲滴酒口中其面亦赤以
物食之凡物必食食多覺膊內肉漲起疑胃中也
或不食之則一臂痺焉有善醫者教其歷試諸藥
金石草木悉与之至貝母其瘡乃聚眉閉口商人
喜曰此藥必治也因以小葦筒毀其口灌之數日
成痂遂愈
工部員外張周封言今年春拜掃假迴至湖城逆

旅說去年秋有河北軍將過此至郊外數里忽有
旋風如升器常起於馬前軍將以鞭擊之轉大遂
旋馬首鬣起如植軍將懼下馬觀之覺鬣長數尺
中有細綆如紅綫焉時馬立嘶鳴軍將怒乃取佩
刀拂之風因散滅馬亦死軍將剖馬腹視之腹中
亦无傷不知是何怪也

唐段少卿酉陽雜俎卷之十五

唐段少卿酉陽雜俎卷之十六

廣動植之一 并序

成式以天地間所化所產突而旋成形者樊然矣故山海經爾雅所不能究因拾前儒所著有草木禽魚未列經史或經史已載事未悉者或接諸耳目簡編所死者作廣動植冀掊土培丘陵之學也昔曹丕著論於火布燃循獸毳於鐵鬣譏不識彭蜞劉縚誤呼荔挺至今可笑學者豈容略乎

總叙　羽嘉生飛龍飛龍生鳳凰鳳凰生鸞鳥鸞生庶鳥應龍生建馬建馬生麒麟麒麟生庶獸　介鱗生

蛟龍蛟龍生鯤鯁鯤鯁生建邪建邪生庶魚介
潭生先龍先龍生玄黿玄黿生靈龜靈龜生庶龜
日馮生玄陽閼玄陽閼生鱗胎鱗胎生幹木幹木
生庶木 招搖生程君若一曰程君生玄玉玄玉生
醴泉醴泉生應黃應黃生黃華黃華生庶草 海
閭生屈龍屈龍一曰龍生容華容華生蔈蔈生蘋藻
生浮草 甲虫影伏羽虫躲伏 食草者多力而
愚食肉者勇敢而悍 齕吞者八竅而卵生咀嚼
者九竅而胎生 無角者膏而無前有角者脂而
先後 食葉者有絲食土者不息食而不飲者蠶

飲而不食者蟬不飲不食者蜉蝣蜊蛔一口鵅谷行

蚓屬紆行蜻蛚屬徙鳴蜩屬旁鳴發皇翼鳴蚣蝑

股鳴榮原胃鳴　蜩三十日而死　鱣魚三月上

官於孟津　鷓鴣向日飛　鯿與鰱魚連蕃與移

角並相似　鳳雄鳴節節雌鳴足足行鳴曰歸嬉

止鳴曰提扶　麒麟牡鳴曰逝遊一曰聖牝鳴曰歸

和春鳴曰扶助夏鳴曰養綏　鼈無耳為守神

虎五指為貙　魚滿三百六十年則為蛟龍引飛

去水　魚二千斤為蛟　武陽小魚一斤千頭

東海大魚膽子大如三斗盎　桃支竹以四寸為

一節木瓜一尺一百二十一節　木蘭去皮不死

荊木心方　蛇有水草木土四種　孔雀尾端一

寸名珠毛　鶴左右脚裏第一指名矣瓜　蜀郡

无兎鶴　江南一日无狼馬　朱提以南无鳩鵲

鳥有四千五百種獸有二千四百種　鶻鵽鳩

所生　騾不滋乳　蔡郎中以反舌為蝦蟆　淮南

子以蛩為螻蟻詩義以蟊為螻蛄髙誘以乾鵲為

蟋蟀　兎吐子鸕鷀吐鷁　瓜瓠子曰犀胡能人

曰蝦蟇　蝦蟇无腸　龜腸一曰屬於頭　科斗

尾脱則足生　鳥獸未孕者為禽　鳥養子曰乳一

蛇蟠向王鵲巢背太歲鷰伏戊巳虎奮衝破乾鵲
知來猩猩知往　鸛影抱蝦蟇聲抱　蟬化齊后
烏生杜宇　鵽子爲越王頭蠹螻爲杜預項鷓
鴣鳴曰向南不北　逖閩鳴懸蠹盧蠮頭一[illegible]一日豆
以二七爲族粟累十二爲寸
人參處處生蘭長生爲瑞　有實曰果又曰在木
曰果　小變忌戊六變忌子　蠡葶蘆荇蕢爲三
葉壬孟夏禁之　烏頭殼外有毛石動癰節生花
木再花夏有雹李再花秋大霜　木無故叢
枝盡向下又生及一尺至一丈自死皆凶　邑中

終歲无鳥有寃郡中忽无鳥者曰烏亡 雞无故
自飛去家有蠱雞日中不下棲妻妾姦謀 見蛇
交三年死蛇冬見寢室為急兵人夜卧無故失髻
者鼠妖也 屋柱无死故生芝者白為喪赤為血
黑為賊黃為喜其形如人面者亡財如牛馬者遠
役如龜蛇者因蚕耗 德及幽隱則比目魚至一目
生 妾媵有制則白鸞集巢 山上有葱下有銀
山上有薤下有金 山上有薑下有銅錫山有寶玉
木旁枝皆下垂 葛稚川嘗就上林令魚泉提朝
臣所上草木名二十餘種隣人石瓊就之求借一

皆遺弃語曰買魚得鱮不如食茹寧去累世宅不
去鯯魚額洛鯉伊魴貴於牛羊　得合瀾蝺雖不
足豪亦足以高　檳榔扶留可以忘憂　白馬甜
榴一實直牛　草木暉暉蒼黃乱飛

羽篇

鳳骨黑雄雌夕旦鳴各異黃帝使伶倫制十二籥
寫之其雄声其雌音楽有鳳凰臺兴鳳脚下物如
白石者鳳有時来儀候其所止處掘深三尺有圓
石如卵正白服之安心神
孔雀釋氏書言孔雀因雷声而孕

鸛江淮謂羣鸛旋飛為鸛井鸛亦好旋飛必有風
雨人探巢取鸛子六十里旱能羣飛薄霄激雨雨
為之散　烏鳴地上无好声人臨行烏鳴而前引
多喜此舊占所不載　貞元四年鄭汴二州羣烏
飛入田緒李納境内銜木為城高至二三尺方一
餘里納緒惡而命焚之信宿如舊烏口皆流血
俗候烏飛翅重天將雨
鸛巢中必有梁崔圓相公妻在家時與姊妹戲於
後園見二鸛搆巢共銜一木如筆管長尺餘安巢
中衆恐不見俗言見鸛上梁必貴　大曆八年乹

陵上仙觀天尊殿有雙鵲銜柴及泥補葺隙壞一十五處宰臣上表賀

貞元三年中書省梧桐樹上有鵲以泥為巢焚其巢可禳狐魅

鷙凡狐白貉鼠之類鷙見之則毛脫或言鷙蟄於水月一日底舊說鷙不入室是井之虛也取桐為男女各一投井中鷙必來背班黑声大名胡鷙為其畢有容足素者

雀釋氏書言雀沙生因浴沙塵受卵蜀郡烏山至雉雀來郡最悲百姓夜然火伺取之无噍不食似

特持一日悲者以為義則不然
鴿大理丞鄭復礼言波斯舶上多養鴿鴿能飛行
數千里輙放一隻至家以為平安信
鸚鵡能飛衆鳥趾前三後一唯鸚鵡四趾齊分凡
鳥下瞼眨上獨此鳥兩瞼俱動如人目　玄宗時
有五色鸚鵡能言上令左右試牽帝衣鳥輙瞋目
叱咤岐府文學熊延京献鸚鵡篇以賛其事張燕
公有表賀稱為時樂鳥
杜鵑始陽相催而鳴先鳴者吐血死嘗有人山行
見一羣寂然聊學其声即死初鳴先聽其声者主

辨别則上聽其聲不祥厭之之法當為犬聲應之
鴝鵒舊言可使取火效人言勝鸚鵡取其目睛和
人乳研滴眼中能見煙霄外物也
鵝濟南郡張公城西北有鵝浦南燕世有漁人居
水側常聽鵝之聲衆中有鈴聲甚清亮候之見一
鵝咽頸極長羅得之項上有銅鈴綴以銀鎖隱起
元鼎元年字
晉時營道縣令何潛之於縣界得鳥大如白鷺膝
上髀下自然有銅鐶貫之
鵁鶄舊言辟火災巢於高樹生子穴中銜其母翅

飛下養之
鷄拓傳鶴生三子一為鷄肅宗張皇后專權每進
酒常寘鷄腦酒鷄腦酒令人久醉健忘
異物志天寶二年平盧有紫蟲食禾苗時東北有赤
頭鳥群飛食之　開元二十三年榆關有虸蚄蟲
延入平州界亦有群雀食之又開元中貝州蝗蟲
食禾有大白鳥數千小白鳥數萬盡食其蟲
大曆八年大鳥見武功群鳥隨噪之行營將張日芬
射獲之肉翅狐首四足足有爪廣四尺三寸狀類蝙
蝠又洮州有白頭烏乳鴝鵒

王母使者齊郡函山有鳥足青嘴赤黄素翼絳顙名王母使者昔漢武登此山得玉函長五寸帝下山玉函忽化爲白鳥飛去世傳山上有王母藥函常令鳥守之

吐綬鳥魚復縣南山有鳥大如鸜鵒羽色一曰毛多黑雜以黄白頭頰似雉有時吐物長數寸丹采彪炳形色類綬因名爲吐綬鳥又食必蓄嗉臆前大如斗慮觸其嗉行每遠草木故一名避株鳥

鸛鶴一名隨羿形似鵲人射之則銜矢反射人

鶵鵰喙大而句長一尺赤黄色受二升南人以爲

酒狂也

菘節鳥四脚尾似鼠形如雀終南溪谷中有之

老鵵秦中山谷間有鳥如梟色青黃肉翅好食煙見人輒驚落隱首草穴中常露身其聲如嬰兒啼名老鵵

紫蒿京之近山有紫蒿鳥頭有冠如戴勝大若野雞

兜兜鳥其聲自號正月以後作聲至五月節不知所在其形似鸜鵒

蝦蟇護南山下有鳥名蝦蟇護多在田中頭有冠

色蒼足赤形似鸞

夜行遊女一曰天帝女一名釣星夜飛晝隱如鬼神衣毛爲飛鳥脫毛爲婦人无子喜取人子胸前有乳凡人飴小兒不可露處小兒衣亦不可露曬毛落衣中當爲鳥祟或以血點其衣爲誌或言產死者所化

鬼車鳥相傳此鳥昔有十首能收人魂一首爲犬所噬秦中天陰有時有声声如刀車鳴或言是水雞過也

白澤圖謂之蒼鸆帝嚳書謂之逆鶬夫子子夏所

見寶曆中國子四門助教史迥語成式常見裴瑜
所注爾雅言鶬麋鴰是九頭鳥也
細鳥漢武時畢勒國獻細鳥以方尺玉爲籠數百
頭狀如蠅声如鴻鵠此國以候日因名候日虫集
宮人衣輒蒙愛幸
嗽金鳥出昆明國形如雀色黄常翱翔於海上魏
明帝時其國來獻此鳥飴以眞珠及龜腦常吐金
屑如粟鑄之乃爲器服宮人爭以鳥所吐金爲釵
珥謂之辟寒金以鳥不畏寒也宮人相嘲弄曰不
服辟寒金那得帝王心不服辟寒鈿那得帝王憐

背明鳥吳時越雋之南獻背明鳥形如鶴止不向明巢必對北其聲百變

背嵐鳥出河西赤塢鎮狀似烏而大飛翔於陣上多不利

鸐鷄狀如鸞鶴大足趾似鼠未嘗見下地常止林中偶失勢控地不能自振及舉上凌青霄出涼州也

鵅鳥武周縣合火山山上有鵅鳥形類烏觜赤如丹一名赤觜烏亦曰阿鵅鳥

訓胡惡鳥也鳴則後竅應之

百勞博勞也相傳伯奇所化取其所踏枝鞭小兒能令速語南人繼母有娠乳兒兒病如瘧唯鵙毛治之

毛篇

師子釋氏書言師子筋爲絃鼓之衆絃皆絶

西域有黑師子捧師子　集賢校理張希復言舊有師子尾拂夏月蠅蚋不敢集其上

舊說蘇合香師子糞也

象舊說象性久識見其子皮必泣一枚重千斤

釋氏書言象七　拄地六牙牙生理必因雷声

又言龍象六十歲骨方足今荆地象色黑兩牙江
猪也
咸亨三年周澄国遣使上表言訶伽国有白象首
垂四牙身運五足象之所在其土必豐以水洗牙
飲之愈疾請發兵迎取　象膽隨四時在四腿春
在前左夏在前右如龜无定處也鼻端有爪可拾
針肉有十二般惟鼻是其本肉　陶貞白言夏月
合藥宜置象牙於藥旁南人言象妬惡犬声獵者
裹粮登高樹構熊巢伺之有群象過則為犬声悉
舉鼻吼叫循守不復去或經五六日困倒其下因

潛殺之耳後有穴薄如鼓皮一剝而斃胸前小横
骨灰之酒服令人能浮水出後食其肉令人辟亶
古訓言象孕五歲始生
虎交而月暈仙人鄭思遠常騎虎故人許隱齒痛
求治鄭曰唯得虎鬚及熱插齒間即愈即為拔數
莖與之因知虎鬚治齒也 虎殺人能令屍起自
解衣方食之虎威如乙字長一寸在脇兩旁皮內
尾端亦有之佩之臨官佳無官人所憎嫉 虎夜
視一目放光一目看物獵人候而射之光墜入地
成白石主小兒驚

馬庚中護蘭馬五白馬也亦曰玉面請真馬千三
歲馬也以十三歲已下可以紹種舊種馬戎馬八
尺田馬七尺駑馬六尺　瓜州飼馬以鶿草沙州
以茨萁凉州以穀突渾蜀以稗草以蘿蔔根飼馬
馬肥安北飼馬以沙蓬根針　大食国馬解人語
悉怛国怛幹国出好馬　馬四歲兩齒至二十
歲齒盡平　駒名有乾鼠外晃烏頭龍翅虎口
猪槽飼馬石灰泥槽汗而繫門三事落駒　廻毛
在頸白馬黑毛鞍下腋下廻毛右脅白毛左右後
足白　馬四足黑目下横毛黄馬白喙旋毛在吻

後汗溝上過尾本目赤睫乱及反睫白馬黑目白
白却視盡不可騎夜眼名附蟬戶肝名懸蹄亦曰
雞舌綠袂方言以地黄甘草噉五十歲生三駒
牛丈人牛瘦者多以地灌鼻口則為獨肝求牛有
獨肝者殺人逸賊李希烈食之而死 相牛法歧
胡有壽膺庭欲廣毫筋欲横蹄後筋也常有声有
黄也角冷有病旋毛在珠泉无壽睫乱觸入衙烏
角偏妨主毛少骨多有力溺射前良牛也踈肋難
養三歲二齒四歲四齒五歲六齒六歲以後每一
年接脊骨一節

甯公所餘牛陰虹屬頸陰虹雙筋自尾屬頸也北荒之先案国有泥師都二妻生四子一子化為鴻遂委三子謂曰尓可從古諭古旃卒也三子因隨牛牛所糞悉成肉醬　太原縣北有銀牛山漢建武二十一年有人騎白牛蹊人田田父訶詰之乃曰吾北海使將看天子登封遂乘牛上山田父尋至山上唯見牛跡遺糞皆為銀也明年世祖封禪

鹿虞部郎中陸紹弟為盧氏縣尉常觀獵人獵忽遇鹿五六頭臨澗見人不驚毛斑如畫陸怪獵人

不射問之獵者言此似麂也射之不能傷且復不
利麈不信強之獵者不得已一發矢麂帶箭而去
及返射者墜崖折左足
南康記云合浦有麂額上戴科藤一枝四條直上
各一丈犀之通天者必惡影常飲濁水當其溺時
人跡不復移足角之理物似百物或云犀角通者
是其病然其理有倒插正插腰鼓插倒者一半已
下通正者一半已上通腰鼓者中斷不通故波斯
謂牙為白暗犀為黑暗成式門下醫人吳士皐常
職于南海郡見舶主說本國取犀先於山路多植

木如狙弑云犀前脚直常倚木而息木攔折則不能起犀牛一名奴角有鴆處必有犀也犀三毛一孔劉孝標言犀墮角埋之以假角易之

駞性羞木蘭篇明駞千里脚多誤作鳴字駞卧腹不帖地屈足漏明則行千里

天鐵熊高宗時加伽一日毗葉國献天鐵熊擒白象師子狼大如狗蒼色作声諸獸皆怖腔中筋大如鴨卵有犯盜者薫之當令手攣縮或言狼筋如織絡小囊虫所作也狼糞烟直上烽火用之　或言狼狽是兩物狽前足絶短每行常駕兩狼失狼則

不能動故世言事乖者稱狼狽 臨濟郡西有狼塚近世曾有人獨行於野遇狼數十頭其人窘急遂登草積上有兩狼乃入穴中負出一老狼老狼至以口拔數莖草群狼遂竟拔之積將崩遇獵者救之而免其人相率掘此塚得狼百餘頭殺之疑老狼即狽也

貊澤大如犬其膏宣利以手所承及於銅鐵瓦器中貯悉透以骨盛則不漏

狤𤠫徼外勃樊州重陸香所出也如貙脂狤𤠫好噉之大者重十斤狀似獺其頭身四支了无毛唯

從臯上竟脊至尾有青毛廣一寸長三四分獵得者斫刺不傷積薪焚之不死乃大杖擊之骨碎乃死

黄腰一名唐已人見之不祥俗相傳食虎

香狸取其水道連囊以酒澆乾之其氣如真麝

郍帝有麂兩頭食毒草是其胎矢也夷謂麂為郍矢爲帝

䝟似黄狗漬有常處若行遠不及其家處云則以草塞其尻

玃猲蜀西南高山上有物如猴狀長七尺名玃猲一曰馬化好竊人妻多時形皆類之尽姓楊蜀中

姓揚者往往獲之
狒狒飲其血可以見鬼力負千斤笑輒上吻掩額
狀如獼猴作人言如鳥聲能知生死血可染緋髮
可為髲舊說反踵獵者言無膝睡常倚物宋建武
中高城郡進雌雄二頭
在子者鼈身人首灸之以鼈則鳴曰在子
大尾羊康居出大尾羊尾上旁廣重十斤 又僧
玄奘至西域大雪山高嶺下有一村養羊大如驢
罽賓國出野青羊尾如翠色土人食之

唐段少卿酉陽雜俎卷之十六

唐段少卿酉陽雜俎卷之十七

廣動植之二

鱗介篇

龍頭上有一物如博山形名尺木龍无尺木不能昇天

井魚井魚腦有穴每翕水輒於腦穴蹙出如飛泉散落海中舟人竟以空器貯之海水鹹苦經魚腦穴出反淡如泉水焉成式見梵僧菩提勝說

異魚東海漁人言近獲魚長五六尺腸胃成胡鹿刀槊之状或號秦皇魚

鯉脊中鱗一道每鱗有小黑點大者皆三十六鱗
國朝律取得鯉魚即宜放仍不得　號赤鯶公賣
者杖六一日六十
黃魚蜀中每煞黃魚天必陰雨
烏賊舊說名河伯度從一曰事小吏遇大魚輒放墨
方數尺以混其身江東人或取墨書契以脫人財
物書跡如淡墨逾年字消唯空紙耳海人言昔秦
王東遊棄筭袋於海化為此魚形如筭袋兩帶極
長一說烏賊有可遇風則蚪前一鬚下矴
鮨魚凡諸魚欲產鮨魚輒觸其腹世謂之衆魚之生

母

鮹魚章安縣出出入鮹腹子朝出索食暮還入母腹中容四子頰赤如金甚𧼈網不能制俗呼為河伯健兒

鮫魚鮫子驚則入母腹中[illegible]

馬頭魚象浦有魚色黑長五丈餘頭如馬伺人入水食人

印魚長一尺三寸額上四方如印有字諸大魚應死者先以印封之

石班魚僧行儒言建州有石班魚好與蛇交南中多隔蜂窠大如壺常群螫人土人取石班魚就蜂樹側炙之標於竿上向日令魚影落其窠上須臾

有鳥大如鵞數百互擊其翼翼落如葉蜂亦全
尽鯢魚如鮎四足長尾能上樹天旱輒含水上
山以會草葉覆身張口鳥來飲水因吸食之声如小
兒峡中人食之先縛於樹鞭之身上白汗出如構汁
去此方可食不尒有毒
鱟雌常負雄而行漁者必得其雙南人列肆賣之
雄者少肉舊說過海輒相負於背高尺餘如帆乘
風遊行今鱟殼上有一物高七八寸如石珊瑚俗
呼為鱟帆成式荊州嘗得一枚至今閩嶺重鱟子
醬鱟十二足殼可為冠次於白角南人取其尾為

小如意也
飛魚朗山浪水有魚長一尺能飛飛即凌雲空息歸潭底
溫泉中魚南人隨溪有三亭城〻下溫泉中生小魚
羊頭魚周陵溪〻中有魚其頭似羊俗呼為羊頭魚豐肉少骨殊美於餘魚
鱧肉濟南郡東北有鱧坑傳言魏景明中有人穿井得魚大如鏡其夜河水溢入此坑〻中居人皆為鱧魚焉
瑇瑁虫不再交者虎鶯與瑇瑁也

螺蚌鸂鶒螺如鸂鶒見之者幽蚌當雷声則孫繭百
蠏八月腹中有芒〻真稻芒也長寸許向東輸与
海神未輸不可食
善苑国出百足蠏長九尺四螯煎為膠謂之螯膠
勝鳳喙膠也
平原郡貢糖蠏採於河間界每年生貢斲冰火照
懸老犬肉蠏覺老犬肉即浮因取之一枚直百金
以氈密束於驛馬馳至於京
蝤蛑大者長尺餘兩螯至強八月能與虎鬭虎不
如隨大潮退殼一退一長

奔䱳奔䱳一名瀱非魚非蛟大如船長二三丈色如鮎有兩乳在腹下雄雌陰陽類人取其子着岸上声如嬰兒啼項上有孔通頭氣出嚇嚇作声必大風行者以為候相傳懶婦所化殺一頭得膏三四斛取之燒燈照讀書紡績輒暗照歡樂之處則明

係臂如龜入海捕之人必先祭又陳所取之數則自出因取之若不信則風波覆船

蛤梨候風雨能以殼為翅飛

蝤蛑一螯極小以大者鬭小者食

寄居殼似蝸一頭小蟹一頭螺蛤也寄在殼間常

鮧蝎噣一日開出食螺欲合遂入殼中

牡蠣言牡非謂雄也介虫中唯牡蠣是鹹水結成

也 玉桃似蚌長二寸廣五寸殼中柱炙之如牛

頭胘嗅 數丸形似彭蜞竟取土各作丸丸數滿

三百而潮至一日沙丸

千人捏形似蟹大如錢殼甚固壯夫極力捏之不

死俗言千人捏不死因名焉

蟲篇

蟬未脫時名複育相傳言蛣蜣所化秀才韋翾曰一

翾莊在杜曲常冬中掘樹根見復育附於朽處怪

之苻人言蟬固朽木所化也劉因剖一視之腹中猶實爛木

蝶白蛺蝶尺蠖繭所化也秀才顧非熊少時嘗見鬱棲中壞綠裙幅旋化爲蝶工部員外郎張周封言百合花合之泥其隙經宿化爲大胡蝶

蟻秦中多巨黑蟻好鬬俗呼爲馬蟻次有色竊赤者細蟻中有黑者遲鈍力舉等身鐵有竊黃者最有兼弱之智成式兒戲時嘗以棘刺標蠅寘其來路此蟻觸之而返或去穴一尺或數寸纔入穴中者如索而出疑有聲而相召也其行每六七有大

首者間之整若隊伍至徙蠅時大首者或翼或殿如備異蟻狀也　元和中假居在長興里庭有一穴蟻形狀大如次竊赤者而色正黑腰節微赤首銳足高走最輕迅每生致蠖及小魚（一曰虫）入穴輒壞埋穴蓋防其逸也自後徙居數處更不復見此山人程宗乂（一曰文）云程執恭在易定野中蟻樓三尺餘

蜘蛛道士許象之言以盆覆寒食飯於暗室地上入夏悉化為蜘蛛

蜈蚣綏安縣多蜈蚣大者兔尋能以氣吸兔（一云大者能以）

氣吸蛇小者吸蜥蜴相去三四尺骨肉自消
蠨蛸成式書齋多此虫蓋好窠於書卷也或在筆
管中祝声可聽有時開卷視之悉是小蜘蛛大如
蠅虎旋以泥隔之時方知不獨負蜂也
顛當成式書齋前每雨後多顛當窠秦人呼為深如蚓
穴網絲其中土蓋与地平大如榆莢常仰捍其蓋
伺蠅蠖過輒翻蓋捕之纔入復閉与地一色並无
絲隙可尋也其形似蜘蛛如墻角負網中者爾雅謂之王蛈
蝪鬼谷子謂之蛈母秦中兒童戲曰顛當顛當牢
守門蠮螉寇汝无處奔　蠅長安秋多蠅成式蠹書

後日讀百家五卷顏為所撰編襲傳字畝不曾已
偶拂拭一焉細視之蟲甚似蜩窺甚似蜂娃宗於
腐啮之具於酒肉擇理首翼其類有蒼者声雜壯負金
者声清聒其声在翼也青者群聚為巨者首尖
或曰六麻蠅茅根所化也
璧魚補闕張周封言嘗見壁上白瓜子化為白魚
因知列子言朽瓜為魚之義
蛣蜣草中有蛣蜣樹
天牛虫黑甲虫也長安夏中此虫或出於籬壁間
必雨成式七度驗之皆應

異虫温會在江州與賓容看打魚漁子一人忽上岸狂走温問之但反手指背不能語漁者色黑細視之有物如黃葉大尺餘眼遍其上齧不可取温令燒之方落每對一眼瘡有竅如釘漁子出血數升而死莫有識者

冷蛇申王有肉疾腹垂至骭每出則以白練束之至暑月常軒息不可過玄宗詔南方取冷蛇二條賜之蛇長數尺色白不螫人執之冷如握氷申王腹有數約夏月寘於約中不復覺煩暑

異蜂有蜂如蠟蜂稍大飛勁疾好圓裁樹葉卷入

木叢及蘆葦中作窠成式曾蓁蘆尋之毒葉卷中實以不潔或云將化為蜜也

白蜂窠成式脩行里私第菓園數畝壬戌年有蜂如麻子蜂膠土為窠於庭前簷大如雞卵色正白可愛家弟惡而壞之其冬果釁鍾手足南史言宋明帝惡言白問金樓子言子婚日疾風雪下幃幕变白以為不祥抑知俗忌白久矣

毒蜂嶺南有毒菌夜明經雨而腐化為巨蜂黑色喙若鋸長三分餘夜入人耳鼻斷人心繫

竹蜜蜂蜀中有竹蜜蜂好於野竹上結窠々大如

雞子有蔕長尺許窠与蜜並紺色可愛甘倍於常
蜜　水蛆南中水礫澗中多此虫長寸餘色黒夏
深変為虻螫人甚毒
水虫象浦其川渚有水虫攢水食船數十日船壞
虫甚微細
抱搶水虫也形如蛣蟯稍大腹下有刺似搶如棘
針螫人有毒
負子水虫也有子多負之
避役南中名避役一日十二辰虫状似虵醫脚長
色青赤肉鬣暑月時見於籬壁間俗云見者多稱

意事其首倏忽更変為十二辰狀成式尋復元歸
嘗觀之
食膠虫夏月食松膠前脚傳之後脚舁之內之穴中
蚊蝎形如蟬其子如蝦着草葉得其子則毋飛来
就之煎食辛而美
竈馬狀如促織稍大脚長好穴於竈側俗言竈有
馬足食之兆
謝豹虢州有虫名謝豹嘗在深土中司馬裴沆々
常獲坑獲之小類蝦蟇而圓如毬見人以前兩脚
交覆首如羞狀能穴地如鼢鼠頃刻深數尺或出

蚍聽謝豹鳥声則腦裂而死俗因名之
碎車虫狀如唧聊蒼色好棲高樹上其声如人吟
嘯終南有之　一本云滄州俗呼為搔前太原有
大而黑者声唧聊碎車別俗呼為沒盐虫也
度古似書帶色類蚓長二尺餘首如鏟背上有黑
黃欄稍觸則斷嘗趂蚓蚓不復動乃上蚓掩之良
久蚓化惟腹泥如錢有毒雞喫輒死俗呼土蠱
雷蜞大如蚓以物觸之乃蹙縮圓轉若鞠良久引
首鞠形漸小後如蚓焉或云齧人毒甚
矛蚍頸蠶身入水緣樹木生嶺南南人謂之矛膏

至利銅瓦器貯浸出惟雞卵殼盛之家備主毒腫

藍蛇有大毒尾能解毒出梧州陳家洞南人以首合毒藥謂之藍藥〻人立死取尾為腊及解毒藥

蚺蛇長十丈常吞鹿 消盡乃繞樹出骨養創時肪腴甚美或以婦人衣投之則蟠而不起其膽上旬近頭中旬在心下旬近尾

蝎鼠負虫巨者多化為蝎蝎子多負於背成式嘗見一蝎負十餘子子其色猶白纔如稻粒成式嘗見張希復言陳州古倉有蝎形如錢螫人必死江

南舊無蝎開元初嘗有一主簿竹筒盛過江至今江南往往而有俗呼為主簿虫蝎常為蝎所食以跡規之蝎不復去舊説過滿百為蝎所螫蝎前謂之螫後謂之蠆

虱舊説虱虫飲赤龍所浴水則愈虱惡水蝨人有病虱者雖香衣沐浴不得已道士崔白言荊州秀才張告嘗捫得兩頭虱有草生山足濕處葉如百合對葉獨莖莖微赤高一二尺名虱建草能去蟣虱有水竹葉如竹生水中短小亦治虱

蛤荊州有帛師號法通本安西人少於東天竺出

家言蝗虫腹下有梵字或自天下來者乃切利天梵天來者西域驗其字作本天壇法禳之今蝗虫首有王字固自不可曉或言魚子变近之矣舊言虫食穀者部吏所致侵魚百姓則虫食穀虫身黑頭赤武吏也頭黑身赤儒吏也

野狐鼻涕螵蛸也俗呼為野狐鼻涕

唐段少卿酉陽雜俎卷之十七

唐段少卿酉陽雜俎卷之十八

廣動植之三

木篇

松今言兩粒五粒粒當言鬣成式脩竹里私第大堂前有五鬣松兩根大財如碗甲子年結實味與新羅南詔者不別五鬣松皮不鱗中使仇士良水磑亭子在城東有兩鬣皮不鱗者又有七鬣者不知自何而得俗謂孔雀松三鬣松也松命根遇石則偃蓋不必千年也

竹竹花曰覆[illegible]死曰篘六十年一易根則結實

枯死篃䈡竹大如脚指腹中白幕闌隔状如湿麪將成竹而筒皮未落輒有細蟲齧之隕籜後虫齧處成赤跡似繡畫可愛
棘竹一名笆竹節皆有刺數十莖為叢南夷種以為城卒不可攻或自崩根出大如酒瓮縱橫相承状如繅車食之落人齒
筋竹南方以為矛筍未成時堪為弩絃
百葉竹一枝百葉有毒
竹譜竹類有三十九
慈竹夏月經雨滴汁下地生蓐似鹿角色白食之

已朽也　異木大曆中成都百姓郭遠因樵獲瑞
木一莖理成字曰天下太平詔藏于秘閣
京西持國寺寺前有槐樹數株金監買一株令所
使巧工解之及入內迴天工言木无他異金大嗟惋
令膠之曰此不媿矣但使尔知予工也乃別理解
之每片一天王塔戟成就　都官陳脩古員外言
西川一縣不記名吏因換獄卒木薪之天尊形像
存焉
異樹婁約君常山居禪座有一野嫗子持一樹植
之於庭言此是蜻蜓樹歲久芬芳鬱茂有一鳥身

赤尾長常上息其上
異果贍披國有人牧羊千百餘頭有一牛離群忽
失所在至暮方歸形色鳴吼異常群羊異一日之
明日遂獨行主因隨之入一穴行五六里豁然明
朗花木皆非人間所有牛於一處食草草不可識
有果作黃金色牧羊人切一將還為兒所奪又一
日復往取此果至穴兒復欲奪其人急吞之身遂
暴長頭纔出身塞於穴數日化為石也
甘子天宝十年上謂宰臣曰近日於宮內種甘子
數株今秋結實一百五十顆與江南蜀道所進不

異宰臣賀表曰雨露所均混天區而齊被草木有
性憑地氣而潛通故得資在外之珍果為禁中之
華實相傳玄宗幸蜀年羅浮甘子不實嶺南有蟻
大於秦中馬蟻結窠於甘樹甘實時常循其上故
甘皮薄而滑往往甘實在其窠中冬深取之味數
倍於常者

樟木江東人多取為船船有与蛟龍鬬者

石榴一名丹若梁大同中東州後堂石榴皆生雙
子南詔石榴子大皮薄如藤紙味絶於洛中

柿俗謂柿樹有七絶一壽二多陰三无鳥巢四无

虫五霜柿葉可翫六嘉實七落葉肥大
漢帝杏濟南郡之東南有分流山山上多杏大如
梨黃如橘土人謂之漢帝杏亦曰金杏
脂衣柰漢時紫柰大如升核紫花青研之有汁可
漆或着衣不可浣也
仙人棗晉時大倉南有翟泉泉西有華林園園有
仙人棗長五寸核細如針
楷孔子墓上特多楷木
梔子諸花少六出者唯梔子花六出陶真伯言梔
子翦刀六出刻房七道其花香甚相傳即西域薝

蔔花也
仙桃出郴州蘇躭仙壇有人至心祈之輒落壇上
或至五六顆形似石塊赤黃色破之如有核三重
研飲之愈衆疾尤治邪氣
娑羅巴陵有寺僧房牀下忽生一木隨伐隨長外
國僧見曰此娑羅也元嘉初出一花如蓮天寶初
安西道進娑羅枝狀言臣所管四鎮有拔汗那密
最爲密近木有娑羅樹特爲奇絶不庇凡草不止惡
禽聳幹無慚於松栝成陰不愧於桃李近差官拔
汗那使令採得前件樹枝二百莖如得託根長樂

擢穎𨓜章右葉華陰待月中之丹桂連枝接影對
天上之白榆
赤白攞出凉州大者爲炭復傷目人入日炭計百
以黄銅爲銀
仙樹祁連山上有仙樹行旅得之止飢渴一名四
味木其實如棗以竹刀剖則甘鐵刀剖則苦木刀
剖則酸蘆刀剖則辛
一木五香根旃檀節沉花雞舌葉藿膠薰陸
柀可以來水銀棄熏氣好上拔氣好下
構穀田以廢必生構葉有瓣曰楮无曰構

黄楊木性難長世重黄楊以无火或曰以水試之沉則无火取此木必以陰晦夜无一星則伐之爲枕不裂

我在鄴遂大得蒲萄奇有滋味陳昭曰作何形狀徐君房曰有類軟棗信曰君殊不體物可得言似生荔枝魏肇師曰魏武有言末夏涉秋尚有餘暑酒醉宿醒掩露而食甘而不飴酸而不酢道之固以流味稱奇況親食之者瑾曰此物實出於大宛張騫所致有黄白黑三種成熟之時子實逼側星編珠聚西域多釀以爲酒每來歲貢在漢西京似

亦不少杜陵田五十畝中有蒲萄百樹今在京兆非直止禁林也信曰乃園種戶植接蔭連架昭曰其味何如橘柚信曰津液奇勝芬芳減之璋曰金衣素裹見苞作貢向齒自消良應不及

貝丘之南有蒲萄谷谷中蒲萄可就其所食之或有取歸者即失道世言王母蒲萄也天寶中沙門曇霄因遊諸岳至此谷得蒲萄食之又見枯蔓堪為杖大如指五尺餘持還本寺植之遂活長高數仞蔭地幅員十丈仰觀若帷蓋焉其房實纍纍紫瑩如墜時人號為草龍珠帳

菱霄花中露水損人目

松楨即鍾藤也葉大晉安人以爲盤

侯騷蔓生子如雞卵既甘且冷輕身消酒廣志言

因王太僕所獻　蠡薺子如彈丸鸚鵡常啖之

酒杯藤大如臂花堅可酌酒實大如指食之消酒

白奈出涼州野豬澤大如兔頭

比閭出白州其華若羽伐其木爲車終日行不

敗

菩提樹出摩伽陁国在摩訶菩提寺蓋釋迦如來

成道時樹一名思惟樹莖幹黃白枝葉青翠經冬

下凋至佛入滅日変色凋落過已還生至此日國
王人民大作佛事收葉而歸以爲瑞也樹高四百
尺已下有銀塔周迴繞之彼國人四時常以香散
花繞樹作礼唐貞觀中頻遣使往於寺設供并施
袈裟至顯慶五年於寺立碑以紀聖德此樹梵名
有二一曰賓撥梨婆一曰力义二曰阿濕曷他婆一曰
娑力义西域記謂之畢鉢羅以佛於其下成道即
以道爲稱故號菩提婆一曰力义又漢翻爲樹昔中
天无憂王翦伐之令事火婆羅門積薪焚焉熾焰
中忽生兩樹无憂王因懺悔號灰菩提樹遂周以

石垣至賞設迦王一日復掘之至泉其根不絕坑火焚之溉以甘蔗汁欲其焦爛後摩揭陁國滿冑王无憂之曾孫也乃以千牛乳澆之信宿樹生故舊更增石垣高二丈四尺玄奘至西域見樹出垣上二丈餘

貝多出摩伽陁國長六七丈經冬不凋此樹有三種一者多羅婆一曰力叉貝多二者多梨婆一曰力叉貝多三者部婆一曰力叉多羅多梨一曰貝錢並書其葉部闍一色取其皮書之貝多是梵語漢翻為葉貝多婆一曰力叉者漢言葉樹也西域經

書用此三種皮葉若能保護亦得五六百年
嵩山記稱嵩高寺中有思惟樹即貝多也
釋氏有貝多樹下思惟經顧微廣州記稱貝多葉
似枇杷並謬
交趾近出貝多枝彈材中第一
龍腦香樹出婆利國婆利呼爲固不婆律亦出波
斯國樹高八九丈大可六七圍　圓而背白无花
實其樹有肥有瘦瘦者有婆律膏香一日瘦者出
龍腦香肥者出婆律膏也在木心中斷其樹劈取
之膏於樹端流出斫樹作坎而承之入藥用別有

法　安息香樹出波斯國波斯呼爲辟邪樹長三丈皮色黄黑葉有四角經寒不凋二月開花黄色花心微碧不結實刻其樹皮其膠如飴名安息香六七月堅凝乃取之燒通神明辟衆惡

无石子出波斯國波斯呼爲摩賊樹長六七丈圍八九尺葉似桃葉而長三月開花白色花心微紅子圓如彈丸初青熟乃黄白虫食成孔者正熟皮无孔者入藥用其樹一年生无石子一年生跋屢子大如指長三寸上有殼中人如栗黄可噉

紫鉚樹出真臘國真臘國呼爲勒佉亦出波斯國

樹長一丈枝條欝茂葉似橘經冬而凋三月開花
白色不結子天大霧露及雨沾濡其樹枝條即出
紫鉚波斯國使烏海及沙利深所說並同真臘國
使折衝都尉沙門陁沙尼拔陁言蟻運土於樹端
作窠蟻壤得雨露凝結而成紫鉚崑崙國者善波
斯國者次之
阿魏出伽闍那國即北天竺也伽闍那呼為形虞
亦出波斯國波斯國呼為阿虞截樹長八九丈皮
色青黃三月生葉葉似鼠耳无花實斷其枝汁出
如飴久乃堅凝名阿魏拂林國僧彎所說同摩伽

陁國僧提婆言取其汁如米豆屑合成阿魏

婆那娑樹出波斯國亦出拂林呼為阿蔀嚲樹長五六丈皮色青綠葉極光淨冬夏不凋无花結實其實從樹莖出大如冬瓜有殼裹之殼上有刺瓤至甘甜可食核大如棗一實有數百核核中人如栗黃炒食甚美

波斯棗出波斯國波斯國呼為窟莽樹長三四丈圍三六尺葉似土藤不凋二月生花狀如蕉花有兩甲漸漸開罅中有十餘房子長二寸黃白色有核熟則子黑狀類乾棗味甘如餳可食

偏桃出波斯國波斯呼爲婆淡樹長五六丈圍四五尺葉似桃而闊大三月開花白色花落結實狀如桃子而形偏故謂之偏桃其肉苦澁不可噉核中仁甘甜西域諸國並珍之

槃砮樠樹出波斯國亦出拂林國拂林呼爲群漢樹長三丈圍四五尺葉似細榕經寒不凋花似橘白色子綠大如酸棗其味甜膩可食西域人壓爲油以塗身可去風痒

齊暾樹出波斯國亦出拂林國拂林呼爲齊虛音湯樹長二三丈皮青白花似柚極芳香子似楊桃

五月熟西域人壓為油以煑餅菓如中国之用巨
勝也　胡椒出摩伽陁国呼為昧履支其苗蔓生
極柔弱葉長寸半有細條与葉齊條上結子兩兩
相對其葉晨開暮合合則裹其子於葉中形似漢
椒至辛辣六月採今人作胡盤肉食皆用之
白荳蔲出伽古羅国呼為多骨形如芭蕉葉似杜
若長八九尺冬夏不凋花淺黄色子作朶如蒲萄
其子初出微青熟則變白七月採
蓽撥出摩伽陁国呼為蓽撥梨拂林国呼為阿梨
訶他苗長三四尺莖細如箸葉似蕺葉子似桑椹

八月椂

𧆸齊出波斯國拂林呼爲頂勃梨咃長一丈餘圍一尺許皮色青薄而極光淨葉似阿魏每三葉生於條端无花實西域人常八月伐之至臘月更抽新條極滋茂若不剪除乃枯死七月斷其枝有黃汁其狀如蜜微有香氣入藥療病

波斯皂莢出波斯國呼爲忽野簷默拂林呼爲阿梨去伐樹長三四丈圍四五尺葉似枸緑而短小經寒不凋不花而實其莢長二尺中有隔隔內各有一子大如指頭赤色至堅硬中黑如墨甜如飴

可噉亦入藥用

沒樹出波斯國拂林呼爲阿縒長一丈許皮青白色葉似槐葉而長花似橘花而大子黑色大如山茱萸其味酸甜可食

阿勃參出拂林國長一丈餘皮色青白葉細兩兩相對花似蔓菁正黃子似胡椒赤色斫其枝汁如油以塗疥癬无不瘥者其油極貴價重於金

捺祇出拂林國苗長三四尺根大如鴨卵葉似蒜葉中心抽條甚長莖端有花六出紅白色花心黃赤不結子其草冬生夏死與薺麥相類取其花壓

以爲油塗身除風氣拂林國王及國内貴人皆用之

野悉蜜出拂林國亦出波斯國苗長七八尺葉似梅葉四時敷榮其花五出白色不結子花若開時遍野皆香与嶺南詹糖相類西域人常採其花壓以爲油甚香滑

阿驛波斯國呼爲阿驛拂林呼爲底珎樹長丈四五枝葉繁茂葉有五出似椑麻无花而實實赤色類椑子味似乾柹而一月一熟

唐段少卿酉陽雜俎卷之十八

唐段少卿酉陽雜俎卷之十九

廣動植類之四

草篇

芝天寶初臨川郡人李嘉胤所居柱上生芝草形類天尊太守張景佚截柱獻之

大曆八年廬江縣紫芝生高一丈五尺芝之類至多參成芝斷而可續　夜光芝一株九實實墜地如七寸鏡夜視如牛目茅君種於句曲山

隱辰芝狀如斗以屋爲節以莖爲剛

仙經言穿地六尺以鐶實一枚種之灌以黃水五

合以土堅築之三年生苗如甆一日實如桃五色
名鳳腦芝食其實唾地爲鳳乘升太極　白符芝
大雪而華　五德芝如車馬　菌芝如樓　凡學
道三十年不倦天下金翅鳥銜芝至　羅門山食
一日生石芝得地仙
蓮石蓮入水必沈唯煎鹽鹹鹵能浮之雁食之糞
落山石間百年不壞相傳橡子落水爲蓮
苔慈恩寺唐三藏院後簷階開歲末有苔狀如苦
苣初於塼上色如鹽綠輕嫩可愛談論僧義林大
和初改葬基法師初開塚香氣襲人側卧塼臺上

形如主塼上苔厚二寸餘作金色氣如熱檀
瓦松崔融瓦松賦序曰崇文館瓦松者產于屋霤
之下謂之木也訪山客而未詳謂之草也驗農皇
而罕記賦云煌煌特秀狀金芝之產霤歷歷虛懸
若星榆之種天葩條鬱毓根柢連卷間紫苔而裛
露淩碧瓦而含煙又曰慚魏宮之烏悲恧漢殿之
紅蓮崔公學博不該悉豈不知瓦松已有著說
乎　博邪在屋曰昔耶在墻曰垣衣廣志謂之蘭
香生於久屋之瓦魏明帝好之命長安西載其瓦
於洛陽以覆屋前代詞人詩中多用昔耶梁簡文

帝詠薔薇曰緣階覆碧綺依檐映青耶或云言構木
上多松栽土木氣洩則瓦生松　大曆中脩含元
殿有一人投狀請瓦且言瓦工唯我所能祖父已
嘗瓦此殿矣衆工不服因曰若有能瓦畢不生瓦
松乎衆方服焉　又有李阿黑者亦能治屋布瓦
如齒間不通綖亦无瓦松本草瓦衣謂之屋遊
凡惡香香中尤忌麝　鄭注大和初赴職河中姬妾百
餘尽騎香氣數里逆於人鼻是歲自京至河中所
過路瓜尽死一蔕不獲
芰今人但言菱芰諸解草木書亦不分別唯王安

貟武陵記言四角三角曰芰兩角曰菱今蘇州折腰菱多兩角成式曾於荊州有僧遺一斗郢城菱三角而无傷剌一曰可以接挼一曰莎芰一名水栗一名薢茩　漢武昆明池中有浮根菱根出水上葉淪波下亦曰青水芰玄都有芰碧色狀如雞飛名翻雞芰仙人鳧伯子常採之

兎絲子多近棘及蘿山居者疑二草之氣類也

天名精一曰鹿活草昔青州劉燼宋元嘉中射一麞剖五藏以此草塞之蹶然而起燼怪而拔草復倒如此三度燼密錄此草種之多主傷折俗呼為劉

儘章
牡丹前史中无説處唯謝康樂集中言竹間水際
多牡丹成式檢隋朝種植法七十卷中初不記説
牡丹則知隋朝花藥中所无也開元末裴士淹爲
郎官奉使幽冀迴至汾州衆香寺得白牡丹一窠
植於長興私第天寶中爲都下奇賞當時名公有
裴給事宅看牡丹時時尋訪未獲一本有詩云長
安年少惜春殘爭認慈恩紫牡丹別有玉盤乘露
吟无人起就月中看太常博士張乘嘗見裴通祭
酒説又房相有言牡丹之會琯不預焉至德中馬

僕射鎮太原又得紅紫二色者移於城中
元和初猶少今与戎葵角多少矣　韓愈侍郎有
疎從子姪自江淮來年甚少韓令學院中伴子弟
子弟悉爲淩辱韓知之遂爲街西假僧院令讀書
經旬寺主綱復訴其狂率韓遽令歸且責曰市肆
賤類營衣食尚有一事長処汝所爲如此竟作何
物姪拜謝徐曰某有一藝恨叔不知因指階前牡
丹曰叔要此花青紫黄赤唯命也韓大奇之遂給
所須試之乃豎箔曲尺遮牡叢不令人窺掘窠
四面深及其根寬容人座唯賫紫鑛輕粉朱紅旦

暮治其根凡七日乃壊坑白其叔曰恨校遲一月
時冬初也牡丹本紫及花發色白紅歷綠每朶有
一聯詩字色紫分明乃是韓出官時詩一韻曰雲
橫秦嶺家何在雪擁藍關馬不前十四字韓大驚
異姪且辭歸江淮竟不願仕　興唐寺有牡丹一
窠元和中着花一千二百朶其色有正暈倒暈淺
紅淺紫深紫黃白檀等獨无深紅又有花葉中无
抹心者重臺花者其花面徑七八寸
興善寺素師院牡丹色絕佳元和末一枝花合歡
金燈一曰九形花葉不相見俗惡人家種之一名

義草　合離根如芋魁有游子十二環之相須而生而實不連以氣相屬一名獨搖一名離母言若士所食者合呼為赤箭　蜀葵可以緝為布枯時燒作灰藏火火久不滅花有重臺者

茄子茄字本蓮莖名革遐反今呼伽未知所自成式因就節下食有伽子數蒂偶問工部員外郎張周封伽子故事張云一名落蘇事具食療本草此誤作食療本草元出拾遺本草成式記得隱侯行園詩云寒瓜方臥壠秋菰正滿陂紫茄紛爛熳綠芋鬱參差又一名崑崙瓜嶺南茄子宿根成樹高

五六尺姚向曾爲南選使親見之故本草記廣州有愼火樹樹大三四圍愼火即景天也俗呼爲護火草　茄子熟者食之厚腸胃動氣發疾根能治竈瘃欲其子繁待其花時取葉布於過路以灰規之人踐之子必繁也俗謂之嫁茄子僧人多炙之甚美有新羅種着色稍白形如雞卵西明寺僧造玄一曰玄造院中有其種　水經云石頭西對蔡浦浦長百里上有大荻浦下有茄子浦

異菌開成元年春成式脩行里私第書齋前有枯紫荊數枝蠹折因伐之餘尺許至三年秋枯根上

生一窠大如斗下布五足頂黄白兩暈緑垂裾如鵝鞴一日高尺餘至午色變黑而死焚之氣如麻香成式常置香炉於枕臺每念經門生以為善徵後覽諸志怪南齊吳郡褚思莊素奉釋氏眠於梁下短柱是楠木去地四尺餘有節太明中忽有一物如芝生于節上黄色鮮明漸漸長數日遂成千佛狀面目爪指及光相衣服莫不完具如金鍱隱起摩之殊軟常以春末生秋末落落時佛形如故但色褐耳至落時其家貯之箱中積五年思莊不復住其下亦无他顯盛闔門壽考思莊父終九十

七兄年七十，健如壯年。

又梁簡文延香園大同十年竹林出一芝，長八寸，頭蓋似雞頭實，黑色，其柄似藕柄，內通幹空一日柄幹通空，皮質皆絕白，根下微紅，雞頭實處似竹節，脫之又得脫也，自節處別生一重，如結網羅，四面同一日周，可五六寸，圓繞周匝，以單柄上相遠，不相着也。其似結網，衆目輕巧可愛，其柄又得脫也。驗仙書，與威喜芝相類。

舞草出雅州，獨莖三葉，葉如決明，一葉在莖端，兩葉居莖之半，相對，人或近之歌及抵掌謳曲，必動

葉如舞也
護門草常山北草名護門寘諸門上夜有人一曰過
過輒叱之
仙人絛出衡岳無根蔕生石上狀如同心帶三股
色綠亦不常有
睡蓮南海有睡蓮夜則花低入水屯田韋郎中從
事南海親見
蔓金苔晉時外國獻蔓金苔萃聚之如雞卵投水
中蔓延波上光泛鑠日如火亦曰夜明苔
異蒿田在實布之子也大和中嘗過蔡州北路側

有草如蒿莖大如指其端聚葉似鸛鵲巢在巔折
視之葉中有小鼠數十纔若皂莢子目猶未開啾
啾有聲
蜜草北天竺國出蜜草蔓生大葉秋冬不死因重
霜露遂成蜜如塞上蓬鹽
老鴉爪藜葉如牛蒡而蔓子熟時色黑狀如爪藜
鴨舌草生水中似蓴俗呼爲鴨舌草
胡蔓草生邕容間叢生花偏如支子稍大不成朵
色黃白葉稍黑誤食之數日卒飲白鵝鴨血則解或
以一物投之祝曰我買你食之立死

銅匙草生水中葉如剪刀

大耐冬此草經冬在水不死成式於城南村墅池中有之

天芋生於終南山中葉如荷而厚

水韭生於水湄狀如韭而葉細長可食

地錢葉圓莖細有蔓生溪澗邊一曰積雪草亦曰連錢草

蚍蜉酒一曰鼠耳象形也亦曰无心草

盆甑草即牽牛子也結實後斷之狀如盆甑其中有子似龜蔓如薯蕷

蔓胡桃出南詔大如扁螺兩隔味如胡桃或言蠻

中藤子也　油點草葉似君達每葉上有黑點相對　三白草　此草初生不白入夏葉端方白農人候之蒔曰三葉白草畢秀矣其葉似署蕷

落廻一名博落廻　有大毒生江淮山谷中莖葉如麻莖中空吹作聲如勃邏廻因名之

蒟蒻根大如椀至秋葉滴露隨滴生苗

鬼皂莢生江南地澤如皂莢高一二尺沐之長髮葉亦去衣垢

遠脫木如蜱麻生山側花上粉主治惡瘡心空中方藤輕白可愛女工取以飾物

毗尸沙一名日中金錢花本出外國梁大同二年
進來中土　左行草使人無情范陽長貢
青草槐龍陽縣裨牛山南有青草槐叢生高尺餘
花若金燈仲夏發花一本云迄千秋
竹肉江淮有竹肉生竹節上如彈丸味如白樹雞
代北有大樹雞如杯棬呼為胡孫眼
廬山有石耳性熱　野狐絲庭有草蔓生色白花
微紅大如粟秦人呼為野狐絲
金錢花一云本出外國梁大同二年進來中土梁
時荊州掾屬雙陸賭金錢錢盡以金錢花相足魚

弘謂得花勝得錢

荷漢明帝時池中有分枝荷一莖四葉狀如駢蓋子如玄珠可以飾珮也　靈帝時有夜舒荷一莖四蓮其葉夜舒晝卷

夢草漢武時異國所獻似蒲晝縮入地夜若抽萌懷其草自知夢之好惡帝思李夫人懷之輙夢

烏蓬葉如鳥翅俗呼為仙人花

雀芋狀如雀頭置乾地反濕置濕處復乾飛鳥觸之隕走獸遇之僵

望舒草出扶支國草紅色葉如蓮葉月出則舒月

沒則卷　紅草山戎之北有草莖長一丈葉如車
輪色如朝虹齊桓時山戎獻其種乃植於庭以表
霸者之瑞　神草魏明時苑中合歡草狀如著一
株百莖晝則衆條扶疎夜乃合一莖謂之神草
三蔬晉時有芳蔬園在墉一曰金墉之東有菜名芸薇
類有三種紫色為上蔬味辛黃色為中蔬味甘青
者為下蔬味鹹常以三蔬充御菜可以藏食
掌中芥末多國出也取其子置掌中吹之一吹一
長長三尺乃殖於地　水網藻漢武昆明池中有
水網藻枝横側水上長八九尺有似網目鳧鴨入

此草中皆不得出因名之地日草南方有地日
草三足烏欲下食此草羲和之馭以手揜烏目食
此則美悶不復動　東方朔言為小兒時井陷墜
至地下數十年无所寄託有人別之令往此草中
隔紅泉不得渡其人以一隻屐因乘泛紅泉得至
草処食之　挾劍豆樂浪東有融澤之中生豆莢
形似人挾劍橫斜而生　牧靡建寧郡烏句山南
五百里牧靡草可以解毒百卉方盛烏鵲誤食烏
家中毒必急飛牧靡上啄牧靡以解也

唐段少卿酉陽雜俎卷之十九

唐段少卿酉陽雜俎卷之二十

肉攫部

取鷹法七月二十日為上時内地者多塞外者殊少八月上旬為次時八月下旬為下時塞外鷹畢至矣　鷹網目方一寸八分從八十目橫五十目以黃蘗和杼汁染之令与地色相類蠹虫好食網以蘗防之　有網竿　都杙　吳公　磔竿二一為鵝竿一為鴿竿鴿飛能遠察見鷹常在人前若竦身動盼則隨其所視候之

取木雞木雀　鷂網目方二寸縱三十目橫十八

目凡鸇鳥鷂生而有惠出殼之後即於窠外放巢大鸇恐其顛墜及爲日所曝熱暍致損乃取帶葉樹枝插其巢畔防其墜墮及作陰凉也欲驗雛之大小以所插之葉爲候若一日二日其葉雖萎而尚帶青色至六七日其葉微黃十日後枯瘁此時雛漸大可取

凡禽獸必藏匿形影同於物類也是以蛇色逐地茅兎必赤鷹色隨樹

鷹巢一名黃鷹呼鷇子者雛鷹也鷹四月一日停放五月上旬拔毛入籠拔毛先從頭起必於平旦

青麻色其變色一同黃麻之鶻此為下品又有羅
烏鶻羅麻鶻鶻一曰
鷹兎鷹背爪向者從一變為鶻乃至累變其白色
一定更不改易背爪黑而微帶青白色臆前縱理
及翎尾斑節微有黃色者一變背上翅尾微為灰
色臆前後理變為橫理變色微讜若无膛間仍白
至於鶻轉色已後其灰色微歇而漸漸向白其背爪
極黑斡上黃鸇斑色微深者一變為青白鶻鷂鷨
之後乃至累變臆前橫理轉細則漸為鶻色也
齊王高緯天保三年獲白兎鷹一聯不知所得之

廖合身毛羽如雪目色紫尖之本白向末為淺烏之色一曰目赤色紫尖之本色白蠟脛並黃當時號為金脚又高帝一曰高齊武平初領軍將軍趙野叉獻白兎鷹一聯頭及頂並有志白近邊熟視乃有紫跡在毛心其背上以白地紫跡點其毛心紫外有白赤周繞白色之外以黑為綠翅毛亦以白為地紫色節之臆前以白為地微微有纁赤從理眼黃如真金觜本之色微白向末漸為蠟作淺黃色脛指之色亦黃爪色与觜同

散尾白觜爪黑而微帶青白色着一变為紫理白

鴘鴘轉以後乃至累变横理轉細臆前紫漸纖成
白其背爪極黑者一变為青白鴘鴘轉之後乃至
累变横理轉細臆前漸作灰白色
赤色一变為鴘其色帶黑鴘轉已後乃至累变横
理轉細臆前微微漸白其背色不改此上色也
白唐一变為青鴘而微帶灰色鴘轉之後乃至累
变横理轉細臆前微微漸白
鶻𪇆堆一曰雉又曰微黄一变之鴘色如鶩䳁鴘轉之後
乃至累变横理轉細臆前漸漸微白
黄色一变之後乃至累变其色似於鶩䳁而色微

猣大况鶻爛雄黄变色同也
青班一变為青父鴘鴘轉之後乃至累变横理轉
細臆前微微漸白此次色也
白唐唐者黑色也謂班上有黑色一变為青白鴘
雜帶黑色鴘鴘轉之後乃至累变横理轉細臆前漸
漸微白　赤班唐謂班上有黑色也一变為鴘其
色多黑鴘鴘轉之後乃至累变横理　轉細臆前黑
雖漸歇世人仍名為異鶻
青班唐謂班上有黑色也　一变為鴘其色帶青黑
鴘轉之後乃至累变横理雖細臆前之色仍常暗

黲山下色也　鷹之雌雄唯以大小爲異其餘形
相本无分別雉鷹雖小而是雄鷹羽毛雜色從初
及變皆司兔鷹更无別述雉鷹一歲臆前從理鬬
者世名爲鴘班至後變爲鶬鶬之時其臆從理變
作横理然猶鬬大若臆前從理理本細者後變爲鶬
鶬之時臆前横理理亦細
荆窠白者短身而大五斤有餘便鳥而快一名沘
裏白生代北沙漠裏荆窠匕向鷹明馬邑飛
代都赤者紫背黑髭頭白精白毛三斤半已上四斤
已下便兔生代川赤嶺裏向壺丘中山白崛飛

漠北白者身長且大五斤有餘細斑短脛鷹內之
最生沙漠之北不知遠近向代川中山飛一名西
道白房山白者紫背細斑三斤已上四斤已下
便兔生代東房山白楊柀樹上向范陽中山飛
漁陽白腹背俱白大者五斤便兔生徐兔及東西
曲一名大曲小曲白葉樹上生向董武合口博海
飛東道白腹背俱白大者六斤餘鷹內之最大
生盧龍和龍以北不知遠近向漁陽巨黑里一曰章
武合口兗州川　一曰飛雖稍軟若俺快者越於前鷹
土黃所在山谷皆有生柞櫟樹上或大或小

黑皂鸓大者五斤生漁陽山松杉樹上多死時有快者章武飛　白皂鸓大者五斤生漁陽白道州陽漠北所在皆有生梢搭樹上便鳥向靈丘中山范陽章武飛　青斑大者四斤生代北及代川白楊樹上細斑者快向靈丘山范陽飛　總鷹雀子青黑者快蛻淨眼明是未嘗養雛尤快若目多眵蛻不淨者已養鶵矣不任用多死又條頭亢苑雖遠而聚或條出句然依声短命之候

口内赤反掌熱陽衣黧人長命之候

疊毛無捲打搖隻立猩面毛藏頭雖長命之候也

凡鷙鳥飛尤忌錯喉病入叉十无一活以在咽喉
骨前皮裏缺盆骨內臁之下
函筒以鐵鍱爲之大如角鷹鳥翅管鷹以下筒大小
准其翅管
凡夜條不過五條數者短命條如赤小豆汁與白
相和者死　凡網損　擺傷　兎蹋傷　鶴兵爪
皆爲病

唐段少卿酉陽雜俎卷之二十終

孫氏之門是情矣羽也亦勤
矣著真宰宇宙閱千古
搜詩畫經訣摘英掬艷
中是情而用以勸君張之學
但書之言多涉於荒怪不經
又雜以佛老之說蓋以性命

道源之源之味源之真自得
雖組室如我輩人用事多
宗長德參不參究是書豈
以濟為圖書之首至今氣嘉
權君子強請主文湯以斯文
而已住出家以莊居本一

岐峰李君李修仲翔俾
壽濬韓仲翰氏與情證忠
子所謂同氣相應同聲相求
也吁余則完矣已矣以為
猶墨第素兩先生之志遂
募工刊于厚博以廣流布云

弘治壬子臘前三日廣原

李士高識

嘗讀宋朝蘇黄諸公詩多用事嶮僻有可喜可愕可驚可怪者而不知其所自來也如行深山大澤卒遇龍蛇鬼物而莫之較甚則令人或似唉咍而爲病者矣予之南來也

永嘉權侯敘強以曹昜雜俎
一帙見遺曰此編吾東方無
版本予其圖之僕謹受以來
適吾使相國咨詢宣
化簿領簡少予在幕下優游多
暇而披目之其數美感惡所

以明戒也窮物詳理所以廣知也曼衍自適所以窮年也而鄙之喜愕驚怪者皆在此一部矣於是予之前日嗤哈病惑者釋然以愈恍若觀禹鼎而神姦怪物無所遁其形

者矣予迺嚬然咲曰此乎刮膜之金篦也其該括萬象補撫史傳贊於筆談遠矣實翰苑所不可無者也若曰怪力亂神夫子所不語而浸淫於異端吾儒之罪人則此書亦

當使之獨行於无地之間可
也其自謂不回雖沮也邪顧此
本尋鈌文誤字今拳補國指
教孜孜而塗改者蓋十七
八而疑則闕之然愚管鹵莽
無子夏三豕之辨有阿祖金

根之竄博雅君子幸覽而正之旹和治五年玄黓困敦臈月有日月城李宗準謹識

夫天覆地載何物不包是夫子法之
傳學於文其纖細者大學平常者
高異者無括不備然後可謂之當
矣唐太常陵先生撰西銘雜組
傳之天下久矣詩書餘力聚而盟
之如麟備亂蟲昧頭攢畢理不得

齒於萬美之傳遞之所不可無者也
食前方丈者衆歎不敢盤收儉稚
其子所以責愛而不嘗也乎人莫
不飲食鮮能知味也其味而能與
人世之者尤為鮮美永嘉橙柚
狀強味其味而猶家孫囑諸孝

李僑仲鈞仲鈞味其味味而白于使

相廣原李公公味之識悅以口獨擇

廣布以補

堂上人中之養使我情之士如飢遇炊

如渴得泉寘而充然心腹發如宗

廟之祭主人導飲而衆賓皆稱

三笑堂可謂情詞而西亭安宋如
寶臣安特達之間乎詹知其際
措以旋妻之傾喜其移璧屑句
大嚼時安耶噫弘治壬子縱前有
日騷翁崔應賢寶臣謹志

朝鮮刊本雨山墨談

〔韓〕閔寬東
〔韓〕劉僖俊　整理
陳文新

目録

兩山墨談題解

韓國出版《兩山墨談》及其接受研究

在韓國的朝鮮時期，出版了不少中國古典小説，目前所知的有二十四種：（一）《列女傳》；（二）《新序》；（三）《説苑》；（四）《博物志》；（五）《世説新語補》；（六）《酉陽雜俎》；（七）《訓世評話》；（八）《太平廣記》；（九）《嬌紅記》；（一〇）《剪燈新話句解》；（一一）《剪燈餘話》；（一二）《文苑楂橘》；（一三）《三國志演義》；（一四）《水滸傳》；（一五）《西遊記》；（一六）《楚漢傳》；（一七）《薛仁貴傳》；（一八）《鍾離葫蘆》；（一九）《花影集》；（二〇）《效顰集》；（二一）《玉壺冰》；（二二）《錦香亭記》；（二三）《兩山墨談》；（二四）《皇明世説新語》。這二十四種中國小説中，至今尚未找出原本的有《博物志》與《嬌紅記》，此外，《剪燈餘話》祇有部分存留，藏在日本内閣文庫。

朝鮮時代刊印的中國古典小説，其原本可分爲六種出版類型：

第一，以原文狀態直接出版，如《新序》《説苑》《唐段少卿酉陽雜俎》《世説新語補》《皇明世説新語》《玉壺冰》《效顰集》《花影集》《鍾離葫蘆》《兩山墨談》《三國志演義》。

第二，添加注解再出版的，如《剪燈新話句解》。

第三，重新編輯再出版的，如《世説新語姓彙韻分》。

第四，删減、增補部分内容再編輯出版的，如《詳節太平廣記》《删補文苑楂橘》。

第五，翻譯出版的，如《水滸傳》《西遊記》《楚漢傳》《薛仁貴傳》《錦香亭記》。

第六，爲了特定用途而出版的，如《訓世評話》。

兹就一五七五年在韓國慶州出版的《兩山墨談》的相關狀況分類略作介紹。

一、《兩山墨談》的作者與版本

明代陳霆（約一四七七—一五五〇）所著的《兩山墨談》，《千頃堂書目》《明史·藝文志》小説家類著録十八卷，《國史經籍志》著録八卷，《四庫全書總目》收入子部雜家類，《惜陰軒叢書》與《吴興叢書》亦收入此書〔一〕。

陳霆字聲伯，號水南居士，别號渚山真逸、可仙道人，浙江德清人，世居江南。弘治十五年（一五〇二）進士及第，任刑科給事中。正德元年（一五〇六）因觸忤劉瑾入獄，出獄後謫六安州判，又移知休寧縣。正德五年（一五一〇），劉瑾誅，復官刑部主事。翌年任山西提學僉事，後辭職回鄉，致力於著述。《新市鎮續志·陳霆傳》謂其「卒年七十有四」。王磊在其博士論文《陳霆研究》中引用其侄陳翀的《水南文集後跋》裏的「叔

〔一〕 寧稼雨：《中國文言小説總目提要》，齊魯書社，一九九六，第四四四頁。

父水南先生，養高林下四十餘祀矣」，指出陳霆可能在正德六年（一五一一）辭職，在正德七年（一五一二）回鄉，大約在嘉靖三十二年（一五五三）逝世。〔二〕陳霆一生大致可分三個階段：從出生到二十四歲進士及第爲第一階段，從二十五歲到三十三歲做官爲第二階段，從三十四歲到七十四歲隱居著述爲第三階段。

李檗在《兩山墨談序》中指出，陳霆在老家兩山（渚山）蓋建草房後，全心投入寫作之中。其主要作品有：《新市鎮志》《德清縣志》《唐餘紀傳》《宣靖備史》《兩山墨談》《山堂瑣語》《緑鄉筆林》《水南閑居録》《水南稿》《渚山堂詩話》《渚山堂詞話》《草堂遺音》《水南集》等。

《兩山墨談》是時任德清知縣李檗親自刊印的，内容以考證古籍爲主。李檗在序中贊嘆説：「先生墨談之書，大則根經據史，訂疑考誤。小則別事與物，窮情盡變，奇而匪浮，襲而匪固，辨而無誕，炫而無畔，證而無晦，殆博求而詳説者也。」該書於嘉靖十八年（一五三九）正式刊印出版。

明中葉之後，至少有十二種文獻提及《兩山墨談》，如：

《吴興備志》卷二十二：「陳霆《水南集》《續集》《兩山墨談》《唐餘紀傳》《緑鄉筆林》《水南閑居録》《宣靖備史》《渚山堂詩話》《詞話》《山堂瑣語》《仙潭志》，共一百餘卷。」

《千頃堂書目》卷十二：「陳霆《兩山墨談》十八卷，又《水南閑居録》，又《緑鄉筆林》，又《山堂瑣語》。」

〔二〕王磊：《陳霆研究》，復旦大學博士學位論文，二〇〇五，第一三頁。

《明史·藝文志三》：「陳霆《兩山墨談》十八卷。」

《經義考》卷二七五：「鄭氏如幾《魏春秋》……載陳霆《兩山墨談》、董斯張《吴興藝文補》。」

《浙江通志》卷二四六：「《兩山墨談》八卷，又《水南閑居録》，又《緑鄉筆林》，又《山堂瑣語》《德清縣志》，陳霆著。」

《欽定續文獻通考》卷一七六：「陳霆《兩山墨談》十八卷，霆見史類。」

《四庫全書總目》：「《兩山墨談》十八卷，兩淮鹽政采進本。明陳霆撰。霆有《唐餘紀傳》，已著録……」

《持靜齋書目》：「《兩山墨談》十八卷，明嘉靖乙亥刊本。明陳霆撰。」

《持靜齋藏書紀要》：「《兩山墨談》十八卷，明陳霆撰。嘉靖乙亥刊，存目。」

《振綺堂書目》（汪遠孫，抄本，不分卷）：「《兩山墨談》十八卷，明苕溪陳霆水南撰，李檗序。」

《嘉業堂藏書志》：「《兩山墨談》十八卷，明刊本。明陳霆撰。霆字聲伯，號水南，德清人，弘治壬戌進士……」

《文禄堂訪書記》：「陳霆字水南，吴興人，著《兩山墨談》，甚有義理……」

《兩山墨談》明嘉靖十八年（一五三九）李檗初刊本，今藏上海圖書館、天津圖書館。另外十一種刊本見下表：

書名	出版事項	版式狀況	一般事項	所藏處
兩山墨談	明嘉靖十八年（一五三九），德清知縣李檠刊	刻本，一册	李檠刊本，善本	上海圖書館 天津圖書館
	日本天保六年（一八三五）	日本抄本，十卷		中國國家圖書館
	清道光十九年（一八三九），三原李錫齡惜陰軒刊	刻本，十八卷，四册	惜陰軒叢書本	北京大學圖書館
	清道光二十六年（一八四六）刊		宏道書院本	臺灣大學圖書館
	清光緒十四年（一八八八）刊	刻本，三册	惜陰軒叢書本	北京大學圖書館 臺灣圖書館
	清光緒二十二年（一八九六），長沙胡元堂刊	刻本，三册	惜陰軒叢書本	
	民國（一九一二—一九四九）年間，嘉業堂劉氏刊	刻本，四册	吴興叢書本	
	一九六九年，臺灣藝文印書館刊	影印本	叢書集成初編本	

兩山墨談記	與《權齋老人筆記》《月河所聞集》合刻			臺灣「中研院」文哲所圖書館
兩山墨談	北京：中華書局，一九八五年版	影印本	叢書集成初編本	
	上海：上海古籍出版社，一九九五年版	影印（據天津圖書館藏明嘉靖十八年刻本）	《續修四庫全書·史部》第一一四三册	
	濟南：齊魯書社，一九九七年版	影印（據明嘉靖十八年李檗刊本）	《四庫全書存目叢書·子部》第九六册，雜家類	

嘉靖十八年（一五三九）初刻本附有李檗序與作者陳霆的跋。其跋曰：「予著《墨談》十八卷，藏襲久矣。邑侯雙崖先生雅尚文事，因就予取閱。既徹編，則以書來曰：是不可不傳也。爰遂斥俸付之梓，且命邑民沈懷調度其事。工既訖，衆謂侯此舉，蓋不欲以《論衡》自私之意而懷之，率義亦宜得書。因識之末簡。嘉靖己亥春正月吉旦陳霆書。」此本嘉靖之後約有三百年在中國没有刊印，但傳到朝鮮，後又傳到日本。

目前中國國家圖書館藏《兩山墨談》中的部分是日本抄本（大約在日本天保六年即一八三五年抄寫），但無法確定是抄寫中國初刻本還是一五七五年在朝鮮刊行的版本。此本爲了方便讀者，還留下如圖二的評語。

清道光十九年（一八三九）三原李錫齡惜陰軒叢書本編爲四册，附有初刻本中的李檗序與重刻者李錫齡序。

兩山墨談卷之一
明吳興陳霆著　三原李錫齡孟熙校刊
史記湯崩太子太丁未立而死立太丁之弟外丙二年崩
又立外丙之弟仲壬四年崩伊尹乃立太丁之子太甲程
子辯孟子之文曰古人謂歲爲年湯崩時外丙方二歲仲
壬方四歲惟太甲差長故立之也二說疑皆有礙蓋以史
記之言爲信則太丁雖死固有嫡孫在也舍嫡孫而立諸
子既非敬宗尊祖之道加以亂禮倒決世防繼世爭立之
禍將必啓之成湯伊尹宜不忍躬此厲階也史記陽甲之
紀曰商自沃丁以來紀中作仲丁者誤廢嫡而更立諸弟子諸弟
兩山墨談卷一　一　惜陰軒叢書

圖一：惜陰軒叢書本《兩山墨談》

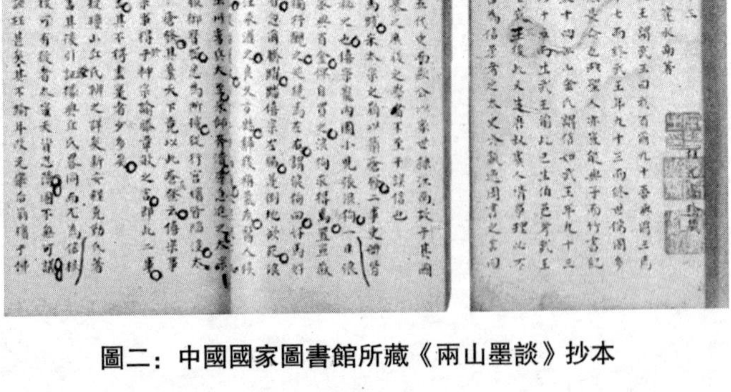

圖二：中國國家圖書館所藏《兩山墨談》抄本

從圖一所示十行二十二字的款式來看，很可能是以嘉靖十八年（一五三九）初刻本爲底本刊印的。

此外，還有清道光二十六年（一八四六）刊本、清光緒十四年（一八八八）刊本、清光緒二十二年（一八九六）刊本、民國年間嘉業堂劉氏刊本等重要版本。

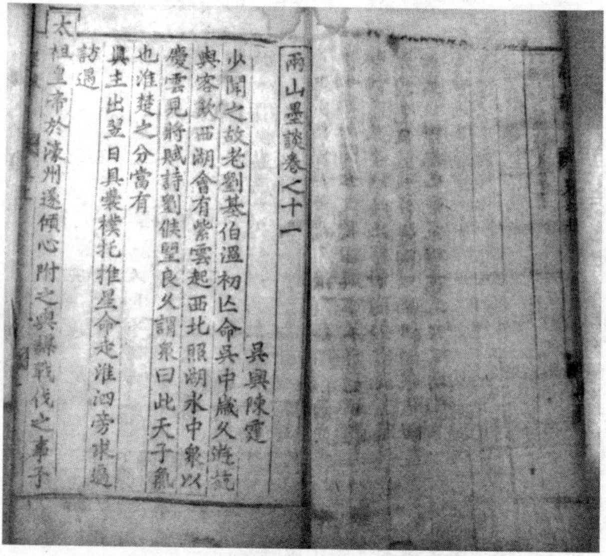

圖三：高麗大學所藏《兩山墨談》

二、《兩山墨談》的傳入與出版

雖然至今没有發現《兩山墨談》傳入韓國確切時間的記録，但從文人文集中的記載及其出版記録中可推論其傳入年代。中國初刻本是明嘉靖十八年（一五三九）德清知縣李檗所刊的一册本，之後刊行的是清道光十九年（一八三九）本。從一五三九年到一八三九年，整整三百年間，未發現其他中國刊本。韓國留存的一五七五年版本，當是在明嘉靖十八年（一五三九）初刻本基礎上重新刊刻的。據此，《兩山墨談》大約在十六世紀後期傳入。

魚叔權《攷事撮要》中的《攷事撮要出版目録》是朝鮮的圖書目録，給後人提供了壬辰倭亂前全國各地圖書出版的地點與年代信息。宣祖元年（一五六八）與十八年（一五八五）刊行的《攷事撮要》，都有《兩山墨談》在地方官衙刊行的記録。

兹據金致雨所撰《攷事撮要出版目録及其收録的刊本研究》，將《攷事撮要》的相關記録梳理如下：

《兩山墨談》，陳霆（明）著。明版翻刻本。慶州（九日程），宣祖八年（一五七五），十八卷四册，綫裝：内向黑魚尾。界綫，九行十八字。四周雙邊，半 21.6cm×15cm；24.2cm×20.9cm（啓明大學李仁哉文庫）。

根據皇明萬曆三年歲在乙亥（一五七五）春慶州府開刊的刊記，宣祖八年（一五七五）九月，此書

在慶州改版，還翻刻了嘉靖己亥（一五三九）明版。收録在《攷事撮要（宣祖一八目）》里的慶州造册版的《兩山墨談》應該是指改版的慶州刊本。其完整本十八卷四册藏在啓明大學、玉山書院、日本内閣文庫。[三]

《日本蓬左文庫韓國典籍》有《兩山墨談》在宣祖八年（一五七五）慶尚道慶州刊印後流傳到日本的記録[四]：

番號	書名	編·著者	版種	刊年	册數	備考
107	선문□영(選文□英)		筆書體子活子本	壬亂以前	2卷2册	내사 윤의중(内賜尹毅中)
108	시전대전(時傳大全)	明 胡廣 等編	木板	明宗16(1561)	20卷9册	〃
109	신증도상소학일기고사대전(新增圖像小學記日古事大全)	明 우소(虞韶)纂集	木板	明宗21(1566)	10卷2册	〃
110	신편음점성리군서구해(新編音點性理群書句解)	송 웅절 편(宋 熊節 編)	木板(初鑄甲寅字覆刻)	朝鮮前記	23卷10册	〃
111	심경부주(心經附註)	宋 眞德秀 撰	木板	中宗~明宗年間	4卷1册	〃
112	양산묵담(兩山墨談)	明 진정(陳霆)撰	木板	宣祖 8(1575)	18卷4册	韓圖協
113	겸수주문집(謙隋州文集)	元 金覆詳 撰	木板	中宗~明宗年間	11卷外集1卷2册	〃

圖四：《朝鮮史類》與《朝鮮人文集》目録（部分）

〔三〕金致雨：《攷事撮要出版目録及其收録的刊本研究》，亚細亚文化社，二〇〇七，第三二五—三二六頁。

〔四〕千惠鳳：《日本蓬左文庫韓國典籍》，知識産業社，二〇〇三。

圖四是從一九七八年出版的《名古屋市蓬左文庫漢籍分類目録》中抽取的《朝鮮史類》與《朝鮮人文集》目録里的一部分。

朝鮮宣祖八年(一五七五)在慶尚道慶州官廳刊行的《兩山墨談》内附録有嘉靖乙亥年(一五三九)陳霆的跋，係由當時的經學家崔起南（一五五九—一六一九）校改，他還從中抽取了考論商湯至宋代歷史文獻的部分在朝鮮宣祖年間翻刻。此書記録了參與刊行的慶尚道觀察使尹根壽等二十八人的姓名，是刊記分明的珍貴版本。

圖五：啓明大學所藏《兩山墨談》刊記

以下是圖五所示啓明大學所藏一五七五年在慶州刊行的《兩山墨談》刊記裏的人名：

嘉善大夫慶尚道觀察使兼兵馬水軍節度使尹根壽

都事崔滉

通政大夫守慶州府尹慶州鎮兵馬節制使朴承任

中直大夫行慶州府判官慶州鎮兵馬節制都尉元豪

校正成均生員金得基

校正成均生員崔起南

書寫定虜衛朴道生

書寫承訓郎趙還璧

都色崔壽延

刻手僧幸文、鄭泗、僧性湛、林潤富、金甫千、徐德龍、黄雲進、鄭萬年、金春福、李仍邑金、金壽福、僧義全、崔千孫、僧性明、僧哲玄、金順年、崔芮同、朴光、金彦連

際皇明萬曆三年歲在乙亥春慶州府開刊

上列名單裏除了慶尚道觀察使兼兵馬水軍節度使尹根壽以外，都事崔滉與慶州府尹、慶州鎮兵馬節制使朴

承任、慶州府判官、慶州鎮兵馬節制都尉元豪等皆參與刊行《兩山墨談》。版本校改者是當時成均館儒生金得基與崔起南，製作版式提供字體者是擅於碑文的朴道生與趙還璧，都色由崔壽延擔任，編製版型與刻字工作由多人分擔。刻工包括僧侶幸文、鄭泗、僧侶性湛、林潤富、金甫千、徐德龍、黄雲進、鄭萬年、金春福、李仍邑金、金壽福、僧侶義全、崔千孫、僧侶性明、僧侶哲玄、金順年、崔芮同、朴光、金彦連等十九人，其中五人是僧侶。值得注意的是，有一些版本的版心魚尾記下了代表某刻工的記號、語句、名字。這些記號不是在所有版本中都可以見到的。

在韓國出版的文獻中，刊記清晰的爲數不少，但像《兩山墨談》這樣將參與出版的人按照官職等級記録的文獻確乎較少，因而有其特殊的文獻價值。目前還無法找出關於發行數量的確切依據。從上海圖書館與天津圖書館收藏的中國初刻本僅存一册的情況來看，啓明大學收藏的十八卷四册本應當比不够齊全的中國刊本更有價值。

韓國收藏的《兩山墨談》版本大致有兩種：一、宣祖八年（一五七五）慶州刊行的木版本，藏於國立中央圖書館以及啓明大學、京畿大學、高麗大學。二、東國大學所藏中國木刻本。國立中央圖書館、啓明大學、京畿大學收藏的《兩山墨談》版式大小分別爲 21.6cm × 15.2cm、21.6cm × 15cm、20.9cm × 15cm，大致相同，字數皆爲九行十八字。高麗大學收藏的十八卷《兩山墨談》中，卷十至十三雖然僅留存一册，但其版心題上蓋印「墨談」，紙質爲楮紙，版式大小爲 21.5cm × 15.1cm，確屬宣祖八年（一五七五）在慶尚道慶州府同時刊行的版本。東國大學收藏的是光緒二十二年（一八九六）在中國刊行的木刻本，比韓國刊行本要晚三百多年。

根據上面的敘述，韓國收藏的《兩山墨談》版本如下表所示：

書名	出版事項	版式狀況	一般事項	所藏處/所藏番號
兩山墨談	陳霆（明）撰，李槩編，崔起南等校正，慶尚道，慶州府，宣祖八年（一五七五）刊	十三卷三冊（全十八卷四冊），朝鮮木版本，33.4cm×20.8cm，四周雙邊，半郭：21.6cm×15.2cm，有界，九行十八字，注雙行，內向黑魚尾，紙質：楮紙	版心題：墨談，序題：刻兩山墨談，序文：行書筆寫體大字，跋：嘉靖己亥（一五三九）……陳霆（明），刊記：皇明萬曆三年歲在乙亥（一五七五）春慶州府開刊，手書刻序：嘉靖己亥（一五三九）……李槩（明）	國立中央圖書館 BA3638—39
	陳霆（明），慶尚道，慶州府，宣祖八年（一五七五）刊	十八卷四冊，朝鮮木版本，24.2cm×20.9cm，四周雙邊，半郭：21.6cm×15cm，有界，九行十八字，內向黑魚尾	刊記：皇明萬曆三年歲在乙亥（一五七五）春慶州府開刊，序：嘉靖己亥（一五三九）……李槩	啓明大學 812.8—진정ㅇ

兩山墨談	陳霆撰，宣祖八年（一五七五）刊	九卷二冊（缺帙），朝鮮木版本，32cm×20.1cm，四周雙邊，半郭：20.9cm×15cm，有界，九行十八字，上下内向黑魚尾	版心題：墨談，刊記：皇明萬曆三年歲在乙亥（一五七五）春慶州府開刊	京畿大學 경기—K120798—4 卷六—一〇，一五—一八
	陳霆（明）撰	四卷一冊（缺帙），朝鮮木版本，29cm×19cm，四周雙邊，半郭：21.5cm×15.1cm，有界，九行十八字，内向黑魚尾		高麗大學 만송貴—309—10—13 卷一〇—一三
	陳霆（明）著，李錫齡（清）校刊，長沙，惜陰軒，光緒二十二年（一八九六）刊	十八卷三冊，中國木刻本，24.1cm×15cm，四周單邊，半郭：17.8cm×12.1cm，有界，十行二十二字，上下中黑口，上内向黑魚尾，紙質：竹紙	惜陰軒叢書，序：嘉靖己亥（一五三九）歲仲春……李欒（明）拜書，道光己亥（一八三九）仲春……李錫齡(清)識於惜陰軒，跋：嘉靖己亥（一五三九）春正月吉日陳霆（明）書，刊記：光緒丙申（一八九六）七月重刊於長沙	東國大學 도서 D819.35 진73 ㅇ

三、《兩山墨談》韓國接受狀况

生活於朝鮮王朝中期的柳希春留下了一部記録其日常生活的《眉岩日記》。他身爲校書館製造，在宣祖年間刊行了許多書籍，也親自編撰了不少書。《眉岩日記》提到了宣祖九年（一五七六）二月一日慶尚監司尹根壽贈送《兩山墨談》一事。這里提到的《兩山墨談》，被視爲與現藏於國立中央圖書館的宣祖八年（一八七五）慶州刊行的《兩山墨談》是同一版本。

在朝鮮王朝中期歷任吏曹、禮曹判書的李塈（一五二二—一六〇〇）所寫的《松窝雜説》，談到他讀過《兩山墨談》：

……國俗以大便小便，謂之大馬小馬，余未知此言之緣何事，而出於何時也。偶閲《兩山墨談》，貴嬪家爲溷器，空其中而穹窿如馬形，背上有穴，據其背而便之，謂之獸子。然後始知其言出於中國。而以遺矢爲見馬者，亦無疑也。我國稱爲馬腰者，亦因獸子而言也。

朝鮮王朝中期學者鄭逑（一五四三—一六二〇）在《寒岡集》續集第七卷「書《送孫景徵之序》」中提到借閲此書的事：

……仍白病里，偶有欲披考《兩山墨談》之書，而四求而未得，昨始聞尊案有之云。不任蘇幸，兹奉請借之煩，倘不借一鴟之惠否，一奉無路，臨紙增懸。

從上面這些例子看，《兩山墨談》在當時文人中是廣受歡迎的。

《兩山墨談》卷三討論過劉邦與項羽的事。因而朝鮮明宗時期的權應仁在他的《松溪漫録》（下）中引用了《兩山墨談》：

……《兩山墨談》云：項羽封西楚伯王，所謂白帝者指羽也。此蓋謂劉與項亡之兆也。斯言必有所據矣。

權應仁活躍於壬辰倭寇之亂之前。

金時讓（一五八一—一六四三）的《紫海筆談》中也能發現引用《兩山墨談》的痕迹：

近見陳霆《兩山墨談》，論嬴易呂馬易牛之事曰：邯鄲曖昧，馬牛疑迷。孰謂中國文獻之論，乃與偏邦管見同乎？是以君子取尚友也。《兩山墨談》：司馬公作《通鑒》，至唐太宗之世，忽有穿黄袍人見於前曰：先生幸善書。公知其爲帝也，跪而言曰：陛下穢德多矣，臣頭可取，筆不可奪。遂不見。齊東野人之言也……

以下是李德懋（一七四一—一七九三）《青莊館全書》[五]盎葉記二《臣瓚》里所引用的内容：

《兩山墨談》，陳霆撰。臣瓚者，昔人謂不知何人，今案晋中書監和嶠，嘗領命校正《穆天子傳》五卷，瓚乃其校書官屬，郎中傅瓚也。後人取其説，以釋《漢書》，故有臣瓚注。

李圭景的《五洲衍文長箋散稿》里「《漢書注》臣瓚，即校書官屬郎中傅瓚也」一句，也來自《兩山墨談》。

朴趾源（一七三七—一八〇五）的《熱河日記》記載地名與河流的來源，有云：

《兩山墨談》云：自淮以北爲北條。凡水皆宗大河，未有以江名者。而北之在高麗曰鴨緑江，蓋是江也，天下之大水也。其發源之地，方旱方潦，難度於千里之外也。以今漲勢觀之，白山長霖，可以推知，況此非尋常津涉之地乎？今當盛潦，汀步艤泊，皆失故處，中流礁沙，亦所難審，操舟者少失其勢，則有非人力所可迴旋，一行譯員迭援故事，固請退期……

[五] 朝鮮後期李德懋的全集，三十三册七十一卷。

兩山墨談原版影印

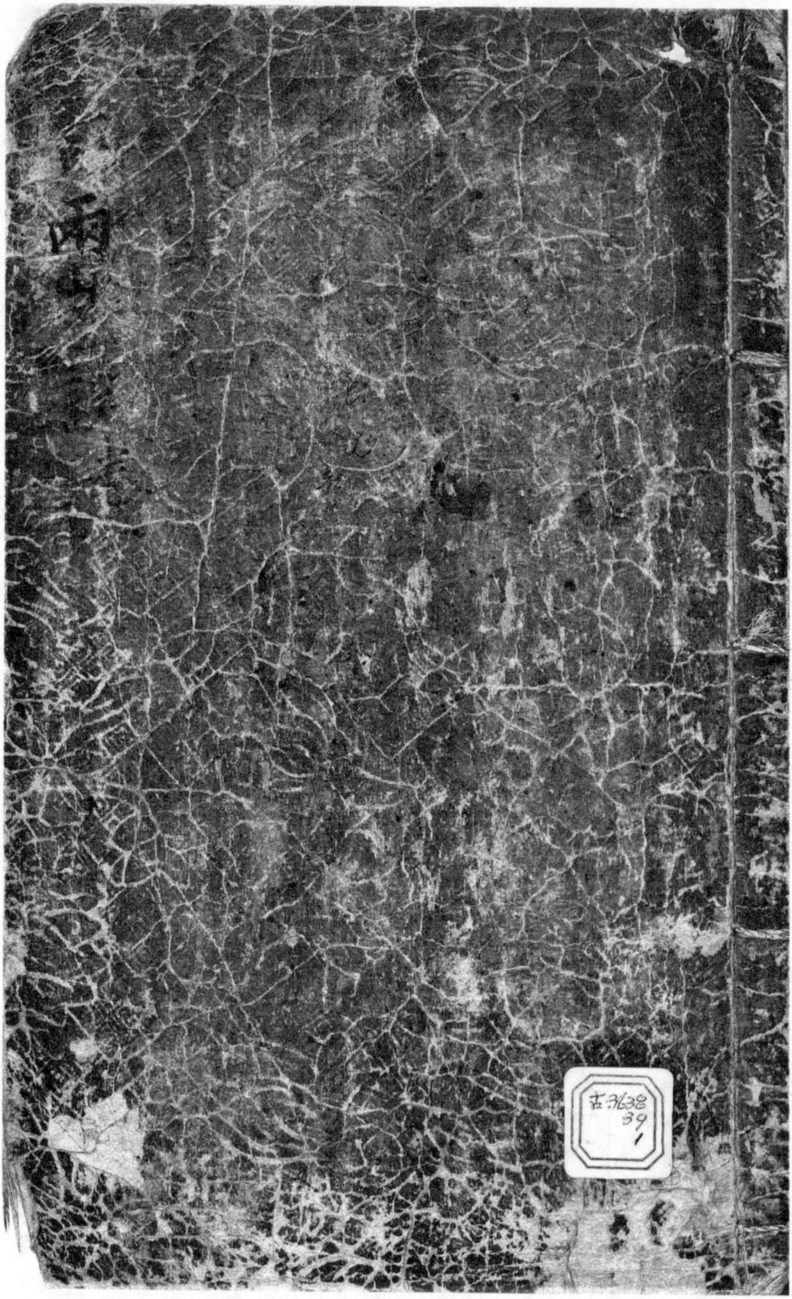
古3638
39
1

刻兩山墨溪序

水南先生既謝塵鞅

結廬兩山之間居左右

圖書放情山水歌嘔述

作于世俗外膠泊然溪

然也李子公暇得遍觀
先生出其所著兩山墨
談李子受而卒讀之
先生曰夫自古哲源遠
衆言紛淆或亂雜而無

章是故以簡稽實詳飾
髮炫空執有肆辯訟
常髮隨騁奇偽繪偽
繪則浮髮隨則固肆
辯則誕炫空則畔寡

證則晦均之謂彌文彌
文無觀焉先生墨談
之書大則根經據史訂
疑考誤小則別字與
物窮情盡變竒而匯

浮誇而匯固辭而無疵
炫而無畔證而無瞞殆
情求而詳說者也是故
采之足以備史資之足
以知殘存之足以稽之矣

祿而折衷言先生曰
予何能斯惟學與志
庶幾多厚爾李子迺以
語司訓林鳳林子曰是則
美矣可以傳矣彰之文

獻其永有徵而先生之
集其緒一以傳乎厚子曰
優美今情吾烏知將來
不如今日乎茲將為之先
驅云爾於是屬諸林子

爲次第其編而付諸梓人

嘉靖己亥歲仲春之吉

賜進士知德清縣事四會李璧拜書

兩山墨談卷之一

吳興陳霆

史記湯崩太子太丁未立而死立太丁之弟外丙二年崩又立外丙之弟仲壬四年崩伊尹乃立太丁之子太甲程子觧孟子之文曰古人謂歲爲年湯崩時外丙方二歲仲壬方四歲惟太甲差長故立之也二說疑皆有礙盖以史記之言爲信則太丁雖死固有嫡孫在也舍嫡孫而立諸子既非敬宗尊祖之道加以亂禮制决世

防繼世爭立之禍將必啓之成湯伊尹宜不忍躬此厲階也史記陽甲之紀曰商自沃丁以來紀中作仲丁者誤廢嫡而更立諸弟子諸弟子或爭立比九世亂據此則商人兄終弟及蓋起於沃丁之世九世之亂歸罪于沃丁之肇端則成湯之末知外丙仲壬之未嘗相及明矣以程子之言爲信則夫外丙仲壬者湯所出耶太丁所出耶謂湯所出則是時湯年幾百不應尚有襁褓之子謂太丁所出則自爲太甲之弟而二歲四歲

非所應論太甲既爲二人之兄又須居世嫡之地乃可爲祖後然則不可但以差長而扱立之也故予疑外丙仲壬皆太丁之少子而邵子經世史不載二人之名世彼葢以甲子歴推之而知非有其在位之年次也然則外丙仲壬實未嘗立太甲直以長嫡孫承繼湯後凡謂太甲服仲壬之喪者皆史遷之說惑之耳伊訓曰惟元祀十有二月乙丑伊尹祠于先王奉嗣王祗見厥祖侯甸羣后咸在百官總己以聽冢宰伊尹

乃明言烈祖之成德以訓于王蔡氏曰先王湯也吳氏曰奉嗣王祗見厥祖謂雖徧見商之先王而尤致意於湯也蔡氏徒見下文與後篇之言先王者皆指湯而言遂以此先王爲湯予謂商世於契有玄王之稱則主癸而上商宜皆謂之先王也吳氏知先王之爲羣廟矣而以厥祖爲湯則主太甲爲孫而言予謂主癸以上在太甲則皆祖也凡二氏云云盖欲明湯已祔廟而非在殯之謂竊擬先王厥祖一也自伊尹攝祭

而言則曰先王自太甲祗見而言則曰厥祖然
則成湯之在殯固無礙矣或曰成湯未葬則謚
號未立其曰明言烈祖之成德何曰烈祖云者
史氏序事而追稱之詞非當時尹之自言也是
時成湯在殯故尹之舉湯者曰商王曰先王至
三祀太甲終喪反亳之後始有視乃烈祖之語
斯則湯葬已久而廟謚既立然前此不聞有是
稱則湯之至是始祔廟明矣吳氏以用訓于王
爲伊尹告之湯廟此未必然也盖明言祖德乃

序於告廟之後揔已之下意當時祀事既畢而百官未退伊尹欲聳動太甲而播之羣聽也故於在廷明舉祖德以訓戒之冀百官脩輔而勉進君德也厥後桐宮之行亦無可奈何而出此策耳又孔氏以桐爲成湯葬地若曰未葬然者蓋疑於成湯在殯故不敢决爲已葬之辭蔡氏曰使湯果在殯則太甲固已密邇其殯側矣捨殯而欲密邇湯於將葬之地固無是理也大槩謂湯塟已在外丙之世而因以闢在殯之說予

於此竊又有辯焉何者湯崩在太甲元祀之前
追夫改元之後營宮之餘則應過七月之期矣
以書太甲考之桐宮之祖當在元祀之末或二
祀之首然則何疑於未葬哉于時湯旣葬而
太甲以密邇而往則事理適宜非所謂捨殯而
欲密邇湯於將葬之地也凡學者猶能明於書
序所謂成湯旣沒太甲元年伊尹作伊訓之言
本非謬誤則外丙仲壬之未嘗有位可決矣曰
然則孟子曷爲有言曰丙壬太丁少子也子少

者抱古今同情也或者太甲雖嫡長而幼有童心太丁因是憂有所移容有次及之意外丙仲壬遂爲商人所屬而後世因之不沒其名孟子追論太甲之被放因詳其始終而首及二人焉是未可知耳

洪容齋曰詩序不知果何人所作小星一篇顯爲可議抱衾與裯鄭氏以裯爲牀帳謂諸妾夜行抱被與牀帳以待進御且諸侯有一國其嬪妾雖至下固非閭閻賤微之比何至於抱衾而

行况帱帳勢非一己之力所能致者其說可謂
陋矣此詩本咏使者遠適夙夜征行不敢稽違
君命之意與殷其靁同旨按洪氏此說不爲無
見但小星爲房中之咏先儒相仍爲說久矣然
曰南國夫人能不妬忌以惠其下故其衆妾美
之而衆妾之進御於君不敢當夕類見星而往
還故因所見以起興則於辭雖佀而於意亦未
然夫諸妾旣曰進御則自應就君之寢今曰抱
衾以行知非以進御也葢宮中嬪妾當夕例畨

直於君之寢所漢魏而下有尚宮司寢之設唐
宮詞有直更之語大率沿古制也以其典司床
簀故敬戒而宵征而其行也抱衾與裯自爲卧
具裯本襌被其訓牀帳者非也盖宮中夜直自
有進退之序亦以見后妃之化遠及於南國之
宮壼故當時供直者皆安於命而習於勞且又
作詩以咏嘆之是爲家人風化之美非專以獲
進御故也
夏后氏之方盛也以其九州土田之制貢賦之

則鑄之於鼎若曰爲後世之法程王孫滿謂爲
備像百物而使民知神奸者誕辭也夏亾而鼎
入於商商亾而鼎歸于周三代相傳號稱神器
自國語左傳墨子史記言之者屢矣周之季世
七雄僭王私計得鼎者可以有天下若後世傳
國璽然者於是爭起深指之謀而周之君臣日
夜惴惴謂夫鼎存而禍隨也遂陰計毀之其稱
淪入於泗者計一時詭辭後世乃傳信之耳容
齋洪氏不悟此意至疑於未必有是鼎其說以

爲禮經所載鍾彝名數詳矣而獨未嘗及詩易所書固亦可考而其詳未聞秦人視周如杌上肉果何所畏而不取赧王入秦寳器盡以獻而此何獨遺又謂神器之重決無淪沒之理且泗非周之境内果其淪也使何人般舁而往其辯之信亦詳到矣而不知鼎不可謂無其亾本非以淪故也不幾於信夢者耶

桓公子糾之爭國自宋儒以來學者相沿以爲子糾非所當立予考之管子載召忽之言曰百

歲之後吾君下世有犯吾君命而廢吾所立奪
吾糾也雖得天下吾不生也況與我齊國之政
也觀此則糾之擬立盖有先君之命矣又按呂
紀曰初鮑叔管子召忽三人相善欲相與定齊
國以公子糾爲必立召忽曰吾三人者於齊國
猶鼎之有足去一則不成且小白必不立矣不
若三人佐糾也管子曰不可夫國人惡子糾之
母以及糾小白無母而國人憐之事未可知不
若令一人事小白夫有齊國必此二公子也於

是鮑叔傅小白尹文子曰子糾宜立者也小白先入故齊人立之荀子謂桓公殺兄越絕書謂子糾桓公兄也黄楚望又考於春秋立子以貴之義謂子糾嘗出也嘗女貴而班在衛上則子糾當立凡此又子糾爲兄與當立之証也千古是非未易臆決又按程子以子糾爲桓公之弟蓋本漢書濮昭之言昭與淮南厲王書曰齊桓殺其弟以反國云云虽然韋昭已言子糾兄也言弟者諱耳蓋漢文時爲厲王兄故昭特遷言殺弟也然則疑未足據

昔人謂戰艦曰水龍隋梁睿請伐陳文帝答詔

曰陳國來朝未盡藩節如公大畧誠須責罪必
興師旅若命水龍終當相屈水龍字甚奇
隋書爲魏鄭公所脩然義例久精而與奪殊舛
令即其所名目而按其所傳如崔弘昇治狀無
懲而列之酷吏辛彥之崇信佛道而厠之儒林
王頍逆黨也而取其文學崔賾發宦途以死徐
則本黃冠之流而目爲隱逸凡此皆當改削者
也
唐子西曰學者皆謂夏以建寅爲正周以建子

爲正然商居其間不應無所變改因以意推之曰商以建丑爲正而三統之說興焉夫夏以建寅爲正吾於論語見之矣曰行夏之時周以建子爲正吾於春秋見之矣曰十月殞霜殺菽三月大水至商人以建丑爲正於經則無所見夫以建子爲正者取二十四氣之首也以建寅爲正者取四時之首也以建丑爲正其取義安在哉按唐氏之說如此其自信可謂勇矣然獨惜其考之殊未審也商書伊訓之首曰惟元祀十

有二月乙丑伊尹祀于先王奉嗣王祗見厥祖
侯甸群后咸在百官總已以聽冢宰太甲之篇
曰惟三祀十有二月朔伊尹以冕服奉嗣王歸
于亳夫前乎此伊尹攝祀總朝以十有二月乙
丑後乎此太甲反吉即政以十有二月之朔盖
商以建丑爲正故皆以十二月舉大事先儒所
謂朝狩烝享皆以正朔行事者也安在於無所
經見哉
說苑載晉太子申生之事其言曰吾聞之忠不

暴君智不重惡勇不逃死如是者吾以身當之遂伏劍死按左傳申生乃雉經未嘗伏劍也說苑有陳恒問於范子一條越絕書謂范蠡遭世不明作詐成伯不合乃去三遷避位名聞海内去越入齊老身西陶是范子去越之後固嘗寓于齊但其寓齊在滅吳之後而齊國陳闞爭政相殺乃在吳未滅之前相越凡十餘載然則昔人謂鴟夷子皮告闞氏之謀于恒子恒子因得設謀以敗闞氏此說謬也

魏人哀三良云功名不可為忠義我所安秦穆
先下世三臣皆自殘生時等榮樂既殁同憂患
誰言捐軀易殺身誠獨難昧詩人之旨則知三
良下從穆公實出其感恩徇主之誼初非有遺
之者然後知東坡之論所謂三子之徇君亦猶
齊二客之從田横其立意固有所本也
史記言紂囚西伯於羑里閎夭之徒患之求得
美女文馬九駟他奇怪物因嬖臣費仲獻之紂
紂大說曰此一物足以釋西伯况其多乎乃赦

西伯賜之弓矢斧鉞使西伯得專征伐西伯乃
獻洛西之地以請去炮烙之刑紂許之呂氏春
秋則謂文王處岐事紂雖遇寃侮雅遜朝夕必
時上貢必適祭祀必敬紂喜命文王稱西伯賜
之千里之地文王再拜稽首而辭曰願爲民請
炮烙之刑據呂紀言紂以文王朝貢有禮祭獻
必敬故賚之以地意古者明王之待諸侯未或
過此恐非紂之所能也且囚之羑里其疑西伯
頗甚以當時事勢推之未必不忌其地大勢衆

也而又肯貸之以千里哉太史公不取其說而
從美女寶賂之云此則紂所易動而事理或然
者也
呂氏春秋其蕩兵振亂禁塞懷寵等篇大槩取
攻伐而非救守且其以聖王義兵自詭而舉誅
暴拯民爲說者曰救世之論矣然反復其意實
主於遂戰功而破從約此殆秦之所以滅六國
者也豈非不韋之私心始皇之詭智而張儀之
奸說歟

寡人者言寡德之人諸侯謙稱之辭也然古婦人亦嘗以自稱邶風之詩曰先君之思以勗寡人莊姜言戴嬀思念先君莊公故以婦道勗勉寡人所謂寡人莊姜以自謂也

曲禮君子將營宮室宗廟爲先廄庫爲次居室爲後予意廄馬以備命車重君賜也庫藏以貯祭器及遺物重先世也故次於宗廟而先於居室元註謂廄以養馬庫以藏物欲其不乏於用故視居室獨先焉恐非古人意也

司馬相如封禪書議者謂其至死獻諛雖然此實相如之夸心也蓋漢承秦後一時文臣以封禪爲曠世大典帝王盛舉不復有知其非者司馬談傳云是歲天子始建漢家之封而大史公留滯周南不得與從事發憤臨卒且曰天子接千歲之統封太山而予不得從行是命也夫是知當時以登封爲盛有事爲榮蓋如此相如自以文章擅當代盖見武帝改正易服定制度興樂章度其必封禪以夸耀後世而已當其時謂

可秉筆托附不磨由是草書將以上勸而不幸病以死則初意不獲遂也然欲使帝之必知於是囑其妻身後上之此其為計實夸心之餘也而碧溪乃斷其諂諛盖天性不復能自新其於誅心之法無乃未盡乎

劉孟熙霏雪錄云晉陳壽為武侯佐嘗被撻百下後作三國志其論武侯云應變將畧非其所長按壽傳壽父為馬謖將軍謖為亮所誅壽父亦坐髠故壽為亮傳言其將畧非長無應敵之

才是壽特以挾父恨故肆情貶亮非以身嘗受
辱也孟熈之言失之不考
先儒謂古者行必以車戰率以乘未有單用騎
者戰而用騎其始見于六韜兵法所謂騎兵者
是也畧行而乘馬或引漢高脫鴻門之急獨騎
走歸灞上爲事始之証愚謂鴻門之前固有之
矣按呉起傳起爲將卧不設席行不騎乘據此
則春秋之末行者已嘗乘馬何言始秦末也
晉書苻堅傳堅入寇會稽王道子求助于鍾山

之神秦以相國之號及堅之至望八公山上草
木皆類人形若神有力焉嘗觀爲善陰隲書亦
載求助之事而通鑑綱目止存草木皆兵之説
餘不及焉蓋嫌於語怪也
符堅之弟融出爲冀州牧堅母苟太后以融少
子甚愛之比發三至灞上爲别其夕又竊從内
外莫知是夜堅寢于前殿太史奏天市南門屏
内后妃星失明左右閽寺並言不見后妃移動
之狀既堅推問乃知之驚曰天道與人何其不

遠乃重星官及將寇晉太子左衛率石越諫曰今歲鎮星守斗牛福德在吳懸象無差弗可犯也堅曰吾聞武王伐紂逆歲犯星天道幽遠未可知也於是决行竟以取敗夫一堅也一天道也順信國違何前後相反若是良由其急欲成正統大利眩于前而方寸躁亂失不復顧也

晉王渾妻鍾氏史稱其禮儀法度爲中表所則嘗與渾共坐子濟趍庭而過渾欣然曰生子如此足慰人心鍾氏曰若使新婦得配叅軍生子

故不止如此參軍謂渾弟湛也晉史傳鍾氏于列女然因其言而槩其心正可發笑今呂東萊晉書詳節中乃無鍾氏之語疑爲之掩瑕特抹之爾

詩言載獫歇驕諸家皆以獫爲田犬名長喙曰獫歇驕者王雪山嚴華谷戴岷隱皆以爲田畢而遊園載獫於輶車以歇其驕逸予謂犬獰惡曰獫馬跑逸曰驕盖言田畢而載犬於車上息馬於轅下於以行園而游息也

蘇秦傳秦說趙王曰夫破人之與見破於人也臣人之與見臣於人也豈可同日而論哉索隱曰臣人者謂己爲彼之臣也臣於人者謂我爲主使彼臣己也予謂不然臣人者我能臣服乎彼也見臣於人者我入臣於彼也觀上云今西面而事之見臣於秦又云見破於人則詞意可見

兩山墨談卷之一

兩山墨談卷之二

吳興陳霆

吳越春秋載伍員奔吳至溧陽會女子擊綿於瀨上筥中有飯員謂曰夫人可得一餐乎女子知非恒人發其飯漿與之員已餐而去女子嘆曰嗟乎妾獨與母居三十年自守貞明何宜饋飯與丈夫虧越禮儀妾不忍也自投於水而死

按女子不載其姓氏徐天祐亦無註令偶讀李太白貞女碑乃知女子史姓溧陽黃山里人清

英潔白事母純孝手柔荑而不龜其自没時年三十矣然自守未適唐時立祠其地云

禮祭法有虞氏禘黄帝而郊嚳祖顓頊而宗堯而國語又謂有虞氏禘黄帝而祖顓頊郊堯而宗舜二説不同世儒多疑之予謂禘黄帝而郊嚳祖顓頊而宗堯舜之舉事也若夫禘黄帝而祖顓頊郊堯而宗舜則舜之後爲夏賔者爲之也

玉藻笏天子以球玉諸侯以象大夫以魚須文

竹士竹本象可也所謂魚須文竹謂以竹爲笏
而刻畫爲魚須之文以飾之也盖大夫下於諸
侯故不敢用象而文之以魚須亦以示華重之
意若士則又下於大夫故直用竹之本形爲笏
而不加飾其視魚須之等爲减殺矣此象字與
上象不同所謂本象者言用竹之本形也不然
則爲衍字若應氏言士以遠尊而伸故飾以象
則是位下大夫而儀文顧與諸侯相視豈先王
謹微昭等之禮哉

古之行者必挾過所釋者謂若今路引之類然未詳二字何縁而名偶閱禮經會元謂周人之制從國中及郊者必有所授從于他鄉者必有旌節無授無節是必以過惡而妄從者此無所容彼無所授過其所必有呵問是過所者譏遷從之人經過所在而言後世謂二字爲周禮之文用遂立以爲文券之名也

左傳不載程嬰與杵臼存趙事而史記言之頗詳左氏稱趙武從姬氏畜于公宫以其田與祈

奚韓厥言於晉侯曰成季之勲宣孟之忠而無
後爲善者懼矣乃立武而反其田焉是無程嬰
杵臼之事也史記則言晉滅趙之族朔妻成公
姊有遺腹匿公宫生武公孫杵臼與程嬰以死
保脱之越十五年因韓厥得復田邑二説不一
先儒疑之予謂此事則信有矣盖左氏爲文高
簡且其所載以立武復田爲重故詳叙其後而
不暇追悉其初然謂趙武從姬氏畜于公宫則
所謂朔妻匿于公宫與武之生育嬰杵之保存

一句可盡之矣史記則追叙本末故特詳著焉
二說固可會而一也若謂賊搜公宫爲甚則後
世如伏后之被搜於複壁伯牙后之被牽於帝
前若是者殆衆矣攙官何言甚哉趙之滅族左
氏謂趙嬰齊通於莊姬原屏放之于齊莊姬以
是怨原屏譖而殺之而趙之氏滅史記則謂大
夫屠岸賈討靈公之賊殺朔與嬰齊同括而趙
氏滅二說不同金仁山謂本各一事也史記以
爲殺朔而盡滅同括嬰齊乃得之傳聞誤爲一

爾又按趙朔被難在景公三年後十六年而景公卒則正合姬氏生孤後十五年而景公復其田邑之數蓋嬰齊之通姬氏應在朔死之後而同括之死本後於朔又事各有因洪氏以同括死後更二年而景公卒厲公立八年悼公立五年始合十五年之數遂疑史記爲乖姦亦失於誤合朔與同括之死爲一也

左傳諸侯不貢車服陳氏曰按周官九貢有服貢傳未必左氏之舊也趙氏又謂周官雖左氏

亦未嘗見考傳可知予疑周官服貢必其織文織縞之類蓋諸侯貢以充服飾者固未嘗成服以貢也若五服五彰車服以庸則其度出自天子諸侯豈敢輙製以貢哉然則諸侯不貢車服左氏必有本也

呂氏紀載越授有子四人越王之弟曰豫欲盡殺之而爲之後惡其三人而殺之矣國人不悅大非上又惡其一人而欲殺之越王未之聽其子恐必死因國人之欲逐豫圍王宫越王太息

曰余不聽豫之言以罹此難也亦不知其所以
致亾高誘註授乃句踐五世孫今按史記越世
家句踐卒四世而至王翳翳卒子王之侯立不
載有授豫之事惟索隱引紀年云翳遷于吳三
十六年七月太子諸咎弒其君翳所謂太子豈
即王授之子耶然則授或即翳矣但句踐至翳
才四世而註言五世或高氏考之不審不然則
豫翳聲亦相近豈豫即翳而諸本字誤耶然淮
南子又謂翳賢不欲為王逃於山穴之中越人

以火薰之出而立之則翳又不可以爲豫矣反復難考姑闕之

古今胥以周宣王爲中興之主而追想其盛德大業若不可嗣不知其戾德亦多蓋厲平等耳今不暇細索姑即王子晉之言而觀則可証矣其言曰自我先王厲宣幽平而貪天禍至于今未弭據此則宣王未得爲盛主也

耶律德光入洛屠礫犬羊令懸掛諸宫門以爲𥛠祓始甞鄙其夷俗不知實亦有所本吕氏春

秋三月紀有國人儺九門磔禳以畢春氣註謂
九門三方九門也爔非王氣所在故磔犬羊以
禳之然則契丹之俗用此也
集韻謂泰帝使素女鼓五十絃瑟帝悲不可禁
命去其半定爲二十五絃至秦俗惡薄有父子
爭瑟者又各入其半故當時名其器爲箏又曰
簝二器今皆十三絃實瑟之餘製也呂氏古樂
紀乃曰瞽叟拌五絃之琴作以爲十五絃之瑟
命之曰大章以祭上帝舜立仰延儗樂名乃拌瞽

叟之所爲瑟益之八絃以爲二十三絃之瑟然
則瑟之在古其規製更益益亦屢矣固審音者
宜畧知也
呂氏春秋蕩兵篇曰蚩尤非作兵也利其械矣
未有蚩尤之時民固剥林木以戰矣勝者爲長
長則猶不足治之故立君君又不足以治之故
立天子天子之立也出於君君之立也出於長
長之立也出於爭爭鬭之所自來者久矣柳子
封建論有云夫假物者必爭爭而不已必就其

能斷曲直者而聽命焉故近者聚而爲群群之
分其爭必大大而後有兵德有大者衆群之長
又就而聽命焉以安其屬於是有諸侯之列則
其爭又大德又大者諸侯又就而聽命焉以安
其封於是有方伯連帥之類則其爭又大德又
大者方伯連帥又就而聽命焉以安其人然後
天下會於一柳之立論則蕩兵之說也是知柳
實用呂紀然就二者而觀則柳頗費詞矣呂氏
又曰民之說之也若孝子之見慈親也若饑者

之見義食也民之號呼而走之若強弩之射于深谿也若積大水而失其壅堤也韓子送石處士有云與之語道理辯古今事當否論人高下事後當成敗若河決下流而東注若駟馬駕輕車就熟路而王良造父爲之先後也若燭照數計而龜卜也其句法亦出於呂紀然變化轉換韓更妙矣

古今婦人稱其夫曰良人然先秦之世固爲君子之通稱不獨可施於夫也呂氏紀序意曰秋

甲子朔朔之日良人請問十二紀註云良人謂
君子也
城門失火殃及池魚蓋言救焚而濠水致涸也
求之于古可對宋國以珠事宋司馬桓魋有寶
珠魋抵罪出亡宋公使人問珠所在詒以投之
池中於是竭池而求之無得魚則死焉此事正
相類也
南史沈慶之當朝雖議其不學而所見超絕有
庸常者不可及孝建中慶之請老表數十上詔

聽以公就第頃之宋主復欲起用使何尚之往諭之慶之笑曰沈公不效何公往而復返尚之慙而止葢尚之嘗致仕後復起而效用且受元凶劭之爵秩故沈特譏之

通鑑前編紀武王既伐紂封紂子武庚爲殷侯予謂當改書曰殷公按大紀曰大建公侯于天下封夏后氏之後東婁公于杞封受子武庚于殷用其禮樂作賓于王家皆爲上公是爲二王之後然則爲殷侯者誤也武庚初已爵上公至

其敗滅然後以微子紹之其曰庸建爾于上公
曰作賓于王家特仍武庚之舊而已
春秋書許止弑其君據左氏許悼飲太子止之
藥而卒則君之死以止之藥也雖無意於弑而
實則弑矣如律所謂庸醫殺人固不得辭殺之
之名也世說皆謂止不甞藥故書弑君則與左
氏所記殊遠矣
春秋戰國之世大夫之冢嫡亦稱太子孟孫獵
得麑怒秦西巴之放之也逐之居一年召爲太

子傅左右曰西巴有罪於君令以爲太子傅何也孟孫曰夫以一麑而不忍又將能忍吾子乎

智伯欲襲衛亾其太子使奔衛南文子曰太子顔甚有寵又趙襄子殺代王遂以代封伯魯子周爲代成君伯魯者襄子兄故太子太子蚤死故封其子盖當時諸侯僭王而大夫亦僭諸侯故稱謂無等如此

呂覽知度篇曰絶江者託於船致遠者託於驥霸王者託於賢伊尹呂尚管夷吾百里奚此霸

王者之船驥也故小臣呂尚聽而天下知殷周之王管夷吾百里奚聽而天下知齊秦之霸豈特船驥哉高氏於小臣字無註而殷周之王下箋云殷之盡周之興其意以呂尚爲小臣蓋謂周聽小臣呂尚故商至於盡而周用以王殊爲謬誤小臣蓋指伊尹也戰國時說者有謂伊尹嘗爲有莘氏之媵臣故當時著覽者遂以小臣目之不然四人者並稱于前何乃於後而獨遺尹哉

樂成篇曰魏襄王飲群臣酒酣王爲群臣祝曰皆如西門豹之爲人臣也史起對曰魏氏之行田也以百畝鄴獨二百畝是田惡也漳水在其旁而西門豹弗知用是其愚也知而弗言是不忠也愚與不忠不可效也云云高誘曰按魏世家文侯生武侯武侯生惠王惠王生襄王西門豹文侯用爲鄴令史起亞之不得爲四世之君臣也予謂襄王之時去西門豹則信遠矣然魏君以其政績之著故世以爲賢而舉侶群臣欲

其繼羲宍起之言盖追論其失也高氏以爲頊
飲之列而辯著覽者之謬誤矣
本生篇曰出則以車入則以輦務以自佚命之
曰招蹷之機高氏註曰招至也蹷機門内之位
也乗輦于宮中遊翔至於蹷機故曰務以自佚
也子謂不然盖吕覽本謂爲人上者不務勤身
履行而習於驕佚卒之顛躋覆敗而不足悔是
出車入輦乃招蹷之機也與下爛腸之食伐性
之斧句類

情欲篇曰罇酎者衆則速盡萬物之酎大貴之生者衆矣故大貴之生常速盡上文引喻盖謂罇以酎之者衆故易盡然則天地之間萬物之類交亂人心嗜耗竭人精神其酎人大貴之生者亦衆矣此所以在人大貴之生常亦易盡也事理本明而高氏乃曰萬物酎揖陰陽以生陰陽諭夫大貴君者受君之德以生者衆也其説殆不可曉

予前辯程嬰杵臼存孤事爲非妄其趙朔趙同

趙括之死本各因一事而且非同時特史記誤合爲一遂致事詞參錯不可稽合耳今考於趙世家載晉景公三年屠岸賈攻趙氏於下宮殺趙朔趙同趙括趙嬰齊皆滅其族而晉世家則載景公十二年以趙括與韓厥等五人爲卿則不惟可見史記之自相抵牾且足以証括等之與趙朔果非同時被殺也趙同於朔死之後屢見於春秋左傳可証

朱勝非秀水閒居錄曰紹興七年張浚措撫岳飛之過以張宗元監其軍盖浚方謀收内外兵

柄天下寒心予因是而觀浚之舉措如此則呂祉淮西之行其爲意久矣既而事蹶勢敗失於急欲制諸將之故使是時朝廷不堅起武穆則荊襄之變在淮西之前久矣豈非寡謀自用之咎歟然後來武穆之禍王貴告牒乃以雲憲謀還兵柄爲辭觀此則武穆步歸廬山其部曲亦必有不安者矣此亦宜其來貴之讒口也

天寶遺事載唐明皇夜遊月宫盖竊列子化人遊之意而踵爲者也列子曰西極有化人謁周

穆王同遊王執化人之袂騰而上者中天乃止
暨及化人之宮自以居數十年不思其國復謁
王同遊意迷精喪請化人求還既寤所坐猶向
者之處侍御猶向者之人視其前則酒未清肴
未昲王問所從來左右曰王默存耳宣和遺事
載宋徽宗與林靈素夜話于千秋庭因有月宮
之想靈素乃手招二青鸞于帝前請帝合眼二
人遂乘鸞而昇暨開眼則過一大門樓清寒襲
人所見歷歷次至一城紅光密合守者曰此玉

皇之城也俄爲一天神擠而下倏爾驚寤則身在榻上李明妃尚侍寢此則又倣明皇之事而繼爲之者然其意境雖酷侶化人而所述繁鄙其詞之不逮遠矣明皇事又見龍城録

歐陽子有言春秋無義戰五代無全臣其立例以仕非一代不可以國繫之者作雜傳夫雜者純之反士入于雜則與純誠者相去霄壤矣然予觀其爲傳乃叙於伶人宦者之後則誅貶之意雖不言而其跡不亦曉然可識哉

容齋三筆曰呂后之亾呂祿據北軍酈商令其子寄紿之出游使周勃得入則酈氏父子之於漢謂之社稷臣可也寄與劉揭同說呂祿解將印及文帝論功揭封侯賜金而寄不録平勃亦不爲之一言此又不可曉者予謂寄之紿祿非迫於絳侯之刼則其意向固未可知也且其紿祿之功僅足以贖平時黨結諸呂之罪安敢冀賞哉則其不侯固有說矣

續通鑑載宋政和六年雄州安撫和詵引契丹

匹人李良嗣來朝時和詵久以厚賂結納朔方
豪傑士多歸之良嗣來賜姓趙按宋史良嗣本
傳燕人馬植世為遼國大族仕至光祿卿行污
而內亂不齒於人政和初童貫出使道盧溝植
夜見其侍史自言有滅燕之策因得謁貫與語
大奇之載與歸易姓名李良嗣據此則良嗣之
來事由童貫且在政和初童貫使遼之時非至
六年而後和詵引歸明矣續通鑑作於李燾去
政宣之世不遠意其登載無誤而參以正史其

不同如此豈貫赤出使之前誂固嘗預招誘之勞耶

兩山墨談卷之二

兩山墨談卷之三

吳興陳霆

爲呂氏右袒爲劉氏左袒昔人胥謂周勃以此覘衆心之向背也王伯厚獨不然其言曰考之儀禮鄉射踈凡事無問吉凶皆左袒是以士喪禮及大射皆袒左惟受刑則袒右故覲禮云右肉袒註云刑宜施于右是也以是攷之勃誅呂氏之計已定若爲呂氏則有刑故以右袒令之耳予按齊湣王之亂王孫賈入市中呼曰淖齒

亂齊國殺湣王欲與我誅淖齒者袒右市人從之者四百人是勦之前已有以袒右卜衆者矣今以袒右爲當受刑困曰有據然例以王孫賈之事則市人從討者當刑否耶

孔子列逸民之行而不及朱張論語註曰朱張不見于經傳今按困學紀聞有云朱張行與孔子同故不復論也其謂行同于孔子盖本王弼之註曰朱張字子弓荀卿以比孔子釋文亦引之

宋紹興中劉豫挾金虜入寇高宗親禦之趙鼎
用喻樗留後門之策起張浚于福州俾爲閩浙
江淮宣撫預備退保之地廬陵羅大經曰兵法
置之死地而後生若預留後門則士不死戰矣
項羽救趙既渡河沉舟破甑持三日糧示士必
死無還心故能取勝予謂羅氏之論以之律將
可也若天子親征則事須萬全安可行沉舟之
計哉若寡謀直前則舟沉之後萬一蹉跌不知
置主上于何地救事勢以何策以是而論鼎樗

之見未可非也

左傳楚子圍宋亟華元夜入楚師登子反之床起之曰寡君使元以病告云云子反懼爲退師三十里訖與宋平夫當對敵攻守之際投機之會間不容髮而使敵人得至寢所楚之警備一何疎也當是時華元必有刼持之術特世遠莫詳耳唐小説載薛嵩節度上黨魏博田氏欲襲奪之嵩以爲憂而未得制禦之策其女妾曰紅線者能以中夜至魏博入主師之寢室而竊其

枕前金合以返翌旦嵩馳使還之且曰夜來有
客至君寢所金合其所得也魏帥得之大驚亟
遣書謝罷散遣兵徒終身不敢謀薛盖以敵人
刺客得至主帥之寢所則區區首領係其手矣
此固所以褫魏愽之魄者也然則子反之懼而
退舍無亦慮及此乎元之亊洪氏疑其未然獨
取信于公羊乘堙之說予謂元本宋之謀大夫
事勢既亟則敢死而爲此理容有之若紅線以
一女子而能出奇制敵坐鎮上黨使其不誣信

異人也已

左傳季康子欲伐邾饗大夫以謀之子服景伯諫不可孟孫曰二三子以爲何如惡賢而逆之時孟孫附季氏以景伯之言爲拂當國者之意故曰景伯何得爲賢而乃逆人之意欲止伐邾之舉耶葢景伯之言諸大夫之意也故下文諸大夫對曰禹合諸侯于塗山執玉帛者萬國今其存者無數十焉唯大不字小小不事大也知必危何故不言魯德如邾而以衆加之可乎諸

大夫之意本謂今封國之鮮存者由大之不能字小故小亦不克事大用是致偕亾也然伐鄭則失信與仁危不可免景伯知事之必危夫安得不言且鄭不能事大国矣而曾亦不能字小是其德等也乃獨以衆加之於理可乎時諸大夫與季孟之意見不合故雖飲酒不樂而出其前後文意明白如此註者不知於惡賢而逆之釋云孟孫賢景伯故言安有賢如景伯而可不順其言者於知必危何故不言釋云若知必危

我諸大夫自當言之今不言以不危故也於齊德如郕句下釋爲孟孫答諸大夫之詞顛錯破緒大非本旨又按明年吳爲邾伐魯孟孫謂景伯若之何對曰召之而至又何求焉則伐邾爲孟孫黨於季氏明甚

吳越春秋載闔閭既弒王僚僚子慶忌奔衛闔閭患之謀諸伍員員進細人要離俾之行刺要離者細而寡力迎風則僵負風則伏王語以慶忌之勇謂其不如也要離曰臣能殺之臣詐以負罪出奔願王戮臣妻子斷臣右手慶忌必信

臣矣王曰諾取其妻子焚棄于市要離乃詐奔諸侯宣怨言于路遂如衛見慶忌曰闔閭無道令戮吾妻子無罪見誅願因王子之勇闔閭可得也慶忌信之揀練士卒與還襲吳渡江於中流要離坐于上風因風之勢以矛鉤其冠順風而刺慶忌於是慶忌死要離曰吾殺妻子以事君不仁也爲新君而殺故君之子非義也吾何面目以視天下之士言訖自投于江從者出之要離曰吾寧能不死乎乃伏劍而死左傳哀二

十年載吳公子慶忌驟諫吳子曰不改必亾弗聽出居于艾遂適楚聞越將伐吳冬請歸平越遂歸欲除不忠者以悅于越吳人殺之二說全不同吳越春秋謂慶忌之死在闔閭之時而左傳云云則又在夫差之世且要離之事質之史記無之然則考信慶忌之本末當據左氏

小說有迷樓記一卷謂隋煬建于京師煬既殞于江都唐太宗提兵入京師見迷樓謂衆曰此皆民膏血所爲也下令焚之火經月不滅顏師

古著隋遺録則謂煬建迷樓于江都二説不同
未知孰是東坡詩云江都樓成隋自迷白太素
楊州詞云迷樓固應不見閅瓊花底事也香銷
許有壬迷樓賦所指陳皆江都之事意皆本諸
師古然迷樓記序致前後顯爲可據而諸公咸
不之從豈以江都爲煬廣敗亾之地而迷樓實
其荒滛之跡故所取信必于顔氏耶
退之順宗實録載諸相會食於中書故事丞相
方食百寮無敢謁見者叔文是日至中書欲與

執誼計事，令直省通執誼直省以舊事告叔文吒直省直省懼入白執誼者今之爲文者必曰令直省通執誼以舊事告叔文吒之直省懼乃入白今四句皆用直省字而不覺其煩此殆類史記句法蓋大手筆故能如此檀弓石駘子卒一章凡四用沐浴珮玉字評者服其高古然則退之所用殊朴贍有古風竊可喜也

呂氏愼大覽曰武王復盤庚之政分財棄責以振窮困高誘解曰分財分有與無也棄責責已

不責彼也今按債責古字通用棄責者蠲逋負也離俗覽曰寗戚欲干齊桓公窮困無以自進於是爲商旅將任車以至齊解曰任亦將也今按任車乃債販之車言戚窮困乃爲商人將債車以至齊也此史載魏長賢之言曰或有釋債車以匡覇業即此事

日本國之東約三千里而遠限以大山外有毛人國面體俱生毛約寸半許殆若豬然然而語言形體則人也往見倭國使人言毛人與其國

不通聞嘗犯邊有生獲者乃得其狀貌如此按山海經傳云晉永嘉四年吳郡司鹽都尉於海邊獲一船有男女四人毛生如前身短小而無衣服語言不通送詣丞相府未至道死惟一人在上賜之婦生子以後出入市井漸曉人語自言其所生是毛民也盖即毛人之國乃知偏氣所生有非耳目可常者如此

沈約曰晉元帝母夏侯太妃與瑯琊國小史牛姓者通是生元帝初宣帝有寵將牛金屢有功

宣帝耽之景帝曰金名將可大用云何害之宣
帝曰汝不聞牛繼馬後乎至元帝生始符其讖
然約始謂夏侯與牛姓者通先儒尚議其誣妄
今史通幷鶴林玉露等書乃直謂元帝爲牛金
所生殆癡人夢說也
史記楚平王十年吳伐楚遂敗陳蔡取太子建
母而去楚恐城郢下文更云初吳之邊邑卑梁
人與楚邊邑鍾離人爭桑而交攻楚怒發兵滅
卑梁吳王大怒亦發兵攻楚遂滅鍾離楚乃恐

而城郢索隱云去年已城郢今又重言據左傳
昭二十三年楚城郢二十四年無重城郢之文
是史記誤也予按此節下重言城郢乃申敘上
城郢之由史記非誤也索隱誤耳
懷王六年楚使昭陽移兵攻齊齊患之陳軫適
使齊謂齊王曰王勿憂請令罷之往見昭陽曰
願聞楚法破軍殺將者何以貴之昭陽曰官上
柱國爵執圭又貴則令尹陳軫曰今君已爲令
尹矣此國冠之上下文云今君相楚而攻魏破

軍殺將功莫大焉寃之上不可以加矣國寃之上言其爲令尹乃官爵之極猶處一國之寃之上也故下云寃之上不可以加二寃字一意也索隱上音貫下音官者非是

越世家勾踐謀伐吳復問范蠡蠡曰可矣乃發習流二千人索隱云虞書流宥五刑按此乃流放之罪人使之習戰任爲卒伍者也予謂習流乃士之習水戰者如所謂善泅者也徐天祐越春秋註云笠澤之勝越以三軍潛涉意習流即

之偉乎事發相重謂諸呂變作而澤能舉兵入討又與群臣共立代王是與内朝相倚重也晉灼索隱之說皆非漢書改偉乎爲危哉顏氏因有事發則與田生相累之釋

商鞅傳趙良曰反聽之謂聰内視之謂明自勝之謂強反聽内視者反己觀省之謂自勝云者内有以克乎己私則天理勝乎人僞自能剛而立也索隱謂守謙敬而人自伏其非是爲自勝若是者乃爲強若爭名得勝此非強之道雖與下文自卑之言合然恐非本義也

晉世符堅入寇詔以謝安爲征討大都督安兄子玄都督前鋒諸軍事時堅師號百萬朝野震恐玄遣張玄詣安問計安都無所荅乃命駕出遊遂與玄圍棋賭墅王夢麟謂圍棋之玄上當加之姓以爲別不然則是玄者爲張耶抑爲謝也予謂賭墅之下記者更云嘗時玄棋品劣是日玄懼遂爲敵手推此則可決圍棋之爲幼度矣又按幼度傳吳興太守張玄之亦以才學顯與玄同年之郡而玄之名亞於玄時人稱爲南

北二玄論者衆之然則所謂張玄者豈即玄之耶抑别一人也若誠爲玄之則二人初未嘗同名特傳録者小悞爾呂東萊晋書詳節叙衛堅事安加征討大都督夷然無懼色旋命駕出遊方與玄圍棋賭别墅游陟至夜乃還既而兄子玄等破堅有驛書至安方對客圍棋看竟便攝放床上此節前言與玄圍棋後言兄子玄等破堅則圍棋之玄爲張爲謝幾於難别倘前之玄果幼度則兄子字不宜於後出也此則畧宜更

剔
國語爲韋昭註然謬誤頗多今姑摘其數處皆
顯可見者周語民用莫不震動民用和同註以
用爲田器今按用乃虛字周書民用僭忒即此
句法也襄王賜晉惠公命中云在湯誓曰余一
人有辠無以萬夫萬夫有辠在余一人至十三
年鄭人伐滑中云書有之曰必有忍也若能有
濟也註謂今書皆無此言決爲散逸今按二言
見存于湯誥君陳等篇但字句小異耳魯語公

父文伯飲南宮敬伯酒以露睹父為客相延食鱉註謂衆賓相進使食鱉今按相延者款導之意謂賓主相款使食也又文伯之母季康子之從祖叔母也康子往焉闖門而與之言皆不踰閾註以闖為闢謂闢門也今按闖者馬不出門之貌謂敬姜身在門内而與康子語也晉語趙宣子言韓獻子於靈公以為司馬河曲之役宣子使人以其乘車干行獻子戮之衆咸曰韓厥必不沒矣其主朝升之而莫戮其車其誰安之

註謂獻子因趙盾以爲主盾升之公朝莫喻遠
也今按春秋大夫稱主優施謂里克妻曰主孟
啗我註謂主從大夫稱也時韓厥出宣子門下故
論者謂宣子爲其主莫古暮字又靈公虐趙宣
子恒驟諫公使鉏麑賊之晨往則寢門闢矣盛
服將朝蚤而假寐麑嘆而言曰不忘恭敬社稷
之鎭也觸庭之槐而死註謂庭外朝之庭也周
禮王之外朝三槐爲三公之位則諸侯之朝三
槐三卿位焉今按本文曰晨往則麑爲晨造趙

所矣既而感悟其忠乃觸槐而死則所觸當為趙庭之槐也鄭語桓公為司徒簡於史伯中云虞幕能聽協風以成樂物生者也註謂虞幕者舜之後虞思也今按虞幕為舜所自出史趙曰自幕至于瞽叟無違命舜重之以明德觀自幕至叟及重之明德之語則非舜之後可知

元人伐宋師至巴陵女子韓希孟者魏公五世孫嫁為賈尚書子瓊婦岳州破被虜明日以衣帛書一詩自投于江而死長興州判官沈思安

嘗託劉元履者丐趙松雪爲書其詩元履諾而未言一夕夢一婦人云趣爲我求書庶因大人君子之筆發攄幽憤松雪聞而異之乃爲之寫一通歸之于沈吁韓一女子也而英靈烱烱如此向生斯時爲男子則精忠血誠扞衛社稷者當與一時忠義之士相挺矣顧肯少屈其志哉咄咄眞可敬也韓詩今載輟耕錄予往見別本篇句絶不同盖好事者亂眞莫可致審

白樂天謫江州司馬其廳壁記云唐六典上州

司馬秩五品歲廩數百石月俸六七萬官足以亢身食足以給家州民康非司馬功郡政壞非司馬罪無言責無事憂噫爲國謀則尸素之尤蠹者爲身謀則祿仕之優穩者予佐是郡行四年矣其心休休如一日二日何哉識時知命而已又安知後之司馬不有與吾同志者乎按樂天爲人雖外示恬淡而中實愛戀官職觀其詩篇每及遷除處則津津喜句不覺流出此朱子之所以有譏也江州之謫未爲遠惡而一聞商

女琵琶之音遽重天涯流落之感掩泣之餘青衫沾濕是何言行欣戚之相反哉然則壁記云云特有激之詞倘信其爲由衷之言則誤矣

兩山墨談卷之三

兩山墨談卷之四

吳興陳霆

文文山死宋而其弟璧號文溪者附元當時有詩云江南見說好溪山兄也難時弟也難可惜梅花各心事南枝向暖北枝寒迨元皇慶中丞相子陞仕爲集賢學士奉使贛州道卒時有挽之者云地下脩文同父子人閒讀史各君臣由是言之天下是非之顯然者在當時固已定矣初無俟于百年也先是丞相子道生佛生皆流

離中死亾治命以陞爲後按陞爲璧之子則陞之失其本心者有自矣

通鑑外紀載湯之時大旱七年卜當以人禱湯曰所爲請雨者以爲民也若以人禱吾請自當遂翦髮斷爪體嬰白茅以身爲犧牲禱于桑林之野祝曰無以予一人之不敏傷民之命以六事自責曰政不節歟民失職歟宮室崇歟女謁盛歟苞苴行歟讒夫昌歟何不雨之極也言未已大雨方數千里然說苑則謂湯之時大旱七

年於是使人持三足鼎祝山川教之祝曰政不
節耶民失職耶苞苴行耶讒夫昌耶宮室營耶
女謁盛耶何不雨之極也言未已而天大雨二
書所載事詞不異而身爲犧牲與遣人持鼎之
說不同予以意決之桑林之禱湯旣親矣而又
使人徧走群望授之祝詞即用其所自責者然
則固可會而通也
宋時史館作一貴侯傳其人少賤嘗屠豕爲業
諱之即非實錄書之即難遣詞以問之胡旦胡

曰何不云其少嘗操刀以割示有宰天下之志
予謂操刀以割凡起自庖人灶養者皆可用若
取意于太公鼓刀朝歌與樊噲屠狗則尤妙矣
蓋二公後皆封侯而鼓刀屠狗皆史記中事於
夫傳貴侯更切也
史記舜紀瞽瞍使舜濬井舜穿井爲匿空旁出
論史者多譏其鄙誕今按渑水燕談河中府舜
泉坊二井相通匿空旁出者也宋真宗祀汾陰
車駕臨觀賜泉名廣孝坊名舜泉御製贊以記

之是穿空事有跡可憑矣然此豈好事者緣遷
語而贋設之耶抑果舜世之遺也
成王以重祭康周公故魯得禘於周公之廟先
儒之論多謂成王之賜伯禽之受均之非禮今
按禘乃商世時祭之名商之夏祀其名曰禘至
周乃易名禴而以禘爲王者之大祭成王不敢
臣周公若曰異代之臣者然故賜魯以殷之禘
祭於牲則用白牡是魯之得禘與左氏所謂烝
嘗禘于廟皆時禘也若或人所問與魯國後世

所僭用則緣時祭之名而冒用王者之大祭矣故孔子答以不知而他日有嘗禘非禮之嘆詳見馬端臨袷禘考及春秋師說等書

古今紀錄之書多承訛踵謬不復加按者童時嘗記故事有所謂毛寶放龜謂晉毛寶年十二歲行于江口見漁人獲白龜以錢贖之放之江中後二十餘年寶守邾城與石虎將軍交戰敗而投江脚如踏石渡寶至岸回視乃昔時所放白龜也長四尺餘迴至中流猶反顧有不忍舍

去之意此盖出於陳録善誘文爲善陰隲書亦就承載令考之晉史寶傳寶守邾城石季龍遣五萬人攻之城陷寶等突圍出赴江死者六千人寶亦溺死史又言寶初在武昌軍人有於市買得一白龜長四五寸養之漸大放之江中邾城之敗養龜人披甲自投於水中若墮一石之上視之乃先所養白龜也長五六尺送至東岸遂得免焉是放龜乃寶部下之軍人邾城之役寶盖死矣其謂緣龜而免者謬也又龜於中流

反顧乃孔愉放龜於餘不溪事擧以屬武昌之龜恐亦傅會

月中常娥之說學齋佔畢嘗論其妄矣其說云漢志黃帝使羲和占日常儀占月周官注云儀義二字古皆音俄毛詩實惟是儀協在彼中阿太玄各遵其儀協不偏不頗以是例之儀俄二字本同音所謂常娥即常儀也予謂儀之作俄此誠可據推原誤始或後人轉寫爲娥竊藥奔月之說從而傅會古今談者又因之晉賛月娥

之義不知實妄説也又嘗考之通鑑前編常儀
乃帝嚳之四妃是知後人謂爲月娥者以有常
儀占月之事而又惑於帝妃之文遂承謬耳
唐鼓吹詩爲郝天挺箋註金有郝天挺者元遺
山實師之史稱其早衰多疾厭於科舉遂不復
充賦又云其爲人有崖岸耿耿自信寧困窮落
魄終不一登豪富門然則此天挺乃金時隱逸
也註鼓吹者署云中書左丞且謂嘗學於遺山
之門然考之元史其爲左丞在武宗時則知別

一人也

魏晉時有牛繼馬後之讖沈約因謂晉元帝本牛氏所出予嘗著其說矣今按元行沖𠣵意論著以族出後魏乃引魏明帝時西柳谷出瑞石有牛繼馬後之象遂謂道武帝名犍實繼晉而有中原所謂牛繼馬後者也元之言見魏典

環谷汪氏專門春秋之學所著有春秋纂疏左傳分紀等書然其言春秋處頗亦可議曾君卜郊其言曰考之春秋宣成定哀之改卜牛皆在

春正月僖之卜在四月則是魯之郊止於祈穀
而非大報之禮亦明矣愚按郊祀之禮冬至爲
大報天孟春爲祈穀春秋用周正先儒具有成
說今考之經傳所紀顯然可証春秋之正月夏
之十一月也其四月乃夏之二月也以是而論
則宣成定哀之郊正爲冬至之報天而僖之用
四月乃爲入春而祈穀借曰春秋行夏之時謂
正月四月之郊爲祈穀佀也然魯獨有祈而無
報於理安乎是雖苟欲爲魯避大報之僭然爲

說窒礙矣桓十四年八月乙亥嘗其說曰嘗以物成而薦新周之八月乃夏之六月物未大成嘗非時也至論桓八年春夏二烝則謂春秋嘗祭不書書必有譏如桓公八年春夏兩以烝書者譏其不時而且黷如桓十四年八月嘗本得其時矣然因御廩災越四日乙亥而嘗譏以災餘而祭爲不敬也夫桓一嘗也既以爲非時又以爲得時郊之正月四月則認爲夏時嘗之八月又目爲周正跡其前後不自悖矣乎然則雖

以自信吾未見其可也
西伯陰行善此史遷之謬也孔安國論西伯戡
黎而曰文王貌雖事紂内秉王心夫遷之不知
文王固也安國號稱儒者乃亦爲是言陋矣按
商紂之世武王襲稱西伯故胡五峯呂成公陳
少南薛季龍金仁山諸儒皆以戡黎爲武王事
詳見通鑑前編若武王稱西伯則見呂氏春秋
固爲書學者當知也
栢舟篇朱子主列女傳謂爲婦人之詩以栢舟

之堅自比華谷嚴氏曰攄孔叢子載孔子讀栢舟見匹夫執志之不可奪然則非婦人詩也黃氏震曰按汎彼栢舟古註謂汎汎然流水中侶與經文合初不見所謂堅守之意且合依毛氏古說以仁人不遇爲主予謂婦人守節不易此所謂匹夫不可奪志也孔子讀詩之意蓋如此則栢舟爲婦人詩固無礙也

唐書奸臣贊云三宰嘯凶牝奪晨林甫將藩黃屋奔鬼質敗謀興元慶崔柳倒持李宗覆其句

法本出於漢書所謂豎牛奔仲叔孫卒等語則
其格也張表臣者不知謂與韓公樊宗師銘皆
宗庱世古玄歌句法其言曰韓宋之文皆宗於
古然退之爲之則有餘子京勉之則不足又施
於史詞佀非所宜矣夫謂宋施於史詞非宜然
則漢書非史詞耶良可發笑
陳長方步里客談云司馬遷作武帝紀但實録
方士神怪事無一字譏刺使讀者不覺思其事
則武帝之愚甚矣按武紀本褚先生所補武帝

鬻獄之物是其始進史記之言爲的也
晉獻公卒荀息立奚齊卓子里克並殺之乃與
丕鄭使召公子重耳于翟重耳辭避及秦穆公
使人弔且道之入重耳又固辭竊意二君就殞
而諸公子皆亾使重耳乘此而入則國其國矣
何乃退託固拒甘於奔亾險阻艱難嘗之備極
而國之釀亂者復十五年初甚疑之今細閱左
氏國語而推求其故則其初之不欲入固有說
也蓋是時克鄭雖用事而吕甥郤稱之徒亦立

敵克鄭方召重耳于翟呂郤亦召夷吾于梁呂郤之言曰子厚賂秦人以求入吾主子則夷吾之必入此可決也初克鄭之召重耳將必有要賂之意故重耳讓于夷吾有苟衆所利鄰國所立大夫莫從之之語既後夷吾私於秦使曰中大夫里克與我矣吾命之以汶陽之田百萬丕鄭與我矣吾命之以負蔡之田七十萬觀此二端則克鄭之初意竟反而其利謀亦露矣迨惠公得國即使寺人披求殺重耳既其見獲於秦

也左氏叙其失衆之故曰晉侯許賂衆大夫既而皆背之夫當時之事情如此則重耳於惠公乃其深忌之人而在諸大夫則爲可居之貨向使於初召而遽入吾恐吕郤之情非可測惠公之爭未可靖而克鄭之賂不能滿然則門墻之禍肘腋之變其能免哉惟其遲之之久然後惠公之背義既莫繫身後之思而懷公之濫殺又足啓目前之釁於是秦伯率師納之諸大夫歸戴一舉而定焉蓋惟遲之之久然後得之之固

此固天以相文公之霸而亦狐犯之善謀也學
者欲考見前世當畧識此
晉世汲縣有太公碑載文王夢天帝立於令狐
之津謂曰昌賜汝望文王再拜稽首太公於後
亦再拜稽首文王夢之之夜太公夢之亦然其
後文王見太公而記之曰而名爲望乎荅曰唯
文王曰吾如有所於見汝太公言其年月與其
日且盡道其言臣此以得見也文王曰有之有
之遂與之歸以爲卿士嘗記宋野史載徽宗夢

至帝所有仙官贊拜記其狀貌甚悉追方士王
老志見熟視上曰頗識老臣否帝因記夢游事
覩老志面目儼然向所見也因大加禮遇按徽
宗事初嘗喳其誕妄令閱此碑乃知徽宗自以
爲遇天下之異人故特依倣以神其事殆竊比
于文王之遇大公耳然太公事當以史記所序
爲正碑之云云謂本之周志周志今不可見意
汲書所逸之舛編也豈足多信

宣和博古圖中一則云春秋魯饑臧文仲以玉

磬告糴于齊容齋洪氏曰按經所言但云臧孫
辰告糴于齊左傳亦無玉磬之說予考玉磬事
本載國語洪之致駁殆信筆耳國語之畧曰魯
饑臧文仲言於莊公曰今國病矣君盍以名器
請糴于齊於是以鬯圭與玉磬如齊告曰天災
流行戾于敝邑饑饉荐降大懼殄周公太公之
命祀職貢業事之不共而獲戾不腆先君之敝
器敢告滯積以紓執事云云齊人歸其玉而予
之糴

漢衛尉卿衡方碑中云感昔人之凱風悼蓼儀之劬勞以蓼莪爲蓼儀漢碑多如此趙明誠謂漢人各以其學名家故所傳時有異同今按儀莪二字周官注皆音俄然則儀即莪也非漢人傳授之異

逸周書載太子晉與師曠問答之言金仁山疑爲後人所附會今細閱首末得其中之可摘者師曠謂太子曰暝臣無見爲人辯也惟耳之恃然耳又寡聞而易窮繼又曰汝聲清汗汝色赤

白火色不壽夫曠瞽者也聲之清汙耳可得聞
色之赤白目安得覩令即其一語之頃而前後
相反若此則謂終篇之出於其口者果足信乎
吾謂此誠好事者一時附會之語但主於說之
詭而不自覺夫詞之背者也
史傳多言日本國乃徐福之後福誘秦皇請以
童男女各五百人入海求神仙久之莫得恐歸
則被誅遂止而不返今倭之北京有徐福祠雖
倭人亦自謂福爲其始祖也偶閱金仁山通鑑

前編於勾踐滅吳之下註云吳自太伯至夫差二十五世今日本國亦云吳太伯之後盖吳亡其子孫支庶入海爲倭也金氏愽綜羣書其言當必有據是徐福未止之前倭固有開先者矣予意倭之先不起於福而倭之後風氣日開種類日滋則福之衆實遺育焉然則福乃再基之祖也

春秋秦穆公襲鄭一事三傳皆書公穀語句絶同而左氏遣辭稍異然其大指一也吕氏春秋

亦載斯事其言曰秦穆公興師以襲鄭蹇叔諫曰臣聞之襲國邑以車不過百里以人不過三十里皆以其氣之趫與力之盛至是以犯敵能滅去之能速今行數千里又絶諸侯之地以襲國臣不知其可也君其重圖之穆公不聽也蹇叔送師于門外而哭曰師乎見其出而不見其入也蹇叔有子曰申與視與師偕行蹇叔謂其子曰晉若遏師必于殽汝死不於南方之岸必於北方之岸爲吾尸汝之易穆公聞之使人讓

蹇叔曰寡人興師未知何如今哭而送之是哭吾師也蹇叔對曰臣不敢哭師也臣老矣有子二人皆與師行比其反也非彼死則臣必死矣是故哭按吕紀所叙視三傳爲詳獨其語脉支離而文氣散緩要之大意不出三傳然視三傳之高簡則遠矣

淮南子曰瓠巴鼓瑟而淫魚出聽説者曰淫魚頭與身相半其長丈餘鼻正白身正黒口在頷下状佀鬲有鬐而無鱗出於江中其性喜音聞

樂作則出頭水上聽之是聽瑟獨淫魚爲然今
談者胥謂瓠巴鼓瑟而游魚出聽乃若槩指凡
魚矣於其出處不無小誤也

兩山墨談卷之四

兩山墨談卷之五

吳興陳霆

容齋洪氏曰毛詩序言關雎麟趾之化王者之風也故繫之周公鵲巢騶虞之德諸侯之風也先王之所以教故繫之召公周南召南言王化自北而南也據文義周公召公二公字皆合爲南則與上下文相應蓋簡策誤耳王者之風恐不當繫之周公而先王之所以教於召公亦無涉也予因是考之周自文王之世周公職内而

及
胡忠簡銓之在宋世不獨其忠鯁蓋于一時至
于心畫亦端嚴勁挺可爲世法孝宗嘗謂忠簡
曰卿寫字宛如卿爲人對曰臣幼法顏眞卿令
自成一家耳上又曰朕前日侍太上於德壽宫
閣上洽疊書畫因得卿紹興戊午所上封事眞
蹟太上與朕詳玩久之喜卿辭意精切筆法老
成英風義氣凜然飛動太上自藏之曰可爲後
代式但其後爲秦檜批抹汙漬者良多朕啓太

上令工逐行裁去裝褙之矣宋之諸帝高宗最善書忠簡手筆爲帝所賞愛則其精可知矣後世但稱誦其乞斬秦檜之疏而此則或未知也因爲表出

洪容齋曰逸周書載武王克紂歸而燎于周廟以紂與二妾之首先馘又用紂于南郊夫武王之伐紂順天應人紂死則已矣何至梟戮俘馘且用之于祭乎知其必不然也愚觀洪氏之說大率同朱子之見然此但折之以理耳未若證

之以事之爲决也按武成史記大傳等書牧野之戰在二月甲子紂以是日自燔則已斃之矣其存於煨燼者宜無幾迨武既定商始渡河而歸則既四月矣是月丁未祀于周廟越三日庚戌柴望告成禮大傳曰牧之野武王之大事也既事而退柴于上帝夫當柴燎之時距紂之斃期三閱月矣然則武王雖欲用紂于郊度其已存之尸當亦潰爛臭穢是可聞之上帝乎且聖人爲海内討惡見惡尚不怒况於軀之已斃者

哉此在事理決無甚焉者也予因是而考之世
俘解其畧云越五日乙卯武王乃以庶祀馘于
國庶乃竟告于周廟曰古朕聞文考脩商人典
以斬紂身告于天于稷詳其本意佀謂告廟之
餘乃告祭天地與稷其曰以斬紂身告于天云
云者謂告天以斬戮紂軀之事也洪氏不原其
意直謂用紂于郊殆此文惑之耳然是書克殷
解既謂武王斬紂首懸諸太白斬二女首懸諸
小白至此復謂太師負商王紂懸首白旂妻二

首赤旂前言小白而此云赤旂其言之無據推此亦可例矣

金人滅遼克宋定都燕山其故城在今北京城之西南十里今禁垣內所存瓊花島梳粧臺皆金故物也瓊島乃即蒙古輦貢之石積而爲山粧臺則章宗所營以備李妃行園而添粧者都人訛爲蕭太后梳粧樓嘗記章宗偕妃登臺得二人土上坐之句擧以屬妃妃即以一月日邊明對之時夸謦妙以今地里計之所謂臺島與今萬歲山太

液池等在金時當介都城之東北隅入元而改
築城隍我　朝因之前之山池臺島則在禁籞
之西南矣
春秋隱五年公矢魚于棠按矢魚者射而取也
宋史交州傳黎桓跣而射魚意即古之矢魚耳
公穀皆作觀魚謂陳魚而觀之也於矢義欠通
容齋五筆曰張伯玉守河陽作六經閣記先詫
游士及在職者各爲之凡七八本既畢並會于
府伯玉一一閱之取紙書十四字徧示客曰六

經閣諸子史集在焉不書尊經也時曾子固亦預坐驚起摘伏遂頃聞此事於張子韶不能追憶經閣所在及其文竟就于誰手後之君子當有知之者矣按洪氏之言如此是誠得之傳聞其於事之本末殊爲乖錯也葢斯事具載于中吳紀聞其言曰姑蘇自景祐中范文正公典藩方請建學其後富郎中嚴繼之又建六經閣張伯玉公達爲郡從事遂命爲之記今但傳其篇首數句闕見錄又誤載其始末予家偶藏公達

所著蓬萊集恐後人不復見其全文也因具載之首云六經閣子史在焉不書尊經也末云諸儒謂伯玉從事此州游學茲久宜刋文石庶幾永永無極據此則經閣在姑蘇伯玉作記時盖未嘗守河陽也但不知游士郡僚各爲記與曾子固鷲伏之説何自而起然張記通篇雖警峭至論其要妙則莫踰所傳之數語云

劉孟熙云永興湘湖出蓴菜按齊民要術羮之菜蓴爲第一四月蓴生而無葉名雉尾蓴第一

肥美葉舒長名絲蓴至秋則無人采矣然張翰見秋風起而思吳中蓴羹鱸鱠不知何也予謂蓴之見稱于晉世者在陸氏有千里蓴羹之語然不言其肥美之候也今越蓴見采於夏而吳蓴則見思於秋豈其風土所産之異俗情嗜好之不齊耶中吳紀聞載張翰思歸事其言曰翰仕齊王冏不樂一日在京師見秋風起因作歌曰秋風起兮佳景時吳江水兮鱸正肥三千里兮家未歸恨難得兮仰天悲遂棄官而還據翰

之辟是其東歸正坐思鱸耳於蓴羹初未嘗及也不知古今云云者亦復何據當俟博考

宋徽宗數微行秘書正字曹輔上疏諫竄之郴州輔疏具本傳續綱目載其畧曰陛下厭居法宮時乘小輦出入廛陌郊坰極遊樂而后返臣不意陛下當宗社付託之重玩安忽危一至於此夫君之與民本以人合合則爲腹心離則爲楚越畔服之際在於斯須甚可畏也萬一當乘輿不戒之初一夫不逞包藏禍心雖神靈垂護

然亦損威傷重矣又况有臣子不忍言者可不
戒哉凡輔之蹶大要如此宣和書一事載輔入諫
其表語畧曰臣聞聖人猶天也天之道不可測
聖人之威其可褻乎古語有云萬夫之帥深坐
于油幢千金之子不闘於盜賊何則所守者嚴
不爲輕者賤者而輕其身也臣近覩邪臣謝表
謂陛下輕車小輦七臨私第臣以爲陛下之眷
臣京不爲薄矣然而陛下萬金之軀是列聖之
遺體也陛下縱不自惜獨不爲祖宗惜乎近聞

有賊臣高俅楊戩乃無籍小人巧進佞諛蠱
聖聽輕屑萬乘之尊嚴下遊民間之坊市宿于
娼館事跡顯然雖欲掩人之耳目不可得也且
倡優下賤縉紳之士稍知禮義者尚不過其門
陛下貴爲天子深居九重信匹夫之邪言幸下
賤之潑妓使天下聞之史官書之貽笑萬代陛
下可不自耻乎度賊臣初意必借藝祖夜幸普
第之事以蠱惑聖聽獨不念藝祖創業之初焦
心勞思出與大臣謀取天下之策非私行而爲

荒淫也臣願陛下改過遷善思藝祖創業之艱
難述列聖守成之先志保重聖躬杜絕遊幸祖
宗之望也社稷生靈之福也臣冒瀆天威自分
身膏斧鉞但陛下幸聽臣愚則雖死猶生也伏
取進止此表意句質之原疏無一語可合此必
當時好事者竄處京師以其道聽之說作爲遺
事時以輔諫微行諫人觀聽覘欲見其疏而不
可得則僞譔以補之然則此書之多誕妄可知
矣其蕪啙猥俗姑不必論也朱子亦謂南燼諸

書所紀金人窘辱帝后恐未必如此之甚而阿
計替監視二帝至周旋十餘年徃返數千里皆
爲可疑今以是表之類推之其不足信明矣南爐
紀聞竊憤録今皆併入宣和遺事中
貴嬪家蘘器有所謂獸子其製以銅爲馬形鬣
尾皆具而背爲大穴用踞之以溲獸子作馬形
盖取登踞時如跨馬之狀意以便于坐且偹雅
觀也予然後知今世名肥桶曰馬子者乃沿乎
此

龍門子引葉公事云葉公子高好龍鉤以寫龍鑿以寫龍屋室雕文以寫龍於是天龍聞而下之葉公見之棄而還走是葉公非好龍也好夫似龍者也郁離子載平原君問于魯仲連曰齊其成帝乎仲連笑曰成哉竊悲其爲象虎也臣聞楚人患狐多方以捕之弗獲或教之曰天下之獸見虎咸讋而亾乃使作象虎取虎皮蒙之出牖下狐入遇焉怖而踣似龍象虎其爲語奇矣是天生的對也

宋邵伯温曰南唐主李煜以太平興國三年七
月七日卒吴越王錢俶以雍熙四年八月二十
四日卒二君歸宋奉朝請於京師其卒之日俱
其始生之辰也太宗於是日遣中使賜以器幣
與之燕飲皆飲畢而暴卒蓋太宗殺之也予按
野史李後主以七夕誕辰命故妓於賜第作樂
侑飲聲聞于外太宗聞之大怒又傳其小詞有
小樓昨夜又東風故國不堪回首夢魂中之句
緣是怒不可解是日命秦王移具過飲既畢而

李主遇牽機藥發於庭前反郤數十回遂卒是李之禍詞語促之也予因記錢鄧王有玉樓春詞亦云帝鄉烟雨鎖春愁故國山川空淚眼其感時傷事不減於李然則其誕辰之禍豈亦緣是耶

東萊呂成公退居金華陳同甫間往視之極論至夜分成公歎曰未可以世爲不能用虎帥以聽孰敢違子同甫頗慰意焉既後成公卒同甫作文祭之中云兄嘗誦子皮之言曰虎帥以聽

孰敢違子人之云㓙擧者莫勝假使有聖人之
宏才又將待幾年而後成云云盖追叙夜分之
言也後朱晦菴見之大不契意然陳之持論竟
亦不肯抑下葉適所謂朱公元晦意有不與而
卒不能奪者如此文所云與往復數書中所論
三代漢唐等處是也
程史載呂東萊死陳同甫作文祭之中閒頗追
叙東萊平日推服之語朱晦菴讀之甚不契貽
書婺人曰諸君聚頭磕腦作何等事乃至有此

等怪論同甫聞之不悅他日言于帝曰今世之所謂儒者自謂得正心誠意之學皆風痺不知痛痒之人也舉一世安於君父之大讐而方且揚眉袖手高談性命不知何者謂之性命乎盖詆晦庵也初嘗信之及覿同甫跋晦庵送郭秀才序後有云晚得從新安朱元晦遊見其論古聖賢之用心平易簡直欲盡擺後世講師相授流俗相傳凡入於人心而未易解之說以徑趨聖賢心地而發揮其妙以與一世之人共之其

不得見信於世則聖賢之命脉猶在而人心終有時而開明也其於經文稍不平易簡直則置而不論以爲是非聖賢之本旨若欲刋而去之者余爲之感慨於天下之大義而抱大不滿於秦漢以来諸君子思欲觧其沈痼以從新安之志而未能也觀此則同甫蓋深服晦庵務爲實學有用而痛斥世儒宏大高濶之習爲之興慨者如前言則前後背戾甚矣周公謹有言世有一種淺陋之士自視無堪以爲進取之地輙亦

自附於道學之名褎衣愽帶危坐濶步或抄節語錄以資高談或閉眉合眼號爲默識而叩擊其所學則古今無所聞知考驗其所行則義利無所分別此聖門之大罪人也吾意同甫所嫉者正爲此輩而岳氏不察謂指晦庵云爾

陳同甫與朱晦庵書曰亮平生不曾會説人是非唐與正乃見疑相譖是真足當田光之死矣然困窮之中又自惜此潑命一笑初晦庵劾台守唐與正之罪相傳謂其納陳同甫之譖以是

成慫周公謹叙其故於野語中謂與正平日特
才頗輕晦庵而陳同甫時爲朱所與進同父遊
台州嘗狎籍妓意將納之囑唐脫籍唐許之而
復間之於妓由是妓意頓改同甫恚爲唐所賣
逕往見朱朱因問近見小唐云何荅曰唐謂公
尚不識字如何作監司朱啣之因是攈摭其罪
今以同甫之書觀之知爲未然蓋同甫誠譖唐
于晦庵暨後交訟是非終竟則晦庵之受錯同
甫實爲之計同甫當自咎歸罪乃不出此顧復

飾詞以自掩于事主之前使其誠病風而且愚將不羞夫晦庵之鄙其爲反復人耶以是論之野語云云殆未足信也

尹文子爲語煩複其文遠不逮子華子其本意主刑名而借黄老以盖其説昔人謂其論大道倡黄老盖徒見其書以大道名篇故遂爲所欺也大道上篇曰夫名稱者不可不察也語曰好牛好則物之通稱牛則物之定形以通稱隨定形不可窮極者也設復言好馬則復連於馬矣

設復言好人則彼屬於人矣則好非人人非好也故曰名分不可相亂也其說與公孫龍白馬非馬之辯相類序言尹文居齊稷下嘗學于公孫龍今考龍仕趙平原君去尹子居稷下時實後百餘歲序所云云未足據也

秘史載漢高帝爲亭長送徒人於驪山路遇白蛇斬之一老婦泣曰赤帝子殺吾白帝子矣後人謂王莽爲白蛇按白蛇爲王莽此大無據盖王莽於西漢之末簒位閏十四年而被誅與高

帝初不相涉所謂白帝子者人指爲秦帝疑亦
非是蓋指項羽也羽自稱霸王建置侯王儼然
帝尊矣高帝滅之故曰殺白帝子羽號西楚則
白帝之應也
元郝伯常使宋賈似道覊之眞州凡十六年一
日得一鴈見郝輙鼓翼引吭郝異之乃以帛書
一詩所謂木落風高巻所如歸期回首是春初
者也詩以蠟爲丸系之鴈足祝之北達鴈至于
汴泊金明池爲虞人所獲會元兵將渡江似道

俱遣使歸郝于元帛書遂不復上後爲安豐教
授王時中所得至延祐五年集賢學士郭貫偶
見之遂聞于朝遣中使取之䟦之東觀其詳見
于宋潛溪所著䟦語始末有據輟耕錄謂虞人
得鴈以之上聞世祖惻然曰四十騎留江南曾
無一人鴈比乎遂興師伐宋此盖得于好事者
之傳會不足信也

兩山墨談卷之五

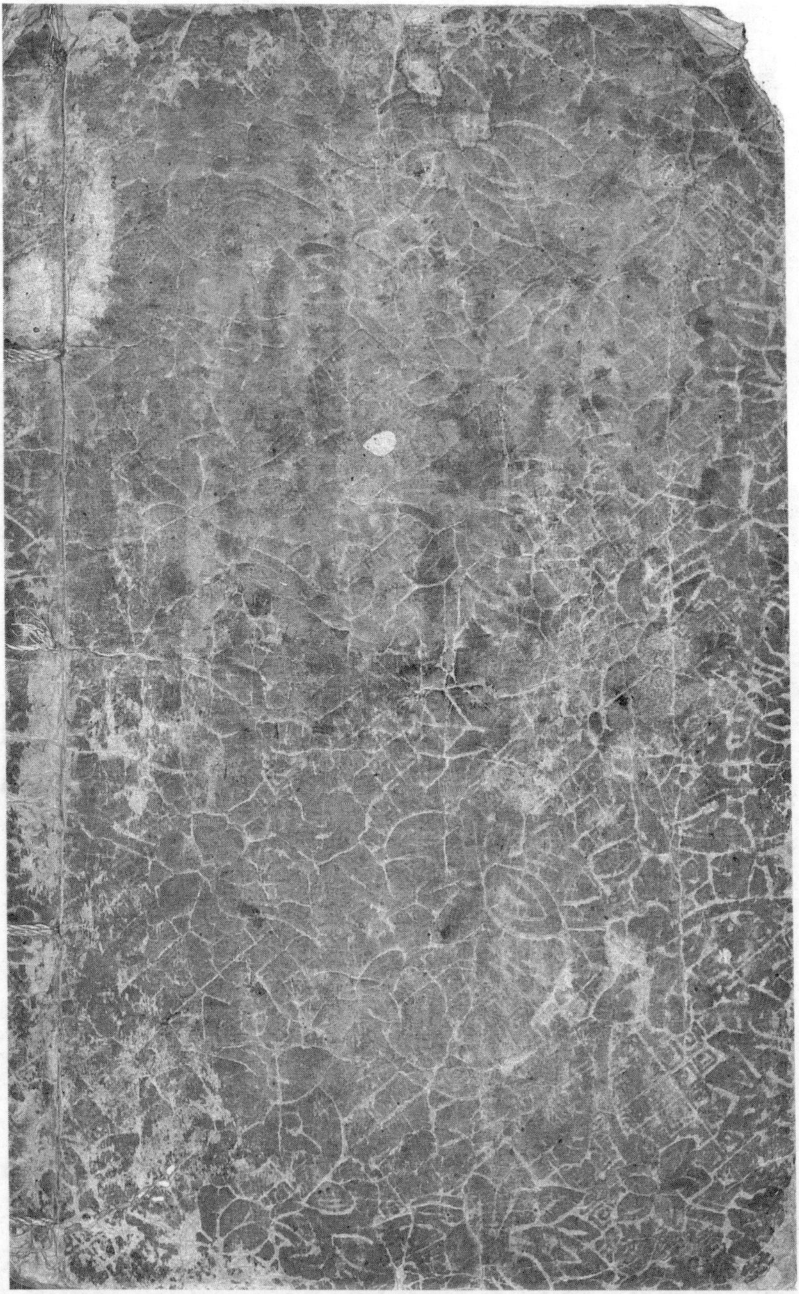

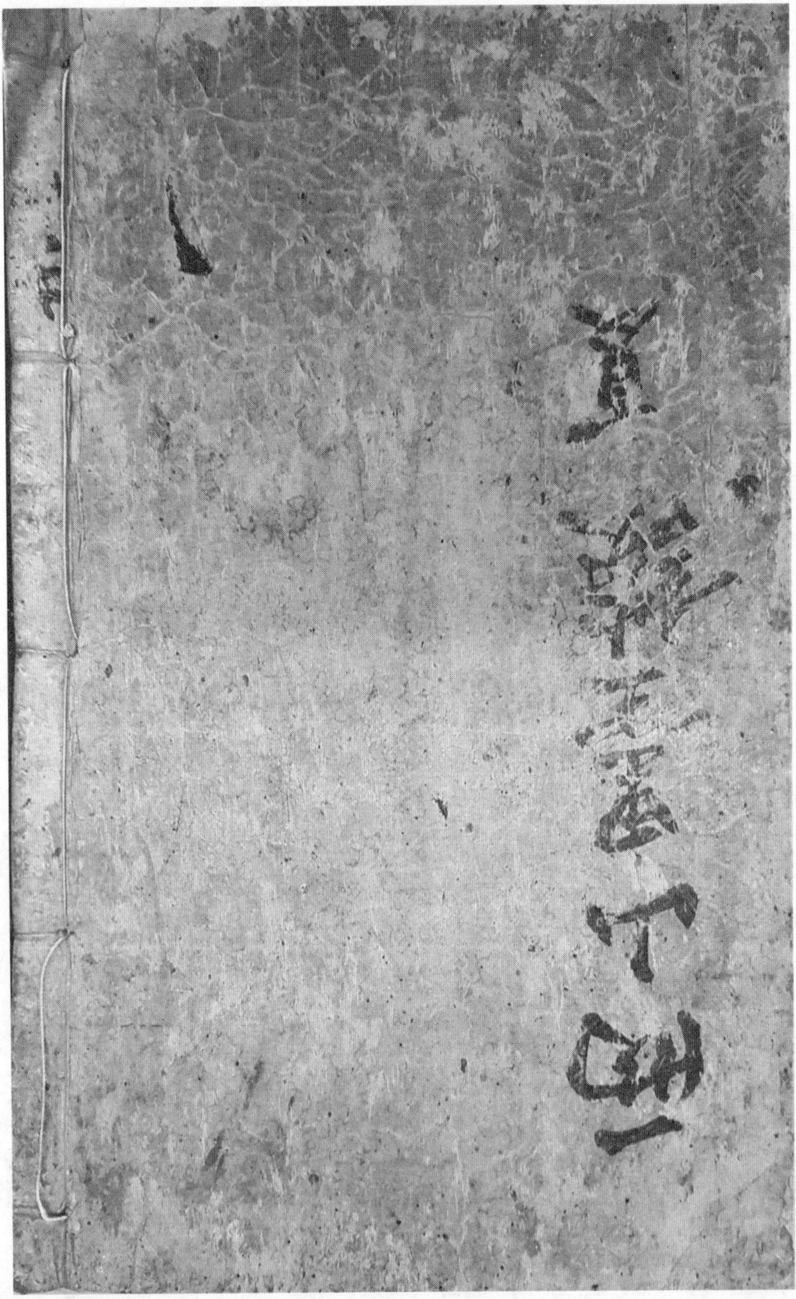

兩山墨談卷之六

吳興陳霆

左傳趙宣子始爲國政制事典既成以授太傅陽子與太師賈佗使行諸晉國以爲常法按古者上公之國得置孤卿一人餘卿三人大國則置卿三人晉侯國也於禮不得置孤而有太傅太師則不惟僭制而更甚焉者矣太傅等在諸公之國則曰孤卿所謂公之孤是也

龍門子所著雜說閒亦襲用前人而辭氣凡弱

殆類今舉業文字真引喻開悟信亦正矣然時
有訴氣龍門子自以年踰五十而道不行乃入
山著書其言曰予盡棄解詁文辭之習而學爲
大人之事以周公孔子爲師以顔淵孟軻氏爲
友以易詩書春秋爲學以經綸天下之務以繼
千載之絶學爲志子貢宰我而下蓋不論也所
著龍門子用竹簡正書藏諸石室百世之下廉
幾有好之者其自任蓋不輕矣而其書乃爾以
今觀之其果能稱情否乎

洪、景盧甚推重東坡其所著容齋諸筆凡及坡處不曰東坡先生則曰東坡公惟事關朝廷君上有涉該者特一舉其名餘則未嘗稱其字也至類犯則直曰子由而已嘗記景盧在翰苑一日凡草二十制訖意以般捷自喜庭一老者向曝問之院吏父也舊在東都亦供院役嘗及見東坡諸公洪因曰今日二十餘制一時俱了意蘇公在當時應只如此老吏曰然但蘇學士不曾撿閱子耳洪爲面赤觀此則洪之推重坡公

至於沒齒者亦有以服其心也
龍門子曰齊公子嗜古器物龍門子謁之公子
歷出三代秦漢之器龍門子默不言公子曰夫
子不言不笑將有說乎龍門子曰公子所藏非
古也公子笑曰必若古者其庖犧氏之物乎去
今數千載矣是孰有存者乎曰予有之公子錯
愕四顧借一觀之龍門子曰未易觀也請齋三
日如是者至三龍門子曰可矣乃設几布筵寘
寶櫝其上籍以文錦各再拜而興啓櫝視之乃

伏羲氏之八卦也其命意雖高然頗近詼態因
記曩在太原或曰　王邸置宴優伶有呈戲者
以文錦冒一竇櫝寘几案間一伶前作誇語云
内所蓄一古物自開闢之初暨洪荒之世人文
未通制作未備此物固先具焉夏鼎商盤蓋一不
足論也旁一伶號博古請啓觀之伶作矜靳態
凡請再三乃許羣往出之乃破書一与撿之則
三皇五帝紀也衆哄堂一笑今讀龍門子知優
之取譚乃傚竊其餘意也

楚王問於陳軫曰寡人之待士也盡心矣而賢者不既寡人何也陳子曰臣少嘗游燕假館于市其東家甲焉帳臥起居飲食器用無不備然客之者日不過一二或終日無一焉問其故則家有猛狗聞人聲而出噬非有先客則莫敢躡其庭今王之門無亦有噬狗乎士所以艱其來者此也此郁離子諷世之寓言然晏子固先之矣晏子對齊景公曰人有市酒而甚美者置表甚長至酒酸而不售問里人以其故里人曰公

狗至猛人持器欲詣者狗輒囓之是致酒酸不售士欲白萬乘之主用事者皆迎而囓之亦國之惡狗也郁離子之語意與晏子所對不殊但改市酒爲館客耳

小說載黄巢僭號皮襲美臣之巢令其作讖文以惑天下皮進讖語曰欲知聖人名果頭三屈折黄巢頭醜以爲譏己怒而殺之每嘆文人無行自取横禍如此今按陸放翁渭南集襲美晚遁吳越死焉有子光業爲吳越丞相四世孫公

弼仕宋慶曆間名士也方吳越偏據時中原隔絕有妄人造謗謂龔羙隨節于巢賊宋景文喜小說遂以入正史公弼嘗欲辨于朝不及而卒審爾則龔羙初無臣賊事其造言者不知始何人雖然輕信而繼誣景文巽不得辭責也

郁離子曰聚天下者其猶的乎夫的也者衆矢之所射而群志之所集也是故不能仁義而為天下的者禍也秦之未帝也天下莫強焉及其吞六王一位號不過再世匹夫呼而與之争天

下和之莫不以秦爲辭者的所在也陳涉先起
而先亡以其先自王以爲秦兵之的也故曰不
爲事先動而輙隨者不爲的而已矣是故辭禍
有道辭其的而已矣此論之發蓋得於東陽陳
母之戒陳嬰者也陳嬰者故東陽令史東陽少
年殺其令推嬰爲長已而集衆得二萬人少年
欲立嬰爲王嬰母謂嬰曰自我爲汝家婦未聞
汝先之有貴者今暴得大名不祥不如有所屬
事成猶得封侯事敗易以亡非世所指名也嬰

有神井窺之輙生子異域圖志則云女國無男子其婦每遇春時東南風發則裸而向之以感陰納受陽氣輙感而孕誕則女也然淮南子謂文又謂女子國在巫咸國北兩女子居一門中有黃池闗之但女子入浴出即懷姙矣若生男子三歲輙死三說不同大抵皆得於傳聞莫可致詰

五代劉崇據太原十二州稱帝今冀寧一道所轄是也荒凉瘠薄彌望若傷今參平百五十年

尚如此眞在五代兵戈之際又不知何如也趙
韓王謂彈丸之地以今幅員之廣較之安能克
彈丸也哉崇嘗謂臣下曰顧我是何天子汝等
亦何節度使而承鈞亦遣諜報宋曰河東土地
甲兵不足當中國之十一區區守此懼漢氏之
不血食也吁可哀已五代簒弑相繼惟北漢稍
正蓋契丹滅晉中國統絶高祖起太原攘夷紹
晉不可謂簒湘陰應繼而中遭幽弑崇以漢裔
委地乃建名號不可謂僭歐陽子於北漢世家

每三致嘆而書法視十國獨變文赳例有以也哉

婦有七去其五無可言者至於惡疾無子則人之不幸也槩於去之之條則已適爲忍人矣女有五不娶其四無可言者至於喪父長子則世所必有者也槩於不娶之列則女多爲棄物矣吾意聖人立制不如是之害道也昔賢謂夫婦人倫之一也婦以夫爲天今不矜其不幸而棄之豈天理哉故在律惡疾無子之列於去𣅵非

聖人意也若夫喪父長子則如春秋許穆夫人之類以其種育不明而所出難辯是嫌疑之際君子當慎者也嗚呼苟能明於此而後去者可留棄者可取矣穆姬事具左傳按衛宣公既卒公子頑通於宣姜穆姬乃父殁後宣姜所出

長淮爲南北之大限自淮以北爲北條凡水皆宗大河故今水之在北者皆以河名如盧壽之淝淮蒙潁之渦潁宋亳之濉汴徐兖之洙泗濟洛之在河陽漳汾之在衛晉滹沱之在桑乾灤

潞之在北平洮渭之在關隴雖大小不一而入
海則同然未有以江名者也自淮以南爲南條
凡水皆宗大江故今水之在南者皆以江名如
蘇松之吳淞臨安之錢塘紹興之曹娥閩婺之
劍浦豫章之章貢漢江之在漢陽湘江之在郴
陽賀江之在連賀左右江之在桂廣富良江之
在交州雖大小不同而入海則一然未有以河
名者也二條之外北之在高麗者曰混同江南
之在蠻詔者曰大渡河惟是二水南北錯名然

在荒徼之外非中夏氣脉可隷固禹跡之所略
也由是言之江河爲天下之巨瀆各總地脉介
行於天地之間而中分之勢自昔成焉故欲觀
南北之大勢者觀之江河可見矣
世說商容者商之賢人也以其知禮故今世太
常禮樂之司謂之容臺盖因商容而立稱也予
讀淮南子言夏桀之時主闇晦而不明道瀾漫
而不脩是致君臣不親骨肉疏忌植柱槁而墂
裂容臺震而掩覆註謂容臺者行禮容之臺言

桀不能行禮故天震動而敗之是夏之時已有
所謂容臺矣其謂沿於商容者臆說也
淮南子曰無累之人不以天下爲貴矣上觀至
人之論深原道德之意以下考世俗之行乃足
羞也故通許由之意金縢豹韜廢矣註言金縢
豹韜周公太公陰謀圖王之書也許由輕天下
不受安用此書爲哉故曰廢矣其言豹韜雖是
而金縢則非蓋金縢者周公請代武王身死之
書後成王得之以泣周公籍以自明者也本言

世之賢者苟能通於許由之意則將視天下爲外物而黃屋之下若將浼焉是安有不利孺子之譏與陰謀取勝之計然則二書殆可廢矣其以金縢與豹韜並言盖以周公不能委去如許由之決以是遭譏被搆而卒之困躓非此書則成王何所開悟亦幾於殆矣然則是書之許國正其形跡之類於圖謀而積天下之疑者也其視太公謀國之書顧豈非同爲有心於天下者哉今註者不能推明此意乃與豹韜槩曰陰謀

圖王之書豈惟誣周公抑亦誤學者
螳螂奮臂而當轍初謂談客設喻之詞今乃知
古實有是事齊莊公出獵有一虫舉足將搏其
輪問其御曰此何虫也對曰此所謂螳螂者也
其爲虫也知進而不知郤不量力而輕敵莊公
曰此其爲人必天下之勇武者矣迴車而避之
今之喻以小弱抗大敵者往往舉此
淮南子間有警句其言曰九疑之南陸事寡而
水事衆九州不可頃畝也八極不可道里也太

山不可丈尺也江海不可斗斛也聖人不爲名
尸不爲謀府其爲語雅山雲草莽水雲魚鱗旱
雲烟火涔雲陂水聖人守清道而抱雌節聖人
不先風吹不先雷毀馬聾蚤也而可以通志無
形者物之大祖也無音者聲之大宗也其子爲
光其孫爲水其爲語竒古得道者靜而法天地
動而順日月喜怒而合四時吒呼而比雷霆其
爲語壯天地之襲精爲陰陽陰陽之専精爲四
時四時之散精爲萬物明者吐氣者也是故火

曰外景幽者含氣者也是故水曰內景其爲語新淮南子多用文子而間以莊老諸子之説其時則二篇則全用呂紀而地形篇所載亦山海經所具也其自言者無幾此蓋八公之徒纂拾衆説以成此書然好事者頗多引之舊謂許慎註者非着序云自誘之少從同縣盧君受其句讀會遭兵災廢不尋脩者二十餘載惧遂凌遲於是以朝餔事畢之間爲之注解則注之者高誘也然註亦多謬

竊憤錄載金人徙宋欽宗回燕京一日行至平順州止泊驛舍時以七夕官中於驛作酒肆縱人會飲帝於室中窺見一胡婦携數女子皆俊目艶麗或歌或舞或吹笛持酒勸客所得錢物酒食率歸胡婦稍不及者婦以杖擊之少頃官遣皂衣吏賫酒飲帝胡婦不知爲帝也亦遣一橫笛女子入室中對帝嗚咽吹不成曲帝問女子曰吾與汝爲鄉人汝東京誰氏女女顧胡婦稍遠乃曰我百王宮魏王孫女也先嫁欽慈太

后姪孫京嫩既陷爲賊擄至此賣與豪門作婢
既又遭主母詬撻轉鬻與此胡婦俾在此日夕
求酒錢食物若不及即箠楚隨之言訖閤帝曰
官人亦是東京人想亦擄來此也帝但泣下遣
之去按朝野遺記張孝純在雲中府粘罕席上
有所覩賦念奴嬌一闋云蹙眉秀盼向春風還
是宣和裝束貴氣盈盈姿態巧舉止況非凡俗
宋室宗姬秦王幼女曾嫁欽慈族干戈横蕩事
隨天地翻覆　一笑邂逅相逢勸人滿飲旋旋

吹橫竹流落天涯俱是客何必平生相熟舊日
榮華如今憔悴付與杯中醁興已休問爲伊且
盡船玉詳味詞旨則孝純所覩即帝之所遇者
也然孝純之詞賦之粘罕席上則是女初屬粘
罕審矣後乃復流落於徧州豈非罕之婦妬而
逐之耶吁哉其可憐也已秦王廷美之後至徽宗時改封魏王
填海錄云厓山淪敗張世傑遣小舟至帝昺所
欲取帝至其舟中旋謀遁去陸秀夫恐來舟不
得免又慮爲人所賣或被俘辱執不肯赴遂抱

帝沉海世傑乃與蘇劉義斷維奪港乘昏霧潰
去其前後次第如此今宋史秀夫傳云厓山破
秀夫走衛王舟而世傑蘇劉義各斷維去秀夫
度不可脱乃杖劒驅妻子入海即負王赴海死
若是則世傑於幼主尚存輙先委而去之豈非
忠義之累作史者序致不審如此此古人所以
有無邊受屈之嘆也又按噑囈集厓山之戰世
傑先與祥興主約曰萬一事不可爲則老臣必
死于戰臣有沉香一株重千兩餘是時當焚以

爲驗香烟及御舟即遣援兵不然宜速爲備無

憤其手今本傳不載倘補而入之亦足以表其

忠節之素定也

五代史漢隱帝紀冬十一月郭允明反皇帝崩

蘇逢吉自殺漢亡徐無黨註曰隱帝崩後四十

二日周太祖始即位而斷自帝崩書漢亡者見

帝崩而漢已亡矣其太后臨朝湘陰嗣立皆周

所假託非誠心也書漢亡所以破其奸予謂隱

帝弑後周雖繼有天下漢固未嘗亡也劉崇以

高祖之弟紹立於太原雖壤地褊小而名義則
正擬諸前代蓋蜀漢之比非江陵受人封殖之
梁與金陵族屬不明之唐也昔之論史者謂赧
王雖亾而東西周尚存則周統未可謂絶故朱
子論本朝得正統亦謂須在太原既下之後則
五代之漢豈曰隱帝一崩而遽亾哉善乎瓊山
丘氏作史綱於梁唐晉周之亾皆不書而獨書
漢亾者著漢之亾不在於郭威之有周而在於
繼元之降宋也其諸異乎歐陽氏五代史所書

漢亾者歟嗚呼公矣當矣

兩山墨談卷之六

墨談　卷之六　十三

兩山墨談卷之七

吳興陳霆

天地之間陽明之日無幾而陰霾之時恒半此其盈虛消長固曰常理然實氣運世數之非偶然者也史綱於北漢降宋特書漢亡既以駁歐公史例之失矣其餘說復曰自唐末以來乘時僭竊者至是殄滅無餘譬則氛祲陰霾一旦廓清始見天日是亦治亂之一大幾也然觀是年之後不三年西夏即起繼遷叛命雖招誘甚勤

而倔強日甚至元昊之世攻殺覆陷大爲宵旰之憂視宋始終相爲敵國原其胚胎醞釀固在太原將下之時譬則六陽甫壯而一陰遽長雖大鈞造物亦莫得而禁遏也古云外寧必有內憂而治亂否泰相爲倚伏人君鑒此可不謹於微哉

五代史唐明宗紀曰帝本夷狄無姓氏父爲鴈門部將生子邈佶烈以騎射事太祖賜姓名李嗣源後天成二年十一月丙午追尊祖考爲皇

帝載其先世曰高祖聿曾祖敎祖琰考霓夫聿
敎琰霓雖中國名之佳者不過如此帝既生長
夷狄無姓氏矣然則四者之名又安從得耶求
之以意必也帝既即位思欲自擒其胡俗之陋
故即其所憶影畧者擬爲先世之名而有司乃
文而飾之著之廟冊正猶南唐主雅意紹唐命
有司撰其名氏而勻之世次者也
五代之君多可議者朱梁以盜賊唐晉漢以夷
狄郭周以卒伍視昔神明之胄既天壤矣而其

有天下也梁晉周俱以篡弑中間名義可言而
事體稍正者唐莊宗漢高祖而已莊宗之父有
惭德且其滅梁徒以志雪父讐非眞爲唐計也
兼之身復不終然則不無遺憾惟漢高始終之
際差若無歉蓋石晉既亾契丹既去斯時中國
無主高祖乃自太原入主中國其取天下於中
國之人心非若他人之篡奪者也既而歸終于
寢付畀于子所不能免君子之責者謂其擁兵
自殖曾不爲晉氏一舉勤王之師此其坐觀成

敗而睥睨其後盖卞莊子之故智大率末世而
下奸雄乘時徼利後先效尤固不可以純臣望
於知遠也其最可悼者父子繼世才四年即爲
郭氏所據雖然劉崇之漢實紹遺緒盖前後建
號者三十餘年亦庶幾蜀漢之祚其失由作史
者抑太原爲北漢故氣脉實聯而名號各別此
則後世綱目君子之責也五代多養子繼世唐
莊宗之後有嗣源愍帝之後有從珂周太祖之
後有柴榮漢孝和之後有繼恩繼元夫是數朝

其外勢雖全而内脉實絶作史者宜有特筆以表實錄可也陽節潘氏曰暴秦以呂易嬴是嬴亾於莊襄之世弱晉以牛易馬是馬滅於懷愍之時南宫氏作史斷直謂秉筆君子當於秦莊襄既卒特書曰嬴氏之秦亾然後叙呂政之所從出而定爲後秦晉愍帝遇害特書曰司馬氏之晉亾然後叙瑯琊之所從出而定爲後晉夫邯鄲瞹眛馬牛疑迷其視五代養子氏姓未脫所生尚存者迥異且其創業中興方兹伊始雖

有内絶之疑矣然豈可遽加外亡之文南宫之論
苟以亦人嫌疑之故可矣而據以亡人之國恐
春秋忠恕之筆難襲夫法家刻深之文也若愚
所妄擬則事情彰灼雖使嗣源諸君復作當亦
無可籍口大槩欲以莊宗即位之後定爲東唐
而别嗣源以下爲後唐若曰莊宗本無意於興
唐其所謂唐乃夷狄别種不得與長安三百年
之唐相紹也以劉氏太原之國仍稱曰漢而去
史冊北漢之稱若曰劉崇本有意以復漢其所

謂漢乃知遠一脉自當與中國四年之漢祠合
也莊宗繼岌覆滅之後結之曰沙陀李氏之唐
絶然後揭書養子嗣源繼立別其與沙陀各源
閔帝廢殺之下結之曰鴈門李氏之唐絶然後
揭書養子從珂繼立別其與邀佶異類周祖既
殂結之曰郭氏之周絶繼乃揭書養子榮立明
周移於守禮之業孝和既殂結之曰劉氏之漢
絶繼乃揭書養子繼恩立立養子繼元明漢移
於薛何之衜仍於各主嗣立之下因文立論而

明立之戒夫然後祚命短長統系斷續茍衛眞
僞皆昭然于千百世之下而所謂春申進李園
之妹呂后取他人之子之計庶其畏天下後世
之公議而可少息矣然歐史得其意而未盡綱
目欲其例而不書續綱目有見於繼息而復遺
於繼元則區區之論俍亦可備一說也
書益稷篇百獸率舞釋者謂羽鱗皆可謂之獸
予謂凡獸亦可謂之禽後漢書華佗傳佗語吳
普曰吾有一術名五禽之戲一曰虎二曰鹿三

曰熊四曰猿五曰烏與虎鹿熊猿槩謂之禽亦

百獸之例也

王金陵有天變不足畏人言不足恤祖法不足

守之言先儒斷以爲萬世罪人則三言之悖道

可知矣然金陵之前固有進說類是者後唐大

理少卿康澄言於明宗曰爲國者有不足懼者

五深可畏者六三辰失行不足懼天象變見不

足懼小人訛言不足懼山崩川竭不足懼水旱

蟲蝗不足懼賢士藏匿深可畏四人遷業深可

畏上下相徇深可畏廉耻道喪深可畏毀誉亂
真深可畏忠言不聞深可畏當時識者皆多澄
言夫不審其事之所重而察其言之所在則所
謂五不惧者若與金陵之説一轍矣識者奚嘆
其切於時病耶惟夫六事之可畏有重於五者
之可惧使能致畏於六者則五惧固可轉而欒
焉是五者之不足惧非如金陵之太然無所偹
省而一任之私意者也金陵惟持三不足之説
而併澄所言六畏者亦漫不介意是故當時賢

士伏忠言隱廉恥喪毀譽亂四人遷業上下狗名而小人縱柄以釀醞蔓殖稔成靖康之禍嗚呼澄之言豈非有國者之遠鑒哉

儒者論治國之要在齊家而齊家以閨門之禮正始之道為先務故乾坤首易關雎始詩釐降之紀大婚之謹斯聖人慎於男女之際而防夫嫌疑之微者也衛宣公為子而烝庶母為父而奪子婦自彼而觀君謂恒事也而身殁之後子頑復繼烝乎上宣姜亦通好于下禮義廉恥蕩

然廢棄彼其所以肆無顧忌者以爲是先公之所常行而國人之所習見者也然則貽謀不則可不愼歟牆有茨不可掃也中冓之言不可道也味此則宣姜與頑情好之篤過於同牢合巹者數倍使宣公地下聞是言目當不得瞑矣宣姜本伋子之婦而一登新臺即忘原訂顧譖伋俾死焉其制行醜悪曾何足議而予特去云者以誅宣公而示後世也嗚呼剌妃入侍才人之冊立繼踵父妾爲后太眞之改號聯跡有國者

觀此貽謀示則可不愼歟

周公謹記宋孝宗聖政内一條云張說嘗得旨會朝士從官畢集上以上尊珍饌助說說上表謝因附奏兵部侍郎陳良祐獨不至是違上旨也既而上以說必卜夜命天廚再賜說大喜幸復奏臣再三速良祐迄不肯來夜漏將上忽報中批陳良祐除諫議大夫坐客皆憮然而罷今按孝宗實録不赴張說者乃天台陳良翰非良祐也良祐是時亦位從官且在預席之數一字

不審遂致美悪失實乃知古今紀録如此類之誤者盖多矣

漢高昭靈后之名不見於史策皇甫謐謂姓王握成圖謂姓含皆非正史所出疑不足據司馬貞嘗得班固泗水亭長古石碑云母温氏予觀史記高帝本紀母曰劉媪盖媪温形相佀豈固因媪之文疑爲温字之誤而改從之耶然紀中所載如云王媪呂媪者屢屢言之媪盖當時婦人長老之稱則劉媪非字誤也后不知何如人

據史傳言之其生感赤龍之交歿致朱蛇之現則亦異甚矣

鹽雖遍天下皆產然惟東南煮海爲盛其餘川貴則鹽井河東則鹽池沙漠則鹽澤皆以斥鹵潤下水泉鹹渟積而成鹽予至山西經行忻惇間平原廣野或日二三十里之地彌望若晨霜積雪時方秋仲意甚訝問之則地所生鹽花也土人刮而熬之輙成鹽微有蒼黃色者與猶超其地近滹沱意者下濕之故及巡行太谷榆次

彼皆高亢之地而亦復產此甚則尋丈之間彼
固生鹽此則種藝盖有不可曉者乃知化工之
妙有出於常理之外者如此
漢武故事載李少翁以方術不驗上怒誅之後
月餘使者籍資從關東還逢於驛亭謂資曰爲
吾謝上不能忍小者而敗大事乎上幸自愛後
四十年求我於方山共事不相怨也於是上大
悔此事荒謬難信乃知天寶遺事所載明皇既
殺羅公遠後使者遇之於蜀全效尤乎此又云

上數微行公孫弘亟諫弗從弘謂其子曰吾年八十餘陛下擢爲宰相士猶爲知己死況不世之主乎令陛下微行不已社稷必危吾雖不逮史魚冀萬一能以尸諫乃自殺上聞而悲之按弘傳弘以病卒初不著其自殺也

程嬰公孫杵臼墓在山西忻州去州東三十里名程村有雙廟翼然即其地或謂在古中山者非也嘗考史傳嬰卒抱孤匿山中十五年予嘗觀忻州近郭無甚山其東北四五十里之外則

五臺定襄繁峙境界山巒重複行旅罕涉意藏
孤於此後闕山西通志載盂縣北五十里有藏
山爲程氏藏孤處山與五臺接境云
唐梧岡有訪鄭公寨詩其序云衣錦鄉有大坑
山故宋奉御鄭公澤及相文公天祥營寨于此
累石爲墉門隘三層至今猶存是時二公募義
勤王開都督行府禡旗之際天色晦冥一夕雷
震去其牌額府字只留三字曰都督行識者知
宋之不競未幾爲元兵所獲果北行矣

墨子親士篇云西施之沉其美也尚賢篇云文王舉閎夭泰顛於罝網之中授之政而西土服西施之終不見於史傳古今談者皆謂從范子爲五湖之遊予向以爲然乃今知其終於沉墨子春秋末人也其所言當信泰顛閎夭世知爲十亂之佐而其始之出自漁獵學者或未能遍知也當爲拈出

婦人性多妬忌而自古及今宮闈尤甚三代既降姙姒之風篾矣漢唐宋享國長久中閒女后

之賢係教養之深家法之盛此不足異究顏氏
起自夷狄享國才百年其家教内則要之有愧
中國而女后可書者予得二人焉曰大氏徒单
氏徒单為逆亮嫡母而常日鍾愛逆亮后已出
大氏為宗幹庶妾而敬事徒单始終不踰至死
且謂亮曰汝以我故不令永壽宫偕至中都我
死必迎致之事永壽宫當如事我夫以二后之
賢而不能轉化亮之兇悖非所謂下愚不移者
耶永壽徒单宫位亮篡奪後尊稱者也

南唐歸宋後煜妻小周后歲時例隨命婦入覲
每一入輙留數日出即滂泣駡詈後主宛轉避
之蜀亡夫人花蕋者初以色藝稱宋納之後宫
且召使蒸見賦詩此二者古今記録當不誣也
予謂三代而下惟宋仁厚之化與家法之正有
古關雎麟趾之意而適有此豈非盛德累哉當
時趙范劉盧等諸人方翊贊新朝乃不聞匡正
殊可罪已花蕋能詩齋漫録以爲徐匡璋女或
又謂青城費氏未知孰是

漢淮南王安傳安謀反事覺下諸侯王列侯議
衆謂事驗明白當伏法及請論國吏二百石以
上及比者顏師古注比爲鄙謂眞二百石及秩
比二百石者予按漢制凡吏初除皆曰試守逭
其滿歲爲眞始食全俸今所謂比即初試之吏
與爲眞之吏相等者也顏注不得其詳特抉之
以示學者
厓山之敗陸秀夫抱祥興帝與俱赴水時御舟
一白鷴奮擊哀鳴與籠墜水中以死此其視太

宗榻前之犬其感恩徇主之誼又過之矣然則委而去之如陳冝中輩者是果何心哉

水東日記載永樂中夏忠靖公治水蘇松與某給事中同事一日偕宿于天寧寺給事早如厠行甚急公戲之曰披衣靸履而行急事急事某即應聲曰棄甲曳兵而走常輸常輸其一時善謔可喜然不著給事之名氏一日觀永豐周氏文獻纂要其先世有名大有字逸者洪武中以監生擢任兵科都給事中時甫弱冠天才逸發

高皇帝特加寵異使讀書樓上呼爲樓上秀才
廷有大議時一召對後爲朝貴中傷謫戍遼海
永樂中用薦者召復原職未幾治水吳中病卒
予蘇之卧佛寺夏忠靖公爲棺殮而歸之以此
參彼事時正協然後知給事者大有其人也
令世士大夫多喜學宋克書相目爲宋克體高
季迪南宫生傳爲克作也其言曰人謂生似婁
君卿原巨先而賢過之晚稍厭事闔門寡將迎
闢一室庋歷代法書日遊其間以自娛素工草

隷逼鍾王患求者衆遂自閟希復執筆然則克
之書法亦晋人之舊也其別生態度則學之者
過巧耳又其贊曰生之行凡三變每變而益善
尚俠末矣欲奮於兵固壯然非士所先晚乃刮
磨豪習隱然自將履藏器之節非有德能之乎
按傳克本與人是時張士誠據姑蘇渴於得士
有言克於張欲致之幕下不可得將置之法竟
以智免夫以克之尚氣喜兵身處僭據之地而
卒不污其僞命視夫介之思廉輩相去遠矣然

則其可重獨書也哉

大同地產黄鼠足短而體極肥絶類大鼠土人以水灌其穴俟其出而捕之以供珍饌權貴至千里相贈遺嘗覩澠水燕談載契丹國產大鼠肥腯而味美名䶂貍止供國主之膳自公相以下皆不得嘗常以羊乳飼之貌者謂爲竹鰡貍貛之類予意即此物也雖然今太原中人之家皆得食亦不復大珍貴矣大同石晉時入於契丹在宋爲外地云

墨談 卷之七 十四

兩山墨談卷之七

兩山墨談卷之八

吳興陳霆

司馬公作通鑑至唐太宗之世忽有穿黃袍者見於前曰先生幸善書公起持筆知爲帝也跪而言曰陛下穢德多矣臣頭可取筆不可奪遂不見予謂三代而下若太宗亦可謂盛德之主然卒不免於穢德之貽者徒以建成與剌妃之事也然則君人者鑒此脩身正家之道可廢而不事歟亭見唐祕史

宋德祐丙子元師入臨安呂文煥時駐軍江磧宋方幸其阽危而海潮三日不至師迄無虞於是元人獲占地利宋都以覆及祥興己夘元師下廣海張弘範遂進攻厓山衆欲退師少休而是日海潮不退勢難回卻於是元人盡日力戰宋祚以滅夫潮汐在天地間長落有時號稱至信而一則不至一則不退豈江海百神亦陰受職于胡虜而默相之耶吾於是而知國之興敗謂不關於氣數者非通論也

成王賜周公以天子禮樂儒者之論或謂成王
之失或謂魯公之僭或謂成王未必有賜或謂
惠公始以上請紛紛未決愚謂禮樂之賜王特
用以康周公畢竟使用之公祀如前此沃丁葬
伊尹用天子禮制之類當時伯禽受之將必納
之公廟以昭天子之賜而已未遽用也至春秋
之初王室不綱諸侯強僭於是惠公始以上請
遂專輒用之而後世因併用於羣公之廟蓋僭
源一開末流未免如此然觀祝鮀之言其於伯

禽受封歷舉分物而屢數之曾不及天子禮樂之事陳氏因是有疑遂決謂成王未嘗有賜竊意鮀所言周室分魯以諸物乃舉伯禽就封之初時周公無恙也迨公薨之後周始賜以天子禮樂俾用之公廟耳然則鮀之言其不及於禮樂者固有說哉

隋楊廣弑父本張衡用手大業六年廣以事罷衡謂侍臣曰張衡自謂由其計畫令我有天下云云蓋久之而不自覺其眞情之敗露也誠乎

中朊于外世國有如此者
春秋宣五年齊高固及子叔姬來傳曰内女非
夫人歸寧不書此以高固偕来反馬非禮故書
所謂反馬者謂古人娶婦留其送馬既三月而
後廟見盖歷三月則天道小變而所娶者之成
婦可見矣故以之見于廟而使之安于内於是
乃反馬
文文山死宋其精忠大節千百世之下雖婦人
穉子皆知傳誦一時咏嘆者如所謂與日月争

光與天地相悠久及精忠貫日華夷見氣節凌
霜天地知等句非不極其褒揚然皆不若丞相
傳贊爲能白其心事如去死之日宋已七年厓
山亡又五年矣夫以時移事改七八年之久而
終欲一死以報國此其心所謂至死不變無所
爲而爲者也

東坡畫像不傳於世相傳云坡有妹秀慧而額
頗高凸坡嘗戲云蓮步未離香閣下梅粧先露
畫屏前而蘇妹亦應聲戲坡云欲扣齒牙無處

覓只聞毛裏有聲傳緣是世謂坡多髯吳猶起
其世俗之談未足憑信及觀坡贈焦山長老詩
云譬如長鬚人不以長爲苦一朝或人問晚睡
安所措歸來被上下展轉無著處予嘗冬夜擁
衾頗爲多髯所擾盡展轉措放纔獲安寢以是
知坡詩所云必嘗親歷而世傳其多髯或信然
也
李延壽作南北史南則宋齊梁陳北則魏齊周
隋方是時天下參隔江南雖號正朔相承然劉

宋而下類非東晉正統之餘之比然則南北各爲史固亦事理之當然者也嗣是而後元人以夷狄滅宋既而議脩宋遼金三史一時館閣多亾金舊臣非不知宋爲正統私以宗國之故黜列於夷狄僭僞乃倡言元承金金承遼遼承晉爲正統所在而所謂内外華夏之辯不暇復論且謂南宋爲靖康遊魂餘魄其無忌憚者至謂建炎以後嘗稱臣於金遂欲附屬之會稽楊維楨作正統論反覆千餘言蓋破其說而漫不見

省然以公論終不可泯也則畧倣南北史例三
國各爲紀傳俾家自爲史金史所載率多吠堯
之言當時不爲恠也後四明陳桱氏作通鑑續
編謂宋爲正統所在大書紀年而遼金元分註
其下深寓春秋與奪之誼我　朝詔作續綱
目據以立例然後千萬世人心天理之公者至
是獲明於天下矣其小異者續綱目於宋開寶
八年即大書正統而續編於太平興國四年始
書璽本諸朱子之說然宋祖神功聖德固難夷

之列國而太原在當時不抵一鎮以是而遂欲
與中國抗峙恐未爲定論也
宋余壽翁者嘗上言洪範諸疇皆有衍文而四五
紀獨無今詳厥徵疇内王省惟歲以下乃五紀
原文也葢編簡錯出於此因請改正以傳示學
官爲臺諫排擊而止予記蘇東坡葉石林張無
垢洪容齋諸公已嘗有是説仁山金氏既從而
改正之矣顧所正猶若未安而從星之解乃復
用蔡氏從民之欲之説又歲月日時無易本揆

上文休徵而言而日月歲時既易乃承上咎徵
之語此本庶徵之傳今徒以歲月日時之字偶
類遂亦附之於五紀是三者殊爲小誤故今不
敢全用金氏之説而參以愚見爲補正五紀之
文曰四五紀一曰歲二曰月三曰日四曰星辰
五曰曆數王省惟歲卿士惟月師尹惟日庶民
惟星星有好風星有好雨日月之行則有冬有
夏月之從星則以風雨蓋五紀曰協所以合天
也合天者必省之於人而後可稽之于天故王

省以歲卿士師尹以月日庶民則以星漢天文書曰民勞則星動是庶民之省以星固其分也葢地位有貴賤高下故所省有大小遠近此歲月日星之傳文然也星有好風星有好雨日月之行則有冬有夏月之從星則以風雨此則專言曆數之所由起葢曆數以紀歲而作歲以日月之行而成日月之行以纏星辰之十二次而有合朔故日循中道月麗九行則有冬有夏而春秋舉矣月入于箕月入于壁則變寒之暑而

風雨應矣所謂從星風雨之語特以表月行之所在非專爲風雨占候言也曆數之作以紀日月之行度星辰之纏次是爲統日月星辰而秩歲功者也然則蔡氏所謂月以常行而從星之異好猶之卿士師尹有常職而從民之異欲其說幾於遷就矣又余氏謂諸疇皆有衍文今觀八政福極二疇俱無之福極之傳先儒謂混之皇極之內而八政之傳予反復一篇中久之而始有得盖三德疇內惟辟作福二節是也夫三

德者聖人與世推移因物變化權其輕重而制
其機宜予以納民于皇極者也如是則正直剛
克柔克三者弛張更迭爲用亦是矣不應復有
作威作福等事且是二節陡然條出與上文全
不相涉是知簡之錯而詞之贅者也或者乃以
操三德之權立說不思正直剛柔獨非三德撫
世之大權乎以正直三者必爲三德之權以此
三者必爲三德之事去枝之本而添蛇之足是
殆經生穿鑿附會之說非心悟而獨得者也故

今考於八政疇末之其文曰三八政一曰食二曰貨三曰祀四曰司空五曰司徒六曰司寇七曰賓八曰師惟辟作福惟辟作威惟辟玉食臣無有作福作威玉食臣之有作福作威玉食其害于而家凶于而國人用側頗僻民用僭忒夫農用八政人君所以厚民也八政之中威福玉食其爲須臾柄執自天子則天下蒙厚身之福向爲臣下尋竊則厚民之具反爲殘民之地矣蓋食貨民以養也而四海之奉專於一人祭祀

人所重也而百牢之供先之七廟是惟辟玉食也命司空以居民立司徒以教養制賓禮以交際俾民康寧壽考而循禮好德是惟辟作福也司寇以詰奸刑亂六師以除殘去暴俾知畏懷爲罪之所招而凶折乃上之所剿是惟辟作威也斯三者爲八政之權而人君正德利用厚生之本臣而竊之害可知矣如此說條理甚明文義甚通專經者宜首肯也五福六極本爲一疇則傳文亦宜總其後仁山以皇極之錯簡補之

是矣而亦有未協者故亦更定于左九五福一
曰壽二曰富三曰康寧四曰攸好德五曰考終
命六極一曰凶短折二曰疾三曰憂四曰貧五
曰惡六曰弱斂時五福用敷錫厥庶民惟時厥
庶民于汝極錫汝保極凡厥庶民有猷有爲有
守汝則念之不協于極不罹于咎皇則受之而
康而色曰予攸好德汝則錫之福時人斯其惟
皇之極無虐煢獨而畏高明人之有能有爲使
羞其行而邦其昌凡厥正人既富方穀汝弗能

使有好于而家時人斯其辜于其無好德汝雖
錫之福其作汝用咎凡視仁山所補定者剔出
凡厥庶民無有淫朋一節去其原附六極下惟
辟作福二段使合於八政之疇而總其傳於六
極之下以爲通論人君錫福用極之理碧曰福
極之柄雖在君而施用之別則視人善而與之
福則人宜知勸惡而不加之極則凶咎者亦無
憚矣無虐煢獨戒其錫福之遺也無畏高明戒
其用極之避也不協于極宜作六極之極解謂

人制行雖小失苟於用極之法未合而其他更
有不羅于惡者是雖不可錫以福然姑且納之
是又勸之以容物也凡一時所見者如此同志
君子苟無咎其析經叛古則懇請折其衷
鶡冠子之書多言兵意其爲人乃鬼谷之類韓
陸二氏止言其雜黃老刑名殆畧之耳王鈇篇
言成鳩氏天曲日術之道成鳩氏者天皇氏也
斯乃大道混茫之世太上淳德之始而言其爲
道乃用管子內政之術規以寓兵而文法計制

太詳且密此本春秋戰國之陰謀乃以是語三皇以道化民之事謬亦甚矣

子華子信是贗作其文氣全不類國語左氏其推尊仲尼有曰昔者吾反自郯聞語於孔子而不忘於心孔子之所志其過人者遠矣曰者主君之召也孔子轍環於河滸而弗肯渡援琴而寫志命之曰臨河之操夫孔子之所以席至是乃我所以行者也又曰仲尼天也其可違物而奠處乎其可絶物而自營乎仲尼之轍迹則病

矣而予遑暇之恤詳其尊向之意若在弟子之
列夫周末諸子如莊列輩皆詆訾孔子不少推
借子華子聚徒談道其名家久矣縱其知孔子
然豈肯遽屈下如此哉此必後之學者徒見孔
子與程子相遇於途有傾盖而語之事故因偽
撰於篇而推尊之過不復自覺决非子華子之
口語也况當傾盖之時孔子顧子路曰取束帛
以贈先生則是子華子年在尊行故有先生之
稱然則不可在弟子之列審矣又其篇中多何

以故之語此乃六朝文士翻譯佛書之言而執中一則殆類舉業論義所答晏子問黨亦類東漢黨論其曰軃吟而颵啼且曉昏而日昳也蒼莽蹁跹四顧而無人聲流光馳景却顧於斷蹊絶壑之下雲雨之所出入也壟耕溪飲爲力也佚而坐嘯行歌可以卒歲此乃近世習爲文者之語春秋之世豈有如此語言哉故吾決其僞作者必晉宋時人雖然其文字則妙矣

朱泚反遣韓旻襲奉天段秀實曰事急矣乃詐

爲姚令言符印司農印倒用之以付靈岳詒是使還德宗乃獲免漢隱帝詔殺郭威魏仁浦勸威詐作詔書即留守印倒用之以示諸將檄以盡當誅戮於是隱帝被弑二人倒用符印則同而立心設謀乃大異一以衛君而爲忠一以誑上而爲賊然其事適相類殊可作談柄也

太公就封營丘東海上有居士昆弟二人議曰吾不臣天子不友諸侯耕而食之掘而飲之無求於人無上之爵無君之禄不仕而食力顧不

樂哉太公執而殺之或曰二子賢者殺之何也
太公曰是昆弟議曰不臣天子是望不得而臣
也不友諸侯是望不得而使也耕而食之掘而
飲之無求於人是望不得賞罸勸禁也夫王者
使臣非爵禄則刑罸也今四者不足以使之望
孰與爲君乎是以誅也　國初立法寰中士大
夫不爲君用者必殺無赦意取諸此

蜀先主歸陶謙於徐州謙表爲豫州刺史後謙
病死其將佐以州奉迎先主謂陳登等曰袁公

路近在壽春此君四世五公海内所歸宜以州
與之登等不從乃勉強承受後客荆州劉表所
會表卒子琮密請降魏或勸劫琮則荆州可有
先主不然且曰劉荆州臨亡託我以孤背信自
濟吾不忍也觀此二節則先主信義素明不欲
爲悖德傷義之事審矣而孔明諸人亟於伯圖
乃勸其攻取劉璋不復顧信義百世之下不免
於蹊田奪牛之議此豈先主本意也盖先主寬
仁大度素得衆心益州之舉使遲之數年待璋

自斃而徐取之於其子孫善爲之所不然璋不能有其國或思所以自全而左右有爲之謀畫勸之遜避然後從容處之庶幾乎兩盡矣不知出此顧爲狠恐之舉豈非孔明諸人之罪哉而葉氏輩乃務爲掩護或者又舉商書兼弱攻昧之言而曲爲之說吾知其見斥於大賢君子也必矣

秦皇築長城以限胡雖一時勞民然百世之下賴以界限華夷辨別内外固不可盡非也自漢

與匈奴和親緣是有請婚之例非族醜類自謂
與漢爲昆弟甥舅之國及單于爭立窘而入朝
日逐來奔北庭遂遁不能以時殄植乃信其保
塞下處北鄙使得生育長養遂成土著漢衰而
三國爭峙計其窺覦之念非一日矣晉氏不競
不能防徙遂有五胡之亂氣類感召拓跋以邊
夷入據中土帝王自立之地百年爲胡然正朔
相承尚在江左此猶未全失也迨隋唐混一中
國幸矣而石敬瑭亟於簒立乃割幽冀以賂契

丹中國險隘既以與虜而又稱臣納幣奉冊上
表不復顧首足之義方其召契丹以援立固已
啓其豢猾之心而出帝不君橫開釁隙遂致其
長驅深入無復控制晉滅而天下爲其囊中物
矣後雖宋太宗英武竟弗克復燕雲之地南北
抗衡且百有餘年幸其滅亾而金緣以興金亾
而元附以起中間納幣割地稱臣奉冊循用石
晉故事以困中國至元以後遂滅宋紹統舉一
世而君臨之而帝王相傳之歷數全歸于胡綱

常淪滅天地晦冥世運爲之極否而中國爲之
大變推原禍始則石晉啓之也故予嘗去秦皇
築長城寓百世攘夷之功石晉召契丹首萬古
猾夏之罪

兩山墨談卷之八

兩山墨談卷之九

吳興陳霆

草書入我　朝當以東海張汝弼爲第一盖其操縱開闔投筆所向無不如意且姿態横發不復襲前人畦畛𣴎張顛以後獨造三昧世所謂驚虵紏蚓未足喻也當時丐書者塞户幾於鐵門限聲譽而遠夷求募至以十金購書一紙今没世未久搜訪眞蹟不可多得矣然以其多出新意故識者有古法變壞之言暇日考玩所見

亦頗合乃知晦翁謂本朝書法至蘇黄米蔡而一壞殆非過論也

楊雄覈靈賦曰大易之始河序龍馬洛貢龜書劉牧亦謂河圖洛書同出于伏羲之世至沈約撰宋書符瑞志則謂燧人氏没伏羲氏代之受龍圖畫八卦所謂河出圖者也其説正矣然又謂黄帝之世魚流於海得圖書焉龍圖出河龜書出洛赤文篆字以授軒轅其爲説參錯不一大抵皆出於緯書正不可信

通鑑外紀載文王被囚於羑里乃伸憤鬱而作
歌曰殷道溷溷浸濁煩兮朱紫相合不分別兮
迷亂聲色信讒言兮炎炎之虐使我愆兮幽閉
牢穽由其言兮遘我四國憂勤勤兮詳其辭意
怨誹淺激决非文王語也三分有二而事殷不
衰文王之德所以爲至使如此言殆小夫之淺
淺者耳臣罪當誅兮天王聖明文王之心蓋如
此者外紀所載則秦漢而下好事者所擬也
洪容齋疑史記所紀帝王世次爲不可信其言

稷之後爲周自稷至武王纔越十五傳歷千一百餘年王季之與商湯蓋兄弟行也而世之相去凡六百年其妄誕不稽無足疑者國語所載太子晉之言曰自后稷之始基靖民十五王而文始平之皆爲不然予意十五王云者謂自后稷而至文凡歷十五有功德之君至文王乃始克平之如所謂賢聖之君六七作之謂其以十五王之語而遂取信於周紀之十五傳則拘儒之見也

六安州人馬致遠爲予言正統間爲兒時隨其
父官四川時與母同載道武昌泊舟江滸岸有
二老媪以縫綴爲業母命呼下將使理故衣見
其面有涅痕詢所以則僞漢陳理時宫人也僞
漢掠民間女配後宫例刺面爲記因云理時被
天兵圍迫乃出降行泥首之禮指武昌城址十
里地爲當時自縛處又云予輩初隷僞漢宫後
友諒女下嫁因給爲公主府婢于時駙馬最驕
貴坐據龍椅百官見者必四拜駙馬坐受後僞

漢滅放遣宫人乃嫁爲民人妻老而孤嫠故業此談久舟人催發乃遣去致遠又去時談僞朝事頗多比以童孩不能記迄今毋故久無從質問蓋可惜耳

禮大夫士去國則不當御婦人元胱胱南遷有欲侍以女者辭曰我罪人也安敢及此得此禮矣

凶年馳道不除除者去穢惡也馳道不除知遊幸省矣凡君出而車馬所經供億所須皆足之病

民故馳道不除爲救荒之一也疏不明此意
淮水與淝河合流經壽春城西北滙爲荆山湖
又北而荆塗兩山束爲峽出峽而東北會渦水
以東入于海自神禹道淮鎖水神巫支祈迄今
不知幾千年淮絶無患弘治十六七年内荆塗
峽間忽有水怪作孽阻扼峽口淮水不得泄則
壅而旁溢春六濠潁之間田廬多浸商船至湖
時遇恠風浪多顛覆往來棹渡小艇或至中流
或近岸若旋風起即大浪三四掀逐而来人艇

俱没以是土人名其怪曰趕浪相諱不敢犯又
或夜靜月明稍人見有物若巨木偃卧沙際方
報告驚諦則倏然入水風浪遽作於是又名曰
神木如是者葢四五年正德以後患息人復見
於渦河中已巳歲予經歷蒙城渡渦河則乾涸
通騎矣相傳又徙於潁水今潁水復涸或又傳
入黄河中未知信否予度此物或即巫支祈也
世俗寡識妄謂趕浪神木云耳葢此物鎖於龜
山麓時爲漁者掣出水常一獻形計今必尚存

而龜山至其渦口舊窟路且近渦南十餘里即荆塗峡口淮淝所由也其出而作祟孽於此固當然者豈氣機衰泄聖神功力有時亦匱而然沴之物因得逆脱天械復出而魚鱉生民耶雖然南史載梁武帝築堰壅淮水以灌壽春未幾潰水大下響如雷魚頭鬼面之怪下以萬數然則淮瀆之中自昔固多怪矣

宋太平興國七年舒州獲玄石上之有白文曰丙子年出趙號二十一帝好事者合僖順翼宣

四追王之帝併數之至端宗之世恰符其數德祐丙子三宫北狩二王南奔所謂丙子年出趙者也

泗州龜山寺前有巨井大鐵索滿其内予嘗泊舟山麓登寺眺覽命左右戲引將百丈而不竭井中有聲蓬蓬然懼而命止寺僧及土人皆云昔大聖降伏水毋鎖之井中索其舊物也後會泗州二守張君錫訊其事張云弘治末年歲大旱淮水清淺龜山居人或見鐵索亘河底然以

其神物無敢動也予記岳瀆經云禹得渦河水神巫支祈鎖之龜山之下淮乃安流今世俗所謂大聖降水母豈即此事而後人傳誤耶為別有説也但禹鎖支祈於山麓水中唐時猶有釣者掣見此物今河底鐵索疑為故物井中所有則在山頂理勢迥不通得無後人因前事而僞設歟抑桑海變更水淵瀰與山一或井中別有竅道與外河通貫歟（桉朱子楚詞辯証云昔傳僧伽降伏支祈事無稽據）

六安茶為天下第一有司包貢之餘例餽權貴

與朝士之故舊者玉堂聯句有云七碗清風自六安每隨佳興入詩壇纖芽出土春雷動活火當爐夜雪殘陸羽舊經遺上品高陽醉客避清歡何時一啣中泠水重試君謨小鳳團觀此則一時貴重可知矣予謫官六安見頻歲春凍茶產不能廣而中貴鎮守者私徵倍於官貢有司督責頭芽一斤至賣白金一兩山谷窶民有鬻產賣子以買充者官司視之漠然初不爲異也故茶在六安始若利民而今爲民害則甚漢武

帝南巡以衡山遠阻不及登燎乃即州南之虚
山行禮遂封爲南岳山有漢時拜郊臺麥霄樹
官遊其地者毋縱登覽以快一時之覩然而供
給飛輓山民告病久矣正德辛未予已召還秋
曹朝除以江右劉某者爲守劉起家舉人以予
舊嘗蒞斯地臨行請益予贈之詩云踏槐曾作
少年遊高入青冥一鶚秋匣劍久韜衡斗夜郡
符新下夢刀州雨前綱茗春陽早笏外南山爽
氣浮相送一言煩記取　大廷方簡富民侯中

聯述貢茶登岳事而結句云云欲其惜民脂紓民力也昔人云未必桐鄉能愛我當時我自愛桐鄉予所謂六人者亦如此

東坡志林云武王之封武庚蓋亦有不得已焉耳殷有天下六百年賢聖之君六七作紂雖無道其故家遺民未盡滅也三分天下有其二殷不伐周而周伐之誅其君夷其社稷諸侯必有不悅者故封武庚以慰之此豈武王之意哉其意蓋倣諸柳子柳之論封建曰封建非聖人意

也勢也柳謂湯武以諸侯之力伐桀紂故不得
不厚其封蘇謂武王以滅殷之舉傷人心故不
得不存其後自今觀之聖王封建亦謂神明之
胄聖賢之後有不可以已私廢者豈專於利害
之私慰悅之計哉

建康舊治冶亭當鍾山佳處元文宗在金陵亭
去行邸爲近常遊幸焉一日傳命且至住山道
人寶琳者出宮門迎候移時見從官奉供帳及
門則知上已至亭久矣引鍾山之形勝俯城郭

之佳麗願瞻徘徊悠然有化育之洽焉從臣以
寶琳見上笑曰道人何避客之久也寶琳頓伏
請罪上曰山徑幽雅取便而至宜爾之不知題
冶亭者爲虞集今何在也皆對曰今在翰林克
學士命侍臣模其詩畫觀之因蔵諸篋問寶琳
何以字玉林也則對曰道士燒金石爲丹汞抽
鼎中狀如瓊林玉樹故取以爲名耳上曰當此
大雪時吾登此亭目力所及樹木皆玉也豈不
易見乎更謂之雪林且謂寶琳曰吾出游數勞

人動衆不如山行之便可作紫門嚴扃鑰以待予之往來自是數至寶琳野人見上之樂佳乃忘其微賤或持酒引裾留上上欣然爲留亦不責也

黄氏澤曰三桓是文姜之子孫而春秋書法於文姜不少恕如夫人姜氏會齊侯夫人姜氏享齊侯夫人姜氏如齊如莒其子孫見此豈能無怒然却又如此書此便是難説予謂此等處恐是先世直史已如此書如南史董狐書弑君相

倡故雖後世子孫見之亦不得怒聖人但因舊
史而筆之則自足示戒殊無待於創意也
春秋楚之納公孫寧儀行父于陳黃楚望曰此事
舊以爲貶楚之不當納亂人亦未嘗不可但聖人
所重在存亾國楚之罪不滅陳故二子得納此是
聖人忠厚愛人樂與人爲善之意若止以爲貶
却狹了聖經也葢楚之伐陳本以討徵舒納二
子爲說令殺徵舒而郤縣陳則二子無歸是食
言矣唯不滅陳故二子得歸故詳書之所以予

楚予謂興滅繼絶雖是楚人盛德事然聖經苟
欲與之自宜別有所書不當於其納罪人見也
二子從臾君惡以是發徵舒之憤故論陳佚之
弑陳國之亾二子不得辭罪其宜絶於陳明矣
楚不能誅已爲失刑又從而納之較之事理大
爲非順說春秋者顧謂聖人因以與楚豈所以
示後世哉

齊崔杼弑莊公晏嬰立于門外或曰盍入而死
乎曰君爲社稷死則死之爲社稷亾則亾之若

爲己死己亡非其私暱誰敢任之入枕公尸而哭三踊而出自今言之夫人臣之誼雖曰有死無貳然使始則陷君于惡終則從君于昏然而自詭曰能死亦豈君子所與哉此又晏子言外意也他日晏子告景公曰忠臣之事君有難不死出亡不送夫言而見用終身無難臣何死焉謀而見從終身不亡臣何送焉若言不見用有難而死之是妄死也諫而不見從出亡而送是詐爲也三復斯言則有國者臨難而欲責臣下

以死其亦當自反也矣
賈似道貶循州沿路占牌題云三朝元老手執
一白扇題云一場夢行至建寧府鄭虎臣至慫
拘其行李所帶珍貨及諸郡饋遺皆奄有之制
其出入節其飲食窘辱備至似道不堪其苦初
似道在相位嘗夢鄭姓者殺已於是朝士有姓
鄭者皆以事去之迨其既敗則殺之者乃虎臣
也虎臣之遣史但謂福王與芮怨賈故欲使之
甘心而不言其故先是咸淳中王必帥越有清

名福邸干政俶以法繩之福王素信任韓辦丘淵越有水患民訴者千餘人俶累目不能決淵陰嗾民突入擊俶俶窘逃避於厠掠其家而去侶道聞之乃罷俶命捕淵欲誅之淵匿於王所有司捕之急王以書責上上以示似道曰叔叔書也師相當何如侶道不得已寢其事故丘淵深憾侶道欲置之死地其後侶道敗遣虎臣者淵也

漢書註有曰臣瓚者昔人謂不知爲何人今按

晉中書監勗和嶠嘗領命校正穆天子傳五卷瓚乃其校書官屬即中傳瓚也後人取其說以釋漢書故有臣瓚註語

宋靖康間有龍伯康者不知何許人游京師飲市肆中呌呼大噱時或箕踞笑歌恢諧縱謔旁若無人衆目爲狂生不知異也一日被酒行城外過大閼之所因戲挾弓矢而射一發中的矢矢相屬十發無一差着衆方驚訝忽指其地而謂衆曰後三年此間皆胡人若等姑識之火龍

騎日飛雪滿天此京城破滅之兆也因嘻吁長嘆不自禁後三年京城失守如其言中原流離自是不復見矣豈古所謂異人謫仙者耶

韓蘄王拒金人於淮西力頗不敵時有趙九齡者獻策請決淮西水以灌虜營衆頗易其言未之信也俄而虜師退世忠請止會戰虜酋使謂曰闖南朝欲決水灌我營我豈能落人計中耶自是九齡爲時知重建炎南渡岳武穆彷徨江上未知攸適武穆軍令饑死不摽掠時以乏糧

不得已將謀抄掠九齡以舊嘗識岳乃往説其
移軍陽羨州司給之食飛得無他後有薦九齡
於趙丞相鼎者方欲用之會遇讒不果九齡自
是屏居不出卒以老死嗟乎世未嘗乏才也以
韓岳二大將而尚賴一九齡以挫強敵全約束
度其抱負與見之運用必有大過人者然卒不
能和讒者之口潦倒終身不復惆惜是豈得謗
曰造物者忌之而已昔武后覩駱賓王所草檄
嘆曰有才如此而不得用宰相之過也嗚呼今

之執人才之柄觀此宜留意矣
宋人送朝士使虜詞中云堯之都舜之壤禹之
封於中應有一箇半箇恥臣戎萬里腥膻如許
千古英靈安在磅礴幾時通夫桑維翰劉豫秦
檜之徒固無足言矣而入元以來若許衡姚樞
竇默劉秉忠輩高談皇王帝伯之道自謂列聖
相傳道統爲在伊輩而考圖推運謂胡元爲中
國正統推心臣服援經據史從而爲之辭嗚呼
使觀於此言宜愧死無地矣或曰元奄有中國

士君子生斯世爲斯民非允則無所效用必若
子言宜若之何而可則應曰天下有道則見無
道則隱夷狄主中國斯亂世無道之極也吾意
許衡輩知誦法孔子雖不出可也

兩山墨談卷之九

兩山墨談卷之十

吳興陳霆

巢湖幅員四百里，盖江淮間巨浸也。禹道江淮，盖嘗跡其地。而水經、禹貢俱不著見，豈當時江淮順流，湖以鍾泄得宜，不復勞力，故遂遺耶？中有仰山，上可容數百家。元時水軍帥俞通嘗結水砦於此。予嘗登山眺覽，四顧浩蕩，天日黃濁，眞有氣𣹢渡撼之意，不知洞庭、彭蠡又當何如也。湖中水草甚繁，且復清淺，不能作甚巨浪，漁

榔釣艇出没其間然絶無盜警謂仰山之神甚靈驗凡盜必敗故土人相戒不敢犯也成湯放桀於南巢此正其地今居巢遺跡尚隱約湖陂之上然則自三代時固嘗爲寂寞之濱矣

廣西南寧府所屬有横州其地楓始生葉有虫食之虫形侶蠶而赤黒四月間熟亦如蠶之將繇州人擘取其繇光明如琴絃海濱蜑人鬻之作釣緡甚適於用

程大昌演繁露謂吳越錢氏亦嘗改元見於封

落星石制書稱寳正六年見於羅隱記文稱保
大元年按范石湖驂鸞録袁州仰山有孚惠廟
兄弟二王其神龍也廟有楊氏稱呉時加封守
司徒竹冊末稱保大元年余向居鄉得呉江村
寺石幢所記亦以保大紀年盖錢氏有浙時或
曾用楊氏正朔也據此則保大非呉越所建而
寳正無考爲錢氏所建無疑然保大乃南唐元
宗年號五代史江表志可考也
宋太祖初受周禪與諸将入宫宫人抱二小兒

以拜問之世宗二子也太祖顧左右提以出意欲除之潘美不可乃追還以其一賜美其一則不知所處五代史所謂紀王熙謹蘄王熙誨者是也熙謹於乾德二年卒熙誨史謂不知其所終吾意其或即賜美者耶美所養者後名惟正其供報三代惟以美爲父焉吁可悲矣

孟珙滅金俘其參政張天綱以歸獻之廟社有司責供狀且脅其書完顏守緒爲虜主天綱擲筆曰欲殺即殺何以狀爲既而但書爲故主亦

足悲矣續綱目載其事末云不知其所終偶閱
長編是年四月甲午樞密院奏乞令殿前司借
補張天綱武翼大夫充計議官完顔好海保義
郎本司副將並給袍笏靴帶從之然則宥罪之
後固嘗受宋之禄秩矣豈其老於是職歟
宿州至靈璧縣循古岸而行問之乃汴提下即
汴河也煬帝鑿此以幸江都世代變遷故道湮
塞宋濬之以通運餉而東南舟車之赴汴京者
必由於此米芾所謂船頭出浪翠屏間者道此

河也今歲久復湮且種藝成畝矣堤間多卧古
峯石空嵌秀溜蒼翠可掬亦有甚大者相傳謂
宋營艮岳取石於靈壁綱運未訖而汴都被兵
遂棄於此千載尤物撫之盍可浩歎
越絕曰齊大夫無知弑其君諸兒其子二人出
奔公子糾奔魯魯者公子糾母之邦小白奔莒
莒者小白母之邦也齊大臣鮑叔牙為報仇殺
無知興師之魯聘公子糾以為君魯莊公不與
曰使齊國以國事魯與汝君不以國事魯我不

與汝君於是鮑叔牙還師之莒取小白立爲齊
君按左傳及註疏無知既弑立雍廩殺之是年
春魯公及齊大夫盟于蔇時子糾小白各有黨
所欲援立者非一其盟于蔇者蓋大夫之來迎
糾者也是時事勢非以兵伐則事不可集故是
夏公伐齊納糾齊方閉拒而小白以近在莒大
臣國高爲之内主於是小白先入而立魯師敗
而歸其秋鮑叔牙率師至謂魯人曰子糾親也
請君討之管召讎也請受而甘心焉於是魯殺

子糾於生竇召忽死之管仲請囚鮑叔受之以
歸于齊其前后次第明白如此鮑叔者小白之
傳其來魯也乃是滅糾之師殺無知者既非鮑
叔聘糾以爲君亦非齊通國之謀也凡越絶之
言未知其所本韋昭註齊語謂齊人殺無知逆
子糾于魯魯嚴公不即遣而盟以要之齊大夫
歸逆小白于莒嚴公伐齊納子糾桓公自莒先
入昭之說與越絶頗合但不決言殺無知請子
糾來小白之爲鮑叔耳昭本三國時人其所見

聞蓋出漢魏之後吾意其註中云云或即本之
越絕也然則等爲無稽也矣
淮南王墓在六安城中東北隅予謫判六安嘗
訪之士人云昔有目者指墓處云有王氣俗謂
神祠可鎮壓遂重建關王廟其上未幾久雨土
崩墓磚出焉童稚群剗掘之漸向裡得石刻漢
淮南王墓大書五字緣是聞於州爲亟掩之而
關王廟迄今巋然於上以是知壓氣之術不可
誣也然漢書英布封淮南王劉長長子安亦俱

封淮南王此墓未知孰居竊謂長安俱以謀反伏法長葬于雍安都壽春則與六不相涉布本傳六人今六安之屬邑曰英山者以布所起得名其王淮南時實都六則死而歸骨于此理或然也

宋以仁厚立國誠可超軼漢唐而與周媲美不幸中多狄難革命之後髡禿肆毒禍及陵骨私謂宋死生存殁受狄禍備慘天道反常爲之痛憤偶閱政和縣志得元人余應歌詩一篇乃紀

德祐入元以後事不任私喜爲倫著于此其說
云宋少帝入覲元降封瀛國公長命尚主一日
與内宴酣後起爬殿柱元主遥見若有龍爪拏
攫密以語臣下時有獻謀除滅者元主未許旣
而公主竊知以告乃與主謀乞爲僧以脫禍未
幾求往吐蕃學佛法因挈全后公主及姫御適
居沙漠易法名合尊初已誕子長亦爲僧名完
普至是居歲久後房復生子時周王亦適漠北
與少帝公主往來周王後宫未有子繼納女曰

邁來的亦未有出乃從帝乞所生子於襁褓中俾邁來的養爲子長名妥懽帖睦爾後從靜江迎入正大位即順帝也　皇明啓運中國有歸帝集三宮臣僚退避眞主駐應昌而殂其子孫遁去至今君主漠北盖蒼蒼於宋宮之於其祖父而延之於其子孫天道未爲無知趙氏未爲不昌也其說如此考之元史世祖二十五年遣瀛國公學佛法于吐蕃時年盖十八周王以仁宗延祐二年出遁漠北至七年順帝始生計入

立時年才十三然則宋少帝應以五十一歲生
順帝弟其崩卒不見故莫知其壽幾何也太定
帝殂群臣以文宗遁在江陵遂先迎立而文宗
以周王兄也乃權居攝遣使漢北迎周王歸正
大統周王即位于和寧之北是爲明宗比歸與
文宗宴行殿暴卒當時固謂行弑及文宗復立
以明宗子妥懽帖睦爾在議立太子時群臣起
上意在巳子乃上言得於妥懽乳母之言云明
宗在北之時素謂妥懽爲非其子於是妥懽不

得立且以其事詔示天下徙之青島繼又徙廣西之静江及文宗寧宗相繼殂太后以妥懽爲明宗元子命群臣迎立是爲順帝後虞集以草前詔逮至都既而竟釋左右或舉前事者帝輙不悦觀此則順帝信爲宋裔或亦素悟而誌册所載當不誣也初宋後宗室有遺落中山者衆共立爲主期欲興復不克而滅元末韓山童者自言祖父係宋裔國亾變姓曁汝頴兵起卒推立爲主山童敗子林兒稱宋帝亦十二年其他

所在兵起皆以興宋爲詞而紅巾揭旗有重開
太宋之天之句元人至徙宋帝子完普幷其家
屬於沙州懼爲衆推挾也又見宋仁厚之德入
人之深雖易姓未泯而漢唐以下所未有也。
學者但知范睢入秦變姓名爲張祿不知秦在
當時先自有張祿也初孟嘗君柄齊悅張祿先
生之教奉之黃金百斤文織百純祿辭而不受
他日謂孟嘗君曰夫秦四塞國也遊宦者不得
入焉願君爲吾爲丈尺之書寄我于秦王我往

而遇乎固君之入也往而不遇乎雖人求間謀固不遇矣孟嘗君曰敬聞命因爲之書寄之秦王往而大遇考之史傳田文之卒在范雎未入秦之先然則張祿之入秦其居范雎之前久矣然雎入秦而踵名張祿豈祿固嘗聞于諸侯秦人特俾雎冒其名以誑駭乎鄰國耶不然則雎之狙變奚爲恰張祿是稱也

禮經云鸚鵡能言不離飛鳥猩猩能言不離禽獸先儒之說謂禽者鳥獸之總名鳥不可曰獸

獸亦可曰禽故鸚鵡不曰獸而猩猩則通曰禽也獸可曰禽予嘗言之矣然鳥亦可謂之獸按考工記曰天下大獸五脂者膏者羸者羽者鱗者夫羽固禽也而列大獸之一則鳥可曰獸固有據耳

晉陳訓相甘卓曰頭低視仰相名眄刀主兵死後爲王敦所殺景泰中袁忠徹嘗謂人曰少保于公何不早退人詢其故曰于頭下而視仰在法名望刀眼未幾被戮人咸神之今觀訓之相

卓如此知汞之本於舊法耳

宋胡穎守潭好毀淫祠惟前代帝王及忠臣烈士祠不毀後轉官桂林桂人聞其風一時淫祠私易以帝王名臣之號以冀倖免故桂林屬邑有周文王太伯孟母漢高張良等廟相傳至今不復能改

谷音詩予既撮其悲憤感切者以見其志而數人者之節於史宜得書慮簡冊之終遺也乃錄其槩于左王澮博學醇行博州刺史辟爲師教

授弟子百餘貞祐中就拜宣撫遼東宰相累書
促之鎮滄不應浮海而遯程自脩洛陽人也性
孝友讀書城東翰林元裕之上其言行除禮部
郎中自脩聞之棄家南去琅琊冉琇好縱横談
世為李氏客難且作琇累書諫止不聽乃南走
渡江久之聞瓊滅東向三哭伏劍死王翥篤學
尚氣與曦謀反來請翥翥陽病風瘖潛詣安丙
謀誅曦事定匿巴中為農終身廣陵張琰偉軀
長鬣倜儻有節槩補州牙兵隨制置李庭芝潰

闈南赴行在所追者及之麾下鳥散琰獨鬬死汪涯事母孝宣撫賈侶道請爲客當作露布獻捷涯瞋目曰啗人以利而退其師又兒弄主上所不能也侶道怒撾殺之其母曰汝以直死我則不辱可以下報先君矣亦自沉詹本建安人溫言正行江丞相萬里薦爲郎先致書本本方坐門前釣使者至問本居本紿曰前即持竿渡溪去不知所終四明皇甫子明性豪宕棄小舟掛布帆載琴尊書籍釣具往来江湖間至元丙

子發狂痛哭蹈海丁開員氣敢言潭州安撫向
士壁被罪開獨詣闕疏陳士壁功大軍府小費
不宜推究書奏覊管楊州歲餘卒宜春晏義風
度秀聳嘗主趙崇漮後漮逮繫義自請詣獄俱
以瘦終此外一十五人其獨行亦可書然不能
悉

唐李涪論其本朝不應二都並廟謂隋創洛都
爲廵幸之所我唐高宗以伊洛勝槩每樂廵幸
既武氏從都遂於其地建崇先廟中宗反正遷

崇先於西京即其地爲太廟爾後中宗還京東都權廟不暇撤去玄宗駐蹕時復臨享是時君臣安於淸太宗廟定制不曾論及遂使二都並建各立神主都洛則有洛廟還秦則有秦廟是便於人而不敬其神也其說甚正但考之周制亦嘗如此昔周公營成周召誥云越五日甲寅位成傳謂左祖右社前朝後市之位成也是洛邑嘗建廟矣洛誥云戊辰王在新邑烝祭歲文王騂牛一武王騂牛一王賓殺禋咸格王入太

室祼歲終之祭於洛舉行而加特於世室降祼於清廟則洛廟又嘗設主行祭矣故知別都有廟而廟各有主周之盛時且然然則何疑於唐哉但成王既不果遷則廟祀之制自後亦不知要處以理揆之或亦闕而勿饗乎

蕭道成謀移宋祚沈攸之欲討之謂所親曰吾寧爲王凌死不爲賈充生按司馬懿專魏王凌謀除之後事不就爲懿所執於道飲藥死攸之自討討逆不成不惜一死故引凌事以自附集

覽徒見刋文爲陵遂引王陵面折廷爭事爲釋
不知刋本實誤也陳氏亦不復是正何耶
柳冕論司馬遷云仲尼因舊史修春秋所記不
過二百四十年今子長乃軼孔子而修數千年
蒐絶之書佐以黃老寓托之説仲尼之所二子
長之所一仲尼之所難子長之所易遷雖不得
聖人之道而繼聖人之志不得聖人之才而得
聖人之旨自謂命世而生亦信然也柳爲此論
是謂馬遷之蒐羅千古甚有功於聖人矣至歐

公之意則不然其言曰孔子之聖上述前世止
於堯舜著其大略而不道其前司馬遷遠出孔
子之後而乃上述黃帝以來又詳悉其世次其
不量力而務勝宜其失之多也觀此則遷正以
不知要以聖人之旨故蒐獵雖廣而蹺謬亦衆
抑不知爲病而顧推其長所見何差遠也
趙松雪與夫人管氏畫像予嘗見於茅山趙繼
先家繼先其遺胤也松雪鬚髮少斑然面尚童
顏幞頭紫袍玉帶象笏署云魏國公趙某夫人

貌豐偉所服乃褙子然俱坐錦墩繼先謂閩之祖父此元主宣入賜坐命畫工貌者也不知景否相傳松雪肌膚極細潤常服止用軟綾綃遇絺葛肌即傷擦元主以其儀觀非常且宋宗室擢爲衆望所歸竊忌之一日步至館閣松雪適據案讀書乃默從後相其肩背笑云此不過秀才官耳自是信任不疑

王安石拜相日與客坐私第之小閣時賀謁者填集語次忽顰蹙久之取筆書窗紙云霜筠雪

竹鍾山寺投老歸歟寄此生放筆揖客而入其
自許以靜退如此後罷相判江寧游寓鍾山正
得前所想慕之地謂其終老此境矣而一聞復
相之命即倍道趨赴不七日至汴京何前後言
行之相悖也盖此老實顧戀榮利窓紙所書特
矯飾以示一時謂無心官情焉耳作僞日拙此
亦其一端云
禹貢泗濱浮磬註謂石露水濱若浮於水然取
而琢之可爲磬今淮陽泗州等處乃淮泗合流

之地嘗周視河次絶無所謂浮石而去泗州西可百里縣曰靈壁其址山之石色蒼碧者琢之爲響版音韻清越非金鐵比也豈古所謂浮磬豈即此地所産禹嘗扣之而知其聲乃舉以充貢耶

天下事未嘗無對也宋子京嘗值雪夜下簾燃巨燭草唐書某人傳諸姬磨墨伸紙左右環列時姬侍有自權貴家來者宋顧謂曰汝太尉尋常當此清景則何爲對云太尉當此時但知命

妾等列酒饌羅管絃引滿酣醉不能爲尚書清事也宋爲閣筆大笑曰此亦不惡亟呼酒命歌酣飲達旦予謂此正可對陶穀雪夜烹茶侍姬所談党家風味事然陶以慚沮而宋竟酣適乃知二公襟袍之酸寒曠達又自不同也

兩山墨談卷之十

墨談　卷之十

兩山墨談 卷十 之四

西山墨談卷之十一

吳興陳霆

少聞之故老劉基伯溫初亾命吳中歲久遊杭
與客飲西湖會有紫雲起西北照湖水中衆以
慶雲見將賦詩劉倏望良久謂衆曰此天子氣
也淮楚之分當有
眞主出翌日具囊襆托推星命走淮泗旁求遍
訪遇
太祖皇帝於濠州遂傾心附之與謀戰伐之事子

考開國功臣錄孫炎傳云天兵克處州以炎爲總制時

上欲用人而秀民有才能者皆伏匿山谷中不肯出炎患之鈎致一二人問有才者爲誰今皆安在錄其姓名爲書遣使招之于時劉基章溢尤爲處士所推劉果敢有名亦豪俠負氣與炎類自以嘗仕元耻爲他人用使者再往返不起以一寶劍奉炎炎作詩以爲劍當獻之天子我人臣不敢私用封還之爲書數千言開陳天命

以諭劉無以荅遂巡就見炎置酒以飲炎論古
今成敗如傾河決峽畧無凝滯劉乃深服嘆曰
基始自以爲勝公今觀公論議如此基何敢望
也於是乃就徵撓此則基之出乃由炎之堅挽
其聘使往返至再至三而後就盖有莘野三聘
之風續綱目書曰
大明克處州以書幣徵劉基章溢葉琛宋濂等
至建康斯實錄矣而故老之談乃若始由其自
售盖傳聞之謬也

新安程學士嘗謂三蘇罪浮于安石其言曰安
石尚知操莽爲可惡而蘇氏以荀彧爲聖人然
予觀東坡史評其論管幼安賢於荀孔大意以
爲曹操既得志士人靡然從之荀文若盛名猶
爲之經營謀慮一旦小異便爲譙殺邢昱程嘉
之流不足數也孔文舉才疎意廣每所論建輒
中操意然終亦不免管幼安懷寶遯世就閒海
表其視曹操父子眞穿窬斗筲而已終身不屈
竟不得而殺予以謂賢於文若文舉遠矣夫東

披以穿窬視操丕而以幼安爲賢於荀孔則操
丕固其所惡而文若始終非其所滿明矣今程
氏乃云云類於不考而瞋呵妄斥者言固不可
不愼也

文丞相傳補遺不知作者誰氏中云丞相既俘
夫人歐陽氏爲大將軍將校所執將逼而辱之
夫人泣曰吾有死耳義不以潔白之軀汚於賤
卒之手夫吾天也吾夫既執吾尚安所顧籍哉
夫不負國我獨安忍負夫也遂自刭而死丞相

聞之哭而祭之曰節婦不事二夫忠臣不事二主天地之間惟我與汝云云予既美龔氏開能序丞相之忠之烈亦憾其無聞於夫人之誼故書之以補其缺攄此則歐陽氏之死爲居丞相之先矣然予記傳記云丞相既就刑義士張毅甫訪夫人歐陽氏於俘虜中俾出收其屍顏色如生質之續綱目爲說匪異審是則夫人之死又若居丞相之後今補遺乃云云豈其所載先後時日或少誤耶當俟知者

禹會諸侯於塗山執玉帛者萬國防風氏後至禹戮之鄱陽王逢氏謂塗山在今會稽山陰縣予宦遊淮西嘗至懷遠縣其淮流東岸則塗山也上有禹廟山前村墟方可數百頃即禹會村也亦有廟在焉考之圖經謂禹導淮至此娶塗山氏既又會諸侯考方岳戮防風氏村以會同而得名然則塗山所在當以予所歷者爲據但防風氏有國於吳興其去會稽爲近而禹以後至爲慢故特戮以警衆若謂在塗山會朝之時

吾意當時地限蠻服勢阻江淮雖其後至固可
原矣疑未當輙戮也嘗因是而考之通鑑前編
禹會諸侯於塗山乃元年即位時事其戮防風
乃八年巡江南事諸儒不考誤合爲一而胡曾
詩亦以四句併韻之故致學者迷疑耳
鳳陽府懷遠縣枕荆山之麓山即卞和氏獲璧
處也玉坑在山西南隈好事者尚能指示世說
荆山之玉爲世所寶而麓之石似玉者其名曰
珷玞亦與玉混今歷世既遠山皆粗礦頑石求

所謂珷玞絶不可得而復童巔不毛焦竭殊甚
豈至寶一泄山之精采靈秀亦與之俱盡耶然
則玉蘊石而山輝珠藏淵而澤媚古人之言要
自不誣也
壽州有安豐縣廢址尚存廢縣之東積水數千
頃令名安豐塘即古芍陂塘也春秋時楚相孫
叔敖所開灌漑數州自昔及今亭利莫殫我
朝於塘岸𥚃四十八閘時其鍾泄中復多菰蒲
藕芡之類正德丁卯淮西旱民取飼於塘所活

幾萬人予嘗經行其處私獨不滿謂人知享利
而莫知報本所謂叔敖者遺祠三間瀕側塘岸
村民既之香火鷄豚之奉而有司守土者亦不
聞歲一修祀盖甚欽典也附塘一沼清泠可鑑
且淵深叵測土人謂有巨鮫蟄其內每天雨即
吟吼水面聲振原隰呵氣成黑雲予嘗欲俟以
驗竟不值便而止或又云塘心平阜處古安豐
府也歲久沉陷入塘中今霧雨浹旬或見城郭
人馬現其處若登州海市然者考之史傳安豐

初不聞建府縣廢之後元雖有安豐路然即今
壽州是也或者所云盖未足信然城郭人馬之
狀疑塘水浩漫時爲陽熖與地氣蒸欝偶爾變
幻而見者寡知識遂妄云已耳
文章好作奇語自是一病盖大手之文不爲詭
異之體而自然宏富不爲險恠之辭而自然典
麗奇寓於純粹之中巧藏於和易之内大率理
到意到則自然辭直氣昌文從字順雖不求過
人而亦不能不超衆矣其有時而奇忽焉而巧

則因事感觸遇物發越譬之長江大河浩漫千里而因風觸石則洄波洑流變態百出久之而澄靜寧帖亦復平正此天下之至文也不善作者理既晦背意亦淺狹而務求美於文彩辭句之間猶黃潦無根之源而欲其瀉千里極變態多見其窘陋矣

司馬公作通鑑托始於威烈王命韓魏趙爲諸侯時劉恕道原爲書局官屬語公曰曷不起上古或堯舜公荅以事包春秋不可又以經不可

續不敢接夫獲麟故起此雖然予知公之微意
更有在也盖平王東遷之後齊楚秦晉始大而
號令征伐自諸侯出春秋託始于平王四十九
年爲諸侯僭天子之始三晉受朝命之後齊田
氏援此求爲諸侯通鑑託始于威烈王命韓趙
魏爲諸侯爲大夫僭諸侯之始然則世愈降而
變愈甚矣
李庭芝守楊終以一死報國而宋史不列於忠
義心嘗疑之及閱姜才傳云庭芝以在圍久召

才計事屏左右語久之第聞才厲聲云相公不過恐片時痛耳左右聞之俱汗下才自是以兵護庭芝第期與俱死若然則庭芝心跡或嘗有所移動非才刼之以義其末路或有未必然者其不得列於忠義亦五代張敬達之例也

僧伽者西域人唐時居京師之薦福寺嘗獨處一室其頂上有一穴恒以絮窒之夜則去絮香從頂穴中出煙氣滿房非常芬馥及曉香還頂中仍以絮窒之嘗記石勒時有佛圖澄者左乳

旁有一穴恒就水洗濯腸肺以絮窒之夜欲讀
書輒拔絮則光自穴出一室洞明其事當不誣
大抵皆異人也伽化緣在臨淮寂後朝廷送至
故處起墖供養盖泗州墖是也然程史載泗在
南宋時圍䖏墖今則大浮圖在其州治之西第
不知何時所建耳

唐韋后弒中宗史但言后淫亂散騎常侍馬秦
客光祿少卿楊均皆幸於后恐事泄安樂公主
亦欲后臨朝以己為皇太女遂相與合謀弒帝

此説固然令究其所以則先疑於僧萬迴之言故也先是中宗迎萬迴入内道場緣是出入宫掖一日謂韋后及安樂曰三郎斫汝頭時后自計謀亂且得罪又以中宗行第三疑三郎者帝也遂與安樂行弑夫庸詎知兆玄宗請内難之事也此具於神僧傳中

瞿宗吉所著吳江龍王堂記中間設伍子責范相國之語皆祖宋人王義豐舘娃賦中意也夫差之亾謂其專惑於西施固爲拘論而義豐則

專咎於殺子胥恐亦未盡也夫佳兵不祥不戢
則自焚夫差内不備越人之仇而外復連齊晋
之禍彼其境内蠻殄稻種其勢當自救不暇而
方且掃國之兵輕千里而爭黄池之會於是越
人得以乘隙而首尾奔馳狼狽失措迨其既平
而又復不思防預之策此時此勢雖使十子胥
在亦安保其無敗也太子友諷云螳螂捕蟬不
知黄雀之在後也夫差之敗果若此是故齊湣
之敗不在於孟嘗之奔而在於滅宋而驕符秦

之亾不在於王猛之死而在於勞師遠伐此古今有國者所當鑒也

續通鑑節要於宋開寶六年即大書承正統前此猶分注也宋之正統陳氏續編則定於太平興國四年蓋本之朱子之說續綱目則定於開寶八年謂準之武德七年之例予前既論所適從矣若六年則江南未平太原方負固其大書一統未見有據意者周恭帝於是年三月告殂故輒附以進宋之例耶然恭帝既廢天下非周

久矣統之接續固不係其存亾也
坡公初年亦銳意天下事其思治一論則志向
之發泄也所謂豐財疆兵擇吏即王氏富國疆
兵更化之意然王以拘執蘇以通達王恃一己
之必可行蘇欲合衆人而定於素其見固自不
同王後終以紛張變置海内極於罷敝而蘇自
海外歸亦絶口不作異時之論惟專以拯救蘇
息爲言殆知病於三折之後者矣
前代宦者亦有婁石顯傳丞相御史條奏顯舊

悉免官與妻子徙歸故郡憂死元魏時御史蕭
忻疏云高軒和鑾者閹官之釐婦胡馬鳴珂者
莫非黃門之養息高力士傳河間男子呂玄晤
吏京師女國姝力士娶之玄晤擢刀筆吏至少
卿亭輔國傳帝為娶元擢女為其妻擢以故為
梁州長史朱子語類梁師成妻死蘇叔黨范溫
皆衰經臨哭此事皆昭代所無也
漢高帝嫚士善罵亦其盛年英豪之氣戰爭叱
咤之習耳至其晚年亦自悟其非其敕太子有

云吾生不讀書又不自喜謂讀書無所益洎踐
祚以來追思昔所行不是又云汝見蕭曹張陳
諸公吾同時人倍年於汝者皆拜弁語汝諸弟
即此二教其知學問爲有益而元臣爲當敬非
復昔時之態矣前輩謂高帝性最明達此亦可
見其一節云
凡行師對敵若有黑氣如壞山墜軍上者名營
頭之氣於占法爲負宋孟珙圍金主於蔡州見
黑氣壓城上且無光不朞月蔡破金滅此禍兆

之已證者也

易稱湯武革命順乎天而應乎人武王牧野之役舉古仁義之師莫或過者然殷㦰之後商族弗靖至三易世而後泯泯若周有天下其積累深遠而維持仁厚儷於商德實曰過之然秦人舉之若燎毛定之若植礎周族不聞反側之舉而秦人亦無告諭之詞心常疑之盖武王之時商王雖惡而其公族猶盛武王特順天下之心徒欲伐紂救民而本無利之之意故於商族善爲

之所而其弗率亦止諭之以理待其自化此所謂聖人之心公平廣大之德也若周之末世則更春秋戰國之後姬姓之國既盡矣而赧王歸命秦又取二周㝷𩀱之圜視天下無復有爲周之係者此所以舉之不難而安之甚易歟

兩山墨談卷之十一

兩山墨談卷之十二

吳興陳霆

續綱目於我

太祖初起兵即夷元於列國盖用綱目於勝廣起兵即夷秦於列國之例秦人暴戾苛虐舉古帝王禮樂制度而滅裂之其不道已極而元人以夷狄干統濁亂天常腥汚華夏較之秦甚焉故以仁易暴內夏外夷書法如此凡為世道計非有私好惡也然秦自等夷之後猶大書紀元至

子嬰降乃絶說者謂秦雖無道猶中國世統所在義不得遽絶之也若元則非族醜類竊據中國先王之疆土本非其所宜立者我皇明於至正二十四年建國二十六年紀元則中國有主矣于時雖未統一然止當大書甲子黜元之年併以我吴元之年並注行下斯足示進麾之大義而秉筆者不然於扎伐之年元猶如秦得循正統之例豈別有意義耶惜予生晚不及蹱諸公之門

墻而一扣其說也
山西高平縣長平驛爲元尚書賈曾故宅中庭
古松十餘株皆當時物也
天朝平定山西宅沒入官以其壯麗不忍毁即
以爲驛相傳云曾興黃河之役民多愁怨亂
緣是汝頴兵起卒致㓕元至今議者謂元亾曾
實爲之予意不然河决固當治治河亦欲救民
非所謂天下無事而庸人擾之者也元以夷狄
主中國紀綱廢弛彝倫斁敗而風俗惡薄其致

亂之階非一朝一夕之故且天厭夷德久矣雖不治河能保其不亡也耶考之元史曾以工部尚書克河防使所發兵民才十七萬而所治之地不滿三百里又其興功五閱月而畢固非秦始築城隋煬開河之比曩予歸自太原道出驛下飯其後廳見壁間詩曰賈魯修黄河恩多怨亦多百年千載後恩在怨消磨觀此則當時或以亟疾刻深招致民怨而其禦災捍患則後世亦有公論固不得而盡非也大抵識事易任事

難民可與樂成而不可與慮始從古則然矣可勝浩歎

陳子桱通鑑續編其面目儼然綱目也獨惜其義例有未然者李鈞李重進均之周臣其起兵拒宋心迹頗同而書鈞以死節書重進以謀反北漢主繼恩被弑實郭無爲授意而侯霸榮推刃也乃書霸榮以行弑書無爲以討賊其他卒庸臣外僚多具階爵而中國之勳賢忠亮者或否蒙古雖其本朝要之邉夷醜類也而於其始

事即進凡此皆其私心偏見然則一家書耳謂欲為天下之公史則未也

杭天竺寺觀音像相傳晉天福間僧道翊一夕見山間光明往視之得奇香木命工刻成像設白光煥發繼以晝夜至漢乾祐間僧從勳以古佛舍利置毫相中時出現冠頂宋咸平中浙西久旱知杭州張去華率僚屬具旛蓋皷吹迎禱于寺繼時霔雨濡足其靈異類此建炎四年兀朮入臨安高宗遜于海兀朮上謁天竺間知其

異因與大藏經併徙而北時有比丘智完者率其徒以從至燕於都城之西南五里曰玉河鄉建寺以奉即以觀音賜額事具本寺石刻中則故物爲有力者負去久矣今天竺仍有香木刻像杭僧率認爲故物以金石刻証之盖後人補刻他本之贋者也又記金陵志公泗州僧伽二像皆真身塑者兀术并徙之燕京於慶壽寺作聖容殿奉之意皆南牧之際也因併及之

宋仁宗一日游後苑歸而索漿飲甚急宮嬪曰大家何不於外宣索而受渴若此仁宗曰吾屢

顧不見鐐子恐問之則所司有得罪者故寧渴而歸此即楚惠王吞蛭之念也惠王食寒葅而得蛭以譴之則庖宰食監法皆當死然又恐左右見之也因遂吞之嗚呼推此一念而縱欲戕人不道之事知必無矣此帝王盛德事也

中國月之哉生明必於初二或初三日而西域有尋斯干城於中國之朔夕月即見于西南中國生明之夕月去地纔一舍許而交州遇生夕月已在天之中心此豈里差之所致耶然史載

安息西界循海曲亦至大秦迴萬餘里於彼國觀日月星辰無異中國然則此又何也里差乃占步之一法猶所謂歲差云爾

陳勝之故人諂勝入宮見殿屋帷帳顧曰夥涉之爲王沉沉者還固謂楚人以多爲夥故天下傳之夥涉爲王由陳涉始予意夥之訓多固矣但云多涉之爲王恐無意義夥者物之成侶而衆多之謂今江淮閒稱商賈之同事者曰夥伴曰夥計竊意故人以涉舊同傭耕故稱夥涉猶

言前此影同之涉今爲王而氣貌之深嚴也然秦末至今世代實遠不知當時之稱謂果亦同此否

項羽入秦後封建諸侯英布初立爲九江王至漢四年秋七月布背楚歸漢漢更立爲淮南王使將兵從伐楚天下既定始剖符定王淮南史遷於布未歸漢之前漢使隨何說九江録其問荅之語稱淮南王曰寡人北向而臣事之淮南王曰請奉命蓋追叙前事而習其後稱故不覺

其謬誤耳
少微江氏作通鑑節要學者多喜其徑便而不知以其節省字句故多謬誤漢書項籍傳羽學書不成去學劍又不成去去者罷棄之意本謂學書學劍皆以不成而棄去而少微節其字謂學書不成去學劍又不成遂使學者例以去學劍爲句彭越傳上赦越爲庶人徙蜀青衣西至鄭逢呂后從長安東本謂從越置蜀之青衣縣越西行至鄭道逢呂后自長安來而少微節其

句曰傳處蜀青衣西逐吕后從長安来遂使學
者以傳處蜀青衣西爲句此亦因讀漢史而偶
舉其一二他凡謬誤固未能盡摘也
史記越世家吳敗越會稽既而赦越罷兵而歸
勾踐之困於會稽也喟然嘆曰吾終於此乎吳
既赦越句踐反國乃苦身焦思置膽于坐坐卧
即仰膽飲食亦嘗膽也云云按吳越春秋吳赦
越罷兵歸越句踐與妻入朝于吳留之踰三年
乃行賂始得釋歸歸而苦身修政求報于吳史

記不言是前書晚出馬遷不得見也
漢有兩韓信其一則韓襄王之孽孫也初漢祖
令張良徇韓地得信以爲韓將從入漢中後說
漢祖東伐楚漢二年以信畧定韓地遂立爲韓
王六年徙王太原自以國臨北邊請都馬邑以
拒胡後降於匈奴與連兵寇漢初學或不知往
往有誤認爲一人者賈誼治安策中云淮陰侯
尚王楚黥布王淮南彭越王梁韓信王韓又云
淮陰王楚最强則最先反韓信倚胡則又反其

云淮陰蓋別韓信之為二也
今世俗言無用者曰不中用此出史記始皇聞
盧生竊議亾去大怒曰吾前收天下書不中用
者盡去之罵人曰老狗此出漢武故事上嘗語
栗姬怒弗肯譍又罵上老狗上心嗛之未發也
鄙人之庸賤微薄者曰小家子此出漢書霍光
傳虛禹長史任宣謂禹曰使樂成小家子得幸
大將軍至九卿封侯云云然則雖里巷常談其
所從來者遠矣

宋理宗徽時鞠于毋舅全氏家一日秋暑偕舅
與芮浴于河時鄞人余天錫自杭還浙東舟抵
河滸天忽雷雨帝與與芮趨避舷側天錫卧舟
中夢有龍負舟驚起視之則二兒也問之爲全
保正家子乃登岸詣全主人具鷄黍命二子出
侍因告天錫曰此吾外孫趙與莒與芮也日者
嘗言二子後當極貴初天錫爲史丞相彌遠客
史時陰有更立意囑訪浙東宗子之賢厚者以
俟天錫適感此異還白之史召二子至臨安史

以長者當貴卒立爲沂王後後代濟王入立乃知帝王之生信非偶然也理宗既立與芮子孜爲太子擇妃於母族得慈憲夫人之姪孫女是爲全后宋亾后入覲元主爲尼於燕寺以卒后之遺像予得見於里人蘇琪家廣額鳳目雙眉侵入鬓然所衣乃道服蘇爲予言聞之父祖此后當入北時手寫以遺族人者蘇本全氏國亾變姓從居杭之長安鎮今復僑居于新市子孫襲今姓云

宋潛溪曰呂后僭竊幾移漢鼎實啓後世女主
專制之禍史家雖曰據事直書然宜作惠帝紀
而附見呂后之事今乃反之司馬遷其無識之
人哉愚觀班氏漢書亦爲呂后作紀然則人之
無識非獨遷也又記昔賢之論謂秦漢之際義
帝宜爲立紀而項籍應入列傳今史記皆不然
漢書列項氏於傳斯爲得矣至於義紀亦未之
及然由今觀之班書爲漢而作固難於首義帝
也

史記傳張湯杜周于酷吏兩漢書不列元城劉氏曰班固於此極有深意張湯之後至後漢猶盛有蔡侯絶者雖王莽時亦不失爵至建武中歷位大司空班氏不使湯入酷吏蓋以張純故也然杜張一等人也若獨貸湯則世得議已故杜氏在東漢雖其子孫微絶亦併貸之此正如春秋之時伯有爲厲子産以爲鬼無所歸故也乃立其後良止以止之然恐惑民因併立公孫洩以爲子孔之後使若自以大義存誅絶之後

者固之措意正類此予謂固於此事當難免由
筆之議然細觀漢書酷吏傳則知其於湯周盖
未嘗全脫其跡也趙禹傳禹以刀筆吏積勞爲
御史至中大夫與張湯論定律令作見知吏傳
相監司以法盡自此始義縱傳縱遷南陽太守
吏民重足一迹而平氏朱彊杜衍杜周爲縱爪
牙之吏縱從定襄郡中不寒而慄猾民佐吏爲
治是時趙禹張湯爲九卿矣縱後棄市閲一歲
張湯亦死王温舒傳少時椎埋爲姦已而試縣

亭長數廢數爲竟以治獄至廷尉史事張湯遷
爲御史及義縱死張湯敗後徙爲廷尉獄宣傳
宣爲右扶風下吏爲大逆當族自殺已而杜周
任用夫禹縱温舒宣皆酷吏也而傳其行事必
援引湯周以爲言至傳末之贊云自郅都以下
皆以酷烈爲聲然都抗直引是非爭大體張湯
以知阿諛人主與俱上下時辯當否國家賴其
便趙禹據法守正杜周從諛以少言爲重張湯
死後罔密事廢寖以耗廢九卿奉職救過不暇

何暇論繩墨之外乎云云予一一閱其前後大
抵皆沿史記之語以此觀之固之論湯周盖未
嘗盡改馬遷之舊也贊末復云湯周子孫貴盛
故别傳此則固自表立例之意春秋之法徵而
顯志而晦固貸湯周而必存其跡其自諉豈以
是乎

唐逸史載盧丞相未第時遇異人引入藥爐中
若夢然第覺其身在碧霄之上見宫闕樓臺晃
朗照耀有女子謂曰此水晶宫也其説疑於怪

誕然漢費長房遇壺公事具於范史與此正相類使壺公事非虛則盧所遇有之矣

我

太祖以戊申年即

皇帝位於金陵建元洪武是歲八月克元都元主避去雖其遊魂駐廳昌踰歲而歿然歸我華夏而返其巢穴中國帝王之統固已與之絕矣于時南北平定獨明昇竊據巴蜀尚襲位號然嘗遣使奉貢非敵國比也故當以戊申即位之

年即爲接正統之日大書表年紹宋作觀而或
者猶疑於舊主尚存僭國未下所見亦誤矣盖
應昌之元難擬於厓山之宋職貢之夏難比於
百戰不下之漢事固有不同者而作史者亦不
得盡依跡也
元順帝駐應昌而殂明年上都破太子愛猷識
里達臘逊入沙漠傳古思帖木兒後爲也速迭
兒所殺其部屬奔散來附洪武末遣將往討其
罪追至撒撒兒山大破之自後不敢近邊永樂

中有本雅失里者及其下馬哈木阿魯台奉貢
因封馬哈木爲順寧王阿魯台爲和寧王已而
叛服不常車駕屢親征之諸胡始平宣德中馬
哈木攻殺阿魯台欲領部落人心不服乃求元
之後脫脫不花立爲王居漠北馬哈木子脫懽
脫懽子也先居漠西尾剌之地正統初朝貢如
常　朝廷賞賚甚厚其後負德入寇歸而自相
篡弑本　朝因絶之
歳六於一甲東坡有是言也坡以戒失而事歳

然以玄緒之靈而不免鑽灼之禍則甲實取之是一甲正其裼露之地藏何可得也子謂吾身之具亦六六者能藏則免矣闔門養高與物罕接使鄉鄰不得覩其面是謂藏首焚棄筆硯謝絶版刻使好議論者不得罪吾手筆是謂藏手非途不趨小徑不由使夫人不得議吾踪跡是謂藏足保固貞元絶意房闥使靡曼不得動吾欲是謂藏臀六者藏之於一心夫然將即之而不可親扣之而不得其形與聲其至人也矣

正統間統墓之敗一卒伏亂屍中至中夜月明忽見冠袍者撿閱死屍至卒則提出之曰爾非此中人荳腐閘兒人也卒得逃歸後也先犯土城復差對敵此卒竟死於荳腐閘上斯事甚異然古亦有如此者南唐伐吳越敗於臨安裨將劉宣傷重卧死人中至夜有官吏數人持簿編閱死者至宣乃扶起曰此漢非是引出置道左明日兵退乃得歸此與前事正相類也

史記灌嬰傳受詔將車騎别追項籍至東城破

之所將卒五人共斬項籍皆賜爵列侯按羽傳
籍至東城困敗乃自刎則非斬獲明矣而此云
爾者葢籍既刎之後所追卒各斷其支體以上
功故史家因當時之文而遂謂斬耳

兩山墨談卷之十二

兩山墨談卷之十三

吳興陳霆

文王世子篇稱文王謂武王曰我百爾九十吾與爾三焉於是文王年九十七而終武王年九十三而終世儒固多疑之以爲年之短長命也雖聖人亦豈能與子而竹書紀年則曰武王年五十四仁山金氏謂信如武王年九十三之說則文王應以十五而生武王前此已生伯邑考武王應以八十一而生成王後此又生唐叔虞

人情事理必不然矣緣是以竹書爲信予考之
太史公載逸周書之言曰武王至于周自夜不
寐周公旦即王所曰曷爲不寐王曰告汝惟天
不饗殷自發未生於今六十年麋鹿在牧蜚鴻
滿野天不饗殷乃今有成今我未定天保何假
寐夫武王謂天之棄殷自其未生之時追至今
大定之日屈指爲六十年則是滅殷之時武之
年應未及六十竹書五十四之說疑可信也
洛陽名園記云百花酣而白晝眩青蘋動而林

陰合水静而跳魚鳴木落而群峯出雖四時不同而景物皆好歐公醉翁亭記云野芳發而幽香佳木秀而繁陰風霜高潔水落而石出者山間之四時也二篇雖語意相類然造語簡古則歐公爲優

左傳宋公享晉侯于楚丘請以桑林注但言桑林者殷天子樂名洪氏雖引呂覽與淮南子二書所註桑林之說然皆不明桑林之爲殷樂與宋有桑林之故今按桑山之林能興雲致雨乃

商世雩帝之所故湯以旱禱于桑林商世因謹事之而其祀神之樂即以桑林爲名宋爲商後得修其事守故有桑林之樂然用之會享則襄矣

泰伯三以天下讓先儒謂三讓固遜也太王志欲翦商而太伯不從太王意欲傳位及昌而太伯逊去于時商日衰而周日疆周益駸駸有代商之勢太伯乃棄而不取是其父子昆弟之閒實以天下相遜也且其迹隱微故民無得而稱

焉予讀吳越春秋古公病將卒令季歷讓國於太伯而三讓不受故云太伯三以天下讓吳越春秋作於東漢趙曄前人謂其去古未遠又曄越人宜知吳越之故然則三讓之說豈曄固得其實耶但春秋史記無之則又疑後人因論語之文而僞補其說是未可知也姑存之

漢公主閒有私夫如竇太主則董偃盖長主則丁外人皆通朝所知而公卿所推接然董偃死與竇主會葬於霸陵此尤異事也

潘氏榮曰漢文沉潛而不能剛克然夜拜宋昌而收兵權遣哭薄昭而殺元舅納坐席之諫而竟奪袵席之愛躬騎射之習而欲親行匈奴之伐此亦剛克處也漢武高明而不能柔克然憚汲黯之嚴直欲太子之仁柔悟神仙之妖妄而思寡欲以郤疾罷輪臺之田作而知悔過以遷善此亦柔克處也

伍子胥之為人曾無足取何者父兄之讐不共天然君臣之誼無所逃於天地之間則二者固

相等也伍氏三世爲楚忠臣子胥則忠賢之後
宜與國共休戚者也奢尚之死雖曰非辜然本
由費無忌之譖平王特失於不明耳以桀紂之
惡而龍逄比干之後不敢讐其君曾謂忠賢之
後同休而共戚者顧可以甘心於宗國乎方其
奔吳也既身預公子光之弑復計滅王僚之徇
較其心迹去交亂四國者不遠也入郢之役暴
及陵墓夫乃祖乃父向嘗北面而事之矣今爲
子孫世臣之列者乃一旦而鞭僇其屍可乎太

白之梟君子猶不滿於武王胥獨何人敢遂不
顧於天下之名義也且信讒而戮賢自平王之
罪昭王何預焉今讐人之父而伐及其嗣讐人
之主而辱及其夫人則復讐之誼不已濫乎故
夫子胥者知有父子而不知有君臣知有強吳
而不知有宗國屬鏤之賜天蓋以平王之戮奢
尚者報其入郢之無禮非不幸也山陽瞿氏於
胥事謂其能用吳以復父兄之讐又能爲夫差
復父之讐是其孝爲有餘夫以父兄之故而讐

君則移孝爲忠者何誼懷宗國之恨而外引強敵則始終爲韓者何心瞿氏之論要非義理之正不可訓於後世而世之君子徒以胥盡誠于吳而被戮故例爲之悼恨吾今槩之亦春秋不隱惡之誼也又按楚鄖公曰自敵以下則有讐非是不讐上虐下爲討君而討臣何讐之爲若皆讐君則何上下之有乎凡鄖公之言如此則春秋之士固以爲君父不可讐矣乃知申胥之言其責胥者雖甚正然亦落第二義也又左傳云敵惠

敵然不在後世此皆可爲復讐之斷

張弘範張世傑本兄弟也而一爲元伐宋期於削平一奉宋抗元志存社稷比於諸葛弟兄又有間矣

元魏孝文遷都于洛國人皆不欲内徙時以北方酋長及侍子畏暑聽秋朝洛陽春還部落時人謂之鴈臣然鴈臣二字甚新

愛日齋叢抄載唐文宗開成二年詔朕之生辰不欲屠宰用表好生自今宴會蔬食任陳脯醢

永爲常例以爲古帝王生日禁屠宰之始然隋
文帝生日詔天下爲其母明元皇后斷屠以示
報本則生日禁屠宰自隋已然矣非始於唐開
成也

秦時拘繫無辜民不知罪咸仰天嘆曰怪哉怪
哉憂憤之氣感而生虫色赤而頭目耳鼻齒牙
俱備漢馳道中有此物詔問東方朔朔對如此
且曰所産之地必秦獄也按地圖果然又問何
以去虫對曰凡憂者得酒而解乃令人取虫浸

酒中須臾糜散予然後知古今謂酒能消憂者本此曹孟德詩云何以解憂惟有杜康杜康謂酒解憂蓋用翻語也

日月之會于朔歲十二次會而同入於黃道則必交交有初有中凡交則日月必食凡食皆月掩日陽光爲陰魄所蔽故爲日食如日月雖會而月行或入外道或入內道非同於黃道一宮則自不相薄矣月食必於望夜其十四十六夜者則量望參錯故也凡望夜則月與日相對故

光獨圓滿然日光四射而正中光焰所不足處則爲暗虛月行而入暗虛則無以承日之光故爲月食然以太陰用壯而敢與日抗故墮於暗虛而爲食以是亦爲陰盛之象也

岳武穆平湖寇楊幺決勝於八日之間初駭其秘籌妙筭若與鬼神爲謀非人可矙者今讀薛弼傳則知岳所運用弼之策耳初幺據洞庭陸耕水戰樓船高十餘丈官軍徒仰視不得近飛謀益造大舟弼時運判湖南謂岳曰若是則未

可以歲月勝且彼之所長可避而不可鬪也今大旱湖水落洪若重購舟首匆與戰遂筏斷江路藁其上流使彼之長坐廢而精騎直擣其壘則破壞在目前矣岳曰善遂用之於是積寇遠平岳之奇功照映今古而弼之謀畫則知之者鮮當爲拈出

齊人饑黔敖爲食於路以待飢者而食之有餓者蒙袂輯屨貿貿然來敖左奉食右執飲曰嗟來食揚其目而視之曰予惟不食嗟來之食以

致於斯也從而謝焉終不食而死宋洪範謂以文意推之揚其目而視之終不食而死其上皆當有餓者字從而謝焉上當有黜敎字以予觀之仍其本文亦自意足仍其文正足見檀弓之高古也

同聽政我

元末明玉珍據蜀稱帝傳其子昇母太后彭氏

太祖既即帝位昇猶阻拒聲敎於是命將討之俘其母子至闕下責以歸命不早欲戮之彭氏廷

對曰臣妾今死無詞矣向以先夫疆土託在臣妾夫葉一日未亾則臣妾一日未應死今已矣即死無恨

太祖義其言因全族赦之編置海南初僞夏聞王師致討恃其險阻以重兵守瞿唐劍閣成都等處其僞都重慶頋以天險難攻纔命老弱守之將軍傅友德以奇兵由土番進連克諸郡遂據成都湯和等得報進克瞿唐經造重慶夏人守銅鑼峽兵不得進計無所出乃周視形勢隔江

有清風嶺與其朝天門相直遂於其上置砲座
用巨砲名襄陽者連飛數四碎之於是其城隤
守者震恐無復鬭志迄以出降此得之戶曹主
正羅君掑羅即重慶人渠云聞之父祖其詳如
此
張然滯役多年婦與奴通後然歸婦與奴謀害
之其犬烏龍注睛聳耳舐唇視奴然呼曰烏龍
烏龍犬應聲傷奴奴失刀仆然取刀殺奴然則
烏龍以名犬也元稹韓致光詩皆有烏龍語盖

出然事而韋伯深不知乃舉俚語拜狗作烏龍爲據何淺聞也

老子曰道者藏精於内極神於心靜漠恬惔悦穆於胷中廓然無形寂然無言官府若無事朝廷若無人無隱士無逸民無勞役無怨刑天下莫不仰止之恵他國殊俗莫不重譯而至非家至而人見之也推其誠心施之天下而已賞善罰悪者正令也其所以能行者精誠也令雖明不能獨行必待精誠故以道被民而弗從者精

誠弗包也此即吾儒無爲而治王道本諸天德之說也但吾儒所謂無爲者得人以任衆職久之民化俗成而不見有爲所謂天德者精一以盡交修久之體立用行而推無不準老子乃一切歸之無所容心此其所以愢於虛寂而目之爲異端也

晉顏含不肯從郭璞筮其言曰修己而天不與者命也守道而人不知者性也自有性命無勞蓍龜宋晁文元平生不喜推術之術其言曰自

然之分天命也樂天不憂知命也推理安常委命也何必逆計未然哉二公之言如此眞達生信命者也

耶律德光入洛陽聞杜鵑以問李崧曰此何聲也崧以杜鵑對然則五代之時洛中已有杜鵑矣邵康節散步天津橋聞杜鵑聲謂客曰洛陽舊無杜鵑今始至去後二十年必有南人作相務變更以亂天下者邵子所謂始至豈其一時創見而不知有前事耶但晉出帝之後甫十四

年乃開有宋之治自後高位亦間有南人然天
下日躋太平杜鵑之聲其兆于宋初者不聞益
中國之亂而妨北方之治然則此又何也
令之椰盃產於交廣相傳林邑王與越王有怨
遣刺客得其首因梟於樹已而化爲椰子林邑
王憤之乃命剖爲飲器越當刺時方大醉故今
椰漿味尚如酒飲之可醉然予嘗記烏孫國有
青田核如五六升瓠空之盛水俄而成酒宋有
劉章者得二核集賓設之一核才盡一核又熟

可供二十客豈亦椰之類耶但椰漿素所醞而核之酒則臨時所釀此爲特異竟亦莫知爲何木也

堯讓天下於許由由非山林逸士也左傳云許太岳之後太岳意即由耳古者申呂許甫皆四岳之後堯典曰咨四岳朕在位七十載汝能庸命遜朕位讓由之舉或即此也若飲牛棄瓢之說或者由不敢當其讓遂逃避于野如益避啓於箕山之類後人不知槩謂堯以天下讓一山

野之人甚可駭也如舜本黃帝之後其父瞽瞍實繼虞氏之封太史伯頌虞幕云幕能恊風聽樂而生物自幕至於瞍無違命則瞽瞍未嘗失國舜則國之冢嗣也舜所居成聚成邑成都盖國人化而歸之而牛羊倉廩則國儲所固有若陶漁耕稼亦督視省勸之意非必身親爲之也瞽瞍惑於後妻而愛其少子意以舜居嫡長而終有國故與象日欲殺之斯盖奪嫡之計不然舜果一窮微之人乃父乃弟亦何緣而必欲害

之也哉象之稱舜曰謨蓋都君則舜是時已爲
君長可知而舜亦知象之意在於爭國也遂舉
以讓之曰惟兹臣庶汝其與予治觀此則舜非
畎畝之野夫明矣自孟子有飯糗茹草木居家
遊及天子友匹夫之言故後世往往謂舜起匹
夫而爲天子緣是興奸雄非望之心不知孟子
之言亦有若今文人之詞者固不可盡據也抑
太古尚質而聖賢皆重民事故舜雖國之冢嗣
而陶漁耕稼亦所不鄙如禹稷皆繼世受封而

一任水土之勞一親播種之事任之者固不以
爲耻而當時亦不以爲怪非若後世有土有官
者崇高貴重而深居高拱其於民事邈乎不聞
者也

晋惠帝永康元年納后羊氏將入宫衣中忽有
火衆咸怪之後后坐廢時以爲先事之兆然予
嘗觀張靖之方洲集内記景泰中一日暮歸入
室更衣暗中有火星星自裙帶中出晶熒流落
凡三四見家人相顧失色忽憶張茂先積油致

火之說而所服乃吳綾俗所謂油叚子工家又
多以脂發光潤兼時以被酒氣蒸因是致火本
無他異也羊后所致或亦類此而當時特以其
不終遂以爲怪異云耳
東坡韓文公廟碑云申吕自岳降傅說爲列星
傅說指商之良弼也然石氏云傅說者章祝女
巫之官司天王之内祭祀以祈子孫故有太祝
以傳其說於神宫或遂謂之殷相說自莊周妄
言始鄭氏云傅說一星惟主後宫女巫禱祠求

子之事盖古有傅母有保母傅說者謂傅母喜之也偶商之傅說與同音諸家不詳其義則曰傅說騎箕尾而去由石氏言則傅者附達之意而說爲言說之說由鄭氏言則傅者保傅之義而說爲喜悅之悅二說雖未知孰是然謂之商相說則於星所主不相類知東坡亦不免於承誤也

佛說遺教經專以端心正念爲首而深言持戒爲禪定智慧之本至謂制心之道如牧牛馭馬

不使縱逸去瞋止妄息欲寡求然後由遠離以至精進由禪定以造智慧其說具有漸次與所謂頓超徑悟者異矣今以吾儒求之端心正念者正心誠意也持戒爲禪定智慧之本愼獨爲天德之要也牧牛則鷄犬之喻馭馬則朽索之說去瞋止妄息欲寡求閑邪存誠養心寡欲也由遠離以至精進所謂下學而上達由禪定以造智慧所謂定靜而安慮凡釋氏之言合於吾儒者予謂此獨爲最切也

東坡之言曰文人之窮也固宜勞心以耗神盛氣以忤物未老而衰病無惡而得罪鮮不以文者予非文人而所性所値實恊此言以是知坐困不免也

兩山墨談卷之十三

兩山墨談卷之十四

吳興陳霆

潮州廟碑坡公非獨以頌韓也盖公平生歷履與其學業事功適有相類者故感慨發越於此碑露之而騎龍之詩氣槩雄厲眞有凌轢萬象之意且其首以善養浩然者立說此則公所得之秘密蔵也超然臺記又見公樂天安土皆其氣之百折而不餒者有以本之故海外之行雖鯨波再涉而不懼鬢髮皆變而無所改於中視

夫嘆老嗟卑悼遺佚而憫厄窮者徑庭矣醉白堂記云天之生是人也將使任天下之重則寒者求衣飢者求食凡不獲者求得苟有以與之將不勝其求是以終身處乎憂患之域而行乎利害之途議論是矣而語若少疵古之君子其任天下之重者皆心乎爲民而已私無預焉禹思天下有溺者由己溺之也稷思天下有飢者由己飢之也伊尹視匹夫匹婦有不獲者若己推而納之溝中其所爲任天下者類如此

與夫履盛滿而負危疑者異矣然則憂患利害
非所以施於賢哲也若曰苟有以與之將不勝
其求是以終身處乎憂患之域而行乎焦勞之
途則庶乎語穩而理當然亦一時偶見如此固
非敢妄病乎大賢也
古今美色亦有爲人掩抑而名不彰者紂所嬖
二妾史記汲冢書胥謂武王入商紂之嬖妾二
女皆經自縊今按二妾一爲妲己其一名氏不
著蓋妲己專美世故畧之也越納西施鄭旦於

吳皆天下絕色吳易其名曰夷光脩明越既入吳二人方止苑中樹下兵士望見以爲神女不敢前犯楊鐵崖咏范蠡事所謂西施鄭旦坐兩頭者是也今天下談者獨稱美西子之色而鄭旦之名幾於泯没然以爲西施所掩故亾吳之罪獨得以逭天下後世之責焉是則未爲不幸也

南平趙弼著效顰集其鍾離叟一傳盖寓言以詈安石嘗喜其幻設之妙然古實有邂逅若此

者盧多遜南遷食於道旁逆旅有嫗頗能言京
邑事盧問其何居於此嫗顰蹙曰我本中原士
夫家子任某官盧某作相令枉道為某事吾子
不從盧啣之中以危法盡室竄南荒未周歲骨
肉淪没惟老身流落山谷間彼盧相者妬賢怙
勢恣行無忌終當南竄幸未死間或可見之耳
多遜默然趣駕去然則鍾離叟意儆於此
春秋書趙盾弑其君左氏載董狐之言曰盾身
為上卿而亾不越境返不討賊殺其君者非盾

而誰予謂此言亦未足服盾也弑行於趙穿穿之進用以盾之族子也盾以驟諫而積靈公之怒則其君臣之間必相猜嫌乖拂固非一朝一夕之故矣公不果於殺盾而盾出亡度其當時事勢必有甚危迫者穿爲之族子其能自安於位乎必也公朝有誅夷之謀而族屬有連及之懼非穿弑公則公族趙固有所必至者故嘗追原其始而深考其故知穿素無怨於公其爲此舉特欲復盾而免趙也是則雖未嘗有所受意

而發端肇禍皆由於盾穿以盾故而弑君公以
盾故而被弑是穿特成濟之流耳然則首惡之
名非盾其誰當哉譬之父兄與人爭鬪而子弟
同事者從旁殺其人按獄之法罪坐所由則子
弟固從而父兄則首禍者也以是論盾當必無
詞矣而何假不越境不討賊之云也哉王導有
言我雖不殺伯仁伯仁由我而死盾之與公事
正類此仁山金氏以盾不越境固必授命於穿
此則深文矣大夫胥岸賈討靈公之賊其言曰

盾雖不知猶爲首惡則是當時朝論固謂盾未嘗知也而可以授命誣之乎其爲法受惡越境則免先儒已辯其非孔子之言識者固知之矣兹不復論又按左氏河曲之役士會謂秦伯曰趙有側室曰穿晋君之婿也有寵而弱不在軍事好勇而狂若使輕者肆焉其可及胥將薄秦人于河穿當軍門呼曰死傷未收而棄之不惠也不待期而薄人于險無勇也乃止觀此則穿之狂躁易動蓋性成也其於行弒宜其無難者盾之逐國不惟不討且使之逆成公于周則將護之明矣以其舉措而槩其心則首惡之坐罪如之何其可免

綱目漢元帝元年立婕伃王政君爲皇后汪克

寬考異云按唐高宗立武氏爲昭儀綱目書太
宗才人以著其麀聚之醜然唐詔謂事同政君
擿甘露中書皇太孫鶩生注謂帝令皇后擇後
宮家人子得元城王政君送太子宮至是生成
帝則此上當先書以宣帝宮人王氏爲婕妤予
細考之意竊不然蓋武氏經事先帝高宗不顧
倫理不畏公議而立以爲后故綱目謹書其始
以著其醜政君爲宣帝令后擇取以賜必於宣
帝無嫌而元帝素得於受命又何他疑也唐以

武氏事同政君正欲借此以掩其失耳
古人以飲茶始於三國時按吳志韋曜傳孫皓每飲群臣酒率以七升爲限曜飲不過二升或爲裁減或賜茶茗以當酒據此爲飲茶之証予閱趙飛燕别傳成帝崩後后一夕寢中驚啼甚久侍者呼問方覺乃言曰吾夢中見帝帝賜吾坐命進茶左右奏帝云向者侍帝不謹不合啜此茶云云然則西漢時已嘗有啜茶之説矣非始於吳時也

古有記里鼓車其制載晉書輿服志楊鐵崖嘗
本之作賦其語云虛輪暈軫横轃倚輗平廇層
搆低高閒施木鐫象以正立手潛奮而有㩁列
鼓鐲於上下各扣擊以司時始越里以一發繼
逄逄而運覞途倍五以至十鏗金聲以應期縱
征行之徐疾咸適節而合宜雖亭堠之旁羅已
默測而先知此車制之大槩也嘗記本　朝曾
以命題試士俱莫知其説因筆之以示學者
龜山語錄有云物之有圭角者多刺人眼目亦

易玷闕故君子處世當渾然天成則人不厭棄矣予謂渾然天成者亦謂謙厚有容含蓄不露其於處己接人之際使我無所觸而彼無所怫如是斯可矣若緣此言而務爲依阿俯仰滑梯鶻突則固君子之所鄙也

海外有眞蠟國其土風國俗元人周達觀記之甚詳中間紀其曆法謂中國閏歲則彼亦置閏但只閏九月殊不可曉偶記秦時以十月爲歲首當閏之歲無問何月率歸餘於歲終爲後九

月漢初亦襲用之至征和間始改豈眞蠮置曆
亦若漢初之循用秦法而至今尚承襲耶
綱目卒吳讓皇楊溥劉友益曰書卒何子徐誥
也自宋弑零陵是後滅國之主無不殺者惟唐
鄴公書薨於是楊溥亦書卒若徐誥者可謂庶
幾矣考之五代史吳世家冬十月溥禪位於齊
王十二月溥卒於丹陽年三十八別無他詞意
謂溥獲善終將信知誥之存厚矣近觀五國故
事乃知溥遷丹陽宫及將逼殺方誦佛書於樓

上使者趨前溥以香爐擲之儀而見害然則溥之卒實徐諧紲之耳葢通鑑綱目皆本之五代史而歐公以家世隸江南故於其國多諱辭吾令特暴之庶後之學者不至於誤信也

唐僖宗之崩以馬踐宋太宗之崩以箭瘡發二事史冊皆不明言葢當時秘之也僖宗寵内園小兒張浪狗一日浪狗以無馬告因客與百金俾自買之浪狗求得馬置宣徽南院中僖宗因獨行觀之巡繞馬左右謂浪狗曰好馬好馬其

馬未經調習忽爾騰躍踏僖宗左脇遂倒地欲
死浪狗驚惶以銀盂注尿灌之良久方甦歸後
稱氣疾醫人候脉謂爲膀胱氣作投治莫效卧
十二日而崩太宗既下太原遂伐契丹至幽州
虜兵大至宋師奔潰虜急追之太宗僅得脫凡
乘輿服御寶器悉爲所擄從行宫嬪皆陷没太
宗股中二箭歲歲瘡發其棄天下竟以瘡疾發
云僖宗事具於幸蜀記太宗事得於神宗諭滕
章敏之言即此二事例之知古今史書其不得

盡實者必多矣

宋斧聲燭影之疑瓊臺丘氏辯之詳矣新安程克勤氏著宋史受終考一書其援引證據與丘氏畧同而尤爲信核千載之後當不復有可疑者太宗天資恐薄固不無可議然謂其弑逆則誣枉甚矣其不踰年改元宋后崩殯于佛寺皆五代故習當時以爲固然踵而行之而後之儒者吹毛索瘢遂指以證其無兄之心而以其後日之乖違實其前日之兇逆此皆先入之疑勝

而不考之過也
取天下者要在乎據天下之形便嬴秦居西戎之地知韓魏者天下之樞也故無歲不加兵於二國以爲得韓魏則天下不足舉也蜀漢君臣崎嶇奔竄英雄無用武之地故孔明不得已而取益州然而知荆州中原之襟喉也於是或借或分或爭或據頻歲交兵竟失吳好以爲得荆州則中原可進步也故韓魏入秦則山東之國以次潰滅而秦人終有天下關羽被襲則中原

之計坐成隳敗而蜀漢僅可自保凡以得天下
之形便與否而已
嘗讀史至三國劉玄德伐吳一敗狼狽竟慚恨
致疾諸葛亮曰法孝直若在必能止主上此行
雖行亦必不至於敗然則孔明固知伐吳非計
矣而不能先事諫止何哉先儒謂孔明固必諫
意者不從耳此未必然也夫先主之與飛羽其
夙契深厚雖名爲君臣而義則骨肉也孔明以
一時遇合而專主其國固嘗致其不悦矣及羽

敗殁而先主念羽之厚乃决然欲爲其報讐孔明雖知事之非而度其勢必不可止且其時飛超之徒尚在必相與悼恨忿怒而贊成此舉孔明雖欲亟止是行寧不慮諸人之疑己之棄薄其同功一體者乎故孔明知而不敢諫而謂惟孝直爲開國謀臣且處不疑之地乃可以堅沮而衆不忌也然孔明初意本謂吳蜀連睦庶可合勢而拒魏故以伐吳爲非而勢不可已則姑聽其出而詎意挫敗之一至如此哉故曰兵兇

戰危勝敗不可期而天下之所謂智者固不能免千慮之一失也，

書金縢載周公避流言之謗居東二年蔡氏云居東者居國之東也鄭康成謂避居東都未知何據愚按武王克商展其九鼎置之洛邑逸周書載武王告周公曰我南望三塗北望岳鄙顧瞻有河粤瞻洛伊毋遠天室營周居于洛邑而後去是克商之初武王已作意都洛矣特以時尚草創未暇營建然而聚民寘鼎大規已立未

幾武王殂成王繼先志卒營置焉以其在鎬京之東故平王以後稱爲東周計在武王末年或謂之東都未可知也周公時欲遠謗故特避居于是而鄭氏漢人意者尚知周之故以是决言居東之爲東都耳若謂國之東則不越王畿之外固周公當日所主之地也何東人幸於得見而悲其遽去耶

韓文載石鼎聯句在列者有道士軒轅彌明其句往往崛奇高古或者謂即退之所撰而託名

彌明未必有是人也今按張南軒於淳熙間守靜江其奏疏有曰臣所領州有唐帝祠去城二十里而近其山曰堯山高廣為一境之望祠雖不詳所始然有唐衡岳道士彌明詩刻據此則知聯石鼎者果有其人矣

書君奭篇在太戊時則有若伊陟臣扈孔安國以伊陟為伊尹之子蔡氏因之今按伊尹於太甲復政之後即已告老其卒在沃丁之六年陟果其子其生當在太甲之世然自太甲至太戊

中更沃丁太庚小甲雍已數君前後相距葢一
百十餘年使陟果壽度至斯時當耄荒矣固無
秉政理也又不知其在相位實幾何年而其老
死亦不知與太戊相距何若太戊享國七十年
假令陟與之相始終則須年百有八十天下寧
有是耶伊尹年百有餘歲世儒已詫其壽考陟
果有年亦未應過尹之如是也故疑陟爲尹之
後人而時有格帝之功可以匹休於尹故周公
特爲君奭言之世儒不考遽謂尹之子耳

海中有鰕夷國其人鬚長四尺善弓矢令人持箭於首違數十步而射中之國名鰕夷以多鬚也酉陽雜俎載一士人隨新羅使飄至一處人皆長鬚王以女妻其人美而亦鬚因作詩云花無蕊不妍女無鬚亦醜久之國有難士人爲求救於龍王因悟爲群鰕所魅盖所遇乃鰕鳥也大槩如烏衣國之類此殆因鰕夷之名而造爲怪誕之説庸詎足信也

快山山淺亦有虎時時妥尾過行路一豎坐地

牧兩牯以捶捶地不復顧虎搏竪如鷹搦兎兩牛來奔虎棄去因往荷痒挨老樹牯則喘視同守護虎竟不能得此竪竪雖不救牯無負一村囂傳共鳴皷而虎已逃不知處嗟哉異哉兩大武高義可與貫高伍令假仁義名好古臨事眞情乃愧汝此事可信文公語爲君落筆驚風雨洪覺範云鈞溪快山有虎嘗搏取牧童爲兩牛所逐虎既去牛捍護之然童子竟死因作詩紀之以諷含齒被髮而不義者予記宋紹聖小人

有司馬公爲牛者黃定者不平作寃牛文以雪之其説云村民耕甚疲枕犂而臥乳虎出翳林間欲前啖之一牯蔽其人以身而抵虎以角轉鬬甚力虎不能得乃棄而去少頃村民竊視牛蹂躪之處意以爲妖乃杖之牛不能言而奔歸乃解其體食其肉而牛出死力以衛其人之生卒莫能自明也噫寃哉又記程史特牧相衛事其謂虎出如前所云然欲攫特則牧與之鬭牧僊則特與之抗更互迭進久之村民嚾呼而

前虎始逸去而特牧竟全吁亦異矣夫快山之牯雖能宣力而竟不能全其牧負冤之牛雖能全主而竟不能保其身嗚呼天下之事限於力而蒙乎疑者衆矣安得牧特兩全彼此相信愛如程史所云者哉

兩山墨談卷之十四

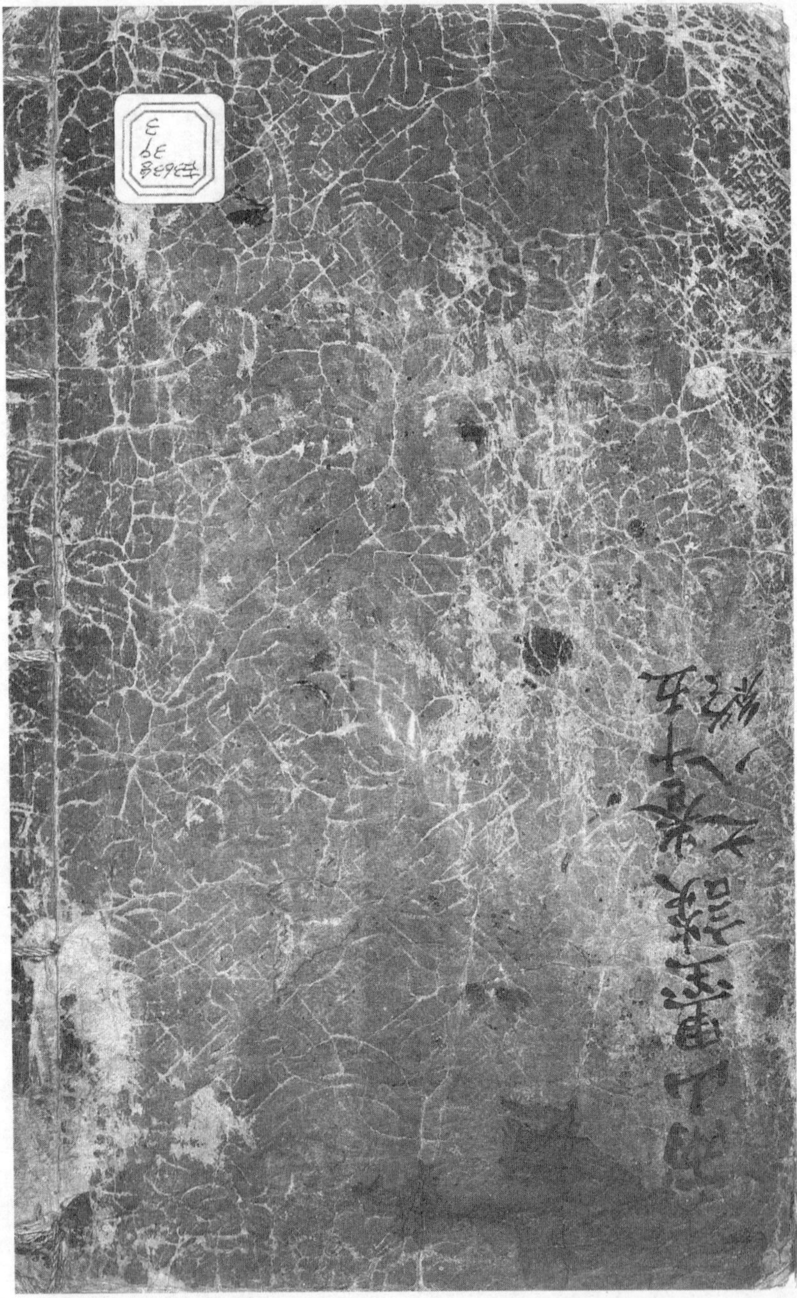
兩山墨談
卷十五
之八終
古3638
39
3

兩山墨談卷之十五

吳興陳霆

子房進履於圯邊韓信受辱於跨下後一爲帝者師一南面而王蓋惟能下人故能上人也然子房猶號知道楊誠齋詩云少年跨下安無忤老父圯邊愕不平人物若非觀歲暮淮陰何必減文成信乎先民有言保初節易保晚節難觀之淮陰可見矣

史記秦楚月表叙曰昔虞夏之興積善累功數

十年德洽百姓攝行政事考之于天然後在位湯武之王乃由契稷修行仁義十餘世不期而會孟津八百諸侯猶以爲未可其後乃放伐秦起襄公彰於文穆獻孝之後稍以蠶食六國百有餘載至始皇乃能幷冠帶之倫以德若彼用力如此蓋一統若斯之難也詳其文意以德者是指虞夏商周而言用力者殆指秦也蓋謂昔之欲一天下者用德如虞夏商周必積累數十世而後成用力如秦亦須更涉數世而後克所

謂一統之難如此索隱不察其意乃於以德若
彼下註曰即契與后稷及秦襄文穆也用力如
此下註曰謂湯武及始皇也夫以秦世數公之
蠶食爲用德而以湯武之伐暴爲用力此殆後
世非聖叛道之言豈儒者之論哉
叔孫通希世苟合之士其爲秦博士二世怒諸
生之言反者通即詭曰諸生言皆非也夫天下
合爲一家毁城鑠兵示天下不復用且明主在
上法令具於下使人人奉職四方輻輳安敢有

反者此特群盜鼠竊狗偷何足置之齒牙間二世乃喜迨秦亾則事楚楚之蹶則降漢短衣楚製取悦高祖兩生有言通所事者且十主皆面諛以取親貴是其志行不信於人久矣然則豈以身狥國者哉其諫易太子特一時小忠而楚漢春秋乃云臣三諫不從請以身當之撫劍將自殺太史公亦載其言曰陛下必欲廢適而立少臣願先伏誅以頸血汚地此不過勉爲危言以聳動高祖倘信其守死不貳則誤矣

古者以車戰三代以前未用步也晉伐無終及
羣狄于太原將戰魏舒曰彼徒我車所遇又阨
以什攻車必克困諸阨又克請皆卒自我始乃
毁車爲行設五陣以相離誘之群狄大敗是後
世之步戰始此

公羊傳威十六年屬負茲云云注云屬托也諸
侯疾稱負茲言托疾也然茲義未詳或謂茲草
也負茲猶言負薪蓋謙言有疾不能負草也予
謂不然史記叙武王入商事康叔封布茲注云

茲薦席也然則負茲者盖言有疾而負薦如所謂坐薦伏質也

范元卿上太守月詞中有云有人吟諷紫荷香滿晴陌顫語陽秋云按晉輿服志八座尚書則荷紫以生紫爲袷囊服之在左肩所謂荷紫者非荷芰之荷乃負荷之荷也人徒見南史着紫荷囊四字遂作一句言之盖不知晉書荷紫之義予讀宋史宣和間任子太濫有年始十餘歲而蔭補通顯者諫官李會疏論以謂尚嬉竹馬

已獲荷囊以荷囊對竹馬則紫荷相承之誤久
矣
衛懿公好鶴鶴有乘軒者乘軒蓋恩禮視大夫
也而壯齊後主臨御爵祿輕濫御馬及犬乃有
儀同郡公之號籍以芻菽食物十餘種蓋前乎
此而秦松封五大夫後乎此而宋石爵磐固侯
卒之召亂致禍如出一轍然後知先王之重名
器而郤玩好非志慮之明遠不能也
左傳成十六年晉伐鄭楚子救鄭遇於鄢陵楚之

子登巢車以望晉軍子重使太宰伯州犂侍于王後王曰騁而左右何也曰召軍吏也皆聚於中軍矣曰合謀也張幕矣曰虔卜於先君也徹幕矣曰將發命也甚囂且塵上矣曰將塞井夷竈而爲行也皆乘矣左右執兵而下矣曰聽誓戰乎曰未可知也乘而左右皆下矣曰戰禱也此節皆聚於中軍矣張幕矣徹幕矣甚囂而塵上矣皆乘而執兵下矣戰乎乘而左右皆下矣皆楚之子望見而疑問之詞曰以下則州犂荅詞

也楚子之語總之以王曰一言而下節則不復
有所係然其語句簡便意脉通貫此正左氏善
叙事處使他人叙此不知當費幾何語矣此作
文之法學者不可不知也
南宋諸陵在會稽縣之上皇村至元二十二年
八月内爲西僧楊璉等所發周草窻雜識畧云
初徽欽葬五國城數遣使祈歸梓宫凡六七年
而後許既還行在一時朝野以爲大事諸公論
功受賞所費不貲先是選人楊煒貽書廟堂乞

奏請大臣取神櫬之最下者斲而視之朝議以
不欲逆詐請用安陵故事梓宮入境即承之以
槨納衮冕翬衣其中遂不復改欽至此被發徽
欽二陵皆空無一物徽陵有朽木一段欽陵有
木燈檠一枚而已盖當時已料其眞偽不可知
徒慰一時之人心耳而二帝遺體浮沉沙漠初
未嘗還也每閱至此私恨虜讐之深宋茹冤之
極然考之史傳盖有未足信者紹興十二年和
議成金人以徽宗鄭后梓宮来歸于時欽宗尚

在也至三十年逆亮謀南侵於是遇害于燕然
則葬五國城之說妄矣未幾孝宗登極遣使求
河南陵寢地金主曰汝國何舍欽宗靈柩而請
鞏洛山陵如不欲欽宗之柩我當爲爾國葬之
明年三月竟以一品禮葬于鞏洛之原是欽宗
之柩終南宋之世未嘗返行在也然則又安有
攢宫於六陵之間耶夫攢宫且未嘗有而木燈
檠又安所寄耶即是而推則朽木之說疑元人
習聞當時有逆詐之言故附會妄傳而致記者

之誤信耳

程學士嘗預修宋綱目謂得於黃文獻公之言乃信陸秀夫官止簽書樞密院事文文山官止樞密使同都督諸路軍馬因遂奏御悉改舊史所稱於文死節日書殺宋少保樞密使信國公文某陸抱帝赴海日則止書其氏名且謂當時同事者見世習稱二公爲相憚於驟更惟彭文憲與予意合予竊疑之考之宋史與陳氏續編俱載德祐二年正月拜文公右相兼樞密使往

使伯顔軍前公辭相以行被執而逃五月益王
即位公自温州入朝申右相兼樞密使之命至
六月復詔公同都督諸路軍馬乃出開府日月
次第可考不誣而程主於前言乃於入朝命相
之條止書以爲樞密使同都督諸軍於其目中
滲著命相固辭之語且合六月所詔同都督之
命於命樞之日此其自信而好異之過也考文
公在當時其自鎮江得逃楊有脫歸兵言元密
遣一丞相入真州説降丞相謂公也公以夜抵

揚城下聞俟者談㨿司下令備文丞相甚急張
弘範語厓山士民曰汝文丞相已執復欲何爲
厓山亾日置酒大會張謂公曰國亾丞相忠孝
盡矣能改心以事今將不失爲宰相也是丞相
之稱在當時已習雖然此未足之據也指南録公
所著也而有句云爭元作相總成塵先太師祭
文公所譔也而有句云再相出督身荷憂責臨
刑之日元主問其何願對曰天祥爲宋宰相安
事二姓然則其自言亦固謂爲相矣若其年譜

本傳則皆書云辭者此實有故蓋古者國亡則責備於君相當時宜中世傑實用事公雖任相而出督于外朝事不預知意以他人壞之而已當其咎天下後世當必有責備之者雖公以身徇國而亦不免介介於後世名此所以有命必辭而不得已則出而任事年譜本傳亦因公之心迹而書之然告詞録黄不聞繳納則固已爲相矣若陸之除拜則又有可言者陸初與陳宜中不恊謫居潮州後張世傑言諸行朝召爲簽

書樞密院事時景炎二年之十月也續編載祥
興即位以陸爲左丞相兼樞密使與張世傑同
秉政程乃削而不録謂其死日官止簽樞夫自
景炎召還至祥興二年死國踰越三載安得猶
守初職也且承平之時兩府轉遷尚不踰歲此
爲何時而用人乃爾艱難之際命相爲急于時
宜中既逃文公出督張世傑雖稱秉政而以武
臣不拜然則首尾三年之間其任相者誰歟陳
仲微從二王入廣目擊時事其所著衛王本末

云祥興即位以陸秀夫爲丞相張世傑太傅指
南録亦云陸君實永嘉推戴有力及駐厓山兼
宰相凡朝廷事皆其潤色紀綱之據此則陸固
厓山之相也吾意當時播越海濵封拜草草雖
以陸之入相而遠近或未悉知迨其滅亾而紀
事如塡海等録追書舊事習其初稱故但云已
耳而程乃盡廢舊史獨據以爲筆削之案此又
其自信而好異之過也二公之取重於天下後
世初不係於官爵獨謂續綱目既詔行誠慮夫

學者不考而宗信之也故著其說於此
嚴光之不屈世皆謂其立志高潔此知光之外
者也新安程克勤曰先生當西漢末避莽亂棲
迹草澤以待天下之一遇光武之主猶以為未
慊而去之非其君不事也侯霸亦先生故人位
三公矣仁義阿順之語凜然下飭若浼焉非其
友不友也先生之學雖莫知所從來殆必有擇
之中而安放之遠而準將與伯夷相望而興者
所謂非常人也其立論頗異其流輩然獎與疑夫

過矣原光與帝舊同硯席其相處非一朝一夕
而已燕昵之私徵逐之狎在人情所不能免而
况其時光已年長視帝則子弟行也則夫語言
容色之間寧免於倨肆而周旋禮度之際安保
其無欿耶及帝登極光疑其或未能忘已而容
物於是變姓名隱之澤中而帝追念故人意不
能忘也乃遣使物色之追其詣闕而復偃卧於
賓館加足於帝腹凡此皆光欲以嘗帝而俟覇
雖舊人然不能知也故雖位居鼎鼐足之而輙有癡

兒之識要領折之警觀此則光之素挾長凌物微可見矣諫議之除帝將貸其鯁諤之益而光以受命于朝當必改趨易步強已所不能而隨時俯仰則夫君臣之形迹上下之名分恭遜之容祇承之態度不能一旦黽勉而曲盡其禮於是終於辭避至以堯舜巢由之言姚郤之而帝亦度光不可留強之或累異日之保全也乃聽其去然前此有狂奴故態之言則帝之微意可見矣此則光之始終表裏春秋所謂推見至隱

者也尹遂昌謂光與帝同學之時固已年尊於
帝至帝君臨大寶召至闕下光是時蓋已年踰
耳順矣以年尊德邵之人帝不能待以賓師之
禮乃欲臣而用之宜乎光之不應也此得其形
倡而未悉其心予故備論之
宋有陳仲微者咸淳中以言事切直罷官後起
爲兵部侍郎脩國史丙子從二王入廣暨厓山
敗流落安南臨歿有詩曰死爲異國他鄉鬼生
是江南直諫臣安南國王挽之以詩曰痛哭江

南老鉅卿春風揾淚爲傷情無端天上編年月不管人間有死生萬疊白雲遮故國一堆黃土覆香名回天力量隨流水流水灘頭共不平仲微之詳見本傳其偷生外國雖與陳宜中同科然宜中身爲大臣且當國用事國亾與其君同死社稷固其職也顧遺君棄親逃避他國於國則不忠於家則不孝一死有餘責矣若仲微視陸秀夫輩雖有愧要之猶愈於投降賣國者其踪跡亦可憐也

世傳宋梁顥以八十二歲登狀元故其謝表有
云白首窮經少伏生之八歲青雲得路多太公
之二年又其詩云天福三年來應舉雍熙二載
始成名今考顥傳顥以雍熙二年及第歷官二
十載至眞宗景德元年六月病卒年九十二逆
而數之至登第之歲除去歷官二十年止應年
七十二是知世俗所傳者妄也又按八十二歲
之說具遯齋閒覽容齋四筆辯其謬誤然又謂
年止四十二殊不可曉又謂史稱梁方當委遇

中途夭謝令考本傳無之豈元人删之耶史記漢文帝二年十一月晦日有食之十二月望日又食徐廣以爲望日又食按漢書及五行傳皆無此文一本作月食然月食史書所不紀予謂此月食無疑也刋本字誤耳蓋日食必於朔月食必於望此日月相會與對望所致時以晦既日食望又月食不半月間而兩經災變故於望日下詔書脩省而懼災之意則因感月食之變而益謹日食之戒也故詔止云乃十一月

晦日有食之景帝後三年十月日月皆食云十
月丙不繫以日必是月朔望日月分食非一日
事也是後十二月晦雷徐廣云雷一作晝字又
作圖字實所未詳予疑雷雷字誤也十二月晦
日而雷有聲則所發非時故特紀異耳
太史公六國年表其叙秦之興曰量秦之兵不
如三晉之疆也然卒幷天下非必險固便形勢
利也蓋若天所助焉或曰東方物所始生西方
物之成熟夫作事者必於東南收功者常於西

土故禹興於西羌湯起于亳周之王也以豐鎬伐殷秦之帝用雍州興漢之興自蜀漢此殆類術家鄙誕之說信如此言則自漢以後若隗囂公孫述之徒竊據西土自謂天命可覬而繼以敗滅此又何也又曰論秦之德義不如魯衞之暴戾則秦不足法明矣而復云世異變成功大傳曰法後王何也以其近已而俗變相類議早而易行也學者牽於所聞見秦在帝位日淺不察其始終因舉而笑之不敢道此與以耳食無

異慝夫則又嘆悼其所爲若是爲後王法程者
凡此皆遷學術偏駁識趣卑陋處昔人譏其淺
陋而少聞道此亦其一云

兩山墨談卷之十五

兩山墨談卷之十六

吳興陳霆

孫仲益賀胡尚書手簡云玉堂視草金華進讀極儒者之榮其門人李學士祖堯註云金華殿名前漢史翼奉傳畧云孝文時未有甘泉建章及上林離宮又無鳳凰白虎玉堂金華之殿是也其援引殊不涉進讀事按史漢成帝命張禹等講論語於金華殿故後世以金華爲講讀之地孫所謂儒者之榮者用此也

史記漢宗室傳齊王世家前云文帝十六年復以齊悼惠王子安都侯志爲濟北王十一年景帝年吳楚反時志堅守不與諸侯合謀吳楚已平徙志王菑川則志之本末詳矣繼復云漢擊破賢元菑川王天子因徙濟北王志王菑川志亦齊悼惠王子以安都侯王濟北菑川王反無後乃徙濟北王王菑川凡此係事詞重複又列傳朱建事中具酈生首尾任敖事中叙張蒼始末謂宜從刋削而諸篇中如是者乃疊出予固疑史記

爲太史公未脱藁之書也
越絶書不知作者誰氏或謂子貢子胥作者妄
也觀其援引不倫序次無法類謭淺者所爲而
所記有及西漢時事者又其間文法間有類吳
越春秋處其正言無幾而雜説旁出復起古有
是書後人從而勦入他説豈東漢之際如趙曄
輩者所著耶其最不經者謂舜有不孝之行去
耕歷山三年大孰身自外養父母皆飢舜父頑
母嚚兄狂弟敖考之經典孔孟皆稱舜爲大孝

舜豈有外養之理四岳曰瞽子父頑母嚚象傲
舜固未聞有兄也又謂子胥妻楚王之母吳越
春秋載子胥入郢令吳王納昭之夫人然則子
胥固未嘗身此舉也凡此皆有惑於後之學者
予故深闢之
說苑載周威公聞屠餘棄其國亾而懼乃進錡
疇田邑史理趙巽之賢去苛令三十九物以告
屠餘曰其尚終君之身旣後威公薨九月不
得葬周乃分而爲二愚謂周分爲二之說劉氏

盖以實威公身後之禍不知其事情實非也按
大事記考王封弟揭於河南以續周公之職是
爲桓公卒子威公立卒子惠公立惠公復自封
其少子班於鞏號東周君於是東西周分治是
時惠公欲獨擅河南之地故封班於鞏以奉王
爲名然則二周分治乃威公子孫並分王室之
謀在惠公則爲拓先業在威公則爲子孫大焉
者也

陶弘景二牛圖本出於莊子楚王聞莊周賢厚

使迎之許以爲相周笑謂使者曰千金重利卿
相尊位也子獨不見郊祭之犧牛乎養食之數
歲衣以文繡以入太廟當是之時雖欲爲孤豚
豈可得乎子亟去無污我我寧游戲污瀆之中
自快無爲有國者所羈二牛之意蓋用此
周書因蔡叔於郭鄰以車七乘傳謂制其出入
而猶從以七乘之車或疑既制其出入則何事
乎車而猶從以七乘不無背戾因引十乘百乘
之說謂古者以井地定賦車乘之數自井地而

出葢四丘爲甸一甸爲田十六井所賦兵車一
乘以車七乘起削其國邑而但給以七乘所出
之人土葢古法七甸之賦也此說亦有謂縱嘗
考周禮大行人副車之制謂天子十二上公九
侯伯七子男五蔡在周爲侯爵則七乘乃其平
時之從車有罪之後制其出入而從車則不華
姑且存其國儀侯度葢覔假之禮也蔡氏失原
其本故學者他疑予特袪之
西廣左右江溪洞之外別有依山之蠻俗謂之

山獠獠婦生子即出其夫則偃臥如乳婦少不謹則致疾其婦乃無所苦

元延祐間佛菻國使來朝備言其城當日没之處地有水銀海周圍可四五十里國人取之之法先於近海十里掘坑井數十然後使健夫駿馬皆貼以金薄迤邐行近海日照金光晃耀則水銀滚沸如潮而来勢若粘裹其人即迴馬疾馳水銀隨後趕至若行稍緩則人馬俱爲水銀撲没人馬既迴逺於是水銀勢漸遠力漸微却

復奔回遇坑井則水銀溜積其中然後旋取之
用香草同煎則花銀矣水銀中國亦產固非奇
物術士輩往往煉之爲藥銀然畢竟是假若彼
國煎而爲花銀是殆其草藥之靈異也
唐末方鎮類以讐報誅斂爲事而李茂貞之子
從曮獨以仁厚爲政鎮人愛之其在鳳翔有田
千頃竹千畝懼侵民利未嘗省理從征王蜀部
送王衍還至鳳翔監軍使柴重厚拒而不納明
宗入立知其故遣人誅重厚從曮上書言重厚

守鳳翔軍民無所擾願貸其過此其識度誠長者當時節使罕復及之然以其茂貞之子故但附其事未至不免爲雜傳中人殊可惜也

史記武王克商紂反走登于鹿臺之上蒙衣其珠玉自燔而死武王入商至紂死所自射之三發而後下車以輕劍擊之以黄鉞斬紂頭懸太白之旗世儒多謂紂雖殘賊死則已矣武王之師固曰公天下之怒然弊冠新履亦須少動于中豈有於其已死之屍而復加戮之理乎謂此

言眞是以正史遷衆擇不精之失非以存世教而曲爲之辯飾也又傳記謂太公蒙面而斬妲己令按武王至紂之嬖妾二女二女皆經自殺武王又射三發擊以劍斬以玄鉞懸其頭小白之旗所謂嬖妾蓋妲己也二女非謂紂所幽乃妲己與其並嬖者如傳云二女裸之謂妲己素懟黠意其當紂死之時必自計不免而預爲之所寧肯坐俟周兵之入而致其生獲哉然則此云二女皆經自殺擯之事理謂獨可信耳

後唐明宗史謂其胡人目不知書然其所見亦
自高卓有帝王知書好文者所不可及秦王從
榮嘗侍側明宗問曰爾軍政之餘習何事對曰
有暇讀書與諸儒講論經義爾明宗曰經有君
臣父子之道然須碩儒端士乃可親之吾見先
帝好作歌詩甚無謂也汝將家子文章非素習
必不能工傳於人口徒取笑也吾老矣於經義
雖不能曉然尚喜屢聞之其餘不足學也凡此
數言侶知帝王爲學之要比與專務詞章筆札

與臣下較能否者異矣其君主天下亦非偶然
也
五代史梁本紀六月楊崇本復附于岐王乃以
兵如河中聲言攻崇本遣朱友恭氏叔琮蔣玄
暉等行弑昭宗崩十月王朝于京師殺朱友恭
氏叔琮昭宗崩下當補書太子祝即位是爲昭
宣帝下方云十月王朝于京師然後事詞爲倫
本紀叙朱温事雖於唐可略然昭宣之立不著
其始則其下二年七月天子使来賜王迎鑾紀

功碑者當爲何人所遣耶此非惟遂誤後學亦
事理之必不可闕者也
說苑載曾子有疾孟儀往問之曾子曰鳥之將
死必有悲聲君子集大辟必有順辭禮有三儀
知之乎對曰不識也曾子曰坐吾語汝君子脩
禮以立志則貪慾之心不來君子思禮以脩身
則怠惰慢易之節不至君子脩禮以仁義則忿
爭暴亂之詞遠若夫置罇俎列籩豆此有司之
事也君子雖勿能可也按此載曾子告孟儀一

節與論語曾子告孟敬子者特相似中間意句雖參置不類然不妨於大旨之略同也豈二書所出爲即一事而見聞之下記之者不能無異耶然就文義而論則論語所記之爲然而向所云云微傷于峭露要之賢人之言與文人之詞自昔有間矣

予喜聞前代之故一日閱宋遺民錄得宋元以来數事意好事者所欲共聞也漫疏于左理宗在宫中嘗被酒上芙蓉閣望淮楚之分黒䙫十

有餘年不散南偪江乃淒然淚下度宗在宫中日以酒壺自隨終日酣醲外事蒙蔽厓山之敗陸秀夫抱祥興帝于懷以匹練束爲一體仍以黃金礶腰閒乃赴水死文丞相既俘其夫人歐陽氏爲元將所執將逼而辱之夫人曰吾有死耳誓不以潔白之軀辱於賊卒我夫不負國我獨安忍負夫也遂自剄死汪水雲元量舊以琴入内供奉三宫北狩乃隨至燕山時爲太皇及王昭儀鼓琴奉巵酒又或至文丞相狼獵之所

爲作拘幽十操文山亦倚歌而和之曁後南還舊宮人會者十八人釃酒城隅與之别援琴鼓再行淚各兩下歸而爲黄冠縱浪山水人以爲仙德祐入元封瀛國公世皇遇之甚審凡五年不給衣糧至文丞相死後乃給世皇夜夢黄龍以爪纏繞殿柱厥明瀛國來朝正立柱下因是謀欲去之而瀛國先覺乃祈于帝師獲爲僧以自免虞伯生風儀整潔或謂其嘗私於文宗之妃故當時無名子贈詩有不堪回首昭陵道落

日西風莎草寒之句順帝駐應昌以痢疾殂倉
卒梓宮無備乃取西江寺槃木以供用梁間隱
隱有西江月一調所謂死在西江月下也凡是
數事皆予前此耳目未及者是不獨可録為談
助雖以備史氏可也

宋建炎中高宗子明受太子旉卒續綱目從恒
辭不詳其故蓋國史諱之耳初苗劉逼高宗禪
位乃立皇子旉改元明受張德遠諸人勤王鑾
輿返正以明受嘗奸帝位建議去之竟連其乳

毋掩之鐵塔之下後高宗之嗣晚年抱璧思之
恨頗怒德遠然德遠之處此亦太過矣高宗嘗
謂轉臣云朕性不喜與婦人近此未必本性誠
然先是高宗在維楊方宫中有所幸御忽報粘
罕兵至遽驚惶出奔致成痿疾以是嬪御希進
其終於無嗣者坐此也明受事出朝野遺記
胡邦衡乞斬秦檜疏云區區之心願斷三人頭
竿之藁街然後拘留虜使責以無禮按三輔黄
圖云藁街在長安城南門内舊有蠻夷邸若今

之鴻臚館然邦衡時以虜使在邸故請斷檜首懸之彼所于以伐其狡謀而絶其和因引藁街爲言然則藁街非尋常梟首之市也程克勤平逆頌云吉祥就磔欽首懸竿藁街闐闐都人快觀又正德甲戌間江西擒獲劇盜王浩八等檻送京師法司論擬

上請有云宜懸首藁街以昭國法予謂曹欽浩八等本賊亂于中國於蠻夷無所交涉而亦引藁街之文未免於用事之誤也按懸首藁街本起於西漢斬獲

鄆支單子甘
延壽請爲此
宋靖康之難粘罕駐軍青城欽宗出狩留而未
返時有汪若海者以大學生上書粘罕請息兵
講好奉還少帝其書慷慨激發反復數百言中
有云語曰下令如流水之源順人心也元師亦
知人心之所歸乎昨南門之下有一老父年且
九十傴僂扶杖揮淚而言曰我生之初尚及仁
宗我生之末乃遇聖君因望行在而顧衆曰今
上寬仁侶仁宗汝等當以死事吾老無能爲也

令日當先死以爲諸公勸城中聞之不問老少無不歔欷流涕皆曰有君如此何忍負之人心如此天意可知元師豈可不承于天不和於人哉云云粘罕雖不聽然亦不罪也當時圍城中大小臣工噤不敢出一語而忠義奮激乃出於一儒生里父則平時肉食以謀人之國者果何如人哉若海後仕宋亦不顯高宗嘗以片紙書其名諭張德遠曰似此人材卿宜收拾會浚去國不果召

新安程克勤嘗預脩續通鑑綱目其於文宋瑞
陸君實死節書文爲樞密使陸爲簽書院事謂
一以填海録等書爲據予前既論之矣始君實
居厓山時日記二王事爲一書甚悉以授禮部
侍郎鄧光薦曰君後死幸傳之後厓山平光薦
以其書還廬陵大德初光薦死其書存亾無從
知故海上之事後罕能詳者今得填海録閱其
間數事與番禺客語行朝録等書參差不恊是
知此書不無舛誤計非陸記手筆之比程氏乃

據以廢正史不知其何見也

偶閲荆州府志載夷陵州有浣紗河其説云昔伍子胥奔吳道遇浣紗女即其地也其水色斑白若浣紗之色後人立子胥廟于此按吳越春秋伍員初逃楚難聞太子建在宋奔往就之既而奔鄭會鄭人殺建乃與建子勝奔吳越昭關至江漁父渡之遂行入吳疾於中道乞食溧陽會女子擊綿於瀨水之上筥中有飯女子長跪而與之子胥已餐而去顧謂女子曰掩夫人之

壺漿無令其露女子嘆曰嗟乎妾獨與母居三
十年自守貞明不願從適何宜饋飯與丈夫虧
越禮儀妾不忍也乃自投于瀨水而死後員入
郢而還過溧陽瀨水之上欲報女子以百金而
不知其家乃投金水中而去又按張勃史記註
子胥乞食處在丹陽溧陽縣丹陽爲今應天府
溧陽其屬邑也邑有投金瀨緣伍員投金而得
名唐時立貞女祠其上李太白爲之記詳見前卷是
子胥過浣女之地諸說之可據無疑也若夷陵

則春秋楚之西境其西址乃適秦入蜀之路槩
之於吳風牛馬不相及子胥何緣至是耶或者
水色類於浣紗好事者因謬倡浣紗女之說然
則援以立廟而據以入志懵亦甚矣
宋紹興中與金人議和時淵聖在虜中尚無恙
也自後太后迴鑾而淵聖竟不返初起金人欲
留以爲質宋雖有請彼或靳而未許今閱朱子
語類竊見其間一二乃知淵聖之殂於虜蓋有
深故也先是兀朮下江南頗屢失利而張通古

之来朝之忠計者憤不肯和宋勢益稍振矣是
時劉豫既廢金遂欲立淵聖於南京以中分宋
勢頼和定而止暨太后南旋淵聖卧車前泣曰
歸語九哥與丞相幸早歸我我得太乙宫使足
矣他不敢望也太后許之且與誓而别及歸而
知朝議大不然遂不敢語自明受太子殂高宗
竟乏嗣金人又欲立淵聖之子以變動江南耳
目岳武穆嘗具劉言之故終淵聖在虜宋遣巫
伋一迎之後不復終請者慮其狡謀復起而至

不可區處也後逆亮謀掃國南下目中已無宋
矣兩淵聖在彼終以前議致疑慮生他變故先
舉戕之此殆南北一大機事也惜作史者不能
畧示其槩故筆之以詔來者

兩山墨談卷之十六

兩山墨談卷之十七

吳興陳霆

鬻子書二十二篇秦火之後漢藝文志謂止存六篇今閱逄行珪所註者乃有十四篇按鬻子名熊年九十見周文王王曰噫老矣鬻子曰使臣捕獸逐麋誠老矣使臣坐策國事尚少也王乃師之然則鬻子商末人也度至周公封魯之時必已死今其書有曰昔者魯周公曰吾聞之知善不行謂之狂知惡不改謂之惑又曰昔者

魯周公使康叔往守於殷觀此二節則鬻子應至武王末年尚存然則須年百一十以上豈有耄荒若此而復能著述耶故疑其書非鬻子自作葢東漢以後好事者掇拾其語而彙集成篇者也不然漢所存止六篇而今至十四篇之廣安知非後人附益哉

元伯顔率師伐宋世祖以曹彬下江南諭之其至臨安駐軍城址戒飭將士市無剽掠民無震擾遣人諭幼主降次收圖書法物然後偕其君

巨以壯從容閒雅有古良將之風雖其夷虜習
性嫓之曹彬終未全美然視粘罕兀朮輩則霄
壤矣嘗見其還經金陵梅嶺崗詩云馬首經從
嶺島歸王師到處悉平夷擔頭不帶江南物只
揷梅花一兩枝其自誇如此若非口不言功者
所宜然即此觀之有古人行李蕭然圖書數卷
之况味其清致雅尚殆非夷狄中人物也
綱目載魏相田文吳起不悅謂文曰請與子論
功可乎文曰可起曰將三軍使士卒樂死敵國

不敢謀子孰與起文曰不如子起曰治百官親
萬民實府庫子孰與起文曰不如子起曰守西
河而秦兵不敢東向韓趙賓從子孰與起文曰
不如子起曰此三者子皆出吾下而位吾上何
也文曰主少國疑大臣未附百姓不信方是之
時屬之子乎屬之我乎起默然良久曰屬之子
矣呂氏春秋載吳起謂商文曰事君果有命矣
夫商文曰何謂也吳起曰治四境之內成馴教
變習俗使君臣有義父子有序子與我孰賢商

文曰吾不若子曰今日置質爲臣其主安重今日釋璽辭官其主安輕子與我孰賢商文曰吾不若子曰士馬成列馬與人敵人在馬前援桴一鼓使三軍之士樂死若生子與我孰賢商文曰吾不若子吳起曰三者子皆不吾若也位則在吾上命也夫事君商文曰善子問我我亦問子世變主少羣臣相疑黔首不定屬之子乎屬之我乎吳起默然不對少選曰與子夫是二說即一事也而爲語不同其頗協者最後文之言

耳綱目稱田文而呂紀爲商文所不可曉綱目
本之通鑑類非無據而呂紀則先秦之書要之
於紀載爲信也二者未易稽決
宋弘在漢其可取者非直貴不改交富不棄妻
兩言而已其隨事規益有古大臣謇諤之風弘
薦桓譚爲議郎譚於宴鼓琴以繁聲悅帝弘召
而讓之曰吾所以薦子者欲令輔國家以道德
也令數進鄭聲以亂雅頌非忠正者也能自改
耶將令相舉以法乎譚頓首謝良久乃遣之他

日帝使譚鼓琴譚見弘失其常度帝怪而問之

弘乃離席謝曰臣所以薦桓譚者望能忠正以

導主而令朝廷耽悅鄭聲臣之罪也帝改容謝

又弘嘗讌見御坐新屛風圖畫列女帝數顧之

弘正容言曰未見好德如好色者帝卽爲撤之

凡此讜言直氣盖與申屠嘉汲長孺相望而與

者而通鑑節要乃不能畧載小生末學能知者

或鮮矣予故表而出之

李䈁諶起兵拒宋其子守節仕宋爲皇城使嘗

泣諫不聽太祖知之遣守節歸諭旨筠謀愈甚
遂起兵命守節守上黨引兵南向後事敗自殺
守節以上黨降詔釋其罪以爲團練使予謂守
節處此誠亦難矣蓋違父則非孝拒君則害忠
然而父死家滅已獨獻城而丐生則於義有未
盡也昔楚人將殺令尹子南子南之子棄疾爲
王馭士王泣而告之既殺子南其徒曰行乎曰
吾與殺吾父行將焉入然則臣王乎曰棄父事
讐吾弗忍也遂縊而死李懷光將反其子李璀

言於德宗曰臣父必負陛下願早爲之備臣聞
君父一也臣父非不愛臣臣非不愛其父與宗
族也誠使臣賣父而求生陛下亦安用之及懷
光死璀亦自殺守節而知此義則宜於見討之
際束手歸命以全君臣之誼而一死從鈇地下
以全父子之倫君親之際豈不兩盡也哉而隱
忍偷懦自乖大義二子之罪人矣
冬青引載於野史其詩凡三出而語句不同初
疑好事者誦錄之誤近閱趙東山跋語與宋遺

民録乃知唐玉潛林景曦收葬陵骨之後謝翺
臯羽與景曦各爲詩以暗記此事敵不同如此
獨一首之末云君不見犬之年羊之月劈靂一
聲天地裂不知何意予聞楊秃所營浮圖凡三
經雷震最後乃焚其金畧之尖頂若鄧壺者所
謂劈靂一聲意指此也楊秃裒陵骨雜牛馬諸
骼爲浮圖以壓之號曰鎮南而不知龍蜕之餘
先已爲唐林二義士所得托固於萬年枝之下
至今尚無恙也元人徙鬄江南王氣未泯而兇

尧所爲若曰歷禳云者適足以當其心故任其
恣肆妄作若罔聞知然人憫于下而歛其遺天
怒于上而伐其跡亦足以觀宋德之格于上下
者矣昔人錢塘懷古詩云刼火不燒楊璉塔怒
風還激伍胥潮盖業塔不燬則江怒不息其不
平之氣終古如在載考鎮南之跡元人謂在杭
之興元寺寺故宋大内也今杭之鳳山門外雖
諸寺畧存然不知何者爲興元且改世以來街
陌變遷漫莫尋遺塔之跡意者　國初修復城

隍之際有識者惡之特剗去之耶僕當細訪
謝疊山踐程楚翁詩卷云五帝三王自立之國
至德祐而滅有天地以来無此變也理之變氣
隨之西北嚴凝之氣盛行于東南吾序陳月泉
詩已言之後六年而驗又十一年程楚翁出詩
一編氣清和而志深遠有風人遺音獨以爲王
澤未竭民彝未泯豈與文士華角巧也楚翁毅
然以天地大義爲己責死生禍福置之度外幾
殯携篝𡙡逃鋸鉞遁播十年本志弗渝豈不眞

男子哉黍離忠矣義氣不足以感人無衣勇矣忠誠不足以悟主周轍不西千古同恨安得楚翁之詩作於彼時乎云云楚翁徽之婺源人性倜儻喜問學德祐末元兵入臨安江東列郡皆下楚翁發憤散家貲陰結敢死士將復郡城事泄被執搒掠幾死夜賂守者得脫去時碧梧馬丞相廷鸞在番陽義不仕元楚翁往投之碧梧義其爲人贈以詩云汗竹丹鉛側空花粉黛中尚懷丞相亮不署大夫雄有客來今雨誇予邁

古風幽情傾不盡渺渺碧雲東楚翁客碧梧所久之聞謝疊山在閩中去就疊山奔走往來凡十年間關險阻一寓于詩有黍離麥秀之感讀之令人涕下疊山被執北去楚翁悵悵無所依病逆旅中以死其所著述經兵燹後無一字存唶唶可惜然楚翁雖不幸而碧梧之句疊山之語則炯然在簡冊間身名固不朽矣

說苑具載智伯與趙襄子戰于晉陽下而死智伯之臣豫讓乃漆身變形吞炭變聲襄子將出

豫讓僞爲死人處於梁下駟馬驚不進襄子動
心使視梁下得豫讓襄主重其義不殺也又盜
爲抵罪被刑人赭衣入繕宮襄主動心則曰必
豫讓也襄子執而問曰子始事中行君智伯殺
之子不能死還反事之今乃欲殺寡人何與先
行異也讓曰中行君衆人畜臣臣亦衆人事之
智伯朝士待臣臣亦朝士爲之用襄子曰子非
義也乃壯士也乃自置車庫中水漿毋入口者
三日以禮豫讓讓自知遂自殺也按讓本傳趙

襄子殺智伯漆其頭以爲飲器豫讓欲爲報讐乃變姓名爲刑人入宫塗厠欲刺襄子襄子如厠心動執問刑人則豫讓左右欲誅之襄子曰彼義人也吾謹避之耳既去頃之襄子當出豫讓伏于所當過之橋下襄子至橋馬驚曰此必豫讓也使人執之乃喟然而嘆曰豫子子之爲智伯名既成矣而寡人赦子亦已足矣子其自爲計於是讓伏劍而死據此則讓之自殺乃在伏橋之後說苑序諸入宫之時微爲舛錯又讓

之言曰中行以衆人畜我我亦衆人事之智伯以朝士待我我亦朝士爲之用昔人謂即其言而槩其中則讓固懷貳心者矣何天下後世之足愧也然觀襄子謂讓曰子非義也乃壯士也則讓之本心在當時已爲識者所非矣後世之論盖落第二太史公傳之刺客無亦有見于是哉

元章桐程白石樵唱詩註謂元兵滅宋僧人楊總統發宋諸陵以其骸骨棄草莽中適林霽山

在越上痛憤不能已乃詭爲采藥者以草囊拾
而收之又聞理宗髗骨爲址軍投湖水中因以
錢購漁者求之幸一網而得乃盛二函託言佛
經葬于越山之址且種冬青樹識之又侄山志
元人發宋諸陵以其骨沉諸水政和縣人余應
則亮綱之得理宗髗骨而葬焉按輟耕録元發
宋陵以其骨雜牛馬諸骼作浮圖壓之號曰鎮
南有唐玨潛林景熙者私以他骨易出之各爲
匣以葬初未聞則亮爲此舉也始陵發後理宗

獨失其頭髗盖胡僧竊之製爲飲器胡俗以得帝王頂骨爲鉢盂則吉祥如意故爲此　至我

太祖登極　命宣國公索于元庫久之得于西僧汝訥所敕有司葬之聚寶山後越郡以宋七陵圖來獻

上覽之憫然命返舊骨于元穴凡理宗髗骨其始末有據如此今曰林景熙網得以葬又曰余則亮網得以葬夫景熙固嘗預葬骨之舉此猶可說若則亮則元末人何緣預世祖時事哉此

誠好事者傳聞之詞皆未足憑也

李賀榮華樂云鳶肩公子二十餘齒編貝唇激朱走馬夜歸叫嚴更徑穿複道遊椒房或謂椒房乃宮禁嚴密之地非公子可夜遊者按此篇本詠梁冀事冀為人鳶肩豺目所謂鳶肩公子指冀也本傳冀大起第舍而妻孫壽亦對街為宅殫極土木互相誇競堂寢皆有陰陽奧室連房洞戶柱壁雕鏤加以銅漆窗牖皆有綺疏青瑣圖以雲氣仙靈臺閣周通更相臨望飛梁石

蹬陵跨水道金玉珠璣異方珍怪充積藏室遠
致汗血名馬又廣開園圃採土築山十里九坂
以象二崤深林絕澗有若自然奇禽馴獸飛走
其間冀壽共乘輦車張羽蓋遊觀第內多從倡
妓鳴鍾吹管酣謳竟路或連繼日夜以騁云云
觀此則冀之宅第視宮禁盖等矣所謂椒房得
非當時僭擬無度壽之房闥亦用椒壁之制而
自同於內庭之稱耶然則賀之言正以着冀驕
侈之極於宮禁初無預亦可謂失也

九峯蔡氏謂三代改正朔不改月數其言曰三代雖正朔不同然皆以寅月起數蓋朝覲會同頒曆授時則以正朔行事至於紀月之數皆以寅爲首也愚謂夏非改正商不改月周則改正以示統改月以隨正其在經傳如春秋所書殞霜無氷雨雪震電之月孟子所稱七八月歲十一月十二月左傳正月辛亥日南至之文汲書周公作周月惟一月斗柄建子之語皆其証也我朝周洪謨氏作周正辯起一主蔡氏力辯

周人未嘗改月其謂春秋所書凡因事而繫月
者皆夏時也定元年冬十月隕霜殺菽僖三十
三年冬十二月隕霜不殺草則謂二霜以過殺
與不殺而書桓十四年正月無氷成元年二月
無氷則謂二氷以正月無可藏與二月無可出
而書桓八年冬十月雨雪謂雨雪之上恐有缺
文或有大字隱九年三月大雨震電則謂建辰
之月雷雨三日以爲非常過度故繫震雷于大
雨之下他如七八月旱者决在孟仲秋之交十

一月十二月杠梁成者斷在歲終之候其援引
証據自謂無可疑矣而不知皆其說之師心者
也且周之改月不獨愚見爲然宋元諸儒盖言
之不獨諸儒爲然程朱大儒亦言之周氏能逞
其辯于春秋孟子固矣獨其引汲書則節去周
公作周月惟一月斗柄建子之文於左傳所紀
正月辛亥日南至之類則謂周末世亂道路榛
塞左氏不知周制而妄爲之說夫其節汲書者
固欺人之失而謂左氏不知周制則幾乎妄也

盖左氏魯之史官其傳春秋雖不無可駁要之於周之曆紀亦難乎謂其不知也雖然周氏尚以孝經宗祀明堂之文爲不足據則其所取信者惟己意而已矣他何言哉

正德末中間狂賊劉六劉七輩嘯聚十餘萬衆殺掠齊魯之境一日次東平州州有一嫂二姑避賊出奔遇其部將于道度勢不可脫即跪俟道左賊悦其色逼至莽地欲次第汚之時賊大衆已起營獨所遇賊未捨去嫂不得已聽所爲

次及大姑姑倈賊上體即兩手交按賊頸小姑以死踞其身賊時已疲作力不能起嫂即其刀斫其首斃之往報之官準格給賞時皆壯之予讀楊鐵崖濮州娘樂府因知薛花娘之事非誣餙者花娘濮州娼也賊朱鬉者掠之因與裸飲賊既酣擁花娘卧花娘乗其睡抽佩刀刺殺之乃遁出報官兵因遂進攻盡擒其衆東平婦之事大畧類此然花娘斃賊於醺酣兩三婦乃斃賊於倉卒此尤奇快也作三婦制一虎繼濮州

娘之後一虎哮三婦怖以吼三婦順一虎疲以
困虎生獰嗜慾亦其性幕天不醜裸人國席地
寧知陷身穽按虎頸踞虎腰虎雖有力不得跳
肉屛未竟聚麀樂亞巓已落屠猪刀嗟嗟三婦
非五虎胸次沉機乃雄武爲君寄謝晉男子下
車攘臂曾何數

張士誠亾國亾於其弟士信士信佐其兄僞稱
丞相信用匪人群小趨沓卒之内乏謀畫之臣
外鮮折衝之將邊威不振國計坐耗以迄于亾

士信於丁未六月六日爲　天兵用砲擊死所
任隆平郡太守周偎本山陽鐵冶子以聚歛功
至上卿伏誅曰緩頰言曰錢穀鹽鐵等籍皆在
我汝國欲富當勿殺我主者怒曰亾國則不知
死罪尚敢言是耶速殺之吳人稱快或手加額
曰今日天眼開也有蔡文者山陰人素業醫葉
德者雲陽人葉星卜士信皆委任之二人無他
才能惟以諂諛悅士信意汲引邪佞排譖蹇諤
致士信誤國大抵二人力也丁未春獲至臺城

伏誅因風乾其屍懸示于稡者一月又潘萁者
其儐駙馬也性驕侈娶美娼凡數十内一爲蘇
氏才色兼美醉後尋其罪殺之以金盤薦其首
于客宴國亾伏誅臺城投其首于溷張氏始末
雖畧見於輟耕錄歸田詩話等書然未詳備茲
偶得其數事于此俟他日有聞輯爲傳云

兩山墨談卷之十七

兩山墨談卷之十八

吳興陳霆

宋觀察使汪介然傳元人汪幼鳳所作中載洪忠宣皓陷虜高宗用其子适爲相屢晝求皓虜以不知所在爲辭及介然使虜遼城上皓聞笑語曰南音也密附蠟丸書介然剖股納之歸聞于朝帝召見介然於御前取書以進上覽之涕泣命适拜公爲之厚餉和議成明年洪公皓朱公弁張公邵皆南還洪公又令諸子孫羅拜之

曰微夫人之力不及此後适出知徽郡爲介然
建府第朱文公誌朱弁墓謂得邑人汪介然密
附洪公晧蠟丸之功即此也介然冒危險以通
國之好守貞信以不負人之託其志節可傳無
疑獨考洪适以孝宗乾道元年始入相是時忠
宣歸朝殁已久而此云高宗用其子适爲相屢
書求晧則爲説荒謬不考之過也
予前辯楊璉所營鎮南浮圖入　國朝来無跡
可訪意謂　國初剗去此但一時據理勢而言

未暇考求其據也今按元史續編至元二十二年秋九月上命建佛塔于宋故宮二十五年載西僧楊璉真加以宋宮室爲塔一爲寺五元人陳剛中鳳凰山詩云浮屠百尺聳亭亭落日鴉啼野蔓青至 國初貝瓊穆陵行云流螢夜飛石虎殿江頭白塔今不見是鎮南在元固屹然存而入我 朝方泯此則 國初劃去之明驗也以此例之乃知天下古今之事其不得親擊者以理勢推之率十中八九又楊髡建塔本爲

鎮壓陵骨之計然發陵之歲月續綱目據唐王
潛傳謂在至元十五年十二月元史續編謂在
二十一年九月周草窻謂在二十二年八月今
觀續編載二十二年九月建佛塔于宋故宫則
與草窻所誌發陵月日相繼以是年八月發陵
而九月建塔事理相因最為脗合草窻宋末人
也其所紀誌當為實録若續編載二十一年發
陵越明年九月始建塔則不應陵骨暴曠一年
之久至如王潛傳載歲戊寅十二月發陵越七

日下令衰陵骨築塔則與續編建塔之歲月違
背凡八甲子此足以決其謬誤也
三國之統系陳壽帝魏而寇蜀司馬公因之朱
晦庵矯其失乃帝蜀而賊魏自朱子迄今未有
置異說者也並朱子時有俞文龍者作孔明論
一篇大抵考論先主孔明之跡而吹尋其過此
未暇論至鄭如幾魏春秋之作則與朱子之見
大異矣如幾字維心太永人徙居德清之龜溪
從葉石林諸名公游以陳壽三國誌紀載無法

乃作魏春秋仍以魏紹漢統張無垢九成與相
善移書難之復書曰僕不能超時媚世守所學
至於窮且老因刋正三國之書以度余日辱賜
教疑其子操而黜備褒病居山無緣面究欲置
不報恐閤下終疑不解敢申其説商系夏周系
商秦系周漢系秦魏系漢晉系魏綿綿系而不
絶者謂之統若以魏篡取黜不使系漢則統其
絶矣春秋列國之君雖篡殺而取者皆得承其
統聖人不沒其實所以著其罪也司馬遷作史

記畧準春秋至秦項呂氏亦皆列之本紀僭作魏本紀非予之也法應然也董卓之亂王室覆蕩獻帝曹陽之敗六宮委棄於塗泥百官餓死於墻壁自古播遷危辱無甚于此而山東諸侯以義名師擁據睥睨莫或有惻然動心者操獨奉迎都許披荆棘立廟社使如綫之緒絶而復延雖其心不可得而量抑亦有功于漢者春秋僖公二十八年天王出居于鄭書曰公朝于王所及天王狩于河陽又書曰公朝于王所公朝

而諸侯不與所以譏諸侯之不臣也司馬温公
謂操取天下於群盜之手非取于漢深亮其心
漢者非操之罪僕猶不敢以爲然蓋操實攘而
有之罪安得而掩哉至如殺孔文舉弑伏皇后
與夫受禪之文陳壽所畧陳者僕皆特書而詳
志之不没其實以暴其罪爲萬世亂臣賊子之
戒黜之之旨不爲不嚴獨表其奉迎一節以厲
後世臣子臨難危不可以棄其主耳至論其心
則曰學古而任數外夷而中險舍小恕以矯情

引大義以飾詐惜其畧有餘而度不足其罪而
黜之者如此亦槩得其情矣未嘗予之也吝曰
魏簒而有之不當系漢則非春秋之法也噫漢
亾宗室布在天下惟虞表璋備耳虞表既敗璋
又失國幾其奮起而興劉氏者舎備其誰哉望
之深故責之切方曹陽之敗臣子有不可爲心
者備時爲將軍領豫州刺史擁重兵據方面其
勢足以自通其言足以動衆曾不聞馳一介之
使脩常貢之職唁顛沛訪存亾亦未嘗出一詞

以激漢之義士果有意於興漢乎謂其長者長者固如是乎厥後獻帝密詔使之圖操備與操方昵出同輿坐同席非不得其便也畏不敢發事覺兵敗乃連於袁紹紹何如人哉紹破往依劉表至是始得其謀蜀之計於諸葛亮夫荆益同姓之邦使備與之協和庶幾或可以興復也春秋伐同姓者貶其爵而人之滅同姓者絶其類而夷狄之且璋厚禮迎致使平漢中漢中蜀之咽喉也備苟不急於自爲籍益州之兵食討

乎張魯而扼其咽喉孰不壺漿以迎師璋將遜避之不暇矣備不知出此乃背恩棄義反襲而奪之長者固如是乎昔光武破尋邑討王郎降銅馬救斯民於塗炭然後即位改元故中興之功照耀往策備於漢無纖毫之功滅同姓而乘義舉納宗婦而亂人倫亟欲稱尊告祭天地託流言爲獻帝舉哀定謚而帝尚無恙也驅區區口舌以誣群聽一皆出於變詐無足取者藉有無君之心猶畏名義終不敢自尊備有所畏乎

閣下雖操而不知備有可雖者如此僕爲之質曰任智勇以爭天下之勢仗信義以歸天下之心此高帝之所以創業世祖之所以中興也備之智勇信義何如哉盖未有智勇不具信義不立而得志於天下者也僕所望備者深矣必欲以蜀系漢不知蜀亾系之魏也系之晉耶又莫適攸從也其去取大旨如此予嘗反復其所言而考究當時始末佀亦足以表暴操之功罪而愧赧乎先主之心其言要自有謂不可盡棄也

昔歐公作五代史荆公惜其不脩三國誌因囑
東坡爲之坡恐世間議論不一避而不承然則
昔賢於此正自難言耳
我 朝遷鼎北平雖
成祖弘規遠畧然本
太祖之意也洪武改元
駕御謹身殿顧問廷臣曰北平建都可以控制
胡虜而運棹東南比今南京何如衆對曰胡主
起自沙漠立國在燕今已百年地氣天運已盡

不可因也今南京興王之地宫闕已完不可改圖傳曰在德不在險也於是中止昔武王克商謂周公曰我嘗南望三途北望岳鄙顧瞻有河粤瞻洛伊毋遠天室營周居于洛邑而後去繼而武王崩志不克就成王立周公追繼先志卒營洛以爲成周東遷之後保固守險綿延周祚於八百年之永非細故也今國家控據上游而宰制六合建帝王萬世不拔之基則

成祖繼志之孝
聖子神孫迓衡之休也
予著撮義載宋高宗駐蹕維揚金師入寇將渡
淮適招信縣一尉時以巡徼遇之途遂相敵是
日風作塵氣蔽天虜不測南軍多寡相拒踰半
日尉以力戰死高宗因得飛報倉卒渡江不尓
則有可虞者然尉之名氏失傳記者爲之嘆惋
偶閱續通載建炎三年金人由招信將渡淮
縣尉孫暉禦之沉其數舟虜以疑兵麾暉自上

流渡城破暉死之此事正與傳記脗合然則尉乃孫暉耳其脫君父於阽危忠績匪細

樂記一篇竊嘆其高深遒古非秦漢文字可並致堂胡氏謂爲子夏所述或又謂子貢所作然皆無可經據愚意此或夫子所示意門人商賜輩述以共成者也

猴詩謂之猱性躁而多智嘗記唐大曆中有猴數百集古田杉林中里人欲伐木殺之中一老猴忽躍去隣近一家縱火燔屋里人惧亟走救

火於是羣猴遂脱去其校智若此載汀州志
徐敬業起兵誅武后不克而死武因勦滅其族
論者謂高宗之立武氏決於徐勣一言然未幾
徐氏族滅亦足爲其禍唐之報偶讀唐書乃知
勣之後葢未盡滅也按吐蕃傳虜將徐舍人者
語所俘道人延素曰我乃司空英公裔孫也武
后時吾祖以兵尊王室不克而覆子孫奔播絶
域今三世矣我雖擾兵心未嘗忘歸顧不能自
拔耳是勣之子孫故在亦足爲敬業忠義之報

也
周書有君陳篇王伯厚以君陳爲周公之子伯禽之弟見坊記註然註之所本它無所攷
宋時瀘南人有蓄秦吉了者能作人言夷酋欲以錢十萬買之其人告吉了以貧甚欲賣以濟困之故吉了曰我漢禽也不願入蠻夷山因不食而死此與匡山墜水之白鷴正相類彼含齒戴髮名爲士大夫者顧叛宋而投金元曾禽鳥若
哉

曆法日行之度北至東井去極近南至牽牛去極遠東至角西至婁是爲春秋分先儒言北至東井南至牽牛此南北以在天者言東至角西至婁此東西以在地者言今按東井牽牛之南北盖主北極而言北極位東井之北日自牽牛而北至于東井則去極爲近而於時爲夏至日自東井而南至于牽牛則去極爲遠而於時爲冬至然此南北必人從地面仰觀于天推考其進退遠近乃得而見故曰南北以在天者言也

名東角西婁則主方位而言蓋二十八宿有一定之位角亢七宿居東奎婁七宿居西日行適東井牽牛之中在東而至角則爲春分在西而至婁則爲秋分然此東西是蓋一定之方人於地中左觀右顧一望可見故曰東西以在地者言也

天地之祭莫大於郊舉郊則后土之祀六宗之禋皆在中矣百神之祀莫先於社舉社則山川之望群神之徧皆在中矣故中庸言郊社之禮

而承以祀上帝之言盖舉天帝之尊以統其餘
也五年之祭莫殷于禘舉禘則比年小祫三年
大祫皆包之矣四時之祭莫倫于嘗舉嘗則春
夏禴祠歲終祫蒸皆可推矣故中庸言禘嘗之
禮而承以祀先之言盖舉廟祭之盛以該其餘
也
置閏之法其先則三年一閏者三繼以兩年一
閏者一續又三年一閏者二繼以兩年一閏者
一如是經七閏然後天日月相會之氣朔無欠

無餘是爲一章所謂兩年一閏即五歲再閏之
說也又曆家必於三十三月左右方置一閏然
補前借後必各得一月之半則後月節氣乃在
此月之中而中氣不在其月於是乎閏在矣是
固天然恰會當此之置閏非人可移前徙後強
置之於所不當之月也然則先儒所謂置一閏
而有餘則留所餘之分以起後此固可通而謂
置兩閏不足則借下之日以終數者於法窒矣
按先儒倡借下終數之說由人誤認三年一閏

之後即繼以兩年一閏之文也
成湯放桀于南巢在湯則放之而不追其所往
在巢則納之而俾終夫天年初未有殺戮之事
也故終湯之世其不受命者巢伯而已武王伐
紂之後箕子則甘於即夷夷齊則耻於食粟商
容則竟於釋位大家弗靖奄君再叛是其劉殺
之施于當時者有不忍焉故也古以湯武並稱
要之武之慚德視湯較甚
禹貢導渭自鳥鼠同穴孔傳謂鳥鼠共爲雌雄

同穴而處蔡氏謂爲怪誕不取今按甘肅志涼州之地有冗兒鼠者形狀倡鼠尾若贅疣有鳥曰本周兒者其形倡雀色作灰白嘗與冗兒鼠同穴而處所謂鳥鼠同穴者也涼州唐屬隴右道然則孔說非誕

盜跖之言曰盜亦有道夫妄意室中之藏聖也入先勇也出後義也分均仁也知可否智也五者不偹而能成天下之大盜者天下未之有也

富翁之言曰大凡致富之道先去五賊所謂五

賊者仁義禮智信是也蓋未有五賊不去而能
成富翁者也吁五者在人富者則欲去之以致
富盜者則須籍之以成盜然則古之所謂大盜
其猶賢於爲富不仁者乎
近世泥金畫漆之法本出於倭國宣德間嘗遣
漆工楊某至倭國傳其法以歸楊之子塤遂習
之又能自出新意以五色金鈿並施不止循其
舊法於是物色各稱天真爛然倭人來中國見
之亦齰指稱嘆以爲雖其國創法然不能臻此

妙也
地之下皆水水之下乃天天之外則大氣之渾
淪逼塞者包裹充滿莫有涯際又復迅行疾轉
晷無少息凡其內之水與地爲隳束于勁風罡
氣之中不得少下此地之所以能久浮而不墜
也大要則氣舉天天包水水載地三言而已晋
志論渾天以爲天外是水水以浮天而載地其
見頗差先儒言日月星辰運行從水中過者當
云水下其說方穩

趙簡子謂陽虎曰令而後樹人必也當擇樹桃
李者夏得休息樹蒺藜者秋得其刺乃知唐世
狄公薦賢有嫉之者曰天下桃李皆在公門盖
言其後之籍蔭也又賈島訕裴相詩曰不栽桃
李種薔薇盖譏其後之得刺也
王輔嗣云冬至陰之復夏至陽之復盖復有來
復之說亦有退復之義易言七日復者來復也
論語言復其位者退復也冬至陽生六陰以漸
而退聽夏至陰生六陽以漸而反歸故王言陰

復陽復要皆退而還復也

環谷汪氏曰周禮太司馬所言正月之吉是指夏時其言正歲則爲周人建子爲歲首之月其說是矣然謂周不改月則亦未足憑也蓋夏時周月在周並行時以作事故月令大司馬所用皆從夏時歲以示統故春秋所紀皆遵周月所謂周月則以十一月爲一月汲書左傳可考而証也

宋元以前中國未有摺扇之製元初東南夷使

者持聚頭扇當時譏笑之我　朝永樂初始有
持者然特僕隷下人用以便事人焉耳至倭國
以充貢
朝廷以徧賜羣臣内府又倣其制以供賜予於
是天下遂遍用之而古團扇則惟江南之婦人
猶存其舊今持者亦鮮矣

予著墨談十八卷藏襲久矣

邑侯双崖先生雅尚文事因就予取閱既

徹編則以書來曰是不可不傳也爰遂序

俸付之梓且命邑民沈懷調度其事工既

訖衆謂　侯此舉蓋不欲以論衡自私之

意而懷之率義亦宜得書因識之末簡

嘉靖己亥春正月吉旦陳霆書

兩山墨談卷之十八終

皇明萬曆三年歲在乙亥春慶州府開刊

黃雲進　僧性明

徐德龍　崔千孫　際

金甫千　僧義金　金老連

林潤富　金壽福　朴光

僧性湛　李仍邑金　崔芮同

鄭泗　金春福　金順年

刻手僧幸文　鄭萬年　僧彵玄

都色　崔壽延

談卷之終

書寫承訓郎趙還璧

書寫定虜衛朴道生

校正成均生員崔起南

校正成均生員金得基

中直大夫行慶州府判官慶州鎮兵馬節制都尉元豪

通政大夫守慶州府尹慶州鎮兵馬節制使朴承任

都事崔滉

嘉善大夫慶尚道觀察使兼兵馬水軍節度使尹根壽

朝鮮刊本世說新語補

[韓]閔寬東
[韓]裴玗桯 整理
陳慶

目録

世説新語補題解

一、韓國傳入的中國世説體小説及其接受

自從劉義慶《世説新語》問世之後，韓國傳入了許多中國世説體作品。玆就其出版事項與接受過程，以及梨花女子大學藏九卷兩册木活字本《世説新語補》的狀況加以梳理。

（一）中國世説體小説的發展及其傳入

唐代世説體小説有王方慶編撰《續世説新語》十卷、劉肅編撰《大唐新語》十三卷。宋代有李垕編撰《南北史續世説》十卷、孔平仲編撰《續世説》十二卷、王讜編撰《唐語林》八卷。元代模仿世説體作品較少，大部分爲改編自《世説新語》的雜劇，如關漢卿《温太真玉鏡臺》（假譎九）、《漢元帝哭昭君》（賢媛二）、《石崇妾緑珠墜樓》（仇隟一）、《終南山管寧割席》（德行一）等。

明代世説體小説約有三十二種，其中只有六種出現在弘治、嘉靖、天啓、崇禎年間，其餘二十種都産生於萬曆年間。如下表所示：

明代世説體小説

書名	作者	成書時間	存佚
《吳中往哲記》/《往哲記》一卷	楊循吉（一四五八—一五四六）	弘治十年（一四九七）	存
《何氏語林》/《語林》三十卷	何良俊（一五〇六—一五七三）	嘉靖三十年（一五五一）	存
《續吳中往哲記》一卷	黃魯曾（一四八七—一五六一）	嘉靖三十六年（一五五七）	存
《續吳中往哲記補遺》一卷	黃魯曾	嘉靖三十六年（一五五七）	存
《世説新語補》二十卷	劉義慶撰、劉孝標注、何良俊增、李贄評點、張文柱校	嘉靖三十五年（一五五六）、萬曆十三年（一五八五）、萬曆十四年（一五八六）、萬曆十五年（一五八七）	存
《世説新語補》四卷	何良俊撰補、王世貞刪、張懋辰考訂	萬曆十三年（一五八五）	存
《初潭集》二十八卷/三十卷	李贄（一五二七—一六〇二）	萬曆十六年（一五八八）	存
《清賞录》二十卷	包衡 张冀	萬曆二十九年（一六〇一）	存
《説儲》/《説麈》八卷	陳禹謨（一五四八—一六一八）	萬曆十五年（一五八七）、萬曆三十七年（一六〇九）	存
《説儲二集》八卷	陳禹謨	萬曆十五年（一五八七）、二十七年（一五九九）、三十九年（一六一一）	存

《邇訓》二十卷	方學漸（一五四〇—一五六一）	萬曆年間	存
《皇明世説新語》/《明世説新語》八卷	李紹文	成書於萬曆三十四年（一六〇六），刻於萬曆三十八年（一六一〇）	存
《西山日記》二卷	丁元薦	萬曆中後期	存
《霞外麈談》十卷	周應治	成書於萬曆年間，刻於崇禎六年（一六三三）	存
《舌華録》九卷	曹臣	萬曆四十三年（一六一五）	存
《蘭畹居清言》/《清言》十卷	鄭仲夔	成書於萬曆三十（一六〇二）或三十一年（一六〇三），刻於萬曆四十五年（一六一七）	存
《玉堂叢語》八卷	焦竑（一五四一—一六二〇）	萬曆四十六年（一六一八）	存
《琅嬛史唾》十六卷	徐象梅	萬曆四十七年（一六一九）	存
《耳新》八卷	鄭仲夔	天啓六年初刻（一六二六），崇禎七年（一六三四）重刻	存
《説雋》四卷	畢淑	今有明刊本及《快書六種》本	未見
《燕都妓品》	佚名	現存《重訂欣賞編》《緑窗女史》及《續説郛》本。萬曆年間	存
《明世説》八卷	焦竑	《千頃堂書目》《明史·藝文志》小説家類著録。萬曆年間	佚

《問奇類林》三十六卷	郭良翰	《千頃堂書目》《明史·藝文志》小説家類著録。現有萬曆三十八年（一六一〇）刊本	存
《問奇類林續》三十卷	郭良翰	《千頃堂書目》《明史·藝文志》小説家類著録。現有萬曆三十八年（一六一〇）刊本	存
《問奇一臠》三十卷	郭良翰	《千頃堂書目》《明史·藝文志》小説家類著録	未見
《廣世説新語》不分卷	賀虞賓	何舜齡撰《空凡賀公墓志》載有此書。據書名知爲志人小説。參見宋慈抱《兩浙著述考》子部小説家類	佚
《唐世説》無卷數	賀虞賓	同上	佚
《宋世説》無卷數	賀虞賓	同上	佚
《明世説》無卷數	賀虞賓	同上	佚
《兒世説》一卷	趙瑜	現存《續説郛》本	存
《南北朝新語》四卷	林茂桂	現有天啓刻本	存
《集世説》六卷	孫令弘	《千頃堂書目》小説類著録	佚

明代世説體小説中最受歡迎的是何良俊的《何氏語林》。它不是以單行本問世，而是由王世貞結合《世説

新語》編成《世説新語補》後再度刊行。《世説新語補》廣受中國與韓國士大夫歡迎，韓國也數次刊印。其在韓國的出版量接近於《剪燈新話句解》。

由於《世説新語補》名聲極大，插入「世説新語」書名的李紹文《皇明世説新語》也在韓國廣受歡迎，數次刊印，但在中國讀書界未得到關注。

清代世説體小説不如明代繁盛，但也綿延不斷，有梁維樞《玉劍尊聞》、李延昰《南吳舊話録》、吳肅公《明語林》、李清《女世説》、王晫《今世説》、章撫功《漢世説》、宋犖《州乘餘聞》、周嘉猷《南北史捃華》、高承勛《豪譜》、嚴蘅《女世説》、徐士鑾《宋豔》、易宗夔《新世説》。如下表所示：

清代世説體小説

書名	作者	成書時間	存佚
《玉劍尊聞》	梁維樞（一五八九—一六六二）	順治十一年（一六五四）	存
《南吳舊話录》	李延昰（一六二八—一六九七）	順治初年	存
《明語林》	吳肅公（一六二六—一六九九）	康熙二十年（一六八一）	存
《女世説》	李清（一六〇二—一六八三）	約康熙年刊	存
《今世説》	王晫（一六三六—？）	康熙二年（一六六三）	存

《漢世説》	章撫功	康熙年刊	存
《州乘餘闻》	宋弼	乾隆年刊	存
《南北史捃華》	周嘉猷	乾隆年刊	佚
《豪譜》	高承勛	道光年刊	存
《女世説》	嚴蘅	同治年刊	存
《宋豔》	徐士鑾	光緒十七年	存
《新世説》	易宗夔（一八七四—一九二五）	一九一八年	存

在表中介紹的作品中，梁維樞（一五八九—一六六二）《玉劍尊聞》、吴肅公（一六二六—一六九九）《明語林》、李清（一六〇二—一六八三）《女世説》、王晫（一六三六—？）《今世説》、章撫功《漢世説》、易宗夔（一八七四—一九二五）《新世説》受關注較多。

（二）韓國傳入的世説體小説

傳入韓國的世説體小説包括《世説新語》《何氏語林》《世説新語補》《皇明世説新語》《今世説》《宋豔》六種作品。

1.《世説新語》

金長煥從崔致遠詩引用《世説新語》典故的情况得出結論：《世説新語》是在統一新羅時期傳入韓國的。李奎報《東國李相國集》卷五《次韻吳東閣世文呈誥院諸學士三百韻詩》裏的「威已慴王姨」，用了《世説新語》「王夷甫姨」的典故，此詩寫於高麗明宗二十五年（一一九五），更證明《世説新語》在一一九五年前早已傳入。

《世説新語》傳入後的記録，非常豐富。如朝鮮宣祖三十九年（一六〇六）出版的《陶谷集》：

然其談論風標，書之文字，則無不瀟雅可喜，此劉義慶《世説》所以爲楮人墨客所劇嗜者也。因此想當時，親見其人，聽其言語者，安得不傾倒也。明人删其蕪，補其奇，作爲一書，誠藝林珍賞也。朱天使之蕃携來，贈柳西坰〔一〕，遂爲我東詞人所欣睹焉〔二〕。

如朝鮮正祖《弘齋全書》十六卷一六二《日得録》的第七十五至七十六頁：

小説家甚繁夥猥濫，名目雖殊，其指則一也。唯劉義慶《世説》最可觀。江左子弟，眉目頬牙鬢鬚，宫室輿服盞斝，歷歷如親睹焉。

〔一〕西坰爲朝鮮時期文臣柳根（一五四九—一六二七）。

〔二〕李宣顯：《陶谷集》（雜著，陶峡叢説），保景文化社，一九八五，第六二九頁。

如《西浦漫筆》：

劉孝標《世説新語》注，劉向《列仙傳》序曰：歷觀百家之中，以相檢驗，得仙者百四十六人。其七十四人，已在佛經。即如此説，則漢成、哀之間，已有經矣。《漢武故事》曰：「昆邪殺休屠王來降。……」〔一〕如許筠的《惺所覆瓿稿》卷之五：劉《説》、何良俊書，行於東已久，而獨所謂《删補》者，未之睹焉，曾於弇州文部中見其序。嘗欲購得全書，顧未之果。丙午春，朱太史之蕃，奉詔東臨。不佞與爲儐僚，深被奬詡，將别，出數種書以贈，則是書居其一也。〔二〕

從諸多文人贊美或閱讀《世説新語》的情況來看，此書在韓國流行甚廣。韓國現存的《世説新語》既有朝鮮刊本，也有中國刊本。中國刊本有明萬曆九年（一五八一）刊八卷八册本、明萬曆十三年（一五八五）刊六卷六册本、明萬曆三十七年（一六〇九）刊六卷六册本、清光緒三年（一八七七）崇文書局刊六卷四册本、清光緒十七年（一八九一）思賢講舍刻六卷六册本、清光緒二十二年（一八九六）刊六卷四册本。還有十餘種刊印年代不明的完本或殘本。〔三〕早期版本藏在韓國學中央研究院與高麗大學。

〔一〕金萬重：《西浦漫筆》，下卷，第二三九至二四〇頁。

〔二〕參考韓國古典綜合 DB（http://db.itkc.or.kr）[《惺所覆瓿稿》第四卷文部一序《世説删補注解》序]

〔三〕（南朝宋）劉義慶撰，金章焕譯注：《關於世説新語》，《世説新語》（上），sal-lim 出版社，一九九六。

2.《何氏語林》與《世説新語補》

明何良俊（一五〇六—一五七三）編撰的《何氏語林》，書名取自東晋裴啟的《語林》，模仿劉義慶《世説新語》的編纂方式，在嘉靖三十年（一五五一）左右成書。何良俊（一五〇六—一五七三），字元朗，號柘湖，華亭（今上海松江）人。曾任南京翰林院孔目。好談兵，善音律。有《柘湖集》《四友齋叢説》等。所纂《何氏語林》，《明史·藝文志》小説家類著録，三十卷，題「語林」；《千頃堂書目》《四庫全書總目》著録，三十卷，題「何氏語林」。有明嘉靖二十九年（一五五〇）何氏清森閣刻本、明嘉靖華亭何氏繙經堂刊本、明嘉靖文徵明序刻本、明萬曆張文柱刻本、乾隆茂清書屋刻本等。其書名得之於裴啟《語林》，其義例、門目則以劉義慶《世説新語》爲藍本，全書三十八門，除「言志」「博識」爲自增外，其他悉仍《世説新語》門目之舊。輯録自兩漢至元代文人言行，計二千七百餘條。每門各有自序，以闡明門目含義及編纂意圖。其「言語」門序言曰：

> 余撰《語林》，頗仿劉義慶《世説》。然《世説》之詮事也，以玄虚爲準；其選言也，以簡远爲宗；非此弗録。余惧後世典籍漸亡，舊聞放失，苟或泥此，所遺實多，故披覽群籍，隨事疏記，不得盡如《世説》。其或辭多浮長，則稍爲删潤云耳。

雖曰「不得盡如《世説》」，但統觀全書，仍偏於簡澹雋雅。編纂者剪裁熔鑄，亦頗精审，「雖未能抗駕

臨川，并驅千古，要其語有根柢，终非明人小説所可比也」。〔一〕「方正」門載：

宋太宗一日謂宰臣曰：「朕何如唐太宗？」众皆曰：「陛下尧舜也，何太宗可比。」李文正獨無言。徐誦白樂天詩曰：「怨女三千放出宫，死囚四百來歸獄。」太宗曰：「朕不如也。」

李文正即李昉，北宋太宗朝官拜平章事。众人皆阿諛宋太宗，惟獨他能委婉地指出宋太宗的短處，一个立朝有節的大臣形象，寥寥數語，便呈現在讀者面前。

《何氏語林》的名聲是通過《世説新語補》而傳遍各地的。明王世貞（一五二六—一五九〇）删除劉義慶《世説新語》與何良俊《何氏語林》的部分内容後，編成《世説新語補》一書。一六〇六年，《世説新語補》由明朝使臣朱之蕃訪問朝鮮時帶來，之後諸多文人開始閲讀。《世説新語補》因受到韓國文人的廣泛歡迎，而幾次出版。當時按照姓氏區分後刊行的方式極爲盛行，《世説新語姓彙韻分》就是受這種風氣影響而刊行的。

3.《皇明世説新語》

明代李紹文編撰的《皇明世説新語》，至今流傳的是萬曆三十八年（一六一〇）雲間李氏原刊本。雖然其傳入韓國的具體時間無從考證，但在許筠（一五六九—一六一八）《惺所覆瓿稿》附録的《閒情録》中多次提

〔一〕（清）永瑢等撰：《四庫全書總目》，北京，中華書局，一九六五，第一二〇四頁。

及相關内容。許筠在廣海郡執政時期撰成《閒情録》，引用了《世説新語補》《玉壺冰》《卧遊録》《何氏語林》《皇明世説新語》等韓國尚未出版的作品。由此推論，此書可能在一六一七年前傳入。《閒情録》裏多處引用《皇明世説新語》，如第一卷《隱遁》：

太祖故人焦某，屢命不起，使人搜索之。一日，焦荷雞酒由御街直入，上大喜，命付光禄治具，相飲甚歡。已而出金銀角三帶，命其自拾以官之。焦取角，授千户。數日，出高橋門，掛冠帶於桑樹而歸。（《皇明世説新語·棲逸》）

第二卷《高逸》：

王恭年六十餘，薦至京師，同郡王偁戲恭曰：「君無以會稽章綬故來耶？」恭笑謝曰：「山中斧柯，幸自無恙。」（《皇明世説新語·棲逸》）

熊隮華曰：過吉水鄒南皋裏，水石泠泠，真使人懷廉立之想。歸，及過先生一語，語不可了，已翩然有吟風弄月以歸之興矣。（《皇明世説新語·企羡》）

第三卷《閒適》：

莫雲卿曰：余嘗獨居山中，時借榻僧舍。每見林巒新霽，鳥聲碎耳，巖扉初曉，雲山盪胷，一啓山椒紫翠，正落枕上，仙乎仙乎，覺身世之欲浮也。（《皇明世説新語·豪爽》）

第四卷《退休》：

姑蘇尤大參文度乞歸，日以機杼爲活，人罕知者。會尹冢宰與公同年，托蘇守訪之，因覓得一老絡絲委巷芷鞋褻帽，澹如也。人或告以郡侯至，則趨避之。（《皇明世説新語·棲逸》）

吕仲木引疾歸，門人迎於道曰：「夫子如京期年而又還，何不憚煩也？」吕曰：「豈予得已哉？曠職素餐，在官之酒脯，不若南山蔬食之爲甘也。」（《皇明世説新語·棲逸》）

李紹文的《皇明世説新語》一六一〇年在中國刊行。此書傳入韓國的時間應在一六一〇年到許筠完成《閒情録》的一六一七年之間。許筠一六一八年去世。

4.《今世説》

王晫編撰的《今世説》，現存康熙二十二年（一六八三）原刊本，咸豐二年（一八五二）伍崇曜刊行的《粤雅堂叢書》本。王晫是順治年間的諸生，後來放棄科舉，全心投入著述活動。《今世説》仿照《世説新語》體例，但未設「自新」「黜免」「儉嗇」「讒險」「紕漏」「仇隙」諸門，主要記述人物的優長。《今世説》對

瞭解明清之際的文人生活是一本不可或缺的書，尤其是關於周亮工、毛奇齡、王猷定、徐喈鳳、毛際可、徐芳、魏禧、林嗣環、毛先舒、王士禛、林雲銘、錢謙益、徐士俊、繆彤、尤侗、侯方域、宋曹、宋犖等人的記述，透露出清初文人的獨特心理與社會狀況。

《今世説》傳入韓國的記載見於李德懋《青莊館全書》卷三十六《磊磊落落書》。目前藏在韓國高麗大學圖書館的是康熙癸亥年（一六八三）王晫自序的八卷二册抄本。〔一〕

5.《宋豔》

清代志人小説集《宋豔》是由徐士鑾（一八三三—一九一五）編輯而成的。至今流傳的是光緒十七年（一八九二）刻本與《筆記小説大觀》本收録的十二卷本。〔二〕

《宋豔》承襲《世説新語》體例，分爲十二卷三十六門，但門類名稱與《世説新語》不同。此書因主要記述宋代婢妾或娼妓故事，故命名爲《宋豔》。此書傳入韓國的記載目前尚未找到。

《宋豔》的木版本藏在韓國東亞大學與成均館大學。東亞大學藏本刊記爲光緒辛卯(一八九一)，十二卷六册，木版本，20.4cm×13.4cm，四周雙邊，半郭：13.3cm×9.3cm，有界，九行二十一字，注雙行，黑口，上白魚尾。從光緒癸巳（一八九三）撰寫的序文與史夢蘭的題辭來看，它可能在一八九三年刊行。成均館大學本也有相同

〔一〕23.9cm×18cm，上下單邊，半郭：19cm×13.6cm，有界，九行二十字小字雙行，上下黑口，無魚尾，版心：枫石庵書屋序：歸安嚴允肇修人撰，同邑丁澎約園撰，遂安毛際可會侯撰，同郡冯景香遠撰，康熙癸亥（一六八三）仲春武林王晫題於墻東草堂。

〔二〕寧稼雨，《中國文言小説總目提要》，齊魯書社，一九九六，第四二五頁。

記録。與東亞大學本版式大小不一，不是同一個版本。

（三）韓國出版的世説體小説

1. 顯宗實録字本與木活字本《世説新語補》

傳入韓國的《世説新語》《何氏語林》《世説新語補》《皇明世説新語》《今世説》《宋豔》中，只有《世説新語補》與《皇明世説新語》曾在韓國刊行；《世説新語補》還曾重新編排後以《世説新語姓彙韻分》爲書名刊行。

韓國流通的《世説新語補》版本，有顯宗實録字本、木活字本、抄本。《世説新語補》在肅宗年間以顯宗實録字刊行。從當時大部分小説以木版與抄本傳佈的情況來看，用金屬活字出版是相當罕見的。

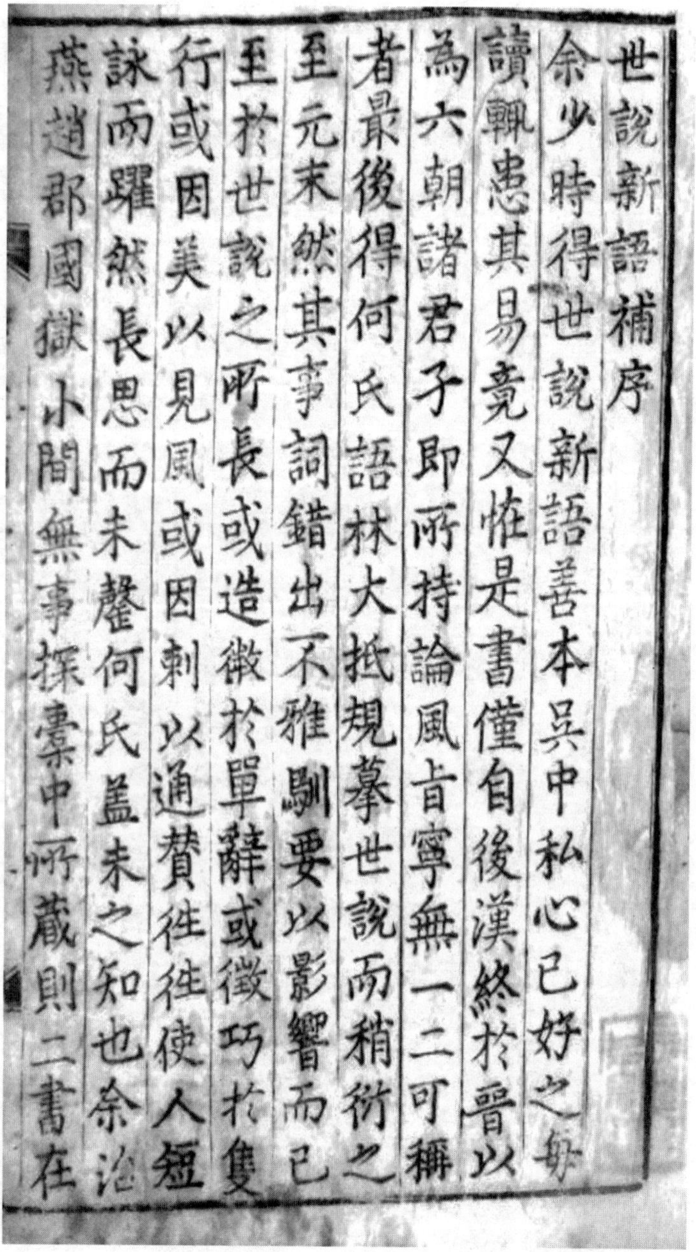
世說新語補序
余少時得世說新語善本吳中私心已好之每
讀輒患其易竟又惟是書僅自後漢終於晉以
為六朝諸君子即所持論風旨寧無一二可稱
者最後得何氏語林大抵規摹世說而稍衍之
至元末然其事詞錯出不雅馴要以影響而已
至於世說之所長或造微於單辭或徵巧於隻
行或因美以見風或因刺以通贊往往使人短
詠而躍然長思而未罄何氏蓋未之知也余治
燕趙郡國獄小間無事探橐中所蔵則二書在

图一　顯宗實録字本《世説新語補》

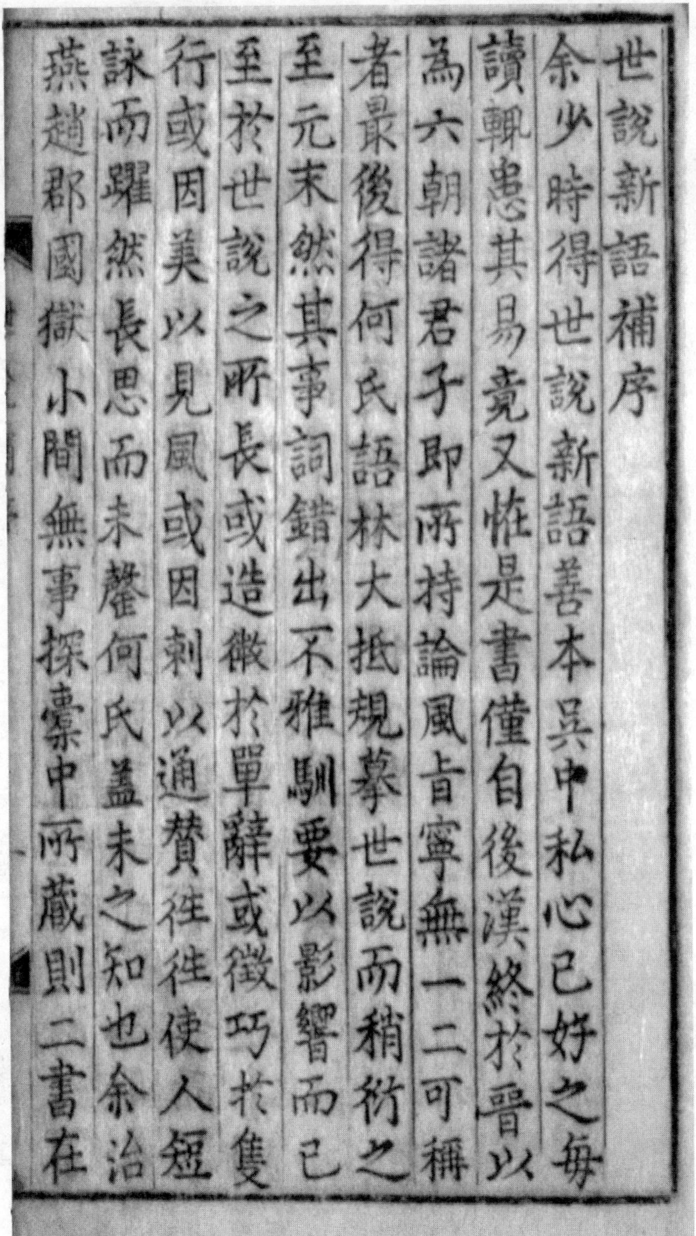

世說新語補序

余少時得世說新語善本吳中私心已好之每讀輒患其易竟又惟是書僅自後漢終於晉以爲六朝諸君子即所持論風旨寧無一二可稱者最後得何氏語林大抵規摹世說而稍衍之至元末然其事詞錯出不雅馴要以影響而已至於世說之所長或造微於單辭或徵巧於隻行或因美以見風或因刺以通贊往往使人短詠而躍然長思而未罄何氏蓋未之知也余治燕趙郡國獄小間無事探槖中所藏則二書在

图二　木活字本《世説新語補》

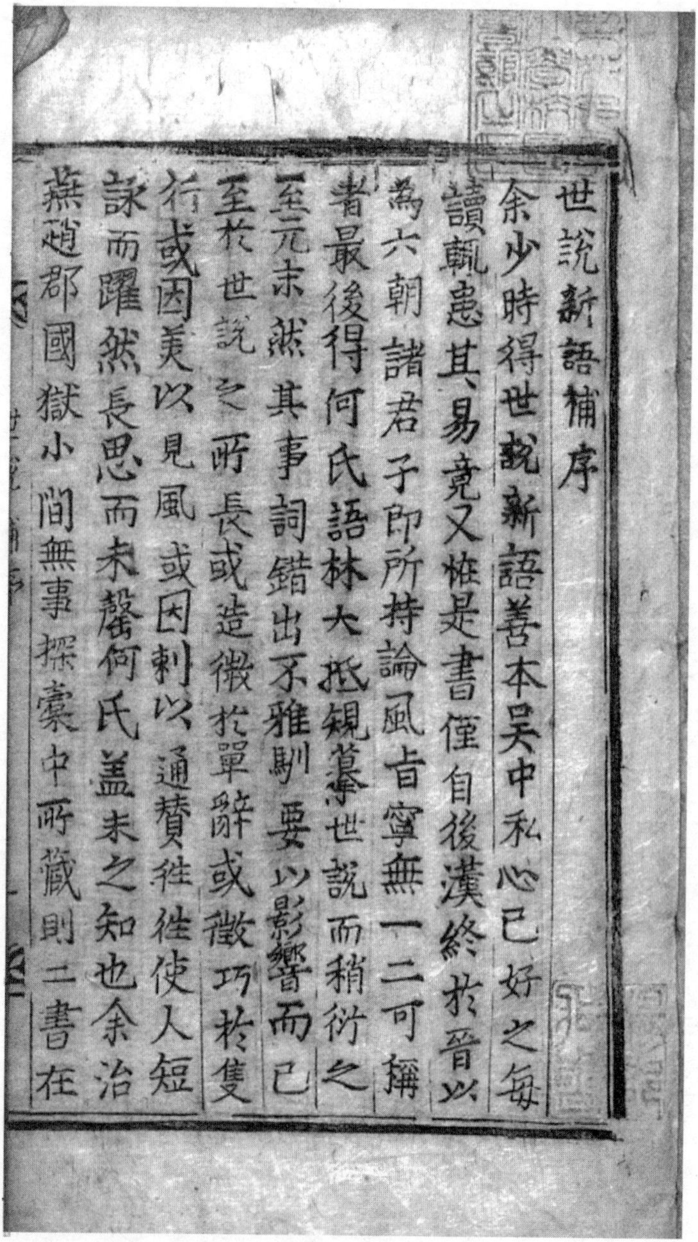

世說新語補序
余少時得世說新語善本吳中私心已好之每
讀輒患其易竟又惟是書僅自後漢終於晉以
為六朝諸君子即所持論風旨寧無一二可稱
者最後得何氏語林大抵規摹世說而稍衍之
至元末然其事詞錯出不雅馴要以影響而已
至於世說之所長或造微於單辭或徵巧於隻
行或因美以見風或因刺以通贊往往使人短
詠而躍然長思而未罄何氏蓋未之知也余治
燕趙郡國獄小間無事探囊中所藏則二書在

图三　梨花女子大學藏木活字本

圖一是藏在韓國國立中央圖書館、高麗大學、仁壽文庫、東國大學、誠庵文庫的顯宗實録字本《世説新語補》，在肅宗三十四年（一七〇八）刊印。用顯宗實録字刊行的首爾大學奎章閣藏《世説新語補》版式狀況大致如下：上下單邊，左右雙邊，半郭大小是 22.9cm × 15.4cm，十行八字，雙行注脚。值得注意的是，上下皆黑魚尾，且總體大小爲 30.5cm × 19.6cm。以顯宗實録字刊行的大部分版本都是此類版式。

以木活字刊行的《世説新語補》藏在國立中央圖書館、梨花女子大學、檀國大學栗穀圖書館、私人藏家（kim-min-young）。除了字體粗細不同外，顯宗實録字本與活字本的版式一致。

圖二是國立中央圖書館提供的木活字版本，與圖一顯宗實録字本相較，可看出其版式特徵、魚尾，甚至文字的工整度。如果將顯宗實録字本直接做出拓本，也許可以製出相同版型。

圖三是梨花女子大學藏木活字本，與圖一顯宗實録字本、圖二木活字本相較，確是不同的版本。此後刊行的《世説新語姓彙韻分》也是用仿照顯宗實録字而製造的木活字本，木活字本《世説新語補》可能是在同一個時期的版本。

梨花女子大學只收藏以木活字刊行的《世説新語補》九卷兩册。半郭大小爲 23cm × 17cm，十行十八字，總體大小 31.5cm × 20.5cm。與顯宗實録字本不同的是，顯宗實録字本版式爲上下單邊，左右雙邊，而梨花女子大學所藏木活字本四周皆爲雙邊；顯宗實録字本是上下黑魚尾的版型，梨花女子大學藏木活字本是上下花紋魚尾的版型。兹就圖一的顯宗實録字本與圖三的梨花女子大學藏木活字本裏的代表性活字做一比較：

	顯宗實録字本	木活字本（梨大）
第一行的第五個字「補」		
第二行的第二個字「少」		
第二行的第十一個字「吳」		
第三行的第十七個字「晉」		
第四行的第十三八個字「所」		
第五行的第十一個字「規」		
第六行的第三個字「末」		

第六行的第九個字「出」		
第十行的第七個字「間」		
第十行的第十一個字「槖」		

據上圖，顯宗實録字《世説新語補》與木活字《世説新語補》，文字與版型確實不同。它們是在不同時期刊行的版本。

2. 木活字本《世説新語姓彙韻分》

《世説新語姓彙韻分》是將《世説新語補》的内容按照人物姓氏重新編排而成的，是僅藏於韓國的珍貴版本。《世説新語》各人物的事迹散見於不同門類，讀者要完整知道一個人的事迹，很不容易。《世説新語姓彙韻分》以人爲綱，爲讀者集中瞭解一個人提供了便利。在《世説新語補》深受歡迎的背景下，大衆渴望瞭解那些故事中的人物，《世説新語姓彙韻分》遂應運而生。據金長焕教授推測，此書約在英祖年間刊行。兩種版本的差異是：《世説新語補》以顯宗實録字刊行，而《世説新語姓彙韻分》是模仿顯宗實録字的木活字本。以下是韓國所藏《世説新語姓彙韻分》版式狀况：

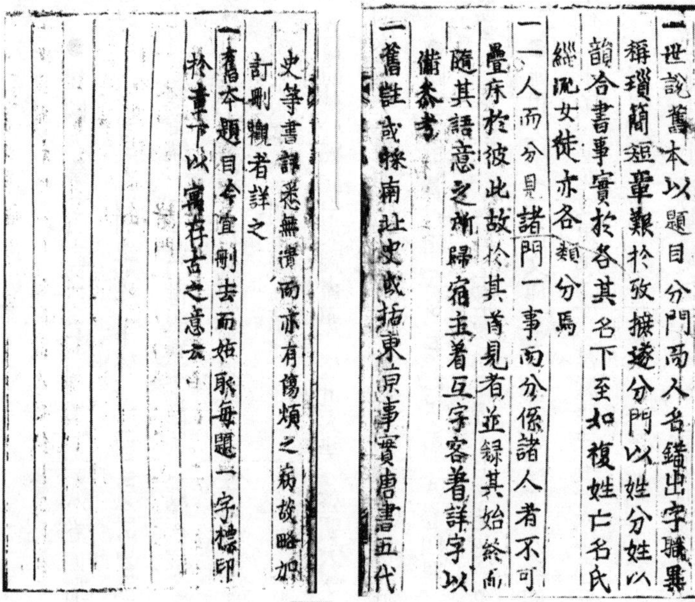
世說新語姓彙韻分凡例
一世說舊本以題目分門而入名鐫出字職異稱瑣簡短彙難於致撿遂分門以姓分姓以韻合書事實於各其名下至如複姓亡名氏緇流女徒亦各類分焉
一一人而分見諸門一事而分係諸人者不可疊床於彼此故於其首見者並録其始終而隨其語意之所歸宿主着互字客着詳字以備參考
一舊註或掾南北史或括東京事實唐書五代史等書評悉無遺而亦有傷煩之病故略加訂刪觀者詳之
一舊本題目今宜刪去而姑取每題一字標印於章下以寓存古之意云

圖五　《世説新語姓彙韻分》凡例

●國立中央圖書館（[한]48–223）：十二卷四冊，古活字本（顯宗實録字體木活字），28cm×17.7cm，四周單邊，半郭：22cm×15cm，十行十八字，注雙行，内向二葉花紋魚尾/補序：嘉靖丙辰（一五五六）……王世貞，舊序：嘉靖乙未（一五三五）……袁褧。

●延世大學（[고서]812.38）：十二卷六冊，木活字本，四周單邊，匡郭：22cm×15.5cm，有界，十行十八字，上下花紋魚尾/舊序：嘉靖乙未（一五三五）袁褧，序：嘉靖丙辰（一五五六）王世貞。

●高麗大學（晚松文庫C14–A37D）：十二卷四冊，木活字本，28cm×19.2cm，四周單邊，半郭：22cm×14.9cm，十行十八字，小字雙行，内向二葉花紋魚尾/序：嘉靖丙辰

（一五五六）季夏琅琊王世貞撰，舊序：嘉靖乙未（一五三五）歲立秋日吴郡袁褧撰，印：完山李彦蓋國獻圖書愛吾廬藏。

●建國大學（[고]812.34- 세 53）：八卷四册（缺帙，卷一至八），木活字本（訓煉都監字），30.7cm×19.5cm，四周單邊，半郭：21.8cm×14.5cm，有界，十行十八字，注雙行，上下内向二葉花紋魚尾/文化財登録番號：139號，世説新語補序：嘉靖丙辰（一五五六）季夏琅琊王世貞撰，舊序：嘉靖乙未（一五三五）立秋日吴郡袁褧撰，書記：崇禎後戊戌（一六五八）七月買得以爲傳家。

3. 木版本《皇明世説新語》

目前藏於國立中央圖書館、延世大學、啓明大學、首爾大學奎章閣、成均館大學與全羅南道長城郡筆岩書院的木版本《皇明世説新語》，紙質均爲楮紙，版本狀况如下：

●國立中央圖書館（[한]48-221）：八卷四册，木版本（覆刻），30.9cm×20.4cm，四周雙邊，半郭：18.5cm×14.9cm，十行二十字，注雙行，上二葉花紋魚尾。

●延世大學（元氏文庫[고서]950.952）：八卷四册，木版本，四周雙邊，匡郭：19.5cm×16cm，有界，十行二十字，上花紋魚尾/序：萬曆庚戌（一六一〇）陸從平。

●啓明大學（082- 이소문ㅎ）：八卷四册，木版本，30cm×20.3cm，四周雙邊，半郭：19.8cm×15.4cm，有界，十行二十字，上花紋魚尾/卷頭書名：皇明世説新語序：萬曆庚戌（一六一〇）…陸從平。

●首爾大學奎章閣（466-17）：八卷四册，木版本，31cm×20cm 四周雙邊，半郭：19cm×14.8cm，有界，

十行二十字，上花紋魚尾。

●成均館大學（B09FC-0029）：八卷四册，木版本，32.8cm × 21.4cm，四周雙邊，半郭：18.7cm × 15cm，有界，十行二十字，注雙行，上二葉花紋魚尾，紙質：楮紙。

●全南長城郡筆岩書院：八卷四册，木版本，30.3cm × 19.5cm，四周雙邊，半郭：18.9cm × 14.8cm，有界，十行二十字，上下向二葉花紋魚尾，紙質：楮紙/表題：皇明世説，版心題：皇明世説，序：萬曆庚戌（一六一〇）陽月友人陸從平頓首書，收藏印：筆岩書院之章。

二、韓國所藏《世説新語補》目録

書名	出版事項	版式狀況	一般事項	所藏處/所藏番號
世説新語補	劉義慶（南朝宋）撰，宣祖十九年丙戌，萬曆十四年（一五八五）	二十卷五册，中國木版本，14.4cm×22cm，上下單邊，左右雙邊，九行十八字，半郭：12.5cm×18.3cm，有界，細注雙行十八字，白口，白魚尾上	版心書名：世説補，序：王世貞（一五五六），王世懋（一五八五），陳文燭（一五八六），劉辰翁（宋）批，刊記：梅墅石渠閣梓，印：洪重壽	澗松文庫

世説新語補	劉義慶（南朝宋）撰，劉孝標（南朝梁）注，劉辰翁(宋)批，何良俊(明)增，王世貞(明)删定，王世懋(明)批釋，張文柱(明)校注，王湛(明)校訂，萬曆十四年（一五八六）	二十卷六册，中國木版本，22cm×14cm	標題：劉須溪先生纂輯，世説新語補，梅墅石渠閣梓，序：萬曆丙戌（一五八六）秋日沔陽陳文燭玉叔撰，嘉靖丙辰（一五五六）季夏瑯琊王世貞撰，萬曆庚辰（一五八〇）秋……王世懋書，丙戌(一五八六)李贄序，嘉靖乙未（一五三五）……袁褧撰，紹興八年（一一三八）……董棻題	高麗大學（晩松文庫）C14-B8J
世説新語補	劉義慶（南朝宋）撰，劉孝標（南朝梁）注，何良俊(明)增補，王世貞(明)删定，劉須溪纂輯，明萬曆十四年(一五八六)刻，後刷	二十卷十册，中國木版本，22.8cm×14.4cm，左右雙邊，半郭：18.5cm×12.6cm，有界，九行十八字，注雙行，上白，黑混合魚尾，紙質：竹紙	版心題：世説補，補刻序：萬曆丙戌（一五八六）秋日沔陽陳文燭玉叔撰，刊記：梅墅石渠閣梓，收藏印：金氏尚熗，敬庵，王性淳印	成均館大學 D7C-47a
世説新語補	劉義慶（南朝宋）撰，劉辰翁（宋）批，何良俊(明)增，肅宗三十三年(一七〇七)刊	二十卷十册，朝鮮顯宗實録字版，30.8cm×20cm，四周單邊，半郭：22.8cm×15.8cm，有界，十行十八字，注雙行，内向黑魚尾，紙質：楮紙	刊年出處：韓國古印刷技術史	仁壽文庫 4-434

世說新語補	劉義慶（南朝宋）撰，何良俊（明）增補，肅宗三十四年（一七〇八）左右	零本一册，朝鮮活字本（顯宗實録字），32.5cm×20.3cm，四周單邊，半郭：23.1cm×15.7cm，有界，十行十八字，小字雙行，上下白口，上下内向黑魚尾	收藏本中卷之十六至十七의一册，其他部分缺（全七册中）	高麗大學（薪庵文庫）C14–A37
世說新語補	劉義慶（南朝宋）撰，劉孝標（南朝梁）注，何良俊（明）增，肅宗三十四年（一七〇八）	二十卷五册，顯宗實録字本，29.5cm×19.5cm，四周單邊，半郭：23.2cm×15.5cm，十行十八字，注雙行，内向黑魚尾	序：嘉靖丙辰（一五五六）……（明）王世貞，：萬曆丙戌（一五八六）……（明）陈文燭	國立中央圖書館[古]373-1
世說新語補	劉義慶（南朝宋）撰，劉孝標（南朝梁）注，劉辰翁（南朝宋）批，何良俊（明）增，王世貞（明）删定，王世懋批釋，鍾惺（明）批點，張文柱（明）校注，肅宗三十四年（一七〇八）	二十卷七册，朝鮮筆寫本，31.1cm×19.8cm，左右雙邊，22.9cm×15.4cm，十行十八字，小字雙行，内向黑魚尾	序：嘉靖丙辰（一五五六）季夏琅琊王世貞撰，萬曆庚辰（一五八〇）秋日吴郡王世懋撰，乙酉（一五八五）世懋再識，萬曆丙戌（一五八六）秋日沔陽陳文燭玉叔撰，印：「東陽汝成申晚」	高麗大學（晚松文庫）C14–A37

世説新語補	劉義慶（南朝宋）撰，劉孝標（南朝梁）注，劉辰翁（南朝宋）批，何良俊（明）增，張文柱（明）校注，刊寫者未詳，肅宗三十四年（一七〇八）	九卷二册（零本，卷一至五，十至十三），朝鮮金屬活字本（顯宗實録字），31.3cm×20.5cm，四周雙邊，半郭：24.9cm×16.2cm，有界，十行十八字，頭注注雙行，内向二葉花紋魚尾，紙質：楮紙	跋：長州陸師道撰，序：嘉靖丙辰（一五五六）季夏……王世貞撰	东國大學 D819.8 유 68 入
世説新語補	劉義慶（南朝宋）編，肅宗三十四年（一七〇八）	一册（零本），朝鮮古活字本（顯宗實録字），32cm×20cm，四周單邊，半郭：22.7cm×15.3cm，十行十八字，上下花紋魚尾		建國大學[고] 924
世説新語補	劉義慶（南朝宋）撰，劉孝標（南朝梁）注，何良俊（明）增，王世貞（明）删定，刊地未詳，刊者未詳，肅宗三十四年（一七〇八）	三卷一册（零本三册，卷十三至十六），朝鮮金屬活字本（顯宗實録字），31.4cm×19.5cm，四周單邊，半郭：22.8cm×15.5cm，有界，十行十八字，注雙行，上下内向黑魚尾	版心題：世説補，文化財登録番號：140號	建國大學[고] 812.38 유 68 入 -2-13-16

世説新語補	劉義慶（南朝宋）撰，何良俊（明）增補，王世貞（明）删定，肅宗三十四年（一七〇八）刊	六卷二册（卷九至十一，十五至十七），朝鮮顯宗實録字版，31.3cm×20cm，四周單邊，有界，半郭：22.7cm×15.5cm，十行十八字，注雙行，頭尖，内向黑魚尾，紙質：楮紙	表題：世説新語，版心題：世説補，刊年出處：藏書閣目録，備考：存七册中二册存	誠庵文庫 4-1417
世説新語補	劉義慶（南朝宋）撰，何良俊（明）增補，王世貞（明）删定，肅宗三十四年（一七〇八）刊	二十卷七册，朝鮮顯宗實録字版，31.4cm×19.9cm，四周單邊，半郭：22.8cm×15.3cm，有界，十行十八字，注雙行，内向黑魚尾，紙質：楮紙	表題：世説新語，版心題：世説補，序：嘉靖丙辰（一五五六）……琅琊王世貞（明）撰，序：萬曆庚辰（一五八〇）……王世懋（明）撰，印記：朴瑊，凝川後人	誠庵文庫 4-1418
世説新語補	劉義慶（南朝宋）撰，何良俊（明）增補，肅宗三十四年（一七〇八）刊	二十卷七册中十四卷五册（卷一至十一，十五至十七），朝鮮顯宗實録字版，30.7cm×20.1cm，四周單邊，半郭：22.7cm×15.7cm，有界，十行十八字，注雙行，内向二葉花紋魚尾，紙質：楮紙	表題：世説，版心題：世説補，序：嘉靖丙辰（一五五六）季夏琅琊王世貞（明）撰，印記：李世德，外四種	誠庵文庫 4-1419

世説新語補	劉義慶（南朝宋）撰，何良俊（明）增補，王世貞（明）删定，顯宗實録字版，肅宗三十四年（一七〇八）	二十卷七册，31.4cm×19.5cm，四周單邊，有界，半郭：22.8cm×15.5cm，十行十八字，注雙行，内向黑魚尾，紙質：楮紙	表題：世説，版心題：世説補，序：嘉靖丙辰（一五五六）季夏琅琊王世貞撰，序：萬曆庚辰（一五八〇）秋吴郡王世懋撰，序：萬曆丙戌（一五八六）秋日沔陽陳文燭玉叔撰，印：豐壤後人，趙東型印，李王家圖書之章，卷六至八寫本	韓國學中央研究院 4-6884
世説新語補	劉義慶（南朝宋）撰，何良俊（明）增編，王世貞（明）删定，肅宗三十四年（一七〇八）左右刊	二卷一册（卷一至二），朝鮮顯宗實録字本，29.1cm×19.4cm，左右雙邊，半郭：22.9cm×15.3cm，有界，十行十八字，注雙行，内向黑魚尾，紙質：楮紙	表題：世説，版心題：世説補，序：嘉靖丙辰（一五五六）季夏王世貞（明）撰，萬曆庚辰（一五八〇）秋吴郡王世懋撰，萬曆丙戌（一五八六）秋日沔陽陳文燭玉叔撰	嶺南大學博物館

世説新語補	劉義慶（南朝宋）撰，何良俊（明）增補，肅宗三十四年（一七〇八）刊	六卷一册（卷十一至十六），朝鮮顯宗實録字本，30.5cm×19.4cm，四周單邊，十行十八字，半郭：22.8cm×15.3cm，有界，注雙行，内向黑魚尾，紙質：楮紙	版心題：世説補	温陽民俗博物館
世説新語補	劉義慶（南朝宋）撰，劉孝標（南朝梁）注，劉辰翁（南朝宋）批，何良俊（明）增，肅宗三十四年（一七〇八）刊	二卷一册（卷一至二），朝鮮顯宗實録字本，29.7cm×19.5cm，上下單邊，左右雙邊，半郭：23cm×15.5cm，有界，十行十八字，注雙行，内向黑魚尾，紙質：楮紙	表題：世説新語，版心題：世説補，序：嘉靖乙未（一五三五）袁褧（明）撰，萬曆丙戌（一五八六）……玉叔撰	海軍士官學校
世説新語補	劉義慶（南朝宋）撰，劉孝標（南朝梁）注，劉辰翁（南朝宋）批，肅宗三十四年（一七〇八）刊	二十卷七册，朝鮮顯宗實録字本，29.7cm×19.2cm，上下單邊，左右雙邊，有界，半郭：23.1cm×16.4cm，十行十八字，注雙行，内向黑魚尾，紙質：楮紙	表題：世説，刻序：萬曆丙戌（一五八六）秋日沔陽陳文燭（明）玉叔撰，嘉靖丙辰（一五五六）季夏琅琊王世貞（明）撰，内容：德行~仇隙	清州大學 823.4 유 591 ㅅ v.1~v.7

世説新語補	劉義慶（南朝宋）撰，劉孝標（南朝梁）注，劉辰翁（宋）批，何良俊（明）增，肅宗三十四年（一七〇八）	零本一册，朝鮮古活字本（顯宗實録字本），29.7cm×19.5cm，上下單邊，左右雙邊，半郭：23cm×15.5cm，有界，十行十八字，小字雙行，白口，上下内向黑魚尾	表紙書名：世説新語，序：嘉靖丙辰（一五五六）王世貞撰，……萬曆丙戌（一五八六）……玉叔撰，補序：……嘉靖乙未（一五三五）……袁褧撰，印：三種未詳，所藏本中卷之一至二一册其他部分缺（全二十卷七册中）	海軍士官學校［한］248
世説新語補	三畏堂，肅宗三十四年（一七〇八）	六卷六册（卷一至六），朝鮮活字本，24.5cm×15cm，上下單邊，左右雙邊，半郭：19.5cm×13cm，有界，九行十八字，上下向黑魚尾	内容：卷一：言語，卷二：文學、政事，卷三：方正，卷四：賞譽，卷五：巧藝，卷六：排調	慶熙大學 819.8
世説新語補	劉義慶（南朝宋）撰，劉孝標（南朝梁）注，劉辰翁（宋）批，肅宗三十四年（一七〇八）左右刊	二十卷五册，朝鮮顯宗實録字版，31.3cm×20cm，左右雙邊，半郭：22.9cm×15.5cm，有界，十行十八字，注雙行，内向黑魚尾，紙質：楮紙	表題：世説，版心題：世説補，序：萬曆丙戌（一五八六）……沔陽陳文燭玉叔撰	尚熊文庫 4-158

世説新語補	劉義慶（南朝宋）撰，刊寫地未詳，刊寫者未詳，肅宗年間（一六七五至一七二〇）	十七卷七册（卷一至十七），朝鮮金屬活字本（顯宗實録字），32.5cm×20.3cm，四周單邊，半郭：22.7cm×15.3cm，有界，九行字數不定，注雙行，花口，内向黑魚尾，紙質：楮紙	表題：世説新語，版心題：世説補，序：萬曆庚辰（一五八〇）秋吴郡王世懋撰，萬曆丙戌（一五八六）秋日沔陽陳文燭玉叔撰，舊序：嘉靖乙未（一五三五）歲立秋日吴郡袁褧撰	全南大學 3Q-세 53 ㅇ
世説新語補	劉義慶（南朝宋）撰，刊寫地未詳，刊寫者未詳，肅宗年間（一六七五至一七二〇）	八卷三册（卷一至八），朝鮮木版本，32cm×20.6cm，上下單邊，左右雙邊，半郭：22.9cm×15.3cm，有界，十行十八字，注雙行，花口，内向黑魚尾，紙質：楮紙	序：嘉靖丙辰（一五四三）季夏琅琊王世貞撰	全南大學 3Q-세 53 ㅇ 2
世説新語補	劉義慶（南朝宋）原著，王世貞（明）刪定，肅宗年間（一六七五至一七二〇）刊	二十卷七册，朝鮮顯宗實録字本，31cm×19.7cm，四周單邊，半郭：23.2cm×16.1cm，有界，十行十八字，注雙行，内向黑魚尾，紙質：楮紙	版心題：世説補，序：萬曆丙戌（一五八六）秋日沔陽陳文燭玉叔撰，印記：國宗外兩種	山氣文庫 4-695
（重訂）世説新語補	劉義慶（南朝宋），茂清書屋藏（一七六二）	中國木版本，六册，23cm		嶺南大學東濱文庫[古]823

世說新語補	劉義慶（南朝宋）撰，劉孝標（南朝梁）注，劉應登（宋）評，何良俊（明）增，王世貞（明）刪，王世懋（明）評，張文柱（明）注，刊寫地未詳，黃汝琳，乾隆壬午（一七六二）	六卷二冊，23.3cm×14.8cm，中國木版本，左右雙邊，上下單邊，有界，半郭：17.5cm×11.7cm，九行十八字，注雙行，上下向黑魚尾	序題：重訂世說新語補，版心題：世說補，表題：世說，刊記：乾隆壬午（一七六二）春日江夏黃汝琳砥崖補訂重刊，茂清書屋板，舊序：萬曆丙戌（一五八六）春日沔陽陳文燭玉叔撰，重訂序：乾隆二十有七年壬午（一七六二）上元日崇明黃汝琳砥崖氏書……，內容：冊一（卷一至三），冊二（卷四至六）	中央大學 812.8- 유 의 경세
世說新語補	劉義慶（南朝宋）撰，何良俊（明）增，王世懋評，茂清書室，乾隆二十七年（一七六二）	零本八冊，中國木版本，24.3cm×15.3cm，上下單邊，左右雙邊，半郭：17.7cm×12cm，有界，九行十八字，小字雙行，白口，上黑魚尾	版心書名：世說新語，標題紙：乾隆壬午（一七六二）春鐫茂清書室藏板，收藏本中卷之一至十，十五至二十의八冊其他部分缺（全二十卷十冊中）	海軍士官學校 [중]86
世說新語補	劉義慶（南朝宋）撰，中國，茂清書屋，一七六二	四冊，24cm，中國木版本，無界，每行字數不定，無魚尾	版心書名：世說補，刊記：乾隆壬午（一七六二），卷首：嘉靖乙未（一五三五）……吳郡袁褧，丙戌（一五八六）……劉應登，萬曆（一五八六）……陳文燭（明）	忠北大學 912.03-ㅅ384-春，夏，秋，冬

世説新語補	劉義慶（南朝宋）撰，何良俊（明）增補，王世貞（明）刪定，茂清書屋，清乾隆二十七年（一七六二）刊	二十卷八册，中國木版本，24cm×15.5cm，左右雙邊，半郭：17.5cm×12cm，有界，九行十八字，注雙行，上黑魚尾，紙質：竹紙	表題：世説，裏題：重訂世説新語補，版心題：世説補，序：乾隆二十有七年壬午（一七六二）上元日崇明黃汝琳砥崖氏書於金閶津西之七桂樓，刊記：乾隆壬午（一七六二）春鐫，茂清書屋藏板	成均館大學 D7C-47c
世説新語補	劉義慶（南朝宋）撰，劉孝標（南朝梁）注，劉應登（南朝宋）評，何良俊（明）增，王世貞（明）刪，黃汝琳（清）補訂，乾隆二十七年（一七六二）	二十卷八册，中國木版本，24.2cm×15.5cm，左右雙邊，半郭：17.8cm×11.9cm，有界，九行十八字，注雙行，上黑魚尾，紙質：竹紙	裏題：重訂世説新語補，版心題：世説補，序：萬曆丙戌（一五八六）秋日沔陽陳文燭玉叔撰，刊記：乾隆壬午（一七六二）春鐫，題：紹興八年（一一三八）夏四月癸亥廣川董棻題，藏板：茂清書室藏板，印：諺士居人，讀書秋두□，趙□鎬印，怡堂，李王家圖書之章外一种	韓國學中央研究院 4-229

世說新語補	劉義慶（南朝宋）撰，劉孝標（南朝梁）注，劉應登（宋）評，何良俊（明）增，王世貞（明）刪，黃汝琳（清）補訂，清乾隆二十七年（一七六二）重刊	二十卷八册，中國木版本，24.6cm×15.4cm，左右雙邊，半郭：17.4cm×11.7cm，有界，九行十八字，注雙行，上黑魚尾，紙質：竹紙	表題：世說，版心題：世說補，序：乾隆二十有七年（一七六二）壬午上元日崇明黃汝琳砥崖氏書於金閶津西之七桂樓，刊記：乾隆壬午（二十七，一七六二）春鐫，茂清書屋藏板，印：平山之印，李王家圖書之章	韓國學中央研究院 4-230
世說新語補	劉義慶（南朝宋）撰，何良俊（明）增補，王世貞（明）刪定，茂清書屋，乾隆二十七年（一七六二）刊，後刷	二十卷六册，中國木版本，23.5cm×15cm，左右雙邊，半郭：17.5cm×12cm，有界，九行十八字，注雙行，上黑魚尾，紙質：竹紙	表題：世說，裏題：重訂世說新語補，版心題：世說補，序：乾隆二十有七年壬午（一七六二）上元日崇明黃汝琳砥崖氏書於金閶津西之七桂樓，刊記：乾隆壬午（一七六二）春鐫，茂清書屋藏板，所藏印：尹氏致秀	成均館大學 D7C-47d

世說新語補	劉義慶（南朝宋）撰，劉孝標（南朝梁）注，劉須溪（宋）批，顯宗年間	二十卷七册，朝鮮活字本（顯宗實録字），30.5cm×19.6cm，上下單邊，左右雙邊，半郭：22.9cm×15.4cm，十行十八字，注雙行，上下黑魚尾，紙質：楮紙	卷首：嘉靖丙辰（一五五六）……王世貞撰，萬曆庚辰（一五八〇）……王世懋撰，萬曆丙戌（一五八六）……玉叔撰，印：弘文館	首爾大學奎章閣［奎중］1801，2072
世說新語補	何良俊（明）撰補，張文柱（明）校注，清版本	四卷四册，中國木版本，24.8cm×15.1cm		首爾大學奎章閣［古］952.
世說新語補	劉義慶（南朝宋）撰，劉孝標（南朝梁）注，何良俊（明）增，李贄（明）批點，清版本	二十卷六册，中國木版本，26.9cm×16.7cm	標題紙：李卓吾批點……，版心書名：批點世說補，表紙書名：世說補，卷首：嘉靖乙未（一五三五）……吳郡袁褧，淳熙戊申（一一八八）……陸遊，舊跋	首爾大學奎章閣［가람古］920.052-
世說新語補	劉義慶（南朝宋）撰，王世貞（明）刪，肅宗年間	二十卷七册，朝鮮古活字本（顯宗實録字），30cm×19.4cm，四周單邊，半郭：22.9cm×15.6cm，十行十八字，注雙行，內向黑魚尾	補序：嘉靖丙辰（一五五六）……王世貞	國立中央圖書館［한］48

世說新語補	劉義慶（南朝宋）撰，何良俊(明)增補，王世貞(明)刪定	零本三册，（卷一至二，九至十一，十八至二十），朝鮮顯宗實録字本，四周單邊，匡郭：23.5cm×16.5cm，有界，十行十八字，上下黑魚尾	序：嘉靖丙辰（一五五六）王世貞	延世大學[고서]812
	劉義慶（南朝宋）撰，何良俊（明）增補，茂青書室	二十卷六册（卷一至三缺），中國木版本，上下單邊，匡郭：18cm×13cm，有界，九行十八字，上黑魚尾	表題：世說，印記：韓章錫印	延世大學811.38
世說新語補	劉義慶（南朝宋）撰，何良俊(明)增補，王世貞(明)刪定	零本一册（卷一至二），朝鮮顯宗實録字本，四周單邊，匡郭：23.5cm×16.5cm，有界，十行十八字，上下黑魚尾	序：嘉靖丙辰（一五五六）王世貞	延世大學（濯斯文庫）
世說新語補	劉義慶（南朝宋）撰，何良俊（明）增補	二十卷六册（卷一至三缺），中國木版本，上下單邊，匡郭：18cm×13cm，有界，九行十八字，上黑魚尾	表題：世說	延世大學（韓相億文庫）

世説新語補	劉義慶（南朝宋）撰，劉孝標（南朝梁）注，劉辰翁（宋）批，何良俊（明）增，王世貞（明）删定，王世懋（明）批釋，锺惺（明）批點，張文柱（明）校注	二十卷六册，朝鮮顯宗實録字本，32cm，上下單邊，左右雙邊，23cm×15.5cm，有界，十行十八字，注小字雙行，上下内向黑魚尾	版心題：世説補，序：嘉靖丙辰（一五五六）季夏王世貞撰，萬曆庚辰（一五八〇）秋吴郡王世懋撰，萬曆丙戌（一五八六）秋日陳文燭撰，舊序：嘉靖乙未（一五三五）立秋日吴郡袁褧撰，舊題：紹興八年（一一三八）夏四月癸亥廣川董棻題，舊跋：淳熙戊申（一一八八）重五日新定郡守陸游書卷首에：釋名，印記：温陽人鄭宗愚明老除□之印外四種	延世大學 812.38/7
世説新語補	劉義慶（南朝宋）撰，劉孝標（南朝梁）注，何良俊（明）增，王世貞（明）删定，王世懋（明）批釋，張文柱（明）校注，古吴麟瑞堂藏板	二十卷十册，中國木版本，23cm，上下單邊，左右雙邊，18.6cm×12.4cm，有界，九行十八字，注小字雙行，上黑魚尾（上白魚尾混合）	版心題：世説補，序：萬曆丙戌（一五八六）秋日陳文燭撰，嘉靖丙辰（一五五六）季夏王世貞撰，萬曆庚辰（一五八〇）吴郡王世懋書，舊序：嘉靖乙未（一五三五）歲立秋日吴郡袁褧撰，卷首：釋名，印記：日庵外三種	延世大學 812.38/8

世説新語補	劉義慶（南朝宋）撰	一册（卷之六至十），朝鮮顯宗實録字本，30cm，上下單邊，左右雙邊，22.9cm×15.3cm，有界，十行十八字，注小字雙行，上下内向花紋魚尾		延世大學 812.38/9
世説新語補	劉義慶（南朝宋）撰，劉孝標（南朝梁）注，劉辰翁（宋）批，何良俊（明）增，王世貞（明）刪定，王世懋批釋，鍾惺（明）批點，張文柱（明）校注	二十卷七册，朝鮮活字本（實録字），31.1cm×19.8cm，上下單邊，左右雙邊，有界，半郭：22.9cm×15.4cm，十行十八字，白口，内向黑魚尾，紙質：楮紙	補序：嘉靖丙辰（一五五六）季夏琅琊王世貞撰，序：萬曆庚辰（一五八〇）秋吴郡王世懋撰，歲乙酉初春世懋再識，刻補字：萬曆丙戌（一五八〇）秋日沔陽陳文燭玉叔撰，補舊字：嘉靖乙未（一五三五）……歲立秋日吴郡袁褧撰	高麗大學（華山文庫）Cl4-A37
世説新語補	劉義慶（南朝宋）撰，何良俊（明）增補，王世貞（明）刪定，肅宗年間刊	二十卷七册，朝鮮顯宗實録字版，31cm×20cm，左右雙邊，有界，半郭：22.8cm×15.6cm，十行十八字，注雙行，内向黑魚尾，紙質：楮紙	版心題：世説補，序：萬曆丙戌（一五八六）秋日沔陽陳文燭玉叔撰，所藏印：嚴漢重	成均館大學 D7C-47

世說新語補	劉義慶（南朝宋）撰，何良俊(明)增補，王世貞(明)刪定，明朝末期刊	四卷一冊，中國木版本，26.6cm×16.5cm，四周單邊，半郭：21cm×14.2cm，有界，九行十九字，注雙行，上白魚尾，紙質：竹紙	裏題：世説，序：嘉靖丙辰（一五五六）季夏琅琊王世貞撰	成均館大學 D7C-47b
世說新語補	劉義慶（南朝宋）撰，何良俊(明)撰補，王世貞(明)刪定，張懋辰（明）考訂，刊年未詳	一冊（第二冊缺，全四卷二冊），木版本，25.6cm×16.6cm，四周單邊，半郭：21.2cm×14.1cm，有界，九行十九字，注雙行，上白魚尾	序：嘉靖丙辰（一五五六）……王世貞撰，所藏印：成後龍舜卿印	國會圖書館 [古]812.3○998ㅅ
世說新語（及）補	劉義慶（南朝宋）撰，劉峻(南朝梁)注，張懋辰(明)訂，刊年未詳	十二卷十冊，木版本，25.6cm×16.7cm，四周單邊，半郭：21cm×14.2cm，有界，九行十九字，注雙行，上白魚尾	序：……王思任題，收藏印：成後龍舜卿印，內容：冊一德行，冊二言語，冊三文學，冊四方正，冊五賞譽，冊六捷悟，冊七巧藝，冊八輕詆，冊九至十補遺	國會圖書館 [古]952.3○431ㅅ

世説新語補	劉義慶（南朝宋）撰，劉孝標（南朝梁）注，劉辰翁（宋）批，何良俊（明）增，王世貞（明）删定，王世懋（明）批釋，鍾惺（明）批點，張文柱（明）校注	二十卷五册（册仁、義、禮、智、信），金屬活字本（顯宗實録字），31cm×20cm，四周單邊，半郭：23cm×15.5cm，有界，十行字數不定，上下向黑魚尾	表題：世説新語……，序：嘉靖丙辰（一五五六）……王世貞撰，萬曆庚辰（一五八〇）王世懋撰……乙酉（一五八五）世懋識，……萬曆丙戌（一五八六）……陳文燭撰，……舊序：嘉靖乙未（一五三五）……袁褧撰	建國大學 [고]812.34-유68ㅅ-2
世説新語補	劉義慶（南朝宋）編，刊年未詳	九卷二册，木活字本，31.5cm×20.5cm，四周雙邊，半郭：23cm×17cm，有界，十行十七字，上下花紋魚尾	序：萬曆丙戌（一五八六）汚（沔）陽陳文燭玉叔撰，版心書名：世説補，表紙書名：世説新語	梨花女子大學 [고]811.0
世説新語、世説新語補	劉義慶（南朝宋）編，刊年未詳	十一册（缺本），木活字本，26cm×15.5cm，上下單邊，左右雙邊，有界，半郭：23.5cm×12.8cm，九行二十四字，注雙行上黑魚尾	内容：第一至十册，其他卷缺	梨花女子大學 [고]811.0
世説新語補	劉義慶（南朝宋）撰	二十卷七册，朝鮮活字本（改鑄甲寅字，實録字），20cm×31.1cm，四周單邊，半郭：15.8cm×23.2cm，十行十八字，細注雙行，白口，黑魚尾上下	表紙書名：世説補，序：王世貞（一五五九），王世懋（一五八五），陳文燭（一五八六），劉辰翁（宋）批，印：金东弼之直章	澗松文庫

世説新語補	劉義慶（南朝宋）撰，劉孝標（南朝梁）注，王世貞（明）删定，肅宗年間	二十卷七册（第二册缺），朝鮮顯宗實録字版，30.9cm×19.9cm，四周單邊，半郭：23.1cm×15.7cm，十行十八字，上下黑魚尾，紙質：楮紙	表題書名：世説，版心書名：世説補，序：嘉靖丙辰（一五五六）……琅琊王世貞撰，萬曆丙戌（一五八六）……沔陽陳文燭玉叔撰	韓國學中央研究院 D7C–61
世説新語補	劉義慶（南朝宋）撰，劉孝標（南朝梁）注，何良俊（明）增	二卷一册（卷十七至十八），木版本，半郭：17.9cm×12.2cm，九行十八字，黑白混魚尾	印記：金柱臣（一六六一至一七二一）廈卿印，慶恩府院君家藏書籍	雅丹文庫 823.4– 유 67ㅅ
世説新語補	劉義慶（南朝宋）撰，何良俊（明）增編	五卷一册（卷十六至二十，貞），筆寫本，22cm×19cm，十行十八字	表紙書名：世説新語	雅丹文庫 823.4
世説新語補	劉義慶（南朝宋）撰，劉孝標（南朝梁）注	八卷三册（卷十至十二，十六至二十），木版本，半郭：18.9cm×12.5cm，九行十八字，上黑魚尾		雅丹文庫 823.4– 유 67ㅅ
世説新語補	劉義慶（南朝宋）撰，劉孝標（南朝梁）注，何良俊（明）增，王世貞（明）删定	七卷二册（卷一至四，十二至十四），顯宗實録字本，半郭：22.9cm×15.4cm，十行十八字，内向黑魚尾	序：萬曆丙戌（一五八六）秋日沔陽陳文燭玉叔撰	雅丹文庫 823.4– 유 67ㅅ

世說新語補	劉義慶（南朝宋）撰，劉孝標（南朝梁）注，劉辰翁（宋）批，何良俊（明）增，王世貞（明）刪定，王世懋（明）批釋，鍾惺（明）批點，張文柱（明）校注，肅宗年間刊	二十卷五册（卷一至二十），朝鮮顯宗實録字本，32cm×18.8cm，四周雙邊，半郭：22.8cm×15.4cm，有界，十行十八字，注雙行，内向黑魚尾，紙質：楮紙	序：嘉靖丙辰（一五五六）季夏琅琊王世貞（明）撰，萬曆丙戌（一五八六）秋日沔陽陳文燭（明）玉叔撰，刊年出處：藏書閣圖書韓國版總目録，收藏印：邊時淵印，内容：哀册文箋表等	全羅南道靈岩郡文祀集
世說新語補	劉義慶（南朝宋）撰，何良俊（明）增補，朝鮮朝後期寫	一册（五十六張），朝鮮筆寫本，25.4cm×18.9cm，無界，十四行字數不定，注雙行，紙質：楮紙	表題：世說	慶星大學博物館
世說新語補	劉義慶（南朝宋）撰，肅宗年間刊	九卷三册（卷六至十四），朝鮮顯宗實録字本，21.6cm×19.4cm，四周單邊，有界，半郭：22.8cm×15.7cm，十行十八字，注雙行，内向黑魚尾，紙質：楮紙	表題：世說新語	慶尚南道密陽郡申柄澈
世說新語補	劉義慶（南朝宋）集録	一册（七十一張），朝鮮筆寫本，25.9cm×14.3cm，無界，注雙行，十行二十六字，紙質：楮紙		釜山大學小訥文庫（子部）

世說新語補	劉義慶（南朝宋）撰，劉孝標（南朝梁）注，刊寫地未詳，刊寫者未詳，刊寫年未詳	十七卷六册（零本，卷一至二十），木活字本，30.6cm×19.7cm，上下單邊，左右雙邊，半郭：22.9cm×15.4cm，有界，十行十八字，注雙行，上下內向黑魚尾	版心題：世説補，表題：世説補，序：嘉靖丙辰（一五五六）……王世貞，序：萬曆丙戌（一五八六）……陳文燭	檀國大學天安栗穀圖書館羅孫文庫
世說新語補	劉義慶（南朝宋）撰，劉孝標（南朝梁）注，劉辰翁（宋）批，王世貞（明）刪定，王世懋（明）批釋，鍾惺（明）批點，張文柱（明）校注，刊寫地未詳，刊寫者未詳，朝鮮中期	五卷一册（零本），朝鮮木活字本，31.4cm×20.5cm，四周雙邊，半郭：23.2cm×16.3cm，有界，十行十八字，注雙行，上下內向二葉花紋魚尾	表題：世説，序：萬曆庚辰（一五八〇）秋吳郡王世懋撰，補序：嘉靖丙辰（一五五六）季夏琅琊王世貞撰，補序：萬曆丙戌（一五八六）秋日沔陽陳文燭玉叔撰，所藏本：卷一至五	김민영 集部小説類
世說新語補	刊寫地未詳，刊寫者未詳，刊寫年未詳	一册，朝鮮筆寫本，27.5cm×16.9cm，四周單邊，半郭：22.5cm×12.8cm，有界，十二行字數不定，注雙行，無魚尾	表題：世説新語	京畿大學

世説新語補	劉義慶（南朝宋）撰，刊寫地未詳，刊寫者未詳，刊寫年未詳	一册（缺帙，卷一至二），朝鮮木版本，31.8cm×18.9cm，上下單邊，左右雙邊，有界，半郭：22.9cm×15.7cm，十行十八字，注雙行，上下內向黑魚尾	版心題：世説補	京畿大學 경기 -K121453-1
世説新語補	劉義慶（南朝宋）選，何良俊（明）補，刊寫地未詳，刊寫者未詳，刊行年度不明	二十卷七册，朝鮮銅活字本，19.3cm×28.4cm，半郭：16cm×23cm，有界，十行十八字，上黑魚尾	版心題：世説補	明知大學
世説新語補	劉義慶（南朝宋）撰，刊寫地未詳，刊寫者未詳，肅宗年間	八卷三册（卷一至八），朝鮮木版本，32cm×20.6cm，上下單邊，左右雙邊，有界，半郭：22.9cm×15.3cm，十行十八字，注雙行，內向黑魚尾，紙質：楮紙	序：嘉靖丙辰（一五四三）季夏琅琊王世貞撰	全南大學 3Q- 세 53 ㅇ 2-v.1-3
世説新語補	劉義慶（南朝宋）撰，何良俊（明）增，刊年未詳	二十卷五册，朝鮮顯宗實錄字本，29.2cm×19.2cm，四周單邊，半郭：23cm×15.5cm，有界，十行十八字，注雙行，內向黑魚尾	序：嘉靖丙辰（一五五六）……王世貞	啓明大學 이 812.8 유의 경ㅅ

世説新語補	劉義慶（南朝宋）撰，年代未詳	一册，朝鮮筆寫本，28.5cm×18cm，四周無邊，無界，十四行三十四字		啓明大學 고 812.8 유의경ㅅ
世説新語補	劉義慶（南朝宋）撰，何良俊（明）增，刊年未詳	二十卷五册，朝鮮顯宗實録字本，29.2cm×19.2cm，四周單邊，半郭：23cm×15.5cm，有界，十行十八字，注雙行，内向黑魚尾	序：嘉靖丙辰（一五五六）……王世貞	啓明大學 고 812.8
世説新語補	劉義慶（南朝宋）撰，年代未詳	二十卷三册，朝鮮筆寫本，31.8cm×20.4cm，四周白邊，無界，十四行二十四字，注雙行	序：嘉靖丙辰（一五五六）……王世貞，年記：壬辰八月……鳳西册畢書磵翁也	啓明大學
世説新語補	劉義慶（南朝宋）撰，劉孝標（南朝梁）注，劉辰翁（宋）批，何良俊（明）增補，王世貞（明）删定	二册（零本，全二十卷存七册，本館所藏：二册，卷六至八，十五至十七），朝鮮金屬活字本（顯宗實録字），29.6cm×19.4cm，四周單邊（一部分左右雙邊），半郭：23cm×15.6cm，有界，十行十八字，注雙行，上下内向黑魚尾	版心題：世説補，表紙書名：世説	嶺南大學南齋文庫［古南］823 유의경

世說新語補	劉義慶（南朝宋）撰，劉孝標（南朝梁）注，劉辰翁（宋）批，何良俊（明）增補，王世貞（明）刪定，王世懋（明）批釋，張文柱（明）校注，王湛（明）、彭燧（明）校訂	一册（零本，全二十卷五册，本館所藏：一册，卷十三至十六），中國木版本，22.5cm×14.9cm，上下單邊，左右雙邊，半郭：18.6cm×12.6cm，有界，九行十八字，注雙行，上下內向白魚尾	版心題：世說補，表紙書名：世說補	嶺南大學南齋文庫[古南]823 유의경ㅈ
世說新語補	劉義慶（南朝宋）	一册，朝鮮筆寫本，22cm×20cm		嶺南大學
世說新語補	劉義慶（南朝宋）撰，王世貞（明）刪定，發行地不明，發行處不明，發行年不明	一册（一百三十张），朝鮮筆寫本，23.5cm×14.4cm		慶尚大學
世說新語補		一册，朝鮮筆寫本，31cm×20.8cm		英陽南氏蘭皋宅，國學振興院受託
世說新語補	劉義慶（南朝宋）撰，何良俊(明)增補，王世貞(明)刪定，肅宗三年（一六七七）	三卷一册（卷九至十一），朝鮮顯宗實録字本，32.5cm×20.5cm，四周單邊，半郭：23cm×16.4cm，有界，十行十八字，注雙行，頭注，白口，內向黑魚尾，紙質：楮紙	表題：世說新語補，版心題：世說補	忠清北道清州市古印刷博物館

世説新語補	劉義慶（南朝宋）撰，何良俊（明）增補，王世貞（明）刪定，一七〇八	三卷一册（卷三至五），朝鮮顯宗實録字本，29cm×19.5cm，四周單邊，十行十八字，半郭：23.2cm×16.5cm，有界，注雙行，頭注，白口，内向黑魚尾，紙質：楮紙	表題：世説譜	忠清北道清州市古印刷博物館
世説新語補	劉義慶（南朝宋）撰，何良俊（明）增補，王世貞（明）刪定，一七〇八	六卷二册（卷三至八），朝鮮顯宗實録字本，31cm×19.4cm，四周單邊，半郭：23cm×16.6cm，有界，十行十八字，注雙行，頭注，白口，内向黑魚尾，紙質：楮紙	表題：世説新語補，版心題：世説補	忠清北道清州市古印刷博物館
世説新語補	劉義慶（南朝宋）撰，何良俊（明）增補，王世貞（明）刪定	二十卷六册，朝鮮木版本，31cm×19.8cm，上下單邊，左右雙邊，十行二十二字，半郭：23.1cm×16.5cm，有界，注雙行，頭注，白口，内向黑魚尾，紙質：楮紙	表題：世説補，版心題：世説補，序：余少時得世説新語……長洲陸師道撰	忠清北道清州市古印刷博物館

世說新語補	劉義慶（南朝宋）撰，何良俊(明)增補，王世貞(明)刪定	二十卷七册（卷二至二十），朝鮮顯宗實録字本，32.5cm×19.7cm，上下單邊，左右雙邊，十行十八字，半郭：23cm×18.3cm，有界，注雙行，頭注，白口，内向黑魚尾，紙質：楮紙	表題：世說，版心題：世說補	忠清北道清州市古印刷博物館
世說新語補抄卷	劉義慶（南朝宋）著，寫年未詳	二册，朝鮮筆寫本，23.9cm×25.4cm，無界，八行字數不定，紙質：楮紙	表題：世說	慶尚南道晋州市崔載浩
李卓吾批點世說新語補	劉義慶（南朝宋）撰，劉孝標（南朝梁）注，劉辰翁(宋)批，何良俊(明)增，王世貞（明）刪定，王世懋（明）批釋，李贄（明）批點，張文柱(明)校注，萬曆五年（一五八六）	零本四册，中國木版本，27.4cm×17.7cm	表題：世説新語，序：嘉靖丙辰（一五五六）季夏瑯琊王世貞撰，萬曆庚辰（一五八〇）……王世懋撰，丙戌（一五八六）李贄序，嘉靖乙未（一五三五）……袁褧撰，印：金閶業，藏本：卷之一至八，十八至二十	高麗大學（晚松文庫）C14-B83A

李卓吾批點世説新語補	李贄（明）批點，劉義慶（南朝宋）撰	二十卷八册，木版本，四周單邊，匡郭：19.5cm×15cm，有界，九行十八字，無魚尾	序：萬曆庚辰（一五八〇）王世懋表題：世説新語補	延世大學（韓相億文庫）
李卓吾批點世説新語補	劉義慶（南朝宋）撰，李贄（明）批點	二十卷八册，木版本，四周單邊，匡郭：19.5cm×15cm，有界，九行十八字，無魚尾	表題：世説新語補	延世大學 812.38
李卓吾批點世説新語補	發行地不明，發行處不明，發行年不明	六册（一至六，九至十，十三至十六），16cm×25cm，四周單邊，半郭：14.2cm×23.6cm，有界，九行十八字，注雙行	刊記：……長洲，版心題：批點世説譜，製尖題：世説	明知大學 812-3
（李卓吾批點）世説新語補	劉義慶（南朝宋）	二十卷五册，活印本，26cm		嶺南大學 [慕]823
批點世説補	刊寫事項不明	零本一册（卷一至三），新鉛活字本，27.6cm×16.8cm，四周單邊，半郭：20.5cm×14.8cm，有界，十行十八字，無魚尾	版心題：批點世説補，序：萬曆丙戌秋日沔陽陳文燭玉叔撰	慶北大學 [古]812.1 비73

世説新語補原版影印

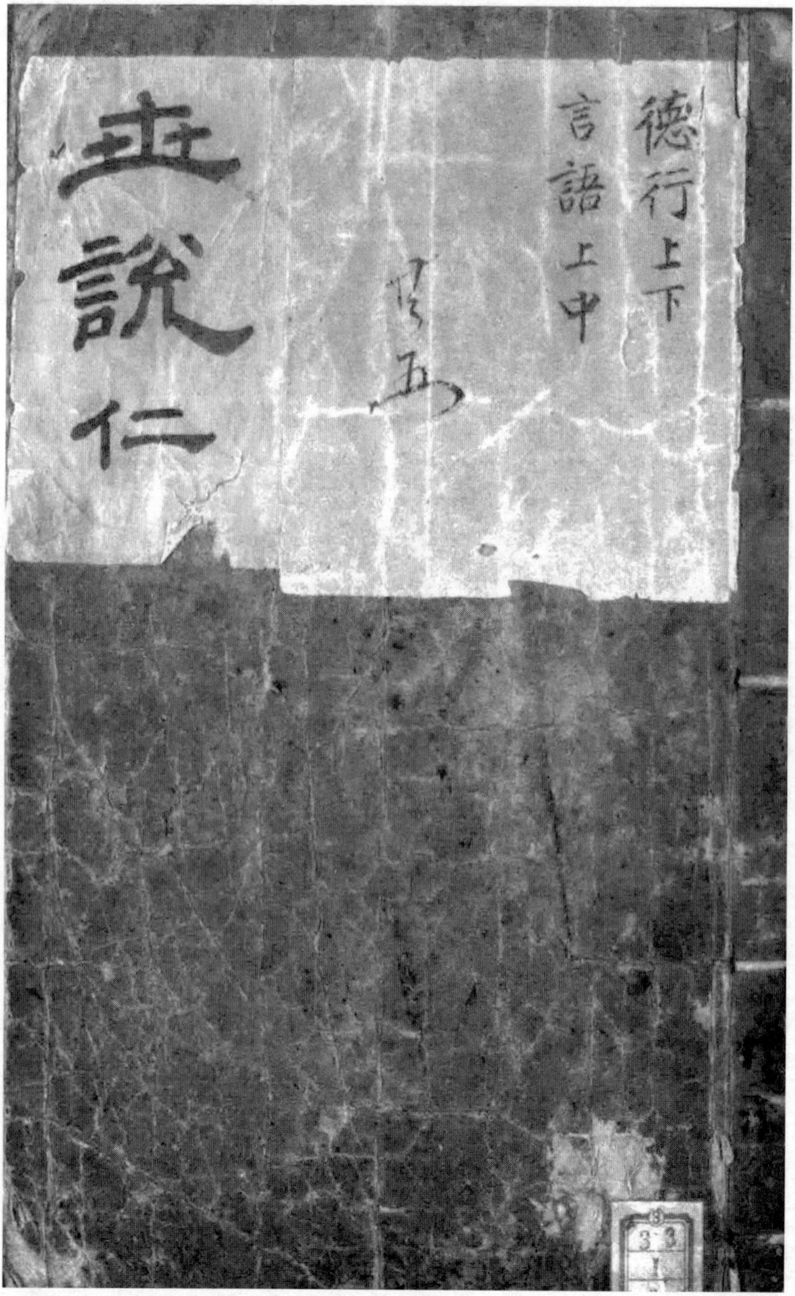
世說 仁

德行上下

言語上中

附釋名

郭泰字林宗　亦稱有道

荀淑字季和　亦稱朗陵

蔡邕字伯喈　亦稱中郎

楊彪字文先　亦稱太尉

曹操字孟德　亦稱曹公　亦稱魏武　亦稱

魏公　亦稱魏太祖

劉表字景升　亦稱荊州

劉備字玄德　亦稱豫州　亦稱先主

張昭字子布　亦稱輔吳

荀彧字文若　亦稱令君
陳羣字長文　亦稱司空
孫策字伯符　亦稱討逆
曹丕　亦稱魏文帝　亦稱五官將
曹植字子建　亦稱臨淄侯
司馬師字子元　亦稱司馬景王　亦稱晉景王
司馬昭字子上　亦稱司馬文王　亦稱晉文王
簡文帝昱字道萬　亦稱文帝　亦稱會稽王

亦稱相王　亦稱撫軍
司馬晞　亦稱太宰　亦稱武陵王
司馬道子　亦稱太傅　亦稱會稽王
王祥字休徵　亦稱太保
王渾字玄冲　亦稱司徒　亦稱京陵
王昶字文舒　亦稱司空
裴徽字文季　亦稱冀州　亦稱使君
何晏字平叔　亦稱尚書
鄧颺字玄茂　亦稱尚書
張華字茂先　亦稱張公

裴頠字逸民　亦稱僕射　亦稱成公
陸機字士衡　亦稱平原
陸雲字士龍　亦稱清河
蔡洪字叔開　亦稱秀才
羊祜字叔子　亦稱太傅　亦稱羊公
王衍字夷甫　亦稱太尉
阮籍字嗣宗　亦稱步兵
嵇康字叔夜　亦稱中散　亦稱嵇公
王戎字濬沖　亦稱安豐
山濤字巨源　亦稱司徒　亦稱山公

裴楷字叔則　亦稱裴令　亦稱令公
王乂字叔元　亦稱平北
樂廣字彦輔　亦稱樂令
荀勗字公曾　亦稱濟北
謝鯤字幼輿　亦稱豫章
賀循字彦先　亦稱司空
劉寔字子真　亦稱太常
王澄字平子　亦稱阿平
王敦字處仲　亦稱阿黑　亦稱大將軍
王導字茂弘　亦稱阿龍　亦稱丞相　亦稱

王公　亦稱冶城公
庾亮字元規　亦稱庾公　亦稱文康
祖納字士言　亦稱光祿
顔含字弘都　亦稱光祿
王湛字處沖　亦稱汝南
諸葛恢字道明　亦稱諸葛令
謝裒字幼儒　亦稱尚書
庾敳字子嵩　亦稱中郎
庾琮字子躬　亦稱庾公
祖逖字士雅　亦稱卒騎

衛玠字叔寶　亦稱虎　亦稱洗馬

周顗字伯仁　亦稱僕射　亦稱周侯

陶侃字士行　亦稱陶公

桓彝字茂倫　亦稱廷尉

殷羨字洪喬　亦稱豫章

褚裒字季野　亦稱褚公　亦稱太傅

殷融字洪遠　亦稱太常

劉惔字真長　亦稱劉尹　亦稱丹陽

王承字安期　亦稱參軍　亦稱東海

韓伯字康伯　亦稱豫章　亦稱太常

許詢字玄度　亦稱阿訥　亦稱許掾
顧和字君孝　亦稱司空
郗鑒字道徽　亦稱太尉　亦稱太傅　亦稱
司空
謝尚字仁祖　亦稱堅石　亦稱鎮西
謝奕字無奕　亦稱安西
謝奉字弘道　亦稱安南
謝安字安石　亦稱太傅　亦稱謝公　亦稱
文靖　亦稱僕射　亦稱侍中
謝萬字萬石　亦稱阿萬　亦稱中郎

王述字懷祖　亦稱藍田　亦稱宛陵
王胡之字修齡　亦稱阿齡　亦稱司州
王濛字仲祖　亦稱阿奴　亦稱長史
江虨字思玄　亦稱僕射
王徽字幼仁　亦稱荆産
孫綽字興公　亦稱長樂
郗愔字方回　亦稱司空　亦稱郗公
桓温字元子　亦稱桓公　亦稱征西　亦稱
大司馬　亦稱宣武
孫盛字安國　亦稱孫監

王羲之字逸少　亦稱右軍　亦稱臨川
荀羨字令則　亦稱中郎
庾翼字穉恭　亦稱征西　亦稱小庾
何充字次道　亦稱驃騎　亦稱揚州
蔡謨字道明　亦稱蔡公　亦稱司徒
阮裕字思曠　亦稱光祿　亦稱阮公
庾冰字季堅　亦稱司空
袁宏字彥伯　亦稱虎
桓冲字玄叔　亦稱車騎
殷浩字淵源　亦稱阿源　亦稱揚州　亦稱

中軍

陸玩字士瑤　亦稱太尉

郗曇字重熙　亦稱中郎

王脩字敬仁　亦稱苟子

王蘊字叔仁　亦稱阿興　亦稱光祿

謝玄字幼度　亦稱遏　亦稱車騎

王恬字敬豫　亦稱王螭　亦稱阿螭

王洽字敬和　亦稱領軍　亦稱車騎

王薈字敬文　亦稱小奴　亦稱衛軍

謝琰字瑗度　亦稱末婢　亦稱望蔡

桓謙字敬祖　亦稱中軍
謝朗字長度　亦稱胡兒　亦稱東陽
袁山松　亦稱府君
桓伊字叔夏　亦稱子野　亦稱護軍
戴逵字安道　亦稱戴公
王凝之字叔平　亦稱江州
王徽之字子猷　亦稱黃門
郗恢字道胤　亦稱尚書
王坦之字文度　亦稱中郎　亦稱安北　亦
稱北中郎

王獻之字子敬　亦稱阿敬　亦稱王令
張玄之字祖希　亦稱冠軍　亦稱吳興
王珣字元琳　亦稱法護　亦稱東亭
王珉字季琰　亦稱僧彌　亦稱小令
王忱字佛大　亦稱王大　亦稱阿大　亦稱
建武
桓玄字敬道　亦稱靈寶　亦稱南郡
王廞字伯輿　亦稱長史
殷仲堪　亦稱荆州
王謐字雅遠　亦稱武岡　亦稱司徒

陶潛字淵明　亦稱靖節　亦稱徵士
謝混字叔源　亦稱益壽　亦稱望蔡
謝靈運　亦稱康樂
陸慧曉字叔明　亦稱東海
張融字思光　亦稱黄門
袁粲字景倩　亦稱袁尹　亦稱司徒
褚淵字彦回　亦稱司徒　亦稱太宰
王儉字仲寶　亦稱僕射　亦稱文憲
劉孝綽字孝綽　亦稱阿士　亦稱長史
陶弘景字通明　亦稱隱居　亦稱貞白

法汰　亦稱汰法師

竺法深　亦稱深公

支遁字道林　亦稱林公　亦稱支公　亦稱
支法師　亦稱林道人　亦稱林法師

終

世說新語補序

余少時得世說新語善本吳中私心已好之每讀輒患其易竟又恠是書僅自後漢終於晉以爲六朝諸君子即所持論風旨寧無一二可稱者最後得何氏語林大抵規摹世說而稍衍之至元末然其事詞錯出不雅馴要以影響而已至於世說之所長或造微於單辭或徵巧於隻行或因美以見風或因刺以通贊往往使人短詠而躍然長思而未罄何氏蓋未之知也余治燕趙郡國獄小間無事探槖中所藏則二書在

馬因稍爲删定合而見其頮盖世說之所去不過十之二而何氏之所采則不過十之三耳余居恒謂宋時經儒先生每譏譴清言致亂而不知晉宋之于江左一也驅介胄而經生之乎則毋乃驅介胄而清言也其又奚擇矣

嘉靖丙辰季夏琅琊王世貞譔

世說新語序

易稱書不盡言言不盡意然則書者言之餘響而言者意之景測也是以莫逆之旨恒存乎相視糟粕之喻無與於心傳由百世之下讀其書而欲想見其為心不亦遠乎此立言者之所以難也晋人雖尚清談風流映於後世而臨川王生長晋末沐浴浸溉述為此書至今諷習之者猶能令人舞蹈若親覩其獻酬儻在當時聆樂衛之韶音承殷劉之潤響引宮刻羽貫心入髓尚書為之含笑平子由斯絕倒不亦宜乎蓋晋

人之談所謂言之近意而臨川此書抑亦書之近言者也余幼而酷嗜此書中年彌甚恒著巾箱鉛槧數易韋編欲絕第其句或勾棘語近方言句深則難斷語異則難通積思累校小獲蹊明終乎闕疑以遵聖訓至於孝標一注博引旁綜前無古人裴松之三國志註差得比肩而頗爲俗夫攙入叔世之談恨不能盡别淄澠時一標出以洗卯金氏之寃初雖閟之帳中既欲公之同嗜而參知喬公見之亟相賞譽即授梓人爰綴末章叙所繇梓是編也成吾豈敢謂二氏

之忠臣抑庶幾不爲風雅之皐人乎

萬曆庚辰秋吳郡王世懋譔

予刻世說豫章舊所病句棘難通者亦既有

倫矣惜也予固鮮對之功闕焉採字疎句往

往而訛幾於誤人標評小語亦續有得時復

循覽而恨其未覈也家兄元美嘗並何氏語

林刪其無當合爲一編久乃散落友人張仲

立得而嗜之次第修註而更爲訂何氏之乖

迕與益其註之未備鋟槧經年殺青滿室會

予將之閩中手以相示且請序作者之意予

豫章後重校善本不吝授之盖臨川孝標功
緒略當元朗羽翼異意亦勤矣昔猶璋判今始
珪合予所研覈不寘者將無鄭玄之遇服氏
我若孝標一註疑有羼入中間稍為指擿終
未得起斯人于九原令千載洗然也書以復
仲立仍具此意相與商求之是歲乙酉初春
世懋再識

刻世說新語補序

往余讀世說新語輒手之不釋蓋臨川王潛居研志耽情墳籍爲宗室之表所愛佳事清言采而書之當時如太尉袁淑吴郡陸展東海何長瑜鮑照諸公引爲佐史國臣故紀載周悉劉子孝標學既該博又好異書從而詮之故引證特詳彼崔慰祖謂爲書淫或於是書有癖也國朝何元朗博洽嗜古上遡漢晉下逮勝國廣爲語林王元美删其冗襍存其雅馴者爲世說新語補敬美自㓜酷好是書鑚厲有日子字句

勾棘難通者踈明之于舊註爲俗子攙入者標
出之自謂洗卯金氏之寃曾刻豫章續有正者
復刻吳郡張仲立校之已爲善本敬美又加指
摘其批評視劉辰翁加詳再刻閩中王汝存校
之問序于不佞因得再讀驚髙論于曠代閒長
嘯于異時又何快也若以世說等孔思尚之語
録而槩爲瑣言比劉彤之晉紀而都云才短談
何容易受唫千載吾于劉子玄亦有目睫之譏
云夫何氏羽翼臨川厥功偉矣乃二王表章合
而爲一俾江左風流紹述東京者千萬世而一

日臨川有知將謂賞音之士寧獨劉玄靖邪語
曰千金之裘非一狐之腋也余于茲編亦云
萬曆丙戌秋日汚陽陳文燭玉叔撰

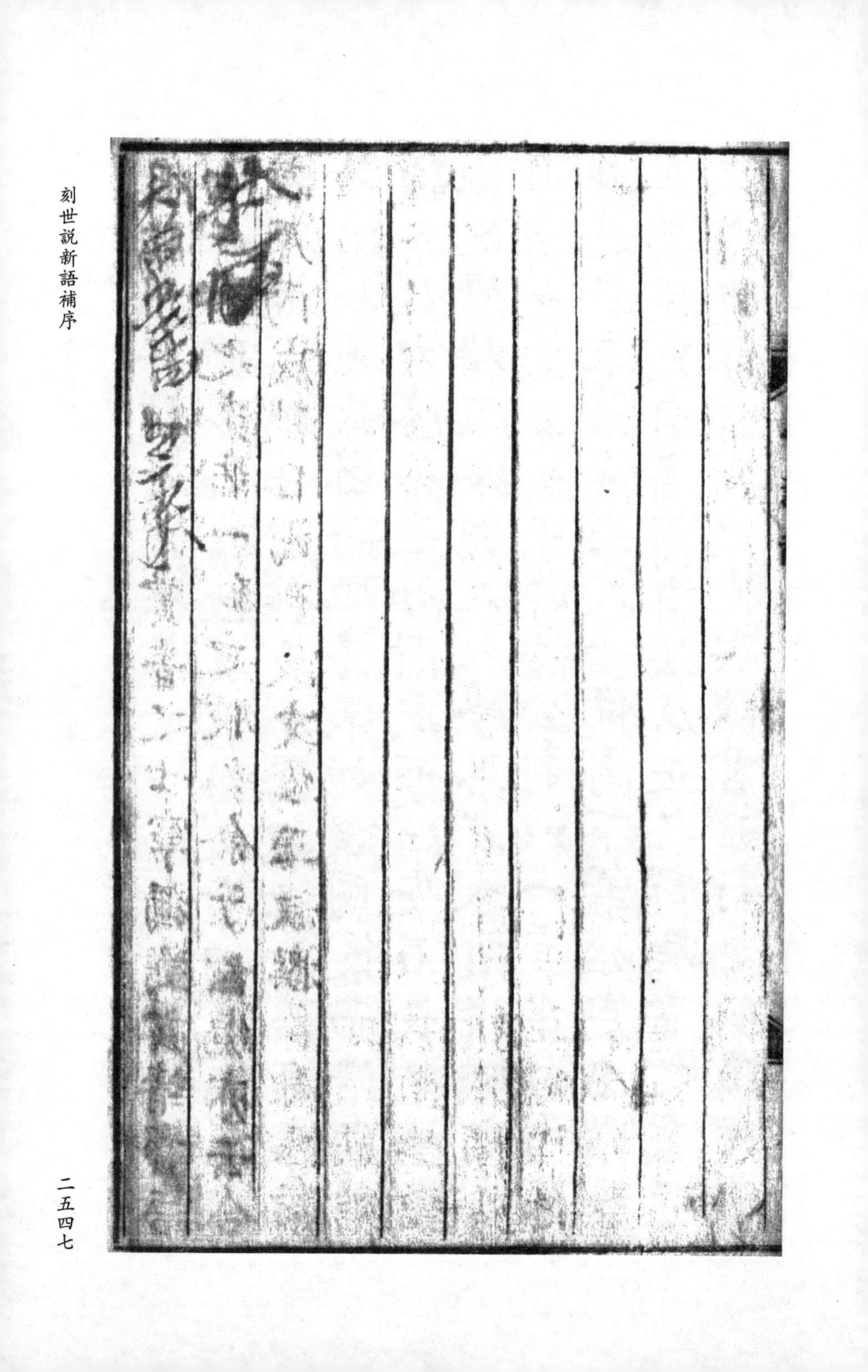

世說新語補舊序二首

晉人樂曠多奇情故其言語文章别是一色世說可覩已說爲晉作及于漢魏者其餘耳雖典雅不如左氏國語馳騖不如諸國策而清微簡遠居然玄勝槩舉如衛虎度江安石教兒機鋒似沉滑稽又冷頰入人夢思有味有情嚥之愈多嚼之不見蓋于時諸公剸以一言半句爲終身之目未若後來人士俛焉下筆始定名價臨川善述更自高簡有法反正之評戾實之載豈不或有亦當頌之使與諸書竝行也晚後淺俗

奈解人正不可得嗚呼人言江左清談遺事樂
槃一老出其游戲餘力尚足辦此百萬之敵茲
非談之宗歟抑吾取其文而非論其人也内戌
長夏病思無聊因手校家本精剗其長註間疏
其滯義明年以授梓迺五月既望梓成耘盧劉
應登自書其端是為序
嘗攷載記所述晉人話言簡約玄澹爾雅有韻
世言江左善清談今閲新語信乎其言之也臨
川撰為此書採掇綜叙明暢不繁孝標所注能
收録諸家小史分釋其義詁訓之賞見於高似

孫緯畧余家藏宋本是放翁校刊本謝湖躬耕之暇手披心寄自謂可觀爰付梓人傳之同好因歎昔人論司馬氏之祚亡於清談斯言也無乃過甚矣乎竹林之儔希慕沂樂蘭亭之集咏歌尭風陶荆州之勤敏謝東山之恬鎮解莊易則輔嗣平叔擅其宗析梵言則道林法深領其乘或詞冷而趣遠或事瑣而意奥風旨各殊人有興託王茂弘祖士雅之流才通氣峻心翼王室又斑斑載諸冊簡是可非之者哉詩不云乎濟濟多士文王以寧余以瑯瑯王之渡江諸賢

弘贊之力爲多非強說也夫諸賢言率過叢或遂爲終身品目故類以標格相高玄虛成習時雅尚有東京厨俊之流風焉然曠達拓落濫觴莫拯取譏世教撫卷惜之此於諸賢不無遺憾焉耳矣刻成序之嘉靖乙未歲立秋日也吴郡袁褧撰

世說舊題一首舊跋二首

宋臨川王義慶采擷漢晉以来佳事佳話為世說新語極為精絶而猶未為奇也梁劉孝標注此書引援詳確有不言之妙如引漢魏吴諸史及子傳地理之書皆不必言只如晉氏一朝史及晉諸公列傳譜録文章凡一百六十六家皆出於正史之外記載特詳聞見未接寔為注書之法右見高氏緯略

右世說三十六篇世所傳釐為十卷或作四十五篇而末卷但重出前九卷中所載余家舊藏

蓋得之王原叔家後得晏元獻公手自校本盡去重復其注亦小加剪截最為善本晉人雅尚清談唐初史臣修書率意竄定多非舊語尚賴此書以傳後世然字有譌舛語有難解以它書證之間有可是正處而注亦比晏本時為增損至於所疑則不敢妄下雌黄姑亦傳疑以竢通博紹興八年夏四月癸亥廣川董弅題

郡中舊有南史劉賓客集版皆廢于火世說亦不復在㳺到官始重刻之以存故事世說最後成因併識于卷末淳熙戊申重五日新定郡守

笠澤陸游書

何氏語林舊序二首

何氏語林三十卷吾友何元朗氏之所編類倣劉氏世說而作也初劉義慶氏採擷漢晉以来理言遺事論次爲書摽表揚確奕奕玄勝自兹以還稗官小說無慮百數而此書特爲雋永精深奇逸莫或繼之元朗雅好其書研尋演繹積有歲年擸覽篇籍思企芳躅昉自兩漢迄於胡元上下千餘年正史所列傳記所存奇蹤勝践漁獵靡遺凡二千七百餘事總十餘萬言類列

義例一惟劉氏之書而凡劉所已見則不復出
品目臚分雖三十有八而原情執要寔惟語言
為宗單詞隻句往往令人意消思致淵永足深
唱歎誠亦至理攸寓文學行義之淵也而或者
以為撫裂委瑣無所取裁骫骳偏駿獨能發藻
飾詞於道德性命無所發明嗚呼事理無窮學
奚底極理或不明固不足以探性命之藴而辭
有不達道何從見是故博學詳說聖訓攸先修
辭立誠蓄德之源也宋之末季學者牽於性命
之說深中厚默端居無為謂足以涵養性真變

化氣質而考厥所存多可議者是雖師授淵源
惑於所見亦惟簡便日趨偷薄自畫假美言以
護所不足甘於面墻而不自知其墮於庸劣焉
爾嗚呼覩物喪志之一言遂爲後學之深痼君
子蓋嘗惜之元朗於此真能不爲所惑哉元朗
貫綜深博文詞粹精見諸論撰偉麗淵宏足目
名世此書特其緒餘耳輔談式藝要亦不可以
無傳也辛亥四月之望文徵明書
華亭何元朗僎劉氏世說作語林成翰林待詔
文公既爲序之以傳矣又以示師道俾志其末

簡予惟世說紀述漢晉以來佳事佳話以垂法戒而選集清英至爲精絕故房許諸人收晉史者往往用以成篇不知唐藝文志何故乃列之小說家蓋言此書非實録者自劉知幾始而不知義慶去漢晉未遠其所述載要自有據雖傳聞異詞抑揚緣飾不無少過至其言世代崇尚人士風流百世之下可以想見不謂之良史不可也豈直與志恠述妖稽神纂異誣誕慌惚之談類哉是故齊梁以來學士大夫恒喜言之宗工鉅儒往往爲之註釋綴續叙録删校尊信益

衆而此書亦益顯於是有倣之而作唐語林續世說者矣然或止紀一姓或僅載數朝固未及貫綜百代統論千祀也其所採擷亦終不能如劉氏之精而元朗乃獨上泝西京下逮朔漠悉取其精深玄遠之言瓌詭卓絶之跡聚而陳之而劉氏所遺更加搜抉翦裁屬比嚴約整潔不下前書自非博雅通方之士其孰能與於斯哉抑義慶宗王牧將幕府多賢當時如袁淑陸展鮑照何長瑜之徒皆一世名彦爲之佐吏雖曰筆削自己而檢尋贊潤夫豈無人若元朗則蒐

器海瀆明經應舉而不以帖括佔畢奪所嗜好紬繹會萃不仰同志校之劉氏難易豈啻什百哉況世說精絕亦由孝標作註詳援確證有不言之妙顧事出二手作述不同而元朗所註乃一時竝撰綱目互發詳略相成開闔貫通一無牴牾至其所引奥篇祕典靡不具列視之劉氏富贍略等信該洽之鉅觀而文筆之弘致也而說者顧以其多取近世襍家頗傷玄雅而又以鞮譯之士廁之中古華夏幾不分虎羊之鞹爲疑是不知元朗之志在於法戒則不得不兼取

久近而具列焉耶律蒙古近而可徵蓋所謂商
監秦喻也惡得而會諸若夫其文則史隨世汙
隆者又安能盡汰之哉元朗之叙言語篇固自
謂玄虗簡遠不得盡同劉氏覽者可自得之矣
元朗著述大方已詳文序予獨論其與世説所
以同異者著之亦以白作者之苦心云爾長洲
陸師道撰

世說新語補目録

世說新語補卷之一

宋 劉義慶 撰

梁 劉孝標 注

宋 劉辰翁 批

明 何良俊 增 王世貞 刪定

王世懋 批釋 鍾惺 批點

張文柱 校注

德行上

閔仲叔含菽飲水世稱節士老病家貧不能得肉日買猪肝一片屠者或不肯與安邑令聞之

勅吏常給焉仲叔怪問其故歎曰閔仲叔豈以口腹累安邑邪遂去客沛謝承後漢書曰閔貢字仲叔太原人皇甫謐高士傳曰仲叔同郡周黨貞介之士見仲叔食無菜遺之生蒜仲叔曰我欲省煩耳今更作煩邪受而不食○生蒜臭且消食不食有理遺者可[illegible]也[illegible][illegible]曾講道學來

趙孝以父田禾將軍任漢書註曰王莽時置田禾將軍屯田北邊爲郎每告歸常白衣步擔嘗從長安還欲止郵亭亭長先時聞孝當過掃灑待之孝既至不自名長不肯內因問曰田禾將軍子從長安來何時至乎孝曰尋到矣於是遂去范曄後漢書曰孝字長平沛國蘄人州郡辟召進退必以禮顯宗聞其行詔拜諫議大夫遷衛尉弟禮爲御史中丞禮恭謙

行己類於孝帝嘉其兄弟篤行詔禮十日一就衛尉府大官送供具令相對盡歡

朱文季范曄後漢書曰朱暉字文季南陽宛人家世衣冠暉早孤有氣決與張堪范曄後漢書曰張堪字君游南陽宛人志美行厲世祖召拜郎中歷漁陽太守去職之日乘折轅車布被囊而已同縣張於太學中見文季甚重之把臂語曰欲以妻子託朱生文季不敢對張亡後聞其妻子貧困自往候視厚賑贍之子怪問曰大人不與堪為友何忽如此文季曰堪嘗有知己之言吾以信於心也

高文通居鄉時鄰里有爭財持兵而鬭文通往解之不已乃脫巾叩頭請曰仁義遜讓奈何棄

之爭者校兵謝罪嵇康高士傳曰高鳳字文通南陽葉人少爲書生家以農畝爲業鳳專精誦習妻嘗之田曝麥於庭令鳳護雞時天暴雨鳳持竿誦經不覺潦水流麥妻還怪問乃省其後遂爲名儒

梁伯鸞少孤嘗獨止不與人同食比舍先炊已呼伯鸞及熱釜炊伯鸞曰童子鴻不因人熱者也滅竈更燃之范曄後漢書曰梁鴻字伯鸞扶風平陵人受業太學家貧尚節介博覽不爲章句學畢牧豕上林苑中誤遺火延及他舍鴻尋訪燒者悉以豕償之其主猶以爲少鴻曰無他財願以身居作因爲執勤不懈鄰家耆老共責讓主人而稱鴻長者始敬異焉悉還其豕鴻不受而去歸鄉里勢家慕其高節多欲女之鴻並不娶同縣孟氏有女肥醜而黑力舉石臼擇對不嫁父母問其故女曰欲得賢如梁伯鸞者鴻聞而聘之始以裝飾入門七日

而鴻不答妻跪牀下請曰竊聞夫子高義簡斥數婦妾亦偃蹇數夫今而見擇敢不請罪鴻曰吾欲裘褐之人可與俱隱深山者今衣綺縞傅粉墨豈鴻所願哉妻曰以觀夫子之志耳乃更爲推髻著布衣操作而前鴻大喜曰此真梁鴻妻也字之曰德曜名孟光居有頃妻曰常聞夫子欲隱居避患今何爲默默無乃欲低頭就之乎鴻曰諾乃入霸陵山中以耕織爲業詠詩彈琴以自娛仰慕高士爲四皓以來二十四人作頌因東出關過京作五噫歌曰陟彼北芒兮噫顧覽帝京兮噫宮室崔嵬兮噫人之劬勞兮噫遼遼未央兮噫肅宗聞而非之乃易姓名居齊魯之間有頃去適吳作詩曰逝舊邦兮遐征將遙集兮東南心惙怛兮傷悴志菲菲兮升降欲乘策兮縱邁疾吾俗兮作讒競舉枉兮措直咸先佞兮唌唌固靡慚兮獨建冀異州兮尚賢聊逍遥兮遨嬉纘仲尼兮周流儻云覩兮我悅遂舍車兮即浮過季札兮延陵求魯連兮海隅雖不察兮光貌幸神靈兮與休惟季春兮華阜麥含含兮方秀哀茂時兮逾邁愍芳香兮日臭悼

吾心兮不獲長委結兮焉究口嚚嚚兮余訕嗟
悵悵兮誰留至吳依皋伯通居廡下為人賃舂
妻具食擧案齊眉伯通異之曰彼傭能使其妻
敬之如此非凡人也乃舍之於家鴻潛閉著書
十餘篇疾且困告主人曰昔延陵季子葬子於嬴
博之間不歸鄉里慎勿令我子持喪歸及卒伯
通為求葬地於要離冢傍咸曰要離烈士
伯鸞清高可令相近葬畢妻子歸扶風

范巨卿為荆州刺史謝承後漢書曰范式字巨卿一名氾山陽金鄉人

友人孔仲山家貧奉親變姓名傭為新野縣街卒范曄後漢書曰孔嵩字仲山南陽新野人為阿里街卒正身厲行街中子弟皆服其訓辟公府之京師道宿下亭盜共竊其馬尋問知嵩乃相責讓曰孔仲山善士豈宜侵盜送馬謝之

值巨卿行部縣選仲山為導騎巨卿見仲山驚
捉臂曰子非孔仲山邪吾昔與子俱曳長裾遊

息太學吾蒙國恩致位牧伯而子懷道隱身處
於卒伍不亦惜乎仲山曰侯嬴長守於賤業史記
曰魏有隱士侯嬴家貧爲大梁夷門監者魏公
子欲厚遺之不肯受曰臣修身潔行數十年終
不以困故受公子財晨門肆志於抱關論語疏曰晨門閽人也高士傳曰之
門守者魯人也避世不仕自隱姓名爲魯守石
門主晨夜開閉子路從孔子石門而宿問子路
曰奚自子路曰自孔氏遂譏孔子曰
是知其不可爲之者與晴人焉貧者士之
宜豈爲鄙哉巨卿敎縣代仲山仲山以先傭未
竟不肯去
范史雲遭黨錮推鹿車載妻子以捃拾自資皃
嘗拾得五斛麥鄰人尹臺遺之一斛囑皃不得

通史雲後知即令併送六斛還尹言麥已雜善不肯受范曄後漢書曰范丹字史雲陳留外黃人從樊英馬融受經好違時絕俗爲詭激之行桓帝時爲萊蕪長遁居梁沛之間旅止單陋有時絕粒窮居自若後辟太尉府以疾不行年七十四卒諡曰貞節先生

周子居周乘別見常云吾時月不見黃叔度則鄙吝之心已復生矣典略曰黃憲字叔度汝南慎陽人時論者咸云顏子復生而族出孤鄙父爲牛醫潁川荀季和執憲手曰足下吾師範也後見袁奉高曰卿國有顏子寧知之乎奉高曰卿見吾叔度邪戴良少所服下見憲則自降薄悵然若有所失母問汝何不樂乎復從牛醫兒所來邪良曰瞻之在前忽焉在後所謂良之師也

陳仲舉爲豫章太守汝南先賢傳曰陳蕃字仲舉汝南平輿人有室荒蕪

不掃除曰大丈夫當爲國家掃天下值漢桓之末閹豎用事外戚豪横及拜太傅與大將軍竇武謀誅宦官反爲所害海内先賢傳曰蕃爲尚書以忠正忤貴戚不得在臺遷豫章太守至

便問徐孺子所在欲先看之謝承後漢書曰徐穉字孺子豫章南昌人清妙高跱超世絶俗前後爲諸公所辟雖不就及其死萬里赴弔常預炙雞一隻以綿漬酒中暴乾以裹雞徑到所赴冢隧外以水漬綿斗米飯白茅爲藉以雞置前醊酒畢留謁即去不見喪主

主簿白羣情欲府君先入廨陳曰武王式商容之閭席不暇煖許叔重曰商商容殷之賢人老子師也車上跽曰式

吾之禮賢有何不可袁宏漢紀曰蕃在豫章爲穉獨設一榻去則懸之見禮如此

徐孺子嘗事江夏黄公後黄公亡殁孺子往會

莽無資以自致齎磨鏡具自隨所在取直然後得前范曄後漢書曰黄瓊字世英江夏安陸人魏郡太守香之子也初以父任為太子舍人辭病不就五府俱辟不應後將出李固以書逆遺之歷議郎尚書僕射延熹二年拜太尉封邟鄉侯梁冀誅首居公位尋而五侯擅權稱疾不起

郭林宗每行宿逆旅輒躬自灑掃及明去後人至見之曰此必郭有道昨宿處也續漢書曰郭泰字林宗太原介休人泰少孤年二十行學至城皐屈伯彥精廬乏食衣不蓋形而處約味道不改其樂李元禮一見稱之曰吾見士多矣無如林宗者也及卒蔡伯喈為作碑曰吾為人作銘未嘗不有慙容唯為郭有道碑頌無愧耳初以有道君子徵泰曰吾觀乾象人事天之所廢不可支也遂辭以疾

李元禮風格秀整高自標持欲以天下名教是非為己任薛瑩後漢書曰李膺字元禮潁川襄城人抗志清妙有文武儁才遷司隸校尉為黨事自殺後進之士有升其堂者皆以為登龍門三秦記曰龍門一名河津去長安九百里水懸絶龜魚之屬莫能上上則化為龍矣

李元禮嘗歎荀淑鍾皓先賢行狀曰荀淑字季和潁川潁陰人也所拔韋褐芻牧之中執案刀筆之吏皆為英彥三舉方正補朗陵侯相所在流化鍾皓字季明潁川長社人父祖至德著名皓高風承世除林慮長不之官人位不足天爵有餘曰荀君清識難尚鍾君至德可師海內先賢傳曰潁川先輩為海內所師者定陵陳稺叔潁陰荀淑長社鍾皓少府李膺宗此三君常言荀君清識難尚陳鍾至德可師

陳太丘詣荀朗陵貧儉無僕役陳寔傳曰寔字仲弓潁川許昌

人為聞喜令太丘長風化宣流乃使元方將車先賢行狀曰陳紀字元方寔長子也至德絕俗與寔高名並著而弟諶又配之每宰府辟召羔鴈成羣世號三君百城皆圖畫季方持杖後從海內先賢傳曰陳諶字季方寔少子也才識博達司空掾公車徵不就長文尚小載著車中既至荀使叔慈應門慈明行酒餘六龍下食張璠漢紀曰淑有八子儉緄靖燾汪爽肅敷淑居西豪里縣令苑康曰昔高陽氏有才子八人遂署其里為高陽里時人號曰八龍文若或別見亦小坐著膝前于時太史奏真人東行檀道鸞續晉陽秋曰陳仲弓從諸子姪造荀父子于時德星聚太史奏五百里賢人聚

陳元方子長文有英才魏書曰陳羣字長文祖寔嘗謂宗人曰此兒必興吾宗及長有識度其所善皆父黨與季方子孝先陳氏譜曰諶子忠字孝先

州辟不就各論其父功德爭之不能决咨於太丘太丘曰元方難為兄季方難為弟一作元方難為弟季方難為兄

荀巨伯遠看友人疾荀氏家傳曰巨伯漢桓帝時人也亦出潁川未詳其始末值胡賊攻郡友人語巨伯曰吾今死矣子可去巨伯曰遠來相視子令吾去敗義以求生豈荀巨伯所行邪賊既至謂巨伯曰大軍至一郡盡空汝何男子而敢獨止巨伯曰友人有疾不忍委之寧以我身代友人命賊相謂曰我輩無義之人而入有義之國遂班軍而還一郡並獲全

華歆遇子弟甚整雖閒室之內嚴若朝典魏志曰歆字子魚平原高唐人魏略曰靈帝時與北海邴原管寧俱遊學相善時號三人為一龍謂歆爲龍頭寧為龍腹原爲龍尾陳元方兄弟恣柔愛之道而二門之裏兩不失雍熙之軌焉

管寧華歆共園中鋤菜傅子曰寧字幼安北海朱虛人齊相管仲之後也見地有片金管揮鋤與瓦石不異華捉而擲去之又嘗同席讀書有乘軒冕過門者寧讀如故歆廢書出看寧割席分坐曰子非吾友也魏略曰寧少恬靜常笑邴原華子魚有仕宦意及歆爲司徒上書讓寧寧聞之笑曰子魚本欲作老吏故榮之耳

管幼安在遼東隣人有牛暴幼安田幼安牽牛着涼處自與飲食過於牛主牛主得牛大慙若犯嚴刑魏志曰寧與華歆邴原俱遊學天下亂聞公孫度令行海外與原及王烈至遼東度虛館候之

華歆王朗魏書曰朗字景興東海郯人魏司徒俱乘船避亂有一人欲依附歆輒難之朗曰幸尚寬何為不可後賊追至王欲舍所携人歆曰本所以疑正為此耳既已納其自託寧可以急相棄邪遂携拯如初世以此定華王之優劣華嶠譜敘曰歆為下邽令漢室方亂乃與同志士鄭泰等六七人避世自武關出道遇一丈夫獨行願得與俱皆哀許之歆獨曰不可今

在危險中禍福患害義猶一也今無故受之不知其義若有進退可中棄于衆不忍卒與俱行比丈夫中道墮井皆欲棄之歆乃曰已與俱矣棄之不義卒共還出之而後别

華子魚從會稽還都賓客義故贈遺累數百金子魚皆無所拒密各題識臨去語衆人曰本無拒諸君之心而所受遂多單車遠行將無以懷璧為罪左傳曰庶人無罪懷璧其罪願為之計衆乃各留所贈華嶠譜敘曰歆淡於財欲前後寵賜諸公莫及然終不植產業陳羣數曰若華公可謂通而不泰清而不介矣

王叔治七歲喪母母以社日亡来歲鄰里修社會叔治感念亡母哀甚初喪鄰里為之罷社魏志

日王修字叔治北海營陵人孔融在北海召修為主簿後舉孝廉辭融答曰援清身絜己歷試諸難謀而鮮過惠訓不倦余嘉乃勳應乃懿德用升爾于王庭其可辭乎

王祥事後母朱夫人甚謹晉諸公贊曰祥字休徵琅琊臨沂人祥世家曰祥父融娶高平薛氏生祥繼室以廬江朱氏生覽晉陽秋曰後母數譖祥屢以非理使祥覽輒與祥俱又虐使祥婦覽妻亦趨而共之母患方盛寒冰凍母欲生魚祥解衣將剖冰求之會有處冰小解魚出蕭廣濟孝子傳曰祥後母忽欲黃雀炙祥念難卒致與史有數十黃雀飛入其幕母之所須必自奔走無不得焉其誠至如此家有一李樹結子殊好母恒使守之時風雨忽至祥抱樹而泣蕭廣濟孝子傳曰祥後母庭中有李始結子使祥晝視鳥雀夜則趨鼠一夜風雨大至祥抱泣至曉母見之惻然祥嘗在別牀眠母自往闇斫之值祥私

起空斫得被既還知母憾之不已因跪前請死
母於是感悟愛之如己子虞預晉書曰祥以後母故隱遲不仕年向
六十刺史呂虔檄為別駕時人歌之曰海沂之康寔賴王祥邦國不空別駕之功累遷太保
晉文王稱阮嗣宗至慎每與之言言皆玄遠未
嘗臧否人物魏書曰文王諱昭字子上宣帝第二子也魏氏春秋曰阮籍字嗣宗
陳留尉氏人阮瑀子也宏達不羈不拘禮俗兗
州刺史王昶請與相見終日不得與言昶愧歎
之自以不能測也口不論事自然高邁李康家
誡曰昔嘗侍坐於先帝時有三長史俱見臨辭
出上曰為官長當清當慎當勤修此三者何患
不治乎並受詔上顧謂吾等曰必不得已而去
於斯三者何先或對曰清固為本復問吾吾對
曰清慎之道相須而成必不得已慎乃為大上
曰卿言得之矣可舉近世能慎者誰乎吾乃舉
故太尉荀景倩尚書董仲達僕射王公仲上曰

此諸人者濕恭朝夕執事有恪亦各其慎也然天下之至慎者其唯阮嗣宗乎每與之言言及玄遠而未嘗評論時事臧否人物可謂至慎乎

王戎晉諸公贊曰戎字濬沖瑯琊人太保祥宗族也文皇帝輔政鍾會薦之曰裴楷清通王戎簡要即俱辟爲掾晉踐祚累遷荆州刺史以平吳功封安豐侯和嶠晉諸公贊曰嶠字長輿汝南西平人父逌魏太常嶠少以雅量稱賈充每向世祖稱之歷官尚書同時遭大喪俱以孝稱王雞骨支床和哭泣備禮晉陽秋曰戎爲豫州刺史遭母憂性至孝不拘禮制飲酒食肉或觀棊奕而容貌毀悴杖而後起時汝南和嶠亦名士也以禮法自持處大憂量米而食然顯顇哀毀不逮戎也武帝晉世譜曰世祖武帝諱炎字安世文帝長子也寬惠仁厚沈深有度量咸熙二年受魏禪謂劉仲雄曰王隱晉書曰劉毅字仲雄東萊掖人漢城陽景王後也亮直清方見有不善必

評論之王公大人望風憚之僑居陽平太守杜恕致為功曹沙汰郡吏三百餘人三魏僉曰但聞劉功曹不聞杜府君畢遷尚書司隸校尉卿數省王和不聞和哀苦過禮使人憂之仲雄曰和嶠雖備禮神氣不損王戎雖不備禮而哀毀骨立臣以和嶠生孝王戎死孝陛下不應憂嶠而應憂戎晉陽秋曰世祖及時談以此貴戎也

沐德信少以清介名魚豢魏略曰沐並字德信河間人有志介黃初中為成皋令

吳使諸葛子瑜諸葛瑾別見朱義封吳志曰朱然字義封丹陽故鄣人仕吳為左大司馬圖樊城遣船兵於峴山東斫材牂牁兵人作食有先熟者呼後熟者共食後熟

者荅言不煩爾呼者曰汝欲作沐德信那緦略曰並
撰作經制戒其子曰告雲儀等夫謹者生民之
始教百世之中庸也故力行則爲君子不務者者
終爲小人然非聖人莫能履其從容也是以富
貴者有驕奢之過貧賤者幾於固陋於是養生
送死苟竊非禮由斯襯之陽虎璵璠甚於暴骨
桓魋石槨不如速朽此言儒教撥亂反正爲鼓
矯俗之大義未是窮理盡性陶冶變化之實論
也若能原始要終以天地爲一區萬物爲芻狗
該覽玄通求形景之宗同禍福之素一死生之
命吾有慕於道矣夫道之爲物惟恍惟忽壽爲
欺蜉天者急逡身淪有無與神消息含悅陰陽
甘夢太極矣以楮槨爲牛衣裳爲纏屍繫地下
長幽桎梏豈不哀哉昔莊周澗達無所適莫又
楊王孫裸體至夫末世緣生惡死之徒含珠鱗
押玉牀象雜殺人以殉壙穴之內錮以紵絮藉
以蜃炭千載僵槁託類神仙於是大數陵遲競
於厚葬謂莊子爲放蕩以王孫爲戮屍豈復識
古有衣薪之鬼而野有狐狸之齒哉吾以材質
德行上

滓濁汙於清流今年過耳順奄忽無常苟得獲沒即以吾身襲於王孫矣上以贖市朝之逋罪下以覯道化之靈祉顧爾幼昏未知臧否若將逐俗抑廢吾志為棄父之命誰或矜之徒死而有知吾將麗視

杜恕著家戒魏志曰杜恕字務伯杜氏新書曰恕少與馮翊李豐祖善後豐砥礪名行以要世譽而恕誕節直意與豐殊趣豐顯於朝廷恕猶家居明帝擢拜散騎轉黃門侍郎道張子臺典略曰張閣字子臺東郡人官至太僕視之似鄙朴人然其心中不知天地間何者美好作人如此自可不富貴患禍當何從而來

皇甫謐王隱晉書曰謐字士安安定朝那人漢太尉嵩曾孫也祖叔獻灞陵令父叔侯舉孝廉謐族從皆累世富貴獨守寒素所養叔母數曰昔孟母以三徙成子曾父以烹豕存以

豈我居不卜鄰何爾曾之甚乎修身篤學自汝
得之於我何有因對之流涕盜乃感激年二十
餘就鄉里席坦受書遣人而問以有寧日武帝
借其書二車遂博覽太子中庶子議郎徵並不
就終于家有從姑子梁柳為城陽太守將之官或勸
士安餞之士安曰柳為布衣時過吾吾送迎不
出門食不過鹽菜今送之是貴城陽太守而輕
梁柳非心所安玄晏春秋曰七年春子長三尺四寸癸未通書史與從姑子梁
柳編荊執秩分陳相對共以為樂
禹令袁毅在政貪濁饋遺朝貴以營譽晉書曰陳郡袁
毅嘗為禹令貪濁而賂遺公卿以求虛譽嘗遺山巨源絲百斤巨源
不欲為異受之命懸之梁後毅事露案驗衆官

吏至巨源投梁上得絲已數年塵埃封印如故
虞預晉書曰山濤字巨源河內懷人父曜宛句令濤少有器量年十七宗人謂先帝曰濤當與景文共綱紀天下者也帝戲曰卿小族那得此快人耶好老莊與嵇康善為河內從事與石鑒共傳宿濤夜起蹋鑒曰今何等時而眠也知太傅卧何意鑒曰宰相三日不朝與尺一令歸第君何慮焉濤曰咄石生無事馬蹄間也投傳而去果有曹爽事遂隱身不交世務累遷吏部尚書僕射太子少傅司徒謚康侯
王偉元門生為本縣所役求屬令為脫王曰卿學不足以庇身吾德不足以庇卿屬之何益乃步擔乾飯兒負鹽豉送所役生到縣諸生隨者千人令以偉元詣已整衣出迎偉元乃下道至

土牛傍鑿折立自言門生爲縣役故来送别因
執手涕泣而去令即放遣此生一縣皆以爲耻王隱晉書曰王裒字偉元城陽營陵人祖修有名魏世裒少立操裒以父儀爲晉文王所害絶世不仕立屋墓側隱居以教授爲務旦夕常至墓前朝拜悲號斷絶墓前一栢裒常所攀枝葉爲之枯
梁王趙王朱鳳晉書曰宣帝張夫人生梁孝王彤字子徽位至太宰栢夫人生趙王倫字子彝位至相國
國之近屬貴重當時裴令公晉諸公贊曰裵楷字叔則河東聞喜人司空秀之從弟也父徽冀州刺史有俊識楷特精易義累遷河南尹中書令卒
歲請二國租錢數百萬以恤中表之貧者
或識之曰何以乞物行惠裴曰損其餘補不足

天之道也名士傳曰楷行己取與任心而動毀譽雖至處之晏然皆此類

王戎云太保居在正始中不在能言之流及與之言理中清遠將無以德掩其言晉陽秋曰祥少有美德行

王安豐遭艱至性過人裴令往弔之曰若使一慟果能傷人濬沖必不免滅性之譏曲禮曰居喪之禮毀瘠不形視聽不衰不勝喪乃比於不慈不孝孝經曰毀不滅性聖人之教也

王戎父渾有令名官至涼州刺史世語曰渾字長源有才望歷尚書涼州刺史渾薨所歷九郡義故懷其德惠相率致賻數百萬戎悉不受虞預晉書曰戎由是顯名

裴叔則營新宅甚麗與兄共遊兄心欲之而口

不言叔則知其意便推使兒往

王平子胡毋彥國諸人皆以任放爲達或有裸體者晉諸公贊曰王澄字平子有達識荆州刺史永嘉流人名曰胡毋輔之字彥國泰山奉高人湘州刺史王隱晉書曰魏末阮籍嗜酒荒放露頭散髮裸袒箕踞其後貴游子弟阮瞻王澄謝鯤胡毋輔之之徒皆祖述於籍謂得大道之本故去巾幘脫衣服露醜惡同禽獸甚者名之爲通次者名之爲達也樂廣笑曰名教中自有樂地何爲乃爾也見廣別

衛洗馬常以人有不及可以情恕非意相干可以理遣故終身不見喜慍之色衛玠別見

顧榮在洛陽嘗應人請覺行炙人有欲炙之色

因輟己施焉同坐嗤之榮曰豈有終日執之而不知其味者乎後遭亂渡江每經危急常有一人左右已問其所以乃受炙人也文士傳曰榮字彥先吳郡人其先越王勾踐之支庶封於顧邑子孫遂氏焉世為吳著姓大父雍吳丞相父穆宜都太守榮少朗俊機警風穎標徹歷廷尉正曾在省與同僚共飲見行炙者有異於常僕乃割炙以噉之後遭趙王倫篡位其子為中領軍逼用榮為長史及倫誅榮亦被執凡受戮等輩十有餘人或有救榮者問其故曰某省中受炙臣也榮乃悟而嘆曰一餐之惠恩今不忘古人豈虛言哉

祖光祿少孤貧性至孝常自為母炊爨作食王隱晉書曰祖納字士言范陽遒人九世孝廉納諸母三兄最治有操能清言歷太子中庶子廷尉卿避地江南溫嶠薦為光祿大夫王平北聞其佳名以兩婢餉

之因取為中郎王乂别傳曰乂字叔元琅琊臨沂人時蜀新平二將作亂文帝西之長安乃徵為相國司馬還大尚書出督幽州諸軍事平北將軍有人戲之者曰奴價倍婢祖云百里奚亦何必輕於五羖之皮邪楚國先賢傳曰百里奚字井伯楚國人少仕於虞為大夫晉欲假道於虞以伐虢諫而不聽奚乃去之說苑曰秦穆公使賈人載鹽於虞諸賈人買百里奚以五羊皮穆公觀鹽怪奚牛肥問其故對曰飲食以時使之不暴是以肥也公令有司沐浴衣冠之公孫支讓其卿[illegible]號曰五羖大夫

庾公乘馬有的盧晉陽秋曰庾亮字元規潁川鄢陵人明穆皇后長兄也瀾雅有德量時人方之夏侯太初陳長文之倫侍從父琛避地會稽端拱嶷然郡人憚之覲蔡之者數人而已累遷征西大將軍荊州刺史伯樂相馬經曰馬白額入口至齒者名曰榆鴈一

名的盧奴乘客死主乘棄市凶馬也或語令賣去語林曰殷浩勸公賣馬庾云賣之必有買者即復害其主寧可不安己而移於他人哉昔孫叔敖殺兩頭蛇以為後人古之美談賈誼新書曰孫叔敖為兒時出道上見兩頭蛇殺而埋之歸見其母泣問其故對曰夫見兩頭蛇者必死今出見之故爾母曰蛇今安在對曰恐後人見殺而埋之矣母曰夫有陰德必有陽報爾無憂也後遂興於楚朝及長為楚令尹效之不亦達乎

鄧攸始避難於道中棄己子全弟子晉陽秋曰攸字伯道平陽襄陵人七歲喪父母及祖父母持重九年性清慎平簡鄧粲晉紀曰永嘉中攸為石勒所獲召見立幕下與語說之坐而飯焉攸車所止與胡人鄰轂胡人失火燒車營勒吏案問胡胡誣攸攸度不可與爭乃曰向為老姥作粥失火延逸罪應萬死勒知遣之所誣胡厚德攸遺其

驢馬讓送令得逸王隱晉書曰攸以路遠所齎車以牛馬負妻子以叛賊又掠其牛馬攸語妻曰吾弟早亡唯有遺民今當步走儋兩兒盡死不如棄己兒抱遺民吾後猶當有兒婦從之中興書曰攸棄兒於草中兒啼呼追之至暮復及攸明日繫兒於樹而去遂渡江至尚書左僕射卒弟子綏服攸喪三年既過江取一妾甚寵愛歷年後訊其所由妾具說是北人遭亂憶父母姓名乃攸之甥也攸素有德業言行無玷聞之哀恨終身遂不復畜妾

阮光祿在剡曾有好車借者無不皆給有人葬母意欲借而不敢言阮後聞之歎曰吾有車而使人不敢借何以車為遂焚之阮光祿別傳曰裕字思曠陳留

尉氏人祖畧齊國內史父頵汝南太守裕淹通有理識累遷侍中以疾築室會稽剡山徵金紫光祿大夫不就年六十一卒

謝奕作剡令中興書曰謝奕字無奕陳郡陽夏人祖衡太子少傅父裒吏部尚書奕少有器鑒辟太尉掾剡令累遷豫州刺史有一老翁犯法謝以醇酒罰之乃至過醉而猶未已太傅時年七八歲箸青布絝在兄膝邊坐諫曰阿兄老翁可念何可作此奕於是改容曰阿奴欲放去邪遂遣之

謝太傅絕重褚公文字志曰謝安字安石奕弟也世有學行安弘粹通遠溫雅融暢桓彝見其四歲時稱之曰此兒風神秀徹當繼蹤王東海善行書累遷太保錄尚書事贈太傅常稱褚季野雖不言而四時之氣亦備晉陽

秋日褚裒字季野河南陽翟人祖䂮安東將軍
父治武昌太守裒少有簡貴之風冲默之稱累
遷江兖二州刺史贈侍中太傅

劉尹在郡臨終綿惙聞閤下祠神鼓舞正色曰
莫得淫祀劉尹別傳曰惔字真長沛國蕭人也漢氏之後真長有雅裁雖蓽門陋巷
晏如也歷司徒左長史侍中丹陽尹外請殺車
為政務鎮靜信誠風塵不能移也
中牛祭神真長答曰丘之禱久矣勿復為煩包氏
論語曰禱請也孔安國曰孔子素
行合於神明故曰丘之禱久矣

謝公夫人教兒問太傅那得初不見君教兒答
曰我常自教兒謝氏譜曰安娶沛國劉耽女按
太尉劉子真清絜有志操行己
以禮而二子不才並黷貨致罪子真坐免官客
曰子奚不訓導之子真曰吾之行事是其耳目

德行上

所聞見而不倣效豈嚴訓所變邪安石之旨同子真之意也

范宣年八歲後園挑菜誤傷指大啼人問痛邪荅曰非為痛身體髮膚不敢毀傷是以啼耳宣別傳曰宣字子宣陳留人漢萊蕪長范丹後也年十歲能誦詩書兒童時手傷改容家人以其年幼皆異之徵太學博士散騎常侍一無所就年五十四卒

宣潔行廉約韓豫章遺絹百匹不受中興書曰宣家至貧罕交人事豫章太守殷羨見宣茅茨不完欲為改室宣固辭羨愛之以宣貧加年饑疾疫厚餉給之宣又不受續晉陽秋曰韓伯字康伯潁川人好學善言理歷豫章太守領軍將軍減五十匹復不受如是減半遂至一匹既終不受韓後與范同載就車中裂二丈與范云人寧可使婦無幝邪范笑

而受之

王子敬病篤道家上章應首過問子敬由来有何異同得失子敬云不覺有餘事唯憶與郗家離婚王氏譜曰獻之娶高平郗曇女名道茂後離婚獻之别傳曰獻之字子敬祖曠淮南太守父羲之右將軍咸寧中詔尚餘姚公主遷中書令卒

殷仲堪既爲荆州值水儉食常五盌盤外無餘看飯粒脫落盤席間輒拾以噉之雖欲率物亦緣其性真素每語子弟云勿以我受任方州云我豁平昔時意今吾處之不易貧者士之常焉得登枝而捐其本爾曹其存之晉安帝紀曰仲堪陳郡人太常

融孫也車騎將軍謝玄請為長史孝武說之歲為黃門侍郎自殺袁悅之後上深為晏駕後計故先出王恭為北藩荊州刺史王忱死乃中詔用仲堪代焉

初桓南郡楊廣共說殷荊州宜奪殷覬南蠻以自樹桓玄別傳曰玄字敬道譙國龍亢人大司馬溫少子也幼童中温甚愛之命以為嗣年七歲襲封南郡公拜太子洗馬義興太守不得志少時去職歸其國與荊州刺史殷仲堪素舊情好甚隆周祇隆安記曰廣字德度弘農人楊震後也晉安帝紀曰覬字伯道陳郡人由中書郎出為南蠻校尉覬亦以率易才悟著稱與從弟仲堪俱知名中興書曰初仲堪欲起兵密邀覬覬不同楊廣與弟佺期勸殺覬仲堪不許覬亦即曉其旨嘗因行散率爾去下舍便不復還內外無預知者意色蕭然遠同闞生之無愠時論以此多之春秋傳曰楚令

尹子文鬪氏也論語曰令尹子文三仕為令尹無喜色三已之無慍色

桓南郡既破殷荊州收殷將佐十許人咨議羅企生亦在焉玄別傳曰玄克荊州殺殷道護及仲堪參軍羅企生鮑季禮皆仲堪所親使也桓素待企生厚將有所戮先遣人語云若謝我當釋罪企生答曰為殷荊州吏今荊州奔亡存亡未判我何顏謝桓公中興書曰企生字宗伯豫章人殷仲堪初請為府功曹桓玄來攻轉咨議參軍仲堪多疑少決企生深憂之謂其弟遵生曰殷侯仁而無斷事必無成成敗天也吾當死生以之及仲堪走文武並無送者唯企生從焉路經家門遵生紿之曰作如此分別何可不執手企生回馬授手遵生便牽下之謂曰家有老母將欲何行企生揮泣曰今日之事我必死之汝等奉養不失子道一門之內有忠與孝亦復何恨遵生

抱之愈急仲堪於路待之企生遂呼曰今日死
生是同顛必見待仲堪見其無脫理策馬而去
俄而玄至人士悉詣玄企生獨不往而營理仲
堪家或謂曰玄性猜急未能取卿誠節若遂不
詣禍必至矣企生正色曰我殷侯吏見遇以國
士不能共殄醜逆致此奔敗何面目就桓求生
乎玄聞怒而收之謂曰相遇如此何以見負企
生曰使君口血未乾而生此奸詐自傷力劣不
能剪定凶逆我死恨晚爾玄遂斬之時年三十有七衆咸悼之既出市桓又遣
人問欲何言答曰昔晉文王殺嵇康別見而嵇紹
為晉忠臣王隱晉書曰紹字延祖父康紹十歲而孤事母孝謹累遷散騎常侍惠帝
敗於蕩陰百官左右皆奔散唯紹嚴然端冕以身衛帝兵交御輦飛箭雨集遂以見害從
公乞一弟以養老母桓亦如言宥之桓先曾以
一羔裘與企生母胡胡時在豫章企生問至即

日焚裘

王恭從會稽還周祗隆安記曰恭字孝伯太原晉陽人祖父濛司徒左長史風流標望父蘊鎮軍將軍亦得世譽恭別傳曰恭清廉貴峻志存格正起家著作郎歷丹陽尹中書令出為五州都督前將軍青兖二州刺史王大看之王忱小字佛大晉安帝記曰忱字元達平北將軍坦之第四子也甚得名於當世與族子恭少相善齊聲見稱仕至荆州刺史見其坐六尺簟因語恭卿東來故應有此物可以一領及我恭無言大去後即舉所坐者送之既無餘席便坐薦上後大聞之甚驚曰吾本謂卿多故求耳對曰丈人不悉恭恭作人無長物

吳郡陳遺家至孝母好食鐺底焦飯遺作郡主簿恒裝一囊每煮食輒貯録焦飯歸以遺母後値孫恩賊出吳郡晉安帝紀曰孫恩一名靈秀瑯琊人叔父泰事五斗米道以謀叛誅恩逃逃於海上聚衆十萬人攻沒郡縣後爲臨海太守辛昺斬首送之袁府君山松別見即日便征遺已聚斂得數斗焦飯未展歸家遂帶以從軍戰於滬瀆敗軍人潰散遁走山澤皆多饑死遺獨以焦飯得活時人以爲純孝之報也

吳道助附子兄弟居在丹陽郡後遭母童夫人艱道助坦之小字附子隱之小字也吳氏譜曰坦之字處靖濮陽入仕至西中郎將功曹父

堅娶東菀童僧女名秦姬朝夕哭臨及思至賓客弔省號踊哀絕路人為之落淚韓康伯時為丹陽尹母殷在郡每聞二吳之哭輒為悽惻語康伯曰汝若為選官當好料理此人康伯亦甚相知韓後果為吏部尚書大吳不免哀制小吳遂大貴達鄭緝

孝子傳曰隱之字處默少有孝行遭母喪哀毀過禮時與太常韓康伯鄰居康伯母楊州刺史殷浩之姊聰明婦人也隱之每哭康伯母輒輟事流涕悲不自勝終其喪如此謂康伯曰汝後若居銓衡當用此輩人後康伯為吏部尚書乃進用之晉安帝紀曰隱之既有至性加以廉潔奉祿頒九族冬月無被桓玄欲革嶺南之敝以為廣州刺史去州二十里有貪泉世傳飲之者其心無厭隱之乃至水上酌而飲之因賦詩曰石門有貪泉一歃重千金試使夷齊飲終當不

易心爲廬循所攻還京師歷尚書領軍將軍晉
中興書曰舊云往廣州飲貪泉失廉潔之性吴
隱之爲刺史自酌貪泉
飲之題石門爲詩云云

郭文舉入吴興餘杭山窮谷中倚木於樹苫覆而居都無壁障餘杭令顧颺贈以韋袴褶一具文舉不納使者置室中而去乃至衣爛竟不服用

王隱晉書曰郭文字文舉入餘杭山蘇峻未亂之前徙臨安山中臨安令萬寵迎著縣中養病及峻破餘杭臨安如故人始異之自後不復語但舉手以宣其意病甚寵問先生可復得幾日文三舉其手果以十五日終

謝石奴

晉書曰謝石字石奴丞相安之弟假節大都督與兄子玄琰破苻堅請吴

隱之爲衛將軍主簿隱之將嫁女謝知其貧潔

遣女必當率薄乃令移廚帳助其經營使者至方見一婢牽犬賣之此外蕭然無辨

記毓家世敦睦客居青州逮毓七世人號其家見無常父衣無常主晉中興書曰記毓字稚春北海廬人

王悅之少厲清操爲吏部郎時隣省有會同者遺之餅一甌辭不受曰所費誠復小小然少來不欲當人之惠晉中興書曰王悅之字少明祖獻之中書令父靖之司徒左長史悅之少厲清操亮直有風檢爲吏部郎

世說新語補卷之一

世說新語補卷之二

德行下　具屬補

王令明兄鑒頗好聚歛廣營田業令明意甚不同嘗謂鑒曰尊何用田爲鑒曰無田何由得食令明曰亦復何須得食南史曰王惠字令明瑯瑘人祖劭車騎將軍父黙左光祿大夫惠幼而勇簡爲叔父司徒謐所知恬靜不妄交遊未嘗有雜事宋武帝聞其名以問其從兄誕誕曰惠後來秀令鄙宗之美也

王僕射宋書曰王敬弘瑯瑘臨沂人本名裕避高宗諱故稱字曾祖廙晉驃騎將軍祖胡之司州刺史父茂之晉陵太守敬弘少子恢有清尚起家本國左常侍歷官至僕射之南史曰恢之敬弘長子位至新安太守中大夫被召爲秘書郎僕射

爲求奉朝請語悏之曰秘書有限故有競朝請無限故無競吾欲使汝處不競之地太祖嘉而許之宋書曰太祖文帝諱義隆高祖第三子

孔中丞在都弟道存爲江夏內史時東土旱儉都下米貴道存慮中丞貧乏遣吏載五百米餉之中丞呼吏語曰我在彼三載去之日不辨有路糧郎至未幾何緣得有此米可載還吏白自古無有載米上水者中丞不聽竟載還江夏宋書曰孔顗字思遠會稽山陰人祖琳之贈太常父邈楊州治中顗骨鯁有風力以是非爲己任口吃好讀書舉秀才補主簿官至御史中丞道存官至南海太守

朱百年家貧毋以冬月亡衣並無絮百年自此不衣綿帛嘗寒時就孔思遠宿衣悉袂布飲酒醉眠思遠以臥具覆之百年初不知既覺引去謂思遠曰綿定奇溫因流涕悲慟思遠亦為感泣南史曰朱百年會稽山陰人祖凱之晉左衛將軍父濤楊州主簿百年少有高情親亡攜妻孔氏入會稽南山伐樵採箬為業以樵箬置道頭輒為行人所取明旦已復如此人稍怪之稍久知是朱隱士所賣須者隨其多少留錢而去頗言玄理為詩有高勝之言與同縣孔顗友善俱嗜酒輒酣對盡歡

劉凝之隱居荊州適歲儉衡陽王宋書曰衡陽王義季幼而夷簡無鄙近之累特為太祖所愛餉錢十萬凝之大喜持錢至

市門見有飢色者悉分與之俄頃都盡酈道元水經註曰劉凝之字志安兄盛公高尚不仕凝之慕老萊嚴子陵之為人立屋江湖非力不食妻梁州刺史郭全安亦能安貧元嘉中太妻隱於衡山南史曰凝之字隱安

齊高帝鎮東府齊書曰高帝姓蕭氏諱道成初仕宋以功封齊公竟代宋在位四年時虞玩之為少府躡屐造席高帝取屐視之訛黑斜銳蒵斷以芒接之因問卿此屐已幾載玩之曰初釋褐時買之著已三十年高帝咨嗟因為贈屐玩之不受問其故答曰公之賜恩華俱重但遺簪墜屨復不可遺帝稱善久之南史曰虞玩之字茂瑤會稽餘姚人少閑刀筆汎涉書史好臧否人物元徽中為尚書右丞

謝玄暉好獎人才（蕭子顯齊書曰謝朓字玄暉陳郡人少有美名文章清麗解褐豫章王行參軍稍遷尚書吏部郎江祏等謀立始安王遙光朓不肯收下獄死）會稽孔闓麄有文筆未為時人所知孔稚圭（德璋別見）嘗令草讓表以示玄暉玄暉嗟歎良久自折簡寫之語稚圭曰是子聲名未立應共獎成無惜齒牙餘論

陸慧曉為晉熙王長史（南史曰晉熙王銶太祖第十八子）僚佐造見必起送之或語云長史貴重不宜妄自謙屈陸曰我性惡人無禮不容不以禮處人又未嘗卿士大夫或問其故陸曰貴人不可卿而賤

者乃可卿人生何容立輕重於懷抱南齊書曰陸慧曉字叔明吳郡吳人高祖玩晉太尉祖萬載侍中父子貞元嘉中海陵太守慧曉清介正立不雜交遊同郡張暢見其童幼便嘉異之張思曼亦曰此江東裴樂也

阮長之為中書郎直省夜往隣省誤着屐出閤長之依事自列門下以闇夜人不知不受列狀長之固遣送曰長之一生不侮闇室南史曰阮長之字景茂一守善業陳留尉氏人祖裕晉光祿大夫父普驃騎將軍長之除臨海太守在官常擁敗絮先是郡中田祿以芒種為斷此前去官則一年秩祿皆入後人長之去武昌代人未至以芒種前一日解印綬去時論多之

裴始安在郡還甚貧罄世祖南史曰齊武帝諱賾字宣遠高帝長

子曰裴昭明罷郡歸遂無宅我不諳書不知古人中誰比南齊書曰裴昭明河東聞喜人宋太中大夫松之孫也父駰南中郎參軍昭明少傳儒史之業永明中使虜世祖曰卿有將命之才當以一郡相賞還為始安内史

昭明太子姚思廉梁書曰昭明太子蕭統字德施高祖長子也孝謹天至精於義學年三十一薨與諸賢汎舟玄圃池有盛稱此中宜奏女樂太子初無言但詠左太冲招隱詩曰何必絲與竹山水有清音左思别見

張思光給暇東出蕭子顯齊書曰張融字思光吳郡吳人父暢會稽太守融弱冠有名世祖問卿住在何處答曰臣陸處無屋舟居非水後日上以問其從兄思曼思曼曰融近

德行下

東出未有居止權牽小船於岸上住南史曰張緒字思曼父演宋太子中舍人緒少知名清簡寡欲從伯敷及叔父鏡從叔暢並貴異之孝武用為尚書倉部郎都令史

明山賓初臨青州所部平陸縣歲儉啓倉出米以贍貧民後刺史以山賓為耗闕有司追責籍其宅入官山賓默不自理更市地造宅梁書曰明山賓字孝若平原鬲人父僧紹隱居不仕山賓七歲能言玄理十三博通經傳居喪盡禮服闋州辟從事史起家奉朝請累遷中書侍郎劉播梁典曰梁昭明太子聞山賓築室不就令曰明祭酒出撫大藩擁旄推轂攝金拖紫而恒事屢空聞構宇未成今送薄助

庾子輿南史曰子輿字孝卿南陽新野人父域有孝行毋好鶴唳域孜孜營求一旦雙

鶴来下子輿幼而岐嶷五歲讀孝經手不釋卷或曰此書文句不多何用自苦答曰孝者德之本何謂不多父卒官巴西南史曰庾域為巴西梓潼二郡太守魏襲巴西域固守糧盡將士燕草供食無有離心卒於官奉喪歸至巴東滛預石瞿塘大灘秋水猶壯水經註云白帝山城水門之西江中有孤石名滛預石江水東逕廣谿峽乃三峽首也峽中有瞿塘黃龕二灘夏水回復沿泝所忌子輿撫心長叫其夜水忽減退安流而下既渡水壯如舊時人為之語曰滛預如樸本不通瞿塘水退為庾公古樂府灩澦歌曰灩澦大如樸瞿塘不可觸

傅茂遠泊然靜處不妄交遊南史曰傅昭字茂遠北地靈州人晉司隷校尉咸七世孫蒞官常以清靜居朝廷無所請謁普通五年為散騎常侍袁司徒

宋書曰袁粲字景倩陳郡陽夏人太尉淑兄子也父濯早卒祖母哀其幼孤名之曰慈孫好學有才清整持風操著妙德先生傳以自況嘗慕荀奉倩改名爲粲字景倩齊王功德既重天命有歸粲以身受顧託不欲事二姓由是遇害每經其戸輒歎曰經其戸寂若無人披其帷其人斯在豈得非名賢

顧常侍清介持操南史曰顧協字正禮吳郡吳人晉司空和六世孫少有志操内爭張率薦於武帝帝問協年率言三十五帝曰北方高涼四十強仕南方卑濕三十已衰如協便爲已老但其事親孝與友信亦不可遺於草澤於是以協爲太常博士終散騎常侍舍人爲廷尉正時冬服單薄寺卿蔡子度宋書曰蔡廓字子度濟陽考城人曾祖謨晉司徒祖系撫軍長史父綝司徒左西屬廓博涉羣書言行以禮起家著作佐郎以方鯁閑素爲高祖所知歷官參軍太尉從事中郎謂人曰我欲

鮮身上襦與顧郎恐顧郎難衣食者竟一不敢遺之

李德林父校書亡時正嚴冬單衰徒跣自駕靈輿反葬博陵豪族崔諶者休假還鄉將赴弔德林從者數十騎稍稍減留比至德林門纔餘五騎云不得令李生怪人熏灼隋書曰李德林字公輔博陵安平人父敬族太學博士德林幼聰敏數歲誦左思蜀都賦十日便度十五誦五經古今文日數千言該博墳典陰陽緯候無不通涉善屬文詞覈而理暢隋文帝時為相府屬加儀同大將軍

李訢公少貧客游梁宋與諸生共逆旅諸生病且死出白金語公曰左右無知者幸君以此葬

我餘則君自取之公許之託葬客置餘金棺下後其家來謁共啓墓出金付之劉昫唐書曰李勉字玄卿鄭王元懿曾孫幼勤經史長而沉雅清峻德宗朝以司徒平章事一日上謂勉曰衆人皆言盧杞姦邪朕何不知對曰天下皆知其姦邪獨陛下不知所以為姦邪也時人多其正直勉坦率素淡好古尚奇清廉簡易為宗臣之表善鼓琴好屬詩在相位三十年祿俸皆遺親黨身沒無私積其在天官禮賢下士以李巡張參為判官卒於幕三歲之內每遇宴飲必設虛位於筵次陳膳執酹辭色悽惻論者美之

李師古跋扈唐書曰師古淄青節度使李納之子憚杜黃裳為相未敢失禮命一幹吏寄錢數千緡并氈車子一乘使者未敢遽送於宅門伺候累日有綠輿出

從婢二人青衣繿縷言是相公夫人使者遽歸以告師古師古折其謀終身不敢改節 劉昫唐書曰杜黄裳字遵素京兆杜陵人登宏辭科杜鴻漸深器重之為郭子儀朔方從事貞元二年為檢校司空兼河中尹封邠國公

陽城歲饑屏迹不過隣里屑榆為粥講論不輟有奴都兒化其德亦方介自約或哀其餒與之食不納後致糠覈數杯乃受 宋祁唐行傳曰陽城字亢宗定州北平人好學貧不能得書求為吏隸集賢院竊宂書讀之晝夜不出戶六年無所不通去隱中條山與弟堦域常易衣出後為諫議大夫以沮裴延齡相出爲道州刺史

楊憑得罪 唐書曰楊憑字虚受弘農人官湖南江西觀察使工文辭少負氣節與毋

弟凝凌相友愛皆有時名重交遊尚然諾與穆質許孟容李鄘王仲舒爲友稱穆許李之友性簡傲不能接下人多怨之及歷二鎮尤亭奢侈爲李夷簡所劾責授臨賀尉姻友無敢送者獨徐晦送至藍田唐書曰徐晦進士擢第登制科爲楊憑所薦及憑得罪交親無敢祖送獨晦送至藍田不數日御史中丞李夷簡請爲監察晦白夷簡曰生平不踐公門公何取而見奬拔夷簡曰聞君送楊臨賀不顧犯難肯負國乎由是知名權載之謂徐君誠厚楊臨賀無乃爲累乎徐曰晦自布衣時楊知我厚方茲流播寧忍無言而別有如公爲姦佞譖斥敢自同路人乎載之歎其長厚唐書曰權德輿字載之天水略陽人父皐天寶中祿山使之獻俘京師皐察祿山有異志詐死逃遁由是名聞天下德輿四歲能屬詩七歲居父喪以孝聞後以禮部尚書平章事

自貞元至元和三十年間羽儀朝行直亮寬恕動作語言一無外飾蘊籍風流為時稱嚮於述作特盛六經百氏游泳漸漬其文雅正而弘博王侯將相洎當時名人薨殁以銘記請者什八九時為宗匠焉

羅可性度寬宏嘗有竊刈其園蔬者適遇見卻避草間以俟其去又有攘殺其雞者可攜壺就之曰與子同里閭不能烹雞以待子我誠自愧呼其妻挈環坐盡醉而歸人由是相誡無犯墨客揮犀曰羅雞可泌陽之碩儒也嘗應鄉薦見黜於禮部遂不復進取以踈放自適

蘇長公卜居陽羡以五百緡買一宅將入居偶夜行聞老婦人哭極哀公問嫗何為哀傷如是

嫗言舊居相傳百年一旦訣別所以泣也問其居所在正五百緡買者即取屋券焚之不索其值遂還毘陵不復買地東都事畧曰蘇軾字子瞻眉州眉山人生十歲而父洵宦學四方母程氏授以書比冠學通經史屬文日數千言中進士乙科英宗朝直史館熙寧中謫黄州團練哲宗召為翰林學士紹聖初御史論軾譏斥先朝落職惠州安置

言語上

漢哀帝問鄭尚書崇卿門何以如市對曰臣門如市臣心如水班固漢書曰鄭崇字子游高密大族祖父以貲徙平陵崇少為郡文學史大司徒傅喜薦擢尚書僕射數見諫諍上納用之每見曳革履上曰我識鄭尚書履聲

邊文禮文士傳曰邊讓字文禮陳留人才儁辯逸大將軍何進聞其名召署令史以禮見之讓占對閑雅聲氣如流坐客皆慕之讓出就曹時孔融王朗等並前爲掾共書刺從讓讓平衡與交接後爲九江太守爲魏武帝所殺見袁奉高汝南先賢傳曰袁宏字奉高慎陽人友黃叔度於童齒薦陳仲舉於家巷辟太尉掾卒失次序奉高曰昔堯聘許由面無怍色皇甫謐曰由字武仲陽城槐里人也堯舜皆師而學事焉後隱於沛澤之中堯乃致天下而讓焉由爲人據義履方邪席不坐邪膳不食聞堯讓而去其友巢父聞由爲堯所讓以爲汚己乃臨池洗耳池主怒曰何以汚我池由於是遁耕於中嶽潁水之陽箕山之下終身無經天下色死葬箕山之巔在陽城之南十里堯因就其墓號曰箕山公神以配食五嶽世世奉祀至今不絶也先生何爲顛倒衣裳

文禮答曰明府初臨堯德未彰是以賤民顛倒

衣裳耳按袁閎卒於太尉掾未嘗為汝南斯說謬矣

鄭康成范曄後漢書曰鄭玄字康成北海高密人八世祖崇哀帝時尚書僕射玄遇黨錮隱居著述凡百餘萬言大將軍何進辟玄乃縫掖相見玄長八尺餘鬚眉美秀姿容甚偉進待以賓禮授以几杖玄多所匡正不用而退袁紹辟玄及去餞之城東欲玄必醉會者三百餘人皆離席奉觴自旦至暮度玄飲三百餘桮而溫克之容終日無怠獻帝在許都徵為大司農行至元城卒在袁冀州坐袁山松後漢書曰袁紹字本初汝南汝陽人司空逢之庶子出後伯父成英雄記曰紹不妄通賓客非海內知名不得相見又好游俠與張孟卓何伯求吳子卿許子遠伍德瑜為奔走之友時汝南應劭亦歸於袁東觀漢記曰應劭字仲遠汝南南頓人父奉司隸校尉劭少便篤學博覽多聞因起自贊曰故泰山太守應仲遠北面稱弟子何如鄭笑

曰仲尼之門考以四科回賜之徒不稱官閥應

有慚色

曹公魏志曰曹操字孟德沛國譙人少機警有權數任俠放蕩不治行業後子丕代漢稱太祖武皇帝以楊太尉范曄後漢書曰楊彪字文先弘農華陰人曾祖震太尉祖秉太尉父賜司空彪少傳家學以博習舊聞公車徵拜議郎中平中代黃琬為司空與袁公路婚將誣以同逆英雄記曰袁術字公路汝南汝陽人司空逢之子後僭號于壽春孔文舉范曄後漢書曰孔融字文舉魯國人孔子二十四世孫也高祖父尚鉅鹿太守父宙泰山都尉融家傳曰融兄弟七人融第六幼有自然之性聞之不及朝覲往見曹曰楊公四世清德海內所瞻華嶠漢書曰東京楊氏袁氏累世宰相為漢名族然袁氏車馬衣服極為奢僭能守家風為世所貴

言語上

不及楊氏也周書父子兄弟罪不相及左傳曰康誥曰父不慈子不祗兄不友弟不恭不相及也況以袁氏歸罪楊公易稱積善餘慶徒欺人耳易坤卦之傳曰積善之家必有餘慶曹云此國家之意文舉曰假使成王殺召公周公可得言不知耶

補衡被魏武謫爲鼓吏正月半試鼓衡揚枹爲漁陽摻檛淵淵有金石聲四坐爲之改容典略曰衡字正平平原般人也文士傳曰衡不知先所出逸才飄舉少與孔融作爾汝之交時衡未滿二十融已五十敬衡才秀共結殷勤不能相違以建安初北游融數與武帝稱其才帝傾心欲見衡稱疾不肯往而數有言論帝甚忿之以其才名不殺圖欲辱之乃令錄爲鼓吏後至八月

朝會大閱試鼓節作三重閣列坐賓客以帛絹製衣作一岑牟一單絞及小褌鼓吏度者皆當脫其故衣著此新衣次傳衡擊鼓為漁陽摻檛蹋地來前躡馺腳足容態不常鼓聲甚悲音節殊妙坐客莫不抗慨知必衡也既度不肯易衣吏呵之曰鼓吏何獨不易服衡便止當武帝前先脫褌次脫餘衣裸身而立徐徐乃著岑牟次著單絞後乃著褌畢復擊鼓摻檛而去顏色無怍武帝笑謂四坐曰本欲辱衡衡反辱孤至今有漁陽摻檛自衡造也為黃祖所殺

孔融曰禰衡罪同胥靡不能發明王之夢皇甫謐帝王世紀曰武丁夢天賜己賢人使百工寫其像求者天下見築者胥靡衣褐帶索傳巖之野是謂傅說張晏曰胥靡刑名胥相也靡從也謂相從坐輕刑也魏武慚而赦之

潁川太守髡陳仲弓按寔之在鄉里州郡有疑獄不能決者皆將詣寔或到而情首或中途改辭或託狂悖皆曰寧為刑戮所苦不為陳君所非豈有盛德感人若斯之

甚而不自衛反招刑辟殆不無乎此所謂東野之言耳客有問元方府君何如元方曰高明之君也足下家君何如曰忠臣孝子也客曰易稱二人同心其利斷金同心之言其臭如蘭王廙注繫辭曰金至堅矣同心者其利無不入蘭芳物也無不樂者言其同心者物無不樂也何有高明之君而刑忠臣孝子者乎元方曰足下言何其謬也故不相答客曰足下但因傴為恭而不能答元方曰昔高宗放孝子孝己帝王世紀曰殷高宗武丁有賢子孝己其母蚤死高宗惑後妻之言放之而死天下哀之尹吉甫放孝子伯奇琴操曰尹吉甫周卿也有子伯奇母死更娶後妻生子曰伯邦乃譖伯奇於吉甫於是放伯奇於野宣王出遊吉甫從伯奇乃作歌

以言感之宣王聞之曰此孝子之辭逐吉甫乃求伯奇於野而射殺後妻董仲舒放孝子符起唯此三君高明之君唯此三子忠臣孝子容慚而退

荀慈明與汝南袁閬相見荀爽一名諝漢南紀曰諝文章典籍無不涉睹人謂曰荀氏八龍慈明無雙潜處篤志徵聘無所就張璠漢紀曰董卓秉政復徵爽爽欲遁去吏持之急起布衣九十五日而至三公問潁川人士慈明先及諸兄閬笑曰士但可因親舊而已乎慈明曰足下相難依據者何經閬曰方問國士而及諸兄是以尤之耳慈明曰昔者祈奚內舉不失其子外舉不失其讎以為至公春秋傳曰祈奚爲中軍尉請老晉侯問嗣

言語上　世說補

馬稱解孤其讎也將立之而卒又問焉對曰午也可其子也君子謂祁奚可謂能舉善矣稱其讎不為諂立其子不為比公曰文王之詩不論堯舜之德而頌文武者親親之義也春秋之義內其國而外諸夏且不愛其親而愛他人者不為悖德乎

南郡龐士元聞司馬德操在潁川故二千里候之至遇德操采桑士元從車中謂曰吾聞丈夫處世當帶金佩紫焉有屈洪流之量而執絲婦之事蜀志曰龐統字士元襄陽人少時樸鈍未有識者潁川司馬徽有知人之鑒士元弱冠往見徽徽采桑樹上坐士元樹下共語自書至夜徽異之曰生當為南州士人之冠冕由是漸顯襄陽記曰士元德公之從子也年少未有識者惟德公重之年十八使往見德操與語歎

日德公識知入實盛德也後劉備訪世事於德
操德操曰俗士豈識時務此間自有伏龍鳳雛
謂諸葛孔明與士元也華陽國志曰劉備引士
元為軍師中郎將從攻洛為流矢所中卒時年
三十八

德操曰

司馬徽別傳曰徽字德操潁川陽
翟人有人倫鑒識居荊州知劉表
性暗必害善人乃括囊不談議時人有以人物
問徽者初不辨其高下每輒言佳其婦諫曰人
質所疑君宜辨論而一皆言佳豈人所以咨君
之意乎徽曰如君所言亦復佳其婉約遜遁如
此嘗有妄認徽豬者便推與之後得其豬叩頭
來還徽又厚辭謝之劉表子琮往候徽遣問在
不會徽自鋤園琮左右問司馬君在耶徽曰我
是也琮左右見其醜陋罵曰死傭將軍諸郎欲
求見司馬君汝何等田奴而自稱是耶徽歸刈
頭著幘出見琮左右見徽故是向老翁恐向琮
道之琮起叩頭辭謝徽乃謂曰卿真不可然吾
甚羞之此自鋤園唯卿知之耳有人臨蠶求簇
箔者徽自棄其蠶而與之或曰凡人損己以贍
入者謂彼急我緩也今彼此正等何為與人徽

曰人未嘗求己求之不無將慚何有以訪物令人慚者人謂劉表曰司馬德操奇士也但未遇耳表後見之曰世間人爲妄語此直小書生耳其智而能愚皆此類荊州破爲曹操所得操欲大用會其病死子且下車子適知邪徑之速不慮失道之迷昔伯成耦耕不慕諸侯之榮莊子曰堯治天下伯成子高立爲諸侯禹爲天子伯成辭諸侯而耕於野禹往見之趨就下風而問焉子高曰昔堯治天下不賞而民勸不罰而民畏今子賞罰而民且不仁德自此衰刑自此立夫子盍行邪毋落吾事原憲桑樞不易有官之宅家語曰原憲字子思宋人孔子弟子居魯環堵之室茨以生草蓬戶不完桑樞而甕牖上漏下濕坐而絃歌子貢軒車不容巷往見之曰先生何病也憲曰憲聞無財謂之貧學而不能行謂之病今憲貧也非病也夫希世而行比周而友學以爲人教以爲己仁義之慝輿馬之飾憲不忍爲也何有坐則華

屋行則肥馬侍女數十然後爲奇此乃許父許由
巢父逸士傳曰巢父者堯時隱人山居不營世利年老以樹爲巢而寢其上故號巢父所
以忼慨夷齊所以長歎孟子曰伯夷目不視惡色耳不聽惡聲與鄉人居若在塗炭蓋聖人之清也
雖有竊秦之爵千駟之富古史考曰呂不韋爲秦子楚行千金貨於華陽夫人請立子楚爲嗣及子楚立封不韋洛陽十萬戶號文信侯以詐獲爵故曰竊也論語曰齊景公有馬千駟民無得而稱焉孔安國曰千駟四千匹
不足貴也士元曰僕生出邊垂寡見大義若
不一叩洪鐘伐雷鼓則不識其音響也
曹公既殺楊德祖楊脩文士傳曰楊脩字德祖父彪漢太尉脩辟丞相府主簿少有才策爲曹操所忌以罪見殺
後與太尉遇於朝堂曹問太

尉公何瘦之甚太尉答曰愧無日磾先見之明班固前漢書曰金日磾子二人武帝所愛以爲弄兒其後弄兒壯大不謹自殿下與宮人戲日磾適見之惡其淫亂遂殺弄兒猶懷老牛舐犢之愛曹公爲之改容

許汜襄陽耆舊傳曰許汜是楊慮同里又以師慮爲魏武從事中郎昔在劉表坐論陳元龍者其與劉玄德續漢書曰劉備字玄德涿郡人漢景帝子中山靖王勝之後並在劉荊州坐英雄記曰劉表字景升山陽高平人魯恭王之後領荊州牧身長八尺姿貌溫偉與張儉等號爲八顧共論人物許曰陳元龍淮海之士豪氣不除謝承後漢書曰陳登字元龍下邳淮浦人學通古今處身循禮非法不行性兼文武有雄姿異略領廣陵太守玄德問許君言豪

寧有事耶許曰昔遭亂過下邳見元龍無客主之意不相與語自上大牀卧使客卧下牀玄德曰君有國士之名今四海橫流帝王失所而無救世之意求田問舍言無可採是元龍所諱也何緣當與君語如我自卧百尺樓上卧君於地下何但上下牀之間哉

劉公幹以失敬罹罪典略曰劉楨字公幹東平寧陽人建安十六年世子為五官中郎將妙選文學使楨隨侍太子酒酣坐歡乃使夫人甄氏出拜坐上客多伏而楨獨平視他日公聞乃收楨減死輸作部文士傳曰楨性辯捷所問應聲而荅坐平視甄夫人配輸作部使磨石武帝至尚方觀作者見楨匡坐正色磨石武帝問曰石何如楨因得喩已自理跪

而對曰石出荆山懸巖之巔外有五色之章内含卞氏之珍磨之不加瑩雕之不增文禀氣堅貞受之自然顧其理枉屈紆繞而不得申帝顧左右大笑即日赦之文帝問曰卿何以不謹於文憲楨答曰臣誠庸短亦由陛下網目不踈魏志曰帝諱丕字子桓受漢禪按諸書或云楨被刑魏武之世建安二十年病亡後七年文帝乃即位而謂楨得罪黄初之時謬矣

何平叔云服五石散非唯治病亦覺神明開朗魏略曰何晏字平叔南陽宛人漢大將軍進孫也或云何苗孫也尚主又好色故黄初時無所事任正始中曹爽用為侍中尚書主選舉宿舊者多得濟拔為司馬宣王所誅秦丞祖寒食散論曰寒食散之方雖出漢代而用之者寡靡有傳焉魏尚書何晏首獲神效由是大行於世服者相尋也

何尚書自言易義精了所不解者九事一曰迎管公明共論公明為剖析玄旨九事皆明魏志曰管輅字公明平原人容貌麤醜無威儀而嗜酒輅別傳曰輅明周易聲發徐州冀州刺史裴徽舉秀才謂曰何鄧二尚書有經國才略於物理無不精也何尚書神明清徹殆破秋毫君當慎之自言不解易中九事必當相問比至洛宜善精其理輅曰若九事皆至義不足勞思若陰陽者精之久矣輅至洛陽果為何尚書問九事皆明何曰君論陰陽此世無雙也時鄧玄茂亦在坐魏略曰鄧颺字玄茂南陽人鄧禹之後也少得士名明帝時為中書郎與李勝等為浮華友事發被斥後遷侍中尚書為人好貨許臧艾以顯官艾以父妾與颺京師為之語曰以官易富鄧玄茂言君見謂善易而語不及易中辭義何也公明尋聲答言夫善易者不論易尚書

含笑贊之曰可謂要言不煩

孫討逆（吳志曰孫策字伯符曹操表爲討逆將軍）既定豫章還饗將士謂虞仲翔（吳志曰虞翻字仲翔會稽餘姚人初爲王朗功曹吳書曰翻少好學有高志年十二客有候其兄者不過翻翻追與書曰僕聞虎魄不取腐芥磁石不受曲針過而不存不亦宜乎客得書奇之）曰孤昔再至壽春見馬日磾（三輔決錄曰日磾字翁叔馬融族孫獻帝時爲大傅與蔡邕楊賜堂谿典同校定石經）及與中州士大夫會言我東方人多才耳恨學問不博語議有所不及孤意猶謂未爾卿博學洽聞故前欲令卿一詣許交見朝士以折中國妄語兒卿不願行便使張子綱（吳志曰張紘字子綱廣陵人少遊學京師後避

地江東孫策創業遂委質焉與張昭並與衆謀常令一人居守一人征討江表傳曰權與羣臣多呼其字唯呼張昭曰張公張紘曰東部所以重二人也恐子綱不能結兒韋舌也吳書曰紘見柟榴枕愛其文作賦陳琳在北見之以示人曰此吾鄉里張子綱所作後紘見陳琳作武庫賦應機論與琳書深歎美之琳答曰自僕在河北與天下隔此間率少於文章易爲雄伯故使僕受此過差之譚今景興在此足下與子布在彼所謂小巫見大巫神氣盡矣

李令伯常聘吳吳主與羣臣汎論道義因言寧爲人弟令伯曰願爲人兄吳主問何願爲兄令伯答曰爲兄供養之日長吳主及羣臣稱善華陽國志曰李密字令伯犍爲武陽人祖光朱提太守父早亡母何氏更適人密養於祖母治春秋

言語上

左氏傳博覽多所通涉機警辯捷事祖母以孝聞其侍疾則泣涕側息日夜不解帶膳飲湯藥必自口嘗本郡禮命不應州辟後事尚書郎

王渾平吳之日晉書曰王渾字玄沖太原晉陽人父昶魏司徒渾沉雅有器量以平吳功封一子江陵侯位至司徒登建業宮釃酒既酣謂吳人曰諸君亡國之餘得無戚乎時周子隱答曰漢末分崩三國鼎立魏滅於前吳亡於後亡國之戚豈唯一人王大有慚色虞預晉書曰周處字子隱吳郡陽羡人父魴吳裨將軍處入晉為御史中丞多所彈糾不避彊禦齊萬年反以建威將軍西征臨陣慷慨奮不顧命遂死於戰

魏明帝為外祖母築館於甄氏魏本傳曰帝諱叡字元仲文帝

太子以其母廢未立為嗣文帝與俱獵見子母
鹿文帝射其母母應弦而倒復令帝射其子帝置
弓泣曰陛下已殺其母臣不忍復殺其子文帝
曰好語動人心遂定為嗣是為明帝魏書曰文
昭甄皇后明帝母也父逸上蔡令烈宗即位追
封上蔡君嫡孫象襲爵象薨子暢嗣起大第車
駕親自臨之既成自行視謂左右曰館當以何為名
侍中繆襲曰文章敘錄曰襲字熙伯東海蘭陵人有才學累遷侍中光祿勳陛
下聖思齊於哲王罔極過於曾閔此館之興情
鍾舅氏宜以渭陽為名秦詩曰渭陽康公念母也康公之母晉獻公之
女文公遣驪姬之難未反而秦姬卒穆公納文
公康公時為太子贈送文公于渭之陽念母之
不見也我見舅氏如母存焉按魏書帝於後園
為象母起觀名其里曰渭陽然則象母即帝之
舅母非外祖母也且謂
陽為館名亦乎舊史也

世說新語補卷之二

世說新語補卷之三

言語中

鄧艾口喫語稱艾艾魏志曰艾字士載棘陽人少爲農人養犢年十二隨母至潁川讀故太丘長碑文曰言爲世範行爲士則遂名範字士則後宗族有同者故改焉每見高山大澤輒規度指畫軍營處所時人多笑焉後見司馬宣王三辟爲掾累遷征西將軍伐蜀蜀平進位太尉爲衛瓘所害晉文王戲之曰卿云艾艾定是幾艾對曰鳳兮鳳兮故是一鳳列仙傳曰陸通者楚狂接輿也好養性游諸名山嘗遇孔子而歌曰鳳兮鳳兮何德之衰往者不可諫來者猶可追後入蜀在峩嵋山中

嵇中散嵇康集敘曰康字叔夜譙國銍人王隱晉書曰嵇本姓溪其先避怨徙上虞移

譙國銍縣以出自會稽取國一支音同本奚焉虞預晉書曰銍有嵇山家於其側因氏焉文章敘錄曰康以魏長樂亭主壻遷郎中拜中散大夫

語趙景真

嵇紹趙至敘曰至字景真代郡人漢末其祖流宕客緱氏令新之官至年十二與母共道傍看母曰汝先世非微賤家也汝後能如此不至曰可爾耳歸便就師誦書蚤聞父耕叱牛聲釋書而泣師問之答曰自傷不能致榮華而使老父不免勤苦年十四入太學觀時先君在學寫石經古文事訖去遂隨車問先君姓名先君曰年少何以問我至曰觀君風器非常故問耳先君具告之至年十五陽病數數狂走五里三里為家追得又炙身體十數處年十六遂亡命經至洛陽求索先君不得至鄴沛國史仲和是魏領軍史渙孫也至便依之遂名翼字陽和先君到鄴至具道太學中事便逐先君歸山陽經年至長七尺三寸潔白黑髮赤脣明目鬢鬚不多閑詳安諦體若不勝衣先君嘗謂之曰卿頭小而銳瞳子白黑分明視瞻停諦有白起風至論議清辯有縱橫才然亦

不以自長也孟元基碑爲遼東從事在郡斷九獄見稱清當自痛棄親遠遊毋亡不見吐血發病服未竟而亡

鄉曈子白黑分明有白起之風

嚴尤三將敍曰平原君勸趙孝成王受馮亭王曰受之秦兵必至武安君必將誰能當之者乎對曰澠池之會臣察武安君小頭而面銳瞳子白黑分明視瞻不轉小頭而面銳者敢斷決也瞳子白黑分明者見事明也視瞻不轉者執志彊也可與持久難與爭鋒廉頗爲人勇鷙而愛士知難而忍恥與之野戰則不如持守足以當之孝成王從其計

恨量小狹趙云尺表

能審璣衡之度

周髀曰夏至北方二萬六千里冬至南方十三萬五千里日中樹表則無影矣周髀長八尺夏至日晷尺六寸髀股也晷勾也正南千里勾尺五寸正北千里勾尺七寸周髀之晷也

寸管能測徃復之氣

呂氏春秋曰黃帝使伶倫在大夏之西崑崙之陰取竹之嶰谷生其竅厚薄均者斷兩節間而吹之以爲黃鍾之管制十

二篇以聽鳳凰之鳴雄鳴六雌鳴六以為律呂續漢書律曆志曰十二律之變至於六十以律候氣候氣之法為室三重戶閉塗釁必周密布緹幔以木為案加律其上以葭莩灰抑其內為氣所動者其灰散也以此候之何必在大但問識如何耳

司馬景王東征魏書曰司馬師字子元相國宣文侯長子也以道德清粹重於朝廷為大將軍錄尚書事毋丘儉反師自征之薨謚景王取上黨李喜以為從事中郎因問喜曰昔先公辟君不就今孤召君何以來喜對曰先公以禮見待故得以禮進退明公以法見繩喜畏法而至耳晉諸公贊曰喜字季和上黨銅鞮人也少有高行研精藝學宣帝為相國辟喜喜固辭疾景帝輔政為從事中郎累遷光祿大夫特進贈太保

晉武帝始登阼探策得一王者世數繫此多少帝既不說羣臣失色莫能有言者侍中裴楷進曰臣聞天得一以清地得一以寧侯王得一以為天下貞帝說羣臣歎服王弼老子注云一者數之始物之極也各是一物所以為主也各以其一致此清寧貞

滿奮畏風在晉武帝坐北窗作琉璃屏實密似疎奮有難色帝笑之荀綽冀州記曰奮字武秋高平人魏太尉寵之孫也性清平有識自吏部郎出為冀州刺史晉諸公贊曰奮體量清雅有曾祖寵之風遷尚書令為省顏所害奮荅曰臣猶吴牛見月而喘今之水牛唯生江淮間故謂之吴牛也南土多暑而此牛畏熱見月疑是日所以見月則喘

諸名士共至洛水戲竹林七賢論曰王濟諸人嘗至洛水解禊事明日或問濟曰昨遊有何語議濟云云還樂令廣也問王夷甫曰今日戲樂乎虞預晉書曰王衍字夷甫琅琊臨沂人司徒戎從爭父乂平北將軍夷甫蚤知名以清虛通理稱仕至太尉為石勒所害王曰裴僕射善談名理混混有雅致晉惠帝起居注曰裴頠字逸民河東聞喜人司空秀之少子也冀州記曰頠弘濟有清識稽古善言名理履行高整自少知名歷侍中尚書左僕射為趙王倫所害張茂先論史漢靡靡可聽王隱晉書曰張華字茂先范陽人累遷司空為趙王倫所害晉陽秋曰華博覽洽聞無不貫綜世祖嘗問漢宮室及建章千門萬戶華畫地成圖應對如流張安世不能過也我與王安豐說延陵子房亦超超玄著晉諸公贊曰夷甫好尚談稱為時人物所宗

王武子晉諸公贊曰王濟字武子太原晉陽人司徒渾第二子也有儁才能清言起家中書郎終太僕孫子荆文士傳曰孫楚字子荆太原中都人初晉陽秋曰楚驃騎將軍資之孫南陽太守宏之子鄉人王濟豪俊公子為本州大中正訪問宏為鄉里品狀濟曰此人非鄉評所能名吾自狀之曰天才英特亮拔不羣仕至馮翊太守各言其土地人物之美王云其地坦而平其水淡而清其人廉且貞孫云其山嶵巍以嵯峨其水泙渫而揚其波其人磊砢而英多按三秦記語林載蜀人尹籍稱吳土地人物與此語同

樂令女適大将軍成都王穎虞預晉書曰樂廣字彥輔南陽人清夷沖曠加有理識累遷侍中河南尹在朝廷用心虛淡時人重其貞貴代王戎為尚書令八王

故事曰司馬頴字叔度世祖第十九子封成都王大將軍王兄長沙王執權於洛晉百官名曰司馬乂字士度封長沙王八王故事曰世祖第十七子遂構兵相圖長沙王親近小人遠外君子凡在朝者人懷危懼樂令既允朝望加有婚親羣小讒於長沙長沙嘗問樂令樂令神色自若徐答曰豈以五男易一女晉陽秋曰成都王之起兵長沙王猜廣廣曰寧以一女而易五男乂猶疑之遂以憂卒由是釋然無復疑慮

孫子荆年少時欲隱語王武子當枕石漱流誤曰漱石枕流王曰流可枕石可漱乎孫曰所以枕流欲洗其耳所以漱石欲礪其齒

陸機詣王武子晉陽秋曰機字士衡吳郡人祖遜吳丞相父抗大司馬機與弟雲並有儁才司空張華見而說之曰平吳之利在獲二儁機別傳曰博學善屬文非禮不動入晉仕著作郎至平原內史武子前置數斛羊酪指以示陸曰卿江東何以敵此陸云有千里蓴羹但未下鹽豉耳

中朝有小兒父病行乞藥主人問病曰患瘧也主人曰尊侯明德君子何以病瘧俗傳行瘧鬼小多不病巨人故光武嘗謂景丹曰嘗聞壯士不病瘧大將軍反病瘧耳答曰來病君子所以為瘧耳

郭洗馬入洛聽伎人歌言佳石季倫問其曲石崇

別見郭云不知季倫笑曰卿不識曲那得言佳郭荅曰譬如見西施西施別見何必識姓名然後知美鄧粲晉紀曰鄧訥字敬言官至太子洗馬晉陽秋曰初訥仕吳為蒸陽令入晉久不進序陸機薦之曰訥風度簡曠器識朗拔通濟敏悟才足幹事出自新邦朝無知己居不遑外志不自營年時倏忽邈無階緒實州黨愚智所為恨恨

蔡洪洪集錄曰洪字叔開吳郡人有才辯初仕吳朝太康中本州從事舉秀才王隱晉書曰洪仕至松滋令赴洛洛中人問曰幕府初開羣公辟命求英奇於仄陋采賢儁於巖穴君吳楚之士亡國之餘有何異才而應斯舉蔡荅曰夜光之珠不必出於孟津之河舊說云隋侯出行有蛇斬而中斷者笑連而續

之蛇遂得生而去後銜明月珠以報其德光明照夜同晝因曰隋珠左思蜀都賦所謂隋侯鄙其夜光也盈握之璧不必采於崑崙之山（韓氏曰和氏之璧盖出於井里之中）大禹生於東夷文王生於西羌（按孟子曰舜生於諸馮東夷人也文王生於岐周西戎人也則東夷是舜非禹也）賢聖所出何必常處昔武王伐紂遷頑民於洛邑（尚書曰成周既成遷殷頑民作多士孔安國注曰殷大夫心不則德義之經故徙於王都遍教誨也）得無諸君是其苗裔乎（按華令思舉秀才入洛與王武子相酬對皆與此言不異無審二人同有此辭疑世世訟穿鑿也）

崔正熊詣都郡都郡将姓陳問正熊君去崔杼幾世荅曰民去崔杼如明府之去陳恒（晉百官名曰崔

貌字□熊燕國人惠帝時官至太傅丞

庾公造周伯仁虞預晉書曰周顗字伯仁汝南安城人楊州刺史浚長子也晉陽秋曰顗有風流才氣少知名正體嶷然儕輩不敢媟也汝南賁泰淵通清操之士嘗歎曰汝潁固多賢士自頃陵遲雅道殆衰今復見周伯仁伯仁將袪舊風清我邦族矣舉寒素累遷尚書僕射為王敦所害伯仁曰君何所欣說而忽肥庾曰君復何所憂慘而忽瘦伯仁曰吾無所憂直是清虛日來滓穢日去耳雅子學語

過江諸人每至美日輒相邀新亭藉卉飲宴丹陽記曰新亭吳舊立先基崩淪隆安中丹陽尹司馬恢之徙創今地周侯顗也中坐而歎曰風景不殊正自有山河之異皆相視流

涙唯王丞相丞相別傳曰王導字茂弘琅邪人祖覽以德行稱父裁侍御史導少知名家世貧約恬暢樂道未嘗以風塵經懷也愀然變色曰當共戮力王室克復神州何至作楚囚相對春秋傳曰楚伐鄭諸侯救之鄭執鄭公鍾儀獻晉景公觀軍府見而問之曰南冠而縶者為誰有司對曰楚囚也使稅之問其族對曰伶人也能為樂乎曰先父之職敢有二事與之琴操南音范文子曰楚囚君子也樂操土風不忘舊也君盡歸之以合晉楚之成

衛洗馬初欲渡江形神慘顇語左右云見此芒芒不覺百端交集苟未免有情亦復誰能遣此晉諸公贊曰衛玠字叔寶河東安邑人祖父瓘太尉父恒黄門侍郎玠別傳曰玠穎識通達天韻標令陳郡謝幼輿敬以亞父之禮娶樂廣女裴叔道曰妻父有冰清之姿壻有璧潤之望所

謂秦平之匹也為太子洗馬永嘉四年南至江夏與兄別於渠里渦語曰在三之義人之所重今日忠臣致身之道可不勉乎行至豫章乃卒

溫太真問郭文舉饑則思食壯則思室自然之性先生安獨無情乎文舉答曰思由憶生不憶故無情抱朴子曰郭文舉入陸渾山學道獨能無情意不生也

劉琨雖隔閡寇戎志存本朝王隱晉書曰琨字越石中山魏昌人祖邁有經國之才父蕃光祿大夫琨少稱儁朗累遷司徒長史尚書右丞迎大駕於長安以有殊勳封廣武侯年三十五出為并州刺史為段匹磾所害謂溫嶠曰班彪識劉氏之復興馬援知漢光之可輔漢書敘傳曰彪字叔皮扶風人客於天水隴西隗囂有窺覦之志彪作王命論以諷之東觀漢記曰馬援說公孫述隗囂

時後見光武曰天下反覆盜名字者不可勝數今見陛下寥廓大度同符高祖乃知帝王自有眞也帝甚壯之今晉祚雖衰天命未改吾欲立功於河北使卿延譽於江南子其行乎溫曰嶠雖不敏才非昔人明公以桓文之姿建匡立之功豈敢辭命虞預晉書曰嶠字太眞太原祁人少標俊清徹英穎顯名為司空劉琨左司馬是時二都傾覆天下大亂琨聞元皇受命中興忼慨幽朔志存本朝使嶠奉使嶠喟然對曰嶠雖乏管張之才而明公有桓文之志敢辭不敏以違高旨以左長史奉使勸進累遷驃騎大將軍

郗太尉拜司空郗鑒別傳曰鑒字道徽高平金鄉人漢御史大夫郗慮後也少有體正耽思經籍以儒雅著名徵為領軍遷司空太尉語同坐曰平生意不在多值世故紛紜遂至台鼎朱博翰音實愧

於懷漢書曰朱博字子元杜陵人爲丞相臨拜延登受策有大聲如鍾鳴上問揚雄李尋對曰洪範所謂鼓妖者也人君不聽空名得進則有無形之聲博後坐事自殺故序傳曰博之翰音鼓妖先作易中孚曰上九翰音登于天貞凶王弼注曰翰高飛也飛者音飛而實不從也

周僕射雍容好儀形詣王公初下車隱數人王公含笑看之既坐傲然嘯詠王公曰卿欲希嵇阮邪答曰何敢近舍明公遠希嵇阮鄧粲晉紀曰伯仁儀容弘偉善於俛仰應答精神足以蔭映數人深自持能致人而未嘗往焉

高坐道人不作漢語高坐別傳曰和尚胡名尸黎密西域人傳云國王子以國讓弟遂爲沙門永嘉中始到此土止於大市中和尚天資高朗風韻遒邁丞相王公一見奇之以爲吾之徒也周僕射領選撫其背而歎曰若選得此賢令人無恨俄而周侯過害和尚

對其靈坐作胡祝數千言音聲高暢旣而揮涕
收淚其哀樂廢興皆此類性高簡不學晉語諸
公與之言皆因傳譯然神領意得頓在言前塔
寺記曰尸黎密冢曰高坐在石子岡常行頭陀
卒於梅岡即葬焉晉元帝於冢邊立寺因名高坐或問此意簡文曰以
簡應對之煩續晉陽秋曰帝諱昱字道萬中宗少子也仁聞有智度穆帝幼沖以
撫軍輔政大司馬桓溫廢海西公而立帝在位二年
王安期去官東渡江道路梗澁人懷危懼王每
遇艱險處之夷然雖家人不見其憂喜之色旣
至下邳登山北望歎曰人言愁我始欲愁謝太
傅曰當爾時覺形神俱往名士傳曰王承字安期太原晉陽人父湛
汝南太守承沖淡寡欲無所循尚累遷東海內史為政清靜吏民懷之避亂渡江元皇為鎮東

引為從事中郎

庾公嘗入佛圖見卧佛涅槃經云如來背痛於雙樹間北首而卧故後之圖繪者為此象曰此子疲於津梁于時以為名言

孟萬年好飲喜酣暢孟嘉別傳曰嘉字萬年江夏鄳人曾祖父宗吳司空祖父揖晉廬陵太守宗葬武昌子孫家焉嘉少以清操知名庾亮領江州辟嘉部廬陵從事下都還亮引問風俗得失對曰待還當問從事吏亮舉麈尾掩口而笑語弟翼曰孟嘉故是盛德人轉勸學從事桓宣武嘗問酒有何好而卿嗜之孟答曰公但未知酒中趣耳桓溫別傳曰溫字元子譙國龍亢人漢五更桓榮後也父彞有識鑒溫少有豪邁風氣為溫嶠所知累遷瑯琊內史進征西大將軍鎮西夏時逆胡未誅餘燼假息溫覲勤郊辛建旆致討清蕩伊洛展敬園陵追謚宣武侯

桓宣武嘗問孟萬年聽伎絲不如竹竹不如肉何也孟答曰漸近自然一坐容嗟

摯瞻曾作四郡太守大將軍戶曹參軍復出作內史摯氏世本曰瞻字景游京兆長安人太常虞兄子也父育涼州刺史瞻少善屬文起家著作郎中朝亂依王敦為戶曹參軍歷安豐新蔡西陽太守見敦以故壞裘賜老病外部都督瞻諫曰尊裘雖故不宜與小吏敦曰何為不可瞻時因醉曰若上服皆可用賜貂蟬亦可賜下乎敦曰非喻所引如此不堪二千石瞻曰瞻視去西陽如脫屣耳敦反乃左遷隨州內史年始二十九嘗別王敦敦別傳曰敦字處仲瑯琊臨沂人少有名理累遷青州刺史避地江左歷侍中丞相大將軍揚州牧以罪伏誅敦謂瞻曰卿年未三十已為萬石亦太蚤瞻曰方於將軍少為

太蚤比之甘羅已爲太老摯氏世本曰瞻高亮有氣節故以此答敦後知敦有異志建興四年與第五猗據荊州以距敦竟爲所害史記曰甘羅秦相茂之孫也年十二爲秦相呂不韋欲使張唐相燕唐不肯行甘羅說而行之又請車五乘以使趙還報秦夫封甘羅爲上卿賜以甘茂田宅

陶公疾篤都無獻替之言朝士以爲恨陶氏敘曰侃字士行其先鄱陽人後徙潯陽侃少有遠槩綱維宇宙之志舉孝廉入洛司空張華見而謂曰後來匡主寧民君其人也劉弘鎮沔南取爲長史謂侃曰昔吾爲羊太傅參佐見語云君後當居身處今相觀亦復然矣累遷湘廣荊三州刺史加羽葆鼓吹封長沙郡公大將軍贊拜不名劍履上殿進太尉贈大司馬諡桓公按王隱晉書載侃臨終表曰臣少長孤寒始願有限過蒙先朝歷世異恩臣年垂八十位極人臣啓手啓足當復何恨但以餘寇未誅山陵未復所以憤慨

無懷唯此而已猶冀犬馬之齒尚可少延欲為
陛下北吞石虎西誅李雄勢遂不振良圖永息
臨書撫腕涕泗橫流伏願遴選代人使必得良
才足以奉宣王猷遵成志業則雖死之日猶生
之年有表若此非無獻替**仁祖聞之**晉陽秋日謝尚字仁祖陳郡人父鯤尚韶齔喪
見哀慟過人及遭父喪溫嶠唁之尚號咷極哀既而收涕告訴有異常童嶠奇之由是知名仕
至鎮西將軍豫州刺史**曰時無豎刁故不貽陶公話言**呂氏
春秋日管仲病桓公問曰子如不諱誰代子相者豎刁何如管仲曰自宮以事君非人情必不
河用後果亂齊**時賢以為德音**
釋道安儁辯有高才安和上傳曰釋道安者常山薄柳人本姓衛年十二
作沙門神性聰敏而貌至陋佛圖澄甚重之值石氏亂於陸渾山從學為慕容俊所逼乃住襄
陽以佛法東流經籍錯謬更為條章標序篇自為之注解自支道林等皆宗其理**自扗**

來荆州與習鑿齒相見晉中興書曰習鑿齒字彦威襄陽人道安因自通曰彌天釋道安習答曰四海習鑿齒當時以爲名對

竺法深在簡文坐劉尹問道人何以遊朱門答曰君自見其朱門貧道如遊蓬户法深不知其俗姓盖衣冠之胤也道徽高尚譽播山東爲中州劉公弟子值永嘉亂投迹揚土居止京邑內持法網外允具瞻弘道之法師也以業慈清淨而不耐風塵考室剡縣東二百里仰山中同遊十餘人高棲浩然支道林宗其風範與高麗道人書稱其德行年七十有九終於山中也高逸沙門傳曰法師居會稽皇帝重其風德遣使迎焉法師暫出應命司徒會稽王天性虛澹與法師結殷勤之歡師雖升履丹墀出入朱邸泯然曠達不異蓬宇也或云卞令卞壼别見

許玄度將弟出都婚諸人無不欽遲既至見其弟乃甚癡都欲嘲弄之玄度爲作賓主相對劉眞長笑曰玄度爲弟婚施十重鐵步障續晉陽秋曰許詢字玄度高陽人魏中領軍允玄孫總角秀惠衆稱神童長而風情簡素司徒掾辟不就蚤卒

庾法暢造庾太尉握麈尾至佳公曰此至佳那得在法暢曰廉者不求貪者不與故得在耳法暢氏族所出未詳法暢著人物論自敘其美云暢悟銳有神才辭通辯

庾穉恭爲荊州庾翼別傳曰翼字穉恭潁川鄢陵人也少有大度時論以經略許之兄太尉亮薨朝議推才乃以翼都督七州進征南將軍荊州刺史以毛扇上武帝武帝疑是故物傅咸羽扇賦序曰昔吳人直截鳥翼而摇之風不減

方圓二扇而功無加然中國莫有生意者識吳之後翕然貴之無人不用按庾懌以白羽扇獻武帝帝嫌其非新反之不聞翼也侍中劉劭曰文字志曰劭字彥祖彭城叢亭人祖訥司隸校尉父松成皋令劭博識好學多藝能善草隸初仕領軍參軍太傅出東劭謂京洛必荒乃單馬奔揚州歷侍中豫章太守栢梁雲構工匠先居其下管絃繁奏鍾夔先聽其音鍾鍾期也夔舜樂正稺恭上扇以好不以新庾後聞之曰此人宜在帝左右

劉尹云清風朗月輒思玄度晉中興士人書曰許詢能清言于時士人皆欽慕仰愛之

何驃騎亡後何充別見徵褚公入既至石頭王長史王長史別傳曰濛字仲祖太原晉陽人其先出自周室經漢魏世為大族祖佐北軍中候父訥

葉令豫神氣清韶年十餘歲放邁不羣弱冠檢尚風流雅正外絕榮競內寡私欲辟司徒掾中書郎以后父贈光祿大夫劉尹同詣褚褚曰真長何以處我真長顧王曰此子能言褚因視王王曰國自有周公晉陽秋曰充之卒議者謂太后父褒宜秉朝政褒自丹徒入朝吏部尚書劉遐勸褒曰會稽王令德國之周公也足下宜以大政付之褒長史王胡之亦勸歸藩於是固辭歸京

桓公入峽絕壁天懸騰波迅急晉陽秋曰溫以永和二年率所領七千餘人伐蜀拜表輒行迺歎曰既為忠臣不得為孝子如何漢書曰王陽為益州刺史行部至邛郲九折坂歎曰奉先人遺體奈何數乘此險以病去官後王尊為刺史至其坂問吏曰非王陽所畏之道邪吏曰是叱其馭曰驅之王陽為孝子王尊為忠臣

桓公北征經金城見前爲琅邪時種柳皆已十圍慨然曰木猶如此人何以堪攀枝執條泫然流淚

簡文作撫軍時嘗與桓宣武俱入朝更相讓在前宣武不得已而先之因曰伯也執殳爲王前驅衛詩也殳長一丈二尺無刃簡文曰所謂無小無大從公于邁魯頌泮水篇

顧悅與簡文同年而髮蚤白中興書曰悅字君叔晉陵人初爲殷浩揚州別駕浩卒上疏理浩時以浩爲太宗所廢允不依許悅固爭之浩果得申物論稱之後至尚書左丞簡文曰卿何以先白對曰蒲柳之姿望

秋而落松栢之質經霜彌茂顧凱之爲父傳曰君以直道陵遲於世入見王王鬓無二毛而君已斑白問君年乃日卿何偏早白君曰松栢之姿經霜猶茂臣蒲柳之質望秋先零受命之異也王稱善久之

簡文入華林園顧謂左右曰會心處不必在遠翳然林水便自有濠濮閒想也濠濮二水名也莊子曰莊子與惠子游濠梁水上莊子曰儵魚出游從容是魚樂也惠子曰子非魚安知魚之樂也莊子曰子非我安知我之不知魚之樂也莊周釣在濮水楚王使二大夫造焉曰願以境內累莊子莊子持竿不顧曰吾聞楚有神龜者死已三千年矣巾笥而藏於廟此寧曳尾於塗中寧留骨而貴乎二大夫曰寧曳尾於塗中莊子曰往矣吾亦寧曳尾於塗中覺鳥獸禽魚自來親人

謝太傅語王右軍曰中年傷於哀樂與親友別輒作數日惡王曰文字志曰王羲之字逸少琅琊臨沂人父曠淮南太守羲之少朗拔爲叔父廙所賞善草隸累遷江州刺史右軍將軍會稽内史年在桑榆自然至此正賴絲竹陶寫恒恐兒輩覺損欣樂之趣

支道林常養數匹馬或言道人畜馬不韻支曰貧道重其神駿高逸沙門傳曰支遁字道林河内林慮人或曰陳留人本姓關氏少而任心獨往風期高亮家世奉法嘗於餘杭山沈思道行泠然獨暢年二十五始釋形入道年五十三終於洛陽

佛圖澄與諸石遊澄別傳曰道人佛圖澄不知何許人出於燉煌好佛道出

家爲沙門永嘉中至洛陽値京師有難潛遁草
澤間石勒雄異好殺害因勒大將軍郭黙略見
勒以麻油塗掌占見吉凶數百里外聽浮圖鈴
聲逆知禍福勒甚敬信之虎即位亦師澄號大
和尚自知終日閉棺無屍唯袈裟法服在焉林公曰澄以石虎爲海
鷗鳥趙書曰虎字季龍勒從弟也征伐每斬將搴旗勒甚誅勒諸兒襲位莊子曰海上之
人好鷗者每旦之海上從鷗游鷗之至者數百而不止其父曰吾聞鷗鳥從汝游取來玩之明
日之海上鷗舞而不下
劉尹與桓宣武共聽講禮記桓云時有入心處
便覺咫尺玄門劉曰此未關至極自是金華殿
之語漢書叙傳曰班伯少受詩於師丹大將軍王鳳薦伯於成帝宜勸學召見宴暱拜爲
中常侍時上方向學鄭寛中張禹朝夕入說尚書論語於金華殿詔伯受之
言語中

劉尹云人想王荆產佳此想長松下當有清風耳荆產王徵小字也王氏譜曰徵字幼仁琅邪人祖父乂平北將軍父澄荆州刺史徵歷尚書郎右軍司馬

王仲祖聞蠻語不解茫然曰若使介葛盧來朝故當不昧此語春秋傳曰介葛盧來朝聞牛鳴曰是生三犧皆用之矣其音云問之而信杜預注曰介東夷國葛盧其君名也

劉真長為丹陽尹許玄度出都就劉宿牀帷新麗飲食豐甘許曰若保全此處殊勝東山劉曰卿若知吉凶由人吾安得不保此王逸少在坐曰令巢許遇稷契當無此言二人並有愧色

羊秉為撫軍參軍少亡有令譽羊秉敘曰秉字長達泰山平陽人漢南陽太守續曾孫大父魏郡府君即車騎掾元子也府君夫人鄭氏無子乃養秉鄙亂而佳小心敬慎十歲而鄭夫人薨秉思容盡哀俄而公府掾及夫人並卒秉羣從父率禮相承人不問其親雍雍如也仕參撫軍將軍事將奮千里之足揮沖天之翼惜乎春秋三十有二而卒昔罕虎死子產以為無與為善自來子之沒有子產之歎矣亡後有子男又不育是何行善而禍繫也豈非司馬生之所惑歟夏侯孝若為之敘文士傳曰湛字孝若譙國人魏征西將軍淵曾孫也有盛才文章巧思善補雅詞名亞潘岳歷中書侍郎極相讚悼羊權為黃門侍郎侍簡文坐帝問曰夏侯湛作羊秉敘絕可想是卿何物有後不羊氏譜曰權字道輿徐州刺史悅之子也仕至尚書左丞權潸然對曰亡伯令聞夙彰

而無有繼嗣雖名播天聽然餘絕聖世帝嗟慨久之

王右軍與謝太傅共登冶城揚州記曰冶城吳時鼓鑄之所吳平猶不廢王茂弘所治也謝悠然遠想有高世之志王謂謝曰夏禹勤王手足胼胝帝王世紀曰禹治洪水手足胼胝世傳爲病偏枯足不相過今稱禹步是也文王旰食日不暇給尚書曰文王自朝至于日昃不遑暇食今四郊多壘禮記曰四郊多壘卿大夫之辱也宜人自效而虛談廢務浮文妨要恐非當今所宜謝答曰秦任商鞅二世而亡戰國策曰衛商鞅諸庶孽子名鞅姓公孫氏少好刑名學爲秦孝公相封於商豈清言致患邪。難與俗人言

荀中郎在京口晉陽秋曰荀羨字令則潁川人光祿大夫崧之子也清和有識羨少以主壻為駙馬都尉是時殷浩參謀百揆引羨為援頻莅義興吳郡超授北中郎將徐州刺史以藩屏焉中興書曰羨年二十八出為徐兗二州中興方伯之少未有若羨者也登北固望海云南徐州記曰城西北有別嶺入江三面臨水高數十丈號曰北固雖未覩三山便自使人有凌雲意若秦漢之君必當褰裳濡足史記封禪書曰蓬萊方丈瀛洲此三山世傳在海中去人不遠嘗有至者言諸仙人不死藥在焉黃金白銀為宮闕草物禽獸盡白望之如雲及至反居水下然到即風引船而去終莫能至秦始皇登會稽並海上冀遇三神山之奇藥漢武帝既封泰山無風雨變至方士更言蓬萊諸藥可得於是上欣然東至海冀獲蓬萊者

謝公云賢聖去人其間亦邇子姪未之許公歎

言語中

曰若郗超聞此語必不至河漢中興書曰超字景興高平人司空愔之子也少卓犖不羈有曠世之度累遷中書郎司徒左長史超別傳曰超精於理義沙門支道林以為一時之俊莊子曰肩吾問於連叔曰吾聞言於接輿大而無當往而不反怔怖其言猶河漢而無極也

支公好鶴住剡東岇山支公書曰山去會稽二百里有人遺其雙鶴少時翅長欲飛支意惜之乃鎩其翮鶴軒翥不復能飛乃反顧翅垂頭視之如有懊喪意林曰既有凌霄之姿何肯為人作耳目近玩養令翮成置使飛去

謝中郎經曲阿後湖問左右此是何水中興書曰謝萬

字萬石太傅安弟也才氣高俊蚤知名歷吏部郎西中郎將豫州刺史散騎常侍 答曰

曲阿湖 太康地記曰曲阿本名雲陽秦始皇以有王氣鑿北隴山以敗其勢截其直道使其阿曲故曰曲阿也吳還爲雲陽今復名曲阿 謝曰故當淵注渟著納而不流

晉武帝每餉山濤恒少謝太傅以問子弟車騎答曰當由欲者不多而使與者忘少 謝車騎家傳曰玄字幼度鎮西奕第三子也神理明俊善微言叔父太傅嘗與子姪燕集問武帝任山公以三事任以官人至於賜予不過斤合當存旨不玄答有辭致也

謝胡兒 胡兒謝朗小字也續晉陽秋曰朗字長度安次兄據之長子安蚤知之文義艷發名亞於玄仕至東陽太守 語庾道季 道季庾龢小字係廣晉紀曰龢字道季太

言語中

尉亮子也風情率悟以文談致稱於時歷仕至丹陽尹兼中領軍諸人莫當就卿談可堅城壘庾曰若文度來我以偏師待之王中郎傳曰坦之字文度太原晉陽人祖東海太守承清談平遠父述貞貴簡正坦之器度淳深孝友天至譽輯朝野標的當時累遷侍中中書令領北中郎將徐兗二州刺史康伯來濟河焚舟春秋傳曰春伯伐晉濟河焚舟杜預曰示必死

李弘度常歎不被遇中興書曰李充字弘度江夏郢人也祖康父矩皆有美名充初辟丞相掾記室參軍以貧求剡縣遷大著作中書郎殷揚州殷浩別見知其家貧問君能屈志百里不李答曰北門之歎久已上聞衛詩北門刺仕不得志也窮猿奔林豈暇擇木遂授剡縣

王司州至吳興印渚中看王胡之別傳曰胡之字脩齡琅耶臨沂人王廙之子也歷吳興太守徵侍中丹陽尹秘書監並不就拜使持節都督司州諸軍事西中郎將司州刺史吳興記曰於潜縣東七十里有印渚渚旁有白石山峻壁四十丈印渚蓋衆溪之下流也印渚已上至縣悉石瀨惡道不可行船印渚已下水道無險故行旅集焉歎曰非唯使人情開滌亦覺日月清朗

袁彥伯爲謝安南謝奉別見司馬都下諸人送至瀨鄉將別既自悽惘歎曰江山遼落居然有萬里之勢續晉陽秋曰袁宏字彥伯陳郡人魏郎中令煥六世孫也祖猷侍中父勗臨汝令宏起家建威參軍安南司馬記室太傅謝安賞宏機捷辯速自吏部郎出爲東陽郡乃祖之於冶亭時賢皆集安欲卒迫試之執手將別顧左右取一扇而贈之宏應聲荅曰輒當奉揚仁風慰

彼黎庶合少數其要捷性直亮故位不顯也在郡卒

孫綽賦遂初築室畎川自言見止足之分中興書曰綽字興公太原中都人少以文稱歷太學博士大著作散騎常侍遂初賦敘曰余少慕老莊之道仰其風流久矣郤感於陵賢妻之言悵然悟之乃經始東山建五畝之宅帶長阜倚茂林孰與坐華幕擊鐘鼓者同年而語其樂哉齋前種一株松恒自手壅治之高世遠孫統爲柔集敘曰柔字世遠樂安人才理清鮮安行仁義婚泰山胡母氏女年二十既有倍年之覺而姿色清惠近是上流婦人柔家道隆崇既罷司空參軍安固令營宅於伏川馳動之情既薄又愛翫貧妻便有終焉之志尚書令何充取爲冠軍參軍僶俛應命眷戀綢繆不能相舍相贈詩書清婉辛切時亦鄰居語孫曰松樹子非不楚楚可憐但永無棟梁用耳孫曰楓柳

雖合抱亦何所施

孝武將講孝經謝公兄弟與諸人私庭講習續晉陽秋曰寧康三年九月九日帝講孝經僕射謝安侍坐吏部尚書陸納兼侍中卞耽讀黄門侍郎謝石吏部袁宏兼執經中書郎車胤丹陽尹王混摘句車武子續晉陽秋曰車胤字武子南平人父育為郡主簿太守王胡之有知人識裁見謂其父曰此兒當成卿門戶宜令學問胤就業恭勤博覽不倦家貧不常得油夏月則練囊盛數十螢火以繼日焉及長風姿美劭機悟敏率桓溫在荊州取為從事一歲至治中徹既傳學多聞又善於激賞當時每有盛坐徹必同之皆云無車公不樂太傅謝公遊集之日開筵以待之累遷丹陽尹護軍將軍吏部尚書難苦問謝謂袁羊曰不問則德音有遺多問則重勞二謝袁羊喬小字也袁氏家傳曰喬字彥升陳郡人父瓌光祿大夫喬歷

尚書郎江夏相從桓溫平
蜀封湘西伯益州刺史袁曰必無此嫌卑曰
何以知爾袁曰何嘗見明鏡疲於屢照清流憚
於惠風

王子敬語王孝伯曰羊叔子自復佳耳然亦何
與人事晉諸公贊曰羊祜字叔子泰山平陽人
也世長吏二千石至祜九世以清德稱
為兒時遊汶濱有行父上而觀馬數息曰豪士
大好相善為之未六十當有重功於天下即富
貴無相忘遂去莫知所在累遷都督荊州諸軍
事自在南夏吳人説服稱曰羊公莫敢名者南
州人聞公喪
號哭罷市故不如銅雀臺上妓魏武遺令曰
以吾妾與妓
人皆著銅雀臺上施六尺牀繐
帳月朝十五日輒使向帳作伎

林公見東陽長山曰何其坦迤會稽土地志曰
山靡迤而長縣

（因山得名）

顧長康從會稽還，人問山川之美。顧曰：千巖競秀，萬壑爭流，草木蒙籠其上，若雲興霞蔚。（丘淵之文章録曰：顧愷之，字長康，晉陵人。父悅，尚書左丞。愷之，義熙初爲散騎常侍。）

王子敬云：從山陰道上行，（會稽土地志曰：邑山在山陰，故以名焉。）山川自相映發，使人應接不暇。若秋冬之際，尤難爲懷。（會稽郡記曰：會稽境特多名山水，峰嶂隆峻，吐納雲霧，松栝楓柏，擢榦竦條，潭壑鏡徹，清流瀉注。王子敬見之曰：山水之美，使人應接不暇。）

桓征西治江陵城甚麗，（盛弘之荆州記曰：荆州城臨漢江，臨江王所治。王被徵出城北門而車軸折，父老泣曰：吾王去不還矣。從此不開其門。）會賓僚出

言語中　世說

江津望之云若能目此城者有賞顧長康時為客在坐目曰遥望層城丹樓如霞桓即賞以二婢

宣武移鎮南州制街衢平直人謂王東亭曰王司徒傳曰王珣字元琳丞相導之孫領軍洽之子也少以清秀稱大司馬桓溫辟為主簿從討袁真封交阯望海縣東亭侯累遷尚書左僕射領選進尚書令丞相初營建康無所因承而制置紆曲方此為劣晉陽秋曰蘇峻既誅大事克平之後都邑殘荒溫嶠議徙都豫章以即豐全朝士及三吳豪傑謂可遷都會稽王導獨謂不宜遷都建業徃之秣陵古者既有帝王所治之表又孫仲謀劉玄德俱謂是王者之宅今雖彫殘宜從勞來旋定之道鎮靜羣情且百堵皆作何患不克復乎終至建康導之策也東

亭曰此丞相乃所以為巧江左地促不如中國若使阡陌條暢則一覽而盡故紆餘委曲若不可測

謝太傅問諸子姪子弟亦何預人事而正欲使其佳諸人莫有言者車騎答曰譬如芝蘭玉樹欲使其生於階庭耳

道壹道人好整飾音辭（王珣遊嚴陵瀨詩敘曰道壹姓竺氏名德沙門題目曰道壹文鋒富贍孫綽為之贊曰馳騁遊說言固不虛唯茲壹公綽然有餘譬若春圃載芬載馥條柯猗蔚枝幹扶疎）從都下還東山經吳中已而會雪下未甚寒諸道人問在道所經壹公曰風霜

固所不論乃先集其憭澹郊邑正自飄瞥林岫便已皓然

張天錫為涼州刺史稱制西隅既為苻堅所禽用為侍中後於壽陽俱敗至都張資涼州記曰天錫字公純嘏安定烏氏人張耳後也曾祖軌永嘉中為涼州刺史值京師大亂遂據涼土天錫纂位自立為涼州牧苻堅使將姚萇攻沒涼州天錫歸長安堅以為侍中比部尚書歸義侯從堅至壽陽堅軍敗遂南歸拜散騎常侍西平公中興書曰天錫後以貧拜廬江太守贈侍中為孝武所器每入言論無不竟日頗有嫉已者於坐問張北方何物可貴張曰桑椹甘香鴟鴞革響詩魯頌曰翩彼飛鴞集于泮林食我桑黮懷我好音淳酪養性人無嫉心

西河舊事曰河西牛羊肥酪過精
好但寫酪置革上都不解散厚也

毛伯成既負其才氣常稱寧為蘭摧玉折不作
蕭敷艾榮征西寮屬名曰毛玄字伯成潁川人仕至征西行軍參軍

王中郎令伏玄度伏滔別見習鑿齒論青楚人物滔集
載其論略曰滔以春秋時鮑叔管仲隰朋召忽
輪扁甯戚麥丘人逢丑父晏嬰涓子戰國時公
羊高孟軻鄒衍田單荀卿鄒奭莒大夫田子方
檀子魯連淳于髡盼子田光顏歜黔子於陵仲
子王叔即墨大夫前漢時伏徵君終軍東郭先
生叔孫通萬石君東方朔安期先生後漢時大
司徒伏三老江革逢萌禽慶承幼子徐防薛方
鄭康成周孟玉劉祖榮臨孝存侍其元矩孫賓
碩劉仲謀劉公山王儀伯郎宗禰正平劉成國
魏時管幼安邴根矩華子魚徐偉長任昭先伏
高陽此皆青士有才德者也鑿齒以神農生於
黔中召南詠其美化春秋稱其多才漢廣之風

不司雜唱之篇于文叔鼓崖與管晏比德接輿之歌鳳兮漁父之詠滄浪漢陰丈人之折子貢市南宜僚屠羊說之不為利回魯仲連不及老萊夫妻田光之於屈原鄧禹卓茂無敵於天下管幼安不勝龐公龐士元不推華子魚何鄧二尚書獨步於魏朝樂令無對於晉世昔伏羲葬南郡少昊葬長沙舜葬零陵比其人則準的如此論其土則羣聖之所葬考其風則詩人之所歌咏其事則未若赤眉黃巾之賊此何如青州耶滔與相徃反鑿齒無以對也臨成以示韓康伯康伯都無言王曰何故不言韓曰無可無不可馬融注論語曰惟義所在司馬太傅齋中夜坐孝文王傳曰王諱道子簡文皇帝第五子也封會稽王領司徒揚州刺史進太傅為桓玄所害贈丞相于時天月明淨都無纖翳太傅歎以為佳謝景重在坐續晉陽秋曰謝重字景重

陳郡人父朗東陽太守重明秀有才會終驃騎長史答曰意謂乃不如微雲點綴太傅因戲謝曰卿居心不淨乃復彊欲滓穢太清邪

桓南郡問謝夫人婦人集曰謝夫人名道蘊謝太傅大兄無奕女左將軍王凝之妻也有文才所著詩賦誄頌傳於世太傅在東山二十餘年遂復不終其理云何夫人答曰亡叔先正以無用為心隱顯為優劣始末正當動靜之異耳

桓靈寶玄小名也寧別見征殷仲堪道出廬山豫章舊志曰廬俗字君孝本姓匡夏禹苗裔東野王之子秦末百越君長與吳芮助漢定天下野王亡軍中漢八年封俗鄡陽男食邑茲部印曰廬君俗兄弟七人皆好道術遂寓于洞庭之山故世謂廬山

言語中

孝武元封五年南巡狩浮江親覩神靈乃封俗爲太明公四時秩祭焉遠法師廬山記曰山在江州潯陽郡左挾彭澤右傍通川有匡俗先生出自殷周之際遁世隱時潛居其下或云匡俗受道於仙人而共遊其嶺遂託室崖岫即巖成館故時人謂爲神仙之廬而命焉法師遊山記曰自託此山二十三載再踐石門四遊南嶺東望香鑪峯北眺九江傳聞有石井方湖中有赤鱗踊出野人不能敘直嘆其奇而已矣伏滔遊廬山序曰廬山者江陽之名嶽蟠根所據亘數百里重巓陳嶂仰神雲日俯瞰川湖之流焉

因請遠公語次及征討之意遠不荅又問何以見顧遠曰顧檀越安穩使彼亦復無他桓出山語左右曰實乃生所未見本

張野遠法師銘曰沙門釋惠遠鴈門樓煩人姓賈氏世爲冠族年十二隨舅令狐氏遊學許洛年二十一欲南渡就范宣子學道阻不通遇釋道安以爲師抽簪落髮研求法藏釋曇

翼每資以燈燭之費誦鑒淹遠高悟冥賾安常歎曰道流東國其在遠乎襄陽既沒振錫南遊結宇靈嶽自年六十不復出山名被流沙彼國僧衆皆稱漢地有大乘沙門每至然香禮拜輒東向致敬年八十三而終慧皎高僧傳曰慧遠至潯陽見廬峯清靜始住龍泉精舍

桓玄既篡位將改置直館問左右虎賁中郎省應在何處有人答曰無省當時殊忤旨問何以知無答曰潘岳秋興賦叙曰余兼虎賁中郎將寓直散騎之省岳別見其賦叙曰晉十有四年余年三十二始見二毛以太尉掾兼虎賁中郎將寓直散騎之省高閣連雲陽景罕曜僕野人也猥廁朝列譬猶池魚籠鳥有江湖山藪之思於是染翰操紙慨然而賦于時秋至故以秋興命篇玄咨嗟稱善劉謙之晉紀曰玄欲復虎賁中郎將疑應直與不訪之僚佐咸莫能定參軍劉簡之對曰昔潘

言語中

岳秋興賦敘云余兼虎賁中郎將寓直于散之省以此言之足應直也玄懽然發之此語答異又[illegible]老未知姓名故詳載之

謝靈運好戴曲柄笠丘淵之新集錄曰靈運陳郡陽夏人祖玄車騎將軍父瑍秘書郎靈運襲封康樂公歷秘書監侍中臨川內史以罪伏誅沈約宋書曰靈運少好學博覽羣書文章之美江左莫逮孔隱士孔淳之別見謂曰卿欲希心高遠何不能遺曲蓋之貌謝答曰將不畏影者未能忘懷莊子云漁父謂孔子曰人有畏影惡跡而去之走者舉足逾數而跡逾多走逾疾而影不離自以尚遲疾走不休絕力而死不知處陰以休影處靜以息跡愚亦甚矣子脩心守貞還以物與人則無異矣不脩身而求之人不亦外事者乎

世說新語補卷之三

世說義

言語下
政事
文學上中下
方正上下
雅量上

世說新語補卷之四

言語下

殷仲文參軍時續晉陽秋曰仲文字仲文陳郡人祖融太常父康吳興太守仲文為桓玄咨議王謐見禮而不親卞範之被親而少禮其寵遇隆重無於王卞矣玄篡位以佐命親貴輿馬器服窮極綺麗妓妾數十絲竹不絕音性甚貪吝多納賄賂家累千金常若不足玄敗先投義軍還侍中尚書以罪伏誅勸宋武帝畜伎帝曰我不解聲仲文曰但畜自解帝曰畏解故不畜宋書曰帝姓劉氏諱裕受晉禪清簡寡慾未嘗視珠玉輿馬之飾後庭無紈綺絲竹之音在位三年

王韶之少家貧而好學嘗三日絕糧執卷不輟家人誚之曰困窮若此何不耕王徐答曰我常

自耕耳沈約宋書曰王韶之字休泰瑯琊臨沂人曾祖廣晉驃騎將軍祖羨之鎮軍掾父偉之郎中令韶之家貧父爲烏程令因居縣境好史籍博涉多聞初爲衛將軍謝琰行參軍

戴仲若春日携雙柑斗酒人問何之答曰往聽黃鸝聲此俗耳針砭詩腸鼓吹宋書曰戴顒字仲若譙郡銍人戴逵子也

宋世祖宋書曰帝名駿文帝第三子嘗賜謝中書寶劍宋書曰謝莊字希逸陳郡陽夏人太常弘微子也七歲能屬文仕至光祿大夫卒謚憲子南史曰莊韶令美風儀宋文帝見而異之曰藍田生玉豈虛也哉謝以與魯豫州送別宋書曰魯爽小名女生扶風郿人祖宗之父軌爽少有武藝世祖以爲左軍將軍都督豫州諸軍事與南郡王義宣作逆薛安都臨陣刺爽傳首京都後魯作逆世祖嘗

因宴集問劍所在謝曰昔與魯爽別竊爲陛下杜郵之賜世祖大悅史記曰秦攻趙邯鄲武安君不肯行於是免武安君爲士伍遷之陰密至杜郵使使者賜之劒自裁

元凶篡立宋書曰元凶劭字休遠文帝長子也與始興王濬同謀弑逆世祖入討劭伏誅以顏延之爲光祿大夫沈約宋書曰顏延之字延年琅琊人晉光祿大夫含之曾孫好讀書無所不覽文章之美冠絕當時吳國內史劉柳以爲行軍參軍後爲秘書監先是延之子竣爲世祖參軍及義師入討竣參定密謀兼造書檄劭乃延之示以檄文問曰此筆誰所造延之曰竣之筆也問何以知之延之曰竣筆體臣不容不識又問言辭何至乃

爾延之曰竣尚不顧有老父何緣復有陛下劭意遂釋姓氏英賢錄曰顏竣字士遜延之長子也少有令譽爲宋孝武撫軍主簿甚被知遇竣盡心補益孝武鎮潯陽遷南中郎記室及文帝崩問至孝武舉兵入討轉諮議參軍領軍錄事

謝孺子特善聲律南史曰孺子陳郡陽夏人祖景仁左僕射父恂鄱陽太守孺子少與族兄莊齊名多藝能尤善聲律家貧求爲西陽太守與王車騎張宴桐臺孺子吹笙王自起舞既而歎曰真使人飄飄有伊洛間意南史曰王彧字景文與明帝諱同故以字行祖穆司徒謐之長兄父僧朗尚書景文美風姿好言理少與謝莊齊名爲從叔球所知

王侍中嘗因侍宴南史曰王份字季文瑯琊人祖僧朗宋尚書僕射父粹黃

門侍郎份歷官侍中丹陽尹高祖問羣臣朕為有為無侍中答曰陛下應萬物為有體至理為無梁書曰帝姓蕭氏諱衍代齊立四十八年而崩

蕭引書法遒逸南史曰蕭引字叔休南蘭陵人曾祖思話祖惠休父介並有名引方正有器度聰敏博學善屬文仕梁位西昌侯主簿侯景之亂南奔嶺表北還拜尚書金部侍郎陳宣帝嘗指其署名語諸人曰此字筆勢翩翩似鳥之欲飛引答曰此乃陛下假其羽毛陳書曰帝名頊始興王子臨海王廢乃承大統

徐孝穆使魏魏人授館宴賓是日甚熱主客魏收嘲孝穆曰今日之熱當由徐常侍来南史曰徐陵字

孝穆東海郯人徐摛子也母臧氏夢五色雲化爲鳳集左肩上已而誕陵十三通老莊義及長博涉史籍美文辭官至中書監領太子詹事

孝穆從容答曰前王肅至此爲魏始制禮儀今我來聘使卿復知寒暑

北史曰王肅字恭懿瑯琊臨沂人父奐齊雍州刺史肅少聰辯涉獵經史頗有大志仕秘書丞父奐爲齊武帝所殺肅自建業來奔孝文虛衿待之引見問故肅辭義敏切辯而有體帝甚哀惻之官散騎常侍揚州刺史

魏佛助

北史曰魏收字伯起小字佛助鉅鹿下曲陽人少機警不持細行隨父在邊好習騎射後折節讀書以文華顯除太學博士至中書監

盛譽盧思道

北齊書曰盧思道字子行聰爽俊辯年十六中山劉松爲人作碑以示思道思道多所不解乃感激讀書師事邢子才後復爲文示松松乃不能甚解因就魏收求異書才學兼著然不持操行好輕侮

入天保中魏史成思道多所非毀由是再被笞辱落泊不調楊遵彥薦於新解褐司空行參軍兼散騎侍郎以詢祖為不及詢祖曰見未能高飛者借其羽毛知逸勢冲天者剪其翅翮李百藥齊書曰盧詢祖范陽涿人祖父偉封大夏男父恭道蚤卒詢祖襲爵有術學文辭華美為後生之俊舉秀才官司徒記空

薛道衡嘗遊鍾山開善寺隋書曰道衡字玄卿河東汾陰人六歲而孤專精好學及長才名益著河東裴讞目之曰鼎遷河朔吾謂關西孔子罕遇其人今復遇薛君矣官至司隸大夫謂一沙彌曰金剛何為努目法苑珠林云西方有神八人相貌猙獰身被金甲手持寶刀名曰金剛嘗衛世尊說法于雷音寺菩薩何為低眉金剛經註云菩普也薩濟也能普濟衆生故曰菩薩猶儒者仁人君子之

稱沙彌答曰金剛努目所以降伏四魔婆娑論問云何故名魔答曰斷慧命故名魔復次常行放逸害自身故名魔淨印法門經云以無所爲心印降諸魔當知有四一者蘊魔二者煩惱魔三者死魔四者天魔菩薩低眉所以慈悲六道華嚴經云六道皆有罪過謂天道人道魔道地獄道餓鬼道畜生道道衡憮然稱善

楊遵彦北史曰楊愔字遵彦弘農華陰人楊津子也小名秦王兒童時口若不能言而風度深敏六歲學史書十一受詩易好左氏春秋仕至開府儀同三司尚書右僕射典選時以六十人爲一甲楊令其自叙訖不省文簿便次第呼之嘗誤以盧士深爲士琛士深自言其名遵彦曰盧郎朗潤所以加玉三國典略曰東魏以楊愔

典選皆令選人自敘不省文簿次第呼之嘗謂呼募容為長孫一入而已有選人魯漫漢自言微賤不蒙記憶曰卿前在元子思坊乘驢遙見我不下以方麴障面我何不識卿耶漫漢驚服

北使李諧至南北史曰李諧字虔和父平尚書僕射諧幼有風采趙郡李搔嘗見之曰領軍門下見一神人襲爵彭城侯歷任中書侍郎天平末魏欲與梁和好以諧聘焉梁武謂左右曰卿輩嘗言北間都無人物此等何處來梁武與之遊歷至放生處帝問曰彼國亦放生否諧答曰不取亦不放帝大慚郡國志曰潤州長命洲梁武帝放生處

賈思伯至性謙和遇士大夫雖在街道停車下馬接誘恂恂曾無倦色客曰公今貴重寧不驕思伯曰衰至便驕何常之有當時以為雅言

北史曰賈思伯字士休齊郡益都人與弟思同師事北海陰鳳業竟無資酬之鳳質其衣物時人為之語曰陰生讀書不免癡不識雙鳳脫人衣思伯累遷中書侍郎為孝文所知

潘師正居嵩山逍遙谷高宗召問所須師正對曰臣所須者茂松清泉山中不乏唐書曰潘師正趙州贊皇人少以孝聞大業中度為道士師事王知遠清淨寡欲居嵩山積二十年但服松葉飲水而已卒贈體元先生

田遊巖頻召不出高宗幸嵩山親至其門遊巖野服出拜儀止謹樸帝問先生比佳否遊巖對曰臣所謂泉石膏肓烟霞痼疾唐書曰遊巖京兆三原人初補太學生罷歸遊太白山遇林泉會意留連不能去母及妻子並有方外之志同遊山水二

十餘年後入箕山就許由廟東築室而居高宗營奉天宮游巖先居宮側特令勿毀仍題曰處士田游巖宅

天后嘗召徐有功唐書曰徐有功國子博士文遠孫也舉明經除蒲州司法參軍為政寬仁不行杖罰吏人感其恩信遞相約曰若犯徐司法杖者衆斥罰之由是終其代滿不戮一人責之曰公比斷獄多失出何邪有功答曰失出臣小過好生陛下大德劉餗隋唐嘉話曰徐大理有功見武后將殺人必據法廷爭嘗與后反覆辭色愈厲后大怒令拽出斬之猶迴顧曰臣雖死法終不可改至市臨刑得免除名為庶人如是者三終不挫折朝廷倚賴至今懷之其子預選有司皆曰徐公之子豈可拘以常調者乎

陸羽宋祈隱逸傳曰陸羽字鴻漸一名疾字季疵復州竟陵人不知所生有僧得諸水濱

既長以易自筮得蹇之漸曰鴻漸於陸其羽可用為儀乃以陸為氏名而字之隱苕溪自稱桑苧翁闔門著書或獨行野中誦詩擊木徘徊不得意或慟哭而歸時謂今接輿也問張志和孰與往來志和曰太虛為室明月為燭與四海諸公共處未嘗少別何有往來唐詩紀事曰張志和字子同婺州人母夢楓生腹上而產志和十六擢明經肅宗時賜南浦尉不復仕居江湖自稱烟波釣徒著玄真子見鶴齡恐其遁世爲築室越州東郭與陸羽往還李德裕稱志和隱而有名顯而無事不窮不達嚴光之比云○非但善狀志和亦且深識嚴光

寇萊公鎮大名北使至語寇曰相公重望何故不在中書寇曰主上以朝廷無事北門鎖鑰非準不可寇萊公遺事曰公諱準字平仲華州人太宗幸魏公年十六以父陪番上書行

在緋色後昂舉止無畏上壯之命有司記姓名後二年進士及第寢以貴顯

王荆公作相裁損宗室恩數宗子相率馬首陳狀云均是宗廟子孫那得不看祖宗面荆公厲聲曰祖宗親盡亦祧何况賢輩於是皆散去五朝名臣言行錄曰王安石字介甫撫州人位至丞相左僕射封荆公追贈舒王

王介甫嘗見舉燭因言佛書有日月燈光明佛燈光豈得配日月吕吉甫曰日昱乎晝月昱乎夜燈光昱乎晝夜日月所不及其用無差別介甫大以為然東都事略曰吕惠卿字吉甫泉州晉江人為集賢校勘王安石欽剏置三司條例司以惠卿為檢詳安石去位薦為參知政事

馮當世知并州東都事略曰馮京字當世鄂州江夏人幼雋邁不羣擧進士自鄉選至廷對俱第一宰相富弼京之婦翁也京知制誥日韓琦爲相京數月不一見琦請其傲以語弼使往見之京曰公爲宰相而京不安詣公者乃所以重公也豈傲哉官參知政事謚文簡以書寄王平甫曰并門歌舞妙麗閉目不窺日以譚禪爲上平甫答曰若如所論未達禪理閉目不窺已是一種公案王介甫撰王平甫志日安國字平甫臨川人熙寧間歷官大理寺丞

黃太史云士大夫三日不讀書則義理不交於胷中便覺面貌可憎語言無味山谷年譜曰公諱庭堅字魯直分寧人治平四年赴鄉擧詩題出野無遺賢廬陵李詢讀先生詩中兩句云渭水空藏月傳巖

深鎖烟擬子蕭穎賞云此人不惟文理冠場異日當以詩名擅四海遂擢首選歷官著作佐郎兼史館

政事

陳仲弓為太丘長有劫賊殺財主主者捕之未至發所道聞民有在草不起子者回車往治之主簿曰賊大宜先按討仲弓曰盜殺財主何如骨肉相殘按後漢時賈彪有此事不聞寔也

孔君魚為姑臧長清儉逼下有識之者答曰奮身處脂膏不能自潤東觀漢記曰孔奮字君魚扶風茂陵人守姑臧長惟老母極膳妻子但食葱菜

龐仲達爲漢陽太守司馬彪續漢書曰龐參字仲達河南緱氏人官至太尉郡人任棠有奇節隱居教授仲達到先候之棠不交言但以薤一大本水一盂置戶屏前自抱孫兒伏於戶下主簿白以爲倨仲達思其微意良久曰棠是欲曉太守水者欲吾清拔大本薤者欲吾擊強宗抱兒當戶欲吾開門恤孤也歎息而還仲達在職抑強助弱果以惠政得民後漢書曰永壽中太尉黄瓊上疏曰伏見處士巴郡黄錯漢陽任棠年皆耋耆有作者七人之志宜見引致助崇大化詔公車徵棠竟不至

任延爲會稽都尉時年十九迎官驚其壯及到

靜泊無爲惟先遺饋禮祠延陵季子范曄後漢書曰任延字長孫南陽宛人年十二為諸生學於長安明詩易春秋顯名太學學中號為任聖童更始中以大司馬屬拜會稽都尉

孔文舉在北海時教高密令曰志士鄧子然告困焉得愛釜庾之間以傷烈士之心與豆三斛後乏復言

賀太傅作吳郡初不出門吳中諸強族輕之乃題府門云會稽雞不能啼環濟吳紀曰賀邵字輿伯會稽山陰人祖齊父景並歷美官邵歷散騎常侍出為吳郡太守後遷太子太傅賀聞故出行至門反顧索筆足之曰不可啼殺吳兒於是至

諸屯邸檢校諸顧陸役使官兵及藏逋亡悉以
事言上罪者甚衆陸抗時為江陵都督吳錄曰抗字幼節吳郡人丞相遜子孫策外孫也為江陵都督累遷大司馬荊州牧故下請孫皓
然後得釋
山司徒前後選殆周遍百官舉無失才凡所題
目皆如其言惟用陸亮是詔所用與公意異爭
之不從亮亦尋為賄敗晉諸公贊曰亮字長興河内野王人太常陸乂兄也性高明而率至為賈充所親待山濤為左僕射領選濤行業既與充異自以為世祖所敬選用之事與充咨論充每不得其所欲好事者說充宜授心腹人為吏部尚書參同選舉若意不脩事不得諧可不召公與選而實得敘所懷充以為然乃啓亮公忠無私濤以亮將與己異

又恐其協情不允累啓亮可爲左丞相非選官才世祖不許濤乃辭疾還家亮在職果不能允坐事免官

王安期爲東海郡小吏盜池中魚綱紀推之王曰文王之囿與衆共之孟子曰齊宣王問文王之囿方七十里有諸若是其大乎對曰民猶以爲小也王曰寡人之囿方四十里民猶以爲大何邪孟子曰文王之囿芻蕘者往焉與民同之民以爲小不亦宜乎今王之囿殺麋鹿者如殺人罪是以四十里爲穽於國中也民以爲大不亦宜乎池魚復何足惜

嵇康被誅後山公舉康子紹爲秘書丞山公啓事曰詔選秘書丞濤薦曰紹平簡溫敏有文思又曉音當成濟也猶宜先作秘書郎詔曰紹如此便可爲丞不足復爲郎也晉諸公贊曰康遇事後二十年紹乃爲濤所拔王隱晉書曰時以紹父康

被法選官不敢舉年二十八山濤啓用之世祖發詔以爲秘書丞紹咨公出處竹林七賢論曰紹懼不自容將解褐故咨之於濤公曰爲君思之久矣天地四時猶有消息而況人乎王隱晉書曰紹字延祖雅有文才山濤啓武帝云云

王丞相拜揚州賓客數百人竝加霑接人人有說色惟有臨海一客姓任語林曰任名顒時官在都預王公坐及數胡人爲未洽公因便還到過任邊云君出臨海便無復人任大喜悅因過胡人前彈指云蘭闍蘭闍羣胡同笑四坐竝懽晉陽秋曰王導接誘應會少有悟者雖踈交常賓一見多輸寫款誠自謂爲導所遇同之舊暱

王安期作東海郡吏録一犯夜人來王問何處來云從師家受書還不覺日晚王曰鞭撻寧越以立威名恐非致理之本呂氏春秋曰甯越者中牟鄙人也苦耕稼之勞謂其友曰何為可以免此苦也其友曰莫如學也學三十歲則可以達矣甯越曰請以十五歲人將休吾不敢休人將卧吾不敢卧學十五歲而為周威公之師也使吏送令歸家

陸太尉詣王丞相咨事過後輒翻異王公怪其如此後以問陸陸玩別傳曰玩字士瑤吳郡吳人祖瑁父英仕郡有譽玩器量淹雅累遷侍中尚書左僕射尚書令贈太尉陸曰公長民短臨時不知所言既後覺其不可耳

丞相嘗夏月至石頭看庾公庾公正料事丞相云暑可小簡之庾公曰公之遺事天下亦未以為允
殷羨言行曰王公薨後庾冰代相網密刑峻羨時行遇收捕者於途慨然歎曰丙吉問牛喘似不爾嘗從容謂冰曰卿輩自是網目不失皆是小道小善耳至如三公故能行無理事謝安石每歎詠此唱庾赤玉曾問羨王公治何似詎是所長羨曰其餘令績不復稱論然三捉三治三休三歎

丞相末年略不復省事正封籙諾之自歎曰人言我憒憒後人當思此憒憒
徐廣歷紀曰導阿衡三世經綸夷險政務寬恕事從簡易故垂遺愛之譽也

陶公性檢厲勤於事
晉陽秋曰侃練核庶事勤務稼穡雖戎陳武士皆勸

厲之有奉饋者皆問其所由若力役所致懽喜爵賜若他所得則呵辱還之是以軍民勤於農稼家給人足性纖密好問頗類趙廣漢嘗課營種柳都尉夏施盜拔武昌郡西門所種侃後自出駐車施門問此是武昌西門柳何以盜之施惶怖首伏三軍稱其明察侃勤而整自強不息又好督勸於人常云民生在勤大禹聖人猶惜寸陰至於凡俗當惜分陰豈可逸遊生無益於時死無聞於後是自棄也又老莊浮華非先王之法言而不敢行君子當正其衣冠攝以威儀何有亂頭養望自謂宏達耶中興書曰侃嘗檢校佐吏若得樗蒲博弈之具投之曰樗蒲老子入胡所作外國戲耳圍碁堯舜以教愚子博弈紂所造諸君國器何以為此若王事之暇患邑者文士何不讀書武士何不射弓談者無以易也作荊州時勅船官悉錄鋸木屑不限多少咸不解此意後正會值積雪始晴聽事前除雪後猶濕於是悉用木屑覆

之都無所妨官用竹皆令録厚頭積之如山後桓宣武伐蜀裝船悉以作釘又云嘗發所在竹篙有一官長連根取之仍當足乃超兩階用之

簡文為相事動經年然後得過桓公甚患其遲常加勸勉太宗曰一日萬幾那得速尚書皐陶謨一日萬幾孔安國曰幾微也言當戒懼萬事之微

王劉與林公共看何驃騎晉陽秋曰何充字次道廬江人思韻淹通有文義才情累遷會稽內史侍中驃騎將軍揚州刺史贈司徒驃騎看文書不顧之晉陽秋曰何充與王濛劉惔好尚不同由此見譏於當世王謂何曰我今故與林公來相看望卿擺撥常務應對玄言

那得方低頭看此邪邪何曰我不看此卿等何以得存諸人以為佳

何驃騎作會稽虞存弟謇作郡主簿孫統存誄敘曰存字道長會稽山陰人也祖陽散騎常侍父偉州西曹存幼而卓拔風情高逸歷衛軍長史尚書吏部郎范汪棊品曰謇字道真仕至郡功曹以何見客勞損欲白斷常客使家人節量擇可通者作白事成以見存存時為何上佐正與謇共食語云白事甚好待我食畢作教食竟取筆題白事後云若得門庭長如郭林宗者當如所白泰別傳曰泰有人倫鑒識題品海內之士或在幼童或在里肆後皆成英彥六十餘人自著書一卷論取士之本末行遭亂亡失汝何

處得此人譽於是止

桓公在荆州全欲以德被江漢耻以威刑肅物温别傳曰温以永和元年自徐州遷荆州刺史在州寛和百姓安之令史受杖正從來衣上過桓式年少從外来式桓歆小字也桓氏譜曰歆字叔道温第三子仕至尚書云向從閤下過見令史受杖上捎雲根下拂地足意譏不著桓公云我猶患其重

殷浩始作揚州浩别傳曰浩字淵源陳郡長平人祖識濮陽相父羨光禄勳浩少有重名仕至揚州刺史中軍將軍中興書曰建元初庾亮兄弟何充等相尋薨太宗以撫軍輔政徵浩為揚州發民譽也劉尹行日小欲晚使使左右取襆人問其故答曰刺史嚴不敢夜行

謝公時兵厮逋亡多近竄南塘下諸舫中或欲求一時搜索謝公不許云若不容置此輩何以為京都 續晉陽秋曰自中原喪亂民離本域江左造創豪族并兼或客寓流離名籍不立大元中外禦強氐蒐簡民實三吳頗加澄檢正其里伍其中時有山湖遁逸往來都邑者發將軍安方接客時人有於坐言宜糺舍藏之失者安每以厚德化物去其煩細又以強寇入境不宜加動人情乃荅之云卿所憂在於客耳然不爾何以為京都言者有慚色

王東亭與張冠軍善 續晉陽秋曰張玄之字祖希吳郡太守澄之孫也少以學顯歷吏部尚書出為冠軍將軍吳興太守會稽太守謝玄同時之郡論者以為南北之望玄之名亞謝玄時亦稱南北二玄卒於郡 王既作吳郡人問小令曰 續晉陽秋曰王獻之為中書令王珉代之時人謂大小王令珉別傳曰珉字季琰瑯琊人丞相

導孫中領軍洽少子有才藝善行書名出兄詢右累遷侍中中書令贈太常東亭作郡風政何似答曰不知治化何如惟與張祖希情好日隆耳

孔思遠為後軍府長史雖醉日居多而曉明政理醒時判決未嘗有壅衆咸曰孔公一月二十九日醉勝世人二十九日醒

劉玄明甚有吏能歷建康山陰令政常為天下第一南史曰劉玄明臨淮人官至司農卿後傳翻代為山陰問玄明曰願以舊政告新令尹玄明答曰我有奇術卿家譜所不載南史曰傅翽北地靈州人祖僧祐山陰令父琰為建康山陰令

並著能名二縣謂之傳聖鄉位至驃騎諮議孔平仲續世說曰諸傳有理縣譜子孫相傳不以示人臨別當以相示既而言作縣令惟日食一升飯而不飲酒此第一策也

蘇瓊為清河太守清慎無私有沙門道研求謁意在理債瓊每見則談問玄理道研無由啓口弟子問其故道研曰每見府君徑將我入青雲間無由得論地上事遂焚其券北史曰蘇瓊字珍之長樂武強人父備魏衛尉丞隨父在邊東荊州刺史曹芝署為長流參軍齊文襄引為刑獄參軍每加勞勉

楊德幹為萬年令高宗朝有宦官恃寵放雞不

避人禾稼德幹杖之二十悉拔去鷄頭宦者滯泣袒背以示帝帝曰情知此漢獰何須犯他百姓宋祁唐書曰洛陽令楊德幹務酷烈殺人以立威歷澤齊汴相四州刺史時語曰寧食三年炭不逢楊德幹

宋廣平愛民惜物朝野歸美人咸謂有脚陽春劉昫唐書曰宋璟邢州南和人其先自廣平徙焉璟少耿介有大節博學攻文翰弱冠舉進士累轉鳳閣舍人當官正色則天甚重之玄宗朝累官尚書右丞相封廣平郡公

玄宗嘗賜酺三日漢書注曰漢律三人以上無故飲酒罰金四兩故以賜酺爲惠澤唐無酺禁賜酺者聚作伎樂高年賜酒麪也上御五鳳樓觀者喧溢樂不得奏金吾白挺如雨不能遏止上患之

高力士唐書曰高力士馮盎曾孫也冒姓高氏武后勅給事左右玄宗時歷進開府儀同三司後除籍流巫州卒奏河南丞嚴安之為理嚴為人所畏請使止之上從之安之至以手板繞場畫地曰犯此者死於是三日指其畫以相戒無敢犯者雲溪友議曰嚴安之挺之之昆弟也安之為長安戎曹權過京尹封氏聞見録曰安之為赤縣尉力行猛政

開成中延英奏對李石唐書曰石字中玉隴西人機辯有方略尤精吏術太和三年為鄭滑行軍司馬入朝奏事占對明辯文宗嘉之歷官撿校司空平章事言嘗西蜀中元日詣佛寺見故劍南節度使韋臯圖形百姓至者先拜而後謁佛臣訪於故老皆

曰方稅重令公輪年全放恩深於蜀今無此惠澤追思益切唐書曰韋皐字武臣京兆人貞元元年爲劍南西川節度使以功加檢校司徒中書令封南康郡王

李文靖爲相東都事略曰李沆字太初洺州肥鄉人父炳侍御史沆沈厚寡言器度宏遠咸平中拜平章事卒贈中書令諡文靖當太平之際凡有建議務更張喜激昂者一切報罷曰用此報國湘山野錄曰李公嘗被同年馬亮責之曰外議以兄爲無口談公笑曰吾居政府無長才但中外所陳利害一切報罷聊以此補國耳今西家防制纖悉密若凝脂荀所陳一一行之則所傷實多

文學上

淮南王著鴻烈二十篇楚詞注曰淮南王安特雅好古西京雜記曰鴻

大也烈明也言大明禮教也號淮南子自云字中皆挾風霜之氣揚子雲以為一出一入字直百金漢書曰揚雄字子雲蜀郡成都人好學博覽少嗜欲家無擔石之儲晏如也年四十餘遊京師大司馬王音召為門下史薦雄待詔歲餘為郎中給事黃門

鄭玄在馬融門下融自敘曰融字季長右扶風茂陵人少而好問學無常師大將軍鄧騭召為舍人棄遊武都會羌虜起自關以西道斷融以謂古人有言左手據天下之圖而右手刎其喉愚夫不為何則生貴於天下也豈以曲俗咫尺之羞滅無限之身哉因往應之為校書郎出為南郡太守三年不得相見高足弟子傳授而已嘗算渾天不合諸弟子莫能觧或言玄能者融召令算一轉便決衆咸駭服及玄業成辭

歸既而融有禮樂皆東之歎玄別傳曰玄少好學書數十三誦五經好天文占候風角隱術年十七見大風起詣縣曰某時當有火災至時果然智者異之年二十一博極羣書精曆數圖緯之言兼精筭術遂去吏師故兗州刺史第五元先就東郡張恭祖受周禮禮記春秋傳周流博觀每經歷山川及接顛一見皆終身不忘扶風馬季長以英儒著名玄往從之參考同異季長后戚嫚於待士玄不得見住左右自起精廬既因紹介得通時涿郡盧子幹為門人冠首季長又不解剖裂七事玄思得五子幹得二季長謂子幹曰吾與汝皆弟如也季長臨別執玄手曰大道東矣子勉之恐玄擅名而心忌焉玄亦疑有追乃坐橋下在水上據屐融果轉式逐之告左右曰玄在土下水上而據木此必死矣遂罷追玄竟以得免馬融海內大儒被服仁義鄭玄名列門人親傳其業

何猜忌而行鴆毒乎委巷之言賊夫人之子○或出求帖門人未可知也或如神秀之徒惠明手

鄭玄欲注春秋傳尚未成時行與服子慎遇宿容舍先未相識服在外車上與人說已注傳意漢南紀曰服虔字子慎河南滎陽人少行清苦為諸生尤明春秋左氏傳作訓詁舉孝廉為尚書郎九江太守玄聽之良久多與已同玄就車與語曰吾久欲注尚未了聽君向言多與吾同今當盡以所注與君遂為服氏注

鄭玄家奴婢皆讀書嘗使一婢不稱旨將撻之方自陳說玄怒使人曳著泥中須臾復有一婢

来問曰胡為乎泥中衛式微詩也毛公曰泥中衛邑名也荅曰薄言往愬逢彼之怒衛邶柏舟之詩

服虔既善春秋將為注欲參考同異聞崔烈集門生講傳摯虞文章志曰烈字威考高陽安平人駰之孫瑗之兄子也靈帝時官至司徒太尉封陽平亭侯遂匿姓名為烈門人賃作食每當至講時輒竊聽戶壁閒既知不能踰己稍共諸生敘其短長烈聞不測何人然素聞虔名意疑之明蚤往及未寤便呼子慎子慎虔不覺驚應遂相與友善

蔡中郎從朔方還張璠漢紀曰蔡邕字伯喈陳留圉人六世祖勳與鮑宣卓

茂不仕新室父稜亦有清白行謚貞定續漢書
曰邕通達有儁才博學善屬文技藝術數無不
精綜仕至左中郎將為王允所誅嘗避怨於吳顧元歎從學琴
書顧專一清靜敏而易教中郎歎異之曰卿必
成致今以吾名與卿顧遂名雍吳志曰顧雍字元歎吳郡吳人
連敎州郡皆有治迹歷奉常尚書令封陽遂鄉
侯拜侯還第家人不知為人不飲酒寡言語孫
權嘗曰顧侯在坐令
人不樂位至丞相
陳孔璋草檄文成以呈曹公公先苦頭風是日
疾發卧讀孔璋所著翕然而起曰此愈我疾魏略
曰陳琳字孔璋廣陵人避難冀州袁紹使典文
章紹敗琳歸太祖太祖謂曰卿
昔為本初移書但可罪狀孤而已惡惡止其身
何乃上及父祖耶琳謝罪太祖愛其才而不責

也○

聖主

朱公叔躭學專精銳意講誦或時思至不自知亡失衣冠顛墜阬岸其父以為專愚幾不知馬之幾足張璠漢紀曰朱穆字公叔南陽宛人父暉尚書令穆五歲好學謝承後漢書曰穆少有英才學明五經性矜嚴疾惡不交非類袁山松後漢書曰穆著論甚美蔡邕自至其家寫之穆感時澆薄慕尚敦篤乃作崇厚論

王充著論衡成中土未有傳者袁山松後漢書曰王充字仲任會稽上虞人幼聰明詣太學觀天子臨辟雍作六儒論謝承後漢書曰謝夷吾薦充曰充之天才非學所加雖前世孟軻荀卿近世揚雄劉向司馬遷不能過也蔡中郎到江東得之歎為高文恒秘翫以為談助及還壯諸

公覺其談更遠，檢求帳中，果得論衡一部。袁山松後漢書曰：其後王朗為會稽太守，又得其書，時人稱其才進。或曰：不見異人，當得異書。問之，果以論衡之益。抱朴子曰：時入在蔡邕帳中，搜得論衡，捉數卷持去。邕丁寧之曰：唯我與爾共之，勿廣也。

潘元茂文章志曰：潘勗字元茂，陳留中都人。少有逸才，獻帝時為尚書郎，遷東海相，未發，拜尚書左丞，病卒。作魏公冊命，後漢書曰：曹操自為魏公，加九錫。人謂與訓詁同風。元茂亡後，王仲宣王粲別見。擅名當時，便疑此冊是仲宣所為。及晉王為太傅，臘日大會賓客，語元茂子滿曰：尊君作魏公冊，高妙，仲宣亦以為不如。人始信是元茂作。文多不載。

鍾會撰四本論始畢甚欲使嵇公一見置懷中既定畏其難懷不敢出於戶外遙擲便回急走

魏志曰會字士季繇少子也敏惠夙成中護軍蔣濟著論謂觀其眸子足以知人會年五歲繇遣見濟濟甚異之曰非常人也及壯有才數精練明理累遷黃門侍郎諸葛誕反文王征之會謀居多時人謂之子房拜鎮西將軍伐蜀蜀平進位司徒自謂功名蓋世不可復爲人下謂所親曰我淮南以來畫無遺策四海共知持此欲安歸乎遂謀反見誅時年四十當論才性同異傳於世四本者言才性同才性異才性合才性離也尚書傅嘏論同中書令李豐論異侍郎鍾會論合屯騎校尉王廣論離文多不載

世說新語補卷之四

世說新語補卷之五

文學中

荀奉倩諸兄並以儒術論議魏志曰荀粲字奉倩潁川潁陰人父彧尚書令祖緄濟南相曾祖淑朗陵相何劭荀粲別傳曰粲簡貴不能與常人交接所交皆一時俊傑葬夕赴者幾十餘人皆同時知名之士哭之感慟路人荀氏家傳曰彧五子惲字長倩虎賁中郎將惲子俁字叔倩御史中丞俁弟詵字曼倩大將軍從事中郎皆知名詵子顗字景倩顗弟粲晉陽秋曰荀顗博學洽聞嘗難鍾會易無互體見稱於世奉倩獨好言道常以子貢稱夫子之言性與天道不可得聞何晏論語集解曰性者人之所受以生也天道者元亨日新之道深微故不可得而聞然則六籍雖存固聖人之糠粃也兄俁難曰易云

聖人立象以盡意繫辭焉以盡言則微言胡不可聞奉倩答曰蓋理之微者非物象之所舉也今稱立象以盡意此非通於意外者也繫辭焉以盡言此非言乎繫表者也斯則象外之意繫表之言固蘊而不出矣一時能言之士皆莫能屈

魏朝封晉文王為公備禮九錫文王固讓不受公卿將校當詣府敦喻司空鄭沖王隱晉書曰沖字文和滎陽開封人有核練才清虛寡欲喜論經史草衣緼袍不以爲憂累遷司徒太保晉受禪進太傅馳遣信就阮籍求文籍時在袁孝尼家袁氏世紀曰準

字孝尼陳郡陽夏人父渙魏郎中令準忠信居正不恥下問唯恐人不勝己也世事多險故恬退不敢求進著書十萬餘言荀綽兗州記曰準有儁才太始中位給事中宿醉扶起書札為之無所點定乃寫付使時人以為神筆顗愷之晉文章記曰阮籍勸進落落有宏致至轉說徐而攝之也一本注阮籍勸進文略曰竊聞明公固讓沖等眷眷實懷愚心以為聖王作制百代同風褒德賞功其來久矣周公藉已成之業據既安之勢光宅曲阜奄有龜蒙明公宜奉聖旨受茲介福也

何晏為吏部尚書有位望時談客盈坐文章敘錄曰晏能清言而當時權勢天下談士多宗尚之魏氏春秋曰晏少有異才善談易老王弼未弱冠往見之晏聞弼名弼別傳曰弼字輔嗣山陽高平人少而察惠十餘歲便好莊老通辯能言為傅嘏所知吏部尚書何晏甚奇之題之曰後生可畏若斯人者可

與言天人之際矣以弼補臺郎弼事功雅非所長益不留意頗以所長笑人故爲時士所嫉又爲人淺而不識物情初與王黎荀融善黎奪其黃門郎於是恨黎與融亦不終好正始中以公事免其秋遇癘疾亡時年二十四弼之卒也晉景帝嗟歎之累日曰天喪予其爲高識悼惜如此

因條向者勝理語弼曰此理僕以爲極可得復難不弼便作難一坐人便以爲屈於是弼自爲客主數番皆一坐所不及

語林曰何平叔以爲聖人無喜怒哀樂其論甚精鍾士季諸人述之王輔嗣意頗不同以爲聖人茂於人者神明也同於人者五情也神明茂故能體冲和以通無五情同故不能無哀樂以應物然則聖人之情應物而無累於物者也今以其無累便謂不復應物失之遠矣世以王理爲得魏氏春秋曰弼論道約美不如晏自然出拔過之

傅嘏善言虛勝魏志曰嘏字蘭碩北地泥陽人傅介子之後也累遷河南尹尚書嘏嘗論才性同異鍾會集而論之傅子曰嘏既達治好正而有清理識要如論才性原本精微鮮能及之司隸鍾會年甚少嘏以明知交會荀粲談尚玄遠每至共語有爭而不相喻裴冀州釋二家之義通彼我之懷常使兩情皆得彼此俱暢粲別傳曰粲太和初到京邑與傅嘏談嘏善名理而粲尚玄遠宗致雖同倉卒時或格而不相得意裴徽通彼我之懷為二家釋頃之粲與嘏善管輅傳曰裴使君有高才逸度善言玄妙也

王輔嗣弱冠詣裴徽永嘉流人名曰徽字文季河東聞喜人太常潛少弟也仕至冀州刺史徽問曰夫無者誠萬物之所資聖人莫肯致言而老子申之無已何邪弼別傳曰弼父為尚書郎

裴徽為吏部郎徽見異之故問弼曰聖人體無無又不可以訓故言必及有老莊未免於有恒訓其所不足何晏注老子未畢見王弼自說注老子旨何意多所短不復得作聲但應諾諾遂不復注因作道德論文章叙錄曰自儒者論以老子非聖人絶禮棄學晏說與聖人同著論行於世也

管公明與單子春談文采葩流枝葉橫生少引聖籍多發天然子春與羣士論難鋒起公明人人答對言皆有餘至日向莫子春語衆人曰此年少言論正似司馬長卿游獵賦輅別傳曰輅父為琅琊郡即

丘長公明時年十五來至官舍講學郡黌瑯琊太守單子春雅有材度聞公明一黌之儁請與相見子春大會賓客百餘人皆才辯之士公明曰府君名士加有雄貴之姿輅既年少膽未堅剛若欲相難懼失精神請先飲三升清酒然後言之子春便酌三升清酒獨使飲之飲盡問子春今欲與輅相對者府君四坐之士耶子春曰吾自與卿旗鼓相當輅言學問微淺未能上引聖人之道陳秦漢之事但欲論金木水火土鬼神之情耳子春言此至難而卿更以為易耶於是唱大論之端遂經於陰陽單稱數萬言史記曰司馬相如字長卿客游梁著子虛之賦武帝讀而善之相如曰此乃諸侯之事未足觀也請為天子遊獵賦以子虛虛言也為楚稱烏有先生者為有此事也為齊難無是公者無是人也明天子之義故空藉此三人為辭以推天子諸侯之苑囿其卒章歸之於節儉因以風諫奏之天子天子大悅

黃初中有甲乙疑論殷基通語曰司馬懿誅曹爽費禕設甲乙論甲以為

曹爽兄弟凡品庸人以宗子枝屬得蒙顧命而驕奢僭逸交非其人私樹朋黨謀以亂國懿奮誅戮一朝殄盡此所以副士民之望也乙以爲懿感曹仲附已不一豈爽與相干事勢不爭以此陰成疵瑕初無忠告侃爾之訓一朝屠戮讒其不意豈大人經國篤本之事乎若爽信有謀主之心大逆已搆而發兵之日更以芳委爽兄弟懿父子從後閉門舉兵蹙而向芳豈忠臣爲君深謀之謂乎以此推之爽無大惡明矣若懿以爽奢僭廢之可也滅其尺口被以不義絶子丹血食及何晏魏之親甥亦與同戮爲僭濫不當矣

荀仲茂 荀氏家傳曰荀閎字仲茂謹之子爲太子文學掾

鍾元常 魏志曰繇字元常潁川長社人家貧好學歷大理相國還太傅

王景興

袁曜卿 魏志曰袁渙字曜卿陳郡扶樂人父滂漢司徒渙避地江淮爲袁術所命呂布擊術於阜陵渙往從之爲布所拘留袁氏世紀曰布之破也陳羣父子亦在布軍見太祖皆拜渙獨高揖太祖甚嚴憚之時太祖給衆官車各數乘使取布軍中物

衆人皆重載遺取書數百卷而已議各不同文帝謂元常曰表王國士更為脣齒荀閎勁悍往來銳師真君侯之勍敵左右之深憂

中朝時有懷道之流有詣王夷甫咨疑者值王昨已語多小極不復相酬答乃謂客曰身今少惡裴逸民亦近在此君可往問晉諸公贊曰裴頠談理與王夷甫不相推下

裴成公作崇有論時人攻難之莫能折惟王夷甫來如小屈時人即以王理難裴理還復申晉諸公贊曰自魏太常夏侯玄步兵校尉阮籍等皆著道德論于時侍中樂廣吏部郎劉漢亦體道

而言約尚書令王夷甫講理而才虛散侍當侍
戴與以學道為業後進庾敳之徒皆希慕簡曠
頠疾世俗尚虛無之理故著崇有二論以折之
才博喻廣學者不能究後樂廣與頠清閒欲說
理而頠辭喻豐博廣自以體虛無笑而不復言
惠帝起居注曰頠著二論以規虛誕之弊文詞
精富為世名論

孫子荊除婦服作詩以示王武子王曰未知文生於情情生於文覽之悽然增伉儷之重孫楚集云婦胡毋氏也其詩曰時邁不停日月電流神爽登遐忽已一周禮制有叙告除靈丘臨祠感痛中心若抽

諸葛厷年少不肯學問始與王夷甫談便已超詣王歎曰卿天才卓出若復小加研尋一無所

愧太後看莊老更與王語便足相抗衡王隱晉書曰太字茂遠瑯琊人魏雍州刺史緒之子有逸才仕至司空主簿

衛玠總角時問樂令夢樂云是想衛曰形神所不接而夢豈是想邪樂云因也未嘗夢乘車入鼠穴擣韲噉鐵杵皆無想無因故也周禮有六夢一曰正夢謂無所感動平安而夢也二曰噩夢謂驚愕而夢也三曰思夢謂覺時所思念也四曰寤夢謂覺時道之而夢也五曰喜夢謂喜悅而夢也六曰懼夢謂恐懼而夢也按樂所言想者蓋思夢也因者蓋正夢也衛思因經日不得遂成病樂聞故命駕為剖析之衛即小差樂歎曰此兒胸中當必無膏肓之疾春秋傳曰晉景公有疾求醫於秦秦伯使醫緩為之未至公夢疾為

二豎子曰彼良醫也懼傷我焉其一曰居肓之
上膏之下若我何醫至曰疾不可為也在肓之
上膏之下攻之不可達之不可及藥不
至焉公曰良醫也注肓鬲也心下為膏

客問樂令旨不至者樂亦不復剖析文句直以
麈尾柄确几曰至不客曰至樂因又舉麈尾曰
若至者那得去夫藏舟潛徙交臂恒謝一息不
留忽焉生滅故飛鳥之影莫見
其移馳車之輪曾不掩地是以去不去矣庸有
至乎至不至矣庸有去乎然則前至不異後至
至名所以生前去不異後去去名所以立今天
下無去矣而去者非假哉既為假矣而至者豈
實哉客乃悟服

庾子嵩讀莊子開卷一尺許便放去曰了不異
人意晉陽秋曰庾敳字子嵩潁川人侍中峻第
三子恢廓有度量自謂是老莊之徒曰昔

未讀此書意嘗謂至理如此今見之正與人意暗同仕至豫州長史

舊云王丞相過江左止道聲無哀樂嵇康聲無哀樂論略曰夫殊方異俗歌哭不同使錯而用之或聞哭而懽或聽歌而戚然哀樂之情均也今用均同之情發萬殊之聲斯非音聲之無常乎養生嵇叔夜養生論曰夫蝨著頭而黑麝食柏而香頸處險而癭齒居晉而黃豈惟蒸之使重無使輕芬之使香多使延哉誠能蒸以靈芝潤以醴泉無為自得體妙心玄庶與羨門比壽王喬爭年何為不可養生哉言盡意歐陽堅石言盡意論略曰夫理得於心非言不暢物定於彼非名不辯名逐物而遷言因理而變而得相與為二矣苟無其二言無不盡矣三理而已然宛轉關生無所不入

殷中軍云康伯未得我牙後慧浩別傳曰浩善老易能清言泉

伯浩錫也
甚愛之
殷中軍見佛經云理亦應阿堵上佛經之行中國尚矣莫詳
其始牟子曰漢明帝夜夢神人身有日光明日
傳問羣臣通人傳毅對曰臣聞天竺有道者號
曰佛輕舉能飛身有日光殆將其神也於是遣
羽林將軍秦景博士弟子王遵等十二人之大
月氏國寫取佛經四十二部在蘭臺石室劉子
政列仙傳曰歷觀百家之中以相檢驗得仙者
百四十六人其七十四人已在佛經故撰得七
十可以多聞博識者遐觀焉如此即漢成哀之
間已有經矣與牟子傳記便爲不同魏略西戎
傳曰天竺城中有臨兒國浮屠經云其國王生
浮圖浮圖者太子也父曰屑頭邪母曰莫邪浮
屠者身服色黃髮如青絲爪如銅其母夢白象
而孕及生從右脅出而有髻墮地能行七步天
竺又有神人曰沙律昔漢哀帝元壽元年博士
弟子景慮受大月氏王使伊存口傳浮屠經曰
復豆者其人也漢武故事曰昆邪王殺休屠王

以其衆來降得其金人之神置之甘泉宫金人皆長丈餘其祭不用牛羊惟燒香禮拜上使依其國俗祀之此神全類於佛豈當漢武之時其經未行於中土而但神明事之邪故驗劉向魚豢之說佛至自哀成之世明矣然則牟傳所言四十二者其文今存非妄蓋明帝遣使廣求異聞非是時無經也

初注莊子者數十家莫能究其旨要向秀向秀別傳曰秀字子期河內人少為同郡山濤所知又與譙國嵇康東平呂安友善並有拔俗之韻其進止無不同而造事營生業亦不異常與嵇康偶鍛於洛邑與呂安灌園於山陽不慮家之有無外物不足怫其心弱冠著儒道論棄而不錄好事者或存之或云是其族人所作困於不行乃告秀欲假其名秀笑曰可復爾耳後康被誅秀遂失圖乃應歲舉到京師詣大將軍司馬文王文王問曰聞君有箕山之志何能自屈秀曰常謂彼人不達堯意本非所慕也一坐皆說隨次

轉至黃門侍郎散騎常侍於舊注外爲解義妙析奇致大暢玄風秀别傳曰秀與嵇康吕安爲友趣舍不同嵇康傲世不羈安放逸邁俗而秀雅好讀書二子頗以此嗤之後秀將注莊子先以告康安康安咸曰此書詎復須注徒棄人作樂事耳及成以示二子康曰爾故復勝不安乃驚曰莊周不死矣後注周易大義可觀而與漢世諸儒互有彼此未若隱莊之絶倫也秀本傳或言秀遊託數賢蕭屑卒歲都無注述惟好莊子聊應崔譔所注以備遺忘云竹林七賢論云秀爲此義讀之者無不超然若已出塵埃而窺絶冥始了視聽之表有神德玄哲能遺天下外萬物雖復使動競之人顧觀所徇皆悵然自有振拔之情矣惟秋水至樂二篇未竟而秀卒秀子幼義遂零落然猶有别本郭象者爲人薄行有儁才文士傳曰象字子玄河南人少有才理慕道好學託志老莊時人咸以爲王弼之亞辟司空掾太傅

主簿見秀義不傳於世遂竊以為己注乃自注秋水至樂二篇又易馬蹄一篇其餘衆篇或定點文句而已文士傳曰象作莊子注最有清辭遒旨後秀義別本出故今有向郭二莊其義一也

褚季野語孫安國中興書曰孫盛字安國太原中都人博學強識歷著作郎瀏陽令庾亮為荊州以為征西主簿累遷秘書監云北人學問淵綜廣博孫答曰南人學問清通簡要支道林聞之曰聖賢固所忘言自中人以還北人看書如顯處視月南人學問如牖中窺日支所言但譬成孫褚之理也然則學廣則難周難周則識闇故如顯處視月學寡則易覈易覈則智明故如牖中窺日也

謝安年少時請阮光祿道白馬論孔叢子曰趙人公孫龍云白馬非馬馬者所以命形白者所以命色夫命色者非命形故曰白馬非馬也爲論以示謝于時謝不即解阮語重相咨盡阮乃歎曰非但能言人不可得正索解人亦不得中興書曰裕甚精論難

葛稚川目陸平原之文如玄圃積玉無非夜光晉書曰葛洪字稚川丹陽句容人少好學家貧伐薪以貿紙筆夜輒寫書誦習性寡欲無所愛翫不知棊局幾道樗蒱齒名爲人木訥不好榮利閉門却掃未嘗交遊於餘杭山見何幼道郭文舉目擊而已各無所言尋書問義不遠數千里崎嶇冒涉期於必得遂究覽典籍尤好神仙導養之法

樂令善於清言而不長於手筆將讓河南尹請潘岳為表晉陽秋曰岳字安仁滎陽人夙以才穎發名善屬文清綺絕世蔡邕未能過也仕至黃門侍郎為孫秀所害潘云可作耳要當得君意樂為述己所以為讓標位二百許語潘直取錯綜便成名筆時人咸云若樂不假潘之文潘不取樂之旨則無以成斯矣

陸士衡入洛擬作三都賦聞左太沖作之思別傳曰思字太沖齊國臨淄人父雍起家以筆札多所掌練為殿中御史思蚤喪母雍憐之不甚教其書學及長博覽名文遍閱百家司空張華辟為祭酒賈謐舉為秘書郎謐誅歸鄉里專思著述齊王冏請為記室參軍不起時為三都賦未成後數年疾終其三都賦改定至終乃上初作蜀

都賦云金馬電發於高岡碧雞振翼而雲披鬼彈飛丸以礌礉火井騰光以赫曦今無鬼彈故其賦徃徃不同思為人無吏幹而有文才又頗以椒房自矜故齊人不重也藏榮緒晉書曰思欲作三都賦乃詣著作郎訪岷邛之事搆思十稔門庭藩溷皆著筆札遇得一句即疏之士衡撫掌大笑與弟士龍書曰此間有一傖父欲作三都賦晉陽秋曰吳人以中州人為傖須其成以覆酒甕耳後左賦出士衡絶歎伏以為不能加遂輟筆焉陸雲別傳曰雲字士龍吳大司馬抗之第五子機同母弟也儒雅有俊才容貌瓌偉口敏能談博聞彊記善著述六歲能賦詩時人以為項託楊烏之儔十八刺史周俊命為主簿累遷太子舍人清河內史為成都王所害

陸士衡入洛次河南偃師近夕結陰投宿民居

見一少年姿神端遠與士衡言玄妙有辭致士衡心服其能乃提緯古今總驗名實少年亦不甚欣解既曉辭去士衡脫驂逆旅嫗曰此東數十里無村落止有山陽王家墓耳知所遇者輔嗣也士衡由此妙達玄理酈道元水經注曰今尸鄉澤野負原夾郭多墳壠焉即陸士衡會王輔嗣處也

宋處宗甚有思理甞買得一長鳴雞籠着窗間雞遂作人語與宋談極有致宋因此玄功大進晉陽秋曰宋宗字處宗沛國人官兗州刺史

郭景純詩云林無靜樹川無停流王隱晉書曰郭璞字景純

河東聞喜人父瑗建平太守璞別傳曰璞奇博多通文藻粲麗才學賞豫足參上流其詩賦誄頌並傳於世而訥於言造次詠語常人無異又不持儀檢形質穨索縱情嫚惰時有醉飽之失友人于令升戒之曰此伐性之斧也璞曰吾所受有分恒恐用之不盡豈酒色之能害王敦起參軍義縱兵都輦乃咨以大事璞極言成敗不為回屈敦忌而害之詩璞幽思篇者

阮孚云孚別見泓崢蕭瑟實不可言每讀此文輒覺神超形越

孫興公云潘文爛若披錦無處不善續文章志曰岳為文選言簡章清綺絕倫陸文若排沙簡金往往見寶文章傳曰機善屬文司空張華見其文章篇篇稱善猶譏其作文大治謂曰人之作文患於不才至子為文乃患太多也

劉眞長與殷淵源談，劉理如小屈。殷曰：「惡卿不欲作將善雲梯仰攻。」墨子曰：公輸般為高雲梯，欲以攻宋。墨子聞之，自魯往，裂裳裹足，日夜不休，十日十夜而至於郢。見楚王曰：「聞大王將攻宋，有之乎？」王曰：「然。」墨子曰：「請令公輸般設攻宋之具，臣請試守之。」於是公輸般設攻宋之計，墨子縈帶守之。輸九攻之，而墨子九郤之，不能入，遂輟兵。

謝鎮西少時，聞殷浩能清言，故往造之。殷未過有所通，為謝標榜諸義，作數百語。既有佳致，兼辭條豐蔚，甚足以動心駭聽。謝注神傾意，不覺流汗交面。殷徐語左右：「取手巾與謝郎拭面。」

殷中軍為庾公長史，按庾亮僚屬名及中興書，浩為亮司馬，非為長史也。

下都王丞相為之集桓公王長史王藍田王述別傳曰述字懷祖太原晉陽人祖湛父承並有高名述蚤孤事親孝謹簞瓢陋巷宴安永日由是為有識所知襲爵藍田侯謝鎮西並在丞相自起解帳帶麈尾語殷曰身今日當與君共談析理既共清言遂達三更丞相與殷共相往反其餘諸賢略無所關既彼我相盡丞相乃歎曰向來語乃竟未知理源所歸至於辭喻不相負正始之音正當爾耳明旦桓宣武語人曰昨夜聽殷王清言甚佳仁祖亦不寂寞我亦時復造心顧看兩王掾王濛王述並為王導所辟輒翣如生母狗馨

宣武集諸名勝講易（易乾鑿度曰孔子曰易者易也變易也不易也三成德為道苞籥者易也其德也光明四通日月星辰布八卦序四時和也變也者天地不變不能成朝夫婦不變不能成家不易者其位也天在上地在下君南面臣北面父坐子伏此其不易也故易者天地人道也鄭玄序易曰易之為名也一言而函三義簡易一也變易二也不易三也繫辭曰乾坤易之蘊也易之門戶也又曰乾確然示人易矣坤隤然示人簡也易則易知簡則易從此言其簡易法則也又曰其為道也屢遷變動不居周流六虛上下無常剛柔相易不可以為典要唯變所適此則言其從時出入移動也又曰天尊地卑乾坤定矣卑高以陳貴賤位矣動靜有常剛柔斷矣此則言其張設布列不易也據此三義而說易之道廣矣大矣）日說一卦簡文欲聽聞此便還曰義自當有難易其以一卦為限耶

有壯来道人好才理與林公相遇於尾官寺講小品于時竺法深孫興公悉共聽此道人語屢設疑難林公辯答清析辭氣俱爽此道人每輒摧屈孫問深公上人當是逆風家向来何以都不言庾法暢人物論曰法深學義淵博名聲發著深公笑而不答林公曰白旃檀非不馥焉能逆風成實論曰漾利質多天樹其香則逆風而聞深公得此義夷然不屑

莊子逍遙篇舊是難處諸名賢所可鑽味而不能拔理於郭向之外支道林在白馬寺中將馮太常共語馮氏譜曰懷字祖思長樂人歷太常護軍將軍因及逍遙

支卓然標新理於二家之表立異義於衆賢之外皆是諸名賢尋味之所不得後遂用支理向子期郭子玄逍遙義曰夫大鵬之上九萬尺鷃之起榆枋小大雖差各任其性苟當其分逍遙一也然物之芸芸同資有待得其所待然後逍遙耳唯聖人與物冥而循大變為能無待而常通豈獨自通而已又從有待者不失其所待不失則同於大通矣支氏逍遙論曰夫逍遙者明至人之心也莊生建言大道而寄指鵬鷃鵬以營生之路曠故失適於體外鷃以在近而笑遠有矜伐於心內至人乘天正而高興遊無窮於放浪物物而不物於物則遙然不我得玄感不為不疾而速則逍然靡不適此所以為逍遙也若夫有欲當其所足足於所足快然有似天真猶饑者一飽渴者一盈豈忘烝嘗於糗糧絕觴爵於醪醴哉苟非至足豈所以逍遙乎此向郭之注所未盡

殷中軍嘗至劉尹所清言良久殷理小屈遊辭不已劉亦不復答殷去後乃云田舍兒強學人作爾馨語

袁宏始作東征賦都不道陶公胡奴誘之狹室中臨以白刃胡奴陶範別見曰先公勳業如是君作東征賦云何相忽略宏窘蹙無計便答我大道公何以云無因誦曰精金百鍊在割能斷功則治人職思靖亂長沙之勳為史所讚續晉陽秋曰宏為大司馬記室參軍後為東征賦悉稱過江諸名望時桓溫在南州宏語衆云我決不及桓宣城時伏滔在溫府與宏善苦諫之宏笑而不荅滔密以啓溫溫甚忿以宏一時文宗又聞此賦有聲不敢

令人顧問之後遊青山飲酌既歸公命宏同載衆為危懼行數里問宏曰聞君作東征賦多稱先賢何故不及家君宏答曰尊公稱謂自非下官所敢專故未呈啓不敢顯之耳溫乃云君欲為何辭宏即答云風鑒散朗或披或引身雖可亡道不可隕則宣城之節信為允也溫泫然而止二說不同故詳載焉

王右軍少重患一二年輒發動後答許掾詩忽復惡中得二十字云取歡仁智樂寄暢山水陰清泠澗下瀨歷落松竹林既醒左右誦之誦竟右軍歎曰癲何預盛德事邪說文曰癲狂也正韻曰病也

殷中軍雖思慮通長然於才性偏精忽言及四本便苦湯池鐵城無可攻之勢神農書曰夫有石城七仞湯池

百步帶甲百萬而無粟者不能自固也

支道林許掾諸人共在會稽王齋頭簡文支爲法師許爲都講高逸沙門傳曰道林時講維摩詰經支通一義四坐莫不厭心許送一難衆人莫不抃舞但共嗟詠二家之美不辯其理之所在

汰法師云六通三明同歸正異名耳安法師傳曰竺法汰者體器弘簡道情冥到法師友而善焉一說法汰即安公弟子也經云六通者三乘之功德也一曰天眼通見遠方之色二曰天耳通聞障外之聲三曰身通飛行隱顯四曰宅心通水鏡萬慮五曰宿命通神知已往六曰漏盡通慧解累世三明者解脫在心朗照三世者也然則天眼天耳身通宅心漏盡此五者皆見在心之明也宿命則過去心之明也因天眼發未來之智則

未來心之明也同歸異者甚在斯矣

左太冲作三都賦初成時人互有譏訾思意不愜後示張公張曰此二京可三晉書曰司空張華見太冲三都賦曰班張之流也使讀之者盡而有餘久而更新然君文未重於世宜以經高名之士思乃詢求於皇甫謐謐見之嗟歎遂為作敘於是先相非貳者莫不斂衽鑽述焉思別傳曰思造張載問岷蜀事交接亦踈皇甫謐西州高士摯仲治宿儒知名非思倫匹劉淵林衞伯輿並蚤終皆不為思賦序注也凡諸注解皆思自為欲重其文故假時人名姓也

太叔廣甚辯給而摯仲治長於翰墨俱為列卿每至公坐廣談仲治不能對退著筆難廣廣又

不能荅王隱晉書曰太叔廣字季思東平人拜成都王爲太弟欲使諸洛廣子孫多在洛慮害乃自殺摯虞字仲治京兆長安人祖茂秀才父模太僕卿虞少好學師事皇甫謐善校練文義多所著述歷秘書監太常卿從惠帝至長安遂流離鄠杜間性好博古而文籍蕩盡永嘉五年洛中大饑遂餓而死虞與廣名位略同廣長口才虞長筆才俱少政事衆坐廣談虞不能對虞退筆難廣廣不能荅於是互相嗤笑紛然於世廣無可記虞多所錄於斯爲勝也

桓宣武命袁彥伯作北征賦續晉陽秋曰宏從溫征鮮卑故作北征賦宏之高者文既成公與時賢共看咸嗟歎之時王珣在坐云恨少一句得寫字足韻當佳袁即於坐攬筆益云感不絕於余心泝流風而獨寫公謂王曰當今不得不以此事推袁宋集載其賦云聞所聞於

相傳云獲麟於此野誕靈物以瑞德奚授體於虞者悲尼父之慟泣似實慟而非假豈一物之足傷實致傷於天下感不絕於余心遡流風而獨寫晉陽秋曰宏嘗與王珣伏滔同侍溫坐溫令滔讀其賦至致傷於天下於此改韻云此韻所詠慨深千載今於天下之後便移韻於寫送之致如為未盡滔乃云得益寫一句或當小勝桓公語宏卿試思益之宏應聲而益王伏稱善

支道林造即色論支道林集妙觀章云夫色之性也不自有色色不自有雖色而空故曰色即為空色復異空論成示王中郎中郎都無言支曰默而識之乎王曰既無文殊誰能見賞維摩詰經曰文殊師利問維摩詰云何者是菩薩入不二法門時維摩詰默然無言文殊師利歎曰是真入不二法門也

三乘佛家滯義支道林分判使三乘炳然諸人

在下坐聽皆云可通支下坐自共説正當得兩入三便亂今義弟子雖傳猶不盡得法華經曰三乘者一曰聲聞乘二曰緣覺乘三曰菩薩乘聲聞者悟四諦而得道也緣覺者悟因緣而得道也菩薩者行六度而得道也然則羅漢得道全由佛教故以聲聞爲名也辟支佛得道或聞因緣而解或聽環佩而得悟神能獨達故以緣覺爲名也菩薩者大道之人也方便則止行六度真教則通脩萬善功不爲己志存廣濟故以大道爲名也

許掾年少時人以比王苟子苟子王脩小字也文字志曰脩字敬仁太原晉陽人父濛司徒左長史脩起家著作佐郎瑯琊王文學轉中軍司馬未拜而卒時年二十四昔王弼之沒與脩同年故脩尋然乃歎曰無愧古人而年與之耆也許大不平時諸人士及於法師並在會稽西寺講王亦

在馬許意甚忿便往西寺與王論理共決優劣苦相折挫王遂大屈許復執王理王執許理更相覆疏王復屈許謂支法師曰弟子向語何似支從容曰君語佳則佳矣何至相苦邪豈是求理中之談哉

庾子嵩作意賦成晉陽秋曰敳永嘉中爲石勒所害先是敳見王室多難知終嬰其禍乃作意賦以寄懷從子文康亮也見問曰若有意邪非賦之所盡若無意邪復何所賦答曰正在有意無意之間

林道人詣謝公東陽時始總角新病起體未堪

勞與林公講論遂至相苦中興書曰謝朗博涉有逸才善言玄理毋王夫人在壁後聽之再遣信令還而太傅留之王夫人因自出云新婦少遭家難一生所寄惟在此兒因流涕抱兒以歸謝公語同坐曰家嫂辭情忼慨致可傳述恨不使朝士見謝氏譜曰朗父據娶太康王韜女名綏

謝車騎在安西艱中安西謝奕也林道人往就語將夕乃退有人道上見者問云公何處來答云今日與謝孝劇談一出來玄別傳曰玄能清言善名理

支道林初從東出住東安寺中高逸沙門傳曰遁居會稽晉哀

帝欽其風味遣中使三至東迎之遁遂辭丘壑高步大邑王長史宿構精理并撰其才藻往與支語不大當對王敘致作數百語自謂是名理奇藻支徐徐謂曰身與君別多年君義言了不長進王大慚而退

佛經以爲袪練神明則聖人可致釋氏經曰一切衆生皆有佛性但能脩智慧斷煩惱萬行具足便成佛也簡文云不知便可登峰造極不然陶練之功尚不可誣

殷中軍問自然無心於稟受何以正善人少惡人多諸人莫有言者劉尹答曰譬如寫水著地正自縱橫流漫略無正方圓者一時絕歎以爲

名通莊子曰天籟者吹萬不同而使其自已也郭子玄注曰無既無矣則不能生有有之未生又不能為生然則生生者誰哉塊然而自生耳非我生也我不生物物不生我則自然而已然謂之天然天然非為也故以天言之所以明其自然故也

殷謝諸人共集殷浩謝安謝因問殷眼往屬萬形萬形来入眼不成實論曰眼識不待到而知虚假空與明故得見色若眼到色到色間則無空明如眼觸目則不能見彼當知眼識不到而知依如此說則眼不往形不入遂屬而見也謝有問殷無荅疑闕文

人有問殷中軍何以將得位而夢棺器將得財而夢矢穢殷曰官本是臭腐所以將得而夢棺屍財本是糞土所以將得而夢穢汙時人以為

名通

殷中軍被廢東陽始看佛經初視維摩詰僧肇注維摩經曰維摩詰者秦言淨名蓋法身之大士見居此土以弘道也疑般若波羅蜜太多後見小品恨此語少波羅蜜此言到彼岸也經云到者有六焉一曰檀檀者施也二曰毗黎毗黎者持戒也三曰羼提羼提者忍辱也四曰尸羅尸羅者精進也五曰禪禪者定也六曰般若般若者智慧也然則五者為舟般若為導導則俱絕有相之流升無相之彼岸也故曰波羅蜜也淵源未暢其致少而疑其多已而究其宗多而患其少也

支道林殷淵源俱在相王許簡文也相王謂二人可試一交言而才性殆是淵源崤函之固崤謂二陵

之地函函谷關也並秦之險塞三者之居左思魏都賦曰崤函帝王之宅若其愼焉支初作改轍遠之數四交不覺入其玄中相王撫肩笑曰此自是其勝場安可爭鋒

僧意在瓦官寺中未詳僧意氏族所出王苟子來與共語便使其唱理意謂王曰聖人有情不王曰無重問曰聖人如柱邪王曰如籌筭雖無情運之者有情僧意云誰運聖人邪苟子不得荅而去諸本無僧意最後一句意疑其闕慶校衆本皆然唯一書有之故取以成其義然王脩善言理如此論特不近人情猶疑斯文為謬也

殷仲堪精覈玄論人謂莫不研究殷乃歎曰使

我解四本談不翅爾周祗隆安記曰仲堪好學而有理思也殷荊州曾問遠公易以何為體荅曰易以感為體殷曰銅山西崩靈鍾東應便是易耶東方朔傳曰孝武皇帝時未央宮前殿鍾無故自鳴三日三夜不止詔問太史待詔王朔朔言恐有兵氣更問東方朔朔曰臣聞銅者山之子山者銅之母以陰陽氣類言之子母相感山恐有崩弛者故鍾先鳴易曰鳴鶴在陰其子和之精之至也其應在後五日内居三日南郡太守上書言山崩延袤二十餘里樊英別傳曰漢順帝時殿下鍾鳴問英對曰蜀岷山崩山於銅為母母崩子鳴非聖朝災發蜀果上山崩日月相應二論微異故並載之遠公笑而不荅

世說新語補卷之五

世說新語補卷之六

文學下

殷仲堪云三日不讀道德經便覺舌本閒強晉安帝紀曰仲堪有思理能清言

桓南郡與殷荊州共談每相攻難年餘後但一兩番桓自歎才思轉退殷云此乃是君轉解周祗隆安記曰玄善言理棄郡還國常與殷荊州仲堪終日談論不輟

江左殷太常父子並能言理亦有辯訥之異揚州口談至劇太常輒云汝更思吾論中興書曰殷融字洪遠陳郡人桓彝有人倫鑒見融甚歎美之著象不盡意大賢須易論理義精微談者稱焉兄子

浩亦能清言每與浩談有時而屈退而著論融
更居長爲司徒左西屬飲酒善舞終日嘯詠未
嘗以世務自嬰累遷
吏部尚書太常卿卒
習鑿齒史才不常宣武甚器之未三十便用爲
荆州治中鑿齒謝牋亦云不遇明公荆州老從
事耳後至都見簡文返命宣武問見相王何如
答云一生不曾見此人從此忤旨出爲衡陽郡
性理遂錯於病中猶作漢晉春秋品評卓逸續晉
陽秋曰鑿齒少而博學才情秀逸溫甚奇之自
州從事歲中三轉至治中後以忤旨左遷戶曹
參軍衡陽太守在郡著漢晉春秋斥溫覬覦之
心也鑿齒集載其論略曰靜漢末累世之交爭
廓九域之蒙晦大定千載之盛功者皆司馬氏
也若以魏有代王之德則不足有靜亂之功則

孫劉鼎立共王秦政猶不見敘於帝王況暫制數州之衆哉且漢有係周之業則晉無所承魏之迹矣春秋之時吳楚稱王若推有德彼必自係於周不推吳楚也況長轡廟堂吳蜀兩定天下之功也

孫興公云三都二京五經鼓吹言此五賦是經典之羽翼

謝太傅問主簿陸退陸氏譜曰退字黎民吳郡人高祖凱吳丞相祖抑吏部郎父伊州主簿退仕至光祿大夫張憑何以作母誄而不作父誄宋明帝文章志曰憑字長宗吳郡人有意氣爲鄉閭所稱學尚所得敏而有文太守以才選舉孝廉試策高第爲劉惔所舉補太常博士累遷吏部郎御史中丞退答曰故當是丈夫之德表於事行婦人之美非誄不顯臺氏譜曰退憑壻也

庾闡始作揚都賦道温庾云温挺義之標庾作民之望方響則金聲比德則玉亮庾公聞賦成求看兼贈貺之闡更改望為儁以亮為潤云中興書曰闡字仲初潁川人太尉亮之族也少孤九歲便能屬文遷散騎侍郎領大著作為揚都賦邈絶當時五十四卒

桓玄嘗登江陵城南樓云我今欲為王孝伯作誄因吟嘯良久隨而下筆一坐之閒誄以之成晉安帝紀曰玄文翰之美高於一世玄集載其誄敘曰隆安二年九月十七日前將軍青兗二州刺史太原王孝伯薨川岳降神哲人是育既爰寔靈不貽其福天道茫昧孰則倚伏犬馬反噬豺狼翹陸嶺摧高梧林殘故竹人之云亡邦國喪牧于以誄之爰旌芳郁文多不盡載

桓玄初幷西夏領荆江二州二府一國（玄別傳曰玄旣克殷仲堪殺楊佺期遣使諷朝廷朝廷以玄都督八州領江州荆州二刺史）于時始雪五處俱賀五版竝入玄在廳事上版至卽答版後皆粲然成章不相揉雜

袁虎少貧（虎袁宏小字也）嘗爲人傭載運租謝鎮西經船行其夜清風朗月聞江渚間估客船上有詠詩聲甚有情致所誦五言又其所未嘗聞歎美不能已卽遣委曲訊問乃是袁自詠其所作詠史詩因此相要大相賞得（續晉陽秋曰虎少有逸才文章絕麗曾爲詠史詩是其風情所寄少孤而貧以運租爲業鎮西謝尚時鎮牛渚乘秋佳風月率爾與左右

微服訊江會虎在運祖舡中諷詠聲既清會辭又藻拔非尚所曾聞遂住聽之乃遣問訊答曰是袁臨汝郎誦詩即其詠史之作也尚佳其率有勝致即遣要迎談話申旦自此名譽日茂

或問顧長康君箏賦何如嵇康琴賦顧曰不賞者作後出相遺深識者亦以高奇見貴中興書曰愷之博學有才氣為人遲鈍而自矜尚為時所笑宋明帝文章志曰桓溫云顧長康體中癡黠各半合而論之正平平耳世云有三絕畫絕文絕癡絕續晉陽秋曰愷之矜伐過實諸年少因相稱譽以為戲弄為散騎常侍與謝瞻連省夜於月下長詠自云得先賢風制瞻每遊贊之愷之得此彌自力忘倦瞻將眠語搥腳人令人代愷之不覺有異遂幾申旦而後止

羊孚作雪贊羊氏譜曰孚字子道泰山人祖楷尚書郎父綏中書郎孚歷太學博士州別駕太尉參軍年四十六卒云資清以化乘氣以霏遇象

能鮮卽潔成輝桓徹遂以書扇中興書曰徹字茂祖譙國人祖神太尉父嗣江州刺史徹少有清操以恬退見稱仕至中書令玄敗從安成郡後見誅

王敬仁年十三作賢人論長史送示真長真長答云見敬仁所作論便足參微言脩集載其論曰或問易稱賢人黄裳元吉苟未能闇與理會何得不求通求達則有損有損則元吉之稱將虛設乎答曰賢人誠未能闇與理會當居然人從比之理盡猶一豪之領一梁一豪之領一梁雖於理有損不足以撓梁賢有情之至寡豪有形之至小豪不至撓梁於賢人何有損之者哉

孫興公作天台賦成以示范榮期中興書曰范啓字榮期慎陽人父堅護軍將以才義顯於世仕至黄門郎云卿試擲地要作金石聲范曰恐子之金石非宮商中聲然每至佳句

赤城霞起而建標瀑布飛流而界道此賦之佳處輒云應是我輩語

桓公見謝安石作簡文謚議看竟擲與坐上諸客曰此是安石碎金闕譙之晉紀載安議曰謹按謚法一德不懈曰簡道德博聞曰文易簡而天下之理得觀乎人文化成天下儀之景行猶有髣髴宜尊號曰太宗謚曰簡文

支道林許謝盛德共集王家許詢謝安王濛謝顧謂諸人今日可謂彥會時既不可留此集固亦難常當共言詠以寫其懷許便問主人有莊子不正得漁父一篇莊子曰孔子遊乎緇帷之林休坐乎杏壇之上孔子絃歌鼓琴奏曲未半有漁者下船而來鬚眉交白被髮揄袂行原以上距陸而止左手據膝右手持頤以聽曲

然而招子貢子路語曰彼何為者也曰孔氏曰孔氏何治子貢曰服忠信行仁義飾禮樂選人倫孔氏之所治也曰有土之君歟曰非也漁人曰仁則仁矣恐不免其身孔子聞而求問之遂言八疵四病以譏孔子

謝看題便各使四坐通支道林先通作七百許語敘致精麗才藻奇拔衆咸稱善於是四坐各言懷畢謝問曰卿等盡不皆曰今日之言少不自竭謝後麤難因自敘其意作萬餘語才峰秀逸文字志曰安神情秀悟善談玄理既自難干加意氣擬託蕭然自得四坐莫不厭心支謂謝曰君一往奔詣故復自佳耳

裴郎作語林始出大為遠近所傳時流年少無

不傳寫各有一通載王東亭作經王公酒壚下賦甚有才情裴氏家傳曰裴榮字榮期河東人父穉豊城令榮期少有風姿才氣好論古今人物撰語林數卷號曰裴子檀道鸞謂裴松之以爲啓作語林榮儻別名啓乎

謝萬作八賢論與孫興公往反小有利鈍中興書曰萬善屬文能談論萬集載其叙四隱四顯爲八賢之論謂漁父屈原季主賈誼楚老龔勝孫登嵇康也其旨以處者爲優出者爲劣孫綽難之以謂體玄識遠者則出處同歸時以孫義爲得

謝後出以示顧君齊顧氏譜曰夷字君齊吳郡人祖廞孝廉父覊少府卿夷辟州主簿不就顧曰我亦作知卿當無所名

孫興公道曹輔佐才如白地明光錦中興書曰曹毗字輔佐譙國人魏大司馬休曾孫也好文藉辭累遷太學博士尚書郎光祿勳裁爲負

版絝論語曰孔子式負版者鄭氏注曰版謂邦國籍也負之者賤隸人也非無文采酷無裁製

桓宣武北征溫別傳曰溫以太和四年上疏自征鮮卑袁虎時從被責免官會須露布文喚袁倚馬前令作手不輟筆俄得七紙殊可觀東亭在側極歎其才袁虎云當令齒舌閒得利

殷仲文天才宏贍續晉陽秋曰仲文雅有才藻著文數十篇而讀書不甚廣傅亮歎曰亮別見若使殷仲文讀書半袁豹丘淵之文章敍曰豹字士蔚陳郡人祖耽歷陽太守父質瑯琊內史豹隆安中著作佐郎累遷太尉長史丹陽尹義熙九年卒才不減班固續漢書曰固字孟堅右扶風人

幼有儁才學無常師善屬文經傳無不究覽
宋文帝嘗問慧觀釋惠皎高僧傳曰慧觀清河人姓崔十歲便以愽見馳名
弱年出家遊方廬山諮禀惠遠風神秀雅思入玄微頓悟之義誰復習之
佛教悟入有頓悟漸悟二宗答云有生公高僧傳曰竺道生鉅鹿人幼穎悟若
神值竺法汰遂改俗歸依雋思奇拔聞義開解王弘顏延之並欽挹風猷弟子道猷
高僧傳曰道猷初為生公弟子師亡後見新出勝鬘經嘆曰先師昔義闇與經同因註勝鬘以
顯宣遺訓即敕臨川郡發遣到京既至延入宮內大
集義僧命猷伸述頓悟時競辯之徒關責互起
猷既積思參玄又宗源有本乘機挫銳往必摧
鋒帝撫几稱快高僧傳曰道生既潛思日久徹悟言外迺喟然嘆曰夫象以盡

意得意則象忘言以詮理入理則言息自經典東流譯人重阻多守滯文鮮見玄義若忘筌取魚始可以言道矣於是校閱真俗研思因果迺言善不受報頓悟成佛又著二諦論因語諸人曰生公孤情絕照猷公直轡獨上可謂克明師匠無忝徽音

何子季與周彥倫周顒別見同時二人精信佛法南史曰何胤字子季廬江灊人祖尚之中書令父鑠宋宜都太守胤八歲居憂毀若成人及長輕薄不羈晚乃折節好學師事劉瓛受易及禮記毛詩入鍾山定林寺聽內典其業皆通而縱情誕節時人未之知也唯瓛與周顒深器異之仕齊為建安太守永元中徵太子詹事梁徵領軍司馬並不就子季別立精廬都無妻妾文惠太子齊書曰文惠太子長懋字雲喬小字白澤世祖長子也嘗問彥倫卿精進何如

何徹彦倫答曰三塗八難按淨名疏界內八難曰地獄畜生餓鬼三
塗也盲聾瘖瘂世智辯聰佛前佛後北倶盧洲
人道也無想天或指長壽天天亡也爲凡夫往
事八難界外八難曰有餘中三十心爲三惡道
住無我法名爲北洲地前法愛如長壽天未有
初地十種六相名諸根不具地前智淺如世智
辯聽不窮中理如佛前佛後爲二乘住理八難
共所未免然各有其累太子問所累云何曰周
妻何肉南史曰徹後於味食尤方丈後稍去其甚者猶食白魚䱇脯糖蟹害食蚶蠣
使門人議之學生鍾岏曰䱇之就脯驟於屈伸蟹之將糖躁擾彌甚仁人用意深懷如怛至於
車螯蚶蠣眉目內闕慙渾沌之奇礦殼外緘非金人之慎不悴不榮曾草木之不若無馨無臭
與瓦礫其何算故宜長充庖廚永爲口實竟陵王見岏議大怒汝南周顒與偸書勸令食菜曰
變之大者莫過死生死生之所重無適性命性命之於彼極切滋味之在我可賒若云三世理

誣則幸矣良快如使此道果然而受形未息一
往一來生死常事則傷心之悵行亦自及丈人
於血氣之類雖不身踐至於晨鳧夜鯉不能不
取備膳門財貝之經盜手猶爲廉士所棄生性
夫一啓鑾刀寧復慈心所忍騶虞雖飢非自死
之草不食聞其風者豈不使人多愧丈人得此
有素聊復片言發起
耳亂來年遂絕血味

何尚之爲丹陽尹宋書曰何尚之字彥德廬江灊人曾祖準高尚不仕祖恢南康太守父叔度恭謹有行業尚之雅好文義從容賞會甚爲宋太祖所知官至侍中尚書令更置玄學於南郭外一時名士慕道來遊王僧玉宋書曰王球字倩玉瑯琊臨沂人父謐司徒球素簡貴不交遊江夏王義恭嘗謂何尚之曰當今乏才羣下宜加戮力而王球放恣恐宜以法糾之尚之曰球有素尚未可以文案責也官至太子詹事大夫尚書僕射嘗稱之曰尚之西河之風不墜

西河子夏所居

張參軍少有思理南史曰張譏字直言清河武城人祖僧寶梁太子洗馬父仲悅梁尚書祠部郎譏幼聰俊有思理十四為通孝經論語篤好玄言官始安王記室參軍國子助教時周弘正在國學發周易題弘正第四弟弘直亦在講席參軍與弘正論義弘正理小屈弘直危坐厲聲助其申理參軍正色曰今日義集辯正名理雖知兄弟急難四公不得有助弘正語人曰吾每登坐見張譏在席使人懍然南史曰周弘正字思行父寶始梁司徒祭酒弘正幼孤及弟弘讓弘直為伯父捨所養十歲通老子周易官至國子祭酒弘直字思方幼聰敏仕梁為湘東王記室參軍

邢子才有書甚多不甚讎校李百藥齊書曰邢劭字子才河間鄚人魏太常貞之後十歲能屬文雅有才思聰明強記日誦萬言少在洛陽與時名勝專以山水遊宴為娛嘗因霖雨讀漢書五日略能遍記後飲讌既倦廣尋經史五行俱下一覽便無遺忘文章典麗既贍且速年未二十名動衣冠官至國子祭酒嘗謂誤書思之更是一適齊書曰劭妻弟李節亦才學之士謂劭思誤書何由便得劭荅曰若思不能得便不勞讀書

顏延之嘗問鮑明遠沈約宋書曰鮑照字明遠文辭贍逸世祖時為中書舍人上好為文章自謂物莫能及照悟其旨為文多鄙言累句當時咸謂照才盡實不然也臨海王子頊為荊州照為前軍掌書記子頊敗為亂兵所殺己詩與謝康樂優劣鮑曰謝五言如初發芙蓉自然可愛君詩若

鋪錦列繡亦雕續滿眼詩品曰湯惠休曰謝詩如芙蓉出水顔如錯彩鏤金顔終身病之

謝超宗好學有文辭南史曰超宗謝鳳子靈運之孫也隨父徙嶺南元嘉末得還歷官至義興太守後以事竭盡爲新安王子鸞常侍宋書曰始平孝敬王子鸞孝武第八子也改封新安王時王母殷淑妃卒宋書曰淑妃卒上痛愛不已擬漢武李夫人賦超宗作誄奏之上大嗟賞曰超宗殊有鳳毛

齊世祖問王僕射當今誰能爲五言詩南齊書曰儉字仲寶瑯琊臨沂人祖曇首父僧綽儉生而僧綽遇害數歲襲爵拜受茅土流涕嗚咽幼有神彩專心篤學手不釋卷高帝爲太尉引爲長史遷尚書僕射王答曰謝朓得父

膏腴南史曰謝朏字敬沖謝莊子幼聰慧十歲
能屬文莊遊上山使朏命篇攬筆便就莊
撫其背曰真吾家千金仕
至中書監司徒衛將軍江淹有意劉璠梁典
曰江淹字
文通濟陽人六歲能屬詩及長愛奇尚興宋桂
陽王舉秀才齊興爲豫章王記室天監中爲金
紫光祿大夫鍾嶸詩品曰文通詩體總雜善於
摹擬筋力於王微成就於謝朓初淹罷宣城郡
遂宿冶亭夢一美丈夫自稱郭璞謂淹曰吾有
筆在卿處多年矣可以見還淹探懷中得五色
筆以授之爾後爲詩不復
成語故世傳江淹才盡
何參軍南史曰何思澄字元靜東海郯人父敬
叔齊長城令思澄少勤學工文爲遊廬
山詩沈約大相稱賞自以爲
弗逮仕至湘東王錄事參軍與族弟水部梁書
曰何
遜字仲言東海郯人曾祖承天宋御史中丞遜
八歲能賦詩文章與劉孝綽並重於世世謂何
劉官至尚
書水部郎散騎南史曰何子朗字世明早有才
思周捨每與談服其精理辛於

國山令俱擅文名時人為之語曰東海三何子朗
最多參軍曰外言殊不爾故當推遜
張思光作海賦文辭詭激融賦奇句曰窮區沒渚萬里藏岸濆轉則
日月似驚浪動則星河如覆卻聽無後後向望無前長尋高眺唯水與天惜全篇脫落不可讀
以示鎮軍將軍徐凱之徐曰此賦寔超玄虛王儉
七志曰木華字玄虛廣川人傳亮文章志曰玄虛為海賦文章雋麗足繼前良但恨不
道鹽耳思光即求筆益之曰漉沙搆白熬波出
素積雪中春飛霜暑露
薛道衡聘陳作人日詩云入春纔七日離家已
二年南人嗤之曰是底言誰謂此虜解作詩及

云人歸落鴈後思發在花前乃喜曰名下固無虚士

釋慧淨嘗與道士蔡晃談義晃屢被摧折僧道宣傳燈錄曰慧淨俗姓房氏常山真定人隋國子博士徵遠孫子生知天挺雅懷篇什風格標峻器宇沖邈弱歳便曉文頌十四出家志業弘遠曰頌八千餘言總持辭義罕有其比國子祭酒孔穎達劉昫唐書曰孔穎達字仲達冀州衡水人八歳就學日誦千餘言及長明左氏傳鄭氏尚書王氏易毛詩禮記兼善算曆解屬文同郡劉焯名重海内穎達造門請質疑滯多出意表焯改容敬之大業初舉明經太宗引為文學館學士拜國子祭酒心存道黨謂慧淨曰佛家無諍語錄曰佛說我得無諍三昧人中最為第一法師何以屢構斯難慧淨答曰佛破外道外

道不通（圓覺經註曰外道者着諸見等以邪智惑人令疑）反謂佛曰汝
常自言平等今既以難破我即是不平何謂平
等（金剛經曰是法平等無有高下是名阿耨多羅三藐三菩提）佛爲通曰以
我不平破汝不平汝若得平即我平矣顧今亦
爾以淨之諍破彼之諍彼得無諍即淨無諍也
齊澣善知今事（唐詩紀事曰齊澣字洗心定州人開元間與蘇晉蘇頲賈曾韓
休許景先孫逖典誥詔爲代言最推當國表
宋璟爲吏部尚書澣及蘇晉爲侍郎世謂臺選
嘗稱陳希烈苗晉卿之才後皆大顯）高仲舒善知古事（劉昫唐書曰高叡字
仲舒雍州萬年人博通經史尤明三禮及詁訓之書神龍中爲相王府文學王甚重之開元中
授中書舍人宋璟蘇頲每詢訪故事焉）姚崇每諮此兩人嘗曰欲

知古事問仲舒欲知今事問齊澣崇劉見

元微之劉昫唐書曰元稹字微之河南人魏昭成皇帝之後父寬比部郎中稹九歲能屬文十五兩經擢第二十八應制舉才識兼茂明於體用科稹爲第一除右拾遺長慶二年拜平章事唐詩紀事曰穆宗時嬪御多誦稹歌詞宮中號爲元才子與劉夢得唐書曰劉禹錫字夢得彭城人祖雲父溆世以儒學稱禹錫精於古文善五言詩近體文章俊多才麗爲監察御史以附王叔文連加貶逐終太子賓客分司東都韋楚老唐詩紀事曰韋楚老長慶進士終于拾遺在白傳第唐書曰白居易字樂天太原人北齊五兵尚書建之仍孫祖鍠父季庚世敦儒業居易聰慧絕人貞元十四年高郢拔昇甲科授校書郎元和中爲集賢校理文辭富豔尤精詩筆所著歌詩意存諷賦箴時之病補政之闕士君子宗之往往流聞禁中章武納諫思理渴聞讜言召入翰林爲學士各賦金陵懷古詩

劉先成白覽之曰四人探驪龍子先獲珠所餘
鱗爪何用邪莊子曰河上有家貧恃緯蕭而食者子沒川得千金珠謂其子取石
來鍛之夫千金之珠必在九重之淵驪龍頷下若能得珠者遺其睡也如使驪龍寤子尚奚微
之有哉於是罷唱劉詩曰王濬樓船下益州金陵王氣黯然收千尋鐵鎖沉江底
一片降幡出石頭人世幾回傷往事山形依舊枕清流而今四海為家日故壘蕭蕭蘆荻秋
范蜀公素不飲酒又詆佛教宋史曰范鎮字景仁成都華陽人薛
奎守蜀還朝日得一偉人當以文學名世其學本六經不道佛老申韓之說歷官端明殿學士
提舉太乙宮兼侍讀在許下與韓持國五朝名臣言行錄曰韓維字持國忠
獻公億之子以蔭補官仕至門下侍郎兄弟宋史論曰億有子位公府而行各有適絳
適於同維適於正縝適於寥往還諸韓皆崇此二事李薦師友談記

曰東坡云日者王寧王寔見訪寔持國少傅之胥也因問持國安否皆曰持國嘗語人吾已癃老且將聲樂酒色以娛年東坡曰頃有一老人未嘗參禪而雅合禪理一日會親友曰老人且去因攝衣正坐將奄奄焉諸子呼號願留一言爲教老人曰惟五更起句當自家事諸子曰家中幸豐何用早起家事皆自家事豈有分別老人曰不然所謂自家事是死時將得去者吾平生治生今日就化可將何者去諸子頗悟持國果自以殘年勞心聲酒不若爲死時將去者計也

公頗病之貽蘇子瞻書問救之當以何術子瞻報曰請公試觀能惑之性何自而生欲救之心作何形相此猶不立彼復何依正恐黃面瞿曇亦須斂衽釋迦譜曰淨飯遠祖捨國修行受瞿曇姓故曰瞿曇氏況學之者耶張太史明道雜志曰范蜀公不信佛說大蘇公嘗與公論求其所以不信之說

范公云鎭平生事非目所見者未嘗信藥公曰公亦安能然我設公有疾令醫切脉醫曰寒則服熱藥曰熱則餌寒藥公何嘗見脉而信之何獨至於佛而必待見耶

黃龍寺晦堂老子嘗問山谷以吾無隱乎爾之義寧州志曰黃龍山寺吳黃武中有黃龍見于山因以名山谷詮釋再三晦堂不荅時暑退涼生秋香滿院晦堂因問曰聞木犀香乎山谷曰聞晦堂曰吾無隱乎爾山谷乃服羅湖野錄曰魯直元祐間丁家艱館黃龍山從晦堂和尚游

宋次道家多書東都事略曰宋敏求字次道隨州平棘人父綬參知政事家藏書二萬卷敏求官龍圖閣學士以力學被遇父子繼世掌史劉道原就借觀宋日具酒饌爲主人禮道原曰此非吾所爲來

也悉撤去閑閣抄讀旬日盡其書而去宋史曰劉恕字道原筠州人父渙潁上令恕少穎悟書過目成誦重意義悉然諾王安石欲引置三司條例以不習金穀辭

方正上

陳尚書班固漢書曰御史大夫陳萬年子咸亢直有異才官廷尉監累遷尚書見王莽司馬光通鑑曰莽字巨君孝元后之姪也初封新都侯弑平帝篡漢天下建國號新僭位十八年漢兵殺之誅何武鮑宣班固漢書曰何武字君公蜀郡郫縣人哀帝時為御史大夫鮑宣字子都渤海高城人何武甚敬重焉薦為諫大夫董賢貴幸上書切諫王莽秉政陰有篡國之心誅不附己者言及何武等皆死喟然歎曰吾可以逝矣父子相與歸鄉里閉門不出入猶用漢家

祖臘或問之答曰我先祖豈知王氏臘乎祖道祭也

臘歲終之大祭也高堂隆魏臺訪議曰王者各以其行盛日爲祖墓日爲臘漢家以火德王火盛於午墓於戌故以午祖戌臘

蘇桓公性彊切而持毁譽士友咸憚之至相語曰見蘇桓公患其教責人不見又思之三輔號爲大人後漢書蘇章傳曰章八世祖建武帝時右將軍祖父純字桓公有高名

馬伏波嘗有疾范曄後漢書曰馬援字文淵扶風茂陵人曾祖父通封重合侯坐事誅故再世不顯援年十二而孤少有大志嘗曰丈夫爲志窮當益堅老當益壯因處田牧至有牛馬羊數千頭穀數萬斛旣而歎曰凡殖貨財產貴能賑施也否則守錢虜耳乃盡散以班昆弟故舊身衣羊裘皮袴見子嚴敦並喜譏議而通俠客援在交趾以書誡之建武四年隗

囂使奉書洛陽歸身漢朝累立戰功拜伏波將軍封新息侯梁松來候之獨拜床下不荅諸子問曰帝壻貴重奈何不為禮伏波曰我乃松父友雖貴何得失其序後漢書曰梁松字伯孫安定烏氏人梁統子少為郎尚光武女舞陰長公主

王仲回姿性方潔疾惡彊豪范曄後漢書曰王丹字仲回京兆下邽人哀平閒仕州郡王莽時連徵不至鄧禹至關中表為左馮翊稱疾免歸後復徵為太子少傅一友人喪親同郡陳遵關西大俠為護喪事賻助甚豐仲回懷一縑陳於主人前曰如丹此縑出自機杼遵有慚色班固漢書曰陳遵字孟公杜陵人長八尺餘容貌甚偉略涉傳記贍於文辭請求不敢逆所到衣冠懷之時列侯有與遵同姓氏者每至人門

曰陳孟公坐中皆震動既至而非因號其人曰陳驚坐云

侯司徒欲與王仲回交友仲回被徵遣子昱候於道昱迎拜車下仲回下荅之昱曰家公欲與君結交何為見拜仲回曰君房有是言丹未之許也范曄後漢書曰侯霸字君房河南密人矜嚴有威容篤志好學師事九江太守房元治穀梁春秋為元都講建武四年徵霸與車駕會壽春拜尚書令明年代伏湛為大司徒

周太常清潔守禮嘗卧病齋宮妻闚問所苦周以為干犯齋禁大怒收送詔獄時人為之語曰生世不諧作太常妻一歲三百六十日三百五十九日齋一日不齋醉如泥東觀漢記曰周澤字穉都少脩高節

耿介特立好學問治蒙氏春秋門徒數百人隱居上野不汲汲於時俗拜太常果敢數有直言朝廷嘉其清廉

魏文帝為五官中郎將賓客如雲邴根矩邴原別見獨不往曹公徵使人問之邴答曰吾聞國危不事冢宰君老不奉世子曹公深重其言

南陽宗世林魏武同時而甚薄其為人不與之交及魏武作司空總朝政從容問宗曰可以交未答曰松栢之志猶存世林既以忤旨見疎位不配德文帝兄弟每造其門皆獨拜牀下其見禮如此楚國先賢傳曰宗承字世林南陽安衆人父資有美譽承少而脩德雅正確然

不羣徵聘不就聞德而至者如林魏武弱冠屢造其門值賔客猥積不能得言乃伺承從徑要之捉手請交承拒而不納帝後為司空輔漢朝乃謂承曰卿昔不顧吾今可為交未承已松柏之志猶存帝不說以其名賢猶敬禮之勑文帝修子弟禮就家拜漢中太守武帝平冀州從至鄴陳羣等皆為之拜帝猶以舊情介意薄其位而優其禮就家訪以朝政居賔客之右文帝徵為直諫大夫明帝欲引以為相以老固辭

夏侯玄既被桎梏魏氏春秋曰玄字太初譙國人夏侯尚之子大將軍前妻兄也風格高朗弘辯博暢正始中護軍曹爽誅徵為太常內知不免不交人事不畜筆研及太傅薨許允謂玄曰子無復憂矣玄歎曰士宗卿何不見事乎此人猶能以通家年少遇我子元子上不吾容也後中書令李豐惡大將軍執政遂謀以玄代之大將軍聞其謀誅豐收玄送廷尉干寶晉紀曰初豐之謀也使告玄玄荅曰宜詳之爾不以聞也故及於難

時鍾毓

為廷尉魏書曰毓字稚叔潁川長社人繇長子也年十四為散騎侍郎機捷談笑有父風仕至車騎將軍鍾會先不與玄相知因便狎之玄曰雖復刑餘之人未敢聞命世語曰玄至廷尉不肯下辭廷尉鍾毓自臨履玄玄正色曰吾當何辭為令史責人耶卿便為吾作毓以玄名士節高不可屈而獄當竟夜為作辭令與事相附流涕以示玄玄視之曰不當若是耶鍾會年少於玄玄不與交是日於毓坐狎玄玄正色曰鍾君何得如是名士傳曰初玄以鍾毓志趣不同不與之交玄被收時毓為廷尉執玄手曰太初何至於此玄正色曰雖復刑餘之人不可得交按郭頒西晉人時世相近為晉魏世語事多詳覈孫盛之徒皆采以著書並云玄距鍾會而袁宏名士傳最後出不依前史以為鍾毓可謂謬矣考掠初無一言臨刑東市顏色不異魏志曰玄格量弘濟臨斬顏色不異舉止自若

夏侯泰初與廣陵陳本善本與玄在本母前宴飲世語曰本字休元臨淮東陽人魏志曰本廣陵東陽人父矯司徒本歷郡守廷尉所在操綱領舉大體能使群下自盡有率御之才不親小事不讀法律而得廷尉之稱遷鎮北將軍本弟騫晉陽秋曰騫字休淵司徒第二子無謇諤風滑稽而多智謀仕至大司馬行還經入至堂戶泰初因起曰可得同不可得而雜名士傳曰玄以鄉黨貴齒本不論德位年長者必為拜與陳本母前飲騫來而出其可得同不可得而雜者也

郭淮作關中都督甚得民情亦屢有戰庸郭淮字伯濟太原陽曲人建安中除平原府丞黃初元年奉使賀文帝踐阼而稽留不及群臣歡會帝正色責之曰昔禹會諸侯於塗山防風氏後至便行大戮今溥天同慶而卿最留遲何也淮曰臣

聞五帝先教導民以德夏后政衰始用刑辟今臣遭唐虞之世是以知免防風氏之誅帝說之擢為雍州刺史還征西將軍淮在關中三十餘年功績顯著遷儀同三司贈大將軍淮妻太尉王淩之妹坐淩事當并誅魏略曰淩字彥雲太原祁人歷司空太尉征東將軍密欲立楚王彪司馬宣王自討之淩自縛歸罪遂謂太傅曰卿直以折簡召我我當不至邪太傅曰以卿非肯逐折簡者也遂使人送至西淩自知罪重試索棺釘以觀太傅意太傅給之淩行至項城夜呼掾屬與決曰行年八十身名俱滅命邪遂自殺使者徵攝甚急淮使戒裝克日當發州府文武及百姓勸淮舉兵淮不許至期遣妻百姓號泣追呼者數萬人行數十里淮乃命左右追夫人還於是文武奔馳如狗身首之急既至淮與宣帝司馬

懿見別書曰五子哀戀思念其母其母既亡則無
五子五子若殞亦復無淮宣帝乃表特原淮妻
世語曰淮妻當從坐侍御史往收督將及羌胡
渠帥數千人叩頭請淮上表留妻淮不從妻上
道莫不流涕人人扼腕欲劫留之淮五子叩頭
流血請淮淮不忍視乃命追之於是數千騎往
追還淮以書白司馬宣王曰五子哀母不惜其
身若無其母是無五子五子若亡亦無淮也今
輒追還若於法未通當受罪
於主者書至宣王乃表原之
高貴鄉公髦內外諠譁魏志曰高貴鄉公諱髦
字彥文文帝孫東海定
王霖之子也初封郯縣高貴鄉公好學夙成齊
王廢羣臣迎之即皇帝位漢晉春秋曰自曹芳
事後魏人省徹宿衛無復鎧甲諸門戎兵老弱
而已曹髦見威權日去不勝其忿召侍中王沈
尚書王經散騎常侍王業謂曰司馬昭之心路
人所知也吾不能坐受廢辱今日當與卿自出

討之至經諫不聽乃出懷中板令投地曰行之決矣正使死何所恨况不必死耶於是入白太后沈業奔走告昭昭爲之備髦遂率僮僕數百鼓譟而出昭弟屯騎校尉伷入遇髦於東止車門左右訶之伷衆奔走中護軍賈充又逆髦戰於南闕下髦自用劍衆欲退太子舍人成濟問充曰事急矣當云何充曰公畜汝等正爲今日今日之事無所問也濟即前刺髦刃出於背魏氏春秋曰帝將誅大將軍詔有司復進位相國加九錫帝夜自將冗從僕射李昭黃門從官焦伯等下陵雲臺鎧仗授兵欲因際會遣使自出致討會雨而却明日遂見王經等出黃素詔於懷曰是可忍也孰不可忍今當決行此事帝遂拔劍升輦率殿中宿衞蒼頭官僮擊戰鼓出雲龍門賈充自外而入帝師潰散帝猶稱天子手劍奮擊衆莫敢逼充率厲將士騎督成倅弟濟以矛進帝崩於師時暴雨雷電晦冥

司馬文王問侍中陳泰曰魏志曰泰字玄伯司空羣之子也何以靜之泰云惟殺賈充以謝

天下晉諸公贊曰充字公閭襄陵人父逵魏豫州刺史充起家爲尚書遷廷尉晉受禪封魯郡公文王曰可復下此不對曰但見其上未見其下于寶晉紀曰高貴鄉公之殺司馬文王召朝臣謀其故太常陳泰不至使其舅荀顗召之告以可不泰曰世之論者以泰方於舅今舅不如泰也子弟內外咸共逼之垂涕而入文王待之曲室謂曰玄伯卿何以處我對曰可誅賈充以謝天下文王曰爲吾更思其次泰曰惟有進於此不知其次文王乃止漢晉春秋曰曹髦之薨司馬昭聞之自投於地曰天下謂我何於是召百官議其事昭垂涕問陳泰曰何以居我泰曰公光輔數世功蓋天下謂當並迹古人垂美於後一旦有殺君之事不亦惜乎速斬賈充猶可以自明也昭曰公閭不可得殺也卿更思餘計泰厲聲曰意惟有進於此耳餘無足委者也歸而自殺魏氏春秋曰泰勸大將軍誅賈充大將軍曰卿更思其他泰曰豈可使泰復發後言遂嘔血死

諸葛靚後入晉除大司馬召不起以與晉室有讎常背洛水而坐與武帝有舊帝欲見之而無由乃請諸葛妃呼靚既來帝就太妃間相見禮畢酒酣帝曰卿故復憶竹馬之好不靚曰臣不能吞炭漆身今日復覩聖顔因涕泗百行帝於是慚悔而出晉諸公贊曰靚字仲思瑯琊人司空誕少子也雅正有才望仕吳為右將軍大司馬吳亡靚入洛以父誕為太祖所殺誓不見世祖世祖叔母瑯琊王妃靚之姊也帝後因靚在姊間往就見焉靚逃求廁中於是以至孝發名時嵇康亦被法而康子紹死蕩陰之役談者咸曰觀紹靚二人然後知忠孝之道區以別矣

諸葛思遠初統朝事蜀志曰諸葛瞻字思遠丞相亮之子亮出武功與兄

瑾書曰瞻已八歲聰慧可愛嫌其早成恐不能重器耳丞相亡蜀人思之愛瞻才敏每朝廷有一善政佳事雖非瞻所建倡傳相告曰葛侯所爲也是以美聲溢譽有過其實與董厥並爭尚書事蜀亡廖元儉蜀志曰廖化字元儉襄陽人死於國難爲丞相參軍以果烈稱官位與張翼齊而在宗預之右過宗德艷欲與共詣思遠許德艷曰吾年踰七十所竊已過但少一死耳何求於年少輩而屑屑造門耶遂不往蜀志曰宗預字德艷南陽安衆人爲丞相主簿丞相卒吳慮魏襲蜀增巴丘守兵萬人蜀亦益永安之戍預將命至吳孫權問曰東之與西譬猶一家而西更增白帝之守何也預曰東益巴丘之戍西增白帝之守皆事勢宜然不足相問權大笑嘉其伉直

和嶠爲武帝所親重語嶠曰東宮頃似更成進

卿試往看還問何如答曰皇太子聖質如初干寶晉紀曰皇太子有醇古之風美於信受侍中和嶠數言於上曰季世多偽而太子尚信非四海之主憂太子不了陛下家事願追思文武之上上既重長適又懷齊王朋黨之論弗入也後阼謂嶠曰太子近入朝吾謂差進卿可與荀侍中共往言及顗奉詔還對上曰太子明識弘新有如明詔問嶠嶠對曰聖質如初上默然晉陽秋曰世祖疑惠帝不可承繼大業遣和嶠荀勗往觀察之既見勗稱歎曰太子德更進茂不同於故嶠曰皇太子聖質如初此陛下家事非臣所盡天下聞之莫不稱嶠為忠而欲灰滅勗也按荀顗清雅性不阿諛按之二說則孫盛為得也

晉武帝時荀勗為中書監虞預晉書曰勗字公曾潁川潁陰人漢司空爽曾孫也十餘歲能屬文外祖鍾繇曰此兒當及其曾祖為安陽令民生為立祠累遷侍中中書監和嶠為令故事監令由來共車嶠性雅正

常疾勗諂諛王隱晉書曰勗性佞媚譽太子出齊王當時私議損國害民孫劉之匹也後世若有良史當著佞倖傳後公車來嶠便登正向前坐
不復容勗勗方更覓車然後得去監令各給車
自此始曹嘉之晉紀曰中書監令常同車入朝至和嶠為令而荀勗為監嶠意彊抗專車而坐乃使監令異車自此始也
武帝語和嶠曰我欲先痛罵王武子然後爵之
嶠曰武子儁爽恐不可屈帝遂召武子苦責之
因曰知愧不晉諸公贊曰齊王當出藩而王濟諫請無數又累遣常山王與婦長廣公主共入稽顙陳乞帝甚恚謂王戎曰我兄弟至親今出齊王自朕家計而甄德王濟連遣婦入來生哭人耶濟等尚爾況餘者乎濟自此被責左遷國子祭酒武子曰

尺布斗粟之謠，常爲陛下耻之。漢書曰：淮南厲王長，高祖少子也。有罪，文帝徙之於蜀，不食而死。民作歌曰：一尺布，尚可縫；一斗粟，尚可舂；兄弟二人不能相容。贊注曰：言一尺布帛可縫而共衣，一斗米粟可舂而共食，況以天下之廣而不相容也。他人能令疎親，臣不能使親疎，以此愧陛下。

山公大兒著短帢，車中倚。武帝欲見之，山公不敢辭，問兒，兒不肯行。時論乃云勝山公。晉諸公贊曰：山該字伯倫，司徒濤長子也。雅有器識，仕至左衞將軍。

齊王冏爲大司馬輔政，虞預晉書曰：冏字景治，齊王攸子也。少聰慧，及長謙約好施。趙王倫篡位，冏起義兵誅倫，拜大司馬，加九錫，政皆決之，而恣用羣小，不復朝覲，遂爲長沙王所誅。嵇紹爲侍中，詣冏咨事。冏設宰會，召

葛旟齊王官屬名曰旟字盧旟齊王從事中郎晉陽秋曰齊王起義轉長史既克趙王倫逌董艾等專執威權問毀見誅董艾等八王故事曰艾字叔智弘農人祖遇魏侍中父綏秘書監艾少好功名不修士檢齊王起義艾為新汲令赴軍用艾領右將軍王敗見誅共論時宜旟等白問嵇侍中善於絲竹公可令操之遂送樂器紹推却不受問曰今日共為歡卿何却邪紹曰公協輔皇室令作事可法紹雖官卑職備常伯操絲比竹蓋樂官之事不可以先王法服為伶人之業今逼高命不敢苟辭當釋冠冕襲私服此紹之心也旟等不自得而退

世說新語補卷之六

世說新語補卷之七

方正下

盧志於衆坐世語曰志字子通范陽人尚書珽少子少知名起家鄴令歷成都王長史衛尉卿尚書郎問陸士衡陸遜陸抗是君何物吳書曰遜字伯言吳郡人世爲冠族初領海昌令號神君累遷丞相答曰如卿於盧毓盧珽魏志曰毓字子家涿人父植有名於世累遷吏部郎尚書選舉先性行而後言才進司空珽咸熙中爲泰山太守字子笏位至尚書士龍失色既出戶謂兄曰何至如此彼容不相知也士衡正色曰我父祖名播海內寧有不知鬼子敢爾孔氏志怪曰盧充者范陽人家西三十里有崔少府墓充先冬至一日出家西獵見一獐舉弓而射即中之獐倒而復起

充遂之不覺遠忽見一里門如府舍門中一鈴
下有唱家前充問此何府也荅曰少府府也充
曰我衣惡那得見貴人即有人提襆新衣迎之
充著盡可體便進見少府展姓名酒炙數行崔
曰近得尊府君書為君索小女婚故相延耳即
舉書示充充父亡時雖小然已見父手迹便歔
欷無辭崔即勑內令女郎莊嚴使充就東廊充
至婦已下車立席頭共拜為三日畢還見崔崔
曰君可歸矣女有娠相生男當以相還生女當
留自養勑外嚴車送客崔送至門執手零涕離
別之感無異生人復致衣一襲被褥一副充便
上車去如電逝須臾至家家人相見悲喜推問
知崔是亡人而入其墓追以懊惋居四年三月
三日臨水戲忽見一犢車乍浮乍沒既上岸充
往開車後戶見崔氏女與三歲男兒共載充見
之忻然欲捉其手女擧手指後車曰府君見人
即見少府充往問訊女抱兒還充又與金盌別
并贈詩曰煌煌靈芝質光麗何猗猗華艷當時
顯嘉異表神奇含英未及秀中夏罹霜萎榮曜
長幽滅世路永無施不悟陰陽運哲人忽來儀

會殘離別速皆由靈與祇何以贈余親金盌可頤兒恩愛從此別斷絕傷肝脾充取兒盌及詩忽不見二車處將兒還四坐謂是鬼魅僉遙唾之形如故問兒誰是汝父兒竟就充懷衆初恠惡傳省其詩慨然歎死生之玄通也充詣市賣盌高舉其價不欲速售冀有識者欵有一老婢問充得盌之由還報其大家即女姨也遣視之果是謂充曰我姨姊崔少府女未嫁而亡家親痛之贈一金盌著棺中今視卿盌甚似得盌本末可得聞不充以事對即詣充家迎兒兒有崔氏狀又似充貌姨曰我甥三月末間產父曰春暖溫也願休強也即字溫休溫休蓋幽婚也其兆先彰矣兒遂成為令器歷數郡二千石皆著績其後生植為漢尚書植子毓為魏司空冠蓋相承至今也

議者疑二陸優劣謝公以此定之

王太尉夷甫也不與庾子嵩交庾卿之不置王曰君不得為爾庾曰卿自君我我自卿卿我自用

我法卿自用卿法

向雄為河內主簿有公事不及雄而太守劉淮橫怒遂與杖遣之雄後為黄門郎劉為侍中初不交言武帝聞之勅雄復君臣之好雄不得已詣劉再拜曰向受詔而来而君臣之義絶何如於是即去武帝聞尚不和乃怒問雄曰我令卿復君臣之好何以猶絶漢晋春秋曰雄字茂伯河內人世語曰雄有節槩仕至黄門郎護軍將軍按王隱孫盛不與故君相聞議曰昔在晋初河內温縣領校向雄送御犧牛不先呈郡輒隨比送洛值天大熱郡送牛多暍死臺法甚重太守呉奮召雄與杖雄不受杖曰郡牛者亦死也呈牛者亦死也奮大怒下雄獄將大治之會司隸辟雄都官從事數年

爲黄門侍郎舊爲侍中同省相避不相見武帝聞之給雄酒禮使詣舊辭雄乃奉詔此則非劉淮也晉諸公贊曰淮字君平沛國杼秋人少以清正稱累遷河内太守侍中尚書僕射司徒

雄曰古之君子進人以禮退人以禮今之君子進人若將加諸膝退人若將墜諸淵臣於劉河内不爲戎首亦已幸甚安復爲君臣之好武帝從之禮記曰穆公問於子思曰爲舊君反服古之耶子思曰古之君子進人以禮退人以禮故有舊君反服之禮今之君子進人若將加諸膝退人若將墜諸淵無爲戎首不亦善乎又何反服之有鄭玄曰爲兵主來攻伐故曰戎首也

周伯仁爲吏部尚書在省内夜疾危急時刁玄亮爲尚書令營救備親好之至良久小損虞預晉書

曰刁協字玄亮勃海饒安人少好學雖不研精而多所博涉中興制度皆稟於協累遷尚書令中宗信重之爲王敦所忌舉兵討之奔至江南敗死明旦報仲智鄧粲晉記曰周嵩字仲智顗弟也性狡直果俠每以才氣陵物顗被害王敦使人吊焉嵩曰亡兄天下有義人爲天下無義人所殺復何所吊敦甚銜之猶取爲從事中郎因事誅嵩晉陽秋曰嵩事佛臨刑猶誦經仲智狼狽來始入戶刁下牀對之大泣說伯仁昨危急之狀仲智手批之刁爲辟易於戶側既前都不問病直云君在中朝與和長輿齊名那與佞人刁協有情逕便出世說曰元帝以鄭后之寵欲舍明帝而立簡文議者咸謂舍長立少既於理非倫且明帝以聰亮英斷宜爲儲副周王諸公並苦爭懇切惟刁玄亮獨欲奉少主以阿上旨

王敦既下住船石頭欲有廢明帝意（晉紀曰帝諱紹字道畿元帝長子明敏有機斷）賓客盈坐敦知帝聰明欲以不孝廢之每言帝不孝之狀而皆云溫太真所說溫嘗為東宮率後為吾司馬甚悉之須臾溫來敦便奮其威容問溫曰皇太子作人何似溫曰小人無以測君子敦聲色並厲欲以威力使從已乃重問溫太子何以稱佳溫曰鉤深致遠蓋非淺識所測然以禮侍親可稱為孝（劉謙之晉紀曰敦欲廢明帝言於衆曰太子不道有虧溫司馬昔在東宮悉其事嶠既正言敦忿而愧焉）

王大將軍既反至石頭周伯仁往見之謂周曰

卿何以相負對曰公戎車犯正下官忝率六軍而王師不振以此負公晋陽秋曰王敦既下六軍敗續顗長史郝嘏及左右文武勸顗避難顗曰吾備位大臣朝廷傾撓豈可草間求活投身胡虜邪乃與朝士詣敦敦曰近日戰有餘力不對曰恨力不足豈有餘邪

蘇峻時王隱晋書曰峻字子高長廣掖人少有才學仕郡主簿舉孝廉值中原亂招合流舊三千餘家結壘本縣宣示王化收葬枯骨遠近感其恩義咸共宗焉討王敦有功封公還歷陽太守峻以營將表曰鼓自鳴峻自斫鼓曰我鄉里時有此則空城有頃詔書徵峻峻曰臺下云我反反豈得活邪我寧山頭望廷尉不能廷尉望山頭乃作亂孔羣在橫塘爲匡術所逼王丞相保存術會稽後賢記曰羣字敬休會稽山陰人祖坐吳豫章太守父奕全椒令羣有智局仕至御史中丞晋陽秋曰匡術爲阜陵令逃亡無

行庾亮徵蘇峻術勸峻誅亮遂與峻同反後以苑城降因衆坐戲語令術勸羣酒以釋橫塘之憾羣答曰德非孔子厄同匡人家語曰孔子之宋匡簡子以甲士圍之子路怒奮戟將戰孔子止之曰夫詩書之不講禮樂之不習是丘之過也若述先王之道而爲咎者非丘罪也命也夫歌予和汝子路彈劍孔子和之曲三終匡人解甲罷雖陽和布氣鷹化爲鳩至於識者猶憎其眼禮記月令曰仲春之月鷹化爲鳩鄭玄曰鳩搏穀也夏小正曰鷹則爲鳩鷹也者其殺之時也鳩也者非殺之時也善變而之仁故具之

江僕射年少王丞相呼與共棋王手嘗不如兩道許而欲敵道戲試以觀之江不即下王曰君何以不行江曰恐不得爾徐廣晉紀曰江虨字思玄陳留人博學知

名無善弈爲中興之冠累遷尚書左僕射護軍將軍傍有客曰此年少戲
迺不惡王徐舉首曰此年少非惟圍棋見勝范汪棋品曰虞與王恬等棋第一品導第五品
顧孟著嘗以酒勸周伯仁伯仁不受顧因移勸
柱而語柱曰詎可便作棟梁自遇周得之欣然
遂爲衿契徐廣晉紀曰顧顯字孟著吳郡人驃騎榮兄子少有重名泰興中爲驃騎郎蚤卒時爲悼惜之
王丞相初在江左欲結援吳人請婚陸太尉對
曰培塿無松栢薰蕕不同器杜預左傳注曰培塿小阜松柏大木也薰香草蕕臭草
玩雖不才義不爲亂倫之始夫婦

周叔治作晉陵太守，周侯仲智往別。叔治以將別，涕泗不止。仲智恚之曰：斯人乃婦女，與人別唯啼泣。便舍去。鄧粲晉紀曰：周謨字叔治，顗次弟也。仕至中護軍。周侯獨留，與飲酒言話，臨別流涕，撫其背曰：奴好自愛。阿奴，謨小字。

王丞相作女伎，施設牀席。蔡公先在坐，不說而去，王亦不留。蔡司徒別傳曰：謨字道明，濟陽考城人。博學有識，避地江左，歷左光祿、錄尚書事、揚州刺史。薨，贈司空。

蘇峻既至石頭，百僚奔散，晉陽秋曰：峻率衆二萬，濟自橫江，至於蔣山，王師敗績。唯侍中鍾雅獨在帝側。或謂鍾曰：見可

而進知難而退古之道也君性亮直必不容於寇讎何不用隨時之宜而坐待其斃邪鍾曰國亂不能匡君危不能濟而各遯遁以求免吾懼董狐將執簡而進矣雅別傳曰雅字彥胄潁川長社人魏太傅鍾繇弟仲常曾孫也少有才志累遷至侍中

王丞相名位隆重百僚欲為降禮馮太常以問顏光祿晉書曰顏含字弘都瑯琊華人祖欽給事中父默汝陰太守含少有操行以孝聞仕至光祿勳晉中興書曰顏含嫂病困須蚺蛇膽不能得含憂歎累日忽有一童子持青囊授含乃蛇膽也童子化為青鳥飛去顏曰王公雖重禮無偏敬降禮之言或是諸君事宜鄙人老矣不識時務既

而告人曰吾聞伐國不問仁人向馮祖思問佞於我我其有邪德乎

孔君平疾篤王隱晉書曰孔坦字君平會稽山陰人善春秋有文辯歷太子舍人累遷廷尉卿庾司空為會稽省之晉陽秋曰庾冰字季堅太尉亮之弟也以有檢操亮常器之曰吾家晏平仲累遷車騎將軍江州刺史相問訊甚至為之流涕庾既下牀孔慨然曰大丈夫將終不問安國寧家之術迺作兒女子相問庾聞回謝之請其話言王隱晉書曰坦方直而有雅望

桓大司馬詣劉尹臥不起桓彎彈彈劉枕丸迸碎牀褥閒劉作色而起曰使君如馨地寧可鬬

戰求勝中興書曰温曾爲徐州刺史沛國屬徐州故呼温使君鬬戰者以温爲將也
桓甚有恨容
桓公議移洛陽鍾虡王懷祖曰永嘉不競暫都
江左方當漸平區宇旋軫舊京若其不爾宜改
遷園陵不應先事鍾虡桓不能奪
王右軍與謝公詣阮公阮思曠也至門語謝故當共
推主人謝曰推从正自難
王藍田拜楊州主簿請諱教云亡祖先君名播
海内遠近所知内諱不出於外禮記曰婦人之諱不出門餘
無所諱

孫興公作庾公誄文多託寄之辭綽集載誄文曰咨予與公風流同歸擬量託情視公猶師君子之交相與無私至中納是吐誠誨非雖實不敏敬佩弦韋永戢話言口誦心悲既成示庾道恩庾見慨然送還之曰先君與君自不至於此徐廣晉紀曰庾羲字叔和亮第三子拔尚率到位建威將軍吳國內史道恩羲小字

會稽王道子專政委任羣小陸祖言晉書曰陸納字祖言吳郡吳人父玩官侍中司空納少有清操貞厲絕俗太原王術雅重之引為建威長史遷吏部郎出為吳興太守望闕歎曰好家居纖兒欲撞壞之邪朝士稱其忠亮

劉真長王仲祖共行日旰未食有相識小人貽

其餐肴案甚盛真長辭焉仲祖曰聊以充虛何苦辭真長曰小人都不可與作緣

王脩齡嘗在東山甚貧乏陶胡奴為烏程令胡奴陶範小字也陶侃別傳曰範字道則侃第十子也侃諸子中最知名歷尚書秘書監何法盛以為第九子送一船米遺之卻不肯取直答語王脩齡若饑自當就謝仁祖索食不須陶胡奴米

戴安道少有高名晉安帝紀曰戴逵字安道譙國人也少有清操恬和通任甚為劉真長所知泰求娛生好鼓琴善屬文尤樂遊宴多與高門風流者遊談者許其通隱屢辭徵命遂著高尚之目武陵王司馬晞為太宰封武陵王聞其善鼓琴使人召之安道就使者前打破琴直語云戴安

道不能為王侯伶人

阮光祿赴山陵至都不往殷劉許過事便還諸人相與追之既亦知時流必當逐已乃遄疾而去至方山不相及中興書曰裕終日頹然無所錯綜而物自宗之劉尹時為會稽乃歎曰我入當泊安石渚下耳不敢復近思曠傍伊便能捉杖打人不易

王劉與桓公共至覆舟山看酒酣後劉牽脚加桓公頸桓公甚不堪舉手撥去既還王長史語劉曰伊詎可以形色加人不温別傳曰温有豪邁風氣也

羅君章曾在人家主人令與坐上客共語答曰

相識已多不煩復爾羅府君別傳曰含字君章桂陽耒陽人盖楚熊姓之
後啓土羅國遂氏族焉後寓湘境故爲桂陽人
含臨海太守彥曾孫滎陽太守綏小子也桓宣
武辟爲別駕以官廨諠擾於城西池小洲上立
茅茨伐木爲牀織葦爲席布衣蔬食晏若有餘
累遷散騎常侍廷尉長沙相致仕中散大夫門
施行馬含自在官舍有一白雀棲集堂宇及致
仕還家階庭忽蘭菊挺
生豈非至行之徵邪

王文度爲桓公長史時桓爲兒求王女王許咨
藍田既還藍田愛念文度雖長大猶抱著膝上
文度因言桓求己女婚藍田大怒排文度下膝
曰惡見文度已復癡畏桓溫面兵那可嫁女與
之文度還報云下官家中先得婚處桓公曰吾

知矣此尊府君不肯耳後桓女遂嫁文度兒王氏譜曰坦之子愷娶桓溫第二女字伯子中興書曰愷字茂仁歷吳國內史丹陽尹贈太常

太極殿始成徐廣晉紀曰孝武寧康二年尚書令王彪之等啓改作新宮太元三年二月內外軍六千人始營築至七月而成太極殿高八丈長二十七丈廣十丈尚書謝萬監視賜爵關內侯大匠毛安之關中侯王子敬時為謝公長史謝送版使王題之王有不平色語信云可擲著門外謝後見王曰題之上殿何若昔魏朝韋誕諸人亦自為也王曰魏阼所以不長謝以為名言宋明帝文章志曰太元中新宮成議者欲屈王獻之題榜以為萬代寶謝安與王語次因及魏時起凌雲閣忘題榜乃使韋仲將縣梯上題之欲以此風動其意王解其旨正色曰此奇事韋仲將

魏朝大臣寧可使其若此有以知魏德之不長安知其心通不復逼之

孝武問王爽卿何如卿兄王荅曰風流秀出臣不如恭忠孝亦何可以假人中興書曰爽字季明恭第四弟也忠孝質直烈宗崩王國寶夜開門入為遺詔爽為黃門郎拒之曰大行晏駕太子未立敢有先入者斬國寶懼乃止仕至侍中恭事敗賜太常

王爽與司馬太傅飲酒太傅醉呼王為小子王曰亡祖長史與簡文皇帝為布衣之交亡姑亡姊伉儷二宮何小子之有中興書曰王濛女諱穆之為哀帝皇后王蘊女諱法惠為孝武皇后

桓玄篡立徐野民獨哀感涕泗交流晉書曰徐廣字野民

東莞姑臧人世好學至廣尤爲精純謝玄爲兗州辟參事桓玄輔政以爲大將軍祭酒謝宣明止之收淚言曰君爲宋朝佐命身是晉室遺老憂喜之事固自不同乃更歔欷宋書曰謝晦字宣明陳郡陽夏人祖朗東陽太守父重司馬道子長史晦爲孟昶中兵參軍後爲宋高祖中領軍少帝即位加中書令與徐羨之傅亮共輔政以事伏誅

殷仲文還姑熟祖送傾朝桓敬祖要王參軍同行王弘之別見王曰餞離送別必在有情下官與殷風馬不接無緣扈從晉中興書曰桓謙字敬祖沖第三子尚書僕射中軍將軍

宋世吏部都令史咨執選事陸東海慧曉也在選

任已獨行未嘗與語帝遣人語陸云都令史諳悉舊貫可共參懷陸曰六十之年不復能諂都令史為吏部郎也上若謂身不堪便當拂衣而退

卞士蔚弱冠時為上虞令（南史曰卞彬字士蔚濟陰冤人祖嗣之中領軍父延之上虞令彬險拔有才與物多忤官車騎記室參軍）甚有剛氣會稽太守孟顗以令長裁之士蔚積不能容脫幘投地曰我所以屈卿者正謂此幘耳今已投之卿以一世勳門而傲天下國士拂衣竟去（顗別見）

任彥升（劉璠梁典曰任昉字彥升樂安人四歲誦古詩數十篇十六舉秀才第一辭章

之美冠絶當時好交結獎拔士友得其延譽率多升擢衣冠貴遊爭與交親坐上賓客恒有數十時人慕之號曰任君官至寧朔將軍新安太守在齊紆意於梅蟲兒用爲中書郎南史曰梅蟲兒吳興人齊東昏時爲制局監甚見愛幸東昏敗伏法彥升造謝尚書令王亮亮曰卿宜謝梅那忽謝我彥升大慚南史曰王亮字奉叔王瑩從父弟也父昌宋太宰中郎亮以名家宋末選尚公主齊竟陵王開西邸延才俊以爲士林使工圖其像亮亦與焉仕中書監加散騎常侍

褚彥宣南史曰褚炤字彥宣淵從父弟也父法顯鄱陽太守炤少有高節除國子博士以一目眇不拜常非從兄彥回身事二姓蕭子顯齊書曰褚淵字彥回河南陽翟人祖秀之宋太常父湛之驃騎將軍尚主彥回少有世譽復尚文帝女湛之卒彥

回推財與弟惟取書數千卷位宗爲司空從爲齊朝佐命官至侍中司徒彥回子賁
南史曰淵長子賁字蔚先少耿介父背袁粲等附高帝賁深執不可終身愧恨有棲退之志位
侍中徃問訊彥宣彥宣問曰司空今日何在賁曰
奉璽紱在齊大司馬門彥宣正色曰不知汝家
司空將一家物與一家亦復何謂彥回好戲詔
以軺車給之彥宣大怒曰着此辱門戶那可令
人見索火燒之馭人奔車乃免司馬光通鑑曰宋祖下詔禪位
於齊而不肯臨軒王敬則勒兵入迎宋主出就東邸光祿大夫王琨在晉世已爲郎中至是攀
車慟哭曰人以壽爲歡老臣以壽爲戚既不能先驅螻蟻乃復頻見此事嗚咽不自勝百官雨
泣司空褚淵等奉璽綬詣齊宮勸進齊王即皇帝位以褚淵爲司徒賀者滿座昭歎曰彥回少

立名行何意披猖至此門户不幸乃復有今日之拜使彥回作中書郎而死不當爲一名士耶名德不昌乃復有期頤之壽

紀僧真得幸於齊世祖嘗請曰臣出自本縣武吏邀逢聖時階榮至此南史曰紀僧真建康人也少事蕭惠開惠開密謂曰我子弟並無異才政是蕭道成耳僧真乃請事齊高帝備見親信嘗令學上手迹報答書疏皆付之僧真容貌言吐雅有士風武帝嘗目送之笑曰人生何必計門户紀僧真常貴人所不及也無復所須惟就陛下乞作士大夫上曰此由江斅見謝瀹南史曰瀹字義潔陳郡人謝莊子也仕至太子詹事我不得措意可自詣之僧真承旨詣斅登榻坐定斅顧命左右曰移吾牀遠客僧真喪氣而退以告

世祖世祖曰士大夫故非天子所命

徐勉爲吏部尚書梁書曰徐勉字脩仁東海郯人祖長宗宋高祖霸府行參軍父融南昌相勉幼孤貧早勵清節六歲時屬霖雨家人祈霽率爾爲文見稱耆宿及長篤志好學起家國子生王儉爲祭酒稱勉有宰輔之量歷官侍中謚簡肅嘗與門人夜集客有求詹事五官勉正色答云今夕止可談風月不宜及公事時人服其無私勉嘗爲書戒子崧曰吾家世清廉常居貧素至產業之事所未嘗言非直不經營而已薄躬遭逢遂至今日尊官厚祿可謂備之每念叨竊若斯豈由才致仰藉先代風範故臻此耳古人以清白遺子孫不亦厚乎又曰遺子黃金滿籯不如一經詳求此言信非徒語吾實有本志庶得遵奉斯義不敢墜失所以顯貴以來門人故舊亟薦便宜或使創闢田園或勸興立邸店又欲舳艫運致亦令貨殖聚斂

若此事皆距而不納非謂拔葵去織且欲省息紛紜中年聊於東田營小園者非在播藝以要利入正欲穿池種樹少寄情賞又以郊際閑曠終可為宅儻獲懸車致事實欲歌哭於斯慧日十住等既應營婚又須住止吾清明門宅無相容處所以爾者亦復有以前割西邊施宣武寺既失西廂不復方幅意亦謂此逆旅舍耳何事須華常恨時人謂是我宅古往今來豪富繼踵高門甲第連闥洞房宛其死矣定是誰室但不能不為培塿之山雜以花卉以娛休沐用託性靈隨便架立不在廣大所以內中逼促無復房宇近營東邊兒孫二宅乃藉十住南還之資既牽挽不至又不可中塗而輟郊間之園遂不辦保貨與韋黯乃獲百金成就兩宅已消其半尋園價所得何以至此由吾經始歷年粗已成立桃李茂密桐竹成陰塍陌交通渠畝相屬華樓迥榭頗有臨眺之美孤峰叢薄不無糾紛之興瀆中並饒菰蒲湖裏殊富芰蓮雖云人外城闕密邇韋生欲之亦雅有情趣追述此事非有吝心蓋是筆勢所至耳憶謝靈運山家詩云中為

天地物令成鄙夫有吾此言有之二十載矣今
爲天地物物之與我相技幾何哉此吾所餘今
以分汝營小田舍親累既多理亦須此且釋氏
之教以財物謂之外命儒典亦稱何以聚人曰
財况汝曹常情安得忘此聞汝所買姑孰田地
甚爲舄鹵彌復何安孔子曰居家理治可移於
官既以營之宜使成立進退兩忘更貽耻笑若
有所收穫汝可分贍內外大小宜令得所非
吾所知又復應沾之諸女耳汝既居長故有此
及凡爲人長殊復不易當使中外諧緝人無間
言先物後己然後可貴老生云後其身而身先
若能爾者更招巨利汝當自勗見賢思齊不宜
忽略以棄日也棄日乃是棄身身名美惡豈不
大哉今之所敕略言此意正謂爲家已來不事
資產陳其始末無愧懷抱兼吾年時朽暮心力
稍殫牽課奉公略不克舉其中餘暇裁可自休
或復冬日之陽夏日之陰良辰美景文案間隙
負杖躡履逍遙陋館臨池觀魚披林聽鳥濁酒
一杯彈琴一曲求數刻之暫樂庶居常以待終
不宜復勞家間細務汝交關既定之吾不復言及

田事汝亦勿復與吾言之假使堯水湯旱吾豈知如何若其滿庾盈箱爾之幸遇並無俟令吾知也記云夫孝者善繼人之志善述人之事今且望汝全吾此志則無所恨矣

蘇世長從獵於高陵唐書曰蘇世長雍州武功人祖彤後魏散騎常侍父振周宕州刺史世長十餘歲上書言事周武帝問讀何書對曰孝經論語王世充僭號署行臺僕射世充平以漢南歸國是日大獲陳禽於旌門高宗顧謂羣臣曰今日畋樂乎蘇對曰陛下畋獵薄廢萬機不滿十旬未為大樂高宗色變既而笑曰狂態發邪對曰臣為私計則狂為陛下國計則忠

真宗將立明肅后宋史曰劉后華陽人指揮通第二女也母龐夢月入懷而娠真宗即位入為美人進德妃章穆皇后崩欲立為后大臣多以為不可卒立之后性警悟曉

書史聞朝事能記其本末天下封奏皆得預聞令丁謂東都事畧曰丁謂字公言蘇州人嘗以文謁王禹偁王比之韓柳名遂長真宗朝拜相以擅移皇堂貶崖州司户東軒筆錄曰丁謂有才智然多希合天下以為姦邪及稍進用即贊真宗以神仙之事作玉清昭應宮耗費國帑不可勝紀諭旨於楊大年令作冊文丁云此段不憂不富貴楊答曰如此富貴亦不願得東都事畧曰楊億字大年建州浦城人七歲善屬文十一以童子召對試詩賦五篇下筆立成太宗嘆異以為秘書省正字歷官翰林學士謚曰文

王介甫雅愛馮道五代史曰馮道字可道瀛州景城人初事官者張承業得薦於晉王唐莊宗即位拜户部侍郎明宗時同中書門下平章事晉滅唐道又事晉晉加司徒侍中契丹滅晉道又事契丹漢高祖立乃歸漢周滅漢又事周太祖世宗時卒道少能矯行以取

稱於世。當晉鮑梁夾河而軍，道居軍中，為一茅庵，不設牀席，臥一束芻而已。諸將有掠得美女者以遺道，寘之別室，訪其主還之。父喪，居景城，歲饑，悉出所有以賙鄉里，而退耕於野。有力不能耕者，夜往潛為之耕。為大臣，尤務持重以鎮物。事四姓十君，益以舊德自處。當世士皆仰為元老，而喜為之稱譽。

唐參政曰：「道為宰相，使朝易四姓，身事十主，此得為純臣乎？」王曰：「伊尹五就湯，五就桀者，正在安人而已。」唐曰：「有伊尹之志則可。」介甫為之變色。東都事略曰：唐介字子方，荊南人。為御史裏行，論文彥博交結宮禁，貶英州別駕。彥博亦罷相。後文復相，上言召臣未召介，臣不敢行。仁宗即起介通判潭州，尋至大用。

雅量上

孔文舉在青州范曄後漢書曰融在北海六年劉備表為青州刺史為袁譚袁紹子所攻流矢雨集矛戟內接孔隱几安坐讀書論義自若豈有此理

諸葛武侯蜀志曰諸葛亮字孔明瑯琊陽都人父珪字君貢泰山郡丞亮早孤躬耕隴畝好為梁父吟身長八尺每自比管仲樂毅時人莫之許也唯博陵崔州平潁川徐元直謂為信然先主屯新野徐庶見先主曰諸葛孔明臥龍也將軍豈願見之乎先主曰君與俱來庶曰此人可就見不可屈致也先主遂詣亮謂關羽張飛曰孤之有孔明猶魚之有水也累遷丞相益州牧率衆北征卒于渭南與司馬宣王晉紀曰司馬懿字仲達河內溫人猜忌多權數魏武聞其有狼顧相召使前行令反顧面正向後而身不動又嘗夢三馬同食一槽甚惡焉謂太子丕曰司馬懿非人臣也必與汝家事太子素與帝善每相全佑聖賢群輔錄曰

河内司馬懿仲達潁川陳羣長文譙朱鑠彥才濟陰吳質季重爲魏文帝四友治軍渭濱克日交戰宣王戎服莅事使人視武侯獨乘素輿葛巾毛扇指麾三軍隨其進止宣王歎曰諸葛君可謂名士矣

許司徒袠子蜀志曰許靖字文休汝南平輿人避亂交阯依太守士燮劉璋遣使招靖入蜀璋以爲廣漢太守先主爲漢中王拜太傅靖年逾七十愛樂人物誘納後進清談不倦丞相諸葛亮皆爲之拜董休昭蜀志曰董允字休昭南郡枝江人父和掌軍中郎將允秉心公亮丞相亮欲任以宮省之事遷侍中允事爲防制甚得匡救之理延熙中守尚書令華陽國志曰蜀人以諸葛亮蔣琬費禕及允爲四相與費文偉蜀志曰費禕字文偉江夏鄳人遊學益土與汝南許叔龍南郡董允齊名代蔣琬爲尚書令欲共會

其葬所休昭白其父掌軍請車蜀志曰董和字幼宰南郡枝江人劉璋時爲益州太守先主定蜀爲掌軍中郎將與武侯並署大司馬府事獻可替否其爲交歡和外牧殊域内幹機衡二十餘年死之日家無儋石之財亮教與羣下曰夫參署者集衆思廣忠益也若遠小嫌難相違覆曠闕損矣違覆而得中猶棄弊蹻而獲珠玉然人心苦不能盡惟徐元直處茲不惑又董幼宰參署七年事有不至至於十反來相啓告苟能慕元直之十一幼宰之殷勤有忠於國則亮可以過矣掌軍遣開後鹿車給之休昭有難載之色文偉便從前先上及至喪所諸葛亮及諸貴人悉集車乘甚鮮休昭猶神色未泰文偉晏然自若持車人還掌軍問之知其如此謂休昭曰吾常疑汝於文偉優劣未别也自

是吾意了矣優劣不在此

豫章太守顧劭環濟吳紀曰劭字孝則吳郡人年二十七起家爲豫章太守舉善以教民風化大行是雍之子劭在郡卒雍盛集僚屬自圍棋外啓信至而無兒書雖神氣不變而心了其故以爪掐掌血流沾褥賓客既散方歎曰已無延陵之高豈可有喪明之責禮記曰延陵季子適齊及其反也其長子死葬於嬴博之間孔子曰延陵季子吳之習於禮者也往而觀其葬焉其坎深不至於泉其斂以時服既葬而封廣輪揜坎其高可隱也既封左袒右還其封且號者三曰骨肉歸復於土命也若魂氣則無不之也而遂行孔子曰延陵季子之於禮也其合矣乎子夏哭其子而喪其明曾子弔之曰朋友喪明則哭之曾子哭子夏亦哭曰天乎予之無罪也曾子怒曰商

汝何無罪也吾與汝事夫子於洙泗之間退而老於西河之上使西河之民疑汝於夫子爾罪一也喪爾親使民未有聞焉爾罪二也喪爾子喪爾明爾罪三也子夏投其杖而拜曰吾過矣吾過矣於是豁情散哀顏色自若

魏軍次于興平蜀假費文偉節督師往禦禕別傳曰戰國多事公務煩猥禕識悟過人每省讀書記舉目暫視已究其意旨其速數倍於人終亦不忘常以朝晡聽事其間接納賓客飲食嬉戲加之博奕每盡人之歡事亦不廢董允為尚書令發斆禕之所行旬日之中事多愆滯歎曰人才力相懸若此吾聽事終日猶不暇爾光祿大夫來敏至文偉許別就求圍棋于時羽檄交馳嚴駕已訖文偉留意對戲色無厭倦敏曰聊觀試卿耳信自可人必能辦賊者蜀志曰來敏字敬達義陽

新野人父艷漢司空敏涉獵書籍善左氏春秋
尤精倉雅訓詁先主署典學校尉與孟光皆以
樞機不慎數見貶削然敏東宮舊恩特
加優待後爲執慎將軍欲令以官自警

嵇中散嘗於夜中燈火下彈琴有一人入室初來時面甚小斯須轉大遂長丈餘顏色甚黑單衣草帶嵇熟視既久乃吹火滅曰恥與魑魅爭光

嵇中散臨刑東市神氣不變索琴彈之奏廣陵散曲終曰袁孝尼嘗請學此散吾靳固不與廣陵散於今絕矣晉陽秋曰初康與東平呂安親善安嫡兄遜淫安妻徐氏安欲告遜遣妻以咨於康康喻而抑之遜內不自安陰告安撾母表求徙邊安當徙訴自理辭引康

文士傳曰呂安羅事康詣獄以明之鍾會庭論康曰今皇道開明四海風靡邉鄙無詭隨之民街巷無異口之議而康上不臣天子下不事王侯輕時傲世不爲物用無益於今有敗於俗昔太公誅華士孔子戮少正卯以其負才亂羣惑衆也今不誅康無以清潔王道於是録康閉獄臨死而兄弟親族咸與共别康顔色不變問其兄曰向以琴來不邪兄曰以來康取調之爲太平引曲成歎曰太平引於今絶矣

太學生三千人上書請以爲師不許文王亦尋悔焉 王隱晉書曰康之下獄太學生數千人請之于時豪俊皆隨康入獄悉解喻一時散遣康竟與安同誅○此逮康之死也

裴遐 晉諸公贊曰裴遐字叔道河東人父緯長水校尉遐少有理稱辟司空掾散騎郎 在周馥所馥設主人 鄧粲晉紀曰馥字祖宣汝南人代劉淮爲鎮東將軍鎮壽陽移檄四方欲奉迎天子元皇使甘卓攻之馥出奔道卒 遐與人圍棋馥

司馬行酒遐正戲不時為飲司馬恚因曳遐墜地遐還坐舉止如常顔色不變復戲如故王夷甫問遐當時何得顔色不異答曰直是闇當故耳一作闇故當耳一作真是闘將故耳

阮德如嘗於廁見鬼長丈餘色黑而眼大着皂單衣平上幘去之咫尺德如心定徐笑語之曰人言鬼可憎果然鬼赧愧而退阮侃別見

阮千里善彈琴名士傳曰阮瞻字千里夷任少嗜欲不脩名行自得於懷讀書不甚研求而識其要任至太子舍人人聞其能多往聽之千里不問貴賤長幼至輒與彈神氣冲和不知向人所

在內見潘安仁常令鼓琴終日達夜曾無忤色夏侯太初嘗倚柱作書時大雨霹靂破所倚柱衣服焦然神色無變書亦如故賓客左右皆跌蕩不得住（見顧愷之書質語林曰太初從魏帝拜陵陪列於松柏下時暴雨霹靂正中所立之樹冠冕焦壞左右觀之皆伏太初顏色不改臧榮緒又以為諸葛誕也）

王夷甫嘗屬族人事經時未行遇於一處飲燕因語之曰近屬尊事那得不行族人大怒便舉樏擲其面夷甫都無言盥洗畢牽王丞相臂與共載去在車中照鏡語丞相曰汝看我眼光迺出牛背上（王夷甫蓋自謂風神英俊不至與人校）

王夷甫與裴景聲志好不同，景聲惡欲取之，卒不能回。乃故詣王，肆言極罵，要王答己，欲以分謗。王不爲動色，徐曰：「白眼兒遂作。」晉諸公贊曰：裴遐字景聲，河東聞喜人。少有通才，從兄頠器賞之，每與清言，終日達曙。自謂理構多如，輒每謝之，然未能出也。歷太傅從事中郎、左司馬，監東海王軍事。少爲文士，而經事爲將，雖非其才，而以罕重稱也。

劉慶孫在太傅府，于時人士多爲所構，惟庾子嵩縱心事外，無跡可閒。後以其性儉家富，說太傅令換千萬，冀其有吝，於此可乘。晉陽秋曰：劉輿字慶孫，中山人。有豪俠才筭，善交結，爲范陽王虓所暱。虓薨，太傅召之，大相委仗，用爲長史。八王故事曰：東海王越字元超，高密王泰長子。少尚布衣之操，爲中外所歸，累遷司空、太傅。太傅於

衆坐中問庾庾時頹然已醉幘墜几上以頭就穿取徐答云下官家故可有兩娑千萬隨公所取於是乃服後有人向庾道此庾曰可謂以小人之慮度君子之心

謝幼輿晋陽秋曰謝鯤字幼輿陳郡人父衡晋碩儒鯤性通簡好老易善音樂以琴書為業避亂江東王敦引為長史初至東海王越太傅府坐家僮取官稾除名于時在事諸人並以謝初登宰府便遭黜辱深為之恨謝聞之方清歌鼓琴不以屑意時人服其遠暢

有從来者云庾公有東下意或謂王公可潛稍

嚴以備不虞王公曰我與元規雖俱王臣本懷布衣之好若其欲來吾角巾徑還烏衣丹陽記曰烏衣之起吳時烏衣營處所也江左初立瑯琊諸王所居何所稍嚴中興書曰於是風塵自消內外緝穆○丞相非高也王著數也

王丞相主簿欲檢校帳下公語主簿欲與主簿周旋無為知人几案間事

祖士少好財阮遙集好屐並恒自經營同是一累而未判其得失祖約別傳曰約字士少范陽遒人累遷平西將軍豫州刺史鎮壽陽與蘇峻反峻敗約投石勒約本幽州冠族賓客填門勒登高望見車騎大驚又使左奪鄉里先人田地地主多恨勒惡之遂誅約晉陽秋曰阮孚字遙集陳留人咸第二子也少有

智調雨無傷異累遷侍中吏部尚書廣州刺史人有詣祖見料視財物客至屛當未盡餘兩小簏著背後傾身障之意未能平或有詣阮見自吹火蠟屐因歎曰未知一生當著幾量屐神色閑暢於是勝負始分

許侍中晉百官名曰許璪字思文義興陽羨人許氏譜曰璪祖襲字子良永興長父裒字季顯烏程令璪仕至吏部侍郎顧司空顧和字君孝少知名族人顧榮曰此吾家騏驥也必興吾宗仕至尚書令五子治隗淳履之俱作丞相從事爾時已被遇遊宴集聚略無不同嘗夜至丞相許戲二人歡極丞相便命使入已帳眠顧至曉回轉不得快孰許上牀便咍臺大鼾丞相顧諸客曰

此中亦難得眠處

戴公（逵也）從東出謝太傅往看之謝本輕戴見但與論琴書戴既無吝色而談琴書愈妙謝悠然知其量

庾太尉風儀偉長不輕舉止時人皆以爲假亮有大兒數歲雅重之質便自如此人知是天性溫太眞嘗隱慢怛之此兒神色恬然乃徐跪曰君侯何以爲此論者謂不減亮蘇峻時遇害（庾氏譜曰會字會宗太尉亮長子年十九咸和六年遇害）或云見阿恭知元規非假（阿恭會小字也）

褚公於章安令遷太尉記室參軍按庾亮啓參佐名褒時直爲參軍不掌記室也名字已顯而位微人未多識公東出乘估客船送故吏數人投錢塘亭住錢塘縣記曰縣近海爲潮漂沒縣諸豪姓歛錢雇人輦土爲塘因以爲名也爾時吳興沈充爲縣令當送客過淛江客出亭吏驅公移牛屋下潮水至沈令起彷徨問牛屋下是何物人吏云昨有一傖父來寄亭中有尊貴客權移之令有酒色因遥問傖父欲食餅不姓何等可共語褚因舉手答曰河南褚季野遠近久承公名令於是大遽不敢移公便於牛屋下脩刺詣公更宰

殺為饌具於公前鞭撻亭吏欲以謝慚公與之酌宴言色無異狀如不覺令送公至界

郗太傅在京口遣門生與王丞相書求女壻丞相語郗信君往東廂任意選之門生歸白郗曰王家諸郎亦皆可嘉聞來覓壻咸自矜持惟有一郎在東牀上坦腹卧如不聞郗公云正此好訪之乃是逸少因嫁女與焉王氏譜曰逸少羲之小字羲之妻太傅郗鑒女名璿字子房

過江初拜官輿飾供饌羊曼拜丹陽尹客來蚤者並得佳設日晏漸罄不復及精隨客早晚不

問貴賤曼別傳曰曼字延祖泰山南城人父暨陽平太守曼穎縱宏任飲酒誕節與陳
留阮放等號兗州八達累遷丹陽尹為蘇峻所害羊固拜臨海竟日皆
美供雖晚至亦獲盛饌時論以固之豐華不如
曼之真率明帝東宮僚屬名曰羊固字道安泰山人文字志曰固父坦車騎長史固
善草行著名一時避亂渡江累遷黃門侍郎褒其清儉贈大鴻臚
周仲智飲酒醉瞋目還面謂伯仁曰君才不如
弟而橫得重名須臾舉蠟燭火擲伯仁伯仁笑
曰阿奴火攻固出下策耳孫子兵法曰火攻有五一曰火人二曰火
積三曰火車四曰火軍五曰火隊凡軍必知五火之變故以火攻者明也

世說新語補卷之七

世說 禮

雅量 下
識鑒
賞譽 上下
品藻 上下
規箴 上

世說新語補卷之八

雅量下

顧和始爲揚州從事月旦當朝未入頃停車州門外周侯詣丞相歷和車邊語林曰周侯飲酒已醉著白帢憑兩人來詣丞相和覓蝨夷然不動周既過反還指顧心曰此中何所有顧搏蝨如故徐應曰此中最是難測地周侯既入語丞相曰卿州吏中有一令僕才中興書曰和有操量弱冠知名

庾太尉與蘇峻戰敗率左右十餘人乘小船西奔晉陽秋曰蘇峻作逆詔亮都督征討戰於建陽門外王師敗績亮於陣攜二弟奔溫嶠

亂兵相剝掠射誤中柂工應弦而倒舉船上咸失色分散亮不動容徐曰此手那可使著賊衆逌安

宣武與簡文太宰武陵王晞共載密令人在輿前後鳴鼓大叫鹵簿中驚擾太宰惶怖求下輿顧看簡文穆然清恬宣武語人曰朝廷閒故復有此賢續晉陽秋曰帝性溫深雅有局鎮常與桓溫太宰武陵王晞同乘至板橋溫密勑令無因鳴角鼓譟部伍並驚馳溫陽駭異晞大震帝舉止自若音顔無變溫每以此稱其德量故論者謂溫服憚也

劉越石為胡騎所圍數重城中窘迫無計劉始

夕乘月登樓清嘯胡賊聞之皆悽然長歎中夜吹奏胡笳賊皆流涕人有懷土之切向曉又吹賊并起圍奔去或云是劉王喬曹嘉之晉紀曰劉疇字王喬彭城人父訥司隸校尉疇善談名理有重名永嘉中為閻鼎所害

郗嘉賓嘗三伏之月詣謝公時炎暑熏赫諸人雖復當風交扇猶沾汗流離謝著故絹衣食熱白粥宴然無異曆忌釋曰伏者金氣伏藏之日也○稟性不同

桓公伏甲設饌廣延朝士因此欲誅謝安王坦之晉安帝紀曰簡文晏駕遺詔桓溫依諸葛亮王導故事溫大怒以為黜其權謝安王坦之所建也入赴山陵百官拜于道側在位望者戰慄失色或云自此欲殺三謝王甚遽

問謝曰當作何計謝神意不變謂文度曰晉阼存亡在此一行相與俱前王之恐狀轉見於色謝之寬容愈表於貌望階趨席方作洛生詠諷浩浩洪流桓憚其曠遠乃趣解兵按宋明帝文章志曰安能作洛下書生詠而少有鼻疾語音濁後名流多斅其詠弗能及手掩鼻而吟焉桓溫止新亭大陳兵衛呼安及坦之欲於坐害之王入失[illegible]執手版汗流霑衣安神姿舉動不異於常[illegible]徧歷溫左右衛士謂溫曰安聞諸侯有[illegible]四鄰明公何有壁間著阿堵輩溫笑曰正[illegible]不能不爾於是矜莊之心頓盡命部左右從燕行觴笑語移日王謝舊齊名於此始判優劣

桓宣武與郗超議芟夷朝臣條牒既定其夜同

宿續晉陽秋曰超謂溫雄武當樂推之運遂深自委結溫亦深相器重故潛謀密計莫不預焉明晨起呼謝安王坦之入擲疏示之郗猶在帳內謝都無言王直擲還云多宣武取筆欲除郗不覺竊從帳中與宣武言謝含笑曰郗生可謂入幕賓也帳一作帷

謝太傅盤桓東山時與孫興公諸人汎海戲中興書曰安元居會稽與支道林王羲之許詢共遊處出則漁弋山水入則談說屬文未嘗有處世意也風起浪涌孫王諸人色並遽便唱使還太傅神情方王吟嘯不言舟人以公貌閑意說猶去不止既風轉急浪猛諸人皆諠動不坐公徐云

如此將無歸衆人即承響而回於是審其量足以鎮安朝野

孟嘉爲桓宣武征西參軍九日宴龍山寮佐畢集俄風至吹嘉帽落嘉不之覺宣武使左右勿言以觀其舉止嘉良久如廁宣武令取還之命孫盛作文嘲嘉著嘉坐處嘉還見即荅之其文甚美四坐嗟異

支道林還東高逸沙門傳曰遁爲哀帝所迎游京邑久心在故山乃拂衣王都還就巖穴時賢竝送於征虜亭丹陽記曰太安中征虜將軍謝安立此亭因以爲名蔡子叔前至坐近林公中興書曰蔡系字子叔濟陽人司徒

謨第二子有文理仕至撫軍長史謝萬石後來坐小遠蔡暫起謝移就其處蔡還見謝在焉因合褥舉謝擲地自復坐謝冠幘傾脫乃徐起振衣就席神意甚平不覺瞋沮坐定謂蔡曰卿奇人殆壞我面蔡答曰我本不為卿面作計其後二人俱不介意

郗嘉賓欽崇釋道安德問餉米千斛修書累紙意寄殷勤道安答直云損米愈覺有待之為煩

謝安南免吏部尚書還東晉百官名曰謝奉字弘道會稽山陰人謝氏譜曰奉祖端散騎常侍父鳳丞相主簿奉歷安南將軍廣州刺史吏部尚書謝太傅赴桓公司馬出西相遇破岡既當遠別遂停三

日共語太傅欲慰其失官安南輒引以他端雖信宿中塗竟不言及此事太傅深恨在心未盡謂同舟曰謝奉故是奇士

謝公與人圍棊俄而謝玄淮上信至看書竟默然無言徐向局客問淮上利害荅曰小兒輩大破賊意色舉止不異於常續晉陽秋曰初苻堅南寇京師大震謝安無懼色方命駕出野與兄子玄圍棊夜還乃處分少日皆辦破賊又無喜容其高量如此謝車騎傳曰氐賊苻堅傾國大出衆號百萬朝廷遣諸軍距之凡八萬玄進屯壽陽玄爲前鋒都督與從弟琰等選精銳決戰射傷堅俘獲數萬計得僞輦及雲母車寶器山積錦罽萬端馬牛驢騾駝十萬頭匹

王子猷子敬曾俱坐一室上忽發火子猷遽走避不遑取屐晉百官名曰王徽之字子猷中興書曰徽之羲之第五子卓犖不羈欲爲傲達仕至黃門侍郎子敬神色恬然徐喚左右扶憑而出不異平常續晉陽秋曰獻之雖不修賞貫而容止不妄世以此定二王神宇神宇難定獻難勝徽也

王子敬夜齋中臥有羣偷入其室盜物都盡王徐曰偷兒青氊我家舊物可特置之

王僧彌珉小字也謝車騎共王小奴許集小奴王薈小字也薈別傳曰薈字敬文丞相最小子有清譽夷泰無競仕至鎮軍將軍僧彌舉酒勸謝云奉使君一觴謝曰可爾謝玄曾爲徐州故云使君僧彌

勃然起作色曰汝故是吳興溪中釣碣耳何敢譸張玄叔父安曾為吳興玄少時從之遊故邪云然謝徐撫掌而笑曰衛軍僧彌殊不肅省乃侵陵上國也

王東亭為桓宣武主簿既承藉有美譽公甚欲其人地為一府之望初見謝失儀而神色自若坐上賓客即相貶笑公曰不然觀其情貌必自不凡吾當試之後因月朝閣下伏公於內走馬直出突之左右皆宕仆而王不動名價於是大重咸云是公輔器也續晉陽秋曰珣初辟大司馬掾桓溫至重之常稱王掾必為黑頭公未易才也

太元末長星見 徐廣晉紀曰泰元二十年九月出蓬星如粉絮東南行歷須女
至央星按太元末唯有此妖不聞長星也且讀文八年有長星出東方文穎注曰長星有光芒
或竟天或長十丈或二三丈無常也此星見多為兵革事此後十六年文帝乃崩蓋知長星非
關天子世說虛也 孝武 晉書曰帝諱曜字昌明簡文子在位二十四年為張貴妃所弒
心甚惡之夜華林園中飲酒舉杯屬星云長星
勸爾一杯酒自古何時有萬歲天子
殷荊州有所識作賦是東晳慢戲之流 文士傳曰晳字
廣微陽平元城人漢太子太傅疏廣後也王莽末廣曾孫孟達自東海避難元城改姓去疏之
足以為東氏晳博學多識問無不對元康中有人自嵩高山下得竹簡一枚上兩行科斗書司
空張華以問晳晳曰此明帝顯節陵中策文也檢校果然曾為餅賦諸文文甚俳諧三十九歲

辛元城爲之廢市殷甚以爲有才語王恭適見新文甚可觀便於手巾函中出之王讀殷笑之不自勝王看竟既不笑亦不言好惡但以如意帖之而已殷悵然自失

王江州宋書曰王弘字休元瑯琊臨沂人曾祖導晉丞相祖洽中領軍父珣司徒弘少好學以清恬知名與尚書僕射謝混善弱冠爲會稽王驃騎參軍欲識陶淵明不能致淵明嘗往廬山王令淵明故人龐通之齎酒具於半道栗里要之淵明有脚疾使一門生二兒舉籃輿既至欣然便共飲酌俄頃王至亦無忤也梁昭明太子撰淵明傳曰淵明字元亮或云潛字淵明潯陽柴桑人曾祖

佋晉大司馬潛少有高趣博學不羣親老家貧
為州祭酒少日自解歸州召主簿不就躬耕自
資遂抱羸疾後復為彭澤令不以家累自隨送
一力給其子書曰此亦人子也可善遇之在官
八十餘日郡遣督郵至縣吏請曰應束帶見之
潛歎曰我豈能為五斗米折腰向鄉里小兒即
日解印綬去賦歸去來縱妻翟氏亦與同志能
安勤苦夫耕於前妻鋤於後潛自以先世為晉
宰輔恥復屈身後代自宋高祖王業漸隆不復
肯仕是歲將復徵之會卒世號靖節先生晉書
潛本傳曰潛既絕州郡覲謁未嘗有所造詣惟
至田舍及廬山遊觀而已或有酒要之或要之
共至酒家坐雖不識主人亦欣然無忤刺史王
弘以元熙中臨州甚欽遲之潛稱疾不見弘每
令人候之密知當往廬山遣其故人龐通之齎
酒先於半道要之便引酌欣然忘進弘乃出與
相聞歡宴窮日續晉陽秋曰王弘造淵明無履
弘從人脫履以給之弘語左右為彭澤作履左
右請履度淵明即衆坐伸脚及履至著而不疑
異並傳詩話曰本傳潛故人龐通之此有參龐

參軍四言及後五言皆叙鄭曲與婦明是此人又有總詩示龐主簿者豈即龐參軍耶里亦可說殺家之事

徐羡之沈容寡言不以憂喜見色頗工奕棊觀戲常若未解宋書曰徐羡之字宗文東海郯人祖寧吏部尚書郎父祚之上虞令羡之歷官司空錄尚書事羡之起自布衣又無學術直以志力局度一旦居廟廊朝野推服謂有宰臣之望與謝晦傅亮同誅嘗與謝晦傅亮宋書曰傅亮字季友北地人博涉經史尤善文辭官散騎常侍宴聚晦亮才學辯博羡之風度詳整時然後言鄭鮮之歎曰觀徐傅言論不復以學問爲長沈約宋書曰鄭鮮之字道子滎陽開封人高祖渾魏將作大匠曾祖襃大司農父遵尚書郎襃初爲江乘令因居縣境鮮之下帷讀書絕交遊之務初爲桓偉輔國

主簿歷官尚書右僕射

宋明帝宋書曰帝諱彧文帝第十一子賜王景文死敕至之夜景文在江州方與客棊看敕訖置在局下神色恬然爭刼竟斂子納奩畢徐言奉敕見賜以死方以敕示客因舉賜鴆謂客曰此酒不可相勸遂仰飲而絕宋書曰景文常以盛滿為憂屢辭位宋主不許詔報曰人居貴要但問心若為耳大明之世巢徐二戴位不過執戟而權抗人主今袁粲為令僕領選而人往往不知有粲以此居貴要當有致憂兢否夫有心者避禍不若無心於任運存亡之要巨細一揆耳至是慮晏駕後皇后臨朝景文或有異圖遣使齎手敕并藥賜死

沈昭略南史曰昭略字茂隆吳興武康人祖慶之宋車騎大將軍開府儀同三司父文

故侍中昭略性狂雋使酒使氣齊高帝賞之以爲中書郎遷侍中永元中被召入華林省飲藥淮死

與徐孝嗣諸人同賜死華林省

南齊書曰孝嗣字始昌東海郯人祖湛之宋司空父聿之著作郎孝嗣幼而挺立風儀端簡官五兵尚書明帝崩受遺詔永元初帝失德稍彰不敢諫諍內懷憂懼有勸行廢立者孝嗣遲疑久之謂無用干戈須少主出遊閉城門集百僚議廢之未決羣小稍憎孝嗣勸帝誅之召孝嗣等入華林省遣茹法珍賜藥淮孝嗣飲至斗餘方卒

孝嗣語昭略曰見卿使人思夏侯太初昭略曰明府憶夏侯便是方寸不能都豁下官見龍逄比干欣然相對

符子曰桀觀炮烙於瑤臺顧龍逄曰樂乎曰樂桀曰觀刑而樂何無惻隱乎對曰刑固苦矣然天下苦之而君樂之君心也臣為股肱孰有心悅而股肱不悅者桀曰聽汝之諫得我功之不得我刑之逢曰觀君冠危石而履春

冰也未有冠冕石而不墜履春冰而不陷者紂曰汝知我亡而不自知其亡請就炮烙使君觀汝亡以知我之不亡逢乃歌曰休哉造化者勞我以生而休我以炮烙也遂赴炮烙史記曰帝紂好酒淫樂嬖於婦人重刑辟有炮烙之法諸侯多叛三子比干諫不聽微子乃與太師少師謀遂去比干曰為人臣者不得不以死爭乃強諫紂紂怒曰吾聞聖人心有七竅剖比干觀其心

齊高宗廢鬱林領兵入殿左右驚報謝侍中瀹也謝與客圍碁每下子輒云其當有意竟局乃還齋卧終不問外事南齊書曰高宗諱鸞始安貞王道生子也受世祖遺詔為侍中尚書令鬱林王諱昭業文惠太子長子也世祖立為太孫世祖崩即位寵幸中書舍人朱隆之宦者徐龍駒鸞乃以計誅龍駒等王心惡之鸞慮變定謀廢立使蕭諶坦之等率兵入雲龍門引出西弄殺之而立海陵王昭文已又奉太后令廢海陵入纂大位

張士簡嗜酒踈脫忘懷家務在新安遣家僮載米三千斛還吳耗失太半士簡問其故答曰雀鼠耗也士簡笑曰壯哉雀鼠不復研問南史曰張率字士簡吳郡吳人祖永宋征北將軍父瓌右光祿大夫率性寛雅十二能屬文歷黄門侍郎出爲新安太守

張黄門出為封溪令蕭子顯齊書曰帝寵妃殷淑妃薨建齋僚佐覲者多至一萬融獨注覲百錢帝怒出為封溪令廣越嶂嶮獠賊執張將殺食之張神色不動方作洛生詠

牛弘弟弼好酒而酗嘗因醉射殺弘駕車牛弘還宅妻迎謂曰叔射殺牛弘聞之無所恠問直

答曰作脯坐定其妻又言叔射殺牛大是異事弘言已知顔色自若讀書不輟北史曰牛弘字里仁安定鶉觚人襁褓時相者見之謂其父曰此兒當貴善愛養之及長鬚貌甚偉性寬裕好學博聞開皇初授秘書監大業中進位上大將軍

則天朝宰相楊再思晨入朝值一重車將牽出西門道滑牛不前馭者罵曰一羣癡宰相不能和得陰陽而令我匯行如此辛苦時旱潦輒閉坊市南門以禳之再思徐謂之曰爾牛亦自弱不得嗔他宰相劉昫唐書曰再思鄭州原武人證聖初鳳閣侍郎巧佞邪媚能得人主微旨恭慎畏忌未嘗忤物或曰公名高位重何為屈折如此再思曰世路艱難直者受禍苟不如此何以全身○是是

裴晉公不信術數每語人曰雞猪魚蒜逢着則喫生老病死時至則行唐書曰裴度字中立河東聞喜人元和中以門下侍郎充彰義軍節度使淮蔡平封晉國公

司空表聖預爲壙故人来者引置内賦詩對酌人或難之表聖曰我非止暫遊此中公何不廣耶宋祁唐書曰司空圖字表聖河中虞鄉人累官中書舍人昭宗召拜兵部侍郎會遷洛陽柳璨希賊意誅天下才望助喪王室詔圖入朝圖陽墮笏意趣野耄璨知無意於世乃聽還居中條山王官谷遂隱不出

韓魏公駐兵延安忽夜有人携匕首至卧内魏公起問是誰曰某来殺諫議韓忠獻家傳曰公諱琦字稚圭相州

人天聖五年進士第二方唱名太史奏日下雲見後相英神兩朝贈魏國忠獻王又問誰遣汝曰張相公夏國方張元用事也魏公復詰挑曰取我首去其人曰其不忍得諫議金帶足矣遂取帶去魏公亦不治此事宋史曰趙元昊反琦適自蜀歸論西師形勢甚悉即命為陝西安撫使琦與仲淹在兵間久人心歸之朝廷倚以為重天下稱為韓范范忠宣謫居永州五朝名臣言行錄曰范純仁字堯夫文正公次子以恩補官相哲宗以書寄人云此中羊麪無異北方每日閑門殰餺飥不知身之在遠猗覺寮雜記曰北人食麪名餺飥揚雄方言餅謂之飥齊民要術青麰麥麪堪作飯及餅飦甚美磨盡無麩則飥之名已見於漢魏五代史李茂貞傳朕與宮人一日食粥一日食不托不托不托俗語嘗以方言為正作餺飥字

范忠宣謫永州夫人不如意忠宣行狀曰夫人王氏天章閣待制質之女輒罵章惇宋史曰惇字子厚建州浦城人豪雋博學善文嘗與蘇軾遊南山抵仙遊潭下臨萬仞橫木其上惇平步過之濡筆書壁神彩不動軾日君他日必能殺人矣安石秉政悅其才用為三司條例官尋拜參知政事罷知蔡州哲宗朝起為尚書僕射專以紹述為國是誣宣仁后追貶司馬光等哲宗崩論其罪貶雷州司戶參軍舟過橘洲大風雨船破僅得及岸正平持蓋正平字子夷忠宣次子公自負夫人以登燎衣民舍公顧曰豈亦章惇所為耶宋史曰初呂大防等既竄嶺表會明堂肆赦章惇言此數十人當終身勿徙純仁上言乞將大防等引赦原放忤惇意詆為同罪貶武安軍節度副使安置永州純仁坐貶每戒諸子弟毋得小有不平聞諸子怨章惇必怒止之江行赴貶所舟覆扶出衣盡濕顧謂諸子

日此豈章惇爲之哉
○正章惇之爲也

識鑒

鍾季明爲郡功曹時陳太丘爲西門亭長鍾深獨敬異太丘少鍾十七歲常禮待與同分義會辟公府臨辭太守問鍾誰可代君鍾曰明府必欲得其人西門亭長可用太丘曰鍾君似不察人爲意不知何獨識我

李元禮一世龍門時同縣聶季寶小家子不敢見元禮杜周甫知季寶賢不能定名以語元禮元禮呼見坐置砌下牛衣上一與言即决曰此

人當作國士後卒如元禮言范曄後漢書曰杜密字周甫潁川考城人少有厲俗志為胡廣所辟桓帝徵拜尚書令黨事起與李膺俱坐而名行相次時人亦稱李杜

許子將嘗到潁川多長者之游唯不詣陳仲弓又陳仲舉妻喪還葬鄉人俱至許獨不往或問其故子將曰太丘道廣廣則難周仲舉性峻峻則少通故不造也時人服其裁量范曄後漢書曰許劭字子將汝南平輿人少峻名節好人倫多所賞識與兄靖俱有高名好共論鄉黨人物每月輒更其品題汝南俗有月旦評焉

衛子許先賢行狀曰衛茲字子許陳留襄邑人不為詭激之行不徇流俗之名明慮淵

深覘略宏遠為車騎將軍何苗所辟司徒楊彪再加旌命漢室傾蕩曹公到陳留與茲相見同議起兵茲曰亂生久矣非兵無以整之由是首讚洪謀從太祖入滎陽力戰終日失利而發

弱冠與同郡圏文生同稱盛德郭林宗與二人俱到市子許買物隨價讎直文生訛呵減價乃取林宗曰子許少欲文生多情此二人非徒兄弟乃父子也後文生以穢貨見捐子許以烈節致譽知此看人尚在皮毛

王叔優與弟季道小時聞郭林宗有知人之鑒共往候之請問才行所宜以自處業林宗曰卿二人皆二千石才也然叔優當以仕宦顯季道

宜以經術進若違才易務亦不至也後叔優至壯中郎將季道代郡太守王氏世譜曰王昶字文舒太原晉陽人伯父柔字叔優父澤字季道

魏武將見匈奴使自以形陋不足雄遠國魏氏春秋曰武王姿貌短小而神明英發使崔季珪代帝自捉刀立牀頭既畢令間諜問曰魏王何如匈奴使答曰魏王雅望非常魏志曰崔琰字季珪清河東武城人聲姿高暢眉目疎朗鬚長四尺甚有威重然牀頭捉刀人此乃英雄也魏武聞之追殺此使此使不凡不可不殺

夏侯仲權入蜀魏志曰夏侯霸字仲權夏侯淵子素為曹爽所厚爽誅自疑亡

入蜀姜伯約問之曰司馬公既得彼政還復有征伐之志不忡權曰此人方營立家門未遑外事有鍾士季者其人雖少終爲吳蜀之憂蜀志曰姜維字伯約天水冀人少與母居好鄭氏學諸葛亮辟爲奉義將軍與長史張裔參軍蔣琬書曰姜伯約忠勤時事思慮精密考其所有永南季常諸人不如也傅子曰維好立功名陰養死士不修布衣之業郤正論曰姜伯約據上將之重處羣臣之右宅舍弊薄資財無餘側室無妾媵之褻後庭無聲樂之娛衣服取供輿馬取備飲食節制不奢不約官給費用隨手消盡察其所以然者非激貪厲濁抑情自割也直謂如是爲足不在多求凡人之談常譽成毀敗扶高抑下咸以姜維投厝無所身死宗滅以是貶削不復料擿異乎春秋褒貶之義矣如姜維之樂學不倦清素節約自一時之儀表也

何晏鄧颺夏侯玄並求傅嘏交而嘏終不許諸人乃因荀粲說合之謂嘏曰夏侯太初一時之傑士虛心於子而卿意懷不可交合則好成不合則致隙二賢若穆則國之休此藺相如所以下廉頗也史記曰相如以功大拜上卿位在廉頗右頗怒欲辱之相如每稱病望見引車避匿其舍人欲去之相如曰夫以秦王之威而吾廷叱之何畏廉將軍哉顧秦彊趙弱秦以吾二人故不敢加兵於趙今兩虎鬭勢不俱生吾以公家急而後私讎也頗聞謝罪傅曰夏侯太初志大心勞能合虛譽誠所謂利口覆國之人何晏鄧颺有為而躁博而寡要外好利而內無關籥貴同惡異多言而妬前多言多

釁妒前無親以吾觀之此三賢者皆敗德之人爾遠之猶恐罹禍況可親之邪後皆如其言（傅子曰是時何晏以才辯顯於貴戚之間鄧颺好交通合徒黨鬻聲名於閭閻夏侯玄以貴臣子少有重名皆求交於嘏嘏不納也嘏友人荀粲有清識遠志然猶勸嘏結交云）

晉武帝講武於宣武場帝欲偃武脩文親自臨幸悉召羣臣山公謂不宜爾因與諸尚書言孫吳用兵本意遂究論舉坐無不咨嗟皆曰山少傳乃天下名言（史記曰孫武齊人吳起衛人並善兵法竹林七賢論曰咸寧中吳既平上將為桃林華山之事息役弭兵示天下以大安於是州郡悉去兵大郡置武吏百人小郡五十人時京師猶講武山濤因論孫吳用兵本意濤為人常簡默蓋以為國者不可以忘

戰故及之名士傳曰濤居魏晉之間無所標明嘗與尚書盧欽言及用兵本意武帝聞之曰山少傅名言也後諸王驕汰輕遘禍難於是寇盜處處蟻合郡國多以無備不能制服遂漸熾盛皆如公言時人以謂山濤不學孫吳而闇與之理會王夷甫亦歎云公闇與道合竹林七賢論曰永寧之後諸王構禍狡虜歘起皆如濤言名士傳曰王夷甫推歎濤晻晻為與道合其深不可測皆此類也

裴使君徵也問管公明何尚書一代名士其實何如管曰其才若盆盎之水所見者清不見者濁

潘陽仲見王敦小時謂曰君蜂目已露但豺聲未振耳必能食人亦當為人所食晉陽秋曰潘滔字陽仲滎

陽人太常尼從子也有文學才識永嘉末爲河南尹遇害漢晉春秋曰初王夷甫言東海王越轉王敦爲揚州潘滔初爲太傅長史言於太傅曰王處仲蜂目已露豺聲未發今樹之江外肆其豪彊之心是賊之也晉陽秋曰敦爲太子舍人與滔同僚故有此言習孫二說便小遷異春秋傳曰楚令尹子上謂世子商臣蜂目而豺聲忍人也

褚期生少時謝公甚知之恒云褚期生若不佳者僕不復相士期生褚爽小字也續晉陽秋曰爽字茂弘河南人太傅裒之孫秘書監韶之子太傅謝安見其少時歎曰若期生不佳我不復論士矣長果俊邁有風氣好老莊之言當世榮譽弗之屑也唯與殷仲堪善累遷中書郎義興太守女爲恭帝皇后

謝公在東山畜妓簡文曰安石必出既與人同樂亦不得不與人同憂宋明帝文章志曰安縱心事外疎略常節每畜

女妓攜持遊肆也

郗超與傅瑗周旋，瑗見其二子竝總髮，超觀之良久，謂瑗曰：「小者才名皆勝，然保卿家終當在兄。」即傅亮兄弟也。傅氏譜曰：瑗字叔玉，北地靈州人，歷護軍長史、安城太守。宋書曰：迪字長猷，瑗長子也，位至五兵尚書，贈太常。丘淵之文章錄曰：亮歷尚書令、任光祿大夫，元嘉三年以罪伏誅。

索靖有先識遠量，知天下將亂，指洛陽宮門銅駝歎曰：「會見汝在荊棘中。」晉書曰：索靖字幼安，燉煌人。父湛，北地太守。靖少有逸羣之量，與鄉人氾衷、張甝、索紾、索永俱詣太學，馳名海內，稱燉煌五龍。靖該博經史，兼通內緯。傅玄、張華與靖一面，皆厚與之相結。出為西域戊己校尉長史，張勃表靖才藝絕

人宜在臺閣武帝擢爲尚書郎與襄陽羅尚河南潘岳吳郡顧榮同官咸器服焉

王夷甫父乂爲平北將軍有公事使行人論不得時夷甫在京師命駕見僕射羊祜尚書山濤夷甫時總角姿才秀異敘致既快事加有理濤甚奇之既退看之不輟乃歎曰生兒不當如王夷甫邪羊祜曰亂天下者必此子也晉陽秋曰夷甫父乂有簡書將免官夷甫年十七見所繼從舅羊祜申陳事狀辭甚俊偉祜不然之夷甫拂衣而起祜顧謂賓客曰此人必將以盛名處當世大位然敗俗傷化者必此人也漢晉春秋曰初羊祜以軍法欲斬王戎夷甫又忿祜言其必敗不相貴重天下爲之語曰二王當朝世人莫敢稱羊公之有德

石勒不知書石勒傳曰勒字世龍上黨武鄉人匈奴之苗裔也雄勇好騎射晉元康中流宕山東與平原茌平人師歡家膚耳恒聞鼓角鞞鐸之音勒私異之初勒鄉里原上地中生石日長類鐵騎之象國中生人參葩葉甚盛于時父老相者皆云此胡體貌奇異有不可知勒邑人厚遇之人多哂而不信永嘉初豪傑並起與胡王陽等十八騎詣汲桑為左前督桑敗共推勒為主攻下州縣都於襄國後僣正號死謚明皇帝使人讀漢書聞酈食其勸立六國後刻印將授之大驚曰此法當失云何得遂有天下至留侯諫迺曰賴有此耳鄧粲晉紀曰勒手不能書目不識字每於軍中令人誦讀聽之皆解其意漢書曰項羽急圍漢王於滎陽漢王與酈食其謀撓楚權食其勸立六國後王令趣刻印張良入諫以為不可輟食吐哺罵酈生曰豎儒幾敗乃公事趣令銷印

張季鷹辟齊王東曹掾在洛見秋風起因思吳中菰菜羹鱸魚膾曰人生貴得適意耳何能覊宦數千里以要名爵遂命駕便歸俄而齊王敗時人皆謂為見機文士傳曰張翰字季鷹父儼吳大鴻臚翰有清才美望博學善屬文造次立成辭義清新大司馬齊王冏辟為東曹掾翰謂同郡顧榮曰天下紛紛未已夫有四海之名者求退良難吾本山林間人無望於時久矣子善以明防前以智慮後榮捉其手愴然曰吾亦與子採南山蕨飲三江水爾翰以疾歸府以輒去除吏名性至孝遭母艱哀毀過禮自以年宿不營當世以疾終於家

王平子素不知眉子曰志大其量終當死塢壁間晋諸公贊曰王玄字眉子夷甫子也東海王越辟為掾後行陳留太守大行威罰為塢人

識鑑

所害

周伯仁母冬至舉酒賜三子曰吾本謂度江託足無所爾家有相爾等並羅列吾前復何憂周嵩起長跪而泣曰不如阿母言伯仁為人志大而才短名重而識闇好乘人之弊此非自全之道嵩性狼抗亦不容於世惟阿奴碌碌當在阿母目下耳

王大將軍既亡王應欲投世儒世儒為江州王含欲投王舒舒為荆州含語應曰大將軍平素與江州云何而汝欲歸之應曰此迺所以宜往

也含別傳曰含字處弘瑯琊臨沂人累遷徐州刺史與弟敦作逆誅晉陽秋曰應字安期含子也敦無子養爲嗣以爲武衛將軍用爲副貳伏誅江州當人彊盛時能抗同異此非常人所行及覩衰危必興慇惻王彬別傳曰彬字世儒瑯琊人祖覽父正並有名德彬爽氣出儕類有雅正之韻與元帝姨兄弟從佐皇業累遷侍中從兄敦下石頭害周伯仁彬與顗素善往哭其尸甚慟既而見敦敦怪其有慘容而問之答曰向哭周伯仁情不能已敦曰伯仁自致刑戮彼復何爲者哉彬曰伯仁清譽之士有何罪因數敦曰抗旌犯上殺戮忠良音辭忼慨與淚俱下敦怒甚丞相在坐代爲之解命彬曰拜謝彬曰有足疾比來見天子尚不能拜何跪之有敦曰脚疾何如頸疾以親故不害之累遷江州刺史左僕射贈衛將軍荆州守文豈能作意表行事含不從遂共投舒舒果沉含父子于江王舒傳曰舒字

處明瑯琊人祖覽知名父會御史舒器業簡素有文武幹中宗用為北中郎將荊州刺史尚書僕射出為會稽太守以父名會累表自陳討蘇峻有功封彭澤侯贈車騎大將軍彬聞應當來密具船以待之竟不得來深以為恨含之按舒舒遣軍逆之含父子赴水死昔酈寄賣友見譏況暱兄爭以求安舒非人矣

武昌孟嘉作庾太尉州從事已知名褚太傅有知人鑒罷豫章還過武昌問庾曰聞孟從事佳今在此不庾云卿自求之褚眄睞良久指嘉曰此君小異得無是乎庾大笑曰然于時既歎褚之默識又欣嘉之見賞嘉別傳曰太傅褚裒有器識亮正旦大會裒問亮聞江州有孟嘉何在亮曰在坐卿但自覓裒歷觀久之指嘉曰將無是乎亮欣然而笑喜裒

得嘉奇嘉為襃
所得乃益器之

劉真長標寄清遠小時諸人比之袁羊劉喜還告其母母有識鑒謂之曰此非汝比勿受之又有方之范汪者劉復喜母又不聽後真長年德轉升論者比之荀粲范汪別傳曰范汪字玄平潁陽人左將軍略之孫少有不常之志通敏多識博涉經籍致譽於時歷吏部尚書晉書曰汪少孤六歲過江依外家新野庾氏王澄見而奇之及長好學外氏家貧無以資給汪乃廬於園中布衣蔬食然薪寫書誦讀亦遍博學多通善談名理

王仲祖謝仁祖劉真長俱至丹陽墓所省殷揚州殊有確然之志中興書曰浩棲遲積年累聘不至既反王謝

相謂曰淵源不起當如蒼生何深為憂嘆劉曰
卿諸人真憂淵源不起邪
小庾臨終自表以子園客為代園客爰之小字也庾氏譜曰爰
之字仲真翼第二子中興書曰爰之有父翼風桓溫徙于豫章年三十六而卒朝廷慮
其不從命未知所遣乃共議用桓溫劉尹曰使
伊去必能克定西楚然恐不可復制陶侃別傳曰庾翼薨
表其子爰之代為荊州何充曰陶公重勳也臨
終高讓丞相未覺敬豫為四品將軍于今不改
親則道恩優游散騎未有超卓若此之授乃以
徐州刺史桓溫為安西將軍荊州刺史宋明帝
文章志曰翼表其子代任朝廷畏憚之議者欲
以授桓溫時簡文輔政然之劉惔曰溫去必能
定西楚然恐不能復制願大王自鎮上流惔請
為從軍司馬簡文不許溫後果如惔所籌也

桓公将伐蜀在事諸賢咸以李勢在蜀既久承藉累葉且形據上流三峽未易可克唯劉尹云伊必能克蜀觀其蒲愽不必得則不爲華陽國志曰李勢字子仁洛陽臨渭人本巴西宕渠賓人也其先李特因晉亂據蜀特子雄稱成都勢祖驤特弟也驤生壽壽篡位自立勢即壽子也晉安西將軍伐蜀勢歸降遷之楊州自起至亡六世三十七年溫別傳曰初朝廷以蜀處險遠而溫衆寡少懸軍深入甚以憂懼而溫直指成都李勢面縛語林曰劉尹見桓公每嬉戲必取勝謂曰卿乃爾好利何不焦頭及伐蜀故有此言

郗超與謝玄不善苻堅将問晉鼎既已狼噬梁岐又虎視淮陰矣車頻秦書曰苻堅字永固武都氐人也本姓蒲祖父洪詐稱讖文改曰苻言己當王應苻命也堅初生有赤光流其室及誕背赤色隱起若篆文幼有美

度石虎司隸徐正名知人堅六歲時嘗戲於路正見而異焉問曰苻郎此官街小兒行戲不畏縛耶堅曰吏縛有罪不縛小兒正謂左右曰此兒有王霸相石氏亂伯父健及父雄西入關健夢天神使者朱衣冠拜肩頭爲龍驤將軍肩頭堅小字也健即拜爲龍驤以應神命後健僭帝號死子生立凶暴羣臣殺之而立堅堅立十五年遣長樂公丕攻沒襄陽十九年大興師伐晉衆號百萬水陸俱進次于項城自項城至長安連旗千里首尾不絕乃遣告晉曰已爲晉君於長安城中建廣夏之室今故大舉渡江相迎克日入宅也于時朝議遣玄北討人間頗有異同之論惟超曰是必濟事吾昔嘗與共在桓宣武府見使才皆盡雖履屐之間亦得其任以此推之容必能立勳元功既舉時人咸歎超之先覺又重其不以愛憎匿善中興書曰

于時氐賊彌盛朝議求文武良將可鎮靖北方者謝大將軍安曰唯兄子玄可任此事中書郎郗超聞而嘆曰安違衆舉親明也玄必不負其舉

王恭隨父在會稽恭父蘊別見王大自都來拜墓恭暫往墓下看之二人素善遂十餘日方還父問恭何故多日對曰與阿大語蟬連不得歸因語之曰恐阿大非爾之友終乖愛好果如其言忱與恭為王緒所間終成怨隙別見

宋明帝廢立之際明帝紀曰廢帝子業殘虐諸父拘之殿內遇上無禮將加害上先與阮佃夫李道兒等密謀殞之後堂王思遠南史曰王思遠晏從父兄也父羅雲平西長史思遠八歲父卒祖弘之及外祖羊敬元並棲退高尚故思遠少無仕心宋建平

王景素辟主簿深見禮遇後至司徒左長史謂從兄晏曰兄荷武帝厚恩令一旦贊人如此事彼或可以權計相須未知兄將何以自立及此引决猶可保全門户不失後名晏曰方啖粥未暇此事及晏拜驃騎會子弟曰隆昌之末阿戎勸我自裁若用其語豈有今日思遠遽應曰如阿戎所見猶未晚也阿戎思遠小字旬日晏及禍宋書曰晏字休默一字士彥武帝時爲丹陽尹位任親重明帝謀廢立晏便響應帝雖以事際須晏而心相疑斥晏無防意居朝事多專決數呼相工自視云當大貴與客語好屏人帝疑晏反乃密計召晏於華林省誅之

瑯琊王元長才名甚盛欲與徐勉相識每托人

召之徐謂人曰王郎名高望促難可輕褻衣裾俄而元長及禍時人服其幾鑒（蕭子顯齊書曰王融字元長琅琊人神明警惠博涉有文才爲中書郎帝疾融先欲立竟陵王子良及即位下廷尉獄賜死）李密（別見）乘一黃牛被以蒲韉將漢書一帙挂於角上一手捉牛靷一手翻漢書越國公（楊素別見）遇見於道從後按轡躡之既及問何處書生耽學如此密識是越公乃下牛再拜自言姓名又問所讀書荅云項羽傳越公奇之與語大悅謂其子玄感等曰吾觀李密識度女等不及（隋書曰楊玄感司徒素之子也好讀書便騎射以父軍功位至柱國）

路巖唐書曰巖字魯贍陽平冠氏人祖季諫議大夫父羣精經學志行貞潔爲翰林學士巖幼聰敏過人登大中進士以戶部侍郎同平章事年始三十六佐崔鉉於淮南爲支使劉昫唐書曰崔鉉字台碩義成節度使元略子也累官戶部侍郎會昌末以本官平章事爲同列李德裕所嫉罷相鉉知其必貴嘗曰路十終須作彼一官胡三省通鑑注曰謂作相也既而入爲監察御史不出長安城十年至宰相其入翰林日鉉猶在淮南聞之曰路十今已入翰林如何得老後皆如鉉言

韓熈載湘山野錄曰韓熈載字叔言本青社人事江南三主時謂之神仙中人風彩照物每縱轡春城秋苑入皆隨觀談笑則聽者忘倦審音能舞善八分及畫筆皆冠絕簡介不屈

輝朝未嘗拜一人每獻替多嘉納吉凶儀制不如式者隨事揩正制誥典雅有元和之風晏欲相之為宋齊丘深忌煞不進用在南唐多置女僕晝夜歌舞語人云吾為此行正欲避入相之命問何故避之曰中原常虎視於此一旦真主出江南棄甲不暇吾不能為千古笑端南唐書曰熙載在南唐盡忠直言後房妓妾不加撿束恣其出入後主屢欲相之而惡其如此乃左授右庶子分司於外熙載上表乞留盡出羣婢後主乃喜以為秘書監羣婢復集如初

李待制誠之宋史曰李師中字誠之楚丘人父緯為涇原都監當責降師中詣宰相辯詰由是知名舉進士知洛川縣多善政歷知兗濟舒瀛等州在仁宗朝因邸吏報包希仁參政或曰朝廷自此多事矣李

曰包公無能為令鄭令王安石者眼多白甚似王敦他日亂天下必此人呂氏家塾記曰包拯字希仁嘗爲京尹令行禁止天下皆呼為包待制又曰包家故市井小民及田野之人見狗私者皆指笑之曰爾一箇包家見貪污者曰爾一箇司馬家蓋當時亦稱司馬君實為司馬家

世說新語補卷之八

世說新語補卷之九

賞譽上

陳仲舉嘗歎曰若周子居者真治國之器汝南先賢傳曰周乘字子居汝南安城人天資聰朗高峙嶽立非陳仲舉黃叔度之儔則不交也仲舉嘗歎曰周子居者真治國之器也爲泰山太守甚有惠政譬諸寶劍則世之干將吳越春秋曰吳王闔閭請干將作劍干將者吳人其妻曰莫邪干將采五山之精六金之英候天地伺陰陽百神臨視而金鐵之精未流夫妻乃剪髮及爪而投之鑪中金鐵乃濡遂成二劍陽曰干將而作龜文陰曰莫邪而作漫理干將匿其陽出其陰以獻闔閭闔閭甚寶重之

世目李元禮謖謖如勁松下風李氏家傳曰膺嶽峙淵清峻貌

貴。華夏稱曰潁川李府君頵頵如玉山汝南陳仲舉軒軒如千里馬南陽朱公叔飂飂如行松柏之下

或問范孟博郭林宗何如人范曰隱不違親貞不絕俗天子不得臣諸侯不得友吾不知其他

范曄後漢書曰范滂字孟博汝南伊陽人少厲清節舉孝廉登車攬轡有澄清天下之志後以黨事繫獄詔遣中常侍王甫以次辯詰孟博越次對曰臣聞仲尼之言見善如不及見惡如探湯欲使善善同其清惡惡同其汚謂王政之所願聞不悟更以為黨甫問卿更相拔舉迭為脣齒有不合者動見排斥其意云何孟博慷慨仰天曰古之循善自求多福今之循善身陷大戮身死之日願埋滂於首陽山側上不負皇天下不愧夷齊甫愍然為之改容

脂元升以哭孔文舉尸魏太祖收欲治罪以其

事直見原元升後見太祖陳謝前愆太祖呼其字曰元升卿故慷慨魚豢魏略曰脂習字元升京兆人公府辟舉高第天子西遷及詣許昌習常隨從與少府孔融親善太祖為司空威德日盛融書疏倨傲習常責融欲令改節融被誅時許中百官與融親善者莫敢收恤習獨撫而哭之曰文舉卿舍我死我當復與誰語者

公孫度目邴原所謂雲中白鶴非燕雀之網所能羅也魏書曰度字叔濟襄平人累遷冀州刺史遼東太守邴原別傳曰原字根矩東管朱虛人少孤數歲時過書舍而泣師問曰童子何泣也原曰凡得學者有親也一則願其不孤二則羨其得學中心感傷故泣耳師惻然曰苟欲學不須資也於是就業長則博覽洽聞金玉其行知世將亂避地遼東公孫度厚禮之中國既寧欲還鄉里為度禁絕原密自治嚴謂部

落日移比近郡以觀其意皆曰樂移原舊有捕魚大船請村落皆令熟醉因夜去之數日度乃覺吏欲追之度曰邴君所謂雲中白鶴非鶉鷃之網所能羅也魏王辟祭酒累遷五官中郎長史

鍾士季目王安豐阿戎了了解人意王隱晉書曰戎少清明曉悟

曹子建七步成章世目為繡虎魏志曰陳思王植字子建文帝同母弟也年十餘歲誦詩論及辭賦數萬言善屬文太祖嘗視其文曰汝倩人邪植跪曰言出為論下筆成章顧當面試奈何倩人時鄴銅雀臺新成太祖悉將諸子登之使各為賦植援筆立成可觀性簡易不治威儀輿馬服飾不尚華麗每見難問應聲而荅太祖寵愛之幾為太子者數矣文帝即位封鄄城侯後徙雍丘復封東阿植每求試不得而國亟遷每汲汲無懽年四

十一 蘷

謝子微見許子將兄弟曰平輿之淵有二龍焉見許子政弱冠之時歎曰若許子政者有幹國之器正色忠謇則陳仲舉之匹汝南先賢傳曰謝甄字子微汝南邵陵人明識人倫雖郭林宗不及甄之鑒也見許子將兄弟弱冠時則曰平輿之淵有二龍仕爲豫章從事許虔字子政平輿人體尚高絜雅正寬亮謝子微見虔兄弟嘆曰若許子政者幹國之器也虔弟劭聲未發時人以謂不如虔虔恒拊髀稱劭自以爲不及也釋褐爲郡功曹黜姦廢惡一郡肅然年三十五卒海內先賢傳曰虔弟劭山峙淵停行應規表劭陵謝子微高才遠識見劭十歲時歎曰此乃希世之偉人也初劭拔樊子昭於市肆出虞承賢於客舍召李叔才於無聞擢郭子瑜於小吏廣陵徐孟本來臨汝南聞劭高名召功曹時袁紹以公族爲

濮易長棄官還副車從騎將入郡界乃歎曰許子將秉持清格豈可以吾輿服見之邪遂單馬而歸辟公府掾數辟皆不就避地江南卒於豫章也伐惡退不肖范孟博之風

管公明言與裴使君何鄧二尚書何晏鄧颺劉太常兄弟語使人神思清發昏不假寐自此以還殆白日欲寢矣晉書曰劉寔字子真平原高唐人家貧苦賣牛衣以自給好學讀書博通古今清身絜己行無玷缺初鍾會鄧艾伐蜀或問二將其平蜀乎寔曰破蜀必矣而皆不還竟如其言寔以世多進趣廉遜道缺作崇讓論以矯之弟智字子房貞素有兄風以儒行稱

裴令公目夏侯太初肅肅如入廊廟中不修敬而人自敬禮記曰周豊謂魯哀公曰宗廟社稷之中未施敬而民自敬一曰

如入宗廟琅琅但見禮樂器見鍾士季如觀武庫但覩矛戟見傅蘭碩江廧靡所不有見山巨源如登山臨下幽然深遠

羊公還洛郭奕為野王令（晉諸公贊曰奕字泰業太原陽曲人累世舊族奕有才望歷雍州刺史尚書）羊至界遣人要之郭便自往既見歎曰羊叔子何必減郭泰業復往羊許小悉還又歎曰羊叔子去人遠矣羊既去郭送之彌日一舉數百里遂以出境免官復歎曰羊叔子何必減顏子

山公目嵇叔夜巖巖如孤松之獨立

王戎目山巨源如璞玉渾金人皆欽其寶莫知名其器顧愷之畫贊曰濤無所標明淳深淵默人莫見其際而其器亦入道故見者莫能稱謂而服其偉量

山公舉阮咸為吏部郎目曰清真寡欲萬物不能移也名士傳曰咸字仲容陳留人籍兄子也任達不拘當世皆怪其所為及與之處必嗜欲哀樂至到過絕於人然後皆忘其向議為散騎侍郎山濤舉為吏部武帝不用太原郭奕見之心醉不覺歎服解音好酒以卒山濤啓事曰吏部郎史曜出處缺當選濤薦咸曰真素寡欲深識清濁萬物不能移也若在官人之職必妙絕於時詔用陸亮晉陽秋曰咸行己多違禮度濤舉以為吏部郎世祖不許竹林七賢論曰山濤之舉阮咸固知上不能用蓋惜曠世之儁莫識其意故耳夫以咸之所犯方外之意稱其清真寡欲則迹外之意自見耳

羊長和文字志曰姚字長和一名陶泰山平陽人世爲冠族姚歷太傅長史錫州刺史
還侍中永嘉五年遭亂被害年五十餘父繇與太傅祜同堂相善
仕至車騎掾蚤卒長和兄弟五人幼孤羊氏譜曰繇字
堪甫泰山人祖續漢太尉不拜父秘京兆太守繇歷車騎掾娶樂國禎女生五子秉洽式亮姚
也祜來哭見長和哀容舉止宛若成人迺歎曰
從兄不亡矣
王戎目阮文業清倫有鑒識漢元以來未有此
人杜篤新書曰阮武字文業陳留尉氏人父諶侍中武闊達博通淵雅之士陳留志曰武魏
末河清太守族子籍年總角未知名武見而偉之以爲勝己知人多此類著書十八篇謂之阮
子終於家郭泰人宋子俊稱泰自漢元以來未有林宗之匹

張茂先甚重成公簡王隱晉書曰成公簡字宗舒東郡人世二千石性清素不求榮利潛心味道罔有干其志者由是默識過人嘗曰公簡清靜比揚子雲揚雄自叙曰雄為人簡易佚蕩清淨無為不汲汲於富貴不戚戚於貧賤不修廉隅以微名當世無擔石之儲晏如也自有大度非聖哲之書不好也非其意雖富貴不事也默識擬張安世班固漢書曰張安世字子孺少以父任為郎以善書給事尚書精力於職休沐未嘗出上幸河東亡書三篋詔問莫能知唯安世識之具述其事後以相校無所遺失上奇其才擢為尚書令

蔡司徒在洛見陸機兄弟住參佐廨中三間瓦屋士龍住東頭士衡住西頭士龍為人文弱可愛士衡長七尺餘聲作鍾聲言多忼慨文士傳曰雲性

弘靜怡怡然爲士友所宗襟清厲有風格爲鄉黨所憚

庾子嵩目和嶠森森如千丈松雖磊砢有節目施之大厦有棟梁之用晋諸公贊曰嶠常慕其舅夏侯玄爲人故於朝士中峨然不羣時類憚其風節

王戎云太尉神姿高徹如瑶林瓊樹自然是風塵外物名士傳曰夷甫天形奇特明秀若神八王故事曰石勒見夷甫謂長史孔萇曰吾行天下多矣未嘗見如此人當可活不萇曰彼晋三公不爲我用勒曰雖然要不可加以鋒刃也夜使推墻殺之

王汝南既除所生服遂停墓所兄子濟每來拜墓略不過叔叔亦不候濟脫時過止寒温而已

後聊試問近事，荅對甚有音辭，出濟意外。濟極惋愕，仍與語轉造精微。濟先略無子姪之敬，既聞其言，不覺懍然，心形俱肅。遂留共語，彌日累夜。濟雖儁爽，自視缺然，乃喟然歎曰：家有名士，三十年而不知。濟去，叔送至門。濟從騎有一馬，絶難乘，少能騎者。濟聊問叔：好騎乘不？曰：亦好爾。濟又使騎難乘馬，叔姿形既妙，回策如縈，名騎無以過之。濟益歎其難測，非復一事。鄧粲晉紀曰：王湛字處沖，太原人。隱德，人莫之知，雖兄弟宗族亦以爲癡，唯父昶異焉。昶喪，居墓次。兄子濟往省湛，見牀頭有周易，謂湛曰：叔父用此何爲？頗曾看不？湛笑曰：體中佳時，脫復看耳。今日當與

汝言因共談易剖析入微妙言奇趣濟所未聞歎不能測濟性好馬而所乘馬駿駃意甚愛之湛曰此雖小駃然力薄不堪苦近見督郵馬當勝此但養不至耳濟取督郵馬穀食十數日與湛試之湛未嘗乘馬卒然便馳騁步驟不異於濟而馬不相勝湛曰今直行車路何以别馬勝不唯當就蟻封耳於是就蟻封盤馬果倒踣其儁識天才乃爾既還渾問濟何以暫行累日濟曰始得一叔渾問其故濟具歎述如此渾曰何如我濟曰濟以上人武帝每見濟輒以湛調之曰卿家癡叔死未濟常無以答既而得叔後武帝又問如前濟曰臣叔不癡稱其實美帝曰誰比濟曰山濤以下魏舒以上晉陽秋曰濟有人倫鑒識其雅俗是非少所優潤見湛歎服其德宇時人謂湛上方山濤不足下比

魏舒有餘湛聞之曰欲以我處季孟之間乎王隱晉書曰魏舒字陽元任城人幼孤爲外氏寧家所養寧氏起宅相者曰當出貴甥外祖母意以盧氏甥小而惠謂應相也舒曰當爲外氏成此宅相小名遲鈍叔父衡使守水碓每言舒堪八百戶長我願畢矣舒不以介意身長八尺三寸不修常人近事少工射著韋衣入山澤每獵大獲爲後將軍鍾毓長史毓與參佐射戲舒常爲坐畫籌後值朋人少以舒充數於是發無不中加博措閑雅殆盡其妙毓歎謝之曰吾之不足盡卿如此射矣轉相國參軍晉王每朝罷目送之曰魏舒堂堂人之領袖累遷侍中司徒於是顯名年二十八始宦

世目鄧士載爲伏鸞陸士龍爲隱鵠

張華見褚陶語陸平原曰君兄弟龍躍雲津顧彥先鳳鳴朝陽謂東南之寶已盡不意復見褚

生陸曰公未覩不鳴不躍者耳褚氏家傳曰陶字季雅吳郡錢塘人褚先生後也陶聰惠絶倫年十三作鷗鳥水碓二賦兗陵嚴仲弼見而奇之曰褚先生復出矣弱不好弄清淡閑默以墳典自娛語所親曰聖賢備在黃卷中舍此何求州郡辟不就吳歸命世祖補臺郎建忠校尉司空張華與陶書曰二陸龍躍於江漢彥先鳳鳴於朝陽自此以來常恐南金已盡而復得之於吾子故知延州之德不孤淵岱之寶不匱仕至中尉

衞叔寶是樂彥輔壻並有海內之名裴叔道嘗稱之曰婦翁氷清女壻璧潤

有問秀才吳舊姓何如答曰吳府君聖王之老成明時之儁乂朱永長理物之至德清選之高望嚴仲弼九臯之鳴鶴空谷之白駒顧彥先八

音之琴瑟五色之龍章張威伯歲寒之茂松幽夜之逸光陸士衡士龍鴻鵠之裴回懸鼓之待槌

秀才蔡洪也集載洪與刺史周俊書曰一日侍坐言及吳士詢於芻蕘遂見下問造次承顏載辭不舉勑令條列名狀退輒思之今稱所知吳展字士季下邳人忠足矯非清足厲俗信可結神才堪幹世仕吳為廣州刺史吳郡太守吳平還下邳閉門自守不交賓客誠聖王之老成明時之儁乂也朱誕字永長吳郡人體履清和黃中通理吳朝舉賢良累遷議郎今歸在家誠理物之至德清選之高望也嚴隱字仲弼吳郡人稟氣清純思度淵偉吳朝舉賢良宛陵令吳平去職九皐之鳴鶴空谷之白駒也張暢字威伯吳郡人稟性堅明志行清朗居磨涅之中無淄磷之損歲寒之松柏幽夜之逸光也

凡此諸君以洪筆為鉏耒以紙札為良田以玄默為稼穡以義理為豐

年以談論爲英華，以忠恕爲珍寶，著文章爲錦繡，蘊五經爲繒帛，坐謙虛爲席薦，張義讓爲帷幕，行仁義爲室宇，修道德爲廣宅。按慕所論士十六人無鑑機見爭不無凡此諸君以下疑益之

衛伯玉爲尚書令，見樂廣與中朝名士談議，奇之曰：自昔諸人沒已來，常恐微言將絶，今乃復聞斯言於君矣。命子弟造之，曰：此人人之水鏡也，見之若披雲霧觀青天。晉書曰衛瓘字伯玉河東安邑人父凱魏尚書瓘十歲喪父至孝過人性貞靜有名理在位以任職稱鄧艾鍾會伐蜀瓘以侍中持節監艾會軍事晉陽秋日尚書令衛瓘見廣曰昔何平叔諸人沒嘗謂清言盡矣今復聞之於君王

隱晉書曰羅與何晏鄧颺等數共談講見廣奇之曰每見此人則瑩然猶廓雲霧而覩青天

人問王夷甫山巨源義理何如是誰輩王曰此人初不肯以談自居然不讀老莊時聞其詠往往與其旨合

顧愷之畫贊曰濤有而不恃皆此類也

王太尉曰見裴令公精明朗然籠蓋人上非凡識也若死而可作當與之同歸或云王戎語

禮記曰趙文子與叔譽觀于九原文子曰死者如可作也吾誰與歸鄭玄曰作起也

王夷甫自歎我與樂令談未嘗不覺我言爲煩

晉陽秋曰樂廣善以約言厭人心其所不知默如也太尉王夷甫光祿大夫裴叔則能清言常曰與樂君言覺其簡至吾等皆煩

王平子目太尉阿兄形似道而神鋒太儁太尉答曰誠不如卿落落穆穆王隱晉書曰澄通朗好人倫情無所繫

太傅府有三才劉慶孫長才晉陽秋曰太傅將召劉輿或曰輿猶膩也近將汙入太傅疑而讎之輿乃密視天下兵簿諸屯戍及倉庫處所人穀多少牛馬器械水陸地形皆默識之時軍國多事每會議事自潘滔以下皆不知所對輿便屈指籌計所發兵仗處所糧廩運轉事無疑滯於是太傅遂委仗之潘陽仲大才裴景聲清才八王故事曰劉輿才長綜覈潘滔以博學為名裴邈彊立方正皆為東海王所暱俱顯一府故時人稱曰輿長才滔大才邈清才也

王夷甫語樂令名士無多人故當容平子知王澄別傳曰澄風韻邁達志氣不羣從兄戎兄夷甫名冠當年四海人士一為澄所題目則二兄不

復。措意云已經平子其見重如此是以名聞益盛天下知與不知莫不傾注澄後事迹不逮朝野失望及舊遊識見者猶曰當今名士也

林下諸賢各有儁才子籍子渾器量弘曠世語曰渾字長成清虛寡欲位至太守中庶子康子紹清遠雅正濤子簡踈通高素虞預晉書曰簡字季倫平雅有父風與嵇紹劉漢等齊名遷尚書出為征南將軍咸子瞻虛夷有遠志瞻弟孚爽朗多所遺中興書曰孚風韻疎誕少有門風初為安東參軍蓬髮飲酒不以王務嬰心秀子純悌並令淑有清流竹林七賢論曰純字長悌位至侍中悌字叔遜位至御史中丞晉諸公贊曰洛陽敗純悌出奔為賊所害戎子萬子有大成之風苗而不秀晉諸公贊曰王綏字萬子辟太尉掾不就年十九卒晉書曰戎子萬有美號而

太肥我今食糠而肥愈甚也唯伶子無聞名士傳曰劉伶字伯倫沛郡人肆意放蕩以宇宙爲狹嘗乘鹿車攜一壺酒使人荷插隨之云死便掘地以埋土木形骸遨遊一世竹林七賢論曰伶處天地間悠悠蕩蕩無所用心嘗與俗士相牾其人攘袂而起欲必築之伶和其色曰雞肋豈足以當尊拳其人不覺廢然而返未嘗措意文章終其世但著酒頌一篇而已凡此諸子唯瞻爲冠紹簡亦見重當世

司馬太傅府多名士一時儁異庾文康云見子嵩在其中常自神王晉陽秋曰敳爲太傅從事中郎

太傅東海王鎭許昌以王安期爲記室參軍雅相知重勅世子毗曰夫學之所益者淺體之所安者深閑習禮度不如式瞻儀形諷味遺言不

如親承音旨王參軍人倫之表汝其師之或曰王趙鄧三參軍人倫之表汝其師之謂安期鄧伯道趙穆也（趙吳郡行狀曰穆字季子汲郡人真淑平粹才識清通歷尚書郎太傅參軍太傅越與穆及王承阮瞻鄧攸書曰禮八歲出就外傅十年曰幼學明可以漸先王之教也然學之所受者淺體之所安者深是以閑習禮度不如式瞻軌儀諷味遺言不如親承辭旨小兒毗既無令淑之資未聞道德之風欲屈諸君時以閑豫周旋燕誨也穆歷晉明帝師冠軍將軍吳郡太守封南鄉侯）袁宏作名士傳直云王參軍或云趙家先猶有此本

庾太尉少為王眉子所知庾過江歎王曰庇其宇下使人忘寒暑（晉諸公贊曰玄字眉子少希慕簡曠八王故事曰玄為陳留太守）

或勸玄過江投瑯琊王玄曰王處仲得志於時家故猶不免害豈能容我謂其甥宇不容於敦也

王公目太尉巖巖清峙壁立千仞顧愷之夷甫畫贊曰夷甫天形瓌特識者以爲巖巖秀峙壁立千仞

王長史是庾子躬外孫王氏譜曰濛父訥娶潁川庾琛之女字三壽也

丞相目子躬云入理泓然我已上人子躬子嵩兄也晉書曰庾琛字子躬潁川人太常峻第二子仕至太尉掾

庾子躬有廢疾甚知名家在城西號曰城西公府

周弼晉紀曰弼咸寧中爲御史中丞稱裴逸民若武庫五兵縱

橫惠帝起居注曰頠理甚淵博贍於論難

謝幼輿曰友人王眉子清通簡暢嵇延祖弘雅劭長董仲道卓犖有致度王隱晉書曰董養字仲道太始初到洛下不干祿求榮永嘉中洛城東北角步廣里中地陷中有二鵝蒼者飛去白者不能飛問之博識者不能知養聞歎曰昔周時所盟會狄泉此地也卒有二鵝蒼者胡象後胡當入洛白者不能飛此國諱也謝鯤元化論序曰陳留董仲道於元康中見惠帝廢楊悼后升太學堂嘆曰建此堂也將何為乎每見國家赦書謀反逆皆赦孫殺祖父母子殺父母不赦以為王法所不容也奈何公卿處識文飾禮典以至此乎天人之理既滅大亂斯起顧謂謝鯤阮孚曰易稱知幾其神乎君等可深藏矣乃與妻荷擔入蜀莫知其所終

周侯於荆州敗績還未得用王丞相與人書曰

雅流弘器何可得遺鄧粲晉紀曰顗為荊州始至而建平民傅密等叛迎蜀賊顗狼狽失據陶侃救之得免顗至武昌投王敦敦更選侃代顗顗還建康未即得用也

劉琨稱祖車騎為朗詣曰少為王敦所歎虞預晉書曰逖字士稚范陽遒人豁蕩不修儀檢輕財好施晉陽秋曰逖與司空劉琨俱以雄豪著名年二十四與琨同辟司州主簿情好綢繆共被而寢中夜聞雞鳴俱起曰此非惡聲也每語世事則中宵起坐相謂曰若四海鼎沸豪傑共起吾與足下相避中原耳為汝南太守值京師傾覆率流民數百家南渡行達泗口安東板為徐州刺史逖既有豪才常忼慨以中原為己任乃說中宗雪復神州之計拜為豫州刺史使自招募逖遂率部曲百餘家北渡江誓曰祖逖若不清中原而復濟此者有如大江攻城略地招懷義士屢摧石虎虎不敢復闚河南石勒為逖母墓置守吏劉琨與親舊書曰吾枕戈待旦志梟逆虜常恐祖生先吾著鞭耳會其病卒先有妖星

見豫州分陝曰此必爲我也天未欲滅寇故耳贈車騎將軍

庾太尉目中郎神氣融散差如得上晉陽秋曰敳頹然淵放莫有動其聽者

時人目庾中郎善於託大長於自藏名士傳曰敳雖居職任未嘗以事自嬰從容博暢寄通而已是時天下多故機事屢起有爲者拔奇吐異而禍福繼之敳常默然故憂喜不至也

王平子邁世有儁才少所推服每聞衛玠言輒歎息絶倒玠別傳曰玠少有名理善通莊老琅琊王平子高氣不羣邁世獨傲每聞玠之語議至于理會之間要妙之際輒絶倒於坐前後三聞爲之三倒時人遂曰衛君談道平子三倒

時人欲題目高坐而未能桓廷尉桓彝桓溫之父桓彝別傳曰彝字茂倫譙國龍亢人漢五更桓榮十世孫也父穎有高名彝少孤識鑒明朗避亂渡江累遷散騎常侍以問周侯周侯曰可謂卓朗桓公曰精神淵著高坐傳曰庾亮周顗桓彝一代名士一見和尚披衿致契曾為和尚作目久之未得有云尸利密可稱卓朗於是桓始咨嗟以為標之極似宣武嘗云少見和尚稱其精神淵著當年出倫其為名士所歎如此

王敦為大將軍鎮豫章衛玠避亂從洛投敦相見欣然談話彌日于時謝鯤為長史敦謂鯤曰不意永嘉之中復聞正始之音阿平若在當復絕倒玠別傳曰玠至武昌見王敦敦與之談論彌日信宿敦顧謂僚屬曰昔王輔嗣吐金

聲於中朝此子今復玉振於江表微言之緒絕

而復續不悟永嘉之中復聞正始之音阿平若

在當復絕倒

王平子與人書稱其兒風氣日上足散人懷永嘉流人名曰澄第四子徽澄別傳曰徽遺上有父風

殷中軍道右軍清鑒貴要晉安帝紀曰羲之風骨清舉也

何次道嘗送東人瞻望見賈寧在後輪中曰此

人不死終為諸侯上客晉陽秋曰寧字建寧長樂人賈氏孽子也初自結於王應諸葛瑤應敗浮遊吳會吳人咸侮辱之聞京師亂馳出投蘇峻峻甚昵之以為謀主及峻聞義軍起自姑孰屯于石頭是寧之計峻敗先降往至新安太守

謝公稱藍田掇皮皆真徐廣晉紀曰述真審真意不顯

范公云鎮平生事非目所見者未嘗信蘇公曰公亦安能然哉設公有疾令醫切脉醫曰寒則服熱藥曰熱則餌寒藥公何嘗見脉而信之何獨至於佛而必待見耶

黄龍寺晦堂老子嘗問山谷以吾無隱乎爾之義寧州志曰黄龍山寺吳黄武中有黄龍見于山因以名山谷詮釋再三晦堂不答時暑退凉生秋香滿院晦堂因問曰聞木犀香乎山谷曰聞晦堂曰吾無隱乎爾山谷乃服羅湖野録曰魯直元祐間丁家艱館黄龍山從晦堂和尚游

宋次道家多書東都事略曰宋敏求字次道隨州平棘人父綬參知政事家藏書二萬卷敏求官龍圖閣學士以力學被遇父子繼世掌史劉道原就借觀

宋日具酒饌爲主人禮道原曰此非吾所爲来

林曰孔坦為侍中密啓成帝不宜往拜曹夫人丞相聞之曰王茂弘駑痾耳若卞望之之巖巖刁玄亮之察察戴若思之峯距當敢爾不此言殊有由緒故聊載之耳

大将軍語右軍汝是我佳子弟按王氏譜羲之是敦從父兄子

富不減阮主簿中興書曰阮裕少有德行王敦聞其名召為主簿知敦有不臣之心縱酒昏酣不綜其事

世目周侯嶷如斷山晉陽秋曰顗正情嶷然雖一時儕類皆無敢媟近

何次道往丞相許丞相以麈尾指坐呼何共坐曰来来此是君坐晉陽秋曰充導妻姊之子明穆皇后之妹夫也思韻淹濟有文義才情導深器之由是少有美譽遂歷顯位導有副貳已使繼相意故屢顯此指於上下

諺曰揚州獨步王文度後来出人郗嘉賓續晉陽秋

日超必有才氣越世負俗不循常檢時人為一代盛譽者語曰大才槃槃謝家安江東獨步王文度盛德日新郗嘉賓其語小異

謝太傅云小時在殿廷會見王丞相便覺清風来拂人

謝公云長史語甚不多可謂有令音王濛別傳曰濛性和暢能清言談道貴理中簡而有會商略古賢顯默之際辭旨劭令往往自高致

殷允出西郗超與袁虎書云子思求良朋託好足下勿以開美求之中興書曰允字子思陳郡人太常康第六子恭素謙退有儒者之風歷吏部尚書世目袁為開美故子敬詩曰袁生開美度

世稱荀子秀出阿興清和阿興王蘊小字也蘊別見

林公云王敬仁是超悟人

王丞相拜司徒而歎曰劉王喬若過江我不獨拜公曹嘉之晉紀曰疇有重名永嘉中爲閻鼎所害司徒蔡謨每歎曰若使劉王喬得南渡司徒公之美選也

謝鎮西稱羅君章可謂湘中之琳琅含別傳曰或有人言羅君章可謂荆楚之杞梓桓大司馬曰此自江左之秀豈唯荆楚而已

簡文目敬豫爲朗豫晉書曰王恬字敬豫導次子也少卓犖不羈疾學尚武不爲導所重至中軍將軍多才藝善隸書與濟陽江虨以善奕聞文字志曰恬識理明貴爲後進冠冕也

庾公爲護軍屬桓廷尉覓一佳吏乃經年桓後
遇見徐寧而知之遂致於庾公曰人所應有其
不必有人所應無已不必無真海岱清士徐江州本
事曰徐寧字安期東海郯人通朗有德素少知
名初爲輿縣令譙國桓彝有人倫鑒識嘗去職
無事至廣陵尋親舊遇風停浦中累日在船憂
邑上岸消進見一空宇有似廨署彝訪之云輿
縣廨也令姓徐名寧彝既獨行思遇悟賞聊造
之寧清惠博涉相遇怡然遂停宿因留數夕彝與
寧結交而别至都謂亮曰吾謂卿得一佳吏
部郎亮問所在彝即叙之累遷吏部郎左將軍
江州
刺史
劉萬安即道真從子晉百官名曰寶字道真高
平人晉書曰寶嘗爲徒扶
風王駿以五百疋布
贖之用爲從事中郎庾公也所謂灼然王舉又

云千人亦見百人亦見千人劉氏譜曰綏字萬安高平人祖奥太祝令父斌著作郎綏歷驃騎長史

桓茂倫云褚季野皮裏陽秋謂其裁中也晉陽秋曰裒簡穆有器識故爲彝所目也

支道林談善標宗會而章句或有所遺時爲守文者所陋謝太傅聞而善之曰此乃九方歅之相馬略其玄黄取其駿逸列子曰秦穆公謂伯樂曰子之年長矣子姓有可使求馬者乎伯樂對曰良馬可以形容筋骨相也天下之馬者若滅若沒若亡若失臣之子皆下才也臣有所與九方皐其相馬非臣之比也穆公見之使行求馬三月而反報曰已得之在沙丘穆公曰何馬對曰牝而黄使人往取之牡而驪公不悅召伯樂曰敗矣子之所使求

馬者芭物牝牡弗能知又何馬之能知也伯樂曰若皐之所觀天機也得其精而忘其麤在其内而忘其外馬至果天下之良馬也

世稱庾文康為豐年玉稺恭為荒年穀謂亮有廊廟之器翼有匡世之才各有用也庾家論云是文康稱恭為荒年穀庾長仁為豐年玉中興書曰庾統字長仁潁川人衛將軍懌子也少有令名仕至尋陽太守

世目杜弘治標鮮晉陽秋曰杜乂字弘治京兆人祖預父錫有譽前朝乂少有令名仕丹陽丞早卒成帝納乂女為后江左名士傳曰乂清標令士也季野穆少

謝太傅未冠始出西詣王長史清言良久去後苟子問曰向客何如尊長史曰向客亹亹為來

逼人

王右軍語劉尹故當共推安石劉尹曰若安石東山志立當與天下共推之續晉陽秋曰初安家於會稽上虞縣優游山林六七年間徵召不至雖彈奏相屬繼以禁錮而晏然不屑也

桓溫行經王敦墓邊過望之云可兒可兒孫綽與庾亮箴曰王敦可人之目數十年間也

王長史問孫興公郭子玄定何如孫曰詞致清雅奕奕有餘吐章陳文如懸河瀉水注而不竭

孫興公云庾太尉雅好所托常在塵埃之外雖柔心應世蠖屈其迹而方寸湛然固以玄對山

水

王仲祖稱殷淵源非以長勝人處長亦勝人晉陽秋曰浩善以和接物也

王司州與殷中軍語歎云己之府奧蚤已傾寫而見殷陳勢浩汗衆源未可得測徐廣晉紀曰浩清言妙辯玄致當時名流皆爲之美譽

王長史道江道羣人可應有乃不必有人可應無已必無中興書曰江灌字道羣陳留人僕射虨從弟也有才器與從兄逌名相亞仕尚書中護軍

王仲祖劉真長造殷中軍談談竟俱載去劉謂

王曰淵源真可王曰卿故墮其雲霧中中興書曰浩能言理談論精微長於老易故風流者皆宗歸之

劉尹每稱王長史云性至通而自然有節濛別傳曰濛之交物虛己納善恕而後行希見其喜慍之色凡與一面莫不敬而愛之然少孫事諸母甚謹篤義穆族不修小潔以清貧見稱

王右軍道謝萬石在林澤中爲自遒上歎林公器朗神儁支遁別傳曰遁任心獨往風期高亮道祖士少風領毛骨恐没世不復見如此人道劉真長標雲柯而不扶踈劉尹別傳曰惔既令望婣婭帝室故屢居達官然性不偶俗心淡榮利雖身登顯列而每挹降閑靜自守而已

簡文目庾赤玉（庾統小字）省率治除謝仁祖云庾赤玉胷中無宿物

殷中軍道韓太常曰康伯少自標置居然是出羣器及其發言遣辭往往有情致（續晉陽秋曰康伯清和有思理幼為舅殷浩所稱）

簡文道王懷祖才既不長於榮利又不淡直以真率少許便足對人多多許（晉陽秋曰述少貧約簞瓢陋巷不求聞達由是為有識所重）

林公謂王右軍云長史作數百語無非德音如恨不苦（苦謂窮人以辭）王曰長史自不欲苦物

殷中軍與人書道謝萬文理轉遒成殊不易（中興書曰萬才器儁秀善自衒曜故致有時譽爲書屬文能談論時人稱之）

王長史云江思悛思懷所通不翅儒域（徐廣晉紀曰江惇字思悛陳留人儁射雋舉也性篤學手不釋書博覽墳典儒道兼綜徵聘無所就年四十九而卒）

許玄度送母始出都人問劉尹玄度定稱所聞不劉曰才情過於所聞（許氏譜曰玄度母華軼女也按詢集詢出都迎姊於路賦詩續晉陽秋亦然而此言送母疑謬矣）

謝公道豫章若遇七賢必自把臂入林（江左名士傳曰鯤通簡有識不修威儀好迹逸而心整形濁而言清居身若穢動不累高鄰家有女嘗往挑之）

女方織以梭投折其兩齒既歸傲然長嘯曰猶不廢我嘯歌其不事形骸如此

王長史歎林公尋微之功不減輔嗣支遁別傳曰遁神心警悟清識玄遠嘗至京師王仲祖稱其造微之功不異王弼

謝太傅爲桓公司馬續晉陽秋曰初安優游山水以敷文析理自娛桓溫在西藩欽其盛名諷朝廷請爲司馬以世道未夷志存匡濟年四十起家應務也桓詣謝値謝梳頭遽取衣幘桓公云何煩此因下共語至暝既去謂左右曰頗曾見如此人不

世目謝尚爲令達阮遙集云清暢似達或云尚自然令上晉陽秋曰尚率易挺達超悟令上也

孫興公爲庾公參軍共遊白石山衛君長在坐

衛氏譜曰永字君長成陽人位至左軍長史孫曰此子神情都不關山水而能作文庾公曰衛風韻雖不及卿諸人傾倒處亦不近孫遂沐浴此言

王右軍目陳玄伯壘塊有正骨

王長史云劉尹知我勝我自知濛別傳曰濛與沛國劉惔齊名時人以濛比袁曜卿惔比荀奉倩而共交友甚相知賞也

王劉聽林公講王語劉曰向高坐者故是凶物復東聽王又曰自是鉢釪後王何人也高逸沙門傳曰王濛恒尋遁遇祗洹寺中講正在高坐上每舉麈尾常領數百言而情理俱暢預坐百餘人皆結舌注耳濛云聽講衆僧向高坐者是鉢釪後王何人也

許玄度言琴賦嵇叔夜琴賦也所謂非至精者不能與之析理劉尹其人非淵靜者不能與之閑止簡文其人

魏隱兄弟少有學義魏氏譜曰隱字安時會稽上虞人歷義興太守御史中丞弟遵黃門郎總角詣謝奉奉與語大悅之曰大宗雖衰魏氏已復有人

簡文云淵源語不超詣簡至然經綸思尋處故有局陳

桓公語嘉賓阿源殷浩也有德有言向使作令僕足以儀刑百揆朝廷用違其才耳

簡文語嘉賓劉尹語末後亦小異回復其言亦乃無過

王右軍道東陽我家阿林章清太出林應爲臨王氏譜曰臨之字仲産瑯琊人僕射彪之之子仕至東陽太守

庾太尉目庾中郎家從談談之許名士傳曰敳不爲辨析之談而舉其旨要太尉王夷甫雅重之也

世說新語補卷之九

世說新語補卷之十

賞譽下

王長史與劉尹書道淵源觸事長易

謝中郎云王修載樂託之性出自門風王氏譜曰耆之字修載琅琊人荊州刺史廙第三子歷中書郎鄱陽太守給事中

謝太傅稱王修齡曰司州可與林澤遊王胡之別傳曰胡之常遺世務以高尚為情與謝安相善也

人問王長史江虨兄弟羣從王答曰諸江皆復足自生活虨及弟淳從灌並有德行知名於世

謝太傅道安北見之乃不使人厭然出戶去不

復使人思安北王坦之也續晉陽秋曰謝安初甥幼稚同好養志海濱襟情超暢尤好聲律然抑之以禮在衰能至爭萬之喪不聽絲竹者將十年及輔政而修室第園館麗車服雖朞功之慘不廢妓樂王坦之因苦諫焉按謝公蓋以王坦之好直言故不思耳〇小人之腹

謝公云司州造勝遍決宋明帝文章志曰胡之性簡好達玄言也

劉尹云見何次道飲酒使人欲傾家釀充飲酒能溫克

謝太傅語真長阿齡胡之小字也於此事故欲太厲

劉曰亦名士之高操者胡之別傳曰胡之治身清約以風操自居

謝鎮西道敬仁文學鏃鏃無能不新語林曰敬仁有異才時賢皆重之王右軍在郡迎敬仁叔仁輒同車常惡其遲緩以馬迎敬仁雖復風雨亦不以車也

劉尹道江道羣不能言而能不言

簡文云劉尹茗柯有實理柯一作柯又作仃又作打

謝公與王右軍書曰敬和棲託好佳中興書曰王洽字敬和導第三子於公子中最知名與潁川荀羡俱有美稱累遷吳郡內史爲士民所懷徵拜中領軍尋加中書令不拜年二十六而卒

謝公語王孝伯君家藍田舉體無常人事按述雖簡而性不寬裕投火怒蠅方之未甚若非太傅虛相褒飾則世說謬設斯語也

許掾嘗詣簡文爾夜風恬月朗乃共作曲室中語襟情之詠偏是許之所長辭寄清婉有逾平日簡文雖契素此遇尤相咨嗟不覺造膝共叉

手語達于將旦既而曰玄度才情故未易多有許續晉陽秋曰詢能言理曾出都迎姊簡文皇帝劉真長說其情旨及襟懷之詠每造膝賞對夜以繫日

謝車騎問謝公真長性至峭何足乃重答曰是不見耳阿見子敬尚使人不能已語林曰羊諱因酒醉撫謝左軍謂太傅曰此家詎復後鎮西太傅曰汝阿見子敬便沐浴為論兄輩推此言意則安以玄不見真長故不重耳見子敬尚重之況真長乎

謝公領中書監王東亭有事應同上省王後至坐促王謝雖不通太傅猶斂膝容之王謝不通事別見王神意閒暢謝公傾目還謂劉夫人曰向見阿

瓜故自未易有按王珣小字法護，而此言阿瓜未爲可解，儻小名有兩耶雖

不相關正是使人不能已已

王子敬語謝公公故蕭灑謝曰身不蕭灑君道

身最得身正自調暢續晉陽秋曰安弘雅有氣風神調暢也

世目王苟子曰流奕清舉文字志曰脩明秀有美稱

謝車騎初見王文度曰見文度雖蕭灑相遇其

復愔愔竟夕

子敬與子猷書道兄伯蕭索寡會遇酒則酣暢

忘反乃自可矜

王恭始與王建武晉安帝紀曰忱初作荆州刺史後爲建武將軍甚有

情後遇袁悅 別見 之間遂致疑隙 晉安帝紀曰初忱與族子恭少相善齊聲見稱及並登朝俱爲主相所待內外始有不咸之論恭獨深憂之乃告忱曰悠悠之論頗有異同當由驃騎簡於朝覲故也將無從容切言之耶若主相諧睦吾徒得勁力明時復何憂哉忱以爲然而慮弗見令乃令袁悅具言之悅每欲間恭乃於王坐責讓恭曰卿何妄生同異疑誤朝野其言切厲恭雖慚懼謂忱爲構已也忱雖心不負恭而無以自亮於是情好大離而怨隙成矣 然每至興會故有相思時恭嘗行散至京口射堂于時清露晨流新桐初引恭目之曰王大故自濯濯

司馬太傅爲二王目曰孝伯亭亭直上阿大羅羅清踈 恭正亮沉烈 忱通朗誕放

王恭有清辭簡旨能叙說而讀書少頗有重出（中興書曰恭雖才不多而清辯過人）有人道孝伯常有新意不覺爲煩

殷仲堪喪後桓玄問仲文卿家仲堪定是何似人仲文曰雖不能休明一世足以映徹九泉（續晉陽秋曰仲堪仲文之從兄也少有美譽）

謝叔源與從子靈運並有美名時人謂叔源風韻爲高目望蔡蕭如寒風振松（叔源襲爵望蔡侯）目康樂凜凜如霜臺籠日（藏榮緒晉書曰謝混字叔源陳郡人司空琰少子少有美譽善屬文爲尚書左僕射以黨劉毅誅）

王令明素不與謝靈運相識，嘗得一交言。靈運辯慱，辭義鋒起，令明時然後言。時荀伯子在坐，退而告人曰：「靈運固自蕭散直上，王郎如萬頃陂。」沈約宋書曰：荀伯子，潁川潁陰人。祖羨，驃騎將軍。父猗，秘書郎。伯子少好學，博覽經傳，而通率好戲，遨遊閭里，故失清塗。解褐駙馬都尉，至東陽太守。

宋世爲之語曰：「王光祿如屏風，屈曲從俗，能蔽風露。」南史曰：王遠，字景舒，太保弘弟光祿大夫孺之子也。仕至光祿勳。

王僧祐少便聰悟，南史曰：王僧祐，字僧徹，琅琊人。父遠，光祿勳。僧祐雅博古，善老莊，不尚繁華，工草隷，善鼓琴，亭然獨立，不交當世，自天子至侯伯，未嘗與一人遊。卒於黃門下。叔父景玄撫其首曰：「兒神明意用，當不作率

爾人王智深宋記曰王徽字景玄太保弘之弟子好學無不通覽善屬文能書十六舉秀才除右軍諮議徽素無官情徽不就

王瓚之歷官五兵尚書未嘗詣一朝貴南史曰瓚之王敬弘子也官吏部尚書謚貞子江湛南史曰江湛字徽深濟陽考城人父夷右僕射湛居喪以孝聞愛文義善彈棊鼓琴為彭城王主簿司空檀道濟為子求娶湛妹不許義康有命又不從時人重其立志所畜牛餓御人求草湛良久曰可與飲在選頗有刻覈之譏而公平無私不受請謁論者稱焉謂何偃曰王瓚之今便是朝隱宋書曰何偃字仲弘廬江灊人司空尚之中子舉秀才除中軍參軍歷官吏部尚書

益州獻蜀柳數株枝條甚長狀若絲縷武帝植於太昌雲和殿前嘗嗟賞之曰楊柳風流可愛

似張緒當年

袁尹在郡彝也嘗於後堂夜集劉祭酒在坐劉是真長六世孫袁指庭中柳樹謂劉曰人謂此是劉尹時樹每想高風今復見卿可謂清德不衰吴均齊春秋曰劉瓛字子圭沛國相人晉丹陽尹惔六世孫也五歲聞舅孔昭先讀管寧傳欣然更請讀因聽受曰可及此耳

褚司徒淵也嘗集袁粲舍初秋涼夕風月甚美彥回援琴奏別鶴之曲宮商既調風神諧暢王彧謝莊並在坐歎曰以無累之神合有道之器宮商暫離不可得已崔豹古今注曰別鶴操商陵牧子所作琴譜曰琴曲有四

大曲別鶴操其一也

袁尹見江叔文歎曰風流不墜政在江郎南史曰江斅字叔文濟陽考城人祖夷右僕射父湛吏部尚書斅母宋文帝女淮陽長公主㚷以戚屬召見孝武謂謝莊曰此小兒方當爲名器少有美譽尚孝武女臨汝公主拜駙馬都尉爲丹陽丞

謝叅軍超宗也一日詣東府門自通爾時風寒慘厲太祖謂四座曰此客至使人不衣自煖

世目何散騎曰人中爽爽何子朗

何點嘗目陸慧曉心如明鏡遇形觸物無不朗然何思遠常如懷氷暑月亦有霜氣南史曰何點字子晳廬江人祖尚之父鑠點十一居父母憂幾至滅性及長感家禍遂絕婚宦宋徵太子洗馬梁徵

中書侍郎並不就

釋慧亮過江止何園寺梁慧皎高僧傳曰慧亮姓董先為宋何靖公平子後立寺於臨菑講法華大小品十地等學徒雲集千里命駕顏延之張緒眷德留連每歎曰安汰吐珠玉於前道安竺法汰斌亮振金聲於後清言妙緒將絕復興高僧傳曰釋曇斌姓蘇南陽人十歲出家事道禕為師後住江陵辛寺袁粲請為母師

劉孝標劉孝標自序曰峻字孝標平原人生於秣陵縣朞月歸故鄉八歲遇桑梓顛覆身充僕圉永明四年逃還京師後為崔豫州刑獄參軍天監中詔掌石渠閣以病乞骸骨隱東陽金華山余嘗自比馮敬通而有同之者三異之者四何則敬通雄才冠世志剛金石余雖不及之而節亮慷慨此一同也敬通逢中興明君而終不試用余逢命世英主亦擯斥當年此二

同也敬通有忌妻至於身操井臼余有悍室亦
令家道轗軻此三同也敬通當更始世手握兵
符躍馬肉食余自少迄長戚戚無懽此一異也
敬通有子仲文官成名立余禍同伯道永無血
胤此二異也敬通膂力剛強老而益壯余有犬
馬之疾溘死無時此三異也敬通雖芝殘蕙焚
終塡溝壑而為名賢所慕其風流鬱烈芬芳久
而彌盛余聲塵寂寞世不吾知魂魄一去將同
秋草此四異也所以力自為序遺之好事云
目劉訏超然越俗如半
天末霞
何佟之梁典曰劉訏字彥度平原人與陳留阮孝緒申金蘭之契築室鍾阜
之傍共聽內義鑽尋典奧
劉歊矯矯出塵如雲中白鶴
梁書曰劉
歊字士光劉璡慰之子生夕有香氣滿室幼有
識慧十二讀莊子逍遙篇曰此可解耳客問之
隨問而答皆有情理家人異之謂為神童及長
博學有文不娶不仕與族弟訏隱居求志遨遊
林澤以山水書籍相娛謚貞節處士
皆儉歲之粱稷寒年之纖纊

周彦倫南齊書曰周顒字彦倫汝南安城人晉僕射顗七世孫祖虎頭員外常侍父恂歸鄉祖顒少爲族祖朗所知清貧寡欲終日長蔬食雖有妻子獨處山舍解褐海陵國侍郎轉著作撰起居注目慧隆道人曰隆公蕭散森踈若霜下之松竹高僧傳曰釋慧隆姓成陽平人學無師友卓然自悟

劉長史幼聰敏善屬文南史曰劉孝綽字孝綽本名冉幼聰敏七歲能屬文舅王融深賞異之與同載以適親友號曰神童起家著作郎左遷臨賀王長史王中書融深賞異之嘗歎曰天下文章若無我當歸阿士孝綽小字

衛尉趙知禮見袁德章少時歎曰袁生舉止詳中南史曰袁憲字德章幼聰敏好學梁武帝開五館其一館在憲宅西憲招引諸生與之談

論新義出入意表同輩咸嗟服焉武帝嘉孔子
正言章句詔下國學憲十四被名爲正言生祭
酒對流受其神糸博士周弘正謂憲父君正曰
賢子欲藁試不君正曰未敢令試居數日君正
遣門客與憲候弘正會弘正將升講坐迄憲入
室授以麈尾令憲豎義時謝岐何妥在坐弘正
曰二賢雖窮奧賾得無憚此後生何謝遽起義
端深極理致憲酬對閒敏弘正謂妥曰恣卿所
問勿以童幼期之時觀者重沓憲神色自若辯
論有餘弘正亦起數難終不能屈因告審曰卿
還諮袁吳郡此郎已堪見代博士矣故有陳汝之風氏族志曰袁出胡公之後
陳留汝南彭城三望
陳後主有玉柄麈尾至佳手執之曰當今雖復
多士如林堪執此者獨張譏耳即授譏陳書曰後主諱
叔寶宣帝嫡長子在位七年爲隋所滅

崔司徒北史曰浩字伯深清河東武城人父宏仕魏拜天部大人進爵爲公浩少好學經史玄象陰陽百家之言無不該覽明元好術數命浩筮吉凶參觀天文考定疑惑多有應驗性不好老莊之書不長屬文而留心於制度科律纖妍白皙如美婦人長於謀計自比張良謂稽古過之初拜博士祭酒至特進撫軍大將軍左光祿大夫每與盧玄談輒歎曰對子真使我懷古之情更深北史曰盧玄字子真范陽涿人曾祖諶晉司空從事中郎祖偃父邈仕慕容氏俱以儒雅稱神䴥四年太后辟召儒儁以玄爲首授中書博士遷侍郎崔浩欲整人倫分明姓族玄曰創制立事各有其時樂爲此者詎幾人也宜三思浩不納發終以此敗

劉子翼峭直有行大業雜記曰劉子翼字小心劉禕之父仕隋至著作郎常面折僚友之短退無餘訾李百藥嘗語人曰

劉四雖復罵人人多不憾宋祁唐書曰李百藥字重規定州安平人隋内史令德林子也七歲能屬文貞觀初拜中書舍人官至散騎常侍

太宗嘗出行有司請載副書以從上曰不須虞世南在此行秘書劉昫唐書曰虞世南字伯施越州餘姚人父荔陳太子中庶子叔父寄無子以世南繼後性沉静寡欲篤志勤學少與兄世基學於顧野王經十餘年精思不倦或累旬不盥櫛善屬文祖述徐陵陵亦言世南得已之意又沙門智永善羲之書世南師焉妙得其體由是聲名籍甚太宗朝官秘書監爵永興縣子

太宗征遼東太宗紀曰貞觀十八年命英國公李勣等發天下甲士伐高麗明年五月車駕度遼觀率鐵騎圍遼城高麗别將高延壽以其衆降因名所幸山爲駐蹕山刻石紀功拜楊弘禮爲兵部侍郎唐書曰楊弘禮隋尚書令素弟岳之子高

祖受禪襲爵清河郡公太宗征遼以弘禮有文武材擢兵部侍郎專典兵機之務駐蹕之役領馬步二十四軍跳出賊背所向摧靡帝自山上望見其袍仗精整人人盡力歎曰越公兒郎故有家風隋書曰楊素兼文武之資志懷遠大以功名自許高祖龍飛功臣莫居其右封越國公

玄宗嘗早朝謂左右曰每見張九齡精神頓生劉昫唐書曰張九齡字子壽一名博物曾祖君政韶州別駕因家始興九齡幼聰敏善屬文十三以書干刺史王方慶賞之曰此子必能致遠睿宗在東宮舉文藻之士親加策問九齡對策高第遷右拾遺累官中書令

劉捷卿在都宋祁唐書曰劉迅字捷卿知幾第五子也歷京兆功曹參軍事上元

中避地安康卒

嘗寢疾房太尉聞而憂之通夕不寐顧語賓從曰捷卿有不諱可謂無復有神理 劉昫唐書曰房琯字次律河南人平章事融之子少好學風儀沉整性好隱遁與東平呂向於陸渾伊陽山讀書凡十餘歲玄宗幸蜀拜吏部尚書同平章事肅宗既立抗疏請自將兵戰敗於陳濤斜

房太尉言見紫芝眉宇使人名利之心都盡 劉昫唐書曰元德秀字紫芝河南人性純朴無緣飾動師古道父爲延州刺史德秀少孤貧事母以孝聞開元中遊京師不忍離親每行則自負板輿與母詣長安母亡廬於墓所食無鹽酪藉無茵席刺血畫像寫佛經久之以孫幼牽於祿仕授邢州南和尉佐治有惠政召補龍武參軍終魯山令

韋氏孝友文學有承慶嗣立 劉昫唐書曰韋承慶字延休嗣立承

慶異母弟也父思謙則天朝納言母王氏遇承慶甚虐每有杖罰嗣立必解衣請代母不聽輒自私杖母察知之漸加恩貸識者比王祥王覽

邃音樂有萬石劉昫唐書曰萬石韋挺之子有學業而善音律為太常卿增損郊廟燕會樂調時以為稱職達禮儀則叔夏劉昫唐書曰韋叔夏左僕射安石兄也精通三禮官國子祭酒撰五禮要記史才博識有述劉昫唐書曰述勤成國史一百十三卷事簡而記詳有良史才蕭穎士以為譙周陳壽之流述以儒術進當代宗仰而純厚長者澹於勢利聚書二萬卷皆自校定雖御府不逮也兼古今朝臣圖歷代知名人畫魏晉以來草隸真跡數百卷古碑古器藥方格式錢譜璽譜之類當代名公尺題無不畢備祿山之亂兩京陷賊玄宗幸蜀述抱國史藏於南山經籍資產焚剽殆盡述亦陷於賊庭時趙冬曦唐詩紀事曰趙冬曦定州人開元初監察御史坐事流岳州召還復官兄弟亦有美名宋祁唐書曰冬

職見夏日亭和璧安貞居貞顯貞彙貞皆擢進士第張燕公劉昫唐書曰張說字道濟其先范陽人代居河東後徙洛陽弱冠對策擢太子校書預修三教珠英開元中召說及禮官學士賜宴集賢殿授說集賢院學士封燕公嘗語人曰韋趙兄弟人之杞梓春秋傳曰晉大夫皆楚材也如杞梓皮革宋景文云東都事略曰宋祁字子京與兄庠同試禮部奏名第一章獻曰弟可先兄乎乃以庠第一而祁爲第十修唐書成拜翰林學士承旨謚景文歐陽公歸田錄曰宋祁兄弟自布衣時名動天下時稱二宋左太冲詩振衣千仞岡濯足萬里流左思詠史詩使人飄飄有世表意不獄嵇康目送飛鴻語嵇康送兄秀才入軍詩曰息徒蘭圃秣馬華山流磻平皐垂綸長川目送歸鴻手揮五絃俯仰自得遊心太玄嘉彼釣叟得魚忘筌郢人逝矣誰可盡言

品藻上

汝南陳仲舉潁川李元禮二人共論其功德不能定先後蔡伯喈評之曰陳仲舉彊於犯上李元禮嚴於攝下犯上難攝下易張璠漢紀曰時人為之語曰不畏彊禦陳仲舉天下模楷李元禮仲舉遂在三君之下謝沈漢書曰三君者一時之所貴也竇武劉淑陳蕃少有高操海內尊而稱之故得因以為目元禮居八俊之上薛瑩漢書曰李膺王暢荀緄朱寓魏朗劉祐杜楷趙典為八俊英雄記曰先是張儉等相與作衣冠糾彈彈中有相調言義彈中謙有八俊八及猶古之八元八凱也謝沈書曰俊者卓出之名也姚信士緯曰陳仲舉體氣高烈有王臣之節李元禮忠壯正直有社稷之能海內論之未決蔡伯喈抑一言以變之疑論乃定也

郭林宗至汝南造袁奉高車不停軌鸞不輟軛詣黄叔度乃彌日信宿人問其故林宗曰叔度汪汪如萬頃之波澄之不清擾之不濁其器深廣難測量也秦别傳曰薛恭祖問之泰曰奉高之器譬諸氾濫雖清易挹也

或問汝南許章曰叔慈皇甫謐高士傳曰荀靖字叔慈潁川潁陰人又淑朗陵侯相靖少有俊才動止以禮及卒學士製誄者二十六人潁陰令丘禎追謚曰玄行先生慈明孰賢許曰二荀皆玉也慈明外朗叔慈内潤

顧劭嘗與龐士元宿語問曰聞子名知人吾與足下孰愈曰陶治世俗與時浮沉吾不如子吳志

日劭好樂人倫自州郡庶幾及巴方人事往來
相見或諷議而去或結友而別風聲流聞遠近
稱之論王霸之餘策覽倚伏之要害吾似有一日
之長劭亦安其言吳録曰劭安其言更親之
邊文禮才辯俊逸孔北海嘗薦於曹公曰邊讓
為九州之被則不足為單衣襜褕則有餘范曄後漢
書曰蔡中郎深重讓薦於何進曰伏惟幕府初
開博選清英華髮舊德並為元龜雖振鷺之集
西雍濟濟之在周庭無以或加竊見陳留邊讓
天授逸才聰明賢智髫齔夙孤不盡家訓及就
學廬便受大典初涉諸經見本知義授者不能
對其問章句不能逮其意心通性達口辯辭長
若處狐疑之論定嫌審之分經典交至撿括參
合衆夫寂焉莫之能奪也讓生在唐虞則元凱
之次運值仲尼則顏冉之亞豈徒俗之凡偶近
器而已階級名位亦宜超然若復隨輩而進非

所以章瓌偉之高價，昭知人之絕明也。傳曰：函牛之鼎以烹雞，多汁則淡而不可食，少汁則熬而不可熟。此言大器之於小用，固有所不宜也。邑竊悄邑，慳此寶鼎，未受犧牛大羹之和，久在煎熬臠割之間。願明將軍回謀垂慮，裁加少納，貢之機密，展之力用。若以年齒為嫌，則顔回不得貫德行之首，子奇終無阿宰之功。苟堪其事，古今一也。

陳元龍使功曹陳季弼詣許，謂之曰：許下論議待吾不足，足下相為觀察，還以見誨。季弼還曰：聞遠近之論，頗謂明府驕而自矜。元龍曰：夫閨門雍穆，有德有行，吾敬陳元方兄弟；淵清玉潔，有禮有法，吾敬華子魚；清修疾惡，有識有義，吾敬趙元達。當即趙達也。吳志曰：趙達，河南人，少從單甫受學，用思精密，謂東南有王

老氣可以避難脫身渡江治九宮一筭之術能應機立成對問若神自筭亡日如期死博聞強記奇逸卓犖吾敬孔文舉雄姿傑出有王伯之略吾敬劉玄德所敬如此何驕之有魏志曰陳矯字季弼廣陵東陽人初為陳登功曹太祖辟為司徒掾歷官侍中司徒

諸葛瑾弟亮及從弟誕吳書曰瑾字子瑜其先葛氏琅琊諸縣人後徙陽都陽都先有葛姓者時人謂諸葛因為氏瑾以以至孝稱累遷豫州牧六十八卒魏志曰誕字公休為吏部郎人有所屬託輒顯其言而承用之後有當否則公議其得失以為褒貶自是羣僚莫不慎其所舉累遷揚州刺史鎮東將軍司空謀逆伏誅並有盛名各在一國於時以為蜀得其龍吳得其虎魏得其狗誕在魏與夏侯玄齊名瑾在吳吳朝服其弘量

吳書曰瑾避亂渡江大皇帝取爲長史遣使蜀
但與弟亮公會相見退無私面而又有容貌思
度時人服
其弘量

陳太丘子紀紀子羣竝有高名後漢書曰寔以著清德連辟徵
命閉門懸車棲遲養老中平四年卒于家傳子
曰寔亡天下致吊會葬者三萬人制衰麻者百
數後漢書曰紀亦以至德稱兄弟孝養閨門雍
和魏志曰魯國孔融才高倨傲年在羣紀之間
先與紀友後與羣交更爲紀拜由是顯名天下以爲公慚卿卿慚長
博物記曰太丘長陳寔寔子鴻臚紀紀子司空
羣羣子泰四世于漢魏二朝竝有重名而其德
漸戢時入爲其語
曰公慚卿卿慚長

龐士元至吳吳人竝友之蜀志曰周瑜領南郡士元爲功曹瑜卒士
元送喪至吳吳人多聞其名及
當還西竝會閶門與士元言
見陸績文士傳曰績字

公紀幼有儁朗才數博學多通龐士元年長於績共爲交友仕至鬱林太守自知亡日年三十二而顧劭全琮環濟吳紀曰琮字子黃吳郡錢塘人有德行義槩爲大司馬而爲之目曰陸子所謂駑馬有逸足之用顧子所謂駑牛可以負重致遠或問如所目陸爲勝邪曰駑馬雖精速能致一人耳駑牛一日行百里所致豈一人哉吳人無以難全子好聲名似汝南樊子昭蔣濟萬機論曰許子將襃貶不平以拔樊子昭而抑許文休劉曄難曰子昭拔自賈豎年至七十退能守靜進不苟競濟荅曰子昭誠自幼至長容貌完潔然觀其神齒牙樹頰頦吐脣吻自非文休之敵

張輔吳吳紀曰張昭字子布彭城人少好學從白侯子安受左氏春秋博覽衆書與瑯

瑯趙昱東海王朗俱發名友善官輔吳將軍**在孫權坐**吳志曰孫權字仲謀兄策旣定諸郡以權爲陽羨長郡察孝廉行奉義校尉漢遣劉琬加策錫命琬語人曰吾觀孫氏兄弟雖各才秀名達然皆祿祚不終唯中弟孝廉彩貌奇偉骨體不恒大貴之表年又最壽江表傳曰堅爲下邳丞時生權方頤大口目有精光堅異之以爲有貴象及策起事江東權常隨從性度弘朗仁而多斷好俠養士每衆同計謀策自以爲不及**嘗論劉子初褊阨不當拒張飛太甚**三國志曰劉巴字子初零陵烝陽人少知名先主定益州辟爲左將軍西曹掾陳羣嘗與諸葛亮書問巴消息稱曰劉君子初甚敬重焉零陵先賢傳曰張飛嘗就巴宿巴不與語飛忿恚亮謂巴曰張飛雖武人敬慕足下主公方收合文武以定大事足下雖天素高亮宜少降意巴曰大丈夫處世當交四海英雄如何與兵子共語備聞之怒曰孤欲定天下而子初專亂之其欲還北假道於此豈欲成孤事邪備又曰子初才智絕

人如孤可任用之非孤者難獨任也先亦曰運籌策於帷幄之中吾不如子初若提枹鼓會軍門使百姓喜勇當與人議之耳權曰若令子初隨世沉浮容悅翼德交非其人何足稱高士蜀志曰張飛字翼德涿郡人少與關羽俱事先主先主為漢王拜右將軍為帳下所殺

王朗每以識度推華歆歆蜡日禮記曰天子大蜡公伊耆氏始為蜡蜡索也歲十二月合聚萬物而索饗之五經要義曰三代名臘夏曰嘉平殷曰清祀周曰大蜡總謂之臘晉博士張亮議曰蜡者合聚百物索饗之歲終休老息民也臘者祭宗廟五祀傳曰臘接也祭則新故交接也秦漢已來臘之明日為祝歲古之遺語也嘗集子姪燕飲王亦學之有人向張華說此事張曰王之學華皆是形骸之外去之所以更遠

司馬文王問武陔虞預晉書曰陔字元夏沛郡竹邑人父周魏光祿大夫陔及二弟韶茂總角見稱並有器望鄉人諸父未能覺其多少時同郡劉親名知人嘗造周周見其三子親曰皆國士也元夏器量最優有輔佐之風展力仕宦可為亞公叔夏季夏不減常伯納言也陔仕至僕射陳玄伯何如其父司空陔曰通雅博暢能以天下聲教為己任者不如也明練簡至立功立事過之魏志曰陔與秦善故文王問之

晉武與胡威語次因及其父清德遂問威曰卿自謂孰與父清威曰威乃何敢望臣父帝又問卿父以何為勝耶威答曰臣父清常恐人知臣清常恐人不知晉陽秋曰胡威字伯虎淮南人父質以忠清顯質為荊州威自

京師咨省之及告歸質賜威絹一疋威跪曰大人清高於何得此絹質曰是吾俸祿之餘故以爲汝糧耳威受而去每至客舍自放驢取樵爨炊食畢復隨旅進道質帳下都督陰齎糧要之因與爲伴每事相助經營之又進少飯威疑之密誘問之乃知都督也謝而遣之後以白質質杖都督一百除其吏名父子清慎如此○醜

冀州刺史楊淮世語曰淮字始立弘農華陰人曾祖龜祖脩有名前世父囂典軍校尉淮元康末爲冀州刺史荀綽冀州記曰淮見王綱不振遂縱酒不以官事規意逍遙卒歲而已成都王知淮不治猶以其名士惜而不遣召爲軍咨議祭酒府散停家關東諸侯欲以淮補三事以示懷賢尚德之事未施行而卒時年二十有七二子喬與髦俱總角爲成器淮與裴頠樂廣友善遣見之頠性弘方愛喬之有高韻謂淮曰喬當及卿髦小減

也廣性清淳愛髦之有神檢謂淮曰喬自及卿然髦尤精出淮笑曰我二兒之優劣乃裴樂之優劣論者評之以爲喬雖高韻而檢不匝樂言爲得然兹爲後出之儁（荀綽冀州記曰喬字國彥爽朗有遠意髦字士彥清平有貴識並爲後出之儁爲裴頠樂廣所重晉諸公贊曰喬似淮而疎皆爲二千石髦爲石勳所害）

劉令言始入洛（劉氏譜曰納字令言彭城叢亭人祖瑾樂安長父甝魏洛陽令納歷司隸校尉）見諸名士而歎曰王夷甫太解明樂彥輔我所敬張茂先我所不解周弘武巧於用短（王隱晉書曰周恢字弘武汝南人祖斐永寧少府父隆州從事恢仕至秦相秩中二千石）杜

方叔拙於用長晉諸公贊曰杜育字方叔襄城鄧陵人杜襲孫也育幼便岐嶷號神童及長美風姿有才藻時人號曰杜聖累遷國子祭酒洛陽將沒為賊所殺

王平子嘗行經陳留郡界陳留時為大郡名有人士太守遣吏迎王王問吏曰此郡人士為誰吏曰有蔡子尼江應元是時郡人多居大位者王以其姓名問曰甲乙等非君郡人耶何但稱此二人吏曰向謂君侯問人不謂問宦位王笑而止到郡以語太守曰舊名此邦有風俗果然小吏亦復知此晉諸公贊曰蔡克字子尼陳留雍丘人蔡克別傳曰克祖睦蔡邕孫也克少好學有雅尚體貌尊嚴莫有輕嫚於其前者高平劉整俊才白衣車服奢麗嘗語

人曰紗縠吾常服耳遇蔡子尼在坐而經日不自安見惲如此充歷成都王東曹掾故稱東曹江氏家傳曰江統字應元東海王越辟為別駕府從事中郎庾子嵩以風韻見重雅敬君德每云當今可以為司徒充民望者江生其人也

王大將軍在西朝時見周侯輒扇障面不得住敦性彊梁自少及長李倫斬妓曾無異色若斯徵狠豈憚於周顗乎其言不然也後度江左不能復爾王歎曰不知我進伯仁退沈約晉書曰周顗王敦素憚之見輒面熱雖復臘月亦扇面不休其憚如此

衛洗馬天韻標令論者以為出王眉子平子武子之右世人為之語曰諸王三子不如衛家一兒

會稽虞騑虞光祿傳曰騑字思行會稽餘姚人虞翻曾孫右光祿潭兄子也雖機幹不及潭而至行過之歷吏部郎吳興守徵爲金紫光祿大夫卒元皇時朱鳳晉書曰帝諱睿字景文祖伷封琅琊王父恭王覲嗣帝襲爵爲琅琊王少而明惠因亂過江起義遂即皇帝位謚法曰始建國都曰元與桓宣武同俠其人有才理勝望王丞相嘗謂騑曰孔愉有公才而無公望孔愉別傳曰愉字敬康會稽山陰人初辟中宗參軍討華軼有功封餘不亭侯愉少時嘗得一龜放於餘不溪中龜中路左顧者數過及後鑄印而龜左顧吏鑄猶如此印師以聞愉悟取而佩焉累遷尚書左僕射贈車騎將軍丁潭有公望而無公才會稽後賢記曰潭字世康山陰人吳司徒固曾孫也沉毅有雅望潭少與孔愉齊名仕至光祿大夫晉陽秋曰孔敬康丁世康張偉康俱著名時謂會稽三康偉康名茂嘗夢得大象以問萬推推曰君當爲大

鄒而不善也象大獸也取兵音狩故為大鄒然象以齒喪身後為吳郡果為沈充所殺無

之者其在卿乎駿未達而喪虞光祿傳曰駿未登台鼎時論彝屈

明帝問周伯仁卿自謂何如郗鑒周曰鑒方臣

知有功夫復問郗郗曰周顗比臣有國士門風鄧粲晉紀曰伯仁清正嶷然以德望稱之

王大将軍下庾公問聞卿有四友何者是荅曰

君家中郎我家太尉阿平胡毋彥國八王故事曰胡毋輔之少有雅俗鑒識與王澄庾敳王敦王夷甫為四友今故荅也阿平故當最劣

庾曰似未肯劣庾又問何者居其右王曰自有

人又問何者是王曰噫其自有公論左右躡公

世說新語補卷之十一

品藻下

明帝問謝鯤君自謂何如庾亮答曰端委廟堂使百僚準則臣不如亮一丘一壑自謂過之晉陽秋曰鯤隨王敦下入朝見太子於東宮語及夕太子從容問鯤曰論者以君方庾亮自謂孰愈對曰宗廟之美百官之富臣不如亮縱意丘壑自謂過之鄧粲晉紀曰鯤與王澄之徒慕竹林諸人散首披髮裸袒箕踞謂之八達故鄰家之女折其兩齒世為謠曰任達不已幼輿折齒鯤有勝情遠槩為朝廷之望故時以庾亮方焉

世論溫太真是過江第二流之高者時名輩共說人物第一將盡之間溫常失色溫氏譜序曰晉大夫郤至

封於溫子孫因氏居太原祁縣爲郡著姓

支道林目會稽王有遠體而無遠神簡文初封會稽王

或問江左諸人優劣顏光禄曰周伯仁之正鄧伯道之清卞望之之節餘則吾不知

王丞相辟王藍田爲掾庾公問丞相藍田何似王曰真獨簡貴不減父祖然曠澹處故當不如爾以懷祖猶隘故也

或問林公司州何如二謝林公曰故當攀安提萬王胡之别傳曰胡之好談諧善屬文辭爲當世所重

孫興公許玄度皆一時名流或重許高情則鄙

孫綝行或愛孫才藻而無取於許宋明帝文章志曰綽博涉經史長於屬文與許詢俱與負俗之談詢卒不降志而綽嬰綸世務焉續晉陽秋曰綽雖有文才而誕縱多穢行時人鄙之

王孝伯道謝公濃至又曰長史虛劉尹秀謝公融融謂條暢也

王孝伯問謝公林公何如右軍謝曰右軍勝林公林公在司州前亦貴徹不言若義之而言勝胡之

庾道季云思理倫和吾愧康伯志力彊正吾愧文度自此以還吾皆百之

世目殷中軍思緯淹通比羊叔子羊祜德高一世才經夷險

淵源爇燭之曜豈喻日月之明也

卞望之云郗公體中有三反方於事上好下佞己一反治身清貞大脩計校二反自好讀書憎人學問三反按太尉劉寔論王肅方於事上好下佞己性嗜榮貴不求苟合治身不穢尤惜財物王郗志性儻亦同乎

王丞相云見謝仁祖恒令人得上與何次道語唯舉手指地曰正自爾馨前篇及諸書皆云王公重何充謂必代己相而此章以手指地意如輕詆或清言析理何不逮謝故邪

郗司空家有傖奴知及文章事事有意王右軍向劉尹稱之劉問何如方回方回郗愔別傳曰愔字方回高平金鄉人

太宰鑒長子也淵靖純素無執無競簡私曠年交游歷會稽內史侍中司徒王曰此正小人有意向耳何得便比方回劉曰若不如方回故是常奴耳

時人道阮思曠骨氣不及右軍簡秀不如真長韶潤不如仲祖思致不如淵源而兼有諸人之美中興書曰裕以人不須廣學正應以禮讓為先故終日頹然無所修綜而物自宗之

簡文云何平叔巧累於理嵇叔夜儁傷其道理本真率巧則乖其致道唯虛澹儁則違其宗所以二子不免也

撫軍問殷浩卿何如裴逸民良久答曰故當勝耳

桓公少與殷侯齊名常有競心桓問殷卿何如
我殷云我與我周旋久寧作我
撫軍問孫興公劉真長何如曰清蔚簡令王仲
祖何如曰溫潤恬和徐廣晉紀曰凡稱風流者皆舉王劉爲宗焉桓
溫何如曰高爽邁出謝仁祖何如曰清易令達
阮思曠何如曰弘潤通長袁羊何如曰洮洮清
便殷洪遠何如曰遠有致思卿自謂何如曰下
官才能所經悉不如諸賢至於斟酌時宜籠罩
當世亦多所不及然以不才時復託懷玄勝遠
詠老莊蕭條高寄不與時務經懷自謂此心無

所與讓也

桓大司馬下都問真長曰聞會稽王語奇進爾邪桓溫別傳曰興寧九年以溫克復舊京肅靜華夏進都督中外諸軍事侍中大司馬加黃鉞使入參朝政劉曰極進然故是第二流中人耳桓曰第一流復是誰劉曰正是我輩耳

殷侯既廢桓公語諸人曰少時與淵源共騎竹馬我棄去已輒取之故當出我下續晉陽秋曰簡文輔政引殷浩為揚州欲以抗桓桓素輕浩未之憚也

人問撫軍殷浩談竟何如答曰不能勝人差可獻酬羣心

簡文云謝安南清令不如其弟謝氏譜曰奕弟聘字弘達歷侍中廷尉卿學義不及孔巖中興書曰巖字彭祖會稽山陰人父愉黃門侍郎巖有才學歷丹陽尹尚書西陽侯在朝多所匡正為吳興太守大得民和後卒于家居然自勝言奉任天真也

劉丹陽王長史在瓦官寺集桓護軍亦在坐續晉陽秋曰桓伊字叔夏譙國銍人父景護軍將軍伊少有才藝又善聲律加以標悟省率為王濛劉惔所知累遷豫州刺史贈右將軍共商略西朝及江左人物或問杜公弘治何如衛虎桓答曰弘治膚清衛虎奕奕神令王劉善其言虎衛玠小字玠別傳曰永和中劉真長謝仁祖共商略中朝人或問杜弘治可方衛洗馬不謝曰安得比其間可容數人江左名士傳曰劉真長曰

善請許之弘治膺清叔寶神清論者謂為知言

劉尹撫王長史背曰阿奴比丞相但有都長阿奴濛小字也都美也司馬相如傳曰閑雅甚都語林曰劉真長與丞相不相得每曰阿奴比丞相條達清長

劉尹王長史同坐長史酒酣起舞劉尹曰阿奴今日不復減向子期頽秀之任率也

桓公問孔西陽安石何如仲文西陽即孔巖也孔思未對反問公曰何如答曰安石居然不可陵踐其處故乃勝也

謝公與時賢共賞說遏玄小字也胡兒並在坐公問

李弘度曰卿家平陽何如樂令晋諸公賛曰李重字茂曾江夏鍾武人少以清尚見稱歷吏部郎平陽太守於是李潛然流涕曰趙王簒逆樂令親授璽綬晋陽秋曰趙王倫簒位樂廣與滿奮崔隨進璽綬亡伯雅正耻處亂朝遂至仰藥恐難以相比此自顯於事實非私親之言晋諸公賛曰趙王為相國取重重為左司馬重以倫將簒辭疾不就數喩之重不復自治至於篤甚扶曳受拜數日卒時人惜之贈散騎常侍

謝公語胡兒曰有識者果不異人意

王脩齡問王長史我家臨川何如卿家宛陵長史未答脩齡曰臨川譽貴長史曰宛陵未為不貴中興書曰羲之自會稽王友改授臨川太守王述從驃騎功曹出為宛陵令述之為宛陵

多僑爲家之具初有勞苦之聲丞相王導使人諭之曰名父之子屈臨小縣甚不宜爾述答曰足自當止時人未之達也後屢臨州郡無所造作世始嘆服之

劉尹至王長史許清言時苟子年十三倚牀邊聽既去問父曰劉尹語何如尊長史曰韶音令辭不如我往輒破的勝我劉恢別傳曰恢有儁才其談詠虛勝理會所歸王濛略同而叙致過之其詞當也

有人問謝安石王坦之優劣於桓公桓公停欲言中悔曰卿喜傳人語不能復語卿

王右軍問許玄度卿自言何如安石許未答王因曰安石故相爲雄阿萬當裂眼爭邪中興書曰萬器

量不及安石雖居藩任安在私門之時名稱居萬上也

王僧恩輕林公藍田曰勿學汝兄汝兄自不如伊僧恩王禕之小字也王氏世家曰禕之字文劭述次子少知名尚尋陽公主仕至中書郎未三十而卒坦之悼念與桓溫輒之贈散騎常侍

簡文問孫興公袁羊何似荅曰不知者不負其才知之者無取其體言其有才而無德也

蔡叔子云韓康伯雖無骨幹然亦膚立

郗嘉賓問謝太傅曰林公談何如嵇公謝云嵇公勤著脚裁可得去耳支遁傳曰遁神悟機發風期斯得自然超邁也

又問殷何如支謝曰正爾有超拔支乃過殷然

亹亹論辯恐口欲制支

庾道季云廉頗藺相如雖千載上死人懍懍恒如有生氣史記曰廉頗者趙良將也以勇氣聞諸侯藺相如者趙人也趙惠文王時得楚和氏璧秦昭王請以十五城易之趙遣相如送璧秦受之無還城意相如請璧示其瑕因持璧卻立倚柱怒髮上衝冠曰王欲急臣臣頭今與璧俱碎秦王謝之後秦王使趙王鼓瑟相如請秦王擊筑趙以相如功大拜上卿位在廉頗上曹蜍蜍曹茂之小字也曹氏譜曰茂之字永世彭城人也祖韶鎮東將軍司馬父曼少府卿茂之仕至尚書郎李志晉百官名曰志字溫祖江夏鍾武人李氏譜曰志祖重散騎常侍父皐舂純陽令志仕至員外常侍南康相雖見在厭厭如九泉下人人皆如此便可結繩而治但恐狐狸貒貉噉盡言人皆如曹李質魯淳慤則天下無姦民

可結繩致治然才智無聞功迹俱滅身盡於狐狸無擅世之名也

謝遏諸人共道竹林優劣謝公云先輩初不臧貶七賢魏氏春秋曰山濤通簡有德秀咸戎伶朗達有儁才於時之談以阮為首王戎次之山向之徒皆其倫也若如盧言則非無臧貶此言謬也

謝太傅謂王孝伯劉尹亦奇自知然不言勝長史

王黃門兄弟三人俱詣謝公子猷子重多說俗事王氏譜曰操之字子重羲之第六子歷秘書監侍中尚書豫章太守子敬寒温而已既出坐客問謝公向三賢孰愈謝公曰小者最勝客曰何以知之謝公曰吉人之辭寡放屁

謝公問王子敬君書何如君家尊荅曰固當不同公曰外人論殊不爾王曰外人那得知宋明帝文章志曰獻之善隸書變右軍法為今體字畫秀媚妙絶時倫與父俱得名其章草踈弱殊不及父或訊獻之云羲之書勝不莫能判有問羲之云世論卿書不逮獻之答曰殊不爾也它日見獻之問尊君書何如獻之不荅又問論者云君固當不如獻之笑而荅曰人那得知之也

王孝伯問謝太傅林公何如長史太傅曰長史韶興問何如劉尹謝曰噫劉尹秀王曰若如公言並不如此二人邪謝云身意正爾也

人有問太傅子敬可是先輩誰比謝曰阿敬近撮王劉之標續晉陽秋曰獻之文義並非所長而能撮其勝會故擅名一時為風

流之冠也

王子猷子敬兄弟共賞高士傳人及賛子敬賞井丹高潔子猷云未若長卿慢世嵇康高士傳曰丹字大春扶風郿人愽學高論京師為之語曰五經紛綸井大春未嘗書刺謁一人北宮五王更請莫能致新陽侯陰就使人要之不得已而行侯設麥飯葱菜以觀其意丹推却曰以君侯能供美膳故來相過何謂如此乃出盛饌侯起左右進輦丹笑曰聞桀紂駕人車此所謂人車者邪侯即去輦越騎梁松貴震朝廷請交丹丹不肯見後丹得時疾松自將醫視之病愈久之松失大男磊丹一往吊之時賓客滿庭丹裘褐不完入門坐者皆悚望其顏色丹四向長揖前與松語客主禮畢後長揖徑坐莫得與語不肯為吏徑出後遂隱遁其賛曰井丹高潔不慕榮貴抗節五王不交非類顯譏輦車左右失氣披褐長揖義陵羣萃司馬相如初為郎事景帝梁孝王來朝

從遊說士鄒陽等相如說之因病免遊梁後過臨邛富人卓王孫女文君新寡好音相如以琴心挑之文君奔之俱歸成都後居貧至臨邛買酒舍文君當壚相如著犢鼻褌滌器市中爲人口吃善屬文仕宦不慕高爵常託疾不與公卿大事終于家其贊曰長卿慢世越禮自放犢鼻居市不恥其狀託疾避官蔑此卿相乃賦大人超然莫尚

有人問袁侍中袁氏譜曰恪之字元祖陳郡陽夏人祖王孫司徒從事中郎父綸臨汝令恪之仕黄門侍郎義熙初爲侍中曰殷仲堪何如韓康伯答曰理義所得優劣乃復未辨然門庭蕭寂居然有名士風流殷不及韓故殷作誄云荊門晝掩閑庭晏然

王子敬問謝公嘉賓何如道季答曰道季誠復

鈔撮清悟嘉賓故自上謂超妄也

中朝人共論少正卯孔子家語曰孔子爲魯司冦七日而誅亂政大夫少正卯戮之于兩觀之下尸于朝三日子貢進曰夫少正卯魯之聞人也今夫子爲政而始誅之或者爲失乎孔子曰居吾語汝以其故天下有大惡者五而竊盜不與焉一曰心逆而險二曰行僻而堅三曰言僞而辯四曰記醜而博五曰順非而澤此五者有一于人則不免君子之誅而少正卯皆兼有之其居處足以撮徒成黨其談說足以飾褒榮衆其強禦足以反是獨立此乃人之姦雄者也不可以不除

盜跖莊子雜篇曰柳下季之弟名曰盜跖盜跖徒卒九千人橫行天下侵暴諸侯穴室樞戶驅人牛馬取人婦女貪得忘親不顧父母兄弟不祭先祖所過之邑大國守城小國入保萬民苦之孔子往說之盜跖乃方休卒徒泰山之陽膾人肝而餔之孔子前見謁者盜跖大怒目如明星髮上指冠曰子之罪大極重疾走歸不然將以子肝益

畫鋪之膳其惡孰深有人云少正卯雖姦不至剖人充膳盜跖為甚顏光祿曰為惡彰露人思加戮隱伏之姦非聖不誅由此言之少正卯為甚衆莫能屈

司馬太傅問謝車騎惠子其書五車何以無一言入玄謝曰故當是其妙處不傳莊子曰惠施多方其書五車其道舛駁其言不中謂卵有毛雞三足馬有卵犬可為羊火不熱目不見龜長於蛇丁子有尾白狗黑連環可解能勝人之口不能服人之心蓋辯者之囿也

王孝伯在京行散至其弟王睹戶前睹王爽小字也問古詩中何句為最睹思未答孝伯詠所遇無故

物焉得不速老此句爲佳

王珣疾臨困問王武岡曰（中興書曰謐字雅遠丞相導孫車騎劭子有才器襲爵武岡侯位至司徒）世論以我家領軍比誰武岡曰世以比王北中郎東亭轉卧向壁嘆曰人固不可以無年（領軍王洽珣之父也年二十六卒珣意以其父名德過坦之而無年故致此論）

桓玄問劉太常曰我何如謝太傅（劉瑾集敘曰瑾字仲璋南陽人祖遐父暢暢娶王羲之女生瑾瑾有才力歷尚書太常卿）劉答曰公高太傅深又曰何如賢舅子敬答曰楂梨橘柚各有其美（莊子曰楂梨橘柚其味相反皆可於口也）

舊以桓謙比殷仲文晉安帝紀曰仲文有器貌才思桓玄時仲文入桓於庭中望見之謂同坐曰我家中軍那得及此也

王季琰與兄元琳竝有美稱季琰又出元琳右時人為之語曰法護非不佳法護珣小字僧彌難為兄僧彌珉小字

齊太祖奇愛張思光時與欵接笑曰此人不可無一不可有二南史曰融風止詭越坐常危膝行則曳步翹身仰首見者驚異

齊神武言崔㥄應作令僕恨其神明太遒魏書曰㥄字長孺清河東武城人狀貌偉麗善於容止歷覽羣書兼有詞藻自中興迄於孝武詔令皆㥄

所爲仕至東兗州刺史

霍王元軌唐書曰元軌唐高祖第十四子也始封吴王少多才藝太宗嘗問羣臣朕子弟中孰賢魏徵曰唯吴王數與臣言未嘗不自失上問前代誰比徵曰經學文雅漢之間平也改封霍王臨徐州與處士劉玄平爲布衣之交或問玄平王之所長玄平答以無長人問其故玄平曰夫人有短所以見長

中宗正月晦日幸昆明池西京雜記曰武帝作昆明池欲伐昆吾夷教習水戰因而于上遊戲池周迴四十里長安志曰昆明池在上林苑中賦詩羣臣應制百餘篇帳殿前結綵樓命上官昭容唐詩紀事曰昭容名婉兒西臺侍郎儀之孫父廷芝死母鄭方娠夢巨人畀大秤曰持此秤量天下昭容

生踰月毋戲曰邪量老韋爾耶輒啞然應後内
秉機政苻其夢云自適天來內掌詔命中宗立
進昭容帝引名儒賜宴賦詩婕兒常代帝及后
長寧安樂二公主衆篇並作采麗益新又差第
孝臣所賦賜金爵朝廷靡然成風當時屬辭大
抵浮靡然皆可觀昭容力也章后之敗斬闕下

選一首為新翻御製曲紙落如飛從臣各認其名而懷之唯沈宋二詩不下

唐詩紀事曰宋之問字延清汾州人
與沈佺期劉允濟媚附易之及敗驩州參軍
遯歸景龍中諂事太平公主後安樂公主權盛
復往諂結中宗將用為中書舍人太平發其贓
遷越州長史賦詩流傳京師睿宗立以獪險盈
惡流欽州賜死　沈佺期字雲卿相州人除給事
中考功郎受贓劾未究會張易之敗長流驩州
稍遷台州錄事參軍入計召見拜修文直學士
侍宴為弄辭悅帝賜牙緋尋為太子詹事　唐書
曰佺期善屬文尤長七言
與宋之問齊名時稱沈宋

又移時一紙飛墜乃

沈詩也昭容評曰二詩工力悉敵沈落句微臣雕朽質羞覩豫章材蓋辭氣已竭宋猶陟健舉

沈詩曰法駕乘春轉神池象漢迴雙星遺舊石孤月隱殘灰戰鷁逢時去恩魚望幸來山花緹騎遶堤柳幔城開思逸橫汾唱歌流宴鎬杯微臣雕朽質羞覩豫章材宋詩曰春豫靈池會滄波帳殿開舟淩石鯨度槎拂斗牛迴節晦蓂全落春遲柳暗催象溟看落景燒劫辨沉灰鎬飲周文樂汾歌漢武材不愁明月盡自有夜珠來

宋世嘗目莊周爲道家之儀秦王通孔門之王莽

高似孫子畧曰道德三千言辭絜吉譎滉瀁六經之外其用則易也莊周則不然淩濫沉潛若老氏玄者而泓峥蕭蔓乃欲超進於老氏之表是以其說意空一塵倜儻洮無一毫踏襲沿仍之陋極天之荒窮入之僞放肆迤演如長江長河滾滾灌注泛濫乎天下又如萬籟怒

說激湃洶湧聲沉影滅不可控搏率以荒悖詭誕狂肆虛眇不近人情之說瞽亂而自呼至於法度森嚴文辭雋健自作瓌新亦一代之奇才乎戰國多奇士荀卿之學有志斯世者也曾連之辯獨善其身者也寓言一書非深乎道者未易造此顛獨以滑稽發之士至於無所用其才而猶區區於矯拂世俗之弊者不亦恝恝乎方是時天下大棼蕩不可支攘奪爭競斬然一律其意思有以激之回之矯之衷之肆意無忌以放乎辭矯世之私曾不一二而亂天下之過持不可免於中若其言託孔子以自致其過者二十有九章又言堯禹文王太公之事皆非詩書所見而竊快其無稽之論狎聖侮道茲亦甚矣杜淹撰文中子世家曰文中子王氏諱通字仲淹六代祖玄則爲宋弘儒江左歸王先生受其道者曰王先生業文中子之父銅川府君諱隆傳先生之業教授門人千餘開皇四年文中子生府君筮之遇坤之師曰素王之卦也何爲而來地二化爲天一上德而居下位能以衆正可以王矣雖有君德非其時乎是子必能通天下

之志名之曰通既往慨然有濟蒼生之心見隋文帝奏太平十二策不用作東征之歌而歸後冉徵不至謂所親曰我高祖始家於河汾有墳壠於茲四代矣有敝廬在茅簷土階操如也道之不行欲安之乎退志其道而已乃續詩書正禮樂脩元經讚易道九年而六經大就門人自遠而至咸北面受王佐之道焉大業十三年有疾謂門人曰吾夢顏回稱孔子之命曰歸休乎殆夫子召我也寢疾七日而終門人謚曰文中子悉次其書還於王氏禮論二十五篇樂論二十篇續書一百五十篇續詩三百六十篇元經五十篇讚易七十篇共列爲八十卷朱熹論曰仲淹生乎百世之下讀古聖賢之書而粗識其用然未嘗深探其本而盡力於其實不勝其好名欲速之心汲汲乎以著書立言爲己任及其無以自託乃據拾兩漢以來文字言語之陋功名事業之卑而求其天資之偶合與其近似者依倣六經次第采輯因以牽挽其人強而躋之五帝三王之列今考之中說而得其規模之大略則彼之贊易是豈足以知先天後天之相爲

體用而高文武皇之制是豈有銷一執中之傳曹劉顏謝之詩是豈有物則不棄之訓叔孫通公孫述曹褒荀勗之禮樂又孰與伯夷后夔周公之誼至於宋魏以來一南一北校功度德蓋未有以相君臣也則其天命人心之向背統緒繼承之偏正亦何足論而欲攘臂其間奪彼予此以自列於孔子之春秋哉蓋既不自知其學之不足以為周孔不知兩漢之不足爲三王而獨以是區區者比而效之於形似影響之間傲然自謂足以承千聖而紹百王矣而不知其適以是而自納於吴楚僭王之誅使夫後世知道之君子雖或有取於其言而終不能無恨於此

規箴上

嚴子陵范曄後漢書曰嚴光字子陵會稽餘姚人少有高名與光武同遊學及光武即位變姓名隱身不見帝令以物色訪之齊國上言有一男子披羊裘釣澤中帝疑是光安車聘之三反而後至然不能屈與侯司徒書曰君房足下位至鼎

足甚善懷仁輔義天下悅阿諛順旨腰領絕僕得書封奏之帝笑曰此狂奴故態〔皇甫謐高士傳曰嚴光素霸使西曹屬侯子道奉書光不起於牀上箕踞抱膝發書讀訖問子道曰君房素癡今爲三公寧小差否子道曰位已鼎足不癡也光曰遣卿來何言子道傳霸言光曰卿言不癡是非癡語也天子徵我三乃來人主尚不見當見人臣乎子道求報光曰我手不能書乃口授之使者嫌少可更足光曰買菜乎求益也〕

京房與漢元帝共論因問帝幽厲之君何以亡所任何人荅曰其任人不忠房曰知不忠而任之何耶曰亡國之君各賢其臣豈知不忠而任之房稽首曰將恐今之視古亦猶後之視今也

漢書曰京房字君明東郡頓丘人尤好鐘律知音聲以孝廉為郎是時中書令石顯專權及友人五鹿充宗為尚書令與房同經議論相是非而此二人用事房嘗宴見問上曰幽厲之君何以亡所任何人上曰君亦不明而臣巧佞房曰知其巧佞而任之耶將以為賢耶上曰賢之房曰然則今何以知其不賢上曰以其時亂而君危知之房曰是任賢而理任不肖而亂自然之道也幽厲何不覺悟而發納賢何為卒任不肖以至亡於是上曰亂亡之君各賢其臣令皆覺悟安得亂亡之君房曰齊桓二世何不以幽厲疑之而任豎刁趙高政治日亂耶上曰唯有道者能以往知來耳房曰自陛下即位盜賊不禁刑人滿市云云問上曰今治也亂也上曰然愈於彼房曰前二君皆然臣恐後之視今猶今之視前也上曰今為亂者誰房曰上所親與圖事帷幄中者房指謂石顯及充宗顯等乃建言宜試房以郡守遂以房為東郡顯發其私事坐棄市

高義方造馬季長辭不見義方覆刺為書曰伏闕高問為日已久冀一見龍光小雅曰既見君子為龍為光叙腹心之願不圖辭之以疾昔周公父兄文武九命作相以尹華夏猶握沐吐食以接白屋之士天下歸德史記曰伯禽就封周公戒之曰我文王之子武王之弟成王之叔父我於天下亦不賤矣然我一沐三握髮一飯三吐哺起以待士猶恐失天下之賢人子之魯慎無以國驕人歷載邈矣今君不能相見宜哉季長大愧追請徑去漢雜事曰高龜字義方吴郡人志尚甚高遊太學博覽經史善屬文

魏文為五官將時臨淄侯才名甚盛幾有奪嫡之議三國志曰陳思王植建安十九年徙封臨淄侯植既以才見異而丁儀丁廙楊脩等

為之羽翼幾為太子而植任性不自彫勵文帝御之以術宮人左右並為之說故定為嗣曹公一日諮於賈詡魏略曰詡字文和武威姑藏人少時人莫知唯漢陽閻忠異之謂有良平之奇太祖領冀州牧以爲太中大夫是時文帝爲五官將而臨淄侯才名方盛各有黨與有奪宗之議文帝使人問詡自固之術詡曰願將軍恢崇德度躬素士之業朝夕孜孜不違子道如此而已詡默然不對曹公問不對何也詡曰屬有所思問何思答曰思袁本初劉景升父子也於是太子遂定魏志曰紹愛少子尚欲以爲後而未顯審配逢紀與辛評郭圖等爭權配紀與尚比評圖與譚比紹卒配等奉尚代紹位譚至不得立由是譚尚有隙太祖軍至西平譚尚奉去相攻皆敗走劉表及妻愛少子琮欲以爲後而蔡瑁張允爲之支黨乃出長子琦爲江夏太守表死衆遂奉琮爲嗣琦與琮遂爲讎隙云於傾覆

規箴上

補

蜀先主嘗因旱儉禁酒刑吏於人家檢得釀具欲令與釀酒者同罰時簡雍從先主遊見一男子行道謂先主曰彼人欲行淫何以不縛先主曰卿何以知之雍曰彼有淫具與欲釀同先主大笑命原欲釀者蜀志曰簡雍字憲和涿郡人少與先主有舊隨從周旋先主在荊州與麋竺孫乾同為從事中郎常為談客往來使命從拜昭德將軍優游諷議性簡傲跌宕在先主坐猶箕踞傾倚適諸葛亮已下則獨擅一榻項枕臥語無所為屈

孫休好射雉至其時則晨去夕反羣臣莫不止諫此為小物何足甚耽休曰雖為小物耿介過人朕所以好之環濟吳紀曰休字子烈吳大帝第六子初封琅琊王夢乘龍上

天顧不見尾孫綝廢少主迎休立之銳意典籍欲畢覽百家之事頗好射雉至春晨出莫反唯此時舍書崩謚景皇帝條列吳事曰休在位蒸蒸無有遺事唯射雉可譏

孫皓皓別見問丞相陸凱曰卿一宗在朝有幾人陸曰二相五侯將軍十餘人皓曰盛哉陸曰君賢臣忠國之盛也父慈子孝家之盛也今政荒民弊覆亡是懼臣何敢言盛吳錄曰凱字敬風吳人丞相遜族子忠鯁有大節篤志好學初為建忠校尉雖有軍事手不釋卷累遷左丞相時後主暴虐凱正直彊諫以其宗族彊盛不敢加誅也

何晏鄧颺令管輅作卦云不知位至三公不卦成輅稱引古義深以戒之颺曰此老生之常談

皆別傳曰輅至洛陽何尚書問易中九事皆明
因謂輅曰聞君非徒善論易至於分蓍思爻亦
爲神妙試爲作一卦知位當至三公不又頃夢
青蠅數十來鼻頭上驅之不去有何意故輅曰
鴟鴞天下賤鳥也及其在林食桑椹則懷我好
音況輅心過草木注情葵藿敢不盡忠唯察之
爾昔元凱之相重華宣慈惠和仁義之至也周
公之翼成王坐以待旦敬慎之至也故能流光
六合萬國咸寧然後據鼎足而登金鉉調陰陽
而濟兆民此履道之休應非卜筮之所明也今
君侯位重山嶽勢若雷霆望雲赴景萬里馳風
而懷德者少畏威者衆殆非小心翼翼多福之
士又鼻者艮也此天中之山高而不危所以長
守貴也今青蠅臭惡之物而集之焉位峻者顛
輕豪者亡必至之分也夫變化雖相生極則有
害虛滿雖相受溢則有竭聖人見陰陽之性明
存亡之理損益以爲衰抑進以爲退是故山在
地中曰謙雷在天上曰大壯謙則裒多益寡大
壯則非禮不履伏願君侯上尋文王六爻之旨
下思尼父彖象之義則三公可決青蠅可驅鄧

曰此老生之長談輅曰夫老生者見不生常談者見不談也晏曰知幾其神乎古人以為難交疏吐誠今人以為難今君一面盡二難之道可謂明德惟馨詩不云乎中心藏之何日忘之名士傳曰是時曹爽輔政識者慮有危機晏有重名與魏姻戚內雖懷憂而無復退也著五言詩以言志曰鴻鵠比翼遊羣飛戲太清常畏大網羅憂禍一旦并豈若集五湖從流唼浮萍永寧曠中懷何為怵惕驚蓋因輅言懼而賦詩

嵇康遊於汲郡山中遇道士孫登遂與之遊康臨去登曰君才則高矣保身之道不足康集序曰孫登者不知何許人無家於汲郡北山土窟住夏則編草為裳冬則被髮自覆好讀易鼓一弦琴見者皆親樂之魏氏春秋曰登性無喜怒或沒諸水出而觀之登復大笑時時出入人間所經家

設衣食者一無所辭去皆舍去文士傳曰嘉平中汲縣民共入山中見一人所居懸巖百仞叢林鬱茂而神明甚察自云孫姓登名字公和康聞乃從遊三年問其所圖終不答然神謀所存良妙康每薾然歎息將別謂曰先生竟無言乎登乃曰子識火乎生而有光而不用其光果然在於用光人生有才而不用其才果然在於用才故用光在乎得薪所以保其耀用才在乎識物所以全其年今子才多識寡難乎免於今之世矣子無多求康不能用及遭呂安事在獄為詩自責云昔慚下惠今愧孫登王隱晉書曰孫登即阮籍所見者也嵇康執弟子禮而師焉魏晉去就易生嫌疑貴賤並沒故登或黙也

晉武帝既不悟太子之愚必有傳後意諸名臣亦多獻直言帝嘗在凌雲臺上坐衛瓘在側欲申其懷因如醉跪帝前以手撫林曰此坐可惜

帝悟因笑曰公醉耶晉陽秋曰初惠帝之為太子咸謂不能親政事衛瓘每欲陳啓廢之而未敢也後因會醉遂跪牀前曰臣欲有所啓帝曰公所欲言者何耶瓘欲言而復止者三因以手撫牀曰此坐可惜帝意乃悟因謬曰公真大醉也帝後悉召東宮官屬大會令左右齎尚書處事以示太子令處決太子不知所對賈妃以問外人代太子對多引古詞義給使張泓曰太子不學陛下所知宜以見事斷不宜引書也妃從之泓具草奏令太子書呈帝大說以示瓘於是賈充語妃曰衛瓘老奴幾敗汝家妃由是怨瓘後遂誅之

王夷甫婦郭泰寧女晉諸公贊曰郭豫字泰寧太原人仕至相國參軍知名早卒才拙而性剛聚斂無厭干豫人事夷甫患之而不能禁時其鄉人幽州刺史李陽京都大俠晉百官名曰陽字景祖高尚人武帝時為幽州刺史語林曰陽性遊俠盛暑一日詣數百

家別賓客與別當填門遂死於几下故懼之猶漢之樓護漢書游俠傳曰護字君卿齊人學經傳甚得名譽毋死送葬車三千兩仕至天水太守郭氏憚之夷甫驟諫之乃曰非但我言卿不可李陽亦謂卿不可郭氏小為之損

王夷甫雅尚玄遠常嫉其婦貪濁口未嘗言錢字晉陽秋曰夷甫善施舍父時有假貸者皆與焚券未嘗謀貨利之事王隱晉書曰夷甫求富貴得富貴資財山積用不能消安須問錢而世以不問為高不亦惑乎婦欲試之令婢以錢遶牀不得行夷甫晨起見錢閡行呼婢曰舉卻阿覩物

石季倫嘗與長水校尉孫季舒酣宴孫慢傲過

度季倫欲表免之裴叔則聞而謂之曰季舒酒狂四海所知足下飲人狂藥責人正禮不亦乖乎王隱晉書曰石崇字季倫石苞子生於青州故小名齊奴爲荊州刺史劫奪殺人以致巨富後爲趙王倫所殺

元帝過江猶好酒王茂弘與帝有舊常流涕諫帝許之命酌酒一酣從是遂斷鄧粲晉紀曰上身服儉約以先時務性素好酒將渡江王導深以諫帝乃令左右進觴飲而覆之自是遂不復飲克己復禮官修其方而中興之業隆焉

謝鯤爲豫章太守從大將軍下至石頭敦謂鯤曰余不得復爲盛德之事矣鯤曰何爲其然但

使自今已後日亡日去耳鯤別傳曰鯤之諷切雅正皆此類也敦又稱疾不朝鯤諭敦曰近者明公之舉雖欲大存社稷然四海之内實懷未達若能朝天子使羣臣釋然萬物之心於是乃服仗民望以從衆懷盡冲退以奉主上如斯則勳侔一匡名垂千載時人以為名言晉陽秋曰鯤為豫章太守王敦將肆逆以鯤有時望逼與俱行既克京邑將旋武昌鯤曰不就朝覲鯤懼天下私議也敦曰君能保無變乎對曰鯤近日入覲主上側席遲得見公宮省穆然必無不虞之慮公若入朝鯤請侍從敦曰正復殺君等數百何損於時遂不朝而去

陸玩拜司空玩別傳曰是時王導郗鑒庾亮相繼薨殂朝野憂懼以玩德望乃拜

司空玩辭讓不獲乃嘆息謂朋友曰以我為三公是天下無人矣時人以為知言有人詣之索美酒得便自起瀉著梁柱間地祝曰當今之才以爾為柱石之用莫傾人棟梁玩笑曰戢卿良箴

王右軍與王敬仁許玄度並善二人亡後右軍為論議更克孔巖誡之曰明府昔與王許周旋有情及逝沒之後無慎終之好民所不取右軍甚愧

謝萬就太傅乞裘自云畏寒太傅答曰君妄語正欲以為豪具耳若畏寒無復勝綿者乃以三

十斤綿與萬

世說新語補卷之十一

世說智
規箴下
捷悟
夙惠
豪爽
容止
自新
企羨
傷逝
棲逸
賢媛
術解

語補卷之十

箴下

深好奕棋王處叔陳晉書曰王隱字處叔陳郡陳人世寒素父銓有著述之志每私錄晉事及功臣行狀未就而卒隱以隱素自守不交勢援博學多聞受父遺業西都舊事多所諳究家貧無資依征西將軍庾亮於武昌亮供其紙筆書成詣闕上之隱雖好著述而文辭鄙拙蕪舛不倫其書次第可觀者皆父所撰文體混漫義不可解者隱之作也謂之曰禹惜寸陰帝王世紀曰禹有聖德堯命以為司空繼鯀治水乃勞身涉勤不重徑尺之璧而愛日之寸陰不聞數棋祖云聊用忘憂耳處叔曰古人遭時則以功達其道不遇則以言達其才故否泰不窮也今晉未有書而天

下傾覆舊事蕩滅君少長王都游宦四方華夷成敗皆在耳目何不記述使有裁成昔應仲遠作風俗通漢藝文志曰應劭篤學多聞撰風俗通以辯物名號釋時嫌疑崔子真作政論後漢書曰崔寔字子真少沉靜好典籍以郡舉徵詣公車除爲郎論當世事數十條名爲政論指切時要言辯而確當世稱之仲長統曰凡爲人主宜寫一通置之坐側蔡伯喈作勸學篇後漢書曰邕所著獨斷勸學釋誨詩賦碑誄凡百四篇傳於世唐藝文志小學類有蔡邕勸學篇一卷史游作急就章漢書注曰游元帝時爲黃門令凡書三十二章雜記姓名諸物五官等字以教童蒙急就者謂字之難知者緩急可就而求焉便爲没而不朽當其同時人豈少哉而皆無聞由無所述也故君子疾没世而名不稱

況國史明乎得失之跡何必博奕而後忘憂哉祖遂發書薦隱僭史帝以問鍾雅亨遂不行

郗太尉晚節好談既雅非所經而甚矜之中興書曰鑒少好學博覽雖不及章句而多所通綜後朝覲以王丞相末年多可恨每見必欲苦相規誡王公知其意每引作他言臨還鎮故命駕詣丞相丞相翹須厲色上坐便言方當乖別必欲言其所見意滿口重辭殊不流王公攝其次曰後面未期亦欲盡所懷願公勿復談郗遂大瞋氷衿而出不得一言

桓南郡好獵每田狩車騎甚盛五六十里中旌

旗蔽隰騁良馬馳擊若飛雙甄所指不避陵壑或行陳不整麏兔騰逸參佐無不被繫束桓道恭玄之族也〔桓氏譜曰道恭字祖猷彝同堂弟也父赤之太學博士道恭歷淮南太守偽楚江夏相義熙初伏誅〕時為賊曹參軍頗敢直言常自帶絳綿繩箸腰中玄問此何為答曰公獵好縛人士會當被縛手不能堪芒也玄自此小差

遠公在廬山中雖老講論不輟弟子中或有墮者遠公曰桑榆之光理無遠照但願朝陽之暉與時並明耳執經登坐諷誦朗暢詞色甚苦高足之徒皆肅然增敬

殷顗病困看人政見半面殷荆州興晉陽之甲
春秋公羊傳曰晉趙鞅取晉陽之甲以往與顗
逐荀寅士吉射寅士吉射者君側之惡人
别涕零屬以消息所患顗荅曰我病自當差正
憂汝患耳晉安帝紀曰殷仲堪舉兵顗弗與同
且以己居小任唯當守局而已晉陽
之事非所宜豫也仲堪每邀之顗輒
日吾進不敢同退不敢異遂以憂卒
王緒王國寶相為脣齒並上下權要王氏譜曰緒字仲業
太原人祖述父乂撫軍晉安帝紀曰緒為會稽
王從事中郎以佞邪親幸王珣王恭惡國寶與
緒亂政與殷仲堪克期同舉內匡朝廷及恭表
至乃斬緒以說諸侯國寶平北將軍坦之第三
子太傅謝安國寶婦父也惡而抑之不用安薨
相王輔政遷中書令有妾數百從弟緒有寵于
王深為其說國寶權動內外王珣王恭殷仲堪
為孝武所待不為相王所眄恭抗表討之車胤

文爭之會稽王既不能拒諸侯兵遂委罪國寶付廷尉賜死王大不平其如
此乃謂緒曰汝為此欻欻曾不慮獄吏之為貴
乎史記曰有上書告漢丞相欲反文帝下之廷尉勃既出歎曰吾嘗將百萬之軍安知獄吏之為貴也
王國寶搆謝太傅於孝武帝太傅患之帝一日
召桓子野飲太傅亦在坐帝命桓吹笛桓神色
無忤即吹為一弄乃放笛云臣於箏分乃不及
笛然自足以韻合歌管請以箏歌并請一吹笛
人帝善其調達乃勅御妓吹笛桓又言御府人
於臣必自不合臣有一奴善相便串帝令召之

奴既吹笛桓便撫箏而歌曹子建怨詩（詩曰為君既不易為臣良獨難忠信事不顯乃有見疑患周旦佐文武金縢功不刊推心輔王室二叔反流言）聲節慷慨俯仰可觀太傅泣下沾襟乃越席就之捋其鬚曰使君於此處不凡

桓玄欲以謝太傅宅為營謝混曰召伯之仁猶惠及甘棠（韓詩外傳曰昔周道之隆召伯在朝有司請召民召伯曰以一身勞百姓非吾先君文王之志也乃暴處於棠下而聽訟焉詩人見召伯休息之棠美而歌之曰蔽芾甘棠勿剪勿伐召伯所茇）文靖之德更不保五畝之宅玄慚而止

王司徒謐與遠公書曰身年始四十而衰同耳

順遠答曰古人不愛尺璧而重寸陰觀其所存似不在長年耳檀越既履順而遊性乘佛理以御心因此而推復何羨於遐齡邪聊想斯理久已得之為復酬來信耳人皆稱公善誘

謝康樂南史曰靈運父瑍生而不慧位秘書郎早亡康樂好臧否人物叔混患之欲加裁折未有方也謂宣遠曰非汝莫能王儉七志曰謝瞻字宣遠陳郡人幼能屬文宋黃門郎幼童傳曰瞻幼而聽悟五歲能通玄理乃與晦曜南史曰曜小字阿多弘微之兄歷御史中丞彭城王義康驃騎長史弘微等宋書曰弘微初名密曾祖萬晉西中郎將祖韶車騎司馬父思武昌太守弘微居身清約歷位中庶子加侍中共遊戲命瞻

與靈運共車旣上便商較人物宣遠謂之曰秘書早亡談者亦互有同異靈運黙然言論自此衰止

王仲寶小時叔父僧虔（南史曰僧虔光祿大夫僧綽弟也父曇首太子詹事僧虔釋褐太子舍人退黙少交接與袁淑謝莊善淑每歎曰卿文情鴻麗學解深拔而韜光潛實物莫之窺雖魏陽元之射王汝南之騎無以加焉）撫之曰我不患此兒無名政恐名太盛手書崔子玉座右銘貼之（後漢書曰崔瑗字子玉涿郡人早孤銳志好學盡能傳其父業銘曰無道人之短無說己之長施人愼勿念受施愼勿忘世譽不足慕唯仁為紀綱隱心而後動謗議庸何傷無使名過實守愚聖所藏在涅貴不緇曖曖內含光柔弱生之徒老氏誡剛強行行鄙夫志悠悠故難量愼言

節飲食知足勝不祥行之苟有恒久久自芬芳

顔延之兒竣既貴重權傾一朝凡所資供延之一無所受器服不改宅宇如舊常乘羸牛敝車逢竣鹵簿即屛往道側嘗語竣曰吾平生不喜見要人今不幸見汝竣起大宅延之謂曰善爲之無令後人笑汝拙也

孔中丞二弟在官覬弟道存從弟徵頗營贓賄嘗請假還東中丞出渚迎之輜重十餘船皆是綿絹紙席中丞僞喜曰我比困乏得此甚要因命上置岸側既而正色語曰汝輩忝預士流何至還東

作賈客邪命左右取火燒盡乃去南史論曰覬持身之節亦曰一時之良而聽言則悖覽致覆沒

齊武帝時諸弟皆無寵嘗於御坐曲宴武陵因醉伏地以貂抄肉㭬帝笑曰汙貂武陵答曰陛下何愛其羽毛而䟽其骨肉南齊書曰武陵昭王曄高帝第五子也母以罪誅曄年四歲思慕不異成人高帝雖以為方伯而居處甚貧諸子學書無紙筆曄嘗以指畫空中學字遂工篆法性剛頴雋出武帝即位歷中書令祠部尚書嘗一覲或言曄有非常之相以此自負故無寵未嘗處方岳

王長史至性凝簡不狎當世嘗從容語諸子曰吾家門戶所謂素族自可隨流平進不須苟求

南史曰王騫字思寂太尉儉之子也性凝簡慕樂廣之為人諸女子姪皆嬪王尚主輜軿填咽非所欲也有田八十餘頃與諸宅及故舊共佃之常曰我不如鄭公業有田四百頃而食常不周以此為愧仕至度支尚書加給事中

齊高宗從弟季敞性頗豪縱上心非之（南史曰輔國將軍蕭季敞麤猛無行善於彌縫）嘗語之曰卿可數詣王思遠（南史曰思遠立身簡約）

陳江州諸子多事豪侈江州不悅休尚為郢府主簿過九江拜別顯達語之曰麈尾蠅拂是王謝家物汝不須捉此即取於前燒除之（南齊書曰陳顯達彭城人仕宋以軍功封彭澤縣子武帝徵為侍中進征南大將軍江州刺史謙厚有智計自

以入微位重每還宫有畏懼之色子十餘人家既豪富與敎則諸兒並精車牛畫服飾顯達誠之曰我本意不及此汝勿以富貴凌人豫慶爵林之勳進爵為公東昏立内懷疑怖擧兵襲建業敗死子皆伏誅

湘東王繹梁書曰元帝諱繹武帝第七子也初封湘東王簡文被弑乃即位於江陵入援臺城頓軍武城淹留不進按司馬光通鑑梁大寶元年湘東王繹移檄討侯景遣王僧辯次巴陵繹有他志僧辯一再有功復令且頓尋陽以待兵集及綱弑棟廢始遣東下中記室參軍蕭賁以繹不早下心甚非之嘗與繹雙陸食子未即下賁斂手言曰殿下都無下意南史曰蕭賁字文奐形不滿六尺有文才能書善畫起家為湘東王法曹參軍梁書侯景傳曰賁骨鯁士也每恨湘東不入援嘗與王雙陸食子未下賁曰殿下都

無下意王深為憾遂因事害之

王方慶在政府劉昫唐書曰王方慶雍州咸陽人周石泉公褒之曾孫官至太子左庶子博學好著述尤精三禮其子為眉州司士參軍唐書曰方慶長子光輔開元中官至潞州刺史武后嘗問卿在相位何子之遠方慶答曰盧陵是陛下愛子今尚在遠臣之子庸敢相近唐紀曰則天嗣聖元年二月廢皇帝為盧陵王幽於別所仍改賜名哲夏四月遷盧陵王哲於均州明年三月遷盧陵王哲於房州

高宗出獵遇雨問諫議大夫谷那律曰油衣若為不漏對曰以瓦為之則不漏上因此不復出獵唐書曰谷那律魏州人淹識羣書褚遂良目為九經庫官至弘文館學士

蕭至忠依太平公主唐詩紀事曰至忠蕭德言之曾孫相中宗後從太平公主謀逆伏誅明皇曰至忠誠國器但晩謬耳唐書曰神龍初武三思擅權至忠輔之擢御史中丞太平公主用事至忠遣使申意求爲京職召拜刑部尚書至忠清儉刻己然簡約自高無所賑施及籍沒財產甚豐後當國遇宋璟於道宋曰非所望於蕭傅唐詩紀事曰太平公主武后所生后愛之傾諸女唐書曰太平公主以誅二張功加號鎭國曆宗誅韋氏公主與謀由此權震天下宰相七人五出其門

呂太乙爲戶部員外郎戶部與吏部鄰司吏部移牒戶部令墻宇悉樹棘以防令史交通太乙報牒曰眷彼吏部銓總之司當須簡要清通裴楷清通王戎簡要何必設籬種棘省中賞其俊拔大唐新語曰太

乙初為御史裏行自負才華而不即真詠院中叢竹以寄意曰擢擢當軒竹青青重歲寒心貞徒見節鏵小未成竿後遷戶部員外

憲宗初徵柳宗元劉禹錫至京儀皆貶謫柳得柳州宋祁唐書曰柳宗元字子厚父鎮肅宗時為殿中侍御史宗元第進士博學弘詞科為御史裏行善王叔文韋執誼二人者奇其才及得政引內禁近欲大進用俄而叔文等敗貶永州司馬徙柳州刺史宗元既放斥其文思益深堙厄感鬱一寓諸文世號柳柳州年四十七卒劉得播州柳以禹錫須侍老親播州最為惡處請以柳州換上不許曰但要與惡郡豈繫母在裴晉公進曰陛下方侍太后不合發此言唐書曰順宗莊憲皇后王氏元和元年尊為皇太后冊禮畢憲宗御紫宸殿宣赦太后居興慶宮

韓魏公執政監司有非其人者崔公孺進曰公
居陶鎔之地宜以造化爲心造化以蛇虎害人
故置蛇於藪澤置虎於山林公今何乃置之通
衢涑水紀聞曰崔公孺諫議大夫立之子韓魏公夫人之弟性亮直喜面折人魏公甚畏憚
之
陳恭公宋史曰陳執中字昭譽以父恕任爲秘書省正字累遷平章事卒贈侍中禮官
韓維議謚言謚法寵祿光大曰榮不勤成名曰靈執中出入將相以一品就第寵祿光大矣得
位行政士大夫無述焉不勤成名美請謚爲榮靈詔謚恭判亳州遇生日親
族多獻老人星圖春秋元命苞曰嘉置弧北插一大星爲老人星治平則見
見則主壽昌常以秋分候之南郊以姪世修獨獻范蠡遊五湖圖

且贊曰賢哉陶朱霸越平吳名隨身後扁舟五湖公即日納節趙曄吳越春秋曰范蠡既佐越滅吳為書遺大夫種曰吾聞天有四時春生冬伐人有盛衰泰終必否知進退存亡而不失其正惟賢人乎蠡雖不才明知進退高鳥已散良弓將藏狡兔已盡良犬就烹夫越王為人長頸烏喙鷹視狼步可與共患難而不可共處樂可與履危不可與安子若不去將害於子明矣文種不信蠡遂辭於王乘扁舟出入三江五湖人莫知其所適後有讒文種於王者王賜種以屬鏤之劍

捷悟

楊德祖為魏武主簿時作相國門始構榱桷魏武自出看使人題門作活字便去楊見即令壞之既竟曰門中活闊字王正嫌門大也文士傳曰魏武

爲丞相修常白事知必有反覆教豫爲荅對數紙以次牒之而行敕守者曰向白事必教出相反覆若按此次第連荅之已而風吹紙次亂守者不別而遂錯誤公怒推問修慚懼然以所白甚有理終亦是修

人餉魏武一桮酪魏武噉少許蓋頭上題合字以示衆衆莫能解次至楊修修便噉曰公教人噉一口也復何疑

魏武嘗過曹娥碑下楊修從碑背上見題作黄絹幼婦外孫虀臼八字魏武謂修曰解不答曰解魏武曰卿未可言待我思之行三十里魏武乃曰吾已得令修別記所知修曰黄絹色絲也

於字為絕幼婦少女也於字為妙外孫女子也於字為好虀臼受辛也於字為辭所謂絕妙好辭也魏武亦記之與修同乃歎曰我才不及卿乃覺三十里會稽典錄曰孝女曹娥者上虞人父盱能撫節按歌婆娑樂神漢安二年迎五君神泝濤而上為水所淹不得其屍娥年十四號慕思盱乃投瓜于江存其父尸曰父在此瓜當沉旬有七日瓜偶沉遂自投於江而死縣長度尚悲憐其義為之改葬命其弟子邯鄲子禮為之作碑按曹娥碑在會稽中而魏武楊修未嘗過江也異苑曰陳留蔡邕避亂過吳讀碑文以為詩人之作無詭妄也因刻石旁作八字魏武見而不能了以問羣僚莫有解者有婦人浣於汾渚曰第四車解既而禰正平也衡即以離合義解之或謂此婦人即娥靈也

楊德祖為主簿時操既平漢中欲討劉備而不

得進欲守又難為功護軍不知進止操出教唯曰鷄肋外曹莫能曉德祖曰夫鷄肋食之則無所得棄之則殊可惜公歸計决矣乃令白外稍嚴儀操迴師時人服其幾决

王敦引軍垂至大桁明帝自出中堂溫嶠為丹陽尹帝令斷大桁故未斷帝大怒瞋目左右莫不悚懼按晋陽秋鄧紀皆云敦將至嶠燒朱雀橋以阻其兵而云未斷大桁致帝怒大為譌謬一本云帝自勸嶠入一本作敢欲帝怒此則近也召諸公來嶠至不謝但求酒炙王導須臾至徒跣下地謝曰天威在顏遂使溫嶠不容得謝嶠於是下謝帝乃釋

然諸公共嘆王機悟名言

郗司空在北府桓宣武惡其居兵權南徐州記日徐州人多勁悍號精兵故桓温常日京口酒可飲箕可用兵可使郗於事機素暗遣牋詣桓方欲共奬王室修復園陵世子嘉賓出行於道上聞信至急取牋視竟寸寸毀裂便回還更作牋自陳老病不堪人間欲乞閒地自養宣武得牋大喜即詔轉公督五郡會稽太守晉陽秋日大司馬將討慕容暐表求申勸平北將軍愔及袁真等嚴辦愔以羸疾求退詔大司馬領愔所任按中興書愔辭此行温責其不從轉授會稽世説爲謬

宋文帝時到彦之北伐甲兵資實甚盛南史日到彦之

字道豫彭城武原人楚大夫屈到後也為豫州刺史鎮歷陽元嘉七年侵魏回軍焚舟步至彭城及敗還委棄蕩盡武庫一空一日上與羣臣宴有荒外降人在列上問庫部郎顧琛庫中仗猶有幾許琛詭對有十萬人仗上既問而悔得琛對甚喜沈約宋書曰顧琛字弘緯吳郡吳人晋司空和之曾孫祖履之父惔並為司徒左西曹掾琛謹確不尚浮華起家州從事驃馬都尉累遷尚書庫部郎卒

梁時有沙門訟田武帝大署曰貞有司未辯徧問莫知劉顯曰貞文字為與上人帝忌出之梁書日劉顯字嗣芳沛國相人父鱗晋安內史顯幼聰敏當世號日神童好學博涉多通仕至平西諮議參軍

蕭彥瑜嘗與御宴醉伏筵中武帝以棗投之彥瑜取栗擲上正中面帝動色言汝那得如此豈有說也彥瑜答曰陛下投臣以赤心臣敢不報以戰栗上悅南史曰蕭琛字彥瑜南蘭陵人祖僧珍宋廷尉卿父惠訓齊巴東相琛少明悟有才辯與梁武有舊仕至特進金紫大夫

劉士章為南康相南史曰劉繪字士章彭城安上里人劉勔子也機悟多能初為齊高帝行參軍仕梁為大司馬從事中郎郡人有姓賴居穢里投刺謁士章士章嘲之曰君有何穢而居穢里此人應聲答曰未審孔丘何闕而居闕里括地志曰兗州曲阜西南三里有闕里中有孔子宅水經註曰孔廟東南五百步有雙石闕故名闕里

祖元珍北史曰祖瑩字元珍范陽遒人祖嶷翊太守父季真中書侍郎瑩八歲能誦詩書父母恐其成疾瑩密藏火父母寢燃火讀書以才名拜太學博士歷國子祭酒黃門侍郎以文學見重一時為彭城王參軍北史曰彭城王勰獻文皇帝子而能學雅好屬文時尚書令王肅曾於省中詠悲平城詩詩云悲平城驅馬入雲中陰山常晦雪荒松無罷風彭城甚嗟其美欲使更詠乃失語云悲彭城詩肅因戲云何意悲平城為悲彭城也祖在坐即云有所悲彭城王公自未見耳肅云可為誦之即應聲曰悲彭城楚歌四面起屍積石梁亭血流睢水裏彭城退謂祖曰卿定是神口今日不得卿幾為吳子所屈

張説女嫁盧氏女嘗為其舅求官説不語但指搘牀龜史記龜策傳曰南方老人用龜支牀足行二十餘歲老人死移牀龜尚生不死龜能行氣導引也示之歸告其夫曰舅得詹事矣龜策傳曰灼龜觀兆變化無窮是以擇賢而用占焉易曰占事知來以龜示知為占事也

令狐相鎮淮海日唐書曰令狐綯字子直父楚官至僕射綯太和四年登進士第開成初為左拾遺累官至吏部尚書右僕射咸通三年節度淮南嘗遊大明寺西壁題云一人堂堂二曜同光泉深尺一點去氷傍二人相連不欠一邊三梁四柱烈火燃除却雙鉤兩日全諸賓幕莫能辨有支使班蒙曰一人非大字乎二曜者日月非明字乎尺一

者十一寸非寺字乎點去氷傍水字二人相連天字不欠一邊下字三梁四柱而烈火無字兩日除雙勾比字得非大明寺水天下無比乎衆皆洗然張又新水記載陸羽次第二十水揚州大明寺第十二

湖南馬希範五代史楚世家曰馬希範字寶規馬殷第四子殷卒希範襲爵楚王好學善詩文士廖光圖徐仲雅李皐拓跋常等十八人皆故殷時學士也唐同光中入貢莊宗五代史曰莊宗諱存勗本沙陀之種祖國昌唐咸通中以功賜姓李氏父克用封晉王存勗有奇表善騎射代梁有天下問洞庭廣狹山海經曰洞庭乃沅澧之交瀟湘之淵九江之口楚志曰洞庭湖潤數百里對曰洞庭至狹若車駕南巡止可飲馬莊宗撫背嘉之三楚新錄曰莊宗及

正下詔徵諸侯入覲武穆以年老不行命長子希範入朝希範多辯善應對及至莊宗謂曰朕聞卿部內有洞庭湖其波無際有之乎對日有之陛下一旦南巡狩則此湖不足以飲馬耳莊宗大悅

夙惠

賓客詣陳太丘宿太丘使元方季方炊客與太丘論議二人進火俱委而竊聽炊忘著箄飯落釜中太丘問炊何不餾元方季方長跪曰大人與客語乃俱竊聽炊忘著箄飯今成糜太丘曰爾頗有所識不對曰彷彿志之二子俱說更相易奪言無遺失太丘曰如此但糜自可何必飯

也

陳太丘與友期行期日中過中不至太丘舍去去後乃至元方時年七歲門外戲客問元方尊君在不答曰待君久不至已去友人便怒曰非人哉與人期行相委而去元方曰君與家君期日中日中不至則是不信對子罵父則是無禮友人慚下車引之元方入門不顧

徐孺子年九歲嘗月下戲人語之曰若令月中無物當極明邪五經通議曰月中有兔蟾蜍者何月陰也蟾蜍亦陰也而與兔並明陰繫於陽也徐曰不然譬如人眼中有瞳子無此

必不明

黄子琰少即辯慧建和中嘗日食京師不見子琰祖太尉以狀聞太后詔問所食多少太尉思其對而未知所況子琰年七歲時在側曰何不言日食之餘如月之初東觀漢記曰黄瓊字世英江夏安陸人瓊少失父曾祖香祖瓊並有高名後漢書曰瓊爲司徒琬以公孫拜童子郎時司空盛允有疾太尉遣子琬候問會江夏上蠻賊事副府允發書視畢徽戲子琬曰江夏大邦而蠻多士少子琬奉手對曰蠻夷猾夏責在司空因拂衣辭去官至司徒太尉與王允謀誅董卓不遂下獄死

孔文舉年十歲隨父到洛時李元禮有盛名為司隸校尉詣門者皆儁才清稱及中表親戚乃

[illegible]之舉至門謂吏曰我是李府君親既通前坐
[illegible]問曰君與僕有何親對曰昔先君仲尼與
[illegible]先人伯陽有師資之親是僕與君奕世為通
好也元禮及賓客莫不奇之太中大夫陳韙後
至人以其語語之韙曰小時了了大未必佳文
舉曰想君小時必當了了韙太踧踖融別傳曰融四歲與
兄食梨輒引小者人問其故答曰小兒法當取
小者年十歲隨父詣京師河南尹李膺有重名
融欲觀其為人遂造之膺問高明父祖嘗與僕
周旋乎融曰然先君孔子與君先人李老君同
德比義而相師友則融與君累世通家也衆坐
莫不歎息僉曰異童子也太中大夫陳韙後至
同坐以告韙曰人小時了了者長大未必能奇
融應聲曰即如所言君之幼時豈實慧乎膺大

笑顧謂融曰長大必為偉器

孔融被收中外惶怖時融兒大者九歲小者八歲二兒故琢釘戲了無遽容融謂使者曰冀罪止於身二兒可得全不兒徐進曰大人豈見覆巢之下復有完卵乎尋亦收至魏氏春秋曰融對孫權使有訕謗之言坐棄市二子方八歲九歲融見收奕棋端坐不起左右曰而父見執二子曰安有巢毀而卵不破者哉遂俱見殺世語曰魏太祖以歲儉禁酒融謂酒以成禮不宜禁由是惑衆太祖收寘法焉二子齠齔見收顧謂二子曰何以不辟子曰父尚如此復何所辟裴松之以為世語云融兒不辟知必俱死猶差可安孫盛之言誠所未譬八歲小兒能懸了禍患聰明特達卓然既遠則其憂樂之情固亦有過成人矣安有見父收執而無變容奕棋不起若在暇豫者乎

[illegible]亂命言不忘父不以己之將死而廢念[illegible]情[illegible]公宜尚猶若茲而況顛沛哉[illegible]以此[illegible]識無乃賊夫人之子與蓋由[illegible]情多而不知言之傷理也

孔北海被收時男方九歲女纔七歲以幼弱得全寄住他舍主人遺以肉汁男飲之女曰今日之禍豈得久活何賴知肉味乎或有言於曹操收之將加戮女謂兄曰若死而有知得見父母豈非至願乃延頸就刑

孫策年十四詣袁術儀而外通劉豫州蜀志曰先主東屯齊徐州牧陶謙表為豫州刺史來孫便求去袁曰劉豫州何若答曰英雄忌人既出下東階劉玄德從西階

上但得轉顧視孫足下行殆不復能前

張純吳書曰張純字元基歎之子吳錄曰純少厲操行學博才秀切問捷對容止可觀拜郎中補廣德令治有異迹擢太子輔義都尉

張儼吳錄曰張儼字子節吳人弱冠知名以博聞多識拜大鴻臚使于晉皓曰今南北通好以君有出境之才故相屈行對曰皇皇者華蒙其榮耀無古人延譽之美磨厲鋒鍔思不辱命既至賈充裴秀荀勗等欲傲以所不知而不能屈儼射羊祜尚書何禎並結縞帶之好

朱異吳志曰朱異字季文吳郡吳人朱桓子也以文任為郎拜騎都尉代桓領兵孫權與論攻戰辭對稱意權謂異從父驃騎將軍據曰本知季文膽定見復過所聞俱童少知名嘗同詣驃騎將軍朱據吳志曰朱據字子範吳郡吳人有姿貌膂力又能論難黃武初拜五官郎中時選曹尚書暨豔疾貪汙在位欲沙汰之據以為天下未定宜以功覆過棄瑕取用舉清厲濁足以沮勸若

[illegible]擢有後然豔不聽卒敗權咨嗟將率[illegible]呂蒙張溫以擴才兼文武可以繼之拜遜

[illegible]據欲試之語曰老鄙相聞飢渴甚矣夫驥[illegible]以迅驟爲功鷹隼以輕疾爲妙其爲吾各賦一物然後入坐三人皆隨目賦成據大笑悅儼賦犬曰守則有獲出則有獲韓盧宋鵲書名竹帛純賦席曰席以冬設簟爲夏施揖讓而坐君子攸宜異賦弩曰南嶽之幹鍾山之銅應機命中獲隼高墉

何晏七歲明惠若神魏武奇愛之因晏在宮內欲以爲子晏乃畫地令方自處其中人問其故答曰何氏之廬也魏武知之即遣還魏略曰晏父蚤亡太祖爲司空時納晏母其時秦宜祿阿鰾亦隨母在宮並寵如子常謂晏爲假子也

鳳惠

王戎年七歲時嘗與諸小兒遊矚看道邊李樹有子扳折諸小兒競走之惟戎不動人問之答曰樹在道邊而多子此必苦李取之信然

鍾毓兄弟小時值父晝寢因共偷服藥酒其父時覺且託寐以觀之毓拜而後飲會飲而不拜既而問毓何以拜毓曰酒以成禮不敢不拜又問會何以不拜會曰偷本非禮所以不拜

梁國楊氏子九歲甚聰惠孔君平詣其父父不在乃呼兒出為設果果有楊梅孔指以示兒曰此是君家果兒應聲答曰未聞孔雀是夫子家

禽

愍懷太子少便聰慧武帝甚愛之六七歲時宮中嘗夜失火武帝登樓望之太子牽上衣裾使入闇中上問其故太子對曰暮夜倉卒宜備非常不宜親近火光令照見人主晉書曰愍懷太子遹字熙祖惠帝長子幼聰慧武帝愛之恒在左右嘗從帝觀豕牢言於帝曰豕甚肥何不殺以享士而使久廢五穀帝嘉其意即使烹之因撫其背謂廷尉傅祗曰此兒當興我家嘗對羣臣稱太子似宣帝於是令譽流於天下

晉明帝數歲坐元帝膝上有人從長安來元帝問洛下消息潸然流涕明帝問何以致泣具以

東渡意告之因問明帝汝意謂長安何如日遠答曰日遠不聞人從日邊來居然可知元帝異之明日集羣臣宴會告以此意更重問之乃答曰日近元帝失色曰爾何故異昨日之言耶答曰舉目見日不見長安

司空顧和與時賢共清言張玄之顧敷是中外孫年並七歲顧愷之家傳曰敷字祖根吳郡吳人滑稽有大成之量仕至著作郎二十三辛在牀邊戲于時聞語神情如不相屬瞑於燈下二兒共叙客主之言都無遺失顧公越席而提其耳曰不意衰宗復生此寶

張玄之顧敷皆少而聰惠和並知之而嘗謂顧勝親重偏至張頗不饜于時張年九歲顧年七歲和與俱至寺中見佛般泥洹像弟子有泣者有不泣者和以問二孫玄謂被親故泣不被親故不泣敷曰不然當由忘情故不泣不能忘情故泣大智度論曰佛在陛菴羅雙樹間入般涅槃臥北首大地震動諸三學人僉然不樂郁伊交淨諸無學人但念諸法一切無常

孫齊由齊莊二人小時詣庾公公問齊由何字荅曰字齊由公曰欲何齊邪曰齊許由晉百官名曰孫潛字齊由太原人中興書曰潛盛長子也豫章太守殷仲堪下討三國寶潛時在郡逼為咨議

叅軍周辭不就遂以憂卒

齊莊何字答曰字齊莊公曰欲何齊曰齊莊周公曰何不慕仲尼而慕莊周對曰聖人生知故難企慕庾公大喜小兒對孫放別傳曰放字齊莊監君次子也年八歲太尉庾公召見之放清秀欲觀試乃授紙筆令書放便自疏名字公題後問之曰為欲慕莊周邪放書答曰意欲慕之公曰何故不慕仲尼而慕莊周放曰仲尼生而知之非希企所及至於莊周是其次者故慕耳公謂賓客曰王輔嗣應答恐不能勝之卒長沙王相

孫盛為庾公記室參軍從獵將其二兒俱行庾公不知忽於獵場見齊莊時年七八歲庾謂曰君亦復來邪應聲答曰所謂無小無大從公邁

邁

王子敬數歲時嘗看諸門生樗蒱見有勝負因曰南風不競春秋傳曰楚伐鄭師曠曰不害吾驟歌南風南風不競多死聲楚必無功杜預曰歌者吹律以詠八風南風音微故曰不競也門生輩輕其小兒迺曰此郎亦管中窺豹時見一斑子敬瞋目曰遠慚荀奉倩近愧劉真長遂拂衣而去

韓康伯數歲家酷貧至大寒止得襦母殷夫人自成之令康伯提熨斗謂康伯曰且著襦尋作複褌兒云已足不須複褌也母問其故答曰火在熨斗中而柄熱今既著襦下亦當煖故不須

耳毋甚異之知為國器

簡文崩孝武年十餘歲立至瞑不臨左右啓依常應臨帝曰哀至則哭何常之有

晉孝武年十二時冬天晝日不著複衣但著單練衫五六重夜則累茵褥謝公諫曰聖體宜令有常陛下晝過冷夜過熱恐非攝養之術帝曰晝動夜静（老子曰躁勝寒靜勝熱此言夜靜寒宜重肅也）謝公出歎曰上理不減先帝（簡文帝善言理也）

桓宣武薨桓南郡年五歲服始除桓車騎與送故文武別（桓沖別傳曰沖字玄叔溫弟也累遷車騎將軍都督七州諸軍事）因

指語南郡此皆洪家故吏佐玄應聲慟哭酸感
傍人車騎每自目已坐曰靈寶成人當以此坐
還之鞠愛過於所生
王養泰小字年數歲時祖母集諸孫姪散棗栗於
牀羣兒競取之泰獨不動祖母問其故曰不取
自當得賜梁書曰王泰字仲通幼敏悟好學手所抄寫二千許卷及長通溫和雅家
人不見喜慍之色與王筠齊名沈約常
日王有養炬謝有覽舉炬即筠小字也
李百藥七歲時中書舍人陸乂嘗過其父德林
有讀徐陵文者云刈琅琊之稻坐客並不識其
事百藥進曰傳稱鄅人藉稻左傳昭公十八年注云鄅

國在瑯琊開陽縣人皆服其機頴

謝元正幼便聰惠陳書曰謝貞字元正陳郡陽夏人晉太傅安九世孫父藺以孝義稱貞少有至性仕始興王錄事參軍八歲為春日閒居詩從舅尚書王筠梁書曰王筠字元禮瑯琊臨沂人祖僧虔齊司空父揖大中大夫筠年十六為芳華賦甚美官至太子詹事奇其有佳致謂所親曰此兒方當大成至如風定花猶落乃追步惠連矣南史曰惠連十歲能屬文鍾嶸詩品曰小謝才思富捷恨其蘭玉早凋故長轡未騁

蘇頲年五歲唐詩紀事曰蘇頲字廷碩幼敏悟一覽至千言吏侍為戴曰訪稱一日千里蘇生是矣長安中為中書舍人父子同在禁瑰榮之開元中為相裴談本事啓詩曰談中宗朝為御史大夫崇奉釋氏妻悍妬談畏如嚴君常過其父唐詩紀事

日題父瓌字昌容武功人逌方誦庾信枯樹賦
以正立朝相中曆二宗
避談字諱因易其韻曰昔年移柳依依漢陰今
看搖落悽愴江潭樹猶如此人何以任周書曰庾信與
徐陵文並綺豔世號徐庾體枯樹賦曰昔年移
柳依依漢南今看搖落悽愴江潭樹猶如此人
何以皆歎異之鄭棨開天傳信記曰瓌初未知
堪逌處逌於馬廐中與傭僕雜作
一日有客詣瓌題擁篲趨庭遺墜文書客取視
之乃詠崑崙奴詩也瓌出客問何人非足下宗
族庶孽邪若加禮收舉必蘇氏之令子也瓌自
是稍親之適有人獻兔瓌乃召逌詠之立呈詩
瓌大驚驟加禮敬由是學問日新文章蓋代
又上平內難制詔無非逌出代擁小許許公也
高定是貞公郢之子年七歲時劉昫唐書曰高定小字董二聰
明絕倫人以其幼惠多以小字呼之
允精王氏易著易外傳二十二卷讀書至牧
風惠

誓孔氏疏曰牧在朝歌南武王軍於牧野臨戰誓衆之言問柰何以臣伐君貞公曰應天順人耳易曰湯武革命應乎天而順乎人又問用命賞於祖不用命戮於社豈是順人貞公不能對唐書曰高郢字公楚渤海蓨人九歲通春秋能屬文登茂才異行科授華陰尉嘗以魯不合用天子禮樂乃引公羊傳著魯議累官中書侍郎

嚴挺之薄妻而愛其子武武年八歲詢其母曰大人常厚玄英挺之妾未嘗慰省何至於斯母曰汝父嫌吾寢陋枕席數宵即懷汝自後相棄語罷悽咽武亦憤惋俟父出玄英方睡持小鐵鎚擊破其首挺之歸驚愕左右扺言小郎君戲運

鎚而致此挺之呼武曰汝何戲之甚武曰馬有
大朝入士辱其侍妾困辱兒之毋乎故須擊殺
非戲也父曰真嚴挺之兒劉昫唐書曰嚴挺之華陰人體質昂藏雅
有吏幹姚崇深器異之又與張九齡善張欲引
之同居相位謂之曰李尚書深承聖眷足下宜
一造門挺之素負氣竟不肯詣深爲林甫所嫉
子武神氣雋爽敏於聞見幼有成人之風官劍
南西川
節度使
開元間悉召能言佛道孔子者相答禁中有員
俶九歲升座詞辯注射坐人皆屈帝異之曰半
千孫固應耳劉昫文苑傳曰員半千晉州臨汾人本名餘慶王義方謂之曰五百
年一賢足下當之因改名
半千睿宗朝崇文館學士因問童子豈有類若

者乎僦跪奏有臣舅子李泌帝即馳召之泌至帝方與張說觀奕因使說試其能說請賦方圓動靜泌逡巡曰願聞其略說因曰方若棋局圓若棋子動若棋生靜若棋死泌即答曰方若行義圓若用智動若騁材靜若得意說因賀帝得奇童帝大悅曰是子精神要大於身劉昫唐書曰李泌字長源少聰敏博涉經史精究易象善屬文以王佐自負天寶中上書召見待詔翰林楊國忠忌之潛遁名山以習隱自適肅宗至靈武泌自嵩潁赴行在陳古今成敗之機延致卧內動皆顧問泌稱山人固辭官秩特以散官寵之

王元澤數歲時客有以一獐一鹿同籠以獻問

元澤何者是獐何者爲鹿元澤實未識良久對曰獐邊者是鹿鹿邊者是獐客大奇之宋史曰雱字元澤安石之子安石執政除太子中允崇政殿說書岳柱年八歲時元史曰岳柱字止所一字無山自幼容止端嚴性頴達有遠識至大中拔集賢學士觀畫師何澄圖繪寶鑑曰何澄長沙人工畫神佛畫陶毋剪髮圖陶毋事別見指陶毋手中金剉詰之曰有此可易湣何用剪髮何大驚即易之

世説新語補卷之十二

世說新語補卷之十三

豪爽

趙温居常歎曰大丈夫當雄飛安能雌伏（范曄後漢書曰温字子柔蜀郡成都人先是趙典為衛尉與兄子謙謙弟温相繼為三公）

孔北海居家失勢賓客日滿其門愛才樂士常若不足每歎曰坐上客常滿尊中酒不空吾無憂矣

王大將軍年少時舊有田舍名語音亦楚武帝喚時賢共言伎藝事人皆多有所知唯王都無所關意色殊惡自言知打鼓吹帝令取鼓與之

於坐振袖而起揚槌奮擊音節諧捷神氣豪上傍若無人舉坐歎其雄爽

王處仲世許高尚之目嘗荒恣於色體為之敝左右諫之處仲曰吾乃不覺爾如此者甚易耳乃開後閤驅諸婢妾數十人出路任其所之時人歎焉（鄧粲晉紀曰敦性簡脫口不言財其存尚如此）

王處仲每酒後輒詠老驥伏櫪志在千里烈士暮年壯心不已（魏武帝樂府詩）以如意打唾壺壺口盡缺

晉明帝欲起池臺元帝不許帝時為太子好養

是有一夕中作池比曉便成令太子西池是也丹陽記曰西池孫登所創吳史稱西苑也明帝脩復之耳王大將軍始欲下都處分樹置先遣參軍告朝廷諷旨時賢祖車騎尚未鎮壽春瞋目厲聲語使人曰卿語阿黑逖小字也何敢不遜催攝回去須臾不爾我將三千兵槊腳令上王聞之而止桓宣武平蜀集參僚置酒於李勢殿巴蜀縉紳莫不來萃桓既素有雄情爽氣加爾日音調英發敘古今成敗由人存亡繫才其狀磊落一坐歎賞既散諸人追味餘言于時尋陽周馥曰恨

卿輩不見王大將軍中興書曰毅周撫之字湛隱有將略曾作敦掾

桓公讀高士傳至於陵仲子便擲去曰誰能作

此溪刻自處皇甫謐高士傳曰陳仲子字子終齊人兄戴相齊食祿萬鐘仲子以兄祿為不義乃適楚居於陵曾乏糧三日匍匐而食井李之實三咽而後能視身自織屨令妻擗纑以易衣食嘗歸省母有饋其兄生鵝者仲子顰頗曰惡用此鶃鶃為哉後母殺鵝仲子不知而食之兄自外入曰鶃鶃肉邪仲子出門哇而吐之楚王聞其名聘以為相乃夫婦逃去為人灌園

王世將高朗豪率王丞相庾太尉遊于石頭會世將至爾日迅風飛飄世將倚船樓長嘯神氣甚逸王公相謂太尉曰世將為復識事太尉曰正

是舒夫逸耳 三 庾別傳曰庾字世將祖覽父正庾性倨傲不合己者面拒之故為物所疾加平南將軍

桓宣武與殷劉談不如甚喚左右取黄皮袴褶上馬舞矟數廻或向殷或擬劉意氣始得雄

王右軍為會稽内史謝公就乞牋紙右軍檢校庫中有九萬悉以乞謝公桓宣武聞之曰逸少不節

陳林道在西岸 陳逵別傳曰逵字林道潁川許昌人祖淮太尉父畛光祿大夫逵少有幹以清敏立名襲封廣陵公黄門郎西中郎將領淮南二郡太守晉陽秋曰逵為西中郎將領淮南太守戍歷陽 都下諸人共要至牛渚會陳理

既佳人欲共言折陳以如意拄頰望雞籠山歎曰孫伯符志業不遂吴録曰長沙桓王策少有雄姿風氣年十九而襲業衆號孫郎年定江東爲許貢客射破其面引鏡自照謂左右曰面如此豈可復立功乎乃謂張昭日中國方亂夫以吴越之衆三江之固足以觀成敗公等善相吾弟呼大皇帝授以印綬曰舉江東之衆决機於兩陣之間卿不如我任賢使能各盡其心我不如卿愼勿北渡語畢而薨年二十有六於是竟坐不得談

桓石虔司空豁之長庶也豁別傳曰豁字朗子溫之弟累遷荊州刺史贈司空小字鎭惡年十七八未被舉而童隸已呼爲鎭惡郎嘗住宣武齋頭從征枋頭車騎沖没陳左右莫能先救宣武謂曰汝叔落賊汝知不

石虔聞之氣甚奮命朱辟爲副策馬於數萬衆中莫有抗者徑致沖還三軍歎服河朔後以其名斷瘧（中興書曰石虔有才幹有史學累有戰功仕至豫州刺史贈後軍將軍）

王司州在謝公坐詠入不言兮出不辭乘回風兮載雲旗（離騷九歌少司命之辭耳）語人云當爾時覺一坐無人

桓玄西下入石頭外白司馬梁王奔叛（續晉陽秋曰梁王珍之字景度中興書曰初桓玄篡位國人有孔璞者奉珍之奔壽陽義旗既興歸朝廷仕至太常卿以罪誅）玄時事形已濟在平乘上笳鼓並作直高詠云簫管有遺音梁王安在哉（阮籍詠懷詩也）

宗元幹小時叔父少文問其所志元幹答曰願乘長風破萬里浪孫嚴宋書曰宗慤字元幹南陽涅人兄泌娶妻始入門夜被劫慤年十四挺身與拒衆皆披散故少文壽書高節子弟以文義爲業慤任氣好勇不爲鄉曲所知、

李永和杜門却掃絕迹下帷棄産營書手自刪削每歎曰丈夫擁書萬卷何假南面百城北史曰李謐字永和少好學周覽百氏初師小學博士孔璠數年後璠還就謐請業同門生爲之語曰青成藍藍謝青師何常在明經徵拜著作佐郎辭以授弟郁詔許之州再舉秀才公府二辟並不就唯以琴書爲業有絕世之心及卒博士孔璠等奏謚爲貞靜處士

裴寛罷郡西歸宋祁唐書曰寬聞喜人性通敏景雲中爲潤州參軍刺史韋詵

[illegible]樓實人於後圖有所瘞藏者訪是裴叅軍居問狀荅曰寬義不以苞苴污家適有人以鹿為餉致而去不取自欺故瘞之詋嗟異妻以女天寶中歷仕至戶部尚書御史大夫李林甫惡之貶雎陽太守遷東海入為禮部尚書

見一士坐樹下甚貧與語奇之舉一船金帛盡與之此人不辭登舟奴婢偃蹇者輒鞭之乃張徐州也

唐書曰張建封字本立鄧州南陽人客隱兗州父价建封少喜文章能辯論慷慨尚氣自許以功名顯湖南觀察使韋之晉辟授兵曹叅軍不樂職輒去馬燧雖知之表為判官擢監察御史李希烈平以功進御史大夫徐泗濠節度使治徐凡十年一軍大治下皆畏悅士往如歸

李白

錢希白南部新書曰李白山東人父任城尉因家焉少與魯中諸生孔巢父韓沔裴政張叔明陶沔隱於徂徠山號竹溪六逸天寶中遊會稽與吳筠隱剡中筠徵赴闕薦之於朝

待詔翰林唐書曰白有逸才志氣宏放飄然有超世之心玄宗欲造樂府新詞亟召白已醉臥酒肆召入以水灑面即秉筆成十餘章上嘉之嘗沉醉殿上引足令高力士脫靴由是斥去顧逆江湖嘗月夜乘舟自采石達金陵衣宮錦袍舟中笑傲傍若無人後坐永王璘事長流夜郎遇赦還卒於宣城登華山落鴈峰山海經曰泰華之山削成而四方高五千仞華山志曰三峯直上晴霽可覩曰此處呼吸之氣想通帝坐史記曰中端門門左右掖門門內六星諸侯也其內五星五帝座恨不携謝朓驚人詩來搔首問青天爾詩品曰朓奇章秀句往往警遒至為後進士子之所嗟慕

滕達道微時東都事略曰滕元發字達道東陽人范仲淹見而奇之神宗朝拜翰林學士性疎達在上前論事如家人父子言無文飾神宗知其誠盡後力言新法之

身[illegible]謫知絳州或以爲且有後命元發曰天知吾直上知吾忠吾何憂哉上章自訟有曰樂善無功謗書滿篋即墨何罪毀言日聞上覽之釋然改知揚州卒謚章敏

爲范文正館客常私就俠邪飲范病之一夕候其出徑坐達道書室明燭讀書以俟其至達道大醉竟入長揖問范公讀何書曰漢書復問漢高帝何如人范逡巡走入文正公年譜曰公諱仲淹字希文蘇州人仁宗朝官至參知政事謚文正

蘇子美豪放不羈好飲酒宋史曰蘇舜欽字子美參知政事易簡之孫慷慨有大志范仲淹薦試集賢校理監進奏院舜欽娶宰相杜衍女衍時與仲淹富弼在政府多引用一時聞人御史中丞王拱辰等不便其所爲會進奏院祠神舜欽輒鬻故紙公錢召

文樂會客拱辰燕得之諷其蜀劾奏因搖動衍舜欽坐自盜除名既放廢寓居吳中買水石作
滄浪亭益讀書自喜時發憤懣於歌詩往往驚人在外舅杜祁公家宋史
日杜衍字世昌越州山陰人父遂良尚書員外郎衍苦志厲操尤篤於學擢進士甲科歷龍圖
學士刑部侍郎樞密副使每夕讀書以一斗為率公深以為
疑客使覘之子美讀漢書張良傳至良與客狙
擊秦皇帝撫掌曰惜乎擊之不中遂滿引一大
白又讀至良曰始臣起下邳與上會於留此天
以授陛下又撫案曰君臣相遇其難如此復舉
一大白公笑曰有如此下物一斗不足多也史記
曰張良其先五世相韓秦滅韓良悉以家財求客刺秦王嘗學禮淮陽東見滄海君得力士為

百二十斤秦皇帝東遊良與客狙擊秦皇帝博浪沙中誤中副車更名姓亡匿下邳漢六年封功臣良未嘗有戰鬭功高帝曰運籌策帷幄中決勝千里外子房功也自擇齊三萬戶良曰始臣起下邳與上會留此天以臣授陛下臣願封留足矣乃授張良為留侯

容止

陸子春姿容如玉威儀秀異吳地記曰陸閎字子春吳郡吳人陸暢之光武嘗登臺見而偉之歎曰南方故多佳人謝承後漢書曰陸閎建武中為尚書令美姿貌喜著越布單衣上見而好之自是常敕會稽郡獻越布

魏明帝使后弟毛曾與夏侯玄共坐時人謂蒹葭倚玉樹魏志曰玄為黃門侍郎與毛曾並坐玄甚恥之曾就形於色明帝恨之左

事故爲翰林監

何平叔美姿儀面至白魏明帝疑其傅粉正夏月與熱湯餅既噉大汗出以朱衣自拭色轉皎然魏略曰晏性自喜動靜粉帛不去手行步顧影按此言則晏之妖麗本資外飾且晏養自宮中與帝相長豈復疑其形姿待驗而明也

劉季和嘗言荀令君典略曰荀彧字文若潁州人爲漢侍中守尚書令彧爲人美偉折節待士坐不累席其在臺閣不以私欲撓意年五十薨謚曰敬侯以其名德追贈太尉至人家坐處常三日香襄陽記曰劉季和性愛香嘗上廁還過香鑪上主簿張坦曰人名公作俗人不虛也季和曰荀令君至人家坐處三日香爲我如何令君而惡我愛我也坦曰古有好婦人患而捧心顰眉見者皆以爲好其鄰醜婦法之見者走

公從欲使下官道[illegible]耶
尋和大笑以是知坦

時人目夏侯太初朗朗如日月之入懷李安國頹唐如玉山之將崩魏略曰李豐字安國衛尉李義子也識別人物海內注意明帝得吳降人問江東聞中國名士為誰以安國對之是時豐為黃門郎改名宣上問安國所在左右公卿即具以豐對上曰豐名乃被於吳越耶仕至中書令為晉王所誅

嵇康身長七尺八寸風姿特秀康別傳曰康長七尺八寸偉容色土木形骸不加飾厲而龍章鳳姿天質自然正爾在羣形之中便自知非常之器見者歎曰蕭蕭肅肅爽朗清舉或云肅肅如松下風高而徐引山公曰嵇叔夜之為人也巖巖若孤松之獨立其醉也傀俄若玉山之將崩

裴令公目王安豐眼爛爛如巖下電王戎形狀短小而目甚清炤視日不眩

潘岳妙有姿容好神情岳別傳曰岳姿容甚美風儀閑暢少時挾彈出洛陽道婦人遇者莫不連手共縈之左太沖絶醜續文章志曰思貌醜顇不持儀飾亦復效岳遨遊於是羣嫗齊共亂唾之委頓而返語林曰安仁至美每行老嫗以果擲之滿車張孟陽至醜每行小兒以瓦石投之亦滿車二說不同

王夷甫容貌整麗妙於談玄恒捉白玉柄麈尾與手都無分別

潘安仁夏侯湛並有美容喜同行時人謂之連

壁入王故事曰岳與湛著契故好同遊

裴令公有儁容姿一旦有疾至困惠帝晉書曰帝諱衷武帝太子在位十七年中毒而崩使王夷甫往看裴方向壁卧

聞王使至強回視之王出語人曰雙眸閃閃若

巖下電精神挺動體中故小惡名士傳曰楷病困詔遣黃門郎王夷甫省之楷回眸屬夷甫云竟未相識夷甫還亦歎其神儁

裴令公有儁容儀脫冠冕麤服亂頭皆好時人

以為玉人見者曰見裴叔則如玉山上行光映

照人

有人語王戎曰嵇延祖卓卓如野鶴之在雞羣

荅曰君未見其父耳康也

劉伶身長六尺貌甚醜顇而悠悠忽忽土木形骸梁祚魏國統曰伶形貌醜陋身長六尺然肆意放蕩悠焉獨暢自得一時常以宇宙為狹

陸士龍好笑嘗著縗幘上船水中自見其影便大笑不已幾落水

驃騎王武子是衛玠之舅儁爽有風姿見玠輒歎曰珠玉在側覺我形穢玠別傳曰驃騎王濟玠之舅也嘗與同遊語人曰昨日吾與外生共坐若明珠之在側朗然來照人

衛玠從豫章至下都人久聞其名觀者如堵牆玠先有羸疾體不堪勞遂成病而死時人謂看

殺衛玠玠別傳曰玠在羣伍之中寔有異人之望韶𪗋時乘白羊車於洛陽市上咸曰誰家璧人於是家門州黨號爲璧人按永嘉流人名曰玠以永嘉六年五月六日至豫章其年六月二十日卒此則玠之南度豫章四十五日豈暇至下都而亡乎且諸書皆云玠亡在豫章而不云在下都也

王丞相見衛洗馬曰居然有羸形雖復終日調暢若不堪羅綺玠別傳曰玠素抱羸疾西京賦曰始徐進而羸形似不勝乎羅綺

有人詣王太尉遇安豐大將軍丞相在坐往別屋見季胤平子石崇金谷詩叙曰王詡字季胤琅邪人王氏譜曰詡夷甫弟也仕至修武令還語人曰今日之行觸目見琳琅珠玉

庾公道王尼非唯事事勝人布置須眉亦勝人我輩皆出其轅下晉中興書曰王尼字孝孫洛陽覆沒避亂江夏王澄時爲荆州見之欣喜厚供給之

周伯仁道桓茂倫嶔崎歷落可笑人或云謝幼輿言

庾子嵩長不滿七尺腰帶十圍頹然自放

周侯說王長史父王氏譜曰訥字文開太原人祖默尚書父佑散騎常侍訥始過江仕至新淦令形貌既偉雅懷有槩保而用之可作諸許物也

[illegible]見衛君長云此人有旄仗下形

庾太尉在武昌秋夜氣佳景清使吏殷浩王胡
之之徒登南樓理詠音調始遒聞函道中有屐
聲甚厲定是庾公俄而率左右十許人步來諸
賢欲起避之公徐云諸君少住老子於此處興
復不淺因便據胡床與諸人詠謔竟坐甚得任
樂後王逸少下與丞相言及此事丞相曰元規
爾時風範不得不小穨右軍答曰唯丘壑獨存
王敬豫有美形問訊王公王公撫其肩曰阿奴
恨才不稱又云敬豫事事似王公
王右軍見杜弘治歎曰面如凝脂眼如點漆此

神仙中人江左名士傳曰永和中劉真長謝仁祖共商略中朝人士或曰杜弘治清標令上爲後來之美又面如凝脂眼如點漆粗可得方諸衛玠時人有稱王長史形者蔡公曰恨諸人不見杜弘治耳

劉尹道桓公鬢如反猬皮眉如紫石稜自是孫仲謀司馬宣王一流人宋明帝文章志曰溫爲溫嶠所賞故名溫吳志曰孫權字仲謀策弟也漢使者劉琬語人曰吾觀孫氏兄弟雖並有才秀明達皆祿祚不終唯中弟孝廉形貌魁偉骨體不恒有大貴之表晉陽秋曰宣王天姿傑邁有英雄之畧

王敬倫風姿似父作侍中劭別傳曰劭字敬倫丞相導第五子清貴簡素研味玄賾大司馬桓溫稱爲鳳雛累遷尚書僕射吳國內史加授桓公公服從大門入桓公望之曰大奴固自有鳳毛大奴

書日助美姿容持儀操也

林公道王長史歛衿作一来何其軒軒韶舉語林

日王仲祖有好儀形每覽鏡自照日王文開那生如馨見時人謂之達也

時人目王右軍飄如遊雲矯若驚龍

王長史嘗病親疎不通林公来守門人遽啓之

曰一異人在門不敢不啓王笑曰此必林公按語

林日諸人嘗要阮光祿共詣林公阮日欲聞其言惡見其面此則林公之形信當醜異

或以方謝仁祖不乃重者桓大司馬曰諸君莫

輕道仁祖企脚北窓下彈琵琶故自有天際真

人想晉陽秋日尚善音樂衷子云丞相曾日堅石挈脚枕琵琶有天際想堅石尚小名

容止

王長史為中書郎往敬和許爾時積雪長史從門外下車步入尚書著公服敬和遥望歎曰此不復似世中人

簡文作相王時與謝公共詣桓宣武王珣先在内桓語王卿嘗欲見相王可住帳裏二客既去桓謂王曰定何如王曰相王作輔自然湛若神君續晉陽秋曰帝美風姿舉止端詳公亦萬夫之望不然僕射何得自没僕射謝安

海西時諸公每朝朝堂猶暗唯會稽王來軒軒如朝霞舉海西公奕別見

謝車騎道謝公遊肆復無乃高唱但恭坐捻鼻顧睞便自有寢處山澤間儀

謝公云見林公雙眼黯黯明黒孫興公見林公稜稜露其爽

庾長仁與諸弟入呉欲住亭中宿諸弟先上見羣小滿屋都無相避意長仁曰我試觀之乃策杖將一小兒始入門諸客望其神姿一時退匿一說是庾亮

有人歎王恭形茂者云濯濯如春月柳

謝晦美風姿善言笑眉目分明鬢髮如墨時謝

混風鑑為江左第一常與晦同在宋武帝前帝目之曰一時頓有兩玉人

有人詣謝益壽言向在劉丹陽坐見一容殊毛謝曰正是我家阿瞻益壽混小字

王景文風姿為一時之冠袁粲歎曰景文非但風流可悅乃餔啜亦復可觀有客及識謝混者曰景文方謝叔源則為野父矣粲惆悵曰恨眼中不見如此人續世說曰宋孝武選侍中四人並以風貌王彧謝莊為一雙阮韜何偃為一雙

張思光吐納風流聽者皆忘饑疲見者肅然如

右宗序

梁武平建業朝士皆造之謝景滌時年二十意氣閒雅瞻視聰明梁武目送良久謂徐勉曰覺此生芳蘭竟體南史曰謝覽字景滌陳郡陽夏人父瀹太子詹事覽選尚齊錢唐公主仕梁為吳興太守

陶隱居身長七尺四寸神儀明秀朗目踈眉細形長耳雖在朱門閉影不交外物南史曰陶弘景字通明丹陽秣陵人高其志節累辭徵命隱於句容之句曲山中山立館自號華陽隱居人間書札以隱居代名爭謚貞白先生

李密目瞳子正方黑白明澈隋書曰密字法主真鄉公衍之從孫

也才兼文武志氣雄遠散財養客後更折節下帷篤學楊玄感舉兵以為謀主屢戰克捷上歸魏公義壇即位歸身於唐封邢國公煬帝見之隋書曰帝諱廣文帝第二子弒父自立承富強之業慨然慕秦皇漢武之為人窮侈極欲遊狩揚州為宇文化及所弒謂宇文述隋書曰宇文述字伯通代郡武川人周武帝時以父軍功起家拜開府開皇初拜居衛大將軍曰左仗下黑色小兒為誰云是蒲山公李寬子帝曰此小兒瞻視異常無令入衛密傳曰密父寬驍勇善戰幹畧過人自周及隋數經將領

朱泚之亂唐書曰泚幽州昌平人以父資從軍代宗朝拜幽州盧龍節度使留京師涇原兵作亂奉泚為主居白華殿自稱大秦皇帝官軍收復京師斬之裴佶與衣冠數人佯為奴求出城佶最寢陋自稱甘草門

兵曰此數子定非人奴如甘草者不疑劉昫唐書曰裴佶字弘正裴耀卿之孫能屬文弱冠舉進士德宗南狩奔詣行在拜拾遺佶清勁溫毅所交皆當時第一流與鄭餘慶特相友善佶沒餘慶行朋友之服縉紳美之

趙匡凝每整衣冠使人持巨鑑前後照徹覺有塵即令持紅拂去之五代史記曰趙匡凝字光儀蔡州人氣貌甚偉性方嚴喜自修飾頗好學問聚書數千卷爲政有威惠

自新

周處年少時兇彊俠氣爲鄉里所患處別傳曰處少孤不治細行晉陽秋曰處輕果薄行州郡所棄又義興水中有蛟山中有邅跡一作白額虎並皆暴犯百姓義興人謂爲三橫

而處尤劇或說處殺虎斬蛟實冀三横唯餘其一處即刺殺虎又入水擊蛟蛟或浮或沒行數十里處與之俱經三日三夜鄉里皆謂已死更相慶竟殺蛟而出聞里人相慶始知為人情所患有自改意孔氏志怪曰義興有邪足虎溪渚長橋有蒼蛟並大噉人郭西周將謂郡中三害周即處也乃自吳尋二陸平原不在正見清河具以情告并云欲自修改而年已蹉跎終無所成清河曰古人貴朝聞夕死況君前途尚可且人患志之不立亦何憂令名不彰邪處遂改勵終為忠臣孝子晉陽秋曰處仕晉為御史中丞多所彈糾氐人齊萬年反

□□□伏波孫秀欲表處母老處曰忠
孝之道何當得兩全乃進戰斬首萬計弦絕矣
□左右勸退處曰此是
吾授命之日遂戰而沒

戴淵少時遊俠不治行檢嘗在江淮閒攻掠商
旅陸機赴假還洛輜重甚盛淵使少年掠劫淵
在岸上據胡床指麾左右皆得其宜淵既神姿
峰穎雖處鄙事神氣猶異機於船屋上遙謂之
曰卿才如此亦復作劫邪淵便泣涕投劍歸機
辭厲非常機彌重之定交作筆薦焉虞預晉書
曰機薦淵
於趙王倫曰蓋聞繁弱登御然後高墉之功顯
孤竹在肆然後降神之曲成伏見處士戴淵砥
節立行有井渫之絜安窮樂志無風塵之慕誠
東南之遺寶朝廷之貴璞也若得寄跡康衢必
自新

能結軌驥騄耀質廊廟必能垂光瑜璠夫枯岸之民果於輸珠潤山之客烈於貢玉蓋明暗呈形則庸識所甄也倫即辟淵過江仕至征西將軍

齊高帝有故吏竺景秀嘗以過繫作部高帝語荀伯玉卿比看景秀否答曰數往候之備加責誚景秀言若許某自新則吞刀刮腸飲灰洗胃帝善其言乃釋之南史曰伯玉字弄璋廣陵人祖永南譙太守父闡之給事中伯玉仕宋為晉安王參軍高帝為南兗州伯玉從轉驃騎中兵參軍忠勤盡心常衛左右大見覲信永明元年以事伏誅

張延符少不拘檢肆意敗遊父思曼請假還吳始入西郭延符正獵左手臂鷹右手牽犬遙望

見思曼乃放鷹繼犬向舟而拜思曼曰一身兩役無乃勞乎延符跪對曰充聞三十而立今二十九矣請至來歲終身折節思曼曰過而能改乃顏子矣明年番然易操尋師就學博覽古籍鬱爲名士劉璠梁典曰張充字延符父緒官特進有重名充該通老易能清言與從叔稷俱有令譽歷殿中郎終吳郡太守

企羨

郭林宗遊京師當還鄉里送車千許乘李膺亦在焉衆人皆詣大槐客舍而別獨膺與林宗共載乘薄笨車上大槐坂觀者數百人引領望之

眇若松喬之在霄漢

庾徵君少給事縣庭郭林宗見而拔之勸遊學宫遂為諸生傭後能講論自以卑第每處下坐諸生博士皆就讎問由是學中以下坐為貴范曄後漢書曰庾乘字世遊潁川鄢陵人徵辟並不起世號徵君

裴國寶晉諸公贊曰裴瓚字國寶楷之子有氣韻雋終中書郎世說曰正始中人士比論以五荀方五陳八裴方八王以裴瓚方王數是裴叔則子風神高邁特為王萬子所重每從之遊萬子父安豐謂之曰國寶初不來汝那得數往萬子曰國寶雖不知安安自知國寶

王丞相拜司空桓廷尉作兩髻葛帬策杖路邊窺之歎曰人言阿龍超阿龍故自超阿龍丞相小字不覺至臺門

王丞相過江自說昔在洛水邊數與裴成公阮千里諸賢共談道羊曼曰人久以此許卿何須復爾王曰亦不言我須此但欲爾時不可得耳欲一作歎

王右軍得人以蘭亭集序方金谷詩序又以己敵石崇甚有欣色王羲之臨河叙曰永和九年歲在癸丑暮春之初會于會稽山陰之蘭亭脩禊事也羣賢畢至少長咸集此地有崇山峻嶺茂林脩竹又有清流激湍映

帶左右引以爲流觴曲水列坐其次是日也天朗氣清惠風和暢娛目騁懷信可樂也雖無絲竹管絃之盛一觴一詠亦足以暢叙幽情矣故列序時人錄其所述右將軍司馬太原孫丞公等二十六人賦詩如左前餘姚令會稽謝勝等十五人不能賦詩罰酒各三斗石崇金谷詩序曰余以元康六年從太僕卿出爲使持節監青徐諸軍事征虜將軍有別廬在河南縣界金谷澗中或高或下有清泉茂林衆果竹柏藥草之屬莫不畢備又有水碓魚池土窟其爲娛目歡心之物備矣時征西大將軍祭酒王詡當還長安余與衆賢共送往澗中晝夜遊宴屢遷其坐或登高臨下或列坐水濱時琴瑟笙筑合載車中道路並作及住令與鼓吹遞奏遂各賦詩以叙中懷或不能者罰酒三斗感性命之不永懼凋落之無期故具列時人官號姓名年紀又寫詩著後後之好事者其覽之哉凡三十人

王司州先爲庾公記室參軍後取殷浩爲長史

至庾公欲遣王使下都王自啓求住曰下官希見盛徳淵源始至猶貪與少日周旋

孟昶未達時家在京口晉安帝紀曰昶字彥達平昌人父馥中護軍昶矜嚴有志局少為王恭所知徽義旗之勳遷丹陽尹盧循既下昶慮事不濟仰藥而死嘗見王恭乘高輿被鶴氅裘于時微雪昶於籬間窺之歎曰此真神仙中人

袁彥道袁耽別見有二妹一適殷淵源一適謝仁祖袁氏譜曰耽大妹名女皇適殷浩小妹名女正適謝尚語桓宣武云恨不更有一人配卿

王曇首李延壽南史曰王曇首太保弘之弟幼有素尚兄弟分財曇首唯取圖書而已

瑯琊王大司馬屬年十四五便歌諸妓向謝公靈運孫數
公甚欲聞之而王名家年少無由得聞諸妓又
向王說謝公意謝後出東府土山上作伎王時
作兩丸髻著袴褶騎馬往土山下庾家墓林中
作一曲歌于時秋月王因舉頭看北林卒曲便
去妓白謝公曰此是王郎歌
謝叔源誅後及宋武受禪謝晦言曰陛下應天
受命登壇日恨不得謝益壽奉璽紱帝亦歎曰
吾甚恨之使後生不得見其風流
辰新安少與顏光祿延之鄰居顏談議飲酒喧

[illegible]不絕新安靜翳無言聾後頽於籬邊聞其與客語設胡床坐聽辭義清玄頽指謂坐賓曰此中有人由此不復酣哢（南史曰張演四弟鏡永辯岱俱知名時謂張氏五龍鏡名最高仕至新安太守）

崔瞻才學風流為後來之秀（北史曰瞻字彥通㥄之子也潔白善容止神彩嶷然言不妄發才學風流後來之秀魏孝靜嘗入日登雲龍門㥄瞻侍宴有應詔詩帝問邢劭曰瞻詩何如其父劭曰㥄博雅弘麗瞻氣調清新並詩人之冠燕罷共嗟賞之咸曰今日之燕并為崔瞻父子）侍中李神儁晚年無子語邢劭曰昨見崔㥄兒見便為後生第一我遂無此物使人傷懷

仲長子光王績仲長先生傳曰先生諱子光字不曜自云洛陽人徙來河東備力自給無室廬絕妻子開皇末始庵河渚間以息身焉賣藥爲業人莫之知也詒陰生遊河渚一覩而伏曰東方朔嘗整不如也由是顯重守令至者皆親謁先生辭以痼疾未嘗交語者獨遊頌河渚先生傳以自喻識者知其懸解人也有請適者鈞言老易二字示之彈琴餌藥以終其世王通中說曰薛收問仲長子光曰天人也收曰何謂天人子曰眇然小乎所以屬於人曠哉大乎獨能成其天隱居北渚王無功愛其貞素徙與相近唐書曰王績字無功絳州龍門人大業中授揚州六合縣丞棄官結廬河渚以琴酒自樂嘗躬耕東皐時人號東皐子或過酒肆動經數日往往題壁作詩多爲好事者諷詠臨終遺命薄葬預自爲墓誌

歐陽率更行見古碑張懷瓘書斷曰歐陽詢字信本長沙臨湘人官至太

子率更今善書筆力勁險篆體尤妙高麗國王
愛其書遣使請焉神堯曰不意詢之書名遠播
夷狄是索靖所書羊皆能書人姓名曰燉煌索靖
張芝之姊之孫官至征南司馬善
草書抱朴子曰善書者中州則有索靖用古
體飄乎若飛之勢勁風騰鷙之躍驚雲駐
馬觀之良久而去數百步復還下馬佇立疲倦
則布毯坐觀三日乃去
閻立本善畫朱景玄唐朝名畫錄曰閻立本太
宗朝官宰相畫入神品與兄立德
齊名於世至荊州見張僧繇舊迹曰定虛得名耳明
日又往曰猶近代佳手明日又往曰名下定無
虛士因坐臥觀之留宿其下宣和畫譜曰張僧
繇吳人天監中官
右將軍以丹青馳譽于時嘗於金陵安樂寺畫
四龍不點目睛謂點之則騰驤而去人以爲誕

圖請點之因爲落墨纔及二龍果雷電破壁一
視畫已失矣獨二龍未點睛者在焉世謂僧繇
畫骨氣奇偉規模宏逸六法
精備當與顧陸並馳爭先

蕭穎士李華撰穎士文集序曰蘭陵蕭穎士字
茂挺十九進士擢第淮南連帥表爲揚
州功曹君以文章制度爲己任時人咸以此許
之及卒門人謚爲文元先生唐詩紀事曰穎士
以獎拔後進爲任如李陽冰皇甫冉陸渭皆由
獎目爲名士天下推知人稱蕭功曹與李華齊
名世號
蕭李有一僕事之十餘年每加箠楚輒百餘
不堪其苦人或激之使去其僕曰我非不能他
從所以遲留者特愛慕其博奧耳李冗獨異志
曰穎士常使
一僕
名杜亮

蘇司業杜工部集曰蘇源明天寶中守東平召
爲國子司業祿山陷京師源明以病不

歷官肅宗復兩京雜考功郎中知制誥每謂當時名士曰僕不幸

生於衰俗所不耻者識元紫芝

寇萊公出入宰相三十年不營私第處士魏野

贈詩曰有官居𪧐鼎無地起樓臺公南遷時北

使至內宴歷視諸宰執語譯者曰孰是無地起

樓臺相公

王聖塗澠水燕談錄曰陝右處士魏野眞蒲中李瀆俱有高節以吟詠相善野於東郊鑿土室方丈蔭以修竹泉流其前曰樂天洞

世説新語補卷之十三

世說新語補卷之十四

傷逝

龔勝死漢書曰龔勝字君賓楚人王莽徵之不食而死楚父老來弔哭甚哀既而嘆曰薰以香自燒膏以明自煎嗟哉龔生竟夭天年非吾徒也徐州先賢傳曰楚老者彭城之隱人也

陳蕃賞武為中官所害後漢書曰竇武字遊平扶風平陵人安豐戴侯融之玄孫也父奉定襄太守武少以經行著稱桓帝拜城門校尉在位多辟名士清身疾惡禮賂不通時國政多失內官專寵李膺杜密等為黨事考逮武上疏出之靈帝立拜大將軍封聞喜侯武既輔政有誅剪宦官之意與太傅陳蕃共謀天下雄俊莫不延頸企踵思奮其力於是盡收諸從猾無狀者送北寺獄曹節等共劫太后奪璽書率五營士討武武走圖殺之梟首洛陽都

陽都亭郭林宗哭之於野檀弓曰所知吾哭諸野於野則已疏慟既而歎曰人之云亡邦國殄瘁大雅瞻仰詩瞻烏爰止不知於誰之屋小雅正月詩

范巨卿與張元伯為友范曄後漢書曰張劭字元伯汝南人與范巨卿交二人告歸鄉里式謂元伯曰後二年當還將過拜尊親見孺子焉共剋期日後期至元伯具以白母請設饌候之母曰二千里結言爾何相信之審耶對曰巨卿信士必不乖違母曰若然當為爾醖酒至日巨卿果到升堂拜飲盡歡而別後元伯寢疾同郡郅君章殷子徵晨夕省視元伯臨盡歎曰恨不見吾死友子徵曰吾與君章盡心於子是非死友復欲誰求元伯曰若二子者吾生友耳山陽范巨

所謂死友也元伯尋卒范忽夢見元伯玄冕垂纓屣履而呼曰巨卿吾以某日死當以爾時葬永歸黃泉子未我忘豈能相及范怳然覺寤悲……便往奔喪未及到而喪已發引柩不肯前其母撫之曰元伯豈有望耶遂停移時見有素車白馬號哭而來其母云是必范巨卿也巨卿既至叩棺言曰行矣元伯死生異路永從此辭會葬千人皆為揮涕范執紼引柩喪乃得前謝承後漢書曰式少尚節義游學京師同業有長沙陳平子與式未相見被病將亡謂其妻曰范巨卿烈士可託死吾殁後以屍埋巨卿戶前裂素為書以遺巨卿時式出行適還省書愴然向墳揖哭以為死友

營護平子妻兒身自送喪於臨湘未至西[illegible]委棄書於柩上哭別而去其兄弟尋求不復見

孔北海與蔡中郎素厚蔡亡後有虎賁士貌類於蔡北海每酒後引與共坐曰雖無老成人且有典刑小雅蕩詩

王仲宣好驢鳴魏志曰王粲字仲宣山陽高平人曾祖龔父暢皆為漢三公粲至長安見蔡邕邕奇之倒屣迎之曰此王公孫有異才吾不及也吾家書籍盡當與之避亂荊州依劉表以粲貌寢通脫不甚重之太祖以從征吳道中卒既葬文帝臨其喪顧語同遊曰王好驢鳴可各作一聲以送之赴客皆一作驢鳴按戴叔鸞母好驢鳴叔鸞每為驢鳴以說其母人之所好

儻亦

王濬沖為尚書令著公服乘軺車經黃公酒壚下過（韋昭漢書注曰壚酒肆也以土為墮四邊高似壚也）顧謂後車客吾昔與嵇叔夜阮嗣宗共酣飲於此壚竹林之遊亦預其末自嵇生夭阮公亡以來便為時所羈紲今日視此雖近邈若山河（竹林七賢論曰俗傳若此頴川庾爰之嘗以問其伯文康文康云中朝所不聞江左忽有此論蓋好事者為之耳）

羊太傅好山水每風景必造峴山（南雍州記曰峴山臨漢水之上望之隱然蓋諸山之小者而其名特著）置酒言詠終日不倦嘗慨然歎息顧謂從事中郎鄒湛（劉見）曰自有宇宙便有此山由來賢達勝士登此遠望如我與卿者

多矣皆湮滅無聞使人悲傷如百歲後有知吾魂魄猶應登此十道志曰祜沒襄人感其德立祠刻碑其上過者莫不流涕杜預名其碑為墮淚碑

孫子荊以有才少所推服唯雅敬王武子武子喪時名士無不至者子荊後來臨屍慟哭賓客莫不垂涕哭畢向靈床曰卿常好我作驢鳴今為卿作體似真聲賓客皆笑孫舉頭曰使君輩存令此人死語林曰王武子葬孫子荊哭之甚悲賓客莫不垂涕既作驢鳴賓客皆笑孫曰諸君不死而令武子死乎賓客皆怒

王戎喪兒萬子山簡往省之王悲不自勝簡曰

孩抱中物何至於此王曰聖人忘情最下不及情情之所鍾正在我輩王隱晉書曰戎子綏欲取裴遁女綏既蚤亡戎過傷痛不許人求之遂至老無敢取者簡服其言更爲之慟一說是王夷甫喪子山簡弔之

有人哭和長輿曰峩峩若千丈松崩

衛洗馬以永嘉六年喪謝鯤哭之感動路人永嘉流人名曰玠以六年六月二十日亡葬南昌城許徵墓東玠之薨謝幼輿哭哀於武昌感慟不自勝人問子何卹而致哀如是荅曰棟樑折矣何得不哀咸和中丞相王公教曰衛洗馬當改葬此君風流名士海內所瞻可修薄祭以敦舊好玠別傳曰玠咸和中故遷於江寧丞相王公教曰洗

馬明當陵葬此君風流名士海內氏望可修三牲之祭以敦舊好

顧彥先平生好琴及喪家人常以琴置靈牀上張季鷹往哭之不勝其慟遂徑上牀鼓琴作數曲竟撫琴曰顧彥先頗復賞此不因又大慟遂不執孝子手而出

庾亮兒遭蘇峻難遇害諸葛道明女為庾兒婦恢別傳曰恢字道明瑯琊陽都人祖誕司空父靚亦知名恢少有令聞稱為名賢避難江左中宗召補主簿累遷尚書令庾氏譜曰庾亮子會娶恢女名文虎既寡將改適與亮書及之亮答曰賢女尚少故其宜也感念亡兒若在初沒

庾文康亡何揚州臨葬云埋玉樹箸土中使人情何能已已搜神記曰初庾亮病術士戴洋曰昔蘇峻事公於白石祠中許賽車下牛從來未鮮爲此鬼所考不可救也明年亮果亡靈鬼志謠徵曰文康初鎮武昌出石頭百姓看者於岸歌曰庾公上武昌翩翩如飛鳥庾公還揚州白馬牽旐旐又曰庾公初上時翩翩如飛鴞庾公還還揚州白白馬牽旐車後連㦸不入尋薨下都葬焉

王長史病篤寢臥燈下轉麈尾視之歎曰如此人曾不得四十及亡劉尹臨殯以犀柄麈尾箸柩中因慟絕藻別傳曰藻以永和初卒年三十九沛國劉惔與藻至交及卒惔深悼之雖友于之愛不能過也

支道林喪法虔之後精神霣喪風味轉墜支遁傳曰

法虔道林同學也儁朗有理義遁甚重之常謂人曰昔匠石廢斤於郢人莊子曰郢人堊漫其鼻端若蠅翼使匠石運斤斲之堊盡而鼻不傷郢人立不失容牙生輟弦於鍾子韓詩外傳曰伯牙鼓琴鍾子期聽之方鼓琴志在泰山子期曰善哉乎鼓琴巍巍乎若泰山少選之間志在流水子期曰善哉乎鼓琴洋洋乎若流水鍾子期死伯牙擗琴絶絃終身不復鼓之以為在者無足為之鼓琴也推己外求良不虛也冥契既逝發言莫賞中心蘊結余其亡矣卻後一年支遂殞

戴公見林法師墓支遁傳曰遁太和元年終于剡之石城山因葬焉曰德音未遠而拱木已積冀神理緜緜不與氣運俱盡耳王珣法師墓下詩序曰余以寧康二年命駕之剡石城山即法師之丘也高墳鬱

荒楚丘隴化爲宿莽遺跡未滅而其人已遠感想平昔觸物悽懷其爲時賢所惜如此

王子敬與羊綏善綏清淳簡貴爲中書郎少亡王深相痛悼語東亭云是國家可惜人羊氏譜曰綏字仲彥泰山人父楷尚書郎綏仕至中書侍郎

王東亭與謝公交惡中興書曰珣兄弟皆壻謝氏以猜嫌離婚太傅既與珣絶婚又離妻由是二族遂成仇釁王在東聞謝喪便出都詣子敬道欲哭謝公子敬始卧聞其言便驚起曰所望於法護王於是往哭督帥刁約不聽前曰官平生在時不見此客王亦不與語直前哭甚慟不執末婢手而退末婢謝琰小字琰字瑗度安少子開率有大度爲孫恩所

尚書贈侍中司空

羊曇少爲謝太傅所知晉書曰羊曇者泰山人知名士也爲謝公所愛重太傅亡後羊輟樂彌年行不由西州路嘗因石頭大醉扶路唱樂不覺至州門左右白曰此西州門羊悲感不已以馬策叩扉詠曹子建詩曰生存華屋處零落歸山丘曹子建箜篌引慟哭而去

羊孚年三十一卒羊氏譜曰孚年四十一而卒桓玄與羊欣書曰賢從情所信寄暴疾而殞宋書曰欣字敬元泰山南城人少懷靜默秉操無競美姿容善笑言長於草隸羊氏譜曰孚即欣從祖祝予之歎如何可言公羊傳曰顔淵死子曰噫天喪予子路亡子曰噫天祝予何休曰祝者斷

也天將亡夫子耳

王東亭亡後桓敬道與會稽王道子書曰元琳神情朗悟經史明徹風流之美公私所寄忽爾喪失歎悼之深豈惟風流相悼而已

孝武山陵夕王孝伯入臨告其諸弟曰雖榱桷惟新便自有黍離之哀中興書曰烈宗喪會稽王道子執政寵幸王國寶委以機任王恭入赴山陵故有此歎

王子猷子敬俱病篤而子敬先亡獻之以泰元十三年卒年四十五子猷問左右何以都不聞消息此已喪矣語時了不悲便索輿來奔喪都不哭子敬素好

琴便徑入坐靈牀上取子敬琴彈絃既不調擲地云子敬子敬人琴俱亡因慟絶良久月餘亦卒幽明録曰泰元中有一師從遠來莫知所云人命應終有生樂代者則死者可生若人求代亦復不過少時人聞此咸怪其虚王子猷子敬兄弟特相和睦子敬疾屬纊子猷謂之曰吾才不如弟位亦通塞請以餘年代弟師日夫生代死者以己年限有餘得以足亡者耳今賢弟命既應終君侯筭亦當盡復何所代子猷先有背疾子敬疾篤恒禁來往聞亡便撫心悲惋都不得一聲背即潰裂推師之言信而有實

范蔚宗既被繫上有白團扇甚佳送令出詩賦美句曄攬筆書曰去白日之昭昭襲長夜之悠悠上為循覽悽然沈約宋書曰范曄字蔚宗順陽人也少好學善為文章曉

音爲高祖相國掾稍遷太子詹
事坐與孔熙先等謀逆誅事別見

張思曼亡後從弟融齋酒於靈前酌酒慟哭曰
阿見風流頓盡

王威明亡後昭明與湘東王繹書曰威明風韻
遒正神峰標映千里絕迹百尺無枝實俊人也
一爾過隙永歸長夜金刀掩鍔長淮絕涸去歲
冬中已傷劉子謂孝綽也今茲寒孟復悼王生俱往
之傷信非虛說南史曰王規字威明尚書騫之子也幼稱孝童年十二通五經起家秘書郎天監中除中書黃門侍郎侍東宮爲昭明太子所禮仕至太子中庶子

梁簡文梁書曰帝諱綱字世纘武帝第三子侯景克建康帥兵入殿幽於永福省尋弒

之為侯景幽縶南史曰侯景字萬景懷朔鎮人也初事爾朱榮高歡誅爾朱氏遂為歡用歡死叛歸於梁大清二年陷石頭城自稱漢王湘東王繹起兵斬之題壁自叙云有梁正士蘭陵蕭世續立身行道終始如一風雨如晦鷄鳴不已弗欺暗室豈況三光數至於此命也如何三國典略曰簡文為侯景所幽作連珠曰吾聞道行則五福俱湊運閉則六極所鍾是以麟出而悲豈唯孔子途窮則慟寧止嗣宗

崔浩誅後北史曰浩作國書立石銘以彰直筆北人忿毒構浩於帝使有司案誅之眭夸為之素服受鄉人弔唁歎曰崔公死誰能更容眭夸北史隱逸傳曰眭夸一名旭趙郡高邑人父邃慕容寶中書令夸少有大度耽好書傳未嘗以世務經心高尚不仕與崔浩為莫逆之交浩為司徒奏徵為中郎州郡逼

浩相見惟飲酒談敘平生不及世利
詔書召李李穎李曰何足以此勞國士也吾
便將別浩以李所乘縣內之廐中冀相維縶李
遂託鄉人輸租者謬爲御車出關時朝法甚峻
李既私還將有私歸之咎浩仍相左右始得無
坐經年浩送李本縣無遺以所乘馬爲書謝之
李不受其縣馬亦不復書及浩後爲
之素服受鄉人弔唁經一時乃止

咸陽王窮極驕奢姬妾數十猶遠有簡娉以恣
其情後以叛誅宮人爲之歌曰可憐咸陽王奈
何作事悞金牀玉几不能眠夜蹋霜與露洛水
湛湛彌岸長行人那得渡其歌流傳江表北人
在南者雖至富貴弦歌奏之莫不灑泣北史曰咸陽王
禧魏獻文皇帝子也

雷宣徽頗涉道書因讀史廢書流涕曰功名者貪夫之鈎餌橫戈開邊枝劒討叛死生食息之不顧及其死也一棺戢身萬事都已悲夫東都事畧曰雷有終同州郃陽人殿中侍御史德驤子也以父任爲萊蕪尉有平賊功授保信軍留後契丹入寇真宗幸澶淵有終赴援威聲甚震召拜宣徽北院使

棲逸

王君公遭亂不去儈牛自隱儈謂平會兩家買賣之價時人爲之語曰避世墻東王君公嵇康高士傳曰君公明易爲郎數言事不用乃自污與官婢通免歸詐狂儈牛口無二價也後漢逸民傳曰逢萌與平原王君公友善

蔣元卿舍中三徑唯羊仲求仲從之遊二仲皆

抃廉遁名之士司馬彪續漢書曰蔣詡字元卿父喪弔者盈門後毋喪之不得上舊廬自作小庵於側往如舊張仲蔚隱居平陵蓬蒿滿宅唯開一行徑三輔決錄曰仲蔚扶風人少與同郡魏景卿隱身不仕明天官博物好爲詩賦所居蓬蒿沒人向子平讀易至損益掛易損卦曰二簋可用享損益盈虛與時偕行益卦曰損上益下民說無疆也喟然歎曰吾已知富不如貧貴不如賤但不知死何如生耳爲子嫁娶畢敎家事斷之云當如我已死與同好禽子夏俱遊五嶽名山不知所終魏隷高士傳曰向長字子平禽慶字子夏二人相善慶隱避不仕王莽道老易安貧樂道好事者更饋遺輒受之自足還餘如有不取也舉措必求中和

司空王邑辟之連年乃欲薦之於莽固辭乃止後漢書曰向栩河內朝歌人

韓伯休采藥名山賣於長安市口不二價三十餘年時女子從韓買藥守價不移女子怒曰公是韓伯休邪乃不二價伯休歎曰我本避名今女子皆知有我何用藥為乃遁入灞陵山中范曄後漢書曰韓康字伯休京兆灞陵人桓帝以安車聘之康辭安車自乘柴車冒晨先使者發至亭亭長以韓徵君當過方發人牛修道及見康柴車幅巾以為田叟也使奪其牛康即釋駕與之有頃使者至奪牛翁乃徵君也使者欲奏殺亭長康曰此自老子與之亭長何罪乃止康因道遁以壽終

阮步兵嘯聞數百步蘇門山中忽有真人樵伐

者咸共傳說阮籍往觀見其人擁膝巖側籍登
嶺就之箕踞相對籍商略終古上陳黃農玄寂
之道下考三代盛德之美以問之仡然不應復
叙有為之教棲神導氣之術以觀之彼猶如前
凝矚不轉籍因對之長嘯良久乃笑曰可更作
籍復嘯意盡退還半嶺許聞上㗌然有聲如數
部鼓吹林谷傳響顧看迺向人嘯也魏氏春秋曰阮籍嘗
率意獨駕不由徑路車跡所窮輒慟哭而反嘗
遊蘇門山有隱者莫知姓名有竹實數斛杵臼
而已籍聞而從之談太古無為之道論五帝三
王之義蘇門先生翛然曾不眄之籍乃嘐然長
嘯韻響寥亮蘇門先生乃逌爾而笑籍既降先
生喟然高嘯有如鳳音籍素知音乃假蘇門先

生之論以寄所懷其歌曰日没不周西月出丹淵中陽精晦不見隂光代爲雄亭亭在須臾厭厭將復隆富貴俄仰間貧賤何必終竹林七賢論曰籍歸遂著大人先生論所言皆胸懷間本趣大意謂先生與己不異也觀其長嘯相和亦近乎目擊道存矣

李廞是茂曾第五子清貞有遠操而少羸病不肯婚宦居在臨海住兄侍中墓下既有高名王丞相欲招禮之故辟爲府掾廞得牋命笑曰茂弘乃復以一爵假人文字志曰廞字宗子江夏鍾武人祖康泰州刺史父重平陽太守世有名望廞好學善草隸與兄式齊名躄疾不能行坐常仰卧彈琴讀誦不輟河間王辟太尉掾以疾不赴後避難隨兄南度司徒王導復辟之廞曰茂弘乃復以一爵加人永和中卒廞嘗為二府辟故號李公府也式字景則廞長兄也思理儒隱有平素之譽渡江累遷

海太守侍中……五十四而卒

阮光祿在東山蕭然無事常內足於懷阮裕別傳曰裕居會稽剡山志存肥遁有人以問王右軍右軍曰此君近不驚寵辱之老子曰寵辱若驚得之若驚失之若驚雖古之沉冥何以過此揚子曰蜀莊沉冥李軌注曰沉冥猶玄寂泯然無迹之貌

何驃騎弟以高情避世而驃騎勸之令仕答曰予第五之名何必減驃騎中興書曰何準字幼道廬江灊人驃騎將充第五弟也雅好高尚徵聘一無所就充位居宰相權傾人主而準散帶衡門不交世事于時名從皆稱之年四十七卒有女為穆皇帝后贈光祿大夫子恢讓不受

南陽劉驎之高率善史傳隱於陽岐于時符堅

臨江荆州刺史桓沖將盡訏謨之益徵爲長史
遣人船往迎贈貺甚厚驎之聞命便升舟悉不
受所餉緣道以乞窮乏比至上明亦盡一見沖
因陳無用翛然而退居陽岐積年衣食有無常
與村人共値已匱乏村人亦如之甚厚爲鄉閭
所安鄧粲晉紀曰驎之字子驎南陽安衆人少尚質素虚退寡欲好遊山澤間志存遁逸
桓沖嘗至其家驎之方條桑謂沖使君既枉駕光臨宜先詣家君沖遂詣其父父命驎之然後
乃還拂短褐與沖言父使驎之自持濁酒葅菜供賓沖敕人代之父辭曰若使官人則非野人
之意也沖爲慨然至昏乃退因請爲長史固辭居陽岐去道斥近人士往來必投其家驎之身
自供給贈致無所受去家百里有孤嫗疾將死謂人曰唯有劉長史當埋我耳驎之身往候之

儉然若治稀殯其仁變皆如此以壽卒

南陽翟道淵與汝南周子南少相友共隱于潯陽庾太尉說周以當世之務周遂仕翟秉志彌固其後周詣翟翟不與語晉陽秋曰翟湯字道淵南陽人漢方進之後也篤行任素義讓廉潔饋贈一無所受值亂多寇聞湯名德皆不敢犯潯陽記曰初庾亮臨江州聞翟湯之風束帶躡屐而詣焉亮禮甚恭湯曰使君直敬其枯木朽株耳亮稱其能言表薦之徵國子博士不赴主簿張玄日此君卧龍不可動也終于家

孟萬年及弟少孤居武昌陽新縣萬年遊宦有盛名當世少孤未嘗出京邑人士思欲見之乃遣信報少孤云兄病篤狼狽至都時賢見之者

莫不嗟重因相謂曰少孤如此萬年可死袁宏孟處士銘曰處士名陋字少孤武昌陽新人吳司空孟宗後也少而希古布衣蔬食棲遲蓬蓽之下絕人間之事親族慕其孝大將軍命會稽王辟之稱疾不至相府歷年虛位而澹然無悶卒不降志時人奇之

王右軍既去官與東土人士營山水弋釣之娛又與道士許邁共修服食採藥不遠千里遊東中諸郡名山泛滄海歎曰我卒當以樂死道學傳曰許邁字叔玄清虛搆真遁棲表志所在往而不返故改名遠遊與王右軍父子為世外之交

康僧淵在豫章去郭數十里立精舍旁連嶺帶

長川芳林列於軒庭清流激於堂宇乃閒居研講希心理味庚公諸人多往看之觀其運用吐納風流轉佳加已處之怡然亦有以自得聲名乃興後不堪遂出僧淵氏族所出未詳疑是胡人尚書令沈約撰晉書亦稱其有義學

戴安道既厲操東山續晉陽秋曰逵不樂當世以琴書自娛隱會稽剡山國子博士徵不就而其兄欲建式遏之功戴氏譜曰逯字安丘譙國人祖碩父綏有名位逯以武勇顯有功封廣陵侯仕至大司農謝太傅曰卿兄弟志業何其太殊戴曰下官不堪其憂家弟不改其樂

范宣未嘗入公門韓康伯與同載遂誘俱入郡范便於車後趨下續晉陽秋曰宣少尚隱遁家于豫章以清潔自立

許掾好遊山水而體便登陟時人云許非徒有勝情實有濟勝之具

張廌隱居頤志家有苦竹數十頃張於竹中爲屋常居其中王右軍聞而造之張逃避竹中不與相見永嘉郡記曰樂成縣民張廌隱居頤志不應辟命一郡號爲高士

郗尚書中興書曰郗恢字道胤高平人父曇北中郎將恢長八尺美鬚髯風神魁梧烈宗器之以爲藩伯之望自太子左率擢爲雍州刺史與謝居士善常稱謝慶緒識見雖不絕人可以累心處都盡檀道鸞續晉陽

日謝敷字慶緒會稽人崇信釋氏初入太平山中十餘年以長齋供養為業招引同事化納不倦以母老還南山若耶中内史郗愔表薦之徵博士不就初月犯少微星一名處士星占云以處士當之時戴逵居剡既美才藝而交遊貴盛先數著名時人憂之俄而敷死會稽人士以朝吳人云吳中高士便是求死不得

王子猷常暫寄人空宅住便令種竹或問暫住何煩爾王嘯詠良久直指竹曰何可一日無此君 中興書曰徽之卓犖不羈欲為傲達放肆聲色頗過度時人欽其才穢其行也

郭元瑜少有拔俗之韻 晉書曰郭瑀字元瑜敦煌人隱於臨松薤谷 張天錫遣使備禮徵之元瑜指翔鴻示使人曰此鳥安可籠哉 天錫遣瑀書曰先生潛光九皋懷真獨遠心與至境冥符志與

四時寓息豈知蒼生倒懸四海待拯孔子車不停轍墨子駕不俟旦皆以黔首之禍不可不救先生懷濟世之才故遣使者虛左授綏

陶徵士嘗言五六月北窗下臥遇涼風暫至自謂是羲皇上人

宗少文好山水愛遠遊西陟荆巫南登衡嶽因結宇衡山欲懷尚平之志向平高士傳作尚平有疾還江陵嘆曰老疾俱至名山恐難徧覩唯當澄懷觀道臥以遊之凡所遊履皆圖之於室謂人曰撫琴動操欲令衆山皆響宋書曰宗炳字少文南陽涅陽人祖承宜都太守父繇之湘鄉令母同郡師氏聰辯有學義教授諸子炳居喪過禮爲鄉閭所稱宋高祖辟主

荅曰棲丘飲谷三十餘年剡
史殷仲堪桓玄屢辟並不就
孔淳之居會稽剡縣性好山水每有所遊必窮
其幽峻或旬日忘歸宋書曰孔淳之字彥深魯郡人祖惔尚書祠部郎父粲秘書監徵不就淳之少高尚愛好墳籍與徵士戴顒王弘之及王敬弘等共為人外之遊元嘉初徵散騎郎不到嘗遊山遇沙門釋法崇因留共止遂
停三載法崇歎曰緬想人外三十年矣今乃傾
蓋於茲不覺老之將至淳之還反不告以姓會稽舊志曰埜法崇有律學精於法華經居剡之葛峴山茅茨澗飲孔淳之訪之信宿不去神思傾豁
江湛舉王景玄為吏部郎王與湛書曰君平有

言生我名者殺我身天爵猶滅名安用吏部郎哉其舉可陋其事不經非獨縉紳者不道僕妾皆笑之因與湛告絕足不踰閾十餘年棲遲環堵之室苔草沒堦皇甫謐高士傳曰嚴遵字君平蜀人隱居不仕賣卜於成都市日得百錢自給卜訖則閉肆下簾以著書為事有富人羅冲為具車馬衣糧君平曰吾非不足也子何以不足助有餘冲曰吾有萬金子無儋石乃云有餘不亦謬乎君平曰不然吾宿子家人定而役未息晝夜汲汲未嘗有足今我以卜為業不下床而錢自至猶餘數百不知所用此非我有餘而子不足耶冲大慚君平嘆曰益我貨者損我神生我名者殺我身時人服之

顧長孺有隱操齊書曰顧黯字長孺吳郡人有隱操與顧景怡南史

顧徵字景怡一字玄平吳興鹽官人好黄老通陰陽爲術數多驗隱居不仕於天台山開館聚徒受業者常百人俱不就徵景怡晚節服食不與人通

每旦出戶山鳥集其掌取食

魚復侯南史曰魚復侯子響武帝第四子初封巴東王賜爲魚復侯爲江州

厚餉遺宗敬微宗辭曰少有狂疾尋山採藥遠

來至此量腹而進松术度形而衣薜蘿淡然已

足豈容當此橫施南史曰測字敬微南陽涅人炳之孫也性靜退不樂人間居江陵欲遊名山齋老子莊子自隨子孫拜辭悲泣測長嘯不視遂往廬山

庾杲之清素自業食唯有韮葅瀹韮生韮雜菜

或戲之曰誰謂庾郎貧食鮭常有二十七種蕭子

顯（齊書曰杲之字景行新野人祖深之雍州刺史父缘司空參軍杲之少貞立韶令和潤善於言吐學涉文義起家奉朝請太子右衛率）

孔稚圭風韻清疎門庭之内草萊不剪中有蛙鳴稚圭曰以此當兩部鼓吹（南齊書曰孔稚圭字德璋會稽人少涉學有美譽仕至太子詹事）

王弘之性好釣魚上虞江有一處名三石頭弘之常垂綸於此（會稽志曰上虞江源出剡縣東流入江又北流至三江入海）或問漁師得魚賣否弘之荅曰釣亦不得得復不賣日夕載魚入上虞郭經親故門各以一兩頭置門内而去（沈約宋書曰王弘之字方平琅琊人宣訓衛尉鎮之弟少孤貧

外祖何準所養從叔獻之及太原王恭甚貴
重之從謝靈運顔延之並相欽重靈運與廬陵
王義真箋曰會境既豐山水江左嘉遁並多居
之但季世慕幽棲者寡或復才爲時求弗獲
從志若王弘之拂衣歸耕踰歷三紀孔淳之隱
約窮岫自始迄今既萬齡辭事就閒纂戎先業
浙河之外棲遲山澤如斯而已既遠同羲唐亦
激貪厲競殿下愛素好古常若布衣每意昔聞
虛想巖穴若遺一介有以相存真可謂千載盛
美也初爲衛軍參軍後屢徵太子庶子散騎常
侍不
就卒

陶貞白幼有異操年十歲得葛洪神仙傳晝夜
研尋便有養生之志謂人曰仰青雲覩白日不
爲遠矣神仙傳曰洪弟子滕外嘗問洪曰古之
仙者豈有其人乎洪曰秦阮倉所記數
百人劉向所纂又七十一
人今錄集以傳真識之士

王沙彌沙彌王晞小字也北史曰晞字叔朗北海劇人淹雅有器度好學不倦美容儀有風則齊亡周武帝以為儀同大將軍毋終後遨遊華洛恍其山水河圖經曰洛水出洛南縣冢嶺山經華縣入於河蘇軾曰洛陽古帝都山川風氣清明盛麗居之可樂平川廣衍東西數百里嵩山少室天壇王屋岡巒靡迤四顧可挹伊洛瀍澗流出平地故其山川之勝泉流之潔雖其閭閻之人與公侯共之一畝之宮上矚青山下聽流水奇花修竹布列左右而其貴家巨室園囿亭觀之盛實甲天下與范陽盧元明北史曰元明字幼章范陽涿人涉歷羣書兼有文義風彩閑潤進退可觀中山王熙博識之士見而歎曰盧郎有如此風神唯須誦離騷飲美酒自為佳士太平中副李諧使梁南人稱之鉅鹿魏季景結侶同契往天陵山浩然有終焉之志北齊書曰魏季景收族叔也父鸞有容儀為奉車都尉季景少孤清苦自立有文才官至

王無功有田十六頃在河渚間奴婢數人自課種黍春秋釀酒養鳧鴈蒔藥草自供與仲長子光服食養性欲見兄弟輒渡河還家遊北山東皋著書自號東皋子

朱桃椎隱居不仕披裘帶索浮沉人間（宋祁唐書曰桃椎益州成都人澹泊無為隱居不仕高士廬在益州屢遺人存問見輒走林草自匿）實益州遺以衣服逼為鄉正（劉昫唐書曰竇軌字士則周雍州牧酇國公抗之子也武德三年為益州道行臺左僕射）桃椎不言而退逃入山中夏則裸形冬則樹皮自覆贈遺一無所受每織

苙爲置路傍見者皆言朱居士爲也易米置本處桃椎至夕取之終不見人

孔極侍郎朝迴遇雨避於一叟之廡下延入廳事叟爲帽紗巾逢迎甚恭因備酒饌一一精好孔公借油衣叟曰甚寒不出熱不出風不出雨不出未嘗置油衣也孔公不覺頓忘宦情

王摩詰貯蕙蘭用黄磁斗養以綺石累年彌盛劉昫唐書曰王維字摩詰太原祁人與弟縉俱有俊才博學多藝閨門友悌兄弟奉佛居常蔬食不茹葷血晚年長齋不衣文綵得宋之問藍田别墅在輞口輞水周於舍下竹洲花塢與道友裴迪浮舟往來彈琴賦詩嘯詠終日在京師飯十數名僧以玄譚爲樂齋中無所有唯茶

疊
纍

酒白經案緇林而已退朝之後焚香獨坐以
禪誦爲事妻亡不再娶三十年孫居一室屏絕

顔真卿爲湖州刺史唐書曰真卿字清臣琅琊臨沂人五代祖之推北齊黄門侍郎真卿少有詞藻工書開元中進士四命爲監察御史出爲平原太守祿山反與從父兄杲卿討賊代宗立改尚書右丞封魯郡公以正直立朝爲楊炎盧杞所忌遣諭李希烈不屈遇害

張志和來謁真卿以其舟敝漏請更之志和與地志曰苕溪一源自天目一曰願爲浮家泛宅往來苕霅間源自獨松嶺合浮玉山水至吳興入于太湖一霅溪者以其合苕溪前溪餘不溪北流四水爲一溪溪故曰霅也又云四水激射霅然有聲謂之霅溪

許謹選放曠不拘小節與親友結宴花圃中許

嘗張幄設坐只使僮僕聚落花鋪坐下曰吾自有花裀按開元天寶遺事載此是學士許慎選而語林作謹選未知何據

种明逸至性嗜酒嘗種秫自釀每曰空山清寂聊以養和王聖塗澠水燕談曰种放字明逸舉進士不第隱於南山豹林谷學行高古性頗嗜酒躬耕種秫以自釀所居有林泉之勝景德中召至闕真宗欲大用固辭還山

林逋隱居孤山嘗畜兩鶴縱之則飛入雲霄盤旋久之復入籠中逋常泛小艇西湖諸寺有客至逋所居則一童子應門延客坐為開籠縱鶴良久逋必棹小船而歸蓋常以鶴飛為客至之驗歸田錄曰林逋字君復居杭州西湖之孤山真宗聞其名賜號和靖處士詔長吏歲時勞

[illegible]通工書善為詩如草泥行郭
家山林牛刱翰頗為士夫所稱

蘇養直隱京口荃翁貴耳集曰蘇庠字養直父伯固從東坡遊東坡我夢扁舟遊震澤之詞為伯固作也養直屬王燮飛水紹滿塘之句亦見賞于坡坡呼為吾家養直

興間與徐師川同召養直不起師川造朝時便道過養直留飲甚歡二公平日對奕徐高於蘇是日養直拈一子笑視師川曰今日還須讓老夫下此一着師川有愧色宋史曰徐俯字師川洪州分寧人以父禧死事授通直郎張邦昌僭位遂致仕時工部侍郎何昌言與弟昌辰避邦昌諱皆改名俯買婢為昌奴客至即呼前驅使之高宗朝胡直孺汪藻迭薦之召為諫議大夫周煇清波雜志曰師川紹興初由諫垣遷翰苑賛襍命

世説新語補卷之十四

世說新語補卷之十五

賢媛

樂羊子遊學七年妻常躬勤養母又遠饋羊子常有他舍鷄飛入園中姑盜殺而食之妻對鷄泣而不餐姑恠問其故對曰自傷居貧使食有他肉姑亦感悟棄去（列女傳曰河南樂羊子之妻不知何氏之女有盜欲犯之先刼其姑妻舉刀自刎而死太守以聞以禮葬之號曰貞義）

樂羊子嘗行路得遺金一餅還以與妻妻曰妾聞志士不飲盜泉之水（論語傳考讖曰水名盜泉仲尼不漱）廉者不受嗟來之食（禮記曰齊大饑黔敖為食于路以待餓者有蒙袂戢屨貿貿而

來曰嗟來食曰余唯不食嗟來之食以至于斯從而謝之不食而死曾子曰其嗟也可去其謝也可食況拾遺求利以汙其行乎羊子大慚乃捐金於野

陳嬰者東陽人少修德行著稱鄉黨秦末大亂東陽人欲奉嬰為主母曰不可自我為汝家婦少見貧賤一旦富貴不祥不如以兵屬人事成少受其利不成禍有所歸史記曰嬰故東陽令史居縣素信為長者東陽人欲立長乃請嬰嬰母見之乃以兵屬項梁梁以嬰為上柱國

漢成帝幸趙飛燕飛燕讒班婕妤呪詛於是考問辭曰妾聞死生有命富貴在天修善尚不蒙

福為邪欲以何望若鬼神有知不受邪佞之訴

若其無知訴之何益故不為也漢書外戚傳曰成帝趙皇后本

長安宮人初生父母不舉三日不死乃收養之

及壯屬河陽主家學歌舞號曰飛燕帝微行過

主見而說之召入宮大幸立為后班婕妤者

鴈門人成帝初選入宮大得幸立為婕妤帝遊

後庭嘗欲與同輦婕妤辭之趙飛燕譖許皇后

及婕妤婕妤對有辭致上憐之賜黃金百斤飛

燕嬌妬婕妤恐見危中求供養太后於

長信宮帝崩朝婕妤充奉園陵薨葬園中

袁隗妻後漢書袁安傳曰隗字次陽少歷顯官獻帝初為太傅馬倫是季

長女列女傳曰班姬作女誡七篇馬融善之令妻女習馬倫有名於世妹芝亦有才義

少有才辯融家世豐豪裝遣甚盛隗問曰婦奉

箕帚而已何乃過珍麗乎對曰慈親垂愛不敢

逆命君若欲慕鮑宣梁鴻之高妾亦請從少君孟光之事矣列女傳曰鮑宣妻桓氏女也字少君宣嘗就少君父學父奇其清苦以女妻之裝送甚盛宣不悦謂妻曰少君生富驕習美飾而吾實貧賤不敢當禮妻曰大人以先生修德守約故使賤妾侍執巾櫛既奉承君子唯命是從宣笑曰能如是是吾志也妻乃悉歸侍御服飾更著短衣裳與宣共挽鹿車歸鄉里拜姑禮畢提甕出汲修行婦道鄉邦稱之

隗又曰弟先兄舉世以爲笑今處姊未適先行可乎對曰妾姊高行殊邈未遭良匹不似鄙薄苟然而已又問曰南郡學窮道奧文爲辭宗融爲南郡太守而所在之職輒以貨財爲損何邪對曰孔子大聖不免武叔之毀子路至賢猶有伯寮之

想家君獲此固其宜耳隗默然不能屈

曹公問蔡文姬聞夫人家先多墳籍猶能憶識之不文姬曰昔亡父賜書四千許卷流離塗炭罔有存者今所誦憶裁四百餘篇曹公言當使十吏就夫人寫之文姬曰妾聞男女之別禮不親授乞給紙筆真草唯命於是繕寫送上文無遺誤范曄後漢書曰蔡伯喈女名琰字文姬博學有才辯妙于音律適河東衛仲道夫亡無子興平中喪亂爲胡騎所獲沒于南匈奴左賢王十二年生二子曹公素與伯喈善遣使以金璧贖之嫁與董祀

魏武帝崩文帝悉取武帝宮人自侍及帝病困

下后出看疾太后入戶見值侍並是昔日所愛幸者太后問何時來邪云正伏魄時過因不復前而歎曰狗鼠不食汝餘死故應爾至山陵亦竟不臨魏書曰武宣卞皇后琅邪開陽人以漢延熹三年生齊郡白亭有黃氣滿室移日父敬侯怖之以問卜者王越越曰此吉祥也年二十太祖納於譙性約儉不尚華麗有母儀德行

趙母嫁女女臨去敕之曰慎勿為好女曰不為好可為惡邪母曰好尚不可為其況惡乎列女傳曰趙姬者桐鄉令東郡虞韙妻潁川趙氏女也才敏多覽韙既沒大皇帝敬其文才詔入宮省上欲自征公孫淵姬上疏以諫作列女傳解頌趙母注賦數十萬言赤烏六年卒淮南子曰人有

載其女而教之者曰爾爲善善人疾之對曰然則當爲不善乎曰善尚不可爲而況不善乎景獻羊皇后曰此言雖鄙可以命世人

許允婦是阮衛尉女德如妹魏略曰允字士宗高陽人少與清河崔贊俱發名於冀州仕至領軍將軍陳留志者曰阮共字伯彥尉氏人清真守道動以禮讓仕雜至衛尉卿少子侃字德如有俊才而飭以名理風儀雅潤與嵇康爲友仕至河內太守奇醜交理竟允無復入理家人深以爲憂會允有容至婦令婢視之還答曰是桓郎桓郎者桓範也魏略曰範字允明沛郡人仕至大司農爲宣王所誅婦云無憂桓必勸入桓果語許云阮家既嫁醜女與卿故當有意卿宜察之許便回入內既見婦即欲出婦料其

此出無復入理便捉裾停之許因謂曰婦有四德卿有其幾周禮九嬪掌婦學之法以教九御婦德婦言婦容婦功鄭注曰德謂貞順言謂辭令容謂婉娩功謂絲枲婦曰新婦所乏唯容爾然士有百行君有幾許云皆備婦曰夫百行以德為首君好色不好德何謂皆備允有慚色遂相敬重

許允為吏部郎多用其鄉里魏明帝遣虎賁收之其婦出誡允曰明主可以理奪難以情求既至帝覈問之允對曰舉爾所知臣之鄉人臣所知也陛下檢校為稱職與不若不稱職臣受其

罪既檢校皆官得其人於是乃釋允衣服敗壞
詔賜新衣初允被收舉家號哭阮新婦自若云
勿憂尋還作粟粥待頃之允至魏氏春秋曰初允為吏部選遷
郡守明帝疑其所用非次將加其罪允妻阮氏
跣出謂曰明主可以理奪不可以情求允領之
而入帝怒詰之允對曰某郡太守雖限滿文書
先至年限在後日限在前帝前取事視之乃釋
然遣出望其衣
敗曰清吏也
許允為晉景王所誅門生走入告其婦婦正在
機中神色不變曰蚤知爾耳魏志曰初領軍與
夏侯玄李豐親善
有詐作尺一詔書以玄為大將軍允為太尉共
録尚書事無何有人天未明乗馬以詔版付允
門吏曰有詔因便驅走允投書燒之不以關呈
景王魏略曰明年李豐被收允欲往見大將軍

已出門允回遑不定中道還遂取將大將軍聞而推之曰我自收李豐士大夫何爲怱怱乎會鎮北將軍劉靜卒以允代靜大將軍與允書曰鎮北雖少事而都典一方念足下震華鼓建朱節歷本州此所謂著繡晝行也會有司奏允前擅以厨錢穀乞諸俳及其官屬減死徙邊道死魏氏春秋曰允之爲鎮北喜謂其妻曰吾知免矣妻曰禍見於此何免之有晉諸公贊曰允有正情與文帝不平遂幽殺之婦人集載阮氏與允書陳允禍患所起辭甚酸愴文多不錄

門人欲藏其兒婦曰無豫諸兒事後徙居墓所景王遣鍾會看之若才流及父當收兒以咨母母曰汝等雖佳才具不多率胷懷與語便無所憂不須極哀會止便止又可少問朝事兒從之會反以狀對卒免世語曰允二子奇字子太猛字子豹並有治理晉諸公贊曰奇

泰始中爲太常丞世祖嘗祠廟奇應行事朝廷
以奇受害之門不令接近出爲長史世祖下詔
述允宿望又稱奇才擢爲尚書祠部郎
猛理學儒博加有才識爲幽州刺史
王公淵娶諸葛誕女入室言語始交王謂婦曰
新婦神色卑下殊不似公休婦曰大丈夫不能
彷彿彥雲而令婦人比蹤英傑魏氏春秋曰王廣字公淵王淩
子也有風量才學名重當世與傅嘏等論才性
同異行於世魏志曰廣有志尚學行淩誅并死
臣謂王廣名士豈以
妻父爲戲此言非也
王經少貧苦仕至二千石母語之曰汝本寒家
子仕至二千石此可以止乎經不能用爲尚書
助魏不忠於晉被收涕泣辭母曰不從母敕以

賢媛

至今日毋都無慽容語之曰為子則孝為臣忠有孝有忠何負吾邪世語曰經字彥緯清河人高貴鄉公之難王沈王業馳告文王經以正直不出因沈業申意復秉經及其母晉諸公贊曰沈業將出呼經不從曰吾子行矣漢晉春秋曰初曹髦將自討司馬昭經諫曰昔魯昭不忍季氏敗走失國為天下笑今權在其門久矣朝廷四方皆為之致死不顧逆順之理非一日也且宿衛空闕寸刃無有陛下何所資用而一旦如此無乃欲除疾而更深之邪髦不聽後殺經并及其母將死垂泣謝母母顏色不變笑而謂曰人誰不死往所以止汝者恐不得其所也以此并命何恨之有于寶晉紀曰經正直不忠於我故誅之按傳揚于寶所記則是經實忠貞於魏而世語既謂其正直復云因沈業申意何其調也及乎故二家之言深得之

山公與嵇阮一面契若金蘭山妻韓氏覺公與

二人異於常交問公公曰我當年可以為友者
唯此二生耳妻曰負羈之妻亦親觀狐趙意欲
窺之可乎春秋傳曰晉公子重耳及曹曹共公聞其駢脅欲觀其裸浴薄而觀僖負
羈之妻曰吾觀晉公子之從者皆足以相國若以相夫子必反其國得志於諸侯而誅無禮曹
其首也子盍蚤自貳焉乃饋盤飧寘璧焉公子受飧反璧他日二人來妻勸
公止之宿具酒肉夜穿墉以視之達旦忘反公
入曰二人何如妻曰君才致殊不如正當以識
度相友耳公曰伊輩亦常以我度為勝晉陽秋曰濤雅
素恢達度量弘遠心存事外而時與俛仰嘗與
阮籍嵇康諸人著忘言之契至於群子屯蹇於
世濤獨保浩然之度王隱晉書曰韓氏有才識
濤未仕時戲之曰忍寒我當作三公不知卿堪

為夫人不肯

賈充前婦是李豐女豐被誅離婚徙邊婦人集曰充妻李氏名婉李淑文豐誅徙樂浪後遇赦得還充先已取郭配女賈氏譜曰郭氏名玉璜即廣宣君也武帝特聽置左右夫人李氏別住外不肯還充舍晉諸公贊曰世祖踐阼李氏赦還而齊獻王妃欲令充遣郭氏更納其母充不許為李氏築宅而不往來充母柳氏將亡充問所欲言者柳曰我教汝迎李新婦尚不肯安問他事郭氏語充欲就省李充曰彼剛介有才氣卿往不如不去充別傳曰李氏有淑性令才也郭氏於是盛威儀多將侍婢既至入戶李氏起迎郭不覺脚自屈因跪再拜既反語充充曰語卿道

何物按晉諸公贊曰世祖以李豐得罪晉室又更不得往還而王隱晉書亦云充既與李絕婚取城陽太守郭配女名槐李棠錮解詔充置若夫人充母柳亦敕充迎李槐怒攘臂責充曰刊定律令為佐命之功我有其分李那得與我並充乃架屋永年里中以安李槐曉乃知充出輒使人尋充詔許充置左右夫人充答詔以謙讓不敢當盛禮晉贊既云世祖下詔不遣李還而王隱晉書及充別傳並言詔聽置立左右夫人充憚郭氏不敢迎李三家之說並不同未詳孰是然李氏不還別有餘故而世說云自不肯還謬矣且郭槐彊狼豈能就李而為之拜乎皆為虛也

李平陽秦州子永嘉流人名曰康字玄冑江夏人魏秦州刺史中夏名士于時以比王夷甫孫秀初欲立威權咸云樂令民望不可殺減李重者又不足殺晉諸公贊曰孫秀

佞忠瑯邪人初趙王倫封瑯邪秀給為小吏倫數使秀作書疏文才稱倫意倫封趙秀徙戶為趙人用為侍郎信任之晉陽秋曰倫篡位秀為中書令事皆決於秀為齊王冏所誅逆

逼重自裁初重在家有人走從門入出髻中疏示重重看之色動入內示其女女直叫絕了其意出則自裁按諸書皆云重知趙王倫作亂有疾不治遂以致卒而此書乃言自裁甚乖謬且倫秀兇虐動加誅夷欲立威權自當顯戮何為逼令自裁此女甚高明重每咨焉

周浚作安東時行獵值暴雨過汝南李氏李氏富足而男子不在有女名絡秀聞外有貴人與一婢於內宰豬羊作數十人飲食事事精辦不

聞有人聲密覘之獨見一女子狀貌非常浚因求為妾父兄不許絡秀曰門户殄瘁何惜一女若連姻貴族将来或大益父兄從之八王故事曰浚字開林汝南安城人少有才名太康初平吳自御史中丞出為楊州刺史元康初加安東將軍遂生伯仁兄弟絡秀語伯仁等我所以屈節為汝家作妾門户計耳按周氏譜浚取同郡李伯宗女此云為妾妄耳汝若不與吾家作親親者吾亦不惜餘年伯仁等悉從命由此李氏在世得方幅齒遇

王汝南少無婚自求郝普女郝氏譜曰普字道匡太原襄城人仕至洛陽太守司空以其癡會無婚處任其意便許之

魏氏譜曰王昶字文舒仕至司空既婚果有令姿淑德生東海遂為王氏母儀或問汝南何以知之曰嘗見井上取水舉動容止不失常未嘗忤觀以此知之汝南別傳曰襄城郝仲將門至孤陋非其所偶也君嘗見其女便求聘焉果高朗英邁母儀冠族其通識餘裕皆此類

王渾妻鍾氏生女令淑武子為妹求簡美對而未嘗有兵家子有儁才欲以妹妻之乃白母王氏譜曰鍾夫人名琰之太傳繇之孫曰誠是才者其地可遺然要令我見武子乃令兵兒與羣小雜處使母帷中察之既而母謂武子曰如此衣形者是汝所擬

者非邪武子曰是也毋曰此才足以拔萃然地
寒不有長年不得申其才用觀其形骨必不壽
不可與婚武子從之兵兒數年果亡
王司徒婦鍾氏女太傅曾孫王氏譜曰夫人黄門侍郎鍾琰女
亦有俊才女德婦人集曰夫人有文才其詩賦頌誄行于世鍾郝為
娣姒雅相親重鍾不以貴陵郝郝亦不以賤下
鍾東海家內則郝夫人之法京陵家內範鍾夫
人之禮晉書曰渾初襲父爵京陵侯
陶公少有大志家酷貧與毋湛氏同居同郡范
逵素知名舉孝廉投侃宿于時氷雪積日侃室

如縣磬而逵馬僕甚多侃母湛氏語侃曰汝但出外留客吾自為計湛頭髮委地下為二髲一作髢賣得數斛米斫諸屋柱悉割半為薪剉諸薦以為馬草日夕遂設精食從者皆無所乏逵既歎其才辯又深愧其厚意明旦去侃追送不已且百里許逵曰路已遠君宜還侃猶不返逵曰卿可去矣至洛陽當相為美談侃迺返逵及洛遂稱之於羊晫顧榮諸人大獲美譽晉陽秋曰侃父丹娶新淦湛氏女生侃湛虔恭有智算以陶氏貧賤紡績以資給侃使交結勝己侃少為尋陽吏鄱陽孝廉范逵嘗過侃宿時大雪侃家無草湛徹所卧薦剉給陰截髮賣以供調逵聞之歎息逵

去侃追送之遠曰豈欲仕乎侃曰有仕郡意逵曰當相談致過廬江向太守張夔稱之召補吏舉孝廉除郎中時豫章顧榮或責羊晫曰君奈何與小人同輿晫曰此寒俊也王隱晉書曰侃母既截髮供客聞者歎曰非此母不生此子乃進之於張夔羊晫亦簡之後晫爲十郡中正舉侃爲鄱陽小中正始得上品也

陶公少時作魚梁吏嘗以坩鮓餉母母封鮓付使反書責侃曰汝爲吏以官物見餉非唯不益乃增吾憂也侃別傳曰母湛氏賢明有法訓侃在武昌與佐吏從容飲燕常有飲限或勸猶可少進侃悽然良久曰昔年少曾有酒失二親見約故不敢踰限及侃丁母憂在墓下忽有二客來吊不哭而退儀服鮮異知非常人遣隨視之但見雙鶴沖天而去幽明錄曰陶公在尋陽西南一塞取魚自謂其池曰鶴門按吳司空孟宗爲雷池監以鮓餉母母不受非侃

也疑後人因盡謂為此說

桓宣武平蜀以李勢妹為妾甚有寵常著齋後主始不知既聞與數十婢拔白刃襲之續晉陽秋曰溫尚明帝女南康長公主正值李梳頭髮委藉地膚色玉曜不為動容徐曰國破家亡無心至此今日若能見殺乃是本懷主慚而退妒記曰溫平蜀以李勢女為妾郡主兇妒不即知之後知乃拔刃往李所因欲斫之見李在窗梳頭姿貌端麗徐徐結髮斂手向主神色閒正辭甚悽惋主於是擲刀前抱之曰阿子我見汝亦憐何況老奴遂善之

庾玉臺希之弟也希誅中興書曰希字始彥司空冰長子累遷徐兗二州刺史希兄弟貴盛桓溫忌之諷免希官遂奔于暨陽初郭璞筮冰子孫必有大禍唯固三陽

司以有徵詐希求鎮山陽希友欲東陽希自家豎陽及溫誅希弟柔倩聞希難逃於海陵後還京口聚衆事賊為溫所誅將殺玉臺玉臺庾友小字庾氏譜曰友字惠彦司空冰第三子歷中書郎東陽太守玉臺子婦宣武弟桓豁女也庾氏譜曰友字弘之長子宣娶宣武弟桓豁之女字女幼徒跣求進閤禁不內女厲聲曰是何小人我伯父門不聽我前因突入號泣請曰庾玉臺常因人腳短三寸當復能作賊不宣武笑曰壻故自急遂原玉臺一門中興書曰桓溫殺庾希弟倩希聞難而逃希弟友當伏誅子婦桓氏女請溫得宥

謝公夫人幃諸婢使在前作伎使太傅暫見便下幃太傅索更聞夫人云恐傷盛德

王右軍郗夫人謂二弟司空中郎曰司空愔也郗曇別傳曰曇字重熙愔少子性韻方質和正沈簡累遷丹陽尹北中郎將徐兗二州刺史王家見二謝傾筐倒庋二謝安萬見汝輩來平平爾汝可無煩復往

韓康伯母隱古几毀壞卞鞠見几惡欲易之鞠卞範之母之外孫也別見荅曰我若不隱此汝何以得見古物

桓車騎不好着新衣浴後婦故送新衣與桓氏譜曰沖娶瑯琊王恬女恬字女宗車騎大怒催使持去婦更持還傳語云衣不經新何由而故桓公大笑着之

嘉賓喪婦兄弟欲迎妹還終不肯歸郗氏譜曰超娶汝南周閔女名馬頭曰生縱不得與郗郎同室死寧不同穴毛詩曰穀則異室死則同穴鄭玄注曰穴謂壙中據也

謝太傅寒雪日內集與兒女講論文義俄而雪驟公欣然曰白雪紛紛何所似兄子胡兒曰撒鹽空中差可擬兄女曰未若柳絮因風起公大笑樂即公大兄無奕女左將軍王凝之妻也王氏譜曰凝之字叔平右將軍羲之第二子也歷江州刺史左將軍會稽內史晉安帝紀曰凝之事五斗米道孫恩之攻會稽凝之謂民吏曰不須備防吾已請大道許遣鬼兵相助賊自破矣既不設備遂為恩所害

賢媛

王江州夫人語謝遏曰汝何以都不復進夫人謝之妹為是塵務經心天分有限

王江州為孫恩所害謝夫人嫠居會稽太守劉柳聞其名請與談義夫人素聞劉名亦不自阻乃簪髻素褥坐在帳中劉束修整帶造於別榻夫人風韻高邁叙致清雅先及家事慷慨流漣徐酬問旨詞理無滯劉退而嘆曰實頃所未見瞻察言氣使人心形俱服夫人亦云親從凋亡始遇此士聽其所問殊開人心胷晉書曰劉柳字叔惠南陽人劉喬之曾孫少登清宦歷尚書左右僕射時右丞傅迪好廣讀書而不解其義柳唯讀老子

[illegible]己迪每輕之柳云卿謂書雖多而無所解可謂書簏矣時人重其言

謝遏絶重其姊張玄常稱其妹欲以敵之有濟尼者並遊張謝二家人問其優劣答曰王夫人神情散朗故有林下風氣顧家婦清心玉映自是閨房之秀

王尚書惠嘗看王右軍夫人問眼耳未覺惡不婦入集載謝表曰妾年九十孫散驕存頤蒙哀矜賜其鞠養答曰髮白齒落屬乎形骸至于眼耳關于神明那可便與人隔

韓康伯母殷隨孫繪之之衡陽韓氏譜曰繪之字季綸父康伯太常卿繪之仕至衡陽太守於閶廬洲中逢桓南郡下鞠是

賢媛　世說有[illegible]

其外孫時来問訊謂鞠曰我不死見此豎二世作賊在衡陽數年繪之遇桓景真之難也續晉陽秋曰桓亮字景真大司馬温之孫父濟給事中叔父玄纂逆見誅亮聚衆於長沙自號湘州刺史殺太宰甕恭衡陽前太守韓繪之等十餘人為劉毅軍人郭珍斬之殷撫屍哭曰汝父昔罷豫章徵書朝至夕發汝去郡邑數年為物不得動遂及於難夫復何言

宋明帝嘗於宮内大集羸婦人以為歡笑明恭后獨以扇障面帝曰外舍家寒乞今共為笑樂何獨不視后曰為樂之事其方自多豈有姑姊妹集聚而羸婦人形體以此為樂外舍之為歡

適與此不同帝怒遣后令起后見景文語人曰后在家爲停婦人不知今段遂爲剛正如此沈約宋書曰明恭王皇后諱貞風瑯琊王僧朗之女元嘉五年拜淮陽王妃太宗即位立爲皇后

劉孝綽三妹嫁瑯琊王叔英吳郡張嵊南史曰嵊字四山吳郡人張稷子也方雅有志操能清言爲湘東王長史東海徐悱梁書曰徐悱字敬業東海剡人徐勉子也幼聰敏能屬文仕至晉安內史並有文才徐妻尤爲清拔孝綽傳曰悱妻所謂劉三娘者也悱卒妻爲祭文辭甚悽愴勉本欲爲哀文旣覩此文于是閣筆

肅宗宴於宮中時有蕃將阿布思伏法其妻配

掖庭因隸樂工是日為假官之長宮中女優有弄假官戲其婦衣裝簡者謂之參軍椿上及侍宴者笑樂政和公主獨俛首不視上問其故公主曰禁中侍女不少何必須得此人使阿布思真逆人其妻亦同刑人不合迫至尊之座果冤邪豈忍使其妻與羣優雜處為笑謔之具妾深以為不可上亦惻惻為之罷戲趙璘因話錄曰政和公主肅宗第三女降柳潭

元相得罪唐書曰元載鳳翔岐山人唐詩紀事曰載羇旅到京屢陳時務深符上旨擢拜中書以會弦伏法夫人王氏韞秀少有識量節槩頗閑掖庭代宗欲令入宮備彤管箴規之任王歎

曰王家十三娘二十年太原節度使女十六年宰相妻誰能書得長信昭陽之事得罪亦幸矣堅不從命女范攄雲溪友議曰韞秀王縉相公之女右丞維之姪初王公鎮北京以韞秀嫁元載久而見輕韞秀謂元曰何不增學所箱奩幌資裝盡為紙墨之費元到京屢陳時務深契上旨肅宗擢拜中書按通鑑及劉昫唐書載妻王忠嗣女且王縉與載同時作相史言縉卑體附之故縉終以載得罪不應翁婿同稱得也哉府又無應婦翁卑體于女婿則載妻為忠嗣女無疑而雲溪友議與杜陽雜編以為韞秀縉女也夫范攄蘇鶚皆唐晚人其所載唐事尚相抵牾如此乃知野史所書固多謬妄也

中和間時溥既平黃巢獻俘於朝唐書曰時溥彭城人黃巢犯長安詔徵天下兵進討武寧節度使支詳遣溥赴難及巢攻陳州溥出師討之賊屢捷巢之

貲娥

數女妻將尚讓以數千人降溥并巢姬妾百數僖宗御大元樓受之宣問姬妾汝等皆勳貴子女世受國恩何為從賊其居首曰狂賊凶逆國家以百萬之衆失守宗祧播遷巴蜀今陛下以不能拒賊責一女子置公卿將相於何地乎僖宗不復問皆戮於市人爭與之酒衆皆悲慟昏醉居首者獨不飲不泣至於就刑神色肅然唐書曰黃巢曹州寃句人初依尚君長爲亂踰五嶺犯湖湘江浙攻陷京師僭號大齊

宋太祖將北征京師諠言軍中欲立點檢為天子太祖告家人曰外間詾詾如此將若之何太

祖姊方在廚引麪杖擊太祖逐之曰丈夫臨大事可否當自决胷懷乃来家間恐怖婦女何爲邪太祖默然而出何氏曰太祖姊即魏國長公主公主太祖女也不應以杖擊父按宋公主傳秦國大長公主太祖同母姊也有姊一人未笄而夭追封陳國長公主豈即此乎

衡解

張平子作地動儀精銅以鑄其器圓徑八尺形似酒尊尊中有都柱旁行八道施關發機外有八龍首銜銅丸下設蟾蜍承之地或動則隨其方面一龍吐丸其機關巧制皆在尊中范曄後漢書曰

張衡字平子南陽西鄂人祖堪蜀郡太守衡少善屬文從游太學遂通五經善機巧尤致思於天文陰陽歷筭之學作渾天儀後造候風地動儀如有地動尊則振龍機發吐丸而蟾蜍銜之振聲激揚伺者因此覺知雖一龍發機而七首不動尋其方面乃知震之所在合契若神嘗一龍機發而地不動咸怪其無徵後數日驛至果地震隴西于是皆服其妙官太史令出為河間相徵拜尚書

蔡中郎在陳留鄰人召中郎飲比往酒已酣客有彈琴於屏中郎至門潛聽之曰以樂召我而有殺心何也遂反將命者告主人以蔡君至門而去中郎素為鄉邦所宗主人自起追問其故中郎具以告莫不憮然彈琴者曰我見螳螂方

向鳴蟬蟬將去而未飛螳螂爲之一前一却吾心聳然唯恐螳螂之失蟬也此豈爲殺心而形於聲者乎中郎笑曰此足以當之矣范曄後漢書曰吳人燒桐以爨邕聞火烈聲知其良木因裁爲琴果有美音而尾猶焦時人名焦尾琴

蔡中郎告吳人曰吾昔嘗經會稽高遷亭見屋椽竹東間第十六可以爲笛取用果有異聲伏滔長笛賦序云柯亭之觀以竹爲椽邕取爲笛奇聲獨絶

蔡文姬年六歲時父中郎於夜中鼓琴絃絶文姬曰第二絃中郎復故斷一絃以問之文姬言是第四絃並不差謬中郎云偶得之耳文姬曰

季札觀吳知興亡之國師曠吹律識南風之不競由此觀之何足不知

春秋傳曰吳公子札來聘請觀周樂使工爲之歌周南召南曰美哉始基之矣猶未也然勤而不怨矣爲之歌邶鄘衛曰美哉淵乎憂而不困者也吾聞衛康叔武公之德如是是其衛風乎爲之歌王曰美哉思而不懼其周之東乎爲之歌鄭曰美哉其細已甚民弗堪也是其先亡乎爲之歌齊曰美哉泱泱乎大風也哉表東海者其太公乎國未可量也爲之歌豳曰美哉蕩乎樂而不淫其周公之東乎爲之歌秦曰此之謂夏聲夫能夏則大大之至也其周之舊乎爲之歌魏曰美哉渢渢乎大而婉險而易行以德輔此則明主也爲之歌唐曰思深哉其有陶唐氏之遺民乎不然何憂之遠也非令德之後誰能若是爲之歌陳曰國無主其能久乎自鄶以下無譏焉爲之歌小雅曰美哉思而不貳怨而不言其周德之衰乎猶有先王之遺民焉爲之歌大雅曰廣哉熙熙乎曲而有直體其文王之德

乎爲之歌頌曰至矣哉直而不倨曲而不屈邇
而不偪遠而不攜遷而不淫復而不厭哀而不
愁樂而不荒用而不匱廣而不宣施而不費取
而不貪處而不底行而不流五聲和八風平節
有度守有序盛德之所同也見舞象箾南籥者
曰美哉猶有憾見舞大武者曰美哉周之盛也
其若此乎見舞韶濩者曰聖人之弘也而猶有
慚德聖人之難也見舞大夏者曰美哉勤而不
德非禹其誰能修之見舞韶箾者曰德至矣哉
大矣如天之無不幬也如地之無不載也雖甚
盛德其蔑以加於此矣觀止矣若有他樂吾不
敢請已其出聘也通嗣君也故遂聘于齊說晏
平仲謂之曰子速納邑與政無邑無政乃免於
難齊國之政將有所歸未獲所歸難未歇也故
晏子因陳桓子以納政與邑是以免於欒高之
難聘於鄭見子產如舊相識與之縞帶子產獻
紵衣焉謂子產曰鄭之執政侈難將至矣政必
及子子爲政慎之以禮不然鄭國將敗適衛說
蘧瑗史狗史鰌公子荊公叔發公子朝曰衛多
君子未有患也自衛如晉將宿於戚聞鍾聲焉

日果哉乎聞之也將而不能必加於戮夫子獲罪於君以在此懼猶不足而又何樂夫子之在此也猶燕之巢於幕上君又在殯而可以樂乎遂去之文子聞之終身不聽琴瑟適晉說趙文子韓宣子魏獻子曰晉國其萃於三族乎說叔向將行謂叔向曰吾子勉之君侈而多良大夫皆富政將在家吾子好直必思自免於難

管公明過清河時適大旱太守問何當有雨公明曰今夕當大雨至日向暮了無雲氣衆人並讙嗤公明言樹中已有少女微風陰鳥和鳴若少女反風陰鳥亂翔其應至矣須臾雲氣四起大雨傾注

蒲元性多奇思於斜谷口為諸葛武侯鑄刀三

千口自言漢水鈍弱不任淬用水經注曰江水自漢以上至微弱所謂發源濫觴者也蜀江爽烈是謂大金之元精水經注曰蜀中錦工織錦濯之江流則錦至鮮明命入於成都取江水蒲以淬刀言雜涪水涪水出廣魏涪縣西北不可用取水者捍言不雜蒲以刀畫水言雜八升取水者叩頭云於涪津覆水遂以涪水八升益之又嘗以竹筒納鐵珠滿中舉刀斷之應手虛落因曰神刀元別傅曰君性多奇思得之天然陶弘景刀劒錄曰蜀主劉備嘗令蒲元造刀五十口

荀勖善解音聲時論謂之闇解遂調律呂正雅樂每至正會殿庭作樂自調宮商無不諧韻阮

咸妙賞時謂神解每公會作樂而心謂之不調既無一言直勗意忌之遂出阮為始平太守後有一田父耕於野得周時玉尺便是天下正尺荀試以校已所治鐘鼓金石絲竹皆覺短一黍於是伏阮神識晉後畧曰鐘律之器自周之末廢而漢成哀之間諸儒修而治之至後漢末復隳矣魏氏使協律知音者杜夔造之不能考之典禮徒依于時絲管之聲時之尺寸而制之甚乖失禮度於是世祖命中書監荀勗依典制定鐘律既鑄律管募求古器得周時玉律數校比之不差又諸郡舍倉庫或有漢時故鐘以律命之皆不叩而應聲響韻合又若俱成晉諸公贊曰律成散騎侍郎阮咸謂勗所造聲高高則悲夫亡國之音哀以思其民困今聲不合雅懼非德政中和之音必是古今尺有長短所致然今鐘磬是魏時杜夔所造不與勗

律相應音聲舒雅而久不知變所造將人爲之不足改易朂性自矜乃因事左遷咸爲始平太守而病卒後得地中古銅尺校度朂今尺短四分方服咸景解音然無能正者于寶晉紀曰荀朂始造正德大豫之舞以魏杜夔所制律呂校大樂本音不和發漢至魏尺長於古四分有餘而夔據之是以失韻仍依周禮積粟以起度量以度古器符於本銘遂以爲式用之郊廟

荀朂嘗在晉武帝坐上食筍進飯謂在坐人曰此是勞薪炊也坐者未之信密遣問之實用故車脚

王武子善解馬性嘗乘一馬著連錢障泥前有水終日不肯渡王云此必是惜障泥使人解去便徑渡語林曰武子性愛馬亦甚別之故杜預道王武子有馬癖和長輿有錢癖武帝

術解

問杜預卿有何癖對曰臣有左傳癖

晉明帝解古塚宅聞郭璞為人葬帝微服往看因問主人何以葬龍角此法當滅族主人曰郭云此葬龍耳不出三年當致天子帝問為是出天子邪答曰非出天子能致天子問耳青烏子相塚書曰葬龍之角暴富貴後當滅門

郭景純過江居于暨陽墓去水不盈百步時人以為近水景純曰將當為陸璞別傳曰璞少好經術明解卜筮永嘉中海內將亂璞投策嘆曰黔黎將同異類矣便結親暱十餘家南渡江居于暨陽今沙漲去墓數十里皆為桑田其詩曰北阜烈烈巨

海溷溷壘壘三墳唯毋與昆

王丞相令郭璞試作一卦卦成郭意色甚惡云

公有震厄王問有可消伏理不郭曰命駕西出

數里得一栢樹截斷如公長置牀上常寢處災

可消矣王從其語數日中果震栢粉碎子弟皆

稱慶（王隱晉書曰璞消災轉禍扶厄擇勝時人咸言京管不及）大將軍云君

乃復委罪於樹木

王大將軍嘗坐武昌釣臺聞行船打鼓嗟稱其

能儀而一槌小異王以扇柄撞几曰可恨時王

應侍側曰不然此是回颿槌使視之云船人入

夾口世云戴若識鼓節則應識鼓又善於鼓也
桓公有主簿善別酒有酒輒令先嘗好者謂青州從事惡者謂平原督郵青州有齊郡平原有鬲縣從事言到臍督郵言在鬲上住

殷中軍妙解經脈中年都廢有常所給使忽叩頭流血浩問其故云有死事終不可說詰問良久乃云小人母年垂百歲抱疾來久若蒙官一脈便有活理訖就屠戮無恨浩感其至性遂令舁來為診脈處方始服一劑湯便愈於是悉焚經方

樂人王令言妙解音律大業末煬帝將幸江都令言子當從忽於戶外彈胡琵琶作翻調安公子曲令言時臥室中聞之大驚蹶然而起曰變變急呼其子問曰此曲興自早晚其子言頃來有之令言歔欷流涕謂其子曰汝慎無從行帝必不返子問其故令言曰此曲宮聲往而不返宮者君也吾是以知之帝果於江都遇害大業拾遺記曰大業二十年煬帝將幸江都命越王侗留守東都宮女半不隨駕爭泣留帝言遼東小國不足煩大駕帝意不回因戲飛白題二十字賜守宮女云我夢江都好征遼亦偶然但存顏色在離別只今年車駕遂行迷樓記曰帝將再幸江都有迷樓宮人抗聲夜歌云河南楊柳謝河

北李花榮楊花飛去落何處李花結子自然成帝召宮女問汝自爲之耶曰道塗兒童都唱此歌帝默然曰天啓之也因索酒自歌曰宮木陰濃燕子飛興亡自古漫成悲他日迷樓更好景宮中吐艷戀紅輝後唐帝提兵入京見迷樓曰此皆民膏血所爲命焚之經月火不滅

趙邪利善鼓琴嘗云吳聲清宛若長江廣流綿綿徐逝國士之風蜀聲躁急若激浪奔雷亦一時俊決樂纂曰趙師字耶利天水人以琴道見重海內帝王貴戚靡不欽風舊錯謬十五弄皆削凡歸雅迭胡笳五弄譜弟子達者數人並當代翹楚卒於貞觀十年

李龜年楊太真外傳曰上選梨園弟子中尤者得樂十六色李龜年以歌擅一代之名嘗至岐王宅唐書曰惠文太子範睿宗第四子封岐王好學工書雅愛文章之士又多聚書畫古蹟爲時所稱聞琴曰此秦聲良久又曰此楚

聲主人入問之則前彈者隴西沈妍後彈者揚州薛滿

太常缺黃鐘鑄不能成李嗣真居崇業里疑土中有之弗得其所道逢一車鐸聲甚厲嗣真曰宮聲也市以歸振於空地若有應者掘之得鐘衆樂遂和劉昫唐書曰李嗣真滑州匡城人博學曉音律兼善陰陽推算之術永昌中拜御史中丞為來俊臣所陷配流嶺南

李贊皇作相日有親知奉使京口贊皇曰金山泉揚子江中冷水張又新水記載陸羽品第天下二十水揚子江南零水第七各置一壺其人舉棹醉而忘之至石頭城方

憶乃汲一瓶歸獻李飲之曰江南水味大異頃
歲此頗似建業石頭城下水其人謝過不敢隱

唐書曰李德裕字文饒趙郡人祖栖筠御史大夫父吉甫元和初宰相德裕幼有壯志苦心力學年纔及冠志業大成貞元中以兵部尚書平章事封贊皇伯後爲朋黨所擠貶崖州司戶

世說新語補卷之十五

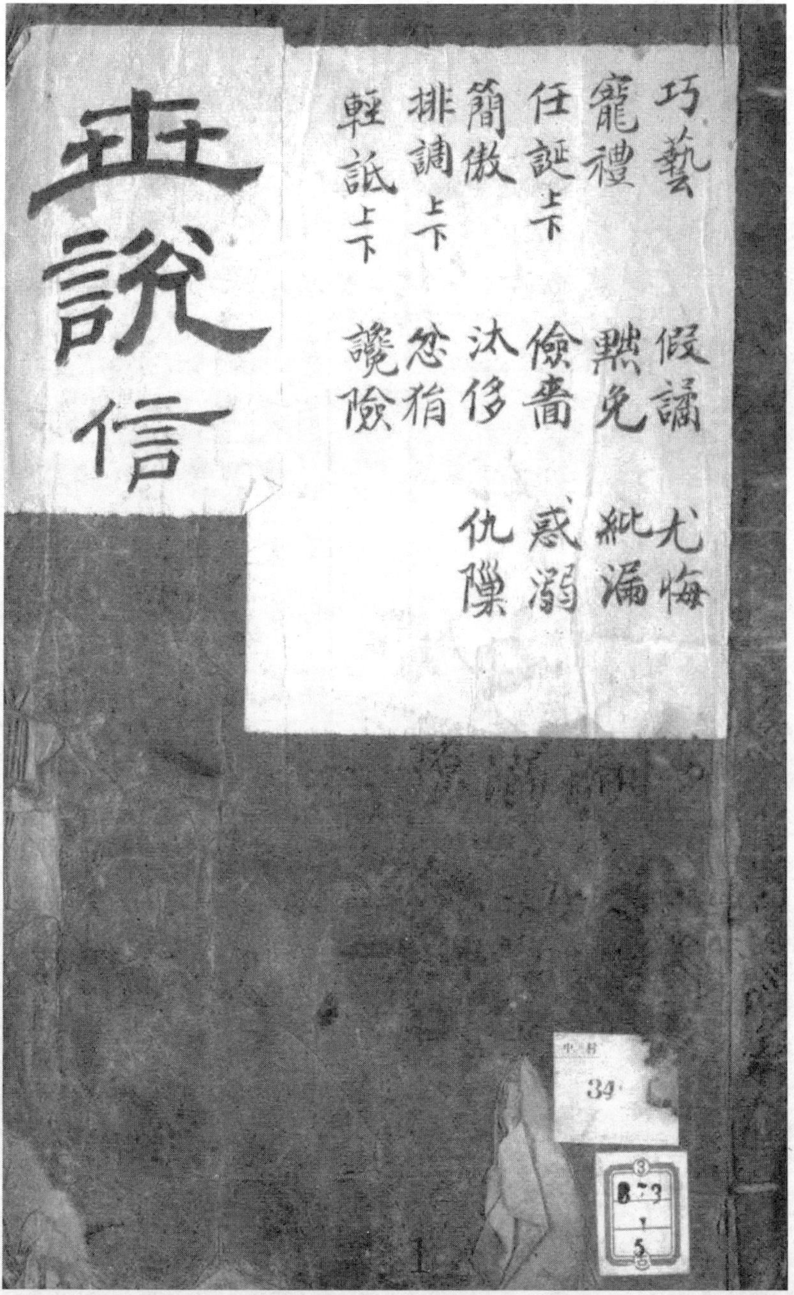
世說信
巧藝
寵禮
任誕上下
簡傲
排調上下
輕詆上下
假譎
黜免
儉嗇
汰侈
忿狷
讒險
尤悔
紕漏
惑溺
仇隙
34

世說新語補卷之十六

巧藝

蔡中郎性沉審志好琴道嘉平中入清溪訪鬼谷先生故居山五曲曲有靈迹中郎每一曲制一弄三年曲成出呈馬季長王子師輩皆嘆異之范曄後漢書曰王允字子師太原祁人少好大節有志於立功郭林宗見而奇之曰王生一日千里王佐才也後與士孫瑞結謀同誅董卓

彈棊始自魏宮內用粧奩戲傅玄彈棊賦敘曰漢成帝好蹴鞠劉向以謂勞人體竭人力非至尊所宜御乃因其體作彈棊今觀其遺蹤蹴蹋遺也按玄此言則彈棊之戲其來久矣且梁冀傳云冀善彈棊格五而此云起魏世謬矣文帝於此戲

特妙用手巾角拂之無不中有客自云能帝使
為之客著葛巾角低頭拂棊妙踰於帝典論帝自叙曰
戲弄之事少所喜唯彈棊略盡其妙少時嘗為
之賦昔京師少工有二馬合鄉侯東方世安張
公子常恨不得與之對也博物志曰帝善彈棊
能用手巾角時有一書生又能低頭以所冠葛
巾角撇棊也
陵雲臺樓觀精巧先稱平衆木輕重然後造構
乃無錙銖相負揭臺雖高峻常隨風搖動而終
無傾倒之理魏明帝登臺懼其勢危別以大材
扶持之樓即頹壞論者謂輕重力偏故也洛陽宮殿
簿曰陵雲臺上壁方十三丈高九尺樓方四
丈高五丈棟去地十三丈五尺七寸五分也

韋仲將能書魏明帝起殿欲安榜使仲將登梯題之既下頭鬢皓然因敕兒孫勿復學書文章敘錄曰韋誕字仲將京兆杜陵人太僕端子有文學善屬辭以光祿大夫卒衛恒四體書勢曰誕善楷書魏宮觀多誕所題明帝立陵霄觀誤先釘榜乃籠盛誕轆轤長絙引上使就題之去地二十五丈誕甚危懼乃戒子孫絕此楷法著之家令

鍾會是荀濟北從舅二人情好不協荀有寶劍可直百萬常在母鍾夫人許孔氏志怪曰勗以寶劍付妻會善書學荀手跡作書與母取劍仍竊去不還世語曰會善學人書伐蜀之役於劍閣要鄧艾章表皆約其言令詞旨倨傲多自矜伐艾由此被收也荀勗知是鍾而無由得也思所以報之後鍾

兄弟以千萬起一宅始成甚精麗未得移住苟
極善畫乃潛往畫鍾門堂作太傅形象衣冠狀
貌如平生二鍾入門便大感慟宅遂空廢孔氏志怪
日于時咸謂勗之報會過於所失數十倍彼此書畫巧妙之極
戴安道就范宣學中興書曰逵不遠千里往豫章詣范宣宣見逵異之以兄女妻焉
視范所為范讀書亦讀書范抄書亦抄書
唯獨好畫范以為無用不宜勞思於此戴乃畫
南都賦圖范看畢咨嗟甚以為有益始重畫
戴安道中年畫行像甚精妙庾道季看之語戴
云神明太俗由卿世情未盡戴云唯務光當免

卿此語耳列仙傳曰務光夏時人也耳長七寸好鼓琴服菖蒲韭根湯將伐桀謀於光光曰非吾事也湯曰伊尹何如務光曰彊力忍詬不知其它湯克天下讓於光光曰吾聞無道之世不踐其土況讓我乎負石自沈於盧水

顧長康畫裴叔則頰上益三毛人問其故顧曰裴楷儁朗有識具正此是其識具看畫者尋之定覺益三毛如有神明殊勝未安時愷之歷畫古賢皆為之贊也

顧長康畫人或數年不點目精人問其故顧曰四體妍蚩本無關於妙處傳神寫照正在阿堵中

顧長康畫謝幼輿在巖石裏人問其所以顧曰謝云一丘一壑自謂過之此子宜置丘壑中

顧長康好寫起人形續晉陽秋曰愷之圖寫特妙欲圖殷荊州殷曰我形惡不煩爾顧曰明府正為眼爾仲堪妙目故也但明點童子飛白拂其上使如輕雲之蔽日一日作月

王中郎以圍棊是坐隱支公以圍棊為手談博物志曰堯作圍棊以教丹朱語林曰王以圍棊為手談故其在哀制中祥後客來方幅會戲

羊敬元少便靜默美言笑善容止父不疑為烏程令王獻之為吳興太守羊時年十二王甚知

愛之嘗夏月入縣羊着新絹裙晝寢獻之書裙數幅而去羊本工書因此彌善竇蒙述書賦注曰羊欣字敬元太山人宋中散大夫與丘道護同受獻之筆法張懷瓘書斷曰羊欣師資大令時多衆賢非無雲壑之遠若親承妙旨入於室者唯獨蕭公亦猶顏回與夫子有步驟之近誠若嚴霜之材婉如流風之雪驚禽走獸駱驛飛馳可謂王之書臣朝之元老沈約云敬元尤長於隸書子敬之後可以獨步時人云買王得羊不失所望

蕭賁是竟陵王子良之孫南史曰子良字雲英武帝第二子也少有清尚禮才好士天下才學皆遊集焉有文才善書畫嘗於扇上圖山水咫尺之內便覺萬里為遙矜慎不傳自娛而已

玄宗忽思嘉陵江山水假吳生驛遞令往寫貌景玄唐朝名畫錄曰吳道玄字道子東京陽翟人少孤貧天授之性年未弱冠窮丹青之妙浪迹東洛明皇知其名召入內供奉及回帝問之道玄云臣無粉本並記在心遣於大同殿圖之嘉陵江山水一日而就時有李將軍山水擅名亦畫大同殿數月方畢上曰李思訓數月之功吳道玄一日之跡各極其妙也唐朝名畫錄曰李思訓開元中除衛將軍善畫品格高奇為國朝山水第一

吳道玄嘗畫殿內五龍鱗甲飛動每欲大雨即生烟霧

寵禮

皇甫度遼解官歸鄉范曄後漢書曰皇甫規字威明安定朝那人官度遼將軍與太常張奐然明太尉段熲紀明並知名顯達稱為涼州三明時有以貨得鴈門太守者書刺投謁度遼臥不時起既入見門鄉前在郡食鴈美乎有頃白王節信在門度遼驚擽而起衣不及帶屣履出迎援手入坐極歡而別時人為之語曰徒見二千石不如一逢掖范曄後漢書曰王符字節信安定臨涇人少好學與馬融竇章張衡崔瑗友善安和之後世務游宦更相薦引符獨耿介不同於俗以此不得升進志意蘊憤隱居著書三十餘篇名潛夫論

趙元叔 華嶠後漢書曰趙壹字元叔漢陽西縣
人體貌魁梧身長九尺美須豪眉望之
甚偉恃才倨傲爲鄉里所擯後屢抵罪幾至
友人救得免乃作刺世疾邪賦以舒其怨憤曰
伊五帝之不同禮三王亦又不同樂數極自
變化非是故相反駮德政不能救世溷亂賞罰
豈足懲時清濁春秋時禍敗之始戰國愈復增
其荼毒秦漢無以相踰越乃更加其怨酷寧計
生民之命唯利己而自足于茲迄今情偽萬方
佞諂日熾剛克消亡舐痔結駟正色徒行嫗
名勢撫拍豪强偃蹇反俗立致咎殃捷懾逐物
日富月昌渾然同惑孰温孰凉邪夫顯進直士
幽藏原斯瘼之攸興實執政之匪賢女謁掩其
視聽兮近習秉其威權所好則鑽皮出其毛羽
所惡則洗垢求其瘢痕雖欲竭誠而盡忠路絶
嶮而靡緣九重既不可啓又羣吠之狺狺安危
亡於旦夕肆嗜慾於目前奚異涉海之失柂積
薪而待燃榮納由於閃揄孰知辨其蚩妍故法
禁屈撓於勢族恩澤不逮於單門寧飢寒於堯
舜之荒歲兮不飽暖於當今之豐年乘理雖死

而非亡違義雖生而匪存有秦客者乃為詩曰河清不可俟人命不可延順風激靡草富貴者稱賢文籍雖滿腹不如一囊錢伊優北堂上抗髒倚門邊魯生聞此辭繫而作歌曰勢家多所宜咳唾自成珠被褐懷金玉蘭蕙化為芻賢者雖獨悟所困在群愚且各守爾分勿復空馳驅哀哉復哀哉此是命矣夫造河南尹羊陟謝承後漢書曰羊陟遷河南尹計日受俸常食乾飯茹菜禁斷奢右書疏不與交通斷理寬徒進用善士摧拔英雄表異行不得見趙以公卿中非陟無足以託名乃日往到門既通謁尚臥未起元叔遥入上堂遂前臨之曰竊伏西州承高風舊矣乃今方遇而遽忽然奈何命也因舉聲哭門下皆驚奔入滿側陟知非常人起延與語明旦大從車騎造元叔時諸

計吏多盛飾車馬帷幔元叔柴車草屏露宿其旁延陟坐於車下相與言談至曛夕而去執其手曰良璞不剖必有泣血以相明者矣琴操曰卞和得玉璞以獻楚懷王使樂正子占之言非玉以其欺謾斬其一足懷王死子平王立和復抱其璞而獻之平王復以為欺斬其一足平王死和復獻恐復見斷乃抱其玉而哭荊山之中晝夜不止淚盡繼之以血乃與司空袁逢共稱薦之名動京師范曄後漢書曰袁逢字周陽曾祖安祖京父湯累世三公而逢以寬厚篤信著稱於時官至司空卒

元帝正會引王丞相登御牀王公固辭中宗引之彌苦王公曰使太陽與萬物同煇臣下何以

瞻仰中興書曰元帝登尊號百官陪位詔王導升御坐固辭然後止

謝幼輿爲王大將軍長史王平子時在敦坐見幼輿清談無倦唯歎謝長史可與言都不眄敦

王丞相常懸一麈尾著帳中後殷中軍來乃取之與中軍曰今以遺汝

許玄度停都一月劉尹無日不往乃嘆曰卿復少時不去我成輕薄京尹語林曰玄度出都詣劉尹九日十一詣之曰卿尚不去使我成薄德二千石

孝武在西堂會伏滔預坐中興書曰伏滔字玄度平昌安丘人少有才學舉秀才大司馬桓溫參軍領大著作掌國史遷遊擊將軍卒還下車呼其兒

見卽系也丘淵之文章錄曰系卽敬魯仏至光祿大夫語之曰百人高會
臨坐未得他語先問伏滔何在在此不此故未
易得爲人作父如此何如
謝萬與太傅共詣簡文萬來無衣幘可前簡文
曰但前不須衣幘卽呼使入萬着白綸巾鶴氅
裘履板而前共談移日
王仲祖病劉真長爲稱藥荀令則爲量水
王孝孫初爲護軍府兵士晉書曰尼本兵家子寓居洛陽卓犖不羈
初入洛詣東海王越不拜越問其故尼曰公無宰相之能是以不拜時泰山胡毋
彥國與瑯琊王澄壯地傳暢晉書曰暢字世道祖嘏魏太常父祇

光祿大夫侍中右僕射暢未弱冠有重名以選入侍講東宮爲秘書丞尋沒于石勒勒甚重之以爲大將軍右司馬中山劉輿潁川荀邃晉書曰邃字道玄祖勗尚書令父藩司空邃解音樂善談論弱冠辟趙王倫相國掾遷太子洗馬河東裴遐共齎羊酒詣門邀孝孫門吏疏名呈護軍護軍驚曰諸名士何得來孝孫時以給府中養馬諸人使就馬廄下炙羊飲酒醉飽而去竟不見護軍護軍大驚即與孝孫長假

張憑舉孝廉出都負其才氣謂必參時彥欲詣劉尹鄉里及同舉者共笑之張遂詣劉劉洗濯料事處之下坐唯通寒暑神意不接張欲自發

無端頃之長史諸賢来清言客主有不通處張
乃遥於末坐判之言約旨遠足暢彼我之懷一
坐皆驚真長延之上坐清言彌日因留宿至曉
張退劉曰卿且去正當取卿共詣撫軍張還船
同侶問何處宿張笑而不答須臾真長遣傳教
覔張孝廉船同侶惋愕即同載詣撫軍至門劉
前進謂撫軍曰下官今日為公得一太常博士
妙選既前撫軍與之話言咨嗟稱善曰張憑勃
窣為理窟即用為太常博士
謝公作宣武司馬屬門生數十人於田曹中郎

趙悦子伏滔大司馬寮屬名曰悦字悦子下邳人歷大司馬參軍左衛將軍悦子以告宣武宣武云且為用半趙俄而悉用之曰昔安石在東山搢紳敦逼恐不豫人事況今自鄉選反違之邪

羅君章為桓宣武從事含別傳曰刺史庾亮初命含為部從事桓溫臨州轉參軍謝鎮西作江夏往檢校之中興書曰尚為建武將軍江夏相羅既至初不問郡事徑就謝數日飲酒而還桓公問有何事君章云不審公謂謝尚何似人桓公曰仁祖是勝我許人君章云豈有勝公人而行非者故一無所問桓公奇其意而不責也

卞範之爲丹陽尹羊孚南州暫還往卞許云下官疾動不堪坐卞便開帳拂褥羊徑上大林入被須枕卞回坐傾睞移晨達莫羊去卞語曰我以第一理期卿卿莫負我丘淵之文章錄曰範之字敬祖濟陰冤句人祖嘏下邳太守父循尚書郎桓玄輔政範之遷丹陽尹玄敗伏誅

蕭思話從太祖登鍾山北嶺中道有磐石清泉上使於石上彈琴因賜以酒謂曰相賞有松石閒意沈約宋書曰蕭思話南蘭陵人孝懿皇后弟子也涉獵書傳能隷書解音律便弓馬官至鎮西將軍

王僕射儉也高自標位常自比漢李膺時人呼儉

府為入芙蓉池嘗用庾杲之為衛軍長史謂人曰昔袁公粲也作衛軍欲用我為長史雖不獲就要是意向如此今亦應須我輩人也按蕭緬與儉書曰盛府元僚實難其選庾景行汎淥水依芙蓉何其麗也時以儉府為蓮花池故緬書美之

柳惔與兄惲小時齊名王僕射一日造世隆宅南史曰世隆字彥緒河東解人父叔宗世隆幼孤挺然自立涉獵文史音吐溫潤位至尚書僕射性清廉唯事墳典張緒問曰觀君舉措當以清名貽子孫耶答曰一身之外亦復何須子孫不才將為爭府如其才也不如一經世隆謂為詣已及至門唯求惔與惲遣謂世隆曰賢子俱有盛才一日見顧令故報禮若仍相造似非本意恐年少窺人南史

（曰柳世隆長子悅字文殊少有清致位中書郎次子惔字文通好學工文尤曉音律少與兄悅齊名仕至尚書左僕射）

孔休源（梁書曰孔休源字慶緒會稽人晉尚書沖八世孫沖郎愉之世父休源從沈驎士受經梁臺建與劉之遴同為太學博士當時以為美選後為晉安王長史加金紫光祿大夫）為晉安王長史（簡文初封晉安王）深相倚仗嘗於齋中別施一榻云此是孔長史坐（續世說曰昭明太子亡後召休源入宴居殿與羣公參定謀議立晉安王為太子公卿珥貂插筆奏決於休源前休源怡然無慍時人名為無天子）

陶貞白隱茅山武帝每有征討大事輒先咨訪月中常有數信時謂山中宰相（弘景傳曰弘景家貧求宰縣不

遂永明十年止於句曲山曰此山下是第八洞宮名金壇華陽之天周迴一百五十里昔漢有咸陽三茅君得道來掌此山故謂之茅山乃中山立館自號華陽隱居特愛松風庭院皆植松每聞其響欣然爲樂嘗謂門人曰吾見朱門廣廈雖識其華樂而無欲往之心望高巖瞰大澤知此難立止恒自欲就之武帝既早與之遊及即位書問不絶弘景得神符秘訣以爲神丹可成而苦無藥物帝給黃金朱砂曾青雄黃等後合飛丹色如霜雪帝服有驗益敬重之每得其書焚香拜受二宮及侯王貴要相繼贈遺多不納縱留者亦作功德大同二年卒顔色不變屈伸如常香氣累日氤氲滿山

李德林每贊平陳之計隋書曰開皇八年以高熲爲元帥帥師伐陳熲謂郎中薛道衡曰江東可克乎道衡曰克之郭璞言江東分王三百年復與中國合今此數將周一也主上恭儉勤勞叔寶荒淫驕侈二也國之安危在所寄任彼以江總爲相唯事詩酒拔

寵禮

小人施文變委以政事薦摩訶伦靈奴爲大將
皆一矣之用耳三也我有道而大彼無德而小
量其甲士不過十萬西自巫峽東至滄海分之
則勢懸而力弱聚之則守此而失彼四也冊卷
之勢事在不疑**隋高祖**隋書曰帝諱堅姓楊氏漢太尉震之裔父忠事魏及周封隋公
至堅進爵爲王明年禪帝**以馬鞭南指曰待平陳之後會以**
七寶莊嚴公
韋綬在翰林唐書韋貫之傳曰貫之八代祖夐仕周號逍遙公父肇官至吏部侍
郎有重名貫之伯兄綬德宗朝爲翰林學士貞元之政多恭决於内署綬所議多合中道然畏
愼數傷晚多心疾故不極其用**德宗嘗至其院韋妃從幸**唐書曰韋
賢妃不知氏族所出貞元二年冊爲賢妃六宮師其德行**會綬方寢學士鄭**
絪欲馳告之帝不許時適大寒帝以妃蜀纈袍

覆而去劉昫唐書曰鄭絪字文明少有奇志好學善屬文張叅蔣乂楊綰常袞皆相推重憲宗朝拜中書侍郎集賢殿大學士絪以文學進踐歷華顯者四十年所居雖無赫奕稱而守道敦篤能恱墳典與與博聞好古之士爲講論名理之游時人仰其耆德

令狐綯在翰林日夜對禁中帝命以乘輿金蓮華炬送還院吏望見以爲天子來俄傳呼曰學士歸院康駢劇談錄曰宣宗皇帝有宵衣旰食之懷以廣求賢每如不及令狐相國初與學士候對便以爲有宰輔之才一夕於禁林寓直忽有中使召至便殿引於御榻之前上自宣令坐問卿來從江表見彼中甿庶安否慮家郡守字人求瘼之道如何朕常思四海之大九州之廣雖明君不能自理常須良弼賢佐適來竊鎮朝廷皆未覩其忠赤報國降階俯伏曰聖意如此微臣便合得罪上曰卿纔爲翰林學士所職者朕之絲綸向來之言本不相及旣而

宣令坐以玉杯斟酒賜之御林[illegible]上有書兩[illegible]
指圖相國曰朕聽政之暇未嘗不披尋史籍出
先朝所述金鏡一卷則尚書大爲讃復問卿曾
讀金鏡否試舉其要相國抗聲而誦至亂未嘗
不任不肖理未嘗不任忠賢任忠賢則享天下
之福任不肖則受天下之禍上止之曰朕無讀
至此未嘗不三復後已書又云任賢勿貳去邪
勿疑是則欲致昇平當用此言爲首相公抃舞
而稱曰先臣父每言金鏡乖務可爲萬古格言
自非聰明文思無以探其壹奧況堯舜禹湯之
道在典謨訓誥之間陛下不以黃屋爲尊要觀
之於夙夜將欲擇賢舉善使庶績咸熙如此則
切冠百王事超三五矣上曰曩者仰卿材器今
日觀卿詞學臨軒竚立久之謂中使曰持燭送
學士歸院又還集林夜漏將
半咸以近臣恩澤殆無其比

錢文僖守西都東都事略曰錢惟演字希聖切
有俊才父俶使賦遠山詩有高
爲天一柱秀作海三峯之句俶異之咸平中獻
所爲文章擢知制誥惟演少富貴雖生於學文

章與楊億劉筠齊名嘗曰學士備顧問不可不該博故其家聚書侔於秘府又多藏古書畫後以平章事判許州卒謚文僖

謝希深龔明之中吳紀聞曰謝絳字希深太守賓客濤之子楊文公薦其才召充秘閣校理寶元初知鄧州自少而仕凡三十年自守不回而外亦不甚異一時賢士大夫無不敬之子景初景溫皆為名儒歐陽永叔東都事略曰歐楊修字永叔吉州廬陵人舉進士試國子監部皆第一仁宗朝知制誥帝常目之曰如歐陽脩者何處得來後以觀文殿學士太子少師致仕同在幕下一日游嵩山自潁陽歸暮抵龍門香山俄而雪作登石樓望都城各有所懷希深書曰近詔書遣告嵩嶽讀祝捧幣府以歐陽永叔楊子聰分攜會尹師魯王幾道至是時秋清日蕩曉花幽草虧蔽巖壁正當人力清壯加有能管談燕之外高踞險氣豪心果適徑差平則腰輿以行新岑未甚則芒屩以進抵峻極上院爵

封禪壇下瞰羣峯乃自所敢望謂非拂夫不可到者皆培塿焉邑居樓觀人物之影視若蟻蠹又韓文公所謂石室詣盡東峯頂夕宿頂上露下冷透骨髮明日訪歸路出登封西門道潁陽縱望太室觀少室之羨訪石堂山紫雲洞會將雨而去題名蓋十有四處自長夏門入饒私轘十庵四百里可謂窮極勝覽矣今既還府忽便有塵事侵汨怠寫此奉報然代一夕之談於烟靄中有車馬渡伊水來既至則文信道尉傳歌妓至傳公語曰山行良佳少留龍門賞雪無遽歸也其高曠愛才如此周輝清波雜志曰文康公曙代爲留守一日府幕俗多遊責曰君等自比寇萊公何如萊公尚坐奢縱取禍況其下者衆不敢對永叔取手板起立曰萊公之禍不在杯酒在老不知退耳時文康年已高爲之動四座偉之

任誕上

鄭泉臨卒時語同輩曰必葬我陶家之側庶百歲之後化而成土幸見取爲酒壺實獲我心矣吳書曰鄭泉字文淵陳郡人博學有奇志而性嗜酒仕吳官太中大夫使蜀先主問曰吳王何以不荅吾書得無以吾正名不宜乎泉曰曹氏凌轢漢室終奪其位殿下既爲宗室有維城之責不荷戈執殳爲海內率先而於是自名未合天下之議是以寡君未復書耳先主有慚色

晉文帝大親愛阮嗣宗恒與談戲任其所欲不迫以職事阮嘗從容言曾遊東平樂其土風願得爲東平太守文帝説從其意阮騎驢徑到郡至則壞府舍諸壁障使內外相望然後教令清

寧十許日便復乘驢去

劉伶病酒渴甚從婦求酒婦捐酒毀器涕泣諫曰君飲太過非攝生之道必宜斷之伶曰甚善我不能自禁唯當祝鬼神自誓斷之耳便可具酒肉婦曰敬聞命供酒肉於神前請伶祝誓伶跪而祝曰天生劉伶以酒為名一飲一斛五斗觧酲毛公注曰酒病曰酲見竹林七賢論婦人之言慎不可聽便引酒進肉隗然已醉矣

劉伶恒縱酒放達或脫衣裸形在屋中人見譏之伶曰我以天地為棟宇屋室為幝衣諸君何

為入我幝中鄧粲晉紀曰客有詣伶值其裸袒伶笑曰吾以天地爲宅舍以屋宇為幝衣諸君自不當入我幝中又何惡乎其自任若是

阮步兵喪母裴令公往吊之阮方醉散髮坐牀箕踞不哭裴至下席於地哭吊唁畢便去或問裴凡吊主人哭客乃為禮阮既不哭君何為哭裴曰阮方外之人故不崇禮制我輩俗中人故以儀軌自居時人歎為兩得其中名士傳曰阮籍喪親不率常禮裴楷往吊之遇籍方醉散髮箕踞旁若無人楷哭泣盡哀而退了無異色其安同異如此戴逵論之曰若裴公之制吊欲冥外以護內有達意也有弘防也

阮公鄰家婦有美色當壚酤酒阮與王安豐常

從婦飲酒阮醉便眠其婦側夫始殊疑之伺察終無他意王隱晋書曰籍鄰家處子有才色未嫁而卒籍與無親生不相識徑往哭之盡哀而去其達而無撿皆此類也

阮籍嫂嘗還家籍見與別或譏之曲禮嫂叔不通問故譏之籍曰禮豈為我輩設也

劉公榮與人飲酒雜穢非類人或譏之答曰勝公榮者不可不與飲不如公榮者亦不可不與飲是公榮輩者又不可不與飲故終日共飲而醉劉氏譜曰昶字公榮沛國人晋陽秋曰昶為人通達仕至兗州刺史

王安豐頽脫不持儀形好乘巴騍馬雖為三司

率爾私行巡省田園不從一人自以手巾插腰竹林七賢論曰戎故吏多大官相逢輒下道避之

阮仲容步兵居道南諸阮居道北北阮皆富南阮貧七月七日北阮盛曬衣皆紗羅錦綺仲容以竿挂大布犢鼻幝於中庭人或怪之答曰未能免俗聊復爾耳竹林七賢論曰諸阮前世皆儒學善居室唯咸一家尚道棄事好酒而貧舊俗七月七日法當曬衣諸阮庭中爛然錦綺咸時總角乃豎長竿挂犢鼻幝也

阮渾長成風氣韻度似父亦欲作達步兵曰仲容已預之卿不得復爾竹林七賢論曰籍之抑渾蓋以渾未識己之所

以為達也後咸兄子簡亦以曠達自居父喪行
遇大雪寒凍遂詣浚儀令令為它賓設黍臛簡
之以致清議廢頓幾三十年是時竹林諸賢
之風雖高而禮教尚峻迨元康中遂至放蕩越
禮樂廣譏之曰名教中自有樂地何至於此樂
令之言有旨哉謂彼非玄心徒利其縱恣而已
阮仲容先幸姑家鮮卑婢及居母喪姑當遠移
初云當留婢既發定將去仲容借客驢著重服
自追之累騎而返曰人種不可失即遥集之母
也竹林七賢論曰咸既追婢於是世議紛然自
魏末沉淪閭巷逮晋咸寧中始登王途
別傳曰咸與姑書曰胡婢遂生胡兒姑答書曰
魯靈光殿賦曰胡人遥集於上楹可字曰遥集
也故孚字遥集
山季倫為荊州時出酣暢人為之歌曰山公時

一醉徑造高陽池日莫倒載歸茗芋無所知復能乘駿馬倒着白接䍦舉手問葛彊何如并州兒高陽池在襄陽彊是其愛將并州人也襄陽記曰漢侍中習郁於峴山南依范蠡養魚法作魚池池邊有高隄種竹及長楸芙蓉菱芡覆水是遊燕名處也山簡每臨此池未嘗不大醉而還曰此是我高陽池也襄陽小兒歌之

祖車騎過江時公私儉薄無好服玩王庾諸公共就祖忽見裘袍重疊珍飾盈列諸公怪問之祖曰昨夜復南塘一出祖于時恒自使健兒鼓行刼鈔在事之人亦容而不問晉陽秋曰逖性通濟不拘小節又賓從多是桀黠勇士逖待之皆如子弟永嘉中流民以萬數揚土大飢賓客攻剽逖輒擁護

全衡談者以此少千古談者總一毋主之故父不得詞

桓宣武少家貧戲大輸債主敦求甚切思自振之方莫知所出陳郡袁耽俊邁多能袁氏家傳曰耽字彦道陳郡陽夏人魏郎中令渙曾孫也䰎悟爽朗高周振邁少倜儻不羈有異才士人多歸之仕至司徒從事中郎宣武欲求救於耽耽時居艱恐致疑試以告焉應聲便許略無慊吝遂變服懷布帽隨温去與債主戲耽素有藝名債主就局曰汝故當不辦作袁彦道邪遂共戲十萬一擲直上百萬數投馬絕叫傍若無人探布帽擲對人曰汝竟識袁彦道不郭子曰桓公樗蒲失數百斛米求救于袁耽耽在艱中便

云大快我心作柔卿但大笑即脫其裹共出門去覺頭上有布帽擲去著小帽既戲袁形勢呼祖擲必盧雉二人齊叫敵家頃刻失數百萬也

王孝孫早歲喪妻有一子貧無居宅惟畜露車有牛一頭每行輒使御之暮則共宿車上常歎曰滄海橫流處不安也

光孟祖避難渡江欲投胡毋彥國初至值彥國與謝鯤諸人散髮裸袒閉室酣飲已累日孟祖將排戶守者不聽孟祖便於戶外脫衣露頭於狗竇中窺之而大叫彥國驚曰他人決不能爾必我孟祖遽呼入與飲時人謂之八達晉書曰光逸字

孟祖樂安人也初爲博昌小吏縣令使送客冒
寒擧體凍溫還遇令不在鮮衣炙之入令被中
卧令還大怒將加嚴罰孟曰家貧衣單沾濕無
可代若不暫溫勢必凍死奈何惜一被而殺一
人乎令奇而釋之後擧孝
廉元帝以爲軍諮祭酒

任愷既失權勢不復自檢括或謂和嶠曰卿何
以坐視元裒敗而不救和曰元裒如北夏門拉
攞自欲壞非一木所能支 晉諸公贊曰愷字元
裒樂安博昌人有准
識國幹萬機大小多綜之與賈充不平充乃啓
愷掌吏部又使有司奏愷用御食器坐免官世
祖情遂
薄焉

胡毋彥國至湘州爾時三伏中彥國坐正衙搖
扇視事其子光從容顧語曰彥國復何爲自

貽伊慼晉陽秋曰彥國子謙之字子光

劉道真少時嘗漁草澤善歌嘯聞者莫不留連有一老嫗識其非常人甚樂其歌嘯乃殺豚進之道真食豚盡了不謝嫗見不飽又進一豚食半餘半迺還之後為吏部郎嫗兒為小令史道真超用之不知所由問母母告之於是齎牛酒詣道真道真曰去去無可復用相報

阮宣子常步行以百錢挂杖頭至酒店便獨酣暢雖當世貴盛不肯詣也名士傳曰阮脩字宣子陳留尉氏人好老易能言理性簡任不喜見俗人時誤相逢即舍去儻然無營家無儋石之儲晏如也瑯邪王處

仲爲鴻臚卿謂曰鴻臚丞差有祿卿常無食能作不修曰蕪復可耳遂爲鴻臚丞太子洗馬

宋禕是石崇妓綠珠弟子有國色善吹笛後在晉明帝宮帝疾患危篤羣臣進諫請出宋禕時朝賢悉見帝曰卿諸人誰欲得者衆人無言阮遥集時爲吏部尚書對曰願以賜臣帝即遣出與之

張季鷹縱任不拘時人號爲江東步兵或謂之曰卿乃可縱適一時獨不爲身後名耶答曰使我有身後名不如即時一杯酒文士傳曰翰任性自適無求當世時人貴其曠達

畢茂世云一手持蟹螯一手持酒杯拍浮酒池中便足了一生晉中興書曰畢卓字茂世新蔡人少傲達爲胡毋輔之所知興末爲吏部郎嘗飲酒廢職比舍郎釀酒熟卓因醉夜至其甕間取飲之主者謂是盜執而縛之知爲吏部也釋之卓遂引主入燕甕側取醉而去溫嶠素知愛卓請爲平南長史卒

賀司空入洛赴命爲太孫舍人經吳閶門在船中彈琴張季鷹本不相識先在金閶亭聞絃甚清下船就賀因共語便大相知說問賀卿欲何之賀曰入洛赴命正爾進路張曰吾亦有事北京因路寄載便與賀同發初不告家家追問迺知賀循別傳曰循字彥先會稽山陰人本姓慶高祖純避漢帝諱改爲賀氏父劭吳中書令

以忠正見害循少要家渦流放荒裔吳平乃還秉節高舉元帝爲安東王循爲吳國内史

鴻臚卿孔羣好飲酒王丞相謂云卿何爲恒飲酒不見酒家覆瓿布日月糜爛羣曰不爾不見糟肉乃更堪久羣嘗書與親舊今年田得七百斛秫米不了麴糵事

有人譏周僕射與親友言戲穢雜無檢節鄧粲晉紀曰王導與周顗及朝士詣尚書紀瞻觀伎瞻有愛妾能爲新聲顗於衆中欲通其妾露其醜穢顏無怍色有司奏免顗官詔特原之周曰吾若萬里長江何能不千里一曲

王長史謝仁祖同爲王公掾王蒙别傳曰丞相王導辟名士時賢

協贊中興旌命所加必延俊乂辟蒙為掾長史云謝掾能作異舞謝便起舞神意甚暇晉陽秋曰尚性通任善音樂語林曰謝鎮西酒後於槃案間為洛市肆工鴝鵒舞甚佳王公熟視謂客曰使人思安豐戎性通任尚類之

謝鎮西着紫羅襦據胡牀在大市佛圖門樓上彈琵琶作大道曲

温太真位未高時屢與揚州淮中估客樗蒱與輒不競嘗一過大輸物戲屈無因得反與庾亮善於舫中大喚亮曰卿可贖我庾即送直然後得還經此數四中興書曰嶠有儁朗之目而不拘細行

温公喜慢語卞令禮法自居卞壼別傳曰壼正色立朝百寮憚之貴遊子弟莫不祗肅至庾公許大相剖擊温發口鄙穢庾公徐曰太真終日無鄙言重其達也

周伯仁風德雅重深達危亂過江積年恒大飲酒嘗經三日不醒時人謂之三日僕射晉陽秋曰初顗以雅望獲海內盛名後屢以酒失庾亮曰周侯末年可謂鳳德之衰也語林曰伯仁正有姊喪三日醉姑喪二日醉大損資望每醉諸公常共屯守

蘇峻亂諸庾逃散庾氷時為吳郡單身奔亡民吏皆去唯郡卒獨以小船載氷出錢塘口籧篨覆之時峻賞募覓氷屬所在搜檢甚急卒捨船

市渚因飲酒醉還舞棹向船曰何處覓庾吳郡此中便是冰大惶怖然不敢動監司見船小裝狹謂卒狂醉都不復疑自送過浙江寄山陰魏家得免（中興書曰冰爲吳郡蘇峻作逆遣軍伐冰冰棄郡奔會稽）後事平冰欲報卒適其所願卒曰出自廝下不願名器少苦執鞭恒患不得快飲酒使其酒足餘年畢矣無所復須冰為起大舍市奴婢使門内有百斛酒終其身時謂此卒非唯有智且亦達生

殷洪喬作豫章郡（殷氏譜曰羨字洪喬陳郡人父識識鎮東司馬羨仕至豫章太守）臨去都下人因附百許函書既至石頭悉擲

水中因祝曰沉者自沉浮者自浮殷洪喬不能
作致書郵
王光祿云酒正使人人自遠（周祗隆安記曰王蘊字叔仁小字阿
興戈蘊司徒左長史風流標望爲鎮軍將軍
亦得世譽續晉陽秋曰蘊素嗜酒末年尤甚及
在會稽略少醒日）
桓車騎在荊州張玄爲侍中使至江陵路經陽
岐村（村臨江去荊州二百里）俄見一人持半小籠生魚徑
來造船云有魚欲寄作膾張乃維舟而納之問
其姓字稱是劉遺民（中興書曰劉驎之一字遺民）張素聞其
名大相忻待劉既知張銜命問謝安王文度並

佳不張甚欲話言劉了無停意既進膾便去云向得此魚觀君船上當有膾具是故來耳於是便去張乃追至劉家為設酒殊不清旨張高其人不得已而飲之方共對飲劉便先起云今正伐荻不宜久廢張亦無以留之

桓子野每聞清歌輒喚柰何謝公聞之曰子野可謂一往有深情

王劉共在杭南酣宴於王子野家謝鎮西往尚書墓還謝氏譜曰謝裒字幼儒陳郡人父衡博士裒歷侍中吏部尚書吳國內史後三日反哭諸人欲要之初遣一信猶未許然

巳停車重要便回駕諸人門外迎之把臂便下裁得脫幘著帽酣宴半坐乃覺未脫衰宋明帝文章志曰尚性輕率不拘細行兄葬後往墓還王濛劉惔共遊新亭濛欲招尚先以問惔惔曰計仁祖正當不爲異同耳惔曰仁祖韻中自應來乃遣要之尚初辭然已無歸意及再請即回軒焉其率如此

世說新語補卷之十六

世說新語補卷之十七

任誕下

王子猷居山陰夜大雪眠覺開室命酌酒四望皎然因起彷徨詠左思招隱詩中興書曰徽之任性放達棄官東歸居山陰也左詩曰杖策招隱士荒塗横古今巖穴無結構丘中有鳴琴白雪停陰岡丹葩曜陽林忽憶戴安道時戴在剡即便夜乘小船就之經宿方至造門不前而返人問其故王曰吾本乘興而行興盡而返何必見戴

王衛軍云酒正自引人著勝地

王子猷出都尚在渚下舊聞桓子野善吹笛而

不相識遇桓於岸上過王在船中客有識之者云是桓子野王便令人與相聞云聞君善吹笛試為我一奏桓時已貴顯素聞王名即便回下車踞胡牀為作三調弄畢便上車去客主不交一言

桓南郡被召作太子洗馬（玄别傳曰玄初拜太子洗馬時朝廷以温有不臣之迹故抑玄為素官）船泊荻渚王大服散後已小醉往看桓桓為設酒不能冷飲頻語左右令温酒來桓乃流涕嗚咽王便欲去桓以手巾掩淚因謂王曰犯我家諱何預卿事（晉安帝紀曰玄哀樂過人每歡戚之

羲未嘗不至嗚咽王歎曰靈寶故自達異苑曰玄生而有光照室善占者云此兒生有奇耀宜目為天人宣武嫌其三文復言為神靈寶猶復用三既難重前卻減神一字名曰靈寶語林曰玄不立忌日止立忌時其達而不拘皆此類

羅友作荊州從事桓宣武為王車騎集別車騎王洽也友進坐良久辭出宣武曰卿向欲咨事何以便去答曰友聞白羊肉美一生未曾得喫故冒求前耳無事可咨今已飽不復須駐了無慚色晉陽秋曰友字宅仁襄陽人少好學不持節儉性嗜酒當其所遇不擇士庶又好何人祠往乞餘桓雖復營署著靈肆不以為羞桓溫嘗責之云君不遠須食何不就身求乃至於此友傲然不屑答曰就公乞食今乃可得明日已復無溫大笑之始仕荊州後在溫府以家貧乞祿溫雖

以才學過之而謂其誕肆非治民才許而不用
後同府人有得郡者温爲席起別友至尤晚問
之友荅曰民性飲道者味非奉教吉乃是首旦
出門於中路逢一見大見揶揄云我只見去錢
入作郡何以不見人送汝作郡民始怫然而回
還以解不覺成淹纔之罪温雖笑其滑稽而忘
頓愧焉後以爲襄陽太守累遷廣益二州刺史
在藩舉其宏綱不存小察甚爲吏民所安說覺
於益
州

張驎驎張湛小字也晉東宮官名曰湛字處度
高平人張氏譜曰湛祖嶷正員外父曠鎮
軍司馬湛仕
至中書郎酒後挽歌甚悽苦桓車騎曰卿非

田橫門人何乃頓爾至致譙子法訓云有喪而
歌者或曰彼爲樂喪
也有不可乎譙子曰書云四海遏密八音何樂
喪之有曰今喪有挽歌者何以哉譙子曰周聞
之蓋高帝召齊田橫至尸鄉亭自刎奉首從者
挽至於宮不敢哭而不勝哀故爲歌以寄哀音

彼則一時之為也鄰有喪舂不相引挽人銜枚孰樂喪者耶按莊子曰紼謳所生必於斥苦司馬彪注曰紼引柩索也斥疏緩也苦用力也引紼所以有謳歌者為人有用力不齊故促急之也春秋左氏傳曰魯哀公會吳伐齊其將公孫夏命歌虞殯杜預曰虞殯送葬歌示必死也史記絳侯世家曰周勃以吹簫樂喪然則挽歌之來久矣非始起於田橫也然譙氏引禮之文頗有明據非固陋者所能詳聞疑以傳疑以俟通博

王孝伯問王大阮籍何如司馬相如王大曰阮籍胷中壘塊故須酒澆之言阮皆同相如而飲酒異耳

王佛大歎言三日不飲酒覺形神不復相親晉安帝紀曰忱少慕達好酒在荊州轉甚一飲或至連日不醒遂以此死宋明帝文章志曰忱嗜酒酣輒經日自號上頓世諺以大飲為上頓起自忱也

王孝伯言名士不必須奇才但使常得無事痛飲酒熟讀離騷便可稱名士

王長史登茅山大慟哭曰琅邪王伯輿終當為情死王氏譜曰廞字伯輿琅邪人父薈衛將軍廞歷司徒長史周祇隆安記曰初王恭將唱義使諭三吳廞居喪振以為吳國內史既死恭罷兵令廞反喪服廞大怒即日據吳都以叛恭使司馬劉牢之討廞廞敗不知所在

陶靖節在家郡將候陶值其酒熟取頭上葛巾漉酒漉畢還復着之

陶淵明為彭澤令公田三百畝悉令吏種秫稻妻子固請種秔乃使二頃五十畝種秫五十畝

種秔

王敬弘爲尚書僕射關署文案初不省讀嘗豫聽訟上問以疑獄敬弘不對上變色問左右何故不以訊牒副僕射敬弘曰臣乃得訊牒讀之政自不解

顔延之不能取容當世宋文帝傳詔召之頻不肯詣常日但入酒店裸袒挽歌了不應對他日醉醒入見帝帝問以諸子才能延之曰竣得臣筆測得臣文㚟得臣義躍得臣酒何尚之因問誰得卿狂答曰其狂不可及南史曰竣早有文義有文集行於世

竣弟測亦以文章見知官至江夏王大司馬録事參軍與明帝皆擢爲中書侍郎

謝康樂因父祖之資生業甚厚奴僕既衆義故門生數百鑿山浚河功役無已尋山陟嶺必造幽峻巖嶂千重莫不遍歷登躡常着木屐上山則去前齒下山去其後齒嘗自始寧南山伐木開逕直至臨海從者數百人臨海太守王琇驚駭謂是山賊徐知是靈運乃安

沈約宋書曰靈運要琇更進琇不肯靈運贈詩曰邦君難地險旅客易山行靈運從在會稽亦多徒衆驚動縣邑

袁尹踈放好酒嘗步屧白楊郊野閒道遇一士人便呼與酣飲明日此人謂被知遇詣門求通

袁曰昨日飲酒無偶聊相邀爾勿復爲煩

謝長史性通脱會意便行嘗預樂遊苑宴不得醉而還因詣道邃酒鑪停車褰幔與車前三騶對飲觀者如堵謝處之自若南史曰謝幾卿靈運之曾孫超宗子也十二補國子生齊文慧太子臨策試謂王儉曰幾卿本長玄理今以經義訪之儉承旨發問幾卿辯釋無滯文慧大稱賞焉儉謂之曰謝超宗爲不死矣及長博學有文梁天監中至左光祿長史

陳暄文才俊逸而沉湎過度兄子秀致書止之暄答曰速營糟丘吾將老焉南史曰暄義興國山人父慶之南北司二州刺史暄文才俊逸嗜酒無節操兄子秀嘗憂暄飲酒過多致書於暄友人何胥冀其諫

諫喧與秀書曰見汝書與孝與陳吾飲酒過差吾有此好五十餘年昔吳國張公亦稱雖吾見張公時已六十自言引滿大勝少年吾今所進亦勝於往日老而彌篤唯吾與張季舒耳吾方與此子交歡地下汝欲夭我此志耶昔阮阮籍同遊竹林宣子不明斯言王湛能玄言巧騎武子呼爲痴叔何陳留之風不嗣太原之氣巍然翻成可悵吾既寂寥當世朽病殘年產不畏於顧原多未動於卿狷若不日飲醇酒復欲安歸汝以飲酒爲非吾以不飲爲過昔周伯仁渡江唯三日醒吾不以爲少鄭康成一日三百盃吾不以爲多吾嘗譬酒猶水也可以濟舟亦可以覆舟故江諮議有言酒猶兵也兵可千日而不用不可一日而不備酒可千日而不飲不可一飲而不醉美哉江公可與論酒矣汝驚吾墜車侍中之門陷地武陵之第過座朝野自言憔悴丘也幸苟有過人必知之吾平生所願沒之後題吾墓云陳故酒徒陳君之神道若斯志意豈避南征之不復賈誼之慟哭者哉何水曹眼不識盃鐺吾口不離瓢杓汝寧與何同日

而醒與吾同日而醉乎政言其醒可及其醉不可及也後主用為散騎常侍以事發悖死

齊神武北史曰齊高祖神武皇帝姓高氏諱歡渤海蓨人仕魏為丞相百戰而剪凶徒尊主匡國初濟天下卒備九錫殊禮謚獻武王天統元年改謚神武欲用李元忠為僕射李百藥齊書曰李元忠趙郡平棘人也厲志操粗覽書史神武建義拜侍中雖處要任不以物務干懷大率常醉家事大小了不關心園庭羅種果藥親朋尋詣必留連宴賞挾彈攜壺遊遨里閈每言寧無食不可使我無酒阮步兵吾師也孔少府豈欺我哉後自中書令復求為太常卿以其有音樂而多美酒也文襄言其常醉北史曰文襄帝諱澄神武長子不可委以臺閣其子搔聞之請元忠節飲元忠曰我言作僕射不勝飲酒樂爾愛僕射宜勿飲酒齊書曰搔字德沉時人稱有思理終於儀曹郎

張思光居常歎曰不恨我不見古人所恨古人不見我

王無功待詔門下省故事官給酒日三升或問待詔何樂耶無功答曰良醞可戀耳侍中陳叔達聞之日給一斗時號斗酒學士劉昫唐書曰陳叔達字子聰陳宣帝第十六子也善容止有才学在陳封義陽王年十餘歲嘗侍宴賦詩十韻援筆便就僕射徐陵甚奇之入隋久不得調武德四年拜侍中

韓朝宗為山南採訪柳子厚先友記曰韓會字朝宗昌黎人書清言有文章名最高然以故多謗至起居郎貶官卒謂孟浩然深閑詩律寘諸周行必詠穆如之誦唯詩曰吉甫作誦穆如清風因入奏挾

與俱行先揚于朝約日引謁會浩然有故人至劇飲歡甚或言與韓公約不赴後期浩然叱曰業已飲矣身行樂耳遑恤其他漢楊惲南山種萁歌曰人生行樂耳須富貴何時遂畢飲不赴王士源浩然集序曰孟浩然字浩然襄陽人骨貌淑清風神散朗救患釋紛以立義表灌蔬藝竹以全高尚交遊之中通脫傾蓋機警無匿學不為儒務綴菁藻文不按古匠心獨妙五言詩天下稱其盡美

韓熙載肆情坦率不持名檢售妓樂百數人日與荒樂所得月俸散與諸姬熙載弊衣芒屩作瞽者持獨絃琴俾舒雅執板挽之馬令南唐書曰舒雅宣城人姿容秀發以才思自命嘗因隨計以所學謁於熙載一見如睹昔雅性巧黠應答如流熙載

與之出入卧内常與雜易服燕戲猱雜侍婢入
未念酸以爲笑樂或云熙載所著格言半雅之
詞迨熙載知貢舉以雜爲第一
朝野無聞者以雅之才爲當也隨房乞食以爲
笑樂相山野錄日韓熙載北人仕江南致位通
顯不防閑姬妾有北齊徐之才之風侍見
徃徃私竊賦詩有最是五更留不住
向人枕畔着衣裳之句熙載亦不介意
何承裕爲盩屋咸陽二縣令醉則露首跨牛趨
府徃徃召豪吏接坐引滿吏因醉挾私白事承
裕笑曰此見罔也當受杖杖訖復召與飲文苑傳曰
承裕有清才好爲歌詩嗜酒狂逸初爲中都主
簿桑惟翰鎮兗州知其真率不責以吏事官著
作佐郎出爲盩屋咸陽令所則露首跨
牛趨府府尹王彦昭以其名士容之
喻明仲妙於長笛持節數郡每出按行至山水

佳處馬上臨風輒快作數弄墨莊漫錄曰簡陂字明仲睦州人持節數郡政績藹著雅善散隸尤妙長笛嘗有馬上吹笛詩張芸叟和之

蘇子瞻在黃州及嶺外每旦起不招客與語必出訪客所與遊亦不盡擇各隨其人高下談諧放蕩不復為畛畦有不能談者則彊之使說鬼或辭無有則曰姑妄言之

簡傲

世祖幸嚴子陵館子陵卧不起帝撫其腹曰咄咄子陵不可相助為理耶子陵不應良久張目熟視曰昔唐堯著德巢父洗耳士故有志何至

相迫乎帝曰子陵我竟不能下汝耶歎息升輿
而去
十月朝黄祖在艨衝舟上釋名曰外狹而長曰艨衝以衝突敵船
會設黍臛衡年少在坐後漢書曰衡往見操着布單衣疎巾手持三尺梲杖坐大營門以杖簺地大罵操曰禰衡豎子孤殺之猶雀鼠耳顧此人素有虛名遠近將謂孤不能容之今送與劉表視當何如表及荊州士大夫先服其才名甚賓禮之文章言議非衡不定表嘗與諸文人共草章奏並極其才思時衡出還見之閱省未周因毀以抵地表憮然為駭衡乃從求筆札須臾立成辭義可觀表大悅益重之後復侮慢於表表恥不能容以江夏太守黄祖性急故送衡與之祖亦善待焉衡為作書記輕重疎密各得體宜祖持其手曰處士此正得祖意如祖腹中之所欲言也祖長子射為章陵太守尤善於衡嘗與衡俱遊共讀蔡邕所

作碑文射愛其辭還恨不得寫衛曰吾雖一覽
猶能識之唯其中石缺二字爲不明耳因言出
之射馳使寫碑還校如衛所書莫不嘆服射時
大會賓客人有獻鸚鵡者射舉巵於衛曰願先
生賦之以娛嘉賓衛攬筆而作文無加點辭采
甚麗後黃祖在艨艟船上大會賓客而衛言不
遜順祖慙乃訶之衛更熟視曰死公云等道祖
大怒令五伯將出欲加箠衛方大罵祖志遂令
殺之
黍臛至衛先自飽食都不顧衆賓唯舉搏以
弄戲之補衛別傳曰射江夏有表白雲亦在坐諸之日禮教云何而食此正平不荅弄衛
故祖曰處士不當荅之也衛謂祖曰君子寧聞
車前馬槽祖呵之衛熟視祖罵曰死鍛錫社
大怒令五伯將出欲杖之而罵不止遂令絞
黃射來救無所復及傷愴流涕曰此有異才書
操叉劉荊州不殺大人奈何殺之祖
曰人罵汝父作鍜錫公奈何不殺
孫子荊爲石苞驃騎參軍既負其才氣又侮易

苞初至不拜但長揖直語苞曰天子命我參卿
軍事晉書曰石苞字仲容渤海南皮人雅曠有智局初販鐵於鄴市市長趙元儒名知人嘆苞遠量當至公輔由是知名官至驃騎將軍大司馬
王戎弱冠詣阮籍時劉公榮在坐阮謂王曰僕
有二斗美酒當與君共飲彼公榮者無預焉二
人交觴酬酢公榮遂不得一桮而言語談戲三
人無異或有問之者阮答曰勝公榮者不得不
與飲酒不如公榮者不可不與飲酒唯公榮可
不與飲酒晉陽秋曰戎年十五隨父渾在郎舍阮籍見而說焉每適渾俄頃輒在戎室久之乃謂渾濬沖清尚非卿倫也戎嘗詣籍共飲而劉昶在坐不與焉昶無恨色既而戎問

陸士衡初入洛咨張公所宜詣劉道真是其一陸既往劉尚在哀制中性嗜酒禮畢初無他言唯問東吳有長柄壺盧卿得種來不陸兄弟殊失望乃悔往

王平子出爲荊州晉陽秋曰惠帝時太尉王夷甫言於選者以弟澄爲荊州刺史從弟敦爲青州刺史澄敦俱詣太尉辭太尉謂曰今王室將卑故使弟等居齊楚之地外可以建霸業內足以匡帝室所望於二弟也王太尉及時賢送者傾路時庭中有大樹上有鵲巢平子脫衣巾徑上樹取鵲子涼衣拘閡樹枝便復脫去得鵲子還下弄神色自若傍若無人鄧粲晉紀曰澄放蕩不拘時謂之達

高坐道人於丞相坐恒偃臥其側見卞令肅然改容云彼是禮法人（高坐傳曰王公曾詣和上和上解帶偃伏悟言神解見尚書令卞望之便斂衿飾容時歎皆得其所）

王子猷為桓沖參軍嘗從行值雨因下馬步入沖車中曰公豈得獨擅一車

謝公嘗與謝萬共出西過吳郡阿萬欲相與共萃王恬許（恬時為吳郡太守）太傅云恐伊不必酬汝意不足爾萬猶苦要太傅堅不回萬乃獨往坐少時王便入門內謝殊有欣色以為厚待已良久乃沐頭散髮而出亦不坐仍據胡牀在中庭曬

頭神氣傲邁了無相酬對意謝於是乃還未至船逆呼太傅安曰阿螭不作爾王恬少字螭虎王恭欲請江盧奴爲長史晨往詣江江猶在帳中王坐不敢即言良久乃得及江不應盧奴江敳小字也晉安帝紀曰敳字仲凱濟陽人祖正散騎常侍父彪僕射並以義正器素知名當世敳歷位內外簡退著稱歷黃門侍郎驃騎咨議直喚人取酒自飲一盌又不與王王且笑且言那得獨飲江云卿亦復須邪更使酌與王王飲酒畢因得自解去未出戶江歎曰人自量固爲難宋書曰敳即湘州江夷之父也夷字茂遠湘州刺史

王子猷作桓車騎騎兵參軍桓問曰卿何署荅曰不知何署時見牽馬來似是馬曹中興書曰桓沖引徽之為參軍蓬首散帶不綜知其府事桓又問官有幾馬荅曰不問馬何由知其數論語曰廄焚孔子退朝曰傷人乎不問馬注貴人賤畜故不問也又問馬比死多少荅曰未知生焉知死論語曰子路問死孔子曰未知生焉知死馬融注曰死事難明語之無益故不荅

王子猷作桓車騎參軍桓謂王曰卿在府久比當相料理初不荅直高視以手版拄頰云西山朝來致有爽氣

王子猷嘗行過吳中見一士大夫家極有好竹

主已知子猷當往乃洒掃施設在聽事坐相待
王肩輿徑造竹下諷嘯良久主已失望猶冀還
當通遂直欲出門主人大不堪便令左右閉門
不聽出王更以此賞主人乃留坐盡歡而去
謝萬北征常以嘯詠自高未嘗撫慰衆士謝公
甚器愛萬而審其必敗乃俱行從容謂萬曰汝
爲元帥宜數喚諸將宴會以說衆心萬從之因
召集諸將都無所說直以如意指四坐云諸君
皆是勁卒諸將甚忿恨之謝公欲深著恩信自
隊主將帥以下無不身造厚相遜謝及萬事敗

軍中因欲除之復云嘗爲隱士故幸而得免

陶徵士居家凡貴賤造之有酒輒設陶若先醉

便語客我醉欲眠卿可去

王敬弘嘗往何氏看女南史曰敬弘女適何尚之弟述之值尚

之不在寄齋中卧俄頃尚之還敬弘使二婢守

閤不聽尚之前直語云正熱不堪相見君可且

去尚之遂移於他室

謝譓不妄交接門無雜賓有時獨醉嘗曰入吾

室者但有清風對吾飲者唯當明月南史曰謝譓從弟瞻

紫光祿大夫父朏尚書

令譓仕至右光祿大夫

高爽嘗經晉陵詣劉積了不相接高甚銜之儀
爽代積爲縣積迎贈甚厚爽受餉答書云高晉
陵自答入問其故爽曰劉積自餉晉陵令耳何
關爽事南史曰高爽廣陵人博學多才坐事被繫作鑊魚賦以自況其文甚工後遇赦得免

范曄善彈琵琶能爲新聲宋武帝欲聞之屢諷
以微旨僞爲不曉終不肯彈一日因飲宴歡適
謂曄曰我欲歌卿可彈曄乃奉旨上歌既畢曄
亦罷絃

張思光嘗詣吏部尚書何戢誤通尚書劉澄融

下車入門曰非是至戶外望澄又曰非是既造
席視澄曰都自非是乃去南史曰何戢字惠景吏部尚書偃子美容儀動止官至吏部尚書驍騎將軍
梁武帝與何子晳有舊及踐祚手詔論舊賜鹿
皮巾乃見恩禮甚厚詔徵為侍中子晳以手將
帝鬚曰乃欲臣老子耶辭疾不起
張吏部南史曰張纘字伯緒范陽方城人衛尉卿弘策子也眉目疎朗神采爽發性好學兄緬有書萬卷晝夜披讀不去手歷官吏部郎與何敬容意趣不協
敬容居權軸賓客輻輳有過詣吏部者輒拒不
前曰吾不能對何敬容殘客南史曰何敬容字國禮弱冠尚齊武

帝女天監中為建安內史若公有美績累遷吏部尚書侍中僕射參掌大選專預機密而通苞苴賄賂為時所鄙

劉瓛譏率通美不以高名自居遊諸故人唯一門生持胡牀隨後主人未通便坐問答

齊神武東出李元忠以路車載素箏濁酒奉迎神武聞其酒客未即見之元忠下車獨坐酌酒擘脯食之謂門者曰本言公招延英傑今聞國士到門不吐哺輟洗史記曰酈生入謁沛公方倨牀使兩女子洗足而見酈生酈生曰必聚徒合義兵誅無道秦不宜倨見長者於是沛公輟洗起攝衣延酈生上坐謝之其人可知還吾剌勿復通也門者以告神武

遽見之

崔瞻在御史臺恒於宅中送食備盡珍羞別室獨餐處之自若有一御史姓裴伺瞻食便往造焉瞻不與交言又不命匕箸裴坐視瞻食罷而退明日裴自携匕箸恣情飲噉瞻方謂裴曰我初不喚君食亦不共君語君遂能不拘小節昔劉毅在京口冒請鵝炙豈亦異是君定名士於是每與之同食

晋書曰劉毅字希樂彭城沛人少有大志不修家人產業桓玄篡位與劉裕何無忌等起義兵以匡復功歷都督揚豫五郡諸軍事封南平郡公進開府儀同三司初毅甚屯窶在京日先就府借東堂與親故出射江州刺史庾悅後與僚佐徑來詣堂毅

告之曰毅輩也否之入合一射甚難君於諸堂並可望以今日見讓恱不許射者皆散唯毅留射如故既而恱食鵝毅求其餘恱又不荅毅常銜之義熈中故奪恱豫章觧其軍府使人微示其旨恱忿懼而死

柳季雲性不拘檢好彈琴飲酒北史曰柳玄達河東解人魏司徒諮議參軍子縡縡爭遠字季雲粗放無拘每撿時人謂之柳瘨孝武初儀同開府參軍出返家人問有何消息荅曰無所聞縱聞亦不解按北史玄達父于不立傳附裴叔業傳中何氏不詳誤作裴季雲近有詞家遂儼然用裴季雲入簡牘可笑予弱冠遊雲間元朗倒屣締忘年之知非故暴其所短要當為是書之忠臣毋令重誤千載爾

孫騰北史曰騰字龍雀咸陽石安人少質直明解吏事為齊神武都督長史神武深信待

之寄以心腹與高岳高隆之司馬子如號司馬
四貴非法專恣騰爲甚馬歷官尚書僕射

子如李百藥齊書曰子如字遵業河內溫人代居雲中神武入洛以爲行臺尚書朝夕左右參知軍國嘗共詣李元忠逢其方坐樹下擁被對壺庭室蕪曠使婢卷兩褥以質酒徐謂二人曰不意今日披藜藿也北史曰元忠每言於執事云年漸遲暮乞在閒冗以養餘年孫騰司馬子如嘗詣元忠逢其方坐樹下葛巾擁被對壺獨酌庭室蕪曠使婢卷兩褥以質酒肉呼妻出衣不曳地二公相視嘆息而去大餉米絹受而散之

許敬宗見人多忘之唐書曰敬宗字延族杭州新城人隋禮部侍郎善心子也幼善屬文太宗召補秦府學士歷官檢校中書侍郎高宗立武昭儀敬宗特贊成其計加太子賓客進封郡公或謂其不聰曰卿自難記若遇何劉

沈謝何謂遜劉謂孝綽沈謂約謝謂朓也梁典曰沈約字休文吳興武康人少為蔡興宗所知引為安西記室梁興稍遷侍中丹陽尹南史曰約博物洽聞當世取則謝玄暉善為詩任彥昇工於筆約兼而有之暗中摸索亦可識

杜審言將死語宋之問武平一唐詩記事曰武平一名甄以字行武后時畏禍隱嵩山中宗雖宴豫常因詩規戒然不能卓然自引去明皇時終亦被論雖謫而名不衰曰吾在久壓公等今且死固大慰但恨不見替人孔平仲續世說曰杜審言甫之祖也恃才寒傲為時輩所疾登封中蘇味道為天官侍郎審言預選試判說謂人曰味道必死人問其故審言曰見吾判自當羞死又謂人曰吾之文章合得屈宋作衙官吾之書迹合得王羲之北面其矜誕如此

南唐嚴續嘗請韓熙載撰其父神道碑南唐書曰續字

興宗父可求吳相續少長貴勢性恭恪宋齊丘用事守正不爲黨附累官門下侍郎自以少貴
僥學從子弟皆務以儒業以珍貨幾萬緡仍輟一歌鬟質
冠洞房者爲濡筆之贈韓納其請文既成但敘
譜裔品秩略不道續事業續慊之封還尚冀攺
竄熙載直以向所贈及歌姬悉還之臨登車止
寫一闋於泥金雙帶而去南唐近事熙載詩曰風柳搖搖無定枝陽
臺雲雨夢中歸他年蓬島音塵斷留取尊前舊舞衣
郭恕先時與役夫小民入市肆飲食曰吾所與
游皆子類也蘇文忠公集曰郭忠恕字恕先洛陽人少善屬文及史書小學通九
經七歲舉童子漢湘陰公辟從事與記事董裔爭事謝去宋初與御史符昭又爭忿朝堂貶乾

州司戶李方叔畫品曰恕先仕于朝放浪玩世卒以傲恣流竄海島中道介地蛻形仙去

曾子固為中書舍人東都事略曰曾鞏字子固撫州南豐人生而警敏十二能文及冠遊大學歐陽脩見其文而奇之自是名聞天下舉進士為集賢校理平生嗜書家藏至二萬卷又集古今篆刻為金石錄五百卷嘗白事都堂時章子厚為門下侍郎謂之曰向見舍人賀明堂禮成表天下奇作按子固表二篇詞並簡質不具載子固一無辭讓但復問曰比班固典引如何班固典引敘曰臣固言永平十七年臣與賈逵傅毅杜矩展隆郗萌等召詣雲龍門小黃門趙宣持秦始皇帝本紀問臣等曰太史遷下贊語中寧有非耶臣對此贊賈誼過秦篇云向使子嬰有庸主之才僅得中佐秦之社稷未宜絕也此言非是即召臣入問本聞此論非耶將見問意開寤耶臣具對素聞知狀詔因曰司馬

還著書成一家之言揚名後世至以身陷刑之
故反微文刺譏貶損當世非誼士也司馬相如
洿行無節但有浮華之辭不周於用至於疾病
而遺忠主上求取其書竟得頌述功德言封禪
事忠臣效也至是賢遷遠矣臣固常伏刻誦聖
論昭明好惡不遺微細緣事斷誼動有規矩雖
仲尼之因史見意亦無以加臣固被學最舊受
恩浸深誠思畢力竭情昊天罔極臣固頓首伏
惟相如封禪靡而不典揚雄美新典而亡實然
皆游揚後世垂為舊式臣固才朽不及前人蓋
詠雲門者難為音觀隨和者難為珍不勝區區
竊作典引一篇雖不足雍容明盛萬分之一猶
啓發憤懣覺悟童蒙光揚大漢軼
聲前代然後退入溝壑死而不朽

米元章守漣水 宋史曰米芾字元章吳人以母
侍宣仁后藩邸舊恩補臨光尉
歷漣水軍使知無為軍召為書畫學博士賜對
便殿上其子友仁楚江清曉圖擢禮部員外郎
為文奇險不剽襲前人特妙於翰墨沉著飛翥得
王獻之筆意畫山水人物自名一家尤工臨移

至亂真遇古器物書畫則極力求取必得乃已立寳晉齋貯之坐起玩拊精於鑒裁一經題品價增數倍所與遊皆名士王安石摘其詩句書扇上蘇軾亦喜稱譽之冠服效唐人風神蕭散音吐清暢所至人聚觀之而好潔成癖至不與人同巾器晴有可傳笑者又舉止頡頏不能與世俯仰故仕數困

地接靈璧蓄石甚富一一品目入玩則終日不出楊次公文苑傳曰楊傑字次公無為人少有名于時元祐中為禮部員外郎自號無為子為察使因往廉焉正色言曰朝廷以千里郡邑付公那得終日弄石都不省録郡事米徑前於左袖中取一石嵌空玲瓏峰巒洞穴皆具色極清潤宛轉翻覆以示楊曰如此石安得不愛楊殊不顧乃納之袖又出一石疊

嶂層巒奇巧又勝又納之袖最後出一石畫天劃神鏤之巧顧楊曰如此石安得不愛楊忽曰非獨公愛我亦愛也即就米手攫得之徑登車去石林燕語曰芾知無為軍初入州廨見立石頗奇即命取袍笏拜之每呼曰石丈

排調上

司馬建公魏志曰司馬防字建公宣王之父司馬懿序傳曰防性質直公方雖閒居宴處威儀不忒雅好漢書名臣列傳所諷誦者數十萬言少仕州郡歷官洛陽令京兆尹以年老轉拜騎都尉養志閭巷闔門自守諸子雖冠成人不命曰進不敢進不命曰坐不敢坐不指有所問不敢言父子之間肅如也年七十一建安二十四年終嘗舉曹公為北部尉後曹公進爵為王召建公到鄴與歡飲語

之曰孤今日可復作尉否建公曰昔舉大王時適可作尉耳

諸葛瑾爲豫州遣别駕到臺語云小兒知談卿可與語連往詣恪江表傳曰恪字元遜瑾長子也少有才名發藻岐嶷辯論應機莫與爲對孫權見而奇之謂瑾曰藍田生玉真不虛也仕吳至太傅爲孫峻所害恪不與相見後於張輔吳坐中相遇别駕喚恪咄咄郎君恪因嘲之曰豫州亂矣何咄咄之有答曰君明臣賢未聞其亂恪曰昔唐堯在上四凶在下答曰非唯四凶亦有丹朱於是一坐大笑

五官將既納袁熙妻熙事别見孔文舉與曹公書曰

武王伐紂以妲己賜周公曹公以文舉博學真
謂書傳所記後見文舉問之荅曰以今度之想
當然耳國語曰殷辛伐有蘇有蘇氏以妲己女焉妲己有寵與膠鬲比而殷亡
張君嗣在益州人蜀志曰張裔字君嗣蜀郡成都人治公羊春秋博涉史漢許文休入蜀譔理敏捷是中夏鍾元常之倫也
為雍闓縛送孫權蜀志曰益州郡殺太守耆率雍闓恩信著於南土遠通孫權乃以裔為益州太守徑往至郡闓遂趑趄不賓假鬼教曰張府君如瓠壺外雖澤而內實粗不足殺令縛與吳於是送裔於權
武侯
遣鄧芝使吳蜀志曰鄧芝字伯苗義陽新野人漢鄧禹之後避亂入蜀先主用為廣漢太守後先主崩武侯恐孫權異計遣芝奉使芝之成好而還權謂芝之曰若天下太平二主分治不亦樂乎芝之對曰夫天無二日土無二王如并魏之後大王未深識天命君各茂其德臣各

盡其忠將提枹鼓則戰爭方始耳權笑曰君之誠款乃爾耶權與亮書曰丁厷掞張陰化不盡
和合二國唯有鄧芝令言次從權請裔裔自至吳流徙伏
匿權未之知故許芝遣裔裔臨發乃引見問裔
曰蜀卓氏寡女亡奔相如貴土風俗何以乃爾
裔曰愚以為卓氏寡女猶賢於買臣之妻班固漢書
曰朱買臣字翁子吳人家貧好讀書不治產業
常刈薪樵賣以給食擔束薪行且誦書其妻亦
負戴相隨數止買臣毋歌嘔道中買臣愈益疾
歌妻羞之求去買臣笑曰我年五十當富貴今
已四十餘矣女苦日久待我富貴報女功妻恚
怒曰如公等終餓死溝中耳何能富貴買臣不
能留即聽去其後買臣獨行歌道中負薪墓間
故妻與夫家俱上冢見買臣飢寒呼飯飲之後
數歲買臣隨上計吏為卒將重車至長安上書
久不報待詔公車糧用乏上計吏卒更乞匄之

會邑子舉助貴幸薦拜中大夫久之拜會稽太守上謁曰富貴不歸故鄉如衣繡夜行今子何如買臣乘傳入吳界見其故妻妻夫治道買臣駐車呼令後車載其夫妻到太守舍給食之居一月妻自經死

曾有白頭鳥集吳殿前孫權問羣臣此何鳥也諸葛元遜對云此名白頭翁張輔吳自以坐中最老疑元遜戲之因曰恪欺陛下未嘗聞鳥名白頭翁者試使恪復求白頭母元遜曰鳥名鸚母未必有對試使輔吳復求鸚父張不能答

鍾毓為黃門郎有識警在景王坐燕飲時陳羣子玄伯武周子元夏同在坐魏志曰武周字伯南沛國竹邑人仕

三光祿大夫共嘲觚景王曰臯繇何如人對曰古之懿士顧謂玄伯元夏曰君子周而不比羣而不黨

嵇阮山劉在竹林酣飲王戎後往步兵曰俗物已復來敗人意魏氏春秋曰時謂王戎未能超俗也王笑曰卿輩意亦復可敗邪

晉武帝問孫皓吳錄曰皓字元宗一名彭祖大皇帝孫也景帝崩皓嗣位爲晉所滅封歸命侯聞南人好作爾汝歌頗能爲不皓正飲酒因舉觴勸帝而言曰昔與汝爲鄰今與汝爲臣上汝一桮酒令汝壽萬春帝悔之

陸太尉詣王丞相王公食以酪陸還遂病明日
與王牋云昨食酪小過通夜委頓民雖吳人幾
為傖鬼
元帝皇子生普賜羣臣殷洪喬奏曰皇子誕育
普天同慶臣無勳焉而猥頒厚賚中宗笑曰此
事豈可使卿有勳邪
諸葛令恢也王丞相共爭姓族先後王曰何不言
葛王而云王葛令曰譬言驢馬不言馬驢驢寧
勝馬耶
劉真長始見王丞相時盛暑之月丞相以腹熨

彈棊局曰何乃渹吳人以冷為渹劉既出人問見王公云何劉曰未見他異唯聞作吳語耳語林曰真長云丞相何奇止能作吳語細唾也

王公與朝士共飲酒舉琉璃盌謂伯仁曰此盌腹殊空謂之寶器何耶以戲周之無能答曰此盌英英誠為清徹所以為寶耳

謝幼輿謂周侯曰卿類社樹遠望之峩峩拂青天就而視之其根則羣狐所托下聚溷而已謂顗好媟瀆故答曰枝條拂青天不以為高羣狐亂其下不以為濁聚溷之穢卿之所保何足自稱

王長豫幼便和令丞相愛恣甚篤每共圍棊丞相欲舉行長豫按指不聽丞相笑曰詎得爾相與似有瓜葛蔡邕曰瓜葛疎親也

王丞相枕周伯仁膝指其腹曰卿此中何所有荅曰此中空洞無物然容卿輩數百人

康僧淵目深而鼻高王丞相每調之僧淵曰鼻者面之山管輅別傳曰鼻者天中之山相書曰鼻之所在爲天中鼻有山象故曰山目者面之淵山不高則不靈淵不深則不清

于寶向劉真長中興書曰寶字令升新蔡人祖正吳奮武將軍父瑩丹陽丞寶少以博學才器著歷散騎常侍叙其搜神記孔氏志怪曰寶父有嬖人寶母

至妬葬寶父時因推著藏中經十年而母喪開墓其婢伏棺上就視猶煖漸有氣息輿還家經日而蘇說寶父常致飲食與之接寢恩情如生家中吉凶輒語之校之悉驗平復數年後方卒寶因作搜神記中云有所感起是也劉曰卿可謂鬼之董狐春秋傳曰趙穿攻晉靈公於桃園趙宣子未出境而復太史書趙盾弒其君宣子曰不然對曰子為正卿亡不越境反不討賊非子而誰孔子曰董狐古之良史也書法不隱趙盾古之賢大夫也為法受惡

何次道往瓦官寺禮拜甚勤克崇釋氏甚加敬也阮思曠語之曰卿志大宇宙尸子曰天地四方曰宇往古來今曰宙勇邁終古終古往古也楚辭曰吾不能忍此終古也何曰卿今日何故忽見推阮曰我圖數千戶郡尚不能得卿迺圖作

佛不亦大乎
庾征西大舉征胡既成行止鎮襄陽晉陽秋曰翼率衆入沔將謀伐狄既至襄陽狄向彊未可伐戰會康帝崩兄冰薨留長子方之守襄陽自馳還夏口
殷豫章與書送一折角如意以調之豫章殷羨庾答書曰得所致雖是敗物猶欲理而用之
桓大司馬乘雪欲獵先過王劉諸人許真長見其裝束單急問老賊欲持此何作桓曰我若不為此卿輩亦那得坐談語林曰宣武征還劉尹數十里迎之桓都不語直云垂長衣談清言竟是誰功劉答曰晉德靈長功豈在爾二人論小異故詳載之
褚季野問孫盛卿國史何當成孫云久應竟在

公無暇故至今日褚曰古人述而不作何必在蠶室中漢書曰李陵降匈奴武帝甚怒太史令司馬遷盛明陵之忠帝以遷為陵遊說下遷腐刑乃述唐虞以來至于獲麟為史記遷與任安書曰李陵既生降僨又茸之以蠶室蔚林注曰腐刑者作密室蓄火時如蠶室稽蛸平陰有蠶室獄

謝公在東山朝命屢降而不動後出為桓宣武司馬將發新亭朝士咸出瞻送高靈時為中丞阿鄧高崧小字也中興書曰崧字茂琰廣陵人父悝光祿大夫崧少好學善史傳累遷吏部郎侍中以公累免官亦往相祖先時多少飲酒因倚如醉戲曰卿累違朝旨高卧東山諸人每相與言安石不肯出將如蒼生何今亦蒼生將如卿何謝

笑而不答

世說補卷之十七

世說新語補卷之十八

排調下

初謝安在東山居布衣時兄弟已有富貴者翕集家門傾動人物劉夫人戲謂安曰大丈夫不當如此乎謝乃捉鼻曰但恐不免耳

支道林因人就深公買印山深公荅曰未聞巢由買山而隱高逸沙門傳曰遁得深公之言慙恧而已

張吳興年八歲虧齒玄之也先達知其不常故戲之曰君口中何爲開狗竇張應聲荅曰正使君輩從此中出入

頭責秦子羽云子曾不如太原温顒潁川荀寓荀氏譜曰寓字景伯祖彧太尉父保御史中丞世語曰寓少與裴楷王戎杜默俱有名仕晉至尚書范陽張華士卿劉許晉百官名曰劉許字文生涿鹿郡人父放魏驃騎將軍許惠帝時為宗正卿按許與張華同范陽人故曰士卿互其鮮也宗正卿或曰士卿義陽鄒湛河南鄭詡晉諸公贊曰湛字潤甫新野人以文義達仕至侍中詡字思淵滎陽開封人為衛尉晦祖泰楊州刺史父袠司空此數子者或謇喫無宮商或尫陋希言語或淹伊多姿態或讙譁少智諝或口如含膠飴或頭如巾齏杵文士傳曰華為人少威儀多姿態推意此語則此六句還以目上六人而口如含膠飴則指鄒湛湛辯麗英博而有此稱未詳而猶以文采可觀意思詳序攀龍附

鳳鳷登天府張敏集載頭責子羽文曰余友有秦生者雖有姊夫之尊少而狎焉同時好賸有太原溫長仁潁川荀景伯范陽張茂先士卿劉文生許南陽鄒潤甫湛河南鄭思淵詡數年之中繼踵登朝而此賢身處陋巷屢沽而無善價亢志自若終不衰墮爲之慨然又惟諸賢既已在位曾無伐木嚶鳴之聲甚違王貢彈冠之義故因秦生容貌之盛爲頭責之文以戲之并以嘲六子雖似諧謔實有興也其文曰維秦始元年頭責子羽曰吾托子爲頭萬有餘日矣大塊稟我以精造我以形我爲子植髮膚置鼻耳安眉須插牙齒眸子摛光雙顴隆起每至出入之間遨遊市里行者辟易坐者竦跽或輔君侯或言將軍捧手傾側行立崎嶇如此者故我形之足偉也子冠冕不戴金銀不佩鈫以當笄恰以代帽音味弗嘗食粟茹菜隱於園間糞壤汚黑歲莫年過曾不自悔子厭我於形容我賤子乎意態若此若乎心子行已之累也子遇我如讐我視子如仇居常不樂兩者俱憂何其鄙哉子欲爲人實也則當如皋

陶后稷至咸伊陟保乂王家永見封殖子欲為
名高如則當如許由子咸下隨務光洗耳逃祿
千嵗流芳予欲為游說也則當如陳彰蒯通陸
生鄧公轉禍為福令辭從容予欲為進趣也則
當如賈生之求試終軍之請使厎窮銜一謝以幹
王事予欲為恬淡也則當如老聃之守一莊周
之自逸廓然雖欲志陵雲日予欲為隱遁也則
當如榮期之帶索漁父之鼓滄浪棲遲神丘垂餌
巨壑此一介之所以顯身成名者也今子上不
希適德中不效儒墨塊然窮賤守此愚惑察子
之情觀子之志退不為於處士進無望於三寧於
而發謀日勞形習為常人之所喜不亦過乎於
是予羽檄然深念而對曰凡所教誨謹聞命矣
以受性拘繫不閑禮義設以天幸為子所寄今
欲使吾為忠也即當如伍胥屈平欲使吾為信
也則當殺身以成名欲使吾為介節耶則當赴
水火以全貞此四者人之所忌故吾不敢造意
頭曰子所謂天刑地網剛德之尤不登山抱木
則囊賞赴流吾欲告爾以養性誨爾以優游而
以蟻蝨同情不聽我謀悲哉俱寓人體而獨為

子頭且截人耳於喻子儕不如太原温顒潁川荀寓范陽張華士卿劉許南陽鄒湛河南鄭詡此數子者或謇吃無宮商或尪陋希言語或淹伊多姿態或讙譁少智諝或口如含膠飴或頭如巾齏杵而猶文采可觀意思詳序攀龍附鳳並登天府夫舐痔得車沉淵得珠豈若夫手徒含香腐爛手足沾濡然居有事之世而恥為權圖譬猶鑿池抱甕難以求富嗟乎子羽仲堪體中之能深穿之亮若間飢饞實中之鼠事力雖勤見功甚苦宜其拳局剪蹙至老無所也支雖其形猶能不困非命也亦豈與夫子同處也

王劉每不重蔡公二人嘗詣蔡語良久乃問蔡曰公自言何如夷甫答曰身不如夷甫王劉相目而笑曰公何處不如答曰夷甫無君輩客

郝隆七月七日出日中仰臥人問其故答曰我

驪書征西寮屬名曰隆字佐治汲郡人仕至征西參軍

謝公始有東山之志後嚴命屢臻勢不獲已始就桓公司馬于時人有餉桓公藥草中有遠志公取以問謝此藥又名小草何一物而有二稱本草曰遠志一名棘菀其葉名小草謝未即答時郝隆在坐應聲答曰此甚易解處則為遠志出則為小草謝甚有愧色桓公目謝而笑曰郝參軍此過乃不惡亦極有會

庾園客詣孫監值行見齊莊在外尚幼而有神意庾試之曰孫安國何在即答曰庾稚恭家庾

大笑曰諸孫大盛有兒如此又答曰未若諸庾之翼翼還語人曰我故勝得重喚奴父名孫放別傳曰放兄弟並秀異與庾翼子園客同為學生園客少有佳稱因談笑嘲放曰諸孫於今為盛盛監君諱也放即答曰未若諸庾之翼翼放應機制勝時人仰焉司馬景王陳鍾諸賢相酬無以踰也

范玄平在簡文坐談欲屈引王長史曰卿助我王曰此非拔山力所能助史記曰項羽為漢兵所圍夜起歌曰力拔山兮氣蓋世時不利兮騅不逝

郝隆為桓公南蠻參軍三月三日會作詩不能者罰酒三升隆初以不能受罰既飲攬筆便作

一句云娵隅躍清池桓問娵隅是何物答曰蠻名魚爲娵隅桓公曰作詩何以作蠻語隆曰千里投公始得蠻府參軍那得不作蠻語也

桓公既廢海西立簡文晋陽秋曰海西公諱奕字延齡成帝子也興寧中即位以同閹人之疾使官人與左右淫通生子大司馬溫自廣陵還姑孰過京都以皇太后令廢帝爲海西公侍中謝公見桓公拜桓驚笑曰安石卿何事至爾謝曰未有君拜於前臣立於後

習鑿齒孫興公未相識同在桓公坐桓語孫可與習參軍共語孫云蠢爾荊蠻敢與大邦爲讎習云薄伐獫狁至于太原小雅詩也毛詩注曰蠢動也荊蠻荊之

也稌北夷也習鑿齒襄陽人興公太原人故因詩以相譏也

習鑿齒以脚病廢居里巷符堅滅樊鄧素聞鑿齒名與釋道安並致焉與語大悅以其蹇疾裁堪半丁堅與諸鎮書曰晉氏平吳利在二俊今破漢南得士一人半耳

桓豹奴是王丹陽外甥形似其舅桓甚諱之豹奴桓嗣小字中興書曰嗣字恭祖車騎將軍沖子也少有清譽仕至江州刺史王氏譜曰混字奉正中軍將軍恬子仕至丹陽尹宣武云不恒相似時似耳恒似是形時似是神桓逾不說

王子猷詣謝萬林公先在坐瞻矚甚高王曰若

林公鬚髮並全神情當復勝此不謝曰脣齒相須不可以偏亡春秋傳曰脣亡齒寒鬚髮何關於神明林公意甚惡曰七尺之軀今日委君二賢

王文度范榮期俱爲簡文所要范年大而位小王年小而位大將前更相推在前既移久王遂在范後王因謂曰簸之揚之糠秕在前范曰洮之汰之沙礫在後世說是孫綽習鑿齒言

魏長齊雅有體量而才學非所經初宦當出虞存嘲之曰與卿約法三章談者死文筆者刑商略抵罪魏怡然而笑無忤於色魏氏譜曰顗字長齊會稽人祖

胤士父說大鴻臚卿顥仕至山陰令漢書曰沛公入咸陽召諸父老曰天下苦秦苛法久矣今與父老約法三章耳殺人者死傷人及盜抵罪應劭注曰抵至也但至於罪

簡文在殿上行右軍與孫興公在後右軍指簡文語孫曰此噉名客簡文顧曰天下自有利齒兒後王光祿作會稽謝車騎出曲阿祖之王孝伯罷秘書丞在坐謝言及此事因視孝伯曰王丞齒似不鈍王曰不鈍頗亦驗

張蒼梧是張憑之祖嘗語憑父曰我不如汝憑父未解所以蒼梧曰汝有佳兒張蒼梧碑曰君諱鎮字義遠吳國吳人忠恕亮明簡正貞粹泰安中除蒼梧太守討王含有功封興道縣侯憑時年

數歲歛手曰阿翁詎宜以子戲父

劉遵祖少爲殷中軍所知稱之於庾公庾公甚忻然便取爲佐既見坐之獨榻上與語劉爾日殊不稱庾小失望遂名之爲羊公鶴昔羊叔子有鶴善舞嘗向客稱之客試使驅来氃氋而不肯舞故稱比之徐廣晉紀曰劉爰之字遵祖沛郡人少有才學能言理歷中書郎宣城太守

王文度在西州與林法師講韓孫諸人並在坐林公理每欲少屈孫興公曰法師今日如著弊絮在荆棘中觸地挂閡

顧長康作殷荊州佐請假還東爾時例不給布颿顧苦求之乃得發至破冢遭風大敗周祗隆安記曰破冢洲名在華容縣作牋與殷云地名破冢眞破冢而出行人安穩布颿無恙

苻朗初過江裴景仁秦書曰朗字元達苻堅從兄子也性宏放神氣爽悟堅常曰吾家千里駒也堅為慕容沖所圍朗降謝安用為員外散騎侍郎吏部郎王忱與兄國寶命駕詣之沙門法汰問朗曰見王吏部兄弟未朗曰非一狗面人心又一人面狗心者是耶忱醜而才國寶美而狠故也朗常與朝士宴時賢並用唾壺朗欲夸之使小兒跪而張口唾而含出又善識味會稽王道子為設精饌訖問關中之食孰於此朗曰皆好唯鹽味小生即問宰夫如其言或人殺雞以食之朗曰此雞棲恒半露問之亦驗又食鵝炙知白黑之處咸試而記之無毫釐

之差著符子數十篇蓋老莊之流也朗王咨議參高惟物不容于世後衆流而殺之
大好事問中國人物及風土所生終無極已王氏譜曰肅之字幼恭右將軍羲之第四子歷中書郎驃騎咨議
問奴婢貴賤朗云謹厚有識中者乃至十萬無
意為奴婢問者止數千耳
孝武屬王珣求女壻曰王敦桓溫磊砢之流既
不可復得且小如意亦好豫人家事酷非所須
正如真長子敬比最佳珣舉謝混後袁山松欲
擬謝婚續晉陽秋曰山松陳郡人祖喬益州刺史父方平義興太守山松歷秘書監吳國內史孫恩作亂見害初帝為晉陵公主訪壻於王珣珣舉謝混云人才不及真長不減子敬

帝曰如此便已足矣王曰卿莫近禁臠

桓玄出射有一劉參軍與周參軍朋賭垂成唯少一破劉謂周曰卿此起不破我當撻卿周曰何至受卿撻劉曰伯禽之貴尚不免撻而況於卿尚書大傳曰伯禽與康叔見周公三見而三笞康叔有駭色謂伯禽曰有商子者賢人也與子見之乃見商子而問焉商子曰南山之陽有木焉名喬二三子往觀之見喬實高高然而上反以告商子商子曰喬者父道也南山之陰有木焉名曰梓二三子復往觀焉見梓實晉晉然而俯反以告商子商子曰梓者子道也二三子明日見周公入門而趨登堂而跪周公拂其首勞而食之曰爾安見君子乎禮記曰成王有罪周公則撻伯禽亦其義也周殊無忤色桓語庾伯鸞曰晉東宮百官名曰庾龢字伯鸞潁川人庾氏譜曰鴻

祖羕吳國內史父楷左衛將軍宣仕至輔國內史
劉參軍宣停讀書周參軍且勤學問
桓南郡與殷荆州語次因共作了語顧愷之曰
火燒平原無遺燎桓曰白布纏棺豎旒旐殷曰
投魚深淵放飛鳥次復作危語桓曰矛頭淅米
劍頭炊殷曰百歲老翁攀枯枝顧曰井上轆轤
卧嬰兒殷有一參軍在坐云盲人騎瞎馬夜半
臨深池殷曰咄咄逼人仲堪眇目故也中興書曰仲堪父嘗疾患經時仲堪衣不解帶數年自分劑湯藥誤以藥手拭淚遂眇一目
東府客館是版屋謝景重詣太傅時賓客滿中

初不交言直仰視云王乃復西戎其屋毛詩敘曰襄公備其兵甲以討西戎婦人憫其君子故作詩曰在其版屋亂我心曲毛公注曰西戎之版屋也

顧長康噉甘蔗先食尾人問所以云漸至佳境

祖廣行恒縮頭詣桓南郡始下車桓曰天甚晴朗祖參軍如從屋漏中來祖氏譜曰廣字淵度范陽人父台之仕光祿大夫廣仕至護軍長史

桓玄素輕桓崖崖桓脩小字也晉書曰桓脩字承祖尚簡文武昌公主歷吏部郎江州刺史玄篡位以為撫軍將軍劉裕義旗起斬之續晉陽秋曰修以為玄所侮於言端常嗤鄙之崖在京下有好桃玄連就求之遂不得佳

者玄與殷仲文書以為嗤笑曰德之休明肅愼

貢其楛矢如其不爾鏤璧間物亦不可得也國語

曰仲尼在陳有隼集陳侯之庭而死楛矢貫之
石砮尺有咫問於仲尼對曰隼之來遠矣此肅
愼氏之矢也昔武王克商通道于九夷百蠻使各
以方賄貢於是肅愼氏貢楛矢古者分異姓之
職使不忘服也故分陳以肅愼之貢若
求之故府其可得使求得之金櫝如初

王延之

南史曰延之字希季都官尚書昇之子
也仕宋爲司徒左長史清貧居宇穿漏
明帝飭材官爲起齋屋二間
吏部尚書僕射進號鎭南將軍

阮韜

南史曰阮
韜字長明
陳留入晉光祿大夫裕玄孫也爲南兗州別駕
江夏王求貲費錢韜曰此朝廷物也執不與

俱是劉湛外甥竝有聲譽劉甚愛之嘗曰韜後
當爲第一延之其次也延之甚不平後爲江州
每致餉下都韜與朝士同例高祖聞之與延之

書曰韜云卿未嘗有別意當由劉家月旦耶南史曰劉湛字弘仁南陽涅陽人祖耽父柳並晉光祿大夫開府儀同三司湛不尚浮華涉史傳弱年便有宰世情嘗自比管葛歷官太子詹事領軍將軍

謝康樂小時便文藻艷逸祖車騎甚奇之謂親知曰我乃生瑍瑍那得不生靈運謂瑍不慧也鍾嶸詩品曰初錢塘杜明師夜夢東南有人來入其館是夕即靈運生於會稽旬日而謝玄亡其家以子孫難得送靈運於杜治養之十五方還都故名客兒

范蔚宗臨刑時妓妾來別蔚宗悲涕流連謝綜時亦同刑宋書曰外甥謝綜為曄所知顧謂蔚宗曰舅殊不同夏侯色先是曄在獄作詩曰禍福本無兆性命歸有極必至定前期誰能延一息

在生已可知來緣憧無識好醜共一丘何足異
枉直豈論東陵上寧辯首陽側雖無嵇生琴庶
同夏侯色寄言生存子此路行復即散綵以幾
曄沈約宋書曰曄意入獄便死上窮治其獄經二旬曄更有生望獄吏戲之曰外傳詹事或
當長繫曄聞驚喜綜熙先笑曰詹事在西池射
堂上躍馬顧盼自以為一世之雄今擾攘紛紜
畏死乃耳設令今賜以性命人臣圖主何顏可
以生存曄謂獄將曰惜哉薶如此人將曰
不忠之人亦何足惜曄曰大將言是也
王儉與王敬則南史曰王敬則臨淮射陽人性倜儻好刀劍嘗屠狗商販編于三吳明帝以為直閣將軍元徽初歸誠高帝遷輔國將軍知殿內宿衛兵事永明中進司空太尉武帝嘗令羣臣賦詩敬則曰臣若解書不過作尚書都令史爾那得今日同拜三公
徐孝嗣於崇禮門候儉因嘲之曰今日可謂連
璧儉曰不意老子遂與韓非同傳史記老子韓非列傳論曰

老子所貴道虛無因應變化於無爲故著書辭稱微妙難識韓子引繩墨切事情明是非其極慘礉少恩皆原於道德之意而老子深遠矣

宋太祖嘗面許張思光爲司徒長史勑竟不下張乘一馬甚瘦太祖見之問曰卿馬甚瘦給粟多少張曰日給粟一石上曰食粟不少何瘦如此張曰臣許而不與明日即除司徒長史

宋世祖至殷貴妃墓謂劉德願宋書曰劉愼字德願爲秦郡太守性粗率爲世祖所狎侮曰卿等哭貴妃若悲當加厚賞劉應聲號慟涕泗交横上以爲豫州刺史帝又令羊志哭羊亦嗚咽甚哀他日有問羊者卿那得

此副急淚羊曰我爾日自哭亡妾耳宋書曰羊志醫術人
謝鳳子名超宗謝莊子名朏宋明帝敎二人由
鳳莊門入超宗曰君命不可以不往乃趨而入
朏曰君處臣以禮遂不入南史曰靈運子鳳坐靈運事徙嶺南早卒
朱异遍治五經涉獵文史博奕書筭皆其所長
年二十詣都沈約戲語曰卿年少何乃不廉异
逡巡未達其旨約曰天下惟有文義棋書卿一
時将去那得云廉南史曰朱异字彦和錢塘人祖昭之以學解稱父巽之守
處林有志節著辯捐論顧歡見而異之以女
妻焉异徧覽經史兼通雜藝官侍中中領軍
劉諒南史曰諒字求信彭城人祖繪大司馬從事中郎父孝綽秘書監諒少好學有文才

尤悉晉代故事時號皮裏晉書為湘東王所善湘東一目眇一日與諒共遊江濱歎秋望之美諒曰今日可謂帝子降於北渚湘東曰卿言目眇眇而愁予耶由此嫌之見楚辭湘夫人之曲王逸註曰帝子堯女眇眇好貌也

盧詢祖甚有口辯好臧否人物嘗語人曰我昨東方未明過和氏門外當謂和士開北史曰士開字彥通清都臨漳人幼為國子生解悟捷疾為同業所尚以傾巧便辟有寵於齊神武仕至尚書左僕射見二陸機雲兩潘岳尼也文士傳曰尼字正叔滎陽人祖勗尚書左丞父滿平原太守並以文學稱尼少有清才文詞溫雅初應州辟終太常卿森然與槐棘齊列士註開當權文士皆韜韞其門也劉餗隋唐嘉話曰思道仕高齊久不得進時士開方用事或謂盧

曰何不一見知思道素自高欲往恐為人所見乃未明而行比至其門立者衆矣盧駐轡望之曰彼何人斯森然如與槐柳齊列因鞭馬疾去

侯白好俳諧隋書曰白字君素魏郡臨漳人性滑稽好為誹諧雜說楊素狎之高祖召與語甚悅舉秀才為儒林郎一日楊素隋書每將擢之輒曰侯白不勝官而止曰素字處道弘農華陰人祖暄魏輔國將軍父敷周汾州刺史素少有大志與安定牛弘同志好學多所通涉美鬚髯有英傑之表武帝拜為車騎大將軍每戰有功歷位上柱國尚書僕射仁壽宮大監封越國公與牛弘退朝白語之曰日之夕矣素曰以我為牛羊下來耶王風曰日之夕矣牛羊下來

柳機北史曰柳機字匡時河東解人偉容儀有器局頗涉經史年十九周武帝引為記室

柳昂北史曰柳昂字千里河東解人幼聰頴有器識幹局過人周武帝時為內史中大夫

當途用事百寮皆出其下在周朝俱歷要任隋文帝受禪並為外職時楊素方用事因文帝賜宴素戲語機云二机俱摧機應聲答曰一不若孤楊獨聳

宗如周面狹長後梁書曰宗如周才學為度支尚書有蕭詧梁書曰蕭詧字理孫昭明子梁封岳陽郡王戲之曰卿何為謗經如周曰身自来不謗經蔡大寶曰卿當不謗餘經正應不信法華經爾蓋法華經云聞經隨喜面不狹長如周乃悟後梁書曰蔡大寶字敬仁嘗以書干僕射徐勉勉大賞異令與其子遊處所有墳籍盡以給之遂博覽羣書學無不綜

盧相邁不食鹽醋同列問之足下不食鹽醋何

堪邁笑曰足下終日食鹽醋復又何堪劉昫唐書曰盧

邁字子玄范陽人以孝友謹厚稱貞元中以給事中平章事大政决於陸贄公謹身中立守文

奉法○抄

而已

丁晉公自崖州還坐客論天下州郡何地最雄

盛公曰唯崖州地望最重客問其故答曰宰相

只作彼州司户參軍他州何可及

盛度體豐肥東都事畧曰盛度字公量餘杭人累官翰林學士參知政事性好學

家居讀書未嘗釋手真宗命與李宗諤楊億王曾李維錢惟演石中立同編文苑英華所著

有愚谷集度肌體豐大衆於拜起有拜之一日

者俯伏不能興或至詬罵其戾如此

自殿前趨出宰相在後盛初不知忽見即欲趨

避行百餘步乃得直舍隱於其中石學士中立宋史曰中立字表臣河南洛陽人也性疎曠好諧謔人不以爲怒魏泰東軒筆錄曰石參政中立事太宗爲館職至真宗末年猶爲學士見其喘甚問之盛告其故石曰相公問否盛曰不問別去十餘步乃悟罵曰奴乃以我爲牛班固漢書曰丙吉爲相嘗出逢清道羣鬭者死傷橫道吉過之不問前行逢人逐牛牛喘吐舌吉止駐使騎吏問逐牛行幾里矣掾吏謂丞相前後失問或以譏吉吉曰民鬭相殺傷長安令京兆尹職所當禁備逐捕歲竟丞相課其殿最奏行賞罰而已宰相不親小事非所當於道路問也方春少陽用事未可太熱恐牛近行用暑故喘此時氣失節恐有所傷害也三公典調和陰陽職所當憂是以問之掾吏乃服以吉知大體

劉貢父東軒筆錄曰劉邠字貢父博學有俊才然滑稽喜諧玩亦屢以犯人東都事略

曰郤與兄敬同學自刻厲博讀羣書言行高遠名亞歛焉王汾東都事略曰王禹偁曾孫汾舉進士甲科元祐中爲工部侍郎寶文閣待制入元祐黨籍云同在館中汾病口吃貢父爲之贊曰恐是昌家史記曰周昌彊力敢直言高帝欲廢太子廷爭之彊爲人吃又盛怒曰臣口不能言然期期知其不可陛下雖欲廢太子臣期期不奉詔上欣然而笑又疑非類韓非傳曰非爲人口吃不能道說而善著書也未聞雄名漢書揚雄傳曰雄口吃黙而好深湛之思只有艾氣鄧艾

王介甫爲相大講天下水利劉貢父嘗造之値一客獻策曰梁山泊梁山泊亦作梁山濼在東平州五十里決而涸之可得良田萬頃但未擇得利便之地貯許

水耳介甫傾首沉思貢父抗聲曰此甚不難介甫欣然以為有策遽問之曰別穿一梁山泊則足以貯此水矣介甫大笑遂止張太史明道雜志亦載此事但云議乾太湖不言梁山泊也又稗史作甫議開梁山濼貢父應曰此事揚蟠無齒間之曰揚蟠杭人自號浩浩然居士言此事浩然無涯也一事而三異

蘇長公在惠州宋史曰紹聖初御史論載譏斥先朝惠州安置三年泊然無所芥蔕人無賢愚皆得其歡心天下傳其已死後七年北歸時章丞相方貶雷州東坡見南昌太守葉祖洽葉問曰世傳端明已歸道山今尚爾游戲人間邪坡曰途中見章子厚乃回反耳宋史曰葉祖洽字敦禮邵武人

熙寧初對策長合用事者考官宋敏求蘇軾欲
黜之呂惠卿擢為第一在官以年例遷閏州
徵猷閣
直學士

蘇長公在維揚一日設客皆一時名士米元章
亦在坐酒半元章忽起立自贊曰世人皆以芾
為顛願質之子瞻公笑答曰吾從衆海岳遺事曰米元章
嘗為書畫學博士後遷禮部員外郎數遭白簡
逐出一日以書抵蔡京許其流落且言舉室百
指行至陳留獨得一舟如許大遂畫一艇於行
間京哂焉時彈文正謂其顛而芾又歷告諸執
政自謂久任中外並被大臣知遇舉主累數十
百皆用吏能為稱首一無有以顛蒙者世遂傳
米老辯
顛帖

秦太虛為御史賈易所彈宋史文苑傳曰秦觀字少游一字太虛揚州高

薊人少豪雋慷慨溢於文詞舉進士不中好大而見奇蘇軾以為有屈宋才元祐初為除太學博士國史編修後坐黨籍貶監虔州酒稅使者承風旨伺過失無所得以謁告寫佛書為罪削秩徙郴州放還滁州卒張文潛宋史曰張耒字先自作挽詞其語甚哀文潛楚州淮陰人十三歲能文從蘇轍兄弟遊弱冠第進士歷秘書正字起居舍人坐黨籍落職監南嶽廟主管崇福宫卒耒儀觀甚偉有雄才於騷詞尤長久於投閒家貧郡守翟汝文欲為買公田謝不取戲之曰千餘年前賈生過秦今復爾也聞者以為佳謔賈誼新書有過秦上下二篇

輕詆上

補正平自荊州北遊許都書一刺懷之漫滅而無所遇或問之曰何不從陳長文司馬伯達乎

禰曰卿欲使我從屠沽兒輩耶又問當今復誰可者禰曰大兒孔文舉小兒楊德祖（魏志曰司馬朗字伯達河内溫人十二試經爲童子郎太祖辟爲司空掾屬除成皐令復爲堂陽長治務寬惠遷兗州刺史政化大行）

劉荊州嘗自作書欲與孫伯符以示禰正平正平嗤之言如是爲欲使孫策帳下兒讀之耶将使張子布見乎

人問禰正平荀令若趙盪寇皆足蓋當世乎禰荅曰文若可借面弔喪稚長可使監廚請客其意以荀但有貌趙健啖肉也（魏志曰趙稚長爲盪寇將軍）

虞仲翔在東吳曹公欲辟之虞聞之曰盜跖欲以餘財汙良家邪

王太尉問眉子汝叔名士何以不相推重（叔王澄也）眉子曰何有名士終日妄語

庾元規語周伯仁諸人皆以君方樂周曰何樂謂樂毅邪（史記曰樂毅中山人賢而爲燕昭王將軍率諸侯伐齊終於趙）庾曰不爾樂令耳周曰何乃刻畫無鹽以唐突西子也（列女傳曰鍾離春者齊無鹽之女也其醜無雙黃頭深目長壯大節昂鼻結喉肥項少髮折腰出胷皮膚若漆行年三十無所容入衒嫁不售乃自詣齊宣王乞備後宮因謁王以四殆王拜爲正后吳越春秋曰越王勾踐得山中採薪女子名曰西施獻之吳王）

深公云入謂庾元規名士胸中柴棘三斗許

庾公權重足傾王公庾在石頭王在冶城坐大

風揚塵王以扇拂塵曰元規塵汚人按王公雅量通濟庾亮之在武昌傳其應下公以識度裁之囂言自息豈或回貳有扇塵之事乎王隱晉書戴洋傳曰丹陽太守王導問洋得病七年洋曰君侯命在申爲土地之主而於申上冶火光照此爲金火相爍水火相煎以故相害導乃移冶令爽遂使洛鎮東從今東治是也丹陽記曰丹陽冶城去宮三里吳時鼓鑄之所吳平猶不廢又云孫權築冶城爲鼓鑄之所既立石頭大塢不容近立此小城當是徙縣治空城而置治爾冶城疑是金陵本治漢高六年令天下縣邑秣陵不應獨無

王丞相輕蔡公曰我與安期千里共遊洛水邊

何處聞有蔡充兒妬記曰丞相曹夫人性甚忌禁制丞相不得有侍御乃至左右小人亦被檢簡時有妍妙皆加誚責王公不能久堪乃密營別館衆妾羅列兒女成行後元會日夫人於青疏臺中望見兩三兒騎羊皆端正可念夫人遙見甚憐愛之語婢汝出問是誰家兒給使不達旨乃答云是第四五等諸郎曹氏聞驚愕大恚命車駕將黃門及婢二十人人持食刀自出尋討王公亦遽命駕飛轡出門猶患牛遲乃以左手攀車闌右手提麈尾以柄助御者打牛狼狽奔馳劣得先至蔡司徒聞而笑之乃故詣王公謂曰朝廷欲加公九錫公知不王謂信然自敘謙志蔡曰不聞餘物惟聞有短轅犢車長柄麈尾王大愧後貶蔡曰吾昔與安期千里共在洛水集處不聞天下有蔡充兒正忿蔡前戲言耳

王右軍在南丞相與書每歎子姪不令云虎㹠虎犢還其所如虎㹠王彭之小字也王氏譜曰彭之字安壽瑯琊人祖正尚書

郎父彬衛將軍彭之仕至黃門郎虎犢彪之小字也彪之字叔虎彭之第二弟年二十而頭皓白時人謂之王白鬚少有局幹之稱累遷至左光祿大夫

阮光祿聞何次道拜相歎曰我當何處生活

褚公與孫興公同遊曲阿後湖中流風勢猛迅舫欲傾覆褚公已醉乃曰此舫人皆無可以招天譴者唯孫興公多塵滓正當以厭天欲耳便欲捉擲水中孫遽無計唯大啼曰季野卿念我

褚太傅南下孫長樂於船中視之長樂孫綽言次及劉真長死孫流涕因諷詠曰人之云亡邦國殄瘁褚大怒曰真長平生何嘗相比數而卿今日

作此面向人孫回泣向褚曰卿當念我時咸笑其才而性鄙

桓公入洛過淮泗踐北境與諸僚屬登平乘樓眺矚中原慨然曰遂使神州陸沉百年丘墟王夷甫諸人不得不任其責八王故事曰夷甫雖居台司不以事物自嬰當世化之羞言名教自臺郎以下皆雅崇拱默以遺事為高四海尚寧而識者知其將亂晉陽秋曰夷甫將為石勒所殺謂人曰吾等若不祖尚浮虛不至於此袁虎率爾對曰運自有廢興豈必諸人之過桓公懍然作色顧謂四坐曰諸君頗聞劉景升不有大牛重千斤噉芻豆十倍於常牛負重致遠曾不若一羸

牸魏武入荊州烹以饗士卒于時莫不稱快意
以況袁四坐既駭袁亦失色
謝鎮西書與殷揚州爲真長求會稽殷答曰真
長標同伐異俠之大者常謂使君降階爲甚乃
復爲之驅馳邪
袁虎伏滔同在桓公府桓公每遊燕輒命袁伏
袁甚恥之恒歎曰公之厚意未足以榮國士與
伏滔比肩亦何辱如之
孫綽作列仙商丘子贊曰所牧何物殆非真豬
儻遇風雲爲我龍攄列仙傳曰商丘子晉者商邑人好吹竽牧豕年七十

不娶妻而不老問其道要言但食老木菖蒲根飲水如此便不飢不老耳貴戚富室聞而服之不能終歲輒止謂將有匿術孫綽為賛曰商丘卓犖執策吹竽渴飲寒泉飢食菖蒲所牧何物殆非真豬儻逢風雲為我龍攄 時人多以為能王藍田語人云近見孫家兒作文道何物真豬也

孫長樂兄弟就謝公宿言至款雜劉夫人在壁後聽之具聞其語謝公明日還問昨客何似劉對曰亡兄門未有如此賓客 夫人劉惔之妹 謝深有愧色

簡文與許玄度共語許云舉君親以為難簡文便不復答許去後而言曰玄度故可不至於此

按邴原別傳魏五官中郎將嘗與羣賢共論曰今有一丸藥得濟一人疾而君父俱病與君邪與父邪諸人紛葩或父或君原勃然曰父子一本也亦不復難君親相校自古如此未解簡文詣許意

蔡伯喈睹椽孫興公聽妓振且擺折（伏滔長笛賦敘曰余同僚桓子野有故長笛傳之耆老云蔡邕伯喈之所製也初邕避難江南宿柯亭之館以竹為椽邕仰眄之曰良竹也取以為笛音聲獨絕歷代傳之至于今）王右軍聞大嗔曰三祖壽（一作臺）樂器虺尾（一作瓩凡）弔孫家兒打折

王中郎與林公絕不相得王謂林公詭辯林公道王云著膩顏帢𦈤布單衣挾左傳逐鄭康成

車後問是何物塵垢囊帢帽也裴子曰林公云文度著膩顏挾左傳逐鄭康成自爲高足弟子篤而論之不離塵垢囊也

王長史求東陽撫軍不用後疾篤臨終撫軍哀歎曰吾將負仲祖於此命用之長史曰人言會稽王癡真癡

桓公欲遷都以張拓定之業孫長樂上表諫此議甚有理桓見表心服而忿其爲異令人致意孫云君何不尋遂初賦而彊知人家國事孫綽表錄曰中宗龍飛實賴萬里長江畫而守之耳不然胡馬久已踐建康之地江東爲豺狼之場矣綽賦遂初陳止足之道

孫長樂作王長史誄云余與夫子交非勢利心猶澄水同此玄味禮記曰君子之交淡若水小人之交甘若醴王孝伯見曰才士不遜亡祖何至與此人周旋

謝太傅謂子姪曰中郎始是獨有千載車騎曰中郎衿抱未虛復那得獨有中郎謝萬

庾道季詫謝公曰裴郎啓也云謝安謂裴郎乃可不惡何得為復飲酒裴郎又云謝安目支道林如九方皋之相馬略其玄黃取其儁逸支遁傳曰遁每標舉會宗而不留心象喻解釋章句或有所漏文字之徒多以為疑謝安石聞而善之曰此九方皋之相馬也略其玄黃而取其儁逸謝公云都無此二語裴自

為此辭耳庾意甚不以為好因陳東亭經酒壚下賦讀畢都不下賞裁直云君乃復作裴氏學於此語林遂廢今時有者皆是先寫無復謝語

續晉陽秋曰晉隆和中河東裴啓撰漢魏以來迄于今時言語應對之可稱者謂之語林時人多好其事文遂流行后說太傅事不實而有人於謝坐敘其黃公酒壚司徒王珣為之賦謝公加以與王不平乃云君遂復作裴郎學自是衆咸鄙其事矣安鄉人有能中宿縣詣安者安問其歸資答曰嶺南凋弊唯有五萬蒲葵扇又以非時為滯貨安乃取其中者捉之於是京師士庶競慕而服焉價增數倍旬月無賣夫所好生羽毛所惡成瘡痏謝相一言挫成美於千載及其所與崇虛價於百金上之愛憎與奪可不慎哉

王北中郎不為林公所知乃著論沙門不得為

高士論大略云高士必在於縱心調暢沙門雖
云俗外反更束於教非情性自得之謂也
人問顧長康何以不作洛生詠答曰何至作老
婢聲洛下書生詠音重濁故云老婢聲
殷顗庾恒並是謝鎮西外孫謝氏譜曰尚長女僧要適庾龢次女
僧韶適殷歆
殷少而率悟庾每不推嘗俱詣謝公謝
公熟視殷曰阿巢故似鎮西巢殷顗小字也於是庾下
聲語曰定何似謝公續復云巢頗似鎮西庾復
云頗似足作健不庾氏譜曰恒字敬則祖亮父龢恒仕至尚書僕射
舊目韓康伯將肘無風骨說林曰范啓云韓康伯似肉鴨

符宏叛来歸國謝太傅每加接引宏自以有才多好上人坐上無折之者適王子猷来太傅使共語子猷直熟視良久回語太傅云亦復竟不異人宏大慚而退續晋陽秋曰宏符堅太子也堅為姚萇所殺宏将母妻来投詔賜田宅桓玄以宏為將玄敗竄湘中伏誅

王中郎舉許玄度為吏部郎郗重熙曰相王好事不可使阿訥在坐頭訥詢小字

王興道謂謝望蔡霍霍如失鷹師永嘉記曰王和之字興道瑯琊人祖翼平南將軍父胡之司州刺史和之歷永嘉太守正員常侍望蔡謝琰小字也

桓南郡每見人不快輒嗔云君得哀家梨當復

不烝食不舊語秣陵有哀仲家梨甚美大如升入口消釋言愚人不别味得好梨烝食之也

世說新語補卷之十八

世說新語補卷之十九

輕詆下

會稽太守孟顗事佛精懇而爲謝靈運所輕南史曰孟顗字彥重平昌安丘人衛將軍昶弟也昶顗並美風姿時人謂之雙珠昶貴盛顗不就辟昶死後歷侍中卒於會稽太守謝嘗語顗曰得道應須慧業文人卿生天當在靈運前成佛必在靈運後勤布施積功行是欲生天者也明心見性直下作佛是欲成佛者也康樂自恃慧解故以譏顗顗深恨此言

顏延之每薄湯惠休詩謂人曰休上人制作委巷閒歌謠耳方當誤後生宋書曰沙門惠休善屬文徐湛之與之甚

厚世祖命使還俗本姓湯位至揚州從事詩品日惠休淫靡情過其才世遂匡之鮑照忌商聲羨羊曜璠云是顏公忌照之文故立休鮑之論○委巷歌謠乃是真詩

謝宣映南史曰謝朓字宣朓謝景重之子曾於公坐戲調其舅

袁湛南史曰湛字士深陳郡陽夏人祖耽晉歷陽太守父質瑯琊內史湛少與弟豹並爲從外祖謝安所知安以兄子玄女妻焉宋武帝起兵以發征功歷仕至太尉司空湛甚

不堪之謂曰汝父昔已輕舅今汝復來加我可

謂世無渭陽情也宋書曰景重是王胡之外甥與舅亦不協

丘車騎南史曰丘靈鞠吳興烏程人祖系秘書監父道真護軍長史靈鞠少好學善屬文州辟從事卒官車騎長史常在沈深坐南史曰沈懷文吳興武康人三子淡宋沖名譽有傳芳世號爲腰宋兄弟宋歷御史中丞見王文憲僉諡文憲詩沈

曰王令文章大進丘曰何如我未進

張敬兒拜車騎將軍南史曰敬兒南陽冠軍人父醜敬兒少便弓馬有膽氣王休祐鎮壽陽求善騎射士敬兒應選見寵為長兼行參軍屢立戰功遷車騎將軍開府儀同三司敬兒始不識書為方伯乃學讀孝經論語微護軍乃於密室屏人學揖讓荅對空中俯仰妾侍窺笑焉王敬則戲之呼為褚彥回時咸推褚彥回風度詳雅敬則以敬兒武臣率啟以彥回為戲也敬兒曰我馬上得之終不得作華林閣勳南史曰敬則在宋與壽寂之殺後廢帝於華林園

劉中郎性韻剛踈輕言肆行南史曰劉祥字顯徽彥之之曾孫少好文學性韻剛踈建元中為正員郎後為臨川王驃騎從事中郎一日遇褚司徒淵入朝以腰扇障日中郎從側過曰作如此

舉止羞面見人扇障何益褚曰寒士不遜中郎曰不能殺袁劉安得免寒士袁粲劉秉也按南史蕭道成既弑蒼梧王以太后令召袁粲褚淵劉秉會議迎立安成王粲秉密謀誅道成事敗皆死道成受宋禪淵率百官奉璽綬詣齊宮勸進

王奐南史曰奐字道明景文兄子也仕宋為侍中尚書齊武帝以奐為宋室外戚疑有異志王晏叩頭保之永明中累遷尚書僕射初拜僕射劉顯徵與奐子融同載行至中堂見路人驅驢劉曰驢汝好為之如汝人才皆已令僕矣南史曰梓著連珠十五首以寄其譏諷者云希世之寶違時必賤偉俗之器無聖則淪是以明王黜於楚岫章甫窮於越人

徐常侍陵也聘齊時魏收文學北朝之秀收錄其

文集以示徐令傳之江左徐速濟江沉之曰吾為魏公藏拙

庾信至北周書曰庾信字子山南陽新野人祖易齊徵士父肩吾梁中書令信幼俊邁博覽羣書仕梁為散騎常侍聘於東魏文章辭令盛爲鄴下所稱元帝即位來聘於周遂留長安歷仕至驃騎將軍開府儀同三司信雖位望通顯常有鄉關之思作哀江南賦以致意惟愛溫子昇寒山寺碑後還南人問北方何如信曰唯寒山寺一片石堪共語餘若驢鳴犬吠耳北史曰溫子昇字鵬舉太原人世居江左祖恭之避難歸魏家於濟陰寃句父暉兖州左將軍長史子昇博覽百家文章清婉初為廣陽王客作侯山祠堂碑文常景見而善之曰詭生是大才士年二十二射策補御史歷中書舍人散騎常侍陽夏守傅摽使吐谷渾見其國主牀

頭有書數卷乃子昇文也濟陰王暉業嘗云江左文人宋有顏延之謝靈運梁有沈約任昉我子昇足以陵顏轢謝含任吐沈

江從簡南史曰華少子從簡少有文才何敬容為吏部尚書淺於學術通賄賂從簡作採荷調刺之為時所賞官至司徒從事中郎侯景亂為任約所害是光祿華子梁書曰華字休映濟陽考城人祖齊之宋金部郎父彙之齊倉部郎華早有才思六歲便屬文仕至光祿大夫小時有文情作採荷調以刺何敬容曰欲持荷作柱荷弱不勝梁欲持荷作鏡荷暗本無光敬容一不覺唯歎其工

劉晝作六合賦自謂絶倫以呈魏收收曰賦名六合已是大愚文又愚於六合君四體又甚於

文書大忿以示邢子才子才曰君此賦正似疥駱駝伏而無嫵媚後魏書曰劉晝本大儒舉秀才入京考策不第方復緝綴詞藻言甚俚拙作賦一首以六合爲名自謂絕倫

崔信明嘗自矜其文謂過李百藥唐書曰信明青州益都人祖驁北海郡守信明博聞強記下筆成章高孝基謂人曰信明才學富贍但恨位不達耳大業中爲堯城令竇建德僭號隱於太行山鄭世翼遇之江中謂信明曰嘗聞有楓落吳江冷願見其餘信明欣然多出衆篇世翼覽未終篇曰所見不逮所聞投諸水引舟逕去唐詩紀事曰鄭世翼滎陽人武德時爲揚州錄事參軍以言忤物貶觀中坐怨謗流死巂州

狄仁傑爲相有盧氏堂姨居午橋別墅仁傑伏臘脩禮甚謹嘗雪後休暇候盧氏適見表弟挾弧矢携雉兔歸羞味進於堂上顧揖仁傑意甚輕傲仁傑因啓曰某幸爲相表弟有所欲願悉力從其請姨曰吾止有一子不欲令事女主仁傑慚而去唐書曰仁傑字懷英太原人神功元年拜鸞臺侍郎中宗在房陵仁傑每奏對無不以母子恩情爲言后省悟召還中宗反正追贈司空

盧藏用初隱終南少室二山時有意當世人目爲隨駕隱士晚年乃徇權利唐書曰藏用字子潜度支尚書承慶之姪孫也少以辭學著稱隱居終南山有貞儉之操及登朝趍趙遠使專事權貴以此獲譏於

（世官至工部侍郎尚書右丞）司馬承禎將還山蔵用指終南曰此中大有佳處（關中記曰終南太乙左右三十里內名福地）承禎徐曰以僕視之仕宦之捷徑耳（唐詩紀事曰承禎字子微事潘師正傳辟穀導引術睿宗明皇累召至京師卒贈正一先生）

嚴武以世舊待杜甫甚善甫性偏躁傲誕嘗醉登武牀瞪視曰嚴挺之乃有此兒（元稹作子美誌曰晉當陽侯杜氏十世而生審言審言善詩官膳部員外郎審言生閑閑生甫字子美天寶中獻三大禮賦明皇奇之京兆亂步謁行在授左拾遺以直言失官劍南節度使嚴武拔爲工部員外參謀軍事旋棄官扁舟下荆楚間宋祁唐書曰甫棄官客秦州負薪採橡栗自給流落劍南會嚴武節度劍南東西川往依焉武再帥劍南表爲參謀檢校工部員外郎武以世舊待甫甚善親詣其

家甫見之或時不中也范攄雲溪友議曰武年
二十三爲給事黃門侍郎明年擁旄西蜀累於
飲筵對客騁其筆札杜甫乘醉言曰不謂嚴挺
之有此兒也武恚目久之曰杜審言孫子擬捋
虎鬚合坐皆笑以彌縫之武曰毋
恐害賢良遂以小舟送甫下峽
韓愈唐書曰愈字退之昌黎人幼刻苦學儒大
歷貞元間文士多尚古學効揚雄董仲舒
之述作獨孤及梁肅最稱淵奧愈從其徒遊嘗
銳意鑽仰欲自振于一代官至吏部侍郎
語李程唐書曰程字表臣隴西人貞元中進士
歷翰林學士中書侍郎僕射藝學優深
然性放蕩不修
儀檢物議輕之曰崔丞相直是聰明過人李曰
何處是過人者答曰共愈往還二十餘年不曾
說著文章唐書曰崔羣字敦詩貝州武城人未
冠舉進士陸贄知舉梁肅薦其有公
輔器遂
擢甲科

杜少陵宿龍門詩云天闕象緯逼王介甫改闕為閲黄山谷對衆極言其是劉貢父聞之曰直是怕他西郊野叟庚溪詩話曰杜子美遊龍門奉先寺詩曰天闕象緯逼雲卧衣裳冷此寺在洛陽之龍門按韋述東都記龍門號雙闕以與大内對此若天闕然此詩天闕指龍門也後人謂其屬對不切改為天闕王介甫改為天閲蔡興宗又謂世傳古本作天闚用莊子用管闚天為證以余觀之皆臆說也且天闕象緯逼雲卧衣裳冷適此寺中即事耳以彼天闕之高則勢逼象緯以我雲卧之幽則冷侵衣裳語自混成何必屑屑較瑣碎失大體哉

郭昱狹中詭僻登進士恥赴常選獻書於宰相趙普自比巢由朝議惡其矯激故久不調後復伺普望塵自陳普笑謂人曰今日甚榮得巢由

拜於馬首東都事略曰趙普字則平幽州薊人沉厚有大畧宋太祖受禪以佐命功累官中書令

張文潛嘗問張安道張文定公墓誌曰公諱方平字安道揚州人也仕至參知政事極言王安石不可用會安石執政力求補外以太子太保致仕司馬君實司馬光別見直言王介甫不曉事是如何安道云賢只消去看字說文潛云字說也只是二三分不合人意安道云若然則足下亦有七八分不解事矣王安石進字說表曰蓋聞物生而有情情發而為聲聲以類合皆足相知人辭為言述以為字字雖人之所制本實出于自然故上下內外初終前後中偏左右自然之位也從衺曲直耦重交折反缺倒亦自然之形也數斂呼吸抑揚合散虛實清濁自然之聲也

可視而知可聽而思自然之義也以義自然故
仙聖所宅雖殊方域言音乖離點畫不同譯而
通之其義一也道有升降文物隨之時變事異
書名或改原出要歸亦無二焉乃若知之所不
能與思之所不能至則雖非即眞而可證亦非
舍此而能學蓋惟天下之至神者能究此臣頃
御燕閒親承訓敕艱病負憂久無所成雖嘗有
獻大懼冒瀆退復自力用忘疾憊咨諏討論博
盡所疑冀或消塵有助深崇謹
勤成字說二十四卷隨表上進

假譎

魏武少時嘗與袁紹好爲遊俠觀人新婚因潛入主人園中夜叫呼云有偷兒賊青廬中人皆出觀魏武乃入抽刃劫新婦與紹還出失道墜枳棘中紹不能得動復大叫云偷兒在此紹遑

迫自擲出遂以俱免曹瞞傳曰操小字阿瞞少好譎詐遊放無度孫盛雜語云武王少好俠放蕩不修行業嘗私入常侍張讓宅中讓乃手戟於庭踰垣而出有絶人力故莫之能害也

魏武嘗行役失汲道軍皆渴乃令曰前有大梅林饒子甘酸可以解渴士卒聞之口皆出水乘此得及前源

魏武嘗言人欲危己己輒心動因語所親小人曰汝懷刃密來我側我必說心動執汝使行刑汝但勿言其使無他當厚相報執者信焉不以為懼遂斬之此人至死不知也左右以為實謀

逆者挫氣矣曹瞞傳曰操在軍廪穀不足私語主者曰何如主者云可以小斛足之操曰善後軍中言操欺衆操題其主者背以徇曰行小斛盜軍穀遂斬之仍云特當借汝死以厭衆心其變詐皆此類也

魏武常云我眠中不可妄近近便斫人亦不自覺左右宜深慎此後陽眠所幸一人竊以被覆之因便斫殺自爾每眠左右莫敢近者

袁紹年少時曾遣人夜以劍擲魏武少下不著魏武揆之其後來必高因帖卧牀上劍至果高按袁曹後由鼎峙迹始攜貳自斯以前不聞讐隙有何意故而剚之以劍也

王大將軍既爲逆頓軍姑孰晉明帝以英武之

才猶相猜憚乃著戎服騎巴賨馬齎一金馬鞭陰察軍形勢未至十餘里有一客姥居店賣食帝過惕之謂姥曰王敦舉兵圖逆猜害忠良朝廷駭懼社稷是憂故劬勞晨夕用相覘察恐形迹危露或至狼狽追迫之日姥其匿之便與客姥馬鞭而去行敦營匝而出軍士覺曰此非常人也敦卧心動曰此必黃須鮮卑奴来命騎追之巳覺多許里追士因問向姥不見一黃須人騎馬度此邪姥曰去已久矣不可復及於是騎人息意而反異苑曰帝躬往姑孰敦時晝寢夢然驚悟曰營中有黃頭鮮卑奴來

何不縛取帝所生母荀
氏燕國人故貌類焉

王右軍年減十歲時大將軍甚愛之恒置帳中眠大將軍嘗先出右軍猶未起須臾錢鳳入屏人論事晉陽秋曰鳳字世儀吳嘉興尉子也姦慝好利為敦鎧曹參軍知敦有不臣心因進說後敦敗見誅都忘右軍在帳中便言逆節之謀右軍覺既聞所論知無活理乃剔吐汙頭面被褥詐熟眠敦論事造半方意右軍未起相與大驚曰不得不除之及開帳乃見吐唾從横信其實熟眠於是得全于時稱其有智按諸書皆云王允之事而此言羲之疑謬

假譎

温公喪婦從姑劉氏家值亂離散唯有一女甚有姿慧姑以屬公覓婚公密有自婚意答云佳壻難得但如嶠比云何姑云喪敗之餘乞粗存活便足慰吾餘年何敢希汝比卻後少日公報姑云已覓得婚處門地粗可壻身名宦盡不减嶠因下玉鏡臺一枚姑大喜既婚交禮女以手披紗扇撫掌大笑曰我固疑是老奴果如所卜

按温氏譜嶠初取高平李暅女中取琅邪王詡女後取盧江何邃女都不聞取劉氏便爲虗謬

谷口云劉氏政謂其姑爾非指其女姓劉也孝標之注亦未爲得

玉鏡臺是公爲劉越石長史北征劉聰所得王隱晉書曰建興二年嶠爲劉

琅琊守左司馬都督上前鋒諸軍事討劉聰晉陽秋曰聰一名載字玄明屠各人父淵因亂起兵聰嗣業

范玄平為人好用智數而有時以多數失會嘗失官居東陽桓大司馬在南州故往投之桓時方欲招起屈滯以傾朝廷且玄平在京素亦有譽桓謂遠來投已喜躍非常比入至庭傾身引望笑語歡甚顧謂袁虎曰范公且可作太常卿范裁坐桓便謝其遠來意范雖實投桓而恐以趨時損名乃曰雖懷朝宗會有亡兒瘞在此故來省視桓悵然失望向之虛佇一時都盡中興書曰

初桓溫請范汪爲征西長史復表爲江州並不就還都因求爲東陽太守溫甚恨之汪後爲徐州溫北伐令汪出梁國失期溫挾憾奏汪爲庶人汪居吳後至姑孰見溫溫語其下曰玄平乃來見留以護軍起之汪數日辭歸溫曰卿適來何以便去汪曰數歲小兒褒往年經亂權產此境故來迎之事竟去耳

溫愈怒之竟不屑意

諸葛令女庾氏婦既寡誓云不復重出此女性甚正彊無有登車理恢既許江思玄婚乃移家近之初誑女云宜徙於是家人一時去獨留女在後比其覺已不復得出江郎莫来女哭詈彌甚積日漸歇江彫暝入宿恒在對林上後觀其意轉帖彫乃詐厭良久不悟聲氣轉急女乃呼

婢云喚江郎覺江於是躍来就之曰我自是天下男子厭何預卿事而見喚邪既爾相關不得不與人語女默然而慚情義遂篤葛令之清英江君之茂識必不背聖人之正典習蠻夷之穢行康王之言所輕多矣

愍度道人始欲過江與一傖道人為侶謀曰用舊義往江東恐不辦得食便共立心無義既而此道人不成渡愍度果講義積年名德沙門題目曰支愍度才鑒清出孫綽愍度贊曰支度彬彬好是拔新俱稟昭見而能越人世重秀異咸競爾珍孤桐嶧陽浮磬泗濱後有傖人来先道人寄語云為我致意愍度無義那可立舊義者曰種智有是而能圓照然則萬累斯盡謂之空無

常住不變謂之妙有而無義者曰種智之體豁如太虛而能知無而能應居宗至極其唯無乎

治此計權救饑爾無為遂負如來也

王文度弟阿智惡乃不翅當年長而無人與婚

孫興公有一女亦僻錯又無嫁娶理因詣文度

求見阿智既見便陽言此定可殊不如人所傳

那得至今未有婚處我有一女乃不惡但吾寒

士不宜與卿計欲令阿智娶之文度欣然而啓

藍田云興公向來忽言欲與阿智婚藍田驚喜

既成婚女之頑嚚欲過阿智方知興公之詐阿智

王虔之小字虔之字文將并州別駕不就娶太原孫綽女字阿恒

姚崇唐書曰崇本名元崇則天改為元之陝州硤石人父善懿嶲州都督崇則天時歷仕至夏官尚書張柬之等誅易之兄弟崇預謀玄宗先天二年兵部尚書同中書門下三品獨當國務明於吏道制斷不滯年七十二卒為遺令以戒子孫與張說同為宰輔各懷疑阻張銜之李濬松窻襍錄曰姚崇為相忽一日對便殿舉左足不甚輕利上曰卿有足疾耶崇曰臣有腹心之疾非足疾也因前奏張說罪狀數百言上怒曰卿中書宜宣與御史中丞共按其事說之未遭崇搆也有教授書生私通於侍婢最寵者會擒得姦狀以聞於說將窮獄於京兆尹書生厲聲曰覩色不能禁亦人之常情也公貴為相豈無緩急有用人而靳於一婢女耶說奇其言以侍兒與歸書生亦跡跡去旬月餘無所聞知忽一日直訪於說憂色滿面且言某感公之恩思有謝者久之今聞公為姚相國所搆外獄將具公不知免之將至矣某頗得公平生所寶者用計於九公主必能立釋說因自歷指狀所寶之物書

生云未足辭公之葬公疑思久之忽曰近有鵠林郎夜明篤爲寄信者書生曰吾事濟矣因請手札數行懇以情言遂急趨出逮夜始及九公主邸第具以誠吉言之兼用篤爲贄明旦公主入謁具爲奏言上感動急命高力士就御史臺宣前所按事並宜罷之書生亦不再見張丞相矣崇病戒諸子曰張丞相與吾釁隙甚深然其人素懷奢侈尤好服玩吾沒後來帛汝具陳吾平生服玩寶帶重器羅列帳前張若不顧汝家族無類矣若顧此當錄玩用致之仍以神道碑爲請既獲其文登時錄進先礱石以待至便鐫刻張丞相見事常遲數日之後必當有悔若徵碑文以刊削爲辭當引視鐫石仍告以聞上崇

没張果至目其服玩者三四崇家悉如崇戒不數日文成叙致該詳時謂極筆其壻日八柱承天高明之位列四時成歲亭毒之功全數日果遣使取本以為辭未周密欲加刪改姚氏諸子引使者視其碑仍告以奏御使者復命張悔恨撫膺曰死姚崇能筭生張說吾今日方知才之不及遠矣唐書曰崇長子彝光祿少卿次子异坊州刺史少子奕禮部侍郎尚書右丞

秦會之夫人常入禁中宋史曰秦檜字會之江寧人靖康元年金兵陷汴二帝北遷以御史中丞從與其黨撻懶善倡割地之議乃縱之使與其妻王氏航海奔行在高宗召見與議國事大奇之驟加褒擢參大政力主和議廷臣異己者皆斥逐之顯仁

太后宋史曰韋賢妃高宗母也從上皇北還迎還居慈寧宮崩謚曰顯仁言迺曰子魚大者絶少夫人對曰妾家有之當以百尾進歸告會之會之咎其失言與館客謀進青魚百尾顯仁拊掌笑曰我道這婆子村果然西湖志曰憲聖召檜夫人入禁中賜宴進淮青魚憲聖顧問夫人曾食此否夫人對曰食已久視此更大容翌日供盡檜方秉權諸道諂奉踰于上貢也夫人歸以語檜檜恚之曰夫人不曉事翌日遂易糟鯶魚大者數十枚以進憲聖笑曰我道無此大青魚夫人誤認耳

黜免

蜀先主銜張裕不遜兼忿其漏言蜀志曰張裕字南和蜀郡人明曉占候而天才過於周羣嘗私語人曰歲在庚子天下當易代劉氏祚盡矣主公得益州

九年之後寅卯之間當失人密白其言後魏氏之立先主之薨皆如裕所刻下獄將誅之諸葛武侯表請其罪先主答教曰芳蘭當門不得不鉏蜀志曰裕甚精相術每舉鏡視面自知刑死未嘗不撲之於地也

諸葛厷在西朝少有清譽為王夷甫所重時論亦以擬王後為繼母族黨所讒誣之為狂逆將遠徙友人王夷甫之徒詣檻車與別厷問朝廷何以徙我王曰言卿狂逆厷曰逆則應殺狂何所徙

桓公入蜀至三峽中部伍中有得猨子者荊州記曰峽長七百里兩岸連山略無絕處重巖疊嶂隱天蔽日常有高猨長嘯屬引清遠漁者歌曰巴

東三峽巫峽長猨
鳴三聲淚沾裳 其母緣岸哀號行百餘里不

去遂跳上船至便即絕破視其腹中腸皆寸寸

斷公聞之怒命黜其人

殷中軍被廢在信安終日恒書空作字揚州吏

民尋義逐之竊視唯作咄咄怪事四字而已 晉陽

秋日初浩以中軍將軍鎮壽陽養姚襄上書歸
降後有罪浩陰圖誅之會關中有變苻健死浩
偽率軍而行云脩復山陵襄前驅恐遂反軍至
山桑聞襄將至棄輜重馳保譙襄至據山桑焚
其舟實至壽陽咎流民而還浩士卒多叛征西
溫乃上表黜浩撫軍大將軍奏免浩除名爲民
浩馳還謝罪既而
遷于東陽信安縣

殷中軍廢後恨簡文曰上人著百尺樓上儋梯

將去續晉陽秋曰浩雖廢黜夷神委命雅詠不輟雖家人不見其有流放之戚外生韓伯
始隨至徙所周年還都浩素愛之送至水側乃詠曹顏遠詩曰富貴他人合貧賤親戚離因泣
下其悲見于外者唯此一事而已則書空去歸之言未必皆實也
鄧竟陵免官後赴山陵過見大司馬桓公公問
之曰卿何以更瘦大司馬寮屬名曰鄧遐字應玄陳郡人平南將軍岳之子
勇力絕人氣蓋當世時人方之樊噲爲桓溫軍數從溫征伐歷竟陵太守枋頭之役溫既懷
恥忿且憚遐因免遐官病卒鄧曰有愧於叔達不能不恨於
破甑郭林宗別傳曰鉅鹿孟敏字叔達敦朴質直客居太原雖處凡俗未有所名嘗至市
買甑荷擔墮地壞之徑去不顧適遇林宗見而異之因問曰壞甑可惜何以不顧答曰甑既已
破視之何益林宗賞其介決因以知其德性謂必爲美士勸令讀書遊學十年遂知名三府並
黜免

辭不就東夏
以為美賛

桓玄敗後殷仲文還為大司馬咨議意似二三
非復往日大司馬府廳前有一老槐甚扶踈殷
因月朔與衆在廳視槐良久歎曰槐樹婆娑無
復生意
晉安帝紀曰桓玄敗殷仲文歸京師高
祖以其衡從二后且以大信宜令引為
鎮軍長史自以名輩先達位遇至重而後来謝
鯢之徒皆疇昔之所附也今比肩同列常怏然
自失後果
從信安

殷仲文既素有名望自謂必當阿衡朝政忽作
東陽太守意甚不平
晉安帝紀曰仲文後為東
陽愈憤惋乃與桓徹謀反
遂伏誅仲文嘗照鏡
不見頭俄而難及
及之郡至富陽慨然歎曰

看此山川形勢當復出一孫伯符孫策富春人故及此而歎梁武每集文士策經史事時范雲南史曰范雲字彦龍南鄉舞陰人祖璩之宋中書侍郎父抗郢府參軍雲六歲讀毛詩日誦九紙陳郡殷琰名知人見之日公輔才也性機警有識善屬文下筆輒成時人疑其宿構仕齊為中郎衛命至梁梁武拜黄門侍郎與沈約參讚謀謨毗佐大業官至散騎常侍吏部尚書沈約之徒皆引短推長帝愧加其賞賚曾策錦被事咸言已罄帝試呼問劉孝標劉時貧悴冗散忽請紙筆疏十餘事坐客皆驚帝不覺失色自是惡之不復引見及孝標類苑成帝即命諸學士撰華林徧略以高之竟不見用劉乃著辯命論以寄懷南史

日峻好學寄人廡下自課讀書常燎麻炬從夕
達旦時或昏睡爇其頭髮及覺復讀時魏孝文
選盡物望才學之徒咸見申擢峻兄弟不蒙選
授齊永明中奔江南自以少未開悟晚更厲精
聞有異書必往祈借清河崔慰祖謂之書淫於
是博極羣書文藻秀出時竟陵王招學士峻因
求為國職吏部尚書徐孝嗣抑而不用齊明帝
時蕭遙欣引為府刑獄禮遇甚厚遙欣尋卒梁
天監初召入典校秘閣坐私載禁物免官安成
王遷荆州雅重峻引為戶曹參軍給其書籍使
撰類苑未成復以疾去因遊東陽紫巖山築室
居焉爲山棲志其文甚美初梁武招文學之士
有高才者多被引進擢以不次峻率性而動不
能隨衆沉浮竟不見用乃著辯命論以寄懷論
成中山劉沼致書難之凡再反峻並為申析會
沼卒不見峻復報者峻乃為書以序其事唐經
籍志曰類苑一百
二十卷劉孝標撰

孟浩然極為王右丞所知王待詔金鑾召浩然

商較風雅上忽臨幸浩然錯愕伏床下王不敢隱因奏聞上欣然曰朕素聞其人因得召見上曰卿將得詩來否浩然奏曰臣偶不齎所業即命吟舊作浩然拜舞誦詩至不才明主棄上憮然曰卿自不求朕朕未嘗棄卿因放歸南山浩然歲暮歸南山詩曰北闕休上書南山歸弊廬不才明主棄多病故人踈白髮催年老青陽逼歲除永懷愁不寐松月夜窻虛

令狐綯曾以舊事訪於溫庭筠庭筠答曰事出南華經非僻書也冀相公爕理之暇時宜覽古綯甚怒奏庭筠有才無行不許登第遂轗軻終

身擬言日開成中温庭筠才名籍甚然罕拘細行以文爲貨識者鄙之唐詩紀事曰庭筠彥博裔孫與李商隱俱有名時號温李

儉嗇

和嶠性至儉家有好李王武子求之與不過數十王武子因其上直率將少年能食之者持斧詣園飽共噉畢伐之送一車枝與和公問曰何如君李和既得唯笑而已晉諸公贊曰嶠性不通治家富擬王公而至儉將有犯義之名語林曰嶠諸弟往園中食李而皆計核責錢故嶠婦弟王濟伐之也

司徒王戎既貴且富區宅僮牧膏田水碓之屬洛下無比契疏鞅掌每與夫人燭下散籌算計

晉諸公贊曰戎性簡要不治儀望自遇甚薄而
產業過豐論者以爲台輔之望不重王隱晉書
曰戎好治生園田周徧天下翁嫗二人常以象
牙籌晝夜算計家資晉陽秋曰戎多殖財賄常
若不足或謂戎故以此自晦也戴逵論之曰王
戎晦默於危亂之際獲免憂禍既明且哲於是
在矣或曰大臣用心豈其然乎逵曰運有險易
時有昏明如子之言則蘧瑗季札之徒皆負責
矣自古而觀豈
一王戎也哉

衛江州在尋陽永嘉流人名曰衛展字道舒河東安邑人祖列彭城護軍父韶廣平令展光熙初除鷹揚將軍江州刺史有知舊人投之都不料理唯餉王不留行一斤此人得餉便命駕王本草曰王不留行生太山治金瘡除風久服之輕身李弘範聞之曰家舅刻薄乃復驅使草木中興書曰李軌字弘範江夏人仕至尚書郎按軌劉氏之甥此應弘

度非弘範也

郗公大聚斂有錢數千萬嘉賓意甚不同常朝旦問訊郗家法子弟不坐因倚語移時遂及財貨事郗公曰汝正當欲得吾錢耳迺開庫一日令任意用郗公始正謂損數百萬許嘉賓遂一日乞與親友周旋略盡郗公聞之驚怪不能已已中興書曰超少卓犖而不羈有曠世之度

夏侯豫州性極客晚忽好音樂有妓妾數十無被服姿容客至嘗隔簾奏樂時呼簾爲夏侯妓衣南史曰夏侯亶字世龍譙郡譙人文詳天監元年徵爲侍中亶仕至豫州刺史

汰侈

劉威碩在蜀蜀志曰劉琰字威碩魯國人有風流善談論先主在豫州辟為從事厚親待之隨從周旋常為賓客然不豫國政領兵千餘隨諸葛武侯諷議而已車服飲食號為侈靡侍妾數十能為聲樂悉教誦讀魯靈光殿賦博物志曰王子山到魯賦靈光殿歸渡湘水溺死文考一字子山也後漢王逸傳曰逸子延壽字文考以遊魯國作靈光殿賦蔡邕亦造此賦見延壽所為遂輟翰

石崇每與王敦入學戲見顏原象顏回原憲而歎曰若與同升孔堂去人何必有間王曰不知餘人云何子貢去卿差近石正色云士當令身名俱泰何至以甕牖語人原憲以甕為戶牖

石崇廁常有十餘婢侍列皆麗服藻飾置甲煎粉沉香汁之屬無不畢備又與新衣著令出客多羞不能如廁王大將軍往脫故衣著新衣神色傲然羣婢相謂曰此客必能作賊語林曰劉寔詣石崇如廁見有絳紗帳大床茵蓐甚麗兩婢持錦香囊寔遽反走即謂崇曰向誤入卿室內崇曰是廁耳

武帝嘗降王武子家武子供饌並用瑠璃器婢子百餘人皆綾羅絝襬以手擎飲食烝豘肥美異於常味帝怪而問之荅曰以人乳飲豘帝甚不平食未畢便去王后所未知作襬一作欏

王君夫晉諸公贊曰王愷字君夫東海人王肅子也雖無檢行而少以才力見名有在公之稱既自以外戚晉氏政寬又性至豪舊制鴆不得過江爲其羽擽酒中必殺人愷爲翊軍時得鴆於石崇而養之其大如鵝喙長尺餘純食蛇虺司隸奏按愷崇詔悉原之即燒於都街愷肆其意色無所忌憚爲後將軍卒謚曰醜有牛名八百里駮常瑩其蹄角王武子語君夫我射不如卿今指賭卿牛以千萬對之君夫既恃手快且謂駿物無有殺理便相然可令武子先射武子一起便破的卻據胡床叱左右速探牛心來須臾炙至一臠便去相牛經曰牛經出甯戚傳百里奚漢世河西薛公得其書以相牛千百不失本以負重致遠未服輜軿故文不傳至魏世高堂生又傳以與晉宣帝其後王愷得其書焉臣按其相

經云陰虹屬頸于里注曰陰虹者雙筋白尾骨
髮頭犇底所飯者也愷之牛其小有陰虹也犇
戚經曰揷頭欲得高百體欲得緊大𦟝踈肋難
齡齡龍頭突目好跳又角欲得細身欲促形欲
得如

卷十何

石崇為客作豆粥咄嗟便辦恒冬天得韭蓱虀
又牛形狀氣力不勝王愷牛而與愷出遊極晚
發爭入洛城崇牛數十步後迅若飛禽愷牛絶
走不能及每以此三事為搤腕乃密貨崇帳下
都督及御車人問所以都督曰豆至難煮唯豫
作熟末客至作白粥以投之韭蓱虀是擣韭根
雜以麥苗爾後問馭人牛所以駃馭人云牛本

不遑由將軍人不及制之爾急時聽偏轅足駛矣愷悉從之遂爭長石崇後聞皆殺告者晉諸公贊曰崇性好俠與王愷競相誇衒也

羊稚舒冬月釀常令人抱甕須臾復易人酒速成而味好晉諸公贊曰羊琇字稚舒泰山人通濟有才幹與世祖同年相善謂世祖曰後富貴時見用作領護軍各十年世祖即位累遷左將軍特進

羊祖忻性善音律自造採蓮棹歌兩曲甚有新致樂府詩集曰偘有舞人張靜婉容色絕世偘嘗自造採蓮歌兩曲樂府謂之張靜婉採蓮曲姬妾侍列窮極奢靡有彈箏人陸太喜著鹿角爪長七寸儛人張淨琬腰圍一尺六寸時人

咸推能掌中舞又有孫荆玉能反腰帖地銜得
席上玉簪勅賚歌人王娥兒東宮亦賚歌者屈
偶之丞妙畫奇曲一時無對南史曰羊侃字祖忻泰山梁父人父
祉仕魏侃少而瓌瑋身長七尺八寸膂力絶人
嘗於兗州堯廟蹋壁直上至五尋橫行得七跡
泗橋有數石人長八尺大十圍侃執以相擊悉
皆破碎雅好文史帝嘗製武宴詩三十韻示侃
侃即席應詔帝曰吾聞仁者有勇今見勇者有
仁可謂鄒魯遺風英賢不絶性豪侈善音律初
赴衡州於兩艖䑧起三間通梁水齋飾以珠玉
加之錦績盛設帷屛列女樂乘潮解纜臨波置
酒緣塘傍水觀者塡咽大同中魏使楊斐與侃
在北嘗同學有詔命侃延斐同宴賓客三百餘
人食器皆金玉雜寶奏三部女樂至夕侍婢百
餘人俱執金花燭侃不飲酒而好賓游終日獻
酬同其醉醒性寬厚有器局嘗南還至漣口置
酒有客張孺才者醉於舡中失火延燒七十餘

體所燒金帛不可勝數俗聞丁不推意命酒不穀孺才慚懼自逃伲俯愉使邀待之如舊

韋陟廚中飲食香味錯雜人入其中多飽飫而歸時人為之語曰人欲不飯筋骨舒寅緣須入郇公廚唐書曰陟字殷卿安石子也自幼風標峻整安石尤愛之早有台輔之望襲封郇國公為李林甫楊國忠所擠中原兵起鬱鬱不得志乃歎曰吾道窮於此乎有志不伸得非天命因遘疾卒於虢州明皇雜録曰陟早以文學識度著名善屬文出入清顯踐歷崇貴自以門第才華接物簡傲未嘗與人款曲

李昌夔在荊州打獵大修裝飾其妻獨孤氏亦出女隊二千人皆著紅紫繡襖子及錦鞍韉

段文昌唐書曰文昌字墨卿西河人高祖志玄陪葬昭陵文昌倜儻有氣義韋皐在蜀

表授校書長慶中朝廷以文昌少在西蜀詔授西川節度使敬宗即位徵拜刑部尚書右僕射

富貴後打金蓮花盆盛水濯足或規之答曰人生幾何要酬平生不足也 續世說曰段文昌布素之時所向不偶及甚達也揚歷顯重出入將相垂二十年服飾玩好歌童妓女苟悅於心無所愛惜奢侈過度物議貶之

忿狷

魏武有一妓聲最清高而情性酷惡欲殺而愛才欲置則不堪於是選百人一時俱教少時果有一人聲及之便殺惡性者

時苗 魏略曰苗字德胄鉅鹿人為大官令領其郡中正至於敘人才不能寬大然記人之

翹雖在久遠銜之不置令壽春日蔣濟作揚州治中苗初至謁濟濟素嗜酒適會其醉不時見苗苗恚恨還刻木為人署曰酒徒蔣濟置之墻下旦夕射之魏志曰蔣濟字子通楚國平阿人官領軍將軍蒋萬機論世説曰濟隨司馬宣王屯洛水浮橋濟書與曹爽言宣王旨唯免官而已爽誅滅濟病其言之失信發病卒

虞仲翔放棄南方吳志曰翻性疏直數有酒失權嘗自起行酒翻伏地陽醉不持權去乃起坐權手劍欲擊之大司農劉基抱權諫曰大王以三爵之後手殺善士雖翻有罪天下孰知之且大王以以容賢畜衆海内望風何故一朝棄之權曰曹孟徳尚殺孔文舉孤於虞翻何有哉基曰孟徳輕害士人天下非之大王躬行德義欲與堯舜比隆何得自喻於彼由是得免權又與張昭論神仙翻指昭曰彼皆死人而語神仙世豈有仙人也權積怒非一遂徙翻交州雖

處罪放棄講學不倦門徒常數百人自恨蹤節骨體不媚犯上獲罪當長沒海隅生無可與語死以青蠅為吊客使天下一人知己者足以不恨

王藍田性急嘗食雞子以筯刺之不得便大怒舉以擲地雞子於地圓轉未止仍下地以屐齒蹍之又不得瞋甚復於地取内口中齧破即吐之王右軍聞而大笑曰使安期有此性猶當無一豪可論况藍田邪中興書曰述清貴簡正少所推屈唯以性急為累安期述父也有名德

王司州嘗乘雪往王螭許恬也司州言氣少有牾

逆於螭便作色不夷司州覺惡便輿床就之持
其臂曰汝詎復足與老兄計按王氏譜胡之是恬從祖兄也螭
撥其手曰冷如鬼手馨彊來捉人臂
桓宣武與袁彥道樗蒱袁彥道齒不合遂厲色
擲去五木溫太真云見袁生遷怒知顏子為貴論語曰哀公問弟子孰為好學孔子曰有顏回者好學不遷怒不貳過不幸短命死矣
謝無奕性麤彊以事不相得自往數王藍田肆
言極罵王正色面壁不敢動半日謝去良久轉
頭問左右小吏曰去未答云已去然後復坐時
人歎其性急而能有所容

王凝之謝夫人既往王氏大薄凝之旣還謝家意大不悅太傅慰釋之曰王郎逸少之子人身亦不惡汝何以恨迺爾荅曰一門叔父則有阿大中郎羣從兄弟則有封胡遏末封胡謝韶小字遏末謝淵小字韶字穆度萬子車騎司馬淵字叔度奕第二子義興太守時人稱其尤彥秀者曰封胡遏末封謂朗遏謂玄末謂韶胡謂玄淵一作胡謂淵遏謂玄末謂韶也不意天壤之中乃有王郎

王令請謝公值習鑿齒已在坐當與併榻王徙倚不坐公引之與對榻去後語胡兒曰子敬實自清立但人爲爾多矜咳殊是損其自然之劉謙晉

紀曰王獻之性甚整峻不交非類

桓南郡小兒時與諸從兄弟各養鵝共鬬南郡鵝每不如甚以為忿乃夜往鵝欄間取諸兄弟鵝悉殺之既曉家人咸以驚駭云是變怪以白車騎車騎曰無所致怪當是南郡戲耳問果如之

謝弘微至性寬博與人未嘗有牾末年嘗與友人棋友人西南棋有死勢一客唱言西南風急或至覆舟其人悟而救之弘微大怒投局於地識者覺其有異未幾果卒南史曰弘微自幼精神詳審時然後言

王彥深不為羣從所禮南史曰王蘊字彥深王景文兄子也負楷人才凡劣故不為羣從所禮常懷恥慨欲以將領自奮每撫刀曰龍泉雷次宗豫章記曰吳未亡恒有紫氣見斗牛之間張華聞雷孔章妙達緯象乃要索問天文孔章曰惟斗牛之間有異氣是寶物也精在豫章豐城張華遂以孔章為豐城令至縣掘深二丈得玉匣長八尺開之得二劍一名龍泉一名太阿其夕斗牛氣不復見孔章乃留其一匣而進之劍至光曜煒曄煥若電發後張華遇害此劍飛入襄城水中孔章臨亡戒其子恒以劍自隨後其子為建安從事經淺賴劍忽於腰間躍出遂視見二龍相隨焉泰阿越絕書曰楚王召風胡子而問之曰寡人聞吳干將越區冶子寡人願請此二人作鐵劍乃令風胡子之吳見區冶子干將使作為鐵劍曰泰阿晉鄭聞而求之不得興師圍楚於是王引泰阿之劍登城而麾之三軍破敗士卒迷汝知我惑流血千里江水揚折晉鄭之頭畢白

者蕭南郡除少府意甚不得寺內所住齋前有故種花草甚美悉令剗除列種白楊樹每謂人曰人生不得行胷懷雖壽百歲猶爲夭也宋書曰蕭惠開南蘭陵人蕭思話子也少有風氣涉獵文史官至少府加給事中

王融自恃人地三十內望爲公輔夜直中書省歎曰作此寂寂使鄧禹笑人東觀漢記曰鄧禹字仲華以元功拜太傅鄧禹傳曰禹年二十四封酇侯

虞玩之好臧否人物王仲寶常舉員外郎孔逷南史曰逷字世遠會稽山陰人好典故學與王儉至交儉爲相逷常謀議幄帳永明中爲太子

家令玩之頗持異議仲寶甚恨之後玩之亡後有
負外郎孔瓊就仲寶求會稽五官仲寶方盥接
皂莢於地曰卿鄉俗殊惡虞玩之至死煩人南史
日玩之東歸儉憾恨不出送朝廷無祖餞者中丞劉休與親知書曰虞公散髮海隅同古人之
美帝東都之送疏不藹藹
丘車騎初領驍騎將軍不樂武位謂人曰我還
東掘顧榮冢江南地方數千里士子風流皆出
此中顧忽引諸傖渡妨我輩塗轍齊廣徵吳地記曰榮墓在
吳縣東南二十里姑蘇志曰宴是在封門東六里
梅侍讀晚年躁於祿位而病足常撫其足而詈

之曰是中有鬼令我不至兩府者汝也宋史曰梅詢字昌言宣城人少好學有辭辯進士及第歷龍圖直學士侍讀學士給事中病足出知許州故事侍讀學士無出外者天禧中張知白罷參政領此職始出知大名府非歷二府而出者自詢始

讒險

袁悅有口才能短長說亦有精理始作謝玄參軍頗被禮遇後丁艱服除還都唯齎戰國策而已語人曰少年時讀論語老子又看莊易此皆是病痛事當何所益邪天下要物正有戰國策既下說司馬孝文王大見親待幾亂機軸俄而見誅袁氏譜曰悅字元禮陳郡陽夏人父朗給事中仕至驃騎咨議太元中悅有寵於會

稽王每勸事覽朝權王頗納其言王恭聞其說
言於孝武乃託以它罪殺悅於市中既而朋黨
同異之聲播於朝野矣
王緒數讒殷荆州於王國寶殷甚患之求術於
王東亭曰卿但數詣王緒往輒屏人因論他事
如此則二王之好離矣殷從之國寶見王緒問
曰比與仲堪屏人何所道緒云故是常往來無
它所論國寶謂緒於己有隱果情好日踈讒言
以息
按國寶得寵於會稽王由緒獲進同惡相
求有如市賈終至誅夷曾不攜貳豈有仲
堪微間而
成離隙
盧杞忌張鎰剛直欲去之時朱泚以盧龍卒戍

鳳翔帝擇人代之杞即謬曰鳳翔將校班秩素高非宰相信臣不可鎮撫臣宜行帝不許杞復曰陛下必以臣容貌寢陋不爲三軍所信恐後生變臣不敢自謀惟陛下擇之帝乃顧鎰曰文武兼資望重内外無易卿者爲朕撫盧龍士乃以中書侍郎爲鳳翔隴右節度鎰知爲杞陰中然辭窮因再拜受詔唐書曰張鎰字季權朔方節度使齊丘之子郭子儀表爲元帥判官累遷殿中侍御史華原令盧樅得罪鎰按驗樅當免官有司承風以死論鎰白母曰默則負官言則爲大夫人憂敢問所安母曰兒毋累於道吾所安遂挑正其罪鎰貶撫州司戶參軍德宗時累遷中書侍郎同平章政事盧杞忌鎰剛直擠之以爲鳳翔節度使帝幸奉

夫鎰齎家貲將自隨行在營將李楚琳作亂遂遇害史臣曰鎰暴忠王室為姦賊所乘躬可殞而名與嵩岱等矣

世說新語補卷之十九

世說新語補卷之二十

尤悔

曹公聞丁正禮才美欲以愛女妻之魏略曰丁儀字正禮沛郡人父沖宿與太祖親善儀有文才太祖辟爲掾以問五官將五官將曰女人觀貌而正禮目眇恐愛女未必悅也不如與伏波子懋魏志曰夏侯惇字元讓沛國譙人太祖平河北以爲伏波將軍子懋太祖以女妻之即清河公主魏略曰懋字子休惇仲子也文帝少與親善及即位以爲安西將軍都督關中太祖從之尋辟正禮爲掾及與論議嘉其才朗曰丁掾好士即使其兩目盲尚當與女何况但眇是兒悞我

魏文帝忌弟任城王驍壯因在卞太后閤共圍
棊並噉棗文帝以毒置諸棗蔕中自選可食者
而進王弗悟遂雜進之既中毒太后索水救之
帝預敕左右毀缾罐太后徒跣趨井無以汲須
臾遂卒魏略曰任城威王彰字子文太祖卞太后第二子性剛勇而黃鬚北討代郡獨與麾下百餘入突虜而走太祖聞曰我黃鬚兒可用也魏志春秋曰黃初三年彰來朝初彰問璽綬將有異志故來朝不即得見有此忿懼而暴薨復欲害東阿太后曰
汝已殺我任城不得復殺我東阿魏志方伎傳曰文帝問占
夢周宣吾夢磨錢文欲滅而愈更明何謂宣悵
然不對帝固問之宣曰陛下家事雖欲爾而太
后不聽是以欲滅更明耳帝欲治
弟植之罪逼於太后但加貶爵

陸平原河橋敗爲盧志所讒被誅王隱晉書曰成都王穎討
長沙王乂使陸爲都督前鋒諸軍事機別傳曰
成都王長史盧志與機弟雲趣舍不同又黃門
孟玖求爲邯鄲令於穎穎教付雲雲時爲左司
馬曰刑餘之人不可以君民玖聞此怨雲與志
讒搆曰至交機於七里澗大敗玖誣機反所
致穎乃使牽秀斬機機先是夕夢黑幰繞車手決
不開惡之明旦秀兵奄至機解戎服著衣帢見
秀容貌自若遠見害時年四十三軍士莫不流
涕是日天地霧合大風折木平地尺雪干寶晉
紀曰初陸抗誅步闡百口皆盡有識尤之及機
雲見害三族無遺臨刑歎曰欲聞華亭鶴唳八王故事曰華亭吳
由拳縣郊外墅也有清泉茂林吳平後陸機兄
弟共遊於此十餘年吳郡圖經曰華亭本吳
縣地天寶十年置因華亭谷爲名可復得乎語林曰機爲河北都督聞警角之聲
謂孫丞曰聞此不如華亭
鶴唳故臨刑而有此嘆

陸平原在洛夏月忽思齋東頭竹篠中飲語劉寶曰吾思鄉轉深矣

王導溫嶠俱見明帝帝問溫前世所以得天下之由溫未荅頃王曰溫嶠年少未諳臣為陛下陳之王迺具叙宣王創業之始誅夷名族寵樹同己及文王之末高貴鄉公事宣王創業誅曹爽任蔣濟之流者是也明帝聞之覆面著牀曰若如公言祚安得長

王大將軍起事丞相兄弟詣闕謝周侯深憂諸王始入甚有憂色丞相呼周侯曰百口委卿周

直過不應既入苦相存救既釋周大說飲酒及出諸王故在門周曰今年殺諸賊奴當取金印如斗大繫肘後大將軍至石頭問丞相曰周侯可為三公不丞相不荅又問可為尚書令不又不應因云如此惟當殺之耳復默然逮周侯被害丞相後知周侯救己歎曰我不殺周侯周侯由我而死幽冥中負此人虞預晉書曰敦克京邑叅軍呂漪說敦曰周顗戴淵皆有名望足以惑衆視近日之言無慚懼之色若不除之役將未歇也敦即然之遂害淵顗初漪為臺郎淵既上官素有高氣以漪小器待之故售其說焉

庾公欲起周子南子南執辭愈固庾每詣周庾

從南門入周從後門出庾嘗一往奄至周不及
去相對終日庾從周索食周出蔬飡庾亦彊飯
極歡并語世故約相推引同佐世之任既仕至
將軍二千石（潯陽記曰周邵字子南與南陽翟湯隱於潯陽廬山庾亮臨江州聞翟周之風束帶躡屐而詣焉聞庾至轉避之亮復密往值邵彈鳥於林因前與語還便云此人可起即拔為鎮蠻護軍西陽太守某集載求邵書曰西陽一郡戶口差實非履道真純何以鎮其流通詢之朝野僉曰足下令具上表請足下臨之無讓）而不稱意中宵慨
然曰大丈夫乃為庾元規所賣一嘆遂發背而
卒
王大將軍於衆坐中曰諸周由來未有作三公

者有人答曰唯周侯邑五馬領頭而不克大將軍曰我與周洛下相遇一面頓盡值世紛紜遂至於此因為流涕（鄧粲晉紀曰王敦參軍有於敦坐摴蒱臨當成都馬頭被殺因謂曰周家奕世令望而位不至三公伯仁垂作而不果有似下官此馬敦慨然流涕曰伯仁總角時與子東宮相遇一面披衿便許之三司何圖不幸王法所裁悽愴之深言何能盡）

阮思曠奉大法敬信甚至大兒年未弱冠忽被篤疾（阮氏譜曰牖字彥倫裕長子也仕至州主簿）兒既是偏所愛重為之祈請三寶晝夜不懈謂至誠有感者必當蒙祐而兒遂不濟於是結恨釋氏宿命都除（以阮公智識宜無此弊況此非諺何其惑歟文王期盡聖子不能駐其年釋種誅夷神力無以延

尤悔

其命故業有定限數不可移若請禱而望其靈匪驗而忽其道固陋之徒耳豈可以言神明之智者哉

桓公臥語曰作此寂寂將為文景所笑既而屈起坐曰既不能流芳後世亦不足復遺臭萬載邪續晉陽秋曰桓溫既以雄武專朝任兼將相其不臣之心形于音迹曾臥對親僚撫枕而起曰為爾寂寂為文景所笑衆莫敢對

桓公初報破殷荊州周祗隆安記曰仲堪以人情注於玄疑朝廷欲以玄代己遣道人竺僧懋齎寶物遺相王寵幸媒尼左右以罪狀玄玄知其謀而擊殺之曾講論語至富與貴是人之所欲不以其道得之不處孔安國注曰不以其道得富貴則仁者不處玄意色甚惡

孔熙先與范曄同逆下獄被責望風吐款辭氣不撓上奇其才遣人慰勞之曰以卿之才而滯於集書省理應有異志又詰責前吏部尚書何尚之曰使孔熙先年三十作散騎郎那不作賊宋書曰魯國孔熙先博學有縱橫才志爲員外散騎侍郎父不調熙先父默之爲廣州刺史以贓貨下廷尉彭城王義康保持之義康被黜熙先密懷報効以曄有志意不滿欲引之與曄戲故爲不敵輸物甚多曄既利其財寶又愛其技藝遂申莫逆之好熙先素善天文云文帝必以爲非道晏駕當由骨肉相殘江州應出天子以爲義康當之遂同搆逆謀會徐湛之上表告狀詔收並皆款服

陸鴻漸與常伯熊皆精茶理范攄雲溪友議曰鴻漸嘗爲茶論說

茶之功效并煎茶炙茶之法造茶具二十四事
以都統籠貯之遠近傾慕好事者家藏一副宋
祁隱逸傳曰羽著茶經有常伯熊者因羽論復廣著茶之功御史李季卿宣
慰江南劉昫唐書曰李季卿丞相適之子也弱冠舉明經頗工文詞代宗時拜御史大夫奉使江淮宣慰振拔幽滯進用忠讜時人稱之至臨懷縣館或言伯
熊善茶李卿請為之伯熊著黄帔衫烏紗幘手
執茶器口通茶名區分指點左右刮目茶熟李
為歠兩杯既到江外復請鴻漸為之鴻漸身衣
野服隨茶具而入如伯熊故事李公心鄙之茶
畢命奴取錢三十文酬博士鴻漸夙遊江介通
狎勝流及此羞愧遂著毁茶論張又新煎茶水記曰李季卿刺

湖州刺史李季卿至維揚逢陸處士鴻漸李素熟陸名有傾蓋之歡因過揚子驛李曰陸君善於茶蓋天下聞名矣況揚子南零水又殊絕命軍士挈瓶深詣南零俄水至陸曰非南零者傾之至半陸遽曰自此南零者矣使大駭曰某自南零齎至岸舟蕩覆半挹岸水增之處士神鑒其敢隱焉李與賓從皆大駭愕李因問歷覽之水陸曰楚水第一晉水最下李因命筆口授而次第之

紕漏

陳壽將為國志晉書曰陳壽字承祚巴西安漢人少師事譙周仕蜀為觀閣令史父喪有疾使婢丸藥鄉黨以為貶議坐是沈滯者累年張華愛其才以為不遠嫌原情不至貶廢舉孝廉除佐著作郎謂丁梁州曰若覓千斛米見借當為尊公作佳傳丁不與米遂不為立傳文士傳曰丁廙字敬禮少有才姿博學洽聞建安中為黃門侍郎廙嘗從容謂太祖曰臨菑侯天性仁孝發

於自然而聰明智達其路庶幾至於博學淵識文章絕倫當今天下賢才皆願從其游而爲之死賓天命所以鍾福祚大魏而永受無窮之祚也欲以勸勤太祖太祖答曰植吾愛之安能若卿言吾欲立爲嗣向知庾日此國家所以興衰天下所以存亡非愚劣瑣賤者所敢與及庾聞知臣莫若君知子莫若父至於君不論明闇父不問賢愚而能常知其臣子者何蓋由相知非一事一物相盡非一朝一夕況明公加之以聖哲習之以人子今發明達之命吐永安之言可謂上應天命下合人心得之於須臾垂之於萬世也庾敢不盡言太祖深納之時論以此少之晉書曰壽撰三國志時人稱其善敘事有良史之才初壽父爲馬謖參軍諸葛亮誅謖髡其父頭亮子瞻又輕壽故壽撰蜀志作諸葛評曰亮連年動衆而無成功蓋應變將略非其所長

梁州是敬禮子

明帝函封詔與庾公信誤致於王丞相丞相開

詔末云勿使冶城公知（丞相居冶城故帝稱爲冶城公）丞相既視表答曰伏讀明詔似不在臣臣閑臣閑無有見者明帝甚愧數月不敢見王公

任育長年少時甚有令名武帝崩選百二十挽郎一時之秀彥育長亦在其中王安豐選女壻從挽郎搜其勝者且擇取四人任猶在其中童少時神明可愛時人謂育長影亦好自過江便失志王丞相請先度時賢共至石頭迎之猶作疇日相待一見便覺有異坐席竟下飲便問人云此爲茶爲茗覺有異色乃自申明云向問飲

為熱為冷耳嘗行從棺邸下度流涕悲哀王丞相聞之曰此是有情癡晉百官名曰任瞻字長樂安人父琨少府卿瞻歷謁者僕射都尉天門太守

蔡司徒渡江見彭蜞大喜曰蟹有八足加以二螯令烹之既食吐下委頓方知非蟹後向謝仁祖說此事謝曰卿讀爾雅不熟幾為勸學死大戴禮勸學篇曰蟹二螯八足非蛇蟺之穴無所寄託者用心躁也故蔡邕為勸學章取義焉爾雅曰螖蠌小者勞即彭蜞也似蟹亦小今彭蜞小於蟹而大於彭蜞即爾雅所謂螖蠌也然此三物皆八足二螯而狀甚相類蔡謨不精其小大食而致斃故謂讀爾雅不熟也

王敦初尚主敦尚武帝女舞陽公主字脩褘如廁見漆箱盛乾

棗本以塞鼻王謂廁上亦下果食遂至盡既還婢擎金澡盤盛水瑠璃盌盛澡豆因倒著水中而飲之謂是乾飯羣婢莫不掩口而笑之

王大喪後朝論或云國寶應作荊州晉安帝紀曰王忱死會稽王欲以國寶代之孝武中詔用仲堪乃止國寶主簿夜函白事云荊州事已行國寶大喜而夜開閤喚綱紀話勢雖不及作荊州而意色甚恬曉遣參問都無此事即喚主簿數之曰卿何以誤人事邪

殷仲堪父病虛悸聞林下蟻動謂是牛鬭殷氏譜曰殷師字師子祖識父融並有名師至驃騎咨議生仲堪續晉陽秋曰仲堪父曾有失心病仲堪

腰不解帶彌年父卒孝武不知是殷公問仲堪有一殷病如此不仲堪流涕而起曰臣進退唯谷也大雅詩毛公注曰谷窮也

劉承徹少有淹雅之度王庾溫諸公素與周旋聞其至共載看之劉倚被囊了不與三人言神味亦不相酬俄頃竇退王庾甚怪此意溫曰承徹好賄新下必有珍寶當有市井事令人視之果見向囊皆珍玩正與胡父請賈晉書曰劉徹字承徹東萊掖人美姿容善自任過交結時豪名著海岱間王敦素與交請爲右司馬徹知敦有不臣心辭疾不視事恀恣意出爲豫章太守咸和初加散騎常侍歷平南將軍江州刺史位任轉高務豪

日甚大殖財貨商販百萬復爲鄕黨所害

謝虎子嘗上屋熏鼠虎子據小字據字玄道尚書裒第二子年三十三亡胡兒既無由知父爲此事聞人道癡人有作此者戲笑之時道此非復一過太傅既了己之不知因其言次語胡兒曰世人以此謗中郎亦言我共作此中郎據也章仲反按世有兄弟三人則謂第二者爲中今謝昆弟有六而以據爲中郎未可解當由有三時以中爲稱因仍不改也胡兒懊熱一月日閉齋不出太傅虛託引己之過以相開悟可謂德教

虞嘯父爲孝武侍中帝從容問曰卿在門下初

不聞有所獻替虞家富春近海請帝望其意氣對曰天時尚煖𩻏魚蝦鱃未可致尋當有所上獻帝撫掌大笑之（中興書曰嘯父會稽人光祿潭之孫右將軍純之子少歷顯位真王廢同慶為庶人義旗初為會稽內史）

宋武帝嘗稱謝超宗殊有鳳毛右衛將軍劉道隆在坐出候超宗曰聞君有異物欲覓一見謝曰懸磬之室何得異物邪道隆武人正觸其父諱曰方待宴至尊說君有鳳毛謝徒跣還內道隆謂檢覓鳳毛至暗待不得乃去（超宗父鳳也）

何敬容在選日嘗有一客請之此人姓吉敬容

問之曰卿與丙吉遠近答曰如明公之與蕭何南史曰敬容職任隆重而淺於學術

祖孝徵放縱不羈北史曰祖珽字孝徵瑩之子也神情機警詞藻遒逸起家秘書郎性疏率不能廉慎嘗守倉曹受山東課輸大文綾幷連珠孔雀羅等百餘疋令諸嫗擲樗蒲調新曲招城市年少歌舞爲娛遊諸娼家與陳元康穆子容任冑元士亮諸人爲聲色之遊曾至交州刺史司馬世雲家飲酒遂藏銅疊二面廚人請搜諸客果於孝徵懷中探得聞見錄曰魏神武嘗宴僚屬於坐失金叵羅竇太后令飲者皆脫帽果在孝徵髻中見者以爲深恥孝徵怡然不屑

貞觀中尚藥奏求杜若爾雅曰杜若士鹵廣雅曰楚蘅也范子計然曰

（杜若生南郡漢中）敎下度支有省郎以謝朓詩云芳洲生杜若（朓懷故人詩曰芳洲有杜若可以贈佳期）乃委坊州貢之本州曹官判云坊州不出杜杜若應由讀謝朓詩誤華省名郎作此判事豈不畏二十八宿笑人邪（史記曰太微宮後二十五星郎位也）太宗聞之改授雍州司法

褚遂良（唐書曰遂良散騎常侍亮之子博涉文史尤工隸書父友歐陽詢甚重之貞觀中歷秘書郎諫議大夫中書令前後諫奏多見采納高宗冊立武昭儀固執不從貶潭州都督）其父亮尚在乃別開門敎嘗有賜遂良使者由正門入亮出曰渠自有門（唐詩紀事曰褚亮字希明錢塘人警敏工爲詩貞觀中爲散騎常侍太宗爲天策上將軍宮城西開弘文館與房玄齡等並以本官爲學

元絳知福州日有吏白事公問如何行遣吏對合依元絳指揮公曰元絳未嘗指揮吏公名絳故云慷而退東都事略曰元絳字厚之杭州錢塘人舉進士除著作佐郎出知鄞州召爲翰林學士卒謚章簡

韓杲是吏部子雖教有義方而性頗闇劣嘗爲集賢校理史傳有金根車蔡中郎獨斷曰永安七年建金根耕根諸御車皆一轅或四馬或六馬金根箱輪皆以金兩臂前後刻金以作龍虎鳥龜形杲以爲誤悉改爲銀唐書曰愈子杲亦登進士第

紹聖間馬從一監南京排岸司適遭使至隨衆

迎謁漕一見即怒叱之曰闒汝不職未欲按汝
尚敢來見邪從一惶恐自陳湖湘人迎親竊祿
求哀不已漕察其語南音也乃稍霽威云湖南
亦有司馬氏乎從一答曰某姓馬監排岸司耳
漕乃微笑曰然則勉力職事可也初蓋誤認爲
溫公東都事畧曰司馬光字君實陝州夏縣人位至丞相忠信孝友恭儉正直出於天性自少及老語未嘗妄其好學如飢之嗜食於財利紛華如惡惡臭誠心自然天下信之於學無所不通卒贈溫國公謚文正族人故欲害之自是從一剌謁
但稱監南京排岸而已傳者皆以爲笑宋史曰哲宗初太皇太后臨政起光爲門下侍郎是時天下拭目以觀新政而議者猶謂三年無改於父之道

但毛髮細事稍塞人言先曰先帝之法百世不可變也若安石惠卿所建為天下害者改之當如抹焚摋溺兒太皇太后以母改子非子改父衆議甫定遂罷保甲團教不復置保馬廢市易法所儲物皆還之不取息除民所欠錢京東鐵錢及茶鹽之法皆復其舊或請光曰熙豐舊臣多憸巧小人他日有以父子義間上則禍作矣光正色曰天若祚宋社必無此事衆遂天下釋然至紹聖初御史周秩首論光誣謗先帝盡廢其法章惇蔡卞請發冢斲棺帝不許乃令奪贈諡仆所立碑追貶崖州司戶參軍蔡京擅政復降正議大夫京撰姦黨碑令郡國皆刻石石工安民辭曰民愚人固不知立碑之意但如司馬相公者海內稱其正直今謂之姦邪民不忍刻也府官怒欲加罪泣曰被役不敢辭乞免鐫安民二字於石末聞者愧之

金主亮南侵金史曰廢帝海陵庶人名亮劉錡傳曰紹興三十一年金主亮調軍六十萬自將南來彌望數千里不斷如銀壁命葉義問視師江上宋史

日義問字審言廣州壽昌人建炎初進士官吏部侍郎同知樞密院事義問素不習軍旅會劉錡捷書至讀之至金賊又添生兵顧問吏曰生兵是何物聞者掩口宋史曰劉錡字信叔德順軍人瀘州節度使仲武第九子也美儀狀善射聲如洪鐘張浚一見奇其才以爲涇原經略使權江東路副總管江淮浙西制置使禦金師屢戰克捷金主亮之南也下令有敢言錡姓名者罪不赦歷舉南朝諸將問其下孰敢當者皆隨姓名其答如響至錡莫有應者金主曰吾自當之然錡卒以病不能成功

惑溺

魏甄后惠而有色先爲袁熙妻甚獲寵曹公之屠鄴也令疾召甄左右白五官中郎已將去公

曰今年破賊正爲奴魏略曰建安中袁紹爲中子熙娶甄會女紹死熙出在幽州甄留侍姑及鄴城破五官將從而入紹舍見甄怖以頭伏姑膝上五官將謂紹妻袁夫人扶令舉頭見其色非凡稱嘆之太祖聞其意遂爲迎娶擅室數歲世語曰太祖下鄴文帝先入袁尚府見婦人被髮垢面垂涕立紹妻劉後文帝問知是熙妻使令攬髮以袖拭面姿貌絕倫既過劉謂甄曰不復死矣遂納之有子

荀奉倩與婦至篤冬月婦病熱乃出中庭自取冷還以身熨之婦亡奉倩後少時亦卒以是獲譏於世粲別傳曰粲常以婦人才智不足論自宜以色爲主驃騎將軍曹洪女有色粲於是聘焉容服帷帳甚麗專房燕婉歷年後婦病亡未殯傅嘏往唁粲粲不哭而神傷嘏問曰婦人才色並茂爲難子之聘也遺才存色非難遇也何哀之甚粲曰佳人難再得顧逝者不能

有傾城之異然未可易遇也痛悼不能已歲餘亦亡亡時年二十九粲簡貴不與常人交接所交者一時俊傑至葬夕赴期者裁十餘人悉同年相知名士也哭之感慟路人粲雖褊隘以燕婉自喪然有識猶追惜其能言

奉倩曰婦人德不足稱當以色為主裴令聞之曰此乃是興到之事非盛德言冀後人未昧此語何劭論粲曰仲尼稱有德者有言而荀粲或於是力頗所言有餘而識不足

王安豐婦常卿安豐安豐曰婦人卿壻於禮為不敬後勿復爾婦曰親卿愛卿是以卿卿我不卿卿誰當卿卿遂恒聽之

賈公閭充別傳曰充父逵晚有子故名曰充字公閭言後必有充閭之異後妻

郭氏酷妬有男兒名黎民生載周充自外還乳母抱兒在中庭兒見充喜踊充就乳母手中嗚之郭遥望見謂充愛乳母即殺之兒悲思啼泣不飲他乳遂死郭後終無子晉諸公贊云郭氏即賈后母也爲性高朗知后無子甚憂敬愍懷每勸厲之勅仁謗賈后令盡意於太子言甚切至趙充華及賈謐母並勿令出入宮中又曰此皆亂汝事后不能用終至誅夷臣按傳暢此言則郭氏賢明婦人也向令賈后撫愛愍懷豈當縱其妬悍自殘其子乎然則物我不同或老壯情異乎

謝太傅劉夫人性忌不令公有別房公既深好聲樂後遂頗欲立妓妾兒子外生輩微達此旨共問訊劉夫人因方便稱關雎螽斯有不忌之

德夫人知以諷己乃問誰撰此詩云是周公夫人曰周公是男子相為耳若使周姥撰詩當無此言詩小序曰關雎后妃之德也螽斯后妃子孫衆多也言若螽斯不妬忌則子孫衆多也

韓壽美姿容賈充辟以為掾充每聚會賈女於青瑣中看見壽說之恒懷存想發於吟咏後婢往壽家具述如此并言女光麗壽聞之心動遂請婢潛脩音問及期往宿壽蹻捷絶人踰墻而入家中莫知晉諸公贊曰壽字德真南陽赭陽人曾祖曁魏司徒有高行壽敦家風性忠厚豈有若斯之事諸書無聞惟見世說自未可信自是充覺女盛自

拂拭說暢有異於常後會諸吏聞壽有奇香之氣是外國所貢一著人則歷月不歇十洲記曰漢武帝時西域月氏國王遣使獻香四兩大如雀卵黑如桑椹燒之芳氣經三月不歇蓋此香也充計武帝唯賜已及陳騫餘家無此香疑壽與女通而垣墻重密門閤急峻何由得爾乃託言有盜令人修墻使反曰其餘無異唯東北角如有人跡而墻高非人所踰充乃取女左右婢考問即以狀對充秘之以女妻壽郭子謂與韓壽通者乃是陳騫女即以妻壽未婚而女亡壽因娶賈氏故世因傳是充女

劉道真子婦始入門遣婢虔劉聊之甚苦婢固

不從劉乃下地叩頭婢懼而從之明日語人曰手推故是神物一下而婢子脹淫

至丞相有幸妾姓雷頗預政事納貨蔡公謂之雷尚書語林曰雷有寵生恬洽

范汪至能噉梅有人致一斛奩須臾噉盡

劉邕南史曰邕穆之子襲封南康郡公愛食瘡痂以為味似鰒魚穆之傳曰邕嘗詣孟靈休靈休先患灸瘡痂落在牀邕取食之靈休大驚痂未落者悉褫取餉邕邕去靈休與何勗書曰劉邕向顧見噉遂舉體流血

何佟之性好潔一日之中洗滌者十餘過猶恨不足人稱為水淫梁書曰何佟之字士威廬江灊人豫州刺史惲六世孫祖

劭之宋員外散騎常侍父歆齊奉朝請佟之少好三禮師心獨學彊力專精手不釋卷讀禮論二百篇略皆上口起家揚州從事仍為總明館學士仕梁至尚書左丞

玄宗不好琴嘗一聽弄未畢叱琴者出謂內侍曰速令花奴將羯鼓來為我解穢段安節樂府襍錄曰明皇好羯鼓有汝陽王花奴尤善此伎時戴研絹帽于上安葵花曲終花不落黔帥南卓有羯鼓錄具述其事

李納性辯急酷尚弈棊每下子安詳極於寬緩有時躁怒家人輩則密以棊具陳於前納覩便欣然改容取子布算都忘其恚唐書曰李納平盧淄青節度使正己之子代宗時正己遣將兵備秋召見嘉之自奉禮郎超拜殿中丞侍御史兼總父兵正己

惑溺　世説補二十　十六

卒統衆為亂為劉洽所敗討慶歸順詔加檢校工部尚書

宋子京多内寵後庭曳羅綺者甚衆嘗宴於錦江微寒命取半臂諸婢各送一枚凡十餘枚皆至子京視之茫然恐有厚薄之嫌竟不敢服忍凍而歸

米元章在真州嘗謁蔡攸於舟中攸出右軍王略帖示之元章驚歎求以他畫易之攸有難色元章曰若不見從某即投此江死矣因大呼據船舷欲墮攸遂與之宋史蔡攸字君安京長子也除秘書郎加龍圖學士無侍讀史局官僚百人多三館雋遊而攸用大臣子領袖其間懵不知學士論不與嗜康元

年安置永州

仇隙

獻帝嘗晏見孔文舉與郗鴻豫司馬彪續漢書曰郗慮字鴻豫山陽高平人少受學於鄭玄問文舉曰鴻豫何所優長文舉言可與適道未可與權鴻豫舉笏曰融昔宰北海政散人流其權安在遂與文舉互相短長范曄漢書曰操以孔融論建漸廣慮鯁大業郗慮承望風旨以微法奏免融官因顯明讎怨操書激厲融曰蓋聞唐虞之朝有克讓之臣故麟鳳來而頌聲作也後世德薄猶殺身為君破家為國及至其敝雖睚眦之怨必讎一餐之惠必報故晁錯念國遘禍於袁盎屈平悼楚受譖於椒蘭彭寵傾亂起自朱浮鄧禹威損失於宗馮由此言之喜怒怨愛禍福所因可不慎與昔蕭蘭小國

之臣猶能捐下厖賈倉幸武夫屈節崇好光武
不問伯升之怨齊侯不疑射鉤之虜夫立大操
者豈累細故哉竊聞二君有執法之平以為小
介當收舊好而怨毒漸積志相危害聞之憮然
中夜而起昔國家東遷文學盛漢鴻豫名實相
副綜達經學出於鄭玄又明司馬法鴻豫亦稱
文舉奇逸博聞誠怯今者與治相違孤與文舉
既非舊好又於鴻豫亦無恩紀然願人之相美
不樂人之相傷是以區區思協歡好又知二君
羣小所搆孤為人臣進不能風化海內退不能
建德和人然撫養戰士殺身為國破浮華交會
之徒計有餘矣融報曰猥惠書教告所不逮融
與鴻豫州里比鄰知之最早雖嘗陳其功美欲
以厚於見私信於為國不求其覆過掩惡有罪
望不坐也前者點退歡欣受之昔趙宣子朝登
韓厥夕被其戮喜而求賀況無彼人之功而敢
枉當官之平哉忠非三閭智非晁錯竊位為過
免罪為幸乃使餘論遠聞所以慚懼也朱彭寇
賈為世壯士愛養相攻能為國憂至於輕弱薄
劣猶昆蟲之相齧適足還害其身誠無所至也

晉侯嘉其亘所爭者大而師曠以為不如心競性既遲緩與人無傷雖出胯下之負輸攻之辱
不知貽臧之於己猶蛟蚕之過也子產謂人心不抯似或詐勢者欲以取勝為不念宋人待
四海之客大鑪不欲令酒酸也至於屋穀巨弘堅而無竅當以無用罪之耳他者奉尊嚴教不
冣失鑒都為故吏融所推進趙襄之拔鄗穀不輕公叔之外臣也知同其變訓誨發中雖懿伯
之忌猶不得念況恃舊交而欲自外於賢吏哉輙布腹心併好如初

孫秀既恨石崇不與綠珠于寶晉紀曰石崇有妓人綠珠美而工笛孫秀使人求之崇別館北邙下方登涼觀臨清水使者以告崇出其婢妾數十人以示之曰任所以擇使者曰本受命者指綠珠也未識孰是崇勃然曰綠珠吾所愛不可得也使者曰君侯博古知今察遠照邇願加三思崇不然使者已出又反崇竟不許又憾潘岳昔遇之不以禮後秀為中書令岳省內見之因喚

曰孫令憶疇昔周旋不秀曰中心藏之何日忘之岳於是始知必不免王隱晉書曰岳父文德爲瑯琊太守孫秀爲小吏給使岳數蹴蹋秀而不以人遇之也後收石崇歐陽堅石同日收岳晉陽秋曰歐陽　字堅石勃海人有才藝時人爲之語曰勃海赫赫歐陽堅石初建爲馮翊太守趙王倫爲征西將軍孫秀爲腹心撓亂關中建每匡正由是有隙王隱晉書曰石崇潘岳與賈謐相友善及謐廢懼終見危與淮南王謀誅倫事泄收崇及親舊以上皆斬之初岳母誡岳以止足之道及收與母別曰負阿母崇家河北收者至曰吾不過流徙交廣耳及車載東市始嘆曰奴輩利吾家之財收崇入曰知財爲害何不蚤散崇不能答石先送市亦不相知潘後至石謂潘曰安仁卿亦復爾邪潘曰可謂白首同所歸語林曰潘石同刑東市石謂潘曰天下殺

潘金谷集詩云投分寄英雄卿復何爲潘曰俊士填溝壑餘波來及人石友白首同所歸乃成其讖

劉輿當即劉輿兄弟少時爲王愷所憎嘗召二人宿欲默除之令作阬阬畢垂加害矣石崇素與輿琨善聞就愷宿知當有變便夜往詣愷問二劉所在愷卒迫不得諱荅云在後齋中眠石便徑入自牽出同車而去語曰少年何以輕就人宿劉璨晉紀曰琨與兄輿皆知名遊權貴之間當世以爲豪傑

王東亭與王孝伯語後漸異孝伯謂東亭曰卿便不可復測荅曰王陵廷爭陳平從默但問克

終云何耳
漢書曰呂后欲王諸呂問右相王陵
以爲不可問左丞相陳平平曰可陵
出讓平平曰面折廷爭臣不如君全社稷定劉
氏君不如臣晉安帝紀曰初王恭起山陵欲斬
國寶王珣固諫之乃止既而恭謂珣曰比日視
君一似胡廣珣曰王陵廷爭陳平愼默但問克
終如
何也
王孝伯死縣其首於大桁司馬太傅命駕出至
標所孰視首曰卿何故趣欲殺我邪
續晉陽秋
曰王恭深
懼禍難抗表起兵於是遣左將軍謝琰討恭恭
敗走曲阿爲湖浦尉所擒初道子與恭善於黄
出都面相折數聞西軍之逼乃
令於兒塘斬之梟首於東桁也
桓玄將篡桓脩欲因玄在脩母許襲之庾夫人
云汝等近過我餘年我養之不忍見行此事
桓
氏

諳曰桓冲後娶潁川庾蔑女字桃晉安帝紀曰
脩少爲玄所侮言論常鄙之脩深憾焉密有圖
玄之意脩母曰靈寶視我如母
汝等何忍骨肉相圖脩乃止

王大將軍執司馬愍王夜遣世將載王於車而殺之當時不盡知也晉陽秋曰司馬承字元敬譙王遜子也爲中宗湘州刺史路過武昌王敦與燕會酒酣謂承曰大王篤實佳士非將御之才對曰馬知鉛刀不能一割乎敦將謀逆召承爲軍司馬承嘆曰吾其死矣地荒民鮮勢孤援絶赴君難忠也死王事義也死忠與義又何求焉乃馳檄諸郡承赴義敦遣從母弟魏乂攻承王廙使賊迎之甍於車敦既滅追贈驃騎謚曰愍王雖愍王家亦未之皆悉而無忌兄弟皆稚無忌別傳曰無忌字公壽承子也才器兼濟有文武幹襲封譙王衛軍將軍

王胡之與無忌長甚相暱胡之嘗共遊無忌入

告毋請爲饌毋流涕曰王敦昔肆酷汝父假手

世將司馬氏譜曰承娶南陽趙氏女吾所以積年不告汝者王

氏門彊汝兄弟尚幼不欲使此聲著蓋以避禍

耳無忌驚號抽刃而出胡之已去遠

玄暉頗輕江祏南史曰祏字弘業濟陽考城人祖遵寧朔參軍父德驎司

徒右長史祏仕至侍中中書令受遺輔政爲東昏所誅祏嘗詣玄暉玄暉

因言有一詩呼左右取既而復停祏問其故云

定復不急祏以爲輕已南史曰祏嘗與弟祀劉風劉晏俱候眺眺謂祏

曰可謂帶二江之風流以朝弄之祏轉不堪後遂構害玄暉南史曰東昏失

德江祏欲立始安王致意於眺眺自以受明帝恩不肯荅又說劉暄曰始安一旦南面則劉渢

劉晏居卿令地暄暘驚馳告晏安王及祏拊而害之暴其過惡收付廷尉

顏平原司馬光通鑑曰真卿爲侍御史楊國忠嫉其不附己出爲平原太守不容於盧杞杞將出之平原辭曰先中丞傳首平原唐書曰杞父奕天寶末爲東臺御史中丞奕子三綫清節不易十四載安祿山犯東都人吏奔散奕在臺獨居爲賊所執遂見害面被流血吾不敢以衣拭親舌舐之公不忍見容乎杞矍然下拜而銜恨切骨劉昫唐書曰盧杞字子良故相懷慎之孫父奕御史中丞安祿山陷洛陽奕遇害杞以明蔭辟禮率府兵曹微爲御史中丞時尚父子儀病百官造問皆不屏姬侍杞至子儀悉屏去獨隱几待之家人問故子儀曰杞形陋而心險左右見之必笑若此人得權即吾族無類矣及居糾彈之地論奏稱旨遷御史大夫旬日爲黄門侍郎

世說新語補卷之二十 終

朝鮮刊本世説新語姓彙韻分

[韓]閔寬東
[韓]玉　珠　整理
陳　慶

目録

目録

世説新語姓彙韻分題解

一、韓國所藏《世説新語補》《世説新語姓彙韻分》版本狀況

《世説新語補》是由王世貞删并劉義慶《世説新語》和何良俊《何氏語林》而成，明朝嘉靖三十五年（一五五六）初版刊出不久即傳入韓國，是由明朝使臣朱之蕃贈給韓國友人的。此書的韓國出版記録見於朝鮮肅宗三十四年（一七〇八），最初以《世説新語補》爲名。《世説新語姓彙韻分》一書乃是將《世説新語補》以姓氏爲綱再次編輯後成書的。

《世説新語補》版本狀況

書名	出版事項	版式狀況	一般事項	所藏處/所藏番號
世説新語補	劉義慶（南朝宋）撰，宣祖十九年丙戌，萬曆十四年（一五八五）	二十卷五册，中國木版本，14.4cm×22cm，上下單邊，左右雙邊，九行十八字，半郭：12.5cm×18.3cm，有界，小注雙行十八字，白口，白魚尾上	版心書名：世説補，序：王世貞（一五五六），王世懋（一五八五），陳文燭（一五八六），劉辰翁批，刊記：梅墅石渠閣梓，印：洪重壽	澗松文庫

	劉義慶(南朝宋)撰，劉孝標(南朝梁)注，劉辰翁（宋）批，何良俊（明）增，王世貞(明)删定，王世懋(明)批釋，張文柱(明)校注，王湛（明）校訂，萬曆十四年(一五八五)	二十卷六册，中國木版本，22cm × 14cm	標題：劉須溪先生纂輯，世説新語補，梅墅石渠閣梓，序：萬曆丙戌（一五八六）秋日沔陽陳文燭玉叔撰，嘉靖丙辰（一五五六）季夏瑯琊王世貞撰，萬曆庚辰（一五八〇）秋……王世懋書，丙戌（一五八六）李贄序，嘉靖乙未(一五三五)……袁褧撰，紹興八年（一一三八）……董棻題	高麗大學（晚松文庫）C14-B8J
世説新語補	劉義慶(南朝宋)撰，劉孝標(南朝梁)注，何良俊(明)增補，王世貞(明)删定，劉須溪纂輯，明萬曆十四年(一五八六)刻，後刷	二十卷十册，中國木版本，22.8cm × 14.4cm，左右雙邊，半郭：18.5cm × 12.6cm，有界，九行十八字，注雙行，上白黑混合魚尾，紙質：竹紙	版心題：世説補，補刻序：萬曆丙戌（一五八六）秋日沔陽陳文燭玉叔撰，刊記：梅墅石渠閣梓，所藏印：金氏尚熗，敬庵，王性淳印	成均館大學 D7C-47a
	劉義慶(南朝宋)撰，劉辰翁（宋）批，何良俊（明）增，肅宗三十三年(一七〇七)刊	二十卷十册，朝鮮顯宗實録字版，30.8cm × 20cm，四周單邊，半郭：22.8cm × 15.8cm，有界，十行十八字，注雙行，内向黑魚尾，紙質：楮紙	刊年出處：韓國古印刷技術史	仁壽文庫 4-4 三十四

世説新語補	劉義慶（南朝宋）撰，何良俊（明）增補，肅宗三十四年（一七〇八）左右	零本一册，朝鮮活字本（顯宗實録字），32.5cm×20.3cm，四周單邊，半郭：23.1cm×15.7cm，有界，十行十八字，小字雙行，上下内向黑魚尾	所藏本中卷之十六—十七의 一册，其他部分缺（全七册中）	高麗大學（薪庵文庫）C14-A37
	劉義慶（南朝宋）撰，劉孝標（南朝梁）注，何良俊（明）增，肅宗三十四年（一七〇八）	二十卷五册，顯宗實録字本，29.5cm×19.5cm，四周單邊，半郭：23.2cm×15.5cm，十行十八字，（注雙行），内向黑魚尾	序：嘉靖丙辰（一五五六）……（明）王世貞，萬曆丙戌（一五八六）……（明）陈文烛	國立中央圖書館［古］373-1
	劉義慶（南朝宋）撰，劉孝標（南朝梁）注，劉辰翁（宋）批，何良俊（明）增，王世貞（明）删定，王世懋批釋，鍾惺（明）批點，張文柱（明）校注，肅宗三十四年（一七〇八）	二十卷七册，朝鮮筆寫本，31.1cm×19.8cm，左右雙邊，22.9cm×15.4cm，十行十八字，小字雙行，内向黑魚尾	序：嘉靖丙辰（一五五六）季夏琅琊王世貞撰，萬曆庚辰（一五八〇）秋日吴郡王世懋撰，乙酉（一五八五）世懋再識，萬曆丙戌（一五八六）秋日沔陽陳文燭王叔撰，印：東陽、汝成、申晚	高麗大學（晚松文庫）C14-A37

世說新語補	劉義慶（南朝宋）撰，劉孝標（南朝梁）注，劉辰翁（宋）批，何良俊（明）增，張文柱（明）校注，刊寫者未詳，肅宗三十四年（一七〇八）	九卷二冊（零本，卷一—五，十一—十三），朝鮮金屬活字本（顯宗實録字），31.3cm × 20.5cm，四周雙邊，半郭：24.9cm × 16.2cm，有界，十行十八字，頭注，注雙行，內向二葉花紋魚尾，紙質：楮紙	跋：長洲陸師道撰，序：嘉靖丙辰（一五五六）季夏：王世貞撰	東國大學 D819.8 유68ㅅ
	劉義慶編，肅宗三十四年（一七〇八）	一冊（零本），朝鮮古活字本（顯宗實録字），32cm × 20cm，四周單邊，半郭：22.7cm × 15.3cm，十行十八字，上下花紋魚尾		建國大學[고]924
	劉義慶（南朝宋）撰，劉孝標（南朝梁）注，何良俊（明）增，王世貞（明）刪定，刊地未詳，刊者未詳，肅宗三十四年（一七〇八）	三卷一冊（零本三冊，卷十三—十六），朝鮮金屬活字本（顯宗實録字），31.4cm × 19.5cm，四周單邊，半郭：22.8cm × 15.5cm，有界，十行十八字，注雙行，上下內向黑魚尾	版心題：世說補，文化財登録番號：140號	建國大學[고]812.38 유68ㅅ-2-13-16

世説新語補		
劉義慶（南朝宋）撰，何良俊（明）增補，王世貞（明）删定，肅宗三十四年（一七〇八）刊	劉義慶（南朝宋）撰，何良俊（明）增補，王世貞（明）删定，肅宗三十四年（一七〇八）刊	劉義慶（南朝宋）撰，何良俊（明）增補，肅宗三十四年（一七〇八）刊
六卷二册（卷九—十一，十五—十七），朝鮮顯宗實録字版，31.3cm×20cm，四周單邊，有界，半郭：22.7cm×15.5cm，十行十八字，注雙行，頭尖，内向黑魚尾，紙質：楮紙	二十卷七册，朝鮮顯宗實録字版，31.4cm×19.9cm，四周單邊，半郭：22.8cm×15.3cm，有界，十行十八字，注雙行，内向黑魚尾，紙質：楮紙	二十卷七册中十四卷五册（卷一—十一，十五—十七），朝鮮顯宗實録字版，30.7cm×20.1cm，四周單邊，半郭：22.7cm×15.7cm，有界，十行十八字，注雙行，内向二葉花紋魚尾，紙質：楮紙
表題：世説新語，版心題：世説補，刊年出處：藏書閣目録，備考：共七册，中二册存	表題：世説新語，版心題：世説補，序：嘉靖丙辰（一五五六）……琅琊王世貞（明）撰，序：萬曆庚辰（一五八〇）……王世懋（明）撰，印记：樸城，凝川後人	表題：世説，版心題：世説補，序：嘉靖丙辰（一五五六）季夏琅琊王世貞（明）撰，印記：李世德，外四種
誠庵文庫 4–1417	誠庵文庫 4–1418	誠庵文庫 4–1419

世説新語補	劉義慶(南朝宋)撰，何良俊(明)增補，王世貞(明)删定，顯宗實録字版，肅宗三十四年(一七〇八)	二十卷七册，31.4cm×19.5cm，四周單邊，有界，半郭：22.8cm×15.5cm，十行十八字，注雙行，内向黑魚尾，紙質：楮紙	表題：世説，版心題：世説補，序：嘉靖丙辰(一五五六)季夏琅琊王世貞撰，序：萬曆庚辰(一五八〇)秋吴郡王世懋撰，序：萬曆丙戌(一五八六)秋日汭陽陳文燭玉叔撰，印：豐壤後人，趙東型印，李王家圖書之章，卷六－八寫本	韓國學中央研究院 4-6884
	劉義慶(南朝宋)撰，何良俊(明)增編，王世貞(明)删定，肅宗三十四年(一七〇八)左右刊	二卷一册(卷一－二)，朝鮮顯宗實録字本，29.1cm×19.4cm，左右雙邊，半郭：22.9cm×15.3cm，有界，十行十八字，注雙行，内向黑魚尾，紙質：楮紙	表題：世説，版心題：世説補，序：嘉靖丙辰(一五五六)季夏王世貞(明)撰，萬曆庚辰(一五八〇)秋吴郡王世懋撰，萬曆丙戌(一五八六)秋日汭陽陳文燭玉叔撰	嶺南大學校博物館

世說新語補	劉義慶（南朝宋）撰，劉孝標（南朝梁）注，劉辰翁（宋）批，肅宗三十四年（一七〇八）刊	二十卷七冊，朝鮮顯宗實錄字本，29.7cm×19.2cm，上下單邊，左右雙邊，有界，半郭：23.1cm×16.4cm，十行十八字，注雙行，內向黑魚尾，紙質：楮紙	表題：世說，刻序：萬曆丙戌（一五八六）秋日泗陽陳文燭（明）王叔撰，嘉靖丙辰（一五五六）季夏琅琊王世貞（明）撰，內容：德行—仇隙	清州大學 823.4 유591ㅅ v.1~v.7
	劉義慶（南朝宋）撰，劉孝標（南朝梁）注，劉辰翁（宋）批，何良俊（明）增，肅宗三十四年（一七〇八）刊	二卷二冊（卷十一—十二），朝鮮顯宗實錄字本，29.7cm×19.5cm，上下單邊，左右雙邊，半郭：23cm×15.5cm，有界，十行十八字，注雙行，內向黑魚尾，紙質：楮紙	表題：世說新語，版心題：世說補，序：嘉靖乙未（一五三五）袁褧（明）撰，萬曆丙戌（一五八六）……王叔撰	海軍士官學校
	劉義慶（南朝宋）撰，何良俊（明）增補，肅宗三十四年（一七〇八）刊	六卷一冊（卷十一—十六），朝鮮顯宗實錄字本，30.5cm×19.4cm，四周單邊，十行十八字，半郭：22.8cm×15.3cm，有界，注雙行，內向黑魚尾，紙質：楮紙	版心題：世說補	溫陽民俗博物館

世説新語補	劉義慶（南朝宋）撰，劉孝標（南朝梁）注，劉辰翁（宋）批，何良俊（明）增，肅宗三十四年（一七〇八）	零本一冊，朝鮮古活字本（顯宗實録字本），29.7cm×19.5cm，上下單邊，左右雙邊，半郭：23cm×15.5cm，有界，十行十八字，小字雙行，白口，上下内向黑魚尾	表紙書名：世説新語，序：……嘉靖丙辰（一五五六）王世貞撰，……萬曆丙戌（一五八六）……玉叔撰，補序：……嘉靖乙未（一五三五）……袁褧撰，印：（三种未详），所藏本中卷之一十一冊其他部分缺（全二十卷七冊中）	海軍士官學校［한］248
	劉須溪批，三畏堂，肅宗三十四年（一七〇八）	六卷六冊（卷一—六），朝鮮活字本，24.5cm×15cm，上下單邊，左右雙邊，半郭：19.5cm×13cm，有界，九行十八字，上下向黑魚尾	内容：卷一言語，卷二文學、政事，卷三方正，卷四賞譽，卷五巧藝，卷六排調	慶熙大學 819.8
	劉義慶（南朝宋）撰，劉孝標（南朝宋）注，劉辰翁（宋）批，肅宗三十四年（一七〇八）左右刊	二十卷五冊，朝鮮顯宗實録字版，31.3cm×20cm，左右雙邊，半郭：22.9cm×15.5cm，有界，十行十八字，注雙行，内向黑魚尾，紙質：楮紙	表題：世説，版心題：世説補，序：萬曆丙戌（一五八六）……汭陽陳文燭玉叔撰	尚熊文庫 4-158

世説新語補	劉義慶（南朝宋）撰，刊寫地未詳，刊寫者未詳，肅宗年間（一六七五~一七二〇）	十七卷七册（卷一—十七），朝鮮金屬活字本（顯宗實録字），32.5cm×20.3cm 四周單邊，半郭：22.7cm×15.3cm，有界，九行字數不定，注雙行，花口，内向黑魚尾，紙质：楮紙	表題：世説新語，版心題：世説補，序：萬曆庚辰（一五八〇）秋吴郡王世懋撰，萬曆丙戌（一五八六）秋日汭陽陳文燭玉叔撰，舊序：嘉靖乙未（一五三五）歲立秋日吴郡袁褧撰	全南大學 3Q-세 53 ㅇ
	劉義慶（南朝宋）撰，刊寫地未詳，刊寫者未詳，肅宗年間（一六七五~一七二〇）	八卷三册（卷一—八），朝鮮木版本，32cm×20.6cm，上下單邊，左右雙邊，半郭：22.9cm×15.3cm，有界，十行十八字，注雙行，花口，内向黑魚尾，紙质：楮紙	序：嘉靖丙辰（一五四三）季夏琅琊王世貞撰	全南大學 3Q-세 53 ㅇ2
	劉義慶（南朝宋）原著，王世貞（明）删定，肅宗年間（一六七五~一七二〇）刊	二十卷七册，朝鮮 顯宗實録字本，31cm×19.7cm，四周單邊，半郭：23.2cm×16.1cm，有界，十行十八字，注雙行，内向黑魚尾，紙質：楮紙	版心題：世説補，序：萬曆丙戌（一五八六）秋日汭陽陳文燭玉叔撰，印記：國宗外二種	山氣文庫 4-695

重訂世說新語補	劉義慶，未詳，茂書屋藏(一七六二)	中國木版本，六冊，23cm		嶺南大學東濱文庫 [古]823
世說新語補	劉義慶（南朝宋）撰，劉孝標（南朝梁）注，劉應登（宋）評，何良俊（明）增，王世貞（明）刪，王世懋（明）評，張文柱（明）注，黃汝琳刊，寫地未詳，乾隆壬午（一七六二）	六卷二冊，23.3cm×14.8cm，中國木版本，左右雙邊，上下單邊，有界，半郭：17.5cm×11.7cm，九行十八字，注雙行，上下向黑魚尾	序題：重訂世說新語補，版心題：世說補，表題：世說，刊記：乾隆壬午（一七六二）春日茂清書屋板，江夏黃汝琳秪崖補訂重刊，舊序：萬曆丙戌（一五八六）春日河陽陳燭王叔撰，重訂序：乾隆二十有七年壬午（一七六二）上元日崇明黃汝琳秪崖氏書……，內容：冊一（卷一—三），冊二（卷四—六）	中央大學 812.8-유 의경세
	劉義慶（南朝宋）撰，何良俊(明)增，王世懋評，茂清書室，乾隆二十七年（一七六二）	零本八冊，中國木版本，24.3cm×15.3cm，上下單邊，左右雙邊，半郭：17.7cm×12cm，有界，九行十八字，小字雙行，白口，上黑魚尾	版心書名：世說新語，標題紙：乾隆壬午（一七六二）春鐫茂清書室藏板，所藏本中卷之一—十，十五—二十八冊，其他部分缺（全二十卷十冊中）	海軍士官學校 [중]86

世説新語補	劉義慶撰，中國，茂清書屋，一七六二	四册，24cm，中國木版本，無界，行字數不定，無魚尾	版心書名：世説補，刊記：乾隆壬午（一七六二），卷首：嘉靖乙未（一五三五）……吳郡袁褧，丙戌（一五八六）……劉應登，萬曆（一五八六）……陳文燭（明）	忠北大學 912.03-人384-春、夏、秋、冬
	劉義慶（南朝宋）撰，何良俊（明）增補，王世貞（明）删定，茂清書屋，清乾隆二十七年（一七六二）刊	二十卷八册，中國木版本，24cm×15.5cm，左右雙邊，半郭：17.5cm×12cm，有界，九行十八字，注雙行，上黑魚尾，紙质：竹紙	表題：世説，裏題：重訂世説新語補，版心題：世説補，序：乾隆二十有七年壬午（一七六二）上元日崇明黄汝琳砥崖氏書於金閶津西之七桂樓，刊記：乾隆壬午（一七六二）春鐫，茂清書屋藏板	成均館大學 D7C-47c

世説新語補	劉義慶（南朝宋）撰，劉孝標（南朝梁）注，劉應登（宋）評，何良俊（明）增，王世貞（明）删，黄汝琳（清）補訂，乾隆二十七年（一七六二）	二十卷八册，中國木版本，24.2cm×15.5cm，左右雙邊，半郭：17.8cm×11.9cm，有界，九行十八字，注雙行，上黑魚尾，紙質：竹紙	裏題：重訂世説新語補，版心題：世説補，序：萬曆丙戌（一五八六）秋日沔陽陳文燭玉叔撰，刊記：乾隆壬午（一七六二）春鐫，題：紹興八年（一一三八）夏四月癸亥廣川董棻題，藏板：茂清書室藏板，印：諺士居人，讀書秋두□，趙□镐印，怡堂，李王家圖書之章 外一种	韓國學中央研究院 4-229
	劉義慶（南朝宋）撰，劉孝標（南朝梁）注，劉應登（宋）評，何良俊（明）增，王世貞删，黄汝琳（清）補訂，清乾隆二十七年（一七六二）重刊	二十卷八册，中國木版本，24.6cm×15.4cm，左右雙邊，半郭：17.4cm×11.7cm，有界，九行十八字，注雙行，上黑魚尾，紙質：竹紙	表題：世説，版心題：世説補，序：乾隆二十有七年（一七六二）壬午上元日崇明黄汝琳砥崖氏書於金閶津西之七桂樓，刊記：乾隆壬午（一七六二）春，茂清書屋藏板，印：平山之印，李王家圖書之章	韓國學中央研究院 4-230

世說新語補	劉義慶(南朝宋)撰，何良俊(明)增補，王世貞(明)删定，茂清書屋，乾隆二十七年(一七六二)刊，後刷	二十卷六册，中國木版本，23.5cm×15cm，左右雙邊，半郭：17.5cm×12cm，有界，九行十八字，注雙行，上黑魚尾，紙质：竹紙	表題：世說，裏題：重訂世說新語補，版心題：世說補，序：乾隆二十有七年壬午(一七六二)上元日崇明黄汝琳砥崖氏書於金閶津西之七桂樓，刊記：乾隆壬午(一七六二)春鐫，茂清書屋藏板，所藏印：尹氏致秀	成均館大學 D7C-47d
	劉義慶(南朝宋)撰，劉孝標(南朝梁)注，劉須溪(宋)批，顯宗年間	二十卷七册，朝鮮活字本(顯宗實録字)，30.5cm×19.6cm，上下單邊，左右雙邊，半郭：22.9cm×15.4cm，十行十八字，注雙行，上下黑魚尾，紙質：楮紙	卷首：嘉靖丙辰(一五五六)……王世貞撰，萬曆庚辰(一五八〇)……王世懋撰，萬曆丙戌(一五八六)……玉叔撰，印：弘文館	首爾大學奎章閣[奎중]1801，2072
	何良俊(明)撰補，張文柱(明)校注，清版本	四卷四册，中國木版本，24.8cm×15.1cm		首爾大學奎章閣[古]1952.

世說新語補	劉義慶（南朝宋）撰，劉孝標（南朝梁）注，何良俊（明）增，李贄（明）批點，清刻本	二十卷六册，中國木版本，26.9cm × 16.7cm	標題紙：李卓吾批點……，版心書名：批點世說補，表紙書名：世說補，卷首：嘉靖乙未（一五三五）……吴郡袁褧，淳熙戊申（一一八八）……陸游，舊跋	首爾大學奎章閣[가람古]920.052-
	劉義慶（南朝宋）撰，王世貞（明）删，肅宗年间	二十卷七册，朝鮮古活字本（顯宗實録字），30cm × 19.4cm，四周單邊，半郭：22.9cm × 15.6cm，十行十八字，注雙行，内向黑魚尾	補序……嘉靖丙（一五五六）……王世貞	國立中央图書館[한]48
	劉義慶（南朝宋）撰，何良俊（明）增補，王世貞（明）删定	零本三册（卷一－二，九－十一，十八－二十），朝鮮顯宗實録字本，四周單邊，匡郭：23.5cm × 16.5cm，有界，十行十八字，上下黑魚尾	序：嘉靖丙辰（一五五六）王世貞	延世大學[고서]812
	劉義慶（南朝宋）撰，何良俊（明）增補，茂青書室	二十卷六册（卷一－三缺），中國木版本，上下單邊，有界，匡郭：18cm × 13cm，九行十八字，上黑魚尾	表題：世說，印記：韓章錫印	延世大學 811.38

書名	撰者	版本	序跋等	所藏
世説新語補	劉義慶(南朝宋)撰，何良俊(明)增補，王世貞(明)刪定	零本一册(卷一—二)，朝鮮顯宗實録字本，四周單邊，匡郭：23.5cm×16.5cm，有界，十行十八字，上下黑魚尾	序：嘉靖丙辰(一五五六)王世貞	延世大學(濯斯文庫)
	劉義慶(南朝宋)撰，何良俊(明)增補	二十卷六册(卷一—三缺)，中國木版本，上下單邊，匡郭：18cm×13cm，有界，九行十八字，上黑魚尾	表題：世説	延世大學(韓相億文庫)
	劉義慶撰，劉孝標注，劉辰翁批，何良俊增，王世貞刪定，王世懋批釋，鍾惺批点，张文柱校注	二十卷六册，朝鮮顯宗實録字本，32cm 上下單邊左右雙邊，23cm×15.5cm，有界，十行十八字，注小字雙行，上下内向黑魚尾	版心題：世説補，序：嘉靖丙辰(一五五六)季夏王世貞撰，萬曆庚辰(一五八〇)秋吴郡王世懋撰，萬曆丙戌(一五八六)秋日陳文燭撰，舊序：嘉靖乙未(一五三五)立秋日吴郡袁褧撰，舊題：紹興八年(一一三八)夏四月癸亥廣川董棻題，舊跋：淳熙戊申(一一八八)重五日新定郡守陸游書，卷首：釋名，印記：温陽人鄭宗憲明老除口之印 外四種文	延世大學 812.38/7

書名	著者	版本形態	備考	所藏
世説新語補	劉義慶撰，劉孝標注，何良俊增，王世貞删定，王世懋批釋，張文柱校注，古吳麟瑞堂藏板	二十卷十册，中國木版本，23cm，上下單邊，左右雙邊，18.6cm×12.4cm，有界，九行十八字，注小字雙行，上黑魚尾（上白魚尾混合）	版心題：世説補，序：萬曆丙戌（一五八六）秋日陳文燭撰，嘉靖丙辰（一五五六）季夏王世貞撰，萬曆庚辰（一五八〇）吳郡王世懋書，舊序：嘉靖乙未（一五三五）歲立秋日吳郡袁褧撰，卷首：釋名，印記：日庵外三種	延世大學 812.38/8
	刘義慶撰	一册（卷之六—十），朝鮮顯宗實録字本，30cm，上下單邊，左右雙邊，22.9cm×15.3cm，有界，十行十八字，注小字雙行，上下内向花紋魚尾		延世大學 812.38/9
	劉義慶（南朝宋）撰，劉孝標（梁）注，劉辰翁（宋）批，何良俊（明）增，王世貞（明）删定，王世懋批釋，鍾惺（明）批點，張文柱（明）校注	二十卷七册，朝鮮活字本（實録字），31.1cm×19.8cm，上下單邊，左右雙邊，有界，半郭：22.9cm×15.4cm，十行十八字，白口，内向黑魚尾，紙质：楮紙	補序：嘉靖丙辰（一五五六）季夏琅琊王世貞撰，序：萬曆庚辰（一五八〇）秋吳郡王世懋撰，歲乙酉初春世懋再識，刻補字：萬曆丙戌（一五八〇）秋日沔陽陳文燭玉叔撰，補舊字：嘉靖乙未（一五三五）……歲立秋日吳郡袁褧撰	高麗大學（華山文庫）C14-A37

世說新語補	劉義慶(南朝宋)撰, 何良俊(明)增補, 王世貞(明)刪定, 肅宗年間刊	二十卷七冊, 朝鮮顯宗實錄字版, 31cm×20cm, 左右雙邊, 有界, 半郭: 22.8cm×15.6cm, 十行十八字, 注雙行, 內向黑魚尾, 紙質: 楮紙	版心題: 世說補, 序: 丙戌(一五八六)秋日汭陽王叔撰, 所藏印: 萬曆陳文燭, 嚴重選	成均館大學 D7C-47
	劉義慶(南朝宋)撰, 何良俊(明)增補, 王世貞(明)刪定, 明朝末期刊	四卷二冊, 中國木版本, 26.6cm×16.5cm, 四周單邊, 有界, 半郭: 21cm×14.2cm, 九行十九字, 注雙行, 上白魚尾, 紙質: 竹紙	裏題: 世說, 序: 嘉靖丙辰(一五五六)李夏撰, 琅琊王世貞	成均館大學 D7C-47b
	劉義慶(南朝宋)撰, 何良俊(明)增補, 王世貞(明)刪定, 張懋辰(明)考訂, 刊年未詳	四卷二冊(第一冊缺, 全四卷二冊), 木版本, 25.6cm×16.6cm, 四周單邊, 有界, 半郭: 21.2cm×14.1cm, 九行十九字, 注雙行, 上白魚尾	序: 嘉靖丙辰(一五五六)王世貞撰, 後序: 龍舜卿, 所藏印: 成	國會圖書館[古] 812.3 ○ 998 人

世說新語（及）補	劉義慶（南朝宋）撰，劉峻（南朝梁）注，張懋辰（明）訂，刊年未詳	十二卷十冊，木版本，25.6cm×16.7cm，四周單邊，半郭：21cm×14.2cm，有界，九行十九字，注雙行，上白魚尾	序：……王思任題，所藏印：成後龍舜卿印，內容：冊一－德行，冊二－言語，冊三－文學，冊四－方正，冊五－賞譽，冊六－捷悟，冊七－巧藝，冊八－輕詆，冊九～十－補遺	國會图書館 [古]952.3 ㅇ 431 ㅅ
世說新語補	劉義慶（南朝宋）撰，劉孝標（南朝梁）注，劉辰翁（宋）批，何良俊（明）增，王世貞 刪定，王世懋批釋，鍾惺 批點，張文柱(校注	二十卷五冊（仁、義、禮、智、信），金屬活字本（顯宗實録字），31cm×20cm，四周單邊，半郭：23cm×15.5cm，有界，十行字數不定，上下向黑魚尾	表題：世說新語，……序：嘉靖丙辰（一五五六）……王世貞撰，萬曆庚辰（一五八〇）……王世懋撰……乙酉（一五八五）世懋識，……萬曆丙戌（一五八六）……陳文燭撰，……舊序：嘉靖乙未（一五三五）……袁褧撰	建國大學 [고] 812. 三十四－유 68 ㅅ -2
	劉義慶 編，刊年未详	九卷二冊，中木活字本，31.5cm×20.5cm，四周雙邊，半郭：23cm×17cm，有界，十行十七字，上下花紋魚尾	序：萬曆丙戌（一五八六）泗陽陳文燭玉叔撰，版心書名：世說補，表紙書名：世說新語	梨花女子大校 [고]811.0

世說新語・世說新語補	劉義慶編，刊年未詳	十一冊（缺本），木活字本，26cm × 15.5cm，上下單邊，左右雙邊，有界，半郭：23.5cm × 12.8cm，九行二十四字，注雙行，上黑魚尾	內容：第一—十冊，其他缺	梨花女子大學 [고]811.
	劉義慶（南朝宋）撰	二十卷七冊，朝鮮活字本（改鑄甲寅字，實録字），20cm × 31.1cm，四周單邊，半郭：15.8cm × 23.2cm，十行十八字，細注雙行，白口，黑魚尾上下	表紙書名：世說補，序：王世貞（一五五九），王世懋（一五八六），劉辰翁（宋）批，印：金東弼之直章	澗松文庫
世說新語補	劉義慶（南朝宋）撰，劉孝標（南朝梁）注，王世貞（明）刪定，肅宗年間	二十卷七冊（第二冊缺），朝鮮顯宗實録字版，30.9cm × 19.9cm，四周單邊，半郭：23.1cm × 15.7cm，十行十八字，黑口，上下黑魚尾，紙質：楮紙	表題書名：世說，版心書名：世說補，序：嘉靖丙辰（一五五六）……琅琊王世貞撰，萬曆丙戌（一五八六）……河陽陳文燭玉叔撰	韓國學中央研究院 D7C–61
	劉義慶（南朝宋）撰，劉孝標（南朝梁）注，何良俊（明）增	二十卷一冊（卷十七－十八），木版本，半郭：17.9cm × 12.2cm，九行十八字，黑白混魚尾	印記：金柱臣（一六六一—一七二一）夏卿印，慶恩府院君家藏書籍	雅丹文庫 823.4– 유 67 ㅅ

世說新語補	劉義慶（南朝宋）撰，何良俊（明）增編	五卷一册（卷十六—二十，貞），筆寫本，22cm×19cm，十行十八字	表紙書名：世說新語	雅丹文庫 823.4
	劉義慶（南朝宋）撰，劉孝標（南朝梁）注	八卷二册（卷十一—十八），木版本，半郭：18.9cm×12.5cm，九行十八字，上黑魚尾		雅丹文庫 823.4- 유 67 ㅅ
	劉義慶（南朝宋）撰，劉孝標（南朝梁）注，何良俊（明）增，王世貞（明）删定	七卷一册（卷一—四，十二—十四），顯宗實錄字本，半郭：22.9cm×15.4cm，十行十八字，內向黑魚尾	序：萬曆丙戌（一五八六）秋日河陽陳文燭玉叔撰	雅丹文庫 823.4- 유 67 ㅅ
	劉義慶（南朝宋）撰，劉孝標（南朝梁）注，劉辰翁（宋）批，何良俊（明）增，王世貞（明）删定，王世懋（明）批釋，鍾惺（明）批點，張文柱（明）校注，肅宗年間刊	二十卷五册（卷一—二十），朝鮮顯宗實錄字本，32cm×18.8cm，四周雙邊，半郭：22.8cm×15.4cm，有界，十行十八字，注雙行，內向黑魚尾，紙質：楮紙	序：嘉靖丙辰（一五五六）季夏琅琊王世貞（明）撰，萬曆丙戌（一五八六）秋日河陽陳文燭（明）玉叔撰，刊年出處：藏書閣圖書韓國版總目錄，所藏印：邊時淵印，內容：哀册文箋表等	全羅南道靈岩郡文衹集

世說新語補	劉義慶(南朝宋)撰，何良俊(明)增補，朝鮮朝後期至末期寫	一冊（五十六張），朝鮮筆寫本，25.4cm×18.9cm，無界，十四行字數不定，注雙行，紙質：楮紙	表題：世說	慶星大學博物館
	劉義慶(南朝宋)撰，肅宗年間刊	九卷五冊（卷六—十四），朝鮮顯宗實錄字本，21.6cm×19.4cm，四周單邊，有界，半郭：22.8cm×15.7cm，十行十八字，注雙行，二內向黑魚尾，紙質：楮紙	表題：世說新語	慶尚南道密陽郡申柄澈
	劉義慶（南朝宋）集錄	一冊（七十一張），朝鮮筆寫本，25.9cm×14.3cm，十行二十六字，無界，注雙行，紙質：楮紙		釜山大學小訥文庫（子部）
	劉義慶(南朝宋)撰，劉孝標(南朝梁)注，刊寫地未詳，刊寫者未詳，刊寫年未詳	十七卷六冊（零本，卷一—二十），木活字本，上下單邊，左右雙邊，30.6cm×19.7cm，半郭：22.9cm×15.4cm，有界，十行十八字，注雙行，上下內向黑魚尾	版心題：世說補，表題：世說補，序：嘉靖丙辰（一五五六）……王世貞，序：萬曆丙戌（一五八六）……陳文燭	檀國大學天安栗穀圖書館羅孫文庫

世說新語補	劉義慶(南朝宋)撰，劉孝標(南朝梁)注，劉辰翁(宋)批，王世貞(明)刪定，王世懋(明)批釋，鍾惺(明)批點，張文柱(明)校注，刊寫地未詳，刊寫者未詳，朝鮮中期	五卷一册(零本)，朝鮮木活字本，31.4cm×20.5cm，四周雙邊，半郭：23.2cm×16.3cm，有界，十行十八字，注雙行，上下内向二葉花紋魚尾	表題：世說，序：萬曆庚辰(一五八〇)秋吴郡王世懋撰，補序：嘉靖丙辰(一五五六)季夏琅琊王世貞撰，補序：萬曆丙戌(一五八六)秋日沔陽陳文燭玉叔撰，所藏本：卷一—五	김민영 集部小說類
	刊寫地未詳，刊寫者未詳，刊寫年未詳	一册，朝鮮筆寫本，27.5cm×16.9cm，四周單邊，半郭：22.5cm×12.8cm，有界，十二行字數不定，注雙行，無魚尾	表題：世說新語	京畿大學
	劉義慶(南朝宋)撰，刊寫地未詳，刊寫者未詳，刊寫年未詳	十册(缺帙，卷一一二)，朝鮮木版本，31.8cm×18.9cm，上下單邊，左右雙邊，有界，半郭：22.9cm×15.7cm，十行十八字，注雙行，上下内向黑魚尾	版心題：世說補	京畿大學 경기 -K121453-1

	劉義慶（南朝宋）選，何良俊（明）補，刊寫地未詳，刊寫者未詳，刊年不明	二十卷七册，朝鮮銅活字本，19.3cm×28.4cm，半郭：16cm×23cm，有界，十行十八字，上黑魚尾	版心題：世説補	明知大學
世説新語補	劉義慶（南朝宋）撰，刊寫地未詳，刊寫者未詳，肅宗年間	八卷三册（卷一—八），朝鮮木版本，32cm×20.6cm，上下單邊左右雙邊，有界，半郭：22.9cm×15.3cm，十行十八字，注雙行，內向黑魚尾，紙質：楮紙	序：嘉靖丙辰（一五四三）季夏琅琊王世貞撰	全南大學 3Q- 세 53 ㅇ 2-v.1-3
	劉義慶（南朝宋）撰，何良俊（明）增，刊年未詳	二十卷五册，朝鮮顯宗實録字本，29.2cm×19.2cm，四周單邊，半郭：23cm×15.5cm，有界，十行十八字，注雙行，內向黑魚尾	序：嘉靖丙辰（一五五六）……王世貞	啓明大學 이 812.8 유의경ㅅ
	劉義慶（南朝宋）撰，刊年未详	三册，朝鮮筆寫本，28.5cm×18cm，四周無邊，無界，十四行三十四字		啓明大學 고 812.8 유의경ㅅ

世説新語補	劉義慶（南朝宋）撰，何良俊（明）增，刊年未詳	二十卷五册，朝鮮顯宗實録字本，29.2cm×19.2cm，四周單邊，半郭：23cm×15.5cm，有界，十行十八字，注雙行，内向黑魚尾	序：嘉靖丙辰（一五五六）……王世貞	啓明大學고 812.8
	劉義慶（南朝宋）撰，刊年未詳	二十卷三册，朝鮮筆寫本，31.8cm×20.4cm，四周白邊，無界，十四行二十四字，注雙行	序：嘉靖丙辰（一五五六）……王世貞，年記：壬辰八月……鳳西册畢書碉翁也	啓明大學
	劉義慶（南朝宋）撰，劉孝標（南朝梁）注，劉辰翁（宋）批，何良俊（明）增補，王世貞（明）删定	二册（零本，全二十卷七册，本館所藏二册，卷六－八，十五－十七），朝鮮金屬活字本（顯宗實録字），29.6cm×19.4cm，四周單邊（一部分左右雙邊），半郭：23cm×15.6cm，有界，十行十八字，注雙行，上下内向黑魚尾	版心題：世説補，表紙書名：世説	嶺南大學南齋文庫［古南］823 유의경

世說新語補			
劉義慶(南朝宋)撰，劉孝標(南朝梁)注，劉辰翁(宋)批，何良俊(明)增補，王世貞(明)刪定，王世懋(明)批釋，張文柱(明)校注，王湛(明)、彭燧(明)校訂	一册(零本，全二十卷五册，本館所藏：一册，卷十三—十六)，中國木版本，22.5cm×14.9cm，上下單邊，左右雙邊，半郭：18.6cm×12.6cm，有界，九行十八字，注雙行，上下內向白魚尾	版心題：世說補，表紙書名：世說補	嶺南大學南齋文庫[古南]823 유의경ㅈ
劉義慶	一册，朝鮮筆寫本，22cm×20cm		嶺南大學
劉義慶(宋)撰，王世貞(明)刪定，發行地不明，發行處不明，發行年不明	一册(一百三十张)，朝鮮筆寫本，23.5cm×14.4cm		慶尚大學
	一册，朝鮮筆寫本，31cm×20.8cm		英陽南氏蘭皋宅，國學振興院受托

世說新語補	劉義慶（南朝宋）撰，何良俊（明）增補，王世貞（明）刪定，肅宗三年（一六七七）	三卷一冊（卷九—十一），朝鮮顯宗實錄字本，32.5cm×20.5cm，四周單邊，半郭：23cm×16.4cm，有界，十行十八字，注雙行，頭注，白口，內向黑魚尾，紙質：楮紙	表題：世說新語補，版心題：世說補	忠清北道清州市古印刷博物館
	劉義慶（南朝宋）撰，何良俊（明）增補，王世貞（明）刪定，一七〇八年刊	三卷一冊（卷三—五），朝鮮顯宗實錄字本，29cm×19.5cm，四周單邊，十行十八字，半郭：23.2cm×16.5cm，有界，注雙行，頭注，白口，內向黑魚尾，紙質：楮紙	表題：世說譜	忠清北道清州市古印刷博物館
	劉義慶（南朝宋）撰，何良俊（明）增補，王世貞（明）刪定，一七〇八年刊	六卷一冊（卷三—八），朝鮮顯宗實錄字本，31cm×19.4cm，四周單邊，半郭：23cm×16.6cm，有界，十行十八字，注雙行，頭注，白口，內向黑魚尾，紙質：楮紙	表題：世說新語補，版心題：世說補	忠清北道清州市古印刷博物館

世説新語補	劉義慶(南朝宋)撰，何良俊(明)增補，王世貞(明)删定	二十卷六册，朝鮮木版本，31cm×19.8cm，上下單邊，左右雙邊，十行二十二字，半郭：23.1cm×16.5cm，有界，注雙行，頭注，白口，内向黑魚尾，紙質：楮紙	表題：世説補，版心題：世説補，序：余少時得世説新語……長洲陸師道撰	忠清北道清州市古印刷博物館
	劉義慶(南朝宋)撰，何良俊(明)增補，王世貞(明)删定	二十卷七册(卷一—二十)，朝鮮顯宗實録字本，32.5cm×19.7cm，上下單邊，左右雙邊，十行十八字，半郭：23cm×18.3cm，有界，注雙行，頭注，白口，内向黑魚尾，紙質：楮紙	表題：世説，版心題：世説補	忠清北道清州市古印刷博物館
世説新語補抄卷	劉義慶著，寫年未详	二册，朝鮮筆寫本，23.9cm×25.4cm，無界，八行，字數不定，紙質：楮紙	表題：世説	慶尚南道晋州市崔載浩

（李卓吾批點）世說新語補	劉義慶（南朝宋）撰，劉孝標（南朝梁）注，劉辰翁（宋）批，何良俊（明）增，王世貞（明）刪定，王世懋（明）批釋，李贄（明）批點，張文柱（明）校注，萬曆五年（一五八六）刊	零本四冊，中國木版本，27.4cm × 17.7cm	表題：世說新語，序：嘉靖丙辰（一五五六）季夏琅琊王世貞撰，萬曆庚辰（一五八〇）……王世懋撰，丙戌（一五八六）李贄序，嘉靖乙未（一五三五）……袁褧撰，印：金閶業，藏本：卷一—八，十八—二十	高麗大學（晚松文庫）C14–B83A
	李贄（明）批點，劉義慶（南朝宋）撰	二十卷八冊，木版本，四周單邊，匡郭：19.5cm × 15cm，有界，九行十八字，无魚尾	序：萬曆庚辰（一五八〇）王世懋表題：世說新語補	延世大學（韓相億文庫）
	劉義慶（南朝宋）撰，李贄（明）批點	二十卷八冊，木版本，四周單邊，匡郭：19.5cm × 15cm，有界，九行十八字，无魚尾	表題：世說新語補	延世大學 812.38
	發行地不明，發行處不明，發行年不明	六冊（一—六，九—十，十三—十六），16cm × 25cm，四周單邊，半郭：14.2cm × 23.6cm，有界，九行十八字，注雙行	刊記：……心雲爾長洲，版心題：批點世說譜，制尖題：世說	明知大學 812-3

（李卓吾批點）世說新語補	劉義慶	二十卷五冊，活印本，26cm		嶺南大學［慕］823
批點世說補	刊寫事項不明	零本一冊（卷一一三），新鉛活字本，27.6cm×16.8cm，四周單邊，半郭：20.5cm×14.8cm，有界，十行十八字，無魚尾	版心題：批點世說補，序：萬曆丙戌秋日沔陽陳文燭玉叔撰	慶北大學校［古］812.1 비 73

《世說新語姓彙韻分》版本狀況

書名	出版事項	版式狀況	一般事項	所藏處/所藏番號
世說新語姓彙韻分	英祖年間	十二卷四冊，朝鮮古活字本（顯宗實錄字體木活字），28cm×17.7cm，四周單邊，半郭：22cm×15cm，十行十八字，注雙行，內向二葉花紋魚尾	補序：嘉靖丙辰（一五五六）……王世貞，舊序：嘉靖乙未（一五三五）……袁褧	國立中央图書館［한］48-223

世說新語姓彙韻分		十二卷六册，朝鮮筆寫本，32cm×20.5cm	舊序：嘉靖乙未（一五三五）吴郡袁褧，序：嘉靖丙辰（一五五六）王世貞，表題：世説	延世大學（默容室文庫）812.38
		十二卷六册，朝鮮木活字本，四周單邊，匡郭：22cm×15.5cm，有界，十行十八字，上下花紋魚尾	舊序：嘉靖乙未（一五三五）袁褧，序：嘉靖丙辰（一五五六）王世貞	延世大學［고서］812.38
		十二卷六册，朝鮮筆寫本，32cm×20.5cm	舊序：嘉靖乙未（一五三五）袁褧，序：嘉靖丙辰（一五五六）王世貞	延世大學［고서］812.38
		十二卷六册，朝鮮木活字本，30cm，四周單邊，21.9cm×14.6cm，有界，十行十八字，注小字雙行，上下内向花紋魚尾	序題：世説新語補，外題：世説，序：嘉靖丙辰（一五五六）季夏琅琊王世貞撰，舊序：嘉靖乙未（一五三五）立秋日…吴郡袁褧撰，印記：默容室藏 外十三種	延世大學812.38/10

世説新語姓彙韻分	劉義慶（南朝宋）撰，王世貞（明）補	十四卷四册，朝鮮木活字本，28cm×19.2cm，四周單邊，半郭：22cm×14.9cm，十行十八字，小字雙行，内向二葉花紋魚尾	序：嘉靖丙辰（一五五六）季夏琅琊王世貞撰，舊序：嘉靖乙未（一五三五）歲立秋日吴郡袁褧撰，印：完山李彦藎國獻圖書爰吾廬藏	高麗大學（晚松文庫）C14-A37D
		十二卷六册，朝鮮木活字本，28.6cm×18.2cm，四周單邊，半郭：21.8cm×14.8cm，十行十八字，小字雙行，内向花紋魚尾	表題：世説，序：嘉靖丙辰（一五五六）季夏琅琊王世貞撰，舊序：嘉靖乙未（一五三五）……吴郡袁褧撰	高麗大學（晚松文庫）C14-A37C
		零本十一册，朝鮮木活字本，29.4cm×18.7cm，四周單邊，半郭：22.6cm×14.9cm，十行十八字，小字雙行，内向二葉花紋魚尾	序：嘉靖丙辰（一五五六）季夏瑯琊王世貞撰，嘉靖乙未（一五三五）歲立春日吴郡袁褧撰，缺本：卷之八（全十二卷十二册）	高麗大學（晚松文庫）C14-A37E
	劉義慶（南朝宋）撰，劉辰翁（宋）編，丁酉（？）	十二卷二册，朝鮮筆寫本，24.8cm×18cm	筆寫記：丁酉（？）九月初七日	高麗大學（晚松文庫）C14-A37B

書名				
世説新語姓彙韻分	劉義慶（南朝宋）撰，王世貞（明）删定，出版事項未详	十二卷三册，朝鮮木活字本，28.5cm×18.6cm，四周單邊，半郭：21.7cm×14.5cm，有界，十行十八字，小字雙行，下内向花紋魚尾，下白口	世説新語補序：……嘉靖丙辰（一五五六）季夏琅琊王世貞撰，舊序：……嘉靖乙未（一五三五）歲立秋日吴郡袁褧撰	高麗大學（華山文庫）C14–A37A
	著作未詳，刊寫地未詳，刊寫者未詳，刊寫年未詳	八卷四册（缺帙，卷一－八），朝鮮木活字本（訓練都監字），30.7cm×19.5cm，四周單邊，半郭：21.8cm×14.5cm，有界，十行十八字，注雙行，上下内向二葉花紋魚尾	文化財登録番號：139號，世説新語補序：嘉靖丙辰（一五五六）季夏琅琊王世貞撰，舊序：嘉靖乙未（一五三五）立秋日吴郡袁褧撰，書記：崇禎後戊戌（一六五八）七月買得以爲傳家……	建國大學［고］812.三十四－세53
	著作未詳，刊寫地未詳，刊寫者未詳，刊寫年未詳	四卷二册，朝鮮木活字本，（訓練都監字）30.8cm×19.5cm，四周單邊，半郭：22cm×14.6cm，有界，十行十八字，上下内向二葉花紋魚尾	版心題：世説，表紙題：世説新語，文化財登録番號：139號，卷首：世説新語補，序：嘉靖丙辰（一五五六）……王世貞，舊序：嘉靖乙未（一五三五）……袁褧撰	建國大學［고］812.38–세
	劉義慶（南朝宋）撰，王世貞（明）補，刊年未詳	十二卷六册（第二、四册缺），朝鮮筆寫本，27.5cm×18.9cm	表題書名：世説，序：嘉靖丙辰（一五五六）……王世貞撰，舊序：嘉靖乙未（一五三五）……吴郡袁褧撰	韓國學中央研究院 D7C–45

世說新語姓彙韻分	劉義慶（南朝宋）撰，朝鮮朝後期刻	十二卷六册朝鮮木活字本，30cm×19.2cm，四周單邊，半郭：22.5cm×15cm，有界，十行十八字，注雙行，白口，內向二、三葉混入花紋魚尾，紙質：楮紙	版心題：世說，舊序：嘉靖乙未（一五三五）歲立秋日吳郡王世懋撰，嘉靖丙辰（一五五六）季夏琅琊王世貞撰	漆谷郡李敦柱
	劉義慶（南朝宋）撰，何良俊（明）增補，王世貞（明）删定	二卷二册，朝鮮筆寫本，17.6cm×14.1cm，無界，十行三十五字，注雙行，紙質：楮紙	表題：世說，所藏印：夏山	忠南大學
	劉義慶（南朝宋）撰	九卷四册，朝鮮木活字本，29.2cm×18.2cm，四周單邊，半郭：21.8cm×15cm，有界，十行十八字，注雙行，頭注，內向二葉花紋魚尾，紙質：楮紙	表題：世說，版心題：世說，世說新語補序：嘉靖乙未（一五三五）歲立秋日吳郡袁褧撰，舊序：嘉靖乙未（一五三五）歲立秋日吳郡表褧撰，所藏印：德水李□□，大仲	忠南大學 總·叢書類-52
	刊寫地未詳，刊寫者未詳，刊寫年未詳	八卷四册（缺帙，卷一—四，七—八，十一—十二），朝鮮木活字本，28.4cm×18.3cm，四周單邊，半郭：22.4cm×14.7cm，有界，十行十八字，注雙行，上下內向二葉花紋魚尾	表題：世說	京畿大學경기-K121023-1

世說新語姓彙韻分		三册（零本，全十二卷四册，本館所藏：三册，卷一—九），朝鮮木活字本，28.9cm×19.2cm，四周單邊，半郭：21.9cm×14.7cm，有界，十行十八字，注雙行，上下內向四瓣黑魚尾	世說新語補序：嘉靖丙辰（一五五六）……王世貞，舊序：嘉靖乙未（一五三五）……吳郡袁褧，世說新語姓彙韻分凡例，目錄，版心題：世說，表紙書名：世說	嶺南大學味山文庫[古味] 823.099 세설신
		五册（零本），朝鮮古木活字本，30cm×19cm		嶺南大學東濱文庫[古] 823.099
	劉義慶（南朝宋）著，朝鮮朝中期刊	十二卷五册，朝鮮木活字本，30cm×18cm，四周雙邊，半郭：22cm×15cm，有界，十行十八字，內向二葉花紋魚尾，紙質：楮紙	表題：世說新語，版心題：世說，序：嘉靖丙辰（一五五六）……琅琊王世貞（明）撰，印記：宿雲堂藏，菁川王振，外二種	山氣文庫 4-696
	十八世纪	二十卷四册，朝鮮古活字本（顯宗實錄字體木活字），29.4cm×19.1cm，四周單邊，半郭：22.3cm×15.7cm，十行十八字，注雙行，頭注，白口，內向二葉花紋魚尾	表題：姓彙世說，版心題：世說	忠清北道清州市古印刷博物館

世説新語姓彙韻分	英祖年間	十二卷三册，朝鮮古活字本，30.5cm×19cm，四周單邊	表題：世説，補序：嘉靖丙辰（一五五六）……王世貞，舊序：嘉靖乙未（一五三五）……袁褧	忠北大學 823-○591

二、朝鮮刊本《世説新語姓彙韻分》目次

卷之一

馮道　馮延巳　馮京　种放　董和　董養　孔奮　孔嵩

孔融　孔坦　孔愉　孔羣　孔淳之　孔顗　孔熙先　孔稚圭

孔休源　孔範　孔極　鍾皓　鍾繇　鍾毓　鍾會　鍾雅

宗預　宗承　宗炳　宗慤　宗測　宗如周　龔勝　宋宗

宋璟　宋之問　宋祁　江彪　江惇　江灌　江敳　江斅

江淹　江祏　江從簡　龐參　龐統　脂習　時苗　眭夸

李膺　李豊　李密　李重　李充　李歁　李喜　李元忠
李集　李元凱　李諧　李謐　李德林　李密　李白　李百藥
李勉　李泌　李龜年　李德裕　李嗣真　李納　李沆　紀僧真
摯瞻　費褘　韋誕　韋承慶　韋陟　韋皐　韋綬　郗鑒
郗愔　郗超

卷之二

魏舒　魏顗　魏收　魏徵　魏埜　徐穉　徐寧　徐廣
徐羨之　徐勉　徐陵　徐有功　徐晦　褚陶　褚裒　褚爽
褚炤　褚淵　吕安　吕太乙　吕才　許虔　許劭　許璪
許詢　許敬宗　許謹選　虞翻　虞存　虞嘯父　虞騠　虞玩之
虞世南　朱暉　朱穆　朱百年　朱昇　朱桃椎　吴展　吴隱之
吴道玄　蘇瓊　蘇世長　蘇頲　蘇軾　蘇舜欽　蘇庠　盧志
盧詢祖　盧邁　盧承慶　盧藏用　盧杞　符朗　胡威　干寶
蒲元　庾乘　庾鼓　庾亮　庾冰　庾翼　庾龢　庾羲
庾法暢　庾統　庾闡　庾杲之　庾信　庾子輿　祖廣　祖納

祖逖　祖約　祖瑩　祖珽　杜恕　杜乂　杜黃裳　杜審言

杜甫　武陔

卷之三

顧雍　顧劭　顧榮　顧顯　顧和　顧敷　顧悅　顧愷之

顧琛　顧協　顧歡　傅嘏　傅亮　傅昭　喻陟　路巖

嵇康　嵇紹　米芾　禰衡　衛玆　衛瓘　衛玠　衛永

衛展　蔡邕　蔡洪　蔡謨　裴徽　裴楷　裴瓚　裴頠

裴遐　裴邈　裴昭明　裴炎　裴度　裴佶　崔豹　崔浩

崔悛　崔瞻　崔信明　崔公孺　雷有終　梅詢　來敏　戴淵

戴逵　戴顒　戴至德　荀巨伯　荀淑　荀靖　荀爽　荀彧

荀粲　荀勗　荀羡　陳咸　陳蕃　陳寔　陳紀　陳登

陳羣　陳琳　陳泰　陳逵　陳壽　陳遺　陳暄　陳顯達

陳執中　秦子羽　秦觀　秦檜　閔貢

卷之四

殷羨　殷融　殷浩　殷仲堪　殷顗　殷仲文　元德秀　袁閬

袁渙　袁喬　袁宏　袁耽　袁粲　孫策　孫登　孫盛

孫放　孫楚　孫綽　孫揆　温嶠　温庭筠　源懷　阮武

阮侃　阮籍　阮咸　阮渾　阮瞻　阮孚　阮裕　阮脩

阮長之　韓康　韓壽　韓伯　韓麒麟　韓彔　韓熙載　韓琦

卷之五

桓彝　桓温　桓嗣　桓謙　桓玄　桓伊　桓石虔　桓道恭

潘勗　潘濬　潘岳　潘滔　潘師正　管寧　管輅　滿奮

段文昌　山濤　山該　山簡　顔含　顔延之　顔竣　顔真卿

簡雍　權德輿　邊讓　田遊巖　田令孜　錢鳳　錢惟演　卞壼

卞彬　蕭思話　蕭惠開　蕭琛　蕭賁　蕭引　蕭穎士　堯君素

姚崇　趙孝　趙温　趙壹　趙咨　趙至　趙道德　趙師

趙匡凝　高鳳　高彪　高爽　高允　高叡　高之　曹毗

刁協　陶侃　陶範　陶潛　陶弘景　毛玄

卷之六

和嶠　何晏　何充　何準　何尚之　何點　何敬容　何子朗

何佟之 何承裕 羅企生 羅含 羅友 羅可 左思 賀邵
華歆 車胤 馬援 馬融 馬希範 馬從一 賈詡 賈充
賈思伯 謝鯤 謝安 謝萬 謝尚 謝玄 謝朗 謝琰
謝重 謝奉 謝敷 謝混 謝瞻 謝靈運 謝弘微 謝莊
謝超宗 謝晦 謝絢 謝淪 謝朏 謝脁 謝覽 謝譓
謝幾卿 謝貞 陽城 揚雄 楊彪 楊脩 楊淮 楊氏子
楊愔 楊素 楊弘禮 楊德幹 楊再思 楊億

卷之七

張衡 張裔 張仲蔚 張飛 張純 張華 張翰 張天錫
張玄之 張憑 張湛 張鳫 張暢 張敬兒 張鏡 張纘
張緒 張融 張率 張充 張譏 張志和 張九齡 張鎰
張説 張象 張建封 張方平 羊祜 羊秉 羊忱 羊綏
羊孚 羊曼 羊曇 羊琇 羊侃 羊志 梁鴻 黃憲
黃琬 黃庭堅 唐介 光逸 康僧淵 王君公 王丹 王柔
王朗 王脩 王祥 王裒 王弼 王粲 王衍 王澄

王戎　王微　王玄　王綏　王導　王敦

卷之八

王彬　王廙　王恬　王洽　王劭　王薈　王應　王胡之
王耆之　王羲之　王珣　王珉　王謐　王廞　王徽之　王獻之
王湛　王濟　王承　王述　王坦之　王國寶　王忱　王緒
王濛　王蘊　王修　王恭　王爽　王隱　王尼　王愷
王悦之　王惠　王裕　王韶之　王弘之　王曇首　王彧　王瓚之
王玄謨　王遠　王微　王僧祐　王思遠　王延之　王琨

卷之九

王僧虔　王儉　王敬則　王融　王份　王蘊　王騫　王規
王泰　王令言　王通　王方慶　王績　王維　王安石　王雱
王汾　蔣詡　向長　向秀　向雄　明山賓　丁儀　丁謂
成公簡　京房　邴原　敬新磨　孟嘉　孟陋　孟顗　孟浩然
鄭崇　鄭玄　鄭泉　鄭綮　邢劭　鄧颺　鄧艾　鄧遐
鄧攸　應劭　滕元發　曾鞏　周乘　周澤　周瑜　周處

周邵　周顗　周嵩　周顒　周維岳　劉巴　劉楨　劉伶

劉昶

卷之十

劉寶　劉輿　劉琨　劉惔　劉疇　劉綏　劉驎之　劉爰之

劉凝之　劉玄明　劉瓛　劉邕　劉祥　劉繪　劉孝綽　劉諒

劉峻　劉訏　劉晝　劉子翼　劉迅　劉禹錫　劉邠　劉恕

侯霸　侯白　牛弘　鄒湛　丘靈鞠　柳悅　柳機　寇準

竇從一　任延　任愷　任瞻　任昉　林逋　沈昭略　閻立本

嚴光　嚴顔　嚴武　嚴安之　范式　范丹　范宣　范啓

范曄　范縝　范純仁　氾毓　郭泰　郭淮　郭象　郭訥

郭文　郭璞　郭瑀　郭子儀　郭忠恕　郭昱　郝隆　樂廣

卷之十一

陸閎　陸凱　陸機　陸雲　陸玩　陸納　陸慧曉　陸羽

笪景秀　狄仁傑　石崇　石野猪　石中立　翟湯　沐並　穆提婆

谷那律　伏滔　服虔　畢卓　薛道衡　習鑿齒　聶季寶　葉義問

索靖　岳柱　諸葛亮　諸葛靚　諸葛恪　諸葛恢　諸葛厷　皇甫規

皇甫謐　胡母輔之　令狐綯　夏侯玄　夏侯亶　太叔廣　仲長子光　歐陽詢

司空圖　司馬徽　司馬防　司馬懿　司馬師　淮南王劉安　昭烈皇帝

武帝曹操　文帝曹丕　明帝曹叡　東阿王曹植　大帝孫權　景帝孫休　後主孫皓

世祖武皇帝　愍懷太子司馬遹　中宗元皇帝　肅宗明皇帝　譙王司馬無忌

卷之十二

太宗簡文皇帝　烈宗孝武皇帝　會稽王司馬道子　主石勒　主苻堅　主慕容垂

武帝劉裕　廢帝劉子業　武陵王蕭曄　武帝蕭衍　昭明太子蕭統　簡文帝蕭綱

咸陽王元禧　彭城王元勰　神武帝高歡　霍王李元軌　玄宗明皇帝　昭宗皇帝

莊宗李存勗　樂羊子妻　陳嬰母　班婕妤　袁隗妻馬氏　蔡琰　孔融女

卞太后　許允妻阮氏　王廣妻諸葛氏　王經母　趙姬　王渾妻鍾氏

王湛妻郝氏　賈充妻李氏　山濤妻韓氏　陶侃母湛氏　周浚妻李氏　謝朗母王氏

謝安妻劉氏　王羲之妻郗氏　王凝之妻謝氏　庾宣妻桓氏　郗超妻周氏　韓伯母殷氏

桓沖妻王氏　桓温妾李氏　世祖皇后王氏　明帝皇后王氏　劉孝綽三妹　上官昭容　政和公主

張說女　元載妻王氏　黃巢姬妾　秦國長公主　釋道安　支遁　道壹道人

竺法汰　僧意　惠遠　圖澄　竺法深　高坐道人　愍度道人

道猷　惠休　慧亮　慧隆　慧净　中朝小兒　省朗

世説新語姓彙韻分原版影印

世說新語 一

世說新語補序

余少時得世說新語善本吳中私心已好之每讀輒患其易竟又恨是書僅自後漢終於晉以爲六朝諸君子即所持論風旨寧無一二可稱者最後得何氏語林大抵規摹世說而稍衍之至元末然其事詞錯出不雅馴要以影響而已至於世說之所長或造微於單辭或徵巧於隻行或因美以見風或因刺以通贊往往使人短詠而躍然長思而未罄何氏蓋未之知也余治燕趙郡國獄小間無事探橐中所藏則二書在

爲因稍爲删定合而裒其類蓋世說之所去不過十之二而何氏之所采則不過十之三耳余居恒謂宋時經儒先生每譏譚清言致亂而不知晉宋之于江左一也驅介胄而經生之乎則毋乃驅介胄而清言也其又奚擇矣

嘉靖丙寅季夏琅琊王世貞撰

舊序

嘗攷載記所述晉人話言簡約玄澹爾雅有韻世言江左善清談今閱新語信乎其言之也臨川撰爲此書採掇綜叙明暢不繁孝標所註能

收錄諸家小史分釋其義詁訓之賞見於高似孫緯略余家藏宋本是放翁校刊本謝湖躬耕之暇手披心寄自謂可觀爰付梓人俾之同好因歎昔人論司馬氏之祚亡於清談斯言也無乃過甚矣乎竹林之儔希慕沂樂蘭亭之集詠歌堯風陶荊州之勳業謝東山之恬鎮觧莊易則輔嗣平叔擅其宗析梵言則道林法深領其著或詞冷而趣遠或事瑣而意奧風旨各殊人有興託王茂弘祖士雅之流才通氣峻心翼王室又斑斑載諸冊簡是可非之者哉詩不云乎

濟濟多士，交王以寧。余以瑯琊王之渡江，諸賢弘贊之力為多，非強說也。夫諸晤言卑遇，若渠裁遂為終身品目，故類以標格相高，玄虛成習。一時雅尚，有東京廚俊之流風焉。然曠達拓落，濫觴莫挽，取識世教，論卷惜之。此於諸賢不無遺憾焉耳矣。刻成序之。嘉靖乙未歲立秋日也。吳郡袁褧撰

世說新語姓彙韻分凡例

一世說舊本以題目分門而人名錯出字職異稱瑣簡短韋艱於致撿遂分門以姓分姓以韻合書事實於各其名下至如複姓亡名氏緇流女徒亦各類分焉

一人而分見諸門一事而分係諸人者不可疊床於彼此故於其首見者並録其始終而隨其語意之所歸賓主着互字客着詳字以備參考

一舊註或採南北史或摘東京事實唐書五代

史等書詳悉無遺，而亦有傷煩之病，故略加訂刪，覽者詳之。

一、舊本題目，今宜刪去，而姑取每題一字，標印於書下，以寓存古之意云。

世說新語姓彚韻分目録

卷之一

東 馮三人 宗六人 支 脂一人 史一人

种一人 龔一人 時一人 實摯二人

、董董四人 宋宋五人 睢一人 費一八

孔十七人 江江十么 紙 李三十一人 微 韋九人

冬 鍾五人 龐二人 紀一人 郗六人

卷之二

宋録六人 語 褚六人 許十人 朱十一人

魚 徐十人 呂四人 虞虞七人 吳四人

蘇九人　胡一人　庾二十人　武三人
盧七人　于一人　祖六人　魯一人
苻一人　蒲一人　桓八人
卷之三
遇顧八十三人　孫二人　大二人　梅一人
傅五人　薺米一人　灰裴十三人　隊戴六人
喻一人　補一人　崔十一人　眞荀十三人
路一人　霽衛五人　來一人　陳三十一人
齊齊一人　泰蔡六人　雷一人　秦三人
卷之四

軫　閔一人　袁十五人　源一人　單一人

文　發八人　孫十人　阮　阮十三人

元　元三人　温三人　寒　韓十一人

卷之五

寒　桓十五人　山三人　田二人　尭一人

潘六人　顔四人　錢二人　姚一人

旱　管二人　潸　簡一人　負一人　廖一人

滿一人　先　權一人　圈一人　篠　趙十二人

段一人　全一人　霰　卞三人　肴　包一人

刪　班二人　邉一人　蕭　蕭三人　巧　鮑二人

豪 高九人 刀一人 毛一人
曹二人 陶四人 皓 到一人

卷之六

歌 和二人 箇 賀二人 賈三人 楊十六人
何十六人 麻 華一人 禡 謝三十六人
羅四人 車一人 暢 陽一人
哿 左一人 馬 馬五人 揚一人

卷之七

陽 張三十九人 羊十四人 黃四人 姜一人
方一人 梁二人 房一人 唐一人

丠一人　康二人　王二十人

卷之八

陽王五十九人

卷之九

陽王二十五人　成一人　孟六人　應一人

養蔣二人　京一人　盛一人　蒸滕一人

向一人　梗郎一人　鄭九人　曾一人

庚明一人　井一人　青邢一人　元周十八人

丁臣人　敬敬一人　經鄧六人　劉五人

卷之十

左
劉三十九人 有柳九人 禽一人 氾一人
侯三人 宥寇一人 寑沈三人 入 郭十一人
牛一人 竇三人 盍闔一人 郝二人
鄒一人 侵臨五人 嚴七人 樂二人
丘一人 林一人 豏范十三人
卷之十一
入 陸十二人 翟一人 谷一人 畢一人
竺一人 沐一人 卜二人 薛一人
狄一人 繆一人 服二人 葛二人
石四人 穆一人 束一人 習一人

聶一八　皇甫二人　太叔一人　司馬九人
葉二　胡毋二人　公孫一人　帝王　漢二
白一人　令狐一人　仲長一人　魏六
索一人　宇文十人　歐陽五人　吴五
複姓　諸葛八人　夏侯五人　司空一人　晋三十
卷之十二
晋五　劉宋六　北魏二　後唐四
趙二　齊六　北齊二　閩一
秦一　梁五　隋二　閨秀三十
北燕一　陳二　唐五　沙門二十人

亡名氏二人

附舊目録

世說新語姓彙韻分卷之一

馮道字可道瀛州景城人初事宦者張承業得薦於晉王唐莊宗即位拜戶部侍郎明宗時同中書門下平章事晉滅唐道又事晉加司徒侍中契丹滅晉又事契丹漢高祖立乃歸漢周滅漢又事周太祖世宗時卒道以能矯行以取譽於世嘗與梁夾河而軍道居軍中為一茅庵不設牀席臥一束芻而已諸將有掠得美女者以遺道置之別室訪其主還之有力不能耕者夜往潛為之耕為大臣尤務持重以鎮物事四姓十君益以舊德自處當世士仰為元老

王介甫雅愛馮道唐參政曰道為宰相使朝廷四姓身事十主此得為純臣乎王曰伊尹五就湯五就桀者正在安人而已唐曰有伊尹之志則可介甫為之變色【參】【互】王安石唐介

馮道雖爲首相依違兩可無所操决或謂晉主曰馮道承平之良相今艱難之際譬如使禪僧飛鷹耳

馮延巳工文辭善巧佞事南唐元宗與宋齊丘等四人依附陳覺侵蠹政事人謂五鬼唐以馮延巳孫晟爲相晟素輕延巳謂人曰金盃玉盌乃貯狗矢乎

馮京字當世鄂州江夏人幼儁邁不羣舉進士自鄉選至廷對俱第一宰相富弼京之婦公翁也京知制誥日韓琦爲相京數月不一見琦謂其傲以吾勤弼使往見之京曰公爲宰相而京不妄詣公者乃所以重公也豈傲哉官參知政事謚文簡

馮當世知并州以書寄王平甫曰并門歌舞妙

麗閉目不窺曰以談禪為上乎甫答曰若如所論未達禪理閉目不窺已是一種公案王平甫者安國安石弟也官大理寺丞【言】种放字明逸隱於南山豹林谷所居有林泉之勝景德中召至闕真宗欲大用周辭還山种明逸至性嗜酒嘗種秫自釀每曰空山清寂聊以養和【懸】董和字幼宰南郡枝江人劉璋時為益州太守先主定蜀為掌軍中郎將許司徒名靖字文休汝南人官漢中王太傅裴子董休昭名允和子官尚書令與費文偉欲共會其葬所休昭白其父掌軍請車掌軍遣閙後鹿車給之休昭有難載之色

文偉便從前先上，及至喪所，諸葛亮及諸貴人，悉集，車乘甚鮮，休昭猶神色未泰，文偉晏然自若，持車人還，掌軍問之，知其如此，謂休昭曰：吾嘗疑汝於文偉優劣未別也，自是吾意了矣。

劉樹

董養字仲道，永嘉中洛城東北角步廣里中地陷，中有二鵝，蒼者飛去，白者不能飛。問之博識者，不能知。聞數日，昔周時所盟會狄泉此地也。卒有二鵝，蒼者胡象，後胡當入洛；白者不能飛，此國諱也。漢元化論序曰：陳留董仲道於元康中見惠帝廢楊悼后，外太學堂數曰：建此堂也，將何為乎？每見國家赦書，謀反大逆皆赦，孫殺祖父母，子殺父母不赦，以為王法所不容也。奈何公卿處議，文飾禮典，以至此乎？天人之理既滅，大亂斯起。顧謂謝鯤、阮孚曰：易稱知

然其神乎君等可深藏矣乃○廣記王奔
與妻孥携入蜀莫知其所終

孔奮字君魚扶風武陵人守姑臧惟老母極膳妻子但食葱菜

孔君魚爲姑臧長清儉逼下有識之者答曰奮身處脂膏不能自潤

孔嵩字仲山南陽新野人爲阿里街卒正身爲衛行街中子弟皆服其訓辟公府之京師道宿下亭盜共竊其馬尋問知嵩乃相責讓曰孔仲山善士豈宜侵盜遂歸馬謝之

范巨卿爲荊州刺史友人孔仲山家貧奉親賣姓名傭爲新野縣街卒値巨卿行部縣選仲山爲導騎巨卿見仲山驚捉臂曰子非孔仲山耶吾昔與子俱曳長裾遊息太學吾蒙國恩致位

牧伯而子、懷道隱身、處於卒伍、不亦惜乎、仲山曰、僕竊慕守於賤業、晨門肆志於抱關、晨門魯人也、人有避世不仕者、自隱姓名、為魯守石門、主晨夜開閉、子路從孔子、石門而宿、門問子路、奚自、子路曰、自孔氏、遂譏孔子曰、是知其不可為之者歟、時人賢焉、貧者士之宜、豈為鄙哉、巨卿教縣代仲山、仲山以先備未竟、不肯去 孔 五 范式

孔融字文舉、魯國人、孔子二十世孫也、父宙、泰山都尉 ○ [illegible][illegible]避亂南 華[illegible][illegible]祖相

曹公以揚彪與袁公路袁術紹弟名婚姻、將誣以同逆、文舉聞之、不及朝服往見曹曰、揚公四世清德、海內所瞻、周書、父子兄弟、罪不相及、況以袁氏歸

罪揚公易稱積善餘慶徒欺人耳曹云此國家
之意文舉曰假使成王殺召公周公可得言不
知耶 雜 楊彪
孔文舉在北海時教高密令曰志士鄭自然生
困馬得愛釜庚之間以傷烈士之心與豆三斛
後之徝言 雜
孔文舉在青州爲袁譚子𧙗 語 所攻流矢雨集矛
戟内接孔隱几安坐讀書論議自若 雜
孔文舉年十歲隨父到洛時李元禮有盛名爲
司隷校尉詣門者皆儁才清稱及中表親戚乃

通文舉至門謂吏曰我是李府君親既通前坐
元禮問曰君與僕有何親對曰昔先君仲尼與
君先人伯陽有師資之親是僕與君奕世為通
好也元禮及賓客莫不奇之太中大夫陳韙後
至人以其語語之韙曰小時了了大未必佳文
舉曰想君小時必當了了韙大踧踖融別傳曰融四歲與兄弟食梨
輒引小者人問其故荅[illegible]曰小者法當取小者
孔融被收中外惶怖時融兒大者九歲小者八
歲二兒故琢釘戲了無遽容融謂使者曰冀罪
止於身二兒可得全不見徐進曰大人豈見覆

巢之下復有完卵乎尋亦收至裴松之曰世語云融二子見收
不避知必俱死猶差可安孫盛春秋云二子奕棋端坐不起謂所未譬八歲小兒能懸了禍患
聽明特達卓然既遠則其憂樂之情固亦有過成人矣安有見父被執而無變容奕棋不起者
在暇務者乎昔申生就命言不忘父不以己之將死而廢念父之情也父安尚猶若茲而況顚
沛哉盛以此為美談無乃賊夫人之子歟○原
孔北海居家失勢賓容日滿其門愛才樂士常若不足每歎曰坐上客常滿尊中酒不空吾無憂矣家
孔北海與蔡中郎素厚蔡亡後有虎賁士貌類於蔡北海每酒後引與共坐曰雖無老成人且

有典刑小雅蕩詩○【傷】【匹】蔡邕
五官將曹丕既納袁熙妻熈事別見孔文舉與曹公書
曰武王伐紂以妲己賜周公曹公以文舉博學
真謂書傳所記後見文舉問之答曰以今度之
想當然耳【□】
獻帝嘗宴見孔文舉與郗鴻豫名慮山陽人少受學於鄭玄
問文舉曰鴻豫何所優長文舉言可與適道
可與權鴻豫舉笏曰融昔宰北海政散人流其
權安在遂與文舉互相短長【□】
孔坦字君平會稽山陰人善春秋有文辨歷太子舍人累遷廷尉卿○【□】氏子【□】

孔君平疾篤，庾司空為會稽，省之，相問訊甚至，為之流涕。庾既下牀，孔慨然曰：大丈夫將終，不問安國寧家之術，迺作兒女子相問！庾聞，回謝之，請其話言。庾冰

孔愉字敬康，會稽山陰人。初辟中宗參軍，討華軼有功，封餘不亭侯。愉少時嘗得一龜，放於餘不溪中，龜行路左顧者數過。及後鑄印而龜左顧，更鑄猶如此。印師以聞，愉悟，取而佩焉。累遷尚書左僕射，贈車騎將軍。○庾峻

孔羣字敬休，會稽山陰人。有智局，仕至御史中丞。

蘇峻長廣人，討王敦有功，為歷陽太守，有輕朝廷之志。下詔徵之，峻曰：我寧山頭望廷尉，不能廷尉望山頭。遂作亂。

時孔羣在橫塘，為匡術與峻反，後以宛城降。

所逼，王丞相保存，術，曰衆坐戲語，令術勸群酒，以釋横塘之憾。群答曰：德非孔子，厄同匡人。雖陽和布氣，鷹化爲鳩，至於識者，猶憎其眼。[illegible]

鴻臚卿孔羣好飲酒，王丞相謂云：卿何爲恒飲酒？不見酒家覆瓿布，日月糜爛。羣曰：不爾。不見糟肉乃更堪久。羣嘗書與親舊：今年田得七百斛秫米，不了麴糵事。[illegible] 晉 王導

孔淳之字彦深，魯郡人，少高尚，愛好墳籍，與徵士戴顒、王弘之及王敬弘等共爲人外之遊。元嘉初徵散騎郎，不到。

孔淳之居會稽剡縣，性好山水，每有所遊，必窮

其幽峻或旬日忘歸嘗遊山遇沙門釋法崇曰
留共止遂停三載法崇歎曰緬想人外三十年
矣今乃傾蓋於兹不覺老之將至淳之還反不
告以姓慶

孔顗字思遠會稽人祖琳之贈太常父邈揚州治中顗骨鯁有風力以是非為己任口吃好讀書舉秀才補主簿官至御史中丞弟道存官至南海太守

孔中丞在都弟道存為江夏内史時東土旱儉
都下米貴道存慮中丞貧之遣吏載五百米餉
之中丞呼吏語曰我在彼三載去之日不辨有
路粮郎至未幾何縁得有此米可載還吏白白

古無有載米上水者中丞不聽竟載鹽江夏[illegible]

孔思遠為後軍府長史雖醉日居多而曉明政理醒時判決未嘗有壅衆咸曰孔公一月二十九日醉勝世人二十九日醒[illegible]

孔中丞二弟道存從弟徽在官頗營贓賄嘗請假還東中丞出渚迎之輜重十餘船皆是綿絹紙席中丞偽喜曰我比困乏得此甚要因命上置岸側既已正色語曰汝輩忝預士流何至還東作賈客耶命左右取火燒盡乃去[illegible]

孔熙先魯國人博學有縱橫才志為員外散騎侍郎

孔熙先與范曄同逆下獄被責望風吐款辭氣不撓上奇其才遣人慰勞之曰以卿之才而滯於集書省理應有異志又詰責前吏部尚書何尙之曰使孔熙先年三十作散騎郎那不作賊

熙先父默之刺廣州以贓貨下廷尉彭城王義康保持之義康被黜熙先密懷報効以曄上意不滿欲引之與曄戲設爲不敵輸物甚多曄利其財寶遂申莫逆之好熙先素善天文云太帝必以非道晏駕江州應出天子以爲義康當之遂同構逆謀詔收之並皆款服

〇

孔稚圭字德璋會稽山陰人少涉學有美譽仕至太子詹事〇 德 謝

孔稚圭風韻清踈門庭之内草萊不剪中有蛙鳴稚圭曰以此當兩部鼓吹

孔休源字慶緒會稽七世孫徵成博學與劉之遴同為太學博士累遷金紫光祿

孔休源爲晉安王簡文初封長史深相倚仗嘗於齋中別施一榻云此是孔長史坐通

孔範字法言會稽山陰人文章贍麗工五言詩與江總等并爲後主押客

隋大舉伐陳陳主叔寶謂侍臣曰王氣在此齊兵三來周師再來無不摧敗彼何爲者耶孔範曰長江天塹限隔南北虜軍豈能飛渡耶諸將欲作功勞妄言事急臣每患官卑虜若渡江定作太尉公矣主然之奏伎縱酒賦詩不輟南

孔極

孔極侍郎朝迴遇雨避於一叟之廡下延入西

事叟烏帽紗巾逢迎甚恭曰備酒饌一一精好

孔公借油衣叟曰某寒不出熱不出風不出雨

不出未嘗置油衣也孔公不覺頓忘宦情【隱】

鍾皓字季明潁川長社人世祖至德著名儒除林慮長不之官人位不足天爵有餘

李元禮嘗歎荀淑鍾皓曰荀君清識難尚鍾君

至德可師【德】【四】荀淑

鍾繇字元常潁川長社人家貧好學歷大理相國遷太傅

黃初中有甲乙疑論司馬懿謀曹爽貴戚權重乙論甲以為曹爽兄弟

品庸人以宗子枝屬得蒙顧命而驕奢僭逸交

非其人私樹朋黨謀以亂國盡奪諸職一朝

晝也務以副士民之望也已以[illegible]
已不一豈爽與相干事勢不專以此[illegible]
初無忠告忿爾之詞一朝屠戮讒其不言豈大
人經國篤本之事乎若奏信有謀主之[illegible]遠
已揖而義兵之日更以芳委爽兄弟誅父子從
後閉門舉兵盛而向芳豈忠臣為君深謀之謂
乎以此推之爽無大惡明矣荀仲茂名閎官太子文學掾鍾元常王景
興袁曜卿意各不同文帝謂元常曰袁王國士
更為脣齒荀閎勁悍往來銳師真君侯之勍敵
左右之深憂 王朗袁渙
鍾毓字稚叔繇長子年十四為散騎侍郎〇
機捷談笑有父風仕至車騎將軍
夏侯玄
鍾毓兄弟小時值父晝寢因共偷服藥酒其父

時覺且託寐而觀之毓拜而後飲會飲而不拜
旣而問毓何以拜毓曰酒以成禮不敢不拜又
問會何以不拜會曰偷本非禮所以不拜鍾會
鍾毓為黃門郎有譏警在景王座燕飲時陳羣
子玄伯武周子元夏同在坐周字伯南沛國竹邑人仕至光祿卿
共朝毓景王曰皐繇何如人對曰古之懿士顧
謂玄伯元夏曰君子周而不比羣而不黨論語
師陳泰
武陔
鍾會字士季繇小子也敏惠夙成中護軍蔣濟著論謂觀其眸子足以知人會年十五歲
繇遣見濟濟甚異之曰非常人也及壯有才數
精練明理為黃門郎諸葛誕反司馬昭在之會

謀居多時人謂之子房拜鎮西將軍伐蜀蜀平進位司徒自謂功名蓋世不可復為人下謂所親我淮南以来畫無遺策四海共知持此欲安歸乎遂謀叛見誅時年四十嘗論才性同異傳於世名四本論言才性同才性異才性合才性離也○【方正】夏侯玄【識鑒】司馬懿【賞譽】夏侯玄【品藻】鍾毓【言語】荀勖【術解】嵇康

鍾會撰四本論畢甚欲使嵇康一見置懷中既至畏其難懷不敢出於户外遥擲便回急走【文】

鍾雅字彥胄繇弟仲常曾孫也少有才志累遷至侍中

蘇峻既至石頭百僚奔散峻率衆二萬濟自横江至於蔣山王師敗績惟侍中鍾雅獨在帝側或謂鍾曰見可而進知難而退古之道也君性亮直必不容於寇讎

何不用隨時之宜而坐待其弊耶鍾曰國亂不
能匡君危不能濟而各遜遁以求免吾懼董狐
將執簡而進矣【方】

宗預字德艷南陽安衆人為丞相主簿

諸葛思遠名瞻亮子幼聰惠可愛亮嫌其早成恐不為重器官尚書事蜀亡死節涼
竹初統朝事廖元儉名化襄陽人官丞相參軍過宗德艷共
詣思遠許宗曰吾年逾七十所竊已過但少一
死耳何求於年少輩而屑屑造門耶遂不往

宗承字世林南陽安衆人父資有美譽承少而脩德確然不群徵聘不起聞於德而至者如林魏武帝弱冠屢造其門值賓客猥積不能得言乃伺承起往要之捉手請交承拒而不納

南陽宗世林魏武同時而甚薄其為人不與之交及魏武作司空總朝政從容問宗曰可以交未答曰松柏之志猶存世林既以忤旨見踈位不配德文帝兄弟每造其門皆獨拜牀下其見禮如此魏武平冀州承從至鄴陳羣等皆為之拜魏武猶以舊憾介意薄其位而優其禮就家訪以朝政居賓客之右文帝徵為直諫大夫明帝欲引以為相以老固辭

○十 方

宗炳字少文南陽涅陽人母同郡師氏聰辯有學義教授諸子炳居喪過禮為郡闢所辟宋高祖辟主簿答曰棲丘飲谷三十餘年刺史殷仲堪桓玄屢辟並不就

宗少文好山水愛遠遊西陟荊巫南登衡岳因結宇衡山欲懷尚平向平高士傳作尚平之志有疾還江

陵歎曰老疾俱至名山恐難遍覩惟當澄懷觀道卧以游之凡所遊履皆圖之於室謂人曰撫琴動操欲令衆山皆響【樓】

宗慤字元幹炳從子兄泌娶妻始入門夜被劫慤年十四挺身與拒衆皆披散叔少文素耆高節子弟以文義為業慤任氣好勇不為鄉曲所知宗元幹少時叔父少文問其所志元幹荅曰願乘長風破萬里浪【豪】

宗測字敬微炳之孫也性靜退不樂人間居江陵欲遊名山齋老子莊子自隨子孫拜辭悲泣測長嘯不視遂往廬山

魚復侯魚復侯子響武帝第四子初封巴東王後貶為魚復侯為江州厚

餉遺宗敬微宗辭曰少有狂疾尋山採藥遠來至此量腹而進松朮度形而衣薜蘿淡然已足豈容當此横施【樓】

宗如周有才學為度支尚書

宗如周面狭長蕭詧昭明子戲曰卿何為謗經宗曰身自來不謗經蔡大寶字敬亇曰卿當不謗餘經正應不信法華經爾盖法華經云聞經隨喜面不狭長如周乃悟有人嘗詣事於如周謂如周嘗經如州官乃曰某有屈滞来許如州官如周曰爾何小人乎我名其人慚謝曰祇言如周官作如州不知如周官名如周早知如周官名如周則不敢喚如周官作如州如周笑曰令卿自責見侮反深 ○【[illegible]】

龔勝 字君賓楚人王莽徵之不食而死

龔勝死楚父老 彭城之隱人也 来吊哭甚哀既而嘆曰薰以香自焼膏以明自煎嗟哉龔生竟夭天年非吾徒也 陽

宋宗 字處宗沛國人官兗州刺史

宋宗甚有思理嘗買得一長鳴鷄籠著窓間鷄遂作人語與宋談極有致宋因此玄功大進 宋

宋璟 邢州南和人少耿介有大節博學攻文翰弱冠舉進士累轉鳳閣舍人當官正色則天甚重之玄宗朝累官尚書右丞相封廣平郡公

宋璟愛民惜物朝野歸美人咸謂有脚陽春 [illegible]

宋之問字延清汾州人與沈佺期等媚附張易之及敗貶驩州叅軍逃歸景龍中諂事太平安樂二公主中宗時坐贓遷越州長史睿宗立以獪險流欽州賜死○審言杜

中宗正月晦日幸昆明池漢武帝作昆明池欲伐昆吾夷教習水戰周迴四十里在上林苑中賦詩羣臣應制百餘篇帳殿前結

綵樓命上官昭容選一首為新翻御製曲紙落

如飛從臣各認其名而懷之惟沈宋二詩不下沈佺期字雲卿相州入善屬文尤長七言又務與宋之問齊名時稱沈宋官太子詹事

時一紙飛墜乃沈詩也昭容評曰二詩工力悉

敵沈落句微臣雕朽質羞覩豫章材蓋辭氣已

竭宋猶陟健舉沈詩曰法駕乘春轉神池象漢迴雙星遺舊石孫月燰殘民戲

鷟逢時去恩魚望幸來山花纈騎從堤柳幔成
開思逸横汾唱歌流宴錫杯微臣云云宋詩曰
春發靈池會滄波帳殿開舟凌石鯨度棧斜
牛迴節晦蓂全落春遲柳暗催象溟者浴景晴
劫難沉灰鎬飲周文樂汾歌漢[illegible]上
武才不愁明月盡自有夜珠來○官昭容
宋祁字子京與兄庠布衣時名動天下號二
宋同試禮部祁為第一章獻曰弟可先兄
乎乃以庠第一而祁為第十修唐
書成拜翰林學士承旨謚曰景文
宋景文云左太冲詩振衣千仞岡濯足萬里流
使人飄飄有世表意不減嵇康目送飛
左思詠史詩
鴻語康送兄秀才入軍詩曰息徒蘭圃秣馬華
山流磻平皐垂綸長川目送歸鴻手揮五
絃俯仰自得遊心太玄嘉彼釣叟○[illegible]左
得魚忘筌郢人逝矣誰可盡言○思静泰
宋子東多内寵後庭曳羅綺者甚衆嘗宴於錦

江徵寒命取半臂諸婢各送一枚凡十餘枚皆
至子京視之莞然恐有厚薄之嫌竟不敢服悉
束而歸
江虨字思玄陳留人博學知名累遷尚書左僕射護軍將軍
江僕射年少王丞相呼與共棊王手嘗不如兩
道許而欲敵道戲試以觀之江不郎下王曰君
何以不行江曰恐不得爾傍有客曰此年少戲
廼不惡王徐舉首曰此年少非惟圍棊見勝
棊品曰虨與王恬等棊第一品導第五品　○　王導
諸葛令女庾氏婦會妻既寡誓不復重出此女性

甚正彊無有登車理恢既許江思玄婚乃移家
近之初詐女云宜從於是家人一時去獨留女
在後比其覺已不復得出江郎暮來女哭詈彌
甚積日漸歇江彪瞑入宿恒在對牀上後觀其
意轉帖彪乃詐厭良久不悟聲氣轉急女乃呼
婢云喚江郎覺江於是躍來就之曰我自是天
下男子厭何預卿事而見喚耶既爾相開不得
不與人語女默然而慚情義遂篤
江惇字思悛彪弟也性篤學手不釋書博覽墳典儒道衆綜徵聘無所就年四十九而卒
王長史云江思悛思懷所通不翅儒域

江灌字道羣彪從弟也有才器與從兄道名相亞仕尚書中護軍
王長史道江道羣人可應有乃不必有人可應
無己必無【賞】
劉尹道江道羣不能言而能不言【賞】
江虨字仲凱小字盧奴彪子歷位內外簡退著稱歷黃門侍郎驃騎諮議
王恭欲請江盧奴為長史晨往詣江江猶在帳
中王坐不敢即言良久乃得及江不應直喚人
取酒自飲一盌又不與王王且笑且言那得獨
飲江云卿亦復須耶更使酌與王王飲酒畢因
得自解去未出户江歎曰人自量固為難【[illegible]】王恭

江斅字叔文父湛母淮陽長公主斅尚臨汝公主拜駙馬都尉○真方諸紀僧

袁尹見江叔文嘆曰風流不墜政在江郎

江淹字文通濟陽人六歲能屬詩及長愛音尚異官侍中金紫光祿淹少孤貧十三時採

薪養母於樵所得貂蟬一具將鬻而供母母曰此休徵也汝才行豈長貧也可留待得侍中著

之竟如其言鍾嶸詩品曰文通詩體總雜善於摹擬筋力於王微成就於謝朓初淹罷宣城歸

泊禪靈寺渚夢有人自云張景陽謂曰前以一匹錦相寄今可見還淹探懷得數尺與之此人

太恚曰那得割截都盡又宿冶亭夢一美丈夫自稱郭璞謂淹曰吾有筆在卿處多年矣可以

見還淹探懷中得五色筆以授之爾後為詩不復成語故世傳江淹才盡○號文學謝

江祏字弘業濟陽考城人仕至侍中中書令受遺輔政為東昏所誅

謝玄暉頗輕江祏祏嘗詣玄暉玄暉曰言有一

詩呼左右取既而復傳祏問其故云之復不忘祏以為輕已後遂搆害玄暉 謝朓

江從簡 華子少有文才何敬容為吏部尚書茂博學術通騎從簡作採荷調刺之為時所賞官至司徒從事中郎侯景亂為任約所害

江從簡是光祿華子少時有文情作採荷調以刺何敬容曰欲持荷作柱荷弱不勝梁欲持荷作鏡荷暗本無光敬容不覺惟歎其工 何敬容

龐參 字仲達河南緱氏人官至太尉

龐仲達為漢陽太守郡人任棠 漢陽人太尉黃瓊疏薦之詔公車徵之竟不至 有奇節隱居教授仲達到先候之棠不

交言但以薤一大本水一盂置户屏前自抱孫兒伏於户下主簿白以為倨仲達思其微意良久曰棠是欲曉太守水者欲吾清拔大本薤者欲吾擊强宗抱兒當户欲吾開門恤孤也歎息而還仲達在職抑强助弱果以惠政得民 改

龐統字士元襄陽人少時樸鈍未有識者惟潁父德公重之年十八使往見司馬德操與語歎曰德公誠知人生當為南州士人之冠冕由是漸顯後昭烈訪世事於德操德操曰俗士豈識時務此間有伏龍鳳雛謂諸葛孔明與士元也昭烈引為軍師中郎將從攻雒為流矢所中卒時年三十八 ○ [illegible] 司馬徽

顧劭嘗與龐士元宿語問曰聞子名知人吾與

足下孰愈曰陶侃世俗與時浮沉吾不如子論
王霸之餘策覽倚伏之要害吾似有一日之長
劭亦安其言【晉】顧劭

脂習字元升京兆人公府辟舉高第與少府孔融親善融被誅時許中百官與融親善者莫敢收卹獨習撫以哭之曰文舉卿舍我死我當復與誰語者
脂元升以哭孔文舉尸魏太祖收欲治罪以其
事直見原元升後見太祖陳謝前愆太祖呼其
字曰元升卿故慷慨【賓】

時苗字德胄鉅鹿人
時苗令壽春曰蔣濟楚國平阿人官領軍將軍作揚州治中

苗初至謁濟濟素嗜酒適會其醉不時見苗苗恚恨還刻木為人署曰酒徒蔣濟豎之墻下朝夕射之

眭夸名旭少有大度耽好書傳未嘗以世務經心高尚不仕與崔浩為莫逆之交浩為司徒奏徵為中郎州郡逼遣入京與浩相見惟飲酒談敘平生不及世利浩拔詔書於夸懷夸日何足以此勞國士也吾便將別浩以夸所乘騾納之廄中冀相維縶夸遂託鄉人輸租者謬為御車出關時朝法甚峻夸既私還將有私歸之咎浩仍相左右始得無坐經年浩送夸本騾并遺以所乘馬為書謝之夸不受其騾馬亦不復書

眭字考韻會似裹從足斷字

崔浩誅後眭夸為之素服受鄉人弔唁嘆曰崔公死誰能更容眭夸

崔浩

李膺字元禮潁川人魏志清人 文武儁材官司隸校尉 ○ [illegible][illegible] 聶季寶 陳普

李元禮風格秀整高自標持欲以天下名教是

非為己任後進之士有升其堂者皆以為登龍

門龍門一名河津去長安九百里水懸 門絕龍魚之屬莫能上上則化為龍矣 ○ [illegible]

世目李元禮謖謖如勁松下風膺岳峙淵清峻 貌貴重華夏稱

曰李府君琳 如玉山 ○ 【賞】

郭林宗遊京師當還鄉里送車千許乘李膺亦

在焉衆人皆詣大槐客舍而别獨膺與林宗共

載乘薄笨車上大槐板觀者數百人引領望之

眇若松喬之在雲漢 [illegible][illegible] 郭 纂

李豐字安國識別人物海內注意明帝得吳降人問江東聞中國名士爲誰以安國對之
是時豐爲黃門郎改名宣帝問安國所在左右
公卿俱以豐對帝曰豐名乃被於吳越耶仕至
中書令爲晉王所誅○〔容〕〔止〕夏侯玄
李密字令伯犍爲武陽人父早亡母何氏更適人密養於祖母治春秋左氏傳博覽多所
通涉機警辯捷事祖母以孝聞其侍疾則泣涕
側息日夜不解帶膳飲湯藥必自口嘗本郡禮
命不應州辟從事尚書郎
李令伯嘗聘吳吳主與羣臣汎論道義曰言寧
爲人弟令伯曰願爲人兄吳主問何願爲兄令
伯答曰爲兄供養之日長吳主及羣臣稱善■
李重字茂曾江夏鍾武人少以廉尚見稱歷吏部郎平陽太守○〔[illegible]〕〔[illegible]〕李重

謝公與時賢共賞說遇胡兒並在坐公問李弘度曰卿家平陽何如樂令於是李潸然流涕曰趙王篡逆樂令親授璽綬趙王倫篡位樂廣與滿奮崔隨共進璽綬亡伯雅正恥處亂朝遂至仰藥恐難以相比此自顯於事實非私親之言趙王為相國取重為左司馬重以倫將篡辭疾不就義爵之重不復自治至於篤甚扶輿受拜數日卒時人惜之贈散騎常侍謝公語胡兒曰有識者果不異人意[illegible]樂廣

李充字弘度重弟也初辟丞相掾記室以貧求剡縣遷大著作中書郎○【儉嗇】[illegible]

李弘度常歎不被遇殷揚州知其家貧問君能屈志百里否李答曰北門之歎久已上聞[illegible]詩北門

剌仕不得志也窮猿奔林豈暇擇木遂授剡縣【晉】
李廞字宗子重子好學善草隸與兄式齊名譽廞疾不能行坐嘗仰卧彈琴讀誦不輟而間
王辟太尉掾以疾不赴後避亂隨兄南渡兄式字景則思理儁逸有美譽累遷臨海太守侍中
李廞是茂曾第五子清貞有遠操而少羸病不
肯婚宦居在臨海住兄侍中墓下既有高名王
丞相欲招禮之故辟爲府掾廞得牋命笑曰玆
弘乃復以一爵假人廞嘗爲二府辟故就李公府○【[illegible]】
李喜字季和上黨銅鞮人少有高行硏精藝學司馬懿爲相辟喜喜辭疾司馬師輔政爲
中郎累遷光祿大夫特進贈太保
司馬景王東征取上黨李喜以爲從事中郎因

問喜曰昔先公辟君不就今孤召君何以來喜
對曰先公以禮見待故得以禮進退明公以法
見繩喜畏法而至耳晉[illegible]司馬師

李元忠趙郡平棘人神武建義拜侍中雖處要任不以物務干懷大率常醉家事大小了不關心每言寧無食不可使我無酒阮步兵吾師也孔少府豈欺我哉後自中書令復求爲太常卿以其有音樂而多美酒也

齊神武欲用李元忠爲僕射文襄文襄名子澄神武長子
言其常醉不可委以臺閣其子搔字德沉官儀曹郎聞
之請元忠節飲元忠曰我言作僕射不勝飲酒
樂爾愛僕射宜勿飲[illegible]

齊神武東出李元忠以路車載素箏濁酒奉迎神武聞其酒客未即見之元忠下車獨坐酌酒擘脯食之謂門者曰本言公招延英傑今聞國士到門不吐哺輟洗其人可知還吾剌勿復通門者以告神武遽見之

孫騰字龍雀咸陽石安人少質直明解吏事神武深信待之寄以腹心官尚書僕射司馬子如字遵業河内温人爲神武行臺尚書朝夕左右參知軍國嘗共詣李元忠逢其方坐樹下擁被對壺庭室蕪曠使婢卷兩褥以質酒徐謂二人曰不意今日披藜藿也一說孫馬詣元忠元忠方葛巾擁被對壺獨酌呼妻出衣不曳地二人相視歎息而去大

觴來綃受而散之 ○【簡】

李集

齊典御丞李集面諫比之桀紂齊主（文宣帝洋也）令縛置流中從之引出謂曰吾何如桀紂曰彌不及矣又令流之引出更問如此數四集對如初主大笑曰天下有如此癡人方知龍逢比干未是俊物遂釋之頃之入見似有所諫竟斬之【[illegible]】

李元凱

齊遣使如魏魏主甚重齊人親與談論顧謂羣臣曰江南多好臣侍臣李元凱曰江南多好臣

歲一易主江北無好臣百年一易主主甚慚音

李諧字虔和幼有風采趙郡李播嘗見之曰領軍門下見一神人襲父爵彭城侯歷位中書侍郎天平末魏欲與梁和以諧聘焉梁武謂左右曰卿輩常言北間都無人物此等何處來

北使李諧至南梁武與之遊歷至放生處帝問

曰彼國亦放生否諧答曰不取亦不放帝大慚

潤州長命洲梁武放生處○音互梁武

李謐字永和少好學周覽百氏初師小學博士孔璠數年後璠還就謐請業同門生爲之語曰青成藍藍謝青師何常在明經徵拜著作佐郎辭以授弟郁詔許之州再舉秀才公府二辟並不就惟以琴書爲業有絶世之心及卒博士孔璠等奏謚爲貞處先生

李永和杜門却掃絶迹下帷棄産營書手自删

削每歎曰大丈夫擁書萬卷何暇南面百城

李德林字公輔博陵安平人年數歲誦左思蜀都賦十五誦五經古今文曰數千言議博物典陰陽緯候無不通涉書屬文詞覈而理暢隋文帝時為相府屬加儀同大將軍

李德林父校書名敬族官博士亡時正嚴冬單衰徒跣

自駕靈輿反葬博陵豪族崔諶者休暇還鄉將

赴吊德林從者數十騎稍稍減留比至德林門

纔餘五騎去不得令李生怪人薰灼

李德林每贊平陳之計開皇八年以高熲為元帥帥師伐陳熲謂郎中薛道衡曰江東可克乎道衡曰克之郭璞言江東分王三百年復與中國合今此數將周也

隋高祖名堅姓楊氏漢太尉震後以馬鞭南指曰待平陳之

後會以七寶莊嚴公【圖】

李密（字法主才兼文武志氣雄遠散財養客禮更折節下帷篤學楊玄感舉兵以爲謀主屢戰克捷上號魏公設壇即位後歸唐封邢國公）

李密目瞳子正方黑白明澈煬帝見之謂宇文述（字伯通代郡武川人周武帝時以父軍功進家拜開府開皇初拜居身太將軍）曰左仗下黑色小兒爲誰云是蒲山李寬（寬驍勇善戰幹略過人自周及隋數經將領）子帝曰此小兒瞻視異常無令入衛【圖】

李密乘一黃牛被以蒲韉將漢書一帙掛於角上一手捉牛靷一手翻漢書越國公（楊素）遇見於

道從後按轡躡之既及問何處書生好學如此密識是越公乃下片再拜自言姓名又問所讀書答云項羽傳越公奇之與語大悅謂其子玄感等曰吾觀李密識度汝等不及唐書

李白李太白山東人父任城尉因家焉少與魯中孔巢父韓沔裴政張叔明陶沔隱於徂徠山號竹溪六逸天寶中遊會稽與吳筠善筠被徵赴闕薦之於朝待詔翰林白有逸才志氣宏放飄然有超世之心玄宗欲造樂府新詞召白白已醉臥酒肆召入以水灑面即秉筆成十餘章上嘉之嘗沉醉殿上引足令高力士脫靴由是斥去浪迹江湖嘗月夜乘舟自采石達金陵衣宮錦袍於舟中笑傲若無人後坐永王璘事長流夜郎遇赦還卒於宣城

李白登華山落鴈峯曰此處呼吸之氣想通帝

坐恨不携謝朓驚人詩来搔首問青天爾[illegible]

李百藥 字重規定州安平人德林子○【賞】【鑑】 七歲能屬文官散騎常侍子翼

李百藥七歲時中書舍人陸乂嘗過其父德林有讀徐陵文者云刈琅瑘之稻坐客並不識其事百藥進曰傳稱鄅人藉稻 左傳昭公十八年 注云鄅國在琅瑘開陽縣人皆服其機頴 【感】

李勉 字玄卿鄭王元懿曾孫少勤經史長而沉雅清峻德宗朝為司徒平章事一日上謂勉曰衆人皆言盧杞奸邪朕何不知對曰天下皆知其姦邪獨陛下不知所以為奸邪也時人多其正直勉坦率素淡好古尚[illegible]清廉簡易為[illegible]宗臣之表善鼓琴好為詩在相位二十年祿俸皆遺親黨身没無私積其在天官禮賢下士以李迥張叅為判官李巽幕三歲々內每遇宴飲

必設虛位於筵次陳酹辭氣慷慨論者美之

李汧公少貧客遊梁宋與諸生共逆旅諸生病且死出白金語公曰左右無知者幸君以此葬我餘則君自取之公許之既葬密置餘金棺下後其家來謁共啓墓出金付之

李泌字長源少聰敏博涉經史精究易象善屬文以王佐自負天寶中上書召見待詔翰林楊國忠忌之譖逋名山以習隱自適肅宗至靈武訪自嵩潁間行在陳古今成敗之機延致卧內動皆顧問泌稱山人固辭官秩特以散官寵之

開元閒悉召能言佛道孔子者相答禁中有員俶九歲升座詞辯注射坐人皆屈帝異之曰半

千孫圖應耳貞半千晉州臨汾人本名餘慶王義方謂之曰五百年一賢足下當之曰改名半千書曰問童子豈有類若者乎叡宗朝崇文館學士跪奏有臣舅子李泌帝即馳召之泌至帝方與張說觀奕曰使說試其能說請賦方圓動靜泌逡巡曰願聞其畧說曰方若碁局圓若棋子動若棋生靜若碁死泌即荅曰方若行義圓若用智動若騁材靜若得意說曰賀帝得奇童帝大悅曰是子精神要大於身

肅宗與李泌出行軍軍士指之竊言曰衣黃者聖人也衣白者山人也上聞之以告泌曰艱難

之際不敢相屈以官且衣紫袍以絶羣疑泌不得已受之上笑曰既服此豈可無名稱出懐中勅以泌為侍謀軍國元帥府行軍長史泌固辭上曰朕非敢相臣以濟艱難俟賊平任行高志泌乃受

補 代宗時諸王各獻服玩上謂泌曰先生何獨無獻泌曰自巾至履皆陛下所賜所餘獨一身介上曰朕所求正在此既獻其身當惟朕所為不為卿有矣

肅宗就泌飲酒同榻而寢泌曰臣今報徳足矣復為閑人何樂如之上曰朕與先生久同憂患今方同樂奈何遽去泌曰臣有五不可留願陛下聽臣去免臣於死上曰何謂也對曰臣遇陛下太早陛下任臣太重寵臣太深臣功太高跡

太奇此其所以不可留也上曰且眠矣異日議之對曰陛下令就臣榻卧猶不得請況異日省察之繭乎陛下不聽臣去是殺臣也上曰不意卿輕朕如此豈朕而辨殺卿耶對曰陛下不辨殺臣故臣求歸若其旣辨殺臣安得復言且殺臣者非陛下也乃五天所也寵

李龜年梨園弟子以歌擅一代之名

李龜年嘗至岐王名範睿宗第四子封岐王好學工書宅聞琴曰此秦聲良久又曰此楚聲主人入問之則前彈者隴西沈妍後彈者揚州薛滿

李德裕（字文饒趙郡人祖栖筠御史大夫父吉甫元和初宰相德裕幼有壯志苦心力學年幾及冠志業大成貞元中以兵部尚書平章事封贊皇伯後為朋黨所擠貶崖州司户）李贊皇作相日有親知奉使京口贊皇曰金山泉揚子江中泠水（陸羽水品天下二十水揚子江南零水為第七）各置一壺其人舉棹醉而忘之至石頭城方憶乃汲一瓶歸獻李飲之曰江南水味大異頃歲此頗似建業石頭城下水其人謝過不敢隱

李嗣真（滑州匡城人博學曉音律兼善陰陽推筭之術官御史中丞）太常缺黃鍾鑄不能成李嗣真居崇業里趨土中有之帋得其所道逢一車鐸聲甚厲嗣真曰

宫聲也市以歸振於空地若有應者掘之得鍾
衆樂遂和

李納 淄青節度正己子官工部尚書

李納性辯急酷尚奕碁每下子安詳擬於寬緩有時躁怒家人輩則密以碁具陳於前納覩便欣然改容取子布筭都忘其恚

李沆 字太初洺州肥鄉人沉厚寡言器度宏遠官平章事卒贈中書令謚文靖

李文靖爲相當太平之際凡有建議務更張喜激昂者一切報罷曰用此報國 公嘗被同年門責之曰外議以兄爲無口瓠公笑曰吾居政府然無長才但中外所陳利害一切報罷聊以此補國耳今國

家防制統悉密若穀賭蕃徇所陳一一行之則所傷實多○[改]

紀僧真建康人少事齊高帝備見親信嘗令學帝手迹報答書疏皆付之僧真容貌言吐雅有士風武帝嘗目送之笑曰人生何必計門戶紀僧真常貴人所不及也

紀僧真得幸於世祖嘗請曰臣出自本縣武吏邀逢聖時階榮至此無復所須惟就陛下乞作士大夫帝曰此由江斆謝瀹我不得措意可自詣之僧真承旨詣斆登榻坐定斆顧命左右曰移吾床遠客僧真喪氣而退以告世祖世祖曰士大夫故非天子所命[方正]江斆謝瀹

摯瞻字景游京兆長安人太常虞兄育中朝亂依王敦爲西陽太守見敦以故棟東陽

外部都督謂曰袁雖故不宜與小吏談曰何爲不可瞻曰辭曰若上服皆可用賜貂蟬亦可賜下乎袁曰非喻所引如此不過二千石瞻曰瞻觀安西陽如朧暴耳袁及乃丞遷廬國內史摯瞻曾作四郡太守大將軍户曹參軍復出作內史年始二十九嘗別王敦敦謂瞻曰卿年未三十已爲萬石亦太早瞻曰方於將軍少爲太早比之甘羅已爲太老羅秦相茂之孫年十二爲上卿○

費禕字文偉江夏人遊學益土與許叔龍董允齊名代蔣琬爲尚書令○[illegible]

魏軍次于興平漢儀費文偉節督師往禦光祿大夫來敏至文偉許別就求圍棋于時羽檄交馳嚴駕已訖文偉留意對戲色無厭倦敏曰聊

魏識聞耳信自可人必能辨賊者[illegible]来敏
韋誕字仲將京兆杜陵人有文學善屬辭以光祿大夫卒
韋仲將能書魏明帝起殿欲安榜使仲將登梯
題之既下頭鬢皓然因敕兒孫勿復學書誕善楷書
魏宮觀多誕所題明帝立陵霄觀誤先釘榜乃籠盛誕轆轤長絙引上使就題之○
韋承慶字延休思謙則天朝納言
韋氏孝友文學有承慶嗣立承慶異母弟也王氏遇承慶甚嚴
毋有杖罰嗣立必解衣請代母不聽輒自私杖母知之漸加恩貸議者比王祥王覽遂音
樂有萬石延之字有學業而善音律官太常卿達禮儀則叔夏左僕
射安石兄也官國子祭酒史才博識有述述勤成事史一百十三卷國簡而記

許蕭穎士以為譙周陳壽之流祿山之亂兩京
陷賊述抱國史藏於南山經籍資產焚撓殆盡
述亦陷於賊時趙冬曦定州人官監察御史兄弟亦有美名終職
兄夏日和安貞居貞顧貞勵貞皆擢進士第張燕公嘗語人曰韋
趙兄弟人之杞梓
韋陟字殷卿安石子自以門地風流才藝有台輔之望襲封郇國公為李林甫楊國忠所擠中
原兵起壽不得志嘆曰吾道窮於此乎有志不伸得非天命臣遂衰卒
韋陟厨中飲食香味錯雜人入其中多飽飫而
歸時人為之語曰人欲不飯筋骨舒夤緣須入
郇公厨
韋皐字武臣京兆人為劍南節度以功
加檢校司徒中書令封南康郡王

閒咸中延英奏對李石（字中玉隴西人官檢校司空平章事）言嘗西蜀帥元日詣佛寺見故劍南節度使韋臯圖形百姓至者先拜而後謁佛臣詢於故老皆曰方執重令公輸年全故恩深於蜀今無此惠澤追思盡切【政】

韋綬（德宗朝翰林學士貞元之政多決於內署綬所議多合中道）韋綬在翰林德宗嘗至其院韋妃從韋會綬方寢學士鄭絪（字文明以文學進歷監華顯累遷中書侍郎集賢殿大學士）欲馳告之帝不許時適大寒帝以妃蜀纈袍覆而去【寵】

郗鑒字道徽高平金鄉人慮後也以儒雅著名徵為領軍遷司空太尉

郗太尉拜司空語同坐曰平生意不在多值世

故紛紜遂至台鼎朱博翰音實愧於懷漢朱博字子元杜陵人為丞相受策有大聲如鐘鳴上問楊雄對曰洪範所謂鼓妖也人君不聰空名得進則有無形之聲傳後坐事自殺易中孚曰上九翰音登于天貞凶翰高飛也飛者音飛而實不從也

晉卞望之云郗公體中有三反方於事上好下佞

己一反治身清靜大脩計校二反自好讀書憎

人學問三反晉

郗太尉晚節好談既雅非所經而甚矜之後朝

覲以王丞相末年多可恨每見必欲苦相規誡王公知其意每引作他語臨還鎮故命駕詣丞相丞相翹首厲色上坐便言方當乖別必欲言其所見意滿口重辭殊不流王公攝其次曰後面未期亦欲盡所懷願公勿復談郗遂大瞋冰衿而出不得一言

規箴 王導

明帝畏王敦之逼使郗鑒鎮合肥敦忌之表鑒為尚書令鑒還過敦敦與論西朝人士曰樂彥輔短才耳考其實豈勝滿武秋耶鑒曰彥輔道韻平淡愍懷之廢柔而能正武秋失節之士安

能擬之敦曰當是時危機交急鑒曰丈夫當
生以之敦惡其言不復見方正王敦樂廣瀟瞀
郗愔字方回鑒長子沖靖純素無執無競簡私暱罕交遊官侍中司徒 ○ 郗
郗司空家有傖奴知及文章事事有意王右軍
向劉尹稱之劉問何如方回王曰此正小人有
意向耳何得便比方回劉曰若不如方回故是
常奴耳品藻
郗超字景興愔子少卓犖不羈有曠世之度累遷中書郎司徒長史 ○ 亮
王坦之
謝公云賢聖去人其間亦邇子姪未之許公歎

曰若郗超聞此語必不語河漢莊子肩吾問於連叔曰吾聞言於接輿大而無當往而不反驚怖其言猶河漢之無極也○晉謝安
桓宣武與郗超議芟夷朝臣條牒既定其夜同宿明晨起呼謝安王坦之入擲疏示之郗猶在帳內謝都無言王直擲還云多宣武取筆欲除郗不覺竊從帳中與宣武言謝含笑曰郗生可謂入幕賓也晉桓晉謝安
郗超與謝玄不善苻堅將問晉鼎既已狼噬梁岐又虎視淮陰矣于時朝議遣玄北討人間頗有異同之論惟超曰是必濟事吾昔嘗與共在

桓宣武府見使才皆盡雖履屐之間亦得其任以此推之容必能立勳元功既舉時人咸歎超之先覺又重其不以愛憎匿善秦主堅謝玄

郗司徒在北府桓宣武忌其居兵權徐州人多勁悍號精兵故桓溫常日京口酒可飲箕可用兵可使郗於事機素暗遣牋詣桓方欲共獎王室脩復園陵世子嘉賓出行於道上聞信至急取牋視竟寸寸毀裂便回還更作牋自陳老病不堪人間欲乞閑地自養宣武得牋大喜即詔轉公督五郡會稽太守

郗公大聚斂有錢數千萬嘉賓意甚不同常朝

早問訊郗家法子弟不坐曰倚語務時遂及財
貨事郗公曰汝正當欲得吾錢耳廼開庫一日
令任意用郗公始正謂損數百萬許嘉賓遂一
日乞與親友周旋略盡郗公聞之驚怪不能已
已㕘國 郗愔

世說新語姓彙韻分卷之一

世說新語姓彙韻分卷之二

魏舒字陽元任城人幼孤為外氏寧家所養寧氏起宅相者曰當出貴甥外祖母意以盛氏甥小而慧請應相也舒曰當為外氏成此宅相小遲鈍叔父衡使守水碓每言舒堪八百戶長我願畢矣舒不以介意身長八尺三寸不修常人近事少工射着韋衣入山澤每獵大獲為後將軍鍾毓長史毓與參佐射戲舒常為坐畫籌後值朋人少以舒充數於是發無不中毓歎謝曰吾之不足以盡卿才如此射矣轉相國參軍晉王每朝罷目送之曰魏舒堂堂人之領袖累遷侍中司徒

○賞譽王濬

魏顗字長齊會稽人仕至山陰令

魏長齊雅有體量而才學非所經初宦當出虞存嘲之曰與卿約法三章談者死文筆者刑商

略抢罪魏怡然而笑無忤於色【[illegible]】

魏收字伯起小字佛助鉅鹿下曲陽人少機警不持細行隨父在邊好習騎射後折節讀書以文華顯除太學士至中書監

○【言語】盧詢祖徐陵

徐常侍陵也聘齊時魏收文學北朝之秀收錄其文集以示徐令傳之江左徐逮濟江沉之曰吾為魏公藏拙【[illegible][illegible]】徐陵

魏徵初為隱王洗馬及隱王敗秦王引為詹事主簿官太子太師封鄭公貞觀十七年卒

太宗念后文德皇后長孫氏也不已於園中作層觀以望昭陵嘗引魏徵同登使視之徵孰視之曰臣昏耗不能見上指示之徵曰臣以為陛下望獻陵

高祖陵廟若昭陵則臣固見之矣上泣為毀觀

魏埜字仲先陝右處士與蒲中李瀆俱有高節以吟詠相善嘗於東郊鑿土室方丈蔭竹泉流其前日樂天洞

◯寇準

徐穉字孺子豫章南昌人清妙高蹈超世絕俗前後為諸公所辟雖不就及其死萬里赴弔常預炙雞一隻以綿漬酒中暴乾以裹雞徑到所赴冢隧外以水漬綿斗米飯白茅為藉以雞置前酹酒畢留謁即去

陳仲舉為豫章太守至便問徐孺子所在欲先看之主簿白群情欲府君先入廨陳曰武王式商容發之賢人老子師也之閭席不暇煖吾之禮賢有何不可蕃在豫章為稺獨設一榻去則懸之其見禮如此

◯陳蕃

徐孺子嘗事江夏黄公名瓊字世英魏郡太守香子初以父任爲太子舍人辭病不就後歷議郎僕射太尉封邪鄉侯後黄公亡没孺子往會

葬無資以自致齎磨鏡具自隨所在取直然後

得前【德】

徐孺子年九歲嘗月下戲人語之曰若令月中

無物當極明耶五經通議曰月中有兔蟾蜍者何月陰也蟾蜍亦陰也而與並明陰繫陽也徐曰不然譬如人眼中有瞳子無此必

不明【[illegible]】

徐寧傳安期東海郯人通朗有德清惠字涉官吏部郎左將軍江州刺史

庾公爲護軍屬桓廷尉覓一佳吏乃經年桓後

遇見徐寧兩知之遂致於庾公曰人所應有其不必有人所應無已不必無眞海岱清士【賞】

徐廣字野民東莞姑臧人謝玄為兖州辟從事桓玄輔政以為大將軍祭酒

桓玄篡立徐野民獨哀感涕泗交流謝宣明止之收淚言曰君為宋朝佐命身是晉室遺老憂喜之事固自不同乃更歔欷【方正】

謝晦

徐羨之字宗文事孫官司空錄尚書事羨之起自布衣又無學術直以志力局度一旦居廊廟朝野推服謂有宰臣之望與謝晦傅亮同謀

徐羨之之沉密寡言不以憂喜見色頗工奕棋觀戲常若未解嘗與謝晦傅亮宴聚晦亮才學辨

傅羨之風度詳整時然後言鄭鮮之字道子滎陽開封人下惟讀書絕交遊之務官尚書右僕射歎曰觀徐傅言論不復以學問為長羨之傅亮

徐勉字修仁東海郯人幼孤貧早勵清節六歲時屬霖雨家人祈霽率爾為文見稱耆宿及長篤志好學起家國子生王儉為祭酒稱勉有宰輔之量歷官侍中[illegible]尚書嘗為書戒子崧曰吾家世清廉常居貧素產業之事所未嘗言非直不經營而已薄躬遭逢遂至今日豈由才致仰藉先代風範故臻此耳古人以清白遺子孫不亦厚乎又曰遺子黃金滿籯不如一經詳求此言信非徒語或勸聞田園亦令殖貨聚斂若此事皆拒而不納非謂拔葵去織且欲省息紛紜中年聊於東田營小園者非在播藝以要利入正欲穿池種樹少寄情賞又以郊際閑曠終可為宅儻成懸車致事實欲歌哭於斯近營東邊兒孫二宅乃已成立桁李茂密桐竹成

原隰交通渠畝相屬華樓迥榭頗有眄眺之
美孤峯叢薄不無糾紛之興瀆中並饒菰蒲湖
裡殘富茂蓮藕靈運山家詩云中爲天地物今
我部夫有吾此園有之二十載矣今爲天地物
物之與我相較幾何哉吾今營小田舍親累既
多理亦須此間汝所買姑熟田地甚爲舄鹵而
既以營之宜使成立苟有所收獲汝可分贍内
外大小宜令得所吾年時朽暮心力稍單牽課
奉公略不克舉其中餘暇纔可自休或復冬日
之陽夏日之陰良辰美景文案閒隙負杖躡屩
逍遥陋館臨池觀魚披林聽鳥濁酒一盃彈琴
一曲求數刻之暫樂庶居常以待終不宜復勞
家間細務吾不復言及田事汝亦勿復與吾言
之饑使苑水湯旱吾豈知如何若其滿庚盈箱
爾之幸也記云孝者善繼人之志善述人
之事今且望汝全吾此志則無所悵矣
徐勉爲吏部尚書嘗與門人夜集客有求詹事
五官勉正色答云今夕止可談風月不宜及公

事時人服其無私【同】

瑯瑘王元長才名甚盛欲與徐勉相識每托人召之徐謂人曰王郎名高望促難可輕襒衣裾俄而元長及禍時人服其幾鑒【南史】王融

徐陵字孝穆東海剡人母臧氏夢五色雲化爲鳳集左肩上已而誕陵十三通老莊義及長博涉史籍美文辭官至中書監領太子詹事 ○【陳書】魏收

徐孝穆使魏魏人授館宴賓是日甚熱主客魏收嘲孝穆曰今日之熱當由徐常侍來孝穆從容答曰前王肅字恭懿瑯琊人少聰辯有大志爲齊秘書丞父奐爲齊武帝所殺肅自建業來奔魏孝文虛衿待之引見問故齊辭義敏切辯而有禮歷散騎常侍揚州刺史

至此焉魏始制禮儀令我來聘使鄉復知寒暑

魏收

徐有功舉明經除蒲州司法參軍為政寬仁不行杖罰吏人感其恩信遞相約曰若犯徐司法杖者衆斤罰之由是終於代滿不笞一人

天后嘗召徐有功責之曰公比斷獄多失出何耶有功荅曰失出臣小過好生陛下大德

徐晦進士擢第登制科為楊憑所薦及憑得罪交親無敢祖送獨晦送之不數日御史中丞李夷簡請為監察晦曰生平不踐公門犯何取而見奬拔夷簡曰聞君送楊臨賀不顧犯難肯負國乎由是知名

楊憑字虚受弘農人官湖南觀察使為李夷簡所劾貴受臨賀尉

得罪姻友

無敢送者獨徐晦送至藍田權載之謂徐君誠
厚揚臨賀無乃爲累乎徐曰晦自布衣時揚知
我厚方茲流播寧忍無言而別有如公爲奸倖
譖斥敢自同路人乎載之歎其長厚德輿之權德

褚陶字季雅吳郡錢塘人諸先生後也聰惠絕倫年十三作鷗鳥水碓二賦嚴仲弼見而奇之曰褚先生復出矣弱不好弄以墳典自娛語所親曰聖賢備在黃卷中舍此何求張華與陶書曰二陸龍躍於江漢彥先鳳鳴於朝陽自此以來常恐南金已盡而復得之於吾子故知延州之德不孤淵然之寶不匱仕至中尉 ○ 賞譽 陸機

褚裒字季野河南人少有簡貴之風沖默之稱累遷江兗二州刺史贈侍中太傅 ○

識鑒 孟嘉 賞譽
杜乂 品藻 孫綽

謝太傅絶重褚公常稱褚季野雖不言而四時之氣亦備

【德】

褚公於章安令遷太尉記室參軍名字已顯而位微人未多識公東出乘估客船送故吏數人投錢塘亭住爾時吳興沈充為縣令當送客過浙江客出亭吏驅公移牛屋下潮水至沈令起彷徨問牛屋下是何物人吏云昨有一傖父来寄亭中有尊貴客權移之令有酒色因遥問傖父欲食餅不姓何等可共語褚因舉手荅曰河南褚季野遠近久承公名令於是大遽不敢移

公便於牛屋下脩刺詣公又宰殺為饌具於公前鞭撻亭吏欲以謝慚公與之酌宴言色無異状如不覺令送公至界【雅量】

桓茂倫云褚季野皮裏陽秋謂其裁中也【賞譽】

褚爽字茂弘小字期生裒之孫官中書郎義興太守

褚期生少時謝公甚知之恒云褚期生若不佳者僕不復相士【識鑒】

褚炤字彥宣河南人少有高節除國子博士以一目眇不拜

褚彥宣常非從兄彥回身事二姓蕭道成既弒蒼梧王以太后令召袁粲褚淵劉秉會議迎立安成王粲秉密謀誅道成事敗皆死道成受宋禪淵率百官

奉璽綬詣彦回子賁字蔚先以馳介父背素
齊宮勸進等附齊高帝賁深執不可
終身恨有棲退去任侍中往問訊彦宣彦宣問曰司空今
曰何在賁曰奉璽紱在齊大司馬門彦宣正色
曰汝家司空將一家物與一家亦復何謂
彦回好戲詔以軺車給之彦宣大怒曰著此屐
門戶那可令人見索火燒之馭者奔車乃免
褚淵
褚淵字彦回炤從父兄以有世譽父卒推財與弟澄惟取書數千卷仕宋為司空後為齊
佐命官至侍中司徒 褚炤 劉祥
褚司徒嘗集袁粲舍初秋涼夕風月甚美彦回

援琴奏别鶴之曲宮商既調風神諧暢王戎謝莊並在坐歎曰以無累之神合有道之器宮商暫離不可得已〔賞〕

吕安字仲悌東平人志量開曠有拔俗風氣

嵇康與吕安善每一相思千里命駕安後来值康不在喜字公穆康兄官楊州刺史出户延之不入題門上作鳳字而去喜不覺猶以為欣故作鳳字凡鳥也〔簡傲〕嵇康

吕太乙初為御史裏行自負才華而不即真詠院中叢竹以寄意曰擢擢當軒竹青青重歲寒心貞徒見賞籜小未成竿後遷户部員外郎

呂太乙為户部員外郎户部與吏部隣司吏部
務繁户部令嚴守悉樹棘以防令吏交通太乙
移牒曰眷彼吏部銓總之司當須簡要請通何
必設籬種棘肴中賞其俊拔題

呂才

太宗以近世雜書訛偽左多命太常博士呂才
刊定之上之才皆爲之叙質以經史其叙禄命曰
禄命之書多言或中人乃信之然長平坑卒未
聞共犯三刑南陽貴士何必俱當六合今亦有
同年同禄而貴賤殊共命共胎而夭壽更異

此皆祿命不驗之著明者也【晉】

許虔字子政平輿人體尚高潔雅正寬裕為郡功曹嫉惡如讎一郡肅然

謝子微名甄汝南人明識人倫與郭林宗不及矣見許子將兄弟曰平輿之淵有二龍焉見許子政弱冠之時歎曰若許子政者有幹國之器正色忠謇則陳仲舉之匹伐惡退不肖范孟博之風【賞譽】

許劭字子將少峻名好人倫多所賞識與兄靖並論鄉黨人物每月輒更其品題汝南俗有月旦評許劭聲未發時時人以為靖不如允虔為將作掾靖辟以為不及也袁紹辟公府掾不就避地江南卒於豫章○【賞譽】許虔

許子將當到潁川多長者之游惟不詣陳仲弓

又陳仲舉妻喪還葬鄉人俱至許獨不往或問
其故子將曰太丘道廣廣則難周仲舉性峻峻
則少通故不造也時人服其裁量[illegible][illegible]陳寔陳
許璪字思文義興陽羨人仕至吏部侍郎
許侍中顧司空俱作丞相從事爾時已被遇遊
宴集聚畧無不同嘗夜至丞相許戲二人歡極
丞相便命使入己帳眠顧至曉回轉不得快熟
許上牀便咍臺大鼾丞相顧諸客曰此中亦難
得眠處[illegible][illegible]顧和
許詢字玄度高陽人允之玄孫[illegible]有秀惠樂歸神童辟司徒掾不就早卒○支遁[illegible]

許玄度將弟出都婚諸人無不欽遲既至見其弟乃甚癡都欲嘲弄之玄度爲作賓主相對劉真長笑曰玄度爲弟婚施十重鐵步障〔言〕

劉尹云清風朗月輒思玄度〔言〕

許掾年少時人以比王苟子許大不平時諸人士及支法師並在會稽西寺講王亦在焉許意甚忿使往西寺與王論理共决優劣苦相折挫王遂大屈許復執王理王執許理更相覆疏王復屈許謂支曰弟子向語何似支曰君言佳則佳矣何至相苦耶豈是求理中之談哉〔文學〕

許掾詣簡文爾夜風恬月朗共作曲室中語襟
情之詠偏是許之所長辭寄清婉有逾平日簡
文雖契素此遇尤相咨嗟不覺造膝共乂手語
達于將旦既而曰玄度才情故未易多有許[illegible]
王右軍問許玄度卿自言何如安石許未荅王
因曰安石故相為雄阿萬當裂眼爭耶[illegible]
許掾好遊山水而體便登陟時人云許非徒有
勝情實有濟勝之具[illegible]
許玄度停都一月劉尹無日不往乃嘆曰卿復
少時不去我成輕薄京尹[illegible] 劉惔

許敬宗字延族杭州新城人官檢校中書侍郎高宗立武昭儀敬宗贊其計進封郡公

許敬宗見人多忘之或謂其不聰曰卿自難記若何遜劉孝綽沈約謝朓暗中摸索亦可識

許謹選

許謹選放曠不拘小節與親友結宴花園中未嘗張幄設坐只使僮僕聚落花鋪坐下曰吾自有花裀

虞翻字仲翔會稽餘姚人少好學有高志年十二客有候其兄者不過翻翻追與書曰虎魄不取腐芥磁石不受曲針過而不存不亦宜乎客得書奇之

孫討逆既定豫章還饗將士謂虞仲翔曰孤昔

再至壽春見馬日磾字翁叔融族孫獻帝時及
與中州士大夫會言我東方人多才耳恨學問
不博語議有所不及孤意猶謂未爾卿博學洽
聞故前欲令卿一詣許交見朝士以折中國妄
語兒卿不顧行便使張子綱恐子綱不能結兒
輩舌也【吳志】張紘曰虞仲翔前為論所侵美寶為質彫摩益光（貴）
虞仲翔在東吳曹公欲辟之虞聞之曰盜跖欲
以餘財汙良家耶【注】翻以所著易注示孔融亡曰聞延陵之理觀樂吾子之治易乃知東南之美者非徒會稽之竹箭也（貴）
虞仲翔放棄南方翻性疎直數有酒失權嘗自
手劒欲擊之劉基抱權諫得免權又與張昭論
神仙翻指昭曰彼皆死人而語神仙世豈有神

仙也權積怨遂逵翻交州雖處罪放講學不倦門徒常數百人自根疏節骨體不媚犯上獲罪當長殁海隅生無可與語死以青蠅為弔客使天下一人知己者足以不恨

虞存會稽山陰人幼而卓敏風情高逸歷尚書吏部郎弟謇字道真仕至郡功曹何驃騎作會稽虞存弟謇作郡主簿以何見客勞損欲白斷常客使家人節量擇可通者作白事成以見存存時為何上佐正與謇共食語云白事甚好待我食畢作教食竟取筆題白事後云若得門庭長如郭林宗者當如所白汝何處得此人謇於是止

虞嘯父會稽人宦會稽內史

虞嘯父為孝武侍中帝從容問曰卿在門下初不聞有所獻替虞家富春近海謂帝望其意氣對曰天時尚煖䱥魚蝦鮓未可致尋當有所上獻帝撫掌大笑

虞騤字思行翻曾孫歷吏部郎共典宇纖為金紫光祿大夫

會稽虞騤與桓宣武同俠其人有才理勝望王丞相嘗謂騤曰孔愉有公才而無公望丁潭虞山陰人以貞孔愉齊老仕至光祿大夫有公望而無公才蕭之去其在卿乎騤未達而喪孔愉

虞玩之字茂瑤會稽餘姚人少閑刀筆之泛書史好臧否人物官尚書右丞齊高帝鎮東府時虞玩之爲少府猶躡屐造席高帝取屐視之訛黑斜銳蒵斷以芒接之問卿此屐已幾載玩之曰初釋褐時買之著已三十年高帝咨嗟因爲贈屐玩之幸受問其故答曰公之賜恩華俱重但遺簪弊履復不可遺帝稱善久之高帝名道成初仕宋以功封齊公竟受宋禪齊

虞玩之好臧否人物王仲寶常舉員外郎孔逷字世遠山陰人仕至太子家令玩之頗持異議仲寶甚恨之後玩之亡後有員外郎孔瓊就仲寶求會稽五官

仲寶方盤挼皂莢於地曰卿鄉俗殊惡虞玩之至死煩人玩之東歸儉懷恨不出送朝遠無詔餞者劉休與親知書曰虞公散髮海隅同古人之美而東都之送殊不藹藹○南齊王儉

虞世南字伯施越州餘姚人性沉靜寡欲篤志勤學少與兄世基學於顧野王經十餘年精思不倦或累旬不盥櫛文沙門智永善羲之書世南師焉妙得其體由是聲名籍甚官秘書監爵永興縣子

太宗嘗出行有司請載副書以從上曰不須虞世南在此行秘書[illegible]

朱暉字文季南陽宛人家世衣冠暉早孤有氣決官至尚書令

朱文季與張堪字君游南陽宛人志美行厲歷漁陽太守去職之日乘折轅車

布被囊兩已同縣袁於太學中見文季甚重之把臂語曰欲以妻子託朱生文季不就劉張亡後聞其妻子貧困自往候視厚賑贍之子帷問曰大人不與堪為友何忽如此文季曰堪嘗有知已之言吾以信於心也

朱穆字公叔南陽宛人年五歲好學性矜嚴疾惡不交非類華夏稱曰南陽朱公叔飈飈如行於極之下穆感時澆薄慕尚敦篤乃作崇厚論

朱公叔耽學專精銳意講誦或時思至不自知亡失衣冠顛隊阬岸其父以為專愚幾不知馬之幾足

朱百年會稽山陰人以有高情親亡攜妻孔氏入會稽南山伐樵採箬為業以樵箬置道頭輒為行人所取明旦已復如此人稍怪之積久知是朱隱士所賣隨其多少留錢而去

朱百年家貧母以冬月亡衣並無絮自此不衣綿帛嘗寒時就孔思遠宿衣悉裌布飲酒醉眠思遠以臥具覆之百年初不知既覺引去謂思遠曰綿定奇溫因流涕悲慟思遠亦為感泣

朱异字彥和錢塘人父巽之字處林有志節著辯捐論异編覽經史書通雜藝官中領軍

朱异遍治五經涉獵文史博弈書筭皆其所長年二十詣都沈約戲語曰卿年少何乃不廉异

逡巡未達其旨約曰天下惟有支義棋書卿一時將去那得云爾

朱桃椎成都人澹泊無為隱居不仕高士傳作益州屢遣人存問見輒走林草自匿

朱桃椎隱居不仕披裘帶索浮沉人間竇益州名軌字士則為益州道行臺左僕射遺以衣服逼為鄉正桃椎不言而退逃入山中夏則裸形冬則樹皮自覆贈遺一無所受每織芒屩置路傍見者皆言朱居士屩易米置本處桃椎至夕取之終不見人

吳展字士季下邳人忠足矯非清足厲俗信可結神才堪幹世壯吳為廣州刺史吳郡太守吳亡還下邳閉門自守不交賓客

有問秀才蔡洪也吳舊姓何如答曰吳府君

王之老成明時之儁乂朱永長名誕吳郡人賢之官議郎

理物之至德清選之高望嚴仲弼名隱吳郡稟氣清純

度剛偉官宛陵令九皋之鳴鶴空谷之白駒顧彥先

音之琴瑟五色之龍章張威伯名暢吳郡人性堅明忠慮

朗居塵皇之中無緇磷之損歲寒之茂松幽夜之逸光陸

衡士龍鴻鵠之徘徊懸鼓之待槌凡此諸君

洪筆為鉏耒以紙札為良田以玄默為稼穡

義理為豐年以談論為英華以忠恕為珍寶

文章為錦繡蘊五經為繒帛坐謙虛為席薦

義讓為帷幙行仁義為室宇脩道德為廣宅

見業陸機陸雲

吳隱之字處默濮陽人性至孝廉素奉祿頒九族冬月無被為廣州刺史州有貪泉世傳飲之者其心無厭隱之乃酌而飲之曰賦詩曰石門有貪泉一歃懷千金試使夷齊飲終當不易心兄坦之字處靖仕至中郎將功曹

吳道助坦之小字附子隱之小字兄弟居在丹陽郡後遭母童夫人艱朝夕哭臨及思至賓客弔省號踊哀絕路人為之落淚韓康伯時為丹陽尹母殷在郡每聞二吳之哭輒為悽惻語康伯曰汝若為選官當好料理此人康伯亦甚相知韓後果

為吏部尚書大夫承旨兼判小吳遂大貴達

韓康伯母

謝石奴（名石安之弟使節大都督與兄子玄破苻堅）請吳隱之為衛將軍主簿隱之將嫁女謝知其貧素遣女必當率薄乃令移廚帳助其經營使者至方見一婢牽犬賣之此外蕭然無辦

吳道玄（字道子東京陽翟人年未弱冠窮丹青之妙浪迹東洛明皇知名召入內供奉）玄宗忽思嘉陵江山水假吳生驛遞令往寫貌及回帝問之道玄云臣無粉本並記在心遣於大同殿圖之嘉陵江山水一日而就時有李將

軍名思訓善畫一品格高古爲唐勅山水第一官爵將軍山水擅名亦畫大同殿數月方畢上曰李思訓數月之功吳道玄一日之跡各極其妙也

吳道玄嘗畫殿內五龍鱗甲飛動每欲大雨即生烟霧

蘇瓊字珍之官刑獄參軍

蘇瓊爲清河太守清慎無私有沙門道研求謁意在理債瓊每見則談問玄理道研無由啓口弟子問其故道研曰每見府君徑將我入青雲間無由得論地上事遂焚其券

蘇世長雍州武功人十餘歲上書言事周武帝問讀何書對曰孝經論語王世充僭署行臺僕射世充平以漢南歸唐

蘇世長從獵於高陵是日大獲陳禽於旌門高祖顧謂羣臣曰今日畋樂乎蘇對曰陛下畋獵薄廢萬機不滿十旬書曰太康畋于有洛十旬不返未爲大樂高祖色變旣而笑曰狂態發耶對曰臣爲私計則狂爲陛下國計則忠

蘇世長嘗侍宴披香殿酒酣謂帝曰此殿煬帝之所爲耶帝曰卿諫似直而實多詐豈不知此殿朕之所爲耶對曰臣實不知但見其華侈如

瓊宮鹿臺非興王之所爲耳昔侍陛下於武功見所居宅僅庇風雨當時亦以爲足今日隋之宮室已極侈矣而又增之將何以矯其失乎帝深然之

【規】

蘇頲字廷碩幼敏悟一覽千言馬載曰古稱一目千里蘇生是矣開元中爲相父瓌守昌容以正立朝相中睿二宗

蘇頲年五歲裴談中宗朝御史大夫崇奉釋氏妻悍妬談畏如嚴君常過其父頲方誦庾信枯樹賦避談字諱曰昔其韻曰昔年移柳依依漢陰今看搖落悽愴江潭樹猶如此人何以任庾信枯樹賦大韻陰作南潭作潭任作堪皆歎

異之璨初未知適處遁於馬厩中與傭僕雜作一日有客詣璨遁權篤趨庭遺墜文書客取見之乃詠崑崙奴詩也璨出客問何人非足下宗嫌康孽耶若加禮收舉必蘇氏之令子也璨自是稍親之適有人獻兔璨乃召趙詠○璨立呈詩璨大驚驟加禮發由是學問日新

蘇軾字子瞻號東坡眉州眉山人年十歲而父洵官學四方母程氏授以書老宿字通經史屬文日數千言中進士乙科英宗朝直史館熙寧中謫黃州團練哲宗召為翰林學士紹聖初御史論其譏斥先謫落職惠州安置

蘇長公卜居陽羨以五百緡買一宅。將入居偶夜行聞老婦人哭極哀公問嫗何為哀傷如是嫗言舊居相傳百年一旦訣別所以泣也問其居所在正五百緡買者即取屋券焚之不索其

直遂還郫陵不復買地德

范蜀公名鎮字景仁成都人薛奎守蜀還朝曰得一偉人當以文學名世其學本六經不進佛老申韓之說歷官端明殿學士提舉太乙宮兼侍讀素不飲酒又詆佛教在許下與韓持國兄弟持國名維官門下侍郎有弟絳鎮往還諸韓皆崇此二事公頗病之貽蘇子瞻書問救之當以何術子瞻報曰請公試觀能惑之性何自而生欲救之心作何形相此猶不立彼復何依正恐黃面瞿曇亦須斂衽況學之者耶蘇公嘗與范公論求其所以不信之說范公云鎮平生事非目所見者未嘗信蘇公曰公亦安能然哉設公有疾令醫切脈醫曰寒則服熱藥熱則飭寒藥公何嘗見脈而信之何獨至於

傳而必奇見耶○【文】蘇子瞻在黃州及嶺外每旦起不招客與語必出訪客所與遊亦不盡擇各隨其人高下談諧放蕩不復為畛畦有不能談者則強使之說鬼或辭無有則曰姑妄言之【注】蘇長公在惠州天下傳其已死後七年北歸時章丞相方貶雷州東坡見南昌太守葉祖洽字敦禮邵武人熙寧初對策投合用事者考官宋敏求蘇軾欲黜呂惠卿擢為第一仕官以牟利黷貨聞終徽猷閣直學士葉問曰世傳端明已歸道山今尚爾游戲人間耶東坡曰途中見章子厚乃回反

耶

蘇舜欽字子美慷慨有大志范仲淹薦試集賢校理監進奏院為王拱辰所劾放廢窮居吳中買水石作滄浪亭益讀書自喜時發憤懣於歌詩其體豪放往往驚人

蘇子美豪放不羈好飲酒在外舅杜祁公名衍字世昌越州山陰人苦志厲操尤篤教學官龍圖學士刑部侍郎家每夕讀書以一斗為率公深以為疑使覘之子美讀漢書張良傳至良與客狙擊秦皇帝撫掌曰惜乎擊之不中遂滿引一大白又讀至良曰始臣起下邳與上會於留此天以授陛下又撫案曰君臣相遇其難如此復舉一大白公笑曰有如此下

物一斗不足多也

蘇庠字養直父伯固從東坡遊東坡我夢扁舟遊震澤之詞爲伯固作也養直屬玉雙飛水滿塘之句亦見賞于坡坡呼爲吾家養直

蘇養直隱京口紹興間與徐師川名俯洪州分寧人以父禧死事授通直郎張邦昌僭位遂致仕時工部侍郎何昌言與弟昌辰避邦昌諱皆改名俯買婢爲昌奴客至即呼前驅使之後王藻爲之爲諫議大夫同召養直不起師川造朝時便道過養直留飲甚懽二公平日對奕徐高於蘇是日養直拈一子笑視師川曰今日還須讓老夫下此一着師川有媿色

盧志字子通父尚書延祖司空毓志以知名起家鄴令官衛尉卿尚書郎志遠祖盧充者

范陽人家西三十里有崔少府墓充先冬至一
日出家西獵見一獐舉弓而射即中之獐倒而
復起充逐之不覺遠忽見一里門如府舍門中
一鈴下有唱家前充問此何府也答曰少府府
也充曰我衣惡那得見貴人即有人提襆新衣
迎之充著盡可體便進見少府展姓名酒炙數
行崔即曰近得尊府君書為君索小女婚故相延
耳即舉書示充充父亡時雖小然已見父手
便歔欷無辭崔即勑内令女郎莊嚴使充就東
廊充至婦已下車立席頭共拜為三日畢還見
崔崔曰君可歸矣女有娠相生男當以相還生
女當留自養勑外嚴車送客崔送至門執手零
涕離别之感無異生人復致衣一襲被褥一副
充便上車去如電逝須臾至家家人相見悲喜
推問知崔是亡人而入其墓追以懊惋居四年
三月三日臨水戲忽見一犢車乍浮乍没既上
岸充往開車後戶見崔氏女與三歲男兒共載
充見之忻然欲捉其手女舉手指後車曰府君
見人即見少府充往問訊女抱兒還充又與金
盌别并贈詩曰煌煌靈芝質光麗何猗猗華艷

當時顯嘉異表神奇舍英亦及秀寧夏隊作霜萋
繁曜長幽滅世路永無施不悟陰陽運哲人忽
來儀會淺離別速皆由靈與祇何以贈余親金
盌可頤兒恩愛從此別斷絕傷肝脾充取兒盌
及詩忽不見二車處將兒還四座謂是鬼魅僉
遙睇之形如故問兒誰是汝父兒竟就充懷衆
初怪惡傳省其詩慨然歎死生之玄通也充詣
市賣盌高舉其價不欲速售冀有識者㸌有一
老婢問充得盌之由還報其大家即女姨也遣
視之果是謂充曰我姨姊崔少府女未嫁而亡
家親痛之贈一金盌著棺中今視盌甚似得
盌本末可得聞不充以事對即詣充家迎兒見
有崔氏狀又似充貌姨曰我甥三月末間産
父曰春煖溫也願休強也即字溫休溫休蓋幽
婚也其兆先彰矣兒遂成爲令器歷數郡二千
石皆著績其後生植爲漢尚書植子毓爲魏司
空冠蓋相承至今也○【句】【語】陸機

盧詢祖范陽涿人有術學文辭華美爲
後生之俊舉秀才官司徒記室

魏佛助感興言盧思道字子行瓌美俊辯年十六中山劉松為人作碑示思
道思道多所不解乃感激讀書師事邢子才後
為文示松松不能甚解官司空參軍散騎侍郎
以詢祖為不及詢祖曰見未能高飛者借其羽
毛知逸勢沖天者剪其翅翮【言】【語】辨采
盧詢祖甚有口辯好臧否人物嘗語人曰我昨
東方未明過和氏門外謂和士開宇彥通清都臨漳人以傾巧便辟有
寵於齊神武仕至尚書左僕射見二陸機雲兩潘岳尼也尼字正叔滎陽人少有
清才文辭溫雅官太常卿森然與槐柳齊列謂士開當權文士皆輻輳其門
也或云盧思道仕高齊久不得進時士開方用
事或謂盧曰何不一見和思道素自高欲往恐
為人所見乃未明而行比至其門立者衆矣盧
駐轡遙望之曰彼何人斯森然與槐柳齊列因鞭

馬疾去

盧邁（字子玄范陽人以孝友舉官給事中平章事）

盧攜邁不食鹽醋同列問之足下不食鹽醋何堪邁笑曰足下終日食鹽醋復又何堪排

盧承慶（思道之孫官度支尚書同中書門下三品）

盧承慶為司刑太常伯嘗考內外官有一官督運失米承慶考之曰監運損糧考中下其人容色自若無言而退承慶重其雅量改注曰非力所及考中中既無喜容亦無愧詞又改注曰寵辱不驚考中上

盧藏用字子潛承慶姪舉少以辭學稱隱居終南有貞隱之操及登朝趨趣叢俊專事權貴以此譏其世官工部侍郎尚書右丞

盧藏用初隱終南少室二山時有意當世人曰爲隨駕隱士晚年乃徇權利司馬承禎字子微事潘師正傳辟穀導引術睿宗明皇累召至京師卒贈正一先生將還山藏用指終南曰此中大有佳處承禎徐曰以僕視之仕宦之捷徑耳

盧杞字子良懷慎之孫父奕御史中丞安祿山陷東都人奔散奕在臺獨居爲賊所執遂見害杞以蔭解褐寧府兵曹累爲御史中丞時尚父子儀病百官造問皆不屏姬侍杞至子儀悉屏去姬侍獨隱几待之家人問故子儀曰杞貌陋而心險左右見之必笑若此人得權吾族

無顏矣及居糺彈之地論奏稱○張鎰
吾累遷御史大夫黄門侍郎　顏真卿
苻朗字元達堅從兄性宏放神氣爽悟堅常曰
吾家千里駒堅為慕容沖所圍朗降謝
用為員外散騎侍郎王忱與兄國寶命駕詣之
法汰問朗曰見王吏部兄弟未朗曰非一狗而
人心又一人面狗心者是耶○國寶王忱王
俛醜而才實美而狼故也
胡威字伯虎淮南人父質以忠清顯質為荊
威自京師往省之及告歸質賜威絹一
威辭曰大人清高不審何得此絹質曰是吾俸祿之
餘故以為汝糧耳威受而去每至客舍自放驢
取樵爨炊食畢復隨旅進道質帳下都督陰齎
糧要之因與為伴每事相助經營之又進少
威疑之密誘問之乃知都督謝而遣之後以
質質杖都督一百除其吏名父子清慎如此
晉武與胡威語及曰及其父清德遂問威曰卿
自謂孰與父清威曰威乃何敢望臣父帝又謂

御父以何為勝耶威答曰臣父清常恐人知臣清常恐人不知 品

于寶 字令升新蔡人丹陽丞瑩子少以博學才器著歷散騎常侍

于寶向劉真長叙其搜神記 寶父有嬖人寶母至妒葬寶父時因推著藏中經十年而母喪開墓其婢伏棺上就視猶煖漸有氣息與還家終日而蘇說寶父常致飲食與之接寢恩情如生家中吉凶輒語之校之悉驗平復數年後方死寶因作搜神記中云有所感起是也 劉曰卿可謂鬼之董狐 春秋傳曰趙穿攻晉靈公於桃園趙宣子未出境而復太史書趙盾弑君宣子曰不然對曰子為正卿亡不越境反討賊非子而誰孔子曰董狐古之良史也書法不隱趙盾古之賢大夫也為法受惡 排

蒲元

蒲元性多奇思於斜谷口爲諸葛武侯鑄刀三千口自言漢水鈍弱不任淬用蜀江爽烈是謂大金之元精（水經註曰蜀中錦工織錦濯之江流則錦至鮮明）命人於成都取江水蒲以淬刀言雜涪水不可用取水者捍言不雜蒲以刀畫水言雜八升取水者叩頭云於涪津覆水遂以涪水八升益之又嘗以竹筒納鐵珠滿中舉刀斷之應手虛落曰神刀。

【解】

庾乘（字世遊潁川人徵辟並不起世號徵君）

庾徵君少給事縣庭郭林宗見而拔之勸遊學

宮遂爲諸生儒後能講論自以卑第每處下坐諸生博士皆就讐問由是學中以下坐爲貴

庾敳字子嵩潁川人侍中峻第三子恢廓有度量自謂是老莊之徒嘗讀莊子開卷一尺許便放去曰未讀此書嘗謂至理如此今見之了不異人意仕至豫州長史

庾子嵩作意賦成敳見王室多難知終嬰其禍乃作意賦以寄懷後爲石勒所害從子文康見問曰若有意耶非賦之所盡若無意耶復何所賦答曰正在有意無意之間 文

王太尉不與庾子嵩交庾卿之不置王曰君不得爲爾庾曰卿自君我我自卿卿我自用我法卿自用卿法 方 正 王衍

劉慶孫在太傅東海王越字元超少尚布衣之操為中外所歸累遷司空太傅府于時人士多為所搆惟庾子嵩縱心事外無跡可間後以其性儉家富說太傅令換千萬冀其有吝於此可乘太傅於衆坐中問庾庾時頹然已醉幘墜几上以頭就穿取徐答云下官家故可有兩娑千萬隨公所取於是乃服後有人向庾道此庾曰可謂以小人之慮度君子之心

晉書 四 劉寘

司馬太傅府多名士一時儁異庾文康云見子嵩在其中常自神王[illegible]

時人目庾中郎善於託大長於自藏

庾亮字元規潁從子明穆皇后長兄潤雅有德量時人方之夏侯太初陳長文之倫累遷在西大將軍○[illegible]庾亮[illegible]孫綽[illegible]王玄鎮州刺史[illegible]湖[illegible]溫嶠[illegible]王導

庾公乘馬有的盧伯樂相馬經曰馬白額入口至齒者名曰榆鴈一名的盧奴乘客死主乘棄市凶馬也或語令賣去庾云賣之必有買者即復害其主寧可不安己而移於他人哉昔孫叔敖殺兩頭蛇以為後人孫叔敖為兒時出道上見兩頭蛇殺而埋之歸見其母泣問其故對曰聞見兩頭蛇者必死今出見之故耳母曰今安在對曰恐後人見殺而埋之矣母曰夫有陰德者天必報之以福汝不死也後果為楚令尹古之美談效之不亦達乎

庾公嘗入佛圖見卧佛涅槃經云如來背痛於雙樹間北首而卧故後之圖繪者為此象曰此子疲於津梁于時以為名言【語】

庾太尉與蘇峻戰敗率左右十餘人乘小船西奔亂兵相剝掠射誤中柂工應弦而倒舉船上咸失色分散亮不動容徐曰此手那可使著賊衆迺安【雅】

世稱庾文康為豐年玉稚恭為荒年穀謂亮有廊廟之器翼有匡世之才各有用也庾家論云是文康稱恭為荒年穀長仁為豐年玉【賞】【譽】庾翼庾統

孫興公云庾太尉雅好所託常在塵埃之外雖

柔心應世蠖屈其迹而方寸湛然固以玄對山
水 賞
庾太尉在武昌秋夜氣佳景清使吏殷浩王胡
之之徒登南樓理詠音調始遒聞函道中有屐
聲甚厲定是庾公俄而率左右十許人步来諸
賢欲起避之公徐云諸君少住老子於此處興
復不淺因便據胡床與諸人詠謔竟坐甚得任
樂後王逸少下與丞相言及此事丞相曰元規
爾時風範不得不少穨右軍曰惟丘壑獨存
庾亮兒遭蘇峻難遇害諸葛道明女亮子會會字會宗小字

阿恭娶諸葛恢女名文彪為庾兒婦既寡將改適與亮書及之亮答曰賢女尚少故其宜也感念亡兒若在初殁　傷

庾文康亡何揚州臨葬云埋玉樹著土中使人情何能已已文康初鎮武昌出石頭百姓看者老歌曰庾公上武昌翩翩如飛鳥庾公還揚州白馬牽旒旐又曰庾公初上時翩翩如飛鳥庾公還揚州白馬牽旐車後連翩不入尋薨下都葬焉　傷

深公云人謂庾元規名士胷中柴棘三斗許　輕

庾冰字季堅少有檢操兄亮器之曰吾家晏平仲官車騎將軍江州刺史　○孔坦　方正

蘇峻亂諸庾逃散庾冰時為吳郡單身奔亡民

吏皆去唯郡卒獨以小船載冰出錢塘口蘧篨覆之時峻賞募覓冰屬所在搜檢甚急卒捨船市渚因飲酒醉還舞棹向船曰何處覓庾吳郡此中便是冰大惶怖然不敢動監司見船小裝狹謂卒狂醉都不復起自送過淛江寄山陰魏家得免後事平冰欲報卒適其所願卒曰出自厮下不願名器少苦執鞭恒患不得快飲酒使其酒足餘年畢矣無復所須冰為起大舍市奴婢使門內有百斛酒終其身時謂此卒非唯有智亦且達生〔注〕

庾翼字穉恭亮弟時論以經略許之亮薨乃以翼都督七州進征西將軍○庾亮

庾穉恭為荊州以毛扇上武帝武帝起是故物

侍中劉劭字彥祖彭城人博識好學多藝能善草隸累遷侍中豫章太守曰柏

梁雲構工匠先居其下管絃繁奏鍾夔先聽其

音穉恭上扇以好不以新庾後聞之曰此人宜

在帝左右

庾征西大舉征胡既成行止鎮襄陽翼率衆將伐狄既至

襄陽狄尚強未可決戰會康帝崩翼求薨留子方之守襄陽自馳還夏口殷豫章與

書送一折角如意以調之庾答書曰得所致雖

是敗物猶欲理而用之○

庾龢字道季亮子風情率悟以文談致稱於時仕至丹陽尹兼中領軍○晉書 戴逵

謝胡兒語庾道季諸人莫當就卿談可堅城壘

庾曰若文度來我以偏師待之康伯來濟河焚

舟　晉　之　韓伯　王坦之

庾道季云思理倫和吾愧康伯志力彊正吾愧

文度自此以還吾皆百之　晉　之　韓伯　王坦之

庾道季云廉頗藺相如雖千載上死人懍懍恒

有生氣曹蜍曹茂之字永世小字蜍蜍彭城人官尚書郎李志字溫祖重[illegible]徒至員外常侍南康相雖見在厭厭如九泉下人人皆如此

便可結繩而治但恐狐貍猯狢噉盡言人皆如

淳懿則天下無姦民可結繩致治然才智

無聞功迹俱滅身盡於擲狸無擅世之名

庾翼字叔和亮第三子小字道恩拔尚率到官建威將軍吳國內史

孫興公作庾公誄文多託寄之辭誄文略曰咨予與公風流

同歸擬量託情視公猶師雖實不敏敬佩弦韋既成示庾道恩庾見慨

然送還之曰先君與君自不至於此 孫綽

庾法暢氏族所出未詳曾著人物論自叙其理云暢語義有神才辭通辯

庾法暢造庾太尉握麈尾至佳公曰此至佳那

得在法暢曰廉者不求貪者不與故得在耳

庾統字長仁小字赤玉頴川人惲子歷有名至尋陽太守 ○ 賞譽 注 亮

簡文目庾赤玉省率治除謝仁祖云庾赤王肖

中無宿物 賞

庾長仁與諸弟入吳欲住亭中宿諸弟先上見羣小滿屋都無相避意長仁曰我試觀之乃策杖將一小兒始入門諸客望其神姿一時退匿

一說是 容

亮也

庾闡字仲初亮之族从孫九歲能屬文遷散騎侍郎領大著作為揚都賦邈絶當時

庾闡始作揚都賦道温庾云温挺義之標庾作民之望方響則金聲比德則玉亮庾公聞賦成求看兼贈貺之闡更改望為儁以亮為潤云

温嶠

庾亮

庾杲之字景行新野人以貞正韶令和潤起家奉朝請太子右衛率○王儉

庾杲之清素自業食惟有韭葅瀹韭生韭雜菜

或戲之曰誰謂庾郎貧食鮭常有二十七種

庾信字子山南陽新野人祖易齊徵士父肩吾梁中書令信幼俊邁博覽羣書仕爲散騎常侍元帝即位聘於周遂留長安歷仕驃騎開府雖位望通顯常有鄉關之思作哀江南賦

庾信至北惟愛溫子昇寒山寺碑後南還人問

北方何如信曰惟寒山寺一片石堪共語餘者

驢鳴犬吠耳 溫子昇

庾子輿字孝卿南陽新野人父域有孝行母好鶴域殁孜營求一日雙鶴來下手輿

勤而敏篤五歲讀孝經手不釋卷或曰此書文

句不多何用自苦答曰孝者德之本何謂不孝

庾子輿父卒官巴西（庾域爲巴西梓潼二郡太守卒於官）奉喪歸至巴東灩澦石瞿塘大灘秋水猶壯子輿撫心長叫其夜水忽減退安流而下既渡水壯如舊時人為之語曰灩澦如襆本不通瞿塘水退為庾公（古樂府灩澦歌曰灩澦大如襆瞿塘不可觸）【德】

祖廣（字淵度范陽人仕至護軍長史）

祖廣行恒縮頭詣桓南郡始下車桓曰天甚晴朗祖參軍如從屋漏中来【黜】

祖納（字士言范陽遒人九世孝廉納治行操能清言官廷尉卿光祿大夫）○【規】【詳】王隱

祖光祿少孤貧性至孝常自為母炊爨作食王

平北名[illegible]元[illegible]官至[illegible]書平北將軍人聞其佳名以兩
婢餉之因取為中郎有人譏之者曰奴價倍婢
緝云百里奚亦何必輕於五羖之皮耶百里奚字井伯
楚國人少仕於虞為大夫晉欲假道於虞以伐虢諫而不聽乃去之秦繆公使賈人載鹽於虞
諸賈人買百里奚以五羊皮鬻公觀鹽怪其牛肥問其故對曰飲食以時使之不暴是以肥也
公令有司沐浴衣冠之公孫支讓其卿位號曰五羖大夫
【德】
祖逖字士雅范陽遒人豁蕩不修儀檢輕財好俠與劉琨俱以雄豪著名年二十四與琨
同辟司州主簿共被而寢中夜聞雞鳴俱起曰此非惡聲也每語世事則中宵起坐相謂曰若
四海鼎沸豪傑並起吾與足下相避於中原耳為汝南太守值京師傾覆率[illegible]長[illegible]渡[illegible]中宗雪
復神州之討拜為[illegible]將軍豫州刺史逖遂率部曲北渡江誓曰祖逖若不清中原而復濟者有如此

大江據懷朔土憂破石虎不能寇河南石勒為遂母墓置守吏劉琨與親舊書曰吾枕戈待旦志梟逆虜常恐祖生先吾著鞭耳會其病卒有妖星見豫州分遂曰此必為我也天未欲滅寇故耳贈車騎將軍

王大將軍始欲下都處分樹置先遣參軍告朝廷諷旨時賢祖車騎尚未鎮壽春瞋目厲聲語使人曰卿語阿黑何敢不遜催攝面去須臾不爾我將三千兵槊腳令上王聞之而止敦[illegible]王

祖車騎過江時公私儉薄無好服玩王庾諸公共就祖忽見裘袍重疊珍飾盈列諸公怪問之祖曰昨夜復南塘一出祖于時恒自使健兒鼓

行劫鈔在事之人亦容而不問逖性通濟不拘小節又賓從多是桀黠勇士逖待之皆如子弟時揚土大飢賓客攻剽逖輒擁護全衛談者以之

祖約字士少逖弟累遷平西將軍豫州刺史蘇與峻反峻敗約投石勒後為石勒所誅

○阮孚謝鯤

祖瑩字元珍范陽人八歲能誦詩書父母恐其耽書成疾瑩密藏火父母寢熟燃火讀書以才名拜太學博士歷國子祭酒黃門侍郎以文學見重一時

祖元珍為彭城王參軍時尚書令王肅曾於省中詠悲平城詩詩云悲平城驅馬入雲中陰山常晦雪荒松無罷風彭城王甚嗟其美欲使更詠乃失語云悲彭城詩爾曰

戲云何意悲平城為悲彭城也祖在坐即云有

所悲彭城王公自未見耳肅云可為論之即應
聲曰悲彭城楚歌四面起屍積石梁亭血流睢
水裏彭城退謂祖曰卿定是神口今日不得卿
幾為吳子所屈 【提】

祖珽 字孝徵瑩子神情機警詞藻道逸起家秘書郎性踈率不能廉慎神武嘗宴僚屬於坐失金叵羅竇太后令飲者皆脫帽果於孝徵髻中見者以為深耻孝徵怡然不屑

祖孝徵於總不羈曾至交州刺史司馬世雲家
飲酒遂竊銅疊二面廚人請搜諸客果於孝徵
懷中探得 【紀】

杜恕 字務伯明帝時拜散騎黃門侍郎

杜恕著家戒道張子臺（名閑東郡人官至太僕）視之似鄙朴人然其心中不知天地間何者美好作人如此自可不富貴禍患當何從而來 德

杜乂（字弘治京兆人預孫也有令名仕丹陽丞早卒）○ 輕 詳 詖浩

世目杜弘治標鮮季野穆少 賞 品 褚裒

劉丹陽王長史在瓦官寺集桓護軍亦在坐共商略西朝及江左人物或問杜弘治何如衛虎桓答曰弘治膚清衛虎奕奕神令王劉善其言（一說劉楨劉尹共論人物或問杜乂可方衛玠不謝曰安得比其間可容數人）○ 器 齊 國

王右軍見杜弘治歎曰面如凝脂眼如點漆此

神仙中人時人有稱王長史形者蔡公曰恨不見杜弘治耳

杜黃裳字遵素京兆杜陵人登宏辭科官檢校司空兼河中尹封邠國公李師古淄青節度使納之子跋扈憚杜黃裳為相未敢失禮命一幹吏寄錢數千繩并氈車子一乘使者未敢遽送於宅門伺候累日有綠輿出從婢二人青衣繿縷言是相公夫人使者遽歸以告師古師古折其謀終身不敢改節

杜審言杜陵人官膳部員外郎平生恃才謇傲為時輩所嫉登封中蘇味道為天官侍郎審言預選試判訖謂人曰味道必死人問其故答曰見吾判自當羞死又謂人曰吾之文章

合得丞宋作衛定吾之書迹合得王羲之北面其殆誤如此

杜審言將死語宋之問武平一名甄曰吾在久壓公等今且死固大慰但恨不見替人問宋之

杜甫字子美審言孫閑子也天寶中獻三大禮賦明皇奇之京兆亂步詣行在授拾遺以事言失官客秦州負薪採橡栗自給流落劍南會嚴武節度劍南東西川往依焉武再帥劍南表為參謀檢校工部員外郎武以世舊待甫甚善親詣其家甫見之或時不巾也武飲宴署客聘其華札甫乘醉言曰不謂嚴挺之有此兒也武恚目久之曰杜審言孫子擲捋虎鬚合坐皆笑以彌縫之武母恐害甫良遂以小舟送甫下峽

嚴武以世舊待杜甫甚善甫性偏躁傲誕嘗醉登武牀瞪視曰嚴挺之乃有此兒

武陔字元夏周子與二弟韶茂總角並有器望
同郡劉昶名知人造周周見三子稱曰皆
國士也元夏器量最優可為亞公〇[redacted]陳泰
二弟不減常伯納言陔仕至僕射〇[redacted]鍾毓

世説新語姓彙韻分卷之二

世說新語姓彙韻分卷之三

顧雍字元歎吳郡人其先越王句踐之支庶封於顧邑子孫遂氏焉雍連牧州郡皆有治迹佐至丞相平生不飲酒寡言語孫權嘗曰顧侯在坐令人不樂

蔡中郎從朔方還嘗避怨於吳顧元歎從學琴書顧專一清靜敏而易教中郎歎異之曰卿必成致今以吾名與卿顧遂名雍【文】

豫章太守顧邵是雍之子劭在郡卒雍盛集僚屬自圍棊外啓信至而無兒書雖神氣不變而心了其故以爪掐掌血流沾褥賓客既散方歎曰已無延陵之高豈可有喪明之責延陵季子適齊及其

友也其長子死葬於嬴博之間孔子曰延陵季子吳之習於禮者也往而觀其葬焉其坎深不至於泉其斂以時服既葬而封廣輪揜坎其高可隱也既封左袒右還其封且號者三曰骨肉歸復於土命也若魂氣則無不之也無不之也而遂行孔子曰延陵季子之於禮也其合矣乎子夏哭其子而喪其明曾子弔之曰吾聞之也朋友喪明則哭之曾子哭子夏亦哭曰天乎予之無罪也曾子怒曰商汝何無罪也吾與汝事夫子於洙泗之間退而老於西河之上使西河之民疑汝於夫子爾罪一也喪爾親使民未有聞焉爾罪二也喪爾子喪爾明爾罪三也子夏投其杖而拜曰吾過矣吾過矣於是豁情散哀顏色自若顧劭

顧劭字孝則雍子起家豫章太守擧善以教民風化大行○顧雍 龐統

龐士元至吳吳人並友之見陸績字公紀幼有俊朗才數官顧劭全琮字子黃錢塘人官大司馬而為之目曰陸子

所謂駑馬有逸足之用顧子所謂駑牛可以負重致遠或問如所目陸為勝耶曰駑馬雖精速能致一人耳駑牛一日行百里所致豈一人哉吳人無以難全子好聲名如汝南樊子昭

顧榮字彥先雍孫也朗俊機警風穎標徹歷廷尉正○陸機兵長丘臺特

顧榮在洛陽嘗應人請覺行炙人有欲炙之色因輟己施焉同坐嗤之榮曰豈有終日執炙而不知其味者乎後遭亂渡江每經危急常有一人左右已問其所以乃受炙人也

顧彥先平生好琴及喪家人常以琴置靈牀上

張季鷹往哭之不勝其慟遂徑上牀鼓琴作數曲竟撫琴曰顧彥先頗復賞此不因又大慟遂不執孝子手而出【傷逝】張翰

顧顯字孟著榮兄子也少有重名官驃騎郎參卒時人為之悼惜

顧孟著嘗以酒勸周伯仁伯仁不受顧因移勸柱而語柱曰詎可便作棟梁自遇周得之欣然遂為衿契【品藻】周顗

顧和字君孝少知名族人顧榮曰此吾家麒麟也必興吾宗仕至尚書令○【雅量】許璪

【夙惠】顧敷

顧和始為揚州從事月旦當朝未入頃停車州

門外周侯諸丞相歷和車邊和覔虱夷然不動
周閒既過反還指顧心曰此中何所有顧搏虱如
故徐應曰此中最是難測地周侯既入語丞相
曰卿州吏中有一令僕才逕
顧敷字祖根和孫也淹然有大成之量仕至著作郎二十三卒○風玄之詳張
司空顧和與時賢共清言張玄之顧敷是中外
孫年並七歲並牀邊戲于時聞語神情如不相
屬瞑於燈下二兒共叙客主之言都無遺失和
越席而提其耳曰不意衰宗復生此寶逕玄之逕張
顧悅字君叔晉陵人初爲殷浩揚州別駕浩卒上疏理浩得申物論稱之後爲尚書左丞

顧悅與簡文同年而髮蚤白簡文曰卿何以先白時簡文髮無二毛對曰蒲柳之姿望秋而落松柏之質經霜彌茂愷之為父傳而而落彌茂作先零彌茂作猶茂○【言】

顧愷之字長康悅子官散騎常侍博學有才氣為人遲鈍而自矜尚為時所笑桓溫云○【晉】長康體中癡黠各半合而論之正平平耳○又善圖寫世云有三絕畫絕文絕癡絕【[illegible]】

【排調】謝鯤殷仲堪殷仲堪

顧長康從會稽還人問山川之美顧曰千巖競秀萬壑爭流草木蒙籠其上若雲興霞蔚【言】

桓征西治江陵城即臨江王所治王徽出北門而車軸折父老泣曰五王去不還與從此不開其門甚麗會賓僚出江津望之

能目與城者有賞顧長康時為客在坐目曰遙望層城丹樓如霞桓即賞以二婢晉桓温

或問顧長康君箏賦何如嵇康琴賦顧曰不賞者作後出相遺深識者亦以高奇見貴文

顧長康畫裴叔則頰上益三毛人問其故顧曰裴楷儁朗有識具正此是其識具看畫者尋之定覺益三毛如有神明殊勝未安時晉裴楷

顧長康畫人或數年不點目精人問其故顧曰四體妍蚩本無關於妙處傳神寫照正在阿睹中晉

顧長康作殷荊州佐請假還東爾時例不給布颿顧苦求之乃得發至破冢遭風大敗作牋與殷云地名破冢真破冢而出行人安穩布颿無恙 排

排 顧長康噉甘蔗先食尾人問所以云漸至佳境

人問顧長康何以不作洛生詠答曰何至作老婢聲 洛下書生詠音重濁故云老婢聲 ○ 輕

顧琛 字弘瑋和之曾孫也性謹確不尚浮華起家州從事駙馬都尉累遷尚書庫部郎

宋文帝時到彥之 字道豫彭城人楚大夫屈到後也官豫州刺史 北伐

甲兵資實甚盛及敗還委棄蕩盡武庫一空一日帝與羣臣宴有荒外降人在列帝問庫部郎顧琛庫中仗猶有幾許琛詭對有十萬人仗帝既問而悔得琛對甚喜

顧協字正禮和六世孫也少有志操內弟張率薦於武帝帝問協年率言三十五帝曰北方高京西十强仕南方卑濕三十更衰如協便為已老但其事親孝與友信亦不可遺於草澤於是以協為太常博士終散騎常侍舍人顧常侍清介志操為廷尉正時冬服單薄寺卿蔡子度名廓系之孫博涉羣書言行以禮起家著作佐郎終太尉從事中郎謂人曰我欲解身上襦與顧郎恐顧郎難衣食者竟

不敢遺之 德

顧歡 字景怡一字玄平吳興鹽官人好黃老通陰陽爲術數多驗隱居不仕

顧長孺 名黯吳郡人也 有隱操與顧景怡俱不就徵景怡晚節服食不與人通每旦出戶山鳥集其掌取食 棲逸

傅嘏 字蘭碩北地泥陽人傅介子之後累遷河南尹尚書嘏旣達治好正而有淸理識要嘗論才性原本精微鮮能及者鍾會集而論之 ○ 文學 夏侯玄

傅嘏善言虛勝荀粲談尚玄遠每至共語有爭而不相喻裴冀州釋二家之義通彼我之懷常使兩情皆得彼此俱暢 文學 荀粲 裴徽

何晏鄧颺夏侯玄並求傅嘏交而嘏終不許諸人乃因荀粲說合之謂嘏曰夏侯太初一時之傑士虛心於子而卿意懷不可交合則好成不合則致隙二賢若穆則國之休此藺相如所以下廉頗也傅曰夏侯太初志大心勞能合虛譽誠所謂利口覆國之人何晏鄧颺有為而躁博而寡要外好利而內無關籥貴同惡異多言而妬前多言多釁妬前無親以吾觀之此三賢者皆敗德之人爾遠之猶恐罹禍況可親之耶後皆如其言 鄧 之 何晏鄧颺夏侯玄

傅亮字季友北地靈州人博涉經史尤善文辭歷尚書令左光祿大夫父瑗字叔官護軍長史兄迪字長猷任至五兵尚書贈太常 ○ 徐羨之

郗超與傅瑗周旋瑗見其二子並總髮超觀之良久謂瑗曰小者才名皆勝然保卿家終當在兄即傅亮兄弟也

傅昭字茂遠靈州人以清靜登官居朝達無所請謁官散騎常侍

傅茂遠泊然靜處不妄交遊袁司徒每經其戶輒歎曰經其戶寂若無人披其帷其人斯在豈得非名賢

喻陟字明仲睢州人雅善散樂尤妙長笛嘗有事上吹笛詩張芸叟和之

喻明仲妙於長篇持節數郡每出按行至山水

佳處馬上臨風輒快作數弄

路巖字魯瞻陽平冠氏人幼聰敏過人官戶部侍郎同平章事

路巖佐崔鉉字台碩官戶部侍郎同平章事於淮南為支使鉉

知其必貴嘗曰路十終須作彼一官通鑑注曰謂作相也

既而入為監察御史不出長安城十年至宰相

時巖年三十六其入翰林日鉉猶在淮南聞之曰路十

今已入翰林如何得老後皆如其言

嵇康字叔夜譙國人嵇本姓奚其先避怨徙上虞徙譙國銍縣有嵇山家於其側因氏官中散大夫嘗著養生論曰夫虱處頭而黑麝食柏而香頸處險而癭齒居晉而黃豈惟

蒸之使重無使輕芳之使香勿使延哉識能蒸
以靈芝潤以醴泉無為自得體妙心玄棄與羨
問比壽王喬爭年○[illegible]趙至[illegible]宋補[illegible]
何為不可養生哉　何晏[illegible]呂安

嵇中散嘗於夜中燈火下彈琴有一人入室初
來時面甚小斯須轉大遂長丈餘顏色甚黑單
衣草帶嵇熟視既久乃吹火滅曰恥與魑魅爭
光[illegible]

鍾士季精有才理先不識嵇康鍾要于時賢俊
之士俱往尋康康方大樹下鍛向子期爲佐鼓
排康揚槌不輟傍若無人移時不容一言鍾起
去康曰何所聞而來何所見而去鍾曰聞所聞

而來見所見而去康性絶巧能鍛鐵家有盛柳樹乃激水以圜之夏天甚清

涼恒居其下傲戲乃身自鍛家雖貧有人就鍛者康不受直唯親舊以雞酒往與共飲噉清談

而已會聞康名而造焉乘肥衣輕賓客如雲康方箕踞而鍛不爲之禮會深銜之後因呂安事

而遂譖康焉○【魏】【晉】鍾會

嵇中散臨刑東市神氣不變索琴彈之奏廣陵散曲終曰袁孝尼嘗請學此散吾靳固不與廣陵散於今絶矣初安與東平呂安善安嫡兄遜淫康妻徐氏安欲告遜遣妻以咨於康康喻而抑之遜內不自安陰告安撾母表求徙邊安當徙訴自理辭引康康詣獄以明之鍾會庭論康曰今皇道開明四海風靡邊鄙無詭隨之民街巷無異口之議而康上不臣天子下不事王侯輕時傲世不爲物用今不除康無以清潔王道於是收康太學生三

千人上書請以爲師不許文王亦尋悔焉康之下獄
太學生數千人請之于時豪俊皆隨康【通】入獄悉解喻一時散遣康竟與安同誅
嵇康遊於汲郡山中遇道士孫登遂與之遊康
臨去登曰君才則高矣保身之道不足康從登遊三年
問其所圖終不答將別乃曰子識火乎火生而有光而不用其光果然在於用光人生有才而不
用其才果然在於用才故用光在乎得薪所以保其耀用才在於識物所以全其年今子才多
識寡難乎免於今之世矣康不能用及【翅】逯獄爲詩自責云昔慚下惠今愧孫登
嵇康身長七尺八寸風姿特秀康土木形骸不加飾厲而龍章
鳳姿天質自然正爾在羣形之中便自知非常之器見者歎曰蕭蕭肅肅
爽朗清舉或云肅肅如松下風高而徐引山公

曰嵇叔夜之為人也巖巖若孤松之獨立其醉也傀俄若玉山之將崩【容】

嵇紹字延祖康子十歲而孤事母孝謹累遷散騎常侍惠帝敗於蕩陰百官左右皆奔散唯紹儼然端冕以身衛帝兵交御輦飛箭雨集遂以見害○【德】【鮮】羅企生【覽】【言】阮渾王玄

嵇康被誅後山公舉康子紹為秘書丞紹咨公出處公曰為君思之久矣天地四時猶有消息而況人乎【政】

齊王冏為大司馬輔政冏字景治齊王攸子趙王倫篡位冏起義兵誅倫拜大司馬加九錫後為長沙王所誅嵇紹為侍中詣冏咨事冏設宰會召葛旟字雲獏為齊王長史冏敗見誅董艾字叔智山好功……下

修士嵇齊王起義用文領右將軍王敦見誅等共論時宜顗等白冏嵇侍中善於絲竹公可令操之遂送樂器紹推却不受冏曰今日共為歡卿何却邪紹曰公協輔皇室令作事可法紹雖官卑職備常伯操絲比竹蓋樂官之事不可以先王法服為伶人之業今逼高命不敢苟辭當釋冠冕襲私服此紹之心也旟等不自得而退 方

有人語王戎曰嵇延祖卓卓如野鶴之在雞羣答曰君未見其父耳 容

米芾 字元章嘗為書畫學博士禮部員外郎數歲白簡遜出一時以書法擅名其

流落且言舉室百指行至陳留掬得一舟知許
大遂盡一舟於行間京師焉時翟文正謂其類
而希及歷皆龍政自謂久任中外並被大臣
知遇舉主累數十百皆用吏能為稱首一無有
以顛蒙者世遂
傳米老辨顛帖
蘇長公在維揚一日設客皆一時名士米元章
亦在坐酒半元章忽起立自贊曰世人皆以芾
為顛願質之子瞻公笑荅曰吾從衆
米元章守漣水地接靈壁蓄石甚富一一品目
入玩則終日不出楊次公名傑無為人以右官至禮部員外郎自
為號無為子為察使因往廉焉正色言曰朝廷以千里
郡邑付公那得終日弄石都不省録郡事米徑

前於左袖中取一石嵌空玲瓏峯巒洞穴皆具
色極清潤宛轉反覆以示楊曰如此石安得不
愛楊殊不顧乃納之袖又出一石疊嶂層巒奇
巧又勝又納之袖最後出一石盡天劃神鏤之
巧顧謂楊曰如此石安得不愛楊忽曰非獨公
愛我亦愛也即就米手攫得之徑登車去
米元章丁左真州嘗謁蔡攸字君安京子也為龍圖學士兼侍讀文局官僚百人參三館儁遊而攸用大臣子領袖其間惜不知學士論不與於舟中攸
出右軍王略帖示之元章驚歎求以他畫易之
攸有難色元章曰若不見從某即投此江死矣

因大呼攝船舷欲墮仍遂與之萧為文奇險不剽襲前人持妙
翰墨沉著飛舞者書得王獻之筆意畫山水人物自
名一家尤工篆移至亂真遇士器物書畫則極
力求取必得乃已立寶晉齋日與之坐起玩撫精
於鑒裁一經題品價增數倍所與遊皆名士王
安石蘇其詩句書扇上蘇軾亦喜稱譽之冠服
效唐人風神蕭散音吐清暢所至人聚觀之而
好潔成癖至不與人同巾器時有可傳笑
者又舉止顛顛不能與世俯仰故仕數困

禰衡字正平平原人逸才飄舉少與孔融作爾汝之交時衡未滿二十融已五十敬衡才
秀共結殷勤以建安初出遊融數與曹操稱
其才操傾心欲見衡稱狂疾不往而數有恣言
操甚忿之以其才名不欲殺圖欲辱之乃令錄為
鼓吏後至八月朝會大閱試鼓節作三重閣列
坐賓客以帛絹製衣作一岑牟一單絞及小褌
鼓吏度者皆當脫其故衣著此新衣次傳衡衡
擊鼓為漁陽摻撾蹋地來前躡馺腳足容態不
常鼓聲甚悲音節殊妙坐客莫不慷慨既度不

冐易衣吏呵之曰鼓吏何獨不易服衡便止當
曹操前先脫幝次脫餘衣裸身而立徐徐乃著
岑牟次著單絞後乃著幝畢復擊鼓摻撾而去
顔色無怍操笑謂四座曰本欲辱衡衡反辱孤
孔融退而數之曰正平大雅固當爾邪因宣操
區區之意衡許往融復見操說衡狂疾今求得
自謝操喜敕門者有客便通待之極晏衡乃著
布單衣疏巾手持三尺梲杖坐大營門以杖筑
地大罵吏白外有狂生坐於營門言語悖逆操
怒謂融曰禰衡竪子孤殺之猶雀鼠耳顧此人
素有虛名遠近將謂孤不能容之今送與劉表
視當如何於是遣人騎送之臨發衆人為之祖
道先供設於城南乃更相戒曰禰衡勃虐無禮
今因其後到咸當以不起折之及衡至衆人莫
肯與衡坐而大號衆問其故衡曰坐者為冢臥
者為屍屍冢之間能不悲乎劉表及荊州士大
夫先服其才名及衡至甚賓禮之文章言議非
衡不定後衡復慢侮於表表耻不能容以江夏
太守黄祖性急故送衡與之祖亦善待焉衡為
作書記輕重疏密各得體宜祖持其手曰處士

此正得祖意如祖睒中之所欲言也祖長子射
先善於衡嘗與衡俱遊共讀蔡邕所作碑文射
愛其辭還恨不繕寫衡曰吾雖一覽猶能識之
唯其中石缺二字為不明因書出之射馳使寫
碑還校如衡所書莫不歎服射時大會賓客人
有獻鸚鵡射舉卮於衡曰願先生賦之以娛嘉
賓衡攬筆而作文無加點辭采甚麗後黃祖在
艨衝船上大會賓客時江夏張伯雲亦在
在座請衡曰禮教云何以食此衡不答弄黍如
故祖曰處士不當答之也衡謂祖曰君子寧開
車前馬槽祖呵之衡熟視祖罵曰死鍜錫公祖
大怒欲杖之罵不止遂令殺之黃射來救不
及派湧日此有異才曹劉不能殺大人奈何
殺之祖曰人罵汝父作鍜錫公奈何不殺

禰衡被䌲武謫為鼓吏正月半試鼓衡揚枹為漁陽摻撾淵淵有金石聲四座為之改容孔融曰禰衡罪同胥靡不能發明王之夢武丁夢天賜己賢人

使百工圖其像求諸天下見箒者胥靡衣褐於傅巖之野胥靡刑名胥相也靡隨也謂相從坐輕刑也

魏武慚而赦之【言】【語】孔融

十月朝黃祖在艨衝舩上會設黍臛衡年少在坐黍臛至衡先自飽食都不顧衆賓惟舉搏以戲美【[illegible]】

禰正平自荊州北遊許都書一刺懷之漫滅而無所遇或問之曰何不從陳長文司馬伯達名朗河內溫人十二試經為童子郎後為成皐令堂陽長治務寬惠遷兗州刺史政化大行乎禰曰卿欲使我從屠沽兒輩耶又問當今復誰可者禰曰大兒孔文舉小兒楊德祖【輕】

劉荊州嘗自作書欲與孫伯符以示禰正平正平嗤之言如是爲欲使孫策帳下兒讀之耶將使張子布見乎 輕

人問禰正平荀令君趙盪寇（名稚長官盪寇將軍）皆足盖當世乎禰荅曰文若可借面弔喪稚長可使監厨請客其意以荀但有貌趙健啖肉也 輕

衛玆（字子許陳留襄邑人不爲詭激之行不徇流俗之名明慮淵深規略宏遠曹操到陳留與玆相見同議起兵玆曰亂生久矣非兵無以整之因從操戰死滎陽）

衛子許弱冠與同郡圏文生同稱盛德郭林宗與二人俱到市子許買物隨價讎直文生訛呵

臧僨乃取林宗曰子許少欲文生多情此二人
非徒兄弟乃父子也後文生以穢貨見捐子許
以烈節致譽 如此看人○ 郭泰
衛瓘 字伯玉河東人十歲喪父至孝過 人性貞靜有名理在位以任職稱○ 樂廣
晉武帝既不悟太子之愚必有傳後意諸名臣
亦多獻直言帝嘗在陵雲臺上坐衛瓘在側欲
申其懷因如醉跪帝前以手撫床曰此座可惜
帝悟因笑曰公醉耶
衛玠 字叔寶小字虎瓘孫也穎識通達天韻標 令謝幼輿待以亞父之禮娶樂廣女廣有
海內之名裴遐曰婦翁冰清女婿○ 樂廣
璧潤所謂秦晉之匹官太子洗馬○ 杜乂

衛洗馬常以人有不及可以情恕非意相干可以理遣故終身不見喜慍之色

衛玠初欲渡江形神慘顇語左右云見此芒芒不覺百端交集苟未免有情亦復誰能遣此

衛玠總角時問樂令夢樂云是想衛曰形神所不接而夢豈是想耶樂云因也未嘗夢乘車入鼠穴搗韲噉鐵杵皆無想無因故也周禮有六夢一曰正夢謂無所感動平安而夢也二曰噩夢謂驚愕而夢也三曰思夢謂覺時所思念也四曰寤夢謂覺時道之而夢也五曰喜夢謂喜悅而夢也六曰懼夢謂恐懼而夢也按樂所言想者蓋思夢也因者蓋正夢也衛思因經日不得遂成病樂聞故命

駕為剖析之衛即小差樂歎曰此兒胷中當必
無膏肓之疾晉景公有疾求醫於秦秦伯使醫緩為之未至公夢疾為二豎子曰
彼良醫也懼傷我焉逃之其一曰居肓之上膏之下若我何醫至曰疾不可為也在膏之下肓之上
攻之不可達之不可及藥不至焉○文選樂公曰良醫也○肓鬲也心下為膏廣
王平子邁世有俊才少所推服每聞衛玠言輒
歎息絕倒王澄高氣不群邁世獨傲每聞玠之語議至于理會之間要妙之際輒絕
倒於坐前後三聞為之三倒時○晉書衛玠王澄人遂曰衛君談道平子三倒
王敦為大將軍鎮豫章衛玠避亂從洛投敦相
見欣然談話彌日于時謝鯤為長史敦謂鯤曰
不意永嘉之中復聞正始之音阿平若在當復

絕倒【賞】

驃騎王武子是衛玠之舅儁爽有風姿見玠輒歎曰珠玉在側覺我形穢【答】【乙】王濟

衛玠從豫章至下都人久聞其名觀者如堵牆玠先有羸疾體不堪勞遂成病而死時人謂看殺衛玠玠在羣伍之中寔有異人之望齔齡時乘白羊車於洛陽市上咸曰誰家璧人於是家門州黨號為璧人○【答】

王丞相見衛洗馬曰居然有羸形雖復終日調暢若不堪羅綺【答】

衛洗馬以永嘉六年喪謝鯤哭之感動路人咸

和中丞相王公教曰衛洗馬當改葬此君風流名士海內所瞻可脩薄祭以敦舊好【傷】

衛永字君長成陽人位至左軍長史

孫興公為庾公參軍共遊白石山衛君長在坐孫曰此子神情都不關山水而能作文庾公曰衛風韻雖不及卿諸人傾倒處亦不近孫遂沐浴此言【賞譽】孫綽

祖士少見衛君長云此人有旄仗下形【容】

衛展字道舒官鷹揚將軍江州刺史

衛江州在尋陽有知舊人投之都不料理惟餉

王子留行一斤本草王不留行治金瘡除風久服之輕身山人得餉

使命駕李弘範聞之曰家舅刻薄乃從軀使草

木李軌字弘範江夏人仕至尚書郎按軌劉氏甥既應弘度非弘範甥也○充論國事

蔡邕字伯喈陳留圉人六世祖勳與龔宣卓茂不仕新室邕通達有俊才博學善屬文技

藝術數無不精綜仕至左中郎將為王允所誅○文傳孔融王隱蔡琰

王充字仲任會稽上虞人謝夷吾薦充曰充之天才非學所加雖前世孟軻荀卿近世楊

雄劉向司馬遷不能過也著論衡成中土未有傳者蔡守郎

到江東得之歎為高文恒秘翫以為談助及還

北諸公覺其談更遠檢求帳中果得論衡一部

蔡中郎在陳留隣人名中郎飲比往酒已酣客有彈琴於屏中郎至門潛聽之曰以樂召我而有殺心何也遂返將命者告主人以蔡君至門而去中郎素為鄉邦所宗主人自起追問其故中郎具以告莫不憮然彈琴者曰我見螳螂方向鳴蟬蟬將去而未飛螳螂為之一前一却吾心聳然惟恐螳螂之失蟬也此豈有殺心而形於聲音乎中郎笑曰此足以當之矣吳人燒桐以爨邕聞火烈聲知其良木因裁為琴果有美音而尾有焦暗人名焦尾琴○

蔡中郎告吳人曰吾昔嘗經會稽高遷亭見屋

椽竹東間第十六可以為笛取用果有異聲伏滔長笛賦序云柯亭之觀以竹為椽邕取為笛奇聲獨絶

蔡中郎性沉審志好琴道嘉平中入清溪訪鬼谷先生故居山五曲曲有靈迹中郎每一曲製一弄三年曲成出呈馬季長王子師名允太原人以好大節郭林宗見而奇之曰王生一日千里王佐才也後與士孫瑞結謀同誅董卓並皆歎異之

蔡洪字叔開吳郡人有才辯初仕吳朝太康中本州從事舉秀才仕至松滋令

蔡洪赴洛洛中人問曰幕府初開羣公辟命求英奇於仄陋采賢俊於巖穴君吳楚之士亡國

之餘有何異才而應斯舉蔡答曰夜光之珠不
必出於孟津之河隋侯出行首蛇斷而[illegible]斷者侯遽而續之蛇得生而去後含明月珠以報其德光明照夜同晝日日隋珠蜀都賦所謂隋侯[illegible]是也盈握之
璧不必采於崑崙之山大禹生於東夷文王生
於西羌按孟子舜生於諸馮東夷之人文王生於岐周西夷之人則東夷是舜非禹也
賢聖所出何必常處昔武王伐紂遷頑民於洛
邑得無諸君是其苗裔乎【言語】吳晨
蔡謨字道明濟陽人博學有識避地江左歷尚書事揚州刺史贈司空○王導【輕詆】
王劉每不重蔡公二人嘗詣蔡語良久乃問蔡
曰公自言何如夷甫答曰身不如夷甫王劉相

目而笑曰公何處不如荅曰東南無君輩客出

蔡司徒渡江見彭蜞大喜曰蟹有八足加以二

螯令烹之既食吐下委頓方知非蟹後向謝仁

祖說此事謝曰卿讀爾雅不熟幾為勸學死戴禮

勸學篇曰蟹二螯八足非蟺蛇之穴無所寄托者用心躁也故蔡邕為勸學章取義焉爾雅曰螖蠌小者蟧即彭蜞也似蟹亦小甚○紀此三物皆八足二螯而狀甚相類

裴徽字文季河東聞喜○文詳傳謏王弼賢評人仕至冀州刺史○管輅

裴楷字叔則徽子累遷○逃評石崇世詳顧愷河南尹中書令之徑謁阮籍

梁王名彤字子徽趙王名倫字子彝國之近屬位至太宰位至相國

貴重當時裴令公歲請二國租錢數百萬以恤

中表之貧者致識之曰何以乞物行惠裴曰損其餘補不足天之道也【德】

裴叔則營新宅甚麗與兄共遊兄心欲之而口不言叔則知其意便推使兄住【德】

晉武帝始登阼探策得一王者世數繫此多少帝既不悦羣臣失色莫能有言者侍中裴楷進曰臣聞天得一以清地得一以寧侯王得一以為天下貞帝悦羣臣歎服老子注一者數之始物之極也各是一物所以為主也各以其一致此清寧貞【言】

王太尉曰見裴令公精明朗然籠蓋人上非凡

識也若死而可作當與之同歸或（或語云王）○【賞譽】王衍
裴令公有儁容姿一旦有疾至困惠帝（名衷武帝太子）使王
夷甫往看裴方向壁臥聞王使至彊回視
之王出語人曰雙眸閃閃若巖下電精神挺動
體中故小惡【容】
裴令公有儁容儀脫冠冕麤服亂頭皆好時人
以為玉人見者曰見裴叔則如玉山上行光映
照人【容】
裴瓚（字國寶楷子也才氣儁爽終中書郎）
裴國寶是裴叔則子風神高邁特為王萬子所

重每從之遊萬子父安豐謂之曰國寶初不来汝那得數往萬子曰國寶雖不知綏綏自知國寶 谷 互 王綏

裴頠 字逸民徽從子秀之子也善言名理官尚書左僕射為趙王倫所害 ○ 文學 王衍

諸名士共至洛水戲還樂令問王夷甫曰今日戲樂乎王曰裴僕射善談名理混混有雅致張茂先論史漢靡靡可聽我與王安豐說延陵子房亦超超玄著 言 互 王衍 張華

裴成公作崇有論時人攻難之莫能折惟王夷甫来如小屈時人即以王理難裴理還復申 頠

世俗尚虛無之理 ○ 文 圖 王衍
故作崇有二論
周弼咸寧中為御史中丞稱逸民若武庫五兵縱橫 賞
裴遐字叔道河東人少有理辟司空掾散騎郎
裴遐在周馥字祖宣汝南人官鎮東將軍所馥設主人遐與
人圍棊馥司馬行酒遐正戲不時為飲司馬恚
因曳遐墜地遐還坐舉止如常顏色不變復戲
如故王夷甫問遐當時何得顏色不異荅曰直
是闇當故耳闇當一作闇擲 ○ 蒙
裴遐字景聲頠從弟也官太傅從事中郎左司馬 ○ 羅 諧 王衍 劉輿 贊 詳
裴昭明河東聞喜人必傳儒史之業永明中使虜世祖曰卿有將命之才當以一郡相

賞還為始安內史

裴始安在郡還甚貪饕世祖名顗字宣遠高帝長子曰裴昭明罷郡歸遂無宅我不諳書不知古人中誰比【德】

裴炎

同平章魏玄同素與裴炎善時人以其終始不渝謂之耐久朋【□】

裴度字中立河東聞喜人以門下侍郎充彰義軍節度使淮蔡平封晉國公

裴晉公不信術數每語人曰鷄豬魚蒜逢著則喫生老病死時至則行【□】

憲宗初徵柳宗元字子厚登博學弘詞科爲御史裏行與王叔文善叔文敗貶爲柳州刺史既放斥其文思益深堙厄感鬱一寓諸文世號柳柳州劉禹錫至京俄皆貶謫柳得柳州劉得播州柳以禹錫須侍老親播州最爲惡處請以柳州換上不許曰但要與惡郡豈繫毋在裴晉公進曰陛下方侍太后順宗莊憲皇后王氏不合發此言覗

裴佶字弘正弱冠舉進士官拾遺佶清勁溫敏所交皆名士貞與鄭餘慶特推友善佶殁餘慶行朋友之服朱泚之亂裴佶與衣冠數人佯爲奴求出城佶最窶陋自稱甘草門兵曰此數子定非人奴如

甘草者不疑【容】

崔豹字正熊燕國人官太傅丞

崔正熊詣都郡都郡將姓陳問正熊君去崔杼

幾世答曰民去崔杼如明府之去陳恒【言】

崔浩字伯深清河人以好學經史玄象陰陽百家之言無不該覽妍白皙如美婦人長於謀計自比張良謂稽古過之官至特進撫軍大將軍左光祿大夫○[illegible]高允[illegible]太秀

崔悛字長孺清河人狀貌偉麗善於容止歷覽羣書兼有詞藻仕至兗州刺史

齊神武言崔悛應作令僕恨其神明太遒[illegible]

崔瞻字彥通悛子也處白善容止神彩嶷然言不妄發

崔瞻才學風流爲後來之秀侍中李神儁曉年

無子語邢劭曰昨見崔㥄兒便為後生第一我遂無此物使人傷懷

崔瞻在御史臺恒於宅中送食備盡珍羞别室獨餐處之自若有一御史姓裴伺瞻食便往造焉瞻不與交言又不命匙筯裴坐觀瞻食罷而退明日裴自攜匙筯恣情飲噉瞻方謂裴曰我初不唤君食亦不共君語君遂能不拘小節昔劉毅在京口冒請鵝炙豈亦異是君定名士於是每與之同食劉毅字希樂彭城人少有大志不脩家人產業以匡復功官都督壽南平郡公初毅甚老窶在東府與親故博府東堂出射江州刺史庾悅與僚佐詣堂毅告

之日發華也否之人合一射善難君其諧堂並
可望以令日見讓惋不許射者皆徹輪穀隨留
射如故既而惋食鵝殺求[圖]
其餘悦又不答殺當衔之

崔信青州益都人博聞明强記下筆成章

崔信明嘗自矜其文謂過李百藥鄭世翼滎陽人為揚州錄事參軍以言忤物貞觀中坐罪謫流死嶲州遇之江中謂信明曰嘗聞有楓落吳江冷願見其餘信明欣然多出衆篇世翼覽未終篇曰所見不逮所聞投諸水引舟徑去[圖]

崔公孺諫議大夫立之子性亮直喜面折人過

韓魏公執政監司有非其人者崔公孺進曰公

居陶鎔之地宜以造化為心造化以蛇虎害人故置蛇於藪澤置虎於山林公今何乃置之通衢 [illegible] [illegible] 韓琦

雷有終 同州郃陽人德驤子也以父任為秉義尉官至宣徽北院使

雷宣徽頗涉道書曰讀史廢書流踰曰切名者貪夫之鉤餌橫戈開邉技癢討叛死生食息之不顧及其死也棺斂身萬事都已悲夫 [illegible]

梅詢 字昌言宣城人少好學有辭辯進士及第歷龍圖學士侍讀學士病足出知許州

梅侍讀晚年躁於祿位而病足之常撫其足而詈之曰是中有鬼令我不至兩府者汝也 [illegible]

來敏字敬達新野人涉獵書籍善左氏春秋尤精倉雅訓詁先主署典學校尉與孟光皆以摳挨不慎數見斥黜敏東宮舊恩特[redacted]加優待後爲執慎將軍欲令以官自警○費傳

戴淵

戴淵少時遊俠不治行檢嘗在江淮間攻掠商旅陸機赴假還洛輜重甚盛淵使少年掠劫淵在岸上據胡床指麾左右皆得其宜淵既神姿峯頴雖處鄙事神氣猶異機於船屋上遥謂之曰卿才如此亦復作劫耶淵便泣涕投劍歸機辭厲非常機彌重之定交作筆薦焉機薦淵於趙王倫曰判識東南之遺寶朝廷之貴璞若得寄迹康衢[illegible]結軌[illegible][illegible]質[illegible][illegible][illegible][illegible]光[illegible]譽夫[illegible]

崖之民果於輸珠潤山之客烈於貢玉【自】【函】

蓋明暗呈形則庸識所甄也倫即辟瀾○陸機

戴逵字安道譙國人好鼓琴善屬文尤樂遊宴

談者許其通隱累辭徵命遂著高尚之目

戴安道少有高名武陵王聞其善鼓琴使人召

之安道就使者前打破琴直語云戴安道不能

為王侯伶人【方】

戴公從東出謝太傅往看之謝本輕戴見但與

論琴書戴既無吝色而談琴書愈妙謝悠然知

其量【雅】

戴安道既厲操東山逵隱會稽剡山國子博士徵不就而其兄

名逯字安丘以武勇顯有功封廣陵侯仕至大司農欲建式遏之功謝太

傳曰卿兄弟志業何其太殊戴曰下官不堪其
憂家弟不改其樂 [棲]
戴安道就范宣學逵不遠千里往豫章詣范宣宣見異之以兄女妻焉視
范所為范讀書亦讀書范抄書亦抄書唯獨好
畫范以為無用不宜勞思於此戴乃畫南都賦
圖范看畢咨嗟甚以為有益始重畫 [子] [孟] 范宣
戴安道中年畫行像甚精妙庾道季看之語戴
云神明太俗由卿世情未盡戴云惟務光當免
卿此語耳 [子] [孟] 庾龢
戴顒字仲若逵子

戴仲若春日携雙柑斗酒人問何之荅曰往聽黄鸝聲此俗耳鍼砭詩腸鼓吹

戴至德高宗時為同三品

戴至德劉仁軌為左右僕射更日受牒訴有老嫗欲詣仁軌陳牒誤詣至德至德覽之未終嫗曰本謂是解事僕射乃不解事僕射耶歸我牒至德笑而授之時人稱其長者

荀巨伯潁川人桓帝時人未詳其始末

荀巨伯遠看友人疾值胡賊攻郡友人語巨伯曰吾今死矣子可去巨伯曰遠来相視子令吾

去敗義以求生豈荀巨伯所行耶賊既至謂巨
伯曰大軍至一郡盡空汝何男子而敢獨止巨
伯曰友人有疾不忍委之寧以我身代友人命
賊相謂曰我輩無義之人而入有義之國遂班
軍而還一郡並獲全

荀淑字季和潁川潁陰人所拔韋褐芻牧之中執案刀筆之吏皆為英彥舉方正補朗陵侯相有子八人儉緄靖燾汪爽肅旉淑居西豪里縣令苑康曰昔高陽氏有才子八人遂署其里為高陽里時人號曰八龍 ○ 總[illegible]鍾皓

陳太丘詣荀朗陵貧儉無僕役乃使元方將車
季方持杖後從長文尚小載著車中既至荀使

叔慈應門慈明行酒餘六龍下食文若亦小坐
着膝前于時太史奏真人東行于時德星聚太史奏五百里賢
人聚○[注]陳寔
荀靖字叔慈淑子也少有俊才動止以禮及卒學士製誄者二十六人謚曰玄行先生
或問汝南許章曰叔慈慈明孰賢許曰二荀皆
玉也慈明外朗叔慈内潤[注]荀爽
荀爽一名諝字慈明淑子也文章典籍無不涉獵人諺曰荀氏八龍慈明無雙隱處篤志
徵聘無所就董卓秉政復徵爽爽欲遁去吏持之急起布衣九十五日至三公○荀[注]
荀慈明與汝南袁閬相見問潁川人士慈明先
及諸兄閬笑曰士但可因親舊而已乎慈明曰

足下相難依據者何經閭曰君問國士而及諸兄是以忘之耳慈明曰昔者祁奚內舉不失其子外舉不失其讎以為至公祁奚為中軍尉請老晉侯問嗣焉稱解狐其讎也將立之而卒又問焉對曰午也可其子也君子謂祁奚於是能舉善矣稱其讎不為諂立其子不為比公旦文王之詩不論堯舜之德而頌文武者親親之義也春秋之義內其國而外諸夏且不愛其親而愛他人者不為悖德乎[illegible]

荀彧字文若潁川人美偉折節待士坐不累遷其在臺閣不以私欲撓意官侍中尚書令年五十○[illegible]薨諡曰敬侯

劉季和嘗言荀令君至人家坐處常三日香[illegible]

性愛香嘗上廁還過香鑪上主簿張坦曰人名公俗人不虛也李和曰荀令君至人家坐處三日香為我如何令君而惡我愛我也坦曰古有好婦人患而捧心顰眉見者皆以為好有醜婦法之見者走公便欲使下官遁走邪

荀粲字奉倩彧子性簡貴不能與常人交接所友皆一時俊傑兄惲字長倩俣字叔倩詵字曼倩顗傳嘏字景倩〇

荀奉倩諸兄並以儒術論議奉倩獨好言道常以子貢稱夫子之言性與天道不可得聞然則六籍雖存固聖人之糠粃也兄俣難曰易云聖人立象以盡意繫辭焉以盡言則微言胡不可聞奉倩答曰蓋理之微者非物象之所舉也今

稱立象以盡意此非通於意外者也繫辭焉以盡言此非言乎繫表者也斯則象外之意繫表之言固蘊而不出矣一時能言之士皆莫能屈

文

荀奉倩與婦驃騎將軍曹洪女也至篤冬月婦病熱乃出中庭自取冷還以身熨之婦亡奉倩後少時亦卒以是獲譏於世奉倩曰婦人德不足稱當以色為主裴令聞之曰此乃是興到之事非盛德言冀後人未昧此語

惑

荀勖字公曾爽曾孫十歲能屬文累遷侍中中書監○方正和嶠

荀勗嘗在晉武帝坐上食荀進飯謂在坐人曰
此是勞薪炊也坐者未之信密遣問之實用故
車脚【縱】
鍾會是荀濟北從舅二人情好不協荀有寶劍
可直百萬常在母鍾夫人許會善書學荀手迹
作書與母取劍仍竊去不還荀勗知是鍾而無
由得也思所以報之後鍾兄弟以千萬起一宅
始成甚精麗未得移住荀極善畫乃潛往畫鍾
門堂作太傅形象衣冠狀貌如平生二鍾入門
便大感慟宅遂空廢【劉】【國】鍾會

荀羨字令則潁川人清和有識裁以主壻為駙馬都尉殷浩引為北中郎將年二十八為徐兗二州刺史中興方伯之少未有如羨者也○【晉】【[illegible]】王濛

荀中郎在京口登北固徐州晉陵望海云雖未覩三山便自使人有凌雲意若秦漢之君始皇武帝必當褰裳濡足【言】

陳咸御史萬年子亢直有異才官廷尉監累遷尚書

陳尚書見王莽字巨君誅何武字君公蜀郡人官御史大夫鮑宣字子都渤海人何武薦為諫議大夫喟然歎曰吾可以逝矣父子相與歸鄉里閉門不出入猶用漢家祖臘或問之荅曰我先祖豈知王氏臘乎禮道祭也臘歲終之大祭

也王者各以其行盛日為祖墓日為臘漢火德王火盛於午墓於戌故以午祖戌臘○【[illegible]】

陳蕃字仲擧汝南平輿人有室荒蕪不掃除曰大丈夫當為國家掃天下値桓帝之末閹竪用事外戚豪横及拜太傅○【隱義】徐揮【[illegible]】與竇武謀誅宦官反為所害○許劭

汝南陳仲擧潁川李元禮二人共論其功德不能定先後蔡伯喈評之曰陳仲擧彊於犯上李元禮嚴於攝下犯上難攝下易時人為之語曰不畏強禦陳仲擧天下模楷李元禮仲擧遂在三君之下三君者一時之所貴也竇武劉淑陳蕃以有高操海內尊而稱之元禮在八俊之上李膺王暢荀緄朱寓魏朗劉祐杜楷趙典為八俊○【[illegible]】李膺

陳蕃竇武字遊平扶風人安豐侯融玄孫官大將軍聞喜侯在位多辟名士清身疾

禮記 略為中官所害郭林宗哭之於野檀弓曰所知吾

哭諸野 野則已踈慟既而歎曰人之云亡邦國殄瘁大雅

瞻卬詩 瞻烏爰止不知于誰之屋小雅正月詩 ○ 郭林宗

陳寔字仲弓潁川許昌人為聞喜令太丘長風化宣流 ○ 陳紀

許劭 陳紀

陳仲弓為太丘長有劫賊殺財主主者捕之未

至發所道聞民有在草不起子者回車往治之

主簿曰賊大宜先按討仲弓曰盜殺財主何如

骨肉相殘

陳太丘子紀紀子羣並有高名寔見著 羣

車棲遲養老中平中卒于家天下致弔會葬者
三萬人紀亦以至德稱兄弟孝養閨門雍和
亦有重名孔融才高倨傲年在羣紀之間
先與紀友後與羣交更爲紀拜由是顯名天下
以爲公慚卿卿慚長寔爲太丘長紀○品藻陳鴻臚卿羣司空紀陳羣
陳紀字元方寔長子至德絕俗與寔高名並著弟諶文配之每宰府辟召羔鴈成羣世
號三君百城皆圖畫○品藻陳寔陳登德行華諶字季方才識傳達○德
賓客詣陳太丘宿太丘使元方季方炊客與太
丘論議二人進火俱委而竊聽炊忘著箄飯落
釜中太丘問炊何不餾元方季方長跪曰大人
與客語乃俱竊聽炊忘著箄飯今成糜太丘曰
爾頗有所識否對曰彷彿志之二子俱說更相

易奪言無遺失太丘曰如此但糜自可何必飯
也 夙 國 陳寔
陳元方子長文有英才與季方子孝先名忠州辟不就各論其父功德爭之不能決咨於太丘太丘曰
元方難為兄季方難為弟一作元方難為兄季方難為弟 ○ 德
陳寔
陳太丘與友期行期日中過中不至太丘舍去
去後乃至元方時年七歲門外戲客問元方尊
君在不答曰待君久不至已去友人便怒曰非
人哉與人期行相委而去元方曰君與家君期

日中日中不至則是不信對子罵父則是無禮
友人慚下車引之元方入門不顧【夙】【亟】陳寔
潁川太守髡陳仲弓按寔之在鄉里州郡有毄獄不能決者皆詣寔決到而情首戎中道段辭皆曰寧為刑戮所吉不為陳君所非豈有盛德感人若斯之甚而不自衛瓦搗刑辟殆不惑乎容有問元方府君何如元方曰高
明之君也足下家君何如曰忠臣孝子也容曰
易稱二人同心其利斷金同心之言其臭如蘭
何有高明之君而刑忠臣孝子者乎元方曰足
下言何其謬也故不相荅客曰足下但因傴為
恭而不能荅元方曰昔高宗放孝子孝己武丁有賢

子孝已其母蚤死武丁惑後妻之言放之而死天下哀之尹吉甫放孝子伯
奇吉甫周卿有子伯奇母死更娶後妻生子曰伯邽乃譖伯奇放之於野宣王出遊吉甫
從伯奇乃作歌以言感悟宣王聞之曰此孝子之辭也吉甫乃求伯奇於野而射殺後妻董
仲舒放孝子符起惟此三君高明之君惟此三
子忠臣孝子容斷而退言語陳寔
陳登字元龍下邳淮浦人學通古今處身循禮有雄姿異略歷廣陵太守○言語昭烈
陳元龍使功曹陳季弼名矯廣陵東陽人仕魏官侍中司徒詣許
謂之曰許下論議待吾不足足下相為觀察還
以見誨季弼還曰聞遠近之論頗謂明府驕而
自矜元龍曰夫閨門雍穆有德有行吾敬陳元

方兄弟淵清玉絜有禮有法吾敬華子魚清修

疾惡有識有義吾敬趙元達即趙達河南人少從範甫學用思精密謂東南有王氣可以避難晩身渡江自知亡日如期死博聞强記奇逸卓

犖吾敬孔文舉雄姿傑出有王伯之略吾敬劉

玄德所敬如此何驕之有昭烈 陳紀華歆孔融

陳羣字長文紀子祖寔嘗曰此兒必興吾宗及長有識度其所善皆文黨官司空 ○

陳寔詳陳紀品詳 寔詳補衛

陳琳字孔璋廣陵人避難冀州袁紹使典文章紹敗文皆琳之辭也後歸曹操操謂日卿昔爲本初移書但可罪孤而已惡惡止其身何乃上及父祖耶琳謝罪操愛其才而不責也

陳孔璋草檄文成以呈曹公先苦頭風是日

疾發，卧讀孔璋所著，翕然而起曰：此愈我疾。文

陳泰字玄伯，羣子。○排調 鍾毓

高貴鄉公薨，內外諠譁。高貴鄉公名髦，字彥文，文帝曾孫，好學夙成。齊王廢，羣臣迎立之。髦見威權日去，不勝其忿，謂尚書王經等曰：司馬昭之心，路人所知也。吾不能坐受廢辱。遂拔劍升輦，率殿中宿衛鼓出雲龍門。賈充自外而入，帝師潰散。帝猶手劍奮擊，衆莫敢逼。太子舍人成濟問充曰：事急矣，當云何？充曰：公畜汝等，政為今日，無所問也。濟即前刺髦，刃出於背。時暴雨雷電晦冥。司馬文王問侍中陳泰曰：何以靜之？泰云：惟殺賈充以謝天下。文王曰：可復下此否？對曰：但見其上，未見其下。一云：泰勸昭殺充，昭曰：卿更思其他。泰曰：豈可使泰復發後言。遂嘔血死。○方正 賈充

司馬文王問武陵陳玄伯何如其父司空陵曰通雅博暢能以天下聲教為己任者不如也明練簡至立功立事過之【品藻】武陵

陳逵（字林道少有幹以清敏立名襲封廣陵公黄門郎西中郎將領梁淮南二郡太守）

陳林道在西岸都下諸人共要至牛渚會陳理既佳人欲共言折陳以如意拄頰望雞籠山歎曰孫伯符志業不遂於是竟坐不得談【豪爽】

陳壽（字承祚巴西安漢人少師事譙周仕蜀為觀閣令史父喪有疾使婢丸藥鄉黨以為貶議坐是沉滯者累年張華愛其才舉孝廉除佐著作郎）

陳壽將為國志謂丁梁州曰若覓千斛米見借

當爲尊公廙字敬禮少有才學洽聞建安中爲黄門侍郎作佳傳丁

不與米遂不立傳廙嘗從容謂魏武曰臨菑侯天性仁孝聰明智達天下賢

才皆願從游而爲之死魏武曰植吾愛之安能若卿言吾欲立爲嗣何如廙曰廙聞知臣莫若

君知子莫若父至於君不論明闇父不問賢愚而能知其臣子者何蓋由相知非一事一物

盡非一朝一夕況明公加之以聖哲旨之以臣子今義明達之命吐永安之言可謂上應天命

下合人心也魏武深納之時論以此少之梁州是敬禮子

陳遺

吳郡陳遺家至孝母好食鐺底焦飯遺作郡主

簿恒裝一囊每煑食輒貯錄焦飯歸以遺母後

値孫恩一名靈秀琅邪人叔父泰謀叛伏誅恩逃於海上聚衆十萬攻沒郡縣後爲[illegible]

海太守辛昺所斬賊出吳郡袁府君山松即日便征遺已聚斂得數斗焦飯未展歸家遂帶以從軍戰於滬瀆敗軍人潰散逃走山澤皆多饑死遺獨以焦飯得活時人以為純孝之報也德

陳暄義興國山人刺史慶之子官散騎常侍

陳暄文才俊逸而沉湎過度兄子秀致書止之暄荅曰速營糟丘吾將老焉秀常憂暄飲酒過多致書於暄友人何胥冀其諷諫暄與秀書曰見汝書與孝典陳吾飲酒過差吾有此好五十餘年昔吳國張公亦稱旣者吾見張公時已六十自言引滿大勝少年吾今所進亦勝於往日老而彌篤惟吾與張季野耳吾方與此子交歡地下汝欲夭我此志昔阮咸阮籍同遊竹林宣子不聞斯言王

湛能玄言巧騎武子呼爲痴叔何陳留之風不
調太原之氣歲然勳戚可惟吾既寂寥當世特
病幾年產不異於顏原名未動於卿相若不日
飲醇酒復欲安歸汝以飲酒爲非吾以不飲爲
過昔周伯仁渡江惟三日醒吾不以爲少鄭康
成一日三百盃吾不以爲多吾嘗譬酒猶水也
可以濟舟亦可以覆舟故江諮議有言酒猶兵
也兵可千日而不用不可一日而不備酒可千
日而不飲不可一飲而不醉美哉江公可與論
酒矣周顗墜車侍中之門陷地武陵之第適
值朝對自言憔悴丘也幸苟有過人必知之吾
平生所願身沒之後題吾墓云陳故酒徒陳君
之神道若斯志意豈避南征之不復賈誼之慟
哭者哉何求曹眼不識盃鐺吾口不離瓢杓汝
寧與何同日而醒與吾同日而醉
乎政言其醒可及其醉不可及也

陳顯達 彭城人官征南大將軍江州刺史襲爵
壽昶之勳進爵爲公東昏立內懷疑怖
舉兵襲建業敗
死諸子皆伏誅

陳江州諸子多事豪侈江州不悅休尚爲郢府主簿過九江拜別顯達語之曰麈尾蠅拂是王謝家物汝不須捉此即取於前燒除之

陳詠中字昭譽以父廕任爲秘書正字累遷平章事卒贈侍中諡恭

陳恭公判亳州遇生日親族多獻老人星圖春秋元命苞曰嘉置弧北指一大星爲老人星治平則見見則主壽昌爲姪也修獨獻范蠡遊五湖圖且贊曰賢哉陶朱霸越平吳名隨身後扁舟五湖公即日納節范蠡佐越滅吳爲書遺大夫種日吾聞天有四時春生冬伐人有盛衰泰終必否知進退存亡而不失其正惟賢人乎蠡雖不才明知進退高鳥已散良弓將藏狡兔已盡良犬就烹夫越王爲人長頸烏喙鷹視狼步可與

共患難而不可與共處樂可與履危不可與安
不若不去將害於子明矣文種不信遂稱於
王乘扁舟出入三江五湖人莫知所適後越
有讒文種於王者王賜種以屬鏤之劍

秦子羽

頭責秦子羽云子曾不如太原溫顒潁川荀寓字景伯官尚書范陽張華士卿劉許字文生人官士卿義陽

鄒湛河南鄭詡字思淵榮陽人官爵尉卿此數子者或謇喫

無宮商或尪陋希言語或淹伊多姿態或讙譁

少智諝或口如含膠飴或頭如巾齏杵而猶以

文采可觀意思詳序攀龍附鳳並登天府張敏集載

頭責秦子羽文曰余友有秦子羽者有婦夫之
尊少而狎焉同時好進者太原溫長仁顒潁川

荀景伯范陽張茂先華士卿劉文生許南陽
鄒潤甫湛河南鄭思淵詡數年之中繼踵登朝
兩此賢身處陋巷屢沽而無善價亢志自若絲
不表墮爲之慨然又誰諸賢既已在位曾無伐
木嚶鳴之聲甚違王貢彈冠之義故曰秦生容
貌之盛爲顯貴之文以戲之并以嘲六子焉雖
似譏誚實有興也其文曰維泰始元年頭責子
羽曰吾托子爲頭萬有餘日矣大塊稟我以精
造我以形我爲子植髮膚置鼻耳安眉須插牙齒
牙眸子摛光雙顴隆起每至出入之間遨遊市
里行者辟易坐者悚跳或稱君侯或言將軍捧
手傾側佇立崎嶇如此者故我形之足偉也子
冠冕不戴金銀不佩飲而當笄恰而代幗吉味
不嘗食粟茹菜隈摧園間冀壞溝累歲暮年過
曾不自悔子厭我形容我賤子意悲子若此
猪爭處于術已之累也子遇我如讎我視子如
故居常不樂兩者俱憂何其鄙哉子欲爲人賢
也則當如皐陶后稷巫咸伊陟保乂王家永見
封殖子欲爲名高也則當如許由子臧卞隨務
光洗耳逃祿千載流芳子欲爲游說也則當如

陳軫劘通隨生韓公轉禍為福令鋒從容于發為遊說也則當如賈生之求試終軍之請使砥礪鋒穎以幹王事于欲為恪慎也則當如老聃之守一莊周之自遠鄰非雖欲志凌雲日子欲為隱逼也則當如榮期之帶索漁父之滄濁棲遲神丘垂綸巨壑此一介之所以顯身成名者也今子上不希遺德中不效儒墨塊然窮賤守此愚惑察子之情觀子之志退不為若處士進無望於三事而徒翫日勞形習為常人之所喜不亦過乎於是子羽愀然深念而對曰凡所教敎子謹聞命矣以受性拘繫不閑禮義發以天幸為子所寄今欲使吾為忠也則當如伍胥蚤平欲使吾為信也則當殺身以成義饑使吾為介卿也則當赴火以全貞此四者入之所忌故吾不敢遣意頭曰子所謂天刑地網剛德之尤不登山抱木則褰裳赴流吾欲告爾以養性海懼以慢溝而以機疑同情不聽我謀悲哉俱寓人體而獨為子頭且擬人其倫爵子儔偶守曾不如云云夫務弃得車沈淵得珠豈若夫子徒令唇舌腐爛手足沾濡蟄居有事之世而恥為

權圖譬猶鑿池抱甕難以求富嗟乎子羽何異檻中之熊深穽之虎石間飢蟹竇中之鼠事力雖勤見功甚苦宜其拳局剪蹙至老無所希也支離其形猶能不困非命也夫豈與夫子同處也○【辨】【晉】張華鄒湛

秦觀字少游一字太虛揚州人以豪雋慷慨溢於文詞蘇軾謂有屈宋才元祐初薦除太學傳士歷史館編修後坐黨籍與監處州酒稅使者承風旨伺過失以謁告寫佛書爲罪削秩徙郴州旅還藤州卒先自作挽詞其語甚哀

秦太虛爲御史賈所彈張文潛名耒淮陰人十三歲能文從蘇軾兄弟遊弱冠第進士歷起居舍人坐黨籍落職晩監南嶽廟主管崇福宮卒戲之曰千餘年前賈生過秦今復爾也聞者以爲佳謔賈誼新書有過【辨】秦上下二篇

秦檜字會之江寧人靖康元年金兵陷汴二帝北遷以御史中丞從與其酋撻懶善俾與地之議不從之使與其妻王氏抗海奔行在高宗召見與議國事大奇之驟加褒擢參大政力主和議廷臣異己者皆斥逐之

秦會之夫人常入禁中顯仁太后韋賢妃高宗母也言近日子魚大者絕少夫人對曰妾家有之當以百尾進歸告會之會之咎其失言與館客謀進青魚百尾顯仁拊掌笑曰我道這婆子村果然

一說憲聖召檜夫人入禁中賜宴進淮青魚憲聖問夫入曾食此否夫人對曰食已久視此更大容聖曰鉢進蓋檜方秉權諸道詣奉踰于上貢也夫人歸以語檜檜恚之曰夫人不曉事翌日遂易糟鰱魚大者數十枚以進憲聖笑曰我固疑無此大青魚夫人誤認耳[illegible]

閔貢字仲叔太原人周黨貞介之士見仲
叔食無菜遺之生蒜仲叔曰我欲省煩耳
今更作煩耶
受而不食
閔仲叔含菽飲水世稱節士老病家貧不能得
肉日買猪肝一片屠者或不肯與安邑令聞之
敕吏常給焉仲叔恠問其故歎曰閔仲叔豈以
口腹累安邑耶遂去客沛 隱

世説新語姓彙韻分卷之三

世說新語 二

世說新語姓彙韻分卷之四

殷羨 字洪喬陳郡人仕至豫章太守 ○ 識鑒 庾翼

殷洪喬作豫章郡臨去都下人因附百許函書既至石頭悉擲水中因祝曰沈者自沈浮者自浮殷洪喬不能作致書郵 任誕

殷融 字洪遠羨弟桓彝有人倫鑒見融歎美之為司徒左西屬飲酒善舞終日嘯詠未嘗以世務自嬰累遷吏部尚書太常卿卒 ○ 品藻 孫綽

江左殷太常父子並能言理亦有辯訥之異揚州口談至劇太常輒云汝更思吾論 ○ [illegible] 殷浩 [illegible]

殷浩 字淵源羨子少有重名仕至揚州刺史中軍將軍 ○ [illegible] [illegible] 韓伯劉惔三支遁殷

融【賞譽】王胡之

劉惔【品藻】阮裕

殷浩始作揚州劉尹行日小欲晚便使左右取襆人問其故答曰刺史嚴不敢夜行【政事】劉惔

殷中軍見佛經云理亦應阿堵上天竺城中有臨兒國國王生浮屠浮圖者太子也父曰屠頭邪母曰莫邪浮屠者身服色黃髮如青絲爪如銅其母夢白象而孕及生從右脅出而有髻墮地能行七步○漢明帝夜夢神人身有日光明日博問羣臣通人傅毅對曰臣聞天竺有道者號曰佛輕舉能飛身有日光殆將其神也於是遣羽林將軍秦景博士弟子王遵等之大月氏國寫取佛經四十二部在蘭臺石室【文學】

謝鎮西少時聞殷浩能清言故往造之殷未過有所通為謝標榜諸義作數百語既有佳致兼

辭條豐蔚甚足以動心駭聽謝注神傾意不覺
流汗交面殷徐語左右取手巾與謝郎拭面之
謝尚
殷中軍為庾公長史下都王丞相為之集桓公
王長史王藍田謝鎮西並在丞相自起解帳帶
麈尾語殷曰身今日當與君共談析理既共清
言遂達三更丞相與殷共相往反其餘諸賢畧
無所關既彼我相盡丞相乃歎曰向來語乃竟
未知理源所歸至於辭喻不相負正始之音正
當爾耳明旦桓宣武語人曰昨夜聽殷王清言

甚佳仁祖亦不寂莫我亦時復造心顧看兩王掾輙嬰如生毋猗馨〔文〕〔四〕王導桓温謝尚王濛王述

殷中軍雖思慮通長然於才性偏精忽言及四本便若湯池鐵城無可攻之勢〔文〕

入有問殷中軍何以將得位而夢棺器將得財而夢矢穢殷曰官本是臭腐所以將得而夢棺屍財本是糞土所以將得而夢穢汚時人以為名通〔文〕

殷中軍被廢東陽始看佛經初視維摩詰維摩詰者秦言淨名蓋法身之大士見居此土以弘道迹疑般若波羅蜜太多後

見小品恨此語少波羅蜜此言到彼岸也經云到者有六焉一曰檀檀者施也二曰毗黎毗黎者持戒也三曰羼提羼提者老忍辱也四曰尸羅尸羅者精進也五曰禪禪者定也六曰般若般若者智慧也然則五者為舟航若為導導則俱絕有相之流升無相之彼岸也故曰波羅蜜也淵源未暢其致必而疑其多已而究其宗多而患其必也

王仲祖謝仁祖劉真長俱至丹陽墓所省殷揚州殊有確然之志時洛棲遲積年累聘不至既返王謝相謂曰淵源不起當如蒼生何深為憂歎劉曰卿諸人真憂淵源不起耶〇王濛謝尚劉惔

王仲祖稱殷淵源非以長勝人處長亦勝人

簡文云淵源語不超詣簡至然經綸思尋處故

有局陳【賞】

桓公語嘉賓阿源有德有言向使作令僕足以儀刑百揆朝廷用違其才耳【賞】

王長史與劉尹書道淵源觸事長易【賞】

世目殷中軍思緯淹通比羊叔子（羊祜德高一世才經夷險淵源蕊燭之曜豈喻日月之明也）○【品】【藻】羊祜

撫軍問殷浩卿何如裴逸民良久答曰故當勝耳【品】

桓公少與殷侯齊名常有競心桓問殷卿何如我殷云我與我周旋久寧作我【品】【藻】（桓温）

殷侯既廢桓公語諸人曰少時與淵源共騎竹
馬我棄去已輙取之故當出我下 品 王 桓温
人問撫軍殷浩談竟何如荅曰不能勝人差可
獻酬羣心 品
王司州先為庾公記室參軍後取殷浩為長史
始到庾公欲遣王使下都王自啓求往曰下官
希見盛德淵源始至猶貪與少日周旋 企 乏 王胡之
殷中軍妙解經脉中年都廢有常所給使忽叩
頭流血浩問其故云有死事終不可說詰問良
父乃云小人母年垂百歲抱疾來久若蒙官一

脈便有活理訖就屠戮無根浩感其至誠遂令舁来為診脈處方始服一劑湯便愈於是悉焚經方

王丞相常懸一麈尾著帳中後殷中軍来乃取之與中軍曰今以遺汝 王導

杜乂殷浩並才名冠世庾翼獨不之重也曰此輩宜束之高閣俟天下太平然後徐議其任耳 杜乂

殷中軍被廢在信安終日恒書空作字楊州吏民尋義逐之竊視唯作咄咄怪事四字而已 殷浩

鎮壽陽羌姚襄上書歸降後有罪浩陰圖誅之
襄遂反浩寧軍至山桑聞襄將至棄輜重驅保
譙襄至攘山桑焚其舟實至壽陽略流民而還
桓溫乃上表黜浩撫軍大將軍奏免浩除名為
民遷于東陽信安縣黜
殷中軍廢後恨簡文曰上人著百尺樓上儋梯
將去之浩外甥韓伯隨至徙所周年還都浩素愛送至水側詠曹顏遠詩曰富貴他人合
貧賤親戚離因泣下黜
殷仲堪融孫也官○德行殷顗規箴殷顗荊州刺史文學桓玄尤悔桓玄
殷仲堪既為荊州值水儉食常五盌盤外無餘
肴飯粒脫落盤席間輒拾以噉之雖欲率物亦
緣其性真素每語子弟云勿以我受任方州云

我谿平昔時意令吾處之不易貧者士之常焉得登枝而捐其本爾曹其存之

德

殷荊州曾問遠公易以何為體答曰易以感為體殷曰銅山西崩靈鐘先應便是易耶漢武時未央宮前殿鍾無故自鳴三日三夜不止詔問東方朔對曰臣聞銅者山之子山者銅之母以陰陽氣類言之子母相感山恐有崩弛者故鍾先鳴易曰鳴鶴在陰其子和之精之至也其應在後五日居三日郡太守上書言山崩延袤二十餘里順帝時殿下鍾鳴問樊英英對曰蜀岷山嶺山裂銅為母母崩子鳴非聖朝災後蜀果上山崩日月相應遠公笑而不答

文

殷仲堪云三日不讀道德經便覺舌本閒強

文

殷荊州有所識作賦是束皙慢戲之流皙字廣微陽平

元城人漢太傅疎廣後也王莽末廣曾孫孟達自東海避亂元城因姓去疎之足以為東氏晳博學多識問無不對元康中有人自嵩高山下得竹簡一枚上兩行科斗書司空張華以問晳晳曰此明帝顯節陵中策文也檢校果然晳為著述賦諸文文甚能詭三十九歲卒元城為之罷市

殷甚以為有才語王恭適見新文甚可觀便於手巾函中出之王讀殷笑之不自勝王看竟既不笑亦不言好惡但以如意帖之而已殷悵然自失　王恭

殷仲堪喪後桓玄問仲文卿家仲堪定是何似人仲文曰雖不能休明一世足以映徹九泉

顧長康好寫起人形欲圖殷荊州殷曰我形惡

不須爾顧曰明府政為眼爾［仲堪眇目故也］但明點童
子飛白拂其上使如輕雲之蔽日［作月］○［顧愷］【巧】【五】
之
桓南郡與殷荊州語次因共作了語顧愷之曰
火燒平原無遺燎桓曰白布纏棺豎旒旐殷曰
投魚深淵放飛鳥次復作危語桓曰矛頭淅米
劍頭炊殷曰百歲老翁攀枯枝顧曰井上轆轤
卧嬰兒殷有一參軍在座云盲人騎瞎馬夜半
臨深池殷曰咄咄逼人仲堪眇目故也［仲堪父嘗疾患］
經時仲堪衣不解帶數年自分劑○【排】【五】桓玄
湯藥誤以藥手拭淚遂眇一目［顧愷之］

王緒數譏殷荆州於王國寶殷甚患之求術於王東亭曰卿但數詣王緒往輒屏人因論他事如此則二王之好離矣殷從之國寶見王緒問曰比與仲堪屏人何所道緒云故是常往来無它所論國寶謂緒於已有隱果情好日踈譏言以息 緒 國 王緒王國寶王珣

殷仲堪父名師字師子官驃騎咨議病虚悸聞床下蟻動謂是牛闘孝武不知是殷公問仲堪有一殷病如此不仲堪流涕而起曰臣進退維谷大雅谷窮 ○

殷顗字伯道仲堪從兄知名當世由中書郎出為南蠻校尉

初桓南郡楊廣字德度弘農人楊震後也共說殷荊州宜奪殷顗南蠻以自樹初仲堪欲起兵密邀殷顗顗不同楊廣與弟佺期勸殺顗仲堪不許顗亦即曉其旨嘗因行散率爾去下舍便不復還內外無預知者意色蕭然遠同鬭生之無愠時論以此多之令尹子文闘氏也論語曰令尹子文三仕為令尹無喜色三已之無愠色○隱五殷仲堪

殷顗病困看人政見半面殷荊州興晉陽之甲公羊春秋曰晉趙鞅取晉陽之甲以逐荀寅士吉射荀寅士吉射者君側之惡人往與顗別涕零屬以消息所患顗荅曰我病自當差正憂汝患耳仲堪舉兵顗不與同且以為己居小任唯當守局而晉陽之事非所宜豫

也仲堪每邀之顗輒曰吾進不敢同退不敢異遂以憂卒 ○ 棋 匹 殷仲堪

殷愷庾恒字敬則龢子也仕至尚書僕射並是謝鎮西外孫尚長

女僧要適庾龢次女僧韶適殷歆殷少而率悟庾每不推嘗俱

詣謝公謝公熟視殷曰阿巢故似鎮西巢顗小字於

是庾下聲語曰定何似謝公續復云巢頰似鎮

西庾復云頰似是作健不 輕

殷仲文融孫康子也初為桓玄咨議參軍大見寵遇玄篡位以佐命親貴與馬器服窮極綺麗及玄敗先投義軍遷侍中尚書後出為東陽太守意懷憤惋乃與桓胤謀反遂伏誅仲文嘗照鏡不見頭俄已難及 ○ 言語 宋武帝

殷仲文天才宏贍而讀書不甚廣博亮歎曰若

使殷仲文讀書半袁豹字士蔚耽孫累遷太尉長史丹楊尹才不

減班固字孟堅右扶風人幼有儁才學無常師善屬文經傳無不究覽【文】

舊以桓謙比殷仲文桓玄時仲文入桓於庭中

望見之謂同坐曰我家中軍那得及此也桓【品】謙【互】

桓玄敗後殷仲文還為大司馬咨議意似二三

非復往日大司馬府廳前有一老槐甚扶疎殷

因月朔與衆在廳視槐良久歎曰槐樹婆娑無

復生意仲文自以名輩先達而謝鯤華皆昔之所附也今反比肩居常快快【黜】

殷仲文既素有名望自謂必當阿衡朝政忽作

東陽太守意甚不平及之郡至富陽慨然歎曰

看此山川形勢當復出一孫伯符策富春人故云【[illegible]】

元德秀字紫芝河南人性純朴無緣飾動師古道必孫貧事母以孝聞開元中遊京師不忍離親每行則自負板輿與母詣長安母亡廬於墓所食無鹽酪藉無茵席刺血畫像寫佛經久之以孫勿寧於祿仕授南和尉有惠政召補龍武參軍終魯山令

房太尉言見紫芝眉宇使人名利之心都盡【賞】

蘇司業名源明天寶中守東平召為國子司業祿山陷京師源明以病不受偽官肅宗復兩京擢考功郎中知制誥每謂當時名士曰僕不幸生於衰俗所不恥者識元紫芝【企】

袁閬字奉高慎陽人友黃叔度於童齒薦陳仲舉於家巷辟太尉掾卒○【言】【語】過譲

荀爽【品】黃憲

袁渙字曜卿陳郡人避地江淮為袁術所命呂布擊術於阜陵拘留渙及布之敗也陳羣父子亦在布軍見魏武皆拜渙獨高揖魏武甚嚴憚之時魏武給衆官車各數乘使取布軍中物衆人皆重載渙取書數百卷而已○文學

鍾繇

袁喬字彥外小字羊陳郡人累遷江夏相湘西伯益州刺史○言語品藻

車胤孫綽

簡文問孫興公袁羊何似答曰不知者不負其才知之者無取其體言其有才而無德也品

袁宏字彥伯小字虎魏郎中令渙六世孫也起家建威參軍太傅謝安賞其機捷辯速自吏部郎出為東陽郡乃祖道之於冶亭時賢皆集安欲卒迫試之執手將別顧左右取一扇而贈之宏應聲答曰輒當奉揚仁風慰彼黎庶合坐歎其要捷性直亮故位不顯也○言語

桓溫

袁彥伯為謝安南司馬都下諸人送至瀨鄉將

別既自悽惘歎曰江山遼落居然有萬里之勢

【旨】

袁宏始作東征賦都不道陶公胡奴誘之狹室中臨以白刃曰先公勳業如是君作東征賦云何相忽略宏窘蹙無計便答我大道公何以云無因誦曰精金百鍊在割能斷功則治人職思靖亂長沙之勳為史所讚一說宏為東征賦悉稱過江諸名望不及桓宣城溫甚忿之後與宏遊青山飲酌將歸命宏同載衆皆危懼行數里問宏曰聞君作東征賦多稱先賢何故不及家君宏曰尊公稱謂自非下官所敢專故未敢呈啓不敢顯之耳溫曰君欲為何辭即云風鑒散朗或拔或引身雖可亡道不可隕則宣城之節信為允也溫泫然而

止宏時爲溫大
司馬記室參軍○文互陶俶陶範

桓宣武命袁彥伯作北征賦既成公與時賢共
看咸嗟歎之時王珣在坐云恨少一句得寫字
足之韻當佳袁卽於坐攬筆益云感不絕於余心
泝流風而獨寫公謂王曰當今不得不以此事
推袁賦略云聞所聞於相傳云獲麟於此野誕
靈物以瑞德奚授體於虞者悲尼父之慟
泣似實慟而非假豈一物之足傷實致傷
於天下感不絕於余心遡流風而獨寫文
桓宣武北征袁甫時從被責免官會須露布文
喚袁倚馬前令作手不輟筆俄得七紙殊可觀
東亭在側極歎其才袁虎云當令齒舌間得利

袁虎少貧嘗為人傭載運租謝鎮西經船行其夜清風朗月聞江渚間估客船上有詠詩聲甚有情致所誦五言又其所未嘗聞歎美不能已即遣委曲訊問乃是袁自詠其所作詠史詩因此相要大相賞得【文】

殷允字子思仲文弟官吏部尚書出西郗超與袁虎書云子思求良朋托好足下勿以開美求之世目袁為開美故子敬詩曰袁生開美度【賞】

袁虎伏滔同在桓公府桓公每遊宴輒命袁伏袁甚恥之恒歎曰公之厚意未足以榮國士與

伏滔比肩亦何辱如之【輕】

袁躭字彥道渙曾孫也魁梧爽朗高風俊邁仕至司徒從事中郎○【參】溫【[illegible]】

桓宣武少家貧戲大輸債主敦求甚切思自振之方莫知所出陽郡袁躭俊邁多能宣武欲求救於躭躭時居艱恐致疑試以告焉應聲便許畧無嫌吝遂變服懷布帽隨溫去與債主戲躭素有藝名債主就局曰汝故當不辦作袁彥道耶遂共戲十萬一擲直上百萬數投馬絶叫傍若無人探布帽擲對人曰汝竟識袁彥道不【[illegible]】【[illegible]】

桓溫

桓宣武與袁彥道樗蒱袁彥道齒不合遂厲色
擲去五木溫太真云見袁生遷怒知顏子為貴
論語哀公問弟子孰為好學孔子曰有顏回者好學不遷怒不貳過不幸短命死矣

袁粲字景倩陳郡陽夏人父濯早卒祖母哀其幼孤名曰愍孫好學有才清整持風操著妙德先生傳以自況嘗慕荀奉倩為人故名粲字景倩常謂道成功德既重天命有歸粲以身受顧託不欲事二姓由是遇害

○傳昭

袁尹踈放好酒嘗步屧白楊郊野閒道遇一士
人便呼與酣飲明日此人謂被知遇詣門求通
袁曰昨日飲酒無偶聊相邀爾勿復為煩

孫策字伯符吳郡富春人少有雄姿風氣年十九而襲業東渡為孫郎平定江東為許貢

客射破其面引鏡自照謂左右曰面如此豈可
復立功乎謂張昭曰中國方亂夫以吳越之
衆三江之固足以觀成敗公等善相吾弟孚大
帝拔以印綬曰舉江東之衆決機於兩陣之間
卿不如我任賢使能各盡其心我不如
卿慎勿輕渡語畢而卒年二十有六○虞喜志林
孫登　登不知何許人無家於汲郡北山土窟住
夏則編草為裳冬則被髮自覆好讀易鼓
一絃琴見者皆親樂之時時出入人間所經家
設衣食一無所辭去皆舍去嘉平中汲縣民
山中見一人所居懸巖百仞叢林鬱茂
而神明甚察自云孫姓登名字公和○嵇康
阮步兵嘯聞數百步蘇門山中忽有真人樵伐
者咸共傳說阮籍往觀其人擁膝巖側籍登
嶺就之箕踞相對籍商略終古上陳黃農玄寂
之道下考三代盛德之美以問之仡然不應復

敘有為之教棲神導氣之術以觀之彼猶如前
凝矚不轉籍因對之長嘯良久乃笑曰可更作
籍復嘯意盡退還半嶺許聞上𠾱然有聲如數
部鼓吹林谷傳響顧看迺向人嘯也一說阮籍嘗率意獨
駕不由徑路車跡所窮輒慟哭而反嘗遊蘇門
山有隱者莫知姓名有竹實數斛杵臼而已籍
聞而從之談太古無為之道論五帝三王之義
蘇門先生翛然曾不眄之籍乃嘐然長嘯韻響
寥亮先生乃逌爾而笑籍既降先生喟然高嘯
有如鳳音籍素知音乃假蘇門先生之論以寄
所懷其歌曰日沒不周西、月出丹淵中、陽精晦
不見、陰光代為雄、亭亭在須臾、厭厭將復隆、富
貴俛仰間、貧賤何必終、又著大人先生論所言
皆胸懷間本趣大意謂先生與己不異也觀其
長嘯相和亦近乎目擊道存矣○[illegible]阮籍
○王隱以蘇門先生為孫登

孫盛字安國太原中都人博學强識歷著作郎征西主簿秘書監○逸詳丈
褚季野問孫盛卿國史何當成孫云久應竟在
公無暇故至今日褚曰古人述而不作何必在
蚕室中李陵降匈奴武帝甚怒太史令司馬遷盛明陵之忠帝以遷爲陵遊說下遷腐刑乃述唐虞以来至于獲麟爲史記遷與任安書曰李陵既生降𨻶又佴之以蚕室
孫放字齊莊盛次子官長沙王相尤潛字齊由豫章太守殷仲堪下討王國寶潛時在郡逼爲諮議參軍固辭不就遂以憂卒
孫齊由齊莊二人小時詣庾公公問齊由何字
答曰字齊由公曰欲何齊邪曰齊許由齊莊何
字答曰字齊莊公曰欲何齊曰齊莊周公曰何

不慕仲尼而慕莊周對曰聖人生知故難企慕
庾公大喜小兒對
孫盛爲庾公記室參軍從獵將其二兒俱行庾
公不知忽於獵場見齊莊時年七八歲庾謂曰
君亦復來耶應聲答曰所謂無小無大從公于
邁
庾園客翼子名爰之字仲真園客小字詣孫監值行見齊莊在
外尚幼而有神意庾試之曰孫安國安在即答
曰庾稚恭家庾大笑曰諸孫太盛有兒如此又
答曰未若諸庾之翼翼還語人曰我故勝得重

嗖奴父名【排】

孫楚字子荆太原中都人仕至馮翊太守○【言語】王濟

孫子荆年少時欲隱語王武子當枕石漱流誤曰漱石枕流王曰流可枕石可漱乎孫曰所以枕流欲洗其耳所以漱石欲礪其齒【言】

孫子荆除婦服作詩以示王武子王曰未知文生於情情生於文覽之悽然增伉儷之重【文】

孫子荆以有才少所推服唯雅敬王武子武子喪時名士無不至者子荆後來臨屍慟哭賓客莫不垂涕哭畢向靈床曰卿常好我作驢鳴令

為卿作體似真聲實容皆笑孫舉頭曰使君輩

存令此人死【傷】【逝】王濟

孫子荊為石苞字仲容渤海南皮人雅曠有智局初敗鐵於鄴市市長趙元儒名知人數苞遠量仕至驃騎將軍大司馬驃騎參軍既負其才氣又

侮易苞初至不拜但長揖直語苞曰天子命我

參卿軍事【簡】【傲】

孫綽字興公太原中都人少以文稱歷太學博士大著作散騎常侍○【言】【語】謝萬【方】[illegible]

庾義【排】【調】習鑿齒【賞】【譽】衛永

孫綽賦遂初築室畎川自言見止足之分遂初賦叙日余少慕老莊之道仰其風流久矣卻感於陵賢妻之言悵然悟之乃經始東山建五畝之宅

帶長帛倚蕺持鞭輿坐華蓋擊鍾鼓者同聲而語其樂甚齋前擁一株松恒
自手壅治之高世遠名柔樂安人才理清鮮時亦隣居語
孫曰松樹子非不楚楚可憐但永無棟樑用耳
孫曰楓柳雖合抱亦何所施【言】
孫興公作天台賦成以示范榮期云卿試擲地
要作金石聲范曰恐子之金石非宮商中聲然
每至佳句赤城霞起而建標瀑布飛流而界道此賦之佳處輒云應是
我輩語【文】
孫興公許玄度皆一時名流或重許高情則鄙
孫穢行或愛孫才藻而無取於許【言】【語】許詢

撫軍問孫興公劉真長何如曰清蔚簡令王仲祖何如曰溫潤恬和桓溫何如曰高爽邁出謝仁祖何如曰清易令達阮思曠何如曰弘潤通長袁羊何如曰洮洮清便殷洪遠何如曰遠有致思卿自謂何如曰下官才能所經悉不如諸賢至於斟酌時宜籠罩當世亦多所不及然以不才時復託懷玄勝遠詠老莊蕭條高寄不與時務經懷自謂此心無所與讓也品四劉惔王濛桓溫謝尚阮裕袁喬殷融

褚公與孫興公同遊曲阿後湖中流風勢猛迅

舫欲傾覆褚公已醉乃曰此舫人皆無可以招
天譴者惟孫興公多塵滓正當以厭天欲耳便
欲捉擲水中孫遽無計惟大啼曰李野卿念我
褚太傅南下孫長樂於船中視之言次及劉真
長死孫流涕因諷詠曰人之云亡邦國殄瘁褚
大怒曰真長平生何嘗相比數而卿今日作此
面向人孫囬泣向褚曰卿當念我時咸笑其才
而性鄙 輕 乏 褚裒
孫綽作列仙商丘子贊曰所牧何物殆非真豬
儻遇風雲為我龍攄 商丘子胥者商邑人好吹竽牧豕年七十不娶妻而

不苟問道要言但食老术菖蒲根飲水如此便不飢不老耳貴盛富室聞而服之不能終歲輒止謂將有困術孫綽為贊曰商丘卓犖執策吹竽呼歔寒泉飢食菖蒲所牧何物殆非真豬云時人多以為能王藍田語人云近見孫家兒作文道何物真豬也　長王述

桓公欲遷都以張拓定之業孫長樂上表諫此議甚有理桓見表心服而忿其為異令人致意孫云君何不尋遂初賦而強知人家國事　桓溫

孫長樂作王長史誄云余與夫子交非勢利心猶澄水同此玄味禮記曰君子之交淡若水小人之交甘若醴王孝伯見曰才士不遜亡祖何至與此人周旋　王恭

王文度弟阿智（王度之小字文將譚州別駕不就娶孫綽女字阿恒）惡乃不翅當年長而無人與婚孫興公有一女亦僻錯又無嫁娶理因詣文度求見阿智既見便陽言此定可殊不如人所傳那得至今未有婚處我有一女乃不惡但吾寒士不宜與卿計欲令阿智娶之文度欣然而啓藍田云興公向來忽言欲與阿智婚藍田驚喜既成婚女之頑嚚欲過阿智方知興公之詐

孫揆

李存孝（克用養子）擒孫揆獻於克用（沙陀入本赤耶戈赤那姓心）

討龐勛有功賜姓名李國昌克用一目少故時人謂之獨眼龍起兵討黃巢復長安詔為河東留後又以討平王行瑜進爵晉王克用欲以為河東副使擬曰吾天子大臣兵敗而死分也豈能復事鎮使耶克用怒命踞之不能入擬罵曰死狗奴踞人嘗用板夾汝豈知耶乃以板夾以鋸之至死罵不絕聲

方

温嶠字太真太原祁人少標俊清徹英顯顯名累遷驃騎大將軍○[illegible][illegible]虔闕

劉琨雖隔閡寇戎志存本朝謂温嶠曰班彪識劉氏之復興彪字叔皮扶風人客於天水西隗囂有窺覦之志彪作王命論以諷之馬援知漢光之可輔援見光武曰天下反覆盜名字者不可勝數今

見陛下寥廓大度同符高
祖乃知帝王自有真也

今晉祚雖衰天命未改吾欲立功於河北使卿延譽於江南子其行乎温曰嶠雖不敏才非昔人明公以桓文之姿建匡立之功豈敢辭命

同題 劉琨 馬援

王敦既下住船石頭欲有廢明帝意賓客盈座敦知帝聰明欲以不孝廢之每言帝不孝之狀而皆云温太真所說温嘗為東宮率後為吾司馬甚悉之須臾温來敦便奮其威容問温曰皇太子作人何似温曰小人無以測君子敦聲色並厲欲以威力使從己乃重問温太子何以稱

佳温曰鉤深致遠蓋非淺識所測然以禮待覩可稱為孝【方正】晉明帝　王敦

世論温太眞是過江第二流之高者時名輩共説人物第一將盡之間温常失色【品】

温太眞位未高時屢與揚州淮中估客樗蒲與輒不競嘗一過大輸物戲屈無因得反與庾亮善於舫中大喚亮曰卿可贖我庾即送直然後得還經此數四【任誕】庾亮

温公喜慢語卞令禮法自居至庾公許大相剖擊温發口鄙穢庾公徐曰太眞終日無鄙言【輕詆】

下壹

温公喪婦從姑劉氏家值亂離散惟有一女甚有姿慧姑以屬公覔婚公密有自婚意荅云佳壻難得但如嶠比云何姑云喪敗之餘乞粗存活便足慰吾餘年何敢希汝比卻後少日公報姑云已覔得婚處門地粗可壻身名宦盡不減嶠因下玉鏡臺一枚姑大喜既婚交禮女以手披紗扇撫掌大笑曰我固疑是老奴果如所卜玉鏡臺是公為劉越石長史北征劉聰所得

明帝親任中書令温嶠王敦惡之請為司馬嶠

乃謬為勤敬綜其府事時進密謀以附其欲深結錢鳳為之聲譽每曰錢世儀精神滿腹嶠素有藻鑑之名鳳甚悅深欲結好會丹陽尹缺嶠言於敦曰京尹咽喉之地公宜自選敦然之問誰可者嶠薦錢鳳鳳亦推嶠嶠偽辭敦不聽遂表用之使覘伺朝廷嶠恐既去而鳳於後間之因敦餞別起行酒至鳳鳳未及飲嶠偽醉以手版擊鳳幘墜至作色曰錢鳳何人温太真行酒而敢不飲敦以為醉兩釋之嶠與敦別涕泗橫流出閤復入者再三行後鳳謂敦曰嶠於朝廷

甚容而與庾亮深交未可信也敦曰太真昨醉
小加聲色何得便爾相讒嶠至建康盡以敦逆
謀告帝與亮畫計討之敦聞之大怒曰吾乃為
小物所欺與王導書曰太真別來幾日作如此
事當募人生致之自拔其舌【後】【乙】王敦錢鳳
温庭筠彥博裔孫與李商隱俱有名時號温李
庭筠才名籍甚然罕拘細行以文為貨
識者
鄙之
令狐綯曾以舊事訪於温庭筠庭筠答曰事出
南華經非僻書也冀相公燮理之暇時宜覽古
綯怒甚奏庭筠有才無行不許登第遂轗軻終

身〔語五〕令狐紹

源懷官驃騎大將軍爵馮翊公性清愼無私常為行臺使巡𧠇邊懷朔鎮將元尼須與懷舊交貪穢狼藉置酒謂懷曰命之長短繫卿之口懷曰今日源懷與故人飲酒之座非鞫獄之所也明日公庭始為使者檢顯將罪狀之處也竟案抵罪

馮翊公源懷性寬簡常曰為貴人當舉綱維何必事事詳細譬如為屋外望高顯楹棟平正基壁完牢足矣斧斤不平斲削不密非屋之病也

〔隱〕

阮武字文業陳留尉氏人闊達博通淵雅之士族子籍年總角未知名武見而偉之以為勝己知人多類此仕至河青太守

亞戎目阮文業清倫有鑒識漢元以來未有此

人 晉書

阮侃 字德如共子也有俊才仕至河内太守

阮德如嘗於廁見鬼長丈餘色黑而眼大著皂

單衣平上幘去之咫尺德如心安徐笑語之曰

人言鬼可憎果然鬼赧愧而退 語林

阮籍 字嗣宗瑀之子也宏達不羈不拘禮俗刺史王昶請與相見終日不得與言昶愧歎

之自以為不能測也籍遭父喪嵇喜往弔之籍能為青白眼見凡俗之士以白眼對之及喜往

籍不哭見其白眼喜不懌而退嵇康 晉書 孫聞之乃齎酒挾琴而造之遂相與善○登

晉文王 即司馬昭也字子上懿第二子 稱阮嗣宗至慎每與之

言言皆玄遠未嘗臧否人物

魏朝封晉文王為公備禮九錫文王固讓不受公卿將校當詣府敦喻司空鄭冲（字文和滎陽人清虛寡欲草衣縕袍不以為憂累遷司徒太保太傅）馳遣信就阮籍求文籍時在袁孝尼（名準渙子位給事中）家宿醉扶起書札為之無所點定乃寫付使時人以為神筆

晉文王大親愛阮嗣宗恒與談戲任其所欲不迫以職事阮嘗從容言曾遊東平樂其土風願得為東平太守文王說從其意阮騎驢徑到郡至則壞府舍諸障壁使內外相望然後教令清

寧十許日便復乘驢去[任]

阮步兵喪母裴令公往弔之阮方醉散髮在牀箕踞不哭裴至下席於地哭弔唁畢便去或問裴凡弔主人哭客乃為禮阮既不哭君何為哭裴曰阮方外之人故不崇禮制我輩俗中人故以儀軌自居時人歎為兩得其中[任][世]裴楷

阮公鄰家婦有美色當壚估酒阮與王安豐常從婦飲酒阮醉便眠其婦側夫始殊疑之伺察終無他意籍鄰家處子有才色未嫁而卒籍與無親生不相識徑往哭之盡哀而去其達而無檢皆此類也[任]

阮籍嫂嘗還家籍見與別或譏之曲禮嫂叔不通問故譏之籍曰禮豈為我輩設也

王孝伯問王大阮籍何如司馬相如王大曰阮籍胸中壘塊故須酒澆之言阮皆同相如而飲酒異耳

王戎弱冠詣阮籍時劉公榮在坐阮謂王曰偶有二斗美酒當與君共飲彼公榮者無預焉二人交觴酬酢公榮遂不得一桮而言語談戲三人無異或有問之者阮答曰勝公榮者不得不與飲酒不如公榮者不可不與飲酒惟公榮可不與飲酒劉昶

嵇阮山劉在竹林酣飲王戎後往步兵曰俗物已復來敗人意時謂王戎未能超俗王笑曰卿輩意亦復可敗耶【排】

阮咸字仲容籍兄子任達不拘當世皆怪其所為及與之處少嗜欲哀樂至到過絕於人然後皆忘其向議太原郭奕見之心醉不覺歎服為散騎侍郎山濤舉為吏部郎

山公舉阮咸為吏部郎目曰清真寡欲萬物不能移也【賞】

荀勖善解音聲時論謂之闇解遂調律呂正雅樂每至正會殿庭作樂自調宮商無不諧韻阮咸妙賞時謂神解每公會作樂而心謂之不調

既無一言直勗意忌之遂出阮為始平太守後
有一田父耕於野得周時玉尺便是天下正尺
荀試以校己所治鍾鼓金石絲竹皆覺短一黍
於是伏阮神識 【術】 【晉】荀勗
阮仲容步兵居道南諸阮居道北北阮皆富南
阮貧七月七日北阮盛曬衣皆紗羅錦綺仲容
以竿掛大布犢鼻褌於中庭人或怪之答曰未
能免俗聊復爾耳 【任】
阮仲容先幸姑家鮮卑婢及居母喪姑當遠移
初云當留婢既發定將去仲容借客驢著重服

自追之累騎而返曰人種不可失即遙集之母也【傳】

阮渾 字長成清虛寡欲位至太子中庶子

林下諸賢各有儁才子籍子渾器量弘曠康子

紹清遠雅正濤子簡疎通高素咸子瞻虛夷有

遠志瞻弟孚爽朗多所遺秀子純 字長悌官侍中 悌字叔

遜 官御史中丞 並令淑有清流戎子萬子有大成之風

苗而不秀惟伶子無聞凡此諸子惟瞻為冠紹

簡亦見重當世【[illegible]】【國】嵇紹山簡阮瞻阮孚王綏

阮渾長成風氣韻度似父亦欲作達步兵曰仲

容已預之卿不得復爾籍之抑渾蓋以渾未識已之所以為達○任誕阮瞻字千里夷任少嗜欲不修名行讀書不甚研求仕至太子舍人○賞譽阮渾
阮千里善彈琴人聞其能多往聽之千里不問
貴賤長幼至輒與彈神氣冲和不知向人所在
内兄潘安仁常令鼓琴終日達夜曾無忤色雅量
阮孚咸第二子即鮮卑婢出也孚生咸與姑書曰胡婢既生胡兒姑答書曰魯靈光賦曰胡人遥集於上楹可字曰遥集故孚字遥集累遷侍中吏部尚書廣州刺史○賞譽阮渾
祖士少好財阮遥集好屐並恒自經營同是一
累而未判其得失人有詣祖見料視財物客至
屏當未盡餘兩小簏著背後傾身障之意未能

平或有詣阮見自吹火蠟屐因歎曰未知一生當著幾量屐神色閑暢於是勝負始分祖約

宋褘是石崇妓綠珠弟子有國色善吹笛後在晉明帝宮帝疾患危篤羣臣進諫請出宋褘時朝賢悉見帝曰卿諸人誰欲得者衆人無言阮遙集時為吏部尚書對曰願以賜臣帝即遣出與之

阮裕字思曠陳留尉氏人淹通有理識累遷侍中以疾築室會稽剡山徵金紫光祿大夫不就年六十一卒

○孫綽

阮光祿在剡曾有好車借者無不皆給有人葬

母意欲借而不敢言阮後聞之歎曰吾有車而
使人不敢借何以車為遂焚之 德
謝安年少時請阮光祿道白馬論孔叢子曰趙人公孫龍
白馬非馬馬者所以命形白者所以命色夫命色者非命形也故曰白馬非馬也為論以
示謝于時謝不即解阮語重相咨盡阮乃歎曰
非但能言人不可得正索解人亦不得妙 文學 謝
阮光祿赴山陵至都不往殷劉許過事便還諸
人相與追之阮亦知時流必當逐已乃遁疾而
去至方山不相及劉尹時為會稽乃歎曰我入
當泊安石渚下耳不敢復近思曠傍伊便能捉

杖打人不易 方

時人道阮思曠骨氣不及右軍簡秀不如真長韶潤不如仲祖思致不如淵源而兼有諸人之美 品藻 王羲之 劉惔 王濛 殷浩

阮光祿在東山蕭然無事常內足於懷有人以問王右軍右軍曰此君近不驚寵辱老子曰寵辱若驚得之若驚失之若驚雖古之沈冥何以過此 棲逸

阮光祿聞何充拜相歎曰我當何處生活 輕詆 何充

阮思曠奉大法敬信甚至大兒名傭字彥倫仕至州主簿年未弱冠忽被篤疾兒既是偏所愛重為之祈請

三寶晝夜不懈謂至誠有感者必當蒙祐而兒遂不濟於是結恨釋氏宿命都除以阮公智識必無此弊脱此非謂何其感歟夫文王期盡聖子不能駐其年釋種誅夷神力無以延其命故業有定限無不可移若請禱而望其靈匪驗而忽其道固陋之徒耳豈可以言神明之智者哉

阮脩字宣子陳留人性簡任不喜見俗人時詣推逢即舍去傲然無營家無儋石之儲晏如也王敦引為鴻臚丞太子洗馬

阮宣子常步行以百錢掛杖頭至酒店便獨酣暢雖當世貴盛不肯詣也任

阮長之字景茂一字善業籍孫也為臨海太守在官常□歌嘯先是郡中田祿以芒種為斷此前去官則一年秋稼皆入後人長之去武昌代人未至以芒種前一日解印時論多之

阮長之為中書郎直省夜往隣省誤著履出閤長之依事自列門下以闇夜人不知不受列狀長之固遣送曰長之一生不侮闇室隱

韓康字伯休京兆霸陵人桓帝以安車聘之康辭安車自乘柴車冒晨先使者發至亭亭長以韓徵君當過方發人牛修道及見康柴車幘巾以為田叟也使奪其牛即釋駕與之有頃使者至奪牛者乃徵君也使者欲奏殺亭長康曰老子自與之亭長何罪乃止康因道遁以壽終韓伯休采藥名山賣於長安市口不二價三十餘年時女子從韓買藥守價不移女子怒曰公是韓伯休邪乃不二價伯休歎曰我本避名今女子皆知有我何用藥為乃遁入灞陵山中康

韓壽 字德真南陽堵陽人

韓壽美姿容賈充辟以爲掾充每聚會賈女於青璅中看見壽說之恒懷存想發於吟詠後婢往壽家具述如此并言女光麗壽聞之心動遂請婢潛脩音問及期往宿壽蹻捷絶人踰牆而入家中莫知自是充覺女盛自拂拭說暢有異於常後會諸吏聞壽有奇香之氣是外國所貢一著人則歷月不歇漢武時月氏國獻香大如雀卵黑如桑椹燒之芳氣三月不歇蓋此香也充計武帝惟賜已及陳騫餘家無此香疑壽與女通而垣牆重密門閤急峻何由得

角乃詭言有盜令人修墻使反曰其餘無異惟東北角如有人跡而墻高非人所踰充乃取女左右婢考問即以狀對充秘之以女妻壽

韓伯（字康伯潁川人好學善言理歷豫章太守領軍將軍）○（范宣 庾龢）

韓康伯數歲家酷貧至大寒止得襦母殷夫人（浩姊）自成之令康伯捉熨斗謂康伯曰且著襦尋作複褌兒云已足不須複褌也母問其故荅曰火在熨斗中而柄熱今既著襦下亦當煖故不須耳母甚異之知為國器

殷中軍道韓太常曰康伯少自標置居然是出

羣器及其發言遣辭往往有情致〔賞譽〕

蔡叔子云韓伯雖無骨幹然亦膚立〔品藻〕

有人問袁侍中（名恪之字元祖陳郡陽夏人累遷黃門侍郎侍中）曰殷仲堪何如韓康伯荅曰理義所得優劣乃復未辨然門庭蕭寂居然有名士風流殷不及韓故殷作誄云荊門晝掩閑庭晏然〔品藻〕

舊目韓康伯將肘無風骨（范啓云韓康伯似肉鴨）〔輕詆〕

韓祺麟

齊州刺史韓祺麟為政尚寬從事劉普慶說曰公仗節方夏而無所誅斬何以示威祺麟曰刑

罰所以止惡仁者不得已而用之令民不犯法又何誅乎若必斷斬然後可以立威當以卿應之普慶慚懼而退

韓景（吏部侍郎愈子亦登進士第）

韓景是古一部子雖教有義方而性頗闇劣嘗為集賢校理史傳有金根車（舜車有金根耕根皆一轅或四馬或六馬金根籍輸皆以金兩臂前後刻金以作龍虎鳥龜形）景以為誤悉改為銀

韓熙載字叔言青社人事江南二主時謂之神仙中人風彩照物每縱轡春城秋苑人皆隨觀談笑則聽者忘倦審音能舞善八分及書筆皆冠絕簡介不屈舉朝未嘗拜一人事君

能畫忠直言談論典雅有元和之風累遷右庶子秘書監

韓熙載在南唐多賓女僕晝夜歌舞語人云吾為此行正欲避入相之命問何故避之曰中原常甪視於此一旦真主出江南棄甲不暇吾不能為千古笑端

韓熙載肆情坦率不持名檢售妓樂百數人日與荒樂所得月俸散與諸姬熙載弊衣芒屩作瞽者持獨絃琴俾舒雅宣城人姿容秀美以才思肯命嘗日隨討以所學被熙載一見如舊雅性巧黠應答如流熙載與之出入內執板挽之隨房乞食以為笑樂不熙載所閨嬪妾故肆既徃徃私客客鬪詩有最是五更留不

佳向人挑此著衣裳

之句熙載亦不介意

南唐嚴續字興宗官門下侍郎嘗請韓熙載撰其父名可求只

翔也神道碑以珍貨數萬緡仍轂一歌鬟質冠洞

房者為濡筆之贈韓納其請文既成但敘譜裔

品秩畧不道績事業續懶之封還尚冀改竄熙

載直以向所贈及歌姬悉還之臨登車止寫一

闋於泥金雙帶而去熙載詩曰風柳搖搖無定枝陽臺雲雨夢中歸他年

蓬島音塵斷留取尊前舊舞衣

韓琦字稚圭相州人天聖五年進士第二方唱名太史奏日下雲見後相英神兩朝贈魏

國忠獻王○崔公孺

韓魏公住兵延安忽夜有人携匕首至卧内魏公起問是誰曰某来殺諫議又問誰遣汝曰張相公夏國方元用事也張魏公復就枕曰取我首去其人曰某不忍得諫議金帶足矣遂取帶去魏公亦不治此事【補】

世說新語姓彙韻分卷之四

世說新語姓彙韻分卷之五

桓彝字茂倫譙國人漢五更榮十世孫識鑒明朗避亂渡江官散騎常侍 ○王導【企羨】

周伯仁道桓茂倫嶔崎歷落可笑人或云謝幼輿言 ○

【容止】

桓溫字元子彝子也少有豪邁風氣為溫嶠所知累遷瑯琊內史進征西大將軍鎮西夏時逆胡未誅餘燼假息溫親勤郡率建旗致討清蕩伊洛長蔽園陵蕘謚宣武侯 ○【言語】

孟嘉 簡文 顧愷之 王導【文學】殷浩【方正】劉惔 王述 二【雅量】郗超【品藻】殷浩 二 孫綽【容止】簡文【任誕】

【假譎】袁耽【輕詆】孫綽【排調】范注

桓公入峽伐李勢時絕壁天懸騰波迅急乃歎曰既為忠臣不得為孝子如何王尊為益州刺史行部至邛僰九折坂歎

日奉先人遺體奈何數乘此險以稱去官後王

尊為刺史至其坂問吏曰非王陽所畏之道耶吏曰是也其馭曰驅之王陽為孝子王尊為忠臣【晉】

桓公北征經金城見前為琅琊時種柳皆已十圍慨然曰木猶如此人何以堪攀枝執條泫然流涕【晉】

劉尹與桓宣武共聽講禮記桓云時有人心處便覺咫尺玄門劉曰此未關至極自是金華殿之語漢班伯少受詩於師丹王鳳薦伯於成帝宜勸學時帝方向學鄭寬中張禹等朝夕入說尚書論語於金華殿詔伯受之 ○【[illegible]】【晉】劉惔

桓公在荊州全欲以德被江漢恥以威刑肅物

令史受杖正從朱衣上過桓式溫第三子名歆字叔道小字式年少從外來云向從閣下過見令史受杖仕至尚書上捎雲根下拂地足之意譏不著桓公云我猶患其重

宣武集諸名勝講易鄭玄序易曰易之為名也一言而函三義簡易一也變易二也不易三也日說一卦簡文欲聽聞此便還曰義自當有難易其以一卦為限耶

小庾臨終自表以子園客為代朝廷慮其不從命未知所遣乃共議用桓溫劉尹曰使伊去必能克定西楚然恐不可復制劉惔

桓公將伐蜀在事諸賢咸以李勢字子仁洛陽人本巴西賨
入其先李特晉亂據蜀特子雄稱號成都勢
祖驤驤特弟也驤生壽壽篡位自立勢即壽子也
桓溫入蜀
面縛出降在蜀既久承藉累葉且形據上流三
峽未易可克惟劉尹云伊必能克蜀觀其蒱愽
不必得則不為 識鑒 劉惔
有人問謝安石王坦之優劣於桓公桓公停欲
言中悔曰卿喜傳人語不能復語卿 品
桓宣武平蜀集參僚置酒於李勢殿巴蜀縉紳
莫不來萃桓既素有雄情爽氣加爾日音調英
發叙古今成敗由人存亡繫才其狀磊落一坐

歎賞旣散諸人追味餘言于時潯陽周馥字湛隱有將略曾作王敦掾曰恨卿輩不見王大將軍【豪】

桓公讀高士傳至於陵仲子姓陳字子終齊人兄戴相齊食祿萬鍾仲子以兄祿為不義乃適楚之居於陵曾乏糧三日匍匐而食井李之實三咽而後能視身自織屨令妻擗纑以易衣食嘗歸省母有饋其兄生鵝者仲子顰頞曰惡用此鶃鶃為哉後母殺我鵝仲子不知而食之兄自外入曰鶃鶃肉邪仲子出門哇而吐之楚王聞其名聘而為相乃夫婦逃去為人灌園便擲去曰誰能作此溪刻自處【豪】

桓宣武與殷劉談不如甚喪左右取黃皮袴褶上馬舞矟數迴或向殷或擬劉意氣始得雄【豪】

劉尹道桓溫鬢如反猬皮眉如紫石稜自是孫

仲謀司馬宣王一流人温為温嶠所□故名温
袁彥道有二妹一名女皇適殷淵源一名女正適謝
仁祖語桓宣武云恨不更有一人配卿[陰刻]
桓公有主簿善别酒有酒輒令先嘗好者謂青
州從事惡者謂平原督郵青州有齊郡平原有
鬲縣從事言到臍督郵言在膈上住[陰刻]
桓大司馬乘雪欲獵先過王劉諸人許真長見
其裝束單急問老賊欲持此何作桓曰我若不
為此卿輩亦那得坐談一說温征還劉尹數十里迎之桓都不語直云
垂長衣談清言竟是誰功[陰刻]
劉答曰晉德靈長豈在爾

桓公入洛過淮泗踐北境與諸僚屬登平乘樓眺矚中原慨然曰遂使神州陸沉百年丘墟王夷甫諸人不得不任其責衍雖居台司不以事物自嬰當世化之羞言名教自臺郎以下皆雅崇拱默以遺事為高四海尚寧而識者知其將亂○衍將為石勒所殺謂人曰吾等若不祖尚浮虛不至於此袁虎率爾對曰運自有廢興豈必諸人之過桓公懍然作色顧謂四座曰諸君頗聞劉景升不有大牛重千斤噉芻豆十倍於常牛負重致遠曾不若一羸牸魏武入荊州烹以饗士卒于時莫不稱快意以況袁四坐既駭袁亦失色 晉陽秋 袁宏 王衍

桓公入蜀至三峽中部伍中有得猨子者荊州記云峽長七百里兩岸連山略無闕處重巖疊嶂隱天蔽日常有高猨長嘯屬引淸遠漁者歌曰巴東三峽巫峽長猨鳴三聲淚沾裳其母緣岸哀號行百餘里不去遂跳上船至便即絕破視其腹中腸皆寸寸斷公聞之怒命黜其人

桓公卧語曰作此寂寂將為文景謂司馬昭弟兄也所笑既而屈起坐曰既不能流芳後世亦不足復遺臭萬載耶

桓嗣字恭祖小字豹奴沖子少有淸譽仕至江州刺史

桓豹奴是王丹陽名混字奉正祜子仕至丹陽尹外甥形似其

舅桓甚諱之宣武玄不恒相似時似耳恒似是

形時似是神桓逾不說【排】

桓謙字敬祖沖第三子也仕至尚書僕射中軍將軍〇【方】【晉】王弘之【品】【晉】殷仲文

桓玄字敬道溫子也玄生而有光照室善占者云此兒生有奇耀宜目為天人宣武嫌其三文復言為神靈寶猶復用三既難重前卻減一字名曰靈寶溫甚愛之命以為嗣年七歲襲爵南郡公〇【德】【晉】羅企生【德】【晉】桓道恭【排】【晉】殷仲

桓靈寶征殷仲堪道出廬山舊說廬俗字君孝本姓匡夏禹苗裔東野王之子秦末百越君長與吳芮助漢定天下野王亡軍中漢八年封俗鄱陽男食邑茲部印曰廬君俗兄弟七人皆好道術遂寓于洞庭之山誌室崖岫即巖成館故時人謂為神仙之廬而命名廬山山在江州潯陽郡左挾彭蠡右傍通川重嶺傑嶂仰插雲日

曰諸遠

公語次及征討之意遠不荅又問何以見顧遠曰顧㩐越安穩使彼亦復無他桓出山語左右曰實乃生所未見時遠住廬峯龍泉精舍矣○【音】惠遠

桓玄既篡位將改置直館問左右虎賁中郎省應在何處有人一說參軍劉簡之荅曰無省當時殊忤旨問何以知無荅曰潘岳秋興賦叙曰余兼虎賁中郎將寓直散騎之省賦叙曰晉十有四年余年三十二始見二毛以太尉掾兼虎賁云云高閣連雲陽景罕曜僕野人也猥厠朝列譬猶池魚籠鳥有江湖山藪之思於是染翰操紙慨然而賦于時秋也故以秋興命篇玄咨嗟稱善【音】

潘岳

桓南郡與殷荆州共談每相攻難年餘後但一二
兩番桓自歎才思轉退殷云此乃是君轉解 文

敷仲 [illegible]

桓玄嘗登江陵城南樓云我今欲為王孝伯作
誄因吟嘯良久隨而下筆一坐之閒誄以之成
玄文集[illegible]美高[illegible]其誄叙曰隆安二年月
[illegible]青兖二州刺史太原王孝伯薨用[illegible]神
[illegible]人是[illegible]不[illegible]其福[illegible]
負[illegible]戎[illegible]及[illegible]
今之[illegible]王[illegible]
手以[illegible]
桓[illegible]劉太常[illegible]南[illegible]人父[illegible]王
[illegible]尚書太常[illegible]
曰我何如謝[illegible]答曰公高太傅深又曰何

妒賢嫉子[illegible]春日[illegible]梨橘柚吝有其義 莊子曰[illegible]

柚柑柚次[illegible] 皆可於口

桓宣武覽桓南郡年五歲服始除桓車騎與送

故文武別 桓沖字幼子溫弟累遷車騎將軍都督七州諸軍事 曰指語南

郡此皆汝家故吏佐玄應聲痛哭酸感傍人車

騎每自目已坐田寶貴嘆人當以此坐還之鞠

愛過於所生

桓玄西下入石頭外白司馬梁王 名珍之字景度桓玄始篡位國人奔珍之奔尋陽義旗既興歸朝廷仕至太常卿 奔叛玄時事形已

濟在平乘上笳鼓並作直高詠云簫管有遺音

梁王安在哉阮籍詠懷詩也 桓

桓南郡被召作太子洗馬時朝廷以溫有不臣之迹故抑玄為素官轉拜義興太守玄恨不得志去職歸其國船泊荻渚王大服散後已小醉往看桓桓為設酒不能冷飲頻語左右令溫酒來桓乃流涕嗚咽王便欲去桓以手巾掩淚因謂王曰犯我家諱何預卿事王歎曰靈寶故自達玄不立忌日止立忌時其達而不拘皆此類○任誕 王忱

桓玄出射有一劉參軍與周參軍朋賭垂成唯少一破劉謂周曰卿此起不破我當撻卿周曰何至受卿撻劉曰伯禽之貴尚不免撻而況於卿

卿伯禽與康叔見周公三見而三笞康叔有駭
色謂伯禽曰有商子者賢人也與子見之乃
見商子而問焉商子曰南山之陽有木名橋
二三子往觀之見橋實高高然而上反以告
商子商子曰橋者父道也南山之陰有木名
梓二三子復往觀焉見梓實晋晋然而俯反以
告商子商子曰梓者子道也二三子明日見
周公入門而趨登堂而跪周公拂其首勞而食
之日安見君子乎禮記曰成王
有罪周公則撻伯禽亦其義也周殊無忤色
桓語庾伯鸞名鴻潁川人官輔國內史曰劉參軍宜停讀書
周參軍且勤學問
桓玄素輕桓崖脩小字字承祖尚武昌公主歷吏部郎江州刺史脩以為玄所
侮於言端常嗤鄙之崖在京下有好桃玄連就求之遂不
得佳者玄與殷仲文書以為嗤笑曰德之休明

肅慎貢其楛矢如其不爾籬壁間物亦不可得也仲尼在陳有隼集陳侯之庭而死楛矢貫之石砮長尺有咫問於仲尼仲尼對曰隼之來遠矣此肅慎氏之矢也昔武王克商通道于九夷百蠻使各以方賄來貢於是肅慎氏貢楛矢古者分異姓之職使不忘服也故分陳以肅慎之貢若求之故府其可得使求得之金櫝如初

桓南郡每見人不快輒嗔云君得袁家梨當復不蒸食不舊語秣陵有哀仲家梨甚美大如升入口消釋言愚人不別味得好梨蒸食之也

桓南郡小兒時與諸從兄弟各養鵝共鬬南郡鵝每不如甚以為忿乃夜往鵝欄間取諸兄弟鵝悉殺之既曉家人咸以驚駭云是變怪以白

車騎車騎曰無所致怍當是南郡戲耳問果如

之【注】

桓公初報破殷荊州仲堪以人情注於玄恐朝廷欲以玄代己遂人賫物遺相王寵幸媒尼左右以罪狀玄玄知其謀而擊滅之曾講論語至富與

貴是人之所欲不以其道得之不處注曰不以其道得富貴則仁者不處玄意色甚惡【注】【晉】殷仲堪

桓伊字叔夏譙國人從有才藝又善聲律累遷豫州刺史贈右軍將軍

王國寶謝太傅於孝武帝太傅悉之帝一日

召桓子野飲太傅亦在坐帝命桓吹笛桓神色

無怍即吹為一弄乃放笛云臣於箏分乃不及

笛然自足以韻合歌管請以箏歌并請一吹笛
人帝善其調達乃勑御奴吹笛桓又言御府人
於臣必自不合臣有一奴善相便串帝令名之
奴既吹笛桓便撫箏而歌曹子建怨詩詩日為君既不
易為臣良獨難忠信事不顯乃有見疑患周旦佐文武金縢功不刊推心輔王室二叔反流言
聲節忼慨俯仰可觀太傅泣下沾襟乃越席就
之捋其鬚曰使君於此處不凡【見】【晉】謝安
桓子野每聞清歌輒喚奈何謝公聞之曰子野
可謂一往有深情【任】
王子猷出都尚在渚下舊聞桓子野善吹笛而

不相識遇桓於岸上過王在船中客有識之者
云是桓子野王便令人與相聞云聞君善吹笛
試為我一奏桓時已貴顯素聞王名即便回下
車踞胡牀為作三調弄畢便上車去客主不交
一言 任誕 王徽之
桓石虔 有才幹有史學累有戰功壯至豫州刺史贈後軍將軍
桓石虔司空豁之長庶也小字鎮惡年十七八
未被舉而童隸已呼為鎮惡郎嘗住宣武齋頭
從征枋頭車騎冲沒陣左右莫能先救宣武謂
曰汝叔落賊汝知不石虔聞之氣甚奮命朱辟

為副策馬於數萬衆中莫有抗者徑致沖還三軍歎服河朔後以其名斷瘧豁字朗子温之弟官刺史【豪】

桓道恭字祖猷彝同堂弟也歷淮南太守偽楚江夏相義熙初伏誅

桓南郡好獵每田狩車騎甚盛五六十里中旌旗蔽隰騁良馬馳擊若飛雙甄所指不避陵壑或行陣不整麏兔騰逸參佐無不被繫束桓道恭玄之族也時為賊曹參軍頗敢直言常自帶絳綿繩著腰中玄問此何爲答曰公獵好縛人士會當被縛手不能堪芒也玄自此小差【覺】桓玄【至】

潘勗字元茂陳留人以有文才累遷尚書郎尚書右丞

潘元茂作魏公册命曹操自爲魏公加九錫人謂與訓誥同風元茂亡從王仲宣擅名當時使起與册是仲宣所爲及晉王爲太傅臘日會賓客語元茂子潘曰尊君作魏公册高妙仲宣亦以爲不如人始信是元茂作文選王粲

潘濬

孫討虜至江陵從事樊伷誘導諸夷西附漢守昭烈時爲漢中王外白遣萬人討之外白言自外也如此禀白也治中潘濬曰以五千兵往足矣權曰卿何以輕之潘曰伷能弄唇吻而實無才畧嘗爲州人設饌比

至日中食不可得而十餘自起此亦侏儒觀一

節之驗也侏儒短人節節請厥節言不少見全身但觀一節之短可知其為侏儒權

大笑即遣濟將五千人往果斬平之【晉】

潘岳字安仁滎陽人夙以才穎發名善屬文仕至黃門侍郎○【晉書】桓玄【類聚】左思

樂令善於清言而不長於手筆將讓河南尹請

潘岳爲表潘云可作耳要當得君意樂為述己

所以為讓標位二百許語潘直取錯綜便成名

筆時人咸云若樂不假潘之文潘不取樂之旨

則無以成斯矣【晉】【世】樂廣

孫興公云潘文爛若披錦無處不善書義文選皓簡韓清

綺絶倫陸文若排沙簡金往往見寶張華見其文篇篇稱善而
猶患其太多○文亞陸機
潘安仁夏侯湛字孝若譙國人有盛才文章巧思善構雅詞名亞潘岳官中書
郎侍並有美容喜同行時人謂之連璧晉書
孫秀字俊忠琅琊人初為趙王倫倫使小吏作書孫輔倫意倫倫信任之秀為篡位秀為中
書令事皆決於秀秀為齊王所誅既恨石崇不與綠珠石崇有妓人綠珠美
而工笛秀使人求之崇出其婢妾數十人以示之曰任所以擇使者曰本受命者指綠珠也未
識孰是崇勃然曰綠珠吾所愛不可得也使者曰君侯博古知今察遠照邇願加三思崇不許
使者已出又反崇竟不許又憾潘岳昔遇之不以禮岳父文侯為琅
琊太守秀為小吏數蹴踏秀而不以人遇之後秀為中書令岳省內

見之曰嗅曰孫令憶噓唏昔周旋不秀曰中心藏之何日忘之岳於是始知必不免後收石崇歐陽堅石同日收岳歐陽建字堅石渤海人有才藻時人為之語曰渤海赫赫歐陽堅石初建為馮翊太守趙王倫為征西將軍孫秀為腹心撓亂關中建每匡正由是有隙○初石崇潘岳與賈謐友善及謐廢懼終見免與淮南王謀誅倫事泄收崇及觀暮以上皆斬之石先送市崇車載東市始歎曰奴輩利吾家之財收崇人曰知財為害何不早散崇不能答亦不相知潘後至初岳母戒岳以止足之道及收與母別曰負阿母石謂潘曰安仁卿亦復爾耶潘曰可謂白首同所歸潘金谷集詩云投分寄石友白首同所歸乃成其讖〔紀〕〔國〕石崇

潘滔字陽仲尾牧子有文學才識仕至河南尹○冀語詳王敦覺語劉

潘師正趙州贊皇人少以孝聞晚度爲道士師事王知遠淸淨寡欲居嵩山二十年但服松葉飲水而已卒贈體元先生

潘師正居嵩山逍遙谷高宗召問所須師正對

白臣所須者茂松淸泉山中不乏言

管寧字幼安北海朱虛人齊相管仲之後也

管寧華歆共園中鋤菜見地有片金管揮鋤與

瓦石不異華捉而擲去之又嘗同席讀書有乘

軒冕過門者寧讀如故歆廢書出看寧割席分

坐曰子非吾友也寧少恬靜常笑邴原華歆有仕宦意及歆爲司徒上書讓

寧聞之笑曰子魚本欲作老吏故榮之耳○【名】華歆

管幼安在遼東時天下大亂寧聞公孫度令行海外與邴原王烈至遼東度虛館候之隣人有牛暴幼安田幼安牽牛著涼處自與飲食過於牛主牛主得牛大慚若犯嚴刑【德】

管輅字公明平原人容貌麤醜無威儀而嗜飲酒善論易○【識鑒】何晏

何尚書自言易義精了所不解者九事一日迎管公明共論公明為剖析玄旨九事皆明時鄧玄茂亦在坐言君見謂善易而語不及易中辭義何也公明尋聲答言夫善易者不論易尚書含笑讚之曰可謂要言不煩【言】【五】何晏

何晏鄧颺令管輅作卦云不知位至三公不卦
成輅稱引古義深以戒之颺曰此老生之常談
輅初至洛陽晏謂輅曰聞君非徒善論易至於
分蓍思爻亦為神妙試為作一卦知位當至三
公不又頃夢青蠅數十來集鼻頭上驅之不去有
何意故輅曰昔元凱之相重華宣慈惠和仁義
之至也周公之翼成王坐以待旦敬慎之至也
故能擾昂足而登金鉉調陰陽而濟兆民此履
道之休應非卜筮之所明也今君侯位重山岳
勢若雷霆而懷德者少畏威者衆殆非小心翼
翼求福之道也又鼻者艮也此天中之山高而
不危所以長守貴也今青蠅臭惡之物而集之
焉位峻者顛輕豪者亡必至之分也夫變化雖
相生極則有害虛滿雖相受益則有增聖人見
陰陽之性明存亡之理損益以為表抑進以為
退是故山在地中曰謙雷在天上曰大壯謙則
裒多益寡大壯則非禮不履願君上尋文王六
爻之旨下思尼父彖象之義則三公可決青蠅

可驅鄧颺曰此老生之常談輅曰夫老生者見
不生常談者見不談輅舅聞之責其言太切輅
曰與死人語何所
畏耶舅怒以為狂晏曰知幾其神乎古人以為
難交疎吐誠今人以為難今君一面盡二難之
道可謂明德惟馨詩不云乎中心藏之何日忘
之是時曹爽輔政識者慮有危機晏有重名與
魏姻戚內雖懷憂而無復退也著五言詩以
言志曰鴻鵠比翼遊羣飛戲太清常畏大網羅
憂禍一朝并豈若集五湖從遊戀浮萍永寧曠
中懷何為怵惕驚蓋
曰輅言誤而賦詩

〇颺 五 何晏

何鄧見誅管公明之舅謂輅曰爾前何以知何
鄧之敗註見上章輅曰鄧之行步筋不束骨脉不制
肉起立傾倚若無手足此為鬼躁何之視候魂

不守宅血不華色精爽烟浮容若枯木此爲鬼幽二者皆非遐福之象也 [illegible] [illegible] 何晏鄧颺

管公明言與裴使君何鄧二尚書劉太常 名寔字子真平原高唐人家貧苦賣牛衣以自給好學讀書博通古今清身絜己行無玷缺初鍾會鄧艾伐蜀或問二將其平蜀乎寔曰破蜀必矣而皆不還竟如其言寔以世多進趣廢遐道缺作崇讓論以矯之弟智字子房貞素有兄風以儒行稱寔 兄弟語使入神思清發昏不假寐自此以還殆白日欲寢矣 [illegible] [illegible] 何晏鄧颺

裴楷

管公明與單子春談文釆葩流枝葉橫生少引聖籍多發天然子春與群士論難鋒起公明入

人荅對言皆有餘至日向暮子春語衆人曰此年少言論正似司馬長卿游獵賦輅父為瑯琊即丘長公明時年十五来至官舍講學郡豐貫瑯琊太守單子春雖有才度聞公明一豐貫之雋請與相見子春大會賓客百餘人皆才辯之士公明曰府君名士加有雄貴之資輅既年少膽未堅剛若欲相難惧失精神請先飲三升清酒然後言之子春便酌三升清酒獨使飲之飲盡問子春今欲與輅相對者府君四座之士耶子春曰吾自與卿旗鼓相當輅言學問微淺未能上引聖人之道陳秦漢之事但欲論金木水火土鬼神之情耳子春言此至難而卿更以為易耶於是唱大論之端遂經於陰陽單飜嘆不已【文】

管公明過清河時適太旱太守問何當有雨公明曰今夕當大雨至日向暮了無雲氣衆人並

讙嗤公明言樹中已有少女微風陰鳥和鳴若

少女反風陰鳥亂翔其應至矣須臾雲氣四起

大雨傾注【言】一

滿奮字武秋高平人魏太尉寵之孫體量清雅有祖風官尚書令○鑑【品】【藻】都

滿奮畏風在晉武帝坐北窓作琉璃屏實密似

踈奮有難色帝笑之奮答曰臣猶吳牛見月而

喘今之水牛惟生江淮間故謂之吳牛南土多暑而牛畏熱見月疑日而喘【晉】

殷文昌字墨卿西河人志玄玄孫性倜儻有氣義官刑部尚書右僕射

殷文昌富貴後打金蓮花盆盛水濯足或規之

答曰人生幾何要酬平生不足也【汰】一

山濤字巨源河內懷人究句令曜之子累遷尚書僕射太子少傅司徒謚康侯濤少有器量年十七宗人謂宣帝曰濤能綱紀天下者也帝戲曰卿小族那得此快人耶曾與石鑒共傳宿濤夜起蹋鑒曰今何等時而眠也鑒曰宰相三日不朝與夫一令歸第君何慮焉濤曰咄石生無事馬蹄間也投傳而去果有曹爽事遂隱身不交世務 ○ 〔言語〕謝玄〔識〕 〔譽〕稽紹〔賞譽〕王湛夏侯玄 〔賢媛〕山濤妻

萬令袁毅在政貪濁饋遺朝貴以營譽嘗遺山巨源絲一百斤巨源不欲為異受之命懸之梁後毅事露案驗衆官吏至巨源於梁上得絲已數年塵埃封印如故 〔德〕

山司徒前後選殆周遍百官舉無失才凡所題

目皆如其言惟用陸亮是詔所用與公意異爭之不從亮亦尋為賄敗亮字長興河內人性高明而章至為賈充所親待山濤為左僕射領選行業既與充異而以為充世祖所敬選用之事與充咨論充每不得其所欲好事者說充宜授心腹人為吏部尚書參同選舉充以為然乃啓亮公忠無私濤恐亮將與己異果啓亮非選官才世祖不許濤乃[illegible]辭職歸家亮在職果不能允坐事免官

晉武帝講武於宣武塲帝欲偃武脩文親自臨幸悉召羣臣山公謂不宜爾因與諸尚書言孫武吳起用兵本意遂究論舉坐無不咨嗟皆曰山公乃天下名言濤意蓋以為國者不可以忘戰故也後諸王驕汰輕遘禍亂於是寇盜處處蜂合郡國多以無

備不能制服遂漸熾盛皆如公言時人以為山濤不學孫吳而闇與之理會王夷甫亦歎云公闇與道合【識鑒】

王戎目山巨源如璞玉渾金人皆欽其寶莫知名其器（巨源淳深淵默見者莫能稱謂而服其偉量）【賞譽】

山該（字伯倫濤長子雅有器識仕至左將軍）

山公大兒著短帢車中倚武帝欲見之山公不敢辭問兒兒不肯行時論乃云勝山公【方正】

山簡（字季倫談爭平雅有父風與嵇紹劉漢等齊名官尚書征南將軍）○【賞譽】阮渾

山季倫為荊州時出酣暢人為之歌曰山公時

一醉逕造高陽池日暮倒載歸茗芋無所知復
能乘駿馬倒著白接䍦舉手問葛彊何如并州
兒高陽池在襄陽彊是其愛將并州人也漢侍中習
郁於峴山南依范蠡養魚法作魚池池邊有高
隄種竹及長楸芙蓉菱芡覆水是遊宴名處也
簡每臨此池未嘗不大醉而還曰
此是我高陽池也襄陽小兒歌之
顏含字弘都瑯琊人少有操行以孝聞仕至光
祿大夫含嫂嘗病困須蚺蛇膽不能得含憂
歎累日忽有一童子持青囊授含
乃蚺蛇膽也童子化為青鳥飛去
王丞相名位隆重百僚欲為降禮馮太常以問
顏光祿顏曰王公雖重禮無偏敬降禮之言或
是諸君事宜鄙人老矣不識時務既而告人曰

吾聞伐國不問仁人向馮祖思問佞於我我其有邪德乎 方至 王導

中朝人共論少正卯孔子為魯司寇七日而誅亂政大夫少正卯戮之于兩觀之下尸于朝三日子貢進曰夫少正卯魯之聞人也今夫子為政而始誅之或者為失乎孔子曰居吾語汝以其故天下有大惡者五而竊盜不與焉一曰心逆而險二曰行僻而堅三曰言偽而辯四曰記醜而博五曰順非而澤此五者有一於人則不免君子之誅而少正卯皆兼有之其居處足以撮徒成黨其談說足以飾褒榮眾其強禦足以反是獨立此乃人之姦雄者也不可以不除

盜跖柳下季之弟名盜跖盜跖從卒九千人橫行天下侵暴諸侯驅人牛馬取人婦女不顧父母兄弟不祭先祖所過之邑大國守城小國入保萬民苦之孔子往說之盜跖方休卒徒泰山之陽膾人肝而餔之孔子前見盜跖大怒目如明星髮上指冠曰子

之罪大權重疾走歸不然其惡孰深有人云少
將以子所益畫餚之膳
正卯雖姦不至剖人充膳盜跖為甚顏光祿曰
為惡彰露人思加戮隱伏之奸非聖不誅由此
言之少正卯為甚衆莫能屈
顏延之字延年含曾孫也好讀書無所不覽文章之美冠絕當世官秘書監○文靜
謝惠連 張鏡
元凶篡立文帝長子劭也與始安王濬同謀弑逆世祖入討劭伏誅以顏延
之為光祿大夫先是延之子竣為世祖參軍及
義師入討竣參定密謀兼造書檄劭召延之示
以檄文問曰此筆誰所造延之曰竣之筆也問

何以知之延之曰竣筆體臣不容不識又問言
辭何至乃爾延之曰竣尚不顧有老父何緣復
有陛下劭意遂釋〔宋〕〔書〕顏竣
顏延之兒竣既貴重權傾一朝凡所資供延之
一無所受器服不改宅宇如舊常乘羸牛敝車
逢竣鹵薄導從之次第曰鹵薄即屏往道側嘗語竣曰吾
平生不喜見要人今不幸見汝竣起大宅延之
謂曰善為之無令後人笑汝拙也〔同〕
顏延之嘗早詣竣見賓客盈門竣尚未起延之
怒曰汝出糞土之中升雲霞之上遽驕傲如此

其能久乎 規正 顔竣

顔延之不能取容當世宋文帝傳詔召之頻不肯詣常日但入酒店裸袒挽歌了不應對他日醉醒入見帝帝問以諸子才能延之曰竣得臣筆測得臣文㚟得臣義躍得臣酒何尚之曰問誰得卿狂答曰其狂不可及 測官大司馬録事叅軍㚟中書侍郎

下

竣見○[illegible][illegible]顔竣

顔竣字士遜延之長子也少有令譽爲孝武撫軍主簿甚被知遇及孝武即位轉諮議叅軍領軍○言箴顔延之規鑒顔延之錄事

顔真卿字清臣瑯琊臨沂人少有詞藻工書開元中進士四命爲監察御史出爲平原

太守祿山反與從父兄杲卿討賊代宗立段尚書右丞封魯郡公以正直立朝爲楊炎盧杞所忌遣諭李希烈不屈遇害○【張】【語】張志和

顏平原不容於盧杞杞將出之平原辭曰先中丞傳首平原杞父奕天寶末爲東臺御史祿山犯東都人吏奔散奕在臺獨居爲賊所執遂見害面被流血吾不敢以衣拭親舌舐之公不忍見容乎杞矍然下拜而銜恨切骨【通】杞【乏】盧

簡雍字憲和涿郡人少與先主有舊隨從周旋拜爲昭德將軍性簡傲跌宕在先主坐猶箕踞傾倚適諸葛亮已下則獨擅一榻項枕臥語無所爲屈

蜀先主嘗旱儉禁酒刑吏於人家撿得釀具欲令與釀酒者同罰時簡雍從先主遊見一男

子行道謂先主曰彼人欲行滛何以不縛先主曰卿何以知之雍曰彼有滛具與欲釀同先主大笑命原欲釀者

權德輿字載之天水略陽人四歲能屬詩七歲居父喪以孝聞後爲禮部尚書同平章事三十年間羽儀朝行其文雅正弘博○徐晦當時名人羨歿請銘者什九時稱宗匠

邉讓字文禮陳留人才儁辯逸大將軍何進聞其名召署令史以禮見之讓占對閑雅聲氣如流坐客皆慕之後爲九江太守爲魏武所殺

邉文禮見袁奉高失次序奉高曰昔堯聘許由面無怍色由字武仲陽城槐里人隱於沛澤之中堯乃致天下而讓焉由爲人據義履方邪席不坐邪膳不食聞堯讓而去其友巢父聞由爲堯所讓以爲污己乃臨池洗耳池主

愁曰何以污我水由於是遁耕於中岳潁水之陽箕山之下終身無經天下色死葬箕山之顛堯因就其墓號曰箕山公神以配食五嶽先生何為顛倒衣裳文禮荅曰明府初臨堯德未彰是以賤民顛倒衣裳耳表

邊文禮才辯俊逸孔北海嘗薦於曹公曰邊讓為九州之被則不足為單衣襜褕則有餘蔡邕深重讓薦於何進曰伏惟幕府初開博選清英華髮舊德並為元龜雖振鷺之集西雍濟濟之在周庭無以或加竊見陳留邊讓天授逸才聰明賢智使生在唐虞則元凱之次運值仲尼則顏冉之亞傳曰函牛之鼎以烹雞多汁則淡而不可食少汁則熬而不可熟此言大器之於小用固有所不宜也邕竊悁悒故此讓昌未受犧牛大羹之和久在煎熬臠割之間願明將軍回謀垂

憲裁加以納貢之機審度之力用若以年齒為
嫌則顔回不得冒德行之首子奇終無阿宰之
功苟堪其事○品五孔融
古今一也
田遊巖京兆三原人初補太學生後罷歸遊太
白山遍訪泉會意留連不能去母及妻
子並有方外之志同遊山水二十餘年後入箕
山就許由廟東築室而居帝後營奉天宮遊巖
先居宮側特令勿毀仍
題曰處士田遊巖宅
田遊巖頻召不出高宗幸嵩山親至其門遊巖
野服出拜儀止謹樸帝問先生比佳否遊巖對
曰臣所謂泉石膏肓烟霞痼疾晉
田令孜宦官也僖宗為晉王時令孜為小馬坊
使有寵及即位擢為中尉政事一委令
孜黜陟刑賞之權皆出其手劫制君父毋致
播遷中外怨奏光啓三年削官長流端州

張濬先拜田令孜令孜將召朝貴飲酒濬耻於衆中拜之乃先謁令孜謝酒謝酒盖言病不敢飲也宴會幸不相鄙及賓客畢集令孜言曰令孜與張郎中清濁異流嘗蒙中外謂與之相表裏既蒙玷辱何憚更改今日於隱處謝酒則又不可濬慙懼無所容〔晉書〕

錢鳳字世儀性姦慝好利為王敦參軍佐敦構逆敦敗伏誅○〔晉書〕王敦之溫嶠

錢惟演字希聖幼有俊才父俶使歸遠山詩有嵩高為天下姓秀作海三峯之句徵與之獻所為文帝擢知制誥文章與楊億劉筠齊名其家多畜古書侔於秘府官至平章事卒謚文僖

錢文僖守西都謝希深名絳楊億薦為秘閣校理自以而仕凡五十年一自守不回而亦不甚異名修盧陵一時賢士大夫無不敬之歐陽永叔人舉進士

試國子監禮部皆為第一仁宗朝知制誥常
目之曰歐陽脩者向處得来後以觀文殿學
士太子少師致仕同在幕下一日遊嵩山自潁陽歸莫
抵龍門香山微雨雪作登石樓望都城各有所
懷希深書曰近詔書遣告嵩嶽讀祝捧幣府以
歐陽永叔楊子聰分擲是時秋清日陰晚花
幽草野叢巖壁五當人力清壯加有朋簪談燕
之適外高躋險氣豪心果道逕差平則騰興而
行歸峯赤甚則芒屬以進上躋禪豐下瞰羣峯
乃向所跂望謂非捕翼不可到者皆培塿焉邑
居樓觀人物之繁視若蟻壤尋韓文公所謂石
室夕宿頂上露下冷透骨髮明日歸路道潁陽
縱望太室觀少室之美訪石堂山紫雲洞洞可謂
窮極勝覽矣今既還府良有塵事侵汨為此
一奉後歟代一夕之諱忽於烟靄中有車馬渡伊水来既至
則文僖遣厨傳歌妓至傳公語曰山行良佳少

留龍門賞雪無遽歸也其高曠愛才如此王文康公爲留守詩慕容多遊貴曰君等自比寇萊公何如萊公尚坐奢縱取禍況其下者衆不敢對希叔取手板起立曰萊公之禍不在杯酒在[龍]老不知退耳時文康年已高爲之動容

卞壼字望之濟陰人父粹太常卿壼以貴正見稱累遷御史中丞權門屏迹轉領軍尚書令蘇峻作亂率衆拒戰父子二人俱死咸平中貴遊子弟能譚嘲者慕王平子謝幼輿等爲達壼厲色曰悖禮傷教罪莫甚中朝傾覆實由於此（　）周顗[illegible][illegible]刁協[品][illegible]任[illegible]温嶠

高坐道人於丞相坐恒偃臥其側見卞令肅然改容云彼是禮法人[illegible][illegible]高坐道人

卞彬字士蔚濟陰人父延之上虞令彬險拔有才與物多忤官車騎記室參軍

卞士蔚弱冠時爲上虞令甚有剛氣會稽太守

孟顗以令長裁之士蔚積不能容脫幘投地曰我所以屈卿者正謂此幘耳今已投之卿以一世勳門而傲天下國士拂衣竟去【南史】孟顗

蕭思話 蘭陵人涉獵書傳能隸書解音律便弓馬仕至鎮西將軍

蕭思話從太祖登鍾山北嶺中道有磐石清泉上使拎石上彈琴因賜以酒謂曰相賞有松石閒意【宋書】

蕭惠開 思話子也少有風氣涉獵文史官至少府給事中

蕭惠開除少府意甚不得寺內所住齋前有故種花草甚美悉令剗除列種白楊樹每謂人曰

人生不得行胸懷雖壽百歲猶為夭也

蕭琛字彥瑜蘭陵人以明經有才辯仕至特進金紫光祿大夫

蕭彥瑜嘗與御宴醉伏筵中武帝以棗投之彥瑜取栗擲上正中面帝動色言汝那得如此豈有說也彥瑜荅曰陛下投臣以赤心臣敢不報以戰栗上悅

蕭賁字文奐形不滿六尺有文才能書善畫起家為湘東王法曹參軍

湘東王繹梁武帝第七子元帝也初封湘東王簡文被弒乃即位於江陵入援瑩城頓軍武城淹留不進太寶元年湘東王繹發檄討侯景遣王僧辯次巴陵繹有他志僧辯一再有功復令且中頓尋陽以待兵集及綱弒棟廢始遣東下

記室參軍蕭賁以繹不早下心甚非之嘗與繹雙陸食子未即下賁斂手言曰殿下都無下意繹深為憾遂因事害之〔通〕

蕭賁是竟陵王子良之孫有文才善書畫嘗於扇上圖山水咫尺之内便覺萬里為遥矜慎不傳自娯而已〔歷〕

蕭引字叔休思話曾孫也方正有器度聰敏博學善屬文仕梁陳宣帝金部侍郎

蕭引書法遒逸陳宣帝名頊始興王子臨海王廢乃承大統嘗指其署名語諸人曰此子筆勢翩翩似鳥之欲飛引答曰此乃陛下假其羽毛〔書〕

蕭穎士字茂挺十九進士擢第爲揚州功曹以獎拔後進爲己任如李陽冰皇甫冉陸渭皆由獎目爲名士天下推知人稱蕭功曹與李華齊名世號蕭李及卒門人謚爲文元先生

蕭穎士有一僕事之十餘年每加箠楚輒百餘不堪其苦人或激之使去其僕曰我非不能他從所以遲留特愛慕其博奧耳穎士有一僕書杜老【逸】

堯君素君素爲鷹揚郎將唐師來攻君素在園中行李斷絕作木鵝置表於頸浮之河汾而下達之東都越王侗得之歎息其妻至城下謂曰隋室已亡何苦取禍君素曰天下事非婦人所知引弓射之應弦而倒顧謂將士曰吾以舊臣大義不得不死若天命有歸當斷頭以付諸君後白虹降于府門月餘君素爲左右所害

唐太宗贈堯君素蒲州刺史詔曰君素雖桀犬

吠堯有乖倒戈之志而疾風勁草實表歲寒之心可贈蒲州刺史[illegible]

姚崇本名元崇則天改為元之陝州硤石人官至兵部尚書同中書門下三品明於吏道剖割不滯年七十二卒

姚崇與張說同為宰輔各懷疑阻張嗤之姚崇為相一日對便殿舉左足不甚輕利上日卿有足疾邪崇日臣有腹心之疾非足疾也因前奏張說罪狀數百言上怒日卿歸中書宜宣與御史中丞共按其事說之未遭崇構也有教授書生私通於侍婢最寵者會擒得奸狀以聞於說將窮獄於京兆尹書生厲聲曰觀色不能禁亦人之常情也公貴為相豈無緩急有用入而謝於一婢女邪說奇其言以侍兒與歸書生亦跳躑去旬月無所聞知忽一日有詣於說憂色滿面且言其感公恩思有謝者久之令關公為[illegible][illegible]

匿所攜外獄將具公不知危之將至矣某頗得
公平生所寶者用計於九公主必能立釋説曰
自歷指狀所寶之物書生云未足解公之禍公
衆思久之忽曰近有鷄林郡夜明簾爲奇信者
書生曰吾事濟矣曰請手札數行懇以情言遂
急超出逮夜始及九公主第具以誠告言之
燕丹簾爲贄明朝公主入謁具爲奏言上感動
急命高力士就御史臺宣前所按事並宜罷之
書生亦不再
見張説矣
崇病戒諸子曰張丞相與吾舋隙
甚深然其人素懷奢侈尤好服玩吾歿後來弔
汝具陳吾平生服玩寶帶重器羅列帳前張若
不顧汝家族無類矣若顧此當録玩用致之仍
以神道碑爲請既獲其文登時録進先礱石以
待至便鐫刻張丞相見事常遲數日之後必當

有悔若徵碑文以刊削爲辭當引視鐫石仍告以聞上崇沒張果至目其眼玩者三四崇家悉如崇戒不數日文成叙致該詳時謂極筆其略曰八柱承天高明之位列四時成歲亨毒之功全數日果遣使取本以爲辭未周審欲加刪改姚氏諸子長子彝光禄少卿次子异坊州刺史少子奕禮部侍郎引使者視其碑仍告以奏御使者復命張悔恨撫膺曰死姚崇能算生張說吾今日方知才之不及遠矣【後五】張說

趙孝字長平沛國人州郡辟召進退必以禮顯宗聞其名詔拜諫議大夫遷衛尉

趙孝以父田禾將軍王莽置田禾將軍屯田北邊任爲郎每

告歸嘗白衣步擔嘗從長安還欲止鄠亭亭長先時聞孝當過掃灑待之孝既至不自名長不肯內因問曰田禾將軍子從長安來何時至乎孝曰尋到矣於是遂去 德

趙溫 字子柔成都人典叔父典及兄謙相繼爲三公

趙溫居常歎曰大丈夫當雄飛安能雌伏 豪

趙壹 字元叔漢陽西縣人體貌魁梧美鬚豪眉恃才倨傲為鄉里所擯書作刺世疾邪賦以舒憤怨曰舐痔結駟正色徒行偃蹇反俗立致咎殃捷懾逐物日富月昌邪夫顯進直士幽藏原斯瘼之所興實執政之匪賢所好則鑽皮出其毛羽所惡則洗垢求其瘢痕雖欲竭誠而盡忠路絕嶮而靡緣九重既不可啓又羣吠之狺狺安危亡於旦夕肆嗜欲於目前奚異涉

海之失柂積薪之待燃故法禁屈撓於勢族恩
澤不逮於單門寧飢寒於堯舜之荒歲兮不飽
煖於當今之豐年乘理雖死而非亡違義雖生
而匪存有秦客者乃為詩曰河清不可俟人命
不可延順風激靡草富貴者稱賢文籍雖滿腹
不如一囊錢伊優北堂上骯髒倚門邊又曰勢家多
所宜咳唾自成珠被褐懷金玉蘭蕙化為芻賢
者雖獨悟所困在羣愚且各守爾分勿復空馳
驅哀哉復哀哉
此是命矣夫

趙元叔造河南尹羊陟陟尹河南計月受俸常食乾飯茹菜斷理究徒不得見趙以公卿中非陟無足進用善士節操者難表異行以托名乃日往到門既通謁尚臥未起元叔徑
入上堂遂前臨之曰竊伏西州承高風舊矣乃
今方遇而遽怱然奈何命也因舉聲哭門下皆

驚奔入潴側陟知非常人起延與語明旦大從車騎造元叔時諸計吏多盛飾車馬帷幙元叔柴車草屏露宿其傍延陟坐求車下相與言談至曛夕而去執其手曰良璞不剖必有泣血以相明者矣卞和得玉璞以獻楚懷王使樂正子占之言非玉以其欺謾斬其一足懷王死子平王立和復抱其璞而獻之平王復以為欺斬其一足平王死和復獻恐復見斬乃抱其玉而哭荊山之中晝夜不止泣盡繼之以血乃與司空袁逢字周陽曾祖安祖京父湯累世三公而逢以寬厚篤信著稱於時官至司空卒共稱薦之名動京師圖

趙咨字德度南陽人博聞多識應對辯捷

吳遣中大夫趙咨入謝于魏魏主丕問曰吳王何等主也咨對曰聰明仁智雄畧之主也魏主問其狀對曰納魯肅於凡品聰也拔呂蒙於行陣明也獲于禁而不害仁也取荊州而兵不血刃智也據有三州虎視天下雄也屈身於陛下略也丕曰頗知學乎對曰吳主任賢使能志存經畧雖有餘閒博覽書史然不效書生尋章摘句而已曰吳可征否對曰大國有征伐之兵小國有備禦之固曰吳難魏乎對曰帶甲百萬江漢為池何難之有曰吳如大夫者幾人對曰聰

明特達者八九十人如臣之比車載斗量不可
勝數 吕

趙至 字景真代郡人漢末其祖流宕客緱氏令新之官至年十二與母共道旁看母曰汝先世非微賤家也汝後能如此不至曰可爾耳歸便就師誦書蚤聞父耕叱牛聲釋書而泣師問之答曰自傷不能致榮華使老父不免勤苦年十四入太學時嵇康在學寫石經古文事訖去遂隨車問康姓名康曰年少何以問我曰觀君風器非常故問耳康具告之至年十五陽病數數狂走灸身體十數處年十六遂亡命改名翼字陽和求訪嵇康至鄴乃遇具道太學中事便還康歸山陽至長七尺三寸潔白黑髮赤脣明目鬢鬚不多閑詳安諦體若不勝衣

嵇中散語趙景真卿瞳子白黑分明有白起之
風 一說卿下有頭小而銳四字明下有視瞻停諦四字白起秦將武安君也鴻書曰武安君

頭小分面錢瞳子白黑分明視瞻不轉小頭面

錢者取斷決也瞳子白黑分明者見事明也視

瞻不轉者執志強也 恨量小狹趙云尺表能審璣衡之度

周髀曰夏至北方二萬六千里冬至南方十二

萬五千里日中樹表則無影矣周髀長八尺夏

至日晷尺六寸髀股也正晷句也正南千里句

尺五寸正北千里句尺七寸周髀之書也 寸

管能測往復之氣 黄帝使伶倫取竹厚薄均

者斷兩節間而吹之以為黄

鍾之管制十二筩以聽鳳凰之鳴雄鳴六雌鳴

六以為律呂十二律之變至於六十以律候氣

候氣之法為室三重閉戶塗釁必周密布緹幔

以木為案加律其上以葭莩灰抑其內端為氣所

動者其灰散 何必在大但聞識如何耳 [illegible]

也以此候之

趙道德

齊文宣帝高洋嘗乘馬欲下峻坂趙道德攬轡回

之齊主怒將斬之道德曰臣死不恨當於地下啓先帝論此兒酣酗顛狂不可教訓齊主默然而止宅日謂道德曰我飲酒過須痛杖我

方

趙師 字邪利天水人以琴道見重海内帝王及賢貴靡不欽風舊譜錯謬十五弄皆削凡歸雅述胡笳五弄譜事子達者數人並當世翹楚卒於貞觀十年

趙邪利善鼓琴嘗去吳聲清宛若長江廣流綿綿徐逝國士之風蜀聲躁急若激浪奔雷亦一時俊决

俗

趙佳凝 字光義蔡州人氣貌甚偉性方嚴喜自修飾頗好學問聚書數千卷

趙佳凝每整衣冠使人持巨鑑前後照燭覺有

塵即令持紅拂去之【答】

高鳳（字文通南陽人少為書生家以農畝為業專精誦習妻嘗之田曝麥於庭令鳳護雞時天暴雨鳳持竿誦經不覺潦水流麥妻還怪問乃省其後遂為名儒）

高文通居鄉時鄰里有爭財持兵而鬪文通往解之不已乃脫巾叩頭請曰仁義遜讓奈何棄之爭者授兵謝罪【應】

高彪（字義方吳郡人志尚甚高遊太學博覽經史善屬文）

高義方造馬季長辭不見義方覆刺為書曰伏聞高問為日已久冀一見龍光（小雅曰既見君子為龍為光）叙腹心之願不圖辭之以疾昔周公父兄文武

九命作相以尹華夏猶握沐吐食以接白屋之士天下歸德歷載逾矣今君不能相見宜哉季長大愧追讐徑去[illegible][illegible]馬融

高爽廣陵人博學多才坐事被繫作鍾魚賦以自況其文甚工後遇赦得免

高爽嘗經晉陵詣劉蒨了不相接高甚銜之俄爽代蒨為縣蒨迎贈甚厚爽受餉答書云高晉陵自答人問其故爽曰劉蒨自飾晉陵令耳何關爽事南

高允性仁恕簡靜雖處貴重情同寒素歷事五帝出入三省五十餘年未嘗有譴官司徒光祿大夫爵咸陽公

辯雅絶重高允曰昔崔司徒甞謂高生豐才博
學一代佳士所乏者矯矯風節耳余亦以爲然
及司徒得罪詔旨臨責聲嘶股慄殆不能言高
子獨敷陳事理辭義清辯人主爲之動容此非
所謂矯矯者乎初魏主使崔浩及允典國史浩刊之石立郊壇允曰此恐爲崔
門之禍浩竟以暴揚國惡抵罪允亦被收主問國書皆浩所爲乎允對曰先帝記及今記臣與
浩共爲之主怒曰允罪甚浩太子曰天威嚴重允小臣迷亂失次耳臣嚮問皆云浩所爲允
曰臣罪當滅族不敢虛妄殿下哀臣欲匄其生耳主曰直哉此人臨死不易辭信也爲臣不欺
君貞也遂赦之召浩臨詰浩惶惑失對允事事申明皆有條理主命允爲詔誅浩允持疑不爲
曰浩之罪不至死主怒命武士執允太子爲請得解他日太子讓允曰吾爲卿脫罪而卿不從

激怒帝如此每念之使人心悸允曰臣與浩實同共事死生榮辱理無獨殊誠荷殿下再造之慈違心苟免非臣所願也太子動容稱歎宗愛官用事威振四海王公以下趨庭望拜高子獨升階長揖此非所謂風節者乎夫人固未易知吾既失之於心崔又漏之於外裴之於言則是漏之於外也此乃管仲所以致慟於鮑叔也 賞 五 崔浩

高敵字仲舒雍州人博通經史尤明三禮及訓詁之書官中書令

齊澣字洗心定州人杜暹薦爲吏部侍郎異知今事高仲舒善知古事姚崇每諮此兩人嘗曰欲知古事問仲舒欲知今事問齊澣 文

高定小字董二總明絶倫人以其幼惠多以小字呼之

高定是貞公郢字公楚官中書侍郎之子年七歲時讀書

至牧誓武王軍於牧野臨誓衆之言問奈何以臣伐君貞公

曰應天順人耳又問用命賞於祖不用命戮於

社豈是順人貞公不能對

風

曹毗字輔佐譙國人休曾孫好文籍能屬詞累遷太學博士光禄勲

孫興公道曹輔佐才如白地明光錦裁爲負版

袴非無文彩酷無裁製

文

刀協字玄亮勃海人少好學雖不研精而多所博涉中興制度皆稟於協畢還尚書令中宗信重之爲王敦所忌舉兵討之奔至江南敗死

○

方詳

周嵩

王丞相云刁玄亮之察察戴若思名巖廣陵人才義辯濟有風標鋒穎官征西將軍為王敦所害贈左光祿儀同三司之巖巖卞望之之峯距孔坦為侍中密啓成帝不宜往拜曹夫人丞相聞曰王茂弘駑痾耳若卞望之之巖巖刁玄亮之察察戴若思之峯距當敢爾不此言殊有由緒故聊載之耳○【賞】【譽】卞壼

陶侃字士行其先鄱陽人後徙潯陽侃少有遠槩綱維宇宙之志舉孝廉入洛張華見而請曰後來匡主寧民君其人也累遷淮廣荊三州刺史加羽葆鼓吹封長沙郡公劍履上殿進太尉贈大司馬謚曰桓公○【言】【語】謝尚【文】【學】袁宏【賞】【賢】毋湛氏二【排】【調】王導

陶公性撿厲勤於事作荊州時勑船官悉録鋸木屑不限多少咸不解此意後正會值積雪始晴廳事前除雪後猶濕於是悉用木屑覆之都

無所妨官用竹皆令錄厚頭積之如山後桓宣
武伐蜀裝舡悉以作釘又云嘗發所在竹篙有
一官連根取之仍當足乃超兩階用之侃練核事勤
務稼穡是以軍民勤於農作家給人足性纖密
好問頗類趙廣漢嘗課營種柳都尉夏施盜拔
武昌郡西門所種侃後自出駐車施門問此是
武昌西門柳何以盜之施惶怖首伏三軍稱其
明察侃勤而整自強不息又好督勸於人常云
民生在勤大禹聖人猶惜寸陰至於凡俗當惜
分陰豈可遊逸生無益於時死無聞於後是自
棄也會稽掾佐吏若得樗蒱博奕之具投之日
簿書事又胡所作外國戲耳圍棋堯舜以教
愚子博奕紂所造諸君國器何以為此若王事
之暇患邑者文士何不讀書 政
武士何不射弓談者無以易也
陶範字道則小字胡奴侃茅○ 文 圖 袁宏 方 詩
千字虛尚書稚書監 王朗之

陶潛字淵明或云名淵明字元亮侃曾孫少有高趣博學不羣親老家貧爲州祭酒少日自解歸州召主簿不就躬耕自資遂抱羸疾後復爲彭澤令不以家累自隨送一力給其子書曰此亦人子可善遇之在官八十餘日郡遣督郵至縣吏請曰應束帶見之潛歎曰我豈能爲五斗米折腰向鄉里小兒即日解印綬去賦歸去來辭妻翟氏亦與同志能安勤苦夫耕於前妻鉏於後潛自以先世爲晉宰輔恥復屈身後代自宋高祖王業漸隆不復肎仕家徵不起卒遺稱晉節先生

王江州名弘字休元珣子少好學以清恬知名弱宗爲驃騎參軍欲識陶淵明不能致淵明嘗往廬山王令淵明故人龐通之齎酒具於半道栗里要之淵明有腳疾使一門生二兒舉籃輿既至欣然便共飲酌俄頃王

至亦無忤也一說王弘造淵明無履弘從人脫履以給之弘語左右爲彭澤作履左右請履度淵明即衆坐【雜】伸脚及履至著而不疑
陶徵士嘗言五六月北窓下卧遇凉風暫至自謂是羲皇上人【詩】
陶靖節在家郡將候陶值其酒熟取頭上葛巾漉酒漉畢還復著之【傳】
陶淵明為彭澤令公田三百畝悉令吏種秫稻妻子固請種秔乃使二頃五十畝種秫五十畝種秔【傳】
陶徵士居家凡貴賤造之有酒輒設陶若先醉

便語客我醉欲眠卿可去

陶弘景字通明丹陽秣陵人高其志節累辭徵命隱於句曲山中山立館自號華陽隱

人間書札以隱居代名卒謚貞白先生

陶隱居身長七尺四寸神儀明秀朗目疎眉細

形長耳雖在朱門閉影不交外物

陶貞白幼有異操年十歲得葛洪神仙傳晝夜

研尋便有養生之志謂人曰仰青雲覩白日不

爲遠矣洪弟子滕升常問洪曰古之仙者豈有其人乎洪曰秦阮倉所記數百人劉向

所纂又七十一人今縣集以傳真識之士

陶貞白隱茅山武帝每有征討大事輙先咨訪

月中常有數信時謂山中宰相景家貧求宰縣不得遂隱於句曲山而居焉日昔漢有咸陽三茅君得道來掌此山故謂之茅山性好松風庭院皆植松每聞其響欣然為樂梁武帝嘗從弘景遊及即位書問不絕弘景得神符秘訣以為神丹可成而苦無藥物帝給黃金朱砂曾青雄黃等後合飛丹色如霜雪服之有驗益敬重之每得其書焚香拜受大同二年卒顏色不變屈伸如常香氣累日氤氳滿山

毛玄字伯成潁川人仕至征西行軍參軍

毛伯成既負其才氣常稱寧為蘭摧玉折不作蕭敷艾榮

朝鮮漢籍稀見版本叢刊

世説新語姓彙韻分卷之六

和嶠字長輿汝南西平人　以○德行　賞譽　王戎　任愷

和嶠以雅量稱歷官尚書

和嶠為武帝所親重語嶠曰東宮頃似更成進卿試往看還問何如荅曰皇太子聖質如初皇太子有淳古之風美於信受侍中和嶠彙言於上曰季世多偽而太子尚信非四海之主憂太子不了陛下家事上就重長適不入也後上謂嶠曰太子近入朝吾謂差進卿可與荀侍中共往言及顗奉詔還對上曰太子明識弘新有如明詔問嶠嶠對曰云云上黙然

方正

晉武帝時荀勗為中書監和嶠為令故事監令由來共車嶠性雅正常疾勗諂諛後公車來嶠便登正向前坐言專車而坐也不復容勗勗方更覓車

然後得去監令各給車自此始 [言]

庾子嵩目和嶠森森如千丈松雖磊砢有節目施之大廈有棟梁之用 [賞]

有人哭和長輿曰峩峩若千丈松崩 [傷]

和嶠性至儉家有好李王武子求之與不過數十王武子曰其上直宰将少年能食之者持斧詣園飽共噉畢伐之送一車枝與和公問田何如君李和既得唯笑而已一說嶠諸弟往園中食李而皆計核責錢故嶠婦弟王濟伐之也 [儉]

何晏字平叔南陽人漢大將軍進孫也曹爽用爲侍中尚書爲司馬宣王所誅 ○ [鑒識]

待[illegible]嵇康 晉 魏 管輅 晉 管輅

何平叔云服五石散非唯治病亦覺神明開朗秦丞相寒食散論曰寒食散之方雖出漢代而用之者寡靡有傳焉魏尚書何晏首獲神效由是大行於世服者相尋也 晉

裴使君問管公明何尚書一代名士其實何如管曰其才若盆盎之水所見者清不見者濁 魏志 晉

管輅

何晏七歲明惠若神魏武奇愛之因晏在宮內欲以為子晏乃畫地令方自處其中人問其故答曰何氏之廬也魏武知之即遣還晏父蚤亡太祖為司

空時納其母晏隨母在
宮太祖謂為假子也

何平叔美姿儀面至白魏明帝疑其傅粉正夏月與熱湯餅既噉大汗出以朱衣自拭色轉皎然

何充字次道廬江人有文義才情官驃騎將軍揚州刺史贈司徒 阮裕 謝尚

王劉與林公共看何驃騎驃騎看文書不顧之王謂何曰我今故與林公來相看望卿擺撥常務應待玄言那得方低頭看此耶何曰我不看此卿等何以得存諸人以為佳 王濛

何次道往丞相許丞相以麈尾指坐呼何共坐

曰来来此是君坐充導妻姊之子也思韻俺齊有文義才情導深器之〔賞譽〕

劉尹云見何次道飲酒令人欲傾家釀〔賞譽〕

何次道往瓦官寺禮拜甚勤阮思曠語之曰卿志大宇宙勇邁終古何曰卿今日何故忽見推阮曰我圖數千戶郡尚不能得卿迺圖作佛不亦大乎[illegible]

何準字幼度充第五弟也雅好高尚徵聘一無所就充位居宰相準散帶衡門不及世事

何驃騎弟以高情避世而驃騎勸之令仕答曰予第五之名何必減驃騎[illegible]

何尚之字彥德準曾孫雅好文義從容賞會甚為宋太祖所知官至侍中尚書令

何尚之爲丹陽尹更置玄學於南郭外一時名士慕道來遊王倩王（名球司徒謐子也性素簡貴官至尚書僕射）嘗稱之曰尚之西河之風不墜（西河子夏所居）

何點（字子晳尚之孫年十一居父母憂幾至滅性及長感家禍遂絶婚宦累徵太子洗馬梁徵中書侍郎並不就）

梁武帝與何子晳有舊及踐祚手詔論舊賜鹿皮巾召見恩禮甚厚詔徵爲侍中子晳以手捋帝鬚曰乃欲臣老子耶辭疾不起

何敬容（字國禮天監中爲內史累遷吏部尚書侍中僕射）張纘 江蒨

何敬容在選日嘗有一客詣之其人姓吉敬容

問之曰卿與丙吉遠近答曰如明公之與蕭何
嵩客職任隆重而淺於學術【鑒】
何子朗字世明早有才思官散騎常侍卒於國山令
何參軍名思澄字元靜東海剡人少勤學工文為遊廬山詩沈約大相稱賞自以為不逮佐至湘東王錄事參軍與族弟水部名遜字仲言八歲能詩文章與劉孝綽並重於世世謂劉官至尚書郎何散騎俱擅文名時人為之語
曰東海三何子朗最多參軍曰外言殊不爾故
當推遜【文】
世目何散騎曰人中爽爽何子朗【賞】
何修之字士威廬江灊人齊奉朝請歆之子起家揚州從事史梁至尚書左丞

何佟之性好潔一日之中洗滌者十餘過猶恨不足人稱為水淫

何承裕有清才好為歌詩嗜酒狂逸初為中都主簿桑惟翰顯充州知其真率不責以吏事官著作佐郎出為盩厔咸陽令醉則露首跨牛趨府府尹王彥超以名士容之

何承裕為盩厔咸陽二縣令醉則露首跨牛趨府往往召豪吏接坐引滿吏因醉挾私白事承裕笑曰此見罔也當受杖杖訖復召與飲

羅企生字宗伯豫章人殷仲堪初請為府功曹桓玄來攻轉咨議參軍仲堪多疑少決企生深憂之謂其弟遵生曰殷侯仁而無斷事必無成成敗天也吾當死生以之及仲堪走文武並無送者惟企生從馬路經家門遵生紿之曰作如此分別何可不執手企生回馬授手遵

生便牽下之謂曰家有老母將欲何行企生揮涕曰今日之事我必死之汝等奉養不失子道一門之內有忠與孝亦復何恨遵生抱之愈急仲堪於路待之企生遥呼曰今日死生是同願少見待仲堪見其無脫理策馬而去俄而玄至人士悉詣玄企生獨不往而營理仲堪家或請之曰玄性猜急未能取卿謝節若不詣禍將至企生正色曰我殷侯吏見遇以國士不能共殷醜逆致此奔敗何面目就桓求生乎玄聞怒而收之謂曰相遇如此何以見負企生曰使君口血未乾而生此奸計自傷力不能翦定凶逆我死恨晚爾玄遂斬之時年三十七衆咸悼之

桓南郡既破殷荊州收殷將佐十許人咨議羅企生亦在焉桓素待企生厚將有所戮先遣人語云若謝我當釋罪企生答曰為殷荊州吏今荊州奔亡存亡未判我何顏謝桓公既出市桓

文遣人問欲何言答曰昔晉文王殺嵆康而嵆紹為晉忠臣從公乞一弟以養老母桓亦如言宥之桓先曾以一年裘與企生母胡胡時在豫章企生問至即日焚裘桓玄

羅含字君章楚熊姓之後啓主羅國遂氏焉後寓湘楚故為桂陽人含昭海太守彦曾孫榮陽太守綏小字桓宣武辟為別駕以官廨諠擾於城西池小洲上立茅茨伐木為床織葦為席布衣蔬食晏若有餘累遷常侍廷尉在官舍有一白雀棲集堂宇及致仕還家階庭忽蘭菊挺生豈非至行之徵耶

羅君章曾在人家主人令與坐上客共語答曰相識已多不煩復爾

謝鎮西稱羅君章可謂湘中之琳琅言羅君章可謂楚之杞梓桓宣武曰此自江左之秀豈惟荆楚而已〔賞〕

羅君章為桓宣武從事謝鎮西作江夏往檢之羅既至初不問郡事經就謝數日飲酒而還桓公問有何事君章云不審公謂謝尚何似人桓公曰仁祖是勝我許人君章云豈有勝公人而行非者故一無所問桓奇其意而不責也[illegible][illegible]謝尚

羅友字他仁必好學不持節儉性嗜酒當其所遇不擇士庶又好伺人祠往乞飲食肆然不以為羞始仕荆州後在桓溫府以家貧乞祿溫以才學遇之而謂其誕肆非治民才許而不用後同府人有得郡者溫為席起別友至尤晚問之答曰旦出門於中路逢一鬼大見揶

論云我只見汝送人作郡何以不見人送汝作郡民始怖終慚四還以鮮不覺成羅綴之罪過雖笑其滑稽而心頗愧焉後以爲襄陽太守累遷廣益二州刺史

羅友作荊州從事桓宣武爲王車騎集別車騎王洽也友進坐良久辭出宣武曰卿向欲咨事何以便去荅曰友聞白羊肉美一生未曾得喫故冒求前耳無事可咨今已飽不復須駐了無慚色

[illegible]

羅可以塲之碩儒也嘗應鄉薦見黜於禮部遂不復進取以跡放自適

羅可性度寬宏嘗有竊刈其園蔬者適遇見却避草間以俟其去又有攘殺其鷄者可攜壺訪

之曰與子同里閭不能烹鷄以待子我誠自愧呼其妻孥環坐盡醉而歸人由是相誡無犯【語】

左思字太沖臨淄人父雍起於筆札多所掌練思為殿中御史思博覽名文遍閱百家司空張華辟為祭酒賈謐舉為秘【晉書】書郎謐誅歸鄉里專事著述〇宋本

陸士衡入洛擬作三都賦聞左太冲作之思欲作三都賦詣著作郎訪岷邛之事構思十稔門墻藩溷皆著筆札遇得一句即疏之士衡撫掌大笑與弟士龍書曰此間有一傖父欲作三都賦吳人以中州人為傖須其成以覆酒甕耳後左賦出士衡絕歎伏以為不能加遂輟筆焉【文】【晉】陸機

左太冲作三都賦初成時人互有譏訾思意不

愜後示張公華也張曰此二京可三言班張之流也然君文未重於世宜以經高名之士思乃詢求皇甫謐謐見之嗟嘆遂為作敘於是先相非貳者莫不斂袵讚述焉皇甫謐

孫興公云三都二京五經鼓吹言五賦是經典之羽翼

潘岳妙有姿容好神情少時挾彈出洛陽道婦人遇者莫不連手共縈之左太冲絕醜思貌醜顇不持儀飾亦復效岳遨遊於是羣嫗齊共亂唾之委頓而返安仁至美每行老嫗以果擲之滿車張孟陽至醜每行小兒以瓦石投之亦滿車二說不同

○潘岳

賀邵字興伯山陰人祖齊父景邵歷散騎常侍太子太傅

賀太傅作吳郡初不出門吳中諸強族輕之乃題府門云會稽雞不能啼賀聞故出行至門反顧索筆足之曰不可啼殺吳兒於是至諸屯邸檢校諸顧陸役使官兵及藏逋亡悉以事言上罪者甚衆陸抗字幼節吳郡人丞相遜子孫策外孫也官大司馬時為江陵都督故下請孫皓然後得釋【政】

華歆字子魚平原人靈帝時與北海邴原管寧俱遊學相善時號三人為一龍謂歆為龍頭寧為龍腹原為龍尾 ○【品藻】陳登

華歆遇子弟甚整雖閑室之內嚴若朝典陳元

方兄弟恣柔愛之道而二門之裏兩不失雍熙
之軌焉 陳紀 總 五
華歆王朗俱乘舡避亂有一人欲依附歆輒難
之朗曰幸尚寬何為不可後賊追至王欲舍所
携人歆曰本所以起正為此耳既已納其自托
寧可以急相棄耶遂携拯如初世以此定華王
之優劣 [illegible] [illegible] 王朗
華子魚從會稽還都賓客義故贈遺累數百金
子魚皆無所拒賓各題識臨去語衆人曰本無
拒諸君之心而所受遂多單車遠行將無以懷

辟為罪左傳曰庶人無罪懷璧其罪願為之計衆乃各留所贈【德】

王朗每以識度推華歆歆蜡日年代名臘夏日嘉平殿日清祀周曰大蜡蜡者合聚百物索饗之歲終休老息民也嘗集子弟燕飲王亦學之有人向張華說此事張曰王之學華皆是形骸之外去之所以更遠【品藻】王朗

車胤字武子南平人父育為郡主簿太守王胡之有知人鑒見胤其父曰此兒當成器門戶宜資令學問胤就業恭勤博覽不倦家貧不常得油夏月則練囊盛數十螢火以繼日焉及長風姿美劭機悟敏捷桓溫在荊州取爲從事一歲至治中累遷丹陽尹吏部尚書

孝武將講孝經謝公兄弟與諸人私庭講習車

武子難苦問謝謂袁羊曰不問則德音有遺多
問則重勞二謝袁曰必無此繪車曰何以知爾
袁曰何嘗見明鏡疲於屢照清流憚於惠風 音
謝安 袁羊
馬援 字文淵扶風茂陵人曾祖父通封重合侯
坐事誅故再世不顯援年十二而孤少有
大志嘗曰丈夫為志窮當益堅老當益壯因處
田牧至有牛馬羊數千頭穀數萬斛既而歎曰
凡殖貨財產貴能賑施也否則守錢虜耳乃盡
散以班昆弟故舊身衣羊裘皮袴見子嚴敦並
喜譏議而通俠客援在交趾以書誡之建武四
年隗囂使奉書洛陽歸身漢為畧立戰功拜伏
波將軍封
新息侯
○ 音譯 溫嶠
馬伏波嘗有疾梁松 字伯孫安定人梁統子也為郎尚光武女舞陰公主

來侯之獨拜牀下不荅諸子問曰帝壻貴重奈
何不爲禮伏波曰我乃松父友雖貴何得失其
序〔一〕
馬融字季長扶風茂陵人少而好問學無常師六藝大將軍鄧騭召爲舍人棄遣武都會羌
貴之自閱以吾道漸散以[illegible]古人有言左手據天下之圖而右手刎其喉愚夫不爲何則生貴
於天下也豈以曲俗咫尺之羞滅無限之身哉因往應[illegible]召爲校書郎出爲南郡太守〔二〕
鄭玄〔見〕高卷
馬希範字寶規楚王馬殷第四子好學善詩嗣李藩爲王
湖南馬希範唐同光中入貢莊宗問洞庭廣狹
對曰洞庭至[illegible]君車駕南巡止可飲馬莊宗撫

耆耄之年莊宗即位下詔徵諸侯入覲武穆以年老不行命長子希範入朝希範多辯善

應對莊宗謂曰朕聞卿部內有洞庭湖其波無際有之乎對曰云云 ○ 後唐莊宗

馬從一

紹聖間馬從一監南京排岸司適漕使至隨衆

迎謁漕一見即怒叱之曰聞汝不職未欲按汝

尚敢來見耶從一惶恐自陳湖湘人迎親竊祿

求哀不已漕察其語南音也乃稍霽威云湖南

亦有司馬氏乎從一荅曰某姓馮監排岸司耳

漕乃微笑曰然則勉力職事可也初蓋誤認爲

溫公姓司馬名光字君實陝州夏縣人位至丞相忠信孝友恭儉正直出於天性自少及

未嘗妄其好學如飢之嗜食於財利紛華
如惡惡臭誠心自然天下信之於學無所不通
卒贈溫國公謚文正族人故欲害之自是從一刺謁但稱
監南京排岸而已傳者皆以為笑哲宗初太皇太后臨政起
光為門下侍郎是時天下拭目以觀新政而議
者猶謂三年無改於父之道但毛舉細事稍塞
人言光曰先帝之法百世不可變也若安石惠
卿所建為天下害者改之當如救焚拯溺況太
皇太后以母改子非子改父衆議甫定遂罷保
甲團教不復置保馬廢市易法所儲物皆鬻之
不取息除民所欠錢京東鐵錢及茶鹽之法皆
復其舊或謂光曰熙豐舊臣多憸巧小人他日
有以父子義間上則禍作矣光正色曰天若祚
宗社必無此事於是天下釋然至紹聖初御史
周秩首論光誣謗先帝盡廢其法章惇蔡卞請
發冢斲棺帝不許乃命奪贈謚仆所立碑追貶
崖州司户參軍蔡京擅政復降正議大夫京提
舉黨碑令郡國皆刻石石工安民辭曰民愚人

罔不知立碑之意但如司馬相公者海內稱其
正直今謂之奸邪民不忍刻也官府怒加罪其
泣曰被役不敢辭乞免鐫安
民二字於石末聞者愧之

賈詡字文和武威姑臧人少時人莫知惟漢陽閻忠異之謂有良平之奇太祖領冀州數以為太中大夫

魏文為五官將時臨淄侯才名甚盛幾有奪嫡
之議曹公一日諮於賈詡詡默然不對曹公問
不對何也詡曰屬有所思問何思答曰思袁本
初劉景升父子也於是太子遂定袁紹愛小子尚欲以為後
而未顯審配逢紀與辛評郭圖等爭權配紀與
尚比評圖與譚比紹卒配等奉尚代紹位譚至
不得立由是譚尚有隙舉兵相攻魏武軍至皆
敗走劉表愛次子琮欲以為後而蔡瑁張允為

爲之文章乃出長子琦爲江夏太守表死琮遂奉琮爲嗣琦琮遂爲讎隙至於傾覆 規箴 曹植

賈充 充父逵晚有子故名曰充字公閭言後必有充閭之異起家爲尚書遷廷尉晉受禪封魯郡公 ○ 方正 陳泰 排調 孫皓

賈公閭後妻郭氏酷妬有男兒名黎民生載周充自外還乳母抱兒在中庭兒見充喜踴充就乳母手中嗚之郭遥望見謂充愛乳母即殺之兒悲思啼泣不飲他乳遂死郭後終無子 惑溺

賈思伯 字士休齊郡益都人與弟思同師事北海陰鳳業竟無資酬之鳳質其衣物時人爲之語曰陰生讀書不免癡不識雙鳳脫人衣思伯累遷中書侍郎爲孝文所知

賈思伯至性謙和遇士大夫雖在街道停車下

馬援誘恂恂曾無倦色客曰公今貴重寧能不驕恩伯曰衰至便驕何常之有當時以為雅言

【言】

謝鯤字幼輿陳郡人父衡晉碩儒鯤性通簡好老易善音樂以琴書為業避亂江東王敦引為長史○【排調】周顗

謝幼輿初至東海王越太傅府坐家僮取官槁除名于時在事諸人並以謝初登宰府便遭黜辱深為之恨謝聞之方清歌鼓琴不以屑意時人服其遠暢【註】

謝公道豫章若遇七賢必自把臂入林鯤通簡有識不

修式儀好迹逸而心整形濁而言清居身若穢動不累高鄰家有女嘗往挑之女方織以梭投折其兩齒既歸傲然長嘯曰猶不廢我嘯歌其不事事形骸如此

明帝問謝鯤君自謂何如庾亮答曰端委廟堂使百僚準則臣不如亮一丘一壑自謂過之鯤有勝情遠槩為朝廷之望故時以亮方焉○品藻庾亮

顧長康畫謝幼輿在巖石裏人問其所以顧曰謝云一丘一壑自謂過之此子宜置丘壑中巧藝顧愷之

謝鯤為豫章太守從大將軍下至石頭敦謂鯤曰余不得復為盛德之事矣鯤曰何為其然但

使自今已後日忘日去耳言寧使人當使人心上日漸忘日漸去耳蓋因其知非而導以善也或曰言日後又一日浸忘前事則君臣舊嫌之迹亦日日去敦又稱疾不朝鯤諭敦曰近者明公之舉雖欲大存社稷然四海之內實懷未達若能朝天子使羣臣釋然萬物之心於是乃服仗民望以從衆懷盡冲退以奉主上如斯則勳侔一匡名垂千載時人以為名言王敦

謝安字安石陳郡陽夏人祖衡太子少傅父裒吏部尚書世有學行安弘粹通遠溫雅融暢累遷太保録尚書事卒贈太傅○王羲之郗超車胤謝玄阮裕郗超王坦之王珣郗羲桓伊桓玄文王珣羊曇謝萬

謝奕安兄以有器鑒辟太尉掾累遷豫州刺史作剡令有一老翁犯法謝以醇酒罰之乃至過醉而猶未已太傅時年七八歲著青布絝在兄膝邊坐諫曰阿兄老翁可念何可作此奕於是改容曰阿奴欲放去耶遂遣之德

謝公夫人教兒問太傅那得初不見君教兒答曰我常自教兒太尉劉子真清絜有志操行己以禮而二子不才並黷貨致罪子真坐免官客曰子奚不訓導之子真曰吾之行事是其耳目所聞見而不放豈嚴訓所變耶安石之旨同子真之意也德

謝太傅語王右軍曰中年傷於哀樂與親友別

輙作數日惡王曰年在桑榆自然至此正賴絲竹陶寫恒恐兒輩覺損欣樂之趣【言】

桓南郡問謝夫人太傅在東山二十餘年遂復不終其理云何夫入答曰亡叔先正以無用爲心隱顯爲優劣始末正當動靜之異耳【言】

殷謝諸人共集謝因問殷眼往屬萬形萬形來入眼不謝有問殷無荅疑闕文【文】

桓公見謝安石作簡文謚議看竟擲與坐上諸客曰此是安石碎金【文】

支道林許謝盛德共集王家（王濛）謝顧謂諸人今

日可謂彥會時既不可留此集固亦難常當共
言詠以寫其懷許便問主人有莊子不正得漁
父一篇謝看題便各使四坐通支道林先通作
七百許語叙致精麗才藻奇拔衆咸稱善於是
四坐各言懷畢謝問曰卿等盡不皆曰今日之
言少不自竭謝後麤難因自叙其意作萬餘言
才峯秀逸既自難干加意氣擬託蕭然自得四
坐莫不厭心支謂謝曰君一往奔詣故復自佳
耳 道林 支
謝公與人圍棋俄而謝玄淮上信至看書竟默

然無言徐向扃容問淮上利害答曰小兒輩大破賊意色舉止不異於常苻堅傾國大出衆號百萬勅廷遣諸軍拒之八萬堅進也壽陽謝玄為前鋒與從弟琰等選精銳决戰射傷堅俘獲數萬計○

郗嘉賓嘗三伏之月詣謝公時炎暑熏赫諸人雖復當風交扇猶沾汗流離謝著故絹衣食熱白粥宴然無異

桓公伏甲設饌廣延朝士曰此欲誅謝安王坦之簡文晏駕遺詔桓温依諸葛亮王導故事温大怒以為黜其權謝安王坦之所建也自此欲殺王謝王甚遽問謝曰當作何計謝神意不變謂文度曰晉祚存亡在此一行相與俱前王之恐

狀轉見於色謝之寬容愈表於貌望階趨席方
作洛生詠諷浩浩洪流桓憚其曠遠乃趣解兵
安能作洛下書生詠而少有鼻疾語音濁後名流多斆其詠弗能及手掩鼻而吟焉桓温止新
亭大陳兵請呼安及坦之欲於坐害之王入失
厝倒執手版汗流沾衣安神姿舉動不異於常
舉目徧歷温左右衛士謂温曰安聞諸侯有道
守在四鄰明公何有壁間置阿堵輩温笑曰正
自不能不爾於是矜莊之心頓盡王謝舊齊名
命部左右促燕行觴笑語移日
於此始判優劣坦之王
謝太傅盤桓東山時與孫興公諸人汎海戲安元
居會稽與支道林王羲之許詢共遊出則漁
弋山水入則譚說屬文未嘗有處世意也風
起浪涌孫王諸人色並遽便唱使還太傅神情

方玉吟嘯不言舟人以公貌閑意説猶去不止
既風轉急浪猛諸人皆諠動不坐公徐云如此
將無歸衆人即承響而回於是審其量足以鎮
安朝野【雅量】
謝公在東山畜妓簡文曰安石必出既與人同
樂亦不得不與人同憂【識鑒】
謝太傅未冠始出西詣王長史清言良久去後
苟子問曰向客何如尊長史曰向客亹亹為来
逼人【賞譽】
王右軍語劉尹故當共推安石劉尹曰若安石

東山志立當與天下共推之【識鑒】

謝太傅為桓公司馬桓詣謝值謝梳頭遽取衣幘桓公云何煩此因下共語至暝既去謂左右曰頗曾見如此人不【賞譽】

桓玄欲以謝太傅宅為營謝混曰召伯之仁猶惠及甘棠文靖之德更不保五畝之宅玄慚而止【規箴】

謝車騎道謝公遊肆復無乃高唱但恭坐捻鼻顧睞便自有寢處山澤間儀【容止】

謝公在東山朝命屢降而不動後出為桓宣武

司馬將發新亭朝士咸出瞻送高靈阿鄙小字也高崧字茂琰廣陵人父悝光祿大夫崧少好學善史傳累遷吏部郎侍中以公累免官時為中丞亦往相祖先時多少飲酒因倚如醉戲曰卿累違朝旨高卧東山諸人每相與言安石不肯出將如蒼生何今亦蒼生將如卿何謝笑而不荅

初謝安在東山居布衣時兄弟已有富貴者翕集家門傾動人物劉夫人戲謂安曰大丈夫不當如此乎謝乃捉鼻曰但恐不免耳

謝公始有東山之志後嚴命屢臻勢不獲已始

就桓公司馬于時人有餉桓公藥草中有遠志公取而問謝此藥又名小草何一物而有二稱謝未即答時郝隆在坐應聲答曰此甚易解處則為遠志出則為小草謝甚有愧色桓公目謝而笑曰郝參軍此過乃不惡亦極有會 排

桓公既廢海西海西公名奕字延齡成帝子也興寧中即位以同闈人之交使宮人與左右淫通生子大司馬溫自廣陵還姑孰過京都以皇太后令廢為海西公立簡文侍中謝公見桓公拜桓驚笑曰安石卿何事至爾謝曰未有君拜於前臣立於後 排

庾道季說謝公曰裴郎名榮字榮期河東人父稚豐城令裴少有風姿

才氣好論古今人物撰語林數卷號曰裴子云謝安謂裴郎乃可不
惡何得爲復飲酒裴郎又云謝安目支道林如
九方臯之相馬畧其玄黄取其儁逸遒每標舉會宗而不
留心象翰辭釋章句或有所漏
文字之徒多以爲起謝公云云謝公云都無此
二語裴自爲此辭耳庾意甚不以爲好因陳東
亭經酒壚下賦裴郎語林始出大爲遠近所傳時流年少無不傳寫各有一通
載王東亭作經王公酒壚下賦甚有才情讀畢都不下賞裁直云君
乃復作裴氏學於此語林遂廢今時有者皆是
先寫無復謝語謝安鄉人有罷中宿縣詣安者安問其歸資答曰嶺南凋弊唯
有五萬蒲葵扇又以非時爲滯貨安乃取其中
者捉之於是京師士庶競慕而服焉價增數倍

旬月無賣夫所好生羽毛所惡成瘡痏謝相一
言挫成美於千載及其所與崇邕價於百金上
之妄憎與、奪可不**輕詆**
慎哉語出晉陽秋〇庾龢
謝萬字萬石安之弟也才氣高俊早知名歷
吏部郎中郎將豫州刺史散騎常侍〇

品藻 許詢
[illegible] 王恬

謝萬作八賢論與孫興公往反小有利鈍萬善屬文
能談論敘四隱四顯為八賢之論謂漁父屈原
季主賈誼楚老龔勝孫登嵇康也其旨以處者
為優出者為劣孫綽難之以謂體玄
識遠者則出處同歸時以孫義為得謝後出以
示顧君齊名夷吳郡人父霸以府
卿夷辟州主簿不就顧曰我亦作
知卿當無所名**文學**孫綽

支道林還東遁為哀帝所迎遊京邑久心在
故山乃拂衣王都還就故山時

賢並送於征虜亭太安中征虜將軍謝安立此亭因以為名蔡子叔
名系謨弟有文理仕至撫軍長史前至坐近林公謝萬石後来
坐小遠蔡暫起謝移就其處蔡還見謝在焉因
合褥舉謝擲地自復坐謝冠幘傾脫乃徐起振
衣就席神意甚平不覺瞋沮坐定謂蔡曰卿奇
人殆壞我面蔡荅曰我本不為卿面作計其後
二人俱不介意

支道
王右軍道謝萬石在林澤中為自遒上歎林公
器朗神儁道祖士少風領毛骨恐沒世不復見
如此人道劉真長標雲柯而不扶踈劉惔性不偶俗之类

榮利雖身登顯列而閑靜自守而已○賞四 支遁 祖約 劉惔

謝萬就太傅乞裘自云畏寒太傅答曰君妄語正欲以為豪具耳若畏寒無復勝綿者乃以三十斤綿與萬 規四 謝安

謝萬與太傅共詣簡文萬來無衣幘可前簡文曰但前不須衣幘即呼使入萬著白綸巾鶴氅裘履板而前共談移日 寵

謝萬壯征常以嘯詠自高未嘗撫慰衆士謝公甚器愛萬而審其必敗乃俱行從容謂萬曰汝為元帥宜數喚諸將宴會以說衆心萬從之因

召集諸将都無所說直以如意指四座云諸君皆是勁卒諸將甚忿恨之謝公欲深著恩信自隊主將帥以下無不身造厚相遜謝及萬事敗軍中因欲除之復云當為隱士故幸而得免【簡】【互】

謝安

謝太傅謂子姪曰中郎始是獨有千載車騎曰中郎衿抱未虛復那得獨有【[illegible]】

謝尚字仁祖鯤子也齠齔表兄哀慟過人及遣父表溫嶠唁之尚號叫極哀既而收涕告訴有異常童嶠奇之仕至鎮西著草豫州刺史【文】【[illegible]】陵浩一【[illegible]】【[illegible]】王胡之【[illegible]】【[illegible]】孫綽【[illegible]】【[illegible]】劉惔

陶公疾篤都無獻替之言朝士以為恨侃臨終表曰臣

少長孫寒始願有限過蒙先朝歷世異恩臣年垂八十位極人臣啓手啓足當復何恨但以餘寇未誅山陵未復猶冀犬馬之齒尚可少延欲為陛下北吞石勒西誅李雄勢遂不振良由永息臨書撫踴涕泗橫流伏願遴選代人使必得良才足以奉宣王猷遵成志業則雖死之日猶生之年有表若此非無獻替

仁祖聞之曰時無豎刀故不貽陶公話言管仲病桓公問曰子如不諱誰代子相豎刀何如管仲曰自宮以事君非人情必不可用後果亂齊時賢以為德音〔言〕陶侃〔互〕

王丞相云見謝仁祖恒令人得上與何次道語惟舉手指地曰正自爾馨〔品〕何充〔互〕

或以方謝仁祖不乃重者桓大司馬曰諸君莫輕道仁祖企腳北窗下彈琵琶故自有天際真

人想

王長史謝仁祖同爲王公導也掾長史云謝掾能作異舞謝便起舞神意甚暇尚性通任善音樂於酒後爲鴝鵒舞甚佳王公熟視謂客曰使人思安豐戎性通任尚類之

王劉共在杭南酣宴於王子野家謝鎮西往尚書名裒字幼儒歷侍中吏部尚書墓還葬後三日反哭諸人欲要之初遣一信猶未許然已停車重要便回駕諸人門外迎之把臂便下裁得脫幘著帽酣宴半坐乃覺未脫衰

謝玄字幼度小字遏奕第二子神理明後善[illegible] ○ 支遁 郗超

晉武帝每餉山濤恒少謝太傅以問子弟車騎荅曰當由欲者不多而使與者忘少【晉臣】山濤

謝太傅問諸子姪子弟亦何預人事而正欲使其佳諸人莫有言者車騎荅曰譬如芝蘭玉樹欲使其生於階庭耳【晉臣】謝安

王僧彌琨也謝車騎共王小奴薈也許集僧彌舉酒勸謝云奉使君一觴謝曰可爾僧彌勃然起作色曰汝故是吳興溪中釣碣耳何敢譸張玄叔父安曾為吳興玄少時養之遊故琨云然謝徐撫掌而笑曰衛軍薈僧彌殊不肅省乃侵陵上國也【晉臣】王薈【晉臣】王琨

謝遏諸人共道竹林優劣謝公云前輩初不臧貶七賢【品】

司馬太傅問謝車騎惠子其書五車何以無一言入玄謝曰故當是其妙處不傳莊子曰惠施多方其書五車其道舛駁其言不中請祭有毛雞三足馬有卵犬可為羊火不熱目不見龜長於蛇丁子有尾白狗黑連環可解能勝人之口不能服人之心善辯者之囿也【品】

謝朗字長度小字胡兒安次兄據之長子文義艷發名亞於玄仕至東陽太守【文】【詳】朗母

謝虎子據小字也字玄道裒第二子早卒嘗上屋熏鼠胡兒既無由知父為此事聞人道癡人有作此者戲笑之時道此非復一過太傅既了己之不知因其

言次語胡兒曰世人以此謗中郎攙也按世有兄弟三人則謂皛二者為中今謝昆弟有六而以攙為中郎未可解當由有三者以中為攙曰仍不畏也亦言我共作此胡兒與熱一月日閉齋不出太傅虛托引己之過以相開悟可謂德教

謝琰字瑗度不字末婢安少子開率有大度爵望蔡侯為孫恩所害贈侍中司空

王興道名和之胡之之子歷永嘉太守正員常侍謂謝望蔡霍霍如失鷹師

謝重字景重朗子明秀有才會稽驃騎長史○會稽王

東府客館是板屋謝景重詣太傅時賓客滿中初不交言直仰視云王乃復西戎其屋秦詩敘曰襄公

備其兵甲以討西戎婦人憫其君子故作

詩曰在其板屋亂我心曲謂西戎之板屋

謝奉字弘道會稽人祖蒙散騎父鳳丞相主簿奉歷安南將軍廣州刺史吏部尚書

謝安南免吏部尚書還東謝太傅赴桓公司馬出西相遇破岡既當遠别遂停三日共語太傅欲慰其失官安南輙引以他端雖信宿中途竟不言及此事太傅深恨在心未盡謂同舟曰謝奉故是奇士

簡文云謝安南清令不如其弟名聘字弘遠歷侍中廷尉卿學義不及孔巖字彭祖山陰人戎儉黃門侍郎有才學歷丹陽尹西昌侯在朝多所匡正為吴興太守大得民和後卒于家居然自勝言奉任天真也

謝敷字慶緒會稽人崇信釋氏初入太平山中
十餘年以長齋供養爲業招引向事化納
不倦以母老還南山若耶中內史郗愔表薦之
徵博士不就初月犯少微星一名處士星或云
以處士當之時戴逵居剡既美才藝而交遊貴
盛先敷著名時人憂之俄而敷死會稽人士以
嘲吳人云吳中高
士便是求死不得

郗尚書名恢字道胤曇子也長八尺美鬚髯風
神魁梧烈宗器之以為藩伯之望自太
子左率擢為與謝居士善常稱謝慶緒識見雖
雍州刺史
不絕人可以累心處都盡【語】

一

謝混字叔源小字益壽琰少子也少有美譽○
善屬文為尚書左僕射以黨劉毅誅

謝晦【晉書】

謝叔源與從子靈運並有美名時人謂叔源風

韻爲高目望蔡温龎爵望蔡侯肅如寒風振松目康樂

凜凜如霜臺籠曰 賞 丞 謝靈運

王景文風姿爲一時之冠袁粲歎曰景文非但

風流可悅乃哺啜亦復可觀有容及識謝混者

曰景文方謝叔源則爲野父矣粲惆悵曰恨眼

中不見如此人 容 止 王彧

謝叔源誅後及宋武受禪謝晦言曰陛下應天

受命登壇曰恨不得謝益壽奉璽紱帝亦歎曰

吾甚恨之使後生不得見其風流 傷

孝武屬王珣求女壻曰王敦桓溫磊砢之士既

可復得且小如意亦好豫人家事酷非所須正如真長子敬比最佳珣舉謝混後袁山松陳郡人父方平義興太守山松歷秘書監吳國內史孫恩作亂見害初帝為晉陵公主訪婚以王珣珣舉混云人才不及真長不減子敬帝曰如此便已足矣欲擬謝婚王曰卿莫近禁臠排

謝瞻字宣遠陳郡人幼而聰悟五歲能通玄理官黃門郎○規語謝靈運

有人詣謝益壽言向在劉丹陽坐見一客殊毛

謝曰正是我家阿瞻容

謝靈運玄孫也父瑍秘書郎靈運少好學博覽羣書文章之美江左莫逮歷秘書監侍中臨川內史襲封康樂公以罪伏誅○賞[illegible]謝混王惠輕詆孟頵

謝靈運好戴曲柄笠孔隱士之淳謂曰卿欲希心高遠何不能遺曲蓋之貌答曰將不畏影者未能忘懷語出莊子漁父篇

顔延之嘗問鮑明遠名昭文辭贍逸世祖時為中書舍人上好為文章自謂物莫能及照悟其旨為文多鄙言累句當時咸謂照才盡實不然也臨海王子頊為荊州照為前軍掌書記子頊敗為亂兵所殺己詩與謝康樂優劣鮑曰謝五言如初發芙蓉自然可愛君詩若鋪錦列繡亦雕繢滿眼湯惠休曰謝詩如芙蓉出水顔如錯彩鏤金顔終身病之○顔延之

謝康樂父不慧早亡康樂好臧否人物叔混患

之欲加裁折未有方也謂宣遠曰非汝莫能乃與晦曜小字阿多萬曾孫韶孫思子歷御史中丞驃騎長史弘微等共遊戲命瞻與靈運共車既上便商較人物宣遠謂之曰秘書早亡談者亦互有同異靈運默然言論自此衰止【[illegible]】謝瞻

謝康樂曰父祖之資生業甚厚奴僕既衆義故門生數百鑿山浚河功役無已尋山陟嶺必造幽峻巖嶂千重莫不遍歷登躡常著木屐上山則去前齒下山去其後齒嘗自始寧南山伐木開逕直至臨海從者數百人臨海太守王琇驚

駿謂是山賊徐知是靈運乃安【住】

謝康樂少時便文藻艷逸祖車騎甚奇之謂親知曰我乃生瑍謂瑍不慧也瑍那得不生靈運錢塘杜明師夜夢東南有人來入其館是夕即靈運生於會稽旬日而謝玄亡其家以子孫難得送靈運於杜治養之十五【排】方還都故名客兒

謝弘微初名密曜弟也居身清約歷位中庶子加侍中

謝弘微至性寬博與人未嘗有牾末年嘗與友人棋友人西南棋有死勢一客唱言西南風急或至覆舟其人悟而救之弘微大怒投局於地識者覺其有異未幾果卒弘微自幼精神【忩】詳審將然後言

謝莊字希逸弘微子也七歲能屬文詔令美風儀宋文帝見而異之曰藍田生玉豈虚語哉仕至光禄大夫卒謚憲子

宋世祖孝駿文帝第三子嘗賜謝中書寶劒謝以與魯豫州名爽小名女生扶風人少有武藝世祖以爲左軍將軍與南郡王義宣作逆薛安都臨陣刺爽傳首京師送別後魯作逆世祖嘗因宴集問劒所在謝曰昔與魯爽別竊爲陛下杜郵之賜秦攻趙邯鄲武安君白起不肯行於是免武安君爲士伍遷之陰密至杜郵使使者賜之劒自裁世祖大悦言

謝超宗父鳳祖靈運超宗官義興太守後以事賜盡○排調謝朏

謝超宗好學有文辭爲新安王子鸞孝武第八子也常

侍時王毋殷淑妃卒超宗作誄奏之上嗟賞曰超宗殊有鳳毛【文】

謝叅軍一日詣東府門自通爾時風寒慘厲太祖謂四座曰此客至使人不衣自煖【賞】

宋武帝嘗稱謝超宗殊有鳳毛右衛將軍劉道隆在坐出候超宗曰聞君有異物欲覓一見謝曰懸罄之室何得異物耶道隆武人正觸其父諱曰方侍宴至尊說君有鳳毛謝徒跣還內道隆謂檢覓鳳毛至暗待不得乃去【紀】

謝晦字宣明重子也為孟昶中兵叅軍後為宋
高祖中領軍以帝即位加中書令與徐羡

之傳亮共輔政以事伏誅 ○ 方詳 徐廣

謝晦美風姿善言笑眉目分明鬒髮如墨時謝混風鑑為江左第一常與晦同在宋武帝前帝目之曰一時頓有兩玉人 容止 謝混

謝絢 字宣映重子也

謝宣映嘗於公座戲調其舅袁湛 字士深耽孫也湛少與弟豹並為從外祖謝安所知安以兄子玄女妻湛爲宋武帝起兵以參征功歷仕太尉司空 甚不堪之謂曰汝父昔已輕舅今汝復來加我可謂世無渭陽情也 謝重是王胡之外甥也與舅亦不協 輕

謝瀹 字義潔莊子也仕至太子詹事 ○ 方詳 紀 僧真

齊高宗名鸞始安貞王道生子也受世祖遺詔為侍中尚書令慶鬱林名昭業文惠太子長子也世祖崩立為太孫世祖殂即位寵幸中書舍人朱隆之官者徐龍駒鸞以計誅龍駒等王心忌之鸞慮變定謀廢立使蕭諶等率兵入雲龍門引出西弄殺之而立海陵王昭文已又奉太后令廢海陵入篡大位領兵入殿左右驚報謝侍中謝與容圍棋每下子輒云其當有意竟局乃還齋臥終不問外事

謝朓字敬冲莊子也多聰慧十歲能屬文莊遊上山使朓命篇攬筆便就莊撫其背曰真吾家千金任至中書監司徒衛將軍

齊世祖問王儉射當今誰能為五言詩王荅曰謝朓得父膏腴江淹有意[illegible]江淹

謝鳳子名超宗謝莊子名朏宋明帝敕二人由鳳莊門入超宗曰君命不可以不往乃踰而入朏曰君處臣以禮遂不入【南史】超宗

謝朓字玄暉陳郡人少有美名文章清麗解褐朓豫章王參軍稍遷尚書吏部郎江祏等立始安王遙光朓不肯收下獄死○江祏

謝玄暉好獎人才會稽孔闓有文筆未為時人所知孔稚圭嘗令草讓表以示玄暉玄暉嗟歎良久自折簡寫之語稚圭曰是子聲名未立應共獎成無惜齒牙餘論稚圭 孔

謝覽字景滌蕭子顯選尚齊錢唐公主仕梁為吳興太守

梁武平建業朝士皆造之謝景滌時年二十意氣閑雅瞻視聰明梁武目送良久謂徐勉曰覺此生芳蘭竟體

謝譓 朏子也仕至右光祿大夫

謝譓不妄交接門無雜賓有時獨醉嘗曰入吾室者但有清風對吾飲者惟有明月

謝幾卿 超宗子年十二補國子生齊文慧太子自臨策試幾卿辯釋無滯文慧大稱賞焉王儉曰超宗為不死矣及長博學有文梁天監中至左光祿長史

謝長史性通脫會意便行嘗預樂遊苑宴不得醉而還因詣道邊酒壚停車褰幔與車前三騶

對歛觀者如堵謝處之自若

謝貞 字元正安九世孫藺子也少有至性仕始興王府事參軍

謝元正幼便聰慧八歲為春日閒居詩從舅尚

書王筠 字元禮僧虔孫也年十六為芳樂賦甚美官至太子詹事 奇其有佳

致謂所親曰此兒方當大成至如風定花猶落

乃追步惠連矣 惠連十歲能屬文詩曰小謝才思富捷恨其蘭玉早凋故長

譽 未 民

騁

陽城 字亢宗定州北平人好學貧不能讀書求為集賢院寫書吏竊院書讀之晝夜不出戶

六年無所不通 去隱中條山東爭皆域常易衣出後為諫議大夫沮裴延齡相出為道州刺史

陽城歲飢屏迹不過隣里屑榆為粥講論不輟

有奴都兒化其德亦方介自約或哀其餒與之
食不納後致糠覈數杯乃受
揚雄字子雲蜀郡成都人好學博覽收嗜慾家無儋石之儲晏如也年四十餘遊京師大
司馬王音召為門下史薦雄○淮南王待詔歲餘為郎給事黃門○成公爵
楊彪字文先弘農華陰人曾祖震太尉祖秉太尉父賜司空彪少傳家學以博習舊聞公
車徵拜議郎中平○言中代黃琬為司空○孔融
曹公既殺楊德祖彪子脩也後與太尉遇於朝堂曹
問太尉公何瘦之甚太尉答曰愧無日磾先見
之明漢金日磾子二人武帝所愛以為弄兒其後弄兒壯大不謹自殿下與宮人戲日磾
適見之惡其淫亂遂殺弄兒猶懷老牛舐犢之愛曹公為之

改容【四】

楊脩字德祖太尉彪子辟丞相府主簿魏有才策為曹操所忌以罪見殺○補【注】【闕】濤

楊德祖為魏武主簿時作相國門始構榱桷魏武自出看使人題門作活字便去楊見即令壞之既竟曰門中活闊字王正嫌門大也魏武【國】

人餉魏武一桮酪魏武噉小許蓋頭上題合字以示眾眾莫能解次至楊脩脩便噉曰公教人噉一口也復何疑魏武【提】【國】

魏武嘗過曹娥碑下曹娥者上虞人父盱能撫節按歌婆娑樂神漢安二年迎伍君神泝濤而上為水所淹不得其尸娥年十四號慕思盱乃投衣于江存其父尸

曰父在此瓜當沉向有七日瓜偶沉遂自投其江而死縣長度尚悲憐其義為之改葬命其子邯鄲子禮為之作碑楊脩從碑背上見題作黃絹幼婦外孫虀臼八字魏武謂脩曰解不荅曰解魏武曰卿未可言待我思之行三十里魏武乃曰吾已得令脩別記所知脩曰黃絹色絲也於字為絕幼婦少女也於字為妙外孫女子也於字為好虀臼受辛也於字為辭所謂絕妙好辭也魏武亦記之與脩同乃歎曰我才不及卿乃覺三十里或云蔡邕避亂過吳讀碑文仍刻石旁作八字魏武見而不能了以問羣僚莫有解者有婦人浣於汾渚曰第四車解既而禰正平也脩即以離合意解之或謂此婦人即娥靈也

【捷三】武
楊德祖為主簿時操既平漢中欲討劉備而不
得進欲守又難為功護軍不知進止操出教唯
曰雞肋外曹莫能曉德祖曰夫雞肋食之則無
所得棄之則殊可惜公歸計決矣乃令白外稍
嚴伐操因師時人服其幾決魏武【捷三】
楊淮字始立脩孫囂子元康末為冀州刺史見王綱不振遂縱酒不以官事規意遣還卒歲而已卒時年二十七
冀州刺史楊淮二子喬與髦俱總角為成器淮
與裴頠樂廣友善遣見之頠性弘方愛喬之有

高韻謂淮曰喬當及卿髦少減也廣性清淳愛
髦之有神檢謂淮曰喬自及卿然髦尤精出淮
笑曰我二兒之優劣乃裴樂之優劣論者許之
以為喬雖高韻而檢不匝樂言為得然並為後
出之儁喬字國彥爽朗有遠意髦字士彥清平有貴識皆為二千石

揚氏子

梁國楊氏子九歲甚聰惠孔君平詣其父父不
在乃呼兒出為設果果有楊梅孔指以示兒曰
此是君家果兒應聲荅曰未聞孔雀是夫子家
禽

楊愔字遵彥弘農華陰人楊津子也兒童時口若不能言而風度深敏仕至尚書右僕射

楊遵彥典選時以六十人為一甲楊令其自叙記不省文簿便次第呼之嘗誤以盧士深為士琛士深自言其名遵彥曰盧郎潤所以加王有選人魯漫漢自言猥賤不蒙記憶日卿前在元子思坊乘驢遥見我不下以方麴障面我何不識卿耶【隋】漫漢驚服

楊素字處道魏輔國將軍暄孫汾州刺史敷子少有大志好學多所通涉美須髯有英傑之表武帝拜為車騎將軍毎戰有功歷位上柱國封越國公○【識】【書】李密侯白卿隣

楊弘禮素弟岳之子高祖受禪襲爵清河公太宗征遼以弘禮有文武才擢兵部侍郎

太宗征遼東拜楊弘禮為兵部侍郎駐蹕之役

領馬步二十四軍跳出賊背所向摧靡帝自山
上望見其袍仗精整人人盡力歎曰越公兒郎
故有家風 【贊】
揚德幹性酷烈殺人以立威歷澤齊汴翊四州刺史肆語曰寧食三斗炭不逢楊德幹
揚德幹為萬年令高宗朝有宦官恃寵放鷂不
避入禾稼德幹杖之二十悉拔去鷂頭宦者瀉
泣袒背以示帝帝曰情知此漢獰何須犯他百
姓 【讚】
揚再思鄭州原武人證聖初鳳閣侍郎巧佞邪媚能得人主微旨恭慎畏忌未嘗忤物或曰公名高位重何為屈折如此再思曰世路艱難直者受禍苟不如此何以全身

則天朝宰相楊再思晨入朝值一重車將牽出西門道滑牛不前馭者罵曰一羣癡宰相不能和得陰陽而令我匯行如此辛苦時旱潦輒閉坊市南門以禳之再思徐謂曰爾牛亦自弱不得嗔他宰相〔匪〕

楊億字大年建州人七歲善屬文十一以童子召對試詩賦五篇下筆立成太宗數異以爲秘書正字歷官翰林學士謚曰文

真宗將立明肅后姓劉華陽人指揮通女也母龐夢月入懷而娠真宗即位入爲美人進德妃章穆后崩欲立爲后大臣多以爲不可卒立之令丁謂諭旨於楊大年令作冊文丁云此段不憂不富貴楊大年曰如此富貴亦不願得〔方〕丁謂〔亙〕

世説新語姓彙韻分卷之六

世說新語 三

世說新語姓彙韻分卷之七

張衡字平子南陽西鄂人祖堪蜀郡太守衡少善屬文後遊太學遂通五經善機巧尤致思於天文陰陽曆筭之學作渾天儀復造候風地動儀官太史令出為河間相徵拜尚書

張平子作地動儀精銅以鑄其器圓徑八尺形似酒尊尊中有都柱旁行八道施關發機外有八龍首銜銅丸下設蟾蜍承之地或動則隨其方面一龍吐丸其機關巧制皆在尊中

張裔字君嗣蜀郡成都人治公羊春秋博涉史漢

張君嗣在益州為雍闓縛送孫權武侯遣鄧芝字伯苗新野人禹後避難入蜀先主用爲廣漢太守先主崩武侯恐孫權異計遣芝奉使使

吳令言次從孫權請裔裔自至吳流徙伏匿權未之知故許芝遣裔裔臨發乃引見問裔曰蜀卓氏寡女亡奔相如貴土風俗何以乃爾裔曰愚以為卓氏寡女猶賢於買臣之妻朱買臣字翁子吳人家貧好讀書不治產業常刈薪樵賣以給食擔東薪行且誦書其妻亦負戴相隨數止買臣毋歌謳道中買臣愈益疾歌妻羞之求去買臣笑曰我年五十當富貴今已四十餘矣女苦日久待我富貴報女功妻恚怒曰如公等終餓死溝中耳何能富貴買臣不能留即聽去其後買臣獨行歌道中負薪墓間故妻與夫家俱上冢見買臣飢寒呼飯飲之後數歲買臣隨上計吏為卒將重車至長安上書久不報待詔公車糧用乏上計吏卒更乞丐之會邑子嚴助貴幸薦拜中大夫久之拜會稽太守上謂曰富貴不歸故鄉如衣繡夜行今子何如買臣乗傳入吳界見

其故妻與夫治道買臣駐車呼令後車載其
夫妻到太守舍給食之居一月妻自經死
張仲蔚扶風人與同郡魏景卿隱身不仕明天官博物好為詩賦所居蓬蒿沒人
張仲蔚隱居平陵蓬蒿滿宅惟開一行徑
張飛字翼德涿郡人少與關羽俱事先主先主為漢王拜右將軍
劉巴
嚴顏
張純字元基少厲操行學博才秀補廣德令治有異迹擢太守輔義都尉
張紘
張儼字子節吳人弱冠知名以博聞多識拜大鴻臚使晉孫皓曰今南北通好以君有出境之才故相屈行對曰思不辱君命既至僕射羊祜尚書何楨並結縞帶之好
朱異字季文吳郡吳人朱桓子據從子也以父任為郎拜騎都尉俱童少知名
嘗同詣驃騎將軍朱據字子範吳郡吳人有姿貌膂力官建義校尉
據欲試之語曰老鄙相聞飢渴甚矣夫騕褭以

迅驟爲功鷹隼以輕疾爲妙其爲吾各賦一物

然後入坐三人皆隨目賦成擬大笑悅儼賦犬曰守則

有嚴必則有獲韓盧宋鵲書名竹帛純賦席曰席以冬設簟爲夏施揖讓而坐君子攸宜異賦

弩曰南音之幹鍾山之銅應機命中獲隼高墉■

張華字茂先范陽人博覽洽聞無不貫綜世祖嘗問漢事及建章千門萬戶華畫地成圖

應對如流累遷司空爲趙王倫所害○■■裴顧■■王析■■秦子羽

張翰字季鷹儼子有清才美望博學善屬文齊王冏辟爲東曹掾翰謂同郡顧榮曰天下

紛紛未已夫有四海之名者求退良難吾本山林間人無望於時久矣子善以明防前以智慮

後榮捉其手愴然曰吾亦與子採南山蕨飲三江水爾翰以疾歸府以輒去除吏名性至孝遭

母艱哀毀過禮○顧■■榮

張季鷹辟齊王東曹掾在洛見秋風起因思吳中菰菜羹鱸魚膾曰人生貴得適意耳何能羈宦數千里以要名爵遂命駕便歸俄而齊王敗時人皆謂為見機

張季鷹縱任不拘時人號為江東步兵或謂之曰卿乃可縱適一時獨不為身後名邪答曰使我有身後名不如即時一桮酒

賀司空名循字彥先山陰人父劭吳中書令循秉節高尚元帝為安東王辟為吳國內史入洛赴命為太孫舍人經吳閶門在船中彈琴張季鷹本不相識先在金閶亭聞絃甚清下

船就賀曰共語便大相知說問賀卿欲何之賀曰入洛赴命正爾進路張曰吾亦有事北京因路寄載便與賀同發初不告家家追問乃知[illegible]

張天錫字公純安定人張耳後也曾祖軌永嘉中為涼州刺史值京師大亂遂據涼土天錫篡位自立為涼州牧後歸晉拜散騎常侍西平公○[illegible]郎璃

張天錫為涼州刺史稱制西隅既為苻堅所禽用為侍中後於壽陽俱敗至都為孝武所器每入言論無不竟日頗有嫉已者於坐問張北方何物可貴張曰桑椹甘香鴟鴞革響魯頌曰翩彼飛鴞集于泮林食我桑黮懷我好音淳酪養性人無嫉心[illegible]

張玄之字祖希吳郡太守澄之孫也少以學顯歷吏部尚書出爲冠軍將軍吳興太守

○夙慧詳說顧敷王珣

張玄之顧敷皆少而聰惠和之外孫敷祖和玄之外祖盖知之而嘗謂顧勝親重偏至張頗不㥦于時張年九歲顧年七歲和與俱至寺中見佛般泥洹像弟子有泣者有不泣者和以問二孫玄謂被親故泣不被親故不泣敷曰不然當由忘情故不泣不能忘情故泣大智度論曰佛在娑菴羅雙樹間入般涅槃卧北首大地震動諸三學人僉然不樂郁伊交淨諸無學人但念諸法一切無常

○[illegible]顧和顧數

張吳興年八歲虧齒先達知其不常故戲之曰

君口中何爲開狗竇張應聲答曰正使君輩從
此中出入【排】
張憑字長宗吳郡人太守以才選舉孝廉試策高茅爲劉惔所舉累遷吏部郎御史中丞
謝太傅問主簿陸退字黎民吳丞相凱玄孫仕至光祿大夫張憑
何以作母誄而不作父誄退答曰故當是丈夫
之德表於事行婦人之美非誄不顯【文】
張憑舉孝廉出都負其才氣謂必參時彥欲詣
劉尹鄉里及同舉者共笑之張遂詣劉劉洗濯
料事處之下坐唯通寒暑神意不接張欲自發
無端頃之長史諸賢來清言客主有不通處張

乃遥於末坐判之言約旨遠足暢彼我之懷一坐皆驚真長延之上坐清言彌日仍留宿至曉張退劉曰卿且去正當取卿共詣撫軍張還船同侣問何處宿張笑而不答須臾真長遣傳教覓張孝廉船同侣惋愕即同載詣撫軍至門劉前進謂撫軍曰下官今日為公得一太常博士妙選既前撫軍與之話言咨嗟稱善曰張憑勃窣為理窟即用為太常博士劉惔

張蒼梧名鎮字義遠官蒼梧太守是憑之祖嘗語憑父曰我不如汝憑父未解所以蒼梧曰汝有佳兒憑時

年數歲斂手曰阿翁詎宜以子戲父【排調】

張湛字處度小字驎祖嶷正貟外父曠顗舅司馬湛仕至中書郎

張驎酒後挽歌甚淒苦桓車騎曰卿非田橫門人何乃頓爾至致譙子法訓云有喪而歌者或曰彼爲樂喪也有不可乎譙子曰書云四海遏密八音何樂喪之有曰今喪有挽歌者何以哉譙子曰周聞之蓋高帝召齊田橫至尸鄉亭自刎奉首從者挽至宮不敢哭而不勝哀故爲歌以寄哀音彼則一時之爲也鄰有喪舂不相引挽人銜枚斯樂喪者耶【任誕】

張廌樂成縣人隱居頤志不應辟命一郡號為高士

張廌隱居頤志家有苦竹數十頃張於竹中為屋常居其中王右軍聞而造之張逃避竹中不

與相見

張暢字少微父禕為晉瑯琊王郎中暢官會稽太守謚宣魏太武帝至彭城使尚書李孝伯至南門餉武陵王駿即宋世祖槖駝且曰魏主致意安北時駿為安北將可暫出見我駿使張暢開門出見之孝伯曰魏主不圍此城自帥衆軍直造瓜步飲江湖以療渴耳暢曰去留之事自適彼懷若虜馬遂得飲江便為無復天道先是童謠云虜馬飲江水佛貍死卯年故暢云然暢音容雅麗孝伯亦辯贍且去謂暢曰長史深自愛相去步武恨不執

手暢曰君善自愛冀盪定有期君還宋朝今為相識之始

張敬兒南陽宛軍人以便弓馬有膽氣王休祐鎮壽陽求善騎射士敬兒應選見寵為參軍累立戰功累遷車騎將軍儀同三司敬兒始未識書為方伯乃學讀孝經論語於密室屏人習揖讓答對空中俯仰妾侍竊笑焉

張敬兒拜車騎將軍王敬則戲之呼為褚彥回時或推褚彥回風度詳雅敬則以敬兒武臣僉章拙以彥回為戲也敬兒曰我馬上得之終不得作華林閣勳敬則在宋與壽寂之殺後廢帝於華林園○王敬則

張鏡與兄演及弟永辯岱俱知名時謂張氏五龍鏡音最高仕至新安太守

張新安少與顏光祿延之鄰居顏談議飲酒喧呼不絕新安靜翳無言聲後顏於籬邊聞其與客語談胡床坐聽辭義清玄顏指謂坐賓曰此中有人由此不復酣叫[illegible][illegible]顏延之

張纘字伯緒范陽人齊尉卿弘策子也眉目疎朗神采秀發性好學歷官吏部郎

張吏部與何敬容意趣不協敬容居權軸賓客輻輳有過詣吏部者輒拒不前曰吾不能對何敬容殘客[illegible][illegible]何敬容

張緒字思曼廣子少知名清簡寡慾孝武用為尚書倉部郎都令史

張思曼吐納風流聽者皆忘飢疲見者肅然如

在宗廟【容】

益州獻蜀柳數株枝條甚長狀若絲縷武帝植於太昌雲和殿前嘗嗟賞之曰楊柳風光可愛似張緒當年【賞】

張思曼亡後從弟融齋酒於靈前酌酒慟哭曰阿兄風流頓盡【傷】

張融字思光會稽太守暢子緒從弟弱冠有名

張思光給暇東出世祖問卿住在何處答曰居陸處無屋舟居非水後日上以問其從兄思曼思曼曰融近東出未有居止權牽小船於岸上

住【總】

張思光作海賦文辭詭激（融賦奇句曰窮區沒渚萬里藏岸湍轉則日月似驚浪動則星河如覆都瞻無後向望然前長尋高眺唯水與天惜全篇既落不可讀）以示鎮軍將軍徐凱之徐曰此賦寔超玄虛（木華字玄虛廣川人作海賦文章雋麗足繼前良）但恨不道鹽耳思光即求筆益之曰漉沙搆白熬波出素積雪中春飛霜暑著露【文】

張黃門出為封溪令（宋主寵妃殷淑妃薨建齋僚佐觀者多至一萬融獨注瀧百錢主怒出為封溪令）廣越嶂險獠賊執張將殺食之張神色不動方作洛生詠【語】

齊太祖奇愛張思光時與欵接笑曰此人不可無一不可有二【品】

張思光居常歎曰不恨我不見古人所恨古人不見我【任】

張思光嘗詣吏部尚書何戢字惠景偃子美容儀官至驃騎將軍誤通尚書劉澄驟下車入門曰非是至戶外望澄又曰非是既造席視澄曰都自非是乃去【[illegible]】

宋太祖嘗面許張思光為司徒長史勅竟不下張乘一馬甚瘦太祖見之問曰卿馬甚瘦給粟多少張曰日給粟一石上曰食粟不少何瘦如

此張曰臣許而不與明日即除司徒長史 排

張率 字士簡吳郡人祖永父瓌若光祿大夫率十二能屬文歷黃門侍郎出爲新安太守

張士簡嗜酒疏脫忘懷家務在新安遣家僮載米三千斛還吳耗失太半士簡問其故答曰雀鼠耗也士簡笑曰壯哉雀鼠不復研問 通

張充 字延符緒子談通老易能清言與從叔稷俱有令譽歷殿中郎終吳郡太守

張延符少不拘撿肆意畋遊父思曼請假還吳始入西郭延符正獵左手臂鷹右手牽犬遇望見思曼乃放鷹紲犬向舟而拜思曼曰一身兩役無乃勞乎延符跪對曰充聞三十而立今二

十九矣請至來歲終身折節思曼日過而能改
乃顏子矣明年番然易操尋師訪學愽覽古籍
爵為名士【自】
張譏字直言清河人父仲悦梁尚書識幼聰儁十四通孝經論語起家始安王記室參軍
張參軍少有思理為國子助教時周弘正字思行之賢始梁司徒祭酒弘正幼孤與弟弘直為伯父捨所養十歲通老子周易官至國子祭酒弘直字思方幼聰敏仕梁為湘東王記室參軍在國學發周易題弘正第
四弟弘直亦在講席參軍與弘正論議弘正理
少屈弘直危坐厲聲助其申理參軍正色曰今
日義集辯正名理雖知兄弟急難四公不得有

助弘正語人曰吾每登坐見張譏在席使人懔然

支

陳後主名叔寶宣帝子有玉柄麈尾至佳手執之曰當今雖復多士如林堪執此者獨張譏耳即授譏

賞

張志和字子同婺州人母夢楓生腹上而產志和十六擢明經肅宗時與南浦尉不復仕居江湖自稱烟波釣徒著玄真子兄鶴齡恐其遁世為築室越州東郭與陸羽往還李德裕稱志和隱而有名顯而無事不窮不達嚴光之比云陸羽問張志和孰與往來志和曰太虛為室明月為燭與四海諸公共處未嘗少別何有往來

顏真卿爲湖州刺史張志和來謁真卿以其舟敝漏請更之志和曰願爲浮家泛宅往來苕霅間苕霅兩溪名○顏真卿

張九齡字子壽曾祖君政别駕韶州因居始興九齡幼聰敏善屬文十三以書干刺史王方慶賞之曰此子必能致遠玄宗在東宫親策文藻之士九齡擢高第累遷右拾遺中書令

玄宗嘗早朝謂左右曰每見張九齡精神頓生

張鎰字季權朔方節度齊丘之子郭子儀表爲元帥判官累遷殿中侍御史中書侍郎

盧杞忌張鎰剛直欲去之時朱泚以盧龍卒戍

鳳翔帝擇入代之杞即謬曰鳳翔將校班秩素高非宰相信臣不可鎮撫臣宜行帝不許杞復曰陛下必以臣容貌寢陋不為三軍所信恐後生變臣不敢自謀惟陛下擇之帝乃顧鎰曰文武兼資望重内外無易卿者為朕撫盧龍士乃以中書侍郎為鳳翔隴右節度鎰知為杞陰中然辭窮因再拜受詔 盧杞

張說 字道濟范陽人或居河東後徙洛陽弱冠對策擢太子校書預修三教珠英開元中召說及禮官學士賜宴集賢殿授說集賢院學士封燕公 ○ 張說 女 姚崇

張彖 陝郡人

揚國忠既為相或勸進士張彖謁之彖曰君輩倚楊右相如泰山吾以為氷山若皎日既出君輩得無失所恃乎遂隱居嵩山

張建封 字本立鄧州南陽人父价建封少喜文章能辯論慷慨尚氣自許以功名顯湖南觀察韋之晉辟召兵曹參軍不樂輒去馬燧表為判官擢監察御史李希烈平以功進御史大夫徐泗濠節度使治徐凡十年一軍大治

裴寬 聞喜人性通敏睿為潤州參軍刺史韋詵登樓見人於後圃有所瘞藏者訪是裴參軍居問狀荅曰寬義不以苞苴汚家適有人以鹿為餉致而去不敢自欺故瘞之詵嗟異之妻以女歷仕至戶部尚書御史大夫 罷郡西歸見一士坐樹下甚貧與語奇之舉一舡金帛盡與之此人不辭登

舟奴婢偃蹇者輒鞭之乃張徐州也

張方平字安道揚州人仕至參政極言王安石不可用元祐初以太子太保致仕

張文潜嘗問張安道司馬君實直言王介甫不曉事是如何安道云賢只消去看字說王安石進字說

表曰蓋聞物生而有情情發而為聲聲以類合皆足相知人聲為言述以為字字雖人之所制本實出于自然故上下內外初終前後中偏左右自然之位也衛衺曲直耦重交析反缺倒反自然之形也發斂呼吸抑揚合散虛實清濁自然之聲也可視而知可聽而思自然之義也以義自然故仙聖所宅雖殊方域言音乖離點畫不同譯以通之其義一也道有升降文物隨之時變事異書名或改原出要歸亦無二焉乃若知之所不能與思之所不能至則雖非即此而可證亦非舍此而能學蓋惟天下之至神為能究此臣頃於無聞親承訓勑抱病負憂久無所

成雜嘗有獻大體昌光臣復自力用志疾備慮咨諏討論傳畫所起冀或消塵有助崇深謹勒成字說二十四卷隨表上進文潛云字說也只是二三分不合人意安道云若然則是下亦有七八分不觧事矣

安石　王

羊祜字叔子泰山平陽人世長吏二千石至祜九世以清德稱兒時遊汶濱有行父止而觀焉歎息曰孺士大好相善為之未六十當建重功於天下即富貴無相忘遂去莫知所在累遷都督荊州諸軍事自在南夏吳人說服稱曰羊公莫敢名者南州人聞公喪號哭罷市○

[illegible]王獻之品[illegible]殷浩[illegible]王衍

羊公還洛郭奕字泰業太原人有才望歷雍州刺史尚書為野王令羊至界遣人要之郭便自往既見歎曰羊叔子

何必減郭桊業復往羊許小悉還又歎曰羊叔子去人遠矣羊既去郭送之彌日一舉數百里遂以出境免官復歎曰羊叔子何必減顏子[illegible]

羊太傅好山水每風景必造峴山置酒言詠終日不倦嘗慨然歎息顧謂從事中郎鄒湛曰自有宇宙便有此山由來賢達勝士登此遠望如我與卿者多矣皆湮滅無聞使人悲傷如百歲後有知吾魂魄猶應登此祐沒襄陽人感其德立祠刻碑其上過者莫不流涕杜預名其碑爲墮淚碑○[illegible]鄒湛

羊秉夏侯湛羊秉叙曰秉字長達桊山平陽人漢南陽太守續曾孫大父魏郡府君郎車

騎掾元子也府君夫人鄭氏無子乃養秉秉岐嶷而佳小心敬慎十歲而鄭夫人薨秉思容盡哀仕參撫軍將軍事將奮千里之足揮冲天之翼乎春秋三十有二而卒昔罕虎死子產以為惜無與為善自夫子之沒有子產之歎矣亡後有子男又不育是何行善而禍繁也

羊秉為撫軍參軍少亡有令譽夏侯孝若為之敘叙見名下註極相讚悼羊權字道輿徐州刺史悅之子仕至尚書左丞為黃門侍郎侍簡文坐帝問曰夏侯湛作羊秉叙絕可想是卿何物有後否權潸然對曰亡伯令聞夙彰而無有繼嗣雖名播天聽然胤絕聖世帝嗟慨久之

羊忱字長和一名陶秉弟歷太傅長史楊州刺史遷侍中

羊長和父繇[字堪甫歷車騎掾娶樂國禎女生五子秉洽式夏恍]與太傅祜同堂相善仕至車騎掾早卒長和兄弟五人幼孤祜來哭見長和哀容舉止宛若成人乃歎曰從兄不亡矣

羊綏[字仲彥泰山人父楷尚書郎綏仕至中書侍郎]

王子敬與羊綏善綏清淳簡貴為中書郎少亡王深相痛悼語東亭云是國家可惜人

羊孚[字子道綏子歷太學博士州別駕太尉參軍]

羊孚作雪贊云資清以化乘氣以霏遇象能鮮即潔成輝桓胤[嗣子也有清操仕至中書令]遂以書扇

卞範之字敬祖濟陰人父循尚書郎桓玄輔政範之遷丹陽尹玄敗伏誅爲丹陽尹羊孚南州暫還往卞許云下官疾動不堪坐卞便開帳拂褥羊徑上大牀入被須枕卞回坐傾睞移晨達莫羊去卞語曰我以第一理期卿卿莫負我

羊孚年三十一卒桓玄與羊欣書曰賢從情所信寄暴疾而殞祝予之歎如何可言公羊傳曰顔淵死子曰意天喪予子路亡子曰意天祝予何休曰祝者斷也言天將亡夫子耳

羊曼字延祖泰山南城人父暨陽平太守曼頹縱宏任飲酒誕節與陳留阮放等號兗州八達累遷丹陽尹爲蘇峻所害

過江初拜官輿餙供饌羊曇拜丹陽尹客來蚤者並得佳設日晏漸罄不復及精隨客早晚不問貴賤羊固字道安泰山人父坦車騎長史固善行草著名一時累遷黃門侍郎贈大鴻臚拜臨海竟日皆美供雖晚至亦獲盛饌時論以固之豐華不如曇之真率

羊曇泰山人知名士也為謝安所愛重

羊曇少為謝太傅所知太傅亡後羊輟樂彌年行不由西州路嘗因石頭大醉扶路唱樂不覺至州門左右曰此西州門羊悲感不已以馬策叩扉詠曹子建詩曰生存華屋處零落歸山

丘曹子建箜篌引慟哭而去【傷】【逝】謝安

羊琇字稚舒泰山人通濟有才幹官至左將軍特進

羊稚舒冬月釀常令人抱甕須臾復易人酒速成而味好【汰】

羊侃字祖忻泰山梁父人少而瓌瑋身長七尺八寸膂力絕人嘗於兗州堯廟蹋壁直上至五尋橫行得七跡泗橋有數石人長八尺大十圍侃執以相擊悉皆破碎尚豪侈善音律初赴衡州於兩艖䑧起三間通梁水齋飾以珠玉加之錦績盛設帷屛列女樂乘潮解纜臨波置酒傍水觀者塡咽性寬厚有器局嘗南還至漣口置酒有客張孺才者醉於舡中失火延燒七十餘艘所燔金帛不可勝數侃聞了不挂意命酒不輟孺才慚懼自逃侃慰諭使還待之如舊

羊祖忻性善音律自造採蓮棹歌兩曲甚有新

致侃有舞人張靜婉容色絕世侃常自造採蓮歌兩曲樂府謂之張靜婉採蓮曲姬妾侍列窮極奢靡有彈箏人陸太喜著鹿角爪長七寸儛人張靜婉腰圍一尺六寸時人咸推能掌中舞又有孫荊玉能反腰帖地銜得席上玉簪勅賚歌人王娥兒東宮亦賚歌者屈偶之並妙盡奇曲一時無對

羊志醫術人

宋世祖至殷貴妃墓謂劉德願名愼姓且辛爲世祖所狎侮曰卿等哭貴妃若悲當加厚賞劉應聲號慟涕泗交橫上以為豫州刺史帝又令羊志哭羊亦

嗚咽甚哀他日有問羊者卿那得此副急淚羊曰我爾田自哭亡妾耳

【排】

梁鴻字伯鸞扶風平陵人受業太學家貧尚節介博覽不為章句學畢牧豕上林苑中誤遺火延及他舍鴻尋訪燒者悉以豕償之其主猶以為少鴻曰無他財願以身居作曰為執勤不懈鄰家耆舊共責讓主人而稱鴻長者始敬異焉悉還其豕鴻不受而去歸鄉里勢家慕其高節多欲女之鴻並不娶同縣孟氏有女肥醜而黑力舉石臼擇對不嫁父母問其故女曰欲得賢如梁伯鸞者鴻聞而聘之始以裝飾入門七日而鴻不答妻跪床下請曰竊聞夫子高義簡斥數婦妾亦偃蹇數夫今而見擇敢不請罪鴻曰吾欲得裘褐之人可與俱隱深山者今衣綺縞傅粉墨豈鴻所願哉妻曰以觀夫子之志耳乃更為椎髻著布衣操作而前鴻大喜曰此真梁鴻妻也字之曰德曜名孟光居有頃妻曰常聞夫子欲隱居避患今何為默默無乃欲低

頭就之乎鴻曰諾乃入霸陵山中以耕織爲業
詠詩彈琴以自娛仰慕高士爲四皓以來二十
四人作頌回東出關過京作五噫歌曰陟彼北
芒兮噫顧覽帝京兮噫宮室崔嵬兮噫人之劬
勞兮噫遼遼未央兮噫肅宗聞而非之乃易姓
名居齊魯之間有頃去適吳依皐伯通居廡下
爲人賃舂妻具食舉案齊眉伯通異之曰彼傭
能使其妻敬之如此非凡人也乃舍之於家鴻
潛閉著書十餘篇疾且困告主人曰昔延陵季
子葬子嬴博之間不歸鄉里慎勿令我子持喪
歸及卒伯通爲求葬地於要離冢傍咸曰要離
烈士伯鸞清高可令相近葬畢妻子歸扶風
梁伯鸞少孤嘗獨止不與人同食比舍先炊已
呼伯鸞及熱釜炊伯鸞曰童子鴻不因人熱者
也滅竈更燃之【逸】
黃憲字叔度汝南慎陽人時論者咸云顏子復
生而族出孤鄙父爲牛醫潁川荀季和執

憲手曰足下吾師範也後見袁奉高曰卿國有
顏子寧知之乎奉高曰卿見吾叔度也戴良少
所服下見憲則自降薄悵然若有所失母問汝
何不樂乎復從牛醫兒所來耶良曰瞻之在前
忽焉在後所謂良之師也

周子居乘嘗云吾時月不見黃叔度則鄙吝之
心已復生矣周乘 總五

郭林宗至汝南造袁奉高車不停軌鸞不輟軛
詣黃叔度乃彌日信宿人問其故林宗曰叔度
汪汪如萬頃之波澄之不清撓之不濁其器深
廣難測量也泰又曰奉高之器譬諸泛濫雖清易挹 ○[illegible]部 秦索閣

黃琬字子琰江夏安陸人曾祖香祖瓊並有高名瓊為司徒琬以公孫拜童子郎時司空

盧允有疾太尉遣守琰候問會江夏上蠻賊事副府允發書視畢微戲子琰曰江夏大邦而蠻拂士少子琰奉手對曰蠻夷猾夏責在司空因多衣辭去官至司徒太尉與王允謀誅董卓不遂下獄死

黃子琰少即辯惠建和中嘗日食京師不見子琰祖太尉以狀聞太后詔問所食多少太尉思其對而未知所况子琰年七歲時在側曰何不言日食之餘如月之初

黃庭堅字魯直分寧人治平丙午赴鄉舉詩題出野無遺賢廬陵李詢讀公詩中兩句云澗水空藏月傳巖深鎖烟擊節稱賞云此人不惟文理冠場異日當以詩名擅四海遂薦首選歷官著作佐郎兼史館

黄太史云士大夫三日不讀書則義理不交於胷中便覺面貌可憎言語無味

黄龍寺晦堂老子黄龍山寺吳黄武中有黄龍見于山因以名嘗問山谷以吾無隱乎爾之義山谷詮釋再三晦堂不答時暑退涼生秋香滿院晦堂因問曰聞木犀香乎山谷曰聞晦堂曰吾無隱乎爾山谷乃服

【又】

唐介字子方荆南人以殿中御史論張堯佐文彥博力爭之上怒欲遠竄之介曰臣忠憤所激鼎鑊不避何辭於謫遂貶春英州別駕待制李師中以詩送云孤忠自許衆不與獨立敢言人所難去國一身輕似葉高名千載重於山並遊英俊顏何厚未死奸諛骨已寒天為吾皇

扶社稷肯教夫子不生還介之英州行挐家渡
淮中飛風波大振舟中人恐不免魚腹介兀坐
舟中吟詩云聖宋非狂楚之清淮異汨羅平生仗
忠信今日任風波及渡衆皆欣欣介慙發亭又
吟詩云舟揖顛危甚魚龍出沒多斜陽幸無事
沽酒聽漁歌後彥博上言陛下召臣未召介臣
不敢行仁宗即起介通判潭方評
州俄大用官至叅知政事○馮道
光逸字孟祖樂安人也初爲博昌小吏縣令使
送客冒寒舉體凍濕還遇令不在解衣炙
之入令被中臥令還大怒將加嚴罰逸曰家貧
衣單沾濕無可代若不暫溫勢必凍死奈何惜
一被而殺一人乎令奇而釋之
後舉孝廉元帝以爲軍諮祭酒
光孟祖避難渡江欲投胡毋彥國初至値彥國
與謝鯤諸人散髮裸裎閉室酣飲已累日孟祖
將排戶守者不聽孟祖便於戶外脫衣露頭於

狗竇中窺之而大叫彥國驚曰他人决不能爾必我孟祖遽呼入與飲時人謂之八達任誕

康僧淵氏族所出未詳疑是胡人沈約晉書亦稱其有義學

康僧淵在豫章去郭數十里立精舍旁連嶺帶長川芳林列於軒庭清流激於堂宇乃閑居研講希心理味庾公諸人多往看之觀其運用吐納風流轉佳加已處之怡然亦有以自得聲名乃興後不堪遂出棲逸

康僧淵目深而鼻高王丞相每調之僧淵曰鼻者面之山目者面之淵山不高則不靈淵不深

則不請【排】

王君公（君公明易為郎數言事不用乃自污與官婢通免歸詐狂儈牛口無二價也）王君公遭亂不去儈牛自隱（儈謂平會兩家買賣之價）時人為之語曰避世牆東王君公【[illegible]】

王丹（字仲回京兆下邽人哀平間仕州郡王莽時連徵不至鄧禹至關中表為左馮翊稱疾免歸後稍徵為太子少傅）王仲回姿性方潔疾惡強豪一友人喪親同郡陳遵（字孟公杜陵人容貌甚偉贍於文辭請求不敢逆所到衣冠懷之時列侯有與遵同姓氏者每至人門曰陳孟公坐中莫震動既至而非因號其人曰陳驚座云）關西大俠為護喪事賻助甚豐仲回懷一縑陳於主人

前曰如丹此鐵出自機杼尊遵有慚色

侯司徒也霸欲與王仲回交友仲回被徵遣子早

候於道昱迎拜車下仲回下荅之昱曰家公公

與公結交何為見拜仲回曰君房有是言丹土

之許也侯霸

王柔字叔優弟澤字季道

王叔優與弟季道少時聞郭林宗有知人之鑒

共往候之請問才行所宜以自處業林宗曰卿

二人皆二千石才也然叔優當以仕宦顯季道

宜以經術進若違才易務亦不至也後叔優至

北中郎將李道代郡太守郭泰

王朗字景興東海剡人官司徒○鍾繇華歆華歆

王脩字叔治北海營陵人孔融在北海召脩為主簿後舉孝廉辭融答曰猗清身潔己歷試諸難謀而鮮過惠訓不倦余嘉乃勳應乃懿德用升爾於王庭其可辭乎

王叔治七歲喪母母以社日亡來歲鄰里脩社會叔治感念亡母哀甚初喪鄰里為之罷社

王祥字休徵瑯琊臨沂人父王融娶高平薛氏生祥繼室以廬江朱氏生覽宋氏數譖祥屢以非理使祥掃覽輒與祥俱又虐使祥婦覽妻亦趨而共之母患方盛寒冰凍母欲生魚祥解衣將剖冰求之會有處冰小解魚出後母忽欲黃雀炙祥念難卒致須臾有數十黃雀飛入其幕母之所須少自奔走無不得焉其誠至如此仕至太保

王祥事後母朱夫人甚謹家有一李樹結子殊好母恒使守之使祥晝視鳥雀夜則趨鼠時風雨忽至祥抱樹而泣祥嘗在別床眠母自往闇斫之值祥私起空斫得被既還知母憾之不已因跪前請死母於是感悟愛之若已子

王裒字偉元修孫也裒以父儀為司馬昭所害絕世不仕立屋墓側廬居以教授為務朝夕常至墓前朝拜悲號斷絕墓前一樹裒常所攀枝葉為之枯

王偉元門生為本縣所役求屬令為脫王曰卿學不足以庇身吾德不足以庇卿屬之何益乃步擔乾飯兒負鹽豉送所役生到縣諸生隨者

千人令以偉元詣巳整衣出迎偉元乃下道至
士牛傍聲折立自言門生為縣從故来送别因
執手涕泣而去令即放遣此生一縣皆以為恥

德

王弼字輔嗣山陽人少而察惠十餘歲便好莊老通辯能言何晏甚奇之題之曰後生可畏若斯人者可與言天人之際矣○[illegible]陸機

何晏為吏部尚書有位望時談客盈座王弼未
弱冠往見之晏聞弼名因條向者勝理語弼曰
此理僕以為極可得復難不弼便作難一座人
便以為屈於是弼自為客主數番皆一座所不

及何晏以為聖人無喜怒哀樂其論甚精鍾士季諸人述之王輔嗣意頗不同以為聖人茂於人者神明也同於人者五情也神明茂故能體沖和以通無五情同故不能無哀樂以應物然則聖人之情應物而無累於物者也今以其無累便謂不復應物失之遠矣世以王理為得弼論道約美不如晏自然出拔過之 文

王輔嗣弱冠詣裴徽徽問曰夫無者誠萬物之所資聖人莫肯致言而老子申之無已何耶弼曰聖人體無無又不可以訓故言必及有老莊未免於有恒訓其所不足 裴徽

王粲字仲宣山陽高平人曾祖龔父暢皆為漢三公粲至長安見蔡邕邕奇之倒屣迎之曰此王公孫有異才吾不及也吾家書籍盡當與之避亂荊州依劉表以粲貌寢通脫不甚重

賦從魏武征吳道中卒○[illegible][illegible]潘勖

王仲宣好驢鳴既葬文帝臨其喪顧語同遊曰

王好驢鳴可各作一聲以送之赴客皆一作驢

鳴按戴叔鸞母好驢鳴叔鸞每為驢[illegible]鳴以說其母人之所好儻亦同之

王行字夷甫瑯琊人平北將軍乂子也早知名以清虛通理稱仕至太尉為石勒所害

○[illegible][illegible]裴頠[illegible][illegible]裴頠[illegible][illegible]庾敱[illegible][illegible]裴楷[illegible][illegible]桓溫

中朝時有懷道之流有詣王夷甫咨疑者值王

昨已語多小極不復相酬答乃謂客曰身今少

惡非裴逸民亦近在此君可往問[illegible][illegible]裴頠

王夷甫嘗屬族人事經時未得遇於一處飲燕

仍語之曰近屬尊事那得不行族人大怒便舉樏擲其面夷甫都無言盥洗畢牽王丞相臂與共載去在車中照鏡語丞相曰汝看我眼光乃出牛背上蓋自謂風神英俊不至與人校

王夷甫與裴景聲志好不同景聲惡欲取之卒不能回乃故詣王肆言極罵要王答己欲以分謗王不為動色徐曰白眼兒遂作裴邈

王夷甫父乂為平北將軍有公事使行人論不得時夷甫在京師命駕見僕射羊祜尚書山濤夷甫時總角姿才秀異敘致既快事加有理濤

甚奇之既退看之不輟乃嘆曰生兒不當如王夷甫耶羊祜曰亂天下者必此子也羊祜

王戎云太尉神姿高徹如瑤林瓊樹自然是風塵外物石勒見夷甫謂長史孔萇曰吾行天下多矣未嘗見如此人當可活不萇曰彼晉三公不爲我用勒曰雖然要不可加以鋒刃也夜使排牆殺之

王平子目太尉阿兄形似道而神鋒太儁太尉荅曰誠不如卿落落穆穆王澄

王公目太尉巖巖清峙壁立千仞

劉令言名納彭城人祖璒父鼅魏洛陽令納歷司隷校尉始入洛見諸名士而歎曰王夷甫太鮮明樂彥輔我所敬張

茂先我所不解周弘武名恢汝南人父隆州從事恢仕至秦相秩中二千石巧於用短杜方叔名育襄城鄧陵人杜襲孫也美風姿有才藻官國子祭酒拙於用長【品藻】樂廣張華

王夷甫婦郭泰寧女才拙而性剛聚歛無猒干豫人事夷甫患之而不能禁時其鄉人幽州刺史李陽字景祖高尚人官幽州刺史京都大俠如漢之樓護字君卿齊人學經傳甚得名譽母死送葬車三千兩仕至天水太守郭氏憚之夷甫驟諫之乃曰非但我言卿不可李陽亦謂卿不可郭氏小為之損【規】

王夷甫雅尚玄遠常嫉其婦貪濁口未嘗言錢

字婦欲試之令婢以錢遶牀不得行夷甫晨起見錢閡行呼婢曰舉卻阿賭物

王夷甫容貌整麗妙於談玄恒捉白玉柄麈尾與手都無分别 容

有人詣王太尉遇安豐大將軍丞相在座往别屋見季胤名詡夷甫弟也仕至修武令季胤其字也平子還語人曰今日之行觸目見琳瑯珠玉王戎 王導 王敦 王澄

王澄字平子衍弟也有孝識官至荊州刺史 ○ 王衍 亭玠 王敦 王尼

王平子胡毋彥國諸人皆以任放為達或有裸體者魏末阮籍嗜酒荒放露頭散髮裸袒箕踞其後貴遊子弟阮瞻王澄謝鯤胡毋輔之

之徒皆祖述於籍謂得大道之本故去巾幘脫衣服露醜惡同禽獸甚者名之為通次者名之為達也

樂廣笑曰名教中自有樂地何為乃爾也

【晉】【臣】胡毋輔之　樂廣

王夷甫語樂令名士無多人故當容平子知澄風韻邁達志氣不羣從兄戎兄夷甫名冠當年四海人士一為澄所題目則二兄不復措意云已經平子其見重如此

○【晉】【臣】樂廣

王平子嘗行經陳留郡界陳留時為大郡名有人士太守遣吏迎王王問吏曰此郡人士為誰吏曰有蔡子尼名充邕玄孫也少好學有雅尚體貌尊嚴莫有褻慢於其前者高平劉整俊才白衣車服奢麗嘗語人曰紗縠吾常服耳遇蔡子尼在坐而經日不自安見憚

如此（充歷成都王東曹掾故稱東曹）江應元（名統為東海王越別駕肆從事庾字嵩每云當今可以為司徒充民望者江生其人也）是時郡人多居大位者王以其姓名問曰甲乙等非君郡人耶何但稱此二人吏曰向謂君侯問人不謂問官位王笑而止到郡以語太守曰舊名此邦有風俗果然小吏亦復知此【品】

王平子出為荊州王太尉及時賢送者傾路時庭中有大樹上有鵲巢平子脫衣巾徑上樹取鵲子涼衣拘閡樹枝便復脫去得鵲子還下弄神色自若傍若無人【簡傲】

王太尉問眉子汝叔謂澄名士何以不相推重眉子曰何有名士終日妄語王戎字濬沖渾子也累遷荊州刺史以平吳功封安豐侯○【晉書】王衍【簡傲】阮籍

王戎和嶠同時遭大喪俱以孝稱王雞骨支牀和哭泣備禮戎為豫州刺史遭母憂性至孝不拘禮制飲酒食肉或觀棋奕而容貌毀悴杖而後起嶠以禮法自持扇大量米而食然憔悴哀毀不逮戎也武帝謂劉仲雄名毅東萊人漢城陽景王後也亮直清方見有不善必評論之王公大人望風憚之累遷尚書司隸校尉曰卿數省王和不聞和哀苦過禮使人憂之仲雄曰和嶠雖備禮神氣不損王戎雖不備禮而哀毀骨立臣以和嶠生孝王戎死

孝陛下不應憂嶠而應憂戎【德】和嶠【四】
王安豐遭艱至性過人裴令往弔之曰若使一
慟果能傷人濬沖必不免滅性之譏【德】
王戎父渾字長源有才望官尚書有令名官至涼州刺史
薨所歷九郡義故懷其德惠相率致賻數百萬
戎悉不受【德】
鍾士季目王安豐阿戎了了解人意戎少清明曉悟【賞】
王戎年七歲時嘗與諸小兒遊矚看道邊李樹
有子抜折諸小兒競走之惟戎不動人問之答
曰樹在道邊而多子此必苦李取之信然【夙】

裴令公目王安豐眼爛爛如巖下電或視日不眩
王濬沖為尚書令著公服乘軺車經黃公酒壚
下過壚酒肆也以土為墮四邊高似壚也顧謂後車客吾昔與嵇
叔夜阮嗣宗共酣飲於此壚竹林之遊亦預其
末自嵇生夭阮公亡以來便為時所羈紲今日
視此雖近邈如山河
王戎喪兒萬子山簡往省之王悲不自勝簡曰
孩抱中物何至於此王曰聖人忘情最下不及
情情之所鍾正在我輩簡服其言更為之慟
王安豐頴脫不持儀形好乘巴賨馬雖為三司

率爾私行巡省田園不從一人自以手巾揷腰

司徒王戎既貴且富區宅僮牧膏田水碓之屬洛下無比契疏鞅掌每與夫人燭下散籌筭計戎好治生園田周徧天下翁嫗二人常以象牙籌晝夜筭計家資戎多殖財蓄常若不足或謂戎故以此自晦也戴逵論之曰王戎晦默於危亂之際獲免憂禍既明且哲於是在矣或曰大臣用心豈其然乎逵曰運有負易時有昏明知子之言則蘧瑗季札之徒皆陰責矣自古而觀豈一王戎也哉

王安豐婦常卿安豐安豐曰婦人卿壻於禮為不敬後勿復爾婦曰親卿愛卿是以卿卿我不

世說卷之上　二十八

卿卿誰當卿卿遂恒聽之 [illegible]

王微 字幼仁小字荆產澄子也歷尚書郎右軍司馬

劉尹云人想王荆產佳此想長松下當有清風耳 言

王平子與人書稱其兒風氣日上足散人懷 [illegible]

王玄 字眉子夷甫子也東海王越辟為掾後行陳留太守大行威罰為塢人所害

王平子素不知眉子曰志大其量終當死塢壁間 識

庾太尉少為王眉子所知庾過江歎王曰庇其宇下使人忘寒暑 [illegible] 庾亮

謝幼輿曰友人王眉子清通簡暢嵇延祖弘雅劭長董仲道卓犖有致度嵇紹董養王綏字萬子戎子也辟太尉掾不就年十九卒○阮渾裴瓚王導字茂弘覽孫也少知名家世貧約恬暢樂道未嘗以風塵經懷也○殷浩江虨陸玩周顗劉畤郗鑒郭璞殷浩孔羣周顗

過江諸人每至美日輒相邀新亭藉卉飲宴周侯中坐而歎曰風景不殊正自有山河之異皆相視流涕惟王丞相愀然變色曰當共戮力王室克復神州何至作楚囚相對楚伐鄭諸侯救之鄭執鄖公鍾儀獻晉景公觀軍府見而問之曰南冠而縶者為誰有司對曰楚之囚也使稅之問其族對曰伶

人也能為樂乎曰先父之職敢有二事與之琴操南音范文子曰楚囚君子也樂操土風不忘舊也君盍歸之以合晉楚之成○【晉】周顗

宣武移鎮南州制街衢平直人謂王東亭曰丞相初營建康無所因承而制置紆曲方此為劣東亭曰此丞相乃所以為巧江左地促不如中國若使阡陌條暢則一覽而盡故紆餘委曲若不可測【晉】桓溫

王丞相拜揚州賓客數百人並加霑接人有説色惟有臨海一客姓任名顒及數胡人為未洽公因便還到過任邊云君出臨海便無復人任

大喜悦因過胡人前彈指云蘭闍蘭闍羣胡同笑四座並歡導接誘應會必悟者雖疎交常賓一見多輸寫款識自謂為導所遇同之舊暱

丞相末年畧不復省事正封籙諾之自歎曰人言我憒憒後人當思此憒憒

有徃来者云庾公有東下意或謂王公可潛稍嚴以備不虞王公曰我與元規雖俱王臣本懷布衣之好若其欲来吾角巾徑還烏衣烏衣之起吴時烏衣營處所也江左初立琅耶諸王所居何所稍嚴

王丞相主簿欲檢校帳下公語主簿欲與主簿

周旋無爲知人几案閒事【雅】
王丞相拜司空桓廷尉作兩髻葛裙策杖路邊
窺之嘆曰人言阿龍超阿龍阿龍導小字也故自超不
覺至臺門桓彝【容止】
元帝正會引王丞相登御床王公固辭中宗引
之彌苦王公曰使太陽與萬物同輝臣下何以
瞻仰【寵禮】
諸軍既克石頭陶侃溫嶠進討蘇峻於石頭峻逆戰乘醉突陣不得入將迴馬
蹶斬之峻弟逸閉城自守諸軍進克斬逸司徒冀入石頭令取故節
導詩王敦時假節其自石頭出奔也棄之陶侃笑曰蘇武節似不當

如是導有慚色【批】【云】陶侃

劉真長始見王丞相時盛暑之月丞相以腹熨

彈棊局曰何乃渹吳人以冷為渹劉既出人問見王公

云何劉曰未見他異惟聞作吳語耳一說真長云丞相何

奇止能作吳【批】語細唾也

王長豫名悅導子也仕至中書侍郎幼便和令丞相愛恣甚

篤每共圍棋丞相欲舉行長豫按指不聽丞相

笑曰詎得爾相與似有瓜葛瓜葛跡【批】親也

庾公權重足傾王公庾在石頭王在冶城坐大

風揚塵王以扇拂塵曰元規塵汚人【整】【云】庾亮

王丞相輕蔡公曰我與安期千里共遊洛水

何處聞有蔡充兒

丞相夫人曹氏性甚忌禁丞相不得有侍御乃至左右小人亦被檢簡時有妍妙皆加誚責王公不久堪乃密營別館衆妾羅列兒女成行後元會日夫人於青疏臺中望見兩三兒騎羊皆端可念夫人遙見甚憐愛之語婢汝出問是誰兒給使不達旨乃答云是第四五等諸郎曹聞驚愕大恚命車駕將黃門及婢二十人人食刀自出尋討王公亦遽命駕飛轡出門猶牛遲乃以左手攀車闌右手提麈尾以柄助者打牛狼狽奔馳劣得先至蔡司徒聞而笑之故詣王公謂曰朝廷欲加公九錫公知不王謂信然自叙謙志蔡曰不聞餘物惟聞有短轅犢車長柄麈尾王大愧蓋王之此言正忿蔡前戲言耳

○輕詆 蔡謨

明帝函封詔與庾公信誤致於王丞相丞相開

詔末云勿使冶城公知丞相居冶城故帝稱為冶城公丞相既

覲表答曰伏讀明詔似不在臣臣闇臣闇無有

見者明帝甚愧數月不敢見王公紕

王丞相有幸妾姓雷頗預政事納貨蔡公謂之

雷尚書雷有寵生恬洽惑

王敦字處仲覽孫也少有名理累遷青州刺史避地江左歷侍中丞相大將軍揚州牧以罪伏誅

○語識摯瞻方詳溫嶠品詳郗鑒規詳謝解豫詳祖逖容詳王衍箴詳王廙假詳晉明帝溫嶠尤詳周顗

潘陽仲見王敦小時謂曰君蜂目已露但豺聲

未振耳必能食人亦當為人所食潘滔識鑒

桓温行經王敦墓邊過望之云可兒可兒【賞】

王大將軍在西朝時見周侯輒扇障面不得住後度江左不能復爾王歎曰不知我進伯仁退敦素憚周顗見輒面熱雖臘月亦扇面不休○【品藻】周顗

王大將軍下庾公問聞卿有四友何者是答曰君家中郎我家太尉阿平澄也胡毋彥國阿平故當最劣庾曰似未肯劣庾又問何者居其右王曰自有人又問何者是王曰噫其自有公論左右躡公公乃止敦自謂右者在已也○【品藻】王澄

王大將軍年少時舊有田舍名語音亦楚武帝

喚時賢共言伎藝事人皆多有所知惟王都無所關意色殊惡自言知打鼓吹帝令取鼓與之於坐振袖而起揚槌奮擊音節諧捷神氣豪上傍若無人舉座歎其雄爽【豪】

王處仲世許高尚之目嘗荒恣於色體為之敝左右諫之處仲曰吾乃不覺爾如此者甚易耳乃開後閤驅諸婢妾數十人出路任其所之時人歎焉【豪】

王處仲每酒後輒詠老驥伏櫪志在千里烈士暮年壯心不已樂府以如意打唾壺壺口盡缺【[illegible]】

石崇廁常有十餘婢侍列皆麗服藻飾置甲煎粉沉香汁之屬無不畢備又與新衣著令出客多羞不能如廁王大將軍往脫故衣著新衣神色傲然羣婢相謂曰此客必能作賊（劉寔詣石崇如廁見有絳紗帳大牀茵蓐甚麗兩婢持錦香囊寔遽反走謂崇曰向誤入卿室內）

○汰侈石崇

王敦初尚主（武帝女舞陽公主字脩褘）如廁見漆箱盛乾棗本以塞鼻王謂廁上亦下果食遂至盡既還婢擎金澡盤盛水瑠璃盌盛澡豆因倒著水中而飲之謂是乾飯羣婢莫不掩口而笑之

紕

世說新語姓彙韻分卷之七

世說新語姓彙韻分卷之八

王彬 字世儒，覽孫也。爽氣出儕類，有雅正之韻。與元帝姨兄弟，俱佐皇業。累遷侍中、江州刺史、左僕射，贈衛將軍。

王大將軍既亡，王應欲投世儒，世儒為江州。王含字處弘，敦兄也。累遷荊州刺史。與敦作逆，伏誅。欲投王舒。字處明，節史會子敦弟也。累遷荊州刺史、尚書僕射，出為會稽太守。以父名會，累表自陳。討蘇峻功，封彭澤侯，贈車騎大將軍。舒為荊州。含語應曰：「大將軍素與江州云何，而汝欲歸之？」應曰：「此迺所以宜往也。江州當人強盛時，能抗同異，此非常人所行。」敦下石頭，害周伯仁。彬與顗善，往哭其尸，甚慟。既而見敦，敦怪其有慘容而問之，答曰：「向哭周伯仁，情不能已。」

敦曰伯仁自致刑戮汝復何為者哉彬曰伯仁清譽之士有何罪曰戮敦曰抗旌犯上殺戮忠良音辭忼慨與淚俱下敦怒甚丞相在座代為之辭命彬曰拜謝彬曰有足疾比來見天子猶不能拜何跪之有敦曰脚疾何如頸疾以親故不害之及觀衰危必興慼惻荆州守文豈能作意表行事含不從遂共投舒舒果沉含父子于江彬聞應當來密具船以待之竟不得來深以為恨王應

王廙字世將正子彬弟也性倨傲不合己者面折之故為物所疾官平南將軍

王世將高朗豪率王丞相庾太尉遊于石頭會世將至爾日迅風飛颿世將倚船樓長嘯神氣甚逸丞相謂太尉曰世將為復識事太尉曰正

足舒其逸耳

王恬字敬豫小字螭虎導次子也少卓犖不羈疾學尚武官至中軍將軍多才藝善隷書與濟陽江虨以善奕聞識理明貴為後進冠冕也

簡文目敬豫為朗豫

謝公嘗與謝萬共出西過吳郡阿萬欲相與共萃王恬許恬時為吳郡太守太傅云恐伊不必酬汝意不足爾萬猶苦要太傅堅不回萬乃獨往坐少時王便入門內謝殊有欣色以為厚待已良久乃沐頭散髮而出亦不坐仍據胡床在中庭曬頭神氣傲邁了無相酬對意謝於是乃還未至

船逆呼太傅安曰阿螭不作爾[illegible]謝萬

王司州嘗乘雪往王螭許司州言氣少有牾逆

於螭便作色不夷司州覺惡便輿床就之持其

臂曰汝詎復足與老兄胡之是恬從祖兄也計螭撥其手

曰冷如鬼手馨強來捉人臂[illegible]王胡之

王洽字敬和導第三子於諸子中最知名官中領軍尋加中書令不拜年二十六卒

謝公與王右軍書曰敬和栖託好佳[illegible]

王珣疾臨困問王武岡謐也曰世論以我家領軍

比誰武岡曰世以比王北中郎東亭轉臥向壁

歎曰人固不可以無年珣意以其父名德過坦之而無年故致此論

王珣【品】【亟】

王劭字敬倫導第五子清貴簡素研味玄賾桓溫稱為鳳雛官尚書僕射吳國內史

王敬倫風姿似父作侍中加授桓公公服從大門入桓公望之曰大奴固自有鳳毛【容】

王薈字敬文小字小奴導最小子有清譽夷泰無競仕至鎮軍將軍

王衛軍云酒正自引人著勝地【任】

王應字安期含子敦無子養為嗣以○【識】【詳】為武衛將軍用為副貳伏誅王彬

王大將軍嘗坐武昌釣臺聞行船打鼓嗟稱其能儺而一槌小異王以扇柄撞几曰可恨時王應侍側曰不然此是回颿槌使視之云船人入

陽　世說卷之八　三

夾口王敦術五

王胡之字脩齡廙子也徵侍中丹陽秘書監並不就歷吳興太守持節都督司州諸軍事西中郎將司州刺史

○恬　殷浩　王　謙王無忌

王司州至吳興印渚水名中看歎曰非惟使人情開滌亦覺日月清朗

王脩齡嘗在東山甚貧乏陶胡奴為烏程令送一船米遺之卻不肯取直答語王脩齡若饑自當就謝仁祖索食不須陶胡奴米方五陶範謝尚

王司州與殷中軍語歎云已之府奧蚤已傾寫而見殷陳勢浩汗眾源未可得測殷浩

謝太傅稱王脩齡曰司州可與林澤遊胡之常遺世務以高尚爲情與謝安相善

或問林公司州何如二謝林公曰故當攀安提萬

王司州在謝公座詠入不言兮出不辭乘回風兮載雲旗離騷九歌少司命之辭也語人云當爾時覺一座無人

王耆之字脩載胡之弟也歷中書郎鄱陽太守給事中

謝中郎云王脩載樂託之性出自門風

王羲之字逸少父曠淮南太守羲之少朗拔爲叔父廙所賞善草隸累遷江州刺史右

軍將軍會稽內史○【言語】【[illegible]】謝安劉惔支遁阮裕

王右軍與謝太傅共登冶城謝悠然遠想有高世之志王謂謝曰夏禹勤王手足胼胝文王旰食日不暇給今四郊多壘（記曰四郊多壘卿大夫之辱也）宜人人自效而虛談廢務浮文妨要恐非當今所宜謝荅曰秦任商鞅二世而亡豈清言致患耶【言語】

謝安

王右軍少重患（癲疾）一二年輒發動後荅許掾詩忽復惡中得二十字云取歡仁智樂寄暢山水陰清泠澗下瀨歷落松竹林既醒左右誦之誦

竟右軍歎曰癲何預盛德事耶【文】

郗太傅在京口遣門生與王丞相書求女婿丞相語郗信君往東廂任意選之門生歸白郗曰王家諸郎亦皆可嘉聞來覓婿咸自矜持惟有一郎在東床上坦腹卧如不聞郗公云正此好訪之乃是逸少因嫁女與焉【雅】

大將軍語右軍汝是我佳子弟（羲之是敦從父兄子）當不減阮主簿（裕以有德行敦聞其名召為主簿）【賞】

王右軍與王敬仁許玄度並善二人亡後右軍為論議更克孔巖戒之曰明府昔與王許周旋

有情及近沒之後無慎終之好民所不敢右軍甚愧

王右軍為會稽內史謝公就乞牋紙右軍檢校庫中有九萬悉以乞謝公桓宣武聞之曰逸少不節

時人目右軍飄如遊雲矯若驚龍

王右軍得人以蘭亭集序方金谷詩序又以己敵石崇甚有欣色 金谷詩序曰余以元康六年從太僕卿出為使持節監青徐諸軍事征虜將軍有別廬在河南縣界金谷澗中或高或下有清泉茂林衆果竹栢藥草之屬莫不畢備又有水碓魚池土窟其為娛目歡心之物備矣時征西大將軍祭酒王詡當還長

余與衆賢共送往澗中晝夜遊宴屢遷其坐或登高臨下或列坐水濱時琴瑟笙筝合載車中道路並作及住令與鼓吹遞奏遂各賦詩以叙中懷或不能者罰酒三斗感性命之不永懼凋落之無期故具列時人官號姓名年○石崇紀又寫詩著後後之好事者其覽之哉

王右軍既去官與東土人士營山水弋釣之娛又與道士許邁字叔玄清虛棲眞遊柳表志所在往而不返故改名遠遊與王右軍父子為世外之交共修服食偏采名藥不遠千里遊東中諸郡名山泛滄海歎曰我卒當以樂死

王右軍年減十歲時大將軍甚愛之恒置帳中眠大將軍嘗先出右軍猶未起須臾錢鳳入屏人論事都忘右軍在帳中便言逆節之謀右軍

覺既聞所論知無活理乃剔吐汙頭面被褥詐熟眠敦論事造半方意右軍未起相與大驚曰不得不除之及開帳乃見吐唾縱橫信其實熟眠於是得全于時稱其有智或云王[illegible]允之事

王珣字元琳洽子也少以清秀稱官尚書令爵東亭侯○品藻王洽[illegible][illegible]殷仲堪

王東亭與張冠軍善王既作吳郡人問小令曰王獻之為中書令王珉代之人稱大小令東亭作郡風政何似答曰不知治化何如惟與張祖希情好日隆耳[illegible][illegible]張玄之

王東亭為桓宣武主簿既承藉有美譽公甚欲

其人地爲一府之望初見謝失儀而神色自若坐上賓客即相貶笑公曰不然觀其情貌必自不凡吾當試之後因月朝閣下伏公於内走馬直出突之左右皆宕仆而王不動名價於是大重咸云是公輔器也溫至重珣常稱王掾必爲黑頭公未易才也

謝公領中書監王東亭有事應同上省王後至坐促王謝雖不通太傅猶斂膝容之王謝不通事見下王神意閑暢謝公傾目還謂劉夫人曰向見阿瓜珣小字法護而此言阿瓜未解豈小名有兩耶故自未易有雖不相關正是使人不能已已謝安

王季琰與兄元琳並有美稱季琰又出元琳右時人為之語曰法護非不佳僧彌難為兄[illegible]王珉

王東亭與謝公交惡珣兄弟俱婿謝氏以猜嫌離婚太傅既與珣絕婚又離妻由是二族遂成仇釁王在東聞謝喪便出都詣子敬道欲哭謝公子敬始臥聞其言便驚起曰所望於法護王於是往哭督帥刁約不聽前曰官平生在時不見此客王亦不與語直前哭甚慟不執末婢手而退傷[illegible]謝安末婢安之少子琰小字

王東亭亡後桓敬道與會稽王道子書曰元琳神情朗悟經史明徹風流之美公私所寄想爾

喪失歎悼之心豈惟風流相悼而已【傷】

王東亭與王孝伯語後漸異孝伯謂東亭曰卿便不可復測答曰王陵廷爭陳平從默但問克終云何耳初王恭赴山陵欲斬國寶珣周諫之乃止既而恭謂珣曰比日視君一似胡廣珣答云云○【[illegible]】王恭【[illegible]】

王珉字季琰小字僧彌洽小字也有才藝善行書累遷侍中尚書令贈太常○【[illegible]】

謝玄【[illegible]】【[illegible]】主惝

王謐字雅遠劭子也有才器官司徒襲爵武岡侯

王司徒謐與遠公書曰身年始四十而衰同耳順遠答曰古人不愛尺璧而重寸陰觀其所存

似不在長年耳擅越既履順而遊性秉佛理以
御心目此而推復何羡於遐齡耶聊想斯理久
已得之為復酬來信耳人皆稱公善誘惠遠[illegible]

王廞字伯輿薈子也歷司徒長史

王長史登茅山大慟哭曰瑯琊王伯輿終當為
情死初王恭將唱義使喻三吳廞居喪起以為吳國內史國寶既死恭罷兵令廞反喪服
廞大怒即日據吳郡以叛恭使司馬劉牢之討廞廞敗不知所在[illegible]

王徽之字子猷羲之第五子卓犖不羈欲為傲達仕至黃門侍郎○[illegible]獻之[illegible]

[illegible]王獻之二桓伊

子敬與子猷書道兄伯蕭索寡會遇酒則酣暢

忘反乃自可矜 賞

王子猷子敬俱病篤而子敬先亡子猷問左右何以都不聞消息此已喪矣語時了不悲便索輿来奔喪都不哭子敬素好琴便徑入坐靈牀上取子敬琴彈弦既不調擲地云子敬子敬人琴俱亡因痛絶良久月餘亦卒 泰元中有一師從遠来莫知所出云人命應終有生樂代若別死者可生若逼人求代亦復不過少時人聞此咸推其靈誕王子猷子敬兄弟特相和睦子敬疾屬纊子猷謂之曰吾才不如弟位亦通塞請以餘年代弟師曰夫生代死者以已年限有餘得以足亡者乃今賢弟命既應終君使算亦當盡復何所代子猷先有背疾子敬疾篤恒禁来往聞亡便撫心悲惋都不得一聲背即潰裂推師之言信而有

實○【徽之】謙之王

子猷常暫寄人空宅住便令種竹或問暫住

何煩爾王嘯詠良久直指竹曰何可一日無此

君【誕】

王子猷居山陰夜大雪眠覺開室命酌酒四望

皎然因起彷徨詠左思招隱詩左詩曰杖策招隱士荒塗橫古今巖穴無結構丘中有鳴琴白雪停陰岡丹葩曜陽林忽憶戴安道時戴

在剡即便夜乘小船就之經宿方至造門不前

而返人問其故王曰吾本乘興而行興盡而返

何必見戴【任】

王子猷為桓冲參軍嘗從行值雨曰下馬步入冲車中曰公豈得獨擅一車 簡

王子猷作桓車騎騎兵參軍桓問曰卿何署答曰不知何署時見牽馬來似是馬曹沖引徽之為參軍蓬首散髮不綜知其府事桓又問官有幾馬答曰不問馬何由知其數又問馬比死多少答曰未知生焉知死 簡

王子猷作桓車騎參軍桓謂王曰卿在府久比當相料理初不答直高視以手板拄頰云西山朝來致有爽氣 簡

王子猷嘗行過吳中見一士大夫家極有好竹主已知子猷當往乃灑掃施設在廳事坐相待王肩輿徑造竹下諷嘯良久主已失望猶冀還當通遂直欲出門主人大不堪便令左右閉門不聽出王更以此賞主人乃留坐盡歡而去

王獻之字子敬徽之弟也尚餘姚公主遷中書令○

桓玄 王徽之

王子敬病篤道家上章應首過問子敬由來有何異同得失子敬云不覺有餘事惟憶與郗家離婚獻之娶郗曇女名道茂後離婚

王子敬語王孝伯曰羊叔子自復佳耳然亦何

與人事故不如銅雀臺上妓魏武遺令曰以吾妾與妓人皆著銅雀臺上施六尺牀繐帷月朝十五日輒使向帳作伎○羊祜【言】

王子敬云從山陰道上行山川自相映發使人應接不暇若秋冬之際尤難為懷【言】

太極殿成孝武時王子敬時為謝公長史謝送版使王題之王有不平色語信云可擲著門外謝後見王曰題之上殿何若昔魏朝韋誕諸人亦自為也王曰魏阼所以不長謝以為名言一說王曰韋仲將魏朝大臣寧可使其若此有以知魏德之不長安知其心乃不復逼之【方】

王子猷子敬曾俱坐一室上忽發火子猷遽走

避不遑取屐子敬神色恬然徐喚左右扶憑而
出不異平常世以此定二王神宇徽之王
王子敬夜齋中卧有羣偷入其室盜物都盡王
徐曰偷兒青氈我家舊物可特置之
王黃門兄弟三人俱詣謝公子猷子重名操之羲之子
六子歷秘書監侍中尚書豫章太守多說俗事子敬寒溫而已既
出坐客問謝公向三賢孰愈謝公曰小者最勝
客曰何以知之謝公曰吉人之辭寡徽之王
謝公問王子敬君書何如君家尊荅曰固當不
同公曰外人論殊不爾王曰外人那得知一說有人

問羲之云世論卿書不逮獻之答曰殊不爾也他日見獻之問尊君書何如獻之不答又問論者云君固當不如獻之笑而答曰人那得知之也

王子猷子敬兄弟共賞高士傳人及贊子敬賞井丹高潔子猷云未若長卿慢世嵇康高士傳曰丹字大春扶風郿人博學高論京師為之語曰五經紛綸井大春未嘗書刺謁一人北宮五王更請莫能致新陽侯陰就使人要之不得已而行侯設麥飯葱菜以觀其意丹推却曰以君侯能供美膳故來相過何謂如此乃出盛饌侯起左右進輦丹笑曰聞桀紂駕人車此所謂人車者耶侯即去輦越騎梁松貴震朝臣請交丹丹不肯見後丹得時疾松自將醫視之病愈久之松失大男磊丹一往吊之時賓客滿庭丹衣褐不完入門坐者皆悚望其顏色丹四向長揖前與松語客主禮畢後長揖徑坐莫得與語不肯為吏徑出後遂隱遁其贊曰井丹高潔不慕榮貴抗節五

王不交非類顯識輦車左右失氣披褐長揖義陵羣萃司馬相如初為郎事景帝梁孝王來朝從遊説士鄒陽等相如説之因病免遊梁後過臨卭富人卓王孫女文君新寡好音相如以琴心挑之文君奔之俱歸成都後居貧至臨卭買酒舍文君當壚相如著犢鼻幝滌器市中為人口吃善屬文仕宦不慕高爵常託疾不與公卿大事終于家其贊曰長卿慢世越禮自放犢鼻居市不恥其狀託疾避官蔑此卿相乃賦大人超然莫尚◯品藻王徽之

王子敬數歲時嘗看諸門生樗蒱見有勝負因曰南風不競楚伐鄭師曠曰不害吾驟歌南風南風不競多死聲楚必無功杜預曰歌者吹律以詠八風南風音微故曰不競也門生輩輕其小兒乃曰此郎亦管中窺豹時見一斑子敬瞋目曰遠慚荀奉倩近愧劉真長遂拂衣而去風

羊敬元名欣泰山人仕宋至中散大夫少便靜默美言笑善容
止父不起為烏程令王獻之為吳興太守羊時
年十二王甚知愛之嘗夏月入縣羊着新絹裙
晝寢獻之書裙數幅而去羊本工書因此彌善
張懷瓘書斷曰羊欣師資大令時多衆賢非無雲壑之遊若親承妙旨入於室者唯獨此公亦
猶顏回與夫子有步驟之近撼若嚴霜之材婑沅風之雪鶩鶱之趣路驛飛馳可謂王之美
臣朝之元老
王令詣謝公值習鑿齒已在坐當與併榻王徙
倚不坐公引之與對榻去後語胡兒曰子敬實
自清立但人為爾多矜咳殊足之損其自然

王湛字處沖太原人有隱德人莫之知雖兄弟宗族亦以為癡惟父昶異焉昶喪居墓次兄子濟往省湛見牀頭有周易謂湛曰叔父用此何為頗曾看否湛笑曰體中佳時脫復看耳今日當與汝言因共譚易剖析入微妙言奇趣濟所未聞歎不能測○[illegible]王湛妻

王汝南既除所生服遂停墓所兄子濟每來拜墓略不過叔叔亦不候濟脫時過止寒温而已後聊試問近事荅對甚有音辭出濟意外濟極惋愕仍與語轉造精微濟先略無子姪之敬既聞其言不覺懍然心形俱肅遂留共語彌日累夜濟雖儁爽自視缺然乃喟然嘆曰家有名士三十年而不知濟去叔送至門濟從騎有一馬

絕難乘少能騎者濟聊問叔好騎乘不曰亦好爾濟又使騎難乘馬叔姿形既妙回策如縈名騎無以過之濟益嘆其難測非復一事一說濟性好馬而所乘馬駿駃意甚愛之湛曰此雖小駃然力薄不堪苦近見督郵馬當勝此但養不至耳濟取督郵馬穀食十數日與湛試之湛未嘗乘馬卒然便馳騁步驟不異於濟而馬不相勝湛曰今直行車路何以別馬勝不惟當就蟻封耳於是就蟻封盤馬果倒踣其天才雋識乃爾既還渾問濟何以暫行累日濟曰始得一叔渾問其故濟具歎述如此渾曰何如我濟曰濟以上人武帝每見濟輒以湛調之曰卿家癡叔死未濟嘗無以荅既而得叔後武帝又問如前濟曰

臣叔不癡稱其實美帝曰誰比濟曰山濤以下
魏舒以上於是顯名年二十八始官【賞譽】王濟山濤魏舒
王濟字武子渾子也有儁才能清言起家中書郎終太僕○【言語】孫楚陸機【賞譽】王湛
【言語】衛玠【品藻】孫楚之【品藻】和嶠
王武子孫子荊各言其土地人物之美王云其
地坦而平其水淡而清其人廉而貞孫云其山
崔巍以嵯峨其水泙渫而揚波其人磊砢而英
多【言語】孫楚之
武帝詔和嶠曰我欲先痛罵王武子然後爵之
嶠曰武子儁爽恐不可屈帝遂召武子苦責之

曰日知媿不齊王當出藩而王濟諫請無數又累遣常山王與婦長廣公主共入稽顙陳乞留之世祖恚謂王戎曰我兄弟至親今出齊王自朕家計而甄德王濟連遣婦入來生哭人耶濟等尚爾況餘者乎濟自此被責左遷國子祭酒武子曰尺布斗粟之謠常為陛下恥之淮南厲王長漢高祖少子也有罪文帝徙之於蜀不食而死民作歌曰一尺布尚可縫一斗粟尚可舂兄弟二人不能相容言一尺布帛尚可縫而共衣一斗粟尚可舂而共食況以天下之廣而不相容也他人能令疎親臣不能使親疎以此愧陛下武帝

方正 晉

王武子善解馬性嘗乘一馬著連錢障泥前有水終日不肯渡王云此必是惜障泥使人解去便徑渡杜預遣王武子有馬癖和長輿有錢癖武帝問卿有何癖曰臣有左傳癖

王君夫有牛名八百里駮常瑩其蹄角王武子語君夫我射不如卿今指賭卿牛以千萬對之君夫既恃手快且謂駿物無有殺理便相然可令武子先射武子一起便破的郤據胡床叱左右速探牛心来須臾炙至一臠便去王愷

武帝嘗降王武子家武子供饌並用瑠璃器婢子百餘人皆綾羅袴褶以手擎飲食烝㹠肥美異於常味帝怪而問之答曰以人乳飲㹠帝甚不平食未畢便去王后所未知作濟

王承字安期汝南太守子湛也沖淡寡欲無所循尚累遷東海內史為政清靜吏民懷之

避亂渡江元皇為鎮東引為從事

王安期去官東渡江道路梗澁人懷危懼王每遇艱險處之夷然雖家人不見其憂喜之色既至下邳登山北望歎曰人言愁我始欲愁謝太傅曰當爾時覺形神俱往

言語

王安期為東海郡小吏盜池中魚綱紀推之王曰文王之囿與衆共之池魚復何足惜

政事

王安期作東海郡吏錄一犯夜人來王問何處來云從師家受書還不覺日晚王曰鞭撻甯越以立威名恐非致理之本甯越中牟鄙人也苦耕稼之勞謂其友

日何以可免此苦也其友曰莫如學也學三十歲則可以學矣寗越曰請以十五歲人將休吾不敢休人將卧吾不敢卧學十五歲而為周威公之師也使吏送令歸家

太傅東海王鎮許昌以王安期為記室參軍雅相知重勑世子毗曰夫學之所益者淺體之所安者深閑習禮度不如式瞻儀形諷味遺言不如親承音旨王參軍人倫之表汝其師之

王述字懷祖承子也早孤事親孝謹箪瓢陋巷不求聞達由是為有識所重襲爵藍田侯

○

殷浩孫綽

王藍田拜楊州主簿請諱教云亡祖先君名播海內遠近所知內諱不出於外記曰婦人之諱不出門餘

無所諱[illegible]

王文度為桓公長史時桓為兒求王女王許咨藍田旣還藍田愛念文度雖長大猶抱著膝上文度因言桓求己女婚藍田大怒排文度下膝曰惡見文度已復癡畏桓温面兵那可嫁女與之文度還報云下官家中先得婚處桓公曰吾知矣此尊府君不肯耳後桓女遂嫁文度兒坦之子愷字茂仁娶桓温第二女字伯子歷吳國內史丹陽尹贈太常○[illegible][illegible]王坦之桓温

桓公議移洛陽鍾簴王懷祖曰永嘉不競暫都江左方當漸平區宇旋軫舊京若其不爾宜改

遷園陵不應先事鍾簴桓不能奪[illegible] 桓温
謝公稱藍田掇皮皆真 賞
謝公語王孝伯君家藍田舉體無常人事 賞
簡文道王懷祖才既不長於榮利又不淡直以
真率少許便足對人多多許 賞
王述每受職不為虛讓其所辭必於不受及為
尚書令子坦之白述故事當讓述曰汝謂我不
堪耶曰非也但克讓自美事耳述曰既謂堪之
何為復讓人言汝勝我定不及也 雅
王藍田性急嘗食雞子以筯刺之不得便大怒

舉而擲地雞子於地圓轉未止仍下地以屐齒
蹍之又不得瞋甚復於地取納口中齧破即吐
之王右軍聞之大笑曰使安期有此性猶當無
一豪可論况藍田耶忿
謝無奕性麤强以事不相得自往數王藍田肆
言極罵王正色面壁不敢動半日謝去良久轉
頭問左右小吏曰去未荅云已去然後復坐時
人歎其性急而能有所容忿
王坦之字文度述子也器度淳深孝友天至譽輯朝野標的當時累遷侍中中書令領北中郎將徐兗二州刺史○庾言語庾龢雅量謝安品藻龢排調范啓輕詆文通

支道林造即色論支道林妙觀章云夫色之性也不自有色色不自有雖色而空故曰色即為空色復異空論成示王中郎中郎都無言支曰默而識之乎王曰既無文殊誰能見賞維摩詰經曰文殊師利問維摩詰云何者是菩薩入不二法門時維摩詰默然無言文殊師利嘆曰是真入不二法門也○支遁

諺曰揚州獨步王文度後來出人郗嘉賓一說大才槃槃謝家安江東獨步王文度盛德日新郗嘉賓○郗超

謝太傅道安北見之乃不使人厭然出戶去不復使人思安初攜妓稱同好養志海濱襟情超暢左好聲律然抑之以禮在衰能至弟萬之喪不聽絲竹者將十年及輔政而修室第園館麗車服雖碁功之慘不廢妓樂王坦之

曰苦諫焉按謝公蓋以坦之好直言故不思耳○賞互謝安

謝車騎初見王文度曰見文度雖蕭洒相遇其

復愔愔竟夕賞

王中郎與林公絕不相得王謂林公詭辯林公

道王云著膩顏恰繪布單衣挾左傳逐鄭康成

車後問是何物塵垢囊恰帽也林公云文度著膩顏挾左傳逐鄭康成

自為高足弟子篤而輕之論之不離塵垢囊也○支遁[illegible]

王國寶坦之第三子○[illegible]王緒[illegible][illegible]苻官中書令○朗[illegible][illegible][illegible]殷仲堪

王大喪後朝論或云國寶作荊州王忱死會稽王欲以國寶

代之孝武中詔用殷仲堪乃止國寶主簿夜函白事云荊州事

已行國寶大喜而夜開閤喚綱紀話勢雖不及

作荊州而意色甚恬曉遣參問都無此事即喚

主簿數之曰卿何以誤人事耶【紀】

王忱字元達小字佛大坦之第四子也甚得名於當世與族子恭少相善齊聲見稱任至

荊州刺史○【世說】王恭【晉書】王恭【晉書】王恭【世說】王緒【晉書】桓玄【晉書】苻朗

王恭始與王建武忱為建武將軍甚有情後遇袁悅之

間遂致疑隙初忱與恭少相善及並貴朝為主相所構內外始有不咸之論恭獨

深憂之乃告忱曰悠悠之論頗有異同當由驕

驕簡於朝覲故也將無從容切言之耶若主相

諸睢吾徒得勁力明時復何憂哉忱以為然而

慮不見令乃令袁悅具言之悅每欲間恭乃於

王坐責讓恭曰卿何妄生同異疑誤朝野其言

切厲恭雖惋悵謂忱為搆己也忱雖心不負恭

而無以自亮於是情好大離而怨隙成矣然每至興會故有相思時

恭嘗行散至京口射堂于時清露晨流新桐初

引恭目之曰王大故自濯濯王恭

王佛大歎言三日不飲酒覺形神不復相親忱嗜酒醉輒經日號自上頓世諺以大飲為上頓起自忱

王緒字仲業撫軍人子國寶從弟也○仲堪殷

王緒王國寶相為脣齒並上下權要緒為會稽王從事中郎以邪佞親幸王珣王恭惡國寶與緒亂政興殷仲堪克期同舉內匡朝廷及恭表至乃斬緒以說諸侯國寶乃謝安增而安惡而抑之不用安懿相王輔政遷中書令權動內外王珣王恭殷仲堪為孝武所待不為相王所昵恭抗表討之車胤又爭之會稽王既不能拒諸侯兵遂委

罪國寶付廷尉賜死王大不平其如此乃謂緒曰汝為此欻欻曾不慮獄吏之為貴乎漢周勃以罪下廷尉既出歎曰吾嘗將百萬之軍安知獄吏之為貴也○[illegible][illegible]王忱王國寶

王濛字仲祖太原晉陽人其先出自周室姓[illegible]魏世為大族祖佑北軍中候父訥葉令[illegible]神氣清韶風流雅正外絕榮競內寡私欲辟司徒掾中書郎以后父贈光祿大夫○[illegible][illegible]

殷浩[illegible][illegible]劉惔[illegible][illegible]阮裕孫綽劉惔[illegible][illegible]范注

王仲祖聞蠻語不解茫然曰若使介葛盧來朝故當不昧此語介東夷國葛盧其君名春秋僖來朝魯聞牛鳴曰是生三犧皆用之矣其音[illegible]云問之而信

支道林初從東出住東安寺中王長史宿構精

理并撰其才藻往與支語不大當對王叙致作數百語自謂是名理奇藻支徐徐謂曰身與君別多年君義言了不長進王大慚而退【文學】支遁

林公謂王右軍云長史作數百語無非德音如恨不苦苦謂窮人以辭王曰長史自不欲苦物【賞】

劉尹撫王長史背曰阿奴濛小字也比丞相但有都長邵美也【品】

劉尹王長史同坐長史酒酣起舞劉尹曰阿奴今日不復減向子期類秀之任率也【品】

林公道王長史斂衿作一来何其軒軒韶舉王仲

祖好儀形每覽鏡自照曰王文開那生知馨兒時人謂之達也文開訥字也 容

王長史為中書郎往敬和許爾時積雪長史從門外下車步入尚書著公服敬和遥望嘆曰此不復似世中人 容

王長史病篤寢臥燈下轉麈尾視之歎曰如此人曾不得四十及亡劉尹臨殯以犀柄麈尾著柩中因慟絶 傷

王仲祖病劉真長為稱藥翁令則為量水 [illegible]

王長史求東陽撫軍不用後疾篤臨終撫軍哀歎曰吾將負仲祖於此命用之長史曰人言會

稱王癡真癡[illegible]

王蘊字叔仁小字阿興濛子也○[illegible][illegible]王修官鎮軍將軍光祿大夫[illegible][illegible]王恭

王光祿云酒正使人人自遠蘊素嗜酒末年[illegible]尤甚路以醒日

王修字敬仁小字苟子濛子也起家著作郎韓中軍司馬未拜而卒時年二十四昔王瑯之殁鎮將同年歲將舉熙數已○[illegible][illegible]許無愧於古人而年齒與之齊也詢僧意

王敬仁年十三作賢人論長史送示真長真長

荅云見敬仁所作論便足參微言[illegible]

世稱苟子秀出阿興清和[illegible]王蘊[illegible]

林公云王敬仁是超悟人[illegible]

謝鎮西道敬仁文學鏃鏃無能不新[illegible]

王恭字孝伯蘊子也清廉貴峻志存格正起家著作郎歷丹陽尹中書令五州都督前將軍青兖刺史○[illegible]桓玄[illegible]殷仲堪[illegible]王忱[illegible]江斆[illegible]孫緯[illegible]王珣[illegible]王爽

王恭從會稽還王大看之見其坐六尺簟因語恭卿東來故應有此物可以一領及我恭無言大去後即舉所坐者送之既無餘席便坐薦上後大聞之甚驚曰吾本謂卿多故求耳對曰丈人不悉恭恭作人無長物[illegible]王忱[illegible]

王恭隨父在會稽王大自都來拜墓恭暫往墓下看之二人素善遂十餘日方還父問恭何故多日對曰與阿大語蟬連不得歸因語之曰恐

阿大非爾之友終乖愛好果如其言[illegible][illegible]王藴王忱
司馬太傅爲二王目曰孝伯亭亭直上阿大羅
羅清疏恭正亮沉烈○[illegible]忱通朗誕放○王忱
王孝伯在京行散至其弟王睹户前問古詩中
何句爲最睹思未荅孝伯詠所遇無故物焉得
不速老此句為佳[illegible]王爽
有人歎王恭形茂者云濯濯如春月柳[illegible]
孟昶字彥達平昌人矜嚴有志局以為王恭所知預義旗之勳遷丹陽尹盧循既下昶慮
事不濟仰藥而死未達時家在京口嘗見王恭乘高輿
被鶴氅裘于時微雪昶於籬間窺之歎曰此真

神仙中人 企

王孝伯言名士不必須奇才但使常得無事痛飲酒熟讀離騷便可稱名士 任

簡文在殿上行右軍與孫興公在後右軍指簡文語孫曰此噉名客簡文顧曰天下自有利齒兒後王光祿作會稽謝車騎出曲阿祖之王孝伯罷秘書丞在坐謝言及此事因視孝伯曰王丞齒似不鈍王曰不鈍頗亦驗 排 簡文帝 巨

王孝伯死懸其首於大桁司馬太傅命駕出至標所熟視首曰卿何故趣欲殺我耶 恭深懼禍 雜撓表郭

兵於是遣左將軍謝琰討恭恭敗走曲阿為湖
浦尉所擒初道子與恭善於載出都面相折辱
闕西書之通乃令於兒◯■■會
塘斬之梟首於東桁◯稽王

王爽字季明小字睹恭弟也忠孝質直烈宗崩
王國寶夜開門入為遺詔爽為黃門郎拒
之曰大行晏駕太子未立敢有先◯■■
入者斬徙至侍中恭事敗死太常◯王恭

孝武問王爽卿何如卿兄王答曰風流秀出臣
不如恭忠孝亦何可以假人■■王恭

王爽與司馬太傅飲酒太傅醉呼王為小子王
曰亡祖長史與簡文皇帝為布衣之交亡姑亡
姊伉儷二宮何小子之有王濛女名穆之為哀帝皇后王蘊女名法
惠為孝■武皇后

王隱字處叔陳郡陳人世寒素父銓少好學有著述之志每私錄晉事及功臣行狀未就而卒隱以隱素自守不交勢援博學多聞受父遺業西都舊事多所諳究家貧無資依征西將軍庾亮於武昌亮供其紙筆書成詣闕上之

祖士言深好奕碁王處叔謂之曰禹惜寸陰禹治水勞身涉勤不重徑尺之璧而愛日之寸陰不聞數棋祖云聊用忘憂耳處叔曰古人遭時則以功達其道不遇則以言達其才故吾彖不窮也今晉未有書而天下傾覆舊事蕩滅君少長王都遊宦四方華夷成敗皆在耳目何不記述使有裁成昔應仲遠作風俗通應劭作風俗通以辯物名崔子真作政論漢崔寔字子真

少沉靜于典籍州郡辟徵詣公車除為郎論當世事數十條名為昌言論指切時要言辯而确當世稱之仲長統曰凡為人主宜寫一通置之坐側蔡伯喈作勸學篇邕所著猶斷勸學釋誨詩賦碑誄凡百四篇傳於世史游作急就章游漢元帝時為黃門令凡書三十二章雜記姓名諸物五官等字以教童蒙急就者謂字之難知者緩急可就而求焉便為殁而不朽當其同時人豈少哉而皆無聞由無所述也故君子疾殁世而名不稱況國史明乎得失之迹何必博奕而後忘憂哉王隱祖訥應召蔡邕王尼字孝孫本兵家子寓居洛陽卓犖不羈初入洛陽詣東海王越不拜問其故答曰公無宰相之能是以不拜

庾公道王尼非惟事事勝人布置須眉亦勝人我輩皆出其轅下【晉】

王孝孫初爲護軍府兵士時秦山胡毋彥國與瑯琊王澄北地傅暢（字世道嶷孫也亦弱冠有重名以選入侍講東宮爲秘書丞尋没于石勒勒甚動之以爲大將軍司馬）中山劉輿潁川荀邃（字道玄勖孫也解音樂善談論弱冠辟趙王倫相國掾遷太子洗馬）河東裴遐共齎羊酒詣門邀孝孫門吏疏名呈護軍護軍驚曰諸名士何得來孝孫時以給府中養馬諸人便就馬廄下炙羊飲酒醉飽而去竟不見護軍護軍大驚即與孝孫長假【[illegible]】【[illegible]】（胡毋輔之王澄劉輿）

王孝孫早歲喪妻有一子貧無居宅惟畜驢車有牛一頭每行輒使御之暮則共宿車上常歎曰滄海横流處處不安也【隋】

王愷字君夫東海人雖無檢行而以才力見名官後將軍卒謚曰醜○【汰侈】王濟石崇

王恍之字少明獻之孫也亮直有風檢官吏部郎

王恍之少厲清操為吏部郎時隣省有會同者遺之餅一甌辭不受曰所貴誠復小小然少来不欲當人之惠【[illegible]】

王惠字令明劭孫也恬靜不妄交遊宋武帝聞其名以問其從兄誕誕曰惠後来秀令鄙宗之美也

王令明兄監頗好聚歛廣營田業令明意甚不同嘗謂監曰尊何用田為監曰無田何由得食令明曰亦復何須得食德

王令明素不與謝靈運相識嘗得一交言靈運辯博辭義蜂起令明時然後言時荀伯子潁川潁陰人少好學博覽經傳釋褐駙馬都尉從至東陽太守在坐退而告人曰靈運固自蕭散直上王郎如萬頃陂賞二謝靈運

王裕字弘胡之孫也少有清尚起家左常侍歷僕射

王僕射子恢之裕長子仕至新安太守被召為秘書郎僕射為求奉朝請語恢之曰秘書有限故有競朝

請無限故無競吾欲使汝處不競之地太祖嘉而許（太祖文帝諱義隆高祖第三子）

王敬弘為尚書僕射關署文案初不省讀嘗預聽訟上問以疑獄敬弘不對上變色問左右何故不以訊牒副僕射敬弘曰臣乃得訊牒讀之政自不解

王敬弘嘗往何氏看女（敬弘女適何尚之弟述之）値尚之不在寄齋中臥俄頃尚之還敬弘使二婢守閤不聽尚之前直語云正熱不堪相見君可且去尚之遂移於他室

王韶之字休泰廣曾孫也好史籍博涉多聞初爲衛將軍謝琰司馬
王韶之少家貧而好學嘗三日絶糧執卷不輟家人誚之曰困窮若此何不耕王徐答曰我常自耕耳【言】

王弘之字方平獻之從父兄子也少孤貧爲外祖何準所養初爲衛軍參軍後屢徵太子庶子散騎常侍不就卒

殷仲文還姑孰祖送傾朝桓敬祖要王參軍同行王曰餞離送別必在有情下官與殷風馬不接無緣扈從【方】

王弘之性好釣魚上虞江有一處名三石頭弘

之常垂綸於此或問漁師得魚賣否答曰釣亦不得得復不賣日夕載魚入上虞郭經親故門各以一兩頭置門內而去【搜】

王曇首（弘之弟也幼有素尚兄弟分財曇首唯取圖書而已辟瑯琊王大司馬屬）王曇首年十四五便歌諸妓向謝公（靈運）稱歎公甚欲聞之而王名家年少無由得聞諸妓又向王說謝公意謝後出東府土山上作伎王時作兩丸髻著袴褶騎馬往土山下度冢墓林中作一曲歌于時秋月王因舉頭看北林卒曲便去妓白謝公曰此是王郎歌【語】

王彧字景文與明帝諱同故以字行祖穆謚之長兄父僧朗尚書彧美風姿好言理少與謝莊齊名為從叔球所知○容止謝混

謝孺子莊族弟也多藝能尤善聲律家貧求為西陽太守與王車騎張宴桐臺孺子吹笙王自起舞既而歎曰真使人飄飄有伊洛間意 言

宋明帝名彧文帝第十一子賜王景文死敕至之夜景文在江州方與客碁看敕訖置在局下神色恬然爭劫竟歛子納奩畢徐言奉敕見賜以死方以敎示客因舉賜鴆謂客曰此酒不可相勸遂仰飲而絕景文常以盛滿為憂屢辭位宋主賜詔不許至是慮晏駕後皇后臨朝景文或

有異圖遣使齎椎手殺并欒賜死

王瓚之裕子也官吏部尚書卒謚曰貞

王瓚之歷官五兵尚書未嘗詣一朝貴江湛字徽深數孫也居喪以孝聞愛文義善彈棋鼓琴尤選頗有刻覈之譏而公平無私不受請謁論玆稱馬謂何偃字仲弘尚之中子舉秀才除中軍參軍歷官吏部尚書曰王瑤之令便是朝隱贊

王玄謨官車騎大將軍宋主欲經略中原羣臣爭獻策玄謨尤好進言宋主謂侍臣曰觀玄謨所陳令人有封狼居胥志

武帝詔并雍州三郡十六縣為一郡因玄謨奏有是詔

郡縣流民不願屬籍詭言刺史王玄謨欲反方

謨令内外晏然以解衆惑馳使啓上具陳本末宋主遣主書吳喜撫慰之且報曰七十老公反欲何求君臣之際足以相保聊復為笑伸卿眉頭耳玄謨性嚴未嘗妄笑故宋主以此戲之[illegible]

王遠字景舒弘弟也仕至光祿勳

宋世為之語曰王光祿如屏風屈曲從俗能蔽風露賢

王微字景玄弘之弟子也好學無不通覽十六舉秀才除右軍諮議不就

江湛擧王景玄為吏部郎王與湛書曰君平有言生我名者殺我身天爵猶滅名安用吏部郎

哉其舉可陋其事不經非獨縉紳者不道僕妾皆笑之白與湛告絕足不踰閾十餘年棲遲環堵之室苔草沒堦

漢嚴遵字君平蜀人隱居不仕賣卜於成都市日得百錢自給卜訖則閉肆下簾以著書為事有富人羅冲為具車馬衣糧君平曰吾非不足也子奈何以不足助有餘冲曰吾有萬金子無儋石乃云有餘不亦謬乎君平曰不然吾宿子家人定而役未息晝夜汲汲未嘗有足今我以卜為業不下牀而錢自至猶餘數百不知所用此非我有餘而子不足耶冲大慚君平歎曰益我貨者損我神生我名者殺我身時人服之【廉】

王僧祐字胤宗遠子也工草隸善鼓琴亭然獨立不交當世官黃門郎

王僧祐少便聰悟叔父景玄撫其首曰兒神明意用當不作率爾人【賞】

王思遠父羅雲平西長史思遠八歲父卒祖弘之及外祖羊敬元並棲退高尚故思遠少無仕心王景素辟主簿深見禮遇後至司徒左長史

宋明帝廢立之際廢帝子業忌畏諸父拘之殿內遇明帝無禮將加害明帝先與阮佃夫李道兒等密謀殞之後登堂王思遠謂從兄晏曰兄荷武帝厚恩今一朝負人如此事彼或可以權計相須未知兄將何以自立及此引決猶可保全門戶不失後名晏曰方歠粥未暇此事及晏拜驃騎會子弟曰隆昌之末阿戎思遠小字勸我自裁若用其語豈有今日思遠遽應曰如阿戎所見猶未晩也旬日晏及禍晏字休默一字士彥齊時爲丹陽尹位任

重明帝謀廢立晏便響應帝雖以事際須晏而心相疑示晏無防意居勤事多專決數呼相工自視云當大貴與客語好屏人帝疑焉晏反乃密詐召晏於華林省誅之

王延之字希季父昇之都官尚書延之清貧爲司徒長史時居宇穿漏明帝敕材官爲起齋屋三間吏部尚書僕射進號鎮南將軍阮韜字長明裕玄孫也爲南兗州別駕江夏王求資費錢韜曰此朝廷之物也執不與俱是劉湛字弘仁柳子也不尚浮華博涉史傳弱年便有宰世情自比管葛歷官太字詹事領軍將軍外甥並有早譽劉甚愛之嘗曰韜後當爲第一延之其次也延之甚不平後爲江州每致餉下都韜與朝士同例高祖聞之與延之書曰韜云卿未嘗有別意當由劉家月旦

耶 排

王琨父懌不下叔參時以爲殷遺之流人無肯與婚家以獠婢恭心侍之遂生琨

宋順帝既傳位蕭道成出詔東邸光祿大夫王琨在晉世已爲郎中至是攀車慟哭曰人以壽爲歡老臣以壽爲戚既不勝先驅螻蟻乃復頻見此事嗚咽不自勝百官雨泣 南

世說新語姓彙韻分卷之八

世說新語姓彙韻分卷之九

王僧虔曇首子也釋褐太子舍人退默少交接與袁淑謝莊善淑每歎曰卿文情鴻麗學解深拔而韜光潛室物莫之窺雖[illegible]魏陽元之射王汝南之騎無以加焉○王儉

王弘與兄弟集會任子孫戲適僧達跳下地作虎子僧綽僧虔兄也沈深有局度衆皆以國器許之年二十九為侍中元嘉時以吏部尚書被誅僧虔時為司徒從事屬所親咸勸之逃僧虔涕曰吾兄奉國以忠貞撫我以慈愛今日之事苦不見及耳若得同歸九原猶羽化也正坐采蠟燭珠為鳳凰僧達奪取打壞亦復不惜僧虔累十二博棊既不墜落亦不重作弘歎曰僧達俊爽當不減人然恐終危吾家僧綽當以名義見美僧虔必為

長者位至公台已而皆如其言僧虔位至特進光祿大夫

王儉字仲寶僧綽子儉生而僧綽遇害數歲襲爵拜受茅土流涕嗚咽幼有神彩專心篤學手不釋卷高帝為太尉引為長史遷尚書僕射○□□柳悅□□丘靈鞠□□虞玩之

王仲寶小時叔父僧虔撫之曰我不患此兒無名政恐名太盛手書崔子玉座右銘貼之崔瑗字子玉涿郡人早孤銳志好學盡能傳其父業銘曰無道人之短無說己之長施人慎勿念受施慎勿忘世譽不足慕唯仁為紀綱隱心而後動謗議庸何傷無使名過實守愚聖所藏在涅貴不湽暧暧內含光柔弱生之徒老氏誡剛強行行鄙夫志悠悠故難量慎言節飲食知足勝不祥行之苟有恒久久自芬芳○□□示僧虔

王僕射高自標位常自比漢李膺時人呼儉府

為入芙蓉池嘗用庾杲之為衛軍長史謂人曰
昔袁公粲也作衛軍欲用我為長史雖不獲就要
是意向如此今亦應須我輩人也蕭緬與儉書曰盛府元僚
實難其選庾景行泛綠水依芙蓉何其麗也時以儉府為蓮花池故緬書及之○庾杲之
王儉與王敬則同拜三公徐孝嗣於崇禮門候
儉曰朝之曰今日可謂連璧儉曰不意老子遂
與韓非同傳
王敬則臨淮射陽人性倜儻好刀劍嘗屠狗商販仕至司空○王儉張鄒兒
王融字元長瑯琊人神明警惠博涉有文才為甚融中書郎帝疾融先欲立竟陵王子良及即
位下廷尉○徐毛獄賜死劉孝綽

王融自恃人地三十內望為公輔夜直中書省
嘆曰作此寂寂使鄧禹笑人禹字仲華二十四封鄧侯【愁】
王份字季文黃門侍郎粹子奐之姪子歷官侍中丹陽尹
王侍中嘗曰侍宴高祖問羣臣朕為有為無侍
中荅曰陛下應萬物為有體至理為無【言】
王蘊字彥深奐兄子
王彥深不為羣從所禮蘊父楷人才凡劣故不為羣從所禮嘗懷
恥慨欲以將領自奮每撫刀曰龍泉吳未亡時恒有紫氣
見斗牛之間張華聞雷孔章妙達緯象乃要索問天文孔章曰惟斗牛之間有異氣是寶物也
精在豫章豐城張華遂以孔章為豐城令至縣掘深二丈得玉匣長八尺開之得二劍一名龍

泉一呈太阿其夕斗牛氣不復見孔章乃留其一匣而進之劍至光曜煒曄煥若電發後張華遇害此劍飛入襄城水中孔章臨亡戒其子恒以劍自隨後其子為建安從事經淺瀨劍忽於腰間躍出遂視見二龍相隨焉

泰阿

楚王召風胡子而問之曰寡人聞吳有干將越區冶子寡人願請此二人作鐵劍乃令風胡子之吳見區冶子干將使作為鐵劍曰泰阿晉鄭聞而求之不得興師圍楚是王引泰阿之劍登城而麾之三軍破敗士卒迷惑流血千里江水揚[illegible]晉鄭之頭畢白

汝知我者

貧

王騫字思寂儉之子性衆簡慕樂廣之為人諸女子婢皆嬪王尚主輜軿填咽非所欲也有田八十餘頃與諸宅及故舊共佃之常日我不如鄭公業有田四百頃而食常不周以此為愧任至度支尚書加給事中

王長史至性凝簡不狎當世嘗從容語諸子曰

吾家門戶所謂素族自可隨流平進不復苟求

規

王覬字威明奮于幼穉孝童年十二通五經起家秘書郎遷中書黃門侍郎侍東宮爲昭明太子所禮仕至太子中庶子

王威明亡後昭明與湘東王繹書曰威明風韻遒正神峯標映千里絕跡百尺無枝實俊人也一爾過隙永歸長夜金刀掩鍔長淮絕涸去歲冬中已傷劉子謂孝綽也今茲寒孟復悼王生俱往之傷信非虛說

傷

王泰字仲通小字養幼敏悟好學手所抄寫二千許卷及長通温和雅家人不見喜慍之

色與王筠齊名沈約常曰王有養炬阿有覽擧炬即筠小字也

王養年數歲時祖母集諸孫姪散棗栗於牀羣兒競取之棗獨不動祖母問其故曰不取自當得賜

風

王令言

樂人王令言妙解音律大業末煬帝將行江都令言子當從忽於户外彈胡琵琶作翻調安公子曲令言時卧室中聞之大驚蹶然而起曰變變態呼其子問曰此曲興自早晚其子言頃來有之令言歔欷流涕謂其子曰汝愼無從行帝

必不返子問其故令言曰此曲宮聲往而不返宮者君也吾是以知之帝果於江都遇害大業二十年煬帝將幸江都命越王侗留守東都宮女半不隨駕爭泣留帝言遼東小國不足煩大駕帝意不回因戲飛白題二十字賜守宮女云我夢江都好征遼亦偶然但存顏色在離別只今年車駕遂行迷樓記曰帝將幸江都有迷樓宮人搶聲夜歌云河南楊柳謝河北李花榮楊花飛去落何處李花結子自悲成帝召問宮女汝自為之耶曰塗道兒童都唱此歌帝默然曰天啓之也曰索酒自歌曰宮木陰濃燕子飛興亡自古讖成悲他日迷樓更好景宮中吐艷戀紅輝後唐帝提兵入京見迷樓曰此皆[illegible]民膏血所為命焚之經月火不滅

王通字仲淹六代祖玄則為宋弘儒江左號王通先生父隆傳其業教授門人千餘開皇四年通生隆筮之遇坤之師曰素王之卦也必能通天下之志名之曰通既冠慨然有濟蒼生之

心奏太平策於文帝不見用作東征之歌而歸大業十三年有疾謂門人曰吾夢顔回稱孔子之命曰歸休乎殆夫子召我也寢疾七日而終門人謚曰文中子所著有禮論樂論續書續詩元經贊易等書

龍門王通詣闕獻太平十二策帝不能用能歸通教授於汾河之間弟子自遠至者甚衆累徵不起楊素甚重之勸之仕通曰通有先人之弊廬足以庇風雨薄田足以供饘粥讀書談道足以自樂願明公正身以治天下使時和歲豐通也受賜多矣不願仕也

宋世嘗自莊周爲道家之儀秦王通孔門之王

莽
高似孫子略曰道德三千言諄潔旨謐澹然
六經之外其用則易也莊周則不然汝灕沈
潛著老於玄著而泓峰蕭莛乃欲趣遙於老氏
之表是以其說意空一塵倜儻峻拔無一毫踏
襲沿仍之隨極天之荒窮人之偽放肆進演如
長江大河滾滾灌注汎濫乎天下又如萬籟怒
號激湃洶湧聲沉影滅不可控搏率以荒惟誕
誕狂肆虛眇不近人情之說瞀亂而自野至於
法度森嚴文辭雋健自作瓌新亦一代之奇才
乎寓言一書非深乎道者未易造此覩獨以冑
搢叢之士至於無所用其才而猶區區於篇擿
世俗之弊者不亦恝恝乎方是時天下大壞蕩
不可支攘奪爭能新然一律其意思有以數之
回之旖之夷之律意無忌哉發乎辭鶬迺之私
曾予一二而亂天下之過特不可免於中若其
言托孔子以自致其過者二十有九章又言堯
禹文王太公之事皆非詩書所見而竊快其無
稽之論狎聖慢道茲亦甚矣朱文公論曰仲淹
生乎百世之下讀古聖賢之言而粗識其用絲
未嘗深探其本而盡力於其實不勝其好名欲

達之心波波乎以著書立言爲己任及其無以自抒乃捃拾兩漢以來文字言語之隨切名事業之罕而求諸天資之偶合與其近似者依倣六經次第采輯以爲摭其人强以躋之五帝三王之列令考之中說而得其規模之大略則彼之贊易是豈是以知先天後天之相爲體用而高文武皇之制是豈有精一執中之傳曹劉顔謝之詩是豈有物則秉彝之訓叔孫通公孫述曹褒前後之禮樂又與伯夷后夔周公之懿至於宋魏以來一南一北較功度德蓋未有以相君臣也則其天命人心之向背統緒繼承之論正亦何足論而欲攘臂其間奪彼與此以自列於孔子之春秋哉蓋既不自知其學之不足以爲周孔不知兩漢之不足爲三王而獨以是區區者比而效之於形似影響之間傲然自謂足以承千聖而紹百王矣而不知其適以是而自納於吳楚僭王之誅使夫後世知道之君子雖或有取於其言而終不能無恨於此

王方慶雍州咸陽入周石泉公褒之曾孫官太子左庶子博學好著述尤精三禮

王方慶在政府其子名光輔官至潞州刺史為眉州司户
參軍武后嘗問卿在相位何子之遠方慶答曰
廬陵是陛下愛子今尚在遠臣之子庸敢相近
則天廢中宗為廬陵王幽於別所

王績字無功絳州龍門人大業中授揚州六合縣丞棄官結廬河渚以琴酒自樂嘗躬耕東皋或過酒肆動經數日往往題壁作詩臨終遺命薄葬預自為墓誌〇[illegible]仲長子光

王無功有田十六頃在河渚間奴婢數人自課
種黍春秋釀酒養鳧鴈蒔藥草自供與仲長子
光服食養性欲見兄弟輒渡河還家遊北山東
皋著書自號東皋子

王無功待詔門下省故事官給酒日三升武門待詔何樂耶無功答曰良醞可戀耳侍中陳叔達陳宣帝第十六子善容止有才學在陳封義陽王年十餘歲嘗侍宴賦詩十韻援筆便就餘陵甚奇之入唐拜侍中聞之日給一斗時號斗酒學士唐

王維字摩詰太原祁入與弟縉俱有俊才博學多藝兄弟奉佛居常蔬食不茹葷血晚年長齋不衣文綵得宋之問藍田別墅在輞口輞水周於舍下與道友裴迪浮舟往来彈琴賦詩嘯詠終日在京師日飯數十名僧以玄譚為樂齋中無所有惟茶鐺酒臼經案繩床而已退朝之後焚香獨坐以禪誦為事妻亡不再娶三十年孤居一室屏絶塵累

王維貯蕙蘭用黃磁斗養以綺石累年彌盛[illegible]

王安石字介甫撫州人位至丞相左僕射封荊公追贈舒王○方諱馮道瀛諱張文平

王荊公作相裁損宗室恩數宗子相率馬首陳狀云均是宗廟子孫郷得不看祖宗面荊公厲聲曰祖宗親盡亦祧何況賢輩於是皆散去【言】

王介甫嘗見舉燭因言佛書有日月燈光明佛燈光豈得配日月呂吉甫名惠卿泉州晉江人王安石薦三司制置條例司以惠卿爲檢詳安石去位薦爲參知政事曰日是乎晝月是乎夜燈光是乎晝夜日月所不及其用無差別介甫大以爲然【言】

李待制誠之名師中楚丘人父緯爲涇原都監當責降師中詣宰相辯詰由是知名舉進士知洛川縣多聖政歷知兗鄆瀛等州在仁宗朝因郊吏報官

希仁名趂嘗為京尹令行禁止天下皆呼為包待制又曰包家故市井小民及田野之人見徇私者皆指笑之曰爾一箇包家見貪汚者曰爾一箇司馬家蓋當時亦稱司馬君實為司馬家叅政或曰朝廷自此多事矣李曰包公無能為今鄭令王安石者眼多白甚似王敦他日亂天下必此人〔識〕

王雱字元澤安石子安石執政除太子中允崇政殿說書王元澤數歲時客有以一麞一鹿同籠以獻問元澤何者是獐何者是鹿元澤實未識良久對曰麞邊者是鹿鹿邊者是麞客大奇之〔夙〕

王汾祖禹偁擧進士甲科元祐中為工部侍郎寶文閣待制入元祐黨籍云

劉貢父王汾同在館中汾病口吃貢父為之贊

曰恐是昌家周昌彊力敢直言高帝欲廢太子廷爭之彊為人吃又盛怒曰臣口不能言然期期知其不可陛下雖欲廢太子臣期期不奉詔上欣然而笑又惡非類

韓非為人口吃不能道說而善著書未聞雄名揚雄口吃嘿而只好深湛之思

有艾氣鄧艾也【排】

蔣詡字元卿父喪弔者盈門後貢疾之不得止舊廬自作小菴於側往如舊

蔣元卿舍中三逕惟羊仲求仲從之遊二仲皆

挂廡逃名之士【捿】

向長字子平河內朝歌入

向子平讀易至損益卦喟然歎曰吾已知富不

如貧貴不如賤但不知死何如生耳爲子嫁娶
畢敕家事斷之云當如我已死與同好禽子夏
名慶隱避不仕王莽通老易安貧樂道好事者
更齎遺輒受之自足還餘司空王邑辟之連年
乃欲薦之莽
固辭乃止
俱遊五嶽名山不知所終 搜

向秀
字子期河內人少爲同郡山濤所知又與
譙國嵇康東平呂安友善並有拔俗之韻
其進止無不同而造事營生業亦不異常與嵇
康偶鍛於洛邑與呂安灌園於山陽不慮家之
有無外物不足攖其心弱冠著儒道論棄而不
樂好事或存之或云是其族人所作困於不行
乃告秀欲假其名秀笑曰可復爾耳後康被誅
秀遂失圖乃應世舉到京師詣大將軍司馬昭
昭問曰聞君有箕山之志何能自屈秀曰常謂
彼人不達堯意本非所慕也一坐皆說隨次轉
至黃門侍郎
散騎常侍

初注莊子者數十家莫能究其旨要向秀於舊注外爲解義妙析奇致大暢玄風秀將註莊子先以告嵇康呂安康安咸曰此書詎復須註徒棄人作樂事耳及成以示二子康曰爾故復勝不安乃驚曰莊周不死矣惟秋水至樂二篇未竟而秀卒秀子幼義遂零落然猶有別本郭象者爲人薄行有儁才見秀義不傳於世遂竊以爲己注乃自注秋水至樂二篇又易馬蹄一篇其餘衆篇或定點文句而已後秀義別本出故今有向郭二莊其義一也互見郭象

向雄字茂伯河內人有節槩仕至黄門郎護軍將軍

向雄為河内主簿有公事不及雄而太守劉淮横怒遂與杖遣之雄後為黄門郎劉為侍中初不交言武帝聞之勅雄復君臣之好雄不得已詣劉再拜曰向受詔而來而君臣之義絶何如於是即去武帝聞尚不和乃怒問雄曰我令卿復君臣之好何以猶絶雄曰古之君子進人以禮退人以禮今之君子進人若將加諸膝退人若將墜諸淵語出禮記臣於劉河内不為戎首亦已幸甚安復為君臣之好武帝從之劉淮字君平沛國人少以清正稱累遷侍中尚書僕射司徒

明山賓字孝若平原鬲人父僧紹隱居不仕山賓七歲能言玄理十三博通經傳居喪盡禮服闋州辟從事史起家奉朝請累遷中書侍郎昭明太子聞山賓築室不就令曰明祭酒出撫大藩擁旌推轂攜金拖紫而恒事屢空聞構宇未成今送薄助明山賓初臨青州所部平陸縣歲儉啓倉出米以贍貧民後刺史以山賓爲耗闕有司追責籍其宅入官山賓默不自理更市地造宅【憩】

丁儀字正禮沛郡人父冲宿與魏武親善儀有文才魏武辟爲掾曹公聞丁正禮才美欲以愛女妻之以問五官將五官將曰女人觀貌而正禮目眇恐愛女未必悅也不如與伏波子楙夏侯楙字子休伏波將軍惇子尚魏武女

清河公主官安西將軍都督關中太祖從之尋辟正禮為掾及與論議嘉其才朗曰丁掾好士即使其兩目盲尚當與女何況但眇是兒悞我

丁謂字公言蘇州人奇以文詞王禹偁王比之韓柳名遂擢謂有才智然多希合天下以為奸及稍進用即啓真宗以神仙之事作玉清昭應宮耗費國帑不可記○揚億

丁晉公自崖州還坐客論天下州郡何地最雄盛公曰惟崖州地望最重客問其故答曰宰相只作彼州司户參軍他州何可及謂以擅毀皇堂貶為崖州司户

成公簡字宗舒東郡人世二千石性滑素不求榮利潛心味道罔有干其志者

張茂先甚重成公簡，嘗曰：公簡清靜，比揚子雲

雄自叙曰：雄爲人簡易佚宕，清淨無爲，不汲汲於富貴，不戚戚於貧賤，不修廉隅以徼名當世，家無儋石之儲，晏如也。自有大度，非聖哲之書不好也，非其意雖富貴不事也。

默識操

張安世字子孺，少以父任爲郎，以善書給事尚書，精力於職，休沐未嘗出。上幸河東，亡書三篋，詔問莫有知者，唯安世識之，具述其事。後購求得書以相校，無所遺。上奇其才，擢尚書令。[illegible] 揚雄

京房字君明，東郡頓丘人，好鍾律，知音聲，以孝廉爲郎。

京房與漢元帝共論，因問帝：幽厲之君何以亡？所任何人？答曰：其任人不忠。房曰：知不忠而任之何耶？曰：亡國之君各賢其臣，豈知不忠而任之？房稽首曰：將恐今之視古，亦猶後之視今也。

是時中書令石顯專權尚書令五鹿充宗用事
房曰宴見問帝云云上曰今為亂者誰房曰上
所親與圖事帷幄中者盖指謂石顯及充宗顯
等乃建言宜試房以郡守遂以房為東郡顯羲
其私事翅
坐棄市

邴原字根矩東管朱虛人少孤數歲時過書舍
而泣師問曰童子何泣也原曰凡得學者
有親也一則願其不孤一則羨其得學中心感
傷故泣耳師惻然曰苟欲學不須資也於是就
業長則博覽洽聞金玉其行魏
王辟祭酒累遷五官中郎長史

魏文帝為五官中郎將賓客如雲邴根矩獨不
往曹公微徒人問之邴答曰吾聞國危不事冢
宰君老不奉世子曹公深重其言初

公孫度目邴原所謂雲中白鶴非燕雀之網所

能羅也度字叔濟襄平人累官冀州刺史遼東太守初原知世亂避地遼東度厚禮之中國既寧欲還鄉里為度禁絕原密自治嚴謂部落曰務比近郡以觀其意皆曰樂移原舊有捕魚大船請村落皆令禁斷因夜去之數日度乃覺吏欲追之度曰云云

敬新磨

唐主莊宗嘗畋中牟踐民稼中牟令當馬前諫曰陛下為民父母奈何毁其所食使轉死溝壑乎唐主怒叱去將殺之優人敬新磨追擒至馬前責之曰汝為縣令獨不知吾天子好獵耶奈何縱民耕種以妨吾天子之馳騁乎汝罪當死曰請行刑唐主笑而釋之後唐莊宗

孟嘉字萬年江夏鄳人祖宗吳司空嘉少以清操知名庾亮領江州辟廬陵從事下都還亮引問風俗得失對曰待還當問從事史亮鑒麈尾掩口而笑語弟翼曰孟嘉固是盛德入轉勸學從事

孟萬年好飲喜酣暢桓宣武嘗問酒有何好而卿嗜之孟答曰公但未知酒中趣耳晉

桓宣武嘗問孟萬年聽伎絲不如竹竹不如肉何也孟答曰漸近自然一坐咨嗟晉又桓溫

孟嘉為桓宣武征西參軍九日宴龍山寮佐畢集俄風至吹嘉帽落嘉不之覺宣武使左右勿言以觀其舉止嘉良久如廁宣武令取還之命

孫盛作文朝嘉著嘉坐處嘉還見即答之其文甚美四座嗟異【注】

武昌孟嘉作庾太尉州從事已知名褚太傅有知人鑒罷豫章還過武昌問庾曰聞孟從事佳今在此否庾云卿自求之褚眄睞良久指嘉曰此君小異得無是乎庾大笑曰然于時既歎褚之默識又欣嘉之見賞【識】

孟陋字少孫嘉弟少而希古布衣蔬食棲遲蓬蓽之下絶人間之事親族慕其孝會稽王辟之稱疾不至相府歷年虛位而澹然無悶卒不降志時人奇之

孟萬年及弟少孤居武昌陽新縣萬年遊宦有

盛名當世少孤未嘗出京邑人士思欲見之乃遣信報少孤云兄病篤狼狽至都時賢見之者莫不嗟重因相謂曰少孤如此萬年可死[illegible]

孟顗字彥重昶弟也昶顗並美風姿時人謂之雙珠歷侍中會稽太守〇[illegible][illegible]下掾

會稽太守孟顗事佛精懇而為謝靈運所輕謂嘗語顗曰得道應須慧業文人卿生天當在靈運前成佛必在靈運後勤布施積功行是欲生天者也頓心見性直下作佛是欲成佛者也康樂自恃慧解故以諧顗顗深恨其言[illegible][illegible]謝靈運

孟浩然字浩然襄陽人骨貌淑清風神散朗救患釋紛以立義表灌園藝竹以全高尚交遊之中通脫傾蓋機警無匿學不為儒務掇菁藻文不按古匠心獨妙五言詩世稱其盡美

韓朝宗名會昌黎人善清言有文章名最高甚以故多謗至起居郎貶官卒爲山南採訪謂孟浩然深聞詩律寘諸周行必詠諟如之誦雅詩日吉甫作誦穆如清風因入奏挾與俱行先揚于朝約日引謁會浩然有故人至劇飲歡甚或言與韓公約不當後期浩然叱曰業已飲矣身行樂耳遑恤其他遂畢飲不赴

孟浩然極爲王右丞所知王待詔金鑾召浩然商較風雅上忽臨幸浩然錯愕伏牀下王不敢隱已奏聞上欣然曰朕素聞其人因得召見上曰卿將得詩來否浩然奏曰臣偶不齎所業即

命吟舊作浩然拜舞誦詩至不才明主棄上

然曰卿自不求朕朕未嘗棄卿因放歸南山

歲暮歸南山詩曰北闕休上書南山歸弊廬不才明主棄多病故人踈白髮催年老青陽逼歲除永懷愁不寐[illegible]松月夜窗虛

鄭崇字子游高密大族少爲郡文學史大司馬傳喜薦擢尚書僕射數見諫諍上納用之每見曳革履上曰我識鄭尚書履聲

漢哀帝問鄭尚書崇卿門何以如市對曰臣門如市臣心如水[illegible]

鄭玄字康成崇八世孫也遭黨錮隱居著述百餘萬言大將軍何進辟玄乃縫掖相揖以几杖玄多所匡正不用而退袁紹辟玄

玄長八尺餘鬚眉美秀姿容甚偉進待以賓

去餞之城東欲玄必醉會者三百餘人皆離席奉觴自旦至暮度玄飲三百餘杯而溫克之容終日無怠獻帝在許都徵為大司農行至元城卒

鄭康成在袁冀州坐時應劭亦歸於袁曰起自贊曰故泰山太守應仲遠北面稱弟子何如鄭笑曰仲尼之門考以四科回賜之徒不稱官閥應有慚色應劭

鄭玄在馬融門下三年不得相見高足弟子傳授而已嘗算渾天不合諸弟子莫能解或言玄能者融召令筭一轉便決衆咸駭服及玄業成辭歸既而融有禮樂皆東之歎玄少好學書數十三誦五經好

天文占候風角隱術年十七見大風起詣縣曰某時當有火災至時果然年二十一博極羣書精曆數圖緯之言兼精算術恐玄擅名而心忌焉玄亦疑有追乃坐橋下在水上據屐融果轉式逐之告左右曰玄在土下水上而據木此必死矣遂罷追玄竟以得免融海内大儒被服仁義鄭玄名列門人何猜忌而行鴆毒乎委巷之言賊夫人之子○馬融

鄭玄欲註春秋傳尚未成時行與服子慎遇宿客舍先未相識服在外車上與人說己註傳意玄聽之良久多與己同玄就車與語曰吾久欲註尚未了聽君向言多與吾同今當盡以所註

與君遂為服氏註【音】服虔

鄭玄家奴婢皆讀書嘗使一婢不稱旨將撻之方自陳說玄怒使人曳著泥中須臾復有一婢来問曰胡為乎泥中〔衛式微詩〕荅曰薄言往愬逢彼之怒〔邶栢舟詩〕【音】

鄭泉〔字文淵陳郡人博學有奇志而性嗜酒仕至太中大夫〕

鄭泉臨卒語同輩曰必葬我陶家之側庶百歲之後化而成土幸見取為酒壺實獲我心矣

鄭綮

鄭綮好詼諧多為歇後詩譏朝時事上以為有

所蘊手注班簿命以為相聞者大驚堂吏往旨之綮笑曰諸君大誤使天下吏無人未至鄭綮吏曰特出聖意綮曰果如是奈人笑何既而賀客至綮搔首言曰歇後鄭五作宰相時事可知矣累讓不獲乃視事唐

邢劭字子才河間鄚人十歲能屬文聰明強記日誦萬言在洛陽時與時名勝以山水遊宴為娛嘗因霖雨讀漢書五日略能遍記後教誦既倦廣尋經史五行俱下一覽便無遺忘文章典麗既贍且速年未二十名動衣冠官至國子祭酒○北齊書

邢子才有書甚多不甚讐校嘗謂誤書思之更是一適文

鄧颺字玄茂漢鄧侯禹之後也少得士名明帝時為中書郎與李勝等為浮華友事發被
斥後還侍中尚書為人好貨許臧艾以顯官艾以父妾與颺京師為之語曰以官易富鄧玄茂

○[illegible][illegible]傳皴管輅[illegible][illegible]管輅

鄧艾字士載棘陽人少為農人養犢年十二隨母至潁川讀故太丘長碑文曰言為世範
行為士則遂名範字士則後宗族有同者故改焉每見高山大澤輙規度指畫軍營處所時人
多笑焉後見司馬懿懿三辟為掾累遷征西將軍伐蜀蜀平進也太尉為鍾會所害

鄧艾口喫語稱艾艾晉文王戲之曰卿云艾艾定是幾艾對曰鳳兮鳳兮故是一鳳楚之狂接輿過孔子而
歌曰鳳兮鳳兮何德之衰往者不可諫來[illegible]者猶可追接輿即列仙傳所謂陸通是也

世目鄧士載為伏鸞陸士龍為隱鵠[illegible]陸機

鄧遐字應玄陳郡人勇力絕人氣蓋當世時人方之樊噲為桓溫參軍數從溫征伐歷竟陵太守枋頭之役溫既懷恥忿且憚遐因免遐官病卒

鄧竟陵免官後赴山陵過見大司馬桓公公問之曰卿何以更瘦鄧曰有愧於叔達不能不恨於破甑漢孟敏字叔達鉅鹿人敦朴質直客居太原離處凡俗未有所名嘗至市買甑荷擔墮地壞之徑去不顧適遇林宗見而異之因問曰壞甑可惜何以不顧答曰甑已破矣視之何益林宗賞其介決因以知其德性謂必為美士勸令讀書遊學十年遂知名二有並辟不就東夏以為美賢

鄧攸字伯道平陽襄陵人性清慎平簡七歲喪父母及祖父母持重九年永嘉中為石勒所獲召見立幕下與語悅之坐而飯焉依車所止與胡人鄰轂胡人失火燒車營勒吏案問胡

胡誣攸攸度不可與爭乃曰向為老姥作附失火延逸罪應憲罵死勒知遣之所誣胡辱憲故遣其驢馬護晉書送令得逸○周顗

鄧攸避難於道中棄已子全弟子攸以路遠斫壞車以牛馬負妻子以避賊又掠其牛馬攸語妻曰吾弟早亡惟有遺民今當步走儋兩兒盡死不如棄已兒抱遺民吾後猶當有兒婦從之棄兒於草中兒啼呼追之至暮復及攸明日繫兒於樹而去遂渡江至尚書左僕射卒弟子綏服齊衰三年既過江取一妾甚寵愛歷年後訊其所由妾具說是北人遭亂憶父母姓名乃攸之甥也攸素有德業言行無玷聞之哀恨終身遂不復畜妾德

應劭字仲遠汝南南頓人父奉司隸校尉劭少便篤學博覽多聞○晉書王文晉書鄭隱

滕元發字達道東陽人神宗朝爲翰林學士性
踈達上前論事如家人父子言無文飾
洞見肝膈神宗知其誠盡後力言新法之害落
職知鄧州或以爲且有後命元發曰天知吾直
上知吾忠吾何憂哉上章自訟有曰樂善無功
謗書滿篋即墨何罪毁言日聞上覽之釋然改
知揚州卒
謚章敏

滕達道微時爲范文正館客常私就倈邪飲范
病之一夕候其出徑坐達道書室明燭讀書以
俟其至達道大醉竟入長揖問范公讀何書曰
漢書復問漢高帝何如人范逡巡走入范仲淹字希文
蘇州人仁宗朝官至■
參知政事卒謚文正

曾鞏字子固蘇州南豐人生而警敏十二能文
及冠遊太學歐陽修見其文奇之自是

書聞天下舉進士為集賢校理平生嗜書家藏至二萬卷集古今篆刻為金石錄五百卷

曾子固為中書舍人嘗白事都堂時章子厚為門下侍郎謂之曰向見舍人賀明堂禮成表天下奇作子固一無辭讓但復問曰比班固典引如何【宋史】

周秉字子居汝南安城人天資聰朗高峙獨立非陳仲舉黄叔度之儔則不交也為泰山太守甚有惠政○【後漢書】黄憲

陳仲舉嘗歎曰若周子居者真治國之器譬諸寶劍則世之干將吳王闔閭請干將作劍干將者吳人其妻曰莫邪干將采五山之精六金之英鐵天地伺陰陽百神臨視而金鐵之精未流夫妻乃剪髮與爪而投之鑪

中金鐵乃鑄遂成二劒陽曰干將而作龜文陰曰莫邪而作漫理干將匿其陽而出其陰以獻闔閭闔閭問【寶】甚寶重之

周澤字穉都少修高節耿介特立隱居上野不汲汲於時俗拜太常果敢數有直言朝廷嘉其清廉

周太常清潔守禮嘗卧病齋宮妻闚問所苦周以為干犯齋禁大怒收送詔獄時人為之語曰生世不諧作太常妻一歲三百六十日三百五十九日齋一日不齋醉如泥【[illegible]】

周瑜字公瑾廬江舒人與孫策同年友善策東渡瑜將兵迎之策嘗曰周公瑾英雋異才與孤有總角之好骨肉之分及策卒事孫權權母曰公瑾與伯符同年少一月耳吾視之如子

沒其兄事之官偏將軍卒年三十六

周瑜領南郡屯江陵曹操遣辯士蔣幹字子翼九江人有儀容以才辯見稱布衣葛巾私行說周瑜瑜迎謂之曰子翼良苦遠涉江湖為曹氏作說客耶曰與幹周觀營中倉庫軍資訖還飲宴示之侍者服飾珍玩之物曰丈夫處世遇知己之主外託君臣之義內結骨肉之恩言行計從禍福共之假使蘇張更生能移其意乎幹但笑終無所言還白操稱瑜雅量高致非言辭所能間也

周處字子隱吳郡陽羨人父魴吳裨將軍

周處年少時兇彊俠氣爲鄉里所患又義興水中有蛟山中有邅跡（一作白額）虎並皆暴犯百姓義興人謂爲三橫而處尤劇或說處殺虎斬蛟實冀三橫唯餘其一處即刺殺虎又入水擊蛟蛟或浮或沒行數十里處與之俱經三日三夜鄉里皆謂已死更相慶竟殺蛟而出聞里人相慶始知爲人情所患有自改意乃自吳尋二陸平原不在正見清河具以情告并云欲自修改而年已蹉跎終無所成清河曰古人貴朝聞夕死況君前途尚可且人患志之不立亦何憂令名

不彰邪處遂改勵終爲忠臣孝子處仕晉爲御史中丞凡所彈糾氐人齊萬年反乃令處拒周年伏波將秀欲表處母老處曰忠孝之道何當得兩全乃進戰斬首萬計弦絕矢盡左右勸退處曰此是吾授命之日遂戰而沒○陸雲

王渾字玄沖太原人父昶司徒渾沉雅有器局位至司徒平吳之日登建業宮釃酒既酣謂吳人曰諸君亡國之餘得無戚乎時周子隱答曰漢末分崩三國鼎立魏滅於前吳亡於後亡國之戚豈惟一人王大有慚色世說

周邵字子南隱於尋陽廬山庾亮臨江州東帶躡屐而詣焉邵聞庾至避之庾復密伺邵彈鳥於林因前與語還便云此人可起即拔爲鎮蠻護軍西陽太守○翟湯

庾公欲起周子南子南執辭愈固庾每詣周庾從南門入周從後門出庾嘗一往奄至周不及去相對終日庾從周索食周出蔬食庾亦强飯極歡並語世故約相推引同佐世之任既仕至將軍二千石而不稱意中宵慨然曰大丈夫乃為庾元規所賣一歎遂發背而卒

周顗字伯仁汝南人浚子有風流才氣少知名正體嶷然儕輩不敢媟也汝南賁泰歎曰汝潁固多賢士自頃陵遲雅道殆衰今復見周伯仁將祛舊風清我邦族矣舉寒素累遷尚書僕[illegible][illegible]王導[illegible][illegible]顧顗周射○嵩[illegible][illegible]周嵩[illegible][illegible]王敦

庾公造周伯仁伯仁曰君何所欣說而忽肥庾

曰君復何所憂慘而忽瘦伯仁曰吾無所憂直是清虛日來滓穢日去耳晉

周僕射雍容好儀形詣王公初下車隱數人王公含笑看之既坐傲然嘯詠王公曰卿欲希嵇阮耶答曰何敢近舍明公遠希嵇阮伯仁儀容弘偉善于俛仰應答精神足以蔭映數人[illegible]深自持能致人而未嘗往焉

王大將軍既反至石頭周伯仁往見之謂周曰卿何以相負對曰公戎車犯正下官忝率六軍而王師不振以此負公王敦既下六軍敗績顗長史郝嘏及左右文武勸顗避亂顗曰吾備位大臣朝廷傾撓豈可草間求活投身胡虜耶乃與朝士詣衰

周叔治名謨顗次弟也仕至中護軍作晉陵太守周侯仲智往別叔治以將別涕泗不止仲智恚之曰斯人乃婦女與人別惟啼泣便舍去周侯獨留與飲酒言話臨別流涕撫其背曰奴好自愛阿奴謨小字也

方正 周嵩

周仲智飲酒醉瞋目還面謂伯仁曰君才不如弟而横得重名須臾擧蠟燭火擲伯仁伯仁笑曰阿奴火攻固出下策耳孫子兵法火攻有五○

雅量 周嵩

周侯於荊州敗績還未得用王丞相與人書曰雅流弘器何可得遺顗為荊州始至而建平民傅密等叛逆蜀賊顗狼狽

失據陶佩救之得免顗至武昌投王敦【賞】敦更選佩代顗顗還建康未即得用也

世目周侯嶷如諸山【賞】

或問江左諸人優劣顏光祿曰周伯仁之正鄧伯道之清卞望之之節餘則吾不知【品】【注】鄧攸卞壼

有人譏周僕射與親友言戲穢雜無撿節王導與顗及朝士詣尚書紀瞻觀伎瞻有愛妾能為新聲顗於衆中欲通其妾露其醜穢顏無怍色有司奏免顗官詔特原之周曰吾若萬里長江何能不千里一曲【任】

周伯仁風德雅重深達危亂過江積年恒大飲酒嘗經三日不醒時人謂之三日僕射初顗以雅望得

海内盛名後屢有酒失庾亮曰[illegible]周侯末年可謂鳳德之衰也

王公與朝士共飲酒舉琉璃盌謂伯仁曰此盌腹殊空謂之寶器何耶蓋戲周之無能答曰此盌英英誠爲清徹所以爲寶耳[illegible]

謝幼輿謂周侯曰卿類社樹遠望之峩峩拂青天就而視之其根則羣狐所托下聚溷而已謂顗好媟瀆故答曰枝條拂青天不以爲高羣狐亂其下不以爲濁聚溷之穢卿之所保何足自稱鯤謝鯤五

王丞相枕周伯仁膝指其腹曰卿此中何所有答曰此中空洞無物然容卿輩數百人[illegible]

庾元規語周伯仁諸人皆以君方樂周曰何樂謂樂毅耶庾曰不爾樂令耳周曰何乃刻畫無鹽以唐突西子也鍾離春齊無鹽之女也其醜無雙黃頭深目長壯大節鼻昂結喉肥項少髮折腰出匈皮膚若漆行年三十無所容入衒嫁不售乃自詣齊宣王乞備後宮曰說王以四殆王拜為正后越王句踐得山中採薪女子名曰西施獻之吳王

王大將軍起事丞相兄弟詣闕謝周侯深憂諸王始入甚有憂色丞相呼周侯曰百口委卿周直過不應既入苦相存救既釋周大說飲酒及出諸王故在門周曰今年殺諸賊奴當取金印如斗大繫肘後大將軍至石頭問丞相曰周侯

可為三公不荅相不荅又問可為尚書令不又不應曰云如此惟當殺之耳復黙然逮周侯被害荅相後知周侯救已嘆曰我不殺周侯周侯由我而死幽冥中負此人敦克京邑參軍呂猗說敦曰周顗戴淵皆有名望足以惑衆視近日之言無慚懼之色若不除之後將未歇叢黨之逆害二人[illegible][illegible]王導王大將軍於衆坐中曰諸周由來未有作三公者有人荅曰惟周侯邑五馬領頭而不克大將軍曰我與周洛下相遇一面頓盡值世紛紜遂至於此因為流涕一說王敦參軍有於敦坐譏豬臨當戒部馬頭被殺因謂曰周家奕世令望而位不至三公伯仁垂作而不果舍似下官此馬哉慨然流涕曰伯仁總角

時與予東宮相遇一面披衿便許之三司[illegible]高不幸王法所裁悽愴之深言何能盡【晉書】王敦

周嵩字仲智顗弟也性狠直果俠每以才氣陵物顗被害王敦使人弔之嵩曰亡兄天下有義人為天下無義人所殺復何所弔敦甚銜之猶取為從事中郎曰事誅之○周顗【晉書】

【世說】周顗

周伯仁為吏部尚書在省內夜疾危急時刁玄亮為尚書令營救備親好之至良久小損明旦報仲智仲智狼狽來始入戶刁下牀對之大泣說伯仁昨危急之狀仲智手批之刁為辟易於戶側既前都不問病直云君在中朝與和長輿齊名那與佞人刁協有情逕便出【世說】刁協

周伯仁母冬至舉酒賜三子曰吾本謂度江託足之無所爾家有相爾等並羅列吾前復何憂周嵩起長跪而泣曰不如阿母言伯仁為人志大而才短名重而識闇好乘人之弊此非自全之道嵩性狼抗亦不容於世惟阿奴碌碌當在阿母目下耳識國周顗母嵩顗

周顒字彥倫顗七世孫也父僴歸鄉相顒清貧寡欲終日常蔬食解褐海陵國侍郎轉著作撰起居注

何子季名胤尚之孫也八歲居憂毀若成人及長輕薄不羈晚乃折節好學師事劉瓛受易詩禮入定林寺聽內典皆通其業齊徵太子舍人事梁徵領軍司馬並不就與周彥

倫同時二人精信佛法子季別立精廬都無妻妾文惠太子名長懋字雲喬小字白澤世祖長子嘗問彥倫御精進何如何胤彥倫答曰三塗八難淨名疏界內八難曰地獄畜生餓鬼三塗也盲聾瘖啞世智辯聰佛前佛後北俱盧洲人道也無想天或指長壽天大二也為凡夫住事八難界外八難曰有餘中三十心為三惡道住無我去名為北洲地前法愛如長壽天未有初地十種六相名諸根不具地前智淺如世智辯聰不窮中理如佛前佛後為二乘住理八難共所未免然各有其累太子問所累云何曰周妻何肉顒後於味食少方丈後稍欲去其甚者猶食白魚䱇脯糖蟹食蚶蠣使門人議之學生鍾岏曰䱇之就脯驟於屈伸蟹之將糖躁擾彌甚仁人用意深懷如怛至於車螯蚶蠣眉目混然惝內沌之奇獨竅鐵非金人之慎不悴不榮曾草木之不若無

饕無臭與瓦礫其何異故宜長充庖廚永為口實竟陵王見岏讖大怒顒與甗書勸令食菜曰變之大者莫過死生生之所重無逾性命性命之於彼極切滋味之在我可賒若云三世理誣則幸矣良快如使此道果然而受形未息一往一來生死常事則傷心之慘行亦自及丈人於血氣之類雖不身殘至於晨鳧夜鯉不能不取備屠門財貝之經盜手猶為廉士所棄生性之一啓鑾刀寧復慈心所忍驕虞雖飢非自死之草不食聞其風者豈不使人多愧丈人得此有素聊復片言發起耳甗末年遂絕血味

周維岳

閩主曦（姓王審知子也初梁主晃以威武節度使王審知為閩王至于延鈞僭稱帝曦弒其主昶自立為王）宴侍臣皆以醉去獨翰林學士周維岳在曦曰維岳身甚小何飲酒之多左右曰酒

有別腸不必長大曦欣然命捽維岳下殿欲剖

視其腸或曰殺維岳無人復能侍陛下劇飲者

乃捨之【言】

劉巴字子初零陵人少知名先主定益州辟爲左將軍西曹掾

張輔吳張昭也在孫權坐嘗論劉子初褊阨不當拒

張飛太甚飛嘗就巴宿巴不與語飛忿恚諸葛亮謂巴曰飛雖武人敬慕足下主公方收合文武以定大事足下雖天素高亮宜少降志巴曰大丈夫處世當交四海英雄如何與兵子共語權曰若令子初隨世沉浮容悅翼德交非

其人何是稱高士【張飛】

劉楨字公幹東平人曹丕爲五官中郎將妙選文學使楨隨侍酒酣坐歡丕使夫人甄氏

出拜坐上客多伏而禎獨平視乃收禎減死輸作部使磨石武帝至尚方見禎匡坐正色磨石武帝問曰石何如禎曰得前已自理跪而對曰石出荊山懸巖之巔外有五色之章內含卞氏之珍磨之不加瑩雕之不增文稟氣堅貞受之自然顧其理枉屈紆繞而不得伸武帝顧左右大笑即日赦之

劉公幹以失敬罹罪文帝問曰卿何以不謹於文憲禎荅曰臣誠庸短亦由陛下綱目不疎或云禎之被罪在魏武之世此云文帝之時謬矣

【晉】

劉伶字伯倫沛郡人肆意放蕩以宇宙為狹嘗乘鹿車攜一壺酒使人荷鍤隨之云死便掘地以埋土木形骸遨遊一世未嘗措意文章終其世但著酒頌一篇而已

劉伶身長六尺貌甚醜顇而悠悠忽忽土木形

骸【晉】

劉伶病酒渴甚從婦求酒婦捐酒毀器涕泣諫曰君飲太過非攝生之道必宜斷之伶曰甚善我不能自禁惟當祝鬼神自誓斷之耳便可具酒肉婦曰敬聞命供酒肉於神前請伶祝誓伶跪而祝曰天生劉伶以酒為名一飲一斛五斗解酲酒病曰酲婦人之言慎不可聽便引酒進肉隗然已醉矣【晉】

劉伶恒縱酒放達或脫衣裸形在屋中人見譏之伶曰我以天地為棟宇屋室為褌衣諸君何

爲入我幝中【任】

劉昶字公榮沛國人爲人通達仕至兗州刺史○阮籍【[illegible]】【[illegible]】

劉公榮與人飲酒雜穢非類人或譏之荅曰勝公榮者不可不與飲不如公榮者亦不可不與飲是公榮輩者又不可不與飲故終日共飲而醉【任】

世説新語姓彙韻分卷之九

世說新語 四

世説新語姓彙韻分卷之十

劉寶字道真高平人嘗為徒扶風王駿以五百疋布贖之用為從事中郎

劉道真少時嘗漁草澤善歌嘯聞者莫不留連有一老嫗識其非常人甚樂其歌嘯乃殺豚進之道真食豚盡了不謝嫗見不飽又進一豚食半餘半乃還之後為吏部郎嫗兒為小令史道真超用之不知所由問母母告之於是齎牛酒詣道真道真曰去去無可復用相報 任

陸士衡初入洛咨張公所宜詣劉道真是其一陸既往劉尚在哀制中性嗜酒禮畢初無他言

惟問東吳有長柄壺盧卿得種來不陸兄弟殊失望乃悔往

劉道真子婦始入門遣婢虔劉聊之甚苦婢固不從劉乃下地叩頭婢懼而從之明日語人曰手推故是神物一下而婢子服淫

劉輿字慶孫一名璵中山人有豪俠才算善交結太傅東海王越用為長史夫相委仗

○庾敳 王尼

太傅府有三才劉慶孫長才潘陽仲大才裴景聲清才劉輿才長綜覈潘滔以博學為名裴邈彊立方正皆為太傅所昵

○潘滔 裴邈

劉琠兄弟少時為王愷所憎嘗召二人宿欲默除之令作阬阬畢垂加害矣石崇素與琠琨善聞就愷宿知當有變便夜往詣愷問二劉所在愷卒迫不得諱答云在後齋中眠石便徑入自牽出同車而去語曰少年何以輕就人宿石崇

劉琨字越石琠弟也少稱儁朗累遷司徒長史尚書右丞迎大駕於長安以有殊勳封廣武侯出為并州刺史為段匹磾所害○溫嶠

劉越石為胡騎所圍數重城中窘迫無計劉始夕乘月登樓清嘯胡賊聞之皆悽然長歎中夜吹奏胡笳賊皆流涕人有懷土之切向曉又吹

賊并起圍奔去或云是注劉王喬
劉惔字真長沛國人漢武之後有雅裁雖蓽門陋巷晏如也簡文長史侍中丹陽尹爲
政務鎮靜信誠風塵不能移也○晉劉桓溫殷言殷浩晉書劉惔毋殷浩桓溫二賢論謝萬
劉注孫綽阮裕晉書許詢張憑
劉尹在郡臨終綿惙聞閣下祠神鼓舞正色曰
莫得淫祀外請殺車中牛祭神真長答曰丘之
禱久矣勿復爲煩注
劉真長爲丹陽尹許玄度出都就劉宿牀帷新
麗飲食豐甘許曰若保全此處殊勝東山劉曰
卿若知吉凶由人吾安得不保此王逸少在坐

曰今巢許遇稷契當無此言二人並有愧色許詢王羲之

劉真長與殷淵源譚劉理如小屈殷曰惡卿不欲作將善雲梯仰攻公輸般為高雲梯欲以攻宋墨子聞之自魯往裂裳裹足日夜不休十日七夜而至於郢見楚王曰聞天王將攻宋有之乎王曰然墨子曰請令公輸般設攻宋之具臣請試守之於是公般議攻宋之計墨子縈帶守之輸九攻之而墨子九却之不能入遂輟兵○殷浩

殷中軍問自然無心於禀受何以正善人少惡人多諸人莫有言者劉尹荅曰譬如寫水著地正自縱橫流漫畧無正方圓者一時絕歎以為

名通殷浩

桓大司馬詣劉尹臥不起桓彎彈彈劉枕丸迸碎床褥間劉作色而起曰使君如馨地寧可鬪戰求勝温曾為徐州刺史沛屬徐州故呼温使君聞戰者以温為將也桓甚有恨容桓温

劉真長王仲祖共行日旰未食有相識小人貽其餐肴案甚盛真長辭馬仲祖曰聊以充虛何苦辭真長曰小人都不可與作緣王濛

王劉與桓公共至覆舟山看酒酣後劉牽腳加桓公頸桓公甚不堪舉手撥去既還王長史語

劉曰伊詎可以形色加人不〔方〕

許玄度言琴賦嵇康所作所謂非至精者不能與之析理劉尹其人非淵靜者不能與之閒止簡文其人〔賞譽〕簡文帝

王仲祖劉真長造殷中軍談談竟俱載去劉謂王曰淵源真可王曰卿故墮其雲霧中〔賞譽〕殷浩

簡文云劉尹茗柯有實理〔賞〕

謝車騎問謝公真長性至峭何足乃重答曰是不見耳阿見子敬尚使人不能已安以為玄不見真長故不重耳見子敬尚重之況真長乎〔賞〕

桓大司馬下都問真長曰聞會稽王語奇進爾耶劉曰極進然故是第二流中人耳桓曰第一流復是誰劉曰正是我輩耳〔品〕〔藻〕簡文帝

劉尹至王長史許清言時苟子年十三倚床邊聽既去問父曰劉尹語何如尊長史曰韶音令辭不如我往輒破的勝我〔品〕〔五〕王濛

謝鎮西書與殷揚州為真長求會稽殷荅曰真長標同伐異俠之大者常謂使君降階為甚乃復為之驅馳耶〔藻〕〔五〕謝尚

劉疇字王喬彭城人父訥司隸校尉疇善譚名理有重名永嘉中為閻鼎所害

王丞相拜司徒而歎曰劉王喬若過江我不獨拜公〔同〕導王〔品〕

劉綏字萬安高平人祖奧太祝令父斌著作郎綏歷驃騎長史

劉萬安即道真從子庾公名琮戎峻太常琮仕至太尉掾所謂

為然王舉又云千人亦見百人亦見〔賞〕

劉驎之字子驥南陽人少尚質素虛退寡慾好遊山澤間志存遁逸桓沖嘗至其家驎之方條桑謂沖使君既枉駕光臨宜先詣家君沖遂詣其父父命驎之然後乃還拂短褐與沖言父使驎之自持濁酒菹菜供賓沖敕人代之父辭曰若使官人則非野人之意也沖為慨然至昏乃退因請為長史固辭去家百里有孤嫗疾將死謂人曰惟有劉長史當埋我耳驎之身往候之值終為治棺殯

南陽劉驎之高率善史傳隱於陽岐于時苻堅臨江荊州刺史桓冲將盡訏謨之益徵爲長史遣人船往迎贈貺甚厚驎之聞命便升舟悉不受所餉緣道以乞窮乏比至上明亦盡一見冲因陳無用脩然而退居陽岐積年衣食有無常與村人共値已匱乏村人亦如之甚厚爲鄉閭所安

桓車騎在荊州張玄爲侍中使至江陵路經陽岐村俄見一人持半小籠生魚徑來造船云有魚欲寄作膾張乃維舟而納之問其姓字稱是

劉遺民諱之一字遺民張素聞其名大相忻劉待既知張銜命問謝安王文度並佳不張甚欲話言劉了無停意既進膾便去去向得此魚觀君船上當有膾具是故來耳於是便去張乃追至劉家爲設酒殊不清旨張高其人不得已而飲之方共對飲劉便先起云今正伐荻不宜久廢張亦無以留之

劉爰之字遵祖沛國人少有才學能言理歷中書郎宣城太守

劉遵祖少爲殷中軍所知稱之於庾公庾公甚忻然便取爲佐既見坐之獨榻上與語劉爾日

殊不稱庾小失望遂名之為羊公鶴昔羊叔子有鶴善舞嘗向客稱之客試使驅來氃氋而不肯舞故稱比之[illegible]

劉凝之字志安一字隱安慕老萊嚴子陵之為人立屋江湖非力不食妻梁州刺史郭全女也亦能安貧元嘉中夫妻皆隱於衡山劉凝之隱居荊州適歲儉衡陽王名義季幼而夷簡無鄙近之累特為太祖所愛餉錢十萬凝之大喜持錢至市門見有飢色者悉分與之俄傾都盡德

劉玄明臨淮人官至司農卿

劉玄明甚有吏能歷建康山陰令政常為天下

第一後傳翽（靈州人也祖僧祐山陰令父琰為建康山陰令並著能名二縣謂之傳聖翽位至驍騎咨議）代為山陰問玄明曰願以舊政告新令尹玄明荅曰我有奇術卿家譜所不載（諸傳有理縣譜子孫抑傳不以示人）臨別當以相示既而言作縣令惟日食一升飯而不飲酒此第一策也【國】

劉瓛（字子圭五歲聞舅孔昭先讀管寧傳欣然更請讀已聽受曰可及此耳）

袁尹（粲也）在郡嘗於後堂夜集劉祭酒在坐劉是真長六世孫袁指庭中柳樹謂劉曰人謂此是劉尹時樹每想高風今復見卿可謂清德不衰

【賞】【五】劉惔

劉瓛謙率通義不以高名自居遊諸故人雖一門生持胡床隨後主人未通便坐問答[illegible]

劉邕穆之子襲封南康公

劉邕嗜食瘡痂以為味似鰒魚邕嘗詣孟靈休靈休先患灸瘡痂落在床邕取食之靈休大[illegible]驚痂未落者悉褫取飴邕

劉祥字顯徵曾祖穆之祥少好學為正員郎後為臨川王驃騎從事中郎

劉中郎性韻剛疎輕言肆行一日遇褚司徒淵入朝以腰扇障日中郎從側過曰作如此舉止羞面見人扇障何益褚曰寒士不遜中郎曰不能殺袁粲劉秉安得免寒士蕭道成既弒蒼梧王以太后令召袁

綮褚淵劉秉會議迎立安城王綮秉密謀誅道成事泄皆死道成受宋禪淵率百官奉璽綬詣齊宮勸進【輕】

王僉字道明彧兄子也仕宋爲侍中尚書入齊朝爲尚書僕射初拜僕射劉顯徵與僉子融同載行至中堂見路人驅驢劉曰驢汝好爲之如汝人才皆已令僕矣祥著連珠十五首以寄懷其譏議者云希世之寶違時必賤偉俗之器無聖則淪是以明王黜其藝之當章由窮於越【輕】

劉繪字士章彭城人聰悟多能初爲齊高帝行參軍仕累爲太司馬從事中郎

劉士章爲南康相郡人有姓賴居穢里投刺謁士章士章嘲之曰君有何穢而居穢里此人應

聲荅曰未審孔丘何闕而居闕里孔廟東南五百步有雙石闕故名闕里捷

劉孝綽字孝綽本名冉小字阿士繪子也起家著作郎左遷臨賀王長史

劉長史幼聰敏善屬文王中書融深賞異之嘗

歎曰天下文章若無我當歸阿士覽王融[illegible]

劉諒字求信孝綽子也少好學有文才尤悉晉代故事時號曰皮裏晉書

劉諒為湘東王所善湘東一目眇一日與諒共

遊江濱歎秋望之美諒曰今日可謂帝子降於

北渚湘東曰卿言目眇眇而愁予耶由此銜之

見楚辭湘夫人之曲註曰[illegible]帝子堯女也眇眇好貌也

劉峻字孝標平原人八歲遇[illegible][illegible][illegible]虜鳴充僕齊永明四年逃還京師後為[illegible]州刑獄參軍天監中詔掌石渠閣以病乞骸骨隱東陽金華山其自序曰余自比馮敬通而有同之者三異之者四何則敬通雄才冠世志剛金石余雖不及之而節亮慷慨此一同也敬通逢中興明君而終不試用余逢命世英主亦擯斥當年此二同也敬通有忌妻至於身操井臼余有悍室亦令家道轗軻此三同也敬通當更始世手握兵符躍馬肉食余自少迄長戚戚無歡此一異也敬通有一子仲文官成名立余禍同伯道永無血胤此二異也敬通膂力剛強老而益壯余有犬馬之疾溘死無時此三異也敬通雖芝殘蕙焚終填溝壑而為名賢所慕其風流鬱烈芬芳久而彌盛余聲塵寂寞世不吾知魂魄一去將同秋草此四異也

梁武每集文士策經史時范雲字彥龍南鄉舞陰人縝從父弟也祖璩之宋中書侍郎父抗郢府參軍雲性機警有識善屬文下筆輒成時人疑其宿構仕齊

為中郎銜命至梁歷官沈約字休文吳興人博
散騎常侍吏部尚書物洽聞當世取則
歷官侍中丹陽尹之徒皆引狎推長帝悅加其賞賚曾
策錦被事咸言已罄帝試呼問劉孝標劉時貧
悴冗散忽請紙筆疏十餘事坐客皆驚帝不覺
失色自是惡之不復引見及孝標類苑成帝即
命諸學士撰華林編略以高之竟不見用劉乃
著辨命論以寄懷峻好學寄人廡下自課讀書
常燎麻炬從夕達旦時或昏
睡爇其頭髮及覺復讀聞有異書必往祈借清
河崔慰祖謂之書淫天監初召入與校秘閣坐
私載禁物免官安成王秀重峻引為戶曹參軍
給其書籍使撰類苑初梁武招文學之士有高
才者多被引進擢以不次峻率性而動不能
隨衆浮沈竟不見用乃著辨命論以寄懷

劉訏字彥度平原人與陳留阮孚學紳爲金蘭之契等室鍾阜之傍共聽內象鑽尋典奧

劉孝標目劉訏超然越俗如半天朱霞劉歊字士光父懷慰生夕有香氣滿室幼有識慧十二讀莊子逍遙篇曰此可解耳客問之隨問而答皆有情理家人異之謂爲神童及長博學有文才要不仕與族弟訏隱居求志遨遊林澤以山水書籍相娛卒諡貞節處士矯矯出塵如雲中白鶴皆儉歲之粱稷寒年之纖纊

劉晝

劉晝作六合賦自謂絕倫以呈魏收收曰賦名六合已是大愚文又愚於六合君四體又甚於文晝大忿以示邢子才子才曰君此賦正似疥

駱駞伏而無斌媚 邢劭

劉子翼 字小心，仕至著作郎

劉子翼峭直有行，常面折僚友之短，退無餘訾。

李百藥嘗語人曰：劉四雖復罵人，人不憾。

劉迅 字捷卿，父知幾。迅歷京兆功曹參軍。

劉捷卿在蘇嘗寢疾，房太尉 名琯，字次律，河南人。性好隱遁，與東平呂向於陸渾伊闕山讀書凡十餘歲。玄宗幸蜀，拜吏部尚書。 聞而憂之，又不寐，顧語賓從曰：捷卿有不諱，可謂無復有神理。

劉禹錫 字夢得，彭城人。祖雲，父溆，世以儒學稱。禹錫精於古文，善五言詩，近體爲監察

御史以附王叔文逮加貶逐終太子賓客分司東都

元微之君稹河南人父寬比部郎中稹十五兩經擢第二十應制舉官至平章事穆宗時稹所多誦稹歌詞宮中號為元才子與劉夢得韋楚老長慶進士終于拾遺在白傳第名居易字樂天太原人北齊五兵尚書建之仍孫祖鍠父季庚世衰儒業居易擢甲科授校書郎遷集賢校理文辭富艷尤精詩筆所著歌詩意存諷賦箴時之病補政之闕士君子宗之徙徙流聞禁中章武納諫思理渴聞讜言召入翰林為學士各賦金陵懷古詩劉先成白覽之曰四人探驪龍先獲珠所餘鱗爪何用耶莊子曰河上有家貧恃緯蕭而食者子沒川得千金珠謂其子取石來鍛之夫千金之珠必在九重之泉驪龍頷下若能得珠者遭其睡也如使驪龍寤子尚奚微之有哉於是唱罷劉詩曰王濬樓船下益州金陵王氣

黯然收千尋鐵鎖沉江底一片降幡出石頭人世幾回傷往事山形依舊枕清流而公四海為家日故壘蕭蕭蘆荻秋【文】

劉邠字貢父與兄敞同學自刻厲博讀羣書言行高遠名亞敞焉然滑稽善謔亦屢以犯人

○王汾【涑】【聞】

王介甫為相大講天下水利劉貢父嘗造之值一客獻策曰梁山泊（亦作梁山濼在東平州）決而涸之可得良田萬頃但未擇得利便之地貯許水耳介甫傾首沉思貢父抗聲曰此甚不難介甫欣然以為有策遽問之曰別穿一梁山泊則足以貯此水矣介甫大笑遂止【譚】

劉恕字道原筠州人父奐讀上令恕少讀書過目成誦重意氣急然諾王安石欲引置三司條例以不習金穀辭

宋次道名敏求隨州人父綬參政家藏書二萬卷敏求官龍圖閣學士以力學被遇父子繼世掌史綬家多書劉道原就借觀宋日具酒饌為主人禮道原曰此非吾所為來也悉撤去閉閤抄讀旬日盡其書而去

侯覇字君房河南密人矜嚴有威容篤志好學師事九江太守房元治穀梁春秋為元都講建武四年徵拜尚書令明年代伏湛為大司徒○王丹嚴光

侯白字君素魏郡臨漳人性滑稽高祖召與語甚悅舉秀才為儒林郎每將擢之輒曰侯白不務官而止

侯白好能謔一日揚素與牛弘退朝白語之曰日之夕矣素曰以我為牛羊下來耶 楊素

牛弘 字里仁安定鶉觚人本姓寮時祖者見之曰此兒當貴善養之後官至上大將軍

牛弘弟弼好酒而酗嘗因醉射殺弘駕車牛弘還宅妻迎謂曰叔射殺牛弘聞之無所怪問直答曰作脯坐定其妻又言叔射殺牛大是異事弘言已知顔色自若讀書不輟

鄒湛 字潤甫新野人以文義達仕至侍中 ○ 羊祜 秦子羽

丘靈鞠 吳興人少好學善屬文官至車騎長史

丘車騎常在沈深 吳興沈懷文有三子淡深沖名譽有優劣世喚為腰鼓兄

弟深歷御史中丞坐見王文憲儉謚詩沈曰王令文章大進丘曰何如我未進王儉丘車騎初領驍騎將軍不樂武位謂人曰我還東掘顧榮冢江南地方數千里士子風流皆出此中顧忽引諸傖渡妨我輩塗轍顧榮

柳悅字文殊永有清致位中書郎弟惔字文通好學工文尤曉音律與悅齊名官至僕射

柳惔與兄悅少時齊名王僕射儉也一日造世隆字彥緒悅之父位至尚書僕射宅世隆謂爲諸己及至門唯求悅與惔遺謂世隆曰賢子俱有盛才一日見顧今故報禮若仍相造似非本意恐年少窺人

王儉

柳機字匡時河東人偉容儀有器局頗涉經史年十九周武帝引為記室

柳機柳昂字千里河東解人幼聰穎有器識幹局過人周武時為內史中大夫在周朝俱歷要任隋文帝受禪並為外職時楊素方用事因文帝賜宴素戲語機云二柳俱摧機應聲答曰不如孤楊獨聳楊素

寇準字平仲華州人太宗幸魏公年十六以父陷蕃上書行在辭色激昂舉止無畏上壯之命有司記姓名後二年進士及第寖以貴顯

寇萊公鎮大名北使至語寇曰相公望重何故不在中書寇曰主上以朝廷無事北門鎖鑰非

準不可【言】

寇萊公出入宰相三十年不營私第處士魏野贈詩曰有官居鼎鼐無地起樓臺公南遷時北使至內宴歷視諸宰執語譯者曰孰是無地起樓臺相公【隱逸】魏野

竇從一初名懷貞避韋皇后父名改從一父德玄從一中宗二年爲雍州刺史時宦官用事從一見訟者無鬚曲加承接上召王公近臣入閣守歲酒酣上謂御史大夫竇從一曰聞卿久無伉侶今夕爲卿成禮俄而內侍引燭籠步障金縷羅扇其後有人衣禮衣

花釵令與從一對坐卻扇易服乃皇后老乳母王氏本蠻婢也上與侍臣大笑詔封莒國夫人嫁為從一妻俗謂乳母之壻曰阿奢從一每進表狀自稱翊聖皇后阿奢欣然有自負之色

任延字長孫南陽宛人年十二為諸生學於長安明詩易春秋顯名太學學中號任聖童

任延為會稽都尉時年十九迎官驚其壯及到靜泊無為惟先遣饋禮祠延陵季子

任愷字元裒樂安人有雅識國幹萬機大小多綜之與賈充不平充乃啓愷掌吏部又使有司奏愷以御食器坐免官

任愷既失權勢不復自檢括或謂和嶠曰卿何

以坐視元裒敗而不救和曰元裒如北夏門拉攞自欲壞非一木所能支 和嶠

【侵】【之】

任瞻 字育長樂安人父琨少府卿瞻
歷謁者僕射都尉天門太守

任育長年少時甚有令名武帝崩選百二十挽郎一時之秀彥育長亦在其中王安豐選女壻從挽郎搜其勝者且擇取四人任猶在其中童少時神明可愛時人謂育長影亦好自過江便失志王丞相請先度時賢共至石頭迎之猶作疇日相待一見便覺有異坐席竟下飲便問人云此為茶為茗覺有異色乃自申明云向問飲

為熱為冷耳嘗行從棺郎下度流涕悲哀王丞
相聞之曰此是有情癡

絕

任昉字彦升樂安人母裴氏晝夢五色采旗四
角懸鈴自天而下一鈴墜懷心悸有娠生
昉四歲誦詩數十篇十六舉秀才第一辭章
之美冠一世好交結獎拔士友得其延譽者多
升擢衣冠貴遊爭與交親坐上賓客恒有數十
父喪泣血三年父遙性重檳榔以為常餌臨終
求之連剖百許不得好者昉亦所嗜好深痛之
終身不嘗檳榔居廬終禮哭泣之地草為不生
出為新安太守為政清省卒於官惟有桃花米
二十石無以為斂遺言不許以新安一物還都
有子東里西華南容北叟並無術業墜其家聲
兄弟流離不能自振昉生平舊交莫有收恤西
華冬月著葛帔練裙道逢平原劉孝標
劉泫然矜之乃著廣絕交論以譏舊交

任彦升在齊舒意於梅蟲兒吳興人東昏時為制局監甚見愛幸

東齋啟伏隸用為中書郎彥升造謝尚書令王亮字奉叔父昌宋太宰中郎竟陵王開西邸延才俊以為士林使工畫其像亮亦與焉仕中書監加散騎常侍亮曰卿宜謝梅那忽謝我彥升大慚[方]

林逋字君復居杭州西湖之孤山真宗聞其名賜號和靖處士詔長吏歲時勞問逋工畫善為詩如草泥行郭索山木叫鉤輈頗為士林所稱焉

林逋隱居孤山常畜兩鶴縱之則飛入雲霄盤旋久之復入籠中逋常泛小艇西湖諸寺有客至逋所居則一童子應門延客坐為開籠縱鶴良久逋必棹小舡而歸蓋常以鶴飛為客至之驗[夢]

沈昭略字茂隆吳興人父文叔侍中昭略性狂儁使酒使氣高帝賞之爲中書郎進侍中永元中夜召入華林省飲藥酒死

沈昭略與徐孝嗣字始昌東海郯人父聿之著作郎孝嗣幼而挺立風儀端簡官至兵尚書明帝崩受遺詔永元初帝失德稍彰不敢諫爭內懷憂恐有勸行廢立者孝嗣遲起久之謂無用干戈須少主出遊閉城門集百僚議廢之未決羣小稍惜孝嗣勸帝誅之召孝嗣等入華林省遣茹法珍賜藥酒孝嗣飲至斗餘方死諸人同賜死華林省孝嗣語昭略曰見卿使人思夏侯太初昭略曰明府憶夏侯使日夊方寸不能都豁下官見龍逢比干欣然相桀觀炮烙於瑤臺顧龍逢曰樂乎曰樂然曰觀刑而樂何無惻隱乎對曰刑固苦矣然天下苦之而君樂之君心也臣爲股肱孰有心悅而股肱不悅者

桀曰惠汝之諫得我功之不得刑之逢曰尚君冤范石而優春米也赤有箍危石而不壓屬衰米而不隨者桀曰汝知我亡而不自知其亡請就炮烙使君觀汝亡以知我之不亡逢乃歌曰休我造化者予我以生而休我以炮烙也達起炮烙紂好酒淫樂嬖於婦人重刑辟有炮烙之法王子比干諫不聽微子乃與太師少師謀遂去比干曰為人臣者不得不以死爭乃強諫紂怒曰吾聞聖人之心[illegible]有七竅剖比干觀其心

閻立本太宗朝官宰相畫入神品與兄立德齊名於世

閻立本善畫至荊州見張僧繇舊跡曰定虛得名耳明日又往曰猶近代佳手明日又往曰名下定無虛士日坐臥觀之留宿其下梁張僧繇吳人官右將軍以丹青馳譽于時嘗於金陵安樂寺畫四龍不點目睛言點之則騰驤而去人以為誕固

請點之因為落墨纔及二龍畢雷電破壁飛視畫已失矣獨二龍未點睛者在焉世謂僧繇畫骨氣奇偉規模宏逸六法精倫當與顧陸並馳爭先

嚴光字子陵會稽人少有高名與光武同遊學及光武即位變姓名隱身不現帝令以物色訪之齊國上言有一男子披羊裘釣澤中帝疑是光安車聘之三反而後至終不能屈

嚴子陵與侯司徒書曰君房足下位至鼎足甚善懷仁輔義天下悅阿諛順旨腰領絕侯得書封奏之帝笑曰此狂奴故態霸與光素舊使侯子道奉書光不起於牀上箕踞抱膝發書讀訖問子道曰君房素癡今為三公寧小差否子道曰位已鼎足不癡也光曰遣卿來何言子道傳霸言光曰卿言不癡是非癡語也天子徵我三乃來人主尚不見當見人臣乎子道求報光曰我手不能書口授之使者嫌少可更足光曰買菜乎求益也

[illegible]侯霸[illegible]

世祖幸嚴子陵館子陵卧不起帝撫其腹曰咄咄子陵不可相助為理邪子陵不應良久張目熟視曰昔唐堯著德巢父洗耳士固有志何至相迫乎帝曰子陵我竟不能下汝耶歎息升輿而去[illegible]

嚴顏

張飛克巴東破巴郡獲太守嚴顏飛呵顏曰何以不降顏曰卿等無狀侵奪我州我州但有斷頭將軍無降將軍飛怒牽去斫頭顏容止不變

曰所頭使所頭何為怒耶壯而釋之【[illegible]】張飛

嚴武華陰人父挺之武神氣雋爽敏於聞見幼有成人之風官至西川節度使【[illegible]】杜甫

嚴挺之薄妻而愛其子武武年八歲詢其母曰大人常厚玄英挺之妾未嘗慰省何至於斯母曰汝父嫌吾寢陋枕席數宵即懷汝自後相棄語罷悽咽武亦憤惋候父出玄英方睡持小鐵椎擊破其首挺之歸驚愕左右祇言小郎君戲運鎚而致此挺之呼武曰汝何戲之甚武曰焉有大朝人士厚其侍妾困辱兒之母乎故須擊殺非戲也父曰真嚴挺之兒【風】

嚴安之挺之昆弟也爲長安戎曹權過京尹

玄宗嘗賜酺三日漢律三人以上無故飲罰金四兩故以賜酺爲恩澤唐無酺禁酺者聚作伎樂高年賜酒麵也上御五鳳樓觀者喧溢樂不得奏金吾白挺如雨不能遏止上患之高力士馮盎曾孫也冒姓高氏宦官也官至開府儀同奏河南丞嚴安之爲理嚴爲人所畏請使止之上從之安之至以手板繞場畫地曰犯此者死於是三日指其畫以相戒無敢犯者

范式字巨卿一名氾山陽金鄉人○孔嵩

范巨卿與張元伯名劭汝南人與巨卿交二人告歸里式謂元伯曰後二年

當還將過拜尊親見孺子焉後期至元伯具以
白母請設饌候之母曰千里結言爾何相信之
審耶對曰巨卿信士必不乖違母曰若然當爲
爾醞酒至日巨卿果到升堂拜飲盡歡而別
爲友後元伯寢疾同郡郅君章殷子徵晨夕省
視元伯臨盡歎曰恨不見吾死友子徵曰吾與
君章盡心於子是非死友復欲誰求元伯曰若
二子者吾生友耳山陽范巨卿所謂死友也元
伯尋卒范忽夢見元伯玄冕垂纓屣履而呼曰
巨卿吾以某日死當以爾時葬永歸黃泉子未
我忘豈能相及范恍然覺寤便往奔喪未及到
而喪已發引柩未肯前其母撫之曰元伯豈有

望邪送停移時見有素車白馬號哭而來毋云是必范巨卿也巨卿既至叩棺言曰行矣元伯死生異路永從此辭會葬千人皆為揮涕范執紼引柩喪乃得前式少尚節義游學京師同業有長沙陳平子與式未相見被病將亡謂其妻曰范巨卿烈士可托死吾歿後以屍埋巨卿戶前裂素為書以遺巨卿既式出行適還省書觀墓向墳揖哭以為死友營護平子妻兒身自送喪於臨湘未至四五里妻素書於柩上哭別而去其兄弟尋求不復見

范丹字史雲陳留人好違時絕俗為詭激之行桓帝時為萊蕪長遁居梁沛之間所止單陋有時絕粒窮居自若後辟太尉府以疾不行年七十四卒諡曰貞節先生

范史雲遭黨錮推鹿車載妻子以捃拾自資兒

嘗拾得五斛麥隣人尹臺遺之一斛囑兒不得
通吏雲後知即令併送六斛還尹言麥已雜蒔
不肎受【隱】

范宣字子宣宣丹陽人也年十歲能誦詩書○【晉書】徵太學博士散騎常侍一無所就識遂
范宣年八歲後園挑菜誤傷指大啼人問痛邪
荅曰非爲痛身體髮膚不敢毀傷是以啼耳宣
絜行廉約韓豫章遺絹百匹不受減五十匹復
不受如是減半遂至一匹既終不受韓後與范
同載就車中裂二丈與范云人寧可使婦無褌
耶范笑而受之宣家至貧罕交人事豫章太守殷羨見宣茅茨不完欲爲改室

宣固辭義受之以宣貧加年○德行

飢疾疫厚餉給之宣又不受○韓伯

范宣未嘗入公門韓康伯與同載遂誘俱入郡

范便於車後趍下[illegible]

范啓字榮期燉煌人父堅護軍啓以才義顯於世仕至黃門郎○[illegible]孫綽

王文度范榮期俱為簡文所要范年大而位小

王年小而位大將前更相推在前既移久王遂

在范後王因謂曰簸之揚之糠粃在前范曰洮

之汰之沙礫在後[illegible]王坦之

范曄字蔚宗順陽人少好學曉音律為太祖指國掾遷太子詹事坐與孔熙先謀逆伏誅

范曄善彈琵琶能為新聲宋武帝欲聞之屢諷

以微旨偽為不曉終不肯彈一日因飲宴歡適謂曄曰我欲歌卿可彈曄乃奉旨上歌既畢曄亦罷絃〔談藪〕

范蔚宗既被繫上有白團扇甚佳送令出詩賦美句曄攬筆書曰去白日之昭昭襲長夜之悠悠上為循覽悽然〔談藪〕

范蔚宗臨刑時妓妾來別蔚宗悲涕流漣謝綜曄外甥也時亦同刑顧謂蔚宗曰舅殊不同夏侯色先是曄在獄作詩曰禍福本無兆性命歸有極必至定前期誰能延一息好醜共一丘何足異枉直豈論東陵上寧辨首陽側雖無嵇生琴庶同夏侯色故綜以是譏之初曄意入獄便死上

窮治其識逆經二旬曄更有生望獄吏戲之曰外傳詹事或當長繫辟聞驚喜綜熙先笑曰詹事在西池射堂上躍馬顧眄自以為一世之雄今擾攘紛紜畏死乃耳設令今賜以性命人臣圖主何顏可以更存

范縝字子真官尚書左丞年二十九髭髮白作傷暮詩白髮詠以自嗟又嘗著神滅論曰神即形也形即神也形存則神存形謝則神滅形者神之質神者形之用神之於質猶利之於刀舍利無刃舍刃無利未聞刃沒而利存豈容形亡而神在王琰譏縝曰鄙哉范子曾不知其先祖神靈所在縝曰嗚呼王子知其祖先神靈所在而不能殺身以從之竟陵王曰以此才美合作中書郎可毀此論爲乖剌縝笑曰良縝賣論取官已至令僕何但中書郎耶

竟陵王子良字雲英武帝第二子以有清尚禮才好士天下才學皆遊集焉

好釋氏范縝盛稱無佛子良曰君不信因果何

得有富貴貧賤縝曰人生如樹花同發隨風而
散或拂簾幌墜茵席之上或關籬墻落糞溷之
中墜茵席者殿下是也落糞溷者下官是也貴
賤雖殊因果何在

范純仁字堯夫仲淹次子以恩補官拜相哲宗卒謚忠宣

范忠宣謫永州初呂大防等既竄嶺表會明堂肆赦章惇言此數十人當終身
勿徙純仁上言乞將大防等引赦恩被忻惇意詠為同罪安置永州純仁每戚諸子孚每得小
有不平罵諸子怨章惇必怒止之夫人不如意輒罵章惇字子厚建
州人豪俊博學善文嘗與蘇軾遊仙遊潭下臨
萬仞橫木其上惇平步過之濡筆書壁神彩不
動軾曰君他日必能殺人王安石悅其才用為
三司條例官尋拜參知政事罷知蔡州哲宗朝

為尚書僕射專以紀述為國是謚宣仁后追貶司馬光等黨宗崩論其罪貶雷州司户叅軍

舟過橋州大風雨舡破僅得及岸正平字子寔公次子

持蓋公自負夫入以登燎衣民舍公顧曰豈亦

章惇所為耶

范忠宣謫居永州以書寄人云此中羊麵無異

北方每日閉門飡餺飥北人食麵名餺飥北魏時俗語不托是也不

知身之在遠

氾毓字稚春北海盧人

氾毓家世敦睦客居青州逮毓七世人號其家

兒無常父衣無常主

郭泰字林宗太原介休人少孤年二十四行學至城阜屈伯彥精廬乏食衣不蓋形而處約味道不改其樂李元禮一見稱之曰吾見士多矣無如林宗者也及卒蔡伯喈為作碑曰吾為人作銘未嘗不有慚容惟為郭有道碑頌無愧耳初以有道君子徵泰曰吾觀乾象人事天之所廢不可支也遂辭以疾

王宗[illegible] 黃憲

○李膺 陳蕃

郭林宗每行宿逆旅輒躬自灑掃及明去後人至見之曰此必郭有道昨宿處也

或問范孟博名滂汝南人少厲清節舉孝廉登車攬轡有澄清天下之志後以黨事繫獄詔遣中常侍王甫以次辨詰孟博越次對曰臣聞仲尼之言見善如不及見惡如探湯欲使善善同其清惡惡同其汙謂王政之所願聞不悟更以為黨甫問卿更相拔舉迭為唇齒有不合者見則排斥其意云何孟博慷慨仰天曰古之循善自求多福今之循善身陷大戮身

死之日願埋滂於首陽山側上不負皇天下不愧夷齊甫愍然為之改容郭林宗何如人范曰隱不違親貞不絕俗天子不得臣諸侯不得友吾不知其他世說

郭淮字伯濟太原人累遷雍州刺史征西將軍儀同三司贈大將軍郭淮作關中都督甚得民情亦屢有戰庸淮妻太尉王淩之妹坐淩事當並誅淩字彥雲歷太尉征東將軍密欲立楚王彪司馬懿自討之淩自縛歸罪遂自殺使者徵攝甚急淮使戒裝克日當發州府文武及百姓勸淮舉兵淮不許至期遣妻百姓號泣追呼者數萬人行數十里淮乃命左右追夫人還淮五子叩頭流血請淮淮不忍視乃

之命追於是文武奔馳如徇身首之急既至淮與
宣帝司馬懿也書曰五子哀戀思念其母其母既亡
則無五子五子若殞亦復無淮宣帝乃表特原
淮妻■
郭象字子玄河南人少有才理抱志老莊時人咸以爲王弼之亞官太傅主簿■■向秀
王濛問孫興公郭子玄定何如孫曰詞致清雅
奕奕有餘吐章陳文如懸河瀉水注而不竭■
郭訥字敬言風度簡曠器識朗拔仕吳爲驃騎令入晉久不進序陸機爲用官太子洗馬
郭洸馬入洛聽伎人歌言佳石季倫問其曲郭
云不知季倫笑曰卿不識曲那得言佳郭荅曰

譬如見西施何必識姓名然後知美

郭文字文舉入餘杭山蘇峻未亂之前徙臨安山中臨安令萬寵迎着縣中養病及峻破餘杭臨安如故入為異之自後予徵語促舉手以宣其意病甚寵問先生可復得幾日文三舉其手果以十五日終

郭文舉入吳興餘杭山窮谷中倚木於樹苫覆而居都無障壁餘杭令顧颺贈以韋袴褶一具文舉不納使者置室中而去乃至衣爛竟不服用

温太真問郭文舉飢則思食壯則思室自然之性先生安獨無情乎文舉答曰思由憶生不憶

故無情言

郭璞字景純河東聞喜人父瑗建平太守璞奇傳璞通文藻絜載其詩賦誄頌並傳於世而詩于言造次詠語常人無異文不持儀檢形縱情嫚情時有醉失友人于令升戒之曰此伐性之斧也璞曰吾所受有分恒恐用之不盡豈酒色之能害王敦取爲參軍敦縱兵都督乃咨以大事璞筮言虎長不爲圖屈敦忌而害之

郭景純詩幽思篇也云林無靜樹川無停流阮孚云泓崢蕭瑟實不可言每讀此文輒覺神超形越

【文】晉明帝解古塚宅聞郭璞爲人葬帝微服往看因問主人何以葬龍角此法當滅族主人曰郭

云此龔龍耳不出三年當致天子帝問爲是出天子邪答曰非出天子能致天子問耳

郭景純過江居于暨陽璞明解卜筮永嘉中海内將亂璞投策歎曰黔黎將同異類矣便結親暱十餘家南渡江居于暨陽墓去水不盈百步時人以爲近水景純曰將當爲陸今沙漲去墓數十里皆爲桑田其詩曰北阜烈烈巨海混混壘壘三墳惟母與昆

王丞相令郭璞試作一卦卦成郭意色甚惡云公有震厄王問有可消伏理不郭曰命駕西出數里得一栢樹截斷如公長置床上常寢處灾

可消矣王從其語數日中果震栢粉碎子旁皆
彝慶大將軍云君乃徙委罪於樹木
郭璃字元瑜燉煌人
隱莊臨嵌羅谷
郭元瑜少有拔俗之韻張天錫遣使備禮徵之
天錫遣璃書曰先生潛光九臯懷真獨遠心與
至境冥符志與四時消息豈知蒼生倒懸四海
待拯孔子車不停軌墨子駕不俟旦皆以黔首
之禍不可不救先生懷濟世之才故遣使者虛
左授
綏
元瑜指翔鴻示使人曰此鳥安可籠哉
張天
錫
郭子儀事玄宗肅宗代宗德宗討平祿山收復
兩京定僕固懷恩周智光之難退回紇
破吐蕃歷官諸州節度天下兵馬副元帥司徒
太尉兼中書令爵汾陽王號尚父天下以其身

為安危者殆三十年家人二千人八子七壻皆爲顯官諸孫數十人每問安不能辨頷之而已僕固懷恩李懷光渾瑊輩皆出麾下雖貴爲王公常頤指役使趨走於前家人亦以僕隸視之年八十五而終謚曰忠武

郭子儀子曖尚昇平公主代宗女嘗與爭言曖曰汝倚乃父爲天子耶我父薄天子不爲公主恚奔車奏之上曰此非汝所知彼誠如是使彼欲爲天子天下豈汝家所有耶慰諭令歸子儀聞之囚曖入待罪上曰鄙諺有之不癡不聾不爲家翁兒女子閨房之言何足聽也子儀歸杖曖數十

郭忠恕 字恕先洛陽人少善屬文七歲舉童子爲漢湘陰公從事宋初與御史苻昭争忿朝堂貶乾州司户卒

郭恕先時與役夫小民入市肆飲食曰吾所與

游皆子類也

郭昱

郭昱狹中詭僻登進士耻赴常選獻書於宰相

趙普 字則平幽州人沉厚有大略以佐命功累官中書令 自比巢由朝議

惡其矯激故久不調後復伺普望塵自陳普笑

謂人曰今日甚榮得巢由拜於馬首

郝隆 字佑治汲郡人仕至征西參軍

郝隆七月七日出日中仰卧人問其故答曰我曬書【排調】

郝隆為桓公南蠻參軍三月三日會作詩不能者罰酒三升隆初以不能受罰既飲攬筆便作一句云娵隅躍清池桓問娵隅是何物答曰蠻名魚為娵隅桓曰作詩何以作蠻語隆曰千里投公始得蠻府參軍那得不作蠻語也【排調】

樂廣字彥輔南陽人清夷沖曠加有理識累遷侍中河南尹尚書令○【德行】王澄【文學】

衛玠潘岳【賞譽】王澄【[illegible]】字重

樂令女適大將軍成都王穎字叔度世祖第十九子王兄

長沙王（名乂字士度世祖第十七子）執權於洛遂構兵相圖長沙王親近小人遠外君子凡在朝者人懷危懼樂令既允朝望加有婚親羣小讒於長沙長沙嘗問樂令樂令神色自若徐答曰豈以五男易一女由是釋然無復疑慮（一說乂猶疑之圖廣遂以憂卒）

客問樂令旨不至者樂亦不復剖析文句直以麈尾柄确几曰至不容曰至樂因又舉麈尾曰若至者那得去（夫藏舟潜往交臂恒謝一息不留忽焉生滅故飛鳥之影莫見其移馳車之輪曾不掩地是以去不去矣庸有至乎至不至矣庸有去乎然則前至不異後至至名所以生前去不異後去去名所以立今天下無去矣而去者非假哉既為假矣而至者豈

實哉容悟乃服[illegible]

衛叔寶是樂彥輔壻並有海内之名裴叔道嘗稱之曰婦翁氷清女壻璧潤[illegible]衛玠

衛伯玉為尚書令見樂廣與中朝名士談議奇之曰自昔諸人謂何晏鄧颺等沒以來嘗恐微言將絶今乃復聞斯言於君矣命子弟造之曰此人人之水鏡也見之若披雲霧覩青天[illegible]衛瓘

王夷甫自歎我與樂令談未嘗不覺我言為煩

樂廣善以約言厭人心其所不知默如也[illegible]

世說新語姓彙韻分卷之下

世說新語姓彙韻分卷之十一

陸閎字子春吳郡吳人父暢閎官尚書令

陸子春姿容如王威儀秀異光武晉登臺見而偉之歎曰南方故多佳人閎喜着越布單衣上見而好之自是常敕會稽郡獻越布

陸凱字敬風遜族子也忠鯁有大節篤志好學初為建忠校尉雖有軍事手不釋卷累遷左丞相時後主暴虐凱正直強諫以其宗族強盛不敢加誅也

孫皓問丞相陸凱曰卿一宗在朝有幾人陸曰二相五侯將軍十餘人皓曰盛哉陸曰君賢臣忠國之盛也父慈子孝家之盛也今政荒民弊

覆亡是懼臣何敢言盛

陸機字士衡吳郡人祖遜吳丞相父抗吳大司馬機博學善屬文非禮不動與弟雲並有儁才司空張華見而說之曰平吳之利在獲二俊入晉仕著作郎至平原內史○左思

潘岳　鄧艾

吳民　戴淵

陸機詣王武子武子前置數斛羊酪指以示陸曰卿江東何以敵此陸云有千里蓴羹但未下鹽豉耳　王濟

葛稚川名洪丹陽人以好學家貧伐薪以買紙筆夜輒寫書誦習性寡慾無所愛玩不知棋局幾道樗蒲齒名為人木訥不好榮利閑門却掃未嘗交遊於餘杭山見何幼道郭文舉目擊而已各無所言尋書問義不遠數千里崎嶇冒涉期於必得遂究覽典籍尤好神仙導養

之法目陸平原之文如玄圃積玉無非夜光〔文〕

陸士衡入洛次河南偃師迨夕結陰投宿民居見一少年姿神端遠與士衡言玄妙有辭致士衡心服其能乃提緯古今總驗名實少年亦不甚欣解既曉辭去士衡脫驂逆旅嫗曰此東數十里無村落止有山陽王家墓耳知所遇者輔嗣也士衡由此妙達玄理〔文〕〔晉〕王弼

盧志於衆坐問陸士衡陸遜字伯言陸抗是君何物荅曰如卿於盧毓字子家官司空盧珽字子笏官尚書士龍失色既出戶謂兄曰何至如此彼容不相知也

士衡正色曰我父祖名播海內寧有不知鬼子
敢爾議者疑二陸優劣謝公以此定之 [illegible] 盧志 陸雲
蔡司徒在洛見陸機兄弟住參佐廨中三間瓦
屋士龍住東頭士衡住西頭士龍為人文弱可
愛士衡長七尺餘聲作鍾聲言多忼慨 [illegible] 陸雲
張華見褚陶語陸平原曰君兄弟龍躍雲津顧
彥先鳳鳴朝陽謂東南之寶已盡不意復見褚
生陸曰公未覩不鳴不躍者耳 〔賞譽〕 褚陶 顧榮 陸雲
陸平原在洛夏月忽思齋東頭竹篠中飲語劉
寶曰吾思鄉轉深矣 [illegible]

陸平原河橋敗為盧志所讒被誅（成都王穎討長沙王乂使機為都督先鋒敗於七里澗長史盧志與黃門孟玖誣機謀反所致穎大怒使牽秀斬機先是機夕夢黑幔繞車手決不開惡之明旦秀兵奄至機解戎服着衣帢見秀容貌自若遂見害時年四十三軍士莫不流涕是日天地霧合大風折木平地尺雪初陸抗誅步闡百口皆盡有識尤之及機雲見害三族無遺）

臨刑歎曰欲聞華亭鶴唳（華亭吳由拳縣郊外墅也有清泉茂林機兄弟共遊於此十餘年）

可復得乎（機為河北都督聞警角之聲謂人曰聞此不如華[illegible]亭鶴唳故臨刑而有此歎）

陸雲（字士龍機弟也儒雅有俊才容貌瓌瑋博聞強記善著述六歲能賦詩時人以為項託揚烏之儔年十八刺史周俊命為主簿[illegible]累遷太子舍人清河內史為成都王所害○[illegible]）

陸機[illegible][illegible]陸機

二[illegible][illegible]周處

陸士龍好笑嘗著縗幘上船水中自見其影便大笑不已幾落水[illegible]

陸玩字士瑤吳郡吳人祖瞀父英玩器量淹雅累遷侍中尚書左僕射尚書令贈太尉

陸太尉詣王丞相咨事過後輒翻異王公怪其如此後以問陸陸曰公長民短臨時不知所言既後覺其不可耳[illegible]

王丞相初在江左欲結援吳人請婚陸太尉荅曰培塿無松栢薰蕕不同器培塿小阜玩雖不才義不為亂倫之始王導[illegible]

陸玩拜司空是時王導郗鑒庾亮相繼薨朝野憂懼以玩德望乃拜司空玩辭

議不獲乃歎息謂朋友曰以我爲三公是天下無人矣時人以為知言有人詣之索美酒得便自起瀉着㮰柱間地祝曰當今之才以爾爲柱石之用莫傾人棟㮰玩笑曰戢卿良箴【世】

陸太尉詣王丞相王公食以酪陸還遂病明日與王牋云昨食酪小過通夜委頓民雖吳人幾爲傖鬼【排】

陸納字祖言玩子少有清操貞厲絕俗歷吏部郎出為吳興太守會稽王道子專政委任羣小陸祖言望闕歎曰好家居纖兒欲撞壞之耶朝士稱其忠亮會稽【晉】

王道子

陸慧曉字叔明琬玄孫也清介正立不雜交遊張思曼嘗曰此江東裴樂也

陸慧曉爲晉熙王名銶太祖第十八子長史徐佐道見必起送之或語云長史貴重不宜妄自謙屈陸曰我性惡人無禮不容不以禮處人又未嘗卿士大夫或問其故陸曰貴人不可卿而賤者乃可卿人生何容立輕重於懷抱

宋世吏部都令史咨執選事陸東海在選任已獨行未嘗與語帝遣人語陸云都令史諳悉舊貫可共參懷陸曰六十之年不復能諮都令史

為吏部郎也上若謂身不堪便當拂衣而退【句】
何點嘗目陸慧曉心如明鏡遇形觸物無不朗
然何思遠常如懷冰暑月亦有霜氣【賞】
陸羽一名疾字季疵復州竟陵人不知所生有僧得諸水濵既長以易自筮得蹇之漸曰鴻漸于陸其羽可用為儀乃以陸為氏名羽而字鴻漸隱苕溪自稱桑苧翁闔門著書或獨行野中誦詩擊木徘徊不得意或慟哭而歸時謂今接輿也
陸鴻漸與常伯熊皆精茶理鴻漸嘗為茶論說茶之功效并煎茶炙茶之法造茶具二十四事以都統籠貯之遠近傾慕好事者家藏一副有常伯熊者因羽論復廣著茶之功御史李季卿丞相適之子弱冠舉明經頗工文詞代宗時拜御史
宣慰江南至臨懷縣館或言伯熊善茶李季卿請

為之伯熊著黄帔衫烏紗幘手執茶器口通茶
名區分指點左右刮目茶熟李為歠兩杯既到
江外復請鴻漸為之鴻漸身衣野服隨茶具而
入如伯熊故事李公心鄙之茶畢命奴取錢三
十文酬博士鴻漸夙遊江介通狎勝流及此羞
愧遂著毁茶論一說李季卿刺湖州至維陽逢陸處士李素熟陸名有傾蓋之
歡因之揚子驛李曰陸君善於茶蓋天下聞名美矣況揚子南零水又殊絶令軍士挈舫詣南零
俄水至陸曰非南零者傾之至半陸遽曰自此南零者矣使大駭曰某自南零齎至岸舟蕩覆
半懼挹水增之處士神鑒其敢隱焉李與賓從會大駭愕李因問歷處之水陸曰楚水第一晉
水最下李因命筆
口授而次第之

笠景秀

齊高帝有故吏笠景秀嘗以過繫作部高帝語荀伯玉字弄璋廣陵人仕宋爲晉安王參軍高帝爲南兖州從轉驃騎中兵參軍卿比看景秀不答曰數往候之備加責誚景秀言若許某自新則吞刀刮腸飲灰洗胃帝善其言乃釋之

狄仁傑字懷英太原人神功元年拜鸞臺侍郎中宗在房陵仁傑每奏對無不以母子恩情爲言后省悟召還中宗及正追贈司空

狄仁傑爲相有盧氏堂姨居午橋別墅仁傑伏臘脩禮甚謹嘗雪後休暇候盧氏適見表弟挾

弧矢攜雉兔歸置味進於堂上顧揖仁傑意甚
輕傲仁傑曰啓曰某幸爲相表弟有所欲願悉
力從其請姨曰吾止有一子不欲令事女主仁
傑慚而去輕

石崇字季倫苞子也生於青州故小名齊奴爲荊州刺史劫奪殺人以致巨富後爲趙王倫所殺

○金谷王蒙之太詩王裴[illegible]詩潘岳劉輿

石季倫嘗與長水校尉孫季舒酣宴孫慢傲過
度季倫欲表免之裴叔則聞而謂之曰季舒酒
狂四海所知足下飲人狂藥責人正禮不亦乖
乎觀固裴楷

石崇每與王敦入學戲見顏回原憲象而歎曰若與同升孔堂去人何必有間王曰不知餘人云何子貢去卿差近石正色云士當令身名俱泰何至以甕牖語人原憲以甕為戶牖

汰

石崇為客作豆粥咄嗟便辦恒冬天得韭萍虀又牛形狀氣力不勝王愷牛而與愷出遊極晚發爭入洛城崇牛數十步後迅若飛禽愷牛絕走不能及每以此三事為搤腕乃密貨崇帳下都督及御車人問所以都督曰豆至難煮惟預作熟末客至作白粥以投之韭萍虀是擣韭根

雜以麥苗而後問馭人牛所以駃敢入云牛本不遲由將車人不及制之爾急時聽偏轅則駃矣愷悉從之遂爭長石崇後聞皆殺告者 王愷

石野猪

僖宗 名儇懿宗子親任宦官驕奢無度日以聲色擊毬爲娛 善騎射劍槊法筭至於音律蒱博無不精妙好蹴鞠鬪鷄尤善擊毬嘗謂優人石野猪曰朕若應擊毬進士舉須爲狀元對曰臣若遇堯舜作禮部侍郎恐陛下不免駁放上笑而已

石中立 字表臣洛陽人父熙載中立性疎曠好諧笑人不以爲怒官參知政事

盛度字公量餘杭人累官翰林學士參知政事度肌體豐大艱於拜起體豐肥一日自殿前趨出宰相在後盛初不知忽見即欲趨避行百餘步乃得直舍隱於其中石學士中立見其喘甚問之盛告其故石曰相公問不盛曰不問別去十餘步乃悟罵曰奴乃以我為用丙吉爲相嘗出逢清道羣鬬者死傷橫道吉過之不問前行逢人逐牛牛喘吐舌吉止駐使騎吏問逐牛行幾里矣或譏其失問吉曰民鬬相殺傷長安令京兆尹職所當禁宰相不親小事非所當於道路問也方春少陽用事未可太熱恐牛近行用暑故喘此時氣失節恐有所傷害也三公典調和陰邏陽職當憂是以問之

翟湯字道淵南陽人漢方進之後也篤行任素義讓廉潔饋贈一無所受值亂多寇聞湯

名德皆不敢犯初庾亮臨江州聞湯之風束帶
躡履而詣焉禮甚恭湯曰使君直敬其枯木朽
株耳亮歎其能言表薦之徵國子博士
不赴主簿張玄曰此君臥龍不可動也

南陽翟道淵與汝南周子南少相友共隱于尋
陽庾太尉說周以當世之務周遂仕翟秉志彌
固其後周詣翟翟不與語翟子周邵

沐並字德信河間人有志介黃初中為成皋令骨預作終制戒其子曰告雲儀等夫禮者
生民之始教百世之中庸也故力行則為君子
不務者終為小人然非聖人莫能履其從容也
是以富貴者有驕奢之過貧賤者譏於固陋於
是養生送死苟竊非禮由斯觀之陽虎璵璠甚
於暴骨桓魋石槨不如速朽此言儒教撥亂反
正鳴鼓矯俗之大義未是窮理盡性陶冶變化
之實論也若能原始要終以天地為一區萬物
為芻狗該覽玄通求形影之宗同禍福之素一

死生之命吾有慕於道矣夫道之為物惟恍惟
忽壽為欺晛夭為鳧没身淪有無與時消息含
恍陰陽甘夢太極奚以棺槨為牢衣裳為纏屍
繫地下長幽桎梏豈不哀哉昔莊周闊達無所
適莫又楊王孫裸體至夫末世緣生怨死之徒
含珠鱗柙王牀象衽殺人以殉壙穴之內錮以
紛紛累藉以壓灰千載僵燥托類神仙於是大教
陵遲競於厚葬謂莊子為放蕩以王孫為戮屍
豈復識古有衣薪之鬼而野有狐狸之嚙哉吾
以材質滓濁汙於清流今年過耳順奄忽無常
苟得獲沒即以吾身襲於王孫矣上以贖市朝
之逋罪下以親道化之靈祖顧爾幼昏未知臧
否若將逐俗抑廢吾志為棄父之命
誰或務之使死而有知吾將尸視
沐德信必以清介名吳使諸葛子瑜瑾也朱義封
名然丹陽人仕至左大司馬圍樊城遣船兵於峴山東斫材
牂牁兵人作食有先熟者呼後熟者共食後熟

者荅言不煩爾呼者曰汝欲作沐德信耶

穆提婆宮婢陸令萱子也令萱坐其父酪超謀反配掖庭提婆亦沒爲奴齊主以令萱爲女侍中令萱引提婆入侍主朝夕戲弄累遷開府儀同斛律后之從婢穆舍利有寵於齊主令萱乃爲之養母因令提婆冒姓穆氏

陳師伐齊壽陽克之殺刺史王琳齊主聞之頗以爲憂穆提婆曰假使國家盡失黃河以南猶可作一龜茲國更可憐人生如寄惟當行樂何用愁爲齊主即大喜酣歌鼓舞

谷那律魏州人淹識羣書褚遂良曰爲九經庫官至弘文館學士

高宗出獵遇雨問諫議大夫谷那律曰油衣若

為不漏對曰以尾為之則不漏上曰此不復出

獵 [illegible]

伏滔 字玄度昌平安丘人以有才學為桓溫參軍領大著作掌國史遊擊將軍

王中郎令伏玄度習鑿齒論青楚人物 滔以春秋時鮑叔管仲隰朋召忽輪扁寗戚麥丘人逢丑父晏嬰涓子戰國時公羊高孟軻鄒衍田單荀卿鄒奭莒大夫田子方檀子鹵連淳于髡盼子田光顏歜黔子於陵仲子王叔即墨大夫前漢時伏徵君終軍東郭先生叔孫通萬石君東方朔安期先生後漢時大司徒伏三老江革逢萌禽慶承幼子徐防薛方鄭康成周孟玉劉祖榮臨孝存侍其元矩孫賓碩劉仲謀劉公山王儀伯郎宗禰正平劉成國魏時管幼安邴根矩華子魚徐偉長任昭先伏高陽此皆青士有才德者也

鑿齒以神農生於黔中召南詠其美化春秋稱其多才漢廣之風不同雞鳴之篇子文叔敖羞善

與管晏比德接輿之歌鳳兮漁父之詠滄浪漢陰丈人之折子貢市南宜僚屠羊說之不爲利田魯仲連不及老萊夫妻田光之於屈原鄧禹卓茂無敵於天下管幼安不勝龐公龐士元不推華子魚何鄭二尚書獨步於魏朝樂令無對於晋遂昔伏羲葬南郡少昊葬長沙舜葬零陵比其人則準的如此論其土則羣聖之所葬考其風則詩人之所歌尋其事則未有赤眉黃巾之賊此何如青州耶滔與相往反鑒崟無以對臨成以示韓康伯康伯都無言王曰何故不言韓曰無可無不可習鑿齒

孝武在西堂會伏滔預坐還下車呼其兒名系仕至光祿大夫語之曰百人高會臨坐未得他語先問伏滔何在在此不此故未易得為人作父如此何

如

服虔字子慎滎陽人少行清苦爲諸生治春秋左氏傳爲作訓解舉孝廉爲尚書郎九江太守○鄭玄太[illegible]

服虔既善春秋將爲註欲參考同異聞崔烈字威考高陽安平人瑗之兄子也官至司徒太尉封陽平亭侯集門生講傳遂匿姓名爲烈門人賃作食每當至講時輒竊聽户壁間既知不能踰己稍共諸生叙其短長烈聞不測何人然素聞虔名意疑之明早往及未寤便呼子慎子慎虔不覺驚應遂相與友善

畢卓字茂世新蔡人少傲達爲吏部郎嘗飲酒廢職比舍郎釀酒熟卓因醉夜至其甕間

取飲之主者謂是盜執而縛之知為吏部也釋之卓遂引主人燕甕間取醉而去官平南長史

畢茂世云一手持蟹螯一手持酒盃拍浮酒池中便足了一生匿

薛道衡字玄卿河東汾陰人六歲而孤專精好學及長才名益著裴讞目之曰鼎遷河朔吾謂関西孔子罕遇其人今復遇薛君矣官司隷大夫

薛道衡嘗遊鍾山開善寺謂一沙彌曰金剛何為努目法苑珠林云西方有神八人相貌猙獰身被金甲手持寶刀名曰金剛善衛世尊說法于雷音寺菩薩何為低眉金剛經註云菩普也薩濟也能普濟衆生故曰菩薩猶儒者仁人君子之稱沙彌答曰金剛努目所以降伏四魔婆娑論問云何故名魔答云斷慧命故名魔復次常行放逸害自身故名魔淨

印法門經云以無所為心印降諸魔當知有四一者蘊魔二者煩惱魔三者死魔四者天魔菩薩低眉所以慈悲六道華嚴經云六道皆有畢過謂天道人道魔道地獄道餓鬼道畜生道道衡憮然稱善 言

薛道衡聘陳作人日詩云入春纔七日離家已二年南人嗤之曰是底言誰謂此虜解作詩及云人歸落鴈後思發在花前乃喜曰名下固無虛士 文

習鑿齒字彦威襄陽人○伏滔 言語

釋道安俊辯有高才自北来荆州與習鑿齒相見道安因自通曰彌天釋道安習荅曰四海習

鑿齒當時以為名對【晋】【國】道安

習鑿齒史才不常宣武甚器之未三十便用為

荊州治中鑿齒謝牋亦云不遇明公荊州老從

事耳後至都見簡文返命宣武問見相王何如

荅云一生不曾見此人從此忤旨出為衡陽郡

性理遂錯於病中猶作漢晋春秋品評卓逸鑿

漢晋春秋斥温覬覦之心也其論略曰靜漢末累世之交争廓九域之蒙晦大定千載之盛功

者皆司馬氏也若以魏有代王之德則不之有靜亂之功則孫劉鼎立共王秦政猶不見叙於

帝王況暫制數州之衆哉且漢有係周之業則晋無所承魏之迹矣春秋之世吳楚稱王若推

有德彼必自係於周不推吳楚也況【又】長壽唐堂吳蜀兩定天下之功也

習鑿齒孫興公未相識同在桓公坐桓語孫可與習參軍共語孫云蠢爾蠻荆敢與大邦爲讐習云薄伐玁狁至于太原小雅詩也習襄陽人孫太原人故因詩以相戲也○【排調】孫綽

習鑿齒以脚病廢居里巷苻堅滅樊鄧素聞鑿齒名與釋道安並致焉與語大悅以其蹇疾裁堪半丁堅與諸鎮書曰晋氏平吳利在二俊今破漢南得士一人半耳【排調】道安 苻堅

聶季寶

李元禮一世龍門時同縣聶季寶小家子不敢

見元禮杜周甫名密潁川考城人少有厲俗志桓帝徵為尚書令黨事起與李膺俱坐而名行相次時人亦稱李杜知季寶賢不能定名以語元禮元禮呼見坐置砌下牛衣上一與言即決曰此人當作國士後卒如元禮言李膺

葉義問字審言嚴州壽昌人建炎初進士官吏部侍郎同知樞密院事金主亮南侵紹興三十一年亮調軍六十萬自將南來命葉義問視師江上義問素不習軍旅會劉錡字信叔德順軍人美儀狀善射聲如洪鐘張浚一見奇其才以為涇原經略使擢江淮浙西制置使禦金師屢戰克捷金主亮之南也下令有敢言錡姓名者罪不赦舉南朝諸將問其下孰敢當者皆隨姓名其答如響至錡莫有應者金主曰吾自當之蓋錡卒以病不能成功捷書至讀之至

金賊又添生兵顧問吏曰生兵是何物聞者掩口【[illegible]】

索靖字幼安燉煌人少有逸羣之量與鄉人氾衷張甝索紒索永俱詣太學馳名海內稱燉煌五龍靖該博經史兼通內緯傳玄張華與靖一面皆厚與之相結出為西域戊已校尉長史張勃表靖才藝絕人宜在臺閣武帝擢為尚書郎與襄陽羅尚河南潘岳吳郡顧榮同官咸器服焉○【晉書】歐陽詢

索靖有先識遠量知天下將亂指洛陽宮門銅駝歎曰會見汝在荊棘中【晉書】

岳柱字止翁一字燕山自幼容止端嚴穎達有遠識至大中為集賢學士

岳柱年八歲時觀畫師何澄長沙人工畫神佛畫陶母

剪髮幽指陶母手中金釧詰之曰有此可易酒何用剪髮何大驚即易之陶母事別見

諸葛亮字孔明其先葛氏琅琊諸縣人後徙陽都陽者先有葛姓者時人謂諸葛因為氏亮父珪字君貢泰山郡丞亮早孤躬耕隴畝好為梁甫吟身長八尺每自比管仲樂毅時人莫之許也惟博陵崔州平潁川徐元直謂為信然先主屯新野徐庶見先主曰諸葛孔明卧龍也將軍豈願見之乎先主曰君與俱來庶曰此人可就見不可屈致也先主遂詣亮謂關羽張飛曰孤之有孔明猶魚之有水也累遷丞相盡拼收寧衆北征卒于渭南

諸葛武侯與司馬宣王治軍渭濱克日交戰宣王戎服莅事使人視武侯獨乘素輿葛巾毛扇指麾三軍隨其進止宣王歎曰諸葛君可謂名

士矣〔通〕〔一〕司馬懿

諸葛瑾字子瑜以至孝稱仕吳累遷豫州牧弟亮及從弟誕字公休仕魏楚揚州刺史鎮東將軍司空並有盛名各在一國於時以為蜀得其龍吳得其虎魏得其狗誕在魏與夏侯玄齊名瑾在吳吳朝服其弘量〔品〕

諸葛靚字仲思誕子也雅正有才望仕吳為大司馬吳亡入洛以父誕為太祖所殺誓不見世祖世祖叔母琅琊王妃靚之姊也世祖後因靚在姊間往就見焉靚逃於廁中於是以至孝義名時嵇康亦被法而康子紹使騰陰之後譚者咸曰嵇紹靚二人然後知忠孝之道區以別矣

諸葛靚後入晉除大司馬召不起以與晉室有

靚常背洛水而坐與武帝有舊帝欲見之而無
由乃請諸葛妃呼靚既來帝就太妃間相見禮
畢酒酣帝曰卿故復憶竹馬之好否靚曰臣不
能吞炭漆身今日復覩聖顏因涕泗百行帝於
是慚悔而出方武帝云晉
諸葛恪字元遜瑾長子也以有才名發藻岐嶷辯論應機莫與為對孫權見而奇之謂瑾曰藍田玉生真不虛也仕至太傅為孫峻所害
曾有白頭烏集吳殿前孫權問羣臣此何烏也
諸葛元遜對云此名白頭翁張輔吳昭字子布彭城人
少好學博覽衆書官至輔吳將軍自以坐中最老疑元遜戲之

因曰恪欺陛下未嘗聞鳥名白頭翁者試使恪復求白頭母元遜曰鳥名鸚母未必有對試使輔吴復求鸚父張不能答 排

諸葛瑾為豫州遣别駕到臺語云小兒知談卿可與語連往詣恪恪不與相見後於張輔吴座中相遇别駕嗅恪咄咄郎君恪曰朝之曰豫州亂矣何咄咄之有答曰君明臣賢未聞其亂恪曰昔唐堯在上四凶在下答曰非惟四凶亦有丹朱於是一座大笑 排

諸葛恢字道明靚子少有令聞稱為名賢避亂江左中宗召補主簿累遷尚書令

諸葛令王丞相共爭姓族先後王曰何不言葛王而云王葛令曰譬言驢馬不言馬驢驢寧勝馬耶

諸葛厷字茂遠父緒魏雍州刺史厷有逸才仕至司空主簿年少不肯學問始與王夷甫談便已超諸王嘆曰卿天才卓出若復少加研尋一無所愧厷後看莊老更與王語便足相抗衡

諸葛厷在西朝少有清譽為王夷甫所重時論亦以擬王後為繼母族黨所讒誣之為狂逆將遠徙友人王夷甫之徒詣檻車與別厷問朝廷

何以從我王曰言卿狂逆玄曰逆則應殺狂何所從

皇甫覲字威明安定朝那人官度遼將軍與太常張奐然明太尉段熲紀明並知名顯達號為涼州三明

皇甫度遼解官歸鄉時有以貨得鴈門太守者書刺候謁度遼卧不時起既入見問卿前在郡食鴈美乎有頃白王節信名符安定人少好學與馬融竇章張衡崔瑗友善安和之後世務游宦更相薦入符獨耿介不同於俗以此不得升進志意蘊憤隱居著書三十餘篇名潛夫論在門度遼驚遽而起衣不及帶屣履出迎援手入坐極歡而別時人為之語曰徒

見二千石不如一逢掖寵

皇甫謐字士安安定人曾祖嵩漢太尉祖叔獻富貴樹守寒素所養叔母數曰昔孟母以三徙成子曾父以烹豕存教豈我居不卜鄰何爾魯之甚乎修身篤學自汝得之於我何有因對之流涕謐乃感激年二十餘就鄉里席坦受書遭人而問其布寧日武帝借其書二車遂得博覽徵太子中庶子議郎並不就終於家文

酬左遇

皇甫謐有從姑子梁柳為城陽太守將之官或勸士安餞之士安曰柳為布衣時過吾吾送迎不出門食不過鹽菜今送之是貴城陽太守而輕梁柳非心所安玄晏春秋曰七年春予長三尺四寸矣未通書史與從姑子梁柳編荊為家今陳相刺共以為樂德

胡毋輔之字彥國泰山奉高人官湘州刺史○[illegible]王澄王尼

胡毋彥國吐佳言如屑後進領袖[illegible]

胡毋彥國至湘州爾時三伏中彥國坐正衙搖扇視事其子子光之名謙從容顧語曰彥國復何爲自貽伊戚[illegible]

令狐綯字子直父楚僕射綯舉進士累官至[illegible]部尚書右僕射○[illegible]溫庭筠

令狐相鎮淮海日嘗遊大明寺西壁題云一人堂堂二曜同光泉深尺一點去冰傍二人相連不欠一邊三梁四柱烈火燃除郤雙鉤兩日全諸賓幕莫能辨有支使班蒙曰一人非大字乎

二曜者日月非明字乎尺一者十一寸非寺字乎點去氺傍水字二入相連天字不欠一邊下字三樑四柱而烈火無字兩日除雙鉤比字得非大明寺水天下無比乎衆皆洗然

令狐綯在翰林日夜對禁中帝命以乘輿金蓮華炬送還院吏望見以為天子來俄傳呼曰學士歸院綯初為學士夜對禁中宣宗以玉杯酌酒賜之御林案上有書兩卷指謂綯曰朕聽政之暇未嘗不披尋史籍此先朝所述金鏡一卷則尚書大禹謨復問卿曾讀金鏡不識其要綯抗聲而誦至亂未嘗不任不肖理未嘗不任忠賢任忠賢則享天下之福任不肖則受天下之禍上止之曰朕每讀至此未書不三復後已書又云任賢勿貳去邪勿疑是則欲致

昇平當局此言為首絢抃舞而稱曰先生□
言金鏡垂裕可為萬古格言自非聰明文思盡
以蹊其與況堯舜禹湯之道在典謨訓誥之
間陛下不以黃屋為尊每觀之表夙夜嗜欲釋
躬奉善使踐績咸熙如此則功冠百王事超三
王矣上曰曩者仰卿材器今日觀卿詞學高軒
明立入之謂中使曰持燭送學士歸院及還
禁林夜漏將半咸以近臣恩澤殆無其比

夏侯玄字太初譙國人父尚玄官太常為司馬師所害○傳破

夏侯泰初與廣陵陳本字休元矯子官鎮北將軍善本與玄
在本母前宴飲本弟騫字休淵官至大司馬行還徑入至
堂戶泰初因起曰可得同不可得而雜玄以鄉黨貴戚
本不論德位年長者少為拜與陳本兄前
更寵來而出其可得同不可得而雜者也

夏侯太初嘗倚柱作書時大雨霹靂破所倚柱

衣服焦然神色無變書亦如故賓客左右皆跌蕩不得住一說[illegible][illegible]魏帝拜陵陪列於松柏下時暴雨霹靂正中所立之樹冠冕焦壞左右觀之皆伏玄顏色不改

裴令公目夏侯太初肅肅如入廊廟中不修敬而人自敬一曰如入宗廟琅琅但見禮樂器見鍾士季如觀武庫但睹矛戟見傅蘭碩江廧靡所不有見山巨源如登山臨下幽然深遠賢鍾會劉傅嘏山濤

魏明帝使后弟毛曾與夏侯玄共坐時人謂蒹葭倚玉樹容

時人目夏侯太初朗朗如日月之入懷李安國頽唐如玉山之將〔容止〕[illegible]李豐

夏侯玄既被桎梏初司馬懿誅曹爽徵玄為大常玄内知不免不交人事及懿薨許允謂玄曰子無復憂矣玄歎曰士宗卿何不見事乎此人猶能以通家年少遇我子元子上不吾容也後中書令李豐惡師執政遂謀以玄代之師聞其謀誅豐收玄送廷尉時鍾毓為廷尉鍾會先不與玄相知因便狎之玄曰雖復刑餘之人未敢聞命考掠初無一言臨刑東市顔色不異〔方正〕鍾會

夏侯亶字世龍譙郡人任至豫州刺史

夏侯豫州性極吝晩忽好音樂有妓妾數十無

被服姿容至嘗備黛奏樂時呼簾為夏侯妓衣

太叔廣字季思東平人

太叔廣甚辯給而摯仲治名虞長安人少好學師事皇甫謐善技綜文義多所著述歷秘書監太常卿長於翰墨俱為列卿每至公坐廣談仲治不能對退著筆難廣廣又不能答

仲長子光王績仲長先生傳曰先生字不曜自云洛陽人往來河東傭力自給無室廬絕妻子開皇末始遊河渚間以息身焉賣藥為業人莫之知也洛陰生遊河渚一覩而伏曰東方朔管輅不如也由是顯重守令至者皆親謁先生辭以痾疾未嘗交語書[illegible]遊覽河滸先

生傳汝自脩鐵者知其懸鍼人也有請道者勉書老易二字示之彈琴餌藥以終其世

仲長子光隱居北渚王無功愛其貞素徙與相近。王績

歐陽詢字信本長沙汨羅人善書筆力勁險篆體尤妙高麗國王遣其書遣使請焉神堯曰不意詢之書名遠播夷狄官至太子率更令

歐陽率更行見古碑是索靖所書靖張芝之甥孫也善草書用古隸飄乎若起鴻之兼勁風騰鱗之躍驚雲駐馬觀之良久而去數百步復還下馬佇立疲倦則布毯坐觀三日乃去。索靖

司空圖字表聖河中虞鄉人累官中書舍人昭宗召拜兵部侍郎會遷洛陽柳璨希賊

意許天下才望助袁王室詔竟入朝帽鬭陛王大功意趣野率臻知無意來世乃聽還居中幡像山王宜谷遂隱不出

司空袁聖預為壙故人來者引置內賦詩對酌人或難之袁聖曰我非止暫遊此中公何不廣耶

司馬徽字德操潁川陽翟人有人倫鑒識居荊州知劉表性暗必害善人乃括囊不談議時人有以人物問徽者初不辨其高下每輒言佳其婦諫曰人質所疑君宜辯論而一皆言佳豈人所以咨君之意乎徽曰如君所言亦佳其婉約遜遁如此嘗有妄認徽豬者便推與之後得其豬叩頭來還徽又厚辭謝之劉表子琮往候徽遣問在不會徽自鋤園琮左右問司馬君在邪徽曰我是也左右見其醜陋罵曰死傭將軍諸郎欲求見司馬君汝何等田奴而自

邪是耶徽歸刈頭着幘出見琮左右見徽故是向老翁恐向琮道之琮起叩頭辭謝徽乃謂曰卿真不可然吾甚羞之此自鋤園惟卿知之耳有人臨蠶求簇箔者徽自棄其蠶而與之或曰凡人損己以贍人者謂彼急我緩也今彼此正等何為與人徽曰人未嘗求己求之不與將慚何有以財物令人慚者人謂劉表曰司馬德操奇士也但未遇耳表後見之曰世間人為妄語此直小書生耳其智而能愚皆此類荊州破為曹操所得操欲大用會病死

南郡龐士元聞司馬德操在潁川故二千里候之至遇德操采桑士元從車中謂曰吾聞丈夫處世當帶金佩紫焉有屈洪流之量而執絲婦之事德操曰子且下車子適知邪徑之速不慮失道之迷昔伯成偶耕不慕諸侯之榮莊子曰堯治天

下伯成子高立爲諸侯禹爲天子伯成辭諸侯而耕於野禹往見之趨就下風而問焉子高曰
昔堯治天下不賞而民勸不罰而民畏今子賞罰而民且不仁德自此衰刑自此立夫子盍行
邪無落吾事原憲桑樞不易有官之宅家語曰原憲居魯環堵之
室茨以生草蓬戶不完桑樞而甕牖上漏下濕坐而絃歌子貢軒車不容巷往見之曰先生何
病也憲曰憲聞無財謂之貧學而不能行謂之病今憲貧也非病也夫希世而行比周而友學
以爲人教以爲己仁義之慝輿馬之飾憲不忍爲也何有坐則華屋行則
肥馬侍女數十然後爲奇此乃許父所以慷慨
夷齊所以長歎雖有竊眷之爵千駟之富呂不韋以
詐孽爵故曰竊爵齊景公有馬千駟千駟四千匹也不足貴也士元曰僕
生出邊垂寡見大義若不一叩洪鍾伐雷鼓則

不識其音響也麗統

司馬防字建公河內溫人性質直公方歷官清陽令京兆尹以年老轉拜騎都尉養志閭巷閭門自守諸子雖冠成人不命曰進不敢進不命曰坐不敢坐不指有所問不敢言父子之間肅如也年七十一卒

司馬建公嘗舉曹公為北部尉後曹公進爵為王召建公到鄴與歡飲語之曰孤今日可復作尉否建公曰昔舉大王時適可作尉耳魏武帝

司馬懿字仲達防子猜忌多權數魏武聞其有狼顧相召使前行令反顧面正向後而身不動又嘗夢三馬同食一槽甚惡焉謂太子丕曰司馬懿非人臣也必預汝家事官至太傅晉武帝受禪禪追贈宣帝○諸葛亮桓溫

夏侯仲權名霸父淵青為曹爽所厚爽誅自疑亡入蜀姜伯約名維天水
人少孤與母居好鄭氏學諸葛亮辟為奉義將軍問之曰司馬公既得彼
政還復有征伐之志不仲權曰此人方營立家
門未遑外事有鍾士季者其人雖少終為吳蜀
之憂[illegible][illegible]鍾會
司馬師字子元懿長子官大將軍錄尚書事諡景王○[illegible][illegible]李憙[illegible][illegible]鍾毓
淮南王安父長文帝時謀逆廢徙蜀道死文帝感市粟之謠分淮南地封長子三人
淮南王著鴻烈二十篇鴻大也烈明也言大明禮教也號淮南
子自云字中皆挾風霜之氣揚子雲以為一出
一入字直百金[illegible][illegible]揚雄

昭烈皇帝姓劉諱備字玄德涿郡人景帝子中山靖王勝之後○陳登

許汜襄陽人與劉玄德並在劉荊州名表字景升魯恭王之後身長八尺姿貌溫偉與張儉等號為八顧官荊州牧坐共論人物許曰陳元龍淮海之士豪氣不除玄德問許君言豪寧有事邪許曰昔遭亂過下邳見元龍無客主之意不相與語自上大床臥使客臥下床玄德曰君有國士之名今四海擾流帝王失所而無救世之意求田問舍言無可採是元龍所諱也何緣當與君語如我自臥百尺樓上臥君於地下何但上下床之間邪陳登

蜀先主銜張裕字南和蜀郡人曉占候嘗私語人曰歲在庚子天下當易代劉氏祚盡矣主公得益州九年之後寅卯之間當失之人密白其言後魏氏之立先主之薨皆如所言不遜兼忿其漏言下獄將誅之諸葛武侯表請其罪先主答教曰芳蘭當門不得不鉏裕甚精相術每舉鏡視面自知刑死未嘗不撲之於地

武帝曹操字孟德小字阿瞞沛國譙人少機警有權數任俠放蕩不治行業後子丕代漢贈太祖武皇帝○[illegible]孔融[illegible]懿脩四[illegible]司馬昭

魏武將見匈奴使自以形陋不足雄遠國使崔季珪名琰清河人聲姿高暢眉目疎朗鬚長四尺甚有威重代帝自捉刀立牀頭既畢令間諜問曰魏王何如匈奴使答

白魏王雅望非常然牀頭捉刀人此乃英雄也

魏武聞之追殺此使【容】

魏武少時嘗與袁紹字本初汝南汝陽人父逢漢司空紹好游俠與張孟卓何伯求吳子卿并子遠伍德瑜為奔走之友好為游俠觀人新婚因潛入主人園中夜叫呼云有偷兒賊青廬中人皆出觀魏武乃入抽刃刼新婦與紹還出失道墜枳棘中紹不能得動復大叫云偷兒在此紹遑迫自擲出遂以俱免【假】

魏武嘗行役失汲道軍皆渴乃令曰前有大梅林饒子甘酸可以解渴士卒聞之口皆出水乘

此得及前源〔後〕

魏武嘗言人欲危已已輙心動因語所親小人曰汝懷刃密來我側我必説心動執汝使行刑汝但勿言其使無他當厚相報執者信焉不以為懼遂斬之此人至死不知也左右以為實謀逆者挫氣矣操在軍廩穀不足私語主者曰何如主者云可以小斛足之操曰善後軍中言操欺衆操題其主者背以徇曰行小斛盜軍穀遂斬之仍云特當借汝死以厭衆心其變詐〔後〕皆此類。

魏武常云我眠中不可妄近近便所入亦不自覺左右宜深慎此後陽眠所幸一人竊以被覆

之曰便所殺自爾每眠左右莫敢近者

袁紹年少時曾遣人夜以劔擲魏武少下不著魏武揆之其後來必高乃帖卧牀上劔至果高

魏武擊馬超韓遂至潼關遂請與曹相見操與遂有舊於是交馬語移時不及軍事但說京都舊故拊手歡笑時秦胡觀者前後重沓操笑謂之曰爾欲觀曹公耶亦猶人也非有四目兩口但多智耳

魏武有一妓聲最清高而情性酷惡欲殺而愛

才欲置則不堪於是選百人十時俱敎少時果
有一人聲及之便殺性惡者[illegible]
魏甄后慧而有色先爲袁熙妻甚獲寵曹公之
屠鄴也令疾召甄左右白五官中郎已將去公
曰今年破賊正爲奴袁紹爲中子熙娶甄會女及魏武下鄴文帝先入袁
尚府見夫人被髮垢面垂涕立紹妻劉後文帝問知是熙妻使令攬髮以袖拭面姿貌絕倫既
過劉謂甄曰不復[illegible][illegible]魏死矣遂納之有子○文帝
文帝丕字子桓操子○[illegible][illegible]魏武帝也篡漢爲帝○[illegible][illegible]下太后
彈碁始自魏宮內用妝奩戲傅玄彈棋賦叙曰漢成帝好蹴踘劉
向以爲勞人體竭人力非至尊所宜御乃因其體作彈棋今按玄此言則其來久矣此云起自魏

世說矣
文帝於此戲特妙用手巾角拂之無不中有客自云能帝使為之客著葛巾角低頭拂棊妙踰於帝

魏文帝忌任城王名彰字子文武帝第二子性剛勇而黃鬚武帝稱為黃鬚兒驍壯因在卞太后閤共圍棊並噉棗文帝以毒置諸棗蔕中自選可食者而進王弗悟遂雜進之既中毒太后索水救之帝預敕左右毀瓶罐太后徒跣趨井無以汲須臾遂卒復欲害東阿文帝問占夢周宣吾夢磨錢文欲滅而更明何謂宣悵然不對帝固問之宣曰陛下家事雖欲爾而太后不聽是以欲滅更明耳帝欲治弟植之罪逼於太后但加貶爵太后

曰汝已殺我任城不得復殺我東阿[illegible][illegible]后東阿王

明帝叡字元仲文帝子以其母廢未立為嗣文帝與俱獵見子母鹿文帝射其母應弦而倒復令帝射其子帝置弓泣曰陛下已殺其母臣不忍復殺其子文帝曰好語動人遂定為嗣

魏明帝為外祖築館於甄氏文昭甄皇后明帝母也父逸上蔡令明帝即位追封上蔡君嫡孫象襲爵既成自行視謂左右曰館當以何為名侍中繆襲字熙伯蘭陵人官光祿勳曰陛下聖思齊於哲王罔極過於曾閔此館之興情鍾舅氏宜以渭陽為名秦詩曰康公之母晉獻公之女文公遭驪姬之難未反而秦姬卒穆公納文公康公時為太子贈送文公于渭之陽念母之不見也曰我見舅氏如母存焉按

魏書帝於後園為象母起觀名其里曰渭陽然則象母即帝之舅母非外祖母也且渭陽為舅名亦乖舊史也

陵雲臺樓觀精巧先稱平眾木輕重然後造搆乃無錙銖相負揭臺雖高峻常隨風搖動而終無傾倒之理魏明帝登臺懼其勢危別以大材扶持之樓即頹壞論者謂輕重力偏故也

東阿王植字子建文帝同母弟也年十餘歲誦詩論及辭賦數萬言善屬文太祖嘗視其文曰汝倩人耶植跪曰言出為論下筆成章願當面試何奈倩人耶時鄴銅雀臺新成太祖悉將諸子登之使各為賦植援筆立成可觀植性簡易不治威儀輿馬服飾不尚華麗每見難問應聲而答太祖寵愛之幾為太子者數矣文帝即位封鄄城侯後徙雍丘復封東阿

○魏文帝 賈詡

曹子建七歩成章世目為繡虎

大帝孫權字仲謀策弟父堅為下邳丞時生權方頤大口目有精光堅異之以為有貴象及策起事江東權常隨從性度弘朗仁而多斷好俠養士每參同計謀策自以為不及劉琬來語人曰吾觀孫氏兄弟雖各才秀明達然皆祿祚不終惟中弟孝廉形貌奇偉骨體不恒有大貴之表年又最壽○桓盈

公孫淵奉表於吳吳主大悅遣太常張彌執金吾許晏等九錫備物乘海授淵封為燕王張昭苦諫不用卒遣彌晏往公孫淵知吳遠難恃乃斬張彌等首傳送於魏吳主聞之大怒曰朕年

六十世事難易靡所不嘗近為鼠子所前郤令人氣踊如山不自截鼠子頭以擲于海無顏復臨萬國〔逸〕

景帝休字子烈權第六子也初封瑯琊王夢乘龍上天顧不見尾孫綝廢少主迎立之

孫休好射雉至其時則晨去夕反羣臣莫不止諫此為小物何足甚耽休曰雖為小物耿介過人朕所以好之〔規〕

後主皓字元宗一名彭祖權孫也為晉所滅封歸命侯

晉武帝問孫皓聞南人好作爾汝歌頗能為不皓正飲酒因舉觴勸帝而言曰昔與汝為鄰今

與汝爲臣上汝一杯酒令汝壽萬春帝悔之[illegible]

晋武帝臨軒大會引見孫皓謂曰朕設此座以待卿久矣皓曰臣於南方亦設此座以待陛下賈充謂皓曰聞君在南方鑿人目剥人面此何等刑也皓曰人臣有弑其君及奸回不忠者則加此刑耳斥充世受魏恩而折回附晋弑高貴鄉公也充默然甚愧

[illegible][illegible]晋武帝賈充

世祖武皇帝姓司馬名炎字安世昭長子也寬惠仁厚沉深有度量代魏爲主

○[illegible][illegible]王濬[illegible][illegible]吳主孫皓

愍懷太子遹字熙祖惠帝長子也幼聰慧武帝愛之恒在左右嘗從武帝觀豕牢

言於帝曰豕甚肥何不殺以享士而使久穢五穀帝嘉其意即便烹之因撫其背謂廷尉傅祗曰此兒當興我家嘗對羣臣稱太子似宣帝於是令譽流於天下

愍懷太子少便聰慧武帝甚愛之六七歲時宮中嘗夜失火武帝登樓望之太子牽上衣裾使入闇中上問其故太子對曰暮夜倉卒宜備非常不宜親近火光令照見人主[illegible]

中宗元皇帝名睿字景文祖伷瑯琊王父恭王覲嗣帝襲爵爲瑯琊王少而明慧因亂過江起義遂即帝位

元帝過江猶好酒王茂弘與帝有舊常流涕諫帝許之命酌酒一酣從是遂斷[illegible]

元帝皇子生普賜羣臣殷洪喬奏曰皇子誕育普天同慶臣無勳焉而猥頒厚賚中宗笑曰此事豈可使卿有勳耶

肅宗明皇帝名紹字道畿元帝長子也明聰有機斷 ○溫嶠

晋明帝數歲坐元帝膝上有人從長安來元帝問洛下消息潸然流涕明帝問何以致泣具以東渡意告之因問明帝汝意謂長安何如日遠荅曰日遠不聞人從日邊來居然可知元帝異之明日集羣臣宴會告以此意更重問之乃荅曰日近元帝失色曰爾何故異昨日之言耶荅

曰舉目見日不見長安
王大將軍既為逆頓軍姑孰晉明帝以英武之才猶相猜憚乃著戎服騎巴賨馬齎一金馬鞭陰察軍形勢未至十餘里有一客姥居店賣食帝過憩之謂姥曰王敦舉兵圖逆猜害忠良朝廷駭懼社稷是憂故劬勞晨夕用相覘察恐形迹危露或至狼狽追迫之日姥其匿之便與客姥馬鞭而去行敦營匝而出軍士覺曰此非常人也敦卧心動曰此必黃鬚鮮卑奴來命騎追之已覺多許里追士因問向姥不見一黃鬚人

騎馬度此耶姥曰去已久矣不可復及於是騎人息意而反王敦

王導溫嶠俱見明帝帝問溫前世所以得天下之由溫未荅頃王曰溫嶠年少未諳臣為陛下陳之王乃具叙宣王創業之始誅夷名族寵樹同己及文王之末高貴鄉公事明帝聞之覆面箸牀曰若如公言祚安得長

譙王無忌字公壽承子也才器無膏有文武幹翼封譙王驃騎將軍

王大將軍執司馬愍王名承字元顯譙王遜子也為中宗湘州刺史路過武昌王敦與燕會酒酣謂承曰大王篤實佳士非將御之才荅曰焉知鉛刀不能一割手敦

將深湛召承爲軍司馬承歎曰吾其死矣地荒民解勢孤援絕赴君難忠也死王事義也一死志與義又有來馬不馳檄諸郡承遣叢敦遣從母前鋒又攻承王廙爲賊逆之承薨於車裏既滅延鄧騫驛曰發王夜遣世將載王於車而殺之當時不盡知也雖際王家亦未之皆慈而無忌兄弟皆辯王胡之與無忌長甚相暱胡之嘗共遊無忌入告母請爲饌母流涕曰王敦昔肆酷汝父假手世將吾所以積年不告汝者王氏門彊汝兄弟尚幼不欲使此聲著蓋以避禍耳無忌驚呼抽刃而出胡之已去遠

世說新語姓彙韻分卷之十一

世說新語姓彙韻分卷之十二

太宗簡文皇帝名昱字道萬中宗少子也仁聞有智度穆帝幼冲以撫軍輔政

桓溫廢海西○賞譽劉惔品藻劉惔
公而立帝○[illegible]王恭輕詆王濛

簡文作撫軍時嘗與桓宣武俱入朝更相讓在前宣武不得已而先之因曰伯也執殳為王前驅衛詩簡文曰所謂無小無大從公于邁魯頌[illegible]桓溫

簡文入華林園園顧謂左右曰會心處不必在遠翳然林木便自有濠濮間想也莊子與惠子游濠梁水上莊子曰鯈魚出遊從容是魚樂也惠子曰子非魚安知魚之樂也莊子曰子非我安知我之不知魚之樂也莊子釣在濮水楚王使二大夫造焉曰願以境內累莊子持竿不顧曰吾聞楚有神龜

死已三千年巾笥而藏諸廟此寧曳尾於塗中寧留骨而貴乎二大夫曰寧曳尾於塗中莊子曰往矣吾亦寧曳尾於塗中覺鳥獸禽魚自來親人【言】

佛經以爲祛練神明則聖人可致釋氏經曰一切衆生皆有佛性但能修智慧斷煩惱萬行俱足便成佛也簡文云不知便可登峯造極不然陶練之功尚不可誣【言】

宣武與簡文太宰共載密令人在輿前後鳴鼓大叫鹵簿中驚擾太宰惶怖求下輿顧看簡文穆然清恬宣武語人曰朝廷間故復有此賢武陵王名晞官太宰【注】

支道林目會稽王有遠體而無遠神簡文初封會稽王

簡文作相王時與謝公共詣桓宣武王珣先在内桓語王卿嘗欲見相王可住帳裏二客既去桓謂王曰定何如王曰相王作輔自然湛若神君公亦萬夫之望不然僕射何得自沒（參[illegible]桓温謝安）

海西時諸公每朝朝堂猶暗惟會稽王来軒軒如朝霞舉（容）

烈宗孝武皇帝（名曜字昌明簡文子也為張貴妃所弒）太元末長星見孝武心甚惡之夜華林園中飲酒舉盃屬星云長星勸爾一盃酒自古何時有

萬歲天子

簡文崩孝武年十餘歲立至暝不臨左右啓依常應臨帝曰哀至則哭何常之有

晉孝武年十二時冬天晝日不著複衣但著單練衫五六重夜則累茵褥謝公諫曰聖體宜令有常陛下晝過冷夜過熱恐非攝養之術帝曰晝動夜靜（老子曰燥勝寒靜勝熱此言夜靜寒宜重晝也）謝公出歎曰上理不減先帝

孝武山陵夕王孝伯入臨告其諸弟曰雖榱桷惟新便自有黍離之哀（孝武末會稽王道子執政寵幸王國寶委以機

任王恭入赴山陵故有此歎

會稽王道子（簡文第五子也領司徒揚州刺史進太傅為桓玄所害贈丞相）○

隱鈔王恭

司馬太傅齋中夜坐于時天月朗淨都無纖翳太傅歎以為佳謝景重在坐荅曰意謂乃不如微雲點綴太傅因戲謝曰卿居心不淨乃復彊欲滓穢太清耶（謝重）

主石勒（字世龍上黨武鄉人匈奴之苗裔也雖勇好騎射晉元康中流宕山東與平原茌平人師懽家傭耳恒聞鼓角鞞鐸之音勒私異之明勒鄉里原上地中生石日長類鐵騎之象國中生人參葩葉甚盛于時父老相者皆云此胡狀貌奇異有志度不可知勸邑人厚遇之人多

哂而不信永嘉初事條並起與胡王陽等十八騎詣汲桑爲左前督桑敗共推勒爲主攻下州郡都於襄國後僭正號

石勒不知書使人讀漢書聞酈食其勸立六國後刻印將授之大驚曰此法當失云何得遂有天下至留侯諫輒曰賴有此耳

主苻堅字永固武都氐人本姓蒲祖洪詐稱讖文改曰苻言已當王應符命也堅幼生有赤光流其室及生皆赤色隱起若篆文幼有美度石虎同隸徐正名知人堅六歲時嘗戲於路正見而異焉問曰苻郎此官衢小兒行戲不畏縛耶堅曰吏縛有罪不縛小兒正謂左右曰此兒有王霸相石氏亂從父健及父雄西入關健夢天神使者朱衣冠拜肩頭爲龍驤將軍肩頭堅小字也健即拜爲龍驤以應神命後健僭帝號死子生立凶暴羣臣殺之而立堅○

郤超

[illegible]君鑒

主慕容垂父皝垂年十三勇冠三軍皝奇其才命名霸後墜馬折齒更名曰𡙇尋以應讖文更名曰垂垂貴兼文武威名日盛太傅評忌之與太后可足渾氏謀誅之垂與子令俱奔秦秦主堅郊迎執手曰天生賢傑必相共成大功要當與卿共定天下然後還卿本邦世封幽州不亦美乎王猛曰垂父子譬如龍虎非可馴之物若借風雲將不可復制不如早除之堅曰吾方收攬英雄以清四海奈何殺之乃以為冠軍將軍

苻堅既北還自淝水敗還慕容垂言於堅曰北鄙聞王師不利輕相煽動臣請奉詔書以鎮慰之堅許之權翼諫曰垂勇略過人世豪東夏譬如養鷹饑則附人每聞風飆之起常有凌霄之志正

宜謹其條篇龍豈可解縱任其所欲哉

武帝劉裕宋德輿小字寄奴彭城人生而母死父將棄之從母救而乳之嘗行遇大蛇擊傷之後至其所羣兒擣藥曰吾王爲劉寄奴所傷裕曰何不殺兒曰寄奴王者不死遂叱之即散不見以清簡寡慾未嘗見珠玉輿馬之飾及受晉禪後庭無綺羅絲竹之音

殷仲文勸宋武帝畜伎帝曰我不解聲仲文曰但畜自解帝曰畏解故不畜晉書殷仲文

廢帝子業世祖武帝之子

宋主子業令太廟別畫祖考之像入廟指高祖像曰渠大英雄生擒數天子謂桓玄慕容超姚泓也指太祖像曰渠不亦惡但末年不免兒所去頭謂高元凶

勛所親也指世祖像曰渠大齇鼻如何不齇豈㠯畫工令齇之【任】

武陵王曄高帝第五子也母以罪誅曄年四歲思慕不異成人高帝雖爲方伯而居處甚貧諸子學書無紙筆曄常以指畫空中學字遂工篆法武帝即位歷中書令祠部尚書

齊武帝時諸弟皆無寵嘗於御坐曲宴武陵曰醉伏地以貂抄肉柈帝笑曰汙貂武陵答曰陛下何愛其羽毛而疏其骨肉【規】

武帝蕭衍蘭陵人仕齊至大司馬自爲相國封梁王卒受齊禪爲帝【賞譽】王份李諸

梁時有沙門訟田武帝大署曰貞有司未辨猵問莫知劉顯字嗣芳沛人官平西諮議參軍曰貞文字爲與上

人帝忌出之【提】
昭明太子統字德施高祖子也孝謹天至精於義學年三十一薨
昭明太子與諸賢泛舟玄圃池有盛稱此中宜
奏女樂太子初無言但詠左太冲招隱詩曰何
必絲與竹山水有清音【德】
簡文帝綱字世纘武帝第三子也侯景克建康師兵入殿幽帝於永福省尋弑之
梁簡文為侯景字萬景魏之懷朔人也初事爾朱榮高歡歡誅爾宋氏遂為歡用
歡死叛歸於梁太清二年陷石頭城自稱漢王湘東王繹起兵斬之幽縶題壁自
敘云有梁正士蘭陵蕭世纘立身行道終始如
一風雨如晦鷄鳴不已弗欺暗室豈況三光數

至於此命也如何

咸陽王禧獻文帝之子也

咸陽王窮極驕奢姬妾數十猶遠有簡娉以恣其情後以叛誅宮人爲之歌曰可憐咸陽王奈何作事悮金床玉几不能眠夜蹋霜與露洛水湛湛彌岸長行人那得渡其歌流傳江表北人在南者雖至富貴絃歌奏之莫不灑泣

彭城王勰字彥和獻文帝子孝文帝宏弟也敏而好學雅好屬文官宗師錄尚書事

彭城王奉魏主喪至魯陽咸陽王禧謂勰曰汝此行不惟勤勞亦實危險勰曰兄年長識高故

知有夷險彦和握蛇騎虎不覺艱難初魏主宏自將擊齊陳顯達寇甚還至穀塘謂勰曰霍子孟諸葛孔明以異姓猶受顧託況汝親賢可不勉之及主殂勰與任城王澄謀以陳顯達去尚未遠秘不發喪徙御臥輿遣使奉詔徵太子太子至魯陽遇梓宮乃發喪東宮官屬疑勰有異[illegible]志密防之而勰推誠盡禮卒無間隙

魏主名恪孝文之子使羽林虎賁守諸王第殆同幽禁彭城王勰切諫不聽勰志尚高邁避事家居而出無山水之適處無知己之遊獨對妻子常鬱鬱不樂先是北海王詳以罪幽死高肇之[illegible]諸也肇又說魏主使虎賁守諸王第

神武帝高歡渤海蓨人仕魏為丞相加九錫

東魏高歡既破宇文泰軍使彭樂追泰泰窘謂

樂曰癡男子今日無我明日豈有汝耶何不急還營收汝金寶樂從其言獲綦金帶一囊以歸言於歡曰黑獺漏刃破膽矣歡怒其失綦捽其頭連頓之舉刃將下者三噤齘良久【忿】

霍王元軌高祖第十四子也少多才藝鶴徵書稱曰經學文雅漢之間平也霍王元軌臨徐州與處士劉玄平為布衣之交或問玄平王之所長玄平荅以無長人問其故玄平曰夫人有短所以見長【品】

玄宗明皇帝名隆基睿宗子○【巧藝】吳道玄

玄宗不好琴嘗一聽弄未畢叱琴者出謂內侍

曰速令花奴將羯鼓來為我解穢

昭宗皇帝名曄懿宗子體貌明粹有英氣識肄之初尊禮大臣夢想賢傑有恢復前烈之志而天祿已去民心已離欲救不能卒之播越草莽身死全忠之手

朱全忠引兵屯河中奉表請上遷都洛陽上至華州民夾道呼萬歲上泣曰勿呼萬歲朕不復為汝主矣謂侍臣曰鄙語云紇干山頭凍殺雀何不飛去生處樂朕今漂泊不知竟落何所因泣下沾襟左右莫能仰視

莊宗李存勗本沙陀之種祖國昌唐咸通中以功賜姓李氏父克用封晉王存勗有奇表善騎射代梁有天下○

馬希範漸磨

樂羊子妻列女傳曰河南樂羊子之妻不知何氏之女有盜欲犯之先劫其姑妻擧刀自刎而死太守以聞以禮葬之號曰貞義

樂羊子遊學七年妻常躬勤養母又遠饋羊子嘗有他舍雞飛入園中姑盜殺而食之妻對雞泣而不餐姑怪問其故對曰自傷居貧使食有他肉姑亦感悟棄去

樂羊子嘗行路得遺金一餅還以與妻妻曰妾聞志士不飲盜泉之水論語傳考讖曰水名盜泉仲尼不漱廉者不受嗟來之食禮記曰齊大飢黔敖爲食于路以待餓者有蒙袂輯屨貿貿而來曰嗟來食曰余惟不食嗟來之食以至于斯發而謝之不食而死曾子曰其嗟也可去其謝

也可食況拾遺求利以汙其行乎羊子大慚乃指金於野

陳嬰母

陳嬰者東陽人少脩德行著稱鄉黨秦末大亂東陽人欲奉嬰為主母曰不可自我為汝家婦少見貧賤一旦富貴不祥不如以兵屬人事成少受其利不成禍有所歸嬰以兵屬項梁梁以嬰為上柱國

班婕妤鴈門人成帝初選入宮大得幸立為婕妤帝遊後庭嘗欲與同輦婕妤辭之

漢成帝幸趙飛燕長安人初生父母不舉三日不死乃收養之及壯屬河陽主家學歌舞號曰飛燕帝微行過主見而說之召入宮大得幸立為后飛燕譖班

婕妤呪詛於是考問辭曰妾聞死生有命富貴在天脩善尚不蒙福為邪欲以何望若鬼神有知不受邪佞之訴若其無知訴之何益故不為也婕妤對有辭致上憐之賜金百斤婕妤恐見危中求供養太后於長信宮帝崩婕妤充奉園陵薨因葬園中

袁隗妻馬氏名倫融女與妹芝並有才義

袁隗字次陽官太尉妻馬倫是季長女少有才辯融家世豐豪裝遣甚盛隗問曰婦奉箕帚而已何乃過珍麗乎對曰慈親垂愛不敢逆命君若欲慕鮑宣梁鴻之高妾亦請從少君孟光之事矣鮑宣

妻桓氏女也字少君宣嘗就少君父學父奇其清苦以女妻之裝送甚盛宣不悅謂妻曰少君
生富驕習美飾而吾實貧賤不敢當禮妻曰大人以先生修德守約故使賤妾侍執巾櫛既奉
承君子惟命是從宣笑曰能如是是吾志也妻乃悉歸侍御服飾更著短衣裳與宣共挽鹿車
歸鄉里拜姑禮畢提甕出汲修行婦道鄉邦稱之隗又曰弟先兄舉世
以為笑今處姊未適先行可乎對曰妾姊高行
殊邈未遭良匹不似鄙薄苟然而已又問曰南
郡融為南郡太守學窮道奧文為詞宗而所在之職輒
以貨財為損何耶對曰孔子大聖不免武叔之
毀子路至賢猶有伯寮之愬家君獲此固其宜
耳隗默然不能屈

蔡琰字文姬，邕女，博學有才辯，妙于音律。適河東衛仲道，夫亡無子。興平中，喪亂，為胡騎所獲，沒于南匈奴左賢王，十二年，生二子。曹操素與邕善，遣使以金璧贖之，嫁真董祀。

蔡文姬年六歲時，父中郎於夜中鼓琴，絃絕。文姬曰：「第二絃。」中郎復故斷一絃以問之，文姬言是第四絃，並不差謬。中郎云：「偶得之耳。」文姬曰：「季札觀周，知興亡之國語出春秋傳，文多不錄；師曠吹律，識南風之不競。由此觀之，何是不知？」蔡邕語出

曹公問蔡文姬：「聞夫人家先多墳籍，猶能憶識之不？」文姬曰：「昔亡父賜書四千許卷，流離塗炭，罔有存者。今所誦憶，裁四百餘篇。」曹公言：「當使

十叏就夫人寫之文姬曰妾聞男女之別禮不親授乞給紙筆眞草惟命於是繕寫送上文無遺誤 賢

孔融女

孔北海被收時男方九歲女纔七歲以幼弱得全寄住他舍主人遺以肉汁男飲之女曰今日之禍豈得以活何賴知肉味乎或有言於曹操收之將加戮女謂兄曰若死而有知得見父母豈非至願乃延頸就刑 賢

卞太后 瑯琊開陽人以延熹三年生有黃氣滿室年二十太祖納於譙○ 淑[illegible] 魏文帝

魏武帝崩文帝悉取武帝宮人自侍及帝病困
卞后出看疾太后入户見值侍並是昔日所愛
幸者太后問何時来耶云正伏魄時過因不復
前而歎曰狗鼠不食汝餘死故應爾至山陵亦
竟不臨文帝【賢媛】魏

許允妻阮氏
許允字士宗高陽人仕至鎮軍將軍婦是阮衛尉名共字伯彥仕至衛尉卿
女德如也佩妹奇醜交理竟允無復入理家人深
以為憂會允有客至婦令婢視之還答曰是桓
郎桓郎者桓範字允明沛人仕至大司農也婦云無憂桓必

勸入桓果語許云阮家既嫁醜女與卿故當有意卿宜察之許便回入內既見婦即欲出婦料其此出無復入理便捉裾停之許囙謂曰婦有四德卿有其幾四德謂德言容功德是貞順言謂辭令容謂婉娩功謂絲枲婦曰新婦所乏惟容爾然士有百行君有幾許云皆備婦曰夫百行以德為首君好色不好德何謂皆備允有慚色遂相敬重〔賢〕

許允為吏部郎多用其鄉里魏明帝遣虎賁收之其婦出誡允曰明主可以理奪難以情求既至帝覈問之允對曰舉爾所知臣之鄉人臣所

知也陛下檢校爲稱職與不若不稱職臣受其罪既檢校皆官得其人於是乃釋允衣服敗壞詔賜新衣初允被收舉家號哭阮新婦自若云勿憂尋還作粟粥待頃之允至

許允爲晉景王所誅初允與夏侯玄李豐親善及豐被收允欲往見之司馬師已出門允回遑不定師椎之曰我自收李豐士大夫何爲忽忽乎會鎮北將軍劉靜卒以允代靜允喜謂其妻曰吾知免矣妻曰禍見於此何免之有已而有司奏允前擅以廚錢穀乞諸俳及官屬遂幽殺之門生走入告其婦婦正在機中神色不變曰蚤知爾耳門人欲藏其兒婦曰無豫諸兒事後徙居墓所景王遣鍾會看之若才流

及父當牧兒以咨母母曰汝等雖佳才具不多率實懷與語便無所憂不須極哀會止便止又可少問朝事兒從之會反以狀對卒免允二子奇字子太後仕晉爲尚書祠部郎猛字子豹官至幽州刺史

王廣妻諸葛氏

王公淵名廣凌子也有風量才學名重當世娶諸葛誕女入室言語始交王謂婦曰新婦神色卑下殊不似公休誕字婦曰大丈夫不能彷彿彥雲凌字而令婦人比蹤英傑

王經母

王經少貧苦仕至二千石母語之曰汝本寒家子仕至二千石此可以止乎經不能用爲尚書助魏不忠於晉經字彥偉清河人初高貴鄉公將自討司馬昭經諫曰昔魯昭不忍季氏敗走失國爲天下笑今權在其門久矣朝廷四方皆爲之致死不顧逆順之理非一日也宿衛空闕寸刃無有陛下何所資用而一旦如此無乃欲除疾而更深之耶帝不聽被收涕泣辭母曰不從母敕以至今日母都無慼容語之曰爲子則孝爲臣則忠有孝有忠何負吾耶一說經母顏色不變笑而謂曰人誰不死往所以止汝者恐不得其所也以此並命何恨之有

趙姬桐鄉令東郡虞韙妻潁川趙氏女也才敏多覽韙沒大帝敬其文才詔入宮省大帝

欲自征公孫淵嫁上顯以隸作列女傳解讚趙母注

趙母嫁女女臨去敕之曰慎勿為好女曰不為好可為惡耶母曰好尚不可為其況惡乎

王渾妻鍾氏之名琰

王渾妻鍾氏生女令淑武子為子求簡美對而未嘗有其家子有儁才欲以妹妻之乃白母曰誠是才者其地可遺然要令我見武子乃令兵兒與羣兒雜處使母帷中察之既而母謂武子曰如此衣形者是汝所擬者非耶武子曰是也母曰此才足以拔萃然地寒不有長年不得申

其才用覲其形骨必不壽不可與婚武子從之兵兒數年果亡賢

王司徒婦鍾氏女太傅曾孫亦有俊才女德鍾郝郝王湛妻為娣姒雅相親重鍾不以貴陵郝郝亦不以賤下鍾東海湛子承也家內則郝夫人之法京陵渾初襲父爵京陵侯家內範鍾夫人之禮賢媛王湛妻

王湛妻郝氏晉書王渾妻

王汝南少無婚自求郝普字道直襄城人仕至洛陽太守女司空王昶字文舒仕至司空以其癡會無婚處任其意便許之既婚果有令姿淑德生東海遂為王氏母儀

或問汝南何以知之曰嘗見井上取水舉動容
止不失常未嘗忤觀以此知之（王湛）
賈充妻李氏（名婉字淑文）
賈充前婦是李豐女豐被誅離婚徙邊後遇赦
得還充先已取郭配女（名玉璜或云槐字）武帝特聽置
左右夫人李氏別住外不肯還充舍（世祖踐祚李氏赦還爲齊獻王妃欲令充遣郭氏更納其母充不許爲李氏築宅而不往來充母柳氏將亡充問所欲言者柳曰我教汝迎李新婦尚不肯安問他事）郭氏語充欲就省李
充曰彼剛介有才氣卿往不如不去郭氏於是
盛威儀多將侍婢既至入戶李氏起迎郭不覺

卿自居曰號再拜既反語充充曰語卿道何物

山濤妻韓氏韓氏有才識濤未仕時戲之曰忍寒我當作三公不知卿堪為夫人不耶

山公與嵇阮一面契若金蘭山妻韓氏覺公與二人異於常交問公公曰我當年可以為友者唯此二生耳妻曰負羈之妻亦親觀狐趙晉公子重耳及曹曹共公聞其駢脅欲觀其裸浴薄而觀僖負羈之妻曰吾觀晉公子之從者皆足以相國若以相夫子必反其國得志於諸侯而誅無禮曹其首也子盍蚤自貳焉乃饋盤飧寘璧焉公子受飧反璧意欲窺之可乎他日二人来妻勸公止

之宿具酒肉夜穿墉以視之達朝忘反公入曰二人何如妻曰君才致殊不如正當以識度相友耳公曰伊輩亦常以我度為勝濤雅素恢達度量弘遠心存事外而與時俛仰嘗與阮籍嵇康諸人著忘言之契至於群子屯蹇於世濤獨保浩然之度

○賢媛 山濤

陶侃母湛氏湛氏豪恭有豐筭以陶氏貧賤紡績以資給侃使交結勝己

陶公少有大志家酷貧與母湛氏同居同郡范逵素知名舉孝廉投侃宿于時冰雪積日侃室如懸磬而逵馬僕甚多侃母湛氏語侃曰汝但出外留客吾自為計湛頭髮委地下為二髲賣一

髮賣得數斛米斫諸屋柱悉割半為薪剉諸薦以為馬草日夕遂設精食從者皆無所乏逵既歎其才辯又深愧其厚意明旦去侃追送不已且百里許逵曰路已遠君宜還侃猶不返逵曰卿可去矣至洛陽當相為美談侃廼返逵及洛遂稱之於羊晫顧榮諸人大獲美譽一云湛徹所剉薦給陰截髮賣以供調逵聞之歎息逵去侃追送之逵曰豈欲仕乎侃曰有仕郡意逵曰當相談致過廬江向太守張夔稱之召補吏舉孝廉除郎中○陶侃

陶公少時作魚梁吏嘗以坩鮓餉母母封鮓付使反書責侃曰汝為吏以官物見餉非惟不益

乃增吾憂也湛氏賢明有法訓佩在武昌與佐吏從容飲燕常有飲限或勸猶可以進佩悽然良久曰昔年少曾有酒失二親見約故不敢踰限及佩丁艱憂在墓下忽有二客來弔不哭而退儀服鮮異知非常入遣隨視之但見雙鶴沖天而去○賢鑒陶侃

周浚妻李氏名絡秀○劉鑒周嵩

周浚字開林汝南人少有才名官至安東將軍作安東時行獵值暴雨過汝南李氏李氏富足而男子不在有女名絡秀聞外有貴人與一婢於內宰豬羊作數十人飲食事事精辦不聞有人聲密覘之獨見一女子狀貌非常浚因求為妾父兄不許絡秀曰門戶殄瘁何惜一女若連姻貴族將來或大益

父兄從之遂生伯仁兄弟絡秀語伯仁等我所以屈節為汝家作妾門戶計耳浚周氏譜浚娶同郡李伯宗女此云為妾妄耳汝若不與吾家作親親者吾亦不惜餘年伯仁等悉從命由此李氏在世得方幅齒遇

謝

謝朗母王氏名綏父韜林道人詣謝公東陽謂朗時始總角新病起體未堪勞與林公講論遂至相苦母王夫人在壁後聽之再遣信令還而太傅留之王夫人因自出云新婦少遭家難一生所寄惟在此兒因流涕

抱兒以歸謝公語同坐曰家嫂辭情忼慨致可傳述恨不使朝士見謝朗

謝安妻劉氏父耽

謝公夫人幃諸婢使在前作伎使太傅暫見便下幃太傅索更開夫人云恐傷盛德

孫長樂兄弟就謝公宿言至款雜劉夫人在壁後聽之具聞其語謝公明日還問昨客何似劉對曰亡兄門未有如此賓客夫人是惔之妹謝深有愧色

謝太傅劉夫人性忌不令公有別房公既深好

聲樂後遂頗欲立妓妾兄子外生輩微達此旨共問訊劉夫人因方便稱關雎螽斯有不忌之德夫人知以諷已乃問誰撰此詩云是周公夫人曰周公是男子相為耳若使周姥撰詩當無此言 惑

王羲之妻郗氏 名璿字子房鑒女也

王右軍郗夫人謂二弟司空 愔也 中郎 曇字重熙鑒少子官北中郎將徐兗刺史 曰王家見二謝傾筐倒庋 謂謝安萬 見汝輩來平平爾汝可無煩復往 賢

王尚書惠嘗看王右軍夫人問眼耳未覺惡不

荅曰髮白齒落屬乎形骸至于眼耳關于神明那可便與人隔

王凝之妻謝氏名道蘊

謝太傅寒雪日内集與兒女講論文義俄而雪驟公欣然曰白雪紛紛何所似兄子胡兒曰撒鹽空中差可擬兄女曰未若柳絮因風起公大笑樂即公大兄無奕女左將軍王凝之妻也凝之字叔平羲之第二子歷江州刺史會稽内史嘗事五斗米道孫恩之攻會稽衆之謂民吏曰不須備防吾已請大道許遣鬼兵相助賊自破矣既不設備遂為恩所害

王江州夫人語謝遏曰汝何以都不復進為是

塵務經心天分有限【賢】

謝遏絕重其姊張玄常稱其妹欲以敵之有濟尼者並遊張謝二家人問其優劣答曰王夫人神情散朗故有林下風氣顧家婦清心玉映自是閨房之秀【賢】

王凝之謝夫人既往王氏大薄凝之既還謝家意大不悅太傅慰釋之曰王郎逸少之子人身亦不惡汝何以恨迺爾荅曰一門叔父則有阿大中郎羣從兄弟則有封胡謝韶字穆度小字封胡萬子也官車騎司馬遏末謝淵字叔度小字遏末奕第二子官義興太守時人稱其彥秀不意

天壤之中乃有王郎 忽
王江州為孫恩所害謝夫人嫠居會稽太守劉
柳字叔開南陽人少登清宦歷尚書左右僕射時右丞傅迪好廣讀書而不解其義柳惟讀
老子而迪每輕之柳云卿讀書雖多而無所解可謂書簏矣時人重其言聞其名請
與談義夫人素聞劉名亦不自阻乃簪髻素褥
坐在帳中劉束脩整帶造於別榻夫人風韻高
邁敘致清雅先及家事慷慨流漣徐酬問旨詞
理無滯劉退而歎曰實頃所未見瞻察言氣使
人心形俱服夫人亦云親從凋亡始遇此士聽
其所問殊開人心胷 [illegible]

庾宣妻桓氏字女幼

庾玉臺友小字也字惠彥冰苐三子官東陽太守希之苐也希誅希字始彥冰長子累遷徐兖州刺史希兄弟貴盛桓溫忌之諷免希官遂奔于暨陽初郭璞筮求子孫少有大禍惟固三陽可以有後故希求鎮山陽弟友為東陽希自家暨陽及溫誅希弟柔倩聞希難避於海陵後還京口聚眾事覺為溫所誅將戮玉臺玉臺子名宣友長子婦宣武弟桓豁女也徒跣求進閽禁不納女厲聲曰是何小人我伯父門不聽我前因突入號泣請曰庾玉臺常因人腳短三寸當復能作賊不宣武笑曰婿故自急遂原玉臺一門

郗超妻周氏名馬[illegible]汝南人閔女也

郗嘉賓喪婦兄弟欲迎妹還終不肎歸曰生縱
不得與郗郎同室死寧不同穴
韓伯母殷氏也羨女○隱之姊
韓康伯母隱古几毀壞卞鞠見几惡欲易之鞠卞
韓之甥之外孫也答曰我若不隱此汝何以得見古物
韓康伯母殷隨孫繪之字季倉言衡陽太守之衡陽於闔
廬洲中逢桓南郡卞鞠是其外孫時來問訊謂
鞠曰我不死見此豎二世作賊在衡陽數年繪
之遇桓景真之難也桓亮字景真溫孫也叔父玄篡逆見誅亮聚衆於長

汝自鎮湘州刺史殺太宰甄恭衡陽內史太守韓繪之等十餘人殷撫屍哭曰汝父昔罷豫章徵書朝至夕發汝去郡邑數年為物不得動遂及於難夫復何言

桓沖妻王氏字女宗恬女也

桓車騎不好著新衣浴後婦故送新衣與車騎大怒催使持去婦更持還傳語云衣不經新何由而故桓公大笑著之

桓溫妻李氏

桓宣武平蜀以李勢妹為妾甚有寵常著齋後主溫尚明帝女南康長公主始不知既聞與數十婢拔白刃

鬒之正值李梳頭髮委藉地膚色玉耀不為動容徐曰國破家亡無心至此今日若能見殺乃是本懷主慚而退一說溫平蜀以李勢女為妾郡主凶妒不即知之後知乃拔刃往李所因欲斫之見李在窗梳頭姿貌端麗徐後結髮斂手向主神色閑正辭甚悽惋主於是擲刀前抱之曰阿子我見汝亦憐何況老奴遂善待之

世祖皇后王氏偃之女導之玄孫也

宋王太后疾篤使呼宋主子業子業曰病人間多鬼那可往太后怒謂侍者取刀來剖我腹那得生寧馨兒

明帝皇后王氏名貞風瑯琊人僧朗之女

宋明帝嘗於宮内大集贏婦人以為歡笑明恭后獨以扇障面帝曰外舍家寒乞今共為笑樂何獨不視后曰為樂之事其方自多豈有姑姊妹集聚而贏婦人形體以此為樂外舍之為歡適與此不同帝怒遣后令起后兄景文語人曰后在家為儜弱婦人不知今段遂為剛正如此

賢

劉孝綽三妹

劉孝綽三妹嫁琅瑘王叔英吴郡張嵊字四山官長史東海徐悱字敬業勉子官晉安内史並有文才徐妻尤為清

拔樹妻所謂劉三娘者也惜乎妻爲祭文詳圖甚悽愴惻本欲爲哀文既觀此文乃閣筆

上官昭容名婉兒西臺侍郎儀之孫父庭芝死母鄭方娠夢巨人畀大秤曰持此稱量天下昭容生踰月母戲曰稱量者豈爾邪輒啞然應後內秉機政符其夢云自通天來內掌詔命中宗立進昭容帝引名儒賜宴賦詩婉兒常代帝及后長寧安樂二公主衆篇並作采麗益新又差第羣臣所賦賜金爵朝廷靡然成風當時屬辭大抵浮靡然皆可觀昭容力也韋后之敗斬闕下

○品圖宋之問

政和公肅宗第三女降柳潭

肅宗宴於宮中時有蕃將阿布思伏法其妻配掖庭因隸樂工是日爲假官之長宮中女優有弄假官戲其綠衣秉簡者謂之參軍樁上及侍宴者笑樂政和公主獨俛

首不視上問其故公主曰禁中侍女不少何必須得此人使阿布思真逆人其妻亦同刑人不合迫至尊之座果究邪豈忍使其妻與羣優雜處為笑謔之具妾深以為不可上亦憫惻為之罷戲【[illegible]】

張說女

張說女嫁盧氏女嘗為其舅求官說不語但指搘牀龜南方老人用龜支牀足行二十餘歲老人死發牀龜尚生不死龜能行氣導引也示之歸告其夫曰舅得詹事矣易曰占事知來以龜示知謂占事也【[illegible]】

元載妻王氏名韞秀縉女或云王忠嗣女

元相名載鳳翔人寓到京屢陳時務深符上旨擢拜中書以貪惐伏法得罪夫人王氏韞秀少有識量節槩頗聞掖庭代宗欲令入宮備彤管箴規之任王歎曰王家十三娘二十年太原節度使女十六年宰相妻誰能書得長信昭陽之事得罪亦幸矣堅不從命

黃巢姬妾

中和間時溥既平黃巢獻俘於朝時溥彭城人黃巢擾長安詔徵天下兵進討武寧節度支詳遣溥赴難及巢攻陳州溥出師討之戰屢捷巢之敗也其將尚讓以數千人降溥并巢姬妾百數僖宗御大元樓受之

宣問嬪妾汝等皆勳貴子女世受國恩何爲從賊其居首曰狂賊凶逆國家以百萬之衆失守宗祧播遷巴蜀今陛下以不能拒賊責一女子置公卿將相於何地乎僖宗不復問皆戮於市人争與之酒衆皆悲慟昏醉居首者獨不歎不泣至於就刑神色肅然黄巢曹州冤句人初依尚君長爲亂踰五嶺犯湖湘江浙攻陷京師僭號大齊

秦國長公主太祖妹

宋太祖將北征京師諠言軍中欲立點檢爲天子太祖告家人曰外間洶洶如此將若之何太

祖姊方在厨引麵杖擊太祖逐之曰丈夫臨大事可否當自決胷懷乃來家間恐怖婦女何為耶太祖默然而出 [illegible]

釋道安 常山人本姓衛年十二作沙門值石氏乱於陸渾山修學為慕容㑺所逼乃往襄陽以佛法東流經籍錯謬為之條章詮釋自支道林等皆宗其理 [illegible] [illegible] 習鑿齒 [illegible] [illegible] 習鑿齒

郗嘉賓欽崇釋道安德問餉米千斛修書累紙意寄殷勤道安答直云損米愈覺有待之為煩 [illegible]

支遁 字道林河内人本姓関氏少而任心獨往風期高亮年二十五始釋形入道年五十三終於○ [illegible] [illegible] 王坦之王濛謝安 [illegible] [illegible] 謝萬 [illegible]
洛陽 [illegible] 謝萬 [illegible] [illegible] 王坦之 [illegible] [illegible] 王坦之

支道林常養數匹馬或言道人畜馬不韻支曰
貧道重其神駿
支公好鶴住剡東峁山有人遺其雙鶴少時翅
長欲飛支意惜之乃鎩其翮鶴軒翥不復能飛
乃反顧翅垂頭視之如有懊喪意林曰既有凌
霄之姿何肯為人作耳目近玩養令翮成置使
飛去
褚季野語孫安國云北人學問淵綜廣博孫荅
曰南人學問清通簡要支道林聞之曰聖賢固
所忘言自中人以還北人看書如顯處視月南

學問如牖中窺日支所言但譬成孫褚之理也然則學廣則難周難周則識闇故如顯處視月學寡則易覈易覈則智明故如牖中窺日也○劉曰褚褒孫盛

有北來道人好才理與林公相遇於瓦官寺講小品于時竺法深孫興公悉共聽此道人語屢設疑難林公辯答清析辭氣俱爽此道人每輒摧屈孫問深公上人當是逆風家向來何以都不言深公笑而不答林公曰白旃檀非不馥焉能逆風成實論曰波利質多天樹其香則逆風而聞深公得此義夷然不屑劉曰法深

莊子逍遙篇舊是難處諸名賢所可鑽味而不

能拔理於郭向之外支道林在白馬寺中將馮
太常名懷字祖思長樂人歷太常護軍將軍共語因及逍遙支卓
然標新理於二家之表立異義於衆賢之外皆
是諸名賢尋味之所不得後遂用支理文
支道林許掾諸人共在會稽王簡文齋頭支為法
師許為都講支通一義四座莫不厭心許送一
難衆人莫不抃舞但共嗟詠二家之美不辨其
理之所在文學許詢
三乘佛家滯義支道林分判使三乘炳然諸人
在下坐聽皆云可通支下坐自共說正當得兩

六三便亂今義弟子雖傳猶不盡得三乘者一曰聲聞乘二曰緣覺乘三曰菩薩乘聲聞者悟四諦而得道也緣覺者悟因緣而得道也菩薩者行六度而得道也

謝車騎在安西奕也艱中林道人往就語將夕乃退有人道上見者問云公何處来荅云今日與謝孝劇談一出来謝玄

支道林殷淵源俱在相王許相王謂二人可試一交言而才性殆是淵源崤函之固君其慎焉支初作改轍遠之數四交不覺入其玄中相王撫肩笑曰此自是其勝場安可爭鋒殷浩

支道林談善標宗會而章句或有所遺時為守文者所陋謝太傅聞而善之曰此乃九方歅之相馬略其玄黄取其駿逸之秦穆公謂伯樂曰子之年長矣子姓有可使求馬者乎伯樂曰良馬可以形容筋骨相也天下之馬者若滅若沒若亡若失臣之子皆下才也臣有所與九方臯其相馬非臣之比也穆公見之使行求馬三月而反報曰已得之在沙丘穆公曰何馬對曰牝而黄使人往取之牡而驪穆公不悅召伯樂曰敗矣子之所使求馬者色物牝牡弗能知又何馬之能知也伯樂曰若臯之所觀天機也得其精而忘其麤在其内而忘其外馬至果天下之良馬也 賞

王長史歎林公尋微之功不減輔嗣 賞

王孝伯問謝公林公何如右軍謝曰右軍勝林

林公在司州前亦貴徹不言若義之而言勝胡之品藻王茅之主長史嘗病親疏不通林公來守門人遽啓之曰一異人在門不敢不啓王笑曰此必林公陵語林曰諸人嘗要阮光祿共詣林公阮曰欲聞其言惡見其面此期林公之面信當醜異謝公云見林公雙眼黯黯明黑孫興公見林公稜稜露其爽

支道林喪法虔道林同學也儁朗有理義遁甚重之之後精神霣喪風味轉墜常謂人曰昔匠石廢斤於郢人若于曰郢人堊漫其鼻端若蠅翼使匠石運斤斲之堊盡而鼻不傷郢人立不失容牙生輟絃於鍾子韓詩外傳曰伯牙鼓琴志在泰山鍾子期聽之曰善哉乎鼓琴巍巍乎若泰

山志在流水子期曰善哉乎鼓琴洋洋乎若流水鍾子期死伯牙擗琴絶絃終身不復鼓之
推己外求良不虛也冥契既逝發言莫賞中心
藴結余其亡矣卻後一年支遂殞〔傷逝〕
王子猷詣謝萬林公先在坐瞻矚甚高王曰若
林公鬚頭並全神情當復勝此不謝曰脣齒相
須不可以偏亡鬚髮何關於神明林公意甚惡
曰七尺之軀今日委君二賢〔排調〕
支道林因人就深公買印山深公荅曰未聞巢
由買山而隱〔排調〕法深
王文度在西州與林法師講韓孫諸人並在坐

林公理每欲少屈孫興公曰法師今日如着弊絮在荊棘中觸地挂閡排

王北中郎不為林公所知乃著論沙門不得為高士論大畧云高士必在於縱心調暢沙門雖云俗外反更束於教非情性自得之謂也輕詆王坦之

戴公見林法師墓墓在石城山曰德音未遠而拱木已積冀神理緜緜不與氣運俱盡耳王珣經法師墓序曰高墳鬱為荒楚丘隴化為宿莽遺迹未傷

滅而其人已遠其為時賢所惜如此

道壹道人姓竺名德沙門題目曰道壹文鋒富贍孫綽為之贊曰馳騁遊說言固不

不虛惟茲壹公綽然有[illegible]皆[illegible]若春爾載芬載數條柯椅蔚[illegible][illegible]蔚

道壹道人好整飭音辭從都下還東山經吳中已而會雪下未甚寒諸道人問在道所經壹公曰風霜固所不論乃先集其慘澹郊邑正自飄瞥林岫便已皓然

竺法汰體氣弘簡道情冥到

汰法師云六通三明同歸正異名耳經云六通者三乘之功德也一曰天眼通見遠方之色二曰天耳通聞障外之聲三曰身通飛行隱顯四曰宅心通水鏡萬慮五曰宿命通神知已往六曰漏盡通懸解累世三明者解脫在心朗照三世者也然天眼天耳身宅心漏盡此五者皆見在心之也宿命則過去心之明也因天眼發未來之

[illegible]表来心之明也　文

[illegible]歸異名義在斯矣

僧意　未詳氏族所出

僧意在瓦官寺中王苟子來與共語便使其唱理意謂王曰聖人有情不王曰無重問曰聖人如柱耶王曰如籌算雖無情運之者有情僧意云誰運聖人耶苟子不得答而去　王脩　[illegible][illegible]

慧遠　雁門樓煩人本姓賈氏世為冠族年二十一欲南渡就范宣子學道阻不通遇釋道安以為師抽簪落髮研求法藏釋曇翼每資燈燭之費誦鑒淹遠高悟冥賾安常歎曰道流東國其在遠乎襄陽既沒振錫南遊結宇靈岳不復出山名被流沙彼國僧衆皆稱漢地有大乘沙門每至然香禮拜輒東向致敬年八十三而終

[illegible][illegible]桓玄　[illegible][illegible]康

仲堪　[illegible][illegible]王謐

遠公在廬山中雖老講論不輟弟子中或有惰者遠公曰桑榆之光理無遠照但願朝陽之輝與時並明耳執經登坐諷誦朗暢詞色甚苦高足之徒皆肅然增敬【世說】

圖澄圖澄不知何許人出於燉煌好佛道出家爲沙門永嘉中至洛陽值京師有難潛遁草澤間石勒雄異好殺害因勒大將郭默略見勒以麻油塗掌占見吉凶數百里外聽浮圖鈴聲遂知禍福勒甚敬信之石虎即位亦師澄[illegible]大和尚自知終日開棺無屍惟袈裟法服在[illegible]

佛圖澄與諸石遊林公曰澄以石虎字季龍勒從弟也勒死誅勒諸[illegible]篡位爲海鷗鳥列子曰海上之人好鷗者每旦之海上從鷗遊鷗之[illegible]者數百而不止其父曰吾聞鷗鳥從汝遊[illegible]來玩之明日之海上鷗舞而不下

深法深不知其俗姓盖衣冠之胤也道徽高扇譽播山東值永嘉亂投迹揚土居

東邑內時法綱外允具瞻弘道之法師也以善慈清淨而不耐風塵考室剡縣東岬山中同

遊十餘人高栖浩然支遁林宗其風範 ○ 支遁支遁

竺法深在簡文坐劉尹問道人何以遊朱門荅

曰君自見其朱門貧道如遊蓬戶

高坐道人胡名尸黎密西域人傳云國王子以國讓弟遂為沙門永嘉中始到中土

天資高朗風韻遒邁王尊一見奇之以為吾之

徒也周顗領選撫其背而歎曰若選得此賢令

人無恨俄而顗遇害遁人對其靈座作胡祝數

千言音聲高暢既而揮涕收淚其哀樂廢興皆

此類在石子岡常行頭陀卒於梅岡

即葬焉元帝於冢邊立寺因名高坐 ○ 卞壺

高坐道人不作漢語道人性高簡不學晉語諸公與之言皆因傳譯然神

領意得煩在言前或問此意簡文曰以簡應對之煩旨

時人欲題目高坐而未能桓廷尉彝也以問周侯

周侯曰可謂卓朗桓公曰精神淵著

愍度道人名德沙門題目曰支愍度才鑒清出

愍度道人始欲過江與一傖道人為侶謀曰用

舊義往江東恐不辦得食便共立心無義既而

此道人不成渡愍度果講義積年後有傖人來

先道人寄語云為我致意愍度無義那可立舊義

者曰種智有是而能圓照然則萬累斯盡謂之

空無常住不變謂之妙有而無義者曰種智之

豁如太虛虛而能知無而

居宗至極其惟無乎

治此計權救饑爾

無為遜頓如來也跋

道猷生公弟子也師亡後見潮出勝鬘經數日先師昔義闇與經同因許勝鬘鄭宣講

宋文帝嘗問慧觀姓崔清河人十歲便以博見馳名弱年出家遊方廬山諮稟惠遠風神秀雅思入玄微頓悟之義誰復習之佛教濟入有懷悟漸

脩二宗答云有生公竺道生鉅鹿人幼穎悟若神值竺法汰遂改俗歸依爲思

奇拔開義開解王弘顏延之並歎挹風猷弟子道猷即敕臨川郡發

遣到京既至延入宮內大集義僧命猷伸述頓

悟時競辯之徒關責互起猷既積思參玄又宗

源有本乘機挫銳往必摧鋒帝撫几稱快同語

諸人曰生公孤情絕照猷公直轡獨上可謂亦

彦倫曰慧隆道人曰隆公蕭散森疎若霜下
之松竹
慧淨俗姓房常山真定人生知夭挺器宇冲邈弱歲便曉文頌十四出家志業弘遠日誦
八千餘言摠持辭義率有其比
釋慧淨嘗與道士蔡晃談義晃屢被摧折國子
祭酒孔穎達字仲達冀州人博學善屬文舉明經歷官文學館學士國子祭酒
心存道黨謂慧淨曰佛家無諍語錄曰佛說我得無諍三昧人
中最爲第一法師何以屢搆斯難慧淨荅曰備破外
道外道不通圓覺經註曰外道者着諸見等以邪智惑人令喪反謂佛
曰汝常自言平等今既以難破我即是不平何

明師匠無忝徽音

惠休 本姓湯善屬文世祖命還俗位至揚州從事

顏延之每薄湯惠休詩謂人曰休上人制作委巷間歌謠耳方當誤後生

慧亮 俗姓董先爲阿靖公弟子後立寺於臨甾講法華大小品十地等學徒雲集

釋慧亮過江止河園寺顏延之張緒眷德留連每歎曰安 道安 汰 法汰 吐珠玉於前斌亮振金聲於後 釋曇斌俗姓蘇南陽人十歲出家事道偉爲師 清言妙緒將絕復興

鋻 俗姓成陽平人學無師友卓然自悟

明師匠無忝徽音 去

惠休 本姓湯善屬文世祖命還俗位至揚州從事

顏延之每薄湯惠休詩謂人曰休上人制作委巷閒歌謡耳方當誤後生 去

慧亮 俗姓董先爲阿靖公弟子後立寺於臨淄講法華大小品十地等學徒雲集

釋慧亮過江止河園寺顏延之張緒眷德留連每歎曰安道安汰法汰吐珠玉於前斌亮振金聲於後

釋曇斌 俗姓蘇南陽人十歲出家事道禕爲師 清言妙緒將絶復興

曇

鑒 俗姓戚陽平人學無師友卓然自悟

彥倫曰慧隆道人曰隆公蕭散森踈若霜下之松竹

慧淨俗姓房常山真定人生知天挺器宇沖邈弱歲便曉文頌十四出家志業弘遠口誦八千餘言揔持辭義罕有其比

釋慧淨嘗與道士蔡晃談義晃屢被摧折國子祭酒孔頴達字仲達冀州人博學善屬文舉明經歷官文學館學士國子祭酒心存道黨謂慧淨曰佛家無諍語錄曰佛說我得無諍三昧人中最為第二法師何以屢構斯難慧淨荅曰佛破外道外道不通圓覺經註曰外道者著諸見等以邪智惑人令衰反謂佛曰汝常自言平等今既以難破我即是不平何

謂平等金剛經曰是法平等無有高下是名阿耨多羅三藐三菩提佛爲通曰以我不平破汝不平汝若得平即我平矣顧令亦爾以諍之諍破彼之諍彼得無諍即淨無淨也

中朝小兒

中朝有小兒父病行乞藥主人問病曰患瘧也主人曰尊侯明德君子何以病瘧俗傳行瘧鬼小多不病巨人故光武嘗謂景丹曰嘗聞壯士不病瘧大將軍反病瘧耳答曰來病君子所以爲瘧耳

鄭中尚藥奏求杜若敕下度支省郎以謝朓詩云芳洲生杜若（謝朓懷故人詩曰芳洲有杜若可以贈佳期）乃委坊州貢之本州曹官判云坊州不出杜若應由讀謝朓詩誤舉省名郎作此判事豈不畏二十八宿笑人耶（太微宮後二十五星郎位也）太宗聞之改授雍州司法■

世說新語補彙韻分卷之十二終

朝鮮刊本皇明世説新語

[韓] 閔寬東
[韓] 劉僖俊 整理
陳 慶

目録

皇明世説新語題解

韓國出版《皇明世説新語》及其接受研究

朝鮮時代，韓國傳入了許多中國世説體作品。茲就其出版事項與接受過程加以梳理。

一、中國世説體小説的發展及其傳入

唐代世説體小説有王方慶編撰《續世説新語》（十卷）、劉肅編撰《大唐新語》（十三卷），宋代有李垕編撰《南北史續世説》（十卷）、孔平仲編撰《續世説》（十二卷）、王讜編撰《唐語林》（八卷）等。元代世説體作品較少，大部分爲改編自《世説新語》的雜劇，如關漢卿《温太真玉鏡臺》（假譎九）、《漢元帝哭昭君》（賢媛二）、《石崇妾緑珠墜樓》（仇隟一）、《終南山管寧割席》（德行一）等。

明代世説體小説約有三十二種，其中只有六種出現在弘治、嘉靖、天啓、崇禎年間，其餘二十種均産生於萬曆年間。如下表所示：

明代世説體小説

書名	作者	成書時間	存佚
《吴中往哲記》/《往哲記》一卷	楊循吉（一四五八—一五四六）	弘治十年（一四九七）	存
《何氏語林》/《語林》三十卷	何良俊（一五〇六—一五七三）	嘉靖三十年（一五五一）	存
《續吴中往哲記》一卷	黄魯曾（一四八七—一五六一）	嘉靖三十六年（一五五七）	存
《續吴中往哲記補遺》一卷	黄魯曾	嘉靖三十六年（一五五七）	存
《世説新語補》二十卷	劉義慶撰、劉孝標注、何良俊增、李贄評點、張文柱校	嘉靖三十五年（一五五六）、萬曆十三年（一五八五）、萬曆十四年（一五八六）、萬曆十五年（一五八七）	存
《世説新語補》四卷	何良俊撰補、王世貞删定、張懋辰考訂	萬曆十三年（一五八五）	存
《初潭集》二十八卷/三十卷	李贄（一五二七—一六〇二）	萬曆十六年（一五八八）	存
《清賞録》二十卷	包衡、張翼	萬曆二十九年（一六〇一）	存
《説儲》/《説麈》八卷	陳禹謨（一五四八—一六一八）	萬曆十五年（一五八七）、萬曆三十七年（一六〇九）	存

《説儲二集》八卷	陳禹謨	萬曆十五年（一五八七）、萬曆三十七年（一六〇九）、萬曆三十九年（一六一一）	存
《邇訓》二十卷	方學漸（一五四〇—一六一五）	萬曆年間	存
《皇明世説新語》/《明世説新語》八卷	李紹文	成書於萬曆三十四年（一六〇六）、刻於萬曆三十八年（一六一〇）	存
《西山日記》二卷	丁元薦	萬曆中後期	存
《霞外麈談》十卷	周應治	成書於萬曆年間、刻於崇禎六年（一六三三）	存
《舌華録》九卷	曹臣	萬曆四十三年（一六一五）	存
《蘭畹居清言》/《清言》十卷	鄭仲夔	成書於萬曆三十年（一六〇二）或三十一年（一六〇三），刻於萬曆四十五年（一六一七）	存
《玉堂叢語》八卷	焦竑（一五四一—一六二〇）	萬曆四十六年（一六一八）	存
《琅嬛史唾》十六卷	徐象梅	萬曆四十七年（一六一九）	存
《耳新》八卷	鄭仲夔	天啓六年（一六二六）初刻、崇禎七年（一六三四）重刻	存

《説雋》四卷	華淑	今有明刊本及《快書六種》本	存
《燕都妓品》一卷	佚名	現存《重訂欣賞編》、《緑窗女史》及《續説郛》本。萬曆年間	存
《明世説》八卷	焦竑	《千頃堂書目》、《明史・藝文志》小説家類著録。萬曆年間	佚
《問奇類林》三十五卷	郭良翰	《千頃堂書目》、《明史・藝文志》小説家類著録。現有萬曆三十八年（一六一〇）刊本	存
《續問奇類林》三十卷	郭良翰	《千頃堂書目》、《明史・藝文志》小説家類著録。現有萬曆三十八年（一六一〇）刊本	存
《問奇一臠》三十卷	郭良翰	《千頃堂書目》、《明史・藝文志》小説家類著録。現有萬曆四十七年（一六一九）刊本	存
《廣世説新語》無卷數	賀虞賓	何舜齡撰《空凡賀公墓志》載有此書。據書名知爲志人小説。參見宋慈抱《兩浙著述考》子部小説家類	佚
《唐世説》無卷數	賀虞賓	同前	佚
《宋世説》無卷數	賀虞賓	同前	佚

《明世説》無卷數	賀虞賓	同上	佚
《兒世説》一卷	赵瑜	現存《續説郛》本	存
《南北朝新語》四卷	林茂桂	現有天啓刻本	存
《集世説》六卷	孫令弘	《千頃堂書目》小説類著録	佚

明代世説體小説中最受歡迎的是何良俊的《何氏語林》。它不是以單行本行世，而是由王世貞結合《世説新語》編成《世説新語補》後再刊行。《世説新語補》廣受中國與韓國士大夫歡迎，韓國也數次刊印。其在韓國的出版量接近於《剪燈新話句解》。

由於《世説新語補》名聲極大，插入「世説新語」書名的李紹文《皇明世説新語》也在韓國廣受歡迎，數次刊印，但在中國讀書界還未受到足够的關注。

清代世説體小説不如明代繁盛，但也綿延不斷，有梁維樞《玉劍尊聞》、李延昰《南吴舊話録》、吴肅公《明語林》、李清《女世説》、王晫《今世説》、章撫功《漢世説》、宋犖《州乘餘聞》、周嘉猷《南北史捃華》、高承勳《豪譜》、嚴蘅《女世説》、徐士鑾《宋豔》、易宗夔《新世説》。如下表所示：

清代世説體小説

書名	作者	成書時間	存佚
《玉劍尊聞》	梁維樞（一五八九—一六六二）	順治十一年（一六五四）	存
《南吴旧話録》	李延昰（一六二八—一六九七）	順治初年	存
《明語林》	吴肅公（一六二六—一六九九）	康熙二十年（一六八一）	存
《女世説》	李清（一六〇二—一六八三）	約康熙年刊	存
《今世説》	王晫（一六三六—？）	康熙二年（一六六三）	存
《漢世説》	章撫功	康熙年刊	存
《州乘餘聞》	宋弼	乾隆年刊	存
《南北史捃華》	周嘉猷	乾隆年刊	佚
《豪譜》	高承勳	道光年刊	存
《女世説》	严蘅	同治年刊	存
《宋豔》	徐士鑾	光緒十七年（一八九一）	存
《新世説》	易宗夔（一八七四—一九二五）	民國七年（一九一八）	存

在表中介紹的作品中，梁維樞（一五八九—一六六二）《玉劍尊聞》、吴肅公（一六二六—一六九九）《明語林》、李清（一六〇二—一六八三）《女世説》、王晫（一六三六—？）《今世説》、章撫功《漢世説》、易宗夔（一八七四—一九二五）《新世説》受關注較多。

二、《皇明世説新語》的文獻特徵

李紹文，生卒年不詳，字節之，晚明學者，主要活動於萬曆年間。祖籍洛陽，其先世在宋代南遷武林，後又移居華亭，後世遂世居於此。他没什麽政治抱負，没做過官，大部分精力均投入到著述中。陸從平在序文中提到他用十年功力完成《皇明世説新語》一書，另著有《藝林》《雲間雜識》《雲間人物志》等。

《皇明世説新語》可以説是李紹文最重要的作品，現今流傳的是萬曆三十八年（一六一〇）雲間李氏原刊本。此書亦稱《明世説新語》，書中有沈懋孝、王圻、陸從平、陳繼儒的序文。從萬曆三十四年（一六〇六）陸從平所撰序文可知，本書至遲在一六〇六年已完成。

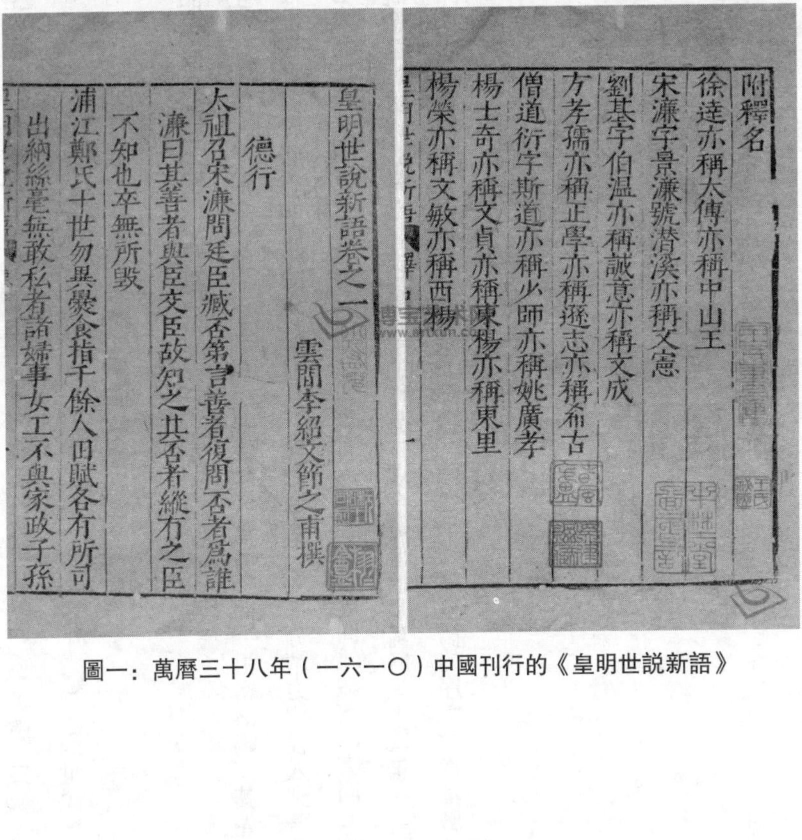
附釋名
徐達亦稱太傅亦稱中山王
宋濂字景濂號潛溪亦稱文憲
劉基字伯温亦稱誠意亦稱文成
方孝孺亦稱正學亦稱遜志亦稱希古
僧道衍字斯道亦稱少師亦稱姚廣孝
楊士奇亦稱文貞亦稱東楊亦稱東里
楊榮亦稱文敏亦稱西楊

皇明世說新語卷之一
雲間李紹文節之甫撰
德行
太祖召宋濂問廷臣臧否第言善者復問否者爲誰
濂曰其善者與臣交臣故知之其否者縱有之臣
不知也卒無所毀
浦江鄭氏十世勿異爨食指千餘人田賦各有所司
出納絲毫無敢私者諸婦事女工不與家政子孫

圖一：萬曆三十八年（一六一〇）中國刊行的《皇明世說新語》

《皇明世説新語》的體例仿照劉義慶的《世説新語》，共八卷三十六篇，一千五百一十條故事：

卷之一：德行、言語上

卷之二：言語下、文學、政事

卷之三：方正、雅量、識鑑

卷之四：賞譽、品藻、規箴、捷悟

卷之五：夙惠、豪爽、容止、自新、企羨、傷逝、棲逸

卷之六：賢媛、術解、巧藝、寵禮、任誕

卷之七：簡傲、排調、輕詆

卷之八：假譎、黜免、儉嗇、汰侈、忿狷、讒險、尤悔、紕漏、惑溺、仇隙

《皇明世説新語》記載了諸多明代名士的言行。下表即據該書整理而成：

《皇明世説新語》釋名

徐達，亦稱太傅，亦稱中山王	宋濂，字景濂，號潛溪，亦稱文憲	劉基，字伯温，亦稱誠意，亦稱文成
方孝孺，亦稱正學，亦稱遜志，亦稱希古	僧道衍，字斯道，亦稱少師，亦稱姚廣孝	楊士奇，亦稱文貞，亦稱東楊，亦稱東里
楊榮，亦稱文敏，亦稱西楊	楊溥，亦稱文定，亦稱南楊，亦稱石首	胡濙，亦稱忠安
夏原吉，亦稱忠靖	解縉，字大紳	楊翥，字仲舉
周忱，字恂如，亦稱文襄	王翺，號九臯，亦稱忠肅	劉大夏，亦稱忠宣
于謙，亦稱少保，亦稱肅愍	韩雍，亦稱襄毅	李時勉，號古廉，亦稱忠文
朱希周，亦稱恭靖	薛瑄，號敬軒，亦稱文清	徐有貞，初名珵，亦稱武功，亦稱天全翁
張寧，亦稱汀州	李賢，亦稱文達，亦稱南陽	毛澄，亦稱文簡
劉健，字希賢，亦稱文靖	蔡清，字介夫，號虛齋	謝遷，號木齋，亦稱文正
李東陽，號西涯，亦稱文正，亦稱長沙	許進，亦稱襄毅，子誥稱莊敏，讚稱文簡	商輅，亦稱文毅
陳循，號芳洲	郭登，亦稱定襄	余子俊，亦稱肅敏
王恕，亦稱端毅	程敏政，號篁墩	陳音，字師召，號愧齋

楊繼宗，字子器	章綸，亦稱恭毅	丘濬，字仲深，亦稱文莊
山雲，亦稱襄毅	吳與弼，號康齋，亦稱聘君	崔銑，字子鍾
劉鉉，亦稱文恭	張元禎，字廷祥	王越，字世昌，亦稱威寧
王直，亦稱文端	劉球，亦稱忠愍	廖莊，亦稱恭敏
羅欽順，號整菴，亦稱文莊	陳獻章，號白沙	劉定之，字主靜，亦稱文安
莊昶，字定之	楊守陳，亦稱文懿	何孟春，號燕泉
儲瓘，號柴墟，亦稱文懿	邵寶，字國賢，號二泉，亦稱文莊	桑悅，字民懌
吕柟，字仲木，號涇野	魏驥，亦稱文靖	吕原，字逢原，亦稱文懿
陳選，亦稱恭愍	章懋，號楓山，亦稱文懿	林俊，號見素
王鏊，號守溪，亦稱文恪	楊一清，號邃菴，又號石淙，亦稱文襄	蔣瑶，亦稱恭靖
周經，亦稱文端	張弼，字汝弼，號東海	吳寬，號匏菴，亦稱文定
費宏，號鵝湖，亦稱文憲	梁儲，亦稱文康，亦稱厚翁	錢福，號鶴灘
何喬新，字廷秀，亦稱文肅	楊廷和，號石齋	胡世寧，亦稱端敏

孫燧，亦稱忠烈	張敷華，亦稱簡肅	王守仁，號陽明，亦稱文成，亦稱新建
王瓊，號晉溪	舒芬，字國裳	徐禎卿，字昌穀
楊慎，字用修，號升菴	李夢陽，字獻吉，號崆峒，亦稱北地	何景明，字仲默，號大復，亦稱信陽
薛蕙，字君采	張含，字愈光，號禺山	都穆，字玄敬，號南濠
梁材，號儉菴	董玘，號中峯	霍韜，號渭崖，亦稱文敏
張孚敬，初名璁，號羅峯，亦稱文忠，亦稱永嘉	桂萼，號古山，亦稱文襄	陸深，號儼山，亦稱文裕
嚴嵩，號介溪，亦稱分宜，亦稱相嵩	夏言，號桂洲，亦稱文愍，亦稱貴溪	徐階，號存齋，亦稱文貞，亦稱華亭
鄭曉，號淡泉，亦稱端簡	顧璘，字華玉，號東橋	楊博，號虞坡
孫承恩，號毅齋，亦稱文簡	王廷陳，號夢澤	陸粲，字子餘，號貞山
趙貞吉，號大周	唐樞，號一菴	王維楨，號槐野
鄒守益，號東廓，亦稱文莊	屠應峻，號漸山	薛應旂，號方山
羅洪先，亦稱文恭	唐順之，字應德，號荊川	陸樹聲，號平泉，亦稱宫保，亦稱宗伯
沈鍊，號青崖	楊爵，號斛山	楊允繩，號抑齋

楊繼盛，號椒山，亦稱忠愍	沈周，字啓南，號石田	唐寅，號六如
徐霖，字子仁，號髯山	祝允明，號枝山	文徵明，字徵仲，號衡山，亦稱太史
李攀龍，字于鱗，號滄溟，亦稱歷下	王世貞，字元美，號鳳洲，亦稱司寇	李春芳，亦稱文定，亦稱興化
徐中行，字子輿	張居正，號太岳，亦稱江陵	汪道昆，字伯玉
申時行，號瑶泉，亦稱吴門	張佳胤，字肖甫	王錫爵，號荆石，亦稱太倉
張九一，字助甫	張位，號洪陽，亦稱豫章	王世懋，字敬美，號麟洲
周思兼，字叔夜，號萊峯	吴國倫，字明卿	鄧以讚，號定宇，亦稱文潔
鄒元標，號南臯	李多見，號思弦	屠隆，字長卿
馮夢禎，號具區	陶望齡，號石簣	袁宏道，字中郎，亦稱石公
熊劒化，字神阿，號際華，亦稱令君	江盈科，號晴淥	孫一元，字太初
盧柟，字次楩	沈明臣，字嘉則	謝榛，字茂秦
俞允文，字仲蔚	莫雲卿，字廷韓	王寅，字仲房，號十嶽
先君，字元薦，號中條		

三、韓國出版與接受狀况

（一）韓國傳入與出版

《皇明世説新語》原刊本何時傳入韓國，尚未發現明確記載，但從許筠《閒情録》多次引用《皇明世説新語》來看，應當是在一六一〇至一六一七年間傳入，因許筠一六一七年完成《閒情録》的寫作，一六一八年即去世。

許筠祖籍陽川，字端甫，號蛟山、鶴山、惺所、白月居士，是朝鮮中期文臣。其父爲同知中樞府事許曄。許筠在十二歲喪父之後開始學詩作文，一六〇六年擔任迎接明朝使臣朱之蕃的從事官後，他的文名傳遍各地。他將姐蘭軒之詩親贈朱之蕃後，在中國得到出版機會。一六〇九年（朝鮮光海君元年），明廷册封使來朝鮮時，他擔任李尚毅的從事官，後遷僉知中樞府事，接着被聘爲刑曹參議。一六一〇年，任職殿試考官，因違規録取其侄子與女婿，被流放到全羅道咸悦，之後一段時間隱居泰仁。一六一四年二月，時年四十六歲，升任户曹參議，并作爲千秋使前往中國。隔年冬至，作爲兼陳奏副使再度前往中國。出使期間，許筠有不少貪污受賄行爲，所得錢財大部分用以購買中國典籍。他以使節身份自明返回之際，携帶了購置的四千多卷文獻，其中包括《太平廣記》《林居漫録》等。許筠回國後，將《林居漫録》記載朝鮮王室宗係有嚴重錯誤的事奏知光海君，光海君十分驚异，吩咐他前往北京予以訂正。一六一五年二月，許筠任職承文院副提調時，將之前從中國帶來的《林居漫録》與其他四種書進呈光海君。

《閒情録》是許筠詩集《惺所覆瓿稿》的附録，引用了此前未在韓國流通的《世説新語補》《玉壺冰》《卧

游録》《何氏語林》《皇明世説新語》等文獻。

韓國傳入的《皇明世説新語》是一六一〇年刊印的木刻本。現在成均館大學、全羅南道長城郡筆岩書院（遺失）、國立中央圖書館、延世大學、啓明大學、首爾大學奎章閣藏《皇明世説新語》木版本均爲韓國刊本。兹據韓國留存的版本整理爲下表。

韓國所藏《皇明世説新語》版本

書名	出版事項	版式狀況	一般事項	所藏處/所藏番號
皇明世説新語	李紹文(明)撰，刊年未詳	八卷四册，朝鮮木版本（覆刻），30.9cm×20.4cm，四周雙邊，半郭：18.5cm×14.9cm，十行二十字，注雙行，上二葉花紋魚尾	印記：[申甲〇印][武臣經〇]	國立中央圖書館[한]48—221
皇明世説新語	李紹文（明）撰	八卷四册，朝鮮木版本，半郭：18.4cm×14.8cm，四周雙邊，有界，十行二十字，下二葉花紋魚尾	序：萬曆庚戌（一六一〇）……陸從平	延世大學（元氏文庫）[古書]950.952
皇明世説新語	李紹文(明)撰，刊年未詳	八卷四册，朝鮮木版本，30cm×20.3cm，四周雙邊，半郭：19.8cm×15.4cm，有界，十行二十字，上花紋魚尾	序：萬曆庚戌（一六一〇）……陸從平	啓明大學 082—李紹文ㅎ

皇明世説	李紹文（明）撰	八卷四册，朝鮮木版本，31cm×20cm，四周雙邊，半郭：19cm×14.8cm，有界，十行二十字，上花紋魚尾	卷頭書名：皇明世説新語 序：萬曆庚戌（一六一〇）……陸從平	首爾大學奎章閣 4660—17 册1—4
皇明世説新語	李紹文(明)撰，朝鮮朝後期刊	八卷四册，朝鮮木版本，32.8cm×21.4cm，四周雙邊，半郭：18.7cm×15cm，有界，十行二十字，注雙行，上二葉花紋魚尾，紙質：楮紙		成均館大學 B09FC—0029
皇明世説新語	李紹文(明)撰，朝鮮朝後期刊	八卷四册，朝鮮木版本，30.3cm×19.5cm，四周雙邊，半郭：18.9cm×14.8cm，有界，十行二十字，上下二葉花紋魚尾，紙質：楮紙	表題：皇明世説，版心題：皇明世説，序：萬曆庚戌（一六一〇）陽月友人陸從平頓首書，所藏印：筆岩書院之章	全羅南道長城郡筆岩書院（遺失）
皇明世説新語	李紹文（明）撰	八卷三册，朝鮮筆寫本，23.5cm×17.9cm，四周單邊，半郭：19.7cm×13.8cm，有界，十行二十字，上下二葉花紋魚尾	本文里有朱墨校正字，表題：明世説，序：萬曆庚戌（一六一〇）陽月友人陸從平頓首書	延世大學（庸齋文庫）[古書]I110—1

韓國版本中，有些是在同一個時期同一個地點刊行的，各館編册方式稍有區别。國立中央圖書館藏本已被腐蝕，幸好留有複本，可提供閲覽。該書封面注明「皇明世説」，内封也標示相同字樣。下一頁出現的「皇明

世説新語序」是在萬曆庚戌陽月由陸從平撰寫的，序後爲「皇明世説新語目録」，再後附「釋名」，「釋名」後介紹此書校閲者。以下是校閲者名單：

附名公校閲姓氏

惺所許樂善　伯生陸應陽　七澤張所望

完三杜士全　咸甫馮大受　眉公陳繼儒

伯還朱本淳　侗初張鼐　景和朱本洽

彦恭杜士基　伯復張齊顔　仁甫林有麟

神超姜雲龍　弟峻甫凌雲

圖二：錦城丁氏默容室藏書印

成均館大學藏的《皇明世説新語》，保留完整。與國立中央圖書館藏本相較，文獻編制順序不同：先是「皇明世説新語序」，接着是「釋名」和校閲者名單，最後是「皇明世説新語目録」。書中附貼説明收藏處「默容室」的紙條，紙條上用漢文記録收藏者的家世背景。以下爲紙條中的内容：

粵我正宗大王丙寅秋高祖考雲谷公諱志默始寓浴川竹洞

錦城丁氏寓居谷城珍藏

先考府君諱日宇字永叔號栗軒濳叟所閱
甲子四月十七日不省鳳泰抆血再拜書子大
東湖南谷城郡西山下栗里前館洞洙雲齋内不惑軒
伯兄　舜泰春沂　仲兄　海泰曾庵　次弟　淵泰濳庵　季弟　河泰清庵
姝　來吉　來聖　來明　來仁　來善　來熹　來烈
子　來東　來範　來睦

錦城丁氏在正宗年間，因高祖雲谷公志默隱居浴川竹洞而定居谷城，留下了府君日宇（字永叔，號栗軒濳叟）閱讀的記録。

韓國全羅南道谷城郡邑内里四一一門牌號是谷城地區的名門錦城丁氏家，三兄弟中長子栗軒丁日宇在一九二三年去世，次子石愚丁日宅在一九二九年去世，最小的丁日興在一八九四年時二十七歲。此家由丁日宇次子梧齋丁鳳泰繼承，他在一九三三年九月將傳承七代的默容室内大量文獻與遺物捐贈延禧專門學校，共七百二十八種九千四百五十八册，同時捐出的有伽倻琴、玄鶴琴、印章、五六十塊匾額等。丁氏捐贈的文獻今藏延世大學圖書館默容室文庫。默容室文獻都留下了丁家專用的藏書印迹[一]。丁鳳泰獨子丁來東日後在成均

〔一〕默容室藏書印圖片：華峰文庫（華峰所藏圖書）http：//book gram.pe.kr/120169342209。

館大學任教，在他退休時，又將一百一十三種約一千五百册文獻捐贈該校，成均館大學將這批文獻收藏在以其父丁鳳泰雅號命名的梧齋文庫。此外，丁來東也捐贈給高麗大學一百多種文獻〔二〕。根據這些情況，延世大學本《皇明世説新語》及其他抄本可能是錦城丁氏家在一九三二年捐贈的，丁來東最後捐贈的是成均館大學本《皇明世説新語》。此外，首爾大學奎章閣也收藏有此書。

遺憾的是，至今無法確定《皇明世説新語》在韓國的刊印地點。雖然全羅南道谷城的錦城丁家收藏了大量文獻，但不能依此推論該地爲文獻的刊印地點。從一九一八年由丁秀泰等十四人編撰的《谷城郡志》内容來看，確有部分文獻在丁家刊印，但《皇明世説新語》因未留下刊記，目前難以確定其刊行地點。

（二）許筠的《閒情録》與《皇明世説新語》

韓國文獻里只有許筠《閒情録》記載有關於《皇明世説新語》的内容。《閒情録》是許筠據若干典籍分隱遁、高逸、閒適、游興、玄賞、幽事、雅致等類整理而成。許筠對其編撰過程有如下説明：

〔二〕丁來東，《丁來東全集》（全三册），金剛出版社，一九七一。

閒情錄　凡例

閒情錄凡例

余在庚戌夏病謝事杜門揣客聊以消長日巾衍
中適披得數帙乃朱蘭嵎太史所贈栖逸傳玉壺氷
臥遊錄三種反覆披覽仍取三書爲四門類彙名曰
閒情錄一曰隱逸二曰閒適三曰退休四曰清事手
自繕寫置案頭同志友見之咸以爲佳余嘗恨家之
史籍所載甚簡畧切欲添入遺事勒爲全書爲計久
矣倥偬未暇甲寅乙卯兩年因事再赴　帝都斥家
貲購得書籍幾四千餘卷就其中事涉閒情者以浮
帖帖其提頭處以需檢閱遷判刑部公務浩穰未敢
下手猝遘今年春罹謫席藁戰悸之中聊以破窮愁
遂取諸書考浮帖寫出更分爲十六門而爲卷亦十
六噫閒情錄到此庶爲完備而儂之歸思益著於是
矣

圖三：《閒情録》凡例

余在庚戌夏，抱疴謝事，杜門謝客，無以消長日，巾衍中適披得數帙，乃朱蘭嵎（之蕃）太史所贈《棲逸傳》《玉壺冰》《卧游録》三種，反覆披覽，仍取三書爲四門類彙，名曰《閒情録》：一曰隱逸，二曰閒適，三曰退休，四曰清事。手自繕寫，置案頭，同志友見之，咸以爲佳。余嘗恨家乏史籍，所載甚簡畧，切欲添入遺事，勒爲全書。爲計久矣，倥偬未暇，甲寅、乙卯兩季，因事再赴帝都，斥家貨購得書籍幾四千餘卷。就其中事涉閒情者，以浮帖帖其提頭處，以需殺青。逮判刑部，公務浩穰，未敢下手粹選。今季春，罷謗席藁，戰悸之中，無以破窮愁，遂取諸書，考浮帖寫出，更分爲十六門，而爲卷亦十六。噫！《閒情録》到此，庶爲完備，而僕之歸思，益著於是矣。

許筠在一六〇六年擔任遠接使柳根的從事官時，曾經拜見明朝使臣朱之蕃。朱之蕃與他會面時，親贈幾種中國書籍。此後，許筠將得到的《棲逸傳》《玉壺冰》《卧游録》三書初步作了彙集整理，最終在四千多卷文獻基礎上完成了《閒情録》。現將許筠編撰《閒情録》時所引用的文獻整理爲下表：

《閒情録》引用文獻一覽

文獻	次數	文獻	次數	文獻	次數
小窗清紀	一〇三	何氏語林	一〇一	世説新語	五八
知非録	四一	岩栖幽事	二七	明世説新語	二六
高士傳	二一	問奇类林	二一	楮記室	一九
眉公十部集	一三	世説新語補	一二	鶴林玉露	一二
藏説小萃	九	道書全集	九	四友叢説	九
劉昫唐書	八	事文类聚	八	壽養叢書	八
明野史	六	稗史彙編	六	近思録	五
貧士傳	五	修真秘録	五	南村輟耕録	四
眉公茶董	四	长公外紀	四	稗海	四
顔氏家訓	三	見聞搜玉	四	名臣言行録	三
臥游録	三	自警編	三	太平廣記	三
海岳集	三	玄關杂記	三	經鋤堂雜志	二
列仙傳	二	林居漫録	二	朱子全書	二

文獻	次數
眉公秘笈	四五
公餘日録	二六
玉壺冰	一七
蘇文忠公集	一一
金丹正理大全	八
劝誡叢書	六
金罍子	五
读書鏡	四
厚生訓纂	四
説郛	三
避暑録話	三
仙傳拾遺	二
遵生八箋	二

梦溪筆談	一	弇州四部稿	一	弇山堂別集	一	癸辛雜識	一
廣輿志	一	睽車志	一	丹録	一	陸文裕公集	一
文公集	一	文山集	一	文選	一	白氏長慶集	一
百川學海	一	法藏碎金	一	史記本世家	一	四字粹言	一
山家清事	一	西湖游覽志	一	宣和學古論	一	聖學啓關	一
詩人玉屑	一	艳異編	一	吴越春秋	一	容齋随筆	一
魏志	一	劉氏鴻書	一	耳談類增	一	夷門廣牘	一
李氏焚書	一	李翰林集	一	灼艾集	一	張紫陽集	一
張子全書	一	戰國策	一	正學集	一	晉書	一
真仙通鑒	一	澄懷録	一	參同契	一	太平清話	一
婆羅館集	一	河南師説	一	漢書本傳	一	後漢書	一

在上述書目中，《閒情録》裏引用最多的是《小窗清紀》，共一百零三次。其次是《何氏語林》與《世説新語》，分別引用了一百零一次、五十八次。《皇明世説新語》雖不如《何氏語林》與《世説新語》，但引用達二十六次，列爲第七。以上統計數據來自 Kim—en—suel 論文。中國學者的論文《許筠〈閒情録〉與世説體小説》指出《閒

情録》引用最多的是《何氏語林》，爲一百三十條；第二是《小窗清紀》，一百一十條；第三是《世説新語》和《皇明世説新語》，各有四十五條。這些統計資料雖互有差異，但合計《何氏語林》《世説新語》《皇明世説新語》的引用次數，可以發現，《閒情録》的許多内容都來自世説體小説。兹舉例説明《閒情録》引用《皇明世説新語》的情形：

《閒情録》第一卷《隱遁》：

太祖故人焦某，屢命不起，使人搜索之。一日，焦荷雞酒由御街直入，上大喜，命付光禄治具，相飲甚懽。已而出金銀角三帶，命其自拾以官之。焦取角，授千户，數日，出高橋門掛冠帶于桑樹而歸。（《皇明世説新語·棲逸》）

《閒情録》第二卷《高逸》：

王恭年六十餘，薦至京師，同郡王偁戲恭曰：「君無以會稽章綬故來耶？」恭笑謝曰：「山中斧柯，幸自無恙。」（《皇明世説新語·棲逸》）

態隮華曰：過吉水鄒南皋里，水石泠泠，真使人懷廉立之想。及過先生一語，語不可了，已翩然有吟風弄月以歸之興矣。（《皇明世説新語·企羡》）

《閒情録》第三卷《閒適》：

莫雲卿曰：余嘗獨居山中，時借榻僧舍，每見林巒新霽，鳥聲碎耳，巖扉初曉，雲山盪胷，一啓山椒，紫翠正落枕上，仙乎仙乎，覺身世之欲浮也。（《皇明世説新語・豪爽》）

《閒情録》第四卷《退休》：

姑蘇尤大參文度，乞歸日，以機杼爲活，人罕知者。會尹冢宰與公同年，托蘇守訪之，因覓得一老絡絲委巷芷鞋褻帽，澹如也。人或告以郡侯至，則趨避之。（《皇明世説新語・棲逸》）

吕仲木引疾歸，門人迎于道曰：「夫子如京期年而又返，何不憚煩也？」吕曰：「豈予得已哉？曠職素餐，在官之酒脯，不若南山蔬食之爲甘也。」（《皇明世説新語・棲逸》）

《閒情録》第五卷《游興》：

鄧文潔善病，平生酷自愛。及登崇山峻嶺，不及絶處不休，不臨懸崖不止。每會神情，獨得仙仙欲飛。（《皇明世説新語・豪爽》）

《閒情録》第六卷《雅致》：

莫廷韓曰：余生平無深好，每見竹樹臨流，小牕掩映，欲卜居其下。（《皇明世説新語・企羡》）

《閒情録》第七卷《崇儉》：

方遜志嘗卧病絶糧，家人以報，輒曰：「古人有三旬九食，缾無儲粟者，窮豈獨我哉？」（《皇明世説新語·德行》）

宋文憲不置田宅，或勸爲子孫計，曰：「貧富豈一家物哉？吾乃所以遺之也。」（《皇明世説新語·德行》）

《閒情録》第十卷《幽事》：

薛蕙罷官，乃爲佳園宴處，痛飲爲詩。著《老子解》，供達磨像，案上陳邵堯夫詩，曰：「是矣是矣，蔑以尚矣。」（《皇明世説新語·棲逸》）

《閒情録》第十二卷《静業》：

汪道昆架上牙籤，不啻萬卷，客睥睨久之，公曰：「無苦其多，聊備檢證。人生所用書，只須熟數種，譬之漢高取天下，其最屬意者不過三傑耳。」（《皇明世説新語·文學》）

《閒情録》第十三卷《玄賞》：

莫雲卿曰：晚涼箕踞臨池，數酌間設筆墨，摹古帖一二行，援琴而鼓之，神遊羲黄矣。（《皇明世説新語・棲逸》）

從上舉例證可見：《閒情録》是在大量引用《皇明世説新語》一類作品基礎上編輯而成的，可以説是韓國唯一的世説體小説。

四、出版目的與意義

（一）《世説新語補》与《皇明世説新語》的流行——共享明代文人的價值觀

朝鮮時代是《世説新語》最受歡迎的時期，而王世貞結合明代何良俊《何氏語林》删定的《世説新語補》比劉義慶《世説新語》更受歡迎〔三〕。據英祖大提學李宜顯（一六六九—一七四五）的《陶谷集》記載，《世説新語補》很可能是在一六〇六年由中國使臣朱之蕃携來，或者是許筠在兩次出使北京時購買後帶來。此書傳入後，在朝鮮學者間引起一股閱讀《世説新語補》的熱潮。

由於《世説新語補》的讀者群迅速增長，無法供應足够的抄本數量，因此在肅宗三十四年（一七〇八）有了以「顯宗實録字」刊刻的二十卷六册與二十卷七册的《世説新語補》，之後還刊行了以姓名爲綱編撰的《世

〔三〕金長焕：《韓國古活字本〈世説新語姓彙韻分〉研究》，《中國語文學論叢》第十三號，二〇〇〇，第四〇七頁。

説新語姓彙韻分》〔四〕。在此種社會氣氛下，《皇明世説新語》也流行開來。朝鮮文人借助《皇明世説新語》，分享了明代文人的價值觀。

（二）《閒情録》的流行——對新穎題材的閲讀需求

《閒情録》是許筠詩文集《惺所覆瓿稿》的附録，原爲十六卷兩册。現存《閒情録》共有十六種：國立中央圖書館收藏兩種，奎章閣收藏兩種，延世大學收藏一種，聞慶鳥嶺博物館收藏一種，國民大學收藏兩種，東國大學收藏一種，檀國大學退溪、栗谷圖書館各收藏一種，國學振興院收藏一種，國史編纂委員會收藏一種，kim—gen—su 收藏一種，美國哈佛燕京圖書館收藏一種，美國伯克利大學麻美文庫收藏一種。

《閒情録》在朝鮮文人之間相當流行。朝鮮文人經由《閒情録》而對一些從未見過的中國筆記小説産生興趣，一部分引用較多的書如《世説新語補》《皇明世説新語》很可能當時在朝鮮已經出版。

朝鮮出版的《皇明世説新語》是在中國版本基礎上重新刊行的，雖然確鑿的刊印地點與時間無從查考，但版本狀態完整，字體整齊清晰，學術價值甚高，可與中國、日本的相關版本互爲參考。

〔四〕金長焕：《韓國古活字本〈世説新語姓彙韻分〉研究》，《中國語文學論叢》第十三號，二〇〇〇，第四一〇頁。

皇明世説新語原版影印

皇明世

皇明世說

皇明世說新語序

士夫得志於青雲率以著作自見不以制義遊棧估俾之秇則以韻語比于風雅之後大都可知騏驥不乎向九方而長嘶也乃有類書說苑則極意採摭務期該博凡六合內外三才隱顯蒐獵殆盡豈不稱鉅麗乎哉然秪以資[illegible]居之談天而於得失無所考見廣秇林之濡染而于當代靡不載述雖自以為靈珠而君子以為敝帚矣余鄉夙稱文獻代有聞人如先達憲副李海樓先生早歲號能文同徐文貞公舉進士致位通顯嗣子中條公攻苦讀書銳意繼述而以

數奇弗偶窮愁著書賁志以沒余友李鄴之郎中脩
季子也少穎敏不羣弱冠名已噪諸生中乃能文而
不欲以文鳴能詩而不欲以詩顯卽諸子百家稗官
野史靡所不獵而不欲以記問著志軒翥以名世自
貧居恒慕世說新語一書而惜其拘于古昔不及今
時每于耳目所逮凡名公鉅卿嘉言懿行或方外吊
詭之談荒遯環儻之蹟可以觀風考德裦愚大蓄者
有見必錄有聞必書分門比類大約倣劉氏世說而
人求其重事求其眞則皆取諸昭代命以皇明世說
新語盖積勤十餘年而書成用意良苦矣而未敢以

宗之人會節之以文學受知于邑侯熊際華公舉以就正而邑侯復爲釐其謬誤遂成全書節之不敢私也以付剞劂而不佞得而卒業焉夫古人今人之鑑也前事後事之師也尚友論世議禮遵時聖賢之訓昭然矣是書近之而身心性情有益於治脩遠之而家國天下有資于經濟且品格定于公是公非紀輯徵于共聞共見非不尊而不信亦適用而可傳不悖于孔孟之旨矣豈若彼佔俾聲律之伎徒以鶩名者哉余固樂爲之序如此

萬曆庚戌陽月友人陸從平頓首書

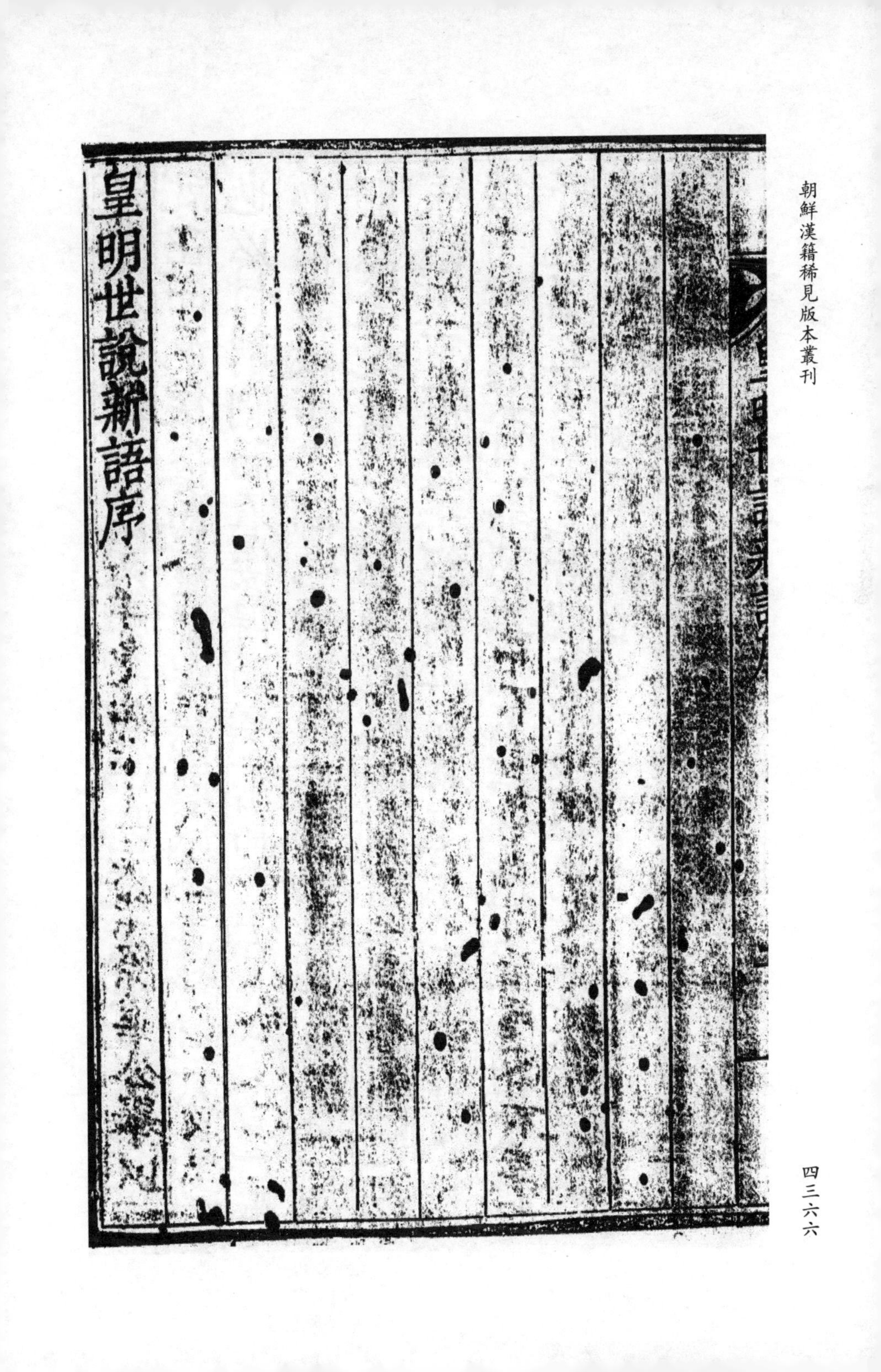

皇明世說新語序

皇明世說新語目錄

[illegible]惑溺　[illegible]　仇隟

共三十六篇　一千五百一十事

皇明世說新語目録 終

附釋名

徐達亦稱太傅亦稱中山王

宋濂字景濂號潛溪亦稱文憲

劉基字伯溫亦稱誠意亦稱文成

方孝孺亦稱正學亦稱遜志亦稱希古

僧道衍字斯道亦稱少師亦稱姚廣孝

楊士奇亦稱文貞亦稱東楊亦稱東里

楊榮亦稱文敏亦稱西楊

楊溥亦稱文定亦稱南楊亦稱石首

胡濙亦稱忠安

夏原吉亦稱忠靖

解縉字大紳

楊翥字仲舉

周忱字恂如亦稱文襄

王翺號九臯亦稱忠肅

劉大夏亦稱忠宣

于謙亦稱少保亦稱肅愍

韓雍亦稱襄毅

李時勉號古廉亦稱忠文

朱希周亦稱恭靖

薛瑄號敬軒亦稱文清

徐有貞初名珵亦稱武功亦稱天全翁

張寧亦稱汀州

李賢亦稱文達亦稱南陽

毛澄亦稱文簡

劉健字希賢亦稱文靖

蔡清字介夫號虛齋

謝遷號木齋亦稱文正

李東陽號西涯亦稱文正亦稱長沙

許進亦稱襄毅子誥稱莊敏讚稱文簡

商輅亦稱文毅
陳循號芳洲
郭登亦稱定襄
余子俊亦稱肅敏
王恕亦稱端毅
程敏政號篁墩
陳音字師召號愧齋
楊繼宗字子器
章綸亦稱恭毅
丘濬字仲深亦稱文莊

山雲亦稱襄毅
吳與弼號康齋亦稱聘君
崔銑字子鍾
劉鉉亦稱文恭
張元禎字廷祥
王越字世昌亦稱威寧
王直亦稱文端
劉球亦稱忠愍
廖莊亦稱恭敏
羅欽順號整菴亦稱文莊

陳獻章號白沙

劉定之字主靜亦稱文安

莊泉字定之

楊守陳亦稱文懿

何孟春號燕泉

儲瓘號柴墟亦稱文懿

邵寶字國賢號二泉亦稱文莊

桑悅字民懌

吕柟字仲木號涇野

魏驥亦稱文靖

呂原字逢原亦稱文懿
陳選亦稱恭愍
章懋號楓山亦稱文懿
林俊號見素
王鏊號守溪亦稱文恪
楊一清號邃菴又號石淙亦稱文襄
蔣瑶亦稱恭靖
周經亦稱文端
張弼字汝弼號東海
吳寬號匏菴亦稱文定

費宏號鵝湖亦稱文憲
梁儲亦稱文康亦稱厚翁
錢福號鶴灘
何喬新字廷秀亦稱文肅
楊廷和號石齋
胡世寧亦稱端敏
孫燧亦稱忠烈
張敷華亦稱簡肅
王守仁號陽明亦稱文成亦稱新建
王瓊號晉溪

舒芬字國裳

徐禎卿字昌穀

楊愼字用修號升菴

李夢陽字獻吉號崆峒亦稱北地

何景明字仲默號大復亦稱信陽

薛蕙字君采

張含字愈光號禺山

都穆字玄敬號南濠

梁材號儉菴

董玘號中峯

霍韜號渭崖亦稱文敏

張孚敬初名璁號羅峯亦稱文忠亦稱永嘉

桂萼號古山亦稱文襄

陸深號儼山亦稱文裕

嚴嵩號介溪亦稱分宜亦稱相嵩

夏言號桂洲亦稱文愍亦稱貴溪

徐階號存齋亦稱文貞亦稱華亭

鄭曉號淡泉亦稱端簡

顧璘字華玉號東橋

楊博號虞坡

孫承恩號毅齋亦稱文簡
王廷陳號夢澤
陸粲字子餘號貞山
趙貞吉號大周
唐樞號一菴
王維楨號槐野
鄒守益號東廓亦稱文莊
屠應峻號漸山
薛應旂號方山
羅洪先亦稱文恭

唐順之字應德號荊川

陸樹聲號平泉亦稱宫保亦稱宗伯

沈鍊號青崖

楊爵號斛山

楊允繩號抑齋

楊繼盛號椒山亦稱忠愍

沈周字啓南號石田

唐寅號六如

徐霖字子仁號髯山

祝允明號枝山

文徵明字徵仲號衡山亦稱太史
李攀龍字于鱗號滄溟亦稱歷下
王世貞字元美號鳳洲亦稱司寇
李春芳亦稱文定亦稱興化
徐中行字子與
張居正號太岳亦稱江陵
汪道昆字伯玉
申時行號瑶泉亦稱吳門
張佳胤字肖甫
王錫爵號荆石亦稱太倉

張九一字助甫
張位號洪陽亦稱豫章
王世懋字敬美號麟洲
周思兼字叔夜號萊峯
吳國倫字明卿
鄧以讚號定宇亦稱文潔
鄒元標號南皐
李多見號思弦
屠隆字長卿
馮夢禎號具區

陶望齡號石簣

袁宏道字中郎亦稱石公

熊劒化字神阿號際華亦稱令君

江盈科號晴淥

孫一元字太初

盧柟字次楩

沈明臣字嘉則

謝榛字茂秦

俞允文字仲蔚

莫雲卿字廷韓

皇明世說所釋名

王寅字仲房號十嶽

先君字元薦號中條

附釋名

附名公校閱姓氏

惺所許樂善　伯生陸應暘　七澤張所望

完三杜士全　咸甫馮大受　眉公陳繼儒

伯還朱本淳　侗初張鼐　景和朱本洽

彥恭杜士基　伯復張齊顏　仁甫林有麟

神超姜雲龍　弟峻甫凌雲

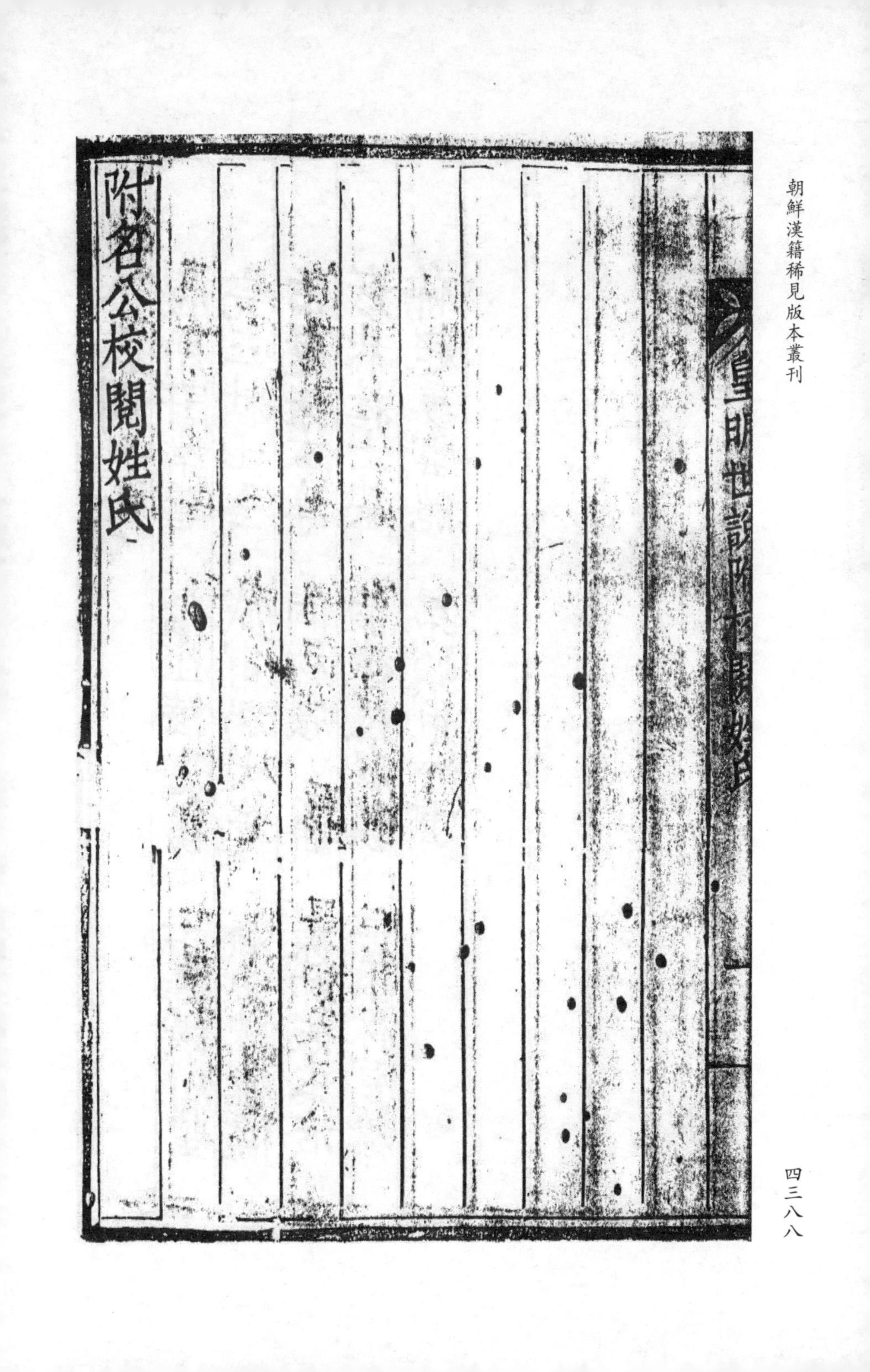

皇明世說附校閱姓氏

附名公校閱姓氏

皇明世說新語卷之一

雲間李紹文節之甫撰

德行

太祖召宋濂問廷臣臧否第言善者復問否者爲誰濂曰其善者與臣交臣故知之其否者縱有之臣不知也卒無所毀

浦江鄭氏十世勿異爨食指千餘人田賦各有所司出納絲毫無敢私者諸婦事女功不與家政子孫馴行孝謹家畜兩馬一出則一爲之不食入國朝曰濟曰湔曰濂曰湜皆以行誼聞　上召問治家長久之

道對曰守家法而已

宋濳溪臨財廉嘗大書其門曰寧以忍餓死不可以苟利生

方遜志嘗臥病絶粮家人以報輒曰古人有三旬九食餅無儲粟者窮豈獨我哉

方希古磔于市膚骨碎纍詔不得收其門人某毀儀容裝風韻乞子詭啖方肉謬擲方骨且笑且罵佯闇則竊遺骸注于囊而出瘞之

宋文憲不置田宅或勸爲子孫計曰貧富豈一家物哉吾乃所以遺之也

楊榮從　文皇北征與胡廣金純金幼孜迷失道入窮谷中幼孜墮馬胡金二公不顧而去公下馬爲整鞍轡不數步幼孜復墮馬鞍盡裂公即以所乗馬讓之自乗騣馬從夜至朝不勝其疲翌日謁　上幼孜備奏　上嘉公之義公謝曰僚友之分誼所宜然上曰廣獨非友耶何不顧而去也

夏忠靖夜閱文書撫案歎息筆欲下而止者再夫人問之公曰吾適所批者歲終大辟奏也筆一下死生決矣是以慘沮筆不忍下也

夏忠靖公與同列飲于他所夜歸值雪過禁門有欲

不下馬者公曰君子不以冥懈行

兵侍徐晞少爲吏有戍編自丁而誤及者其人祈脫

貧無可餽具酒食分妻鬻而出邀之晞絕裾而走徹

夜具文移竟脫之明日向其人曰汝何至此

薛瑄致政歸絕粮子悖私慍曰人家好好作官他遽

退休受困誰怨瑄聞之曰我雖困而道自亨也

胡居仁家貧甚鶉衣簞食處之泰然或爲之慮則曰

以仁義潤身以牙籤潤屋足矣

夏寅嘗語坐客曰君子有三惜此生不學一可惜也

此日閒過二可惜也此身一敗三可惜也

楊文懿公守陳泊然自處未嘗求進權貴重其賢欲援之使所親諭意守陳謝却之曰吾猶嫠婦也守節三十年今老矣豈白首而改節耶

陳壽巡撫延綏與虜戰三勝或諷壽注子弟姓名戰籍中當有功賞壽曰吾子弟皆不諳弓馬竟不許

蔡許齋嘗即其卧處自題云命好德不好王侯同腐草德好命不好顏淵在窮巷

邵文莊嘗云顛為真士夫不顛為假道學

章楙云吾人居常處困每誦伯夷叔齊餓于首陽之下民到于今稱之語便覺自警拔不為窮困所撓

韓雍陞江西巡撫經泰和念陳芳洲爲舉主躬祭墓下流涕不已曰士爲知己者何能報也

劉文恭鉉家訓甚嚴子瀚舉進士使南方戒之曰見利無苟得也訖還閱其衣篋乃喜曰無玷吾門矣

魏訖部喪服除當補三月餘不報或謂公不當有所造請耶公笑曰我一款段馬不數步而僵且歸矣亦不知何門可造請也

劉忠宣教子讀書兼力農嘗督畊雨中曰習勤忘勞習逸成惰吾困之將以益之也

楊文貞年十二鄉人請爲童子師有鰥生携書過館

下色凄甚公問故云有母不能養公曰嗟乎人誰無母乃分其徒之半與之俾得束脩奉母

陳恭愍倣范文正置田賙族號思遠庄及卒族人以公無餘貲舉田還公子戴冀戴不可曰先人置此以行義也戴取而私之獨無愧乎

都維明博學多藝務爲韜晦偶乘興畫一梅尋悔曰有一能即蔽一能何乃自衒暴耶

孝皇朝或獻戰車之法大司空曾鑑入朝　上問戰車可行乎鑑茫然無對叩首曰容臣查究三問對如初左右爲戰栗鑑色不動及退　上謂侍臣曰曾尚

書至誠他人訛不支離妄對

劉髦會試下第歸遇滏水浮一女子髦載歸遣人送還至則親識絶矣令婦善視伺爲擇壻婦曰渠已無家吾亦無後匹使從人未必勝君強處二室後生太學士定之叅議寅之

黃瀾王制行不苟京有富翁僅一女招先生寓宿其家先生辭或問之曰瓜田不納履也

章文懿爲祭酒諸生尤檝以母病不得歸省晝夜涕泣公命之歸或謂例滛公曰吾寧以違制受譴不忍絶其母子之情

商文毅致政歸劉文安見其子孫多賢乃歎曰其與公同處若干年未嘗見公筆下妄殺一人宜乎子孫若是公應曰實不敢使朝廷妄殺一人

薛西原性好施嘗脫綿襖施貧者或曰焉得人人而濟之西原曰但不負此心耳

耿九疇遷鹽運使有廉聲嘗臨水坐有童子戲其傍九疇曰此水何清也童子曰尚不如使君之清

王忠肅翺自遼東還璫遺一無所受其太監者同事久持明珠數顆餽之曰公却吾餽吾有死矣翺不得已受之乃密綴衣領間夫人亦不知也後太監死其

姪貧甚翺召之令買第宅其人訝問遂解其珠與之
曰值可千金饒置第也
朱裳按山東常茹素連旬無肉人稱爲長齋御史
李時勉因觀燈拾一金釵即書其門落金釵者驗取
越數日有婦人造焉即還之後其夫具幣往謝公笑
曰吾今索謝當不歸汝却之
薛文清嘗曰某二十年治一怒字尚不能消磨方信
克己之難劉文叔曰某平生最受此字之害敢不奉
爲師訓
咸寧令李文祥遷職方監司餽遺悉謝却之人以孟

子宋薛兼金爲言文辞曰孟子大賢必有所處吾寧過中不敢假以自欺也

劉忠宣致政自爲壽藏記叙其平生歷履歲月刻之石曰恐後人溢美重我地下累耳

毛文簡澄薦賢恒如不及未嘗自言其人知而來謝則曰余忘之矣

吴廷舉平生篤友誼遊太學時南城羅玘年四十以賓貢公與之交會玘病痢從者亦死公爲煑粥餉之負之登厠一晝夜十數返不爲勞玘語人曰玘四十年前生我者父母四十年後生我者吴公也

崔銑作南祭酒忤旨罷歸行囊無江南一物因自笑曰人言金祭酒我今若氷矣

謝恩中父死遺之以金恩中語人曰吾先人貽我以此幸得不廢當爲先人廣德音無徒敎守錢虜爲遇朋友告匱者卽賑之

定西侯蔣義有貸其金三斤久不能償者或曰必致于理始可得義歎曰始吾濟其急今責之仁者固如是乎卽焚其券

楊士奇婦家有壊塜世遠無遺骸術家謂葬此後必貴欲以贈公公曰幽明一理攘人之室而居之其得

者失者皆能安乎

朱恭靖公聞居官以墨敗者必掩面曰此耳聞之過焉有冠裳而盜跖者耶

御史柳彥輝貸陸坦銀五十兩不立券獨柳子仲益知之後彥輝卒仲益戍遼陽數年赦還貧甚絲積粒聚得銀五十兩拜坦墓納金坦子以無券辭仲益曰若雖不知吾實知之吾翁與若翁知之吾不償異日何面目見兩翁于地下也

知州江一麟陞副郎出十金令州民趙姓修官舫比行公知所費加倍乃取銀六兩扇墨直四兩償之其

妻曰旣知十金卽當償足其數別以扇墨酬勞公何
斬此江面發赤亟喚趙以四金補之趙堅不受江怒
曰是使我不如一婦人矣趙乃受
軒輗涖浙率三日一肉食故舊過者留一飯至厚者
方烹一雞聞者驚曰軒憲使殺雞為客大破費矣
粵西韋廣為御史歸貧甚居荒村故人按部廣意其
必來訪無所得餼自漁于江故人猝至騶從旣過廣
登岸卽走踰後垣入衣冠肅客客曰公何汗流漬鬓
廣曰適在近村聞公至竭蹶趍迎故耳左右竊笑曰
絕似江中打魚人

劉球之弟玭令莆田寄球一夏布球郎日封還貽書戒之曰守清白以光前人他非所望于弟者

張悅爲侍郎有四川監司某者請教公曰川衎甚險州縣爭官攜妻孥往者寔以軀命博升斗祿脫不測舉家葬魚腹矣君輩幸無以微罪斥去之

都督王信不營私產曰儉足以久死之後不以侈累子孫者我所遺也

馮俊爲舉子時逐什一之利于山東頗有息視所得價皆僞銀也後悉投于海曰無陷後人

李子奇遊維揚有囚當納紙銀于官而無從出窘甚

孝欲周之友人笑曰楊州罰贖之人數萬雖舉家難
遍也李曰不然吾及耳目中人耳安問其他
安福劉秉監講學不倦其兄沮之曰子事毋孝事兄
悌矣以講學爲對曰兄視吾外可免悔尤吾視吾內
猶未眞切兄曰審如是老夫當奉以聽
潘司空禮歸田貧甚盜夜掠之有粟數升一敝裘耳
盜驚歎叩頭曰使在官皆若公我輩安能亂
聶鳳因暴雨漂從父棺父命浮水救之棺轉而壓復
躍以抱再壓再躍扶曳以歸鄒守益曰充抱棺之勇
可以死孝矣

羅栗齋訓子曰富貴非一家物須要看得破

梁儉菴尚書嘗曰秀才讀書不要錢是分內事不可向人說況欲驕人乎

胡端敏自著贊云瞞人之事不爲害人之心不存有利于國之事雖死不避三者吾將持是以終身焉

南司業劉嵩鄉試報捷悵然泣下曰奈二親何

陳白沙老母服闋絶不衣錦綉曰昔爲親娱耳

席應珍髫年卽辭家學老氏孝于母母死之後祀享必痛泣或謂親愛既割何得徇禮若是之過應珍曰吾法當割愛入道然世間豈有不孝神仙

胡鐸督學閩中人稱胡道學又謂小夫子同列有以術試公者公不疑其詐久之其人曰胡公篤實眞古君子也

松郡小崑山陳氏者負人三十千不能償爲主人所逼欲鬻其婦相持而泣有客過之問知其故憮然曰所負多雖鬻汝婦烏能償耶吾不忍見汝夫婦生別也贈以三十千拂衣登舟不告姓氏而去

錢塘王琦五十致政不治生產值歲祲冬暮大雪曰僵卧不能出門有唁者曰當路甚重公舉一言何所不濟乃自苦如此琦曰吾求無愧于心耳心無愧饑

寒無不樂也

尚書楊翥德冠一時鄰家搆舍其桷溜墜其庭公不問曰晴日多雨日少也又或侵其址公有普天之下皆王土毋過些兒也不妨之句

薛遠歷官大司馬家無長物食無兼味室無媵妾曰吾少事親不足今安忽有餘

吳文定在吏部以齋歸過西偏一曲諸媼嫗奔避公語騶從曰彼亦貧迫不得已耳吾旣不能濟而革之安可沮其糊口耶囬車逶行戒勿行此

盛寅嘗學有寄樹于家者意欲樹遂私發用之寤而

自訟曰豈平日義心不明以致此耶竟三日不餐

景暘與張貢約爲婚貢旋死暘曰禮聘未行已心許矣忍負吾友于地下乎召其子妻之一女以贅廢其友淄準曰可使景女不字乎碩字吾子暘乃求娣以從曰庶吾女有所歸壻亦不至無以爲家也

張寧晚年無子禱于家廟曰寧何陰禍至辱先人傷一妾遽云誤我輩即陰隲耳公即日嫁者數人

曹鼐爲泰和典史因捕盜獲一女子甚美目之心動輒以片紙書曹鼐不可四字火之已復書火之如是者數十次終夕竟不及亂

陳茂烈奉使廣東所司致贐乃謝曰我窮時嘗授徒兩泉司尚不欲規利于人况今日耶

梁文康入仕至歸老附郭不增寸土廣州貳守沈尚經曰順德南海番禺梁厚翁無百畝田所有者香山浮坦從化賊巢瘦不食之土耳

楊文定謙謹小心吏卒亦不敢慢嘗曰士君子一言一行幽明無愧然後無負于父母生身之恩

或問楊文定平日所行曰不能爲善亦不能爲惡人有樂如己之樂有憂如己之憂而已

陳祭酒敬宗遇僚屬諸生極嚴有懔忿而訟之者周

文襄謂公當具疏辨雪因代爲具草多遷就之詞公見之驚曰無乃欺君乎或笑曰在法惟奏事不實耳公曰被誣事小欺君罪大乃具實以聞

廣文李謨不受贄諸生莫鉉者取古畫求楊尚書翥題詠贈之謨曰如此使我市名矣錄詩還其畫

楊斛山爲御史一載欲告歸侍養其友止之曰御史三載則得封典何不少待公曰菽水之懽天性之愛古人不以三公易一日之養吾志決矣

祭酒李時勉坐困首木于太學幾斃太學生石大用草疏請自代同輩沮之大用奮然曰朋友患難詩歌

鸛鵒况師乎

江彬侍寵驕縱府丞寇涂水獨不爲禮彬銜之日偵公無所得偵者竊謂公曰提督將不利于公可一往謝公曰死生有命豈人可爲若得禍謝豈可免

廬陵孫鼎督學南畿每閱諸生試卷雖盛暑或燈下亦必衣冠焚香朗誦而去取之侍者請先生解衣曰士子一生功名發軔于此此時豈無神明在上與各家祖宗之靈森列左右小子豈敢不敬

唐六如在家絲毫不苟其詩有閒來寫幅青山賣不使人間作業錢之句

蔣給事中爲給事歸甚清介嘗駕一小舟入城遇潮落船不得進二僕牽挽蔣自刺船大爲他舟詈辱二僕厲聲曰此是蔣給事爾無橫也蔣叱家人曰休哄人此處安得有蔣給事

張簡肅爲郎中有屠人告衛隸易公銀者同官詰之曰焉知非張衛銀乎屠叩首曰張衛惟有俸銀

蜀劉翁葉屢夜有盜入翁曰有米十餘升君可取去肯留一升朝日餉二子幸矣後盜遇翁問曰公曾被盜乎曰無曰取公米公曰無曰留一升有之乎曰無曰盜即我也公盛德若此忍取公米乎悉還之翁曰

實無是事敢受君米卒却之

陶大臨内艱窘于棺陸武惠遺之美材可百金公反其直不得後抵京武惠死矣公呼其子繹授直曰吾以不欺志也

有以書畫求文徵仲鑑定者雖贋物必曰眞蹟人問其故先生曰凡買書畫者必有餘之家此人貧而賣物待此舉火我一言阻之舉家受困矣

徐行中居官貪士有所干請度力不能猶强應之曰奈何令客慚色

俞中丞諫文徵仲年家也念徵仲貧而才欲遺之金

謂曰若不若朝夕耶徵仲曰朝夕饘粥具也俞公故
指徵仲藍衫曰獘乃至此乎徵仲佯爲不悟者曰雨
甓敝吾衣耳俞公竟不忍言遺金事

華學士察嘗言吾有五不欺一不敢欺天二不敢欺
君三不敢欺親四不敢欺友五不敢欺民

王問念父春秋高疏改南部便養其父雅不欲行王
乃承命繪扇三十握握書一詩曰日月一易之如吾
日侍也

麻城劉莊襄聘翁仲倫家貧初婚之夕有偷兒入室
公起視乃素識者公曰乃汝耶卽檢夫人首飾數件

與之命速去許以不言罄老夫人問爲誰公曰業已
許不言奈何問及
楊椒山在獄時有吏應生者頗爲周旋尚書屢禁之
勿爲動又欲自具草申救故椒山嘗曰藏予血三年
而碧者即地下必有以報應生
萬士亨士和舉進士其父古齋公每遺書曰頑若輩
爲好人不顧若輩爲好官
尤安禮命其子灑掃執鑰問曰大人地從何處掃起
都穆初任南武庫郎啓土得千餘金曰吾聞非其有
而取者殃及其身與其得金致禍歔若棄金就安即

上疏降旨留武庫公署

趙樂善守肇慶攜二端硯歸有譽其廉者趙曰昔清獻自攜一硯吾實取二心媿多矣人呼爲趙雙硯

陸平泉初姓林會試時王華爲松守夢城隍庭于皆保林善人問之名樹聲明日召林外父李問曰汝壻平日何爲李曰只是不茍是科平泉會試第一

孫忠烈被難長子伯泉囓指吞血枕戈赴義志殲逆藩以畢先志後官都督哭母而沒

楊二山性至孝爲吏侍時每朝參畢閉門謝絕拜謁便服侍母側盥漱卮盂搔摩扶掖無不親之春日爲

村裝負大夫人迤邐行花叢中婆娑香蔭懽娛竟日

溫一齋撫浙尊人在官邸無與爲懽公父子自娛晨昏輒奉手談數局對酌大觥者三率以爲常

廣東張連倡亂犯漳郡諸生汪一清被執賊又執一婦人至汪視之乃友人妻也因紿賊此吾妹請無污之以待贖不則吾與妹俱碎首于此矣賊令汪及妹并置一空室昏朝相對月餘贖歸終不亂

羅一峯家居偶留客飯不知絕糧也夫人乞鄰得皮粟數升旋炒旋脫日已西矣一峯曠然不以爲意

羅倫欲買義田贍族進賢令吕升以堂食錢助之羅

不受曰食以堂名非公可得仕者
常勲徐駿少時蓄鴿父撻之遂篤志于學後父公遇鴿飛鳴必思親訓涕泣不已人稱爲泣鴿先生
王懇冬日至親所親有急務盥凉水乃痛哭曰懇爲人子令親天寒盥凉水而不知也尚得爲人乎遂出代親役入奉養惟謹
錢鶴灘請告門生某守維楊遣使迎公越期不赴後始一至諸大賈爭先迎謁公曰病夫來看廣陵濤冀有起色并一問瓊花消息耳無心踦鶴也遂潛歸太守追之不得

申瑶泉未壯而仕未艾而相未耆而歸勇退于急流大隱于囂市適適爲園休休爲菴署其堂云賦有歸來順四時成功者退心無毀譽同三代直道而行海內傳誦

臨江守錢有罪　上震怒亟欲正法吳門相公曰守固可罪弟即其郡戮一守如政體何爲一守停刑數年眞仁人用心也

張洪陽曰我無是心而人疑之於我何與我無是事而人誣之於我何慚縱火燒空何處着熱颱波洶湧虛舟自閒

豫章張相公曰貪莫誇儉富莫誇廉居勢要莫談無
宦情處山林莫談負經濟

焦竑曰吾鄉自耿天臺倡道以來多向學者李逢陽
楊希淳爲魁桀李以敦篤勝楊以透脫勝皆彬彬君
子也兩人生同地學同方歿同時亦甚異

王思質忤分宜下獄多方苦之獨比部道亨視獄延
款慰存寬其桎梏或以分宜威勢撼公弗爲動

金陵史忠人呼爲史癡女笄當嫁壻貧不能具禮史
詭攜觀燈同妻送至壻家取笑而別

言語上

太祖欲殺一犯法者，東宫欲宥之。太祖問刑部袁凱，對曰：陛下法之正，東宫心之慈。上慮謝密菴得罪。太祖親鞫之，謝抗言文華殿非用刑之地，陛下非問刑之官，願下法司。

周玄素善畫。太祖諭曰：爲朕畫天下江山繪于殿壁。玄素對曰：臣未嘗遍歷九州，不能奉詔，惟陛下賜草規模，臣謹依潤之。太祖即操筆倏成大勢，玄素對曰：陛下山河已定，量能復動。

太祖微行至某寺，見一僧治鬚，問曰：爾僧耶，有度牒否？答曰：和尚不用度牒，直皇帝不用玉璽。

太祖召浦江鄭濟至京嘉歎其家法厚賜遣還高后曰他倉指千餘人欲爲陛下事何所不能 太祖隨復召問汝家十世同居何以得此濟奏曰惟不聽婦言耳 太祖大笑遣還

宋濂在 上前所陳説不爲文飾隱蔽雖問及家事亦一一道之嘗曰君猶父也天也其可欺耶

國初郊祀文有予我字 上怒將罪作者桂彦良進曰湯祀天曰予小子履武祭天曰我將我享儒生泥古不通煩 上譴呵衆得釋

王天爵舉賢良 高皇問何以治州縣對曰首要得

民心又問何以治郡對曰戒左右無爲州縣擾又問
何以理藩司對曰臣井蛙無遠大之識不敢强惑聖
聽　上曰謙而婉天爵之對也
新昌梁孟敬國初應聘修元史成遂乞骸骨日與二
三野老婆娑丘樊野老曰吾輩脫戰征之苦享太平
之福何以祝吾君孟敬舉手曰願吾君恭己九重存
心四海擴天理而遏人欲進君子而退小人野老曰
愈于華封三祝
高帝鼎成建文卽位燕王來奔喪而不朝謂已叔父
行也給事中龔叔安奏曰象簡朝天殿下行君臣之

禮龍衣拂地宮中叙叔姪之情

駙馬梅殷守淮南北　文皇正位罷兵入見　上曰都尉在軍無乃勞乎對曰勞而無功徒負愧耳

解縉幼時巍然有碩大之望嘗自謂曰處其心常在熙春麗日之間則天下無可惡之人

白昂成進士候鄉先達胡忠安公問處世之要胡曰多栽桃李少種荊棘

文皇論平交趾功問夏原吉曰陞與賞孰便對曰賞費于一時有限陞費乎後無窮多陞不若重賞

文皇北征命太子監國　上問監國事楊士奇言太

子孝敬仁明每進御用物皆親封識車駕北征不敢寧居駕還始即安　上曰此子道當然士奇對曰古聖賢亦皆盡其當然者耳

成祖偶宣二三給事中至榻前詢其姓名其一對曰臣姓黄名其由進士出身除給事中　上曰何用縷陳對曰幼讀魯論對君不可不詳

仁宗嘗問院判蔣用文保和之要對曰在養正氣正氣完邪氣無自而入又問御醫效遲速何如對曰善治疾者必固本急之恐傷其本聖人所以戒欲速也識者知用文以醫諫

正統初因旱蝗令大臣自陳衆欲歸田以謝天譴吏書郭璡獨以爲不可曰是非貪位但主上幼冲吾輩皆先帝簡任受付托豈可輕去只宜戴罪修省以回天意

李賢啓英廟云聞陛下夏不揮扇冬不近爐果然否賢奏曰陛下聖質所禀堅厚如此盖由體備中和之氣聞宋仁宗亦然臣等受氣薄者不用扇不近爐不能過也

廣西帥府一鄭牢者老隸也性鯁直敢言山襄毅鎮守暹之曰世謂爲将不忌貪刻廣西素尚貨利我亦

可貪否卒曰公初如一新潔白袍一沾汙點墨終不可湔也公又曰人云土夷餽送之物苟不納彼又疑且忿奈何牢言居官黷貨則朝廷有重法乃不畏朝廷反畏蠻子耶

章文懿嘗言學者奉身不可好華侈必致貪得他日居官決不能清白

于少保扈從征高煦罪人既得宣宗命公數其不軌辭嚴義正矢口而成大稱上旨

宣宗御經筵翰林進講二老歸文王章問曰伯夷太公皆處東海而歸文王及武王伐紂太公佐之伯夷

叩馬而諫所見何以不同講官對曰太公以救民爲心伯夷以君臣爲重　宣宗曰太公之心在當時伯夷之心在萬世無非爲天下生民也

宣德閒楊文貞退朝閉門謝客楊文敏頻通請謁上責文敏曰卿何不恤外議文敏頓首曰臣日侍彤庭與天顔相接他人欲見而無隙若不啓門納天下士兵民休戚詎得而知

英廟患官軍俸闕李賢曰自古國家最患冗食今官軍有增無減如人只生不死無處着矣

州守朱勝清介嘗言吏貪吾詞不付房獄卒貪我

囚不下獄隷貪吾杖不輕淩
楊善使虜乜先問上皇回要臨御否善言天位已定難再易也又問古堯舜事如何善言堯讓位于舜今日兄讓位于弟正合古堯舜事也先設宴餞上皇楊善侍乜先令善坐上皇亦曰從太師言坐善曰雖草野不敢失君臣禮
劉忠宣以户侍出經畫戎政或曰邊粮草米屬京貴子弟此行剛且取禍公曰處天下事以理不以勢定天下事在近不在遠俟至彼圖之
錦衣指揮劉敬因石亨連坐有謂敬曾邀亨至直房

同飲欲坐朋黨韓雍曰亨得志時誰不蠅聚其門若以一飯坐罪則曾赴宴會者何以罪之

英廟召王忠肅入文華殿顧問畢見其衣後穿笑問其故對曰臣適在部衣此聞命遂不及易臣聞君命召不俟駕何暇易衣乎

孝宗朝有上言山西石膽子益壽者命中官採求經年不得時王維爲憲使中官曰其物載書中何云無也王曰鳳凰麒麟古書所載今果有乎

桑悅調州博士丘文莊贈牡丹一種戲曰後當遷洛陽令對曰明公知未形事豈已飲上池水乎

蔣瑶守維揚　武宗南巡有旨取瓊花以觀公奏曰
此花生于某年爲瑞應至徽欽北轅此種已絶今止
存其名耳　上默然
禮侍葉盛轉吏侍禮書姚夔設宴鄭重因曰𢿱鄉親
友干謁者衆煩公垂念葉唯唯亾何姚進太宰葉攜
酒往賀執盃獻于姚曰今日送鄉里還先生矣
康海語劉瑾曰天有夏必有冬以歛之有雷霆必有
雨澤以濡之今公威則震矣而恩未舒宜思消長之
道瑾憮然曰眞吾兄也未有以此言告我者
胡槩巡撫江南用法嚴刻周忱濟之以寛凡告訐輒

不省或面許公不及胡卿公徐答云胡卿敕書令其袪除民害我敕書只令撫按軍民委任自異耳

舉人王琰嘗以史中諸疑悞質之薛文清如宋太祖授受事公尋思曰多聞闕疑若此闕之可也

楊守陳語徐少詹曰平昔才無半斗而喜作文飲僅可數合而喜與賓客燕酣行不能里許而喜遊陟今皆不復爾入朝班滿前皆少年新貴人獨以白髮青衫廁其後雖未謀引去宦況已索然矣

儲瓘疏薦謫籍遺才丁璣張吉王純敖敏元李文祥曰與其旋求敢諫之士不若先用已試之人

或言有善讀書不善做官者張悅笑曰此不善讀書耳豈有遵書本行而誤者耶

弘治間雲南晝晦五日朝命考察雲貴官貟林見素疏災之由繫朝廷不在雲貴在大臣不在小臣

弘治中周文端經爲吏侍上言時政中有黜樂戲一事尤激後有蹤跡爲此草者以問尚書耿裕曰宜以實對耿曰吾爲尚書不宜他諉

張懿簡鵬嘗戒僚屬曰處事不患不明患不公耳公則何事不可爲

布衣沈鑑能記誦放言自廢人目爲沈落魄或問云

今居大位享大福者不必有學問有學問者多貧賤
無福何也鑑曰有學問便是福何須富貴
張鉞令清苑有廉名監司旌異之因戒之曰汲水于
盎始非不澄澈久之鮮有不腐者爾信廉矣盡保其
終張抗聲曰水可腐鉞不可腐也
陳循爲首揆學士陳文欲援引以進循難之文嘗于
他所英廟語循曰閣下鼓人辦事陳文如何對曰文
固宜但少歷鍊欠老成耳文知之詰循曰先生不能
拔人又於　上前沮之何也循曰此言密邇公何由
知然則歷鍊老成者果未至也

余肅敏爲户部郎嘗有兩勢家爭田未决部檄公理之甲以其地名與己姓同以爲其家故産公曰然則張家灣張産耶

逆瑾欲罪平江伯陳瑄之子李東陽謂瑄有漕運大功金書鐵券子孫免死瑾曰國初功臣如常遇春輩有百戰功今子孫已革况瑄非從厮殺罰何足惜東陽曰漢高親定十八侯位次以蕭何第一何但供給餽糧不絶遂爲萬世功設當時餽餉不繼雖百張良十韓信豈能助漢陳瑄通南北漕運每歲四百萬石至京師誠國家萬世之利瑾默然

章楓山以僉憲考績赴上遂乞解官時寵宰尹旻慰留之曰不罷軟不貪酷不老疾如何可退先生對曰古人逕急立朝其之罷軟多矣古人一介不取其之貪多矣古人視民如傷其之酷多矣年雖未艾鬚髮早白亦可謂老疾矣尹爲之動

劉文靖去國杜門謝客然聞六飛出狩終日不樂曰古人處江湖則憂其君況嘗備位大臣者乎

喻時初第王肅敏廷相見其文而善之意不欲公外補公對曰必不我也誰當外者王奇其言

夏桂洲曰朝廷設言官當取其風裁不當取其德量

當取其戇憨直不當取其疏通當取其有廊廟珪璋之器不當取其有簿書鹽米之能

高岱嘗論正德間逆瑾之亂政漢十常侍唐甘露之黨也河北山東江西四川之寇漢黃巾唐黃巢之亂也寘鐇宸濠之稱兵漢七國晉八王之孽也江彬之握柄漢何進召董卓之釁也脩是數者而國猶盤石乃知天命有在

趙大周在京師何吉陽問曰大周近來何故全不講學大周曰不講吉陽又問曰若不講何所成就大周應曰不講就是我成就處

劉瑾欲殺李夢陽康海請瑾曰昔高力士寵冠羣臣且爲李白脫靴公能之乎瑾曰請卽爲先生脫之海曰不然李夢陽高于李白數倍海固萬不及一也下獄而公不救奈何瑾曰聞命卽嘗斡旋矣

李夢陽劾張鶴齡有云陛下待張氏者厚矣　上震怒下錦衣獄劉健曰張氏指鶴齡也昔漢人曰爲劉氏者左袒宋人曰趙氏安而苗氏危夢陽所云若曰張家天顏悅

正德中楊文襄嘗言今日務在省事不在多事在守法不在變法在安靜不在紛擾在寬簡不在煩苛

儲瓘答林待用云平世世用人多循資格感公意欲以積薪待僕不知當路之見正如太倉之放陳也

王陽明中會試同舍有以不第為耻者陽明慰之曰世以不得第為耻吾以不得第動心為耻

世廟登極之日御龍袍頗長　上俛視不已大學士楊廷和奏云陛下垂衣裳而天下治　上悅

張孚敬欲撤天下學宮聖像徐階為編修抗疏爭之孚敬曰有一毫不似吾親即拜他人矣階曰有一毫似吾親庸可棄乎孚敬聲色俱厲曰若叛我階曰叛起于附其素不附明公何得云叛

皇明世說新語卷之一

皇明世説新語卷之二

雲間李紹文節之甫撰

言語下

唐珣知福州未上任迎公者援故事請先謁藩臬公曰未成婦而見姑嫜可乎

總制王瓊採甘露以獻因言天旱民饑願以甘露降祥而感上天以旱乾爲灾而恤下民請大賑恤以上應天眷茂膺景福

劉忠宣語後進曰居官以正已爲先所謂正已不但當戒利亦當戒名

景泰時嘗爲銀豆賜內侍爲鬨笑又爲金錢 上御
經筵擲地令講官就地拾之稱爲恩典楊守陳在翰
林賦銀豆謠末云須將銀豆三千斛活取枯骸百萬
人黃瑜讀此歎曰國阜用汰至此極矣
憲宗卽位銳意平兩廣集廷臣議本兵王竑曰峽賊
稱亂由守臣失策專事招撫長其桀驁譬諸驕子愈
惜愈啼非流血撻之啼不止遂發兵討之
黃寺丞伯固當 武宗北狩人心危懼公服除或尼
其行公題壁曰茅屋石田爲生太拙鴟夷馬革自許
何愚蓋有志徇國也

余肅敏嘗曰大臣謀國遇有大利害當以身任之愼勿養交市恩爲遠怨自全之地

御史王相被閹鑑搆下詔獄朱裳抗疏曰朝廷設御史如齊民蓄猫捕鼠猫鼠相持主人其可助鼠耶

朱恭靖爲南冢宰適當考察南科無一人去者或以恭靖爲私公曰使一曹皆賢必去一人以爲公則一曹偶皆不肖亦將姑去一二以塞責乎

楊繼宗守嘉興有勢人子由醫官謀署縣篆大竊帑金公至收治追金御史行郡欲出之乃詰公曰盜有失主乎公曰朝廷即失主又詰曰原告何人公曰知

府卽原告御史有慚色
廖恭敏爲給事時東里楊公當國家人不律者公抗章論之或曰獨不爲楊公地耶曰此所以報公也
焦芳在內閣吏書許進以屢擬不准往許司禮監言芳之專太監黃中曰女嘗請命乎曰未也中曰是宜不從彼賓師女有司耳豈容不問
黃仲昭歷選郎十五年嘗曰國朝用人猶農家積粟粟積于豐年乃可濟饑才儲于平時乃可濟用
黃鞏嘗曰人生仕宦至公卿不過三十年惟立身行道爲千載不朽世人往往以彼易此何耶

玄墓山寺門有巨松甚鬱茂堪輿家言當門不利勸
僧去之天全翁至山中僧以是請翁笑曰木在門中
成閑字僧家正要閑也僧遂止

孝廟每召大臣問安得太平如帝王時劉大夏對曰
但得事事皆如今日與臺閣議當而行久之自治

李西涯論節用度如閘河然節一分則上有一分之
益廣儲蓄如源泉然積一分則下有一分之利人稱
其引類親切

嘉靖初講官顧鼎臣講孟子咸丘蒙章至放勳殂落
語侍臣皆驚顧徐云堯是時已百有二十歲矣衆心

始安
世廟怒御史馬錄故入人罪欲坐奸黨律誅之楊一
淸曰錄無當死之罪律無可擬之條　上從之
楊文襄總制全陜每諭諸將曰無事常如有事時隄
防有事還如無事時鎭靜
嘉靖間議沙汰生員御史楊宜謂督學奉行過刻必
者以文辭見黜長者以齒貌不容沮父兄教子弟之
念驅衣冠爲田野之傭乞如意作養
張文忠與桂文襄同加太子太保文忠獨固辭曰前
星未燿不敢虛當此官特改加少保

嘉靖庚戌虜薄都城求貢錦衣經歷沈鍊力言不可相嵩及吏部夏邦謨惟問左右曰若何小吏多談乃爾公應曰主憂臣辱此其時也大吏不言小吏懷忠悃者何忍緘默

嘉靖辛酉七月朔日食一分五杪宗伯袁煒言　皇上以父事天以兄事日羣陰退伏萬象輝華是以日位旺縈氛祲銷鑠與不食同

嘉靖壬戌冬至日甘露降于顯陵禮部言顯陵二聖發祥之地冬至一陽來復之期斯地斯時奇逢必合宜令百官稱賀昭聖孝感通之徵

世廟諭徐文貞曰人君知人惟堯舜與我　太祖耳若嵩者朕所自簡不才若此階曰堯用四凶後加放殛　太祖用胡惟庸後以罪誅　皇上始知嵩之才而用之後因聽子貪縱而斥遣皆無損于明

文徵明名重一時周王以古鼎古鏡贄徽王以金寶鎞贄使者曰王無所求特慕先生耳盍一啓封文遜謝曰王賜也啓之而後辭不恭竟不啓

王寅喜子房畫筞乃字仲房人有薦其贅畫者寅曰非吾事也吾逃儒入老逃老入禪乃今無所逃矣

陸宮保平泉喜購佳紙筆或謂善書者不擇紙筆公

曰此謂無可無不可者耳下此惟務其可者

陸平泉不蓄琴客曰昔陶靖節蓄無絃琴君並琴不蓄視靖節又進一解矣平泉曰雖然此近于貧漢自傳王夷甫口不言阿睹物耳

李中谿無子其友慰之曰須知孔子不以孔鯉傳釋迦不以羅睺傳老聃不以子宗傳待嗣而後傳則古今有子者何限也

舊例京官三品始乘轎科道多騎馬後皆私用轎矣王化按浙一舉人大帽入謁化問曰若冠起自何時舉人應聲曰即起于大人乘轎之年

其令倉監司欲斥之陳湨為中丞笑曰此地窮苦不比貴鄉墨不滿橐也監司曰盜刼倉貨家豈得無罪

陸宗伯樹聲請告諸大老送之時李己趙錦皆在坐趙曰觀陸公此行使天下曉得朝廷之上有不愛爵祿之臣李曰陸公實有病豈是為家忘國之人

陸平泉為祭酒請告歸時唐荊川以中丞禦倭歎曰公得請未知余何日歸耳陸曰某如西賓病則主人只得放回公乃良醫病勢未愈如何肯放回來

安其嫁女唐順之遺以布被作書曰布被誠質陋然廁于刺繡結繪綾綺玄朱之側如葦蕭土鼓而與朱

絃玉磬金鐘大鏞相答響乃叏足以成文又如貴介公子旣美且都而有一山澤老叟逍遥曳杖其間叏足粧點風景不知其爲質且陋也

陸平泉同唐荆川謁陳少陽祠祠額題宋贈秘閣修撰平泉曰一修撰何加于少陽盍書宋太學生使人興感荆川曰君言固當如没高宗悔過之善何

李于鱗將應召許左史殿卿餽之𧶘于鱗謂徐子與曰昔貢禹賣田以赴彈冠之會未聞王陽出黄金装其槖中乃左史餽𧶘盈鎰亦難矣

眞人張彥頨府第災請賜叏造給諫東厓言鑾曰哄

酒殿廷成都火滅彥頎果有道術曾不能救其家之燬將焉用之

楊博巡撫薊遼防秋畢當還吏書吳鵬沮之曰宣大重鎮非博不可鄭曉曰博在宣大則宣大安在本兵則九邊安乃召回

王槐野曰仕路如沙竇以杖鑽之則竅通而明抽杖則塞此君子貴知命

李攀龍曰不朽者文不晦者心

鄒南皐作仁文會與同志講學或曰會非古也南皐曰羣居終日宴遊徵逐古耶

李思弦曰古之知言易今之知言難古也菽而誠今也明而詼古也陷而淫今也通而淫古也離而邪今也洞而邪古也窮而遁今也達而遁

有客讀邵堯夫詩曰征誅揖讓何等也以一盃一局覷之至眇小矣嗚呼今古豪傑大抵皆然小中見大大中見小舉一毛端建寶王刹坐微塵裏轉大法輪此實至理非于戲論

河南稱天中歲多大水人謂天地意盈耳熊際華曰不然此天虛懷而地善下

熊際華曰度梅嶺懸車絕壁壘騎攘攘如彈珠千仞

神骨俱峭過此盡康吏耳入平處不先示人以易山
殊有意

熊際華曰夢以昨日爲前身可以今夕爲來世亦可
夢餘猶憶晝時事即謂知已往可旦日能道夢中語
即謂知方來亦可

熊際華謁比干墓云紂疑比干而剖出其心後世無
不知比干之心者乃知聖人正不必有心

中丞胡執禮議增江南役銀給諫林景暘奉使歸力
言當減胡邀飲深夜林起增衣胡曰賦欲減衣欲增
何耶林曰增所當增減所當減議得寢

先典客中條公嘗曰人到墓誌銘完曰必非其人所作之善人到供招定曰曰必非其人所犯之罪

秦中郎爲吳令病免曰以令致病以病解令令致病令誠苦我病解令病不樂我耶

西湖飛來峯石上多佛像天竺後辟是王叔明畫剝落處孫宰子補之方豪廬因江南過杭題曰飛來峯天竒也自楊總統琢之天竒損矣叔明畫人竒也自孫宰子補之人竒索矣二者乃山中千載不平疑案予法官也不飜是案何以服人

鄭文潔曰功名富貴是兩事不要輕看功名世少功

名之士多富貴之士如宋韓范諸公方稱功名
林冏卿景暘好賙貧乏每曰與其爲無益以求冥福
不若爲有益以濟生人
鄒南臯論劾張江陵張欲置之死侍郎周思敬笑語
張曰竪子何足圖一金吾校尉多着氣力竪子化爲
烏有矣第天下大事皆政府身肩之奈何以天下之
身爲竪子伐性乎且天下將窺政府喜怒也江陵意
解鄒竟免死
吳因之曰造謗者甚忙受謗者甚閒忙者不能造閒
者之命閒者則能定忙者之品

文學

蜀王愛博古　高皇鍾愛之號蜀秀才
仁宗日記萬言詞翰兼精尤喜舉業在青宮時每得
試錄輒指瑕疵手標識之以示宮臣曰使我應舉豈
不堪作壯元天子耶

國初宋學士濂以文柄雄視四海曾禮部魯博貫羣
籍談論風發雷厲嚴陵徐尊生嘗曰南京有博學之
士二人一以舌為筆一以筆為舌指二公也

學士歐陽玄評宋景濂文氣韻沉雄如淮陰出師百
戰百勝志不少懾神思飄逸如列子御風翩然騫舉

不沾塵土雖調爾雅如殷彝周鼎龍文漫滅古意獨存態度多變如晴霽終南衆騶前陳應接不暇非才具衆長識邁千古安能與于斯

太祖平江西王褘進頌　上曰浙東有二儒者卿與宋濂耳學問之博卿不如濂才思之雄濂不如卿

劉伯溫少遊燕偶入書肆見象緯占經閱之默記無遺鬻者欲以遺公公曰已在胸中無勤惠也

劉文成初見　太祖問能詩乎對曰儒者末事何謂不能　上方食指所用斑竹箸使賦之基應聲曰一對湘江玉並看二妃曾灑淚痕斑　上顰蹙曰秀才

氣味曰未也漢家四百年天下盡在張良一借間

上大悅

宋景濂亟稱方正學文曰歐陽少師蘇長公姑置弗論其餘諸子與之角逐文場不知孰先孰後也

宋濂同孫愼被執愼曰粗讀萬卷書乃有今日公曰爲我讀書少未知明哲保身之理讀書何爲罪

高皇覽琵琶記曰五經四書如五穀家家不能𨻶琵琶記如珍羞百味富貴家其何𨻶耶

王紳幼孤鞠于其兄綬讀書慷慨有志操長從宋潛溪遊宋教爲文章卽能馳騁變化出人意表宋亟稱

曰吾友待制公有後矣

元幼主死 太祖命作文祭之多不稱旨乃楬示朝門有能撰文者予賞海虞錢甦方隸後湖遂草一通以進中有云爾失天下乃夷狄之所本無我得天下乃中華之所固有 上大喜

昆陵陳濟善記書其子問曰外人云父善記書有之乎曰然子擇一書請父試誦之可乎曰可乃探朱子成書提一首句濟遂朗誦終篇不誤

成祖巡北有白鵲之瑞 仁宗監國例有表賀命贊善其撰稿以示楊士奇楊曰甚寂寥且不着題因改

一聯云望金門而送喜馴彤陛以有儀又云與鳳同類蹌蹌于帝舜之庭如玉其輝皜皜乎文王之囿仁宗喜曰此方是帝王家白鵲氣像

解縉稱王偁人品在蘇長公之列文亦相類至于詩則陵轢漢唐使看山見之未必不避竄而煬也

南楊奉命撰御製修國子監碑文題曰重建太學之碑西楊謂凡言重建者謂既作之後再作也廟學前元所建非國家事且廟與學二者不可鈠一乃改大明新建廟學之碑

楊溥在獄中十年家人供食夂數絕糧又上命叵測

日與死爲鄰愈勵志讀書不輟同難者止之曰事已如此讀書何用答曰朝聞道夕死可也

吳若思稱楊文敏之文譬之春日園林羣英競秀清風澗谷幽蘭獨芳

曹鼐元鼐中會試乙榜不受教職願得煩劇一職自效改泰和典史公暇輒進學不倦復修舉子業其尹誚之曰可作狀元否鼐曰不如是不已

徐武功入翰林不屑詩文凡軍旅行役水利之類無不講究或曰公職在文學士此何爲公曰此孰非儒者事使朝廷一日有事用我雖欲學無及矣

王端毅語人曰吾兒承裕二十三中舉吾不欲其即仕且令靜覽羣書閒閱世務冀他日得實用耳

浦瑾評邵文莊之文其謹重精純得諸宋其雄渾森嚴得諸唐其爾雅深厚得諸漢其近古得諸先秦

周文安洪謨嘗著經書疑辨錄每曰吾爲此錄發經書之蘊正先儒之失破千載之惑雖三公之尊黃閣之榮不與易也

吳伯通論張汀州寧曰先生今之陸贄也蹇于時頗相類其文集與奏疏並傳無疑

尹直撰純太后哀冊中有覩漢家堯母之門增宋室

眞皇之慟二語　上恒誦不置左右奏曰此尹直所
作　上曰朕固知也

尹直自南京入朝時德王奏請其母妃之國詞甚哀
切閣下不能難直曰臣能折之乃爲詞云爾母卽吾
母吾養卽爾養爾以一國養不若朕以天下養也德
王遂服

劉定之嘗稱劉實喜著書尤用意于春秋中夜有得
蹴童子燃燈起書之如獲至寶

莆田陳俊在户部素號練達部屬謂諸稿有陳公筆
如嵌金

楊廉云其自二十六七始見薛敬軒讀書錄國初以來名公所著求其粹然一出于正未有或之先者

曹月川日事著述座下足着兩磚處皆穿

楊慎年二十四舉進士第一少師楊公設四事詢之皆生平所未了慎從容酬對本末融貫少師歎曰此眞才子

孫縈僖公交初任南駕部每日散衙後僚輩各歸私第或出訪客公獨退處一室默坐觀書或以爲言則曰對聖賢語不猶愈于對賓客妻妾乎

楊升菴登眺山寺見雨霽虹蜺下飲澗水得句云渴

虹下飲玉池水斜日横分蒼嶺霞張兪光曰斜字猶
未稱渴字後一年升菴偶閱莊子遂改睨日兪光曰
渴虹睨日古今奇句

吳文定未遇時受知于徐武功有人來乞墓誌公曰
若欲名宦以榮親耶欲傳世之文耶其人言爲親不
死計正欲傳世耳公曰若是則吳寬秀才其文足傳
世者盍往求之

呂文懿好著書嘗攷一事不獲不憚者屢昕夕一旦
攷得之謂門人曰進我二階殊不若得此可喜

王虎谷云王晉溪才識雖優亦原學力觀其施諸經

濟無一不由平日講履之素

王守溪欲于進士之外倣古制科之類兼通諸經博洽子史者亟收之或曰今士子一經尚不能精如餘經何公曰科目收天下士制科收天下非常之士如此則無遺才

王元美論國朝習杜者凡數家孫宜得杜肉謝榛得杜貌王維楨得杜筋鄭善夫得杜骨惟李夢陽具體而微

逆瑾誅曉諭天下楊文楊李二閣下各作一篇意俱不愜曰此等文章須史筆兼律筆方得體乃命各部

屬撰上東陽取梁儉菴作云法史能兼可愛

王元美云李獻吉才高氣雄風骨遒利天授既奇師匠復古手闢草昧爲一代詞人之冠

弘治初北地李夢陽首爲古文以變宋元陋習學士大夫翕焉從之其時濟南邊貢姑蘇徐禎卿信陽何景明最有名世稱四傑

何景明天才騰逸咳唾成珠嘗云文靡于隋韓力振之而古文亡于韓詩弱于陶謝力振之而古詩亡于謝人以爲知言

世稱何大復文侵謨匹雅佽騷儷選遐追周漢俛視

六朝顧璘曰大復詩雖峭俊終是崆峒多一臂力

楊文襄稱李文正懷麓堂稿云高才絶學獨步一世如大海之源出崑崙至積石至龍門至底柱吞吐百川涵浴日月頃刻萬變而不知其所窮

李獻吉以文雄海內目中無人及閱徐禎卿文大加驚異遂與定交世稱李何亦稱徐李

雷尚書禮無書不讀鄭端簡曉尤留心國朝典章世稱古和知古淡泉知今

王子衡著愼言十三篇顧華玉閱竟曰原五行則先水火辯性本則主緣生語學術以貴經練品施措則

尚神識自我開先特標玅義殆所謂神解之機不束
曲教而成一家之言者
王元美嘗云國初之業潛溪爲冠烏傷稱輔臺閣之
體東里闡源長沙道流先秦之則北地反正歷下造
玄理學之逃陽明造基晉江昆陵藻梲六朝之華昌
穀示委勉之泯瀾大要盡之矣
蔣山卿見祝允明所撰建康觀雲記吐舌曰文不在
茲乎偏才曲學眞河伯未離龍門難與言木也
明興自高侍郎以還七言律流而極弊李文正公以
大雅之宗尤能推轂後進而北地信陽諸公作矣王

鳳洲云文正之于何李其陳涉之赴漢高乎

李崆峒作詩一句不工郎棄而弗錄何大復深惜之

李荅是自家物終久還來

文徵明文名滿天下尤長于法書沈石田極愛敬嘗

爲推榮曰徵仲庚甲何異乃聽慧若此

胡宗憲燕將士爛柯山酒酣樂作命沈明臣作鐃歌

鼓吹十章援筆立就至狹巷短兵相接處殺人如草

不聞聲胡赴捋明臣鬚曰何物沈郎雄快若是

沈喜則遊金陵日醉胡姬肆中片語一出豪傑才俊

咸逡巡避席謂天上歲星謫先生亦自任不疑

王元美論七言律詩雖復盛唐代不數人人不數首古惟子美今或于鱗驟似駭耳久當論定

王元美贈徐子與長歌十絶句錄寄李于鱗適盧柟在于鱗郡齋把玩不覺神竦謂元美海內獨步茂秦瑣瑣木強十倍不及也

周思兼年十八爲諸生才氣横溢下筆千言不休嘗爲古詩歌陸文裕公見而奇之曰吾年二十發解時不辨生此語

汪道昆架上牙籤不啻萬卷客睥睨久之公曰無若其多聊備檢証人生所用書只須熟數種譬之漢高

取天下其最屬意者不過三傑耳

我朝文章議者謂自李何而古至于鱗伯玉而精至元美而大

徐獻忠每見詩文之佳者曰此人肚內有冊

徐霖長于樂府　武皇南廵召見行在授以供奉官兩幸其第賜其堂名宸幸每御前揮灑或作長歌不加點綴辭意瑰麗人以李謫仙擬之

李于鱗間操謝榛詩示同社曰有布衣若此衆大駭曰若布衣耶大是行家中人因拉入社

張四知夢張平子語之曰吾宗之彥在子矣寤而歎

曰嗟呼天將畀余窮愁著書耶乃所居環堵堅鐍其户戒門者毋通賓客日坐一室著述自娛

魏順甫著楚史七十六卷時楚人何某亦爲楚史或言二史當合者順甫意不懌曰五色可合緇白不可合也毋已寧毀吾史乎

吳維嶽曰元美見答三絶校閱委頓時披誦可作益氣散

張司馬時徹最喜屠長卿文曰他人敏則窳遲則若或下筆于言矢口無味或數語屢月務爲刻深敏而不窳遲而不苦吾得屠生矣

王夢澤稱郭桐岡詩雄才據勝冥致遹微應景搆詞詞非補假酌形數象象逼生成

宗臣嘗曰朝廷可使無文章之士則靈鳥不必鳴岐山而麒麟爲檮杌

莫如忠語客曰淵明犬吠深巷中雞鳴桑樹顛摹寫鄉村景色眞千古絕唱某舊有一聯頗亦可意客請之曰予屋雞已下趂花蜂未還

袁履善詩苦詞刻後進效之蘇人目爲松江派王元美一夕與諸名士宴集競賦古體元美曰不然可擬袁履善體移時方成惟元美賦得羅漢一篇酷似其

體一語云民脂聾突在座無不美之

秉中郎曰床頭有焚書一部可破顔病首健脾昏可

醒眼甚得力

鄭智居龍泉菴貧無繼晷之給掃樹葉蓄之焚以照

讀書達旦如是者三年遂成大儒

王元美論盧次楩之文是一富胡羣瑤悉聚所乏陶

朱公通融出入之竗耳

王世貞曰歌行之有獻吉也其猶龍乎仲默于鱗其

猶麟鳳乎鳳質而龍變吾聞其語矣未見其人也

熊令君曰文至六代衰穢甚矣韓昌黎談笑而反之

六經當年自爲平平而後乃稱奇絶以告䲡䲡剔而以語皇甫輩則不憚䋎于䲡而禎於龍蛇者人情也

先君中條公著書數十萬言王麟洲曰虞卿非窮愁不能著書士不遇有書足傳幸矣

陳繼儒曰讀未見書如得良友見已讀書如逢故人

陳繼儒曰幽居之中脩竹名香淸福已備如無福者定生他想更有福者佐以讀書

政事

洪武初楊卓爲廣東行省員外郎有兵卒二十人入山伐木一卒邂逅一媍欲亂之不從郎共殺媍媍家

訴行省有周參政者悉捕二十人拷掠皆引服楊曰殺一媍安用二十卒細察詞色止罪二卒周曰貞外何料事之審楊曰二十人存心宜善惡異如皆在郎不能亂況殺之乎

韓文爲留守尚書歲凶死者相枕移洛戶部請預支俸糧戶部以未得命爲辭文曰救荒如救焚民命在朝夕安能忍死待耶遂發米六千石以賑

陳鎰巡撫陝西用法寛平民親愛之民之父母及身有疾者發願爲鎰舁轎不事醫藥祈禱輒愈一出行臺人爭舁之雖禁不息

章楓山自言當時惜不得做臨武知縣外官只有知縣可做以其親民惠易下及也

大司徒余子俊上言邊務宜用車戰謂運有足之城象不飼之馬灼然可行

楊文敏朝回與客談蹠廣傳客舉知足不辱知止不殆之語稱其賢公曰事君竭忠盡力生死不計顧取老氏之言爲身謀哉公退客曰聞公早年志不肯下漢唐宰相于此可見

夏忠靖治水役夫五十餘萬公布衣徒步盛暑輒盖去曰衆小體暴日中吾何忍

謝侍郎鐸稱黃仲昭在文選每見其喜則知賢者得進見其憂則知小人不得退十五年始終一節

阿魯台遣使納欵請并女眞吐蕃聽約束廷臣多許之獨黃淮曰此屬奸謀使各爲心則易制并之難圖矣　文皇曰黃淮如立高崗無遠不見遂不許

劉纓按閩民有隨母出嫁者刲股療繼父疾有司以孝聞纓判曰棄本姓而冒他姓義已不明虧父體以濟父讎孝則安在

孔鏞守高州有盜嘯聚山谷孔匹馬入其巢開陳利害盜感悟酋長百輩從公來中丞韓雍欲盡戮之公

執不可曰吾許以不死招撫而來若殺之是誘之也不足伸威秪敗吾信

何文淵守溫州有兄弟䦧于頌言爭財搆訟者何判云秪緣花底鶯聲巧致使天邊雁影分兄弟泣謝

素政令遂安未視篆夢小兒數十輩皆血淋漓挽令衣覺而問諸父老答曰此邑生女不舉恐費資粧也即日下令嚴禁後邑中生女皆名素留

天順間北虜出沒河套爲邊患秦紘受命往議方略奏言摟河套復東勝皆事勢所難惟收新軍以實邊選土兵以助守不但可責近效抑亦足爲長便

吳人徐某以貲爲太學生持其兄某陰事揭之遂兄坐罪王廷爲守廉知其事曰兄不義而織于家弟不諱而播諸國其兄已髡鉗對主伍吏其安得儼然因以爲利大冠若箕其乃奪其太學生

高煦反楊榮勸　上親征　上有難色問夏原吉對曰臣昨見命將而色變退語臣等而泣在廷如此臨事可知宜卷甲而往一鼓可平所謂先聲有以奪人也楊榮言是　上意遂決

王驥征欐川直抵金沙江西諸酋震怖曰自古漢人無渡沙江者今王師至眞天威也驥遂勒石江上誓

曰石爛江枯爾乃得渡諸酋聽命遂班師

雍泰副晉臬有千戸韋英誣收謀逆百餘人鎮巡將坐實以聞公曰人命至重若出誣收可謂賞一奸殺百良矣

高岱云趙充國不用辛武賢淩征之策屯田以困先零韓雍不用諸將久困之謀深入以破藤峽地利夷情眞有同事而異形者

廖道南曰余爲編脩時值楊邃菴柄國見其奬拔善類練達事幾每奏報虜情羽檄旁午一夕十疏口占指授悉合神筭

魏文靖在南都法司因旱恤刑有王剛惡逆訴寃或
以爲年少欲緩之公曰此婦人之仁天道不時正爲
此也獄遂决明日雨
英宗北狩郕王監國時于少保定議不欲急君遣人
謝之曰荷天地祖宗之靈國有主矣
馬諒任東省少叅民有惑于後妻欲置子于法者公
諭其父母曰昔夫子誅少正卯而宥不孝以教令不
明也爾子有凶德乃吾屬教令之失非由爾民之罪
其父母感悟請釋之還爲孝子
戚泉爲縣令有盜數百夜刼庫泉潛登庭樹賫朱墨

二缶俟盜出入濡筆灑其衣明朝閉城門密命邏者
曰衣有迹者悉捕之不失一人
喬白巖爲留守尚書時寧藩謀逆聲言取南京兵已
至安慶白巖日領一老儒一醫士所至遊燕較奕實
觀形勢險要外若不以爲意者一時矯情鎮物有費
禕謝安之風
楊子器歷三縣俱有惠政兒童婦女皆知公名述公
異政爲嘉話公嘗曰但官負民耳民何負于官哉
劉忠宣進都御史總督兩廣軍務敕使臨門攜二僮
以行兩廣人士聞公來如飢兒之歸乳母

王都督信奉命督漕郎日上道語人曰荷國厚恩未
能報稱此行當以江水洗滌肺肝少盡區區
黃緩巡撫延綏見飲馬婦片布遮其下體公曰嗟乎
士之貧至此極乃驅之戰守耶令預支三月糧
沈希儀出兵多齎私財以行有先登與斬首者就陣
給賞不失頃刻公嘗笑曰人以貲財積賄賂博官我
以貲財積首級博官豈爲非計
于謙爲大理卿讞獄必得其平大辟尤致慎曰彼無
憾我無憾矣
劉玉改南京僉都提督江洋聞宸濠反郎傳檄遠近

同興義舉有曰即墨齊民尚能奮孤城之勇子房韓相豈可忘五世之恩毋惑流言自貽顯戮

蔣瑤知楊州值　武宗南巡出漁得巨魚戲言可直五百金江彬請以畀守令令如數輸直瑤獨脫其妻簪珥及數縑以進曰臣府庫無錢自辦此耳　上笑而遣之

逆濠搆飛語將甘心胡世寧孫忠烈明其無辜坐以輕罪錢寧與濠交通欲殺之以快濠楊一清偶遇寧于朝曰寧藩外論殊籍籍奈何爲之報復欲死言者寧攫然曰此豈寧所得爲乎公笑曰第保全胡世寧

令其生還則物議自消矣胡得未減
武宗駐蹕太原有儀賓坐殺人下獄者賂江彬矯詔
赦之張璉時爲繡衣曰天顔咫尺憲臣不親奉詔旨
其孰敢信儀賓竟不免
康陵好佛自稱大慶法王外庭無敢諫傅文毅珪佯
爲不知者執奏孰爲大慶法王敢並至尊大不敬當
誅詔勿問
世宗謂邊卒不肯用命令取銀三萬兩犒之徐存齋
曰春防既賞秋防將引爲例賞不爲恩不賞適以生
怨不若足其糧餉賞則以待有功

淳安令海瑞抗直不阿上官時鄢懋卿以鹽法都御史巡行郡縣所至叱咤風生懋卿妻從行爲裝五綵輿令十二女子舁之令長以下皆膝行蒲伏比至淳安供張甚薄瑞復抗言縣小民貧不足容車馬懋卿怒甚知其不可辱歛威去之

徐文貞公柄國榜于座曰以威福還朝廷以政務還諸司以黜陟還公論

川東故有禹坊會撫公阿寵臣陸其意檄所司爲其遠祖宣公樹棹楔制視禹坊特敞張四知時僉蜀臬斥之曰宣公雖名臣功高神禹耶亟縮之毋累宣公

爲也

施閭司理平樂郡産蓮酒上官恣取無度公曰雖涸

江水爲酒不能給也因作詩以諷自是少索蓮酒

李攀龍出守順德或問所以守順德者于鱗曰使吾

僕僕遂道車嚴容㫁韝鞠䏲睨上官之色而進之則

俱不能晨輿坐堂皇揖屬吏考計延見鄉老問疾苦

爲輿除脫若承蜩矣

逆濠有鶴帶牌者民家犬噬之濠牒府欲捕民抵罪

南昌守祝瀚批曰鶴雖帶牌犬不識字禽獸相爭何

與人事

醴泉有饑婦剝齒食者邑捕之將磔之市徐聰爲訓導泣曰剝齒救饑今磔之是以饑易饑也令釋之

華民有失水得救而仇其人熊神阿判云此眞風波之民一日風波十二時人心無常天地反覆重門襲室難道無欵檣折楫之時

時有娼婦訟其女爲梟熊令君判云是鷄非鷄母可告女舄在女之不可使男訛言交亂誰知舄之雌雄今之是非大率類此

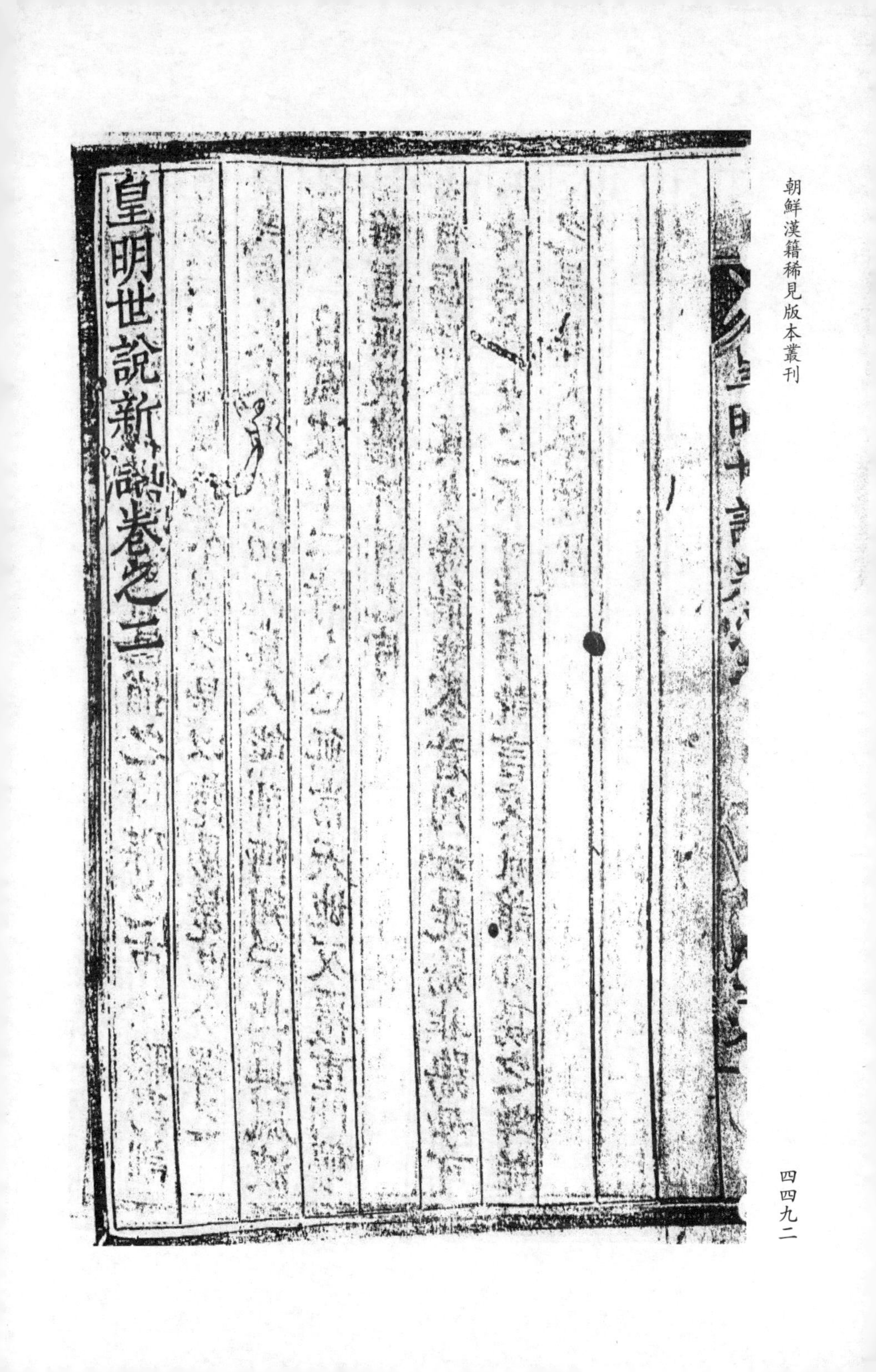

皇明世說新語卷之五

[illegible]

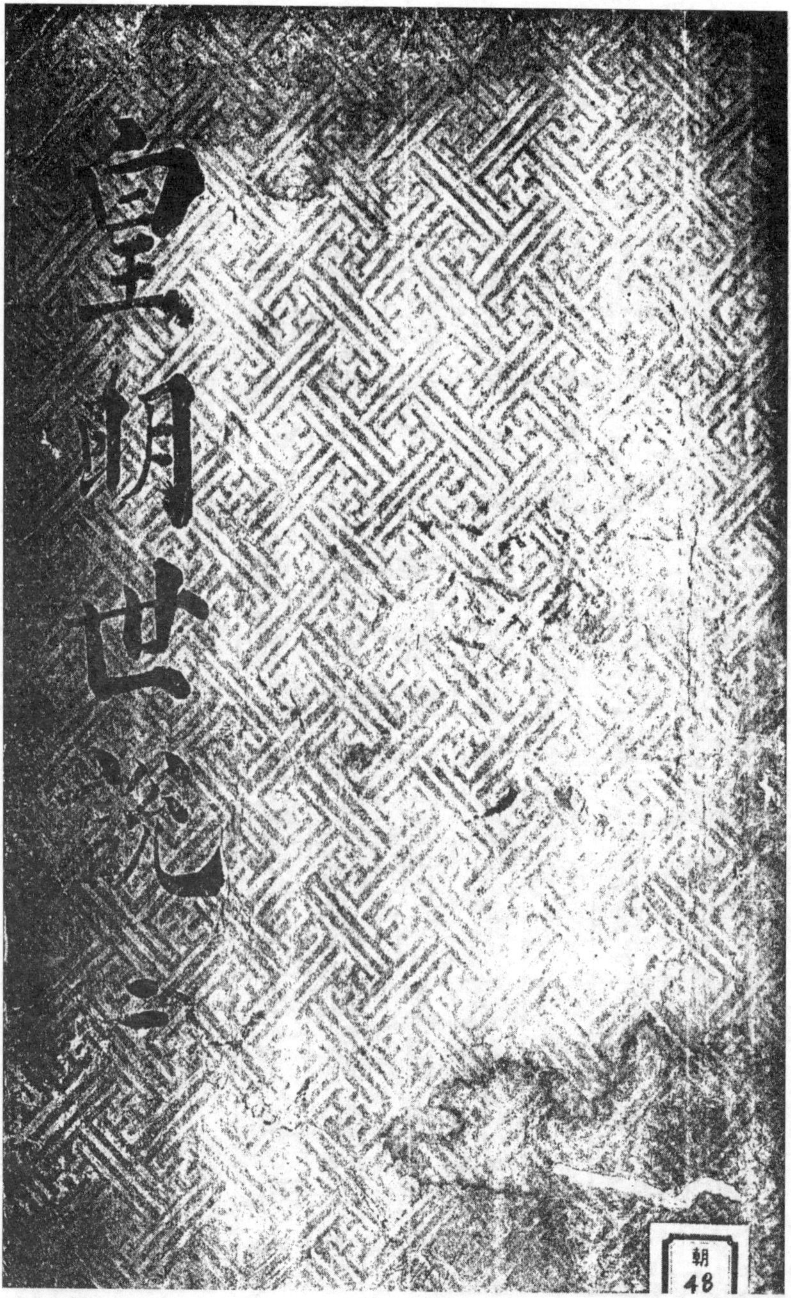
皇明世說三
朝
48

皇明世說新語卷之三

雲間李紹文節之甫撰

方正

東莞人王成搆亂何眞舉義兵除之久不下眞募人能縛成者予鈔十千成奴縛之以出求賞眞如數予之使人具湯鑊舁諸轉輪車上成懼謂烹已也眞乃縛奴于上烹之督奴妻燃火使數人鳴鼓推車號于衆曰四境毋如奴縛主以罹此刑也

姑蘇王賓常居陋巷郡守姚善往候見舍車躬請門賓問為誰應曰姚善乃開門延語及賓報謁面府門

再拜而返善自遽還辭曰非公事不敢入也

鄭克敬以孝友知高廟嘗賜宴不食飲光祿卿以聞上詰其故對曰今日臣父没忌不忍食酒肉　上曰尊者賜少者賤者不敢辭况君命乎對曰臣聞有父子而後有君臣

顧佐爲應天府尹剛稜不撓吏民畏服勲戚斂手議之者謂其類包孝肅之知開封

周新爲御史彈劾敢言貴戚畏之目爲冷面寒鐵

周新見同列有過面責至無所容人以謂太甚輒抗聲曰責善朋友之道也苟阿諛何取友爲

景清過淳化主家有女爲妖所憑清宿其家是夜妖不至去却來女詰之曰避景秀才女告其父父追及清懇之清書景清在此四字令貼戶妖絶矣

歐陽韶爲御史　高皇乗怒欲殺一人同列莫敢諫公趍進跪舉手加額連呼曰陛下不可陛下不可天顔爲霽其人得從輕典

周是修平生負氣節嘗曰忠臣不以得失爲憂故其言無不直貞女不以死生爲慮故其行無不果後是修死難卒成其志

劉璟偉貌豐髯論說英侃　太祖愛之金書除奸摘

倭四字于鐵簡賜之令糾不正者時都御史袁泰奏
事忤旨璟當入廷擊其項舉朝憚之

成祖欲廢太子楊榮諫不聽召張信問之信言太子
仁孝國之本不當廢　上曰如爾言我何以有天下
爾何以從我信曰欺心事只可一作耳

孔約教諸皇孫　太宗賜一小荆杖出西番柔韌可
屈伸曰犯者以是撻之他日皇孫有過約以拳連擊
其首是夕皇孫熱作　上召約責之約曰此陛下命
上怒曰何不用吾杖約厲聲昔漢明帝尊師重傅陛
下奈何以教子罪師

國初一上舍任左都掌院羣屬忽之約二三新差巡按者請教掌院者厲聲云出去不可使人怕回來不可使人笑羣屬凜然

檢討陳繼爲一頌人志墓已刻石矣有客詆此頌不孝繼郎率童子碎其石曰吾豈妄譽不孝頌耶

永樂中有幼孫戲祖母者論當死刑部主政李厚曰童穉無知豈有惡逆施于親愛者坐之重辟枉矣遂上疏諫不聽繼以泣 上怒謫厚安南厚忻然就道曰豈敢殺不辜以媚 上耶

陳祚三上書三繫獄吳文定曰陳御史忠義之心剛

大之氣蹈而復奮幾死不悔

西僧大寶法王來朝　文皇命夏原吉拜之原吉曰王臣雖微序于諸侯之上况夷狄耶長揖而已

陳完舉鄉薦任涇縣教諭有清節適縣官送白金修學完詢其所由來知爲贜罰曰吾聖人有靈决不欲以此物修其宫郎反之

定西侯蔣義剛毅忠信互忿不决者率曰蔣公正人也徃質之比至義出一言折之兩悦服無後言

王振問楊士奇吾鄉人誰可大用者士奇首薦薛瑄振即擢爲大理寺丞比至任士奇勸詣振謝瑄曰安

有受爵公朝拜恩私門耶竟不謝

楊瑛弘治初爲給事嘗夜出遇貴璫爭道不恭批其

頰璫泣訴于　上上云知是長楊何不讓之

薛瑄擢御史内閣楊士奇等令人邀瑄欲識一面瑄

曰某忝糾劾之任無相識之理一日三楊于班行中

尋識之曰薛公見且不可得况得而屈乎

禮侍章敞使安南黎利賂以金珠異物堅却不受利

死朝廷以其子麟權署國事復命公往諭關吏曰此

天使郎前却金者再來矣

林俊論劾僧繼曉内侍梁芳疏成赴通政司投之語

納言張某曰請屏人視張閱竟笑曰君能言人所不能言吾輩媿之然雷霆之下恐未易處再思之俊曰吾思已三矣云再也疏竟入

黄福持正不阿宣德初命觀戲曰臣性不好戲命圍棋曰臣不會圍棋問何以不會曰臣幼時父師嚴只教讀書不學無益之事

祭酒陳敬宗以不見內侍之故一任十八年王直爲冢宰欲以司寇轉陞從容示意陳曰豈有與天下英才終日講論道學顧以桎梏之徒見辱何哉

雍泰居鄉族黨有犯法者必告有司曰某是某非幸

無爲雍其屈法
景泰間內侍曹增恃寵驕縱大臣有候其生日持賄
拜賀者科道論劾章旣成林聰對衆復增三語曰復
起羣邪趍附之風大開小人奔競之路
正統時內侍王振跋扈王尚書亘遇振未嘗少降辭
色同坐時亘曰太監職四品我尚書二品岸然據尊
席振無如之何
司禮監黃賜毋死省寺監苑無不往吊翰林獨不往
侍講徐瓊言于衆曰時且如此獨得不往乎陳音怒
曰堂堂翰林相率拜內臣之門天下其謂何斯文其

謂何辭氣憤激言者大沮

章文懿立朝凜凜不可奪自號贛夫或勸之少貶公曰在我者有義與命在彼者我不知也

陳敬宗爲南祭酒奏績之京時貴有柄國者欲收之門下托公同年周忱達意公曰敬宗忝爲人師表而求謁中貴他日無以見諸生竟不往待公歸北學公不可曰是亂法自我始矣

陳恭愍按江西屬吏有過爲卑諂者公曰妄自尊大吾不敢也悛不以道吾不顧也

魏文靖請老至京大學士陳循其所取士也請曰先

生雖位冢宰然未嘗立朝頃少待事在吾輩章文靖語
人曰湨将朝廷事爲己事耶竟致仕去
王璡爲寧波守自奉儉約一日見饌兼魚肉大怒命
撒而瘞之世號埋羹太守
王忠肅爲冢宰仲孫以蔭入監将應秋試有司以印
劵白公公曰汝才可登第吾豈忍蔽之但汝本有階
設復誤中則妨一寒士矣裂劵火之
東楊晚年溺愛其子稷所爲多不法事嘗與鄉人爭
墓地交訴于朝法司不敢凌請于士奇士奇心疵其
子曰往問鄉友羅汝敬法司從之羅正色曰吾不知

其他但每歲見鄉人上塚耳
閔司寇珪讞獄不稱旨　孝皇怒甚諭劉大夏曰爾第云古昔何人如此執法大夏對曰嘗聞孟子云舜爲天子臯陶爲士執之而已

王翺典選外孫賴其欲得給事中祈夫人言之後選縣令大不樂夫人咎翺曰身爲冢宰不能庇一外孫耶翺正色曰婦人安知大計賴生年少登科爲長令于分過矣如肯留心民事吾位可到何榮一給事乎

羅文莊公歸養仲子乞書謁選冀得南銓公曰數字不足惜惜認義命二字不眞生平訓汝謂何乃有是

言竟不許

楊文貞欲識吏部郎李賢示意南陽守陳正倫因邀往見賢不肯曰無一面之雅而造門是求知也

南楊在內閣其子來京所過州縣無不餽遺惟江陵令范理不爲禮公異之薦爲德安守或勸理宜致書謝理曰宰相爲朝廷用人非私于理卒不往

黎文僖淳性耿介門生尹華亭以雲布寄淳不受責之曰古之爲令拔葵植桑今之爲令織布添花吾不用妖服也

王忠肅奉詔往于鹽山有司承媚多列屋若干翺恚

折去之曰非詔旨也

劉大夏忤逆瑾下獄有教公行賄者公曰如此而宛止累一身稱貸免宛則累一生且累子孫矣

弘治初馬文升掌內臺奉上耕籍田教坊司以雜劇承應或出狎語文升厲色曰新天子當知稼穡艱難豈宜以此瀆亂宸聰即斥去

何喬新致政楊宣慰致金銀爲壽并獻名梓可爲棺者皆不納或誚其好名何曰戒之在得正今日也

儲瓘在吏部留意人才考註臧否無不曲當一時人士竦然戒曰儲君陽秋可畏

姚文灝自謂平生所能者三毀譽不入請托不行賄賂不通而已

逆瑾專權京官見之皆跪諸翰林約謁瑾只長揖已而入見前有跪者何塘奮聲曰先說不跪何又跪也瑾問言者誰塘云河南何塘

楊繼宗守嘉興去日張寧送之曰楊伯起清白著聞猶有金可却公治郡始終無一足敢暮夜及門者

呂涇野家居有客爲權貴持三百金求公文公曰人心如青天白日不意視如鳥獸客慚而退

汪稚道爲至楊州傳旨欲選綉女蔣瑤爲守曰楊州

上綉女三人江問何在蔣曰民間並無其有親女三人朝廷必欲選可以備數江語塞

何廷秀使淮西巢令閻徽以嘗師其尊公贈以白金廷秀却之徽曰吾以壽吾師非贈君也曰子欲壽吾父因他人致之則可因吾致之則不可

楊石淙云數十年來大臣以直道去位爲時望歸者兵部尚書河洲王公吏部尚書曹南李公三原王公不二三人河洲謂竑曹南謂秉三原謂恕也

林聰被劾欲以專擅選法論死尚書胡濙驚曰誣聰至死如公論何即移疾不出朝廷遣使來問對曰老

臣本無疾聞欲殺林聰心悸不安耳郎命釋聰

中官金英奉使道南京公卿俱餞之江上獨薛文清不往英至京言于众曰南京好官惟薛卿

倪岳爲冢宰極有風力嘗買一錦衣官之宅堅不受價但云有鹽在淮上乞一書與張都堂獲支足矣時在淮上者張敷華也張得書云我知倪冢宰風裁第某老矣行且謀歸不能屈法以奉也

陸瑜爲司寇適衞卒誣指揮李斌弟健謀反錦衣門達煅煉成獄三法司莫敢異論公獨明其寃達怒語侵公公曰法司所執者祖宗之法耳吾何敢舍所執

法枉人滅族之罪

吳廷舉宰順德時有都御史召見曰順德大璫某者屬我修其家廟縣令可理葺之吳曰今非有舊例新恩一夫不敢役一錢不敢費也

浙右撫臺居者多病孫燧至藩臬請改建孫曰有正人無邪地止移後堂向前數尺檻下得一古鏡背刻昭明光運忠扶日月等語爲公死忠先兆

景泰間編修薩奇報易儲宜勸進祭酒劉鉉曰國子監諫止則可勸進則不可

閹宦汪直以權倖延攬名士聞楊繼宗治郡名往吊

拜起手捋公鬚曰此聞楊繼宗名今貌乃爾公曰繼宗貌陋但虧體辱親未之敢也直不復言

雍泰起副都御史時劉瑾當國鄉佐遷除厚賂行謝鄉人喩公公曰進退在天若奈我何

何大復師御史某客死京師權倖廖鵬者賻之棺謂可結搢紳權大復曰御史生不苟受奚爲受污地下耶乃約所知共賻金斂之竟却其棺

景陽在經筵每進講必先夕齋沐曰咫尺尊嚴不敢不敬也

武宗將南幸人情危懼舒國裳約同志上疏乞留家

宰陸完出危言沮之公舉酒酹之曰匹夫不可奪志吾輩乃爲大臣所奪乎疏竟上

寧藩謀不軌召都御史孫燧大罵曰我何負于汝奏我七疏孫曰朝廷何負于汝汝反耶

逆濠煽虐朝野以目聞屠簡肅僑按江右謂所親曰奈何令此強項御史來耶

屠應峻典試江右閣臣有屬其三子者屠曰國家百七十餘年惟貢士之法秉公不廢耳苟循私請安用試爲遂行至則夢人有以醜進者辭不受覆地地墳覺曰寧墳毋亂卒無所私

陸粲夜草疏力陳張桂二相之禎方屬草鬼嘯于庭公叱曰非二氏家鬼耶何自沮我草具亟上之

馮御史恩以彗星見論劾輔臣謂張孚敬根本之彗汪鋐腹心之彗方獻夫庭門之彗 上怒逮下詔獄適汪鋐遷太宰以例會審南闕門汪令校卒持公轉膝面之公郎起立不跪辨甚強項觀者嘖嘖歎曰是御史鐵膝鐵口鐵膽鐵骨相傳爲四鐵御史其子行可年十四刺臂血上疏得減戍

陸文裕公督學山西時晉王愛幸一樂工其子學讀書前任督學考送入學公到任黜之晉王言之再四

公云寧可學校少一人不可以一人污學校

陸深爲講官一日講罷面奏曰今日講章非臣原撰乃經閣臣改竄者陛下有堯舜之資當令諸臣各陳所見則聖德日新

李夢陽督學江右渡江有司請祀水神公怒命從者縛神投諸江曰以水神投水得其所哉得其所哉

李應禎以中舍供奉上命繕寫佛經李奏曰臣聞凡爲天下國家有九經未聞有佛經者

文徵明爲翰林時上相楊公以召入文見獨後楊公曰生不知而父與我友耶何後見我文毅然曰先君

子棄不肖三十餘年以一字及者不敢忘也故不知相公與先君子友也竟立不謝

黄暐聽事前有五神廟欲毀之未幾病瘧危甚咸咎黄輕言毀廟黄聞之曰吾與五神不俱存吾存廟必毀神能死我廟存矣數日瘧止黄曰不可失信于神遂毀之

王幹被誣罰運木石贖罪乃躬自負荷或勸其令子弟代之曰此輩未嘗受吾富貴安可以勞苦及之或俾隸卒曰非其罪也自竟其役

馬逵令昌邑麤衣糲飯淡如也其妻乘閒言居官而

貪若是遂怒曰爾欲使我爲善耶使我爲非耶
應櫝守常州遵憲綱不跪御史有山字太守之目
聞淵轉南司寇時張孚敬爲相囑曰僕在南刑曹嘗題詩郎舍中公至頹爲我勒石樹公後堂公不答僚屬以請公曰此部尚書堂也紀法所在安敢以相公今日故爲郎官勒石卒不許
世廟宮中降紫姑仙熊恭肅爲冢宰直斥其非上震怒命中官鎖解歸原里爲民時丁南溪守河間見熊杻鎖遂放之且對中官云歸報第說丁某去其杻鎖上聞竟不怒

嘉靖間分宜柄國郎自權還者必謁其子蕃贄重而後得志李淑從杭州還京第以兩吳縑往曰小別于徒手者耳

寇涂水寧波一巨室能詆是非成敗人寇曰吾作守爲國愶民爲民愶財而已是非在人成敗在天則何能知

錢海石薇性耿介或勸之少貶以求進公曰不屈次山之股不折彭澤之腰吾巖穴焉足矣

吕柟被斥陸完祖道相送陸曰公去矣余不知何日得行吕曰汝眞心去我在三千里外候君

費宏官侍郎其兄奉常公宴以長少易位劉瑾適過之曰費秀才以羊易牛公答云趙中貴指鹿爲馬

陸平泉爲宗伯議陽明從祀欲俟論定陶大臨曰朝廷不難以伯爵酬公何况廟祀平泉曰伯爵者一代之典從祀者萬世之典卒不能奪

雅量

解大紳素無崖岸求文與書者日輻輳率與之無厭倦意或言有不當與者公笑曰雨露豈擇地而施哉且人孰不可與進者

嚴德明爲中丞請告　高皇怒黥其面後歸吳貧甚

頭戴小帽已敝用樵布補綴教授李綺頗易之問曰
老人家犯何法而面刺四字公因述前事且曰先時
國法如秋荼仕者幾人得保首領余固不食之碩果
也此破帽豈易戴哉綺驚拜請罪
姚少師歸吳每曳屐獨步偶遇一丞喝道來少師行
如故丞怒執而笞之少師受笞不為理有識者曰此
少師也丞大驚伏地少師徐云且送郡獄明日出之
謂太守曰此輩不識事一野僧行道何足怒而笞之
吾昨乃相戲耳亟不罪丞
夏原吉治水江南至崑山寓千墩寺中公所居不陳

儀從坐一室視書如常人有鄉民數人來寺遊觀樵坐其傍旣而問僧尚書何在僧曰觀書者是也民惶懼奔走公殊不爲意

夏忠靖公德量寛宏嘗有從隸汙所服織金賜衣懼逃者曰汙可浣何懼爲吏壞所寶硯戹匿不敢見公召吏諭之曰物皆有壞吾未嘗惜此慰遣之

一進士戲乗夏原吉轎或告公公曰有志言者慚退

金忠未遇時里人有窘辱公爲尚書其人補吏來京師公薦用之或曰彼不于公有憾乎公曰顧其才可用奈何以私故掩人之長

王忠肅召爲冢宰冊次濟寧都水主事法以先後序過闈雖貴官不得越人惟之公曰彼立法安忍壞之至部調爲考功

顧佐執法下吏不堪乃誣奏佐受皂隸賂因放歸耕楊士奇力辨 上郎以訴吏付佐自治吏恐甚佐曰上命我治汝我姑容之但改行爲善竟不問

或問夏忠靖曰量可學乎公曰某幼時有犯者未嘗不怒始忍于色中忍于心久則自歊

羅洪先伱𣇈元時外舅曾太僕趣告曰嘉吾壻幹此大事也羅面發赤徐對曰丈夫事業更有許大在此

等三年遞一人奚足為大事也是日猶袖米偕何黃

二公聯榻蕭寺中講學

宣宗命夏原吉遊西苑隸人問曰龍衣而髯者非至尊乎　上面頳公下馬謝曰不能檢下臣之罪也

上曰朴哉斯隸賜之鈔

馬士權善徐武功石亭譖武功怨望逮捕并逮士權拷掠瀕死終無所言乃摘武功誥券讚禹神功語出武功自撰實謀作逆士權始大呼曰有貞忠臣也豈有自撰誥券露逆謀之理耶武功得釋感其義以女許婚其子後自金齒歸負盟士權亦無言

冡宰王翺端方強毅恩讎一不介意嘗曰吏部豈報復恩讎之地耶

薛文清爲廷尉欲出一寃婦王振嗾言官劾公故出入人罪論死公怡然曰辨寃獲咎死何媿焉臨刑神色自若會振一老僕哭于廚下振問何以僕曰聞今日薛夫子將刑故泣振爲之動赦歸田里

耿九疇爲太宰深知儲瓘之賢調爲考功郎中嘗覈一官得實九疇忽又改評瓘不從且云公所執何異王介甫兩侍郎方竝坐省中九疇大慚良久曰我爲渠知己然非我莫能容也

屠滽位冢宰有鄉人假稱屠公子沿途騷動人以聞于公意公大加譴責公但呼而戒之曰汝爲我兒亦不辱但難爲若翁耳法有明禁自今愼無爲此

李秉巡撫宣府巡按張鵬待之倨已而鵬與楊瑄言事謫戍兩廣林錦衣監行二人同梏行坐有妨時秉開府江南二人道其地瑄咎鵬曰若往時少貶李公今日能不少視我乎語未畢秉至見二人哭不能起命左右寬之二人曰北門錦衣親封邏者在後何敢累公秉曰朝廷有責吾自當之遂懇林得釋尋解其帶貽之二人晏然得至戍所

陳白沙素不與物競鄰人有侵其居地者揚言曰陳氏子我必辱之于途及見不覺自失先生曰尺土地吾當爲若讓其人慚而去

葉與中喪妻求于肅愍作墓表不數日爲德勝門軍躪死葉劾于公詔原之是日于公謂郎中王偉曰葉公近日求作一文不意今日有此事若稍遲則俗矣郎命紙一揮而成

主事曹恂怨冢宰王翺遇于朝捽翺毆之翺立不動觀者謂恂必獲重譴翺具言恂實喪心奉旨罷其官令有司防其出入而已

李忠文公因除庭樹王振揑旨逮獄錦衣官校至公方坐東堂閱諸生試劵從容免冠就縶神色自若呼諸生近前與言曰某人某處講是某處講非某人今次勝前某人不及前次因顧僚屬曰還須校定高下出榜語畢乃行

聶大年嘗有言譏王抑菴冡宰及大年病不起以詩投抑菴云鏡中白髮難饒我江上青山欲待誰抑菴見詩曰彼欲予志墓耳大年卒抑菴爲志其墓

蔣恭靖瑤性寬厚守楊時出市有婦瀉出樓牕誤濺公衣左右縛其夫至公叱去之或訝公大褻公曰吾

非好名婦誤耳夫則何辜

英廟北狩虜犯京師衆議必銅大將軍銃可以退虜于謙乃掘土坑藏身長藥綿手自點火虜死砲下者萬計或曰宋李綱不如也公曰四郊多壘卿大夫之耻敢言功乎

陳鎰王文同掌內臺凡入臺陳或後至王輒命鳴鼓集諸都御史升揖一日陳先至堂吏請擊鼓陳曰少需諸道咸不平王至知之曰吾在陳公度中矣

屠太宰滽新衣白綾甚澤吏捧硯誤傾墨汁慴息請罪公曰吾方惡其白而欲染之適與意會

尚書魏驥致政歸布衣芒屩與野畯雜處會大旱浙省三司禱雨公渡江從之雩乘竹兜行道中三司前驅且至避入委巷猶謂弗極也掩而出之三司見公皇恐謝罪行禮畢倉皇訪公公已渡江矣

章懋爲南司成其子自金華來省道逢巡檢笞之已知請罪公笑曰吾子垢衣敝屩宜不識也

王英以都憲歸偶入邑令盛設酒饌邀英辭之竟赴鄰翁飯或恠之曰鄰翁貧治具不若令易也

衡公岳知慶陽僚友諸婦會飲金綺爛然公內子荆布而已既罷頗不樂公曰汝坐何處曰首席公曰既

坐首席又要服飾華美富貴可兼得耶

王司徒承裕幼時暑月如厠必置扇外舍牖間諸姊欲試之使婢藏去王出視無扇輒往及三置三藏則不復置扇終無慍色諸姊相與笑曰七叔量大如海其將鼻吸三斗醋耶

李西涯延徐文靖溥徐尚書瓊飲左右誤進酸酒文靖連飲三巵次至瓊瓊曰此秀才酒也西涯語文靖何不早言公笑曰鼻中尚欲吸三斗況兩盞耶

魏驥奉命往留都考察所積俸資寄一刑曹郎郎之壻爲僞銀封識盡盜其眞者公知而不言後郎惡其

事盡數償公公駁曰君誤矣奈何以不明之跡加人不韙予子銀具在故無僞者迄不受

蔣恭靖爲御史時舟次有一野僧大肆罵詈公若不聞即命放舟次日復罵一主政遂遭箠楚僧訐奏被逮詢之乃國族也後問公所以忍者公曰以一僧妄侮吾輩于中必有所恃可輕與較哉

御史林誠劾奏大學士商輅憲廟欲譴誠輅奏曰臣常懇陛下優容言官如羅倫輩皆復收用今誠以論臣斥之如公論何誠得復職

張莊懿公鎣巡按東省初到臨清偶酒家酒標掣落

其紗帽左右失色旦日州守縛此人待罪公徐曰此
是上司過往處今後酒標須高掛逕遣出
陳鎬督學山東夜至濟陽公館庖人供膳忘置箸恐
公怒責請啓門外索公弗許庖人乃削柳條爲箸公
曰禮與食孰重竟不夜餐啖果數枚
御史李鐸詆斥梁文康後大理寺丞缺銓司曰按格
宜鐸惟鐸詆公議別擢公曰舉不避仇古制也立議
擢鐸
魏文靖公致仕時往于田値御史官舟公岸引纜而
行御史怪問對曰魏驥又問曰蕭山魏驥又問曰尚

書歸老蕭山魏驥御史惶恐謝罪

李秉王竑俱一時名士致仕居鄉王高自標岸非其人不與李出入閭巷與市井人對奕終日無忤王曰朝廷大臣與閭巷小人遊戲何自輕之甚李曰在朝在野固自不同

陳白沙訪莊定山莊挐舟送之維楊一士人素滑稽同汎數十里極肆談鋒盡褻席褻昵之事故爲二老困定山怒不能忍聲色俱厲白沙當其談時若不聞其聲既去若不識其人定山深服之

楊文懿以洗馬乞暇行次一驛其丞不知爲何官也

坐而抗禮卒然問曰公職洗馬日洗幾馬公漫應曰
勤則多洗懶則少洗無定數也
楊石齋在閣久漫無建白　武皇南狩狂生上書數
其過公延禮生泣下曰久當不負良意後寧計擒江
彬衆始服公才量
嘉靖初言官聯疏劾梁文康假宸濠護衛兵公不辨
惟曰余只致仕去已矣不論衛兵事由也久之始知
主其事者楊石齋
瞿景淳佐吏部時有張司務者迕數迕公多吏譴及
考察尚書毛公欲黜之公為請曰是迕故多吏譴未

友格也竟免黜

李春芳廷試後同志集飲適其堂上遣官至延入內與語而別人皆知來報臚傳之信賀之李坦然曰謂拙卷亦與進呈之別耳神色不動

蔡子木在京師與徐子與吳明卿張肖甫論文不合後子木巡撫河南三人皆爲屬吏子木張宴備賓主禮身行酒炙曰吾鳥得有其一以慢三君子

徐文貞致政家居爲怨家訐告張全山年八十餘往候之曰今日贈老先生一字文貞曰何字曰忍字文貞曰我亦贈公一字曰何字曰恕字

吳長史稷歸隱有司莫識其面里舉踐更役誤以公名報令不知懸之榜公親往註其下曰不能爲官豈堪爲役令聞大愧（踐更役郎巡更卒也）

俞允文家貧不治生產其配洴澼洗助之猶不給也允文獨夷然曰不能三食乎則姑二食乃至不二食乎則又曰姑一食

熊令君出鄭州境肩輿輞絕顛仆輿夫驚泣因念裴晉公倉皇失印雍容乃復故處遂覺意氣盡平整輿而前數十步道傍有石題曰唐晉公裴公度墓事偶如此

潘士藻嘗念頑民因思書曰無忿疾于頑遽覺氣消

識鑒

洪武初京城既完　上謂劉基曰城高如此誰能踰之對曰人實不能踰除是燕子耳燕子者國之子隱語也基已知　成祖必有天下矣

高皇固守江東諸郡謀取浙東聞學正朱升名召問時務對曰高築墻廣積糧緩稱王

湯和有語及兵法者輒笑曰臨陣決機在智識敏達何泥古爲

況鍾爲禮部都吏時尚書呂震兼攝工部會神木廠

失火有旨令部官回話呂草疏示鍾鍾曰若依此奏恐不免罪請于燒毀木植中增揀退二字震大然之疏入有旨報罷

洪武中郭德成爲驍騎指揮嘗入禁中 上以黄金二錠置其袖曰第歸勿宣出德成納鞾中化出宫門佯醉脫鞾露金閽人以聞 上曰吾賜也或尤之德成曰九閽嚴密藏金而出非竊耶且吾妹侍宫闈吾出入無間安知 上不以此嘗試耶

中山王追元帝將及遼鳴金使逸去常開平不能平中山曰是雖夷狄然嘗帝天下主上將裂地而封之

抑遂甘心也旣皆不可則縱之優
文皇謀起兵詹氏忽墜色殊不懌道衍曰此祥也天
欲殿下易黃氏耳
靖難兵將起姚廣孝擇日至期疾風暴雨　上曰出
師大風雨此兵家之忌廣孝對曰陛下乃龍也正要
風雨大方得勢
靖難師起道衍每曰師行必克但費兩日耳及敗東
昌曰前固言之費兩日乃昌字也自此全勝矣
宣宗喜微行楊士竒曰陛下尊居九重恩澤難徧豈
無寃夫怨卒窺伺竊發後錦衣衛獲二盜伏林莽候

車駕謀作亂者　上聞之曰士奇眞愛我
張莊簡悅督學兩浙始以糊名校士尋去之曰我且
自疑人誰信我
王振謂三楊曰朝廷事賴三先生然皆高齡倦瘁何
文貞曰老臣當盡瘁報國文敏曰不然當薦幾個後
生報主耳振喜令具名翌日郎薦陳循高穀苗衷等
文貞讓文敏文敏曰彼厭吾輩矣一旦內中出片紙
以某入閣則吾輩束手而已今數子皆是我輩人當
一心力文貞歎服
張都督遇素善居亨迎駕南宮時公適在京使人今

索賂將爲公報功公執不可曰吾實未效勞敢欺君乎且貧無以爲獻也後亨敗冒功陞官者皆削謫而公究名高節竟以壽終

仁宗親信夏原吉諸司所進章疏命擬旨公多云其部知道或以問公公曰予奪之柄非臣下所敢專故付之矣六部定其可否復取上裁則事有所分而權不下移

項忠討滿四有星孛于台斗占者以爲不祥忠曰賊虐生靈罪惡滔天仰仗皇威問罪師直而壯兵法曰禁祥去疑攻之益急未幾果殲滅

劉大夏居職方賢聲甚著銓部擬以太僕卿處之大
夏語所知曰郎中轉京堂固入所欲但吾做秀才時
常憤府縣政事不平今不得一親民官素志也乃陞
福建叅政後遷布政使累官大司馬嘗言所以至今
日得叅政布政之力也
天順初朝廷頗好寶玩中貴奏宣德間王三保出使
西洋獲奇寶無筭 上郎命兵部查西洋水程時劉
忠宣爲職方匿其籍事亦寢後尚書詰都吏曰庫中
案卷焉得失去忠宣從傍微笑曰三保下西洋所費
錢糧鉅萬軍民死者亦萬計舊案在亦當毀之以拔

其根尚建追究其有無耶尚書悚然
都憲徐有貞治張秋河有撓其議者曰不能塞河而
顧鬧何耶使者至徐出二壺一竅五竅者各一注而
瀉之則五竅者先涸使歸而議浸
王忠肅在遼時有指揮孫暻以公事鞭戍卒至死其
妻女哭之相繼死或訴暻殺一家三人公曰卒死以
罪女死于父妻死于夫非殺也
北方流民聚襄鄧山中凡數十萬千戶楊英奉使河
南策其不早制必反乃上疏宜漸圖散遣不報後劉
千斤等作亂副使鄧本端追訟英先見謂一言可當

十萬師𠘧于茂陵徐福
弘治閒京師西扁門有熊入城兵書馬文升乞嚴武
備郎中何孟春曰熊之爲兆旣當備盜亦宜愼火已
而果然蓋熊字能火故也
于肅愍甥欲公援入中書科公不許第曰試日但書
大明一統聖壽萬年八字而已林如其言閣下雖不
滿其字竟不敢言其不佳遂置上等
豐慶陞河南方伯一縣令簋簋不飭懼甚乃以白金
爲燭餽之廳子以告公佯曰試燃之廳子曰燃而不
燃也公曰不燃則還之耳次日從容謂縣令曰汝燭

不燃盡出之以易燃者自今無復爾矣

周公瑛知廣德有道士作法能使童子舞公摘樹葉置童子懷中戒曰汝第舞但樹葉落地則笞汝矣童子心在守葉道士百計作法凝然不動

給事中徐昂論救韓文忤太監劉瑾落職歸或問瑾等後來如何昂曰予觀瑾等非能以正相助者三五年後必互爭權自相屠戮矣後果如昂言矣

黄綬改左都御史嚴甄御史量能委之大差簿于庭曰事貴得人耳資勞久近豈立官意哉

弘治庚戌徐文靖溥與會試夢人餽一大錢又夢餽

牡丹三本以語王守溪答曰錢福有聲場屋大錢之兆其在福乎獨牡丹之說不得楊介夫曰此亦福之兆也不聞洛陽相君忠孝家可憐亦進姚黃花爲錢惟演故事乎斯人高科必矣而非端士是科會試庭試福皆第一而不克終

姚文敏夔知貢舉見主司偶遺名士必力薦之或曰此非外簾所預公曰爲國得賢孰分內外

杭州重建戒壇須萬金兩司召富民勸募湖州胡汝輝頓一力當之憲長楊繼宗曰何易若此汝輝曰民有一子不肖所積必爲他人取何如奉承勝事旣而

如數詣獻有司

梅溪一富翁貪吝之極陳良謨語客曰此人財積不散又無一善狀當有奇禍歲餘陳又曰此人禍且至矣客曰何也陳曰曩惟貪吝可鄙近則漸驕横矣非速禍哉未幾死于盜

武宗初年瑾等用事舉朝欲誅之期在必克獨許襄毅曰此輩得踈斥足矣不然恐有甘露之變時不能從卒貽搢紳數年之禍

宸濠謀逆外議藉藉皆云王陽明任數其去留不可必王晉溪在本兵以爲陽明必能成功朝廷不必命

將出師其壻倭主事入告晉溪曰外間人言若此大人堅持此議恐滅族之禍不遠晉溪曰陽明謀略足了此不久捷音至矣不旬月果報捷

武宗彌留之際楊石齋定計誅江彬恐彬所領邊卒數千倉卒為變謀之王晉溪王曰當錄其扈從南巡之功令至通州聽賞于是邊兵盡出彬遂成擒

瞿景淳介使鄭藩世子謬為恭敬餞迎用幣重公一切謝不納其使恭順倭以公故弗納　上已密使詗之倭語公詗狀曰微公吾幾中明法公曰吾不知也第吾所持使當如是耳

世宗好言長生乙丑會試題夫政也者蒲蘆也又民之秉夷好是懿德　上問輔臣蒲蘆是何物夷是何義徐階對曰夷是有恒之義蒲蘆是長生之物

張佳胤令滑巨盜任敬高章詐客皆挾匕首以千金刼張張曰庫藏空虛我將貸諸豪右乃手書十人名令人持百金來十人素善捕盜者須臾人奉二十金以進公陽怒曰賦汝奇金胡二十也秤之良久察賊少懈一人前忽躍而就之刺一人縛一人不踰刻蹶巨盜于樽俎間遠近靡不頷首

薛頭陀欲揆顧左山長生詙左山曰人之正氣自可

長留天地間何待解脫稱仙人薛笑而去
熊令君過孔子問津處行人喜有橋令君曰橋正不
須有無橋正好認迷津今成捷徑矣
熊際華云夫子思狂簡則曰斐然成章然則世事新
而多奇不幾于無章乎
吳阜之西多水築隄有夫輒力者折去神阿云愚人
之事甚於振己之溺予鄉誠不知務乃丘陵而借力
于川澤不敢謂有怵惕惻隱之心
熊神阿云西門豹治鄴鄴民苦于河伯娶媍夫可折
是河伯且以賄遷而歲凌歲折無已時予鄉誠苦河

伯之贖貨也

江陵不奔喪涂杰將上疏詞戇而氣平其兒猶慮賈禍紿曰疏中字有訛涂出疏草兒引燭焚之次日鄒元標疏上詞太激廷杖幾斃王荆石時在翰院歎曰使涂直指疏上當不令主上怒至此

皇明世說新語卷之三

皇明世說新語卷之四

雲間李紹文節之甫撰

賞譽

劉誠意舉進士丞高安揭奚斯見而奇之曰此魏徵之流而英特過之濟時器也

劉基嘗遊西湖有異雲起西北同遊者皆以爲慶雲將分韻賦詩基獨縱飲不顧大言曰此天子氣也應在金陵十年後有王者起其下我當輔之時無有知者惟西蜀趙天澤曰此隆中諸葛也

胡閏嘗題竹詩于吳芮祠壁間　太祖征僞漢見之

深加嘆異陰記其姓名後以薦至闕　上識之曰此
題詩鄱陽廟者也
陶安在翰林　高皇賜一對曰國朝謀略無雙士翰
苑文章第一家
桂彥良侍　高皇曰卿何官曰正字　上曰卿帝者
師也又曰江南大儒惟卿一人對曰臣不敢當宋濂
劉基　上曰濂文人耳基峻隘不如卿
太祖破漢班師論功行賞製鏤金字牌八字賜廖永
忠等曰班超郡帥知邁雄師
劉基二子入朝　太祖奇之曰阿璉明秀阿璟凝重

伯溫有子矣

方孝孺爲蜀府教授日與諸生講明聖學蜀獻王聞其賢名其讀書之廬曰正學

李文忠爲大司成諸生頌之曰父母之心天地之量

蘇守況鍾知鄭亮名將薦用有毀之者揭匿名書于府門況見之曰彼欲沮吾薦正欲速成亮名耳卽日具疏上試授吏部司務

薛文清論陳祚勁節苦心如金憂百鍊訖無改色

蘇守姚善欲訪韓奕奕避入太湖善歎曰韓先生可謂名可聞面不可見也

羅欽順曰胡敬齋大類尹和靖皆是一敬字做成

或問陳克菴羅一峯于王浚川浚川曰克菴節行振世一峯學術衞道請折諸聖曰由克菴充之仁爲己任死而後已者乎由一峯充之行一不義殺一不辜而得天下不爲者乎

世稱丘文莊不可及者三自少至老手不釋卷好學一也詩文滿天下絕不爲中官作介愼二也歷官四十載僅得張淮一園邸第終始不易廉靜三也

李文達薦年富爲大司徒　上曰左右多不悅富者賢對曰不悅衆正見其賢

謝方石惆方正學殞身滅族收其遺文梓行于世蔡虛齋曰遜志一編乃天地正氣沉鬱百年而幾泯者一旦得其全以顯行于世公之功大矣

劉大夏謂太監李榮曰其今日求退 上曰李榮亦在朕前說卿好官其與老太監蹤跡疎遠何以如此榮曰當朝太臣公名第一榮何敢毀賢也

林俊謂陳茂烈隱衷粹行對天地而質鬼神其人品在黃憲管寧之右

石文隱爲諸生時與兄戶部東濤公俱有文名李文正每曰諸後進可托以柄斯文者其石氏季方乎

薛文清年十五隨父任滎陽教諭大叅陳宗問行屬至滎陽見文清文即大嘉賞曰才雄氣廣他日祿位不卑非余儕偷貪竊祿者比

邵二泉云論名臣于正統景泰間劉忠愍敎君臣大義章恭毅明國家大紀于肅愍建社稷大功皆願爲執鞭而不可得者

劉閣老健嘗語人曰國家養士百四五十年當其時只養得一箇韓貫道者

丘文莊不屑一世每稱蔡介夫學醇行潔可方古人

王鏊少遊京師吏侍葉盛奇其文時冡宰王翺新逝

盛曰失一王翺得一王鏊安知非後來忠肅乎

楊性吴人早有才敏從楊廉夫遊廉夫以鐵笛道人為號故自有老鐵人遂以小鐵稱性

雍都憲泰宦轍所至輒有遺愛人謂與華岳爭高

胡世寧薦詹事霍韜云薦賢如不及論事常有餘孤忠勁節近世鮮儷

孝宗論劉大夏戴珊曰朝覲避嫌文臣有閉戶不與人接見者如卿二人雖開門延客誰敢通賄

李文達薦布政陸瑜為刑部尚書石亨以私請之同事者欲擬侍郎公曰吾以尚書薦故擬侍郎則自歉

不信矣竟擬尚書

謝一夔初從尹鳳岐遊尹語人曰謝君他日所造吾不及也吾于文字間卜之矣後果大魁

崔莊敏恭未任吏部郎以甄別人才爲己任如翰林彭教李傑張元禎費誾皆公品題于未遇一無所失人謂公有藻鑑鈞衡之具

王鶚爲石亨所短休致得旨李賢力贊遂留之鶚殊不樂賢曰所以留者非爲公爲朝廷也

錢大參出帑金檄廣文徐聰賑荒或問錢奚捨縣而任學也錢曰人也孝廉孝則不忍人廉則不愛金

景泰間御史練綱許持羣臣短長不少假借歐陽廉長于吏牘精敏過人時人語曰練綱口歐陽手

李文正謝文正劉文靖三人同心輔政時人語曰李公謀劉公斷謝公尤侃侃

程信爲進士時以事詣内閣楊文定見而奇之與論鄉郡人品高下應答如流確有定見曰遠到之器

何孟春嘗遊李文正之門文正亟稱曰子當表吾楚

董中峯擇婿徧視里中兒無當意者甬川尚書過中峯曰富貴所不可知卽欲芝草琅玕陳東殆其人乎乃艤舟江上呼陳視之面如玉澤睛如黑漆知非闇

閣嬰兒子也董公乃雜龔墳典丘索及莊周呂覽言則滚滚對試之詞賦僉頌輒辦語盡玄秘董公乃目左右取日書親爲期日而遣之

馬理爲考功察外官時臨顚內閣樂冢宰各挾私忿欲去廣東河南陝西三省提學公曰魏校唐龍蕭鳴鳳卽今有數人物欲考此三人請先考理

楊文懿守陳曰子房不見詞章玄齡僅辦符檄劉誠意勳業造邦文章傳世可謂千古人豪

閻濯溪蜀人爲御史風裁凛然搢紳皆稱爲千尋鐵閣

禮部主事梁焯語人曰宸濠反時朝士歸心者十之七且曰濠必成功屹屹不懼獨王晉溪一人

方良永劾奏朱寧其友黃鞏稱良永此疏足落權奸之膽宇宙間不可無此一舉

泰金論邵文莊家稱孝子國稱名臣世稱醇儒傑然爲天地間完德君子

楊文恪廉稱章文懿收四海天涯之學膺五福無疆之年在漢東都不爲危言之叔度在宋鵞湖不立異論之伯恭

御史曹璘稱王僑脊梁鐵硬心腸木枯

陳憲副伯獻稱林文瀚曰賤者卽之不知公貴身者卽之不知公尊不肖者卽之不知公賢且智非意相干者卽之始知公凛然不可犯也

吳文定試久不售以貢入太學張汝弼見之曰天下亦有如此貢士也

禮書席書薦陽明石淙二公曰生在臣前見一人曰楊一清生在臣後見一人曰王守仁

薛應旂曰劉忠宣明識治理如賈誼通達國體如陸贄質直不阿如汲黯廉潔不私如包拯忠誠懇至如司馬光眞先民遺軌

羅欽順服除復起爲禮書改冢宰皆力辭致仕識者
謂其辭冢宰一節眞有鳳凰千仞之意
嘉靖間刑部重獄不凌四事 上命梁材署部篆且
爲勘理居數日四事俱得其情 上喜謂中官張佐
曰得尚書十二員如材者朕無憂矣
林見素稱文衡山峻節高風使人傾懷注臆有不可
及之歎
王元美稱中山王之賢蓋韓淮陰鄧高密曹濟陽合
而爲一者
王世貞曰王端毅之在銓也其猶麟鳳乎于肅愍之

在樞也庚幾蛟龍矣麟鳳天下望而知其瑞蛟龍天下望而思其澤

韓文卒謚議公愚同甯子而竟保其身老似武公而不弛于學

常熟錢昕爲方伯魚侃爲郡守俱以廉聞錢有父産王吏部嘗稱曰富不愛錢錢昕貧不愛錢魚侃

徐文貞稱陸埏曰陸公學則爲己不爲人仕則爲人不爲己

霍文敏與孫文簡談夜分不倦嘗曰與他人語昔欠伸思睡至與毅齋坐雖沉酣中不覺灑然醒矣

王龍溪語陸平泉曰他人以戒定慧救貪嗔癡公須
以貪嗔癡救戒定慧
胡雲令松陽爲分巡胡有恒所知嘗謂雲曰官如水
銜如氷我最甘于清苦猶不及也
品藻
高皇問左師郎中陶安以劉基等四人之才安對曰
臣謀略不及劉基學問不及宋濂治民之才不如章
溢葉琛　上然之
高皇欲相楊憲劉基與憲素厚以爲不可　上恠之
基曰憲有相才無相器　上曰汪廣洋何如曰此褊

淺觀其人可知　上曰胡惟庸何如曰小犢將僨轅
而破犂矣　上曰吾之相無踰先生基曰臣疾惡太
深又不耐煩劇爲之且孤大恩天下何患無才願明
主悉心求之耳

高皇與劉誠意論文誠意謂宋濂第一其次臣不敢
多讓又其次張孟兼

文廟嘗與解縉論蹇義等十人縉各疏其下于義曰
其資厚重而中無定見于夏原吉曰有德有量而不
遠小人于劉儁曰雖有才幹不知顧義于鄭賜曰可
爲君子頗短于才于李至剛曰誕而附勢雖才不端

于黃福曰秉心易直確有執守于陳瑛曰刻于用法
好惡頗端于宋禮曰戇直而苛人怨不恤于陳洽曰
疏通警敏亦不失正于方賓曰簿書之才駔儈之心
既奏 文廟授 仁宗曰李至剛朕洞燭之矣餘徐
驗之
正統間文貞爲東楊文敏爲西楊因居第別之文定
郡望每書南郡世遂稱南楊西楊有相才東楊有相
業南楊有相度故論我朝賢相必曰三楊
丘文莊掌太學踰十年論者謂師道尊嚴無愧李時
勉而綜理微密過之

三楊在内閣評論翰林人物他日可當大任者西楊曰陳芳洲何如東楊指座曰芳洲不愁無此座但恐坐不安耳後果有甘州之行

彭幸菴曰我朝一代文明之盛經濟之學莫盛于劉誠意宋潛溪至道學之傳斷自濂池曹月川始

陳白沙曰胡居仁執守甚堅灑落不如莊孔暘林緝熙氣質甚平果决不如沈眞卿惟灑落有壁立萬仞之志惟果决有眞金百鍊之剛他日擔當斯道孔暘眞卿而已

王維楨云楊石淙如龍王晉溪如虎龍在淵雷雨興

焉虎在山草木茂焉人仰其爲祥亦駭其爲異
世論靈寳許氏父子曰襄毅弘毅莊敏毅而不弘文
簡弘而不毅
何椒五云章恭毅恂恂和易與人語開口見肺肝人
不知其剛也至臨大事凌大議他人跼促若轅下駒
公奮然爭之不以禍福顧慮此乃恭毅也
天順間吏侍鈹　上問李賢誰可任者賢曰無如禮
部二人　上問優劣賢曰鄒幹端謹規模稍狹姚夔
表裏俱稱有大臣之量　上然之遂用之
泰和劉伯川善觀人楊士奇陳孟潔往候之因留款

是日雪霽酒酣伯川命各賦詩孟潔有會待春風楊柳陌紅樓爭看綠衣郎之句士奇云不嫌寒氣侵人骨貪看梅花過野橋伯川顧孟潔笑曰十年勤苦只博紅樓一看耶子當不失風流進士顧士奇笑曰雖寒士當耐子當大用尚勉之後孟潔登第改翰吉士奇官至少師皆如伯川言

楊石淙爲關中學憲李西涯遺書曰今年榜張潛冠乎石淙答曰設無李夢陽張鳳翔二生潛不後矣及見試錄名第西涯公歎且服曰是老知人

胡端敏公薦林俊楊一清曰俊雖執古時俗或不之

喜然守正之節眞宋璟也一清雖諧俗士論或不之
歸然濟變之才眞姚崇也
申相國當國衆推爲星爲大司馬申曰其材第可坐
鎭雅俗耳本兵非其所長
王荆石稱申瑶泉練達政務功表救時如姚元之容
調宮府剪除城社如王孝先含茹黑白網羅羣才如
韓稚圭固根本別順逆以長策制虜如趙充國
羅甃菴品藻人才云超邁與久任相流通超于前自
可責其後之久超于後固無負其前之淹
林見素與諸名公交李康惠承勛問諸公所長所短

林一一答之李請問所長林遜謝請問公所短林乃虛心請問李曰某每侍教所聞惟節義文章而未嘗及學問公所長在是所短恐亦在是

楊文襄有故人餽寶珠一斗受之客去分勞左右立盡有以貧歸者發囊助給率數十金羅念菴曰爲天下用財不以私蓄即此于一介不取可也

劉忠宣席上有譽咸寧伯之才者公正色曰王世昌有如此聰明方略阿附權宦以取功名名節既壞所得爵位畢竟削奪爲天下笑非不智而何

嶺南人遊國學者北士必問曰遊白沙先生門否以

一字一墨爲驗因以輕重其人
楊月湖曰王虎谷王晉溪喬白巖稱晉中三傑說者謂虎谷廉靜過晉溪方剛過白巖也
尹旻司銓日有三舉子選除知縣色不豫公曰莫以縣令爲小官且須努力後三人皆不終其職
王陽明論舉薦人才不可不慎譬如養蠶但襍一爛蠶于中則一筐好蠶盡爲所壞矣
李崆峒語楊邃菴曰今天下之才正德不如弘治弘治不如成化豈否泰有消長生才有高下耶想亦有之而未用用之而未盡耳

史稱李文康時秉政四年雖無大匡弼而議論尚在寬平天下稱爲長者

楊用修曰唐詩有極劣者宋人採入全唐詩話使觀者曰是亦唐詩一體譬之燕趙多佳人其有跛者眇者羝者齆者疥且痔者乃專房寵之曰是亦燕趙佳人之一種可乎

薛君采云俊逸終憐何大復麤豪不解李崆峒似何勝于李

李夢陽初爲戶曹快快不樂考滿日尚書侶鍾署其考曰一官不滿其心三差不終其事

梅國禎讀焚書笑語人曰如此老者若與之有却只宜奉置蓮花座上朝夕率大衆禮拜以消折其福不宜妄意挫抑反增其聲價也

何心隱以講學遨遊京師耿御史座上識故相張居正曰此人能操天下柄耿不以爲然何又曰分宜欲滅道學不能華亭欲興道學亦不能興滅者此子也後果執大柄十餘年

張江陵初入館高新鄭器重之嘗曰他日當與公共成化理張曰若撥亂反正創立規模閤下優有條理此公之事吾不能也然公性稍急使余在左右效韋

弦似不無少助

太倉王內閣荊石性端潔不輕接引王司寇鳳洲性坦易多所容納其鄉人曹子念曰內閣是常清常淨天尊司寇是大慈大悲菩薩

規箴

宋文憲奉制詠鷹有自古戒禽荒之句　上曰卿可謂善諫矣

太祖與宋濂談神仙對曰漢武好神仙而方士至梁武好佛而異僧集使移此心求賢則天下治

太祖嘗微行每至徐太傅家太傅病帝忽至太傅自

枕褥下出一劒示帝曰戒之戒之若他人得以甘心也自後功臣家不一至矣

成祖兵初入城楊文敏迎見　上問何人對曰翰林編修臣楊榮曰何如曰殿下始入城先謁陵乎先入朝乎　成祖忻然曰非若言幾誤事矣

姑蘇錢芹自守甚高郡守姚善聞其賢迎置上座請質義芹曰此士子之務耳公今有官守何不談時務而乃及此乃出一簡授善竟不交一言而去視之則守禦制勝之策也

解縉應制題虎顧衆彪圖曰虎爲百獸尊誰敢觸其

愍惟有父子情一步一回顧時　仁宗留守南京
文皇卽日遣親信夏原吉往迎之
仁宗在東宫學士王達講乾之九四舉儲貳爲說講畢召問楊士奇曰于此恐無儲貳之說達不含譏否士奇對曰講臣非正道不陳豈敢含說　仁宗曰對我言此常人得此爻亦舉此說乎士奇因舉程子云凡卦中六爻人人有用聖賢有聖賢用衆人有衆人用君有君用臣有臣用無所不通
夏原吉扈駕巡邊　上因取公橐糗嘗之笑曰卿何食此粗糲對曰臣食此足矣隨行將士尚多餒者

余肅敏弟子寰舉進士肅敏教之曰人固貴剛不可
使人畏之如虎
英宗朝甘肅鎮總兵會推吳瑾王翺以爲不可上
遽曰老王執拗王叩頭曰瑾是色目人甘肅地近西
域多囬囬雜處豈不笑中國乏人
文淵閣在午門內學士每人以東西兩凳相對坐李
賢旨吏部欲循品秩設公座如部堂彭時不可賢駁
曰烏有居是官不正其位者耶時曰欲正坐則華蓋
武英諸殿大學士當如何
張羅峯內閣病卒大宗伯霍謂崖徵祭文于呂涇野

公不可霍乃手書羅峯十善送公公答書云公才如此倘不附私黨則一變爲正人有何不可

鄒來學由正郎改通參猶不滿李文達曰誤矣才有餘位不足公論必以爲虧若才不足而得高位非好消息也來學悔謝後歷顯秩愈覺斯言有驗

鄒志完切諫時事其友田承君曰願君無以此舉自滿士所當爲者尚不止此

大理出佀屛官其地者每載以餽人有李邦伯者獨寓意于送行詩中有云相思莫遣佀屛贈留刻南中德政碑梅純稱之曰可謂德業相勸矣

汪循謂程篁墩若擺脫得勢利兩字當爲我朝第一等人

長沙有朝士某者還鄉每客過必用鼓吹一執友來訪朝士問曰翁素好誦詩近日誦何詩答曰近誦鳳洲贈歐陽圭齋詩甚有味乃朗然誦曰圭齋還是舊圭齋不帶些兒官樣囬若使他人居二品門前簫鼓鬧如雷朝士大慚卽輟鼓吹

宣宗登萬歲山御廣寒殿召翰林儒臣入登覽都畿山川形勝 上曰玆山玆宇順帝所日宴遊者豈不可慼侍臣叩首曰紂之荒周之監也

錢塘一禪僧坐關三年不語不視王陽明往訪因喝之曰這和尚終日口巴巴說甚麼終日眼睜睜看甚麼僧驚起因問其家曰有母在曰起念否僧曰不能不起念先生因指本性諭之僧尋還家

吳僧智及從廣智訢公學問同袍者呵曰子才俊爽若此不思負荷大法甘作詩騷奴僕乎無盡燈偈所謂黃葉飄飄者不知作何見解智及噤不能答目不交睫者逾月忽見秋葉墜庭豁然有省

吕柟爲講官至云元順帝廢學縱欲　太祖一舉而取之不可不深念或訝其太直公曰賈山借秦爲喻

文帝尚能用之況主上明聖不爲漢文者乎

王陽明勦賊寄語楊仕德云破山中賊易破心中賊難區區剪除鼠竊何足爲異

魏校答黃起亨云讀來書似猶以舊事芥蔕顧開拓萬古心胷虛名在人間世碎猶閒雲在天浮漚在海聚散起滅何常之有

陳循當國纂修寰宇通志館中諸公日多不至乃命門吏揭不至者職名于東閣因揭一對云朝叅未到荷聖朝恩有覃時纂述不完奈志館書無成日

建文親屬囚南城日誦佛　英宗南垣聞之惻然及

復辟論張寧曰建文親屬吾欲釋之追復位號可乎寧頓首曰此天地之心奈　太宗何不如釋而陰加厚賜庶爲兩得

英皇留虜庭議迎復禮不及千戸龔遂滎獨投書内閣高穀請從厚王直歎曰此禮失而求之野耳

王恕召爲大冢宰至京鄒志完往見曰老先生且勿受職先請見君時政不善者歷陳上前庶其有濟一受官職再無可見之時矣

李西涯有一門生歸省兼告病西涯集同門諸人餞之即席賦之爲贈汪石潭詩先成内云千年芝草供

靈藥五色流泉洗道機衆共傳玩西涯獨將後一句抹去令政衆皆愕然西涯曰歸省與養病是二事今單說養病似偏衆請西涯續之即援筆曰五色宮袍當彩衣衆歎服

給事張寧欲以李秉爲兵書王竑掌内臺以奏草視李賢賢曰言官薦人但言其可用豈可預擬官職

羅洪先罷居不廢講學羅僑責之曰講學未爲無補獨嫌于褻次夫取益于友不若取益于心恐索子者當于牝牡驪黃外矣

楊升菴謂王逸少有經濟才爲書名所掩藝之爲累

大矣李思齋曰藝亦安能累人凡藝之極精者皆神
人也况翰墨之爲藝哉先生偏矣
陸司寇卒御史行部不吊楊守陳欲警之于其來謁
令閽人辭曰適聞吊陸尚書先至彼相候御史旋詣
陸公先令其子主事君至彼辭曰家大人遲公良久
不至歸矣
歸安嚴鳳以孝友聞同邑施氏兄弟爭產其弟許之
鳳鳳顰蹙曰吾兄懦吾正若之得如若兄力量可盡
奪吾田吾復何憂施感悟兄弟友愛終身
慈谿一縣令初至任謂羣下曰汝聞諺云破家縣令

滅門刺史乎有父老對曰聞者士子多讀書其等只聞得豈弟君子民之父母縣令默然

潁川有姚尚書墓其神道碑穹窿高厚四面均焉國初州人侍郎某者欲割三分之一以刻墓表告之州守守曰何不利三分之二或問其故守曰吾欲使後人割侍郎碑者猶得中分耳侍郎聞之慚悔

胡東洲督學兩浙有士子某者懲以夏楚明年述職至京其人已壯元及第設席款胡以哥窰盤盞行酒曰此器世所寶也俗眼不識耳胡曰此器脆薄終不若良金美玉之器爲可寶也

李志學好談神仙然嗜醇甘躭姝麗李夢陽曰喧寂不共途動靜無兹驪子謂果有楊州鶴乎李曰根汚泥而挺清泠之上者蓮之所以神也夢陽曰汚泥不染者以其根蓮也子誠蓮則可矣非蓮則壞矣

聶大年云王抑菴冢宰求戴文進畫十年不得何如移十年求畫之心求天下之才則野無遺賢矣

鄒東廓受知于劉野亭劉歸鄒送之劉曰子國器也善自愛寧直無媚寧介無通寧恬無競

劉忠爲南冢宰因司屬王主事韋之父家居素奢漸致貧乏乃遺金二十兩與韋奉親曰恐尊公奉養不

悅汝欲曲意承之則變節之事有矣幸勿改節

邵康僖鋭好箴規人粱儉菴遷觀察使公勉之曰大心胷以集衆善廣耳目以宣羣情

舒國裳嘗謝貤恩馳入吏部堂屬嘖有煩言舒將奏其作威友人謂曰曾記定性書乎於怒時遽忘其怒舒謝曰子督過是也卽焚其草

章極楓山之姪官至司空淸操淳朴與楓山等致政歸有俸餘四五百金楓山知之大不樂曰汝此行做一場買賣回大有生息極有慚色

劉忠宣語陸吉士深曰初入仕知己不易多朋友三

數人得力者自可了一生過多則晚年受累
孫原貞舉進士以實錄事至杭屬學諸生給事筆硯
時于肅愍在列進曰學校之設將養善以爲用耶抑
供事書辦耶孫下席迎上座謝過
邵寶督學江西李西涯贈詩曰職在文章官在憲政
宜嚴肅教宜寬邵語人曰某在江西深得其力
清軍孔御史按嘉興里老多被箠楚死者楊繼宗爲
知府入告曰爲治貴識體今公但當剔奸剷弊勸懲
官吏而已若逐里清審此有司事非憲體也
工侍某托閹改吏侍許進對衆面語之曰公年尚盛

秩已不身循資而往不憂不貴乃托斯人速化乎
王虎谷爲祠部郎疏請嚴試僧道精通玄典者始與
度牒王晉溪問曰謂此可塞異端乎此輩苟且衣食
尚與吾儒爭勝負若使精通玄典又可奈何
天順初陳汝言言于 上曰翰林官皆帶列銜門啣
而本院學士乃無一人事體不便 上召問冢宰王
九皐對曰學士之職不輕今已太多汝言折之曰唐
有十八學士今何多也遂俱改學士
周文襄至崑山甫登岸盛怒撻一人教授朱冕叱皂
隸令止進白公曰請姑息怒至衙門治之公從之後

召見問故對曰下車之初觀瞻所係恐仍怒傷人累盛德耳

邵文莊爲李西涯門生邵雖在臺閣李丈箴規切磋嘗批邵所作文後云予往時爲方石老彈射所告迄今爲感不知國賢亦耐得我否

喬白巖轉南司馬其師楊文襄移書相規曰君勿以宦成自怠益自砥礪矜持永終令譽則予無似得托姓名于不朽矣

沈石田聞都南濠近有何得意作南濠自誦節婦詩云白髮貞心在青燈淚眼枯石田曰有一字未穩耳

禮經云寡婦不夜哭何不改燈字爲春字
劉瑾恨王陽明不置王度不免潛至閩中與一異人
論出處且將遠遁其人曰汝有親在萬一瑾怒逮爾
父誣以北走胡南走越何以應之遂浚策逐
王守仁素善劉養正劉謀逆守仁逼令用浚其母死
暴露守仁使人葬之且祭以文曰君臣之義不得私
于其身朋友之情尚可申于其母有儒生上書辨論
君臣朋友本無二理守仁愧屈
曹楝言大臣體國言官論事當如和羹相濟言官無
忌益見大臣之有容大臣休休乃有言官之諤諤

楊宗喬峭直與人議論不能下氣監臨者惡之幾不免偶見桂古山道其事桂曰譬如對奕且饒一着譬如爭路且退一步便無事矣宗喬惕然謝教

林希元欲征安南張岳規之曰欽州非用武之地尊相無封侯之骨恐有後悔

唐一菴遊堪甘泉之門甘泉嘗問此間好山水曾遊遍否古人遊名山大川必有所得一菴問何故有得曰君有所得君自知之吾不可畀汝也

章楓山語陸儼山曰孟子曰說大人則藐之凡見有爵位者須自量胷中所有若不在其人之下何爲畏

之儼山舉以告劉司直劉徵哂曰楓山失言孟子是
藐其勢位楓山則藐其人矣
國學舊有荊公文集板陸儼山爲司成命摸印數部
分遺朝士學錄王玠蹙額言曰好好世界如何要將
王安石文字遍行怕有做出安石事業者
何孚新至孝葬母時積雨不止及輀車屆道雨若還
避既葬廬墓夜有二虎守之後孚新舉鄉貢求李西
涯諸名公作廬墓詩陳白沙有直從天地開三冬之
句盖惜其自襮也
叢蘭巡撫淮安冗費汰盡一滑稽生進言曰公尚有

禁革未盡者叢忻然請教曰下體有袴用以蔽形容
今爲兩股是虛費也去一存一所省布帛多矣叢笑
曰得無難于行乎生曰公之禁令皆此類也不便于
行者多矣叢乃稍弛厲禁

錦衣王佐卒陸炳代理衛篆勢焰張甚佐子不肖有
別墅三炳欲盡得之乃陷以罪并捕其母母膝行前
道其子罪甚詳子號呼曰兒頭刻死矣母忍助虐耶
母指炳座而顧曰汝父坐此非一日作此等事應亦
非一生汝不肖子天道也何多言炳面赤

錢學士溥營第役煩里旅旅有惰者錢譴之對曰病

矣問曰何病對曰往時黃提刑營第老夫從役傷脊黃第今敗毀頹垣矣老夫猶疾痛不即死茲役之不力何敢辭罪戮謝

王文恪修姑蘇志成楊循吉一顧發標即斥去後語文恪曰志修于我朝便當以蘇州名志姑蘇吳王臺名也可以此名志乎

臨海金賁亨仙居應大猷以道義相友善金謝事家居應復起用詣金言別金曰君此出他日回來要將一照㨾應答曰還我兩人竟保晚節

文衡山每言近來陸貞山最會做文字但開口便要

駡人亦是一病

謝茂秦素善李于鱗已而有隙謝在京師數于鱗不法事衆默然魏順甫獨前質曰先生見之耶抑聞之人耶謝遽曰亦聞之人耳順甫曰于鱗之善先生天下莫不聞今以人言而遂信之不明有所聞而不以告于鱗不忠不告于鱗而告士大夫顯者不厚其請改事矣遂拂衣去

周叔夜赴楚臬請益于楊抑齋答云獨陽不生獨陰不成凡事不可大要好

吾謹就試有司盛飾冠服文頂刻就偶風動衣裾文

采五色爛然有司訴怒欲笞之然奇其文第曰有如是才而不自愛是挾狐白裘反衣之耳

馮夢禎館試先一日杜門理舊業屠隆曰足下云宦情太薄欲早尋僕西湖之上僕信人也且先至湖濱竢子矣今若爾英雄欺人哉

羅近溪偕鄭昆巖諸同志訪悅心長老悅心遍扣之曰諸公皆可進此道獨不敢許近溪公愕然問故曰載滿了近溪大服已謂昆巖諸公曰此語惟近溪公能當代諸公卻不敢道諸君皆大服

鄒南皐曰朋友有過貴在含蓄而黙化之勿得當衆

攻激反阻其進

錢塘陳師召由近時士夫談禪者若雲間陸宗伯澄心養靜內境坦夷而平湖之陸雖護持佛教緇流歸之人云與陸雲間自別

捷悟

太祖一日欲刑人劉基請何爲　太祖語以所夢基曰三人頭上有血此衆字也以土傅之得土得衆之象也應在得夢時三日當有報比三日海寧果以城降　上喜悉出所刑人縱之

況鍾謁一勢閹拜下不答斂揖起云老太監不喜拜

且長揖
郭德成侍宴既醉免冠謝其頂蕩然　上笑曰酒風
漢頭毛如此非酒過耶德成曰臣猶厭其多欲盡髡
之　上默然既醒遂盡削其髮被緇誦佛乃免
永樂間吉安鄉民嘯聚先遣行人賫勑撫諭行月餘
又遣韓觀統兵繼之至是江西三司奏言嘯聚者悉
已復業　上語楊榮曰觀不至不下其降勑褒觀榮
對曰計發奏之日觀尚未到不足褒
文皇內閣七人惟楊榮最少一日晚寧夏報被圍
上悉召內閣惟榮赴命　上曰爾後進寧解此今當

遣何處兵救之榮曰不須救臣嘗奉使至彼其城堅其人習戰發已十日虜且退矣夜半報虜圍解　上諭榮曰何料之審也

景帝意欲易儲一日語太監金英曰七月初二東宮生日也英叩頭云東宮生日十一月初二帝默然盖景帝所言者懷獻英所言者憲廟也

成化乙未會試徐文靖公傅主考夢至一所大浸茫茫忽一物若黿者昂首登岸公以三箭插其上時王守溪新發解家在太湖公以爲其應也拆卷果第一深以狀頭望之竟爲忌者所抑未知夢之所屬後謂

守溪曰吾當時所夢挿箭盖品字也其一品之兆乎後守溪登政府秩一品

正統間虜逼京城徐珵倡南遷之議內臣皆叱詈之乃命人扶出江時宜值于左掖門徐曰吾主南遷不合矣江乃昌言固守之策遂見稱賞命入閣

景泰立春日正值聖節衆議慶賀迎春先後未定于肅愍至曰迎春宜先衆曰何據曰不見春王正月春居王上宜先迎春

徐有貞治河張秋不能成功乃再三求水發源處百計塞之莫效聞一僧有道有貞往訊之僧第曰聖人

無欲有貞悟曰此下殆有龍窟所欲者珠也吾能使之去乃鎔鍊汁灌之水始受塞遂成孝道蓋鍊汁能蝕珠龍愛珠故也

正統間朝廷勅一邊將本左府之職誤書右府邊將受勅疏請何府支俸衆歸罪武選鄭厚東楊徐曰鄭主政豈不解王言如絲其出如綸乎初書旣云右府即合于右府帶俸何誤之有

商閣老罷職家居成化間被召再起初未有復職之命至日衆竊謂難稱職名及陛見方巾絲縧青袍團領自稱原籍爲民商輅行取到京

正統間宮殿當綵繪計用牛膠萬餘斤遣官賫勑屬
南直隸廵撫周恂如辦供時公以議事至京進諸塗
勑使公還治公曰第行自有處置至京奏京庫所貯
皮張歲久朽腐請出煎膠即治照數輸納以新易舊
可謂兩便

程公同知溫州領上官檄檢校鹽場稱度數日茲無
緒次有老翁獻計用井字法言訖即去程即命畫地
作井字堆鹽九區高廣相等止稱其一面餘八者悉
定不三日鹽無遺數

荆王嘗夢人云補我太宗當保佑王子孫王曰汝何

人曰但張目而視側耳而聽當自知之後閱觀音頓悟神語曰張目而視非觀乎側耳而聽非音乎府旁有觀音閣王徃視亟命修飾立碑記之

成化間中官黃賜問陸瑜王槩讞獄有兄與人爭弟庇之因而致死者法司奏當抵罪黃欲從末減二公持不可黃大言曰同室之人鬬者尚被髮纓冠而徃救況其兄乎正在矜疑之例二公無以應

國家常朝諸臣奏事御前當准行者　上以是字答之成化末年　上病舌澀每答是字不便時鴻臚卿施純請以照例二字易之　上大喜遂轉禮侍未幾

進尚書人目為兩字尚書

賀欽為給事中見陳白沙論學歎曰至性不顯寶藏猶霾世即用我我矣以為用即日上疏解官去

英宗復辟頗悟于謙之寃擊毬内苑恭順侯吳瑾撫寧伯朱永隨侍少頃張軏石亨自外至 上連以毬杖截地曰好個于謙好個于謙瑾承出語所親曰觀上意亨等無所逃矣後俱被誅

弘治乙丑崑顧鼎臣為壯元尹直家居謂人曰臣字與成字同音鼎成龍駕名犯嫌諱至五月果然

都憲王竑董漕淮安姑蘇一老人傳檄公問汝年幾

何答曰四十七公曰我亦四十七己見二毛而汝尚壯容何也老人曰相公憂國憂民老人醉飽終日公憮容曰名言也不久乞致仕

許忠節逵觀察江西語巡撫諸公曰寧府敢于爲暴者恃權臣也權臣曲右寧府者貪重賄也重賄靡所不到者爲盜藪也剪盜則財困困則賄戀戀則文解解則惡孤而吾志可行

王守仁聞地藏洞有異人坐卧松毛不火食遂歷嵓險至之其人正熟睡公俟其醒問最上一乘其人曰周濂溪程明道是儒家兩個好秀才公恍然悟

李淑僉漸臬時城慈溪崩半郭居者賄趙文華請廣
之公不可趙乃置酒于城外某山使人射矢及城睥
睨曰城易及矣乃爾奈何公則令人以矢從他山射
至酒所曰益城至此不能使矢無及也
世宗建皇史宬于重華殿西貯寶訓及實錄 上御
書宬偶誤欲更之張孚敬曰惟天子考文御書即為
綸綍矣勿更
周鑑覆舟江中幸無恙尋遷憲使歎曰宦途之險猶
牛渚馬當也日行其間安能數徼天幸哉竟致仕
唐樞與諸老會講山中將就寢唐問諸老此時尚有

事當料理否嘗云無之唐曰方今盛寒吾與諸君飲酒甚樂從者尚無寢息之所不可不爲理會

蔣芝曰宋儒格致之説久厭聽聞良知及知行合一之説一新耳目如鰣魚鮮笋肥美爽口盤肴陳前味如嚼氷若久而厭飫依舊用鵞鴨羊豕矣

王槐野曰功名謂之會會者聚也謂聚必有散譬諸賓宴賓有三爵輒去者有留連終夜者視主人意若何耳仕宦行藏大槩類此

周思兼曰食淡勝于肥甘食後方見貧賤勝于富貴當亦如是

能神何過歐陽文忠墓曰恐是醉翁渣滓耳爽爽清
神當在環滁林壑間

皇明世說新語卷之四

皇明世說新語卷之五

夙惠

雲間李紹文節之甫撰

方孝孺髫齔善屬文見典冊所載聖賢遺跡忻然有願慕之志鄉人號爲小韓子

解學士縉童時婦翁過其家解父抱縉置椅上婦翁云父立子坐禮乎解遽答云嫂溺叔援權也

楊文敏年十三或論古名相歎爲不可及公徐云臯夔伊周或不可及其他未有不可學而至者

永樂改元徙江南富民實北京黃潤時年十三其父

當衙乃詣官請代官不從對曰父去田畝荒兒去書田荒
益長官異而從之
于謙七歲僧蘭古春見而奇之曰此他日救時宰相
李東陽四歲能作大書　景皇帝召見抱置膝上賜
上林珎果六歲八歲復兩召之試講尚書嘗與程敏
政同召　上試策云螃蟹渾身甲冑敏政對曰鳳凰
徧體文章東陽對曰蜘蛛滿腹經綸後程官學士李
大拜兆于此矣
楊季任僉浙憲嘗見數童從社學歸中一生手抛書
包爲戲季任召至前出對云童子六七人無如爾狡

生對曰太守二千石莫若公廉季任詰之曰無賞又何如對曰莫若公貪季任大奇之生名呂升官亦至僉憲

舒芬之父得一葬地形家曰此地當發鼎元然必四世之後舒父曰我不能待也時芬童年曰父無患若地果勝請移祖骸葬于此兒郎應矣父從之芬果大魁

洪鍾四歲能作大書　憲宗召見命書聖壽無疆鍾握筆久之不動　上曰汝容有不識者乎鍾叩頭曰臣非不識第此字不敢于地上書耳　上命內侍舁

凡揮而就

正統間起送神童之京　上戲與丈餘紅羅使直書一字乃以筆直豎如羅長傍加一點遂成卜字

何遵幼時其祖折葵一枝付公命向日拜竟北面拜祖恠問公曰翁獨不聞闕在北耶

彭脊菴七歲從鄉父老入佛寺不拜寺僧強之不從反叱之曰彼佛裸跣不衣冠我何拜爲

何文肅喬新幼閱陳子桱通鑑續編翰林周中規問曰子桱書法何如曰先輩著述非後生敢議然呂文煥降元不書其反張世傑溺海不書死節曹彬包拯

之卒不書其官紀義軒則採恠誕不經之談書遺金則失內夏外夷之義似有未當中規大驚白其父冢宰公曰三郎學識不易及也

張簡肅敷華七歲時里社有竹木之祟乃指揮羣兒斬伐殆盡

劉主靜幼時臥病其父卽病所得其祀竈文驚歎曰此子有八面受敵之材

張寧七歲題畫龍有云莫點金睛恐飛去

王宇幼穎悟迥絕異人張三丰抱視良久曰此兒奇特不凡他日必爲河南人物貴顯不足言也

毛澄七歲善屬對姻戚長老喜之者贈以金錢受歸
郎擲曰要此何用吾不欲違長者故攜歸耳
劉咸栗六歲侍客有談及天下阨塞及運道可憂者
趍而進曰勿使奸雄聞之
劉咸栗幼時侍父方伯公問天何依地何際終有懷
否及聞元會運世之說則又曰後之人將奈何方伯
笑曰童子何慮之遠
布衣陳剩夫家始微賤父銀工也常攜公攻業于人
其人密爲之防公年十一語其父曰父何執業而蒙
盜賊之名乎勸其父舍之

呂原九歲能文識者曰此子殆脫穎而出者

王道亨年十二作古塔詩云浮屠何代建峭拔入雲端絶頂登臨處摩挲星斗寒劉中行見而奇之曰冦萊公舉頭紅日之句不過是也

倪文毅岳五歲侍文僖公問曰天上更有天地下亦當有天盖已悟天包地之理矣

王陽明幼問塾師曰何爲第一等事塾師曰惟讀書登第耳陽明曰登第恐非第一等事或讀書學聖賢耳其父笑曰汝欲做聖賢耶

謝璿八歲善詩客命賦暮秋援筆立就至紫塞風寒

鴈叫霜客驚歎呼為奇童
鳳翱王麟年十三爲知府張本濟所愛曰使讀書不
撤不數年天下無書矣
韓邦靖五歲誦論語至文王至德篇掩卷若有思者
父問對曰郎如是武王非矣
孫文簡承恩五齡吳一齋以紅燭試賦郎答曰色似
朝霞光同夜月吳曰淸華色象異日華國之徵
王世貞幼見鸞刀者其師戲分韻教之作詩王輒成
句云少年醉舞洛陽街將軍血戰黃沙漠師驚曰子
異日必以文鳴世

豪爽

太祖造邦法制嚴峻王行欲往金陵其友堅沮之行大聲曰虎穴中好歇息

孫炎博學能文下筆輒數千言與人談古今成敗如懸河性嗜飲負氣一時交游並豪俠輩嘗曰孫炎豈齷齪輩伍耶章句之士不在眷睫

永樂間有虜使至稱善飲有司推能伴者僅得一武弁猶恐不勝　上令廷臣自薦曾內翰棨請往　上問卿量幾何對曰臣量且當倍過此虜　上喜令往三人默飲終日初不可計虜使已酣武弁亦潰倒內

翰爽然復命上笑曰無論文學酒量豈不作我朝狀元乎

項忠討滿四矢石如雨略不少避馬文升勸其持重項曰奉命討賊久無成功死所甘心

郭定襄登守大同屢衂之後人心土崩愛登者泣曰事至此奈何登曰天祚國家必無可憂之事若胡勢莫遏吾與此城誓相存亡當不使諸君獨死

王竑少以經濟自許擢給事中曰士當希汲黯朱雲安能局促效轅下駒耶

劉源清巡撫宣大每戰必曰死入褒忠祠何恨

武安侯鄭亨治大同極有威嚴前呵一出街頭犬豕亦走避之當時亦大異此事

鄒智計偕道出三原時尚書王恕家居智往見且曰智此行非但會試正欲上䟽使進君子退小人則天下治恕不答

徐有貞酒中忽問門下士杜堇曰汝謂何等人可作宰相堇謝不知公曰左邊堆數十萬金右邊殺人流血目不轉睛者眞宰相也

力士李金槍來吳徐武功召試其藝李運槍庭中公哂之呼家人取吾棒來棒乃純鐵所爲重六十餘斤

顧李曰盍試諸李謝不習公笑起運棒如飛時時及李頸李懾伏不敢起公擲叱之曰吾豈與若較技者耶
王莊毅竑尚氣居言路見事不平者輒爲扼腕自廷擊馬順後所至令行禁止人望而畏之曰此捶殺馬順者自是名滿天下
憲宗闢西廠命中官緝事勢焰不可當其黨韋瑛者夜帥邏校入兵部主事楊士偉家并掠其妻時陳音居北舍亟乘墉呼曰爾何人乃擅辱朝臣其人曰爾何人乃不畏西廠音曰我翰林侍讀陳音也聲氣愈

厲其人少戢

韓中丞雍膽力絶人兩司會集議兵適引賊數人至公握刀付一布政曰公可手斬此賊布政戰縮公笑曰公談兵何義殺一繫囚猶爾臨陣當如何即自持刀連斷數人頭衆懼有眩絶者

何喬新守溫夜乘小艇訪虞徵君原璩坐久索飲村居無所覔公歎雖酸醅亦可乃出新醯一缾共酌劇談竟夕而别時稱何虞酷交

王文成少好奇隨海桴過仙姑島觀日出島有老人留王宿半夜呼曰日出矣王起見海水都作臙脂色

日如巨屋晃漾漸升以謂平生奇觀莫過是也
湯胤勣東甌王孫負才使氣自記數萬言十五六爲
弟子貟京兆尹下學傳籌召諸生胤勣後至當笞大
呼折尹聲撼庭木尹愧憤卒笞之胤勣攘袂走出學
門題詩府署云從今袖却經綸手且向江頭理釣絲
遂出遊江湖
梁有譽上書請告時聲譽藉甚當徙吏部人有風其
且止者公笑曰吾自欲歸豈以刑部郎少之故一吏
部能縻我哉竟去不顧
胡山人岳松與曾省吾善曾問胡山人盍就武科自

見山人笑曰足下睎生能弁弁汚辱中從短後健兒角腐鼠乎孰與高岸長裾共說先王與當世長者遊以自愉枝郎大将軍不易矣

沈青崖嘗從嚴世蕃飲世蕃虐所狎客給事飲非其任强灌之公卽以灌世蕃曰吾代客酬也

沈青崖編官保安會總督楊順多殺平民報功青崖忿懣爲詩刺之有曰白草黄沙風雨夜寃䰟多少覓頭顱或勸公隱默自全公曰我昔非言官今非啞子

若殺人欺君要賞吾誓不與共天

楊爵繫獄首尾八載每誦易以自遣人每勸辻之公

曰吾身尚在吾何慽
楊用修謫滇中有東山之癖諸夷酋欲得其詩翰不可乃以精白綾作祴遺諸伎服之使酒間乞書楊欣然命筆醉墨淋漓裾袖酋重賞伎女購歸裝績成卷楊後亦知之優以爲快
王冕大雪中赤足上潛嶽峯四顧大呼曰遍天地間皆白玉合成使人心膽澄澈便欲仙去
龔司諫欲以木元經才藝上聞元經曰人各有時若錐處囊中穎當自脫寧待援手他人乎倘果薦上元經惟有披髮入山耳

楊爵家居有旨逮繫官校入郎與偕行諸校謂曰盍內別乎爵曰去矣勿復顧

楊給諫允繩自言我目如馳電開不能闔口如浚濤能吐不能含也

楊繼盛論劾嚴嵩　上怒其引用二王爲辭杖公百或遺蚺蛇膽公曰椒山自有膽

全椒舊有項羽墓余翔爲令一炬焚之王元美曰此殆爲咸陽三月火復仇耳

李思齋曰丈夫喜則清風朗月跳躍歌舞怒則迅雷呼風鼓浪崩沙如三軍萬馬聲沸數里安得閑眼愁

看作婦人女子賤態

徐文貞督學江西道遇毛尚書伯溫過其舟毛曰君得無飢否乎侍者捧大盤四其二裝炙鵝鵝皆大臠其二裝饅頭大如盌者各五十許又不寘筯以手擬之銀盌二使注酒長酸大嚼傷若無人時文貞年少勇于酒互舉無算歡然而別曰公大器也

高捷罷歸庄居盜意其厚庄謀刼之司警者以報捷令洞開大門手舞雙刀刄光如月熛疾如風盜皆狂奔間有俯伏者呼曰三叔尚雄武如是耶

彭司馬澤晨訪郭武定留小酌念無酬酢者適張御

史之子至囷取兩銀册相對彭尚不肯脱衣酒十行解帶遞衣曰進部未遲也屬有微雪又十餘行曰部幸鮮事可無進矣轟對無筭至暮始别

唐荆川語王遵巖曰宇宙間有一二事人人見慣而絶可笑者屠沽細人衣食少足死後必有一篇墓誌達官貴公稍有名目死後必有一部詩文此等文字家藏人蓄者盡舉祖龍手段作用一番則南山煤炭竹木當盡減價矣

吳人張隱君云吾積財以防老也積憓活以防死也

唐順之滿辟書志士不忘在卯壑語

三崖歐陽公數忤權倖有爲公寒心者公曰君子全身遠害惟有不仕旣爲官安得避禍

黄舍人道月與一二同年遊西山岸幘衣半臂紫袷坐連錢驄馬挾彈飛鳥應手而落遊人從之如雲郎以鳥犒遊人爲之語曰得山禽從舍人

鄧文潔善病平生酷自愛及登崇山峻嶺不及絶處不休不臨懸不止每會神情獨得仙仙欲飛

楊冢在獄不食囚飯語周順之曰寧以辟碎石上作羣玉屑安能甘此侮污爲全瓦礫耶

沈孟淵性好客每日設數筵酒食以待客至若無客

則令人於溪上探望惟恐不至也

龔大章每有所詣無遠近皆步或勸稍就舟楫先生曰生吾足將安用哉

熊際華曰余泛赤壁亦以七月望夕因感賞古人賦詩橫槊風雲氣豪舉酒屬客勝情乃足澆之

莫雲卿曰余嘗獨居山中時借榻僧舍每見林巒新霽鳥聲碎耳巖扉初曉雲山盪胷一啓山椒紫翠正落枕上仙仙乎覺身世之欲浮也

容止

吳偉宗少時舉止不凡識者奇之曰此兒王光劍氣

殆不可掩

忠誠伯茹瑺狀貌魁奇不妄言笑事　太祖十餘年小心無過　太祖常稱爲賢人君子

王禕長身山立人初見之若不可近及接之聽其言情意藹然恨知之晚

大同鼓巡撫李賢以王越薦及陛見　英宗曰王越是爽利武職打扮遂用

倪文毅體貌豐碩目光燭然望之如神

天順初閣老皆被逐徐有貞李文達等代之後又繼以岳正　英宗始見徐曰徐有貞可惜無福又謂岳

正齷齪胡子故此數人旋斥而文達儀度端凝得體
始終保全安享富貴
韓雍精悍澗達　上書以狀貌陞兵部右侍諭南楊
曰各邊撫臣但得如雍者方稱
王守溪云成弘間翰林聲望最著者吳寬謝遷二人
皆壯元及第儀貌脩偉寛温粹含弘遷明暢亮直並
有公輔之望
林鶚貌莊重對妻子無惰容見小吏必束帶
謝一夔廷試第一傳臚之日裒然衆中搢紳屬目李
文達尤喜得人後有及第者輒曰安得偉器如謝其

者乎

王文莊鴻儒未遇郡守段堅一見嘆曰子風神清澈

非塵埃中人

户書吳琳致政歸朝廷遣使察之使者潛至其芻舍

見一農人拔稻秧徐布于田貌甚端謹問曰此有吳

尚書乎農人斂手對曰琳是也

丘文莊稱蔡介夫氣清而色和外閒而內辨

世宗幸太廟見張文忠公喜賜詩公貌竒才崛

趙大周云楊升菴在瀘州其服餙舉動似蘇州一貴

公子

莆田彭韶爲吏侍人不見其笑容衆擬之包孝肅

孫一元善説玄虚渥顏飄鬚望之如神仙中人

黃道月在京邸飲黃屣常樓中望西山雪黃倚榭浮白目光與雪射爛若燭銀長嘯內激山氷盡裂

習孔教論瑯琊兄弟曰元美神仙相敬美王子相

三崖歐陽公着目皎皙溫美望之如羽人處子

陸杰巡撫湖廣世廟巡行召見見公偉貌脩髯進退從容語近侍曰陸都堂真大臣也

自新

羅文恭玩內典得返聞之旨覺此身在太虛視聽若寄

世外友人覩其顔貌驚服先生忽自省曰噫是將入
禪那矣乃悔置前功篤志聖學
岳正再起再廢有自京師來者傳天語于正曰岳正
倒好只是大膽正因寫小像遂隱括其辭題于上曰
岳正倒好只是大膽惟帝念哉必當有感如或赦汝
再敢不敢
世廟諭内閣曰侍郎董玘經筵内行禮先後俱無遜
讓之體其心可知玘聞之懼自是見上屏息如儀
上復謂内閣曰玘承諭後似加恭謹已知省改其令
安心供職

呂光洵按吳某給事欲爲富人居間適陸粲在座不果言而別語所親曰昨陸公諄諄言地方利病又勸其奏請蠲租彼爲公激昂吐辭我乃懷私噤不敢言思之愧死遂却富人金曰吾爲陸公所化矣

吾謹喜擊劍美丸蹴踘六博日與諸少年飲胡姬肆中醉輒出都門走馬平原識者咸目之曰此吾舍人兒耶舍人長者何爲令無子謹問曰如人言必何若乃稱舍人有兒也或曰丈夫能以文章博上第耳謹曰若是于謹何有遂謝諸少年始爲博業至掄魁才五月耳

助教李繼浮薄李時勉爲司成時厳之後時勉忤瑾被枷繼營救甚力轉求會昌伯得釋衆始稱之

企羨

楊翥講學育溪之上學徒彌衆楊士奇自廬陵來邂逅以求館事翥叩其中而器之乃告主人曰吾不足爲若師求吾之所師者師之遂辭去主人詢其所師者蓋指士奇也竟延之

進士姜麟見陳白沙曰吾閱人多矣如此先生耳目口鼻人也所以視聽言動者殆非人也至京有問之者活孟子活孟子

寥道南曰予遊翰林見有亭一區曰柯亭有柏二株曰柯學士柏何其流風遺澤令人永矢勿諼也葢其孤介之節剛正之氣所漸被者遠矣

寥學士雅自負博而辨又貴倨也所引說經史連屈諸生口獨魏裳避席奏對不竆又所請益時出其表學士自失曰何物少年乃爾足三冬耶

周鼎顏敏絶倫爲金榮襄召幕下士章文仲來謁公曰聞有周鼎者願與角公出南征詩百韻進兩生于前爲誦一過皆能悉記周復從末句倒誦至前章謝曰今而後知讓君矣

王陽明謫龍場驛歸至錢塘劉瑾遣人隨偵乃托言投江實附客舟至閩登岸奔山徑數十里夜扣一寺求宿僧故不納趍野廟倚香案臥蓋虎穴也夜半虎繞廊大吼不敢入黎明僧疑必斃于虎將收其囊見陽明熟睡呼始醒驚曰公非常人也不然得無恙乎

嘉靖初朝鮮國奏呂柟馬理爲中國人才第一朝廷乞厚遇仍須賜其所爲文使本國誦式

文待詔每稱沈啓南爲先生每謂人吾先生非人間人也神仙人也百文某安敢望

陸師道師事文徵明人謂陸公已貴胡折節乃爾公

曰文先生以秇藏道無適非師奉之益篤

蔡林屋羽書法遒勁閒臨蘭亭十七帖人或從傍指

擿其離者羽曰不然吾非臨右軍吾乃效之爲諸生

與文待詔徵明齊名而已

章文懿曰待客之禮當存古意閣薛文清待客立一

雞一黍酒三行食飯而罷此可爲法

王元美云吾黨有三甫張肖甫雄爽流暢張助甫奇

秀超詣余德甫精嚴穩稱皆吾所不及也

王寅喜談禪嘗執弟子禮禮古峯禪師長跪請曰寅

徃徃遇異人無如師者師將安之師曰吾遍遊海內

五嶽者三今將遊海外五嶽而後出世寔愈益嚮慕因自號十嶽山人

梅衡湘答李卓吾云聞公有怒態令人范然禎于公心向之未交一言何可老也

熊際華曰過吉水鄒南臯里水居泠泠眞使人懷廉立之想及過先生一語語不可了已翩然有唫風矣月以歸之興矣

莫廷韓曰余生平無深好每見竹樹臨流小牕掩映便欲卜居其下

傷逝

宋景濂安置茂朱道遇高僧與語曰吾聞內典善惡必報吾平生所爲自謂無愧何至是哉僧曰先生于勝國嘗爲官乎曰編修僧默然濂是夜自頸死

宋祭酒訥疾篤其子麟懇諸監官請還家訥厲聲曰是何風雲氣少兒女情多況在丁祀兩祭齋戒中耶祭畢乃就舁歸遂卒

袁袠曰國初死忠者如王禕之死滇南希烈之眞卿也花雲之守姑孰祿山之杲卿也韓成之誑楚沛公之紀信也張子明之僞降晉人之解楊也他如胡越國之死金華孫耿之死括蒼其事與唐張鎬李絳頗

相類

王行爲藍玉所知藍謀反行亦被執刑官無以入其罪命行供状曰行本一介書生蒙藍大將軍禮遇甚厚令將舉事焉敢不從遂以同謀被誅

文廟繼統陳迪責不屈與子丹山鳳山同磔于市

上命割其肉塞迪口因問肉味何如迪曰這是忠臣孝子肉甚香美

卓敬不屈　文皇就僇臨刑歎曰變起宗親略無經畫敬死有餘罪神色凛然

文皇登極方孝孺不肯草詔凌遲未畢收命樓璉惶

懼受命歸而憤歎妻子問曰得無傷方先生耶璉曰我受刑尚可正恐累及爾輩耳自經死

淝河之戰平安操長搶馳馬追　文皇幾及會馬蹶被擒　上問曰向非馬蹶汝將何爲安大言曰刺殿下如刺朽耳　上壯而釋之久之　上問平保兒尚在耶安聞自經死

吳友雲使雲南有梁王使臣鐵知院等刼雲使降命胡服辮髮以見雲厲聲曰汝不趣降乃欲降天子使耶雲頭可斷髮不可辮遂遇害

于謙寃死　憲宗嗣極首復謙官制詞曰先帝已知

其柱朕心實憐其忠

張學士以寧自守淸潔奉使安南襆被而往臨終有

詩云覆身惟有黔婁被垂橐都無陸賈金

高都御史明卒時書二語云平生無一事欺天今日

送百骸歸地

周新臨刑大呼曰生爲直臣死當爲直鬼

少司寇林一鶚病久尹直往問安一鶚喘息歎曰病

將三月當住俸矣明日報卒直曰沐公不慮病不起

且慮俸當住盖以廉貧之故可惜也

陳眞晟卒郡守彭桓立石官道傍題曰大明閩下兩

上書請補正學泉南陳先生墓
武宗有旨擇日巡狩徧觀中土繁華舉朝切諫不聽
有金吾指揮張英者謂車駕出必不利乃肉袒露刃
于胷囊土數升持諫疏當蹕道跪哭諫不允郎拔刀
自刭血流滿地侍衛郎傳詔鞫英囊土何爲曰恐汚
帝庭灑土掩血耳已而死獄中
陸震廷杖垂死復甦書與諸子曰吾筆亂神不亂也
宸濠將謀不軌瑞州守宋以方積忤濠意考績將之
省父老遮曰公其以死行乎宋曰封疆之臣死封疆
吾雖死汝郡安矣至則濠執付南昌獄竟死

宸濠之變許忠節逵不屈挺立受刑觀者壯之時其父家居聞江西有變殺一副使輒爲位易服而哭人怪問之父曰必吾兒也此其素志今果然矣

陽明先生臨終門人周積泣下問何遺言陽明微哂此心光明亦復何言

儲瓘病亟召友人顧璘王韋囑以後事至不能語猶舉筆作國恩未報親養未終八字無一言及家事

楊爵繫獄前後七年忽宮中火傳詔慧赦爵及歸有大鳥集其舍爵曰吾將死矣未幾卒

施閏將死自謔曰吾如負債者今限滿須償耳

張鳳翔角尚草舉于鄉馳騁騷賦落筆千萬言奇字爛錯綺文輝奕觀者咸謂子安再生文考復出隨進士卒年三十歲耳子安二十九文考二十四人以二子擬鳳翔非讖乎

方伯張賢將卒語其子曰身後無納賻傷我節毋作誌表虛譽失我真毋聽人言作石獸器物侵我墓

宋山人應春性豪宕固窮遍遊海內後至武林搢紳有憐其老欲爲置棺衾者宋笑曰我自有結果處無需此八月錢塘潮盛宋飲酒大醉赴潮死

陳體方將死頭戴野花肩輿遍遊田間狂醉三日乃

辭世去

鄭善夫赴官留都嘗與友人期曰明年海上有紫氣東來是吾觀化至矣不一年果卒

棲逸

宋景濂云近來衰孱益甚自度不久人世居北有一峯峻甚號曰小龍門其間多閒曠之地思架草廬三間以奉老親此足一出衆事皆棄

常熟富民徐洪忽諭幹人潘珪曰吾家業盛矣必有代謝今將捨此而去之遂舉田宅授珪挈妻子築室先隴之側布衣蔬食謝遠交遊自號桃源水隱

太祖故人焦某屢命不起使人搜索之一日焦荷雞酒由御街直入　上大喜命付光祿治具相飲甚懽已而出金銀角三帶命其自拾以官之焦取角授千户數日出高橋門掛冠帶于桑樹而歸

太祖召郭德成爲都督郭免冠泣謝曰臣耽酒嗜卧不識事情緩急位高祿重事苟不理　上必殺我人情不過得錢飲美酒隨意自適足了一生矣

胡九韶家貧力耕僅給衣食每日晡焚香謝天賜一日清福其妻笑曰一日三餐菜粥何名清福胡曰吾幸生太平之世又幸一家骨肉飽煖又幸榻無病人

獄無囚人非清福而何
道士鄧羽爲詩甚工自言居武林時忩情消白日高
臥看青山動落花流水之機適閒雲野鶴之趣遂成
意外不期然而然之句初無意于詩也
王文端公致政家居年踰八十每與夫人各乘肩輿
循觀阡陌子孫稱觴上壽備享晚福一日坐觀澄江
洪漲諭子孫曰初東里先生不欲我同事內閣時不
能平然使我在內則天順初元當坐首禍今日安與
汝曹觀水爲樂哉
陳德勝自號龍潭老人耕隱不仕吳康齋雅重之語

陳白沙曰過清江可叩龍潭老人白沙往訪適龍潭雨中簑笠犂田乃延之家對榻信宿辨析疑義白沙歎服而去龍潭語兒輩曰吳康齋非哀我者

姑蘇尢大參文度乞歸日以機杼為活人罕知者會尹冢宰與公同年托蘇守訪之因覓得一老絡絲婆巷苙鞋褻帽澹如也人或告以郡侯至則趍避之

楊升菴書壁云老境病麻難親筆硯神前發願不作詩文自今以始朝粥一碗夕燈一盞作在家山僧行逕特持龎公空諸所有四字

呂仲木引疾歸門人迎于道曰夫子如京朞年而又

返何不憚煩也呂曰豈予得已哉曠職素餐在官之
酒脯不若南山蔬食之爲甘也
施峻罷歸每引詞客對酒初肅入户輒手作而揖曰
幸爲不佞彈射客有請者亦然彈射訖乃飲或自歌
其詩輒酣呼愉悽世謂其有嵇阮之風
都玄敬齋居蕭然樂奉賓客銜盃道古以永終日或
至屢空輒笑曰天地間當不令都生餓死
王恭年六十餘薦至京師同郡王偁戲恭曰君無以
會稽章綬故來耶恭笑謝曰山中斧柯幸自無恙
陳太和自號無住髮僧平生蹤跡非西峯則東嶺自

來吳中詩人能放浪水石間者一人而已
陸文裕公語朝士云僕之迂狂踈而不悔近得秘法
朝參之餘杜門焚香一味參禪習靜雖書冊畫皆掃
去乃大有益
高叔嗣答袁永之云僕高枕丘中逃名世外耕稼以
輸王稅采樵以奉親顏于時新穀既升田家大洽肥
羜烹以享神枯魚燔而召友簑笠在戶桔槔空懸濁
醪相命擊缶長歌茲鄙人之自快而古人之所興也
薛蕙罷官乃為佳園宴處痛飲為詩著老子解供達
磨像案上陳邵堯夫詩曰是矣是矣歲以尚矣

王立道病肺欲疏歸語人曰脫吾疾瘳以請而得走錫山也將腰斧伐林于海上羣樵人徜徉足終吾年誓與雲霄冠佩絶矣

李于鱗請告歸搆一樓東眺華不注西揖鮑山曰他無所涸吾目也

王世懋好栽花果晩治一圃悉購閩嶺奇卉乃牡丹芍藥蓮菊之異名者藝之作學圃雜疏謂兒輩曰吾他無所涸汝輩日目致一花供我目足矣

黃姬水好遊或嘲之曰子知會心不在遠何乃捨近矚而事遐尋公笑曰苟欲會心寧知遠近吾以卯峑

視階庭以几席視雲山鳥飛魚泳惟意徜徉耳

徐獻忠罷歸語人曰越鳥南枝自有靈性鍾鼎尊重不換我自在山林也

王穀祥家居二十年李默為冢宰欲強起之王辭曰豈有青年解綬白首彈冠者乎

曹時中作壽藏日往坐片時曰此中無朝無暮無春無秋恍似天地未判之初

王元美曰余遊洞庭裹十日粮酒倍之行不問主所至自得盡匿名姓與釣父羣長空瞰然了無纖雲靡夕不月靡飲不夕清歌流醱遇輿輒極涼暄天寒秋

不蕭瑟從行諸君周丈善詩子念儷之陸長善畫張生嗣之李生善奕奕稱國手黃生少年雅亦善酒季善供具佐吾饞口将書一通寄伯玉大司馬署中必欣然而笑夢我五湖之曲也

沈鳳峯曰夜來月色清絶一碧無翳小園諸品影落清溪掩映如畫諸弟對影團坐談諧雜俗醒醉相笑樂劇飲無筭命童子以吳音調鶴南飛聲入雲杪因念二十年誤落塵網奔走折腰豈知有四時之景今幸得歸蒼松白鶴猶笑主人歸來之晩

袁石公曰花寄缾中與吾曹相對既不見摧于老雨

甚風又不受侮于鈍漢麁妬可以駐顏色保令終豈古之耕隱者與郁伯承曰如此則羅虬花九錫亦覺非禮之禮不如石公愛花以德也

黃勉之自稱山人其友戲之曰子誠山人也癖耽山水不顧功名可謂山興瘦骨輕軀乗危涉險不煩筇策上下如飛可謂山足目擊清輝便忘醉飽纔一遊飲可曠旬可謂山腹談說形勝窮狀奥妙含腴咀雋歌詠隨之若易牙調味欲流涎可謂山舌解意蒼頭追隨不倦披奇以報主人可謂山僕謂之山人宜哉

陳孝廉琮搆別墅寳邑之北邙前後塚纍纍或造陳

贇慶曰目中每見此輩定不樂陳笑曰不然目中日日見此輩乃使人不敢不樂

王麟洲宦關西見二叟策杖而行意甚適也王問何以得此一叟對曰力田收穀可供饘粥釀泉爲酒可留親友臨野水看浮雲世事百不一聞一叟對曰濬池養魚灌圃藝蔬教子讀書不識催租吏不見縣大夫王作而謝曰眞太古之民

鄧定宇偕張陽和翁龍溪遊古蘭寺班荊而坐浮觴流曲水中援取而飲俄有孤鳥飛鳴而過笑曰此勝絲竹矣

陸宗伯見莫雲卿山水卷曰余家九山中朝暮無非畫境自來城居此景爲樵人牧豎所乾没展卷頓還舊觀復起余芒鞋竹杖之想

莫廷韓曰讀書夜坐鐘聲遠聞梵響相和從林端來灑灑窗几上化作天籟虛無矣

廷韓曰山非高峻不佳不遠城市不佳不近林木不佳無流泉不佳無寺觀不佳無雲霧不佳無樵牧不佳古之眞隱曠士多托跡于名岳要之無隱士則林虛故世有巢居子山林道尊矣

莫雲卿曰晚涼箕踞臨池數酌閒設筆墨摹古帖一

二行援琴而鼓之神遊義黄矣
陳繼儒曰香令人幽酒令人遠石令人隽琴令人寂
茶令人爽竹令人冷月令人孤棊令人閑杖令人輕
水令人空雲令人曠劍令人悲蒲團令人枯美人令
人憐僧令人淡花令人韻金石彝鼎令人古
陳眉公曰余每欲藏萬卷異書襲以異錦熏以異香
茅屋蘆簾紙窓土壁終身布衣嘯咏其中客曰果爾
亦是天壤間一異人

皇明世說新語卷之五

皇明世説新語卷之六

雲間李紹文節之甫撰

賢媛

洪武十年户書滕德懋坐盜用軍粮腰斬　上遣使覘其妻妻方織麻于邸使者告曰若夫盜粮十萬死矣妻曰是宜死盜國家如許粮不以升合歸贍老妾其及固宜

劉寧爲刑部郎有以銀納瓜中行賄者妻安氏發之下詔褒寧廉介素信于妻妻能佐以義厚賜之

姚廣孝爲僧其姊知其好殺戒曰汝既爲和尚當發

慈悲心及預靖難帥歎曰和尚慈悲當如是耶

姚少師既貴還欲往見姊姊拒之曰貴人何用至貧家不納廣孝乃易僧服而往姊不得已出立堂中廣孝郎連下拜姊曰安用爾拜許多耶曾見做和尚不了底是甚好人言畢入户不復再見

工部尚書吳中貪財鉅萬厥妻嚴正須誥之日妻呼其子宣誥歎曰翰林先生果不虛妄吳中一篇誥文何嘗說他清廉二字

解縉胡廣侍燕　文皇曰縉廣少同業仕同官縉已有子廣宜妻以女遂訂盟後縉子禎亮戍邊廣欲使

女攺適女以刀截耳血被兩頰曰薄命之婚皇上主之父面承之一與之盟終身不攺背主違父何用生爲越數年禎亮蒙宥女卒歸之

姑蘇潘純爲御史娶穆氏爲妾穆父祖皆世勳不知潘有室也其妻黄氏亦不知娶于穆自蘇至京純懼館穆于他室穆知之執妹禮以見黄曰吾初不知有汝也吾有子婦田宅在鄉吾當還汝善事君子明日穆氏兄弟至將諭純而歸女穆氏以理諭之黄氏又以女事其父兄感動和好後純出守信陽二女同處十六年無間言

劉氏許嫁鹽山王某侏儒而陋既婚不能近婦時逃出與牧兒相追隨兩家父母欲令別嫁女泣曰得夫若此天也棄而別圖又得一不如意者奈何縱其逃去吾寧奉佛終身不忍以一身事二夫也

江陰周鳳犯罪官司捕之歲久少懈乃暮夜潛歸其妻為設酒食盡歡鳳欲就宿妻曰不可君在外久矣一宿後倘有身何以自明且人聞妾生子將蹤跡君為累不少世謂其智而有禮

海州節婦司小花年十六未嫁夫亡歸夫家守節不二採訪使上其事所司以年未五十不合例時徐宗

實奉使兩湖上言曰厥婦既能哭夫于筵嫁之初又能剪髮于葬姑之後自當與立志卓異同科豈與守節尋常比例

祥符民袁海戍邊母病于家婦徐氏禱于空祈玄帝佑之願進香武當以謝姑即愈夫還語之故夫與母偕至飛昇臺始言向姑危切時妾實許捐軀代姑今當如約衆方止之忽投身萬仞之崖矣俄而母與夫上殿遙見徐拜禮殿下駭問之徐言方隕體而忽衆擁持之不覺已在此

趙氏歸于謝夫死時年二十有五有奪其志者趙氏

斷髮自誓因歎曰彼所利者財耳財不去禍終未殄乃盛奩嫁夫之幼妹聞人貪乏及橋梁當葺治者給之數年財亦衰外議始息

羅循官憲副其妻與諸僚閫人宴集布衣荊簪介珠翠之間或勸之加飾曰素朴乃吾性也

閣老鉛山費公女明慧有文嫁宜興吳尚書之子少年多外好踈于伉儷女鬱鬱成疾臨亡爲書數百言達公末綴一詩云囑指題詩寄老親洞房辜負十年春西江豈是無門第錯認荊溪薄倖人公見之哀慟幾絶

崑山顧方伯雍里之女嫁于孫甚有才情嘗作春日詩云春雨過春城春庭春草生春閨動春思春樹叫春鶯何良俊謂此詩可置玉臺新詠中

孟淑卿蘇人訓導澄女工詩嘗論朱淑貞詩曰作詩須脫胎化質僧詩無香火氣乃佳女子鉛粉亦然朱生故有俗病李易安可與語耳

貴州唐貴梅笄年適朱姑悍而淫誨婦淫者以百數不聽加之箠楚炮烙終不聽姑乃訟婦不孝通判毛玉受賂倍加婦刑幾死親黨咸勸婦曰何不吐實婦曰全吾名而汚吾姑可乎竟自經死

張荘懿子早卒聘趙氏女聞夫卒即至夫家守制有司上其事旌之題曰趙女張節婦顧清曰言婦則無所附麗言女則已去母家若不當旌者錢福奮臂辨之引張良陶潛爲事類至千餘言

成國朱公殁于虜子其隨征獨返其母讓之曰汝父死于國難汝隨征何當生還豈利其爵棄而不顧耶立命死之以庚子襲封

瑞州倅姜榮攝篆適華林賊攻城姜取印付妾竇氏亟出捍賊不敵遁去賊突入城竇先藏印池水中乃就縛時盛豹父子亦在難竇語賊曰盛家子在何不

遣其父報令贖我賦許之寄語盛曰我不郎死以印未付也今在某處歸幸言之郎投井死

屠漸山欲治一僕僕求解于夫人夫人笑謂置一大魚來莫測其指漸山嗜魚見而詫其肥夫人從傍笑曰但水寬耳僕竟獲免

陳氏女聰慧知書年二十父良紹卒親長欲乗喪嫁之女曰死者何人而欲吾膏沐衣綺乎

貞孝何婦華亭人聞有夫亾而獨存者輒唾之曰胡不于夫絶時同死後竟行其志

肇慶學訓陳紀召以還去寄二百金在諸生程衛越

五載衛與紀召皆死矣衛家又被盜或說衛妻潘氏因而爲利者潘曰利人之有不義敗夫之名不仁寧居以待後紀召子至舉而還之封識如故

諸城孝廉李相繼室馬氏年二十夫卒扃户峻絶不問外事李同年侍御周公用過其家立階下曰馬嫂盛德不敢廢禮北面再拜而去

術解

周顛仙詭譎　太祖每出輒伏道左以手畫地爲圈曰打破一桶再造一桶蓋一桶者一統之謂也

太祖每令鐵冠道人望氣言歷歷應及鄱陽大戰友

諒已中流矢死軍中尚未覺道人望風知之密啓曰友諒死矣其下猶力戰請爲文以祭使人持進哭之則彼氣奪吾事濟矣如其言漢兵大潰

太祖初渡江遇一術士問曰天下擾擾紛紛屬之誰與士曰願書字占之　上即拔劍畫一字于地士俯伏拜曰土上一畫臣獨知爲王也

洪武初參知政事劉王二公涖淛改拱北樓爲來遠張乘槎視之曰三日內主哀喪事如期王母病卒劉公以曆日紙邊坐法王公延槎問故槎曰來者喪字形遠者哀字形也旁二點相續者淚點也公命槎易

之乃名爲鎭海
冷謙傳仙術有貧者求濟於謙謙乃于壁間畫一門
一鶴守之令其人敲門門忽自開入其室金寳充物
盖朝廷内帑也其人恣取以出不覺遺其引後被執
併逮謙謙謂逮者曰安得少水以救吾渴逮者以缾
汲水與之謙且飲且以足插入缾中其身漸隱至御
前 高皇問之輒于缾中應如響 上怒擊其缾碎
之片片皆應終不知所在
山西金滔張者多幻術 高皇召試其術乃于袖中
出一鐵缾書五符與水同入其中用火四炙缾中初

出如縷漸勃然皆五色雲彌布殿庭又以蓮子撒金水河須臾蓮花萬柄以紙剪作採蓮船張在船上採蓮唱吳歌　帝大笑忽失所在蓮與舟俱不見但金水如舊耳

孝陵好微行嘗夜出蹔止逆旅枕石眠草藉上中夜有兩人共語一曰今夜此翁又出矣吾視玄象當在民舍中頭枕石脚踹藉而卧　上聞而異之即以首足易位而寢又一人曰君誤矣此翁頭枕藉脚踹石耳　上不覺汗浹于背即還宮

國初有徐大明者奏國家災祥之數　上曰汝能知

乎對曰臣死于緋衣小兒之手上故命一老千戶押出斬之後知千戶裴嬰正緋衣小兒矣

闍頭陀能于酷暑中坐竟日出行則小兒數十時隨其後令逼身揩摩以爲快或上下俱赤體趺坐或浴沸湯中遇食不問貴賤必分客有問道者曰治國必先愛民養身莫善寡慾

劉誠意遊吳門中夜聞居人上樑誠意問其家貧富及屋之豐儉左右曰貧家數楹屋耳歎曰惜乎不久也左右問故曰此日此時上樑宦吉家當大發貧家驟富必復更置此屋旺氣一去其衰可待後其家日

裕不數歲果撤屋廣之貧落如故

洪武末年熒惑守心程濟上書曰兵起北方期在明年朝廷怒其妄逮京詔獄明年靖難兵果起北平

董興征廣州賊夜半聞雞鳴與問馬軾曰此何祥也對曰雞不以時鳴由賞罰不明須公嚴軍令

袁忠徹初相　仁宗無天子福元年四月遣使逮之忠徹時爲太平丞見守備内臣跪請云聞有旨執其遲三十日得脫矣公接使命幸以他事羈之内臣許諾已而使者至内臣令造檻車少緩數日囚忠徹至臨淸遇遺詔免

徐武功方被殊眷劉原溥謂曰公氣甚不佳適與天氣合公將不免武功曰奈何劉曰天上金氣甚沴應當在公既而果罹其咎

徐武功問劉宗序曰見夜來天象乎宦官之禍作矣我被曹吉祥所害至此恐其禍尤甚于我是月吉祥之姪欽果反誅連及吉祥

皇甫仲和精占驗土木之難虜騎逼城下城中皆哭仲和登高望謂家人曰雲頭南大將氣至虜將退明日楊洪石亨提兵入援虜果遯去

徐有貞善天文已巳之禍前數月熒惑入南斗亟命

妻孥南歸皆重遷有難色公怒曰爾不急去直欲作
達子婦也遂行過臨清數驛土木敗報至
陳郊精數學謂所親曰今歲狀頭當刑而已身罹之
文皇潛時有風李秀者佯狂奇譎雅　上知其人一
日奏曰明日臣生日欲邀三護衛飲　上笑令諸校
往秀運箕揚灰被衆衣大聲曰如此時候若輩猶不
起耶衆以聞　上笑而已
弘治壬戌春初京師有善占天者禮部諸公詰之曰
魁在何處曰文星在楚魁當在湖廣將揭曉復命占
之詳曰文星入楚淺入秦深魁當在陝西矣是年湖

廣會鐸中會元陝西康海中狀元
彭時及第明年須己巳之朔觀其書二至夏晝冬夜
各六十一刻退而求古諸家曆法無有也因問司曆
某先生答曰曆者聖王先本也茍以私智撥之能無
搖其本乎未幾有土木之變
雷續嘗言其父客某解禽言見二雀啾鳴樹間久之
一雀飛鳴而過二雀忽飛去父客曰此二雀求其侶
不得彼一雀報言在東園樹林中故二雀飛去也意
令人視東園林中果然
正德中迎占國師于京師諸搢紳問占曰頃從陸來

乎從水來乎占曰吾乘龍來耳衆未信占乃出一葫
蘆傾一虫于碗內大如芥子占以水噀之漸長數尺
飛出檐前則二三丈雷雨大作衆請曰公眞神人願
收龍以止怖占叱之漸少仍入葫蘆中
王士能生一百二十餘歲楊循吉扣其所以壽答曰
無他但平生不食肉娶妻不識數不爭氣而已
孫福海有戲術嘗與諸少年納涼有美婦四五至孫
語少年曰汝欲見其足耶卽畫地爲一字婦至見畫
處若巨溝卽躍而足見諸人爲一笑
諸武冑餞王臣于海上贐白金一餅王受而擲諸海

水珠濺坐席武冑皆動色王謝曰銀在特相戲耳出
諸袖中
尹蓬頭居鐵鶴觀中修殿發土土中得鐵鶴士女悉
集觀之尹笑撫之曰自我埋汝忽二百年矣幸毋相
見跨鐵鶴背飛上殿脊對衆高揖而去
僧孫月擅異術行橋上會女婦乘肩輿至罵僧不避
頃之舁夫下橋復上往返數十度猶不能去旁人曰
必汝犯月大師耳可拜祈之僧曰吾有何能爾自行
耳言訖舁夫足輕如故
登州一道人自稱酒量莫敵大姓某聞而延之罄五

六石而去登蓬萊閣仰卧綳開手足從甲中射酒如注梁棟淋灕抖擻下

崔銑善飲嘗遇一方士自云能飯崔請與之較每崔一甌酒方士一甌飯崔已醉而飯不止凡得五十四甌後偵其飯固在也葢障眼術

邵道人善飲水無問多少悉飲之冬月水冰則聞道人齒間瀺瀺聲頃之肩聳面紅汗瀫瀫若雨

巧藝

陳中行精堪輿之術　太祖嘗與泛艇周流玄武湖詰之曰公知水脉之所在乎中行命奮棹至一處以

繩維井欄投之曰此是已　太祖欲試之翌日復與泛舟詢向所在中行執木梃漫植于湖則正入欄中上服其精遂建爲寢殿

朱允升得六壬之奥偶訪友人見案下四合戲謂君能射覆乎允升戛索一合書射語亦合而寘之曰少俟則啓適有借馬者友人令牵驢應之允升即令一時俱啓前四合皆魚也射語云一味魚兩味魚其餘兩味皆是魚有人來借馬後山去牽驢

宋文憲能一黍上作十餘字

袁珙精相術　文皇召至燕邸使者與飲于酒肆

上服衞士服偕衞士九人同入使者因謂珙試看此十人珙趨拜　上前曰殿下如何輕行

袁廷玉過鄞縣前見婦人哭聲凄甚問其故曰夫當戍趙州袁心憐之往見其夫夫曰我金世忠也以卜課度日今往戍以我代行袁相其面曰此尚書骨法也此行當大貴且囑曰登舟郎順境他日無相忘世忠至戍所開卜肆以奇驗聞燕邸召至靖難兵起多用其謀榮屢遷兵書郎金忠也

袁廷玉善相　太宗出宋元諸帝容命相見宋太祖太宗曰英武之主自眞宗至度宗曰此皆秀才皇帝

自元世祖至文宗曰皆是吃綿羊肉郎主見順帝則曰又是秀才皇帝也

袁忠徹二婿一爲盜死一覆舟死袁每談相妻必叱云相婿之目安在袁曰吾能人相不能天相也

太宗徵善書者試而官之最喜雲間二沈學士尢重度書每稱曰我朝王羲之

藥葫蘆道人者不知何許人賣藥吳市人有求則就葫蘆中傾出飲之病無弗愈也或傾而不出者則曰爾無緣不可救也

陳僖敏公鎰與俞宮保士悅赴試南京時呂城有婦

人占課甚驗二公往占婦驚曰二公官皆尚書旣問姓名曰陳公功名一生安穩俞公爵祿雖同但末路不佳耳後皆如其言

李古廉陳敬宗同在翰林素柳庄戜二人並列曰二公他日功名相埒時陳公儀貌魁梧古廉短小聞者未之信後陳公以方嚴肅下古廉以公恕得士聲望聳然衆始信柳庄之術

建昌張德厚少時有術者推其命曰此人八旬當爲尚書然四旬不免夭折後張果以四旬死又四十年以孫昇貴贈禮部尚書

正統中瞽者馬珍以奇術鳴輦下劉太醫二子倫倖
嘗詣珍坐定聞屋後驢鳴珍呼其妻曰驢聲悲今日
殊有哀苦事俄而劉僕來訃其父喪
吳門金鬼谷善推命有富商談命肆中適一負薪者
曰我四柱皆同何彼富我貧也鬼谷曰汝能往南方
千里外亦與富者埒貧者有姊在閩中往求之姊亦
貧甚鄰有隙所使弟甕窗夜見鬼物入穴中遂得黃
金百鎰有金鼓覆其上貧者得金歸以金鼓報之鬼
谷署其門曰吳中名術金鼓傳家
陳嗣初喪母僧南宗指一穴曰百日內郎貴矣陳未

之信僧怒曰百日內不入朝爲八品官者老僧誓絕此藝初金侍郎入京陳爲送行文楊文貞一見稱賞薦于仁廟聘爲五經博士果不出三月

仝寅少瞽而性聰警學京房易占休咎多奇中英廟北狩陰遣使問寅得乾之初九附奏曰大吉可以賀矣龍君象也四初之應也龍潛躍必以秋應以壬午浹歲而更龍變化之物也更者庚也庚午中秋車駕其還乎還則必幽勿用故也或躍應焉或之者疑之也後七八年必復辟乎火德之王也丁者壬之合也其歲丁丑月壬寅日壬午乎自今歲數更九躍則必

飛九者乾之用也南面子衝午爻其君位乎故曰大
吉後一一如其言
高棟善畫法米南宮方壺子畫妙一時初識棟稱賞
不置曰異時當爲名家在翰院二十年四方求詩畫
者爭致金帛修饟常優于祿入
張養正善太素脉顧憲使棠幼患病其父命僕負詣
養正託云窶人子養正曰是家乃有此子乎他日三
品貴人也棠疾未愈父邀養正至家養正曰何脉與
某家子同耶父以實後如其言
葛可求朱彥修皆名醫葛脉一人曰子三年疽發背

不救矣朱教以日飲梨汁不致大害後果無恙嵩知其故歎曰竟出朱公下何醫爲悉取平生所論著焚之曰留之適以禍人

吳郡書名聞海内華亭獨貴沈度至學士粲至大理少卿張天駿至尚書張電至侍郎時人語曰前有二沈後有二張

吳江吳少保洪筮官南都其子尚書公山方十二歲南都郎中萬某善相人見山甚奇之曰郎南都諸公卿兒無若此者父子並官上卿矣疑哉山聞之曰如郎中言萬居君顧復見哉已而果然

張汝弼守南安多善政黄翰爲江西副使有墨聲俱華亭人善書世云翰與汝弼人絶董獪藝猶曾衛儲瓘云徐子仁書種種臻玅天付此腕與㠯想亦憐其窮尼然耳

徐髯仙家有杜古狂畵雷神一幅人長尺許七八人攢一處狀貌皆奇古徐每遇端午七月十五日則懸之中堂每詫客曰此杜樫居輞川圖也

王逢元父子善書人遂以大令呼逢元又因其家代有文人曰王謝至今不衰

吳小仙率其徒至公侯内臣家作畵其徒或爲勢所

動輒罵曰汝方寸如此豈復有畫耶

有患瘕者迎王良民治之王曰人有瘕也猶悍媳逆子也能伏不能絶若亟攻之譬興晉陽之甲矣

偏髯子姓許善相術老遇異人令之相許曰子神清氣清骨清神仙相也異人笑拂其鬚凡經掌握處明日皆黑因此遂名

胡弘善相字有士人書串字弘云串者二中也必連捷矣或聞其語亦書串字以問弘云前問偶爾效之則有心矣串加心患也君當憂疾病後俱驗

孝廟登極吳偉召見便殿命畫稱旨賜畫壯元印

王陽明七歲一僧孰視之曰此兒跨竈乃翁海日笑
曰老夫壯元第名位非輕恐竈未易跨也僧曰不然
跨凡竈者終是凡兒若君家兒能跨君竈所以爲佳
後陽明以平宸濠功封伯且從祀海日壯元宗伯終
不及矣

正德庚辰一星士推帝造爲老松棲鶴格松老將壞
鶴立不久至辛巳果升遐

清彈琵琶稱鍾秀之新安査八十好琵琶謁鍾鍾曰
聞査八十以琵琶遊江湖今日來謁非執弟子禮不
可査言固聞鍾秀之名然未見其伎使果奇執弟子

禮未晚鍾取琵琶一曲查郎膝行而前稱弟子留數
月盡鍾之伎而歸
程汝亮善奕遇李時養遂爲勁敵王鳳洲嘗戲李以
李廣程以程不識程猶未肯色受也
莫雲卿最愛方于魯墨嘗曰潘谷奚超世不常有陷
麋松節絶亦多時玄賞者睹古希今恒情則貴遠賤
邇綵螺烏玦獺髓龍膏推轂峨嵋齊盟易水吾于方
氏殆無閒然又曰是人已入玄心三昧
陸以寧語董玄宰云今日生前畫靠官他日身後官
靠畫

夏㫤工畫竹石擅名天下至朝鮮日本諸國皆以金
購之

莫廷韓曰方于魯造墨汪司馬爲之評謂墨以評重
固然第方氏墨行世而後知司馬之于名物辨而奇
不以文掩質雖謂評由墨重亦可矣

寵禮

吳良敗張士誠于江陰　高皇召見勞之曰吳院判
保障一方使吾無東顧憂功大矣賜之車馬珠玉不
足旌其能命諸儒臣爲詩文美之

太祖尊禮劉基嘗稱老先生而不名又曰吾子房也

宋濂素寡飲嘗侍宴　高皇強之至三觴面如赭行不成步　上歡笑親御翰墨賦楚詞一章以賜仍命侍臣咸賦醉學士歌曰俾後世知朕君臣同樂

宋景濂致仕　上賜繒綺問曰卿今年幾何六十八上曰藏此綺三十二年作百歲衣

洪武五年甘露降　太祖召宋濂賜坐　上躬執金杓煉湯于鼎取甘露投之手注于卮以賜濂曰此和氣所凝也能愈疾延年故與卿共之耳

太祖問朱英曰汝誰子耶對曰臣非陛下子而誰子屢詰之對如前　上笑曰汝乃朕養子耳汝本姓非

宋令國朱令按復姓其亦不令姓者賜姓爲沐遂爲
沐英

國初宋濂王禕同在史局王渴甚謂宋曰得昨上所賜棃漿吾渴濟矣中官竊聞以奏 上郎命賜之

夏㬎本名祖以善書徵入翰林 文皇見其名曰太陽麗天照臨萬國日宜書在永上㬎頓首受命

永樂間户書夏元吉侍母午門外觀燈 上聞之遣中官賚鈔二百錠郎其家賜之曰爲賢母歡也

楊文貞晚納婢季氏中宮有慶事命婦皆入賀 太后聞公有婢亟召入貌旣不揚衣復儉陋郎命妃嬪

重爲梳整易内製首飾衣服而遣之笑云此田楊先生不能認矣

楊文貞公自江西還所過不受餽遺惟耿清惠公餽雜果則受以示激揚之意

楊文貞作第初成設中門未行使人亟請楊仲舉至曰此門不可無有德之人先踐

宣德二年春　太皇太后御便殿召王振欲誅之三楊申救得免　太后因詢諸大臣名及溥乃歎曰先皇帝嘗稱卿忠不謂今日得相見也溥叩首感泣人擬蘇軾奇才之對

宣宗朝西安舉人楊弘言事召見貌偉晳奏對辨
上欲授左布政使吏部言惟陝西一缺係本土不宜
授 上厲聲曰會稽非朱買臣鄉耶
禮部侍郎缺 上特命吏部陞李紹公卿往賀尚書
王翺舉酒酬曰天選侍郎也已而權貴不平伺間譖
公奏事多南音 上曰大臣以德選何以聲音爲翺
退曰我不知李侍郎見重于 上如此
宣德中駕幸楊士奇第夜已二鼓士奇驚起朝服而
迎但見儀從塞屋香氣氤氳不知 上所在惟向北
拜不已 上方倚東欄看月笑而呼曰士奇朕在此

所賜已充庭矣
宣宗製束髮玉冠二　上用其一一賜夏忠靖公曰使後世知吾君臣一體
天順改元薛瑄入内閣一日　上方小帽短衣聞先生奏事爲更長衣世擬之不冠不見黯
英宗在虜庭與哈銘同寢　上晨起謂銘曰汝昨夜以一手壓我胷我不動俟汝醒乃下其手因言光武子陵共卧事　上曰汝今日與子陵一般
劉珝在經筵久稱講官第一憲廟雅重之呼爲東劉先生以别劉吉也特賜圖書曰嘉猷贊翊

孝皇優禮大臣西涯詩云近臣嘗造膝閣老不呼名

孝宗御經筵賜講官程敏政等金緋韡帽皆叩頭謝

記　上顧謂曰先生辛苦程敏政有詩紀之云經生

職分尋常事消得君王念苦辛

孝廟好寫沈度字嘗命禮部徵其子姓得度孫世隆

特授中書舍人且宣索其家得遺像卷因撫而歎曰

沈先生出世矣

張司馬悅任留都鎮定簡靜中官其雅敬之嘗設席

獨延公子弟問更召何人曰他人豈可同此席

文淵閣芍藥三本中淡紅左純白右深紅天順二年

盛開八花李賢遂設燕邀呂原劉定之等八學士共賞時賢有玉帶之賜諸學士各賜大紅織衣因名純白者曰白玉帶深紅者曰官錦紅澹紅者曰醉仙顏惟黃諫以足疾不赴明日復開一花衆謂諫足當之賢賦詩閣院宮寮咸和以為盛事

孫承恩由中允陞南學士　世宗嘗顧近侍曰何久不見稀鬢中允

林見素嘉靖初再起為刑書適文徵仲應貢至京乃遊揚于公卿間得授翰林待詔見素曰吾此行為文徵仲了此一事不為徒行矣

高淳韓邦憲爲衢守嚮童山人子鳴名首行部過其家龍丘山塢中人不識太守鹵簿皆擁門瞷觀尉史游徼匊午顧見案上蔌菜羹脫粟飯太守與子鳴共而嗚嗚吟至夕始去咸莫測所謂

張元禎短小爲日講官　上命設低几就而聽之

任誕

陳桱作通鑑續編書宋祖陳橋事曰匡胤自立而還方屬筆雷忽震其几神色不變因厲聲曰老天雖擊陳桱之臂亦不改矣

王孟端夜聞簫聲清亮倚牀而聽遂乘興寫竹石一

幅詰朝尋訪乃大商也郎遺之商人拜受越數月具幣謝并乞配幅孟端厲聲曰俗子何足當我筆也亟索之

僧衍字斯道通兵術嘗至京口賦覽古詩及詠百花洲詩僧宗泐見搖膝高唫笑曰此豈釋子語耶斯道汝薄南朝矣

吳汝弼兩召不起曰宦官釋氏不除而欲天下治難矣必除之吾可入人笑其迂

崔子鐘好劇飲每至五鼓踏月長安街席地坐李文正時以元相朝天徼早遇逢之曰非子鐘耶崔便趍

至輿拱曰老師得少住乎李曰佳便脫衣行觴大城漸繁始分手別崔每一舉百餘觥醉輒呼劉伶小子恨不見我

成化甲申歲吉士相率入內閣請解館李賢曰賢輩教養未久奈何遽欲入仕許禮抗聲曰今日比永樂時何等教養且老先生從何處教養來賢深責之則曰吾輩教習雖例該三年已燒却一年矣謂癸未春闈災故也

王越帥三邊嘗入省朝秦王王宴之因請曰大王幸宴臣而不備禮王作問之曰不命女妓非大宴也王

謝曰不敢耳因命教坊進妓復請曰爲大王吹北門
良苦柰何不以耳目之羨一酬老臣王曰惟命越乃
擇佳者十餘人再拜擕之而出
康海答寇子惇云放逐後流連聲妓不復拘檢雖鄉
黨自好者莫不耻之又安可與士大夫同日語者阮
籍之志在日獲酩酊耳三公萬户非所顧也
李夢陽傲睨當世讀書斷自漢魏以上聞人論古昔
有不解事郎曰豈六代以還書耶
楊用修在瀘州嘗醉胡粉傅面作雙丫髻插花門生
舁之諸妓捧觴遊行城市了不爲怍人謂此君故自

汙王元美曰特是壯心不堪牢落故磨耗之耳
張禺山晚年好縱筆作草書不師法帖殊自珍詫嘗
書一紙寄楊升菴書其後曰野花豔目不必牡丹邨
酒酣人何須蟻綠
李獻吉為户部郎上書論壽寧侯下獄賴上恩得免
一夕醉遇侯罵其生事害人以鞭梢擊墮其齒侯恚
極欲陳其事為前疏未久隱忍而止獻吉後有詩云
半醉唾罵文成侯蓋指此事
常評事明卿時過娼家宿至日高舂徐起衆會不及
長吏訶之傲然曰故賤時過胡姬飲不欲居薄耳

吳門朱野航攻詩館于王氏與主人晚酌罷適月上野航得語云萬事不如盃在手一年幾見月當頭喜極發狂大叫扣扉呼主人起詠取酒更酌

桑民懌好爲大言時詮次古人以孟軻自況更非薄韓愈曰此小兒號嗄何傳問翰林文今爲誰曰虛無人舉天下惟悅其次祝允明又次羅玘

桑悅調柳州倅不欲赴人問之輒曰宗元小生擅此州名久吾一朝往掩奪其不安耳

劉源豪宕不羈值湯胤績廣坐中劉曰湯雖出將家學問識見種種過人既曰再加數年依俙似我矣

黄巖王古直遊京師或勸使仕大言曰我來爲爵祿
圖耶㠶科舉乎則曰安得以少年處我嘗在酒所歎
曰此亦功名事業也
錢端學聞湯胤績名徃候之屢質所爲詩湯始曰可
中而厭終而勃然怒曰何絮絮如此
劉溥詩有莖莖白雲老之句或謂雲者聚散之物豈
得謂老劉曰不聞天若有情天亦老乎其人辯不已
劉怒曰不讀二萬卷書看不得溥詩
王廷陳削秩歸益自放達官貴人求見者多蓬首
垢足囚服應之間衣紅紵窄衫跨馬或騎牛嘯歌田

野間人多望而避者

楊君謙每以文示人其人曰佳郎掩卷曰何處佳其人卒不能答僂去不復別

張靈嗜酒醉則曰日休小豎子尚稱醉士我獨不能醉耶與唐寅善寅招靈飲直抵寢所呼曰日高舂矣睡何爲靈怒曰今日無酒雅懷不啓方入睡鄉又爲相覺寅曰正欲邀子耳靈喜披衣與寅痛飲

祝允明嘗留客無所出酒窘甚黠者持小錢米乞文及手書輒與已小饒更自貴也嘗黑貂裘甚美欲市之以沽酒或曰青女至矣何故市之允明曰昨著頭

言始識不市而怠敝之篋何益

楊循吉多病好讀書最不喜人間酬應嘗開卷至得意因起踔掉不休人遂呼顛主事

上饒婁諒過姑蘇泊舟楓橋因和唐人詩有獨起占星夜不眠之句對客云汝不知我每行必動天象

閩人林鴻開詩社招致海內詞客浦舍人源至其家令誦平日所爲詩至雲邊路繞巴山色樹裏河流漢水聲始許入社

王九思答王德徵云九思者當世狂人也翰林不容出爲吏部吏部獲罪左遷壽州不可罷歸田里世之

自負豪傑者耳其姓名罔不怒罵執事獨曰吾何媿
此可發英雄一笑也
王山人叔承撰應制箋表爲興化相君所物色然好
飲遊公卿閒不醉不已一日相君追應制使使四出
蹤跡叔承不得至則醉踉蹌前嗡囈不辨相君乃使
所善風之曰生幸滅縱遊使我不虞緩急一官胡難
叔承搖首曰相君駭欲以富貴縻國士相君乃謝曰
負上恩不能遽歸從山人遊請俟異日
王叔承嘗自謂于文喜孟軻莊周屈平左丘明兩司
馬于詩喜曹植左思郭璞阮籍陶潛謝靈運謝朓鮑

昭李白杜甫王維于酒喜劉伶嵇康于遊喜梁鴻梅福壺丘宗炳于俠喜季札魯仲連于隱喜東方朔王君公郭泰徐穉黃憲管寧嚴遵孫登于禪喜龐居士蘊于仙喜呂眞人嵓其所自操行結撰亦不必盡似也

肅皇幸楚胡中丞孝思作詩紀事有穆王八駿空飛電湘竹英皇淚不磨之句怨家訐奏指爲呪詛廷杖繫獄乃取獄中杻械之類八曰制獄八景爲詩紀之衆掣其筆曰君正坐詩至此何尚伊吾孝思曰坐詩當死今不作詩得免死耶吟咏不輟

薛西原應試行至長灣祝曰某在此河伯無供饋何也須臾一大魚躍入舟中

胡宗憲按楚時醉坐肩輿中東西溺舁夫及從官肩咸掩目笑胡自若也

盧柟遊太學歸訪申考功儀卿入門大哭不休已而長歎曰太學士人之藪卒無有與于斯文悠悠宇宙不知涕之何從也考功笑而飲之

李于鱗少厭薄訓詁學古文詞衆不曉何語咸指于鱗狂生于鱗夷然不屑也曰吾而不狂誰當狂者

王元美預權相席出桑落酒飲之且曰張謂詩云不

醉郎中桑落酒唐已有之乎王應曰杜詩有之水經註亦有之其人色變曰吾不知也

孫宜仲自號洞庭漁人人呼之漁人則應他呼之則不應棄去衣冠日與樵父釣童狎人不識也輿至則歌所自爲詩雲停店裂衆始恠爲異人

相嵩義孫錦衣鵠過杭督撫胡宗憲張宴于別院大合伎樂暮薦其麗姝宿鵠不可胡曰公難我乎請爲子先亦擁其姝與鵠對宿質明而後返

蔡子木酒後自歌其夔州諸詠甫發歌吴國倫輒鼾寢鼾聲與歌相低仰歌竟鼾亦止

袁中郎遊鑑湖語陶石簣曰爾狂不如李眞飲酒不如李眞獨兩眼差同耳石簣問故袁曰李眞識謫仙人爾識袁中郎

有數賈登虎丘且飲且咏張靈因變衣爲丐者乞食且願得一賡和賈笑曰丐者得無誑乎與之筆揮毫不已凡得百絕賈始駭抵舟命童子易維蘿陰下令跡絕賈使人察之不見也皆以爲神仙

常熟劉以則嘗過陽山花家花本巨族劉見其門繫耕牛數十頭歎曰此賣牛牙行家耶不交禮竟去

顧德輝生平不受一蔬之饋晚歲歸田訪友誓不飲

食晋之輟起或主自啜茶公對之清談而已

薛方山曰秦始皇之焚書其肇于伏羲氏之一畫乎

屠隆自言才弃而氣高言誕而行潔席門窮巷炊玉

爇桂驅車逦輳懷刺滅字絶三臺之跡却五侯之鯖

寄東方之傲守子雲之玄寧爲顏駟毋爲虎圈寧爲

崔駰毋爲狗監鳳閣雖榮不獻翠華雞香可羡不奏

明河雲霄無路不進鬱輪泉石可盟不抱荆璞以此

誨姤亦以此得名

皇明世說新語卷之六

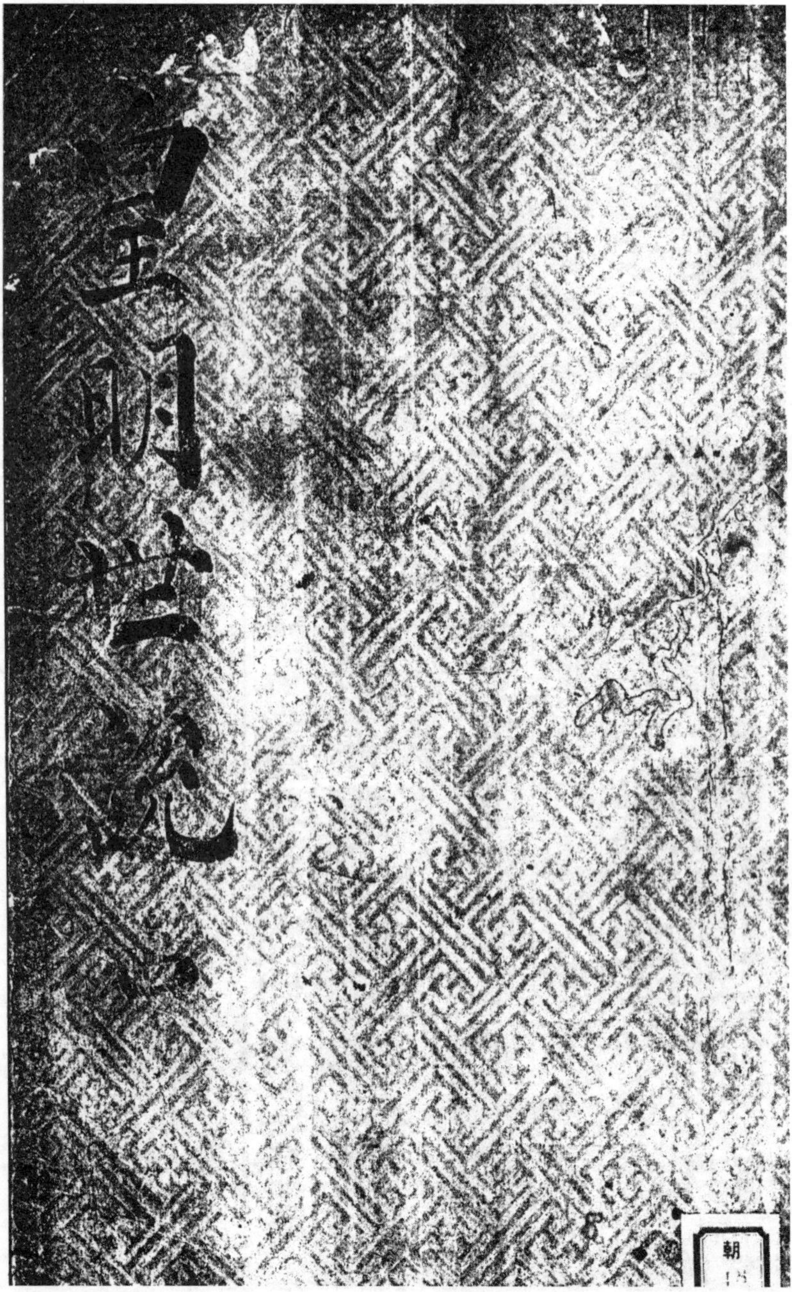
皇明世說
朝

皇明世說新語卷之七

雲間李紹文節之甫撰

高皇召見方孝孺試一論五策立就大稱旨即命賜緋袍腰帶平巾宴于禮部令宗伯陪之孝孺上坐岸然　上遣人覘之曰斯人何傲

高皇召錢唐講虞書陛立而講或糾唐草野不知君臣禮唐曰以古聖王之言陳于　上不跪不爲倨

蘇郡隱士王賓號光菴素與姚少師友善及少師請雜賓俔其所爲不與接少師屛騎從衣短褐以往賓

閉户不納少師力請賓佯問爲誰少師曰是昔日道衍也不應少師大呼曰光菴不棄舊日之雅容老僧一見乎賓答曰吾在割薪忙不暇也

南陽李公當國每以詩寄薛文清始終不答門人問之薛曰昔溫公退洛中吕申公屢作書問起居俱不答某亦此意

莊㫤召至京謁吏部三揖不跪冢宰耿裕延之茶令四司送出部門㫤曰第令不失己官職外物耳

曹吉祥太監嘗在左順門外令人至內閣召李賢說話賢曰聖上宣召則來太監請不來也曹乃令二人

掖而至賢曰太監誤矣此處乃天子顧問之地其乃謹侯顧問之官太監傳命自合到此豈可令人來召曹云吾適病足耳

胡純謫居桂林閉户却掃潛心性理之學都督韓觀嘗造其室純受之不報觀又往謂純曰先生于觀似無情者對曰將軍知我我固如此所謂士伸于知己者觀亦歎息而去

吳寬爲少宰過家訪山人邢量叩門邢曰吾方治飯與羹未有五尺應公奈何吳坐門外良久候其終餐然後進謁

徐有貞氣岸高亢韓襄毅雍父死求公志墓公但立視其行狀不爲答或詰問公曰彼爲父而拜吾爲其父而受豈不當禮

張吏書綵逆瑾黨也李文正楊文忠諸老邀綵郭外看花躬至張第張不出久之一价傳命曰請先行當後至也李出顧楊曰張乃以辦事官待我曹

楊文懿歸田謁官府止書侍生或規之曰今時率用治生盍從俗乎公曰朝廷文學侍從之官彼惡得治之名不可苟欲其稱也迄不改

眞定賈尚書副臬東省年纔五十六鬚鬓皤然不事

涅餙御史以其老而骯髒將劾之正色問曰貫憲副高壽幾何對曰犬馬之年八十有二御史默然既退同列問曰何不以實對貫曰渠以我爲老虛認幾歲成其袖中彈文之義不亦可乎

中貴王高者頗簡重休沐謝客時尚書尹旻輩共訪之良久不出曰諸公且爲我禮佛既出坐定曰吾所以勸諸公禮佛者貴乃前生耳

劉野亭歸鄉不見客或勸之答曰諛詞巧說不曾學習身禮諂態不曾操演

桑悅爲博士某御史聞其名數召問謂曰匡鼎說詩

人解頤子有是乎曰悅所講談玄妙何直鼎鼎敢望郎
鼎在亦解頤公幸賜清蔬畢頃刻之長御史壯之令
坐講少休除襪跣而爬足御史不能禁令出
世廟初起大學士楊一淸爲兵書提督陜西軍務行
次洛陽謁劉閣老健劉戢幘短褐出見曰君昔入相
矣今出將耶楊曰偶承乏耳劉曰進退由汝
曹嘉爲御史上封事彈坐院都御史都御史不知曰
彈者誰耶嘉平身曰老先生都御史郎出待罪
王廷陳從翰林出知裕州驕甚臺省監司過州不出
迎亦無所托疾人或勸之怒曰齷齪諸旨官受廷陳

迎耶當不愧死

嚴介溪邀顧東橋飲揖甫畢郎省堂中畫過是月明千里故人來景乃吳小仙筆東橋郎大聲曰此摹本也介溪已不樂後登席戲劇盈庭約六七十人東橋曰相別數年今日正宜叙話此輩喧聒當盡數遣去介溪父子大爲沮喪

孫山人太初寓居武林費文憲罷相歸訪之值其晝寢孫故卧不起久之乃出又了不謝送及門第矯首東望曰海上碧雲起遂接赤城大奇太奇文憲出謂御者曰吾一生未嘗見此人

文衡山素不到河下拜客嚴介溪語顧東橋曰不拜他人猶可余過蘇亦不答拜東橋云此所以爲衡山也若不拜他人只拜介溪成得文衡山乎

盧山人柟初囚濬獄滑令張肖甫時時問勞及出犴狴銀鐺桎梏猶然拘攣也山人詣滑聽事稽首謝張亟引副署中閤人列榻鴈行山人乃舉械手揖張曰柟烏鳶之餘肉也以分何敢望見君侯顧君侯知己宜當客禮遂儼然據上坐

李攀龍守順德有蜀人胡提學過之李往訪訊楊升菴起居胡應云升菴錦心繡腸不若陳白沙鳶飛魚

躍也李拂衣去口咄咄不絶

盧柟爲諸生與邑令善令嘗語柟曰吾朝過若飮柟歸益市牛酒會令有他事日昃不來柟愧且望之斗酒自勞醉則已卧報令至柟稱醉不能具賓主令恚去曰吾乃爲傖人子辱

王廷陳語余懋昭曰僕林居無嘗上不慕古下不肖俗爲踈爲嬾不敢爲狂爲拙爲愚不敢爲惡高竹林之賢而醜其放懷三閭之忠而過其沈智鴟夷之逝而汙其富每景物會意輒命酒酣歌酒不盡量歌不盡調倦則偃卧卧不爲夢厭苦俗途寧獨無與復究

心老莊保養性命江湖乗興漲則不舟雅好雲嶠峇
滑磴危鮮不緩却此僕大略也
陳雨泉鎏致政歸所撰詩文不肯注思曰使吾以是
見役何異拮据案牘乎
九山散樵不著姓字倦則偃息樵窩中客造榻與語
輒謝曰余方遊華胥接羲皇未暇理君語
李谷坪謫驛丞上司遇者止一揖代巡以同年招之
使側坐谷坪謝曰驛丞則不宜賜坐同年不宜側坐
代巡竟使上坐
徐存齋李南渠二相訪嚴相子世蕃停堂中良久乃

傳語曰請緩之中酒須小卧起乃起又久之曰深酒不能起以午未間相見可也

嚴介溪語徐存齋曰貴溪再相每閣中會饌不食大官供家所攜酒肴甚豐飲器用皆黄金與其日共案而食其自食大官供寥寥單具相對垂二載未嘗以一匙見及

夏言後嚴嵩登第十二年成進士時嚴以編脩分校初授刺稱晚生拜學士用故事稱門生爲尚書稱侍生既拜相則言頓首而已

趙大周在内閣如冢宰楊虞坡都憲王南岷大周皆

直呼其名哉以爲言夫周曰丘何事棲棲者與當時亦名孔子矣我豈薄待二人

排調

解縉胡儼同觀進士榜解以胡不由科目戲曰大丈夫必得黃榜書名耳胡笑曰彼亦有僥倖得之者

李至剛嘗以罪褫衣冠平巾入史館供職自稱修史人李至剛于是館中皆稱曰羞死人李至剛

文皇命選新進士才識英敏者就文淵閣讀書得二十八人以應二十八宿時周忱自陳年少願進學命增爲二十九人時人目爲挨宿

莊樂國初名醫也好恢諧同郡李庸遣家僮持柬詣樂誤稱其名樂給之曰若家欲借藥磨耳汝當負去但書片紙以復云來人面稱姓名罰馱藥磨兩次庸得書大笑郎令負還

景清遊太學時同舍生有秘書清求不與固請約明朝郎還生朝往索清曰吾未嘗假書于汝生忿訟于司成清郎持書往見曰此清燈牕所業書郎誦終卷生則不能誦一詞司成叱生退清出郎以書還生曰以子珍秘太甚特相戲耳

羅倫劾李賢被謫太學生陳文有力焉文卒士人爲

詩悼之云九原若見南陽李爲道羅生已復官

給事中張海劾奏尚書楊鼎王復薛遠南部侍郎錢溥謂四方水旱皆四人妨政失職所致會錢溥進表至京冢宰尹旻詢江南時事溥答曰南直隸大熟請以歸諸公北直隸大水皆溥等當之旻曰諺云女婿牙疼却灸丈母脚跟如卯衆爲哄然

周文襄在吳中好徜徉梵刹旌節所至鐘磬交接每至佛殿必拜人或誚之文襄笑曰郎以年齒論彼長我二三千歲豈不直得一拜

姚廣孝著道餘錄識者非之張弘輿曰少師于我厚

今死矣吾無以報但見道餘錄輒爲焚棄耳

葉文莊論已巳之變惟興安太監一人似昧報施以其全首領死牖下也舍人王陳笑曰興安受佛戒遺命沉香龕子粉其骨作浮圖充供此豈其報與

中官阿丑每于 上前作院本時王越陳鉞媚汪直結爲死黨丑作直持雙斧趨蹌而行或問故曰吾將兵惟仗此兩鉞耳問鉞何名曰王越陳鉞也

成化末刑政多煩阿丑于 上前作六部差遣狀命精擇之一人云姓公名論主者曰公論如今無用一人曰姓公名道主者曰公道如今亦難行後一人曰

姪胡名塗主者首肯曰胡塗如今儘去得

吳與弼至京李賢咨下學上達之旨吳曰且莫說上達之妙只說下學事賢笑曰老先生亦記注不得

劉閣老嘗議丘文莊著述戲曰丘仲深有一屋散錢只欠索子丘應曰劉希賢有一屋索子只欠散錢

景泰間庶吉士尹直同彭彥實往文淵閣之東如厠適少保陳芳洲亦來二人却立公疾行而過顧二人笑曰以緩急爲序他日少保公入厠贊善周堯佐先在內公戲曰人生何處不相逢

有富民邀賀伊二公飲伊貴人也民諂奉之而不識

伊字呼曰尹大人了不顧賀不堪斟二觥呼民曰
爾且與我飲一盃不要傍若無人
黃門樊景瞻儀狀魁頎應對捷給英廟欲大用之遣
勘事外郡諭之曰四郎陞矣及事竣上已晏駕同年
御史田賓先是坐贓繫獄遇赦爲民偶同飲景瞻感
念前事嗚咽流涕賓厲聲曰若非此變汝則好矣我
將如何景瞻不覺啓齒
劉主静陞洗馬兵書陳汝言戲曰君職在洗馬所洗
幾何劉應聲曰厩馬皆洗過獨大司馬洗不得
劉主静與李克述同陞庶子劉宣化戲謂主静曰衆

人皆是假庚子先生眞庚子盖主靜庚出故也
李東陽在京邸欵會試貢士酒數行俱各起辭公謝曰且止有塲中題顧商之東面而征西夷怨南面而征北狄怨衆未解公笑曰無意也只是待湯
李西涯善謔庚吉士進見公曰諸公試屬一對云庭前花始放衆哂其易李曰不如對閣下李先生
李西涯作相其子好嬉遊西涯題其書室曰今日柳巷明日花街繼晷焚膏秀才秀才明日其子亦題曰今日驟雨明日狂風燮理陰陽相公相公
陳音不事修飾蓬垢自喜官四品夫人鬻得金獅緋

袍不知爲武臣服公亦不察衣袍肖像李西涯見之遽題曰觀其鬚鬢則齊觀其衣則非若人也可信而可疑使逢其鬚鬢更其衣嗚呼庶幾

一大將乞其翰林詩專令一吏候之免其他役吏始甚德之既逾歲火吏不勝躁具牒呈其將云蒙委領某翰林文字爲渠展轉支延已及半載顯是本官不能作詩虛詞誑說聞者大噱

潘滄浪者滑稽之魁邂逅一客陸姓字伯陽潘哂曰齊景公有馬千駟民無得而稱六百羊直幾何

陸式齋遷職方李西涯時爲學士戲曰先生其知幾

乎曷爲又入職方也式齋應聲曰太史非附勢者奈
何只管翰林耶
陳音入朝誤寘冠纓于背及覲同列垂纓俯視頷下
而駭曰吾何獨無也一人遽持其纓而正之曰公自
有纓獨無背後眼耳
徐延之曰今人都謂月圓不知却是方者客駭問其
故曰一方明月可中庭明月聊隨屋角方乃古人言
也客曰皎如飛鏡臨丹闕鏡豈有方者耶徐曰秦始
皇有方鏡能照心膽賈浪仙有方鏡詩且又名方諸
鏡不盡圓子不讀書耳主圓者辭窮

中丞何棟偕許中丞輕車襲裘時過宋氏妓館時人語曰微服而過宋何許子之不憚煩

陸澄徐珊俱爲王文成高第後陸以議禮悔罪爲上所鄙謫高州倅徐選辰州丞優軍餉事發自縊死時人語曰君子學道則害人小人學道則縊死

西涯當國二編修考滿來謁公曰有一策題兩翰林九年考滿推擢何官對曰策破未有先有策結執事事也執事責也愚生何與焉公大笑奏補宮坊

聶大年眇一目聘至京有欲識之者童大章曰何必識其人彼但多一耳少一目而已

守備大監某挾貴誇詡然喜延接士大夫獨王司徒鴻儒不往或以爲言某云談笑有他往來無他趙司寇乃費閣老同年每投謁書晚生屠應埈曰趙老眞神童人問其故云費鵝湖二十作壯元年最少今渠稱年晚生非神童而何

蕭子鵬以虛名應懷才抱德之詔後循例撥上工部辨事爲堂官負印前馳京師人戲曰蕭君眞有抱負

蔡霞山督學楚中行部試士見一生坐小舟讀書蔡呼生至令其屬對曰未明求衣生未荅蔡曰何不對臨渴掘井此時豈看書時耶

巨璫汪直擅權每差出所歷郡縣令長皆膝行稍拂
意郎問曰爾頭上紗帽誰家的道沛亦以此言問令
令答曰某紗帽用白銀三錢在鐵匠衚衕買的直大
笑不復計

東昌宣聖殿設空體木像正德中子路忽人語云我
仲由也夫子命我主此土禍福人爭祭奠必令祭者
蹔出閉門頃之入視肴核都無餘者一御史經其地
曰此必妖也多設燒酒勸之俄而無聲乃一狐寢於
側御史笑曰以汝希仲由乃學宰予耶

王韋作詩爲諸老所賞儲瓘稱之曰絕似溫李陸深

戲曰本是王章蓋指王摩詰韋蘇州誚之

王忠肅翱偕一大臣行其大臣見一美姝既去復回盻之忠肅戲之曰此人甚有力大臣曰何以知之答曰不然公之頭何被掣轉去

憲廟末年言官噤不敢言朝事孫御醫者素善誚人問生疥何以愈之曰請六科給事中餂之人問故曰不語啞可治疥也

成化間言官失職崑山徐生善寫竹遊京師吏科有知者請寫竹于壁寫畢欲題其上云朝陽鳴鳳或云恐致人口語不若易以舞鳳或又以爲不可乃以綵

鳳昜之有從儕語云鳴也鳴不成舞也舞不成好衣服搖擺過日可也

翰林惟一甲郎除授庶吉士必貢生方授職然職清務簡世謂玉堂仙好事者因謂一甲為天生仙餘為半路修行仙

郎瑛與一鄉老遊山見荒地數頃土人曰欲送人召粮者老人默然久之語郎曰郎當載米及鐵器令若干人來墾此地數年可富矣郎曰還須載生鐵百斤老人曰何用郎曰鑄汝不死耳

翟永齡之母日誦佛不輟聲永齡佯呼之母應諾又

皇明世說卷之二

呼不已毋慍曰無事何頻呼也永齡曰吾呼毋三四便不悅毋日呼佛千萬聲怒當何如毋爲少止

武進東門有王姓者起家皮工嘗起一堂瞿永齡顏之曰闌玻或問之瞿曰東門王皮也

劉廷美有鍾馗圖求劉原博題詩于上元朝懸之中堂京師節日主人皆出賀惟置白紙簿并筆硯于几賀客至書其名是日朝士至者見詩各摘簿一葉錄之以去頃間簿已盡矣明日復置一簿亦如之中書金本清戲曰此鍾馗乃耗紙鬼也

滇中督學某講道學不已講畢問諸生曰今日所言

若何一生對曰宗師是天人今日所言皆天話
聶貞襄豹與王陽明講學不肯執弟子禮至陽明歿
始爲位哭稱門生故當時有云生稱師歿稱友者黃
公綰也生稱友歿稱師者聶公豹也
有云草訣百韻歌乃右軍所作楊用修戲曰字莫高
于羲之得羲之自作草韻奇矣要得子美詩學大成
孔子四書活套足稱三絶
王陽明平寧賊歸其父尚書海日公喜甚間謂其子
曰汝不如我陽明曰然兒子不曾作壯元海日曰非
也我有汝爲兒汝不如我

武宗命內使問諸翰林注張何星諸公愕然楊慎曰注張柳星也因舉史記漢書二條以復同館戲曰子言誠辯且博矣不涉私習天文之禁乎

開化汪令貪甚訟者無問曲直皆罰金民皆咨歎以訟爲戒令訝問其故一吏進曰政謂明府賢明民化之不好訟耳

翟鑾爲內閣首臣二子汝儉汝孝同捷禮闈京師謠曰一鑾當道雙鳳齊鳴

淩其拜嚴介溪爲父人稱嚴子陵後有搢紳王姓者抱他人子爲孫世郎對爲王孫賈

文衡山不滿陳道復書畫王敬美嘗問衡山道復從翁學書畫耶衡山微笑曰吾乃道復舉業師耳渠書畫自有門逕非吾徒也

龍大渠官至郡守其子德化初選通判大渠祝曰爾平日好譃居官不得復爾德化起應曰堂尊承教

相嵩誕日諸翰林稱壽爭獻其面時菊花滿堂陸平泉獨退處于後徐曰不要擠壞了陶淵明

王世貞謁相嵩其子世蕃肅客曰家君傷風不能出也王曰爹居相位怎說傷風

吳中有大理卿兩次進階妄自腰玉謁撫臺駿問其

故張太宰在坐笑曰此非玉也乃大理石耳

國子監錢粮例不刷卷故諺曰金祭酒銀典簿陸深陞司業稽考錢粮其實空虛適送供堂錢供堂皂隸銀數兩而至色如黑銅陸笑曰正好謂之銅司業矣

武林鄒虞知延平延素產綉補親友皆索之後抵任四時多爭補絶少曰吾任損有餘補不足也

金華一詩人遊食四方實干謁朱紫私印云芙蓉山頂一片白雲商履之曰此雲每日飛到府堂上

宜興吳滄洲性嗜書畫弟惟積粟帛清士常鄙之會有持徽宗題跋十八學士袖軸來售者價索千金弟

如數易之置酒燕兄及嘗鄙已者酒半出以相眎兄驚歎曰今日方與平時鄙俗扯平

陸平泉見贊寧爭譜曰禿翁老饞不惜口業好事人據爲倉史不知此乃淇園渭川之刑書也

陸氏兄弟遊龍潭寺見一暗室弟曰此黑暗地獄也兄曰不然是乃極樂世界

一士人家貧與其友上壽無從得酒乃持水一瓶稱觴曰君子之交淡如水友應聲曰醉翁之意不在酒

有遷楚藩者李于鱗以詩送之云江漢日高天子氣樓臺秋入大王風一友曰二語似賀陳友諒登極

有一道學每曰天不生仲尼萬古如長夜劉諧曰恠得羲皇以上聖人盡日燃燭而行也

袁宏道令吳干長安貴人一無問餽時其兄宗道官翰林江盈科與宏道同官嘲之曰他人問餽以孔方爲家兄君不問餽乃以家兄爲孔方耳

萬曆壬辰一老人號醒神自云數百歲曾見　高帝張三丰又自謊爲王越至今不死又云歷海外諸國萬餘里陳眘公曰聽醒神語是一本活西遊記

汪司馬伯玉開口必帶文氣其子婦妬寵割其夫勢家人走報司馬時座客滿堂驚問何故司馬應曰兒

婦乃下兒子腐刑

熊隣華望演易臺迷煙雨不見笑曰遵養時晦宜其濛濛矣

熊神阿過子貢祠敗夫纍置祠下笑曰賜不受命而貨殖焉乃今猶自居奇

豐城龍頭山舊名雞頭葉御史據勝作江天閣熊神阿曰山不名龍使雞有角更自雄絕

穆宗登極詔五品以上致政者進階一級有一州守被革者遂稱朝列大夫衣金紫其弟亦大僚忽莞爾曰恨世宗不數赦吾兒且腰玉矣

西施教歌舞之地名西施山袁宏道與陶望齡同遊陶詩云宿幾夜嬌歌豔舞之山袁曰此詩當註明不然累君他日謚文恪公不得

田大年主政丁憂家居語江盈科曰里中人見我貧有兩種議論一曰這人蠢作縣六年尚無房住一曰這人巧富而不露說蠢可耐說巧不可耐也江曰里中俗兒重富不重廉說我巧却耐得

華亭人冒籍上海小試憤其不容大書通衢曰我之大賢與於人何所不容我之不賢與如之何其拒人也上海人答云我之大賢與何必去父母之邦我之

不賢與焉往而不三黜

江晴湪以大理屬使滇至普安驛供億不具左右欲笞其吏江曰翰林科道人聞而憚之若大理寺遠方之人且謂與報恩寺大慈寺等其官屬亦善世住持之類耳惡乎笞

熊敦朴與館選改兵部左遷通判往辭江陵相公相公曰公是我衙門內官痛癢相須此後仕途宜着意熊曰老師恐未見痛相公問故答曰王叔和醫訣說通則不通相公大笑

諸城富豪李姓人共趍之陳良相獨不與交李慍曰

我家有事而子獨不往何耶陳曰待我家有事而子亦不至則兩平矣

輕詆

永樂間沈度以能書爲學士許鳴鶴以能文爲中書朝中語曰學士不能文中書不能書

永樂四年西僧尚師哈立麻至京啓建法壇屢著靈異翰林李繼昇私曰若彼曰有神通當作中國語何待譯者而後知乎

大司馬王竑薦岳正張寧爲內閣爲李賢所嫉吏書王翺附之寧等皆外補竑郎致政柯潛送之詩云不

知白髮龍鍾者猶踏淸霜候早朝翱見曰柯君此詩蓋謂我也

仁宗監國問楊士奇曰哥窰可復陶乎士奇恐啓玩好奏云此窰之變不可陶也後問王燧對曰殿下欲陶則立成何爲不可士奇不悅燧卒弟汝嘉乞志墓于士奇其文有云汝玉汝嘉同居翰林而長厚之德人于汝嘉無閒言蓋薄燧而發也

劉大夏自作壽藏記李西涯戲云天下皆如公翰林文章無用也公曰先生輩文章宜紀大功德者予何敢相累哉蓋西涯先爲劉瑾作碑文公嘲之也

御史其驟轉都憲諸御史請謝文正文爲賀謝固辭曰此人素不爲士論所歸吾未可以詼言也

莊杲卧病不起入定山據眞珠達磨二泉交流之内居之遶山墾田引流種樹賦詩爲樂名公過者無不造焉丘文莊深惡之曰引天下士背朝廷者杲也吾當國必殺之

陳眞晟聞吴聘名欲往見行至江西張元禎叩其學謂得程朱眞傳如聘君者不可見亦不必見也

吴與弼聘至京尹直冑于李文達所直先出吴曰尚有私語與李先生商量直語其徒黄順中曰公事則

公言之私事則不可言況處士可語私事于宰相前乎黃曰欲夌去就耳直曰去就當自夌黃曰欲得李先生把作得佳方可就職直曰把作得佳否亦豈李先生能預料當自度才力何如耳然不若勸其終隱免致實不副名貽笑斯文

吳與弼爲弟奪田褫冠囚首跪訟公庭張廷祥切責云當上告素王正名討罪豈容先生反竊虛名

萬閣老陰痿有一吉士自譽善醫具藥爲洗之因得爲御史翌聖夫人之姪李通以門蔭官中舍一同僚與通善寄一箋封鐍甚固夫人命啓視上書衣下皆

士鑿夫人大怒令通擔去時人爲之語曰洗鳥御史挑土中書

庶子張昇論劉吉十罪御史魏璋阿吉意劾昇左遷世以吉耐彈目爲劉棉花

丘文莊自製裹餅軟膩適口托中官進上食之嘉命司膳監效爲之不中式俱被責因請之丘不告以故中官曰以飲食器用進上取寵此吾內臣供奉之職非宰相事由是京師盛傳爲閣老餅

李文祥進士有才名與萬安孫弘璧同年安欲引文祥附己使弘璧延欵于家命題斑鳩文祥奮筆作詩

云春來風雨尋常事莫把天恩當己恩

丘濬面檢毛澄廷對策云多出小學史斷全無自得

王質博學拙于文論者謂如蜂採花不能釀成蜜也

才太守寬高才抗節嘗謁撫臺一主事丁憂還家亦來謁門適閉才曰何不擊木魚自通主事不可才乃戲曰座上木魚敲夜月主事不答才曰何不對詹前鐵馬打秋風主事大怒而去才曰如此大奇不見人亦可

理學家文字往往剿襲語錄鋪叙成文乃語人曰吾文如菽粟布帛楊升菴笑曰菽粟則誠菽粟但恐陳

陳相因紅腐不可食耳

陳篔川以貢爲儀封簿當道甚重之某道長曰某爲道而部某府某皆重公公于陞轉正如衆口鑠金耳先生笑曰大人引喻失義當作聚蚊成雷也

李東陽與劉瑾有舊舉朝欲攻瑾東陽泄其謀因得預爲之所既而劉健謝遷去位東陽獨被眷留二公瀕行東陽祖餞欷歔泣健曰何用今日哭爲使當日出一語則與我輩同去爾

王守溪云劉瑾之横士大夫無耻者因之求進或竊其勢中傷善類有能自守者亦脂韋曲從過爲諛佞

以求自全蓋前指焦芳劉宇後指李東陽也
袁凱海叟長于七言律其咏白燕詩世尤傳誦李崆
峒曰白燕詩家下家傳燕詩曰故國飄零事已非舊
時王謝見應稀月明秋水初無影雪滿梁園尚未歸柳絮池塘香入夢梨花庭
院冷侵衣趙家姊妹多相忌莫向昭陽殿裏飛
徐有貞治河無功于必保笑謂同官曰徐先生五墨
匠耳奈何令脫土墼也
吴思菴談及晚學後進曰此韻府羣玉秀才好趂夜
航船耳按航船中羣坐偶語紛紛蓋言其破碎摘裂
之學秖足供談笑也
潮陽蘇福八歲賦初月詩氣朔盈虛又一初嫦娥底

事半分無却于無處分明有恰似先天太極圖王元美云令陳白沙莊定山白首操觚未必能勝

陳嗣初太史家居有求見者稱林逋十世孫嗣初與之坐少選入内出一編令其人讀之則和靖傳也讀至和靖終身不娶無子客默然嗣初大笑口占一絶贈云和靖先生不娶妻如何後代有孫兒想君自是閒花柳不是孤山梅樹枝客慚而退

魏芳安稱鶴山之後或問文靖去君幾世曰十世乃戲云若爾君家十世祖媪應配彼翁大是不堪

張禺山感封邵鑾虎事作詩譏切冠裳楊升菴戲之

曰東坡嬉笑怒罵皆成詩公詩無嬉笑但有怒罵耶
李思齋曰升菴此言甚於怒罵
夏主李乾僭號正德正德改元馬冢宰試選人題曰
宰相須用讀書人盖用宋改元乾德事譏内閣耳
趙鶴督學東省過嚴竟以此罷官江潮代之亦風裁
凛然諸生題壁云趙鶴方剪羽翼江潮又起風波
毅皇南狩一時詞臣將上疏諫大學士石瑶止之曰
脫禍不測莫汝庇也庶吉士王廷陳乃賦烏母謡大
署玉堂之壁語侵政府
鄭端簡曉云土木之難倉皇死事者有矣未聞皎皎

死節如所謂南朝李侍郎者

韓邦奇作乃弟邦靜行狀末云恨無才如司馬子長闕漢卿者以傳其行王世貞曰北人麤野乃爾

王槐野問王元美曰趙刑部其治狀何如元美曰循吏也且苦唸槐野大笑曰循吏可作詩何可便作

兵侍魏謙吉居官淫暴掊克時自爲餓鴟乳虎山西以喬白巖王虎谷王瓊爲河東三鳳楊用修曰白巖虎谷二鳳王瓊爲一梟

文徵仲善書畫以薦起預修國史北人同館局者從徵仲丐畫不以禮多不應輒流言曰文其當從西殿

供事奈何辱我

孫一元隱西湖一朝貴過訪一元送之出面對山不一顧朝貴訝曰山有何好處一元對曰山無好處但對青山勝對人耳

嘉靖庚戌虜薄都城趙貞吉盛氣謁相嵩嵩辭不見公怒叱門者會趙文華趨入謂公曰公休矣天下事當徐議之公愈怒罵曰汝權門何知天下事

嚴提學滏歲考一生呈白卷而出嚴批卷云孔子好學老而不倦今子未老而先倦矣

謝榛以詩遊公卿間宋布衣登春唾其詩曰彼津津

誄貴人丐活者亦稱詩耶

趙清爲齊河令有二宦居閒不應及以牛故釋王臻罪兩宦相謂趙公遇我誠不如牛清聞之曰牛無私若有私若誠不如牛

徐宗伯學謨曰張江陵不服憂訶責四至今江南士大夫出入郡邑亦何嘗服憂也獨罪彼哉

李卓吾曰商賈挾重貲冒風濤之險受辱關吏忍垢市易必交結公卿始可收利遠害然安敢傲然坐公卿上哉今山人者名爲商賈實不持一文稱爲山人則非公卿之門不屐良可怪也

先君條公見夤緣尊貴者笑曰一措大上書宰執稱述功德何異火居道士稱臣上表玉皇大帝乎

馮具區云余平日最苦持惡文相謁求佳評者

王鳳洲云近來貧書生不見錄有司輸粟富家兒不識一丁口尚乳臭輒戴紫陽巾衣忠靖衣挾行卷詩題尺牘俱稱于鱗伯玉究之尚未識面以此矜其道之尊挾其知之厚獨吾郡與歙縣尤甚

張鳳翼刻文選纂註一士夫詰之曰既云文選何故有詩張曰昭明太子制作于僕何與曰昭明太子安在張曰已死曰既死不必究他張曰便不死亦難究

曰何故張答曰他讀得書多

屠長卿曰稱虔數米時飜名理于廣筵媚竈乞燔日挂山林于齒頰高人其可信乎

王性海現身宰官既叅雲棲便修苦行担水斫柴和衆作務袁小修曰吃齋念佛無甚奇特性海乃以吃齋念佛聞天下亦屬可羞

皇明世說新語卷之七

皇明世說新語卷之八

雲間李紹文節之甫撰

假譎

袁凱忤　太祖詭得風疾　上每念曰東海走却大鰻魚何處尋得遣使拜爲本郡學博凱瞠目熟視使者唱月兒高一曲使者還奏曰凱誠風矣置之

國初歐陽都尉掖妓飲酒事覺逮妓憲妓擬毀貌以徃一胥曰　上神聖不可欺爾宜靚粧豔服或可免耳妓從之比入見　上命戮之妓解衣就縛繒綵珠寶照耀左右至裸體膚胷如雪香聞遠近　上曰我

見猶憐何况彼奴郎叱放

况鍾歷陞蘇州守初視事爲木訥胥持文書上不問當否便判可㸑竈輒默識之通判趙忱肆侮鍾亦唯唯月餘一朝命左右具香案宣敕中有僚屬不法徑自斈問之語于是吏民震慄

陳諤爲人剛介然賦性詼譎嘗直諫　文皇命爲坎瘞之歎息謂瘞者曰吾今日乃爲火黨所苦問其故則罵之曰咄嗟汝不知耶朝廷瘞人當以甕令速死耳瘞者如其言遂得屈伸不死

錦衣門達摭撫袁彬數十事下獄拷掠軍匠楊暄上

疏論救并逮問達逼暄供李賢主使暄陽應曰諸請會多官廷鞫我自對衆言之達遂以聞命中官會法司官訊于午門暄大言曰死則我死耳何敢妄指他人此實門指揮教我扳指也達失色

楊榮尊人未遇時形家謂所居不利後人若以居傍土地祠爲業則世世榮顯乃于風雨之夕密徹祠中香爐置于堂明日鼓吹牲醴送還祠中如是者再乃謀于衆曰此必神欲我家爲祠耳衆推助之乃以其家爲祠而移其業于祠址後生榮爲相

東楊與西楊同事頗不相能西楊卒鄉人訴其子于

朝中官持其奏欲下撫按東楊曰不可使宰相子辱于撫按之手須錦衣官校提來實欲辱之也

憲宗不召閣臣面議機務彭時等以爲請諸内臣懼諸公有言乃曰　上初召見衆先生情未浹洽不宜多言姑俟再見可説戒約至再時等信之自後更不召見矣諸太監曰嘗言不召見及見無一奇謀至論止呼萬歲而已及見譏誚

寇深微時見羣盜分財者欲執之乃佯與欵曲盜喜亦推一分與之深謝去疾走告官盡獲其盜乃上書朝廷盜黨欲殺臣臣不能居本邑詔入國子監

韓雍按江西時有密詔及中官都御史誤啓其封懼以洛雍雍請譓中官解之明日僞爲封識藏舊封于懷俟會間令郵卒持以付己佯不知而啓之讀數語郎以舊封還中官曰此非吾所當聞欲杖郵卒謝罪中官反爲救解歡笑而散

劉定之母實劉氏也其後立祠故爲異制以諱父之失乃作一大龕中懸一軸書云本宗劉氏門中三代考妣五服親踈神䰟席

王道亨令山陰有齎鈔百緡卧城南荆樹下者覺則亾矣訴于道亨曰此荆樹爲妖也即出城按問民大

駭競從之令密捕不往者得一人訊之果服
宸濠慕唐伯虎書畫以金幣聘之伯虎往覩濠有反
狀乃陽爲狂寧使至箕踞慢罵至露其穢濠曰孰謂
唐生賢直一狂生耳歸二年濠反
王晉溪在本兵適湖州湯麻九反巡按以聞晉溪呼
賫本人至部大言曰湯麻九只須本處數十火夫縛
之何足奏報賊偵知此語恣意刧掠不設隄備時都
御史許延光在浙查處錢粮晉溪請密勑許公討之
出賊不意擒斬無一脫者
王陽明初見宸濠佯言售意以窺逆謀宴時李士實

在座濠言時政皷失士實曰世豈無湯武耶陽明曰
湯武亦須伊吕濠曰有湯武便有伊吕陽明曰若有
伊吕何患夷齊自是始知濠逆謀凌矣
王文成恐逆濠乘下南京欲緩其出乃假寫都憲楊
公火牌云本院帶領狼達官兵四十八萬下往江西
公幹將發緣謀雷濟曰恐彼未必信曰可疑否對曰
疑則不免王笑曰得渠一疑彼之大事去矣
伍文定與宸濠江中殊死戰忽出一大牌書寧王已
擒我軍毋得縱殺賊見之驚擾遂大潰
錢寧有寵于上欲交歡何大復間持古書畫求題何

不肯第曰此名畫無汙吾題

王叔承母夏精心奉佛叔承亦奉佛與蔬藿甘而獨不能忍酒詭說母曰非酒也佛所謂米汁也亦嗜之母悅為進一觴

山西學憲胡松上御虜十二策本兵張瓚忌之覆稱松議允當可行乞遷為山西叅政自行所言然不委兵政不給儲餉令不得展布俄以不效罷支大綸曰老奸之巧于中人如此

伊王有罪臺使者持之急乃捐十萬金賂嚴世蕃亾何相嵩罷世蕃遠戍王使旗校二十人至嵩家索所

賂金嵩置酒款曲請以二萬金爲謝乃悉出　上所
賜金有印識者與之晨使人報郡曰有大盜若干人
夜持刀刼賜金去矣嵩跡之可得也郡發兵追至鄱
陽湖獲之諸校悉論死

分宜罷歸延客席上能飲者五人命取大盃其子進
三燒金磁爵命更添答曰無矣乃出常所爵觴客後
其子誅公涕泣及閱抄沒案籍北面稽首曰臣負陛
下矣不復哭

虜將陷石州城州人某自焚其臨街房併宅內數間
虜以爲經掠過者竟不入

世廟雖靜攝好鈎察外事獄中一語動錄以聞謂之監帖守者詭語進帖云有鵲當沈東前噪不休東曰豈有喜及罪人者耶　上竟信有旨釋歸

曾銑督三邊日忽虜衆薄城曾令偃旗息鼓當門設木架架上立金眼囬囬舞不自已虜擁視門外人畜紛亂亾何囬囬架上將軍砲發觀者俱成虀粉

黜免

危素仕元爲學士承旨　高皇雅聞其名仍爲弘文館學士一日　上御東閣側室靜坐危素至履聲徹簾內詔問爲誰對曰老臣危素　上曰朕將謂是文

天祥遂謫居和州

高廟禮徵老儒錢宰修纂尚書宰徵唫曰四鼓鼕鼕起着衣午門朝見尚嫌遲何時得遂田園樂睡到人間飯熟時察者以聞明日 上曰昨日好詩然曷嘗嫌汝何不用憂字宰愧謝未幾遣還

憲廟升遐内竪於宮中得疏一小篋皆房中術也悉署曰臣安進盖萬閣老所進者 孝宗遣懷恩袖至閣下曰是豈大臣所爲乎復令懷恩將科道論劾疏示安每展一卷安即跪泣猶無去意恩令摘其所懸牙牌曰請出矣始惶遽歸第

嘉興舉子桑悅恃才放曠文辭莊誕爲丘文莊所黜識者謂文莊之黜桑悅無異歐陽脩之黜劉幾

吳匏菴爲吏侍時蘇州太守朝覲往見匏菴首問曰沈石田先生近來何如太守茫無所對匏菴曰太守一郡之主郡有賢者尚不能知餘何足問

張春與徐有貞同爲石亨所擯相得歡甚張有詩云雙親路隔三千里五品官靡二十年徐見之曰吾心事君已盡言矣

鄭淡泉云近侍部屬科道但改入翰林及宮僚者千萬指摘十無一完郎有才行出羣之士亦深避峻却

惟恐一朝改官徒增冢口

尚書居璞鄉人有爲典史者璞往其家陳列銀器金盃十餘問曰汝官幾年矣曰未滿考也曰胡歸乎曰刁民訟我貪贓褫職璞曰嗟夫使我訟汝焉能還里哉

世廟見蠨行地問何物左右以蠨對取看背有字曰桂萼張璁跡其故乃太監崔文所書謂二人横行也文謫南京

儉嗇

成祖渡江解縉胡廣楊士奇周是修約同死難解使人覘胡動靜見胡方問家人飼猪否解笑曰一猪尚

不肯捨況肯捨性命乎

桃源楊褫位冏卿各閣各衙門送鄉紳曆日積至千本乃分給住房諸賈來歲徵酒徵肉親友招飲其肴卓餅錠必收曰分給兒媳可抵饔飧

太監張永用事欲矯劉瑾奢侈之弊以窮苦漁採四字爲題李東陽楊廷和各作詩以獻東陽爲窮字詩析點畫爲句極工巧永大悅刊印傳之未幾流賊殘毒中原人以爲窮苦之應

吳康齋遊武夷過逆旅索宿錢至多三文堅不與或勸之曰郎此便是暴殄天物

李西涯冬月不爐披丹操觚不勝其慄輒就日曝之日移亦移

胡宗憲督浙宴織造中貴及李相國子元女伎二百侍飲至暮胡睨中貴曰天子法錦皆在公手遂乞纏頭耶中貴䄂五金為賞胡哂之李僅賞一金胡大笑曰相公子齷齪乃爾擲諸水而代之賞

穆宗升遐留都國喪畢侍郎某者遣役從京師回欲犒賞之乃出白紗帽曰此亦難得之物可將去

汰侈

尚書金濂寧陽侯陳懋征鄧茂七道經廣東某村見

居民以鐵爲墻問之知爲鐵墻陳氏二公入其家盛饌相款犒軍牛酒皆徧其堂以文木爲柱白金爲磚碾玉爲四龍承其樑几案栝棬亦加金玉服玩極天下之巧以鉅萬計且藏甲兵壯士千人防盜賊金公惡其僭奏籍其貲法書名畫至不可畫但揭絹素而已有司鎔其墻數月始盡

吳人錢曄園池之勝甲于江南嘗築亭池中亭皆四空嫌日色蒸照則取大方舟實以土上種名花作高屛視日所至牽而障焉

太監李廣以左道見寵及　上意其所藏必有神方

秘書搜其家得紬賄簿籍一帙中云某送黃米幾百石某送白米幾千石通計數百萬石　上詢左右廣所會幾何乃受許多米對曰黃米郎金白米郎銀始悟廣贓濫

王振貪婪無厭當朝覲日大開其門郡邑庶職能具禮者無不進見以百金爲尋常重至千金者始得一醉飽而出

王文恪之子延喆性奢豪治大第多蓄伎妾子女出從羣奴數十皆華服盛裝珠玉寶玩尊彝窑器法書名畫價直數十萬元夕宴客席必懸一琊珠燈飲皆

古玉孟恒日歸肩輿至中門門啓則健婦舁之美妾列坐二十餘人各挾二侍女羣飲至醉有所屬意則憑其肩聲樂前引入室復酣飲乃寢

王維楨偶遇何中丞棟值其生辰將宴客留王飲且曰能少留以待諸公之集乎顧視兩廊緑總朱户坐而理絲調竹者皆家姬外舍黛緑者二十餘人皆徵妓王托故而出然未嘗不心羨其樂

王廷陳謂某曰君結侶張筵虛左爲敬崇樹曲房綺席屢改伎倆雜陳絲肉競奏宮徵暗移羲和既逝蘭膏嗣暉逸興狎悰干霄薄雲禮廢罰弛屐遺纓絶俠

氣溢于四座餘懽庇于胥輿斯貴人靡麗之極娛非寒客迂儒之所希也

胡宗憲督浙值迎春張宴召客選女伎二百侍飲每十人則以佳者一人領之使捧酒炙樂器之屬傍不設几案亦無他執役者歌呼謔褻至暮張燈火數里鼓吹絲竹震天女伎夾道跪送傳呼不絕

張泰岳邸第後一池廣十餘畝種蓮不甚茂錦衣諸大帥合醵貫蓮花千餘盆賂守池者值張入朝而布之朝退請觀蓮花張頷之爲一舉觴

王世貞曰嚴世蕃嘗籍有金絲幃金溺器金鑲象牙

觸器執政恐駭　上聽令銷之以金數報

忿狷

陳都憲智性剛而躁嘗坐堂隅有蠅拂其面郎怒叱從者擒拏一時紛然東奔西突爲逐捕狀少頃俟其怒解禀問拏何人乃叱之曰是蠅有相知者以寬緩爲勸郎置一木簡書戒暴怒三字于上以自警及有觸忤者輒舉木簡撻之

長洲士人繆讓以懷挾爲府尹顧佐所辱次舉讓爲解元顧公慚慰諭之後公長内臺讓爲御史復謝曰昔年之怒幸勿介懷讓厲聲曰今日讓苟有罪公宜

正讓公有失讓亦當言奚以舊怨爲辭

英廟愛韓雍之才被命鎮邊陛辭 上徵恙臥便殿特召至榻前囑以邊事其眷寵至此雍失意家居不樂嘗曰英廟若在吾豈淪沒至是耶

岳正性不能容人或曰不聞宰相腹中撑舟乎公曰順撑來可容使縱橫來安容得耶

于謙當國有不如意輒拊膺曰此一腔血竟灑何地

高穀夫人悍妬無比置一妾又禁穀不容入寢偶與陳循酌談及此夫人于屛後聞之即出詬循掀案作怒以一棒撲夫人仆地因數之曰汝無子又不容妾

是欲絶高氏後也吾當奏聞置汝于法自是妬少衰

高得御妾生一子岠陸容稱之曰生岠陳公一怒之

力也

張翼性嫉惡御史按吳中不律翼忿忿不平因建白

數事爲衆所傾謫開平宥還偶聞後御史之不律者

翼猶瞋目罵曰使得一碗涼水已吞之矣

景泰間京師隆福寺落成縱民入觀忽一回回持斧

上殿殺僧二人傷者二三人執送法司鞫問云寺中

新作寶藏其下推轉者皆刻我教門人像惆其經年

推運勞苦是以仇而殺之無他故也

康海罷官自隱聲酒時楊侍郎廷儀少師廷和弟以使事過康康置酒至醉自彈琵琶唱新詞爲壽楊徐謂家兄居恒相念君但得一書吾當爲君地康大怒罵曰若伶人我乎手琵琶擊之楊走免康遂入口咄咄蜀子不復見

屠長卿下第其族司馬公惜之酒酣擊節曰吾將上叩九閽則虎豹禁不得前將浩浩浚東海而西逝也排崑崙而東走也將捫日月令其轆轆然東西馳也余然後爲生抒煩懣乎

江南某相國語所親曰酒色財氣不意近萃吾門或

請其故曰大兒好飲次兒好貨三兒好色老人言不聽惟有怒氣填胷而已

李于鱗按察關中過許中丞宗魯許問今天下名能詩何人于鱗云王元美次宗子相許請子相詩觀之于鱗勃然曰夜來火燒却矣

秦廷善性慇恠每閲史至不平事必拊案切齒偶觀秦檜殺岳飛大怒且駡且拍其妻勸之曰家惟十几已碎其八奈何復爾秦乗忿叱其妻曰不良婦汝與秦檜通姦故相爲至此痛撻之

讒險

魏觀守蘇欲復府治兼疏濬城中河御史張度劾公興滅王之基開敗國之河盖以舊治先爲僞周所據卧龍街西郎舊所謂錦帆徑也

洪武開科取士嚮意若文諸勳臣不平進曰此輩善譏訕且如張九四厚禮文儒及請其名則曰士誠孟子有士誠小人也之句彼安知之　上由是覽天下所進表箋罹禍者衆

黃淮好詆毀同列一日㑺殿未入侍宣廟問淮何在東陽對曰淮素病瘵瘵能染人有旨免奏對

王振欲美權畏太后不敢顯譖閣下會閣臬廖謨杖

死驛丞東楊欲坐償命西楊欲擬因公請裁于太后
王振因進曰二楊皆私也償命過重因公過輕宜對
品降調竟從之
英廟命修撰岳正入閣石亨張軏遇之左順門愕然
叱入見　上曰今內閣朕自訪得一人亨軏請爲誰
上曰岳正但官小耳因奏曰欲陞正甚易姑試之未
晩亨軏以事非己出故撓之耳
或告李文達曰葉盛自負其文嘗訾公文未善賢聽
之未幾以韓雍代盛敕曰無若葉盛之殺降也
戴文進畫本朝第一　宣宗朝進秋江獨釣圖畫一

紅衣者垂釣水次畫家惟紅最難着文進獨得古法
入訬同事者忌之奏曰此畫甚好獨恨鄙野　上叩
之乃曰紅是朝廷品官服色穿此釣魚甚失大體
上郎揮去
徐有貞以迎復功進閣坐陳循諸公不軌椅示天下
且私報商文毅曰我無奈何只得置足下于末矣
徐有貞寵幸宮中末務　上必咨之曹石欲傾其權
常令小竪伏御溝竊聽備書其語于冊　上常欲立
舊宮人爲妃有貞力言不可小竪以報曹石達于太
后曰有貞誇于外舉朝皆知之太后因謂　上曰南

人輕薄宦人事彼亦自託于外帝乃以爲賢邪　上默然有貞遂得罪

英廟有意江南買辦徐有貞度不可言將入對謂學士薛瑄曰予若多言恐忤　上意若度稍可從後觸止之瑄以爲信然語半伺其後有貞郎大聲曰薛瑄欲有所言　上問言何事瑄倉卒無所對郎以江南買辦一事言之　上不悦

于謙爲本兵薦其屬王偉爲本部侍郎偉每伺公過誤密奏一日　景帝召謙授以偉奏謙出偉下堂迎問曰今日聖諭某事謙笑曰某有失處賢弟面言未

敢不從曷忍至此出奏示偉跼蹐無地

楊廷和劉忠陞南亞卿忠曰此行別劉瑾否廷和曰不可人知必以我輩交瑾矣忠然之廷和密以錦幣辭瑾瑾曰劉先生不足我耶遂厚廷和而疎忠

都御史彭澤嘗憤朱寧曰吾恨不手刃此奴司馬王瓊語寧且曰爲君致彼君私察之乃匿寧屛後澤過瓊瓊激怒澤復大罵寧啣之

陽明平逆濠赴召至上新河爲諸幸讒阻不得見上中夜默坐見水波拍岸汩汩有聲思曰以一身蒙謗死卽死耳如老親何又曰此時若有一孔可竊負

而逃終身長往不悔矣

世宗怒曾銑議復河套開邊釁欲誅之實無殺夏言意也會嚴嵩與言不相能遂援仇鸞意令以復套事論銑賄言竟以交結近侍官負律俱論死

世宗末年西苑造新閣督工尚書趙文華應之緩上一日登高望西長安街有高甍問曰誰氏第也一鐺曰趙尚書新宅一鐺曰工部木半作文華宅渠亦何暇爲　上新閣　上恨之尋逐文華

世廟以上柱國加夏言言受之乃加嵩嵩辭曰人臣無上臣不敢當蓋陰以攻言之僭也

徐存齋致政歸值誕日顧中翰善書竊一月之力繪一圖贈之題曰泰山喬木懸之中堂有譖者曰得非泰山梁木耶徐郎撤去

尤悔

永樂間西番進一僧言通徹三教九流堪爲中國帝師　上曰豈無一人當其學者左右以僧德琮薦亟召至各坐高几辯對胡僧談吐出入九經滔滔如注水琮訥于應對有頃第問胡僧諦字之義應之頗遲琮乃大聲訓解反覆數千言曰此而不知焉用稱學胡僧聳惎合掌頂禮曰中國有人辭去

尚書王復怒衆武弁罵曰此輩皆狗母所生一千戶稟曰宋某之母乃　太宗皇帝永寧公主王慚悔

周憲王獻戲曲百本于朝宣廟擬賜白金輔臣曰藩王獻書籍文章賚此今以傳奇獻非親親輔仁之義也賜優衣一襲磕瓜一枚王大慚悔

景泰間命修續通鑑綱目丁鉉議宋尚寶忩署館中陳緝熙遽成一詩末云不知班馬韓歐輩曾為修書鬧幾場明日二人悔恨謝曰毋更貽斯文笑也

景泰間選內侍七人于文華門廡讀書習字欲取翰林二人教之時太監王惟舒良以嘗從錢溥學示意

錢不悟曰萬千好處不肯玉成今又何以見屬耶內閣遂推吕逢原倪克讓以進不踰月俱陞侍讀學士時被顧問賞賚優渥錢始大悔

劉球與鍾同之父同館相善約同上親政攬權封事鍾爲妻泣勸乃止劉遂獨舉死于獄未數日鍾病死妻悔之每號輒曰早知如此曷若與劉侍講同死耶

太學生虎臣上疏諫萬歲山勿架棕棚憲廟寄之祭酒費誾不知也懼貫禍乃會六堂鳴鼓聲罪鐵索鎖項以待俄官校宣臣至左順門傳溫旨勞之曰爾言是棕棚郎折鈹矣誾聞大慚

章懋爲祭酒有監生請假托言薪粒不至將往求之公愕然曰薪米之資付托有失奈何憂形于色生悔曰公待我以誠我何紿之具實謝罪

梁孟敬號石門一士人筮仕得巖邑謁梁請教梁曰清慎勤乃居官三字符也士人退曰議論平平耳越三年竟以不檢罷歸曰吾不敢復見石門先生

楊循吉善詞老且貧嘗識伶臧賢爲　上幸愛薦之上詔起有所游燕令循吉應制爲新聲稱旨然賞無異伶伍閒謂曰若嫺樂能爲伶長乎循吉愧悔

宸濠將反婁妃泣諫不聽既就擒檻車北上與監押

官言往事郎痛哭曰紂用婦言亾天下我不用婦言
亾家國悔之何及
劉瑾引用鄉人恐衆論不服以劉璣爲人望欲引爲
重不數載自知府擢至大司徒璣自以爲瑾所引居
常鬱鬱日飲酒自廢瑾欲與言輒醉不對
魏水洲曰張羅峯爲相當大察事峻檢篋中僅得葛
四疋余居諫院三疏糾之嗟嗟此余少年事以今日
時事觀之郎三薦其賢亦不爲過
李于鱗語王元美曰天下無無偶者有仲尼必有左
丘明王一不答以目攝之李遽曰吾誤矣有仲尼必有

老聃耳

紕漏

文廟過江廷臣約同死難已俱負約獨紀善周是修自縊後解縉爲墓誌楊士奇爲傳謂其子曰使我與汝父同死今誰爲作傳

宣廟命陳循作　御製壽星贊落句云宜壽域旁同升南楊欲易壽域二字未就遂進之中官問西楊曰壽域二字如何答曰八荒開壽域中官還詰南楊曰八荒開壽域此詩何如答曰好詩中官曰先指壽域爲未當何也南楊默然

程敏政幼以奇童稱 英宗抱之膝指金猊曰以賜
若敏政趨下叩頭 英宗曰是子終以貨敗
太監懷恩得賜金二錠轉奉錢溥溥忻然受之曰當
與房下作首飾常常頂戴太監
尹旻偕卿貳欲詣汪直屬王越爲介私問跪否越曰
安有六卿跪人者乎越先入旻陰伺越跪白叩頭及
旻等入皆跪越尤旻曰吾見人跪特效之耳
劉主靜見鬻書者有崔氏春秋曰嘗見呂氏春秋不
知崔氏亦有春秋意令人往易叅西廂記笑斥之
景帝時有上言竊盜者黥刺不足懲艾自今犯者宜

立棹楔于門扁曰窃盜之家庶幾有警

陳太常音有文行而性恍惚多誤嘗考滿誤入戶部見入稅銀者驚曰賄賂公行至此已極

天順間錦衣門達得　上寵桂廷珪爲達門客私其圖書云錦衣西席後有甘棠爲江洗馬之婿任松陵驛丞亦圖書云翰林東床時傳爲的對

劉髦二子俱登進士長子婦入京公送登舟以手援郡守見而笑公曰府公笑我乎若跌入水尤可笑也次婦入京公時臥疾呼之床前曰老年頭風可買一帕寄回明早登程諸親畢會忽呼子婦曰毋忘昨夜

桃上之囑衆駭然問其故乃始撫掌
李文正嘗得良馬贈陳愧齋公騎入朝歸至門成詩
二章㑹而還其馬文正問故公曰吾舊所乘馬朝回
必成六詩方至門此馬止二詩耳非良也文正笑曰
馬以善走爲良此固非良耶
葉盛任兵科應詔舉將官有以陳旺告者正統中尚
書黃福薦之不果用今猶在陝中也盛躍然薦于朝
曰福名臣所薦必佳士後旺以贜敗訊之人曰旺不
爲黃尚書所容薦者乃他尚書耳
成化間一御史建言順適物情云近京地方行役車

輛騾驢相雜騾性快力強驢性緩力小今並一處驅馳物情不便乞要分別改正弘治初一給事建言處置軍國事云京中士人好着馬尾襯裙因此官馬被人偷拔鬃尾有誤軍國大計乞要禁革嘉靖初一貟外建言崇節儉以變風俗專論各處茶食鋪店所造肴棹糖餅大者省功而費料小者料小而費功乞要擘畫定式功料之間務在減省使風俗歸厚肉食謀國乃有此輩可發一歎

黄才伯好講學嘗作詩有倦遊却憶少年事笑擁如花歌落梅自註云欲盡理還之喻

劉瑾欲害楊一清賴李東陽力救深德之東陽病劇以謚爲憂一清等就問曰國朝文臣未有謚文正者請以謚公可乎東陽頓首曰荷諸公矣

逆瑾竊政放逐言官數十人任御史者自愬諸僚上奏時署其名彼實他出錦衣牟斌曰古人耻不與黨人公爲忠乃悔耶

劉太常介繼娶美豔冢宰張綵欲奪之乃問介曰我有所求肯從我始言之介曰一身之外皆可奉公綵曰我所求者新娶也敢謝諾少頃強輿歸矣

陳獻章入內室必請命于大夫人曰獻章求嗣嘗熟

周木嘗朝叩父寢室父問誰曰周木問安父不應頃之又往曰周木問安父怒起叱之曰老人酣寢何用問爲時人取以爲對曰周木問安獻章求嗣

劉生好誇詡嘗往吊錫山鄒氏客叩之曰來何暮生曰昨泊舟不意與顧狀元相値延入彼舟聯句夜半得息是以晏耳頃之顧九和至生不識遽問先生何姓客曰此郎夜來聯句者生亦不慚

屈中丞總浙憲歸安令坐事懷三百金求解公叱之按治愈急會以遷去解後公在淮漕令以御史過淮執屬吏禮甚恭公宴酣忽其人爲言平生無毫髮過

處嘗斥一縣令金至今耿耿不忘御史色沮

高郵學正夏有文弘治末獻書闕下曰萬世保豐永亨嘗見　上嘉之更嘗見二字曰策夏遂書官銜云獻萬世保豐永亨嘗見天子改爲策字高郵州學正夏有文

建寧雷長史古朴而不慧冬月見魚桶中貯水有氣問是何氣客戲曰天寒以百沸湯養魚則不死雷曰吾乃知熱水之可養魚也

鄒智以四川榜首至京候萬安閣老問當世人物萬以某榜首告之隨問貴省牌坊銀榻首視乎中舉人

有厚薄否鄭大失望郎托頭疼謝去

甘泉在南都講學其門生甚多後爲宗伯楊州儀眞大鹽商亦皆從學甘泉呼爲行窩中門生

某郡守禁戴帽不得露網巾吏草榜云前不露邊後不露圈守曰公文貴簡何作偶語吏白當如何守曰前後不露邊圈不覺自笑

湖州吳主事家素饒求西涯文壽其父時公爲學士鄙其人不許吳問其友曰今朝中爵位極尊者爲誰曰英國公太師左柱國也吳郎緘幣求英公英令門館作詩與之吳得詩誇于人云英國當朝第一人乃

爲我作詩何必李學士也
沈周爲五馬行春圖贈蘇守守怒曰我豈無一人相隨耶沈知另寫隨從者送入因戲之曰柰絹短少畫前驅守曰今亦足矣
豐禮部坊嘗要沈明臣結忘年交歲餘人或惡之曰是嘗笑公文者郎大怒詆醜詛之上帝凡三等云在世者宜速捕之死者下無間地獄勿令得人身一等皆公卿大夫與有睚眦者二等文士或布衣沈爲首三等則鼠蠅蚤蝨蚊也
王相國荆石宅憂其縣令作祭文稱相國爲元聖封

公爲啓聖夫子王却之

王元美云余舊聞正德中一大臣投刺劉瑾云門下小厮嘉靖中一儀部郎謁翊國公云渺渺小學生令復有恠誕不經者一自稱不侫至逼家不侫年家不侫治下不侫眷不侫一自稱牛馬走亦曰治下牛馬走至曰湖海生形浪生神交小子未面門生沐恩小的皆可嘔噦不堪捧腹

張江陵當國附勢者競趍其門江陵敗衆亟攻之以覬殊擢太倉相公曰生江陵市與死江陵市等耳

高拱新鄭人忤首相順天主考郎以放鄭聲遠佞人

爲題支大綸曰不知高弃出時兩人何施顔面

江陵久疾京師文武俱設醮祝釐有弃舉三舉者一中丞誇于人曰三舉而吾與者三今膝腫矣

惑溺

國初楊憲欲擅權乃創爲一統山河花押示僚吏觀其從違凡附己者不次超擢否者斥之陳椏入謁憲以押示之椏郎賀曰押字大貴所謂只有天在上更無山與齊者憲大喜奏椏爲翰林侍書

楊文貞子稷惡狀已盈王文端爲文貞言之遂請省墓以欲制其子也稷知每驛遞中先置所親譽稷賢

復颸言曰人忌公功名之盛故謫稷耳稷復迎于數百里外氈帽油靴朴訥循理家中圖書蕭然文貞遂疑文端妬已還京郎出之吏部

劉壽家馬捷于犬犬大于馬婦作男裝男作婦裝

大監劉瑯嘗建玉皇閣于私第延方士煉丹方士知守備奪人玉縧環直百鎰乃紿之曰玉皇好繫玉縧環守備郎出之亾何方士竊丹鼎竊之而逃有滑稽首者作詩刺之云堆金積玉已如山又向仙門學煉丹空裏得來空裏去玉皇原不繫縧環

廬江縣有監司某者謝事歸延方士煉丹敬信之其

夫人戲之曰丹成何以謝方士監司曰渠自能點化不須謝夫人曰何獨以丹法傳君監司曰渠謂我有仙風道骨夫人曰君垂涎點化志在貪財妾未聞蓬萊三島乃有貪財神仙未幾方士竊丹鼎去夫人又戲之曰夜來丹士赴蟠桃會未知其騎黃鶴耶監司默然長吁而已

李文達云余少見掛佛老像者即斥其非以爲名公必不如此後居驗封造冢宰宅見正寢東嚴整一室問之曰佛堂也方駭歎已而見居首先生堂中高掛一幅乃觀音像不覺失笑

石彪充遊擊巡邊知都督張泰家有一古瓶索之不獲百方窘泰其子告泰曰彼時人何可拒瓶所直僅百金耳泰艴然曰爾非張泰子矣吾豈吝百金顧此瓶祖宗所貽豈可自我爲權貴失之卒弗與

羅玘爲文率奇古險恠居金陵時每有撰造必棲踞喬木之巔霞思天想或時閉坐一室客于隙間窺見其容色枯槁有死人氣皆緩屐出都穆乞伊考誌銘銘成語穆曰我爲此銘瞑去四五度矣

李西涯耽奕何燕泉勸止李曰將何以消日何曰詞翰羡足娱日夕後西涯偶在碁酒間當道以巨軸乞

詞翰乃大書云莫將性命作人情寫字以詩總害生

惟有圍棋堪遣興客來時復兩三枰

張廷采聞王淑明泰山密雪圖在陳惟允家往觀之

卧其下兩日不去曰斯世不復有此筆也

歐陽必進分宜兒女親也素為　上所厭惡冢宰缺

嚴示意會推必進　上大怒擲之地嚴乃上密啓内

云臣老矣恃此人得政而使　上不獲已從之時張

九一爲吏部郎吐舌曰嚴乃與人主爭强王介甫不

足道也

趙文華以平倭功賞薄移疾請歸帝怒曰止封限内

皇明世說卷之八　　三十

乃敢稱病司禮監試覘之眞耶僞耶及小内豎往文華箕踞暢飲内豎曰　上令我來視疾君疾云何文華乃抑而戲之曰吾第飲酒耳何疾

歙人蘇丑性愛古法書名畫不惜萬金購之曰此足養心性非他玩好可比

張元禎語陸深曰余自少登朝見士夫凡三變初講政事後講文章今則專講命矣

嚴嵩溺愛其子諸曹以事白初尚曰與小兒語至後曰與東樓語東樓世蕃號也

許莊敏曰官朝廷物也來若被衣去若解帶豈吾支

體若乎近見士夫因失官憤懣而死亦惑矣

穆宗在裕邸邸中例有給于常祿外三歲戶部弗敢請用甚窘謀之承奉乃以千金賂嚴世蕃听然受之命戶部郎予三歲如約世蕃每誇于人曰天子兒行金于我徐存齋吐舌曰世蕃眞膽大子矣

楚中有不喜女色者見一美姬姿態絕倫乃歎曰可惜是婦人耳

仇隟

景泰間徐有貞垂起祭酒 上不許意爲于謙所阻深恨之天順復避遂坐謙不軌 上猶豫良久有貞

直前曰若不置謙等于死今日之事何名

馮益附曹欽欽反弃逮時欽已死惟妻賀氏爲誣益故爲自異醜詆賀賀曰馮先生不須多言昔欽問先生古有宦官子弟爲天子者乎先生云曹操乃曹節之後縂成大事欽大喜命妾佐酒今何諱之

丘文荘少時求婚于土官黎氏黎曰是子欲結姻于我耶不許文荘後作鍾情麗集誣黎女與人通黎亟以三百金囑書防毀板其本已遍傳矣

歷城尹公素不善尹直禮侍鈠他有譽薦　上不允以直爲之翼日廷遇歷城舉笏謝之歷城曰公簡在

帝心者自此結怨尤深

襄憲王入朝欲言于　上復用徐有貞遇李文達從容謂曰李先生辨事辛苦何不召徐先生來相助李對若有貞再來便是王安石復相

李夢陽與江西右轄鄭岳言語相激通謀宸濠遂執岳左右拷掠逼供無名贓私若干奏黜岳爲民時謂夢陽附勢借威濟私誣善遂爲士論不與

張璁等力詆費宏疏四五上攻之弗克乃具奏乞休言臣等既不能積誠感動聖聽又不能曲意阿附權臣有二罪難復居官

鄭淡泉云方遜志寵任時薦西楊西楊修實録乃誣方叩頭乞餘生西楊薦陳芳洲芳洲嗾人訐西楊之子稷竟死西市芳洲令徐武功覓名進用武功竟置芳洲于鐵嶺武功爲石總兵畫奪門之謀石又置武功于金齒近日永嘉貴溪亦頗類此

夏桂洲入相座師陸嚴山尚爲詹事坐次不復夏欲以南禮侍處之陸曰等三品耳何堪侍坐陸卒贈禮侍夏曰老師生前不屑侍坐三品今竟侍坐矣

皇明世説新語卷之八

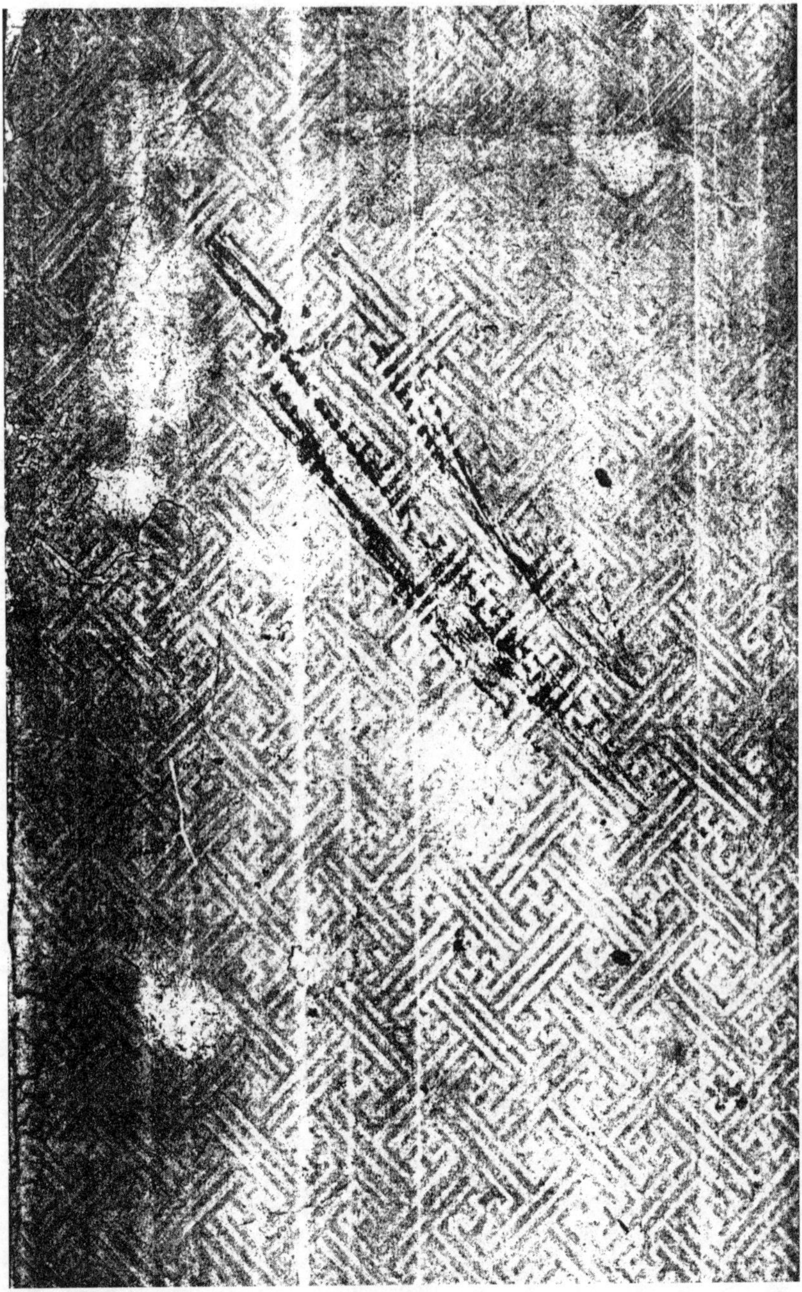

東亞書志文獻研究中心叢書